《大豫镇志》编纂委员会

2012年

主任　石勇　周梁

副主任　康徐　施益兵

委员　刘同春　杨海军　曹薇　张向华　陈军　缪云
翁雪峰　张建华　陈勇　石海兵　管永庆　黄建春
王爱民　施松兵　孙丹　李奕涵　盛建忠　吴建忠
袁惠平　王雨卉　陈永斌　朱慧　濮刚

2013年

主任　周梁

副主任　康徐　施益兵

委员　刘同春　胡俊　吴亚忠　曹薇　陈军　缪云
翁雪峰　张建华　陈燕　刘臻　唐国华　石海兵
管永庆　黄建春　王爱民　施松兵　孙丹　陈静
盛建忠　吴建忠　袁惠平　朱鹏飞　陈永斌　朱慧
濮刚

2014年

主任　周梁

副主任　康徐　胡俊

委员　吴亚忠　翁雪峰　张建华　陈燕　刘臻　唐国华
石海兵　管永庆　黄建春　王爱民　施松兵　陈静
盛建忠　苏如华　袁惠平　朱鹏飞　陈永斌　朱慧
曹永东

2015年

主任　周梁

副主任　康徐　胡俊

委员　吴亚忠　秦海健　翁雪峰　张建华　陈燕　刘臻

唐国华　石海兵　管永庆　黄建春　王爱民　施松兵
陈　静　丁建平　李锡泉　袁惠平　朱鹏飞　陈永斌
朱　慧　曹永东

2016年

主　任　周　梁
副主任　康　徐　胡　俊
委　员　吴亚忠　秦海健　翁雪峰　张建华　陈　燕　刘　臻
石海兵　管永庆　俞叶美　范春霞　刘　勇　施松兵
王爱民　唐国华　郁宏明　谢建友　刘文军　黄建春
陈　静

《大豫镇志》编纂办公室

2012年

主　任　施益兵
副主任　曹　薇　翁雪峰　管　霖

编纂工作组

组　长　管　霖
副组长　陈云山
成　员　黄德斌　金向东　袁锦章　莫　亚　王小兵

2013年

主　任　施益兵
副主任　曹　薇　翁雪峰　管　霖

编纂工作组

组　长　管　霖
副组长　陈云山
成　员　黄德斌(至6月1日)金向东　袁锦章(至6月1日)

黄静忠(6月1日起) 莫　亚　王小兵

2014～2016年

主　任　施益兵

副主任　翁雪峰　张建华　管　霖

编纂工作组

组　长　管　霖

副组长　陈云山

成　员　金向东　黄静忠　王小兵

《大豫镇志》编纂人员

主　　编　管　霖

副 主 编　陈云山　金向东　黄静忠

编　　审　虞建宣

审　　稿　姜颂良　吴庭家　陈聚高　盛建忠　秦伯奎　金瑞斌

摄　　影　管　霖　金向东

书名题字　周　梁

封面设计　钱丛兵

地图合成　金向东　黄静忠　施海华

校　　对　陈云山　金向东　黄静忠

文　　印　蔡鑫萍　唐　梅　杨春亚

《大豫镇志》审定单位

中共如东县党史工作办公室　如东县地方志编纂委员会办公室

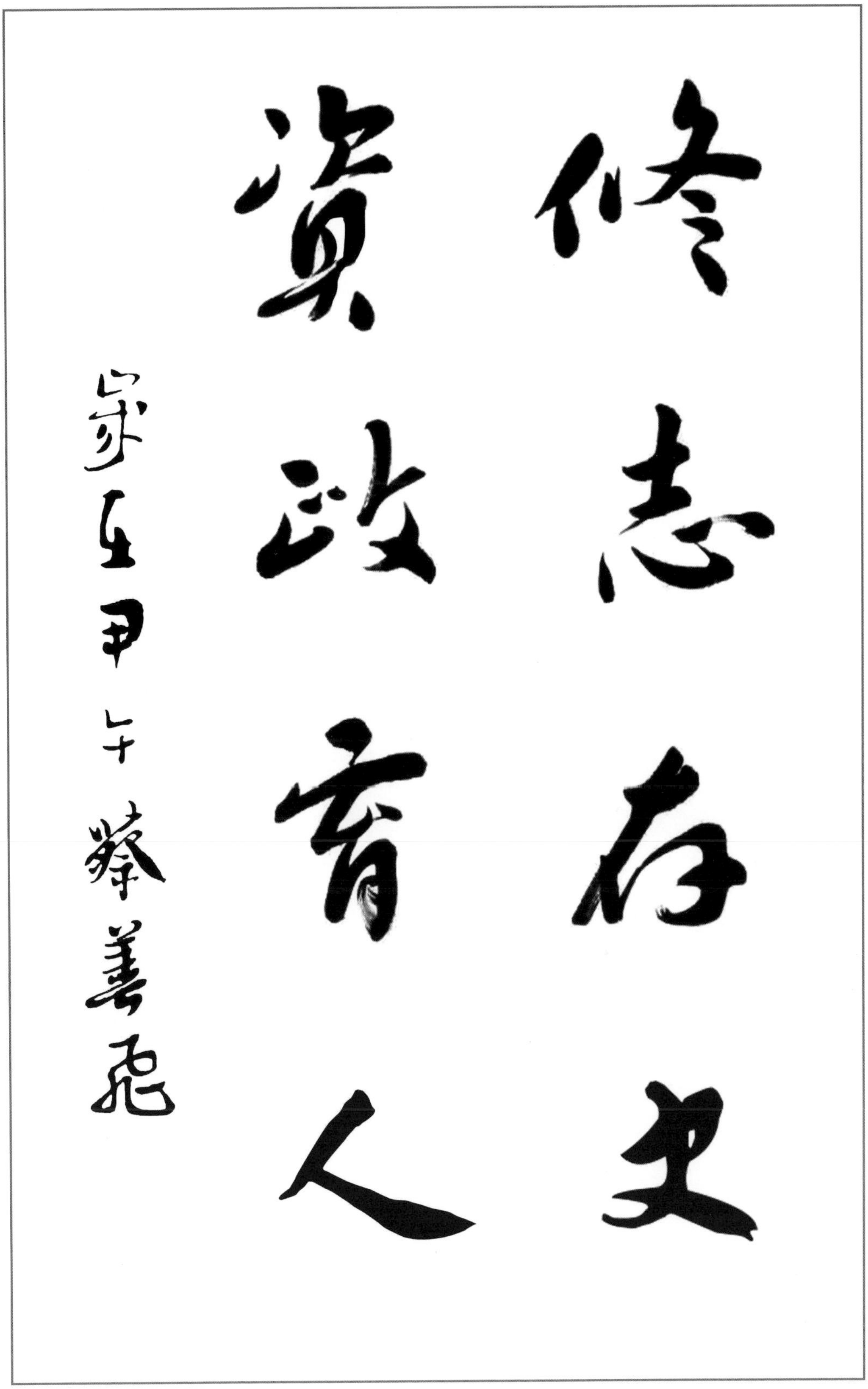

蔡善飞　题词

熱烈祝賀

大豫鎮六隆壺问世

邱祖平

二〇一五年九月

邱祖平　贺词

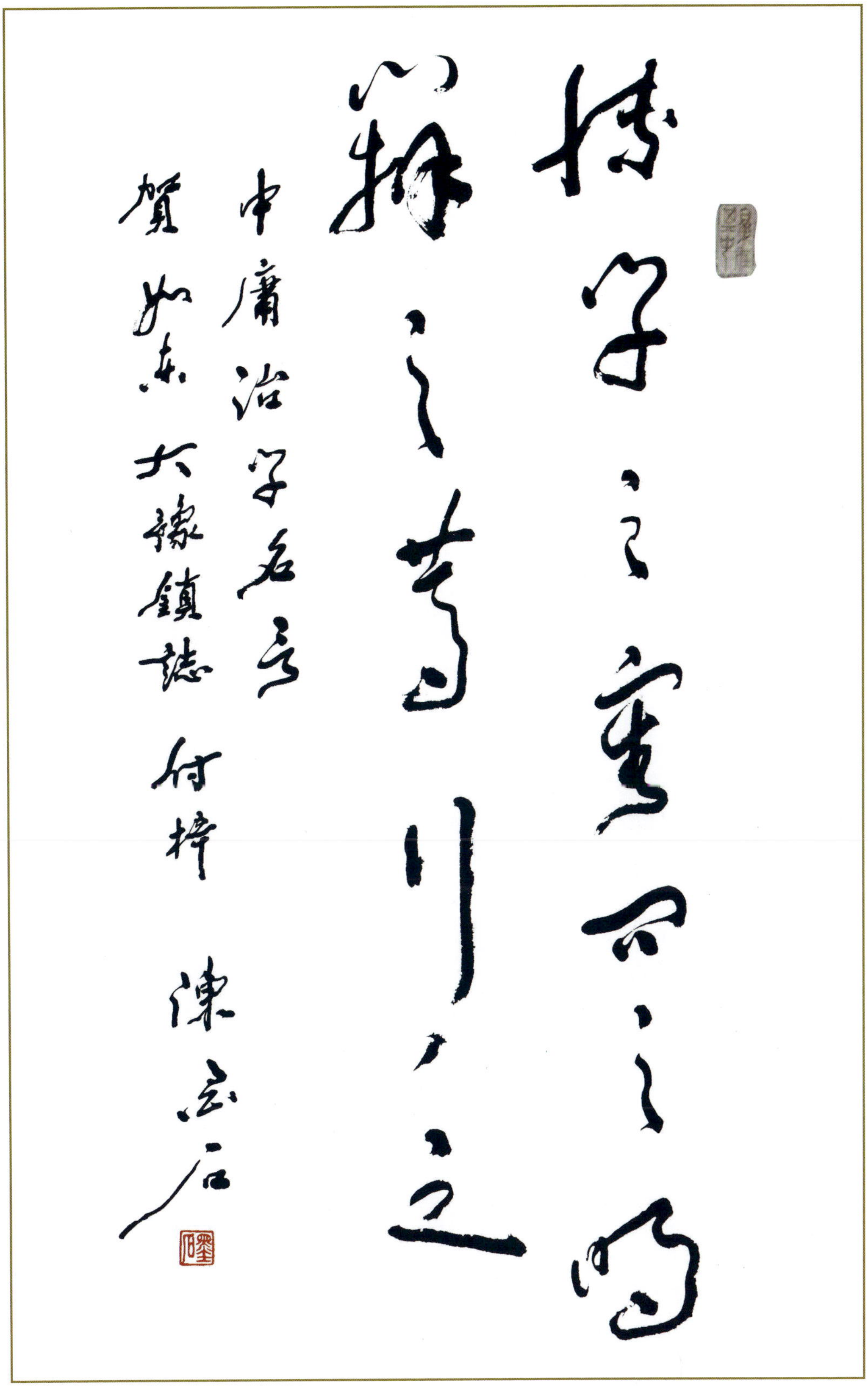

陈墨石（博学之　审问之　明辨之　笃行之）　贺词

日出南黄海（2011年，王必春 摄）

美丽东凌湖（2015 年，王必春　摄）

东凌风电（2012年，王必春　摄）

东凌渔港（2010 年，王必春　摄）

如东县大豫镇人民政府办公大楼全景（2016年，王必春　摄）

《大豫镇志》编纂委员会全体人员合影（2016 年，王必春　摄）

如东循环经济产业园（大豫镇）领导班子全体人员会议（2015 年，党政办　提供）

大豫镇党政领导班子全体人员会议（2008 年，管宏图　提供）

1 2
3 4
5

1. 全市县乡人大换届选举介绍代表候选人工作现场观摩会　（2009 年，镇人大　提供）
2. 如东县全面达小康宣传教育暨“和谐村居”创建现场推进会（2008 年，一门闸村　提供）
3. 兵房镇县镇人大代表“双五”工程推进会　（2008 年，镇人大　提供）
4. 《大豫镇志》征求意见会　（2015 年，施海华　摄）
5. 《大豫镇志》编纂人员集体办公现场　（2016 年，张建华　摄）

1 | 2
3 | 4

1. 西瓜大棚设施栽培
2. 莴苣大棚设施栽培
3. 葡萄大棚设施栽培
4. 茄子大棚设施栽培

（2011 年，镇农技站　提供）

1 | 2
3 | 4

1. 马铃薯大棚设施栽培
2. 青花菜大棚设施栽培
3. 玉米大棚设施栽培
4. 豇豆大棚设施栽培
（2011 年，镇农技站　提供）

1
2
3

1. 南通绿丰园蔬菜专业合作社

（2011 年，香台村　提供）

2. 三贯羊场（2011 年，一门闸村　提供）

3. 欣操万头猪场一角

（2011 年，九龙村　提供）

1 2
3
4

1. 南通万豪建材有限公司外景

（2012 年，万豪公司　提供）

2. 江苏世纪燎原针织有限公司外景

（2012 年，燎原公司　提供）

3. 江苏盾王劳保用品有限公司外景

（2012 年，盾王公司　提供）

4. 如东进口再生资源加工区外景

（2015 年，王必春　提供）

1 | 2
3

1. 强民村养蜂场（2012 年，强民村　提供）
2. 兵房居委会 10 组养鸡场
（2013 年，兵房居委会　提供）
3. 徐征村养鸭场（2013 年，徐征村　提供）

竹节虾

凤尾鱼

小黄鱼

板　鱼

梭子蟹

竹　蛏

红烧羊肉

泥　螺

文　蛤

大闸蟹

海葵（沙星）

2005 年度，江苏电网调度中心“鲁班”奖工程（2012 年，顺通公司　提供）

1999 年度，上海海运通信中心大楼“鲁班”奖工程（2012 年，顺通公司　提供）

2007 年度，南京图书新馆“鲁班”奖工程（2012 年，顺通公司　提供）

1	2
3	
4	5

1. 国家一级演员海门山歌传承人宋卫香
（2014 年，陈瑞康　提供）
2. 农民达人季维康鼻梁顶水箱
（2013 年，据江海网）
3. 老年文艺队演出表演唱“红灯笼”
（2015 年，陈聚高　提供）
4. 民乐合奏　（2015 年，张圣明　提供）
5. 广场舞表演　（2015 年，王小兵　提供）

1	2
3	4
5	6

1. 盛玉红点燃 2008 年北京奥运会传递火炬（2012 年，盛玉红　提供）
2. 盛玉红与队友们在一起（2012 年，盛玉红　提供）
3. 大同健身广场（2014 年，管霖　摄）
4. 老年公寓垂钓区（2013 年，徐俊　提供）
5. 兵房门球场（2014 年，管霖　摄）
6. 老年人象棋比赛（2007 年，姜颂良　提供）

1	2
3	
4	5

1. 大豫镇兵房小学外景
（2012 年，兵小　提供）
2. 大豫镇兵房小学塑胶操场
一角（2012 年，兵小　提供）
3. 大豫镇兵房初级中学外景
（2012 年，兵中　提供）
4. 大豫镇海滨幼儿园外景
（2012 年，幼儿园　提供）
5. 兵房中心卫生院外景
（2012 年，卫生院　提供）

1

2

3

1. 金地来花苑外景　（2015 年，必春　摄）
2. 九洲城市花园外景（2015 年，必春　摄）
3. 大豫镇新兴路　　（2015 年，必春　摄）

1

2

3

1. 天主教堂外景（2012 年，管霖　摄）
2. 基督教堂外景（2012 年，管霖　摄）
3. 兵房中心农贸市场外景
（2015 年，必春　摄）

1
2
3

1. 强民村集居点一角
（2012 年，强民村　提供）
2. 强民村农民新型住宅
（2012 年，强民村　提供）
3. 强民村农民住宅一角
（2012 年，强民村　提供）

1	2
3	4
5	

1. 兵房大桥全景（2012年，管霖 摄）
2. 如泰运河兵房段（2012年，必春 摄）
3. 兵房汽车客运站外景（2012年，管霖 摄）
4. 临海高等级公路（2012年，施海华 摄）
5. 省道334线兵房海滨桥（2012年，管霖 摄）

1	2
3	4
	5

1. 金地来大酒店外景 （2012 年，管霖 摄）
2. 德购兵房店外景 （2012 年，管霖 摄）
3. 燎原大酒店外景 （2012 年，管霖 摄）
4. 世纪华联兵房店外景 （2012 年，向东 摄）
5. 大润发兵房加盟店外景（2012 年，向东 摄）

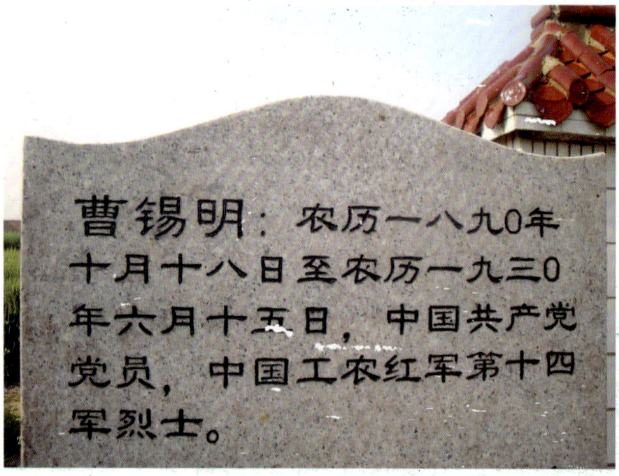

1	2
3	4
5	6

1. 大同烈士陵园全景　（2013 年，管霖　摄）
2. 刘长林烈士之墓　（2012 年，民政办　提供）
3. 曹锡明烈士之墓　（2012 年，民政办　提供）
4. 豫新村烈士塔　（2012 年，民政办　提供）
5. 兵港村安息堂外景　（2013 年，管霖　摄）
6. 老年公寓门景　（2013 年，管霖　摄）

1
2
3

1.1993 年，张謇铜像安放仪式时，南通市老领导与张绪武先生合影（2012 年，刘士辉　提供）

2.1983 年，华中九分区七团老战士南通聚会（2012 年，邱祖清　提供）

3.1983 年，苏中第四分区特务四团原团长程业棠重游南坎战场（2011 年，据《如东军事志》）

1
2
3
4

1.1954 年，彭德怀（中）与王维福（左）合影　（2012 年，县党史办　提供）

2. 战斗英雄王维福　（2012 年，袁锦章　提供）

3.1953 年，铁道兵第二指挥部原副司令顾秀在朝鲜　（据《历程回望》）

4. 小尖山战斗中的“英雄硬六连”16 勇士　（2012 年，王建新　提供）

1

2 3

4

1.1963 年，全国人大常委会原副委员长郭沫若为丁店河闸题词（2012 年，管霖　摄）
2. 大豫公司牧场 （2012 年，虞建宣　提供）
3. 张謇铜像碑文　　（2012 年，管霖　摄）
4. 大豫公司总部 （2012 年，虞建宣　提供）

1	2
3	
4	5

1. 古镇老店面（2012 年，必春 摄）
2. 南坎老门牌号（2012 年，必春 摄）
3. 南坎老街一角（2008 年，宏图 摄）
4.20 世纪 80 年代兵房街一角（2012 年，施建飞 提供）
5. 大豫镇十字街南段（2013 年，管霖 摄）

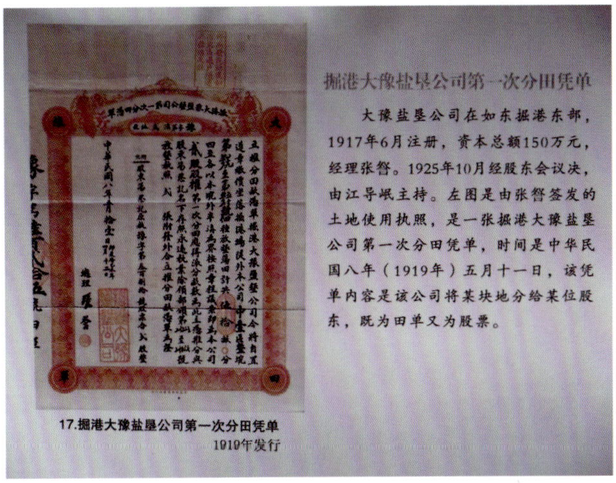

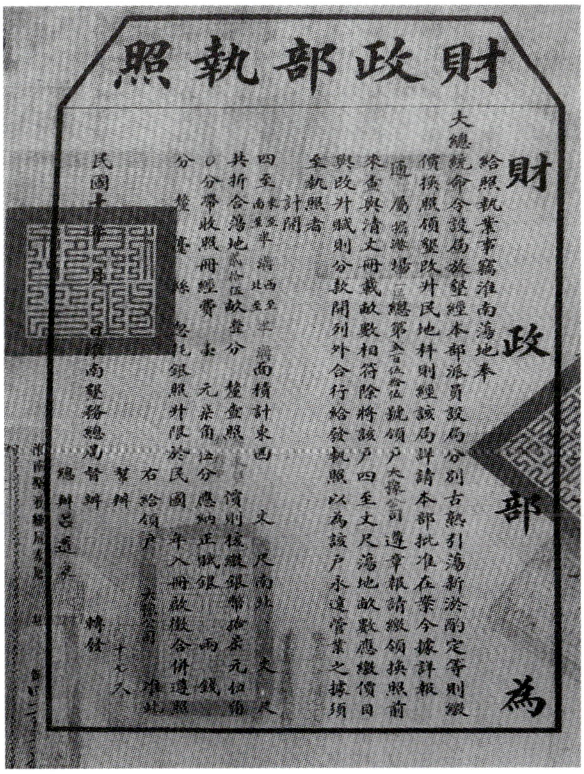

財政部執照

財政部為給照執業事竊淮南瀉地奉
大總統命令設局墾經本部派員設局分別古熟引瀉新淤酌定等則繳
價換照領墾改升民地科則經該局詳請本部批准在案今據詳報
通屬掘港場[illegible]總第[illegible]號領户大豫公司遵章報請繳領換照前
來查與清丈冊載畝數相符除將該户四至丈尺瀉地畝數應繳價目
與改升賦則分款開列外合行給發執照以為該户永遠管業之據須
至執照者

計開

[illegible]

右給領户大豫公司 准此

民國[illegible]年[illegible]月[illegible]日 淮南墾務總局督辦

1	2
3	4
5	

1. 石鼓　（2008 年，管宏图　摄）
2. 石狮　（2008 年，管宏图　摄）
3. 大豫公司第一次分田凭单（2013 年，陈佐　提供）
4. 大豫公司执照　（2013 年，陈佐　提供）
5. 老式踏步床　（2013 年，袁亚新　提供）

1	2
3	
4	5

1. 豆腐磨上片（2012 年，管永林　提供）
2. 粮磨上片　（2012 年，管宏图　提供）
3. 清代水井　　　（2012 年，管霖　摄）
4. 石臼　　　（2012 年，姜颂良　提供）
5. 石碾底盘　　　（2012 年，管霖　摄）

1	2
3	4
5	6
7	

1. 盆景 （2012 年，徐俊　提供）
2. 盆景 （2012 年，徐俊　提供）
3. 盆景 （2012 年，徐俊　提供）
4. 盆景 （2012 年，徐俊　提供）
5. 南坎百年槐树 （2014 年，必春　摄）
6. 东凌水文化园 （2014 年，必春　摄）
7. 徐征村香樟树苗圃一角（2012 年，管霖　摄）

1	2
3	4
5	
6	

1. 江苏顺通建设工程有限公司至 2012 年获“鲁班”奖 6 项
2. 2012 年，丁家店村获全国民主法治示范村
3. 2012 年，丁家店村获全国综合减灾示范社区
4. 2011 年，丁家店村获全国人口和计划生育基层群众自治示范村
5. 2013 年，一门闸村获江苏省生态村
6. 2012 年，大豫镇获江苏省放心消费创建活动示范单位

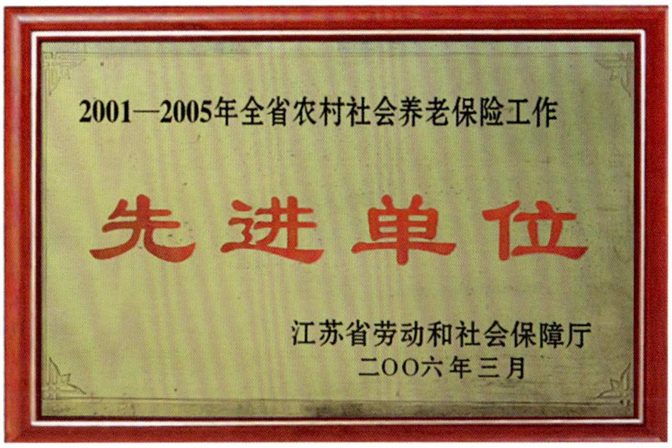

1	2
3	4
	5
	6

1.2009 年，大豫镇获江苏省工会工作模范乡镇

2.2006 年，兵房镇社保所获全省农村社会养老保险工作先进单位

3.2013 年，大豫镇教办获江苏省教育系统关心下一代工作先进集体

4.2007 年，兵房镇广播电视站获江苏省优秀乡镇广播电视站

5.1986 年，兵房镇农技站获省政府表彰

6.2008 年，大豫镇获江苏省体育强镇

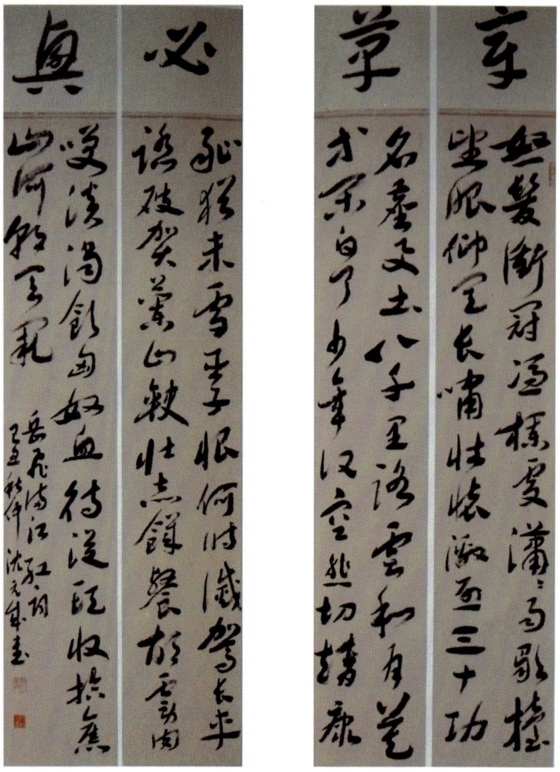

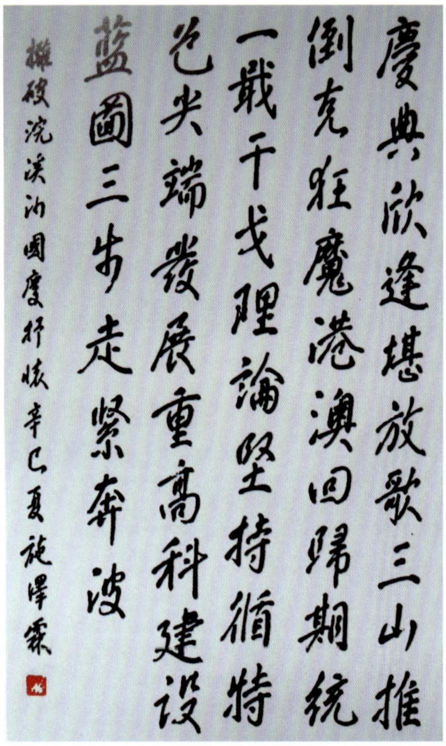

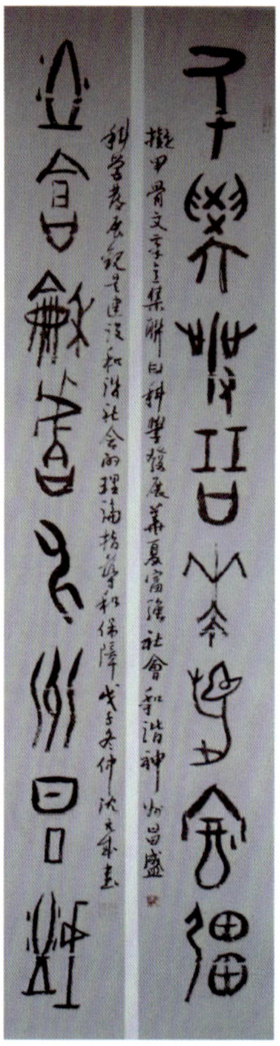

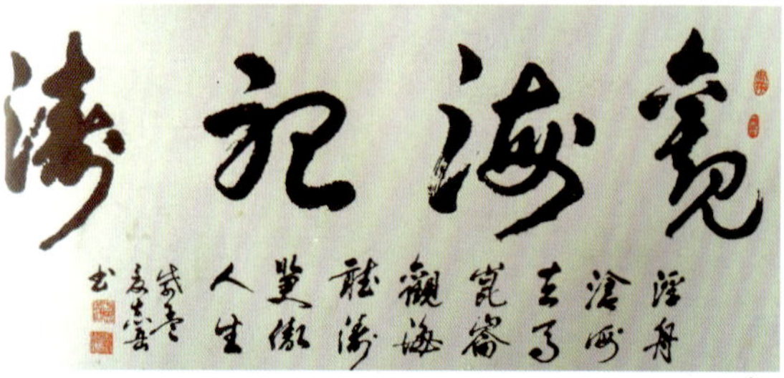

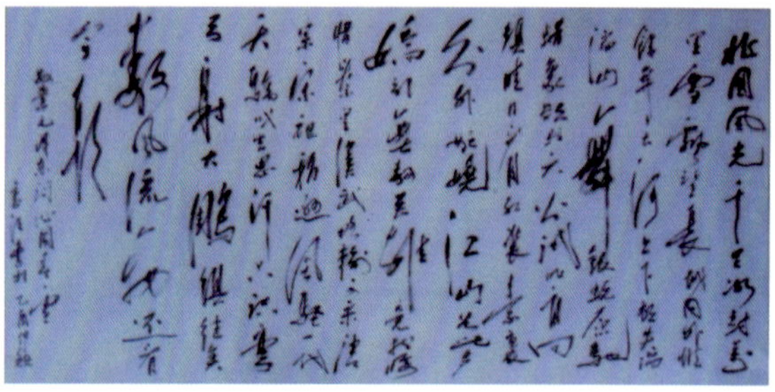

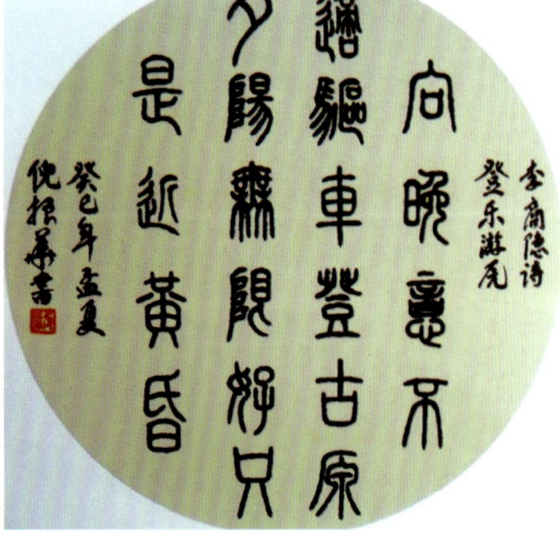

1		2
3	4	5
		6
7		

1. 陈墨石　草书　勤奋
2. 沈元成　章草　岳飞《满江红》
3. 施泽霖　书法　《国庆抒怀》
4. 沈元成　甲骨文　集联
5. 方志岳　书法　观海听涛
6. 季　浩　书法　毛泽东诗词
7. 倪振华　篆书　李商隐诗

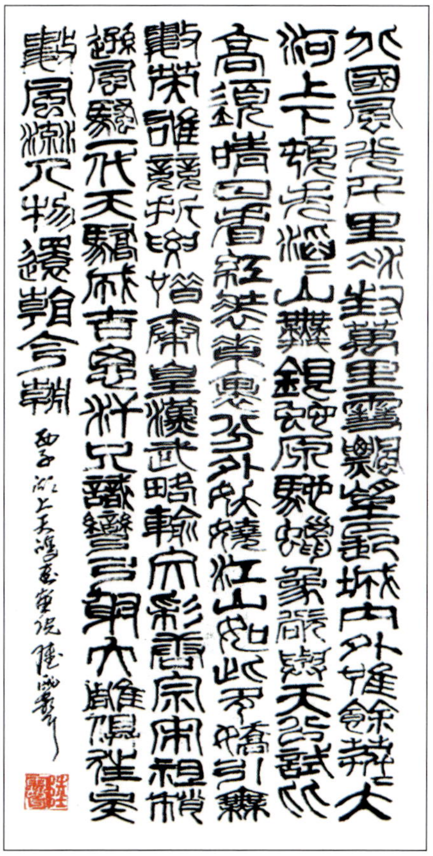

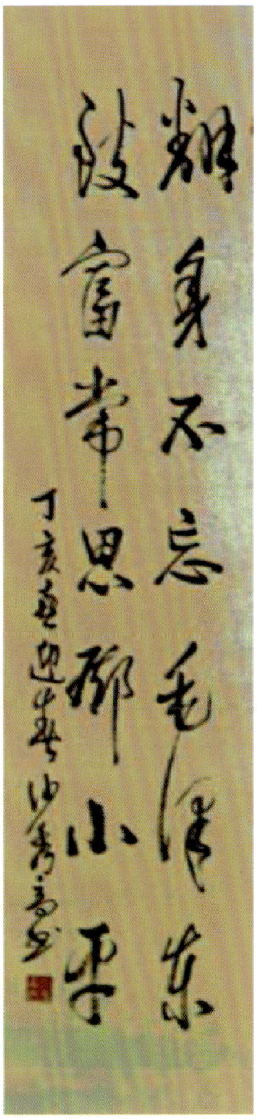

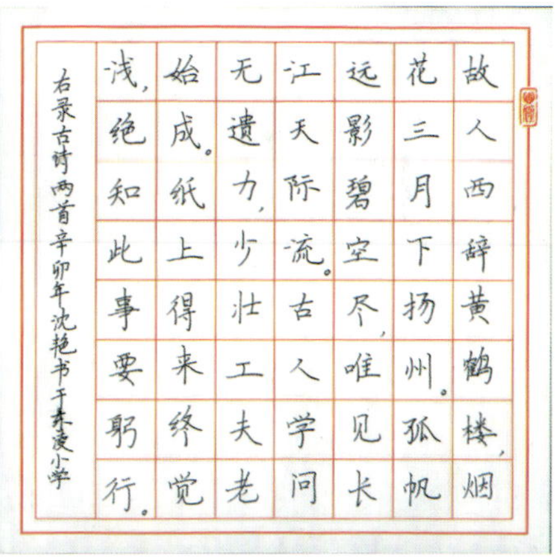

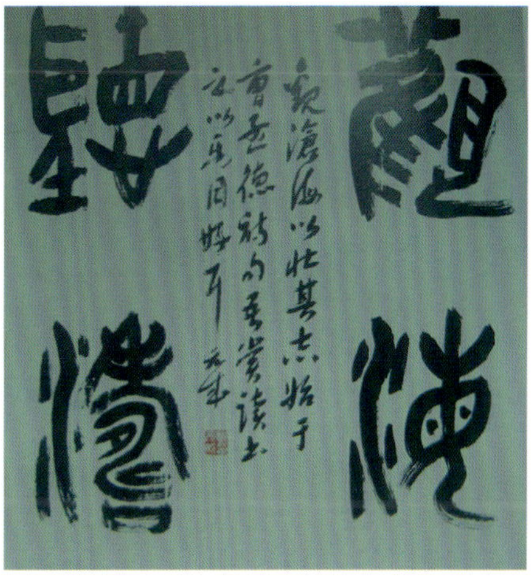

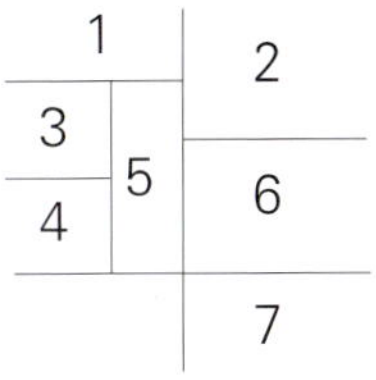

1. 陆雨声　书法　　《王安石游褒禅山记》
2. 陆雨声　篆书　　《毛泽东诗词》
3. 高凯燕　硬笔书法　《庄子语》
4. 张书华　硬笔书法　庄子《逍遥人》
5. 沙秀高　书法　　对联
6. 沈　艳　硬笔书法　古诗两首
7. 沈元成　篆书　　观海听涛

1	2
3	4
5	
6	7

1. 碧天一色
2. 情思
3. 惊涛拍岸
4. 小憩
5. 苏醒
6. 牡丹
7. 群鸬戏水

（作者：均系陆雨声）

1	2	5
3	4	

1. 祥和　作者：张明芳
2. 富贵鼎盛　作者：仇汉生
3. 鱼似镜中悬　作者：仇汉生　张明芳
4. 香中别有韵　清极不知寒　作者：仇汉生　张明芳
5. 翠竹春晓　作者：张明芳

1	2
3	4
5	6
7	

1. 耕海
2. 农家小院
3. 海上迪斯科
4. 牵
5. 走出金钱和美女的围墙
6. 拾贝
7. 满眼金秋

（均由　王必春　摄）

1 | 2
3

1. 文蛤起场
2. 钩蛏
3. 满载而归

（均由　王必春　摄）

1	2
3	4
5	
6	7

1. 弯池春水
2. 气象观测
3. 含苞欲放
4. 吐艳
5. 弯弯的小河
6. 春天的使者
（以上，黄远平　摄）
7. 大海证婚（王必春　摄）

序 一

欣闻《大豫镇志》在全国第二轮修志中脱颖而出，我们十分欣喜！这是大豫人民在文化上高度自觉和政治上远见卓识的镇党委、镇政府领导下，成功推进的一项功在当代、利在千秋的大业，也是大豫人民政治、文化生活中的一件大事，不仅为如东史志园中又增添一朵奇葩，也为大豫这块年轻沃土描绘出一幅绚丽多彩的画卷，谱写出有史以来的第一部光辉史册。值此这部巨制付梓之际，我们谨代表中共如东县委员会、如东县人大常委会、如东县人民政府向大豫镇党政领导，《大豫镇志》全体编纂人员，向为这部志书诞生做出贡献的社会各界人士，表示热烈的祝贺和衷心的感谢!

大豫濒临南黄海之滨，为如东的东大门，是如东扶海越江、跨越发展的重要门户，亦是民族实业家张謇早年的垦牧之地，素有“棉花之乡”美誉，又为如东“少数民族”——沙地人集中居住地区。

百年前，大豫全境还是沧海汪洋。随着长江河道夹带泥沙入海，在海浪、潮汐、洋流等各种力量共同作用下，不断淤涨，逐渐露出海面，至清末民初接涨成陆。大自然铸就了大豫人敢想敢为的独有品格，豁达开朗、披荆斩棘，围海筑堤，开荒垦殖，长年与风暴、大潮、海浪搏斗，历经无数苦难，一代一代顽强地延续着，形成“传承垦殖精神，崇尚绿色文明，追求创新卓越，展现大豫新貌”的英雄气概。创造了独具特色的沙地(掘东)文化。从志书中字里行间，就能感受到大豫人勤奋刻苦、崇尚知识、尊重科学的精神，同时也蕴藏着中华民族的传统美德和特有的坚韧性格。

大豫是如东的第二大镇，亦是沿海重镇。经济发达，物产丰盈。在社会主义建设新时期，大豫的经济、文化、交通等各项事业如日中天、快速发展。尤其是在中共十一届三中全会后，大豫人民高举中国特色社会主义伟大旗帜，以邓小平理论、“三个代表”重要思想，科学发展观和实现中华民族伟大复兴为引领，与时俱进，开拓创新，抢住机遇，真抓实干。大豫的经济建设和社会事业步入快车道，人民生活步入小康。进入21世纪后，在中共大豫镇委员会、大豫镇人民政府的领导下，围绕“十二五”规划，全面贯彻落实党的十八大精神，大豫的各项事业得到又好又快发展，位居全县各镇前列。天更蓝、地更绿、水更清、人更富。披阅志稿，大豫的百年发展不仅得到一一解读和诠释，而且还能让你从中受到真切而又生动的启迪和教益。

盛世修志，是中华民族的优良传统，代代相传，绵延不断。我们真诚地期盼《大豫镇志》的出版发行，能成为大豫人民了解大豫、认识大豫、建设大豫，乃至于县内外有识之士熟悉大豫、推介大豫的传世媒介，尤其能成为对青少年进行爱国主义教育、革命传统教育、社会主义教育历史教材。我们坚信：《大豫镇志》定能为创造大豫更好的明天发挥“存史、资政、教化”独特功能，起到“承上启下，继往开来，服务当代，导向未来”的作用。

中共如东县委书记
如东县人大常委会主任 詹立风
如东县人民政府县长 潘建华

2015年9月

序　二

在全面推进社会主义现代化建设的伟大进程中,《大豫镇志》修成并付梓面世,这是全镇人民政治、文化生活中一件大事,可喜可贺!

如东百里海岸线好似一条金光闪闪的项链,而在沿海最南端的大豫镇,俨然就是镶嵌在这条项链上的一颗璀璨明珠。大豫镇东濒南黄海,北连洋口港,南毗通州区,西接掘港镇。苏221、222、334线,海防、沿海高等级公路穿境而过,四贯河纵贯全镇,如泰运河由此入海。区域面积195.47平方公里,拥有10.67万人口。

大豫,成陆于清末民初,兴旺发达于20世纪中叶,繁荣昌盛于改革开放。民国初年,民族实业家张謇在这里创立大豫盐垦公司,废灶兴垦,为垦殖新生宝地谱写壮美篇章,“大豫镇”因此得名。大豫的成陆史和发展史不长,但却沧海桑田,历经巨变。从土地革命到八年抗战,从解放战争到人民政权建立、进入改革开放新时期,在这片火热的土地上,大豫儿女前仆后继、英勇奋斗,矗立起一座座不朽丰碑。

大海母亲孕育的大豫乐土,物产丰饶,人杰地灵。既有甲冠天下的文蛤海鲜,又有堆金砌银的无垠良田,既以渔盐之利享誉大江南北,又以沙地文化名驰江海平原。乘改革开放春风,大豫经济持续发展。民营企业,雨后春笋;特色农业,一马当先;龙涛水带,畅销全国;顺通建筑,威震华夏。勤劳勇敢的大豫儿女将家乡建设成盛产棉花、瓜果蔬菜的农业之乡,名副其实的教育、文体、卫生之乡,建筑之乡,海鲜之乡,长寿之乡,还被誉为将军之乡。

面对如此波澜壮阔、绚丽多姿的历史画卷,我们有责任将其载入史册,修志问道,以启未来。《大豫镇志》的出版,填补大豫史志空白,令人鼓舞和兴奋。她是一部资料翔实的乡土教材,是一曲战天斗地的壮丽凯歌,是一幅美不胜收的绚丽画卷。不仅为当今乃至将来各项事业建设提供借鉴,为海外乡亲和在外成功人士了解故里敞开胸襟,而且为后人留下一部系统而颇具浓郁沙地特色、真实反映大豫历史和现状全貌的地方史料。人们从中既可查阅宝贵历史资料,也可了解独特乡土风情,更可全面准确了解镇情,知晓民情。其“存史、资政、教化”功能,似一面历史宝镜,引导激励全镇人民为把大豫建成工业大镇、农业强镇、三产旺镇、宜居新镇、美丽村镇,为尽快实现中华民族伟大复兴这一中国梦而努力奋斗。

盛世修志,正逢其时。传承中华文明、发掘历史智慧。大豫镇自有文字记载以来,还没有一本完整的地方志书。以往虽组织收集一些地名掌故、革命故事、人物传记等史料，但不足为志。现在编纂《大豫镇志》，就是要遵循“传承中华文明、发掘历史智慧”的宗旨，彰显历史伟业、宣扬奋斗精神，反映时代风貌，点赞丰功伟绩。

《大豫镇志》终成鸿篇，编纂人员不辞劳苦，踏实工作、笔耕不辍、无私奉献；镇属机关部门，村(居)、社区和驻镇单位以及离退休人员主动配合、积极参与；社会各界和在外成功人士提供资料、线索，出谋划策，协调沟通，关心编纂；县档案局、教育局、图书馆、人武部等相关单位领导给予了大力支持、热情帮助，尤其是县史志办及时提供相关资料，多次派员登门指导。值此《大豫镇志》正式付梓之际，我们谨代表中共大豫镇委员会、大豫镇人民政府，对所有关心支持《大豫镇志》编纂工作的人们表示诚挚的感谢！

是为序

中共大豫镇委员会书记　周　梁

大豫镇人民政府镇长　康　徐

2014年12月

序　三

广袤无垠的黄海之滨有颗璀璨明珠，举世闻名的长江流域棉区有个富庶棉乡，悠久秀丽的江海平原有块新生热土，那就是我魂牵梦萦的故乡——江苏省如东县大豫镇。每想起故乡风土人情和少年往事，我总抑制不住内心的激动。

这是一块艰辛创业的热土。20世纪初，清朝末代状元张謇主张“实业救国”，在南通创办大生纱厂，为建立广阔的棉花产区，在他领导和倡导下，先后创办“通海垦牧公司”“大豫盐垦公司”等30家农牧盐垦企业，鼓励人口稠密、贫寒无助的启海等地农民围垦沿海荒滩。

“大豫盐垦公司”先辈们面对恶劣的自然条件和烦琐艰苦的棉田农活：咸风、咸水、咸土，洪灾、旱灾、虫灾，不时海潮袭击、台风横行、龙卷风肆虐，再后来农药升级、水土渗毒、肝癌者众，但他们栉风沐雨，日夜劳作。当酷暑晌午知了狂鸣、犬类躲在树荫下伸舌直喘时，先辈们仍在密不透风的棉株下匍匐拔草；当夕阳西下、夜幕降临，先辈们仍在挑灯灭虫；当暴雨、雷电伴着龙卷风袭击大豫，棉田顿成汪洋时，先辈们却在冒雨排涝；当凛冽寒风伴着雪花飞舞，先辈们还在棉田挥汗拔棉秸秆；当棉虫猖獗时，先辈们零距离喷洒新型农药，以至中毒倒地的棉农成千上百；一遇灾荒粮棉减产，先辈们只好顶着凛冽寒风，身穿百衲衣，脚蹬“芦花靴”，背井离乡讨饭度日……

自“大豫盐垦公司”开业至中华人民共和国成立的近50年间，每年由大豫棉区原料织成的棉布约60万匹，大豫3万棉农为全国500余万同胞解决衣着问题，他们将宝贵年华和火红生命化作片片洁白无瑕的棉絮，为中国民族纺织业发展做出不朽奉献。每次回老家探亲祭祖，看到村边一排排坐落在树丛中的故乡先辈坟墓，我都不禁肃然起敬。

这是一块崇尚正义的热土。地处荒滩、以棉谋生、饱受煎熬、网格群居、沟通迅捷、爱憎分明、共操吴语等特殊自然人文因素，使大豫人民形成高度一致的价值观和强烈的革命意识、团队意识，他们成为中国共产党革命政策的积极拥护者，英勇不屈的爱国群体，人民军队的坚强后盾。

战争年代，尽管江海平原无军事屏障、东临黄海无退路、手无兵器又缺战斗经验，但大豫人民勇往直前、群威群胆。从支持如东第一个党支部成立、保障红十四军“三战三捷”、参与组建如东第一支人民抗日武装——盐（渔）民自卫队、配合新四军东进掘港和开辟敌后抗日民主根据地，到反“清乡”火烧竹篱笆、参加土改、粉碎“还乡团”、解放如东全境，他们在所有战役战斗和革命运动中都坚决听党指挥、视死如归，且每次都是举家响应、整村联动、万众一心，一个人倒下去，千百人冲向前。大豫人民为国家独立和民族解放付出巨大代价，有450多名优秀儿女在革命战争中血洒故乡、异土，村村都有革命先烈苍翠墓地，丁店乡、兵房乡以先烈巩坚、王荃、徐征英名命名为“巩王乡”“王荃乡”“徐征乡”，先烈崇高精神激励一代代大豫人义无反顾、前赴后继。

二十世纪六七十年代，大豫紧临黄海(距公海12海里)，地处海防一线，附近公海时有敌情，大豫“全民皆兵”，村有民兵营，队有民兵排，驻军和乡武装部干部深入指导，民兵训练热火朝天，一批先进民兵营受到省、地军事机关表扬。大豫国防意识强、群众基础牢、优抚政策好，成为征兵工作先进地区和海军兵员储备基地。当年一到春节前夕，村里敲锣打鼓到烈军属家送“光荣之家”门匾和年画年礼的热闹场面，我至今记忆犹新。

大豫籍兵员遍及全军陆海空部队，普遍拥有英勇顽强、吃苦耐劳、果断率真、机智灵活、团结协作等世代相传优秀秉性，与军队所需兵员素质较吻合，不少兵员入伍不久便脱颖而出，其中一部分优秀兵员成长为战斗英雄、科研尖兵或军队高中级干部，主要分布于全军各级指挥机关和军事院校、国防科研、宣传文化等领域。

这是一块文化底蕴深厚的热土。大豫先辈源自启海深受吴越文化影响，迁移如东后又受江淮文化熏陶，从而形成独特的大豫文化。大豫人乐观开朗不失幽默，豪爽柔和让人三分，精明细腻但不吝啬，勤勉智慧不怕吃苦，尊祖好客但风俗简约。纵然在大豫盐垦公司创业初期，虽然先辈们食不果腹、衣不御寒、绝大多数是文盲，但一直保持着豁达恬静的生活情趣。

大豫人的语言普遍诙谐有趣，且词汇丰富、信息量大。文盲老年人都能说出一系列寓言、歇后语和天气谚语，讲述越剧“梁山伯与祝英台”、黄梅戏“天仙配”等剧情故事。每逢亲友邻居相聚，便是一次生动活泼的语言集市，有即兴笑话、幽默段子、善意揶揄和顺口溜，也有上海滩传说、八卦新闻、家长里短和男女轶事，引得笑声不断。大豫人喜欢以姓名谐音或外貌外形互相起绰号，虽含贬义但直观形象，有点类似如今夸张式人物漫画，旁听者忍俊不禁，被唤者虽无奈但也勉强默认。中华人民共和国成立后，特别是人民公社化后，社员们在田头集体劳动，总有爆不完笑料，以至队干部不时提醒主讲人少说话、多干活。在民风淳朴、爱憎分明的大豫，为人欺诈、吝啬、懒惰、好色、不孝等反面人物和个别鱼肉百姓乡村干部是四邻八乡嘲讽的对象，也被编入民间故事广泛流传。乐观向上的乡村文化对养成淳朴民风、增进乡邻感情、调节乡亲心态、培育青少年健康审美情趣发挥着重要作用。

大豫土地上充满着文化元素。尤其是中华人民共和国成立后，文艺普及，艺人辈出。兵房杂技团名扬苏北，乡乡有书法高手、评书艺人，村村有业余曲艺爱好者，夜晚乡间不时传来悠扬流畅的二胡声和竹笛声。乡亲们养成经常观看越剧、山歌剧、杂技和电影，听苏州评弹、相声和说书的业余爱好，有时去乡里看戏或看电影竟要走后门买票。20世纪70年代，村村办有文艺宣传队，乡间京剧唱腔、琴声、锣鼓声不绝于耳。大豫也成为孕育专业文化人才之沃土，涌现出一批知名作家、演员、艺术家和运动健将。

我记忆中的大豫，四季都是孩子们玩乐的天堂：每当春风吹拂大豫，迎来桃红柳绿、麦浪涌动，无数风筝随主人心愿在蓝天白云下追逐起舞。夏季青少年成群结伙，叽叽喳喳下河游泳或捕鱼捉蟹、“跑海”采文蛤。秋季绽放的棉花如片片白云坠地，农民家家瓜果飘香，孩子们尝遍全村的西瓜、香瓜、柿子、枇杷和鸭梨。冬季顽皮儿童忙着到高耸的芦苇堆中捉迷藏，到泯(明)沟戳鱼，去竹园逮鸟。

理性的大豫人高度重视下一代素质提升，宁可再穷再累也要将子女培养成才，于是大豫教育事业蒸蒸日上。大豫在百年前就兴办南坎小学，抗战时期又创办大豫中学，中华人民共和国成立后，普及义务教育，中小学遍地开花，最盛时期区办完全中学(兵房中学)，乡乡办初级中学，半数以上村庄有小学，乡间飘荡着学校“当当”钟声和学生琅琅读书声。

我20世纪60年代，在巩王公社六大队荃东校(大豫镇巩王村，荃东校已撤)上小学，老师们严格执教，乡亲们支持办学，家长们鼓励孩子刻苦读书，农村小学尽管条件很差，但秩序井然、师道尊严、学子虔诚，学生得满分笑逐颜开，得差分忐忑不安，就怕回家挨打，以致教育质量普遍较好。当我背起书包和同学们放学回家，穿梭在金色耀眼的油菜花丛中，边走边唱“学习雷锋好榜样”歌曲时，一种读好书将来当革命接班人的责任感荡漾全身。在大豫，十多万名与我一样深受大豫文化熏陶、在海水中泡大的同学，经过艰苦学习、奋发努力，终于成为祖国各行各业革命接班人。

这更是一块高歌猛进的热土。我每隔几年回一趟故乡，总感叹原有记忆跟不上大豫日新月异发展变化：著名棉乡亦称优质蔬菜出口基地、模范果园基地；“中国文蛤第一镇”又兼“紫菜之乡”“蟹苗之乡”。大豫人研制的龙涛版消防水带成为中国名牌，“盾王安全鞋”成为中国权威安全鞋，诞生于我老家丁店乡的顺通建设工程公司称雄全国建筑工地。丁店乡并入兵房镇不久，兵房又归大豫镇，我参军前工作过的丁店新圩村(闸东村)被并入“南通滨海园区”“兵房工业园区”等新兴工业生产基地方兴未艾，尤其是大豫正在建设国家级的“如东循环经济产业园”。

百年前守护“大豫盐垦公司”盐库的哨兵小营房“兵房”，中华人民共和国成立后，成为中共掘东区委所在地时，也不过仅有一条相邻马路的短街，如今街道又阔又长，高楼鳞次栉比，商业繁华，成为现代化新型小城镇。前几年马路上熙熙攘攘、喇叭震耳的摩托车、电瓶车群，已被穿梭不息的小卧车所代替，不少农民新置车库或停车场。以往坐落不齐的农民传统住宅楼及庭院，正逐渐换成整齐划一、设计新型的现代化居民楼和环境优美、功能齐全的居民集居点。

千百年中国农民代代“世袭”务农，但如今格局大变，在党的新农村和城镇化协调发展政策指引下，2亿多新农民已迈入城镇化大门。在大豫，除一部分青年人坚守故乡建设新农村外，半数以上新一代农民已成为城镇的建设者、服务者，其中不少人在城镇购置第二居所，他们的子女从幼儿园、小学起就在城镇接受高起点素质教育，他们的年迈父母已在城镇过起悠闲的养老生活。

不错，我看到的故乡新变化，正是全国农村迅速实现现代化、城镇化的一个缩影。但我坚信，与全国无数崛起的新城镇相比，故乡大豫镇一定会发展得更快更好，这是因为：

中共大豫镇委、镇政府发展思路清晰、工作作风务实、群众基础坚实，继承战争年代掘东区委光荣传统，廉政高效，政通人和，包括村级政权也有较好口碑。

大豫自然资源丰富、发展潜力巨大，既有数十里黄金海岸，又有不断东扩的滩涂，这是大自然赋予大豫的天然优势；既有取之不尽的海洋、渔业和风力资源，又有用之不竭的农业、轻工业资源，为中国沿海数千乡镇所少有。

大豫内向、外向型经济并举，开发利用、再生资源并列，新农村、城镇化建设并重，已步入科学发展、良性循环快车道。

大豫人民群众优良的创业传统、革命传统、文化传统，雄厚的人才资源，以及对更高水准幸福生活的热切期盼，必定会为大豫与时俱进的现代化、城镇化提供强大舆论支持和全方位密切合作。

人有思乡怀旧天性。月是故乡明，风是故乡清，当北京常被笼罩在浓重雾霾中时，或游览海内外名胜风光时，我总是情不自禁地思念故乡海风沁人肺腑，海滩浩瀚无际，原野五彩缤纷，乡音亲切动听，看来对故乡美好记忆必定陪伴我终生。而如何顺应包括我在内的所有思念、建设、关心、服务、游览大豫者意愿，将大豫的昨天、今天复制成庄严的历史画卷并立体展示其独特魅力，动员所有相关人士共同为大豫美好明天贡献力量，这就是《大豫镇志》的光荣使命。为此，我向参与这一宏大文化工程的所有领导和同志致敬，并预祝《大豫镇志》成为基层地方志的典范。

解放军出版社社长 施 雷

2014年5月

凡　　例

一、指导思想：运用辩证唯物主义和历史唯物主义观点，贯彻求真务实，贯通古今，详今明古原则，力求资料性、科学性、思想性统一，全面客观记述大豫镇自然、政治、经济、文化和社会发展的历史与现状，体现时代特点，显示地方特色，发挥志书的"资政、存史、教化"功能。

二、记述原则：采用第三人称，出现人名直书姓名，必要时书当时职务，以类系事，事以类从，横分门类，竖写历史。以述、记、志、传、录、图、表为主要表达方式。以志为主、以录为辅，图片相对集中，也有随文插辅，表格均随文设置。总览全镇、力求全面、突出重点、体现特色。文体为语体文，力求严谨、朴实、简洁，对跨篇、章、节之间交叉内容记述，采用"互见法"。每篇设有概述，大部分节下有题序。

三、记述范围：以现行大豫镇行政区域为界，地域包括原掘东区，现17个行政村、3个行政社区和1个居民委员会。在断限时间内划出的不在范围内，如华丰公社。时间为上限溯源，因事而异；下限截至2012年12月31日。照片截稿及部分内容稍有下延。总述、大事记置以卷首，编纂始末、编纂资料来源及索引殿于卷末。

四、纪年：民国以前书朝代年号，用汉字书写；民国纪年用阿拉伯字书写，括注公元年（一般在篇章节首括注1次）。如：清光绪二十五年（1899），民国5年（1916）。中华人民共和国成立后一律用公元纪年。志书中"60年代""80年代"等，指20世纪年代；中华人民共和国成立前指1949年10月前，解放前指1947年3月18日前。志书中"中共"指中国共产党，"中共镇（乡）委"指镇（乡）党委，"中共支部"指党支部。

五、篇目：以篇、章、节3个层次排列，共36篇、155章、534节、168万字。节下设目、子目、准子目，目用汉字一、二、三……标序号；子目用汉字加括号（一）、（二）、（三）……表示；准子目用阿拉伯字1、2、3……表示。

六、引文注释：对重要的引文和需要说明的专用名词、浓缩语、特定事物等，予以注释。注释采取页末注（脚注）。即在本页的最下面划条注线（位置占一行，从左边顶头划起，长度占版面宽度的1/4强）。用①②③……数字标号。引文注码标在引文末字的右上方。

七、人物志：按"生不列传"原则收录，入传人物收录对大豫镇社会发展事业有建树或重大影响，在1949～2012年年底期间过世的人物。排列以卒年为序。在世人物"以事系人”,以境内人物为主。但对大豫政治、经济、文化影响较深的客籍英烈和名人,亦一并收录,一般以卒年先后排列,特殊情况例外。缘于史料来源详略,分别以传记、传略、表格记述,并无厚此薄彼之意。尽管如此,仍有不少作古明贤信息未能反馈,实为遗憾,只有待到下次续修增补,见谅。

八、行文用字:一律以1988年语言文字工作委员会,国家新闻出版署发布《现代汉语通用字表》为据。对古人名、古地名、古籍、引文等仍保留繁体字或异体字。对方言俚语中生冷字、同音字加注说明。地名以省、市、县地名委员会批准颁布为准。古地名仍沿用原名。对于未定的新地名暂用约定俗称名。

九、资料来源:文献资料、统计汇编、文书档案、各级各地史志、史料、报纸、杂志、图书以及调查访问的口述内容,企事业单位、机关各部门、各村(居、社区)委会提供的资料和数据,还有广征博集,经考证的流传资料等,行文中一般不注明出处。

十、统计数据和计量单位的使用:分别按《中华人民共和国统计法》和中华人民共和国法定计量单位规定书写。

十一、数字表述按照国家语言文字工作委员会公布的《关于出版物上数字用法的试行规定》书写。标点符号使用以新版国家标准《标点符号用法》规定为标准。

十二、志内特设“附录”,附录中主要收录镇、村区划调整的文件,政府工作报告及重要经验文章摘要、重点文章节选及文学作品辑录、章程规约碑文、遗闻逸事等。

上册目录

第三篇　人　　口

第四篇　镇村建设

第五篇　农　　业

第六篇　林牧副业

第七篇　渔　业

第八篇　盐业与垦牧

第九篇　水　　利

第十篇　交通运输

第十一篇　工　　业

第十二篇　建　　筑

第十三篇　邮　电

第十四篇　商贸服务

第十五篇　金融保险

第十六篇　财政　税务

第十七篇　党派社团

第十八篇　政权　政务

第十九篇　政　　法

第二十篇　民　政

第二十一篇　武　　装

总　述

大豫镇，位于北纬32.33°，东经121.45°。属北亚热带季风气候区。地处长江三角洲平原，江苏省南通市如东县东南部，东濒南黄海（东凌港），西接县城掘港，北连长沙镇（洋口港），南与通州市三余镇隔河（遥望港）相望。大豫镇区位独特，自然条件优越，海洋性气候显著、四季分明、雨量充沛、光照充足、温和宜人、地势平坦、楼房林立、河网交织、土地肥沃、林果茂盛、物产丰富，犹如一颗璀璨明珠矗立于“四港”[①]中央。全镇总面积195.47平方公里，人口总数10.67万人，其中有蒙古、苗、藏、侗、瑶、傣、布依、壮、土家、哈尼、达斡尔等16个少数民族316人。为如东县第二大镇，亦为如东县六大沿海镇之一，[②]2012年，进入“长寿乡镇”之列。

大豫镇，得名于大豫盐垦公司。民国5年（1916），著名民族实业家张謇成立大豫盐垦公司。[③]其范围南起遥望港，北经长沙镇范堤外折向西北至丰利场止，西与民地分界有西沿竖河，东止于海，包围如东东部（即丁店、兵房、南坎、北坎、长沙、卫海一线）。总部设于掘港。下设大小17个区。境内有11个区，即中一区、中二区、中三区、中附区；南一区、南二区、南三区；南附区、南附东区；北一区、北二区，并且在南一区、中一区、中二区、北一区设分区办事处。

南二区、南三区由南一区代管，中附区由中一区代管，中三区由中二区代管，北二区由北一区代管。其余区由总公司直接管理。公司总面积48万亩，已垦面积13万亩，未垦面积35万亩。随着公司发展，崇明、启东、海门等地移民纷至沓来，据《通通日报》载：民国19年（1930），垦区有4500户、2.76万人。大豫、兵房、大同、丁店等小集镇日趋繁荣。垦区内崛起大小粮仓（称大户人家）几十家。其中以张姓冠名“四大仓”规模较大。南张家仓（巩王村43组），中张家仓（一门闸村5组），西张家仓（大豫社区8组），北张家仓（止马洼村1组），中张家仓独占鳌头，范围最广，势力最大，实力最强，拥有土地4500多亩。

民国30年（1941）9月，以大豫为中心，划分为豫北、豫滨、豫中、豫安、豫如、豫附、豫南

---

①掘港、东凌港、洋口港、遥望港。

②栟茶镇、洋口镇、苴镇、长沙镇、大豫镇、丰利镇。

③《南通盐业志》316页，民国5年（1916）春二月，以张詧、张謇、束勖严、韩奉持、徐静仁、余寿平、沙健庵、周谷人、马敷五、张东甫、吴寄尘等11人名义，正式发起成立公司。用《易经》“豫”卦辞“由豫，大有得，志大行也”之意。取名“掘港大豫盐垦股份有限公司”。

7个乡。中华人民共和国成立后,行政体制不断变化,境内相继建立大豫、兵房、丁店、华丰(2000年并入掘港镇)、东凌等公社(1983年撤社建乡)。2000年始,境内行政区划调整合并,2000年4月,南坎乡与东凌乡合并设立大豫镇。2001年3月,丁店乡与兵房镇合并设立兵房镇。2009年5月,兵房镇与大豫镇合并设立大豫镇。

一

水利是农业的命脉。历代政府都重视水利建设。民国5年(1916),民族实业家张謇高瞻远瞩,亲临沿海勘察,修筑十贯大豫海堤,全长30公里。为匡围滩涂,创立盐垦公司打下坚实基础。在筑堤期间,内地工程一并规划进行。根据垦区地形分匡和垙,每匡5或6排,每排17或18垙,[①]每垙25亩;匡四周有匡河,匡与匡之间有马路,排与排之间有横河(排河),垙与垙之间有垙河(泯沟,亦叫明沟),形成富有远景规划地方特色河网化格局。中华人民共和国成立后,境内新筑掘东、东凌、盐场、新盐场、豫东等5条海堤。

境内主要骨干河道均系东西走向。兵房大河,旧称沙鱼丫子。1958年,拓宽浚深后,统称如泰运河。过境总长16.20公里。遥望港,旧称摇网港。过境总长11.25公里。掘坎河,旧称北凌河。过境总长5公里。公共河,旧称东凌河。过境总长8.75公里。掘坎河、公共河均要通过四贯、七贯、九贯河,由北向南汇入如泰运河出境入海。河闸、涵闸是沿海地区用于排涝、排咸、挡潮重要水利设施。大豫境内建有挡潮排涝水闸6座,节制闸26座。"豫丰闸",亦称"三门闸"。建于民国5年,位于大豫盐垦公司南附区(大同村)与华丰垦殖公司(丁字岸村)交界处。历经百年沧桑,如今仍保存完好。"遥望港闸",亦称"九门闸"。民国7年10月27日开工,民国8年10月15日举行落成典礼。由荷兰水利工程师特莱克设计。为淮南地区最大挡潮排涝闸。中华人民共和国成立后,1960年6月,在如泰运河入海口建造"东安闸"。1963年,在丁店河,旧称"川腰港",七贯老海堤外,建造"丁店河闸"。2009年4月,在如泰运河末梢,老东安闸下游6.67公里处,新建集挡潮、排涝、改善水质兼顾通航功能于一体"东安新闸",该闸气势宏伟、十分壮观,构筑成南黄海之滨一道独特靓丽风景线。

民国6年(1917),大豫盐垦公司始筑土公路,开启如东公路建设先河。全长95.14公里,境内总长约11.25公里。"掘青公路"是境内主要骨干道路,始建于民国20年,全长60公里,境内为11.25公里。2003年,重新命名为苏"222"线省道。"334"线省道,西起兵房海滨桥,傍如泰运河,横穿强民、东安闸村,东至东凌海防路口,全长7公里。"长兵线"原省道"221"线,后改为县道"203"线,这是一条纵贯境内南北交通骨干道路。北起长沙镇,抵达

①垙:指公司田块面积的单位,当时每"垙"25亩,以48平方丈为一亩,后以60平方丈为一亩重新丈量,每"垙"为20市亩,除去宅基地和宅沟,实际可耕地仅18亩左右。"垙"系方言字,《海门方言志》第165页注为:"两条泯沟间的土地叫做'垙',宽狭不等,一般为五六十米,南北至横河,称为一'垙'田。"

兵房镇，接“222”线和“334”线省道，全长18.018公里，境内为10公里。进入21世纪后，境内又新增沿海两条过境骨干道路。“海防公路”，2001年8月10日开工建设，于2003年9月底竣工，全长75.804公里，境内为17.50公里。“临海高等级公路如东段”，2010年10月，启动征地拆迁，全长约74.30公里，境内约18公里。交通事业，伴随着时代前进步伐，迅猛发展、四通八达。大豫镇至南通机场，从222线省道向西上223线折向西南50分钟便可抵达，再从此线上高速，经苏通大桥两小时内可到达上海等苏南相关城市。

二

大豫镇，百年前由海滩形成陆地，在这块新生宝地上民族实业家张謇为造福后代立下不朽功勋。通过“废灶兴垦”，历经沧桑，使沧海变成桑田。民国时期，大豫劳苦大众虽饱尝开荒垦殖艰辛，受尽剥削阶级煎熬，但启海人豁达、开朗、敢想敢为的独特风格得到继承和发扬；开疆拓土坚强意志和艰苦奋斗、勇往直前、刚正不阿的民族气概得到彰显；谱写出一篇篇震惊世人的壮丽诗章。

民国19年（1930），中国工农红军第十四军挺进大豫垦区，全区遍插红旗，百姓欢呼雀跃，热烈欢迎。民国29年11月，新四军东进掘港后，建立苏中四分区抗日民主政权，并取得掘港保卫战伟大胜利。是月，石坚受中共南通中心县委指派，开辟掘东区，民国30年9月，曹持衡任区长，重建掘东区政府，建立人民民主政权。民国31年2月9日，苏中四分区在南坎召开党委（扩大）会议；9月1日，召开夏收总结扩大会议，陈丕显作反清乡具体部署；11月11日，苏中军政党委委员第三次（扩大）会议闭幕，谭震林代表华中局做报告，陈丕显、管文蔚、粟裕等领导作“三冬”①“精兵简政”等报告。抗日战争期间，大豫广大军民坚持反扫荡、反“清乡”，开展炸汽艇、智取敌碉堡，火烧竹篱笆等斗争。民国33年6月26日，取得南坎攻坚战胜利，彻底拔掉切断中共南北交通线一颗“硬钉子”，受到新四军第一师通令嘉奖。民国34年3月16日，又取得大豫镇战斗胜利，摧毁掘港以东敌伪封锁线上最东端一座碉堡。全镇人民扬眉吐气，敲锣打鼓，载歌载舞，欢庆胜利。在与日伪展开殊死斗争中，大豫人民英勇顽强、不屈不挠大无畏精神得到充分展示，涌现出掘东区三乡联防队队长顾秀、第二联防队队长吴品庄、民兵大队长花功宪等英雄人物。

解放战争开始，掘东区区队长张豪身先士卒、带头参军，广大热血青年群情高昂，为保家卫国踊跃应征。民国37年1月初，掘东区召开干部群众大会，会上56名党员、干部和近百名青年积极报名应征。当强丰乡第一村经农民代表讨论制定参军立功8条标准传遍全区后，群众支持参军热情更为高涨，在这次大参军运动中，全区882人参加解放军，位居全县各区之首。在解放战争各大战役中，大豫籍战士，不负重任、不怕牺牲，涌现出邱祖清等

①冬学、冬耕、冬防。

10多名一等功臣和战斗英雄。著名战斗英雄有：一门闸村王万林（前海军副司令、第五届全国人大代表）；香台村王维福（前海军东海舰队训练基地顾问、第一届全国人大代表），多次受到毛泽东主席、周恩来总理、刘少奇、邓小平等老一辈无产阶级革命家接见；1999年4月23日，出席人民海军建军50周年英模座谈会时，受到江泽民主席亲切接见。在土地革命、抗日战争和解放战争时期，掘东区区长巩坚、区委书记王荃、苏中九分区八团一营教导员徐征、利民乡乡长沈正家、大豫小学校长夏桂芝、一门闸村民兵副大队长吴兆卿、豫和乡乡长顾方城等450多名大豫儿女为民族解放和革命事业献出宝贵生命，他们的业绩如日月经天，江河行地，光耀千秋。

中华人民共和国成立后，解放军这所大学校，锻造出一批批大豫籍名人精英，有从事尖端国防研究科学家；有从事海军工程船舶与动力研究教授、博士生导师；有领机冲进蘑菇云取样引航员；有解放军新闻出版社社长、总编，有战斗英雄、一等功臣等。周墩村黄兆良在"八六"海战中，成绩显赫，被中央军委授予一等功勋章，两次受到毛泽东主席、周恩来总理等国家领导人接见。一门闸村王建新，1985年3月8日，奉命率领全班战士拔除小尖山越军阵地，经过16小时恶战，击退越军7次反扑，中央军委和昆明军区授予其一等功臣，所在"硬六连"二班战士被授予16勇士光荣称号。

大豫"将军之乡"，闻名遐迩。国防大学教授、副校长黄玉章，1988年，被授予中将军衔，陆启生、郁正德、邱祖平，蔡善飞等先后被授予少将军衔。中校、大校军衔人数甚多。他们不仅为国防事业繁荣昌盛做出巨大贡献，而且还关心和支持家乡建设。

三

大豫，历来崇文重教，源远流长。先哲在教育事业上的作为，给境内文化、教育、科技、体育、卫生等事业发展奠定坚实基础。清宣统三年（1911），兴办掘港市第四初等小学（即南坎小学）。民国6年（1917），张謇在所属各分区办事处所在地建立学校9所。从此，"父实业，母教育"思想在大豫得到贯穿和发展。民国10年，建立如皋农教小学（后称富云小学），民国11年，建立同仁小学。民国30年11月，建立大豫中学，该校是抗日战争时期，培养革命干部重要基地和摇篮，一批进步学生从这里走上革命征程，投身中国解放事业。如江苏省委纪律检查委员会副书记路澈，海门市委书记沙秀高，国防大学副校长黄玉章，著名文艺评论家陈辽等都是大豫中学校友。民国时期，境内共有私塾42所、学堂23所。1949年，人民政府接管私立学校。1956年，王冠千创办兵房中学，该校一度师资雄厚，名师荟萃，名生辈出。1958～1960年，相继建立南坎、巩王初级中学。1958～1965年，兴办农业中学、农业技术学校。"文化大革命"期间，学校教育质量严重下降，1976年，粉碎江青反革命集团后，教育战线得以拨乱反正，大豫教育界全面贯彻落实中共各项教育方针，教育氛围、教育质量、教育规模均得到较大发展。

大豫，堪称“教育之乡”。20世纪50年代起，海门、如皋、南通、崇明、如东（简师）师范等中等学校毕业生，分布于如东各地教育界，境内鼎盛时期公民办教师总数达863人。在这支浩大教师队伍中，以丁氏（丁元瑞）、朱氏（朱凤仪）为代表3～5代教师世家有数十家之多。1980～1983年，境内共有各类学校83所，完全中学5所（含戴帽子高中）、初级中学5所（含民办）、小学55所（民办29所）、职业中学1所、成人学校4所、幼儿园15所。1985年，成为县首批实现无危房、有课桌、有凳子“一无两有”乡镇。1989年，兵房小学成为南通市首批市级模范学校。1996年，兵房成人学校成为省重点学校。2003年，兵房中学成为市重点中学。2004年，大豫镇成为江苏省教育现代化先进镇。2005年，创建省教育现代化乡镇通过省验收。2012年，全镇有初中2所、小学5所、成人学校1所、幼儿园2所。

数风流人物，还看今朝。大豫这片盐碱地，既飘拂着庄稼芳香，又孕育着未来希望。大豫人秉承“教书育人”改变人生理念，花重金培养下一代，从学生和教师队伍中涌现出一大批栋梁之材，奔赴祖国四面八方。有专家学者，享受国务院特殊津贴；有优秀领导干部；有知名人士；有劳动模范、风范人物。这些从海水中泡大成长起来的大豫人民优秀儿女，以壮志宏愿济世救国，矢志不移追求真理，旷世才华贡献社会，振兴中华之杰出成就，光鉴历史，照耀后人。

大豫文化，因受江南文化影响，素有“越剧之乡”“曲艺之乡”美誉。中华人民共和国成立前，境内没有公众文化设施，一些文艺爱好者只能在农闲或节日，聚在一起哼哼民间小调，唱唱越剧（绍兴戏），随时代变迁，俗沿成习，形成爱唱越剧的健康风尚。之后，一部分文艺爱好者酷爱苏州评弹，走上曲艺说唱之路。中华人民共和国成立后，群众文化生活得到党和政府日益重视，群众性文艺团体陆续涌现。1950年，境内首建兵房剧团。1958年，如东县建立杂技团，兵房马戏班并入，成为该团主力。1958～1962年期间，兵房、大同、南坎、掘东区文工团相继组建，除演出传统剧目《九件衣》《拾玉镯》《碧玉簪》外，还演出现代戏。1959年，兵房文工团崭露头角，现代戏“刘三姐”，在县会演中荣获演出二等奖。这批业余演出团体在国家“三年困难时期”①相继解散。“文化大革命”中，毛泽东思想文艺宣传队遍布乡村。中共十一届三中全会后，文艺改革春风吹拂祖国大地，为群众文艺注入新鲜活力，境内广大群众文艺爱好者，开启新征程，以饱满政治激情重登舞台。1979年，组建掘东区曲艺队，至1983年，“新星”“黄海”“大同”越剧团先后自发组建。进入21世纪后，在丁店毛竹桥文化活动中心影响下，兵房社区、巩王村等自发性老年演出队脱颖而出，用社会主义思想占领城乡文化阵地，活跃在城镇街头和乡村舞台，使境内群众性文化活动再现繁荣。

文化阵地和设施日臻巩固、完善。1952年，建立掘东区文化站（1996年撤销）。1958年，建立大同公社文化馆（1962年撤销）；1975～1982年期间，相继建立丁店、南坎、东凌乡文化站。1997年1月，东凌文化站首创海上图书流动箱，被誉为“海上图书馆”，《人民日

①1960～1962年。

报》《中国文化报》同时刊登此消息。随着乡镇体制变化，2009年，建立大豫镇文化服务站（体育工作站、图书分馆），阵地面积500平方米，辟有图书室、乒乓球室、排演室、健身房、棋牌室、电脑室等。2011年度，获南通市优秀乡镇（街道）综合文化站。

群众文艺创作成绩可喜，多名业余作家发表歌词、诗作千余篇，姚橹创作的歌词《海水泡大的汉子》，2003年，获省农民艺术节一等奖，并在中央台播放，2008年，获南通市第三届精神文明建设“五个一工程作品奖”，2012年，唱响韩国世博会。刘士辉作曲，傅丽华演唱的掘东山歌《我唱山歌跋东海》曾风靡县内外。顾文俊发表出版黄海民间故事《青龙白虎》，施锦安发表出版长篇小说《海滨枪声》《共赴京都》。中国文艺家联合会副主席、作家高保国发表出版著作10余部，长篇报告文学《江海之子——姚止平》。2010年3月，获文化部等4家联办“星光杯”感动中华；全国大型征文比赛一等奖。是年8月，获南通市政府文艺奖。从20世纪50年代起，为专业文艺团体输送各类人才10多名。国家一级演员，海门市文联副主席、山歌剧团副团长宋卫香，从乡村舞台唱到中南海，受到国家领导人接见，被确定为国家非物质文化遗产海门山歌传承人。著名书画家有：国际美术家联合会会员、中国书画名家创作院院士、杭州天鸿书画院院长陆雨声，著名书法家有：中国标准草书学社常务副社长陈墨石，他曾参加中南海、人民大会堂庆祝国庆50周年、香港、澳门回归等大型笔会，多次发起并组织举办海内外重大书法展览，标准草书艺术成就在海内外享有很高声誉。

民国6年（1917），大豫公司所属9所学校始设体育课。中华人民共和国成立前，民间只能开展少量单项体育活动。1949年后，学校体育得到加强。1958年起，群众性体育活动由大队组织进行。乡镇文化站建立后，兼管体育工作，使全镇体育工作步入有序轨道。1986～1997年期间，境内各乡镇均成为江苏省体育先进乡镇。先后向国家、省、市输送10多位体育人才，并在多项比赛中获得殊荣，如排球运动员张建华、女排运动员盛玉红，江苏省体育学院自行车队教练黄俊，田径运动员张炳元等。1958年，张炳元参加省第五届运动会成年男子组跳远项目，以6.41米成绩，创省最高纪录；1961年，农民倪国康参加省自行车比赛，获第6名，被评为2级运动员；黄俊参加全国自行车比赛两次打破全国纪录。1974年，农民方志敏参加县第三届运动会成年男子铁饼（2公斤）项目，以29.78米成绩创县最高纪录。2006年，大豫籍运动员陈益波连夺“省十六运”短跑两块金牌。盛玉红，1990年入选国家青年队，不幸受伤后，改练坐式排球，重新披上国家队战袍。在2004年雅典残奥会坐式排球比赛中，为中国赢得残奥会第一块集体球类项目金牌，也为家乡争得荣誉，被誉为“残奥十大传奇英雄”之一。《挚友杂志》2012年第10期，以《风雨之后见彩虹》为题，热情歌颂勇夺“三连冠”运动健将，江海英才。

大豫医疗卫生事业开启于民国6年（1917），张謇在南一区公司内开设医院，成为境内医疗事业先导。民国29年，施公衡等人举办掘东公益医院开诊，址设兵房镇南协和仓（原新民村），如皋县政府转移至掘东区，接受该院，改称如皋县立（掘东）医院。民国31年，日本侵略军大扫荡时，奉命遣散。中华人民共和国成立前，境内医疗卫生事业十分落后，仅有30多名医生、八九家中药房，一有瘟病流行，病者很难及时治疗，患病死亡频频发生，给人民群众造成极大痛苦。民国36年，在中共地方组织正确领导下，施公衡主办成立掘东区医研会，并召开选举会，制定规章制度。成立苏中地区第一个联合诊所——利民乡联合诊所。是年11月，在掘港保卫战中，施公衡带领20多名医生，奋战3昼夜，出色完成伤员抢救任务。民国38年初夏，顾黛、施文周率领首批10多名医生参加渡江战役，成为战地医疗队骨干力量。

在社会主义建设时期，大豫医疗卫生事业得到发展，医疗条件不断改善，防病治病质量和医学科技水平不断提高，缺医少药、病疫流行、满目疮痍状况彻底改变，形成较为完整卫生网络体系。1956年5月，建立掘东区卫生所。1958年10月，建立人民公社医院。1965年，建立人民公社中心联合诊所。1983年7月，掘东地区医院与兵房人民公社卫生院合并为兵房中心卫生院。1993年，兵房镇建立12个甲级村级卫生室。1994～1997年，南坎、丁店、兵房卫生院被评定为一级甲等乡镇卫生院。2001年11月，建立乡镇卫生所。2009年5月，兵房、大豫两所合并，建立新大豫镇卫生所，2012年，全所有12名工作人员，辖24个社区卫生服务站，87名乡村医生。医生世家以南坎罗氏（罗致平）、薛氏（薛文宰）为代表，成为医疗卫生战线楷模。人民健康水平得到空前提高，人口与计划生育工作常抓不懈、成绩显著，全镇人口平均期望寿命75岁以上，新型农村合作医疗参保率99.30%。

大豫镇影视广播事业，成为社会主义精神文明建设重要宣传阵地。从1971年起，境内先后建立农村电影队3家，南坎公社电影队为全县首批样板民办电影队，连续多年获省、市、县先进放映队殊荣。20世纪90年代中期，兵房镇首家普及有线电视，逐步延伸到其他各乡。2003～2005年，大豫镇成为南通市有线电视达标乡镇、南通市有线电视先进乡镇、南通市有线电视示范镇。其间，国家广电总局社管司司长才华亲临视察指导。2012年，全镇拥有数字电视2.50万户，入户率达95%，调频广播2.55万只，入户率96%，通响率100%。

四

中华人民共和国成立后，大豫人民在中国共产党和人民政府领导下，以主人翁责任感和自力更生、艰苦创业精神，及时医治战争创伤，恢复和发展国民经济，坚持走社会主义道路，坚持改革开放，敢于攻坚克难，大胆开拓，各项事业成果辉煌，万众瞩目。

民国初年，大豫境内商业并不发达，大豫盐垦公司日益兴盛，助推大豫商业发展。集市贸易迅速崛起，各种商业店铺星罗棋布。大同镇鼎盛时期，花行50余家。1950年年初，大同、南坎、大豫、兵房四大集镇私营商业总数548家，商贸业初展繁荣景象。1950～1952年，大同、伯安、大豫、兵房、南坎供销社先后诞生，1955年起，对私营商业进行社会主义改造后，互助合作商业陆续面世，发展成集体商业，为服务基层方便群众，全镇共设商业下伸点34处，至90年代初，境内共有集体商业8家（含商业企业），职工总数680人，经营门店、网点164个，总资产1132万元，年度销售总额1150万元。随着改革开放步步深入，社会主义市场经济突飞猛进，农村剩余劳力纷纷进城经商，导致集体商业、供销等部门危机四伏、门庭冷落、经营亏损、无力支撑。2006年左右，全县流通领域实施全面改革，境内商业、供销等部门均终止经营，被各种超市所取代。

大豫镇是农业大镇，可耕面积16.58万亩。棉花是大豫农业种植的主要作物。素有“棉乡”之称。民国时期，种植“沙花”“小洋花”（鸡脚花）。民国25年（1936），推广“脱字棉”。1950年，如东县政府在新民、徐征、利民、王荃4乡，试种美棉良种“岱字棉15号”4万亩，建立“岱字棉15号”纯种管理区。20世纪70年代，在实现皮棉百万担高潮中，境内“一镇三乡”率先垂范、勇挑重担做出巨大贡献。1975年8月，时任兵房供销社副主任赵兵出席全国棉花收购工作会议，并做经验介绍。1991年1月，兵房轧花厂加工皮棉成为江苏省优质产品。改革开放后，农村经济政策得到进一步落实，全面实施以家庭联产承包责任制为主的农村双层经营体制，切实加大农业产业结构调整力度，极大地调动广大农民劳动致富积极性，农村生产力得到全面发展，农业迈向高效、特色农业快车道。农林牧副渔业百花争妍、缤彩纷争、形势喜人。1995年，种植京欣1号西瓜2.80万亩，总产值3500万元；2002年，种植广岛菜、西兰花、小松菜、盐渍菜等出口蔬菜3500亩，年创汇1609万美元；徐征村棉花夹种西瓜立体种植模式，指导、带动农业结构调整。2000年，大同村特色产业“万亩果园”，获市优秀农产品生产基地称号，获省“模范果园”铜牌。至2009年，全镇培植现代化农业示范基地10个，共获科研成果奖31项次，发表（含学术交流）科技论文49篇。20世纪90年代，掀起饲养肉用鸡高潮，南坎乡新兴村（香台村）成为全县典型“养鸡专业村”，农民靠养鸡走上致富路。1998年6月18日，兵房镇成立如东首家农副产品营销协会。1999年，时任江苏省副省长姜永荣批示：“在全省推广兵房镇营销协会做法。”2002～2003连续两年列入省示范性农村专业合作组织、专业协会50强；2004年，获南通市合作专业经济组织20强；2005年，省工商局授予突出贡献奖；2006～2007年，获省“四有合作经济组织”①先进单位。

大豫镇是如东沿海渔业生产重镇。有30公里海岸线，16.05万亩海滩，素有“中国文蛤第一镇”之美誉。拥有文蛤、泥螺、梭子蟹等特色海鲜物产1093种，其中名贵海鲜50多种。全镇海洋捕捞渔船230艘（其中个体捕捞船154艘，集体养殖捕捞船76艘），滩涂文蛤养殖面积6万亩，年产成品文蛤3000吨。2004年，东港村、东凌滩涂养殖有限公司被国家质检总局批准为文蛤标准示范区。紫菜养殖面积1.20万亩，年产压水紫菜1800吨，有紫菜加工企业11家，19条一次性紫菜加工线。淡水渔业，也是大豫镇一大优势。二十世纪六七十年代，人们习惯宅沟、泯沟、池塘养殖。为适应市场需求，改革传统养殖模式，调整养殖结构，以中华绒螯蟹为主的特种水产养殖遍及各村，被誉为“蟹苗之乡”。2010年，全镇建立5个专业水产合作社，扣蟹养殖户达3300多家；2012年，全镇养殖面积1.58万亩，总产值3154万元。

①有组织制度、有合作手段、有较大规模、有明显效益。

大豫镇工业起步较早。民国6年(1917),大豫垦殖公司附设轧花厂、织布厂。民国9年,创办掘港私营曜滨发电厂。成为如东工业发祥地。1949年,境内有工业、手工业203家。1956年,对私营工业、个体手工业实行社会主义改造。在所有制结构上,有国营、公私合营、集体乡镇办、个体等性质。20世纪60年代初,乡镇办企业相继停办。70年代初,开始复苏。1983年,全镇集体企业15家,生产总值1226万元。1985年,工业总产值3562万元,从业人员1200多人。1995年,开始发展外向型经济,丁店乡在黄浦江边成立南通顺兴船务有限公司,创境内中外合资企业先例。江苏龙涛牌消防水带为公安部定点产品,入选《中国名牌产品画册》。江苏盾王劳保用品有限公司,成为中国安全鞋最大专业制造商之一,2001年起,被确定为国家极地考察队员装备用鞋专业制造商。上海有25%一线工人常年穿“盾王安全鞋”。2005年,全镇工业企业总数250家,从业人员5100人,工业增加值2.70亿元,工业总产值10.50亿元,销售收入9.97亿元,利润5100万元。2008年,全镇企业为1437家,工业企业771家,规模以上企业60家,企业从业人员2.86万人,工业企业1.50万人,企业实缴税金总额3.80亿元。形成电光源、食品加工、机械电子、木器加工、棉纺针织、建筑材料、海产品加工等支柱产业;建成兵房工业园区、大豫工业园区以及东安科技园区等工业生产基地。2005～2010年,南通燎原针织有限公司、南通万豪建材科技有限公司,成为县10强和50强企业。2012年,全镇工业应税销售12.10亿元,工业利税总额7500万元。

大豫镇建筑业驰名省内外。始于20世纪60年代末至70年代初,时称公社建筑站。90年代均更名为建筑公司。随公司规模、财力、技术水平持续发展和提高,走出家门,闯入大市场,承揽上海、南通、新疆等地大型建筑工程。江苏顺通建设工程有限公司(前身丁店乡建筑站)实力雄厚,独占鳌头。公司注册资金为3亿元,拥有现代化机械设备1.12万台(套);年施工产值80亿元以上,员工1.86万人,各类专业技术人员1086人,施工队伍遍及北京、上海、苏州、南京、新疆、徐州等12个省、市、自治区。公司施工工程合格率100%,优良品率90%以上,其中,获“鲁班”奖6项,“杨子杯”奖100多项,“白玉兰”奖10多项。国家领导人李源潮、俞正声、刘云山及其省、部级领导先后亲临顺通工地视察工程项目、指导工作。被誉为“南通铁军劲旅、中华鲁班传人”。

五

中华人民共和国成立前,大豫人民过着衣不蔽体、食不饱腹、住无安身的穷苦生活。丰荡村(并入一门闸村)过去以“小荒荡”闻名乡里。流传着一首民谣,形象地描述当时小荒荡人凄惨景况,也是大豫人民生活真实写照:“小荒荡、小荒荡,十年就有九年荒,家家穷得叮当响,吃的是野菜拌麸糠,住的是‘滚龙厅’上开天窗,穿的是千补百衲破衣裳;春二三月闹饥荒,拖儿带女奔四方,世间少有的苦地方。”民国35年(1946),土地改革后,大豫穷苦大众分得田地,翻身当家做主人,终于过上安稳日子。以大同、兵房、南坎3个居民小组为例，民国37年年底，共有143户，326人，月均口粮（草粮）14斤，其中求乞为生5家，靠政府救济28户，户均住房1.50间（草屋），1980年年底，共有151户、437人，月总收入1.23万元，人均收入28.47元。其中40元以上8户，占5.20%；30～39元74户，占48.90%，21～29元49户，占32.40%，20元以下20户，占13.50%，月均生活水平最高户53元，最低户12.80元，户均住房3间，砖瓦房占80%，茅草房占20%。20世纪90年代后，全镇基本形成"楼上楼下，电灯电话，在家看电视，出门摩托化"的生活格局。这一翻天覆地巨大变化，得益于党中央"1号文件"，得益于改革开放政策。至2005年，全镇居民人均可支配收入1111万元，与1980年相比增长18倍。2010年，农民纯收入年均1.16万元，消费水平1.02万元。大豫人民生活全面达到小康水平。2012年，全镇实现国内生产总值38.86亿元，人均纯收入1.25万元。

随着人民生活水平空前提高和全镇经济跨越式发展，镇村面貌日新月异、与日俱进。1997年始，境内各乡镇编制新一轮总体规划，启动现代化示范村建设。1999年，兵房镇列入江苏省222个重点中心镇，是年，被评为如东县首批县级新型小城镇，2001年，评为南通市新型示范小城镇。2009年，兵房镇与大豫镇合并设立大豫镇后，在驻地兵房加大新镇区开发建设力度，至2012年，新区内工业园区面积2250亩，形成"三横两纵"[①]道路交通格局，30多家企业落户于此，企业连体、楼房林立、街道整齐、环境优美，集居住、饮食、娱乐、休闲、购物于一体，一座现代化新型小城镇在南黄海之滨迅速崛起。

农村集居点建设，有效提升现代化农村建设品位，带动农村经济向更高层次发展，农村居民生活质量再现勃勃生机。至2012年，全镇建成29个居民点，入住536户，规划总面积8214亩，已规划占地总面积335亩，建住宅楼320幢，建筑总面积13万平方米。基本达到：建筑美化、道路硬化、小区亮化、卫生洁化、小区绿化、河道净化。

振兴邮政事业，为拉动地方经济发展提供良好外部环境。1991年，境内机关单位实现电话程控化，直拨国际长途电话；1993年，开始使用"大哥大"和"BP"机；1995年，全镇农村开始普及程控电话，至2012年，全镇共安装电话2.50万部，拥有手机1.35万部。城乡投递由自行车改为机动车，实现投递摩托化。境内9条邮路，投递长度90公里。2011年，投递平信300万封、挂号信7.50万封、包裹3.60万件、汇票1.95万张。

回眸大豫昨天，硕果累累、成就辉煌；展望大豫明天，令人鼓舞、催人奋进。随着"十二五"规划逐步实施，大豫又将经历发展史上第二个黄金期、赶超期和突破期。作为如东沿海第一大镇，有着启海文化深厚底蕴和独特优势，有着全镇上下团结拼搏精神，有着中共十八大精神鼓舞，"加工区、库区、镇区"定能互动发展，形成合力。在中共大豫镇委员会、大豫镇人民政府正确领导下，10多万大豫人民坚信，不久的将来一定能把大豫建成经济更加强盛、科技更加发达、社会更加和谐、文化更加繁荣、生态更加优良、人民更加幸福的现代化新大豫！

---

①详见志内第四篇《镇村建设》第二章第五节"新区建设"。

大 事 记

中华民国(1916～1949)

民国5年(1916)

3月　南通张退庵赈米数百担,在掘港、南坎等地设厂施粥。

4月5日　境内晚9时发生地震。

4月　荷兰水利工程师特莱克应张謇之聘,到南通(其间曾到大豫等地勘察地形)负责筑建护岸及泄洪、桥梁等工程。

春,阴雨成灾。

8月　缉私营在华丰公司附近枪杀群众多名。

是年　张謇、张詧兄弟和邵铭之等人先后在如东沿海,开办“华丰”“大豫”(盐)垦殖公司。掘东地区开垦土白花等高产棉22.65万亩。

△　张謇兴筑大豫海堤。

△　大豫盐垦公司制订计划书。

△　境内建造豫丰闸。

民国6年(1917)

1月2日　境内发生地震。

3月9～10日　张謇视察大豫堤河工。

6月　张謇、张詧创办大豫盐垦公司。在南一区公司内开设医院,在所属各分区办事处所在地区建立学校9所。

8月29日　境内下午3时许发生地震。

是年　大豫盐垦公司开始修筑自南通经三余、三合口(即三港口)、牛车桥至掘港的土公路。

民国7年(1918)

1月1日　境内发生地震。

11月30日　境内开工建遥望港九门闸。

民国8年(1919)

2月18日　境内发生地震。

2月19日　时任国民政府江苏省省长韩紫石,考察大豫盐垦公司。

8月　荷兰水利工程师特莱克冒酷暑在遥望港九门闸工程施工时患霍乱,病逝于返通途中,葬剑山南麓。

12月6日　遥望港九门闸举行竣工典礼,张謇、张詧兄弟、两县知事及水利会负责人等300余人出席典礼。

民国9年(1920)

8月22日　境内晚8时发生地震。

秋　霍乱流行,掘港死亡300余人。

是年　掘港至南通第一次通汽车,从烟墩桥起,经牛车桥、一门闸、三合口(即三港口)、三余抵南通。

民国10年(1921)

11月30日　境内8时52分发生地震,室内器皿摇晃有声,持续2分钟。

民国11年(1922)

春　因上年秋灾,发生春荒。

4月　大豫盐垦公司对已围未围、已垦未垦土地进行规划。

民国12年(1923)

5月9日　掘港各校(含南坎小学)学生500余人,为国耻纪念,举行游行示威。

民国13年(1924)

是年　大豫盐垦公司对南一区等7个区已分未分垦田收租。

民国14年(1925)

7月　鼠疫流行,死亡80余人。

是年　旱灾。

民国15年(1926)

8月24日　张謇逝世。大豫人民为缅怀其功绩,自发开展悼念活动。

是年　大旱灾。近一年未下雨,沟港干涸,人们沟底凿井打水,田禾颗粒无收。

△　掘东地区先行引种马铃薯,俗称“洋山芋”。

民国16年(1927)

1月2日　上午11时许黄海发生地震,普遍有震感,悬挂物摇晃。

6月8日　黄海发生5.25级地震。

夏　霍乱流行。

是年　旱灾。

民国17年(1928)

4月中旬　掘东地区中共党员、农会会员组织开展活动,策应中共如皋县委在如西地区领导和发动的“五一”农民暴动。南坎等地散发传单、张贴标语,把敌人注意力引向东乡。

民国18年(1929)

12月上旬　三余盐垦区佃农举行抗租暴动。对大豫盐垦公司影响很大。

是年　境内发生严重干旱,田禾失收。饿殍载道。

△　华丰一带农民自发参加活跃在余西地区的中国工农红军第十四军第二大队。

△　黄国相参加红十四军,南坎公社亭海大队二生产队人,民国19年(1930)7月,于南通县北兴桥因战牺牲。

民国19年(1930)

4月11日　红十四军二大队攻占大豫垦区。从此,掘东区遍插红旗。

7月13日　红十四军二大队大队长陈宗恒率领红军冒雨袭击长沙自卫队(地主武装)设在张家桥据点,缴获枪支10余支,土炮一门,击毙和俘虏敌人30余名。次日,在掘东地区迎战白龙党“扫荡队”近千人,歼敌50余人,缴获枪支80余支。

民国20年(1931)

9月上旬　连日飓风,百年少见。

9月27日　各界人民举行反日救国大会。

是年　境内建筑掘青公路,由掘港经兵房、丁店、三余、三厂至青龙港。

民国21年(1932)

是年　先涝后旱,大面积庄稼干枯死,大小河道干涸,秋粮无收,河底凿塘取水。

民国22年(1933)

是年　继续干旱,饥荒严重,绝大多数人家断炊。粮价猛涨,大米由1月份每石2560元上升到12月份每石2万元法币,上涨8倍。

民国23年(1934)

4月　境内取消闾邻制,实行保甲制。

是年　大旱。

民国24年(1935)

是年底　启东贫苦农民为谋生,先后赴三余、兵房、大丰、合德等地垦荒者约有10万人。

是年　全县开展禁烟运动。

民国25年(1936)

8月　大旱,路上灰尘几寸深,大河干涸,河内可行人或推独轮车。

民国26年(1937)

抗日战争爆发,各地成立抗敌后援会。

民国27年(1938)

是年　棉价猛跌,1公斤皮棉换不到2公斤大米或0.60米棉布。迫使农民缩棉扩粮。境内棉田面积减少40%左右。

民国28年(1939)

1月　理明、曹绾中(曹衍正)、崔德耀等以"抗战支队"政工队海滨工作组名义,在长沙、何家灶、北坎一带宣传发动盐民、渔民抗日。

民国29年(1940)

是年冬　开辟掘东区。

△　掘东公益医院开诊,址设兵房南协和仓。施公衡任院长。

民国30年(1941)

夏　农村开始实行减租减息。

6月　境内开征抗日救国公粮。

8月13日　日本侵略军进行大规模"扫荡",占领各大集镇。

9月　掘东区政府重新建立。

10月　掘东区队扩编。

是年　大豫中学创办,地址设南一区公司内。

民国31年(1942)

2月9日　中共苏中四分区党委扩大会在南坎召开。

9月1日　苏中四分区党委在南坎召开夏收总结扩大会议,陈丕显就反"清乡"斗争等问题作具体部署。

10月11日　新四军一师师部在南坎召开新四军成立5周年大会。同时,苏中军政党委员会第3次(扩大)会议闭幕。谭震林代表华中局做报告。陈丕显、管文蔚、粟裕等领导做"三冬" "精兵简政"等报告。

是年　掘东沿海6个乡灶民(盐民)成立灶民抗日协会(简称“灶抗会”),共有会员84人。

△　豫北乡中共组织为防止日伪构筑据点,发动群众一举拆毁豫北公司房屋。

△　春荒。

民国32年(1943)

3月　掘东区小队40多人在犁丰村曹家园开会,突然遭到童甸据点出动的100多日伪军包围,区小队长高凤庆指挥民兵突围,战斗一个多小时,2人牺牲,3人被俘。

是月　春荒。

5月21日　县警卫团和掘东区队在九总乡蔡家墩设伏,袭击从南坎去掘港近百名伪军尾巴,活捉伪军连长,并缴获一批枪支弹药。

11月9日　日伪军奔袭掘东区。掘东区区长巩坚(安徽含山县人)在突围中英勇牺牲。次日,区委书记兼副区长王荃(广东揭阳县人)也因伤势过重而牺牲。

是年　中共组织派江帆、志伟等到沿海地区开展渔民工作,东凌等地渔民联合组建“海抗会”。

民国33年(1944)

4月　日本侵略军从兵房出动到丁店修桥,掘东区队配合南通县警卫团打伏击战,击毙日本侵略军8人,打伤10多人。

4月26日　南通县警卫团在兵房地区(海丰村)宿营地遭到敌人偷袭,团长殷逸在战斗中英勇牺牲。

5月21日上午　中共地方武装在掘港至南坎途中蔡家墩设伏,击毙日本侵略军2名,缴获长短枪支各2支,自行车4辆。

6月27日　新四军一师三旅特务四团二营,对日伪重要据点南坎镇进行一次攻坚战。全歼日本侵略军一个小队,伪军一个连队,俘敌100余人,缴获一大批枪支、弹药和军需物资。获得新四军一师师部通令嘉奖。

7月11日　南通伪清乡专员公署收到伪南坎大检问所三则呈文后答复,狂言要强迫当地乡民从速构筑封锁线。

8月22日　日船“久西丸”号载军需品120吨,从日本至上海经掘东海面,迷失航向,搁浅沙滩,船长等3人登陆侦察,被民兵发觉,在队长吴品庄带领下冲上海滩,迫其投降。此举受到四分区首长传令嘉奖。

10月6日　日本侵略军从海安、如皋、南通等地集中2000余兵力,以掘港、丰利、大豫镇为基地,分数路兵力对丰东和苴镇地区进行“梳篦式扫荡”,并于9日盘踞王家潭,在如东沿海抗日根据地安下“钉子”。

10月11日　掘东区队攻克七总庙据点，俘虏连长以下37人，创下区队进攻敌人据点之范例。

秋季　边区游击队智取鲍家桥碉堡。

民国34年（1945）

3月16日　掘东区队和丁杨乡民兵奇袭大豫镇日伪据点，击毙日本侵略军12人，击毙俘虏伪军9人。

民国35年（1946）

7月22日　在一小撮反革命分子的策动煽惑下，掘港、掘东等地接连发生暴乱事件，在海防纵队、县公安队、各区队、乡民兵营干部及广大民工联合行动下，三四日即已平息。

民国36年（1947）

5月5日　驻二窎、三余、掘港国民政府军三路合击兵房地区，大抢大烧，兵房、东安被烧毁民房500多家。

7月　利民联合诊所组建。8月，掘东区成立医生联合会。

7月14日　国民政府军整编第四十九师第一〇五旅旅部及第三一四、三一五团，第七十九旅旅部及第二三五团、二十三旅第七团一个营，整编第四师第一〇二旅第三〇六团共1万余兵力，由整编第四十九师师长王铁汉亲自指挥，配备飞机两架，分南北两路，合击南坎、北坎，企图聚歼华野第十一纵队。华野第十一纵队连夜冒雨沿海边突围。国民政府军扑空后大肆烧杀。

8月12日　为缅怀夏桂芝烈士，将大豫小学改名为“桂芝”小学。

民国37年（1948）

1月22日　徐征在解放岔河战斗中牺牲。徐征，兵房镇西乡人（徐征村），民国15年（1926）生。17岁进如皋（东）中学读书，同年，加入中国共产党。不久，任该校中共支部书记兼学生会主席，毕业后，历任中共掘北区委委员、县公安局审讯课课长、县警卫团保卫股股长、苏中九分区八团一营教导员等职。

2月14日　驻掘港国民政府军整编第二十师第一四六旅四三六团和“还乡团”到兵房镇、大豫镇一带大抢大烧。在强丰乡烧毁民房90间，抢劫皮棉1.22万公斤、籽棉1690公斤、大米4.70万公斤、食油730公斤、衣服3484件、棉被138条、被单868条、土布1209丈、洋布91丈、洋纱135公斤、金戒指5只、金耳环12对、银镯61对，鸡292只、猪7头。

4月20日　国民政府军队及“自卫队”在王荃乡大举“扫荡”，烧掉民房219家、532间。

4月24日　全县教育战线隆重召开夏桂芝等6位烈士追悼会。

民国38年（1949）

3月　中华全国合作总社指导司负责人陪同苏联合作专家卡尔捷夫访问兵房合作社。

6月上旬　东凌港民兵活捉海匪李栋成等10人，缴获匪船1艘。

6月底～7月初　大水灾，13个乡、93个村受灾。

初夏　掘东医研会主任顾黛率领首批10多名医生加入渡江战役行列。

是年　掘东区完成军鞋任务2.30万双。

中华人民共和国（1949.10～2012.12.31）

1949年

10月1日　掘东区人民热烈庆祝中华人民共和国成立。

是月　掘东区区委、区政府建立（1950年11月改称区公所）：下辖王荃、大同、新生、华丰、新余、新丰、徐征、新民、利民、强丰、镇东、新中、镇西13个小乡和1个大同镇。

是年　县公营贸易公司把兵房供销社作为扶植对象。

1950年

3月20日　兵房收花处建立。

4月20　掘坎河疏浚工程竣工。

4月25日　县引进27.50万公斤岱字棉（15号）种子，全部贷给掘东区农民播种。

7月　掘东等地发生蝗虫灾害，县委、县政府紧急动员群众突击灭蝗。

7月17日　大暴雨成灾，低处水深1米。

9月　掘东区建立油坊业同业公会。由县工商科领导，参与组织恢复和发展生产。

是年　兵房镇建立兵房镇工会组织。

△　大同镇至南通水路航线开通。

△　掘东区兵房剧团成立。

△　春荒。

1951年

1月27日　各乡派员参加县人武部第一期基干民兵轮训班。

2月19日　丁家店海面发现3只海匪船游弋。下午，丁店基干民兵31人追击海匪船。海匪逃走。

4月10日　掘东、苴镇1.40万民工匡围北坎老垦区。至5月20日完工，筑堤7公里，围田1.80万亩。

6月上旬　东凌港民兵发现海匪李栋成等10人潜入陆地偷运甜水，被民兵活捉，并缴获匪船1艘及一批物资。

6月30日　全县统一度量衡，废除大斗、小斗、重秤、轻秤。

7月13～16日　境内连降大雨，受灾严重。

8月2日　遭风暴袭击，最大风力12级。

10月上旬　5艘海匪船在掘东杨家沙活动。县人武部组织200余基干民兵在海边埋伏海匪，匪船向东南仓皇逃离。

是月　在东凌港，海匪船2次向如东陆上开炮。兵房基干民兵追击海匪船，击毙1人，救下被劫渔船。海匪向外海逃离。

11月17日　海匪船1艘追赶抢劫商船，窜入东凌港停泊。县人武部组织基干民兵200余人，配合县警备连追击，击毙匪徒1人。匪船向外海逃走。救出商船2艘。

是月　海匪在十贯头抢劫豫北乡第二村李邦浩家渔船1艘。民兵追击。时值海潮上涨。海匪开船逃跑。

1952年

2月13日　黄启周当选中国新民主主义青年团如东县第一届委员会书记。

4月28日　掘东区新民乡东南海面发现海匪船打枪45发。

6月8日傍晚　掘东区新民乡东安村飘浮1只气球，落地破裂。第二天，发现该地有红蜘蛛等昆虫一堆，被民兵和小学生扑灭。

8月　掘东辖镇东、镇西、强丰、新中、徐征、利民、新丰、王荃、大同、新生、新余、华丰12个小乡。

10月1日　掘东区陈宗权植棉亩产籽棉210多公斤，获中央人民政府农业部“爱国丰产荣誉”奖。

11月　境内拓浚公共河，自掘港东坝头到七贯鲍家桥。

12月　掘东区文化站建立。

是月中旬　冻害，属历史上少有的寒潮侵袭。

是年　境内连降大雨20多天，雨量达377.70毫米。

△　夏季干旱，农作物干枯。

1953年

1月7日　县委发出关于取缔反动会道门的紧急指示。

11月　国家开始对粮食实行统购统销政策。

是年　第一次全国人口普查。

1954年

4月8日　县委、县政府为帮助农民改进植棉耕作技术，提高棉花产量，在掘东等3个重点棉区举办植棉技术培训班。

4月　境内暴雨成灾。

6月1日　2000人以上市镇，粮食一律凭证供应。

6～7月　降雨807.30毫米。

9月14日　棉布实行计划供应。

10月　掘东、栟茶地区发现不明红绿火球13处，共冒36次。

是年　兵房、大同工会改为基层工会，隶属大豫镇工会领导。

1955年

春节期间　县工人文艺队到兵房“贺水”部队，“东海”部队慰问演出。

9月25日　匪特到南坎乡乡队长郁有才家敲门。郁有才和乡指导员起床拿枪开门，乘拉枪栓之机，匪特逃跑。

10月　掘东区建立粮管所，凭证定量供应粮油建立。

是年　夏荒。

1956年

5月　如东第一个国营棉场建成。耕地面积7480亩。1969年由南京军区江苏生产建设兵团第四师独立六营接管。1975年移交江苏省农垦局，改名如东农场。

8月1日　煤油凭证计划供应全面施行。

是日　强台风袭击，百年少见，风力12级。

10月14日　掘东区新生乡在全县首次使用拖拉机耕地。

1957年

2月28日　棉布供应，按寸收证。5月1日实行后期布证对折使用。

9月23日　县委在掘东区召开第一批办社代表会议,参加代表376人。

9月　掘东区划并成四大乡:徐征乡、大豫乡、巩王乡(前称王荃)、华丰乡。

是月　辖附中、北坎、南坎、豫北、镇东、新中、新生、徐征、新民、华丰、王荃11个小乡。

10月21日　境内开展整风与反右运动。

是月　提出开放自由市场,对小商小贩发购货通用证,取消地区间封锁,可在全省范围内组织货源。

是年　春荒。

1958年

1月5日　兵房镇职工学校移交公社办。

1月10日　如东第一个海涂养殖场在大豫乡建立,占地4000亩。

3月18日　如东盐场围堤开工,挖土137万立方米,围堤11.62公里,6月5日完工。

是月　掘东区委(区公所)被撤销,改为区指导组。

4月15日　凭新购货证供应食糖、水烟、煤油等商品。

6月28日　省盐业技术革新现场会在如东县召开,位于掘东区海滩的如东盐场滩晒大籽盐试制成功。质量完全符合国家标准。

是月　兵房等8个区供销社改为中心供销社。

8月　各人民公社建立医院。

9月　兵房供销社陈秀虎出席省财贸系统先进工作者代表大会。

10月　全县实行人民公社化,掘东区分为徐征(后改为兵房)、大豫、巩王、华丰4个公社。

10月27日　兵房大桥建成,桥长68米,宽4.70米,属县内第一座长桥。

10月29日　掘兵河工程竣工。

1959年

5月9日　国家投资在掘东沿海地区建设一座海水滩晒盐场——地方国营如东制盐场,面积24.24万亩。

6月10日　兵房荣誉军人管德山光荣出席全国烈军属、残废、复员、退伍、转业军人社会主义建设积极分子大会。

7月13日　县委在兵房召开棉花跃进誓师大会,主题是"千方百计实现棉花大丰收",动员棉农掀起比干劲、比措施、比单产、比总产的竞赛高潮。

11月2日　县委在兵房公社召开的农副产品采购现场会圆满结束。

12月中旬　境内开展新"三反"运动。

是年　秋旱，40天不下雨，大河见底。

1960年

3月9日　兵房公社朱尚珍、大豫公社张百荣出席江苏省民兵代表会议

4月2日　兵房公社朱尚珍出席全国民兵代表会议。

7月17日下午　大豫公社遭受飓风冰雹袭击，历时约15分钟。

7月25日　兵房、巩王、大豫3公社进行喷药治虫时，村民发生中毒事故，247人严重中毒。地、县迅速组织医务人员前赴现场突击抢救，48小时内全部脱险。

8月　掘东地区遭受历史上罕见特大暴雨灾害，大水猛涨，路面水深达到六七十厘米。

1961年

1月　大同公社蔬菜大队获江苏省农业社会主义建设先进单位称号，获金质奖章1枚。

3月1日　毛巾、袜子等15种针棉织品，全面实行凭票凭证供应。

5月　掘东区恢复区委。

9月30日　对部分商品实行换购办法，即出售农副产品可按标准奖售商品，凭票供应。

12月　全县开始普选。

1962年

2月10日　丁店闸工程开工，6月3日竣工。该闸为3孔，每孔净宽4米。全国人民代表大会常务委员会副委员长郭沫若为该闸题词："建闸丁店河，劳工五千多，旱涝将绝迹，海水不扬波，受益四公社，齐声一凯歌，党恩真峻极，千载永弗磨。"

2月11日　兵房小学被南通专署批准县重点小学。

6月22日　公社撤销粮管所，改设粮管员，建立区粮管所。

是年冬　四贯河(兵房至丁店段)扩浚，由掘东区出民工1300人，年底完成，挖掘土方8.73万立方米。

是年　境内开始实行猪、禽、蛋奖售政策。

1963年

4月25日　兵房食品站建立。

是月　国务院副总理、中央军委秘书长、人民解放军总参谋长罗瑞卿大将，亲赴南坎

公社新垦营察看地形,亲定建观通站地点。

8月1日　县委、县人委联合发出关于提倡晚婚,实行计划生育的通知。

8月17日　南坎遭龙卷风袭击,全公社1/2大队受灾。

是年　境内开展第一次社会主义教育运动。

△　恢复建立兵房镇联合基层工会组织。

1964年

3月9日　东海舰队征用大豫公社五大队十贯地段荒滩草地8亩,兴建2805工程。

9月8日下午　兵房公社十八大队、八大队部分生产队遭龙卷风袭击,历时10多分钟。

10月16日　中国第一颗原子弹爆炸成功。兵房人、人民空军某部引航员季献康,奉命领机两次冲进蘑菇云,圆满收集有关科学数据返回地面,荣立一等功。这在中国乃至世界都是第一次。

是年冬　丁店河工程开工。

1965年

1月8日　根据县人委更改地名通知,大豫公社改南坎公社,巩王公社改大同公社。

5月20日　掘东区遭受雷阵雨、冰雹袭击。

7月18日下午　大同公社遭受龙卷风袭击,风力在12级以上。

9月　兵房、南坎、大同公社渔业队合并建立东凌渔业人民公社。

12月27日　东凌等4个渔业公社建立。

是年　境内开展第二次社会主义教育运动。

1966年

3月　在全县农业先进代表会上,大同公社被树为全县"比学赶帮超"竞赛运动标兵。

6月　全镇开展"无产阶级文化大革命"运动。

是月　各中学掀起"红卫兵"运动,一大批有价值的文物、书画遭到"红卫兵"焚毁。此后,许多人家相继被封门、抄家。

8月　"红卫兵"组织选派代表赴京接受毛泽东主席检阅。

是年冬　各单位组织纷纷建立群众组织,有的称"造反司令部"、有的称"造反兵团"、有的称"造反军"等各种名称。各级党政机关受到"造反派"冲击,大多领导人"靠边站",无法行使职权。

1967年

2月　在上海“一月革命”风暴影响下，各机关、学校、工厂、商店等所有单位相继开展“夺权斗争”，由“造反派”头头组成“服务组”或“勤务组”行使职权。在“夺权斗争”中，“造反派”内部开始出现派性斗争。

4月　公社由人武部长抓总，大队由民兵营长抓总，各机关企事业单位由造反派组织管理。

4月30日　暴雨袭击。

8月　“造反派”成立“革命农民联合总司令部”。

1968年

3月上旬　掘东区成立革命委员会和兵房、南坎、大同、花丰公社革命委员会、东凌渔业公社革命委员会。

3月中旬　各学校复课闹革命，下半年由贫下中农管理学校。

4月　境内各公社成立“文攻武卫”指挥分部。

5月　境内各公社开展“清理阶级队伍”运动，抽调人员组织“毛泽东思想宣传队”进驻有关大队，进行清理工作。

6月　对一些所谓“坚持反动立场的地富反坏右分子”及其家属、“反军乱军黑干将”“小爬虫”实行所谓群众专政。

8月　知识青年下放到农村劳动。

9月11日　大暴雨。

1969年

3月　江苏省国营如东棉场由中国人民解放军江苏省生产建设兵团第四师接管，组建为独立六营。

7月　掘东区建立革命领导组。

9月　公社建立革命委员会核心小组，4月(花丰)、6月(兵房)、12月(南坎、大同)重建党委。东凌为1971年4月建立。

是年　各大队和直属企事业单位建立革命委员会，各生产队建立革命领导小组。

△　大搞“三忠于”“四无限 ”“早请示”“晚汇报”等个人崇拜活动。

△　开展“整党”运动。

△　公社成立“民兵团”。

1970年

6月　开展所谓"一打三反"（打击现行反革命、反对依法盗窃、反对投机倒把、反对铺张浪费）和深挖"5·16"反革命集团的群众运动，伤害了一大批干部和群众。

8月　废除统一考试、择优录取的招生办法，由公社、大队推荐工农兵学员上大学。

9月　全面推行大寨式评工记分。

是年冬　拓浚四贯河的掘兵河至掘坎河一段。由掘东区出民工6000人，挖土方103万立方米。

1971年

10月　各公社召开党员干部大会，传达中共中央关于林彪叛国事件的文件。

11月　各单位开始举办各种类型的学习班，广泛开展"批林整风"运动。

11月20日　掘东兴筑海堤。

1972年

1月18日　掘东海堤竣工。堤长6.30公里，匡围土地1.50万亩。

2月19日　全镇干部参加县委召开的三级干部大会，批判林彪反革命集团罪行。

6月　兵房变电所在兵房镇北首建成投运。

11月　掘东区建立核心小组。

1973年

4月　各公社召开三级干部大会，传达3月10日中共中央关于恢复邓小平的党组织生活和国务院副总理职务的决定。

9月　对"文化大革命"初期被查抄物资分别进行退赔。

12月　县批林批孔工作组进驻兵房公社。

1974年

3月15日　南坎公社九大队三生产队几个社员架扳杆撑网捕鱼，因扳杆顶端扳线碰上高压线，当即有4人触电，其中3人死亡。

4月　境内开展"批林批孔"和"评法评儒"运动。同时，进行"基本路线教育"。

10月　兵房公社二大队首创"农教对流"活动，当时被视为"新生事物"在县内外推广。此做法，抑制教师积极性，影响教学质量。

12月31日　南坎公社在棉花收购中推行的“队评站核”办法得到推广。

是年冬　拓浚四贯河的丁店至遥望港段。

是年　掘东区恢复工委工作委员会。

△　教育改革试行学校教师对流。

1975年

4月　县委召开“农业学大寨”“工业学大庆”经验交流大会。接着各公社也召开会议，表彰奖励先进集体和先进个人。

7月23日下午　兵房、南坎公社部分大队遭受龙卷风袭击。

8月　江苏省国营如东棉场结束军管，成立国营如东农场，隶属江苏省农垦局，如东农场革委会核心小组隶属于如东县委领导。

8月11～23日　时任兵房供销社副主任赵兵出席在北京召开的全国棉花收购工作会议。会上作题为《学习无产阶级专政理论，搞好棉花收购工作》的经验介绍。

9月2日　黄海冷家沙发生两次分别为5.30级和4.80级地震，掘东有震感。

1976年

1月8日　境内各公社广大干部、群众沉痛悼念周恩来总理。

2～4月　掘东沿海遭大风和“麦黄流”袭击。

7月1日　中午12时半，因受台风和海面龙卷风影响，东凌港提前1小时出现特大海潮，当时有50多名群众在港外挖贝、捕捞，其中22名遇难。

7月8日　境内各公社广大干部、群众沉痛悼念朱德委员长。

7月21日　南通县建筑工人为巩王中学掏废井，因井内多年积存石灰、杂草等物，产生硫化氢毒气，致使3名工人中毒死亡。

9月9日　境内各公社广大干部、群众沉痛悼念伟大领袖毛泽东主席。

10月　中共中央一举粉碎江青反革命集团。全社干群集会游行，热烈庆祝粉碎江青反革命集团的伟大胜利。

10月27日　大同公社九大队九生产队民兵季忠友在检查武器时，将私藏的1发子弹放在枪内玩弄走火，将基干民兵季惠平（侄女）右大腿主骨打断。

1977年

3月　掘东区撤销核心小组，成立掘东区区委。

4月5日　兵房供销社南坎收花站在南通地区商业学大庆、学大寨会议上作经验介绍。

9月8日　强台风从长江口登陆,风力11级,沿海12级。

1978年

3月19日　兵房公社二大队“赤脚电工”施某违章架线,导致8人触电,其中4人死亡。

4月　国营如东农场重建党委。1979年1月,更名为江苏省国营如东农场党委。

6月中旬　东凌海带育苗厂首次培育蟹苗7.80市斤,约54万多只。

10月　兵房建装卸作业区。

是年　南坎九大队民兵营获省委、省军区颁发的“民兵三落实”奖状。

1979年

5月中旬　南坎公社新垦营二队少年王必泉把1978年从海军观通站拾到的1只锈雷管放在火柴上烧,引起爆炸,胸、脸和双手均被炸伤。

6月19～7月9日　全镇普降大雨、暴雨10多次,降雨量300多毫米,河水猛涨到2.65米,比正常增高0.45米。

8月16日　国家水产总局副局长肖峰等到东凌渔业公社考察文蛤围养情况。

12月17日　团县委召开团员青年大会,代表团中央授予陈卓嵘、景桂鸿等“全国新长征突击手”称号。

是年　南坎供销社被评为全省棉花收购先进单位。

1980年

11月17日　民兵英雄人物吴品庄病逝。

△　兵房建立职业中学。

△　连续阴雨,暴雨成灾。

1981年

5月1日　傍晚兵房、华丰一线遭受龙卷风冰雹袭击。

10～11月　兵房、南坎、大同、花丰成立公社管理委员会。东凌为渔业公社管理委员会。

11月29日　东凌围垦开工,调集6个区,33个公社共8万民工施工,次年1月8日全面完工,筑堤16.58公里,围地5.10万亩,挖土方354.96万立方米。

1982年

4月15日　全国计划生育委员会副主任周伯萍到如东了解计划生育和幼儿园工作，视察南坎等乡农村幼儿园。

5月　兵房公社建立水利站。

6月28日　东凌南闸建成，完成土方5.50万立方米，单孔，设计流量60立方米/秒。

是年　兵房兴办乡中心幼儿园。

△　兵房建立文化中心、电影队、新星城剧团。

△　兵房公社评出485个“五好家庭”、196个“三八红旗手”。

△　掘东区在全县率先实现“文化中心”一片红，县文化局在南坎乡召开全县文化中心现场会议，并参观各公社文化中心。在南通市文化中心经验交流会上，掘东区委作题为《建设文化中心，带动农业精神文明建设》介绍。南坎公社文化中心被评为江苏省群众文化先进单位。

1983年

8月　兵房、南坎、丁店、华丰4个人民公社改称乡，东凌渔业人民公社改称渔业乡。

1984年

1月　掘东区恢复区公所。

1月19日　西藏自治区人大常委会副主任李维伦到南坎等乡参观。

4月15日　东凌渔业乡1305号渔船在兵房港外捕获1条体盘为圆形大赤魟鱼，体盘直径为1.61米，体重188公斤，尾巴细长如鞭，实属罕见。

5月21日23时37分　如东海域勿南沙一带发生6.20级地震。

5月29日　南坎乡遭受冰雹、暴雨袭击，最大冰雹重0.75公斤。

7月6日　丁店受冰雹、龙卷风袭击。

10月3日　东凌渔业乡东洋村1206号渔船在黄海作业时，捕获1只经济价值很高，重达4公斤，背甲长40厘米、宽30厘米玳瑁。

11月　公共河南坎段四贯至七贯捞浅。

11月17日　市人大常委会副主任姜祝山、黄文标视察东凌垦区科委试验站。

是年　南坎乡新建村(香台村)党支部书记蒋锦泉出席全国双拥工作会议。全省17人，南通仅1人(为农村党支部书记代表)。新建村获全国双拥工作先进集体。会议结束时，与党和国家领导人合影留念。

1985年

1月11日　如东盐场扬水站北鱼塘里发现1只国家级保护动物丹顶鹤。

1月14日　如东盐场两只国家一级保护动物——白鹳遭枪杀。有关方面及时截获枪手。

3月16日　丁店小学正式开学。

3月23日　东凌养殖场和县水利局东安闸管所合股围筑海堤,开挖对虾池。这是如东县第一个海滩虾场工程。

9月5日　《科技致富报》头版:东凌渔业乡共有1300多人,其中出海渔民680多人,1978年,人均分配仅229元,开拓文蛤养殖业后,1984年,人均分配增加到1023元。

1986年

1月8日　县九届人大常委会14次会议决定:兵房撤乡建镇,实行镇管村体制。

1月10日　兵房镇改为县属镇。

4月25日　全省文蛤出口质量评比会上,东凌乡因出口数量多、质量好获第一名。

6月25日　南坎乡新垦村发挥垦区草资源优势,积极发展山羊饲养业。

7月　兵房镇农技站受到江苏省人民政府表彰。

是年　丁店乡豫丰村优质水果获全国评比三等奖。

1987年

1月　区委、区公所撤销,成立掘东巡视组。

3月9日　海军副司令王万林在县委、县政府主要负责人陪同下,视察兵房镇。

4月28日　中国儿童发展中心顾问、中国医学会副会长林佳楣等领导考察一门闸村计划生育工作。

6月14日　省农业厅、农科院组织江苏14个植棉县一行22人,到丁店乡王荃村参观视察。

是日　省顾问委员会委员陈克天、徐方恒等一行视察东凌对虾养殖场。

7月28日　暴风雨袭击,降雨50～107毫米,局部农田受灾严重。

1988年

1月3日　兵房镇邻盐村青年农民施卫兵投资1万元在东凌海滨办起占地0.78亩溜冰场。

3月19日　丁店砖瓦厂研制生产新型装饰性特种涂料——环氧聚酯粉末，通过省级鉴定。

7月2日　1月份后，南坎乡近20家养鸡专业户发生火灾，直接经济损失3万多元。

7月中旬　县人大常委会教科文卫工作委员会会同卫生防疫部门对兵房等地饮食店食品卫生整治情况进行专题调查。

7月30日　丁店乡党委书记顾马荣被评为中国农村致富技术函授大学第三期优秀学员，并获得中国农函大颁发荣誉证书和奖章。

11月30日　兵房镇三港村农民施庭家向国家出售皮棉超过2000公斤，收入超万元，成为南通市第一个售棉超万元的农户。

12月16日　兵房木器厂生产的"通欢牌88-5型"组合家具，获省"中山杯"家具展评二等奖。全县仅此1家。

是月　兵房镇农技站被江苏省农林厅评为先进单位。

是年　兵房建立工会工作委员会。

△　兵房人、国防大学副校长黄玉章被授予中将军衔。

1989年

1月26日　东南小学获全国红领巾小学建设竞赛优秀奖。

5月15日　兵房兽医站实行生猪防疫承包责任制，有力推动全镇生猪防疫工作。

7月3日　南坎乡豫东村四组养殖专业户施景昌，种植串叶松香草养猪，节约精饲料近万斤。

7月8日　东凌乡渔民在海滩上捕到1只罕见动物。此动物头像狮子，长有长须，身似海豚，毛皮为黄褐色，重约40公斤。后寄养省海洋研究所。

7月24日　南坎乡政府、农技站组织开展科技帮带活动，全乡百名科技致富新手积极响应，同近千农户建立帮带关系。

是日　南坎乡兽医站配制和推广系列化添加剂，为养鸡户服务，促进养鸡业发展。

8月8日　河海大学海工所围海室主任周家苞等专家和工程技术人员，到东凌对虾养殖基地进行可行性论证。

9月15～17日　受23号台风影响，全镇受暴雨袭击。

11月20日　东凌乡兵港村渔民自觉处理好三者关系，主动多缴集体积累资金47万元。

是年　南坎农科队更名坎南村。

1990年

1月8日　兵房镇400多个植棉示范户热心传授科学技术,使800多个低产户成为高产户,亩产棉花均达75公斤以上。

1月22日　《科技周报》载:南坎乡百名待嫁姑娘,冲破传统“进入冬季忙嫁妆”旧观念,掀起“入冬学技术”热潮,人人树立学手好技艺,带到婆家能致富新观念。

1月29日又载:兵房镇农艺师黄静忠通过多年试验的棉花假植蹲苗(又叫搬钵蹲苗)技术获得成功,通过市、县农业部门专家鉴定。

△　县人民医院离休干部王能仁,3年为丁店医院修理X光机、心电图机等8种仪器90余台(架)次,为群众义务修理家用电器150多台次。

△　商业部〔1990〕第32号文件通知,决定授予154人为全国商业安全行车百万公里标兵。兵房供销社刘伯祥等3位驾驶员获此称号。

4月9日　《科技周报》以《一个女厂长的胸怀》为题,介绍如东县第二纺织厂厂长陆忠秀对老企业实行全面技术改造事迹。该厂与上海纺织品公司工业纱布部,举行纪念联产联销2周年联谊会,厂长陆忠秀、经理荣雪琪同台演出。

5月3日　《南通日报》头版头条:《掘东区工委“锤锤敲在鼓心上”,为基层服务不做表面文章》,表彰区工委领导干部务实工作作风。

5月7日　《杨念金的“高产经”》中介绍的 杨念金是兵房镇三港村植棉能手,靠植棉致富,亩产皮棉120公斤。

7月16日　南坎涂布雨具厂产品在首都受青睐。

9月5日　全镇普降大暴雨,降雨量在300毫米以上,水位超过警戒线0.30米。

11月7日　《南通日报》载:《男人忙种田,女人去挣钱》,兵房镇兵北村30多位女劳力到海门三星一带为个体户绣枕头套裁缝童装等,1月可挣二三百元,改变过去妇女单纯种田现象。

是年　丁店乡被南通市评为棉花生产先进单位。

1991年

1月7日　兵房镇农技站站长黄静忠,成功总结出一套移栽棉花搬钵蹲苗技术,获县科技进步四等奖。经验在省、市推广应用,并在《中国棉花》杂志发表论文。

1月15日　兵房轧花加工的皮棉被省计经委、省供销总社评为1991年江苏省优质产品并获奖。

2月1日　全市第一所规范化“绿色医院”——兵房供销社庄稼医院对外开诊。

2月26日　丁店乡大同村四组农民王建民,连续3年获得全省“售棉大户”称号。

5月1日　轻工部部长曾宪林到如东盐场视察，为盐场题词："多种经营，综合利用，振兴盐业，利国富民。"

5月17日～6月19日　全镇连续降雨33天，降雨量420毫米，为常年同期4倍。

5月27日　东凌渔业注重科学养殖，4个月出口活文蛤1700多吨。

6月24～27日　县人大常委会对兵房等4所完中和南坎等4乡普及九年制义务教育，提高教育质量工作进行专题检查。

8月　曾被中央军委表彰16勇士之一的二等功臣，残废军人邱新华投资1万多元，在兵房镇双闸村办起少儿活动俱乐部。

10月1日　农业银行如东支行南坎所、社，在全县率先使用计算机办公。

10月15日　兵房木器厂在南通兴办"南通家俬商厦"举行开业典礼。南通市常务副市长徐相林、如东县四套班子负责人参加典礼仪式。

是日　东凌渔业乡接管东凌垦区。

是年　兵房进行农村和镇区高压线路改造，完成镇区海滨桥修建工程。

△　兵房兵北中心河捞浅。

△　南坎三龙村划入东凌乡。

1992年

7月4日　兵房天主教堂恢复宗教活动。

8月　兵房镇成立农村合作基金会。

11月2日　南坎乡供销社自1987年成立肉用鸡专业合作社后，投资近百万元，建成一座年饲养4000套爱拨益加（AA）父母代的种鸡场和年生产30万只优质苗鸡孵化厂。

是月　兵房农技站获县"麦、瓜、棉立体种植技术推广奖"。

△　兵房筹办第一家中外合资企业"南通雀朗姆皮革制品有限公司"，总投资95万美元。

△ 兵房镇共建立12个甲级村卫生室。

1993年

3月　高级工程师郁正德被海军树为学雷锋标兵。

6月1日　南渔乡4314号渔船在东凌港以东约160海里海面上捕捞作业时，被一艘挂有中国国旗无名无号海军退役炮艇强行靠帮，损失较大。

8月3日　县对虾养殖场"对虾"发生大面积死亡现象，虾头出现小白点，肝脏发白。

9月6日　在全县农村工作会议上，县委、县政府首次命名表彰10个致富先进村，兵房镇徐征村、东凌乡兵港村榜上有名。

是日　南坎乡镇企业进一步与国际市场接轨，一年办起7家合资企业。成为全县外贸出口额最大乡镇。

△　如东县对虾综合养殖场，自实施“国家星火计划对虾、文蛤混养”项目后，成效明显，实现利润254万元，成为全省同行业中佼佼者。

是年　兵房修筑“兵丁”“兵坎”“兵十”3条黑色路面。全长11公里。修筑村级晴雨公路，全长16公里。

△　兵房镇东安初中迁移，建造兵小实验楼。

△　兵房镇安装并接通部分程控电话。

△　兵房镇维修影剧院。

1994年

2～3月　丁店乡顺通建筑公司在上海市场投高标、打硬仗。承建上海东区污水处理综合监测楼和立新船厂油轮航修站轮机车间两大工程，均被评为省级优质工程。

4月14日　南通大豫垦殖公司恢复重建。垦区位于遥望港和长沙之间沿海滩涂。

4月29日　县委组织部分离休人员视察南坎垦区。

5月5日　县政府召开全县“菜篮子”工作会议。兵郊村领导在会上介绍经验。

5月11日　夜间11点多钟，停靠在东凌港北侧10余艘渔船中苏如渔8814号渔船突然起火，在7002号船帮助下，大火被扑灭。

是月　兵房镇为8岁儿童吴邢飞（母亲患白血病、父亲患肝癌）设立教育基金。

8月5日　南坎乡外向型经济生机盎然，7家合资企业、外资出口额列全县榜首。

8月18日　兵房等八大集镇都设立工商银行办事机构。

10月4日　南坎供销社大豫农副产品收购站坚持把为农放首位，形成信息、科技、服务、收购一条龙，被誉为“农民之家”。

11月7日　兵房中学创办人、县政协副主席王冠千逝世。

11月　在南通市宗教工作会议上，管霖代表兵房镇党委介绍“切实加强对基层宗教工作管理”经验。12月7日，《如东日报》刊登此介绍，次年3月在江苏省《统战工作》内刊发表。

12月2日　东凌乡东港村在广西海涂试养文蛤成功。

12月4日　张謇铜像在大豫镇落成揭幕。铜像高2.55米，重1.30吨。全国人大常委会委员、财经委员会副主任委员、全国工商联常务副主席、张謇嫡孙张绪武专程参加仪式。

12月30日　东凌乡科学养殖文蛤，产量高、出口旺、效益好，截至11月中旬，已出口文蛤5000多吨，创收4000多万元。深受外商青睐。

是月　东凌农机站吴某捕获一奇鸟，该鸟状似鹦鹉，略小于鹦鹉，头部为浅灰色，嘴为橘红色鹰钩状,背部腹部绿色,颈下部有一小块棕色毛羽,尾毛呈湖蓝色,不鸣不叫,只食鲜肉、苹果,性较凶悍。

是年　坎南村撤销,并入坎西村。

△　如东盐场产盐4.12万吨,居全市同行业之首。

△　兵房镇徐征村党支部,积极为农民致富铺路搭桥,全村人均产值超万元。

△　南坎乡工业总产值实现亿元。

1995年

1月14日　如东盐场首次利用滩地资源养殖沙蚕获得成功。该场三工区和县沙蚕站联合开发盐滩蒸发地13亩,采用自然和人工养殖相结合放养沙蚕0.50吨。

1月20日　南坎乡优化教育环境,近两年投资200万元,为桂芝小学建造一幢924平方米教学大楼,为全乡各类幼儿园添置大型活动器材13套。

1月下旬　日本日盛产业株式会社和南坎乡养鳗场共同投资3000万美元发展鳗鱼养殖和综合加工项目,年出口收益可达3100万美元。

1月28日　南坎乡海洋捕捞成为农民致富特色产业。全乡有集体、个体渔船235条,出海渔民2510人,建立南坎、豫北两个渔业生产专业村,形成捕、养、运、销一条龙新格局。

3月11日　丁店乡形成集针织、水果、蔬菜、糖烟酒、副食品、电器于一体个体私营经济商业街。每年增加税收6万余元。

6月15～16日　南通市秋超防汛工作现场会在如东召开,与会人员实地参观南坎乡地膜棉示范方及兵房镇保田村棉田立体种植丰产方。

6月27日　下午2时许,掘东等4个区、16个乡遭受冰雹、龙卷风袭击。

7月21日　如东盐场三工区39号滩实产原盐440吨,提前162天完成承包任务。

7月22日　丁店乡筹资修建双闸水泥公路,长7公里,路面宽3.50米,第一期工程总投资100多万元。

8月9日　"双学"活动开始后,南坎乡整治小组,经过连续5昼夜施工,117家得到改造,施工人数1000多人,总长度1200多米香台街全部改造完毕。

10月　东凌乡再次投入30多万元,用于教育楼建设,至此东凌小学拥有教学楼3幢1700多平方米。

11月　全面启动村镇规划编制工作。

是年　自3月份后,丁店乡实行审核制度,防止集体基建项目施工经费流失,集体单位减少施工经费80多万元。

△　丁店乡从日本引进"丰水""新水""幸水"高效优质梨,成功培植8000亩。

△　南坎乡被评为江苏省先进体育之乡。

1996年

1月1日　全县进入第三次全国工业普查登记填报阶段。

是日　全县开始启用新防伪居民身份证。

2月14日　东凌乡东港村、兵房镇兵郊村被县委、县政府确定为农业现代化试点村和小康示范村。

3月1日　东凌乡东港村、兵房镇兵郊村等12个党支部，向全县行政村党支部发出“团结拼搏创五好，万众一心奔小康”倡议书。

3月8日　县人大常委会表彰兵房镇等9个先进代表小组和44名优秀代表。

3月18日　南坎为首批初级卫生保健合格乡镇被县政府表彰。

是日　兵房小学被评为县模范学校。

3月24日　兵房镇党委、政府召开全体机关干部思想作风建设大会，部署专项治理，打好“九五”开局仗。

5月11日　兵房镇成人教育中心学校，3年内以1.40万元资产，发展为154.66万元规模，被列为江苏省重点乡(镇)成人教育一明珠。

5月11日夜　东凌乡公安干警将长期横行乡里，流氓斗殴、扰乱治安秩序的顾建宏捉拿归案，打响“严打”斗争第一仗。

5月29日　东凌乡利用自然港口和水产资源优势，投资150万元，兴建一座占地8000平方米，218米长柱式码头和44间营业用房水产品集散市场，成为全省最大堤外渔市。东凌乡坚持做“海”字文章，兴特色工业。一季度全乡工业实现产值4482万元，销售3719万元，利润115万元，名列全县乡镇工业50强排名榜首。

5月31日　兵房镇初级中学三年级学生陆冬辉(断臂)，获首届宋庆龄奖学金。

6月2日　东凌乡在县三级干部大会作经验介绍。

6月8日　东凌乡截至5月底，4家改制企业投入运行，资产折价542万元，已到账股本金达432万元。

6月12日　中共兵房镇委员会、兵房镇人民政府做出决定，在全镇党员干部中开展向季献康学习活动。

6月24日　《如东报》头版头条刊登题为“黄海边上的‘孔繁森’袁新”事迹。袁新为兵房镇法律服务所干部，1995年11月29日被肝癌夺去生命，年仅46岁。

9月10日　顺通建筑公司承建上海海运局彭浦动迁基地12层住宅楼，在获“白玉兰杯”奖后，又获“鲁班”奖，为如东建筑史上首次获得最高奖项。

11月6日　中共兵房镇委员会、兵房镇人民政府以典型人物——季献康、袁新、陆冬辉为榜样，实施全民素质培育工程。

12月21日　东凌乡实施“四大工程”，构筑精神文明新格局，建设文明渔村。

1997年

1月4日　南坎乡加大精神文明建设硬件投入，两年共拿出100多万元，扩建乡文化站，兴建体育场，灯光球场等，为全乡群众提供一个主体化文化活动阵地。

1月29日　兵房组织公安、工商、城管、联防等部门，突击行动，取缔两个封建迷信品制造窝点、销毁纸库46件，清查销售场所97个，收缴各种迷信品2200余公斤，违禁工具15件。

是月　丁店乡获南通市体育先进乡镇称号。

3月5日　东凌乡启动“绿色富民工程”。

4月2日　兵房镇兵郊村跨进南通市“百强村”之列。

是月　东凌乡东港村党支部被授予“南通市奔小康红旗村党支部”称号，兵房镇兵郊村被授予“南通市奔小康先进村党组织”称号。

5月9日　南通市政府授予兵房镇“种养业亿元乡镇”铜奖。

5月23日　南坎乡为私营企业和渔船聘请法律顾问。

是日　兵房镇初级中学300多名学生搬进现代化教育大楼。此楼造价200万元，是该镇推进现代化教育工程又一力作。

7月　如东盐场上半年销售加碘盐3300吨，城乡居民全部吃上了加碘盐，结束食用非碘盐历史。

7月18～19日　全镇受11号强台风袭击，农作物受损严重。

10月1日　大参军50周年纪念会在丁店乡文化中心礼堂举行，华中第九军分区第七团原政委萧卡、县委原书记林德明等专程参加。

10月7日　兵房镇在全县农村商品营销工作会议上作经验介绍。

10月29日　南坎乡推行“法制农业”，农民依法经营，干部依法管理。

1998年

2月19日　南坎乡18个村都成立具有舆论监督和纠纷调解功能调解普法组，订立各种村规民约200多条，每年为村民解决各类纠纷500多起，接受各类法律咨询5000多人次。

2月23日　县委表彰1997年度“五好” 村党支部、兵房镇兵郊村等100个村党支部榜上有名。

3月19日　如东县东缘食品有限公司成为全市最大冬瓜加工基地。

3月22日　凌晨2时，东凌乡裕盛特种养殖公司发生一起特大抢劫案，抢走黑籽鳗鱼苗，总价值达数十万元。案发后，省市县公安机关全力侦查，于4月7日凌晨1时破案，4名主犯在福建被抓获，并追回部分赃款。

3月下旬　如东盐场在南通盐业系统率先推行盐田大包干，全场3个工区52份滩全部发包到位。

5月7日　东凌乡东港村在实现农业现代化和奔小康活动中受到县委、县政府表彰。

6月18日　兵房镇成立农副产品营销协会。该会通过发展“订单农业”、创办“龙头企业”，把农户与现代市场联系起来，推进农业产业化，增加农民收入，年销售农副产品1700多万吨，营业额超过1.20亿元。1999年，江苏省副省长姜永荣批示，“要在全省推广兵房镇营销协会的做法”。

7月22日　丁店、南坎被确认为首批“江苏省初级卫生保健合格乡镇”。

是年　南坎乡撤销团结村，并入豫东村；撤销齐心村，并入凌边村。

1999年

1月2日　丁店乡顺通建筑公司获省建筑协会“最佳建筑企业”殊荣。南通市仅此一家。

是日　如东盐场被列为国家加碘盐定点生产企业。

1月28日　兵房镇通过省级群众文化先进乡镇验收。

3月　兵房镇对村域区划进行合并。

5月27日　兵房镇采取切实措施，狠刹电捕歪风，村与镇签订责任状，维护正常渔业生产秩序。

6月24日　南坎乡人大主席团组织部分人大代表视察学校，对大豫镇至桂芝小学400米屡修无效道路提出修筑水泥路面建议。乡党委书记汤建新带头捐款，共获捐款4.80万元，使代表建议得到落实。

7月28日　县委、县政府依法取缔兵房镇保田村村民黄永兰集聚数百人练习“香功”事件。

8月3日　南坎乡大豫初中初一(2)班学生袁春燕在全国中学生优秀作文大赛中，习作《谈谈如东的文蛤》获第七届“雨花”奖一等奖。

8月25日　兵房镇农业科技研究会会员又获新成果，闸丰村农民徐应许开发种植巨森苹果，亩收入8000多元。为全镇调整农业产业结构起到示范引导作用。

是月　全县乡镇开通有线电视。

△　丁店卫生院中医主治医师周荣撰写中医论文《简验四则》在韩国99国际疑难病优秀成果交流大会上获优秀论文金奖。

9月6日　南坎乡私营企业普遍成立工会。

是月　南坎乡将破除迷信写进《村规民约》。

1～10月　丁店乡通过优化服务和盘活存量资产，私营企业呈现蓬勃发展良好局面，产值、销售收入、利润占全乡工业经济总量80%以上。

10月　丁店针织机械厂生产“冬晴”牌横机被国家纺织局产品开发中心、中国统计师事务所面向社会调查股，评为1999年首届中国市场名牌纺织商品。进入全国同行前10名，全省获此殊荣仅此一家。

11月20日　如东县天主教爱国会在兵房天主教堂成立。该堂为南通市民族宗教精神文明建设先进活动场所。

12月6日　东凌海域发生的一起海难事故中8人遇难，其中6人死亡，2人失踪。

12月23日　丁店顺通建筑工程公司在上海承建的海运中心大楼被建设部评为“鲁班”奖。

是年　丁店乡豫丰村梨园被江苏省农林厅授予“江苏省模范果园”称号，获此殊荣单位全省有6家，南通市仅此一家。

2000年

3月23日　东凌等乡镇把治理污染与科学养殖相结合，濒临绝迹的如东文蛤再领风骚。

4月19日　东凌乡与省海洋研究所、宁波大学水产学院、县渔业技术推广站进行技术挂钩，在他们指导下，全面推广河豚、竹节虾、梭子蟹、文蛤、青蛤、蛏等名贵海产品养殖项目。

是月　华丰乡华新村、兵房镇三港村划归丁店乡管辖。至此，全乡共有16个村委会182个村民小组。

5月10日　兵房镇保田村成为南通市首家江苏省“百佳生态村”。

10月11日　南通市总工会主席陈心万等领导到兵房了解新经济组织组建工会情况。

11月13日　大豫镇实施由国家计委立项“大棚特经作物示范基地”建设。

12月26日　丁店乡一村民顾某因涉嫌非法持有、私藏枪支弹药，被县公安局刑事拘留。

是年　东凌乡加强对渔业改制后文蛤养殖管理，渔民1999年人均收入达1.50万元。

△　南坎乡撤销新兴村、并入香台村；撤销牛桥村，并入豫新村。

2001年

1月12日　兵房中心市场隆重开业。

3月7日　兵房镇妇联举办“崇尚科学、反对邪教”知识竞赛。

4月18日　南通金地来酱制品有限公司成立。该公司是一家私营个体企业，以农副产品加工为主，总投资650万元。

3月　丁店乡撤销,并入兵房镇。

△　兵房镇政府对合并后部分村调整合并。

6月6日　兵房镇加大农村建房管理力度。上半年,全镇未发生一起安全质量事故和违章建筑现象。

6月19日　大豫镇计划生育指导站、镇卫生院联合组成小分队,将服务送到移民家中。

7月18日　大豫镇生产经营体制市场化改革,500多渔民成股民。

9月25日　县人大常委会主任张桂英,副主任潘金环、徐琢和常委会部分组成人员专题视察海洋经济工作。实地视察盐场滩涂综合开发、大豫镇高涂海水养殖基地。

2002年

1月　兵房镇被评为南通市新型示范小城镇。

1月11日　大豫镇观光农业引来八方客。

4月　兵房镇工会被省总工会授予2001年度"合格乡镇工会"称号。

4月30日　大豫镇大力发展民营经济,一季度共落实工业项目11个,总投入1400万元。

6月5日　兵房镇以"树、求、创"主题活动为契机,切实加强机关作风建设,提高服务水平,重塑党委、政府在群众中形象。

是日　南通百绿食品有限公司在兵房镇工业园区内正式投产。

7月10日　兵房4万亩冬瓜发生病害,农技站迅速组织资金赴昆山购回"太盛"杀菌剂,防治效果明显,确保丰产丰收。

7月16日　兵房镇项目建设态势喜人,苏203线项目带已初步形成。

7月17日　兵房镇第一批优质黑皮冬瓜,经上海港销往台湾。

8月1日　大豫镇九龙村主任孙金洪,退伍不褪色,将万亩荒滩变为螃蟹养殖"聚宝盆"。被省民政厅、省军区政治部授予"优抚对象奔小康先进个人"称号。

8月28日　兵房镇300名农民外出创大业。徐征村吴生当上莫斯科市纺织绣品行业商会副会长。

9月11日　兵房镇港闸村、毛竹桥村交界处,农村老人自建"精神乐园"。

9月12日　南通兵凌水产有限责任公司,全程实施无公害养殖。兵房螃蟹"爬"上香港餐桌。

10月31日　兵房镇召开工会一届一次会议。

11月13日　中华全国总工会办公厅原主任陈骥等省、市工会领导视察南通市燎原针织有限公司工会。

是年　如东农场实行属地管理。

△　兵房中学有5篇教育业务论文在市以上刊物发表,三项科研成果获市、县教育科

研成果奖。

2003年

1月14～17日　大豫镇党员干部1800人，在镇机关以及下设38个分会场采用电视直播方式进行冬训。

4月10日　东凌小学近年来有128篇学生作文在各级刊物上发表获奖；5名教师在全县优课评比中获二、三等奖，并有200多篇论文在各级刊物发表。学校教育质量在全县垦区、渔区名列前茅。

5月4日　兵房镇全民发动防“非典”。

7月8日　兵房镇在外创业成功人士沈浩中回乡投资300万元创办南通瑞奇机电有限公司投产运行。

7月17日　大豫镇南通华翔棉业有限公司投产。

7月24日　兵房镇成立社会矛盾纠纷调处中心。

7月26日　大豫镇派出所4个小时破获一起盗窃案。

7月31日　兵房镇新建11个农业项目助农增收。

11月24日　兵房镇通过南通市总工会“争创江苏省百强示范乡镇工会”验收。

12月　兵房镇工会被评为江苏省创建“百强示范乡镇工会”先进单位。

2004年

1月　顺通建筑安装工程公司承建的“南通海关业务技术专用楼”被评为国家优秀工程，获“鲁班”奖。

3月17～18日　南通市基本农田保护试点工作交流会在如东召开。各市、县国土部门负责人参观兵房等镇农田保护区现场。

4月1日　日本国辰马贤沾到兵房投资128万美元，兴办骨素生产项目。

4月3日　兵房国税、地税分别在兵房中心市场组织税法咨询、万人签名活动。

4月6日　全国政协常委、社会与法制委员会副主任、全国工商联原常务副主任张绪武一行到大豫镇，在张謇铜像前祭拜并向祖父敬献花篮。

4月20日　江苏省人大常委会副主任、总工会主席张艳视察燎原工会，市总工会陈心万主席、县委副书记姚国均等领导陪同。

9月18日　《中国工运》常务副主编阎宇平、省总工会政策研究室主任郭莉莉等领导视察南通燎原针织有限公司“党工共建”工作。

10月　兵房中学高级教师金向东设计的《钠与水的喷泉实验》在江苏省第四届中学化学实验调演中获二等奖。论文《常讲常新、常练常新》在全国“中学化学教育专题探索”征文活动中荣获一等奖，并被国家级核心期刊《中学化学教学参考》刊出。

11月　东港村农民季俊被评为“江苏省十大杰出农民”。

2005年

4月29日　在如东县第二届“道德明星”评选中，大豫镇豫东村黄飞岳、兵房镇一门闸村陈秀平、兵房派出所胡剑忠被评为“十佳孝顺儿女”。

5月10日　江苏省总工会政策研究室主任郭莉莉、市总工会主席张毓余视察燎原工会。

5月22日　县农业局组织县农业灾害救护委员会有关专家到大豫镇凌港村对700多亩棉花死苗现场进行鉴定，死苗原因是前茬使用除草剂，对后茬造成药害。

6月　上海、南非两位客商分别投资1000多万人民币和1500万美元，兴办南通华正高涂开发和南通龙正高涂开发公司，开发利用滩涂面积2万多亩。

9月12日凌晨　15号台风、暴雨及龙卷风袭击兵房镇，受灾人口7800人，倒塌房屋122间、受损房屋310间，倒断电线杆74根，受灾农田3万亩。

11月9日　全国人大常委会委员、教科文卫工委员会委员、中国工程院院士王永炎、全国人大教科文卫工委员会人口卫生体育室主任宋森到大豫镇社区卫生服务站视察。

12月3日　大豫镇桂芝小学被授予中国陶行知研究会小学教育专业委员会实验学校称号。

是年　兵房镇进行第三次村域区划调整。

△　南通燎原针织有限公司被评为全县“十强”企业。

△　大豫镇对部分村、居进行撤并。

△　兵房镇综合考核排名全县第四名，获县招商引资竞赛铜奖。

△　兵房镇人民政府办公地点搬迁。

△　兵房镇职工和农村社会养老保险，全年累计参保2500多人次，征收各类保险费286万元，名列全县前茅，受到省劳动保障厅表彰。

2006年

2月10日　兵房镇丁家店村许小忠投资100多万元创办南通江海木业有限公司，新开发仿古式实木家具走俏上海。

2月22日　大豫镇“四禁”查获一迷信品制作贩卖点。

是日　兵房镇党委结合第三批保持共产党员先进性教育活动，组织一台文艺节目，首次利用直播方式向全镇党员播送。

至3月中旬　大豫镇已引进外资项目4个，新批注册外资2725万美元，占序时指标

545%。

4月6日　兵房镇巩王村在全镇率先完成“双入户”工程。

4月19日　江苏省文化厅领导赵林一行3人到如东调研基层文化建设情况。兵房镇列入扶持范围。

是日　顺通公司获“全国优秀施工企业”称号，公司董事长曹国祥被评为全国优秀施工项目经理。

5月15日　兵房人、少将郁正德被中华人民共和国中央军事委员会主席胡锦涛签署通令记二等功。

5月18日　大豫镇“阿拉斯加”牌海产品、“袁五”牌冻煮真空文蛤系列产品、“江海绿园”冬瓜果酱、锦江紫菜等8个产品，获得市场绿色通行证。

7月10日　省政协原副主席、党组副书记顾浩、省委宣传部副部长周世康带领省人大代表、省直机关南通调研组，视察大豫社区卫生服务站。

7月11日　大豫镇豫新村、兵房镇丁家店村确定为全市首批“农家书屋”试点村。

7月13日　大豫镇为军人家庭服务到位，家乡情激励34名青年在部队立功受奖。

7月25日　新东安工业集中区，边建设边招商成效显著，进区项目总投入达亿元。

是日　兵房镇又一个投资千万元农业项目——南通欣操食品有限公司落成。

7月29日　兵房镇在全县首家通过省土地利用更新调查工作质量验收。

8月2日　兵房镇200名现役军人有16名荣立三等功、1名荣立二等功、24名获得优秀士兵称号。

8月7日　南通万洋混凝土有限公司成为全省首家商品混凝土生产企业。

8月22日　兵房工商分局对辖区内571家食品生产经营单位进行拉网式检查。

9月12日　在如东的市人大代表视察农业产业化龙头企业，查看东凌分公司紫菜育苗加工项目、南通出口蔬菜加工基地和正大公司。

11月21日　江苏省教育厅副厅长殷翔文、南通市政府副市长杨展里等领导，视察并观看毛竹桥文化活动中心文艺演出后，给予很高评价。

12月1日　兵房镇在全县首家通过江苏省乡镇社区教育中心验收。

12月27日　县总工会在兵房召开“全县创模工作现场观摩推进会”。

是年　全面免征农业税。

△　丁家店村成为首家被南通市纪律检查委员会、市农村工作办公室评为“廉政文化进农村示范村”。

△　东港村农民季俊被团中央评为“全国农村青年创业致富带头人”。

△　盐泰水产有限公司依法破产，职工分流，划归大豫镇。

△　如东县对虾综合养殖场划归大豫镇。

2007年

1月2日　南通昌华水产品有限公司在东安工业集中区征地50亩，投入1000余万元，新上一个扩产项目。至此，大豫镇已有10多家企业着手在年初进行规划投入。

4月4日　江苏省总工会秘书长孙晓宁率领“创模”考核组，对燎原工会台账进行考核检查。县委常委、县纪委书记陈跃生等领导陪同。

5月24日　大豫新泰培育河蟹大眼幼体育苗基地投产。全年大豫镇共建成农业项目4个，总投资4500多万元。

6月29日　兵房镇、村妇女干部、妇女代表共51人，参加“关爱女性健康，推动女性事业发展系列公益”讲座。

7月3日　南通金地来酱制品有限公司、瘦西湖酱制品有限公司、曙光蔬菜食品厂等一批龙头企业，建起“企业＋基地＋农户”运行模式，带动农民增收。

7月16日晚　兵房镇启动海上应急处理预案，10分钟赶到出事海域，成功营救7名遇险群众。

7月17日　兵房镇实施“爱心助贫视听工程”，党政班子成员、工商、税务、燎原等20个部门和企业捐资2.50万元，为500多家贫困户安装调频广播。

8月15日　豫东海堤竣工。该堤于1月24日开工，堤长14.01公里，围垦面积3万亩。

10月10日　位于东凌外侧土地开发项目，通过省专家验收。该项目是南通市政府耕地占补平衡项目，总规模达2.88万亩，总投资2.12亿元。

是日　如东县“尊老敬老好儿女”标兵评选揭晓：兵房镇一门闸村陈秀平、大豫镇大豫社区葛美芬等15人被评为尊老敬老标兵。

11月21日　县人大常委会组织部分人员对如东社会救助工作开展视察调查，与大豫镇部分县、镇人大代表以及负责社会救助工作人员进行座谈。

11月29日　江苏顺通建筑工程有限公司承建的南京图书馆获2007年度“鲁班”奖。

是年　兵房镇巩王村、大豫镇凌港村获县民营经济发展明星村称号。

△　大豫镇获得县招商引资工作“开放杯”银杯和民资招商优胜镇。

△　兵房镇计生中心服务站获市委、市政府表彰。

△　江苏顺通建筑工程有限公司获全国优秀施工企业、全国质量安全管理先进单位。

△　东洋村撤销，并入东港村；兵港村撤销，并入东凌社区。

△　大豫镇通过农业招商引进21个农业项目，总投资1.21亿元，外资到账239万元。

2008年

1月29日　东港村农民季俊、如东县卫生局退休干部徐允兰（丁店人）入选北京2008

年奥运会火炬接力火炬手，分别为南通境内火炬传递第158、159棒火炬手。

2月22日　去冬今春，兵房镇对6条镇级河道和119条村级河道相继进行清淤。

2月25日　南通万豪建材科技有限公司通过市级生态创建达标验收。

2月　在兵房镇人大八届二次会议上镇人大主席团提出在县、镇人大代表中开展“双五”工程竞赛活动。

是月　兵房中心卫生院被县政府命名为“无红包医院”。

3月6日　兵房工商分局被市人事局、工商行政管理局授予“2007年全市十佳工商分局”，获此殊荣全县仅此一家。

4月　兵房镇工会主席管霖被省总工会授予“江苏省优秀工会工作者”称号。

4月11日　大豫镇8个村形成“一村一品”产业格局。

是月　兵房镇建成十大农业生产基地。

5月8日　大豫镇广电站会同镇综治、公安等部门对全镇卫星电视地面接送设施进行专项整治。

是日　大豫镇司法所长万锦辉被授予“南通市优秀人民调解员”称号。

5月16日上午　在县四套班子新、老领导及机关工作人员向四川地震灾区捐款时，大豫社区农民陆建华捐款100元。

5月30日　兵房镇初步形成农村生活垃圾“收集、运输、处置”运行体系。

6月2日　兵房镇社区教育中心培训工作出成果，助8000农民走上致富路。

7月18～19日　省农业资源开发局局长费伟康带领省沿海开发调研组考察豫东等垦区开发情况。

7月29日　投资80多万元以经营中高档家具为特色的“海骏家私”在大豫镇农民街开业。

8月6日　大豫镇止马洼村80余人出国赚洋钱。

是日　大豫镇农技站主持培育“长密一号”西瓜，通过省品种审定委员会认定。

8月9日　东安科技园区驻沪办事处在上海浦东新区浙商大酒店挂牌成立。

8月27日　大豫镇积极推进现代化远程教育，助农增收。

9月3日　东安垦区滩涂开发项目获省农业资源开发局批准。

9月7日　南通凯缘食品有限公司环保设备调试成功，实现污染物治理达标排放。

9月17日　省政府办公厅农业处处长沈仲一等，重点察看东凌新垦区土地复垦整理工作。

是月　东安闸村盛玉红在2008年残奥会女子坐式排球决赛中夺得金牌。

10月10日　南通市总工会纪检书记朱晓明等领导，对兵房镇争创“江苏省工会工作模范镇”工作进行考核验收。

11月3日　东安新闸围垦工程开工。

是月　大豫镇建设成2万多亩绿色农产品基地。

11月27日　如东县兵凌水产品有限公司总经理陆卫兵帮助湖北省黄梅县大源湖周围渔民养螃蟹致富事迹，中央电视台第7套节目《致富经》栏目专题介绍。

12月5日　兵房镇四级河道疏浚结束，绿化覆盖率居全县前列。

12月8日　兵房镇为加快城乡一体化建设，富华路东侧30亩地块开发出让工作正式启动。

是日　省新闻出版局局长徐毅英视察兵房等4家“农民书屋”。副市长杨展里、县长詹立风等陪同调研。

12月23日　兵房镇抓培训，送岗位为返乡失业人员“编织暖巢”。

是日　如皋市农业代表团参观祥盛生态农业有限公司。该公司是全县规模最大设施栽培蔬菜基地。

2009年

4月9日　东安科技园区调整招商思路，主攻重点区域，发动载体招商、产业招商、会议招商、委托招商等攻势，取得实效。一季度新引进项目4个，其中内资项目1个，注册资本1亿元；外资3个，注册资本8006万美元。

4月28日　县委副书记潘建华宣布东安新闸主体工程开工。奠基仪式由副县长于立忠主持，省水利厅副厅长陆永泉，省水利工程建设管理局副局长何勇，市水利局副局长刘平出席仪式。

5月4日　兵房镇与大豫镇合并设立大豫镇。

5月6日　江苏旭丰钢结构工程有限公司、南通铭翔食品有限公司在东安科技园区举行开工典礼，县长詹立风代表四套班子对项目开工表示祝贺。县人大常委会主任张桂英，县领导彭忠、杨成泉、于立忠、童玉林出席开工仪式。

5月19日　大豫镇通过实施农村文体工程、素质提升工程、典型引领工程、便民惠民工程，推进“和谐村居”创建工作。

是月　大豫镇被江苏省总工会授予“工会工作模范乡镇”称号。镇工会主席管霖出席授奖大会。

6月28日　如东生活垃圾焚烧发电BOT项目在东安科技园举行开工仪式。县委副书记潘建华宣布项目开工。

7月27日　大豫镇组织40多名县人大代表、政协委员视察世纪燎原、金月亮家纺、东太器皿等10多家全民创业典型。

7月28日　普降大雨。全镇人民成功组织洪涝灾害自救。

8月12日　在浅水湾水上公园举行大型体育游园庆祝活动。季俊等3位如东籍奥运火炬手手举火炬走在游园活动最前列。

9月18日　第二届省道德模范评选揭晓，如东汽运公司驾驶员葛纪军（大豫人）被评为“省见义勇为模范”，全市仅此一人。

9月23日　大豫镇召开非公企业“强文化、提素质、构和谐、促发展”推进会，南通市总工会副主席钱祥圣到会讲话。

11月4日　大豫镇丁家店村通过拍卖村部办公室和村级闲置资产等多渠道化解债务。

11月17日　大豫社区大学生村干部盛木森撰写的“大学生村干部从小事做起”一文，在2009年新闻出版总署农家书屋征文活动中被评为优秀作品。

12月28日　南通市副市长徐辉莅临大豫镇昌华水产、万豪水泥、三龙、一门闸村等单位，调研学习实践科学发展观活动开展情况。

是年夏　兵房初级中学整体搬迁老兵房中学，兵房小学搬入兵房初级中学。

是年　一门闸和谐村居创建经验在全县推广。

△　新区建成区占地面积3720亩，工业园区2625亩，建成区总户数5021户，总人口1.52万人，暂住人口615人，从业人员6721人，其中从事第二产业、第三产业人员6547人。

△　镇政府投入1000万元用于社会事业建设，实施学校布局调整，建设全县一流的世代服务中心、敬老院、改建卫生所大楼。

△　全镇新建农业项目11个，新增高效农业面积1.30万亩，新增高效渔业面积5万亩，转移农村劳动力1万人以上。龙盛农业综合开发、惠民设施栽培等项目农业总体投入量位于全县第一，吸聚更多农户共同致富。

△　江苏顺通建筑公司“江苏广电城”项目获2009年度“鲁班”奖。

△　大豫镇老干部四支部获江苏省老干部先进党支部荣誉称号；

△　大豫镇获江苏省社区教育示范镇；

△　大豫镇广电站被评为省优秀乡镇广播站；

△　大豫镇党委被评为市宣传思想工作先进集体；

△　大豫镇被评为市农业综合开发先进单位；

△　大豫镇党校被评为市先进红旗基层党校；

△　大豫镇劳动保障所被评为市劳动仲裁先进集体、基层满意站所；

△　大豫城管执法中队被评为市先进城管中队；

△　一门闸村、东凌社区被评为省民主法制村（社区）；

△　一门闸村、香台村被评为南通市文明村；

△　一门闸村计生协会被评为省先进计生组织；

△　巩王村、兵房居委会、南坎社区被评为市民主法制村（社区）；

△　丁家店村获市优秀文化型特色社区称号；

△ 闸东村被评为市河沟养殖示范村；

△ 兵房小学被评为市教育工作先进集体。

2010年

7月1日　陈云山获“江苏省校外教育辅导站工作先进个人”。

9月19日　丁家店村中老年健身队代表南通市参加江苏省健身球操比赛，获得“规定套路优秀奖”“自编套路优秀奖”和“道德风尚奖”3个奖杯。

是年　全镇引进总投资1500万元南通大昌行农产品加工和8000万元南通新豫弘大生态农业等农业项目。建成东凌港千亩生态葡萄园、惠民千亩设施农业园、九龙万亩南美白对虾养殖基地等农业示范园区。

△ 在全县综合考核中，大豫镇获招商引资“开放杯”铜杯，农村工作“兴农杯”银杯，综合保障工作“综合保障杯”铜杯。

△ 全镇21个村(居)全部消除无村营收入，其中7个村年收入突破20万元。

△ 落户大豫镇千万元项目有：美泽风电、聚龙电气、宝川纸业、华控电器等，全年形成注册外资2907万美元，完成外资到账925万美元，完成市外民资2.13亿元。

△ 天主教堂工程按期竣工。

△ 完成全国第六次人口普查。

△ “农家书屋”建设经验受到上级推广。

△ “警铃入户”工程全面竣工。

△ 江苏顺通建设集团被中国建筑协会评为“技术创新先进企业”。被省科技厅评为“市、县级科技进步奖三等奖”“社会发展科技支撑计划项目”(获得科技无偿拨款35万元)。

△ 大豫镇被省文明委评为“2007～2009年度江苏省文明村镇”。一门闸村被评为“江苏省文明村”。

△ 大豫镇被市国土局评为“土地执法模范镇”，国土所被评为“人民满意基层站所”。

△ 李平(农场居委会人)被评为“全国十大见义勇为司机”。

△ 全镇参加农村社会养老保险5.93万人，参加农村合作医疗9.39万人，享受居民最低生活保障1359人。

△ 全镇建有农业专业合作经济组织35个，拥有成员8000多人。

2011年

1月26日　东安科技园区与江苏亚太再生资源科技有限公司就创建如东进口再生资源加工区举行签约仪式。县委书记周铁根、县长詹立风出席签约仪式。

3月25日　中共如东县大豫镇委员会召开第三次代表大会，118名党员代表参加。选举产生大豫镇第三届委员会委员11人和纪律检查委员会委员5人。陈兵当选镇党委书记，康徐当选副书记，翁雪峰当选纪委书记。县委常委、组织部部长任新峰到会讲话。

5月19日　如东县第17届小学“黄海潮”大型教研活动在兵房小学举行。全县各小学教工代表共500余人与会。

8月15日　大豫镇多措并举吸引成功人士回乡创业，打好乡情牌引资2.50亿元。

9月2日　大豫镇有侗族、苗族、回族等少数民族妇女120名，大豫镇每年为她们举办致富技能培训班。

11月9日　兵房天主堂举行开堂典礼。该堂占地面积6700平方米，建筑面积2402平方米。县委副书记、代县长潘建华在开堂典礼上发表讲话，省宗教局副局长顾传勇、省委统战部副巡视员陶勇、中国天主教爱国会副主席沈斌、省天主教爱国会副主席孙祥麟、市委统战部副部长，市民族宗教局局长马建清、市民族宗教局副局长保朴，县领导刘才盛、徐志平、姜晓静、童玉林出席开堂典礼。

9月　大豫镇商会成立，31家企业成为首批会员，并选举产生大豫镇商会第一届执委会，南通万豪建材科技有限公司总经理张志泉当选为首届执委会会长。

12月　大豫镇获江苏省群众体育工作示范镇称号。

是月10日　中国水产科学研究院科研成果转化示范基地正式落户大豫镇裕丰林现代渔业产业园区。农业部党组成员、劳动人事司司长梁田庚，县委副书记、代县长潘建华共同为科研成果转化示范基地揭牌。

是年 大豫镇被省档案局评为第三批社会主义新农村建设档案工作示范镇。

△　如东老促会大豫镇分会获中国老区建设促进会2011年度老区宣传工作优秀奖。

△　大豫镇计划生育中心服务站获全省人口和计划生育优质服务示范站称号。

△　大豫镇团委被省委评为江苏省“五四红旗团委”。

△　丁家店村被市委、市政府评为2006～2010年法制宣传先进单位。

△　兵房居委会被评为市地震安全社区。

△　香台村获市财务管理先进集体称号。

△　东凌社区被评为南通市安全社区、南通市先进村监督委员会。

△　丁家店村被评为南通市村干部勤廉工程示范点；该村崔氏蔬菜专业合作评为南通农民专业合作社十佳营销示范社。

△　兵房初中被评为南通市绿色、绿色南通市教育装备工作优秀学校。

△　大豫初中被评为南通市自制教具先进学校。

△　桂芝小学被评为南通市教育装备工作优秀、南通市“十一五”教育科学研究先进集体。

△　兵房小学被评为南通市先进教工之家。

△　周文强被评为江苏省百名好青年。

2012年

1月3日　大豫镇丁家店村农民经纪人崔建辉投资30万元,创办南通市第一家——崔氏农副产品直销店,是日,在南通市五一路上正式营业。

2月3日　南通全市县乡人大换届选举介绍代表候选人现场观摩会在大豫镇隆重举行,市人大常委会副主任徐永兵到会讲话。

4月10日　南通兵凌水产品有限公司总经理陆卫兵专门选派5名高级工程师前往上海、安徽、湖北以及江苏宜兴、常州、高淳、兴化等地开展技术服务,帮助蟹农现场解决技术难题。

4月14日　生态县创建国家技术评估组在王智、任新峰等县领导陪同下,先后检查大豫镇环保所、强民村集居点生活污水处理站、如东天楹垃圾发电厂3个点,并对创建工作给予充分肯定。

是月　大学生村干部、大豫镇社区党总支书记俞叶美,当选南通市人大代表。

6月12日　南通市中小企业金融超市大豫镇举办专场对接活动,市经信委领导,南通市和如东县14家金融机构负责人、县政府、县经信委及有关乡镇分管负责人和大豫镇周边50多家中小企业负责人参加活动。

6月5日　东凌库区产业园区成立会议在县行政中心举行,县委副书记周建飞对东凌库区资产移交、园区启动等工作进行部署。

6月27日　大豫镇160多名复退军人成科技示范户。

6月30日　大豫农民经济人营销协会300多人,及早联系市场,找准市场定位,冬瓜热销上海、江西、福建、新疆、陕西等十多个省市。

8月13日　大豫镇形成“培训—输出—成才—致富”模式,有序转移农村劳动力8189人,有力促进农民收入持续增长。

8月24日　南通龙涛水带有限公司先后开发棉纱双带消防通管、荧光消防带、耐酸耐油输送带等28个产品,都获得国家专利。

8月26日　南通兵凌水产品有限公司在苏州、宝应同时举行大闸蟹开捕仪式。广东、上海、香港、台湾等地区近100多名客商赶赴现场,洽谈业务。

是年　丁家店村被评为全国民主法治村、全国综合减灾示范社区;

△　大豫镇被评为南通市长安镇。

△　兵房中心卫生院被评为省示范乡镇卫生院。

△　九龙村被评为省优秀健身点。

△　强民村获省级卫生村称号。

△　南通万豪建材科技有限公司获省级五星级数字企业。

△ 大豫镇文化服务站被评为市优秀乡镇综合文化站。

△ 大豫初中被评为南通市青年文明号。

△ 丁家店村、香台村被评为2009～2010年度南通市文明村；

△ 江苏世纪燎原党总支被评为2009～2012年度市创先争优先进基层党组织。

△ 循环经济产业园(东凌库区产业园、大豫镇)获县委、县政府服务业发展杯银杯。

△ 银杰螺丝、龙臻滩涂、如桥菜业3家企业产品商标获南通市知名商标。

△ 组建美豫保洁公司。

△ 大豫社区、周墩村公共服务中心建成。

△ 14个村通过第二批“环境整治村”验收。同时顺利完成13家水厂回购工作。

第一篇　建置区划

清嘉庆年间(1796~1820),大豫全境一片汪洋。民国5年(1916),民族实业家张謇创办大豫盐垦公司,招募民众筑堤围垦。岁月流逝,沧海桑田。境内形成南坎、大豫、兵房、大同、丁店5个集镇。大豫、兵房、丁店为人民政府驻地,兵房镇亦为中共掘东区委、区政府驻地。

民国29~37年(1940~1948),南坎区域几度分合、更名,分设4个乡和南坎镇,1954年,合并为南坎乡。1958年10月,成立大豫人民公社,下辖18个大队、2个居委会。1991~2000年,对部分村域区划调整。

1965年,成立东凌渔业人民公社,下辖3个渔业大队。1983年,更名东凌渔业乡人民政府。1991年围垦后,下辖7个农业村、4个渔业村、1个居委会。

2000年4月,东凌乡与南坎乡合并,组建大豫镇人民政府,下辖15个村委会、4个渔业村委会、3个居委会。2005~2008年,对部分村域区划调整后,下辖6个村委会、3个社区、1个农场居委会。221个村民小组。区域面积96平方公里。

民国31~37年(1942~1948),兵房区域分设新中、强丰、徐征、新民4个乡和兵房镇。1957年10月,合并为徐征乡。1958年10月,建立兵房人民公社,下辖20个大队和兵房街道办事处。1983年,建立兵房乡人民政府。1986年3月,建立兵房镇人民政府。1999年3月,村域区划调整合并,下辖11个村(居)委会。

1957年10月,王荃等3个乡合并为巩王乡。1958年10月,建立巩王人民公社,1965年9月,更名为大同人民公社。1983年9月,建立丁店乡人民政府,下辖14个村委会、两个居委会。

2001年3月,丁店乡和兵房镇合并,组建兵房镇人民政府,并对丁店乡村域区划调整合并。2005年,兵房镇第3次村域区划调整后,下辖10个村委会和兵房居委会,401个村民小组。区域面积99.47平方公里。

2009年5月,兵房镇与大豫镇合并,设立大豫镇人民政府,驻地兵房镇。2012年12月,辖5个社区、居委会、16个村委会、623个村民小组,区域面积195.47平方公里,总人口10.67万人。

2012年1月,如东县循环经济产业园与进口再生资源加工区、大豫镇实行区镇一体化管理。7月,中共如东县委、县政府成立如东县东凌库区产业园党工委、管委会,与循环经济产业园(进口再生资源加工区、大豫镇)实行一套班子管理体制,原“区镇合一”管理体制不变。其中3月20日起,闸东村、东港村、东凌社区及如东东安科技园区行政区划范围被南通滨海园区代管。

第一章 建 置

第一节 位 置

大豫镇位于如东县东南部,东临南黄海,南与通州市三余镇接壤,西与掘港镇隔河相望,北与洋口港(长沙镇)毗邻,是如东县陆上的东大门。位于北纬32.33°,东经121.45°,属北亚热带,夏半年盛行东南、南和西南风,冬半年盛行西北、北和东北风,致使境内冬冷夏热、冬夏温差较小,秋温高于春温的典型海洋性气候。年平均风速为3.70米/秒,年平均日照2153小时,年平均气温14.90℃,最高气温38.30℃,年平均降水量1028.30毫米,历年平均无霜期250天以上。全镇地势平坦,海拔(以废黄河为底面)3.40米,地势西高东低。

第二节 境 域

大豫镇政府驻地,西距县城掘港13公里,东距南黄海(东凌港)15公里,北距洋口港(长沙镇)15公里,南距遥望港7.50公里。苏221、222、334线,海防公路、沿海高等级公路穿境而过;四贯河纵贯全镇、如泰运河由此入海。东西最长18.75公里,南北最长17.15公里。2012年,全镇区域面积195.47平方公里,耕地面积15.60万亩,滩涂面积20.10万亩。人口总数10.67万人,辖5个社区、居委会,16个行政村,623个村民小组。

第三节 沿 革

清末民初,境内各地均隶属掘港市。据《掘港镇志》记载:民国2～17年(1913～1928),掘港四境乡群,包括东牛车桥、南坎、北坎、长沙、大豫、兵房、止马洼等。民国5年,民族实业家张謇修筑大豫海堤,并创办大豫盐垦公司(总公司设掘港),下设大小17个区,南起遥望港,北经长沙镇范堤外折向西北至丰利场止,西与民地分界有西沿竖河,东止于海,包围如皋(如东)东部。境内有中一区、中二区、中三区、中附区;南一区、南二区、南三区;南附区、南附东区、北一区、北二区;并在南一区、中一区、中二区、北一区设分区办事处。南二区、南三区由南一区代管,中附区由中一区代管,中三区由中二区代管,北二区由北一区代管。其余区由总公司直接管理。并形成大豫、兵房、大同、丁店、南坎5个集镇。民国29年9月,新四军东进后,划分为豫北、南坎、豫滨、豫中、豫安、豫如、豫附、豫南8个乡;建立人民民主政权,大豫盐垦公司所属各区因此而成为历史。

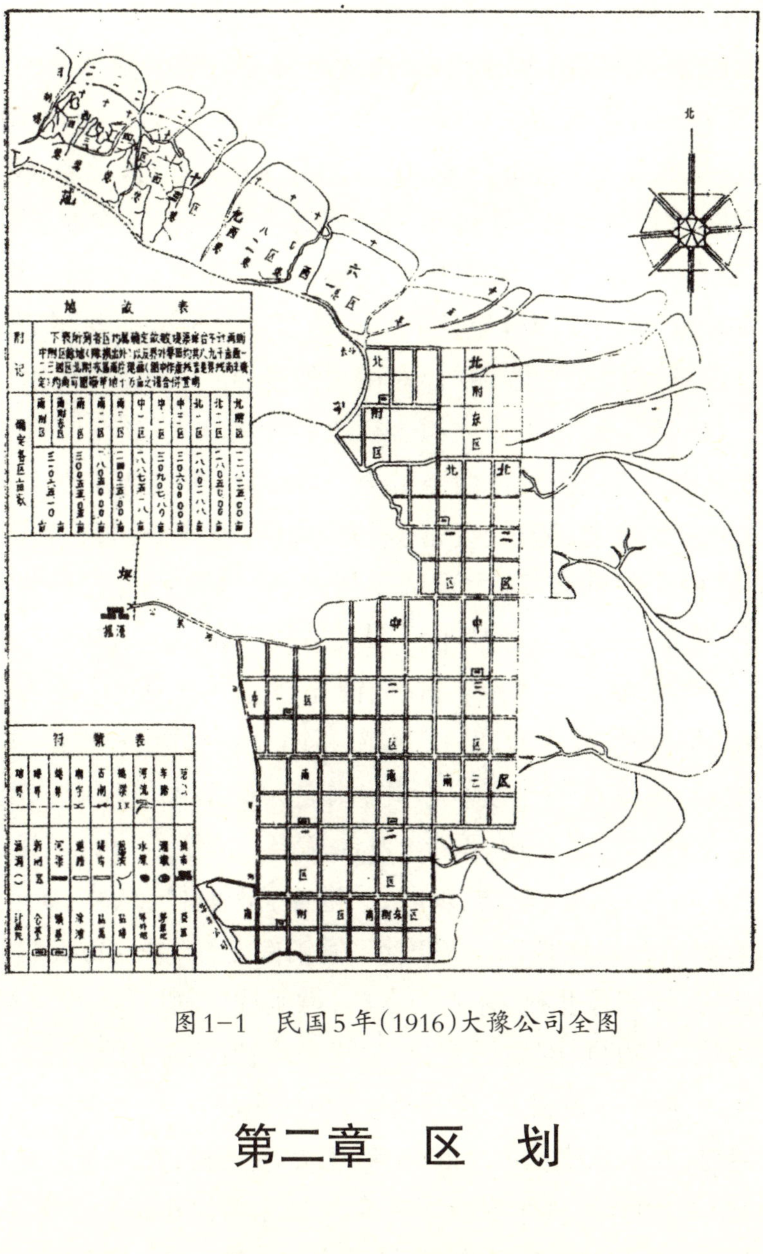

图1-1　民国5年(1916)大豫公司全图

第二章　区　划

第一节　区划演变

据《掘港镇志》记载:“民国18年(1929),掘港为如东县第九区。民国23年,掘港为如东县第八区。区域范围:东北两面濒临大海,南至遥望港与南通县二窎、北兴桥毗邻,西北与马塘、丰利两区接壤,东西25公里,南北35公里,人口20万。辖盐垣镇、碧霞镇、长沙镇、北坎镇、华丰乡、南坎乡、环芳乡、三民乡、九总乡、大豫乡、大豫南乡、大豫北乡等20个乡镇。”由此可见,大豫全境原属掘港镇辖区。

民国5年,民族实业家张謇在此成立大豫盐垦公司,对滨海荒滩进行垦殖,从崇明、启东、海门等地招募一批移民,使这里日渐兴旺,逐渐形成集市贸易中心,“大豫镇”因此得名。为纪念张謇对大豫所作功绩,1994年11月,在镇区中心建树一座张謇铜像,让世人瞻仰。

民国初年，为大豫北乡。民国29年前后，南坎乡分设大豫中乡、南坎镇和豫北乡；民国30年冬，原大豫中乡划分为豫滨、豫中、豫安3乡。民国33年6月，南坎镇改为南坎乡，12月，豫北乡和附中乡、堤北乡合并称北附乡；民国34年2月，恢复豫北乡；民国35年7月，又将南坎乡划分为新华、南坎两乡；民国36年5月，镇东与镇西合并称强丰乡，7月恢复镇东乡；民国37年9月，镇西与新中合并称新中乡。同年12月恢复镇西乡。民国37年8月，南坎、新华、豫北3乡划归掘长区。1954年秋，镇东、镇西复并为镇东乡，南坎、新华复并为南坎乡。1957年9月，镇东、南坎、豫北3乡合并称大豫乡，机关设在大豫镇。1958年10月，成立大豫人民公社。1965年9月，大豫人民公社改名为南坎人民公社，机关驻地仍在大豫镇。1968年4月，成立南坎人民公社革命委员会。1983年，成立南坎乡人民政府。全乡辖止马洼、坎西、南坎、凌边、豫北、鲍桥、凌窑、亭海、周墩、豫东、茂青、育新、中桥、齐心、新兴、团结、农科、新垦18个村和南坎、大豫两个居委会。1989年，农科队更名为坎南村，1990年围垦后，南坎增加三龙村。1991年，三龙村划入东凌乡。1994年，撤销坎南村，并入坎西村，1998年，撤销团结村，并入豫东村；撤销齐心村，并入凌边村。2000年，撤销新兴村，并入香台村，撤销牛桥村，并入豫新村。豫新村由育新村更名，香台村由鲍桥村更名。2000年4月，撤乡建镇，南坎乡与东凌乡合并，成立大豫镇人民政府。镇政府设在大豫镇。全镇辖止马洼、坎西、南坎、凌边、豫北、香台、凌窑、周墩、豫东、亭海、茂青、豫新、新建、凌港、九龙15个农业村，东凌、东洋、东港、兵港4个渔业村，东凌、大豫、南坎3个居委会。2002年，如东农场实行属地管理。2005年，撤销新建村，并入豫北村。2006年，撤销坎西村，并入止马洼村；撤销豫北村，并入香台村；撤销凌窑村，并入周墩村；撤销亭海村，并入豫东村；撤销南坎、凌边村、南坎居委会，组建南坎社区；撤销茂青村、豫新村、大豫镇居委会，组建大豫社区；撤销东凌村、东凌居委会，组建东凌社区。2007年，撤销东洋村，并入东港村；撤销兵港村，并入东凌社区。2008年，撤销凌港村，并入九龙村。全镇为6个村（1个渔业），3个社区（1个渔业），1个农场居委会，221个村民小组。全镇总面积96平方公里，实有耕地6.57万亩。总户数1.49万户，镇域总人口4.29万人，其中非农人口2800人。

2009年，镇域区划调整，大豫镇和兵房镇合并，设立大豫镇人民政府，镇政府驻在兵房镇。2012年12月，区域面积195.47平方公里，总人口10.67万人，辖止马洼、香台、周墩、豫东、九龙、东港（渔业）、大同、巩王、丁家店、伯安、闸东、东安闸、马家店、徐征、强民、一门闸16个村委会和兵房、大豫、南坎、农场、东凌（渔业）5个社区居委会。

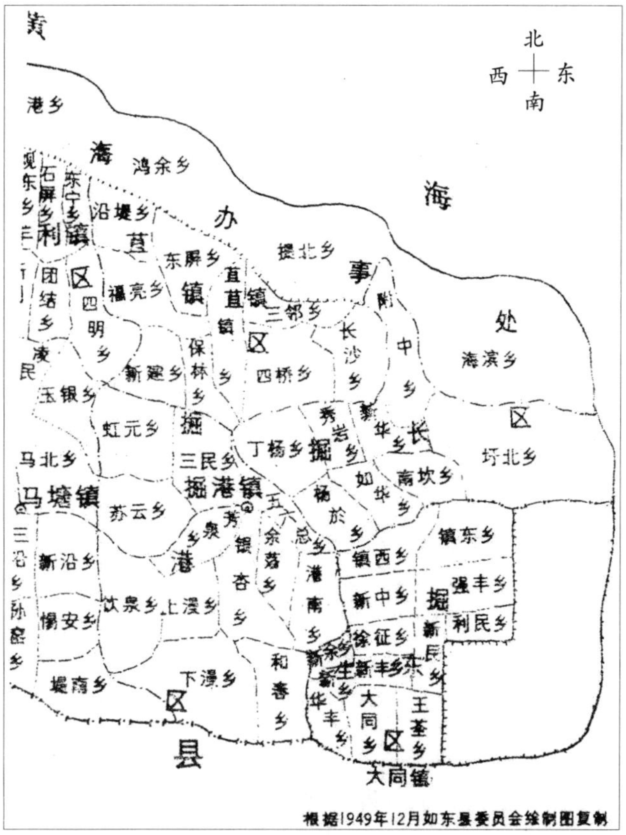

图1-2　1949年如东县掘东地区行政区划图

第二节　区、乡镇场建置演变

一、掘东区

民国29年(1940)，开辟掘东区(区政府班子未建好)，即于民国30年(1941)3月撤销。

民国30年(1941)9月，重建掘东区政府。

民国34年(1945)9月～1949年9月，沿用原区政府建制。先后驻徐家园、大豫镇。

1949年10月，设掘东区政府。驻地兵房双闸村章家宅。

1950年11月，改称掘东区公所，驻地兵房镇。

1958年4月，撤销掘东区，设掘东指导组(第六组)。

1958年9月，改为掘港指导组。

1961年5月，恢复掘东区委。

1972年11月，建立中共掘东区核心小组。

1977年3月，撤销中共掘东区核心小组，成立中共掘东区委。

1984年1月，恢复掘东区公所。

1987年1月，撤销区公所，成立掘东巡视组。

1988年1月，掘东巡视组更名为掘东区指导组。

1994年12月,建立掘东区工作委员会。

1996年4月,撤销掘东区工作委员会。

二、兵房镇

位于如东县东南部,距县城13公里。原系海滨滩涂,民国10年(1921)始,海门、启东、崇明等地移民到此垦殖、烧盐,因盐兵于此建造营房,“兵房”由此得名。为兵房人民政府驻地,曾为掘东区委驻地。镇域面积68平方公里,4.30万人口。

民国初年,为大豫中乡。

民国31年(1942),划为豫中、豫安乡。

民国32年(1943),将原豫中、豫安乡改为豫和、豫南和豫中乡。

民国37年(1948)底,为新中、强丰、徐征和新民乡。

1957年10月,新中、强丰、徐征和新民乡合并成徐征乡。

1958年10月,建立徐征人民公社,辖20个生产大队和兵房镇街道办事处。

1959年1月,改称兵房人民公社。

1968年5月,建立兵房公社革命委员会。

1983年8月,兵房人民公社改为兵房乡人民政府。生产大队改为村,下辖:海丰村、邻盐村、马店村、东安村、新民村、兵南村、保田村、徐征村、双闸村、东安闸村、海凌村、安北村、强民村、新谊村、培德村、双港村、一门闸村、丰荡村、兵郊村、三港村等21个村委会和兵房镇街道办事处。

1986年3月,建立兵房镇人民政府。

1999年3月,对部分村域区划进行合并。

海丰村与邻盐村合并为海盐村,马店村与东安村合并为马安村,新民村与兵南村合并为新南村,保田村与双闸村1～5组合并为保田村,徐征村与双闸村6～11组合并为徐征村,东安闸村与海凌村合并为东海村,安北村与强民村合并为安民村,新谊村和培德村合并为培新村,兵北村与双港村合并为兵港村,一门闸村与丰荡村合并为闸丰村,兵郊村和徐征村四八组、兵北村一二三组合并为兵郊村。

2001年3月,撤销丁店乡,并入兵房镇。

2001年3月,兵房镇政府对部分村组调整合并。

大同村与通如桥村合并为大同村;丰港村与王荃村合并为王荃村;荃东村与毛竹桥村合并为毛竹桥村;芦苇港村与港闸村合并为港闸村;协和村与营房桥村合并为协和村;伯安村与磨墩村合并为伯安村;闸东村与华新村、三港村、渔场合并为闸东村,豫丰村不变。

2005年,兵房镇进行第三次村域区划调整。

新南村与马安村合并为马家店村;海盐村与东海村合并为东安闸村;安民村与培新村合并为强民村;兵港村与闸丰村合并为一门闸村;保田村与徐征村合并为徐征村,港闸村、协和村与丁店居委会合为丁家店村;豫丰村、大同村与大同居委会合为大同村;王荃村与毛竹桥村合为巩王村；兵郊村与兵房居委会合并为兵房居委会。

2009年5月，兵房镇与大豫镇合并，组建新大豫镇。

三、丁店乡

丁店乡人民政府驻地，位于如东县东南部，距县城17公里。民国6年（1917），一位名叫丁老三的人到“川腰港”看管四贯河闸，在岸边盖起两间小茅屋，开起一家商店，此后人们给小店取名叫“丁家店”。丁店乡由此而得名。

民国初年，为大豫南乡。

民国31年（1942），划分为豫附乡、豫南乡、豫和乡。

民国33年（1944），豫附乡改为巩王乡。

1949年12月，为王荃乡、大同乡、新民乡、新丰乡。

1957年10月，王荃乡、徐征乡和新民乡（南半部）合并建立巩王乡，机关驻地大同镇。

1958年10月，巩王乡改称巩王人民公社。

1965年9月，巩王人民公社改称大同人民公社，机关驻地丁店镇。

1968年4月，成立大同人民公社革命委员会。

1981年7月，大同人民公社改称丁店人民公社。

1981年11月，成立丁店人民公社管理委员会。

1983年9月，成立丁店乡人民政府，下辖：豫丰村、大同村、通如桥村、丰港村、王荃村、荃东村、毛竹桥村、芦苇港村、港闸村、协和村、营房桥村、伯安村、磨墩村、闸东村等14个村委会和渔场及大同、丁店两个集镇居委会。

2000年4月，华丰乡华新村、兵房镇三港村划归丁店乡人民政府管辖。至此，全乡共有16个村委会182个村民小组。

2001年3月，丁店乡并入兵房镇。

四、东凌渔业乡

位于如东县东南部，南黄海之滨，距县城22公里，因地处东凌港而得名。

1965年，由丁店、兵房、大豫3个人民公社渔业大队，合并组建东凌渔业人民公社。

1968年3月，成立东凌渔业公社革命委员会。

1983年，成立东凌渔业乡人民政府。全乡辖东凌、东港、东洋、兵港4个渔业村。1991年，围垦后成立凌港、华凌、三龙、九龙、棉东、港北、靶南7个农业村。4个渔业村，1个东凌居委会。1996年，全乡总面积25平方公里，总人口4000人。

1997年，凌港、华凌、三龙村合并为凌港村，九龙、棉东、港北、靶南村合并为九龙村，全乡为两个农业村4个渔业村1个居委会。

2000年4月，东凌渔业乡与南坎乡合并，成立大豫镇人民政府。

五、如东盐场

如东盐场东濒黄海，西邻兵房镇，距如东县城22公里。全场面积10平方公里。分3个工区,13个大组,51个分滩,职工500人,下设全日制小学1所。

1958年6月,建立掘东制盐场。

1962年10月,改名为如东盐场。

1964年10月,改称淮北盐务管理局南通盐场如东分场。

1968年3月,建立如东县盐场革命委员会

1987年7月,建立如东盐场场部,驻地东安闸。

2002年,如东盐场改制为南通盐泰水产有限公司。

2006年,盐泰水产有限公司依法破产,职工分流,划归大豫镇。

六、如东农场

位于如东县东北部,与南坎乡接壤,距县城20公里。全场总面积6.30平方公里,耕地面积4700亩,辖6个大队,总人口1993人。

1956年4月,建立如东县棉场,隶属如东县。

1966年4月,划归江苏省农垦局。

1969年2月,实行军管,隶属江苏省生产建设兵团,番号为:中国人民解放军南京军区江苏生产建设兵团第四师独立第六营。

1975年10月,成立国营如东农场革命委员会,隶属省农垦局。

1979年1月,更名为江苏省国营如东农场。

2001年11月,实行属地管理,移交如东县。

2002年9月,划归大豫镇,改称农场居委会。

七、如东对虾综合养殖场

位于如东县东部,南黄海之滨,十贯海堤外的三龙舍,距县城24公里。

1987年9月,建立县对虾综合养殖场。

1988年9月,业务归县水产局和海涂开发管理办公室,行政隶属掘东区指导组。

2006年,划归大豫镇。

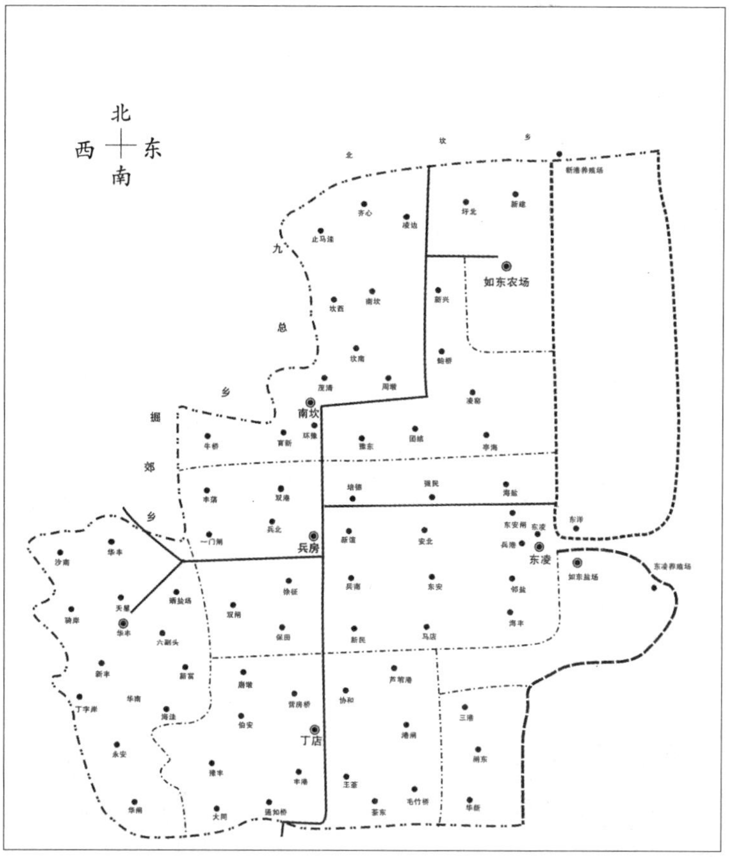

图1-3　1983年掘东区区位图

第三节 村(居、社区)建置演变

一、豫东村

位于大豫镇东北部,距镇政府所在地6.50公里。西起省道221线,与大豫社区接壤,东至十贯大豫海堤,与九龙村相望,南至兵大界河,与强民村为邻,北至民兵河,与周墩村连接。东西长7.50公里,南北宽1.50公里,村域总面积11.25平方公里,耕地面积8690亩,森林覆盖面积1943亩。1998年,撤销团结村并入豫东村,2006年,将豫东村与亭海村合并为豫东村;全村总户数1830户,总人口4838人,辖35个村民小组。该村70%为海门人,29.50%为启东人。民国初年,隶属大豫盐垦公司中二区、中三区,中二区公司旧址位于11组。1949年10月前,村民以垦殖、租种公司田为生,为镇东乡豫东村、中心村、岸西村、海滨村、近海村;1949年10月后,建立初级社、高级社时,为豫东社、中心社、岸西社、海滨社、近海社;人民公社化后,为八大队(1959年3月七八大队合并为八大队,是年6月分开),团结大队(1963年由九大队划出)、十大队(1959年6月由中心村与豫东村合并)。十大队是有名的蔬菜生产基地,从20世60年代起,村民就开始种大白菜、韭菜、扁豆、黄瓜、土豆、番茄、茄子、冬瓜、香瓜、西瓜等蔬菜瓜果销往掘港、南通等市场;蚕桑生产起步较早,并建有林场。八大队是南通、掘港知青插队人数较多单位之一,总数48人;为活跃农村知青文体生活，70年代初，大队建篮球场，开辟乒乓球室，建立有50多人文艺宣传队。如东知名篮球主力运动员徐海燕、韩继文就插队于此地。从1975年起，村集体先后办过内衣针织厂、手套厂、服装厂、自来水管道厂。中共十一届三中全会后，村域经济发展较快，种植业实施设施栽培，1999年，第4组村民顾志林培植大棚"洋香瓜"，得到人们青睐，时任南通市委书记周福元亲临视察。2011年，全村淡水扣蟹养殖面积2000亩，年产值1000万元。形成立体种植棉花和水产养殖为主高效农业；有农副产品收购点18家，营销人员50多人；村内工业企业有南通大豫棉花有限公司、南通食品添加剂厂、南通豫东服装厂、南通南恒劳保手套有限公司，个体工商户100多家。外出劳务2000多人。村级道路62公里，其中5纵硬质路面12公里，6横砂石路面50公里，村级公共服务中心建在七贯路东侧中心位置，并建成农民集居点1处，占地面积10.80亩，建筑面积4109平方米，入住19户。在抗日战争、解放战争中全村牺牲的烈士有28位。在外成功人士有：济南军区海军工程指挥部后勤处黄圣飞、南京方山七〇三九七部队陆浩；南京陆军高级指挥学院吴平；宿迁市政协张雷冲；广东惠州市城建委孙耀明；湖北省荆州市开发区嘉烨印染有限公司刘敏；上海泰丽针织有限公司黄思本；上海市交运集团有限公司邱卫东；北京市亚太集团建筑有限公司朱玉忠、顾建周。古地名有：孙佰林店。曾办过学校有：桂芝小学、大豫初中、镇东校、八大队学校、十大队学校等。中共村支部、村委会获得荣誉有：2005～2006年度南通市文明村，南通市自来水普及村，如东县新农村新家庭计划示范村，创先进基层党组织、创全面小康新业绩示范村党组织，环境整治先进村，2011年新型农村合作医疗工作先进集体。2012年，农村经济总收入4亿元，人均纯收入1.23万元。

图1-4　2008年，建成豫东村公共服务中心（管霖　摄）

二、大豫社区

位于大豫镇行政中心西北部，距政府所在地3.50公里。西起西牛车桥，与掘港镇三桥村隔河相望；东至东牛车桥五贯马路，与周墩村接壤；南到兵大界河，与一门闸村毗邻；北至老公共河，与掘港镇八总村为邻。因地处大豫镇而得名。南北宽1.25公里，东西长8.28公里。2000年，撤销牛桥村，并入豫新村；2006年区划调整，由茂青村、豫新村、大豫居委会合并为大豫社区，区域总面积10.35平方公里（其中镇区面积0.30平方公里），耕地面积8275亩，森林覆盖面积1976亩。辖34个村民小组，一个居委会，有2644户，6690人（其中非农968人）。民国初年，三贯马路西隶属大豫盐垦公司中一区、三贯马路东隶属中二区。1949年10月前，村民以下小海、种公司田（居民以做小生意）为生。为镇西乡镇北村、跨岸村、博爱村、南武村 、牛桥村〔其中民国37年（1948）镇西与新中合并为新中乡，后恢复镇西乡〕解放村属镇东乡；1949年10月后，成立初级社、高级社时，为镇东乡解放社、茂青社、跨岸社、博爱社、南武社、牛桥社。人民公社化后，为大豫人民公社十一大队、十二大队、十三大队、十四大队、居委会。区内工业起步较早，民国26年（1937），冯长青就办起轧花厂、油厂；20世纪50年代起，区内办有公社油厂、生产社等企业，70年代兴办塑料厂、化工厂、饲料厂。1964年，开办镇郊幼儿园，1967年，十二大队在掘东地区开创村办幼儿园先河，其经验和做法在全县得到推广。1973年，时任国务院副总理李先念夫人林佳楣视察该幼儿班，并与幼师合影留念。1974年，联合国教科文组织也视察该幼儿园。中共十一届三中全会后，区域经济迅猛发展，大小企业有27家，个体工商户327户；规模以上企业有：南通万豪建材有限公司、南通万得纺器有限公司、南通万洋混凝土有限公司、南通豫铭服饰有限公司、南通祥升服饰有限公司、南通银杰特种螺丝有限公司、南通华宇紧固件有限公司、南通海丰针织有限公司、南通大豫纸业有限公司等。在现代化农业示范村建设中：全区修筑硬质路面35公里、沙石路面80公里、沥青路面5.50公里，修筑硬质渠道14.20公里，平整复垦土地7.32亩，清理河道28条，约25万立方米土方。新建村级公共服务中心、农村集居点2处，占地面积25亩，建筑面积1.20万平方米，入住50户。古地名有西牛车桥、东牛车桥、老赫店、杨家湾、张家仓（位于8组属中张家仓）；古寺庙、堂有：大豫佛堂（供销社）、西伢儿丫子庙（位于23组）、南武庙（位于7组）、跨岸庙（位于4组）、夏家庙（位于9组）。曾办过学校有：镇西小学、育新学校、十一大队小学、十四大队小学班、十二大队业余中心学校。在抗日战争、解放战争中牺牲烈士有32位。烈士墓塔有：夏桂芝烈士墓、豫新烈士纪念塔。“虎口夺棉”战斗故事就发生在境内大豫镇。旧时，大豫商铺云集，稍有名气商铺有：王永遂、鲍正南北货，余德荣糖烟酒，朱德奎药店，欧国祥粮店，袁宏酒坊，冯长州花行，丁福胜香店，丁家染坊，罗家布店，张立同八鲜行，石金荣八鲜行等。在外成功人士有：江苏省国税局常文勇；南京市公安局武警支队沈达明；南通市审计局蔡云华；南通市人民政府驻京办事处郭辉；武汉海军工程大学田洪祥；大连海洋生物技术养殖有限公司沙德祥；美国旧金山广东办事处杨国林；南京方园国际大酒店景桂勇；河海大学郭学俊；武汉警备区唐士泉；

南通军分区莫锦如。2010年,社区党总支书俞叶美被评为县"优秀女大学生村干部""十佳大学生村干部",当选南通市十四届人大代表。2012年,农村经济总收入11.61亿元,人均纯收入1.25万元。

图1-5 2011年,建成大豫社区公共服务中心 (管霖 摄)

三、止马洼村

地处掘港、长沙、大豫3镇交界处,距大豫镇行政中心10公里。因止马洼民间传说而得名。西与掘港镇如华村毗邻,东与南坎社区接壤,南与大豫社区相望,北与长沙北坎村相连。东西宽3.50公里,南北长4公里,221省道纵贯全村,四贯河、掘坎河与此交汇。村域总面积14平方公里,有1691户、5084人(苗族10人),辖32个村民小组,耕地面积6500亩,森林覆盖面积1461亩。新建村级公共服务中心,农村集居点1处,占地面积15亩,建筑面积7360平方米,入住32户。民国初年,为十总老圩地区。1949年10月前,隶属掘长区新华乡、南坎乡,为长路村、止马村、洼东村、洼西村、坎西村、义北村、三河村。少数村民有一部分自家田,大部分村民主要靠下小海、烧盐、租种大户人家田为生。1949年10月后,先后建立初级社、高级社,分别为新华一社、新华二社、光荣一社、光荣二社、光荣三社、光荣四社。人民公社化后,为大豫人民公社一大队、二大队。20世纪60年代,一二大队均建有土砖窑。一大队建有淡水养殖场和海上渔业队。1976年,将二大队一二小队合并组建南坎公社农科队(站),属公社直属单位。1983年10月,一大队改称止马洼村,二大队改称坎西村,1989年,农科队更名坎南村。1994年,撤销坎南村并入坎西村。2006年,止马洼村与坎西村合并为止马洼村。古寺庙有止马庙:位于培新小学,杨家庙:位于南八组,相家庙:位于北十组,吴家庙:位于北十六组。古地名有:止马洼、东西夏家墩、张家仓、丫北、余家丫子。在抗日战争、解放战争中牺牲革命烈士有28位,村内烈士墓有:止马洼烈士墓,原址在北10组,紧靠掘坎河,后迁址北4组公墓。坎西烈士墓,原址在南8组,后迁址南9组四贯河西公墓。曾办过学校有培新小学、新中小学、二大队小学。在外成功人士有江苏省审计厅杨苏芹、加拿大蒙特利尔市银行罗晓丽、交通部公路科学研究所赵怀志，徐州建筑有限公司刘必春，苏州市平望水产养殖公司徐海华，南通市交通局周玉兵、南通市公安局陈建华。中共十一届三中全会后，加快村域经济建设步伐，全村有大棚蔬菜专业户15家，种植面积1113亩，年产值1565万元。养猪专业户50家（规模养殖4家），年出栏2500头，年产值375万元；养鸡专业户11家，年销售肉鸡15万羽，年产值450万元；淡水养殖户150家，养殖面积570亩，年产值57万元。有床上用品加工企业2家，建材企业1家，个体工商户60家，累计年产值32万元。到2012年全村出国劳务450人，累计年收入3600万元。村支部、村委会获得荣誉：如东县人口计生新农村家庭计划示范村；南通市民主法治村。2012年，农村经济总收入4.55亿元，人均纯收入1.23万元。

图1-6 2007年，建成止马洼村公共服务中心（管霖　摄）

四、南坎社区

位于大豫镇东北部，西起五贯河，与止马洼村接壤，东至七贯河，与香台村连接，南起公共河，与周墩村为邻，北至掘坎河，与长沙镇北坎村相望。东西宽2.50公里，南北长5.70公里，村域总面积14.25平方公里，耕地面积7321亩。1998年，撤销齐心村并入凌边村；2006年，将南坎村、凌边村与南坎居委会合并组建南坎社区。社区公共服务中心建在中心位置樊家店。辖34个村民小组，总户数1861户，5274人。民国初年，南坎村属十总老圩地区，凌边村隶属大豫盐垦公司北一区公司。1949年10月前，分别为南坎乡老狼村、坝西村、义北村，豫北乡齐心一村、自由村、齐心二村、齐心四村，南坎镇为中心村。村民主要靠下小海、租种公司田，居民靠做小生意为生。1949年10月后，先后建立初级社、高级社，为光荣二社、光荣三社、齐心一社。人民公社化后，为大豫人民公社三大队、四大队、齐心大队、南坎居委会。从20世纪50年代起，三大队、四大队就建立出海捕捞渔业队，有海船6艘，出海捕捞有50多人，近海有块沙滩命名南坎三大队新沙。70年代，境内有织布厂、综合厂(贝壳厂、面粉厂)、化工厂等集体企业。中共十一届三中全会后,区域经济得到发展,以淡水养殖为龙头,长江水系中华绒毛扣蟹及南美白对虾面积2000亩,年产值3500万元。以工业为中心,企业有如东县晶鑫电镀厂,南通鸿燕砼增加剂有限公司,东王海产品有限公司,棉花加工厂等。15组高新华创办高新良种鸡场。区内兴修道路75公里(其中硬质路面24.50公里、砂石路面50.50公里),整治大小河道80多条,森林覆盖面积1567亩。新建农村集居点1处,占地面积15亩,建筑面积7360平方米,入住25户。南坎镇旧时有大小店铺40多家,稍有名气的为顾大八鲜行、张记粮行、吕记中药店。在战争年代,南坎镇是军事重地,粟裕等革命将领曾多次在此召开重要会议,民国33年(1944)6月26日,发生在境内的南坎攻坚战被写入《新四军传》和编入《江苏省革命史词典》。在抗日战争、解放战争中牺牲的烈士有18位,在外成功人士有:见义勇为好司机葛纪军,南京市财政局管宁,江苏省国土厅曹春军,南京市白下区朝天宫办事处袁乃林,南京陆军指挥学院地方生部袁勇,长江南京航道工程管理局陈建东,福建省测绘局徐文金,上海市宝山区花育新,国际商报驻上海记者站李志石,北京市城建亚泰房地产开发公司桑乃余,上海市宝山区金通房地产开发公司张建兵,上海市浦东银行许一峰,南京草书社陈志泉。曾办过学校有:南坎小学(兴办于清宣统三年(1911),当时叫掘港市第四初等小学)、南坎中学、豫西小学、三大队小学、四大队小学、齐心小学。古地名有:陆虎儿桥、老狼(浪)嘴、樊家店、鱼鳞桥、北坎闸、东西苴子、八条巷。古寺庙有:南坎龙王庙(又叫关公庙),位于南坎小学旧址,建于清光绪四年(1878),占地面积200平方米。太太庙建于民国20年(1931),位于南4组。古树木有百年槐树,长在南坎镇老街吕永吉宅后。古文物有一对石狮、古井(有2眼、完好1眼),古建筑有南坎镇老砖街东西长约120米。2005年后,社区获得南通市自来水普及村,南通市和谐村居创建合格村,如东县两星级村级公共服务中心,关心下一代工作委员会,文明村,新型农村合作医疗先进集体,民主法治示范社区,优秀人民调解委员会等荣誉称号。2012年,农村经济总收入4.83亿元,人均纯收入1.23万元。

图1-7　2008年,建成南坎社区公共服务中心　(管霖　摄)

五、香台村

位于大豫镇东北部,距镇政府所在13公里。西起六贯马路,与南坎社区接壤,南部东至八贯南北河,与如东农场居委会连接,北部东至十贯海堤,与九龙村北部毗邻,南起公共河,与周墩村相望,北至掘坎河,与长沙富盐村为邻。南北长5公里,东西宽3公里。因旧时下海人为保平安搭建烧香台而得名。民国初年,隶属大豫盐垦公司北一区公司。1949年10月前,村民主要靠垦殖、烧盐、下小海为生。为豫北乡齐心三村、五村、六村、七村、东八村、西八村;1949年10月后,先后成立初级社、高级社,为南坎乡齐心二社、三社。人民公社化后,为大豫人民公社六大队、新兴大队、五大队、新垦大队。2000年,将原鲍桥村更名为香台村,并将新兴村并入香台村,2005年,撤销新建村,并入豫北村,2006年,豫北村与香台村合并为香台村。全村总面积15平方公里,耕地面积1.30万亩,辖46个村民小组,2534户,总人口7049人。20世纪60～70年代,集体企业有如东县南坎汽车拖拉机修配厂、铸铜厂、油布厂、油膏厂、绣花厂、酒厂、饮料厂。因交通便捷、人气旺盛,70年代逐步将南坎镇粮站、食品站、供销社等商贸业,迁移香台(豫北),自然形成集市贸易中心。中共十一届三中全会后,村域经济快速发展,成为全县有名的“肉鸡养殖专业村”,鼎盛时期全村养鸡300多户,累计年销售肉鸡250万羽,产值4500万元。淡水养殖南美白对虾、扣蟹1400亩。私营企业有:南通苏通防水材料有限公司,服装加工企业2家,床上用品加工企业3家,农副产品加工企业4家,个体工商户100余户。新农村建设效果显著,村级道路实现硬质化、砂石化,自来水入户率100%,有线电视入户率90%以上,森林覆盖面积2804亩。建成新型村级公共服务中心,农村集居点2处,占地面积12亩,建筑面积5200平方米。知名成功人士有:全国钢铁系统劳动模范南通辉煌彩钢有限公司刘允华,江苏省劳动模范18组农民翟跃忠,江苏省国际货运公司张冲,中国外贸金融律师事务所徐军,南通市劳动局施忠,南通大学附属医院张裕东,大连市委办公厅葛军,济南军区工程质监站曹海平,上海空军导弹旅郭建兵,山东省军区成葵。2009年,30组农民季维康在珠海九洲邮轮上挑战海上吉尼斯,创造两项世界吉尼斯海上纪录。在抗日战争、解放战争中牺牲的烈士有17位。解放战争中涌现出举国闻名的战斗英雄、第一届全国人民代表大会代表王维福。古地名有:香台、鲍家坝。古寺庙有:葛家小庙(位于17组)。曾办过学校有:豫北小学、五大队小学、六大队小学、新兴大队小学、闸南小学、新建小学、豫北农中。获得荣誉有:如东县文明单位,如东县人口计生新农村新家庭计划示范村,全县法制宣传教育先进集体,南通市文明村,南通市农村集体财务管理示范村等。2012年,农村经济总收入5.08亿元,人均纯收入1.23万元。

图1-8　2007年，建成香台村公共服务中心（金向东　摄）

六、周墩村

位于大豫镇东北部，距镇政府所在地6.50公里。西起五贯马路，与大豫社区接壤，东至十贯海堤，与九龙村相望；南起民兵河，与豫东村连接；北至共公河，与南坎社区、香台村、农场居委会为邻。南北宽1.50公里，东西长6.25公里。2007年，原周墩村与凌窑村合并，定名周墩村。村域总面积9.38平方公里，耕地面7500亩，20个村民小组，1630户，总人口4588人。民国初年，隶属大豫盐垦公司中二区、中三区。1949年10月前，村民主要靠下小海、烧盐、租种公司田、上大户人家海船做帮工维持生活。为镇东乡民选村、坝南村、滨海村、沿海村。1949年10月后，成立初级社、高级社时，为镇东乡引展社、领展社、滨海社、沿海社。人民公社化后，为大豫人民公社九大队、七大队。20世纪50年代起，就办有畜牧场、豆腐坊、磨坊等集体副业。60年代，九大队一小队建造出海渔船两艘，进行海上副业，并在全大队首家购置手扶拖拉机等机器，把磨坊改为机坊。70年代初始，创办920农药厂，七大队、九大队均建有土砖窑厂。60～70年代期间，九大队民兵营建设，在省、市颇有影响，曾被国防部、省军区、省政府和南通军分区表彰为民兵工作先进单位。中共十一届三中全会后，村域经济发生巨大变化，常年外出务工人员2100人，淡水养殖长江水系中华绒毛扣蟹、南美白对虾1000余亩，年产值6000万元。村内企业有：南通金欣纺织有限公司、南通金木家私有限公司、如东金贵帮玉米淀粉有限公司、如东利民船厂、如东大豫建材厂，超市有：家乐、文峰、美香等，七贯自然形成农贸商业集市。农副产品收购点8个，农民经纪人80人。新农村集居点2处，占地面积20亩，建筑面积5060平方米，入住22户，村级道路90公里，其中硬质路面22公里、砂石化路面68公里。森林覆盖面积1738亩。在外成功人士有：江苏省海事局邵士林、福建省交通厅设计院袁月红、贵阳市工商局顾苏军、北海舰队装备部张武兵、沈阳本溪铁矿刘卫东、上海天歌置业有限公司盛云龙。在抗日战争、解放战争中牺牲的烈士有15位。抗日战争时期，《虎口夺棉》民兵英雄吴品庄就出生该村西8组。民国32年（1943），海滨村是掘东区抗日队伍活动频繁地区之一，施锦安创作革命历史题材长篇小说《滨海枪声》就取材于此村。古寺庙有：东伢儿丫子庙（位于西2组）。古地名有：东牛车桥、鲍家桥、东凌港、杨志祥店、李桂英店、陈家墩子、徐家墩子、邵家墩子、周家墩子、季家油坊等。曾办过学校有：牛桥小学、九大队学校、新进校、豫东小学、豫东农中、新东中学。党支部、村委会先后获得：县文明村、县优秀人民调解委员会、县先进基层党组织、社会治安安全村、安全文明村、民主法治示范村，南通市自来水普及村等荣誉。2012年，农村经济总收入5.80亿元，人均纯收入1.23万元。

图1-9　2012年，建成周墩村公共服务中心（管霖　摄）

七、九龙村

位于大豫镇东北部，距镇政府所在地15公里。1981年，围成东凌垦区。西与豫东村、周墩、农场居委会接壤，东至十二贯福利河；南至南通滨海园区；北与长沙镇高盐村相望。南北长11.50公里，东西宽2.88公里，村域面积33.12平方公里，耕地面积1.15万亩，森林覆盖面积3723亩。因地处九龙舍而得名。九龙村由掘东区兵房、华丰、南坎，马塘区环北、环镇、孙窑等13乡移民组成。村内环北渔场、环镇渔场属独立建制，20世纪90年代初，被南通集成水产有限公司收购，2010年，划归九龙村。1991年，东凌垦区农业划归东凌渔业乡管辖。2000年，村域调整，凌港村（村民迁自兵房）、华凌村（村民迁自华丰）、三龙村（村民迁自南坎）合并为凌港村；九龙村（其中1999年棉东村并入九龙村，棉东村村民迁自凌民、曹埠）、港北村（村民迁自饮泉）、靶南村（村民迁自童甸）合并为九龙村。2001年，观东村（村民迁自九总）并入九龙村。2008年，将九龙村与凌港村合并为九龙村。辖21个村民小组，937户，总人口2558人。村内有电灌站16个，机耕桥46座，交通桥4座，涵洞350个，机耕路25条，36.25公里（其中硬质路面10.50公里），临海高等级公路纵贯全村；社会面积2.80万亩，其中农业种养殖1.20万亩，南美白对虾养殖1.60万亩。有56家养殖和特种水产养殖户，面积7000亩，年产值7500万元；有5家万头种猪场和南通正大种鸡场。九龙南美白对虾为绿色食品，无公害产品，已注册“龙仔”牌南美白对虾著名商标。成功引进慧林国际商务休闲中心,慧林国际千亩生态葡萄园。境内曾办过的学校有东凌小学、四凌港小学、三龙舍小学、九龙幼儿园。新大新酒店、三龙饭店、九龙饭店、九阳饭店以海鲜著称,闻名遐迩,受众人青睐。东凌渔港助推村域经济发展。2009年,新建村级公共服务中心,占地面积2亩,建筑面积600平方米。农村集居点2处,占地面积7亩,建筑面积3120平方米,入住13户。沙港丫子地名有:三龙舍、九龙舍、四凌港、死港、洗脚盆等。在外成功人士有:南京中兴软件股份科技有限公司张金华、常州军分区孙靖;深圳新百丽鞋业公司花益飞;英特尔亚太研发有限公司钱小兵;中外合资上海金融中心严爱华。先后获得南通市民主法治村,南通市"新家庭、新农村"计划生育示范村,如东县法制教育先进集体、文明村等荣誉。2012年,农村经济总收入11.61亿元,人均纯收入1.24万元。

图1-10 2009年,建成九龙村公共服务中心 (管霖 摄)

八、东凌社区

位于大豫镇东部十贯海堤东侧,距镇政府10公里。东临南黄海,南靠东凌港,北与九龙村接壤。区域陆上总面积为1.60平方公里,社区公共服务中心设在垦区东凌南闸西北侧,占地面积10亩,建筑面积1500平方米。社区前身为东凌渔业村。1956年,建立东凌渔业初级社,社址设在老狼嘴(南坎社区);1957年,迁址南坎镇粮站东侧;1962年,迁址鲍家坝以东的东凌港(公共河)末梢南岸(凌窑村12组)。因渔业生产规模扩大,1972年,迁址老东安闸北侧。2006年7月,将东凌村与东凌居委会合并组建为东凌社区。2007年8月,兵港村(前身为东升渔业大队,1986年更名兵港村)与东凌社区合并为东凌社区,总人口为2185人(渔业人口500人,居民1685人),近海滩涂面积10万亩,区内企业9家,为南通台林水产食品有限公司、南通东华水产品有限公司、如东凌旺水产品有限公司、如东东全水产品有限公司、如东升福水产品有限公司、东凌第二冷冻厂、东凌养鳗场、南通锦江水产品有限公司、南通盛泓水产品有限公司。滩涂个体业主15个,有捕捞养殖船15艘,海上作业人员263人，有紫菜烘房7个，年产干紫菜1.40万箱，产值2100万元，年产文蛤5000吨，产值5000万元。如东县东安科技工业园区设在区内，至2012年驻区企业已有36家。在外成功人士有：如东海洲大酒店李高明、江苏宝华水产品有限公司亢勇军、上海市政府秘书杨季新。知名人士有：盐滩铁人张士明。区域经济实力增强，居民生活质量逐年提高，自来水入户率、数字电视入户率、区内道路硬化率均100%。社区获得荣誉有：江苏省卫生村，省、市文明村，市百强村和奔小康先进村，县拥军优属先进单位、民主法治示范单位、2009年度党建工作"先导工程"达标单位，2011年，江苏省社会主义新农村建设先进村称号，全县仅此一家。2011年，农村经济总收入8.36亿元，人均纯收入3.35万元。2012年，由滨海园区代管。

图1-11　2000年，建成东凌社区公共服务中心（管霖　摄）

九、东港村

位于大豫镇东部十贯海堤东侧，距镇政府所在地10公里。与东安老闸紧密相连，东临南黄海，南靠东凌港，北依海堤路，与东凌社区相望。村域陆上面积为0.50平方公里。2011年，新建村级公共服务中心大楼，占地面积12亩，建筑面积2200平方米。村(渔)民为兵房、华丰、大同、南坎等地人。全村有254户，总人口556人，东港村前身为如东县滩涂贝类养殖场，建于1967年8月，初办场时从东凌、东升、东安大队抽调渔船5艘、从南坎公社副业队抽调3人，全场35人。办公地点设在如东县东凌渔业公社内。1969年，在13贯建立新办公场所，下设4个养殖小组，分别驻在九龙舍、三龙舍、十三贯、大洋港闸。其养殖管辖范围南起遥望港、北到新港。1971年，文蛤围网养殖成功，获省奖励50万元。1986年，更名为东港村，2007年8月，将东洋村(前身为东安渔业大队，村民迁自兵房镇)与东港村合并为东港村。有养殖紫菜、文蛤滩涂10万余亩，有村属股份制企业9家，为南通大昌行农产品有限公司、南通昌华水产品食品有限公司、如东裕丰林农业开发有限公司、南通仁源水产品有限公司、南通慧林国际商务会所有限公司、如东吉祥水产品有限公司、如东仁和水产品有限公司、如东君辉水产养殖有限公司、如东佰胜水产品养殖有限公司。村属股份制养殖场4家，为东港村滩涂养殖一二三四场。有养殖渔船23艘，出海作业人员185人。2011年，生产文蛤3000吨，产值2000万元；年产干紫菜3500万箱，产值3500万元。知名人士季俊为2008年奥运会火炬手、省十大青年，在外成功人士为国家城乡建设部规划司荣光。中共村支部、村委会获得荣誉有：全国创建文明村镇工作先进村镇，农业部国家贝类产业技术体系江苏站，省先进基层党组织，卫生村，现代渔业示范村，文明村，市民主法治村，“双建设”示范村党组织，星火龙头企业，2009～2010年度文明社区。因党建工作抓得扎实，有效地推动村域经济迅猛发展。经层层推荐和考量，村党支部书记管永刘脱颖而出，2007年起，享受副乡级干部工资待遇。2011年，农村经济总收入10.18亿元，人均纯收入3.24万元。2012年，由滨海园区代管。

图1-12　2012年，建成东港村公共服务中心　（管霖　摄）

十、农场社区居委会

位于大豫镇东北15公里处，东与九龙村接壤，西与香台村连接，南与周墩村相望，全场土地总面积6.30平方公里，耕地面积4700亩，总人口1993人，其中在职职工674人，退休职工720人。辖6个大队。农场社区居委会前身是如东农场，创建于1956年4月，始称如东县棉场，隶属如东县。1966年4月，划归江苏省农垦局管辖。1969年2月，实行军管，隶属江苏省生产建设兵团，并编制番号为中国人民解放军南京军区江苏生产建设兵团第四师独立第六营。1975年10月，成立国营如东农场革命委员会，隶属江苏省农垦局。1979年1月，更名为江苏省国营如东农场。2001年11月，由省农垦局移交如东县，实行属地管理。2002年9月，划归大豫镇管理，改称农场居委会。创办农场，干群克服重重困难，兴修水利、平整土地、改良土壤，为如东棉花高产提纯复壮岱字棉优良品种。各项社会事业也随之得到发展，先后办起农场小学、初中、高中、医院、供销社、金融、邮电等。1978年，开始创办工业，有羊毛衫厂、水晶眼镜厂。中共十一届三中全会后，通过调整产业结构，实行“种养加”一条龙，农工商一体化综合经营，农场经济得到快速发展。1983年，实行双层承包责任制，2000年，推行“先缴钱，后种田”做法。全场种植早春糯玉米、青花菜等名优新作物面积占总面积70%以上；1993年，在全国率先人工繁育长江三珍之一的河豚获得成功。2009年，兴建农村集居点1处，占地面积8亩，建筑面积3000平方米，入住12户。有3位烈士。在外成功人士有：中国人民解放军南京政治学院王林、中国气象科学研究院黄幸媛、上海天歌置业有限公司陆建冲、上海欣荣商务经营有限公司邵祉衍、河南省政协张亚忠、全国“中国好人”李平。1988年，获省农垦集团有限公司银杯奖。

图1-13　2014年，建成农场社区居委会公共服务中心　（徐永军　提供）

十一、一门闸村

地处大豫镇西北部，距镇政府所在地3.50公里。西起一贯河与掘港镇三桥村相望；东至四贯河，与兵房居委会、强民村为邻；南至如泰运河，与徐征村相对；北至兵大界河，与大豫社区接壤。由如泰运河与南北走向分乡河交汇处建造的“一门闸”而得名。南北长2.50公里，东西宽4公里，村域总面积10平方公里。民国初年，隶属大豫盐垦公司（西片）中一区、中附区，（东片）中二区。村民主要靠租种公司田、下小海、讨饭为生；1949年10月前，划归豫中乡，后隶属新中乡。建立初级社、高级社时，为新兴社、连心社、金新社、陈杨社、清泽社。人民公社化后，为兵房公社十六大队、十七大队、十八大队、十九大队。1986年，为兵房镇兵北村、双港村、一门闸村、丰荡村。1999年，兵北村与双港村合并为兵港村，一门闸村与丰荡村合并为闸丰村。2005年，兵港村与闸丰村合并，恢复一门闸村。全村可耕面积1.01万亩，总户数1970户，总人口5430人，辖39个村民小组，村民以汉族启海人居多，有小部分“南场人”和“本场人”，少数民族有33人。村公共服务中心建在14组，占地面积2亩、建筑面积520平方米。建农村集居点1处，占地面积35亩，建筑面积1.10万平方米，入住44户。古地名有小荒荡、八总墩、瞎眼马路、曹家墩、张家仓。古寺庙有东西两座陡丫子土地庙。曾办过的学校有十六大队小学、永建校(后更名为南阳小学)、富云校、陈王小学、双港小学、兵房第七初级中学。在抗日战争和解放战争中牺牲的烈士有31位。在外成功人士有前海军航空兵副司令王万林,中共无锡市木材建材公司原书记成振康,中共崇明县委原副书记沈迪,南通市政协原副主席黄文标等。在外创业成功人士有浙江安吉从事海绵生产和房地产开发公司季祥,北京亚太集团有限公司瞿洪。中共十一届三中全会后,32组村民施文龙带头建起第一幢两层小楼房,2006年,全村90%以上农户建起楼房,拥有轿车200多辆。党建和精神文明建设成效卓著,1972年6月,国家前副总理李先念夫人林佳楣视察十八大队计划生育工作。全村发展设施栽培农业1000多亩,并成立无公害蔬菜专业合作社。发展1000亩淡水养殖,20多户百头猪场,10多户万羽养鸡场,3个千头山羊基地,建成千亩榨菜种植基地,300亩流转土地专业合作社。硬质道路组组通。全村形成能排能灌独立水系。全村三四级河道全面疏浚,兴建桥梁18座,安装垃圾箱300个,修筑硬质路面40公里,沙石路面26.50公里,新造节制涵闸24处,路下涵196处,电灌站4座,森林覆盖面积2284亩,成为现代化农业示范村。镇工业集中园区建在村内,企业有:南通中荣水产开发有限公司、南通大江灯饰有限公司、南通东洋电光源制造有限公司、南通东太器皿制造有限公司、南通新佳机电有限公司、南通恒威聚氨酯制造有限公司、南通天地顺织造有限公司、南通顺缘食品有限公司、南通市燎原针织有限公司、江苏盾王劳保用品有限公司等单位。该村先后获得如东县党建工作"先导工程"达标单位,南通市文明村,南通市人口计生"新农村新家庭"建设示范村,江苏省民主法治示范村等荣誉称号。村党支部书记陆惠达当选为县十四、十五、十六届人大代表,2010年起,享受副乡级干部工资待遇。2012年,农村经济总收入4.78亿元,人均纯收入1.23万元。

图1-14 2007年,建成一门闸村公共服务中心 (管霖 摄)

十二、兵房居委会

位于镇政府所在地，如泰运河与四贯河纵横交错，把镇区分成四个片，东南为马家店村，西南接徐征村，东北邻强民村，西北靠一门闸村。222省道穿境而过，以兵房大桥为界，把桥南街面分为南北对面街，221省道由此向北，桥北自然形成南北对面街。街道南北1.50公里，东西1.80公里，居域总面积2.70平方公里。居民均系1949年前启东、海门、南通张芝山和小海镇一带移民。民国初年，隶属大豫盐垦公司（河北街）中二区、（河南街）南一区。1949年10月前，隶属（河南街）新丰、新民乡，（河北街）强丰、新中乡。居民靠种租田、小手工业、做小生意、给店主帮工为生，村镇不分，居民农民杂居。辖区内有大小私营商店20多家，稍有名气店铺为郁大明粮行、袁朝宰花行、张志敖八鲜行、陆福元花行、丁德良花行、卞中谨粮行、施锦贤花行，戎鹤九、戎鹤明茶食店，徐广荣、徐广富杂货店，倪汉章、唐士良药店等。1949年10月后，隶属（河南街）徐征、新民乡，（河北街）强丰、新中乡。在建立初级社、高级社时，为兵房镇社。在人民政府大力扶持下，私营商业和服务业得到发展。辖区内私营商店及摊贩发展到21户，其中商业14户，服务业5户，流动摊贩2户。1952年4月，兵房在全县最先组织建立铁业生产合作社。1951～1952年，区内有3条老街，即：兵小街，坚持街，胜利街。1958年，人民公社化后，建立兵房镇兴东居委会，一部分居民划到二十大队（菜园大队），大多是亦工亦农或亦商亦农。

辖区内原有区公所、镇政府、供销社、商业总店、粮管所、兵房小学、兵房初级中学、兵房中学、兵房医院、新华书店、影剧院、文化站、邮电局、汽车站、搬运工会、职工学校、法庭、税务所、工商所、变电所、国营兵房油厂、如东县机床厂、兵房轧花厂等30多家企事业单位。有天主教堂1所。

20世纪70年代开始，兵房二十大队就创办石棉厂、五金加工厂、粮食加工厂、为民小吃部等集体企业；80年代初，建起集餐饮、住宿于一体海滨楼。后划桥南居委会、桥北居委会。1983年，二十大队改为兵郊村，1994年5月，作为以种植蔬菜为主的专业村，在全县“菜篮子”工程会议上介绍经验。1986年，被列为南通市村办工业“百强村”；1996年2月，被县政府列为农业现代化和小康示范村。1999年，兵郊村与兴东居委会合并为兵房居委会，将徐征村四、八组、兵北村一、二、三组划归居委会，下辖13个村民小组；有2573户，总人口5213人，总耕地面积1815亩。2008年，新建公共服务中心，占地面积1.50亩，建筑面积400平方米。拆迁安置点1处，占地面积9亩，建筑面积4000平方米，已入住5户。改革开放后，加快民营经济和小城镇建设步伐，居域内有如东县振兴机床有限公司、如东县盾王劳保用品有限公司、江海棉业有限公司、如东县惠通针织有限公司、南通金地来酱制品有限公司等21家工业企业。商业网点密布，大型超市有世纪联华、大润发、德购、广隆超市等连锁店；规格较高的餐饮服务业有：燎原大酒店、八仙渔村、钱记海鲜馆、大唐羊肉馆、四海酒家、陆琴饭店、金地来大酒店等。个体工商户500户。集体农贸市场1个，年盈利15万元。另有歌舞厅、文化广场各1个。

1996年，旧镇改造和人民路东侧拓宽改造，共拆除28个单位、74户居民住房，总面积1.60万平方米，新建单位用房、店面房2.80万平方米，其中商住楼1.50万平方米；新修团结路。2006年，新辟新兴路，建造金地来大桥。2010年，新建九洲城市花苑。2011年，新增金地来花苑。

在抗日战争、解放战争中牺牲的烈士4名；在对越自卫还击战中5组陈飞英勇献身。知名人士：省劳模朱国新、市劳模陆忠秀。在外成功人士有上海华山医院宋冬雷，美国细胞基因公司研究开发部徐卫、江苏省测绘局龚琴。在外创业成功人士有兵凌水产养殖有限公司陆卫兵、江苏祥盛倍得满有限公司周炳祥、如东国际大酒店倪卫国。居委会获得荣誉有：南通市奔小康先进村党组织，南通市民主法治村（社区），如东县文明社区、民营经济发展明星村（居），如东县法制宣传教育先进集体，如东县十佳村集体经济发展先进村，如东县先进基层党组织。2012年，农村经济总收入6.50亿元，人均纯收入1.27万元。

图1-15　2008年，建成兵房居委会公共服务中心　（管霖　摄）

十三、徐征村

位于大豫镇西南部，距镇政府驻地1.50公里。东起四贯河，与兵房居委会、马家店村连接，西至分乡界河（一贯河），与掘港镇晒盐场村相望；北至如泰运河，与一门闸村相对；南至兵丁界河、与丁家店村、伯安村为邻。为纪念徐征烈士而命名徐征村。东西长4公里，南北宽2.50公里，村域面积为10平方公里。民国初年，隶属大豫盐垦公司南一区公司（公司位于徐征村八组），村民主要靠租种公司田为生。1949年10月前，隶属大豫南乡。1949年10月后，隶属徐征乡。建立初级社、高级社时，为五星社、越庄社、团结社、保田社、进化社和兵西社。人民公社化后，开始为兵房公社五大队、六大队，1962年，调整为七大队、八大队、九大队。1983年，为兵房镇保田村、徐征村、双闸村。1998年，保田村与双闸村1～5组合并为保田村；徐征村与双闸村6～11组合并为徐征村。2005年，保田村与徐征村合并为徐征村。有1953户、总人口4823人,村民以汉族启海人居多。2008年,新建村级公共服务中心,占地面积1.50亩,建筑面积350平方米。全村耕地面积为8160亩,以种植粮食、棉花、瓜果蔬菜为主,是西瓜夹种棉花(立体种植)发源地。其经验和做法在县市推广。20世纪90年代初,创办织布厂、电器厂、石棉厂、皮鞋厂等企业,1993年,获得县级村办工业红旗先进村。全村修筑道路51公里,其中硬质路面15.50公里,砂石路面35.50公里;整治河道12条,计12万立方米土方。森林覆盖面积1989亩。农村集居点1处,占地面积30亩,建筑面积6240平方米,入住24户。曾办过的学校有:七大队小学、第四农中、徐征小学、双闸小学。古地名有沈国琦店、南一区公司、南一门闸、施宪林店、黄国华店等。在抗日战争、解放战争中牺牲的烈士24名。在外成功人士有:上海第二军医大学陶文照,解放军总政治部组织部蔡善飞,海军上海舰队陈绍明,如东县政协彭月翔,上海铁道兵医院陈忠和,十二军后勤部杨挺余。在外创业成功人士有:南通情人草有限公司沈康,新疆某房地产开发公司杨丰。村内有凯缘食品厂、红星针织内衣厂、季杨忠织布厂等多家企业。2005年,被评为南通市民主法治示范村,2004～2006年度,被评为县模范村民委员会,2005～2006年度,被评为县文明村,2007年,被评为县创先进基层党组织、创全面小康新业绩示范村党组织。2012年,农村经济总收入3.05亿元,人均纯收入1.23万元。

图1-16　2008年,建成徐征村公共服务中心　(管霖　摄)

十四、强民村

位于大豫镇东北部,距镇政府所在地3.50公里。东至八贯路,与东安闸村接壤,西起省道221线,与兵房居委会、一门闸村为邻;南至如泰运河,与马家店村相对,北至兵大界河,与豫东村相望。南北长2.50公里,东西宽5公里,村域面积为12.50平方公里。为纪念烈士杨再强和施卫民而命名。村公共服务中心设在兵十公路六贯处,占地面积1.50亩,建筑面积300平方米。民国初年,隶属大豫盐垦公司中二区、中三区。村民主要靠煮盐、租种公司田、下小海为生。1949年10月前，划归豫中乡。1949年10月后，隶属强丰乡。建立初级社、高级社时，为新华社、八一社、五星社、友谊社。人民公社化后，为兵房公社十二大队、十三大队、十四大队、十五大队；1983年，为兵房乡安北村、强民村、新谊村、培德村。1999年，安北村与强民村合并为安民村；新谊村与培德村合并为培新村；2005年，安民村与培新村合并，恢复强民村。全村可耕面积为1.21万亩。总人口6673人，2441户，辖49个村民小组，村民以汉族启海人为主。中共十一届三中全会后，村内先后创办复合肥厂、织布厂、塑料厂、饮料厂等企业。村内有培德小学、瞿王小学、强民小学、十二大队小学、育才小学、第五农中、利民校等多座学校；古地名有老赫店、汤志华店、张家店、陈万祥店、孙佰林店等。寺庙、教堂有43组土地庙，兵房基督教堂。在抗日战争、解放战争中牺牲烈士有41名。45组中共党员顾潭，被国民党杀害(培德村曾命名顾谭村)。在对越自卫反击战斗中16组陆欣壮烈牺牲，被誉为“王成式的钢铁战士”。在外成功人士有：河南省教育厅任峰，中国人民海军工程学院黄惠冲，北京卫戍区医院黄元飞，扬州市政协主席施国兴，原空军政治学院副政委施国治，扬州商检局施军，扬州市开发区施益香，江苏省交通厅金华，南京煤炭规划设计学院黄忠，北京钓鱼台国宾馆施佩贤。在外创业成功人士有上海某房地产开发有限公司樊宏，江苏世纪燎原针织有限公司黄继石。村内企业有南通东驰纺织有限公司、飞杰织造有限公司、津豪(南通)混凝土制品有限公司、南通祺丰肥料制造有限公司、上海华玉食品有限公司、如东东安服饰有限公司等10多家企业。建有农村集居点1个，占地面积30亩，建筑面积1.69万平方米，入住67户。全村淡水养殖面积3000多亩，年产值1850万元。修筑村级道路80公里，其中硬质路面11.25公里，沥青路面12.50公里，砂石路面56.25公里；整治河道432条，计2160万立方米土方；森林覆盖面积2639亩。

2009年5月始，在如东县首批公推直选大学生村党组织书记印雪峰带领下，加快村级经济发展步伐，连续兴办南通万丰食品有限公司、格瑞家缘食品有限公司、陈飞服装厂、如东兄弟化纤有限公司、如东鸿昌纸制品有限公司、南通滨海东泰纺织品有限公司、如东宝华美汽配有限公司、南通国鑫节能建材有限公司、如东丰润蔬菜专业合作社等企业。2009年，被县委、县政府评为民营经济发展明星村，2010年，分别被县委、县政府评为长安如东建设先进集体、如东县十佳农民专业合作社、如东县文明村，2012年，被评为江苏省卫生村。是年，农村经济总收入5.05亿元，人均纯收入1.23万元。

图1-17　2007年，建成强民村公共服务中心　（管霖　摄）

十五、东安闸村

位于大豫镇最东边，距镇政府所在地5公里，地跨如泰运河入海口东安闸。南片东临东安科技园区，西与马家店村接壤，南至如东盐场一工区，北至如泰运河南岸。北片东起十贯海堤，西与强民村接壤，南临省道334线，北至兵大界河。以东安闸命名。东西宽2.50公里、南北长7公里，全境17.50平方公里。民国初年，分别隶属大豫盐垦公司南三区、中三区。1949年10月前，全是茅草田，村内只住着几十户人家，靠烧盐、开荒、下小海生活。南片隶属利民乡，北片隶属强丰乡。1949年10月后，建立初级社、高级社时，分别为黄海社，强民社，红星社，民主社。人民公社化后，为兵房公社一大队、二大队、十大队、十一大队。1983年，为兵房乡海丰村、邻盐村、东安闸村、海凌村。1999年，海丰村与凌盐村合并为海盐村；东安闸村与海凌村合并为东海村。2005年，海盐村与东海村合并，恢复东安闸村。下辖46个村民小组，2403户，总人口6772人。村公共服务中心建在老334线九贯处，占地面积1.20亩，建筑面积360平方米。村民以汉族海门人居多。可耕地面积1.25万亩，以种植棉花、冬瓜、西瓜、大白皮蚕豆为主。淡水养殖扣蟹400多亩，年产值200万元。全村有出海捕捞渔船28艘，海上作业人员120名。20世纪80～90年代，村里曾办过东安绣花厂、五金厂、鞭炮厂、磷肥厂、钢模刻字厂、橡胶厂、鞋厂等。改革开放后，外出务工人员达3000多人；累计年收入1.80亿元。村内有薛红辉床上用品厂、陆建新电脑绣花厂等10多家小型企业。全村修筑道路72.50公里，其中硬质路面7.50公里、砂石路面65公里；整治河道44条，计165万立方米土方；森林覆盖面积2406亩。曾办过学校有：黄海小学、兵房一中、东南小学。驻村单位有如东盐场场部、东凌商店、东凌供销社、东安闸管所、东安粮站、边防派出所、东凌医院、东凌市场、六三九二部队十六分队、东凌渔业大队等。1994年，海凌村倪永华编纂如东县第一部村史。1995年，《档案与建设》杂志第4期，刊登题为《海凌村民写春秋—张謇先生创办大豫垦区档案工作掠影》文章。在抗日战争、解放战争中牺牲烈士有29名。南通警卫团殷逸团长就牺牲在该村境内,41组陆新家宅,曾做过新四军后方医院,两位无名烈士长眠此地。古地名有蛤蜊舍(位于十贯西侧如泰运河末梢南岸)在外成功人士有:残奥十大传奇英雄、优秀运动员金牌获得者盛玉红、南通市人大顾东郊、全国抗洪模范施文明。2008年,被评为如东县文明村,2009年被评为如东县计划生育先进集体,2010年,被评为南通市民主法治村。2012年,农村经济总收入5.03亿元,人均纯收入1.22万元。

图1-18 2008年,建成东安闸村公共服务中心 (金向东 摄)

十六、马家店村

位于大豫镇东南部,距镇政府所在地4公里。西起222省道,与徐征村、兵房居委会连接,东至八贯河,与东安闸村南片接壤,南至兵丁界河,与丁家店村、如东盐场一工区相望。东西长5公里,南北宽2.50公里,村域总面积12.50平方公里。由古地名马家店而命名。村民以汉族启东人居多。民国初年,隶属大豫盐垦公司南二区、南三区。1949年10月前,隶属豫和乡。村民主要靠烧盐、租种公司田、下小海为生。1949年10月后,隶属新民乡、利民乡(后两乡合并为新民乡);建立初级社、高级社时,为新民社、利民社、新北社。人民公社化后,为兵房公社三大队、四大队、五大队、六大队。1983年,为兵房乡马店村、东安村、新民村和兵南村。1999年,马店村与东安村合并为马安村,新民村与兵南村合并为新南村。2005年,马安村与新南村合并为马家店村。2008年,建成村公共服务中心。辖44个村民小组,有2467户,总人口6853人。可耕地面积1.28万亩。1993年,为保障村民的生活饮用水质量,在全镇首家建起(村级)马店自来水厂。20世纪80～90年代,村里曾办过球化剂厂、粮食加工厂、校办硫酸厂、煤球厂、明胶厂等。村内有南通龙涛消防水带有限公司、南通络泰安防用品有限公司、江苏祥盛倍得满家具制造有限公司三分厂、服装绣花机械制造等企业。全村修筑道路45.10公里,其中硬质路面12.60公里、砂石路面32.50公里，整治河道43条，计216万立方米土方，森林覆盖面积2415亩。建新农村集居点2处，占地面积23亩，建筑面积1.01万平方米，入住44户。淡水养殖面积200亩，年产值100万元，养羊大户3家，全年出栏山羊1200只，累计年产值140万元。村内古寺庙有五组的红庙(也叫孟姜庙)。古地名有：董家仓、谢家仓、黄家仓、协和仓、竞成仓、红娘子店、张姥姥店、马家店和南七贯等。在抗日战争、解放战争中牺牲的烈士有43名。曾办过的学校有马店小学、二农中、三农中、利民校、竟成小学(后改为新民小学)、兵房镇中、兵房小学。知名人士有一等功臣季献康，"红色商人"陆福元。在外成功人士有：湖南省长沙国防科技大学陆启生，原空四军周明，原南通市政协濮九康，原安徽省电力局仇汉生，原南通地区文化局施泽霖，原马鞍山人防办沈元石，原上海市警备区独立团沈文荣，江苏省水利厅张春松，江苏省农垦局黄静元，江苏体育学院黄俊。在外创业成功人士有：上海某房地产开发公司季刚，南通五建公司朱飞。2010年，该村被评为南通市民主法治示范村；2011年，被评为如东县"新农村、新家庭"示范村。2012年，农村经济总收入4.94亿元，人均纯收入1.22万元。

图1-19　2008年，建成马家店村公共服务中心（管霖　摄）

十七、闸东村

位于大豫镇东南部，距镇政府所在地10公里。西起七贯海堤，与巩王、丁家店村为邻，东至九贯河，与宁港公司相望，南起遥望港，与通州区三余镇海防村相对，北至盐场河，与如东盐场一工区接壤。东西宽2.50公里，南北长4公里。村域总面积10平方公里。因地处丁店河闸东侧，故取名闸东村。该村原属掘东垦区，1971年11月20日～1972年1月18日围成，总面积1.50万亩。1974年，分配给掘东区兵房、丁店、华丰公社种植经营。为华丰、大同新圩、兵房新垦；1983年9月，华丰新圩更名华新村、兵房新垦更名三港村、大同新圩更名闸东村。三港村、闸东村内均建有淡水养殖场(其中大同渔场属独立建制单位)。2000年4月，华新村、三港村同时划归丁店乡。2001年4月，闸东村、华新村、三港村、大同渔场合并为闸东村。下辖20个村民小组，总户数1186户，总人口2812人。可耕地面积5800.50亩，淡水养殖面积3100亩，年产值1550万元，森林覆盖面积600亩；建有电灌车口

10座，机耕桥29座，行人桥20座，涵洞6座，村级道路25公里，其中硬质路面13.10公里、砂石路面11.90公里。2011年，农业总产值2152万元，人均纯收入9310元。村内曾办过的学校有：三港小学、闸东小学。1975年，村内建有两个知青点，即大同知青点，位于3组，30人；兵房知青点，位于16组，24人。知名人士有：省劳模顾兆明。在解放战争中立功人员有一等伤残荣军管德山、三等功臣顾锡范、蒋锡才。在外成功人士有：上海市徐汇区汇付天下公司沈东杰、浙江省杭州市上城区政法委单新东、浙江省老干部局黄春飞。村获得荣誉有：县小康村、新型农村合作医疗先进单位，"十五"期间人口和计划生育先进集体，市民主法治村，2009年度河沟养殖示范村。2011年，农村经济总收入4.87亿元，人均纯收入1.07万元。2012年，由滨海园区代管。

图1-20　2008年，建成闸东村公共服务中心　（金向东　摄）

十八、伯安村

位于大豫镇西南部，距镇政府所在地6公里。东起三贯河，与丁家店村连接，西至一贯河，与掘港镇新丰村村相望，北至兵丁界河，与徐征村毗邻，南至丁店河，与大同村为邻。东西宽2.50公里，南北长2.50公里。村域总面积6.25平方公里，可耕地面积6645亩。全村25个村民小组，总户数1474户，总人口3815人。村级公共服务中心位于16组，占地面积3亩，建筑面积450平方米。新农村集居点1处，位于2组，占地面积12亩，建筑面积4500平方米，入住18户。民国初年，隶属大豫盐垦公司南一区。1949年10月前，为新丰乡光荣村、中心村、安东村、安西村。村民大多是启东、海门等地移民，主要靠煮盐、租种公司田为生。1949年10月后，成立初级社、高级社时，为光荣社、中心社、安东社、安西社。1958年，人民公社化时，为大同人民公社十二、十三大队。1983年，分别更名为伯安村和磨墩村。2005年5月，伯安村与磨墩村合并为伯安村。中共十一届三中全会后，村域经济发展较快，全村有大棚生产专业户23家，种植面积48亩，年产值52万元，养鸡专业户3家，年销售肉鸡3万羽,年产值40万元,养猪专业户6家,年出栏生猪780头,年产值68万元。淡水养殖户30家,养殖面积300亩,年产值280万元,果树种植专业户50家,种植面积1000亩,年产值820万元,花木种植专业户6家、种植面积60亩,年产值20万元。外出打工、出国劳务1200人,累计年收入6000万元。至2012年,整治河道13条,总长36公里,计24万立方米土方。全村道路为36公里,修筑硬质路面10.50公里,砂石路面25.50公里。森林覆盖面积1500亩。村内古寺庙有武圣庙,位于16组原新丰校。古地名有:沈国琪店、徐士林店、伯安镇、袁老三磨坊、袁家墩子、汪家墩子、孙家墩子、葛家墩子。在抗日战争、解放战争中牺牲烈士有17名。在18组建有陆维新烈士墓碑。曾办过学校有:大豫南乡第一小学、第二小学、良心校、槐德校、大同四农中、伯安小学、十二大队民办小学、新丰校。中将黄玉章出生于19组,在外成功人士有:南京社会科学院研究所陈辽、广州海运局蔡文明、国家审计署驻南京办事处王东升、南通市政法委顾钰辉、海门市委沙秀高、上海大华集团黄卫冲。村党支部、村委会先后获得:南通市民主法治村,如东县人口计生新农村新家庭计划示范村等荣誉。2012年,农村经济总收入3.07亿元,人均纯收入1.23万元。

图1-21 2008年,建成伯安村公安服务中心(金向东 摄)

十九、大同村

位于大豫镇西南部,距镇政府所在地10公里,西与掘港镇丁字岸村毗邻,南与通州区三余镇接壤,东连巩王村,北连伯安村、掘港镇新丰村。东西宽3.80公里,南北长3公里,村域总面积11.40平方公里。全村辖48个村民小组,总户数2525户,总人口6284人(农业人口5733人,非农人口305人)。可耕地面积8413亩。以种植棉花、冬瓜、西瓜、大白皮蚕豆、榨菜为主。特色产业为黄花梨、如桥榨菜。村民以汉族海门人居多。民国初年,为大豫盐垦公司南附区,1949年10月前,隶属豫附乡,为一二三四五六村。1949年10月后,建立初级社、高级社时,为大同乡一社、二社、三社。1958年,人民公社化后,为大同人民公社一大队、二大队、三大队。1983年起，一大队更名豫丰村、二大队更名大同村、三大队更名通如桥村。

大同镇原是如东县十大名镇之一，曾为大同乡政府所在地，有5条街，为坚决街、太平街、通如街、大同街、胜利街。1949年10月前，共有店铺68家，稍有名气店铺为：锦丰花行、赵老五油坊、黄志道、黄宰刚茶馆、韩胖钱庄、江海皮棉交易公司；还设有江淮银行、税务四分局、派出所等机构。1965年，建立大同镇管理委员会。1985年，改为大同集镇办事处。1987年，建立大同镇居民委员会。2005年5月，通如桥村、豫丰村、大同村、大同居委会合并为大同村。公共服务中心建在10组，占地面积1亩，建筑面积600平方米。新农村集居点2处，占地面积14亩，建筑面积4200平方米，入住36户。

20世纪60～70年代，村里就建起自来水厂，集体企业有：如东县玻璃厂、如东县马赛克厂、印刷厂、家具厂、化工厂、橡胶厂、棉纺厂。至2012年，全村有民营企业48家，规模较大的为：如东美林针织机械厂、如东三元（大同）绗缝机械厂、如东爱福照明器材厂、如东永盛弹簧制造厂、南通金月亮家纺有限公司、如东如桥菜业有限公司、如东三喜缘食品有限公司、南通金鹏泰公贸发展有限公司。建立优质黄花梨基地，全村种植黄花梨3000亩，年产值142万元，获市优秀农产品生产基地称号、获省模范果园铜牌。建立榨菜种植基地，全村种植榨菜1385亩，年产值129万元。如桥榨菜闻名大江南北。在现代化新农村建设中，兴修村级道路56公里，其中硬质路面18公里、砂石路面38公里，兴建桥梁78座、涵闸（洞）32座，整治河道18条，计土方12万立方米，森林覆盖面积1895亩。

在抗日战争、解放战中牺牲烈士有45位，村内建有大同烈士陵园（位于大同镇东首）。曾办过学校有：豫丰小学、利建小学、大同三农中、通如桥小学、惠群校、南富校、大同校、三大队学校。2012年，在陈瑞康家建立大同村儿童乐园。古地名有：大同镇、南一门闸、三门闸、通如桥。古寺庙有红香台。在外成功人士有：江苏省农林厅季卫娟、南通市港闸区政协朱国祥、南通市政府陶爱萍、济南军区海军工程指挥部黄圣飞、上海陆军弟子学院张勇、上海第六干休所史建冲、浙江省水利厅陈川、陆军学院河南郑州炮校朱雪平等。中共村支部、村委会先后获得：江苏省生态村、江苏省绿化示范村，南通市文明村，如东县农村信息化创建先进村、文明村、创全面小康新业绩示范村党组织、十佳农民专业合作经济组织等荣誉。2012年，农村经济总收入4.75亿元，人均纯收入1.23万元。

图1-22　2007年，建成大同村公共服务中心 (金向东　摄)

二十、巩王村

地处大豫镇东南部，距镇政府所在地8公里，东临七贯海堤，与闸东村为邻；南至遥望港，与通州区三余镇相望；西至三贯路，与大同村相连；北至丁店河，与丁家店村相对。东西宽5公里、南北长2.50公里，村域总面积12.50平方公里。辖43个村民小组，总户数2411户，总人口6502人，耕地面积1.09万亩。村公共服务中心设在25组，占地面积1.50亩，建筑面积250平方米。民国初年，隶属大豫盐垦公司南附东区。村民以汉族海门人居多，主要靠下小海、租种公司田为生。1949年10月前，隶属王荃乡，为五六七八村。1949年10月后，成立初级社、高级社时，为五六七八社、丁南社。人民公社化后，为四五六七大队。1983年9月，四大队更名丰港村，五大队更名王荃村，六大队更名荃东村，七大队更名毛竹桥村。2001年3月，丰港村与王荃村合并为王荃村；荃东村与毛竹桥村合并为毛竹桥村。2005年5月，王荃村与毛竹桥村合并为巩王村。村名为纪念巩坚、王荃烈士而命名。1950年，如东县在王荃村培育岱字棉优良棉种，成为岱字棉种推广基地。20世纪60年代初，岱字棉发生大面积枯萎病，导致棉花产量大幅度下降，1968年，南通地区农科所研究员钱金海，驻点五大队十二队（巩王村30组），并成立农科队，通过12年努力，终予研究培育出抗枯萎病棉种，亩产籽棉410斤。为如东皮棉实现百万担做出贡献。中共十一届三中全会后，村域经济加快发展。扩大西瓜、冬瓜、南瓜、榨菜种植面积，亩均产值3000元。全村淡水养殖面积700亩，年产值280万元，养猪大户4家，年产生猪1000头，产值120万元，养羊大户6家，年出栏成羊1200只，产值135万元。外出务工人员2000人，累计年收入1亿元。整治河道11条，计土方11万立方米；全村修筑道路69.35公里，其中硬质路面11.45公里，砂石路面57.90公里，森林覆盖面积2395亩。建农村集居点2处，占地面积15亩，建筑面积

7200平方米，入住25户。村内企业有：如东针织机械厂、大同砖瓦厂、大同水泥厂、荃东羽绒服装厂、建宝电器厂、伯安机械厂、南通跨江保温材料有限公司、南通远程汽配有限公司、如东现代电子器材厂、宝利造纸厂。曾办过学校有：同仁小学、丰港小学、王荃小学、童勤小学、刘家仓小学、黄国章小学、邱顺岐小学、荃东小学、丁店二农中、毛竹桥初中、七大队民办小学、九门闸学校。古地名有：九门闸、南毛竹桥、刘家仓、袁家仓、张家仓、斜公司、同仁公司、丁店河闸。古寺庙为龙王庙（建在海堤外已被海水冲毁）。在抗日战争、解放战争中牺牲烈士有46位。“火烧王荃乡”已载入史册。知名人士有：植树模范王长喜。在外成功人士有：江苏省海洋与渔业局倪红兵、福建省宁德九一七九二部队后勤部何爱明、郑州军校邱祖平、上海海军基地郁正德、铁道兵第二指挥部顾秀、解放军总政治部宣传处施雷、海门市政府杨曹明、江苏省南通西藏民族中学施乃平等。村先后获得：江苏省电话小康村、南通市综合治理先进村、如东县文明村、流动人口管理先进村等荣誉。2012年，农村经济收入4.81亿元，人均纯收入1.23万元。

图1-23　2007年，建成巩王村公共服务中心（金向东　摄）

二十一、丁家店村

位于大豫镇东南部，距镇政府5公里。西起三贯路，与伯安村接壤，东至七贯海堤，与如东盐场一工区、闸东村为邻，南起丁店河，与巩王村相望，北至兵丁界河，与徐征村、马家店村相对。因地处丁家店镇而得名。东西长5公里、南北宽2.50公里，村域总面积12.50平方公里。耕地面积1.20万亩。辖46个村民小组，全村3303户，总人口7993人，其中非农户

959人。民国初年,隶属大豫盐垦公司南一区、南二区。1949年10月前,村民主要靠下海、烧盐、垦殖、租种公司田为生。(东片)为新民乡振兴村、丁北村、协和村,(西片)为新丰乡丁西村、和西村。1949年10月后,成立初级社、高级社时,为新民一社、新民二社、新联社。人民公社化后,为巩王人民公社八九十、十一大队。1983年,大队更名村,为港闸村、芦苇港村、协和村、营房桥村。1987年,建立丁店镇居委会。2001年3月,港闸村与芦苇港村合并为港闸村,协和村与营房桥村合并为协和村。2005年5月,港闸村、协和村、丁店镇居委会合并为丁家店村。村部设在28组,营房桥东南侧。2008年,新建村级公共服务中心,占地面积2.50亩,建筑面积772平方米。农村集居点2处,占地面积15亩,建筑面积3800平方米,入住32户。

20世纪70年代,村内有企业28家。分别为大同电机厂、丁店供销社、丁店农机站、丁店生产社、丁店油厂、丁店铁饼厂、丁店炼油厂、九大队化工厂、丁店粮站、八大队螺丝厂、十一大队粮食加工场等。中共十一届三中全会后,村域经济得到发展,建有农贸市场1处,占地面积6亩,摊位42个。村内共有企业18家,个体工商户300家。规模较大企业为:如东县昌龙包装材料有限公司、南通创新机械有限公司、如东县丁店油棉加工厂、如东县江海针织内衣厂、如东县凯凯五金机械厂、如东县时代纺织有限公司。淡水养殖面积400亩,年产值200万元。大棚蔬菜生产专业户33户,年产值100多万元,养鸡专业户12户,年产成鸡12万羽、产值80多万元,养猪专业户22户、年产生猪4000头、产值560万元,养羊专业户6户、年产值42万元。

精神文明建设成效凸现。2001年,在全县首创农村文化活动中心;2006年,创办村级老年大学。在村公共服务中心另辟活动场地886平方米、多功能活动室324平方米(包括乒乓球室、展览室、图书室、阅览室、棋牌室、排演室、健身房等),老干部活动中心184平方米。活动形式多样、丰富多彩、寓教于乐。先后接待上级领导20多批次莅临视察观摩,省教育厅副厅长殷翔文给予高度评价。全村兴修道路66.50公里,其中硬质路面5公里、砂石路面61.50公里;整治河道40条,计42万立方米土方。森林覆盖面积2564亩。

在抗日战争、解放战争中牺牲烈士32位。曾办过学校有:和西校、十一大队学校、大同一农中、大同民中、大同五农中、丁北校、九大队民办学校、振南校、丁店中心小学、成人教育中心学校、中心幼儿园。古地名有:营房桥、芦苇港、协和镇、北毛竹桥、丁店河闸、黄国华店。古树木有41组朱建楠宅百年子母银杏树。在外成功人士有:南京长江油运公司吴建石、无锡市工商局周永生、无锡市建设银行陈锦康、陕西省农林厅果业局陈莉娟、沈阳农学院施元忠、美国安利公司孔嵘、上海市公安局后勤处毛永成、中国化工部经贸总公司孙爱昌、北京市城乡建设委员会周杰、浙江省衢州市水务局陈锦丰、南通市人防办马忠德、江苏省纪律检查委员会路澈等。

中共村支部、村委会先后获得全国民主法治示范村、全国防灾减灾示范村,江苏省民主法治示范村、江苏省人口和计划生育基层群众自治示范村、江苏省优秀健身点,南通市未成年人零犯罪示范村、南通市民主法制村、南通市廉政文化示范点、南通市关心下一代工作示范村、南通市文明村、南通市阳光村务消除负债村营收入先进村、南通市文化型特色社区等荣誉。2012年，农村经济收入5.45亿元，人均纯收入1.23万元。

图1-24　2008年，建成丁家店村公共服务中心　(金向东　摄)

第二篇 自然环境

大豫镇海拔在黄海高程3.60～4.10米之间，属北亚热带季风气候区，海洋性气候显著。境内河网纵横，自然条件优越，物产资源丰厚，地势平坦，略呈西高东低状，土地肥沃，春、夏、秋、冬四季分明，年均气温15.03摄氏度，年均降雨量1081.03毫米。日照充足，年无霜期222天，生态适应条件比较宽广，因而成为长江口北岸如东东部沿海地区著名棉花之乡，平原绿化先进乡镇。大自然能造就人类，亦能锻炼人与自然的和谐能力。大豫因地处沿海，灾害性天气较多，大豫人沿袭启海人豁达开朗、敢想敢为独特风格，开疆拓土坚强意志和艰苦奋斗、勇往直前、刚正不阿民族气概，与天斗（雨涝）、与地斗（盐土）、与海斗（海潮），积累出很多与大自然抗争丰富经验，谱写出一篇篇真实感人壮丽诗篇。

中共十一届三中全会后，改革开放政策，给大豫经济发展注入勃勃生机，大豫民风、观念、自然环境等均发生深刻变化，进入21世纪后，全镇上下提高环保意识，加强环保力度，落实环保措施，天更蓝、地更绿、水更清、树更茂、人更富。

2012年，全镇土地总面积31.68万亩，其中农用地25.20万亩，占79.54%；建设用地面积3.08万亩，占9.72%；未利用土地面积2.94万亩，占9.28%；园林地4652亩，占1.46%。

第一章 地质地貌

第一节 成 陆

百年前，大豫整个地域还是汪洋大海。随着长江、河道夹带泥沙入海，在海浪、潮汐、洋流等各种力量共同作用下，不断淤涨，越积越高，慢慢露出海面，至清末民初沿海滩涂已形成陆地，成为芦苇、茅草生长地，具备围海造田条件。民族实业家张謇在苏北沿海一带率众围海造田，民国5年（1916），兴办大豫盐垦公司，挑筑大豫海堤，开始垦殖、耕种。据1985年版《如东县志》载，唐末，由于水浅沙涨，夹口逐渐淤积封闭干涸成陆。直至清末民初，才逐渐形成掘东（大豫）、三余区海积平原。（如图所示）

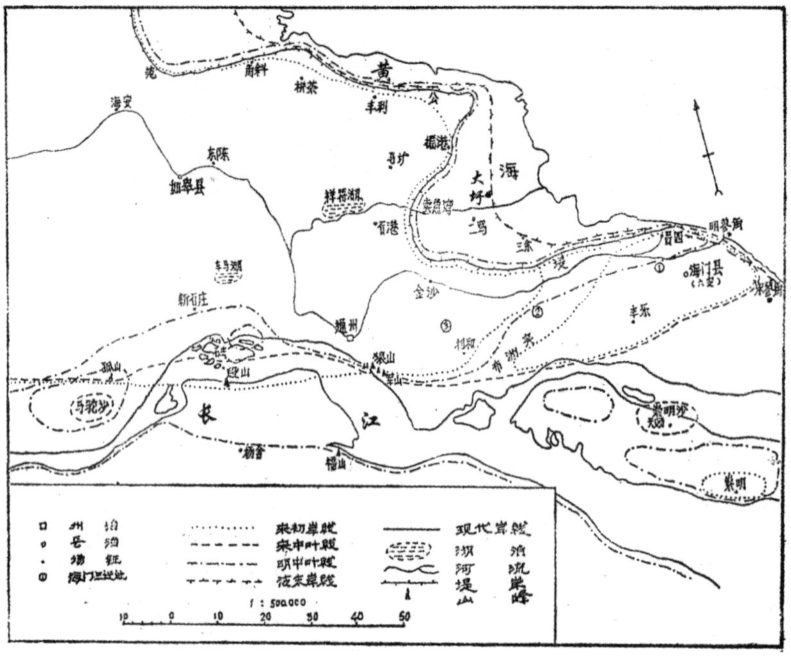

2-25　明、清、中华人民共和国岸线示意图

第二节　地　貌

大豫镇地貌为典型海积平原。据1985年版《如东县志》载，海积平原，由长沙斜向西南经掘港至孙窑一线以东，长沙向南经九总至南通县（通州区）北兴桥一线以西，遥望港以北，这一块三角地带为海积平原的海湾低平原，长沙向南经九总至北兴桥一线以东，北坎向南至南通县恒兴一线以西为海积平原的条田化平原；长沙向南的范公堤以北，北坎往南至南通县恒兴一线以东为海积平原的海滩（如图所示）。

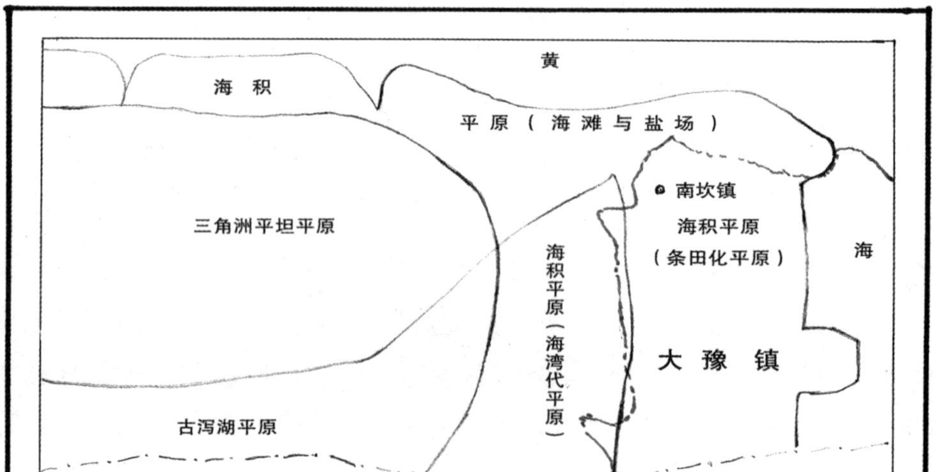

2-26　大豫镇地貌分布示意图

第三节　地　质

大豫镇地处南黄海之滨，为如东县东部地区，由于江水流速减缓，大量泥沙沉积，使浅海海底升高，逐步淤连而成。成土物质主要源自长江三角洲堆积物。

第四节　土　壤

大豫镇所属地区土壤为潮土类，潮土类分为两个亚类：其一为灰潮土亚类，它又分划出高沙土、夹沙土、灰泥土和菜园土等土属。其二为盐潮土亚类，它也划分出沙性，壤性和黏性三种盐潮土属。境内属第二种类型。绝大部分土地为沙性，也有一部分为壤性和黏性。

大豫镇主要土壤种类情况

表2-1

土类	土属	分布地区
盐潮土	沙性	新建 九龙村部分
	壤性	牛桥 育新 鲍桥 新兴 齐心 豫北 香台 坎西 止马注 茂青 周墩 凌窑 豫东 亭海 邻盐 马店 新民 徐征 保田 双闸 东安闸 海凌 强民 新谊 培德 兵北 双港 一门闸 丰荡 兵郊 豫丰 大同 通如桥 丰港 王荃 荃东 毛竹桥 闸东 磨墩 营房桥 协和 芦苇港 港闸 伯安等村
	黏性	止马注 坎西 兵南 协和村部分
壤质	滨海盐土	九龙 三港村部分 临港村

注：表中土壤分布地区为村域合并前老村名

第五节　植　被

大豫全境均属垦区。中华人民共和国成立前为老垦区，之后为新垦区。至2012年，全镇植被覆盖率为90%。

一、老圩（垦）区植被

主要是人工植被，其所占面积67.50%，居民用地、工业用地、交通用地、河流水域占地以及其他特殊用地非植被面积占32.50%。耕地结构中以春季蚕豆、小麦、油菜为主，秋季以棉花、玉米、瓜果为主的植被占87.50%，其他占12.50%。

二、新垦区植被

大豫堤外植被为野生耐盐植物群落。据调查，海岸带园林地被植物有163种以上，分属61个科。主要有菊科植物20种，禾本科植物17种，柏科植物11种，蔷薇科植物10种，豆科植物10种，苋科植物6种，茄科植物5种，木樨科植物5种，卫茅科植物4种，唇形科植物4种。主要是盐蒿、獐毛草，其他品种有大米草、瓦花米草、茵陈、狗牙根、狗尾草、紫花地丁、白花三叶、中华补血草、扶芳藤、野蔷薇、枸杞、野菊、黄蒿、蛇莓、野荠菜、一年蓬、玫瑰、百合、金银木等。大豫有密集大片草场。

第二章　气候　物候

大豫镇四季分明，属季风副热带海洋性气候。夏季温暖，潮湿，雨水充沛，气温较高。冬季比较寒冷、干燥，冷空气势力较强时，有寒潮侵袭。春秋较短，冷暖交替，乍晴乍雨，活动频繁，季风明显，各年强弱不同，造成雨量变动较大。日照充足，无霜期较长。

按照全国四季划分标准：候（5天为一候）平均气温稳定上升到22℃或以上时为夏季，稳定下降到10℃或以下时为冬季，介于10℃～20℃之间为春季或秋季。全镇四季长短不等，冬季为138天左右，夏季为88天左右，春、秋两季分别为76、63天左右。但一般按习惯把3～5月作为春季，6～8月作为夏季，9～11月作为秋季，12月～次年2月作为冬季。

第一节　气候　特点

一、四季变化

（一）春季

大致清明节（4月4～5日）开始，至夏至节前一天（6月20日）为止，比同纬度内陆地区来得迟。春季是冬夏季风交替季节，气温随着太阳高度角增大而逐步回升。冬季风随蒙古高压势力减小而逐渐减弱，夏季风随夏威夷高压势力增大而增强。这时江淮流域上空常有冷暖两股空气相互争雄，旋进旋退，致使天气时寒时暖，乍晴乍雨。春季雨量较多，平均雨量224毫米，占全年雨量的24%。平均雨日34天，少数年份还出现过霜冻、冰雹、龙卷风等灾害性天气。

（二）夏季

大致从夏至（6月21日）开始进入初夏，9月16日结束（有的年份夏季到10月中旬还未结束）。夏季天气主要特征是高温、高湿、雨量集中。每年6～8月份雨量总计可达400毫米以上，占全年雨量的43%以上。这段时间，夏威夷高压势力散发出的太平洋暖湿气流逐步强大，从亚洲大陆内部南下的冷气流尚未撤退，冷暖两股气流相持在江淮流域上空，形成持续阴雨。平均每年有15～20天的时间，称“梅雨”期。一般每3年还会出现一次“空梅年”，如1978年梅雨天气（大气环流形势）仅出现两天，成为“空梅年”。同时一般每3年也会遇到一次“涝梅年”，如1980年梅雨长达42天，总雨量435毫米。每年7月中旬至8月中旬容易出现伏旱，平均每10年可遇到2～3次，在空梅年或梅雨结束得早以及台风年份，伏旱比较严重，对农作物生长不利。每年7～9月，北太平洋台风活动进入盛期，常有1～2次强台风或热带风暴影响大豫镇。

(三)秋季

大致从9月17日开始，11月17日结束。伏天过后，随着太阳直射地球表面位置南移，白天渐渐缩短，台风、暴雨、炎热天气仍时有出现。整个9月，平均气温一般还在22℃以上，月雨量120毫米。白露以后，随着冬季风的渐起，冷空气频频南下，与暖空气相遇于江淮上空，出现秋雨连续天气，平均每10年遇一次。1970年秋季，阴雨长达40天，雨量197.10毫米。正常年份，秋分过后，长江中下游地区常受高气压控制，大气层结构比较稳定，出现秋高气爽天气。如果这种单一冷气团长期控制江淮一带，会造成秋旱。平均5年出现一次。

(四)冬季

大致从11月18日开始至次年4月4日结束。是四季中最长、最干燥的季节。冬季昼短夜长，日平均气温在10℃以下，1月中旬最低气温可达零下10℃以下。雨量仅100毫米左右，只占全年雨量的11%。多西北风。冷空气活动是冬季气候主要特征之一。平均3至5天就会受到一次冷空气影响，强冷空气南下，在24小时内会出现10℃以上的降温幅度，人们称它为“冷暴”或“寒潮”。寒潮过境，往往有6～8级以上偏北大风，有时还伴着雨雪。1987年11月27日，突发强寒潮，12小时降温达14℃，24小时降温16.1℃，最低气温达零下4.5℃。有的年份，在冬末，气温回升时会出现温度陡降现象，人们称之为“倒春寒”。如1997年3月1日已呈现出阳春天气，到了2日强寒潮袭击，又回到隆冬季节，4日晨最低气温降到零下4.3℃，24小时内气温下降20.9℃。1998年3月20～22日，已到春分，却忽降暴雪，气温陡降，庄稼受冻害特别严重。每年12月至次年3月为寒潮活动盛期。

二、气象要素

(一)气温

大豫镇与地处内陆同纬度地区比较，夏季偏凉，冬季偏暖，气温年差较小。

同一纬度地区气温比较

表2—2

站名	老河口	六合	扬州	泰兴	大豫
北纬	32°25′	32°21′	32°25′	32°11′	32°45′
东经	111°50′	118°50′	119°25′	120°00′	121°11′
1月份气温	1.8℃	1.3℃	1.5℃	1.9℃	2.1℃
7月份气温	28.0℃	27.9℃	27.7℃	27.8℃	27.3℃
气温年较差	26.2℃	26.6℃	26.2℃	25.9℃	25.2℃

续表2—2 同一纬度地区气温比较

站 名	老河口	六 合	扬 州	泰 兴	大 豫
最低气温		-15.1℃	-15.3℃	-11.7℃	-10.6℃
最高气温		39.1℃	39.1℃	38.8℃	38.6℃

全年日平均气温≥10℃的作物生长期有227天，活动积温有4741℃，日平均气温≥15℃的喜温作物生长期有173天。1959年至2005年间，常年平均气温为14.80℃，最冷的1月平均气温2.1℃，极端最低气温零下10.60℃(1967年1月16日)；最热的7月平均气温为27.30℃，极端最高气温39.10℃(2003年8月2日)；气温年差为25.20℃，较同纬度内陆地区要小。

酷暑和严冬在大豫镇为期不长，并不十分明显。全镇1959年后40多年间，气温≥35℃的高温日数，年平均6天左右。最多一年为1964年，共18天。气温低于-5℃的严寒日数，每年平均不足10天。

1959～1980年大豫镇各月平均气温及累年平均值

表2—3　　单位:℃

年＼月	1	2	3	4	5	6	7	8	9	10	11	12	全年
1959	1.3	4.8	9.6	13.1	18.0	22.8	28.1	28.3	22.6	17.3	11.1	6.0	15.3
1960	3.1	5.1	9.5	12.9	18.0	23.0	28.7	26.3	23.7	17.0	11.6	2.9	15.2
1961	2.2	4.4	8.5	14.0	18.3	23.3	28.6	28.4	23.6	18.2	12.9	5.3	15.6
1962	0.5	4.6	7.3	11.5	18.2	23.1	27.9	27.0	23.1	17.1	11.0	5.6	14.7
1963	-1.2	1.8	8.5	13.1	17.5	21.8	27.8	27.2	22.9	16.0	11.8	5.5	14.4
1964	4.2	0.9	7.7	15.2	18.1	22.5	29.4	27.6	24.2	17.8	10.6	4.6	15.2
1965	3.0	4.4	6.8	11.5	18.8	22.1	27.4	26.1	21.5	17.3	12.5	3.6	14.6
1966	2.9	5.6	8.7	12.9	17.8	23.1	27.1	28.3	21.4	17.1	11.3	4.4	15.1
1967	0.9	2.9	7.6	12.8	18.4	23.9	27.3	29.1	22.9	17.1	11.1	-0.1	14.5
1968	1.2	0.5	7.8	13.4	18.0	22.8	26.1	26.7	22.8	16.2	12.4	8.2	14.7
1969	2.0	1.7	5.7	13.2	19.0	22.4	25.7	27.7	23.9	16.9	9.1	3.5	14.2
1970	0.8	4.8	5.2	12.2	17.8	21.4	26.2	27.4	23.4	17.6	10.7	5.3	14.4
1971	1.4	2.7	6.5	12.9	19.2	23.8	29.6	27.6	22.5	15.5	11.0	4.3	14.8
1972	3.6	1.5	6.7	12.9	17.2	22.3	26.0	26.3	21.4	16.7	10.9	5.4	14.2
1973	3.6	5.3	8.7	15.1	18.4	22.9	27.6	27.8	21.2	17.1	10.4	2.9	15.1
1974	2.4	2.7	6.5	14.5	19.5	22.0	25.5	26.6	22.2	17.1	11.8	5.3	14.7
1975	3.4	4.0	7.8	13.0	17.6	23.0	26.9	27.7	25.2	18.5	11.6	3.5	15.2
1976	1.8	5.1	7.0	12.6	18.2	22.6	25.1	27.9	21.5	17.5	8.0	4.8	14.3
1977	0.1	2.2	8.4	14.5	16.7	22.3	27.6	25.5	22.9	18.6	10.7	7.5	14.8
1978	2.5	3.2	6.7	14.1	19.3	24.6	29.1	28.1	23.0	17.4	11.1	5.7	15.4
1979	3.9	5.1	7.9	12.9	18.0	24.3	26.1	27.1	21.9	17.3	10.0	6.2	15.1
1980	2.7	2.0	6.3	12.2	18.0	23.6	25.7	23.9	20.9	16.3	12.4	3.1	13.9

续表2—3 1959～1980年大豫镇各月平均气温及累年平均值

年＼月	1	2	3	4	5	6	7	8	9	10	11	12	全年
平均	2.1	3.4	7.5	13.2	18.2	22.9	27.3	27.2	22.7	17.2	11.1	4.7	14.8

1981～2012年大豫镇各月平均气温及累年平均值

表2—4　　单位:℃

年＼月	1	2	3	4	5	6	7	8	9	10	11	12	全年
1981	0.7	3.5	8.8	13.2	18.9	22.8	27.9	26.6	21.3	15.4	9.5	3.8	14.4
1982	2.2	3.6	7.8	12.4	20.7	25.3	25.3	26.2	21.3	18.2	12.0	4.2	14.7
1983	2.8	3.0	7.3	14.0	19.2	26.8	26.8	26.9	23.7	17.3	10.2	3.7	14.7
1984	0.7	1.7	6.9	12.2	17.1	27.1	27.1	26.9	21.8	17.0	12.8	3.9	14.3
1985	2.0	3.9	5.9	13.4	18.6	27.2	27.2	26.9	23.8	17.6	10.4	3.1	14.6
1986	1.7	2.3	7.4	12.4	18.6	25.6	25.6	26.5	21.5	15.8	10.8	5.4	14.3
1987	3.6	4.8	6.3	12.1	17.8	25.6	25.6	26.8	21.5	18.4	12.1	4.3	14.6
1988	3.7	2.7	5.9	13.5	18.3	28.5	28.5	25.6	21.8	17.1	10.2	5.2	14.6
1989	3.8	4.0	8.3	13.3	17.9	25.6	25.6	25.8	22.5	17.3	10.8	6.0	14.8
1990	3.1	4.6	9.6	13.1	19.3	28.8	28.8	28.1	22.8	16.8	13.3	5.4	15.8
1991	3.3	4.2	7.2	12.5	18.1	26.7	26.7	25.6	22.5	15.6	11.0	5.7	14.7
1992	2.8	5.0	7.0	13.8	19.3	27.6	27.6	26.1	23.0	17.0	10.1	6.4	14.9
1993	2.1	4.9	7.2	13.1	17.9	25.7	25.7	25.2	22.9	17.4	12.2	4.3	14.7
1994	3.5	4.0	7.5	14.6	21.2	29.9	29.9	28.2	23.0	17.9	14.1	7.8	16.3
1995	3.2	4.1	8.9	12.9	18.7	27.3	27.3	28.3	23.4	18.2	10.4	4.0	15.1
1996	3.1	3.1	7.0	12.8	18.6	26.4	26.4	27.1	23.9	18.5	11.5	5.6	15.1
1997	2.3	4.6	9.3	14.1	21.2	27.1	27.1	27.1	22.2	18.8	12.4	6.4	15.8
1998	3.1	6.1	8.5	16.2	19.1	28.6	28.6	28.4	23.4	18.2	14.0	7.1	16.3
1999	4.6	6.0	8.9	14.2	19.8	24.9	24.9	25.9	24.8	18.5	11.4	5.6	15.5
2000	3.5	2.8	9.4	15.1	20.2	28.1	28.1	27.5	23.3	18.2	11.6	7.4	16.0
2001	4.2	5.3	9.3	14.0	20.3	28.8	28.8	26.3	23.5	18.7	11.6	5.4	15.9
2002	5.0	6.9	11.5	15.9	18.3	27.1	27.1	26.3	23.6	18.4	11.0	6.1	16.3
2003	2.4	5.4	8.5	14.2	18.3	27.0	27.0	27.8	24.8	17.5	12.4	4.9	15.6
2004	2.8	7.1	8.6	14.9	19.8	28.9	28.9	28.3	23.4	17.7	13.5	7.6	16.4
2005	1.9	3.0	7.7	16.5	19.9	28.3	28.3	27.4	25.0	17.8	13.9	3.6	16.0
2006	4.3	4.3	9.8	15.0	19.8	24.8	28.1	29.0	22.5	20.5	13.9	6.1	—
2007	4.0	7.7	10.4	14.8	21.8	23.9	27.7	28.8	24.0	18.6	12.0	6.9	—
2008	2.6	2.7	9.8	14.7	20.2	22.6	29.3	27.3	24.5	19.6	11.5	6.1	—
2009	2.4	7.5	9.3	15.0	20.6	25.4	27.5	26.8	23.7	22.3	10.6	4.6	—
2010	3.4	5.9	7.9	11.5	20.0	23.2	28.2	29.6	25.1	17.6	12.4	6.1	—
2011	–0.2	4.4	8.0	14.7	20.6	23.4	28.1	26.4	22.8	17.6	15.0	4.3	—
2012	2.9	2.9	7.9	15.9	20.5	23.2	28.2	28.2	22.2	18.3	10.3	4.2	—

续表 2—4　1981～2012 年大豫镇各月平均气温及累年平均值

年＼月	1	2	3	4	5	6	7	8	9	10	11	12	全年
平均	2.9	4.3	8.0	13.8	19.1	27.2	27.2	26.9	23.0	17.6	11.7	5.3	15.3

1959～1980 年大豫镇各月极端最高气温

表 2—5　　单位:℃

年＼月	1	2	3	4	5	6	7	8	9	10	11	12	全年	年极值日期
1959	14.6	12.8	22.8	25.4	31.3	33.9	35.8	38.0	31.4	28.0	21.5	16.5	38.0	21/8 月
1960	16.0	21.0	26.6	26.3	32.6	33.1	36.9	32.5	32.5	24.8	23.7	16.3	36.9	14/7 月
1961	13.4	15.0	23.3	25.9	30.8	34.9	37.2	35.5	32.7	29.0	20.9	18.0	37.2	24/7 月
1962	11.5	21.8	23.7	26.1	28.4	32.6	35.7	35.0	32.5	26.5	25.3	18.7	35.7	17/7 月
1963	13.3	17.8	27.2	31.1	34.1	33.2	36.0	34.9	33.6	24.6	22.1	17.4	36.0	28/7 月
1964	18.5	10.9	26.2	30.6	26.4	31.5	36.4	35.5	36.4	28.9	21.5	14.9	36.4	16/7 月 4/9
1965	12.8	17.0	23.1	22.2	31.7	34.3	35.4	34.4	29.0	24.1	25.1	15.8	35.4	13/7 月
1966	17.5	21.0	21.9	25.5	31.0	35.0	35.4	38.6	31.3	25.3	24.0	15.5	38.6	7/8 月
1967	17.4	18.1	22.0	32.2	32.9	33.5	35.5	37.0	34.9	26.0	22.5	13.5	37.0	24/8 月
1968	15.7	13.8	20.6	24.7	29.5	32.2	34.0	33.8	30.7	30.2	24.0	21.0	34.0	15、18/7 月
1969	14.7	19.6	22.0	27.5	31.3	33.7	35.3	35.6	31.9	27.7	23.0	19.5	35.6	1/8 月
1970	14.0	21.5	18.3	25.5	30.0	30.7	35.5	34.9	32.4	26.7	23.3	17.9	35.5	24/7 月
1971	13.3	15.4	26.2	27.8	28.7	35.0	37.3	35.4	32.7	24.6	22.1	19.4	37.3	17/7 月
1972	16.9	6.6	17.0	30.1	28.5	34.1	35.5	33.8	33.2	26.4	20.2	20.5	35.5	6/7 月
1973	12.3	11.4	29.3	29.1	27.2	30.9	34.2	34.9	28.1	31.2	21.2	17.4	34.9	4/8 月
1974	14.0	13.6	21.6	26.4	35.0	31.6	33.0	35.6	30.6	28.0	22.0	17.3	35.6	6/8 月
1975	11.0	16.7	18.5	22.2	30.7	33.4	35.1	33.3	33.9	29.5	19.4	20.0	35.1	19/7 月
1976	14.2	17.1	15.0	25.2	29.4	31.4	34.5	36.4	39.2	26.4	25.0	17.0	36.4	5/8 月
1977	10.0	17.9	24.9	28.1	27.2	31.9	35.3	36.1	32.4	27.2	24.3	18.2	36.	6/8 月
1978	14.3	17.1	15.7	29.7	32.0	35.6	37.9	33.8	32.8	26.9	29.2	19.5	37.9	9/7 月
1979	18.4	19.5	23.6	28.0	30.7	34.6	34.2	35.2	31.2	28.5	29.3	17.5	35.2	4/8 月
1980	11.4	13.9	16.4	27.2	30.1	35.6	34.8	32.5	32.3	26.4	23.3	17.4	35.6	16/6 月
极值	18.5	21.8	29.3	32.2	35.0	35.6	37.9	38.6	36.4	31.2	29.3	21.0	38.6	—

1981～2012 年大豫镇各月极端最高气温

表 2—6　　单位:℃

年＼月	1	2	3	4	5	6	7	8	9	10	11	12	全年	年极值日期
1981	14.4	15.8	19.7	25.4	31.8	34.1	34.6	34.4	28.5	23.6	19.1	16.3	34.6	3/7 月
1982	18.1	12.8	17.7	24.7	32.0	33.3	34.0	34.1	29.2	28.2	21.8	17.2	34.1	5/8 月

续表2—6　1981～2012年大豫镇各月极端最高气温

年＼月	1	2	3	4	5	6	7	8	9	10	11	12	全年	年极值日期
1983	18.6	13.8	16.1	28.1	30.5	31.9	35.5	37.0	33.6	27.4	21.3	16.8	37.0	3/8月
1984	13.7	9.6	24.1	27.6	30.1	34.2	35.2	33.0	31.1	31.2	26.0	17.3	35.2	26/7月
1985	13.7	14.6	17.7	27.4	31.5	29.5	35.5	34.4	32.9	31.9	20.2	17.2	35.5	16/7月
1986	12.8	12.9	24.0	29.5	32.0	32.8	35.1	35.1	31.1	26.6	21.2	18.3	35.1	26/7月
1987	15.3	25.2	21.4	27.3	34.2	33.9	34.7	34.3	30.0	28.7	24.5	21.1	34.7	10/7月
1988	12.1	16.4	18.7	30.0	28.4	35.8	37.3	32.2	28.7	25.4	23.6	18.5	37.3	8/7月
1989	13.3	13.5	22.9	24.9	28.2	33.5	34.4	35.3	30.4	26.5	24.7	19.5	25.3	12/8月
1990	13.5	13.0	24.9	26.2	32.1	35.0	36.6	35.7	31.4	25.9	25.0	21.1	36.6	24/7月
1991	11.5	14.4	21.0	25.6	33.4	34.0	35.5	33.0	33.6	25.5	22.2	20.3	35.5	22/7月
1992	13.4	24.7	19.8	27.2	33.5	34.3	36.9	33.7	32.3	28.5	20.6	19.9	36.9	28/7月
1993	13.8	24.2	20.5	29.9	32.1	35.1	35.6	33.8	32.6	27.1	24.1	15.0	35.6	12/7月
1994	12.9	14.4	18.2	31.5	33.5	36.6	37.2	35.5	34.2	29.2	25.9	16.9	37.2	2/7月
1995	14.8	15.1	24.6	24.0	29.6	32.9	36.2	35.5	37.2	27.9	22.1	12.4	37.2	7/9月
1996	15.9	22.5	21.9	27.8	29.7	35.8	35.0	34.3	31.1	27.4	21.9	16.6	35.8	15/6月
1997	13.7	18.2	22.6	30.6	33.5	37.2	35.2	33.6	34.6	30.6	23.9	15.5	37.2	5/6月
1998	12.8	20.3	25.8	30.1	31.6	31.9	36.4	36.5	32.6	27.7	26.9	17.7	36.5	11/8月
1999	15.2	17.0	21.9	24.1	31.2	33.9	34.5	32.1	34.5	31.4	21.0	16.4	34.5	24/7月
2000	16.3	11.7	23.6	27.6	33.0	34.0	36.4	33.8	34.0	28.8	23.0	18.8	36.4	21/7月
2001	12.4	14.0	24.0	28.0	32.1	35.4	37.4	34.1	29.0	36.2	20.3	15.5	37.4	22/7月
2002	19.0	16.7	25.0	30.0	30.1	34.6	37.8	36.1	34.6	32.3	23.5	18.9	37.8	15/7月
2003	14.9	18.6	26.9	27.2	27.4	33.4	37.0	39.1	35.6	28.3	27.6	16.7	39.1	2/8月
2004	12.8	21.3	25.0	31.9	30.9	34.3	37.1	35.2	31.3	27.5	26.4	20.1	37.1	24/7月
2005	9.6	14.2	23.8	32.4	32.0	35.8	36.2	36.4	34.4	27.6	25.5	15.8	36.4	3/8月
2006	16.2	18.3	22.0	31.1	31.9	37.7	36.4	36.6	31.7	27.8	26.0	15.4	—	—
2007	11.0	22.4	27.2	29.0	33.1	36.1	36.8	37.3	32.1	30.3	20.2	14.2	—	—
2008	14.8	18.1	22.9	25.6	31.6	33.0	38.4	35.7	31.8	27.9	24.1	22.0	—	—
2009	13.3	24.6	25.6	28.4	34.5	35.0	37.0	36.0	30.6	27.8	25.9	13.9	—	—
2010	20.8	21.5	24.4	22.6	31.8	35.6	36.5	37.7	34.7	25.7	22.8	21.6	—	—
2011	6.7	17.5	19.7	31.1	34.9	36.9	36.3	34.0	33.0	25.3	24.2	13.5	—	—
2012	9.6	10.1	22.2	28.8	32.2	34.2	37.2	35.4	29.9	26.7	18.9	13.8	—	—
极值	19.0	25.2	25.8	32.4	34.2	37.2	37.8	39.1	37.2	32.3	27.6	21.1	39.1	—

1959～1980年大豫镇各月极端最低气温

表2—7　　单位:℃

年＼月	1	2	3	4	5	6	7	8	9	10	11	12	全年	出现日期
1959	−10.2	−2.5	−1.5	4.5	10.5	15.5	21.7	21.7	13.5	7.0	−1.0	−5.3	−10.2	17/1月
1960	−5.8	−3.0	0.2	1.8	8.9	14.8	22.9	18.8	15.8	3.8	−2.6	−8.1	−8.1	31/12月

续表2—7 1959～1980年大豫镇各月极端最低气温

年\月	1	2	3	4	5	6	7	8	9	10	11	12	全年	出现日期
1961	–8.5	–7.6	–0.5	1.8	3.8	16.8	23.6	23.4	15.3	7.8	0.8	–3.0	–8.5	1/1月
1962	–7.5	–5.6	–3.9	–0.9	9.5	17.3	19.3	20.7	14.6	6.2	–2.3	–4.6	–7.5	27/1月
1963	–9.4	–10.2	–1.7	1.6	8.8	14.6	20.5	21.6	11.6	5.9	–1.4	–7.9	–10.2	4/2月
1964	–5.2	–6.1	–0.7	4.6	9.6	13.2	22.3	18.7	13.4	7.4	–0.8	–4.3	–6.1	2/2月
1965	–9.6	–5.7	–3.4	0.5	5.6	15.5	22.3	19.7	13.5	6.9	–1.9	–6.8	–9.6	12/1月
1966	–7.7	–5.0	–1.0	0.6	5.9	14.4	19.1	19.0	11.6	2.7	–4.1	–7.2	–7.7	1/1月
1967	–10.6	–5.9	–3.0	3.0	10.4	17.1	18.1	22.1	12.3	8.6	–1.0	–10.5	–10.6	16/1月
1968	–7.6	–8.2	–3.0	5.6	9.5	13.9	19.3	18.2	14.9	4.9	–3.0	–4.5	–8.2	26/2月
1969	–6.5	–9.7	–3.9	0.1	8.4	12.0	18.5	21.5	17.1	7.4	–1.6	–6.9	–9.7	6/2月
1970	–9.4	–4.2	–0.5	3.3	11.3	13.1	19.4	21.1	10.4	4.7	–2.5	–4.4	–9.4	5/1月
1971	–6.7	–6.6	–3.1	3.1	10.3	13.7	23.5	20.3	12.9	5.3	–5.0	–6.8	–6.8	9/12月
1972	–5.6	–7.0	–3.7	1.4	6.4	15.2	20.5	19.3	8.7	5.1	–2.8	–6.7	–7.0	10/2月
1973	–4.8	–1.1	0.6	5.9	9.7	16.1	22.1	22.7	13.2	5.5	–0.6	–8.3	–8.3	26/12月
1974	–3.5	–5.7	–0.8	1.5	7.1	13.8	17.8	17.4	13.1	4.8	0.9	–4.6	–5.7	25/2月
1975	–4.5	–4.9	0.3	0.3	8.4	16.2	20.5	21.5	19.3	10.1	–1.9	–4.5	–4.9	21/2月
1976	–6.6	–4.3	–1.3	2.6	10.5	16.3	16.6	19.5	14.0	8.6	–2.8	–6.6	–6.6	1月、12月共4天
1977	–9.2	–7.4	–4.3	5.7	8.4	16.3	22.6	19.6	15.0	9.6	–2.0	–4.1	–9.2	31/1月
1978	–5.4	–6.2	–4.6	0.7	10.3	13.5	23.6	22.4	14.6	2.9	–2.2	–6.0	–6.2	2/2月
1979	–6.6	–7.3	–4.2	2.3	7.3	14.9	19.1	18.6	13.2	4.0	–2.6	–3.6	–7.3	1/2月
1980	–8.7	–7.2	–0.9	1.5	7.3	14.7	19.0	18.6	12.8	3.6	1.6	–8.7	–8.7	31/1月、28/12月
极值	–10.6	–10.2	–4.6	–0.9	3.8	12.0	16.6	17.4	8.7	2.7	–5.0	–10.5	–10.6	—

1981～2012年大豫镇各月极端最低气温

表2—8 单位:℃

年\月	1	2	3	4	5	6	7	8	9	10	11	12	全年	出现日期
1981	–8.0	–6.7	–0.3	5.0	8.8	12.8	21.6	20.5	14.6	3.7	1.2	–3.6	–8.0	3/1月
1982	–7.9	–2.6	–0.4	2.4	11.4	14.9	17.8	19.3	13.4	7.1	3.7	–4.6	–7.9	12/1月
1983	–5.4	–7.1	–1.1	5.4	9.2	15.1	19.6	19.1	15.3	8.1	–1.5	–5.6	–7.1	19/2月
1984	–6.6	–6.4	–1.8	2.3	6.4	16.8	20.9	18.5	15.7	6.2	1.3	–7.8	–7.8	29/12月
1985	–6.3	–4.2	0.1	3.8	11.1	14.8	21.0	21.0	13.6	10.9	0.8	–5.4	–6.3	14/1月
1986	–9.1	–5.6	–3.9	2.0	8.0	14.3	19.7	17.4	13.5	2.8	–2.2	–2.8	–9.1	5/1月
1987	–8.2	–6.5	–3.2	1.0	7.2	14.0	19.2	20.9	11.6	7.4	–1.1	–4.5	–8.2	14/1月
1988	–6.7	–5.6	–4.8	3.5	9.9	15.4	21.5	19.3	12.6	5.8	–1.0	–4.9	–6.7	24/1月
1989	–4.9	–2.3	–1.7	6.2	11.0	15.7	19.2	20.3	15.7	8.7	–1.0	–2.9	–4.9	15/1月
1990	–5.3	–7.5	0.7	2.0	9.8	16.9	20.3	22.7	14.2	8.2	2.5	–3.0	–7.5	1/2月

续表2—8　1981～2012年大豫镇各月极端最低气温

月 年	1	2	3	4	5	6	7	8	9	10	11	12	全年	出现日期
1991	−4.0	−3.7	0.2	0.6	7.6	16.1	20.3	20.1	15.0	5.2	1.8	−9.8	−9.8	29/12月
1992	−3.7	−3.8	−0.3	4.4	8.2	14.6	19.2	21.3	13.5	5.0	−1.8	−4.5	−4.5	24/12月
1993	−7.0	−3.8	−0.8	0.7	8.5	16.1	18.0	19.2	14.3	4.5	−3.7	−5.6	−7.0	17/1月
1994	−4.5	−2.4	−1.9	7.3	10.5	16.0	24.8	23.2	13.9	6.7	4.9	−1.8	−4.5	19/1月
1995	−3.9	−5.6	−2.4	−0.3	9.2	16.1	20.3	22.6	15.8	9.6	−1.6	−4.5	−5.6	5/2月
1996	−6.6	−5.4	−0.2	1.3	8.8	17.1	19.1	19.9	16.4	6.2	10.0	−3.4	−6.6	10/1月
1997	−5.0	−3.1	0.3	5.5	9.1	15.0	18.9	22.9	12.7	7.1	0.4	−2.8	−5.0	6/1月
1998	−6.6	−3.8	−1.7	3.4	12.2	15.0	23.1	20.1	15.5	10.5	4.9	−0.4	−6.6	19/1月
1999	−3.9	−4.1	1.6	3.9	9.8	14.7	19.9	20.3	13.6	7.9	0.0	−6.7	−6.7	22/12月
2000	−7.0	−4.9	−0.8	4.0	8.8	16.8	21.3	22.4	16.3	9.8	2.3	−1.5	−7.0	26/1月
2001	−6.1	−2.7	−1.7	2.3	11.0	16.1	21.0	19.0	17.2	8.7	2.4	−4.1	−6.1	15/1月
2002	−3.7	−1.9	2.5	7.1	10.9	19.5	21.0	20.3	14.9	5.4	−1.5	−4.4	−4.4	28/12月
2003	−6.7	−3.0	−1.8	1.3	9.5	12.8	20.2	19.7	16.2	8.4	0.5	−5.9	−6.7	5/1月
2004	−7.0	−3.7	−1.8	1.3	9.5	12.8	20.2	19.7	16.2	8.4	0.5	−5.9	−7.0	22/1月
2005	−7.2	−5.3	−3.6	6.1	10.2	18.2	21.8	19.0	18.5	7.2	2.9	−5.3	−7.2	1/1月
2006	−5.2	−4.1	−1.2	5.3	12.3	15.5	22.0	22.8	15.9	11.6	4.9	−3.3	—	—
2007	−3.8	−3.5	−1.9	3.4	10.6	17.7	22.6	21.9	19.0	8.6	2.6	−2.7	—	—
2008	−6.0	−4.7	0.3	3.5	10.5	16.7	23.4	20.2	17.7	11.0	−0.7	−7.2	—	—
2009	−8.3	1.0	−0.4	0.3	10.6	16.5	20.3	19.7	19.3	9.5	0.1	−3.8	—	—
2010	−8.4	−4.1	−4.1	2.0	10.7	16.1	20.7	23.2	14.8	6.0	1.7	−5.4	—	—
2011	−7.1	−4.5	−1.3	1.9	11.7	17.0	22.5	20.1	12.8	9.5	1.8	−4.0	—	—
2012	−5.6	−6.1	−3.8	5.7	13.5	17.8	21.4	21.1	13.3	6.9	0.0	−6.0	—	—
极值	−9.1	−7.5	−4.8	−0.3	6.4	12.8	17.8	17.4	11.6	2.8	−3.7	−7.8	−9.8	—

（二）雨量

大豫镇平均年降雨量为1025毫米，平均变化幅度为本身的17%，雨水比较均匀，对作物生长有利。

全年平均雨日为119天。1959年后40多年间，降雨最多年份是1960年，全年雨日128天，雨量1533.40毫米；降水最少年份是1978年，雨日仅86天，降雨量为531.40毫米；最大暴雨发生于1960年，3天之内（8月3～5日）降雨525.40毫米，8月4日，一天之内降雨量为392.50毫米；最长连续降雨日14天（1964年4月3～16日）；最长连续无降雨日67天（1973年11月9日～1974年1月14日）。

大豫镇降水量和季节分配

表2—9 单位:毫米

年降水量	春季		夏季		秋季		冬季	
	降水量	%	降水量	%	降水量	%	降水量	%
1024.8	234.7	23.8	439.1	42.9	235.5	22.9	106.5	10.4

1959～1980年大豫镇各月降水量

表2—10 单位:毫米

年＼月	1	2	3	4	5	6	7	8	9	10	11	12	全年
1959	15.2	68.9	40.5	82.0	60.2	114.9	212.3	7.8	99.4	5.9	111.8	117.3	636.2
1960	45.6	22.3	99.3	50.8	106.2	303.3	113.8	555.6	96.5	15.4	116.6	8.0	1533.4
1961	35.7	32.3	63.5	38.1	61.2	66.1	99.2	210.9	272.7	339.2	71.7	4.0	1184.6
1962	8.5	28.3	17.3	85.4	55.1	128.1	167.3	215.4	310.2	37.6	75.4	46.9	1175.5
1963	0.0	20.6	86.6	98.5	269.3	144.6	35.7	190.9	41.2	35.4	42.7	22.5	988.0
1964	72.0	80.6	48.2	142.2	99.7	172.6	100.0	32.4	162.8	60.4	12.8	18.1	1001.8
1965	11.1	40.4	13.3	133.3	69.6	104.4	273.2	147.6	7.2	128.8	81.8	12.0	1022.7
1966	36.5	15.4	94.8	38.6	94.6	82.4	29.7	32.2	165.6	19.4	41.8	64.2	715.2
1967	8.2	20.2	51.1	104.2	76.3	174.6	184.7	28.4	18.6	4.7	135.3	0.1	806.4
1968	49.2	2.8	46.0	58.7	100.2	96.4	184.9	124.5	147.5	101.5	49.5	88.3	1049.5
1969	55.4	56.1	61.9	96.6	133.8	37.3	342.8	96.0	181.3	8.1	55.8	6.7	1131.8
1970	11.3	71.9	59.8	47.1	186.5	50.4	466.8	69.8	129.3	31.9	12.8	16.7	1154.3
1971	35.4	58.7	53.1	28.4	109.8	147.6	48.8	78.1	89.9	14.8	17.5	34.3	716.4
1972	49.8	67.4	89.7	42.8	79.6	250.1	112.6	126.9	94.4	57.5	96.5	50.5	1117.8
1973	43.0	65.1	62.8	115.0	94.4	128.7	23.8	98.5	143.9	14.4	1.8	0.2	791.6
1974	32.5	55.6	28.3	32.0	133.5	181.9	263.8	85.7	27.4	62.5	56.6	73.7	1027.5
1975	34.3	69.4	33.6	170.8	45.9	264.7	194.0	14.7	94.6	190.8	58.7	27.9	1199.4
1976	3.1	81.5	33.1	118.7	136.7	206.5	41.6	142.9	122.5	123.8	28.5	18.4	1057.3
1977	34.5	11.0	80.3	129.2	197.0	133.0	265.4	171.4	247.7	47.5	63.5	49.3	1429.8
1978	22.8	29.4	49.5	31.5	67.1	67.5	91.0	5.6	59.1	49.5	47.1	11.3	531.4
1979	27.9	11.8	46.1	167.5	77.5	146.4	291.4	52.7	69.4	1.0	27.4	55.8	974.9
1980	51.8	20.6	72.8	37.2	27.5	204.0	299.8	123.3	93.1	31.4	33.5	1.1	996.1
合计	683.8	930.3	1231.6	1848.6	2281.7	3205.5	3842.6	118.7	121.6	57.8	56.1	33.1	1024.6
平均	31.1	42.3	56.0	84.0	103.7	451.7	174.7	118.7	121.6	57.8	56.1	33.1	1024.6

1981～2012年大豫镇各月降水量

表2—11　　　　　　　　　　　　　　　　　　　　单位:毫米

年＼月	1	2	3	4	5	6	7	8	9	10	11	12	全年
1981	37.7	24.8	49.2	104.9	100.1	254.6	254.4	89.2	59.6	110.7	83.7	2.2	1162.1
1982	26.8	34.3	37.2	90.8	43.6	22.0	265.6	128.7	55.5	32.6	121.4	9.5	868.0
1983	41.9	34.0	87.3	67.7	79.4	141.5	288.4	29.3	92.2	155.8	7.2	14.4	1039.1
1984	34.2	22.3	38.1	37.0	77.4	182.1	122.2	251.9	265.7	34.2	49.3	77.6	1192.0
1985	17.5	79.6	84.0	48.5	210.7	222.5	114.6	159.2	212.8	168.8	56.9	20.1	1304.2
1986	20.5	16.0	33.4	24.9	48.7	280.9	451.4	57.2	34.0	32.7	37.0	27.5	1028.2
1987	34.2	49.3	134.3	109.9	146.6	93.0	238.7	216.9	33.7	69.7	60.2	0.0	1186.5
1988	9.2	52.8	80.2	28.1	155.6	100.8	183.4	19.6	110.0	18.5	0.0	3.3	761.5
1989	66.8	65.9	62.8	118.0	51.0	174.5	100.2	202.8	191.0	6.0	113.2	26.5	1188.7
1990	29.7	89.9	59.3	83.2	115.8	187.1	101.5	206.7	418.7	33.7	117.8	41.5	1484.9
1991	47.8	88.1	181.2	89.2	78.2	250.7	369.2	108.0	114.1	30.0	21.7	54.6	1432.8
1992	38.6	13.9	174.4	34.3	48.0	92.0	54.9	207.4	140.8	14.5	11.5	25.6	855.9
1993	89.4	57.2	136.5	37.3	156.7	215.0	85.2	450.2	67.5	40.9	82.1	20.8	1410.9
1994	26.9	46.3	20.2	74.5	66.7	96.7	1.2	120.9	17.1	61.2	37.8	37.5	607.0
1995	66.6	19.7	48.7	45.0	86.3	178.7	115.2	85.4	6.0	32.7	0.0	11.7	696.0
1996	65.7	18.2	121.6	45.9	85.4	165.6	136.8	134.9	69.2	62.4	77.3	19.5	1002.5
1997	46.7	24.5	97.3	18.7	95.8	115.2	91.6	266.5	12.3	14.4	86.6	88.2	957.8
1998	144.4	28.2	152.9	145.4	68.6	161.3	151.7	196.9	73.8	32.9	22.0	24.2	1202.3
1999	23.6	27.6	101.8	36.6	55.4	279.6	89.8	418.0	115.1	104.4	30.9	4.2	1287.0
2000	79.3	31.2	34.9	29.5	129.5	189.2	144.8	149.7	69.0	94.8	112.2	11.2	1075.3
2001	133.0	53.1	11.8	35.7	33.1	295.8	93.1	144.9	27.0	28.5	43.9	99.0	998.9
2002	22.8	26.4	142.5	73.8	206.0	72.3	121.7	147.4	92.1	84.4	15.4	70.3	1075.1
2003	48.9	59.9	107.5	100.0	32.0	59.7	382.0	53.3	71.0	23.3	61.4	24.0	1023.0
2004	43.2	25.8	43.0	73.0	107.0	276.0	132.0	125.2	17.5	10.8	59.3	52.9	965.7
2005	42.9	89.0	30.1	42.6	39.7	68.7	112.1	139.1	104.7	63.9	73.8	27.9	834.5
2006	138.8	52.6	23.3	75.2	93.1	81.6	193.9	136.1	94.6	23.2	118.2	9.0	1039.6
2007	25.8	33.4	83.1	34.9	25.6	90.1	305.4	118.7	149.8	87.2	30.0	43.8	1027.8
2008	79.8	16.8	31.0	63.3	94.4	275.5	88.6	98.6	64.8	14.9	62.9	28.4	919
2009	42.3	89.6	44.0	43.2	63.1	214.7	351.0	220.3	83.0	2.3	93.9	56.3	1303.7
2010	17.9	118.0	121.0	137.0	57.8	40.6	285.2	215.6	224.5	57.2	1.0	33.5	1309.3
2011	4.0	20.1	27.3	25.1	86.3	201.1	268.4	375.2	9.1	24.7	53.5	22.7	1117.5
2012	88.0	79.0	96.2	66.1	32.6	23.8	303.5	122.3	76.1	40.4	83.0	101.8	—
合计	1634	1487.5	2468.2	2039.3	2730.5	5102.9	5761.1	6064.6	3177.3	1611.3	1831.1	1089.7	33520.6
平均	51.1	46.5	77.1	63.7	85.33	159.46	185.84	185.9	99.29	50.35	57.22	34.05	1081.3

(三)日照

全年平均日照2136.60小时左右。日照百分率48%,但不同年份变化较大。最多的1978年达2421.60小时,最少的1970年只有1579.60小时。

大豫镇日照时数和日照百分率

表2—12

日照时数(小时)					日照百分率(%)				
年总量	春	夏	秋	冬	年	春	夏	秋	冬
2136.6	649.3	524.8	442.2	442.2	48	44	51	51	47

(四)霜期

大豫镇平均无霜期为225天。根据气候部门近50年记载,初霜期一般为11月14日,最早为1960年10月28日见霜;终霜期为4月3日,最晚为1962年4月19日。

1958～1981年大豫镇各月霜日数及其初终期

表2—13

年 / 月	10	11	12	1	2	3	4	全年	初日	终日	初终间日数
1958-1959	—	—	—	16	10	7	3	—		23/4	—
1959-1960	0	5	12	16	21	3	2	59	14/11	17/4	156
1960-1961	1	3	25	21	14	8	3	75	28/10	16/4	171
1961-1962	0	2	13	26	19	13	5	78	23/11	19/4	148
1962-1963	0	5	18	28	24	5	1	81	5/11	9/4	156
1963-1964	0	5	13	13	5	3	0	39	11/11	21/3	132
1964-1965	0	5	20	17	12	9	2	65	13/11	11/4	150
1965-1966	0	2	14	16	11	6	1	50	26/11	5/4	131
1966-1967	1	4	8	17	17	7	0	54	29/10	24/3	147
1967-1968	0	3	26	21	20	4	3	74	13/11	26/3	135
1968-1969	0	3	7	14	9	5	1	39	10/11	5/4	147
1969-1970	0	8	18	17	9	7	0	59	11/11	23/3	133
1970-1971	0	2	15	23	11	7	2	60	24/11	11/4	139
1971-1972	0	6	13	11	5	9	1	45	17/11	9/4	145
1972-1973	0	8	11	12	6	4	0	41	21/11	22/3	122
1973-1974	0	6	22	14	9	8	2	61	13/11	2/4	141
1974-1975	0	5	9	16	11	6	2	49	19/11	2/4	135
1975-1976	0	3	19	21	9	6	0	58	24/11	22/3	120
1976-1977	0	11	11	6	9	3	0	40	15/11	10/3	116
1977-1978	0	7	8	14	13	7	1	50	19/11	3/4	136

续表2—13　1958～1981年大豫镇各月霜日数及其初终期

月\年	10	11	12	1	2	3	4	全年	初日	终日	初终间日数
1978–1979	1	3	12	11	8	6	11	42	30/10	5/4	158
1979–1980	1	11	10	17	18	5	3	65	22/10	26/4	188
1980–1981	1	4	24	18	13	4	0	64	26/10	16/3	142
合计	5	111	328	369	273	135	27	1248	—	—	3148
平均	0.2	5.0	14.9	16.8	12.4	6.1	1.2	567	12/11	3/4	143.1
最多(早)	1	11	26	28	24	13	5	81	22/10	10/3	18
最少(晚)	0	2	7	6	5	3	0	39	26/11	26/4	116

1982～2012年大豫镇各月霜日数及其初终期

表2—14

月\年	10	11	12	1	2	3	4	全年	初日	终日	初终间日数
1981–1982	0	3	22	18	10	7	3	63	10/11	10/4	152
1982–1983	0	1	18	17	20	6	0	62	17/11	18/3	122
1983–1984	0	10	24	25	12	11	3	85	13/11	22/4	162
1984–1985	0	5	18	21	12	11	1	68	23/11	1/4	130
1985–1986	0	11	19	23	21	8	1	83	10/11	16/4	158
1986–1987	2	4	17	21	13	7	3	67	30/10	16/4	169
1987–1988	0	3	23	15	14	8	1	64	6/11	4/4	151
1988–1989	1	13	20	15	13	9	0	71	31/10	26/3	147
1989–1990	0	10	12	18	8	7	1	56	15/11	5/4	142
1990–1991	0	6	17	23	15	7	3	71	10/11	3/4	145
1991–1992	1	10	13	19	20	5	0	68	29/10	25/3	149
1992–1993	0	10	16	17	14	13	5	75	9/11	12/4	155
1993–1994	1	6	22	24	12	8	0	73	31/10	27/3	148
1994–1995	0	0	10	23	19	10	4	66	4/12	12/4	130
1995–1996	0	13	24	16	14	6	3	81	2/11	15/4	166
1996–1997	1	4	22	20	8	4	0	65	27/10	24/3	149
1997–1998	0	5	12	17	14	6	0	48	2/11	22/3	142
1998–1999	0	0	17	20	19	1	0	52	4/12	1/3	88
1999–2000	0	2	20	11	19	7	1	60	29/11	6/4	130
2000–2001	0	4	10	13	12	9	2	50	13/11	4/4	143
2001–2002	0	6	14	19	13	2	0	56	15/11	7/3	113
2002–2003	1	8	10	26	12	5	0	53	27/10	28/3	153
2003–2004	0	2	22	19	14	6	2	67	13/11	8/4	148
2004–2005	0	5	7	24	13	10	0	69	16/11	30/3	135
2005–2006	0	4	18	12	7	5		46	10／11	29／3	139
2006–2007	0	1	11	17	9	5		43	15／11	20／3	125

续表2—14　1982～2012年大豫镇各月霜日数及其初终期

年 月	10	11	12	1	2	3	4	全年	初日	终日	初终间日数
2007-2008	0	6	9	11	12	8	1	47	3／11	1／4	149
2008-2009	0	6	14	19	1	5	2	47	19／11	2／4	134
2009-2010	0	4	19	17	11	3	3	57	3／11	29／4	177
2010-2012	0	2	20	17	13	7		59	21／11	31／3	111
合计	7	166	514	585	409	221	41	1948	—	—	4394
平均	0.22	5.4	16.6	18.9	13.2	7.1	1.3	6.28	10/11	6/4	141.7
最多(早)	2	13	24	26	21	13	5	85	27/10	1/3	169
最少(晚)	0	0	7	11	8	1	0	48	29/11	29/4	88

三、潮汐

沿海潮汐为半日潮，每日涨落两次。其涨落时间与月球自转有关，民间说法为“月亮平南水上沙”，但因受东风、北风、东北风影响，潮位高、风浪大，到潮时间也常提前。1951年，出现过6.49米的高潮位。1974年，连续7个潮次超过5米。一年之中，秋汛势大，故有“八月十六赛马跑”之说。由于太平洋冷暖气流碰撞，可出现雷雨、台风等强对流天气，每隔数年，还可出现一次怪潮现象。

大豫镇潮汐涨落周期表

表2—15

日期	潮汐名称	来潮时间	退潮时间	汐别
初一	六潮水	11:00	1:00	大汐
初二	七潮水	11:45	1:45	
初三	八潮水	12:30	2:30	
初四	九潮水	01:15	3:15	
初五	下岸潮	2:05	4:05	小汐
初六	下岸一	2:55	4:55	
初七	下岸二	3:45	5:45	
初八	下岸三	4:35	6:35	
初九	下岸四	5:25	7:25	
初十	起水	6:15	8:15	大汐
十一	一潮水	7:05	9:05	
十二	二潮水	7:55	9:55	
十三	三潮水	8:45	10:45	
十四	四潮水	9:30	11:30	
十五	五潮水	10:15	12:15	
十六	六潮水	11:00	1:00	
十七	七潮水	11:45	1:45	
十八	八潮水	12:30	2:30	
十九	九潮水	1:15	3:15	

续表2—15　大豫镇潮汐涨落周期表

日期	潮汐名称	来潮时间	退潮时间	汐别
二十	岸潮	2:05	4:05	小汐
廿一	下岸一	2:55	4:55	
廿二	下岸二	3:45	5:45	
廿三	下岸三	4:35	6:35	
廿四	下岸四	5:25	7:25	
廿五	起水	6:15	8:15	大汐
廿六	一潮水	7:05	9:05	
廿七	二潮水	7:55	9:55	
廿八	三潮水	8:45	10:45	
廿九	四潮水	9:30	11:30	
三十	五潮水	10:15	12:05	

第二节　物候特征

物候是自然界植物和动物季节性变化的一种现象，主要通过观测和记录一年中植物生长荣枯，动物迁徙繁殖和环境变化等。立春后，大地复苏，万物生长。农历三月初三后，燕子翩然飞回。大豫物候现象广泛，节内分设植物候、动物候（自然）历，供人们随时掌握时节气候变化对动植物的影响。

一、大豫镇植物候（自然）历

表2—16

月份	物候现象	出现日期		农谚
		最早	最迟	
1	楝树果脱落	1月上旬	1月下旬	正月鸣雷，二月雪飘
2	芦苇芽萌动	2月中旬	3月中旬	
3	紫玉兰芽开放	3月上旬	3月中旬	九尽菜花开，寒冷不再来 雷打惊蛰前，四十天蒙蒙不见天 惊蛰闻雷，小满发水
	小麦拔节孕穗	3月上旬	3月中旬	
	桃树芽开放	3月中旬	3月下旬	
	芦苇始展叶	3月中旬	4月上旬	
	桃树始展叶	3月中旬	3月下旬	
	移栽棉育苗	3月中旬末	4月上旬	
	楝树芽开放	3月中旬	4月中旬	
	紫玉兰始展叶	3月中旬	4月上旬	
	蚕豆始花	3月下旬	3月下旬	
	梨树萌芽	3月下旬	4月上旬	
	芦苇盛展叶	3月下旬	4月中旬	
	团槐芽开放	3月下旬	4月中旬	

续表2—16 大豫镇植物候(自然)历

月份	物候现象	出现日期		农谚
		最早	最迟	
3	桃树盛展叶	3月下旬	4月中旬	—
	合欢芽开放	3月下旬	4月中旬	
4	桑树萌芽	4月上旬	4月下旬	清明播,立夏收(玉米)
	桃树盛花	4月上旬	4月下旬	
	团槐树盛展叶	4月上旬	4月下旬	
	紫薇芽开放	4月上旬	4月下旬	
	春玉米播种	4月中旬初	4月上旬	
	银杏树芽开放	4月上旬	4月下旬末	
	柿树萌芽	4月上旬	4月中旬	
	紫玉兰盛展叶	4月上旬	4月中旬	
	紫玉兰花末	4月上旬	1月上旬	
	合欢树盛展叶	4月上旬	4月下旬	
	广玉兰始展叶	4月上旬	5月中旬	
	桃树花末	4月上旬	4月下旬	
	银杏树盛展叶	4月中旬	4月下旬	
	楝树始展叶	4月中旬	5月上旬	
	广玉兰盛展叶	4月上旬	5月中旬	
	紫薇始展叶	4月下旬	4月下旬	
	柿树始花	4月下旬	5月上旬	
	楝树盛展叶	4月下旬	5月中旬	
	莲荷始展叶	4月下旬	6月上旬	
	紫薇盛展叶	4月下旬	5月上旬	
5	楝树始花	5月上旬	5月下旬	—
	莲荷始展叶	5月上旬	5月下旬	
	棉花移栽	5月上旬	5月下旬	
	春玉米拔节	5月上旬	5月中旬	
	莲荷盛展叶	5月中旬	6月上旬	
	楝树盛花	5月中旬	5月下旬	
	大麦成熟	5月中旬	5月下旬	
	小麦成熟	5月下旬	6月下旬	
	桑葚成熟	5月下旬	6月上旬	
	楝树花末	5月下旬	6月上旬	
	广玉兰始花	5月下旬	6月中旬	
	小麦成熟	5月下旬	6月上旬	
	移栽棉花观蕾	5月下旬	6月中旬	
6	蚕豆成熟	6月上旬	6月中旬	芒种忙种,棉花黄豆乱种 冬青树开花梅雨来,冬青树结籽梅雨止
	广玉兰盛花	6月上旬	6月下旬	

续表2—16　大豫镇植物候(自然)历

月份	物候现象	出现日期		农谚
		最早	最迟	
6	合欢始花	6月中旬	6月下旬	芒种忙种,棉花黄豆乱种 冬青树开花梅雨来,冬青树结籽梅雨止
	广玉兰花末	6月中旬	7月中旬	
	莲荷始花	6月下旬	7月中旬	
	合欢盛花	6月下旬	6月下旬	
	紫玉兰二次花	6月下旬	8月中旬	
7	移栽棉始花	7月中旬	7月下旬	—
	莲荷盛花	7月中旬	7月下旬	
	花生始花	7月中旬初	7月中旬末	
	紫薇始花	7月中旬	8月下旬	
	合欢花末	7月中旬	7月中旬	
	团槐始花	7月下旬初	7月下旬末	
	莲荷花末	7月下旬	8月下旬	
	紫薇盛花	7月下旬	9月上旬	
	春玉米收获	7月下旬末	8月中旬	
8	团槐盛花	8月上旬	8月中旬	—
	紫薇花末	8月中旬	9月下旬	
	团槐花末	8月中旬	9月上旬	
	莲荷种子始熟	8月中旬	9月上旬	
	中稻始穗	8月下旬初	8月下旬末	
	梨果成熟	8月下旬	9月中旬	
	银杏叶始变色	8月下旬	9月下旬	
	银杏叶始落叶	8月下旬末	10月上旬	
9	中稻齐穗	9月上旬初	9月上旬末	白露白迷迷,秋分稻莠齐 白露看花,秋分看稻
	紫玉兰始变色	9月上旬	9月下旬	
	楝树叶始变色	9月上旬中	10月下旬	
	紫玉兰始落叶	9月上旬末	10月上旬	
	芦苇始花	9月上旬	10月中旬	
	楝树果成熟	9月上旬	10月下旬	
	团槐种子成熟	9月上旬	9月下旬	
	楝树始落叶	9月上旬末	11月上旬	
	紫薇叶始变色	9月中旬	10月上旬	
	团槐始落叶	9月中旬	10月下旬	
	合欢种子成熟	9月中旬	9月下旬	
	团槐叶始变色	9月中旬	10月下旬	
	银杏叶全变色	9月中旬	11月上旬	
	莲荷枯黄	9月中旬	10月中旬	
	芦苇盛花	9月下旬	10月下旬	
	柿果成熟	9月下旬	10月下旬	
	紫玉兰叶全变色	9月下旬	11月上旬	

续表2—16　大豫镇植物候(自然)历

月份	物候现象	出现日期		农谚
		最早	最迟	
10	花生成熟	10月上旬	10月中旬	寒露无青稻,霜降一齐倒 寒露蚕豆,霜降麦
	芦苇始枯黄	10月上旬	11月上旬	
	中稻成熟	10月上旬	10月中旬	
	紫薇始落叶	10月上旬	11月上旬	
	合欢始落叶	10月上旬	11月上旬	
	团槐落叶末	10月中旬	11月上旬	
	合欢落叶末	10月中旬	11月中旬	
	芦苇枯荧	10月下旬	11月上旬	
	楝树叶全变色	10月下旬	11月中旬	
	楝树叶落末	10月下旬	12月上旬	
11	紫薇落叶末	11月上旬	11月下旬	种麦过立冬,明年收把种 油菜不过立冬栽
	芦苇全枯	11月中旬	12月上旬	
	蚕豆出苗	11月上旬	11月中旬	

二、大豫镇动物候(自然)历

表2—17

月份	动物名	出没日期		农谚(农历)
		始见	绝见	
1	春红虾	1月	7月	—
	爬爬虾儿	1月	4月	
	鳐鱼(海鳐)	1月	9~12月旺产期	
	白　虾	1月	11月~12月减少	
	鲈　鱼	1月	10月	
	鲍　鱼	1月下旬	11月	
	胡子鱼	1月	4~6月旺产期7~12月正常产	
	推子鲨	1月下旬	4月后减少	
	尖子蟹	四季产	8~9月旺产期	
	和喜蟹	1月下旬	5月减少,绝见	
	蟛　蜞	四季产	4~6月旺产期	
	泥　螺	1月下旬	9月减少	
	文　蛤	四季产	4~9月旺产期	
	青　蛤	四季产	5月旺产期	
2	蟾　蜍	2月上旬~3月下旬	10月下旬~12月中旬	八月蟾叫,有雨不会少
3	蛇	3~4月上旬	9月下旬~10月中旬	—
	龟	3月上旬~4月下旬	8月下旬~9月中旬	
	青　蛙	3月中旬~4月上旬	9月中旬~10月下旬	

续表2—17　大豫镇动物候(自然)历

月份	动物名	出没日期		农谚(农历)
		始见	绝见	
3	蚱 蝉	3月下旬~6月下旬	8月下旬~9月上旬	—
	麻 虾	3月	12月	
	条 虾	3月	4~6月旺产期,7月减少	
	鳘 鱼	3月下旬	10月	
	箭头鱼	3月下旬	10月减少,绝见	
	伏网梅头鱼	3月下旬	4~6月旺产期,7~9月正常产	
	黄鲫子鱼	3月下旬	7月减少,绝见	
	蒲扇鱼	3月下旬	11月	
	小黄鱼	3月下旬	6月	
	虎头鲨	3月下旬	11月上旬	
	圆肚鲨	3月下旬	9月减少,绝见	
	排角天眼鲨	3月下旬	9月减少,绝见	
	黄苗珠儿鲨	3月下旬	9月减少,绝见	
	苍 蟹	3月下旬	11月	
	蛏	3月	11月减少,绝见	
	燕子鱼	3月下旬	10月上旬	
4	燕 子	4月中旬	10月下旬	小燕不过三月三
	春 蚕	4月下旬催青	5月下旬~6月上旬结茧	
	狗头虾	4月	5~7月旺产期	
	鳓 鱼	4月下旬	8月	
	比目鱼	4月	7~9月旺产期	
	墨 鱼	4月上旬	7月上旬	
	马鲛鱼	4月下旬	7月上旬	
	鲳鳊鱼	4月下旬	7月减少	
	铜头鱼	4月下旬	8月上旬	
	大黄鱼	4月下旬	7月减少,绝见	
	梭子蟹(姑娘蟹)	4月下旬	6月	
5	杜鹃(布谷鸟)	5月上旬	7月上旬	布谷鸟始见四月间,最晚始见五月间
	黄鲇鱼	5月下旬	8月	
	籽 蟹	5月下旬	7月	
	春红籽虾		5~6月旺期	
6	鳐 鱼	6月上旬	9月上旬	蟾蜍结成群,梅雨就来临　夏至三朝蝉子叫
	铁头鱼	6月下旬	12月下旬	
	金 鱼	6月下旬	9月减少,绝见	
	梨头鲨	6月下旬	9月上旬	
	毫毛鱼	6月下旬	11月上旬	
	银 鱼	6月下旬	7~10月正常产	
	海 蜇	6月下旬	11月减少,绝见	

续表2—17 大豫镇动物候(自然)历

月份	动物名	出没日期		农谚(农历)
		始见	绝见	
10～11	秋红虾	10~11月下旬旺产	12月减少,1月绝见	大雁不过二月二(由南北迁)
	雁	11月中旬由北南迁		
	海 鸥	11月中旬	4月下旬	

第三章 自然灾害

大豫镇地处黄海之滨,属典型海洋性气候。其气候变化由地理纬度、下垫面性质和大气环流等因素决定,随着一年季节交替,江淮流域上空常有冷暖两股气流互相碰撞,气候变化异常,灾害性天气活动频繁。冬季蒙古高压势力、夏季夏威夷高压势力,加之太平洋暖湿气流强大,这些气流交换碰撞,均可形成暴雨、冰雹、台风、怪潮、暴雪、寒冻、干旱等自然灾害,而这些灾害出现,往往使农作物和人民生命财产遭受重大损失。

第一节 灾害种类

一、气象灾害

气象灾害有20余种,主要有以下种类:

暴雨:山洪暴发、河水泛滥、城市积水;

雨涝:内涝、渍水;

干旱:农业、林业干旱、工业、城市、农村缺水;

干热风:干旱风、焚风;

高热、热浪:酷暑高温、人体疾病、灼伤、作物逼熟;

热带气旋:狂风、暴雨、山洪;

冷害:由于强降温和气温低造成作物、牲畜、果树受灾;

冻害:作物、牲畜冻害,水管、油管冻坏;

冻雨:电线、树枝、路面结冻;

结冰:河面、湖面、海面封冻,雨雪后路面结冰;

雪害:暴风雪、积雪;

雹害:毁坏庄稼、破坏房屋;

风害:倒树、倒房、翻车、翻船;

龙卷风:局部毁坏性灾害;

雷电:雷击伤亡;

连阴雨(淫雨):对作物生长发育不利、粮食霉变等;

浓雾:人体疾病、交通阻塞;

低空风切变:(飞机)航空失事;

酸雨:作物等受害。

二、海洋灾害

海洋灾害主要有6种:

风暴潮:包括台风风暴潮、温带风暴潮;

海啸:分遥海啸和本地海啸两种;

海浪:包括风浪、涌浪和近岸浪3种,就其成因而言又分台风浪、气旋浪;

海岸带灾害:如海岸侵蚀、滑坡、土地盐碱化、海水污染等。

第二节　重大灾害

1949年,台风暴雨灾害,掘东属重灾区之一。13个乡,93个村,23.53万亩田,被淹92个村,16.30万亩田,占总田亩69%;被淹死作物田10.45万亩,(稻田59亩,旱田10.44万亩)占总田亩44%,强丰乡二村2155亩棉田,仅剩7亩有收成。倒塌房屋2842户,5286间;吹坏房屋6832户、14288间。[1]中华人民共和国成立后,国家和社会为防止和挽救自然灾害对人类社会造成的损害,采取多种方式实施抢救、补救、救助,把灾害造成的损失降到最低限度。1997年8月18～19日,全区受11号强台风袭击,农作物受损严重。但补救措施到位,仍获好收成。

一、水灾

1949年6月底～7月初,发生大水灾,庄稼受淹,低处水深1米有余。7月24～29日,遭受台涝巨灾。农田受淹,70%～80%农房受损。

1950年7月17日,大暴雨成灾,低处水深1米。

1951年7月13～16日,连降大雨,受灾严重。

1952年8月,连降大雨20多天,雨量达377.70毫米。12月中旬,冻害,寒潮侵袭历史上少有。

1954年4月,暴雨成灾。6月至7月,降雨807.30毫米,历时1个月。冬季严寒,越冬作物所剩无几。

1960年7月17日,局部地区遭受冰雹袭击,历时15分钟。8月3日至7日,暴雨成灾。

①县委永久(44号)卷。

1967年4月30日,暴雨袭击。

1970年7月12～18日,大雨成灾,降雨量500毫米。

1975年5月,遭受冰雹袭击。

1977年9月11日,大暴雨。

1979年6月19日～7月9日,全境连降大雨、暴雨10多次,降雨量300多毫米,河水猛涨到2.65米,比正常增高0.45米。

1980年,连续阴雨,大雨成灾。

1984年5月29日,大豫等16个乡镇(场)遭受冰雹、暴雨袭击,最大冰雹重0.75公斤。

1984年7月6日,丁店受冰雹、龙卷风袭击。

1987年7月28日,暴风雨袭击,降雨50～107毫米,局部农田受灾严重。

1989年9月15～17日,全境受暴雨袭击。

1990年9月5日,全境普降大暴雨,降雨量在300毫米以上,水位超过警戒线0.30米。

1991年5月17日～6月19日止,全境连续降雨达33天,降雨量达420毫米,为常年同期4倍。

二、风灾

民国20年(1931)9月上旬,连日飓风,百年少见。

1950年7月17日,大风暴雨成灾。

1951年8月2日(农历七月十九),掘东沿海遭风暴袭击,最大风力达12级。

1956年8月1日,百年少见的强台风袭击掘东地区,风力12级。

1960年8月3～5日,遭11号强台风袭击最大风力11级。

1962年7月23日下午～25日中午受5号台风袭击,沿海最大风力11级。

1963年8月17日,南坎乡遭龙卷风袭击,全乡1/2大队受灾。

1964年9月8日下午,一门闸村、徐征村部分生产队遭龙卷风袭击,历时10多分钟。

1965年7月18日下午,巩王乡遭龙卷风袭击,风向西北转东南,往返达半小时,宽1～2里,最大风力12级。

1975年5月,遭受大风袭击。7月23日下午3时,兵房公社10大队、11大队、掘东盐场遭龙卷风袭击,最大风力11级,影响范围长3.5千米,宽20米,182间房屋受损,30多人受伤。

1976年2～4月,掘东沿海遭大风和“麦黄流”袭击。渔业生产损失惨重。东凌渔业公社堤岸被冲毁,冲垮仓库10间,经济损失近4万元。

1976年7月1日中午12时半,因受台风和海面龙卷风影响,东凌港提前1小时出现特大海潮,当时有50多名群众在港外挖贝、捕捞,其中22名遇难。

1977年9月,8号强台风从长江口登陆,掘东全境风力11级,沿海12级,风大浪急,海堤被打掉20多万立方米土方,全镇倒塌房屋2万多间,刮倒树木3万多棵,电话、广播、高低压电线60%遭损,9月10日晚,全区电话、广播、交通、供电全部中断。

1987年7月,7号台风袭击大豫镇,最大风力11级,沿海达12级。

1989年9月5～17日,受23号台风影响,全镇遭狂风暴雨袭击。

1997年8月18～19日,全镇受11号强台风袭击,农作物受损严重。

三、旱灾

民国6年(1917),旱。11年夏,旱。民国13年,旱。民国16年,旱。民国18年,发生严重干旱,田禾失收。民国19年,旱。民国21年,大旱,市河干涸见底。民国23年,大旱,天酷热,居民半夜排队取井水。民国24年,旱。民国25年8月,大旱,农民推车从河底行走,水田裂缝,庄稼失收。民国31年,发生旱灾,秋熟作物歉收。

1952年,夏季干旱,农作物干枯。

1959年,秋旱,40天不雨,大河见底。

1961年6～7月,50天未雨,干旱严重。

1966年6～8月,发生干旱,旱情严重。

1967年,旱。

1968年,旱。

1978年6月下旬～7月中旬,持续高温,内河水位陡降,为中华人民共和国成立后最干旱一年。

1979年9月27日～11月15日,基本无雨,影响秋播和出苗。

1994年伏旱,60年不遇。当年空梅。6月29日,进入盛夏至8月8日,连续41天基本无雨。7月平均气温29.90度(历史最高)。6月下旬～8月上旬,先后有12个高温日。高温干旱使内河水枯竭。8月7日,如泰运河水位只有1.24米,广大群众饮水困难,高温干旱引起棉铃虫大发生。

1996年5月中旬～6月23日,降水稀少,内河水位低,中稻无水插秧,一度市场上“水老鼠”(一种小电动抽水机)全部售光,农民用其抗旱。

2005年空梅,高温旱。6月,平均气温比常年偏高3.40度,出现6个高温日,降水仅常年一半,时值水稻移栽期,又值小汛,江水难引,三四级河底干涸,二级河断续有水,一级河水位在1米以下,部分水田无水栽秧而改旱作,旱作也缺水,部分玉米苗、棉苗干死。

四、饥荒

民国5年(1916)春,阴雨成灾。民国11年春,因上年秋灾,发生春荒。民国18年旱灾,饿殍载道。民国31年,春荒。民国32年3月,春荒。

1950年,春荒。

1955年,夏荒。

1957年,春荒。

五、病疫

民国9年(1920)秋,霍乱流行,掘港死亡300余人。民国14年7月,鼠疫流行,死亡80

余人。民国16年夏，霍乱流行。民国21年，霍乱流行。民国25年秋，疟疾大流行，死亡甚众。民国27年初秋，登革热流行，十室九病，少有幸免。民国30年天花流行。民国35年夏，霍乱流行。民国36年，天花流行。

1957年，感冒流行。

1960年8月，疟疾流行。

1961年春，发生浮肿病、消瘦病、妇女子宫脱垂，并有多人死亡。

1962年，浮肿、消瘦、小儿营养不良病甚多。

1963年，伤寒病流行，境内发生166例。

1964年春，脑膜炎流行，死亡多人。经各级医疗单位急救，病情被控制。

1965年春，流行性脑脊髓膜炎流行，部分病人死亡。医院建立隔离站。

1967年8月，传染性肝炎流行。

2004年，发生禽流感，境内无疑似病例。

六、地震

民国6年(1917)1月2日，发生地震，8月29日下午3时许，发生地震，掘东地区人立足不稳，房屋器物摇晃有声，持续数分钟。

民国8年2月18日，发生地震，掘东地区震感明显。

民国9年8月22日晚8时，发生地震。

民国16年1月2日上午11时许，黄海发生地震，普遍有震感，悬挂物摇动。8月19日、22日继续有余震。6月8日，黄海发生5.25级地震，掘东震感强烈。

民国20年6月15日，发生地震，人有震感，房上掉瓦。

民国31年7月，黄海发生5级地震，掘东有震感。

1975年9月2日20点10分、23点10分，黄海朗家沙(勿南沙一带)发生两次分别为5.30级和4.80级地震，掘东震感强烈。

1976年7月，掘东各公社成立防震抗震领导组，开始预防地震发生。8月，各村各组、各家各户普遍搭建防震棚居住，以防地震，工厂生产时配备专人时刻注意观察地震动静，部分工厂将机器搬进防震棚进行生产。

1979年7月9日，溧阳发生6级地震，掘东有震感。

1982年4月22日，弶港发生5级地震，掘东有震感。

1984年5月21日23时57分44秒，如东海域勿南沙一带发生6.20级地震，至22日10时止，共发生余震55次。掘东部分楼房出现裂缝，多处发现火球。

1987年2月17日，大丰与射阳之间的黄海海域发生5.50级地震，大豫镇有震感。

1990年2月10日，常熟、太仓发生5.10级地震，掘东有震感。

1994年7月26日，黄海海域发生6级地震，掘东有震感。

1995年11月9日，黄海海域发生6.10级地震，掘东有震感。

1916～1987年如东县近海地震目录一览表(≥5)

表2—18

地震时间		震中位置				震级
年月日	时分秒	北纬	东经	参考地点	精度	
1916.04.05	21:00.40	33.00	122.30	黄 海	—	5.25
1921.12.01	18:19.10	33.70	122.00	黄 海	—	6.50
1924.02.19	23:07.09	35.00	120.00	黄 海	—	5.00
1927.02.03	11:53.10	33.50	121.00	黄 海	—	6.50
1927.02.03	12:52.05	33.50	121.00	黄 海	—	6.50
1927.02.19	14:50.26	33.50	121.00	黄 海	—	6.50
1927.02.22	06:05.24	33.50	121.00	黄 海	—	5.50
1927.06.08	07:44.51	33.50	121.00	黄 海	—	5.25
1942.07.27	19：04.42	33.00	121.00	黄 海	—	5.00
1949.01.05	11:14.00	33.20	121.00	黄 海	—	5.00
1949.01.14	10:17.15	33.20	121.00	黄 海	3	5.75
1975.09.02	20:10.16	33.54	121.48	南黄海朗家沙	1	5.30
1984.05.21	23:37.51	33.28	121.37	南黄海朗家沙	1	5.70
1984.05.21	23:38.51	32.29	121.35	南黄海朗家沙	1	6.20
1984.07.21	04:56.54	32.30	121.36	南黄海朗家沙	—	4.90
1987.02.17	11:03.27	33.35	121.30	黄 海	—	5.10

七、蝗灾

1950年，掘东地区发现蝗虫，干部群众齐上阵，共扑杀蝗虫千余斤。

八、雪灾

2008年1月28日，大豫、兵房两镇遭到历史罕见的雪灾，积雪深度达10厘米左右，大地一片白茫茫，道路结冰，交通中断，田间农作物严重受损。为铲除积雪，两镇上下齐发动，分工负责，分段包干，把灾害损失降到最低限度。

第四章　自然资源

第一节　土地资源

大豫镇属沿海荡地，其土壤母质为长江、黄河冲积物，系滨海盐渍土类。土壤质地，多细沙壤土和粉沙壤土。后经围垦，开沟洗盐对土壤不断改良，形成大片耕植良田。

民国5年(191 6)6月,正式成立大豫盐垦公司,集股150万元,每股500元。至民国14年,另招新股20万元。收购土地31.10万余亩,外有盐场用地20万亩。①

1949年,掘东区田亩总数为23.53万亩(包括华丰乡)。

1975年,南坎公社总面积56平方公里,耕地面积5.27万亩,(其中粮食面积4.65万亩)。

1980年,南坎公社耕地面积5.25万亩(其中粮食面积4.36万亩)。

1990年,南坎乡耕地面积5.24万亩(其中淡水养殖面积占40%,粮食面积占60%)。

1997年,南坎乡耕地面积5.92万亩(其中农户口粮田1.47万亩,承包责任田4.45万亩)。

2000年4月,南坎乡与东凌渔业乡合并取名大豫镇,原有29个行政村合并为18个村,2002年实行属地管理,3个居委会,1个国有农场,全镇总面积为96平方公里,耕地面积为14.92万亩。

2009年5月,大豫镇与兵房镇合并,取名大豫镇,辖17个行政村(含2个渔业村),4个社区,2012年,全镇总面积为31.68万亩。

第二节　土地结构

大豫镇土地利用资源状况结构:主要有3大类:即农用地、建设用地、未利用地。2010年,全镇基本农田保护区面积15.91万亩。

一、农用地结构

全镇农用地面积25.20万亩,占土地总面积49.54%。

二、建设用地结构

全镇建设用地面积3.08万亩,占土地总面积9.72%。

三、未利用地结构

全镇未利用土地面积2.94万亩,占土地总面积9.28%。未利用土地主要为荒草地和盐碱地,分布在东凌沿海一带,是得天独厚的后备土地资源。

1997～2010年大豫镇土地利用现状结构表

表2—19　　　　单位:亩 万亩

村社区别	面积	农用地				建设用地					未利用地	
		耕地	园地	林地	其他	城镇居民	独立工矿	特殊用地	交通用地	水利设施	未利地	其它
止马洼	1.24	8910	42	18	1215	1140	80	3	111	—	18	887

①《江苏盐垦实况》。

续表2—19　1997～2010年大豫镇土地利用现状结构表

村社区别	面积	农用地				建设用地					未利用地	
		耕地	园地	林地	其他	城镇居民	独立工矿	特殊用地	交通用地	水利设施	未利地	其它
南坎	1.28	9345	57	2	1545	1200	—	—	—	—	21	582
周墩	1.32	8145	266	—	2295	1178	143	11	72	—	33	1042
豫东	1.43	9540	72	5	2130	1283	29	24	23	—	—	1148
大豫	1.47	9930	86	5	1200	1545	104	14	41	—	—	1770
香台	2.19	1.47	210	195	3720	1725	39	2	113	—	81	966
九龙	3.12	1.08	31	412	9570	810	2190	5	—	—	5520	1815
东凌	3.08	30	39	50	1500	195	71	—	—	30	975	164
大同	1.40	8010	225	59	3312	1335	39	12	20	—	96	686
巩王	1.76	1.20	42	17	3150	1380	72	23	165	—	—	668
丁家店	1.99	1.36	65	80	3540	1545	15	20	140	—	4	770
伯安	9540	6000	120	60	1875	956	12	9	86	—	11	414
东安闸	1.82	1.28	263	9	3045	1305	—	—	45	—	60	683
马家店	1.78	1.22	432	11	2835	1440	158	—	81	—	47	627
徐征	1.42	9510	195	30	2562	18	—	—	8	624	68	555
强民	1.95	1.32	435	3	3315	1500	—	—	203	—	53	758
一门闸	1.76	1.13	344	27	3390	1455	12	—	113	—	64	765
兵房	2100	622	112	2	433	345	402	—	48	—	29	104
闸东	1.25	6975	60	300	2775		6	—	—	—	1140	615
对虾场	1.01	—	—	165	6570	35	180	—	—	—	105	585
东力	2835	1140	—	90	300	—	—	—	—	—	1125	165
新港	127	—	—	—	11	23	—	—	—	—	89	5
军分区	1530	—	—	5	178	—	—	—	—	—	1226	78
县属	0.34	—	—	3	1181	—	—	—	—	1170	990	1185
林场	68	—	18	—	—	—	—	—	—	—	—	51

注：东力为东力公司，新港为养殖场，南通军分区，县属单位

2010年大豫镇基本农田保护区面积表

表2—20　　单位：亩 万亩

单　位	基本农田保护区		一般农田面积
	总面积	其中：耕地面积	
止马洼村	8130	7611	519
南坎社区	8258	8195	562
香台村	1.38	1.36	1.12
周墩村	8020	7455	564
豫东村	8879	8497	381
大豫社区	7551	6877	674
大同村	8563	7904	1162

续表2—20　2010年大豫镇基本农田保护区面积表

单 位	基本农田保护区		一般农田面积
	总面积	其中：耕地面积	
巩王村	1.15	1.08	1243
丁家店村	1.27	1.20	1711
伯安村	5975	5805	190
闸东村	6990	6452	532
东安闸村	1.14	1.12	1564
马家店村	1.16	1.12	1000
徐征村	8825	8642	782
强民村	1.24	1.19	1331
一门闸村	4960	4856	1178
九龙村	1.72	9577	7591
如东农场社区	5400	4860	540
东力公司	1157	—	168
直属单位	2712	—	1712
合　　计	15.91	13.97	2.23

图2-27　马家店村基本农田保护区　（2012年，管霖　摄）

第三节　生物资源

大豫滨江临海，具有江、海、河、塘和陆地等多种优越生态环境条件。加之全年气候温和，雨水充沛，土地肥沃，形成大片湿地，适宜各种植物生长和动物生存繁衍。属国家一级保护珍稀濒危野生动物有丹顶鹤、白鹤、天鹅。属国家二级保护珍稀动物有白鹭、各种飞雁。近海海产鱼类有鳓鱼、大黄鱼、小黄鱼、鲳鱼、海鳗、马鲛鱼、板鱼、带鱼等时令名贵鱼种。海产贝壳类有文蛤、青蛤、西施舌、竹蛏等，甲壳类有对虾、梭子蟹等。内河鱼类有鲫、鲲、鲢、鳊、鲤、鲶、河鳗等。

一、植物类

境内常见植物资源有671种，分属2门、2纲、139科。

（一）孢子植物门

星接草科　水绵

念珠草科　项圈藻（与绿藻共生）

麦角菌科　麦角菌

黑粉菌科　黑粉菌

木耳科　黑木耳、白木耳

银耳科　银耳

多孔菌科　灵芝

齿菌科　猴头菌

伞菌科　蘑菇、香菇、金针菇、草菇、地菇、蕈子

葫芦藓科　葫芦藓（青苔）

木贼科　木贼（节节草）

凤尾蕨科　凤尾蕨（凤尾草）

苹科　苹（田字草、破铜钱草）

满江红科　绿萍（水花儿）

槐叶萍科　槐叶萍

（二）种子植物门

裸子植物亚门

苏铁科　苏铁（铁树）

银杏科　银杏（白果树）

松科　马尾松、黄山松、黑松、雪松、五针松、金针松

南洋杉科　南洋杉（引进）

柏科　刺柏、圆柏、龙柏、侧柏（扁柏）、铺地柏、翠柏、千头柏、香柏、棉柏、黄金柏、花柏、璎珞柏、铅笔柏、米针柏、针柏、桧。

杉科　杉木、水杉（引进）、柳杉（引进）池杉。

罗汉松科　罗汉松、中叶罗汉松、雀舌罗汉松。

被子植物亚门

单子叶植物纲

雨久花科　凤眼蓝（水葫芦）、鸭舌草。

香蒲科　香蒲（蒲草）

天南星科　菖蒲、芋（有香塘芋、白塘芋、龙头芋等品种）、半夏（野芋头）、掌叶半夏、大

藻(水浮莲)、马蹄莲(慈姑花)、天南星、魔芋、石菖蒲。

泽泻科　泽泻、慈姑、长瓣慈姑。

禾本科　芦竹、蔑竹、浙江淡竹、黄竿竹、紫竹、笔竹、玉边竹、慈竹(孝竹)、水竹(烟竹、燕竹)、米竹、江芦、芦苇、粽叶芦、荻(乌苣)、红草、甘蔗、秳棵、芒棵、野燕麦(雀麦)、大麦、元麦、小麦、玉米(以籽色分黄、白、紫等,以其淀粉类型分糯性与非糯性。地方品种有小金黄、糯米香)、高粱(分糯性与非糯性两种)、芦粟(甜芦穄、倒梢子),粟(狗尾儿,分糯性与非糯性两种)、黍(穄子,分糯性与非糯性两种)、薏苡(六谷,分苡仁和佛珠两种)、水稻(分糯稻、粳稻、籼稻、杂交稻、香稻等种)、稗(雀稗、水稗)、茼草、菰(茭瓜)、狗牙根(巴衣草、马斑草)、牛筋草(蟋蟀儿草、寄马桩)、白茅(茅草儿)、淡竹叶、狗尾草、大狗尾草、狼尾草。

莎草科　莎草(香附子)、荸荠、短叶水蜈蚣、荆三棱(三棱草)、席草、水葱、飘拂草。

棕榈科　棕榈(棕树)、棕竹、筋头竹(观音竹)。

浮萍科　紫萍(紫背浮萍)、浮萍(青萍)。

鸭跖草科　鸭跖草(竹叶水草)。

百合科　葱、洋葱、蒜、小根蒜(小蒜)、薤(韭)菜、文竹、金丝竹、吊兰、百子莲、浙贝母、萱草(紫君子兰、金针花)、玉簪花(白鹤花)、紫萼、百合、沿阶草(麦冬)、吉祥草(松寿兰)、万年青(分金边、银边、花叶等品种)、老鸦瓣(光慈姑)、郁金香、葳蕤、天门冬(玉竹、飞天蜈蚣)、剑叶兰(火炬花)。

石蒜科　石蒜(龙爪花)、水仙、葱兰(白花菖蒲莲)、朱顶红(百枝莲)、雪花莲(银花水仙)、雪滴花(银兰水仙)、文殊兰、君子兰、剑麻(白棕)。

薯蓣科　薯蓣(山药)。

鸢尾科　鸢尾(蓝蝴蝶花)、射干、唐菖蒲(菖兰、剑兰)。

芭蕉科　芭蕉(水芭蕉)。

美人蕉科　美人蕉

姜科　姜(生姜)、蘘荷(茗荷)。

兰科　春兰(春草)、蕙兰(夏草)、建兰(秋草)、漳兰、素芯兰、石斛、天麻(赤箭、定风草)。

双子叶植物纲

合瓣花亚纲

三白草科　蕺菜(鱼腥草、野番芋头儿)、三白草。

金粟兰科　金粟兰(珠兰)。

杨柳科　垂柳(倒柳)、旱柳(柳树、龙爪柳)、银柳(银芽柳)、杞柳(笆斗柳)、杨(有毛白杨、响叶杨、杂交杨、加杨、小叶杨等品种)。

胡桃科　核桃(胡桃)、枫杨

桑科　构树(褚实子、谷树子)、无花果、葎草(揚揚儿藤)、乔木桑(有本桑、毛叶桑、马口桑等品种）、湖桑、柘（黄桑）。

大麻科　大麻（火麻）。

荨麻科　苎麻

椴树科　黄麻（络麻）。

马兜铃科　马兜铃（天仙藤、青木香果儿）。

蓼科　荞麦、萹蓄（马尾草、铁丝草）、虎杖（班根、紫金龙根）、水蓼（辣蓼草、洒药草）、红蓼（荭草、水红草）、何首乌（夜交藤、野番芋）、贯叶蓼（猫儿刺、倒挂金钩、河白草）、羊蹄（土大黄、地方跟）、蓼蓝、蓼子草大子蓼、扛板归。

藜科　灰绿藜（灰藋）、小藜、市藜、土荆芥、地肤（扫帚草）、菠菜、恭菜（糖甜菜）、叶用恭菜（莙荙菜、甜菜）。

苋科　苋、刺苋（野苋菜）,雁来红（老来少）、锦西风（十样锦、三色苋）。

紫茉莉科　紫茉莉（懒婆娘花）、银茉莉。

野茉莉科（安息香科）野茉莉（候风藤）。

商陆科　商陆（章柳根、打路根）。

马齿苋科　马齿苋、半枝莲（洋马齿苋）。

石竹科　石竹（洛阳花、竹节花）、瞿麦、漆枯草（珍珠草、小叶米须草）、麦兰菜（王不留行）、剪夏罗（剪红罗）、雀舌草、卷耳草、繁缕、牛繁缕。

睡莲科　芡实（鸡头菱）、荷花、睡莲（子午莲）、碗莲。

毛茛科　阿乐泰银莲花（九节菖蒲）、芍药、牡丹、毛茛（老虎脚迹草）,石龙芮（鸡脚爪儿草、野片菜）、白头翁（老公花）、回回蒜。

小檗科　十大功劳（阔叶十大功劳）、南天竺（天竺）。

木兰科　白兰花（白兰、缅桂）、玉兰（白玉兰）、紫玉兰（辛夷）、荷花玉兰（广玉兰）、含笑。

蜡梅科　蜡梅（分狗绳蜡梅、素心蜡梅及罄口蜡梅等变种）。

罂粟科（紫堇科）罂粟花（大烟花）、虞美人、紫堇、延胡索（元胡、玄胡索）、荷花牡丹。

十字花科　油菜、白菜（青菜、黑菜、毛菜、百合头、绞梗儿白）、大白菜（黄芽菜）、芥菜、麻芥菜、荠菜、播娘蒿（甜蒿苈）、雪里蕻、紫罗兰、花椰菜（花菜）、甘蓝（卷心菜、包菜）、球茎甘蓝（呸蓝）、芜菁（本地大头菜）、芜菁甘蓝（洋大头菜）、菁用芥菜（榨菜）、二月兰（诸葛菜）、萝卜（分杨花萝卜、红萝卜、四十子、鸭蛋头、六十子、百日子等品种）、菘蓝（田青、大青叶、大兰）、蔊菜（野菜子）、遏兰菜（狗脚板儿、罗汉菜）。

景天科　景天（蝎子草）、瓦松（瓦花）、景天三七、珠芽（马屎花）、垂盆草。

虎耳草科　虎耳草（金丝荷叶）、溲疏、落新妇（虎麻）。

蔷薇科　龙芽草（仙鹤草、脱力草）蛇莓（蛇果藤、蛇葡萄）、枇杷、苹果、杏、桃（主要品种有水蜜桃、紫桃、蟠桃、毛桃、碧桃、垂枝碧桃、寿星桃、红叶桃）、李（主要品种有麦李、杏李、郁李、红叶李)、梨(主要品种有沙梨、黄花梨、白梨、杂交梨)、月季、金樱子、掌叶覆盆子、石楠、草莓、蔷薇(木蔷花)、樱花、木香、麻叶绣球、梅(有春梅、垂梅、曲梅、乌梅、榆叶梅、绿萼梅等品种),海棠花(有梨花海棠、西新海棠、白海棠三个变种)、贴梗海棠(贴梗木瓜)、棣棠、垂丝海棠。

海桐科　海桐。

杜仲科　杜仲。

猕猴桃科　猕猴桃。

豆科　合欢(夜合树)、落花生(花生、长生果、本地优良品种有麻荚儿、链子花生等)、黄芪、决明、望江南、紫荆、扁豆(有红扁豆、猪耳朵、油荚儿、草扁豆等品种,有白黄豆为豆制品用品种)、皂荚(有早豇豆、秋豇豆,米儿豇、盘香豇等品种)、菜豆(四季豆、刀豆)、补骨脂(破鼓纸)、槐树(龙爪槐)、刺槐(洋槐、丁刺槐)、紫穗槐、合欢、苦参、蚕豆(有青、白皮饭豆儿等品种)、田菁、木蓝、紫云英(红花草)、苜蓿(黄花儿)、紫苜蓿、三叶草(分白花、红花两个品种)、香豌豆(花豌豆)、薇(野豌豆)、藿(野绿豆)、鸡目草、小巢菜、大豆、紫藤、豆薯(地瓜)。

酢浆草科　红花酢浆草(铜锤草)、酢浆草(酸浆草)。

牻牛儿苗科　天竺葵(石蜡红)、野老鹳草。

蒺藜草科　蒺藜。

芸香科　枳(铁篱笆果)、金柑(金橘)、桔、香橼(枸橼)、佛手、代代花、橘橼〔三代橼、黄檗(黄柏)、花椒〕。

苦木科　臭椿。

楝科　楝树、香椿。

大戟科　铁苋菜(野麻、野锦花)、泽漆(羊奶草、奶奶头草、五朵方)、地绵(花被单)、油桐、续随子(千金子)、蓖麻、狗尾红、红桑、虎刺(铁海棠)、乌桕(桠交树)。

黄杨科　黄杨。

冬青科　冬青、枸骨(鸟不宿、猫儿刺)。

卫予科　卫予(鬼见羽)、大叶黄杨(青篱)。

凤仙花科　凤仙花。

鼠李科　枣、枳椇(拐枣、金钩子)、鹊梅。

葡萄科　葡萄、地绵(爬山虎、花被单)、乌蔹莓(猪娘花、五爪金龙)。

锦葵科　苘麻(红麻、野麻)、木芙蓉(水芙蓉花)、木槿(槿树、金漆树)、陆地棉(棉花)、槿麻(红麻、洋麻)、槭葵、黄蜀葵、蜀葵(饼儿花)。

梧桐科　梧桐(青桐)、夜落金钱(金钱花)。

山茶科　山茶(茶花)、茶(本茶叶树)、福建茶、九里香。

金丝桃科　金丝桃。

柽柳科 柽柳(观音柳)。

堇菜科 长萼堇菜、心叶堇菜(犁头草)、紫花地丁(地丁草、紫花草、疔疮草)、大花三色堇。

秋海棠科 四季秋海棠(瓜子海棠)、秋海棠、竹节海棠。

仙人掌科 仙人掌、仙人球、仙人柱、仙人鞭、仙人拳、仙人杖、仙人山、量天尺、仙人子、仙人棍、昙花、蟹爪兰、令箭荷花、鹿角掌、龙舌蕉、宝石花、海绵花。

瑞香科 瑞香(睡香)、结香。

胡颓子科 胡颓子(野枣儿、潘桑果儿)。

石榴科 单瓣石榴(果石榴)、复瓣石榴(花石榴)。

菱科 乌菱(风菱、老菱)、野菱(四角菱)。

柳叶菜科 待霄花(月见草、晚春锦)、吊钟海棠(倒挂金钟)。

五茄科 五茄。

伞形科 旱芹(蒲芹)、水芹(芹菜)、杭白芷(香白芷)、库叶白芷(川白芷)、积雪草(落得打)、蛇床、芫荽、野胡萝卜(鹤虱子)、胡萝卜、茴香(小茴香)、天胡荽(破铜钱草、小金钱草)、川芎(抚芎)。

山茱萸科 山茱萸。

离瓣花亚纲

杜鹃花科 杜鹃(映山红)、白杜鹃、花杜鹃(闹羊花)。

报春花科 点地梅(五角星草、喉咙草)、藏报春、仙客来(兔子花)。

柿树科 柿、野柿、君迁子。

木樨科 连翘、探春、迎春、茉莉、毛茉莉、女贞、桂花、紫丁香、金钟花(黄金条)。

夹竹桃科 夹竹桃、络石、常春花。

萝藦科 萝藦(魔萝、芄兰)、飞来鹤(白何首乌、天鹅绒藤)。

旋花科 牵牛(喇叭花)、裂叶牵牛花、蕹菜(空心菜)、甘薯(山芋、番芋)、月光花、菟丝子、打碗花、茑萝(拜烛儿花)、小旋花。

马鞭草科 海州常山(臭梧桐)、马鞭草(铁马鞭、红藤草)、美女樱。

唇形科 藿香、筋骨草(散血草、白毛夏枯草)、连钱草(金针草、铜钱草、臭草、蛇壳草)、夏至花、野芝麻、益母草(枯草、苦草)、地笋(泽兰、也甘露子)、甘露子(蜗螺儿菜)、薄荷、罗勒(家佩兰)、白苏、紫苏(彩叶草)、夏枯草(灯笼草)、丹参、荔枝草(癞宝草)、荆芥、一串红(炮仗红)、半枝莲(牙刷草、并头草)、佛座、香薷。

茄科 曼陀罗(洋金花、风茄儿)枸杞、番茄(西红柿)、酸浆(挂金灯、锦灯笼)、苦汁(天泡子、灯笼草)、白英(白毛藤、排风藤)、白茄、紫茄、龙葵(天落打、野辣茄)、马铃薯(洋番芋、土豆)、辣椒(有柿子头、菜椒、朝天椒、观赏辣椒等品种)、五色茉莉、红色烟草。

玄参科 通泉草、泡桐、怀庆地黄(鲜生地)、浙玄参(黑玄参)、柳穿鱼(小金鱼草)、锦花沟酸浆(猴面花)、婆婆纳、陌上菜、蚊母草。

紫葳科　凌霄(紫葳)、硬骨凌霄、梓、楸。

胡麻科　(脂麻科)芝麻(有黑、白、黄、红等品种)。

狸藻科　狸藻。

爵床科　爵床(小青草)、马蓝(制颜料用)、九头狮子草。

车前科　车前(牛舌头草)。

茜草科　猪殃殃、栀子、鸡矢藤(臭藤)、六月雪(天星木、路边姜)。

忍冬科　金银花(忍冬)、接骨木(扦扦活)、珊瑚树(法国冬青)、大绣球(斗球、木本绣球)、香夹蒾(探春)、海仙花(五色海棠)。

葫芦科　盒子草、冬瓜、西瓜、籽西瓜、甜瓜(有香瓜儿、梨瓜)、水瓜(有水侉子、茄儿瓜等品种)、龟瓜(变种哈密瓜)、野甜瓜(屎塘瓜儿)、南瓜(番瓜、饭瓜)、观赏南瓜(金瓜)、黄瓜(小黄瓜)、菜瓜(牛角瓜)、丝瓜(分香丝瓜和蛇丝瓜两个品种)、苦瓜(癞葡萄)、笋瓜、海蜇瓜、括蒌(杜瓜、瓜蒌)、小葫芦(神仙葫芦)、葫芦(汤罐瓢)、瓠子(瓢子)。

桔梗科　党参、半边莲(蛇啄草、粪蛆草)、桔梗、沙参(铃儿草)。

菊科　牛蒡(万把钩)、艾、黄花蒿、(臭蒿)、青蒿(香蒿)、野唐蒿、紫苑、白术、飞廉、天名精(鹤虱果儿)、红花、石胡荽(鹅儿不食草)、小蓟(刺儿菜、小蓟姆、小蓟头)、大蓟(铁刺秸、牛戳嘴)、茼蒿、菊花、野菊(田边菊)、菊花头、鳢肠(旱莲草、烂脚丫)、一年蓬(野蒿)、中飞蓬、佩兰(野佩兰、草佩兰)、鼠曲草(棉花草、佛耳草)、土三七、泥胡菜、旋覆花、剪刀股、苦荬菜(奶浆草)、马兰(路边菊、鸡儿肠)、莴苣(生菜)、叶用莴苣、多用莴苣、除虫菊、一枝黄花(蛇头王)、匍茎苦菜(苣荬菜)、蒲公英(黄花郎)、苍耳(野茄儿子、沧浪子)、稻槎菜、女菀、豚草、大丽菊(番芋花)、菊花脑、向日葵(葵花)、菊芋(葵花芋、生姜芋)、苹果菊(茶菊)、蛇目菊(金鸡菊、小波斯菊)、波斯菊(大波斯菊)、金盏菊(长生花)、雏菊(春菊)、翠菊(五月菊、七月菊)、桂圆菊、万寿菊、荷兰菊、三色菊(五色茼蒿菊)、百日草(百日菊)、瓜叶菊。

落葵科　落葵(紫果儿)、白落葵(白紫果儿)。

龙舌兰科　晚香玉(夜来香)、龙舌兰、金边龙舌兰。

千屈菜科　紫薇(痒惬儿树、有银薇、翠薇、红薇3个变种)、千屈菜(水枝柳)、水苋菜、节节草、田繁缕。

紫草科　香水草(洋茉莉)、附地菜。

白花菜科　醉蝶花(蝴蝶花)。

榆科　榆树、朴树、榉树。

大风子科　柞树。

金缕梅科　枫香(枫、红枫)、绿枫、三角枫、棉花枫、文母树。

樟科　樟(香樟)。

悬铃木科　悬铃木(法国梧桐)。

龙胆科　香菜、荇菜(油塌儿)。

水鳖科　水车前、苦草。

防己科　千斤藤。

瓶儿小草科　瓶儿小草。

灯芯草科　灯芯草。

谷精草科　谷精草。

眼子菜科　眼子菜(鸭子草)、虾藻。

金鱼藻科　金鱼藻(萎草)。

二、动物类

境内常见的动物资源有387种,分属4门、14纲、56目。

(一)环节动物门

毛足纲

寡毛目　直隶环毛蚓、红蚯蚓。

多毛目　日本沙蚕(水百脚)。

蛭纲　宽体金线蚂蟥(大蚂蜞)、柳叶蚂蟥(小蚂蜞)、肝蛭(羊肝蚂蜞)。

(二)软体动物门

瓣腮纲　河蚌、三角帆蚌、射线裂背蚌、皱纹冠蚌、河蚬(蚬子)。

腹足纲　蜗牛(角螺儿)、田螺、螺蛳、沼螺、钉螺、蛞蝓(泥滑虫儿、鼻涕虫、蜒蚰)、泥螺。

(三)节肢动物门

昆虫纲

鳞翅目　菜粉蝶(白蝴蝶)、甘蔗螟(钻心虫)、金凤蝶(逸蝶儿)、大螟、二化螟、三化螟、地老虎(地蚕)、黏虫(麦蚕儿)、棉铃虫、红铃虫、玉米螟、高粱条螟、菜螟、萍螟、桃蛀螟、金刚钻、斜纹夜蛾、银纹夜蛾、小菜蛾、大豆食心虫、梨食心虫(分大、小两种)、苹果蠹蛾、刺蛾(有黄、褐、青、扁等品种)、柳毒蛾、桑尺蛾(桑尺蠖)、桑蟥、桑螟、草地螟、菜螟(剜心虫)、大豆夹螟、柳天蛾、菜蛾、家蚕、柞蚕、野蚕、稻螟蛉、稻苞虫、稻眼碟、黄腹灯蛾(毛毛虫)、红腹灯蛾、仿污白灯蛾、大蓑蛾(避债虫、落屎宝儿)、桑蓑蛾。

同翅目　蚱蝉(有蚱蟟,体大色黑;知了,体小色灰;嘟蟟,体小色绿等品种)、蚜虫(腻虫、有棉蚜、麦管蚜、麦二叉蚜、玉米蚜、桃蚜、萝卜蚜、苜宿芽等品种)、黑尾叶蝉、电光叶蝉、大青叶蝉、桑叶蝉、稻飞虱、桑木虱、梨木虱、吹棉蚧、梨园蚧、桃球蚧。

半翅目　稻、蝽(分褐、黑、绿、缘、针缘等品种)。盲蝽象(臭鳖子)、梨网蝽、田鳖、温带臭虫(扁螂)。

脉翅目　蚊蛉(鬼星蛉儿)、绿蜻蜓(荷包星蛉儿)、红蜻蜓(龙虱子)、小麦明亮浆虫。

螳螂目　大刀螂(斫螂)、斑螳螂(草斫螂、小斫螂)、薄翅螳螂(绿斫螂)、巨斧螳螂。

直翅目　蟋蟀(另有油葫芦、棺材头、灶鸡儿等品种)、稻蝗、负蝗、棉蝗、蔗蝗、中华蚱蜢(尖头蚱蜢)、齿暨疣蝗、花胫绿纹蝗、蝼蛄(土狗儿)、纺织娘(络纬、纺纱婆)、蝈蝈(蚂螟、侉蛉儿)、灶马(钱驼子)。

双翅目　双斑黄虻、复带虻(牛虻)、蠓、麦秆蝇、舍蝇(苍蝇)、金蝇、麻蝇、蜂蝇、蚕蛆蝇、潜叶蝇(有水稻潜叶蝇、豌豆潜叶蝇等)、按蚊(疟蚊)、库蚊、摇蚊、伊蚊(黑蚊)。

鞘翅目　叩头虫、苹果小吉丁虫(羊皮虫)、六星吉丁虫、四黄斑吉丁虫、步行虫、甘蔗小甲、桑小灰象甲、甜菜象甲、竹象甲、米象(牛子)、稻象甲、萍象甲、大谷盗(米蛀虫)、黄守瓜(瓜萤)、大猿叶虫、黄条跳甲、大斑蝥(屁夹虫儿)、小斑蝥(小屁夹虫儿)、大黑金龟、螂(喷屎虫儿)、独角蜣螂、黄萤(萤火虫儿)、豆芫菁、星天牛、桑天牛、光肩星在牛、云斑天牛、虎天牛、桃红颈天牛、蝎天牛、菊天牛、二十八星瓢虫、七星瓢虫(新娘子)、豌豆象、蚕豆象、小豆象、豉豆。

膜翅目　中华蜜蜂、大黄蜂、斑胡蜂、蜾蠃(铁胡蜂)、蚂蚁、麦叶蜂、赤眼蜂、脊腹茧蜂、黑卵蜂、广大腿蜂。

等翅目　家白蚁、散白蚁。

缨翅目　烟蓟马、棉蓟马、瓜蓟马、稻蓟马、桑蓟马。

蜚蠊目　地鳖虫、蜚蠊(蟑螂、蟑鳖虫)、臭虫(扁螂)。

蚤目(隐翅目)跳蚤(蛇蚤)、虱子。

甲壳纲(软甲亚纲)沼虾(青虾、躿脚虾)、米虾(中虾)、中华米虾、克氏鳌虾(龙虾)、草虾、中华绒螯蟹(河蟹)、相手蟹(蟛蜞)、鼠妇(平甲虫、豌豆虫儿)、烂虫子。

蛛形纲

蜘蛛目　蜘蛛(蟢蟢儿)、草蛛、花蛛、蝇虎、狼蛛、蟹蛛、壁钱。

蝎目　问荆蝎。

盲蛛目　盲蛛。

蜱螨目　棉叶螨(红蜘蛛)、疥螨、粉螨(叶虫儿)、麦叶螨(麦蜘蛛)、尘螨。

多足纲

唇足亚纲　少棘巨蜈蚣(百脚)、花蚰蜒(蓑衣虫儿)、马陆(臊气娘子)。

(四)脊索动物门、脊椎动物亚门

鱼纲

合腮目　黄鳝(长鱼)。

鲤形目　鲤鱼(花鱼)、青鱼(青鲩)、草鱼(花鲩)、鲫鱼、鲢鱼(白鲢、花鲢)、鳙鱼(草鲢)、鳊鱼、鲅鱼、旁鲏、鳡鱼(鳡枪)、鲃鱼(鲃鲃儿)、金鱼、罗汉鱼(罗汉儿)、鲌鱼(白鲦)、鳟鱼(红眼儿)、泥鳅。

鲶目　鲶鱼(生仔鱼、鲶巴郎、胡子鲢、泥八儿)。

鲱形目　鲥鱼、凤鲚(凤尾鱼)、刀鲚(刀鱼)、大银鱼、间银鱼(面鱼儿)、鳓鱼。

鳗鲡目　鳗鲡(鳗鱼)、季钩(海鳗)。

鲈形目　鳜鱼、鲈鱼、罗非鱼(非洲鲫鱼,60年代引进)。

鳢形目　鳢(黑鱼)、塘鳢(虎头鲨儿)。

鲇形目　黄颡、长吻鮠(江泥八儿)。

鲀形目　河豚。

石首目　小黄鱼(春鱼、黄花鱼)、大黄鱼、金鱼、黄鲇、米鱼。

鲳目　鲳鳊鱼。

鲻目　鲻鱼、铁头鱼、铜头鱼。

鲽目　板鱼。

鲅鱼　马鲛(鲃)。

箭鱼目　箭头。

鳐目　鲦鱼。

鲨目　鲨鱼。

两栖纲

有尾目　蝾螈。

无尾目　黑斑蛙、金线蛙(绿田鸡)、雨蛙、泽蛙(旱哥儿)、中华大蟾蜍(癞宝)。

爬行纲

蜥蜴目　壁虎、蜥蜴(草龙儿、四脚蛇、七寸子、常见品种是麻蜥蜴)。

龟鳖目　黄喉水龟、中华鳖。

蛇目　水蛇、水赤练(荐鸡)、火赤链(臭斑)、黑眉锦蛇(菜花黄)、乌风蛇(黑乌风)、青蛇、蟒蛇(今已少见)、蝮蛇(有地鳖蛇、毛地鳖等品种)、秤桿子蛇。

鸟纲

鹳形目　白鹳、黑鹳、苍鹭、池鹭、白鹭、牛背鹭、野鸭、凤头野鸭。

雁形目　白鹅、狮子鹅、麻鸭、北京鸭、鸿雁、豆雁、大天鹅、小天鹅、短嘴鹅、鹊鸭、罗纹鸭(大野鸭)、鸳鸯。

鸡形目　鸡(掘港名种狼山鸡、三黄鸡)、乌骨鸡、珍珠鸡、鹌鹑、环颈稚(野鸡)、鹧鸪。

鸽形目　家鸽、山斑鸠、珠颈斑鸠(白哥哥)。

鹦形目　虎皮鹦鹉、徘胸鹦鹉(笼养鸟)。

雀形目　白腰文鸟(十姐妹)、白头翁、麻雀、大嘴乌鸦(老鸦)、喜鹊(鸦鹊)、灰喜鹊(洋喜鹊、洋家喜儿)、家燕、金腰燕、八哥(鸲鹆)、泥八哥儿、百灵、鶺鴒(黄胆儿)、、黑枕黄鹂(黄莺)、绣眼、太平鸟、棕头鸦雀、柳莺、苇莺、乌鸫(百舌)、灰背鸫、斑鸫、虎斑地鸫、灰头鹀、三道眉草鹀、黄眉鹀、黄胸鹀、蜡嘴(山练子)、锡嘴、金丝雀(芙蓉鸟)、棕背伯劳、牛头伯劳、画眉鸟、相思鸟等。

䴕形目　绿啄木鸟。

鹤形目　丹顶鹤(仙鹤)、苦恶鸟(王翁、白胸身鸡)。

佛法僧目　翠鸟。

鹃形目　二声杜鹃(郭公)、四声杜鹃(布谷鸟、块花块稻)、短翅树莺(蜗螺儿不吃粥)。

鸻形目　燕行(土燕子)、三趾鹬。

鸥形目　海鸥、白额燕鸥。

隼形目　燕隼、鹘、鹫、鸢、苍鹰(雅虎)、鹞鹰、雀鹰、爽鸠(今少见)。

鹈形目　鸬鹚(鱼鹰、杈鱼沃儿、鸦)

鸮形目　耳鸮、角鸮、鸺鹠(长耳鸮、猫头鹰)。

哺乳纲

鲸目　长须鲸(闰鱼)。

食肉目　家犬(狗子)、狼犬、狐、家猫、狸(豹猫、狸猫)、虎(明嘉靖间尚有)、水儿癞、水貂(引进)、貂(狗獾)、獾(猪獾)。

奇蹄目　刺猬(刺鱼、慈鱼)。

偶蹄目　梅花鹿、麋(远古多产,已绝迹)、獐(1949年以前常见)、麂(1945年以前常见)、猪、黄牛、水牛、荷兰牛、山羊、绵羊。

兔形目　玉兔、欧兔(野兔、草兔、高耳朵)、安哥拉兔(长毛兔、引进)、力克斯兔(剥皮兔,引进)。

翼手目　蝙蝠(油老鼠)。

啮齿目　家鼠、白鼠(洋老鼠)、黑线姬鼠、棕色田鼠、普通田鼠。

三、中草药资源

大豫境内共有植物药112科、292属、373种。(含藻类1科、1属、1种;菌类8科、10属、13种;蕨科3科、3属、3种;裸子植物6科、10属、12种;被子植物95科、269属、300种。)动物药53科、73种,其他类6种。常年收购的有170多个品种,其中野生药材占75%,家种药材25%。①

中草药　艾叶、芭蕉根、白菖蒲、白扁豆、白花败酱、白僵蚕、白菊花根、白芒草、白茅根、白芍药、白苏梗、白苏子、白术、百草霜、百合、柏子仁、柏枝节、斑茅、板蓝根、半边莲、半枝莲、蚌壳、荸荠、壁虎、蓖麻叶、蓖麻油、蓖麻子、扁豆衣、扁蓄草、鳖甲、菠菜、薄荷、薄荷油、补骨脂、蚕沙、蝉蜕、蟾皮、蟾酥、苍耳蠹虫、苍耳子、菖蒲叶、车前草、车前子、侧柏叶、刺猬肉、赤小豆、赤练 蛇、葱白、酢浆草、川楝子、垂柳枝、椿白皮、大三卷、大蓟、大麦芽、大青叶、大蒜头、香附子、大枣、代代花、丹参、淡竹叶、地鳖虫、地扁蛇(蝮蛇)、蛇胆、蛇蜕、地丁草、地榆、冬瓜皮、冬葵子、冬青子、杜仲、鹅不食草、蜂房、蜂蜜、蜂乳、凤仙花、凤仙子、佛手、伏龙肝、浮萍、浮小麦、桑叶、干生姜、藁本、割人藤(葎草)、蛤蜊粉、鸽卵、功劳叶、枸杞、枸杞根皮、枸杞叶、枸杞子、狗獾油、狗尾草、谷芽、栝楼、栝楼根(天花粉)、栝楼皮、栝楼子、挂金灯、观音柳、龟板、龟板胶、龟肉、鬼箭羽、桂花、青鱼胆、海带、海金沙、海浮石、海螵蛸、

①1986年如东县中药资源普查。

海蜇皮、含羞草、荷梗、荷叶、合欢花、合欢皮、何首乌、何首乌腾(夜交腾)、鹤虱、黑鱼、黑芝麻、鱼脑石、红花、红苋菜、喉咙草、葫芦、胡萝卜子、胡桃仁、虎杖、虎耳章、花椒、花生衣、花生油、槐角、槐花、黄柏皮、黄花菜、黄麻仁、黄鳝血、茴香、藿香、藿香露、鸡蛋壳、鸡冠花、鸡内金、鸡血、蕺菜、鲫鱼肉、僵蚕、节节草、桔梗、金橘、金银花、荆芥、粳米、酒、韭菜子、九香虫、橘饼、橘络、橘皮、决明子、苦楝皮、蛞蝓、辣蓼、腊梅花、老鹳草、梨、栗子、莲房、莲须、莲子、莲子心、连翘、楝树根皮、楝树叶、楝树子、灵芝草、六月雪、龙胆草、龙葵、龙爪花、蝼蛄、芦根、芦荟、鸬鹚涎、萝卜、萝卜子、藦萝、绿豆衣、马鞭草、马齿苋、马兜铃、马兰、麦门冬、麦芽、猫胞衣、毛茛、梅子、玫瑰花、虻虫、棉花根皮、蘑菇、墨旱莲、牡丹皮、木瓜、泥鳅、牛蒡子、牛黄、牛筋草、糯稻根须、女贞子、爬山虎、螃蟹壳、佩兰、枇杷根、枇杷叶、蒲公英、蒲黄、荠菜、荠菜子、牵牛、芡实、蔷薇花、金荞麦、芹菜、青黛、青蒿、青鱼胆、苘麻根、蚯蚓、瞿麦、蘘荷、人参、人指甲、人中黄、人中白、忍冬藤、三白草、山药、桑白皮、桑螵蛸、桑葚、桑叶、商路根、蛇床子、蛇莓、生姜皮、丝瓜络、丝瓜叶、石菖蒲、石榴花、石榴皮、石蒜、屎蜣螂、柿蒂、柿子、苏铁叶、黍米、水牛角、水芹菜、胎盘(紫河车)、桃仁、天浆壳、天门冬、铁扁担、葶苈子、茼蒿、童尿、土麦冬、菟丝子、瓦楞子、瓦松、万年青、威灵仙、莴苣、蜗牛壳、乌骨鸡、乌蔹莓、乌蟒蛇、乌泽鱼骨、乌泽鱼肉、蜈蚣、无花果、梧桐白皮、梧桐子、吴茱萸、西瓜皮、稀莶草、蟋蟀草、夏枯草、仙鹤草、仙人掌、线叶旋复花、苋菜、香菜、香附、香蒲、香橼、小蓟、金缨子、小蒜、蝎子、杏仁、杏叶、杏子、旋复花、玄胡、玄参、萱草根、鸭血、野菊花、洋葱、洋金花、羊肉、羊蹄根、一年蓬、薏苡仁、茵陈蒿、鱼脑石、鱼腥草、玉米须、玉簪花、月季花、蝉衣、樟脑、半夏、皂角刺、皂荚、泽兰、泽漆、浙贝母、珍珠、珍珠母、紫堇花、紫荆皮、紫苏梗、紫苏叶、紫苏子、紫云英、止血草、栀子、枳壳、枳实、棕榈皮、猪獾油、猪肾、猪血、猪殃殃、猪油、竹黄、竹沥、竹茹、竹叶、金钱草、接骨木等。

四、海产品

(一)鱼类

黄鱼 别名大黄鱼、石首鱼,因其颅骨里有两块白色耳石。每年5、6月间生殖旺发,结群于近海,捕离睡眠时,如金梭闪烁,鲜黄耀眼,偶尔也有白鳞银甲的。黄鱼营养丰富,味道鲜美,捕捞量大。

鲳鳊鱼 有银鲳、燕尾鲳之分,生于近海中下层,小潮时鱼汛比较集中。体形扁圆,肉质细嫩,骨骼酥软,如东县民间有“一鲳鳊,二马鲛”之称。4月至9月在近海均有捕获。

马鲛鱼 大豫近海常见的有蓝点马鲛,体形狭长如纺锤,行动敏捷,生活于近海上层,通常进行远距离集群洄游。牙齿尖锐,性凶猛,常成群追食其他小鱼。肉质结实,营养丰富,旺发于4至5月间,与鲳鳊齐名。

鳓鱼 属海水中上层鱼类,但产卵前却下帖海底,1周左右,卵即成熟,遇雾天或雷鸣时常成群起浮,游于水面。旺发于5至6月,肉质细嫩鲜美,近似鲥鱼。

黄眼儿 学名梭鱼,体呈筒形,眼圈金黄,性活泼,善跳跃,既能生活于海洋,也可以在淡水中生长,四季均有捕捞,肉质鲜美。每年春季,江河入海口鱼苗较多,可捕送内地池塘养殖。

鲻鱼 与黄眼儿鱼基本相似,但眼不黄,背乌黑色,故又称“乌鲻”。四季均产,肉质较黄眼儿鱼鲜美。

铁头 与鲻鱼相似,体形较肥扁,5月至9月较多,肉质肥于鲻鱼。

铜头 体形间于鲻鱼和内河鲢鱼之间,发于4至5月,肉厚味美。

刀鱼 俗称胡子鱼,体形似刀,颔下两侧有“胡须”,细腮。掘港近海有出产,旺发于4、5月。丝滑较多,但肉质鲜嫩,被视为上品。

板鲽(比目鱼)形如长方薄板,微有纹鳞,二目在一侧,生活于海洋底层,旺发于7月至9月间。

金鱼 金身呈金黄色,又称桂花黄鱼。初夏即有捕捞,7至8月较多,味道胜过大黄鱼,其鳔尤为珍贵,但产量不多。

箭头鱼 头呈三角形,身躯较长,如爬行的巨蜥,黄褐色,两侧鳍和背鳍均似箭镞,肉质结实,4至5月间捕获较多。

河豚 属中下层鱼类,旺发于4至5月间,体圆而长,有浓黑斑纹,腹面白色,皮层粗糙,有白点,无鳞,有气囊吸入空气,可使腹部膨胀的特性。肉质鲜美,食之使百味逊色。但其籽、内脏、血液、眼睛等处均有剧毒,因而严禁鲜食,个别厨师虽有家传手艺,也须严格专门处理,或制成鱼干与鲜猪肉烧煮,其味鲜美、独特。

条鱼 形似锅盖,体呈黄色或黄褐色,骨软无鳞。其种类较多,分黄条、中条、劈斫、嫩鱼儿等。生活在海的底层,旺发于5月至10月间,间或在近海有捕捞,一般晒成鱼干,食时需用温开水腿沙。与鲜猪肉混煮味道鲜美。

癞宝鱼 形似癞宝,阔嘴大腹,身有棱刺,重大数斤,肉可食。发于10月至次年3月。

妈妈鱼 体圆,背刺有毒,无论死活,刺入人的皮肤,疼痛难忍,需使人“亲娘妈妈”直喊,故称“妈妈鱼”。发于3月至9月。

蒲扇鲨 形似条鱼,扁圆呈扇状,背腹粗糙似慕砂纸,食时需褪沙。5月至9月间有捕获。离水5至6个小时不死。

(二)虾类

红虾 又称红长臂虾,体表有棕红色斑纹,死后壳肉均渐成红色,旺发于3月至6月,产量丰富,既能鲜食,又能做虾米。其成熟虾,在春汛旺发之际,产量丰富,满腹怀籽,又称籽虾。食前先后将籽洗下,晒干做佐料,色泽金红,口味鲜美。

白虾 形似红虾,体形略大,产于4月至8月间,鲜食味美,又可晒虾米。在春末夏初,甲克上有蓝色小点,又称蓝虾。

金钩虾 体如蓝虾,甲克略似金红色,肉质结实,以“烤”(煮)食为主,又称“烤虾”。产量丰富,旺发于4月至6月。

对虾 体形大，一只虾即有一二两重，遍体透明，故又称明虾。夏秋间偶有捕获，近几年已人工试养成功。

麻虾 细如蚊子，旺发于4月至6月，主要用于晒制虾油。

虾弓 实际并非虾类，学名虾蛄，体形和蜈蚣相似，为口足类，体扁平，介壳上有许多荆棘，遍体闪耀着各色鲜艳斑点。4月至6月间常有捕获，味较鲜美。

（三）蟹类

梭子蟹 春夏秋三季均有捕获，唯春末最壮，有的重0.50公斤以上，此时膏黄满壳，尚未怀籽，俗称"姑娘蟹"。味极鲜美。入夏后，膏黄渐成籽，体肉消瘦。籽粒饱满时取下焙干，呈现红黄色，可作佐料。

尖子蟹 形同梭子蟹，体形较小，一年四季均有。中秋节前后体壮，天冷后渐瘦，可鲜食或捣碎成蟹渣。蟹渣是沿海农户的家常菜。

蟛蜞 生活于海边滩涂及沿海口岸边，分有毛和无毛两种，有毛的又称青蟛蜞，无毛的又分黄白两种，前者为佳，旺发于4月至10月。夏天雷雨后夜间提灯捕捉，产量较多，鲜活时用盐、酒、醋呛制，味道亦佳。

（四）贝类

文蛤 外壳呈三角形或长椭圆形，壳厚而硬，两壳相等，呈淡黄色或紫黄色，有花纹，壳的内侧呈白色，生活在浅海盐度较低的沙滩上，雌雄异体，性腺成熟期在6月至7月，产出的精、卵子在海水中受精、孵化。幼蛤经3周后进入底栖生活，从幼蛤到长成采捕约需2年至3年。幼蛤在潮间带活动，最适宜的水温为15℃–20℃，以藻类、浮游生物等为食。长大后逐渐向潮下带迁移，平时常露出沙面，冬季潜入沙底约20–30厘米处过冬，但留有气孔可以通气。

蛼子 体形卵圆而膨大。壳较薄，白色，边缘有黑纹数圈，除严冬外，常年可捕。油菜花开时节最壮，称"油菜黄蛼子"，爆炒后白肉红舌，确为美味佳肴。

蛤蜊 形如蛼子，略扁，色暗，壳较厚，呈放射花纹。肉呈黄色，鲜美可食。

竹蛏 介壳形如两个竹片，长方形，长6–9厘米，淡茶褐色。每年初春上市，肉极鲜美，为沿海菜肴之首，晒干制成蛏干亦为珍品。

米儿蛏 形似竹蛏，长不超过6厘米，壳白色，肉体也小。

相思螺 产近海浅水中，附着于泥沙活动，3月至6月间，刨文蛤时有获取，可食。

泥螺 形如葡萄，舌伸壳外，生活于潮间带，产量较多。4月至6月均有上市，味极鲜美。

大海螺 生于近海浅水中，体形如拳，间或捕得，肉可食。壳可做酒器、烟缸或案头装饰品。

西施舌 俗称"公蛼子"，形状跟蛼子相似，较之宽扁而大，壳薄，微透红色。产于4月至10月，数量极少，柔嫩鲜美。

（五）软体动物

乌贼 亦名墨鱼、苗鱼，为头足类软体动物。躯干囊状，背内有白色船形硬骨，称海螵蛸,可止血。

海蜇 海洋中腔肠动物,个体分为伞部与腕部两部分。伞部可制海蜇皮,腕部腌制后称为海蜇头。渔民习惯分为梅蜇、本洋海蜇和晚来红3期。"梅蜇"旺发时间短,一般在夏至至小暑期间,个体大,肉质嫩,含水分高。本洋海蜇旺发于大暑至秋分,个体较小,质较老,但蜇群大,产量高。晚来红捕于寒露以后,个体小,肉质坚实。

为保护近海资源,1981年如东县人民政府发出关于加强水产资源繁殖和保护的通告,规定马鲛鱼0.50公斤以下、鳓鱼0.35公斤以下、鲳鱼0.20公斤以下禁捕;并规定每年7月1日至8月31日为海洋经济鱼、虾幼体保护期,禁止以张网、手推网、簖网、步路罗、蒙网捕捞幼鱼、幼虾,定位禁捕期。2000年起,禁捕期改为每年6月15日至9月15日。

第四节　滩涂资源

大豫堤外滩涂南起遥望港,北至新港,海岸线30公里,滩涂面积20.10万亩,是近海滩涂养殖得天独厚之优势。其中有7.99万亩中潮海涂平坦、松软、浮游生物丰富,气候温和,含盐度适中,是鱼、虾、蟹、贝类理想的生殖繁衍场所。被誉为"天下第一鲜"文蛤受到国内外青睐。滩涂面积大致分布情况见下表:

2012年大豫镇滩涂面积一览表

表2—21　　　　单位:万亩

滩涂名称	滩涂面积
老鼠尾	5.24
断头沙	0.94
夹 沙	1.12
上中沙	0.30
下中沙	0.996
金刚套	1.24
黑鱼沙	0.19
东凌港	1.09
乌龟沙(小阴沙)	1.01
倒水丫子	1.15
两头港	1.04
陀儿沙	1.08
洪门套	0.85
大 套	0.75
陆子套	1.15

续表2—21　2012年大豫镇滩涂面积一览表

滩涂名称	滩涂面积
夜 套	1.33
木 桩	0.93
合 计	20.41

注:此表由镇渔管办提供

第五节　沙港资源

境内近海沙港资源十分丰富,随着时间推移,通过围海造田有部分沙港已变成陆地,但人们仍把沙港名当作地名。有些沙有名,港名随沙名;有些港有名,沙名随港名;沙和港连在一起。沙港名很多,根据地域状态,有些称“丫子”“梢子”“套子”“洋”等等。近海约有沙名14处,港、丫子等名33处。主要沙港分布地域:

一、十三贯以东

十三贯位于老东安闸南侧向东三匡3.75公里处(原东凌养殖场),偏东南约1.50海里叫“猫泥梢”,向东约1海里叫“破口”,向东约2海里叫“西北丫子”,向东2海里叫“马阴(型)丫子”,向东约3海里叫“南北洋”,向东约3海里叫“黑梢”,向东约2海里叫“细丫子”。

再从木桩大丫子(又叫第一丫子)向西北叫“西北梢”,向东约1海里叫“木桩二丫子”,向东约1海里叫“木桩三丫子”,向东约1海里叫“木桩四丫子”,向东1海里叫“木桩黄泥丫子”(又叫浆冒丫子),向东约1海里叫“两头洼”(又称两头港和死人囤子),向东约2海里叫“倒水丫子”(又叫夜套),向东北约1海里叫“陆子套”,向东北约1.50海里叫“洪门套”。

二、老东安闸以东

约3海里叫“沟沟洋”,向东约2海里叫“塌塌丫子”,向东约2.50海里叫“死川阴沙”,向东约1.50海里叫“小陀沙”向东南约2海里叫”黑鱼沙”,向东北约1海里叫“小阴沙”,向东约1海里叫“陆子套”,向东南约1海里叫“南中沙”,向东北1海里叫“下中沙”。

三、三龙舍以东

向东南约0.50海里叫“死港”,向东约1.50海里叫“徒楞丫子”,向东北约1海里叫“老鼠尾子”,向东南约1海里叫“大套”,“老鼠尾子”对东约3海里叫“夹沙”连接“太阳沙”。

四、九龙舍以东

紧靠九龙舍的叫“洗脚盆”,向东约1海里叫“蟠儿丫子”,向东约1海里叫“大丫子”,向东约1.50海里叫“沙珍丫子”连接“老港”,老港以北叫“老港中沙”(又叫老港口),向东南约8海里叫“夹沙”,“夹沙”连接“上中沙”,向东约1海里连接“下中沙”,向东是南坎三大队新沙。

“老港口”向东北约3海里叫“上断头沙”,向东约1海里叫“下断头沙”。

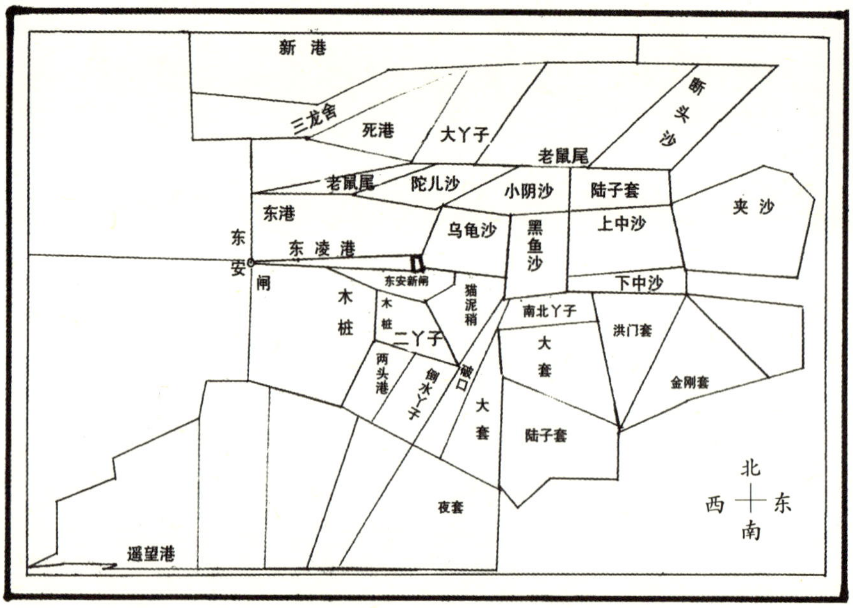

图2-28　2012年大豫镇宗海位置示意图

第五章　水资源

大豫镇地处江海平原，既有地表水，又有地下水，水资源较为丰富。

第一节　地表水

地表水由天然降水、长江引水和过境水三个方面组成。

一、天然降水

大豫镇年平均降雨量1025.60毫米（1956～1985年掘港雨量站实测计算结果）。天然降水产生地表径流，相应平均径流深256.50毫米。降雨量年际变化不平衡，丰水年为枯水年的2.56倍（1960年是丰水年，年降雨量1478.80毫米）。降雨量在一年之中季际变化也较大，据多年实测资料分析，夏季最多，占全年雨量的42%，春秋次之，各占24%，冬季最少，仅占10%。随着降雨量变化，地表径流量也相应随之变化，其年际变化为1:31.90。

二、引江水

大豫镇滨江临海，具有得天独厚的引排条件。因降水量随年际、季际变化很大，除丰水年排放入海外，每逢枯水年、枯水季水源明显不足，虽有内部河网调蓄，但时间较短，数量有限。1958年，为确保工农业生产用水、城乡居民生活用水，在南通地区统一规划下，开挖九圩港，把长江水引到境内，并通过境内各级河道引送所辖地域。

三、过境水

过境水为大豫镇相邻地区多余水量。其中包括如皋、海安、南通等县雨涝水。通过九圩港、如泰运河流经镇境排放入海。过境水不仅是一种无效水资源，而且由于客水压境，如不及时降低水位，往往导致低洼田受涝。

第二节　地下水

地下水资源包括浅层地下水资源和深层地下水资源两种。

一、浅层地下水

浅层地下水资源为埋藏于地下1～5米深的储水，其来源为地表水渗入。大豫镇辖区地下水，由于地表土壤为沙土、夹沙土、壤土等，透水性能好，入渗快，蓄水量丰富。地下水储量和水位高低随着地表水丰枯而相应变化。据1955～1985年观测资料记载，年平均地下水位为2.20米，年最高水位为4.45米(1962年8月)；年最低地下水位为1.05米(1968年6月)。大豫镇大部分地区浅层地下水水质较好，可供人畜饮用、农田灌溉以及其他工业用水。九龙、闸东等村因开发较迟，数十年前水质含盐量较高，后经多年套排，水质已转好。

二、深层地下水

深层地下水资源藏于地下深层，潜水位变动带在地下250～380米之间。根据地质勘探，大豫镇深层地质广泛分布着第四纪松散堆积物，透水性能良好，储量丰富。20世纪80年代已陆续开发利用，主要用于城镇居民及企事业单位饮用水。

第三篇　人　口

大豫镇，属汉民族集居地，启海人占90%，人口保持10万人左右。仅次于掘港镇，位居全县第二。早年户籍隶属掘港管辖，清末民初，民族实业家张謇等人在掘港周围废灶兴垦，匡滩造田，先后成立华丰、大豫等垦殖公司，占地19.50万亩，公司招用一大批沙地人。仅民国8年（1919），华丰公司就从崇明、启东、海门等地招募移民850户5000余人。“承租佃户中海门人约占60%，通、崇、启人占30%，其余为‘本地人’”。[①]沙地人繁衍后代5代之多，仍保持原居住地生活习惯和风俗文化，造就一代代勤劳、勇敢、朴实、醇厚大豫人。为大豫镇社会经济发展做出巨大贡献。

中华人民共和国成立后，党中央和地方各级人民政府高度重视人口工作，通过人口普查，翔实记载人口变化情况。1982年，第三次全国人口普查统计资料显示，兵房公社总户数1.18万户，总人口4.03万人；南坎公社总户数1.08万户，总人口3.75万人；丁店公社总户数8833户，总人口2.93万人；东凌渔业公社总户数472户，总人口705人；如东盐场总户数61户，总人口439人；如东农场549户，总人口1782人。“四社二场”（兵房、南坎、丁店、东凌、盐场、农场）合计总户数3.25万户，总人口10.09万人。实行计划生育后，境内人口得到有效控制与增长。2000年，第五次全国人口普查统计资料显示，兵房镇总户数1.36万户，总人口3.70万人；大豫镇（东凌、盐场、农场）总户数1.49万户，总人口4.11万人；丁店乡1.03万户，总人口2.65万人。“两镇一乡”（兵房镇、大豫镇、东凌乡）合计总户数3.88万户，总人口10.46万人。与1982年相比，分别增长19.38%和3.66%。2010年，第六次全国人口普查资料显示，大豫镇总户数3.35万户，总人口8.26万人。与2000年相比，分别增长－13.65%和－21.03%。2012年12月，全镇总户数3.93万户，总人口10.67万人。21个村（居、社区）都建成各具特色人口文化大院。

①《江苏盐垦实况》。

第一章　人口变迁

第一节　人口来源

民国5年(1916),在中国早期现代化实践者、清末状元张謇创立大豫盐垦公司之后,海门、启东"沙地人",成批或零星北迁大豫,成为大豫盐垦公司第一批拓荒者——大豫人,他们租种公司田地,维持生计,繁衍后代。

大豫"沙地人"源自海门、启东,海门、启东"沙地人"源自崇明,崇明"沙地人"源自句容。启东吕四地区"沙地人"由常熟迁入。句容、常熟便是"沙地人"祖籍地。

中华人民共和国成立后,掘东地区因婚姻嫁娶、学校分配、部队转业、知青插队、人员下放、三峡移民、经商等迁进大批外省市居民。例如:20世纪60年代,外地大中专毕业生分配到大豫工作,多数落户大豫;外地干部、军人入赘大豫,定居于此。70年代,外地知青插队大豫,之后除大部分返城外,有少数因工作、婚姻等因素永久扎根大豫。80年代后,随着改革开放不断深入,人口流动更加频繁。一些山东、安徽、河南籍人士在大豫经商做生意,最长时间20年之久,成为大豫新居民。黔、桂、川、湘等地的妹子嫁到大豫,三峡移民大豫,均融入大豫大家庭。

第二节　人口变化

20世纪50年代,人口出生呈无计划状态,60年代后,自然增长率22‰;1973年后,人口再生产一直处于低生育水平;至2012年年底,境内人口迁入、迁出数基本持平。

一、支援边疆

1959～1960年,境内各公社先后两次动员百姓奔赴新疆参加社会主义建设,共计317人。其中1959年秋季,142名赴新疆呼图壁县卫星公社大丰大队。1960年春季,175名支边人员赴新疆哈密市巴里坤回族自治县红山农场花园公社。至1980年,大部分支边人员因各种原因,先后返回原籍。

二、插队下放

1963～1978年,开展"知识青年上山下乡"运动。同时,组织闲散劳动力到农村安家落户。境内各公社先后组织228名人员下放农村插队劳动。至1979年底,先后有170名知识青年和下放人员回城安排工作,其余人员均就地安排。

三、三峡移民

从2001年5月19日～2002年5月28日,共接受三峡移民52户、184人。他们在中共大豫、兵房镇委、镇政府和有关部门及社区关怀下，在当地乡邻帮助下，克服语言、自然环境、生活习惯、农作技术差异等困难，安家落户，再建家园，入乡随俗，婚姻嫁娶，有些成为致富能手。

2012年三峡移民人口变化一览表

表3—22　　单位：人

单位	序号	户主姓名	家庭成员	人口数
止马洼村	1	姚宏万	何开敏 姚兴均 姚 波	4
	2	姚洪春	朱仁玉 姚兴玲 姚兴杰 石 姚 姚小雨 周军军	7
南坎社区	3	魏德海	钱良碧 魏光林 魏宏平 黄文英	5
	4	罗廷富	李成银 罗钟梁 罗小蓉	4
香台村	5	罗中海	彭友香 罗 檬	3
	6	罗中于	王永美 杨宏美	3
	7	罗 波	刘永平 罗瑞鹏	3
	8	罗 洪	罗 宇	2
	9	李永全	熊道兰	2
周墩村	10	李世伟	王 杰 李鑫宝	3
	11	万发墩	—	1
	12	熊道直	尤光英	2
豫东村	13	邓德章	邓 浩 邓成绍 曾庆秀 钟志兰	5
	14	吴光华	彭 敏 彭 杰	3
	15	向云平	戴桂英 向春兰 向春蓉 向春芳 向戴希 代恩波	7
	16	罗中心	戴修美 罗 飞 罗 琴	4
	17	张云周	万明碧 张 亮 张 登	4
大豫社区	18	李世章	邓德淑 李晶富 李永丙 熊少香	5
	19	李世均	施宗琴 李红梅 李红艳	4
	20	向发明	吴成杰 向祥明 向 燕	4
	21	吴明清	李世珍	2
	22	熊德兵	黄小军 熊 伟	3
	23	张建昌	熊道琼 张顶峰 张翠云 张书瑜	5
	24	张德全	—	1
大同村	25	余兴祥	余 江	2
	26	余中琼	—	1
	27	杨志东	黄素英	2
	28	吴玉福	徐贵香 吴海清 解昌碧	4
巩王村	29	吴建辉	冉龙平 吴冉艳 吴苏梅	4
	30	李自毛	熊云春 李安由 李安县 李安孟	5
	31	方绍云	吴平先 方 廷 方乐瑶 李良英 张伊文	6
丁家店村	32	方 丽	杨金林 杨梦儿	3
	33	李万淑	谭太东	2
闸东村	34	吴玉富	曾凡碧 吴 军	3
	35	吴玉禄	吴 海	2

续表3—22　2012年三峡移民人口变化一览表

单位	序号	户主姓名	家庭成员	人口数
东安闸村	36	姚兴华	杨如芳 姚敦亮 姚苏亭	4
	37	姚洪元	邓永梅 姚兴春	3
马家店村	38	吴栋先	温定芳 吴玉春 吴 涛 吴天浩	5
	39	吴全先	陈朝玲 吴福荣 吴玉红	4
	40	姚兴友	李承芳 姚敦辉	3
	41	吴永华	何开清 吴俊霖 吴 柳	4
徐征村	42	吴永春	冉方英 吴娇娇 吴亚萍	4
	43	吴家堂	王怀云 吴永江 吴永红 杨 兰 吴 旭	6
	44	吴永清	来德清 吴宝兰 吴 兵 梁术珍	5
	45	姚宏青	戴修琼 姚兴聪 姚 明	4
强民村	46	姜大才	廖清叔 姜道生 姜 峰	4
	47	杨　林	王小平 杨玉联	3
	48	吴国云	张培珍 吴青青 吴新新	4
	49	吴光祥	张胜建 段载春 段载秋	4
一门闸村	50	吴光桥	方绪英	2
	51	罗道勋	向桂英 罗 浩 罗 芳	4
	52	罗少春	—	1

第三节　人口规模

大豫在历史上很少有人口记载，据大豫盐垦公司资料显示，民国5年(1916)，2.76万人。中华人民共和国成立后，人口统计工作不断步入正轨。据人口统计资料显示，最多年份为1990年，11.36万人，2000年，10.47万人。2012年12月，大豫镇总人口为10.67万人。

1975～2012年大豫镇总户数、总人口一览表

表3—23　　　　单位：年 户 人

年份	总户数	总人口	农业人口	非农业人口	备　注
1975	9692	36964	36218	746	南坎公社
1976	9956	37089	36365	724	南坎公社
1977	10045	37085	36496	720	南坎公社
1978	10383	37347	36626	721	南坎公社
1979	10446	37239	36461	778	南坎公社
1980	10534	37277	36542	735	南坎公社
1981	11077	37521	36712	809	南坎公社
1982	11137	37824	36941	883	南坎公社
1983	11210	37788	36886	902	南坎乡
1984	11277	37576	36743	833	南坎乡
1990	14380	38496	35533	2963	南坎乡

续表3—23　1975～2012年大豫镇总户数、总人口一览表

年份	总户数	总人口	农业人口	非农业人口	备　注
1991	13119	36677	33975	2702	南坎乡
1992	13303	36757	34438	2319	南坎乡
1993	13203	36474	33895	2579	南坎乡
1994	13162	36262	33717	2545	南坎乡
1995	13072	36034	32918	3116	南坎乡
1996	12903	37001	35927	1074	南坎乡
1997	13334	37014	36210	804	南坎乡
1998	13427	37128	36281	847	南坎乡
1999	13284	37121	35808	1313	南坎乡
2000	13919	41700	38861	2839	南坎乡
2001	14261	41020	38436	2584	大豫镇
2002	14904	42136	40007	2129	大豫镇
2003	14914	42036	39751	2285	大豫镇
2004	14815	42004	39580	2424	大豫镇
2005	14917	41107	39393	1714	大豫镇
2006	15115	41569	39069	2500	大豫镇
2007	15017	41437	38934	2503	大豫镇
2008	15013	39646	38727	919	大豫镇
2009	37465	100134	93679	6455	新大豫镇
2010	37339	98961	92730	6231	新大豫镇
2011	37255	98417	92410	6007	新大豫镇
2012	37289	99334	93454	5880	新大豫镇

注:表中总人口数不含外来人口数

1982年第三次全国人口普查兵房公社总户数、总人口数和性别比例一览表

表3—24　　单位:户 人 %

地区别	总户数	总人口数			占总人口的百分比		性比例(女=100)
		合计	男	女	男	女	
兵房公社	11881	40338	19895	20479	49.20	50.80	97.00
海丰大队	519	1718	849	869	49.40	50.60	97.70
邻盐大队	616	1996	961	1035	48.10	51.90	92.90
马店大队	548	1887	915	972	48.50	51.50	94.10
东安大队	653	2147	1043	1104	48.60	51.40	94.50
新民大队	554	1876	896	980	47.80	52.20	91.40
兵南大队	637	2088	1016	1072	48.70	51.30	94.80
保田大队	552	1828	870	958	47.60	52.40	90.80
徐征大队	610	1979	930	1049	47.00	53.00	88.70
双闸大队	634	2207	1072	1135	48.60	51.40	94.40
东安闸大队	527	1825	895	930	49.00	51.00	96.20

续表3—24　1982年第三次全国人口普查兵房公社总户数、总人口数和性别比例一览表

地区别	总户数	总人口数			占总人口的百分比		性比例(女=100)
		合计	男	女	男	女	
海凌大队	531	1970	972	998	49.30	50.70	97.40
安北大队	583	1914	930	984	48.60	51.40	94.50
强民大队	627	2058	1013	1045	49.20	50.80	96.90
新谊大队	558	1835	888	947	48.40	51.60	93.80
培德大队	541	1909	928	981	48.60	51.40	94.60
兵北大队	561	1776	837	939	47.10	52.90	89.10
双港大队	595	2047	973	1074	47.50	52.50	90.60
一门闸大队	475	1540	731	809	47.50	52.50	90.40
丰荡大队	544	1782	888	894	49.80	50.20	99.30
兵郊大队	476	1392	623	769	44.80	55.20	81.00
新垦大队	231	899	480	419	53.40	46.60	114.60
综合居民户	260	753	349	404	46.30	38.70	86.40

1982年第三次全国人口普查南坎公社总户数、总人口数和性别比例一览表

表3—25　　　　单位:户 人 %

地区别	总户数	总人口数			占总人口的百分比		性比例(女=100)
		合计	男	女	男	女	
综合集体户	49	912	800	112	87.70	12.30	714.30
南坎公社	10803	37553	18619	18934	49.60	50.40	98.30
止马沣大队	852	2946	1503	1443	51.00	49.00	104.20
坎西大队	716	2412	1210	1202	50.20	49.80	100.70
南坎大队	786	2708	1319	1389	48.70	51.30	95.00
凌边大队	505	1939	939	1000	48.40	51.60	93.90
豫北大队	689	2813	1385	1428	49.20	50.80	97.00
鲍桥大队	547	1841	890	951	48.30	51.70	93.60
凌窑大队	835	2805	1344	1461	47.90	52.10	92.00
亭海大队	853	2800	1379	1421	49.30	50.70	97.00
周墩大队	681	2381	1202	1179	50.50	49.50	102.00
豫东大队	574	1915	906	1009	47.30	52.70	89.80
茂清大队	684	2405	1170	1235	48.60	51.40	94.70
育新大队	495	1695	843	852	49.70	50.30	98.90
牛桥大队	483	1799	896	903	49.80	50.20	99.20
环豫大队	176	534	243	291	45.50	54.50	83.50
团结大队	281	946	461	485	48.70	51.30	95.10
齐心大队	318	1143	576	567	50.40	49.60	101.60
新兴大队	530	1884	911	973	48.40	51.60	93.60
新垦大队	337	1272	645	627	50.70	49.30	102.90
农科大队	153	527	277	250	52.60	47.40	110.80

续表3—25　1982年第三次全国人口普查南坎公社总户数、总人口数和性别比例一览表

地区别	总户数	总人口数			占总人口的百分比		性比例(女=100)
		合计	男	女	男	女	
综合居民户	280	545	309	236	56.70	43.30	130.90
综合集体户	28	243	211	32	86.80	13.20	654.90

1982年第三次全国人口普查丁店公社总户数、总人口数和性别比例一览表

表3—26　　单位：户 人 %

地区别	总户数	总人口数			占总人口百分比		性比例(女=100)
		合计	男	女	男	女	
丁店公社	8833	29369	14396	14973	49.00	51.00	96.10
豫丰大队	693	2361	1143	1218	48.40	51.60	93.80
大同大队	794	2638	1244	1394	47.20	52.80	89.20
通如桥大队	738	2344	1140	1204	48.60	51.40	94.70
丰港大队	621	2029	954	1075	47.00	53.00	88.70
王荃大队	558	1893	885	1008	46.80	53.20	87.80
荃东大队	568	1916	956	960	49.90	50.10	99.60
毛竹桥大队	499	1628	791	837	48.60	51.40	94.50
港闸大队	594	2031	1011	1020	49.80	50.20	99.10
芦苇港大队	505	1723	834	889	48.40	51.60	93.80
协和大队	610	2167	1048	1119	48.40	51.60	93.70
营房桥大队	644	2121	1014	1107	47.80	52.20	91.60
伯安大队	734	2450	1208	1242	49.30	50.70	97.30
磨墩大队	577	1954	952	1002	48.70	51.30	95.00
新圩大队	362	1317	689	628	52.30	47.70	109.70
综合居民户	329	561	331	230	59.00	41.00	143.90
综合集体户	7	236	196	40	83.10	16.90	490.00

1982年第三次全国人口普查东凌渔业公社总户数、总人口数和性别比例一览表

表3—27　　单位：户 人 %

地区别	总户数	总人口数			占总人口百分比		性比例(女=100)
		合计	男	女	男	女	
东凌渔业公社	472	705	633	72	89.80	10.20	879.20
东凌大队	318	346	316	30	91.30	8.70	1053.30
东洋大队	56	58	57	1	98.30	1.70	5700.00
兵港大队	61	61	61	—	100.00	—	—
综合居民户	22	62	33	29	53.20	46.80	113.80
综合集体户	15	178	166	12	93.30	6.70	1383.30

1982年第三次全国人口普查如东农场总户数、总人口数和性别比例一览表

表3—28　　　　单位：户 人 %

地区别	总户数	总人口数			占总人口百分比	
		合计	男	女	男	女
如东农场	549	1782	952	830	53.40	46.60
第一连	73	237	124	113	52.30	47.70
第二连	59	201	110	91	54.70	45.30
第三连	79	258	138	120	53.50	46.50
第四连	55	198	98	100	49.50	50.50
第五连	62	206	118	88	57.30	42.70
第六连	49	188	103	85	54.80	45.20
第七连	48	161	85	76	52.80	47.20
综合居民户	124	333	176	157	52.90	47.10

第二章　人口密度与分布

第一节　人口密度

20世纪20年代后期起，大批移民迁居大豫，但其人口密度只及内地乡镇60%左右。中华人民共和国成立后，各区人口密度逐步趋向平衡，1986年，掘东区人口密度为612人/平方公里，为8个区中第五位(不含新垦滩涂)。2012年12月，大豫镇人口密度为545人/平方公里(以下为历次人口普查综合情况，名称统一称大豫镇)。

1953年，第一次人口普查，由于资料缺失，大豫镇人口密度无法计算。

1964年，第二次人口普查，大豫镇人口密度为445人/平方公里。

1982年，第三次人口普查，大豫镇人口密度为561人/平方公里。

1990年，第四次人口普查，大豫镇人口密度为581人/平方公里。

2000年，第五次人口普查，大豫镇人口密度为536人/平方公里。

2010年，第六次人口普查，大豫镇人口密度为530人/平方公里。

第二节　人口分布

大豫镇人口分布除兵房居委会、东凌社区、东港村、农场居委会等村居外，其余比较均衡。人数少的村，其范围也小，伯安村人口为3806人，丁家店村为7200人，占比为52.80%，村域面积占丁家店村53.10%。老海堤外的几个村地广人稀，闸东村(属各村移民)为2812

人,九龙村为2558人。

2012年大豫镇人口分布一览表

表3—29 单位:户 人

单位	上年度年报底数	年末总户数	年末总人口								
			合计	合计	性别		年龄				
				非农业人口	男	女	18岁以下	18~35岁	35~60岁	60岁以上	
甲	乙	1	2	3	4	5	6	7	8	9	
合计	98417	37289	98334	5880	48018	50316	9705	18283	44800	25546	
马家店	6848	2467	6853	35	3289	3564	701	1266	3123	1763	
徐征	4574	1688	4530	13	2213	2317	448	817	2075	1190	
强民	6700	2441	6673	17	3250	3423	678	1240	3111	1644	
一门闸	5440	1970	5430	21	2628	2802	505	970	2492	1463	
大同	6326	2525	6284	305	3076	3208	639	1086	2812	1747	
巩王	6531	2411	6502	31	3141	3361	641	1141	2946	1774	
东安闸	6634	2403	6772	37	3193	3579	715	1368	3062	1627	
丁家店	8049	3303	7993	959	3966	4027	800	1472	3601	2120	
伯安	3849	1474	3815	9	1856	1959	398	699	1729	989	
闸东	2799	1067	3076	33	1504	1572	357	725	1351	643	
兵居	5287	2573	5213	3079	2692	2521	554	1044	2229	1386	
南坎	5317	1861	5274	234	2546	2728	457	994	2398	1425	
香台	7066	2534	7049	18	3453	3596	647	1296	3383	1723	
周墩	4583	1630	4588	19	2209	2379	488	863	2112	1125	
豫东	4845	1830	4838	22	2345	2493	495	890	2224	1229	
止马洼	5132	1691	5084	14	2478	2606	422	934	2364	1364	
大豫	6746	2644	6690	968	3324	3366	648	1252	3012	1778	
农场	1691	777	1670	66	855	815	112	226	776	546	
九龙	2558	981	2537	11	1238	1299	258	467	1148	664	
东凌	628	240	625	4	301	324	64	115	282	164	
东港	263	105	258	2	124	134	26	47	116	69	

2012年大豫镇人口变动一览表

表3—30 单位:人

单位	本年度人口变动											
	出生			死亡			迁出		迁入		镇内移动	
	合计	男	女	合计	男	女	省内迁入	省外迁入	迁往省内	迁往省外	移进	移出
甲	11	12	13	14	15	16	17	18	19	20	21	22
合计	463	240	223	929	476	453	691	192	361	139	0	0

续表3—30　2012年大豫镇人口变动一览表

单位	本年度人口变动											
	出生			死亡			迁出		迁入		镇内移动	
	合计	男	女	合计	男	女	省内迁入	省外迁入	迁往省内	迁往省外	移进	移出
马家店	29	13	16	58	29	29	50	19	22	13	0	0
徐征	18	10	8	46	25	21	23	15	38	16	0	0
强民	30	15	15	62	29	33	15	7	10	7	0	0
一门闸	27	18	9	53	28	25	18	12	10	4	0	0
大同	28	13	15	52	29	23	11	6	28	7	0	0
巩王	29	7	22	68	27	41	14	11	12	3	0	0
东安闸	45	25	20	44	22	22	112	46	17	4	0	0
马家店	36	20	16	81	40	41	10	8	21	8	0	0
伯安	23	11	12	45	20	25	12	4	23	5	0	0
闸东	18	9	9	26	12	14	302	25	28	14	0	0
兵房	24	15	9	41	27	14	12	5	57	17	0	0
南坎	22	12	10	49	26	23	18	4	26	12	0	0
香台	35	17	18	56	34	22	19	2	9	8	0	0
周墩	28	18	10	47	26	21	20	13	6	3	0	0
豫东	18	10	8	54	24	30	29	9	7	2	0	0
止马洼	20	9	11	48	28	20	15	4	29	10	0	0
大豫	25	13	12	73	36	37	8	1	12	5	0	0
农场	8	5	3	56	14	12	3	1	6	1	0	0
九龙	13	8	5	18	12	6	0	0	0	0	0	0
东凌	6	4	2	8	4	4	0	0	0	0	0	0
东港	0	0	0	3	3	0	0	0	0	0	0	0

第三章　人口结构

第一节　人口构成

民国38年(1949),境内居民均为汉族。中华人民共和国成立后,开始人口普查工作。1949～2000年,全镇男性人口略多于女性人口;2001～2012年,男性人口逐渐少于女性人口(以下为历次人口普查综合情况)。

1953年,第一次人口普查资料缺失。

1964年,大豫镇总户数2.30万户,总人口为8.70万人,其中男4.35万人,女4.35万人,非农业人口为3550人。

1982年,大豫镇总户数3.25万人,总人口为10.97万人,其中男5.46万人,女5.51万人。

1990年,大豫镇总户数3.87万人,总人口为11.36万人,其中男5.68万人,女5.68万人。

2000年,总户数3.88万户,其中家庭户3.83万户,集体户506户。总人口数10.48万人,其中男5.02万人,女5.46万人,性别比91.96。家庭户人口数10.34万人,其中男4.93万人,女5.41万人,性别比91.06。集体户人口数1299人,其中男878人,女421人,性别比208.55,家庭户户均2.70人。

2000年,户口登记状况:居住境内乡镇街道、农村,户口在境内乡镇街道、农村9.82万人,其中男4.68万人,女5.11万人。居住境内乡镇街道、农村半年以上、户口在外乡镇街道、农村5886人,其中男2914人,女2972人。在境内乡镇街道、农村居住不满半年、离开户口登记地半年以上283人,其中男159人,女124人。居住境内乡镇街道、农村户口待定493人,其中男254人,女239人。居住境内乡镇街道、农村、在国外工作学习,暂无户口107人,其中男58人,女49人。

2000年,户籍人口状况:户籍人口11.32万人,其中男5.62万人,女5.70万人。

2000年,常住境内人口9.80万人,其中男4.68万人,女5.12万人,户口待定人口493人,其中男254人,女239人。在国外工作或学习人口107人,其中男58人,女49人。外出半年以上人口1.46万人,其中男9117人,女5510人。

2000年,镇外在镇人口登记状况:人口总数6169人,其中男3073人,女3096人。镇外县内为3932人,其中男2125人,女1807人。镇外市内31人,其中男17人,女14人。镇外省内其他县市、市区910人,其中男447人,女463人。省外1296人,其中男484人,女812人。

2000年,农业户口、非农业户口人数:总人数10.41万人,其中男4.98万人,女5.43万人。农业户人数9.52万人,其中男4.47万人,女为5.04万人。非农业户口人数8964人,其中男为5152人,女为3812人。非农户人数占总人口的比例9.41,其中男5.41,女4.00。

2010年,大豫镇总户数3.35万户,其中家庭户3.34万户,集体138户。总人口数8.26万人,其中男3.66万人,女4.60万人,性别比79.53。家庭户人口数8.15万人,其中男3.59万人,女4.56万人,性别比78.80,集体户人口数1117人,其中男579人,女438人,性别比155.02,家庭户户均2.44人。

2010年,户口登记状况:总人口8.26万人,男3.66万人,女4.60万人。居住境内乡、镇、街道户口7.81万人,男3.43万人,女4.38万人。境内户口在外登记半年以上3622人,男1724人,女1898人。居住境内户待定326人,男151人,女175人。境内在国外工作学习540人,男414人,女126人。

2010年,户籍人口状况:户籍人口10.46万人,男5.17万人,女5.29万人。外出半年以上人口2.56万人,男1.69万人,女8738人。外出半年以上人口占总人口比重:24.49,男32.64,女16.51。

2010年,户口登记在境外人口状况:合计3622人,男1724人,女1898人。户口登记在县内(区)1554人,男809人,女745人。在省内其他(市、区)946人,男466人,女480人。在省外1122人,男449人,女673人。

2010年,农业、非农业户口人口:总人口8.23万人,男3.64万人,女4.59万人。农业户口人口7.63万人,男3.29万人,女4.34万人。非农业户口人口:5974人,男3507人,女2467人。非农业户口人口占总人口比例7.26,男9.62,女5.38。

第二节 民族构成

中华人民共和国成立后较长时期,境内无少数民族,20世纪80年代后,少数民族女青年婚进大豫后,少数民族逐年递增。

1982年,大豫汉族人口10.97万人,少数民族回族1人(女)。1990年,汉族11.36万人,少数民族4人。其中蒙古族2人,男、女各1人,回族1人(女),苗族1人(女)。2000年,汉族人口10.44万人,其中男5.01万人,女5.43万人。少数民族16个,计284人,其中男23人,女261人。2010年,汉族人口8.24万人,少数民族16个,计201人,其中男29人,女172人。2012年,汉族人口10.26万人,少数民族21个,计316人,其中男45人,女271人。

2012年大豫镇少数民族一览表

表3—31 单位:人

民族	蒙古	回族	藏族	苗族	彝族	壮族	布依族	侗族	瑶族	土家族	小计	合计
小计	5	6	6	94	10	11	11	138	8	8	297	316
男	1	2	3	12	1	—	—	14	2	2	37	45
女	4	4	3	82	9	11	11	124	6	6	260	271

民族	仫佬族	维吾尔族	满族	朝鲜族	傈僳族	黎族	羌族	仡佬族	景颇族	傣族	小计	—
小计	1	2	4	2	2	1	1	3	1	2	19	—
男	—	1	2	2	—	1	1	—	1	—	8	—
女	1	1	2	—	2	—	—	3	—	2	11	—

第三节 年龄构成

随着计划生育工作深入开展,人民生活和医疗卫生水平日益提高,全镇人口年龄结构发生重大变化。历次人口普查数据资料显示,少年儿童比重不断下降,老年人口比重继续上升,全镇逐步形成老年型社会特征。

2000年,第五次人口普查,大豫镇0～14(少年儿童)为1.79万人,占总人口17.2%,男8968人,占总人口8.55%,女8997人,占总人口8.59%;65岁及以上为1.43万人,占总人口

13.70%,男6433人,占总人口6.10%,女7961人,占总人口7.60%。2010年,第六次人口普查,0～14岁8064人,占总人口9.76%;15～59岁5.06万人,占总人口61.32%;15～64岁5.67万人,占总人口68.64%;60岁及以上2.39万人,占总人口28.93%;65岁以上1.78万人,占总人口21.60%。总抚养人口3.77万人,占比45.68%;少儿抚养人口1.17万人,占比14.21%;老年抚养比2.60万人,占比31.47%。

2000年第五次全国人口普查大豫镇各年龄段人口统计一览表

表3—32　　单位:岁 人

年龄	0	1-4	5-9	10-14	15-19	20-24	25-29	30-34	35-39
小计	553	2789	6080	8543	4519	3823	5290	10421	11194
男	288	1354	3017	4309	2343	1680	2281	5037	5420
女	265	1435	3063	4234	2176	2143	3009	5384	5774

年龄	40-44	45-49	50-54	55-59	60-64	65-69	70-74	75-79	80-84
小计	10266	8703	6699	5651	5851	5278	3797	2723	1632
男	5131	4306	3122	2598	2876	2593	1790	1117	626
女	5135	4397	3577	3053	2975	2685	2007	1606	1006

年龄	85-89	90-94	95-99	100及其以上	合计
小计	729	199	29	7	104776
男	239	60	8	0	50195
女	490	139	21	7	54581

2010年第六次全国人口普查大豫镇各年龄段人口统计一览表

表3—33　　单位:岁 人

年龄	0	1-4	5-9	10-14	15-19	20-24	25-29	30-34	35-39	40-44	45-49	50-54	55-59
小计	57	212	251	295	348	345	258	285	360	739	840	828	820
男	29	100	132	139	133	134	93	110	116	316	354	377	405
女	28	112	119	156	215	211	165	175	244	423	486	451	415

年龄	60-64	65-69	70-74	75-79	80-84	85-89	90-94	95-99
小计	575	538	444	444	204	108	35	6
男	240	243	211	197	91	32	8	0
女	335	295	233	247	113	76	27	6

第四节　文化构成

民国38年(1949)前,境内农民子弟因受民族教育家张謇"办实业、兴教育"思想影响,上学读书者较其他地区略多一些,但仍有80%～90%青壮年文盲和半文盲。中华人民共和国成立后,随着教育事业日益发展,人口文化程度逐步提高。从历次人口普查资料显示,全镇人口中高中和大学文化程度的人不断增多。

1982年,大豫镇12岁及12岁以上人口9.43万人,其中男4.66万人,女4.77万人,文盲、半文盲人数2.70万人,其中男8885人,女1.81万人。文盲、半文盲占12岁以上人口的28.70%,男占19.04%,女占38.12%。

1982年,大豫镇6岁及其以上人数1.02万人,其中小学生3.57万人,初中生2.58万人,高中生1.21万人,大学肄业及在校生31人,大学毕业132人。

1990年,大豫镇15岁及其以上人数9.28万人,其中男4.62万人,女4.66万人,文盲、半文盲人数1.92万人,其中男5644人,女1.35万人,文盲、半文盲占15岁及其以上人口20.69%,男占12.21%,女占29.10%。

1990年,大豫镇小学生8836人,其中男4566人,女4270人,初中生2029人,其中男1070人,女955人,高中生516人,其中男319人,女197人,中专生35人,其中男16人,女19人,大学专科人数262人,其中男210人,女52人,大学本科生52人,其中男47,女5人。

2000年,大豫镇15岁及其以上人数8.68万人,其中男4.12万人,女4.55万人,文盲人口8587人,其中男1970人,女6617人,文盲人口15岁及其以上人口9.89%,男占2.269%,女占7.60%。

2010年,大豫镇15岁及以上人口7.45万人,男3.26万人,女4.19万人。文盲4544人,男963人,女3581人。文盲人口占15岁及以上人口比重6.09,男占2.95,女占8.53。

2000年大豫镇6岁及其以上人口受教育程度一览表

表3—34 单位:人

受教育程度	未上过学	扫盲班	小学	初中	高中	中专	大专	大学本科	合计
小计	8403	4095	38116	36836	10600	1449	698	115	100314
男	1957	1213	19002	18781	5712	796	465	85	48011
女	6446	2882	19114	18057	4888	653	233	30	52303

2010年大豫镇6岁及其以上人口受教育程度一览表

表3—35 单位:人

受教育程度	未上过学	小学	初中	高中	大专	大学本科	研究生
小计	6401	27218	35334	9211	1099	261	8
男	1554	11957	15977	4777	618	141	8
女	4847	15261	19357	4434	481	120	0

第五节　婚姻构成

大豫人历来实行一夫一妻制。1949年前,男女婚姻以"门当户对"作为择偶标准,以亲友和媒人介绍为主。民国初、中期,境内农村和集镇个别富户有纳妾现象。农村有些家庭到育婴堂或多子女贫苦家庭认领养女作童养媳。中华人民共和国成立后,明令禁止纳妾和领养童养媳。1951年,颁布《中华人民共和国婚姻法》,成年人结婚或离婚均按婚姻法履行登记、批准手续。

1982年,大豫镇15岁及其以上人口婚姻状况:15岁及其以上人口数8.64万人,其中男4.24万人,女4.39万人。未婚2.59万人,其中男1.38万人,女1.20万人;有配偶人数5.47万人,其中男2.69万人,女2.78万人;丧偶人数5339人,其中男1430人,女3909人;离婚人数335人,其中男250人,女85人。

1990年,大豫镇人口婚姻状况:15岁及其以上人口数9.28万人,其中男4.62万人,女4.66万人。未婚1.66万人,其中男9870人,女6788人;有配偶人数6.98万人,其中男3.46万人,女3.52万人;丧偶人数5987人,其中男1542人,女4445人;离婚人数308人,其中男221人,女87人。

2010年,大豫镇人口婚姻状况:15岁及其以上人口数7177人,其中男3060人,女4117人。未婚630人,其中男300人,女330人。有配偶5789人,其中男2552人,女3237人。离婚67人,其中男37人,女30人。丧偶691人,其中男171人,女520人。

第四章　人口控制

第一节　计划生育

1953年8月,政务院批转卫生部《避孕及人工流产办法》后,县以上医疗单位开始为要求节育群众提供技术服务。1956年10月,以城镇为重点,采用多种形式广泛宣传、培训宣传骨干和技术人员,设立避孕指导门诊,出售避孕工具,对志愿者施行节育手术。大豫人民从1957年起,经历半个多世纪艰苦不懈努力,在控制人口数量、提高人口素质方面取得可喜成果。

20世纪50年代后期,卫生部门开始宣传少生、间隔生育好处,推广使用避孕工具,但受"多子多福"旧传统观念束缚、封建思想影响、"左"的思想干扰,计划生育这一利国利民政策,并没有为大多数人所理解、所接受。60年代初,中共中央、国务院联合发出关于认真提倡计划生育指示,中共如东县委专门召开计划生育工作会议。境内各公社建立领导机构,在党员干部带动下,计划生育节育手术开始实施。

1970年初,中共中央发出49号文件,1971年7月8日,国务院发出51号文件,各公社积极响应,闻风而动,把计划生育工作列入党委政府重要议事日程,利用各种会议和多种形式舆论工具,大张旗鼓地宣传计划生育,出现一批党员团员和干部带头实行计划生育,未婚青年推迟婚期,育龄夫妇主动落实节育避孕措施良好局面。在落实第四个国民经济发展五年计划中,坚持"晚、稀、少"原则("晚"指婚龄为男26周岁,女24周岁;"稀"指生育间隔时间为4周年;"少"指一对夫妇只生一个孩子,最多不超过两个孩子)。到1972年,境内各公社跨入全国计划生育工作先进行列。1971年11月,国家卫生部门军管会在如东县举办13个省市计划生育工作经验交流会(学习班)。1977年6月,省计划生育、妇幼卫生、幼托工作先进集体、先进个人代表大会又在如东召开。这两次会议,如东县计划生育工作知名度得到提高,境内计划生育工作更加深入开展。

1979年起,境内各公社全面贯彻中共中央1978年69号文件"关于一对夫妇生育子女最多两个"精神,将计划生育工作推进到从大力"提倡一对夫妇只生育一个孩子"攻坚阶段。在"全党动员、全民发动"强有力舆论宣传下,相关配套政策和措施纷纷出台,响应"只生一孩"的婚育夫妇,领取"独生子女证",得到应有补助,施行节育手术,一切费用全免,接受节育手术者,在休假、工资工分等方面都享受照顾或奖励。广大育龄夫妇及家长逐步自觉接受独生子女规划,自愿只生一孩,并申领独生子女证。

1979年6月19日,时任国务院副总理李先念夫人林佳楣视察南坎公社十二大队育新幼儿园时指示,"该园开创幼教事业先河,全国推广"。1980年9月,联合国教科文组织,一行10多人到育新幼儿园视察,外国友人夸奖"中国幼儿园办得好"。

1982年,《中共中央、国务院关于进一步做好计划生育工作的指示》下达后,境内各级党组织认真贯彻落实,加大宣传力度,广大干群进一步加强计划生育自觉性,计划生育蔚然成风,其成果得到巩固和发展。1982年,兵房公社五大队党支部书记姚汉祥因计划生育工作成效显著,被评为省计划生育先进工作者,1986年,被评为全国计划生育工作先进个人。

1987年4月28日,中国儿童发展中心顾问、中国医学会副会长林佳楣等领导又一次到如东县视察计划生育、妇幼保健、老龄工作,实地考察一门闸村计划生育工作。

2003年8月7日,作为国家机构改革内容之一,国家计划生育委员会在其名称之前加上"人口"两字,更名为"人口和计划生育委员会"。新增3项职能:加强人口发展战略研究;推动人口和计划生育工作综合协调;加快政府行政职能转变。

"十一五"后,大豫镇人口和计划生育工作以宣传教育为指导,政策法规为准则,技术服务为主体,信息管理为引导,建立管理和优质服务为一体的工作体制。扎实工作,硕果累累。2012年,农村计划生育家庭享受奖扶对象3479人,享受特扶对象209人。张虞慧被省人口与计划生育委员会评为"国策服务标兵";袁灵宁被市人口与计划生育委员会评为

“南通市人口计生阳光统计之星”;祁丛林被市人口与计划生育委员会评为优秀通讯员;大豫镇计划生育中心服务站被评为全省人口和计划生育优质服务示范站。

图3-29　2012年,大豫镇人口和家庭公共服务中心门厅(管霖　摄)

第二节　晚婚指导

1949年10月前,掘东地区青年早婚较为普遍。1949年10月后一段时间,因受旧生育观影响,仍存在不到法定婚龄结婚现象,且生育无计划,一般家庭生3个孩子,少数家庭5～7个孩子。

1970年起,境内各公社大张旗鼓地宣传、积极提倡“晚婚晚育”。是时,晚婚年龄为城镇男青年满26周岁,农村男青年满25周岁,城镇女青年满24周岁,农村女青年满23周岁。凡结婚对象须个人申请,群众评议,领导审定,公社计划生育领导组批准,并张榜公布。结婚对象,婚后生育,须经公社批准,只能推迟,不能提前生育,更不准未婚先孕,同样,生育计划也要张榜公布。

1980年,新婚姻法规定,最低结婚年龄为男性22周岁,女性20周岁。境内各公社以这个年龄为起点,晚恋、晚婚在全社会渐成风气。晚婚率逐年提高。1974年,男女晚婚率分别为85.34%和85.65%,1978年,达到97.14%和95.61%,1980年达到99.28%和98.31%,1983年,男女晚婚率上升到99.62%和98.60%。

1963年,境内各公社提倡节制生育,少生孩子,但没有具体政策规定,只是有关会议上一般号召,很少有人施行节育手术或采用节育措施。1971年起,计划生育工作得到各级党委重视，并列为党、政工作重要日程，全面贯彻“晚、稀、少”原则，提倡只生一个孩子，如因特殊情况需生两个孩子，生育间隔时间为4年，杜绝生育第三胎。40多年中，计划生育已成为大豫人民群众自觉行动。

20世纪50年代中后期，境内少数有文化夫妇采用阴茎套、子宫帽、节育环等进行安全期避孕或结扎绝育。70年代，普遍使用口服药物和针剂避孕。一般已生两孩妇女都自觉施行结扎或粘堵绝育手术。1971年，采取暂时性避孕措施妇女占已婚有生育条件育龄妇女的28.78%，结扎绝育的占45.97%；1979年以后，“只生一孩”得到普遍响应。采取暂时性避孕或绝育人员越来越多，方法也越来越科学、可靠。1985年，境内各乡镇采用暂时性避孕措施妇女，已婚有生育条件育龄妇女占55.56%。结扎绝育占39.58%。90年代后，计划生育成为全社会共识，凡育龄妇女人人自觉采取节育措施，节育率100%。

第三节　人口规划

1963年，中共中央、国务院第二次城市工作会议第一次提出控制人口增长目标后，中共江苏省委、省人委提出人口控制指标。结合各县计划生育工作基础，力争1964年人口出生率下降到30‰以内，1965年下降到25‰左右；到1970年人口出生率控制在20‰以内，自然增长率在10‰左右。在编制人口规划和制定年度人口计划时，境内各公社采取以下方法：

一、指标平衡法

1971年，根据人口发展趋势分析预测，把人口发展规划指标分到第四个5年计划各年中。所谓“指标平衡法”，就是按规划要求控制人口自然增长率，适当考虑计划生育工作基础，逐级下达年度人口出生控制指标，有效遏制人口过快增长势头。

二、年生育概率规划法

1974年，采取此种方法，逐年编制人口规划，既测算本年度生育人数，也下达下年度出生控制指标，取得较好效果，得到市、县计生委的肯定和推广。

三、一对夫妇只生一个孩子

1979年，提倡“一对夫妇只生一个孩子”后，年度人口规划主要以新婚夫妇数和按政策规定照顾生育人数为基础，加上计划生育等因素制定。

四、妇女总和生育率测算法

1983年以后，以第三次全国人口普查所掌握的数据为依据，采用妇女年龄推算和妇女总和生育率相结合的办法制定人口规划，此方法由计算机进行数据处理比较简单，减少基层工作量。

五、一票否决制

1984年，实行“一票否决制”，凡人口与计划生育不达标的，一律不得被评为先进单位和文明单位。

六、社会系统工程

20世纪90年代后，把计划生育工作和人口计划作为社会系统工程，实行干部岗位责任制，作为镇、村干部考绩、评比、奖罚重要依据。

人口协调发展先进县各项考评指标表

表3—36　　单位：年 元

年份	2006	2007	2008	2009	2010
计划生育率	98.8%	99%	99%	99%	99%
孕前-围孕期保健率	95%	95%	95%	95%	100%
出生人口性别比(女=100)	102	93	95	101	100
流动人口管理服务率	86%	86%	85.7%	86%	86%
依法管理、优质服务和群众满意率	90%	92%	90%	92%	95%
计划生育机构队伍建设达标率	达标	达标	达标	达标	达标
政策兑现	基本兑现	基本兑现	基本兑现	基本兑现	基本兑现
财政人均人口和计划生育事务支出	15	18	22	26	30

人口协调发展先进县各项参考指标的完成情况表

表3—37　　单位：年 岁 万元

年份	2006	2007	2008	2009	2010
婴儿死亡率	1.09%	1.23%	1.26%	1.44%	1.29%
孕产妇死亡率	0	0.01	0	0	0
平均预期寿命	75	75	75	75	75
城镇居民人均可支配收入	1.25	1.45	1.65	1.82	1.85

第四节　人口素质

中华人民共和国成立后，大豫经济发展较快，人民生活水平不断提高。随着医疗卫生事业的迅速发展和计划生育、优生优育、妇幼保健工作深入开展，人口身体素质和健康水平有较大改善。死亡率逐年下降，人口平均预期寿命提高。2005年，全镇人口平均预期寿命78.22岁。

1949年10月前，教育事业有一定基础，培养有一定数量文化人。但广大劳动者饱受压迫剥削，文盲、半文盲人口多，人口总体文化素质不高。1949年10月后，随着社会经济发展，文化、科学、教育事业都发生深刻变化，各种文化程度人口逐年增加，科技队伍逐年壮大，文盲、半文盲人口逐年减少，人口科学文化素质和思想道德素质普遍得到提高。

第五节　身体素质

民国时期，大豫时有霍乱、白喉、疟疾等传染疾病流行。民国25年(1936)，境内疟疾流行，患者较多，死亡率为80%左右。

中华人民共和国成立后，县建立卫生行政管理机构和医疗预防机构，新建一批乡卫生院，形成初具规模的城乡结合、防治结合、中西医齐全医疗卫生网络。治疗性病，戒烟肃毒，开展群众性爱国卫生运动；普查普治妇女病、儿童疾病，进行预防接种，防治传染病和职业病，推广普及新法新生；加强药品检验及对卫技人员培训。20世纪50年代中期，境内宣告消灭天花和霍乱，性病也已绝迹。卫生工作坚持“预防为主”“把医疗卫生工作重点放到农村去”方针，加快卫生医疗机构建设，购置各种尖端医疗设备，加大培养卫生技术人员力度，为提高人民健康水平创造条件。

1950～1955年，境内年均死亡率为24.26‰，1959～1961年3年自然灾害时期，年均死亡率15.49‰。按年代平均计算，50年代为10.91‰，60年代为8.30‰，70年代为6.90‰，80年代为6.43‰，90年代为7‰左右，2000～2008年为7.49‰，死亡率呈缓慢下降趋势，呈现人口老龄化社会特点。

第六节　期望寿命

据调查，民国37年(1948)大豫境内人均寿命为32岁。20世纪70年代初期，有关部门通过调查测算，1973～1975年，人口出生时平均期望寿命为68.38岁，其中男性为65.71岁，女性为71.00岁。1988～1991年，人口出生时平均期望寿命为74.18岁，男性为71.30岁，女性为77.20岁。2000年“五普”数据表明，全镇人口平均预期寿命达到74.88岁。2005年，人口出生时平均期望寿命为78.22岁，男性为75.46岁，女性为81.06岁。1948～2005年58年中，人口出生时平均期望寿命增加46.22岁。

2005年大豫镇人口预期寿命一览表

表3—38　　单位：岁

年龄组	总人口预期寿命	按性别分		年龄组	总人口预期寿命	按性别分	
		男	女			男	女
0	78.22	75.46	81.06	45	35.11	32.78	37.47
1	77.67	74.95	80.46	50	30.60	28.42	32.80
5	73.81	71.11	76.56	55	26.25	24.22	28.27
10	68.87	66.18	91.61	60	22.10	20.20	23.92
15	63.93	61.26	66.65	65	18.08	16.33	19.68
20	59.07	56.42	61.77	70	14.27	12.73	15.61

表3—38　2005年大豫镇人口预期寿命一览表

年龄组	总人口预期寿命	按性别分		年龄组	总人口预期寿命	按性别分	
		男	女			男	女
25	54.18	51.57	56.85	75	10.93	9.67	11.91
30	49.30	46.74	51.92	80	8.07	7.10	8.74
35	44.45	41.92	47.03	85	5.79	5.00	6.24
40	39.72	37.29	42.21	—	—	—	—

第七节　生命指数

人口生命指数一般反映当年出生与死亡人口比例关系，若生命指数等于1，说明出生人口与死亡人口代偿平衡，生死相当；若大于1，说明出生人口多于死亡人口，增值趋势；若小于1，说明出生人口少于死亡人口，显减少趋势。大豫人口的生命指数，从1954～2000年47年间基本上各年都大于1(1960年除外)，人口呈增殖类型。2001～2008年，大豫人口显减少趋势，进入人口负增长时期。

1954～2008年大豫镇人口生命指数一览表

表3—39　　单位：年

年份	生命指数	年份	生命指数	年份	生命指数	年份	生命指数
1954	3.59	1968	4.33	1982	2.23	1996	1.27
1955	2.37	1969	4.16	1983	1.46	1997	1.25
1956	2.41	1970	3.75	1984	1.34	1998	1.21
1957	3.24	1971	3.51	1985	1.45	1999	1.05
1958	2.87	1972	2.25	1986	1.90	2000	1.23
1959	1.41	1973	2.12	1987	2.28	2001	1.01
1960	0.87	1974	2.02	1988	2.26	2002	0.97
1961	1.22	1975	2.00	1989	2.53	2003	0.79
1962	2.67	1976	1.91	1990	2.12	2004	0.86
1963	3.63	1977	1.82	1991	1.68	2005	0.86
1964	3.69	1978	2.01	1992	1.41	2006	0.89
1965	3.60	1979	2.14	1993	1.46	2007	0.78
1966	3.81	1980	1.55	1994	1.45	2008	0.80
1967	3.43	1981	1.99	1995	1.45	——	——

第五章　长寿乡镇

2012年年末，大豫镇60岁以上人口2.56万人，占总人口24.85%；80～89岁4423人，占总人口4.50%;90～99岁656人,占总人口0.67%;99岁11人。100岁以上(含100岁)15人。

中国长寿之乡标准:每10万人中百岁老人达3位。联合国长寿之乡标准:每10万人口中百岁老人达7.50人。依据标准大豫镇已达到中国和国际通行认定长寿之乡标准。

大豫人长寿,因素诸多。最明显有下列特点:

第一节　宜居环境

大豫镇有30公里海岸线。海岸线被科学家称为“地球之肺”,各种藻类和浮游生物吸入二氧化碳,释放氧气,除一部分溶入海水外,大部分进入大气层,大豫人长期生活在海滨受海风吹拂,感觉清新舒爽。海堤内外防护林带,常年产生大量负离子,被誉为“天然氧吧”。

海风和林带促进人体血液循环,有调节人体神经功能,提高人体免疫力。大豫气候温润、光照充足、季风拂煦、四季宜人,被联合国教科文组织指认为最宜于人居之地。

第二节　饮食习惯

海鲜是大豫特产。“一日两潮鲜,天天吃海鲜”。海洋是生命之摇篮,宝藏无穷,海洋中鱼、虾、蟹、贝、藻,大多有吸收、聚集生命物质特殊本能,富含维生素和微量元素。微量元素中硒、锗是抗衰老营养物质。以文蛤为例,文蛤肉含蛋白质10.20%,脂肪1.60%,碳水化合物2.50%,每100克文蛤肉中含钙62毫克、磷228毫克、钾215毫克、镁45毫克、硒33.72微克、锌2.38微克。还富含VA、VE、叶酸、烟酸等。大豫东凌文蛤氨基酸含量特别高,煨汤洁白如乳,鲜而不腻,雅而不俗,口感极佳,有“天下第一鲜”之美誉,是产妇催奶之上品,极利母子健康强身,科研发现文蛤抗癌作用明显。

境内东凌港鱼类含丰富优质蛋白质,脂肪含量低,而维生素和微量元素含量高,尤以海鱼为最。鱼类含大量不饱和脂肪酸,促进胆固醇分解代谢,防治冠心病。进入21世纪后,科学家又发现,黑脊背鱼富含维生素E,其鱼油内含有不饱和脂肪酸和脂肪酸EPA及DHA,可预防血栓形成。东凌盛产属黑脊背鱼鲳鳊、马鲛,大豫人对这两种鱼情有独钟,称·鲳鳊,二马鲛。

在饮食习惯方面,大豫人十分注重饮食搭配,即:“荤素搭配”,以素为主,以荤为辅。荤菜,以鱼为主,以猪肉为辅。“粗细搭配”,主食由大米与各种杂粮搭配,面食穿插其间。大米与玉米屑混合煮饭,比例为7:3,饭特香,口感好。蔬菜与大米混合煮饭如:青菜米饭,豇豆米饭,扁豆米饭,芋头米饭,还适当加些肉丁,不仅好吃,营养极丰富。“干稀搭配”,早先“沙地人”一日三餐干饭(俗称老麦饭,老玉米粞饭),早晨煮一锅饭,吃3顿,夏天用醋冷水泡饭,腌茄脚柄做配菜,实践证明,这种饮食方法不科学,后来“沙地人”在生活过程中选择“两稀一干”,控制和减少“三高”疾病。

第三节 家庭和谐

大豫人绝大多数属移民，源自四面八方，五湖四海，秉性耿直，善于团结，多数四代同堂，也有五代同堂，子孙孝顺，家庭和睦，老年人享受天伦之乐。夫妻血缘关系远，对自然环境适应和耐受能力强，为后代铸就长寿基因。由亲情关系促成老人心理、生理、精神上的快乐开心、愉悦幸福和满足感。

第四节 生活习惯

大豫人历来富有开疆拓土、战风搏浪、自强不息开创精神。苦中取乐、永葆年轻心态，60多岁普遍认为还年轻，一般70多岁农民种三四亩地。盛夏，早晨4点钟就下田，下午几个人聚在一起打牌、聊天，有些老年人还外出打工，无忧无虑，心情愉悦，宽厚豁达，劳逸结合，早睡早起，身体健康。

2012年大豫镇百岁老人一览表

表3—40 单位：岁

姓名	性别	出生年月日	周岁	住 址
管堂英	女	1912.11.16	100	止马洼村9组
徐可英	女	1906.05.21	106	止马洼村20组
陈万英	女	1907.04.24	105	南坎社区1组
倪士珍	男	1909.11.21	103	香台村5组
唐金兰	女	1912.03.19	100	大同村20组
张亚秀	女	1911.04.27	101	丁家店村3组
顾亚芳	女	1912.04.19	100	马家店村1组
吴云康	男	1912.11.21	100	徐征村8组
季外恩	男	1912.02.03	100	徐征村22组
施惠珍	女	1905.11.08	107	强民村20组
陈桂英	女	1912.02.04	100	强民村26组
高林兰	女	1911.04.07	101	一门闸村2组
陆云珍	女	1911.05.06	101	一门闸村30组
周九云	男	1908.11.21	104	一门闸村17组
杨立珍	女	1912.08.04	100	一门闸村19组

附记：

百岁老人典型范例

【周九云】住一门闸村17组，小时候生活非常艰苦，7岁给人家放牛，晚上与牛同睡。抗日战争时期，他参加新四军，为部队医疗队队员，一次遇到恶仗，医疗队员也拿枪参战，在拼刺刀时，他对上一个日本侵略军,就在这时,另一个日本侵略军要暗算周九云,在千钧一发之际,一个战友用身体挡住敌人刺刀,战友牺牲,自己得救。老人十分感慨:"要不是他,我早就不在人世啦,更不要说活到100多岁。"在战火纷飞年代,他自己挨饿,把仅剩下一块饼和一壶水给伤员吃,还护送奄奄一息伤员下火线,在炮声中自己一只耳朵被震聋,他坚持将伤员送到后方医院救治。

转业回乡后,他练就撒网捕鱼硬功夫,身体越发硬朗,100岁时还能骑自行车。2011年7月初,中国老年学会常务副会长赵宝华,老年学专家萧振禹教授到如东调研时,曾两度看望周九云老人,亲眼看见这位百岁圈网高手精彩现场表演,高兴地与之合影留念。

图3-30 一门闸村103岁老人周九云在示范撒网(2011年,中国老年学会　提供)

【高林兰】生于清宣统三年(1911)4月7日,原籍海门三厂镇郊农村。她从记事起随母替李姓大户做长工。24岁那年,偶遇大豫镇兵房施姓小伙子,结成患难夫妻。携儿带女,于民国37年(1948)一路讨饭到兵房镇郊定居。她一生勤劳、乐于助人。90岁时执意独自生活。是一位从叫花子到知足常乐百岁寿星。

第六章　姓氏溯源

第一节　姓氏变化

大豫,自然条件优越,适宜人类繁衍,姓氏多而杂。绝大多数承父姓。20世纪80年代后,孩子也有随母姓,鉴于独生子女,很多孩子姓名由父母姓氏叠加而成。

以大豫镇伯安村为例,该村总人口3806人,139个姓氏。

全村11个大姓计2011人，占全村总人口的52.80%，占总姓氏7.90%，分别是黄姓333人，陈姓261人，顾姓225人，张姓198人，陆姓190人，施姓176人，沈姓147人，季姓127人，朱姓123人，徐姓116人，王姓115人。这11个姓是最早的移民。

全村42个姓氏均为1人，占全村总姓氏30%，分别是柏、薛、卜、程、仇、丛、单、傅、耿、贺、霍、纪、蒋、焦、景、康、练、凌、鲁、宁、濮、圣、覃、谭、陶、魏、巫、武、奚、夏、熊、晏、殷、尤、游、于、臧、曾、甄、仲、邹、左。以上姓氏多数源自外来妹，使本地姓氏源得到扩充。

2～10人姓氏有44个。占总姓氏31.60%。即：2人姓氏：丁、梁、柳、缪、钮、屈、田、向、印、余、喻、郑、庄。3人姓氏：卑、方、费、罗、毛、闵、佘、滕、卫。4人姓氏：查、金、彭。5人姓氏：崔、管、石、肖。6人姓氏：唐、项、邵。7人姓氏：卞。8人姓氏：邱、万。9人姓氏：郭、胡、沙。10人的姓氏：董、杜、樊、谢、姚、翟。

10人以下(含10人)姓氏86个，占总姓氏61.90%，为249人，占全村总人口6.50%。

11～89人姓氏42个，占总姓氏30.20%，为1546人，占全村总人口40.60%。

大豫镇伯安村姓氏人数统计表

表3—41　　　　单位：人

姓氏	人数	姓氏	人数	姓氏	人数
尹	11	马	25	周	58
史	11	叶	26	曹	58
江	11	郁	31	宋	59
何	12	包	35	戴	60
成	15	赵	36	吴	70
汪	15	邢	39	李	72
茅	15	冯	39	刘	73
高	16	秦	40	杨	89
范	17	袁	40	钱	23
瞿	17	倪	45	盛	24
阚	17	孙	46	汤	24
严	17	潘	48	蔡	54
葛	17	薛	51	姜	55
许	19	龚	53	俞	57

第二节　姓氏由来

5000多年前，中国已形成姓(氏)。姓源于母系社会，同一个母系的血缘关系，最早的姓，大多从女旁，如姜、姚、姒、妫、嬴等，表示不同老祖母传下的氏族人群。而产生氏则在姓之后，按父系标志血缘关系。黄帝轩辕氏，姬姓；炎帝列山氏，姜姓；是中华民族共同始祖炎黄二帝，原分属两个按母系血缘关系组织起来的部落或部落联盟，一姓姜，一姓姬，又分别表示父权家长制首领的氏称,列山,轩辕。姓和氏有严格区别又同时使用,表明母权制让位于父权制,但母系社会影响依然存在。直至春秋战国后才逐渐消亡。姓氏合而为一,一说3代(夏、商、周)之后,一说汉太史公(司马谈)始称姓氏,世代延续。

姓氏在历史上不仅是血统标志、家族徽章,还表现门第思想,宗法观念,是民族融合之表征。古老姓氏学无疑是民族文化重要组成部分。在中华民族大家族中,传统宗族思想非常严重,家族主义观念较为浓厚,姓氏古往今来都是联系人际关系纽带之一,姓氏学一向为人们所看重。

大豫境内除管姓(大豫社区管图兵)有一部简易家谱外,未见其他姓氏家谱。因大豫人祖上绝大多数在启东、海门等地,而这两地也属移民居住地。根据1991年6月中国社会科学出版社出版发行《新百家姓》等资料,对伯安村11个大姓作一寻踪。

【陈姓】按人口统计为中国第五大姓。相传周武王灭商以后,追封前代圣王的后人,把大女儿元姬嫁舜帝后裔妫满,封他为陈侯,妫满死后,谥号陈湖公,陈氏就是他的后代,便是陈姓的由来。据考,陈姓有声望的世家大族居颍川郡(河南长葛县老城西1里)。

【黄姓】按人口统计为中国第七大姓。相传周代有黄国(河南潢川县西),公元前648年被楚国灭掉,其子孙以国为姓,称黄氏。据考,黄姓有声望的世家大族居江夏郡(湖北云梦县东南)。

【顾姓】顾姓是以封地名命名的姓氏。起源可分为北、南二支。一支是夏朝昆吾氏有子孙封于顾国(河南范县东南),是夏族的重要同盟国之一。夏末被汤所灭,国君子孙便以国民为姓,称为北顾氏。另一支出自春秋时期。越王勾践的第八代孙被封为顾余侯,他的子孙留居会稽,以顾为姓,称为南顾氏。顾姓望族居武陵郡(湖南溆浦县、常德县一带)。

【张姓】张姓称为"军武之姓"。一是根据统计,张姓历代名人中有近1/3是军事名人,此比例超出其他姓氏。二是张姓由来,也与军事和战争相关。为中国古代最勇敢的大将张飞,河北涿县人。民族实业家张謇,江苏海门人等,望族居清河郡(河北清河县东)一带。张姓很早就是一个大姓,到近代,发展更快。根据人口统计资料分析预测,张姓人口将很快超过李、王两姓,而居百家姓之首。

【陆姓】陆姓源出有三:①相传常颛顼的孙子吴回在尧时任火神祝融,他有个儿子名终,因为封在陆乡(山东本源县一带),故叫陆终。他的后世子孙有以陆为姓,称陆氏。②战国时,齐宣王有个小儿子名叫通,字季达,受封于陆邑(山东平原县一带),子孙称陆氏。③春秋时有陆浑国(戎族,今河南嵩县东北),子孙以陆为姓。也称陆氏;此魏陆孤氏改为陆氏。望族居平原郡(山东平原县南20里);《百家姓》注居河南郡(河南洛阳东北30里)。

【施姓】施姓,是一个具有悠久历史古老姓氏。据《姓氏纪略》记载,早在4000多年以前,夏朝就有一个以施为国名诸侯,后来他们国亡,子孙就以国为氏,统统姓施。不过,这一支施氏后来活动,古籍缺少记载,所以对于他们发展和繁衍情形,迄今仍无资料可稽。《姓纂》这样说:"鲁惠公子施父尾生施伯,伯孙倾叔生孝叔,惠公五代孙也,因氏焉,汉有博士仇。”由此可见，施姓是周代诸侯鲁惠公后裔，鲁惠公儿子名叫施父，是鲁国大夫，传到惠公五世孙之时，干脆以祖名为姓，以示与其他家族之不同。据史籍《姓氏词典》记载：方氏系为改姓。明朝大儒方孝孺被明成祖朱棣杀害后，其同姓族人纷纷外逃，以避株连，因而有改称施氏者。“施”字，拆开为“方人也”，因而也有为方氏者。

【朱姓】朱姓是中国人口最多的20大姓氏之一，尤其在江浙皖地区中极有影响。朱姓大约占当代人口1.30%，即每100个中国人中姓朱人至少有1.30个。从三国以后，重要百家姓氏改姓朱的有胡、康、李、范、舒、施等姓，尤其明朝帝王的赐国姓朱，其人数之多、数目之大，历史上罕见。魏晋隋唐时，北方战乱和民众大迁移，中原百姓中融入大量外族血液，朱姓中也流入外族人基因。最主要有：西汉的南越族朱氏，北魏时鲜卑族慕容部可朱浑氏族，宋朝金国女真人兀颜氏族，清朝满洲八旗乌苏氏、朱佳氏、珠锡哩氏等氏族集体改姓朱。这些外族与汉族长期混居后最终同化为汉族。

【季姓】源于姬姓，出自春秋时期鲁国大夫季友，属于以先祖名字为氏。春秋时期，鲁庄公姬同小弟弟季友最终平定庆父之乱，其后裔子孙以他的字命氏，称为季孙氏，世代在鲁国执政。姬季友的孙子季孙行父在执政期间，举贤任能，分财济贫，受到国人爱戴，谥号季文子。季孙氏后来简称季氏。季文子，季武子、季平子三代连续执掌鲁国国政，当时几代鲁君都昏庸无能，以致出现鲁国人只知道有季氏，而不知道还有君主。在季文子、季武子、季平子三代后裔子孙中，有以先祖字号为姓氏者，称季氏，世代相传。

【沈姓】沈姓出于姬姓。沈原为上古国名，在河南平舆县北，最早是夏禹子孙的封国。周初周成王把叔叔季载封在沈国（又名聃国）。公元前506年，沈国被蔡国灭掉，沈君的后人称为沈氏。另一支出于芈姓。春秋时，楚庄王有曾孙名叫戌，在楚平王时任沈县（在安徽省临泉县境内）尹，又称沈尹戌，沈尹戌后来任楚国左司马。当时有个佞臣叫费无极，楚平王在他蛊惑下赶走太子建，杀死伍奢父子，逼得伍子胥出奔吴国，后来他又勾结另一个大夫鄢将师害死左尹郤宛。郤宛素来以廉洁出名，在楚国很得人心，他的被害在楚国激起臣民愤怒，沈尹戌便借助民众力量，杀死费无极和鄢将师，他也因此而获得楚人敬重，沈尹戌后代也称沈氏。望族居兴郡（浙江吴兴县）。

【王姓】王姓由来复杂，分布较广，根据各方面资料考证，可以归纳为7个方面：①出自姬姓，为周文王第十五子毕公高后代；②出自妫姓，为古帝虞舜之后；③出自子姓，为商朝王子比干之后；④历史上外族姓氏，如王氏高丽（朝鲜）开国君主王建，西魏可频氏之祖王雄，钳耳氏之祖王季等；⑤王者之子孙多号王氏，常以为姓；⑥赐姓，如汉代燕王丹的玄孙嘉，王莽时被赐姓王；⑦冒姓，如隋代王世充本姓支氏，五代时王保义，原名刘去非，皆冒姓王氏。望族多居太原郡（山西太原县）。

附记:

如东管氏由来

出自周朝周文王第三子。武王之弟,名叔鲜,叔鲜在周武王灭商后封于管,称为管叔,也称管叔鲜。这是管姓的由来。如皋《管氏宗谱》将管庄仲尊为一世祖。在管庄仲前,还有十四世,其管叔鲜为一世。在管庄仲后,如皋《管氏宗谱》将管夷吾(管敬仲,又称管仲)尊为二世祖。管仲为颍上人氏,是春秋时期第一治国奇人,可称有经天纬地之才,匡世济时之略,后世评之为春秋时代最为出色的政治家。著有管子书86篇,被誉为百科全书式巨著。2007年,管仲被中宣部、文化部评为中国历史40大名人之一。如皋《管氏宗谱》还尊61世祖管仲和为如皋的始遣祖。管仲和生于元元贞二年(1296),泰定四年(1327)考中进士。《管氏宗谱》中记载:明朝初年隶属于长江以北的管氏有四族皆不可考,唯独吾族重和公在元顺帝初年,由江南武进迁如皋之掘港,有谱记载。从管氏大谱而言,管叔鲜应为一世祖,管姓子孙已近百世。从《管氏宗谱》而言,可从管庄仲起算,南通地区管姓后裔应为80余世。但在如皋《管氏宗谱》世亲表中,是从始迁祖管重和起算,为20余世。如皋《管氏宗谱》由管大春(字惟一,号融斋)主修,由其孙管国璋收集整理并稽核,并由丛育才等人撰稿,共18人参加,历时8年,于民国15年(1926)完成,共20册,29卷,印数180部。如皋《管氏宗谱》中的家训篇,其要点有:做人要节俭,做人别骄纵,做人要信义,做人别势利,做人要敦厚,做人要奉公,做人要制怒,做人要慎言。如皋《管氏宗谱》中记载高龄老人366人,百岁以上1人,90～99岁16人,80～89岁141人,70～79岁208人。长寿秘诀即:心理平衡,善良仁慈;重视体育,爱好运动;助人为乐,慷慨好施;治家勤慎,教子甚严;事亲以孝,对友以诚;弈棋善书,修身善性。《管氏宗谱》所载字辈为"堂、正、八、成、胜、兴、玉、木、希、应、养、土、宇、天、慎、乃、俭、德、惟、怀、永、图、其、旋、元、吉、视、履、考、祥"30个字。大豫境内除启海迁入之管姓外,均属掘港管氏之后裔,最大辈分为德字,已排列到旋字辈。2012年,全镇管姓人氏有1028人(不含在外人员)。

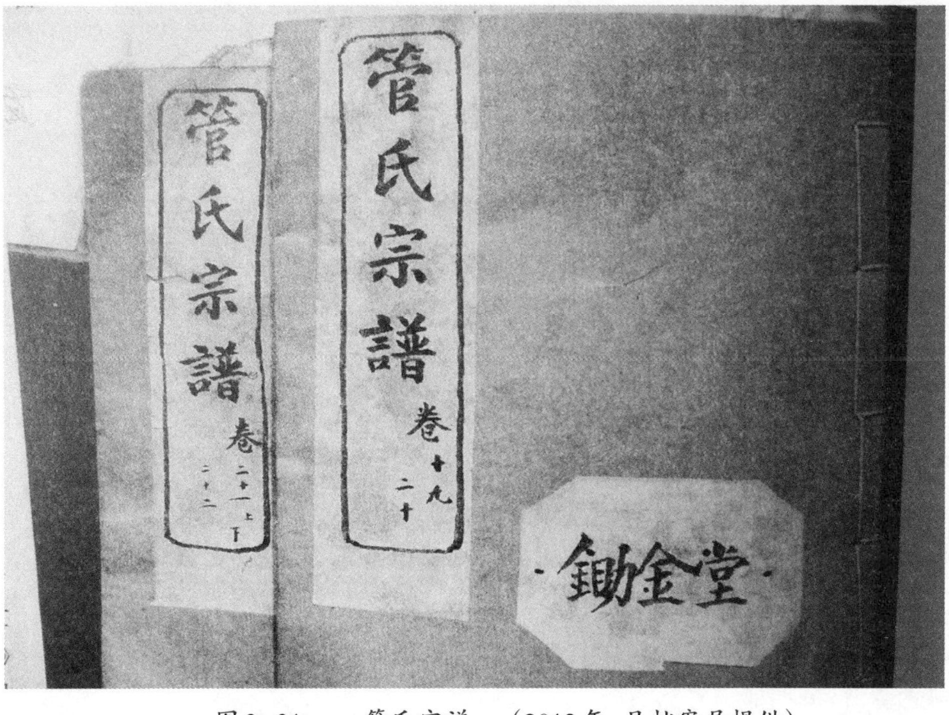

图3-31 管氏宗谱 (2012年,县档案局提供)

第三节 姓氏堂号

堂号是家族门户代称。古代同姓族人多聚族而居，往往数世同堂，或同一姓氏支派，集居于某一处或相近数处庭堂、宅院之中，堂号就成为某一同族人共同徽号。堂号也含有祠堂名号之含义，表明一个家族源流世系，区分族属，支派标记。堂号和郡望（某一地域国范围内的名门大族），都是中国姓氏文化中特有范畴。

堂号不仅有明显地域特征和血缘内涵，而且带有浓厚封建宗法色彩，对于敦宗睦族，弘扬孝道，启迪后人，催人向上，维护家庭、宗族和整个社会稳定，有重要意义。中华人民共和国成立后，随着传统社会的终结，祠堂成为历史或文物。新的堂号不可能再产生，但古有堂号仍然留在人们记忆中。20世纪40～60年代，大豫居民常用堂号书写于灯笼、桌、凳、椅、盘等物件上，以示此件物主。

随着改革开放和全球华人寻根热潮兴起，许多大陆宗祠被恢复，族谱被续修，堂号再次被人们扬起，但没有宗族主义负面影响，只是给人们寻根问祖、缅怀先祖、激励后人有着积极意义。对于加强中华民族向心力、凝聚力以及民族大团结，将产生促进作用。

“堂号”多源自本姓祖上某一历史名人典故事迹或趣闻佳话。有以血缘关系、地域命名；有以先世嘉言懿行，功业勋绩，情超雅量，高风亮节，格言礼教；传统伦理规范；祥瑞吉兆；厅堂别墅；科举功名等命名家族堂号。

同一姓氏发祥地和郡望不同，会有多个堂号。如李姓有陇西，赵郡，顿丘，中山，江菱，范阳，汉中，代北，鸡田，柳城等30余个堂号。也有不同姓氏发祥地和郡望相同，多个姓氏同一堂号。如姓氏牛、辛、李、叶、彭、董均为陇西堂。

大豫镇百家姓堂号郡望堂联一览表

表3—42

姓氏	堂号	郡望	堂联	起源注解
赵	天水堂	天水郡	一琴世泽 半部家声	末代赵国君子受命主西戎，世居天水（甘肃天水县），发展成望族，氏人以天水为郡望堂号
钱	武肃堂	彭城郡	射斗世泽 朝笏家声	唐末钱缪，任镇海节度使，相传用弓箭射钱塘江潮头，与海神交战。唐天佑四年（907）年被后梁封为吴越王。卒谥武肃王。为纪念之，氏人以封谥“武肃”为堂号
孙	映雪堂	太原郡	山西源流 江东开国	齐国人孙武，著《孙子兵法》。其孙孙膑也是杰出军事家。孙姓人受武、膑之影响，发展很快，在山西太原形成望族。武裔孙孙康，家贫。夜无烛，雪地映雪读书，后成大学者，官至御史大夫。为世人典范和楷模，故氏人以“映雪”为堂号
李	陇西堂	陇西郡	登龙世泽 射虎家声	李耳（老子），八世孙李昙入秦为御史大夫，其子崇任陇西太守，发展成望族。氏人以“陇西”为郡望堂号

续表3—42　大豫镇百家姓堂号郡望堂联一览表

姓氏	堂号	郡望	堂联	起源注解
周	爱莲堂	汝南郡	汝州世泽 细柳家声	北宋哲学家周敦颐，官大理寺丞。晚年筑室于庐山莲花峰下小溪上。写下千古名篇《爱莲说》。氏人以“爱莲”为堂号
吴	三让堂	延陵郡	平治世泽 至德家声	周太王意让季历继位，以便传位于孙姬昌。太伯、仲雍借口远奔吴越地区，聚众成部落。太王卒，兄弟奔丧，得太王遗书，立太伯为王。太伯、仲雍均推让，季历也推让。为之太伯、仲雍返吴地。断发文身，后建立吴国，太伯为始太祖。吴姓以国名命氏的姓。孔子读及此节拍案叫绝：“此乃至德也，三让两家天下，民无泽而称矣。”氏人为纪念始祖贤德，以“三让”为堂号
郑	荥阳堂	荥阳郡	尚书世泽 通德家声	公元前375年，郑国被秦所灭，其子孙散居河南中部一带以郑为姓。自古有天下郑姓出荥阳之说。为此，郑姓人以“荥阳”为堂号郡望
王	太原堂	太原郡	三槐世泽 两晋家声	历史发展中，王姓繁衍兴旺，形成强盛的名门望族。太原（山西）是王氏最著名，最有影响的郡望和堂号
冯	大树堂	始平郡	将军世泽 天官家声	东汉冯异，从刘秀为偏将军，封应侯。屡立战功，诸将论功时，其常退避大树下，军中因号“大树将军”，后世称不争名利的将军为大树将军。刘秀即位，拜征西大将军，封阳夏侯，为二十八宿之箕星，氏人为纪念冯异，以“大树”为堂号
陈	德星堂	颍川郡	颍川世泽 太丘家声	东汉陈寔，颍川人，任太丘长。党锢之祸起而连累，余人逃亡，寔自清入狱，他人免祸。南朝陈宣帝元年，追封寔为陈氏颍川始祖，为纪念其，氏人以“德星”为堂号
褚	河南堂	河南郡	登善世泽 辅政家声	褚遂良字登善，唐太宗时官至中书令，受太宗遗诏辅政。高宗即位任吏部尚书，左仆射知政事，封河南郡公，氏人以“河南”为郡望堂号
卫	长平堂	河东郡	河东世泽 漠北家声	西汉名将卫青，武帝时官至大将军，封长平候，一生7次率军出击匈奴，安定北方诸郡，氏人为纪念卫青，以“长平”为堂号
蒋	乐安堂	乐安郡	三径世泽 九侯家声	春秋时期蒋国被楚国所灭，其裔有迁居乐安者（山东邹县），在当地发展成望族，因此以“乐安”为群望、堂号
沈	吴兴堂	吴兴郡	八脉世泽 四韵家声	秦末沈遂十一世纪孙沈戎徙居吴兴（浙江地区），子孙昌盛，累世为官，发展成名门望族，氏人遂以“吴兴”为郡望、堂号
韩	昼锦堂	南阳郡	南阳望族 北斗高名	北宋宰相韩琦，神宗即位出任武庚军节度使兼相州（琦故乡），衣锦还乡，风光非常之感，因筑“昼锦堂”庆贺，欧阳修为之作《昼锦堂记》，氏人以“昼锦”为堂号
杨	四知堂	弘农郡	五贵四泽 三鳣家声	东汉杨震，弘农人，历任刺史、太守、司徒、太尉，为官清白。县令王密，怀黄金十斤赠震，震拒，密说：“至夜无人知”，震说：“天知、地知、你知、我知。”“四知”成为千古佳话，氏人遂以“四知”为堂号

续表3—42　大豫镇百家姓堂号郡望堂联一览表

姓氏	堂号	郡望	堂联	起源注解
朱	紫阳堂	沛郡	鹅湖世泽 鹿洞家声	南宋哲学家、教育家朱熹，别号紫阳。一生广注典书，并建立完整的客观唯心主义理论体系，从教50余年，曾讲学于白鹿书院、紫阳鹅湖书院。氏人以“紫阳”为堂号
秦	天水堂	天水郡	奉献世泽 赐福家声	西周国王命秦仲征讨西戎，阵亡。其子秦庄公续征，收复失地，封西垂大夫。其子孙世代为大官，在天水（属甘肃省）发展成强宗大族。史称“天水望”，以“天水”为堂号
尤	遂初堂	吴兴郡	东吴世泽 南宋家声	南宋诗人尤袤，号遂初居士，官至礼部尚书。博学多知，诗风格平淡，与陆游等齐名，称南京四大家，宋光宗为其藏书楼亲书“遂初堂”赐之，氏人为此极度荣耀，以“遂初”为堂号
许	高阳堂	高阳郡	忠孝世泽 节义家声	春秋时许国被楚国所灭。其子孙散居四处主要在高阳（山东临淄一带）发展，大多以“高阳”为郡望、堂号
何	三高堂	庐江郡	庐江世泽 学海家声	南朝时，何点、何求、何胤三兄弟，博学多才，隐居不做官，人称游侠处士，“三高居士”，氏人为纪念何点三兄弟，以“三高”为堂号
吕	道德堂	河东郡	五祖世泽 八仙家声	唐末道士吕洞宾，隐居终南山修道，百余岁而童颜。传江淮斩蛟、岳阳异鹤、客店醉酒等。元代封为吕祖。全真教尊为北五祖之一，道教八仙之一。氏人纪念吕，以“道德”为堂号
施	阳山堂	吴兴郡	勤俭世泽 耕读家声	元代文学家施耐庵，晚年隐居于河港纵横，环境优美之兴化施家桥，乃高埠，施称之为“阳山”。闭门著《水浒》，嘱后裔“克勤克俭，精耕细读”。氏人以“阳山”为堂号
张	清河堂	清河郡	九居世泽 百思家声	轩辕皇帝儿子挥，观弧制矢，赐姓张氏，官封弓正。其后裔居清河。望“清河”者独最，氏人以“清河”为郡望、堂号
孔	至圣堂	鲁郡	东山世泽 北海家声	春秋末期思想家、政治家、教育家孔子是儒家创始者，创立以仁为核心思想，成为封建文化的正统，尊为圣人。孔子20世孙孔融，官至北海相时称孔北海，为标榜孔氏辉煌历史，氏人以“至圣”为堂号
曹	谯县堂	谯郡	相王世泽 才子家声	东汉末谯郡曹操，位丞相，封魏王。子丕称帝，追尊操为魏武帝。曹操、曹丕、曹植俱爱好文学，为一代才子。谯县是魏王室的籍贯，名声显赫，氏人以“谯县”为堂号
严	富春堂	天水郡	耕山世泽 钓水家声	严子陵，光武帝刘秀之同学，东汉建武2年（26）刘秀即位后，授谏议大夫，其不受。隐居富春山耕钓自娱。为纪念严清高，氏人以“富春”为堂号
华	西岳堂	武陵郡	青囊世泽 丹灶家声	华氏为纪念祖先出于华山，以西岳（即华山，五岳之一）为堂号
金	彭城堂	彭城郡	铊候世泽 貂珥家声	金氏自山东曲阜向南发展，在彭城（徐州）一带形成望族，史称金氏彭城望，成为金氏最著名的郡望和堂号
魏	钜鹿堂	钜鹿郡	鹤山世泽 虎观家声	秦汉时期，魏歆任钜鹿太守，子孙留居钜鹿（山东巨野）发展成望族。世代显贵，人言必称钜鹿，因此以“钜鹿”为郡望堂号

续表3—42 大豫镇百家姓堂号郡望堂联一览表

姓氏	堂号	郡望	堂联	起源注解
陶	爱菊堂	济阳郡	百梅世泽 五柳家声	东晋陶渊明，辞官归隐，安居乐道，门前栽五棵柳树，自居“五柳先生”，专于诗词辞赋，名扬天下。“采菊东篱下，悠然见南山”成为千古佳句。氏人纪念他，以“爱菊”为堂号
姜	渭水堂	天水郡	友爱世泽 至孝家声	姜太公师从元始天尊学道。年轻时不得志，常在渭水河边垂钓，文王（姬昌）至河边拜访，出山后大展才能，辅佐周室，建立大功，氏人即以“渭水”为堂号
谢	东山堂	陈留郡	芝兰世泽 宝树家声	东晋谢安，筑室会稽东山以山水自娱，不惑之年出仕。孝文武帝时任宰相。使侄谢玄，弟谢石率军8万抵御秦苻坚90万大军於肥水大捷。谢安称其侄：“芝兰玉树栽于庭前耳”，氏人为纪念安、玄，以“东山”为堂号
邹	范阳堂	范阳郡	宾贤世泽 德逸家声	秦汉时期，邹氏一支迁范阳发展成望族，氏人以“范阳”为郡望、堂号
喻	遗仁堂	江夏郡	苍梧世泽 交州家声	汉和帝刘肇时渝猛为苍梧太守，将渝改为喻。以清白为治，皇帝褒奖，郡人颂之，族人敬之，被称之为“交趾（武帝所置十三刺史之一，东汉改名为交州）遗仁梧宋之流风可尚”。氏人以“遗仁”为堂号
窦	五桂堂	扶风郡	燕山世泽 义方家声	晋朝窦禹钧，心术不正，势压贫贱，三十无子嗣，一夜得梦，父责之。钧醒，谨记父训，弃恶扬善，以善待人，得五子俱登科。诗曰：“燕山窦十郎，教子有义方；灵椿一枝老，丹桂五枝芳。”氏人以“五桂”为堂号
苏	五凤堂	扶风郡	北海世泽 南天家声	西汉大臣苏轼，出使匈奴被扣，历尽威胁诱降，迁北海牧羊，矢志不渝，始终不屈。死后，宣帝年号五凤，命画工画于麒麟阁表彰，史称“五凤功臣。”氏人以“五凤”为堂号
潘	花果堂	荥阳郡	锦怀世泽 美仪家声	春秋时期，楚穆王封潘崇为大师。崇裔孙，曾任沙阳令，勤于德政，传为美谈。潘安，历史上有名美男子，所行之处，妇女见其，掷水果于他，有“掷果盈车”之典故。氏人以“花果”为堂号
葛	抱朴堂	顿丘郡	稚川世泽 传治家声	东晋葛洪，号抱朴子。元帝授其丞相，赐封关内侯。承祖父炼丹术，对医学发展有一定贡献，氏人以“抱朴”为堂号
奚	衍庆堂	北海郡	车正世泽 墨香家声	史称奚仲，因发明车，官至车正。唐代奚鼎制墨有香气、有光泽。子奚超，孙奚迁珪，制墨尤享盛名，时称迁珪墨，与“澄心纸、龙尾砚”并称文房三宝。氏人遂以“衍庆”为堂号
范	万笏堂	高平郡	义田世泽 墨帐家声	宋代宰相范仲淹，苏州城郊置良田千亩称义田。用于族中鳏寡孤独给养，兴办学校，资助读书应举。死后葬苏州万笏山。其子范纯仁，官至宰相，自幼好学，夏夜置灯帐中啃读，蚊帐变为墨色，名曰墨帐，为纪念仲淹父子，后裔以“万笏”为堂号

续表3—42　大豫镇百家姓堂号郡望堂联一览表

姓氏	堂号	郡望	堂联	起源注解
彭	述古堂	宜春郡	宜春望族 高阳衍庆	天帝赐彭祖长寿，历夏、商两代，800多岁不衰老，商朝廷令人请教长寿秘诀，祖曰：幼父母双亡，犬戎入侵，流落西域多年，亡49个妻子，54个儿子，我先天不足，后天保养不好，那有延年益寿之法。说完，长叹一口气，飘然而逝。氏人以“述古”为堂号
鲁	三异堂	扶风郡	扶风世泽 中牟家声	东汉鲁恭，任中牟县令，独中牟县无蝗灾，上司对鲁恭说：“蝗虫不飞汝界，德化施行飞禽，小孩有仁爱之心，此三异矣”。为纪念和歌颂鲁恭之德政，氏人以“三异”为堂号
韦	一经堂	京兆郡	诗书世泽 天国家声	汉代韦贤，官至宰相，其认为：“经书遗子，黄金自来，遗金于子，祸自始之。时语遗子黄金满贯，不如教子一经。”氏人以“一经”为堂号
马	伏波堂	扶风郡	铜柱世泽 绛帐家声	东汉，扶风人马援，汉帝授其陇西太守，拜伏波将军，封新息侯。马融，恒帝时官南郡太守，博学多才，常坐高堂，施绛纱帐，前授生徒，后列乐女。氏人以“伏波”为堂号
花	东平堂	东平郡	成都猛将 怀远英侯	唐太宗年间，猛将花敬定以寡敌众，势如破竹，平定段子章叛乱。杜甫诗曰：“成都猛将有花卿。”明代怀远人花云，骁勇绝伦，屡建奇功，升枢密院判，守太平。花姓望族居东平，氏人以郡望“东平”为堂号
方	河南堂	河南郡	三邑世泽 六柱家声	春秋时期，方氏主要在河南发展，成为该地名门望族，方氏以郡望“河南”为堂号
任	九真堂	东安郡	西苑世泽 南海家声	东汉任延，幼时人称圣童，19岁任会稽太守，23岁升九真太守（辖越南清化省，义静省东部）。教当地人种田和礼法，五年后粮食丰收，生活大改善。子孙留居当地，以“九真”为堂号
袁	卧雪堂	汝南郡	清廉世泽 惠政家声	东汉袁安旅居洛阳时天下大雪，县令巡视，问其为何闭门不出，答：“大雪人皆饿，不宜于我。”荐之为孝廉，汉明帝时任太守，后历任太仆、司空、司徒，其子孙世代任大官，氏人为纪念之，以“卧雪”为堂号
柳	河东堂	河东郡	文宗世泽 笔正家声	唐代文学家、哲学家柳宗元，人称柳河东，著有《河东先生集》，为唐宋八大家之冠。书法家柳公权，封河东郡公。书法自成一家，称柳体，为纪念之，氏人以“河东”为堂号
史	孝友堂	京兆郡	溧阳世泽 京兆家声	西汉史恭，长子史高封安陵侯，史高次子史丹封武阳顷侯。自迁杜陵，有九子皆为待中，在京兆（西安）发展名门望族。史丹曾孙史崇，东汉初封溧阳侯，举家迁溧阳。为使史氏成为礼仪之邦，以“孝友”为堂号
唐	桐叶堂	晋昌郡	梧圭世泽 蓂楷家声	周成王与弟虞游戏，削桐叶为圭，戏说：“以此封你”，在场史官伊佚说：“君无戏言”，成王便将唐国封于叔虞，史称唐叔虞。为纪念这种封赐和圣明的唐国开国始祖，氏人以“桐叶”为堂号

续表3—42 大豫镇百家姓堂号郡望堂联一览表

姓氏	堂号	郡望	堂联	起源注解
费	神助堂	江夏郡	源自琅琊 望号江夏	东汉方士费长房，传说从卖药翁壶公入山学仙，未成辞归，翁给予竹杖与符，从此医治百病，鞭笞百鬼驱使社公。费氏以“神助”为堂号
薛	三风堂	河东郡	河东世泽 江南衍庆	汉代薛登之裔孙永从刘备入蜀，为蜀郡太守，其子齐，拜光禄大夫迁于河东（山西汾阳），发展成为名门望族。唐代薛攸与堂兄元敬，族兄德音齐名，文才倾动，称河东三风。氏人以“三风”为堂号
贺	诗文堂	会稽郡	儒宗世泽 学仕家声	唐代诗人贺知章，武则天证圣间进士，历任礼部侍郎，集贤院士秘书监。少因文词知名，后因“清谈风流”，为世人颂慕，氏人为纪念其，以“诗文”为堂号
倪	千乘堂	千乘郡	锄金世泽 教孝家声	西汉名臣倪宽，千乘郡人，自幼好学，无奈家穷，常雇于人家锄田，歇息时，取经书诵读，学成官至左内史，在任年间，劝农业，缓刑罚，开筑“六辅渠”。后任御史大夫，信函多以人儿谦称，氏人为纪念宽，以“千乘”为堂号
汤	执中堂	中山郡	中山世泽 临川家声	明代文学家汤显祖，江西临川人，中进士后，授南京太常寺博士，礼部主事，遂昌知县，以抑豪强，触怒权贵，被劾归里，精心研究诗词，曲赋和传奇。其词曲风格为临川派。氏人以“执中”为堂号
罗	匡正堂	豫章郡	宣城世泽 豫章家声	罗国一世祖名郐，字匡正。周显王时罗氏31世孙罗乘，晚年佐秦，封益伯候迁枝江。40世罗君用，惠帝时任大司农，迁居豫章（江西南马）发展成望族，为纪念罗氏的发展，氏人以“匡正”为堂号
常	忠武堂	—	怀远世泽 开平家声	明代名将常遇春，安徽怀远人，自谓能以十万众横行天下，号“常十万”。明洪武二年（1369），领兵攻克开平，还师时暴病身卒，谥“忠武”后追封“开平王”，氏人以其封谥“忠武”为堂号
于	宽平堂	东海郡	东海世泽 西侯家声	战国末年，迁到东海剡县的西汉于定国，宣帝时任廷尉，决狱审慎，有疑者俱从轻处理，时称“宽平”，后为丞相，封西平候。为纪念这位清官，氏人以“宽平”为堂号
傅	双凤堂	北地郡	二邑世泽 三德家声	南宋傅增佑，其子傅琰相继为山阳县令，治县有谱，父子并著奇迹。司马光称之“清、直、勇”三德俱全，为纪念其父子，氏人以“双凤”为堂号
卞	忠贞堂	济阳郡	抱璞世泽 连城家声	楚国卞和得一宝玉，先后献给厉王和武王，误为是假，以戏君之罪砍去双脚。文王即位后，卞和又抱璞哭于荆山下，文王令人雕琢其璞，果见是宝玉，称和氏璧，价值连城。氏人为纪念卞和，以“忠贞”为堂号
康	三省堂	京兆郡	明经世泽 霸廉家声	宋景德元年（1004），康希诜以方正异材及第，授翰林，承旨累官枢密院正卿。统辖中书省，门下省，尚书省。因此以“三省”为堂号

续表3—42　大豫镇百家姓堂号郡望堂联一览表

姓氏	堂号	郡望	堂联	起源注解
余	风采堂	下邳郡	新安世泽 下邳家声	春秋时期，秦国建都陕西，由余作为秦国功臣，自然居于皇都，因此以“风采”为堂号
卜	西河堂	西河郡	大夫世泽 御史家声	卜氏主要在山西发展，形成西河望族（山西离石县）史称卜氏西河望，因此氏人以郡望“西河”为堂号
顾	孝亲堂	武陵郡	武陵世泽 文献家声	汉代顾翔，事母孝，母亲喜欢食雕胡（菰米生于沼池），徙居江苏太湖，发展成望族，氏人以“孝亲”为堂号
孟	亚圣堂	平陵郡	七篇世泽 四书家声	战国时期思想家，政治家孟轲，著有《孟子》七篇，列“四书”之首，后人称之“亚圣”。是孔子学说继承人，“仁”的观点发展成“仁政”学说，提出“民贵君轻”说。氏人为纪念孟子，以“亚圣”为堂号
黄	孝友堂 江夏堂	江夏郡	徽流江夏 景焕阳春	东汉江夏人黄香，以孝著称，9岁丧母，事父至孝，夏扇枕席，冬以身温被侍父寝。安帝时任魏郡太守，时水灾，黄香以其俸禄和赏赐赈济贫民，御赐“江夏黄童，忠孝两全”，氏人以纪念之，以“孝友”为堂号
萧	芳远堂	兰陵郡	兴汉世泽 辅政家声	汉代萧何辅佐刘邦起义，楚汉战争中荐韩信为将，以丞相身份留守关中。西汉王朝建立论功第一。之子萧彪任谏议大夫，始迁兰陵，彪之孙萧望之任宰相。因此氏人以“芳远”为堂号
姚	吴兴堂	吴兴郡	桐城世泽 梁国家声	西汉姚恢者迁居吴兴，形成望族。唐代姚崇历任武则天、睿宗、玄宗三朝宰相，协理朝政，使贞观之治后，又一鼎盛时期——开元之治。清朝桐城人姚鼐，进士，官至刑部郎中。氏人感到十分光彩，以“吴兴”为堂号
邵	康节堂	汝南郡 博陵郡	甘棠世泽 皇极家声	周成王常巡行于乡邑，曾在甘棠树下决狱治事。北宋哲学家邵雍，朝廷屡授官不赴。隐居苏门山百源之上，创作先天卦图，著有《皇极经世》。谥“康节”。氏人以“康节”为堂号
汪	平阳堂	平阳郡	歙州世泽 越国家声	唐代汪华任歙州太守，封越国公。其子孙繁衍昌盛，人丁兴旺。宋代在山西平阳形成望族，氏人以“平阳”为堂号
毛	脱颖堂	荥阳郡	片言世泽 九鼎家声	赵国毛遂，秦国围赵都邯郸，平原君到楚国求救，毛遂自荐“臣今日请处囊中，必脱颖而出”。到楚国后，平原君与楚王洽谈合纵，至日中不决，毛遂按剑逼楚王，晓以围赵之利害，楚王同意合赵攻秦，毛遂片言九鼎，人重其言，氏人以“脱颖”为堂号
成	上谷堂	上谷郡	惟善世泽 诗书家声	秦代成氏在河北上谷郡形成望族，氏人以“上谷”为堂号
戴	谯国堂	谯国郡	解经世泽 叙礼家声	汉代后，宋戴公后裔戴云升由宋国迁安徽亳县（谯国郡）发展成望族，戴氏以郡望“谯国”为堂号

续表3—42　大豫镇百家姓堂号郡望堂联一览表

姓氏	堂号	郡望	堂联	起源注解
宋	雍睦堂	京兆郡	尚书世泽 景文家声	北宋文学家、史学家宋祁，兄庠亦是文学家，俱中状元，庠第十祁第一，章献太后说："弟名字不能在哥哥前面"，使改庠为第一，祁为第十名。祁官至工部尚书，拜翰林院学士，谥景文，世称"红杏尚书"。氏人以"雍睦"为堂号
纪	善射堂	平阳郡	穿杨世泽 贯虱家声	远古时期，纪昌学射于飞卫，以牦、虱悬于窗而望之，三年后望虱如车轮，睹物如山丘，随手捡一小草即能射中虱心。《幼学》中说："有善射者（纪昌）穿杨贯虱"。氏人以"善射"为堂号
董	卧虎堂	济阴郡	儒家世泽 良史家声	春秋时晋国董孤，世袭太史之职，因实事求是，誉为古之良史。东汉时洛阳令董宣，居官清廉，打击京师不法豪强，皇亲国戚都惧之，称其为卧虎。为颂扬先世豪杰，氏人以"卧虎"为堂号
梁	安定堂	安定郡	三清世泽 七序家声	梁伯的玄孙梁益耳，为晋国大夫，其20世孙梁桥因官迁居安定（甘肃固定县），发展成望族。东汉时梁桥后裔梁竦，以其为首的安定梁氏一门前后有7个候，3个皇后、6个贵人、7个大将军，可谓满门显贵，氏人以"安定"为堂号
杜	宝田堂	京兆郡	忠孝世泽 经史家声	宋代杜孟熙宁进士，曾任户部尚书，不满蔡京专权，幡然回故地，说："忠孝吾家之宝，经史吾家之田。"人称宝田杜氏，氏人以"宝田"为堂号
季	一诺堂	渤海郡	荆楚世泽 关中家声	汉代游侠季布，楚国人，官至河东太守，以言之信驰名，楚国谚语："得黄金百斤，不如得季布一诺。"《幼学琼林》曰："季心（布兄）季布气盖并于关中。"为纪念之，氏人以"一诺"为堂号
郭	汾阳堂	太原郡	太原世泽 虢国家声	唐代大将郭子仪，授天德军使兼九原太守，安禄山叛乱时任朔方节度使，在河东击败史思明。肃宗即位，任河东副元帅，因功升中书令，又进封汾阳郡王，氏人以"汾阳"为堂号
林	西河堂	西河郡	九龙世泽 双桂家声	赵国宰相林皋居九门生九子，时称九龙之户，十德之门，赵国君王嫉才，林父子逃西河（山西离石县），发展成望族，氏人以"西河"为堂号
钟	颍川堂	颍川郡	晋贤世泽 楚邑家声	先秦时期，钟氏主要居住在楚国，汉代开始，颍川长社一直是钟氏发展繁衍中心，人才辈出，故钟氏大多以"颍川"为堂号
徐	东海堂	东海郡	南州世泽 东海家声	汉恒帝时，徐姓在东海（山东郯城北）发展成望族，氏人以"东海"为堂号
邱	长春堂	河南郡	龙门世泽 仙山家声	宋代末年，道士邱处机，号长春子，师从王重阳，潜修于龙门山，成吉思汗尊为神仙，爵"太宗师"。邱死后，元世祖，忽必烈，褒赠"长春演道主教真人"封号，世号"长春真人"。氏人以"长春"为堂号
高	渤海堂	渤海郡	常山世泽 边塞家声	东汉时，渤海太守高洪任满举家居渤海，世代为官，形成望族，氏人以"渤海"为堂号

续表3—42 大豫镇百家姓堂号郡望堂联一览表

姓 氏	堂 号	郡 望	堂 联	起 源 注 解
夏	敦仁堂	会稽郡	尚忠世泽 至教家声	三国时魏将夏侯渊,有将略,厚仁仪,忠孝系于一身,与蜀军对峙平阳关,战死沙场,氏人为纪念他,以“敦仁”为堂号
田	紫荆堂	雁门郡	雁门世泽 麟趾家声	明朝发生土木之变,英宗得田项母子救驾免难,英宗复位后,悉田项宅前紫荆死而复活,下诏建一座府第名“紫荆堂”,氏人即以“紫荆”为堂号
胡	安定堂	安定郡	丽霞世泽 相贤家声	魏晋时胡质,胡威父子,任官之因,举家迁安定,发展成望族。子孙中名贤相继,女胡芳入宫,生武安公子,胡氏地位更加显赫。氏人以“安定”为郡望堂号
万	扶风堂	扶风郡	成乡世泽 槐里家声	万姓早期在陕西,山西一带发展,形成扶风等较大郡望。氏人以“扶风”为堂号
管	匡世堂 锄金堂	晋阳郡	锄金世泽 煮海家声	春秋时期,齐桓公拜管仲为相,为齐桓公称霸诸侯立下不朽功绩,世称名相,孔子赞其“一匡天下”,氏人以“匡世”为堂号
卢	旗羲堂	范阳郡	范阳世泽 涿郡家声	三国时涿郡更名范阳郡。东汉卢植,汉灵帝时任太守,曹操评论其:“植名著海内,学为儒宗,仕之楷模,国之桢干”。氏人以“旗羲”(喻受皇上表彰和宠爱)为堂号
缪	二贤堂	兰陵郡	兰陵世泽 东海家声	汉代长沙内史缪生,兰陵人(山东峄县东),为博士,其后代繁衍兴旺,形成强宗大族,史称缪氏兰陵望
宗	忠简堂	京兆郡	宋京留守 周宝春宫	宋代宗泽文才武略,靖康元年,抗击金兵,南宋初任东京留守,屡败金兵,死后追封为“忠简”,氏人为纪念之,以“忠简”为堂号
丁	济阳堂	济阳郡	皇华世家 太史家声	吕伋在周成王时任朝中重臣,成王临终,命其辅佐康王,伋去世,康王赐谥“丁”。吕伋后裔丁姓人,在济阳(山东定陶县)形成望族,氏人以“济阳”为堂号
邓	南阳堂	南阳郡	新野世泽 高密家声	邓禹助刘秀兴汉,威震关西,拜为大司徒,封酂候,此后,南阳新野邓氏成为强宗大族。刘秀统一全国后,论功禹最高,改封高密候。禹居兴汉功臣28将之首,禹孙女为和帝后,和帝死其临朝执政。氏人以“南阳”为堂号
单	新丰堂	南安郡	南安世泽 西周家声	东汉将军单超,善谋略,封为新丰侯,拜车骑将军,七代荣授侯爵,后在南安形成人多势众的望族,为纪念之,氏人以其封赐“新丰”为堂号
石	三典堂	武威郡	万石世泽 八公家声	十六国时石勒自称赵王,史称后赵,历六位君子,五代时石敬堂灭后唐,国号晋,历二帝,历史上石氏八皇帝,集武威、上堂、渤海三处望族,氏人以“三典”为堂号
崔	三戟堂	清河博 陵郡	五原世泽 四皓家声	商代崔广(四皓之一),隐居修道,称夏黄公,东汉崔寔,为官清廉,官至尚书。唐代崔琳任开元中书令,崔珪任太子詹事,崔瑶任光禄大夫均以戟护侍,当时人称“三戟崔家”,氏人以“三戟”为堂号
龚	渤海堂	武陵郡	荆楚世泽 渤海家声	汉龚遂任渤海太守,宣帝时渤海附近诸郡饥荒,遂开仓借粮,奖励农桑。抚恤百姓,狱讼减少,农民归田,德政无限,称其御史典范。氏人以“渤海”为堂号

续表3—42　大豫镇百家姓堂号郡望堂联一览表

姓氏	堂号	郡望	堂联	起源注解
程	培善堂	广平郡	怀仁世泽 彝德家声	北宋著名哲学家,教育家程颢、程颐兄弟。颢洛阳讲学10余年,弟子有“如坐春风”之喻。颐一言一行以圣人为师,教学30余年,主张去人欲,存天理。二程受历代皇帝诸多褒奖,为纪念之,氏人以“培善”为堂号
陆	河南堂	河南郡	云间世泽 洛邑家声	春秋时陆恽国,地在河南,其部落族人以陆为姓,发展成望族,史称陆姓河南望,氏人以“河南”为堂号
侯	上谷堂	上谷郡	诗书门第 骑射家声	汉代侯姓人在河北上谷发展成强宗大族,称侯氏上谷望,氏人以“上谷”为堂号
符	绳武堂	琅琊郡	乐施世泽 骑射家声	宋代大将符彦卿,出生武将世家,官至天雄军节度使,加封太师,魏王。有谋善战,谦恭下士,逢战事,上下团结,攻无不克,战无不胜。氏人以纪念之,以“绳武”为堂号
刘	传经堂	彭城郡	彭城世泽 黎阁家声	西汉经学家刘向,成帝时任光禄大夫,至夜太乙星君着黄衣持杖至,吹燃杖头火焰照明,与向谈古说今,俱是人间未闻之事,刘向学问大进。因此氏人以“传经”为堂号
步	紫金堂	平阳郡	东国名贤 西陵遗爱	三国东吴名将步骘,避乱江东,自耕自给,昼夜苦读,博览群书。孙权称帝后,拜骠骑将军,镇守西陵20余年,敌惧其威,群众拥戴,拜丞相,为纪念之,氏人以“紫金”为堂号
沙	志颐堂	汝南郡	汝南世泽 苏北家声	宋代太守沙世坚随皇帝高宗移居钱塘,后迁居如皋,其后裔沙元炳,授翰林编修,维新运动破产,义然辞官回如皋兴办地方实业和教育事业,取其“志颐”为堂号
蒲	绰然堂	河东郡	柳泉世泽 聊斋家声	明末文学家蒲松龄,号柳泉,史称聊斋先生,一生光明磊落,自拟堂号绰然堂,告示世人。先生索轶闻异事,集素材于树屋“聊斋”,著书《聊斋志异》,名扬海内外,氏人纪念之,以“绰然”为堂号
乔	睢阳堂	梁郡	婺州世泽 梁国家声	东汉时睢阳,桥氏已形成望族。桥玄从魏时任平原内史。丞相宇文泰说:姓带木旁,过于笨重,去掉木旁,姓乔,具有飞天高升,步步乔迁之意。玄遂改为乔氏。南宋乔行简,婺州人,官至丞相,封鲁国公,氏人以“睢阳”为堂号
濮	启贤堂	鲁郡	东海世泽 西梁家声	宋代濮安懿王的儿子被宋仁宗列为太子继位,使濮氏更风光,氏人鉴此取“启贤”为堂号
丰	渤海堂	松阳郡	松阳世泽 蓬莱家声	宋代道士丰去奢,信奉老子、庄子学说,对道教很有研究。传说居于茅山,从渤海向蓬莱仙岛成仙而去,氏人以此为荣,取“渤海”为堂号
关	武圣堂	陇西郡	忠勇世泽 仁义家声	三国名人关羽,蜀大将。桃园三结义,恩为兄弟。下邳之战,为曹操所俘,封汉寿亭侯,斩颜良,诛文丑以报操之恩,后义归刘备。守襄阳屡败曹仁,水淹七军,威名大震,为历史上受崇敬的人,被称武圣,民间常见关圣帝君庙。氏人以“武圣”为堂号
曾	三省堂	鲁郡	武城世泽 鲁国家声	鲁国人曾参,以孝著称,孔子学说重要传人,儒家尊称“宗圣”,提出:“吾日三省吾身,……”修养方法,做到非礼勿视,非视勿信,非礼勿言,非礼勿动,动静必须遵循礼法。应成为至善至美的人,氏人以其美德自豪,取“三省”为堂号

续表3—42　大豫镇百家姓堂号郡望堂联一览表

姓氏	堂号	郡望	堂联	起源注解
白	香山堂	太原郡	太原世泽 洛水家声	秦国名将白起，封武安君，子白仲封于太原，其34世孙白居易，晚年居洛阳龙门山，筑石楼，自号香山居士，和胡杲等九人组成香山诗社。宋代，宰相文博将香山九老图，挂于会馆中堂以示追随。为纪念白居易，氏人以“香山”为堂号
颜	复圣堂	琅琊郡	—	春秋时，孔子弟子颜回，勤俭好学，乐道安贫。为孔门72贤人中之最，以德行著称。后世儒家尊他为“复圣”，氏人纪念之，以“复圣”为堂号
翁	赐鱼堂	钱塘郡	—	唐代，翁洮曾为员外郎，后隐居，召其而不出，以《枯鱼诗》作答，皇帝阅诗后知其心志，赏赐曲江鱼。氏人以“赐鱼”为堂号
庄	锦绣堂	天水郡	—	唐末，庄森随王审知入闽，九世孙庄夏，居官德政，南宋甯宗皇帝赐其建第於泉州府城，将其故乡鬼笑山御笔赐名锦绣山，堂号“锦绣”由此而来
熊	射石堂	江陵郡	—	周时，熊渠善射。夜行，见石以为伏虎，拔箭射之，没金饮羽，视之，石也。氏人以此典故，“射石”为堂号
覃	会稽堂	会稽郡	—	伯益带领覃怀人随大禹治水，辗转北南至会稽。为纪念祖先伯益，覃怀人以“会稽”为堂号
耿	美阳堂	高阳郡	—	后汉耿秉，博晓书记，晓《司马兵法》。明帝拜驸马都尉，章帝时拜辽渡将军。匈奴怀其恩信，又拜征西将军，登燕然山被封美阳公。氏人遂以“美阳”为堂号
向	淑均堂	河南郡	—	蜀汉将军向宠，为中都督。诸葛亮夸其“性为淑均，晓畅军事。”氏人以“淑均”为堂号
邬	太原堂	南昌郡	—	春秋前，邬姓家族，在山西太原市西南繁衍发展，世代相袭以“太原”为堂号
屈	三闾堂	临海郡	—	战国时，屈原博闻强记，明于治乱。官至三闾大夫。后因奸臣靳尚、郑贵妃谋害被贬江南。为明示爱国心，自投汨罗江而死。为纪念之，氏人以“三闾”为堂号
乐	南阳堂	南阳郡	—	光武帝刘秀，于洛阳建立东汉政权。光武帝的云台28将，365功臣，出于南阳，皇亲国戚云集，有帝乡之称。因此，“南阳”为乐姓郡望、堂号
盛	汝南堂	汝南郡	—	盛姓先祖在汝南（河南上蔡）、梁国（河南商丘市南）形成望族。氏人以“汝南”为郡望堂号
江	忠廉堂	济阳郡	—	宋时上高尉江灏，因勤王功升建浦丞。历任柳州，象州知府，为官又忠又廉。氏人纪念之，以“忠廉”为堂号
柯	异鹊堂	济阳郡	—	宋朝柯述官至朝散大夫。漳州灾荒，为赈济灾民，亲自住灾区。2只奇怪小鸟在其住所梁上筑窝。回城时，小鸟飞随数十里，不忍离去。氏人以“异鹊”为堂号
凌	河涧堂 渤海堂	河涧渤海郡	—	凌氏家族，以沿袭祖辈发源郡望地名河涧、渤海为堂号

续表3—42　大豫镇百家姓堂号郡望堂联一览表

姓氏	堂号	郡望	堂联	起源注解
欧	八剑堂	平阳郡	—	春秋欧冶子善铸剑，为越王铸5剑（湛卢、世阙、胜邪、鱼肠、纯钩），嗣后，干将为越王铸3剑（龙渊、太阿、工布）。均是历史名剑。氏人以“八剑”为堂号
叶	崇信堂	南阳郡	—	宋朝翰林学士叶梦得，任江东安抚使，率军据江津，拒金兵。升任观文殿学士，调任福建安抚使，大败金兵50多次，官至崇信节度使。氏人以“崇信”为堂号
洪	双忠堂	敦煌郡	—	宋朝礼部侍郎洪皓，出使金国，被扣15年，坚贞不屈，子洪迈，授翰林学士，又出使金国，也不屈服被扣。时称“父子双忠”，氏人以“双忠”为堂号
游	美秀堂	广平郡	—	春秋时，游吉貌美才秀，举止文雅，熟于典故。继名相子产之后任郑国宰相，为政宽和。氏人以“美秀”为堂号
吉	冯翊堂	冯翊郡	—	汉唐后，冯翊吉氏英才辈出，贤哲众多，名载史书碑文，事迹可歌可泣，冯翊为吉氏发祥地。氏人以“冯翊”为郡望堂号
项	师圣堂	辽西郡	—	春秋时，项橐7岁为孔子之师。后世称孔子为至圣先师。项氏以“师圣”为堂号
仇	方正堂	南阳郡	—	东汉仇览为蒲亭长，用德感化世人。朝廷征仇览为方正。氏人以“方正”为堂号

注：郡望往往可为堂号，堂号大多不能作郡望

境内有些常见姓氏、郡望、堂联、起源资料不全。仅将姓氏堂号录于后：柏姓魏郡堂，章姓河间堂，巫姓平阳堂，霍姓、武姓、祝姓、祁姓、温姓太原堂，虞姓、阮姓陈留堂，贾姓武威堂，包姓、鲍姓、樊姓上党堂，左姓、殷姓、梅姓汝南堂，仲姓、蓝姓中山堂，裴姓河东堂，俞姓河南堂，阙姓下邳堂，茅姓东海堂，童姓雁门堂，尹姓天水堂，翟姓南阳堂，景姓晋阳堂，晏姓、蔡姓齐阳堂，邢姓北海堂，冉姓武陵堂，宠姓始平堂。还有如郁姓、瞿姓等姓氏，未查见其堂号等资料。

第四篇　镇村建设

民国初年，大豫境内村庄建设，由民族实业家张謇特邀荷兰水利专家特莱克设计定为方格化，居住比较整齐划一，每隔约半华里即有一排住户。由于缺乏规划管理，中华人民共和国成立初，镇村建设处于混乱、无序状态。20世纪50年代，医治战争创伤，各行各业百废待举，国民经济处于起步阶段，用于镇村建设财力有限。60年代，经过“文化大革命”，镇村建设进程缓慢。70年代后期，以经济建设为工作重心，国民经济开始步入正轨。受经济条件限制，镇村基础设施建设举步维艰，面貌难以改观。80年代，境内各乡镇分别成立城建办公室和乡镇建设办公室。在中共乡（镇）委、乡（镇）政府领导下，城乡建设的领导和管理力度得到加强，认真履行管理职能，科学编制城乡建设规划，加快旧镇改造步伐，有序推进新区开发，突出重点项目建设，取得显著成效。90年代，在加快城镇建设和社会主义新农村建设进程中，兵房镇城乡建设和管理出现喜人局面，1999年，列入江苏省222个重点中心镇。是年，被评为如东县首批县级新型小城镇。2001年，大豫镇修编总体规划，兵房镇编制镇区居住小区和旧城改造详细规划；是年，兵房镇评为南通市新型示范小城镇。2009年，两镇合并后，中共大豫镇委、镇政府，进一步加快镇村建设步伐，至2012年，镇区建成14条路，总长度8530米，总造价2530万元。全镇建成集居点29个，规划总面积8214亩，已规划占地总面积333.80亩，建住宅楼320幢，建筑总面积12.88万平方米。

第一章　机　构

第一节　管理机构

20世纪80年代中期，境内各乡镇配备1名城乡建设规划员，办理建设审批业务，制定城乡建设规划。实施规划经党政联席会议讨论审核，报县计划委员会审批。1986年，兵房镇、南坎乡、丁店乡、东凌乡成立村镇建设管理办公室，隶属县城乡建设委员会和当地政府，乡镇建设主任兼办公室主任，另配1名规划员主持日常工作。

1988年起,有关建设规划制定和审批,隶属如东县城乡建设委员会。随之,在乡镇建设管理上,由党委1名副书记挂职,政府1名副镇长分管,有关建设管理日常工作由建设助理具体负责。

20世纪90年代初,各乡镇相继成立建筑管理站和农村能源办公室。乡镇建筑管理站是管理建筑队伍专设机构,主管建筑工人登记、发证和建筑工程施工安全、质量检查督促,业务上隶属县建工局。乡镇农村能源办公室,主管发展沼气,后又增加农村改水工作,业务上隶属县农村能源办公室。

为加强农村建设领导,一度政府将村镇建设管理办公室、土地管理所、建筑管理所、能源办公室合并为"四位一体",合署办公。由1名副乡镇长挂职,旨在简化程序,方便群众,提高工作效率,在当时农村建设管理中发挥一定作用。

2009年5月,大豫镇与兵房镇合并后,建立大豫镇建设管理服务站,负责镇区内规划建设、管理服务工作,贯彻落实村镇建设方针、政策和法律法规,编制《总体建设规划》《村庄建设工作》,并组织实施,承担各类生产建筑、公共建设,住宅建筑等工程项目的业务咨询、规划选址、项目初审、现场放样、验线、竣工验收等服务;负责村民个人住宅建筑"一房两证"发放工作。

为确保乡镇农村建设按规划实施、合理合法使用土地,各村配备1名专职工程员,负责村内建设管理,当好信息联络员。为加强镇区市容市貌管理,2010年,成立城管队,业务上接受县城管局指导,城管队由5人组成,负责镇区日常管理。

第二节 规划编制

1997年,在县建设委员会指导下,境内各乡镇编制新一轮总体规划,各村在原有基础上,排中加密,按照集居式村民建设要求规划,编制历史上第一份村庄建设规划。此规划上报后,未能获准。根据县建设委员会要求,重新编制规划,启动现代化示范村建设,全镇相继建起现代化农民集居点。

1998年,兵房镇围绕以建设"农业现代化,乡村城市化,城乡一体化"工作思路,以建设"布局合理、设施配套,交通方便,功能齐全,环境优美,具有特色"小城镇目标,请县测绘队对镇区进行重新测绘,拿出4平方公里区域1:1000图纸,委托南京大学城市规划设计院编制1998～2015年镇总体规划,6月,提交镇人代会讨论通过,上报后,11月5日,获得县政府批准。

2009年5月,大豫镇与兵房镇合并后,新大豫镇驻地兵房镇,行政区域面积195.47平方公里,人口10.67万人。2011年,国家环境保护部、江苏省人民政府批准如东县大豫镇东安科技园建设国家进口再生资源加工区,给大豫镇发展带来新机遇与挑战。为进一步加快新镇区和国家进口再生资源加工区建设,促进城乡统筹发展,整合城乡建设空间,优化城乡产业布局，完善城乡基础设施和公共服务设施，2011年8月，大豫镇政府委托南京大学城市规划设计研究院编制《2011～2030年如东县大豫镇总体规划》。

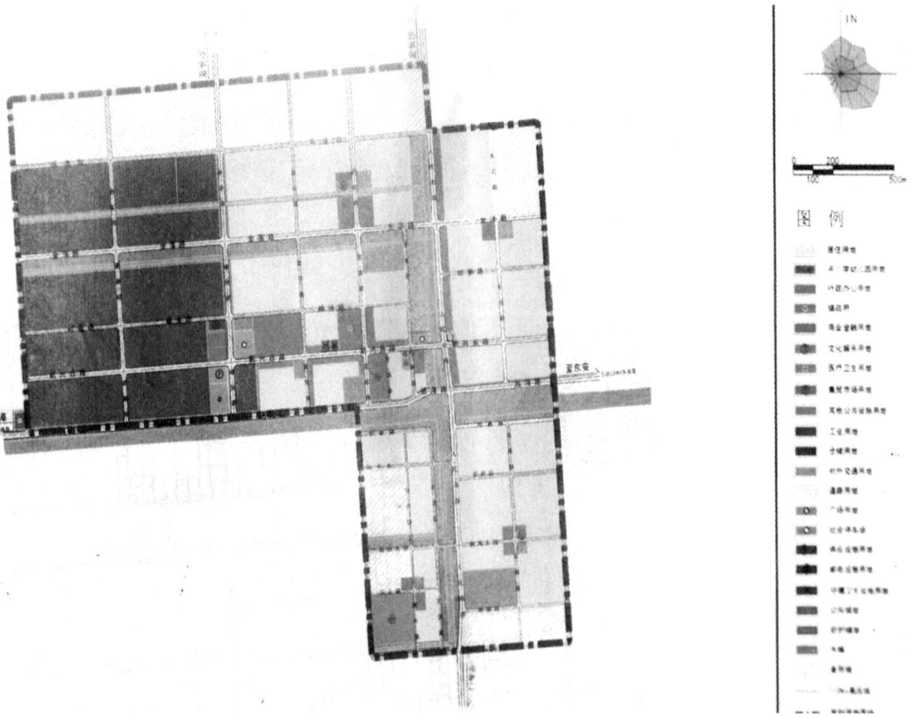

图4-32　2011～2030年如东县大豫镇区总体规划

第二章　市政建设

第一节 旧城改造

境内有大豫、兵房、丁店、大同、南坎、东安等小集镇，由于成陆迟，除南坎镇外，其余集镇历史约在90～100年不等。

大豫镇，原是南坎乡所在地，有一条东西走向200米左右老街，20世纪80年代起，对街道进行拓展延伸。90年代初，民族实业家张謇铜像落成，建成瞻贤桥，依托大豫垦殖公司集工业、商业、滩涂开发为一体优势，建成一条振兴集体商业新街。20世纪末，在大豫镇南市河南侧进行新区建设，开发商业楼3万平方米，新建4000平方米农贸市场和500米长商业街。

兵房镇，为如东县老八大建制镇之一，是掘东区政治、经济、文化、交通中心。80年代，一条南北走向主街道，全长1000多米，街面房高矮不一，破烂不堪，道路宽处14～15米，窄处7～8米，坑坑洼洼，交通拥挤时常堵塞，垃圾遍地不堪入目，“镇不像镇，街不成街”，脏、乱、差现象十分严重，居民生活质量严重下降，经济发展受到制约。1995年，镇村环境整治中，问题也未得到根治。1996年5月，成立兵房镇小城镇改造指挥部，由党政两个一把手分别担任政委、总指挥，分管领导担任副总指挥。拉开旧城改造序幕。通过几年艰辛改造，在镇区人民路东侧拓宽改造中，共拆除28个单位和74户居民旧住房，拆除面积1.60万平方米，先后动用13支建筑队伍，新建单位用房，店面房面积2.80万平方米(其中新建商住楼面积1.50万平方米)。人均居住面积提高到25平方米。

丁店镇，是丁店乡政府驻地，20世纪80年代，在四贯河东侧建有供销社和商业总店门市部，形成半面街，90年代起，加大小集镇建设力度，在四贯河上(粮站东南侧)架起东西桥梁，沿四贯路(222省道)两侧建起店面房，形成约500米长农民街，并在农民街北首东侧建成2500平方米农贸市场。

东凌，是东凌渔业乡驻地，60年代中后期逐步形成，流动人员多，当地居民主要分布在东安闸两侧，80年代起，建有几家超市和酒店，20世纪末，建成一条300米长渔民街。南坎、大同、东安3镇，因交通不便，地理位置偏僻等诸多因素，镇貌未得到有效改造。

第二节　镇区道路

20世纪80年代，兵房镇仅1条千余米长南北主街道。1996年5月后，旧城镇得以改造，并新辟成6条路。进入21世纪后，又增建8条新路。至2012年底，镇区14条路，7条沥青路面，6条水泥硬质路面，1条砂石路面，总长度8530米，总造价2530万元。

一、人民南路

1996年5月建造，沥青路面，宽27米，全长1200米，自兵房大桥向南至南通龙涛水带集团有限公司，总造价500万元，由南通市路桥建设工程公司承建。

二、人民北路

1998年8月建造，沥青路面，宽27米，全长700米，自兵房大桥向北至南通东驰纺织有限公司，总造价300万元，由南通市路桥建设工程公司承建。

三、新建路

1990年5月建造，开始为砂石路面，2010年改为沥青路面，宽4米，全长600米，自邮电局大楼向东至电信局大楼折向北至国营兵房油厂，总造价100万元，由南通市路桥建设工程公司承建。

四、团结路

1998年8月建造，开始为砂石路面，2006年改为水泥硬质路面，宽5米，全长500米，自江海棉业有限公司向南折向西至兵房交警中队，总造价100万元，由兵房建筑工程有限公司承建。

五、为民路

1999年9月建造，沥青路面，宽5米，全长220米，南起334线兵房镇区路段，北至兵房成人学校。总造价30万元,由南通市路桥建设工程公司承建。

六、健康路

2001年8月建造,沥青路面,宽14米,全长1250米,自海滨桥向西至三贯加油站,总造价400万元,由南通市路桥建设工程公司承建。

七、新兴路

2001年4月建造,水泥硬质路面,宽14米,全长700米,由金地来大桥向西至天主教堂,总造价250万元,由兵房建筑工程有限公司承建。

八、燎原路

2003年6月建造,开始为沥青路面,2012年,改为水泥硬质路面。宽9米,全长500米,自南通燎原针织有限公司向北至兵房工业集中区路口,总造价250万元,由兵房建筑工程有限公司承建。

九、富华路

2006年8月建造,水泥硬质路面,宽12米,全长220米,自如东凯缘食品有限公司东侧向北至天主教堂,总造价80万元,由兵房建筑工程有限公司承建。

十、迎宾路

2006年8月建造,水泥硬质路面,宽12米,全长220米,自兵房农贸市场西侧路口向北至兵房工商分局十字路口,总造价80万元,由兵房建筑工程有限公司承建。

十一、市场路

2001年8月建造,水泥硬质路面,宽7米,全长220米,自兵房农贸市场东侧路口向北至该市场的东侧北路口,总造价60万元,由兵房建筑工程有限公司承建。

十二、和平路

在省道334线东延拓宽时取消。

十三、胜利路

1990年4月建造,沥青路面,宽5米,全长300米,自兵房粮站桥向西至如东振兴机床有限公司,总造价60万元,由南通市路桥建设工程公司承建。

十四、顺通路

2003年6月建造,水泥硬质路面,宽12米,全长1200米,贯穿兵房工业集中区东西,为园区的主干道,总造价200万元,由兵房建筑工程有限公司承建。

第三节　镇区桥梁

中华人民共和国成立前后,镇区有5座木质桥梁。二十世纪六七十年代,均改建为水泥板桥,后又改建成曲拱或T型桥梁。2004年,新增金地来大桥。至2012年,镇区共有6座桥梁,总长度260.50米。

一、海滨桥

建于1969年底，原为水泥拱形桥，当时取名“全红桥”。1992年底改造后，重新定名“海滨桥”。2004年，再次拓宽改造为平板公路桥，宽17米，全长46米，该桥是省334线四贯河上连接掘港至东凌主要桥梁。

二、粮站桥

建于1976年，因位于兵房粮站东侧而得名，当时桥面较窄，过往车辆通行受阻，1980年，改造拓宽为曲拱桥，宽4.50米，长35米。是兵房居委会3组及其居民进入镇区必经桥梁。

三、兵中桥

建于1986年，因位于兵房中学东侧而得名，T型桥梁，宽8米，长32米，是兵房中学师生及徐征村村民出入主要通道。

四、法庭桥

亦称兵房老菜市场桥，因位于原掘东法庭和老菜市场之间，故取名法庭桥。该桥建于1987年，木行架，宽3.50米，长33.50米。2012年年底，改建为拱桥。

五、金地来大桥

由南通金地来酱制品有限公司总经理陈晔晖承建而得名。此桥建于2004年，大孔板，宽7米，长28米，主要服务于农副产品一条街。

六、兵房大桥

始建于1958年，时为木质桥，1970年，改建为水泥弧形拱桥，1998年，在镇区人民路拓宽改造时，在老桥东侧新建1座同样形状附桥，并在两桥中间建成绿化隔离带种上花草。2010年，拆除老桥重建宽24米，长86米公路平板桥，于2012年6月全面竣工通车，此工程由南通裕华建设工程有限公司承建。

第四节　居民小区

20世纪80～90年代，建造的居民点或职工（教工）集资楼称为“老居民小区”。在此基础上，相继建成邮电、税务新村。至2012年，镇区居民小区7处（不含新区），建筑总面积9950平方米。

一、老居民小区

（一）兵房居民点

建于1986年年底，征用土地6.50亩，建房面积按当时人口比例划给，所有住宅楼均为自建，没有统一标准，该小区共居住24户居民，建筑总面积约3600平方米。

（二）邮电新村

建于1988年，征用土地1.50亩，建造职工宿舍楼1幢（3层），总面积600平方米，总造价20万元,入住12户,住房改革后,绝大部分住房已出让给外来户。

(三)税务新村

建于1990年,征用土地2.50亩,建造职工宿舍楼1幢(5层),总面积1200平方米,总造价80万元,入住24户,住房改革后,绝大部分住房已出让给外来户。

二、学校宿舍楼

(一)镇中学生宿舍楼

建于2004年,分别由县教育局、镇政府各投资20万元,建筑面积600平方米,2010年暑假,镇中整体迁至原兵房中学,兵小迁至镇中,学生公寓楼改为教师宿舍楼。

(二)镇中教师集资楼

始建于2006年,由兵小、镇中、东安初中部分教师集资建造,建筑面积3100平方米,2007年入住30户。

(三)兵中教师宿舍北楼

建于1989年,位于兵中的西北侧,1幢4层楼,建筑面积350平方米,入住16户。

(四)兵中教师集资宿舍南楼

建于1995年,由部分教师集资建成,1幢4层楼,底层有附房,位于北宿舍楼南50米,建筑面积500平方米,入住16户。

第五节　新区建设

从旧镇改造入手,带动新区(简称西北新区)开发和建设。2004年3月,兵房镇政府下达《兵房镇农副产品综合批发市场及健康路拓宽改造配套工程房屋拆迁实施办法》,这一工程占地面积20.54亩,拆除单位用房1处,私房29家,面积3100平方米。是年,镇政府投资1000万元,兴建兵房中心农贸市场,建筑面积1.20万平方米,有700个摊位,居如东县东部地区之首。同期,建商品房1.80万平方米,首战告捷,为西北新区大开发打响第一炮。

工业园区建设拉动私营经济大发展。以南通市燎原针织有限公司为龙头,首批开进工业园区的私营企业有:南通中荣水产开发有限公司,江苏省盾王劳保用品有限公司,南通新佳机电有限公司等,截至2012年,西北新区工业园区面积达2250亩,已形成“三横两纵”[①]道路交通格局,有大小企业30多家于此落户,可谓:企业连体,楼房林立,街道整齐,环境优美,集居住、饮食、娱乐、休闲、购物于一体,呈现一派欣欣向荣繁华景象。

(一)农副产品一条街

建于2006年,位于镇区新兴路北侧,兵房居委会向西至镇广播电视服务站,全长700米,建有1.10万平方米商住楼;底层63间门面房;经营项目有:各种家具、超市、五金水电

①三横:掘兵路、新兴路、顺通路。两纵:四贯、三贯南北路。

等,二三层62间为居住房。

(二)九洲花园小区

建于2010年,位于镇区新兴路南侧、富华路东侧,总建筑面积3.65万平方米,分别由4栋多层住宅楼和7栋商住楼组成,可容纳242户。该小区风格别致,时代感强,为居民营造和谐、舒适、优美生活环境。

(三)天悦花苑小区

建于2007年,开发利用镇区健康路9号原兵房镇政府旧址,总建筑面积4500平方米,建住宅楼3幢,入住44户。

(四)金地来花苑小区

建于2012年,位于九洲花苑北侧,占地面积2万平方米,建筑面积3.60万平方米,套房208套,商业用房7000平方米。

第六节　创建新型小城镇

20世纪末,按照“人民城镇人民建”要求,境内各乡镇都部署新型小城镇创建工作。兵房镇是省重点镇、县建制镇,创建力度大,任务重、步伐快、要求高、目标明。为实现争创市级新型小城镇目标,1999年4月,镇党委成立创建新型小城镇指挥部,党委书记任政委、镇长任总指挥,人大主席、分管副镇长任副总指挥,下设宣传、卫生环境清理、市容秩序整顿、创建工作、市场建设暨新区开发、公墓筹建等六大办公室。同时,制定与之配套《门前三包责任制度》《新型小城镇创建责任书》《居民守则》《居民文明公约》《镇区规划建设管理若干规定》《镇区绿化管理办法》等,经过1年多不懈努力,镇容镇貌焕然一新。进入21世纪后,镇域区划虽经两次调整,但镇党委政府始终把中心镇创建工作列入重要议事日程,层层加码、精心谋划、一着不让、凸现成果,到2012年,全镇基本达到“城镇路面硬质化,路灯照明化,环境优美化,饮水卫生化,农村城市化,道路通达化,全镇绿色化”。

附记:

大豫镇居民文明公约、守则、规范

大豫镇居民文明公约

热爱祖国	热爱人民	热爱如东	维护安定	热爱劳动	爱岗敬业	诚实守信	勤俭节约
遵守法纪	维护秩序	见义勇为	助人为乐	美化镇容	讲究卫生	绿化大豫	保护环境
关心集体	爱护公物	热心公益	助残济困	崇尚科学	尊师重教	自强不息	提高素质
敬老爱幼	拥军爱民	尊重妇女	计划生育	举止文明	移风易俗	健康生活	增强体魄

镇 民 守 则

不随地吐痰　不粗言秽语　不乱丢杂物　不乱设摊点

不损害花木 不破坏公物 不违法搭建 不违章通行

"三 德"规 范

文明礼貌　助人为乐　爱护公物　保护环境　遵纪守法　敬老爱幼　尊师重教

职 业 道 德

爱岗敬业 诚实守信 办事公道 服务群众 奉献社会

家 庭 美 德

夫妻和睦　孝敬老人　教育子女　勤俭持家　健康生活　邻里团结

第三章　乡村建设

第一节　农居沿革及变化

自大豫盐垦公司成立后，境内农村建房基本按"一字式"以排建造，其中也有少数户主因祖上以烧盐为生，把房屋建在盐墩上，墩旁有一圆形水塘，称"圆沟"或"潭"。如一门闸村曹家墩和周墩村周家墩、潘家墩等，虽经土地平整，仍留有旧貌痕迹。大豫镇有90%左右启海人，10%左右"本场人"，居住房屋造型、结构以及建房方法迥然不同。启海人通常是按经济情况和需要建房，不够住时可再接1间或几间，管堂屋叫前头屋，且辟有前门和后门，中间砌一副灶，房屋一般是平型(指屋顶)。"本场人"在建房时，通常是先筹划、后筹钱，一般建3间主屋，(中间为堂屋，两边叫房间)，1～2间小厨房，主屋大门辟在堂屋前二架梁下，有人家在大门两旁加两扇边门，管它叫"耳门"，主房屋顶一般是两山稍高中间偏低成上弧形状。中华人民共和国成立前，境内除个别大户人家有青砖小瓦房屋外，贫苦农民都住草房，四壁芦笆障，十分矮小。中华人民共和国成立后，农民生活不断改善，农村逐步出现建房热，20世纪50年代，把矮小房改为5架梁房，少数户子在大门两旁局部用上青砖，60年代，大多新建砖墙，"本场人"开始住拍屋(也叫紧盖)瓦封山草房。70年代中期，提高建房标准和质量，将5架梁房换成7架梁或9架梁房，掀起建青砖小瓦房和红砖(标准砖)平瓦房热潮。70年代中期，掘东区把徐征村作为"样板片"典型，所有房屋集中搬迁至规划线，实行"耕地条田化，水利方格化，住宅排条化、耕作机械化"，动员全区木匠、泥瓦匠上千人，奋战数月，终于搬迁成功。此做法利少弊多，中共十一届三中全会后，未能得到推广。

第二节　农村集居点建设

2006年，大豫、兵房两镇积极响应中央建设社会主义新农村号召，把农村集居点建设摆上重要议事日程，根据县委、县政府加强农村集居点建设要求，在建设过程中，做到与土地利用总体规划和村镇建规划相结合，与道路建设相结合，与土地复垦整理相结合，与农村土地流转相结合，与新农村建设相结合。统一规划，统一设计，统一报批，统一管理，农村集居点基本达到：建筑美化、道路硬化、小区亮化、卫生洁化、小区绿化、河道净化。至2012年，全镇建集居点29个，共安排536户，规划总面积8214亩，已规划占地总面积333.80亩，建住宅楼320幢，建筑总面积12.88万平方米。强民村规模最大，占地总面积30亩，建住宅楼68幢，入住67户，建筑面积1.69万平方米。

图4-33　　2012年，拍摄的徐征村集居点一角　　（管霖　摄）

2012年大豫镇农村集居点建设一览表

表4—43　　　　　　　　　　　　　　　　　　单位：亩 平方米 个 人 户

村别	农居点规模		已规划数			竣工数		农居点位置
	总用地	总人口	集居点数	安排户数	占地面积	竣工幢数	建筑面积	
止马洼	240	1600	1	32	15	16	7360	27组（四贯河东侧，棉场河南侧）
南坎社区	418.50	2500	1	25	13	13	6250	北13组（樊家店）
香台	499.50（两处）	3700	2	24	12	13	5200	原香台村6组（七贯路东侧）
周墩	744（两处）	4800	2	22	20	11	5060	周墩村4组，凌窑11组
豫东	1123.50（两处）	5700	1	19	10.8	10	4104	原亭海13组
大豫社区	559.50（两处）	3750	2	50	25	25	12000	原育新13组和一贯处

续表4—43 2012年大豫镇农村集居点建设一览表

村别	农居点规模		已规划数			竣工数		农居点位置
	总用地	总人口	集居点数	安排户数	占地面积	竣工幢数	建筑面积	
九龙	264（两处）	1860	2	13	7	6	3120	原九龙村部北3排
如东农场	198	1100	1	12	8	12	3000	农场2组
大同	499.50（两处）	3700	2	50	32	25	12500	10、45、44、43、5、42、40组
巩王	300（两处）	3860	2	30	15	15	7200	19、6、7组
丁家店	627（两处）	4640	2	32	15	16	7360	1、2、23、24、25组
伯安	270	2000	1	18	12	9	4500	1、16、18组
闸东	217.50	1600	2	15	8	8	3750	6、14组
东安闸	567	4000	2	12	13	12	2880	29、30、19、20组
马家店	523.50	3860	2	44	23	22	10120	34、35、36、41、42、43、17、18、19组
徐征	310.50	2300	1	24	20	12	5520	5、6、18组
强民	444	3280	1	67	30	68	16884	27、28、38、39、40组
一门闸	408	3020	1	44	35	22	11000	14、16组
兵房居委会	—	—	1	5	10	5	1000	居委会北侧
合计	8214	57270	29	538	323.8	320	128808	

第五篇 农 业

大豫镇地处沿海,地势平坦,气候温和,雨量充沛,适宜农作物生长。

自民国5年(1916),民族实业家张謇成立大豫盐垦公司后,境内大片荡滩(草荡、滩涂)得到垦殖,逐渐变成良田。土地改革前,除公共河至南坎一带农民有一部分私田外,绝大部分农民都是种公司"议租田""议价田""买价田"①受地主剥削阶级盘剥。民国35年(1946)5月4日,中共中央发出《关于清算减租及土地问题的指示》(即"五四土改"),实行"耕者有其田"土地改革。境内各地均按人均3~4亩不等分田,彻底摧毁不合理封建土地制度,农业生产得到较快发展。

中华人民共和国成立后,从1950年起,先后组织成立伴工组、互助组、初级农业生产合作社、高级农业生产合作社直至1958年建立人民公社,引导农民走共同富裕之路。在"文化大革命"期间,掀起"农业学大寨"高潮,升旗上工,降旗放工,大呼隆干活(无责任制),严重影响广大农民积极性,阻碍生产力发展。中共十一届三中全会,拨准方向,在"五定一奖"②责任制基础上,实行家庭联产承包责任制,第一轮土地承包开始,颁发"土地使用证"。1995年,根据中央指示精神,实行二轮土地承包,改革完善土地承包制度,1995年1月1日起再延长30年不变,"增人不增地,减人不减地"。1999年,发放新一轮农村土地承包经营权证书。2009年镇域合并后,全镇常用耕地面积16.58万亩,有效耕地面积16.37万亩。2010年,农作物总播种面积34.39万亩,其中粮食面积12.96万亩,粮食总产量3.30万吨,棉花总产量6461吨,油料总产量1.26万吨。2012年,农作物总播种面积33.47万亩,其中粮食面积13.13万亩,总产量3.57万吨;棉花总产量6213吨;油料面积5.07万亩,总产量1.07万吨;蔬菜面积5.72万亩,总产量18.23万吨。

①议租、议价田属同一类型,一般为四六分成。买价田,即出钱买断田的权属关系,归私田。

②定土地、定劳力、定产量、定成本、定工分、超产奖励。

第一章 生产关系变革

第一节 封建土地私有制

民国35年(1946)前,土地属封建私有制,可自由买卖,境内土地,除南坎以西老圩外,均为大豫盐垦公司掌控,从而使大量土地被地主阶级所占有,贫苦农民只占有少量土地。

一、租佃

民国35年前,佃农基本上没有土地,主要向大豫盐垦公司下属分公司的"粮户"租地种。如中一区张家仓,南二区董家仓、竟成仓、协和仓,南三区谢家仓等。由于地租重,农民入不敷出,遇到灾年,被迫逃荒、讨饭。有的到"粮户"(即仓里)做长工、打短工,受尽压迫和剥削。

二、租额

就境内租额而言,一般视当年收成议定租额,谓之议租。公司议定租额后,佃农只能遵议缴租,且要缴好粮、好棉,不能提异议;在庄稼收获时,仓主(地主)及管家、账房先生实地监视巡视佃户收割、脱粒,然后以实产分成,亦谓之看场分收。

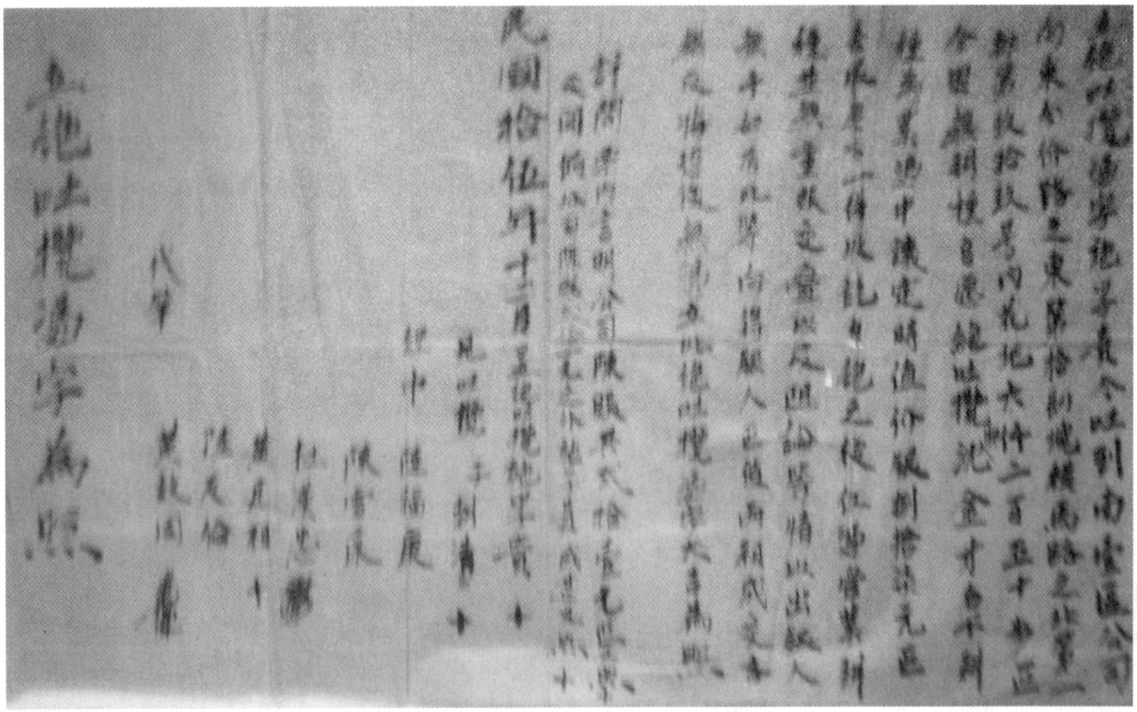

图5-34 民国15年(1926)12月沈金才(兵南村7组)种南一区公司议价田揽凭(沈建冲 提供)

民国29年(1940)前后掘东地区看场分成标准一览表

表5—44

分成标准		5:5	3:7	2:8	1.50:8.50	1:9
分成依据	押金	有	或有或无	无	无	无
	肥料	各一半	地主出	地主出	地主出	地主出
	牛工	佃户出	佃户出	地主出	地主出	地主出
	种子	佃户出	各一半	地主出	地主出	地主出
佃户实行		5成	3成	2成	1.50成	1成

第二节　土地制度改革

民国35年(1946)6月,土地改革,没收"粮户"土地分给农民,境内各乡按田亩多少按人分配,一般人均分得土地3～4亩不等,实现"耕者有其田"。8月,进行土改复查。

一、"二五"减租[①]

民国30～34年(1941～1945),境内各乡逐步开展减租运动,实行"二五"减租,有减二成、一成五、一成,乃至不减。在减租运动中,佃农收成得到提高,受益较多;自耕土地较多,佃耕地较少,得益较少。

二、土地改革[②]

(一)土地占有

民国30～34年(1941～1945),全境广泛开展减租运动,农村阶级关系有所变化,地主阶级依然占有大量土地,继续剥削佃农。马家店村26、27组原有3家"粮户",人口14人,占地560亩,为总耕地面积的82.35%,人均40亩。而佃户183人,仅占17.65%,人均0.66亩。人均比60:1。

(二)土地分配

民国35年(1946)6月,中共如东县委组织土地改革工作队在桐本区马北乡、陈家乡等地开展土地改革工作试点。7月,境内各乡开始没收"粮户"土地进行分配运动。土改分四步进行,第一步,召开各种会议,大张旗鼓宣传中共中央关于"依靠贫农、雇农、团结中农、中立富农,有步骤、有分别地消减封建剥削制度,发展农业生产"土改总方针,提高农民阶级觉悟。第二步,组织阶级队伍,划定阶级成分。经干部、群众民主评议,确定地主、富农、中农、贫农、雇农等家庭成分。第三步,没收地主土地,征收富农多余土地。第四步,依人口统一分配土地,分配原则:原耕基础上,按土地数量、质量、位置远近、合理搭配、抽补调整。

(三)颁发土地证

1950年,中共如东县委派出工作组,分成三批:第一批4个区46个乡;第二批11个区

① 详见志内第三十六篇《专记》一、减租、减息。
②详见志内第三十六篇《专记》三、土地改革。

122个乡；第三批3个乡；共171个乡。圆满结束土改工作，给全县所有农户颁发土地证。

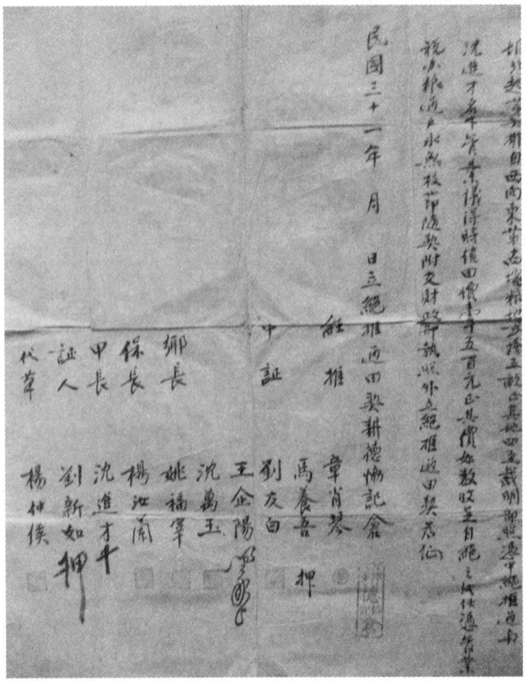

民國三十一年　月　日立絕推過田契耕德協記仝

經推　章肖琴
中証　馬春吾　劉友白　王企陽　沈禹玉
鄉長　姚福軍
保長　楊江甫
甲長　沈進才
証人　劉新如
代筆　楊仲侯

图5-35　民国31年(1942)如皋县(如东)第九区豫和乡大豫公司南二区沈进才田契（沈建冲　提供）

三、互助合作

(一)伴工队[1]

土改后，农民虽拥有自己土地，因经济基础薄弱，发展中困难较多，人民政府出面组织代耕队、伴工组，为帮助天灾人祸和支前农民家庭，烈军属解决暂时劳力困难。民国37年，境内大批民工出征，伴工队遍地开花。

(二)互助组[2]

1951年3月，根据中共中央《关于农业生产互助合作的决议(草案)》，红星乡建立季邦英互助组，是全县经营得最好农业生产互助组。县人民政府号召农民按自愿互利原则，开展多种形式互助合作。1952年，为互助组大发展时期，境内有实行农副业常年互助合作，采取以工换工或记工计酬结算，称常年互助组；有在农忙季节自愿组合，进行以工换工劳动互助，称临时互助组。

(三)初级农业生产合作社[3]

1953年年底，利民乡中心村4、5组以互助组为基础，建立红星初级农业生产合作社29户、116人、348亩土地入股，为境内首批。社内设正副社长、会计、出纳等管理人员。实行土地入股和劳力分红制度，一般按“土四劳六”比例分配。社员按劳力强弱、技术高低、评工记分、以工分计酬。1954年年底，农户耕地入社，由农业生产合作社集体经营。

①②③ 详见志内第三十六篇《专记》六、“对个体农业的社会主义改造”。

（四）高级农业生产合作社[①]

1956～1957年春，初级社区域调整扩大转为高级农业生产合作社。高级社取消土地分红，实行按劳分配。全社实行统一领导、统一计划、统一生产、统一核算，全年总收入扣除生产费用、农业税、公积金、公益金，年终社员按劳动工分计取报酬，贯彻按劳分配、多劳多得原则，在住宅周边零星隙地，以户按人口数，划给每人66.67平方米自留地。

四、人民公社[②]

1958年10月，根据中共中央《关于农村建立人民公社问题的决议》精神，实行人民公社化，人民公社实行"政社合一"、工农商学兵"五位一体"，一切生产资料为公社集体所有，农林牧副渔统一经营。境内成立徐征、巩王、大豫等人民公社。徐征人民公社耕地面积6.16万亩，辖20个生产大队，218个生产队；巩王人民公社耕地面积4.17万亩，辖14个生产大队，172个生产队；大豫人民公社耕地面积5.27万亩，辖18个生产大队，189个生产队。至年底，境内未入社农户仅剩南坎公社四大队十二队（南坎社区27组）张文秀（绰号张麻子）1户，耕地4亩。

1958～1959年，刮"共产风"，亦称"平调风"，以生产队办公共食堂，实行所谓"吃饭不要钱"，公社、大队、生产队层层搞平调生产资料，生产关系遭到破坏，经营体制混乱，农副业生产受到严重影响。1960年始，开展整风整社，纠正"一平二调"共产风，赔退平调钱物，解散公共食堂。1962年，及时纠正农村工作错误，贯彻实施中共中央关于《农村人民公社工作条例》即"六十条"，实行公社、大队、生产队三级所有，队为基础，即土地等生产资料分别为公社、大队所有，生产队为基本经营核算单位。设正副队长、会计、出纳、记分、保管等人员。社员参加集体生产劳动，生产队记给工分，年终按所得工分进行分配。

五、经济体制改革

（一）联产到劳生产责任制

中共十一届三中全会后，农业体制开始改革，1983年，境内各乡按中央、县政府政策，推行新的经营体制，试行联产到组（劳）。

一般生产队划分3～4个组，按劳力均等土地，生产队统一种植计划，统一生产资料，统一生产劳动管理（小组有一定自主权）。年终，生产队按小组实收产量多少，给予工分奖励，以调动生产劳动积极性。

（二）家庭经营责任承包制

1984年，推行以家庭为单位承包责任制，将土地划分到户，实行包产到户，农户享受土地经营权，土地仍属集体所有。在完成规定"三粮四钱"[③]上交任务后，其余归承包者所有。在农户承包土地中，人均0.50亩为口粮田不计上交任务。

---

①② 详见志内第三十六篇《专记》六、"对个体农业的社会主义改造"。

③ 公粮、口粮、饲粮、农业税、公积金、公益金、管理费。

1989年,土地微调。1995年后,国家指令性种植计划逐步减少,农民对承包土地经营自主权进一步扩大,农业经济效益明显提高。涌现出一批各种类型专业户,掘东区有专业户1052户,居全县之首。其中南坎乡有专业户510户位居全县乡镇之首。1997年8月,进行第二轮土地承包责任制,二轮土地承包坚持“大稳定、小调整”原则,土地承包期30年不变,向农户颁发“农村集体土地承包经营权证书”。

图5-36　兵房镇马店村黄静忠承包土地证书（2012年黄静忠　提供）

（三）土地流转

20世纪80年代末,农村劳力开始向境外、大中城市输出,劳动力与土地之间发生结构变化,村干部参与农户间协商土地转包,缓解土劳矛盾,解决软抛荒或抛荒问题。此后,政府部门从农村实际情况出发,允许农户在承包期内依法、自愿、有偿转让土地经营权。在村委会指导下,推行土地流转。通过规范流转手续程序,签订流转协议,鼓励农民将承包土地有偿转让给种、养大户经营。2012年,全镇流转土地1.30万亩,建立农民专业合作社26个。

第二章　农业区划

大豫镇因土壤质地、水利条件、土壤形成时间、脱盐程度及农作物生长、利用等地域性差异,可分为老圩区、老垦区、新垦区3个农业区。

第一节　老圩区

境内止马洼、南坎社区六贯以西一部分,适宜种植水稻、棉花、玉米、三麦、蚕豆等作物。面积1.01万亩,占总面积6.20%。

第二节　老垦区

境内南坎社区六贯以东一部分、香台、周墩、豫东、大豫社区、一门闸、兵房居委会、强民、马家店、徐征村、丁家店、伯安、巩王、大同村等。除大豫社区有一部分田块可种植水稻外，95%以上田块，适宜种植棉花、玉米、黄豆、三麦、蚕豆等作物。面积12.53万亩，占总面积77%。

第三节　新垦区

境内香台村一部分(原新建村)，农场居委会，兵房镇三港，丁店乡闸东、华新3村(合并为闸东村)；东凌乡九龙村全境均为新垦区，土质最嫩，含盐较重，适宜种植棉花、蚕豆、黄花苜蓿(草头)。面积2.74万亩，占总面积16.80%。

2011年大豫镇各村(居)基本情况一览表

表5—45　　单位：个 人 万亩 万元 亿元

村名	村名小组	人口	耕地面积	农村经济总收入	人均纯收入
大同	48	6374	0.84	4.25	1.07
巩王	43	6641	1.01	4.32	1.07
丁家店	44	7200	1.11	4.86	1.07
伯安	25	3924	0.60	2.71	1.07
闸东	20	2812	0.58	2.80	1.07
东安闸	46	6745	1.11	4.38	1.07
马家店	44	6964	1.12	4.43	1.07
徐征	28	4836	0.82	2.69	1.07
强民	49	6920	1.21	4.41	1.07
一门闸	39	5681	1.01	4.20	1.07
兵房居委会	13	1931	0.18	5.65	1.11
止马洼	32	5197	0.65	4.09	1.07
南坎社区	33	5228	0.73	4.28	1.07
香台	46	7184	1.25	4.34	1.07
周墩	20	4617	0.75	3.36	1.07
豫东	35	4852	0.82	3.53	1.07
大豫社区	34	5583	0.83	10.92	1.09
九龙	21	2558	0.72	4.95	1.08
东凌社区	—	628	—	8.36	3.35
东港	—	263	—	10.18	3.24
农场社区居委会	6	1651	0.55	0.17	0.87

第三章　农业天气

第一节　寒潮　霜冻

一、寒潮

大豫境内，每年10～4月冬半年内，常有寒潮和强冷空气（伴有大风或雨雪或急剧降温）侵袭，这种天气过程，影响境内时间长，对农业生产有一定副作用。春秋季节如有寒潮过境，将引起霜冻，危害农作物和果树蔬菜。

二、霜冻

在一年的温暖时期里，土壤和作物表面的温度降到0℃以下时引起作物受伤害或者死亡的短时间低温冻害（称霜冻）。境内秋霜冻对作物一般无大危害，而春霜冻（晚霜冻）在春季气温回暖，作物复苏生长状况下发生。对蚕豆、油菜、某些果树（杏、李或已开花）、蔬菜有明显影响。

第二节　梅　雨

梅雨是境内初夏主要天气特征，雨量特别充沛、相对湿度大，云多、日照时间短，地面风力较小，降水多连续性，但也有间隔的大雨或暴雨，入梅期大多在6月6～15日，出梅期正常为7月6～10日。梅雨量一般在250毫米左右。而有些年份梅雨不明显，即所谓“空梅”。

初夏时节，正是棉花、玉米、瓜果旺盛生长期，需较多水分。但是由于梅雨期长短、降水量、出梅、入梅早晚年际变化较大，常直接影响农业生产。入梅过早，影响夏收；入梅过晚又会影响夏播（栽）的顺利进行。境内6月中旬入梅最好。梅雨期过短，提前进入伏旱；梅雨期过长，作物长期处于低温、阴雨，光照不足环境条件下，生长发育受抑，棉花易形成水发花，花蕾脱落。水稻生育期延迟。果树品质不佳。

第三节　台　风

台风（热带风暴），产生于热带洋面上强而深厚气旋性涡旋。台风天气主要特征是狂风暴雨，海浪滔天，对人民生命财产、工农业生产和海上航行安全，威胁很大。但台风也给境内丰沛雨水，对解除伏旱和酷暑，极为有利。

台风影响形成主要集中在7、8、9月。以台风外围影响居多，离台风中心远、近而已。民国38年（1949）7月，境内处于台风狂风暴雨区，90%以上农房受损严重；农作物受淹，水深50～70厘米，经数日地面离水后，棉花几乎全部死亡。

第四节 冰 雹

冰雹，是一种强对流性天气，从发展强盛高大积雨云中降落冰球或冰块，境内偶有发生，过程范围小，时间短。1975年5月，1981年5月，1984年5月、7月，曾有零星地域降雹（直径5毫米以上），整体而言，对农业生产影响不大。但过程地区，冰雹是一种严重灾害性天气。一般都出现于作物生长或收获季节，来势猛、强度大，并伴有狂风暴雨，对农作物、果树、蔬菜危害极大。

第五节 干热风

春夏之交，常出现高温低湿并伴有一定风力天气，农民通常称"干热风"。境内出现在5月下旬～6月上旬，干热风日7～8天。10年1～2遇。此时正值小麦灌浆乳熟，蚕豆绽粒，棉花蕾期，春玉米拔节孕穗期，干热风天气使植株因强烈蒸腾而大量脱水，正常生理机能遭到严重失衡，灌浆，绽粒过程受阻，麦粒皱秕，蚕豆瘪粒，棉花花蕾脱落，从而造成减产。

第六节 干旱和水涝

一、干旱

干旱指在没有农田灌溉或灌溉不足的条件下，长期无雨或少雨，伴随高温低湿，土壤水分不能满足农作物需要，导致作物生长受抑，造成减产的一种灾害性天气。境内盛夏7～8月伏旱，因副高压控制，晴朗炎热少雨，如无台风降雨滋润，则旱象持久。严重影响棉花坐桃、绽桃，玉米、瓜果、蔬菜正常生长发育。

二、水涝

因长期连续阴雨或大雨和暴雨，短期出现大量降水，形成地表径流过大，无法及时排泄，造成严重渍害，影响作物正常生长而造成歉收。境内春涝和秋涝均有可能发生。春涝引起小麦、油菜、蚕豆烂根，早衰，结实率低，粒重下降，还会引起病虫害流行。秋涝会引起棉花烂铃。

第七节 天气谚语和歌谣

大豫境内流传天气谚语和歌谣预报未来天气，是广大劳动人民长期看天经验总结，是气象科学宝库中的财富。

群众看天经验十分丰富，有些看风云雷电，日月星辰等天象；也有看生物活动，器物变化等观象。内容十分丰富，但也有其局限性、季节性、时间性。

一、天象

（一）云雾

“乌云接日头，不落今日落明日”“乌云接驾，不阴就下”。在晴好天气里，日落时，从西方地平线下升起浓密乌云，好像迎接太阳，最后太阳被遮没。出现这种情况，一般在当晚或第二天就转阴雨。

“乌云接得高，明日晒断腰”。云层薄且位置较高，或虽为乌云但不连续成片，太阳可从云缝隙中露出，这些都不是西方有阴雨天气系统移来之象征。

“青虹红虹，晒杀和尚”。日落时，西方天空出现青虹、红虹，预兆来日为晴朗天气。

“乱云满天绞，风雨小不了”。乱云指漂浮于低空，走向零乱、形状破碎，色彩灰暗的云。这些小云块，受到气流的扰动，杂乱无章地漂浮于空中。满天乱云绞，说明大气中扰动剧烈，是大风雨前兆。

“十雾九晴天”。在潮湿季节，晴夜后的晴晨常常有雾。这种雾是近地空气层强烈辐射冷却而形成，说明境内处在高压前或高压中心附近，预示晴天。

“三朝浓雾括西风”。秋季连续三天出现强度大、维持时间长的大雾，预示新的冷空气快要南下，将有偏北大风出现。

（二）风

“东北风，雨太公”“四季东风急，是雨祖宗”。东风都是降雨的前兆，后一条谚语含意不一定刮东风便下雨，还要看风力大小。

“春南夏北，有风必雨”。春季吹南风，容易下雨，夏天吹北风多雷雨天气。

“八月南风两天半，九月南风当夜雨，十月南风一瞬间”。秋冬季节吹南风，空气增暖变湿，预示冷空气快要南下或已临近，冷、暖湿空气交汇，水汽饱和后凝结成滴而生云致雨。

（三）日月星辰雷电

“太阳红色有雨，白色有风，明朗鲜艳晴”。由清晨和傍晚日盘的颜色判决未来天气。晴天，日盘正常颜色为橘红色。

“月晕有雨”。晕是月亮周围的光圈。光圈内看不见星星，当晚有雨。见一颗星，预兆一日后有雨。

“星光闪烁不定，有大风”。晚上星光一明一暗，闪烁不定，第二天有大风。

“南闪大门开，北闪有雨来”。南面有闪电，说明冷锋和雷雨已过境内。

“东虹日头，西虹雨”。虹在西方，说明晴，西方在下雨，云雨向东移来。虹在东方，说明雨云已过境，天将放晴。

二、物象

物象测天是利用生物和用具器物对天气变化的异常反应来预测天气。如“蜜蜂不出门要下雨”“蚂蚁搬家蛇过道，大雨便来到”“晴天鸡迟宿，鸭早进窝，预兆有雨”“蚂蟥、泥鳅在水中乱窜，鱼浮水面，虾探头，兆风雨”“蜻蜓、燕子低飞，有雨”。

“水沟泛塘，天有风雨来”“盐罐返潮，炊烟绕屋，水缸穿裙，雨将来到”“础石湿润，地还潮，有雨”。

三、长(短)期预报谚语

用于长(短)期预报谚语主要反映天气变化“相关”“韵律”“周期”和“关键日”。

反映相关的有：“冬暖夏干”“冬暖春寒”“旱年冬天爱刮风”“秋旱春雨多”“上看初三，下看十六”“八月田鸡(青蛙)叫，耕田犁头跳”等。

反映韵律关系的有：“八月十五云遮月，正月十五雪打灯”，反映150天韵律。“春风唤秋雨”90天韵律。还有“伏里雨大九里雪大”“九里的风伏里的雨”等。

反映关键日的有：“立春阴(雨)主涝”“打春一日晴，主旱”“立夏东风水连连”“立冬阴一冬温，立冬晴一冬凌”等。

第八节　二十四节气

二十四节气联系起来，基本上看出一年中冷、暖、雨、雪气候变化特征以及四季之差异，不仅反映气候状况，而且紧密结合农业生产，反映作物对气候条件之要求。

一、二十四节气起源及名称

二十四节气，起源于黄河流域，是中国民间传统节令。

周朝，人们已知用“土圭”(亦称圭表)测日影方法定夏至、冬至、春分和秋分；战国末期《吕氏春秋》12纪中又增加立春、立夏、立秋、立冬，汉《淮南子》一书天文训中有二十四节气记载。

古人根据太阳在黄道(黄经)上位置变化和地面气候演变次序来定二十四节气。当太阳直射赤道，南北半球昼夜平分，叫春分；太阳直射北回归线，北半球白昼最长，黑夜最短，气候炎热，叫夏至；太阳又直射赤道，昼夜平分，北半球气候渐凉，叫秋分；太阳直射南回归线，北半球白昼最短，黑夜最长，气候寒冷，叫冬至。其他节气位置，在黄道圈上，地球绕太阳每转15°为一节气，1年共24个节气。即是立春、惊蛰、清明、立夏、芒种、小暑、立秋、白露、寒露、立冬、大雪、小寒等12个节；雨水、春分、谷雨、小满、夏至、大暑、处暑、秋分、霜降、小雪、冬至、大寒等12个气，统称二十四节气。1个月内置1节1气。因节气是地球环绕太阳运行一周(≈365日)和农历记月(354日)不相符，故农历以无气之月置闰月。

二十四节气名称及日期

表5—46

节气	月份	日期	节气	月份	日期
立春 雨水	2	4日或5日 19日或20日	立秋 处暑	8	8日或7日 23日或24日

续表5—46 二十四节气名称及日期

节气	月份	日期	节气	月份	日期
惊蛰 春分	3	6日或5日 21日或20日	白露 秋分	9	8日或9日 23日或24日
清明 谷雨	4	5日或6日 20日或21日	寒露 霜降	10	8日或9日 24日或23日
立夏 小满	5	6日或5日 21日或22日	立冬 小雪	11	8日或9日 23日或22日
芒种 夏至	6	6日或7日 22日或21日	大雪 冬至	12	7日或8日 22日或23日
小暑 大暑	7	7日或8日 23日或24日	小寒 大寒	1	6日或5日 20日或21日

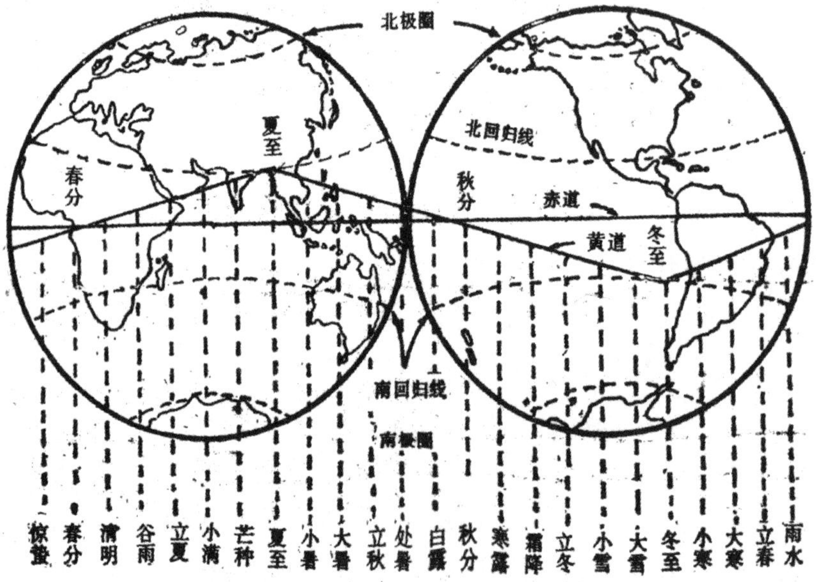

图5-37 二十四节气在黄道图上的位置

二、二十四节气与农事

(一)立春

公历2月4日前后,太阳到黄道315º时开始,为全年第一个节气,大地回春,草木复苏,开始备耕工作。民间有占卜丰歉之习俗。立春宜晴不宜阴,晴则兆丰,阴则兆灾。

(二)雨水

春风遍吹,冰雪融化,气候湿润,雨水逐渐增加,草木萌动,大、小麦开始返青,分类管理,促控结合。棉花苗床施有机肥。

(三)惊蛰

天气转暖,渐有春雷,冬眠动物复苏,进入春耕季节。民间以惊蛰日闻雷,则主岁丰,有惊蛰闻雷,谷米贱似泥之谚;若惊蛰之前雷鸣,则主岁歉,有“未蛰先蛰,人吃狗食”之说。

(四)春分

太阳在赤道上方,90天春季中分点,这天昼夜均等,麦类作物进入拔节孕穗阶段,棉花苗床制钵。

(五)清明

气候清爽温暖,雨水充沛,草木发枝芽,万物生长。棉花、春玉米播种。民间有“清明难得明”之说,“清明节前三后四必有雨”俗说“笃骨入鬒雨”。

(六)谷雨

降雨明显增加,雨水促谷类作物生长发育,古代称谷雨生百谷。

(七)立夏

民间习惯以立夏为夏季开始,万物旺盛,田间管理日益繁忙,冬瓜、西瓜、棉花相继移栽。传说:立夏无雨,主干旱。

(八)小满

夏熟作物籽粒饱满,但尚未完熟,即将进入夏收夏种季节。

(九)芒种

将进入黄梅天气,抢在梅雨前夏收夏种。有“芒种乱种”之谚,意为花生、黄豆、夏玉米等多种作物宜播种。

(十)夏至

这天白天最长,夜间最短,中午太阳最高,是农事很重要节气。农作物生长旺盛,杂草、病虫迅速滋生蔓延,田间管理繁重。民间有“夏至鸣雷,6月旱,夏至雨,三伏热”之谚。

(十一)小暑

正值初伏前后,进入一年中最热时期。农业生产,忙于夏秋作物田间管理。小暑忌雷鸣,谚说:“小暑一声雷,倒转黄梅18天”“小暑西南风,三车勿动。”意年景不好,歉收。

(十二)大暑

正值中伏前后,常为一年最炎热时期。作物生长速度最快时期。如棉花为营养生长和生殖生长旺盛时期,也是棉花高产关键时期。

(十三)立秋

习惯为秋季开始,气温开始下降。谚云:“立秋日雨则多涝”“秋前北风秋后雨,秋后北风干透底”“雷打秋,晚禾折半收”等,这些谚语,表示农家对立秋日重视,祈愿风调雨顺之心境。

(十四)处暑

炎热夏天快终止,暑气散,气温渐下降。

(十五)白露

天气渐凉,有“白露身弗露”之谚,棉花丰歉已基本定局。伏前桃已吐絮。流传谚语:“白露日东北风,十个铃子(棉桃)九个脓,白露日西北风,十个铃子九个空”“白露日雨到一处坏一处”。

(十六)秋分

秋季90天中分点,这天昼夜等长,太阳从正东到正西,直线运行。天文学规定秋分为秋季开始,棉花吐絮已是盛期。

(十七)寒露

天气凉爽,开始秋种,进行秋收。

(十八)霜降

天气渐寒冷,出现白霜,霜降节气期间,秋收秋种基本结束。有“霜降当夜霜”预示这年冷得早之说。

(十九)立冬

习惯以立冬为冬季开始,俗谚云:“重阳无雨,立冬晴,立冬无雨一冬晴。”田间冬翻。

(二十)小雪、大雪

气温继续降低,开始降雪(黄河流域),境内常年大雪后才飘雪,但大雪纷飞不常见。

(二十一)冬至

这天太阳在南半球最南端,太阳在太空中最低位置,白天最短,夜晚最长。天文学规定冬至为冬季开始。

(二十二)小寒、大寒

进入严冬时期,寒气冽冽。民间有小寒多风雪,损畜。大寒一年中最冷时期,天寒地冻、滴水成冰。防护牲畜。

大寒后,立春将至,天气渐暖,至此地球绕太阳公转1周,完成一个循环。

第九节　人类活动对气候影响

气候,始终变化着,古往今来,概莫能外。随着工农业生产日益发展,自然资源开发利用规模迅速扩大,人类活动对气候影响也日趋广泛而深化。常见、影响规模较大的大致有:

一、植树造林

大豫境内植树造林全面达标。以造防护林带,公路、堤岸旁植树和农家小院零星种植为主,一条防护林带约可使林带背风侧20～25倍树高距离内的风速都有不同程度减弱。风速减弱,蒸发量随之减弱,空气湿度和土壤含水量相应提高。树木有浓密树冠,夏季能遮挡阳光,林地中光照减弱,气温偏低,空气相对湿度增大,可调节周围小气候。植树造林,除能调节气候和保持水土外,还能消除烟尘,净化空气,灭杀病菌等多种功能,对生产、生活都有良好作用。

二、兴修水利、引水灌溉

20世纪后,中共大豫镇委、镇政府加大小型水利建设力度。境内机械化挖沟捞浅,有利引水、蓄水。遇干旱季节，如能机械引水，灌满小沟、小河，经过地下渗透，土壤湿润，土壤热容量增大，向空气中蒸发水汽大大增多，加大空气湿度。也因此蒸发耗热增多，使土壤温度和近地层气温昼夜变得平缓，最高温度降低，可明显改变天气状况。从而缓和旱象，作物免受干旱威胁。

三、人类活动与气候变化

人类对自然植被的滥砍滥伐，毁林垦荒，工业及交通运输的发展，居民生活炊事，秸秆、垃圾焚烧，都会给大气层增添数量庞大的人造二氧化碳。大气中二氧化碳含量增多，在一定程度上增强大气层对地面保温作用，使地面温度将渐升高。上述人类活动，还向空气层排放出大量烟尘、废气、有毒微粒，使空气层变得混浊，雾霾显现，污染更严重。这些悬浮在大气中的灰尘微粒，削弱紫外线穿透能力，使地面得到太阳辐射量有所减少，从而降低地表温度和有利于病菌滋生蔓延。此外，大量悬浮在大气中灰尘，恰好是一种天然凝结核，有利水汽凝结成云致雨，对地面降温变冷也有一定影响。

大豫气候资源丰富而优越，为生产发展、生活改善提供良好自然环境条件。每一个人都有责任保护这些气候资源，不使良好生活环境恶化。

第四章 改良土壤

第一节 土壤类型

据1982年土壤普查资料，境内土壤中有机质含量1%～1.20%，有效磷、有效钾属于低水平的村有止马洼、香台、周墩3个村。地力类型为有机质含量1.30%～1.49%，低磷、中钾的村有豫东、一门闸、马家店、强民、丁家店等13个村。地力类型有机质含量<1%，低磷、高钾的村有闸东村、九龙村。另外，沿海的九龙、闸东、东安闸、香台等村和农场居委会有部分盐碱地。

第二节 改良方法

为改良土壤，培植肥力，采取用养结合、以养为主办法，不断培肥地力，同时进行农田水利建设，田头涵洞齐全，内外三沟配套，提高耕地质量。1949年前，基本以种植绿肥和施用农家肥为主。20世纪50年代，试验、示范、推广氮素化肥。60年代，在豆科作物田使用磷肥。70年代，在三麦、棉花田试验、示范使用磷、钾肥。80年代后，进行微量元素和稀土肥料的试验、示范和推广，在缺什么补什么的基础上，发展测土配方按缺施肥，适度施用氮肥，巧施磷、钾肥。

全镇农户开始逐步应用三元素复合肥，使用量逐步加大，到2010年全镇复合肥使用量

2200多吨。为改良土壤，注重提倡大种绿肥，多施农家有机肥、秸秆还田，推广商品有机肥，以培肥地力。另外，加大对盐碱土壤改良力度，种植耐盐作物，增加有机物投入，加强沟系建设，全镇土壤不断得到改良，肥力不断增大，作物产量不断提高。

第五章　耕作制度

第一节　演变过程

1958年前，大部分为一熟棉田，前茬种冬绿肥或休闲，春季种棉花，只有少量田块种粮棉两熟。1958年后，耕作制度大体上分成4个演变时期：第一个时期为1958～1967年，为纯粮纯棉2年4熟制。第二个时期为1968～1975年，为纯粮纯棉2年5熟制。在以上两个时期，夏熟作物以小麦为主，夹种绿肥，豆类作物占一定比重。秋熟以棉为主，占耕地总面积80%左右，秋粮实行玉米、黄赤豆夹种，部分棉田夹种少量黄穄，有利于粮棉双增产；在2年轮作周期中，能进行一次全面深耕细整，为粮棉生产创造较好的生态环境。1968年起，推广“二旱一水”3熟制，秋粮产量有所增长。由于后季稻产量低而不稳，1972年，改为“旱三熟”，即用高粱、山芋等杂粮取代后季稻。后又因高粱无销路，山芋贮藏困难，至1975年不再采用这种耕作制度。第三个时期为1976～1981年，为粮棉夹种2年4熟制，有近80%秋粮与棉花夹种，棉花铺地面积占总耕地90%。夹种组合较多，开始以8夹1为主(8行棉花1行玉米)，后一般改为4夹1，有的甚至搞2夹1。棉花铺地面积过大，无法轮作，病虫危害加重，地力消耗也多，棉花产量和品质都不及纯种。这期间皮棉平均单产只有48.34公斤，比1968～1975年平均单产减少15.61公斤。粮食产量有所提高，但主要是夏粮增产，秋粮则减产。1976～1981年，平均粮食亩产仅比1968～1975年，增加9.50公斤，其中夏粮增产34.50公斤，秋粮减产25公斤。第四个时期为1982年后，恢复纯粮纯棉2年4熟制，棉花实行营养钵薄膜育苗移栽，技术进一步完善，产量逐步回升。1984年，单产皮棉77.50公斤，1988年94.20公斤，粮食生产也获得稳步增长。

第二节　立体种植

20世纪70年代，境内兵房公社七大队(后改为保田村，并入徐征村)，为提高单位面积产值，曾种植过“3臭1甜”(即大蒜、韭菜、洋葱、甘蔗)，被视为资本主义尾巴，也曾被市里视为“芦扉花布”“田头杂货店”。1985年，农民徐召千在5亩承包田上，试种西瓜夹种棉花，综合经济效益较纯作棉花，亩增值600元好收成。镇农技站在中共镇委、镇政府支持下，坚持作为旱粮棉区高效耕作制度，定位“立体种植”，进行开发应用，并在该村9组建立百亩立体种植示范丰产方。把兵房镇2.70万亩棉田都立体种植，主要模式有6种类型：①

蔬菜蒜头、青蒜、鲜食蚕豆、日本大叶菠菜、马铃薯、大麦或油菜/西瓜/棉花；②番茄/棉花；③豇豆/棉花/秋番茄；④棉花/山鹰椒；⑤糯玉米/棉花；⑥棉花/花生。这几种类型均有较高经济效益，一般是纯棉花的1.40～3.50倍。立体种植，对农业结构调整、产业化经营、大幅度提高土地产出率和种植业整体效益发挥很大作用。此耕作制度，在南通地区普遍推广。

第六章 作物栽培

作物栽培是研究作物生长发育规律及其外界环境条件的关系，探讨作物生产获得高产、优质、高效，低成本生产理论和措施的一门科学；担当生产粮食、轻工业原料和畜牧业饲料的一个部门。在整个农业生产和整个国民经济发展中具有重要地位。土壤耕作、施肥、收获等为作物栽培管理内容之一。作物从播种～收获周期较长，有的作物历经春、夏、秋三季，外界环境条件变化大、培管(应变)措施繁杂。如棉花栽培技术措施有10多项。

第一节 播 种

一、整地

前茬作物未收，后茬作物已种，在上茬作物的空行里，用钉耙翻两趟。如棉花播种前，在麦行里进行一次冬翻，春天把泥块捣碎。然后在棉花下种或移栽前，用铁搭深刨除去杂草，平整泥面。

二、播种期

随着良种引进和先进生产技术采用，生产条件优化,播种期有提前或延后趋势。

棉花 20世纪50年代初，种的是中棉，一般立夏下种。后引进岱字棉生育期长，提早到4月下旬。70年代中期，育苗移栽后，因幼苗期在温床里度过，所以3月底4月初播种。5月中旬初移栽。

玉米 4月中旬下种，20世纪60年代改种早熟品种，一般4月初下种。80年代，生产经营目的不同(双季玉米，鲜食糯玉米)播期很宽。

黄豆 一般芒种前后下种。

山芋 露地育苗在断霜后开始，温床育苗提早到2月下旬。栽插期芒种前后。

蚕豆 过去播种期参差不齐，20世纪70年代初，基本统一在寒露后下种。

三麦 霜降前后下种。事前石灰水浸泡或多菌灵拌种。

油菜 秋分前后育秧。霜降后移栽。

花生 6月初下种。

三、播式

为适应间作套种需要，将散播、点播逐渐改为条播。

棉花　直播要求浅沟（深2～3厘米）毛底、匀籽、薄盖土（盖1厘米）。移栽先开浅沟（深1～2厘米），再用套钵打洞，浇水，放苗钵，盖土。达到快活棵。

三麦　按规定麦幅削开泥土，放足基肥，每亩羊灰400～500公斤，或碳氨25公斤，刨底下毒谷（防地下害虫），均匀撒种，用铁拉把两旁泥拉上敲细扒平。现时，大多机耕线条播种。

玉米　用铁搭把绿肥扣翻在泥下，然后刨平松土，按0.20米株距打穴（一般成马蹄形），下粪肥后下籽4～5粒，盖土。开沟，精量点播。

蚕豆　习惯用铁锹打塍。20世纪60年代起改为用圆口锄头开行，每亩施磷肥15公斤左右。70年代后，每米下籽量，为15粒左右。

黄豆　20世纪50年代散播、点播，60年代改为条播，每亩放12.50公斤磷肥，均匀下籽。

第二节　培　管

一、扶理前茬

棉花和玉米出苗后，前茬三麦蚕豆正进入生长旺盛期，遇上大风大雨就倒伏，下茬受荫蔽而死苗或变成瘦弱、断枝、串长。必须把倒伏的麦或蚕豆扶起来，插上支柱或拢一拢、扎一扎。

二、壅根

20世纪70年代中期起，蚕豆春发后壅根，三麦冬天倒耥3次，每次洒细泥于根部。棉花在中耕后壅根，花生在初花后壅根。山芋栽插时做好高垄，遇大雨冲走泥土，再加修。

三、间、定苗

直播棉苗先拔堆子苗、弱病苗，长有两片真叶后定苗。方法是根据土壤肥瘦，确定每亩6000～7000株的密度，算出株距。育苗移栽后，每亩4000～4500株；1500～2000株。玉米先移苗补缺，不缺棵后才定，每穴两株。黄豆过密段落要间些苗，一般在下种时考虑好，不需要定苗。20世纪70年代中期，蚕豆通过整枝进行定苗。

四、施肥

棉花在肥水管理上要求特别精细。经过多年实践，总结出：轻施提苗肥（苗小、瘦弱、色黄的要适量施。苗壮、大、绿色可不施）；巧施蕾肥（蕾期稳发不疯长，蕾期正值梅雨季节，疯长后蕾小，落蕾多）；重施花铃肥（花铃期营养生长与生殖生长并进，需肥量大）；适时施好盖顶肥（下部结住桃，中部黄花盛开，顶部花蕾猛发。立秋前施盖顶肥，实现上中下三桃齐结）。

玉米一生中，要施好基肥、苗肥、拔节摆果肥、红绒肥。

三麦施肥重在腊肥，春天一般不施，以免引起倒伏。只提倡在早春返青时见黄小苗施一点人畜肥,少施氮素化肥。

油菜只要基肥足,可少施追肥。抽薹期可挑瘦弱苗施肥。

总之,施肥技术上已普遍掌握看天(因晴或雨确定早施或滞后施)、看地(以地力肥瘦确定数量)、看苗(不同品种、不同长相、不同生育期用肥调节生长)方法,由传统的面施,发展到作物中、后期的开塘或开行施,辅之叶面喷氮。由过去生产条件差的白耕白种,发展到普遍用绿肥、化肥、人畜肥、饼肥、鸡窝灰、羊窝灰作基肥。

整枝打顶。棉花一生中经过剪木枝、空枝(掉花蕾枝)、抹赘芽、摘边心、打顶等多次整枝,以求去掉无效枝叶,增强光照,集中养分于蕾、花、铃。进入20世纪90年代中期,推广拓行(3尺行距)适度密植(1500～2000株),个体与群体生长发育较协调,采取科学选留木枝,生长激素调控办法间化整枝技术。

蚕豆在返青后剪去主茎,春分时节剪去无头枝、枯枝、多余分枝,留下健壮枝。

20世纪80年代,推广黄豆打顶技术,适用生长过于繁茂的无限生长习性或亚有限生长习性品种,可以防止植株蔓长而倒伏,提高结荚率。

山芋将过多的藤蔓剪掉,既可作为家畜青饲料,又利于山芋块茎的生长。

五、中耕松土

20世纪60～80年代,棉花中耕前后2次,一次结合灭麦茬,一次在蕾期,可用钉耙深翻。松土:出苗后,用斜刀在苗行两旁边铲除杂草。雨后及时松土,防止泥土板结。此后,逐渐采取少耕法或免耕法。

(一)玉米

出苗后松土2～3次,促进根系发达。

(二)蚕豆

前茬棉秆拔掉后,松土、锄草,促进发棵,大冻前小壅土防冻。

(三)油菜

移栽活棵后松土2次。

(四)花生

出苗后适当松土,初花后适度壅根。

第三节　收　获

一、棉花

吐絮期,扬白一批拾一批,遇到天气变阴雨,抢在雨前拾完。烂铃及时摘取,剥下晾晒。快拾快晒快售。不同等级分拾分藏分晒分售。现时一条龙销售。

二、玉米

8月上中旬成熟(以苞壳干为准),掰下棒子,晒1～2天后开始剥籽粒晒干。21世纪始,均机械脱粒。

三、元麦

5月中下旬成熟，手拉、麦耙扒，将麦穗晒1～2天后脱粒，晒干。

四、小麦

6月上旬成熟，用镰刀连秸割下，捆扎成个子，叠成麦垛，田间培管较闲时，边晒边掼（用凳子、大石块坐垫、掼小麦）。

20世纪60年代中后期，三麦机械脱粒，21世纪始，小型联合收割机收获。

五、蚕豆

6月上旬成熟，黑荚为准，摘荚后1～2天后脱粒。

六、花生

10月藤枯黄时拔去藤，用小钉耙翻开敲碎泥块，拾取花生荚，淘净晒干。20世纪80年代，花生品种均为直立株型，拔（挖）藤时带出荚果，收获较方便。

七、山芋

种麦前，割去藤蔓，用大钉耙翻开，将山芋洗净切片晒干，或开窖用干柴垫底围壁贮藏鲜山芋，封顶时留下用芦把扎成的出气口。

第七章　植物保护

民国时期，境内多蝗蝻，史载有多个年份，飞蝗蔽天，蝗蝻成灾，庄稼颗粒无收。对此，农民往往是烧香拜佛求菩萨，求天祈神。1950年，境内受袭，人民政府及时组织群众突击灭蝗，损失较小。中华人民共和国成立后，党和政府宣传科学种田，破除封建迷信，推广科学技术，用药剂、药械防治作物病虫害。20世纪50年代初，王荃村成为岱字棉种推广基地。60年代初，岱字棉发生大面积枯萎病，导致棉花产量大幅度下降。南通地区农科所研究员钱金海驻点该村，通过几年努力培育成抗枯萎病棉种，亩产籽棉205公斤。1966年，各公社成立农技站，划出专人担任植保员，负责农作物病虫害测报、防治。1969年起，各公社建有虫情点，落实专人测报。各大队、生产队配备植保员，建立查虫治虫专业队，构成植保网络。70年代初，棉田采用“点灯诱蛾”；稻田采用高效剧毒农药兑水泼浇防治稻飞虱。80年代后期，各种高效低毒农药问世，新型背负式压缩喷雾器普及。90年代后期，机动弥雾机开始使用，政府发放财政补贴，优惠农户使用。21世纪后，农村治虫机械化程度进一步提高。

第一节　棉花病虫害及防治

棉花病虫害主要有：地老虎、棉蚜虫、盲蝽象、红蜘蛛、大卷叶虫、造桥虫、红铃虫、棉铃虫、棉叶蝉、玉米螟等。20世纪50年代后，推广使用棉油皂、石硫合剂、皂矾、滴滴涕、六六六等药剂防治棉铃虫、红铃虫、造桥虫。20世纪60年代后，使用“1059”“1605”等剧毒农药，防治盲蝽象；使用敌百虫、乐果、三氯杀螨砜、三氯杀螨醇防治棉蚜虫、红蜘蛛。70年代，推广应用“敌敌畏”熏蒸、喷雾等方法防治红铃虫，以灯光、杨树枝诱捕棉铃虫（成虫）起到很好的诱杀效果。90年代起，针对不少村组棉苗发生枯萎病和黄萎病，通过引进杂交抗虫抗病（耐病）棉种和轮作方法，控制病虫害发生。使用转基因杂交抗虫棉后，使棉花棉铃虫、红铃虫得到有效控制，棉花虫害变为以盲蝽象、蚜虫和后期以斜纹夜蛾和甜菜夜蛾等为主。用锐劲特防治盲蝽象、蚜虫，用甲维菌素为主要成分的复配农药防治甜菜夜蛾等杂食性害虫。

第二节　三麦病虫害及防治

初春，黏虫（迁飞于南方）是大豫镇农村三麦主要虫害，它又叫麦蚕，成群结队咬食麦叶，甚至咬断穗颈。20世纪70年代，开始应用稻草把诱集黏虫的成虫产卵，使用低浓度“二二三乳剂”防治低龄幼虫。三麦的病害主要有锈病（条锈、秆锈、叶锈）和赤霉病，大麦黄花叶病，常爆发成灾，威胁大。60～70年代，分别引种抗锈品种“吉利”小麦和抗赤霉病品种“早熟三号”大麦，加上抗菌剂全面推广使用，逐步减轻病虫害发生危害，此后都未有大爆发。大麦黄花叶病，通过推广抗黄花叶病大麦品种，有效控制大麦黄花叶病发生危害。采取轮作、足肥，控制小麦纹枯病；使用二二三乳剂防黏虫；80年代中期，使用菊酯类农药防治蚜虫和三麦黏虫。

第三节　蚕豆病虫害及防治

蚕豆主要病虫害为蚕豆象、赤斑病、褐斑病、锈病和病毒病。蚕豆象（随侵华日本侵略军的马饲料传入中国，初孵幼虫钻入豆荚，蛀食豆粒，翌年化蛹、羽化成黑色成虫，潜伏于豆内）。20世纪60年代后，使用磷化铝熏蒸蚕豆（密封），有所控制。蚕豆赤斑病，严重影响蚕豆产量。70年代起，推广蚕豆整枝和引种抗病品种“启豆1号”，赤斑病有所减轻。90年代起，开始种植日本大白皮蚕豆，病害有所加重，农技部门推广多菌灵防治蚕豆赤斑病。

第四节　水稻病虫害及防治

水稻病害有苗烂秧、恶苗病、纹枯病、稻瘟病、条纹叶枯病、稻曲病、干尖线病。虫害有稻蓟马、稻象甲、纵卷叶螟、褐飞虱、灰飞虱、白背飞虱、黑尾叶蝉、螟虫、三化螟、二化螟、大螟，其中以三化螟危害性最大，它在水稻分蘖期造成“枯心”，在抽穗期造成“白穗”。20世纪60年代，采取物理防治和药剂防治相结合措施，同时加强预测预报，有效地控制虫害。

全镇水稻枯心和白穗已基本得到控制。70年代初，掘港镇首次发现水稻检疫性病害白叶枯病。为迅速控制其蔓延扩散，试种抗病品种“南粳11”。80年代，进行水稻叶螟卵寄生蜂保护利用，推广应用生物农药井冈霉素。栽培采取适时搁田，清水硬板和适当控制后期施用氮肥的管理措施，控制纹枯病和稻瘟病。90年代，使用菊酯类农药防治水稻纵卷叶螟；使用三唑磷或毒死蜱类防治水稻二化螟；使用吡虫灵或扑虱灵系列农药防治水稻飞虱；使用井冈霉素防治水稻纹枯病；使用三环唑防治水稻穗颈瘟病。

第五节　农田杂草防治

农田常见杂草有鸭舌草、三方草、稗、蟋蟀草、马铃秸、婆婆纳、猪殃殃、看麦娘、繁缕、野慈姑、牛毛毡、香蒲子、田字萍、狗牙根、獐毛草等。杂草对农作物危害严重，如稗草，群众有“稻怕棵里稗”的说法。有一种危害水稻的水草，农民直称其为“赛狼”。还有一种形似韭菜的旱田杂草，俗称“香蒲子”，前拔后长，被称为“饭后青”。农民历来重视防治杂草，传统方法是旱田用锄头锄，水田用手拔。20世纪70年代后，开始使用化学除草剂。常用的化学除草剂有绿麦隆、除草醚、二甲四氯、丁草胺、农达等。

第八章　作物品种

第一节 麦　类

麦类可分小麦、大麦。小麦通过春化阶段所要求的温度范围和时间长短的不同，分为3种类型：春性、半冬性、冬性类型。境内小麦品种多为春性或半冬性类型。大麦因内外颖附着与否，可分为带壳大麦和裸粒大麦两类。通常所称大麦是指带壳大麦。裸粒大麦又称元麦、裸麦、米麦或青稞。栽培大麦种可分为3个亚种：多棱大麦、中间型大麦和二棱大麦。三个亚种中，以多棱大麦及二棱大麦分布最广，中间型大麦，经济价值不大而分布很少。四棱、六棱元麦蛋白质含量较高，20世纪70年代中期前多作食用，但口感差，逐步被大米淘汰。二棱大麦，籽粒大而饱满，均匀整齐，壳薄发芽一致，含蛋白质较少，最适于酿造啤酒。境内种植小麦居多，二棱大麦次之。2009年，麦类面积9.88万亩，总产量2.77万吨。

第二节　水　稻

据水稻起源，演变和栽培发展过程，可系统地把中国水稻种分为：籼、粳亚种，早、中、晚稻群，水稻和陆稻型（境内称旱稻），粘稻和糯稻变种。

粳稻由籼稻在不同气候条件影响下,通过人工栽培选择所演变形成的变异型。

不论籼稻或粳稻都有早、中、晚之分。这是在一定自然条件和栽培制度下,按生育期长短划分。在早、中、晚稻中,由于不同品种之间生育期长短有差异,又可分为早熟、中熟、迟熟品种。

不论籼稻或粳稻,还是早、中、晚稻,按耐旱性和耐湿性强弱,还分为水稻和陆稻。陆稻由水稻在不同土壤水分条件影响下,经人工驯化培育,朝耐旱方向演变而成变异型。

在籼稻、粳稻,早、中、晚稻和水、陆稻中,按米粒淀粉性质,又可分为黏稻和糯稻。黏稻含70%～80%支链淀粉,20%～30%直链淀粉,糯稻则含支链淀粉,而不含或含很少直链淀粉。因此,糯米比黏米粘性大。糯稻是黏稻变异型。

1975～1997年南坎乡水稻面积产量一览表

表5—47 单位:亩 斤 百斤

年份	早稻			中稻			晚稻		
	面积	单产	总产	面积	单产	总产	面积	单产	总产
1975	96	599	574	4158	627	26080	284	494	1400
1976	84	670	563	3332.50	724	24132	152	840	1282
1977	7.50	614	46	2467.50	608	14996	58	562	326
1978	14	514	72	3670	756.30	27762	26	707	184
1979	—	—	—	4027	650	26045	156	550	815
1980	—	—	—	3563	650	23186	—	—	—
1981	—	—	—	4349	608	26454	—	—	—
1982	—	—	—	4296	630	27068	—	—	—
1983	—	—	—	4706	776	36528	—	—	—
1984	—	—	—	5078	725	36835	—	—	—
1985	—	—	—	6708	732	49094	—	—	—
1986	—	—	—	6165	849.30	52359	—	—	—
1987	—	—	—	4615	876	40427	—	—	—
1988	—	—	—	5225	874	45666	—	—	—
1989	—	—	—	7364	954	70252	—	—	—
1990	—	—	—	7543	984	74233	—	—	—
1991	—	—	—	7217	1106	79820	—	—	—
1992	—	—	—	6878	1030	70843	—	—	—
1993	—	—	—	6519	1106	72100	—	—	—
1994	—	—	—	5920	1092	64646	—	—	—
1995	—	—	—	5861	1162	68104	—	—	—
1996	—	—	—	5739	1190	68294	—	—	—
1997	—	—	—	5843	1220	71284	—	—	—

第三节 棉 花

棉属由4个栽培种:陆地棉、海岛棉(商品上称长绒棉)、亚洲棉(又称中棉)和草棉(又称非洲棉)。这4个棉种,中国都曾种植过或正在种植。每个栽培种,都有许多品种。

草棉从中亚细亚传到中国新疆、甘肃河西走廊。因产量不高,纤维品质差而淘汰。仅作为种质资源,在育种中利用其极早热和抗旱力强等特性。

亚洲棉,20世纪50年代前,境内种植,进入50年代,开始换种陆地棉,其不同品种,至2012年仍沿用。

海岛棉,纤维长、细且强,在4个栽培种中纤维品质最优,最适合纺织高档棉纺织品或与化学纤维混纺。新疆、云南、两广、海南岛有栽培。境内曾作为品种实验项目中试种品种应用。

第四节 蚕 豆

20世纪60年代前,主要是退化混杂的农家品种青皮豆,产量低而不稳,百粒重75克,抗病性差。60年代中期,从上海郊县引进"三白"蚕豆,百粒重95克,属菜豆型蚕豆。20世纪70年代末,推广启豆1号良种。90年代后,引进日本大白皮——"陵西一号"鲜食蚕豆。

第五节 油 菜

油菜可分为白菜类型、芥菜类型和甘蓝类型(含杂交甘蓝型)3大类型。白菜类型有北方小油菜,分布在中国西北华北各省。南方油白菜,南方各省都有种植;芥菜类型有细叶芥油菜,淮北地区种植。大叶芥油菜,西南地区种植,境内未作为油料作物种植。20世纪80年代前,境内种植白菜类型的品种,也开始引种甘蓝类型品种。80年代初,大量引进甘兰蓝类型品种,白菜类型的品种继而被取代,80年代后期,引进杂交甘蓝型品种,发挥杂交优势,油菜籽亩产250～350公斤左右,产量较快提升。

第九章 农作机具

中华人民共和国成立前,农作均用人力操作的传统农机具,如拉耙、铁搭、锄头、铁锹等历史悠久。中华人民共和国成立后,随着社会进化,科学技术日益发达,诸如麦耙、枷、石臼、石磨等收割、加工工具,均被革新农机具取代。20世纪60年代末始,境内用拖拉机耕田,用机器脱粒三麦。2012年,全镇有联合收割机24台。

第一节　传统农机具

一、耕作播种农具

（一）铁搭

清代后一直沿用，主要用于刨草、松土、扣地、种菜、平整土地等，分铁拉、铁口、木楔和竹柄4个零件组成。

（二）拉耙

唐代后一直沿用，由铁拉、木楔、竹柄3个部件组成，其形式和不装铁口的铁拉相似，唯齿呈扁平状。其用途，除不能刨草外，和铁搭基本相同。

（三）锄头

清代后一直沿用。根据不同的农活要求，制成不同的形状，一般分尖口锄头、平板锄头、圆口锄头3种。均由铁锄、木楔、竹柄等零件组成。分别用于开行播种，锄草、开排水沟和分畦。

（四）钉耙

大钉耙俗称翻耙，用于小面积翻地、空行间中耕。其结构和拉耙相似，安装角度近似直角。

小钉耙，形同大钉耙，只是4个钉齿方而尖，一般用于挖花生。

（五）铁锹

清代后一直沿用，挖泥工具，由锹头、木楔、木柄、锹箍、锹镢等零件组成。锹口有半圆形，也有平板形，前者用于开塘挖泥，后者用于凿坑种豆。还有一种煤锹，其锹口平阔，锹体宽大，既可铲煤，也可铲土、垃圾之类碎物。

（六）斜凿

农民常用除草农具，由三角形斜凿体和木柄2个零件组成。每个农户有二三把。

（七）木犁

耕田主要农具。每年夏天种稻之前用它去耕水田，秋天种麦之前耕旱田。其构造较复杂，由犁辕、犁梢、犁底、犁柱（俗称犁钊）、犁壁、犁掌、犁头、犁拉手、犁丫枝、巡盘、销钉、压头等零件组成。使用时用畜力拉动，人力掌管。20世纪50年代使用拖拉机后，农村木犁逐渐减少。

（八）木耙

耕田后必用碎土农具，用木料制成长方形框架，前后各装21把铁制弯柄划刀，前后刀各错开1/2距离，每把刀用木楔固定在框架小方孔内。使用时木框上压一适量重物，用牛拉动，耙细土块，以便下种。

（九）齿划

木制水田碎土农具。呈长方形，木框下边框架上装有18把铁制直柄划刀，被木楔固定在框架方孔内。使用时，人站在齿划上做压头，牛前边拉动，将水田中的泥块划细。

（十）刺杂

水田作业专用农具，用木料制成长方形框子，中间安装一个钉齿滚轴，经牛拉动，轴在水田中滚动，将泥块打烂，杂草压入泥浆中作肥料。

（十一）面盖

木制水田专用农具。呈长方形，长4～5米，阔、厚15～20厘米。两端中间部位侧面各装有一个系绳搭口。使用时，由牛拉动，将土刮平，以便栽插秧苗。

二、收割农具

（一）镰刀

清代后一直沿用，是最早使用的收获农具之一，用于割麦、割稻、割芦柴等。分活络式和固定式两种，每个农户都有几把。

（二）麦耙

清代沿用至20世纪60年代中后期，在手工拉麦的基础上而发展，尖头竹片组成齿形耙口，整体成畚箕状，两人抬着同步操作。工效要比手工高10多倍。

（三）枷

清代沿用至20世纪60年代中后期，是农民早期脱粒麦子的农具，由枷身、枷柄2部分组成。脱粒机问世后，这种农具被淘汰。

（四）玉米刨

人们在手剥玉米基础上而发展。它是在一块长约50厘米、宽约10厘米木板上凿成若干条有规则锯齿形。后又将这种工具改制成一个长方形木框。框内镶上若干个铁片，比原有玉米刨轻便耐磨，几乎每家都有。

三、加工机具

（一）石磨

磨粮工具，它由两片圆形石头开凿而成，其上磨片有2个圆形进粮孔，下磨片中心凿有1个装磨心方孔，在两片石磨之间吻合面凿有斜条磨齿。使用时配上磨杠、磨架等附属设备，1人喂料2人推拉。从古代沿用至20世纪60年代末期，被机动小钢磨所代替。60年代起，石磨相继被机动磨淘汰。另一种是直径30厘米上下小石磨，从古代一直沿用至2012年，一小部分农家仍用来磨豆浆及芝麻粉、糯米粉（水磨）等。

（二）石臼

最简易脱壳工具，直径约40厘米、高约50厘米的圆台形花岗石中凿成锥形凹洞，深约30厘米，另配一个圆形石榔头，组成舂米器具。

（三）轧花机

农民开始用双木棍架构轧花机，脚踏和手摇相结合，作业时将籽棉轧成皮棉，生产效率较低。约在民国27年（1938）后，引进16英寸皮辊轧花机，由飞轮、机架、上刀、下刀、地轴、下刀轴和脚踏等零件组成，工效比木结构的提高10多倍。

（四）弹花机

用木弓、弦和木榔头组成简易椎弓形弹花工具。民国9年（1920）后，引进三齿筒弹花机，工效成倍提高。民国29年，又发展单齿筒弹花机。

（五）木制单绽纺纱车

家用纺纱主要工具，由车架、手摇偏心轴、转动轮、转动带和纱锭等零件组成。

（六）织布机

农民织造土布的木制机子，由机架综（提纱机件）、花木环、缺口槽及放绳（传动机构）、绕纱轴和脚踏板等零件组成。装上箝夹，连续穿梭。增加综及脚踏板，能织多种花纹。20世纪后期不再使用。

（七）榨油机

民国29年（1940）前就有榨油机，用硬木料制成。农民收获的大豆、花生、棉籽、菜籽等油料作物，用其榨油。

（八）石碾

这是轧碾油料和粮食主要工具，它由2～3块大圆石制成，中间凿有一个圆孔，再穿上棍棒，用畜力拉动即可。

四、施肥、积肥工具

施肥和积肥工具，传统的有粪桶、粪提桶、粪勺和罱泥船、罱泥夹、泥耙等。

五、运输工具

（一）木制独轮车

古代传下，结构较复杂，有车轮、车辕、车棚等部件，每个部件又有多个零件。中华人民共和国成立后使用过一段时间。二十世纪五六十年代，窑业运土、土坯、砖瓦的独轮车，由胶轮代木轮。

（二）扁担

农民短途挑运货物主要工具，分木制和竹制两种。前者由质地坚韧的桑树、榆树和夜合树等料制成，长2米左右，中间扁阔，两头稍尖，装有挡绳子的梢子，用于挑粪、挑灰、挑柴等农活；后者由2米长的毛竹劈成两片后制成，其两端有挡绳子的切口。

（三）平板车

木架平板下装两个钢圈胶轮子，靠滚珠轴承转动。适宜田间小路和埭路上短途运输。

六、其他农具

（一）水车

分人力、畜力、风力水车3种。人力水车由车身、斛水器、传动装置3部分组成。在水稻地区中等农户中置办和应用。一般每部水车用2～4人。畜力水车胜人力水车，灌溉田亩较多。仅富裕农户才使用。风力水车由畜力水车改制而成，其转动机构复杂，灌溉能力强,经济效益明显。

以上3种水车沿用到1957年,抽水机问世后,逐步被淘汰。

(二)诱蛾灯

有两种诱蛾灯,一种是家用防风煤油灯,一种是高压电网黑光灯。杀虫效果虽好,但易误杀益虫,故未长期使用。

第二节 革新农机具

一、耕翻机具

(一)旋耕犁

这种犁配挂在拖拉机尾部,由传动轴、传动链、犁体、犁刀轴等零件组成。主要特点是耕幅宽、泥块细,耕后不用耙就可播种。

(二)铧犁

由犁掌、犁柱、大梁、调深轮手柄、连接杆、拉杆、限深轮、犁尖等零件组成。工作时挂接在中型拖拉机尾部,其特点是耕得深,速度快,效率高。手扶拖拉机上配用681双铧犁要比中型拖拉机上的犁便捷,作业时也挂接在拖拉机尾部。

(三)圆盘耙

中型拖拉机上配套农具之一,由耙片组、耙架偏角调整装置、牵引或悬挂装置等组成。

(四)立式耕耙犁

这是耕、耙工序合并之农具。耕、耙一次成功,既可节省油料又可节省时间。

二、播种机具

(一)棉花制钵移苗器

由1个铁皮圆筒、2根立杆、1根木柄、1个活络推泥环组成。既能制钵又能移苗。1983年,对制钵器的圆筒进行改进,使用更轻便,适合于小面积制钵。农户均有备用。

(二)插秧机

1966年,从浙江奉化等地引进人力钳夹式水稻插秧机。1976年,又引进上海-1型机动插秧机,装有4马力内燃机,由机动行走和分插两部分及秧箱等组成,作业时由手扶拖拉机手操作,生产效率高。普遍推广使用。

三、植保机具

(一)手工喷雾器

20世纪50年代初,土制喷雾器,在打通的毛竹筒底部上端钻几个小孔,作为治虫用具。1952年以后,又先后推广压缩式喷雾器和背包式喷雾器,单人操作,工效提高多倍。

(二)机动治虫喷雾器

1965年,开始引进机动迷雾喷雾器,用1.60马力汽油机作为动力机,其特点是体积小,重量轻,功效高,操作方便,是棉花、三麦、水稻、玉米治虫有效武器。

(三)喷粉器

1957年,引进手摇喷粉器,先在水稻上应用,以后逐步推广到棉花、三麦上使用。1979年后,大量使用机动喷粉(雾)器,平均每个生产大队3～4台,实现治虫机械化。

四、收割机具

(一)脱粒机

近代发明的新型农机具,有人力脱粒机和机电动两用脱粒机2种。专用于水稻脱粒。

(二)纹杆脱粒机

1960年,从南京农科所引进的一种脱粒机,由机架、滚筒、凹形筛子、罩壳和皮带盘等零件组成,既能脱粒麦子又能脱粒蚕豆、黄豆和玉米,速度快,功效高。

五、排灌机具

(一)抽水机

用动力机配套的现代化排灌机具。

(二)农排泵

1964年,从无锡引进、用1.50千瓦电动机配套的小型排灌机具。1976年,由于用电困难,改用F170柴油机配套,效果良好。

(三)喷灌泵

棉花生长期抗旱较为理想的人工降雨设备,1978年,从金坛引进后,深受农民欢迎。

六、农副产品加工机具

1958年,粮、饲料粉碎作业,由引进饲料粉碎机以后开始。1965年后,逐步实现粮、饲料作业机械化。轧花弹花,在中华人民共和国成立初期,已经发展到半机械化作业。1970年,实现全机械化作业。

(一)碾米机

1949年10月前就开始使用,主要碾稻谷、高粱、小米、大麦和玉米等粮食。20世纪70年代起每个村都有,大部分是机电两用。

(二)饲料粉碎机

既能粉碎粮食又能粉碎饲料。

(三)榔头粉碎机

1958年,掘东区仅1台。到1980年,境内已经发展到80多台,实现粮、饲料加工机械化。

七、农业机械

(一)中型拖拉机

农业机械化的主要动力机,挂上拖厢可运输。

(二)手扶拖拉机

农业机械化中的小型动力机,装上拖厢,又作短途运输工具。1964年,境内部分生产队从常州引进工农-7型手扶拖拉机。1968年,国家统一确定以东风-12型拖拉机为主要机型。大批量生产后,解决农村土地耕翻、播种、脱粒、灌溉、运输等一系列问题。

1990～2009年南坎乡主要农机具年末拥有量一览表

表5—48　　　　单位:台 艘 辆

年份	大中型拖拉机	手扶拖拉机	播种机	机动收割机	机动脱粒机	饲料粉碎机	机动喷雾(粉)机	人力喷雾(粉)机	机动运输船	非机动农用船	其中水泥船	胶轮手推车
1990	12	321	29	—	258	36	65	9346	32	21	21	847
1991	—	209	68	—	258	34	65	12004	31	14	14	961
1992	—	195	86	—	258	32	65	12107	29	6	6	1043
1993	—	207	113	—	263	27	137	12000	31	6	6	1200
1994	2	204	120	—	269	22	272	11350	32	6	6	1225
1995	3	209	146	2	273	21	493	10700	32	6	6	1220
1996	4	277	265	4	275	18	682	8149	33	4	4	1324
1997	4	278	292	4	216	15	1049	7555	33	4	4	1411
1998	6	279	147	4	215	14	1139	8122	28	4	4	2614
1999	6	282	150	5	204	15	1204	8428	25	4	4	2700
2000	8	362	166	7	260	19	3309	8626	33	6	6	2980
2001	16	276	182	66	220	51	8014	6029	17	58	58	3110
2002	17	279	182	66	220	51	8069	6133	17	58	58	3018
2003	18	283	181	67	221	50	8133	6206	17	52	52	3120
2004	18	295	181	67	221	51	8229	6104	17	52	52	3142
2005	18	301	183	69	223	51	8309	6204	17	52	52	2970
2006	18	311	185	70	226	55	8360	6509	15	41	41	2957
2007	19	312	189	70	225	55	8366	6411	15	41	41	2965
2008	19	314	192	70	226	55	8460	6422	15	41	41	2950
2009	20	496	209	89	326	55	18655	7742	19	49	49	2937

2012年大豫镇农业机械拥有量一览表

表5—49　　　　单位:台(套)

机械名称	数量	机械名称	数量
大、中型拖拉机	49	机动弥雾机	12000
手扶拖拉机	336	粮食加工机械	60
联合收割机	24	饲料加工机械	120
手扶插秧机	5	小型拖拉机(含变型车)	11
推土机	18	脱粒机	600
挖土机	20	稻麦割晒机	26
吊机	46	开沟机	120

第十章　管理机构

中华人民共和国成立后，各级政府都设立农业管理机构，区乡直接领导农业生产。划设乡财委主任和村财经，主管农村经济。1958年，成立人民公社后，在中共公社委员会统一领导下，相继成立农村经营管理、农技、畜牧兽医、水利、农机等专门机构。

第一节　农村经济服务站

1958年10月，县委农业生产合作部更名农村工作部，给各区、社派设1名农村经营管理辅导员，时称会计辅导员，主要职能和任务是负责人民公社经营管理和大小队财务辅导、检查和监督。

1983年，农村政治体制改革，政社分设。县委农工部在桐本乡试点，乡设立经济联合委员会（简称“经联委”），作为党委、政府领导下集体经济联合组织，各乡仿桐本乡设经联委，建立工业、农业、副业（后改称“多种经营”）3大公司。1986年，农村经济改革进一步深入，乡经联委及下属公司不能适应经济发展形势而撤销。乡政府设农村经济管理站（简称“农经站”），职责范围扩展为农村土地承包管理、农业经营管理和农民负担监督管理。

2000年镇乡合并，建立大豫镇农村经济服务站，为镇属事业单位。由单一管理型转为管理服务型，重点搞好土地流转、富余劳动力转移、会计代理、农产品经销、集体资产经营五大服务。2002年，体制改革，大豫镇工业办公室与农经站合并，建立大豫镇农村经济服务站，2006年，工业经济部分划出，新建工业发展服务站。

2012年，在编工作人员7人，其中大专文化5人，初级职称5人。

第二节　农业技术推广站

1956年始，设区农业技术推广站，境内各乡均由掘东区农业技术推广站负责农业技术指导。1958年10月，区农技站随区撤销（后又恢复）。1966年，公社相继成立农业技术推广站（简称“农技站”），配备站长1人，农技员2～3人，主要职能是新技术推广。1976年，公社农技站改名为农科站，技术人员增至3～6人，分栽培、植保、种子、土肥（土壤、肥料）、农业气象等专业，有固定试验田、生产基地、仓库、晒场、恒温箱、土壤速测仪、分析天平、种子精选机等简易设备，进行新品种试验、示范和新技术推广、应用。

20世纪70年代起，各大队配备专职农技员1～2人，列入大队干部编制，各生产队也配有专职农技员，不脱产。联产到劳后，各大队（村）仍设有兼职农技员。

1981年，境内公社农技人员经省农林厅组织统一考试，发证上岗，农科站定编为6～8人。1983年，恢复乡村制，政乡分设，成立乡经联委。乡农科站投入相当精力，兴办农业公司经济实体。1986年，乡经联委及下属公司撤销，恢复乡农技站，后列为全民事业单位。1996年，县农业局与县多种经营管理局合并为县农林局。1998年，各乡林果技术员并入乡农技站。镇乡合并后，3乡农业（含林果）、渔业、蚕桑技术员合并为大豫镇农业技术服务站，设有栽培、植保、土肥、种子、林果、蚕桑、渔业等专业。2012年，大豫镇农业技术服务站在编13人，其中大专文化8人，高级职称2人，中级职称10人，初级职称1人。

第三节　畜牧兽医站

中华人民共和国成立初，如东县成立兽医联合诊所于马塘镇，主治耕牛疾病。1958年，公社成立畜牧兽医站，设站长1名，兽医（技术员）2～3人，各大队兽医员1人。原有兽医联合诊所解散。1960年，兽医站下放，只留1名兽医，以医治牛病为主，实行多劳多得。1965年10月，公社恢复建立畜牧兽医站，设站长1人，会计兼售药1人，兽医5～8人，各大队配有赤脚兽医1人。主要职责是生猪防疫、治病。耕牛防疫、治病则由公社兽医站专业兽医医治。改革开放后，乡畜牧兽医站扩大职责范围，除家畜防疫、治病外，加强对生猪精品育繁试验、示范、推广，以及禽类养殖生产和防疫工作。“一镇三乡”合并后，大豫镇畜牧兽医站业务范围是：开展畜牧兽医技术推广、畜禽病防治和疫情测报以及母猪人工授精、繁育良种等相关技术培训，并与保险部门联合开展畜禽保险业务。期间，赤脚兽医经考核录用为镇兽医站合同工。2012年，畜牧兽医站在编8人，其中大专文化6人，中级职称3人，初级职称5人。

第四节　水利服务站

1958年，公社设水利部（科），水利部长（后撤销）由国家干部兼职。根据工程需要，设临时水利工程员。1982年5月，公社建水利站，有独立法人和会计员，对水利工程进行专项核算和管理，由公社抓水利负责人兼任站长。各大队配1名水利工程员，为亦工亦农性质，年终发给误工补贴。10月，公社水利站列入县编制委员会编制，定编为2～3人。1986年，国务院办公厅以国办发〔1986〕50号文件规定，乡水利站为县水利部门派出机构，由县水利主管部门和乡政府双重领导，一部分符合干部“四化”①条件的水利工程技术骨干被县人事部门聘干，其他人员为合同工性质。20世纪90年代，各乡水利站除担当水利工程和农田基本建设组织施工外，增加包括水资源、水政在内水务管理职能。镇乡合并后，水利站相继合并。2000年，水利站更名为水利服务站（后又更名水务服务站），水利工程采取招

①革命化、年轻化、知识化和专业化。

标方法进行。2012年,在编人员为6人,其中大专文化3人,中级职称1人,初级职称4人。

第五节 农业机械服务站

1958年前后,南坎、兵房、丁店等公社(乡)相继创办农机修配(造)厂,部分大队(村)开始试用柴油机牵引水泵灌溉。1959年1月,潮桥公社率先建立农机修造厂,附设机灌车口。其后,公社相继启动柴油机牵引水泵灌溉。1963年2月,公社正式建立灌溉站,后改名为机电灌溉站,简称“电灌站”。1988年,各乡机电灌溉站改为农机化管理站,为全民事业单位,接受县农机局、水利局和乡政府三重领导。镇乡合并后,农机站相继合并。2000年,农机站更名为农机服务站。2012年,在编工作人员6人,其中,大专文化6人,中级职称2人,初级职称4人。

附记:

中国农业生产的发展

农业是人类社会历史上最早出现的生产部门,农业生产经历原始农业、传统农业和现代农业3个历史发展阶段。

原始农业 1万多年前新石器时代开始,到2000多年以前铁器出现为原始农业。

约在1万多年前,中国进入新石器时代。主要劳动工具为磨光石器,称为新石器。祖先在采集野生植物过程中,经长期观察、摸索和试种,把可食用野生植物栽培成农作物,从而产生农业。原始农业,生产力很低,耕作粗放,早期处于“刀耕火耨”的火耕阶段。大约在7000～8000年前,进入用耒耜耕种的“耜耕”阶段。晚期,随着农业生产发展,生产工具、耕作技术和谷物品种等都有创新。浙江省余姚河姆渡公社出土文物中有石斧和稻谷,经考证,已6800多年历史,说明中国农业历史悠久。

传统农业 从奴隶社会过渡到封建社会,一直到工业化之前,这一时期的农业为传统农业。传统农业所用生产工具,主要是手工工具,铁器,使用人力、畜力和自然肥料等。人们所掌握生产技术主要靠世代积累的传统经验。

公元前21世纪,夏代进入人类历史上第一个阶级社会——奴隶社会。广大奴隶在长期艰苦生产过程中,有许多发明创造。如青铜农具、石犁等农具改进、扩大耕地面积、提高土地利用率、初试灌溉技术、加强田间管理、推广蚕桑业等。

商代,中国农业耕种技术又前进一大步,河南安阳县小屯村发掘出殷墟甲骨文记述,有黍、稷、粟、麦、稻、大豆等作物栽培。

春秋时代,是中国奴隶社会向封建社会转变时期。社会生产力发展促成这一社会变革。这时铁器农具已开始使用于农业生产。为大规模垦荒、深耕创造条件,与此同时,开始使用牛耕。

汉代,冶铁业发达,农业已普遍使用铁器农具,牛耕普及。农田水利兴建、新农具推广和耕作制度、栽培技术创新,说明汉代农业已相当发达。

中国古代有《管子·地员篇》《吕氏春秋·辨土篇》《齐民奇术》《农书》《农政全书》等专门农书,总结农民丰富生产经验,是中国珍贵古代农业文献,就生产实践而言,仍有一定现实意义。

中国古代思想家、政治家和农学家根据劳动人民实践，提出许多有科学价值理论，如“国以民为本，民以食为天”农本主义思想，正确认识和处理农业生产中生物体与人和环境条件之间辩证关系思想——“夫稼，为之者人也，生之者地也，善之者天也”(《吕氏春秋·审时》)；陈旉“地力常新壮”思想；种地“宁可少而精密，不可多而草率”(《沈氏农书》)之集约经营思想，是精耕细作夺高产的传统在农业思想上结晶。

精耕细作是中国农业优良传统，是综合性概念，集中体现多项增产措施综合运用之作用。包括选种、育种、土壤耕作、灌溉施肥、旱作保墒、植物保护、田间管理等措施；多种经营、农产品综合加工利用；兴修水利、改良土壤、利用多种能源、工具改革以及改善生产条件等经验。中国农民正是依靠这种因地制宜、采用综合增产措施、以提高单位面积产量为主攻方向的精耕细作传统。

中国传统农业，早为世界知名科学家瞻目称道。18世纪，瑞典生物学家林奈赞扬过中国农业。19世纪著名生物学家达尔文认为中国最早提出选择原理。德国农业化学家李比希认为中国古代对农家肥料利用是无与伦比的创造。

西方“石油农业”危机越来越显著，看到中国传统农业有许多优点。美国学者布劳格认为中国因地制宜推行间作套种、多熟种植是世界上已知的最惊人变革之一。农学家维得·瓦尔特开列中国农业值得美国学者学习14个传统农业项目。

中国传统农业是一种自给自足的自然经济，有它历史局限性。实事求是、科学分析、正确认识其生命力，不全盘否定，也不人为拔高。

现代农业 相对于传统农业而言，广泛应用现代科学技术、现代工业提供生产资料和科学管理方法进行的社会化农业。按农业生产力性质和水平划分的农业发展史上，属于农业最新阶段。

现代农业基本特征是运用现代科学技术和科学管理，并投入较多物质和能量，逐步把以经验为基础传统农业改造为以科学为基础的现代农业。也就是生产技术科学化，生产工具机械化，生产组织社会化。

科学化 现代农业科学技术在自然科学基础上发展起来，逐步形成完整农业科学体系，使农业生产技术由经验转向科学。农业科学不断发展，促进农业生产不断提高到新水平。植物学、动物学、遗传学、物理学、化学等科学发展基础上，育种、栽培、饲养、土壤改良、植物畜保等农业科学技术迅速提高和广泛应用。著名科学家“杂交水稻之父”袁隆平院士的团队，利用杂交优势，培育新杂交水稻品种“Y两优900”，2014年，现场验收，百亩片平均亩产为1026.70公斤；植物生理学和化学发展，导致化工业发展，化肥已成为农业增产重要因素。化肥向浓缩化、复合化、长效化、液态化等方向发展；农业栽培技术发展很快，重视病虫害综合防治，农药向高效、低毒、低残留方向发展；广泛使用除草剂，耕作采取免耕法或少耕法，既节省能源，又可防止水土流失。

现代农业孕育着新技术革命，主要是在光合作用、生物固氮、遗传工程等方面。比如光合作用，一般作物利用太阳能光合作用效率仅有1%左右，高产作物也只有2%～3%。假使把植物光合效率提高1%，就可大大提高农作物产量。

机械化 现代机器体系形成和农业机器广泛应用，使农业由手工畜力农具生产转变为机器生产，以技术经济性能优良的拖拉机、耕耘机、联合收割机、农用飞机以及林、牧、渔业中各种机器，成为农业主要生产工具，使投入农业能源显著增加，电子、原子能、激光、遥感技术以及人造卫星等也开始运用于农业。

社会化　在区域化、专业化生产基础上发展成为供、产、销密切联系的社会化和科学管理的经济体系。由小而全自给自足自然经济的传统农业发展为商品化现代农业。

社会化有一个形成过程。开始是生产区域化，通过生产发展和竞争，根据当地资源、土壤、气候条件，逐渐形成一些地方集中生产某种主要作物，使得生产有一合理布局；进而发展到专业化，形成专业养鸡、养猪、养羊场，棉花农场、蔬菜农场等农业园区；20世纪50年代后，农业很多作业专业化——良种、农药、化肥、农用薄膜等供应，专门由种子公司、植保公司、农资公司等担任。农业区域化、专业化、社会化和日益严密科学管理是社会生产力和商品经济发展到一定阶段产物。社会化对于合理利用自然资源，采用先进科学技术，提高生产效益，都有巨大作用。

实现中国农业现代化　中华人民共和国成立60多年，农业经历曲折发展道路。中华人民共和国成立3年恢复时期和第一个5年计划期间，完成土地革命，取得农业社会改造伟大胜利，农业生产获得较大发展。此后，中国共产党和国家多次提出要在20世纪末把中国建设成为一个具有现代农业、现代工业、现代国防和现代科学技术社会主义强国。但由于种种原因没有实现这个战略转变。中共十一届三中全会提出工作重点转移到社会主义现代化建设上的战略决策，全面开创现代化建设新局面。1979年12月6日，邓小平首先用小康阐述中国四个现代化，勾画中国1980年～21世纪中叶发展道路，从而向中国特色的科学化、社会化、商品化现代农业迈进，建成具有高度物质、精神、生态文明的社会主义新农村。

21世纪，中国总体上已进入加快改造传统农业、走中国特色农业现代化道路关键时期。到中叶，实现农业现代化。

中国农业现代化进程，可分为准备阶段、起步阶段、初步实现阶段、基本实现阶段、发达阶段。现代农业发展阶段划分，是一个相对概念，阶段之间互相联系，不是分开。农业现代化是一个动态概念。

第六篇　林牧副业

大豫民众习惯于宅前屋后栽树，成片成林较少。民国时期，启海移民有人将名贵苗木随迁，栽种于沿海垦区，丁家店村40组朱俊楠宅百年黄杨树、银杏树，便是其曾祖父民国5年（1916）从海门三阳移植此地。类似古树，境内罕见。

中华人民共和国成立后，植树造林和平原绿化得到各级政府重视。1958年后，社社队队大搞"四旁"绿化，绿化覆盖率45%以上，森林覆盖率10%以上，20世纪60年代中后期，各大队建副业场（蚕桑场），引进湖桑栽培和育蚕技术，一度形成规模。随着淡水养殖业崛起，栽桑面积锐减。中共十一届三中全会后，蔬菜生产发展较快，设施栽培、特色产业已成为大豫镇一大亮点，集体和个人栽树，护林都落实责任制，绿化面积、森林覆盖率31%、植树成活率均超历史。至2012年，全镇花木面积798亩，果树栽培蔚然成风，成片果园随处可见。

境内传统畜禽养殖是：生猪、家禽、养羊、部分农户养牛和养蜂。20世纪60～80年代间，建有兵房、南坎、丁店3个集体养蜂场。改革开放后，蜂场均实行承包责任制，人员实行分流。90年代起，饲养肉用鸡（也有部分农户养蛋鸡）成为农民致富奔小康有效途径。南坎乡新兴村被誉为养鸡专业村闻名全县，多次受到县政府表彰。2012年，全镇出栏肉鸡280万羽，总产值7000万元。

第一章　林　业

第一节　植树造林

20世纪30年代，境内农民种植桑、刺槐、苦楝、榆、柳、银杏等树种，但为数不多。1952年，县成立林业指导所，重点营造海边防护林，开展公私合作造林。掘东区王荃乡第七村（巩王村）王长喜为如东县第一个植树模范，从民国35年（1946）起担任护堤组长，6年中自动植树2365株[①]。

①见《如东县志》。

20世纪50年代，农民在家前屋后少量植树。直至60年代，在县、公社统一号召下，各大队、小队在河、路、堤两边，开始大量植树造林。树苗以当地少量培育，外地采购为主。

20世纪70年代，境内因自育苗木病虫害较重，逐步引进水杉、意杨、泡桐等树种。因国家对农村林带、农田林网建设要求高，林网网格由当初300亩缩减到200亩、100亩的标准。号召农户大量培育苗木，品种有乔桑、苦楝、水杉、杨树、银杏等。到80年代，引进意杨，在如泰运河两岸，种植600多亩，并在全镇公路、河道和沟渠等绿化带上普遍推广种植。到80年代后期，境内各乡镇全面推广农田林网化。利用"四旁"①等地段，重点放在公路两旁，形成绿化主林带。在丰产沟、支渠、机耕路等地段形成副林带。1983年底，根据《中华人民共和国森林法》规定，乡镇配备护林员（亦称林果技术员）。负责绿化、果树栽培、技术指导。1984年，全国人大常委会通过《关于开展全民义务植树运动的决议》，规定各级人民政府每年都要组织义务植树运动，凡女年满11～55周岁、男年满11～60周岁中国公民，每年每人必须义务植树3～5株。全民参加县创建全国平原绿化先进县和省绿化达标乡镇活动，绿化工作得到加强，全社会森林覆盖率逐年提高。1990～1995年全省兴起绿化达标乡（镇）创建活动。境内各乡镇均以优异成绩获得南通市绿化工作达标先进单位。

1990～2003年南坎乡植树造林一览表

表6—50　　　　单位：亩

年份	当年造林面积	当年育苗面积
1990	264	10
1991	101	10
1992	95	—
1993	37	15
1994	820	19
1995	425	10
1996	49	—
1997	350	—
1998	缺失	—
1999	333	15
2000	266	—
2001	19	—
2002	222	—
2003	2587	—

①住宅旁、道路旁、河道旁、水渠旁。

第二节 林木种植

境内栽种的树木，以实用材为主，品种主要有柏树、桑树、柳树、楝树、榆树、刺槐树、银杏树、黄杨树等，分布于房前屋后、河旁路边。后又引进水杉树、池杉树、梧桐树、泡桐树、意杨树、白杨树等外来品种。20世纪90年代起，部分企事业单位和个人开始种植雪松、樟树、龙柏、紫薇、苏铁、桂花等观赏树木和花卉盆景。

一、梧桐

1984年，引进法国梧桐，作为街道行道树种植。由于落叶多，修剪量大，增加用工。法国梧桐种子成熟后，绒毛随风飘落，使部分农民皮肤过敏瘙痒。因此，镇区在修建柏油路面后，大部分淘汰，该树种现留存极少。

二、刺槐

20世纪60年代，引进刺槐(俗称"钉儿槐")大量种植。其特点是速生、材质坚硬、耐盐碱，刺槐是上好蜜源，为放蜂人所钟爱。当年生产队提倡一亩地要饲养一头猪，生长多年的刺槐被大量砍伐，作为建猪舍、筑围栏用材，以后不再引种。播种、根蘖繁殖，以种子繁殖为主，境内河旁自然沟塘边仍有部分留存，处于自然生长状态。

三、泡桐

20世纪60年代，学习兰考县"粮桐间作"经验，引种泡桐树。该树特点是生长速度快(一度流行"泡桐泡桐，三年一抱"说法)，材质轻软耐磨，不翘不裂。枝叶繁茂，树冠硕大，根系浅，境内台风频发，易被大风吹折吹倒。用根蘖繁殖法，仍保留较少，处于自然生长状态。

四、杞柳

20世纪70年代，大搞水利建设，在形成沟渠路后，引进杞柳作水土保持林种植。种在干渠内侧、丰产沟两侧及新开河道两侧。杞柳，灌丛，柳条细长，去皮雪白，是制作柳条制品上好原料。各大队建立副业场，缺乏编织柳条制品技术人员，因此销路不畅；杞柳也是部分农作物虫害寄主，严重威胁农作物生长，伐后不再种植。

五、水杉

1986年，引进水杉苗100万枝。1991年下半年，兵十公路拓宽改造，砍伐原路边楝树，在改造后公路边种植水杉。水杉树干通直，树冠窄小美观，材质轻软，易翘裂，根系深，抗风力强，生长迅速。苏中属非林区，历来缺少木材，土地联产承包到户后，农民植树造林积极性空前提高。当时大部分人认为水杉就是杉木，以致集体栽植在支干渠、丰产沟边的水杉树，屡屡被农户拔起，栽在自家房前屋后，使农田林网缺棵断带，农户种水杉树积极性可见一斑。2000年后，大量水杉被毁，但水杉仍在活立木中占有较大比例。水杉播种、扦插繁殖，以扦插为主，仍然是农田林网绿化主栽树种。

六、意杨

从意大利引进，速生丰产，材质白软，纹理美观，旋刨后是制造胶合板原料。1984年，境内开始引种，品种有“35杨”“69杨”“72杨”。首先在兵长公路两侧全线种植69杨。1986年开始，在河边引进种植69杨、72杨。1992年前后，培育100多万枝，向全县推广种植。意大利杨生长速度快，树体高大，与农作物争光争肥，作公路行道树，易被强台风吹折，而影响公路交通安全，经批准砍伐。栽植在如泰运河南青坎上的意杨树，尚被保存。

七、樟树

1995年，兵房人民北路拓宽后，栽植樟树，生长表现一般。樟树喜酸性土壤，在中性偏碱土壤上生长，有部分植株叶片黄化，生长不良，在引种同时，食叶害虫“樟树螟”也被带入，如疏于防治，樟树叶片大部分将被吃光。樟树靠种子繁殖，大豫以引种小苗为主，樟树是企事业单位和庭院绿化配植树种。

八、雪松

1985年前后，雪松苗木价格昂贵，当时一米高雪松售价高达近百元，曾被企事业单位引种一两棵，作为绿化配栽用树。雪松树冠塔形，树姿优美，不耐水湿。雪松靠种子、扦插繁殖，以引进苗木栽培为主，雪松是工厂、企事业单位绿化的景观树种。兵房初中内2棵，凯缘食品厂前1棵，均生长良好，树形迷人。

九、杜仲

人们作为经济林成片种植，杜仲皮是上好中药材，生长缓慢，兵北桥向北三排种一块，3亩左右。

十、蜀桧

又名桧柏，比刺柏生长快，几乎无刺，树冠圆桶形，树姿优美，四季常青。20世纪70年代，开始零星引种，是工厂、机关、学校绿化主要树种，生长良好，栽种数量较多。该树耐修剪，除成排成行作乔木栽培，还被修剪成绿篱、球形等各种形状。

第三节　花木盆景

中华人民共和国成立前，境内很少有人酷爱栽种花草，仅有大豫盐垦公司北园林木成荫，花木齐全，满园春色。中华人民共和国成立后，只有小集镇居民养几盆花草，用以观赏而已。中共十一届三中全会后，随着人民生活不断改善，人们精神生活需求越来越高，环境绿化、香化、美化，栽花种草成为一种时尚，遍及城乡。1999年，国庆50周年，如泰林场(兵房镇苗圃)精心培育菊花1万盆，向县国庆50周年大会献礼。

至2012年，全镇花木面积798亩。花木专业户有10多户。其中伯安村5户，种植面积60亩，年产值20多万元。花木品种以桧柏、桂花、意杨为主。草本类50余种，以秋菊、瓜叶菊、吊兰为主，户均年纯收入5万元左右。

第二章　果树　果园

第一节　果树栽培

大豫农户有家前屋后种植果树传统习惯。栽培品种以原生态桃、梨、柿、杏、枇杷、银杏树为主，品种单一，管理粗放，产量低，品质差，自产自销，自生自灭。土地改革后，农民分得土地，栽种果树积极性提高。人民公社化后期，栽种果树较少。联产承包后，农民温饱得到根本解决，追求食物多样化和生活质量成为一种时尚，果树栽培出现崭新局面。

一、桃

境内原生态桃统称“毛桃”，后引进枝条嫁接，品质极大提高，另有油桃，颜色紫红，称“滑皮桃”，种植较少。

(一)杨桃，60年代，扬州农学院育成并推广种植。该树新品种称“杨桃”。引回栽种，产量高，口感好，酸甜适中，深受群众喜爱。

(二)罐桃，1980年前后，国际国内“桃罐头”市场走俏。动员农户种植罐桃，该桃颜色呈黄色，也称“黄桃”。果肉呈黄色，肉质硬，微酸，宜加工罐头不宜生食，自然消失。

(三)水蜜桃，1989年引种，早熟品种有“春蕾”，5月底成熟上市。因成熟特早，其核为未木质化软核，故亦称“无核水蜜桃”，是一年中最早上市果品，销路好，属保留栽培品种。“白凤桃”，亦属“水蜜桃”，品种长势中庸，树冠开张，丰产性强，果肉白色，果体大小中等，甜度高，品质上乘。仍保留栽培较多。

二、梨

梨在果树栽培中面积最大，经济效益也较高。梨树盛果期亩产可达4000～5000公斤。

黄花梨，该品种高产稳产，抗病性强，石细胞较少，口感甜脆，是境内主栽品种。1983年，引进种植。1990年，丁店乡种植面积(成片面积1亩以上)近1500亩，经济效益比种粮食高出3倍。至2012年仍是主栽品种。

杭青梨和黄花梨同时引进，并互为授粉品种，与黄花梨夹种为主，境内仍保留一定种植面积。

三、葡萄

历史上大豫几乎不栽培葡萄，1984年，引进种植。首先引种“巨峰”，接着又引进“滕稔”等多个品种。一门闸村王桂艳从东北嫁进后，捎进东北优质品种，开始种植3亩，取得较好经济效益。为当地种植葡萄开启先河。2012年，全镇葡萄种植面积500多亩。

四、橘

过去以引种黄岩蜜橘为主,1986年,连续低温使橘几乎全部冻死。后又引进“兴津、弓川、尾张”等日本品种,生长较好,耐寒性有所提高。但没有连片种植,以农户宅旁零星种植为主。

五、杏

杏树几乎绝迹。2000年,从镇江“江苏省小杂果研究所”引进杏树新品种“凯特杏”,有农户宅旁零星种植。

1990～2000年南坎乡水果生产情况一览表

表6—51　　单位:亩 公斤

年份	年末果园面积	水果产量	梨子	桃子	柿子	枇杷	其他水果
1990	107	440200	29500	92300	311300	—	7100
1991	155	448100	17500	133300	268100	—	29200
1992	181	591500	30300	181800	369500	—	9900
1993	265	290000	26300	209500	33500	—	20700
1994	131	496700	43400	108700	335400	1900	7300
1995	133	563300	68200	98500	360900	—	35700
1996	158	560500	69100	142600	313400	7900	27500
1997	135	525100	60900	92400	323000	14500	34300
1998	—	—	—	—	—	—	—
1999	990	1126000	221000	109000	684000	25000	87000
2000	1075	130580	482000	8800	756000	1000	58000

第二节　示范果园

20世纪90年代,丁店乡豫丰村被誉为“南通市果树第一村”。1984年开始,该村农民就利用丰产沟、横河,把果树引上林网,并利用家前屋后栽植庭院果树,到1992年全村已栽植“雨花露、早花露、005、春雷、黄化、杭青”等优质桃梨和柿树5万余株,发展成片果园750亩。1992年,中共村支部负责人陈文秀2亩梨园,收入5000元以上;农户张兵100棵梨树收入4000元左右,果苗收入5500元左右。是年,全村果树生产总值100多万元,果树人均收入400元左右;向省内外提供各种优质果苗300万株,创收150万元。且组建果树研究会,有157名会员,把果树生产引上科学管理轨道。1998年,申请注册“豫丰”牌黄花梨。2000年,丁店乡万亩梨园被列为南通市产业化科技示范园,被评为市级优秀园区,豫丰村果园通过省级专家组验收,被授予江苏省模范果园称号。是年,丁店乡梨园1.20万亩,2002年,建品种示范园。2003～2004年,全园推广疏花疏果、果实套袋、增施磷钾肥等新技术,提高果品质量。梨套袋价格比不套袋高40%,2005年始,对黄花梨高接换种,用市场适销优良品种“丰水”“翠冠”“爱甘水”等替代原品种；推广连片种植、连户销售，取得较高经济效益，一大批农户因种植梨树而致富，走上小康之路。

第三节 梨树栽培技术

20世纪90年代，农作物以“优质、高产、高效益”为栽培方向，梨树“中密度、疏花疏果①、果实套袋、树盘覆盖、增施磷钾肥、防治病虫害”等新栽培技术应运而生。经过多年实践、探索，这套栽培技术，为梨树丰产、丰收夯实基础，至2012年，仍在应用。

一、自繁自育

自繁自育苗木，可避免调运中出现苗木品种混杂，芽眼碰伤、失水严重等情况，选用当地培植的优质苗木随挖随栽，栽后立即按70～80厘米定干，确保苗木成活率100%。并能明显提高芽眼萌发率，确保整形带内发出3～4个好枝条，基本做到一年成形，第二年试花，第三年挂果，提早进入盛果期。

二、中密度栽植

为提高梨树早期效益和充分利用土地资源，对翠冠梨、丰水梨、黄花梨采用中密度栽植，即每亩栽植70～80株，改变亩栽40～50株密度，早期产量和效益明显提高。试验中发现密度过大（如110株/亩），虽早期产量和效益尚可，但中后期果实品质明显下降，管理操作不便，因此，亩栽80株较适合本地土质、气候条件。

三、幼树拉枝整形

梨树要获得早期丰产，必须对幼树进行拉枝，其好处为缓和树势，避免徒长和强旺枝偏多，减轻修剪量，早成形，早成花，早结果，坐果率高，达到丰产稳产目的。拉枝是在生长期进行，将当年抽生的新枝，保留一根立枝作中央领导干，其余拉平。具体操作时，用细绳或布条牵引固定或压枝均可。拉枝后，冬季修剪更加简单，将中央领导主干留50～60厘米短截，其余水平枝均保持不动，待下年结果后逐步缩回，大大减轻冬季修剪量，减少无谓消耗，同时拉枝后结果枝数和果台数均是对照的3倍，有效地提高早期产量。

四、合理间作

对于新栽幼龄梨园，不宜栽植玉米、棉花、油菜等高秆作物；引导农民冬季间作大蒜，夏季间种西瓜，可提高梨树早期效益，合理夹种又能使梨树健壮生长，尽快投产。

五、疏花疏果和果实套袋

翠冠梨、丰水梨、黄花梨最大的特点是成花率、坐果率高，容易丰产，但产量过高后，果形偏小，品质较差，为确保丰产优质，必须疏花疏果，因直接影响果实品质和来年产量、树势等情况，通过几年推广，全镇疏花疏果面积达95%以上。其原则是根据树势、施肥量、上

①人为地去除一部分过多的花和幼果。

年产量及当年产量，确定单株留果量。例如亩栽80株亩产5000斤果园，每株预定产量63斤，每斤2只梨，每株留果125只，每个花芽留1只果，每株留花芽125只。

在冬季修剪时首先疏去过密、弱小花芽，在座果后及时疏去病虫果，留下健壮果，留两侧自然下垂果，确保果品质量。

梨果套袋可改善梨果外观和品质，减少农药污染和病虫害，有较高经济效益。套袋的技术关键：第一应掌握时间，一般在疏果后即可，过早会出现空袋；第二套袋前喷一次杀虫、杀菌剂，喷后立即套袋；第三选用优质、大小适中的纸袋。

六、梨园草膜覆盖树盘

在示范园建设中，推广利用秸秆和地膜覆盖树盘技术，取得显著成效。夏季麦、油菜等秸秆较多。首先在豫丰村试点，用秸秆覆盖树盘，发现覆盖树盘的行间不长杂草，土壤中微生物活动频繁，土壤十分疏松，7～8月高温干旱利于保湿，利于梨果膨大，秸秆腐烂后能增加土壤有机质，改善土壤肥力，既节约除草所需劳力又保证梨果正常生长，通过试点，焚烧现象锐减，另外用黑地膜覆盖防止杂草，增加土温，减少水分蒸发，促进根系生长发育，提高肥料利用率，改善土地理化性状。

七、肥水管理

要使翠冠梨、丰水梨、黄花梨优质丰产，必须具备充足的肥水条件，施肥量和时间是关键。实践证明，斤果斤肥（指基肥）是保证树体各方面需求的理想参数，以盛果期果园树产50公斤为例，需求基肥为50公斤腐熟鸡、猪、羊粪，外加0.50公斤过磷酸钙，施肥时间为采果后10月中旬完成。另外黄花梨膨大肥也很重要。肥料为碳铵或尿素，一般分两次进行，第一次在6月15日前完成，第二次在7月20日前完成，占全年用肥的30%。其施肥量与果品产量成正比，理想参数为6%，即每50公斤果施碳铵3.50公斤，加0.50公斤过磷酸钙或0.75公斤磷酸二氢钾。鉴于碳铵对梨树根系的影响，施肥时适当深施，同时一定要浇足水。

八、防治病虫害

梨树主要病虫害有：梨锈病、梨黑星病、梨轮纹病、梨木虱、蜻象、刺蛾、军配虫等，每年冬天清洁果园，结合冬季病虫枝修剪，刮去老树皮，清扫落叶，减少越冬病虫基数，发芽前喷一次波美五度石硫合剂，进行消毒，铲除越冬病菌。

（一）病害

梨锈病　防治梨锈病关键是在花前花后喷1～2次15%三唑酮1000～1500倍液。

黑星病　防治黑星病的关键要早，要在越冬代病菌出蛰期喷多菌灵或托布津灭杀病菌。

轮纹病　防治轮纹病应采用综合防治。除冬季严格清园刮病斑外，生长季节应及时喷杀菌剂，增强树势，一是重施有机肥、增施磷钾肥，二是控制挂果量，提高抗病力。

（二）虫害

蚜虫　梨树蚜虫防治，掌握在梨树花芽膨大至开花前喷一次药，展叶后在被害虫卷叶前再喷一次药,药剂可用5%高效氯氰菊酯乳油2000～3000倍液。

梨木虱 2012年在全镇发生比较普遍,关键是掌握越冬成虫出蛰期,此期细致喷1～2次,可控制全年为害,药剂可用40%水胺磷酸和20%速灭杀丁3000倍液,或2%阿维菌素3000倍液。

茶翅蝽 关键抓住最佳用药期,一般在6月上中下旬,越冬成虫向梨园集中准备产卵,药剂可用50%敌敌畏1500倍液,为害的果园在若虫发生期再喷一次药。

刺蛾 在5月下旬～6月上中旬,第一代幼虫孵化期喷90%晶体敌百虫800倍液。

梨网蝽(军配虫) 关键掌握在成虫出蛰盛期和第一代若虫盛发期喷药。药剂可用90%晶体敌百虫或20%速灭杀丁乳油4000倍液。

第三章 蚕桑 蔬菜

第一节 蚕桑生产

1949年前,境内无成片桑园,农民只在家前屋后及堤岸河边栽植少量乔木桑,且都以用材为主。20世纪50年代,重视粮棉生产,拓桑缓慢,农民土法养蚕,蚕茧产量甚低。60年代,每公社桑田仅20多亩。60年代后期,各大队始办林桑场,从浙江等地引进胡桑苗,以大队林桑场为基地,统一规格,拓植新桑。至70年代,提出保粮保棉,砍桑限蚕,因此蚕茧产量增长较慢。至80年代,开始恢复桑田,南坎乡桑田面积稳定在380亩,密度从每亩500～600株增至750～1500株,树干从60年代中干变为低干和无干密植。施肥从60年代每年施2～3次增加施5～6次,并全面推广桑苗"71—1"新品种,桑园间种绿肥扣青,应用专用"乐桑""螨停""桑虫清"防治桑树病虫害,桑叶亩产量1800公斤,促进蚕茧生产发展。

1949年前,境内农民一般都饲养土种蚕,自己留种,张产很低,春蚕单产20公斤左右,秋蚕单产10公斤左右。50年代开始,推广镇系品种蚕,逐步实行共育。60年代,推广防干纸育、塑料薄膜育,春蚕单产突破30公斤,秋蚕单产稳定在15公斤以上。70年代,炕床育普遍取代防干纸育、塑料薄膜育。有42个共育室,采用瓦罐式烟道炕床,此炕床育具有保温保湿、桑叶新鲜、省工节料、蚕体发育健壮等优点。80年代,推广"苏菊×明虎""苏正×春光"蚕种,同时实行科学养蚕采用小蚕炕床育,春蚕张产稳定在45.50公斤左右,夏、秋蚕张产亦在40公斤左右。

进入21世纪,因养蚕业用工大,致使蚕业大量萎缩,2012年,林桑面积不足100亩。

1990～2009年全境蚕桑生产情况一览表

表6—52　　单位：亩 公斤

年份	年末桑园面积	蚕茧产量
1990	414	35500
1991	399	41700
1992	648	498000
1993	521	52000
1994	529	57000
1995	310	49000
1996	255	12000
1997	180	7000
1998	—	—
1999	106	7000
2000	110	5500
2001	110	6000
2002	100	8300
2003	76	4300
2004	41	6000
2005	35	4000
2006	35	4000
2007	35	2000
2008	35	2000
2009	94	6300

注：2001年前为南坎乡蚕桑生产情况

第二节　蔬菜生产

1949年前，境内农民种植蔬菜，除自给外，有少量上市销售，尤其是境内种植的“香芋”“香沙芋芋艿”颇受城市居民青睐。20世纪50年代中期，境内建立两个蔬菜大队（亦称菜园大队），即兵房镇二十大队（兵房居委会），南坎乡十四大队（环豫村）。种植蔬菜主要供应兵房镇、大豫镇居民。南坎乡十大队（豫东村）是有名的蔬菜生产基地，从60年代起，就始种大白菜、韭菜、扁豆、黄瓜、土豆、番茄、茄子、冬瓜、西瓜等作物，除在兵房、大豫、南坎等集镇市场销售外，还销往掘港、南通等大市场。中共十一届三中全会后，蔬菜生产得到快速发展，80～90年代期间，一门闸村农民种植小青菜、大白菜覆盖掘港所有市场，1994年5月，兵郊村作为蔬菜专业村，在全县“菜篮子”工程会议上作经验介绍。进入21世纪后，科学种菜，设施栽培等新型模式应运而生，有效促进蔬菜生产发展。

2001～2012年大豫镇蔬菜瓜果面积产量表

表6—53　　　　单位:亩吨

年份	蔬菜瓜果面积	其中:蔬菜	产量
2001	19995	7297	15254
2002	40921	26645	65349
2003	42103	27433	65746
2004	40544	28434	39780
2005	38807	28981	81285
2006	16666	8772	60901
2007	23269	16950	75386
2008	29509	18209	75914
2009	56822	34490	158276
2010	—	—	—
2011	65738	53220	185904
2012	64682	57165	182257

一、蔬菜品种

(一)叶菜类

大白菜(高菜)、小白菜(四季可播种)、蒲芹(春、秋、火蒲芹。1958年,从如皋引进)、茼蒿(春、秋播)、甜菜、花菜、蘘荷(茗荷)、紫菜(早、中、晚紫)、苋菜(红苋菜、绿苋菜,春、秋播)、卷心菜(尖头、平头、甘蓝,四季均可播。1963年,从上海等地引进)、猪耳头、大头青、羊耳头、萝卜(百日子、六十子、地方品种,如皋品种。1958年引进)、浙江大萝卜(引进)、贼叹气萝卜(引进)、红萝卜(1964年,引进长形、圆形、灯笼红)、洋大头(1962年,从启东、海门引进)、本大头、花菜(1974年,引进60天、80天、120天,四季播)、菠菜(四季菠菜、本菠菜)、香菜、黄芽菜(早、中、晚)、瓦盖头、城阳青、山东包菜、京山包菜、圆梗高菜、榨菜(从浙江引进)、塌棵菜(又名黑菜)、莴苣(生菜)、韭菜、青蒜等品种。

(二)瓜类

黄瓜(当地品种,1965年,引进杨州黄瓜、南京刺瓜、北京刺瓜)、笋瓜(洋笋瓜)、南瓜(番瓜、金瓜、晾瓜)、佛手瓜、苦瓜、海蜇瓜(金丝瓜)、西瓜(1964年,引进杂皮西瓜、解放西瓜24号、26号、台黑瓜中旨1号、2号)、香瓜(十棱香瓜、水色芝麻梨香瓜、金铃子香瓜、青皮翘拐瓜、香缘黄)、牛角瓜(1997年,引进上海青皮大牛角瓜)、小冬瓜(1965年,引进扬州小冬瓜、柿子形、五叶早冬瓜)、大冬瓜(当地品种)、丝瓜(蛇丝、香丝)、水菜瓜(花皮瓜,1967年,引进浙江绿皮水菜瓜)等品种。

(三)薯类

洋番芋(又名马铃薯,地方品种,白皮、黄皮、个大,东北引进)、芋头(芋艿)、番芋(又称红薯，当地种有白皮白心、白皮红心、红皮红心，引进品种有栗子红薯、北京2号等）、山药（当地种、启海种、后引进长山药、扁山药、圆山药）等品种。

（四）调味类

生姜（1967年，从山东引进）、荡大蒜、稀大蒜（蒜头儿）、籽葱、大葱（山东大葱）、饭葱（女儿葱）、辣椒、香菜（芫荽）等品种。

（五）茄果类

茄儿（1964年，从海安引进青皮长茄儿、青皮圆茄儿、紫圆茄儿）、番茄（粉红番茄、大红番茄、本早红）、大椒（灯笼椒、菜椒）、朝天椒、羊角椒等品种。

（六）豆类

时豆（端午锦黄豆）、刀豆、地刀豆、瓜熟黄豆、一点红豇豆（引进）、北京豇豆（引进）、盘香豇豆、扁豆（白边、红边、全红）、白扁豆（引进）、七月白黄豆、八月白黄豆、破皮风黄豆（等西风）、绿茶豆、绿豆、青蚕豆（三白蚕豆上海引进，启豆1号启东引进）、大白皮蚕豆（香蕉豆）等品种。

（七）水生作物类

慈姑（1962年，从浙江引进）、蒿瓜（1967年，引进茭白）、荷藕（1969年，从宝应引进）、苏荠（1972年，从苏州、宝应引进荸荠、马蹄）、水芹菜（1964年，从扬州引进），共5个品种。

（八）食用菌类

蘑菇、香菇、平菇、金针菇、猴头菇等品种。

（九）土特产品

香芋　为大豫地区农家传统栽培的稀有蔬菜，香芋食其球状块根，小者如算盘珠，大者如圆萝卜，褐皮白肉，富含淀粉，味如板栗，甘醇芳香，配以荤素皆宜，用其炖鸡、烧肉、炒茶干，美味可口，且能散积理气、解毒补脾，清热解咳。境内香芋有细皮和粗皮两个品种。细皮种，块根小，表皮光滑，皮薄肉细，味香浓，产量低。粗皮种，块根大，表皮粗糙易开裂，皮厚肉粗、香味较浓，亩产200～250公斤，香芋耐藏，出土后，在一定温度下不使干燥失水，可在室内久藏不烂，风味不变。

香沙芋芋艿　为大豫地区芋艿优良品种，此品种由海门引进。海门香沙芋芋艿闻名大江南北，优于黄禾芋、白禾芋芋艿。供鲜食其质地细腻，干香可口，易酥不糊，营养丰富，红烧、清煮或与荤菜配伍各具风味，香而不黏。药用能宽肠胃，充肌肤，调中补虚。境内种植芋艿面积不多。每棵芋艿一般可产1.15公斤，大的2.50～3公斤。1949～1956年，年均种植1000亩，亩产818公斤，丰年亩产1000公斤。1990年，全镇种植1.20万亩，年总产1.08万吨。2012年，仍保持原有面积。

山药　为"药食同源"之蔬菜，大豫地区传统栽培。山药块茎呈长柱形，长50～80厘米，直径3～5厘米，平均重0.50～0.75公斤，亩产4000公斤。山药块茎肉质细、面、味香、甜，含皂甙、甘露聚糖、胆碱、精氨酸等丰富营养。宜红烧，糖熘（片）、炖煮或配荤菜，风味更佳。山药有滋补强身、健脾止泻、补肺益肾之功能。对虚弱、慢性肠炎、糖尿病、遗尿、遗精、盗汗等有辅助疗效。山药耐储,一年四季均可食用。

大红袍赤豆　与玉米间作,或十边零地种植,可陆续收获。特点是粒大、色红紫、皮薄、肉细、易酥。为食品厂、店制作赤豆棒冰、赤豆糕点等特色食品之重要原料。农家常用于赤豆沙馅团子、赤豆粽子,赤豆饭、粥等。赤豆营养价值高,三萜皂甙和烟酸含量尤其丰富,对粗皮病有较好疗效,铁质含量高,有补血功能。中医谓利尿、消肿、排毒、去痛之功能。2012年,全镇种植2150亩,亩产150公斤。

白扁豆　俗称洋扁豆,长蔓类型,蔓长3米以上,缠绕生长。荚扁平,每荚籽2～3粒,籽白皮白肉,也有红皮白肉。一般食用其嫩籽粒。洋扁豆炒酱瓜是沙地人家常菜,也可与茄子、咸菜等配搭煮汤。干扁豆可入药,有补血作用。境内尚未规模种植。

二、设施栽培

应具有一定的设施,能在局部范围改善或创造出适宜气象环境因素,为蔬菜生长发育提供良好环境条件而有效生产。因蔬菜设施栽培季节,露地生产难以达到,亦称为"反季节栽培、保护地栽培"等。采用设施栽培可达到避免低温、高温暴雨、强光照射等逆境对蔬菜生产的危害,已被广泛应用于蔬菜育苗、春提前和秋延迟栽培。属于高投入,高产出,资金,技术,劳动力密集型产业;科技含量高,其发展速度和程度,是提升农业现代化水平重要标志之一。

境内设施栽培类型主要是温室大棚,日光温室,为钢架大棚,毛竹小拱棚两种。20世纪90年代初,由"中国蔬菜之乡"——山东寿光引入。1999年,豫东村4组农民顾志林,培植大棚"洋香瓜",时任南通市委书记周福元亲临视察,赞不绝口。进入21世纪,各村大棚蔬菜生产形势喜人。据统计,丁家店村大棚蔬菜专业户33户,160亩,年产值100万元。伯安村23户,25亩,年产值52万元。止马洼村13户,113亩,年产值560万元。一门闸村发展设施栽培1000多亩,并成立无公害蔬菜专业合作社。至2012年,全镇设施栽培面积9850亩,年产值6200万元。

附记:

大棚栽培蔬菜几种形式

(一)春季夏菜早熟栽培

茄瓜类蔬菜早熟栽培是大棚栽培应用最普遍的项目。露地栽培一般在3月下旬至4月中旬定植,5月上旬至7月收获。大棚栽培可提前在1～3月定植,3月下旬至7月收获。上市早、产量更高,开花结果期延长,经济效益明显。另外还可根据市场需求,提早播种苋菜、木耳菜、空心菜等喜温绿叶蔬菜,提早上市。

1.品种(组合)选择:番茄早熟品种选用早丰、日本大红×矮红;中熟种选用浙杂5号、苏抗4号、5号等,甜辣椒选用熟性早、抗病、丰产而且适销对路的优良品种。辣椒:鸡爪×吉林F1、早丰1号;甜椒:加配3号；茄子：闽茄1号、屏东长茄；黄瓜：津春2号、3号等。

2. 定植：定植前10天进行扣膜盖棚。每亩施入厩肥或腐熟垃圾肥3000公斤、人粪尿2000公斤、复合肥50公斤，开深沟施或全层施，翻入土中。番茄，一个大棚整4条畦，畦带沟1.5米，采用双行定植，行距75厘米，株距20～30厘米，每亩种植2500～3000株。辣椒亩植3000株。茄子株距40～50厘米，每亩栽2000～2400株。黄瓜亩栽植2000～2400株。

3. 田间管理

(1)温度管理：定植后一周内不通风，以保温为主，特别是茄子和黄瓜，应适当保持较高温度，以利还苗。还苗后还要保持较高温度，番茄苗期生长适温白天20℃～25℃，夜间10℃～15℃；茄子生长适温为20℃～30℃，气温低于15℃时会引起授粉、授精不良；甜(辣)椒生长适温为25℃～28℃；黄瓜为28℃～30℃，夜间温度不能低于10℃，5月中、下旬气温逐渐上升，可逐渐拆除裙膜，苗期揭膜通风换气时间在9～10时，下午15～16时后要关门盖膜。

(2)肥水管理：定植还苗后，提苗肥以稀薄人粪尿或牲畜肥。番茄，①第一穗果膨大期，复合肥10公斤/亩；第2～3穗果开始膨大期，复合肥30公斤/亩；第4～5穗果开始膨大期，复合肥20公斤/亩。②甜(辣)椒提苗肥施后，在整个生长期间，保持田间湿润，不过干、不积水，薄肥勤施。一般每采收两次追肥一次，复合肥10公斤/亩，盛果期增加施肥量20公斤/亩。茄子追肥与辣椒相似，黄瓜每采收两次追肥一次。

(3)搭架整枝：番茄、黄瓜要插竹扶持植株及引蔓上架，有利结果。番茄要用双杆整枝法，第一花穗以上第一个侧芽留住，以下腋芽及分枝全部摘除。茄子第一朵花、果以下第1分枝留下，其他全部摘除。甜(辣)椒开花结果很有规律，在生长、开花结果过旺，植株生长势小的情况下，把上部花果摘除，以利于下层花果正常生长。

(4)保花保果：春季气温低，番茄，第一二穗花需用激素保花保果，以提高前期产量，用防落素40PPM点花梗；茄子在开花前1～2天(喇叭形)点花或者用防落素15PPM喷洒；辣椒也可以用防落素喷洒。

保花保果处理应在气温15℃以下进行，高于15℃以上，光照充足则不要处理。浓度要严格控制，不要过高，以免产生副作用。

(二)夏菜秋冬延后栽培

夏菜秋冬延后栽培一般采收期在10～12月，如果通过贮藏保鲜，可延长到春节，经济效益高。

栽培季节与品种

(1)番茄，7月上旬播种，苗龄30天，8月下旬至9月定植，10～12月收获。品种选用浙杂7号、早丰。

(2)黄瓜：7月底到8月中旬直播，9～11月收获。品种选用津研4号、津春4号、秋黄瓜1号，夏丰等。

(3)秋番茄，9月中旬以前开的花，常因夜温过高而落花，而10月后开的花，又因温度低而不易坐果。因此，均需使用10～15PPM的防落素喷花，或用40PPM浓度涂花梗，防止落花落果。

(三)叶菜类栽培

大棚除了瓜茄等高杆蔬菜外，还可栽培经济价值较高的叶菜类，如木耳菜、空心菜、西芹、生菜等，进行春提前、秋延后，以及越冬栽培，以达到避免冻害，促进生长，提高产量和延长供应以及反季节上市的目的，经济效益好。

喜温耐热的叶用菜，如木耳菜、空心菜等大棚栽培可在9～10月播种，后期实行保温覆盖，提前上市，加上常见栽培，基本上达到周年供应。生菜等喜冷凉但较不耐霜冻的蔬菜，露地最适播种8月下旬至9月上旬及春季3～4月，若在11月到翌年3月播种，在大棚栽培。

（四）夏季遮阳防雨育苗栽培

南方地区6月下旬至8月上旬，强光高温且有雷阵雨及台风暴雨，严重影响蔬菜生产与早秋菜育苗，近年来遮阳网、无纺布的应用，促进大棚在夏季育苗和栽培上发挥作用。

1. 大棚遮阳覆盖的作用

（1）遮光作用：遮阳网，使棚内光照强度显著降低，密度规格越大，遮阳效果越好，同样规格黑色比银色遮阳效果好。一般黑色的遮阳率为42%～65%，银灰色为30%~42%。

（2）降温作用：棚内温度因遮阳网覆盖有所下降，特别是地表和土壤耕作层降温幅度最大，上午10时～下午2时，大棚上部温度高达37℃～40℃，而地表植株周围温度在22℃～26℃，土壤温度在18℃～22℃之间，适宜作物生长。

（3）保墒防暴雨：棚内蒸发减少，土壤含水量比露地高，表土湿润。由于遮阳网有一定的机械强度，且较密，能把暴雨分解成细雨，避免菜叶被暴雨打伤，且土壤不易板结，空隙度大，通气性好，在大棚塑料膜外包盖遮阳网，效果更好。

2. 遮阳覆盖栽培注意事项

（1）根据蔬菜种类选用规格合适的遮阳网，通常夏秋绿叶菜类栽培短期覆盖选用黑色遮阳网，秋冬蔬菜夏季育苗选用银灰色遮阳网，且可避蚜。茄果类留种或延后栽培，最好网膜并用。

（2）覆盖时期：一般7～8月，其他时间光照，强度适宜蔬菜生长，如无大暴雨则不必遮盖。

（3）遮光管理：遮阳网不能长期盖在棚架上，特别是黑色遮阳网，只是在夏秋烈日晴天中午，其网下才会达到近饱和的光照强度，最好上午10～11时盖，下午4～5时揭网。揭网前3～4天，要逐渐缩短盖网时间，使秧苗、植株逐渐适应露地环境。

（五）大棚无土栽培蔬菜

本地比较成功的经验，无土栽培叶菜类，周年栽培生菜，一年可栽培8～9茬，亩产量1万公斤，生长期随温度由高向低，一般在20～40天左右。番茄一年可栽春、夏二季，年亩产量1万公斤。黄瓜可以周年栽培，经济效益甚好。

三、特色产业

西兰花是境内如东农场居委会的特色产业。“东海牌西兰花”已获得江苏省第五届产品展销会“畅销产品奖”称号，该蔬菜基地被江苏省列为省级农产品出口示范基地，通过国家CAP绿色基地认证，日本冻菜协会在中国出口蔬菜基地认证。

1995年7月，江苏常熟人李宗刚在如东农场引种西兰花50亩，种植户有施洪梅、阚国强、徐公兵、钱亚森等，长成后，西兰花不值钱，没人买，不敢吃。1996年，西兰花逐渐被人们认识。1997年，种植面积扩至100亩。2000年，县农业局戴海旭等人到场洽谈种植事宜；2002～2004年，种植面积扩至1000亩。

从2004年起，西兰花作为特色产业，种植技术先后推广至东台市琼港、通州环本农场，海门、启东、泰州等地。

2012年，农场居委会种植春、秋两季西兰花面积8000亩，亩均收益4000余元。并建有专业西兰花深加工企业1家，南通绿海冷冻食品有限公司，注册资金2000万元，库容量5000吨，年加工量7000吨，带动就业人员300人。有专业育苗户3家；年育苗2600万株。(每亩用苗2500株)可种植1万亩。

图6-38　2012年，农场居委会西兰花种植基地 （管霖　摄）

附记一：

西兰花育苗技术

一、把好种子关：以选用“优秀”品种为当家品种。

二、穴盘：可选128孔、100孔PS穴盘进行育苗，以100孔比较适用。

三、消毒：穴盘如连续使用，要用0.1%的高锰酸钾浸泡消毒2小时。

四、基质：最好选高档蔬菜专用成品基质。

五、基质干法育苗技术

将成品基质直接装在穴盘中刮平，然后多层加叠，用力往下压至1厘米，一粒一穴进行播种，后上覆盖一层基质刮平，平放入大棚中，一次性浇透水。

注意点如下：

1. 播种时间：7月底，8月初。

2. 48小时，苗可出齐，以后出的苗基本上为弱小苗。

3. 大棚要求：一般采用钢架大棚，上盖无滴膜加70%采光率的遮阳网。

4. 秧龄25～30天。4～5片真叶，生长健壮，无病虫害，基茎粗壮，节间较短，根系发育良好(以须根盘紧基质白色为好)，植株生长整齐。

5. 播种量：每亩田的用量为1包半，每亩散种2500株。

6. 苗床管理：当出苗率达90%时，要进行通风降温，根据基质干湿，每天下午4点后进行补水作业。

7. 当小苗长至2叶1心时，上午9点～下午4点，将遮阳网盖好，其余时间及阴雨天不用遮阳网。

8. 病虫害防治：当子叶展开后出现第一片真叶时，要进行预防猝倒病，用甲霜灵锰锌按要求防治到2叶1心时，用75%百菌清交替使用，并要在上午9点～下午4点将遮阳网盖好(阴雨天除外)。

2叶1心时，秧苗进入迅速生长期，90%的生长量在此期间形成，管理上要做好防暴风雨工作；水分管理上掌握宁干勿湿原则；防高脚苗；有虫害及时喷药；秧苗25～30天，叶片4～5片时，方可移栽至大田。

六、大田准备

移栽前，大田清除杂草，耕耙整平，开好排水沟。每亩用专用西兰花复合肥40～50公斤，另加“好年冬”1袋撒插于田间，为防杂草用金都尔进行封闭(每桶30毫升)，另加20毫升敌杀死杀死地下害虫。

移栽以50厘米×50厘米的标准进行，同时浇足定棵水。移栽后3天进行查漏补缺，提苗肥在移栽后15天左右，每亩田10公斤尿素，移栽后25天左右查看杂草，必要时要中耕除草，可用“百草枯”进行定向化除(加防护罩)。当花菜现蕾时，每亩用48%高浓度复合肥25公斤，加20公斤尿素。

七、移栽后的病虫防治：

用“阿维菌素”防治：小菜蛾、菜青虫等(每桶1袋)，最多使用2次，防备农药残留，用50%多菌灵或70%甲基托布津。

附记二：

西兰花含抗白血病物质

白血病俗称“血癌”，科学界一直在寻找新疗法。美国贝勒医学院研究人员报告说，西兰花等十字花科蔬菜含有丰富的天然化合物萝卜硫素，它能在实验室环境中杀灭白血病癌变细胞。免疫学助理教授丹尼尔.拉客拉扎等人将重点放在萝卜硫素上，具有抗氧化、抗紫外线功能，是蔬菜中发现抗癌活性最强物质之一。

拉客拉扎等人在富含萝卜硫素的环境中培育源自白血病患者的癌细胞和健康儿童的健康细胞，一段时间后，癌细胞陆续死亡，健康细胞安然无恙。

研究人员认为，萝卜硫素能够进入白血病癌细胞内部并与某些蛋白质发生反应，进而杀灭癌细胞，这种化合物将来有望成为治疗白血病的联合用药方案之一。不过研究人员也提醒说，实验中所用的是浓缩、提纯的萝卜硫素，与西兰花等十字花蔬菜中天然存在萝卜硫素在含量方面有所不同，因此多吃十字花科蔬菜尽管有益健康，却不一定能达到与实验室同样效果。

《北京日报》郝新华/文

第四章　畜禽业

境内传统家畜，以饲养牛、羊、猪为主，家禽以饲养家鸡为主。20世纪70年代起，各地掀起“以生猪为带头多种经营”生产热潮。中共十一届三中全会后，广大农民充分发挥养殖业自主经营权，尤其是生猪、肉用鸡饲养取得新突破，成为农民致富又一重要途径。

第一节　家　畜

一、羊

掘东地区养羊业历史悠久，但品种单一，大都以养海门山羊为主，农户以单门独户圈养，少则1～2只，多则3～5只，也有将成羊用绳子拴住，白天固定在路边、河滩处啃草，夜晚牵回羊棚。

图6-39　2012年，豫东村万姓农户饲养海门山羊（管霖　摄）

海门山羊是以生产优质笔料毛为特征的肉、皮、毛兼用的山羊地方良种。全身被毛白色，当年公羊颈脊部所产羊毛挺直有锋，富有弹性，是制湖笔的优良原料，故常将海门山羊称为笔料毛山羊。羊肉膻味少，肉质肥嫩鲜美，适口性好；板皮结实细致，具有早熟、繁殖力强，产羔多；耐高温、高湿，耐粗饲，适应性强，抗病力强和遗传稳定等特点。海门山羊产区地处长江三角洲地带，中心产区海门市境内。历史上，崇明县原属江苏省。崇明岛形成于唐元年武德(618)，岛上居民大都是从江苏句容一带迁入，因此，白山羊亦可能随当地移民进入崇明岛，随后扩大繁殖传播遍及邻近的启东、海门、通州、如东等县[①]。经过不断选育提高，逐步形成具有一定特色的海门山羊品种。全身被毛紧密柔软，毛色洁白，且富光泽。公羊颈背部及胸部披有长毛，大部分公羊有较长额毛。全身皮肤紧凑，呈白色。头大

①见《崇明县志》。

小适中,头部呈三角形,嘴狭长,面微凹,公母羊均有角,公羊角较粗长,角基粗壮,向后上方伸展,呈“倒八字”形;母羊角较细短,形似长辣椒,多向外上方伸展,呈“倒八字”形;耳大小适中,向外上方伸展;公母羊均有须,丛生,公羊颈部较粗短,母羊颈细长,均与体长相称,颈胸结合良好。体躯结构匀称,前后躯发育均匀,肋骨开张与腰部相称,几近长方形。公羊腰平直,前胸较发达,后躯窄;母羊背腰微凹,前胸较窄,后躯较宽深;公羊腹部紧凑,母羊腹部稍大下垂;尾小短而上翘;母羊有1对结构良好的乳房;公羊有1个下垂阴囊,有2个大小均匀,结构良好睾丸。四肢端正、细长、匀称,长度适中;系部关节坚韧,蹄壳坚实,呈乳黄色。

山羊肉有连皮与剥皮两种,连皮山羊屠宰率一般在48%～52%,剥皮山羊屠宰率在35%～45%。海门山羊属早熟品种,公母羊一般在出生后3～5个月龄即达性成熟期。初配时间一般母羊在6～7月龄,体重12～18公斤;公羊较母羊稍晚,一般在8～10月龄,体重在18公斤以上。母羊常年发情,多在春、秋两季配种。发情周期平均为17天,持续期2～3天。母羊妊娠期头胎为145～148天,2胎以后稍有缩短趋势。羔一般在45～60日龄断奶。多数母羊两年繁殖3胎,部分母羊可年产2胎。头胎母羊一般每胎产羔1～2只,2胎以上每胎产羔多数2～3只,少数4～5只,极少数每胎产6只,胎均产羔率为228.57%。20世纪90年代初,开始引进波尔山羊,用波尔山羊公羊与海门母山羊杂交,到21世纪初,这种杂交后代证明,生长速度快,繁殖率高,腿短,体型好,后躯发育丰满,肌肉多。

波尔山羊原产于南非干旱亚热带地区,其起源尚未定论。据资料介绍,在东非好望角地区(1800～1820年),随着羊场主的定居,对原产于荷兰的普通波尔山羊同农场山羊进行细致育种,并取得进展,选育出个体结实,体躯匀称的波尔山羊。波尔山羊特性是成熟早、四季发情、繁殖率高、生长发育快,产肉率高,抗寄生虫侵袭能力强,采食力强等优点。

2000年后,境内养羊业不断改进,养羊已从平地养羊改为栏圈养。

2011年大豫镇典型专业养羊大户一览表

表6—54　　单位:个 只

村、社区别	户数	组别	年养羊总数
巩王村	2	32 16	955
大同村	2	25 32	1000
丁家店村	1	33	400
周墩村	2	2	200
马家店村	2	16 42	1010
徐征村	1	27	563
豫东村	7	14 31 5 26 23	2200
一门闸村	2	17 29	1752
强民村	3	32 4 39	906
南坎社区	1	14	570

续表6—54　2011年大豫镇典型专业养羊大户一览表

村、社区别	户数	组别	年养羊总数
止马洼村	3	13 26	1503
合　计	26	22	11059

附记:

饲料品种

大豫地处北亚热带,青草期时间长,全年200天以上,对养羊业十分有利。肉羊饲料有:青绿鲜嫩饲料、青贮饲料、干粗饲料、精饲料、多汁饲料、动物性饲料和无机饲料七种。

一、青绿饲料。种类很多,包括野生各种杂草,能被利用的灌木嫩枝叶、各种果树和乔木树叶,以及栽培的豆科、乔本科牧草、种植的玉米、豆科秸秆、秧苗、菜叶等。

二、青贮饲料。将青绿多汁饲料切碎、压实,密封在青贮室、青贮塔或塑料袋内,经过乳酸发酵而制成气味酸甜、柔软多汁、营养丰富、易于保存的一种饲料,是冬季肉羊优良青绿多汁饲料。

三、干粗饲料。即干制青绿饲料,是为保存青饲料营养成分以代替青饲料。晒干后的牧草、杂草、作物叶、果树叶、乔木叶、灌木叶等,尤其是豆科青干草(如黄豆萁),它的蛋白质比较完善,含纤维素和无机物较多。

四、精饲料。指禾本科作物和豆科作物的籽实,如玉米、大麦、高粱、燕麦等谷类和大豆、豌豆、蚕豆等豆类。此外,还有农产品加工的副产品,如麸皮、米糠及棉籽饼、豆饼、豆稀等等。

五、多汁饲料。指胡萝卜、甘薯、木薯、马铃薯等块根饲料和南瓜、番瓜等瓜类饲料。

六、动物性饲料。包括脱脂奶、乳清、血粉、肉渣、肉粉、蚕蛹等。

七、无机盐和维生素饲料。有食盐、白垩、石膏、贝壳粉、蛋壳粉、骨粉、微量元素及维生素等。

二、猪

中华人民共和国成立初期,掘东地区很少养猪。20世纪50年代起,少数农户始养黑猪,此猪体型较小,百斤左右开始宰售,经济效益低。60年代中后期,引进“约克夏”公猪,与当地母猪杂交,由于盲目配种,多代杂交血统混杂,导致当地黑猪逐渐绝种。

20世纪70年代始,境内推行“公猪外来良种化”“母猪本地良种化”“商品猪杂交化”杂交模式,使养猪水平明显提高。效果最好的杂交组合是“长x太”和“大x太”,生长速度、饲料报酬和酮体瘦肉率明显高于地方猪种,但仍不能满足社会消费者需求。80年代又在商品瘦肉猪基础上扩大“杜x(长x大)”三元杂交商品猪,其生长速度较快(140～160日龄达90千克体重,因其产仔数较少(8～10头),繁殖障碍多,母猪情期受胎率低(70%～80%),饲料要求较高和肉质较差,在农村不宜推广。另一类三元杂交商品猪采用“二洋一土”模式,即“杜x(长x本)”或“杜x(大x本)”的模式,其生长速度和胴体瘦肉率均比“一洋一土”二元杂交商品猪高。

进入21世纪,人们对瘦肉率要求更高,有些种猪场对“三洋一土”或“四洋一土”杂交模式进行探索。

图6-40　　三元杂交猪　　(2012年,兽医站　提供)

不同杂交模式商品猪的生产性能

表6—55

杂交方式	组合模式	日增重克	饲料报酬	屠宰率%	背腰厚(厘米)	瘦肉率%
二元杂交	引进品种x地方品种	517	3.54:1	72.40	3.25	52.60
	引进品种x培育品种	621	3.41:1	73.80	2.99	57.00
	引进品种x引进品种	640	3.20:1	76.50	2.20	65.50
	平　均	602	3.46:1	73.30	3.08	55.30
三元杂交	引进品种x(引进品种培育品种)	621	3.54:1	72.40	3.25	52.60
	引进品种x(引进品种x培育品种)	654	3.26:1	74.00	2.89	58.90
	引进品种x(引进品种x引进品种)	701	2.98:1	75.50	2.72	59.60
	平　均	634	3.30:1	73.90	2.91	58.00

境内九龙村"欣操"万头猪场,属上海市民营企业,为江苏长三角养猪企业之最。村以此为龙头,发挥"欣操"辐射效应,养猪规模得到壮大,至2012年,发展万头猪场2家,5000头猪场2家。

三、牛

大豫人饲养牛,主要用于劳作。因此,农人视耕牛为宝,建有专门牛舍,供其栖居,夏日有专用"牛汪塘",供其驱热蔽虻蚊。虽平时以青、枯草果腹,但春晨牧牛"放青"吃露水草,如吃"早茶";寒冬吃"暖料",农忙"加料"吃豆饼,如服"营养品"促其长膘。旧时,逢年过节,养牛户必敬"牛栏菩萨",必焚香烛、元宝、纸马等;牛病老死后必深埋筑坟茔,谓"老牛坟”,点纸锞,怀念其劳碌一生。中华人民共和国成立后,各级政府明文规定;“耕牛是农家宝”,不得私自贩卖,不得私自宰杀,如因耕牛患有不治之症,或耕牛年事已高,确需宰杀,必须经县级权威兽医鉴定,区以上政府批准,方可处置。

牛分水牛和黄牛两种。皋东在宋代起就是地方良种水牛主要产区。水牛,因产于海滩,称之为“海子牛”,又因性喜水,故称“水牛”。在农田耕耖劳作叫“耕牛”,在陆上或海边拖货的叫“车牛”。海子牛力大,且有耐力,是盛名于苏北地区良种劳役牛。黄牛,是另一种劳役牛,力小,且耐力差,因毛色黄,故称为“黄牛”。

耕牛头部大小适中,颈项长短相宜,背腰宽厚微凹,肩胛高耸,四肢粗壮,肌体结实;前肢直立硬朗,后肢适度弧形;蹄圆大,质地致密踏实;尾圆且长,约50厘米,毛稀匀,以石板青色为主,也有深褐色的,白色较少;牛角呈半月形,向后倾斜,前尖后方且弯,长约50～60厘米。凡蹄呈黑色者,角为深灰色,蹄呈玉色者,角必为灰白色。人们视水牛为图腾,旧时小瓦房,形态似头牛,屋脊两头有长长翘角,似牛角;大门似牛嘴,两侧窗户似牛眼睛。

黄牛头部比水牛小,角短且曲,弯成麻花曲体下垂,又似钩刀倒置向前冲,长度不足30厘米,颈项不长,胸前皮肉松弛下垂,肩胛扁平,四肢粗短,蹄小,尾比耕牛长,身高及整体长短均逊于水牛。一般耕牛体高四尺三四,行家称牛身高四尺四为足尺,比车牛略低二三寸。黄牛比耕牛要矮。耕牛胸围200厘米左右,比车牛略小10厘米,而黄牛胸围比车牛、耕牛都要粗,整体似乳牛。

牛根据年龄、性别,又分别称:憨牛,即“六牙”(出齐六对磨牙,又称“槽牙”)后骟割过的公牛;牸牛,即成年母牛;牯牛,“绽口”(满嘴都长齐牙)后尚未骟割的公牛。白色牯牛,被视为吉祥物,很多新建房户碾地基,用白牯牛,据说可以辟邪。穿嘴,未“绽口”的少年母牛。

水牛、黄牛都能耕田、耙地和下水田作业,也都能牵引犅子、石碌、碾子。所不同的是水牛在夏季“下汪”避蚊虻叮咬,黄牛不“下汪”(挖一口似瓢的塘,盛水,夜间将水牛牵进去避蚊虻,称“下汪”,早晨,牵牛出塘洗刷,称“起汪”或“洗汪”)。水牛毛稀,易遭蚊虻叮咬,黄牛毛密如人发且长,蚊虻无法叮咬。

水牛力大,每天可耕地3亩左右,效率高。黄牛力小,每天仅能耕地2亩不到。故,农人喜用水牛,饲养黄牛极少。

在国民政府统治时期,只有富裕家庭才能饲养耕牛,穷苦人连土地都没有,更谈不上饲养耕牛。土地改革时期,耕牛以人头均分,几个人合养1头牛。农业高级社开始,各地利用集体力量添置耕牛,耕牛成为集体财富。鼎盛时期,平均每个生产队都有2～3头耕牛,而且不少生产队还自繁小牛以备用。20世纪70年代后期,农机大发展,耕牛逐步被拖拉机代替而渐渐淘汰。联产到劳时,所剩耕牛无几,折价给老养牛户。90年代后,耕牛彻底退出农田劳役舞台,至2012年,全镇仅有耕牛10多头,饲养者把耕牛当成宠物或菜牛饲养。

图6-41　2012年,大豫社区马姓农户饲养耕牛(管霖　摄)

第二节　家　禽

一、鸡

大豫人养鸡历史悠久,品种有“花鸡、獐鸡”。农村常见有芦花鸡(即“花鸡”)、三黄鸡(即“獐鸡”,又称“草鸡”)、黑鸡(即“狼山鸡”)。

三黄鸡,为蛋肉兼用型鸡,中等偏小,体型清秀,喜食昆虫、青草,肉质白嫩,清炖、烩炒最佳,块、丁、整煨均可,味道鲜美,一直是盘中佳品。

清同治十一年(1872),美国商人慕名收购到一批如东马、丰、岔黑白大鸡,如获至宝,装筐从狼山附近解货轮,运回销售。船主收理这批活货,要美商如实在货单上填上货名时,美商犯难。这些鸡只有黑白之分,哪有真实姓名?这时,身后巍巍狼山秀丽风景,凸现在江海平原,仿佛就是这些高头壮体黑白鸡。美商灵机一动,提笔在货单上写上“狼山鸡”大名。从此狼山鸡作为学名,一直使用至21世纪。狼山鸡,头昂立,尾高耸,两头翘,威武雄壮,羽毛丰腴,毛色光亮,红冠、红髯,红耳朵,体大腿长,胸脯发达。食青草、昆虫,肉鲜美,产蛋大。

1959年,有8只狼山鸡到北京农业展览会参展,有117只狼山鸡到德国安家。后又参加英国家禽展览会获金奖,成为世界闻名鸡种,成为英国“奥品顿鸡”和澳大利亚“澳洲黑鸡”父母本。境内农民不断引进家禽新品种,大豫黑鸡因吃粮多和近亲繁殖,品种退化,因而逐步淘汰。国家有关部门为保护地方品种,建立如东狼山鸡场,成为狼山鸡保种基地。

“文化大革命”初,生产队限制社员饲养家禽。粉碎江青反革命集团以后,虽多种经营生产有所发展，社员与集体“鸡鸭口”（社员房前屋后庄稼被鸡鸭糟蹋受损）矛盾，制约社员个人饲养鸡鸭积极性。

联产到劳后，广大农户饲养鸡鸭方法改变，从传统放养改为圈养，室外散养改为鸡舍机械化饲养，涌现许多养鸡大户。饲养品种主要是“草三黄”鸡、“罗曼”和“伊沙”蛋鸡、“正大AA”和“艾维茵”肉鸡等。

进入21世纪后，各村饲养家禽势头不减，养殖大户不断涌现，经纪人专业队伍迅速壮大，推动家禽养殖业经久不衰，家禽和禽蛋销往大江南北。

图6-42　三黄鸡饲养场一角（2012年，姜颂良　提供）

二、肉鸡

20世纪80年代起，大豫镇肉鸡养殖渐成气候，新兴村（香台村）是远近闻名的养鸡专业村。不少农户靠养鸡脱贫致富。养鸡专业户翟跃忠，言传身教，带动周边农户发展养鸡业，成绩卓著，被评为省劳模。

肉鸡品种不断改良和优化，20世纪80年代末～90年代初，大多养殖AA肉鸡，也叫爱拢益加肉鸡，由美国爱拔益加种鸡公司育成的四系配套杂交鸡，饲养周期90天左右，养殖量不断减少。之后，大部分养鸡户养殖艾维茵肉鸡，由美国艾维茵国际有限公司育成的三系配套杂交鸡。该肉鸡体型较大，商品代肉用仔鸡羽毛白色，皮肤黄色而光滑，增重快，饲料转化率高，适应性强，49日龄成活率98%以上。畅销南通、浙江、上海等地。2012年，全镇出栏肉鸡280万羽，总产值7000万元。

艾维茵肉鸡父母代种鸡生产性能指标

表6—56

项　　目	标　准
母鸡20周龄体重	2080~2160克

续表6—56 艾维茵肉鸡父母代种鸡生产性能指标

项　目	标　准
母鸡25周龄体重	2620~2740克
母鸡65周龄体重	3400~3550克
5%产蛋率 周龄	25~26周龄
产蛋高峰 周龄	31~33周龄
入舍母鸡每只总产蛋量(在41周内)	174~180个
入舍母鸡每只可孵化种蛋(在41周内,最小54克)	164~170个
入舍母鸡每只产雏鸡数(在41周内)	139~144只
产蛋高峰期孵化率	89%~90%
平均孵化率	83%~85%
产蛋期死亡率	7%~10%
入舍鸡每只生长期耗料(到24周龄)	14.10~14.50千克
每个人孵种蛋耗料量	275~290克

周龄	周末体重(千克)			每千克增重耗料(千克)		
	公鸡	母鸡	全群平均	公鸡	母鸡	全群平均
1	0.145	0.136	0.141	1.14	1.16	1.15
2	0.381	0.345	0.363	1.29	1.31	1.30
3	0.653	0.572	0.612	1.42	1.46	1.44
4	0.980	0.853	0.916	1.58	1.62	1.60
5	1.393	1.175	1.284	1.72	1.78	1.75
6	1.873	1.520	1.678	1.85	1.91	1.88
7	2.268	1.860	2.064	1.96	2.04	2.00
8	2.713	2.200	2.457	2.08	2.16	2.12
9	3.162	2.517	2.840	2.18	2.28	2.23

2012年大豫镇部分蛋禽规模养殖一览表

表6—57　　　　单位:万只

单位名称	公司、场名称	品种	现存栏量
徐征村28组	如泰运河一门闸鸭场(一)	蛋　鸭	0.15
徐征村28组	如泰运河一门闸鸭场(二)	蛋　鸭	0.20
香台村8组	香台村卫明养鸭场	蛋　鸭	0.15
大豫镇闸东村	南通新豫弘大农业有限公司	狼山鸡	0.435
大豫镇闸东村	南通新豫弘大农业有限公司	草三黄	0.35
大同村47组	大同村建平养鸭场	蛋　鸭	0.15

第三节 蜜　蜂

大豫养蜂业起步于民国5年(1916),时有蜂群60箱,后受自然环境和战乱等因素影响,养蜂业发展缓慢。20世纪50年代初,均为个体小规模养蜂,每户有蜂群10～20箱不等。中华人民共和国成立后，养蜂事业得到政府重视与支持，为壮大社会主义集体经济，1958年，由中共大豫人民公社委员会书记朱成本牵头，吴茂才任场长，动员大豫、兵房等地10多家个体养蜂户，组建成大豫（后改称南坎）公社养蜂场。蜂场性质为社办集体单位，人员为社办集体性质。随着养蜂业的发展，至60年代中期，已在江苏省排上名次，全场蜂群已发展到1000多箱，并分成6个队，每队2～3人，其中1人任队长，具体负责队内事务，每队蜂群120～150箱。养蜂的季节性很强，为赶季节蜜粉源，分别养放于浙江、江苏、江西、广东、广西、湖南、山东、辽宁、吉林、内蒙古等地。1968年，为蜂场效益最好年份，每队产值均在1万元以上。随之，建起6间砖木结构蜂场办公室及仓库。60年代底至70年代初，境内兵房、大同公社也相继建立公社蜂场，并配有领导班子。

中共十一届三中全会后，养蜂业实行改革，由集体过渡到小组承包。1984年，蜂场全面改制实行个体养蜂。至2012年，全镇蜂群70～90箱养蜂专业户有10多户，户均年纯收入4～5万元。

第四节　珍稀动物

20世纪80年代初，改革开放政策给广大农民注入活力，在传统养殖畜禽基础上，自发引进、繁育珍稀动物。境内出现兔、獭、貂、蛙、龟、鸟、鼠类珍稀动物。养殖户中，效益好的仍在发展，有些因缺少技术而失败，有些因销路不畅而淘汰。

一、兔类

中华人民共和国成立前，境内少数人饲养家兔。20世纪70年代后期，如东县饲养长毛兔风靡一时，南坎、兵房、丁店公社受其影响，从海门等地引进长毛兔。长毛兔定期剪毛出售。后因兔毛销路不畅，饲养受挫，至世纪之交，尚有少数农户饲养。

肉兔种类较多，除草兔外，还有国外引进的肉兔，如土耳其穴兔等。

二、鼠类

20世纪80年代，有农民从外地引进南美洲产“狸獭”，俗名“草狸獭”，又称“海龙”。90年代中期，南通龙腾经济动物开发中心在掘郊乡掘西村成立，南坎、兵房有农户购种獭进行繁殖，定期回收成獭。该中心进行深加工后，产品出口东南亚等地。

三、鸟类

大豫人有养鸽、玩鸽之爱好。丁店、兵房等镇有数名玩家分别是市、县信鸽协会成员，每月定期在兵房影剧院前相聚磋商交流，也曾有名鸽在竞飞中获得名次。

20世纪80年代中期，境内农村有人放养菜鸽，因污染环境，糟蹋庄稼，未能发展。90年代，引进美国黄金白肉鸽，笼养。黄金白鸽肉质鲜美，产蛋多，孵化率高。后因市场价格疲软而未能发展。

中华人民共和国成立前，邑人有饲养八哥、鹦鹉之爱好，但多出自豪门富裕之家。90

年代后期，兵房居委会施锦章等农户饲养百灵、八哥、太平鸟、百舌、金丝雀、画眉等观赏鸟，引起社会关注，县委书记汤桑林亲临施宅视察。

图6-43 兵房居委会施姓农户饲养菜鸽棚景（2012年，施雪峰 提供）

四、龟类

中华人民共和国成立前，大豫一带农村泯沟、宅河、横河内常有龟类出没，爬行田间，其品种有黄喉水龟、中华鳖等。每年秋后，沟岸草斫尽，常有里下河一带渔民到此捕捉。

20世纪90年代初，养龟成为致富门道，有农户饲养岩龟、绿毛龟，后因缺乏养殖经验而止步。

五、牛蛙

20世纪90年代，曾有养牛蛙者，因管理不善、技术不精而停养。

第七篇　渔　　业

中华人民共和国成立前，境内海洋捕捞作业十分落后，均为分散作业，根据潮汛，早出晚归，俗称“跑白露”。只有少数富家有木帆船出海作业。中华人民共和国成立后，随着生产力发展，海洋捕捞发生巨大变化由分散逐步过渡到集体作业，由“跑白露”到扬帆出海，由近海作业到深海作业，由单一捕捞到捕养结合、以养为主。20世纪50年代前，海洋捕捞渔船均为“木帆船”（俗称沙船），60～70年代间，逐步改为“机帆船”“舢板”（一种小型平底木船）也普遍装有柴油机成为挂桨船。有部分生产大队和小队办起海洋副业队。如南坎公社三大队、四大队（南坎社区）建有出海捕捞渔业队，有海船6艘，出海捕捞有50多人，近海有块沙滩命名为南坎三大队新沙。九大队一队（周墩村西1组）有两艘海船，30多人从事海洋作业，增加集体收入。

1965年，丁店、兵房、南坎3个公社渔业大队合并，组建东凌渔业公社，从此，海洋捕捞、滩涂管理步入规范化轨道。中共十一届三中全会后，改革开放政策，给发展渔业注入生机，船头生产责任制有效落实，广大渔民积极性充分调动，推动海洋渔业生产可持续发展。2012年，全镇渔业总产值7.30亿元，其中海洋渔业生产为5.20亿元，淡水养殖为2.10亿元。

第一章　海洋渔业

第一节　渔　港

东凌渔港，位于小庙洪水道顶端北10海里，东安闸外侧。如泰运河入海口，为天然渔港。高潮位3.20～3.60米，低潮位0.90～1.20米，港宽30～50米，长5000米，可泊30吨以下渔船500多艘。为国家二级群众渔港，原港区有简易码头2座，固定加油船4艘，海产品加工企业6家，渔船修造厂3家。2008年，由于实施新闸外迁工程，渔港功能减弱。

第二节　海洋捕捞

境内海洋捕捞区域,主要是群众渔场中的吕四渔场和舟山渔场。捕捞作业素分“小取”“大取”两种。“小取”主要是各种滩涂采捕,近海浅水作业,有挖贝、钩蛏、弶网、簏子、坛子罗、洋网、蒙网罗、麻虾罗、海蜇罗、张挑、拖泥螺等等。“大取”主要是作业区域距港口较远,每次出海时间较长,有摇网、兜网、洋网、围网、张网、拖网、团网等等。

中华人民共和国成立后,海洋捕捞事业不断发展。为扩大再生产,在传统作业的基础上,向深水远洋采捕。1965年开始,远去浙江渔场,木帆船带舢板,使用小对网,于舟山试捕冬带鱼成功。1967年,搞围网作业,去山东捕捞青鱼。1978年,学习使用韩国安康网,提高捕捞产量。同年起,海洋渔业采取“控制近海捕捞强度,调整近海作业,保护经济鱼类资源,发展海水增养殖”的措施,使近海资源得到有效保护。

20世纪90年代后期,因近海渔业资源急剧衰退,加之中日、中韩双边渔业协定相继实施,渔民外海作业空间受到压缩,国家实施减船转产工程,逐步压缩过高的海洋捕捞能力,海洋捕捞产量呈现趋降之势,渔业作业海域范围趋于常态化,即立足滩涂,依托近海,发展外海,瞄准远洋的区域格局。近海又回升为重点战场,形成以定刺网,簏子罗、坛子罗、鳗苗张网为主作业格局。外海生产则以拖网、帆张网、中层流刺网为主。二者相依,形成深浅结合、远近互补新型生产模式。

2001～2012年大豫镇海洋渔业生产一览表

表7—58　　　　单位:万元 吨

年份	总产值	产量					
		合计	鱼	虾蟹	贝类	藻类	其他
2001	15543	16726	8852	1359	5072	1177	266
2002	15746	15746	6919	913	5563	1938	413
2003	17046	17046	4108	1288	9650	1739	261
2004	18936	20000	4865	1748	10699	1880	808
2005	22044	23839	7104	2287	12299	2135	14
2006	25034	26556	7308	1786	14213	3153	96
2007	26601	27661	6533	2207	15891	2960	70
2008	28564	44111	8239	5599	26883	3319	71
2009	33435	65182	33435	13597	4557	13583	10
2010	42465	52110	13277	8783	22248	7722	80
2011	46214	34594	4511	4562	22852	2599	70
2012	52118	39014	4012	8121	22241	4560	80

注:表内数据由镇渔管办提供。

附记:

捕捞汛期

早春汛 每年2～4月鳗鱼苗旺发,形成早春汛。作业区域在潮间带及吕四渔场近海,部分渔船作业延伸至长江口。

春 汛 3月下旬,进入春汛生产,属如东第一大汛,大黄鱼、小黄鱼(春鱼)、鳓鱼、鲥鱼、黄鲫、刀鲚(草叶)、龙头鱼、梭鱼(铁头)、鲻鱼(乌鲻)、棱鲻(铜头、黄眼睛)、鲈鱼、船丁、鲳鳊、梅童鱼、黄姑鱼、马鲛鱼、箭头鱼、鲦鱼等旺发该汛。

夏秋汛 因天气炎热,鱼货不易保存,历来顺时而作,不作重点捕捞。1995年始,国家在东海、黄海实施伏季休渔制度,1999年,又将休渔扩大到南海,休渔期由两个月延长至两个半月到3个月。

冬 汛 为如东第二大汛,仅次于春汛。为当年11月～次年2月,渔场位置根据水温及资源状况,先北后南,先内后外,最远可达距韩、日两国海岸不远,由双方渔业协定规定捕捞区域内作业。

第三节 捕捞工具

20世纪50年代初,境内海洋捕捞沿用传统工具,随着捕捞业的不断发展,如张网、团网等传统捕捞工具,进入60年代后,相继被淘汰。不少新捕捞工具在网具革新中应运而生,操作简便、作业安全、效能更佳,节内载录8种。

一、传统捕捞工具

(一)张网

麻制正副渔网2张,附里外脚缆2根,起网绳1根,大小铁锚、提锚3个,抛船撒2根,大小油绳百余托,泡儿3个。将网1条绷张于渔船舢板之间,下锚泊定,网迎潮流,待鱼入内。每昼夜涨、落潮有流时即有鱼张,平潮时无流无鱼。旧式四樯渔船及舢板各1艘,载重量自200担至1000担不等。船上舵工、二老大(摇舢板)、随头、伏头等至少要13人。一般在黄海南北洋深水中作业,最浅处也需水深4丈以上。清明节后3日,可捕2汛至3汛,立夏后3日即止。主要捕小黄鱼及同期中上层鱼类。1960年后,因小黄鱼资源骤减,其他鱼类的捕捞已使用机帆化拖网,此网遂不用。

(二)张挑

两条网各以毛竹两根,系附船之两旁,如翅张开,逆潮迎兜。一般在近海深处一定埒场四季作业。以秋季为最,主要捕杂鱼及虾类。为保护海洋资源,禁捕期禁止用此具捕捞。

(三)团网

网1条,边缘附小锡铊,并用小竹篮以浮水面,将网绷张于渔船和舢板之间,缓行逆水迎兜,鱼入网即竹浮动,然后捞取之。渔船舢板各1艘,捕捞时打锣惊吓渔群,促其入网。近海深洋都可作业。一般在春季农历四五月,主要捕鳓鱼等中上层鱼。此同张网一样,1960年后即淘汰。

（四）拉网

线网1条，边缘锡脚甚多，春、夏、秋季，由渔人在潮头撒张，两人背拉上岸，而拾取鱼货。不需船只，二三人即可。主要捕小鱼、白虾。因捕捞能力差，已淘汰。

（五）摇网（流网）

聚乙烯网1条，一头系渔船上，随顺风下网，水面有浮子和标志，下有脚子，迎潮张开，随潮缓缓流动，因鱼的行动快速，常被卡鳃或裹住，起网要勤，一般二三小时。旧式帆渔船，载重、船员均无定数。春、夏、秋汛时节在近海深洋捕捞鲳鱼、鳓鱼、马鲛等。

（六）兜网

较拉网大，需要10多人才能将网拉上岸，余俱与拉网相同。此捕捞方法谷雨前开始，6月底结束。于近海深洋捕捞铁鱼头。

（七）圈网

以尼龙网（过去棉麻）向沙边潮头抛撒，随收出水拾取。1人涉水作业，也有用小船者。四季皆可，作业于近海深洋。捕捞各种鱼、虾。

（八）等网

网1条，附毛竹2根，放沉水中，渔人在舢板中时时攀取。舢板船1只，渔夫1人。只有寒季在近海捕捞鱼、虾等。

（九）攀罾

网1条，附毛竹2根，放沉水中，渔人身背渔笼，时时下水攀取，不需要船只，1人即可。于夏、秋两季夜间在近海捕捞鲻鱼等。

（十）捞网

渔人手执毛竹2根，附网1条，身背渔笼、灯笼各1个，迎着潮头或退潮时捞取。1人操作，常数人相伴。于春、秋两季在近海捕捞虾、蟹等。

（十一）高网

以小尼龙绳结网，每网长二三丈，宽一丈二三尺不等，以大竹为柱，直立水中，另以毛竹四、五根撑持，鱼乘潮至，触网眼或裹住，退脱不出。每圻有此网数百条，排列水中拦捕。主要搞大取，取货时要船去，人数无定。小满后3个汛期，在固定圻场作业，捕捞鳓鱼等。

（十二）弶网（伏网）

较高网略窄略密，余均相同，主要小取，取货时不一定用船。一年四季均可在固定圻场，捕捞小杂鱼类。

（十三）簖网

与弶网略同，唯每一网底附小袋数条，于当年8月至次年2月在固定圻场，捕捞鲻鱼。

（十四）洋网

用聚乙烯结成大网，分上下两片，下片网口紧贴海底，用两机船拖动，积极追捕鱼群。

除禁捕期间，其余时间均可用此法于深水区域捕带鱼、马面鲀、大黄鱼、乌贼等。

(十五)丝网

用细尼龙绳结网，高2尺左右，长数丈，固定于沙滩丫子口，退潮时将鱼拦住或卡刺。1人作业，徒步至网前捕捉，不须用船。四季皆可用此法在近海滩涂捕捞鲻鱼等。

(十六)围网

网如长带形，包围密集鱼群，然后缩小包围圈使鱼入底部囊网，或用其他工具捞取。需机帆大船加舢板1只。此法四季皆可于深水区捕马面鲀(河豚)、青鱼、大黄鱼，成群鱼均可围捕。

(十七)泥螺网

扁平聚乙烯网1条，分上下口，下有锡脚，拉时1人操作。行动要迅速，在海滩上要拉出水来，才使泥螺能够入网。无需其他配合。春末至秋初都可在潮间带浅滩捕捞泥螺。

(十八)拖虾网

单船尾后裤袋式密眼网，在最底层捕捞。渔船1只，用以拖网。春节前开始至8月止，于长江口附近的海洋深水中捕捞金钩虾、红虾等。

(十九)插竹

绳编毛竹为箔，直立水中，横箭于坼港中，鱼随潮冲越竹箭入港，潮退箭起，鱼被阻箭中。旧式渔船载重不一，船员约一二十人不等。此法可用于秋七、八、九月间近海坼场捕捞黄鱼等。

(二十)簏子

以芦柴或竹片编成簏子，口部有倒须向内，鱼虾能进 不能出，各簏以绳联系之，数百不等。或有旧式渔船，或徒步，人数不等。在近海坼场四季皆可捕捞杂鱼杂虾。

(二十一)蒙网

网眼细密，余均与簏子相同。可用船，也可不用船。每人管理数量多于前者。四季皆可在近海岸带捕捞小鱼、小虾。

(二十二)稀罗

用细尼龙绳结网，用竹片为网口，两旁用长竹插于海边浅水沙中为柱，每坼有数百个，鱼乘潮流自行入网。旧式渔船载重不等，船员约二三十人，每人管理10多个方网。每年秋季在近海捕捞鱼类。

(二十三)麻虾罗

网眼密，稀布做袋，一般徒步可达。春、夏季在沙滩潮头捕捞麻虾。

(二十四)洋罗

与蒙网结构装置相同，旧式洋罗较大，张在深水中。春、夏、秋季可用此法在近海深水区捕捞鱼、虾、蟹。

二、革新捕捞工具

（一）单锚张网

1958年，在网具革新中诞生。它的构造与单根方相似，但形状要大些。它是运用回旋器，使网方随水流的转向而旋转。网口始终对着潮向，渔货随潮向进入网内。方口呈"二"字形，上口用浮子固定在毛竹上，下端用铁管砖石等压脚下沉，上下夹头两端用钢绳扎牢，一并固定到锚碇上，形同风筝。它的上、下横杆为张网，用单锚抛碇，由大船单独操作，它类似黄花鱼张网，但比黄花鱼张网操作更简便，作业更安全，捕鱼效能高。主捕黄花鱼、带鱼和海蜇等。

（二）撬网

形若攀罾，但规模加大，有一桩将网固定。发现鱼群，扳动机关，迅速起网，使鱼逃之不及。需数人操作。春、夏、秋季可在沙滩潮头捕捞鲻鱼。

（三）安康网

上边有横夹头作浮力，下边有横夹头作潜力，既定位置又活动，机动性大，有利于选择珩场。需要木船舢板配合。一般春、夏季可在深水区域，捕捞中上层鱼类。此捕捞方法原出韩国，1978年试验成功。

（四）坛子罗

前方后圆，尾装货袋，用密封的坛子作浮，方口前固定于钉在珩土底的木桩上，方口随水流转向。渔船作母船，舢板四、五只为仔船，取货运输。春、夏、秋季在近海深水带捕捞鱼、虾、蟹。

（五）大洋网

是一种具有围、拖、张3种性能的有囊围网。20世纪60年代～1970年年底，一直用它捕大黄鱼及鲳鱼、鳓鱼和冬汛带鱼。1981年起，吕四渔场大、小黄鱼产卵场禁用大洋网捕捞，只能用作捕捞冬汛带鱼。以58.50～110.25千瓦的机动渔船双船作业，各配18～20人。网具主要由两片各110米左右的翼网和一个长33米长的身囊网组成。视渔船吨位大小，规格有2800目×146.65毫米，3200目×123.32毫米不等。双船分煨船和网船，操作分理网、放网、带网、起网4个流程，起网又分兜煨、带煨、拔网3个流程。

（六）双囊桁拖网

主捕哈氏仿对虾（金钩虾）、葛氏长臂虾等多种虾类。兼捕舌鳎、海鳗、三疣梭子蟹等。这种网主要依靠网口桁杆和上下纲装配的浮、沉力，使网口张开，贴底拖行。一般桁杆长度为船长度的80%～110%，网口周长60米左右。渔场在吕四、长江口渔场、大沙渔场、舟嵊渔场。渔期早春2～4月，秋冬7～12月，网产量一般50～300公斤，最高可达1吨。60～100千瓦机动船，一般配11～15人作业。

（七）银鲳流刺网

1966年，在吕四渔场试捕成功的单层流刺网，20世纪70年代，随银鲳鱼资源兴起发展为一种主要的捕捞工具。主捕银鲳，兼捕灰鲳。渔期谷雨至小暑。网具用尼龙丝编织而成，捕灰鲳的网目3.80寸，捕银鲳的网目3.20寸，下网用网柱下沉于海水中，上纲用泡沫浮球将网目张开，一字排开，横对潮向，鱼群来回游动刺入网目，即可捕获。用大机动船带小舢板，配10多人操作。

（八）帆张网（又名水扩网）

此网系一种新型捕捞工具。是参照韩国的一种网具改制成功，网口四周170米，上、下纲各50米，高33米。身网长25米，网眼0.40米，网目1800目，捕捞量比原网具提高3～4倍。汛期为早春汛、秋冬汛，主捕河豚、带鱼、鲳鱼及大、小黄鱼等。该网为流动定置作业，每船张4口网，配14人。水流缓慢时，使用取网机操作，取网捕鱼。一潮水取1次，一天取2次。一网少时可捕100～150公斤，多时1000～1500公斤，最多一汛每船可捕到7万元～8万元价值的渔货。此网具有操作方便，生产安全，产量高等特点。

第四节　捕捞渔船

20世纪50年代，海洋捕捞渔船均为非机动木质渔船，吨位小（一般在30吨以下）抗风浪能力弱，作业区域为近海。70年代，加快渔船更新改造，木质船被机动渔船（木船装机器）替代。向外发展的能力和欲望提升，捕捞区域仍以滩涂及近海为主。80年代后，海洋捕捞渔船全部实现机械化。动力从60发展到80、120、150马力。250马力以上钢质渔船大量投产，加之雷达、GPS定位系统，大功率电台的使用，渔船远航海域广，作业海域向东延伸至韩国济州岛及日本西海岸近海水域，南至浙闽交界外海。90年代后，因近海渔业资源急剧衰退，加之中日、中韩双边渔业协定相继实施，渔民外海作业空间受到压缩，国家实施减船转产工程，渔业生产呈现逐年下降的趋势。至2012年，全镇共有出海捕捞（养殖）船只230艘，其中个体捕捞船154艘，集体捕捞养殖船76艘。

图7-44　2012年，拍摄的海洋捕捞机帆船　（管霖　摄）

2012年大豫镇捕捞（养殖）渔船一览表

表7—59　　单位：千瓦

船名号	船主	地址	功率	作业方式
苏如渔01209	陈新明	大豫镇东洋村	198.60	帆式张网
苏如渔01303	韩金祥	大豫镇东凌村	88.20	定刺网
苏如渔07105	曹福祥	大豫镇东洋村	58.80	流刺网/定刺网
苏如渔07134	沙伯泉	大豫镇晴川路	58.80	定刺网
苏如渔10048	黄振兵	大豫镇东港村	26.40	流刺网
苏如渔10309	张国友	大豫镇东凌村	18.30	打杂
苏如渔10432	秦志高	大豫镇东凌居委会	8.82	打杂
苏如渔10443	蒋玉华	大豫镇东凌村	18.30	定刺网
苏如渔10589	刘海峰	大豫镇晴川路	29.40	打杂
苏如渔10624	殷明泉	大豫镇东凌村	26.40	打杂
苏如渔10947	刘海峰	大豫镇晴川路	18.40	打杂
苏如渔11312	何志祥	大豫镇凌盐路	36.70	流刺网
苏如渔12760	朱广东	大豫镇东港村	36.70	定刺网
苏如渔12768	徐海林	大豫镇晴川路	36.70	流刺网
苏如渔16102	花金兵	大豫镇兵港村	36.70	定刺网
苏如渔16158	盛新东	兵房镇东凌村	36.40	打杂
苏如渔16168	蒋金文	大豫镇东凌村	17.60	打杂
苏如渔16181	李建平	大豫镇东凌村	17.64	打杂
苏如渔16336	沈海峰	大豫镇东凌村	36.70	流刺网

续表7—59　2012年大豫镇捕捞(养殖)渔船一览表

船名号	船 主	地 址	功 率	作业方式
苏如渔19495	曹美泉	大豫镇东港村	17.60	流刺网
苏如渔19656	曹如兵	大豫镇东洋村	8.82	流刺网
苏如养012	周海水产养殖公司	大豫镇东凌村	79.40	养殖
苏如养106	周 义	大豫镇东凌村	99.30	养殖
苏如养116	大豫镇东港村	大豫镇东港村	58.80	养殖
苏如养125	大豫镇东港村	大豫镇东港村	50	养殖
苏如养126	大豫镇东港村	大豫镇东港村	88	养殖
苏如养131	曹如兵	大豫镇东洋村	58.80	养殖
苏如养132	东港村	大豫镇东港村	50	养殖
苏如养135	兵房滩涂公司	兵房镇东安闸村	50	养殖
苏如养141	大豫镇东港村	大豫镇东港村	110	养殖
苏如养142	大豫镇东港村	大豫镇东港村	58.80	养殖
苏如养143	大豫镇东港村	大豫镇东港村	58.80	养殖
苏如养144	王建兴	大豫镇黄海路25号	58.80	养殖
苏如养146	大豫镇东凌社区	大豫镇东凌社区	94.10	养殖
苏如养148	大豫镇东凌社区	大豫镇东凌社区	94.10	养殖
苏如养149	大豫镇东凌社区	大豫镇东凌社区	94.10	养殖
苏如养151	大豫镇东凌村	大豫镇东凌村	100	养殖
苏如养153	周海公司	大豫镇东凌村	213	养殖
苏如养159	南通盛泓公司	大豫镇东安闸村	58.80	养殖
苏如养173	朱广东	大豫镇东港村	66.20	养殖
苏如养178	大豫镇东港村	大豫镇东港村	58.80	养殖
苏如养181	管永龙	大豫镇东凌村	63.30	养殖
苏如养182	管永权	大豫镇东凌村	75.80	养殖
苏如养190	兵房滩涂公司	兵房镇东安闸村	58.80	养殖
苏如养192	王 兵	大豫镇黄海路	88.80	养殖
苏如养229	兵房滩涂公司	兵房镇东安闸村	76	养殖
苏如养362	周 兵	大豫镇东凌村	110	养殖
苏如养363	大豫镇东港村	大豫镇东港村	257.50	养殖
苏如养506	大豫镇东港村	大豫镇东港村	36.70	养殖
苏如养507	大豫镇东港村	大豫镇东港村	36.70	养殖
苏如养508	大豫镇东港村	大豫镇东港村	36.70	养殖
苏如养509	周 兵	大豫镇东凌村	36.70	养殖
苏如养515	亢勇军	大豫镇东凌村	36.70	养殖
苏如养517	东凌社区	大豫镇东凌村	36.70	养殖
苏如养522	兵房滩涂公司	兵房镇东安闸村	36.70	养殖
苏如养529	东凌村	大豫镇东凌村	36.70	养殖
苏如养530	东凌村	大豫镇东凌村	36.70	养殖
苏如养531	东凌村	大豫镇东凌村	36.70	养殖
苏如养532	东凌村	大豫镇东凌村	36.70	养殖

续表7—59　2012年大豫镇捕捞(养殖)渔船一览表

船名号	船 主	地 址	功 率	作业方式
苏如养533	东凌村	大豫镇东凌村	36.70	养殖
苏如养550	大豫镇东港村	大豫镇东港村	36.70	养殖
苏如养552	大豫镇东港村	大豫镇东港村	36.70	养殖
苏如养553	曹福祥	大豫镇东洋村	36.70	养殖
苏如养554	大豫镇东港村	大豫镇东港村	36.70	养殖
苏如养556	朱广东	大豫镇东港村	36.70	养殖
苏如养561	周　义	大豫镇凌海路	29.40	养殖
苏如养562	周　义	大豫镇凌海路	29.40	养殖
苏如养580	东港村	大豫镇东港村	36.70	养殖
苏如养581	东港村	大豫镇东港村	36.70	养殖
苏如养582	东港村	大豫镇东港村	36.70	养殖
苏如养583	东港村	大豫镇东港村	36.70	养殖
苏如养801	东霞公司	大豫镇东港村	73.50	养殖
苏如养802	曹福祥	大豫镇东港村	73.50	养殖
苏如养803	东港村	大豫镇东港村	73.50	养殖
苏如养818	周海水产养殖公司	大豫镇东凌村	79.40	养殖
苏如养819	周海水产养殖公司	大豫镇东凌村	79.40	养殖

第二章　滩涂养殖

大豫地处沿海有丰富的滩涂资源。1968年起，在滩涂上围养文蛤，开启海水养殖先河。中共十一届三中全会后，改革开放政策，给沿海渔业经济发展注入勃勃生机，利用滩涂做文章，积极发展养殖业。至2012年，海水养殖有文蛤、紫菜、梭子蟹等6项；淡水养殖有鳗鱼、中华绒螯蟹等3项。累计养殖总面积19.18万亩，总产值5亿元。

第一节　海水养殖

一、文蛤

文蛤，属于鳃纲兼蛤纲的海产贝类。明代李时珍云："还中诸蛤之利有余人者，统称蛤蜊、白壳紫唇，或壳上有花纹故称文蛤或花蛤。"宋朝诗人梅尧臣也曾有过"车螯与月蛤，寄自海陵郡"的诗句。清乾隆皇帝下江南时，在姑苏吃到文蛤，便御封它为"天下第一鲜"。

文蛤是自然生长的。如东地处长江下游黄海之滨，海涂广阔，潮间带地形平缓，沙粒细疏，是文蛤栖息、生长、繁殖的天然场地。因采捕无序，导致文蛤资源逐年减少。1968

年，如东在东凌十贯九龙舍（九龙村）外滩涂插标围养文蛤，面积4050亩。1971年，文蛤围网养殖成功获省奖励50万元。1969年，建立东凌滩涂养殖场；1978年，建立掘东滩涂养殖场。据不完全统计，如东文蛤年产量，20世纪80年代为6万吨左右，进入21世纪后为2万吨左右，居世界首位。大豫镇有6万亩滩涂文蛤养殖面积，有文蛤水产品加工企业8家，冷藏能力170万吨。南通昌华水产品有限公司加工生产文蛤蒸煮速冻保鲜产品，深受海内外客户青睐。2004年11月，东港村、东凌滩涂养殖有限公司被国家质检总局批准为文蛤标准化示范区。2005年，投放文蛤种苗2000吨，销售成品文蛤3000吨，产值4000万元。2012年，生产文蛤8000吨，产值7000万元。

二、紫菜养殖

如东紫菜占全国紫菜的40%。20世纪70年代初，在东凌渔业乡兴办海带养殖场，并试养成功，后因水质混浊等因素而转养紫菜（海带、紫菜同属藻类），创造出境内特有品牌。品种有：条斑紫菜与“天下第一鲜”“文蛤”齐名，是一种富含营养、有神奇保健功效的海洋藻类，有长寿菜、神仙菜之美誉。坛紫菜：一般适宜在长江以南海区生长，口感较条斑紫菜略粗。2002年，由南通光华水产品有限公司从福建引进，并试养成功。红毛菜：属暖温带红藻，通常生长在营养丰富，浪大流急的中高潮带岩礁、竹枝或其他藻体上，味道鲜美。大豫镇有1.20万亩紫菜养殖面积，年产压水紫菜1800吨。有紫菜加工企业11家，19条一次性紫菜加工线，2005年，产干紫菜2.40万标箱，产值1.01亿元。2012年，产干紫菜1.75万标箱，产值5600万元。

三、缢蛏养殖

缢蛏俗名蛏子、青子、海蛏。软体动物门，瓣鳃纲、异齿亚纲、帘蛤目、灯塔蛤科、缢蛏属。贝壳长形，背腹缘近于平行，前后端圆，壳顶位于背缘，略靠前端。壳中央稍偏前方有一条自壳顶至腹缘的斜沟，状如缢痕。与回沟相应的有一条突起。贝壳关闭时，前后两端均有开口，壳薄而脆。壳面黄绿色或黄褐色，成体表皮常被磨损脱落成白色，生长纹清晰，壳内面乳白色。蛏肉可鲜食，蒸煮或和其他青菜混炒，均很鲜美；亦可加工制成蛏干、蛏油等。蛏干是干海味品中的一个重要品种，无论鲜食或加工，均须先将鲜蛏用水洗净，浸泡在2%～3%的盐水中2～3小时后再用。贝壳可烧石灰。缢蛏，出口日本。

2004年，浙江人在东凌进行池塘试养成功后，境内有人吸取其成功做法，进行高涂养殖。至2012年，全镇有养殖户10户，养殖面积2.80万亩，总产值3360万元。

四、对虾养殖

对虾种类颇多。有日本对虾（竹节虾）、南美白对虾、脊尾白虾等。中国对虾（亦称东方对虾）个体大、壳薄、生长快、适盐范围广，其肉质鲜美，营养丰富，口感细嫩。1987年，如东利用世行贷款项目，在东凌垦区（九龙村）组建对虾养殖场，开始养殖中国对虾。经过5年发展，养殖面积6.50万亩，产量250公斤/亩，对虾个体10厘米以上。1991年，开始对虾与文蛤混养。经试验，虾池水质肥沃，单细胞藻类大量繁殖，文蛤摄食单细胞藻类，生长速度加快，且能改良水质，使对虾健康生长，提高池塘单位面积养殖效益。1995年，该项目获国家海洋局科技进步三等奖，江苏省水产科技进步一等奖。1995后，中国对虾养殖病害暴发流行，停止养殖。到21世纪初，该场解散，原虾池部分列入复垦，部分改养其他品种。1996年，位于境内如东盐场及东凌对虾养殖场利用部分池塘，进行日本对虾养殖，养殖面积1950亩，产量150公斤/亩。养殖持续6年。1988年，东凌对虾养殖场等单位对虾池塘纳入天然海水，养殖脊尾白虾，使其自然繁殖，产量100公斤/亩，效益1000元/亩，投资少、见效快、易养殖，成为境内海水池塘养殖主导品种。

五、梭子蟹养殖

梭子蟹属节肢动物门、甲壳纲、十足目、梭子蟹科、梭子蟹属。梭子蟹头胸甲的前缘左右两侧各有9枚锯齿，最后一齿最为长大，横向两侧方突出，使头胸甲中部宽大，两侧尖细，形似织布用的梭子，故得名梭子蟹。梭子蟹，在地球上275种蟹类中是经济价值最大一种。其肉味鲜美，人们喜食，经济价值高。常见的有红星、远海、三疣梭子蟹，其中三疣梭子蟹数量最多，产量最大，约占梭子蟹总产量的90%左右，广泛分布中国沿海，其中以福建、浙江、山东沿海最多，如东近海（黄海）盛产。三疣梭子蟹与红星、远海梭子蟹形体相象，远海梭子蟹头胸甲上有较粗的颗粒及明显的花白云纹，而三疣梭子蟹头胸甲上的颗粒细小，无花白云纹，有3个疣状突，故名三疣梭子蟹。1998年始，浙江人在如东东凌对虾养殖场进行大面积三疣梭子蟹养殖。由于其生长快，适应性强，病害较少，适合于沿海池塘海水养殖。2003年，如东盐场进行试养成功。至2012年，全镇有200户进行高涂池塘养殖，养殖面积3万亩，总产值1.20亿元。

六、土池育苗

土池育苗，就是螃蟹早期在盐碱地上育出的大眼幼体。主要对中华绒螯蟹进行人工育苗。2001年，兵房居委会陆卫兵凭借东凌临江靠海地域优势，租江苏宁港开发公司2000亩盐碱地，和全国劳模、全国十大杰出青年中国海洋大学李晓东博士合作，在国内第一家创办“东”牌生态蟹苗繁育基地，开创土池育苗先河。被列入国家863高科技项目。2002年，遥望港以北，土池育苗有20多处，每个池面积为20～40亩不等，亩产15～20公斤，每公斤为1000～1200元，2012年，已发展到30多处，土池总面积2万亩以上。

第二节　淡水养殖

一、鳗鱼养殖

鳗鱼学名鳗鲡，俗称白鳝、河鳗，属硬骨鱼纲，鳗鲡科。鳗鱼体长，呈圆筒形，成鱼长60余厘米。背侧灰褐色，下方白色。背鳍和臀鳍延长，与尾鳍相连；无腹鳍，尾扁平，鳞细小，埋没于皮肤下。鳗鱼为降河性洄游鱼类，亲鱼于每年秋季降入深海产卵；卵子孵化后经过复杂的变态成为叶状幼体，由外海漂游至近海，循淡水而进入内河生长。大豫境内有东凌、东安、遥望港3个入海河口，是鳗鱼苗传统产区。20世纪80年代，在对外开放政策指引下，鳗苗出口和国内养鳗业同时升温，鳗苗身价急剧上升。1986～1987年，每公斤鳗苗收购价飙升至5000～10000元，被誉为"软黄金"，大豫镇也被冠上"软黄金之乡"美名。1988年，南坎乡顾成兵瞄准行情，做起鳗鱼苗生意，1992年，创办南通市集成水产品有限公司（南坎养鳗场），占地面积140亩，1993～1994年，为该公司兴盛时期，向日本、新加坡等10个国家和地区出口活鳗，烤鳗600多吨，出口创汇9658万元，利润1010万元。1989～1990年，东凌乡境内，建起苏泰、东港、东江3家养鳗场，随着鳗苗数量逐年减少，市场行情的剧变，养鳗场在1996～2010年间，相继停办和转产。

二、中华绒螯蟹

又称河蟹、毛蟹、清水蟹、大闸蟹或螃蟹，味道鲜美，营养丰富，属一种经济蟹类，是中国传统名贵水产品之一。在中国北起辽河南至珠江，漫长的海岸线上广泛分布，其中以长江水系产量最大，口感最鲜美。大闸蟹特指长江水系江苏阳澄湖"中华绒螯蟹"。

大豫是如东有名的"蟹苗之乡"。由于长江水系天然中华绒螯蟹蟹种资源急剧减少，难以满足养殖需求。1979年，境内东凌海带育苗厂与省淡水养殖研究所共同进行人工育苗攻关。从1992年起，扣蟹育苗经历工厂化人工育苗——土池育苗过程。大豫地处海滨、养殖扣蟹优势独特，经济见效快，群众积极性高涨。10多年中，因扣蟹苗生长快、成活率高，驰名全国各地。每到春节前后，吸引上千个购蟹苗客户。至2010年，全镇共有5个专业水产合作社，扣蟹养殖户3300多家，养殖面积1.80万多亩。除当地养殖外，还外出承包水面进行规模养殖，据统计，100亩以上典型养殖户有29户，累计养殖面积8960亩（名单详见下表）。2012年，全镇养殖面积（不含在外养殖面积）1.58万亩，亩均产值2000元，总产值3154万元。

2011～2012年大豫镇百亩以上养蟹典型户一览表

表7—60

村组别	养殖水面面积									
	100亩以上	户数	200亩以上	户数	300亩以上	户数	500亩以上	户数	1000亩以上	户数
闸东村17组	100	1	—	—	—	—	—	—	—	—
伯安村12组	—	—	—	—	400	1	—	—	—	—
伯安村13组	100	1	—	—	—	—	—	—	—	—
周墩村13组	100	2	—	—	—	—	—	—	—	—
周墩村9组	150	1	—	—	—	—	—	—	—	—
周墩村11组	100	1	—	—	300	1	500	1	—	—
周墩村17组	—	—	—	—	300	1	—	—	—	—
周墩村14组	—	—	200	1	—	—	—	—	—	—
豫东村22组	100	6	—	—	—	—	—	—	2000	1
兵房居委会10组	—	—	—	—	—	—	—	—	10000	1

续表7—60　2011～2012年大豫镇百亩以上养蟹典型户一览表

村组别	养殖水面面积									
	100亩以上	户数	200亩以上	户数	300亩以上	户数	500亩以上	户数	1000亩以上	户数
东安闸村29组	100	1	200	1	—	—	—	—	—	—
东安闸村21组	150	1	—	—	—	—	—	—	—	—
东安闸村46组	100	1	200	1	—	—	—	—	—	—
强民村1组	—	—	—	—	320	1	800	1	—	—
强民村2组	—	—	—	—	—	—	—	—	1600	1
强民村10组	150	1	—	—	—	—	—	—	—	—
强民村16组	190	1	—	—	—	—	—	—	—	—
强民村27组	—	—	200	1	—	—	—	—	—	—

三、南美白对虾

亦称白脚虾，或称凡纳对虾，原产地集中在厄瓜多尔沿岸，是世界上养殖产量最高的3大虾种之一。如东在咸水养殖成功后，又于2000年开始进行淡水试养，至2005年，已成为境内特种水产养殖面积和产量持续稳定增长品种之一。2007年后，养殖户吸取苴镇何丫村利用豆瓣培育闲置大棚，取用地下水进行南美白对虾大棚养殖的成功做法，一年可养2～3茬，养殖周期短，投入产出率高。至2012年，全镇南美白对虾养殖面积2.50万亩，其中九龙村养殖面积占50%左右。

2012年九龙村南美白对虾养殖面积一览表

表7—61　　　　　　　　　　　　　　　　　　　　单位：亩

组别	露天养殖面积	大棚养殖面积	户数
1组	15	—	2
2组	227	—	22
3组	105	—	3
4组	274	—	3
5组	110	—	4
6组	312	—	9
7组	20	—	1
8组	54	—	4
9组	30	—	1
10组	90	—	2
11组	5048	1106	8
12组	300	—	11
13组	785	—	12
14组	275	—	7
15组	381	—	15

续表7—61　2012年九龙村南美白对虾养殖面积一览表

组别	露天养殖面积	大棚养殖面积	户数
16组	1092	3	13
17组	713	125	18
18组	1121	—	13
19组	1106	—	14
20组	1140	—	10
21组	1260	—	28
合计	14458	1326	200

2012年九龙村南美白对虾养殖大户面积表

表7—62　　单位:亩

姓名	组别	露天养殖面积	大棚养殖面积	钢架棚养殖面积
陈新玉	4组	156	—	—
陈裕兵	11组	—	—	326
盛宝权	11组	—	580	—
许志冰	11组	—	300	—
何爱军	11组	—	800	—
丁言和	13组	165	—	—
许昌祥	13组	110	—	—
王来泉	13组	120	—	—
吴建如	16组	110	—	—
莫松军	16组	180	—	—
王东升	16组	130	3	—
李春宝	16组	210	—	—
董鹤春	17组	56	110	—
吴长录	18组	110	—	—
姜秀军	18组	110	—	—
冯新林	19组	110	—	—
季　冲	20组	480	—	—
陈新义	21组	230	—	—
陈金华	21组	200	—	—
郁爱军	21组	100	—	—
周福群	21组	30	60	—
小计		2607	1853	326

2001～2012年大豫镇淡水养殖生产一览表

表7—63　　单位:吨 万元

年份	总产值	总产量	鱼	虾蟹	贝类	其他
2001	792	2293	944	363	283	703

续表7—63　2001～2012年大豫镇淡水养殖生产一览表

年份	总产值	总产量	鱼	虾蟹	贝类	其他
2002	1120	1735	654	457	9	615
2003	2546	3811	939	601	6	2265
2004	3401	9915	2983	3096	181	3655
2005	2034	8082	2165	2901	277	2739
2006	3886	11554	2375	4153	173	4853
2007	3837	11513	985	2852	4105	3571
2008	4451	30960	2716	4453	18037	5754
2009	8015	18319	5669	10495	77	2078
2010	18486	13861	3811	1844	4000	4206
2011	19803	8789	1470	3849	1000	2470
2012	18132	13388	6569	3207	1010	2602

第三章　内河渔业

第一节　宅、泯沟养殖

启海人有传统养殖习惯，几乎每家宅后有120～160平方米不等的宅沟，宅两旁还有泯沟。1949年前，泯沟养鱼较少，又缺少鱼种，加之养殖技术落后，产量很低。1957年后，县水产科成立鱼种推销委员会，从江南购进大量鱼种，满足各地放养需要。1960年，境内各公社淡水养鱼获得丰收，过年时，每家每户按人头分到1.50～2.50公斤不等的鱼。此后大部分宅沟在平整土地时被复耕，棉花面积不断扩大，大量施用化肥、农药，水质受到污染，致使鱼产量逐年下降。1970年后，泯沟中繁生一种新的生物资源大头虾，即“克拉氏螯虾”（俗称龙虾），此虾适应性很强，在恶劣环境中能爬出水面呼吸、觅食、繁殖迅速。1980年后，全镇年产量20～25吨左右。自实行双层承包联产到户后，宅、泯沟得不到有效整治，沟面狭窄，芦苇遮挡、河床增高，河水变质，宅、泯沟养殖业发展受到一定限制。

第二节　池塘养殖

1959年初，在农业“大跃进”中，境内很多生产大队，开挖池塘，进行鱼种培育和成鱼养殖。因费用大，成活率低，缺乏技术，经营管理不善等因素，队办渔场相继倒闭。1978年后，境内兵房镇、丁店乡利用垦区办起“三港渔场”（池塘面积1000亩）；“大同渔场”（池塘面积600亩）。1984年后，东凌境内相继办起环北、环镇两个渔场，1990年初，被南通集成水产公司收购。主要养殖：青鱼、草鱼、鲢鱼、鳙鱼及鳊鱼、鲫鱼等传统鱼类。由于粗放式经营，淡水鱼类产量一直较低，平均亩产量不足70公斤。随着村域行政体制不断调整，“三港渔场”并入三港村，“大同渔场”并入闸东村，2001年3月，三港村并入闸东村后，两渔场于2002～2006年期间相继进行复垦。

附记：

(一)海域异象

●清《如皋县志》载：“明嘉靖三十三年(1554)，大水，丰利场后有群虾簇拥一巨鱼，乘潮抵岸，虾须戟立若排墙，潮退虾去，唯鱼独存。长三十余丈，高三十尺，人争取其肉。鱼声如牛吼，气所喷薄，水悉成窖，以三四日乃绝。”据考，这是一头长须鲸，长度可能有所夸大。近百年，此类鲸鱼常有发现。

●1989年8月7日下午7时许，东凌乡渔民在退潮的滩涂上捕到一头活的雌性海狗，体长约1.20米，重约40公斤，其头像狮子，长有长须，体如海豚，毛皮为黄褐色，后寄养在江苏省海洋研究所。

●1994年，在东凌海滩亦有所见。民间称为“润鱼”，传说逢到闰年，海龙王宰杀大将送上岸。其实，不是闰年也有这种现象，而且它属兽类，用肺呼吸，不是鱼。

●2004年7月16日清晨，东凌渔民听到东边滩涂上传来奇怪叫声。循声寻去，发现大批海豚搁浅遇险，共33只，最大1吨以上，长4米多，经报有关方面共同救护，于7时大潮再起之时趁潮推回大海。

(二)打 黄 鲇

20世纪50～60年代，或许可追溯到更远，大豫渔民有一种称为“打黄鲇”的渔猎方式。渔民用约5米长毛竹稍，拍打海水，驱赶黄鱼鲇入网捕之。展现如东海滨旧时捕鱼风情。

这种捕鱼方式，不是每天可作业。流速快的大汛，落水快；流速太缓，水清无渔；风急浪高，均不宜打黄鲇作业。仅适用小汛底、大汛头海潮漫流速期。作业地，选择在一边有港丫，一边有水洼平缓而向浅海伸延的大沙滩。10～20个作业人员分两组，一组渔者守候在水洼，想象鱼已入网，然后快速拉牵“兜子”网；另一组体高力大渔者涉到齐胸深水中，有方向地用毛竹稍拍击水面，并大声吆喝，使静海中遨游觅食黄鲇鱼受惊而慌不择路，朝水洼方向逃去。渔民们发疯似的踩着海水拍打、呐喊，拽着兜子网围捕过去而奔跑。作业时间虽短，但出力猛，海水阻力又大，有的渔民胸闷、头晕、眼花，口生白沫，似已筋疲力尽，但看到拽上滩涂金灿灿活蹦乱跳跃的黄鲇鱼时，疲惫身子一下又精神起来，场景壮观。

第八篇　盐业与垦牧

清末民初，大豫属掘港辖区，为著名产盐地。清光绪二十一年(1895)，时任翰林院修撰张謇在勘察苏北沿海滩涂后指出："必水土平后而稼穑，稼穑兴而后衣食足。"力主围海垦殖，并于民国5年(1916)，在掘港东乡(大豫镇)创立大豫盐垦公司，主营食盐和垦牧。南起遥望港，西北至环港沿海滩地，大豫、长沙部分区域，垦殖面积13万亩。宣称："办公司、务使矿土生财，齐民扩业，为国增岁入之资、收富本之利。"对垦区规划有序，匡、排、𡒄整齐划一，涵渠、闸、路配套上规格，"范公堤外张公垦，饱腹心心十万家"，荒凉海滨速改观，一派人丁兴旺景象。1958年3月，在南黄海之滨，掘东堤外建立全民所有制性质的江苏省盐业公司南通分公司——如东盐场。全场总面积10.62平方公里。1991年5月1日，轻工部部长曾宪林到场视察，并为场题词。2003年12月，如东盐场改制为南通盐泰水产有限公司。2006年，因国家宏观政策调控，该公司依法破产，整体划归大豫镇。

为彰显先者伟业，故从大生集团档案资料选编——盐垦编中辑录与大豫盐垦公司相关史料，以告后人。为保护旧制文体，辑录所需相关内容除将数据(含表格)改成阿拉伯数字并保留两位小数外，均未更动。

第一章　大豫盐垦公司

第一节　机构设置

民国5年(1916)，张謇及其三兄张詧，联合原有垣商和地方民社等人，创办大豫盐垦公司，集股150万元，每股500元。民国14年，另招新股20万元。收购土地31.10万余亩，外有盐场用地20万亩。主要经营食盐和垦牧。公司设经理2人，其中盐务经理为祝申甫，垦务经理(名不详)，总账会计为包建安，另有职员26人。

第二节　经营概况

民国5年(1916)始创时,曾小面积试行放垦,据说当时无人领种,乃动员招募河堤建设工人,每墕以小洋2角挂个号,公司出种子、耕牛代垦。有名许宝良者,趁打工之便挂个号,领两墕地,撒下棉种,用牛耕种后即回家,秋后至田上一看,遍地棉花白如雪,即带家人到此拾花,当年收益颇丰,建5间瓦房。公司趁此大规模放垦,领垦者甚多,至民国6年春,公司净利润(包括盐草)6万元。民国7年春,放垦1.20万亩,秋收租花8350担。民国8至9年,共放垦地12.70万亩。自民国8年起,遭雨涝、虫害、草荒等灾害,特别是涝害,境内及过境水,横溢棉田,大面积绝收,损失惨重。南一、南附区紧靠丁店河入海口,排水快、排得深,地下水位降得低,盐土改良快,棉花年年保收,产量不断提高。但两区已由股东分领,与公司收益无补。至民国14年,公司负债已达140万元,除南一、南附、中一、中二4区已由股东分领外,北一、北二、北三、北附、南二、南三6个区均抵债或零星出售。其中南附区改称同仁公司,自行设仓管理。中一区若干区内股东,联合组织苏大农团自管。银行团在北二区有通泰豫仓,其余委托公司代管。整个中二区为大盐商周扶九分领,所以中二区实为周扶九所辖机构,在南二、南三区出售土地中,则有谢家仓,吴家仓等许多小仓自理。

佃户承种公司土地,亦以墕为单位,每墕顶首200元,开始分4期交清,每期50元,后来改为1次交清,公司出具租折,载明所交项首金额,另交写礼费每墕7.50元。租额,大熟四六议分(18年后,改三五、六五议分),小熟每亩小洋0.15元(初每年交沟草1担,后取消)。

民国5年(1916)大豫盐垦公司经营状况一览表

表8—64

名称	资本额	实收入	负债数	投资总额	开办年月		总面积	已垦面积	
大豫盐垦公司	150万元	150万元	30万元	180万元	民国5年(1916)1月		48万亩	13.05万亩	
未垦面积	盐灶副数	人口	户数	职员	总产量(籽棉)	麦蚕豆	盐	河渠	堤圩
34.95万亩	207	27561	4500	26	800吨	1100吨	1万吨	204.20公里	41公里
公路	涵洞	桥梁	电话线路	仓库	市镇	工厂	自卫兵数	诊疗	合作社
195.40公里	9座	101座	27公里	63间	3处	轧花1处 织布1处	126人	2所	15所
小学	私主织布机		蜂群	猪	牛	羊		鸡鸭	
9处	1400座		60箱	500头	500头	600头		1万只	

大豫公司成立后不久，大部分草荡地被垦成田，而大批盐场被裁废，加之海盐生产依然使用陈旧生产形式，产量无法增长，导致盐业生产进一步萎缩。大有晋公司原收亭灶734副，到民国11年尚存236副，大豫公司原收亭灶1380副，民国11年仅存214副。6～10年中，大豫公司的海盐生产由年产5.30万桶下降到1.35万桶。民国11年前，两家公司的海盐产值逐年下降（见下表）。

民国2～11年（1913—1922）大有晋、大豫公司海盐产值一览表

表8—65　　　　单位：桶

时间			2年	3年	4年	5年	6年	7年	8年	9年	10年	11年
公司	大有晋	盈	1800	—	—	3000	11200	5200	900	—	—	—
		亏	—	3300	2200	—	—	—	—	2400	5500	5800
	大豫	盈	—	—	—	—	16000	15000	7500	—	—	—
		亏	—	—	—	—	—	—	—	2500	7330	—

嗣后，一度因草价昂贵，灶民煎盐越多，损失越大，产量大减，生产一桶盐，要贴本2元。煎盐不如卖草。为维持生计，灶民不得不出卖私盐做补益。

第三节　工程建设

民国5年（1916），开始工程建设。海堤与内河同时进行，海堤长50里，高1丈5尺，底宽10丈，面宽2丈，外加涵闸、河渠、桥梁耗资50余万元，区内根据地形分匡，每匡5或6排，每排17或18垅，每垅[1]25亩，长75丈、宽20丈（营造尺），零地不等。匡之四周有匡河，匡与匡之间有马路，排与排、垅与垅之间有排河（横河）垅沟。除排河、垅沟由佃农自开外，其余匡河、干河、堤岸马路、桥梁、涵闸均由公司办理。

排水主干道，有北凌河、东凌河、沙鲨丫子（兵房河）3大河流。其中沙鲨丫子河为垦区主要排水河道，河南各区，每匡东北角，河北各区每匡东南角，各设一涵管（其中第四匡3个涵管并列在一起），由匡河出鲨鱼丫子河。之后群众以管为地名，自西向东称一管（亦称贯）、二管至十管。

附记：【盐垦计划】

一、大豫盐垦公司计划书（民国5年）

公司收并地亩之略述

附面积现收各图及地亩已买决算表、拟买预算表

①见《20世纪初南通盐业生产的衰退》。

收并地亩当先定四址为标准，而后可求面积大小，定费用之多寡。核本公司面积，南自遥望港起，东南至可堤而垦之地为止，西南自新场子上挑鲜路直北经过七总公荡东，沿北至孩儿潦支为止，折东沿孩儿潦至下孩儿潦支庙西复直北经过南坎下首至北坎大路为界，西北至长沙为止(过此为煎区洼下不可垦)，东北东沿均以可堤而垦为止，共计九百方里强，以言亩约在五十三四万亩，其间地分甲、乙、丙、丁、戊、己等。净毛为甲，毛夹芦为乙，净芦为丙，杂草为丁(毛芦江草獐毛杂而言)，獐毛为戊，蒿荡为己。丙等以上之田均可随垦随熟，即丁等之杂草次及獐毛，堤岸工竣施于布种五谷咸宜，最下之蒿荡先筑小堤，潴淡种青，循序培养。顾丙等以上之地期以6年垦完，丁戊之地次第进行，势非10年不办。有此10年培植，并己等地质之化淡草质之变换，当亦此第可垦。此质之老农，证之经验家，询谋佥同，敢以预告者也。

照规定，垦地范围图，南至遥望港起，东北至十五总下段，西北至长沙，共测得有地53万余亩，然东北自北凌河迤北至十五总下段两段整地，地质以丁戊等则为多，数年之内暂拟划留10万亩，作供煎草地，俟垦地渐次成熟，𡎚灶里剔已定，则十五总以北之下段地又可蓄草，而此暂行供煎之10万亩均可垦辟矣按上计划，则目前可指定为垦区者确有44万亩之数，将来完全可得垦地54万亩，自十五总至二十四总，约有地10余万亩尚未及测有确数，拟指定为盐区永远办煎，请参观盐业规划节。已买、拟买两表地亩，掺杂错综于公司范围以内，并非整段未买之地可以剔除。

二、公司垦地之规划

附分区各项建筑工程之预算

垦务公司之进行也，首重工程建筑，约言之，曰河道、曰桥梁、曰庐舍、曰大闸、曰日涵。公司底面宽阔，宜分区治之，今假定大小区域以十九，每区及2万亩者为正区，不及者为附区，最大之一区亦准此区分之。区分既多，不能不限年程序以促进行。兹拟每年放垦2区，以3年计可放六区，每加带一二附区，可垦地约10余万亩。其间天时、人事庸有不齐，且垦熟分田亦须便于支配。今姑作过半之数，尽3年内为第1次之派分。以股本150万元，每股500元，共3000股计，每股分地25亩，共需地7.50万亩，外加慈善教育及优先股、发起人、办事人之酬红，殆亦有余而无不足。观掘荡形势，东西潦(辽)阔，数年以内自内而外暂时无需频海大堤，竣一区，即可放垦一区，工程较少，人工亦省。苟能财力源源，年垦二区，可操左券。然在此3年中，其财力有不得不预计者，兹将干河及外口之闸洞分为总要工程，若区河及内河之涵洞、若桥梁、若仓库、分为每区工程。条列于后，惟诸公审察。

——干河之设南北有二，北出东凌港口，南出陈家潦支口，有此二大干河则遥望港以北，北凌河以南，各分区利宣泄流转绰有余裕。口内各加3门大闸1座，能放水、御潮，亦能蓄水灌溉。

北干河自孩儿潦支起，直东至东凌港出口约5000丈弱，除出口处之八九丈业已宽深有余毋庸施工外，实需挑浚4100丈，今面阔以8丈计，底阔以6丈计，8锹深，每丈取土56方，每方工价0.30元，则每丈需16.80元，4100丈共计6.89万元。

南干河自西沿分界河起，迤东至陈家潦支出口，计长3000丈弱，除去外口宽深之处毋庸施工外，实需挑浚2200丈，每丈面阔以8丈计，底阔以6丈计，8锹深，计取土56方，每方工价0.30元，每丈须16.80元，2200丈共计3.96万元。

附注：公司规划地亩在东首滨海中下段其范堤外，西首上段各业民地向以下段为出水之区，故公司需代地方将上段各地河道连同规划，否则上段民地水无所泄，何能永久相安？现地方拟自掘港市烟墩桥至孩儿潦支开辟以接公司北干河，此段河工公司稍需补助。又，遥望港为七场公共水利，本公司南灶有地三四万亩利用此河，现订大有晋、华丰与本公司共担公共闸河经费四分之一，以上两宗约需银2.50万元。

每座3门闸约费银3.00万元，2闸共约6.00万元。

以上总要工程。

——每区规划正方形2万亩，四周堤渠身共计长4800丈，每丈约取土17方，每方0.30元，每丈5元，则每区堤内渠工共计2.20万元。即以渠内所出之土筑堤，故堤工不另计。

——每区区内井字道路、沟渠亦计440丈，每丈约取土6方，每方0.20元，每丈1.20元，则440丈，共计5280元。即以渠内所出之土筑路，故路工部另计。

——每区河道8道，每道约250元，小桥40条，每条6元，则每区桥梁共计2240元。

——每区建筑仓房约计3000元。

——每区涵洞8座，每座800元，约计4000元。

以上每区工程。堤渠、道路、桥梁、涵洞、屋舍费约得3.65万元，区外支河不在其内，随地另定不能预估(参观工程支款)。

三、已买决算表

表8—66　　单位：万亩 万元 元

分别草质	实 地	实 价	每亩扯价
甲等净毛	1.47	10.04	7
乙等净毛	1.51	7.61	5
丙等净芦	2.08	8.39	4
丁等杂草	2.49	7.50	3
戊等獐毛	8.54	8.56	1
己等蒿荡	17.22	6.90	0.40
共计地 33.30			
共计银 49.32(上数截旧9月20日为止，继购及已付定而未成契者不在其内)			

附记：已购地亩时有先后，价有高低，并有零星已垦之地连带附属物品亦须计值，上表所列乃就各等地亩平均扯算。

四、拟买预算表

(戊等以上照垦务局图册计数买入方能确定)

表8—67　　单位：万亩 万元 元

分别等则	亩数	每亩约价	约共需银
甲 等	2.50	7	17.50
乙 等	2.00	5	10.00
丙 等	3.00	4	12.00
丁 等	3.00	3	9.00
戊 等	3.00	1	3.00
己 等	4.00	0.40	1.60
合计	18.50		53.10

【围垦规划】

民国11年(1922)4月大豫规划已围未围已垦未垦地亩一览表

表8—68　　　　单位:万亩

区别	总亩数	已围已垦亩数	已围未垦亩数	未围亩数	已分亩数	放垦年月
南一区	3.06	2.90	0.11	—	2.99	戊午
南二区	2.81	0.39	2.42	—	—	己未
南三区	1.40	—	全未垦	—	—	—
南四区	0.10	—	—	全未围	—	—
南附西中区	1.86	1.45	0.41	—	1.20	戊午
南附东区	1.25	—	全未垦	—	—	—
中一区	1.89	全已垦	—	—	1.90	戊午
中二区	2.97	2.84	0.14	—	2.96	戊午
中三区	3.10	—	全未垦	—	—	—
中四区	3.10	—	—	全未围	—	—
中附区	0.52	全已垦	—	—	0.14	戊午
北一区	1.90	1.65	0.25	—	—	戊午
北二区	2.81	—	1.87	0.94	—	—
北三区	1.62	—	—	全未围	—	—
北附西区	1.22	全已垦	—	—	—	戊午
北附东区	2.74	—	—	全未围	—	—
西一区	1.07	—	—	全未围	—	—
西二区	1.35	—	—	全未围	—	—
西三区	1.88	—	—	全未围	—	—
西四区	1.83	—	—	全未围	—	—
培原区	0.23	0.15	—	0.08	—	己未
界外零地	0.38	全已垦	—	—	0.11	戊午己未
总计	40.20	13.26	10.94	15.95	9.30	—

备考:尚有下段滩涂约10万亩未经列入表内。此项滩地在西区下段者即属现煎盐滩,其在北中南区下段者多为无草光滩,故须随后规划。

表内所列未围各区地亩共15.95万亩,其中西区大多数长草茂密,围成即可放垦,其余均属草地,亟应种青培养,以备续垦

【工程预算】

一、现已开工未竣各工程预计表

表8—69

区别	长度(丈)	宽度(丈)	渠度(锹)	方数(万方)	每方约计(元)	需银(元)
北区北外河	2200	东5西4	5	4.00	0.16	6400
中区北外河	200	6	6	0.60	0.16	960
南区西外界河	250	4	6	0.50	0.14	700

续表8—69　现已开工未竣各工程预计表

区别	长度（丈）	宽度（丈）	渠度（锹）	方数（万方）	每方约计（元）	需银（元）
北区东格堤	1680	外4内3	4	3.80	0.16	6080
南区东格堤	840	8	3	2.00	0.22	4400
南附区东格堤	800	外4内3	4	1.80	0.16	2880
中区东堤	1970	放脚2	1丈10方	2.25	0.14	3150
北区纵横格	5400	1.50	4	2.40	0.10	2400
中区西圩西竖路	900	展8尺	4	0.30	0.10	300
南附区纵横路	2300	1.50	4	1.00	.0.10	1000
南区中圩东竖路	400	1.50	4	0.20	0.10	200
以上共需银2.85万元						

二、各区本年拟筑各工程预算表

表8—70

区别	长度（丈）	宽深	土方（万方）	每方约计（元）	需银（万元）
北区东外堤	1680	外坑宽12丈深3锹	6.00	0.20	1.20
干渠	7000	每丈6方	4.20	0.12	0.50
纵横路	5000	每丈5方	2.50	0.10	0.25
屋基	1座	—	0.30	0.15	0.045
中区干渠	4000	每丈6方	2.40	0.12	0.30
西圩	展宽路沟	并修平路	—	—	0.15
西圩中圩	中横路1400	路沟展宽1丈深5锹	0.70	0.12	0.09
南区东外堤	850	外坑宽12丈深3锹	3.00	0.20	0.60
东格堤	850	外渠宽4丈深4锹内渠宽3丈深4锹	1.90	0.16	0.30
东圩南岸	1050	外坑宽5丈深3锹	1.60	0.15	0.24
干渠	7000	每丈6方	4.20	0.12	0.50
纵横路	6000	每丈5方	3.00	0.10	0.30
屋基	2座	—	0.60	0.15	0.09
南附区东外堤	800	外坑宽12丈深3锹	2.80	0.20	0.56
干渠	6000	每丈6方	3.60	0.12	0.43
纵横路	4000	每丈5方	2.00	0.10	0.20
北区西外河	2500	宽3丈深6锹	3.00	0.13	0.40
中区北外河东段	350	宽7丈深5锹	1.00	0.15	0.15
南外河	3350	浚深每丈约五方	2.00	0.15	0.30
南区南外河	2250	浚深每丈约4方	1.00	0.15	0.15
中区北外河东段	1290	底加宽3丈浚深2锹	2.13	0.18	0.11
西外河中段	3000	加宽浚深每丈约5方	1.50	0.12	0.18

说明：以上共计需银7.14万元

今之预算依前之决算计也，容有出入，未可预料。连前决算共约18万元，即有溢出，总不出20万元上下矣。

三、河闸仓屋桥梁预计表

表8—71

区别	道 数	需 银(元)
中区北横河闸	1道	6000
中一区仓屋	1所	4000
中区北外河	大桥2道	800
同上	中桥5道	1000
中区南外河	大桥2道	800
同上	中桥4道	800
南区南外河	大桥1道	400
同上	中桥3道	600
西外界河	大桥2道	800
同上	中桥3道	600
北区北外河	大桥1道	400
同上	中桥2道	400
以上闸工等需银约1.66万元		
每区渠桥	8道	1200
每区路桥	10道	1000
每区垸桥	80道	400
每区桥梁需银约2600元		

四、涵洞

表8—72

区别	已竣单洞	已竣三洞	未竣单洞	未竣三洞	拟即建
中区西圩南沿	3	1	—	—	—
中圩南沿	2	—	—	—	1
北沿	—	—	2	1	—
东圩南沿	—	—	—	1	—
北沿	—	—	—	1	—
南区西圩南沿	1	—	—	—	3
北沿	1	—	—	1	1
中圩南沿	—	—	—	—	1
北沿	1	—	—	—	—
东圩北沿	—	—	—	—	1
北区南沿	—	—	—	—	3
北沿	—	—	—	—	3
南附区北沿	—	—	—	—	3
右已竣工者8座	未竣工者6座		拟添者16座		需银1万元

五、种青

表8—73

北　区	约1.50万亩
中　区	约2.00万亩
南　区	约1.50亩
南附区	约1.00万亩
共计6.0万亩需银1.00万元	

【工程决算】

大豫公司丁巳年河堤渠路工程决算表

表8—74

区别	长度（丈）	面宽（丈）	底宽（丈）	深度（尺）	方数（万方）	方价（万元）
中区北横河中段	1920	6.00	3.70	6.00	5.59	0.92
中区北横河下段	1800	8.00 6.00	6.40	5.00	5.40	0.88
中区南横河	3360	7.00 4.00	55.25	4.00	6.38	1.13
南区南横河	2150	5.00 4.00 6.00	4.30	4.50	4.28	0.72
西沿外界河	2750	3.00	15.18	5.40	2.90	0.41
以上河长1.20万丈 计土方24.54万方 支价银4.06万元 平均每方扯价0.17元。						
中区东沿岸	1870	8.00	7.20	3.00	4.26	0.97
中区东格堤	1860	3.50	2.50	4.00	2.23	0.35
南区东格堤	760	4.00	3.00	4.00	1.64	0.16
以上渠长4490丈,计土方7.56万方 支价银1.47万元 平均每方扯价0.19元。						
中区东渠	1910	2.00	1.10	4.00	1.21	0.12
西渠	920	1.50	0.70	4.00	0.40	0.03
南渠	2250	1.70	0.80	4.00	1.20	0.12
北渠	1020	2.00	1.00	4.00	0.61	0.06
南区南渠	1420	2.00	1.10	4.00	0.88	0.08
北渠	1340	2.00	1.10	4.00	0.83	0.07
中区中横渠	1020	1.50 0.50	1.50 0.50	5.00 4.00	0.37	0.04
以上渠工9880丈 计土方5.49万方 支价银0.53万元 平均每方扯价0.01元。						
中区中横路	2480	2.00	1.10	5.00	2.66	0.29
纵路	8690	1.50	0.70	4.00	3.67	0.34
横路	4630	1.40	0.60	4.00	1.89	0.17
分界路	1830	2.50	1.25	3.60	1.21	0.15
南区中横路	1440	2.00	1.00	4.00	0.86	0.09

续表8—74　大豫公司丁巳年河堤渠路工程决算表

区别	长度（丈）	面宽（丈）	底宽（丈）	深度（尺）	方数（万方）	方价（万元）
纵路	4220	1.30	0.65	4.00	1.66	0.15
横路	3104	1.50	0.75	4.00	0.95	0.08
分界路	1680	2.60	1.20	4.00	1.28	0.12
以上路沟2.81万丈 计土方14.23万方支价银1.39万元 平均每方扯价0.01元。						
中区西圩	200	5.00	3.00	5.00	0.42	0.08
中圩	140	4.00	2.00	5.00	0.21	0.04
东圩	150	4.00	2.00	5.00	0.23	0.04
中第一区	150	4.00	2.00	5.00	0.23	0.03
以上沟长650丈 计土方1.08万方 支价银0.19万元 平均每方扯价0.17元 价银7.63万元。						

注：表内的“方”，即立方米。

【函件】

一、第63号（民国10年12月5日）

寄尘先生大鉴：

接奉45号惠函，敬悉前寄之讯均荷鉴理为蔚。附下振记、庆成销券两纸，始基轩销折壹扣，郁君回单一纸，照收，该账已照注矣。又来第13批田单15纸，清单壹页，兹遵检齐部照22张，连同原来田单一并寄呈察收，以复为荷。此颂公安。

大豫公司总会计处谨启　冬月初7日

诸翁均此。

附：上田单、部照、花名各项开列如左：

田主	田号	照号	所在区	张数
徐静仁	732至734	61939～91941	南一区	3
邓同信溥记	845	62052	又	1
邓同信泉记	839	62046	又	1
又	840	62047	又	1
邓同信永记	847	62054	又	1
又	846	62053	又	1
邓同信柏记	837	62044	又	1
邓同信松记	838	62045	又	1
邓安贞堂	854至857	62061～62064	又	4
又	853	62060	又	1
邓同信源记	841	62048	又	1
又	842	62049	又	1
邓同信溥记	843	62050	又	1
邓安贞堂	851、852	62058～62059	又	2
又	858、859	62065～62066	又	2

二、第64号(12月25日)

寄尘先生大鉴:

接奉46号惠函,敬悉前寄田单、部照均荷察收,为蔚。承代还讫东莱银行11月15到期圆2万两,附下销券1纸,照收。该款遵已记注照如大册矣。银团诸君前晚抵掘,昨午前查账,午后赴区,晚宿北一区,今早往大有晋。所开单询问之数十条,均经按照答复,并将10月份报册抄录壹份,交其带去。知关注念,用以附陈。敬颂大安。

大豫公司总会计处谨启　冬月27日

诸翁均此。

三、第65号(12月26日)

寄尘先生大鉴:

前日接奉46号惠函,附下东莱银行2万两销券1纸,照收,当复上64号函,谅先此达览。今又奉47号大札,附来惠记普通1股股票、息田单全,又推据1纸、部照验过存沪,嘱更名铸记。兹遵更就寄上。又来顾棣记等田单柒纸,亦照检齐部照,计念柒张,连同原来田单统寄台收示复。花名各项开列讯后,即希查照。此颂大安。

大豫公司总会计处谨启　冬月28日

诸翁均此。

附:开田单、部照、花名号数

田主	田号	照号	所在区	张数
兆记	34	60367	南附区	1
顾德记	33	60366	又	1
顾棣记	9～15	60342～60348	又	7
又	8	60341	又	1
又	16～17	60349～60350	又	2
又	18至31	60351～60364	又	14
棣记	32	60365	又	1

以上共田单7张,部照27张。又附铸记普股票1张,息、田单附。

【账略】

一、大豫公司己未年已分未分垦田租棉账略

(民国8年)

——收南一区(垦田2.81万元,实收租棉1288石)银圆1.99万元。

——收南二区(垦田3022亩,实收326斤)银圆50.60元。

——收南附区(垦田1.42万亩,实收654石)银圆1.01万元。

——收中一区(垦田1.95万亩,实收1160石)银圆1.79万元。

——收中附区(垦田5226亩零六厘一毫,实收157石53斤半)银圆2441元。

——收中二区(垦田2.23万亩,实收804石)银圆1.23万元。

——收北一区(垦田1.64万亩,实收685石)银圆1.62万元。

—— 收北附区(垦田1686亩,实收307石)银圆4773元。

—— 收培原区(垦田1536亩,实收22石)银圆347元。

以上9区共计佃垦田12.19万亩,实收租棉50.85万斤,每担按籽花合银圆15.50元(此为合中作价,内有轧成花衣,而棉籽零售者,有售籽花者,售清后计当略有盈余,归入下届列收),核价银圆7.88万元。遵照己未年常会议案,均摊租息,每亩平均得租息银圆0.64元。计第一次已分田9.30万亩,应得银圆6.02万元。计第一次未年分田2.89万亩,应得银圆1.87万元。

已分田租每亩银圆0.64元,俟会后订期按亩凭单分发,未分田租遵照议案,连同盐利、草息归入公司总账列收,抵支本届常年经费登明。

二、大豫公司癸亥年已分未分垦田租棉杂项账略

(民国12年)

——收南一区(垦田2.89万亩,实收租棉2431石)银圆5.37万元。

——收南二区(垦田4002亩,实收租棉146石)银圆3230元。

——收南附区(垦田1.45万亩,实收租棉956石)银圆2.12万元。

——收中一区(垦田1.92万亩,实收租棉950石)银圆2.07万元。

——收中二区(垦田3.00万亩,实收租棉1406石)银圆3.20万元。

——收中附区(垦田2913亩,实收租棉4石)银圆91元。

——收北一区(垦田1.60万亩,实收租棉672石)银圆1.50万元。

——收北附区(垦田1.09万亩,实收租棉678石)银圆1.41万元。

——收界外(垦田651亩,实收租棉23石)银圆557元。

共收银圆16.06万元

——收各区麦租　银圆8186元。

——收各区稻租　银圆1029元。

——收各区杂粮租　银圆4807元。

共收银圆1.40万元。

两共收银圆17.46万元。

——支已分田亩经费　银圆1.26万元。

——支收租费用　银圆862元。

——支仓栈用费(轧棉工资在内)　银圆1517元。

——支运售用费　银圆1911元。

共支银圆1.62万元。

收支两抵应存银圆15.84万元。

以上8区共计佃垦田12.72万亩,实收租棉及春租、杂项各款,除支实得银圆15.84万元,遵照议案,均摊租息,每亩平均得租息银圆1.24元。计第一次已分田9.30万亩,应得银圆11.60万元,其已垦未分田3.42万亩,应得银圆4.30万元。

三、大豫公司甲子年已分未分垦田租棉杂项账略

(民国13年)

——收南一区(垦田2.70万亩,实收租棉3309担)银圆6.19万元。

——收南附区(垦田1.30万亩,实收租棉1084担)银圆2.03万元。

——收中一区(垦田1.80万亩,实收租棉1882担)银圆3.52万元。

——收中二区(垦田2.89万亩,实收租棉2423担)银圆4.47万元。

——收中附区(垦田1695亩,实收租棉120担)银圆1946元。

——收北一区(垦田1.63万亩,实收租棉1297担)银圆2.43万元。

——收培原区(垦田1288亩,实收租棉98担)银圆1996元。

——收界[分外](垦田2675亩,实收租棉188担)银圆3517元。

共收银圆19.38万元。

——收各区麦租　银圆6775元。

——收各区稻租　银圆175元。

——收各区杂粮租　银圆3126元。

共收银圆1.07万。

两共收银圆20.04万元。

——支已分田亩经费　银圆1.21万元。

——支收租费用　银圆648元。

——支仓栈用费(轧棉工资在内)　银圆4560元

——支运售用费　银圆1258元。

共支银圆1.86万元。

收支两抵应存银圆18.53万元。

以上7区共计佃垦田10.97万亩,实收租棉及春租、杂项各款,除支实得银圆18.53万元,遵照议案,均摊租息,每亩平均得租息银圆1.68元。计第一次已分田9.10万亩,应得银圆15.38万元,其已垦未分田1.86万亩,应得银圆3.15万元。

第二章　如东盐场

第一节　围堤建场

清末民初,灶民于滩涂构筑灶墩,建锅造灶舍,刮土淋卤,煎卤成盐。民国5年,大豫盐垦公司创建后,以垦殖为主,逐步兴垦废灶。有些先民为图生计,仿效随地刨土淋咸水,挖池滤卤,晒制成盐。中华人民共和国成立前后,被令禁止。1958年3月,如东县委、县政府按照国家、省、市文件精神,围堤兴建掘东(如东)盐场。1959年9月,完成建滩工程,开始

投产。至1965年，配套设施完备，具有年产2万吨原盐能力。1979年，兴建如东县东安盐场(社办)，规模6份滩，面积919亩。1981年，并入如东盐场。1991年3月，如东县政府筹划如东盐场扩建工程。1992年11月，工程全线开工，1993年5月，海堤竣工。至1995年，前期工程投入2400万元，尚未形成生产能力。由于国家加强宏观调控，续建资金不到位，再者井矿盐异军突起，扩建规划丧失必要性而终止。

如东盐场为海水滩晒盐业，是如东革新盐业生产之始。建场初期，滩地未熟，盐工技术水平低，歉产颇多。经职工多年悉心体察、研究试验，改进操作，使滩地迅速成熟，原盐产量逐年提高。1980年后，盐场逐步形成"深水制卤，深卤结晶，塑布苫盖，长年长盐"新工艺，同时应用塑料布对盐田实行上盖下垫，防雨防渗新措施，提高抗御自然灾害能力。

一、工程建设

1958年2月25日，中共如东县委决定在掘东区徐征乡(兵房公社)马家店南一匡向东至东安闸南首，围堤铺滩建盐场。3月2日，建立如东县建滩工程处，县委委员蒋九春任主任，马锡恺、刘亚峰任副主任，负责领导围堤建滩工程。3月17日下午，1.50万民工，开始围堤。数日后，寒潮突袭，风雨雪交加，冻土如石，民工冒严寒开挖冻土，铁锹卷口用钉钯，钉耙齿断用锛凿。6月4日，围堤竣工，历时78天，挖运土314万立方米，筑成海堤11.62公里，面积1.59万亩。10月16日，海堤决口83米，2000多民工连夜奋战修复海堤。10月18日，召开万人建滩誓师大会，县委书记孙维金到会动员。建场工地条件艰苦，劳动负荷繁重，报酬菲薄，民工们为国家建设，抢时间，争速度，战风雨，斗寒暑，披星戴月，夜以继日，在港汊纵横、蒿草丛生海滩上筑堤挖河，建涵造闸，铺设盐田，无怨无悔，令人感叹不已。

1959年9月，完成土方279万立方米，铺滩45份，基本完成建滩工程。与铺滩同时实行试验性生产，建好一块投产一块，当年产盐416吨。

至1960年10月，国家投资133万元，补助粮食239.40万公斤。经随后几年配套基建，至1965年有固定资产98.30万元，其中，海堤长12.62公里(初筑时高7米，顶宽6米，外坡1:5，内坡1:3；续建时高8米，顶宽7米，外坡1:3～5，内坡1:3)，纳潮，排淡节制闸4座，扬水站一座，房屋193间，盐场总面积1.60万亩，建成长条滩13份(滩均302亩)，对口滩32份(滩均168.75亩)，形成年产原盐2万吨规模——掘东(如东)盐场。

1979年8月，东安盐场建成6份滩，面积919亩，1980年投产。

1985年，南通市盐业公司制订"七五"期间在如东盐场偏东南侧外，建如东盐场新滩。1991年2月12日，省计经委准予立项。6月19日，国家计委、农业银行准予将该项目纳入"八五"国家重点技术改造专项规划内新开工项目，并给予适当补助。如东盐场新滩部分，规划项目总投资2288.72万元，拟匡围海堤11.18公里，围滩面积2.50万亩，设计原盐生产能力6万吨。

1992年10月14日，由泰兴河海工程公司，采用人机结合方法，实施围堤，工程西段局部动工。11月1日，挡潮堰与堵港工程全线开工。12月10日、13日连遭3.71米大潮冲击，已筑成挡潮堰几乎全线崩溃。应泰兴工程队强烈要求，12月14日，中共如东县委、政府召开“如东盐场扩建围堤工程”动员大会，会议决定：动员全县7个区、37个乡镇1.50万民工，在27～28日，开赴如东盐场，按调整后退堤线方案施工。12月29日至翌年1月6日，经9天突击挑抬，重点地段三港于上午10点15分成功合拢。泰兴工程队近百台泥浆泵全力以赴投入水力冲挖、吸泥填芯，又经5个月昼夜连续施工，至1993年5月18日，10.60公里海堤竣工，通过验收。1993年6月，国务院整顿金融秩序，加强宏观调控，扩建新滩后续资金计划不能到位。至1995年，各项资金贷款计划实际到账2450万元(其中企业自筹400万元)。完成施工项目，筑海堤10.60公里，围滩涂2.02万亩，建成纳潮闸1座，架设35千伏高压线9公里，以及通水、通电、通路等前期工程，10个单元2100亩盐田及配套工程在建未竣，实际投入资金2400万元，尚未形成生产能力。1995年下半年，因续建资金无着落而终止施工。

二、配套建设

(一)生产设施

1959年始，如东盐场生产滩晒盐。其主要设施为盐田，由海堤、内堤、引潮沟、纳潮闸、纳潮河、扬水站、水库、导水沟、蒸发池、调节池、结晶池、运盐河、坨地、保卤设备、排淡河、排淡闸等组成。每一生产单元(约150亩)称一份滩。滩型有长条滩13份，对口滩32份。20世纪70年代，机电设施逐步配套、完善。80年代，经挖潜、更新、改造后，建成稳产高产盐田。

纳潮闸、水库　提供海水供制卤。纳潮闸建在海堤上，收纳海潮。位置避开排放淡水河道出口。水库为储存原料海水，由纳潮河与纳潮闸连接。距纳潮闸较远海堤上另建排淡闸，排放盐场内之雨水。

蒸发池、调节池　利用自然蒸发制取卤水之设备。由滩涂经耕翻、压后筑成。蒸发池为正方形或长方形格块，四周埂堰。一份盐滩由16块蒸发格组成蒸发区，每排4块为一步，共4排，依次称蒸发一、蒸发二、蒸发三、蒸发四。四步之间有自然落差。蒸发区为高浓度海水和成头水回旋区域。调节池为长方形格块。一份盐滩由16块调节格组成调节区，每排4块为一步，共4排，依次称调节一、调节二、调节三、调节四。调节区设在蒸发区与结晶区之间，是调节生产中蒸发和结晶面积比例设备。调节区分咸区和淡区。咸区是低中级卤水回旋区域，淡区走成头水。20世纪80年代，在调节池底土内平铺塑料薄膜垫层，防止卤水渗漏。

结晶池　饱和卤水蒸发结晶设备，与调节池衔接。结晶区是中高级卤与饱和卤回旋区域。除结晶长盐外，停止晒盐期间也用于制卤。20世纪70年代后，逐步推行用塑料布苫盖结晶池，防止降雨冲淡卤水，称为塑苫池。

保卤沟　保护卤水设施。用于下雨时保存卤水，缩小受雨面积，减少卤水掉度。在蒸发区、调节区、结晶区各设两条，分别称蒸发保卤沟，调节保卤沟，结晶保卤沟。20世纪80

年代后，在保卤沟上下推行塑料布上盖下垫，既减少雨水冲淡，又防止卤水渗漏。

水车、水泵　提水设备。20世纪60年代初期始，水泵逐步取代水车、笆斗等提水、出卤。1965年，全场有水车130部，水泵16台；1975年，有踏车137部，水泵40台。

风车、电动机　动力设备。20世纪70年代前，机械动力设备很少，靠风能转变为机械能的风车带动水车提水。1965年，有风车125部，柴油机11台472马力。20世纪70年代中期，电力通到盐场，电动机渐取代风车。1975年，全场有风车136部，电动机16台37瓦，柴油机9台336马力。

卤表　又称波美度表。测试卤水浓度用具。可测0～35波美浓度海水比重。

（二）制盐工艺

制盐流程

海水 → 纳潮闸 → 扬水站 → 水库 → 蒸发区 → 调节区 → 走淡区 → 走咸区 → 结晶区 → 原盐

纳潮储水　纳入海潮含盐浓度高，成盐就快，产量就高，且动力节省，成本降低。海水浓度受晴雨、风向、季节等影响，纳潮时选择取舍。晴天抢纳潮头，雨天纳潮尾；西南风潮质差；东北风潮质好；冬季冰下海水浓度高，有潮必纳，初春海水转淡，少纳；梅雨频降，一般不纳。盛夏及秋季产盐旺季，天气晴热，蒸发量高，抢潮头，纳潮尾，且多纳，保生产之需。海水由纳潮闸，经纳潮河、扬水站，入水库储存，备用制卤。

蒸发制卤　晴日，将海水从水库引入盐田蒸发区。依次流经蒸发四步、调节四步。经风吹、日晒、浓度渐高。海水逐步演变为成头水（5～9.90波美度）、低级卤（10～14.90度）、中级卤（15～19.90度），高级卤（20～24.90度），饱和卤（＞25度）。不同天时条件蒸发量不同，制卤方法因时而异。天时正常，多用“平赶双咬”制卤法；天气短晴或三阴两晴，多用“一步一卡，一放一干，薄水勤跑”制卤法；若天气连晴久霁，则采用“深水”制卤法；冬季严寒，盐田冰冻，可用“冰下抽咸”制卤法。制卤是盐业生产中心环节，故有“以卤为帅”之说，耗时费力最多。一般从海水进滩到浓缩饱和，需经13～14步蒸发，正常天气历时10～15天。

结晶长盐　卤水经蒸发区逐步蒸发后，浓度已饱和，称饱和卤。一日卤源丰足，即可引入结晶区，灌入结晶池，撒入大颗粒原盐（称“种盐”），卤水进入结晶过程。进一步蒸发浓缩，卤水变成过饱和状态，Na^+、Cl^-结合成Nacl，依附于“盐种”上，大量生成新盐结晶体（称长盐）。至波美29度时氯化钠大部析出为止。结晶池卤水浓度超过波美29度时，氯化镁开始析出，及时排出全部余卤于滩外（称“排老卤”），否则盐质不佳。

保卤防损　结晶长盐全凭有卤。滩晒盐场系露天生产，降雨冲淡卤水，为产盐之大害。如小雨，保高、中级卤；如中雨，高、中、低三卤水全保，成头水尽可能集中；如大雨，不仅三级卤水全保，成头水全部集中。雨止，即刻排出盐滩淡水，及时出卤，恢复生产。20世纪80年代初始,上有塑布苫盖,下有塑布垫层保卤沟,谓“双保险”。

扒盐入廪 饱和卤在结晶池内连续长盐,盐层到一定厚度时,即可扒盐八廪。将池盐扒聚成小盐堆——运堆上小廪基(可装盐10000公斤),用芦席苫盖,防雨水淌化。待盐晶表面卤水淌尽沥干——再运往坨地大廪。

(三)盐 事

第一季度 季初天气严寒,条件具备时抽咸制卤。天气晴好时,滩地走水制卤。越冬池观察结晶深度,钠镁比值,长出优质盐。继续冬准(11月至翌年3月生产准备)工程施工,包括:滩外滩内沟、水库疏浚疏通;保卤沟结晶池整修;池板、格块压实等,并总结生产经验,制订年度生产计划、措施。为开晒打好基础。

第二季度 全面开晒、防雨保卤。4～5月,天气渐暖,进入生产正常阶段。天气晴好时,滩地全面铺咸走水制卤,以制中、高级卤为主。卤源充裕时,灌池结晶长盐。季度初常有春雨连绵时,以保卤为主。5月下旬～6月上旬,在正常制卤长盐同时,做好安度梅雨准备:塑苫池、保卤池全封闭;浓缩卤水,提制高级卤;疏通沟道,加深结晶池之卤水;滩上囤积较高浓度成头水;水库多蓄高浓度海水;凡不能安度梅雨期之结晶池起盐放卤,适当撤、并格等。常年6月中下旬,进入梅雨期,阴雨绵绵,光照少。抓阴雨间隙抢制一批高级卤,满足结晶池加卤需要。同时铲削格皮、整修滩地。坐实第三季度生产大旺季。

第三季度 产盐“黄金季节”。主要盐事制卤长盐、防台抗灾。7月上旬,继续压实池板、整修沟道,为出梅进入旺季生产准备。常年7月中旬出梅后,受副热带高压边缘控制,天气渐热,光照足,步入生产旺季。8月份,副热带高压控制,持续晴热,蒸发量大,加深池格走水深度,充分利用天气热能资源,多制卤水,充裕卤源,多灌结晶池,扩大长盐面积,争多产盐。高温加快结晶速度,严格按操作规程加强结晶池质量管理,实行分级分晒。加深结晶池卤水,新卤结晶,深卤长盐,多产优质盐。三季度为雷阵雨较多,台风活动季节,关切天气变化,做好防范工作,免遭暴雨冲失卤水,淹消盐斤。

第四季度 盐事主要有灌越冬池、收盐、冬滩等。10月份,天气较好,是产盐“黄金季节”之继续。10月中下旬,开始收盐,保护好原盐不受污染。自此,一年生产进入尾声。为保证越冬长盐多、质优,用新卤灌池,深度18厘米以上。10月底,开始实施冬滩工程规划,11～12月,全面铺开,力争翌年一季度末,高质量完成。

第二节 机构演变

1958年3月,建立如东盐场。由于当时掘东、洋口两地同时建场铺滩,该场名称为如东县盐务管理局掘东制盐场。1963年,洋口盐场改为农场,继之,如东县盐务管理局撤销,掘东制盐场改名为如东县盐场。1965年11月,根据江苏省人委《关于地方盐场交由淮北盐务管理局接受统一管理的决定》,又将如东县盐场改名为淮北盐务管理局南通盐场如东分场。1968年3月28日,成立革命委员会,隶属南通地区轻工业局和南通地区盐业公司革命委员会。1971年,全省盐场实行军管,又改称中国人民解放军生产建设兵团淮北盐务管理局南通盐场如东分场。1972年,军队撤出,又把如东盐场交归地方,仍为如东县盐场。1980年2月,南通地区行署决定恢复建立南通盐业公司,6月6日,如东县盐场的人、财、物、产、供、销业务均隶属南通盐业公司领导,名称为南通盐业公司如东盐场。1983年,全省盐业体制改革,成立江苏省盐业公司南通分公司,随之更名为江苏省盐业公司南通分公司如东盐场。1987年1月,实行场长负责制,中层干部实行聘任制。1987年1月1日～1990年12月31日,第一轮承包结束。从1991年1月1日～1992年12月31日,为第二轮承包。该场受双重领导,江苏省盐业公司南通分公司主管,如东县轻工业公司代管,党群事务属地方管理。2003年12月,如东盐场改制为南通盐泰水产有限公司。2006年,因国家宏观政策调控,该公司依法破产,整体划归大豫镇。

图8-45　2012年,拍摄的如东盐场场部办公楼(管霖　摄)

第三节　制盐品种

如东盐场生产的盐品种有原盐、加工盐(粉碎洗涤盐、散装盐、小包装盐)、老卤。

原盐是海水晒制成未经加工的盐,分为大籽盐、中籽盐。

大籽盐特征　粒大。坚硬、量重、色白或暗白色,含钠量高(94%左右)。

中籽盐特征　粒细。疏松、量轻、色白、含钠量稍低(在85%左右)。

加工盐　经粉碎、洗涤、脱水,分装为1000克和500克两种规格的小包装盐。

1979年前,人民生活用盐以原盐为主。1980年后,生产用盐和生活用盐分开。原盐为工、农、牧、副、渔、医药卫生之用,粉洗盐为人民生活所用。

老卤 在卤水浓度到波美度29° 以上,氯化钠含量低于15%,钠镁比值低于1时,称为老卤(苦卤),应排出结晶池,不宜再晒盐。老卤作盐化工原料之用。

1968～1974年,为该场化工厂所用,从中提取氯化钠、氯化镁等,一部分曾被豆制品制作等行业所用,年售苦卤4万立方米左右。

第四节 原盐产量

1958～1970年,均为平面滩晒,因受大自然制约,且滩地设备和动力设备落后,缺乏生产经验,虽经盐场干部、盐工奋斗拼搏,产量仍徘徊不前。13年间,全场产盐仅5.94万吨,平均年产盐4569.32吨。1971年后,学习淮北先进工艺,把"平赶走水"改为"大单线走水",把"薄冰勤跑"改为"深水制卤,深卤结晶"。同时加强天气预报,充分利用气候条件,坚持常年修滩,四季保养,结晶池上盖下堑,减少渗透,保证稳定高产,年产量稳定在2万吨左右。1978年,创历史最高水平,产盐2.72万吨,单产3.50吨。1990年,创全塑结晶以后最高水平,产盐2.74万吨。建场33年,共产原盐37.96万吨。

1958～1990年如东盐场原盐面积、单产、产量一览表

表8—75　　单位:亩 吨

年份	面积	单产	产量
1958	7770	0.15	1665.50
1959	7770	0.10	777.00
1960	7770	0.09	699.30
1961	7770	0.33	2564.10
1962	7770	0.17	1320.90
1963	7770	0.22	1709.40
1964	7770	0.68	5283.60
1965	7770	0.72	5594.40
1966	7770	1.44	11188.80
1967	7770	1.50	1166.50
1968	7770	1.13	8780.10
1969	7770	0.86	6682.20
1970	7770	0.45	3496.50
1971	7770	2.44	18958.80
1972	7770	0.95	7381.50
1973	7770	1.67	12975.90
1974	7770	2.05	15928.50
1975	7770	1.16	9013.20
1976	7770	1.03	8003.10

续表8—75 1958～1990年如东盐场原盐面积、单产、产量一览表

年 份	面 积	单产	产 量
1977	7770	0.47	3651.90
1978	7770	3.50	27195.00
1979	8850	2.58	22833.00
1980	8850	0.82	7257.00
1981	8850	2.13	18850.50
1982	8850	2.07	18319.50
1983	8850	1.87	16594.50
1984	8850	1.95	17257.50
1985	8850	1.66	14691.00
1986	8850	2.22	19647.00
1987	8850	1.75	15487.50
1988	8850	2.82	24957.00
1989	8850	2.31	20443.50
1990	8838	2.99	26425.60

第五节 质量标准

如东盐场原盐质量随滩地设备更新和制盐工艺进步而提高。1959年,建场初没有优等盐、一等盐,二等盐占70%,三等盐占30%。1969年,一等盐占10%,二等盐占80%,三等盐只占10%。1975年后,坚持三等盐不报产,化卤重制。1978年,优等、一等盐为80%,是年,被评为南通优质高产单位。自全塑结晶后,严格执行“新、深、长”工艺,原盐质量一直稳定在“一、五、四”标准(即:优等盐10%,一等盐50%、二等盐40%)氯化钠含量分别为95.50%(优等盐)、94%(一等盐)、92%(二等盐)。1984年,企业整顿后,视质量为企业生命,建立质量管理领导小组,在配有专职质检员的基础上,明确兼职质检员14人,组成质检网,定期对产成品和原料卤抽查、普查。卤水不合质量要求的不灌池,原盐达不到质量要求的不计产,不入坨,粉洗盐质量不够标准的不放销。

不同质量卤水与盐质的关系

表8—76

开 始	Na+/Mg++	7.40	4.90	2.70
卤水质量	^{0}Be’	25.58	26.20	27.27
终止卤水质量	Na+/Mg++ ^{0}Be’	1.60 28.43	1.50 28.49	1.50 28.50
平均卤水质量	Na+/Mg++ ^{0}Be’	3.10 27.00	2.30 27.60	2.00 27.90
干基盐质	Nacl%	97.18	96.86	95.22

1963年前原盐质量标准

表8—77

指标名称	一等	二等	三等
氯化钠不少于(重量%)	88	83	78
水分不多于(重量%)	8.50	11.45	15.40
水不溶物不多于(重量%)	0.50	0.65	0.80
可溶性杂质不多于(重量%)	3	4.90	5.80

1979年前海盐分等表

表8—78

等级	氯化钠(不少于)%	水分(不多于)%	不溶物(不多于)%	可溶物(不多于)%
特等	95	3.60	0.40	1
一等	90	7	0.50	2.50
二等	85	10	0.65	4.35
三等	80	14	0.80	5.20

精制盐、粉碎洗涤盐、普通盐质量标准

1.感官指标:色白、无可见的外来物,味咸、无苦味、无异臭。

2.理化指标:

表8—79

指标		精制盐			粉碎洗涤盐		普通盐			
		优等	一等	二等	一级	二级	一级	二级	三级	四级
物理指标	粒度	全部通过0.84毫米筛0.15毫米筛余物≥80%	全部通过0.84毫米筛0.15毫米筛余物≥70%		2毫米筛余物≤10%		—	—	—	—
化学指标(湿%基)	白度 度	75	70	65	60	55				
	氯化钠≥	99.30	98.50	97.00	96.50	95.50	94.00	92.00	89.00	86.00
	水分≤	0.30	0.50	0.70	3.00	3.50	4.20	6.00	8.00	10.00
	水不溶物≤	0.05	0.10	0.20	0.10	0.20	0.40	0.40	0.50	0.50

第六节　产值利税

1958年,盐场工业总产值仅9000元。1990年,工业总产值321.95万元,是1958年的300多倍,为1958～1972年,14年工业总产值之和。建场至1990年,工业总产值3283.40万元。

盐是税重、价低、利微的产品，1958～1965年，产盐连续亏损。1966～1968年，稍有盈利。1969～1970年两年亏损。以后除1976、1977、1979年3个年份亏损外，其他年份连年盈利。1958～1990年33年间，共计创利447.91万元。1980年前，企业创利用途自主权不大，实行利润上交，亏损由财政补贴，每年以工资额5%提取企业基金。1980年后，实行产销合一，利润与市盐业公司分成，分成比例各年不同。1983年，实行利改税，上交所得税55%，调节税30.24%，企业留成比例14.76%。1987年，实行承包制，每年上缴利润10万元。

1958～1990年如东盐场利税一览表

表8—80　　单位：万元

年份	利润	盐税	年份	利润	盐税
1958	-2.94	0.44	1975	4.14	153.80
1959	-1.44	6.86	1976	8.18	114.70
1960	-22.86	11.73	1977	-19.76	70.14
1961	-18.30	41.81	1978	17.89	159.17
1962	-19.94	21.58	1979	8.55	105.12
1963	-20.20	27.62	1980	30.01	150.38
1964	-8.34	84.98	1981	29.36	190.03
1965	-6.26	87.01	1982	30.49	246.50
1966	18.86	171.11	1983	44.81	211.25
1967	-17.10	25.01	1984	38.94	248.96
1968	7.66	93.03	1985	41.40	159.60
1969	-8.38	81.34	1986	34.24	201.17
1970	-10.80	80.39	1987	84.60	154.84
1971	7.10	72.78	1988	111.68	185.83
1972	14.94	224.40	1989	-82.20	132.50
1973	10.05	154.64	1990	111.62	231.86
1974	14.60	193.14	合计	447.91	4093.77

第三章　盐务管理

盐税为国家财政收入之大项，历代各朝对各地盐业管理都比较严格，均建有一套完整的领导、管理机构，进行监督管理。20世纪50年代末，盐场统一划归省轻工业厅盐务管理局。1965年，隶属淮北盐务管理局。1980年6月起，隶属南通盐业公司盐场改制局。

第一节　设备管理

清代，灶户以锅鐅为主要煎盐工具，依各场产盐的数额核定锅鐅数额，场官、灶户均不得私增越额。新鐅由鐅商专司铸造。每年由各场查明当年需添换鐅口数目，呈报运司转请盐院批发，交给鐅商采购铁炭，由运司委员监督，开炉铸造，依数铸毕。非鐅商所铸煎鐅，灶户不得购用。鐅有破坏，灶户即赴场署呈缴，由官场解送分司，分司汇解运司，验击变价，给灶户另行买补供煎。为杜绝隐混，各盐场灶户领煎鐅皆由官场用红漆在鐅有"某年通宇第某号"字样。民国期间和中华人民共和国建立初期，盐管机构仍对锅鐅实行严格管理，实行就煎灶控制锅鐅，就锅鐅控制火伏，就火伏核定盐产量，就产量收购盐斤或征收盐税。

图8-46　民国年间添卤式烧盐图　(2012年，金向东复制)

第二节　产量管理

民国期间，继续实行火伏管理。民国20年(1931)，盐务署核准《淮南各场厉行火伏赏罚约规》。民国24年春，各场附近设督煎处，各灶开煎前领取开煎牌，悬挂灶屋门首，煎毕缴还，并将止火成盐数量报明煎督处，经核相符，即填发火伏票随盐送垣量收。抗日战争期间，民主政府鼓励灶户增产，沿用火伏法控制产量。将每场划分为几个灶区，每2～3个灶设一个督煎处。每副盐灶设一个火伏簿，盐民起火、停火均须向督煎员报告。停火时由督煎员用红土和水在煎灶上写字作封记，同时在火伏簿上登记起火停火时间，然后按每伏火产盐500～600担标准计算产盐量。

民国27年(1938)一副盐灶一伏火(可烧盐5桶)成本支用

表8—81　　金额单位:银圆

摘要	豆油	火油	明矾	皂荚	火草	牛草加工	人工	火伏轻奉黑费墩租	合计
单位	两	两	斤	斤	担	个	个	—	—
数量	4	14	2	1	17	4	10	—	—
金额	—	0.80	—	—	18.70	2.00	4.00	3.50	29.00

第三节　质量管理

民国19年(1930),国民政府财政部公布《检查食盐章程》。同年,核定《整理淮盐计划》,检定食盐为其内容之一。民国20年5月,国民政府公布的《盐法》规定,食盐以含有90%以上氯化钠、5%以下水的为一等盐;85%以上氯化钠、8%以下水分的为二等盐,低于标准者不得作为食盐。同年,财政部盐务署化验各场盐质,检定项目有氯化钠、水分、夹杂物等3项。此后各场积极提高盐质量,民国23年,禁止碱片行销时,盐质化验数据均已符合规定标准。

第四节　运销管理

民国期间,继续实行划区行盐制度。盐之供销由盐政机关调节。不按护运单照上指定地点销售者勒令停业,按当地盐价处以1/2罚金。

中华人民共和国成立后,食盐列入关系国计民生重要商品,由国家实行严格计划管理。民食用盐必须常年充分保证供应,不准脱销,违者承担政治责任。为此,国家规定,盐产运销均按国家计划执行,盐调运由交通部门优先安排运输,盐的批发环节由国有盐业公司经营,批发网点按经济区划设置。国营盐业公司按照"以运保储,以储保销"基本原则安排全年运销工作计划。各基层供销社、零售商店必须把食盐列为必备商品,从指定批发渠道进货,并在指定销售区域内,按规定价格正常均衡销售,不得居奇惜售或抬价牟利。工业盐、农牧盐、渔业盐因税价不同,用盐单位必须专盐专用,不得互相移易,更不得冲销食盐,违者按私盐查究。

第五节　税务管理

清代各场仍设盐课司督办灶课。"掘港场征课银一千七百九十两一钱五分七厘零原额草荡每十五亩五分五厘五毫一丝八忽零供盐一引实办、本色盐九千八百七十二引每引征折价银一钱五分四厘二毫五丝一忽七微七纤二沙六塵九埃四漠三逡八巡共银一千五百二十二两七钱七分三厘五毫垦荡升盐一百四十七引一百七十九斤，每引征折价银二钱共银二十九两五钱七分九厘二共征银一千五百五十二两三钱五分二厘零。[①]"清康熙年间，实行摊丁入地，将灶户应缴的代役丁银（人头税）并入地租征收，固定税额，以荡地面积为征收对象，有折价银、沙荡银、仓基银和水乡银等名目。运商引课有正项、杂项、外支、带款等项目。掘港场专设有场官衙门，管理民政纠葛。设立场公署，专管盐业税务和行政（丰利、苴镇税务皆属掘港场），地点设在七秀巷对门（称掘苴丰场公署）。

第六节　缉务管理

民国3年（1914），为保证盐税收入，北洋政府制订公布《私盐治罪法》和《缉私条件》。在淮南通泰盐区设置缉私营，分步、骑、水师等兵种。民国7年，允许盐巡下灶缉私。民国16年，缉私营由营制改为队制。民国20年，缉私武装改称税警，由队制改为区制，分区负责。1950年，在掘港镇设立场公署（属淮南盐务局管理）驻设在国清寺西侧，专门管理盐场、盐业。场公署既有部队，也有武器，主要任务是拿贩私盐者，行政上属地方领导。1956年，场公署正式取消，盐业由县盐业科领导，机关驻在原县人委。1958年10月，食盐小组划归杂货业，当时只剩27人。从此，食盐经销由杂货业经营。盐务缉私由盐务机关与地方政府协同实施，盐场统一划归省轻工业厅盐务管理。1994年1月，江苏省南通盐业分公司如东支公司、如东县盐务管理局挂牌成立，局、公司实行两块牌子、一套班子，盐务局履行县政府赋予的全县盐业市场监督职能，盐业公司保障全县工业、食用盐供应。

---

①见嘉庆《如皋县志》。

第九篇 水　　利

清朝末年，大豫因地处掘港以东，范公堤外，全境仍是一片杂草丛生、港汊纵横的荒滩草荡，仅有星星点点几座烧盐堆土高墩散布在滩涂上，盐民们任凭风、潮、旱、涝等各种自然灾害的肆虐，生产生活只能听天由命。

民国5年（1916）始，大豫盐垦公司进行区内筑堤、开河道、建涵闸、修桥梁等工程建设。开启境内水利建设之先河。①

中华人民共和国成立后，中共县、乡委员会和人民政府领导，认真落实毛主席"要全党兴修水利，务使增产成为可能"，要"做好兴修水利的计划"和"水利是农业的命脉"的指示坚持"全面规划，统一安排，综合治理"的原则，掀起大兴水利建设高潮。1958年，拓宽浚深如泰运河东安闸至一门闸段。1960年，在入海口建东安闸控制水位。1974～1975年，对遥望港进行第3次全面整流。中共十一届三中全会后，境内各乡镇继续加大河道开挖整治和桥梁等建设力度，水利事业发生巨大变化，取得辉煌成就。据统计，1958年后的35年间，共建成4大垦区，新增耕地7.12万亩；新筑海堤6条，总长59.53公里。至2012年，全镇有一二三级河73条；桥梁494座，电灌车口（泵站）、挡潮排涝闸、节制闸101座。

20世纪50～60年代，境内各公社积极响应上级政府号召，组织民工参与国家大型水利建设，1960年，在建设京杭运河工程中，大豫公社九大队（周墩村）一队张志连，巩王公社七大队（巩王村）四队陈士康被中共中央交通工作部、中华人民共和国交通部评为先进生产者。

①详见志内第八篇《盐业与垦牧》第一章第三节"工程建设"。

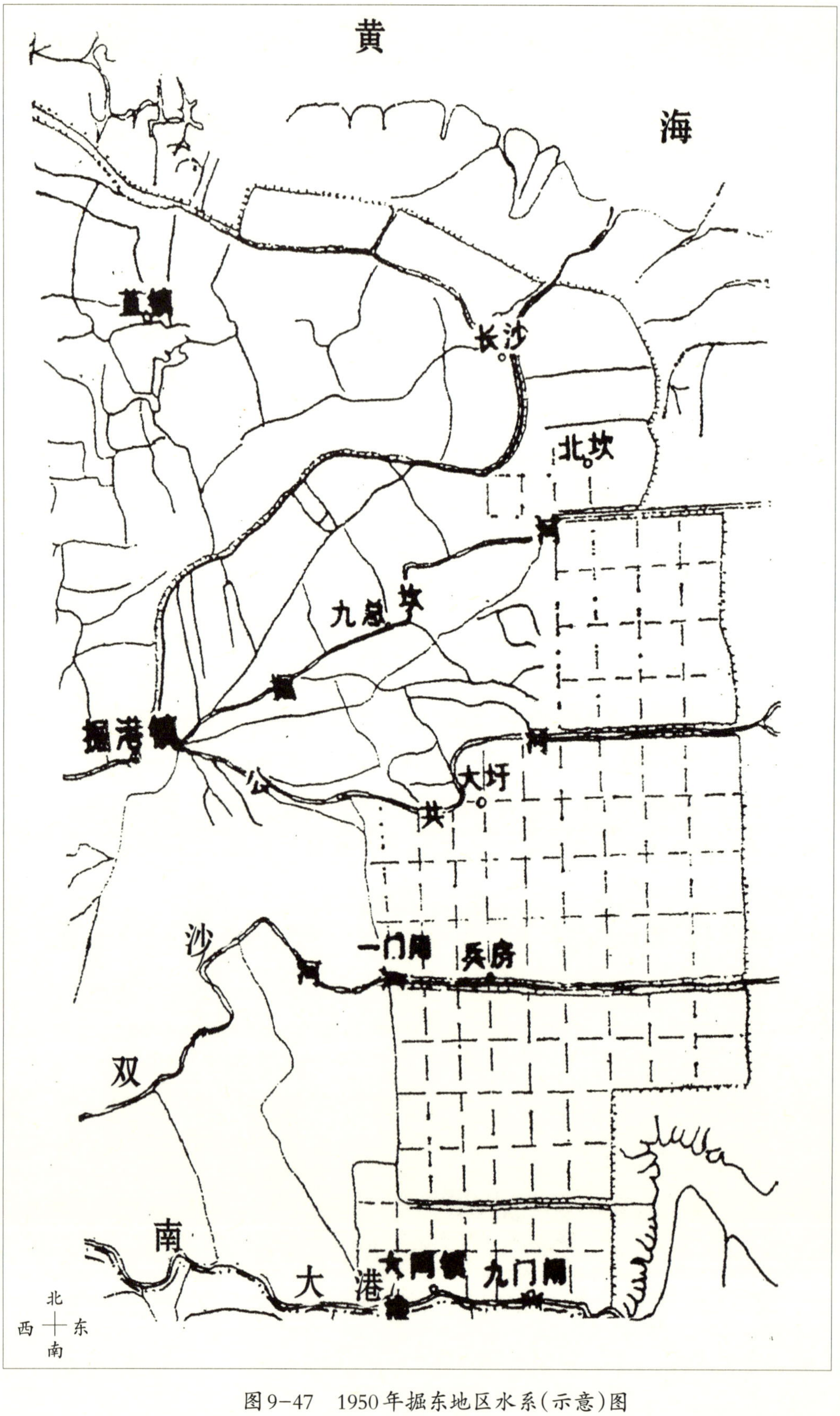

图9-47　1950年掘东地区水系(示意)图

第一章 河　道

中华人民共和国成立前，如泰运河、遥望港为沿海垦区主要入海水道。中华人民共和国成立后，各级政府高度重视水利建设，1958年，如泰运河（兵房段）拓宽浚深。1955～1975年，遥望港（丁店段）经4次清淤捞浅、拓宽浚深，成为一级河。境内大小河道纵横交错，形成功能齐全的排灌、水路交通网络。

第一节 一级河

一、如泰运河

原名龙开河、小溪河、串场河，龙开河相传为龙所开。崇祯《泰州志》有小溪河记载，以明隆庆三年（1569）年开串场河，清代曾多次疏浚。

如泰运河西起泰兴县过船港，经黄桥、丁堰、岔河、马塘、掘港、兵房至东安闸入海。以如东、泰兴两县首字命名。贯通通扬运河、九圩港，横穿县境中部，是如东县引排、航运骨干河道，全长136公里，县境内67.46公里，流域面积559平方公里，灌溉面积79.95万亩。

如泰运河原河弯曲、断流、引排能力很低。如东地段部分，由如东县出民力分别于1958年和1959年两次全面拓宽浚深完成。河道底宽30～57米，底高1.50～2.00米，边坡1∶3，共完成土方1.45亿立方米。

第一次施工为东安闸至一门闸段，长12.40公里，如东出3万民工于1958年2月开工，4月完工，挖土方318.60万立方米。

第二次施工为一门闸至崔家河段，长50.12公里，1958年11月20日开工，如东出5.70万民工，次年4月25日完工，挖土方1129.40万立方米。

1960年，入海口建东安闸控制水位，1978年，调整流域划分，将掘兵河（东安闸至一门闸段）统称为如泰运河。如东境内河道标准底宽20～45米，底高0.50～1.50米，边坡1∶3。

1987年11月20日，如泰运河自掘港至马塘段疏浚捞浅工程开工，由双甸、岔河、丰利、马塘、苴镇、掘港等33个乡镇参加，全部用泥浆泵施工，106台泥浆泵投入运行，至12月30日竣工。工程标准为底宽30米，底高程－1.50米，边坡1∶3，完成土方168.20万立方米。

1988年11月24日，如泰运河马塘至丁堰段疏浚捞浅工程开工，全长27公里，泥浆泵施工，完成土方296.19万立方米，竣工后河床标准为底宽24米，底高－1.50米，边坡1∶3。

二、遥望港

又名摇网港，南大港。隋唐时，沙洲并陆形成长江入海支泓，后逐渐形成古水道残迹，以明隆庆中叶（1567～1572）疏道筑堤。民国8年（1919），沿海围垦开发，曾经清淤捞浅，入海口（四贯顶头东侧）兴建九门闸，成为沿海垦区主要入海水道。

原港发源于南通县（通州区）石港镇，沿着两县边界向东至九门闸入海。两岸为三余海湾低洼地区，易受水患，1954年大雨，沿线受涝严重。当年秋，南通专署水利局对遥望港进行全面勘测，规划治理，以后又进行多次修订治理规划，提高治理标准。自1955～1975年，全线3次拓宽浚深，并由九门闸延伸至遥望港闸，全长36公里。

1955年4月，由南通县施工，从石港至九门闸段第1次全线拓浚。

1956年11月～1957年11月，由南通县施工对九门闸下游段（至十贯）清淤捞浅。

1974～1975年，进行第3次全面整流，由如东县、南通县区施工，分3期完成，共挖土方448.20万立方米。

1974年2月，九门闸向东至遥望港闸段，长5.65公里，由南通县出民工拓宽浚深，并将九门闸拆除后，在九贯东侧另建排涝量为260秒立方米的遥望港闸。

1975年3月，死港至洋岸港一段，长2.49公里，也由南通县出民工拓浚。

1975年12月，九门闸至石港段，长30.34公里，由如东县出民工拓浚，挖土方352.40万立方米。九门闸拆除后，为便于交通，由如东县负责，在大同镇东侧（1.25公里处）兴建通如桥。

第二节　二级河

一、掘坎河

西起如泰运河掘港镇，经九总、止马洼村、南坎社区北部至北坎闸，全长15.60公里。

掘坎河原为掘港场至北坎盐灶的场河。原河道狭窄、弯曲。1950年春至1967年冬3次截弯取直、浚深拓宽。

1950年春，由苏北南通专署勘测，如东县出民工拓浚。西起掘港东坝头，经九总庙、北坎闸，东至八贯潮墩。挖土方56.10万立方米。

1951年，于七贯处兴筑北坎闸。

1957年10月，由如东县水利局勘测设计进行第2次拓浚。西起掘港东坝头，东抵十贯。全长18.85公里。由苴镇等区出民工1.30万人，于1957年11月20日开工，12月31日完工。挖土方78.20万立方米。河床标准，掘港至九总庙，比降四万分之一，九总庙至十贯，比降二万分之一。东坝头底高程0.79米，北坎闸底高程0.25米，十贯底高程0.06米，边坡：掘港至北坎闸段1∶2.5，其余河段1∶3；底宽：掘港至九总段10米，九总至北坎闸段15米，北坎闸至十贯段13米。

1964年，掘港市河拓浚，1965年，掘坎闸竣工，从此，掘坎河与如泰运河接通。支流有大寨河、三十丈河、四贯河、七贯河。排涝面积73平方公里，灌溉面积6.90万亩。

1967年冬，第3次拓浚，西起掘坎闸，东至北坎闸，挖土方112.80万立方米。北坎垦区围成后，北坎闸以东河段列入北坎垦区河。

1994年冬，疏浚掘坎闸至北坎闸段，全长14.15公里，动土方69.20万立方米，河床标准为底高层－1.00米，底宽8米，边坡1∶3。采用泥浆泵施工。

二、公共河

西起掘港东坝头，东至十贯。流经掘港镇东部、九总、大豫镇，全长19公里。

民国初年开挖，原河道浅小弯曲，1952～1984年，曾5次拓宽浚深。

1952年，由南通专区水利局勘测设计，如东县出民工疏浚掘港至鲍家坝段。

1964年冬，截弯取直，浚深拓宽。底宽4米，底高程0米，边坡1∶2.50。

1981年，东凌垦区围成后，在总体规划上以公共河作为中部引水口门，对四贯至十贯段先后两次开拓。1982年冬，七贯至十贯段沿东凌港槽开挖，底宽8米，底高程－1米，边坡1∶3。

1984年冬，拓浚四贯至七贯段，其中四贯至五贯1匡实地开挖。底宽8米，底高程-1米，边坡1∶3。两次挖土方70万立方米。

1997年冬，疏浚掘坎闸至四贯河段，全长9.86公里。除掘港镇区段560米采用挖泥船施工外，其余采用泥浆泵施工，总土方31万立方米，其中河床土方16万方。工程标准：底高程－0.50米，底宽4米，边坡1∶2.5。沿线支流有大寨河、三十丈沟、一贯河、四贯河、七贯河等，排涝面积70平方公里，灌溉面积6.90万亩。

三、四贯河

南起遙望港，流经丁店、兵房、大豫乡与掘坎河相交后向东转折至北坎桥，向北通过长沙镇交于北岸河，全长23.10公里。贯通丁店河、卫东河、如泰运河、红卫河、公共河、棉场河、富强河，为东部老垦区南北引排骨干河道。

四贯河南段（遙望港至掘坎河段）原为大豫公司南北向大沟，北段（掘坎河至长沙镇段）为北附区匡河，后经逐段疏浚后，才南北贯通。

1962年冬天，为建丁店河闸运料需要，首先拓浚兵房至丁店段。河床标准为：底宽5米，底高程0米，边坡1∶2。掘东区出民工0.13万人，挖土方8.73万立方米。

1970年冬，拓浚如泰运河至掘坎河段，由掘东区出民工0.60万人，挖土方103.00万立方米，河床标准：底宽6米，底高程－1．00米，边坡1∶3。

1974年冬，拓浚南北两段：南段为丁店河至遙望港，长2.50公里，底宽6米，底高程－1.00米，边坡1∶3。挖土方14.68万立方米。北段为掘坎河至长沙镇，长4.60公里。苴镇区出民工0.25万人，挖土方26.80万立方米。河床标准：底宽4米，底高程－0.50米，边坡1∶2.5。

1996年冬，疏浚北坎闸至北渔乡东海村海堤河，全长2.89公里，总土方15.92万立方米，其中河床土方10.35万方。河床标准：底宽6米，底高－1.00米，边坡1∶3。另向南贯通海堤河至四号闸，全长18.30公里，动土方67.76万方，其中河床掘坎河至幸福河，全长5.35公里，总土方38万立方米，河床土方23.35万立方米，河床标准：底宽6米，底高－1.00米，边坡1∶3。采用泥浆泵施工。

第二章　桥梁　车口

中华人民共和国成立前，大豫境内桥梁屈指可数。架在四贯河上的老大豫镇桥，位于镇东首，是进出大豫镇中心主要桥梁，建于民国26年（1937），由大豫盐垦公司负责建造。大多数乡村小木桥均无桥名，颇有名气的桥有：西牛车桥、属大豫与掘港的交界桥，位于大豫社区西首。东牛车桥位于五贯，大豫社区、南坎社区、周墩村交界处。陆虎儿桥位于六贯，南坎社区北首，与北坎交界处。鲍家桥位于七贯，香台村南部与周墩村交界处。毛竹桥位于六贯，丁家店村与巩王村交界处。

中华人民共和国成立后，随着农田水利建设不断深入，从20世纪60年代起，境内桥梁电灌站建设如日中天，至2012年，全镇共有公路桥17座，机耕桥40座，人行桥437座，电灌车口（泵站）69座。

第一节　公路桥

境内有公路桥17座。兵房大桥建于334线、222线与221线交会处——如泰运河兵房段（兵房镇区），长111米，宽26.50米，为境内主要交通枢纽。

2009年大豫镇（公路桥）桥梁一览表

表9—82

名　称		相对位置	规格尺度	建设年代
桥梁	河道			
兵房大桥	如泰河	兵房镇区	—	2011
海滨桥	四贯河	兵房镇区红绿灯西	大孔板36×14	1969，改建2004
334线公路桥	七贯河	东安镇河北	大孔板10×16	2004
334线公路桥	一贯河	一门闸村	大孔板28×14	—
334线公路桥	八贯河	强民村	大孔板16×16	2004
334线公路桥	九贯河	东安闸村	大孔板26×16	2004

续表9—82　2009年大豫镇(公路桥)桥梁一览表

名称		相对位置	规格尺度	建设年代
桥梁	河道			
兵十公路桥	七贯河	强民村	大孔板24×7	2003
兵十公路桥	九贯河	东安闸村	大孔板27×16	—
兵十公路桥	十贯河	东安闸村	大孔板24×7	2003
四贯公路桥	兵南河	马家店村	大孔板17×11	2002
四贯公路桥	丁北河	丁家店村	大孔板17×9	2002
四贯公路桥	中心河	—	大孔板22×9	2002
四贯公路桥	丁南河	巩王村	大孔板22×8	2002
四贯公路桥	丁店河	丁家店	大孔板25×9	2002
四贯公路桥	兵北河	强民村	大孔板16×12	2002
四贯公路桥	兵大界河	兵大交界	大孔板25×8	2009
四贯公路桥	棉场河	止马洼村	大孔板26×6	1995

图9-48　1999年,建造伯安桥　(伯安村　提供)

第二节　机耕桥

20世纪60年代始,农村引入农业机械,政府为保证农业机械(如拖拉机等)正常运行,机耕桥应运而生。80年代后期,改革开放不断深入,境内农副产品大量输出,绝大部分机耕桥加固或重建,且负荷更大,成为乡村间主干公路桥。

2009年大豫镇(机耕桥)桥梁一览表

表9—83 单位 米

名称		相对位置	规则尺寸	建设年代
河名	桥名			
掘坎河	机耕桥	香台村新建组	28×3	1975
掘坎河	机耕桥	六贯马路处	28×3	1969
公共河	机耕桥	五贯处	30×3	1985
二贯河	机耕桥	三贯处	8×3	1994
五贯河	机耕桥	南坎镇西	14×3.50	1991
五贯河	机耕桥	止马洼村北四线	15×3.50	1995
五贯河	机耕桥	南坎镇西	18×3.50	1970
七贯河	机耕桥	豫东村一组	20×2	1968
七贯河	机耕桥	豫东村南二排	20×1.8	1968
七贯河	机耕桥	南坎镇东	22×3	1981
七贯河	机耕桥	香台村一组	20×3	1981
七贯河	机耕桥	香台村南三排	20×3	1981
七贯河	机耕桥	香台村四组	24×3	1983
七贯河	机耕桥	新兴村三排	18×1.80	1968
七贯河	机耕桥	凌边村六组	24×3.50	1990
七贯河	机耕桥	凌边村八组	20×3	1991
七贯河	机耕桥	凌边村一组	20×3	2003
七贯河	机耕桥	凌边村八组	18×1.80	1968
七贯河	机耕桥	棉场河南	22×3	1981
八贯河	机耕桥	豫北村南三排	20×3	1998
八贯河	机耕桥	豫北村北二排	18×3	1998
八贯河	机耕桥	豫北村六组	16×3.50	1989
八贯河	机耕桥	凌窑村南首	18×6	1968
八贯河	机耕桥	公共河北500米	21×4.60	2007
九贯河	机耕桥	亭海村北二排	18×3.50	1993
九贯河	机耕桥	凌窑村南首	18×6	1968
九贯河	机耕桥	公共河南边	24×3	1985
九贯河	机耕桥	棉场中部	24×3.50	2009
十贯河	机耕桥	亭海村南二排	22×4.50	1980
十贯河	机耕桥	凌窑村南首	22×2	1968
十贯河	机耕桥	棉场七连	21×4.60	2008
棉场河	机耕桥	南坎村西中心路	20×3	2002
棉场河	机耕桥	九贯	20×3.50	1972
南坎河	机耕桥	南坎中学门口	24×3	2004
南坎河	机耕桥	坎西村中心	20×2	1970
南坎河	机耕桥	七贯河东	20×4	1981

续表9—83　2009年大豫镇(机耕桥)桥梁一览表

名称		相对位置	规则尺寸	建设年代
河名	桥名			
南坎河	机耕桥	八贯	20×4	1983
南坎河	机耕桥	六贯	20m×4	1989
北二十河	机耕桥	棉场	21×4.60	2008
北二十河	机耕桥	棉场	21×4.60	2008

图9-49　2010年,建成强民村28号机耕桥(六贯)(管霖　摄)

第三节　人行桥

境内东西向排头河、南北向贯头河以及分乡界河等,纵横交错。为方便人民群众生产、生活和出行。至2009年,全镇架设人行桥437座,基本实现人行桥全覆盖。

2009年大豫镇(人行桥)桥梁情况统计表

表9—84　　单位　米

名称		规则尺度	建设年代
河名	桥名		
遥望港河	二贯南首桥	大孔68×3.50	2002
遥望港河	大同镇东首桥	曲拱60×7	1978
遥望港河	四贯南首桥	大孔板70×10	2003
遥望港河	六贯南首桥	大孔板70×4	2001

续表9—84　2009年大豫镇(人行桥) 桥梁情况统计表

名　称		规则尺度	建设年代
河名	桥名		
遥望港河	八贯半南首桥	在孔板140×10	2008
四贯河	四贯河南首(巩王桥)	16×6	1976
四贯河	巩王村桥	36×3木行架	1984
四贯河	向阳桥(巩王村 组)	双曲拱30×3	1970
四贯河	丁店镇南一排桥(巩王村)	双曲拱32×3	1970
四贯河	丁店粮站东首桥	T型梁30×8	1986
四贯河	营房桥(丁家店村 组)	木行架28×3.50	1987
四贯河	协和镇南一排桥(丁家店村)	木行架30×3.50	1996
四贯河	协和镇北一排桥(徐征村)	钢架30×4	2003
四贯河	协和镇北三排桥(徐征村)	木行架34×4	1995
四贯河	协和镇北五排桥	木行架30.50×3.50	1987
四贯河	兵中东首桥	T型梁32×8	1986
四贯河	菜市场南侧桥	木行架33.50×3.50	1987
四贯河	兵房粮站东侧桥	曲拱35×4.50	1976
四贯河	新兴路东首桥	大孔板28×7	2004
四贯河	兵北公路西首桥	木行架34×3.40	1977
一贯河	丁南一排一贯桥	平板22×2	1982
一贯河	丁南二排一贯桥	平板24×3	1981
一贯河	丁南三排一贯桥	平板23×2	1979
一贯河	丁南五排一贯桥	T型24×4	2007
一贯河	红香台桥	平板22×2	1979
一贯河	丁南八排一贯桥	T型24×4	2007
一贯河	丁南九排一贯桥	T型24×4	2009
一贯河	丁南十排一贯桥	曲拱24×3	1978
一贯河	三门闸	T型22×4	2005
一贯河	丁北二排一贯桥	木行架24×3.50	1992
一贯河	兵南一排一贯桥	平板26×2	1980
一贯河	兵南十一排一贯桥	木行架24×3.50	1981
一贯河	兵北七排一贯桥	平板24×2	1980
二贯河	丁南十排二贯桥	平板12×3	1998
二贯河	丁北一排二贯桥	木行架28×5	1988
二贯河	丁北十一排二贯桥	平板15×3	1998
二贯河	兵南二排二贯桥	平板16×2	1978
二贯河	兵南五排二贯桥	平板16×2	1979
二贯河	兵南六排二贯桥	平板16×1.50	1978
二贯河	兵南八排二贯桥	平板16×2.50	1980
二贯河	兵南十一排二贯桥	平板16×2	1980
二贯河	兵北三排二贯桥	平板16×2	1980
二贯河	兵北五排二贯桥	平板16×2	1981

续表9—84 2009年大豫镇(人行桥) 桥梁情况统计表

名称		规则尺度	建设年代
河名	桥名		
二贯河	兵北七排二贯桥	T型18×4	2006
三贯河	丁北一排三贯桥	曲拱14×3	1967
三贯河	丁北四排三贯桥	平板8×2	1972
三贯河	兵南二排三贯桥	平板11×1.50	1976
三贯河	兵南四排三贯桥	曲拱13×3.50	1975
三贯河	兵南五排三贯桥	平板10×2	—
五贯河	丁南四排五贯桥	平板14×1	1979
五贯河	丁南十排五贯桥	平板14×1.20	1975
五贯河	丁北七排五贯桥	曲拱14×2.50	1968
五贯河	兵南一排五贯桥	平板5×2.50	1980
五贯河	兵南二排五贯桥	平板13×2	1981
五贯河	兵南三排五贯桥	T型12×4	1995
五贯河	兵南四排五贯桥	平板13×2	1981
五贯河	兵南五排五贯桥	平板13×2	1980
五贯河	兵南六排五贯桥	平板13×2	1981
五贯河	兵南七排五贯桥	平板13×2	1980
五贯河	兵南八排五贯桥	砖拱14×2	1970
五贯河	兵南九排五贯桥	砖拱14×2	1970
五贯河	兵南十排五贯桥	平板14×2	1975
五贯河	兵南十一排五贯桥	T型梁14×4	2005
五贯河	兵北三排五贯桥	平板10×2.50	1972
五贯河	兵北四排五贯桥	平板10×2	1972
五贯河	兵北五排五贯桥	平板7×1.20	1972
五贯河	兵北六排五贯桥	平板8×1	1972
五贯河	兵北公路桥	大孔板18×6	2004
五贯河	兵北八排五贯桥	平板15×1.20	1980
五贯河	兵北九排五贯桥	平板15×1.50	1981
五贯河	兵北十排五贯桥	平板12×1.20	1980
五贯河	兵北十一排五贯桥	曲拱15×1.80	1968
六贯河	丁南一排六贯桥	平板13×1.50	1980
六贯河	丁南二排六贯桥	T型13×3.50	2008
六贯河	丁南四排六贯桥	平板13×2	1981
六贯河	丁南七排六贯桥	曲拱13×2.50	1978
六贯河	丁南十排六贯桥	平板12×3	1979
六贯河	兵南一排六贯桥	平板15×2	1980
六贯河	兵南二排六贯桥	平板15×2	1980
六贯河	兵南三排六贯桥	T型13×3	2000
六贯河	兵南四排六贯桥	平板13×2	1980
六贯河	兵南五排六贯桥	平板13×2	1978

续表9—84 2009年大豫镇(人行桥)桥梁情况统计表

名称		规则尺度	建设年代
河名	桥名		
六贯河	兵南六排六贯桥	平板13×2	1979
六贯河	兵南七排六贯桥	平板13×2	1979
六贯河	兵南八排六贯桥	平板13×2	1979
六贯河	兵南九排六贯桥	平板13×2	1980
六贯河	兵南十排六贯桥	平板13×2	1979
六贯河	兵南十一排六贯桥	T型12×4	2004
六贯河	兵北二排六贯桥	平板12×1	2006
六贯河	兵北三排六贯桥	平板12×2	1980
六贯河	兵北四排六贯桥	平板12×1.20	1978
六贯河	兵北五排六贯桥	平板8×1.20	1993
六贯河	兵北六排六贯桥	平板12×1	1974
六贯河	兵北八排六贯桥	平板12×1.50	1979
六贯河	兵北九排六贯桥	T型12×4	2009
六贯河	兵北十一排六贯桥	平板14×2	1981
七贯河	丁南一排七贯桥	T型20×4	2009
外七贯河	丁南一排外七贯桥	平板10×2	1982
外七贯河	丁南五排外七贯桥	木行架18×3	1998
七贯河	丁南六排七贯桥	木行架22×3.50	1998
七贯河	丁南十排七贯桥	T型18×4	2008
七贯河	丁北一排七贯桥	曲拱20×7	1985
外七贯河	丁北三排外七贯桥	曲拱30×3.50	1974
七贯河	丁北四排七贯桥	曲拱20×2	1968
外七贯河	丁北六排外七贯桥	平板21×2	1975
七贯河	丁北八排七贯桥	曲拱20×2	1970
七贯河	丁北十一排七贯桥	曲拱28×3.50	1968
七贯河	兵南一排七贯桥	T型14×3.50	2008
七贯河	兵南二排七贯桥	T型14×3.50	2007
七贯河	兵南三排七贯桥	T型18×3	2001
七贯河	兵南四排七贯桥	T型14×4	2005
七贯河	兵南五排七贯桥	T型14×4	2005
七贯河	兵南六排七贯桥	T型18×4	2005
七贯河	兵南七排七贯桥	平板18×2	1979
七贯河	兵南八排七贯桥	平板18×2	1979
七贯河	兵南九排七贯桥	T型18×4	2005
七贯河	兵南十排七贯桥	平板16×2	1978
七贯河	兵南十一排七贯桥	木行架18×3	1980
七贯河	334线公路桥	大孔板10×16	2004
七贯河	兵北四排七贯桥	T型33×4	2004
七贯河	兵北六排七贯桥	T型33×4	2005

续表 9—84　2009 年大豫镇(人行桥) 桥梁情况统计表

名　称		规则尺度	建设年代
河名	桥名		
七贯河	兵北公路桥	大孔板 54×7	2002
七贯河	兵北九排七贯桥	木行架 33×3.50	1979
八贯河	闸村南岸河桥	T型 18×3.50	2007
八贯河	闸东二排八贯桥	T型 20×3	1998
八贯河	闸东四排八贯桥	平板 20×2	1976
八贯河	闸东五排八贯桥	T型梁 20×4	2009
八贯河	闸东六排八贯桥	平板 20×2	2002
八贯河	闸东七排八贯桥	曲拱 25×3	1973
八贯河	闸东八排八贯桥	木行架 22×3.50	1981
八贯河	兵南一排八贯桥	T型 14×4	2005
八贯河	兵南二排八贯桥	平板 14×2	1980
八贯河	兵南三排八贯桥	T型 14×4	2005
八贯河	兵南四排八贯桥	T型 14×4	2005
八贯河	兵南五排八贯桥	T型 14×4	2005
八贯河	兵南六排八贯桥	T型 14×3.50	2005
八贯河	兵南八排八贯桥	平板 18×2	1985
八贯河	兵南九排八贯桥	T型 16×3	2000
八贯河	兵南十排八贯桥	T型 14×4	2005
八贯河	兵南十一排八贯桥	T型 14×4	2005
八贯河	兵北三排八贯桥	平板 14×2	1978
八贯河	兵北四排八贯桥	T型 14×4	2005
八贯河	兵北五排八贯桥	平板 14×2	1978
八贯河	兵北六排八贯桥	T型 14×4	2005
八贯河	兵北八排八贯桥	平板 16×1	1979
八贯河	兵北九排八贯桥	平板 16×2	1976
八贯河	兵北十排八贯桥	平板 16×1	1978
八贯河	兵北十一排八贯桥	平板 16×1	1980
八贯河	兵北十二排八贯桥	平板 14×2	1979
外九贯河	闸东村(防汛桥)	T型 60×3	1984
九贯河	兵南一排九贯桥	平板 15×2	1978
九贯河	兵南二排九贯桥	T型梁 14×3.50	2005
九贯河	兵南三排九贯桥	T型梁 14×3.50	2005
九贯河	兵南四排九贯桥	T型梁 14×3.50	2005
九贯河	兵南六排九贯桥	T型梁 14×4	2005
九贯河	兵南七排九贯桥	T型梁 14×4	2005
九贯河	兵南八排九贯桥	平板 15×2	1978
九贯河	兵南九排九贯桥	T型 14×3	2009
九贯河	兵南十排九贯桥	T型 18×4	2009
九贯河	兵南十一排九贯桥	T型 16×3.50	2005

续表9—84　2009年大豫镇(人行桥) 桥梁情况统计表

名　称		规则尺度	建设年代
河名	桥名		
九贯河	兵北一排九贯桥	一孔4米	1965
九贯河	兵北三排九贯桥	木行架30×3	1976
九贯河	兵北五排九贯桥	T型22×4	2007
九贯河	兵北八排九贯桥	平板16×2	1978
九贯河	兵北九排九贯桥	T型16×4	2009
九贯河	兵北十排九贯桥	T型12×4	2008
九贯河	兵北十一排九贯桥	平板16×2	1978
九贯河	兵北十二排九贯桥	平板16×2	1976
十贯河	兵南一排十贯桥	平板15×2	1976
十贯河	兵南三排十贯桥	T型14×4	2007
十贯河	兵南五排十贯桥	曲拱15×3	1978
十贯河	兵南七排十贯桥	平板13×1.80	1980
十贯河	兵南九排十贯桥	木行架17×3	1978
十贯河	兵南十一排十贯桥	曲拱26×3	1973
十贯河	东安闸兵北三排十贯桥	平板20×2	1979
十贯河	兵北十排十贯桥	平板30×2	1976
丁南河	红香台桥	T型	2009
丁店河	三门闸桥	一孔6×4	1960
中心河	中心河一贯桥	平板20×2	1976
兵南河	兵南河一贯桥	平板15×2	1978
兵北河	兵北河一贯桥	木行架16×3	1981
一贯河	兵大界河一贯桥	平板20×2	1973
丁南河	丁南河二贯桥	木行架14×3	1992
丁店河	伯安镇桥	大孔板30×4	1999
中心河	沈国琦店桥	T型18×4	2007
兵北河	兵北河二贯桥	平板8×3.50	2002
兵大界河	兵大界河二贯桥	平板20×2	1976
丁南河	丁南河二贯桥	T型16×3.50	1998
中心河	中心河三贯桥	平板18×2	1976
兵南河	兵南河三贯桥	T型16×3.50	1996
兵北河	兵北河三贯桥	平板16×3	1998
兵大界河	兵大界河三贯桥	平板25×1.50	1976
丁南河	丁南河三贯半桥	T型16×3.50	2002
丁店河	丁店砖瓦厂桥	木行架30×3	1985
丁北河	丁北河三贯半桥	T型16×4	2008
丁北河	丁北河四贯桥	平板16×1	1976
丁南河	丁南河四贯半桥	T型17×3.50	2006
丁北河	丁北河四贯半桥	曲拱18×2.50	1968
丁南河	丁南河五贯桥	平板14×2	1982

续表9—84 2009年大豫镇(人行桥) 桥梁情况统计表

名 称		规则尺度	建设年代
河名	桥名		
中心河	中心河五贯桥	平板18×2	1983
兵南河	兵南河五贯桥	T型16×3	1999
兵北河	兵北河五贯桥	T型18×4	2006
兵大界河	兵大界河五贯桥	平板23×2	1978
丁南河	丁南河五贯半桥	曲拱16×3.50	1973
丁南河	丁南河六贯桥	T型16×4	2004
丁店河	丁店河六贯桥	木型架28×3.50	2002
丁北河	丁北和六贯桥	曲拱18×3	1976
中心河	中心河六贯桥	曲拱18×3	1976
兵南河	兵南河六贯桥	平板20×2	2009
兵北河	兵北河六贯桥	T型18×4	2006
兵大界河	兵大界河六贯桥	平板23×2	1980
丁南河	丁南河六贯半桥	平板14×3	1998
兵北河	兵北和六贯半桥	平板18×2	1978
丁店河	丁店河七贯桥	三孔×4.20	1969
中心河	中心河七贯桥	T型18×3.50	2004
兵南河	兵南河七贯桥	木行架22×3	1982
兵北河	兵北河七贯桥	T型18×4	2005
兵大界河	兵大界河七贯桥	T型22×4	2009
垦区一横河	垦区一横河八贯桥	木行架16×3	1974
垦去二横河	垦区二横河八贯桥(西侧)	平板18×2	1974
垦区三横河	垦区二横河八贯桥(东侧)	木行架16×3	1974
丁店河	丁店下游河八贯桥	曲拱66×3	1974
兵南河	兵南河八贯桥	平板15×1	1972
兵北河	兵北河八贯桥	T型15×4	2004
兵大界河	兵大界河八贯桥	平板22×2	1979
南岸河	南岸河八贯半桥	T型22×4	2006
中心河	中心河九贯桥	木行架18×3	1981
兵南河	兵南河九贯桥	T型16×3	1997
兵北河	兵北河九贯桥	木行架16×3	1985
兵大界河	兵大界河九贯桥	T型22×4	2008
兵北河	兵北河九贯半桥	平板16×2	1978
兵南河	兵南八横河二贯半桥	T型14×4	2008
丁北二横河	丁北二横河三贯半桥	曲拱16×4	1980
丁北四横河	丁北四横河三贯半桥	T型15×4	2009
兵南八横河	兵南八横河三贯半桥	平板15×2	1982
兵南八横河	兵南八横河四贯西兵中桥	T型14×4	2001
兵南八横河	兵南八横河四贯西侧桥	平板14×2	1985
闸东南线河	闸东南线河西桥	平板13×2	1973

续表9—84　2009年大豫镇(人行桥)桥梁情况统计表

名　称		规则尺度	建设年代
河名	桥名		
闸东中线河	闸东南线河西桥	平板13×2	1973
闸东南线河	闸东南线八贯路桥	木行架15×3	1974
闸东二线河	闸东南线河八贯路桥	木行架15×3	1974
闸东三线河	闸东南线河八贯路桥	木行架15×3	1974
闸东北中线河	闸东北中线八贯路桥	曲拱14×3	1975
闸东二线河	闸东南线八贯河西侧桥	曲拱14×2	1973
掘坎河	兴中路桥	28×3	1969
掘坎河	止马洼大桥	39×7	2007
公共河	电灌车口桥	100KVA	2009
公共河	人行桥	14×1.80	1982
公共河	公路桥	28×6	1985
公共河	六贯桥	32×3.50	2007
公共河	公路桥	28×6	1983
公共河	公共河闸桥	—	1980
公共河	九龙桥	32×3.50	1985
四贯河	大豫新桥	28×7	1999
四贯河	东风桥	28×3.50	1971
四贯河	幸福桥	28×4.50	1978
四贯河	三友桥	28×3.50	2002
掘豫界河	西牛车桥	20×3	1995
五贯河	人行桥	14×1.80	1982
五贯河	人行桥	15×2	1975
五贯河	人行桥	18×1.80	1975
五贯河	人行桥	18×1.80	1975
五贯河	人行桥	16×1.80	1975
五贯河	人行桥	18×1.80	1975
五贯河	人行桥	18×2	1975
五贯河	小康桥	16×3.50	1995
五贯河	富裕桥	12×3	2003
七贯河	七贯桥	20×7	2001
七贯河	人行桥	28×2	1969
七贯河	人行桥	28×2	1969
七贯河	人行桥	24×1.50	1978
七贯河	人行桥	24×1.80	1978
八贯河	人行桥	20×2	1985
八贯河	人行桥	20×2	1974
八贯河	人行桥	20×2	1974
八贯河	人行桥	20×2	1974
八贯河	人行桥	18×2	1975

续表9—84　2009年大豫镇(人行桥)桥梁情况统计表

名称		规则尺度	建设年代
河名	桥名		
八贯河	人行桥	18×2	1974
八贯河	公路桥	20×7	2009
八贯河	人行桥	20×2	1985
九贯河	边防桥	13×3	2003
九贯河	人行桥	18×1.80	1970
九贯河	人行桥	18×1.80	1970
九贯河	人行桥	18×1.80	1973
九贯河	人行桥	18×1.80	1973
九贯河	人行桥	18×1.80	1973
九贯河	人行桥	18×1.80	1973
九贯河	人行桥	18×1.80	1973
九贯河	人行桥	18×1.80	1973
九贯河	连心桥	16×3.50	1998
九贯河	富裕桥	16×3.50	1998
九贯河	公路桥	20×5	2009
九贯河	人行桥	18×1.80	1973
十贯河	人行桥	22×2	1973
十贯河	人行桥	22×2	1973
十贯河	棉场新桥	22×4.50	2008
十贯河	公路桥	22×5.50	1980
十贯河	新建桥	21×4.60	2002
十贯河	人行桥	22×2	1973
西匡河	东渔桥	32×4	1987
西匡河	振兴桥	31×8.50	1991
西匡河	凌港桥	30×5	1988
西匡河	南四线桥	26×3.50	1988
西匡河	南三线桥	26×3.50	2006
西匡河	致富桥	26×3.50	2006
西匡河	闸南桥	26.10×3.50	1986
西匡河	新垦桥	26×7	1985
西匡河	东垦桥	30×7	1982
西匡河	棉东桥	30.50×5.10	1980
西匡河	三线桥	31×4.10	1982
西匡河	观东桥	28×1.80	2003
西匡河	通港一桥	28×9.20	1996
西匡河	防汛桥	42×3.50	1985
垦区中心河	南五桥	33.20×4.05	1982
垦区中心河	南四桥	33.20×3.95	1982
垦区中心河	南三桥	33.30×4	1982

续表9—84　2009年大豫镇(人行桥) 桥梁情况统计表

名　称		规则尺度	建设年代
河名	桥名		
垦区中心河	南二桥	33.30×3.90	1982
垦区中心河	北五桥	33.40×3.90	1982
垦区中心河	北四桥	33.30×3.80	1983
垦区中心河	北三桥	32×4.70	1998
垦区中心河	北二桥	33.20×9	1983
垦区中心河	北一桥	32.60×5.05	1983
棉场河	人行桥	20×2	1968
棉场河	人行桥	24×2	1972
棉场河	人行桥	24×2	1973
棉场河	人行桥	24×2	1975
棉场河	人行桥	24×3	1972
棉场河	公路桥	18×4.50	2001
南坎河	公路桥	22×6	2009
南坎河	人行桥	24×1.80	1975
南坎河	人行桥	24×2	1975
南坎河	人行桥	24×1.80	1975
民兵河	张謇桥	18×8	2001
民兵河	豫东桥	24×4	2001
民兵河	人行桥	24×2	1983
北三十河	人行桥	18×1.80	1970
北三十河	人行桥	18×1.80	1970
北三十河	人行桥	18×1.80	1970
北三十河	人行桥	18×1.80	1970
北三十河	人行桥	18×1.80	1970
北三十河	人行桥	18×1.80	1970
北三十河	人行桥	18×1.80	1970
北三十河	人行桥	18×1.80	1970
北三十河	人行桥	18×1.80	1970
北三十河	人行桥	18×1.80	1970
北三十河	人行桥	18×1.80	1970
北三十河	人行桥	18×1.80	1970
北三十河	人行桥	18×1.80	1970
北三十河	人行桥	18×1.80	1970
北二十八河	人行桥	18×1.80	1974
北二十八河	人行桥	18×1.80	1974
北二十八河	人行桥	18×1.80	1970
北二十八河	人行桥	18×1.80	1970
北二十八河	人行桥	18×1.80	1970
北二十八河	人行桥	18×1.80	1970

续表9—84 2009年大豫镇(人行桥) 桥梁情况统计表

名 称		规则尺度	建设年代
河名	桥名		
北二十八河	人行桥	18×1.80	1970
北二十八河	人行桥	18×1.80	1970
北二十八河	人行桥	18×1.80	1970
北二十八河	人行桥	18×1.80	1970
北二十八河	人行桥	18×1.80	1970
北二十八河	人行桥	18×1.80	1970
北二十三河	人行桥	18×1.80	1974
北二十三河	人行桥	18×1.80	1974
北二十三河	人行桥	18×1.80	1974
北二十三河	人行桥	18×1.80	1974
北二十三河	人行桥	18×1.80	1974
北二十三河	人行桥	18×1.80	1974
北二十三河	人行桥	18×1.80	1974
北二十三河	人行桥	18×1.80	1974
北二十三河	人行桥	18×1.80	1974
北二十三河	人行桥	18×1.80	1974
北二十三河	人行桥	18×1.80	1974
北二十三河	人行桥	18×1.80	1974
北二十河	人行桥	6×1.80	1974
北二十河	人行桥	18×1.80	1984
北二十河	人行桥	15×1.80	1978
北十七河	人行桥	15×1.80	1982
北十二河	人行桥	15×1.80	1974
北十二河	人行桥	15×1.80	1974
北十河	人行桥	15×1.80	1974
北八河	人行桥	6×1.80	1970
北八河	人行桥	15×1.80	1974
北八河	人行桥	15×1.80	1974
北八河	人行桥	15×1.80	1974
北八河	人行桥	15×1.80	1974
北五河	人行桥	15×1.80	1973
北五河	人行桥	15×1.80	1974
北四河	人行桥	15×1.80	1974
北四河	人行桥	15×1.80	1974
北四河	人行桥	15×1.80	1976
北四河	人行桥	15×1.80	1976
北四河	人行桥	6×1.80	1975
北四河	人行桥	15×1.80	1976
北二河	人行桥	15×1.80	1972

续表9—84　2009年大豫镇(人行桥) 桥梁情况统计表

名　称		规则尺度	建设年代
河名	桥名		
北二河	人行桥	15×1.80	1977
垦区南七河	七河桥	22.6×4	1982
垦区南七河	东七河桥	22×3.50	2007
垦区南七河	通港二桥	22×9.20	1996
垦区南六河	二组桥	24.10×2	1995
垦区南六河	六河桥	23×4	1983
垦区南六河	东六河桥	22×4	1985
垦区南六河	通港三桥	28×9.20	1996
垦区南五河	五河桥	24×4.30	1994
垦区南四河	四河桥	24×4.30	1986
垦区南四河	东四河桥	14×4	1989
垦区南三河	华凌桥	20×4.30	1984
垦区南三河	东三河桥	16.50×3	1985
垦区南二河	华龙桥	26×4.30	1992
垦区南二河	东二河桥	17×3	1985
垦区南一河	一河桥	22×4.30	1993
垦区南一河	东一河桥	17×3	1984
垦区北九河	中心河西桥	28×5.30	1992
垦区北八河	中心河西桥	24×4	1993
垦区北八河	中心河西桥	24×4	1985
垦区北七河	中心河西桥	24×5	1993
垦区北七河	中心河西桥	18×4	1986
垦区北六河	东鸡场桥	22×5	1988
垦区北六河	万福桥	22×5	1994
垦区北六河	宫店桥	23×3	1984
垦区北六河	北五桥	22×4	1984
垦区北六河	中心河东桥	22×4	1984
垦区北五河	中心河西桥	24.50×5.10	1992
垦区北五河	中心河东桥	19×3	1985
垦区北四河	中心河西桥	22×4	1984
垦区北四河	中心河东桥	22×4	1985
垦区北三河	中心河东桥	22×4	1985
垦区北三河	中心河西桥	21×4	1983
垦区北二河	中心河东桥	32×4.50	1983
垦区北二河	河西桥	30×5	1994

图9-50　　20世纪70年代人行桥　　（姜颂良　提供）

第四节　车口泵站

20世纪60年代，境内南坎公社为种植水稻首建车口。70年代，普种晚稻，大兴车口泵站69座。80～90年代，境内仅有少数村组种水稻需车口泵站供水外，其余车口泵站维修后，作抗旱备用。

2009年大豫镇车口泵站情况一览表

表9—85

泵站名称	相对位置	规模尺寸	建设年代
强民村泵站	如泰河五贯	17千瓦×14吋	2005
马家店村泵站	如泰河六贯半	17千瓦×14吋	2005
强民村泵站	如泰河六贯半	17千瓦×14吋	2005
马家店村泵站	如泰河七贯半	17千瓦×14吋	2005
强民村泵站	如泰河七贯半	17千瓦×14吋	2005
东安闸村河南泵站	如泰河八贯半	17千瓦×14吋	2005
东安闸村河北泵站	如泰河八贯半	17千瓦×14吋	2005
东安闸村河南泵站	如泰河九贯半	17千瓦×14吋	2005
东安闸村河北泵站	如泰河九贯半	15千瓦×12吋	—
丁南二横河泵站	大同村一贯	14千瓦×12吋	—
丁南河泵站	巩王村四贯半	17千瓦×14吋	—
丁南河泵站	大同村一贯半	17千瓦×14吋	2007

续表9—85　2009年大豫镇车口泵站情况一览表

泵站名称	相对位置	规模尺寸	建设年代
兵南河泵站	马家店村六贯半	17千瓦×14吋	2005
兵南河泵站	马家店村七贯半	17千瓦×14吋	2005
兵南河泵站	东安闸村八贯半	17千瓦×14吋	2005
掘坎河电灌车口	止马洼村一组	50千瓦	2009
掘坎河电灌车口	六贯北首	100千瓦	1973
公共河电灌车口	三贯处	100千瓦	2009
公共河电灌车口	六贯处	100千瓦	2009
公共河电灌车口	3+350	50千瓦	2009
公共河电灌车口	4+500	50千瓦	2009
七贯电灌车口	东1.50米处	50千瓦	2009
九贯电灌车口	东570米处	50千瓦	2009
畜禽公司电灌车口	畜禽公司南	17千瓦×2	1985
河南凌港车口	畜禽公司河南	17千瓦×2	1985
对虾场东车口	场部河东	50千瓦	1985
茂青电灌车口	茂青村六组	50千瓦	1985
坎西电灌车口	坎西村部西	50千瓦	1975
止马洼电灌车口	止马洼老村部西	50千瓦	1975
凌窑电灌车口	凌边村北三排	50千瓦	1977
凌边电灌车口	凌边村四组	50千瓦	1995
香台电灌车口	冬瓜糖厂	17千瓦	2009
豫北电灌车口	北三排	50千瓦	1976
豫北电灌车口	六排河东	100千瓦	1976
豫北电灌车口	豫北村部西南	50千瓦	1977
新建电灌车口	新建村南二线	50千瓦	1975
凌窑电灌车口	凌窑村	50千瓦	1975
棉场电灌车口	棉场中部	50千瓦	2009
棉场电灌车口	棉场中部	50千瓦	2009
凌港电灌车口	闸管所渔场东	17千瓦×2	1984
垦区南六河电灌车口	南六河南侧	17千瓦×2	1984
垦区南六河电灌车口	南六河北侧	17千瓦×2	1984
垦区南四河电灌车口	南四河南侧	17千瓦×2	1984
垦区南四河电灌车口	南四河北侧	17千瓦×2	1984
垦区南二河电灌车口	南二河南侧	17千瓦×2	1984
垦区南二河电灌车口	南二河北侧	17千瓦×2	1984
垦区电灌车口	对虾场部东侧	17千瓦×2	1984
垦区电灌车口	九龙村北八河南	17千瓦×2	1984
垦区电灌车口	九龙老村部东	17千瓦×2	1984
垦区电灌车口	九龙老村部东	17千瓦×2	1984
垦区电灌车口	种子站西侧	17千瓦×2	1984

续表9—85 2009年大豫镇车口泵站情况一览表

泵站名称	相对位置	规模尺寸	建设年代
垦区电灌车口	林特站东侧	17千瓦×2	1984
垦区电灌车口	北六河南侧	17千瓦×2	1984
垦区电灌车口	北六河南侧	17千瓦×2	1984
垦区电灌车口	北六河北侧	17千瓦×2	1984
垦区电灌车口	北六河北侧	17千瓦×2	1984
垦区电灌车口	北四河南侧	17千瓦×2	1984
垦区电灌车口	北四河南侧	17千瓦×2	1984
垦区电灌车口	北四河北侧	17千瓦×2	1984
垦区电灌车口	北四河北侧	17千瓦×2	1984
垦区电灌车口	北二河南侧	17千瓦×2	1984
垦区电灌车口	北二河南侧	17千瓦×2	1984
南坎电灌车口	南坎村十一组	80千瓦	1989
香台电灌车口	香台村东片	50千瓦	1973
凌边电灌车口	凌边村中心	50千瓦	1974
坎西电灌车口	坎西村	7.50千瓦	1982
南坎电灌车口	南坎村中部	100千瓦	2009
南坎电灌车口	南坎村东首	100千瓦	2009
豫新电灌车口	三贯东侧	80千瓦	1973

图9-51 1999年，建成如泰运河强民电灌车口（管霖 摄）

第三章　水闸(涵闸)

如东县历史上水闸(涵闸),都集中于沿海一线,用于排涝、排咸和挡潮。民国8年(1919),遥望港九门闸建成,虽然隶属南通县(通州区)管理,排三余垦区之水,但对大豫镇及东南部地区排涝、排咸起到很大作用。中华人民共和国成立后,为防旱、涝灾害和盐碱地泛咸,涵闸建设作为水利综合治理进入兴旺发展时期,1960～1963年,境内相继建成东安闸、丁店河闸,从根本上解决境内排涝出路问题。

1964年后,涵闸建设重心转移到农田基本建设,主要在低洼地改造过程中兴建涵洞、节制闸。至2012年,大豫境内共建成挡潮闸5座,节制闸26座。

第一节　挡潮排涝闸

1960～2010年期间,境内建成东安闸、丁店河闸、掘东涵洞、东凌南闸、东安新闸。东安新闸属境内规模最大、功能最全、自动化程度最高的一座闸,亦为境内唯一排涝挡潮闸。节内详细载录建闸过程、结构及其功能。

一、东安闸

东安闸由南通专署水利局设计。如东县组建施工中型排涝挡潮闸,1960年6月,完建于如泰运河入海口十贯堤。

1957年4月,东安闸由江苏水利勘测设计院勘测,当年南通专署水利局设计,计划于1958年秋破土兴建,因建筑材料不齐而推迟。1959年秋开工,次年6月18日因急破坝排涝,未经正式竣工验收而告完成。完成土方25.53万立方米,混凝土3411立方米,石方6413立方米,板桩173延长米,使用钢筋72吨,水泥1073吨,其中土水泥253吨,木材209立方米,总造价88.29万元。

东安闸为如东县中部和东部主要排涝挡潮闸,最大设计排涝流量321立方米/秒,规划受益面积48万亩。闸身全长42.30米,分为9孔,每孔净宽4米,总净宽36米。设计水位组合为上游2.80米,下游-1.00米;防洪水位:上游0.50米,下游5.60米。

东安闸顶高程7.60米,闸底高程-1.00米,胸墙顶高程7.00米,下游消力塘底高程-1.50米,上游翼墙顶高程3.70米,下游翼墙顶高程6.50米,并设1.20米高浆砌块石挡浪板。工作桥面高程9.20米,闸门门顶高程3.50米。闸底板分为4块,每2孔为一块底板,分缝于闸孔中间,两边岸墙底板均伸出2米,作为闸室边孔底板。闸身系钢筋混凝土结构,上设公路桥和工作桥。公路桥按汽车-10级设计,拖60校核,面宽7.00米。工作桥面宽3.50米。

上、下游翼墙和岸墙均为重力式浆砌块石结构，上游护坡、护底为干砌块石，下游护坡护底为浆砌块石。闸门为钢架木质平板门，手摇螺杆启闭。

东安闸完建以后，隶属如东县水利局管理。在运用过程中又进行了续建和维修，主要有：

1962年，增建上、下游工作便桥。

1964年，改手摇、电动两用启闭，配60马力、40千瓦柴油发电机组1台套，每门配2.60千瓦启闭电动机1台。增建工作桥雨棚。

1968年，改钢架木面为钢丝网水泥门作为钢架钢板门，并锌喷镀防护。

1982年，公路桥面磨耗层修理。

1983年，上游翼墙栏杆更换。

图9-52　1960年6月，建成东安闸　（管霖　摄）

二、丁店河闸

丁店河闸由江苏省南通专署水利局设计，如东县组建施工的小型排涝挡潮闸，1963年，完建于丁店河下游七贯堤上。

于1962年，规划设计丁店河闸，1963年2月10日，破土兴建，6月30日竣工。完成土方8.90万立方米，混凝土1702立方米，石方2302立方米，使用钢材56吨，水泥560吨，木材207立方米，总造价60.30万元。

丁店河闸为如东县东南部小型排涝挡潮闸，最大设计排涝流量107立方米／秒，规划受益面积8.25万亩。闸身全长15.62米，分为3孔，每孔净宽4.00米，总净宽12米.设计水位组合上游2.80米，下游-1.00米；防洪水位：上游0.50米，下游5.60米。

丁店河闸闸顶高程7.60米，闸底高程-1.00米，闸身为连底式钢筋混凝土结构，上设公路桥和工作桥，钢架木面平板闸门，手摇、电动两用螺杆启闭。

丁店河闸完建后，隶属东安闸管理所管理。

丁店河闸行将竣工完建时，全国人大常委会副委员长郭沫若题词祝贺，题词为："建闸丁店河，劳工五千多。旱涝将绝迹，海水不扬波。受益四公社，齐声一凯歌。党恩真峻极，千载永弗磨。"

1971年，丁店河闸下游掘东围垦完成，下游引河被切断堵死，在规划掘东新垦区农田水利建设时，丁店河闸作为引水节制闸使用。

图9-53　1963年，建成丁店河闸　（施海华　摄）

三、掘东涵洞

掘东涵洞由如东县革命委员会农水局水利组设计，如东县组建施工的掘东新垦区小型排涝涵洞，1975年，完建于掘东新围堤上，向遥望港排水。

掘东涵洞设计排涝流量为25立方米/秒，规划受益面积2万亩。单孔、净宽3米，钢架混凝土反拱底板，矢跨比为1∶3，底板高程-0.50米。半圆拱顶，钢丝网混凝土立拱胸墙，墙底高程2.20米，钢丝网混凝土波形闸门，螺杆手摇启闭。耗用钢材1.80吨，水泥256吨，木材27.60立方米。

掘东涵洞完建后，隶属东安闸管理所管理。

四、东凌南闸

东凌南闸1982年完建于东凌新垦区南北中心河南端的海堤上，为东凌新垦区小型排水挡潮闸，向东安闸下游港排水。

1981年，东凌南闸由南通地区水利局规划设计，冬，由地区水利局工程队承包施工，1982年6月28日竣工，完成土方5.47万立方米，混凝土1381立方米，石方2191立方米，耗用钢材42吨，水泥442吨，木材83立方米。总造价36万元。

东凌南闸最大设计排涝流量60立方米/秒，规划受益面积5.10万亩，设计水位组合上游2.80米，下游-1.00米，防洪水位：上游0.50米，下游5.60米。闸身为连底式钢筋混凝土结构，闸顶高程7.50米，闸底高程-1.00米，上设公路桥和工作桥，公路桥面宽6.00米，按汽-10级设计，拖60校核。上、下游均设钢筋混凝土消力塘，二级消力池为浆砌块石。上、下游翼墙为浆砌石，上游顶高程3.20米，下游顶高程5.50米，另设1米高混凝土挡浪板。上、下游用块石护底护坡，部分采用素混凝土护砌。钢架钢板平面闸门，便于通航，闸门分上、下两块，绳鼓轮电动启闭。

东凌南闸完建后，隶属东安闸管理所管理。在排水运用中，上游护坡、护底严重倒塌，1983年，进行沉排保塌。

五、东安新闸

东安新闸是省重点海堤达标项目之一，处在如泰运河末梢，位于大豫镇东安闸下游6.67公里，是一座集挡潮、排涝、改善水质兼顾通航功能于一体中型水利枢纽工程，新闸净宽48米，分5孔，中孔设通航孔，净宽12米，两边各2孔为泄流孔，净宽9米，通航孔闸门采用平面升卧式钢闸门，闸门提升采用QHQ2×300KN卷扬式启闭机；泄流孔闸门采用平面直升钢闸门，闸门提升采用4台QPQ2×160KN卷扬式启闭机。工程标准挡潮按100年一遇高潮位设计，300年一遇高潮位校核，接线海堤按50年一遇高潮位，加10级风浪设计，排涝设计标准为20年一遇；相应设计流量592立方米/秒。闸上公路桥设计荷载标准为公路2级，净宽7米。东安新闸工程概算投资2.02亿元，其中闸主体5215万元。2008年11月开始围堤，2009年3月31日开工建设，2010年1月30日，完成水下工程，同年3月27日完工投入试运行，5月15日试通航，8月29日竣工。该闸河道泄洪能力和地区排涝标准达20年一遇，3天暴雨后1天排出。为提高如东县东部沿海地区防洪除涝能力，为工农业生产提供有力安全保障。

图9-54 2010年8月29日，建成东安新闸（管霖 摄）

六、遥望港闸

位于闸东村东南端遥望港口，为如东、南通两县东部地区规模较大的排涝挡潮闸之一。排涝范围：如东县九遥河、双沙河、丁店河以南，南通县滥港、新中闸河以北，西至五总范公堤，总面积267平方公里，其中如东县为124平方公里。

遥望港口原有九门闸，民国8年建，为当时南通地区最大的排涝挡潮闸之一。后因海滩不断向东淤涨和大面积围垦，港道日趋延长，淤积严重。为便利新围垦区引淡脱盐，1973年，将九门闸拆除，由国家投资在原闸址外口6公里处另建遥望港闸。是年3月动工，1974年底竣工，总造价108.47万元。闸净宽24米，底高—1.50米，分3孔，孔径均为8米，中孔通航。过闸排涝流量254立方米／秒。左岸墙边设有鱼道孔。该闸用钢丝网水泥波形面板闸门，油压启闭。设有工作桥。闸顶建有汽—10级梁板式公路桥，闸下游采用两级式挡能，闸身部分采用钢筋混凝土结构。因底部出现渗流，1989年进行大修。1992年，将闸门改成钢闸门。

图9-55　1974年，建成遥望港闸　（金向东　摄）

第二节　节制闸

民国5年(1916)起，境内建造涵洞；1964年起，始建节制闸。节制闸分两种，一种建于内地，地形较低，控制外水压境而兴筑控制闸，如兵房南、北九贯闸；另一种为沿海新垦区从内地引水，使垦区能独立排涝、排咸而兴筑控制闸。(见节制闸、报废涵闸表、表中地点为老村名)。

1964～1983年节制闸一览表

表9—86

名称	所在河道	地点	设计流量（立方米/秒）	结构形式		建造年代
				孔径(孔米)	底高(米)	
九贯南闸	九贯河	兵房邻盐村	8	1	–0.50	1964
九贯北闸	九贯河	兵房东安闸村	10	1	–0.50	1964
掘东垦区涵	南匡河	毛竹桥村	1	1	–1.00	1972
南涵洞	南匡河	通如桥村	0.80	1	0.50	1974
四贯河南闸	四贯河	丰港村	40	1	–1.00	1975.50
七贯南涵洞	七贯河	毛竹桥村	1	1	0.50	1981
公共河闸	公共河	十贯堤	4 50	1	–1.00	1983

附记：报废涵闸

由于水系变化，水利条件改善，治理标准提高等因素，部分涵闸已被拆除或报废。

1915～1921年报废涵闸一览表

表9—87

名称	地址	流量（立方米/秒）	结构形式		建造年代
			宽（米）	底高（米）	
豫丰闸	丁店大同村	15.00	3.4(3孔)	0.50	1916
三贯涵洞	丁店通如桥村	3.00	1.50	1.00	约1920
三贯涵洞	丁店伯安村	3.00	1.50	1.00	约1920
四贯涵洞	丁店王荃村	1.00	1.50	1.00	约1920
四贯河闸	丁店营房桥村	10.00	3.00	1.00	约1920
五贯北涵洞	丁店荃东村	2.00	1.50	1.00	约1920
五贯南涵洞	丁店港闸村	2.00	1.50	1.00	约1920
六贯北涵洞	丁店毛竹桥村	1.00	2.00	1.00	约1920
六贯匡河闸	丁店港闸村	3.00	3.00	1.00	约1920
岸匡河涵洞	丁店港闸村	0.50	1.50	1.00	约1920
青墩涵洞	南坎豫北村	2.00	1.50	1.00	约1920
七贯涵洞	南坎周墩村	1.50	2.00	1.00	约1920
九贯涵洞	棉　场	1.00	1.50	1.00	约1920
一门闸	丁店大同村	2.00	2.00	1.00	约1920
三贯涵洞	丁店通如桥村	1.00	1.50	1.00	约1920
一门闸	兵房双闸村	15.00	4.00	0.50	1921
四贯涵洞	兵房新谊村	1.00	1.50	1.00	1921
六贯涵洞	兵房安北村	1.00	1.50	1.00	1921
七贯涵洞	兵房安北村	1.00	1.50	1.00	1921

图9-56　20世纪70年代初，建成四贯河南一门闸　（姜颂良　提供）

第四章　围　垦

修筑南宋“皇岸”（捍海堰），是如东县围海造田之基础。随着海堤外滩淤涨，围海造田随之发展。清末民初，民族实业家张謇，按照“必水土平而后稼穑，稼穑而后衣食足”之卓识远见，在苏北、苏中沿海大量围海造田，其中创办大豫盐垦公司，计划围地48万亩。这计划虽未能全部实现，但有一定水利配套设施，能开垦种植荡田13万亩以上。中华人民共和国成立后，围垦造田事业又有新发展，1958年，匡围掘东盐场等。20世纪60年代后期至80年代初期，围垦造田进入全盛时期，南起遥望港，西北抵海安界，近百公里海岸线外，全面围滩垦殖，境内先后匡围掘东垦区、东凌垦区等，垦区围成后，组织规划实施水利配套建设，发展农、工、副业生产。

第一节　老垦区

民国5年（1916），大豫盐垦公司由民族实业家张謇在如东沿海集资创办。南起遥望港北首，西北至环港，沿海大片滩地均在开垦范围之内。计划围垦48万亩，因募集资金困难，虽未能按计划实施。但取得较好效益，并具有一定水利配套设施，可开垦种植约为13万亩。主要地域为大豫全境、长沙镇部分区域。

垦区围成后，由大豫盐垦公司管理。为开垦种植，进行水利设施配套建设。大豫境内水利建设分为内外两部分：外部以开挖引水河道为主；内部水利建设包括堤岸、河道、闸涵等。民国5年，兴筑九门闸至十贯，并由十贯向北至观通站的挡潮海堤。垦区内的河道，做到大河、匡河、横河、泯沟(明沟)四级配套。遥望港、丁店河、兵房港、东凌港为垦区敞口入内排水河道。涵闸建于大河末端(如九门闸、豫丰闸、一门闸等)和匡河与大河交汇处(如三贯闸、四贯闸、六贯闸等)，便于排涝和挡潮。两匡河之间设土路一条，称“马路”，以便交通，纵向“马路”又叫“贯”，由西向东，依次排列，从一贯排至十贯。“贯”间距离约1.25公里，所围之地以匡、排、垅均匀划分，格田方整，以垅为基础，每垅田约为25亩。19年，《通通日报》所登《20年来之南通》载：大河在各区之周，面宽一丈，深四尺。

大豫境内有8个管理区。9年、13年在长沙西北又分别围垦西一区和西二区，各区建立分公司，由经理、董事长管理。公司总部设在掘港镇，由张啬庵、张叔俨先后担任总经理，张退庵任董事长。

公司土地小部分自种，绝大部分租给来自启东、海门佃户耕种，以种植棉花、麦子、大豆、玉米为主，其收入一般以四、六分成，公司收取四成，佃户得六成。民国13年，《通泰各盐垦公司募集资金之说明》中记载：大豫公司每年产净棉2.20万石。民国35年，土地归农民所有，公司遂不存在。

第二节 新垦区

1958～1993年，境内共围成4大垦区。志内将中华人民共和国成立后，匡围垦区称之为“新垦区”。20世纪70年代，匡围垦区解决内地人多地少矛盾。开辟后备土地资源，增加农业耕地。1980年至“八五”期末，匡围东凌、新盐场垦区，形成耕地7.12万亩，用以农林牧副渔盐综合开发，规模经营，发展创汇农业，社会效益和经济效益显著。

一、老如东盐场垦区

1958年，如东盐场在十贯堤外滩围成，面积1.60万亩，匡围时獐毛草覆盖面积40%以上，光滩30%，盐蒿滩5%，土壤为沙质轻壤滨海盐土，含盐量0.80%。盐场围成后，定名为如东县盐务管理局掘东制盐场。当年秋开始盐田建设，至次年冬，盐田、纳潮、排淡系统建成。1960年，全场45个分滩全部开晒。1961年，生产原盐2534吨。①

二、掘东垦区

掘东垦区位于如东县东南角，西隔七贯堤与丁店乡毗邻，南讫遥望港，北临如东盐场。1971年11月20日～1972年1月8日围成，面积1.50万亩，地面高程3.00～3.50米，西高东低，三港低地2.50～2.80米，土壤为沙壤土，滩地樟茅草植被丛生，土壤肥力较高。1974年，划入掘东区兵房、丁店、华丰公社垦殖，为华丰、大同新圩、兵房新垦。1973年，开始农田水利配套建设，以丁店闸为引水闸，通过丁店河引进江水。东南角兴建掘东涵洞，

①详见志内第八篇《盐业与垦牧》第二章“如东盐场”。

排咸排涝。七贯、八贯、九贯河为南北向干河，丁店下游河为东西向干河，构成引排骨干河网。

在南北向干河上派生四级河和调度河。在四级河上派生丰产沟，丰产沟间距100米，车口布置于丁店河、八贯河和遥望港。居民住宅布置在丁店河、四级河、调度河一线，呈东西向"一"字形排列。七贯、八贯、九贯河岸营造主林带。小河、渠、路边布置田间林网，实行渠、河、路结合。1979年冬，对垦区的骨干河道全面捞浅整治，至1981年，农田水利配套建设基本结束。1985年统计，按配套土方129.60万立方米，兴建车口9座，机耕桥13座，人行桥20座，涵闸2座，涵洞142座。

1981年掘东垦区干河标准一览表

表9—88　　　　单位：米

河道名称	底宽	底深	坡比
七贯河	2.00	0.00	1∶2.5
八贯河	3.00	–0.50	1∶2.5
九贯河	10.00	–1.00	1∶4.0
丁店河	6.00	–0.50	1∶4.0

1985年，有3个村，10个村民组，隶属兵房、丁店、华丰乡领导，农业人口2650人。实行"三定一补一奖"①政策，1983年达到生产自给，与内地脱钩。2001年3月，闸东、华新、三港村与大同渔场合并为闸东村②。

三、东凌垦区

东凌垦区位于如东县东部，西靠兵房、南坎乡，地面高程3.0～4.0米，地势由西向东倾斜。围垦之初，南部及老岸一线有獐茅草植被，北部为光板滩面，南部为沙壤土，北部为粉砂土，土壤含盐量在10‰左右。东凌港、四凌港横穿境内。1981年围成，面积5.10万亩，1982年开始水利配套建设。

（一）农田水利配套建设

在垦区中部，开挖南北向和东西向中心河与海堤河组成骨干河网，在南北干河上每隔625～650米开挖排水河和调度河，排水河与调度河间隔安排，从排水河、调度河上派生丰产沟，间距120米，构成河网水系，南部建东凌南闸，向东安闸下游港排泄，北部与北坎新垦区沟通，东西中心河西端与内地公共河接通，建公共河闸控制，形成独立水系，车口布置在南北向干河两侧，单向送水。干渠沿调度河两侧布置，农渠南北走向，直接从干渠取水下田。丰产沟出土做农渠，干河一侧布置土公路，农渠一侧设置机耕路或人行道，干、支河道

①定产、定工、定成本，财政补贴，超产奖励。

②详见第一篇《建置区划》第二章第三节"闸东村概况"。

一侧布置主林带，另一侧布置蚕桑林带。丰沟产、农渠边设置田间林网。

居民住宅区布置在排水河、调度河两侧，呈“一”字形排列。1985年统计，东凌垦区完成配套土方507万立方米，兴建电灌车口33座，机耕桥21座，人行桥204座，下水道606座。

1985年东凌垦区干河标准

表9—89　　单位：米

河道名称	底宽	底深	边坡
海堤河	20.0	–1.50	1:4
南北中心河	6.00	–1.00	1:3
东西中心河	6.00	–1.00	1:3

（二）行政建设与生产

东凌垦区所围土地，南部1070亩划给东凌渔业乡、东安闸管理所等单位经营，其余土地划给掘东区和马塘区各乡经营，以农业为主。经过农田水利治理后，首先对中心河以西土地开发种植，1985年，已能种上棉花、绿肥，部分地区也能种植三麦、二豆和油菜。中心河以东部分尚未开垦，部分低洼港丫，经人工整治后放养鱼类。人口逐步迁入，1985年，已迁农业人口1746人。为确保移民经济生活不受影响，东凌垦区实行“三定一补一奖”几年脱钩政策。①

四、新盐场垦区

1992年10月～1993年5月围成。总面积2.02万亩，匡围时沿老堤1公里内有大米草及獐毛草覆盖，向外为光滩，粉沙壤土壤，含盐量1%。1993年3月，新建纳潮闸1座，孔径6米。2000年，由江苏省滩涂开发投资有限公司和南通市盐业公司如东盐场（后为大豫镇接管）合作开发，成立江苏省宁港滩涂开发有限公司。总投资3318万元，新建电灌站9座，机耕桥6座，架设高压线15.60公里，铺设水泥路10.60公里，砂石路11.60公里，建标准配套池塘162个，养殖水产面积1.05万亩。2010年，总人口520人，渔业总产值9800万元，人均纯收入9万元。

第五章　海　堤

大豫成陆史和发展史，其实是一部围垦史和开发史。清末民初，沿海滩涂广阔，杂草

①详见志内第一篇《建置区划》第二章第三节“九龙村”概况。

从生，具有围海造田条件。民族实业家张謇兴办大豫盐垦公司并挑筑大豫堤。中华人民共和国成立后，在人民政府正确领导下，把围海造田、开发滩涂作为历届政府重要工作。至2012年，境内有新筑海堤6条，为防海潮袭击发挥巨大作用。

第一节　老海堤

民国初年，民族实业家张謇在苏北沿海大规模围田垦牧，民国5年(1916)，在如东沿海挑筑大豫堤，创办大豫盐垦公司。

大豫堤南起九门闸，东至七贯，折向北至马家店，然后再向东至十贯。十贯向北抵观通站，转向西至七贯，全长30公里。

大豫盐垦公司筹措资金，招募佃户，分段修筑，历时一年余始完成大豫堤。堤防高度约一丈五尺(约6米)，面宽2～3米，外坡1:3，内坡1:1,。因堤防标准小，围成后经常破堤决口，围筑修堤达三四年之久。1950年和1954年，两次分别培修加固，修理后标准达到顶高程7米，面宽5-6米，外坡1:5～1:7，内坡1:2～1:3。1954年，开始植树造林，绿化防护。如东盐场，掘东垦区以及1981年东凌垦区围成后，大豫堤退居挡潮第二线。

大豫堤围筑时，便于围区内排水，对丁店港、兵房港、东凌港等都敞口入内，两岸围筑港堤防护。1958～1963年，沿海实行并港建闸时，对兵房港和丁店港扩宽浚深，建闸控制，东凌港即筑堤闭塞。

第二节　新海堤

一、掘东堤

1971年，匡围掘东垦区而兴筑掘东堤。该堤起自盐场堤九贯向南至遥望港，折向西接七贯竖堤，全长6.30公里。

1971年冬，掘东区抽调9800名民工，自11月20日开工～1972年1月18日竣工，历时54天。完成土方105万立方米。堤防标准：顶高程7米，顶宽：南北竖堤8米，东西横堤6米，外坡：九贯向南至三港1:8，三港至二港1:12，余者1:5，内坡1:3。

三港宽而深，堤防构筑困难，掘东区利用“人海战术”完成。堤防筑成后，三港及其两侧成为堤防险段，列为防汛重点。1976年，三港两侧种植大米草防浪。之后，港漕逐渐淤积，险情趋于缓和。

1973年，开始堤防植树绿化，1985年全线有树木4.30万株，绿化面积321亩，覆盖率95%以上。

二、东凌堤

1981年，匡围东凌垦区而兴筑东凌堤，起自东安闸北港堤绕十贯堤外滩，接北坎新堤东北角石箭南侧。全长16.58公里。

东凌围堤工程经江苏省围垦指挥部批准，如东县建立围垦工程指挥部，由顾永乐任指挥，调集掘东、岔河、双甸、马塘、丰利、掘港6个区近8万民工，1981年11月30日开工，1982年1月8日完工，挖土方355万立方米。围堤标准：顶高程8～8.50米，顶宽6米，外坡1∶7～1∶10，内坡1∶3。

堤防围筑后，曾多次维修加固，特别是东凌港、四凌港及东北角险段及其两侧堤外坡实施水泥土护坡防护。1982～1984年，完成水泥土护坡13.05公里，计19.56万平方米。东北角转弯处做150米石支坝一条挑流保塌。

1982年，开始植树绿化，1985年有各种树木16.46万株，绿化面积1380亩，覆盖率80%以上。

三、盐场堤

1958年，兴办如东盐场围筑盐场堤。盐场堤起自东安闸南首，环绕十贯堤外转向西南与七贯堤相接（马家店南一匡），全长11.62公里。

1958年春季，如东县建立建滩工程处，由蒋九春任主任，抽调北坎、大豫、徐征、华丰、巩王、余荡、和春、新民、苏云等12个乡1.30万民工，3月18日开工，6月5日竣工，完成土方137万立方米。堤防顶高程7米，面宽6米，外坡1∶5，内坡1∶3。

盐场堤东北角十二贯靠近东安闸下游港漕，因港漕不断左右摆动而成为防汛险段，曾进行多次维修和加固，扩大堤身标准。1979年，因港漕塌蚀，迫近堤脚，进行沉排保塌抢险措施。

盐场堤围筑以后又进行维修加固，1985年，标准达到顶宽8米，顶高程7米，外坡1∶5～1∶2，内坡1∶3。1965年，开始植树绿化。1985年有树木10万株，绿化面积542亩，覆盖率80%以上。

图9-57　1958年，围筑如东盐场海堤　（管霖　摄）

四、新盐场堤

1992年10月，匡围盐场垦区时兴筑。北起盐场老堤十三贯北角，绕十三贯盐场老堤外滩南接九贯海堤掘东涵洞北侧。工程由如东县围垦工程指挥部统一指挥，南通盐业公司和原如东盐场协助配合。施工经招标由泰兴河海疏浚公司承建。因施工方对沿海地形、潮汐情况缺乏了解，龙口合拢时遭遇险情，随即由县政府组织2万民工，采用人机结合施工法，完成土方270万立方米，成功合龙。1993年5月完工，围堤全长10.63公里，匡围土地2万亩。

五、豫东海堤

2007年1月24日开工。海堤位于东凌海堤外侧滩地，北起东凌海堤东北角石箭南堤，南至东凌海堤东南东安闸北侧港堤，工程由东凌外滩围堤工程指挥部统一指挥实施。海堤全长13.35公里，完成土方198万立方米，石方8.50万立方米。海堤标准：堤顶高程8.60米，堤顶宽度8米，堤内外坡比均为1∶3，外坡在高程5米处设置宽5米，坡比为1∶5砼平台。外坡新建灌浆块石、干砌块石护坡和挡浪墙。3月10日围堤合拢，堤身吹填于4月下旬完成。护坡、挡浪墙工程分别于7月上旬、下旬完成，堤顶公路8月中旬完成。2007年8月15日竣工。

六、东安新闸堤

2008年11月1日开工。东起盐场海堤，直西接豫东海堤。全长1.05公里，新闸下迁直线距离6.70公里，总投资1.27亿元。堤防等级2级，海堤设计标准为50年一遇高潮位加十级风风浪爬高加安全超高，堤顶高程▽8.10，(废黄河标高)。2007年8月15日竣工。挡浪墙高程▽8.60，迎水坡、背水坡坡比均为1∶3，迎水坡▽5.00位置设米宽消浪平台。2009年7月竣工，匡围面积3.02万亩。

第十篇　交通运输

大豫地处沿海，自然条件优越，经过前人开拓，后人创业，成为商贸旅游繁华之地。境内陆路交通由乡间小道发展为等级公路，运输由肩挑、人抬，过渡到人力车、畜力车，进而发展为机动、电动车辆运输。

民国6年(1917)，民族实业家张謇在境内修筑土公路，开启如东公路建设先河。20世纪40年代，还利用七贯堤(亦称甲令岸)筑成七贯南北大道。各条贯路也修筑得整齐划一。中华人民共和国成立后，公路建设得到中共县、乡委员会和政府重视，实行人民交通人民办，境内交通面貌变化巨大。中共十一届三中全会后，"要得富，先修路"理念深入人心。在南通地区养路段如东工区工程师董少连(一门闸村人)"纯砂土石灰土黑色路面基层"新技术推动下，境内公路主干线于20世纪90年代初，全部达到"黑色化"，实现公路路面质量大提升。进入21世纪后，原有公路主干线和公路桥梁得到进一步拓宽改造。

内河水路运输始于20世纪50年代初，客运有大同镇至南通航班，货运主要靠人力背纤木帆船。1958年，兵房(如泰)大河疏浚后，成为通江连海内河大动脉。运输工具伴随时代前进，迅速改变人力背纤落后状况。70年代起，境内各乡砖瓦厂办起船队。80年代起，运输站都有自己船队，承接货运任务。兵房大河能承载200吨以上货船中大型轮队。公路货运已由拖拉机、卡车换成集装箱式超长车，客运汽车正在向更高级、豪华、实用型多功能发展，为大豫经济建设和社会发展承担着"先行官"的光荣任务。至2012年，全镇有国道1条、省道3条、县道3条，主要公路干线为1366.66公里。主要航道4条，53.50公里。①

①章节内县级数据为县交通史料记载。

第一章　公　路

公路，人们习惯称“马路”，因民国时期供马车行走宽阔平坦的道路而得名。境内公路最初为纯土质，称土公路，之后逐渐发展为沙石路（亦称晴雨路）、沥青路（亦称黑色路）、水泥路（亦称硬质路）。

第一节　主要干线

民国6年至20年（1917～1931），境内通土公路。中华人民共和国成立后，各级人民政府把公路交通建设摆上重要议事日程，对掘青公路等主干线数次实施改造。中共十一届三中全会后，境内又新增省道“海防公路”“334线”，新增国道“临海高等级公路”。

一、土公路

宋朝修筑范公堤，掘港段俗称皇岸、东段俗称长沙路。之后海涂东延，长沙路成为陆上交通要道。民国6年，大豫盐垦公司成立后，筑土面公路95.14公里。在垦区内，自东至西，每隔一匡地修筑一道土公路，当时七贯路是最东边一道，用于挡潮。之后滩涂东移，外边又筑新堤，因此七贯老堤便成境内交通要道，往西依次为六贯路、五贯路、四贯路、三贯路、二贯路和一贯路，南起遥望港，北至掘坎河，全长17.50公里。每隔一匡有横向土公路，共12条，每匡长度为1．25公里。民国29年后，以兵房为中心先后修筑由兵房经一门闸至掘港土公路13公里；由兵房经协和镇、丁家店至九门闸土公路7.50公里；由兵房经大豫镇至止马洼土公路10公里；由兵房至东安闸土公路7.50公里。土公路构筑简陋，路面宽3米左右，由泥灰、砖屑、贝壳碎片混合而成，晴通雨阻。

民国9年，掘港至南通第一次通汽车。民国15年前，掘港至南通东线从掘港烟墩桥起，经牛车桥、一门闸、兵房、九门闸、三合口、三余抵南通。途经大豫境内12公里。当时汽车烧木炭，加之土公路路况差，常常抛锚，经常出现“一去二三里，下车四五回，抛锚六七次，八九十人推”现象。抗日战争时期，公路遭到严重破坏，一度中断交通。抗日战争胜利后，公路相继得到修复。1959～1960年，掘港经兵房、丁店、三余、四甲、三厂至青龙港全长60公里，铺筑碎砖路面晴雨公路，其中如东段20公里（境内为11.25公里），动土7.25万立方米，耗用碎砖、贝壳9755立方米，石料1245立方米，平均每公里造价2400元。1970年，开办农村公共汽车。改革开放后，“要想富，先修路”逐步成为广大干群共识，公路交通建设迈上奔小康快车道。1983年，全县公路总里程361.87公里，境内占12.60%。全县53个乡镇，南坎、兵房、丁店、东凌首批通车。华丰乡（原属掘东区）是南通地区最后一个通公路之乡，1990年1月15日，举行公路通车典礼。

二、国道

大豫境内有1条过境国道，即临海高等级公路如东段，是省委、省政府呼应沿海开发战略而启动的重大交通项目。如东段起自栟茶镇，途经洋口、丰利、苴镇、长沙和大豫镇等6个沿海乡镇以及沿海旅游开发区、洋口港经济开发区和东安科技园区等3大园区，至通州界，全长74.30公里，境内约为15公里。此项目由如东县人民政府采用BT模式招标，中国中铁股份有限公司投资建设，中铁上海工程局南通投资公司承担总承包管理。2010年10月，启动征地拆迁，按一级公路标准设计与实施，设计行车速度100公里/小时。此项目一般路段按双向四车道标准建设，洋口港经济开发区和沿海旅游开发区路段按双向六车道标准建设，投资总额28亿元。

三、省道

大豫境内有3条过境省道，分别是“掘青公路”“海防公路”和“334线”。

（一）掘青公路

为如东东部地区经济主干道。掘港经兵房、丁店、三余、三厂至青龙港土公路，建于民国20年，全长60公里，如东段20公里，大豫段11.25公里。1960年，筑成晴雨公路。1979年，兵房附近路基拓宽至9米，并加铺砂石路面，为三级公路，原属县道，1979年，划归省道。1987年，自掘港向东3公里改建成沥青路面，1989年，称苏202线。2001年7月，启动苏202线如东段养护改造工程，从长沙镇起经掘港镇、兵房镇至遥望港，除长沙至掘港段因考虑到洋口港开发，为避免重复建设而暂未实施外，掘兵段9.60公里按二级公路标准实施，路基顶宽17米，路面宽14米；兵房至通州段8.10公里按二级公路一般标准实施，路基顶宽12米，路面宽9米，投资5050万元，于2003年9月底完工。苏202线跃入如东东部经济快车道。2003年，省道网调整时，将原202省道重新命名为苏222线省道。

（二）海防公路

始称掘栟公路，全县沿海经济大动脉。1956年10月，由江苏省军区发起修建，路基大部分利用原范公堤，全长62公里，1957年4月竣工。1969年11月，改建晴雨公路，平均每公里造价1500元。2001年8月10日开工建设，启动海防公路如东段养护改造工程，自如东与海安交界处陈湾村，经栟茶、洋口、苴镇、长沙、大豫、如东盐场、东凌至遥望港，全长75.80公里，按二级公路一般标准实施，除个别老堤段因受林带影响，路基9米，路面宽7米，其余路段路基12米，路面宽9米，沥青砼路面，投资1.42亿元，2003年9月底完工。此段公路经大豫境内15公里，北起十贯观通站，南至遥望港。该公路的建成，拉近如东沿海镇、场、港口距离，推动沿海经济迅猛发展。

图10-58　2001年建设的海防公路　（管霖　摄）

（三）334线

2002年，将省道苏202线兵房至掘港段重新调整命名为334省道。2004年3月，启动苏334线东延工程，西起兵房海滨桥，东至东凌海防路口，全长7公里，按二级公路上限标准实施，投资3200万元，2005年10月建成。2010年4月，因新334线建成通车，原334线改称老334线。

四、县道

大豫境内县道主要有3条，即"长掘线""长兵线"及"兵十公路"。

（一）长掘线

长沙至掘港，沿途经过止马洼大桥，在桥东1公里处转弯，折向北通往长沙镇。大豫境内全长3.37公里，全线均为沥青砼路面。

（二）长兵线

长沙至兵房。即X203线，原221省道。沿途经止马洼大桥、老大豫镇至兵房，全长18.02公里，为沥青砼路面。

（三）兵十公路

从兵北桥至十贯国防桥。全长6.64公里，沥青路面。

五、镇道

至2012年，大豫境内镇道共31条，其中砂石路面10.82公里，沥青路面33.94公里，水泥路面87.63公里。修复镇级道路，方便农村居民出行和农副产品运输，带动全镇经济快速发展。

2012年大豫镇公路线路情况一览表

表10—90　　　　单位:年 公里 米

路线编码	路线名称	起点	终点	里程	宽度	路面性质建成年份			途经主要镇村
						砂石	沥青	水泥	
Y101320623	兵大线	S322	大同村委会	4.26	3.50	—	—	2007	巩王村
Y102320623	通大线	通如桥	大同村委会	2.75	3.50	—	2007	—	大同村
Y103320623	兵巩线	S222（双闸）	S222（向阳）	9.59	3.50	—	—	2004	闸东村
Y104320623	兵伯线	兵中桥	S222	8.86	3.50	—	—	2007	徐征村、伯安村
Y106320623	兵强线	S222	兵大界河	8.34	3.50	—	—	2007	强民村马家店村
Y107320623	兵马线	S222	S221	3.34	3.50	—		2004	东安闸村
Y109320623	大兵线	S334	兵大界河	2.83	3.50	—	2004		豫新村
Y110620623	张兵线	S334	兵大界河	2.80	3.50	—	—	2007	强民村
Y111320623	兵徐线	S222	一贯	3.68	3.50	—	—	2004	徐征村
Y112310623	大同线	通如桥（S222交界）	大同村居委会	1.25	6.00	—	2007	—	兵房镇
Y114320623	兵十线	十贯桥	长兵线路口	6.64	7.00	—	2003	—	强民村
Y151320623	大新线	长兵线	海防公路	6.76	3.50	—		2004	止马洼村
Y152320623	大坎线	长兵线	坎东桥	3.34	3.50	—		2004	南坎社区
Y153320623	九凌线	兵北桥	北坎路	11.18	4.00	—	2003		凌港村
Y154320623	大凌线	兵坎线	海防路	3.349	3.50	—	—	2004	凌窑村
Y155320623	大东线	北坎线	分乡河	1.42	3.5	—	—	2005	豫东村
Y156320623	大周线	兵坎线	六贯桥	1.50	3.50	—	—	2005	周墩村
Y157320623	大青线	长兵线	茂青村委会	1.06	3.50	—	—	2005	大豫社区
Y159320623	大豫线	豫掘线	分乡河	0.76	3.50	—	2005	—	大豫社区
Y160320623	豫凌线	六贯桥	凌边村	2.77	6.00	2008	—	—	南坎社区
Y161320623	长凌线	凌边村	长沙镇	2.50	6.00	2008	—	—	南坎社区
Y165620623	豫港线	兵房镇	东凌村	1.81	3.50	—	—	2005	东凌社区
Y166320623	亭凌线	亭海村	强民村委会	1.46	3.50	—	—	2007	豫东村
Y113320623	闸东线	闸东新大队部	S221	2.15	3.50	2008	—	—	垦区
Y105320623	兵丁线	S222	双闸路	4.97	3.50	—	—	2007	丁家店村
Y108320623	兵一线	S334	兵大界河	2.84	3.50	—	—	2004	一门闸 村
Y158320623	豫掘线	长兵线	牛车桥	5.09	3.50	—	—	2004	豫新村
Y162320623	大一线	大豫镇	兵房镇	1.50	4.00	—	2007	—	豫新村
Y163320623	大农线	香台村	农场	3.40	3.00	2008	—	—	香台村
Y164320623	凌北线	凌窑村	豫北村	5.20	4.00	—	—	2007	农 场
Y006320623	北渔线	长角河桥	北坎线交界	9.43	7.00	—	2007	—	长沙大 豫

六、村道

至2009年，硬质路面村村通，砂石路面组组通，告别过去晴通雨阻状况。大同村、一门闸村已实现硬质路面组组通，砂石路面户户通。至2012年年底，全镇硬质路面总长度为300公里，砂石路面总长度为858公里。

2012年大豫镇村村通道路分类计程表

表10—91　　单位：公里

村别	路面		备注
	水泥路	砂石路	
止马洼村	10.00	70.00	—
南坎社区	24.50	50.50	—
香台村	10.00	70.00	—
豫东村	12.00	50.00	—
周墩村	22.00	68.00	—
大豫社区	35.00	80.00	另有沥青路面5.50公里 硬质渠道14.20公里
九龙村	10.50	26.50	—
农场居委会	9.00	19.00	—
东凌社区	7.00	3.00	—
东港村	5.50	0	—
巩王村	11.45	57.90	—
丁家店村	15.00	51.50	沥青路面2.50公里
大同村	18.00	38.00	—
伯安村	10.50	25.50	—
闸东村	13.10	11.90	—
兵房居委会	4.00	3.00	沥青路面3公里
马家店村	12.60	32.50	—
徐征村	15.50	35.50	—
一门闸村	40.00	26.50	沥青路面2公里
强民村	11.50	62.00	—
东安闸村	12.50	75.00	—
合计	3.09.65	856.30	沥青路面2公里

2012年大豫镇村村通线路情况一览表

表10—92　　单位：公里

路线编码	路线名称	起点	终点	里程	路面类型				途经主要镇村
					简易	砂石	沥青	水泥	
C009320623	农场公路盐海段	—	—	1.47	—	—	—	√	东凌村

续表10—92　2012年大豫镇村村通线路情况一览表

路线编码	路线名称	起点	终点	里程	路面类型				途经主要镇村
					简易	砂石	沥青	水泥	
C030320623	五贯北路	—	—	1.67	—	—	—	√	止马洼村
C038320623	八贯路	—	—	2.48	—	—	—	√	豫东村
C039320623	九贯路	—	—	1.41	—	—	—	√	豫东村
C061320623	凌窑西路	—	—	2.11	—	—	—	√	东凌村
C068320623	三排路	—	—	0.94	—	√	—		一门闸村
C062320623	宁江路	—	—	3.33	—	—		√	东凌村
C071320623	南三排路	—	—	1.05	—	√	—	—	强民村
C072320623	新建路	—	—	0.55	—	—	√	—	兵郊村
C074320623	法庭路	—	—	1.22	—	—	—	√	兵郊村
C075320623	粮站路	—	—	0.64	—	—	—	√	兵郊村
C079320623	三排路	—	—	1.11	—	—	√	—	马家店村
C081320623	砖瓦厂路	—	—	2.91	—	—	—	√	兵郊村 马家店村
C084320623	东匡中心路	—	—	2.55	—	—	√	—	东安闸村
C085320623	强民村中心四路	—	—	1.26	—	√	—	—	强民村
C090320623	六贯路	—	—	2.30	—	—	—	√	巩王村
C097320623	闸东村中心二路	—	—	1.04	—	√	—	—	闸东村
C098320623	华新路	—	—	2.02	—	—	—	√	闸东村
C100320623	大同村一排路	—	—	1.93	—	—	—	√	大同村
C103320623	大同村中心一路	—	—	2.17	—	—	—	√	大同村
C104320623	立新路	—	—	0.93	—	√	—	—	大同村
C105320623	伯安村八排路	—	—	1.19	—	√	—	—	伯安村
C106320623	伯安村七排路	—	—	1.15	—	√	—	—	伯安村
C110320623	丁家店村二排路	—	—	0.96	—	—	—	√	丁家店村
C112320623	丁家店村九排路	—	—	2.21	—	√	—	—	丁家店村
C113320623	棉场坎西路	—	—	1.35	—	√	—	—	止马洼村
C114320623	凌边村中心路	—	—	1.72	—	√	—	—	南坎社区
C115320623	豫北村南三排路	—	—	2.19	—	√	—	—	香台村

续表10—92　2012年大豫镇村村通线路情况一览表

路线编码	路线名称	起点	终点	里程	路面类型				途经主要镇村
					简易	砂石	沥青	水泥	
C117320623	豫北新建中心路	—	—	2.63	—	√	—	—	香台村
C118320623	九友二路	—	—	1.41	—	√	—	—	九龙村
C119320623	凌港路	—	—	1.39	—	√	—	—	九龙村
C120320623	晴川路	东安闸	派出所	0.90	—	—	—	√	东凌村
C121320623	东凌路	—	—	0.89	—	—	—	√	东凌村
C122320623	港南路	—	—	0.43	—	—	—	√	东港村
C123320623	亭海北二排路	—	—	3.29	—	√	—	—	豫东村
C124320623	凌窑北二路	—	—	3.36	—	√	—	—	周墩村
C330320623	海堤路	观通站	遥望港	15.06	—	√	—	—	东港村
C337320623	黄海路	东凌医院	十一贯	1.37	—	—	√	—	九龙村
C338320623	通港路	东安闸直东	国防桥直东	1.40	—	—	√	—	东凌村
C341320623	大豫线亭海段	—	—	1.14	—	—	—	√	豫东村
C334320623	大豫公路大青段	—	—	1.05	—	—	—	√	大豫社区
C537320623	新东路	—	—	1.05	—	—	—	√	大豫社区
C656320623	农场公路宁港段	扬水站	十二贯	3.01	—	—	—	√	东凌村
C657320623	农场公路宁海段	—	—	1.36	—	—	—	√	东凌村
C658320623	大九线九凌段	—	—	3.12	—	—	—	√	九龙村
C672320623	农场东路			1.92	—	—	—	√	棉场
C730320623	一贯路	老334线	兵大界河	2.83	—	—	—	√	一门闸村
C733320623	兵中路	三贯马路	四贯马路	1.22	—	—	—	√	徐征村
C737320623	九贯北路	—	—	2.82	—	—	—	√	东安闸村
C743320623	垦区路	—	—	2.056	—	—	—	√	闸东村
C744320623	大同西路	一贯	三贯	1.91	—	—	—	√	大同村
C745320623	双闸西路	一贯马路	二贯马路	1.20	—	—	—	√	大同村
C859320623	兵北路	兵北桥	六贯	2.70	—	—	√	—	香台村
C894320623	农台路	农场	香台	3.40	—	—	—	√	香台村农场
C895320623	农九路	农场	九龙村	5.07	—	—	—	√	农场九龙村
C899320623	凌北路	—	—	2.66	—	—	—	√	香台村
C900320623	凌北路	—	—	1.86	—	—	—	√	周墩村

续表10—92 2012年大豫镇村村通线路情况一览表

路线编码	路线名称	起点	终点	里程	路面类型				途经主要镇村
					简易	砂石	沥青	水泥	
C912320623	海堤路	—	—	1.03	—	—	—	√	周墩村
C913320623	大青路	—	—	0.67	—	—	—	√	周墩村
C986320623	大豫线2	水泥厂北	老赫店	1.42	—	—	√	—	大豫社区
C987320623	闸东线	七贯	八贯	1.70	—	—	—	√	闸东村
C989320623	兵丁线	兵房	丁店	3.27	—	—	√	—	丁家店村
C731320623	新兴路	四贯	三贯	0.77	—	—	—	√	兵郊村

图10—59 2012年，拍摄的双闸路西段硬质路面改造工程（金向东 摄）

第二节 公路运输

中华人民共和国成立前，全镇都是土公路，路况恶劣，客车班次很不正常。民国37年(1948)，青龙港新民汽车站在掘港开辟掘青线后，开始办理汽车货运业务。1950年10月，开辟掘港经牛车桥、兵房、三余等地至青龙港班车。1951年，掘港至青龙港长途客车全年驶出246辆次，客运量3009人。境内客货车都是过境车。

一、汽车站

汽车站点分为自办站、代办站、招呼站3种。自办站即交通系统设置的车站，性质为全民所有制，代办站性质为集体所有制，雇员按经营额提取代办费，招呼站仅是路边一临时停靠点，立一站牌作标志。

中华人民共和国成立前，县内仅掘港、栟茶镇有汽车站。中华人民共和国成立后，县5大集镇（掘港、马塘、岔河、栟茶、丰利）先后设置汽车站。1956年，卡车司机汤耀龙，在兵房镇人民南路老虎灶对面设置农村汽车停靠站，自任站长。兵房汽车站始建于1959年，站址设在兵房影剧院南侧。两间平房50平方米，职工1人。1973年，恢复自办站。1985年，编制由2人增至4人。2010年12月重建新站，征地6亩，建成一幢3层楼房。底层为文峰超市连锁店3间64平方米（属食品站管理），商店1间12平方米；广播室1间，寄存库房1间，票房1间，站长室1间，面积均为12平方米。车站餐馆3间面积36平方米。候车大厅64平方米。2层和3层分别为车站职工休息室及工作人员宿舍。站内停车场为4000平方米，可容纳客车60多辆。日发客车128班次，旅客日发运量520人次。历任站长汤耀龙、顾家乐、江潮、林平、陈耀昌、陈美。

20世纪70年代后期，县政府要求乡乡通汽车，普及农村公共汽车，汽车站点深入农村腹地，各小集镇逐步设立农村公共汽车站。1985年，如东有自办站16个，境内为兵房站；有代办站6个，境内为丁店、棉场代办站；有招呼站150个，境内有大豫、南坎、东凌、大同、九门闸、香台、止马洼、协和镇招呼站8个。

二、农村公交

1970年，为便利农村交通，如东车站开办农村公共汽车交通，营运线路有掘港栟茶 南线（经岔河）、北线（经卫海），掘港（经兵房）棉场线，兵房三余线，岔河洋口线，掘港启东南线、北线，县内农村公交支线205公里；设83个招呼站，平均距离2.46公里，汽车经过21个公社，占全县公社总数39.60%。至1979年年底，县内农村公共汽车线路10条，总里程467公里；掘港至如皋65公里，掘港经新东、河口至栟茶65公里；掘港经古坝至栟茶61公里；掘港经新林至栟茶64公里；掘港至金沙38公里；掘港至永红（双南）45公里；掘港至沿南59公里；掘港至童甸13公里；掘港经古坝至丰利44公里；掘港至兵房13公里。

1971年，如东农村基本实现公共汽车化，可通往32个公社，占全县公社总数67%。1978年2月1日，县办农村公共汽车开始营运。至2012年，通车率100%

三、城市公交

1993年，如东客运总站组建如东县公共交通有限公司，投入客车9辆，其中50客6辆、19客3辆。在县城掘港设3路公交线1路：汽车总站为起讫点，途经友谊路、节制闸、人民南路、人民中路、江海西路、文峰大世界、青园北路、青园南路；2路：汽车总站为起点，途经青园南路、青园北路、江海西路、农工商超市、江海东路、油米厂，再从原路返回；3路：汽车总站为起点，途经青园南路、青园北路、人民医院、拥军路口、农业局、再从原路返回。公交车方便城镇居民出行。但是，县城人流量不多，经济效益低，当时县财政又难以拨款相助，随着政策性支出的增加和车辆更新换代势在必行，开始酝酿新公交运行模式，1996年，掘港镇公交停止运行。

2010年，如东县公共交通有限公司提出城市公交开行方案，2011年5月18日，开行双向循环城市公交，投入公交车11辆，至2012年，共投入26辆。

四、城乡一体化公交

1997年，如东推行城乡客运公交一体化模式，将城市公交车终点延伸至各乡、镇、村，进行循环运行，至2012年，共投入67辆营运客车，计3214座，镇、村公交10辆170座。开辟21条公交线路。通过境内线路有：公交5路（掘港至棉场南线）27公里；公交5路（掘港至棉场北线）24公里；公交6路（掘港至东凌）25公里；公交8路（掘港至大同）22公里。

如东县交通部门根据市、县政府要求，结合农村客运市场实际和农村公路建设规划，至2012年年底，在城镇（镇村）客运（公交）线路经过的镇、行政村、村民居住集中地等，新建城镇客运站牌380对，镇村公交站牌40对。城乡客运一体化覆盖率提升至87.71%。全县214个行政村有210个村通达班车，通达率98.13%。符合通车条件行政村班车通达率100%。

大豫镇过境长途车线路共14条：

（一）北坎至南通线

首发时间5:40，以后每隔40分钟一班，途经香台、兵房、三余、货隆、金沙、兴仁至南通。

（二）棉场至南通线

首发时间5:30，以后每隔30分钟、40分钟或60分钟不等发车。途经兵房车站、丁店镇、三余镇、货隆镇、平山镇至南通。

（三）长沙至上海

首发时间6:40，第二班12:20。途经北坎、香台、大豫镇、三厂镇、海太渡口至上海。

（四）东凌至南通线

首班5:20，中班9:30，末班15:20。

（五）香台至叠石桥线

首发时间7:00，途经大豫镇、兵房镇、丁店镇、三余镇、货隆镇、二甲镇、德胜镇、三星镇、叠石桥。每隔40分钟一班。

（六）华丰至上海线

华丰坝开往上海班车。每天11:45发车，经三余镇、货隆镇、四甲镇、常乐镇、青龙港至上海。

（七）掘港至大同线

掘港汽车总站经一门闸、兵房镇、丁店镇、九门闸至大同镇。每日首班6:10，末班17:50，约35分钟一班。

（八）掘港至棉场线

掘港经南北两线至棉场。南线每日班次：6:20，7:30，8:30，9:30，11:00，12:00，13:30，

14:30,15:30,16:30,17:40。北线每日班次:7:30,9:30,11:30,14:00,16:00,18:00。途经一门闸、兵房镇、大豫镇。

(九)掘港至启东线

每天6:30,11:00,13:00发车,途经兵房镇、丁店镇、三余镇、货隆镇、天汾镇、吕四镇。

(十)启东至射阳线

每天上午9:00经兵房车站,射阳至启东下午1点经兵房车站。

(十一)启东至大丰线

为上午10:30经兵房车站,大丰开往启东为14:10经兵房车站。

(十二)上海至掘港线

为每天上午9:00经兵房车站,由掘港开往上海经兵房车站时间为13:30。

(十三)启东至掘港线

每天上午9:00经兵房车站,由掘港开往启东经兵房时间为13:20。

(十四)丁店至南京线

每天上午6:30由掘港发车到丁店接旅客、7:00返回掘港车站,途经兵房镇、一门闸、华丰坝、童店。8:40从掘港客运总站发车开往南京,途经十总、通金线、通宁高速,12:40抵达南京中央门车站。

大豫境内城乡公交车及如东专线班车线路如下:

(一)201线

掘港至丁店线。掘港首班发车时间:6:30,末班发车时间:17:00。丁店首班发车时间:6:00,末班发车时间:16:45。途经站点为:如东客运总站、如东高级中学、灯塔、港南村、庆丰桥、一门闸、二贯、大豫镇政府、兵房车站、协和村、营房桥、丁店。

(二)202线

掘港至兵房线。掘港首班发车时间:6:40,末班发车时间:16:40。兵房车站首班发车时间:7:10,末班发车时间:17:10。途经站点:如东客运总站、交警大队、如东高级中学、余荡村、灯塔、天一、港南村、庆丰桥、一门闸、二贯、大豫镇镇政府、兵房车站。

(三)203线

掘港至东凌线。掘港首班发车时间:7:20,末班发车时间:17:20。东凌首班发车时间:6:20,末班发车时间:16:20。途经站点为:如东客运总站、交警大队、如东高级中学、余荡村、灯塔、天一、港南村、庆丰桥、一门闸、二贯、大豫镇镇政府、兵房车站、南七贯、南八贯、南九贯、东凌。

(四)204线

掘港至棉场(南线)线。掘港首班发车时间:7:10,末班发车时间:17:00。棉场首班发车时间:6:10,末班发车时间:16:10。途经站点为:如东客运总站、交警大队、如东高级中学、余荡村、灯塔、天一、港南村、一门闸、二贯、大豫镇镇政府、兵房车站、老大豫镇、北七贯、香台、棉场。

(五)301线

兵房至大同线。兵房首班发车时间:6:00,末班发车时间:17:00。大同镇首班发车时间:6:40,末班发车时间17:40。途经站点为:兵房车站,龙涛水带厂、协和镇、丁家店、九门闸、光源公司、通如桥、大同镇。

(六)302线

兵房至伯安线。兵房首班发车时间:7:20,末班发车时间:17:20。中间每隔1小时一班往返循环运行。途经站点为:龙涛水带厂、协和镇、营房桥、丁店加油站、丁店镇、丁店西站、伯安东站、伯安桥。

(七)303线

兵房至北坎招呼站。兵房首班发车时间:7:00,末班发车时间:17:00。中间每隔40分钟一班车。途经站点为:兵房车站、农业银行、变电所、兵北桥、老赫店、老大豫镇、海丰针织、三友桥、蔡墩桥、止马洼桥、北坎招呼站。

(八)304线

兵房至东凌线。兵房车站首班发车时间为6:10,末班发车时间为17:50。中间相隔时间为20分至60分不等,往返循环运行。途经站点为,南五贯、南六贯、南七贯、南八贯、南九贯、东安闸。

(九)公交5路

掘港至棉场(南线)27公里。首班发车时间6:50,末班发车时间17:30,中间每隔40分钟一班。

掘港至棉场(北线)24公里。首班发车时间:6:30,末班发车时间:17:30,中间每隔40分钟一班。

(十一)公交6路

掘港至东凌线25公里。首班发车时间:6:50,末班发车时间:17:30,中间每隔40分钟一班。

(十一)公交8路

掘港至大同线22公里。首班发车时间:6:10,末班发车时间17:50,中间每隔35分钟一班。

2012年兵房公交车站直达站点发车时刻表

表10—93

终点站	时间班次
大丰	8:50

表10—93　2012年兵房公交车站直达站点发车时刻表

终点站	时间班次
射阳	9:20
启东	7:20,8:00,9:00,9:20,10:00,11:00,12:30,13:30
上海	6:40,7:10,11:45,13:10,13:30
掘港	6:15,6:25,6:45,7:00,7:15,7:50,8:15,8:25
	8:45,9:00,9:15,9:35,9:50,10:15,12:25,12:50
	13:10,13:40,14:20,14:45,15:00,15:15,15:35,15:50
	16:25,16:45,17:00,17:20
丁店	7:20,8:00,8:40,9:20,10:00,10:40,11:20,12:40
	13:20,14:00,14:40,15:20,16:00,16:40,17:20,18:00
东凌	6:10,7:20,7:50,8:50,9:30,9:50,10:50,11:50
	13:00,13:50,14:30,14:50,15:30,15:50,16:50,17:20,17:50
棉场	7:30,8:30,9:30,10:30,11:30,13:30
	14:30,15:30,16:30,17:30,18:20
北坎	6:30,8:30,10:30,13:30,15:30,17:00
大同	6:00,7:00,8:20,12:00,13:00,14:30,17:00
南通	5:50,6:10,7:00,7:50,9:00,10:00,11:00,12:20
	12:50,13:30,14:30,15:30,16:30
海门	4:50,5:20,5:50,6:20,6:50,7:20,7:50,8:30,9:00
	9:40,10:20,11:00,11:30,12:00,12:30,13:00,13:30,14:00
	14:40,15:10,15:30
叠石桥	7:00,8:00,9:00,10:00,12:30,13:30,15:00,15:30

五、货运

中华人民共和国成立前，境内陆路货物运输主要靠小车，沿海一带依靠牛车。解放战争时期，群众组成小车队运送公粮柴草支援前线。1950年，青龙港新民汽车公司，开辟青掘线，经营货运业务，新棉上市季节，在牛车桥、兵房镇、东安镇、九门闸一带承办棉运业务，但货运量较少。

1956年，建立国营如东汽车站后，开始常年经营货运业务。1974年前，无固定货车班，由南通地区汽车运输公司临时调运。1974年，如东汽车站建立固定货车班，共有载重汽车7辆，计52吨位。1979年6月，先后开辟掘港至南通、掘港至如皋、掘港经凌民、丰利、古坝至栟茶，掘港经兵房、三余至青龙港零担货担。1981年，如东县汽车运输公司和南通地区汽车运输公司、掘港汽车站合并，成立南通地区如东县合营汽车运输公司，货车增至24辆，112吨位。1994年，如东汽车站取消货运车班。

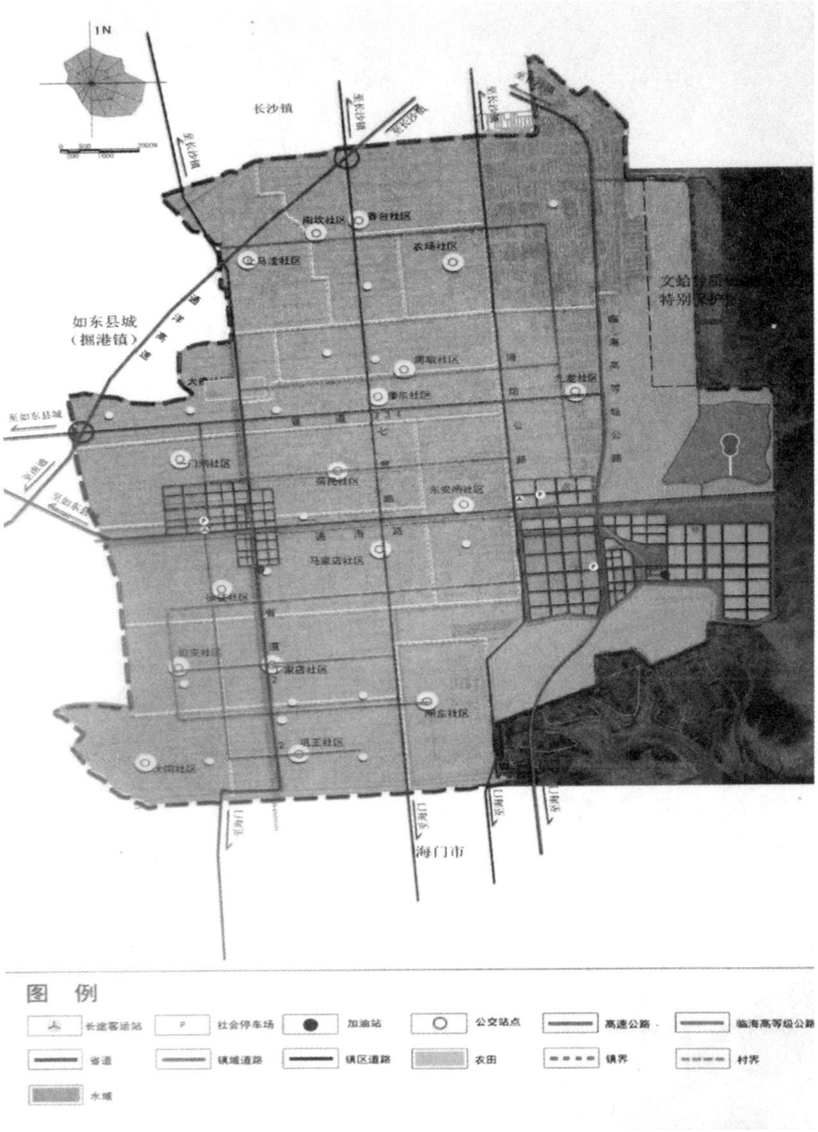

图10-60　如东县大豫镇总体规划　城乡综合交通规划图

第二章　航　道

中华人民共和国成立前，境内河道弯弯曲曲、深浅悬殊，无正规航道。中华人民共和国成立后，各级政府加大航道建设力度，1964～1979年，分别对航道开展普查，并实施航道养护和管理，确保航道畅通无阻。2012年，境内共有主要航道5条。一级航道为如泰运河、遥望港，二级航道为掘坎、公共、四贯河。

第一节 一级河航道

一、如泰运河

如泰运河最东段。河道贯通川扬运河、九圩港,横穿县境中部,是县内引排、航运骨干河道。全长136公里,县境67.46公里,从一门闸进入大豫境内,过境长16.20公里。此为连接如东县、如皋市与泰州市引江入海大通道,为5级航道,可通航80吨位船舶,货物年通过量2700万吨。

二、遥望港

民国8年(1919),沿海围垦开发,曾经清淤捞浅,并在入海口兴建九门闸挡潮排水,成为沿海垦区主要入海水道。1955～1975年,全线进行三次拓宽浚深,并由九门闸开挖延伸至遥望港闸(九贯),全长36公里,过境长11.25公里。可通航60吨位运输船只。

第二节 二级河航道

一、掘坎河

掘坎河西起如泰运河掘港段,经九总、止马洼村、南坎社区至北坎闸,过境总长5公里,1950～1967年冬,3次裁曲取直、拓宽浚深,可通航20吨船舶。1965年,掘坎闸竣工,从此掘坎河与如泰运河接通。

二、公共河

西起掘港东坝头,东至十贯。流经掘港镇东部、九总、南坎,过境总长8.75公里。民初开挖,原河道水浅曲折。1952～1984年,经4次拓宽浚深,沿线支流有大寨河、三十丈沟、一贯河、四贯河和七贯河。四贯河以东可通航60吨位船舶,四贯河以西可通航10吨位船舶。

三、四贯河

四贯河南通遥望港,北接掘坎河。途经巩王村、协和镇、兵房镇、大豫镇、止马洼大桥。全长17.50公里。南北贯通向阳河、丁店河、中心河、卫东河、兵房大河、红卫河、民兵河、公共河、棉场河、富强河、掘坎河。此河原为大豫垦殖公司南北向大沟,穿越大豫镇全境。河道可通航30吨位船舶,为七级航道。跨河桥梁30座,主要承担南通万豪科技发展有限公司等企业的物资运输任务。

第三节 水路运输

抗日战争期间,大同镇蒋氏(名不详)从绍兴购回一条汽油船,开通大同镇至南通航线,由大同镇出发,经三余、货隆、金沙抵达南通。1950年,黄兴隆、印明堂等人增加木班船航班。码头设在大同镇东首"三合口"北岸,售票处设在原大同供销社巷子里。班船每天早晨6时开出,晚上7时返回。每次可载客50人。1956年,实行公私合营后并入南通航务局。是年,境内开始有木帆船,20世纪60年代始,木帆船由客货兼运转为专营货运。70年代始,木帆船便改成拖驳或挂桨船。从80年代起,水泥船得到批量使用,木船逐渐淘汰。

第三章　桥梁　渡口

第一节　桥梁

大豫镇地处长三角,东临南黄海,属如泰运河和遥望港下游区域。中华人民共和国成立前,境内大小河道(港汊)纵横交错,各种桥梁星罗棋布。中华人民共和国成立后,政府对年久失修桥梁进行整修,并在交通要道河上架设桥梁,1959～2008年,建一级河桥梁7座。1953～2008年,建二级河桥梁17座。

一、一级河桥梁

(一)兵房大桥

木质桥,位于兵房镇区,1959年,完建于如泰运河上,1972年改建拱形桥。2007年2月重建成净跨105米,净宽26.50米,全长111米,双向4车道,荷载等级公里-1级。2012年6月,又重新改建为钢筋混凝土结构,2墩3孔,每孔28米,载荷为:汽—20T,挂—100T。

(二)庆九桥

又名"东安镇大桥""七贯大桥"。1969年建成,位于掘兵河东安镇。为8跨双曲拱桥,总长96米,净跨27米,总宽4.73米,为县内多孔桥中最长的机耕桥。2009年重建,钢筋混凝土结构,4墩5孔,每孔20米,全长112米,净宽8米。

(三)友谊桥

建于2002年,位于大同镇南首,架于遥望港河上,全长65米,净宽5米。

(四)通如桥

位于大同镇东首,横跨遥望港大河。全长60米,宽8米,建于1978年,已成危桥。

(五)九门闸桥

地处四贯马路最南端,是遥望港大河上的主要桥梁,长72米,宽12.50米,设计荷载:汽—20T,挂—100T。

(六)毛竹渡桥

位于六贯马路南首,横跨遥望港大河。全长64米,宽5.50米。于2001年建成,桥梁荷载8吨。

(七)遥望港大桥

建于2008年,位于九贯马路南端,遥望港下游入海处,是如东沿海通往启东、海门等地的主要桥梁,全长140米,宽12米,设计荷载汽—20T,挂—100T。

二、二级河桥梁

表10—94

名称	相对位置	规模尺寸(米)	建设年代	荷载(吨)
南闸桥	四贯河最南首	24×8.00	1976	8
王荃桥	四贯河向阳桥西侧	40×5.00	2012	10
丁家店四贯河桥	丁店老粮站东首	T型梁30×8.00	1986	8
兵中桥	兵中东首	32×8.00	1986	8
海滨桥	兵房镇区334线公路桥	46×17.00	2004	10
金利来大桥	新兴路东首	45×12.00	2006	10
大豫新桥	农民街	33×8.00	2008	8
茂青桥	大豫向北半匡	36×5.50	2007	8
三友桥	水泥厂向北半匡	33×4.50	2005	8
蔡墩桥	南坎镇直西(四贯河上)	31×4.80	2006	8
团结桥	止马洼村部直西(四贯河上)	32×4.80	2004	8
新中桥	止马洼一组	28×3.00	1969	8
止马洼大桥	四贯河北首	39×7.00	2007	8
陆虎儿大桥	掘坎河上六贯马路北首	28×3.00	1969	8
掘坎河闸	七贯河北首	单孔6.00	1953	6
鲍家坝大桥	七贯处	28×6.00	1983	8
水泥厂桥	水泥厂西北侧	28×6.00	1985	8

第二节　渡　口

大豫境内河道纵横。但因少数河道无桥,而设置渡口。渡船可分3种。小船,通常只载1～5人,船工用桨划水或用竹篙撑船前行。中等船,可载5～10人,也可载自行车、小车、拖车等小型交通工具,船上有护栏和扶手。此船首尾各拴一根铁丝或麻绳,两端分别固定在两岸木桩上。船工通过拉两边绳索来往两岸之间。平板船(专用船),舱面铺设平板,船两边架设护栏,主要是载车,二轮、三轮、四轮均可,也可载人。渡船上设专职船工,乘船者付渡费,20世纪50年代,渡费每人2分,带自行车者5分,机动二轮1角,机动三轮1角5分,四轮2角。以后渡费随行就市渐涨。有些较小的渡口,没有船工,只设渡船,过河者自已拉船或撑篙。一些较宽的河道或是交通要道,地方政府设造渡口,渡船较宽且平,船两侧设置牢固扶栏,河面上架设粗钢丝,船工在船上用专用工具牵拉钢丝,驱船前行,较为省力和安全。

中共十一届三中全会后，水陆交通事业飞速发展。摆渡这种古老陈旧交通方式，在县政府“撤渡建桥”号召下，境内渡口陆续撤除，建成不同规格桥梁。2002年，遥望港九门闸渡口因兴建九门闸桥亦被撤除。

图10—61　20世纪80年代末，九门闸遥望港渡口　（金向东　提供）

1965～2002年大豫地区主要渡口一览表

表10—95

渡口名称	所在位置	渡口得名	建撤时间(年)
九门闸渡	遥望港河、四贯南首	因地名得名	1973~2002
南毛竹桥渡	遥望港河、六贯南首	因地名得名	1975~2000
五贯渡	遥望港河、五贯南首	因地名得名	1981~1998
徐家渡	遥望港河	因船主姓氏得名	1982~1998
三角渡	遥望港河	因地名得名	1982~1998
东安渡	兵房大河、南七贯	因地名得名	1962~1969
八贯渡	兵房大河、南八贯	因地名得名	1963~1968
孙家渡	兵大界河	因船主姓氏得名	1965~1970
五贯渡	掘坎河、五贯北首	因地名得名	1965~1978

第四章　交通工具

中华人民共和国成立前，大豫地区交通工具古老、落后，主要靠人力驱动前行。陆运以小车为主,由人双手握把推行。水路以木船为主,可借风力,“顺风扬帆、逆风拉纤”。中华人民共和国成立初期,始现自行车、摩托车、汽车、机帆船、轮船等。中华人民共和国成立后,交通运输业日益发达,古老落后交通工具陆续淘汰,先进交通工具与日俱增。2012年,全镇有二三轮摩托车1.76万辆、自行车10万辆、轿车3066辆。

第一节 陆 路

节内载录陆路交通工具21种,有7种淘汰,占33.30%;有7种保留,占33.30%;尚有7种,正在使用和发展中,电瓶车已成为百姓最佳代步工具,人皆喜爱、老少皆宜,2012年,全镇有10万辆之多。

一、轿子

亦称肩舆。是一种古老的交通工具,常见有5种:一是4人抬官轿,木架、木杠,外罩绿色绸缎布,四面嵌小方玻璃,为知县、教谕等职官员乘坐,辛亥革命后停用。二是2人抬小轿,木架、木杠,外罩蓝布,一般富裕之家妇女或老人乘坐,日本侵略军东侵后停用。三是2人抬竹轿,竹架、竹杠,罩蓝布,停于街头巷尾,可随时雇乘,医生出诊亦多坐竹架轿,日本侵略军入侵后停用。四是4人抬花轿,木架、木杠,外围绣花缎罩,顶上和四角有明角灯,为新娘结婚时乘坐,由轿行出租,沿用至民国34年(1945)。五是2人抬藤轿,竹架外裹藤皮,上半截透空,为普通百姓(有一定身份之百姓)乘坐,亦由轿行出租,民国初曾一度兴起,不久即废。大豫地区也有较富裕的农户置办花轿,为地方嫁娶人家备用,中华人民共和国成立后,逐步绝迹。

二、小车

系木质独轮车,是传统的载人、运货交通工具。小车居中有一大木轮,木架骑跨于木轮上,中为靠背,两侧如凳状,可坐人载物。车有两只长柄握把,末端系有车襻。人推车时,车襻搭于颈后和两肩,两手分握车把,驱车向前。此车由1人在后左右握把,平衡向前推行,也有在车前增加1人背绳牵引加速。小车上可供两人左右分乘,也可载物若干,多则可载百余公斤,日行七八十里。中华人民共和国成立前,中等家庭农户大多备有一辆。也有贫困者到小车行租车经营谋生,专为客商送人运货。大同镇、南坎镇有过小车行,供人租用。在抗日战争和解放战争中,大豫地区民兵经常用小车运送粮食、伙草,支援前线,还有小车工人积极参加抗日救亡运动。车轮车轴为硬木质,较笨重,推车费力。车行时,车轴摩擦车身,发出吱咯吱咯的响声。后改为胶轮轴承,推车省力,且无噪音。20世纪60年代后,小车被先进的人力车辆所替代。

图10-62　20世纪60年代用木质独轮车推棉饼（姜颂良　提供）

三、黄包车

亦称东洋车。清末由日本传入中国，有两只钢丝轮及车座棚盖，棚盖由黄色油布制成，可载1～2人及少量物品，由人力拖拉前行。中华人民共和国成立后，大同镇、南坎镇少数名医自备此车，雇用车夫，供出诊时代步用。后经加工改建，制成脚踏三轮车或者机动黄包车，车夫更为省力。2003年9月，掘港成立黄包车协会，有黄包车1083辆，至2005年底，减少到958辆，2010年，仅有840辆。境内没有。

四、牛车

系木质结构，有木轮2个或4个，2轮车由1头牛牵拉。4轮车是前2轮小，后2轮大，由一前一后两头牛牵拉。赶车者骑在后面力气大的牛背之上。一般牛车可载重1至2吨，可以使用15年。大豫地处南黄海之滨，在横马路上常见牛车往来。有一种牛专为下海载人运货，叫“海子牛”。沿海一带有固定的牛车路，在沙滩、海堤拖拉渔货、盐包等，也一向以牛车为主。1958年，全县有牛车231辆。其中境内有43辆（主要分布在南坎公社东北部几个大队），1970年后，牛车逐步让位于手扶拖拉机。“牛车桥”也因牛车往返频繁而得名。2005年前，尚有少量海子牛拉车出海，让中外游客体验“海上迪斯科”（踩踏文蛤）。

图10-63　牛车载海上游客　（2005年，王必春　提供）

五、马(驴)车

马车一般载重1吨左右。驴车有自用和营业用之分。自用的驴车，如粮店外出送货用。也有农民用于进城拉粪土或卖瓜果蔬菜等农产品。营业驴车是用于拉送乘客。20世纪70年代，部队农场保留马车数辆。2000年前后，境内少数农户备有马(驴)车，用于运载楼板等建筑材料。2005年后绝迹。

六、自行车

曾称为钢丝车、千里驹，之后又称脚踏车。20世纪30～40年代，大豫地区开始有人购买自行车代步，路人围观称奇。中华人民共和国成立前，境内集镇只有几辆，乡间尚无。之后，大同、兵房、丁店、南坎等镇相继开设脚踏车行，修理兼出租自行车。并由市民自发组成二等车站，以自行车搭客、拖货为业。1955年，由县交通部门把二等车站纳入运输一条线，发给搭客证，委托各乡镇搬运社代管，一时间生意兴隆。20世纪60年代后期，公共汽车逐步发展，私人自行车不断增多，二等车搭客业务趋于冷落。但在农村自行车仍为广大农民所青睐，甚至作为结婚彩礼和嫁妆中的重要物品。当时，不仅是人们出行代步交通工具，而且是一种便捷实惠运输工具。农民送公粮、卖棉花、运送农产品、购买化肥农药常用自行车运载，可拖载百余公斤货物，多者150公斤，平稳自如。90年代，手扶拖拉机带拖箱上路运输，自行车拖货逐渐减少，农民有自行车也由载重型改为轻便型。一度，人们在自行车上安装1匹马力汽油发动机，改成机器脚踏车，既快又省力。至2012年年底，全镇存有自行车10万辆。多数家庭2～3辆。

七、拖车

又叫板车，大车。有两只胶轮，安装在轴板两侧。由人力拖拉，一般可载重300公斤。在车站、码头、工厂等处用于短距离运输。1985年，全县运输企业有板车954辆、366吨位，兵房作业区有20辆。2005年后板车逐步被淘汰。

八、青年车

类似独轮车，由木质独轮改良制成。车架开始用木质材料。后改成自来水管，车轮比小车木轮小，先采用自行车轮，后改用拖车、轻骑或摩托车轮，推重物轻便灵活，一般可载重三四百斤。农户多数有此车，用于运载农产品，下田装运化肥农具，开河筑岸亦可载土，河工上青年民工，组成青年推土突击队，在掘东多次围垦工程中发挥很大作用，故将此车命名为“青年车”。2012年，境内此类车有7000辆。

九、三轮车

俗称“黄包车”。前有1轮，似自行车前身，后有2轮，在轴上架一个长方形矮帮拖箱。有一人乘骑拖运，用脚踏齿轮上的踏板，带动齿轮上的链条，牵引后轮前行。一般可载200～300公斤重物。20世纪50年代开始普遍使用。进入21世纪后，人们对此车进行改装，在车上安装机器（汽油机或柴油机），称为“机动三轮车”，有的还安装封闭式车厢，用途更为广泛。2010年后，人们又将机动改成电动，出现电瓶三轮车，既轻快，又省费用，还做到绿色环保，深得用户喜爱。2012年，全镇有电瓶三轮车2500辆。

十、摩托车

亦叫“轻骑”。抗日战争和解放战争时期，日伪军、国民党军队和新四军都曾使用过摩托车。1954年，如东县政府购买摩托车1辆，后转交给公安局使用。1980年后，轻骑逐渐增多，为民间普遍的交通工具。轻骑可乘坐2人，时速为40公里。1982年7月28日，沿南乡康社村缪永生购买县内首辆轻骑。随之轻骑发展为摩托车，时速一般为80公里。境内在使用轻骑时，上海产250型摩托车已出现，一门闸村黄卫平为首辆拥有者。20世纪90年代开始普及，80%以上农户拥有各种型号摩托车。2012年，全镇有二三轮摩托车1.76万辆。

十一、轻便小三轮卡

俗称兔儿头。时速40公里，载客2～3人，附货100～200公斤。1980年，县人民银行购置县内第一辆轻便小三轮卡。1985年底，县内有7辆，1986年增至36辆（含兵房10辆），多数用于搞个体运输或载客。2010年底已基本绝迹。

十二、手扶拖拉机

即小型拖拉机，属农业机械，前有2个小轮，后有2个大轮，备有拖箱，可拖带1吨左右的物品，一般12马力，时速20～25公里。20世纪60年代始用于运输。1970年，全县有239台，1976年有2716台，1985年年底有6900台，2005年仍有3665台从事运输，后逐步被改装农用车所代替，退出运输市场，主要用于农田作业。

十三、中型拖拉机

其后2轮较前2轮大，一般为60马力，时速可达25公里。1958年，用于农田耕作，后逐渐转为交通运输。1985年，全县有113台。2010年年底日渐稀少。

十四、小客车

民国9年（1920），如东境内行驶的小客车仅4个座位。20世纪50年代初，小客车有7座或12座，均以烧木柴为动力。1985年3月，双甸乡镇西村有位个体户购买小客车1辆，3

个座位，载重2吨。此类车辆境内未见。

十五、大客车

1958年，掘港汽车站使用第一辆大客车，有30座。1978年，县汽车运输公司有大客车7辆，420座。1985年，全县已有49辆。2005年，全县运营客车214辆。客车重新分类后，又出现大型客车和中型客车。2010年年底，全县有大型客车204辆，1.52万座，中型客车476辆，5928座。其中103辆参加营业性运输，有高级客车30辆，中级客车27辆，普通客车46辆。

十六、农用运输车

又称“变拖”。县内出现于2000年，主要搞运输。2010年年底，全县有2214台，其中819台挂外地牌照，2012年，兵房砖瓦厂有11台。

十七、轿车

民国25年(1926)，曾有一辆黑色轿车开到掘港，令围观者称奇。1959年，县政府购第1辆5座轿车。1985年，境内有2辆轿车，全县私家轿车14辆。进入21世纪后，企事业单位和个人购轿车已成时尚。至2012年，全镇有轿车3066辆，马家店村16组轿车达3户1辆。(详见调查表)

十八、面包车

外形似长方形面包，一般载客7～10人。20世纪70年代在县内出现。1985年，全县8辆、97座，2005年底4047辆、2.43万座。客车重新分类后，面包车归入小型客车，2010年底，全县有微型、小型客车1.01万辆，2012年，境内有400辆。

十九、小货车

一般载重0.50吨至1.50吨，时速35公里至50公里。后小货车归入轻型货车。

二十、大货车

指载重货车，有4轮、6轮和10轮之分。之后又有加长和超长之别，一般载重3～5吨或6～10吨。20世纪50年代，县内通行的货车属青龙港新民汽车公司。1958年12月，省交通厅分配给如东第一辆大货车(4吨位)。1985年，全县有大货车493辆、1692吨位，其中个体户有30辆、107.50吨位。2005年，全县有载重货车2170辆、6004吨位。至2010年年底，全县拥有重型货车、中型货车共3126辆、2.19万吨位，其中最大的一辆核载吨位为39.50吨。2012年，全镇有10吨超长载重货车11辆。

二十一、其他车辆

油罐车：装有大型密封油桶，用以装油。1971年，县物资局石油公司购1辆，4吨位。1985年，全县有2辆，8吨位。2005年37辆、284吨位。油罐车用途逐渐扩大，可以装运食品油、散装水泥等。2010年，全县拥有此车84辆，961.40吨位。境内拥有12辆，160吨位。

冷冻(藏)车：车厢可密封，内装制冷设备。1985年全县6辆、23.50吨位。2005年30辆，1250吨位，其中大豫镇2辆，8吨位。

混凝土搅拌车：俗称“橄榄车”，用于制造和运输混凝土。此车为混凝土专用车，动力为320马力，能制装10～12立方米混凝土，为25吨位。2012年，南通万豪科技建材有限公司有24辆，600吨位。南通津豪混凝土有限公司有20辆、500吨位。

散装水泥罐车：运输散装水泥专用车。1996年，南通万豪科技建材有限公司开始启用此车，2012年有20辆。

救护车：1967年3月，县人民医院购置县内第一辆救护车。1985年，全县有3辆、25座。1995年，兵房医院有1辆，7座。

消防车：1968年，如东县轧花厂购大型消防车1辆。1985年，全县3辆。2005年8辆。

另外，至2010年底，如东县公安部门有警车151辆，囚车1辆。交通部门有运政、海事、航道、公路管理车32辆。检察院有警车16辆。法院有警车19辆，囚车2辆。民政局有殡葬车41辆。供电部门有电力维修专项作业车9辆，辅助维修车辆达60余辆。2012年，大豫派出所有警车5辆。

2012年大豫镇马家店村16组私家车情况调查表

表10—96　　　　单位：户　辆

有车户数	轿　车	面包车	卡　车	合　计
16	13	5	3	21

第二节　水　路

境内的水路交通工具以船为主。民国9年(1920)，境内始通航小客轮(俗称“机器快”)，但发展速度缓慢。中华人民共和国成立后，水路交通运输事业得到政府重视，20世纪60年代起，传统运输船相继被先进的机动船所替代。2012年，全镇有驳船68艘、3480吨位。

一、农船

也称民船。水网地区普通农民用此小木船，以力撑篙行驶，可载重100～250公斤，也有用于罱河泥、积绿肥、捕鱼及运输粮草物资。

二、鸦船

渔民在内河用鱼鹰(又名鸬鹚)捕鱼专用木船。船小且轻，长不足3米，宽仅0.50米，头、尾各翘出水面0.30米。船底装1只滑轮(可以卸下)，以便船上岸后推着走。船舱中部装有响板，捕鱼时踩着响板惊动鱼儿，嘴里吆喝着赶鱼鹰下水捉鱼。20世纪50～60年代，马家店村杨家、陈家，伯安村朱友良家和大豫社区赵德华家都备有鸦船。

图10-64　鱼鸦船　　（陈福山　提供）

三、木帆船

指有桅杆和风帆的木船。1956年，全县水运企业有货运木帆船406艘、4531.80吨位，客运木帆船48艘、3480客位（或316.40吨位）。大豫镇有6艘。20世纪60年代，由于内河轮船客运的发展，木帆船由客货兼运转为专营货运。70年代开始，木帆船逐步改成拖驳或挂桨船。

四、帮船

亦称"班船"，顺风扬帆，逆风背纤，时速5公里，载客兼货运。此船中华人民共和国成立前仅有少数，中华人民共和国成立后渐多，20世纪60～70年代减少，80年代后逐渐被机帆船替代。

五、快船

俗称"摇摇快"，原为浙江乌篷船，有棚盖，船身狭长，头尖尾翘，船底呈尖形，行驶阻力小，行速较快。可张帆，也可摇橹，行时4人两把纤绳，两人一班，边摇橹边背纤，快于一般木船。客货兼运，可乘30多人。1956年，县内尚有，之后逐渐消失。

六、黄壳儿船

是一种装有棚盖、设有锅灶、铺位的班船，要供乘客食宿，最大的16吨位，最小的2.50吨位，一般可载客50～60人。顺风扬帆，顶水背纤，日行25～30公里。1960年后，此船逐渐为内河客运轮船所代替。

七、商船

主要用于装运货物，或作行商贩运载商品之用，一般载重1～2吨，可张帆、摇橹、背纤，在机动船舶未普及前，商船对沟通物资交流所起作用甚大，中华人民共和国成立初期，全县有267艘，大豫有48艘。

八、内河小客轮

亦称"小火轮""机器快"，用于拖带驳轮。民国9年（1920）起，境内始有此种小客轮通航。1964年前,客轮主要以烧木柴、白煤等燃料为动力。1965年,开始使用柴油机,并将木壳改为铁壳。1986年4月,由于汽车客运基本普及,此种客轮全部停航。

九、拖轮

指其后可拖带驳船的机动轮船。1958年6月,如东县水运企业从上海购进1艘60马力拖轮,编为如东跃进1号。1985年,县内有拖轮55艘、5576马力。大豫境内有2艘,120马力。1995～1996年,为全县水运发展鼎盛时期,有船队13个,大豫有2个。

十、驳船

为拖轮所带动的船。自身没有动力设备。1958年,县办水运企业购置拖轮2艘,配置木质驳船29艘,784吨位。1971年,开始使用第一艘水泥驳船,40吨位。1980年,始使用钢质货驳3艘、171吨。1985年,县内有驳船588艘、1.69万吨位。其中水泥船52艘、2659吨位,钢质船73艘、5052吨位,木质船4艘、258吨位。2005年,县境内有驳船108艘、5801吨位。2010年,全县拥有驳船380艘、1.85万吨位。2012年年底,大豫境内有驳船68艘、3480吨位。

十一、小马力机动船

比拖轮小,约40马力,附拖100吨位。挂浆机船是小马力机动船的一种,现已基本绝迹。

十二、渔船

俗称荡撇儿,是专门从事内河捕鱼的木船。大豫境内渔民一般乘此船以放钩子、卡子、拖网、丝网等方法进行捕鱼。不少渔船也是渔民的住家船。全家人生活在这种船上,以捕鱼为生。1986年,全镇有渔船13艘,之后由于水质污染,无鱼可捕,渔民们只好改行,此种船亦少见。

图10-65　2012年4月,小渔船在如泰运河兵房段作业　（管霖　摄）

十三、水泥船

指用水泥浇铸的钢筋骨架船只。当时由于木材紧缺,但生产队又因积肥当紧,急需用船,所以人们便在河滩上挖成船模,用钢筋混凝土浇铸成类似木船形状的水泥船,根据大小可分为2吨、5吨、7吨等不同品种。每个生产队至少有一条水泥船,用于罱泥、积绿肥、装运氨水、送公粮、卖棉花、上河工等,用途很广。砖瓦厂还用水泥船装砖瓦、运泥土,建立运输船队。潮桥公社建筑站专门建立制造水泥船的工厂。境内大多数生产队靠该厂供货。20世纪80年代起,水泥船得到批量使用,而木船逐渐被淘汰。

十四、挂桨船

20世纪60年代起,一些运输船安装柴油机为动力的挂桨机,俗称挂桨船。80年代,运输船只逐渐淘汰,采用挂桨推进船只,并改为方向盘驾驶。

十五、海船

即近海渔船,用于出海打鱼或运输。船体较大,船帮较高,一般可以载重30吨左右。常装有二道桅或三道桅,逆风也可以航行。抗日战争、解放战争期间,为打破敌人的陆上封锁,曾用海船运送中共军政人员和战备物资。中华人民共和国成立以后,海船逐步改进,既用帆蓬又用机器。1985年,全县海船304艘,大豫镇56艘。2005年,全县有2000艘,其中60马力以下400艘。大豫镇占26%。2012年,全县有海船384艘,其中60马力以下218艘,60～250马力86艘,250马力以上80艘。

十六、其他船舶

邮船:用于装运邮件。中华人民共和国成立初期,如东仅有1艘。

手工业船:为手工业者及郎中居住兼交通的船。1949年前,即已存在,可分铜匠船、做斫糖(用麦芽制成)船、把戏船、郎中船等。大多分布在如东西部地区,老大豫镇有2户铜匠船(曾文才、王桂生),后绝迹。

图10-66　　铜匠船　　(2012年,姜颂良　提供)

第五章　装卸运输

第一节　兵房港埠

位于如泰运河兵房段与四贯河交汇处，距新东安闸入海口13.50公里，正常水位可停泊100吨位船舶。除东安闸开闸放水外，水情稳定。1985年，码头泊位9个，总长度257米，最大靠泊能力为100吨，装卸机起重最大能力为1吨。另有各种重机械装卸机3台，职工108人，完成操作量14.48万吨，千吨成本1000.75元，起重机械化程度3%，半机械化程度22.84%，完成营业总收入18.40万元，实现利润0.24万元。该港埠仍在发挥作用。

第二节　运输船队

20世纪70年代初，丁店砖瓦厂建起对外运输轮队，配有160马力拖轮1艘，铁驳子船4艘，水泥船6艘，总吨位为600吨。配备正副船老大各1人，正副机师各1人，每只驳船另配船员2人。80～90年代，轮队运输任务繁忙。主要承运煤炭、黄沙、水泥、石子等建筑材料。20世纪末，砖瓦厂进行体制改革，轮队由集体转为私营。

此外，丁店、兵房、南坎砖瓦厂均拥有运泥船队，用于装运制砖用泥。丁店砖瓦厂运泥船50艘，每艘载重量约为5吨。每10艘组成一个队，用12马力挂桨船拖运。80～90年代是砖瓦业兴旺时期，如泰运河从四贯到七贯及遥望港青坎上堆土，全成为砖瓦厂制造砖坯材料。

第三节　运输站

1957年1月，成立江苏省南通航运局如东管理所装卸站，下设掘东等6个装运队，同年又设人同等9个装卸组。1978年10月，如东县港务管理处成立后，全县设掘港、兵房等8个装卸作业区。至1985年年底，全县共有码头298个，作业岸线长2334米，码头前沿水深2米，最大停泊能力200吨。仓库面积2.38万平方米，堆场7.88万平方米，年度港口吞吐量185.67万吨，其中进口量125.92万吨，出口量59.75万吨。

1958年，华丰等7个公社建立运输装卸站，至1959年12月，全县相继建起36个公社运输装卸站。[①]

①见《如东交通史料》。

一、丁店运输站

1953年,成立大同镇搬运站,址设大同镇三角街。站长顾秉文,会计顾亚萍,员工16人。主要从事水路运输。有3艘5吨级木船。运输线路从大同镇出发,经三余、新街抵四甲,共计42里路程。每艘船有3人拉纤,运载客人与货物。

1960年,撤销大同搬运站,迁址丁家店,建立丁店运输站,站长卞启文。全站工作人员36人,其中搬运工人16人,办公室设在范伯生店隔壁,两间小屋,设备简陋。主要从事搬运和水路运输。有8艘10～30吨级运输船队。承运物资为烟煤、砖瓦、柴草、粮食、建筑材料等。码头设在原丁店粮站东河沿。工人工资实行多劳多得浮动制。1975年,规模得到扩大,资金逐渐增多。员工增加到40多人,固定资产20万元,添置吊车3台,人均月工资多时100元以上。1996年,企业产权改革后,丁店运输站实行股份制,由俞卜山、朱汉平、朱永祥合伙经营。后无正常业务而停业。历任站长杨明、秦达、袁惠清、俞卜山。

二、兵房运输站

位于兵房大桥北首东侧向阳浴室处。建于1950年,首任站长张祖成,运输站的前身是个体联合体搬运装卸组织,有15个装卸工人,无办公地点,接到任务随即集中,每天挣得的工钱按人头分配;不久,建立搬运工会。农村实行合作化后,该组织由乡政府实施领导,站长为吴文俊,属乡办小集体性质,并有两户向集体投资两艘3吨运输船,取名如东县掘东装运队,业务上属南通航运局如东管理所装卸站管辖。下设大同、盐场装卸站。“文化大革命”期间,划归县交通局,为大集体性质,更名如东县兵房装卸作业区。同时建立兵房交管所,两块牌子一套班子。作业区主任由交管所长张祖成兼任。装卸人员增加到70人,有两个小轮队,累计270吨位。80年代初,管辖范围扩大到南坎、丁店、华丰、东凌搬运装卸小组,装卸工人160人。1986年体制改革,交管所和作业区分开,主任施振家。1996年,县交通企业实行产权制度改革,兵房作业区改制后,建立如东县兵房装卸股份有限公司,总经理施伯陶。2004年6月,公司划归属地管理,人员全部挂靠县人力资源和社会保障局。2009年,40万元固定资产实行整体出让。

图10—67　兵房搬运装卸小组（2002年，姜颂良　提供）

三、大豫搬运站

1950年成立大豫搬运站。址设大豫供销社南河沿，房屋两间，搬运设备有：平板车、大锹、跳板、箩筐、扁担等。负责人蔡学新，员工8人，主要负责码头上装卸搬运货物。1980年，大豫搬运站撤销，并入兵房运输站。

第四节　燃料供应

境内加油站提供的燃料油有两种：汽油和柴油。汽油有90号、93号、95号，柴油有0号和-10号。另外还有润滑油。

全镇有17家加油站，其中3家所属石化公司，其余均为个体户。

2012年大豫镇加油站一览表

表10—97　　单位：平方米

加油站名称	位置	所属单位	职工	占地
石化公司(三贯)	334线三贯	国有石化公司	6	1677
石化公司(培德)	兵北公路兵北桥	石化公司	3	700
大豫加油站	大豫镇张謇南路	个体	3	613
石油公司	大豫镇张謇北路	石化公司	4	819
止马洼加油站	止马洼大桥	个体	3	187
豫北加油站	香台北首	个体	2	179
七贯加油站	周墩村七贯桥西	个体	3	300

续表10—97　2012年大豫镇加油站一览表

加油站名称	位置	所属单位	职工	占地
香台加油站	香台村	个体	2	198
东凌加油站	东凌居委会	个体	3	500
兵南加油站	兵房南首	个体	3	225
王荃加油站	九门闸北首	个体	3	400
协和加油站	丁店北首	个体	2	200
丁店加油站	丁店北首	个体	2	209
银河加油站	新东安闸北首	个体	2	船(柴油)
水上加油站	新东安闸北首	个体	2	船(柴油)
东安闸加油站	东安闸	个体	2	200
如东农场树林加油站	棉场	个体	2	200

第六章　交通管理

中华人民共和国成立前，境内没有交通管理机构，若遇有交通事故等，由民间组织协调解决。1949年10月，如东县首建搬运工会。1951年，建立兵房交管所。1958年改为搬运站。1960年，成立交管站。20世纪70年代初，实行交运合一。1987年，交运分开。2006年，撤销兵房交管所。1988年，组建兵房交通管理所。几经易名，2000年10月，更名为如东县交通巡逻警察大队兵房中队。2012年，有民警10人(中队长1人、指导员1人)。

第一节　管理机构

一、交管站

1951年，境内建立兵房交管所，址设兵房大桥北首东侧，总占地面积1680平方米，建有4间平房76平方米，设备简陋，员工4人。1952年成立工会组织。1958年改为搬运站，员工11人。

1960年，成立交管站。主要职责为管理货车、客车、拖拉机的安全运输工作；收取各种车辆养路费，标准为每车每年60元；收取货车运输管理费，标准为每车每年300元；管理货车物资装卸业务；打击机动车非法营运活动。

20世纪70年代初，交管站移至南通燎原针织有限公司东侧，后又移至兵房镇南首汽车站内，实行交运合一。1987年，交运分开，单独核算。2006年，撤销兵房交管所。

交管所历任负责人及任职年限：张祖成1951～1957年，吴文俊1958～1960年，沙德辉1961～1965年，张祖成1966～1967年，陈志奇1968～1970年，包文兵1971～1979年，黄正清1980～1994年,陈平1995～2006年。

二、交警中队

1988年,组建如东县兵房交通管理所。1991年,更名为如东县公安局交通警察大队兵房中队。1997年9月,增挂如东县公安局巡逻民警大队兵房中队牌子。2000年10月,更名为如东县交通巡逻警察大队兵房中队。

兵房交警中队位于兵房镇南首团结路。1988年,建办公楼一幢,建筑面积220平方米,平房4间,建筑面积120平方米。停车场一处,面积875平方米。有巡逻车1辆,勘察车1辆,置存车辆仓库一座。

交警中队历任领导任职年限及警力如下:

1987年8月～1994年10月,中队长:张志礼,民警3人。

1994年10月～2002年8月,中队长:施玉成,民警5人。

2002年8月～2004年3月,中队长:胡剑忠,指导员:朱亚昌,民警5人。

2004年3月～2007年3月,中队长:花飞飞,指导员:朱亚昌,民警5人。

2007年3月～2012年12月,中队长:葛海旭,指导员:张宏兵。民警8人。

兵房交警中队管辖范围为掘东地区,东起黄海边,西至一贯河;南起遥望河,北至掘坎河。

主要职能:指挥、疏导交通,维护交通秩序和交通安全;预防并查处交通违章,及时处理好交通事故;实施和完成交通巡逻和警卫任务;宣传交通法规,开展交通安全教育。

第二节　交通规划

改革开放以后,经济、社会快速发展,从县城到各乡镇开始制订总体交通规划。县城规划经南通市人民政府批准实施,中心镇的规划经县政府批准实施。兵房镇是大豫镇政府驻地,交通规划经县政府批准已实施。

1996年,镇政府编制镇域规划,涉及交通的内容有:近期1996～2000年,远期2000～2010年。县、镇、村三级道路全面配套,其中县道长青公路将由四贯移至三贯,按二级公路标准实施;拓宽掘青公路兵房段。拓宽改造镇区人民路东侧,镇区道路形成“三纵四横”的体系。对兵房大桥进行加宽改造,以减轻其交通压力。四贯河将为主要航道,与如泰运河形成镇区内“一纵一横”交叉航线。

1998年4～6月,镇政府委托东南大学城市规划设计院编制总体规划,涉及交通的规划主要有:近期为1998～2005年,远期为2006～2015年。新的对外交通路是长青公路和南环路,长青路是洋口港至启东、青龙港的高等级公路,南环路(西段)建成后,过境交通路不再穿越镇区。镇区道路由主干道、次干道和支路组成等级分明的道路网系统,形成“四横二纵”棋盘式格局:“四横”为新兴路和兵郊路,建康路和胜利路,新建西路和东路,南环路；“二纵”为人民南路、北路，长青公路。除在建的兵房新桥、长青公路桥外，新建新兴桥、新建桥(此两桥沟通主干道)，重建镇南桥、镇北桥(此两桥为外环桥)。

2004年，镇政府编制镇交通规划，主要内容有：近期2004～2008年，远期为2009～2020年。城区以原有道路为基本骨架，理顺关系，拓宽延伸新兴路。新镇区近期道路建设以新兴西路、人民路、健康路、胜利路为央架，远期形成“八纵六横”的路网格局，明确的功能分区和较为合理、适中的路网密度。徐征路、余荡路作为如泰河陆路对外交通。近期建设人民南路、北路及其配套的兵房二桥，拓宽和平路、胜利路、新风路、新环路，完成团结路的建设。

第十一篇　工　　业

20世纪20年代前后,境内手工业开始起步,木匠、泥瓦匠、铁匠、石匠、篾匠等手工业者和磨坊、粉坊、油坊、豆腐坊等作坊遍布于乡村、集镇。民国6年(1917),大豫盐垦公司附设轧花厂和织布厂,开启大豫乃至于如东工业先河。

民国35年(1946),手工业及小作坊得到较快发展。大同、兵房、大豫、南坎等小集镇,各种工匠和家庭手工业作坊、工场星罗棋布。盐业生产、棉花加工及铁木竹等生活用品制造,为大豫工业发展打下基础。因受战乱影响,手工业遭受严重破坏,至1949年已屈指可数。

中华人民共和国成立后,大豫工业得以复苏,1949年,工业、手工业企业203家。1952年,兵房在全县首批成立铁业生产合作社。1956年,对私营工业、个体手工业在生产资料所有制方面实行社会主义改造,确定所有制性质,划分国营、公私合营、集体(大集体)、乡镇办(小集体)和个体。有10家私营小作坊,实行公私合营。

1958年,境内各公社用"平调"方法办起小高炉(大炼钢铁),土化肥厂,土农药厂等,1960~1962年,因受技术限制和三年困难时期影响,相继关闭。

改革开放后,境内工业迅猛发展,产值大幅提升。以南坎公社为例,1978年,工业总产值184.79万元(不变价),1984年为390.69万元,1990年为1198.70万元,比1978年增长548.68%、比1984年增长206.82%。

1996年后,根据县统一部署,对境内所有企业的经营体制进行改革,扩大企业自主权,推行厂长(经理)负责制,实行承包经营责任制,外向经济联合,企业租赁经营,推进人事、劳动用工、工资分配"三项制度"改革,取得明显成效。历经几轮镇域区划调整后,至2012年,全镇有工业企业156家。其中规模以上企业29家,从业人员9898人,营业收入总额19.48亿元,年净利润总额1.59亿元,实缴税金总额8517万元。

2002年大豫镇镇村企业基本情况一览表

表11—98　　　　单位:个 万元 元

企业名称	董事长 厂长 总经理	中共 支部 书记	企业 人数	固定 资产	产品 名称	年产值	年利润	职工年 人均 工资
江苏省东港集团有限公司	陈秀清	陈秀清	212	961	水产品加工	4262	305.30	8000
南通万得纺器有限公司	张志泉	张志泉	93	256.20	纱管棉条桶	899	52.40	1.44
南通金木家俬有限公司	钱兴兵	—	48	420.70	家具沙发	632.50	14.80	7650
南通银杰特种螺丝有限公司	倪　兵	倪　兵	68	211.30	螺丝	1000.30	46.90	1.14
如东县汇鸿羊毛衫厂	龚志平	—	229	27.20	羊毛衫	1210.50	2.60	8306
南通昌华水产食品有限公司	袁祖新	—	26	231.20	水产品加工	923.10	88.00	8923
如东县大宇水泥厂	张志泉	张志泉	96	21.20	水泥	627.00	8.70	8000
南通华意达制衣有限公司	刘允华	刘允华	106	89.20	服装	366	9.70	9410
南通海丰针织有限公司	倪善良	—	21	12.10	针织毛毯	582	0.70	8833
如东县紧固件厂	马　俊	—	37	120.50	螺丝	279	21.60	1.04
如东县第四复合肥厂	袁永兵	—	15	25.20	复合肥	95.50	0.40	5230
如东豫铭服装厂	顾瑞明	—	110	66.60	服装	373.60	1.60	9220
南通新皇族家俬有限公司	周炳祥	周炳祥	700	1520	儿童家具	8200	522	1.30
南通燎原针织有限公司	黄继石	陈　斌	430	2838	针织服装	5501	75	1.15
南通施德光源电器有限公司	王　兵	—	40	60	灯具	1012	10	1.10
如东县兵房纺织厂	郭殿军	郭殿军	180	1213	棉纱	823	27	8200
江苏省南通龙涛水带集团有限公司	陆忠耀	—	150	459	消防水带	815	16	6350
如东县东晴针织机械有限公司	龚建新	赵发林	39	87	针织横机	501	16	8180
如东县盾王劳保用品有限公司	王志雄	—	70	125	劳保用品	501	13	1.10
南通市金地来酱制品有限公司	盛　辉	—	45	138	酱制品	518	10	8220
如东县振兴机床有限公司	徐安平	曾　景	95	26	高编机	570	56	1.05
南通忠凯纺织有限公司	陈忠凯	陈忠凯	46	126	棉纱	267	0.10	5200
如东新亚灯泡厂	郁建忠	陈志新	21	100	灯泡	129	–2.50	5700
大同绗缝机械厂	蔡　斌	—	13	5.50	绗缝机	450	6.90	6850
如东县昌龙包装材料有限公司	汤正平	—	38	0.60	包装纸	295	0.40	6026
兵房复合肥三厂	黄安冲	—	19	71	复合肥	320	3.2	5370
惠通针织公司	俞锦明	—	15	38.80	针织布	276	3.4	6000
爱科橡胶制品公司	曹永平	—	43	127	气门咀	880	61.3	1.81

续表11—98 2002年大豫镇镇村企业基本情况一览表

企业名称	董事长 厂 长 总经理	中共 支部 书记	企业 人数	固定 资产	产品 名称	年产值	年利润	职工年 人均 工资
如东县顺通电子设备公司	谢红兵	—	19	3.90	电烙铁	128	1.80	9160
如东县兵房建材厂	朱瑞林	—	45	117	标准砖	200	3.90	1.00
如东县兵房标准件厂	黄卫东	—	16	36	标准件	304	5.70	6000
如东县兵房二布厂	徐忠全	—	15	44	棉布	165	2	6700
如东亚光蓄电池有限公司	施 聪	—	9	45	蓄电池	185	–4	5800
如东县华丽针织公司	顾金林	—	11	41	涤纶布	239	0.90	1.10
南通顺缘食品有限公司	施红星	—	20	50	冬瓜酱	123	–23.50	8000
如东县凯缘食品有限公司	陆凯东	—	19	31.50	冬瓜酱	172	–0.40	6000
南通百绿食品有限公司	郭殿军	—	15	50	冬瓜酱	161	–15	7300
南通金龙消防器材公司	顾惠忠	—	12	60	消防水带	244	–0.10	5000
如东东缘食品有限公司	樊永新	—	9	80	冬瓜酱	260	–1.20	8000
南通万寿机械有限公司	钱永新	—	13	128	真空泵	177	0.50	8500

第一章 改造与改革

第一节 手工业改造

1950年，境内有个体手工业554户，从事手工业者2000多人。1952年1月，首建掘港镇铁业生产合作社。4月，兵房成立铁业生产合作社，这两家合作社，在全县起到示范作用。1956年4月起，进行整社改组工作，按照“有利生产、方便群众”原则，对流动性大的行业（如修锅、补碗、修伞、磨剪刀等），统一组织，分散经营，自负盈亏，走街串村，服务上门；对固定性大的行业（如修钟表、缝纫等），恢复原有服务点，并定期定点流动服务；铁、竹、鞋帽等行业仍然集中生产。经过整社改组，境内增加生产工场、门市8处，即丁店、兵房、大豫、南坎镇铁木竹社和小五金修理门市部，坚持按行业或以组计算盈亏，大型工具折价入股，小型工具自备自用，适当给予保养金。

1956年，对私营工业进行社会主义改造，境内工业虽起步较早，但具有一定规模的工业为数不多。在改造过程中，有6家私营染坊、4家私营小油坊，经业主申请，人民政府批准，实行公私合营。

第二节 体制改革

1983年始,企业体制改革经过经营体制改革、产权制度改革。境内乡镇办企业体制改革经过1996年、1998年、1999年3轮改革。至2001年年底,完成改制41家(其中关闭企业9家)。

一、经营体制改革

(一)扩大企业自主权

1983年,如东县在部分乡镇企业和小型国有、集体企业推进企业内部经济责任制过程中,从干部任用、奖金分配等方面下放权限,扩大企业自主权试点。5月,境内各乡镇根据国务院《进一步扩大国营工业企业自主权的暂行规定》,对工业企业进一步扩大经营自主、工资管理、机构设置、干部任免、奖惩事项、资财处理等方面权限。有10多家工业企业推行经济承包制和干部选聘制,有7家企业实行浮动工资制。经营体制改革后,企业产生活力,效益大幅提高。

1985年,在工业企业中推行“三放”“六改”;即经济方式开放、经济政策放宽、管理权力下放和利改税、改革企业领导体制、改革分配形式、改革经营管理制度、改革企业干部制度、改革用工制度。5月,大豫镇按照县政府搞活企业16条意见,进一步扩大企业自主经营权限。1986～1987年,推进企业内部各项经济责任制。通过扩大企业自主权改革,为企业创造较宽松的外部环境,企业从计划经济向社会主义市场经济迈出关键一步。

(二)推行厂长(经理)负责制

1984年和1986年,如东县两次进行工业企业实行厂长(经理)负责制试点。1987年3月起,各乡镇认真贯彻中共中央、国务院《全民所有制工业企业厂长工作条例》《中国共产党全民所有制工业企业基层组织工作条例》和《全民所有制工业企业职工代表大会条例》,厂长(经理)负责制进一步完善、规范,党、政、工三者关系得以理顺,确立厂长(经理)在企业的中心地位,改变党政不分、职责不清状况。

(三)实行承包经营责任制

1984年起,境内工业企业开始实施不同形式的承包经营责任制。按照企业所有权与经营权适当分离原则,分解经济指标,明确预期目标,落实经营责任,明确企业经营者责、权、利,激发多超多得益积极性,企业经济效益明显提高。承包经营责任制主要分为“总挂”(工资总额与利税挂钩浮动)和单挂(工资总额与利润挂钩浮动)两种形式。实行承包经营责任制的企业,将承包指标层层分解,层层承包。除全面承包外,还相应实行推销积压产品、试制新产品、流动资金等单项承包。1990年起,境内工业企业全面推行二轮承包。

(四)实行外向经济联合

1983年,县内外企业之间技术、销售协作、产品加工、配套开始。1984年起,逐步向“内外联合”扩展。当时，境内企业尚未实行外向经济联合。1987年，开始按照大跨度、多元化、外向型要求，以资产为纽带，以名、优、新、特产品为龙头，增强横向经济联合活力，兵房镇首建南通龙涛水带集团有限公司，并在全国各大城市设立20多个窗口，使原有封闭、单一经营方式、陈旧管理体制、落后技术得到改革和创新，加速企业发展进程。

（五）实行企业租赁经营

20世纪末，租赁经营在全镇推开。从1998年3月起，县委组织部与其他六部门联合下发“企业招标工作程序”后，个人租赁企业、企业租赁企业、企业整体租赁、车间租赁等租赁经营形式迅速拓展。

（六）“三项制度”改革

1984年起，在乡镇企业中推行“一包三改”①，乡镇企业实行厂长由乡政府提名，职工选举，再由乡政府聘任，劳动工资由月固定工资改为与经济效益挂钩浮动和奖金制度；劳动用工由乡政府招工安置改为由企业根据生产经营需求，自主招工制度。1985年后，“三项制度”②不断扩展延伸，内容形式不断完善，力度不断加大，促进企业经营机制转换和活力增强。1991年，境内各乡镇全面推行企业全员劳动合同制。2001年起，试行下岗职工从厂内待岗解职走向社会再就业。2002～2005年，在两个置换（产权置换、职工身份置换）改革中，所有职工与原企业终止劳动合同，与改制后企业重新签订劳动合同，固定工身份全部置换为合同制企业员工。

二、产权制度改革

（一）企业兼并

1989年，如东县出台《关于推进企业兼并联合的政策意见》，境内无企业兼并。

（二）股份制改革

1988年，境内各乡镇按照县政府《关于乡镇企业全面试行股份制的意见》精神，明确企业设乡村集体股、企业集体股和职工个人股。1989年，乡镇企业增量股份制全面铺开。1990～1991年，股份制改革进展缓慢。1992年，结合贯彻落实《全民所有制工业企业转换经营机制条例》，股份制改革工作再次升温，85%以上乡镇企业职工持股，形成一种人人持股、公有资本控股的股份制模式。

（三）公有产权出售

1994年，产权出售转让从乡镇企业向县属“小、微、亏”企业扩展。

1996年初，县建立企业改制领导组办公室及督导组，乡镇也建立起相应领导小组。强势推进“先售后股”改制，境内各乡镇企业公有股权和公有资产经过评估、出售、转让给企业职工，形成多数企业职工人人持股的各种股份制企业形式。1996～1997年，兵房镇企业

①以承包责任制为核心，改干部任免制为聘用制，改工人录用制为合同制，改固定工资制为浮动工资制。

②干部人事、劳动用工、工资分配。

改制全部到位。1998年，根据省有关文件，境内企业又将人人持股的职工个人股向主要经营者、经营班子集中转让。1999～2001年，继续推进公有资产从企业退出。2002年年初，针对所剩未改制企业都是"大、难、亏"的特点，分为破产清算、公有资本退出流转两条线进行产权制度改革攻坚。至此，在镇域合并后，未改制企业全部改制到位。

1996～2001年大豫、兵房镇乡镇企业改制情况一览表

表11—99　　　　单位：个

镇 别	合 计	转为公司制企业	转为股份制合作制企业	转为私营企业	合资企业中方股本改造	完成摘红帽子企业	抵贷返租企业	1996年后累计关闭企业
大 豫	19	4	4	6	0	1	2	2
兵 房	32	5	9	4	1	5	1	7

第二章　创新与管理

第一节　技术创新

1983年后，较长时间内，大豫工业企业仅几家规模较大企业进行一般产品鉴定，逐步发展到申报有关级别，科技计划项目，努力使产品创优、创品牌，提高企业自主创新能力。从20世纪90年代起，境内企业开始利用大专院校、科研院所优势，搞产学研合作，开发较高科技新产品，使企业技术创新能力不断增强。大致分3个阶段：

一、起步阶段

20世纪90年代前，企业由于缺少人才和先进技术装备，开发新产品能力弱，只能依靠亲朋好友获取大企业的产品信息，仿造一些产品填补本地空白。

二、创优、创品牌阶段

1985年后～20世纪末，大豫工业企业在创优、创品牌方面虽付出艰辛努力，但收效甚微。进入21世纪后，随着时代进化，创优质产品、创品牌成为工业企业的生存之基。2006～2012年，有30家企业的30个产品（含复评）获县名牌产品，2008～2012年，有16家企业的16个产品（含复评）获南通名牌商标。

2006～2012年大豫镇如东名牌产品登记表

表11—100

时间	企业名称	商标	产品名称	镇区
2006	南通万得纺器有限公司	万得	纺织器材	大豫镇
2006	南通昌华水产食品工业有限公司	袁五	真空文蛤杂色蛤	大豫镇
2006	南通银杰特种螺丝有限公司	富益	标准件(螺钉)	大豫镇
2006	南通兴盛食品有限公司	新概念	速冻蔬菜	大豫镇
2006	如东县大宇水泥产	大鱼	水泥	大豫镇
2006	江苏南通龙涛水带集团有限公司	龙涛	有衬里消防水带	兵房镇
2006	如东县盾王劳保用品有限公司	盾王	特种劳防用品劳保鞋	兵房镇
2006	如东县丁店乡农业发展中心	豫丰	黄花梨	兵房镇
2006	如东县大同绗缝机械厂	大同	绗缝机	兵房镇
2006	南通金月亮家用纺织品有限公司	金月亮茉莉花	床上用品	兵房镇
2007	南通金盟复混肥料有限公司	金盟	复混肥	大豫镇
2007	南通华宇紧固件有限公司	华宇	紧固件	大豫镇
2007	如东县兵凌水产品有限公司	兵凌	水产品	兵房镇
2007	南通市如桥菜业有限公司	如桥	榨菜	兵房镇
2008	南通大豫纸业有限公司	大豫	瓦楞纸	大豫镇
2008	南通市三元电脑绗缝机械有限公司	大同	绗缝机系列	兵房镇
2008	南通市三元电脑绗缝机械有限公司	大同	梳理机	兵房镇
2008	江苏茉莉花家用纺织品有限公司	茉莉花	床上用品	兵房镇
2008	南通顺缘食品有限公司	顺缘	果酱	兵房镇
2009	如东县兵房镇燎原大酒店	启海	红烧羊肉	大豫镇
2009	如东县昌龙包装材料有限公司	—	箱板纸	大豫镇
2009	津豪(南通)混凝土有限公司	津豪	混泥土	大豫镇
2010	江苏南通龙涛水带集团有限公司	龙涛	有衬里消防水带	大豫镇
2010	南通市如桥菜业有限公司	如桥	腌制酱菜	大豫镇
2010	南通华宇紧固件有限公司	华宇	紧固件	大豫镇
2011	南通鑫达照明电器有限公司	—	红外线灯泡	大豫镇
2011	南通远力化纤科技有限公司	—	金属洗涤剂(粉)	大豫镇
2012	南通市通旺饲料有限公司	通航	配合饲料	大豫镇
2012	如东县海龙对虾养殖专业合作社	—	无公害南美白对虾	大豫镇
2012	南通燎原生态农业有限公司	图形	杏鲍菇	大豫镇

注:2009年前的“大豫镇”指老大豫镇

2008～2012年大豫镇部分年份南通名牌产品知名商标登记表

表11—101

时间	企业名称	商标	产品名称	镇区
2008	南通昌华水产食品有限公司	袁五	冷冻水产品	大豫镇
2008	南通银杰特种螺丝有限公司	富益	自攻螺钉	大豫镇
2008	江苏盾王劳保用品有限公司	盾王	保护足趾安全鞋	大豫镇
2009	南通金地来酱制品有限公司	金地来	酱腌菜	大豫镇
2009	江苏茉莉花家用纺织品有限公司	茉莉花	四件套	大豫镇
2009	南通万豪建材科技有限公司	大鱼	通用硅酸盐水泥	兵房镇
2009	南通万得纺器有限公司	万得	前纺和细纱机械上罗拉包覆物胶管	兵房镇
2011	江苏茉莉花家用纺织品有限公司	茉莉花	床上用品	大豫镇
2011	南通市三元电脑绗缝机械有限公司	图形	绗缝机	大豫镇
2011	江苏盾王劳保用品有限公司	盾王	保护足趾安全鞋	大豫镇
2011	南通万得纺器有限公司	万得	前纺和细纱机械上罗拉包覆物胶管	大豫镇
2011	江苏南通龙涛水带集团有限公司	龙涛	有衬里消防水带	大豫镇
2011	南通万豪建材科技有限公司	大鱼	通用硅酸盐水泥	大豫镇
2011	南通银杰特种螺丝有限公司	富益	螺钉	大豫镇
2012	南通银杰特种螺丝有限公司	银杰	十字槽盘头螺钉、弹簧垫圈和平垫圈组合	大豫镇
2012	南通龙臻滩涂开发有限公司	龙臻	脊尾白虾	大豫镇

注:2009年前的“大豫镇”指老大豫镇

三、创新阶段

进入21世纪后,大豫工业企业通过产学研合作,与大专院校、科研院所合作开发新产品。引进高层次人才、引进和添置先进的技术装备,建立企业技术中心,企业自主创新和开发能力不断增强。至2012年,全镇共引进高层次人才25名,有9家企业与院校科研单位合作开发新产品11个,有7家企业建立工程技术研究中心,并通过市级认定。

2012年大豫镇工业企业技术人才一览表

表11—102　　单位:个

企业名称	技术人才	企业名称	技术人才
如东县宝利造纸厂	8	南通中荣水产开发有限公司	5
南通大豫纸业有限公司	1	如东县振兴有限公司	16
南通燎原生态农业有限公司	5	南通银杰特种螺丝有限公司	10
江苏盾王劳保用品有限公司	5	南通光大消防器材有限公司	14

续表11—102　2012年大豫镇工业企业技术人才一览表

企业名称	技术人才	企业名称	技术人才
南通祥升服饰有限公司	5	南通三元电脑绗缝机械有限公司	1
南通大红鹰无纺制品有限公司	6	南通东洋电光源制造有限公司	3
江苏省茉莉花家纺织有限公司	10	南通大江灯饰有限公司	5
南通金盟复混肥料有限公司	2	南通万豪建材科技有限公司	22
南通祺丰肥料科技有限公司	6	南通津豪混凝土有限公司如东分公司	15
南通金鹏泰工贸发展有限公司	5	南通欧浦装饰材料有限公司	46
南通恒威聚氨酯制品有限公司	2	南通苏通防水材料有限公司	5
南通万得纺器有限公司	5	合计	202

2009～2013年部分年份大豫镇企业工程技术研究中心一览表

表11—103

企业名称	工程技术研究中心名称	市级认定时间		县级认定时间		镇区
南通燎原生态农业有限公司	南通市燎原食用菌工程技术研究中心	√	2009.9	—	—	大豫
江苏省南通龙涛水带集团有限公司	南通市龙涛消防工程技术研究中心	√	2009.9	—	—	大豫
佳泰机电工程(南通)有限公司	南通市佳泰机电工程技术研究中心	√	2009.9	—	—	大豫
南通万豪建材科技有限公司	南通市万豪建材工程技术研究中心	√	2010.9	—	—	大豫
南通昌华水产食品有限公司	如东县昌华水产食品工程技术研究中心	√	2011.12	√	2010	大豫
南通沃兰化工有限公司	如东县沃兰化工工程技术研究中心		—	√	2010	大豫
南通姜生新材料有限公司	南通姜生新材料工程技术研究中心	√	2013	—	—	大豫

第二节　工业管理

1949年前，大豫境内没有工业管理机构。1955年12月，如东县建立手工业管理科，次年2月，建立工业科。境内各地手工业者按行业组织合作社，走集体化道路，各类作坊也实行公私合营。区、乡未设专门机构，分工干部专门负责工商业。1959年，各公社设工业部，开始管理所属工厂、企业，在“文化大革命”中解体。1975年下半年～1976年3月，掘东区及各公社相继建立工业办公室，专门管理工业经济。

1996年，各镇、乡工业办公室更名为企业管理服务站。2000年4月，随着镇域区划调整，大豫镇在机构改革中，一度将企业管理服务站与农经站合并，建立大豫镇农村经济服务站。企业管理服务站成为二级站。2007年9月，又重新单列，建立工业发展服务站。2010年9月，更名为大豫镇工业企业服务中心。

1975～2009年境内(公社)区乡镇工业管理机构一览表

表11—104　　单位：年

名　称	建立时间	历任工办负责人	何时撤销
掘东区工业办公室	1975.09	宋季文 谢孙飞	1996.04
南坎乡工业办公室	1976.03	朱丕林 曹士新 马卫东	2009.05
兵房镇工业办公室	1976.03	彭友祥 沈德新 钱卫兵 周　新	2009.05
丁店乡工业办公室	1976.03	朱柏青 杨凯石 施松年 屈惠兵	2001.02
东凌乡工业办公室	1976.03	曹　权 顾宝林	2000.04
大豫镇工业服务中心	2009.05	周　新	—

一、计划管理

1978年前，对工业实行统一计划、分级管理计划管理体制。工业计划主要包括产值、产品、产量、效益计划。工业产值计划只下达按不变价计算的工业总产值指标。工业总产值重复计算因素较多，不能准确地反映实际和企业对社会贡献。中共十四届三中全会后，随着国民经济新核算体系建立，工业计划改名为工业生产和经济效益计划，其中工业生产计划有2个指标：即按不变价计算的全部工业企业总产值，按现价计算的工业增加值。经济效益计划中列有万元工业总产值能源消耗、资金利税率、流动资金周转天数、全员劳动生产率4项指标。1994年以后，改为总资产贡献率、资本保值增值率、资产负债率、流动资金周转率、成本费用利润率、全员劳动生产率、产品销售率7项经济效益综合指数。工业产值计划、工业经济效益计划均为指导性计划，其指标只分解到企业主管部门，县属企业实行各镇属地管理后，其指标分解到各镇。

工业产品产量计划是工业计划的主要组成部分。随着不同时期计划管理体制的变化，列入计划管理的工业产品目录也在变化。大豫镇因工业基础薄弱，工业产品产量实行指令性计划的很少，有部分产品产量实行指导性计划。1997年后，随着社会主义市场经济体制的建立，工业产品产量指标均逐步改为预测性指标。

二、企业管理

1983年，境内工业企业贯彻落实《国营工厂厂长工作暂行条例》《国营工业企业职工代表大会暂行条例》，向部分企业放权。随着经济体制改革的深入，企业管理也进行着重大变革，由生产型管理向经营性管理转变，由封闭型向开放型转变，由分散型向群体型转变。为企业管理上台阶、上水平创造条件。同时，在工业企业中开展标准、计量、定额、信息、规章制度、基础教育、班组建设7项基础管理达标活动，努力夯实基础。

1986年，根据国务院《关于加强工业企业管理若干问题的决定》，大豫工业企业有计划、有步骤地开展“抓管理、上等级、全面提高企业素质”升级工作,促进企业管理基础工作规范化、程序化和管理人员工作标准化、制度化。1988～1990年,围绕提高经济效益开展“双增双节”活动,企业严格内部管理,修订消耗定额、组织审计。1991年,全镇工业企业开展生产现场管理达标活动,企业基本做到环境整洁、纪律严明、物流有序、设备完好、信息准确、生产均衡。

1991～1993年,境内工业企业组织学习黄油枪厂目标成本管理经验。1995～1998年,在企业中探索建立现代企业制度。1996年,从加强管理入手,实行企业负担付费登记制度,认真开展减负治乱工作。

三、经营管理

计划经济时代,企业都是按照计划执行,企业的经营管理活动主要是抓产品产量和质量。1992年,《全民所有制工业企业转换经营机制条例》颁布实施,把企业逐步推向市场,政府对企业的管理职能发生根本变化,由过去的政企不分,企业是政府的附属物,企业计划分配、物资调度、产品销售、人员安排都由政府包办,转变为服务、监督、对国有资产实行间接管理,引导企业走向市场,《条例》规定的14项经营自主权逐步落实到企业。随着市场经济体制的逐步确立,企业走向市场,实行自主经营,自负盈亏。

四、财务管理

1983年,全民企业实行第一步利改税,对大中型企业先按55%的税率缴纳所得税,再根据企业不同情况,采取递增包干、固定比例或调节税3种办法上缴;对盈利的小型企业按八级超额累进税率缴纳所得税,税后利润较多的企业可再收取承包费或利润。1984年起,全面推行第二步利改税,税后利润留企业使用,由利税并存逐步过渡到以税代利。1987年,开始在全民所有制企业中,全面推行承包经营责任制,按照“包死基数、确保上缴、超收多留、歉收自补”原则,采取4种承包形式:“两保一挂”,保上缴利税,保企业技术进步,工资总额和上缴税利挂钩;上缴利润递增包干;上缴利润基数包干、超收分成;微利、亏损企业实行利润包干或减亏包干。市场经济体制确立后,国家与企业的分配关系以税费形式固定。

第三章 门类与选介

第一节 手工业

民国6年(1917),大豫盐垦公司附设轧花厂和织布厂。20世纪30年代起,一般较富裕农户均陆续购置轧车(为人力脚踏14吋轧花车),自产自轧,也有购进原棉,加工成皮棉再行出售。沙地(掘东)成年女子,十有八九会织土布,布机为木制。但手工业者绝大部分集居于集镇,少数分散于乡村。大凡民生所需日用品,皆由手工业者制造、生产。经营方式为摆摊设铺于小集镇,或叫卖兜售于乡村,或单独作业,或结对合伙经营,还有不少手工业户把手工业和商业融为一体,一般是前门市,后作坊或工场,家店相连,全家动手,其中有些代代相传,历史悠久。抗日战争和解放战争中,大豫镇、南坎镇、兵房镇等手工业被战火摧残,维持生存寥寥无几,兵房镇向南,经协和镇、丁家店、九门闸直到三余镇都在敌人封锁线上,手工业户残存屈指可数。唯独大同镇,地处最西南,凭借偏僻地理优势,在战争年代,大同镇商号云集,手工业仍保持着发达状态,据民国37年(1948)调查统计,大同镇手工业40家,有宰猪场4家(黄宰刚、黄启伦、黄丹山、宋耀忠);有茶食店7家(马友明、季得意、沈启中、杨士珍、贾秀清、曹侠、曹儒);有油坊4家(殷家机器油坊,由殷德恒1948年开办,有16匹柴油机1台,木榨6部,1956年并入和春油米厂,“小八斤”<为乳名,学名不详>油坊,“胖娘子”<为绰号,学名不详>机器油坊,赵老五恒泰机器油坊,1948年由赵恒兴创办,有16匹柴油机1台,木榨6部,1956年并入掘港油米厂);有酒坊7家(张振民烧酒坊、宋正泰米酒坊、郁殿华米酒坊、顾云岩米酒坊、黄士山米酒坊、西市梢米酒坊、南街米酒坊);有粉丝坊2家(李吉庆粉丝坊、俞家粉丝坊);有染坊3家(沙亚奎染坊、陈家染坊、河南染坊);有豆腐坊5家(老四<名不详>豆腐坊、黄启伦豆腐坊、石仲明豆腐坊、沙启伦豆腐坊、张新友豆腐坊);有铜匠店2家(陆惠山铜匠、陈铜匠<名不详>);有铁匠店3家(陶顺铁店、陆秀祥铁店、谢压雄铁店);有鞋匠店2家(小陆<陆成俊>鞋匠、朱氏<朱茂兵>鞋匠、曾当过白桐本交通站联络员)。

一、门类选介

(一)木匠

即木工。以木料为作业对象。使用工具有斧头、刨子、凿子、锯子、墨斗、划尺、木尺(卷尺)等。主要制作、修理木制家具、农具,建造房屋等。20世纪70年代前,木匠还打造棺材。

(二)竹匠

也称篾匠,从事竹器加工。一把篾刀(竹刀),辅以弓锯、木尺等,竹匠将各种竹子劈成竹片,有的剖成篾(抽成竹丝),制作成篾席、筛子、淘箩、篮子、簸箕等竹器。20世纪90年代后,很多竹器制品由塑料替代,境内部分竹匠改行从事塑料大棚骨架加工。

(三)鞋匠

也称皮匠。主要制作各种布鞋兼修补,工具有锥子、针、线(鞋绳)、榔头、铁墩、鞋钉等。20世纪90年代起,很少制作布鞋。绝大多数鞋匠制作皮鞋、保暖鞋等,并装配有手摇或电动修鞋、制鞋机。

(四)铜匠

从事铜器浇铸加工。以铜为原料,将溶化铜水灌入用耐火物品制成的各种模子,浇铸铜勺、铜盆、铜烫焐子、铜蜡烛台、铜水烟台等日用生活器具。工具有模具、炭炉、风箱、火钳等。

(五)银匠

从事加工金银首饰的匠人。主要工具有吹灯、錾子、槌子、模子等。将旧金、银加热锤打,制作首饰,或清洗,使其焕然一新。

(六)锡匠

从事加工锡类日用器具的匠人。类似铜匠。主要工具有木槌、模具、烙铁、熔锅、钳子、火炉、风箱等。中华人民共和国成立前后,锡匠除生产锡壶、锡盆外,还制作闺房用粉盒、皂盒、胭脂盒等,统称粉妆。20世纪60年代后,粉妆业已过时,而锡壶之类实用器具均以其他材料代替,故锡匠业已失传。

(七)白铁匠

从事白铁皮加工各种日用器具、兼修锁配钥匙的工匠。主要工具有铁槌、木槌、剪刀、钳子、圆规、锉刀等。

(八)铁匠

从事铁制加工打制的匠人。将铁坯放在炉中烧红,用钳子将烧红的铁坯放在铁墩上用铁锤打造各种器具,如锄子、铁锹等。

(九)扎库匠

也称纸扎匠。用芦苇、竹片和竹竿扎成房屋、家具等形状,再用各种颜色纸糊上的纸模型供丧家烧化给亡者。一度扎库匠面临失业,20世纪末,又重操旧业,时尚扎面积较大的纸楼房。同时,寿衣店批进成套烧化品,"高档"冥品应有尽有。

(十)裱画匠

装潢或修补书画的工匠。主要材料有绫绢,宣纸、糨糊、木轴,工具有鬃刷、刀、尺、平滑表台等。还有专门画人像、神像及绘喜容的画工。20世纪末,市场上已引进机械化装裱,简称装裱机。

(十一)成衣匠

也称裁缝。制作各种服装的工匠。20世纪80年代后,统称为缝纫工。中华人民共和国成立前,裁缝多为男性,工具有针、剪刀、软尺、木尺、划粉等。中华人民共和国成立后,缝纫机逐渐兴起,集镇均组织缝纫社。改革开放后,服装加工业应运而生,缝纫工招聘为服装厂工人,个体户门庭冷落。

(十二)磨刀匠

磨剪刀、菜刀的工匠。用具有一条长凳或箱子,一头扎上磨刀砖或手摇砂轮,扛在肩上走村串户,一边走,一边吆喝。20世纪80年代后不再步行,工具箱装在自行车或电瓶车上。

(十三)补锅匠

沙地人称补镬子。补锅匠肩挑小担,行走乡间,一头风箱,一头小火炉,边走边吆喝

"补镬子唷!"其方法将锅坏的地方,下部用炉灰垫好,用生铁溶化的铁水倒在锅坏损处,然后用裹紧的布条压平即成。补碗得先用金刚钻在裂缝两边钻两个孔,用铜丝或铜钩扭牢,再用瓷粉胶抹上。20世纪90年代后,补锅行业消失。

图11-68　补锅匠补锅现场（2012年,王小兵　提供）

(十四)箍桶匠

以铜箍、铁箍、竹箍将木料拼制成的桶箍紧,不漏水。除箍桶外还箍锅盖、箍箩筛。工具有竹刀、刨子、斧头等。

(十五)瓦匠

也称泥水匠。专门建房、砌灶的工匠,使用工具主要是泥刀。20世纪80年代后,瓦匠成为建筑队伍中主要骨干力量。

(十六)漆匠

也称油漆工。专门从事家具、房屋门窗油漆、粉刷和装饰的人。使用工具有漆刷子、刮刀、砂纸等。

(十七)雕匠

也称木雕工、雕花匠。为床上木板雕刻凹凸的各种花纹、图案等,雕刻各种家具、工艺品。使用工具有刻刀、各种型号的凿子、锯子等。20世纪80年代后,居民多用新式家具,雕花业逐渐萧条。

(十八)篱笆匠

编织篱笆障(又称芦笆障)修盖补屋。用茅草、芦苇、竹篾等材料。工具有铁钎子、竹片、榔头等。

(十九)弹花匠

也称弹棉絮工。把皮棉弹成蓬松状,蒙上棉纱,压实即成被絮。工具有弹弓、木槌、园砧板。

修伞、钉秤、修钟表等也谓之小手工业。

二、行业传承与消逝

（一）行业传承

中华人民共和国成立前，大豫手工业绝大部分都是以带徒弟传承技艺，也有个别行业是祖传家授。也有少数人在实践中摸索琢磨，无师自通，自学成才。

要当学徒，一般托亲友牵线，也有家长亲自上门找师傅说情。社会上流传着一句名言：荒年饿不死手艺人。民国时期，贫苦家庭孩子为糊口，十二三岁到十五六岁孩子就当上学徒，家长请师傅吃顿便饭，算是拜师宴。一般学徒3年出师，自找门路。

“一日为师，终身为父”。师徒关系视同父子关系。在学徒期间，除学手艺外，还要帮师傅做家务事，事无巨细，只要师傅、师母交办，一定要办好，如烧茶煮饭，扫地开门，帮师母带小孩洗尿布，帮师傅倒夜壶打洗脸水。常说在师傅面前要有“看眼”，要善解人意，要“活络”，不能“死呆板板”。

3年里，徒弟不但跟师父学手艺，还要学做人，学规矩。师父传艺，各不相同。有言传身教，循循善诱；有只做不教，看着学，跟着做；稍不如意，轻则骂，重则打，“不打不成材”。3年师满，摆过“谢师宴”后，各奔东西，独立从业，不受师父调遣。

学徒师满后，每年都要给师父送“端午礼”“中秋礼”和“年礼”，春节后第一次去师父家要带“拜年礼”。从拜师起，至师父逝世，凡师父家有婚丧喜庆，徒弟都要以亲戚（有的做子女）身份对待。师父、师母死亡，徒弟要穿孝服，办供品等。

（二）行业消逝

随着社会发展和进步，不少旧行业被先进行业替代，或其他因素而停歇、消失。略举消失行业2例：

棺材行业　20世纪60年代前，收敛亡人，都用棺材。在农村，殷实人家早为高寿老人准备寿材。棺材有一定型号，分“一二三”“四五六”“12个圆心”不等，多为杉木材质，亦有松木、杨树木柩；凡贫困户，均到棺材店临时购买。若买不起棺材，用旧木板、木柜改做薄皮棺材，也有穷者用旧席裹尸，入土为安。计划经济时代，木材紧张，由国家控制，购棺材也要公社证明，20世纪70年代初，提倡火化，禁止装棺入土，棺材行业随之消失。

染坊　染坊是代客染纱、染布加工坊。境内南坎、兵房、大同镇都有染坊。大同镇染坊有三四家。随着有色布和化纤布逐渐增多，手工染坊自然淘汰。

第二节　轻工业

大豫轻工业的发展以个体、手工业为基础。中华人民共和国成立前，境内小集镇仅有几家小作坊加工食品。中华人民共和国成立后，在中共地方委员会和政府重视下，轻工业逐步发展，局限于一些小型联合体。如兵房小五金社，由东安、兵房两镇修自行车几位师傅合伙兴办。20世纪70年代初,大同镇办起灯泡厂。中共十一届三中全会后,兵房兴办家具厂,轻工业初露锋芒,逐渐形成印刷、造纸、食品、饲料、家具等门类较多的产业体系,在全镇工业经济中占据较大份额。

一、如东宝利造纸厂

民营企业。位于巩王村31组(九门闸桥东北400米)。创办于2010年10月,有职工110名,其中高级技工8名。工厂占地1.30万平方米,建筑面积1万平方米。资产总额2500万元,固定资产1600万元,生产“爱林”“花伴”卫生纸,产品销往上海、浙江等地。2011年产值1900万元,利润100万元。工厂负责人郭向东。

二、南通大豫纸业有限公司

民营企业。公司位于大豫镇张謇工业园区,创办于2003年,有职工56人,技术人员1名。占地面积6500平方米,厂房面积2000平方米。资产总额1146.40万元,实际资本500万元。有I600型多缸多网纱管纸造纸机一套,年生产能力2.50万吨,年产值3000万元,创税利300万元。产品销往南通市、太仓市。

造纸污水实行零排放,已经省、市、县三级环保部门验收合格。2010年投入百万余元,搞秸秆综合利用。公司负责人倪建明。

三、如东县昌龙包装材料有限公司

民营企业。位于丁店镇丁达路14号。创办于1993年10月。有职工48人。占地面积6000平方米,厂房面积2550平方米。生产再生纱管纸,产品省内销售。2011年,产值1250万元,利润30万元。公司负责人汤正平。

四、南通燎原生态农业有限公司

股份制企业。为县十佳龙头企业。位于兵房镇健康路88号。创办于2007年,职工总数65人,其中技术人员5人。占地总面积2.08万平方米,厂房面积1600平方米。主要生产杏鲍菇。销往宁、沪、鲁。2008年,向四川地震灾区捐款5000元,向贫困职工捐赠9000元。2011年,产值669万元,利润150万元。2012年,销售总额81.72万元,比2011年增长2.32%。负责人黄路松。

五、南通海大生物科技有限公司

为高科技型上市公司子公司。位于如东东安科技园区。创办于2011年,有职工168人(包括行管后勤人员19人),销售人员52人,生产人员97人。

公司注册资本8000万元,总投资为2.90亿元,总面积175.86亩。以研发、生产、销售水产饲料为主营业务,技术依托广东海大集团畜牧水产研究中心。公司法人代表李宏松。

六、如东县木器厂

前身为兵房木器厂,1983年创办。规模很小,仅几名木工。1984年,征地1.31万平方米,兴建厂房4729平方米。1985年,更名如东县木器厂,居全县家具厂之首。成套机械,形成较先进的生产流水线,主要生产成套卧房、客房、客厅、厨房、办公、餐厅、庭园、旅游等类木质、钢木及软系列家具，年产中西式时新成套家具1160套，单件家具1.30万余件，产值500多万元。1985年，该厂设计的成套框架式及组合式家具，在上海市47家生产单位质量监督抽样测试中名列榜首。1987年，所产组合家具被评为南通市优质产品。所产通欢牌木制写字台被评为江苏省优质产品。1994年，在全国首届家具展销订货会上，所产21型、31型系列办公家具，32型、33型套装家具，均获优秀产品奖。

七、江苏祥盛倍得满家具有限公司

由南通祥盛装饰工程有限公司和美国倍得汤姆公司投资，建于2000年11月，位于掘港镇友谊西路29号。占地面积8万平方米，建筑面积3.50万平方米，注册资本金720万美元，总投资1220万美元。开始主要生产儿童系列家具，产品全部出口到美国二十几个州，并在美国高点展览会上展示，受到众多客户好评。之后，主要生产卧房、餐厅、客房实木家具系列，产品出口美国、加拿大、澳大利亚及英国等欧洲国家，畅销美国市场。进口木工机械设备流水线1条、油漆流水线1条、木材干燥窑400立方米。董事长周炳祥是中国家具协会理事、江苏家具协会常务理事。2010年，现价产值2.60亿元，销售2.56亿元，利润971.50万元，利税1153.90万元，固定资产净值6968.40万元，职工220人。

八、南通金木家私有限公司

属私营股份制企业。成立于1993年，注册资金100万元，位于大豫镇周墩村。西6组公司占地面积1.07万平方米，厂房面积1万平方米，职工251人。设有总经理室、生产办、财务部等职能部门。主要生产“金木”牌餐桌、餐椅，会议桌、大班桌、成套家具、班椅等。主要销售区域为：全国各大专卖店，家具卖场，北美和南美。年营业额（出口额）200万元。

公司另设家私城1个，销售点8个。主要分布在南通及苏、锡、常等地。家私城面积6000平方米，经营品种为中高档套房家具、办公用品、皮沙发、实木沙发及桌椅、厨房用具等。总经理钱兴兵。

第三节　海产品加工业

20世纪80年代，境内东凌渔业乡开始发展海产品加工业。经过几十年努力，企业得到发展，深度加工形成规模，从传统盐干、腌制和冷冻转变为真空包装，实现产品高附加值。2012年，海产品加工企业除停产外，均划归滨海园区。

一、南通升福水产品有限公司

股份制企业。成立于1999年，位于大豫镇兵港村，主要经营水产品加工（紫菜）等。有员工11人，年营业额500万元～1000万元。法定代表人王兵。2012年停产。

二、如东县吉祥水产品有限责任公司

股份制企业。成立于1999年，位于大豫镇兵港村，主要经营水产品加工（紫菜）等。有职工10人，年营业额500万元～1000万元。法定代表人曹福祥。2012年，转让后划归滨海园区。

三、南通昌华水产品有限公司

中外合资企业。创建于1994年。位于大豫镇兵港村。公司以收购、养殖、加工、销售贝类、鱼类等水产品为主要经营蔬菜食品为辅的企业。厂房面积2000平方米，冷库面积1500平方米，贮藏能力1500多吨，贝类暂养吐沙地3300平方米，并有得到国家认证的无公害水产品生产基地2.10万亩，每年可产活文蛤3000吨，出口活文蛤2000多吨，年深加工贝类1600吨。2006年度，出口6000吨，创产值8000万元，出口创汇1000多万美元。产品远销美国、日本及东南亚国家。总经理袁祖新。2012年，划归滨海园区。

四、南通锦江水产品有限公司

股份制企业。成立于2002年。位于大豫镇兵港村，主要经营水产品加工（紫菜）等。拥有员工50人。年营业额1000万元～5000万元人民币。法定代表人管永刘。2012年年底，转让后划归滨海园区。

第四节 纺织服装工业

一、轧花业

清末民初，境内一般富裕人家备有人踏或牛拉16吋小皮辊机轧花车，被称作轧户。民国6年（1917），大豫盐垦公司首创轧花厂，20世纪40年代停业。1956年，建立兵房轧花厂。

中华人民共和国成立前，农村盛行家庭棉纺织业，大豫农村妇女，几乎都会使用纺锤、手摇纺纱车，脚踏木质织布机，一般自织自用。民国初年，大豫盐垦公司有私人织布机1400台，平均3户1台。中华人民共和国成立后，逐渐减少。1973年，创建兵房棉纺厂，进入21世纪后，织布机已绝迹。

二、针织业

20世纪70年代，社队针织业日益发展。南坎公社八大队首办社办针织厂。

三、印染色织业

染坊是境内早期的手工作坊。启、海人喜穿蓝印花布，大豫镇“徐记”染坊较有名气，后迁兵房镇。1949年，该染坊掌握印花新工艺，在县内首印普通花布、花床罩等印染品。公私合营后，老板徐嘉宾任兵房印染厂经理（厂长），且规模越办越大，工人最多时200多人，成为当时县内最大印染厂。该厂于20世纪80年代中叶停办。

四、化纤业

1980年，兵房建立化纤厂，属如东最早起步的化纤行业之一。

五、服装业

中华人民共和国成立前，境内集镇有裁缝店，乡村有个体裁缝上门服务。1955年后，集镇相继组织缝纫社，农村大队兴办服装加工社。20世纪90年代，大豫纺织服装工业发展较快，代表企业有：江苏世纪燎原针织及盾王劳保用品有限公司。进入21世纪后，纺织服装工业实现跨越式发展，代表企业有：海丰针织、豫铭服饰、祥升服饰、辉华服饰、大红鹰无纺制品、东驰纺织和茉莉花家纺等。

六、兵房轧花厂

1956年9月筹建，1957年投产。有28吋皮辊机40台、单箱打包机1台、柴油机3台（96马力）、发电机1台（10千瓦），当年加工皮棉171万担。从此，掘东区解交南通县三余轧花厂加工的籽棉，改由兵房轧花厂加工。1987年，占地面积6.24万平方米，建筑面积1.22万平方米，骨干设备有80型锯齿压花机4台，141型剥绒机13台，油压式双箱打包机2台，清绒机5台，年产细绒皮棉能力为4000多吨，职工年平均人数245人，产值1210万元，利润49万元，被南通市定位一类企业。1987年，中商部授予优质产品轧花厂称号；1988年，全省同行业评比中获棉花加工先进单位，授予明星企业；1990年，兵房轧花厂被省政府命名为先进单位，并被江苏省供销合作社评为棉花加工先进企业；1991年，加工的皮棉获商业部优质产品奖；被江苏省计经委、省供销社评为省优质产品。1996年，年加工皮棉5997吨、短绒971吨。资产总计1794.30万元，其中固定资产净值平均余额241.10万元。2001年8月，根据全县统一部署，被改制为江海棉花实业有限责任公司，实行属地管理。后因棉花生产一度下跌，企业连遭亏损，负担过重而实施破产。

图11-69　2012年，拍摄的江海棉业公司旧址（管霖　摄）

七、兵房棉纺厂

乡办企业。创建于1973年，占地面积1.66万平方米，建筑面积9000平方米，固定资产原值93万元，拥有1万枚纱锭，主要生产棉纱、涤纶低弹丝和精纺羊毛衫，销往上海、浙江等地，职工300多人，20世纪80年代，年产值300多万元。厂长陆忠秀。90年代后期，改制为南通东驰纺织有限公司。

八、江苏世纪燎原针织有限公司

民营企业。成立于2003年12月，位于掘港镇方泉西路18号。占地面积6万多平方米，固定资产8000万元，职工1200人。该公司前身为南通市燎原针织有限公司，创建于1992年，位于兵房健康路88号，后改为分公司，2012年，总产值5.79亿元，利润总额6248.40万元。

2010年10月，在山东省菏泽市单县新投资全资子公司——山东世纪燎原针织有限公司，占地面积80余亩，年生产能力500万件。公司拥有德国STOLL电脑横机120台，慈星全自动电脑横机120台，各类针型缝盘机1000多台，有完整相配套后整理设备。为欧洲、美国等客商定点生产厂家，客户有ADIDAS、迪卡侬、H&M、美特斯邦威、VANCL、鲨鱼等等，年生产毛针品500万件。公司先后获得全国纺织行业示范单位；江苏省企业资信等级AAA级；江苏省探索非公企业职代会建设先进单位；江苏省民营企业"双爱双评"活动先进单位；江苏省质量放心用户满意诚信企业。南通市质量管理先进单位；南通市老区开发、扶贫开发先进集体；南通市民营经济关心下一代工作先进单位等荣誉。先后接待中组部王川、全国总工会办公厅主任陈骥、中国工运杂志副主编阎雪平、省人大常委会副主任、工会主席张艳等国家、省、市16位领导的视察调研。董事长黄继石当选为市人大代表、省劳动模范。

图11-70 1992年，成立南通市燎原针织有限公司 （黄勤 提供）

九、江苏盾王劳保用品有限公司

民营企业。位于兵房工业园区。创办于1992年。职工总数410人，技术人员5名。占地面积1.48万平方米，厂房面积1.34万平方米。有进口德士马242位劳保鞋生产流水线，盾王牌为市、省著名商标。产品销往德国及中国香港地区、江苏、浙江、上海、山东、安徽等地。2011年，产值8100万元，利润706万元。2012年，总产值4.04亿元，利润总额4996万元。分别向四川、玉树地震灾区捐资8200元。先后获得南通市关心下一代工作先进集体、模范劳动争议调解委员会，县劳动关系和谐企业、文明单位、工人先锋号、先进职工之家等荣誉。2011年，吴艳被评为南通市劳动模范。公司负责人王志雄，中共支部书记陆渭淙。

图11-71　1992年，创办江苏盾王劳保用品有限公司　（管霖　摄）

十、南通海丰针织有限公司

民营企业。位于张謇工业园区。前身为南坎公社八大队针织厂，建于1976年，后改为社办，更名如东县针织内衣厂。1978年，成为江苏省针织品定点生产企业。固定资产原值154万元。具备织造漂染、印花、成衣一条龙生产条件，产品有汗衫背心、棉毛衫裤、腈纶衫裤，T恤衫、罗领衫等，年生产能力200万件。1987年，职工173人，产值149万元。2001年9月5日，重组为南通海丰针织有限公司，职工45人。公司占地面积1.30万平方米，厂房面积4500平方米。生产家用纺织品，外销法国、英国。2012年，销售总额349.94万元，创利税53.47万元。公司负责人倪善良。

十一、南通豫铭服饰有限公司

民营企业。位于大豫镇豫中路40号。创办于2004年4月。职工130人。占地面积3314.60平方米，厂房面积1994.25平方米。主要经营服装、羽绒制品、床上用品，产品外销日本。2011年，实现销售收入808.21万元，其中来料加工复出口为363.71万元，纳税总额20.27万元。2012年，实现销售收入666.50万元，其中来料加工复出口收入277.91万元，纳税15.54万元。公司负责人顾瑞明。

十二、南通祥升服饰有限公司

合资企业。位于大豫镇张謇工业园区。创办于2003年,职工总数80人,技术人员5人。占地面积4000平方米,厂房面积1600平方米。主要从事服装加工,产品内销全国各地,外销美国、日本。2012年,实现销售收入6634万元,创利税696万元。公司负责人余爱斌。

图11-72 2003年,创办南通祥升服饰有限公司(管霖 摄)

十三、南通大红鹰无纺制品有限公司

民营企业,位于大豫镇张謇工业园区。创办于2008年3月,职工38人,技术人员6人。占地面积3800平方米,厂房面积1300平方米。有进口喷汲棉生产线一条,主要生产喷汲棉系列。产品销往县内。2012年,销售收入52.97万元,创利税11.20万元。公司负责人冯丽萍。

十四、南通辉华服饰有限公司

属南通华伟集团控股公司。成立于2004年,位于大豫镇香台村。占地总面积9600平方米,建筑面积3500平方米,固定资产1500万元。主要经营梭织服装(各式时装)。职工100多人,年生产服装40万件(套),年营业额5000万元,2012年,销售收入470万元,创利税75万元。法定代表人张华伟。

十五、南通东驰纺织有限公司

股份制企业。位于大豫镇兵房人民北路77号。2002年,由兵房纺织厂改制而得名。占地总面积1.40万平方米,建筑面积8000平方米。员工95名,有喷气织机18台、纱锭1万锭,年生产家用布120万米,生产其他规格纱1500吨,年销售收入3000万元。产品主要销往通州三星市场。2012年停产。公司负责人郭殿军。

图11-73　2002年,改制为南通东驰纺织有限公司（管霖　摄）

十六、江苏省茉莉花家纺织品有限公司

民营企业。位于大豫境内通如桥北首东侧。创办于2007年1月。职工30人,技术人员10人。占地面积1.20万平方米,厂房面积6650平方米。主要生产南通名牌茉莉花家纺,产品内销全国各地,外销中东国家。2011年,产值400万元,利润28万元。公司负责人蔡斌,中共支部书记邢友才。

第五节　化工工业

中华人民共和国成立前,境内没有化工工业。20世纪70年代,如东县复合肥二厂、三厂相继建成,大豫化工工业开始起步。1983年10月,如东县校办化气厂落户大同村。

20世纪末,南通万得纺器有限公司生产塑料管、棉条桶,到21世纪初,南通沃兰化工有限公司生产特种增塑剂和苯磺酰系列、南通恒威聚氨酯制品有限公司生产聚氨酯枕头、床垫系列及南通中荣水产开发有限公司向日本出口骨素、鳞素、甲壳素的发展过程,证实境内化工工业已迈上新台阶,且带动其他化工工业发展。

一、南通金盟复混肥料有限公司

民营企业。位于大豫镇张謇北路500米处(大豫社区27组)。创办于1976年,时为村办企业,如东县复合肥二厂。1996年,改制为民营企业。职工18人,技术员2人,占地面积4666.90平方米,厂房面积500平方米。主要生产三元复合(混)肥、BB肥。年产复合(混)

肥3000吨。2012年,产值170万元(支农企业免交税收)。公司负责人袁永兵。

二、南通祺丰肥料科技有限公司

民营企业。成立于1986年,位于大豫镇强民村2组,由村办企业改制而成。职工30人,其中大学生2人,高级工程师1人,技术员5人,总资产650万元,固定资产240万元,注册资金106万元,占地总面积5556平方米,建筑面积3200平方米,其中原料池900平方米,成品库500平方米,生产车间1300平方米,总仓容量3000吨。公司成立之初,主要生产复合肥、磷肥等大肥料。2004年始产品转型,与哈尔滨农业科学院联合研制适应水稻、棉花、蔬菜生长常要的微量元素肥料,逐年扩大产品种类、发展到合成有机肥、壮秧肥等5大类20多个产品,年产量达6000吨。成为长江中下游地区多个县(市)水稻机插秧壮秧剂定点生产企业。公司有一条年产2万吨复混肥料生产和年产1万吨有机肥生产及2000吨壮秧剂(水稻苗床调理剂)生产流水线。年产值1000万元以上。法定代表人黄安冲。

三、南通金鹏泰工贸发展有限公司

民营企业。前身为如东县校办化气厂。由袁云飞于1983年10月创建,产品为溶解乙炔。主要销往南通各县市、上海等地。固定资产200万元,年销售乙炔气10多万瓶,公司占地面积9100平方米,建筑面积3000平方米。有职工26人,技术员4名,工程师1名,安全员1名,9人取得专业培训证书。设总经理室、办公室、财务科、供运销售科、质检技术计量科、安全生产设备科等科室。1995年,取得生产许可证,2001年,通过计量合格认定,取得安全生产许可证、危险品生产许可证、气瓶充装许可证、气瓶检验许可证等。2012年,总产值600万元,利税100万元。

公司严格贯彻"隐患险于明火,防范胜于救灾,责任重于泰山"安全生产方针,配有消防器材,乙炔充装车间装有喷淋装置。1990～1992年,获南通市校办骨干企业称号,多年获县政府和教育局表彰。公司负责人袁嵘。

四、南通沃兰化工有限公司

香港独资企业。成立于2004年12月15日,注册资本451万美元。位于如东县沿海经济开发区黄海3路,占地面积5万平方米,建筑面积8600平方米,职工130人。

该公司专业生产化学品及医药中间体。集科研开发、生产制造和销售服务为一体,主要业务集中在新特药化学原料、医药中间体、特种增塑剂和苯磺酰系列等几大类产品的研发、中试、生产。2010年,甲苯磺酰氯产量2500吨。销售额为1.17亿元,利税为1705.82万元,与2006年相比年销售额增长413.06%,利税增长1456.96%。2011年,年销售1.60亿元,利税3500万元;2012年,总产值5.14亿元,利润总额5357.90万元。公司法人代表孙强。

五、南通恒威聚氨酯制品有限公司

民营企业。位于大豫镇兵房工业园区。创办于2002年3月,职工总数58人,技术人员2名。占地总面积2.19万平方米,厂房面积6309.35平方米,主要生产聚氨酯枕头、坐靠垫、床垫、自行车鞍座等。产品外销美国、日本、英国，内销京、津、沪、江、浙、鲁。公司被评为县消费者协会诚信单位，工商行政管理光彩之星，经济规模、销售增幅、项目投入先进单位。

2008年，向四川地震灾区捐款2000元。2010年，为抗灾救灾捐款1800元。2011年，产值2200万元，利润110万元。2012年，总产值7921.60万元，利润总额733.60万元。公司负责人张文威。

图11-74　2002年，创办南通恒威聚氨酯制品有限公司（金向东　摄）

附记：

我在"恒威"公司这一年（节选）

—南通恒威聚氨酯制品有限公司滕文霞

我叫滕文霞，今年29岁，山东潍坊人，毕业于远东工商外语大学日语专业，擅长企业业务公关、能熟练运用日语与日商对话、洽谈业务。应聘为南通恒威聚氨酯制品有限公司业务经理。

首先，把"心"融入企业。因我是外省人，大家对我不了解，如果不把心思放在工作上，企业老板和职工们怎么会信任我呢？所以我来到这里的第一件事，就是把"心"融入企业，以厂为家、视如东为第一故乡，脚踏实地、专心致志干好工作。一年中未曾回过山东老家，平时只是通过电话向父母及家人报个平安，问个安康。在父母亲生日的时候也只是通过邮寄礼物的方式祝贺他们生日快乐。

第二，把"人"交给企业。毛主席曾经说过，世界一切事物中人是最宝贵的。任何事情离开人则将一事无成，企业也同样如此。我来到这里的第二件事，就是把"人"交给企业。服从企业安排、听从企业调遣、工作主动、不怕吃苦；因为企业需要我，老板需要我，企业的发展需要我，在这里有我发展的空间，有我施展才华的舞台。为了增加销售业务量，我充分发挥自身公关特长，采取"走出去和引进来，网上洽谈与网上发布信息"的方法，取得了明显效果。今年以来，从网上联系订单的客户就达12家，资金总达到600多万元。

由于本人长期在外奔波，在市场上认识了一些老板，结识了一些朋友，他们看到我对公司、对老板如此的忠诚，对工作如此的卖力；尤其是对我的公关能力十分钦佩，愿意花高出几倍的薪酬请我到他们公司区工作，都一一被我婉言拒绝了，因为我是“恒威”人，我深爱着“恒威”。

第三、把“力”用在企业。这里我所说的“力”，是指工作“精力”。大家都懂得，一个人精力是有限的，主要看你如何使用是个关键问题。我来到这里的第三件事，就是要把全部精力用在“恒威”的发展壮大上，协助老板管理好“恒威”，使“恒威”出“精”品、出“良”品，在市场上站稳脚跟、经得起打拼。今年，是个特殊的年份，功夫不负有心人，“别人危机、我不危机”，公司订单络绎不绝。因人手少、要货时间紧，老板喜在脸上、急在心上，亲自下车间和工人一起生产，好事反而变成坏事，越急次品出得越多、越赶不上交货时间。发现这一苗头，我主动向老板提建议，要求老板改变生产方式，科学管理，合理安排，把老板从事务圈子里解脱出来。另一方面在征得老板的同意后，深入车间对每个车间、每道工序都落实了责任，做到目标明确、制度严明、责任到人、碰到难题自行排除，不得事事请示老板，谁出次品、追究谁的责任！由于措施有力、方法得体、合格率高了、次品少了、公司效益多了、职工收入明显增加了。公司上下沉浸在一片欢乐之中！虽然当时车间里有个别职工看到我指手画脚、说东道西的样子有点“不习惯、不顺眼”、甚至“不买账”。但我也不怕得罪人，就是骂上几句我也“忍”了，因为，我为了公司和大家的利益尽力了！今年1～8月份公司产值达到620万元，销售收入达到593.30万元，创利税53.40万元，比去年同期分别增长31%、22%和25%。

六、南通万得纺器有限公司

民营企业。位于大豫镇豫中路28号。创办于1997年3月，职工80人，技术员5人。占地总面积7251.60平方米，厂房面积3272.85平方米。主要生产塑料管、棉条桶等，产品销往江苏、河北、浙江、安徽等地。2011年，产值1250万元，利润35万元。2012年，总产值8852.10万元，利润总额903.60万元。公司负责人张志泉。

七、南通中荣水产开发有限公司

中日合资企业。位于大豫镇兵房工业园区顺通路2号。创办于2003年8月，占地总面积1.06万平方米，厂房面积7000多平方米，股东发起人为南通金盛水产有限责任公司，株式会社中荣药化交易。注册资本34.40万美元。职工75人，技术人员5人。2004年，投资2000万元建立现代化标准生产研发基地，通过日方与国内科研院校合作，产品填补国内空白，占领国际领先地位，通过ISO9001:2000质量管理体系认证。当年生产明胶半成品1350吨、鱼鳞胶250吨、甲壳素类成品120吨，全部出口日本。2008年，实现应税销售2870.90万元，创利税300万元。2011年，产值4000万元，利润400万元。2012年，总产值3.70亿元，利润总额3943万元。先后获南通市循环资源综合利用先进单位，如东县农业项目20强企业等称号。负责人杨锦标。

第六节　机械制造工业

境内机械制造工业始于纺织机械。如东纺织机械工业起源于大豫。1956年，丁店乡(大同镇)在全县首办针织配件厂。为如东成为省生产纺织机械定点单位开启先河。2010年，南通新佳机电有限公司成为全县7家纺织机械制造定报企业之一。

一、如东县大同针织配件厂

县办集体所有制企业。建于1956年。主要生产针织横机和针织羊毛衫，产品行销全国20多个省、市。1979年11月，更名如东县大同横机厂。1987年扩大规模，占地面积1.20万平方米，建筑面积7500平方米，设备拥有量90万元，职工311人，年产值408万元，利润31万元。1995年，改制后更名为如东针织机械配件厂。

二、如东县振兴机床有限公司

前身为如东县机床厂(县办企业)，建于1956年(时为兵房生产社，1960年易名县机床厂)，位于兵房镇和平路49号。从事各类机床及其他机械产品制造和加工。2002年年底，改制为民营企业。占地面积2.50万平方米，建筑面积1.60万平方米。职工70多名，各类专业技术人员16名。固定资产1200多万元，有机械制造加工设备60多台(套)。2005年，产值2418万元，销售2223.20万元，利润102.40万元，利税188.10万元。2010年，实现现价产值2.31亿元，销售2.29亿元，利润896.60万元，利税2547万元，固定资产250万元。因生产业务衔接不上，2012年，处于半停顿状态。公司负责人徐安平。

图11-75　2002年，改制为如东县振兴机床有限公司（管霖　摄）

三、江苏南通华宇紧固件有限公司

民营企业。建于1970年,位于大豫镇北首。员工总数50人。生产各种规格(直径1.40～8毫米,长度2.50～110毫米)不锈钢、碳钢、铜、铝机攻螺丝、自攻螺丝、木螺丝、铆钉等,质量标准采用日本、美国、德国、法国和国家GB标准。2005年,实现产值1395万元,利润10.80万元,利税37.60万元,固定资产净值186.80万元。2012年,应税销售904.80万元,利税180万元,产品销往上海、苏州。公司负责人马俊。

四、南通银杰特种螺丝有限公司

民营企业。位于大豫镇张謇北路18号。是中国工业机械零部件协会紧固件分会会员。创办于1998年,职工60人,10人有技术职称。占地总面积4000平方米,厂房面积3000平方米。有45台套标准件进口专用设备生产线,专业生产各种规格(直径Φ1.2～Φ10毫米,长度L3～110毫米)不锈钢、碳钢、铜、铝质机攻螺丝、自攻螺丝、干壁螺丝、纤维板螺丝;内、外六角、梅花槽、方槽螺丝、三角螺丝、组合螺丝以及长毛绒玩具等。产品远销德国、日本、意大利等国,内销上海、北京、西安、广州、大连、四川等地。年产量为10亿件。

2001年,通过NQAISO9001:2000国际质量体系论证,产品为南通市名牌产品,被四川长虹电视机厂定为质量免检供应商。荣获如东县文明企业,江苏省民营科技企业称号。2011年,实现产值2000万元,利润100万元。2012年,应税销售1350万元,利税280万元。公司负责人倪银莹,中共支部书记倪兵。

五、南通新佳机电有限公司

民营企业。成立于2003年,位于大豫镇工业集中区,职工总数32人。占地面积1.50万平方米,固定资产2000多万元,年生产销售各类电脑绣花机、绗缝机械1000台左右。公司有一批中高级技术人才和管理队伍,有知识产权和专利。产品销往越南、乌克兰、迪拜

图11-76 2003年,成立南通新佳机电有限公司 (金向东 摄)

等国家和地区。还销往江苏、浙江、新疆、湖南、湖北。2012年,应税销售1420.80万元,利税245万元。公司负责人施玉梅。

六、南通市三元电脑绗缝机械有限公司

民营企业。位于通如桥北首东侧。创办于1993年5月,职工70人,技术人员1人。占地面积5333.60平方米,厂房面积为4666.90平方米。主要生产绗缝机械,为南通名牌产品,除内销外,还销往南非、俄罗斯、中东国家。2011年,产值500万元,利润30万元。2012年,销售总额33.32万元。公司负责人蔡斌。

七、南通东磊标准件有限公司

民营企业。位于大豫镇东凌黄海路6号,成立于1994年,占地面积5600平方米,厂房面积4000平方米,职工45人。注册资金818万元。主要生产汽车螺钉系列,销往东风汽车集团公司,十堰大凡汽车公司,宁波裕民集团公司。2011年,销售收入1400万元,利润200万元。公司负责人黄卫东

第七节　水带、照明制造工业

20世纪70～90年代间,境内仅大同灯泡厂1家。进入21世纪后,境内消防水带、照明器具专用设备制造发展迅速,形成一批较大规模的独资、股份制民营骨干企业。"龙涛"牌消防水带,远销东南亚、中东、欧美等地。2012年,南通东太等4家玻璃器皿制造企业,实现应税销售4975.53万元。

一、南通光大消防器材有限公司

民营企业。位于大豫镇马家店村(222省道东侧),创建于2005年。为AAA级信用企

图11-77 2005年,成立光大消防器材(南通龙涛水带)有限公司 (陈亚玉　提供)

业、县诚信单位、县文明单位。占地面积2万多平方米，厂房面积9000多平方米，职工180名，高级技工12名，高级工程师2名。资产总额1700万元，固定资产348万元，注册资本308万元。按GBTI9001:2008国际质量体系标准生产。注册商标为“龙涛”牌衬里消防水带，共有20多个品牌，产品销往国内15个省份，远销东南亚、中东、欧美等地。2012年，应税销售3130.40万元，利润573.50万元。法人代表：陆忠耀。

二、南通市东太玻璃器皿有限公司

民营企业。位于大豫镇兵房工业园区顺通路3号。创办于2006年12月，职工90人，技术人员20人。占地面积1万平方米，厂房面积5000平方米。主要生产节能泡壳、玻璃器皿、硬质咖啡壶系列、医用烧杯、硬料P38灯罩、硬制汞灯、红外线泡壳等系列产品。产品主要销往江苏、浙江、安徽、山东等60多家企业和供应商。

2009年起，公司承担循环经济项目，用废弃玻璃生产玻璃器皿，已取得成效。2012年，应税销售1628.90万元，利税255万元。公司负责人曾敬东。

图11-78 2006年，创办南通市东太玻璃器皿有限公司（管霖　摄）

三、南通东洋电光源制造有限公司

民营企业。位于大豫镇兵房工业园区顺通路2号。创办于2006年9月，职工150人，3人有技术职称。占地面积1万平方米，厂房面积8900平方米，资产总额3000万元，注册资本958万元。主要生产玻璃泡壳、节能灯管、灯丝、钼丝、灯罩、照明电器、电光源材等系列产品。产品销往江苏、浙江、上海、郑州、山东、沈阳等300多家企业和供应商。

2009年后，承担循环经济项目——废玻璃再利用。项目总投资1000万元，其他设备投入200万元，新建年产2000万元生产流水线1条，年销售2000万元，利税200万元，年循环利用废玻璃2000吨，为国家节约资源、减少污染。连续三年被大华国信资信评为“3A”企业。2012年，应税销售2835.40万元，利税453万元。公司负责人钱晖。

图 11-79　2006年,创办南通东洋电光源制造有限公司(管霖　摄)

四、南通鑫达照明电器有限公司

股份制企业。位于大豫镇兵房工业园区顺通路4号。创办于2010年3月,职工80人,技术人员5人。占地面积1.07万平方米,厂房面积为5333.60平方米。公司引进两条进口生产线。主要生产红外线灯泡。产品除销往全国各地外,还出口美国、日本等地。2012年,实现销售收入161.23万元,比2011年增长142.29%。公司负责人冯君瑜。中共支部书记曾建华。

五、南通大江灯饰有限公司

独资企业。位于大豫镇兵房工业园区顺通路1号。创办于2004年3月,职工25人,技术人员5人。公司占地面积8300平方米,厂房面积3400平方米。主要生产灯泡、灯具、塑料玩具等,产品外销美国。2012年,应税销售350元,利税58万元。公司负责人汤炳林。

图11-80　2004年,创办南通大江灯饰有限公司（管霖　摄）

六、如东天楹环保能源有限公司

股份制企业。位于东安科技园区东安大道。创办于2010年,职工70人,占地面积6.66万平方米,注册资金1亿元,项目首期投资3.10亿元,主营生活垃圾焚烧发电,已建成二炉一机,日处理垃圾500吨。项目采用国际公认、先进的日立造船株式会社炉排焚烧设备及日本本斯频德公司烟气处理技术,确保烟气排放达到欧盟Ⅱ号标准;污水处理采用成熟的UASB加MBR工艺,确保达到国家规定排放标准。该公司为数字化、信息化管理公司:有办公信息化管理系统,环保信息化管理系统,垃圾进料焚烧信息化系统。2012年,实现销售收入974.43万元。法人代表王鹏。

第八节　建材工业

大豫先民最原始的建筑材料为泥土、芦苇和茅草。中华人民共和国成立前,境内无土窑。大户人家及集镇建砖瓦房,均由外地购进。中华人民共和国成立后,有少数生产大队办起小土窑,但供不应求。1958年起,境内大同、兵房、南坎公社相继办起轮窑(砖瓦窑),不仅满足当地基建材料供应,还远销南通、上海、无锡、常州等地。后因无计划取土和生产,农田基本建设受到影响。20世纪80年代末至90年代初,国土管理部门明令禁止影响农田基本建设的取土。因取土难、成本高,大同、南坎窑厂先后倒闭,兵房窑厂几经改革,在生产标准砖基础上发展起琉璃瓦生产。

20世纪70年代,各公社建筑站都建有水泥预制场,主要预制过墙板、挂瓦板、水泥中柱、水泥桁条、水泥门框、水泥窗框等小型构件。80年代始，兴小洋楼，预制场开始预制楼板。为适应农田基本建设，预制场浇铸排灌用水泥涵洞，人行桥梁板。90年代起，私营经济得到发展，个体预制场如雨后春笋，但因技术、资金和场地限制，大多数小型预制场倒闭，幸存无几。

1970年，南坎公社创办县内首家水泥厂。20世纪80年代后，丁店乡创办大同水泥厂，因经营亏损而倒闭。进入21世纪后，预拌混凝土，PVC高分子板材、装饰材料、防水材料等相继问世，境内工业经济建设步伐得到加快。

一、南通万豪建材科技有限公司

责任有限公司。前身为如东县大宇水泥厂，是如东第一家水泥生产企业。创建于1970年，创始人秦国爵。历任法人代表：倪国康、朱亚明、王决斌、管永林。2002年，改制为有限责任公司，法人代表张志泉。2008年，更名为南通万豪建材科技有限公司。

位于大豫镇张謇北路40号，占地总面积4.45万平方米，建筑面积1.80万平方米，注册资本450万元，固定资产8500万元，职工70人，专业技术人员22人。1970年开办时，球磨机规格为Φ1.20米两台土立窑，年产量1万吨左右，1984年改造为5万吨规模，球磨机Φ1.83米两台、2.2*7米机立窑1台，2003年，改为粉磨站，年产30万吨规模，球磨机Φ2.4*13米1台，2009年，技改60万吨规模，球磨机Φ3.8*13米1台，2010年，Φ2.4*13米球磨机改打矿粉，年产8万吨规模。

2010年，生产水泥36万吨，销售收入8200万元，利税1230万元。2012年，销售水泥64.40万吨，同比增长2.50%，产值1.64亿元，同比下降18.80%，利税1895.60万元，同比下降5.22%。1983年，获江苏省乡镇企业水泥质量第一名，1984年，获农牧渔业部水泥质量良好企业，1985年，获国家乡镇企业局水泥质量优胜企业，2007年，“大鱼”牌水泥获南通名牌产品；2008年，获南通市知名商标，2010年，获江苏省著名商标；并获得江苏省民营科技企业、南通市产学研示范企业、南通市企业工程研究技术中心，南通市重合同守信用企业，如东县诚信单位。企业通过ISO9001：2008质量管理体系ISO14001：2004环境管理体系的认证，获江苏省质量信用产品，2010年，获江苏省质监局和省建材产品质量检验站水泥品质指标检验大对比全优单位和优胜单位，南通地区仅此一家。2012年，获国家建筑材料质量监督检验中心、江苏省质量技术监督建材产品质量检验站和水泥产品质量监督检验中心大对比优胜单位、化学分析全合格单位、物理优秀单位。

二、津豪（南通）混凝土有限公司如东分公司

是为海集团10家分公司之一。该集团为专业生产和销售预拌混凝土，被评为优秀集团化民营企业。先后与扬州大学、盐城工学院等多家大专院校共建实习基地，培养各类人才。如东分公司成立于2007年9月1日，位于大豫镇强民村，兵房镇向东1.25公里，老334线南侧。公司质量保障体系和环境管理体系健全，通过ISO9001：2000质量管理体系认证和IS014001：2004环境管理体系认证。注册资本308万美元，有25台混凝土搅拌车，3台车泵，1台车载地泵。职工70人，技术人员15人。法人代表俞杨军。

2008年后，参与如东地区部分较大型优质工程建设，利用大豫良好投资环境，采用先进技术经营管理方法，做强预拌混凝土行业，助推大豫外向型经济发展，赢得社会公认。2012年，总产值5805万元，利润总额599.70万元。

图11-81 2007年，成立津豪(南通)混凝土如东分公司 （金向东　摄）

三、南通巨图新材料有限公司

独资企业。位于如东县东安工业集中区，创办于2007年9月4日。项目总用地面积为6.83万平方米，建筑面积1.60万平方米。公司集生产、研发于一身。主要制造PVC高分子板材产品，用于户外广告标志制作、数码打印、建筑装饰等多个领域。产品通过上海外贸窗口，远销欧美、中东、东南亚，年产板材5000吨，2009年，建有一条8M光纤互联网高速入网通道。为保证沟通及时，信息共享，开通263企业邮箱。2012年，实现销售收入348.77万元，法人代表袁文勇（澳大利亚客商），是年，划归南通滨海园区。

四、南通欧浦装饰材料有限公司

民营企业。位于如东县新东安科技园区。建于2010年。有高级工程师2名，技师4名，技术工人40名。占地面积5000平方米，资产总额1000万元，有35万元真空成型压机1台，25万元固化炉（中温）1台，60万元定厚机2台，70万元抛光机1台，12万元红外线万向切割机1台。主要生产人造石，石英石台面板，用于装饰装潢室内外平面。产品销售江苏、浙江、上海、山西等100多家企业和供应商。年净利润100万元。

全年利用废玻璃1000吨，缓解原材料资源采购、运输和资金等压力，有效减轻人体伤害和环境污染。公司法人代表浦健。2012年，划归南通滨海园区。

五、南通苏通防水材料有限公司

民营企业。创办于2010年9月，前身为如东县第一防水油膏厂，位于香台村第28组，占地面积3500平方米，厂房面积1600平方米。职工26人，技术人员5人。产品有：PVC油膏、IS防水涂料、堵漏王、水泥基渗透结晶、聚氨酯911涂料、SBS卷材等，产品销往江、浙、沪。先后获江苏新世纪名企名品、全国市场知名企业品牌、2012年，被评为江苏优质诚信服务单位。公司负责人丁保。

第九节　校办工业

1958年9月，中共中央、国务院发布《关于教育工作的指示》，明确规定："党的教育方针是：教育为无产阶级政治服务，教育与生产劳动相结合。"要求各类学校，必须把生产劳动列入正式课程，学校要办工厂、农场。当中央指示传达到省、市教育部门后，如东县教育部门积极响应，相关学校曾办过工厂、农场，"文化大革命"开始后均停办。

1970年后，全县部分学校为增加收入和改进教学设施，弥补教育经费不足，把创办校办工厂列入学校工作重要议事日程。1970年，南坎中学首创皮件厂，迈出大豫校办工业第一步。1971年，巩王中学办起五金厂。1975年，创办大同二大队"五七"学校校办厂，始产算盘，亦称"算盘厂"，后发展为沙发厂、家具厂和印刷厂。

1980年3月，江苏省人民政府办公厅下发《关于中小学勤工俭学若干问题的暂行规定》，文件指出："开展勤工俭学，办好校办工厂(场)、农场，是全面贯彻党的教育方针，培养德智体全面发展的社会主义建设人才的一条重要途径。"

1982年9月9日，经县政府批准设立如东县校办工业公司，属服务性管理型机构，负责对校办工厂、校办农场及中小学勤工俭学活动的管理、编制校办企业生产计划，协调与各部门关系，通报经营信息，解决困难，辅导业务，提高校办企业管理水平。此后，大豫校办工业在原有基础上得到巩固发展，逐步由学校办厂过渡到社会自然人办厂。

1981年，袁云飞在丁店二大队创办如东县校办化气厂。曹永平创办如东县弹簧厂。均属全县5家典型校办厂之 ，受到县表彰。弹簧厂产品橡胶密封圈，参加全国勤工俭学产品展销会，获化工部生产许可证。1983年，两厂划归如东县教育局直属校办厂。1984年，兵房中学分别办起日用化工厂和标准件厂。

据1982～1983年如东县教育局档案记载，境内校办工业名列全县前茅。

1982年～1983年境内各中学校办工厂、农场情况一览表

表11—105　　单位:个 亩 万元 万斤

学校名称	校办工厂			校办农场(园地)				其他收入	纯收入总数
	校办工厂	总产值	纯收入	土地面积		粮食总量	农副业纯收入		
				农场	园菜地				
兵房中学	1	1.60	0.45	—	—	—	—	—	0.45
巩王中学	1	4.10	1.30	—	1.50	—	0.02	—	1.32
南坎中学	1	3.00	0.30	—	—	—	—	—	0.30
总　计	3	8.70	2.05	—	1.50	—	0.02	—	2.07

1982～1983年兵房公社中小学校办工厂、农场情况一览表

表11—106　　单位:个 亩 万元 万斤

学校名称	校办工厂			校办农场(园地)				其他收入	纯收入总数
	校办工厂	总产值	纯收入	土地面积		粮食总量	农副业纯收入		
				农场	园菜地				
公办中学	1	1.60	0.45	—	—	—	—	—	0.45
民办中学	1	1	0.30	—	—	—	—	—	0.30
小　学	1	1	0.03	—	4.55	—	0.0104	0.027	0.0674
总　计	3	3.60	0.78	—	4.55	—	0.0104	0.027	0.8174

1982～1983年丁店公社中小学校办工厂、农场情况一览表

表11—107　　单位:个 亩 万元 万斤

学校名称	校办工厂			校办农场(园地)				其他收入	纯收入总数
	校办工厂	总产值	纯收入	土地面积		粮食总量	农副业纯收入		
				农场	园菜地				
公办中学	1	4.10	1.30	—	1.50	—	0.02	—	1.32
民办中学	—	—	—	—	—	—	—	—	—
小　学	3	15.02	1.72	—	6.40	—	0.01	0.04	1.77
总　计	4	19.12	3.02	—	7.90	—	0.03	0.04	3.09

1982～1983年南坎公社中小学校办工厂、农场情况一览表

表11—108　　单位:个 亩 万元 万斤

学校名称	校办工厂			校办农场(园地)				其他收入	纯收入总数
	校办工厂	总产值	纯收入	土地面积		粮食总量	农副业纯收入		
				农场	园菜地				
公办中学	1	3	0.30	—	—	—	—	—	0.30
民办中学	—	—	—	—	—	—	—	—	—
小　学	1	1.93	0.28	—	7.70	—	—	0.02	0.30

续表11—108　1982～1983年南坎公社中小学校办工厂、农场情况一览表

学校名称	校办工厂			校办农场(园地)				其他收入	纯收入总数
	校办工厂	总产值	纯收入	土地面积		粮食总量	农副业纯收入		
				农场	园菜地				
总　计	2	4.93	0.58	—	7.70	—	—	0.02	0.60

一、南坎中学皮件厂

创办于1970年，创始人秦伯奎，胡惠新。主要生产喷雾器各式垫圈，模具由兵房农机厂加工而成，原材料由南通、合肥、河南焦作制革厂供应边角料，产品由县生资公司包销。办厂初期，限于经费，全厂职工艰苦创业，用自行车往县城送货，工厂设备因陋就简，土法上马，学校挤出经费购置两台脚踏旧冲床，工人月工资25元，由于勤俭办厂，3年积累资金2万元，建扩师生宿舍11间，得到县教育局表彰。后因产品升级换代，皮件厂停办。

二、兵房中学日用化学厂

创办于1986年，创办人施敏。生产可发性聚苯乙烯，填补南通市空白。1987年7月，经市经委、市教育局鉴定，获取新产品鉴定证书，年生产聚苯乙烯200吨，总产值73万元，实现利润4.7万元。

20世纪90年代初，学生数激增，学校扩建教室，日用化学厂移至兵房镇北首。未经论证贷款300万元，盲目购回厦门陈旧设备。1993年日用化学厂由私人接办，因资不抵债，工厂关门。

三、兵房中学标准件厂

创办于1987年，创办人黄卫东。生产各种规格螺钉，产品销往南通、常州、扬州3市14家电视机厂，年产值23万元，利润6万元。因学校无地方扩建厂房，1990年停办，后由黄卫东自办，更名如东县东磊标准件有限公司。

四、如东县马店羊毛衫厂

原为马店小学校办厂，由陈斌和黄继石联合创办。1998年，改制为民营企业。取名南通市燎原针织有限公司，后更名江苏世纪燎原针织有限公司。①

五、如东县巩王弹簧厂

1975年，大同二大队“五七”学校创办算盘厂，生产算盘3000把，产值10000元，利润2000元。1976年，因算盘滞销，转产沙发弹簧。1978年，生产工业弹簧，产品发展到20多个品种，创年产值5万元，获利1万元。工厂命名为如东县巩王弹簧厂。1979年，生产自行车配件，1981年，生产农机橡胶密封圈。1983年，学校更名为利建小学，是年，巩王弹簧厂划归如东县教育局直属企业。1985年，弹簧产品被评为南通市优质产品。1989年，创年利润10万余元。1989年，弹簧厂从盈利中支付4万元为利建小学新建两层教学楼(8个教

①详见篇内第三章第四节“纺织服装工业”。

室)，向乡文化站捐赠电视机1台，支持大同村3000元修造两座小桥、架设高压电线。1987年，获江苏省勤工俭学先进集体。

巩王弹簧厂归属教育局后，曹永平被任命为县校办工业公司副主任。1985年接管经编厂，创办如东县机械配件厂。1986年，组建中外合资南通博泰钢管公司。1987年，建中外合资如东爱科橡胶制品有限公司。1996年改制后，大同村内保留爱科橡胶制品有限公司、创兴弹簧厂，其他企业在县城及扬州。

六、如东县校办化气厂

1983年10月，巩王弹簧厂分设如东县校办化气厂。新建办公楼，综合楼各1幢共20间。该厂主要生产溶解乙炔气，年产量4.50万瓶，销往上海、常州、泰州、东台、南通等市县。1988年，增加新产品——改良乙烯和回收废塑料加工。1988年，创年产值170余万元，利润30万元。

负责人袁云飞车祸身亡后，由儿子袁嵘接任，并改制为民营企业，更名南通金鹏泰工贸发展有限公司。

七、如东县巩王五金厂

创办于1971年，主办单位巩王初中，为集体所有制企业。实行自主经营，自负盈亏，自我约束，自我发展。初办时，仅几个人，几台仪表车床。至2005年，固定资产为2.52亿元，职工58人，缴纳税金27万多元，上缴镇政府1.80万元，上交巩中3万元用于补充学校办公经费之不足和改善职工部分福利待遇。2007年停办。历任工厂负责人：陆金华、崔凤才、陈裕生、杨毅。

第十二篇　建　　筑

大豫先民源自启东、海门等地，为生存植庐而居。植庐为大豫建筑初始。当时，海涂荒滩就地取材推泥夯土，积薪为庐，“人字茅棚”“滚地龙”“环筒舍”乃栖身之地。民国6年(1917)后，民族实业家张謇修筑土路，建造桥梁等举措，开启境内建筑业之先河。日转星移，大豫人居住条件逐步改善，从草屋到瓦屋，从平房到楼房，历经岁月沧桑，印证时代发展，体现社会进步。

中华人民共和国成立前后，主要由瓦工、木工从事建筑业。农村瓦工、木工农忙务农，农闲务工，进行简单房屋修建，兼做家具、农具。建筑施工设备沿用民间古老手工操作工具。泥工为瓦刀、灰板、灰刀；木工有斧、刨、锯、凿。

20世纪60年代末至70年代初，境内各公社相继成立公社建筑站后，逐步引进自动和半自动化生产工具，木工始用带锯、圆盘锯、轧刨、凿孔机等；泥工始用打夯机、筛砂机，拌灰机，磨石机、平板振动器、插入振动器等。80年代开始，竹木脚手架改为钢管工架。工地运输由肩挑人抬变为使用胶轮车、翻斗车、卷扬机、井字架等水平和垂直运输机械，并有部分建筑企业始用井架塔吊和适应高层建筑的中型塔吊及人货电梯。工种增有钢筋工、吊装工、装饰工、架子工、水工、电工、管道工、电焊工、白铁工、机械打桩工等。

20世纪90年代初，建筑站演变为建筑公司，规模、财力、技术水平均有所提高，始闯上海、南京、新疆等地大市场，承揽大型建筑工程。进入21世纪后，大豫建筑业再振雄风，成绩显赫。镇区“九洲花园”“金地来花苑”等标志性建筑，展示一幅幅美丽精品力作。江苏顺通建设工程有限公司实力雄厚，驰名省内外，承揽江苏省图书新馆、南京海关业务技术专用楼、上海彭浦动迁基地住宅楼、海运通信大楼等多座较大工程。获“白玉兰”“扬子杯”“鲁班”奖等51项，其中“鲁班”奖6项。

农村个体建筑队伍仍以松散型组合为主，活跃在乡间，由小包工头带领一小批建筑人员承建民房和装修业务。随社会进化和人们居住水平提高逐步向装潢业转变。至2012年，全镇有3家建筑公司，34名包工头。

第一章　民居演变

第一节　旧时民居

大豫人均系移民。初到时，一望无际海滩上，茅草、芦苇遍地，没有牲畜，听不到鸡鸣狗叫。为营建栖息之所，就地取材，用茅草绳把芦苇扎成捆，弯成弓形为支架，建半月形窝棚。背面堵严，前面留空，用芦障作门进出。既可挡风霜雨雪，又可防野兽、蛇虫百鸟侵扰。这类简陋民居一般南北朝向，俗称“环筒舍”。也有用芦苇茅草编织成板块状芦障，用两块芦障搭成人字形窝棚。形成大豫最初民居。

第二节　民居演变过程

随着农、渔、盐业发展，人民生活渐趋稳定。为改善居住条件，在原“人字茅棚”“环筒舍”基础上发展为用泥土和茅草捶打成一尺多厚的土墙，或用芦苇编织成“芦实笆”作墙，上面架3根梁，钉上椽子，再用芦笆障和茅草盖成人字形屋顶，这叫“草3架”；上面架5根梁的叫“草5架”。一般不开窗户，也有在土墙或芦笆障当中开个小洞，通风采光。中华人民共和国成立前，大豫平民百姓居住多为“草3架”或“草5架”，能住上砖瓦、木结构瓦屋，为极少数富贵人家。

中华人民共和国成立后，人民收入水平不断提升，民居条件反复更新。用砖瓦代替土墙、芦实笆、茅草的瓦屋逐渐增多。人们开始讲究装饰，富有启海特色山墙画，屋脊两头装潢“龙凤”“杨叶子”等“哺鸡”。另一种奇特屋脊两头翘起微弯，呈水牛角状，称“青牛屋尖”，具有气势雄伟之征。

20世纪60～70年代，大兴全朝网板(网砖)5路头、7路头瓦屋。泥瓦匠手艺精湛，砌墙用小青砖磨得光滑平整，十分讲究花式，有平箩底方、竖箩底方、小梅花、夜鸿雁等。

20世纪80～90年代，渐趋向钢筋水泥结构，建筑形式多样化，农村住宅多数沿用传统的椽瓦屋顶，形式有锁壳式、廊檐阳台式等，亦有建平顶楼房。农家楼房打破“千层一面”单调形式，以千姿百态呈现在人们眼前。

进入21世纪后，开始营造农村集居点，农家楼房多数以装潢为主，少数拆旧楼建新楼。为美化居住环境，外墙面采用彩色水泥、马赛克、彩色瓷砖、大理石装点(饰)。内墙壁使用涂料、油漆、贴墙布、花瓷砖等，地面普遍用地瓷砖，也有用大理石、木地板显示气派，屋面改用琉璃瓦，也有将平顶改造成琉璃瓦人字屋面。无论农村还是集镇，2室1厅1卫、3

室1厅2卫比比皆是，别墅式小洋房随处可见，不是城市，胜似城市。

大豫镇马家店村26组民居演变一览表

表12—109

户主姓名	20世纪30~40年代	20世纪50~60年代	20世纪70~80年代	20世纪90年代	2000年后
沈　明	毛竹3架草屋	5架草屋	砖木五架瓦屋	3下2上楼房	大多农户以装修装潢为主
张振飞	3架草屋	5架草屋	2上2下楼房	内外墙装潢	
倪介成	环筒舍	3架草屋	5架瓦屋	3下3上楼房	
蔡京章	毛竹3架草屋	5架草屋	5架瓦屋	2下2上楼房	
蔡洪标	5架草屋	5架草屋	5架瓦屋	局部3层楼房	
倪建新	环筒舍	5架草屋	5架瓦屋	局部3层楼房	
赵劲松	环筒舍	5架草屋	5架瓦屋	9架琉璃瓦房	
王德兴	人字茅棚	3架草屋	7架瓦屋	—	
黄静忠	环筒舍	3架草屋	5架瓦屋	3下3上楼房	
蔡卫标	环筒舍	3架草屋	5架瓦屋	3下3上楼房	
徐建飞	3架草屋	5架草屋	7架瓦屋	3下3上楼房	
季　亮	3架草屋	5架草屋	5架瓦屋	3下3上楼房	
沈洪星	5架草屋	5架草屋	4下4上楼房	—	
倪瑞冲	环筒舍	5架草屋	7架瓦屋	3下3上楼房	
孙卫贤	环筒舍	5架草屋	5架瓦屋	3下3上楼房	
朱广兵	3架草屋	5架草屋	5架瓦屋	3下3上楼房	

图12-82　2012年，拍摄的强民村（模拟）环筒舍（管霖　摄）

图12-83 20世纪60年代中期本场人5架梁砖墙扑屋(2012年，花平　提供)

图12-84 20世纪80年代中期本场人7架梁平瓦房(2012年，丁志　提供)

图12-85　2012年,强民村农民新型住宅　(管霖　摄)

第二章　管理机构

第一节　机构沿革

1984～1985年间,县建筑工程总公司(建工局)在各区设工程处。主任及管理人员由公司(局)下派或聘用所在区区级干部兼任或兼管。掘东区为王迪生、顾勇彬、黄祥庭、陈金泉。

1987年起,县局对各片(区)配备建工助理,掘东区首任助理顾德元,1991年由惠德龙接任。

1987年起,境内各乡镇(场)建立建筑管理站,为建工系统基层行政管理机构。站长一般由乡镇场分管建工的党委委员或副书记、副乡镇长兼任,实施对辖区内建筑队伍的领导与管理,副站长由熟悉建筑业务的人员担任,并负责日常事务工作。

1996年4月,乡镇建筑管理站撤销,乡镇设建工助理1人,建管员若干人。

第二节 乡镇场建管站

1987～1996年，境内相继建立兵房、丁店、南坎、棉场、盐场5个建筑管理站。

乡镇建筑管理站是乡镇建筑业职能部门，代表乡镇行使对辖区内建筑管理，包括指导集体建筑企业开拓、发展，行使质量、安全、财务等监督管理；编制乡镇建筑发展规划；加强对个体建筑户领导和教育；对民房建筑合同见证、核定建筑工人工资；贯彻执行上级建筑行政主管部门方针、政策和法律法规。乡镇建筑管理站隶属县建筑工程管理局和乡镇政府双重领导。

20世纪90年代至2012年，大豫镇在开创特色农村建筑管理工作中，做到农民聚居区由乡、镇政府或开发区统一规划、统一设计、统一招标、统一施工、统一监理、统一管理。

1988～1995年乡镇场建管站正副站长更迭表

表12—110 单位：年

乡镇名称	站长			副站长		建立时间
	姓名	主要职务	任职年限	姓名	任职年限	
兵房	沈金石	人武部长	1988~1991	俞福海	1988~1989	1988
	朱福康	纪检书记	1991~1993	张徐兵	1993~1995	
	郁士生	副镇长	1993~1995	胡伟成	1991~1995	
丁店	陆剑兴	组织委员	1988~1990	施松年	1988~1995	1988
	徐耀章	副书记	1991~1995	—	—	
南坎	施圣明	副乡长	1988~1992	陈慎涛	1988~1995	1988
	沈 杰	副乡长	1992~1995	—	—	
棉场	周 霞	—	1991~1995	—	—	1991
盐场	曹志余	工程队长	1988~1995	—	—	1988

第三章 建筑队伍与工程

第一节 企业选介

至2012年，境内相继成立7家建筑企业。1968年，成立大同公社建筑站，为境内首家。20世纪90年代，建筑行业迅速崛起，队伍扩大，设备增加，人员素质和企业效益大幅提升。境内以江苏顺通建设工程有限公司为最，具备承建高、大、新、特工程施工及房地产开发能力，为南通“铁军”劲旅之一。

一、江苏顺通建设工程有限公司

建于1992年8月，企业类型为有限责任公司，法定代表人曹国祥。

该公司前身为大同公社建筑站，1968年建站，站长徐广才。1969年，与公社农机站合并，负责人汤宝林。1973年，建筑站与农机站分离，组建大同建筑站，汤宝林任站长，有职工35人，同年建筑施工面积2050平方米，创利3.45万元。1975年，更名为丁店公社建筑站，徐广才任站长。1979年8月，承建丁店医院2层宿舍楼，648平方米，工程造价5.80万元。1980年，承建南坎粮站粮库工程444平方米，工程造价3.60万元，12米跨度。还承建南坎双层双跨、预制装配结构仓库，面积为1200平方米，工程造价9.50万元。

1981年，撤销丁店建筑站，建立如东县建筑联合公司丁店工程队。是年6月，承建上海市包织厂，4层全框架整理车间，总建筑面积9700平方米，总造价78万元，1982年年底竣工，获上海市全优工程，为如东县驻上海建筑工程项目第一个全优工程。1982年，被南通地区行署建筑局评为建工行业先进生产单位。1983年，陈德新接任丁店工程队队长，建筑职工人数249人，当年建筑施工面积9720平方米。

1984年，丁店工程队更名为如东县建筑工程总公司丁店工程队。1985年5月，如东县建筑工程总公司丁店工程队一分队分离，组建丁店第二工程队。

1986年，丁店工程队更名为如东县丁店工程队，经南通市建筑工程管理局审定为四级建筑企业。属乡办集体性质，工程队队长汤宝林，中共支部书记蒋华昌。1988年3月，施松年任如东县丁店工程队中共支部书记。

1992年8月，丁店建筑工程队更名为如东县顺通建筑工程公司，公司地址丁家店桥南东首，中共支部书记黄祖祥。1993年，承建上海立新造船厂油轮车间获江苏省优质工程奖。1993年3月，施松年任如东县顺通建筑工程公司经理、中共支部书记。该公司当年被如东县委、县政府、县建管局评为先进企业。1994年，曹国祥接任公司经理，有固定资产154.29万元，流动资金41.11万元。1995年，承建上海彭浦搬迁基地B块小区高层住宅获上海“白玉兰”奖。同年，自行完成工作量3400万元，创利税157万元，施工面积4.70万平方米，竣工面积3.40万平方米，公司职工495名，其中行政管理人员31名，中级职称6名，初级职称25名，企业等级为三级企业，具有承建高层工业民用建筑及水电安装工程能力。

进入21世纪后，公司得到飞速发展，财力、物力、人力、能力都上到一个全新高度。公司为建设部核准的房屋建筑工程施工总承包特级资质企业，并有市政公用工程、公路工程、塔机拆装、钢结构专业施工一级资质。具备承建高、大、新、特工程施工及房地产开发能力，为南通“铁军”劲旅之一。

公司注册资金3.01亿元；有现代化机械设备818台(套)；年施工产值80亿元以上，员工1.086万人，各类专业技术人员520人，其中高、中级专业技术人员210人，二级资质以上项目经理82人，公司施工队伍遍及北京、上海、南京、河南、苏州、芜湖、重庆、新疆、南通等省、市、自治区。

公司已通过ISO-9001和ISO-14001、OHSA-18001质量、环境、职业健康安全管理体系认证，导入CIS、大力推广和应用新材料、新工艺、新技术。施工工程合格率100%，优良品率90%以上。获“鲁班奖”6项，江苏省“扬子杯”奖14项、上海市“白玉兰”奖3项，市优工程奖24项、市政优质工程奖4项。并创一批省、市级文明标化、示范工地和十佳样板工地。连获江苏省最佳企业、十佳企业、全国优秀施工企业、知名建设承包商企业、全面质量管理、安全管理先进企业、“AAA”资信企业和“重合同守信用”企业、新技术应用先进企业等殊荣。

附记：

铁军骁将——曹国祥

曹国祥，1953年12月生，一位农民的儿子，熟悉他的人，总把他和全国优秀项目经理、江苏省劳动模范、6创“鲁班”奖的项目经理、南通市第1至第7轮专业技术拔尖人才等耀眼光环联系在一起。可谁曾想，1992年前，他还是一名乡建筑站里几十人的瓦工头儿。如今，已是注册资金为3.01亿元、国家特级资质施工企业的高级工程师、一级建造师（一级项目经理）、“南通铁军”劲旅中的骁将之一，他用实际行动谱写了一曲创业者之歌。

1992年秋天，他把目光瞄准上海立新船厂油航站轮机车间工程。该工程为大跨度排架结构，5000平方米，当时业主方唯一要求就是工程质量必须确保省优质。这对于一直以零星工程为主业的他来说不顾一切要啃这块硬骨头，他以个人全部财产作风险抵押，并立下军令状：只准成功，不许失败，背水一战。挑选100多名精兵强将和他一起进驻工地。白天，他忙碌地进行指挥和检查；晚上，他和技术人员总结一天在施工中出现的问题，研究最佳方案和对策。时间如白煦过隙般悄然而逝，工程终于如期交付，质量评定为省优质。初次出师便一炮打响，在他的事业上翻开崭新一页。

1994年，他借船出海，又一举中标上海彭浦动迁基地“B”块小区高层住宅工程。有了第一次创省优工程的成功经验后，他信心更足，他将工程质量目标定为国家最高奖——鲁班奖。这一着，他又成功了，该工程囊括市优至国优所有奖项，在1996年度建设部组织的优质工程大检查中，被评为建设部优质样板工程，国家“鲁班”奖工程。

1996年，中国政府应国际海事组织的要求，在上海投资建设一座实施全球海上遇险搜救中心，并成为太平洋第七搜救区值班台、因特网大用户节点（中国海运网站）和交通卫星通信一级网端站，也是中国海运集团总公司总部所在地。大楼建筑面积2.57万平方米，地下室两层，地上18层，顶部30米直径半球体网架，上设30米高微波通信铁塔，建筑总高度111米，框架剪力墙结构。他凭借“鲁班”奖的身价和信誉，很顺利地承接下了此工程。又是一年不分昼夜的忙碌，工程质量评定为优良，被授予上海市“白玉兰”优质工程奖、江苏省“扬子杯”奖。1999年度，梅开二度再次获得国家“鲁班”奖。

随着改革开放步步深入，建筑市场竞争日趋白日化。经过反复论证，1996年初，他决定西进六朝古都——南京。为企业发展，他带领一班人再次承接了总面积3万平方米，地下室两层，地上33层的南京华美大厦。工程自1997年破土动工，仅用55天即完成两层地下室的施工，195天完成主体结构，至2000年4月10日竣工，总工期440天。比定额工期提前15.45%，节约工日1.38万个，节约劳动力开支68.825

万元,节约工程成本298.68万元。从此在南京建筑市场一扎就是10年。

2000年,他又承接了面积3万平方米,高22层的南京海关业务技术专用楼工程项目。他把工程目标又锁在国优质量目标上,与项目部一班人,对项目管理进一步"细化""硬化"。建章立制,强化管理,形成"横向到边,纵向到底,专管成线,群管成网"的管理体系,该工程又获江苏省建筑施工文明工地、江苏省"扬子杯"优质工程、2003年度,再获国家"鲁班"奖工程。

2001年冬,由江苏省电力公司投资兴建的江苏电网调度中心,建筑面积7.35万平方米,属江苏省重点工程,他担任项目经理,工程先后应用了建设部推广10项新技术中的9项。他结合工程实际组织编写的《大体积混凝土结构一次性整体浇筑温度裂变控制工法》列入2002年度江苏省施工工法;工程再获2005年度"鲁班"奖。

2003年,承建的江苏省重点工程南京图书馆项目,建筑面积8000平方米,他又把质量目标定位在创国优工程上,又获2007年度"鲁班"奖。2005年度,承建造价1.5亿元的江苏广电城项目,他担任项目经理,又把质量目标定位在"国优"质量目标上。他带领一班人,精心组织,科学施工,工程先后获省级文明工地、省"扬子杯"奖、省节能示范工程奖,2009年度国家"鲁班"奖。

他带领公司一班人,全身心投入到公司的发展中,各项经济技术指标处于领先地位,实现了企业积累增加、主要经营者分配收入增加及员工福利同步增加的目标。

二、兵房建筑工程公司

前身为兵房公社建筑站。该站于1972年组建,社办集体企业,办公地点在公社养蜂场。钱裕元任站长,共有16名瓦木工匠。从事民房建筑。1975年,中共支部书记沈丁山,站长陈志云。

1981年6月,兵房建筑站更名为如东县建筑联合公司兵房工程队。

1984年6月,兵房工程队更名为如东县建筑工程总公司兵房工程队,中共支部书记凌祖康,工程队队长陈志云。当年,承建新疆伊犁房产科4号楼,建筑面积3638平方米,混合5层住宅楼工程,造价70万元。经新疆伊犁建筑质检站审定为全优工程。1985年,兵房工程队更名为如东县兵房建筑工程公司,张徐兵任经理。同年,在新疆、南通、南京、上海等地承建一批工程。1988年,俞福海接任中共支部书记。1989年,承建上海蒙自路3912工程,混合7层,建筑面积3350平方米,造价163.80万元。3号住宅楼工程被上海市建筑质检站审定为优良工程。同年,兵房建筑工程公司更名为如东县第二建筑工程公司——工程处。1992年1月,仍称如东县兵房建筑工程公司。经理黄继兵。

1993年,经如东县建筑工程管理局批准,进入如东县建筑实业开发总公司序列,为如东县建筑实业开发总公司二公司,二级联营国有企业。企业有职工1270人,其中行政管理人员80名,高级职称2名,中级职称4名,初级职称10名。企业共有流动资金120万元,固定资产99万元,其中机械设备95台(套),年施工面积8万平方米,施工产值2700万元,年创利税180万元。1994年,黄继兵改任中共支部书记。1995年,顾裕丰接任经理,樊金星接任中共支部书记,在册人数484人,施工面积4万平方米,自行完成工作量2803万元,经营总收入830万元,完成利税112万元。公司施工工地主要分布在上海等地,具备承建12层以下,跨度20米以内工业民用建筑、装潢、安装综合施工能力。

图12-86 2012年,拍摄的兵房建筑工程公司外景(管霖 摄)

三、上海市升远建筑工程有限公司

前身是兵房建筑工程公司,两块牌子,一套班子。公司董事长樊金星,总经理樊宏。

为适应上海建筑市场需要,1997年,成立上海市升远建筑工程有限公司,公司集建筑工程、市政工程、装饰装修工程、机电设备安装于一体的综合性国家总承包二级资质企业。注册资金2250万元,资产总额7491万元,职工750人,其中工程类、经济类职称150人(含高中级职称40人),公司技术力量雄厚,管理体系严谨,技术装备精良,能承建高、大、难工业和民用建筑工程,具有年竣工和完成1.80亿元的综合施工能力。公司在上海市闵行区、梅陇、莘庄、松江等处完成6亿多施工产值。工程质量合格率100%,优良率80%,以质量优、工期短赢得良好的社会信誉,通过ISO-9001:2000质量体系认证。先后多次获得"白玉兰杯""九峰杯""浦江杯"等奖项。

四、南通炜博建设工程有限公司

前身为兵房镇个体建筑工程队,负责人施益军。2005年6月,公司正式成立,并被上级建筑主管部门核准为房屋建筑工程施工总承包二级资质企业,经营范围:房屋建筑工程、铝合金门窗、木制品加工、销售;市政工程、水利工程、消防工程、建筑安装、建筑装饰、建筑工程劳务承包。

公司注册资金2128万元,固定资产1000万元,机械设备400多台(套),年产值1.40亿元。职工823人,有职称的工程技术经营管理人员168人,高级职称3人,中级职称23人,资质建造师22人,其中一级建造师3人,二级建造师12人,小型项目管理师7人。各岗位持证上岗人员35人。承建工程合格率100%,优质率达85%以上。施工队伍遍布全国10多个大中城市。

五、如东县掘东建筑工程队

1988年4月30日,经如东县建筑工程管理局批准组建,属区办集体建筑企业,办公地点掘东区指导组办公楼二楼,工程队队长朱桂荣,共有建筑职工40人,自筹资金购买建筑施工机械3.20万元。当年承建如东东凌对虾场二三区住宅楼,东凌税务所办公楼,年施工竣工1330平方米,产值18.30万元,创利税1.50万元,上缴国家税金8000元。1989年后,掘东建筑工程队承建如东新港紫菜育苗场2250平方米,东凌200吨冷库,兵房交管所办公楼,兵房工商粮贸大楼等工程。

1993年,如东县掘东工程队开辟上海建筑市场,承接上海燕鑫实业开发公司4幢6层住宅楼工程。共有职工44人,年工程施工面积1700平方米,产值57万元,固定资产4.80万元,流动资金3.80万元。1995年,自行完成工作量1960万元,施工经营总收入62万元,施工面积1500平方米全部竣工。1995年后,随区级机构撤销而解体。

六、如东县南坎建筑工程队

原为如东县南坎水泥厂基建组,主要承建厂内基建、公社内桥梁、民房建筑工程等,共有职工30人。

1981年9月,经如东县基本建设局批准,建立如东县建筑联合公司南坎工程队,由如东县基本建设局主管。工程队为社办企业,共有职工230人。流动资金270万元,固定资产21万元,工程队队长严桂福,中共支部书记翟海祥。1982年,承建上海瑞金医院、培明中学人防等工程。是年,陈顺涛接任队长。1983年,承建上海橡胶公司1号、2号、4号住宅楼,被住宅公司确认为全优建筑小群,当年,袁守清接任中共支部书记。1984年,开拓安徽军天湖农场建筑市场,9月,经如东县建工局批准更名为如东县建筑工程总公司南坎工程队,队长薛卫东。1985年,开拓南通建筑市场,承建南通港务局宿舍楼,南通航政处6层框架结构综合楼。

1986年,与县建筑工程总公司脱离,更名为如东县南坎工程队,队长周云飞,中共支部书记李学平。1987年11月30日,经南通市建筑工程管理局审定为4级建筑施工企业。1988年,由于经营不善开始滑坡。1993年,因亏损严重而破产。

七、如东县盐场建筑工程队

始建于1988年4月,共有职工44人,由盐场拨款,办公地址设在盐场场部,曹志余任队长,为盐场集体施工企业。

如东县盐场建筑施工企业组建后,当年承接上海宝山区马陆公社化工厂制冷车间,建筑面积1100平方米3层厂房,常州南京区房产开发公司6层住宅楼,建筑面积3500平方米等工程。1989年,徐金海任中共工程队支部书记。工程队从事房屋维修工程。1990年,工程队撤销。

第二节　个体建筑队伍

境内个体建筑队伍承担着民居营造、修建、装潢等建设小型工程。队伍相对稳定，建筑设备齐全，施工质量可靠，备受大豫民众欢迎，并在农村集居点建设中发挥较大作用。至2012年，全镇有34名包工头（见表）。

2012年大豫镇个体建筑工程包工头人数一览表

表12—111　　单位：个

村、居、社区别	包工头数	村、居、社区别	包工头数
大同村	1	一门闸村	2
巩王村	1	兵房居委会	1
闸东村	1	止马洼村	2
丁家店村	6	南坎社区	1
伯安村	4	大豫社区	2
马家店村	3	香台村	1
徐征村	2	农场居委会	1
强民村	4	九总	2
合　计		34	

第三节　重点工程选介

节内载录江苏顺通建设工程有限公司1995～2006年重点工程建设情况，上海海运通信中心大楼等6大工程，总建筑面积27.70万平方米，总造价18.38亿元。

一、江苏广电城工程

位于南京市北京东路4号。由江苏顺通建设工程有限公司承建，项目经理曹国祥。工程总建筑面积11.09万平方米，其中地下2层，建筑面积1707平方米；地上36层、建筑面积9.38万平方米；建筑高度171.20米。屋顶设椭圆形变径钢结构桅杆，桅杆顶高度236.80米。投资10亿元。

工程结构类型为框架剪力墙——劲性钢结构。

工程于2005年5月20日开工，2008年9月30日竣工。经各专项验收全部合格。获“鲁班”奖。

二、江苏电网调度中心工程

位于南京市上海路215号。由南通五建建设工程有限公司、江苏顺通建设工程有限公司承建。项目经理曹国祥。工程为框架结构，总建筑面积7.35万平方米，总造价4.50亿元,地下3层,地上43层,建筑总高度178.70米,工程于2000年8月20日开工,2004年9月20日竣工。获“鲁班”奖。

三、南京海关业务技术专用楼

由南通五建建设工程有限公司,南通五建顺通建筑安装有限公司承建。项目经理曹国祥。工程为框架剪力墙结构,总建筑面积2.55万平方米,总造价1.23亿元,地下2层,地上22层,建筑总高度98米,工程于1999年7月10日开工,2002年9月27日竣工。获“鲁班”奖。

四、上海海运通信中心大楼

位于上海东大名路700号。由南通五建集团有限公司(五分公司)承建。项目经理曹国祥。工程为框架剪力墙结构,总建筑面积2.57万平方米,总造价1.44亿元,地下2层,地上18层,建筑总高度111米,工程于1995年3月18日开工,1997年4月30日竣工。获“鲁班”奖。

五、上海市彭浦动迁基地“B”块小区高层住宅楼

位于上海市闻喜路1202弄1号。由南通市第五建筑安装工程公司,南通市顺通建筑安装工程公司承建。项目经理曹国祥。工程为框架结构,总建筑面积1.04万平方米,总造价1143.20万元,地下1层,地上12层,工程于1994年6月5日开工,1995年6月20日竣工。获“鲁班”奖。

六、南京图书馆新馆

位于南京市中山东路189号。由江苏顺通建设工程有限公司承建。项目经理曹国祥。工程为框架剪力墙结构,总建筑面积7.83万平方米,总造价1.10亿元,地下2层,地上9层,建筑总高度41.10米,工程于2003年2月18日开工,2006年9月20日竣工。获“鲁班”奖。

1984～1996年兵房、丁店建筑业获奖一览表

表12—112 单位:平方米

年份	项目名称	建筑面积	先进名称	授奖单位	承建单位
1984	—	—	先进集体	如东县人民政府	兵房建筑公司
1985	—	—	先进集体	如东县人民政府	兵房建筑公司
1985	新疆伊犁行署综合楼	4282	全优工程	南通市人民政府	兵房建筑公司
1986	—	—	先进单位	如东县人民政府 南通市建工局	兵房建筑公司
1987	—	—	安全生产先进集体	南通市建工局	兵房建筑公司
1989	上海蒙自路391住宅楼	—	优良工程	上海市芦湾质检站	兵房建筑公司
1993	上海立新舫丁轮机车间	3583	市优工程	上海市建工局	顺通建筑公司

续表12—112　1984～1996年兵房、丁店建筑业获奖一览表

年 份	项目名称	建筑面积	先进名称	授奖单位	承建单位
1993	—	—	双文明承包队	南通市建工局	顺通建筑公司
1993	—	—	先进企业	如东县人民政府	顺通建筑公司
1994	—	—	最佳企业	如东县人民政府	顺通建筑公司
1995	—	—	先进企业	如东县人民政府	顺通建筑公司
1995	—	—	双文明水电队	南通市建工局	顺通建筑公司
1996	—	—	优秀企业	南通市建筑业协会	顺通建筑公司
1996	—	—	三等功	如东县人民政府	曹国祥
1996	—	—	优秀企业家	南通市建筑业协会	曹国祥

第四章　建筑文化

建筑文化其内容广泛，历史源远流长，它也是建筑业宝贵财富的一部分，在镇域流传的建筑语言、建筑歌谣、建筑礼仪、沙地灶画等，其内容亦有谬误及糟粕之处，收集这些内容，旨在发展继承优秀建筑文化遗产，更好地吸收其精华。

第一节　建筑语言

古人云：三百陆拾行，行行有行规、有行话。建筑行业中的行话源自工匠平时生活之积累。民间营造房屋时所表达语言，需象征吉祥，忌讳用不吉祥、不顺利的语言。不吉祥、不顺利语言都用隐语或代语表述。志内收集民间常用隐语和代语，不但在建筑时运用，在招亲、婚喜也普遍使用。

一、行话、方言

一搭桥——指一座桥。

前头屋——即客厅。

捉瓦——泥瓦匠修理屋面。

哺鸡——两山屋脊上装饰物。有龙凤、龙口、杨叶子哺鸡等。

龙口——屋脊上分向居中的地方。

隔壁邻舍——毗邻。

户槛——即门槛。

坑棚——厕所的俗称

斧头敲凿子，凿子入木头——引申为做事各负其责。

芦笆门——芦苇编织成的门。
木刹——制作木家具,为之牢固在两物之间加刹。
榫头——制作木家具两物相接处叫榫头。
山头——山墙。
连房屋——卧室与灶同在一间房称连房屋。
进深——室内宽度。
开间——室内长度。
门臼、门转荫(亦称门转循)——装在门轴上下,起枢纽作用的部件。
门荡子——砌墙时预留门的宽度、高度。
开墙沟——房屋打基础时开挖的沟。
荡千斤——用以固定梁架的绳索。
牮(音建)房子——将歪斜的房子扶正。
弄堂——两台屋之间的通道。
引檐——用茅草扎捆芦苇成小把以加固草屋檐,俗语“盖屋不引檐一拖两三年”。
筷笼——用竹或木制成装筷子的工具。
桌统——桌子两脚之间的横木。
上园——指迁居。
廊下——檐下走廊。
套房——房内有房称套房。
小矮凳——最矮小的凳。
木蟹——瓦工用于抹灰用。
步步高——由木或毛竹制成,登高之用。

二、隐语、代语

松劲——身体不爽。
糖包儿——药。
寿器——棺材。
老了人——死了成年人。
元宝——指尸体或过春节供神的猪头。
跑掉了——小孩夭亡。
看富贵——向遗体告别。
被禄——失了火。
财神老儿——指乞丐。
太平铫儿——煎中药的瓦罐。
顺遂——指木头节疤或竹节疤。

软千斤——绳索儿。

快口——刀、锹、铲等。

金口玉——食盐。

升步——木、瓦匠从高处下来时讨其吉利的语言。

巧儿——指缺砖(碎砖)。

兴风(采牌)——指榔头。

监台——跺头。

驹脚——跺脚。

虎门——猫儿洞。

三、古建筑名称

宫:上古时,宫指一般房屋,无贵贱之分;秦汉以后,王者所居才叫“宫”。宫室一般向南,其内部又分为堂、室、房等几部分。前部称之为“堂”,通常是举行吉凶大礼的地方,不住人;堂后为“室”,住人;室两侧是东西房,堂内以朝南的方向为尊,室内以朝东为尊。

殿:即堂,汉以后习惯称堂为殿。

亭:亭在古代是公家的房舍,建在路旁,以便旅客投宿。秦汉时十里一长亭,五里一短亭,十亭一乡。园林中的亭,指有顶无墙的建筑,与其原义不同。

台、坛:高而平的建筑叫台,筑成方形。台上可以有建筑,也可以没有建筑。规模较大,较高者便叫坛。

楼:《说文》上解释:“楼,重屋也。”上下都可以住人,与今概念不同。

阁:“阁”者,四阿开四牖,屋檐曲处叫“阿”,牖即窗。这是指一种四面开窗的四坡顶建筑。

廊:原是指屋檐下的部分,后演变成多种形式,如长廊、短廊、丰壁廊、飞廊等。

榭:台上的木结构建筑叫榭,特点是只有楹柱花窗,没有墙壁。临水者叫水榭。

轩:“轩”古时指屋上边较高的部位(低的部位叫“轾”)建筑上取其虚敞高举之意。

四、建筑成语

凿子——凿壁偷光 言之凿凿

钉儿——斩钉截铁 钉一铆二 钉一确二 钉是钉铆是铆(丁是丁卯是卯)

梯子——上树拢梯 偌梯上楼

钻——钻火得冰 钻冰求酥

柱——胶柱鼓瑟 一柱擎天

门——千门万户 门无杂宾 门可罗雀 门户之见 门当户对 门庭若市 倚门倚闾

梁——栋梁之材 梁折榱崩

斧头——班门弄斧 鬼斧神工 大刀阔斧

墙——墙倒众人推 铁壁铜墙

壁——半壁江山 飞檐走壁

瓦——添砖加瓦 瓦釜雷鸣 瓦解土崩 瓦灶绳床

木——木人石心 木已成舟 木本水源 木雕泥塑 柘木云株 一木难支。

房——文房四宝 高屋建瓴

砖——抛砖引玉

窗——窗明几净

楼——更上一层楼 空中楼阁

室——十室九空 升堂入室

矩——规矩准绳 规竹矩步

匠——匠心独运

料——偷工减料

第二节 建筑歌谣

建筑歌谣主要有富贵歌谣。是民间建筑民宅时由一对木瓦工匠对说(唱)的喜庆吉祥歌谣。从平地台至竣工各阶段都有富贵歌词,可以随地点环境,因户而异唱歌。其内容由于背景等原因,难以避免打上时代、历史烙印。

一、贴福字

一福登堂喜洋洋,福天福地起华堂。

二福登堂喜洋洋,福如东海寿南山。

三福登堂喜洋洋,三星高照新庭宇。

四福登堂喜洋洋,世事如意在府上。

五福登堂喜洋洋,五福临门展宏图。

六福登堂喜洋洋,六六大顺邻里和。

七福登堂喜洋洋,七巧仙女下凡来。

八福登堂喜洋洋,八面玲珑聚宝盆。

九福登堂喜洋洋,九天王母遥贺庆。

十福登堂喜洋洋,十富十贵圆满园。

二、平磉(柱下的石)

磉棵生来四角方,出在江南高山上。

万两金银买到此,今日请你登高堂。

金瓶玉青金玉酒,福子福孙状元郎。

磉棵生来四角方,一对磉棵绕磉棵。

前绕三转状元府,后绕三转宰相堂。

状元府来宰相堂，子子孙孙幸福长。

磉棵墩儿四角方，安在地上万年长。
八根壁柱正四角，不高不低又不旁。
只等良辰吉时到，金梁架在金柱上。
太平日子万年长，诸侯出在你府上。

三、浇梁

一浇金梁把头抬，凤凰展翅飞府来。
凤凰展翅好风光，选得黄道日上梁。

二浇金梁把头抬，文武百官走进来。
前面走的双武举，后面跟的文秀才。

三浇金梁把头抬，吕顺祥头九领帽。
身上背的青风剑，又穿一件八卦袍。

四浇金梁紫金木，你在荒郊多少载。
今日请你登富位，富贵荣华万万年。

五浇金梁福寿高，五路财神把手招。
我问财神招多少？招尽天下财宝到。

六浇金梁腰，主家玉带驸马袍。
五更三点龙登殿，点好龙灯早上朝。

七浇金梁听我讲，根生土长在何方。
家处福建苗国府，苗国福建你家乡。
做成木排过长江，今日请你做正梁。

八浇金梁步步高，八位神仙齐来到。
今日做的蟠桃会，采荷花蓝拎蟠桃。
招风明月清风客，湘子在旁吹玉箫。
仙姑送来长生酒，国舅穿的是龙袍。
果老骑骡到州桥，八仙大人都说到。

九浇金梁九金花，和合二仙在天下。
八方田产主家买，华堂造在正中央。

十浇金梁尾，府上做官清如水。
清如水来众人夸，子子孙孙伴圣驾。

一敬天，三官赐福。
二敬地，地厚康宁。
三敬东，东出紫气。
四敬西，稀奇宝贝。
五敬南方富贵豪。
六敬北太公在此。
七敬七子来团圆。
八敬八仙把海过。
九敬中百无禁忌。
十敬金梁升高梁。

四、照梁

八宝地上起华堂，今日吉时来照梁。
金筛一对来照梁，朱红金纸贴中央。
金筛好似团圆镜，照得金梁发金光。
只等良辰吉时到，金柱上面架金梁。
手执明锣照金梁，照得金龙把头扬。
主家堂前照五福，照的福禄财寿喜。
福如东海水长流，禄比玉酒日日升。
寿比南山松不老，财比西山王恭来。
喜气全到你府上，子子孙孙总发财。

五、禅梁

红罗生来喜洋洋，主家与我来禅梁。
左边禅的凤凰鸣，右边禅的金龙尾。
一足红罗禅梁身，天官赐福兴万年。
红罗生来喜洋洋，我与主人来禅梁。
好比金龙往上盘，全家欢乐大吉祥。

六、缠梁

一尺红罗一尺绸，今日缠在木龙头。

先缠三把三状元，后缠三把出诸侯。

红绿布儿千根纱，天上仙女绣成花。
昨日见在朝中绣，今日来到主人家。

七、系梁

系梁系到半空中，眼前望见财神翁。
我问财神哪时来，金银送到贵府中。

系梁系到半空中，摇头摇尾在当中。
我问金龙哪里去，金龙直奔贵府中。

八、上梁

日出东方喜洋洋，手执金斧亮堂堂。
金日金时安金梁，金柱竖在金石上。
金梯架在金柱上，匠人站在金榜上。
两条金龙盘金柱，两只凤凰绕金梁。
紫金梁上插金龙，天官赐福发主家。

银斧生来喜洋洋，八宝地上起华堂。
团团嵌的紫金柱，中间又上紫金梁。
今日请你登大宝，万元富户登报上。
手执金斧喜洋洋，今日吉时上金梁。
四面金柱正四角，一对金柱安金梁。
两条金龙盘金柱，一对凤凰绕金梁。
天官赐福全家乐，丰衣足食金满堂。

银斧生来喜洋洋，八宝地上起华堂。
左边起的金银库，右边起的积谷仓。
金银库内财宝多，积谷仓内堆满粮。
中间又起聚宝殿，金银财宝堆成行。

银斧生来喜洋洋，高名贵地起华堂。
前面起的龙楼府，后面起的凤凰厅。
龙楼府来凤凰厅，勤劳致富代代传。

银斧生来喜洋洋，一对凤凰绕金梁。
凤凰不落无宝地，状元出在你府上。
状元奋学位博士，发明科技全球扬。

银斧生来喜洋洋，八宝地上起华堂。
新起华堂门南开，主家年年发洋财。

银斧生来喜洋洋，八宝地上起华堂。
一年四季好风光，选得黄道日上梁。
新起华堂亮晶晶，主家天天有钱进。
金银财宝动担挑，金家老少乐滔滔。

银斧高升喜洋洋，主家请我上正梁。
左边起的安乐府，右边起的太平堂。
安乐府内出贵子，太平堂中喜气洋。

银斧高升喜洋洋，我为主家来上梁。
堂前栽的朝阳柏，堂后栽的万棵桑。
朝阳柏上栓骏马，万棵桑上落凤凰。
凤凰不落无宝地，贵人出在你府上。

银斧高升照吉祥，我与府上来上梁。
华堂造的是宝地，宝地定出状元郎。
新上金梁喜洋洋，福天福地起华堂。
鞭炮放得震天响，震得天上天门开。
震得地下金鸡叫，府上上梁多吉祥。

九、上梁对联

大梁凌霄云浩荡，家业兴旺好喷薄。
花开富贵人开眼，日上中天屋上梁。
家业振兴凭双手，栋梁凌空靠齐心。
架起祥云连北斗，堂开瑞气焕春光。
金梁灿灿光耀日，玉柱巍巍国擎天。
坤正奠定兴家业，基实撑起继世梁。
鸣花炮声声道喜，起大梁步步登高。

千秋事业原非易,万代根基由来深。
祥云捧日日吉利,瑞气盈门门盛昌。
紫微高接三台瑞,室砌祥辉五色云。
画栋雕梁大启尔宇,竹苞松茂伟观厥成。
平安福地紫微拂栋,椿萱亲茂喜溢高堂。
砌铜墙粉铁壁华居添彩,上金梁架玉柱庭宇生辉。
大梁鼎起下临福地上承日,鸿基奠成前有德邻后靠山。
上梁欣逢黄道日,主柱巧遇紫微星。

十、安梁

红绿绸布喜洋洋,恭喜主家起华堂。
天开皇道竖金柱,紫微星照安金梁。
金花红布挂金梁,主家万代幸福长。

红绿布儿千根纱,九天仙女采绣花。
里边绣的灵芝草,外边绣的牡丹花。

红绿布儿八寸长,我替主家来安上。
两寸安到顶上去,还有六寸歇凤凰。

红绿布儿八寸长,系在主家金梁上。
两条金龙盘金柱,金柱上面闪金光。
光照华堂福满堂,五福临门福寿康。

十一、贺梁

新起天堂喜洋洋,吉日良辰来贺梁。
请位亲友来祝贺,鲜肉糕馒满盘装。
金花红布插金梁,鞭炮齐鸣震天响。
金银财宝堆满堂,福子福孙状元郎。

梁头梁尾都敬到,转过身来把梁浇。
一浇平身三七墙,二浇金花插两旁。
三浇福禄寿三星,四浇骑马富贵郎。
五浇金龙地,六浇起造福禄房。
七浇摇钱树一双,八浇堂中聚宝盆。
九浇蓑箩树门两扇,十浇玉石宝堪暖洋洋。

十二、下斧

岱斧落地口朝东，主家买田到广东。
我替主家来做中，主家喝酒我拿盅。

岱斧落地口朝西，华堂起的是宝地。
今年主家起华堂，明年就中状元郎。

岱斧落地口朝南，主家买田到江南。
江南地方土质好，富贵荣华享不了。

岱斧落地口朝上，主家今年起华堂。
百万金银用不了，还有钞票存银行。

岱斧落地打个钉，徒然望见一方金。
磨盘大的几十块，里外雕花金光闪。

十三、上梯

脚踏金梯步步高，和合二仙把手招。
我问二仙招什么，招来金银和财宝。

脚踏金梯步步高，王母娘娘把手招。
左手招来紫微星，右手招来黄道日。
紫微星来黄道日，恭喜主家永富贵。

十四、下梯

脚踏金梯下九霄，后步更比前步高。
招财利市来接宝，主家财宝动担挑。

脚踏金梯下九霄，左脚踏的聚宝盆。
右脚踏的金和银，富贵荣华兴万年。

十五、闭龙口

小瓦脊头两头高，中间是个凤凰腰。
凤凰腰来凤凰腰，金银财宝动担挑。
新做屋脊两头高，茶叶米儿安龙腰。
我把龙口合起来，恭喜主家发大财。

茶叶米儿握在手，我为主家满龙口。
龙口满在龙中腰，主家子孙福寿高。

手拿瓦刀喜洋洋，我把龙口来满上。
茶叶米儿中间放，主家万代都兴旺。

十六、建厨房

银斧高升喜洋洋，八宝地上起厨房。
九天仙女来做饭，五味调和百味香。
各色饭茶来见客，亲眷朋友齐赞扬。

岱斧生来喜洋洋，我为主家起厨房。
新建厨房气象新，主家万代都太平。

十七、装大门

新装大门朝南开，一对凤凰绕堂前。
东房金来西房银，中间有个聚宝盆。
聚宝盆上插金花，富贵荣华发主家。

十八、装新床

手持金斧喜洋洋，新床安在福寿房。
福寿房中喜气多，福子福孙状元郎。
手执金斧喜洋洋，我与主家装新床。
麒麟送子大吉祥，子孙万代幸福长。

十九、装子床

银斧高升喜洋洋，我与府上装子床。
一装天官赐福，二装二龙戏珠。
三装三元及第，四装四时如意。
五装五子登科，六装福禄双全。
七装七子团圆，八装八仙过海。
九装九天仙女，十装十中状元。

二十、支灶

主家支灶喜洋洋，天宫仙女下厨房。
锅下用的灵芝草，锅上用的万年粮。
主家支灶喜洋洋，天天有得菜来忙。
海参鱼肉锅里炒，幸福生活齐赞扬。

二十二、做喜材

新做喜材喜洋洋，一对金花插两旁。
前面贴上大福字，福如东海水长流。

新做喜材喜洋洋，一对金花插两旁。
今日姑娘来贺喜，寿比南山松不老。

新做喜材四面光，一对金花插两旁。
南北二斗来拜寿，福星高照高安康。

二十三、稳窗子

新起华堂喜洋洋，我与主家来稳窗。
窗子不偏又不旁，一对凤凰飞进房。
凤凰不落无宝地，福子福孙福满堂。

新起华堂喜洋洋，我与主家来稳窗。
窗子透明又光亮，照得新房亮堂堂。

二十四、钉船

新钉舟船喜洋洋，稳驶行进在汪洋。
逆风而上胜射箭，顺风而行快如飞。

二十五、乔迁

乔迁喜天地人共喜，新居荣福禄寿全荣。
吉日迁居万事如意，良辰安宅百年遂心。
旭日随心临吉宅，春风着意入新居。
栋宇连云子孙愿，华堂耀日父母心。
画栋连云燕子重来应有异，笙歌遍地春光长驻不须归。
美奂美伦启真道，肯堂肯构蒙主恩。
神光高照信徒宅，灵火常临圣人家。
五旬圣灵临斗室，八福真道萃新居。
新屋落成欣主赐，高堂筑就乐神恩。
神光照临聿新栋宇，主爱覆庇高筑华堂。
信宅宏开肯堂肯构，恩家作颂仁爱仁慈。
何须玉宇琼楼方称杰构，只要道门义宅便可安居。
宝盖万年在，华厦千秋辉。
祥云浮紫阁，喜气溢朱门。

东风开画栋,旭日映华堂。
借得山川秀,添来气象新。
旭日临门早,春风及第先。
莺迁乃故里,燕贺即新居。
燕报重门喜,莺歌大地春。
松菊陶潜宅,诗书孟子邻。
帘短能留月,楼高不碍云。
阳和辉大地,瑞气霭重门。
五云蟠吉地,三瑞映华门。
芳室芝兰茂,春风桃李新。
远水碧千里,夕阳经半楼。
远山花作伴,近岸柳为城。
眼中沧海笑,衣上白云多。
兰径香风满,松窗夜月圆。
春风迎绿树,山色上红楼。
留云笼竹叶,邀月伴梅花。
庭前芳草皆生意,树上流莺作比邻。
秀水绕门蓝作带,远山当户翠为屏。
福星高照勤劳宅,喜气长留俭朴家。
承家事业辉堂构,经世文章裕栋梁。
莺歌燕舞乐金谷,花红柳绿映画堂。
紫气迎祥双阙晓,彤云献瑞五门春。
择居仁里和为贵,善与人同德有邻。
燕喜新居春正暖,莺迁乔木日初长。
移取春风门栽桃李,蔚成大器材备栋梁。
新居焕彩盈门秀色,华构落成满座春风。
安居乐业喜庆乔迁乐,国隆家昌盛赞勤俭家。
杰构地乃幽,水如碧玉山如黛。
诗人居不俗,凤有高梧鹤有松。
莺迁到处寻基督,燕贺择栖步保罗。
莺迁仁里感主爱,燕喜德邻谢天恩。
燕喜新第欣主赐,莺迁上林乐神恩。
荣迁新居神恩满溢,进住高厦主爱充盈。
乔新居,紫气东来展宏图,

志新禧，福星高照基永固。

入室春风，不论寒门朱户，

潜窗细雨，何知汉瓦秦砖。

新居轩昂老少安居绵世泽，华堂迪吉子孙衍庆振家声。

金富千载肯构肯堂凌云志，麟贵万世美轮美奂宏开基。

水如碧玉山如黛，风有高梧鹤有松。

择居仁里和为贵，善与人同佳为邻。

华堂锦乡江山添异彩，甲第祥和农户乐重光。

凭天时、创业正历改革日，

合地利，迁居又逢泰运时。

值升平华厦乔迁福禄满堂，遇盛世新楼矗立紫阳高照。

迁新居千门开抬头见喜，创大业全家齐举步生风。

迁入新宅吉祥如意，搬进高楼福寿安康。

第三节　建筑礼仪

中华人民共和国成立前，境内民间建新居，传统定俗诸多，如选址看风水、动土仪式、新居落成、上新园等繁文缛节，流行于社会。节内载录的传统拜师礼仪，中华人民共和国成立至中共十一届三中全会召开前，境内尚盛行，之后逐渐淡化。进入二十一世纪后，建立起新型师徒关系。

一、居建其礼

砌屋建房，旧时人们认为关系子孙后代能否安居乐业之大事，故定俗诸多、禁忌须严格遵守。

建新居，早在头一年“大冬”节后，便请阴阳先生看风水选址。酒茶招待，敬若上宾。风水先生将罗盘(指南针)摆下左盼右顾，然后定下方位。主人捧出上摆吉利物品木托盘，放在地上供土地菩萨的神马。焚香跪拜，恭敬如仪，随即在风水先生指引下，建房界址四角，由主人用大锹挖小坑，放进茶叶米粒打下木桩，再用泥土覆盖，桩头露出地面尺许，这一仪式俗称动土。

选址动土仪式，富家大户更为隆重，用方桌数张，供上整猪整羊、公鸡、鲫鱼、糕粽等物，挂大红桌围，摆香炉烛台，供财神、土地、鲁班菩萨神马。主人身穿长袍马褂，明烛高香，行三拜九叩首大礼，同时鞭炮齐鸣，烧化黄钱元宝，其排场平民小户难以办到。

选址动土后，一般在秋后择黄道吉日开工建造，此时秋种已毕，正值农闲季节，秋高气爽，晴多雨少，地面干燥，适宜建房。

建造新居之际，左邻右舍，亲朋好友，不邀自来，主动帮工，主人对匠人和帮工者甚为热情，连过路人都以烟茶招待，从动工到竣工除开工酒收工酒等正式宴请外，其余每天都要置办三餐饭菜，再加上下午两餐点心，俗称“五顿头”。

建房开始，主人先在施工现场两边各插一根高竹篙，上挂竹筛、镜子、柏树枝、芝麻秸，其语意为粮食满仓，儿孙满堂，今后日子像芝麻开花节节高，更有照妖镜高悬，鬼怪妖魔不敢进来。现代民居建筑开工时，也有在两边高高的竹竿上飘扬两面五星红旗，其寓意为建房落成后日子国泰民安，经济繁荣昌盛，此乃属国家建筑，国家之洪福也，一切妖魔鬼怪必须让路。

建房以上梁最为隆重，“上梁”指木结构民居的正梁或大梁，建楼房指第一块楼板。这天亲朋好友纷纷送来鱼肉糕粽等贺礼、主家则八盘八碗，酒菜招待。并用大红纸写上福禄寿正楷大字，或只写一个“福”字，贴在大梁中间，同时，在后边梁正中和中柱上端贴上“太公在此，百无禁忌”大红纸条，还有在中柱边上分别贴上“妇言无忌，童言无忌”，上梁正逢黄道日等吉楹联。

上梁日时，都按皇历进行测算，或请风水先生插标而确定。

木瓦工在上梁过程中，互相招呼、配合，必须讲行话（切口）如斧头叫代富等，工匠们料熟于心，运用自如，主家们听到吉祥话，心里当然高兴。

上梁时，两面房架中柱各置一个木梯，瓦木工两位师傅同时登梯而上，说着押韵的吉利话——俗称说富贵。

大梁上好装正，鸣放鞭炮，上梁的木瓦师傅继续说富贵。

木瓦师傅升步时（从梯子上下来）连声向主人道“恭喜发财，恭喜发财”，主人递上红纸包，以示谢意，并邀众人吃上梁酒，二梁边梁等次日安装。

上梁完成后，接着就是砌墙，有些主户在上梁前就开始砌墙，砌时，在前墙一侧，墙基上竖一石碑，刻下“泰山不敢挡”字样，或石将军神像，或用红纸写上石将军在此等，传说石将军可以镇宅，阴挡孤魂野鬼入宅骚扰，以保家宅平安。四壁墙砌完毕，木匠装上门窗，瓦工覆盖屋面，直至竣工。

房屋竣工叫新居落成。主家搬迁之日，亲朋好友再次前来祝贺，大鱼大肉、馒头大糕、鞭炮，也有以喜匾、喜对相赠，20世纪90年代起发展成相赠电视机、收录机、放像机、洗衣机等高档家电，主人的岳父家除上述礼品外必备有长鱼（长余）、番芋（饭余）、火叉（逼邪之意）、斧头（代富）、鱼娄（禄子）等吉祥象征物。主家在搬迁之前由一家之主将“家堂菩萨”神龛送入新居，摆在堂屋神柜之上，然后再将祖宗牌位请进新居，神柜上摆供干鲜果品，焚香燃烛，顶礼膜拜，鞭炮齐鸣。俗讲“上园”或“上新园”。

为庆祝新居落成，接待贺喜亲友，主人在“上新园”前几天开始张罗，其宴请规格视其经济情况和社会习俗而定。

入席就座礼仪也有讲究，主人先邀请族中老辈、亲家公坐“主桌”，而每张桌子又先推年尊者为首席大面，其余依次入席，繁文缛节规矩甚多。

宴会之中，主人向宾客逐一敬酒。此宴会上鱼一般不吃，意为“鱼(余)在府上，府上发财”。

民居建筑礼仪，农村仍流行。

二、拜师礼仪(旧式)

从事某种建筑方面的手艺(如瓦、木、漆、石等)向师傅学艺拜师，有一套严格礼仪。

首先由家长请中人(介绍人)将投师帖(生辰八字、家庭情况、学艺态度)送到投拜师傅府上，与之洽谈。投拜师傅受到投师帖子，看后认为不诚心诚意，且无学习手艺志向，即将帖子由中人带回。如果认为学徒真心实意学艺，即将帖子放在供奉建筑祖师爷鲁班神位和供奉家堂神位之前香炉之下，3天之中，早晚都大香大烛敬奉。如果3天之中，师傅家一切顺利，4天后不见送回投师贴，即请中人带拜师者，及鱼肉等礼物，到师傅家，并约定日期请师傅、师母到家作客，需置办丰盛投师酒席，师傅端坐首席，师母次席，并请有关人员相陪，家长和本人都要给师傅、师母敬酒。

敬师宴会完毕后，由写帖先生代劳起草学徒习业志愿书，明确学习期限或天数、学习项目、决心程度、住址、姓名、年龄等内容，学徒签字画押。师傅收下学徒志愿书后，学徒者在早已准备好的家堂菩萨神位、鲁班大师神位之前向师父师母跪拜行礼，然后由师傅当学徒的长辈带其跪在鲁班大师神位之前，宣誓行规，这样就成为师徒关系。

建立师徒关系后，师傅约请徒弟及其父母和中人到家做客。徒弟不可空手，需带见面礼，到师傅家后，师傅师母把见面钱给徒弟，俗称“叫钱”。

徒弟有两种，一种叫靠身徒，另一种贴身徒。靠身徒就是跟着师傅学手艺，不学手艺期间和早晚可回去；贴身徒不管是学艺还是从事其他事务都在师傅身边，早晚也不回去，吃、住、穿均由师傅负责。听从师傅一切教导。早上徒弟要比其他人早起床，帮助师傅家料理家务，农忙帮助农耕，和师傅形影不离。师傅不但指教徒弟技艺还要教导言行举止，礼仪风度，做人道理，及其道德教育。如果是靠身徒一般从师以后听从师傅技艺点化，按照行规办事，并尽可能抽出时间帮助师傅从事农耕等工作。不管贴身徒还是靠身徒每年度都须向师傅送礼，靠身徒满师后可以不送，但师傅家如有红白喜事，都须去祝贺或吊丧，如师傅过世，徒弟吊丧，规格就像对伯父母一样不能怠慢。

徒弟满师后，由徒弟的家长宴请其师傅和有关人员，俗称谢师酒。从此徒弟可单独创业，不受师傅管制约束，“在师为道，出师为友”。

师傅除教徒弟学艺外，徒弟的婚姻、生日、包括出师以后精湛手艺，都离不开师傅指点帮助，还赠送必备工具，以及经济上支持等义务。

第四节　沙地灶花(画)

大豫农村沙地人每家每户灶间里，都砌着烧菜煮饭的砖灶，是家居必备炊具。为防止烟灰从灶口飘入镬子或碗盏内，在灶台至屋顶的空间，砌垛灶山遮挡。灶山上画有千姿百态装饰性图案，这种图案沙地人称为“灶花”。也是沙地民居建筑装饰之突出部分。

中华人民共和国成立前，腊月二十四为灶神节。在此节前一天，不管是穷人还是富户，都要祭祀灶家菩萨。所谓灶家菩萨，即民间画匠画在大红蜡光纸上慈眉善目，笑容可掬的神像，粘贴在长方形小木板上，供奉在烟通道一侧砌成的神龛内。每逢初一月半点蜡烧香，腊月二十三点香烛送灶家菩萨上天，除夕傍晚仍要点香烛把新禧年灶家菩萨供奉在神龛中，祈求“上天言好事，下界保平安”，翌年丰衣足食。因“灶花”画在灶山上，民以食为天，故五谷丰登、六畜兴旺等题材，很自然地成为首选。耕牛或牧童嬉牛，则表现渴望常年丰收意愿。画上活蹦乱跳的鲫鱼，既是美味佳肴，又象征着富足有余（鱼字的谐音），加上鲤鱼跳龙门更有吉利意蕴。母鸡下蛋孵化，公鸡黎明高歌，深受农民喜爱，也常见于“灶画”。还有，百姓耳熟能详的美妙神话，如嫦娥奔月、牛郎织女、哪吒风云、八仙过海、福禄寿星、刘海砍樵等，活灵活现的画面精彩纷呈。名山大川、滔滔海浪、昆仑苍松、白鹤亮翅、牡丹盛开、荷花含苞欲放等亦被泥匠兼画师们描摹。艳阳高照，福禄寿喜财，招财进宝，吉祥如意，人寿年丰之类等美词佳句，常被写在“灶画”一隅。

灶画是一种别具特色民间美术。中华人民共和国成立前，勾勒线条皆以黑线条为主，这与当时作画颜料稀有短缺有关，能工巧匠们往往就地取材，将铁锅上的镬锈刮下，用适量清水调匀成墨黑液体，既省钱又方便。在雪白灶山上作画，黑白分明，对比强烈。如工匠描绘《富贵图》时，往往先勾出凤凰轮廓后，用拇指蘸上墨水，通过角度与力度变化，画出不同层次羽毛，随后用毛笔画出牡丹，一幅《富贵图》就算完成。最后在画四周配以黑得发亮的套边，凸显出图案主体感，颇像“装裱”。

20世纪50～60年代，灶画也从旧时的黑白，发展成五彩缤纷画面，构思内容更加丰富，雅与俗、粗与细、浓与淡、简与繁常常融于一体，百花齐放，题材更趋广泛，内容与时俱进，富有强烈时代气息的灶画，如“阳光普照”“巨轮破浪”“火车疾驰”“楼房林立”“奔向小康”等。

沙地灶画别具湿壁画之特点。灶砌好后，灶山上所粉刷石灰还呈湿状，能工巧匠大笔一挥在上面作画，栩栩如生。经灶火烘烤及自然挥发，灶山渐干，灶花能经得起数十个春秋考验，依然不变形。

20世纪90年代后，由于农民生活不断改善，大多用上液化气灶、微波炉、电磁炉、电饭煲等炊具。但农家柴灶依然存在，不过已成“忙得用”，也不是昔日砌有可供“灶家菩萨”的柴灶。灶画也日趋见少。随着建筑材料工艺进步，所见灶画，都已被那种现成瓷砖灶画所替代。

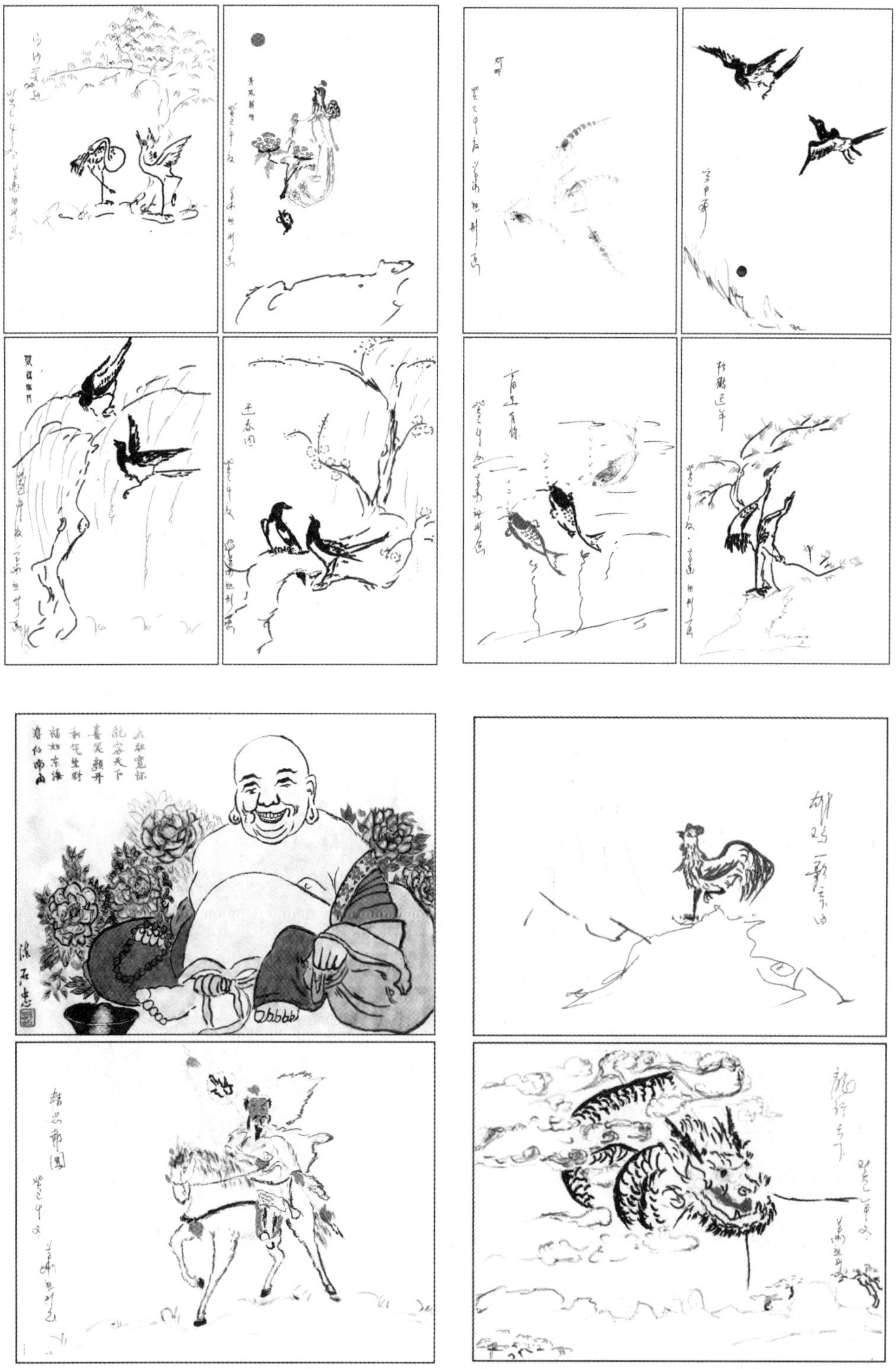

图12-87 传统民间沙地灶花(画)一组 （2012年,萧祖彤 陈石忠　提供）

第五节　建筑术语

节内载录33种常用建筑专用术语。境内民间建术语有多少未作统计,且不规范。随着时代不断前进,民间建筑质量和层次不断提升。建筑专用术语国家统一规范。如女儿墙在古代叫“女墙”,包涵着窥视之义,是仿照女子“睥睨”之形态,在城墙上筑起的墙垛,之后便演变成一种建筑专用术语,特指房屋外墙高出屋面的矮墙。

一、建设用地面积

是指项目用地红线范围内的土地面积,一般包括建筑区内的道路面积、绿地面积、建筑物所占面积、运动场地等。

二、总建筑面积

指在建设用地范围内单栋或多栋建筑物地面以上及地面以下各层建筑面积之总和。

三、建筑面积

指建筑物各屋外墙(或外柱)外围以内水平投影面积之和,包括阳台、挑廊、地下室、室外楼梯等,且具备有上盖,结构牢固,层高2.20米以上(2.20米)的永久性建筑。

四、基地面积

指根据用地性质和使用权属确定的建筑工程项目的使用场地,该场地的面积称为基地面积。

五、建筑密度

建筑物底层占地面积与建筑基地面积的比率(用百分比表示)。

六、建筑容积率

系指建筑总楼板面积与建筑基地面积的比值,与建蔽率为不同概念。例如:在1万平方米的建筑基地上,建有单楼层5千平方米,共两层楼的建筑,则容积率为100%,建蔽率为50%。公式:容积率=总建筑面积/总用地面积(与占地面积不同)

七、绿化率

指项目规划建设用地范围内的绿化面积与规划建设用地面积之比。

八、日照间距

前后两排南向房屋之间,为保证后排房屋在冬至日底层获得不低于一小时的满窗日照而保持的最小间隔距离。

日照间距的计算方法:以房屋长边向阳,朝阳向正南,正午太阳照到后排房屋底层窗台为依据来进行计算。

九、檐口高度

指结构外墙体和屋面结构板交界处的屋面结构板顶,檐口高度就是檐口标高处,到室外设计地坪标高的距离。檐口高度就是檐口标高处,到室外设计地坪标高的距离。檐口又被误叫作“沿口”一般说的屋面的檐口是指大屋面的最外边的屋檐的上边缘,即“上口”,不是突出大屋面的电梯机房,楼梯间的小屋面的檐口。

十、层高

上下两层楼面或楼面与地面之间的垂直距离。

十一、自然层

按楼板、地板结构分层的楼层。

十二、架空层

建筑物深基础或坡地建筑吊脚架空部位不回填土石方形成的建筑空间。

十三、走廊

建筑物的水平交通空间。

十四、挑廊

挑出建筑物外墙的水平交通空间。

十五、檐廊

设置在建筑物底层出檐下的水平交通空间。

十六、回廊

在建筑物门厅、大厅内设置在二层或二层以上的回形走廊。

十七、门斗

在建筑物出入口设置的起分隔、挡风、御寒等作用的建筑过渡空间。

十八、建筑物通道

为道路穿过建筑物面设置的建筑空间

十九、架空走廊

建筑物与建筑物之间,在二层或二层以上专门为水平交通设置的走廊

二十、勒脚

建筑物的外墙与室外地面或散水按接触部位墙体的加厚部分

二十一、围护结构

围合建筑空间四周的墙体、门、窗等

二十二、围护性幕墙

直接作为外墙起装饰作用的幕墙

二十三、落地橱窗

突出外墙面根基落地的橱窗

二十四、阳台

供使用者进行活动和晾晒衣物的建筑空间

二十五、眺望间

设置在建筑物顶层或挑出房间的供人们远眺或观察周围情况的建筑空间

二十六、雨篷

设置在建筑物进出口上部的遮雨、遮阳篷。

二十七、地下室

房间地平面低于室外地平面的高度超过该房间净高的1/2者为地下室

二十八、半地下室

房间地平面低于室外地平面的高度超过该房间净高的1/3,且不超过1/2者为半地下室。

二十九、变形缝

伸缩缝(温度缝)、沉降缝和抗震缝的总称

三十、永久性顶盖

经规划批准设计的永久使用的顶盖

三十一、飘窗

为房间采光和美化造型而设置的突出外墙的窗

三十二、骑楼

楼层部分跨在人行道上的临街楼房

三十三、过街楼

有道路穿过建筑空间的楼房

第十三篇 邮 电

如东地区邮政通信始于晚清。清光绪三十一年(1905)三月,如皋县(如东县)邮政分局于掘港、丰利等镇设立邮匦,代收信件,邮政信息行业始见端倪。清光绪三十二年(1906),掘港办成民信局,不久,掘港开办邮局。辛亥革命后,掘港邮政改为二等邮局,属江苏省邮局南京内地管理处直辖,下设马塘、古坝等7个邮寄代办所,并分设南坎、北坎、大同镇、兵房镇、大豫镇等9个信柜。民国34年(1945)秋始,交通站接管基层邮局。民国37年(1948)底,各镇接受当地中华邮政机构,建立人民邮政。

1949年10月始,南通邮政局在马塘设营业处。3月,建立县邮政局。是年,各区、乡、镇逐步增设邮电机构。1952年,县城掘港安装市内电话。是年,县邮电局开始收寄国际信函和包件,各镇始办电报业务。1954年,开办农村电话业务。

1983年,各大小集镇设立支局、邮政所、代办所,办理邮电业务。1987年2月初,掘港邮电营业处,率先开办邮电储蓄业务。是年,各乡、镇、场开通直拨电话,邮路实现到村、组。1990年12月,开通引进瑞典产1000门XE—10程控交换机。从此,县城及周边地区甩掉把子电话机。1991年始,开通程控交换机,直拨国际长途电话。1993年,开始经营"大哥大"和BP机。1995年末,境内各乡镇实现电话程控化,农村传输数字化。

2008年2月,江苏省电讯有限公司如东分公司,变更为中国电信股份有限公司如东分公司。是年,邮政储蓄进行改革,成立邮政储蓄银行如东分行,作为商业银行运营。2009年,推进速递物流专业化经营改革,实行省、市、县一体化专业经营,成立县邮政速递物流分公司。从此,邮政部门分为邮政、邮政储蓄银行、速递物流3大板块各自独立运营。2012年,境内有1个中心支局,6个支局(含长沙、北坎)。

第一章　网络、设备

第一节　网络建设

辛亥革命(1911年)后,掘港邮局下设马塘、丰利、古坝、石港、苴镇、潮桥、岔河等7个邮政寄代所,并设北坎、南坎、大豫镇、大同镇、兵房镇等9个信柜。

1985年,乡、镇、场邮电代办所人、财、物收归县邮电局统一管理,定为集体所有制邮电所,实行单独核算。1998年9月,邮电分营后,全县设59个对外营业网点,其中兵房和长沙8个邮政支局。

2005年,兵房支局辖大豫、丁店、东凌、棉场、长沙、北坎邮政所。至2010年,境内邮政网点为兵房、大豫、丁店、东凌、棉场。

第二节　邮政设备

民国37年(1948)3月,中共接管中华邮政,仅剩几辆自行车,一台天平秤。如东县邮电局逐步添置自行车,投递班由步行改为自行车。1968年后,逐步配备两辆二轮摩托车,用于自办干线邮路和机要投递。1978年,添置1台收寄机、自动出售邮票机,安装在境内兵房邮局营业处使用。1979年,配置机器脚踏车4辆,用于摩托化投递。1990年,为用于邮政特快专递,添置微型汽车。并在兵房邮电营业处储汇窗口安装邮政储蓄计算机处理系统,开始进入邮政储蓄金融电子时代。1998年9月,邮电分设时,大豫邮政局共有自行车20辆,各类计算机10多台,包裹收寄机1台,信函自行过戳机1台。2001年,为全镇邮政储蓄网点配齐邮政储蓄计算机处理系统,全部进入邮政绿卡全国网,并为储蓄网点安装110CK报警系统,提高资金安全防范能力。同年,在兵房邮电局安装ATM自动取款机。2002年,安装报刊发行计算机系统,并与全国联网,实现报刊发行操作电子化。各储蓄网点增配供用户使用的点钞机。给电子汇兑、“一台清”营行系统、中间业务平台进行版本升级。2003年,储蓄网点安装数字监控设备。2004年,储蓄网点更换主机终端,并进行邮政储蓄统一版本工程,是年12月,顺利切换上线。2012年,全镇邮政营业、邮政储蓄、报刊发行都实现电子化。

第二章 运输 投递 封发

第一节 邮件运输

中华邮政时期，掘港进、出口邮件委托内河班船兼代运输，由如皋、南通局经转。抗日战争胜利后，华中第一交通分局用缴获敌人一艘巡逻艇，改装成邮船，命名为“邮艇一号”，负责如皋与掘港之间邮件运输。抗日战争、解放战争时期，抗日民主根据地及解放区党政机关文件，由中共交通部门进行传递。民国38年(1949)7月，恢复掘港至南通委办汽车、轮船邮路。20世纪70～80年代，如东县邮电局增开掘港至北坎、南坎、长沙自办三轮摩托邮路。1998年，南通邮电局调整自办汽车邮路后，如东县邮政局增开掘港至饮泉、曹埠和掘港至兵房两条汽车邮路。为加速邮政储蓄资金周转，减少邮储网点库存现金，如东县邮政局自1987年起，增开东、西两条送款邮路。

第二节 城乡投递

中华人民共和国成立前后，农村和集镇邮件报刊主要以自行车为工具。1979～1987年，投递网点实行农村投递摩托化试点。2000～2005年，不少邮递员使用自购摩托车进行投递，县邮政局按里程给予折旧费和汽油费补贴，投递由自行车改为摩托车，全面实现摩托化。至2012年，境内有邮路9条，投递长度90公里。

第三节 分拣封发

1960年前，大豫邮件直封掘港，经转出口。1961年，按邮电部“平十挂三”要求：即发往外地邮件，保持每天平信10封，挂号信3封以上，逐步与市局建立直封关系。1979年1月，市局在如东县范围内进行填写邮政编码和分拣体制改革试点工作，客户对邮政编码的填写感到不便、书写率不高，有人不填写，大豫、兵房邮局配制邮政编码查询系统，随时提供用户咨询、查阅，邮政编码书写率得到提高。分拣体制改革后，大豫、兵房发行国内外邮件，除建立直封关系的投递局外，其余邮件一律直封掘港，由掘港局集中分拣封发。1986年，掘港先后开办国际、国内特快专递邮件业务，与国内特快专递业务开办局及上海国际特快专递邮件交换局之间建立特快专递直封关系，出口邮件封发有很强时限性，当日18时前收寄的邮件，一律在当日封完，次日早晨5时前与掘港邮车交换出口。

第三章　邮票邮资

第一节　邮　票

清光绪四年（1878）七月，印制首枚邮票，印有云龙戏珠图案，叫大龙邮票，也称“龙头”。中华人民共和国成立后，中国邮票分普通、纪念、特种邮票。普通邮票发行量最大，广泛用于邮政通信的一种重要邮资凭证，一件邮件贴一张邮票。1959年，掘港设有集邮服务窗口，出售各种纪念、特种邮票及其他邮品。1966年，“文化大革命”开始后，停办集邮业务。1980年，恢复办理业务，掘港人民路邮电营业处设立集邮窗口。为保证集邮爱好者需要，1981年，实行计划预约销售办法，年前预约登记，发放购票卡，凭卡购买邮票。1987年，发行邮票年册，便于集邮爱好者购买、收藏。1998年9月，掘港人民路设集邮门市部，出售各种纪念、特种邮票和各类封、卡、明信片等集邮品。

图13-88 中国老式邮票（2012年，管宏图　提供）

第二节　邮　资

国际、国内邮政资费，一律由国家邮政局（总办）统一规定，各地邮局无权变动。掘港自清光绪三十二年(1906)建立邮局后,所开办业务均按全国邮政统一价格收取各项邮政资费。就国内平常信函而言,建局时以每重半英两银洋1分计收。清宣统二年(1910)七月一日,邮件资费计量标准由英制改为公制,国内平信起重每20克计收银洋3分。民国初期,基本沿用清制。民国12年(1923)9月30日至民国37年(1948),邮政资费先后经历7次修改调整,可算是朝令夕改,管理极为混乱。

民国30年～34年(1941～1945)苏中第四行政区邮政资费标准一览表

表13—113

年　份	币　制	便私信件	印刷品	平递邮件	快递邮件	机密邮件
民国30年3月起	—	不收寄	不贴邮票			
民国31年11月起	—	不收寄	分别贴用机 快 平无面值邮票			
民国34年4月起	江淮币	0.10元	0.10元	0.20元	0.40元	0.40元

民国35年(1946)苏皖边区各类邮件资费一览表

表13—114　　单位:元

资费种类		计算标准	资费		
普通资费	信函类	每20克	本地	本边区	各解放区
	新闻纸	平常 每100克	0.10	0.20	0.30
		立券 每100克	0.03	0.05	0.10
		总包 每100克	0.02	0.03	0.06
	印刷品	每100克(最多2公斤)	—	0.02	0.04
	商务传单	最多100克	0.03	0.05	0.10
	货样	每100克(最多500克)	—	0.20	0.30
	小包邮件	每100克	—	0.15	0.20
	包裹	每500克	0.25	0.50	0.75
特种资费	挂号函件	每件加收	0.25	0.50	0.75
	快递挂号函件	每件加收	0.15	0.30	0.45
	平快函件	每件加收	0.25	0.50	0.75
	保价信函	保价费10至3000元	0.10	0.20	0.30
其他资费	回执	每件	10%	10%	暂不收寄
	查询、补回执	侮件	0.15	0.30	0.45
	退回、改寄	每件按原寄资费收取	0.30	0.60	0.90

民国37年(1948)3月,掘港解放后,执行华中邮政管理局和华东邮电管理局邮政资费标准。1949年11月,执行全国统一邮资标准,国内平信每重20克计收人民币400元(旧人民币)。1955年3月1日,国家币制改革,邮政资费一律以新人民币计算单位,国内平信每重20克收取人民币8分,1990年7月31日,国家统一调整资费,国内平信每重20克由8分调整为20分。2004年,又统一调整每重20克的国内平信外埠收取80分,如东收取60分,

国内平信邮资变化是其他邮政业务邮资变化之缩影。

地方邮政资费是指抗日民主根据地、解放区中共交通邮政主管部门颁布的邮政资费，只适用于该区域范围内各级党的交通邮政部门。民国30年3月至35年2月，苏中第四行政区和苏皖边区第一行政区所属各级党的交通邮政部门，执行的是苏中交通总局（站）制订的邮政交费标准。民国35年2月15日，苏皖边区第一邮政管理分局所属如皋（东）县邮政局（交通局），执行苏皖边区邮政管理局邮政交费标准。10月后，重建苏中区，成立苏中第九交通分局和各县交通局，因对敌斗争形势紧张，各级党的交通部门停业办理邮政业务，党政军机关各类信件全部实行免费寄递。民国36年5月，各级党政军机关的公信和县团以上武装部队指战员的私信一律不贴邮票，机关干部的私人信件，就地投递的每件收费邮资50元（华中币），苏皖边区内互寄的每件收邮资100元（华中币）。是年10月20日起，苏中第九交通分局按苏中交通工作扩大会议决议之规定，对机关干部交寄的私人信件实行收费制度。

1949年华中、华东解放区邮资资费变更一览表

表13—115　　　　单位：元（华中币）

<table>
<tr><th rowspan="2">资费种类</th><th rowspan="2" colspan="2">计费标准</th><th colspan="5">资费沿革</th></tr>
<tr><th>民国33年(1944)1月1日</th><th>民国38年(1949)3月</th><th colspan="2">民国38年(1949)6月</th><th>民国38年(1949)8月</th></tr>
<tr><td rowspan="4">明信片</td><td rowspan="2">单片</td><td rowspan="2">就地投送各局互寄</td><td rowspan="4" colspan="2">未开办</td><td colspan="2">10</td><td rowspan="2">40</td></tr>
<tr><td colspan="2">15</td></tr>
<tr><td rowspan="2">双片</td><td rowspan="2">就地投送各局互寄</td><td colspan="2">20</td><td rowspan="2">80</td></tr>
<tr><td colspan="2">30</td></tr>
<tr><td rowspan="3">信函</td><td>普通信函</td><td>每重5钱</td><td>本100外200</td><td>本3外5</td><td rowspan="3">每20克</td><td>本15外30</td><td>70</td></tr>
<tr><td>平快</td><td>每件</td><td rowspan="2">未开办</td><td>5</td><td>30</td><td>140</td></tr>
<tr><td>挂快</td><td>每件</td><td>13</td><td>90</td><td>单挂370双挂570</td></tr>
<tr><td rowspan="3">报刊类</td><td>1.普通</td><td rowspan="3">各局互寄</td><td>50</td><td>1</td><td colspan="2">本3外6</td><td>每50克15</td></tr>
<tr><td>2.立券</td><td>35</td><td>1</td><td colspan="2">本3外6</td><td>每100克15</td></tr>
<tr><td>3.总包</td><td>50</td><td>2</td><td colspan="2">12</td><td>每500克25</td></tr>
<tr><td rowspan="2">书籍、印刷品</td><td>1.普通</td><td rowspan="2">各局互寄</td><td>100</td><td>本2</td><td colspan="2">15</td><td rowspan="2">35</td></tr>
<tr><td>2.政治印刷物</td><td>50</td><td>外3</td><td colspan="2">20</td></tr>
<tr><td rowspan="2">商物传单</td><td rowspan="2">按印类寄费另外加收</td><td>就地投送</td><td>100</td><td>3</td><td colspan="2">50</td><td rowspan="2">120</td></tr>
<tr><td>各局互寄</td><td>200</td><td>5</td><td colspan="2">50</td></tr>
<tr><td>贷样</td><td>每重四市两</td><td>各局互寄</td><td>100</td><td>本2外3</td><td colspan="2">本15外25</td><td>60</td></tr>
<tr><td rowspan="2">小包邮件</td><td>每重四市两</td><td rowspan="2">各局互寄</td><td>900</td><td>本15外23</td><td rowspan="2">每100克</td><td>150</td><td rowspan="2">500克以上印刷物按包裹资费收取</td></tr>
<tr><td>续重四市两</td><td>100</td><td>本2外3</td><td>25</td></tr>
</table>

续表13—115　1949年华中、华东解放区邮资资费变更一览表

资费种类	计费标准		资费沿革			
			民国33年(1944)1月1日	民国38年(1949)3月	民国38年(1949)6月	民国38年(1949)8月
包裹	—	—	暂不收寄	按包裹资费收取	按包裹资费收取	按包裹资费收取
挂号费	每件	各局互寄	300	8	60	200
回执费	每件	各局互寄	300	8	60	200
保价费	除邮资、挂号资外每保2000元加收		100	每40元收取1元	按2%收取	按3%收取
查询费	每件	各局互寄	300	8	60	400
改寄或撤回	每件	—	300	8	60	300
存局候领	每件	—	暂不办理	5	30	200
欠资费	按不足之邮资	—	加倍收取	加倍收取	加倍收取	加倍收取

国内邮政资费

表13—116　(1999年3月10日起执行)

邮件资费种类	计费标准	资费标准	
		本埠	外埠
基本资费			
信函	首重100克内,每重20克(不足按20克计算)	0.60元	0.80元
	续重101—2000克每重100克(不足100克按100计算)	1.2元	200元
明信片	每件	0.60元	
非基本资费	—	—	
混合信函	每件	起价2.00元(含一页信纸),每增加一页信纸增加0.5元最多可增加三页信纸最高资费3.50元。	
印刷品	首重100克(不足100克按100克计算)	0.30元	0.60元
	续重每重100克(不足100克按100克计算)	0.15元	0.30元
邮简	每件	0.60元	0.80元
回音卡	每件	0.60元	
挂号费	每件	2.00元	
回执	每件	3.00元	

续表13—116　国内邮政资费

邮件资费种类		计费标准	资费标准	
			本埠	外埠
盲人读物		按水陆路平常邮件寄递	免费	
包裹	普通包裹	每500克为一计算单位	按寄递里程分区核订 具体标准详见现行《国内包裹资例表》	
	快递包裹	首重1000克 每续重500克	按寄递里程分区核订具体校准详见现行《国内快递包裹资例表》	
		每件挂号费	2.00元	
特快专递	信函	起重200克(或其零数)	20.00元	
		每续重200克(或其零数)重量1000克(含1000克)以内的邮件或重量1000克以上且空间运距超过1000公里的省际邮件	6.00元	
	包裹	重量超过1000克的省内邮件 空间运距不超过1000公里的省际邮件的超过1000克部分的	4.00元	
邮政汇款	汇费	每汇1元(不足按1元计算)	0.01元	
		每笔汇款最低汇费	2.00元	
		每笔汇款最高汇费	50.00元	
	使用电子汇款的收费	同上	同上	
	退汇、改汇费	每件	2.00元	
	撤回汇款手续费	每件	2.00元	
	使用电报办理汇总的电报费	每件	2.00元	
	电报汇附言电报费	每件	0.13元	
	礼仪汇款吉祥卡服务费	每件	1.00元	
保价费		每保一元(不足1元按1元计算)	0.01元	
		每件最低保价费	1.00元	
存局候领手续费		信函和汇兑业务每件	1.00元	
		包裹每件	3.00元	
撤回邮件或更改收件人名址手续费		每件	2.00元	
使用电报办旦查询 撤回 更改收件人地址 姓名电报费		每件中收	2.00元	

第四章　邮政机构

民国38年(1949)5月后,大豫、兵房设邮政代办所对外经营。1983年,建兵房邮电支局，下设6个邮电代办所。1998年9月，邮电分营后，兵房邮政支局升格为中心支局，辖区内邮政代办所也升格为支局。

第一节　兵房邮政中心支局

前身为兵房信柜。民国38年（1949）5月，改称兵房邮政代办所，局址兵房人民南路63号，占地面积1290平方米，固定资产1500万元。1983年，建兵房邮电支局。1998年，邮电分营后，改称兵房邮政中心支局，支局长：张洪飞。历任支局长：陆正芳、徐世凯、蔡汉章、黄家驹、田杰、黄跃、吴建华、张照群、曹胜西。业务范围：邮政储蓄、汇票、电子商务、物流分销配送，国内外特快专递、邮递广告设计，保险理财，信函集邮包裹。报刊征订零售，预订汽车、火车、飞机票等。2012年，发行报刊2050份、104.50万元，储蓄年末余额113万元。

图13—89　2012年，拍摄的兵房邮政中心支局外景（管霖　摄）

第二节　邮政支局（所）

一、大豫邮政支局

前身为大豫镇信柜。民国38年（1949）5月，改称大豫镇邮政代办所，1983年，改称邮电代办所。1998年，邮电分营后，改称邮政支局，位于张謇南路76号，占地面积500平方米，固定资产1000万元。支局长：石云云。历任所长：顾翠英、杨汝琴、张爱华、唐燕、张洪飞。业务范围：固定电话、宽带、邮政储蓄、国内外特快专递、报刊订阅、信件邮寄、汇票、电子商务、物流分销配送、保险理财，预订汽车、火车、飞机票等。

二、丁店邮政支局

1996年，建丁店邮电代办所。位于丁店镇丁兴路11号，占地面积300平方米，固定资产20万元。1998年,邮电分营后,改称邮政支局,支局长:严卫娟。历任所长:李松琴、吴刚。业务范围:固定电话、宽带、邮政储蓄、特快邮递、信函集邮、包裹、报刊订阅、零售等。

三、大同邮电代办所

前身为大同镇信柜。1950年,建大同镇邮政代办所,位于大同镇南北大街中部,占地面积48平方米,固定资产1.50万元,1995年停办。历任所长:俞雪昌、沈立、蔡忠英。业务范围:电话、电报、信件、报纸杂志订阅、零售、邮汇等。

四、南坎邮电代办所

创办于1969年,1980年停办。位于南坎镇十字街口,占地面积80平方米,固定资产2.00万元。所长:杨汝琴。业务范围:邮政、信件、报刊、电话等。

图13-90 20世纪60年代南坎邮政所旧址 (2009年,管宏图 摄)

五、东凌邮政支局

前身为东凌邮电代办所,创办于1966年,位于东安闸南200平方米,占地面积130平方米,固定资产12万元。1998年,邮电分营后,改称邮政支局,支局长:杨晓华。历任所长:陈亚兰、施正兵、周爱琴。业务范围:国内外信件、包裹、物品邮寄、电话、电报、物流分销配送、报纸杂志订阅、零售、邮政储蓄、汇票、电子商务、保险理财,预订汽车、火车、飞机票等。

六、棉场邮电代办所

创办于1984年,2000年停办,所址棉场场部,占地面积40平方米,固定资产5万元。所长:何平。业务范围:国内信件、包裹、物品邮寄、电话、电报、报刊订阅等。

七、棉场邮政支局

前身为豫北邮政代办所,创办于2001年,位于香台桥北侧,占地面积80平方米,固定资产20万元。2010年,恢复棉场邮政支局。支局长:沈晓亮。业务范围:物品邮寄、报刊订阅、零售、邮政储蓄、保险理财、汇票、电子商务、物流分销配送等。

第五章　电　信

第一节　电　报

1950年，开始用无线电台定时联系电报业务。1952年，改为话传，装设音响机改为人工音响机，以收发电报为主，话传为辅。1958年，各乡代办所开始承接电报业务。1974年，改用电传打字机收发报。1977年，装置1部传真机。1980年，增装载波电报机、短波发信机等设备。改革开放后，经济迅速发展，电报成为当时最重要的通信工具，使用16路载报机和新一代电传机，电报传输速度得到提高，电报业务量迅速上升，高峰日均报务量超过500份。20世纪90年代中期，随着程控电话、无线传真、电脑网络的普及，电报量逐渐萎缩，后停办。

第二节　电　话

民国14年(1925)，著名实业家张謇等人创办的大聪电话公司设立电话分汇(小总机)，与平潮、石港等地通话；民国19年，潮桥护国寺内设立电话所，安装老式电话机1台；民国21年，栟茶镇开通电话。1952年年初，掘港仅有磁石电话交接机一席10门。当年底，交换机容量增为30门，并设公用电话1部。1956年，各大集镇始设农村电话交换机。1958年，各乡都安装交换机。至1994年，全县开通自动电话，进入全国电话自动网，实现电话程控化。

第三节　移动通讯

中国移动通讯大品牌“全球通”“动感地带”“神州行”在大豫家喻户晓，公司除提供基本话音、数据、多媒体业务外，还先后开放短信息、呼叫转移、信息点播、手机银行、IP电话、WAP、移动聊天、移动QQ、彩信、随已行百宝箱、彩铃、话费查询、短信呼、移动梦网(互联网)有线通等新业务。凭借网络与技术优势，移动通信围绕客户不同信息化需求，全面整合各种资源，实现对话业务、数据通信、信息服务和移动电子商务等业务的综合开发利用。服务热线“1860”为客户24小时服务，增设邮政、建行、农行、中行、工行及各乡镇营业网点办理业务和充值消费。在营业厅人工查询和自动查询基础上，又开辟1861电话、短信、传真互联网查询。移动通信第二代GSM和第2.50代GPRS网络技术成熟，布局合理，业务丰富，不仅能与110多个国家和地区的189个公司之间自动漫游，还与制式不同的美国、韩国、日本等国进行漫游，真正实现全球通。

一、小灵通

2004年8月，大豫镇开通小灵通，作为兼有固定电话和移动电话优点的新型通信工具，其绿色环保和价格低廉的优点很快为广大用户所接受，当年即发展小灵通用户1万多户。2001年，有小灵通用户1.80万户。

二、宽带

2012年10月底前，兵房、丁店属大豫板块，共有宽带4474户，占总户数32.55%。原大豫、东凌板块3855户，占总户数36.54%。对固话渗透率为34.52%。

2001～2012年大豫镇兵房邮电局业务经营一览表(一)

表13～117　　单位：万封、万元、万件、万张

年份	信件			包裹		汇票	
	平信	挂号	发行邮票(金额)	投递	收寄	汇入	汇出
2001	25.00	6.78	1.35	3.32	3.26	1.40	0.13
2002	26.40	6.80	1.37	3.33	3.28	1.50	0.14
2003	26.50	6.80	1.38	3.36	3.33	1.50	0.14
2004	27.00	7.00	1.38	3.38	3.34	1.70	0.14
2005	27.40	7.40	1.40	3.40	3.26	1.73	0.14
2006	27.50	7.42	1.39	3.43	3.37	1.74	0.14
2007	28.00	7.10	1.39	3.45	3.38	1.74	0.14
2008	28.50	7.20	1.40	3.50	3.50	1.74	0.15
2009	29.00	7.30	1.43	3.50	3.50	1.79	0.15
2010	29.00	7.40	1.48	3.60	3.60	1.80	0.15
2011	30.00	7.50	1.50	3.60	3.60	1.80	0.16
2012	30.70	7.55	1.53	3.72	3.65	1.87	0.18

2001～2012年大豫镇兵房邮电局业务经营一览表(二)

表13～118　　单位：万元、份

年份	发行报刊		储蓄年末余额	代办业务		电话	
	份数	金额		代发工资	代办保险	固定	移动
2001	1600	94.00	97.00	51.00	0.21	2.32	—
2002	1600	98.00	98.00	52.00	0.22	2.33	—
2003	1600	94.00	98.00	53.00	0.23	2.40	—
2004	1650	95.00	100.00	54.00	0.24	2.42	—
2005	1700	98.00	101.00	54.00	0.25	2.41	—

续表 13-117　2001～2012 年大豫镇兵房邮电局业务经营一览表(一)

年份	发行报刊		储蓄年末余额	代办业务		电话	
	份数	金额		代发工资	代办保险	固定	移动
2006	1700	98.00	102.00	55.00	0.26	2.40	—
2007	1900	102.00	104.00	56.00	0.27	2.50	—
2008	1900	102.00	105.00	58.00	0.28	2.60	0.54
2009	1980	104.00	106.00	60.00	0.28	2.54	0.60
2010	2000	104.00	110.00	60.00	0.30	2.60	0.90
2011	2000	104.00	111.00	60.00	0.30	2.47	1.30
2012	2050	104.50	113.00	60.00	0.31	2.50	1.36

第十四篇　商贸服务

清同治元年(1862),境内南坎镇形成商业。民国5年(1916),民族实业家张謇创立大豫垦殖公司后,商业逐步发展,日渐兴旺。当时,只是从盐、渔货促使商品交换。随之发展到搭棚设摊,紧接着理发店(俗称剃头店)、竹器行、杂货摊、店陆续兴办。由于商贸服务日趋繁荣,境内相继形成大豫镇、大同镇、兵房镇、丁店镇、东安镇等小集市贸易中心,以大同镇为例,鼎盛时期,有花行50多家。民国30年,全县20多个大小集镇有3000多家私营商业户。①民国36年,国民党军队侵占各大集镇后,苛捐杂税多如牛毛、敲诈勒索无尽无休,迫使2/3以上私营商业倒闭。中华人民共和国成立后,私营商业逐步复苏。1950~1952年,先后建立大同、伯安、大豫、兵房、南坎供销合作社。1955年5月,建立掘东区粮管所、兵房粮站,规范粮油市场管理。是年起,对私营商业进行社会主义改造后,互助合作商业陆续问世,发展成集体商业。境内各小集镇均有集体商店、食品店、粮站等商业服务业。中共十一届三中全会后,农村剩余劳力进城经商,增强商贸流通活力,促进社会主义市场经济迅猛发展。境内以兵房中心农贸市场为龙头,相继建起规模不等的3家农贸市场。2012年,全镇有专业合作社10多家,私营个体商业户523户,超市、民营商店等1000多家。

第一章　私营个体商业

第一节　个体商业的形成

境内从民国初年开始,逐步形成以大豫镇、大同镇、兵房镇、丁店镇为重点的商业网络。大同镇曾是如东县十大名镇之一,镇上有“坚决街、通如街、胜利街、太平街、大同街”5条主街道。商号林立,名目繁多,一派繁荣景象。1952年,国家对私营商业实施“限制、利用、改造”政策。多种商品引入国家管理物资范围,私营商业禁止买卖,一些商号歇闭,部

①见县商贸史料。

分私营商业消极经营。为此，县政府出台“公私兼顾”政策，进一步发挥私营商户积极性，调整90种商品批发差价和批发起点，适当让私营商业扩大经营。并在工商界开展“五反运动”①，打击违法行为。1955年3月，政府部门在掘港镇对私营商业进行社会主义改造试点工作基础上，对境内私营商业实行公私合营，首先组织杂货业合作商店，归口商业局管理。商店组织兴起后，营业额逐步上升。20世纪50年代至80年代，在社会商品物资紧缺的历史条件下，对商业部分管理实行高度集中，在经营上实行计划分配，分配上实行绝对平均主义，尤其是在“文化大革命”期间，境内有证个体商业户几乎绝迹。

第二节　个体商业户概况

中共十一届三中全会后，城乡私营商业和个体商业户得到恢复和发展。1995年，在学张家港、学海门（简称“双学”）活动中，中共如东县委、县政府鼓励农民进城经商。境内“三乡一镇”都兴建农民街。2012年，全镇523户私营个体商业户经工商行政管理部门批准发证，从业人员2000人。零星商业124户，饮食业6户，服务业63户。

1950年大豫镇境内私营商业一览表

表14—119　　单位：户

业别	大同镇	南坎镇	大豫镇	兵房镇	合计
五金店	2	—	—	—	2
中西药店	6	2	2	2	12
行商	2	4	—	—	6
摊贩	31	9	17	15	72
花粮行	10	—	—	—	10
花业	40	5	9	28	82
粮业	18	3	6	16	43
鲜肉业	6	3	2	10	21
布店	5	—	2	—	7
杂货店	36	12	22	60	130
木行	2	—	2		4
点心业	6	3	3	8	20
菜馆	1	—	2	3	6
理发店	12	5	5	8	30
客栈	9	1	3	7	20
照相馆	4	1	—	2	7
染坊	3	—	1	2	6

①反偷税漏税、反行贿、反偷工减料、反盗窃国家资产、反盗窃国家经济情报。

续表14—119　1950年大豫镇境内私营商业一览表

业 别	大同镇	南坎镇	大豫镇	兵房镇	合计
豆腐店	16	1	3	2	22
酱园店	4		3	3	10
茶食店	8	1	4	6	19
八鲜行	4	—	8	—	12
文具业	—	—	1	—	1
糖 坊	—	—	—	1	1

第二章　集体商业

第一节　集体商业的形成

1951年，全县各镇部分商贩自愿抽资合并经营，共成立联购企业8家，联销企业3家，合营企业45家。联营、合营企业均建有股东会，3～6个月结账分红一次。股息红利占75%，酬劳金占15%，公积金占10%。1956年1月，全县93.60%私营商业走上公私合营和合作化道路。境内大豫、兵房、丁店、大同、南坎镇，均以镇按服务行业实行公私合营和合作化。兵房镇(含东安镇)于1956年2月1日开始合并，公方代表张祖修，私方代表陆福元，由50多家私营商店合并为一个大商店，下设10多个门市部。以日用杂货为主，总股金2000多元，从业人员79人，最高月工资32元，最低18元。大同镇、丁店镇商业总店建于1957年前后。当时大同镇有一个综合商店，两个门市部，10几个下伸店，资金总额为4000多元，员工工资每人每月25元。丁店综合商店有大小百货、日杂、棉布、饮食、茶食、批发6个门市部，资金总额1万元以上。店内员工30个，员工工资按多劳多得取酬，高的每人每月30元，低的每人每月20元。1958年，农村实现人民公社化，对合作商店进行撤并。是年，为扩大商业网点，分派部分人员到附近农村开设商店，俗称“下伸店”。

1956年兵房镇合作商业门市部一览表

表14—120　　　　单位：人 元

地点	门市部	负责人	从业人员	资金额	备注
河南	杂货店	徐广荣	4	100	以兵房大河为界分河南街河北街东安镇商业隶属兵房镇商业管辖
河南	杂货店	徐广富	4	50	
河南	小百货店	刘 仲	3	40	

续表14—120　1956年兵房镇合作商业门市部一览表

地点	门市部	负责人	从业人员	资金额	备注
河南	杂货店	仲德林	3	55	以兵房大河为界分河南街河北街东安镇商业隶属兵房镇商业管辖
河南	杂货店	方才新	4	50	
河南	茶食店	戎鹤九	4	80	
河南	茶食店	倪宏明	3	80	
河南	糕点店	朱邦达	3	50	
河南	饮食店	季学道	3	70	
河南	饮食店	陆忠义	3	70	
河南	点心店	刘振泉	4	60	
河北	蜡烛店	周裕珍	4	60	
河北	茶食店	顾文沛	4	60	
河北	茶食店	曹邦文	4	60	
东安	杂货店	陆冠球	6	80	

1958～1992年大豫境内集体商业下伸点一览表

表14—121　　单位：人　元

商店名称	下伸点地址	负责人	从业人员	经营范围	资金总额
南坎	陆虎儿桥	夏德山	1	日用百货	4000
南坎	五大队大队部	管德明	1	日用百货	4000
南坎	六大队大队部	顾福明	1	日用百货	4000
南坎	香台(豫北)	金利生	1	日用百货	4000
南坎	樊家店	徐美林	1	日用百货	4000
南坎	一大队大队部	管怀准	1	日用百货	4000
大豫	九大队六贯	曾文才	2	日用百货	5000
大豫	七大队八贯	陈宝余	2	日用百货	4000
大豫	十二大队二贯	沙恩甫	2	日用百货	4000
大豫	十三大队西牛桥	沙恩甫	2	日用百货	4000
大豫	孙佰林店	王金富	2	日用百货	4000
大豫	北七贯	顾凤林	3	日用百货	5000
大豫	鲍家桥	刘献章	3	日用百货	4000
兵房	一大队大队部	朱永兵	1	日用百货	4000
兵房	二大队大队部	顾建祥	1	日用百货	4000
兵房	六大队大队部	季建华	1	日用百货	4000
兵房	七大队大队部	费秀英	1	日用百货	4000
兵房	八大队大队部	李　兵	1	日用百货	4000
兵房	九大队大队部	龚卫元	1	日用百货	4000
兵房	南七贯	陆　新	1	日用百货	4000
兵房	十五大队六贯	陆利根	1	日用百货	4000
兵房	十七大队大队部	张少山	1	日用百货	4000

续表14—121 1958～1992年大豫境内集体商业下伸点一览表

商店名称	下伸点地址	负责人	从业人员	经营范围	资金总额
兵房	十八大队大队部	张志高	1	日用百货	4000
兵房	十九大队大队部	季　祥	1	日用百货	4000
大同	沈国琦店	沙中乐	1	日用百货	3000
大同	伯安镇	朱红星	1	日用百货	3000
大同	三门闸	马志道	1	日用百货	3000
大同	十一大队大队部	王鹤兵	1	日用百货	3000
大同	五大队大队部	顾红宝	1	日用百货	3000
大同	六大队大队部	施文昌	1	日用百货	3000
大同	七大队大队部	朱炳华	1	日用百货	3000
大同	毛竹桥	何　刚	1	日用百货	3000
大同	九大队大队部	何秉道	1	日用百货	3000
大同	协和镇	王凤其	1	日用百货	3000

注:下伸点人员工资开始从18元到27元,随商业人员工资调整而调整,2002年全面改制

第二节　集体商业概况

20世纪60年代初,掘东区建立集体商业管理委员会(简称商管会)下设商政室。1962年,掘东地区商业体制调整后,境内共有20多个核算单位,设100多个门市部,职工800多人。1963年,兵房镇建立商贩联合会。“文化大革命”后期,境内集体商业均建立革命领导组。中共十一届三中全会后,贯彻中共对集体商业领导体制、利润分配、经营范围、网点分布等一系列新政策,纠正以往对集体歧视和偏见做法,把合作商业改称集体商业,私改员改称商政员,以区建立商政室,掘东区商政室设立在掘东区兵房中心供销社二楼,设商政指导员1人,会计辅导员1人。对全区集体商业实施指导和管理。2006年7月,如东县流通领域全面实施改革,境内集体商业进行财产清算,撤销企业,终止经营,财产折价,一次变卖,人企分离,挂靠县社会与劳动保障局,实行全社会统筹。从此,集体商业完成使命。

20世纪90年代初大豫境内集体商业一览表

表14—122　　单位:万元 人 个

企业名称	职工总数	在职人数	退休人数	经营门店网点数	年度销售总额	总资产额	流动资产	固定资产	其他
如东县兵房商业公司	250	180	70	60	350	600	200	360	40
如东县东凌商业总店	30	25	5	10	80	30	25	3.50	15
如东县华丰商业公司	60	40	20	20	100	30	20	7	3
如东县大同商业总店	70	40	30	15	120	20	15	4	1

续表14—122　20世纪90年代初大豫境内集体商业一览表

企业名称	职工总数	在职人数	退休人数	经营门店网点数	年度销售总额	总资产额	流动资产	固定资产	其他
如东县丁店商业公司	80	50	30	20	150	60	30	30	—
如东县大豫垦殖公司	90	60	30	20	150	225	120	105	—
如东县南坎商业总店	80	60	20	18	50	45	33	12	—
如东县电光源厂	40	35	5	1	1150	122	110	12	—
合　　计	680	470	210	164	1150	1132	553	553.50	455

第三章　供销合作

第一节　体制变化

供销合作社前身是供销合作商业。民国34年(1945),建立掘港供销合作社。属"官办"群众性组织。民国35年,全县相继建立利群、民生、民兵、蔡桥5个消费合作社。民国37年底,如东县人民政府设生产推进社。民国38年6月,改称合作推进社。

境内兵房供销社前身为棉民合作社,建于1949年11月,属股份制形式,每股为保龄花皮棉2市斤,共计54股,共108市斤皮棉。沈志宏为棉民合作社首任主任。大同供销社建于1949年8月,主任徐伯辉,1961年更名为巩王供销社,不久恢复原名。大豫供销社建于1950年4月,前身为江海公司,主任吴汉章。1967年10月,更名为东风站,不久恢复原名。伯安供销社建于1951年4月,主任姜文才。1952年10月,伯安供销社并入大同供销社。1952年,建立南坎供销社,隶属掘长区,主任范士忠,1955年,改为供销站,1956年,划归掘东区。20世纪70年代初,迁址豫北(香台)。1955年,建立丁店供销社,主任郁元兵,伯安镇为供销组。1961年12月,国营商业与供销合作社分家后,设掘东区兵房办事处。1962年8月,取消办事处,按经济区划兼顾行政区划,建立兵房和大同两个供销合作社(兵房社下辖大豫站、南坎站、东安站、东凌港水产组。大同社下辖丁店站、华丰站、十二排组)。1978年11月,建立掘东区中心供销合作社(即兵房社),下辖大同、华丰、大豫(更名南坎)供销合作社。

1983年,全县供销系统组织实施改革,改革劳动制度,试行新的用工制度,改革组织体制基层供销合作商业性质。1984年,改革农村商业管理体制,发展集体和个体零售商业和服务业。境内各乡镇成立商业零售网点15家。供销系统取消对农民入股限制,扩大吸收农民入股,让农民参加供销社理事会理事,5名农民当选基层供销社监事会监事。

1985年，推进棉花流通体制改革。1987年，批准承建经营责任制。1989年，对化肥、农药、农膜实行专营。1992年，转换经营机制，实行全员劳动合同制，干部聘任制和职工“三岗”制。①1994年，放开经营范围，放开价格，放开用工制度和分配制度，拓展农村市场。1996年，按照“政企分开、两权分离”原则，推进产权制度改革，随着全县流通企业中率先试行出售、租赁、转让承包，实行公司化管理模式的形成，各社相继建立股东会、董事会、监事会，全面进行改制。

2002年，推行“公退民进、人企分流”，采取整体出售、切块出售、挂靠兼并、分立重组，依法破产、公开竞卖等多种改制形式，盘活资产，清退股金，消化债务。至2005年年底，全部改制到位。

1949～2005年大豫境内各供销社主要负责人一览表

表14—123

社名	建社时间	主要负责人名单
大同	1949年8月	徐伯辉 沈志宏 沈维新 郁元兵 杨秉成
丁店	1955年	郁元兵 陆文明 杨秉成 季献华 曹秀林 袁新 姚金池 俞福明 顾洪兵 顾品祥 季学林 顾永成 陆文俊 黄松石 钱安达 汤正平 顾松达
伯安	1951年4月	姜文才
大豫	1950年4月	吴汉章 袁文华 郁元兵 黄达
南坎	1952年10月	范士忠 钱鼎立 吴海如
兵房	1949年10月	沈志宏 陈殿奎 倪振华 黄文俊 季献华 吴旭初 徐保忠 张仁俊、屈允平

第二节　商业购销

1950年起，境内各供销社始设农资部，收购农副特产和棉花。

1954年，实行统购统销。20世纪50～80年代，在社会商品紧缺的历史条件下，国有商业实行高度集中管理，经营上实行计划调配，分配上实行平均主义。1994年，供销社开展为农服务活动，境内设立庄稼医院4家。2002年始，实施国有商业企业所有权改革。至2012年，境内各集镇均建有农贸市场、超市、民营商店等共1000多家。

一、商品销售

(一)肥料

1960年，境内兵房镇成立清洁管理所，镇内60多个私厕、20多座单位厕所，均由清洁管理所负责销售清理。周边社队定期运回下地，客户基本固定。1950年后，供销社农资部开始试销化肥，品种为21%硫酸铵(肥田粉)，采取赊销结合或无偿试验等办法。由于农民

①在岗、试岗、待岗。

没有使用过化肥,故需求量极少,一般供销社用缸贮存化肥出售。1956年,农业生产合作社建立后,化肥供销量大增,品种"氮、磷、钾"齐全。由供销社生资部专营经销。此后,需求量不断增加,逐步实行计划供应。1979年,境内供应化肥1万吨。1983年,农村普遍建立联产承包责任制,化肥销量稍有下降。20世纪90年代后,又开始回升,品种有碳铵、尿素、钾肥、复合肥、磷肥等。供销社实行体制改革后,由生资部柜组承包,多渠道组织货源,设点经营,方便农户。2012年,全镇销售各类化肥0.70万吨。

(二)农药及器械

中华人民共和国成立前,农民遇到农作物发生病虫害,一般使用人工捕捉,或用辣椒水、草木灰泼洒,收效甚微。中华人民共和国成立后,政府指导使用农药防治农作物虫害,由合作社代销,并采取代销、贷放、赊销或签订合同预售等方法。1951年,境内棉田蜷叶虫危害严重,政府贷放喷雾器、农药进行防治。其品种仅有"六六六"粉、二二三滴滴涕乳剂、硫黄粉3种。1953年,农药品种增加西力生、硫酸铜、敌百虫、多硫化钡等近10种,并供应各种药械。1954年7月,农林部贷放喷雾器200架,由基层供销社出租给农业社、互助组。1956年,农业社实行小班小组保管责任制,农药械销量成倍增加。1963年后,农药品种增加乐果乳剂、80%敌敌畏等12种。小范围推广有机磷农药"1605""1059"。1964年,基层供销社帮助生产队建立剧毒农药保管责任制,实行农药和防护用品配套供应。并先后廉价或免费赠予生产队剧毒农药安全保管箱600多只。1970年后,江苏省增加分配农药有17个品种,用于农村治虫。1978年后,如东县农药厂开始生产多种农药,用于农田治虫。同时,微生物农药防治农作物病虫害开始应用。1981年,南通市对所有供销社库存农药进行清理鉴定,对过期失效、剧毒残效期长的如"1605"等农药封存统一处理。20世纪90年代,农药供应品种多达106种。农药械供应、维修点80多家。2000年后,随着供销系统体制变化,由农资、农技部门承包给柜组或个人经营。2012年,全镇推广使用高效低毒各类农药58吨。

(三)塑料薄膜

境内农村使用塑料薄膜(简称农膜)始于1958年,主要用于水花生、水葫芦、水浮莲、绿萍越冬保苗。1965年,省农林厅、供销合作社联合通知规定,农膜由供销合作社经营,农业生产资料公司具体负责,按计划分配供应。20世纪70年代,农膜逐渐用于棉花、水稻育苗移栽、培育壮苗促早发、早熟增产,使用数量逐年增加。进入20世纪90年代后,相关村引进塑料大棚种植蔬菜、瓜果、花卉,需求量剧增。1980年,农膜改由农业部门分配,供销合作社经营,并帮助生产队开展农膜回收复用工作。1985年后,农膜实行多渠道经营。2012年,全镇有农膜经营门市部10家,年销量30吨。

(四)铁锅

民国时期,境内没有铁锅专卖店。中华人民共和国成立后,铁锅由供销合作社和茶席商店经营。货源出自苏州、无锡和南通唐闸等地,品种30多个。1958年,农村兴办公共食堂,13张以上的大锅供不应求。1961年,农村食堂关闭,农家恢复自炊,普通铁锅销量猛升,开始凭票供应。1963年,取消票证。20世纪70年代,铁锅供应好转。20世纪80年代后,铝锅、搪瓷锅、电饭煲、电炒锅陆续进入家庭,铁锅销量下降。20世纪90年代,各大商场、超市均设厨房用品专柜,经营高档厨具和金属饭锅、炒锅。2012年,全镇兼营铁锅的门市仅剩10家。

(五)草席

民国时期,草席为铁锅店所兼营。中华人民共和国成立后,由合作商店经营。1960～1972年,货源紧缺,需凭证购买,销售量小。1979年,随着改革开放,品种货源增多。20世纪90年代后,竹席逐渐进入市场。每年春末夏初,浙江、安徽等地个体经营者输入初坯材料、设摊定做加工。同时,各大超市出售高档成品竹席,品种有麻将席、条纹席、枕席和高档牛皮席等。旧时草席逐渐从市场退出。

(六)陶瓷器

瓷器、陶器主要是从江西景德镇和江苏宜兴用船贩运而来,设摊销售。中华人民共和国成立初期,陶瓷器由供销合作社、私营店同时经营。20世纪60年代,瓷器产量下降,货源减少,市场供应紧缺。生活用瓷器以陶器代替。"文化大革命"期间,铸有福禄寿三星、罗汉、观音、如来佛等艺术瓷器禁止生产销售。市场仅有日用粗瓷器具供应。1979年后,陶瓷器生产好转,品种齐全,花色增多,渠道畅通,恢复青瓷、烧瓷、艺术陈设瓷器供应。同时,发展卫生瓷具、建筑瓷具、工业瓷具经营,品种近1000余种。外地客商相继到掘港开设专卖店。1990年后,兵房镇人民北路已形成陶瓷一条街。2000年,大豫、丁店、大同等10多家店铺专营建筑瓷具、工业瓷具、卫生洁具。

(七)家具

民国时期,境内没有家具店。农村仅有流动上门作业的木匠艺人,为农户制作维修木质农具、家具。中华人民共和国成立后,木器经营商店有3家。1956年,划归手工业生产联社。20世纪60年代,主要品种有床、橱、柜、棕棚、桌、椅、沙发、衣箱等数十种;20世纪70年代,床、橱、办公桌、澡盆凭票供应。此时,钢制家具开始试销。20世纪80年代,个体木匠制作组合式家具增多。改革开放后,木材货源充足,众多私营家具店挂牌营业。20世纪90年代初,兵房镇有3家店相继开业,有的自产自销各式桌、椅、橱、柜、床,有的从浙江、宁波、苏州等地批进组装销售。2012年,兵房镇已形成(从金地来大桥向西)家具销售一条街。

二、产品收购

(一)农副特产

薄荷油购销　自民国6年(1917),境内大豫、兵房、丁店等地农民利用零星地种植薄荷。1953年,扩展至南坎、北坎、童店等地,种植面积1000亩。20世纪80年代,种植面积5000亩以上,80%以上生产队置办薄荷灶,如东曾是全国著名薄荷油之乡,所产薄荷油品质优良，享有“亚洲之香”美誉，为骨干创汇产品，供销合作社所属土产公司负责收购。

黄鼠狼皮购销　境内有30公里海岸线，为野生动物生殖繁衍提供良好生态环境，黄鼠狼是当地主要野生动物之一，其毛皮良好，有较高经济价值和国际国内市场。1951年10月，境内各供销合作社相继设立畜产收购部，兵房供销社畜产收购部在增加收购量的同时，注重产品质量，多次受省、市、县土产进出口公司表彰。20世纪90年代后，为保护生态平衡，供销合作社停止黄鼠狼皮收购。

羊皮购销　境内习惯饲养海门山羊。此羊体形较大，早熟肥壮，毛皮经济价值较高，畅销国内外市场。1951年，境内各供销合作社开始设点收购羊板皮，出口苏联、日本、加拿大等国。随着市场竞争愈演愈烈，导致羊皮大批外流，供销合作社收购锐减。20世纪90年代起，基本不再收购山羊皮。

兔毛收购　如东曾是全省养兔大县，大豫属县重点养兔镇之一。1983～1986年，户均在10只以上，多的达上百只，形成规模养殖，给农民经济带来实惠。后因国际市场需求减少，价格降低，农民养兔积极性受挫，导致收购量下降。

海产购销　大豫地处海滨，海产品资源极其丰富。从20世纪50年代开始，境内各供销合作社曾开设海产品门市、市场，收购文蛤干、条虾干、海蜇皮(头)等。主要销往上海、无锡、常州、杭州等大中城市。县水产公司建立后，停止购销业务。

辣椒购销　从20世纪50年代起，境内就开拓零星种植灯笼椒、羊角椒。1986年，各供销合作社大力推广种植山鹰椒，并负责收购。1989年，供销合作社分别与江西、湖南、上海等地客商签订供货合同。1991年后，由于外销不畅，内销有限，价格下降，辣椒种植面积逐年减少。2012年，尚有少数农户种植少量面积小辣椒，除农民经纪人购销外，剩下的均作为调味品。

(二)棉花收购

境内是如东县棉花种植重点地区。源于大豫垦殖公司。中华人民共和国成立后，棉花由各地供销合作社收花站收购，亦有私商收购，就地加工成皮棉，转销南通等地。1954年，实行统购统销，棉花统一由供销社收购，禁止私商收购和加工棉花。1959年，为鼓励棉农售棉积极性，实行预购、奖售、签订合同，发放定金，从优供应生产资料。1961～1962年，每担皮棉奖售布票3.20公尺，议价粮5公斤，化肥25公斤。1963年，改为奖售食糖0.75公斤、布票3.30公尺、化肥40公斤、香烟6包。此后，每年都有棉花奖售政策出台，其奖售商品常有变化。为解决群众棉絮用棉，按实有人口退回一定数量皮棉给社员。1969年起，允许各生产队自行加工“自留棉”，籽棉送当地轧花厂(公社自办轧花厂)加工成皮棉，以每人每年0.75公斤标准分配给社员作被絮、棉衣。除此外，所有棉花一律由供销合作社收花站收购，然后由兵房轧花厂加工成皮棉，调往南通、上海、内蒙古及东北等地。为激活各地售棉积极性，县政府奖售政策年年升级。1978年，每担皮棉奖售化肥40公斤，出售“锯齿棉”(从棉秆中找出残花)奖化肥42公斤，凡出售皮棉超过平均产量48公斤，每0.50公斤奖售原粮0.75公斤。1979年,除奖售化肥外,对超购部分奖售粮食,或加价30%收购。

改革开放后,粮棉市场开放搞活,一个时期导致棉花外流,全县棉花收购部门在辖区边界设卡截流,收效甚微。20世纪80年代中期,受国际市场影响,境内各乡镇调整产业结构,“缩棉增粮”或改种其他经济作物,棉田面积明显减少。至21世纪初,在中央棉花调控政策指引下,棉田面积有所回升。

总之,在如东县皮棉总产超百万担活动中,境内各公社均立下汗马功劳。1975年8月11～23日,兵房供销社副主任赵兵出席全国棉花收购工作会议。会上作题为《学习无产阶级专政理论,搞好棉花收购工作》经验介绍。

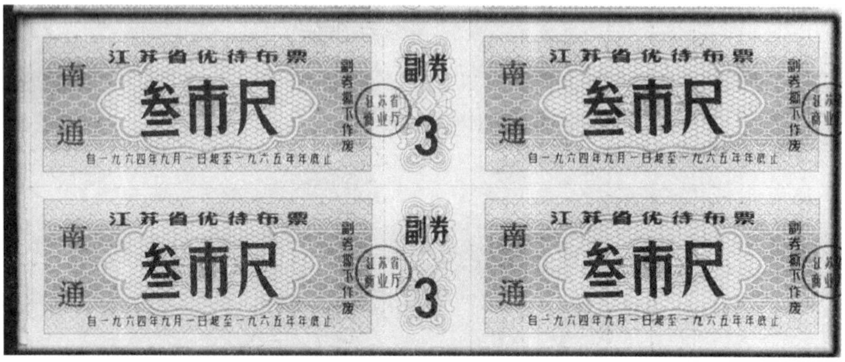

图14-91　江苏省优待布票　(2012年,王建华　提供)

三、为农服务

积极为农业、农村、农民提供综合性、系列化经济技术服务(简称为农服务),是供销合作社基本职责之一。1994年,境内各供销合作社均开办庄稼医院,共设农资经营网点20个,开展技术咨询服务,参与者1000多人次,印发技术资料1500多份。送肥下乡100多吨,科技扶贫53亩。为保证农资质量,净化农资市场,南坎供销合作社在全国率先推行销售农药盖“放心印”做法,《人民日报》《中国工商报》、江苏电视台等专题报道,向各地推介。

图14-92 1994年,南坎供销社送肥下乡场景　(袁锦章　提供)

四、专业服务

1987年，以各供销合作社为依托，农村专业户为主体，组建集生产、流通、服务于一体专业生产合作社。境内闻风而动、积极筹办，南坎建立肉用鸡专业生产合作社，兵房建立大蒜生产协会。1990年3月30日，《中国食品报》一版以“为养殖专业户服务的合作社”为题，报道南坎供销合作社肉用鸡生产合作社服务经验。2002～2005年，兵房镇徐征村与县供销合作社联办蔬菜、瓜果、农副产品营销3家专业合作社，成为农产品生产基地、收购中心、外销窗口和农民致富平台。通过建立专业合作社和协会，帮助农民解决“卖难”问题，为农民增收架设桥梁。2012年，全镇有专业合作社10多家。

第三节　超市选介

2005年，商业体制改革后，全镇商业得到较快发展。镇政府驻地兵房镇形成特色商业街。至2012年，街上有机电、五金等家用电器商品市场8家，日用百货专营市场18家，服装、鞋帽超市3家，建材、卫厨、卫浴商铺5家，铝材、钢材商铺4家，农药、化肥等生资店3家，种子商店4家，玻璃油漆等化工品店铺3家，摩托车、电动车专营连锁店15家，医药、器材店12家，科技信息、电子器材商铺4家，家具商城5家，大型商城、超市相继出现。境内商业购销空前繁荣。

一、兵房供销超市

位于兵房镇兵房大桥南侧，人民南路17号。原为兵房中心供销社。2003年12月，改制为供销超市，营业面积1200平方米，年销售额432万元。总经理杨建新，投资总额200万元。单位员工30人，经营品种1万多种，共有大小百货、日用杂品、五金交电、食品、副食品、纺织品、针织品、服装鞋帽、文化用品等9大类。年缴纳税金3万元。连续8年被评为县文明诚信单位、食品消费放心店。

二、如东广隆商场兵房加盟店

位于大豫镇兵房新兴路。总经理陈晔晖，总投资200万元，营业面积600平方米。2009年1月8日，正式开业。主要经营预包装食品兼散装食品、乳制品，日用百货、家用杂品、南北货、五金交电、家用电器等品种。商品种类2万多种。店内营业员8人，年销售额146万元，年度纳税3000元。2010年，被县放心消费创建办公室评为食品安全示范店。

三、吴江大润发超市兵房加盟店

地处兵房镇兵房大桥南侧，前身为兵房供销超市。2012年3月，改为“大润发”超市。总经理汪忠飞，总投资500万元，员工22人，营业面积1200平方米。经营种类有：日用杂品、纺针织品、副食品、干果、炊具、瓷器、化妆品、小商品、肉品、蔬菜、盒菜、水果、海产、面点、豆制品、五金、家电、服装、鞋帽、文具办公用品等20多个门类，1万多个品种。年销售额640万元，年缴纳税金3.70万元。

四、世纪华联兵房店

地处兵房镇人民南路52号,前身为兵房商业大厦。2009年4月13日开业。总经理陈哲东,总投资100万元,员工12人,营业面积1200平方米。主要经营日用百货、日化、五金、小家电、副食品、食品、蔬菜、肉类、床上用品等1万多种商品,年销售额110万元,年缴纳税金1.50万元。

五、德购超市

位于兵房镇人民南路158号。2012年5月开业。总经理林跃徽,总投资50万元,店内员工8人,营业面积1000平方米。主要经营:日用百货、食品、副食品、纺针织品、化妆品、炊具、瓷器、蔬菜、水果、海产、五金、家电、办公用品等20多个门类,1万多个品种。年销售额116万元,年缴纳税金1.60万元。

图14-93　2012年,建立兵房购物广场　(管霖　摄)

六、华联超市

位于大豫镇丁店镇丁达路4号。2001年开业,投资总额100万元。营业总面积500平方米,员工8人。主要经营食品、百货、纺针品、服装、鞋帽、钟表、五金、家电等8000多个品种。年销售总额108万元,年缴纳税金8000元。2006年、2007年分别被县消费者协会评为诚信单位。

七、农工商超市

地处大豫镇丁店丁旺路13号。2003年开业,经理季芙蓉,投资总额80万,从业员工15人,营业面积400平方米,主要经营日用百货、副食品、干果、食品、肉品、蔬菜、卤菜、水果、海产、面点、豆制品等3856个品种,年销售额216万元。

八、农工商超市大豫店

位于老大豫镇张謇路10号。2005年4月开业。营业面积260平方米。总经理曹俊卿,员工12人。主要经营:日常用品,杂品百货、纺针织品、食品、副食品、乳制品、酱制品、糖、烟、酒等210种品种。投资总额15万元。年销售总额18万元。年缴纳税金1200元。

九、万家福食品超市

位于老大豫镇大豫路。2006年9月开业，营业面积80平方米，经营日用百货、糖烟酒等100多种商品。经理陈跃清，员工2人，投资总额3万元，年销售额10.80万元。

十、广玉兰超市

地处老大豫镇大豫路32号。2010年3月开业，营业面积60平方米。总经理石建峰，聘用2名下岗工人为营业员，总投资2万元，主要经营日用百货、糖烟酒等100多个品种。年销售额7.20万元。

第四章　粮食购销

第一节　统购统销

中华人民共和国成立前，由于耕作制度、种植方法落后，自然灾害频繁，抗御灾荒能力软弱，加之外寇入侵、政权腐败、苛捐杂税及地租剥削等，十年倒有九年荒。许多农户常年缺粮，甚至出现“人吃人”惨状。民国27年～28年（1938～1939）期间，各地陆续发生多起“吃大户”（俗称“吃麻雀饭”）抢粮风潮。

民国29年（1940）冬，新四军东进，建立抗日民主政权。通过减租和土地改革，促进农业生产，广大农民生产粮食除基本自给外，还调出大批粮食支援前线。

民国37年（1948）3月，如东全面解放，从而转入生产恢复时期。1949年前，大豫境内各集镇有粮行数10家，价格随行就市，由粮商控制。1949年10～11月，在掘港、兵房开设售粮点。抛出元麦56吨，米20吨，面粉15吨，豆油8.50吨。

1953年，全国实行粮食统购统销，1955年，国家实行粮食“三定”政策，调整粮食统购任务，在“大跃进”影响下，社会上出现一股“共产风”“浮夸风”，粮食生产和管理受其影响，造成混乱。1964年、1966年、1971年，国家在农村先后实行“新三定”政策和一定3年、一定5年之办法，使粮食生产和购销，纳入国家计划供应，定量供应管理制度。

1983年，国家规定在完成粮食征购任务后，实行多渠道双轨制经营；1985年，取消粮食统购，实行合同定购。1993年，国家取消粮食、油料定购任务，收购价格放开，实行指导性收购计划和农民签订收购合同。定量、定（统）销供应的粮油价格开放。

1949年前境内各集镇有名粮行概况

表14—124

店名	店主姓名	原址	店名	店主姓名	原址
张记粮行	张少清	南坎镇	顾记粮行	顾德义	南坎镇
欧记粮行	欧国祥	大豫镇	杨记粮行	杨五才	南坎镇
郁记粮行	郁大明	兵房镇	徐记粮行	徐竹梅	大同镇
卞记粮行	卞中谨	兵房镇	施记粮行	施叶茂	大同镇

土地改革后，农民拥有土地，除每年按标准缴纳公粮外，几乎家家都有余粮。而中华人民共和国成立后，国家对粮食需求量迅速增大，粮食缺口很大。为此，国家全面实施粮食统购统销。根据1953年10月16日，中共中央《关于实行粮食的计划收购与计划供应的决议》精神，全面掀起一股出售爱国粮热潮。1953～1954年，境内各地按照统购统销政策，有计划地向群众收购余粮。由于政策宣传尚未到位，少数隐藏的阶级敌人钻空子，造谣惑众，引起一部分人恐慌。余粮户相互观望，产生惜售思潮。

在统购统销基础上，为稳定农民情绪，鼓励生产，增产粮食，进一步加强国家对粮食产、购、销的计划性和主动性，1955年3月3日，国务院发出通知，在全国范围内试行粮食定产、定购、定销（简称“三定”）办法。按照地、县试点做法，以农业合作社为基础，按近二三年正常年景产量确定各社（单干户为各户）粮食定产；在扣除口粮、种子、饲料以及实交公粮之后，所剩粮食为余粮，将余粮的80%～90%列入国家定购；按照定产和农户实有人口核算，所产粮食不足于自给者，列入国家定销。

1958年，人民公社成立初期，受“五风”①影响，谎报产量，层层“放卫星”、高征购，口粮充作余粮卖，打乱农村“三定”基础。办食堂、无计划用粮，粮食管理一片混乱。1959年，出现青黄不接春荒现象。1959～1961年，受“三年自然灾害”影响，镇乡居民普遍挨饿，致使疾病蔓延，浮肿、消瘦、妇女子宫下垂等疾病尤甚，少数地方发生不正常死亡。群众完全依赖集体过日子，市场调剂已不能发挥作用。1958年，全县粮油市场全部撤销。

1963年，中央在全国实行新“三定”，对定产、销售、口粮标准做出新规定。是年，农村实行新“三定”后，全县又恢复粮油市场，“文化大革命”开始后陆续停歇。1971年起，连续3个“三年不变”，农村一般农户都存有余粮，社员口粮超过“三定”水平，绝大部分生产队都有储备粮。

①共产风、浮夸风、命令风、干部特殊化风、瞎指挥风。

第二节　计划统销

1953年，全国实行粮食统购统销，对城镇居民（当时称“市镇居民”）实行粮食定量供应。

1953～1993年如东县市镇定量人口供应标准一览表

表14—125　　单位：公斤

等　级	标　准	等　级	标　准
1～3周岁儿童	3.50	干部职工	14～14.50
4～6周岁儿童	6.50	轻体力劳动者	15～18
7～10周岁儿童	10	一般体力劳动者	18.5～20
10周岁以上居民	12	特重体力劳动者	20.5～22
大中学生	15～16	—	—

1958年，粮食工作一度出现大购大销混乱现象，连续3年自然灾害，致使粮食产量连续下降，农村户口口粮分配下降，市镇人口在“节衣缩食、支援灾区”口号下，粮油供应减少。经过1962年粮食调整，粮食购销形势好转，逐步纳入计划经济轨道。1965年，城镇定量人口口粮标准基本未变，一直维持到1993年4月1日。此后粮食流通体系搞活，粮价开放，随行就市，结束长达40年粮油计划供应历史。

粮食实行统购统销后，为完善粮食计划供应管理制度，先后使用多种粮油供应证。如1954年1月开始使用“购粮证”；1955年底，开始使用“城镇居民粮食供应证”，后改成“定量人口粮油供应证”，一直使用到1993年，粮价开放。为方便群众，1955年9月起，开始使用粮油票券。即通用粮票、江苏省粮票、南通专区粮票、南通市粮票、南通市代粮券、饲料票、粮油副券、面粉券、杂粮券、油券、比例价粮券、军人用定额粮票、军用购粮票、侨汇粮油票等。1993年粮价开放后，停止使用。

图14-94　　全国通用粮票　（2012年，袁亚新　提供）

图14-95　江苏省地方粮票　（2012年，袁亚新　提供）

图14-96　江苏省南通专区地方粮票（2012年，王建华　提供）

根据农村粮食统销政策，境内各乡镇常年定销对象，专指公社大队所办企事业单位从业人员，公社所办手工业和运输合作社常年固定职工，国家、公社和大队电灌站机工和管水人员，农村信用社脱产干部，合作商店从业人员，农村联合诊所专业医生和畜牧兽医站兽医，民办中小学教职员工、菜农、棉农、渔民、盐民、船民、国营场圃在册固定工等。统销粮的供应由各公社（乡）粮站供应，供应标准基本上参照城镇定量人口标准执行。定销人口的供应手续是“常年定销粮油供应证”。1993年粮价开放后，取消定销粮油供应。

1953年，实行统购统销政策后，对医药、纺织、酿酒、食品、副食品等工业用粮，夜班、劳动、出差、会议等补助用粮，及其他特殊群体特殊用粮等都出台一系列政策和标准，凭相关手续供应。

在农村，为鼓励发展生猪和其他养殖业，设立生猪收购奖售粮，种植棉花、油料等经济作物，设立收购奖售粮。

为加强水利建设，设立水利用粮项目，根据工程级别，分别由省、市、县工程部门补助。为培育优良种子或救灾备荒种子，还专门设立种子粮专项，分别由农业部门和粮食部门经营。1985年初，为支持农村产业结构调整，国务院还从国家粮库中拨粮作为农业结构调整用粮。

第三节　议价销售

国家实行粮食统购统销后，为调剂余粮，设立粮油市场（俗称自由市场）。余粮户和缺粮户可到指定的粮油市场自由买卖。

20世纪60年代开始，国家有计划地供应国营、集体食品行业议价粮，一方面平抑食品价格，另一方面供这些行业制作方便食品供应市场，以解决部分群众缺粮之急。

1963年，正值"三年自然灾害"恢复时期，各地城乡都出现粮食短缺现象。3月，境内粮油市场又重新开张，解决一部分居民口粮不够吃矛盾。1964年，全县开始向城镇居民凭证供应议价大米。由于诸多因素，议价供应时断时续。1966年，粮油市场被当作"资本主义经营"又一次停办。但是，尚有一些投机者继续在街头巷尾或农村进行粮食（以粮票为主）交易，时称"黑市"。1973年8月，为调剂市场余缺，互通有无，平抑市场粮价，打击投机倒把，粮油自由市场又一次开张。1976年2月，粮油市场再次关闭。1979年2月，根据中央精神，如东县再次开放粮食自由市场，粮食市场重新开张。1984年，根据中央和粮食部门、财政部门通知精神，如东县实施一段时间平价转议价销售政策。1985年3月，粮油市场又一次关闭。1988年7月，停止计划议价供应，居民需要，可直接向议价门市部购买，市场上粮食自由贸易不受干预。

1978年8月，随着粮食形势好转，省革命委员会通知，"在完成粮食征购、超购任务以后，实行议购议销"。根据这个精神，经县工商管理局和粮食局批准，兵房粮站建立粮油议销门市部。

国家全面开放粮油购销后，粮油买卖自由。大豫境内出现一批以粮食、饲料为主的个体商店、油料加工兑换点、粮食贩运专业户和经纪人。

第四节　农村粮食

1955年，粮食生产实现"三定"政策后，一段时期强调征购第一、提出"两死两活"[①]硬性指令。1958年，在"浮夸风"影响下，征购任务层层加码，加上集体食堂大锅饭，造成粮食管理混乱。1962年，生产大队基本核算单位改为生产队核算（简称"小队核算"），粮食管理混乱状况得到遏制。1965年，毛泽东提出"吃饭是第一件大事，在粮食政策处理上，应先种子，后口粮，再饲料，计算多余部分，才进行征购"。各地生产队为核算单位，以人头，分等级（即以年龄段分等，劳动力强标准高，劳动力弱标准低），加肥料粮（大队核算时期不设肥料粮），进行粮食分配，保证社员口粮充足有余。

①死征购、死种子、活饲料、活口粮。

1975～1979年南坎公社粮食分配一览表

表14—126　　　　　　　　　　　　　　　　　　　　单位:人 市斤 万斤

年份	口粮			种子粮	饲料粮	储备粮
	农业人口	总数	人均口粮			
1975	36218	1634.02	451.00	187.09	244.89	15.11
1976	36365	1769.36	485.40	187.45	332.33	35.58
1977	36496	1629.82	445.00	193.90	246.62	10.50
1978	36626	1807.72	492.20	199.03	187.42	18.63
1979	36461	1825.32	495.00	187.42	339.51	0.33

1962年,农村人民公社实行“小队核算”以后,直至全面推行家庭经营承包责任制,22年中,公社社员粮食分配价格始终未变。境内粮食主要品种的分配每市斤为:元麦0.072元,大麦0.078元,小麦0.113元,粳稻0.102元,糯稻0.125元,粳米0.135元,糯米0.165元。

毛泽东“藏粮于民”方针和“深挖洞、广积粮、不称霸”号召,在境内各地得到贯彻落实,1965年后的20年中,在粮食征购和分配上基本做到合理安排。形成“国有库存,队有储备、户有余粮”局面,呈现“五业发展,六畜兴旺”蓬勃景象。

推行家庭经营承包责任制后,粮食从合同定购到国家定购,从国家定购到完全放开,农民自主安排粮食。在国家宏观调控下,国库仓满囤足,市场粮食充盈,农户丰歉不愁,经济社会繁荣昌盛、人民生活稳定。

第五节　粮食价格

民国时期,由于私商垄断粮食市场,一遇战争、灾荒、粮价就动荡不定,上下浮动差价较大。中华民国成立到日本侵华前夕的27年中,战事频繁,政局不稳,通货膨胀,物价高涨,货币贬值,纸币市值一天几变,无法确定其实际用值,人们不得不采取以粮换物,以棉换物办法。买一条水烟35公斤大麦,一打火柴15公斤杂粮,一斤鱼7.50公斤大麦等。

民国30年(1941),日伪加紧掠夺粮食,粮价成倍上涨。抗战胜利后,粮价曾有短暂平稳。但是,民国35年后,由于国民党发动全面内战,滥发纸币,物价飞涨,粮价也扶摇直上。

民国35年(1946)1～9月大豫境内粮价变化一览表

表14—127　　　　　　　　　　　　　　　　　　　　单位:法币元/石 市斤

时间	粳米	籼米	元麦	小麦	黄豆	豆油
1月8日	9000	8000	5500	5500	5500	200
1月14日	9500	9000	6000	6000	6000	220

续表14—127　民国35年(1946)1～9月大豫境内粮价变化一览表

时间	粳米	籼米	元麦	小麦	黄豆	豆油
3月8日	29000	27000	18000	20000	21000	800
6月5日	52000	48000	20000	30000	30000	800
7月13日	62000	58000	26000	31000	34000	800
9月9日	66000	45000	31000	32000	4000	960

民国36年(1947)2月、12月大豫境内粮价变化一览表

表14—128　单位:法币万元/石 市斤

时间	粳米	籼米	元麦	小麦	黄豆	豆油
2月2日	8.50	6.50	3.40	5.00	5.60	0.17
12月3日	110	96	45	68	75	210

民国37年(1948)8月28日～38年(1949)1月14日大豫境内粮价一览表

表14—129　单位:金圆券/石 市斤

时　间	粳米	籼米	元麦	小麦	黄豆	豆油
37年8月28日	21.70	21.50	10.70	10.33	12	0.53
37年9月8日	23.33	22.83	14	11.33	15.67	0.53
37年11月19日	250	290	230	130	260	8
37年11月29日	350	290	230	130	260	8
38年1月14日	2800	2500	1900	1400	1850	48

注:金圆券与法币比值为1∶3000000

1950年3月,粮价稳定后,粮价收购由国家统一规定牌价,防止粮价大起大落,维护生产者和消费者利益。

1950～1953年4月几种主要粮食收购价格表

表14—130　单位:元/50公斤

年份	平均价	小麦	籼稻	粳稻	粳糯稻	玉米	大豆
1950	7.13	6.67	7.72	7.72	7.53	7.07	7.61
1952	7.19	8.09	8.07	8.07	7.99	5.95	7.41
1953.4	8.33	9.82	8.77	8.77	8.82	6.99	9.33

从1953年10月,粮食统购开始到1960年,粮食购价采取"基本不动,个别调整,接壤地区摆平"原则。籼稻、小麦、元麦等15个品种统购价格,加权平均每50公斤为8.85元,高于全省8.20元平均水平。1961～1979年,为鼓励农民种粮积极性,掘东地区粮食收购,根据江苏省通知价格,先后又进行3次较大幅度调整。分别提升11.18%,13.38%,33.80%,同时

将超购价幅度由30%调到50%。1980～1984年,又对粳稻、籼稻、大麦等品种统购价格,作个别调整,有的调高,有的调低。

1989年3月,为逐步缓解粮油定购价格偏低状况,适当提高合同定购价格,以利于稳定粮油生产和收购,对合同定购品种,提高收购价格。

1989年大豫境内秋季粮油议购指导价目一览表

表14—131　　单位:元/50公斤

品种	价格	品种	价格	品种	价格
早晚籼稻	40	籼糯稻	45	花生果	83
杂交籼稻	41	粳糯稻	46	玉米	36
粳　稻	45	大豆	74	山芋干	26

1990年,夏季粮油收购指导价,中等质量标准50公斤,红小麦38元,花小麦39元,白小麦40元;二棱大麦34.20元;本大麦30.40元,元麦30元;油菜籽38元;蚕豆40元。上下浮动5%。

秋粮议购指导价:每50公斤晚粳稻、粳糯稻(中等质量)39元,籼糯稻36元;玉米26元;花生果72.10元。1993年4月1日开始,粮油购销价格全面放开,随行就市。

1985年,粮食取消统购,改为合同定购。中央规定定购品种为小麦、稻谷、玉米,定购品种价格,统一按"倒三七"比例计价,即30%按原购价计算,70%按原超购价计算,取消统购价格按"基数法"(即定购基数按超购价,超产超购加价50%)计算方法。如果市场价低于原统购价,国家按原统购价敞开收购以保护农民利益。江苏省在坚持平均"倒三七"比例计算基础上,粳稻按"倒二八"比例计算,红小麦按"四六"比例计算,其他品种按"倒三七"比例计算。粮食合同定购价格按中央和省有关规定执行。

1985～1987大豫境内粮食合同定购品种价格一览表

表14—132　　单位:元/50公斤

品种	价格	品种	价格	品种	价格
冬红小麦	21.20	籼稻	15.70	粳糯稻	19.60
冬花小麦	22.40	杂交籼稻	16.10	籼糯稻	17.60
冬白小麦	23.00	晚粳稻	19.00	玉米	15.80

1985～1987年,江苏省粮食局、物价局对大豆、粳糯稻、玉米、籼稻的收购价或定购价提高或补贴,超购加价款部分,由中央财政负担。

1953年,粮食统购统销以后,粮食销价随购价调整,平均购销价差11%左右;1961年,粮食购价调幅较大,为稳定物价,销价未动,购销价格出现倒挂,亏损由国家财政补贴。每百斤原粮，平均销价为9.95元，比购价低8.22%。1963年以后，粮油销售价，进行3次调整。第1次是1963年8月，将农村销价和工商行业用粮均提到与购价同。第2次是1965年3月，把城镇定量人口口粮销价提高到购价平。第3次是1985年7月，国家计划供应农村缺粮人口的口粮和各种补助粮（包括水利及交通工程粮）、种子粮、救济粮及其他用粮改按比例价供应（销往农村的饲料粮于4月1日改按比例价供应）。1987年，国家经营粮食，每50公斤亏损16.70元。

1950～1987年大豫境内成品粮定量供应价格一览表

表14—133　　单位：元/500克

年份		1950	1952	1957	1962	1965	1987
成品粮市场销价		0.136	0.133	0.143	0.143	0.145	0.146
标二籼米		0.126	0.114	0.116	0.115	0.119	0.12
标二粳米		0.138	0.138	0.133	0.142	0.138	0.14
小麦粉		0.145	0.15	0.179	0.179	0.179	0.174
其中	标准粉	0.14	0.144	0.162	0.162	0.162	0.152
	特别粉	0.155	0.16	0.204	0.204	0.204	0.204

从20世纪60年代中期后，城镇居民定量供应粮油统销价格一直未作调整，这对稳定粮油市场价格，安定居民生活起到重要作用。1979年后，为促进粮油生产发展，国家多次提高收购价格，粮油价格出现倒挂，国家用于粮油的补贴逐年增加，财政负担沉重。为深化改革，逐步理顺粮油价格，搞好粮油流通，促进节约用粮，减轻财政负担，从1991年5月1日起，调整粮油统销价格。

1991年5月大豫境内粮油提价一览表

表14—134　　单位：元/500克

品名	提高价	品名	提高价
面粉	0.125	菜籽油	1.31
粳米	0.153	豆油	1.33
籼米	0.137	花生油	1.51
玉米	0.075	棉籽油（精炼）	1.19

1992年9月大豫境内成品粮购销价格一览表

表14—135　　单位：元/50公斤

品名	定购价	统销价	品名	定购价	统销价
特一粉	51	51	标二粳	41	41
特二粉	48	48	特籼糯	49	49

续表14—135　1992年9月大豫境内成品粮购销价格一览表

品名	定购价	统销价	品名	定购价	统销价
标准粉	39	39	标一籼糯	46	46
特等籼米	43	43	标二籼糯	44	44
标一籼米	40	40	特等粳糯	55	55
标二籼米	38	38	标一粳糯	52	52
特晚粳	50	50	标二粳糯	49	49
标一粳	47	47	玉米粉	24	24

2001年5月大豫境内成品粮价格一览表

表14—136　　单位:元/50公斤

品名	零售价	批发价	品名	零售价	批发价
特一粉	200	180	特籼糯	205	185
特二粉	180	160	标一籼糯	195	175
标准粉	150	145	标二籼糯	190	170
特等籼米	150	145	特等粳糯	230	210
标一籼米	140	125	标一粳糯	220	200
标二籼米	130	120	标二粳糯	210	190
标一粳	160	140	玉米粉	170	155
标二粳	170	150	荞麦粉	200	180
特晚粳	180	160	大麦粉	180	165

2012年9月大豫镇境内粮油价格一览表

表14—137　　单位:元/50公斤

品名	零售价	批发价	品名	零售价	批发价
特一粉	250	230	标一籼糯	210	190
特二粉	230	210	标二籼糯	200	180
标准粉	200	180	标一粳糯	230	210
特等籼米	210	190	标二粳糯	220	200
标一籼米	200	180	菜籽油	600	570
标二籼米	190	170	豆油	600	570
特晚粳	210	190	花生油	680	650
标一粳	200	180	棉籽油	500	475
标二粳	190	175	色拉油	650	630

第六节　粮管所　粮站

1955年5月，建立掘东粮管所、兵房粮站。随之，建立5个下属粮站，2005年，粮食体制改革，所有粮站出让给社会自然人。2007年，掘东粮管所并入掘港粮管所。

一、掘东粮管所

中华人民共和国初期，境内的粮食购销由各供销合作社负责经营。1954年5月，粮食购销从供销合作社分离后，于1955年5月，建立掘东粮管所，同时首建兵房粮站，站长郁瑞达。所址设在兵房镇南北街道河西，四贯河与如泰河兵房段交汇处。占地6亩，建起办公室和仓库、营业用房。1960年后，扩大到30亩，逐步兴建办公大楼。增建粮食仓库（国家储备粮库）。固定资产1000万元（含下属粮站）。粮管所是地方人民政府粮食职能部门设在人民公社、乡镇等基层的一种收购公粮、统购粮，并供应给该地居民粮食（主食、副食）及油料等物质，发放居民购粮证、定销粮，办理农转非手续等综合机构。同时，还有管理下属粮站的职能。掘东粮管所一度更名为兵房粮管所，不久恢复原名。掘东粮管所历任所长：樊祥圣、高德堂、施凤高、黄锦昌、田军、杨小兵。2007年并入掘港粮管所。

图14—97　2012年，拍摄的掘东区粮管所旧址　（管霖　摄）

二、大豫粮站

1955年，在大豫乡政府南侧，建立大豫粮油购销站，占地面积15亩。1958年，更名为大豫公社粮站。首任站长龚亚明（女）。1967年10月，更名为东风镇粮站，不久恢复原名。20世纪80年代中期，逐步把粮站转变为县粮食局下属工业企业——南通天吉化工有限公司，后整体出让给私人经营。

三、豫北粮站

该粮站前身是南坎镇粮油购销站，建于1955年，位于南坎小学东南侧，占地面积5亩。首任站长:陈汉岐。20世纪70年代初，因交通运输不便及如东农场定量人口不断增加，移址“香台”即“豫北”。更名为豫北粮站。20世纪初改制后，整体出让给社会自然人。

四、丁店粮站

该粮站前身是大同镇粮油购销站。首任站长钱锦祥。20世纪60年代，随公社行政中心迁移到丁家店，站址丁达路东首，四贯河西侧，占地面积12亩。21世纪初改制后，整体出让给社会自然人。

五、华丰粮站

建于1956年，位于华丰供销社河南，紧靠华丰中学，占地面积8亩，一度曾更名花丰粮站。首任站长姜葛芳。随着乡镇体制变化，2003年，划归掘港粮管所。

六、东安粮站

建于1958年，位于东安闸管所西侧，如泰运河末梢北岸。占地面积6亩，主要承担东凌渔民、盐场职工、驻如部队及兵房镇沿海几个村的粮食调剂及供应。2005年改制后，出让给社会自然人。

1999年度掘东区粮管所国家粮油仓库年报表

表14—138　　单位:平方米 吨 个

单位	小计			质量完好		需大修		待报废		油池、油罐		粮	
	面积	容量	设计容量	面积	容量	面积	容量	面积	容量	个数	容量	小计	仓容2500吨及以下
甲	1	2	3	4	5	6	7	8	9	10	11	12	13
合计	5032	9270	9750	3217	6730	920	1260	895	1280	—	—	6	6
兵房站	2324	3990	4310	1108	2300	596	800	620	890	—	—	1	1
东安站	324	460	500	—	—	324	460	—	—	—	—	1	1
大圩站	833	1190	1280	833	1190	—	—	—	—	—	—	1	1
豫北站	458	1100	1100	458	1100	—	—	—	—	—	—	1	1
丁店站	500	1360	1360	500	1360	—	—	—	—	—	—	1	1
华丰站	593	1170	1200	318	780	—	—	275	390	—	—	1	1

第七节　油料兑供

20世纪50年代起，大豫境内城镇居民，国家机关和各企事业单位的食用油，均由国营兵房油厂生产出成品油后，提供给粮管所及各地粮站粮油门市部，按计划供应到人头。农村居民生产的油料，除一部分到所属公社油厂加工兑换外，绝大部分由国营兵房油厂包揽。从而,保障广大人民生活需要。

国营兵房油厂,原名如东兵房油厂,位于原兵南村12组,如泰运河南岸,兵房轧花厂东侧。实为兵房轧花厂一个附属车间。根据上级关于专业生产和归口领导要求,于1964年划交如东县粮食局。1965年,征用土地15亩,建成约6700平方米厂房及办公用房等设施。1966年正式投产。当时职工44人,有小型人力榨油车间,小锅炉房、炼油车间、饲料车间等。1974年后,对全厂车间进行改革和增建,新建红车榨油车间,轧料车间、蒸空脱水炼油车间,物料车间、改建配电间、锅炉房及三大仓库。职工增加到120人。1984年,始设厂办公室,工会、财务室、生产科、经营科、供销科。1993年,增设塑编针织车间,印刷车间。

1996年,企业改制为股份制,更名为南通凯捷油脂化工有限公司。2000年,工业总产值485万元,资产总额803万元,固定资产值平均余额380万元,食用植物油年生产能力4000吨。因受市场经济冲击,粮油行业严重滑坡呈逐年下降趋势,公司于2002年9月实施破产。

历任厂长:葛善余、施忠义、朱显礼、季能超、施德新。

图14-98　2012年,拍摄的国营兵房油厂旧址　(管霖　摄)

第五章　服务行业

第一节　餐　饮

中华人民共和国成立前后,大豫境内各小集镇仅有几家小饭店、菜馆、点心店。民国

30年(1941),日本侵略军入侵如东后,饮食店相继关闭。1950年年初统计,全镇有点心店20家(南坎镇3家、大豫镇3家、兵房镇8家、大同镇6家)菜馆6家(大豫镇2家、兵房镇3家、大同镇1家)。1956年,实行公私合营和合作化,保持一镇一家饭店。中共十一届三中全会后,饮食行业全面改制成私营经济,农村富余劳动力纷纷进城经商,餐饮业迅速崛起,兵房镇鼎盛时期大小饭店46家。2012年统计,规模较大,规格较高的酒家、饭店为:兵房镇燎原大酒店,大唐羊肉馆,四海酒家,钱记海鲜、八鲜渔村、金地来大酒店;大豫镇张勇饭店;丁家店黄海饭店;东凌新大新酒店、农家乐酒家、三龙和九龙饭店。其中金地来大酒店已接近三星级饭店标准,集餐饮、住宿、洗浴、娱乐于一体,能筹办高档宴会和婚宴。三龙、九龙饭店地处海滨,以海鲜宴著称,是观光避暑佳地,吸引众多外地游客。

一、金地来大酒店

按三星级标准兴建。位于大豫镇新兴路北侧,镇政府大楼东侧,建筑面积为2500平方米,总投资1500万元(其中土建830万元,装潢、设施为650万元)。于2012年10月18日开业。酒店集餐饮、洗浴、休闲、客房、棋牌、娱乐健身等功能于一体。有多种高档客房、宴会厅、餐饮包厢及多功能厅、会议室等。洗浴中心是该店休闲场所之一,为满足宾客多层次需求,设有桑拿按摩保健中心。餐饮业,以品种全,质量好,价格廉,服务佳著称如东东部地区。陈晔晖总经理暨全体员工秉承“宾客至上,服务第一”经营宗旨,受到广大客户青睐。每逢节假日,酒店张灯结彩,门前广场高档轿车云集,店内大小厅堂高朋满座,环境迷人,氛围浓厚。许多婚宴、寿宴、同学集会宴纷至沓来,成为农副产品一条街一道靓丽风景线,被誉为如东第二“国际大酒店”。

二、新大新酒店

位于东凌黄海路,是一家中外合资服务型企业。总投资1100万人民币。2005年10月开业。全县乡镇中第一家获得上级批准的二星级涉外旅游饭店。硬软件设施在全县同档饭店堪称一流。

酒店依陆傍海,紧靠海防公路,距洋口港区和县城掘港分别仅20分钟车程,与物产丰富的南黄海滩涂仅一岸之隔。

酒店服务功能由3部分组成:海上迪斯科观光,有滩涂3000亩,海上载客拖拉机多辆;垂钓休闲区,有标准鱼塘30余亩,水上长廊100多米,小木屋6座;会务、餐饮、洗浴、娱乐区,占地8600平方米,建筑面积4180平方米,有大小会议厅各一套,各类规格房间45间,大小餐厅和包厢可容纳450人同时就餐,男女浴室各一处,按摩房、KTV房10间,舞厅一套,棋牌室、乒乓球室共4间。

三、大唐羊肉馆

地处兵房镇通海东路100号,红绿灯东100米,老334省道北侧。于2009年10月开张营业,投资总额10万余元,占地面积120平方米,建筑面积100平方米,家庭式小型餐馆,以名菜红烧羊肉著称,海鲜、土特产风味家常菜也赢得众多顾客青睐。总经理周炜带领全体员工奋力拼搏，创业绩、树品牌，日均营业额3000元左右，最高6000多元。因该馆红烧羊肉有其独到秘诀，口味久品不衰、回味无穷，驰名县内外，慕名前往品尝红烧羊肉宾客络绎不绝。最高年份纳税4万元左右，成为大豫镇纳税大户之一。多次受到镇、县表彰奖励。

图14-99　　2008年，建成大唐羊肉馆　　（管霖　摄）

四、四海酒家

位于大豫镇兵房人民南路东侧89号。该酒家属兵房镇较早创办的餐饮业之一。于1990年正式对外营业，原为镇机关、兵房中学、掘东法庭、工商所、税务所、银行等数十家单位招待定点酒家。一度因经营出现状况，歇业几年后，于2009年9月重新开张营业，并对旧店重新装修，总投资100万元，原店面占地面积80平方米，建筑面积三层楼150平方米。总经理邱素琴率6名员工秉承"诚信经营，顾客至上"理念，生意兴隆，年均营业额75万元，年纳税额1.80万元。重新开张后，酒家改变经营方式，主营早、中、晚餐，设有大小餐桌36张，最多可接纳120人同时用餐。特色菜有红烧羊肉，多种海鲜，如炒泥螺、清蒸鲈鱼，糖醋黄鱼等，让人百吃不厌，回味无穷。店内整洁卫生，环境优美，1994年后多次被评为如东县食品卫生信得过单位。

五、燎原大酒店

位于兵房镇人民北路东侧18号，地理位置十分优越，老334省道，222省道、长兵线在此交会。2001年10月开张营业，总投资280万元，营业面积540平方米。酒店提供餐饮和客房一体化服务，主要经营午餐和住宿。有20张床位，大小餐厅和包厢可容纳180人同时就餐。特色菜红烧羊肉和香沙芋煨筒骨，深受宾客青睐。酒店总经理徐俊率员工10人，恪守"宾客至上，服务一流"宗旨，创年营业额180万元，净利10万元。2004年9月，在如东县首届海鲜烹饪大赛中获银牌。2005年,如东县人民政府颁发文明单位证书。2008年,获得中国海鲜之乡成果展银奖,是年,被评为全县诚信商家。

第二节　旅　社

中华人民共和国成立前,人们把旅社称作“下处”或“客栈”。1950年初统计,境内有客栈20家(大同镇9家、南坎镇1家,大豫镇3家,兵房镇7家)。对私营工商业社会主义改造后,各镇客栈进行合并,一镇只保留1家客栈,其余私人客栈一律撤销,从业人员改行他业。改革开放后,旅社业务发展较快,较大规模企业办起招待所,私人也开始经营旅社。进入20世纪90年代,集体商业转轨改制,旅社业档次迅速提升。原有旅社改进环境设施,增加设备。新办旅社仿宾馆式。沙发、钢丝床、床头柜、饮水机、电话、电视机、棋牌桌,空调、衣物柜、橱、卫生间一应俱全。档次较高的有金地来大酒店、大豫宾馆、新大新酒店等。

第三节　洗　浴

中华人民共和国成立前,境内各小集镇均无浴室。掘东人称“混堂”。群众只能在家中洗浴。改革开放前,国营兵房油厂、兵房轧花厂锅炉间附设小浴室,只供本厂职工洗浴,不对外开放。20世纪90年代初,兵房镇居民施建成利用自家住房(新建路8号),购置1台小锅炉,开起小浴室,取名大众浴室。此后,兵房、丁店、大豫等小集镇相继办起10多家浴室。仅兵房镇就有7家。陈洁浴室,位于兵房镇南市梢;碧海湾浴城(见节内选介);向阳、清泉浴室分别位于兵房大桥北首两侧;金地来大酒店浴室,位于兵房农贸市场北侧;百汇洗浴,位于新建路东首。且档次和规模不断提高,从单一沐浴、擦背、修脚发展到众多休闲服务项目。

一、兵房碧海湾浴城

位于兵房镇人民南路东侧17号,原兵房供销社生资部内。背靠兵房大河,西邻服饰城。由原供销社化肥仓库改建而成。占地面积600平方米,经营面积295平方米。于2004年11月开始营业。内设冲浪浴池1个,面积为20平方米,大小包厢8间,淋浴池12个,休闲铺位28张。最多可容纳120人。总经理戎春,员工6人。每年7、8、9三个月停业检修。营业期间日均人流量160人次,营业额1750元,纯利1000元。服务项目有:洗浴、推拿、按摩、擦背、足疗等。该浴城总投资额48万元,年收益30万元,免税。

图14-100　2012年，拍摄的碧海湾浴城外景　（金向东　摄）

二、百汇洗浴

位于大豫镇兵房新建路15号。其前身为兵房供销社棉花收购站，西邻兵房轧花厂（后称江海棉业有限公司），东毗兵房电信局，背靠如泰运河。2011年9月28日正式开业，属合伙经营，占地总面积3600平方米，其中浴室面积为1800平方米，浴池面积18平方米，总投资160万元，有一流设施，一流设备，服务项目齐全，独占境内洗浴业鳌头。休息大厅内有21个卧式铺位，大小包厢19个，可容纳45人同时休息，日均接待浴客150人左右，营业收入3000元左右，每月交定额税1000元。

三、明生浴室

位于老大豫镇区东南首。2005年8月建成开业，属个体经营，老板季明生，服务员为妻儿3人。浴室占地面积670平方米，建筑面积220平方米。内设大小浴池各1个，男浴池30平方米，女浴池20平方米，淋浴喷头6个。设有厢房6个，休息大厅1间（20个卧室铺位）。服务项目有：敲背、擦背、推拿、修脚等。日均人流量120人次，营业额1000余元。浴室于2008年转包给外地老板，2012年收回。

第四节　理　发

辛亥革命前，国人皆蓄发留辫，不分男女都蓄有长辫留于脑后。民间没有专门理发店铺和匠人，人们梳洗盘辫都在自家进行。辛亥革命期间，提倡剪辫子，集镇才有“剃头匠”，为人剪辫、剃头。进而，剃头业扩师收徒，一发而不可收。开始，并未设店铺，剃头师傅仅凭一把剃刀把顾客头发剃光而已。民国初，流行“西装头”，“洋”式推剪刀（俗称“轧剪”）、苗剪等工具开始使用。剃头匠用一块蓝布将所用刀、剪、梳、篦等包起，称为“刀包”，走乡串户，为人理发、修面，“剃头匠”也逐渐被称为理发师傅。境内各小集镇陆续办起一爿爿“理发店”，生意十分兴隆。不少理发师都有一手为客人捶背、按摩、拿痧、搬落枕、治腰痛、洗沙眼、掏耳垢等绝活，一般不另取报酬。1955～1956年，各集镇理发业先后加入合作组织，境内小集镇理发业，也都加入当地合作商店。1985年后，为方便顾客，各集镇理发业分设多个理发室，实施小组承包或个人承包。1990年后，各地理发业全由个人承包经营。农民进城经商后，一批农村青年在集镇开设美容店，洗发店，发廊等，整个理发业以全新面貌出现在各镇街道，各村也涌现许多小型理发店。进入21世纪后，全镇各地除传统理发业务外，出现不少专业美发（兼做美容）和发型设计发廊，有电烫、冷烫、化学离子烫、焗油、染发、护发、盘头等多种服务。

第五节　照　相

民国35年（1946）前，境内没有照相馆，百姓要拍照到掘港等地，老人去世后，子女要留个像作永远性纪念，须请走村串户的画匠“画像”。民国36年，启东惠丰人施文琦在兵房镇开设文琦照相馆，址设老街柯宅（粮站桥东南侧，后移址邮局北侧路口），兼营画像、镶牙，为境内最早照相馆。1950年初，境内共有7家照相馆。照相机形如一个小木箱，箱下装有3根活动脚子作支撑，长焦距筒式镜头，摄像时，全靠手工揭开镜头罩掌握曝光时间，操作难度较大，若要到户外拍集体照等，亦得将照相机搬到户外。1949年，文琦照相馆进行注册登记、领证，1953年，领取由魏志田签发的企业登记证。1957年12月29日，换发证，组织方式独资，资本额860元。1958年起，实行合作化，组建兵房照相馆，划归商业总店，职工5人。

20世纪80年代后，境内有规模不等照相馆9家。其中兵房镇佳美照相馆声誉好、业务量较大，且能从事摄影、彩扩业务。至2012年，全镇有照相馆、婚纱影楼4家，高温数码瓷像1家。

图14-101　2012年5月，新建格调婚纱影楼　（管霖　摄）

第六章　集市贸易

第一节　集市贸易的形成

中华人民共和国成立前，大豫境内各集镇没有固定的农贸市场，也没有固定摊位，农民上镇做买卖，习惯上“早市”。中华人民共和国成立后，农村集市贸易出现3次起伏。1956～1958年，随着社会主义改造基本完成，出现限制、取缔集市贸易现象，国务院发出《关于放宽农村市场管理问题的指示》，各地先后恢复农村集市贸易。1958年，提出总路线、大跃进、人民公社；片面强调一大二公，追求单一的公有制，致使农村集市贸易奄奄一息，濒临绝境。1960年9月，中共中央提出国民经济实行“调整、巩固、充实、提高”八字方针。1961年，中央工商行政管理局提出对集市贸易要“大胆地放，认真地管”“活字当头，管在其中”，推动集市贸易的恢复和发展。1962年至“文化大革命”前夕，又由活跃走向萧条。

中共十一届三中全会后，在社会主义市场经济推动下，境内农贸市场建设进度加快，以“一镇三乡”为中心均建有一定规模的农贸市场。自1997年后，许多经营门面改为超市，乡村遍及小超市，海鲜、鱼类、肉类等副食、日用品随处有购，农村集市贸易一派繁荣景象。

第二节　农贸市场选介

中华人民共和国成立前，境内属自由贸易形式。20世纪50年代初，集镇、乡村桥头、路口亦为群众自由交换产品场所。1956年，建立市场管理所后，境内集镇共建起15家固定的集市贸易场所，1965年，全年成交额300万元。1979年，随着政策放宽，上市品种比1978年增加1.50倍，全年成交额1228万元。2001年，兵房中心农贸市场开业，至2012年，年成交额1.20亿元。

一、如东县兵房中心农贸市场

位于大豫镇兵房海滨桥西100米，健康路北侧，新兴路南侧。建于2001年1月，总占地面积9000平方米，营业面积3800平方米，晴雨棚顶面积3000平方米，营业用房86间，设有营业摊位500个，时属苏北地区农村集镇之最，以经营农副产品为主的多功能、全封闭、全天候、综合性农贸市场。聚集鲜肉、禽蛋、蔬菜、南北货、贝类、卤菜、熟食、豆制品、河海水产等10大门类，2800多个品种。农副产品日上市量50多吨，日人流量8000多人次，年成交额8000万元。市场环境整齐，卫生清洁，经营秩序井井有条，经营方式灵活多样，整套服务完整，先后被市县工商局评为文明市场、广大群众的放心市场。2012年，年成交额1.20

亿元。

二、大豫农贸市场

2002年,由大豫镇政府组织集资筹建,地处大豫镇豫新路,豫新桥西100米,纺织厂东侧。市场占地面积6000平方米,晴雨棚顶面积2800平方米,营业面积3200平方米,营业用房42间,仓库19间,摊位400个,市场内水电、广播、咨询、复秤等服务设施一应齐全。经营项目有海鲜、内河水产、肉类、蔬菜、卤菜、南北货、麻油等8大类,年销售额1000万元。

三、丁店农贸市场

地处丁店镇北首。由协和村(丁家店村、居委会)统筹建成,1986年9月开业。市场建筑面积5000平方米,晴雨棚顶面积800平方米,营业面积4700平方米。有营业用房32间,仓库18间,摊位340个。经营项目有鲜肉、海鲜、内河水产、豆制品、禽蛋、水果、蔬菜、卤酱制品、贝类等10多个门类,980多个品种。日销售量5吨,日人流量1000余人次,年成交额8790万元。市场管理严格,环境卫生,有供水、供电、复秤等服务设施。曾获南通市先进农贸市场称号。

四、东安闸农贸市场

位于东安闸南侧,建于1987年,占地面积2200平方米,营业面积972平方米,晴雨棚顶面积772平方米。设营业摊位20个,经营品种以海产品为主,另有蔬菜、肉类、豆制品、禽蛋、南北货等30多个品种。日销售量3吨,日人流量500余人次,年成交额700万元。

第七章　度量衡变革

计量长短称为“度”,计量容量称为“量”,计量轻重称为“衡”。全国各地一样,集市贸易和生产、生活中,所使用的度、量、衡,都是与时代相符,在社会变革中逐步变革。中华人民共和国成立前,人们传承古代度、量、衡,计量长短用尺、弓、步等;计量容积用勺、合(ge音“个”)、升、斗、斛、石(dan,音“旦”)等;计量轻重用秤、戥(deng,音“等”)。虽有约定俗成定量标准,但在实际使用中受地区差别、行业垄断、商贾竞争影响,经常发生诸如“大斗进,小斗出”,换秤砣等欺诈行为。因当局没有专门监督机构,不能对度、量、衡制作、使用进行以法督纠,对度、量、衡造假等恶行及纠纷,更无裁判决辨之法。国民党政权曾力图规范度、量、衡,由于当局腐败,政局不稳,加之战争,度、量、衡使用仍然一片混乱。老计量方法未能禁除,新计量方法又传入民间,两者混淆交替,给平民百姓带来极大不便。中华人民共和国成立后,国家几次重大决策,统一度、量、衡计量单位,并由各级计量部门(局)进行监督。不仅方便广大人民群众,而且逐步与国际紧密接轨。

第一节 度具变革与换算

1954年，国家统一度、量、衡，公制衡具普遍使用公尺。公尺又叫米尺，1米等于3尺。民国时期丈量土地面积的衡具“弓”被废除。为准确测量木材和计算速度，1955年始，改用公制计算材积，国家统一出台“木材材积表”，供经营者对照。

一、尺

（一）衣尺

本是量布裁衣之用，也用来计量其他物体长短。一般是用花梨木制作，也有用竹片或铜片制作，极少有铁尺。一根尺为一尺，一尺分10寸。衣尺1尺相当于1954以后标准尺（俗称“市尺”）0.98尺（32.60厘米）。

（二）木尺

是木匠、盖屋匠（用草盖屋的匠人）用来计量木材或障网长短专用工具。这种尺是用杉木制作，5尺长一根，故称“五尺”。木匠另有两种尺，一是短尺，1尺长，竹制；一是角尺，木制，3种都属木尺。木尺的1尺，相当于1954年以后标尺（俗称“市尺”）0.92尺（30.67厘米），俗称“九二尺”。

木行计量木材的篾尺，也称为“木尺”（见下一小节“木材计量方法”）。

（三）市尺

1954年，国家统一度、量、衡，统一使用标准市尺（又叫“标准尺”），民众很快接受，在各行各业中（除木匠、盖屋匠仍用旧式“五尺”外）普遍使用。1市尺为10寸市。1市尺相当于0.33公尺（33厘米）。

（四）公尺

20世纪50年代中期，中小学和工业企业技术部门使用“米达尺”（厘米尺），又叫“学生尺”。塑料制作，品种有直尺、三角尺、半圆规等。1954年，国家统一度、量、衡，公制衡具开始在社会流通，各地学校、机关、工厂等许多部门普遍使用公尺（米）、厘米来计量长度。各种公尺制具普及城乡各地，其中包括卷尺、皮尺、直尺等，短到几厘米，长到几十米不等。1公尺等于3尺。

二、弓

是一种类似大写“A”的度具，A字两脚中间有一横档使之固定，像一支不可伸缩的木制圆规。两脚尖档距为2.50市尺，因此，4弓为1丈。弓，主要用于丈量土地，见方4弓（一丈）为1平方丈（俗称一个方），60个方为1亩。土地改革前，地主向佃户收取租粮有一种叫作“收行分成”形式，就是地主用弓的两脚丈量一行（弓内）长势较好庄稼实地估产，然后根据估产分成，确定租额，俗称“抽行田”。由于地主拣长势好庄稼抽行，佃户吃亏。

三、木材计量方法

1954年以前，木行计量木材，采用一种竹篾制作“木尺”，一尺约合3.20市尺(31.58厘米)。计算时，用蔑尺在木材根部向上5尺处围量，以一围(周长)计算出“钱码”。周长1尺为3“分”，10“分”为1“钱”，10“钱”为1“两”。

周长1～1.50尺，每增加0.05……尺，加1分。即1尺为3分，1.05尺为4分，1.10尺为5分，……1.50尺为13分(1.3钱=0.13两)。周长1.50～2.50尺，每增加0.05尺，加2.50分。即1.50尺为13分，1.55尺为15.50，1.60尺为18分，2.50尺为63分(6.30钱=0.63两)。

周长2.50～2.90尺，每增加0.05尺，加5分，即2.50尺为63分，2.55尺为68分，2.60尺为73分，2.90尺为113分，(11.30钱=1.13两)。

周长2.90～3.50尺，每增加0.05尺，加10分，即2.90尺为113分，2.95尺为123分，3尺为133分，……3.50尺为233分(23.30钱=2.33两)。周长3.50～4尺，每增加0.05尺，加工钱，即3.50尺为23.30钱，3.55尺为25.30钱，3.60尺为27.30钱，……4尺为433分(=4.33两)。

周长4尺以上，每增加0.05尺，加4钱，即4尺为43.30钱，4.05尺为47.30钱，4.10尺为51.30钱，4.15尺为55.30钱，4.20尺为59.30钱……。周长1尺以内，而长度不足5尺的，为“不登尺”，估计计算。

价格以“贯”为计算单位，一贯为1元，50贯即50元。但又必须按木材长短、材质好差而分高下，如同样长短粗细木材，杉木和松木的价格不一样，云杉与赣杉价格不一样，故有“死码子，活贯头”说法。

1955年，改用公制计算材积，国家统一出台“木材材积表”，供经营者对照。根梢完整木材，在总长正中点，用公尺制蔑尺围量，求出圆柱形体积，价格亦按长短、好差分级而定。原钱码子一两，约合0.80～1.00立方米左右。

第二节　量衡具变革与换算

中华人民共和国成立后，科学不断进步，传统的“升、斗、斛”量衡具及换算方法得到改进，全国统一使用新16两制秤，1954年，全部改为10两制，1990年7月1日起，国家统一规定，一律使用千克(公斤)计量。

一、升、斗、斛

“升、斗、斛”3件特制量具是传承的粮食计量方法。一小撮粮，称为“勺”，为最小计量单位。10勺为1合(相当于成人双手一捧)，10合为1升，10升为1斗，2.50斗为1斛，10斗(或4斛)为1石。升、斗、斛即作计量单位，又制作具体量具，而勺和石，仅作计量单位，没有具体量具。由于升、斗、斛由木匠制作，没有法定标准，同时由于制作者因使用者需要，容量很难统一，有地区差、行业差、进出货差。民国20年(1931)，国民政府企图统一度、量、衡,用“市制”量具计量粮食。但是,当局虽然有“法”出台,却无“律”约束,各地量具仍难统一。有的升,容量是20两秤1.50斤(30两),有的升,是32两,容量大,有的升,只能容纳26两,容积小。有的1升,相当于16两秤的2.20斤(1.10千克);1斗,相当于16两秤22市斤(11千克);1斛,相当于16两秤55市斤(27.50千克);1石,相当于16两秤220市斤(110千克)。1954年,国家统一度、量、衡,废除升、斗、斛、石计量方法和量具。但在流质物品交贸中,仍保留着叫作“耑”(duan,音“端”)子和“签子秤”的量具。

二、耑子

一种带柄敞口圆桶,有竹制和铁皮制两种,根据食油、煤油、酱油、醋、酒比重,制作成0.50两、1两、2两、0.50斤、1斤等几种大小耑子。随着度、量、衡几度改革,耑子也随之更换为新市制、公制大小耑子,如25克、50克、100克、250克、500克不等。

三、签子秤

油饼行用约定的木桶贮油,以标签测量油深度计算容量,称“签子秤”。签子秤每斤合秤17.30两(相当于公斤秤636克)。因此,签子秤比普通秤多1.30两(多136克)。1954年、1984年,衡器两次改进,签子秤随之改进,斤重不变,先是16两,后改10两,最后改为千克。现在粮油行业一般用磅秤称油,也有企业(如粮管所)用特制、精确度相对准确的签子秤计量。

中华人民共和国成立后,境内计量轻重的衡具主要是秤。先后为20两秤(老秤)漕秤(老16两秤)、市秤(新16两秤),新市秤(10两制秤)、公斤秤、磅秤几种。

四、20两秤(老秤)

民国初年以后,境内使用一种20两为1斤的秤,后人称为“20两秤”或“老秤”。当时,由于政出多门,行业之争激烈,有的行业使用22两秤,每斤多出2两,叫做“双量秤”。还有个别行业为争客户,使用的是24两秤。20两秤的13.60两,相当于16两秤1斤,为735.44克。这种秤一直沿用至解放战争时期。

五、漕秤(老16两秤)

抗日战争和解放战争中,日伪政权和国民党政权捐税多如牛毛,他们借收捐为名,大肆敲诈,掠夺民脂民膏,收捐所用秤是20两秤。共产党领导的地方人民政权,在土地改革后,征收公粮(农业税),统一制作以16两为1斤的新秤,每斤明显比国民党当局的老秤少4两。为便于对照和换算,还有新秤上刻有两面星,一面为新秤斤两,一面为老秤斤两,被称为“漕秤”。新秤1斤,相当于现代公斤秤500克。这种秤一直使用至中华人民共和国成立后。

六、市秤(新16两秤)

中华人民共和国成立后,全国统一使用新16两制秤,被称为“市秤”。这种秤与漕秤(俗称“老16两秤”)斤重基本相等。个别地区漕秤略重五～七钱。这种秤一直使用至1953年前后。

七、新市秤(10两制秤)

1954年,全国统一度、量、衡,市秤全部改为10两制,1斤等于10两(相当于公斤秤500克)。这种秤,还有不少农户在使用。为便于16两秤与10两秤换算,当时流传着"斤求两,两求斤"口诀,曾一度时期成为小学生必背之算数法则。其口诀为:一两0.0625(斤),二两0.125(斤),三两0.1875(斤),四两0.25(斤),五两0.3125(斤),六两0.375(斤),七两0.4375(斤),八两0.50(斤),九两0.5625(斤),十两0.625(斤),十一两0.6875(斤),十二两0.75(斤),十三两0.8125(斤),十四两0.875(斤),十五两0.9375(斤),十六两1斤。

八、公斤秤(磅秤)

1990年7月1日起,国家统一规定,一律使用千克(公斤)计量,俗称"公斤秤"。1千克=2市斤=20两,1市斤=10两=500克。在日常生活中,人们在记账、开票或特种行业(如药品、化工等,用克、千克为计量单位,但在习惯上还称"两""斤"或"公斤"。

第八章　物价变化

第一节　主副食品价格

民国37年(1948)冬,境内全面解放。由于其他地方尚未全部解放,战争正紧,物价还是不稳,一些不法商人蓄意抬价。特别是粮价高出往日30%,其他物价也不断上涨,致使普通民众难以承受。

1948～1949年大豫镇主副食品价格一览表

表14—139　　单位:元

品种	单位	华中币	折合人民币新币	品种	单位	华中币	折合人民币新币
白米	公斤	1200	0.24	酱油	公斤	1280	0.26
糯米	公斤	1660	0.34	醋	公斤	950	0.20
面粉	公斤	1000	0.20	酱菜	公斤	960	0.20
猪油	公斤	3200	0.64	芝麻	公斤	2200	0.44
豆油	公斤	4000	0.80	韭菜	公斤	300	0.06
棉籽油	公斤	3400	0.68	糖栖	公斤	1200	0.24
麻油	公斤	4800	0.96	木柴	公斤	107	0.02
食盐	公斤	2000	0.40	煤油	公斤	2400	0.48
红糖	公斤	3200	0.64	石碱	公斤	1500	0.30

1957～1958年年初，农村进入合作化高潮，各地集市贸易十分活跃，虽然国家对粮油实施统购统销政策，但农民仍有自由种植余地。因此，集市贸易商品依然丰富，物价也处于平稳状态。

1957～1958年初大豫镇集市贸易主要商品价格表一览表

表14—140　　单位：元/公斤

品种	规格	单价	品种	规格	单价
粳米	中等	0.28	酱油	散装	0.26
糯米	中等	0.34	食醋	散装	0.14
虾米	中等	0.23	文蛤	中等	0.14
面粉	标准	0.28	蚶子	中等	0.16
豆油	—	1.16	黄鱼	咸	0.60
菜油	—	1.14	带鱼	咸	0.58
棉清油	—	1.02	油桶鱼	咸	0.48
麻油	大磨	1.34	海蜇皮	—	0.82
白砂糖	粗砂	1.48	海蜇头	—	0.52
红糖	蔗糖	1.30	尖壳蟹	中等	0.42
食盐	粗籽	0.28	鲫鱼	0.50公斤	0.65
鲢鱼	1公斤	0.72	韭菜苼	—	0.32
鲤鱼	1公斤	0.76	大蒜	—	0.18
编鱼	—	0.82	大蒜头	—	0.20
黑鱼	1.50公斤	0.60	洋葱	—	0.18
猪肉	—	1.28	青椒	—	0.20
咸猪肉	统货	1.74	豇豆	—	0.14
牛肉	统货	0.90	扁豆	—	0.18
羊肉	—	0.72	茄子	—	0.08
母鸡	—	1.38	番茄	—	0.16
公鸡	—	1.16	马铃薯	—	0.20
鸭	—	1.22	丝瓜	—	0.08
鸡蛋	—	1.44	冬瓜	—	0.06
鸭蛋	—	1.36	黄瓜	—	0.12
咸鸭蛋	—	2.60	笋瓜	—	0.02
皮蛋	—	2.80	牛角瓜	—	0.06
大白菜	—	0.06	芋头	—	0.22
小白菜	—	0.06	山药	—	0.38
黑菜	—	0.08	荷藕	—	0.32
黄芽菜	—	0.14	茼蒿	—	0.12
菠菜	—	0.16	黄豆荚	—	0.04
韭菜	—	0.14	蒲芹	—	0.12
韭芽	—	0.40	葱	—	0.24

"三年自然灾害",使国民经济受到严重破坏,市场物价极其不稳。"文化大革命"中,全国市场物价也无法控制。这两个时期,还有投机倒把分子哄抬物价,进行黑市交易。比如20世纪60年代初期,买一方水烟需16元;粮票本是无价证券,黑市交易每公斤需0.30~0.40元等等。下表所列"最低价""最高价",仅是市场交易正常价格范围,投机倒把分子哄抬物价不计在内。

第二节　农副产品价格

中华人民共和国成立初期,境内市场货源不足,品种不多,农副产品价格比较混乱,尤其在三年经济困难时期,物价涨到历史最高点,一般高于国家牌价3~5倍,甚至更高。1965年后,随着国民经济好转,市场供应情况有所改善,中共十一届三中全会后,集市贸易得到恢复和发展,农副产品价格走上市场化。1995年,小集镇建设速度加快,农民进城经商,农村产业结构调整,推进集市贸易快速发展。

20世纪60年代大豫镇部分农副产品集市贸易价格一览表

表14—141　　　　单位:年 元/公斤

品 名	1960 ~ 1962		1966 ~ 1970	
	最低价	最高价	最低价	最高价
1.50公斤活母鸡	1.40	4.00	1.60	1.80
鲜鸡蛋	1.80	4.00	1.10	1.30
中等鲫鱼	1.40	2.20	0.50	0.90
中等尖壳蟹	0.30	0.40	0.16	0.20
中等蚶子	0.18	0.40	0.12	0.24
中等文蛤	0.16	0.40	0.06	0.20
青菜	0.03	0.20	0.04	0.08
菠菜	0.20	0.60	0.10	0.18
韭菜	0.10	0.32	0.06	0.16
猪肉	—	2.40	—	—

1979年大豫镇菜市场参考牌价一览表

表14—142　　　　单位:元/公斤

品名	最低价	最高价	国家牌价	品名	最低价	最高价	国家牌价
猪肉	1.40	1.52	1.86	箭头鱼	1.40	2.00	—
牛肉	1.50	1.70	1.72	梅头鱼	1.20	1.50	—
羊肉	1.80	2.20	1.46	尖壳蟹	0.16	0.20	—
母鸡	1.60	2.00	1.74	蚶子	0.12	0.20	—
鸡蛋	1.80	2.20	2.04	文蛤	0.12	0.20	—

续表 14—142 1979年大豫镇菜市场参考牌价一览表

鲫鱼	1.40	2.00	—	小白菜	0.04	0.05	—
鲢鱼	1.20	2.00	—	青菜	0.08	0.10	—
青鲩	1.70	2.20	—	菠菜	0.18	0.20	—
河虾	2.40	2.60	—	韭菜	0.16	0.20	—
带鱼	1.00	1.20	—	大蒜	0.50	0.60	—
黄鱼	1.80	2.20	—	豆腐	0.60	0.60	—

1981年兵房镇食品站生猪收购价格一览表

表 14—143 单位：元/50公斤

等级	特等	一等	二等	三等	四等	五等
收购价	71.40	68.30	65.30	62.00	58.90	55.80

1980年兵房镇主、副食品价格一览表

表 14—144 单位：元/公斤

品种	规格	单价	品种	规格	单价
带鱼	中等	0.90	公鸡	—	1.80
黄鱼	中等	2.00	鸭	—	1.60
马鲛鱼	中等	2.00	鸡蛋	鲜	2.50
鲻鱼	中等	2.00	鸭蛋	鲜	2.20
鲈鱼	中等	2.00	小白菜	—	0.08
箭头鱼	中等	1.40	黄芽菜	—	0.08
板鱼	中等	1.20	韭菜	—	0.20～0.50
梅头鱼	去杂	1.40	韭芽	—	0.90
大白虾	完整	3.60	韭菜莛	—	0.70
条虾	中等	3.00	菠菜	—	0.12
红虾	中等	1.60	大蒜	—	0.50
荒蟹	中等	1.80	萝卜	—	0.12
尖壳蟹	中等	0.40	芹菜	—	0.10
鲜蛏	洗白	1.00	蒲芹	—	0.16
蚶子	中等	0.20	黄豆芽	—	0.30
文蛤	中等	0.32	豆芽	—	0.40
鲫鱼	中等	2.00	扁豆	—	0.20
青鱼	中等	2.00	马铃薯	—	0.40
河虾	中等	3.60	芋头	—	0.30
鳊鱼	中等	1.60	茨菇	—	0.50
黑鱼	中等	1.60	黄瓜	—	0.30
河鳗	中等	1.60	冬瓜	—	0.16
鳝鱼	中等	1.80	生姜	—	1.00

续表14—144　1980年兵房镇主、副食品价格一览表

品种	规格	单价	品种	规格	单价
甲鱼	中等	4.00	蒿瓜	—	0.20
螃蟹	中等	2.00	豆腐	方	0.30
母鸡	2~3斤	2.20	—	—	—

1981年兵房镇食品站家禽、禽蛋收购牌价一览表

表14—145　　单位:元/公斤

品名	单价	品名	单价	品名	单价
母鸡	1.50~2.10	麻鸭	1.16~1.58	鸡蛋	1.60~1.80
公鸡	1.14~1.56	活鹅	0.90~1.30	鸭蛋	1.52~1.72
仔公鸡	1.26~1.44	北京鸭	1.24~1.48	—	—

1978～1981年大豫镇集市部分商品价格变化一览表

表14—146　　单位:年 元/公斤

品名	1978	1981	品名	1978	1981	品名	1978	1981
猪肉	1.50	1.86	鲫鱼	0.84	2.40	大白菜	0.08	0.10
牛肉	1.56	1.90	青鱼	1.80	2.20	青菜	0.08	0.10
羊肉	2.10	2.20	鲢鱼	1.30	2.20	菠菜	0.18	0.12
尖壳蟹	0.20	1.80	活鸡	1.50	3.00	韭菜	0.18	0.20
大黄鱼	0.72	1.00	鸡蛋	1.90	2.44	芋头	0.22	0.30
带鱼	1.10	1.40	鸭蛋	1.80	2.08	豆腐	0.70	0.30
梅头鱼	1.30	——	海蜇皮	1.40	6.00	萝卜干	0.40	0.40

2012年大豫镇集市副食品价格一览表

表14—147　　单位:元/公斤

品种	规格	平均价	品种	规格	平均价
鲜猪肉	精瘦	22	青菜	一级	4
鲜牛肉	去骨	40	黄瓜	—	6
鲜牛肉	—	38	萝卜	—	6
鸡	上等去毛开膛	18	茄子	—	4
鸡蛋	引进种	11	西红柿	—	8
黄花鱼	冷冻500克/条	80	土豆	—	5
带鱼	冷冻500克/条	18	胡萝卜	—	6
草鱼	750克/条	14	青椒	—	8
鲢鱼	750克/条	10	包菜	—	2.5
鲫鱼	250克/条	12	韭菜	—	4
鲤鱼	500克/条	10	芦柑	—	5

续表14—147　2012年大豫镇集市副食品价格一览表

品种	规格	平均价	品种	规格	平均价
文蛤	本港4厘米/只	12	苹果	红富士一级	10
螃蟹	100克/只	40	香蕉	国产一级	7
芹菜	一级	4	西瓜	地产一级	3
大白菜	一级	2	—	—	—

第十五篇　金融保险

中华人民共和国成立前，境内金融机构很少，大同镇有江淮银行，兵房镇有华中银行九分行兵房兑换所。中华人民共和国成立后，徐征、新民、利民乡信用合作社，为境内早期农村金融机构。随之，金融机构逐步增多，相继建起3家商业银行、3家农村信用合作社[①]和5家邮政储蓄银行网点，在辖区内开办营业。中共十一届三中全会后，各种农业集体存款、企业存款、财政性存款、外币存款及个人存款逐年增多。随着工业企业和个体工商户增加，工商信贷、农业贷款及个人贷款业务量不断扩大。保险行业创办较晚，20世纪90年代后，吸保和理培业务量逐步攀升。金融、保险业在全镇经济社会发展中发挥着应有作用。2012年，全镇年末各项存款余额12.19亿元，居民储蓄11.30亿元。

第一章　金融机构

民国29年（1940），新四军东进后，在大同镇坚决街，由新四军苏中四分区[②]创办“江淮银行”，江海公司的皮棉通过江淮银行用江淮币结算。

民国36年5月，兵房镇设华中银行九分行兵房兑换所。

1951年9月，成立中国人民银行如东县支行兵房营业所，1980年后，更名为中国农业银行如东县兵房支行，同时成立中国人民银行如东县支行大同营业所。

1954年下半年开始，境内16个小乡都建起信用社。2012年，大豫镇尚有3家单独建制信用社，分别为：如东县信用合作联社丁店信用社、如东县信用合作联社兵房信用社、如东县信用合作联社南坎信用社，并于2012年7月分别更名为：如东县农村商业银行丁店支行、如东县农村商业银行兵房支行、如东县农村商业银行南坎支行。

1987年起，兵房邮电局及下属丁店、东凌、南坎、棉场网点开办邮政储蓄业务，利率按人民银行统一规定执行。

① 后改为农村商业银行支行。

②解放战争时期改为九分区。

1993年7月,成立“中国银行如东县兵房支行”。

第一节　中国农业银行如东县兵房支行

前身为中国银行如东县兵房营业所,建于1956年7月,位于兵房镇人民南路50号。因中行与农行时分时合,1989年10月,更名为中国农业银行如东兵房支行。营业面积380平方米。员工11名。历任负责人:施昶、徐殿高、姜云阶、赵连岳、赵文昌、张圣银、管怀泉、蔡士岳、张佑平、陈飞、闵建国、石晶。2012年,行长曹菁、副行长董平。

第二节　中国银行如东兵房支行

成立于1993年7月8日,位于兵房镇人民南路70号。2012年1月6日,迁至兵房镇人民南路51号(新华书店底楼门市部),营业面积200平方米,员工12人。历任行长:马俊、蒋俭明、陈建华。2012年,行长陈佳平。该行先后获:如东县文明单位、江苏省五一劳动奖、江苏省分行内控合规管理网点、如东县支行文明优质服务先进单位(第一名)等称号。

第三节　如东县农村商业银行丁店支行

位于大豫镇丁家店丁兴路43号(农贸市场旁),营业面积200平方米,员工10人。前身为如东县农村信用合作联社丁店信用社,2012年7月26日,更名为农村商业银行丁店支行。行长:梁晓何。该行曾荣获如东县青年法律知识竞赛优秀奖、如东县文明单位等称号。

第四节　如东县农村商业银行兵房支行

1953年,境内徐征乡、新民乡、利民乡相继成立信用合作社,为中华人民共和国成立后早期农村金融机构。1958年,合并为兵房公社信用合作社。1963年,恢复为农村集体性质。至1975年,业务上接受人行领导,人事由公社领导。1975年12月,县成立如东县信用合作联社,由县人行行长兼任总社主任,业务和人事归属人行领导。1980年起,农行从人行单设后,兵房公社信用社并入农行兵房营业所,归农行管理;1975～1985年,在东安镇设立信用社分社。1995年12月,兵房信用社又与兵房营业所分开经营,再次归属人行管辖;2000年10月24日,成立如东县农村信用合作联社,兵房信用社归属县联社管辖;2012年7月26日,如东县农村信用合作联社兵房信用社更名为江苏如东县农村商业银行股份有限公司兵房支行,从此,步入现代化农村商业银行快速发展轨道。

该行多次被县人行、县农行、县联社评为先进集体，县文明单位、先进集体、南通市《快通工程》先进银行基层网点。为振兴地方经济，积极支持发展壮大一批骨干企业，如南通燎原针织有限公司、江苏盾王劳保用品有限公司、如东凯缘食品有限公司、南通万豪建材科技有限公司等。

1989年10月，信用社于兵房人民南路121号，新建营业大楼和附属用房，建筑总面积1000平方米，其中营业面积250平方米，员工12人。

历任负责人：钱久康、蔡士岳、张佑平、鲍志强、顾策、黄菊辉、陈卫东、张建军。2012年，行长王军。

图15-102　2012年，拍摄的如东农商行兵房支行（管霖　摄）

第五节　如东县农村商业银行南坎支行

位于老大豫镇张謇南路30号。前身为如东县农村信用合作联社南坎信用社。负责人：董小峰。2011年，评为如东县文明单位。2012年7月26日，更名为如东农村商业银行南坎支行，行长徐群。

第六节　中国邮政储蓄银行如东支行兵房银行

位于大豫镇兵房人民南路63号。建筑面积1000平方米，营业面积300平方米，2012

年，支局长张宏飞，员工19人。下设丁店、东凌、南坎、棉场邮政储蓄网点。

兵房邮局自2005年后，一直保持县文明单位。2011年，获市跨年度竞赛标兵奖，并获价值10万元别克轿车一辆；丁店和东凌网点获跨年度竞赛优胜单位称号，所属网点中，马卫星被评为江苏省劳动模范。2010年，石云云被评为省先进个人。

第二章　货　币

第一节　货币起源

货币的价值符号之一是纸币。北宋时期，四川缺铜，流通中主要使用铁钱。铁钱易腐烂，价值低，10单位铁钱相当于1单位铜钱，用起来极为笨重。比如买一匹布，需20000两铁钱，重达250公斤。一些聪明富商就开起“交子铺”，人们可把铁钱交给“交子铺”保管，换取交子铺开出的纸票——交子，然后以交子去买卖货物，交子铺收取一定比例保管费。交子印有密码，花押（近似印章）。之后，有些富商互相联合，共同发行标准化数额交子，这种纸制交子，为中国最早纸币，也是世界上最早纸币。

第二节　老式货币

民国26年（1937），大豫境内使用的货币有银圆、铜板、小铜钿。

银元主要有龙洋（清政府模仿铸造“光绪通宝”）、袁大头（袁世凯）、孙中山（称小头），这三者与铜板的换算是：1枚龙洋≈300枚铜板，1枚袁大头≈290枚铜板，1枚孙中山≈280枚铜板，1枚铜板≈10枚小铜钿。

图15-103　　清朝铜板　民国10年（1921）银圆（2012年，王建华　提供）

民国26年(1937)后,主要使用由中国银行、中央银行、交通银行和农民银行发行的“法币”。法币价值波动很大,抗日战争刚打响时,在国民党统治区,人们用100元法币(国民政府发行的纸币),可以买两头黄牛;民国27年,只能买一头黄牛;民国28年,只能买一头猪;民国30年,可以买一袋面粉;民国32年,能买一只鸡;民国34年,能买两个鸡蛋;民国35年,只能买1/6块固本牌肥皂;民国36年,只能买一只煤球;民国37年,只能买0.002416两大米;民国38年5月,这100元法币,连1粒米都买不到。

民国29年前后,大豫镇、兵房镇、大同镇有些商号,自行印发流通券投机,趁机大发其财。抗日民主政权建立后,取缔各商号流通券。

民国31年,汪伪政权中国储备银行发行的“储币”,掘东地区称“储备票子”,又叫“老票子”,票面有5000元、10000元,到民国34年汪伪政权垮台前,储备票子贬值倒不如草纸值钱,挑一担储备票子换不到一担大米。抗日民主政府为抵制伪币,民国32年,江淮银行发行“江淮币”(又称“抗币”)流通于大豫镇境内。

图15-104　　民国32年(1943)发行江淮币　　(2012年,王建华　提供)

民国31～33年(1942～1944)江淮币与法币比值表

表15—148　　　　单位:元

币　种	31年11月	32年3月	32年7月	32年12月	33年4月	33年9月
江淮币	1	1	1	1	1	新江淮币1
法　币	5	7	9	10	12	50

附记:

江淮银行的建立与货币发行

民国29年(1940)10月,陈毅、粟裕根据中共中央指示精神,提出在苏北根据地建立自己的银行,发行货币。由朱毅、李人俊、吴福海、柳溥庆等人研究筹建印钞厂，成立银行等事宜。

民国30年1月，“皖南事变”后，根据中共中央决定，新四军在苏北盐城重建军部。军部决定成立由军部直接班子领导的华中一级金融机构——江淮银行。由刘少奇命名，并题写行名。行长由军部财政经济部部长朱毅兼任，李人俊、骆耕漠任副行长。主要任务：发行货币，调剂社会金融，代理金库，办理存放款、汇款业务。

民国30年6月，江淮银行苏中分行在如东县栟茶镇成立。是年，中共中央华中局第2次扩大会议后，新四军军部根据新的斗争形势，决定暂不设立华中1级统一银行。新四军1师决定，仍沿用江淮银行行名，不再称江淮银行苏中分行，江淮银行总行受新四军1师、苏中军区和苏中行署领导。总行以下，军分区和专员公署设支行，各县设办事处。朱毅调离后，由陈国栋兼任总行长。

江淮印钞厂印制江淮币有5角券2种，1元券6种，5元券6种，10元券2种，20元券2种。共18种版纸币券。民国32、33年用江淮币加盖“苏中”“盐阜”“苏浙”等地券，作为该地区域性货币投放流通。

民国34年5~8月间，江淮银行苏中3支行、4支行、东南办事处、南通办事处，印制发行江淮银行本票券有5元、20元、50元和100元4种面额7种版别。如34年7~8月第四支行印制50元和100元2种版别面额纸币。此券限在通州、如东、海门、启东县与新抗币等值流通。

江淮银行改币值券较为特殊。31年11月1日布告，在低面值纸币上加盖高面值金额戳记，1元改作5元券；34年5月4日通告，在高面值纸币上加盖低面值金额戳记；5角改为1角券，2角改为4分券等投放流通。

民国31年11月16日，江淮银行布告公布发行江淮币，由于根据地不断扩大，江淮币需求量大增。为此，江淮银行第1支行（江都、邗江、高邮、宝应、兴化）、第3支行（辖姜堰、泰兴、靖江、如皋、海安）、第4支行东南办事处（辖海门、启东）、第5支行（辖武进、丹阳、镇江、扬中）获准印制一定数额江淮币，限在所辖地区流通。

民国30～33年（1941～1944）江淮印钞厂印制钞券规格一览表

表15—149　　　　单位：年 厘米

年份	面值	颜色	票幅	图案	备注
30	伍角	蓝／棕橘	53×100	牛犁地 额	
32	伍角	紫／红棕	52×104	额 耕地	
30	壹元	蓝／棕	63×128	额锯木插秧额	盖苏中 背面胡服(刘少奇化名)英文鉴字
30	壹元	红／棕	63×128	额锯木插秧额	盖苏中背面胡服 英文鉴字
32	壹元	红／蓝	58×117	额楼房 额	
32	壹元	红／蓝	58×117	额楼房 额	盖苏中
33	壹元	紫／红	56×107	插秧 额	
33	壹元	紫／紫	60×114	浇水 额	
30	伍元	蓝／棕	63×128	额锯木插秧额	盖苏中背面胡服改作伍元英文鉴字
30	伍元	蓝／棕	63×128	额锯木插秧额	盖盐阜背面胡服改作伍元英文鉴字
30	伍元	蓝／棕	63×128	额锯木插秧额	盖苏浙背面胡服改作伍元英文鉴字
30	伍元	蓝／棕	63×128	额锯木插秧额	盖苏浙背面胡服改作伍元英文鉴字 下端印作抗币伍元

续表15—149 民国30～33年(1941～1944)江淮印钞厂印制钞券规格一览表

年份	面值	颜色	票幅	图案	备注
30	伍元	红/紫	63×128	额锯木插秧额	盖苏中背面胡服改作伍元英文鉴字
33	伍元	蓝/紫	63×126	额毛泽东肖像	盖苏中
33	拾元	蓝/褐	65×126	织布额汽车	背面盖苏浙
33	拾元	蓝/褐	65×126	织布额汽车	
33	贰拾元	蓝/棕	65×124	额毛泽东肖像	
33	贰拾元	蓝/棕	65×124	额毛泽东肖像	

民国32～34年(1943～1945)江淮银行、办事处印制江淮币一览表

表15—150 单位:年 厘米

年份	面值	颜色	票幅	图案	备注
32	肆分	蓝/红	52×104	帆船 额	苏中三支行印 正面加盖蓝色“新抗币肆分”
32	壹角	紫/红棕	52×104	额 耕地	正面加盖朱红色“新抗币壹角”
32	贰角	蓝/红	52×104	帆船 额	苏中第三支行印
32	贰角	蓝/蓝	55×97	方孔钱 额	正面印江淮银行苏中第一支行
32	伍角	棣/橘	62×115	帆船 额	正面印江淮银行苏中第三支行
32	伍角	黑/紫	66×120	额 插秧	背面印江淮银行苏中第三支行
34	壹元	蓝/蓝	64×118	农作 额	正面印江淮银行流通券 第三支行
34	壹元	灰黑/棕	52×116	额	正面印江淮银行五分区支行流通券
34	伍元		61×128	额 插秧	正面印江淮银行东南办事处代价券
34	拾元	棕	62×129	额 粮食作物	正面印江淮银行东南办事处代价券
34	伍元	棕	64×104	战士背枪本票额	正面印江淮银行东南办事处本票
34	伍元	黑	81×181	江淮银行南通县办事处本票	梁灵光 徐勃 冯志远印 新抗币伍元整
34	贰拾元	青莲	88×162	江淮银行苏中第三支行本票	季恺 刘伯厚 汪海粟名 印
34	伍拾元	青莲	84×166	江淮银行苏中第三支行本票	季恺 刘伯厚 汪海粟名 印
34	伍拾元	黑	71×142	江淮银行苏中第四支行本票	梁灵光 马一行 金逊名 印
34	壹佰元	咖啡	90×165	江淮银行苏中第三支行本票	季恺 刘伯厚 汪海粟名 印
34	壹佰元	黑	71×142	江淮银行苏中第四支行本票	梁灵光 马一行 金逊名 印

民国34年，抗日战争胜利后，华中银行"华中币"，在大豫境内流通。

民国36年，国民党军队进犯如东地区时，在大豫、兵房、大同镇等据点区域，相继使用过"法币""关金券"和"金圆券"。

图15-105　民国33年(1944)流通华中币　(2012年，王建华　提供)

第三节　新式货币

民国37年(1948)12月1日，中国人民银行首次发行第一套人民币。从民国38年开始，统一使用中国人民银行发行的新老人民币。

第一套人民币，共12种面额62种版别，其中1元券2种、5元券4种、10元券4种、20元券7种、50元券7种、100元券10种、200元券5种、500元券6种、1000元券6种、5000元券5种、10000元券4种、50000元券2种(1949年发行正面万寿山图案100元券和正面列车图景50元券各有2种版别)。1995年5月10日停止流通。

1955年3月1日，中国人民银行在发行第一套人民币基础上，全国统一发行第二套人民币，自此，统一使用新人民币。过去使用过的金圆、银圆、铜钞等硬币不再流通，但可向人民银行按值兑换人民币。"华中币"以1万元调换人民币1元。第一批投放市场流通的新人民币面额有1分券1种、2分券1种、5分券1种、1角券1种、2角券1种、5角券1种、1元券2种、2元券1种、3元券1种、5元券2种、10元券1种，共12种纸币。1957年12月1日，又发行1分券2种、5分券1种的铝合金分币。1961年3月25日，发行黑色1元券。

1960年4月20日，发行第三套人民币：1角券3种、2角券1

种、5角券1种、1元券1种、2元券1种、5元券1种、10元券1种、共9种纸币。1角1种、2角1种、5角1种、1元1种，共4种硬币。

为适应国际形势变化，中国人民银行决定自1963年12月16日起，对由苏联代印的拾元、伍元、叁元券"三票"只收进、不付出。1964年4月14日，发布《关于收回人民币券的通知》。

中共十一届三中全会后，城乡商品经济日益活跃，社会商品零售额大幅度增长，货币发行总量有很大增长，货币券类别结构也有很大变化。1980年起，中国人民银行开始发行金属币，包括一般流通币和纪念币2种。1981年3月，陆续发行1元、5角、2角、1角4种金属币，与同额纸币价值相等，同时流通。2000年7月1日，停止流通。

1987年4月27日起，陆续发行第四套人民币。第四套人民币主币有1元、2元、5元、10元、50元、100元6种，辅币有1角、2角和5角3种，主、辅币共9种。第四套人民币共11种纸币，采取“一次公布，分次发行”办法。1987年4月27日，首先发行50元券和5角券。1988年5月10日，发行1元、2元、100元和2角纸币。1988年9月22日，发行1角、5元、10元纸币。1992年8月20日，为提高人民币防伪能力，在全国发行1990年版50元、100元纸币。根据1992年5月8日第97号国务院令，中国人民银行自1992年6月1日起，发行第四套人民币1角、5角、1元硬币。使第四套人民币结构更加完善。

1999年10月1日，在中华人民共和国建国50周年之际，根据中华人民共和国国务院第268号令，中国人民银行陆续发行第五套人民币。有5元、10元、20元、50元、100元，共5种纸币。1角、5角、1元，共3种硬币。

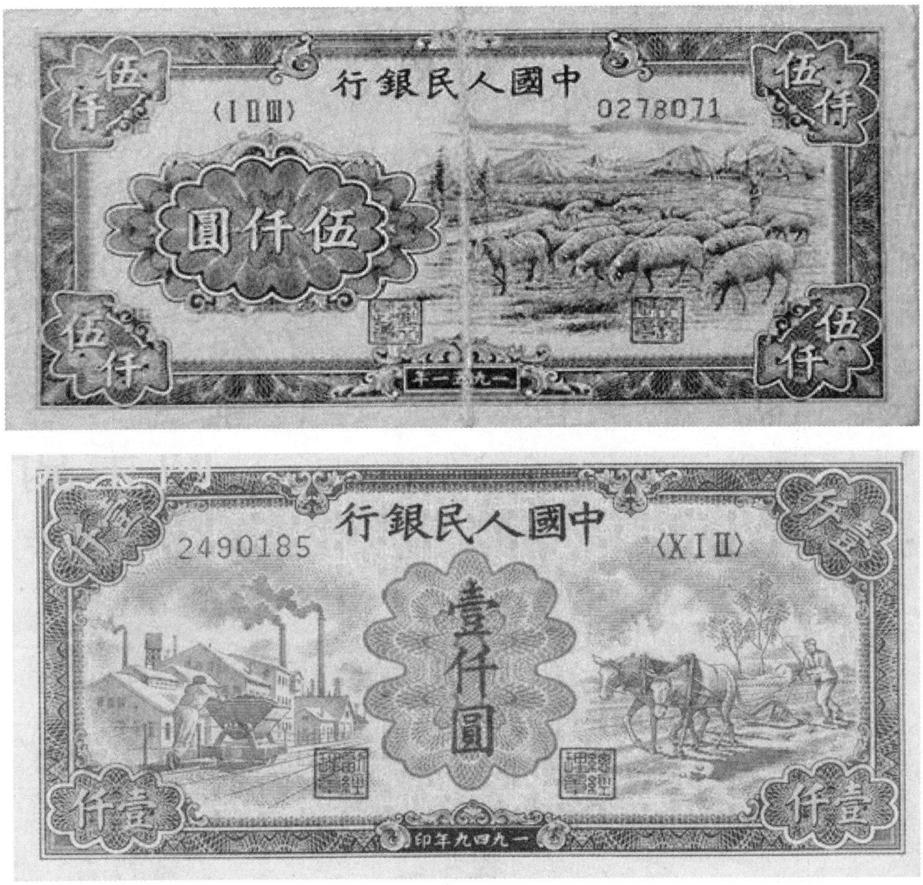

图15-106　民国37年(1948)发行第一套人民币　(2012年,王建华　提供)

第四节　纪念货币

纪念币是具有特定主题,限量发行的人民币。它分为普通纪念币和贵金属纪念币。中国人民银行从1984年发行第一套普通纪念币至2012年,一共发行88套132891.30万枚(张)普通纪念币,总发行价值709943.60亿元。

第五节　反假人民币

2004年,境内出现采用胶印制作技术仿制真币,有的还制作祭祀纸钱,严重违反《人民币管理条例》,损坏人民币形象,而且由于仿真技术高,被少数不法分子利用,导致一些识别能力差的群众上当受骗,在社会上造成恶劣影响。针对这一情况,中国人民银行如东支行于4月组织10个小分队到乡镇街头、田间、商店,讲授识假、防假、反假基本常识,详细讲解《人民币管理条例》,指出销售、购进和使用仿真人民币祭祀纸币是违法行为,号召大家争做爱护人民币的先锋。中国人民银行和公安机关对市面流通的人民币长期监督管理,发现假币,除没收上缴外,还追根究源,一查到底,不使假币危害金融市场。

第三章　金融业务

主要有吸收公众存款;发放短期、中期和长期贷款;办理国内结算;办理票据承兑与贴现;代理发行、代理兑付、承销政府债券;买卖政府债券、金融债券;从事借记卡业务;代理收付款项;提供保管箱服务;经银行监督管理机构批准的其他业务。

第一节　存款与储蓄

民国时期,无专事财政存款银行。1949年下半年,人民银行如东支行开始代理财政金库。随着经济建设不断发展和基建规模扩大,财政收入和财政拨款都相应增加,财政性存款也迅速增加。1985年,银行实行"实存实贷"资金管理新体制,对企业设备更新改造资金和各项专用基金开立储户,实行专户管理,监督支付。1987年,如东工商银行、农业银行、中国银行都发行金融债券,期限1年,到期还本付息,不得提前兑现,不能流通、转让和抵押。

一、集体农业存款

1983年前,银行开办农村社队集体存款业务。1983年后,农村实行家庭联产承包责任制,主要吸收农业服务体系和农业经济联合体的存款。

二、乡镇企业存款

1958年后,银行开办社办企业存款,人民银行增加对社队企业信贷支持,促进社队企业的发展。

三、外币存款

境内办理外币存款业务从20世纪90年代开始,主要集中在中国农业银行兵房支行和中国银行兵房支行。数额都不大,农行仅存港币8.40万元,美金1万元。中行外币存款余额到2012年为20万美金。

四、个人存款

中华人民共和国成立后,人民生活有很大改善,但个人存款很少。改革开放后,农村实行家庭联产承包责任制,广大农民生产积极性空前高涨,收入日益丰厚,境内中行、农行、农村商行、邮政储蓄行,年末存款余额攀升。以农村商业银行南坎支行为例:1990年年末存款余额1829.30万元,农民人均储蓄451元;2009年年末存款余额4.24亿元,农民人均储蓄1.29万元,分别为1990年的23.16倍和28.60倍。

1990～2009年南坎商业支行存款情况表

表15—151　　　　单位：元 万元

年 份	年末存款余额	农民人均储蓄
1990	1829.30	451.00
1991	2290.50	567.00
1992	3400.00	926.00
1993	3699.30	996.00
1994	5168.00	1425.00
1995	8014.00	2196.00
1996	9933.60	2759.00
1997	10331.00	2851.00
1998	11221.00	3006.00
1999	11763.00	3122.00
2004	18363.00	3175.00
2005	19069.00	3150.00
2006	20071.00	3240.00
2007	20634.00	3300.00
2008	21118.00	3450.00
2009	42382.00	12900.00

2001～2012年大豫镇存款情况表

表15—152　　　　单位：元 万元

年份	年末各项存款余额	居民储蓄	农民人均收入
2001	18164.00	16606.00	3448.00
2002	18860.00	17970.00	3674.00
2003	缺失	—	—
2004	3650.00	2542.00	4522.00
2005	36590.00	36400.00	4921.00
2006	36840.00	21320.00	5582.00
2007	40300.00	36230.00	6315.00
2008	63400.00	62100.00	7198.00
2009	87290.00	95400.00	8565.00
2010	101390.00	86211.00	9594.00
2011	113249.00	103000.00	10937.00
2012	121930.00	113000.00	12591.00

第二节　贷款种类

贷款是银行或其他金融机构按一定利率和必须归还等条件借贷资金的一种信用活动形式。广义的贷款指贷款、贴现、透支等出贷资金的总称。银行通过贷款方式将所集中货币和货币资金投放出去,以满足社会扩大再生产对补充资金之需要,促进经济发展;同时,银行也由此取得贷款利息收入,增加银行自身积累。

贷款种类是按一定标准对贷款的具体分类。有“自营贷款、委托贷款、特定贷款、短期贷款、中长期贷款、集体贷款、私营企业贷款、个体工商业者贷款、信用贷款、担保贷款”等,境内常见贷款有“工商贷款、农业贷款、个人贷款”等。

一、民间借贷

借贷双方原有友谊基础,临时借贷,不计利息。清末民初,境内民间借贷日渐普遍,常见形式有合会。合会亦称做会,有摇会、轮会、标会等形式,达到互相调剂资金之目的,称为“互利型借贷”。“文化大革命”前,机关及企业单位干部、职工因当时工资水平低,内部建立“互相储金”,亦属此类型。

贷方利息高,期限短,以高利盘剥为目的,称为“高利盘剥型借贷”。借方多为生活或经营困难而一时无法解决的城乡贫民或小商贩,俗称“印子钱”“拆票”。1949年后,人民政府明令取缔。

改革开放后,一些企业和个人借机以“盘活民间闲散资金”为由,从事社会集资,期限自6个月～3年,甚至3年以上。企业集资多由银行代办,利息略高于银行存款。乡村企业或个人则自制股票或收款票据,利息高于银行1～3倍,因被个人或小团体非法占用事件屡有发生,造成众投资者蒙受巨大经济损失,被政府定性为非法集资,予以取缔。20世纪90年代,发生在境内周墩村(八贯)曹汉昌以个体商店为场所非法集资案,季炳权在南坎、东凌、华丰等8乡镇非法吸收公众存款案,使众多群众遭灾,教训极其深刻。

二、工商信贷

民国37年(1948),掘港镇开始发放工商信贷,一方面支持国营工商企业和供销合作社的发展;另一方面促进私营工商业的恢复和发展。1953年,对私营企业紧缩贷款,对合营企业大力支持,推动私营工商业的社会主义改造。

1958年,推行“全民办信贷”,即各单位对贷款自编计划,自行审查,自由使用,银行不作干预和监督,仅协助了解贷款使用情况,提出建议。结果出现贷款与使用效果不相适应的现象。

1966～1977年,全镇工商贷款余额增加幅度为11%,其中工业贷款增加幅度为4330%,商业贷款增加幅度为3.30%。

1977～1979年,注意发挥银行工作自主权,加强银行信贷对各项经济活动监督与促进作用。1978年，对工商企业流动资金使用情况进行调查，发现被挪用，比1978年增加1倍，于是组织专业队伍处理不合理占用资金。1979年，发放工业贷款，支持工业生产，地方工业每百元产值占用流动资金水平1978～1979年下降12.30%，发放商品流转贷款加大商品流通，活跃城乡市场，并使商业系统资金周转由1978年102天，减少为96天。1980年，为支持企业挖潜、革新与改造，开办中短期设备贷款。1984年，对工商贷款进行改革，实行差额计划与资金控制相结合。同年，对全民商业企业实行"存贷分户"，开办信托业务，对各类资金实行分口管理，控制专用基金使用。1985年，通过严格控制信贷规模，促进企业内部挖掘潜力，管好用活信贷资金。1989年，贯彻"控制总量，调整结构，保证重点，压缩一般，适时调节"的信贷政策，分类排队，择优扶植，保重点企业，保外贸收购和市场销售，保粮食等农副产品收购。1990年后，金融机构采取抵押，担保方式向企业发放贷款，支持企业生产。

三、农业贷款

中华人民共和国成立初期，农业贷款以实物为主，种类有肥料、种子、农具、耕畜、生猪、渔具等。1949～1950年，全镇发放大米、黄豆、面粉、小麦、杂粮、麸皮等。1952年后，参加互助合作社农民，给予一般农贷利率打8折优惠待遇。1953年，又以优惠利率对30%左右农户(加入合作社入股有困难者)发放贫农合作社基金贷款。1959年，对95%以上农业、生产合作社发放贷款以及粮、棉、渔定金。1959～1961年，境内连续3年遭受自然灾害，发放农业贷款。1979年，实行农贷包干和定收、定支、定贷的经济合同办法发放贷款。1980年后，随着农村推行家庭联产承包责任制，农业银行、农业发展银行及农村信用合作社采取担保、抵押等方式，为农户发放贷款。坚持农村信用社再贷款，用于支持"三农"①。2012年，境内农村商业分行发放各项贷款2.43亿元，其中农业贷款1830万元。

四、个人贷款

20世纪90年代～21世纪初，境内各商行还推出个人住房贷款，贷记卡、信用卡、银行卡银联POS，个人网上交易等贷款形式促进消费。

1990～2009年南坎农村商业支行贷款情况表

表15—153　　　　单位：万元

年份	贷款
1990	808.60
1991	1123.50
1992	1629.30
1993	2449.83
1994	3986.19
1995	13179.10

①农村、农业、农民。

续表 15—153　1990～2009 年南坎农村商业支行贷款情况表

年份	贷款
1996	11937.30
1997	10309.00
2004	13204.00
2005	13600.00
2006	13886.00
2007	13927.00
2008	14096.00
2009	17906.00

2001～2012 年大豫镇贷款情况汇总表

表 15—154　单位:万元

年份	年末贷款余额	其中农业贷款
2001	14167.00	511.00
2002	14303.00	574.00
2004	774.00	161.00
2005	8230.00	1720.00
2006	7962.00	2410.00
2007	8200.00	1952.00
2008	12300.00	2105.00
2009	21357.00	2151.00
2010	22497.00	2200.00
2011	25632.00	1900.00
2012	24320.00	1830.00

2009～2012 年大豫镇各银行存贷款情况表

表 15—155　存款单位:亿元　贷款:万元

行名	2009		2010		2011		2012	
	存款	贷款	存款	贷款	存款	贷款	存款	贷款
农行兵房支行	3.89	113.00	4.47	120.00	4.76	1084.00	5.63	1508.00
中国银行兵房支行	1.69	500.00	2.08	750.00	2.50	1400.00	3.02	3500.00
农村商业银行丁店支行	1.40	3171.00	1.75	4221.00	2.09	4583.00	2.81	6343.00
农村商业银行兵房支行	1.52	12511.80	2.12	14885.54	2.44	18182.30	3.23	22653.75
农村商业银行南坎支行	1.53	15162.25	1.47	15212.87	1.93	10323.73	2.68	11710.40
邮政储蓄兵房银行	0.80	—	1.10	—	1.30	—	1.55	—
丁店邮政储蓄	1.70	—	2.00	—	2.30	—	2.70	—
东凌邮政储蓄	1.10	—	1.33	—	1.66	—	1.91	—
南坎邮政储蓄	1.50	—	1.70	—	2.00	—	2.20	—

第三节　公债　期票　金融债券　国库券

民国末年,解放区发行救灾公债、折实公债。1954年,全国发行经济建设公债。1961年,国家对1958年刮“共产风”时“一平二调”[①]款项,进行退赔。1982～1991年,中国人民银行发行国库券。2005年,如东地区发行凭证式国债1000万元。

一、公债

(一)苏皖边区救灾公债

民国35年(1946)4月1日,苏皖边区政府在所属各解放区发行救灾公债。公债券面额为“中华币”50元,至11月1日到期,因当时战事紧张,未及时收兑,故收兑期一直延至1956年12月底,一张债券折合人民币1.69元(本金)收兑时另加利息。1980年5月,还有人持此债券到银行兑付,每张债券本利13.66元。

图15—107　苏皖边区救灾公债(2012年,王建华　提供)

(二)中国人民胜利折实公债

民国38年(1949)2月,开始发行中国人民胜利折实公债。1951年1月,如东县共发行4万份,共计11.76亿元(当时人民币)。发行此公债时,以大米、食油、龙头细布和煤的实际标价折算,故称折实公债。年利5厘,分5年抽还本金。

(三)国家经济建设公债

1954年1月,开始在全国发行经济建设公债,总额为6万亿元,年息4厘,1955年9月30日起,付息及抽签还本,分8年偿还。

二、期票

1961年,对1958年刮“共产风”时“一平二调”款项。采取分期支付现金和发行期票的办法进行退赔。江苏省规定第一期由财政直接兑现,第二期由各级人民银行发行期票,定

①在公社范围内实行贫富拉平平均分配;县、社两级无偿调走生产队(包括社员个人)。

名中国人民银行江苏省分行期票，面额分为5元、10元、20元、50元、100元、500元6种，由江苏省分行统一印发，期票定期2年，不计息，不得流通、不得提前支付，到期凭票向开发期票的银行或营业所兑取现金。1979年上半年，对地主、富农及其子女无偿上交的退赔期票进行调查、核实、补办兑付手续。

三、金融债券

1985年11月，中国农业银行江苏省分行为充实信贷基金，发行金融债券，面额为50元、100元两种，期限1年，年息9%。

四、国库券

1982年，中国人民银行发行国库券，券面为5元、10元两种。全镇绝大多数干部、职工等踊跃认购，均超额完成任务。1982～1984年，发行国库券年利率规定，单位购买为4%，个人购买为8%。发行国库券自发行后第6年起一次抽签，按发行额分5年作5次偿还，每次偿还总额的20%。1985年，发行的国库券，规定期限5年，第6年全部还本付息。年利率：个人9%，单位5%。1986年～1988年，年利率个人10%，单位6%。1988年起，期限缩短为3年，利率与1987年相同，个人购买部分为10%，比同期储蓄利率收益水平高20%左右。同时，可在国家指定的场所进行买卖。1989年始，规定国库券只向个人发行，集体由财政局直接发行特种国债。自从发行凭证式和电子式国债以来，由于储蓄存款利率较低，并征收利息税，城镇居民转变理财观念，使得凭证式、电子式国债发行出现热销情况，发行供不应求。2005年，凭证式国债如东地区发行总额为1000万元，其中3年期657万元，5年期343万元，国债发行期为2005年10月15日～11月30日，采取按月分段的方式发行，其中10月15日～11月14日，发行422万元，11月15日～11月30日，发行578万元。如东工行宾山分理处是中国人民银行如东支行支库指定的国债常年兑付点。2005年，共兑付历年国债本息1.70万元，其中本金1.15万元，利息5426.54元，国债实物已通过南通市工商银行上划南通市中心支库。

第四章　保　险

中华人民共和国成立前，中国曾进行过一些保险立法工作，由于政局不稳，没有相应的执行措施，所以大部分没有真正实施。中华人民共和国成立后，保险立法工作很曲折，中共十一届三中全会后，保险立法工作有很大进展，中国先后颁布一些单项保险法规。这些法规有些属于保险合同法范畴，有些属于保险违法范畴，有些属于保险特别法范畴。

1992年11月7日，第七届全国人民代表大会常务委员会第二十八次会议通过《中华人民共和国海商法》，第一部法律的形式对海上保险做出明确规定。

1995年6月30日,第八届全国人民代表大会常务委员会第十四次会议通过《中华人民共和国保险法》,这是中华人民共和国成立后中国第一部保险基本法。采用国际上一些国家和地区集保险法和保险合同法为一体的立法体例,是一部较为完整、系统保险法律。

2002年,根据中国加入世贸组织承诺,根据2002年10月28日,第九届全国人民代表大会常务委员会第三十次会议《关于修改〈中华人民共和国保险法〉的决定》,《保险法》作首次修改,并于2003年1月1日起实施。

2009年2月28日,中华人民共和国第十一届全国代表大会常务委员会第七次会议通过最新《保险法》。

第一节　保险机构

中华人民共和国成立前后,大豫境内无保险业。1991年,兵房镇、南坎、丁店、东凌乡相继成立保险所,为办理保险业务专门机构。1994年5月,中国人民保险公司如东县支公司,在兵房镇设立保险营销服务部(掘东中心所),姜德昌为东片负责人,县支公司投资45万元,在兵房镇健康路9号建营业楼一幢,占地面积120平方米,建筑面积338平方米。1996年3月,中国人民保险公司改为股份制,称中国人民保险集团,下分人寿保险和财产保险。2000年,财产保险公司复名中国人民保险公司如东县支公司。2001年,在兵房镇设中保人寿兵房营销服务部、中保财产兵房营业所。2002年后,按总公司要求,将营业所办公用房转让给社会自然人,原有人员工资待遇按完成任务的比例提取。

第二节　险　种

民国时期,县内没有保险机构。1950年6月,中国人民保险公司南通支公司在马塘设立特约代理处,开启如东保险业先河。中共十一届三中全会后,保险事业蓬勃发展,涉及险种170个。1997～2012年,中国人民财产保险股份有限公司如东支公司兵房营业所,受理保险业务发生数3195件,理赔1390件,理赔金额586万元。

一、企业财产保险

中华人民共和国成立前称为火险,只负责赔偿因火灾、雷击造成的损失。20世纪50年代,增加洪水、地震、地陷、爆炸、崖崩5项责任。2005年,企业财产保险106个(主险10个、附加险96个)主要承保财产因火灾或其他自然灾害和意外事故造成的损失。

二、家庭财产保险

始于20世纪初,属于火险范围,当时仅有少数上层人物投保,保险费收入寥寥无几。1956年后,停办团体险和简易火险,保留家庭火险,演变成20世纪80年代的家庭财产保险。2005年,家庭财产保险类14个(主险4个、附加险10个),是适用于我国城乡居民和家庭一种财产保险，它的承保责任范围与财产综合险基本相同。

三、机动车辆保险

1951年，开始办理汽车保险，主要承保私营汽车车辆损失险。1956年，办理运输工具险。1980年，开办机动车辆保险（包括车辆损失险和第三者责任险）。2005年，机动车辆保险类35个（主险11个、附加险24个），主要适用于各类拥有机动车辆的单位和个人。

四、简易人身保险

具有保险和储蓄双重性质。1952年，开办简易人身保险。1959年1月1日停办，1984年第四季度，恢复办理简易人身保险。2005年，人身保险主要险种类别有：生存保险、两全保险、年金保险、健康保险、意外伤害保险等。

五、货运保险

1980年开办，主要是公路货运、联运、船舶（国际、国内）、航空（国际、国内）保险。

六、船舶保险

1980年开办，主要是对内河船舶、渔船、轮船保险。

七、养殖保险

1980年开办，主要是水产类、家禽家畜类、特种养殖保险。

八、社会保险

1987年3月，乡镇机关、企业职工中推行养老保险。有职工养老保险、职工医疗保险、农村社会养老保险、机关事业养老保险、职工工伤保险、职工失业保险、职工生育保险等。

九、子女婚嫁金保险

1988年开办，主要是家长为1～17周岁子女积累婚嫁费和在遭受意外事故时获得一定经济保障，具有储蓄和保险双重特点。

十、工程保险

1995年开办，2005年，工程保险类50个（主险3个、附险47个），主要是建筑工程一切保险，设备安装工程一切保险。

十一、工商户保险

1995年开办，主要是个体工商户财产保险。

十二、责任保险

1995年开办，主要是雇主责任、建筑雇主责任、旅游责任系列（境内、境外）、交通乘客责任系列、公众责任、火灾责任、广告责任、校园方责任、供电责任、产品责任（国内、国外）、餐饮责任、律师职业责任、家庭责任系列、医院医疗责任的保险。2005年，责任保险类69个（主险26个、附加险43个），主要适用于各类单位和个人等民事主体，它是以被保险人的民事损害赔偿责任为保险标准的保险。

十三、计算机保险

1998年开办，主要有计算机主机及外围设备、计算机网络设备、程控交换机设备保险。

十四、现金保险

2001年开办，凡属于被保险人的所有，或替他人保管或与他人共有的现金，政府债券、支票、现金银行汇票和财政汇票均可作为保险标的，负责赔偿因火灾、爆炸、洪水、被保险人的雇员在前往银行送款或自银行提款回程途中遭受抢劫、存放在金库、保险箱（柜）内遭受盗窃或抢劫；在营业过程中遭受抢劫造成的损失。

十五、安康险

2002年开办，主要是患病住院、众安康系列、乐安康系列保险。保险险种还有：国寿鸿福相伴两全保险（分红型），国寿鸿寿年金保险（分红型），国寿鸿运少儿两全保险（分红型），国寿鸿星少儿两全保险（分红型），国寿千禧理财两全保险（分红型），国寿鸿瑞两全保险（分红型），国寿鸿泰两全保险（分红型2003版），鸿丰两全保险（分红型2005年版），国寿鸿祥两全保险（分红型2003版），国寿鸿鑫两全保险（分红型），国寿鸿宇两全保险（分红型），国寿金色夕阳红养老年金保险（A），国寿99鸿福两全保险，金鑫两全保险（分红型），康宁定期保险，康宁终身保险，国寿康恒重大疾病保险，祥瑞终身保险，祥和定期保险，祥运定期保险，祥瑞还本终身保险，国寿福瑞两全保险，国寿福馨两全保险，国寿少儿两全保险，国寿独生子女两全保险，子女教育保险（A），子女教育保险（B），国寿如意两全保险，国寿松柏养老保险，国寿松鹤养老保险，国寿英才少儿保险，国寿子女教育婚嫁备用金保险，国寿住院医疗津贴保险，国寿团体人身保险，人身意外伤害保险，人身意外伤害综合保险，国寿学生、幼儿平安保险，国寿学生、幼儿平安保险附加意外伤害医疗保险，附加意外伤害医疗保险，借款人人身意外伤害保险，附加意外伤害保险，附加意外伤害生活津贴保险，吉祥卡A、B，如意卡B、E，全家福等。

十六、人寿保险

中国人寿保险开设险种有：祥瑞终身保险；祥瑞还本终身保险；康宁终身保险；康宁定期保险；国寿少儿两全保险；国寿福瑞两全保险；国寿福馨两全保险；国寿如意两全保险；国寿机构养老保险；国寿松鹤养老保险；国寿英才少儿保险；国寿养老金还本保险；国寿个人养老金保险；国寿子女教育婚嫁备用金保险；国寿简易人寿保险；子女教育保险（其中有子女教育保险、国寿鸿福两全保险）；国寿金色夕阳红养老金保险；国寿养老金保险；国寿团体年金保险；国寿千禧理财两全保险（分红型）；国寿鸿福相伴两全保险；国寿鸿盛终须身保险（分红型）；国寿鸿寿年金保险（分红型）；国寿鸿泰两全保险（分红型）；国寿鸿祥两全保险（分红型）；国寿鸿运少儿两全保险（分红型）；国寿永泰团体年金保险（分红型）；国寿鸿瑞两全保险（分红型）；国寿鸿星少儿两全保险（分红型）；国寿福康宁重大疾病保险（分红型）；国寿鸿泰两全保险（2003年版、分红型）；国寿鸿星两全保险（分红型）；国寿鸿宁两全保险（2003年版，分红型）；国寿康恒重大疾病保险；国寿康裕重大疾病保险；国寿鸿丰两全保险（分红型）；国寿鸿裕两全保险（分红型）。

1997～2012年财产保险兵房营业所业务情况表

表15—156　　　　单位:件 万元

年份	保险业务发生数	保险金额数	理赔业务发生数	理赔金额数
1997	80.00	56.00	50.00	10.00
1998	120.00	60.00	60.00	15.00
1999	160.00	75.00	70.00	18.00
2000	180.00	75.00	85.00	18.00
2001	190.00	76.00	90.00	20.00
2002	200.00	78.00	70.00	25.00
2003	210.00	80.00	70.00	25.00
2004	190.00	80.00	85.00	28.00
2005	195.00	80.00	90.00	30.00
2006	220.00	80.00	90.00	30.00
2007	230.00	80.00	95.00	30.00
2008	240.00	80.00	100.00	40.00
2009	220.00	80.00	105.00	65.00
2010	280.00	88.00	110.00	70.00
2011	250.00	85.00	120.00	80.00
2012	230.00	82.00	100.00	82.00
合计	3195.00	1235.00	1390.00	586.00

第十六篇 财政 税务

民国初年，大豫全境隶属掘港市管辖。财政收入以田赋和杂税为主，财政支出大多用于军政警费。

民国5年(1916)，大豫盐垦公司建成后，启海移民陆续迁此开荒垦殖，土地成熟后，在财政收入无正当渠道情况下，各种捐款名目繁多，民众负担日趋加重。民国34年(1945)后，国民党政府各种苛捐杂税增加数十倍，人民负担更重、怨声载道。

民国29年(1940)11月，新四军东进如皋东乡(如东县)，开辟抗日革命根据地。在马塘镇接管国民党如皋县政府，接管后，县政府二科执掌全县财政。财政收入主要源于农业田赋和公粮，支出以军政人员给养和保障革命战争供给为主。为减轻人民负担，抗日民主根据地经常组织生产自给，实行自力更生，自给自足。民国30～34年(1941～1945)，境内各乡逐步开展减租运动，实行“二五”减租后，取消苛捐杂税，农民得到经济实惠。民国35年，土地改革后，农民积极性空前高涨，踊跃上缴公粮，支援前线。尤其是在民国36年，掘东区的财经工作在整个苏中九分区发挥着举足轻重作用，时称“分区财政靠如东，如东财政靠掘东”。中华人民共和国成立后，全县财税实行统收统支、财税合一。在中央人民政府正确领导下，坚持“取之于民、用之于民”方针，用发展生产方法保证财政收入，经过多次财政体制改革，使财政体制不断得到完善和规范。2005年，实现农村税费改革，终止沿袭2000多年农业税征收。2012年，全镇财政总收入1.48亿元，公共财政预算收入8213万元。

第一章　财　政

第一节　财政体制

中华人民共和国成立后至1953年，实行统收统支财政体制。1953年年底，国家财政实行分级管理。至1988年，国家对财政体制作过7次调整。1988～2005年，相继实行“收入递增包干”“分税制”“公共财政支出改革”等管理体制。2006年始，实行“镇财县管”。

一、实行统收统支财政体制

中华人民共和国成立初期，仍沿用老解放区供给制办法和管理制度，实行高度集中的统收统支财政体制。税项收入、公共事业收入、公产、清资、罚没收入、财务收入全部上解。所有政务、粮务、民运、税务、荣军、优救等经费支出全部向苏北行署财政处结报。

1950年3月起，按政务院有关规定，收入一律解缴中央金库。地方支出，由上级统一审核，逐级拨付，全部纳入国家预算。

1951年1月，执行苏北行署训令，存款利息所缴税等8项划为地方税，用于党政人员行政经费开支。3月，根据苏北行署颁发的《1951年城镇政权事业费征收管理暂行办法》，从1月起，开征城镇政教事业费，主要用于教育、卫生、体育等有关经费，9月停收，改征工商业税附加15%。

1953年前，地方财政预算实行统收统支管理制度，即地方组织的主要收入统一上交国家，地方所需要支出，由国家统一拨款。1953年1月，实行中央、省、市（县）三级财政体制，划分收支，分级管理，即分类分成管理，省以下均称地方财政。是年5月，划归地方固定收入项目。

1955年，核实商品流通税、货物税、工商营业税和所得税3%，农业税10%。1956年，减为5%，核定公债收入40%。

1957年5月，公私合营企业收入由20%调整为50%。

1958年1月，将分类分成改为总额分成征收商品流通税、货物税，8%留地方使用，工商营业税、所得税10%留地方使用，农业税15%留地方使用。全面实行公社化、政社合一，国家对农村财贸体制进行改革，实行“两放、三统、一包”①。实行总额分解后，不再区分地方财政固定收入和地方分成收入，而按地方预算正常支出占地方总收入比例确定中央与地方分成比例。

---

①放人员、放资产，统一政策、统一计划、统一流动资金管理，包财政任务。

二、实行"收支下放"财政体制

1959～1970年，实行收支下放，计划包干，共同负责的财政体制，结余留地方使用。1961年后，根据中共中央农村人民公社"六十条"精神，改"财政包干"为"统收统支"。

三、实行"收支包干"财政体制

1971～1973年，实行"统收统支，收支包干、超收分成"的财政体制，即年初定收入定支出，核定上缴财政任务或差额补助，一年一定，结余留用。

四、实行"超收分成"财政体制

1974～1981年，实行"固定比例留成，超收分成，支出按指标包干"财政体制。

五、实行"收支挂钩"财政体制

1982年，境内各公社财政管理所建立后，形成独立收支预算和机动财力"一级政府，一级财政"，经济独立核算。1984年7月，在饮泉乡试点"核定收支，收支挂钩，超收分成，结余留用"管理体制。次年，推广饮泉做法，丁店乡包干全部支出指标，其余各乡超收分成，实行"收支挂钩、全额比例包干"财政体制。1986年，经过分配试点，实行"核定收支、收支挂钩，增收或超收分成，结余留用，一年一定或数年一定"办法。镇一级财政收入包括：国家预算内的工商各税、农业税和其他收入，地方预算外工商税附加、农业税附加和公用事业附加，乡镇自有资金收入。支出包括：国家预算内农林水事业费、社会救济费、行政管理费、其他部门事业费；地方预算外按照国家规定从"三项附加"分成中开支的各项费用；从乡镇有资金中开支的各项费用，凡属乡镇范围内的收支，原则上都划归乡镇管理。1987年，乡镇财政管理体制作调整，实行收支两条线，增(超)收分成管理体制。

六、实行"收入递增包干"财政管理体制

1988～1990年，实行此财政管理体制，以1987年财政决算参与分成收入为基数，每年递增5.70%，在递增率以内收入，仍留成49.09%，超过递增率以内收入全部留用。1992年，执行"收支挂钩，递增包干"预算管理体制，"核定基数，定缴定补，超收分成，短收不补"，结束长期制约财政发展的收支两条线历史，开创财政预算管理新局面。

七、实行"分税制"财政管理体制

1994年1月起，执行分税制财政管理体制，乡镇财政收入具体划为县固定收入，乡镇固定收入和县与乡镇共享收入3个部分，乡镇财政支出划分为正常支出和专项支出两部分，使乡镇财政管理体制与国家分税制财政体制有机接轨。

八、实行"公共财政支出改革"管理体制

2001年，乡镇全面实施公共财政支出改革，改革预算管理制度，实行预算统编。建立镇会计服务中心，实行会计统管。撤销所有行政事业单位会计岗位，各单位资金结算、会计核算、财务处理全部到会计中心办理。镇预算内收入直接进入国库，预算外收入直接进入财政专户，实行收缴分离。

实施公共财政支出改革的对象，财政有预算内外资金缴拨关系的党政群机关、团体和

事业单位。改革内容有改革预算管理制度,实行预算统编。打破原有的全额预算、差额预算、自收自支3种预算管理模式,将预算内、外两块资金统一编制部门和单位综合财政收支预算,收入全额上缴财政,支出按零基预算办法,严格按照序时进度收支拨付财政资金;建立收支直达的国库收付制度,实行国库统付。统一撤销统管部门和各单位在银行开设的一切收支账户共58个,全部在会计中心建立单位分户。镇预算内收入直接进入国库,预算外收入直接进入财政专户,实行收缴分离。支出由会计中心统一结算,集中支付,直达劳务提供者或商品供应商,县国库建立工资专户,自9月始,对公教人员工资和离退休人员离退休金实行统一发放;扩大政府采购范围,实行采购统办。撤销单位对大宗商品自行自由采购,一律实行政府采购,对汽车维修、公车加油、小额印刷和办公用品的购买,公开招标定点厂商,实行定点采购;建立会计中心,实行会计统管。撤销所有行政事业单位会计岗位,各单位资金结算、会计核算到会计中心办理。对增值税地方留成增量部分县镇分成,将下放属地管理的原县工业企业缴纳的工商税收、农业四税①以及其主收入均作为镇级收入,调动以项目建设为中心,以工业经济为主体,大力发展财源经济积极性。

九、实行“镇财县管”改革

2006年2月起,实行“镇财县管”改革,县财政部门“规范管理,高效服务”,运行平稳,操作有序,实行改革“软着陆”。推行“部门预算”,增强镇级预算管理严肃性和约束力,策应国库集中支付改革,对镇公务员和教职工推行地方标准工资。政府采购支出、部分专项支出,试行“你委托,我支付”直接支付新模式,资金直达个人或收款单位账户,减少中转环节,缩短资金在途时间,提高资金使用率,确保专款专用。对农户实行“一折通”,每户一本存折,每年农户应得各类补贴、奖励、医疗及救济补助等,亦直接打入农户存折。

十、健全内部管理制度,规范采购流程

2002年,进一步健全12项内部管理制度,不断规范采购流程,确保政府采购全面、公开、公平、公正。强化后续管理,建立跟踪反馈制度和定点单位定期检查制度,结合《中华人民共和国采购法》实施举办学习培训班,争取社会各界支持和理解,提高服务质量和办事效率。

2003年,国库管理制度改革初步方案基本形成,完成国库集中支付改革前期准备工作,并与财税库行部门横向沟通协调,论证“财税库行”联网工程。完善部门预算改革,继续推选综合预算、零基预算法,统筹安排预算内外财力,实现预算管理全覆盖。健全完善乡镇级财政体制,对跨镇经营企业税收收入分配更趋科学、合理,充分调动并提高乡镇招商引资发展经济和组织收入积极性。是年12月,依照采购流程监督管职能和执行职能分开原则,实行政府采购机构执行与监管两分离,将政府采购操作机构与财政部门正式脱钩分设,理顺政府采购机构设置和隶属关系,强化管理力度。分设后的政府采购资金实行国

①农业税、农林特产税、耕地占用税、契税。

库直接支付，减少采购资金支付中间环节，提高财政资金使用效率。加强会计核算、监督和服务工作，大力推行统管单位财务公示活动。

2004年，实行部门预算、国库集中支付、收支两条线管理、政府采购管理等各项财政改革横向拓展，纵向深化，进展明显。

2012年，镇政府采购预算额57.24万元，实际支付额54.88万元，节约资金2.36万元，资金节约率为4%。

农村税收向纵深发展。2005年，两镇（兵房、大豫）有2.54万户农户享受到农业税减免待遇，计币367.37万元，切实减轻农民负担。粮食直补资金发放管理规范。

2009～2012年大豫镇农资综合补贴及粮食直补资金发放表

表16—157　　单位：万元

年　份	户　数	金　额
2009	39239	1046.95
2010	39867	1078.63
2011	39979	1252.03
2012	41656	1268.15

第二节　财政机构

境内从民国29年（1940）起，乡设粮管员，后称乡财经。1958年9月，公社建立财政管理所，后易名过税务所、财政科、财务科。1983年起，隶属县财政局和地方政府双重领导。随着镇域区划调整，2009年5月，组建大豫镇财政所。2012年，在编人员18人。

民国29年（1940）11月，乡设财粮管理员（简称“粮管员”）。

民国38年（1949）9月，乡设财政管理员（简称“乡财经”）。

1958年9月，境内各公社建立财政管理所。

1959年5月，撤销公社财政管理所，改为税务所。

1960年6月，撤销公社税务所，建立公社财政科，对外称公社财政管理所。

1961年11月，撤销公社财政科，设立公社财务科。

1981年，全省统一从企业会计队伍中通过考试，择优录用一批专职财政干部。12月，每个公社分配1名，建立人民公社财政管理所，所长由公社分管财贸领导兼任。公社财政管理所为公社财政管理机构，县财政局下属单位，受公社和财政局双重领导，业务以财政局领导为主，管理公社范围内的各种资金，社队企业财务和农业税征收等工作。

1983年，农村实行“社政分开”体制改革，政社分设后，保留财政所机构，原公社财政所改名为乡财政所。

1986年，省增加乡(镇)财政事业编制。第二次通过统一考试、政审、体检，选聘财政人员，首次聘用期为3年。

1987年，全县从财政干部中选任专职财政所所长。

1989年，第三次从财政所集体会计中通过考试、政审、体检，择优录用转为国家财政干部。

1995年，第四次对1986年招聘的财政干部进行统一考试，考核转为国家财政干部。

2000年前，财政所人员编制一般为3～5人。2000年和2001年及2009年行政区划调整，乡(镇)合并财政所人员编制相应增加，2012年，大豫镇财政所在编人员为18人，镇财政所仍属镇政府和财政局双重领导，行政管理隶属镇政府，人员调配、任免和业务仍受财政局领导。

图16-108　大豫镇财政服务大厅（2012年，财政所　提供）

1983～2012年境内乡镇财政所历任所长名单

表16—158

乡镇名	历任所长名单
大豫镇	郭亚军　黄生勇　张锡康　周爱华　施松兵
兵房镇	朱汉昌　季忠富　郭亚军　施松兵　季跃明
丁店乡	张锡康　季跃明
东凌乡	沈玉良

第三节　财政收支

财政机构通过财政预决算，实行收支两条线，发挥财政在国民经济中的职能作用。

中华人民共和国成立前夕，境内各乡用于政务、粮务、民运、优救等经费支出，划分大米、公草、现金3个部分。教育、水利、民政、公安等系统的经费，均垂直向苏北行署各主管部门结报。

中华人民共和国成立后，境内各乡财政收入，主要是企业收入，工商税收入、农业税收入及其他收入等。各乡财政支出遵循“量入为出，统筹兼顾，厉行节约，有效开支”原则，有计划地使用财政资金。支出项目包括经济建设、文教卫生、行政管理、支援农业费、事业费及集镇维护费等。

中共十一届三中全会后，大豫镇国民经济发展较快，经济效益有所提高，财政收入相应增加，做到年年收支基本平衡。

1985年，贯彻执行《中共中央关于经济体制改革的决定》，推进城乡改革，镇财政支出结构趋向合理。

2009年5月后，大豫镇财政收支情况，详见下表。

2009～2012年大豫镇财政收支情况表

表16—159　　单位：万元

年份	预算内收入	预算外收入	预算内支出	预算外支出
2009	3943.72	2873.88	5181.32	3171.63
2010	4110.84	3506.20	4202.90	2324.21
2011	6156.94	3150.41	4330.67	3143.84
2012	7682.40	9303.94	5694.27	10446.21

注：以上数据由镇财政所提供

第四节　财政管理

1981年，公社建立财政所后，使企业财务、预算外资金、农村财务管理得到加强，财政管理体制不断完善。1999年始，县对镇实行分税制财政管理体制。2002～2005年，调整镇级财政管理体制，重新界定收支范围。2006年始，调整完善县镇财政体制，确定县镇财政体制形式：核定收支，超收分成，短收赔补，节支留用，一定5年。

一、企业财务管理

含固定资产管理、流动资金管理、销售利润管理等。固定资产购置，须经主管领导审批后方可购买。固定资产应按规定提取折旧费。1953年，财政部门对企业单位生产成本，资金运用管理费用，上缴利润严格审查核定。1954年，实行超计划利润留成、实行企业利润留成办法，同时废止企业奖励基金制度。1962年，除商业部门外仍实行利润留成办法，其余各企业不再实行利润分成办法，并恢复企业奖励基金制度。1969年，取消企业奖励基金制度。1973年，商业部门取消利润留成制度，对企业固定资产实行无偿调拨，流动资金由财政直接拨款。1978年，恢复提取企业基金的办法，完成国家下达指标的可按职工全年工资总额的5%提取企业资金，不能完成计划指标，适当扣减比例。1979年，实行企业利润留成，对固定资产实行有偿调拨。1980年，开征企业固定资金占用费、流动资金占用费。1983年，全面实行税改制度，并停征固定资金占用费和流动资金占用费。1985年，实行第二步利改税改革。1987年起，推行承包经营责任制，根据“包死基数，确保上交，超收多留，歉收自补”原则，确保国家与企业分配关系。2003年，针对财政收支平衡面临的严峻形势，定期召开财政收入预警分析会。发挥财政部门征管收入的主观能动作用，主动配合两税部门开展民主评税工作，清理整顿社会福利企业和资源综合利用企业，对重点行业税源进行调查并完善税源台账，健全协税护税网络。2005年后，外商投资企业联合年检改为网络年检方式。

二、预算外资金管理

1983年，根据财政部颁发《预算外资金管理试行办法》，对预算外资金加强管理。1986年，国务院发出《关于加强对预算外资金管理的通知》后，乡镇财政所加强对预算外资金管理的调查和研究，建立健全预算外资金管理制度。1987年，对各单位自筹基本建设资金实行审批制度，控制和压缩自筹基本建设的投资规模。1988年，对行政事业单位预算外资金实行收支两条线，督促各单位按月将收入转存财政专户，按季编报分月用款计划。1990年，开始实行乡镇行政事业单位预算外资金财政专户储存管理。2000年，加大政策宣传力度，完善各项规章制度，狠抓预算外资金“收支两条线”管理规定的落实，弥补预算内不足，为财政平衡做出贡献，认真搞好银行账户管理，对全镇各单位银行账户开户及使用情况进行全面清理检查，加强预算外资金监督检查。2001年，实行财政改革。通过建立会计中心办法，实行报账制和会计集中核算。统筹预算内外所有资金，根据零基预算原则，开始编制综合财政预算。对预算外资金实现“收支两条线”管理，将预算外资金纳入预算编制。

三、农村财务管理

主要包括村组财务和乡村办企业财务，农村财务管理工作由财政部门具体负责，财政支农资金主要用于乡村干部补贴，列行政管理费支出。纳入财政预算管理的农业事业费项目有农业、林业、水利等部门的经费和农业事业费，畜牧事业费，水产事业费。1955年，增加水利事业费。1956年，增加林业事业费。1959年，增加其他支持农业方面资金。1980～1985年，对农业企业实行财务包干，对“供销企业实行包干上交，结余留用，短收不补”。1986年，对农业专用基金使用实行报批制度，同时加强对乡镇办企业财务管理和指导。2000年，选调人员，积极参与和精心组织农村税费改革工作，及时进行测算和统计，编制改革方案，建立全镇税费改革资料数据库，做好农村税费改革准备和组织工作，按照农村税费改革和农业税收征管办法，建立规范的农业两税征管制度。深入宣传发动，营造税改声势。对农村税费改革进行广泛深入宣传发动；达到让税改精神进村入户、让税改政策家喻户晓之目的。认真制定对镇村两级转移支付方案。根据“统一规范，公平合理，公开透明”要求，对省确定转移支付补助进行认真测算，在确保村级不留缺口基础上，科学制定对镇、村两级转移支付方案，弥补税改后镇级资金缺口。农业税收实行“定点定时征收，一户一税一票”先进做法，严格农业税减免申报审批手续，制定考核奖励措施。在全镇进行政府性资金和债权债务清理工作，成立政府性资金和债权债务清理领导组，抽调人员集中办公，完善清理清收组织网络，分解落实清收任务，建立清收台账，全部摸清镇债权债务底数，组织债权资产变现工作。全镇共清理债权2500万元，完成清收任务的50%。2003年，强化镇级财务管理，培植财源，控减支出，壮大主体经济，做强工业实力，拓宽增收渠道，确保镇村基层组织正常运转。配备镇会计中心统管软件，进行会计档案培训及观摩活动，全面提高镇财政所电算化管理水平。对财政所领导职位推行竞争上岗、拓宽选人渠道。镇财政所率先推选基层财政所领导职位竞争上岗，通过4个环节严格选拔，优化人才结构。重视会计基础管理工作，镇财政所增设会计专管员岗位，配备专人负责镇会计管理工作，建立会计人员信息资料库，切实整顿全镇会计秩序。

第五节　财政监督

财政监督是对各部门、各单位财政、财务活动进行监督，保证财政政策、法令和各项财务制度贯彻执行的一种手段，对维护财经纪律，促进改善财务管理，完成财务任务，发挥积极作用。1952年8月，苏北行署规定，在机关内部建立财务检察员，实行经济民主管理。1962年6月，根据南通市财政局《关于加强财政监察工作的报告》精神，设置财政监察通讯员，逐步建立群众性的检查通讯网。1965年底，财监通讯员停止活动。1979年5月，恢复财监通讯员，并颁发财政检察员聘书，财监通讯员仍为兼职（不脱产）。1985～1987年，连续开展3次税收、财务、物价大检查。2001年，重新修订会计基础工作规范化考核办法和标准，完善会计管理网络，实行会计建账监管。按照省、市、县统一部署，认真组织实施《中华人民共和国会计法》执行检察，在全镇党政机关机构改革前夕，组织对镇机关资产进行自查登记，防止资产流失，做好调整乡镇资产合并，财务清理和移交工作。2002年，抓好建账监管工作。组织《中华人民共和国会计法》执法检查，重点检查医疗卫生机械、建筑施工等，进一步规范财经秩序，深化《中华人民共和国会计法》贯彻、实施。同时建立财政义务监管员网络。制定财政农业专项资金管理实施细则，农业专项资金申报程序，镇级财政报账和财政监管措施得到规范。建立财政支农资金，农村路桥建设项目库，完善农业综合开发有偿资金委托贷款机制，降低还债风险。2003年，加大财政监督力度，促使社会经济秩序健康、协调、有序发展。抽调专门力量,集中对行政事业单位收费、罚没款票据、农业税征收票据和各类契税征缴情况进行全面清查,建立健全票据管理制度。加大财政监管力度,加强对预算外资金和统管单位会计备用金等检查。2005年,财政监督逐步从单一财税法规检查转向围绕财政管理监督检查,并对财政内部开展监督检查,实现监管并重、收支并举、内外并行监督检查模式。2010年,有针对性地开展重点项目财政专项检查,对社会团体"小金库"专项治理,堵塞管理漏洞,强化政府工程资金监管。

第二章 税 务

第一节 民国时期苛捐杂税

民国29年(1940)前,国民党如皋县政府借抗日之名,千方百计吸吮人民血汗,不仅纵兵抢掠,而且苛捐杂税多如牛毛。如"保安团捐""枪械捐""警察捐""壮丁捐""弃婴捐""防疫捐""米草捐""帐子捐""席子捐""被单捐""洋烛捐"等等。

民国29年(1940),抗日民主政权建立之后,苛捐杂税被扫除。但日伪盘踞的南坎镇、大豫镇、鲍家坝、兵房镇等地,在其势力范围内,捐税之多之重,不胜枚举。

民国36年(1947),国民党军队占领如东主要集镇后,派捐派款铺天盖地接踵而至,使大批商店、作坊纷纷倒闭。

第二节 赋 税

中华人民共和国成立前后,农业税以公粮形式征收。1983年后,改为折征代金。为减轻人民负担和发展农业生产,1958年、1961年两次调低农业税率。1978年,凡人均收入50元以下免征农业税。1994年,取消产品等税。2005年,取消农业税。

一、农业税

(一)抗日战争时期公粮征收

民国30年(1941)麦收,如皋(东)县开征抗日救国公粮,在短短1个月之内超额完成任务。

民国31年秋,农业税改成粮赋(即公粮和田赋)。但农民群众已习惯称公粮。

民国34年（1945）如东县夏征定额

表16—160　　单位：斤

田亩等级	大麦	元麦	小麦
甲	16	11	11
乙	12	8	8
丙	9	6	6
丁	6	4	4
戊	3	2	2

民国34年（1945），一户自种田不足3亩者，佃种田不足5亩者，都免征农业税；烈属户全免，军属户分别减免10%～30%。

（二）解放战争时期公粮征收

民国36年（1947），国民党军队占领如东各大集镇后，不断对全县农村进行“清剿”“驻剿”。这年秋征，县财经局在重点村进行田亩等级调查，制订秋征担负比率表，进行“集体征粮”试点，很快完成征粮、保粮任务。

民国36年（1947）掘东区秋征田亩粮赋统计

表16—161

品种	稻子	棉花	玉米	黄豆	熟草	荡草
亩数	23642.95	188446.57	52908.90	2856.56	267854.98	29133.85
实征（万斤）	38.64	152.21	104.35	1.98	143.62	22.17

民国37年，掘东广大农民群众踊跃交纳公粮，支援解放战争。

（三）中华人民共和国成立后公粮征收

1951年春，把按田亩等级定额征收农业税改为按常年产量以原进税率征收农业税。

1958年，执行依率计征，依法减免，增产不增税，合理负担政策。这一年税率降1.16%，而且免征自留地农业税。

1961年，为调动农民生产积极性恢复和发展农业生产，农业税率又调低4.84%。

1979年，为进一步减轻农民负担，国家规定农业税起征点以生产队为单位计算，1978年，凡农村人民公社收益分配平均每人收入50元以下生产队免征农业税。

1983年，实行家庭联产承包责任制后，农业税由过去队（组）为单位，改为户交户结和户交队（组）相结合，由征收实物改为折征代金，计税价格按粮食“倒三七”比例计算。1989年，开征农业特产税，该税收全部留给地方，实行县、镇五五分成。从1994年起，由于粮食收购价提高，农业税计税价格也相应提高，主粮计税单价每百公斤83元。2001年，税费改革后，农业税计税面积中农业特产品免收农业特产税。2003年，停征农业特产税。2004年，农业税税率由2003年7%，调减为4%。农业税附加也相应降低。2005年，按国家规定，实行农村税费改革，全国取消农业税。

二、盐税

清末，由于“庚子赔款”“甲午赔款”以及之后袁世凯的“善后大借款”，都是以盐税作担保，因此盐政上的征税与缉私越来越严厉。国民党统治时期，实行民制官收，官运官卖。盐民煎盐，除交纳正税以外，还要担负“缉私费”“验票费”等苛捐杂税。盐民在劳动中所得几乎全部刮光。官府对缉私有专设武装，叫“税警团”，后改名“缉私营”，群众称他们为“盐兵”。若是走私被其查获，轻则遭受严刑拷打而交罚款，重则在其专设的监狱坐牢，盐兵对盐民，除横征暴敛外，还明目张胆地敲诈勒索，常用私盐做脏诬陷，索取钱财。盐民称为“栽钉子”“敲竹杠”。

1949年，人民政府为减轻盐民负担和促进盐业生产，对盐税实行“以量核实，就场征收，税不重征，自由运销”计征方法。1950年，又将盐税改为本价征收，更减轻盐民负担。同时国家为发展工、渔、农、牧生产，降价优待供应专用盐，其价格差额，主要是减征盐税。渔业用盐只征30%，农牧业用盐只征税40%，工业用盐免税。

三、工商税

（一）货物税

原称产销税。凡制造产品的厂、商，所生产商品属税法列举品目（酒类、海产品及迷信品等）都征收货物税。海产品征收税为5%，迷信品征税为80%。1956年，各香坊不再生产神香，改制卫生香、蚊香，税率降为5%。

（二）商品流通税

1953年，全县开征商品流通税，主要把酒类、原木（杂树）、粮食等商品应缴纳的货物税、营业税等，合并为商品流通税。凡纳过商品流通税的商品，营销全国各地都不再征税。1958年，此税停征。

（三）营业税

凡是工商业户，不分经济性质，都得按营业额、收益额、佣金额，分别按照不同行业税率缴纳营业税。固定工商业户，每月营业额不满90元，收益额不满60元，免征营业税。

（四）所得税

凡纳营业税的工商业户，除上缴利润的全民所有制企业外，都以企业为单位，在年度内结算净利润，缴纳所得税。全县于1949年开征所得税。现行企业所得税主要是按照1993年12月23日国务院发布的《中华人民共和国企业所得税暂行条例》和1994年2月4日财政部发布的《中华人民共和国企业所得税暂行条例实施细则》等法规执行。税率，有法定税率和优惠税率两种。法定税率是33%；优惠税率是指对应纳税所得额在一定数额之下的企业给予低税率照顾，分别18%和27%两种。年应纳税所得额在3万元以下（含3

万元)的,减按18%的税率征收;年应纳税所得额超过3万元～10万元以下(含10万元)的,减按27%的税率征收。

(五)供销合作社所得税

供销社新建初期,免征所得税1年,期满后,依20%的税率征收。1957年,供销社所得税以5级累进税率征收。1961年以后,供销社税率又按36%的比例税率征收。

(六)手工业合作社所得税

1954年之前,建立的手工业合作社,免征所得税3年。1955年以后,建立的手工业合作社,所得税减半征收2年。1963年,国家对手工业、交通运输及镇办企业规定按8级超额累进税率征收所得税。

(七)私营商业(包括合作商业)所得税

1950～1959年,私营商业以21级全额累进税率纳所得税。1963年后,合作商业以9级超额累进税率纳所得税;个体商业户以14级全额累进税率纳所得税。

四、地方各税

(一)烟酒税

民国元年(1912),开始征收此税。

(二)印花税

民国2年(1913)始征,纳税对象为各类经济合同,账簿、产权转移契据。1958年9月停征。1988年10月复征。

(三)土烧酒税

民国时期,依槽坊酿酒缸为基数征收土烧酒税。每15大(从蒸饭到出酒)为一周期。

(四)牙税

始征于清代,纳税对象为经营牙行、代客买卖者,须先申领部贴,分票等课税。1951年1月,改为工商业税。

(五)土香税

民国37年(1948),开始征此税。

(六)屠宰税

凡宰杀猪、牛、羊,征收屠宰税。中华人民共和国建立前,屠宰税率达13%左右;1965年以后,税率只有5%。2001年1月1日起,江苏省停止征收。

(七)牲畜交易税

凡牛、马、驴在私人成交时,由买方按成交价纳15%的税款。1954年12月,开征此税,于1965年停征。1994年,税制改革时,取消牲畜交易税。从2007年1月1日起,实施《中华人民共和国车船税暂行条例》。

(八)车船使用牌照税

民国时期始征,对使用车船、肩舆、驮兽之工具发给牌照,征收牌照税。境内从1951年起,开始征收此税。1966年停征。

(九)集市交易税

为加强集市贸易管理,保护正当交易,稳定市场价格,于1963年3月～1965年9月开征过集市交易税,征收对象为7类26个税目,按产品销售金额5%征收。

(十)产品税

1984年10月开征。对从事工业品生产、农产品采购和经营进口产品单位和个人销售收入征收。税种税目270个,税率27个,最高税率60%,最低税率3%。1994年,税制改革,取消产品税。

五、增值税

增值税是对纳税人生产经营活动增值额征收的一种间接税。征收范围包括所有工业生产环节、商业批发和零售环节及提供加工、修理修配劳务以及进口货物。1983年1月,县内试行增值税。1993年12月13日,国务院发布《中华人民共和国增值税暂行条例》。12月25日,财政部下发《中华人民共和国增值税暂行条例实施细则》,于1994年1月1日施行。实行增值税的优点为有利于贯彻公平税负原则;有利于生产经营结构的合理化;有利于扩大国际贸易往来;有利于国家普遍、及时、稳定地取得财政收入。增值税实行价外税。在征收管理上分为一般纳税人和小规模纳税人,在规定标准以上即从事货物生产或提供应税劳务的纳税人年销售额100万元以上或从事货物批发或零售的纳税人年销售额在180万元以上,经申请审批后认定为一般纳税人,税率分为3档:基本税率为17%、低税率13%和零税率。纳税人出口货物除国务院另有规定外使用零税率,企业有权领购使用增值税专用发票和按规定取得进项税额的抵扣权。从事商业经营的小规模纳税人按4%的征收率征收,其他小规模纳税人按6%的征收率征收、不能领购增值税专用发票,不得抵扣进项税额。

六、消费税

消费税,是对一些特定消费品和消费行为征收的一种税。国务院于1993年12月13日,颁布《中华人民共和国消费税暂行条例》,财政部于1994年1月1日开征消费税。消费税特点:征收范围具有选择性;征税环节具有单一性;征收方法具有选择性;税率、税额具有差别性;税负具有转嫁性。在中华人民共和国境内生产、委托加工和进口消费税暂行条例规定的消费品,其单位和个人,为消费税的纳税义务人。中国消费税征税范围有:烟、酒及酒精、化妆品、贵重首饰及珠宝玉石、鞭炮焰火、成品油、汽车轮胎、摩托车、小汽车、高尔夫球及球具、高档手表、游艇、木制一次性筷子、实木地板等14类商品。金银首饰、铂金首饰由生产环节、进口环节征收改为零售环节征收,委托加工、委托代销金银、铂金首饰,由委托方纳税。消费税实行从价定率、从量定额、从价定率和从量定额相结合复合计税3种计税办法。

2012年大豫镇征收国家税种、税率一览表

表16—162

税 种	征收对象	税率(征收率)或税额
增值税	境内销售货物提供加工 修理修配劳务以及进口货物的单位 个人	17% 13% 10% 6% 4% 3%
消费税	中国境内生产 委托加工和进口应税消费品单位 个人	45% 40% 30% 25% 15% 12% 10% 9% 5% 3% 1% 黄酒240元/吨 啤酒220-250元/吨 粮食和薯类白酒每斤加收0.50元 汽油1-1.40元/升 柴油0.8元/升
个人所得税(利息税)	所得税 包括居民纳税人和非居民纳税人	20%
企业所得税	境内实行独立经济核算的企业和组织(不含外资企业)	10% 20% 25%
车辆购置税	购买 进口 自产 受赠 获奖或者以其他方式取得并自用的汽车 摩托车 电车 挂车 农用运输车的单位 个人	10%

2012年大豫镇地税直接征收费用一览表

表16—163

费 名	征收对象	征收率
教育费附加	缴纳增值税 消费税 营业的单位 个人	3%
地方教育附加	缴纳增值税 消费税 营业的单位 个人	2%
文化事业建设费	缴纳娱乐税 广告业营业税的单位 个人	3%

2012年大豫镇地税代征社会保险金一览表

表16—164

名 称	单位缴纳比例	个人缴纳比例
基本养老金保险	20%	8%
工伤保险	0.7%	——
生育保险	0.3%	——
失业保险	2%	1%
基本医疗保险	8%	2%
大病统筹	60元(人 年)	60元(人 年)

2012年大豫镇征收地方税税种、税率一览表

表16—165

税 种	征 收	对 象	税 率
营业税	交通运输业 建筑业 文化体育业 邮电通讯业 个人按市场价格出租居民住房	取得应税收入的单位 个人	3%
	金融保险 销售不动产 服务业 转让无形资产		5%
	娱乐业		20%
城市维护建设税	凡是缴纳增值税 消费税 营业税的单位 个人	城市区划内的纳税人	7%
		县城 镇区化内的纳税人	5%
		不在市区 县城 镇内的纳税人	1%
个人所得税	在中国境内有住所或者无住所而在境内居住满一年的个人 从中国境内和境外取得的所得 在中国境内无住所又不居住或者无住所而境内居住不满一年的个人 从中国境内取得的所得	工资 薪金所得	5%~45%
		个体工商户的生产 经营所得和对企业事业单位的承包经营 承租经营所得	5%~35%
		劳动报酬所得 稿酬所得 特许权使用费所得 利息 股息 红利所得 财产租赁所得 财产转让所得 偶然所得 其他所得	20%
企业所得税	中华人民共和国境内的企业(不含外商投资企业和外国企业)	年所得额在3万元以上(含3万元)	18%
		年所得额在3万元 ~ 10万元以上(含10万元)	27%
		年所得额在10万元以上	33%
房产税	在城市 县城 建制镇和工矿区的房产	从价计征	1.20%
		从租计征	12%
车船使用税	单位 个人拥有并使用的车船	机动船	1.25元/年 吨
		非机动船	0.60~1.40元/年 吨
		机动车	8~200元/年 辆
		非机动车	4~12元/年 辆
城镇土地使用税	—	县城	0.80平方米 / 年
		建制镇	0.50平方米 / 年
		房地产开发企业销售办公室用房 营业用房 高级公寓 别墅等的收入(或销售收入)	预征率1%
土地增值税	转让国有土地使用权 地上的建筑物及其附属物并取得收入的单位 个人	增值税(扣除项目金额50%部分)	30%
		扣除项目金额50%部分	40%
		扣除项目金额100%部分	50%

续表16—165　2012年大豫镇征收地方税税种、税率一览表

税 种	征 收	对 象	税 率
土地增值税	转让国有土地使用权 地上的建筑物及其附属物并取得收入的单位 个人	增值税(扣除项目金额200%部分)	60%
		房地产开发企业销售办公用房 营业用房 高级公寓 别墅等的收入(或预售收入)	预征率1%
印花税	在中华人民共和国境内签立 领受的各类合同 产权转移书据 营业账簿权利许可证照	购销合同 建筑安装工程承包合同 技术合同	0.30%
		加工承揽合同 建筑合同	0.50%
		勘察设计合同 货物运输合同 产权转移书据 资金账簿	
		财产租赁合同 仓储保管合同 财产保险合同	1%
		借款合同	0.05%
		其他账簿 权利 许可证照	5元/件

附记:

掘东区财经工作在解放战争时期的作用(节选)

民国35年(1946)底,自卫战争开始,国民党军队实行驻剿,从丁埝至大同镇的大小市镇交通被封锁,启东到通如公路一线全被占领。掘东、苴丰地处海滨斗争形势相对好一点,当时苏中九分区机关、部队就在这一带活动,掘东区财经工作,占相当重要地位。陈阵、蒋鸿志、黄文标就分工在掘港以东沿海一带负责财经工作。

民国36年1月,国民党军队占领掘港,给当时财政造成困难,2~3月份干部津贴发不出,苏中部队南下"四打掘港""三打三余"的供给,通、海、启三县未恢复前,分区部队的给养就靠如东,特别靠掘东供给黄金与现钞。掘东财经工作压力越发加重,依靠群众护税、护粮、护棉。从靠近敌占区的五六总乡抢运粮棉,把税收和征粮工作做到敌人据点边缘,直至掘港龙王桥。同时,组织军粮供应网,部队到,设粮站,部队离,分散粮站。保证粮食不受损失。分区领导曾3次到掘东布置工作,并强调,财政来源靠如东,如东又要靠掘东,掘东财经工作要向分区负责。

民国36年3月,整个分区津贴费发不出,分区领导到掘东召开会议,要求如东既要解决吃的,又要解决用的。掘东是产棉区,潜力很大。在中共掘东区委领导下,两个月,挖掘出3船物资(大量黄金、现金、布匹等),春节后解往苏中军区。

民国36年秋,"三余"事件后,国民党集中一个旅和实业保安总队,封锁三余区抢劫棉花。严重威胁着掘东。对此,掘东发动群众,抢运遥望港大河以北的公棉,一夜间,组织牛车100多部,小车200多部,扁担1000多条,把棉花运到北坎一带,组织人工去籽后将皮棉上交。

战争年代,锻炼、培养、输送出一大批财经人才,其中有支援新区,有参加解放军。南通市、崇明县解放,就从如东抽调一批财经干部。至1949年,如东支援新区财经干部200多人,半数以上是掘东人。之后,不少人提到领导岗位。

第十七篇　党派社团

民国17年(1928)4月中旬,中共如皋县委在如西地区领导和发动"五一"农民起义。境内华丰、南坎、北坎等地中共党员和农民协会会员,化装成下小海渔民和扎库匠,在沿海一带散发传单,张贴标语,扰乱敌人,把敌人兵力和注意力吸引到如皋东乡,配合策应如皋城郊农民武装暴动。

民国18年(1929)底,中共如皋县委书记韩铁心(化名刘汉卿)到如皋东乡与叶胥朝一起在江园村召开中共支部会。同年,红十四军第一支队第二大队大队长陈宗恒派陈庭标到境内一门闸、南坎一带活动,发展中共党员,建立中共组织。民国19年夏,掘港地区中共组织被破坏,江园、下漫支部活动被迫停顿。

民国29年11月(1940),石坚受中共南通中心县委指派,任中共掘东区委书记,开辟掘东区。民国30年1月中旬,华丰乡召开党员大会,成立中共华丰乡支部,成为掘东区最早党支部,并发展丁章、施元相、吴文彩、张志坚、沈正家、顾方城等一批中共党员。是年,始建民兵自卫队组织。境内20多名农抗会员在石坚书记带领下,用独轮车装载食品慰劳在掘港保卫战中取得胜利的新四军指战员。民国32年,东凌建立渔民抗日群众团体——海抗会。中华人民共和国成立后,中国共产党成为社会主义革命和建设领导核心和中流砥柱。境内相继建立工会、共青团、妇联等群团组织,"文化大革命"中停止活动,中共十一届三中全会后,群团组织恢复生机,在经济建设中发挥重要作用。随着镇域区划几度合并,中共大豫镇委员会、镇政府带领全镇人民沿着中共十八大指引的方向,迈上新征程。2012年,全镇有58个中共支部、4642名党员、84名预备党员,组织党员干部冬训学习34个年头,参训17万人次。

民国18~31年(1929~1942),境内南坎镇设有中国国民党组织,为二区六分部。该部撤销后,属国民党掘港地方组织管辖区。

第一章　中国国民党

民国时期，大豫属国民党掘港地方组织管辖区。境内除国民党二区六分部执委外，国民党党员有：南坎镇严海霖、顾乃群（南坎镇首任镇长）、顾俭金、顾俭银、张仁涛〔民国35年（1946），处决于兵房〕，徐征村施锡其、彭月翔（1991年8月，加入中国共产党）。另外，九门闸有一个国民党通讯小组，特约联络点设在大同镇（具体人员不详）。民国29年（1940），境内协和小学教师叶宝岩（海门人）三青团员，民国31年（1942），到大同小学任教，后被处决于大同小学操场。

民国15年（1926）3月，国民党在如皋地区进行秘密活动。民国16年（1927）1月，在如皋县如城镇建立国共合作的国民党如皋县党部。掘港地区共产党员王盈朝、叶胥朝等人为县党部成员。5月，北伐战争胜利后，国民党如皋县党部转入公开活动。7月，组成国民党如皋县特别委员会，设市、乡行政局。掘港为行政分局，后改设区乡公所。

民国18年（1929）2月，国民党如皋县党部召开第一次国民党员代表大会。3月，成立国民党如皋县第一届执行、监察委员会。全县分设3个区党部，6个直属分部，15个区分部。掘港为如皋县第三区第三分部。境内南坎镇设二区六分部，执委兼常委：孙明鉴，[①]执委：陈沅澧、丁根澄，候补执委：马振寰、胡世勋。民国19年（1930）9月，召开“二大”。执委兼常委：陈沅澧，执委：胡世勋、孙明鉴，候补执委：马振寰。民国20年（1931）9月，提前召开“三大”。执委兼常委：丁根澄，执委：孙明鉴、马振寰，候补执委：陈沅澧、胡世勋。“三大”后，二区六分部被撤销。

民国27年（1938）3月，日本侵略军侵占如皋县城。国民党县党部转移马塘。民国28年6月，设15个分部，掘港为第六分部。民国29年（1940）4月，改划为18个区分部，掘港仍为第六分部。民国30年（1941），马塘沦陷，国民党各分部停止活动。4月，汪精卫伪国民党在如皋成立伪县党部。其时，部分国民党党员投靠汪精卫伪国民党党部活动。

民国31年（1942）6月，伪县党部改组，直属伪苏北行署党务办公室领导。民国34年（1945）8月，日本侵略军投降，汪伪政权崩溃，伪县党部及直属区分部彻底瓦解。

---

①孙明鉴，掘港镇人，民国5年（1916）出生于烟墩桥西首一个普通市民家庭。父亲孙同照，以照相、卖字为业，生有五子，孙明鉴排行老三，初中毕业后，一度继承父业，以照相为生。之后，加入国民党，任过南坎镇二区六分部执委兼常委。其刚毅正直，嫉恶如仇，曾将横行霸道、胡作非为的国民党八区区长季敦倬逐出掘港。抗日战争爆发后，任国民党某游击指挥部政训指导员，三民主义青年抗日队队长。30年，任新四军七团一营营长，在历次战斗中，指挥若定，作风顽强，英勇善战，受到陶勇多次表扬。2月23日下午，在海安北市梢与日军遭遇，在撤退泗渡大河时，被日本侵略军击中头部而牺牲，时年36岁。

民国36年(1947)3月,国民党在如皋县县城成立第四届执行、监察委员会,下设9个区分部,15个直属小组。掘港为国民党如皋县第六分部第7直属小组。

民国37年(1948)1月,成立国民党、三青团(三民主义青年团)统一委员会,所有三青团员转为国民党党员。民国38年(1949)初,掘港解放,建立民主政权,成立人民政府。国民党地方组织停止活动,解散。

第二章　中国共产党

第一节　创建党组织

民国29年(1940)11月,石坚受中共南通中心县委指派,开辟掘东区,创建掘东地区第一个中共组织。石坚担任区委书记。她以民运工作队队长身份,在兵房、南坎、华丰和大同等地开辟革命工作,开办平民夜校,宣传马列主义,积极培养和发展农民积极分子加入中共组织,坚持和日本侵略者进行不屈不挠斗争,有力打击地方反动武装。

民国30年(1941)1月,中共华丰支部成立,这是境内(掘东区)早期中共组织。随之,大同镇也相继成立以施元湘、张志坚为首,南坎镇以洪国普、洪国珍为首中共地下组织。3月,因对敌斗争需要,掘东区并入掘港区。下半年,日伪军进行"八·一三"大扫荡,对敌斗争形势十分严峻,由王太祥担任书记,重建掘东区。

民国31年(1942)12月,王荃任掘东区委书记。民国33年(1944)3月,为适应反"清乡"斗争需要,鲍家坝以南至九门闸,豫滨、豫中、豫安、豫如、豫附、豫南6个乡划给南通县三余区。当时由王季芬、吉琳、陈毅夫、顾民先后任区委书记。民国34年(1945)12月,上述6个乡重新划归掘东区。抗日战争胜利后,沿用原区委建制,机关驻地先后设在徐家园、大豫镇等地。区委书记先后为夏光华、陆士南、黄启周。

1949年,大豫境内(掘东区)各小乡都建立中共支部,许多进步青年纷纷加入党组织。据1986年,兵房镇组织资料显示,1949年10月1日前入党人数为115人。1956年,以乡建党总支,以合作社设分支部。1961年,结合整风整社整顿基层党支部,从公社机关下放干部充实农村党组织班子。中共十一届三中全会后,党组织建设得到进一步加强,非公企业党组织迅速崛起,1994年,境内东凌康得发水产品有限公司,在全县首建私营企业党支部;1998年,南通市燎原针织有限公司又在全县第一家建成规模以上企业党支部。2002年起,中共镇委对职工数25人以上,不具备建立党组织条件非公企业选派党建工作指导员。至2012年,全镇有党支部58个,党员人数4642人,其中男性3830人,女性812人。正式党员4558人,预备党员84人。

1949年兵房镇农民党员人数一览表

表17—166　　单位:个

村别	性别		小计	村别	性别		小计
	男	女			男	女	
海丰	—	1	1	安北	7	1	8
邻盐	1	—	1	强民	5	2	7
马店	1	2	3	新谊	4	2	6
东安	7		7	培德	6	4	10
新民	6	4	10	兵北	4	1	5
兵南	2	2	4	双港	6	4	10
保田	5	2	7	一门闸	3	1	4
徐征	3	1	4	丰荡	4	2	6
双闸	4	—	4	兵郊	1	—	1
东安闸	6	1	7	三港	4	1	5
海凌	4	—	4	合计	83	31	114

注:表中为1983年统计数

2012年大豫镇党组织及党员分布统计一览表

表17—167　　单位:个

支部或总支名称	党员总数	男性	女性	正式	预备
镇机关党总支	153	115	38	148	5
止马洼村党支部	127	110	17	124	3
南坎社区党支部	144	127	17	143	1
香台村党支部	218	194	24	216	2
周墩村党支部	117	100	17	117	—
豫东村党支部	174	143	31	171	3
大豫社区党支部	215	174	41	213	2
九龙村党支部	90	79	11	90	—
农场社区党支部	115	101	14	114	1
大同村党支部	212	187	25	209	3
巩王村党支部	253	212	41	246	7
丁家店村党支部	275	222	53	271	4
伯安村党支部	120	99	21	116	4
东安闸村党支部	199	170	29	196	3
马家店村党支部	225	180	45	223	2
徐征村党支部	134	108	26	129	5
强民村党支部	213	181	32	211	2
一门闸村党支部	191	149	42	188	3
兵房居委会党支部	190	133	57	186	4

续表17—167　2012年大豫镇党组织及党员分布统计一览表

支部或总支名称	党员总数	男性	女性	正式	预备
老干部第一党支部	84	67	17	84	—
老干部第二党支部	10	4	6	10	—
老干部第三党支部	144	140	4	144	—
老干部第四党支部	58	54	4	58	—
老干部第五党支部	70	54	16	70	—
教育党总支第六党支部	140	86	54	131	9
大豫公安党总支	41	40	1	41	—
国税分局党支部	15	15	—	14	1
工商分局党支部	13	13	—	13	—
兵房中心卫生院党支部	27	19	8	27	—
卫生所党支部	11	11	—	10	1
丁店卫生院党支部	10	10	—	9	1
闸管所党支部	12	11	1	12	—
敬老院党支部	9	5	4	9	—
食品站党支部	9	6	3	9	—
顺通建设公司党支部	44	40	4	44	—
燎原针织党支部	41	9	32	41	—
大宇万德党支部	21	19	2	21	—
天吉化工党支部	7	5	2	7	—
祥升服饰党支部	6	4	2	6	—
昌华水产党支部	5	5	—	3	2
兵房建筑公司党支部	26	25	1	26	—
银杰螺丝党支部	9	7	2	9	—
东洋电光源党支部	2	1	1	0	2
盾王劳保党支部	9	2	7	7	2
江海棉业党支部	5	5	—	5	—
掘东供销党支部	23	23	—	23	—
龙涛水带党支部	12	8	4	9	3
沃兰化工党支部	7	7	—	7	—
掘东养殖场党支部	5	5	—	5	—
新皇族党支部	9	8	1	9	—
营销协会党支部	17	15	2	17	—
振新机床党支部	24	22	2	24	—
中荣水产党支部	5	5	—	5	—
忠凯纺织党支部	4	4	—	4	—
对虾场党支部	4	4	—	4	—
丁家店生产社党支部	8	7	1	8	—
日久酒业党支部	3	—	—	3	—
东太器皿党支部	2	—	—	2	—
大豫镇党委	4642	3830	812	4558	84

第二节　中共党员代表大会

在抗日战争、解放战争时期，大豫境内（掘东区）各乡没有正式举行过中共党员代表大会。根据《中国共产党党章》规定，党的地方代表大会（简称“党代会”）和他产生的委员会，是党的地方领导机关。

从1961年起，境内各乡镇每隔几年都要召开一次党代会。会前由各乡支部按党员比例选出党员代表出席党代会。会上代表们听取和审议本届党委工作报告，选举新一届党委成员和正副书记。会后由新一届党委会主持日常工作，领导所在乡镇政治、经济、文化建设。从20世纪80年代后期，每届3～4年召开一次换届选举党代会，境内兵房镇至2009年共召开党代会11次。2009年5月，大豫镇与兵房镇合并，延续原大豫镇党代会届次，2011年3月25日，召开中共如东县大豫镇委员会第三次代表大会，118名党员代表参加。选举产生大豫镇第三届委员会委员11人和纪律检查委员会委员5人。陈兵当选镇党委书记，康徐当选副书记，翁雪峰当选纪委书记。

第三节　历届区乡镇委员会负责人更迭

民国29年（1940），建立中共掘东区委员会，1957～1995年，区委几度易名，1996年，予以撤销。民国30年（1941）1月，成立中共华丰乡支部，为境内中共组织之先河。1949年起，所辖镇东、徐征、王荃等13个小乡相继成立中共支部。1957年10月后，小乡合并为徐征、巩王、大豫乡（后称公社），并成立中共乡委员会，设书记、副书记。1966年，增设中共东凌渔业公社委员会。2000年、2001年、2009年，乡镇区域进行3次调整，2009年，建立中共大豫镇委员会。2012年，设书记1人，副书记7人，委员6人。

一、中共掘东区委员会

民国29年11月，石坚受中共南通中心县委的指派，开辟掘东区。建立中共掘东区委员会。

民国29～34年（1940～1945）中共掘东区委员会负责人更迭

表17—168

职 务	姓 名	任职时间
书 记	石 坚	民国29.11~30.03
—	王 凝（王太祥）	民国30.10~31夏
—	王 荃	民国31.12~32.11
—	王季芬（王继奋）	民国33.02~33.04
—	吉 琳	民国33.04~33.07

续表17—168　民国29～34年(1940～1945)中共掘东区委员会负责人更迭

职 务	姓 名	任职时间
—	陈毅夫	民国33.07~34.03
—	顾 民	民国34.03~34.08
副书记	张智音(张平山)	民国32.07~33.02
—	—	民国32.11~33.02 主持工作
—	莫 林	民国33.02~34.07

抗日战争胜利后,沿用原区委建制,机关先后设于徐家园、大豫镇等地。

民国34～36年(1945～1947)中共掘东区委员会负责人更迭

表17—169

职 务	姓 名	任职时间
书 记	夏光华	民国34.09~36.01
—	陆士南	民国36.01~36.07
—	夏光华	民国36.08~36.11
—	陆士南	民国36.11~38.02
—	黄启周	民国38.02~38.09
副书记	陆士南	民国36.08~36.11

1949年10月,设掘东区委,下辖王荃、大同、新生、华丰、新余、新丰、徐征、新民、利民、强丰、镇东、新中、镇西13个小乡和大同镇。1952年8月,辖镇东、镇西、强丰、新中、徐征、利民、新民、新丰、王荃、大同、新生、新余、华丰13个小乡,1957年9月,辖附中、北坎、南坎、豫北、镇东、新中、新生、徐征、新民、华丰、王荃11个小乡。驻地先后为新民乡、徐征乡。

1949～1957年中共掘东区委员会负责人更迭

表17—170

职 务	姓 名	任职时间
书 记	黄启周	1949.10~1950.06
—	沙德明	1950.07~1952.06
—	陈彦良	1952.06~1955.12
副书记	彭九成	1951.06~1952.08
—	宋佳俊	1952.11~1956.08
—	陈维德	1955.05~1957.09
—	—	1956.01~1957.09 主持工作
—	龚益勤	1956.05~1956.09
—	沈亨道	1956.10~1957.09
—	陈宝康	1956.10~1957.09

续表17—170　1949～1957年中共掘东区委员会负责人更迭

职务	姓名	任职时间
—	董学庭	1956.08~1957.09
—	季士明	1957.03~1957.09

1958年4月，撤销掘东区及其区委，设掘东区指导组(第6组)。1958年9月，改名掘港指导组。原属县委直接领导的新民、余荡、和春3个乡及原苴镇指导组的杨於乡划归掘港指导组。1961年5月，恢复掘东区，下设兵房、南坎、大同、华丰等公社党委。驻地兵房镇(一度迁至掘港镇)。

1957～1966年掘东区指导组负责人更迭

表17—171

职务	姓名	任职时间
书记	陈彦良	1957.09~1958.04
副书记	宋佳俊	1957.10~1958.04
组长	沙秀高	1958.04~1958.09
—	陈彦良	1958.09~1961.05
副组长	陈宝康	1958.05~1958.08
—	张德昌	1958.09~1958.11
书记	陈彦良	1961.05~1965.01
—	吴敦学	1965.01~1966.05
副书记	倪　达	1965.01~1966.05
—	张德昌	1962.08~1966.05
—	—	(1964年4月起，参加社教)
—	管永甫	1966.03~1966.05

"文化大革命"初期，仍沿用中共掘东区委员会建制。1972年11月，建立中共掘东区核心小组。

1966～1976年中共掘东区核心小组负责人更迭

表17—172

职务	姓名	任职时间
书记	吴敦学	1966.05~?
副书记	管永甫	1966.05~?
组长	姜文标	1972.11~1974.02
—	张福如	1974.02~1976.10
副组长	程　海	1972.11~1976.10

1977年3月,撤销中共掘东区核心小组,成立中共掘东区委。1987年1月,撤销区委,成立掘东巡视组。

1976～1987年中共掘东区委、巡视组负责人更迭

表17—173

职 务	姓 名	任职时间
组 长	张福如	1976.10~1977.03
副组长	程 海	1976.10~1977.03
书 记	张福如	1977.03~1980.03
—	姚嘉宾	1980.03~1984.02
—	陈卓嵘	1984.02~1987.01
副书记	程 海	1977.03~1987.01
—	陈宝康	1978.09~1982.12
—	彭义成	1979.09~1981.03
—	刘亚峰	1981.06~1984.02
—	陈卓嵘	1983.05~1984.02
—	刘达洪	1985.08~1987.01
—	徐政权	1986.07~1987.01
组 长	程 海	1987.03~1987.10
副组长	徐政权	1987.03~1987.10
—	刘达洪	1987.09~1987.10
—	赵正龙	1987.09~1987.10
—	黄绥刚	1987.09~1987.10

1988年1月,掘东巡视组更名为掘东区指导组。1989年11月,建立掘东区工作委员会,驻地兵房镇。1994年12月,撤销掘东区指导组,恢复掘东区工作委员会。1996年4月,撤销掘东区工作委员会。

1987～1994年掘东区指导组、中共掘东区委负责人更迭

表17—174

职 务	姓 名	任职时间
组 长	程 海	1987.10 ~ 1988.03
—	陶忠明	1988.03 ~ 1989.11
—	杨成泉	1989.11 ~ 1993.03
—	张祖生	1993.03 ~ 1994.12
副组长	徐政权	1987.10 ~ 1988.03
—	刘达洪	1987.10 ~ 1988.03
—	赵正龙	1987.10 ~ 1994.12
—	黄绥刚	1987.10 ~ 1994.12

续表17—174　1987～1994年掘东区指导组、中共掘东区委负责人更迭

职 务	姓 名	任职时间
—	张驾飞	1988.03～1989.12
—	濮振康	1988.03～1989.12
—	顾马荣	1989.01～1994.12
—	祝建华	1989.11～1990.11
—	夏卫东	1990.11～1994.12
—	张祖生	1992.11～1993.03
—	濮振康	1992.11～1994.05
—	刘达洪	1992.11～1994.12
书 记	杨成泉	1989.11～1993.03
—	张祖生	1993.03～1994.12
副书记	顾马荣	1989.01～1994.12
—	祝建华	1989.11～1990.11
—	夏卫东	1990.11～1994.12
—	张祖生	1992.11～1993.03
—	濮振康	1992.11～1994.05

二、中共乡镇(公社)、场委员会

1957～2009年中共兵房镇(公社)委员会负责人更迭

表17—175

机构名称	书 记	任职时间	副书记	任职时间
中共徐征乡委员会	董学庭	1957.10~1958.04	季士明	1958.05~1958.09
	陈宝康	1958.04~1958.05	茅益新	1957.10~1958.09
	刘亚峰(第一书记)	1958.05~1958.09	—	—
中共兵房人民公社委员会	刘亚峰	1958.10~1959.01	刘亚峰(第二书记)	1959.01~1960.04
	陈彦良(第一书记)	1959.01~1961.05	陈宝康(第二书记)	1960.04~1961.06
	陈宝康(第一书记)	1962.09~1966.05	黄 达(第三书记)	1960.07~1962.09
	陈宝康	1966.05~	茅益新	1958.09~1965.03
	陈宝康	1970.06~1974.08	彭九成	1958.09~1960.01
	刘亚峰	1974.08~1980.03	沈振华	1960.01~1966.03
	黄祥庭	1980.03~1983.08	韩凤林	1960.01~1965.10
	—	—	陈维德(兼)	1960.03~1961.08
	—	—	朱启宏	1965.03~1966.05
	—	—	朱元清	1966.01~1966.05
	—	—	陆 拯	1966.03~1966.05
	—	—	朱启宏	1966.05~

续表17—175　1957～2009年中共兵房镇(公社)委员会负责人更迭

机构名称	书 记	任职时间	副书记	任职时间
中共兵房人民公社委员会	—	—	朱元清	1966.05~
	—	—	陆　拯	1966.05~
	—	—	张炳光	1970.06~1974.01
	—	—	黄祥庭	1973.11~1976.01
	—	—	李鸿鸣	1974.03~1982.12
	—	—	张驾峰	1974.03~1976.10
	—	—	顾裕丰	1974.03~1982.05
	—	—	施　勤	1976.01~1980.01
	—	—	茅益新	1978.09~1981.08
	—	—	董学庭	1979.05~1983.06
	—	—	赵正龙	1980.01~1983.08
	—	—	沈汉石	1981.03~1983.08
	—	—	范发祥	1982.10~1983.07
	—	—	梁志丰	1983.05~1983.08
中共兵房人民公社革委会核心小组	陈宝康(组长)	1969.09~1970.06	张炳光(副组长)	1969.09~1970.06
中共兵房乡委员会	黄祥庭	1983.08~1984.09	赵正龙	1983.08~1984.09
	季雪浩	1984.09~1986.03	沈汉石	1983.08~1986.01
	—	—	梁志丰	1983.08~1986.03
	—	—	朱启宏	1984.09~1986.01
	—	—	潘茂家	1986.01~1986.03
	—	—	袁明耀	1986.01~1986.03
	—	—	金瑞红(女)	1984.09~1986.03
中共兵房镇委员会	季雪浩	1986.03~1989.02	梁志丰	1986.03~1987.01
	徐爱如	1989.02~1989.11	金瑞红(女)	1986.03~1987.09
	濮振康	1989.11~1992.11	潘茂家	1986.03~1989.11
	茅桂元	1992.11~1995.10	袁明耀	1986.03~1990.11
	吴锦康	1995.10~2001.03	张宏斌	1987.01~1989.02
	徐鸿斌	2001.03~2003.02	邱荫发	1989.02~1990.01
	顾林海	2003.02~2007.01	唐友明	1989.02~1992.11
	翟建华	2007.01~2009.05	於　鸿	1989.11~1990.06
	—	—	顾　勇	1990.06~1992.11
	—	—	蔡新谷	1990.11~1992.11
	—	—	唐福新	1992.11~2001..03
	—	—	施益兵	1995.10~2006.03
	—	—	朱福康	1992.11~1994.12
	—	—	孙庭祥	1992.11~1994.12
	—	—	陆剑兴	2001.03~2004.03
	—	—	刘卫华	2001.04~2006.03
	—	—	姜建新	1996.01~1998.10
	—	—	曹国祥	2001.04~2009.05

续表17—175　1957～2009年中共兵房镇(公社)委员会负责人更迭

机构名称	书　记	任职时间	副书记	任职时间
中共兵房镇委员会	—	—	康　徐	2005.01~2009.05
	—	—	严　格	1997.01~2001.03
	—	—	刘同春	2001.09~2003.02
	—	—	丁伟华	2005.01~2006.03
	—	—	盛蔡祥	2001.08~2004.03
	—	—	刘德辉	1995.12~2001.02
	—	—	丁伟华	2007.11~2009.05
	—	—	许亚军	2005.01~2009.05

1957～2001年中共丁店乡(大同公社)委员会负责人更迭

表17—176

机构名称	书　记	任职时间	副书记	任职时间
中共巩王乡委员会	陈明达	1957.10~1958.10	朱元清	1957.10~1958.10
	—	—	姚　克	1958.09~1958.10
中共巩王人民公社委员会	陈明达	1958.10~1965.09	龚益勤	1959.05~1965.09
	—	—	宋佳俊	1960.10~1964.09
	—	—	奚　新	1961.02~1962.06
	—	—	朱元清	1958.10~1965.09
	—	—	姚　克	1958.10~1960.04
	—	—	程　海	1960.01~1961.02
	—	—	顾沛龙	1965.03~1965.09
中共大同人民公社委员会	陈明达	1965.09~1965.11	朱元清	1965.09~1966.01
	沈亨道	1965.11~1966.05	龚益勤	1965.09~1966.05
	沈亨道	1966.05~	顾沛龙	1965.09~1966.05
	奚辅瀛	1970.12~1972.04	茅益新	1966.03~1966.05
	蔡秉珩	1972.05~1976.01	龚益勤	1966.05~
	奚辅瀛	1976.01~1981.07	顾沛龙	1966.05~
	—	—	茅益新	1966.05~
	—	—	倪学山	1970.12~1972.04
	—	—	奚辅瀛	1972.05~1976.01
	—	—	邢建昌	1974.02~1974.12
	—	—	顾裕丰	1974.10~1976.10
	—	—	施乃平	1974.12~1977.12
	—	—	黄祥庭	1976.01~1980.03
	—	—	朱启宏	1978.09~1981.07
	—	—	顾茂功	1979.09~1980.09
	—	—	龚益勤	1979.11~1981.07
	—	—	刘　敏	1980.03~1981.07

续表17—176　1957～2001年中共丁店乡(大同公社)委员会负责人更迭

机构名称	书 记	任职时间	副书记	任职时间
中共大同人民公社革委会核心小组	奚辅瀛(组长)	1969.09~1970.12	倪学山(副组长)	1969.09~1970.12
中共丁店人民公社委员会	奚辅瀛	1981.07~1983.08	龚益勤	1981.07~1981.08
	—	—	刘　敏	1981.07~1983.08
	—	—	陈卓嵘	1982.10—1983.05
	—	—	张驾飞	1983.07~1983.08
	—	—	范发祥	1983.07~1983.08
中共丁店乡委员会	奚辅瀛	1983.08~1984.09	朱启宏	1983.08~1984.09
	张驾飞	1984.09~1988.03	刘　敏	1983.08~1985.08
	顾马荣	1988.03~1989.11	张驾飞	1983.08~1984.09
	茅桂元	1989.11~1992.11	范发祥	1983.08~1987.01
	范发祥	1992.11~1996.09	王信明	1984.09~1987.09
	金成飞	1996.10~1997.06	顾马荣	1987.01~1988.03
	王福明	1997.06~2001.04	梁志丰	1987.01~1989.11
	—	—	王锦森	1987.04~1987.09
	—	—	刘达洪	1988.03~1992.11
	—	—	刘强华	1989.02~1991.08
	—	—	赵周瑛	1989.11~1995.11
	—	—	杨再谦(兼)	1990.04~1992.04
	—	—	顾学斌(科技)	1992.06~1994.05
	—	—	陆剑兴	1992.11~2001.04
	—	—	梁志丰	1993.11~1994.12
	—	—	姜鸿翔	1993.11~1994.12
	—	—	刘同春	1996.07~2001.03
	—	—	曹国祥	1997.06~2001.04

1957～2000年中共大豫乡(南坎公社)委员会负责人更迭

表17—177

机构名称	书 记	任职时间	副书记	任职时间
中共大豫乡委员会	朱成本	1957.09~1958.10	刘亚峰	1958.04~1958.05
	—	—	王能治	1958.05~1958.10
	—	—	夏桂林	1957.09~1958.10
中共大豫人民公社委员会	朱成本	1958.10~1965.09	黄思冲	1960.01~1965.03
	—	—	夏桂林	1958.10~1960.04
	—	—	倪学山	1959.01~1960.01
	—	—	施忠义	1960.04~1961.04
	—	—	姚　克	1960.04~1960.07

续表17—177　1957～2000年中共大豫乡(南坎公社)委员会负责人更迭

机构名称	书 记	任职时间	副书记	任职时间
中共大豫人民公社委员会	—	—	陈克邦	1960.04~1961.02
	—	—	施　昶	1960.06~1965.09
	—	—	陈克邦	1961.04~1962.09
中共南坎人民公社委员会	朱成本	1965.09~1966.05	施　昶	1965.09~1966.05
	朱成本	1966.05~	管维洲	1965.09~1966.05
	朱成本	1970.12~1983.08	施　昶	1966.~
	—	—	管维洲	1966.05~
	—	—	周志昌	1970.12~1973.06
	—	—	潘茂家	1972.06~1983.08
	—	—	夏卫东	1974.03~1976.01
	—	—	濮振康	1974.12~1983.08
	—	—	倪学山	1976.09~1983.08
	—	—	金瑞红(女)	1982.01~1983.08
中共南坎人民公社革委会核心小组	组 长	—	副组长	—
	朱成本	1969.09~1970.12	茅益新	1969.09~1970.12
	—	—	施文斌	1969.09~1970.12
	—	—	朱元清	1970.03~1970.08
	—	—	汤惠兰(女)	1970.03~1970.08
中共南坎乡委员会	朱成本	1983.08~1984.05	潘茂家	1983.08~1984.09
	夏卫东	1984.05~1987.01	濮振康	1983.08~1984.10
	陈卓嵊	1987.01~1989.11	倪学山	1983.08~1985.08
	张驾飞	1989.11~1993.11	金瑞红(女)	1983.08~1984.09
	张仁俊	1993.11~1994.12	赵正龙	1984.09~1987.01
	汤建新	1995.01~2000.04	徐耀章	1987.01~1990.11
	—	—	金瑞红(女)	1987.09~1994.12
	—	—	濮振康	1987.09~1988.03
	—	—	倪锡官	1987.04~1987.09
	—	—	许天祥(兼)	1988.05~1988.12
	—	—	管怀生	1989.02~1991.01
	—	—	潘茂家	1989.11~1992.11
	—	—	徐政权(科技)	1992.06~1994.05
	—	—	濮九才	1992.11~1994.12
	—	—	金成飞	1993.11~1994.12
	—	—	程　旭	1993.11~1994.12
	—	—	季国建	1995.10~2000.04
	—	—	徐瑞芬(女)	1995.01~2000.04
	—	—	徐尉军	1995.01~2000.04

1966～2000年中共东凌渔业乡(公社)委员会负责人更迭

表17—178

机构名称	书 记	任职时间	副书记	任职时间
中共东凌渔业人民公社委员会	顾茂功	1971.04~1979.09	韩凤林(主持工作)	1966.05~
	袁祖平	1980.09~1983.09	陈志恺	1974.04~1976.10
	—	—	王永田	1974.04~1976.10
	—	—	袁祖平	1977.07~1979.10
	—	—	袁祖平(主持工作)	1979.10~1980.09
	—	—	宋耀庭	1980.06~1983.09
	—	—	薛章明	1982.10~1983.09
中共东凌渔业人民公社革委会核心小组	顾沛龙(组长)	1969.09~1971.04	韩凤林(副组长)	1969.09~1971.04
中共东凌渔业乡委员会	袁祖平	1983.09~1984.10	宋耀庭	1983.09~1984.10
	袁祝群	1986.09~1987.10	薛章明	1983.09~1987.10
	—	—	袁祝群	1984.10~1979.10
	—	—	袁祝群(主持工作)	1979.10~1980.09
	—	—	秦志祥	1987.01~1987.10
中共东凌渔业乡委员会	袁祝群	1987.10~1994.12	薛章明	1987.10~1994.12
	秦志祥	1998.01~2000.04	秦志祥	1987.10~1994.12
	—	—	梁志丰	1989.11~1993.11
	—	—	吴庆生(兼)	1990.04~1991.04
	—	—	朱建平	1993.11~1994.12
	—	—	张宏斌	1989.11~1995.04
	—	—	潘桂泉	1996.11~2000.04
	—	—	顾 冲	1998.11~2000.04
	—	—	盛蔡祥	1995.01~2000.04
中共如东县对虾综合养殖场总支部委员会	施文明	1987.10~1991.11	—	—
	袁祖平	1991.11~1994.12	—	—
	张宏斌	1995.04~2006.10	—	—

1957～2007年中共如东农场委员会负责人更迭

表17—179

机构名称	书 记	任职时间	副书记	任职时间
中共如东县棉场总支委员会	徐世宽	1957.09~1958.10	薛凤章	1960.05~1960.05
	花功宪	1958.10~1960.05	—	—

续表17—179　1957～2007年中共如东农场委员会负责人更迭

机构名称	书 记	任职时间	副书记	任职时间
中共如东县棉场委员会	花功宪	1960.05~1966.05	薛凤章	1960.05~1966.05
中共江苏省国营如东棉场委员会	花功宪	1966.05~	薛凤章	1966.05~
	—	—	黄 枫	1966.11~
中共中国人民解放军江苏省生产建设兵团第四师独立第六营政委	政委	—	副政委	—
	孙永安	1963.03~1975.08	谢松柏	1969.03~1972.05
	—	—	刘春章	1969.03~1974.06
	—	—	张海青	1970.03~1975.04
	—	—	余蓓蓓(女)	1973.02~1975.08
中共国营如东农场革委会核心小组	史建国	1975.08~1976.10	—	—
中共国营如东农场委员会核心小组	史建国	1976.10~1978.04	—	—
中共国营如东农场委员会	史建国	1976.10~1978.04	薛凤章	1978.04~1982.08
	卞昌仁	1982.08~1987.10	卞昌仁	1980.05~1982.08
	—	—	王国章	1984.12~1987.08
	—	—	蔡大勇	1987.10~1987.10
中共江苏省国营如东农场委员会	卞昌仁	1987.10~1988.03	蔡大勇	1987.10~1988.03
	蔡大勇	1988.03~1989.12	徐新民	1989.12~1993.02 主持工作
	徐新民	1993.02~1994.05	林德兰(女)	1994.05~1999.12 主持工作
	乔永年	1994.05~1995.04	胡晓成	1998.03~1999.12
	林德兰	2000.01~2007.10	—	—

1958～2003年中共如东县盐场委员会负责人更迭

表17—180

机构名称	书 记	任职时间	副书记	任职时间
中共如东县掘东制盐场委员会	吴 达	1958.06~1962.10	—	—
	—	—	陈 俊	1959.04~1962.10
	—	—	薛长富	1960.11~1962.08
中共如东县盐场委员会	吴 达	1962.10~1964.10	陈 俊	1962.10~1964.10
中共淮北盐务管理局南通盐场如东分场委员会	吴 达	1964.10~1966.05	陈 俊	1964.10~1966.05
	吴 达	1966.05~	陈 俊	1966.05~
中共如东县盐场委员会	吴 达	1970.10~1972.11	陈 俊	1970.10~1972.11

续表17—180　1958～2003年中共如东县盐场委员会负责人更迭

机构名称	书 记	任职时间	副书记	任职时间
中共如东盐场总支委员会	曹广福	1972.11~1973.02	陈　俊	1972.11~1975.07
	仇兆成	1975.07~1985.10	陈志恺	1972.11~1973.02
	陈　健	1985.10~1994.05	仇兆成	1973.02~1975.07
	濮振康	1994.05~2003.08	臧　汉	1976.09~1980.10
	顾振康	2003.08~	陈　健	1976.10~1984.12
	—	—	顾学礼	1978.11~1983.04
	—	—	沈冲祥	1986.01~1987.10

2000～2012年中共大豫镇委员会负责人更迭

表17—181

机构名称	书记	任职时间	副书记	任职时间
中共大豫镇委员会(原)	秦志祥	2000.04~2003.01	朱国建	2000.04~2003.02
	刘旭峰	2003.02~2009.05	潘桂泉	2000.04~2006.03
	—	—	顾　冲	2000.04~2003.02
	—	—	盛蔡祥	2000.04~2001.08
	—	—	刘同春	2003.02~2009.05
	—	—	刘旭峰	2001.09~2003.02
	—	—	陈卓嵊	2001.03~2003.01
	—	—	康　徐	2003.02~2004.12
	—	—	陈　兵	2003.02~2009.05
	—	—	盛蔡祥	2004.03~2006.03
	—	—	刘益松	2007.11~2009.05
	—	—	顾庆祥	2003.02~2006.03
	—	—	王亚军	2007.01~2009.05
	—	—	陈秀高	2005.04~2006.03
中共大豫镇委员会(新)	翟建华	2009.05~2011.01	康　徐	2009.05~2012.12
	陈　兵	2011.04~2012.01	刘同春	2009.05~2011.01
	石　勇	2012.01~2012.07	杨海军	2011.01~2012.12
	周　梁	2012.08~2012.12	陈五霞	2011.01~2012.12
	—	—	许亚军	2009.05~2010.01
	—	—	刘益松	2009.05~2010.10
	—	—	陈　兵	2009.05~2011.04
	—	—	丁伟华	2009.05~2010.01

第四节　村(居、社区)党支部书记

1956年起，境内农村大队(后改村)建立党支部，1965年，东凌渔业乡各大队始建党支部。在党支部书记带领下，基层支部在各个时期经济建设中发挥着战斗堡垒和桥梁纽带作用。进入21世纪后，面对新形势、新特点，主动转换职能，改进工作作风，在强村富民全面实现小康社会进程中做出不懈贡献。

1956～2012年大豫镇(南坎)历任村(居、社区)党支部书记一览表

表17—182

村(居、社区)名称及其村域变化		大队(村)名称及其更名	历任中共支部书记名单	
2006年	1998~2001年	1956~1983年	1956后	
止马洼村(坎西村并入)	止马洼村	一大队 止马洼村	夏鹤徐　马国法　张德龙　金瑞红(女)　马国萍(女)　杨福俊	郭拥军
	坎西村	二大队 坎西村	杨友林　翟海祥　郭方才　马顺涛　罗锦坤　丰志义	
南坎社区(南坎凌边村、居委会合并)	南坎村	三大队 南坎村	陈　俊　马春季　桑志忠　翟高成　徐锦章　虞雪斌	何学忠
	凌边村(1999年齐心村并入)	四大队 凌边村	陆朝品　尹万和　桑学茂　黄志林　李春和　袁宏发　袁宏伟	
		齐心大队 齐心村	陈尚富　邵鹤涛　王锦春　袁宏伟	
	南坎居委会		杨柏梁　杨桐梁　管永林	
香台村(豫北与新建村并入)个	豫北村	五大队 豫北村	张友江　袁正礼　丁耀忠　高步堂　张学和　陈锦石　张照华　张裕平　顾菊斌　陈　昌　李学平	顾建华 施春华
	香台村(2001年鲍桥与新兴村合并)	六大队 鲍桥村	黄金元　邱建新　季学祥　陆　丰	
		新兴大队 新兴村	黄德才　陈宝新　李黄祥　李学平	
	新建村	新建大队	蒋金泉　蔡亚兰(女)　朱新明	
周墩村(凌窑村并入)	凌窑村	七大队 凌窑村	李忠信　黄文高　姚忠兴　黄学富　陆汉章　杨炳泉　邱培新　陈云飞	陈云飞 顾洪生 丰志义
	周墩村	九大队 周墩村	方丕模　周启秀　季汉清　顾如金	
豫东村(亭海村并入)	亭海村	八大队 亭海村	黄安邦　黄学高　胡能芳(女)　濮振康　陆正昌　张振龙　李学平　施玉祥　周玉祥	周玉祥 陈　剑
	豫东村(1998年团结村并入)	十大队 豫东村	赵树连　吴佩元　陈守祥　施建章　王白石	
		团结大队 团结村	胡思德　赵　俊　张　勇　张国富　曹素平(女)　邱怀忠　杨允兰(女)　陈建昌　沈建林	

续表17—182　1956～2012年大豫镇（南坎）历任村（居、社区）党支部书记一览表

村（居、社区）名称及其村域变化		大队（村）名称及其更名	历任中共支部书记名单	
大豫社区（茂青、豫新村与居委会合并）	茂青村	十一大队 茂青村	袁日春　虞雪斌　唐福新　张秀兰（女） 何佩林　花茂园	李　兵 黄　明 俞叶美
	豫新村（2000年育新牛桥与环豫村合并）	十二大队 育新村	管永章　袁守清　袁锦福　李　兵	
		十三大队 牛桥村	顾庆生　缪忠林　夏建华	
		十四大队 环豫村	姚廷富　薛章祥　曹玉林　王正明 管永朋　王彩泉	
	大豫居委会	—	夏鹤徐　蔡学智　刘土辉	

1956～2012年大豫镇（兵房）历任村（居）党支部书记一览表

表17—183

村（居）名称及其村域变化		大队（村）名称及其更名	历任中共支部书记名单	
2005年	1999年	1956~1983年	1956年后	
东安闸村（海盐与东海村合并）	海盐村（海丰与邻盐村合并）	一大队 海丰村	蔡忠仁　蔡召祥　陆文斌　李秀珍（女）	刘善成 顾建平
		二大队 邻盐村	钱志康　彭友宏　崔志达　蔡忠仁 朱雪周　陆志祥　顾建平	
	东海村（东安闸与海凌村合并）	十大队 东安闸村	黄国权　姜友康　陆云飞　杨爱英（女） 陈菊新	
		十一大队 海凌村	黄国权　高凤飞　陆志冲　陆茂松 刘善成	
马家店村（马安与新南村合并）	马安村（马店与东安村合并）	三大队 马店村	彭友宏　黄静忠　施家成　陆志昌 黄振兵　曹泽民	盛和平 丁　杰
		四大队 东安村	黄思明　童志芳　施　忠　蔡　新	
	新南村（新民与兵南村合并）	五大队 新民村	陈雪康　张炳龙　樊发贤　沈忠祥 张国荣　陈亚萍（女）　范仲涛　盛和平	
		六大队 兵南村	张凤高　黄思明　沈丁山　张驾峰 袁忠礼　施菊琴（女）　谢松青	
徐征村（保田村并入）	徐征村（双闸村6~11组并入）	八大队 徐征村	陈士英　胡锡良　李　斌　宋建平 万如东	徐　辉 陈　飞 瞿建新 查晓飞
		九大队 双闸村	周志超　邱卫祥　袁　新　顾　平 张拥兵	
	保田村（双闸村1~5组并入）	七大队 保田村	樊天昌　秦德贤　陆祖良　钱　兵 景松兰　徐召千　吴静兵　徐　辉	

续表17—183　1956～2012年大豫镇(兵房)历任村(居)党支部书记一览表

<table>
<tr><th colspan="2">村(居)名称及其村域变化</th><th>大队(村)名称及其更名</th><th colspan="2">历任中共支部书记名单</th></tr>
<tr><td rowspan="4">强民村(安民与培新村合并)</td><td rowspan="2">安民村(安北与强民村合并)</td><td>十二大队
安北村</td><td>张维才　张炳龙　沈丁山　陆正益
杨锦石　陆　兵</td><td rowspan="4">秦少平
印雪峰</td></tr>
<tr><td>十三大队
强民村</td><td>施凤桥　黄志清　张炳龙　叶家丰
秦少平　杜红卫(女)</td></tr>
<tr><td rowspan="2">培新村(新谊与培新村合并)</td><td>十四大队
新谊村</td><td>袁鼎新　胡锡良　樊　城　陈选池</td></tr>
<tr><td>十五大队
培德村</td><td>黄志清　顾锦浩　尹建兵　姚　厅</td></tr>
<tr><td rowspan="4">一门闸村(兵港与闸丰村合并)</td><td rowspan="2">兵港村(兵北与双港村合并)</td><td>十六大队
兵北村</td><td>杨锡范　邱祖云　施卓丰　沈锦花(女)
秦学良　陈卫东</td><td rowspan="4">陆惠达</td></tr>
<tr><td>十七大队
双港村</td><td>查忠义　许正亚　俞福海　陆惠达</td></tr>
<tr><td rowspan="2">闸丰村(一门闸与丰荡村合并)</td><td>十八大队
一门闸村</td><td>曹国秀　王汉林　朱美珍(女)　曹忠平</td></tr>
<tr><td>十九大队
丰荡村</td><td>周启冲　梁志丰　薛少凡　曹　兵
黄浩新</td></tr>
<tr><td rowspan="2">兵房居委会</td><td rowspan="2">兵房居委会(兵郊村并入)</td><td>二十大队
兵郊村</td><td>黄锦仁　陈士英(女)　李青谷　盛松祥
郁士生　张志连</td><td rowspan="2">张志连</td></tr>
<tr><td>兵房居委会</td><td>戎炳成</td></tr>
</table>

1956～2012年大豫镇(丁店)历任村(居)党支部书记一览表

表17—184

<table>
<tr><th colspan="2">村(居 社区)名称及其村域变化</th><th>大队(村)名称及其更名</th><th colspan="2">历任中共支部书记名单</th></tr>
<tr><td>2005年</td><td>2001年</td><td>1956~1983年</td><td colspan="2">1956年后</td></tr>
<tr><td rowspan="4">大同村(豫丰村与大同居委会并入)</td><td>豫丰村</td><td>一大队
豫丰村</td><td>沈步云　施元相　孙大清　宋圣章
陈文秀　李珍秀　黄维星　刘伯贤
严兆舫　陆健平</td><td>黄正陆
施锦冲</td></tr>
<tr><td rowspan="3">大同村(通如桥村并入)</td><td>二大队
大同村</td><td>沈洪明　李锦祥　赵周瑛　陈友祥
李　兵　黄兴周　宋祥生　黄正陆</td><td rowspan="3">范水香(女)</td></tr>
<tr><td>三大队
通如桥村</td><td>黄维清　鲍发祥　孙凤华　王能秀
徐广才　李锦祥　郁林高</td></tr>
<tr><td>大同居委会</td><td>龚志飞</td></tr>
</table>

续表17—184 1956～2012年大豫镇(丁店)历任村(居)党支部书记一览表

村(居社区)名称及其村域变化		大队(村)名称及其更名	历任中共支部书记名单	
巩王村(毛竹桥村并入)	王荃村(丰港村并入)	四大队 丰港村	王朝相 沈长圣 沈元涛 朱建明 蒋华昌 陆信芳 徐友忠 王能兵	王能兵 张红梅(女)
		五大队 王荃村	张志祥 钱祥民 黄汉文 施立成 龚品章 张锦荣 王仁元	
	毛竹桥村(荃东村并入)	六大队 荃东村	陆士才 蔡 斌 秦进元 周元明	
		七大队 毛竹桥村	沈元涛 季国元 沈锡章 施学昌 张沛新 戴建刚 陆忠法	
丁家店村(由芦苇港村、协和村与丁店居委会合并)	港闸村(芦苇港村并入)	八大队 港闸村	杨 明 朱启球 陆志龙 陆松林 高松柏 高益新 杨思祥 顾正飞 陈 辉 袁美香(女)	陈信祥
		九大队 芦苇港村	陶方顺 顾志清 袁国丰 濮九富 周志冲 马亚萍(女)	
	协和村(营房桥村并入)	十大队 协和村	鲍发祥 蒋华昌 潘介斌 王德昌 施松平 倪祖平 施亚萍(女) 施建平 黄庄荣 陈信祥	
		十一大队 营房桥村	陆万章 陆士荣 王新民	
		丁店居委会	周玉琴(女、兼)	
伯安村	伯安村(磨墩村并入)	十二大队 伯安村	曹志才 倪 伟 陈 勇 施锦仁 黄菊如(女) 奚卫东 叶 进	潘志斌 朱新峰 宋红兵
		十三大队 磨墩村	施文成 曹志才 蔡振新 黄家明 张祖生 沈建新 陆亚琴(女) 黄祖祥 黄侠飞 宋家斌 潘志斌	
闸东村	闸东村(华新村三港村大同渔场并入)	大同新圩 闸东村	沈洪明 朱建明 张汉周	张汉周 王炳虎 朱卫东
		华丰新垦 华新村	葛锦达 王炳虎	
		兵房新垦 三港村	陶 云 黄静忠 蔡召祥 张国荣 仇 超 杨 平 张鹤祥 刘裕成	
		大同渔场	沈洪明 张瑞平 顾正飞	

1956～2012年大豫镇(东凌、农场)历任村(居)党支部书记一览表

表17—185

<table>
<tr><th colspan="2">村(居、社区)名称
及其村域变化</th><th>大队(村)名称
及其更名</th><th colspan="2">历任中共支部书记名单</th></tr>
<tr><td>2006~2008年</td><td>1983~2001年</td><td>1965~1983年</td><td colspan="2">1965年后</td></tr>
<tr><td rowspan="2">东港村
(东洋村并入)</td><td>东洋村</td><td>东洋大队
东洋村</td><td>吴　强　陆广付　袁祖平
顾学明</td><td rowspan="2">管永刘</td></tr>
<tr><td>东港村</td><td>东凌养殖场
东港村</td><td>王春华　袁祝群　陈秀清</td></tr>
<tr><td rowspan="3">东凌社区
(东凌 兵港与居委会合并)</td><td>东凌村</td><td>东凌大队
东凌村</td><td>俞德新　谢非泉　吴鹤成
张维群　管永刘</td><td rowspan="3">顾建华</td></tr>
<tr><td>兵港村</td><td>兵港大队
兵港村</td><td>袁丁才　陆志宏　秦志祥
孔行健　管永刘　王　兵</td></tr>
<tr><td>东凌居委会</td><td>—</td><td>—</td></tr>
<tr><td rowspan="8">九龙村
(凌港村并入)</td><td rowspan="3">凌港村(华凌与三龙村并入)</td><td>凌港村</td><td>张锦祥　陈加能　施德祥</td><td rowspan="8">张海林</td></tr>
<tr><td>华凌村</td><td>李建明　陆志康　葛春福
季球江</td></tr>
<tr><td>三龙村</td><td>王文华　陈宝明　沈文明
盛蔡祥　张宣兵</td></tr>
<tr><td rowspan="5">九龙村(棉东、港北、靶南与观东村并入)</td><td>九龙村</td><td>季　力</td></tr>
<tr><td>棉东村</td><td>张德泉</td></tr>
<tr><td>港北村</td><td>周学明</td></tr>
<tr><td>靶南村</td><td>严瑞花</td></tr>
<tr><td>观东村</td><td>孙金洪</td></tr>
<tr><td>农场居委会</td><td>如东农场</td><td>—</td><td>详见本篇第二章第三节中
中共如东农场委员会负责人
更迭</td><td>朱国建(兼)
徐永军</td></tr>
</table>

第五节　党员干部教育

中华人民共和国成立初期，主要对党员干部进行增加生产、厉行节约教育。1964～1966年，进行社会主义教育。“文化大革命”中，掀起学习毛主席著作高潮，全民背诵“老三篇”和毛主席语录，以“讲用会”形式，交流“斗私批修”心得体会。境内涌现一批学毛选积极分子，兵房公社三大队妇女主任，多次出席市、县学毛选积极分子代表大会。1978年始，对党员干部集中一周时间“冬训”，进入21世纪后，“冬训”改为电视直播形式进行。至2012年，累计参训17万人次，参训率85%。

一、社会教育

二十世纪二三十年代，主要揭露地主剥削农民，资本家剥削工人罪行，教育人们提高阶级觉悟，起来同地主、资本家做斗争。抗日战争开始后，主要宣传日伪罪恶，教育人们不当亡国奴，与日伪作坚决斗争，同时宣传减租减息政策。民国35年(1946)5月起，主要宣传中共中央《关于清算减租及土地问题的指示》(即《五四指示》)，发动贫苦农民向地主清算剥削账。各地纷纷召开群众大会，发动苦大仇深的农民上台诉苦，并编演"活报剧""土改小调"等文艺节目，利用事实揭露地主剥削史。9月起，主要宣传参军参战、交纳公粮的意义，教育引导人们以实际行动保卫土改胜利成果。1950年，重点宣传抗美援朝、保家卫国的意义。提高群众爱国主义和国际主义觉悟，动员群众捐献钱物买飞机大炮。

1951年，根据中央指示，在全党建立对人民群众宣传网，落实宣传员，传达中央宣传工作会议精神，对宣传员进行业务培训。

1952年，重点宣传增加生产、厉行节约，互助合作化运动，以及"三反""五反"运动的目的、作用。

1955年. 利用黑板报、文娱队、业余剧团、图片展览、组织艺人说唱、广播筒宣传等多种形式宣传党的方针、政策。1957年，在全民整风运动中，开展社会主义大辩论。1958年，根据撤区并乡后的形势，有计划地组织宣传。1959～1965年，党的宣传队伍基本稳定，宣传员素质有所提高。

1963年，开展社会主义教育(简称社教)试点。当时社教内容局限于经济上的清工分、清账目、清财物、清仓库(称小"四清")，主要查干部多吃多占、贪污盗窃、投机倒把问题，对抑制干部特殊化有一定意义。

1964年开始，运动发展为"清政治、清经济、清组织、清思想"(即大"四清")，以后简称"四清运动"。运动中，先由干部在大会上主动检查交代，再发动群众检举揭发，最后由工作队审查定案。从而解决干部队伍中存在的问题，但有些地方出现过火做法，不分问题轻重大小，统统称"四不清"干部，给予撤职、降职、党纪政纪处分和经济退赔。

同时，大豫境内各公社抽调一批干部和知识青年参加南通地委组织的社教工作分团，赴海安、如皋等地开展社教运动。1967年1月，社教工作队全部撤回。

"文化大革命"期间，宣传队伍处于不稳定状态，宣传工作受到极大影响。中共十一届三中全会后，宣传队伍、宣传网络得以恢复和发展，宣传工作逐步走上正轨，先后进行落实各项政策教育、改革开放教育、建立健全经济责任制教育、民主与法制教育。

1991年11月，县委、县政府召开农村社会主义教育工作动员大会后，派出110名社教工作人员赴各乡镇开展社会主义教育活动。境内各乡镇均进驻社教工作组，时任县委党校副校长赵加银为掘东区社教队队长，时任农机局局长季国新为兵房镇社教组组长。教育活动历时一年。

二、干部教育

中华人民共和国成立前，在历次革命斗争和土改复查中，主要结合斗争实际，向干部进行形势和任务教育，教育干部提高阶级觉悟，站稳革命立场，带头参加战斗。

中华人民共和国成立后，为提高干部政治理论和政策水平，境内各乡建立一整套学习机构和学习制度。为各级干部学习制定计划，提供学习材料，组织专人辅导。具有初中以上文化程度者参加县理论学习，内容为《政治经济学》《经济建设常识读本》《哲学常识》《联共党史》等。1955年，县配备专职理论教员，国家机关干部均参加理论学习，大部分干部学完规定内容。农村举办文化补习学校，设立初小、完小等班级，每天晚上学习文化，此外听取政治、理论学习报告，绝大部分农村干部达到高小或完小文化水平。

1960年上半年，中共如东县委成立学习毛泽东思想领导小组，由理论兼职教员，在机关、工厂、学校、公社辅导学习《莫斯科宣言》《关于正确处理人民内部矛盾问题》等文章，境内各公社及企事业单位干部开展学习毛泽东思想运动。

1964年，境内各公社干部主要学习《矛盾论》《实践论》等毛泽东著作。1965年，掀起学习毛泽东著作高潮，以自学为主，联系工作和思想实际，举办"讲用会"交流心得笔记。"文化大革命"期间，以毛泽东著作"老三篇"①及《毛主席语录》为学习主要内容。

1977年，学习《毛泽东选集》第五卷。1978年，学习中共十一大、全国五届人大文件及有关真理标准讨论文章，1980年，学习《中国共产党章程(修改草案)》《关于党内政治生活的若干准则》。1981年，学习中共中央《关于建国以来若干历史问题的决议》。1982年，学习党的十二大文件及有关农业生产责任制、两个文明建设方面理论。1983年，学习新党章、《邓小平文选》《陈云文稿选编》第一辑。1984年，学习《中共中央关于经济体制改革的决定》。1985年，学习整党文件，县、区、乡全面开展整党。

1998年，开展"讲学习、讲政治、讲正气"党性党风教育。其间，召开民主生活会，开展批评与自我批评，落实具体整改措施。2001～2002年，参加"三个代表"②重要思想学习教育活动，制订、完善《党委议事规则》《民主推荐干部责任制》等制度。2005年，开展共产党员先进性教育，牢记党的宗旨，增强使命感和责任感。2006年后，制定领导干部述廉、重大事项报告，诫勉谈话等制度。

三、党员教育

中华人民共和国成立前，中共地方组织对党员进行教育，主要是启发、提高阶级觉悟，发动工人、农民与资本家、地主、富农开展斗争，争取民主和生存权利。

1953～1959年，组织党员参加县党员干部训练班，主要学习毛泽东《关于正确处理人民内部矛盾的问题》以及《关于农业合作化问题》的论述。1960年1月至1966年春，主要学

①《为人民服务》《纪念白求恩》《愚公移山》。

②中国共产党始终代表中国先进生产力的发展要求，代表中国先进文化的前进方向，代表中国最广大人民的根本利益。

习党在社会主义过渡时期的总路线，党中央关于农业《十二条》《六十条》等文件，同时进行形势和任务、群众路线、阶级路线等专题教育。

1967年，党校改称“毛泽东思想学习班”和“五七”干校。举办各种名目训练班、学习班，教育内容以所谓“无产阶级专政下继续革命理论”为主，使党员干部教育、训练走上歧途，后期把大批干部下放到农场、农村，以再教育为名，兵房公社党委副书记陆拯等干部遭受打击迫害。

1977年，县委党校恢复。组织干部参加短期训练班，主要学习中共十届三中全会文件，批判江青反革命集团政治纲领，但训练中仍有些“左”理论。

1978～1983年，党校举办各种类型短训班、读书班。境内各乡分期分批组织人员参训，主要学习中共十一届三中全会后一系列路线、方针、政策，开展真理标准问题讨论，进行彻底否定“文化大革命”教育，贯彻“实事求是，一切从实际出发”指导思想。

1984～1985年，先后举办党政干部短训班、进修班、读书班、中专班，境内各乡镇均派员参训。主要学习政治理论课、文化课和中共中央有关文件。

1984年起，乡镇建立业余党校，对党员进行比较系统马克思主义基本理论、党的基本路线和基础知识教育、党员日常教育，以及支部民主生活会、党课为主要形式。

四、党员干部冬训

20世纪70年代末，如东对农村党员干部开展冬季培训学习（简称“冬训”）。由县委宣传部编写教材，在试点、培训骨干基础上全面铺开，以公社为单位实施。每年12月底到春节前，境内各公社都用一周时间对全体党员和大队干部、生产队长以上干部集中食宿，集中听取3～5个专题学习辅导报告，即：形势报告、党性党纪、基本政治理论、精神文明、经济知识等，以党支部为单位集中讨论学习。党员们对参加冬训，热情高涨，参训率一般达到85%～90%。进入21世纪后，随着信息化的发展，“冬训”学习改成电视直播方式，乡镇政府设主会场，各村、企事业单位设分会场，把党员集中在分会场听报告，然后就场讨论，同样取得预期学习效果。至2012年，大豫镇已组织党员冬训学习34个年头，累计参训人数17万人次。

图17-109　2013年，党员干部冬训大会　（陈燕　提供）

2009年，大豫镇党员干部冬训以学习中共十七届四中全会精神，推动农村科学发展为主题，围绕县委提出的“三联三建三服务”主题实践活动。“三联”即发动县镇两级机关部门、单位为挂钩联系村(居)办实事，解难题；组织工业企业摆摊设点发布招工信息，兴办社会公益事业；组织党员干部深入一线调研指导，为群众排忧解难。“三建”即组织千场微型党课，建设学习型组织；帮扶千户贫困家庭，建设造血型帮扶机制；展示千个致富典型，建设创业型示范岗位；“三服务”即提供万个岗位，服务农民群众；走进万家农户，服务小康建设；征集万条建议，服务农村发展。中共大豫镇委积极响应，闻风而动，把这一主题实践活动，贯穿于整个“冬训”之中，取得显著成果。为民办实事200多件，帮扶贫困家庭120多户，征集建议意见500多条。2010～2011年度，“冬训”主题学习贯彻十七届五中全会精神，全面推进农村经济社会转型升级。2011～2012年度，“冬训”主题以加快现代化、建设新农村。扎实开展“两讲”①宣传教育，“四送”②为农服务，“五访”③进村入户主题教育实践活动，丰富冬训内容和形式，增强冬训教育针对性和实效性。全镇参训党支部105个，参训党员干部4680人，设1个主会场，21个分会场。

附记：冬训宣讲典型材料

创业富乡邻

——记南通万得纺器公司总经理张志泉

1996年，张志泉和村里其他几名村民一起，从2万元起家，接手了乡办纱管厂，经过10余年艰苦创业，企业不断发展壮大，已创办了南通万得纺器公司、南通万洋砼有限公司、南通万豪科技建材有限公司3家规模企业，年销售8000万元以上。多年来打拼，让他走出一条创业致富之路，成长为一位带领农民共同致富的企业标兵，先后被评为县“优秀共产党员”“五星级”创业型党员和南通市劳动模范。

大胆创业——从务农到办企业

张志泉性格倔强而执着，处事果敢而沉稳，他那深邃目光中透着的睿智和自信，让人一眼就能看出他的精明和能干。中学毕业后，先后从事过农业生产，干过铁匠、海洋渔业捕捞、渔船修理等。1996年，踌躇满志的张志泉，准备按照自己的理想干一番大事业，恰逢原南坎纱管厂面临着企业改制，于是他和村里的其他几位农民一起，花2万元接手了当时严重亏损资不抵债的纱管厂。肩负企业几十名职工期盼，挑起企业发展大梁，他同员工一道，左冲右突，积极寻找着摆脱困境良策。

运筹帷幄——从抓管理到拓市场

在艰苦创业过程中，张志泉渐渐显示出经济管理才能，他内抓管理，外拓市场，让起死回生后企业迅速走上了快速发展轨道。

---

①理论宣讲下基层，解读热点；先进典型上讲台，现身说法。

②送信息到手头，促民致富；送政策到户头，促民真用；送技术到田头，促民提效；送文化到村头，促民增智。

③机关干部访村组干部，问发展思路，解农村发展难题；访大学生村官，问工作状况，解建功立业难题；访能人大户，问致富经验，解生产经营难题；访特殊群体，问原因诉求，解维护稳定难题；访普通群众，问衣食住行，解百姓生活难题。

张志泉接手企业后，经过一段时间调查研究，在认真总结老厂失败原因的同时，审时度势，理顺符合企业发展要求的分配关系，利用经济规律促进产销，与车间生产人员、营销人员共同制定出一套科学经济承包责任制。一年后，企业兑现了年初制定的分配方案，张志泉这个新厂长终于得到了员工们认可。

企业发展过程中，张志泉逐步意识到企业只有依靠科技进步、调整产品结构、打响品牌、提升形象，才能获得更大发展。为此，他以纺织行业为基础，不断研发新产品，一改过去单一生产纱管为生产塑料纱管系列、棉条桶系列、胶管胶圈系列等50多个主导产品，多渠道拓展国内市场。万得系列产品荣获"市优""省优"产品，万得品牌被评为市知名商标，企业获3A资信等级，成为全国同行业佼佼者。经过不断发展，万得从一个年销售收入不足百万元小作坊一跃成为超千万元企业。万得精良设备、精湛技艺、一流产品、一流服务，在同行业中享有盛誉，跻身中国同行业前列，年生产纺织用棉条桶29万套、各种规格塑料纱管1500万只，实现利税100多万元。万得产品已进入全国各地大中型纺织企业，产品竞争力不断增强。

在万得公司蒸蒸日上的时候，张志泉毅然决定跨行业收购大宇水泥厂。兼并水泥厂后，他大刀阔斧地对企业进行改革重组。他首先拿出资金发清拖欠工人工资，安定人心；其次投入200多万元，更新设备，改进生产技术，将原来生料烧成成品，三大主要生产车间的人工配料全部改用微机配料，利用机械化运输，大大减少人力，提高工效，同时打破水泥厂办厂30年来无散装水泥历史，新建大型散装库，购置10辆散装水泥运输车及80多只散装水泥罐。经过3年不懈努力，大宇水泥厂发生翻天覆地变化，旧厂换新貌，一举收回全部投资。这时张志泉又出台新举措，投资800多万元，新上一条年产30万吨水泥生产线，并成立南通万洋砼有限公司。他重视产品，与工程技术人员共同完善生产与检验工艺，从原材料进厂到水泥入库的每一道工序进行严格控制，并在关键工序上设置了质量控制标准，决不让有问题半成品流入下一道工序，为生产出高品质水泥奠定基础，大宇水泥凭借优良产品、可靠质量和周到服务，在如东市场占据半壁江山，还挤进了通州、启东等周边市场。

回报社会——从个人致富到带民共富

企业发展壮大后，张志泉时刻不忘自己是一名共产党员，他把为职工谋利、带群众致富始终作为自己努力方向。

为减少群众创业风险，他亲自为初始创业人员讲授创业经历，传授企业经验，组织他们到外地企业参观学习，并为他们提供创业信息和资金帮助，在他影响带动下，全村大多数村民都有了创业项目。他还吸纳100多名农村劳动力进厂工作，全村群众的生活水平不断提高。此外，他还积极资助社会公益事业，慰问村里20多位中华人民共和国成立前的老党员，出资1万多元为村里建桥修路，拿出5万元改造镇敬老院，捐助镇幼儿园10万元，每年出资2000元赞助家住香台村的南京大学贫困生钱丽丽……

有人说他傻，他淡淡一笑："作为一名中共党员，只有带领群众一起致富，才能真正体现自己人生价值。"

张志泉带头致富，情系农村，造福一方，真正体现一个中共党员、农民企业家致富思源宽广情怀。

五、基层党校教育

1994年，境内各乡均建立基层党校。1986年后，各党校每月办一期30～50人不等基层党员干部培训班，主要学习马克思主义基本理论、党的基本路线、重要会议精神及经济知识、科普知识和生产技能等内容。1997年，列编配备乡镇党校专职副校长、教员。2006年，中共兵房镇委员会党校被南通市评为红旗党校。2001年9月，县、镇机构改革，镇党校与文化站合并为文化服务站，仍开展教学、培训活动。2009年，中共大豫镇委员会党校被南通市评为红旗基层党校，专职副校长陈永斌被评为优秀教员；2009～2012年共举办党的知识、法律知识、人口理论等培训班40多期（包括冬训），受训2万多人次（其中建党积极分子200多人）。

2009年中共大豫镇委员会党校培训计划

表17—186

班次	班　名	时　间	参加对象	人数
1	法律知识培训	2月下旬	镇机关全体人员	205
2	预备党员、建党积极分子培训	3中旬	预备党员、建党积极分子	70
3	法律知识培训	4月上旬	机关行政执法人员	30
4	社会主义新农村建设	5月下旬	村书记、主任	40
5	建党积极分子培训班	6月中旬	建党积极分子	30
6	“七一”大党课	6月下旬	镇机关人员、村定编干部	324
7	党的基本知识培训	7月上旬	机关党员	158
8	人口理论教育	8月中旬	镇机关人员、村定编干部	324
9	十七届四中全会	10月下旬	镇机关全体人员	205
10	党员干部培训（冬训）	12月下旬	党员干部	3260

六、精神文明建设

中华人民共和国成立前，境内各乡始做移风易俗工作。中华人民共和国成立后，大力破除封建迷信等陈规陋习，树立社会主义新风。

1950年，贯彻《中华人民共和国婚姻法》，反对封建包办婚姻，提倡婚姻自由、男女平等。1952年，结合反对美帝国主义细菌战，境内成立治虫和卫生防疫机构，大力开展爱国卫生运动。1950～1952年，开展肃毒禁毒和取缔赌博、卖淫、嫖娼等活动。20世纪50年代，境内自然灾害严重，在多次抗灾救灾中，发动群众互助互济，团结协作，发扬“一方有难，八方支援”风格。

20世纪60年代初，进行“勤俭办社、勤俭持家、勤俭办一切事业”美德宣传教育。1963年，毛泽东发出“向雷锋同志学习”的号召后，广泛开展学雷锋活动，形成助人为乐、无私奉献社会风尚。

“文化大革命”期间，社会主义道德、风尚、法纪遭到严重破坏。

中共十一届三中全会后，在干部群众中，广泛开展共产主义理想教育、社会主义道德教育、民主与法制教育。

1981年起，开展“五讲四美”[①]，“三热爱”[②]宣传教育活动。境内各公社围绕“脏、乱、差、奢、旧”加以整改。每年3月“文明礼貌月”，组织机关干部、企事业单位职工、学校师生上街打扫环境卫生，成为制度化，使群众性文明创建活动一直得到延续。

1985年，县统一制定“文明户”评比标准。境内有2户受到县表彰。1988年，坚持群众自我规范，着眼于大多数，重在建设，与其他活动紧密结合，改为评比“文明新风户”。1989年，南坎乡按“舆论入户、服务到户、普及文明新风户”标准，全乡19个村，1.24万农户，评出“文明新风户”8620户，占总户数69.5%。是年，春节前后，境内各乡镇结合党员干部冬训，深入开展“三提倡三反对”[③]宣传活动。党员干部都签订不涉足“三风”责任书，社会风气明显好转。1998年4月，县确定“文明村镇”创建标准后，境内各乡镇风起云涌，创建活动扎实开展，9月，东凌乡兵港村被命名为江苏省文明村镇。

1999年后，农村封建迷信活动有所抬头，“佛法事”越做越大，婚丧喜庆“人情”负担越来越重。2000年6月，县建立“四禁”办公室，境内各乡镇建立相应常设机构，层层签订责任状，落实工作责任制，发现情况，一查到底。(具体收缴迷信品数据未作统计)。2007年，县“四禁”办并入县文明办，专题“四禁”工作告一段落。2009年起，努力践行“厚德笃行、扶海越江”新时期“如东精神”。

第六节　纪律检查

1950年8月，建立中共苏北区纪律检查委员会如东委员会。1951年5月，改为中共如东县纪律检查委员会。1956年1月，县第三次党代会选举产生中共如东县监察委员会，取代县委纪律检查委员会，属县委和上级监察委员会双重领导。1968年4月，归并到县革命委员会纪监组。1978年9月，建立中共如东县纪律检查委员会。1983年9月，升格为中共如东县纪律检查委员会。同时设县纪律检查委员会常务委员会。1984年起，县党代会选举产生中共如东县纪律检查委员会委员，县纪律检查委员会召开全体委员会议，选举产生常委、书记、副书记，1993年2月，县监察局与其合署。

1984年底，全县各中共区、乡镇(场)委员会均配备专职纪检委员。1987年，掘港镇、桐本乡建立基层纪委。1988年，明确党委纪检委员为副科级。1990年，全县51个乡镇均建立纪委，(当时境内有丁店乡、兵房镇、华丰乡、南坎乡、东凌乡)。1992年，乡镇纪委设信访小组，审理小组和财务审计小组，基层中共支部设纪检委员。1994年，乡镇纪委统一对外挂牌，1995年，乡镇设监察室，与乡镇纪委合署。

1996年后，乡镇纪委班子由3人增加到3～7人，专职纪检监察干部不少于2人。乡镇

①讲文明、讲礼貌、讲卫生、讲秩序、讲道德，心灵美、语言美、行为美、环境美。

②热爱祖国、热爱社会主义、热爱共产党。

③提倡科学文明，反对封建迷信；提倡艰苦奋斗，反对奢侈浪费；提倡民主与法制，反对违法乱纪行为。

纪检监察机构单独设置。2005年，全县15个镇中13个镇纪委书记担任中共镇委副书记（2006年3月后不再担任）。2008年9月后，设立专职纪委书记兼任监察室主任。

2009年5月，大豫镇与兵房镇合并后，至2012年先后由樊天红、袁卫华、翁雪峰担任大豫镇纪委书记。

一、党风廉政建设

(一)责任制建设

1999年，县纪委制订党风廉政建设责任制实施细则，层层落实责任制，形成各级主要领导负总责，班子成员分工负责格局。2005年后，党风廉政检查考核与作风建设考核相结合，与领导班子和领导干部考学、考绩、考廉相结合。实行"一岗双职"逐项分解，检查落实和责任追究。

(二)村监委会建设

2007年，农村全面推行村监委会建设。两镇(大豫、兵房)24个村(居)监委会参与调查信访和协调处理问题43件次，向村"两委"(支委会、村委会)提建设性意见30余条，发现并纠正问题9个，节约资金2万元。2008年，对村级决策事项推行"四会三告"制度。①

(三)纠风减负

1993年，清理1990年县相关部门关于农民负担方面文件166个，其中，21个没有上级文件依据涉农负担项目67项，取消53项。1999年，全面推行农民负担预决算，监督卡和专项审计制度，境内"一镇三乡"累计减轻农民负担200多万元。

(四)清理清退

1987～1993年，以领导机关和科级以上领导干部为重点，通过专题民主生活会开展自查自纠。境内各乡镇领导对"公车私用"摩托车都进行评估作价，补办交款手续。1996年，对乡镇不符合购置使用规定移动电话，进行折价过户给个人。当时，兵房镇过户手机2部。2007年起，实行乡镇公务用车制度改革。

①村党支部会议、村"两委"会商议、村监委会审议、村民代表会决议，议案预告、决议公告、结果公示。

图17-110 2008年,兵房镇"5·10"思廉主题活动(管霖 摄)

二、来信来访

二十世纪五六十年代,群众来信来访均列入案件查处受理统计。1978年后,对群众来信来访和举报及时调查,慎重处理。1993年后,全县实行信访举报办理程序,公布举报电话号码和地点,形成县、区、乡(镇)三级信访网络。1995年始,各级纪检监察组织建立来信来访办公制度,重要信访集体会商制度。1996年,兵房镇设立21个(1个村1个)"群众意见箱"。是年,镇纪委共受理群众来信来访来电132宗183件,办结168件,办结率92%。其中接待来访68批,642人次。1996~1999年,共受理涉及党员干部违纪群众投诉检举信访28宗,调查结办率100%。2009~2012年,大豫镇纪检监察组织共接受群众来信来访和举报18起,其中涉及党员申诉控告、举报党组织问题2起。

三、案件查处

二十世纪五六十年代,主要查处贪污腐化、叛离革命、丧失立场、违反组织纪律、政策规定、财务纪律案件以及围绕"反右倾"、整风整社等运动,对相关人纪律处分。"文化大革命"后,纠正一批冤假错案和处分不当案件。1993~2011年期间,境内发生过多起镇、村领导干部以权谋私、违反财经纪律,受贿、贪污和挪用公款等违纪违法案件。2009年,开除党籍2人、警告9人;2010年,警告11人;2011年,开除党籍4人、警告7人;2012年,警告9人。

第七节 统战工作

一、初期统战工作

民国30年(1941),大豫始有统战工作,时任区长曹持衡为开辟掘东地区,根据中共统战方针政策,启用一批思想比较进步、有一些文化知识、在群众中有名望、家庭经济条件较好、能拥护新四军共产党抗日的地方开明士绅担任各乡乡长。如豫附乡陈志孝、豫南乡朱凤仪、豫如乡姚福宰、豫安乡宋维乔、豫中乡秦凤祥、豫滨乡薛文宰、南坎镇王树平(后叛变)、豫北乡陈善良等。这批乡镇长是新四军东进后第一批建立乡政权骨干(统战对象)。除个别叛变投敌外,他们在实践斗争中,坚持民族气节,坚持抗日斗争,拥护中共方针政策,为基层政权建设、维持社会秩序做出贡献。之后,有些加入中国共产党。

据《如东统战史料》载:抗日战争时期,如皋县政府和如中行政公署根据上级党的指示,先后建立统一战线组织:有如皋县参政会、参议会、如中参议会。民国34年(1945)10月,在马塘召开各界代表会议,成立如东县参议会。民国35年底,因国民党军队进犯如东,县参议会停止活动。

二、中华人民共和国成立后统战工作

1950年1月,全县召开第一届各界人民代表会议,出席代表488人,其中教师27人、医生4人、商人26人、士绅10人,是中华人民共和国成立初期首次安排民主人士参政。此后,各届均安排相应比例民主人士代表参会。1956年8月11日,经中共南通地委批准设置中共如东县委员会统一战线工作部,配备专职干部,部长徐来,副部长陆忠德、马福官。

社会主义建设时期,由于党内"左"倾错误影响,统战工作产生反右斗争扩大化现象,以搞运动方式对民主人士进行思想教育和对宗教事务管理的一些不当举措等,造成不少失误。而在党中央多次进行政治和经济关系调整,采取纠"左"措施,使统战工作摆脱误区,减少折腾和失误,且在多方面有一定进展,在曲折中得到前进。

统一战线在"文化大革命"期间遭到严重浩劫。粉碎江青反革命集团头两年里,统战工作虽然逐步恢复活动,但由于统战机构尚未恢复,对统战工作全面开展仍有较大影响。

中共十一届三中全会后,根据中共南通地委批复,恢复中共如东县委员会统一战线工作部。1980年2月,根据中共江苏省委、中共南通地委"关于恢复原政协组织"的通知,恢复县政协组织活动。各区成立政协委组,成员为区域内县政协委员,乡镇统战委员。1987年6月和10月,市、县人民政府先后发出"恢复如东县工商联合会"通知,通过换届选举,产生工商联第五届委员会。为与新时期统战工作相适应,除恢复原有统战组织外,增建中共如东县委台湾工作办公室、如东县人民政府台湾事务办公室(合署办公)、如东县归侨侨眷联合会等等。为统战工作开展奠定组织基础。境内各乡镇统战组织高举爱国主义、社会主义旗帜,坚持中共基本路线,团结各界人士,围绕建设中心,认真履行政治协商、民主监督和参政议政职能,为维护改革开放,促进全镇民主法制和精神文明建设,推动社会全面进步做出新贡献。

为做好新时期统战工作,境内各中共乡镇委认真落实干部政策和知识分子政策,对"文化大革命"中冤假错案进行全面平反,正确处理对错划右派的改正和工商界"三小"[①]区

---

①小商、小贩、小手工业者。

别问题，着力处理历史遗留各项政策问题。1990年统计，全县6029名统战对象中，落实政策832人，占总数13.80%。对“文化大革命”中造成的“三案”28件，逐一予以平反，对被审查致死者补开追悼会，处理善后事宜。对“文化大革命”中受冲击审查而病逝党外知名人士11人，也补开追悼会，公开恢复政治名誉。境内桂芝小学校长，原县政协常委丁元瑞被迫害致死，于1978年秋，借座南坎公社大会堂，举行平反昭雪追悼大会。

在此期间，受政治迫害者陆拯、朱启宏等人，也相继恢复工作。1999年，对徐征村原国民党投诚人员施锡其落实生活待遇。

三、新世纪统战工作

乡镇统战工作是巩固发展最广泛爱国统一战线基础，是中国共产党政治思想工作重要组成部分。中共十一届三中全会后，统一战线范围扩大，对象增多，领域拓展，乡镇统战工作在这背景下，得到前所未有发展。统战工作对象主要是：乡镇党外人大代表，乡镇机关党外领导干部，乡镇站所党外负责人，中小学党外正副校长和党外中、高级教师，卫生院党外正副院长及党外主治医师，村委会党外负责人，乡镇企业党外经理（厂长），个协、私协党外负责人，私营企业党外主要经营管理者，个体工商户经济实力较强、贡献较大经营管理者，种养殖业大户中党外主要经营者，个体工商户中经济实力较强、影响较大经营管理者，农民中党外拔尖者，经批准的宗教活动场所主要负责人，“三胞”亲属，少数民族代表，县以上各级党外人大代表、政协委员、民主党派成员以及各界党外知名人士等。大豫镇统战工作一直名列县、市前茅。多次获得县、市统战工作先进单位称号。2012年，有少数民族23个、316人，“三胞”及眷属128人，党外中高级知识分子13人。

2012年大豫镇港、台、侨胞及眷属一览表

表17—187　　单位：人

名称	港				台				侨				合计
	港眷		港胞		台眷		台胞		侨眷		侨胞		
性别及人数	男	女	男	女	男	女	男	女	男	女	男	女	
	3	1	3	3	19	16	31	4	12	9	13	14	
小计	4		6		35		35		21		27		128

2012年大豫镇部分党外中高级知识分子一览表

表17—188

姓名	性别	民族	出生年月	籍贯	学历	职务职称	住址
曹漱仁	男	汉	1937.08	江苏如东	大学	中学高级教师	大豫镇一门闸村5组
陈元俊	男	汉	1938	江苏如东	大学	中学高级教师	南通市北家桥东村

续表17—188　2012年大豫镇部分党外中高级知识分子一览表

姓名	性别	民族	出生年月	籍贯	学历	职务职称	住址
顾汉兵	男	汉	1955.03.19	江苏如东	大学	中学高级教师	掘港镇泰山路6号
邵卫成	男	汉	1961.11	江苏如东	大学	中学高级教师	大豫镇兵房人民南路174号
黄德平	男	汉	1948.10.23	江苏如东	大专	中学高级教师	大豫镇徐征村21组
陈德明	男	汉	1942.04.09	江苏如东	大学	中学高级教师	掘港镇海花新城10号楼301室
陆文湘	男	汉	1937.04.17	江苏如东	大专	中学高级教师	大豫镇一门闸村20组
卞葛进	男	汉	1955.11.26	江苏如东	大学	副主任医师	大豫镇兵房健康路61号
邢志良	男	汉	1935.03.23	江苏如东	大专	高级农艺师	大豫镇丁家店村42组
何忠其	男	汉	1962.12.27	江苏如东	大学	副主任医师	大豫镇止马洼村24组
方志岳	男	汉	1938.08.30	江苏如东	大专	中学高级教师	大豫镇豫新路东排16号
刘卫祥	男	汉	1945.11.16	江苏如东	大学	中学高级教师	大豫镇马家店村4组
陈桂贤	女	汉	1946.01.26	江苏如东	大学	中学高级教师	南通市北家桥东村124幢404室

第八节　老干部工作

2012年，大豫镇有老干部837人。其中离休干部48人，退休干部789人。中共镇委、镇政府十分重视老干部工作，认真落实老干部“两个待遇”（政治待遇、生活待遇），切实加强老干部党支部建设，“五好”离退休干部中共支部创建工作成效显著。2009年9月，老干部四支部获江苏省先进离退休干部党支部。“三康”(身心健康、邻里安康、共建小康)，老干部评选活动和“心系和谐当参谋，促进发展献余热”等主题实践活动富有成效，老干部队伍自身建设得到加强，在全镇经济社会科学持续发展中发挥应有作用。大豫镇老干部工作多次获省、市、县表彰奖励。

一、政治待遇

以思想政治工作为重点，全面落实老干部政治待遇。每月集中1～2天学习，有重点地学习中共路线方针政策及中央有关重大会议精神。镇域区划调整后，中共老干部支部建设进一步加强。2009年，镇建立老干部党总支，由夏卫东任书记，下辖6个分支部，均选配有威望、有经验、能力强的支部书记，(1支部卞兰成、2支部秦伯奎、3支部陈聚高、4支部陈云山、5支部黄德斌、6支部施文斌)。每年元旦或春节前后，都要进行情况通报，组织全体老干部集中听取中共镇委、镇政府主要负责人全镇经济社会发展形势报告，组织老干部进行座谈讨论，广泛征求意见。2009～2012年，共收到老干部建议意见20多条。其中经济建设类10多条，精神文明类10多条。对这些建议意见中共镇委、镇政府都认真研究，并逐条做出回复。全镇老干部年均向贫困生捐款2万多元；2009年，向止马洼村白血病患者张聪同学捐款2.80万多元。

二、生活待遇

以推进和完善“三个保障机制”①，全面落实老干部生活待遇。2008年，采取提前支付预备金3600元个人账户，缓解个人垫支矛盾，缩短结报周期，简化结报程序。“双高期”服务得到加强。3月，县老干部局与县卫生局联合发文，重申医疗保健各项制度，明确服务对象、服务职责，并列入考核检查内容，为离休干部医疗保健提供服务平台。同年，发放离休干部住房补贴。2012年，离退休干部与在职干部同步增加部分津贴。中共大豫镇委、镇政府及老干部支部除逢年过节走访慰问老干部外，平时对老干部生病住院、过世等情况均登门慰问、吊唁。还建立特殊困难离退休干部帮扶机制。2009～2012年，全镇共帮扶550人，帮扶资金11万元。

三、主题活动

老干部主题活动形式多样、内容丰富多彩。2004年，开展“保持共产党员先进性，争做“四个模范”②主题教育活动。全镇广大老干部在活动中表现出饱满政治热情、自觉参与意识和严格自律精神，展示老干部良好精神风貌，用他们实际行动演绎一幅幅“银发如丝志千里，丹心似火霞满天”动人画卷。老干部陈云山、姜颂良获“三康”。老人称号。2008～2009年，开展“心系和谐当参谋，促进发展献余热”主题实践活动。老干部们围绕主题为振兴全镇经济进言献策，镇老干部党总支成立扶贫宣传小组，宣传扶贫开发方针和扶贫帮困好人好事，大力开展智力扶贫、企业扶贫、结对扶贫，取得良好社会反响。同时，组织老干部、老教师收集杰出人物先进事迹整理成乡土教材，组成宣讲队到村、居、社区巡回宣传，均得到较好效果。老干部第四党支部书记陈云山等编纂的乡土教材《大豫风采》，在省乡土教材评选中获二等奖。

四、文化生活

以阵地建设为平台，组织老干部开展各类活动，丰富老干部精神文化生活，陶冶老干部情操。全镇6个分支部均有面积不等活动阵地，建有2个门球场和多个健身广场，累计总面积800多平方米。建有3支老年文艺队，(兵房老年文艺队、丁家店村老年文艺队、巩

---

①离休费保障机制、医药费保障机制、财政支出保障机制。

②争做认真学习、思想常新的模范；维护大局、促进发展的模范；老有所为、奉献余热的模范；热爱生活、积极养老的模范。

王村老年文艺队)，配合大豫镇党委在各个时期中心工作进行文艺宣传活动，各队年均演出30多场次。并多次赴县参加文艺演出。2007年，兵房老年文艺队演出的表演唱《喜看兵房新面貌》获表演一等奖。2010年9月19日，丁家店村老年文艺队参加省健身操比赛，捧回3个奖杯。2011年，巩王老年文艺队参加县健身舞大赛获三等奖。2008年，组队参加县乒乓球比赛，获得较好成绩。阵地面积最大、活动项目最多为第四分支部，有380多平方米多功能用房，集"乒乓球室、阅览室、图书室、舞蹈室、棋牌室"于一体。有图书2500多册。订阅报纸杂志10多种，并建有如东县老年大学大豫镇分校。为老干部开展活动、学习知识、愉悦身心提供优越环境。该老年活动中心，被人们誉为"南黄海之滨的星光大道"。

附记：

南黄海之滨的"星光大道"

——记江苏省如东县大豫镇丁家店村老年文化活动中心

只要一提到江苏省如东县大豫镇丁家店村，人们就会联想到该村有一个驰名省内外的老年文化活动中心，被誉为南黄海之滨的"星光大道"。

丁家店村位于如东县城东南20公里外，2005年由协和村、港闸村、丁店居委会合并而成，东临南黄海，222省道穿境而过。全村8232人，在村党支部的统一领导下，老年文化活动中心越办越红火，有效地带动了村风、民风、社会风气的好转，在构建和谐村居中发挥着举足轻重的作用。2012年，该村分别被江苏省民政厅评为"居家养老示范社区"、司法部评为"全国民主法制示范村"。

就地取材建中心

2002年初夏，丁家店村的周成兵从教师岗位退下来后，经常看到村民们农闲时"小来来"(打长牌)，一些退休人员也参与其中，为输赢常发生口角，有的甚至大打出手，影响了社会稳定。经过一段时间观察和调研，他发现农民们的精神文化生活十分单调、枯燥，平时除了看电视外，就再也没有其他文化活动。哪里有个草台班子演出，不管内容健康与否，人们会从十多里路远处赶去观看。周成兵反复思忖："如果不用健康向上的社会主义文化占领农村思想文化阵地，农民就会被糟粕所毒害。"于是，一个创建老年文化活动中心的念头油然而生。他的想法得到不少老年人尤其是退休人员的积极响应，也得到村党支部、镇老干部党支部、镇退教协会、镇工会等部门的支持。为此，村党支部、村委会召开了联席会议对建老年文化活动中心进行了专题讨论，并分别召开了党员和村民代表座谈会，决定拆除毛竹桥老村部旧房，用以兴建老年文化活动中心。闻讯后，退休人员喜出望外，人人动手，拆房的拆房、运料的运料，忙得不亦乐乎，周围不少村民也加入进来。就这样，共用了250多个人工，拆除了9间旧房。该村建老年文化活动中心的喜讯很快传到江苏省劳模、南通市人大代表、江苏顺通建设工程有限公司总经理曹国祥(丁家店村人)耳中，为支持家乡文化建设，他主动请缨、无偿包揽了整个建房任务。经过一周的紧张施工，一座200多平方米的简易老年文化活动中心，以崭新的风貌呈现在毛竹桥西侧、丁店河北岸。

因陋就简建阵地

良好的开端，等于成功的一半。在某些人眼里，200多平方米的4间平瓦房，似乎太简陋、太普通了，与“文化活动中心”的称谓似乎不太相称。但在周成兵一班人心目中，已经十分满足了！他说：“过去丁店乡文化站创办之初，是借用蜂场不足50平方米的两小间仓库，开展了多项文化阵地活动。如今，我们是典型的村级文化活动中心，面积大，活动项目定能超过乡镇文化站，且有特色，能吸引人、凝聚人。

为开辟文化中心阵地活动，周成兵自费带领一班人多次赴县城文化馆、文化宫及邻县的乡镇文化站观摩学习。他们采取“自己凑一点，动员大家投一点，到各部门争取一点”的方法，因陋就简办活动中心。镇教办送来了黑板、书橱，镇工会送来了工人报刊，镇文化站送来了图书，镇财政所送来了办公桌椅，老干部支部送来了象棋、跳棋、扑克牌，镇体协送来了羽毛球拍和乒乓球台，有几位村民还从家中搬来了方桌和板凳……看到这一切，周成兵一班人信心更足了，200多平方米的活动室规划得井井有条，既有活动室、阅览室，又有排演室、娱乐室，还设计了板报、画廊等。毛竹桥畔一下子闹腾起来，老年人蜂拥而至，中青年文艺爱好者也积极参与，活动中心开办以来，月均活动者达1500人次。

该村以文化中心为主阵地，还开展了丰富多彩的体育活动，现已举办了七届老年活动会，还多次组队参加省、市、县老年体育、健康操比赛，屡获佳绩。农民集居点和镇郊结合部早晨与黄昏均能见到老年队员的身影，他们自觉成立了晨练队、晚舞队，不仅增强了体质更愉悦了身心。

2006年10月，该中心在创办家长学校、校外教育辅导站的基础上，又与如东县老年大学合作，创立了全县第一所老年大学分校，开设了时事政治、普法综治、保健卫生、农业科技四大课程。

目前，丁家店村老年文化活动中心与村公共服务中心融为一体，整个占地面积达1500平方米，活动阵地886平方米，多功能活动室324平方米，拥有一流设施的乒乓球室、展览室、图书室、阅览室、棋牌室、排演室、健身房等，老人们活动在“不是星光大道，胜似星光大道”的精神乐园中，脸上绽放着幸福快乐甜蜜温馨的笑容。

选自2014年《大江南北》第7期

第三章　社会团体

社会团体（也称群团组织）是中共委员会、人民政府重要组成部分。在抗日战争和解放战争时期，积极维护中共路线、方针、政策，为争取国家民族独立起到组织群众，动员群众，打击敌人的作用。中华人民共和国成立后，境内各乡相继建立工会、青年、妇联等群团组织，在“文化大革命”中，均被迫停止活动。中共十一届三中全会后，群团组织焕发青春与活力，开拓进取，创新工作，在振兴经济建设中发挥着重要作用。

第一节　职工团体

1950年，大豫境内以小集镇为主建立兵房镇、大同镇工会组织。1954年，兵房、大同两小镇工会改为基层工会，附属大镇工会领导。1963年，恢复和建立兵房镇联合基层工会组织。1974年，恢复掘东区工会工作委员会（属县派出机构）；1986年，掘东区工会工作委员会主席姚作仁，副主席王善斌、陈文选。1988年4月，建立兵房工会工作委员会，主席陈达飞，副主席陈文选。1990年8月～1991年1月，主席顾善欣。1991年1月～2000年9月，主席顾裕丰。2000年9月～2009年5月，主席管霖。2002年10月，大豫镇和兵房镇分别召开工会一届一次会员代表会议，选举产生大豫镇工会主席何恒国、副主席马卫东、周爱华。兵房镇工会主席管霖、副主席陈达兵，二次会议增选副主席郁宏明。2006年6～7月，两镇又相继召开镇工会二届一次会员代表大会，选举产生镇工会新的领导机构，大豫镇管宏图为工会主席，何恒国、马卫东为副主席。兵房镇管霖为工会主席，方海健，郁宏明为副主席。2009年，大豫镇与兵房镇合并后，工会主席管霖，副主席何恒国。根据县总工会安排，2011年10月，召开大豫镇工会三届一次会员代表大会，选举黄建春为镇工会主席，何恒国、朱慧为副主席，委员有李奕涵、陈燕、施松兵、马卫东、邱李兵、汤小芳、黄勤、陆渭淙。

中共十一届三中会后，随着非公有制企业崛起，大豫镇工会为最大限度地把职工组织到工会中来，为维护职工合法权益做出很大贡献，而且在创建规范化镇级工会和工会理论创新方面取得显著成绩，成为省、市、县典型工会。2003年，被评为江苏省百强示范乡镇工会；2008年，以全市总分第一的成绩获得江苏省工会模范镇称号，2009年，镇工会主席管霖出席全省第三次乡镇（街道）工会工作会议，受到省总表彰奖励。自2000年后，镇工会累计获得24个奖项，其中省级5个、市级5个。接待全总、省总、市总领导19批次，84人次。在市以上工会报刊发表和交流文章（含论文）40多篇。使基层工会工作得到创新发展。至2012年，全镇有三级工会139家，发展会员8890名。

图17-111　2011年10月，召开大豫镇工会三届一次会员代表大会（管霖　摄）

2001～2012年在市以上交流发表作品获奖情况一览表

表17—189

发表时间	作品名称	发表交流刊物	作者姓名	获奖项目
2002	多敲职工的门	《中国工运》第3期	管宏图	—
2002	“兼职”更要“尽职”	《中国工运》第4期		
2007.10	非公企业工会经审工作刍议	《中国劳福事业》第10期	管　霖	—
2008.08	关于配备工会经费委托代收协收员的建议	《中国工会财会》第8期		
2001.05	无事也要登“殿”	《江苏工人报》	管宏图	—
2001.04	兵房镇私企工会组建率100%	《江苏工人报》		
2008.03	他为下岗职工铺路搭桥	《江苏工人报》	管　霖	—
2004.03	浅析镇工会经费难的原因及其解决途径	参加省论文评比		省二等奖
2004	使职工真正感到自己是企业的主人	省厂务公开指导书		
2005.06	关于建立镇工会经费管理中心的思考	参加省论文评比		省一等奖
2005.06	非公企业女职工工作亟待加强	参加省论文评选		省三等奖
2006.04	浅议基层工会主席的法人资格与“一支笔”审批权	参加省论文评选		省二等奖
2003	愿将余热献工会	《南通工人》第4期		—
2003	我们欢迎这样的“老总”	《南通工人》第4期		
2003	非公企业建立职代会点滴	《南通工人》第3期		
2004	喜闻“钳工月薪超硕士”	《南通工人》第3期	管宏图	—
2004	“燎原”公司人性化管理形成四大氛围	《南通工人》第3期	管　霖	—
2004	浅谈镇工会经费收缴难	《南通工人》第5期		
2005.02	坚持工会与人大联系制度	《南通工人》第1期		
2005.06	切实加强领导　推进工会工作	《南通工人》第3期	中共兵房镇委	—
2005.06	江海棉业的女强人	《南通工人》第3期	管　霖	—
2008.02	略议规范非公企业财务管理工作	参加市论文评选		市三等奖
2010.08	对村以下小型非公企业工会经费委托代管的建议	《中国工会财会》第8期		—
2010.01	关于职工代表能否参与经审工作的思考	《中国工会财会》第1期		
2010.02	关于规范乡镇工会资产管理的现状、问题及建议	《中国劳福事业》第2期		
2010.09	关于开展工会经费普查的建议	《中国劳福事业》第9期		
2010.11	浅琰加强基层工会民主建设对经审工作的作用	《中国劳福事业》第11期		
2011.02	关于工会经费全额代收的建议	《中国劳福事业》第2期		
2011.08	典型引路，规范中小型企业工会财务管理	《中国工会财会》第8期		
2011.09	难舍工会情	《中国工会财会》第9期		
2011.02	我要站好最后一班岗	《南通工人》第2期		
2001.05	发挥基层工会民主建设对经审工作的促进作用	《中国工会财会》第5期		

续表17—189 2001～2012年在市以上交流发表作品获奖情况一览表

发表时间	作品名称	发表交流刊物	作者姓名	获奖项目
2011.12	关于企业工会经费列入集体合同的探究与思考	《中国工会财会》第12期	管　霖	—
2012.01	关于建立职业化工会经审队伍的思考	《中国工会财会》第1期		
2012.04	经审工作应成为服务工会全局工作的"六者"	《中国劳福事业》第4期		
2012.04	以委托税务代收为抓手做实基层工会经费账户	《中国工会财会》第4期		
2012.03	以工会经审委为主体建立《工资集体协议》监督机制	《工会信息》第5期		
2012.04	略论乡镇工会与人大联系制度在创新工会工作中的作用	《工会信息》第8期		

2002～2010年市以上领导视察指导工会工作一览表

表17—190

上级工会名称	主要领导职务	主要领导姓名	视察人数	视察时间	视察指导内容
全总	办公厅主任	陈　冀	3	2002.11.13	燎原非公企业职代会制度
	(中国工运)常务副主编	阎宇平	3	2004.09.18	燎原"党工共建"与"镇工会与人大联系制度"
省总	省总民管部长	邬伯扬	5	2003.07.11	燎原非公企业职代会制度
	省人大常委会副主任省总主席	张　艳	10	2004.04.20	燎原工会工作
	省总政研室主任	郭莉莉	6	2005.05.10	燎原"三联、四好""工资平等协商"
	省记者站站长	陶家伦	3	2006.06.01	采访
	省总秘书长	孙晓宁	5	2007.04.04	燎原公司"创模范县"验收
	省总政研室主任	郭莉莉	3	2007.07.05	燎原公司调研
市总(市委)	市总主席	陈心万	6	2000.10.11	镇新经济组织工会组建工作
	市总主席	陈心万	4	2003.07.11	燎原非公企业职代会制度
	市总副主席	李仕春	9	2003.11.24	"百强示范乡镇工会"考核验收
	市委秘书长	黄鹤群	6	2004.10.29	燎原"党工共建"
	市总主席	陈心万	2	2004.04.20	燎原工会工作
	市总纪委书记	朱晓明	2	2004.09.18	燎原"党工共建"与"镇工会与人大联系制度"
	市总主席	张毓余	3	2005.02.10	燎原"三联""四好""工资平等协商"
	市总副主席	李仕春	4	2006.05.09	验收"创模范县"工作
	市总考核组	朱晓明	3	2008.10.10	验收"创模范镇"工作
	市总副主席	钱祥圣	5	2009.09.23	企业文化建设推进会
	市总民管部长	王霞春	2	2010.07.01	劳动关系和谐企业调研

2000～2009年镇工会受市以上表彰奖励情况一览表

表17—191

年 月	获奖者	表彰奖励项目	授奖单位
2002.04	镇工会	江苏省合格乡镇工会	江苏省总工会
2003.12	镇工会	江苏省百强示范乡镇工会	江苏省总工会
20005.12	管　霖	江苏省工会系统“四五”普法先进个人	江苏省总工会
2008.04	管　霖	江苏省优秀工会工作者	江苏省总工会
2009.06	镇工会	江苏省工会工作模范镇	江苏省总工会
2004.03	管　霖	2003年度“创建示范工会”先进工作者	南通市总工会
2004.09	管　霖	南通市优秀工会工作者	南通市总工会
2005.01	镇工会	民主管理优秀组织奖	南通市总工会
2007.09	镇工会	经审工作先进单位	南通市总工会
2008.03	管　霖	南通市优秀工会工作者	南通市总工会

第二节　青年团体

民国33年(1944),建立掘东区青年联合会(青年抗日组织,1954年秋,正式成立如东县青年联合会)。民国35年,徐征乡率先建立青年联合会,先后由陈元进、吴庭家担任青年组织书记。此后,境内各乡均相继建立青年联合会,如新华乡杨福明,豫北乡施春林分别担任两乡青年组织书记(其余各乡无考)。民国38年4月,中国新民主主义青年团如东县工作委员会以桐本区潮桥乡为建团试点,建立全县第一个农村团支部,掘东区根据潮桥建团模式,陆续建立乡、村团支部,镇东乡首任团支书为施冠林,镇西乡首任团支书为周学林;两乡合并后,全乡有共青团员80名。中华人民共和国成立后,从1950至“文化大革命”开始,由沈怀坤担任和兼任大豫乡(公社)团委书记。1966年后,历任团委书记为张勇法、王兴联、景桂鸿、谢建友等。

1958年,中国新民主主义青年团改名为中国共产主义青年团。境内各公社分别成立共青团公社委员会。1966～1972年,共青团组织被红卫兵组织所代替,团组织基本停止活动。1973年始,各公社团委逐步恢复正常活动,并健全团代表大会制度,每隔3～5年召开一次团代表大会,选举产生新一届团委领导机构。

改革开放后,镇团委有组织、有目的地开展一系列有益活动,增强共青团组织凝聚力,2009年,镇团委被评为南通市“五四红旗”团委。2011年8月2日,召开共青团如东县大豫镇第三次代表大会,大会选举产生以李奕涵为团委书记,朱晴晴、肖锋、汪杨、沈东新、周德磊、龚燕为副书记,陈静、黄波、薛燕、黄炜涛、蒋建锋、韩朋佐为委员的大豫镇第三届团委领导班子。至2012年,全镇建有基层团组织45个,团总支3个,团支部42个,共青团员1462人。

图17-112　2011年8月2日，召开共青团大豫镇第三次代表大会（李奕涵　提供）

第三节　妇女团体

民国30年年初～34年（1941～1945），境内（掘东区）各乡先后成立妇女联合会。掘东区早期妇女干部季桂芳，启东正诗乡人（圩角地区），民国30年2月，加入中国共产党，民国32年春，中共组织安排到掘东区负责妇女工作，民国34年，调回启东。[①]6月，掘东区建立"妇抗会"14个，吸收会员2452人，其中中共党员12个。12月，44个村已建妇女组织14个，发展会员916个，基本会员243个，乡妇女干部21个，村妇女干部55个，组妇女干部76个，建立纺纱组12个，纺纱人数114人，建立妇女联合会3个。民国37年，完成第三批、第四批军鞋任务2.30万双。妇女联合会在抗日战争和解放战争时期做出重大贡献。

1949年11月10～16日，如东县民主妇女联合会在马塘镇成立，会上掘东区有多名妇女被评为生产典型和劳动模范，获得县政府颁发的光荣证书。

1953年，境内各乡召开妇女代表大会，民主产生妇女联合会。董云兰、陈玉英分别任镇东、镇西乡首任妇女主任。1957年10月，县民主妇女联合会改名为县妇女联合会。各乡相继成立妇女联合会（简称"乡妇联"），各配1名专职妇联主任。1958年后公社设妇联，王秀芳为大豫公社首任妇女主任。1961年后，生产大队设妇代表，生产队配备妇女队长。1966～1972年，妇联工作受到严重影响，各级妇联无法开展活动。1973年8月，恢复县妇联及公社妇联。年底，各公社相继召开妇女代表大会，选举产生公社妇女联合会。1983年，撤社建乡，各乡仍保留妇女联合会，各村配备一定比例女干部，兼任妇女和计划生育工作。

---

①参加革命后，先后任乡、区、县妇女领导工作。1949年10月后，先后在省妇联、总工会，南通市邮电局、市委，省政法部门工作。享受厅局级待遇。1998年11月逝世。

中共十一届三中全会后，妇联组织得到加强，妇女作用得到发挥，广大妇女积极投身改革开放浪潮，成为经济建设主力军，发家致富能手，带头创业先锋。南坎乡环豫村（大豫社区）女营销能手张玉萍从事农副产品营销，依靠诚实守信服务，架起农民与客户桥梁，每年成交农副产品4万多吨。兵房镇农副产品营销协会建会时，105名会员中，有49名农民女经纪人，占46.60%。2006年，大豫镇豫北村妇代会借助该村江洋出口蔬菜合作社，加工、销售出口蔬菜优势，动员妇女种植无公害蔬菜，使家庭小生产与国际大市场有效对接，当年发展蔬菜种植大户120个，为妇女增收110万元。

2012年6月21日，大豫镇召开妇女第三次代表大会，选举陈静为镇妇联主席，副主席郭彦沁，执委会委员李奕涵、茅正平、范笑颜、龚燕、戴莉香。

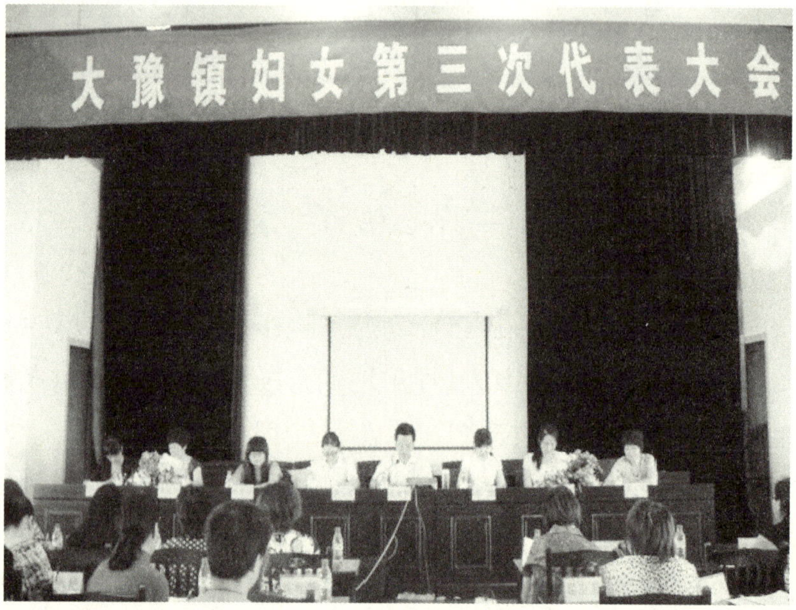

图17-113　2012年6月21日，召开镇妇女第三次代表大会（陈静　提供）

附记：

支前女模范——丁忠兰

丁忠兰（1931—2009）女，曾用名：丁忠莲；文盲，民国20年(1931)3月16日生，大豫乡茂青村13组人，8岁父亲去世，10岁母亲去世，民国31年离开家乡，当童养媳。民国34年，参加地方革命工作。民国36年7月，加入中国共产党。成为掘长区南坎乡一位出色妇女代表。在中共地方组织领导下，积极做好妇救工作，在"渡江战役"前后，她团结地方妇女，帮助前线筹备军衣、军鞋等物资供给任务，被上级党组织评为掘长区"支前女模范"。中华人民共和国成立后，历任坎西村（止马洼村）妇女主任、生产队长等职。2009年6月16日病逝。生前享受地方政府解放前老党员待遇。

第四节　农民团体

民国16年(1927),华丰乡农民群众在曹埠江园农民协会影响下,成立农民协会。民国17年4月,农民协会会员策应如西"五一"农民暴动。

民国30年夏,掘东区相应建起农民抗日协会,在实行"二五"减租、生产自救、组织农民自己武装等工作中发挥很大作用。民国31年,掘东沿海6个乡灶民(即盐民)在中共组织领导下,成立灶民抗日协会6个,共有会员84人。民国34年6月,掘东区建立农抗会14个,发展会员6309人。

民国36年秋,掘东区各乡在土改复查中,相继建立农会、以贫农、雇农为核心,主持复查工作。

1966年,境内各公社相继召开贫下中农代表大会。1974～1976年间,南坎、兵房、丁店、东凌公社贫下中农协会分别组成贫下中农毛泽东思想宣传队进驻所属地区机关、学校、医院、工厂、商店等企事业单位。1977年后,贫下中农协会自行解散。

中共十一届三中全会后,改革开放步步深入,市场经济得到繁荣发展。兵房镇为适应市场经济需求,使农民真正得到实惠。1998年6月18日,在全县首家建立农副产品营销协会,选举农民经纪人姜平为会长,吸纳会员105人,建立农副产品收购点60多个。1999年,农民经纪人1500多人,在全国11个省市50多个大中城市设立200多个销售窗口,建立正常供销关系的有,上海江桥、曹安路、三官堂、沪西市场,南京白云亭市场,常州宣塘桥、凌家塘市场等。2000年7月,中共镇委副书记姜建新出席南通市农副产品营销工作经验交流大会,并作专题介绍。随着农副产品营销渠道不断拓展,全镇建起30多家农副产品深加工企业。南通金地来酱制品有限公司规模较大,形成配套种植基地6000多亩,建有大小池库100个,可容纳各种咸货1800吨,产品畅销全国各地,年销售额3000万元,成为市级农业产业化龙头企业。该农副产品营销协会一直保持旺盛生命力。2012年,会员数增加到1425人,农副产品收购点增加到500多个,销售总额1.30亿元。

第五节　商业团体

民国37年(1948)5月,掘港镇在全县首建商业联合会。嗣后,在15个市镇先后建立工商联。1952年8月14日,召开如东县工商联筹备代表会议,建立如东县工商联筹备委员会。1953年1月20日,举行如东县工商联筹备委员及各镇工商联主任联席会议,对基层组织进行全面改组,建立掘港镇办事处,17个分会。境内有如东县工商联合会大同、兵房两个分会。大同分会首任主任为马友明,继任主任由镇长陈善嘉兼任,兵房分会主任张祖修,南坎、大豫为直属小组。1966年,"文化大革命"开始,工商联停止活动。1989年,县工商联恢复正常活动。2003年，根据县委要求，大豫镇和兵房镇相继建立镇商会，隶属如东县工商联合会（总商会），并制定商会章程，召开会员代表大会（大豫镇资料缺失），选举产生会长、副会长、秘书长和执委委员。兵房镇名誉会长康徐，会长郭殿军、副会长张伟、秘书长周新。2006年，根据如东县16号文件《关于镇商会领导班子调整意见》通知精神，镇商会领导班子一般由11～15人组成，设会长1名，名誉会长1名、副会长3～5名，秘书长1名，其他执委5～7名。调整后的兵房镇商会领导班子，名誉会长：康徐，会长郭殿军、常务副会长黄建春，副会长陆忠耀、陈晔晖、杨锦标、汤正平，秘书长周新，执委王志雄、蔡兵、周凯、曹叔东、孙和平、徐安平、沈浩忠、黄继石、周炳祥。开展安置下岗职工再就业、招工扶贫等活动。至2010年，共发展会员69名。商会在推动经济又好又快发展中起到桥梁和纽带作用。镇域区划调整后，2011年9月，新大豫镇商会正式成立，31家企业成为首批会员。会员大会选举产生大豫镇商会第一届执委会，南通万豪科技建材有限公司总经理张志泉当选首届执委会会长。

第六节　儿童团体

抗日战争时期，境内各乡建立儿童团组织。1950年后，各小学建立中国少年儿童团，1953年，改称中国少年先锋队。“文化大革命”期间，各中、小学建立红卫兵、红小兵组织。1978年，恢复少年先锋队。

一、儿童团

民国31年（1942）后，大豫境内各乡建立儿童团组织。抗日儿童团是广大抗日根据地在抗战中成立的儿童组织。共产主义儿童团是土地革命战争期间在革命根据地建立的儿童组织。基本任务是：在中国共产党领导下，对少年儿童进行共产主义教育，领导儿童参加一些力所能及革命工作。儿童团一般以村为单位建立，儿童团团长由儿童选举产生。周墩村儿童团长周德新、副团长董德松带领儿童团经常在东牛车桥、鲍家坝一带活动，成为联防队得力助手。儿童团在反日伪“清乡”“扫荡”中站岗、放哨、查通行证发挥很大作用。

附记：

儿童团团歌

准备好了吗，时刻准备着，我们都是共产儿童团，将来的主人必定是我们，滴滴答滴答滴滴答滴答。

小兄弟们呀，小姊妹们呀，我们的将来是无限好的，将来的主人必定是你们，滴滴答滴答滴滴答滴答。

红色的儿童，时刻准备着，拿起刀枪参加红军，打倒军阀地主保卫苏维埃，滴滴答滴答滴滴答滴答。

准备好了吗，时刻准备着，我们都是共产儿童团，将来的主人必定是我们，滴滴答滴答滴滴答滴答，滴滴答滴答滴滴答滴答。

二、中国少年儿童队

1949年10月13日，中共新民主主义青年团中央作出决议，建立中国少年儿童队。1950年，大豫境内各小学都建立中国少年儿童队（1953年，改称中国少年先锋队，简称少先队）。"文化大革命"中，各中学普遍建立"红卫兵"组织，小学建立"红小兵"组织，少先队活动中断。1978年，各校恢复少先队组织。2012年，大豫镇有47个少先队组织，少先队员1950名。

附记：

中国少年先锋队队歌

我们是共产主义接班人，继承革命先辈的光荣传统，爱祖国，爱人民，鲜艳的红领巾飘扬在前胸。不怕困难，不怕敌人，顽强学习，坚决斗争，向着胜利勇敢前进，向着胜利勇敢前进，前进！向着胜利勇敢前进，我们是共产主义接班人。

我们是共产主义接班人，沿着革命先辈的光荣路程，爱祖国，爱人民，少先队员是我们骄傲的名称。时刻准备，建立功勋，要把敌人，消灭干净，为着理想勇敢前进，为着理想勇敢前进，前进！为着理想勇敢前进，我们是共产主义接班人。

第四章　部分处级以上干部选介

境内在外和客籍处级以上干部36名（其中女干部2名，客籍干部4名），抗日战争时期参加工作3名，解放战争时期参加工作7名，中华人民共和国成立后参加工作26名。境内在外处级以上干部人数众多，因名录不全或联系无果而缺载，待续编时补上。

2012年大豫镇部分处级以上干部名录（以姓氏笔画为序）

表17−192

姓名	性别	出生年月	原籍	简历
仇汉生	男	民国18年（1929）12月31日	江苏海门四甲	民国36年（1947）7月1日，加入中国共产党，民国35年11月，参加革命工作。历任南通县三余区土改工作队员，中共华中工委、华中军区司令部机要训练队学员、后任机要科译电员，江淮（安徽淮北）军区独立旅司令部机要科译电员，蚌埠市军管会机要译电员，华东第一支前办事处（会吧）机要译电员，皖北军区司令部机要科译电员，中共安徽省委机要处机要译电员，中共蚌埠市委机要科秘书，治淮委员会办公厅机要科副科长，芜湖电厂运行分场主任、中共支部书记、厂技术科长、政治处副主任。合肥发电厂革委会副主任，皖南供电局革委会副主任、中共委员会委员副书记，芜湖供电局局长，党委副书记，芜湖供电局党委书记，安徽省电力工业局副局长、党组成员，安徽省电力工业局党组副书记、副局长。1990年5月，离职休养
石勇	男	1963年10月8日	如东县靖海乡	1987年8月，加入中国共产党，1983年7月参加工作，历任县级机关团委副书记。中共如东县五义乡委员会副书记，中共丰利镇委副书记兼政府筹建组常务副组长、副书记，中共掘港镇委副书记，中共双甸镇委副书记、镇长、书记，中共如东县循环经济产业园工委书记、大豫镇书记，南通滨海园区社会管理局局长
任锋	男	1957年3月	强民村	中共党员，1976年3月，参加中国人民解放军。历任济南军区某高炮师战士、宣传科干事。某集团军宣传处干事、宣传处长、组织处长、通信团政委。河南省军区宣传保卫处处长。漯河军分区政治部主任、漯河市政协常委。南阳军分区政委、南阳市委常委、政协常委。河南省教育厅副厅长、党组成员
邢惠石	男	1959年3月	大同镇	1983年9月，加入中国共产党，1978年12月，参加中国人民解放军，历任中国人民解放军第一八一师（1996年10月后，改为武警一八一师）文书、排长、军械助理，军械股长、科长，无锡市建设局监察室主任，中共无锡市纪律检查委员会第三纪工委（第三工作组）副书记、副主任
成振康	男	民国17年（1928）	兵房镇双港村	民国36年（1947）11月，加入中国共产党。历任中共掘东区委担任通讯员，如东县团二营一排排长，苏中九分区公安局政治保卫队队员、分区首长警卫员，南通专区公安处秘书科事务会计，警察干部学校学员，城市工作队组长，江防第一局、海防分局户政股员。华东公安边防队八十二团参谋、武工分队副队长、中共支部副书记（以副代正），中国人民解放军边防第十一团政治处干事，中国人民解放军一0一军医院政治处干事、外科指导员、二所副教导员。南京军区十三分部一二二军医院二所教导员，四0九部队政治处主任，三五0部队政治处党委委员。中共无锡市机电公司书记。1990年5月，离职休养
宋生宏	男	1954年7月	徐征村	1974年12月，参加中国人民解放军，1978年4月，加入中国共产党。历任陆军第六十二师榴弹炮营二连战士、班长、排长、副连长，炮兵团司令部作训股参谋、股长，兰州军区守备师炮兵团司令部作训股股长、炮兵团榴弹炮营营长、司令部参谋长、凤县武器仓库副主任、吴忠农场场长。中共南通城乡建设投资公司委员会书记兼副总经理。南通国有资产投资控股有限公司纪委书记、工会主席

续表17-192 2012年大豫镇部分处级以上干部名录(以姓氏笔画为序)

姓名	性别	出生年月	原籍	简 历
宋斌	男	民国19年(1930)11月	强民村	民国35年(1946),参加革命工作,民国38年5月,加入中国共产党。1952年,从南通地区调往崇明,历任崇明县商业局局长,统战部部长,政协副主席等职。1991年,离职休养
何文林	男	民国25年(1936)11月	止马洼村	1959年,参加工作。1966年4月,加入中国共产党。历任江苏省建设厅助理技术员;省计委助理技术员、技术员、科员;如东县生产指挥组工作人员;县计委计划组副组长、组长;县计委副主任、主任;县委委员。在县十届人大一次会议上当选为县人大常委会副主任(1987年3月~1996年3月),党组副书记。1996年12月退休
杨成泉	男	1954年4月	如东县新光乡	1974年7月,加入中国共产党。1970年参加工作,历任大队中共支部副书记、书记,中共新光公社委员会副书记、管委会主任,新光乡党委副书记、乡长,中共苴镇乡委副书记、乡长,中共长沙乡委书记,苴镇区指导组组长,中共掘东区工委书记、指导组组长,县政府副县长,中共如东县委常委、县政府常务副县长,县农业局副局长(主持工作),局长、党委书记,中共掘港镇委书记,县政府党组成员,如东经济开发区、南通外向型农业综合开发区党工委书记、管委会主任,掘港镇党委书记,县委委员、县政府党组成员,江苏省如东经济开发区、南通外向型农业综合开发区党工委书记、管委会主任,县委委员、县政府党组成员,江苏省如东经济开发区党工委书记、管委会主任兼江苏省如东经济开发区新区党工委书记,县委委员,县人大常委会副主任、党组成员
杨曹明	男	1966年1月	巩王村	1985年8月,参加工作,1985年6月,加入中国共产党。历任中共如东县委党校教员、教育科副科长、校长助理、副校长,县委宣传部副部长、曹埠乡党委书记兼人大主席。中共海安县委常委、纪委书记,县委副书记、纪委书记。中共如皋市委副书记、市委党校校长、市老年大学校长。中共海门市委副书记、人民政府副市长、代市长、市长、党组书记、市编制委员会主任
陈川	男	1955年6月	大同村	1970年12月参加工作,1974年6月,加入中国共产党。历任解放军八三一一二部队战士,江苏南通地区气象台干部,丽水地区农村政策研究室副主任,农工部副部长,中共景宁畲族自治县委常委、组织部长,景宁畲族自治县委副书记兼组织部长,丽水地区监察局副局长、局长、党组书记、云和县委书记,丽水地委委员、纪委书记,省纪委常委、监察厅副厅长,省纪委副书记、监察厅副厅长。浙江省水利厅厅长、党组书记
吴建石	男	1965年9月	丁家店村	中共党员。历任南京长江油运公司财务处会计,财务处成本科副科长,科长,财务处处长助理,副处长、处长,财务部部长兼发展部长,副总会计师,中国长江航运集团南京油运股份有限公司副总会计师,中国长江航运集团南京油运股份有限公司总会计师

续表17-192 2012年大豫镇部分处级以上干部名录(以姓氏笔画为序)

姓名	性别	出生年月	原籍	简历
沈迪	男	民国20年(1931)	一门闸村	民国36年(1947)冬,参加革命工作,民国38年初,加入中国共产党。民国38年5月,随军渡江南下参加解放崇明岛。历任税务所长、堡镇区副区长、电厂厂长、工业局局长,县委工业交通部副部长、部长,县委委员、常委、副书记,县革命副主任。上海市农场管理局计划财务处处长,上海市农垦农工商联合企业总公司总经理兼中共副书记。1992年离休
沈杰	男	民国19年(1930)1月	豫东村	曾用名沈怀昌,民国36年(1947)9月,参加革命工作,民国37年,加入中国共产党。历任掘东区货物税分局兵房税务所大豫镇征收员,大同税务所会计、副所长,兵房税务所长,区货物税分局副主任,南通市税务局税政科科员,南通专署货物税分局办事员,崇明县大通富安纱厂驻厂稽征所主任,崇明县堡镇税务所长兼大通富安纱厂税务所长、城桥税务所长、县税务局人事股长,县局机关工会主席、党支部书记,县直属机关总支书记,县委派驻庙镇普选主席,县委审干办公室主任,崇明县监会筹备负责人,县委组织部副部长,县委肃反5人小组副组长,县直属机关党委书记,城桥公社党委第二书记兼城桥镇党委第一书记,县副食品生产指挥部负责人,县畜牧局局长,二、三、五、六届团县委书记,金山县朱泾、奉贤县钱桥、崇明县海桥等公社“四清”工作组长、队长,中共崇明县委常委、副书记,县革会副主任、县委常委、副书记,县委书记兼县人武部政委、县委党校校长,金山县委常委、统战部长、县政协副主席等职。1989年5月,离职休养
沈明	男	民国33年(1944)	马家店村	中共党员,1968年参加工作,就职于国营三二〇厂。历任中共如东县委副书记、外经委主任,南通市科委副主任、南通经济技术开发区管委会副主任
邵士林	男	1952年	周墩村	1974年4月,加入中国共产党,1972年参加工作历任生产队民兵排长大队民兵副营长。南京河运学校教员,交通部长江航道局南京航道分局安全、保卫、人事教育工作,长江南京航道分局纪委书记、宜昌航道分局党委书记、南京航道工程局局长、航道局副局长,中华人民共和国江苏海事局副局长、党委书记
张生飞	男	民国25年(1936)	大豫镇	1961年4月,加入中国共产党,历任航空工业部北京一二五厂技术员、基建队长、组织部干事,贵州省修文县航空工业贵州管理局三八五厂技术员、群工科副科长、基建科副科长、后勤副厂长、经营副厂长;广东省凌云科普贸易公司(贵航窗口企业)副经理,中共航空工业部贵州管理局三一二七厂委员会书记,主持山东省烟台市鲁航公司(贵航窗口企业)全面工作,航空工业贵州航空工业集团北京办事处主任。1997年8月,退休

续表17-192　2012年大豫镇部分处级以上干部名录(以姓氏笔画为序)

姓名	性别	出生年月	原籍	简　历
张亚忠	男	1956年5月	农场社区居委会	1974年参加工作,1995年,加入九三学社。历任中钢集团洛阳耐火材料研究院注册咨询工程师、注册化工工程师、教授级高级工程师。九三学社第十二届中央委员会常委,九三学社河南省第五届委员会副主委,洛阳市第五届委员会主委。第十一届全国政协委员,河南省第十届政协副主席,洛阳市第十届政协副主席
单晓鸣	女	1964年1月	如东县新店镇	1985年6月,加入中国共产党,1981年8月参加工作,历任如东县经编针织厂织造车间工艺员、副主任、技术科长,总厂厂长助理兼经编分厂厂长,南通东升艾克科技股份有限公司副总经理、总经理;如皋市人民政府副市长,中共如东县委常委、宣传部长,常务副县长,县委副书记、常务副县长兼中共江苏省洋口港经济开发区工委书记、管委会主任。中共海安县委副书记、副县长、代县长、县长,县委书记、县人大常委会主任。南通市政协副主席、海安县委书记、县人大常委会主任,南通市人民政府副市长
周玉兵	男	1966年3月	止马洼村	1991年,加入中国共产党,1987年7月参加工作,历任中共东凌渔业乡办事员、乡长助理、副乡长、副书记、乡长。中共如东县洋口镇委员会副书记、镇长;洋口镇党委书记兼洋口农场党委书记、中共如东县委办(简称县委、县委办,下同)副主任(挂职);如东县人民政府党组成员、洋口镇党委书记、县委办副主任(挂职);县委委员、县政府党组成员、沿海经济开发区管委会主任、县委办副主任(挂职);2007年11月,县委委员、县政府党组成员、县交通局局长、党组书记;南通市运输管理处处长、党委副书记;南通市交通运输局副局长、党委委员、兼运输管理处处长
施乃平	男	民国37年(1948)7月	巩王村	中共党员。1969年8月,参加工作。历任教师、大队团支书、中共支部副书记,中共公社委员会副书记,革委会副主任,中共西藏山南地区隆子县新巴区委书记、革委会主任、扎囊县委办公室主任、中共县委副书记兼纪委书记,中共西藏自治区委宣传部办公室代主任。中共南通职业大学委员会副书记、副校长,南通西藏民族中学校长、中共总支书记,南通市教育局调研员。2009年2月退休
施泽霖	男	民国12年(1923)1月7日	启东海复镇	民国38年3月,加入中国共产党。历任海门县义兴镇博爱初小、南通县三余区协和小学、豫和小学教师,教导主任,掘东区农教初小、强丰小学、附中、豫北小学校长,掘东区文教工作队员。桐本区文教股长。如东县文教科科员、副科长、科长,县文教部副部长。县教育局局长。中共如东县委宣传部副部长。1959年6月起,进藏。历任中共樟东区委书记,中共聂拉木县委组宣部长兼办公室主任,中共锁作区委书记、县委办主任,革委会委员、组长,县革委常委会副主任、县委常委。中共拉孜县委常委、县革委会常委、副主任。中共拉孜县委委员、常委、副书记、县革委会主任,党组书记。日喀则地区科技协会主任。1980年10月,南通地区文化局局长、党组书记。1983年3月,离职休养

续表17-192 2012年大豫镇部分处级以上干部名录(以姓氏笔画为序)

姓名	性别	出生年月	原籍	简 历
施国兴	男	民国26年(1937)11月	强民村	1960年7月,参加工作,历任扬州师范学院院办工厂实验室主任。扬州市重工业局技术员、生产组长、副局长,中共扬州化肥厂、机械厂党委书记,中共扬州市(地市合并后)委常委,兼任市委、市革委会办公室主任,广陵区区长,中共广陵区委书记、江都县委书记。扬州市副市长。中共扬州市委常委、副市长,扬州市市长。政协江苏省扬州市第三、四届委员会主席,1999年退休
高凤祥	男	民国11年(1922)	一门闸村	中共党员,民国36年(1947)12月,应征入伍,历任九分区政治保卫队后勤,南通专区公安处会计,江苏十八劳改大队中队长、股长、大队长,副监狱长。1982年12月,离职休养
陶卫忠	男	1961年12月	大同村	1986年9月,加入中国共产党,1980年12月参加工作。历任兵房镇新丰校教师(其间借调组织部、人事局工作),县检察院书记员、助理检察员、办公室副主任、检察员,法制局秘书,政府办秘书、副主任,掘港镇镇长、党委副书记、党委书记、掘港工业园区党工委书记、管委会主任,中共如东县县委委员、总工会主席、党组书记。
陶爱萍	女	民国34年(1945)	大同村	中共党员,1965年7月参加工作。历任丁店医院革命领导组副组长、如东县革委政工组定案组工作人员、县妇联副主任兼新光公社革委会副主任,中共卫海公社委员会书记,掘东区委委员、妇联主任,中共掘港区委副书记,县委常委、农工部部长、组织部长,县人民政府副县长、县委副书记,南通市民政局局长、市级机关事务管理局局长、市政府副秘书长、市政府办公室调研员
徐志平	男	1954年3月	强民村	1973年9月,加入中国共产党。1970年12月参加中国人民解放军,历任陆军十四军四十师一二〇团战士、班长,一连排长,昆明军区政干校参谋训练队学员,昆明军区步兵学校战术教研室教员、校司令部教研室正连职教员,昆明陆军学院二大队八中队教导员、第一战术教研室正营职教员,昆明陆军学院副团职教员、第一战术教研室副主任,昆明陆军学院第一战术教研室(正团职)副主任,中共如东县委宣传部副部长、县委党校常务副校长,县委组织部副部长兼县级机关党工委书记,县人大常委会委员、县委组织部副部长兼县级机关党工委书记,县人大常委会委员、县委组织部副部长兼县委办主任,县人大常委会委员、县委组织部副部长兼县编委办主任、县事业单位登记管理局局长,县人大常委会副主任,县委组织部副部长兼县编委办主任、县事业单位登记局局长,县人大常委会副主任、党组成员,县委组织部副部长,县人大常委会副主任、党组成员
徐政权	男	民国33年(1944)	一门闸村	1964年,应征入伍,1965年,加入中国共产党,历任八三四二六部队战士、班长、排长、连副指导员、指导员、营副教导员、教导员,八三四二一部队农场副政委、政委,中共掘东区委副书记、巡视组副组长、指导组副组长,中共如东县计划生育委员会副书记,副主任,如东县卫生局副书记。2005年退休

续表17-192　2012年大豫镇部分处级以上干部名录(以姓氏笔画为序)

姓名	性别	出生年月	原籍	简　历
徐爱如	男	民国34年(1945)8月	伯安村	1963年12月,参加中国人民解放军,1964年9月,加入中国共产党。历任战士、班长、正副排长、副指导员,师组织科干事、营副教导员,军组织处正营职干事、副处长、团政治委员,中共掘港镇委员会副书记、镇长,如东县经委副主任,县机械电子工业公司党委书记,兵房镇党委书记,县农机局局长、党组书记,县人大财经工委主任,县第十三届人民代表大会常委会委员,县人大财经工委主任科员。2006年1月退休
徐鸿斌	男	1966年9月	如东县双甸镇	1986年11月,加入中国共产党,1984年7月参加工作,历任双甸小学教师,共青团如东县委员会干事、学少部副部长、部长、副书记(其间,挂职中共童店乡委员会副书记、副乡长)、书记,中共如东县委办公室副主任、研究室主任,中共兵房镇委员会书记,如东县人民政府党组成员、工业助理、招商三局局长,如东县科技局党组成员,如东县科技局局长、党组书记兼地震局局长,县知识产权局局长,县委办主任,中共江苏省如东经济开发区工作委员会书记
倪宏斌	男	民国38年(1949)8月	巩王村	1970年9月参加工作,1974年10月,加入中国共产党。历任巩王小学教师,共青团如东县委常委、书记,共青团江苏省委七届、八届常委、团省委青农部部长、办公室主任,省贸促会办公室主任、中共总支副书记,省国际经济咨询公司总经理、中共支部书记,省监察厅驻省外经贸委(商务厅)监察室副主任、主任,省外经贸委直属机关中共委员会副书记、工会主席、全国总工会财贸工会委员,省纪委驻省外事办公室纪检组长、党组成员,省纪委驻省海洋与渔业局纪检组长、局党组成员
黄文标	男	民国14年(1925)	一门闸村	民国31年(1942),参加革命工作,民国32年7月,加入中国共产党。历任掘东区财经办事员、兵房税务征收员、附中乡财经助理、三乡(大豫、北坎、附中)财经助理、如东县税务局税征科长、岔河货物管理分局助理,掘东区财经分局主任。崇明县税务局局长,南通市税务局副局长,后任南通市财经委员会副主任,财贸部副部长、工业部部长。中共天生港发电厂委员会书记,南通市"四清"工作团团长,南通市革委会生产指挥组副主任,计划委员会主任、南通市人大常委会副主任、秘书长。1987年离休
黄启周	男	民国13年(1924)2月	强民村	民国32年(1943)7月,参加工作,民国33年7月,加入中国共产党。历任掘东区民兵大队长、政治干事,中共掘东区委委员、宣传科长、区委书记,共青团如东县委书记,共青团江苏省委组织部科长、副部长,江苏省委监察委员会纪检处副处长,中共南通地委组织部副部长、部长,中共南通地委宣传队队员。南通县革委会副主任,中共南通县委副书记、地委委员,中共南通地委组织部长、地委委员,中共南通医学院委员会副书记、副院长。1983年5月,离职休养

续表17-192　2012年大豫镇部分处级以上干部名录(以姓氏笔画为序)

姓名	性别	出生年月	原籍	简　历
黄静元	男	民国25年(1936)	马家店村	1961年8月,参加工作,1975年1月,加入中国共产党,历任江苏生产建设兵团三师生产科长,江苏省农垦局计划财务处长,1984年起,分管农垦系统基建计划、统计、施工企业工作。1996年退休
彭廷相	男	民国11年(1922)4月1日	马家店村	民国33年7月(1944),加入中国共产党,并参加革命工作。历任掘东区附中乡民兵大队长、乡指导员,中共掘东区委交通中心站站长,华东野战军33旅政治部军政局副局长,二十九军警卫营三连政治指导员,苏北军区警卫三连政治指导员,省军区警卫营政治指导员,任启东、海门、如东预备役军官科科长,如东县人武部副政治委员,启东县人武部副政治委员,中共启东县汇龙区区委副书记,如东县革命委员会政治工作组副组长,中共如东县组织部部长,中共如东县县委常委、组织部部长,如东县工交办主任、党组书记,如东县经济委员会主任、党组书记;1982年9月,离职休养
蔡文明	男	1955年9月	伯安村	中共党员,1973年12月起,服役于海军福建基地护卫艇二十九大队。历任交通部广州海运管理局船舶水手、公安特派员、公安科科员、纪委纪检员、纪委副书记、监察科长、纪委审理处、监察处副处长,广州海运局总经理办公室主任。中海发展广州油轮分公司中共书记、总经理,中海油运船舶管理部中共书记、副总经理、公司调研员
翟建华	男	1967年12月	如东县洋口镇	1991年11月,加入中国共产党,1987年8月参加工作,历任丰利小学教师、副教导主任、教导主任、镇教管站教学辅导员,中共如东县委办公室秘书、副科长、科长,县委研究室副主任、县委办公室副主任,如东县岔河镇人民政府镇长、中共如东县岔河镇委员会副书记,兵房镇党委书记,大豫镇党委书记,江苏省如东经济开发区管委会(开发区)主任、大豫镇党委书记,开发区管委会主任、党工委副书记、苴镇党委书记、人大主席

第十八篇　政权　政务

民国29年(1940),新四军东进后,开始建立抗日民主政权,在境内华丰乡进行乡政选举工作,产生县首位农民乡长,开启选举工作先河。民国33年(1944),“乡选”普遍展开,选举产生乡级地方权力机构,废除保甲制,建立新乡制。1951年1月,县政府确定桐本区凌民乡为建政典型实验乡,进行民主建政试点,该乡为中华人民共和国成立后,全县第一个经选举产生的乡政府委员会。1953年后,普选一般以选区选出县、乡人民代表。1954年3月,境内各乡分别召开第一届人民代表大会,开始行使地方权力机构职能。

掘东区是境内各乡组织领导行政机构。民国29年(1940)冬,县委委派区长,开辟掘东区。民国30年(1941)3月撤销,9月,重建掘东区政府。1949年10月,正式成立掘东区人民政府。名称虽多次更改,但该机构一直延续至1996年3月撤销,圆满完成历史使命。

中华人民共和国成立后,乡级政府变化频繁。1957年,小乡并成大乡。1958年,成立人民公社,健全政府机构。“文化大革命”中,乡级政府机关遭到严重破坏,经济建设停滞不前。中共十一届三中全会后,撤社建乡,重新恢复乡镇建制,人民民主权利和政府职能得到巩固加强。进入21世纪后,为适应新时期经济发展,镇域区划几度撤并,2009年5月,组建新大豫镇人民政府,2010年1月29日,召开大豫镇第一届人民代表大会第一次会议,2011年4月1日,召开二次会议。

1988年起,乡选举增设人大主席团主席、常务主席。乡人大主席团主席由乡镇场党委书记兼任;常务主席由乡镇场副书记兼任。1990年3月起,乡镇场人大主席团设专职主席、副主席。2012年,共办理人大代表建议意见47件,办结率100%。

第一章　权力机关

第一节　人民代表的产生

民国29年(1940),建立县、区抗日民主政权后,开始在境内华丰乡进行乡政选举工作,产生全县第一个农民乡长。民国33年(1944),开始“乡选”,选举产生乡政委员会,至1953年,大豫境内各乡“乡选”普遍采取召开村民大会,凡有选举权的选民都参加选举。方法是在被选举者背后放一只碗,选民向碗中投放豆子,得豆多者当选,亦称“豆选”,一直延续到1956年。

1953年8月,如东县进行第一次普选,由基层开始,选出人民代表,再由乡人民代表大会选出乡政权主要领导和县人民代表。1981年起,全县实行县级直接选举工作,经过选举准备,宣传发动,选民登记,提名协商和投票选举,直接选出县、乡、镇人民代表大会代表,至2012年,全县已进行16次选举。2009年,大豫镇与兵房镇合并后,新大豫镇已进行两次选举。

第二节　人民代表大会职能

在换届选举前,镇人民代表大会依照《中华人民共和国选举法》《中华人民共和国地方组织法》《中华人民共和国代表法》等有关法律法规,领导和组织各选区选民登记,选举产生人大代表。

历届人民代表大会主要议题为:听取和审议《镇政府工作报告》《财政预决算报告》《主席团工作报告》;选举产生新一届主席团主席、副主席和镇人民政府镇长、副镇长。必要时,听取和审议重要提案及专题工作报告。

大豫镇人民代表大会具体行使的职权为:

(一)保证宪法、法律、行政法规和上级人民代表大会及其常务委员会决议的遵守和执行;

(二)在职权范围内通过和发布决议;

(三)根据国家计划,决定全镇行政区域内的经济、文化事业和公共事业建设计划;

(四)审查和批准全镇行政区域内的经济、文化事业建设计划;

(五)决定全镇行政区域民政工作实施计划;

(六)选举本级人民代表大会主席、副主席;

（七）选举镇人民政府镇长、副镇长；

（八）听取和审议镇人民政府工作报告；

（九）撤销镇人民政府不适当的决定和命令；

（十）保护公有财产和公民私人财产，维护社会秩序，保障公民的人身权利、民主权利和其他权利；

（十一）保护各种经济组织合法权益；

（十二）保障少数民族合法权利；

（十三）保障宪法和法律赋予妇女的男女平等、同工同酬和婚姻自由等各项权利和老人、儿童的社会合法权益。

在镇代表大会举行会议期间，主席团或1/5以上代表联名，可以提出对镇人民代表大会主席、副主席、镇长、副镇长的罢免案，由主席团提请大会审议。

大豫镇人民代表大会闭会期间主席团具体工作为：

（一）检查了解宪法、法律、法规以及上级人民代表大会及其常务委员会和全镇人民代表大会决议、决定在全镇贯彻实施；

（二）对镇行政区域内经济和社会事业发展的重大问题向镇人民政府提出意见和建议，或提请人民代表大会审议；

（三）向镇人民政府和有关组织交办代表提出的建议、批评和意见，并检查其办理情况；

（四）组织代表开展视察、调查、联系选民等活动，反映代表和群众对镇人民政府及其工作人员意见和要求；

（五）组织代表评议镇人民政府及有关部门和单位的工作，也可以组织各级代表评议驻当地县属有关部门工作；

（六）指导选区依法补选和罢免本级人民代表大会代表；

（七）受理镇人民代表大会代表辞职请求；

（八）办理镇人民代表大会和上级人民代表大会常务委员会委托办理的有关事项。

第三节　县以上人大代表

一、全国人大代表

第一届全国人大代表：

王维福　南坎人（香台村），海军某水警区副参谋长。

第四届全国人大代表：

顾　秀　丁店人（巩王村），铁道兵驻沪办事处党委书记。

第五届全国人大代表：

王万林　兵房人(一门闸村)，海军副司令员。

第七、八、九届全国人大代表：

黄玉章　丁店人(伯安村)，国防大学副校长。

二、江苏省人大代表

第五届省人大代表

张士明　如东盐场副场长，江苏省人大常委会委员。

第六届省人大代表

黄文标　兵房人(一门闸)，南通市人大常委会副主席。

第七届省人大代表

路　澈　丁店人(丁家店村)，中共江苏省纪委副书记、省七届人大常委会委员。

三、市人大代表

第八届市人大代表

陆志平　兵房小学副校长。

朱国新　兵房公社十六大队二队农民。

徐志俊　南坎公社农科所中共支部书记、站长。

第九届市人大代表

杨成泉　中共掘东区工委书记。

胡亚珍(女)　南坎乡政府计生助理。

施文明　兵房人(东安闸村)，如东县农业资源综合开发管理局局长。

秦志祥　东凌乡政府乡长。

陶爱萍(女)　丁店人(大同村)，中共如东县委副书记。

黄文标　兵房人(一门闸村)，南通市人大常委会副主任。

濮九康　兵房人(马家店村)，南通市政协副主席。

张炳元　兵房人(马家店村)，如东县业余体校训练处主任。

陈福山　兵房人(一门闸村)，中共如东县委组织部副部长，县直机关党委书记。

潘介生　丁店人(伯安村)，如东县机电公司计划经营科副科长。

第十届市人大代表

何文林　南坎人(止马洼村)，如东县人大常委会副主任。

陆永祥　兵房镇安北村农民。

陆忠秀(女)　兵房棉织厂厂长。

施文明　兵房人，如东县农业资源综合开发管理局局长。

陈福山　兵房人，中共如东县委组织部副部长，县直机关党委书记。

濮九康　兵房人，南通市政协副主席。

第十一届市人大代表

刘必春 南坎人(止马洼村),如东县航运总公司董事长、总经理、县交通局副局长。

沈 滨 南坎人(豫东村),中共岔南乡委员会书记。

施东辉 兵房人(马家店村),如东县教育局局长。

第十二届市人大代表

周炳祥 江苏祥盛倍得满家具有限公司董事长。

曹国祥 中共兵房镇委员会副书记、县建设局副局长、顺通建筑安装公司经理。

宋卫香 巩王村人,海门山歌剧团副团长。

第十三届市人大代表

黄继石 江苏世纪燎原针织有限公司总经理。

曹国祥 江苏顺通建设工程有限公司董事长。

周炳祥 江苏祥盛倍得满家具有限公司董事长。

陶卫忠 丁店人(大同村),中共掘港镇委员会书记。

宋卫香 巩王村人,海门山歌剧团副团长。

第十四届市人大代表

叶 生 丁店人(丁家店村),如东县云顶公司总经理。

石 勇 中共大豫镇委员会书记。

俞叶美(女) 中共大豫社区支部书记。

黄继石 江苏世纪燎原针织有限公司董事长。

曹国祥 江苏顺通建设工程有限公司董事长。

四、历届县人民代表大会代表名单

第一届县人民代表大会代表

1953年选举产生,县资料缺失。

第二届县人民代表大会代表

1956年选举产生,掘东区共37名代表。

王杏林 黄汉青 张佐成 陈洪生 张桂英(女) 陈克连 龚德兰(女)
王妈妈(女) 何仁贵 刘志井 顾学诗 陈才清 高成龙 陈志正 袁洪均
秦亚舍 沈士英(女) 陈忠汉 朱凤仪 王冠千 彭月翔 陈汉英 徐亚芳(女)
茅文斌 季元进 许长太 袁秀英(女) 孟舍如 毛汉兰(女) 曹选明 陈明达
陈宝康 施云兰(女) 缪山阳 费 冲 黄文进 顾思廉

第三届县人民代表大会代表

1958年选举产生,县资料缺失。

第四届县人民代表大会代表

1961年选举产生,县资料缺失。

第五届县人民代表大会代表

1963年选举产生，掘东区共43名代表。

王启明　罗致平　徐长珍（女）　夏桂林　胡能芳（女）　沈怀珍（女）　王秀芳（女）
夏鹤徐　袁正礼　赵士连　花长发　高凤祥　陈宝康　沈振华　吴　达
陆志珍（女）　朱品芳（女）　邱成高　范成山　王杏林　王冠千　彭月翔
孙进兰（女）　董云芳（女）　陈志如　严汉文　高凤庆　阚兴苏　袁秀英（女）
倪广祥　葛夏明　顾思廉　顾有成　龚益勤　袁洪钧　陈忠汉　王长春
汤锦芳（女）　李玉兰（女）　周云兰（女）　宋元春　张锦生　朱凤仪
花功宪（如东农场）

第六届县人民代表大会代表

1966年选举产生

兵房公社

董学庭　陈宝康　吴　达　姜学富　范成山　王杏林　王冠千　罗思英（女）
袁秀芳（女）　陆志珍（女）　彭月翔　陈桂英

南坎公社

杜元文　罗致平　陈志荣　钱长珍（女）　胡能芳（女）　赵士连　夏鹤徐　翟海祥
袁正礼　冯玉如（女）　袁守清　黄瑞珍（女）

大同公社

龚益勤　鞠洪福　袁洪钧　张锦生　宋元春　王长喜　陈忠汉　汤锦芳（女）
李玉兰（女）　周云兰（女）

东凌渔业公社

葛德祥

如东农场

花功宪

第七届县人民代表大会代表

因“文化大革命”，第七届县人民代表大会未开。

第八届县人民代表大会代表

1981年选举产生

兵房公社

林永其　管德山　孙海田　彭廷相　秦志丰　樊亚平（女）　陈文兵　季秀茵（女）
张　大　朱美珍（女）　沈汉石　徐　倜　盛金水　景松兰（女）　彭月翔

南坎公社

黄家齐　张正龙　陈亚兵　陈学勤　丁建萍（女）　倪学山　吴亚萍（女）　陈万银
秦伯奎　桑志忠　袁守清　何金山　朱秀兰（女）

大同公社

王培生　王思琴(女)　刘　敏　马汉章　施元相　缪德琴(女)　陆锦桃(女)

袁洪钧　高仲成　曹志才

东凌渔业公社　吴鹤成

如东农场　盛德陆

如东盐场　张士明

第九届县人民代表大会代表

1984年选举产生

兵房乡

林玉芳(女)　黄祝连　赵正龙　陈　伟　陆福元　程　海　徐　倜　欧自强

沈维珍(女)　丁冠祥　季秀英(女)　顾德云　刘长贵　何文林　朱美珍(女)

南坎乡

张照仁　金瑞红(女)　罗致平　秦伯奎　陈亚兵　陈学勤　朱秀兰(女)　张　超

丁耀忠　丁建萍(女)　张亚生　张正龙　黄家齐

丁店乡

马汉章　周　义　缪德琴(女)　周志冲　袁美香(女)　张驾飞　黄菊如(女)

陈纪常　陆炳良

东凌渔业乡　薛章明

如东农场　符学银

如东盐场　陆凤奎

第十届县人民代表大会代表

1987年选举产生

兵房镇

仇　超　李秀珍(女)　王守明　周卫乐　何文林　陈彦英　卞葛俊　陆永祥

杨爱英(女)　徐政权　何九林　王　晴(女)　朱国新　张宏斌　陈　骏　徐　倜

南坎乡

秦伯奎　罗致平　陶爱萍(女)　丁耀忠　葛恒松　张秀兰(女)　张建平　黄家齐

刘美英(女)　董学林　濮振康　王决斌

丁店乡

沈　明　周　义　周耀书　陈亚珍(女)　马亚萍(女)　高益新　陈云岐　顾马荣

王云卿

东凌乡　秦志祥

如东农场　徐新民

如东盐场　陈　健

第十一届县人民代表大会代表
1990年选举产生
兵房镇
唐友明　王季方(女)　陆仲飞　宋建平　郁士生　陆忠秀(女)　杨成泉
杨爱英(女)　黄亚平　秦少平　吴宝善　王桂艳(女)　徐　倜　黄航亮
南坎乡
罗致平　金瑞红(女)　秦伯奎　丁建平(女)　姜如松　张建平　袁锦福　黄家齐
刘美英(女)　何文林　黄继兵
丁店乡
倪文昌　张玉琴(女)　王思琴(女)　倪祖平　王新民　陈云山　陈雪祥　刘达洪
张大明
东凌乡　秦志祥
如东农场　徐新民
如东盐场　陈　健
如东对虾场　袁祖平
第十二届县人民代表大会代表
1993年选举产生
兵房镇
张祖生　周玲辉(女)　唐福新　陆仲飞　宋建平　郁士生　黄　琴(女)
王桂艳(女)　李志康　陆忠秀(女)　秦　勇　杨成泉
施文明　张建兴
南坎乡
秦伯奎　金瑞红(女)　倪　斌(女)　张建平　姜如松　蔡亚兰(女)　刘美英(女)
陈学勤　顾成兵　何文林　石登洪
丁店乡
张元加　赵周瑛　张沛新　马亚萍(女)　季　尧　施宝元　邢　周　岑亚英(女)
徐　琢
东凌乡　秦志祥　张维群
如东农场　徐新民　如东盐场　陈　健　如东对虾养殖场　袁祖平
第十三届县人民代表大会代表
1998年选举产生
兵房镇
吴忠祥　周玲辉(女)　周桂官　万如东　徐召千　唐福新　黄　琴(女)　丁永石

王桂艳(女)　岑亚英(女)　徐爱如
南坎乡
杨福俊　何文林　李晓红(女)　徐志平　翟跃忠　刘美英(女)　蔡士秀(女)
钱卫芳(女)　倪　斌(女)　徐尉军
丁店乡
陆剑兴　范笑颜(女)　曹国祥　张洪生　张祖生　马亚萍(女)
东凌乡　顾马荣　陈秀清
如东农场　王掌明
如东盐场　庄志凤　顾振康(补选)
第十四届县人民大会代表
2003年选举产生
兵房镇
汤炳林　陆剑兴　黄振陆　李建中　徐鸿斌　曹国祥　周彩霞(女)　施建飞
盛蔡祥　陈兰萍(女)　费　艳(女)　蒋　健　冯菊香(女)　张祖生　陆惠达
王雨卉(女)　袁红利　黄继石　张蓉蓉(女,补选)
大豫镇
陆达银　顾瑞明　顾红霞(女)　杨福俊　秦志祥　李学凤(女)　徐志平　陈云飞
胡圣千　陆伯新　李美如(女)　管永刘　刘和平　顾振康　尹建勇(补选)
第十五届县人民代表大会代表
2007年12月25日召升县第十五届县人民代表大会
王福明　刘冬云(女)　袁红利　曾敬东　翟建华　许亚军　顾建平　施益兵
徐志平　管永刘　顾瑞明　何学忠　顾洪生　姜国新　卢瑞华　曹国祥
薛　梅(女)　杨贵珠(女)　杨锦标　潘建华　周载群　刘旭峰　陈　兵　盛蔡祥
徐月红(女)　潘小红(女)　徐菊萍(女)　陆惠达　黄继石　王雨卉(女)
第十六届县人民代表大会代表
2012年3月25日召开县第十六届县人民代表大会代表。
叶菊萍(女)　曹国祥　张红梅(女)　季晓燕(女)　陶卫忠　周小玲(女)　周炳祥
张宝霞(女)　陆卫兵　陈　娟(女)　张理钧　程　军　徐志平　黄继石
龚　徽(女)　陆惠达　施益兵　曾敬东　石　勇　何学忠　季根如(女)　丁　保
刘允芳(女)　陈威涛　周　梁　袁红利　任新峰　张志泉　陈金娥(女)　康　徐
管永刘

县先进代表小组及个人

先进代表小组

1990年度　兵房镇代表小组

1991年度　南坎乡代表小组

1993年度　兵房镇代表小组

1994年度　兵房镇代表小组

1995年度　兵房镇代表小组

优秀代表

1990年度　罗致平　周　泉

1991年度　周　泉　陈云山　袁锦福

1993年度　宋建平　邢　周　金瑞红

1994年度　邢　周　唐友明　郁士生　顾成兵

1995年度　唐福新　邢　周　金瑞红　秦　勇

第四节　乡镇人大

一、乡镇人大工作

2009年5月，大豫镇与兵房镇合并，建立新一届大豫镇人大。合并前两镇人大工作各具特色，兵房镇人大工作特色鲜明效果凸现，在县、市颇有影响。总之，两镇人大工作在社会经济发展中均起到一定促进作用。

（一）法律监督

两镇人大坚持把监督法律法规的贯彻实施摆在人大工作的重要位置，结合“四五”“五五”普法，有计划、有重点的对《中华人民共和国土地管理法》《中华人民共和国工会法》《中华人民共和国劳动法》《中华人民共和国环境保护法》《中华人民共和国污染防治法》《中华人民共和国安全生产法》等10多部法律法规进行学习宣传、视察调查、听取汇报、督促整改、促进政府及职能部门依法行政，提高干部群众的法律意识。监督执行好《中华人民共和国食品卫生法》，认真听取卫生部门对食品生产、经营单位检查情况的汇报。针对检查中发现的突出问题，强化食品市场监督，严厉查处制假、造假行为，增强卫生检测能力。监督落实好《中华人民共和国工会法》《中华人民共和国劳动法》，督促企业依法建会和抓好安全生产，使该镇工会的组建率达97%以上，维护职工合法权益，使各企业安全生产工作落到实处，全镇从未发生重大安全事故。监督贯彻好《中华人民共和国义务教育法》，认真抓好教育现代化乡镇创建工作，推进素质教育，改善教育环境，控减农民负担。监督执行好《中华人民共和国环境保护法》，对有排污企业进行重点督查，对有污染河道进行重点整治。在每年“6•5”世界环境日期间，两镇人大都将要重点检查兴发电镀厂、晶欣电镀厂、江海园食品公司、恒顺食品公司等13家企业排污治理及丁店镇区、大豫社区、东凌社区垃圾处理情况。

（二）突出主体

两镇人大始终按县委、县政府提出的“突出发展主题，凸现工业主体”的总体要求，积极支持、参与镇制定经济工作发展思路和目标，把人大工作置于整个经济工作之中，做到“三个突出”：即在年初制定的人大工作计划中，突出招商引资；组织代表视察活动，突出对工业集中区建设、重点工业项目的视察；代表提建议、批评、意见，突出项目信息，吸引外资方面的内容。同时还做到人大主席亲自参与和谋划重点招商活动，对所挂钩的企业进行全程服务。

（三）履行职权

人大与工会联系制度。2004年后，两镇人大根据县人大常委会办公室〔2004〕9号文件《关于印发如东县人大、总工会第六次联席会议纪要》的通知精神，创新工作方法，与镇工会联合多次下发《关于组织对企业工会视察检查的通知》。先后由镇人大主席团部分成员、部分人大代表、镇工会正副主席、部分委员联合组成多个视察检查小组，分别对48家企业进行视察检查。2005年，兵房镇人大按东人办发〔2005〕12号文件《关于印发〈如东县人大、总工会第七次联席会议纪要〉的通知》精神，于10月13日，举行人大与工会工作例会。在会前按照年初人大工作计划安排，首先召开人大与工会联席会议，分成3个小组深入到燎原、东驰等4个重点企业征求意见，征得建议、批评、意见10条。上述两个活动的开展，在全县工会系统引起强烈反响，县总工会在全县推广他们做法。该镇“走人大与工会联系之路，创乡镇工会工作新局面”经验也得到上级领导部门肯定。2004年9月18日，江苏省总工会政策研究室主任、《江苏工人》杂志主编郭莉莉，全国总工会《中国工运》杂志常务副主编阎宇平专程到该镇调研。持续10多年，人大与工会联系制度从未间断，且积累很好经验，2012年5月，中国《工会信息》刊登大豫镇工会《略论乡镇工会与人大联系制度在创新工会工作中的作用》调研文章。

评议活动。2004年后，两镇人大把依法行政、依法监督作为抓手，建立评议活动领导小组，制订评议活动计划，围绕“依法经营、服务经济建设和人民生活、行风建设”3方面内容，采取上下联动、内外结合、面向社会、群众参与的办法，分别对工商分局、国税分局、地税分局、供电部门、邮政分局、农机站、建设服务所、建管站、农技站、广电站、财政所等部门进行评议。他们通过调查、走访、测评等形式，广泛听取社会各界意见。据统计，至2008年，两镇参加评议活动的县镇人大代表为808人次，共走访企业108家，走访群众948户3848人次，召开大小座谈会115个，共发放征求意见表1530份，共征求到表扬、建议、批评意见260条（其中表扬类51条、建议类170条、批评类39条）。共发放测评表1380份，收到批评、建议、意见379条（其中批评类55条、建议类251条、意见类73条）。镇人大对部门工作的评议活动具有“三性”的特点：充分体现镇人大依法办事的严肃性；充分体现征求意见的广泛性;充分体现评议工作的实效性。

(四)打牢基础

镇人大在注重提高人大代表理论素质、法律素质和依法办事能力的同时,注重强化基础工作,不断提高人大代表参政议政水平。重点做好3件事。

依法进行镇换届选举及召开人代会工作。2009年5月,在大豫镇与兵房镇合并后一段时间内,由人大筹备组负责镇人大工作,至2009年年底,依法召开镇三届一次代表大会,选举产生新一届政府和人大组成人员。至2012年,已召开镇人代会4次,由于人员变动,届中补选新镇长、副镇长,主席、副主席。在召开人代会期间,坚持依法办事,严格会议程序,确保会议圆满成功。

代表建议、批评、意见的办理工作。从三届一次代表会起,镇人大就把办理代表提出的建议、批评、意见列为人大工作首要任务。在办理过程中,主要抓4个环节:梳理,把代表建议、批评、意见进行整理分类,将同类型进行合并;交办,将建议、批评、意见打印成代表建议办理情况表,分别送交承办单位和责任人办理;督办,印发督查通知书对办理情况进行查办督办,通知书由镇长亲自签发,限期办好交办事项;反馈,即在规定时间内,将办理结果,用书信等形式反馈给代表。镇人大3年共收集到代表提出的建议、批评、意见51条(其中经济建设类9条、村镇建设类20条、精神文明类5条、安全生产类4条、社会事务类3条、其他类10条)。为使办理工作落到实处,镇人大加大查办督办力度,逐项进行跟踪督查,取得实实在在效果。例如:李建中代表关于"修复原丁店乡政府门前至巩王中学道路的建议",镇人大主动协调相关部门进行实地勘察,交政府办公会讨论,终于使陈年已久老大难问题得到落实。

人大代表的理论业务培训工作。镇人大采取专题培训与以会代训相结合方法,对人大代表普遍进行一次业务知识培训。把《中华人民共和国宪法》《中华人民共和国代表法》等法律法规列入"四五""五五"普法重要内容,利用机关干部学习和召开村干部会议之机,组织学习《中华人民共和国代表法》和《中华人民共和国宪法》,从而有效地提高广大干部学法、知法、用法能力。同时还自觉充电,开始进行理论研讨。《小议发挥人大代表在构建和谐社会中的作用》《浅谈人大代表的表率示范作用》参加县人大研讨会书面交流。

(五)"双五"工程

充分发挥人大代表在闭会期间作用。2008年,境内兵房镇人大在县、镇人大代表中开展以"五带头、五深入"为主要内容"双五"工程竞赛活动。即"五带头":带头遵守法律、宣传方针政策;带头认真学习,提高履职能力;带头劳动致富,主动扶贫帮困;带头招商引资,积极投资创业;带头引领群众,促进社会和谐。"五深入":深入选区,每年固定联系5名以上选民;深入调研,每年参加4次以上代表活动;深入思考,每年提出3条以上代表意见;深入群众,每年为周边群众做两件实事;深入实际,每年开展1次以上代表持证视察活动。在县人大、镇党委全力支持下,成立"双五"工程竞赛活动领导组,具体负责检查、督促和指导

“双五”工程竞赛活动。2009年5月，大豫镇与兵房镇合并后，新一届大豫镇人大延续开展此项活动，使代表作用得到充分发挥。具体表现为“5个明显增强”：即代表守法意识明显增强；代表责任意识明显增强；代表奉献意识明显增强；代表大局意识明显增强；代表参政议政意识明显增强。此外，围绕“双五”工程竞赛活动，建立代表培训制度、政情通报制度、考核奖惩制度。2009年，《南通人大》刊登该镇人大“开展‘双五’竞赛活动，彰显人大代表风采”经验文章。2012年8月，在江苏省乡镇人大主席培训班上作专题介绍。得到全省297名乡镇人大主席一致好评。总之，开展“双五”工程竞赛活动，在助推全镇经济发展，构建和谐社会中起到积极作用。

图18-114　2008年7月8日，召开县镇人大代表“双五”工程推进会(管霖　摄)

2012年大豫镇人大“双五”工程竞赛活动成果一览表

表18—193

年 份	提建议意见(条)	为民办实事(件)	联系选民(名)	村镇视察(次)	扶贫帮困(户)
2008	48	95	810	10	95
2009	45	103	980	12	103
2010	51	112	1008	14	120
2011	47	109	1100	13	123
2012	48	107	1180	12	125
合计	239	526	5078	67	566

二、乡镇人民大代表大会

从1953年起，大豫境内各乡(公社)每隔几年都要召开一次人民代表大会，会前以乡(公社)设立选举委员会，以村或乡(社)直单位划分选区，公布选民和乡(公社)代表候选人，在法定选举日选举乡(公社)人民代表大会代表。会上听取上一届乡长(社长)做政府(管理委员会)工作报告，选举新一届政府正、副乡长(社长)。会后，由新一届政府(管理委员会)领导乡(公社)政治、经济、文化建设。从20世纪80年代起，每3～4年召开一次人代会，进行换届选举。每年召开人代会例会，主要听取审议一年政府工作、财政预决算报告。境内乡镇先后进行多次调整撤并。2009年后，大豫镇召开两届人民代表大会。

南坎乡第十届人民代表大会第一次会议，于1996年1月27日召开。这次会议肩负着承前启后、继往开来、面向21世纪历史使命。主要任务是，以邓小平建设有中国特色社会主义理论和中共基本路线为指导，总结第九届人民代表大会以后政府工作，讨论确定今后3年政府工作在经济建设、改革开放、社会事业发展等方面的目标任务和措施，选举产生新一届南坎乡人民政府，动员全乡干部和群众，深入贯彻中共十四大和十四届四中、五中全会精神，进一步解放思想，实事求是，振奋精神，开拓进取，加快全乡改革开放和现代化建设步伐，以崭新业绩，迎接21世纪。

会议通过南坎乡十届一次人代会《关于1995年财政预算执行情况和1996年财政预算报告》《关于南坎乡人大主席团工作报告》决议，选举茅桂元为乡人大主席，濮九才为人大副主席；金瑞红为乡长，汤建新、沈杰、陈晓华为副乡长。

南坎乡第十一届人民代表大会第一次会议于1999年1月18日召开。会议回顾3年工作。指出1999年是中华人民共和国成立50周年大庆和澳门回归之年。今后3年指导思想是，高举邓小平理论伟大旗帜，深入贯彻落实中共十五大、十五届三中全会和中央经济工作会议精神，突出以经济建设为中心，贯穿富民强乡主线，继续推进改革开放。把扩大内需、调整结构、提高经济增长质量和效益作为工作着力点，大力培植经济竞争优势，兴农富乡、兴工强乡、兴商活乡，保持经济持续快速健康发展，提高人民生活水平，推动社会全面进步。

会议通过《政府工作报告》《人大主席团报告》《财政预决算报告》决议。选举徐瑞芬为乡人大主席，选举徐尉军为乡长，陈建中、曹旭东、唐李红、姚华(科技)为副乡长。

大豫镇第一届人民代表大会第一次会议于2010年1月29日召开。

大会回顾2009年工作，指出大豫镇顺利实现区划调整后各项工作衔接，较好完成中共大豫镇委员会提出“经济发展突破年、社会事业建设年、农民增收快富年”目标任务，全镇经济社会发展继续保持又好又快发展态势。

大会强调，今后要以科学发展观统揽全局，认真贯彻上级会议精神，围绕“新大豫、新面貌、新发展”总体要求，依照“突出一个中心、加快两个提升、扩大三个总量”工作思路，积极做好招商引资、工业经济、城镇建设、新农村建设等重点工作，全面加强精神文明建设和民主法制建设，加快构建和谐社会，在更高层次、更高水平上实现全镇经济社会又好又快发展,全面实现“十一五”规划目标。

大会审议并通过《政府工作报告》《人大主席团工作报告》《财政预决算报告》《议案审查报告》决议。选举施益兵为人大主席,樊天红为人大副主席。选举陈兵为镇长,杨胜、杨美娟、杨海军、秦海健、秦刚、曹金泽为副镇长。

大豫镇第一届人民代表大会第二次会议于2011年4月1日召开。

大会回顾2010年工作,全镇围绕“突出一个中心、加速两个提升、扩大三个总量”工作目标,统筹发展、和谐发展,积极应对各种挑战,较好完成镇一届人大一次会议确定的目标任务。全镇经济社会各项事业呈现出持续向上发展态势,全年实现地区生产总产值28.10亿元,比2009年增长18%,招商引资工作,获县“开放杯”铜杯,农业农村工作,获县“兴农杯”银杯,综合保障工作,获县“综合保障杯”铜杯。

大会强调2011要做好5个方面工作:

围绕增强发展后劲,全力推进招商引资项目建设;

围绕建立现代产业体系,统筹三次产业协调发展;

围绕推进新农村建设,加快城乡一体化进程;

围绕促进和谐稳定,积极发展各项社会事业;

围绕增强履职本领,切实加强政府自身建设。

大会审议并通过《政府工作报告》《人大主席团报告》《财政预决算报告》,选举刘同春为人大副主席,选举康徐为镇长,陈威涛、周洪、管宏图为副镇长。因工作变动,同意杨海军、秦刚、曹金泽、杨胜请辞要求。

大豫镇第二届人民代表大会第一次会议于2012年3月9日召开。

大会回顾2010年后工作情况,全镇上下,坚持以邓小平理论和“三个代表”重要思想为指导,深入贯彻落实科学发展观,围绕“五突出,五求新”工作思路,锐意进取、克难奋进、扎实工作,全镇经济社会发展取得明显成效,先后在全县“兴农杯”“兴财杯”等竞赛中夺杯,并被评为“江苏省文明镇”。

大会对全镇2012年全镇经济社会主要预期目标和后5年经济社会奋斗目标进行充分讨论,达成共识,一致认为2012年重点抓好以下6个方面工作。

纵深抓实招商引资,抢抓资本吸纳新机遇;

全力攻坚项目建设,谋求项目引进新突破;

更加注重转型升级,促进产业发展新跨越;

统筹促进城乡建设,打造镇村面貌新亮点;

始终坚持以人为本,提升和谐建设新水平;

深入实践创先争优,树立效能政府新形象。

大会审议并通过《政府工作报告》《人大主席团工作报告》《财政预决算报告》决议。选举施益兵为人大主席,刘同春、樊天红为人大副主席。选举康徐为镇长,丁杰、杨美娟、陈燕、范春霞、范晓丽、周洪、秦海健为副镇长。因工作变动，大会同意陈威涛、管宏图辞职请求。

大豫镇第二届人民代表大会第二次会议于2013年3月9日召开。大会回顾2012年工作，主要取得以下成效：

坚持科学发展，优化产业结构，综合实力明显提高；

全力加大投入，优化资源配置，发展后劲不断增强；

推进村镇建设，深化惠民工程，环境面貌有效改善；

坚持协调发展，推进机制创新，和谐构建更加巩固；

坚持依法行政，深化责任意识，政府效能不断提升。

大会提出2013年政府工作总体要求：认真学习、贯彻、落实中共十八大、县委十三届四次全体（扩大）会议和县第十六届人代会第二次会议精神，按照“三争三实”①要求，围绕中共镇委提出的“加快三区建设，推进四化同步”工作目标，积极实施“五大工程”，全力做好各项重点经济工作，大力发展各项社会事业，促进“库区、加工区、镇区”互动发展，不断加快“工业化、信息化、城镇化、农业现代化”同步发展步伐，努力开创科学发展新局面。

大会审议并通过《政府工作报告》《人大主席团报告》《财政预决算报告》决议，选举石海兵、俞叶美为大豫镇副镇长。

因岗位变动和工作调动，大会同意杨美娟、周洪、陈燕辞职请求。

大豫镇第一届人民代表大会代表名单

（2010年1月）

【大同村】 范水香（女） 翁雪峰 黄红超 刘欣欣 陆健平 黄 兵

【巩王村】 顾 萍（女） 曾红兵 樊天红（女） 张卫东 张红梅（女） 黄伟英（女）

【丁家店村】 杨兴民 黄玉萍（女） 濮一飞 汤正平 陈信祥 陈慧琴（女）

【伯安村】 叶 进 宋红兵 郁海鹰（女）

【闸东村】 王炳虎 王思德 仇 超

【马家店村】 田 娟（女） 周 新 蔡卫兵 陆忠耀 郁卫星 盛和平

【徐征村】 沈 霞（女） 吴庭家 翟建华 俞叶美（女） 施松兵 瞿建新

【东安闸村】 孙和平 吴卫东 顾建平 汤卫忠 汤建琴（女）

【强民村】 张如生 周士辉 施益兵 丁永石 印雪峰 樊沈兵

【一门闸村】 朱宝清 陆惠达 陈秀如（女） 丁 杰 康 徐 瞿毓芳（女）

【兵房居委会】 张志连 施雪峰 徐安平

【止马洼村】 朱海军 张小菊（女） 郭拥军 陈 兵 徐必泉

【南坎社区】 李学凤（女） 季钱勇 何学忠 汤春美（女） 桑新华

---

①争位争先争贡献，求实务实抓落实。

【香台村】 陆　平　陈小燕(女)　施春华　丁　保　郁宏明　顾培华
【周墩村】 刘益松　顾裕新　盛海英(女)　马国富　丰志义　梅怀东
【豫东村】 陈　剑　黄仕敏　黄晓宇(女)　张亚新　施永平
【大豫社区】 陈爱苏(女)　夏卫东　顾建华　刘同春　李　兵　周恒如
【九龙村】 陈加能　张海林　施玉红(女)
【东凌社区】 王　兵　张素华　顾建华
【东港村】 朱广东　管永刘
【农场居委会】 周文强　徐公兵　徐永军
【教育卫生】 吴建忠　张建新　姚海燕　石卫新　吕　斌
【镇机关】 朱　慧(女)　张虞慧(女)　盛建忠
【工　业】 王志雄　张文威　钱　晖　张志泉　余爱斌　倪　兵

大豫镇第二届人民代表大会代表名单

(2012年3月)

【大同村】 吴玉红(女)　范水香(女)　施岳云　翁雪峰　黄　兵　曹永红(女)
【巩王村】 樊天红(女)　顾萍(女)　曾红兵　李素琴(女)　张红梅(女)　黄惠新
【丁家店村】 王思平　陆　新(女)　黄建春　范丽华(女)　陈信祥　盛建忠
陈慧琴(女)　柏玉兵　薛美(女)
【伯安村】 宋红兵　周小玲(女)　施松兵
【闸东村】 朱卫东　施卫兵　曹　薇(女)
【马家店村】 田　娟(女)　周　新　蔡卫兵　陆忠跃　陈　美(女)　盛和平
【徐征村】 邱李兵　范本洋　费祖平(女)　陈　飞　袁苏庆　谢红琴(女)
【东安闸村】 郁士生　秦建红(女)　顾建平　朱方东　汤建琴(女)　施安新
【强民村】 陈永斌　周士辉　施　平(女)　印雪峰　倪培香(女)　樊沈兵
【一门闸村】 陈秀如(女)　施益兵　秦美红(女)　查晓飞　沈　斌(女)　黄浩新
【兵房居委会】 刘同春　张志连　徐安平　张锡华(女)　倪　兵　郭玲玲(女)
【止马洼村】 陈玉华　季根如(女)　郭拥军　郁宏明　赵玉红(女)　徐必泉
【南坎社区】 马昌如(女)　沙志平　桑新华　石　勇　汤春美(女)　何学忠
【香台村】 施春华　徐必华　丁　保　马爱红(女)　顾培华　杨海军　夏赵兵
【周墩村】 马国富　秦　燕(女)　钱卫兵　丰志义　吴建飞　徐菊萍(女)
【豫东村】 陈　剑　罗锦兵　黄晓宇　张亚新　陈玉华(女)　周　梁
【大豫社区】 金　辉　俞叶美(女)　管爱霞(女)　冯小建　周小霞(女)　夏卫东
【九龙村】 张海林　孙国敬　康　徐
【东凌社区】 王　兵　顾建华

【东港村】 曹福祥 管永刘

【农场居委会】 杨兴民 徐永军 袁爱群(女)

【教育卫生】 李锡泉 吴建忠 陆文杰 石卫新 吕 斌 李奕涵(女)

【工业】 王志雄 沈浩忠 钱 晖 冯丽萍(女) 张志泉 倪建明

【东安园区】 王 鹏 张理钧 姚玲玲(女)

三、乡镇人大领导更迭

1954～1987年,全县各乡(公社)镇人民代表大会未设专职工作人员。1988年,全县各乡镇人民代表大会设立常务主席,负责人民代表大会闭会期间工作。1989年8月21日,根据江苏省第七届人民代表大会常务委员会第十次会议通过《江苏省人大常委会关于乡、镇人民代表大会主席团在会议闭会期间设立常务主席的决定》;1993～1995年,全县各乡镇人民代表大会设立主席团常务主席,由正科级领导担任。同时设立常务副主席,一般由分管党务副书记担任,根据第八届全国人民代表大会常委会第十二次第三次修正的《中华人民共和国地方各级人民代表大会和地方各级人民政府组织法》的规定,从1996年起,全县各乡镇人民代表大会依法选举产生主席、副主席。

(一)南坎乡人大主席团

主 席

陈卓嵊 1988.03～1989.11 张驾飞 1990.03～1993.02

常务主席

徐耀章 1988.03～1990.02 潘茂家 1990.02～1992.11

张驾飞 1993.02～1993.11 张仁俊 1994.02～1995.09

茅桂元 1995.10～1995.12

常务副主席

濮九才 1993.02～1995.12

人大主席

茅桂元 1996.01～1997.11 徐瑞芬 1997.12～2000.04

人大副主席

濮九才 1996.01～1997.12

(二)大豫镇人大主席团

主 席

陆达银 2000.04～2004.03 盛蔡祥 2004.03～2009.05

人大副主席

张 俊 2000.04～2006.03 姜国森 2000.04～2001.03

顾 冲 2003.03～2006.03 朱国建 2006.04～2007.12

陈秀高　2006.04～2007.12

2009年5月,大豫镇与兵房镇合并后人大筹建组

组　长

盛蔡祥　2009.05～2010.01

副组长

施益兵　2009.05～2010.01

人大主席

施益兵　2010.01～2012.12

人大副主席

刘同春　2011.01～2012.12　樊天红　2010.01～2012.12

（三）兵房镇人大主席团

主　席

季雪浩　1988.03～1989.02　徐爱如　1989.03～1989.12

濮振康　1990.01～1992.12　茅桂元　1993.01～1995.11

常务主席

袁明耀　1988.03～1995.11

常务副主席

朱福康　1993.02～1995.12

人大主席

陈卓嵊　1995.12～2001.02　吴锦康　2001.02～2001.09

陆剑兴　2001.09～2004.03　刘卫华　2004.03～2006.04

施益兵　2006.04～2009.05

人大副主席

刘达洪　1995.12～1999.12　刘德辉　2001.02～2001.09

顾善欣　2001.02～2003.02　倪亚如(女)　2005.01～2006.04

徐爱萍(女)　2007.11～2009.01

（四）丁店乡人大主席团

主　席

顾马荣　1988.03～1989.11　茅桂元　1990.03～1992.11

常务主席

梁志丰　1988.03～1989.11　刘强华　1990.03～1991.08

范发祥　1993.02～1995.12

常务副主席

陆剑兴　1993.02～1995.12

人大主席

赵周瑛 1996.01～1999.03 王福明 1999.03～2001.02

(五)东凌乡人大主席团

主 席 袁祝群 1988.03～1993.01

常务主席

薛章明 1990.04～1993.01 袁祝群 1993.01～1995.12

常务副主席 薛章明 1993.01～1995.12

人大主席 顾马荣 1996.01～2000.04

人大副主席 薛章明 1996.01～1997.12

第二章 基层机关

第一节 区乡镇人民政府领导更迭

一、掘东区政府

民国29年(1940)冬,开辟掘东区,区政府班子尚未建好,即于民国30年(1941)3月撤销。9月重建掘东区政府。驻地不固定。

区 长

印伯华 不详 曹持衡 民国30年(1941)9月～31年(1942)12月

巩 坚 民国31年(1942)12月～32年(1943)11月

吉 琳 民国32年(1943)11月～33年(1944)8月

顾 民 民国33年(1944)8月～34年(1945)2月

朱伯年(兼) 民国34年(1945)3月～8月

副区长

王 荃(兼) 民国31年(1942)12月～32年(1943)11月

黄元祥 民国33年(1944)4月～7月 陈祖尧 民国34年((1945)5月～8月

解放战争时期,沿用区政府建制,区政府驻地先在徐家园,后迁大豫镇。

区 长

朱伯年 民国34年(1945)9月～10月 陈祖尧 民国35年(1946)10月～35年(1946)11月

陆士南 民国35年(1946)11月～12月

陈允福 36.01～37.08民国36年(1947)1月～37年(1948)8月

顾介玉 民国38年(1949)2月～6月　陈彦良 民国38年(1949)6月～9月

副区长

钟竞华 民国37年(1948)夏～冬　张国荣 民国36年(1947)10月～38年(1949)2月

陈彦良 民国37年(1948)11月～38年(1949)5月

1949年10月,设掘东区政府。1950年11月,改称掘东区公所。驻地徐征乡双闸村(章家宅),后迁至兵房镇。

区　长

陈彦良 1949.10～1952.08　宋佳俊 1952.08～1952.11

朱国章 1952.11～1957.02　陈明达 1957.02～1957.09

副区长

朱国章 1952.08～1952.11　陈凤昌 1952.12～1957.09

朱成本 1955.06～1956.04　葛润松 1956.04～1957.02

陈明达 1956.04～1957.02　李明淮 1956.04～1957.02

区　长

季士明 1957.10～1958.04

副区长

周东平 1958.01～1958.03

1969年7月,成立掘东区革命领导组

组　长

吴敦学 1969.07～1970.01　姜文标 1970.01～1974.02

张福如 1974.02～1976.10

副区长

程　海 1969.07～1972.03　蔡秉珩 1970.03～1972.04

刘亚峰 1974.02～1974.08　陈宝康 1974.08～1976.10

陈明达 1976.01～1976.10

1984年1月,恢复掘东区公所,1987年1月撤销。

组　长

张福如 1976.10～1980.03

副组长

陈明达 1976.10～1983.01

区　长

程　海 1984.02～1987.01

副区长

张宏斌 1984.09～1987.03

陈聚高 1984.09～1987.01

1987年10月，设掘东区巡视组。1988年1月，掘东区巡视组更名为掘东区指导组。

组　长

程　海 1987.10～1988.03　陶忠明 1988.03～1989.11

杨成泉 1989.11～1993.03　张祖生 1993.03～1994.12

副组长

徐政权 1987.10～1988.03　刘达洪 1987.10～1988.03

赵正龙 1987.10～1994.12　黄绥刚 1987.10～1994.12

张驾飞 1988.03～1989.12　濮振康 1988.03～1989.12

顾马荣 1989.11～1994.12　祝建华 1989.11～1990.11

夏卫东 1990.11～1994.12　张祖生 1992.11～1993.03

濮振康 1992.11～1994.05　刘达洪 1992.11～1994.12

陈卓嵊 1995.02～1995.12

二、大豫镇政府

大豫乡人民委员会——大豫人民公社管理委员会——南坎人民公社管理委员会

乡　长 黄思冲 1957.10～1958.10

副乡长

倪学山 1957.10～1958.10　王岐凤 1957.10～1958.10

社　长

黄思冲 1958.10～1960.01　陈克邦 1960.01～1960.04

夏桂林 1960.04～1961.02　施　昶（兼）1961.02～1961.08

夏桂林 1961.08～1966.08

副社长

倪学山 1958.10～1959.01　夏必达 1959.01～1962.02

花文英（女）1960.04～1962.07　季锡昶 1961.04～1962.09

倪学山 1961.08～1962.07　陈志荣 1962.02～1966.05

夏必达 1962.09～1966.05　王加祥 1965.09～1966.03

顾裕丰 1966.03～1966.05

南坎人民公社管理委员会

社　长 夏桂林 1966.05～?

副社长 陈志荣 1966.05～?　夏必达 1966.05～?

顾裕丰 1966.05～?

南坎人民公社革命委员会

1968年3月，成立南坎人民公社革命委员会

主　任 朱成本 1968.03～1976.10

副主任

夏桂林 1968.03～1970.01　施文斌 1968.03～1970.10

顾裕丰 1968.03～1974.03　王锦江 1969.08～?

朱元清 1970.01～1970.08　汤惠兰(女) 1970.01～1970.09

周志昌 1970.11～1972.04　潘茂家 1971.09～1976.10

郁云山 1971.10～1976.10　茅益新 1972.08～1976.10

陈志荣 1972.08～1976.10　夏卫东 1974.03～1976.01

濮振康 1974.12～1976.10　缪　予 1975.12～1976.10

黄　达 1976.02～1976.10　顾裕丰 1976.03～1976.10

王守荣 1976.06～1976.10　杨桐良 1976.07～1976.10

南坎人民公社革命委员会——南坎人民公社管理委员会——南坎乡人民政府

1981年11月,成立南坎人民公社管理委员会。1983年8月,成立南坎乡人民政府。

南坎人民公社革委会主任　朱成本 1976.10～1981.11

副主任

潘茂家 1976.10～1984.09　郁云山 1976.10～1979.10

濮振康 1976.10～1981.11　黄 达 1976.10～1980.04

茅益新 1976.10～1978.09　倪学山 1976.10～1981.11

王守荣 1976.10～1979.06　陈志荣 1976.10～1979.05

季士英 1978.10～1980.04　陶继泉 1979.08～1980.11

金瑞红(女) 1980.05～1981.11　濮九才 1980.10～1981.11

南坎人民公社管委会主任　濮振康 1981.11～1983.08

副主任

王兴联 1981.11～1983.08　倪学山 1981.11～1983.08

金瑞红(女)1981.11～1983.08　陶继泉 1981.11～1983.08

濮九才 1981.11～1983.08

南坎乡人民政府

乡　长

金瑞红(女) 1983.08～1984.09　赵正龙 1984.09～1987.02

濮振康 1987.02～1987.10

副乡长

濮九才 1983.08～1987.10　张忠新 1983.08～1987.10

葛万余 1986.03～1987.10　施圣明 1987.03～1987.10

乡　长

濮振康 1987.10～1988.03　金瑞红(女)1988.03～1994.01

徐蔚军 1995.11～?

副乡长

张忠新 1987.10～1989.12　葛万余 1987.10～1990.11

施圣明 1987.10～1992.08　金成飞 1991.03～1994.12

徐政权(科技)1992.07～1994.05

汤建新 1993.02～1994.12　沈　杰 1994.02～1994.12

陈建忠 1997.06～2001.09　唐李红(女)1998.11～2004.12

曹旭东 1998.11～?

大豫镇人民政府(2000.04东凌、南坎合并)

镇　长

刘旭峰 2001.09～2003.02　陈　兵 2003.022～009.05

副镇长

张立新 2001.09 ～?　孙海鹏 2005.1120～07.11

杨春红 2005.01～2007.11　刘益松 2005.01～2007.11

张　杰(挂职)2005.01～2006.12

李　华 2007.11～2009.05　曹金泽 2007.11～2009.05

杨海军 2007.11～2009.05　石海兵 2007.11～2009.05

秦海健 2007.11～2009.05

大豫镇人民政府(2009年5月兵房并入大豫镇)

政府筹建组组长 陈 兵　2009.05～2010.01

政府筹建组常务副组长 许亚军 2009.05～2010.01

政府筹建组副组长

李　华　2009.05～2010.04　曹金泽 2009.05～2010.01

杨海军　2009.05～2010.01　石海兵 2009.05～2010.01

秦海健　2009.05～2010.01　袁卫华 2009.05～2010.01

杨美娟　2009.05～2010.01　杨　胜 2009.05～2010.01

秦　刚　2009.05～2010.01

镇　长

陈　兵　2010.01～2011.04　康　徐　2011.01～2012.12

副镇长

曹金泽 2010.01～2011.04　杨海军　2010.01～2011.01

秦海健 2010.01～2012.12　袁卫华　2010.01～2011.04

杨美娟 2010.01～2013.03　秦　刚 2010.01～2011.04
管宏图 2011.04～2012.01　丁　杰 2012.03～2012.12
如东县循环经济产业园
主　任 周　梁 2012.01～2012.12

三、兵房镇人民政府

徐征乡人民委员会——兵房人民公社管理委员会
乡　长 沈振华　1957.08～1958.10
副乡长
陈士英(女)1957.08～1958.08　沈汉石 1958.09～1958.10
社　长
沈振华　1958.10～1960.01　杨志祥 1960.01～1962.09
沈振华(兼)1962.09～1964.04　杨志祥 1964.04～1966.05
副社长
钱志高 1958.10～1962.09　沈汉石 1958.10～1966.05
朱尚珍 1960.01～1962.09　蔡希文 1961.02～1966.05
顾金成 1964.08～1966.05　姜学富 1965.03～1966.05
朱元清 1965.09～1966.05
兵房人民公社管理委员会
社　长 杨志祥 1966.05～?
副社长 沈汉石 1966.05～?　蔡希文 1966.05～?
顾金成 1966.05～?　姜学富 1966.05～?
朱元清 1966.05～?
兵房人民公社革命委员会
主　任
陈宝康 1968.031～974.08　刘亚峰 1974.081～976.10
副主任
朱元清 1968.03～1970.01　张炳光 1968.03～1970.06
施振家 1968.03～1970.06　秦德贤 1968.03～1976.10
姜少云 1969.04～1970.01　邹凤余 1969.08～?
夏桂林 1970.01～1973.09　高陈福 1970.01～1970.11
杨志祥 1972.07～1976.10　黄祥庭 1973.10～1976.01
宋丕元 1974.10～1976.10　施　勤 1976.01～1976.10
邢秀珍 (女) 1976.03～1976.10

兵房人民公社革命委员会——兵房人民公社管理委员会——兵房乡人民政府——兵房镇人民政府

1981年10月，成立兵房人民公社管理委员会。1983年8月，成立兵房乡人民政府。1986年3月，成立兵房镇人民政府。

兵房人民公社革委会主任

刘亚峰 1976.10～1980.03　黄祥庭 1980.03～1981.10

副主任

沈汉石 1976.10～1981.10　秦德贤 1976.10～1981.10

邢秀珍 (女) 1976.10～1981.10　宋丕元 1976.10～1981.10

杨志祥 1976.10～1979.11　施　勤 1976.10～1980.01

茅益新 1978.09～1981.08　周慎祥 1978.10～1981.10

周宗辉(兼)1979.02～1979.12　施友山(兼)1979.02～1979.12

董学庭 1979.04～981.10　张　浩 1979.081～981.10

唐锦文(兼) 1980.02～1980.12　葛万余 1981.08～1981.10

兵房人民公社管委会主任 沈汉石 1981.10～1983.08

副主任

李鸿鸣 1981.10～1982.12　葛万余 1981.10～1983.08

范发祥 1981.10～1982.12　邢秀珍 (女)1981.10～1982.05

周慎祥 1981.10～1983.08

兵房乡人民政府

乡　长

赵正龙 1983.08～1984.09　金瑞红(女) 1984.09～1986.03

副乡长

周慎祥 1983.08～1986.03　葛万余 1983.08～1986.02

陆冠英 1983.08～1986.04　梁学文 1984.08～1986.03

兵房镇人民政府

镇　长

潘茂家 1986.03～1987.03　张宏斌 1987.03～1987.10

副镇长

周慎祥 1986.03～1987.10　王兴联 1986.03～1987.10

梁学文 1986.03～1987.03　陈聚高 1987.03～1987.10

镇　长

张宏斌 1987.10～1989.02　唐友明 1989.02～1992.11

唐福新 1993.02～2001.03

副镇长

周慎祥 1987.10～1994.12　王兴联 1987.10～1989.12

陈聚高 1987.10～1989.03　刘德辉 1989.12～1995.11

张忠新 1990.03～1993.02　郁士生 1993.02～2001.03

徐爱萍 1995.10～2001.03

兵房镇人民政府(2001年4月丁店并入兵房)

镇　长 张晓华(女)(政府筹建组组长)2001.03～2001.08

盛蔡祥 2001.08～2004.03　徐鹤松 2004.03～2007.02

许亚军 2007.02～2009.05

副镇长

郁士生 2001.03～2006.03　倪亚如 2001.03～2001.12

徐爱萍 2001.03～2007.11　施松年 2001.03～2001.09

樊天红 2001.03～2007.11　陆忠信 2001.03～2006.03

秦　刚 2007.11～2009.05　袁卫华 2007.11～2009.05

杨　胜 2007.11～2009.05

四、丁店乡政府

巩王乡人民委员会——巩王人民公社管理委员会——大同人民公社管理委员会

乡　长 吴文彩 1957.12～1958.10

副乡长

吴文彩 1957.10～1957.12　陈凤昌 1957.10～1958.10

花文英 (女)1957.09～1958.10　张志坚 1957.10～1958.10

社　长

吴文彩 1958.10～1959.01　张志坚 1959.01～1961.02

龚益勤 1961.02～1966.05

副社长

陈凤昌 1958.10～1959.09　季锡昶 1960.04～1961.05

吴文彩 1960.01～1961.02　陈嘉宾 1961.08～1963.04

花文英 (女)1962.05～1963.04　张志坚 1962.09～1966.05

陈凤昌 1964.04～1966.03　朱信元 1966.01～1966.05

施冠山 1966.03～1966.05

大同人民公社管理委员会

社　长

龚益勤 1966.05～?　吴文彩 1966.05～?

张志坚 1966.05～？　　朱信元 1966.05～？

施冠山 1966.05～？

大同人民公社革命委员会—丁店人民公社管理委员会—丁店乡人民政府。

大同人民公社革命委员会主任

沈亨道 1968.03～1969.05　奚辅瀛 1969.05～1972.04

蔡秉珩 1972.04～1976.01　奚辅瀛 1976.01～1976.10

副主任

朱信元 1968.03～1970.11　龚益勤 1968.03～1976.10

邢秀珍 (女)1968.03～1968.10　蔡　斌 1968.03～1972.06

第一副主任　倪学山 1969.04～1972.04

副主任

沈振华 1971.05～1972.06　曹少清 1972.06～1976.10

施乃平 1974.12～1976.10　陈克邦 1975.02～1976.01

朱启宏 1976.01～1976.10　黄祥庭 1976.01～1976.10

大同人民公社革委会主任 奚辅瀛 1976.10～1981.11

副主任

龚益勤 1976.10～1981.08　施乃平 1976.10～1977.12

朱启宏 1976.10～1981.11　黄祥庭 1976.10～1980.03

吴文彩 1977.04～1981.08　陈嘉宾 1978.08～1981.11

张志坚 1978.08～1981.11　季国新 1979.05～1981.11

陈汉英 1979.07～1981.11　顾茂功 1979.09～1980.09

刘　敏 1980.03～1981.11

丁店人民公社管委会主任 朱启宏 1981.11～1983.08

副主任

刘达洪 1981.11～1983.08　陈嘉宾 1981.11～1983.08

王信明 1981.11～1983.08　陈汉英 1981.11～1983.08

张驾飞 1981.06～1983.08

丁店乡人民政府

乡　长

张驾飞 1983.08～1987.10　顾马荣 1987.10～1988.03

刘达洪 1988.03～1992.03　赵周瑛 1993.02～1995.11

陆剑兴 1995.11～2001.03

副乡长

王信明 1983.08～1993.02　季雪浩 1983.08～1984.04

施文斌 1984.03～1987.03　刘德辉 1986.03～1989.11
於　鸿 1989.03～1989.11　朱尔其 1990.02～1991.03
徐维国 1991.02～1994.12　顾学斌 1992.07～1994.06(科技)
顾　冲 1992.07～1998.11　倪亚如 1995.10～2001.03
刘卫华 1995.10～2001.03　施松年 1999.01～2001.03
陆忠信 1998.10～2001.03　樊天红 1999.12～2001.03

五、东凌渔业乡

东凌渔业人民公社革命委员会——东凌渔业人民公社管理委员会——东凌渔业乡人民政府

东凌渔业人民公社管理委员会

副社长 葛德祥 1966.05～1966.10(主持全面工作)

主　任

顾沛龙 1969.04～1970.01　顾茂功 1970.12～1976.10

第一副主任 韩凤林 1968.03～1970.07

副主任

顾锦元 1968.03～1974.07　顾应泉 1969.08～
王永田 1974.04～1976.10　袁祖平 1976.07～1976.10

东凌渔业人民公社革委会主任

顾茂功 1976.10～1979.09　袁祖平 1980.10～1981.09

副主任

王永田 1976.10～1979.03
袁祖平 1976.10～1980.09(1979.09～1980.09 主持全面工作)
宋耀庭 1979.07～1981.09
薛章明 1979.11～1981.09
吴鹤成 1980.05～1981.09
崔建忠 1980.06～1981.09

东凌渔业人民公社管委会主任 宋耀庭 1981.09～1983.09

副主任

吴鹤成 1981.09～1983.09　薛章明 1981.09～1983.09

乡　长

薛章明 1983.03～1987.03　秦志祥 1987.03～1994.12
周玉兵 1995.01～2000.06

副乡长

黄松涛 1983.09～1987.03　姜国森 1986.03～2000.04

吴鹤成 1990.03～1994.12　周玉兵 1993.01～1994.12
张　俊 1994.03～2000.04　张炜东 1994.06～1994.12(科技)
郭学如 1996.01～2000.04　周建斌 1995.10～1998.11

六、如东农场

如东县棉场

场 长

花功宪 1957.10～1960.06　薛凤章 1960.06～1966.05

副场长

薛凤章 1956.04～1966.05　鞠洪福 1956.04～1958.12
沈震声 1960.06～1966.05

江苏省国营如东棉场革命委员会——中国人民解放军江苏省生产建设兵团第四师独立第六营——国营如东农场革命委员会。

1968年4月,建立江苏国营如东棉场革命委员会。1969年6月,实行军管,改建为中国人民解放军江苏省生产建设兵团第四师独立第六营。1975年8月,改称国营如东农场革命委员会。

主 任 花功宪 1968.04～1969.06

副主任

夏必清 1968.04～1969.06　顾善群 1968.04～1969.06

营 长

陈凤洲 1969.10～1969.11　亓汉章 1969.11～1975.08

副营长

周道生 1969.06～1973.09　陆　杰 1971.07～1975.08

主 任 史建国 1976.01～1976.10

国营如东农场

场 长 史建国 1976.10～1982.04

卞昌仁 1982.04～1985.01　顾天鹏 1986.01～1993.10
乔永年 1993.11～1995.04　肖炳芳 1995.04～1995.08
朱联超 1995.08～1998.03　王掌明 1998.11～1999.12
闵张斌 2000.01～2001.02　刘和平 2001.03～2007.10

副场长

张春轩 1978.08～1988.08　卞昌仁 1980.05～1982.04
陈敦群 1981.02～1985.06　沈百善 1981.03～1984.07
顾天鹏 1984.05～1986.01　王掌明 1984.05～1987.04
葛长清 1984.12～1985.10　蔡大勇 1987.01～1989.12

王国章 1987.08～1990.12　顾善群 1987.09～1994.05

於卫兵 1988.08～1994.06　王掌明 1991.11～1998.11

徐新民 1993.02～1994.05　王志荣 1993.08～1995.06

胡晓成 1998.03～1998.11(主持工作)

杨 军 1993.02～1999.12

七、如东盐场

如东县掘东制盐场——如东县盐场——淮北盐务管理局南通盐场如东分场。

场 长

缪　储 1959.04～1959.07　郑明祥 1959.07～1959.10

马锡恺 1960.04～1965.03　吴　达 1965.03～1966.05

副场长

马锡恺 1958.06～1960.04　刘宝航 1960.11～1966.05

朱元清 1965.03～1965.09　赵　欣 1965.11～1966.05

副政治教导员 瞿益昌 1965.09～?

淮北盐务管理局南通盐场如东分场

场　长 吴　达 1966.05～?

副场长 刘宝航 1966.05～?　赵　欣 1966.05～?

如东县盐场革命委员会

主　任　吴　达 1968.03～1973.02

第一主任　曹广福 1970.11～1972.11

主　任　仇兆成 1973.02～1976.10

副主任　陈志恺 1968.03～1976.10

陈　健 1979.05～1980.10

陈　俊 1972.08～1975.12

如东县盐场革命委员会——如东县盐场

主　任

陈　健(主持工作)1976.10～1979.05

仇兆成 1976.10～1979.05

副主任

陈志恺 1976.10～1977.03　顾学礼 1978.11～1979.05

场　长

陈　健 1983.03～1986.12

臧　汉 1983.03～1986.12　孙克俭 1987.01～1987.10

孙克俭 1987.10～1992.01　周国荣 1992.01～1993.05

庄志凤 (代1993.05) 1994.05～1999.12

副场长　刘宝航　1979.05～1979.11

　　　　顾学礼　1979.05～1983.04　　赵 欣 1979.05～1980.10

八、如东对虾养殖场

1988年9月,养殖场业务归如东县水产局和海涂开发管理办公室,行政隶属掘东区指导组。

场　长

袁祖平 1987.10～1994.12　　张宏斌 1995.04～2008.05

副场长

张宏斌 1989.02～1989.11　　姜国森 1990.09～1997.11

第二节　村(居、社区)委员会

行政村是政府为便于管理,而确定村级管理机构所管辖区域。大豫境内1956年始,各地由初级社过渡到高级社,并选举产生社长、副社长,建立村民自治组织。后随着行政体制变化,村民自治组织负责人从社长更名为大队长。"文化大革命"期间称主任,中共十一届三中全会后,村级组织进一步健全,称村民委员会主任。1982年,国家修订颁布的《中华人民共和国宪法》第111条规定"村民委员会是基层群众自治性组织"。民主选举、民主决策、民主管理、民主监督,1994年,民政部下发《关于开展村民自治示范活动的通知》中,深刻阐述"村民自治"到"四个民主"内涵。

村民自治核心内容,就是广大农民群众直接行使民主权利,依法办理自己事情,创造自己幸福生活,实行自我管理、自我教育、自我服务的一项基本社会政治制度。

村委会从村民中直接产生,一般3～7人,主要任务:制定和监督执行村规民约,协助党和政府贯彻落实国家法律政策,组织村办经济,维护本地治安,发展公共福利,人民调解,乡村文化事业等。

大豫境内村民委员会,分别于1956年、1957年建立,村民委员会负责人曾称社长、大队长、革命委员会主任("文化大革命"期间)、村长、村主任。20世纪50～70年代期间,有些村不专设村主任,由村党支部书记"一肩挑"。80年代后,行政体制有所改变。1994年后,基本取消"一肩挑"现象,村均设主任1人,村委会3～7人。进入21世纪后,境内村民自治组织得到进一步加强,"四个民主"得到真正体现。村(居、社区)委员会在构建和谐社会中的地位和作用更加凸现。

1956～2012年大豫镇村(居、社区)委员会主任概况

表18—194

名称	合并时间	历任主任	合并前各村历任村(大队)社长 大队长 主任
止马洼村	2006年坎西村并入	丰志义 郭拥军	止马洼村(南坎一大队)张培泉　张万桂　洪　欣　郭拥军 坎西村(南坎二大队)周福奎　姚鹤才　杨海山　唐恒扬　徐必泉
南坎社区	2006年南坎村南坎居委会与凌边村合并	何学忠 桑新华	1999年4月齐心并入凌边何学忠　桑新华 南坎村(南坎三大队)郭方才　季学龙　徐锦章 齐心村(南坎齐心大队)陈尚富　邵鹤涛　袁宏伟　何学忠 凌边村(南坎四大队)陈尚富　桑学茂　王志林　尹万和　陈武祥　管士谦　袁宏发　桑新华 南坎居委会 杨柏梁　沈文辉　杨桐梁　沙志平
香台村	2006年豫北与新建村合并	陆　平 施春华	2001年香台村由鲍桥新兴合并 陈　昌　陆　平 豫北村(南坎五大队)陆建汝　高步堂　陈元歧　张　兵　蔡善良　张海元　顾建华 鲍桥村(南坎六大队)施惠琴(女)　王维喜　钱汉明　陆　平 新兴村(南坎新兴大队)钱信帮　李秀芳(女)　陈　昌　徐必昌 新建村(南坎新垦营)朱维福　马正福　蔡亚兰(女)朱新明　陈姜平
周墩村	2006年凌窑并入周墩村	顾洪生 马国富	周墩村(南坎九大队)张佐林　马学文　袁松泉　顾如金　董学林 凌窑村(南坎七大队)王度先　邱培新　张启林　顾振仁　吴凤珊　茅泽仁　杨炳泉　陈学勤　陈云飞　张德冲
豫东村	2006年亭海并入豫东村	张亚新	1998年团结并入豫东村 张亚新 豫东村(南坎十大队)团结并入豫东 张学智　赵树连　吴亚新(女)　张亚新 团结村(团结大队)王度先　赵　俊　赵连章　张锡平　杨卫祥 亭海村(南坎八大队)黄耀田　朱维高　黄　兴　施玉祥　范永新　周玉祥
大豫社区	2006年茂青村豫新村大豫居委会合并	李　兵 冯小健	2000年豫新村由育新、牛桥、环豫村合并 殷克松 茂青村(南坎十一大队)陈文明　姜允丰　陈顺祥　张秀兰(女)　管图明 育新村(南坎十二大队)袁守清　桑万春　张锦高　张秀兰(女)　季敦友　李　兵　袁金如 牛桥村(南坎十三大队)殷道胜　杨永芳　殷克松 环豫村(南坎十四大队)管永朋　陈学群 大豫镇居委会　夏鹤徐　蔡学智　刘士辉
九龙村	2008年凌港并入九龙村	张海林	2001年凌港村由华凌、三龙并入张和平　季球江 2001年九龙村由棉东、靶南、港北、观东并入 季林荣 凌港村 张锦祥 张和平 华凌村 曹沛高 三龙村 张林兵 九龙村 张海林

续表18—194　1956～2012年大豫镇村(居、社区)委员会主任概况

名称	合并时间	历任主任	合并前各村历任村(大队)社长 大队长 主任
九龙村	2008年凌港并入九龙村	张海林	棉东村颜文华 港北村 周学明 靶南村 季林荣 观东村 孙金洪
东凌社区	2006年东凌与兵港村合并	王　兵	东凌村 马顺福　陆锦江　王　兵 兵港村 袁鼎才　袁祖平　秦志祥　王　兵
东港村	2006年东洋并入东港村	管永刘 曹福祥	东港村(东凌养殖场)沈志连　李学仁　季星泉　丁维友
农场社区居委会	2002年划归大豫镇	朱国建(兼) 周玉祥 徐永军	——
大同村	2001年通如桥村并入大同村 2005年居委会 豫丰村并入大同村	施锦冲 陆健平 范水香(女) 刘欣欣	豫丰村(丁店一大队)陈文秀　严兆舫　季文明　季汉成　陆健平　费裕新　施振祥 大同村(丁店二大队)李锦祥　陈友祥　黄兴国　黄正陆 通如桥村(丁店三大队)徐广才　王士法　施锦冲　陆亚昌 大同镇居委会　龚志飞
巩王村	2005年王荃与毛竹桥村合并	陆忠法 曾红兵	2001年毛竹桥村由荃东并入 陆秀新 2001年王荃村由丰港并入 黄仁元 丰港村(丁店四大队)黄朝向　沈长圣　沈　兵　徐友忠　黄建宏　周品兰(女) 王荃村(丁店五大队)蒋华昌　崔献周 荃东村(丁店六大队)周良郎　蔡　斌 毛竹桥村(丁店七大队)徐学礼　朱成芳(女)　陈士祥　朱炳明
丁家店村	2005年港闸村 协和村 丁店居委会合并	袁美香(女) 黄玉萍(女) 柏玉兵	2001年港闸村由芦苇港并入 朱兴涛 2001年协和村由营房桥并入 戴善冲 港闸村(丁店八大队)陈祖昌　杨元发　张驾熙　高益新　陈　辉　施汉新 芦苇港村(丁店九大队)顾志清　孙锦元　陆守飞　何向德　孙爱祥　马亚萍(女)　朱兴涛 协和村(丁店十大队)黄忠邦　樊家岐　黄维新　陈卫生　施亚萍(女)　沈锡康　施彪 营房桥村(丁店十一大队)李正凡　沈朝荣　徐连芳　金福明　茅仁元　顾新康 丁店居委会 周玉琴(女、兼)

续表18—194　1956～2012年大豫镇村(居、社区)委员会主任概况

名称	合并时间	历任主任	合并前各村历任村(大队)社长 大队长 主任
伯安村	2001年磨墩村并入	叶　进	磨墩村(丁店十三大) 陆雨甘　姜朝清　季忠成　周凤芝　杨少章　宋家斌　潘志斌 伯安村(丁店十二大队) 黄志成　俞召云　黄菊如(女)　叶　进　黄永军
闸东村	2001年华新村闸东村三港村大同渔场合并	仇　超 施卫兵	华新村(华丰新垦) 葛锦达　王炳虎 闸东村(丁店新垦) 姜洪发　张汉周　黄晓伍 三港村(兵房新垦二十一大队) 张鹤祥　袁允兰(女)　施善兵　钱季兵 大同渔场 叶汉忠　陆炳良　张建辉　施汉彬
东安闸村	2005年海盐与东海村合并	顾建平 孙和平	海盐村1999年海丰 邻盐村合并 孙和平 东海村1999年东安闸 海凌村合并 陈菊新 海丰村(兵房一大队)黄思相　李秀珍(女)　倪　广　陆宏兵 邻盐村(兵房二大队)沈士英(女)　黄志冲　钱志康　张素兰　孙和平 东安闸村(兵房十大队)杨思岐　姜友康　陈菊新　王　兵 海凌村(兵房十一大队)薛志才　施元英　施安平
马家店村	2005年新南村马安村合并	蔡卫兵	新南村1999年新民 兵南村合并 施菊琴(女) 马安村1999年马店 东安村合并 黄　兵 新民村(兵房五大队)张少林　濮九兵　姚汉祥　沈忠仁　范仲涛　周永兵　周卫乐 兵南村(兵房六大队)陈启文　张驾峰　施菊琴(女)　谢松青　陈　伟 马店村(兵房三大队)曹思锦　彭友宏　陈达先　黄振兵　倪建平 东安村(兵房四大队)蔡斌(女)　童志方　季志刚　黄　兵
徐征村	2005年保田村 徐征村合并	陈兰萍(女) 瞿建新 范本洋	保田村1999年双闸南片并入 陈兰萍(女) 徐征村1999年双闸北片并入 朱玉平(女) 保田村(兵房七大队)陈元标　黄秀英(女)　陆祖良　徐　辉　张建华　陈兰萍(女) 徐征村(兵房八大队)陈文彩　胡锡良　李　斌　陆幼良　万如东　陈　飞 双闸村(兵房九大队)夏益明　季林达　李云山　张拥兵　朱玉平(女)
强民村	2005年安民村 培新村合并	姚　厅 樊沈兵	安民村1999年安北 强民合并 陆　兵　顾亚新 培新村1999年新谊 培德村合并 姚　厅 安北村(兵房十二大队)蔡洪生　陆正益　姜志英(女)　陆炳田　黄国冲　陆　兵　金锡平 强民村(兵房十三大队)陶　云　施凤桥　叶加丰　黄培丰　黄鸢天　杜红卫(女)　顾亚新 新谊村(兵房十四大队)陆怀兵　陈凤高　顾德云　宋亚生　黄善章 培德村(兵房十五大队)范成本　周志泉　姚　厅

续表18—194 1956～2012年大豫镇村(居、社区)委员会主任概况

名称	合并时间	历任主任	合并前各村历任村(大队)社长 大队长 主任
一门闸村	2005年兵港村 闸丰村合并	陈卫东 丁 杰 查晓飞	兵港村1999年兵北 双港合并 陈卫东 闸丰村1999年一门闸 丰荡村合并 曹 兵 唐玉兰(女) 兵北村(兵房十六大队)葛伯胜 施卓丰 秦学良 陆忠元 沈锦花(女) 双港村(兵房十七大队)曹怀德 管玉连(女) 叶志冲 一门闸村(兵房十八大队)殷洪才 樊发昌 曹忠平 丰荡村(兵房十九大队)管守清 高 兵 曹 兵 王 兵 孙永权 张福林 潘秀芳(女)
兵房居委会	2005年兵郊村兵房居委会合并	范裕兵	1999年徐征村4、8组与兵北村1、2、3组划归兵郊村 范裕兵 兵郊村(兵房二十大队)李兆球 盛松祥 郁士生 张志连 陆锦元 兵房居委会 张 浩(兼) 朱福康(兼) 戎炳成

注:村(居、社区)组织,因无档案,加之年久,调查中遗漏在所难免,望被遗漏者见谅

第十九篇 政 法

中华人民共和国成立前，大豫境内因受国民党反动宣传影响，人心不稳，社会治安形势严峻。在民国33年(1944)8个月抗日反“清乡”工作中，掘东区向伪政府进行政治攻势，发放宣传品15次，喊话宣传9次，向民主政府自首的伪乡级干部2人，伪保级干部8人，伪军官兵8人，收缴步枪4支，锄奸1人，处理土匪流氓46人。①在开展土地改革运动中，社会治安趋向平稳。农业合作化期间，开展打击封建迷信活动，严防地、富、反、坏分子(地主、富农、反革命分子、坏分子)搞破坏，社会治安良好，区、乡政府相继设立公安特派员，建立乡、村治理调解组织，有效打击刑事犯罪，维护社会治安。“文化大革命”期间，公安机关受到冲击，法制遭到破坏，社会上无政府主义严重，经常出现乱抓、乱斗，破坏生产、破坏建设现象，治安案件有所上升。中共十一届三中全会后，通过拨乱反正，国家法律法规逐步完善，法制逐渐健全，社会治安得到各级党委、政府高度重视。1983年后，连续开展多次“严打整治”专项斗争，犯罪分子嚣张气焰受到有力打击，社会秩序趋向平稳。进入21世纪后，社会治安综合治理取得显著成效，为全镇经济建设创造良好社会环境。2012年，全镇破获刑事案件12件，成功调处矛盾纠纷276件，安置帮教32人，获南通市长安镇、江苏省平安农机示范乡镇称号。

第一章 综合治理

社会治安综合治理，是在中共县、乡(镇)委员会、政府统一领导下，充分发挥政治部门特别是公安机关骨干作用同时，组织和依靠各部门、各单位和人民群众力量，综合运用政治、经济、行政、法律、文化、教育等多种手段，通过加强打击、防范、教育、管理、建设、改造等方面工作，实现从根本上预防和治理违法犯罪，化解不安定因素，维护社会治安持续稳定的一项系统工程。

1997年，如东县全面实施社会治安综合治理。境内各中共乡镇委、政府先后建立社会治安综合治理领导小组及综合治理办公室，对全社会治安环境、平安建设、各类社会矛盾

①见县委永久100号卷

纠纷调处,进行受理协调、查处,确保多层面、多范围、多领域化解各种社会矛盾,加强平安乡镇建设。

第一节　组织建制

1997年起,境内各乡镇把社会治安综合治理工作纳入总体考核目标,建立健全领导负责制,配齐专职综治干部,强化综治组织建设。乡镇建立社会治安综合治理委员会,综治委主任由中共乡镇委书记兼任,下设综合治理办公室。公安、司法工作得到加强。法律服务、治安联防、民事调解等机构及组织密切配合,民政、劳动、城建、国土、计生和农村经济工作等部门共同参与,形成一个全党发动、全社会关注的平安乡镇建设新局面。

乡镇综合治理办公室负责综治工作上传下达、协调日常工作。综治办主任由乡镇分管政法副书记兼任,配1～2名综治专职干部。2002年1月,省人事厅发出通知,乡镇综治办专职干部享受政法特岗待遇。随着形势变化,综治办工作范围不断扩大,工作职责更加明确,负责实施综治委拟定的年度工作计划,阶段性工作安排;总结推广先进经验;定期分析研究辖区内治安形势,组织协调有关部门解决突出治安问题;组织开展基层平安创建、治安防范、"三项排查"等工作。

2012年大豫镇村(居、社区)综治专干一览表

表19—195　　单位:人

村名	职　务	专干人数
闸东村	社区民警	1
	政法专干	1
	联防队员	2
	专职调解员	2
	大学生综治社工	1
	政法干警特派员	1
巩王村	社区民警	1
	政法专干	1
	联防队员	2
	专职调解员	2
	大学生综治社工	1
	政法干警特派员	1
伯安村	社区民警	1
	政法专干	1
	联防队员	1
	专职调解员	2
	大学生综治社工	1
	政法干警特派员	1
大同村	社区民警	1

续表19—195　2012年大豫镇村(居、社区)综治专干一览表

村名	职　务	专干人数
大同村	政法专干	1
	联防队员	2
	专职调解员	2
	大学生综治社工	1
	政法干警特派员	1
丁家店村	社区民警	1
	政法专干	1
	联防队员	1
	专职调解员	2
	大学生综治社工	1
	政法干警特派员	1
东安闸村	社区民警	1
	政法专干	1
	联防队员	2
	专职调解员	2
	大学生综治社工	1
	政法干警特派员	1
马家店村	社区民警	1
	政法专干	1
	联防队员	2
	专职调解员	2
	大学生综治社工	1
	政法干警特派员	1
强民村	社区民警	1
	政法专干	1
	联防队员	2
	专职调解员	2
	大学生综治社工	1
	政法干警特派员	1
徐征村	社区民警	1
	政法专干	1
	联防队员	2
	专职调解员	2
	大学生综治社工	1
	政法干警特派员	1
一门闸村	社区民警	1

续表19—195　2012年大豫镇村(居、社区)综治专干一览表

村名	职　务	专干人数
一门闸村	政法专干	1
	联防队员	2
	专职调解员	2
	大学生综治社工	1
	政法干警特派员	1
兵房居委会	社区民警	1
	政法专干	1
	联防队员	2
	专职调解员	2
	大学生综治社工	1
	政法干警特派员	1
止马洼村	社区民警	1
	政法专干	1
	联防队员	2
	专职调解员	2
	大学生综治社工	1
	政法干警特派员	1
南坎社区	社区民警	1
	政法专干	1
	联防队员	2
	专职调解员	2
	大学生综治社工	1
	政法干警特派员	1
香台村	社区民警	1
	政法专干	1
	联防队员	2
	专职调解员	2
	大学生综治社工	暂缺
	政法干警特派员	1
周墩村	社区民警	1
	政法专干	1
	联防队员	2
	专职调解员	2
	大学生综治社工	暂缺
	政法干警特派员	1
豫东村	社区民警	1

续表19—195　2012年大豫镇村(居、社区)综治专干一览表

村名	职　务	专干人数
豫东村	政法专干	1
	联防队员	2
	专职调解员	2
	大学生综治社工	1
	政法干警特派员	1
大豫社区	社区民警	1
	政法专干	1
	联防队员	2
	专职调解员	2
	大学生综治社工	1
	政法干警特派员	1
九龙村	社区民警	1
	政法专干	1
	联防队员	2
	专职调解员	2
	大学生综治社工	暂缺
	政法干警特派员	1
东凌社区	社区民警	1
	政法专干	1
	联防队员	2
	专职调解员	2
	大学生综治社工	1
	政法干警特派员	1
东港村	社区民警	1
	政法专干	1
	联防队员	2
	专职调解员	2
	大学生综治社工	1
	政法干警特派员	1
农场社区	社区民警	1
	政法专干	1
	联防队员	2
	专职调解员	2
	大学生综治社工	暂缺
	政法干警特派员	1

第二节　矛盾纠纷排查

大豫镇建立健全镇、村(居、社区)两级矛盾纠纷排查网络。镇包村干部和村(居、社区)两委成员为村(居、社区)级矛盾纠纷排查调处员,一般性矛盾纠纷由镇包村干部协同村(居、社区)调处;难度较大或村(居、社区)无法解决的矛盾纠纷,由镇大调解中心调处;重大矛盾纠纷实行挂牌督办,成立专门工作组解决。建立镇领导正常值班接待来访制度,每班2～3人,现场接待群众来访,解答群众疑问,化解矛盾;严格双休日值班制度,每班有1名镇党委领导坐镇,处理突发事件,重大节日和敏感时期实行24小时值班。基本做到把矛盾纠纷解决在当地、解决在基层、解决在萌芽状态。同时还有效处置一些群体性上访事件。2005年后,共排查各类矛盾纠纷1320件,村(居、社区)调解973件,镇调解347件,调解成功率为96.3%;防止群众性上访事件14起。

第三节　平安建设

2003年,境内各镇根据省市县统一部署要求,启动平安创建活动。各镇成立平安创建领导组,中共镇委、镇政府主要领导负总责,分管领导任组长,政法、纪检、组织、宣传、人事等部门负责人为成员,下设办公室。并出台平安创建成员单位职责任务、实施方案等文件。2004年,大豫、兵房两镇推进“三级防控”网络建设,全面组建10户防控小组、警民联系点和治安志愿者服务队。2005年,落实防控体系建设和创建经费,巩固深化大调解机制,两镇达标率100%。积极打造基层维稳工作平台。在全镇各村(居、社区),设立综治室、警务室、方便服务基层群众和维稳。不断深化推进综治“十进”:即,社会治安综合治理进机关、进企业、进学校、进市场、进社区、进景区、进工业园区、进库区、进村(居)、进家庭。积极打造平安乡镇,加强新型社区社会管理服务体系建设、实行网格化、精细化管理,采用“一格多能、一格多员、一员多用”新型管理模式,全面推行“一委一居,一站一办”模式,建立健全社区中共组织,村、居民自治组织、管理服务站和综治办“四位一体”管理服务体系。为平安建设创造有效载体。

2008年,大豫镇将基层平安建设组织网络延伸至村(居、社区)、组、户,通过招聘落实36名专职保安联防队员,分别成立镇区巡防中队、驻村联防中队、下海卡口巡防中队,运用电子巡更系统,规范巡逻。镇大调解中心针对各类海上纠纷较多现状,组织10多名素质好、群众威信高船老大、养殖户成立海上调解小分队,将大调解触角延伸到远洋捕捞船队和海上养殖场。并从防控建设专项资金中划5万元,为200多户社区居民家中安装“十户联防”报警器,不断加大科技防控体系建设,密织综合治理和平安建设网络。

2012年3月,大豫镇全面深化系列平安创建工作,推动基层平安创建活动,镇综治委根据镇人事更动情况,对创建平安村居、平安家庭、平安企业、平安农机、平安学校、平安海洋等活动领导小组成员进行调整，并下发文件。通过县检查评估验收，21家村（居、社区），7所中小学校，10家规模以上企业，2家农机站，3个家庭分别达标。大豫镇获江苏省平安农机示范乡镇，止马洼村为县平安农机示范村。

第二章　公　安

第一节　治安机构

民国5年（1916），境内南坎镇设立警察分驻所，兵房驻盐警，大豫盐垦公司建有自卫队。民国35年，大同镇首建派出所。1967年，建掘东派出所。1980年，建兵房派出所。1986年，建南坎、丁店派出所。随着乡镇区划调整，2009年，建立大豫镇派出所。至2012年，境内有派出所1个，交通巡逻警察大队兵房中队1个，联防队1个。

一、中华人民共和国成立前治安机构

（一）警察局

民国元年（1912），掘港设巡警局，属如皋县公安局，下设支局，派出所。后改为警察局，设有局长、书记、巡士和警察。民国5年，于境内南坎镇设立警察分驻所，也称巡警支局，有所长（支局长）、警察。民国30年秋，日伪军侵占南坎后，改成警察所。民国33年6月，南坎攻坚战胜利后而消亡。

（二）自卫队

民国5年，大豫盐垦公司建立后，为维护公司内八大区秩序和垦殖成果，建立126人自卫队（亦称实业队），分成8个小队，每个区都有自卫兵。南一区公司自卫队队长叫杨万云。这支队伍持续到民国30年。

（三）盐警

亦叫盐兵。民国初年，当时巡警局将缉私盐兵分布在沿海各地，设立卡口，其中境内兵房镇属卡口之一，驻警2～3人。不久，自行撤销。

（四）派出所

派出所一词，源于日语，原意是任何机构都可有“派出所”。民国34年秋，日本投降。民国35年，建立人民民主政权，境内大同镇建派出所，首任所长丁章。

二、中华人民共和国成立后治安机构

（一）公安派出所

1967年，建立如东县公安局掘东派出所，所长季士英。管辖范围为兵房、丁店、华丰、南坎4个公社。

1980年，建立如东县公安局兵房派出所，所长朱炳章，教导员沈伯祥。1993年，更名如东县公安局兵房中心派出所，所长徐新华，教导员朱炳章。1996年，更名如东县公安局兵房分局，分局长朱权，教导员徐晓华，2001年3月，随镇域区划调整，撤销丁店派出所（建于1987年）。2002年，分局长石明祥，教导员陈飞。2004年，分局长缪晓建，教导员秦国培。2006年，恢复如东县公安局兵房派出所，所长秦国培，教导员张海峰。2007年，获南通市公安局集体三等功。

2009年5月，大豫镇与兵房镇合并；撤销大豫镇派出所（前身为南坎派出所，建于1986年）；设立如东县公安局大豫派出所，所长杨兴民，教导员张海峰，址设原兵房镇派出所。

图19-115　2012年，大豫派出所办证大厅（派出所　提供）

（二）联防队

1988年，中华人民共和国国务院批准公安部《关于继续加强群众性治安联防工作的请示》后，1989年10月，兵房镇首建治安联防队，队长陆启明，队员5人。1990年11月，队员增至8人。1993年9月，秦志洲任队长，队员7人。2001年3月，随镇域区划调整，丁店乡并入兵房镇，组建新兵房镇联防队，队员为11人。2009年5月，大豫镇与兵房镇合并，组建新大豫镇联防队，队员23人，秦志洲继任队长。

（三）刑警中队

1999年，如东县公安局下设刑事警察大队兵房中队，址设大豫镇兵房新建路3号（老税务所）。队长范锦辉，教导员石卫星。2000年，更名为刑警大队六中队，2002年，又改为刑事警察大队兵房责任区中队。

（四）交巡警中队

1988年，建立如东县公安局兵房交通管理所，址设兵房镇人民南路东侧（德购超市对面)。1991年,更名为如东县公安局交通警察大队兵房中队。1997年9月,增挂如东县公安局巡逻民警大队兵房中队牌子,2000年10月,如东县公安局原交通警察大队,巡逻警察大队合并为交通巡逻警察大队后,更名为如东县公安局交通巡逻警察大队兵房中队。2008年、2010年分别被县委、县政府评为文明单位。历任所长:张志新、施玉成、胡剑忠、花飞飞、葛海旭。①

第二节　平息暴动

民国35年(1946),正当全县人民开展土地改革,抗击西部地区国民党军队不断骚扰,全面动员支援苏中战役关键时刻,如东局部地区发生震惊一时重大历史事件——反革命七月暴动。民国35年农历六月二十九日上午,大豫镇兵房境内东南村(属东安闸村南片),以陈志德、陆维浩为首一小撮地、富、反革命分子,对抗中共中央民国35年5月4日《关于土地问题的指示》(简称"五四"土改指示),极力反对和阻挠县委、区委指导当地实行土改政策,以造谣惑众,抢夺武器,打砸乡政府为主要手段,策划反革命暴动,妄图破坏土改运动。陈、陆等首恶分子带领一小撮追随者从东南村最东头十贯向西,目标乡公所(当时新民乡公所设在利民小学后面马亚如宅上,离十贯7里多路)。沿路敲着铜锣,强迫家家户户扯起腰围裙,参加攻打乡公所行列。在这些狂徒威迫下,不明真相群众被迫随他们一路向西,至八贯时,已聚集200多人,气焰十分嚣张。

乡长朱元方闻讯,一方面命令民兵中队长顾沛高带领杨再强、施惠民、倪志如3位民兵向东去劝阻,解散不明真相群众,制止闹事;另一方面带着乡公所文件资料向区委报告(当时区委驻大豫镇)。顾沛高等4人到达八贯时,向暴动人群大声呼喊"大家不要听坏分子造谣,赶快回去吧"。陆维浩、陈志德等暴徒向4位民兵扑过去,夺下施、杨两民兵大刀,把顾沛高、倪志如捆在一根麻绳上。因寡不敌众,陈志德用大刀先砍死施惠民,接着砍死杨再强,再要去砍顾、倪二人时,被警醒乡亲们救护,才幸免于难。

暴乱分子并未罢休,一直冲到七贯西边乡公所,疯狂地打、砸、抢、烧,乡公所遭到严重损坏。当暴乱分子到五贯(红庙)时,幸亏区委陆政委,乡长朱元方带领掘东区队赶到,为防止误伤受骗群众,对空放几枪,驱散人群。当场镇压、逮捕反革命暴动首恶分子,平息暴动。杨再强、施惠民两位青年民兵,为捍卫中共农村土改政策,维护贫苦农民合法权益,在"6·29"平暴中,献出年仅18岁生命。

第三节　镇压反革命

1950年11月起,按照中央"关于严厉镇压反革命活动的指示",境内全面开展镇压反

①详见志内第十篇《交通运输》第五章第一节。

革命运动，至1953年6月基本结束。整个运动分3个阶段进行：1950年11月～1951年10月为第一阶段，打击对象主要是匪首、惯匪、恶霸地主和民愤大的反革命分子；1951年11月～1952年10月为第二阶段，主要以取缔反动会道门为主，结合扫清其他四方面敌人；1952年11月～1953年6月为第三阶段，重点为取缔反动会道门补课，搜捕漏网分子，追捕外逃反革命分子。此项运动，坚持“坦白从宽，抗拒从严，立功赎罪，立大功受奖”政策。对匪首、恶霸地主、反动党团骨干、反动会道门骨干分子中罪大恶极，又拒不悔改，不杀不足以平民愤之反革命分子，公判镇压；对罪行严重，但能真诚悔改，又有立功表现者从宽处理；其余根据罪行轻重和认罪态度，分别判处徒刑或交群众管制。在此次运动中，共逮捕反革命分子2名，10名交群众管制。

第四节　取缔反动会道门

一、一贯道

二十世纪四十年代初，因受启海地区反动会道门影响，境内曾出现过“一贯道”。民国34年（1945），抗日战争胜利后，一贯道被县政府明令取缔，民国35年，个别残余分子梦想配合国民党军队全面进攻，暗地造谣惑众，妄图破坏大参军运动。中华人民共和国成立前，又散布谣言，破坏民工支援前线。县人民政府再一次明令取缔一贯道。1953年和1960年又经两次明令取缔，终被彻底铲除。

二、穷江行

中华人民共和国成立前，穷江行流入境内，以求乞、卖艺、捉蛇等为掩护，从事结伙盗窃，其组织成员大多数为兵痞流氓，游民惯偷，经常栖身于小集镇的庙宇、祠堂、空棚之内，有船只者居于水上，不时变换地点，以逃避侦缉。1955年5～7月，县公安部门发动群众，集中力量打击穷江行犯罪活动，常活动在境内东牛车桥至鲍家坝一带的“大秃子”“小秃子”等3人，表面老实，未发现不规行为，被遣送原籍。

第五节　禁毒、禁赌、禁嫖

一、禁毒

鸦片（亦称大烟）流传境内较晚，少数人成为贩毒和吸毒者。二十世纪三十年代初，开展禁烟。马塘区举办烟民感化训练班感化烟民后，一度收效。民国30年（1941），如皋（东）县抗日民主政府发布严令禁烟布告，并处决丰利镇1名贩毒首犯。震动很大。民国34年，抗日战争胜利后，贩毒、吸毒者销声匿迹。改革开放后，境内有吸毒现象，一经发现，立即遏制和惩治。

二、禁赌

中华人民共和国成立前，境内主要流行纸牌和麻将，但无固定赌馆。20世纪20年代后，赌博形式有“文”“武”之分，“文”为纸牌、麻将，“武”为骰儿，因而流传着“冲家骰儿败家宝，麻将纸牌慢慢了”的民谣。因各地赌风盛行，严重影响农业生产和社会治安。1953年12月12日，县人民政府发布严禁赌博布告，逐步刹住赌风。“文化大革命”中，基本无赌博现象。20世纪70年代，政府机关干部轮流值班巡查，凡查实者，集中办学习班，进行帮教。进入80年代，以纸牌聚赌逐步蔓延，1980年，掘东区委在兵小操场举行万人大会，对30多名赌徒进行批判，有几名国家干部给予党内降职处分。进入21世纪后，赌博在社会上仍有一定市场，集镇上一些居民在家中暗设赌场，招引退休或无业人员打纸牌，收取头钱或板凳钱，输赢数额一般不大。大额输赢赌博，不固定地点，有人放风，以逃避抓捕。2010年，发生在境内丁店河闸的一场大赌，被公安机关抓获50余人。

三、禁娼

中华人民共和国成立前，境内无妓院，有个别贫家女因受骗或生活所迫进入妓院。中华人民共和国成立后，县政府明令取缔妓院，对妓女进行教育改造，使之成为自食其力劳动者。改革开放后，有少数外省贫困地区妇女到境内卖淫，俗称“小姐”，大多隐藏于浴室、洗脚房、发廊内。

第六节　取缔非法宗教活动

1994年，在县公安局、县民族宗教科指导下，兵房派出所配合镇统战部门对三港村（闸东村），马店村（马家店村），徐征村3个基督教非法聚会点进行专项整治，并对为首人员进行个别谈话，帮助他们提高认识，分清合法宗教活动与非法界限，讲清整治政策，从而得到信教徒谅解，自觉解散聚会点。

第七节　群防群治

中华人民共和国成立前，境内遇有失火，捉贼等情况，均用敲锣、敲铜面盆或有声响器皿进行传递，相互告知。

中华人民共和国成立初，组织青年民兵白天站岗放哨，夜间值班巡逻。农业集体化时期，部分乡、村经常在春耕生产、双夏大忙季节或逢年过节，组织少年儿童呼喊队，手执简易喇叭，沿村开展防火防盗宣传活动。

从1951年起，对境内未作刑事处罚的地主、富农、反革命分子（简称“地富反”）交当地群众管制，实行监督改造，由乡、村治保组织负责实施。1957年2月，根据《全国农业发展纲要》有关规定，对地、富、反进行普遍评审。表现好的吸收为正式社员，基本守法者为候补社员，表现不好，有违法破坏行为者实行管制劳动。同时，将坏分子也列入监改对象，合称“四类分子”。政府对罪犯改造，贯彻以监督管制和教育改造相结合，通过劳动和法制、道德、文化、技术教育，促其自觉改造，成为遵纪守法公民。对刑满释放回归社会者，不歧视、不嫌弃适当安置工作。1979年后全部摘帽。治保组织以村、社区居委会为单位，成为一支维护治安的重要群众力量。

第八节 “严打”①斗争

1983年，按照中央“从重从快，一网打尽”方针，对刑事犯罪分子进行严厉打击，大豫镇区逮捕流氓团伙犯罪分子10名，社会治安形势大为好转，重特大恶性犯罪明显减少，违法犯罪率骤减。至1988年6年间，全镇违法犯罪案件一直处于低发阶段。

1989年，春夏之交政治风波，刑事犯罪有所抬头，开展查堵动乱，暴乱分子外逃斗争。

1990年3月18日，南坎乡豫北村11组陆某被残杀，劫去电视机、衣服等物，惨状目不忍睹，影响极大。境内所有公安干警协同公安机关鏖战62天，排除嫌疑对象7000余人，终将案件破获，抓获抢劫杀人犯施勇兵。

1991年，“扫黄打非”。1992～1993年，集中开展以打击抢劫、敲诈勒索、流氓滋扰、车匪路霸、摧毁违法犯罪团伙为主要内容的专项斗争和严厉打击严重刑事犯罪，经济犯罪斗争，1996年，开展“百日破案会战”“三禁一打”②等一系列严打专项整治斗争，8月2日，东凌乡发生特大杀人抢劫案，孙爱军等3名犯罪嫌疑人从阜宁租坐一辆出租车到如东，在如东东凌海堤上杀死司机抢走出租车。公安机关仅用41小时就将3名犯罪嫌疑人抓获。

1997年，县公安局经侦大队针对县内“地下钱庄”突出问题，先后查处南坎乡曹汉昌以个体商店为场所非法集资案，南坎乡季炳权在南坎、东凌、华丰等8乡镇非法吸收公众存款案。为人民群众挽回经济损失100余万元。

1998年，开展反盗抢机动车专项斗争。3月22日凌晨2时左右，6名歹徒蒙面、持枪、持刀进入如东县裕盛水产养殖公司工棚，将值班人员捆绑，抢走价值百万元日本黑子鳗。县公安机关在上海、福建等地公安部门大力支持下，经过长途奔袭作战，历经半月，抓获上海樊荣奎等3名主犯，其他涉案人员10余名，并破获沿海地区盗窃鳗鱼案件10余起，涉案总价值100余万元。1999～2000年，强化对黄赌毒娼和黑恶势力打击，查处违法人员10多人。

2001年，重点开展打击黑恶势力、严重暴力、多发性侵财犯罪。2002年，先后组织“打黑除恶”“春雷行动”，打击“双抢”等8项专项行动。2004年8月4日晚8时许，在东安闸加油站，犯罪嫌疑人趁业主陈某不备将其打昏（后经抢救无效死亡）。抢走办公桌抽屉内人民币2.21万元。公安机关两小时后就将犯罪嫌疑人樊连美抓获。

2005年，开展打黑除恶“清水行”“两抢一盗”（抢劫、抢夺、盗窃）专项斗争，2010年，东

①严打是中国司法名词，“依法严厉打击刑事犯罪分子活动”的简略表述。

②禁毒、禁赌、禁娼，打击严重犯罪。

凌地区以朱广忠为首的黑恶势力团伙被彻底摧毁，提前批准逮捕10多人。

2005～2012年大豫镇派出所打击刑事犯罪一览表

表19—196　　　　　　　　　　　　　　　　　　单位：年 起

年份	案件发生数	案件破获数	案件破案率
2005	3	2	67%
2006	2	2	100%
2007	9	5	56%
2008	4	4	100%
2009	14	14	100%
2010	19	17	90%
2011	13	9	70%
2012	18	12	67%

注：表内数据由派出所提供

第九节　户政管理

民国18～35年（1929～1946），以村公所、保甲（废村后）、乡设户籍主任、户籍员，进行户籍管理。中华人民共和国成立后，以行政村实施户籍管理。1983年起，户籍由公安派出所管理。1986年，制发居民身份证，2005年，换发第二代居民身份证，实行信息化管理。1988年，实行暂住人口专职化。2003年，取消户口性质，统称居民户口。2012年，全镇总人口为10.67万人。

一、常住人口管理

民国18年（1929），以村建立户口登记簿册，凡出生、死亡、婚姻、继承、分居、迁徙、失踪等变动，户主须5天内向村公所登记。

民国23年，废村，行保甲，按保甲查户口，由县政府民政科管理。每10户为1甲，每10甲为1保，甲设甲长，保设保长，由保甲办理户籍登记和清查。

民国27年，县建立户籍室，主持全县户政。各乡由乡长任户籍主任，户籍员由乡长选派。35年1月，民国政府公布《户籍法》，境内各乡全面调查登记户口。

中华人民共和国成立后，废保甲，建行政村，乡镇以行政村为单位（居民以居委会为单位）实施户籍管理。从1983年起，常住人口由各乡镇公安派出所管理。1995年，实施农村户籍城市化管理模式，编制门牌号码。2002年，江苏省在全国率先打破城乡分割的户籍管理二元结构，全面建立以居住地登记户口的新型户籍管理制度。2003年，全县取消户口性质，以合法固定住所或稳定职业（生活来源）为户口登记条件，统称为“居民户口”。

二、暂住人口管理

1958年后，依据《中华人民共和国户口登记条例》规定，对暂住人口采取登记管理模式，由公安派出所负责管理，基层组织协管。

1988～2005年,依据《江苏省暂住人口管理办法》《江苏省暂住人口管理条例》,采取登记发证管理模式,即暂住3天以上登记,拟暂住1月以上发放暂住证。1988年,成立乡镇流动人口管理领导小组,实现暂住人口管理专职化。2012年,全镇暂住人口573人。

三、身份证管理

1985年9月6日,第六届全国人大常委会第十二次会议通过《中华人民共和国居民身份证条例》,确立居民身份证制度。全县自1986年起,开始集中制发居民身份证。2003年6月28日,第十届全国人大常委会第三次会议通过《中华人民共和国居民身份证法》,2005年开始,全县集中换发第二代居民身份证,并实行信息化管理,技术含量及防伪能力较一代身份证先进,且管理工作得到加强与规范。

第十节　交通安全管理

2012年,大豫镇登记、发证机动车辆为2.36万部,其中轿车3066部,货车2972部。二三轮摩托车1.76万部。机动车辆不断增加,给交通安全管理造成隐患。县公安局交通巡逻警察大队兵房中队,严格执法,努力提高交通安全管理水平,有效维护交通秩序。

2005～2012年大豫镇道路交通事故统计表

表19—197　　单位:起 人 万元

年份	事故发生数	受伤人数	死亡人数	经济损失
2005	357	204	—	18
2006	374	216	—	21
2007	402	234	—	27
2008	425	248	—	35
2009	758	302	13	42
2010	859	416	12	42.50
2011	938	504	18	45
2012	1058	521	14	49.50
合计	5171	2645	57	280

注:表内数据由交巡警中队提供

第十一节　火灾消防

民国初年,境内南坎镇设有水龙局,备水龙3具。民国34年(1945),抗日战争胜利后,全县水龙局增多,掘港水龙局达17处,少数大商店也自备水龙。中华人民共和国成立后,各镇相继成立消防委员会。一些工厂、商店都有义务消防人员、备水龙、水泵,灭火器等消防器材。1965年,县公安局组建公安消防队;1979年,改建成消防中队;1995年,改建为消防大队。火警电话由1部单项专线转化为119报警电话;2004年,119火警电话并入县公安局110指挥中心。1995年8月5日,如东县兵房轧花厂发生火灾,如东县中队、南通市一中队，通州中队，海门中队出动11辆消防车，50余名官兵投入近7小时，火灾成功扑救，烧毁仓库648平方米，造成直接经济损失16.21万元。

2003年7月，江苏祥盛倍得满家具有限公司发生重大火灾，县消防大队出动4辆消防车，18名官兵，火灾成功扑救，挽回财产损失245万元。

第三章　司法行政

第一节　司法机构

中华人民共和国成立前，境内没有司法机构。中华人民共和国成立后较长一段时期，乡镇(公社)司法工作由乡镇(公社)由公安特派员或民政助理兼管。1982年始，设立司法助理员、建立法律服务所、司法所。1993年、1994年，南坎法律服务所被司法部评为优秀法律服务所。2012年，大豫镇司法所保持江苏省规范化司法所称号。

一、司法所

1980年，成立如东县司法局。1982年，区、乡、镇设立司法助理员。2002年3月，境内兵房镇、大豫镇建立司法所。2009年5月，镇域区划调整，建立新大豫镇司法所。主要职责：指导管理人民调解工作，参与调解疑难、复杂民间纠纷；组织开展对社区服刑人员管理、教育和帮助；指导管理基层法律服务、对刑满释放人员安置帮教，法制宣传教育；基层依法治理，参与社会治安综合治理，负责社区矫正等工作。2007年，获江苏省规范化司法所称号。

二、法律服务所

1987年，境内建起兵房镇，南坎乡法律服务所。1988年，丁店乡、东凌渔业乡、如东农场相继建立法律服务所。1993年8月21日，撤销如东农场法律服务所。9月9日，撤销丁店乡、东凌渔业乡法律服务所。1994年，南坎乡实行法律服务所与司法助理员职责分离经验在全市推广后，司法助理员不再兼任法律服务所主任。2000年4月，东凌渔业乡与南坎乡合并后，南坎法律服务所更名为大豫镇法律服务所。1991年，该所被评为江苏省防止民间纠纷激化先进集体。1993年、1994年，被司法部评为优秀法律服务所，1994年、1995年，被南通市司法局记集体三等功各1次。2009年5月，兵房镇与大豫镇合并后，仍保持两个法律服务所。其法律服务业务范围：应聘担任法律顾问、代理参加民事、经济、行政诉讼活动；代理非诉讼法律事务；主持调解纠纷，解答法律咨询；代书法律服务文书；协助办理公证和开展法制宣传教育及其他有关法律服务等事项。

第二节 法治宣传

1986～2010年，大豫镇经历25年法制宣传教育。“四五”普法开展后，围绕“改革、发展、稳定”大局，全镇掀起学法用法高潮，增强全民法律意识，提高政府及机关各部门依法行政能力。促进全镇物质、政治、精神三个文明建设。

图19-116 2012年，法制宣传栏第2期 （司法所 提供）

“一五”普法（1986～1990年）。政府建立普法领导小组。从1985年下半年开始，有计划、分步骤地普及“九法一条例”，即《中华人民共和国宪法》《中华人民共和国经济合同法》《中华人民共和国婚姻法》《中华人民共和国继承法》《中华人民共和国兵役法》《中华人民共和国刑法》《中华人民共和国刑事诉讼法》《中华人民共和国民法通则》《中华人民共和国民事诉讼法（试行）》《中华人民共和国治安管理处罚条例》等法律法规。到1990年4月基本完成既定目标任务。普及率87.80%，通过考试，及格率96%。

“二五”普法（1991～1995年）。以《中华人民共和国宪法》为核心，以专业法为重点，坚持学用结合，普治并举原则，精心实施。重点组织学习《中华人民共和国土地管理法》《中华人民共和国环境保护法》《中华人民共和国义务教育法》及《计划生育条例》等14部法律法规。

“三五”普法（1996～2000年）。继续深入开展《中华人民共和国宪法》基本法律和社会主义市场经济法律知识普及宣传。以依法治理为主导，提高各级领导干部和管理人员法治思想和依法行政、依法管理水平和能力，全面实施依法治镇战略。按照“三五”普法教育计划，开展多形式、多渠道普法教育活动，学法效果显著。通过县司法部门考试验收，合格率97.80%。

"四五"普法（2001～2005年）。坚持依法治国与以德治国相结合，法制教育与法治实践相结合。青少年法治教育与阳光工程相结合，法制宣传与精神文明建设相结合，外来务工人员学法与政府对外来务工者关心和管理相结合；普法教育与干部培训相结合。镇机关公务员分期分批参加县轮训，参训率100%；并参加全市公务员学法大会考。参考率98.80%，合格率100%。在实施过程中，镇政府订购普法教材2000本，分发各村、各单位用于组织自学。在"四五"普法期间，大豫镇豫新村，兵房镇徐征村被南通市命名为民主法治示范村。

"五五"普法（2006～2010年）。坚持以经济建设为中心，以增强群众法制观念为先导，以提高群众法律意识为重任，以促进经济发展、社会稳定，依法行政为目标。重点突出5类教育对象，分不同教育内容，确定相应教育重点。注重镇村干部普法教育。着重培训镇、村干部依法行政、依法治镇、依法治村能力。通过培训，使镇、村干部基本掌握《中华人民共和国宪法》《中华人民共和国行政许可法》《中华人民共和国行政处罚法》《中华人民共和国国家赔偿法》《中华人民共和国国家公务员法》《中华人民共和国刑法》《中华人民共和国社会主义市场经济法律知识读本》《社会主义法制建设基本知识》《中华人民共和国地方组织法》《中华人民共和国刑法》《中华人民共和国村民委员会组织法》《中华人民共和国计划生育法》等法律法规基本内容，在学法、用法、守法中发挥表率作用。普法考试，干部参考率100%，及格率100%。注重行政执法人员普法教育。着重培训学习与其本职工作相关法律、法规，使他们熟练掌握和运用提高自身法律责任，秉公执法，做到有法可依，有法必依，执法必严，违法必究。注重企业经营管理人员教育。重点培训学习《中华人民共和国民事诉讼法》《中华人民共和国经济合同法》《中华人民共和国公司法》《中华人民共和国劳动法》《社会主义市场经济法律知识读本》等法律法规知识，提高企业管理人员依法经营能力。注重青少年法制教育。根据青少年教育特点，主要把着眼点放在增强中小学生遵纪守法观念上。全镇中小学开设法制课，聘请10位司法所、派出所人员为校外辅导员。安排课程表，定期为学生讲授有关法律知识；有的放矢地把中小学法制教育引向深入，促进校风转变，学生素质提高。注重外来人口法制教育，根据三峡移民，外来人口多、分散特点，调查摸底、加强管理，加大普法力度，使他们自重、自省、自警、自爱、守法经营，安居乐业。"五五"普法，有效推动现代化新农村建设，全镇90%村（居、社区）新建公共服务中心，农村道路普遍实现硬质化、砂石化，大小河道得到有效治理，森林覆盖面积全面达标。创建南通市"民主法治示范村"合格率达100%，依法治村、民主治村全面实现。2010年，大豫镇被评为南通市"五五"普法先进集体，2012年，丁家店村被命名为全国第五批"民主法治示范村"。

为检验"五五"普法成果，推动民主法治村创建工作。2010年10月，县政法委、司法局在大豫镇召开全县“民主法治村(社区)创建工作现场推进会”。会上,中共大豫镇委介绍“五五”普法工作情况;丁家店村党支部介绍“民主法治示范村”创建工作做法;大豫镇原司法助理管霖介绍“如何收集整理‘五五’普法台账资料”体会。会议期间,与会者观摩大豫镇“五五”普法和丁家店村“民主法治村”创建工作台账资料。

附记:

“五五”普法台账资料收集整理体会(摘要)

明确一个目的。收集整理普法台账资料,是为了探讨普法形式,不断追求普法内容,积极创新普法思路,促进普法依法治理工作完成坚实的一步。要从思想上认识到收集整理普法台帐资料对普法工作的重要性;从根本上理解为什么要收集整理普法台账资料的目的。

吃透两个精神。要反复认真地研读吃透上级领导部门对普法工作文件精神,正确把握普法工作导向。要吃透镇党委制定普法工作实施方案等文件精神,按照每个阶段普法要求和内容,收集普法资料;从头从紧抓起,一年建立一批台账,为形成五年普法台账打牢基础。

用好三个“心”。收集整理普法台账资料是一项较为复杂的系统工程。从广义上讲,必须作为党的一项政治任务来完成。从狭义上讲,要完成这一项工程,必须要用好三个“心”。专心。从普法头一年开始,就要把注意力集中到收集普法台账资料上来。同时做到“五勤:”即,手勤、眼勤、耳勤、腿勤、嘴勤。细心。根据县普法办普法考核标准,在收集台账资料时,要慎之又慎、细之又细,不要轻易放过每一个可收集的细小环节。比如:某某单位或部门举办一个法制培训班,只收集到讲稿、参训人员名单,而没有培训班任何图像资料。这类资料给人的感觉,缺乏真实性。所以说,在普法过程中每一项活动不仅要有文字记载,还必须有图像资料,这才算完整的台账资料。耐心。形成一套完整的普法台账资料,在整理过程中会碰到很多不顺心或不尽如人意的地方,特别是自己察觉不到的地方。比如:镇党委关于普法方面下发文件很多,一不注意,就会出现重复文号;一旦被上级检查组或其他领导发现,要虚心听取建议意见,耐心进行补充修改,不厌其烦进行查找核对。

抓住四个重点。收集普法台账资料要抓住四大重点,缺一不可。上级文件资料。包括上级普法规划、年度实施意见、各个时期下发的文件、领导人讲话、普法刊物、普法宣传资料等等。镇级文件资料。包括规划、年度计划、年终总结,各项工作方案及总结、各种学法规章制度。如普法领导小组例会制度、党委中心组学法制度、检查考评制度、学法考试制度、领导讲话材料、培训讲稿,镇各部门印发的法制宣传教育资料、试卷、经验介绍材料、上报的普法信息资料、民主法制村(社区)创建申报资料、普法经费支出资料,党政、人大领导参与普法工作督促、检查资料,“12•4”法制宣传教育活动资料、学法征文、学法笔记本、“五五”普法工作情况汇报等等。相关部门资料。包括工会与人大联合视察企业学法、用法、执法及开展工资平等协商情况资料;文化站组织创作、演出的法制文艺演出资料,学校开展青少年法制教育以及卫生所、计生站组织的卫生、计生法律知识咨询活动资料等。四是村、企事业单位文件资料。主要是各村、各单位普法规划、年度工作计划、年度普法工作总结、组织网络。如各村、各单位普法领导小组名单、联络员、信息员名单等等。

做到五个认真。在普法台账资料汇编装订时,要整齐划一、美观大方,让人有种一鸣惊人好感。同时,这也是收集整理建立台账最后一道工序。必须做到“五个认真。”对照上级普法考核验收评分标准,对台账内容逐一进行认真核对。按上级普法考核要求认真进行分类、编目。对具有创新特色的资料应复制一份重新装订,并认真写好内容简介装订在目录前一页,这样便于上级领导检查时查找和加分。认真设计台账封面。封面上要显示普法标记。装订时要认真检查台账中纸张是否统一,若有大小,必须更换,从而达到规范化。

第三节　人民调解

清末民初,宗族或邻里间发生纠纷、均请地方绅士或同族族长出面到茶馆店进行调解,俗称“吃讲茶”。民国30～38年(1941～1949)由乡民政委员会负责民事纠纷调解工作。1949年开始,掘东区成立调解股,境内各乡建立调解委员会,直接受理民事纠纷案件。1952年9月,区、乡成立调解委员会,在人民政府和人民法院指导下负责民事纠纷调解。1959年,对人民调解组织整顿,境内各人民公社配备调解主任,各生产大队建立调解委员会,各生产队设有调解小组或调解员。“文化大革命”期间,调解工作中断。1978年,又恢复调解组织,并设1名专(兼)职主任,调委会一般由3～5人组成,贯彻“调防结合,以防为主”方针,建立健全镇、村、组三级调解网络,做到小纠纷不出组,一般纠纷不出村,及时、公正调处。1999年,镇建立重大疑难纠纷调解中心。丁店乡与通州市北兴桥镇成立南通市首家跨县民间纠纷联合调解中心。2002年,在村(社区)小组或10户为单位建立矛盾纠纷信息员队伍,镇成立司法调解中心。形成以镇社会矛盾纠纷调处中心为主体,村(居、社区)、企事业单位等人民调解委员会、司法所、派出所及法律服务所为哨所,调解小组、信息员、警民联系户为触角,较为完善的组织网络体系。

2005～2012年大豫镇矛盾纠纷调处一览表

表19—198　　单位:件

年份	受理矛盾纠纷	成功调处矛盾纠纷	调处成功率
2005	117	115	98.20%
2006	121	120	99.00%
2007	143	140	98.00%
2008	164	162	98.80%
2009	186	185	99.50%
2010	213	212	99.50%
2011	245	245	100%
2012	276	276	100%
合计	1465	1455	99.70%

注:表内数据由镇大调解中心提供

第四节 安置帮教

安置帮教工作，是在中共大豫镇委、政府统一领导下，依靠各有关部门和社会力量，对刑满获释、解除劳教人员进行的一种非强制性引导、扶助、教育、管理活动，包括服刑在教人员回归社会前思想法治与职业教育、刑满获释放时的衔接、回归社会后过渡性安置和帮教等工作。安置帮教对象主要是5年内刑满获释人员和3年内解除劳教人员。1997年4月，县成立刑释解教人员安置帮教工作领导小组。1997年年底，乡镇、村也相应建立领导机构和工作机构，2005年，镇建立安置工作站，村设帮教小组。至2012年，全镇安置帮教210人，帮教率、安置率均100%，无一人重新犯罪。

2007～2012年大豫镇安置帮教人员一览表

表19—199　　单位：人

年份	刑满释放	解除劳教	总人数
2007	16	15	31
2008	9	17	26
2009	21	17	38
2010	22	20	42
2011	20	21	41
2012	3	29	32
合计	91	119	210

注：表内数据由镇司法所提供

第五节 社区矫正

社区矫正对象为5种类型罪犯。1.被判处管制的；2.被宣告缓刑的；3.被暂予监外执行的，具体包括：有严重疾病需要保外就医的、怀孕或者正在哺乳自己婴儿的妇女、生活不能自理、使用暂予监外执行不致危害社会的；4.被裁定假释的；5.被剥夺政治权利，并在社会上服刑。在符合上述条件情况下，对于罪行轻微、主观恶性不大的未成年犯，老病残犯，以及罪行较轻的初犯，过失犯罪，应作为重点对象，使用上述非监禁措施，实施社区矫正。

2005年3月，社区矫正试点工作在全省13个省辖市全面推开。4月，通过调查摸底，建立全县社区矫正工作对象名册。5月20日，如东县社区矫正工作领导小组成立，并下设办公室。是日，县委、县政府转发县社区矫正工作领导小组办公室制定的《关于在全县开展社区矫正工作的实施方案》。6月8日，县在岔河镇召开社区矫正对象交接现场会。6月底，大豫镇、兵房镇分别召开社区矫正对象交接会议，兵房镇首批共接受矫正对象36名。在日常工作中，建立健全社区矫正工作组织，制定工作实施方案，组织社区矫正培训，宣传社区矫正制度，建立社区服刑人员学习教育基地，公益劳动基地，形成严格的考核考评机制和完整档案记录。做到社区矫正对象责任到人,定期走访,随时掌握动向和情况。通过精心细致帮教,涌现出很多感人事例见诸报端。

图19-117　2012年4月5日,召开社区矫正对象集中点评会(司法所　提供)

2005～2012年大豫镇社区矫正对象一览表

表19—200　　　　单位:人

年份	缓刑	拘役	假释	监外执行	剥权	总人数
2005	29	—	4	—	3	36
2006	37	—	4	—	2	43
2007	40	—	6	1	3	50
2008	53	—	5	1	4	63
2009	45	—	4	1	4	54
2010	41	—	3	1	7	52
2011	43	—	3	2	3	51
2012	40	—	4	2	2	48
合计	328	—	33	8	28	397

注:表内数据由镇司法所提供

第六节　法律服务

基层法律服务依据《基层法律服务工作者管理办法》规定,立足基层,接受公民,社会组织和大豫人民政府委托,积极当好政府参谋,为企业保驾护航,尤其在土地二轮承包、调整、计划生育、平坟复耕、环境整治、清收陈欠往来款等工作中提供有效法律服务，以维护委托人合法权益，保障和促进社会稳定、经济发展做出贡献。

2005～2012年大豫镇法律服务所服务工作一览表

表19—201　　单位：家 件 人次 万元

年份	担任法律顾问	代写法律文书	代理诉讼与非诉讼案件	见证与协办公证	接受和解答法律咨询	法律援助	避免和挽回经济损失
2005	9	150	75	12	380	4	121
2006	10	166	83	23	420	6	110
2007	12	128	88	10	608	5	140
2008	15	150	80	15	512	7	136
2009	20	152	82	16	370	6	133
2010	22	146	87	13	490	9	139
2011	31	187	83	17	360	7	151
2012	36	190	90	25	540	8	159
合计	155	1269	668	131	3680	52	1089

注：表内数据由大豫镇法律服务所提供

2005～2012年兵房镇法律服务所服务工作一览表

表19—202　　单位：家 件 人次 万元

年份	担任法律顾问	代书法律文件	代理诉讼与非诉讼案件	见证与协办公证	接受和解答法律咨询	法律援助	避免和挽回经济损失
2005	10	50	99	9	120	3	120
2006	8	58	94	7	130	4	100
2007	7	49	86	8	110	3	150
2008	9	53	102	10	125	2	170
2009	6	60	83	6	90	2	110
2010	6	61	81	11	105	3	200
2011	6	63	94	5	135	4	210
2012	6	67	86	7	140	4	230
合计	58	461	725	63	955	25	1290

注：表内数据由兵房镇法律服务所提供

第四章 法　庭

经如东县革委东革组〔1976〕字第46号文件批准，1976年5月，增设掘东等6个人民法庭，为县人民法院派出机构。掘东人民法庭位于老兵房镇政府西300米处，掘兵公路北侧。建有前后两排平瓦房，前排为办公室、会议室，后排为宿舍，总面积约250平方米，条件十分简陋。后因公路拓宽，移址兵房老菜市场四贯河西，向徐征村征地约0.70亩，兴建300平方米两层办公楼，设有庭长室、会议室、接待室、审判室等。1988年7月，更名为兵房人民法庭。2002年4月24日，经江苏省高院苏高〔2002〕152号文件批准，撤销兵房人民法庭。历任庭长，杨启明、钱永忠、高国清、吴宝泉。

第二十篇　民　政

历代关心民间疾苦之官员，均亲理民政，扶贫安民，赈灾济民，养老恤孤，深得百姓拥戴。也有各界富商、绅士，开仓济民，施粥施米，创建义塾，供贫困弟子读书，施医施药，深得百姓敬佩，世代称颂。在国民党政权时期，大豫虽属如皋东乡，但地处黄海之滨，县官府鞭长莫及，民生一切事务依靠社会力量自发解决，遇重大灾荒疾病，只得听天由命。民国29年(1940)，新四军东进后，中国共产党领导下的人民政府，把广大人民群众根本利益放在首位，县政府设立第一个办事机构就是民政科，故称"第一科"。在战争年代，民政工作主要是动员和组织人民群众做军鞋、磨军粮、建担架队、抚恤军烈属、组织后方支援前线等。民国31年，开始优抚工作。民国33年春，开始基层行政和自治组织建设，推行乡政选举工作，建立乡政府机构。

中华人民共和国成立后，民政工作进一步得到各级党政机关高度重视，并发挥重要作用。20世纪60年代初，组织群众克服连续3年的经济困难，承担救灾和生活救济财物发放。"文化大革命"期间，民政工作处于半瘫痪状态，但大豫镇拥军优属和五保供养工作从未间断。中共十一届三中全会后，民政工作得到调整和加强，境内各乡镇始终把民政工作视为重中之重，优抚安置，拥军优属，烈士褒扬，老区建设，复退军人安置、救灾、扶贫、社会救济、五保供应，助残工作以及地名管理、区划管理、婚姻管理、殡葬等工作均取得实质性成效。至2012年，全镇共举行9届村民委员会换届选举，有21个村被命名为县民主示范村，达标率为100%，18个村为市级民主自治模范村，达标率占85.70%，4个村为省级民主法治模范村，达标率占19.04%，丁家店村为全国民主法治示范村，全镇仅此1家。

第一章 民主建设

第一节 民主选举

民国33年(1944)春,为彻底改造基层政府,废除国民党当局推行的保甲制度,建立人民民主新乡制,境内各乡进行乡政选举。各乡乡长和乡政府委员会委员,各村村长和各行政组长都由群众代表民主选举产生,选举一般采用“豆选”方式(用黄豆代表选票)进行,民国33年秋至民国34年上半年,境内各乡政府委员会进一步调整,促进乡政权巩固,乡村干部中,以青年民兵、妇女为主,贫雇农占60%以上。

民国36年,为深入开展土改复查运动,进一步促使贫、雇农和中农确立主人翁思想,县委在全县开展审干运动,境内各乡分别召开农民代表大会,对乡村干部开展“三查”“三整”[①]运动,充分发扬民主,促使广大干部转变思想作风,增强为人民服务自觉性,密切干群关系。

1951年1月28日,县政府确定桐本区凌民乡为建政典型乡,进行民主建政试点工作,建立中华人民共和国成立后全县第一个经过选举产生的凌民乡政府委员会。1953年年底,境内各乡均选举产生第一届乡政府委员会。

此后,每隔几年都要进行基层普选,1956年10月第2次普选;1958年春天第3次普选;1962年2月第4次普选;1964年3月第5次普选;1966年3月第6次普选。

从20世纪80年代始,先后贯彻村民、居民委员会组织法,村(居)按公开、公平、公正原则直接投票选举村(居)委员会干部,建设政权机构。1981年,全县开展县级直接选举,撤社建乡。12月,凌民乡率先进行普选,直接选举县、乡人大代表,并选举产生撤社建乡后新一届乡人民政府。1983年8月,南坎、兵房、丁店、东凌乡相继选举县、乡人大代表,恢复乡级人民政府建制。1988年7月,《中华人民共和国村民委员会组织法》试行后,县民政局成立村民选举工作组,以掘东区直接选举村民委员会为试点,在此基础上利用冬训,乡、镇党校培训等方式全面贯彻实施,全县村民委员会直接选举工作全面开展,并首次圆满完成村委会换届直接选举工作。1989~2010年,每3年举行一次村委会换届选举工作。1992年,村民委员会换届选举与县、乡两级人民代表大会换届选举同步进行。至2010年,大豫镇共举行9届村民委员会换届选举。

---

①查阶级、查工作、查斗志。整顿思想、整顿组织、整顿作风。

2010年大豫镇第九届村委会组成人数一览表

表20—202　　　　单位：人

村居社区	村委会组成人员		性别		文化结构			党团员		党内职务			其他职务
	主任	委员	男	女	初中	高中（中专）	大专以上	中共党员	共青团员	中共书记	副书记	支委	
止马洼村	1	6	5	2	2	4	1	5	—	1	2		3
南坎社区	1	6	5	2	—	7		7	—	—	2	1	5
香台村	1	6	6	1	1	4	2	7	—	1	2	2	2
周墩村	1	4	4	1	—	3	2	5	—	—	1	3	1
豫东村	1	6	5	1	—	7	—	7	—	—	2	—	5
大豫社区	1	6	7	—	—	3	4	6	1	—	—	1	3
九龙村	1	4	3	2	1	2	1	5	—	—	—	2	2
东凌社区	1	6	5	2	1	5	1	7	—	—	—	4	1
东港村	1	6	6	—	1	5	1	7	—	—	2	2	3
农场社区	1	4	4	1	1	2	1	3	—	1	—	—	3
大同村	1	6	5	2	—	6	1	4	—	2	—	—	—
巩王村	1	6	4	2	2	4	1	7	—	—	1	3	1
丁家店村	1	6	3	4	1	3	3	6	—	—	3	—	2
伯安村	1	4	3	2	—	4	1	3	1	—	1	—	2
闸东村	1	4	4	1	1	2	2	4	—	—	—	—	1
东安闸村	1	6	6	1	—	6	1	6	1	—	3	3	1
马家店村	1	6	5	2	—	6	1	6	1	—	—	—	—
徐征村	1	4	4	1	—	2	3	3	—	—	1	—	—
强民村	1	6	4	3	—	4	3	6	—	1	2	—	2
一门闸村	1	6	6	1	—	4	3	6	—	1	2	4	—
兵房居委会	1	6	5	2	—	6	1	6	—	—	1	3	—

第二节　村民自治

1982年，修订颁布的《中华人民共和国宪法》第111条，规定“村民委员会是基层群众自治性”组织。1983年起，各乡撤大队建立村民委员会，实行村民自治。20世纪90年代，村民自治建设在各地展开，境内“一镇三乡”加强民主法制建设，使村民自治工作逐步走向正规。1996年，兵房镇保田村被评为南通市村民自治模范村。2000年镇乡合并，中共大豫镇委、镇政府全面贯彻落实《中华人民共和国村民委员会组织法》，强化党对村委会领导，实施村级党政经“一肩挑”逐步建立村民会议制度和村民代表会议制度，制定完善村民自治章程，1995年开始，全镇各村（居、社区）委员会建立村务公开制度，实行“四民主、三公开”①。全面增强村民参政议政意识，促进基层民主法制建设。2006年，全面免除农业税后，各级党委、政府高度重视和加强“三农”工作，各村（居、社区）充分抓住这一契机，通过“一事一议”形式，参与村务管理。有效强化村委会建设，发扬村民自治组织作用，践行“三个代表”重要思想，真正体现“权为民所用、情为民所系、利为民所谋”，把村委会建成群众性自治组织。至2012年，全镇21个村（居、社区）被命名为如东县民主示范村，18个村为市级民主自治模范村，4个村为省级民主法治模范村，丁家店村为全国民主法治示范村。

附记：

丁家店村申报创建全国“民主法治示范村”事迹材料（摘要）

一、加强基层组织建设，充分发挥党支部领导核心作用

加强组织领导。在村两委选举中，始终坚持选拔政治综合素质较好、有经济头脑，年富力强的年轻同志充实村两委会班子。为深入全国“民主法治示范村”创建工作，村成立由党总支书记为主任，村主任为副主任，村治安、调解主任具体负责，村“两委”班子成员共同参与组成的创建全国“民主法治示范村”工作小组，制定发展规划和具体实施方案。

发挥党员示范作用。村党支部利用党员冬训、党支部大会、一事一议筹资筹劳村民代表会议、四位一体村民代表会议、三新工程会议等，集中进行一系列农村方针政策、法律法规及党章学习，如在村庄环境整治工作中，为改变脏、乱、差现象，全体村干共同商议，发挥村干部核心作用。要求村干部做到“五个一”：突出一个“早”字。对上级下达的各项任务和要求，做到早部署、早安排、早落实。抓住一个“勤”字。村里事务不论多么繁杂，都需要勤思考，勤巡查，勤总结，营造创优争先浓烈氛围。重在一个“考”字。对上级要求完成的工作任务，对村干部实行同等考核。坚持一个“廉”字。该村党支部每年都要组织村干部向党员村民代表述职汇报为群众办实事、完成各项工作、廉洁自律等情况，请党员和村民代表进行民主评议，并将考评结果及时反馈到个人。注重一个“帮”字。该村党组织着力做好在协调家庭矛盾、民事纠纷处理等方面的传帮带，使村干部自觉形成互帮互助，共同提高综合素质良好局面。2011年，大豫镇村干部规范化管理现场会在该村召开，村干部规范化管理台账作为典型模式在全镇推广。

二、建立健全民主管理，有效推进民主建设规范化

抓好民主选举环节。该村严格按照法律规定，健全完善党组织、村委会换届选举制度，充分保障党员和村民的选举权和被选举权，依法律程序选举产生党总支、村委会及其下属组织。2010年8月，通过民主选举，产生新一届党总支和村委会，两委成员的年龄、文化结构得到优化。

抓好民主决策环节。该村建立健全以村民会议和村民代表会议为主要形式的民主决策制度，建立完善了党务、村务公开制度，完善党群议事会制度和一事一议制度，做到凡是村里的大事，尤其是与村民切身利益密切相关事项，都递交村民会议或村民代表会议讨论，按多数人意见做出决定，使村民当家

① 民主管理、民主理财、民主监督、民主评议；公开政策、公开办事程序、公开财务。

做主民主权利得到充分保障。

抓好民主管理环节。该村建立健全以村民自治章程和村规民约为主要内容的民主管理制度，明确村民权利和义务、村各类组织之间的关系和工作程序以及经济管理、社会治安、村风民俗、婚姻家庭、计划生育等方面要求。年初，村党总支和村委会工作规划和村干部岗位目标责任制、党员干部廉洁自律承诺，都一一向村民公开。"两委"成员在年终分别向党员大会和村民代表会议报告工作情况，接受监督和评议。根据《村民自治章程》和《村规民约》，结合开展文明新风评比活动，按照权利与义务相一致原则，将思想道德、遵纪守法、履行义务、发展经济、科技文化、移风易俗、计划生育、环境卫生等内容宣传到每一个村民。建立完善民主理财小组和民主理财制度，按时进行民主理财，使村务管理做到行之有规、处之有据。

抓好监督评议环节。该村健全完善以村务、财务、事务公开和民主评议党员干部等为主要内容民主监督制度，明确党小组长和村民组长作为义务监督评议员，对村两委班子成员8小时内外进行监督。在村党组织换届选举前，村党支部召开支委会，形成党支部三年来的工作报告初稿，广泛征求意见。在征求意见整合的基础上，报告中增加村务执行承诺书，共涉及21项承诺事项，请村民代表们给予监督执行，目前承诺事项已办理19项。村监委会对党务、村务、财务进行全程监管。财务审计小组正常运转，定期对村账票据进行核查，对不符合支出手续，不全的需补全，对不合格票据剔出，提出整改意见。

抓好过程控制环节。该村积极推行便民服务过程控制制度，严格落实"统一受理、专人承办、过程记录、限时办结"要求。在为村民办理新型农村合作医疗、残疾证申请、农村社会养老保险、低保、高龄补贴、独生子女父母奖励、优供补发放等过程中，对老弱病残人员、出行不便者，包组村干一包到底。并留存各类资料形成档案。

三、以普法宣传为载体，扎实推进法治建设进程

加强法制宣传教育，提高全民法制意识。认真制定并落实普法规划和年度普法计划，健全完善普法工作组织网络和制度，建成法制学校和法制图书角，扎实开展村组干部学法活动，充分利用法律咨询、法制学校、黑板报、宣传栏、标语及上门发放宣传资料等形式进行全方位法制宣传，向村民宣传党在农村基本政策和国家法律法规，宣传《中华人民共和国宪法》《中华人民共和国农业法》和《中华人民共和国村民委员会组织法》等与农民生产、生活密切相关法律法规。增强村干部依法管理能力和水平，提高村民的法律意识和学法、知法、守法、用法自觉性，在村民中也涌现出一批崇法示范户。村法制文艺宣传队在普法宣传中创作并演出了《一支笔》《生男生女都一样》《说钞票》等小戏、快板、说唱节目。为营造"法制和谐村居"起到潜移默化作用。以"遵纪守法、从我做起"为主体，开展农民法制漫画展活动，通过漫画、书法等艺术形式，通俗易懂地宣传和普及法律知识。2010年，全县"民主法治示范村"现场推进会在该村成功召开。

扎实落实治理措施，推进依法治村工作。该村结合生产、生活、工作实际，有针对性地落实各项依法治理措施，建立法律服务站，健全完善村民用法和法律援助制度。健全调解组织网络，建立调解室，强化"大调解"机制，坚持每周一排查制度，每月定期召开矛盾纠纷排查调处例会，做到矛盾纠纷发现得早、化解得早、控制得住，处置得好，实现小事不出门、大事不出村，有效预防各类违法犯罪行为，为村民创造良好的生产、生活环境。近年，该村没有发生有影响的上访和群体型事件，无因民间纠纷引起非正常死亡。

扎实开展社会治安综合治理工作。该村始终将社会治安综合治理工作纳入重要议事日程。健全

完善治安组织和治保网络，强化十户联防制度，形成村、组、户三级联防网络，坚持每晚巡逻值勤，较好地维护了全村治安秩序。全村安装报警器2000余户。建立了重点人员长效管理制度，主动关心他们的生活，加强与他们之间联系，时刻掌握动态。做好“两类”（安置帮教、社区矫正）人员、社会闲散青年的教育转化工作，帮助他们解决生活中的困难，确保不发生重新违法犯罪。村社区矫正对象黄备战，在村干部帮助教育下各方面都表现优秀，在2009年一次突发事件中，他临危不惧，与歹徒赤手搏斗，最后在村民共同帮助下将犯罪分子抓获，被评为南通市社区矫正积极分子，并获得减刑。健全完善处置群体性事件工作预案，强化打、防、控一体化工作机制，落实社会治安综合治理各项措施，实现“发案少、秩序好、社会稳定、群众满意”工作目标。村老年人和离退休干部、教师、职工充分利用自己所学所长，积极做好关心下一代工作，在暑期、寒假期间，利用校外辅导站、法制学校、派出所民警、老干部们为在家学生进行校外辅导和法制教育，成效明显，该村被评为市级关心下一代示范点。

民主法治示范村创建活动深入推进，促进该村社会经济全面发展。全村集体经济资产达340余万元，2011年村营收入超20万元。农村经济总收入4.87亿元，人均纯收入1.07万元。

2012年8月9日

第三节 社区建设

中华人民共和国成立初期，境内有大豫、南坎、兵房、大同4个小集镇，并通过民主选举产生镇长（相当于居委会主任），主要工作是管理户籍、维持社会秩序、调解民事纠纷、配合党和政府开展中心工作。“统购统销”后，增加发放计划票证工作。合作化后，镇长都安排到集体企业或商业，有固定工作和收入，镇上工作为兼职。

1976年，建成大豫、兵房、大同、南坎4个居委会，居民委员会民主选举产生，由5～7人组成，居民委员会委员均为兼职，居委会主任脱产，编制和工资在原工作单位。居委会主要工作是管理户籍、调解民事纠纷、维护社会秩序、开展计划生育、配合党和政府中心工作，开展文化宣传、征兵动员、爱国卫生等活动。

农村社区相对于传统行政村，指聚居在一定地域范围内的农村居民，在农业生产方式基础上所组成的社会生活共同体。

随着镇域区划不断调整，新型农村社区建设步伐加快。中共镇委、镇政府把建设新型农村社区作为统筹城乡发展重要战略（新型农村社区何时何地最先发明，无从考证）。按照2005年中共十二届五中全会做出的建设新农村重要部署和2006年中共十二届六中全会提出“积极推进农村社区建设”号召，以境内小集镇为依托，借村域合并之机，2006年，建立大豫社区，由大豫镇居委会、豫新、茂青村合并而成。南坎社区，由南坎镇居委会、南坎、凌边村合并而成。东凌社区，由东凌居委会、东凌村合并而成。1999年，兵房居委会由兵郊村与兵房镇兴东居委会合并而成。并将徐征村四八组、兵北村一二三组划归兵房居委会。2005年，丁店镇居委会、大同镇居委会分别并入丁家店村，大同村。农场社区居委会由如东农场改制而成。新型农村社区建设，带动行政村建设，至2012年，全镇村级公共服务中心建设全部到位。其特点:基础设施完善,新型农村社区道路、供电、供水、通信、购物、电脑网络、有线电视、垃圾污水处理等多项设施基本齐全。公共服务全覆盖,教育、卫生、文化、体育、科技、法律、计生、社保、社会治安、社会福利等政府各项服务全面覆盖,很多事情群众不出村也能办到。新型农村社区环境优美,绿树成荫,花草遍地,娱乐休闲设施齐全,住房整齐划一。社会管理得到加强,建立中共总支、经济协会、文化协会、老年协会、村民理事会等组织,社会管理进一步完善和加强。社区居民生活令城里人羡慕,基本消灭城乡差别。

第二章　优　抚

第一节　支援前线

抗日民主政府成立后,大豫镇建立青年抗敌协会、妇女抗敌协会、儿童团等组织,支援抗日本侵略军队。民国32年(1943)7月1日,沿敌封锁线80万群众,在中国共产党领导下,开展大规模破击战。大豫民众积极配合、踊跃参加,一夜间烧毁敌竹篱笆20公里。民国33年,境内10个乡有110人参军。在反"清乡"斗争中,全民皆兵,人人上阵,给军队做向导,输送弹药,运转伤员,发挥重要作用。在支前运动中,广大妇女也做出巨大贡献,磨面、舂米、挑运粮食,扎鞋底做军鞋。民国37年,突击完成第三、第四批军鞋任务2.30万双。1949年,在支援人民解放军渡江战役中,二三四期常备民工出征2162人,提供担架132副,挑子900对。兵房镇双闸村(徐征村)邱祖珊,随中国人民解放军二十九军八十七师二五九团参加渡江战役,成绩显赫,被苏南支前司令部记一等功。在抗美援朝期间,组织人民参加捐献。1950年8月15日,境内掀起抗美援朝,保家卫国热潮,人民群众踊跃参加捐献"如东人民号"战斗机活动,为鼓励和支持前线指战员英勇杀敌,保卫边疆。中共大豫镇委和政府一直注重解决前方指战员家庭实际困难、解除他们后顾之忧。

第二节　拥军优属

抗战时期,境内人民在中共地方组织领导下,积极开展拥军优属、慰问捐献活动。即使日伪占领的清乡区内,当地抗日政府和人民群众都积极关心、慰问抗属和烈属家庭,定期发放供给制口粮和御寒衣被,帮助他们解决生活和生产上困难。有时缴获的日伪军钱粮,民兵和干部都优先送到抗属和烈属家中。民国34年(1945)3月17日,掘东第三联防队和掘东区队打下日伪据点后,把缴获的全部不义之财,上缴给县政府用于对抗属和烈属家庭进行抚恤。

土地改革中，各地都把上等田、优质田分给军、烈属家庭，并组织代耕队，帮助他们耕地，还免征公粮。中华人民共和国成立后，各乡建立拥军优属委员会，进一步落实代耕代种，为军烈属办实事，发给生活困难补贴费、优抚金，安排军烈属担任乡村干部，优先安排军烈属子女上学并免除学杂费，每年春节，各级干部和青年团、民兵组织团拜活动，慰问军烈属，张贴“光荣人家”和春联。

农业合作化起，对军烈属和伤残军人都实施“优供补”政策、落实各项优待。使他们的生活水平高于当地群众平均水平。集镇军烈属和伤残人享受民政部门定额补助，有工作能力者安排工作，享受正式工、合同工待遇。

农村实行家庭联产承包责任制后，对义务兵家属实行乡镇统筹，提高义务兵家属优待金标准。1997年后，根据如东县民政局和农工部制定义务兵家属优待金标准，境内农村义务兵家属优待金不低于人均纯收入70%，城镇义务兵不低于上年度全乡镇职工平均工资收入70%，义务兵在部队立一二三等功，对其家属奖励标准分别为一次性奖励不低于义务兵优待金50%、40%、20%，优秀士兵、现役干部和志愿兵立功者都要按等级分别奖励其家属。

每逢建军节，中共掘东区委及所属乡镇主要领导都要带上慰问品，文化站组织文艺演出队到境内海军观通站、东安闸驻军部队进行慰问演出。1987年，在中国人民解放军建军60周年之际，南坎乡党委、政府邀请军队离退休干部、对越自卫反击战功臣代表，分别为全体党员干部、学校师生作革命传统和英雄事迹报告。该乡新建村民兵营（香台村）军民联防、拥军工作做出成效，受到国家表彰。

第三节　农村义务兵家属优待

民国32年（1943），普遍开展大参军活动，新兵出征后，各地认真做好后方工作，解除军人后顾之忧。境内民众为支援前方，自发组织各种伴工队500多个。中华人民共和国成立初期，群众优待工作采用“代耕代种”方式，为缺少劳力的烈军属部分或全部代耕代种，一般每个整劳力一年代耕（工）5～6个工日。坚持“先烈属，后军属，先主力，后地方”原则，代耕初期实行临时包工办法，做到包种、包耕、包收。

农村全面实行公社化后，优待劳动日继续推行，此外，对部分生活困难烈军属及残废军人给予补助，对丧失劳动力、生活无依靠军人实行保吃、保住、保穿、保医、保葬，即“五保”。1961年，南通地区颁布《关于做好烈军属残废军人优待补助工作的通知》，要求进一步加强优待劳力工作，并搞好落实兑现。

中共十一届三中全会后，广大农村普遍实行生产责任制，群众优待形式改为现金。1982年，根据江苏省政府〔1982〕219号文件，对现役军人家属普遍优待当地一个整劳力投入的50%～70%，标准60～200元不等，由集体支付代耕金，优待金实行“大队统筹，统一标准、春季初评、冬季兑现”，其享受对象主要是现役军战士直系家属，包括同生活兄弟姐妹。1987年后，对农村现役军人优待金标准为同等劳力农副工三业承包总收入的70%计算，上不封顶，随着人们生活水平提高，农村现役军人家属优待金也随之增加，其标准不低于当地平均生活水平。2010年，义务兵家属优待金5500元，2012年1.07万元。

境内各乡镇按照1988、2004年，国务院两次发布《军人抚恤优待条例》规定，对义务兵、军人子女实行优待，对现役军人家属继续享受该单位职工家属有关福利待遇。

第四节　城镇义务兵优待

1985年1月，南通市民政局、劳动局、人事局、财政局、征兵办公室联合发出《关于对城镇入伍现役战士实行优抚安置的通知》规定，1984年年底，城镇户口青年入伍分别由市、县劳动部门安排到有关主管部门。1985年起，城镇待业青年入伍实行先安置后入伍，安排在全民企事业单位，现役军人享受优待标准为同工龄同性质工人年收入70%。优待金自1985年1月起，于年底一次性发放。凡在部队荣获三等功以上现役战士，优待金标准可提高5%～15%。

1987年，进一步落实优待政策，城镇义务兵家属，享受优待金标准、第一年为350元，以后逐年增加50元，由民政部门每年11月底通过专业银行结算，专户专存。优待金一律从批准入伍3个月后计发。

1989年，根据《如东县人民政府关于征兵问题若干规定》精神，其发放标准和享受待遇又有所提高。1992年，优待金为400元，1997年为900元，2005年为2500元，2012年为1.07万元。

第五节　烈士褒扬

抗日战争、解放战争时期，大豫人民在中国共产党领导下，和全国人民一道，为推翻反动统治，建立人民政权，在对敌斗争中，用鲜血谱写光辉篇章，其丰功伟绩，可歌可泣。每次重大战斗后，当地中共组织和人民都召开追悼大会，追认和表彰为革命而献出宝贵生命的烈士们，或把他们的英名命名乡村作为永久怀念。境内有：巩王乡（为纪念时任掘东区区长巩坚、区委书记王荃烈士），桂芝小学（为纪念时任大豫小学校长夏桂芝烈士），强民村（为纪念杨再强、施惠民烈士），茂青村（为纪念夏桂芝烈士，又名茂青），徐征村（为纪念徐征烈士），王荃村（为纪念王荃烈士），顾潭村（为纪念顾潭烈士，后更名培德村，强民村），兆卿村（为纪念吴兆卿烈士，后更名闸北村、一门闸），陈王村（为纪念陈文道、王启云烈士，后更名双港村)等。

中华人民共和国成立后,如东县人民政府建立专门领导小组,对各个战争时期牺牲烈士,逐个进行调查、登记、取证、报上级审批,并对社会主义建设时期因公牺牲烈士进行报批认定。境内先后建造大同革命烈士陵园,刘长林烈士墓,止马洼、一门闸、强民、徐征(保田)、兵房居委会、东安闸(海凌)、马家店村革命烈士墓,豫新村革命烈士碑等陵园墓碑。

第六节 抚 恤

民国29年(1940)11月,如皋县(如东县)抗日民主政府成立,在中共如皋县委领导下,县政府、县参政会等都明文规定抚恤抗日烈士和抗日本侵略军人家属,定期得到政府抚恤。民国26～27年,民主政府在白色恐怖下,仍然坚持对革命烈士家属和伤残军人家属进行抚恤,土地改革中分田地房产,烈军属都特别优待,抗日战争结束后,民主政府对烈军属和荣军(伤残军人)抚恤标准逐步完善,制定统一尺度,境内各乡严格执行抚恤标准,定期如数发放,民国26～27年,国民党军队和地主反动武装"还乡团"卷土重来,政府都设法做好烈军属和荣军抚恤工作。中华人民共和国成立后,中共组织和政府加大对烈军属、荣军抚恤,以村建立代耕组织,及时帮助烈军属和伤残军人代耕代种,解决生产、生活困难。

1949年,全县重新调查登记,对在战争中为国捐躯干部、军人核实认定,确认和补发抚恤金。当年冬,对战争中负伤人员开展评残发证工作。"文化大革命"中,优抚工作受到干扰,但仍对烈军属、病故军人家属、伤残军人、生活困难复员军人实行一定优抚定补。20世纪70年代后,政府对烈军属、伤残人员拨发定额补助,优抚伤残抚恤金逐年增加。

1983年,进行"六属"普查,对烈士、失踪军人、病故军人尽过抚养责任的亲属已改嫁配偶,年老无人供养者,也给定期定量补贴。1985年,开始对烈士家属发给定期定量抚恤金。1989年,根据财政部、民政部和江苏省民政厅、财政厅《关于调整部分优待对象抚恤定补标准的通知》精神,境内各乡镇提高定期抚恤金和一等革命伤残军人护理费标准,并逐一走访知名烈士家属和一等伤残军人,帮助他们解决实际困难。1987年始,调整烈属抚恤和部分老复员军人定补。1991年,调整和提高优抚对象享受国家定期补助标准。1993年1月,县民政局、财政局追加1991年5月至1992年12月在乡二等甲级残废军人粮油补贴。1993年10月始,享受定补在乡复员军人在原定补基础上每人每月提高5元,老复员军人由原定月人均37.25元提高到45.25元,"三属"由原定月人均71元提高到76元。1994年,全面推广"三老"(老烈属、老伤残军人、老复员军人)治病实行"四三二一"工程经验,基本实现挂号、就诊、取药、住院四优先。检查费、住院费、手术费"三减半",挂号费、注射费"两免收",取药按市场价10%～15%"一优惠",乡镇卫生院设置烈属、军属、伤残、复员军人门诊室,病房和治病档案,确保他们方便快捷,畅通无阻。1998年3月,县民政局根据南通市民政局、财政局通知精神,对在乡抗复员军人一次性下发50元抚恤金。在中华人民共和国成立50周年之际,县民政局、财政局调整部分优抚对象补助标准。2000年,调整老复员定补标准和烈属、因公牺牲军人家属抚恤补助标准。

从20世纪90年代中期起,县民政局对乡镇民政经费实施包干,适量增补,年终核销,结存转入下年。2005年起,对低于农村平均生活水平退伍军发放低保费。2008年起,对立功老复员军人发放荣誉费。对参战涉核退伍军人发放补助。2006～2010年,每年提高优抚对象抚恤补助、护理费等标准。2011年,根据如东县民政局67号《关于落实给部分农村籍退役士兵发放老年生活补助政策等措施的通知》精神,为全镇521名符合条件农村籍退役士兵打卡发放老年生活补助,为2012年年满60周岁农村籍退役士兵申报老年生活补助材料。至2012年,全镇享受参战涉核、烈属子女、复员伤残军人配偶、民政定补人员826人。

2012年大豫镇退役士兵、伤残军人、烈属子女生活补助一览表

表20—204　　单位:人

村、居、社区	参战涉核	民政定补	烈属子女	复员伤残军人配偶
止马洼	3	6	4	2
南坎社区	3	16	2	29
香 台	12	17	5	23
周 墩	7	6	1	12
豫 东	4	11	1	24
大豫社区	10	22	13	14
大 同	6	23	7	26
巩 王	9	27	6	35
丁家店	13	27	8	24
东安闸	8	13	3	29
马家店	6	8	8	32
徐 征	4	7	3	25
强 民	6	12	3	50
一门闸	4	13	8	24
兵 居	11	4	1	9
闸 东	2	6	4	—
九 龙	1	8	1	7
伯 安	4	19	—	27
东 凌	—	1	—	—
东 港	—	1	—	—
农 场	2	—	—	—
合 计	115	241	78	392

注:表内数据由民政办提供

第三章　救　济

第一节　灾害救济

大豫镇地处沿海，属自然灾害多发地区，中华人民共和国成立前，常遭海潮横溢，冲破堤岸，房屋漂灭，民众溺死，庄稼淹没等灾害袭击，而导致严重饥荒。民国5年(1916)春，南通张督(张謇兄)赈米数百担，于掘港同仁堂开设粥厂。民国32年3月，春荒，各级救荒委员会发放公粮。民国38年6月底～7月初，境内发生大水灾，庄稼受淹，7月24～29日，遭受台涝巨灾，农田受淹，70%～80%农房受损。在中共组织和人民政府统一安排下，组织互助救济，确保灾民有饭吃，有衣穿，有安身之处。

1950年7月，雨灾，低处水深1米多；1951年，如东县成立救济委员会，积极开展灾害预防和生产自救运动。1951年7月，连续大雨，受灾严重；1952年，降大雨20多天，雨量377.70毫米。1956年8月，百年罕见强台风，风力12级以上。1960年7月，大水灾，路面水深0.70米。每逢自然灾害发生，各级人民政府领导都第一时间内奔赴灾害最严重地区，组织人民群众抗灾救灾，并及时将县救济委员会发放的救济款、救济粮，县金融部门发放的各种农业贷款，县农资部门调拨的化肥、饼肥运往灾区，帮助农民解决生产、生活困难，扶持农村贫困户。

第二节　社会救济

一、发放贷款

中华人民共和国成立初期，中国共产党和人民政府为迅速恢复生产和解决集镇贫民职工就业，相继发放贷款5期。境内第1期贷款发放13户，计17.50万元(旧币，下同)；第2期贷款发放30户，计5.85万元；第3期贷款发放12户，计32.40万元；第4期贷款发放35户，计150.50万元；第5期贷款发放23户，计156.40万元。同时，对大同、兵房、大豫、南坎等镇几十家铁匠铺、商店、作坊也相对发放数额不等贷款，使小集镇迅速恢复商机。

二、生产自救

中华人民共和国成立后，中国共产党和人民政府除对职工多次发放贷款，恢复生产就业和对城镇贫民实行救济外，还积极组织起来进行生产自救。1956年前，平均每年发放救济款1万多元，1956年后，每年救济款下降为2000元左右，变消极救济为积极生产自救。南坎镇贝壳厂是南坎周边部分烈军属、复退军人和待业青年组成的福利企业，经济收入除支出成本、工资外，盈利部分用于五保户和困难户救济。1960年，遭受自然灾害，贝壳厂停办。绝大部分人员自谋生计。1961～1965年，集镇无业人逐步下放农村。

三、临时救济与定补

1958年，建立农村人民公社后，年终决算分配，生产队一般对困难户给予补助。对城乡一些因孤老、残疾、疾病等所致困难户实行定期和临时补助。1990年，根据省民政厅文件精神，县开始对特困户进行定期补助，镇进行临时救济。1963年，对城镇社会救济标准一般掌握在每月每户6～7元，最多10元，1997年9月，县政府领发《如东县城乡最低生活保障制度暂行办法》，确定城乡最低生活标准，城镇居民月人均为110元。农村村民根据各镇经济状况可掌握在年人均750～850元。1999年，对城镇居民实行最低生活保障制度，每人每月70～120元。2005年，县民政局再次提高标准，城镇居民月均每人194元，农村居民年均每人1000元。2007年，建立保障标准自然增长机制。2010年，城镇低保为每人月均330元，农村低保为每人月均210元。2012年，全镇城镇低保为30户58人，农村低保为515户843人。

四、精简退职老职工救济

20世纪60年代，境内精简下放老职工34人。1999年3月，县民政局等六部门颁发通知，规定凡领取"精简退职职工定期救济证"人员，城镇户口每人每月补助125元，非城镇户口105元。

五、农村五保户供养

1956年，中央颁布《高级农业生产合作化示范章程》规定，对生活无依靠老、弱、孤、寡、残社员实行包吃、包住、包穿、包医、包葬。其供养办法有集体供养和分散供养两种，生活费由敬老人员原生产队提取，在公益金中支出。2009年，两镇合并后，至2012年，全镇有五保户194人，集体供养49人，分散供养145人。

第三节　敬老院

1984年始，境内丁店、兵房、南坎乡相继建立乡敬老院，共设床位80张、安置老人60名。随着乡镇区划调整，敬老院进行整合。2002年，兵房镇敬老院移址育才小学。2008年，大豫镇敬老院移址豫东小学，更新设备、设施。2010年5月，大豫、兵房两镇敬老院合并，移址老大豫镇政府，镇政府投资40万元，进行改造、装修一新。2012年，入住老人52名（寄养7名）。是年，境内新增两家民办托老机构。

一、丁店乡敬老院

建于1984年8月，选址丁店乡港闸村，首任院长徐锦标，工作人员4名，内设床位30张，安置22名位老人。

1989年，徐锦标病故，继任院长高蔡聪，工作勤奋，在敬老院工作10年，多次被评为如东县先进工作者。

1999年，敬老院迁至王荃校，院长周云明，会计、服务员各1名，炊事员增加到2名，院内设施齐全，共设床位34张，入住老人32名。

2001年3月，丁店乡并入兵房镇，敬老院并入兵房镇敬老院。

二、兵房镇敬老院

建于1984年12月，选址老兵房医院内，有13间平房。设有20个床位，入住16名老人，首任院长顾德云，工作人员4名，院内设备齐全。

1994年，迁址三贯马路西兵港村南头排，兵房大河北岸，建有20间平房，34个床位，入住30名老人，院长陈亚萍、黄亚琴，共有工作人员5名。

2002年，敬老院搬入育才小学，楼房16间，平房14间，设有50个床位，入住40名老人，工作人员9名，院长黄亚琴，副院长周云明。2010年，兵房镇敬老院合并到大豫镇敬老院。

图20-118　2002年，建成兵房镇敬老院（姜颂良　提供）

三、南坎乡敬老院

建于1984年8月，位于公共河北岸原南坎乡农科队，建有平房15间，450平方米。每间住3人。共有床位30个，安置老人22名，首任院长何秀兰，会计、服务员、炊事员各1名，院内设施一应俱全。

1990年，乡政府投入资金10万元，敬老院搬迁到豫东村13组，位于南坎乡与兵房镇交界处老赫店北侧。交通便利，环境优美，新建平房20间，3间厨房，院里共设床位34个，安置老人32名，工作人员增加到6名。2007年，何秀兰退休，袁宏伟接任院长。2008年，敬老院又搬迁到原豫东校内，并对敬老院设备设施进行更新，将平板床换成高低床，床位增设到50张，老人增加到40名。2000年，南坎乡与东凌乡合并后，南坎乡敬老院更名为大豫镇敬老院。

四、大豫镇敬老院

2010年5月，大豫敬老院与兵房敬老院合并后，院长黄亚琴，工作人员9名，重新选址原大豫镇镇政府。镇政府对老人工作高度重视，投入资金40万元。对原政府大楼进行整理、装修。将每间办公室隔开作老人宿舍，共设有床位120张，入住老人67名，有办公楼8间（含医疗保健室、会议室、会客厅），另有平房12间作为老人活动场所。

图20-119 2010年5月，建成大豫镇敬老院（金向东 摄）

五、浩熙老年关爱之家

建于2012年12月，位于大豫镇政府向西2.50公里，223线以北1.25公里，一门闸村公共服务中心（二贯马路）西侧，这是一所多功能花园式民办托老机构，总投资500万元，占地面积500万元，建筑面积1650平方米，绿化面积2500平方米，设有宾馆式床位80张，独立卫生间，棋牌室，阅览室，小型影院，健身房，医务室，康复理疗室，多功能餐厅，盆景休憩园等一应俱全。总经理徐俊，工作人员7名，翌年对外开放，入住老人30名。

六、丁店托老院

建于2012年3月，由丁家店村姜步英夫妇创办，总投资120万元，位于丁家店村28组，丁店镇北800米，四贯河东侧。占地面积1800平方米，建筑面积800平方米。建有三上三下楼房一幢，楼上为服务员宿舍（有10名服务员），楼下为办公用房；食堂为5间平房140平方米，供老人用餐和看电视；32间平房作老人宿舍，双人间，64个床位；另辟80平方米作健身场地，健身器材齐全。入院老人除村内外，外省、市有新疆、山东、启东、南通；县内有岔河、北坎、华丰，境内有香台、兵房等地。建院后，累计入院156名，除相继去世或子女接回外，尚有62名。此外，该院受老人家属之托，老人去世后代办殡葬火化。

第四章　婚姻　殡葬

第一节　婚姻登记

中华人民共和国成立前,“父母之命,媒妁之言”是境内婚姻方式,当时没有严格的管理体系及制度。有不少买卖婚姻、童养媳等不良婚姻现象,自由恋爱结婚极少。男婚女嫁,有媒人证人及摆酒仪式就算正式结为夫妻。因沿袭男尊女卑封建婚姻制度,女子地位低下,男子可以重婚纳妾,允许一夫多妻。由于受经济条件限制,纳妾现象并不普遍。讲究门当户对,注重彩礼也是旧式婚姻一大特点。指腹为婚、娃娃亲、童养媳等都是当时男女双方定亲之途径。一般婚姻当事人直到新婚之夜才知道对方模样。普遍结婚年龄都偏小,十六七岁就由父母包办结婚。婚姻中讲究妇女要“从一而终”封建思想,一妇不从二夫。寡妇再嫁很受歧视,被认为不光彩。再嫁寡妇与前夫已生子女,未经夫家宗族允许不可以带走,少数随母,到新夫家则被称为“拖油瓶”,在生活中也备受歧视。

在这些封建婚姻习俗中,男女地位极不平等。男方可随意遗弃女方(一纸休书便可),而女方想脱离不良婚姻关系,则要受到习俗、社会、宗族势力等方面制约,女方娘家也施加压力,饱受不良婚姻之苦。如此情况也是少数,妇女丧夫之后守寡被称为“守节”,“守节”女子会获得乡邻尊重,终身孤单地生活。

中华人民共和国成立后,国家相继颁布《中华人民共和国婚姻法》,废除封建婚姻习俗,实行一夫一妻、婚姻自主、男女平等婚姻制度。禁止买卖婚姻,禁止重婚纳妾,禁止干涉他人婚姻自由,严禁贩卖、迫害妇女。具体工作由镇级人民政府(含不同时期镇级公社、区公所或乡)民政部门担任。

婚姻登记:主要包括结婚、离婚、复婚登记。

一、结婚登记

凡婚姻当事人必须执行工作单位或村(居)委会出具的婚姻状况书、户口证明、男女双方婚前健康检查证明,到一方户口所在地婚姻登记管理机构申请结婚登记。婚姻登记机关对婚姻当事人结婚申请进行审查(年龄、婚检情况),符合结婚条件予以登记,发给“结婚证书”,当事人自领取结婚证之日起,确立夫妻关系。

图20-120 中华人民共和国结婚证（2012年，民政办 提供）

二、离婚登记

离婚当事人，必须双方亲自执身份证、户口簿、“结婚证”等相关证件，到一方户口所在婚姻登记管理机关申请离婚，婚姻登记管理机关对当事人离婚申请进行审查。自受理之日起一个月内，对符合离婚条件者，予以离婚，发给“离婚证书”，并注销“结婚证”。当事人自领取“离婚证”之日起，解除夫妻关系。

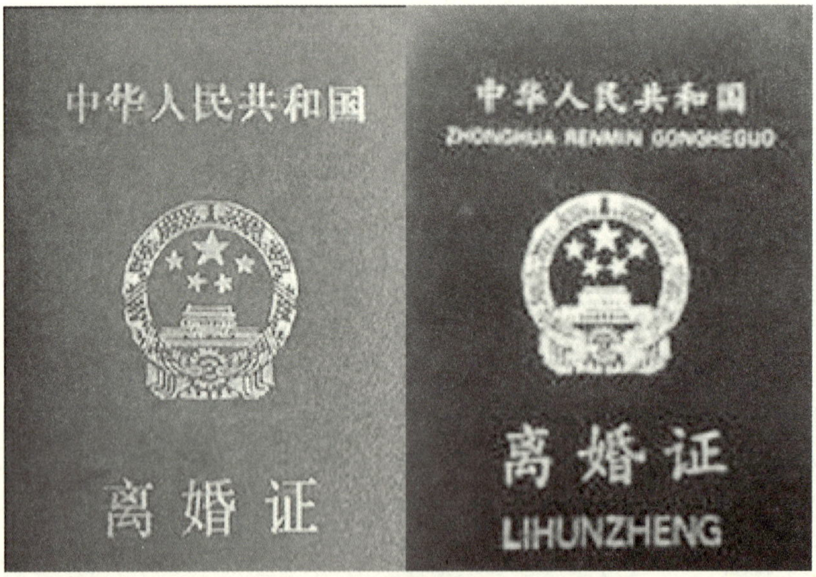

图20-121 中华人民共和国离婚证（2012年，民政办 提供）

三、复婚登记

离婚后，男女双方自愿恢复夫妻关系，应到一方户口所在地婚姻登记机关申请复婚登记。复婚登记机关按照婚姻登记程序办理登记，发给“结婚证”，收回“离婚证”。

1950年，国家颁布第一部《中华人民共和国婚姻法》，规定结婚年龄男为20周岁，女为

18周岁。婚前必须到民政机关登记,领取结婚证。第一部《婚姻法》颁布后,境内各乡镇积极组织宣传、贯彻,开始婚前登记工作,因当时法制观念淡薄,除少数机关干部和进步青年,履行登记外,绝大多数新婚对象不办理登记手续。

1971年,实施计划生育政策后,境内各乡镇十分重视婚姻登记工作,除民政助理和计划生育助理共同负责婚姻登记外,乡镇均配备1名专(兼)职婚姻登记员(由党政办文书兼),县民政局每年组织一次培训。当时初婚年龄严格控制在男25周岁,女23周岁以上,不达计划生育年龄不予登记。1980年,颁布新《婚姻法》,将男女初婚年龄分别提前3年,即男22周岁,女20周岁,可申请结婚。不再受计划生育部门控制结婚指标,需持双方所在村委会婚姻状况证明,进行婚前检查后,方可依法办理结婚登记。1998年5月,县政府转发民政局、计生委、妇联《关于依法规范婚前医学检查工作意见的通知》,男女双方在持有卫生行政部门许可的医学检查、医学保健机构进行婚前医学检查体格证明,凡不能提供者一律不得对其办理婚姻登记。2001年6月,县民政局设立婚姻事务所,受理全县婚姻登记工作。2003年,新《婚姻登记条例》将婚前体检改为自愿,是年10月,县建立婚姻家庭服务中心,登记工作由县民政局集中办理。

第二节 殡葬改革

境内居民大多数为启海地区移民,殡葬习俗与其相同。中华人民共和国成立前后,对死者一律实行棺木土葬,此习俗延续到20世纪70年代初。1984年,县民政局建立殡葬管理所。1984年起,根据县政府制定的实行殡葬改革加强殡葬管理暂行办法,宣传动员机关、团体、部队、企业单位干部、职工、离退休人员及其亲属死亡后应实行火葬,中共党员、共青团员,干部带头实行火葬,并做到简办丧事。1985年9月起,进一步规定:凡在县内居住公民(除少数民族外)死亡后一律实行火葬。1986年,县建立殡葬改革领导小组,各乡镇均建立工作班子。1990年前后,动员凡是土葬者,一律起棺火化。1992年,全镇实现尸体火化率百分之百,同时,逐步推行"一次性"丧葬法(即尸体火化后直接送到墓地或骨灰堂,取消"七数")。

根据1992年县政府关于大力提倡遗体火化后不留骨灰,严禁乱葬骨灰,有条件乡镇和村组可以多渠道集资或利用现有公用房屋,建立骨灰堂(室)通知精神。境内各乡镇闻风而动。据统计,共建露天墓地(座)7.65万个,占地面积16.56万平方米,共建骨灰堂12座,占地面积525亩,建筑面积4770平方米。

1997～2004年大豫境内露天墓地一览表

表20—205　　　　单位:年 平方米 座

村名	墓地地址	建墓时间	占地面积	已建墓	备注
止马洼	四贯河西	1973	1000	900	—
坎西	四贯河西	1970	1200	960	—
南坎	1组1处	1960	5100	1000	分散
齐心	齐心5组	1990	6600	800	—
凌边	学校东侧	1960	10000	700	—
豫北	豫北12组	1980	3300	2000	—
新建	十贯河东 九贯河西	1978	3300	2400	—
鲍桥	八贯河西 六贯河东	1981	3000	600	—
新兴	八贯河西	1983	3300	2700	—
凌窑	凌窑12、17、20组	1990	3600	3000	—
周墩	周墩2、3组	1990	3600	3000	—
豫东	豫东4组	1976	3300	3000	—
亭海	亭海6组	1976	7000	5000	—
茂青	茂青7组	1976	3300	1200	—
育新	育新3组	1970	9900	5600	—
牛桥	牛桥8组	1970	8300	7000	—
环豫	四贯河边	1976	4200	360	—
九龙	中心河东	1992	3600	300	—
港闸	1组1处	1976	3200	2600	分散
协和	1组1处	1976	3200	2700	分散
芦苇港	1组1处	1976	3200	2600	分散
营房桥	1组1处	1976	3200	2700	分散
闸东	八贯南头	1975	2500	1000	—
华丰新谊	丁店渔场	1975	1300	600	—
豫丰	三门闸	1976	6600	4000	—
通如桥	伯安镇南	2004	5000	2300	—
伯安	6、12、13、15组	1976	6000	400	—
磨墩	23组	1978	1300	1000	—
一门闸	南阳桥南侧	1975	3600	1200	—
丰荡	3组(一贯马路)	1975	3600	1500	—
三港	村部北头	1975	3000	450	—
丰港	三贯马路	1980	7300	560	—
王荃	丁店河南侧	1980	72000	700	—
荃东	丁店河南侧	1980	7200	600	—
毛竹桥	5组东侧	1980	7200	620	—
东安	东安8组	1984	3000	400	—
三龙	中心河东	1992	3600	140	—
凌海	中心河东	1992	3300	100	—

表 20—205　1997～2004 年大豫境内露天墓地一览表

村名	墓地地址	建墓时间	占地面积	已建墓	备注
华凌	中心河东	1992	3300	110	—
棉东	中心河东	1992	3300	80	—
华南	中心河东	1992	3300	80	—
港北	中心河东	1992	3300	70	—
安东	中心河东	1992	3300	90	—

图 20-122　20 世纪 70 年中期，建成一门闸村露天墓地（2012 年，一门闸村　提供）

1996～2004 年大豫境内部分村骨灰堂一览表

表 20—206　　　　单位：年　万元　亩　平方米　个

村名	堂名	建堂时间	投入资金	占地面积	建筑面积	共建灵位	已用灵位	负责人
强民	安息堂	1996	26	6	420	3000	2900	范本辉
新民	安息堂	2000	10	5	300	2000	1600	村负责
徐征	安息堂	2003	20	4	400	2800	2000	朱否英
保田	安息堂	1998	20	4	400	2800	2100	宋元冲
兵港	安息堂	2002	50	7.5	600	2500	1900	陆文汉
大同	安息堂	2004	60	8	1000	1900	1400	黄施兵
海丰	安息堂	2001	20	4	320	2500	1200	陆正兴
海凌	安息堂	1998	18	4	250	1800	1200	陆茂松
东安闸	安息堂	2002	13	4	300	1800	1000	蒋　兵
东港	安息堂	1983	0.3	1.5	300	200	80	村负责
东凌	安息堂	1997	0.5	0.5	80	200	80	村负责
兵南	安息堂	2002	6	3	400	2000	1600	田永明
合计	12 座		243.80	51.50	4770	23500	16060	

图20-123　2003年，建成徐征村公墓堂（徐征村　提供）

第五章　地名　移民

第一节　地名管理

大豫因历史较短，从镇村到墩、港、洼、店、桥、仓等自然形成的地名，古往今来，无人统计，无人管理。随着社会发展和变迁，地名也不断发生变化，有很多老地名被废除，新地名随之出现。

1981年6月，如东县民政局首次对全县地名进行普查登记，编印《如东县地名册》，并按汉语拼音，注明标准读音。从此，地名使用纳入法律管理轨道。若变更地名，必须按规定申报。进入20世纪90年代，乡镇区域多次合并、调整，每次变化(含村域调整)，都呈报县民政局批准。2000年4月，撤乡建镇，南坎乡与东凌乡合并，成立大豫镇人民政府，驻地大豫镇。2001年3月，丁店并入兵房镇。2009年5月，兵房镇与大豫镇合并，设立大豫镇人民政府，驻地兵房镇。

2008年，为弘扬地名文化，在县政府指导下，在镇人大统筹安排领导下，动员全镇离退休干部、教师80多人，参与“地名”收集整理工作。共收集古今地名41条。2009年，政协如东县委学习文史委员会编纂出版《如东地名掌故》，收录大豫古今地名掌故20余条。2010年，如东县出台《如东县地名管理实施办法》，于9月28日正式实施后，境内所有镇、村、路口都重新安装上标志牌。

第二节 移民安置

2000年9月,如东县接受首批江苏省政府下达三峡水库,农村外迁移民安置任务。2001～2002年,境内共接受四川省云阳县故陵镇、黄石镇、人和镇移民39户,173人。分别安置在止马洼、周墩、大同、巩王、丁家店、东安闸、马家店、徐征、强民、一门闸、南坎社区、大豫社区等村和社区。至2012年,因父子分家,兄弟分居、姐妹婚嫁,由39户增加到53户(新出生11人,婚嫁迁入1人,迁出6人),总人口183人。三峡移民素有艰苦奋斗、勤劳致富优良传统,大力发展养猪、养鸡事业。一部分移民快速走上致富道路。南坎社区5组养猪大户魏德海,2009～2012年,年出栏生猪300多头,年收入12万元。香台村15组罗中于年出栏生猪100头,年收入5万元。大同村48组张建晶饲养10多头老母猪兼养80头壮猪,年收入10万元。大同村4组余兴祥办烤鸭坊,年收入5万元。丁家店村33组方绍云,年出栏200头生猪,年收入8万元。闸东村15组吴玉富年出栏生猪300头、肉鸡6000羽,年收入20万元。在移民户中已有30%达到当地居民平均收入和生活水平。

2012年大豫镇三峡移民原迁人口情况一览表

表20—207　　单位:人

户主姓名	家庭人口	迁入地址		迁入时间	迁出地址
		村	组		
姚宏万	4	止马洼村	19	2001年	云阳县故陵镇桥亭村8组
姚洪春	7	南坎社区	3	2001年	云阳县故陵镇桥亭村8组
魏德海	5	南坎社区	5	2001年	云阳县故陵镇桥亭村1组
罗延富	4	南坎社区	6	2001年	云阳县故陵镇桥亭村1组
罗中海	3	香台村	6	2001年	云阳县故陵镇桥亭村1组
罗中于	8	香台村	15	2001年	云阳县故陵镇桥亭村1组
熊道直	2	周墩村	2	2002年	云阳县黄石镇三田村9组
李永全	6	周墩村	18	2002年	云阳县黄石镇三田村9组
邓德章	5	豫东村	4	2002年	云阳县黄石镇三田村9组
吴光华	3	豫东村	27	2002年	云阳县龙角镇龙市村6组
向云平	7	大豫社区	1	2001年	云阳县故陵镇桥亭村4组
李世均	4	大豫社区	9	2002年	云阳县黄石镇三田村9组
向发明	4	大豫社区	10	2001年	云阳县故陵镇桥亭村8组
吴明清	5	大豫社区	10	2001年	云阳县故陵镇桥亭村8组
罗中心	4	大豫社区	20	2001年	云阳县故陵镇桥亭村1组
张云周	4	大豫社区	20	2001年	云阳县黄石镇三田村2组
李世章	5	大豫社区	30	2002年	云阳县黄石镇三田村9组

续表20—207　2012年大豫镇三峡移民原迁人口情况一览表

户主姓名	家庭人口	迁入地址		迁入时间	迁 出 地 址
		村	组		
杨 林	2	大同村	3	2002年	云阳县人和镇龙泉村4组
余兴祥	3	大同村	4	2002年	云阳县人和镇龙泉村2组
张建昌	5	大同村	48	2002年	云阳县人和镇龙泉村3组
李自毛	5	巩王村	13	2001年	云阳县故陵镇水让村8组
吴玉福	8	巩王村	38	2002年	云阳县人和镇立新村10组
方绍云	9	丁家店村	33	2002年	云阳县人和镇立新村10组
谭辉录	2	丁家店村	41	2001年	云阳县故陵镇红云村1组
吴玉富	5	闸东村	15	2002年	云阳县人和镇立新村10组
姚兴华	4	东安闸村	19	2001年	云阳县故陵镇桥亭村8组
姚洪元	3	东安闸村	20	2001年	云阳县故陵镇桥亭村8组
吴栋先	5	马家店村	14	2002年	云阳县人和镇立新村10组
吴家堂	6	徐征村	2	2001年	云阳县故陵镇桥亭村8组
吴永华	4	徐征村	8	2001年	云阳县故陵镇桥亭村8组
吴永春	4	徐征村	8	2001年	云阳县故陵镇桥亭村8组
吴永清	4	徐征村	8	2001年	云阳县故陵镇桥亭村8组
吴全先	4	徐征村	17	2002年	云阳县人和镇龙泉村3组
姚兴友	3	徐征村	19	2001年	云阳县故陵镇桥亭村8组
姚宏清	4	强民村	33	2001年	云阳县故陵镇桥亭村8组
姜大才	4	强民村	47	2001年	云阳县故陵镇水让村2组
罗道勋	5	一门闸村	18	2001年	云阳县故陵镇桥亭村8组
吴光祥	6	一门闸村	25	2002年	云阳县人和镇立新村10组
吴国云	4	一门闸村	31	2002年	云阳县人和镇立新村10组

第二十一篇 武 装

民国19年(1930)4月11日,红军挺进如皋东乡大豫垦区,全区遍插红旗。13日,陈宗恒率领红军从牛车桥经长沙镇,冒雨袭击长沙自卫队(地主武装)设在张家桥据点,缴获10余支枪和1门土炮,毙、俘30余人。是年夏,红军第一支队第二大队活跃在南坎一带,袭击地主武装,连战连捷,威名大震。南坎是军事重镇。民国31年9月1日,苏中区党委在南坎召开夏收总结扩大会议,就反"清乡"斗争问题作具体部署。10月,新四军一师师部在南坎召开新四军成立5周年大会。大会期间,谭震林作《中共路线斗争历史》《目前形势与任务》报告,陈丕显作《三冬运动》报告,粟裕作《关于坚持苏中斗争和准备反攻问题》《关于当前工作任务》报告。这是一次具有重大战略意义的会议。抗日战争时期,大豫境内为驻军最多时期,先后驻有新四军、国民政府军、日本侵略军、伪军。民国34年3月10日,在苏中四分区群英大会上,掘东区2名战斗英雄:薛松家、周恒滨,6名战斗模范:陈金楼、陈其元、顾德庆、徐备芝、吴长贵、张云清受到表彰。解放战争时期,主要驻有人民解放军和国民政府军。1950年秋,兵房驻空军防空兵两个连,后迁长沙。1965年12月,东安闸驻军为六二九二部队十六分队守备一连。1964年10月,建海军观通站,属上海吴淞水警区管辖。自颁布《中华人民共和国兵役法》后,历年征兵任务均能保质保量完成。1984年,南通市军警民联防工作现场会于掘东区举行,会议规模之大、规格之高,乃境内之最。

2012年12月,全镇有21个民兵营,189个民兵排,民兵总数3800人,基干民兵398人。

第一章 驻 军

第一节 日伪驻军

民国30～34年(1941～1945)间,日伪军在境内九门闸至南坎一线共修筑据点(碉堡)7处,驻军(含伪清乡人员)360多人。在中共掘东区委统一领导和指挥下,发动群众,组织民兵,与之作殊死斗争,先后将7处据点捣毁。

一、九门闸据点

民国30年(1941)11月初建,地处九门闸桥西遥望港北岸拐弯处。占地面积60平方米左右,上下两层,驻日本侵略军1个小队10多人。民国32年11月11日,联合三余镇、二窎60多名日伪军杀害掘东区区长巩坚、区委书记王荃。民国33年6月27日,南坎攻坚战前夕撤离。此后,该据点被地方民兵捣毁。

二、大豫镇据点

民国33年(1944)夏建,位于四贯河东,大豫镇农机站东侧约50米(王德仁宅上)。日本侵略军占领大豫镇后修筑据点,为上下5层,大门开在2层上,用梯子才能上去,据点东、西、北三面河、南面路,四面是一人多高围墙,墙外是竹篱笆,再外面铺满蛤子壳,人若踩踏便发出响声,有两道岗哨。据点内驻有18个日本侵略军,10多个伪军,34年5月16日被联防队攻克。

三、南坎镇据点

民国32年(1943)建,位于南坎镇西南角,五贯桥西侧。以陈义私人学堂为依托,修筑1座上下5层中心碉堡,并在四角修筑2～3层碉堡5座,组成碉堡群,各堡间地道相连。碉堡四周筑有2米高土围墙,墙外筑有地堡,驻日本侵略军1个小队9人,伪军1个连100余人,加上伪"清乡"办事人员,共300人左右。在碉堡西北侧管德明铁店,管德义粮行西侧设有检问所(主任,戴德奎)。民国33年6月26日,被新四军一师三旅一部摧毁。

四、兵房镇据点

民国30年(1941)建,兵房镇建有两处,一处为日本侵略军据点,一处为伪军据点,民国34年3月被民兵焚毁。

(一)日本侵略军据点

位于兵房大桥北桥堍向东30米处,紧靠兵房大河北岸,占地面积约30平方米,上下两层,砖木结构,驻日本侵略军1个小队10多人。

(二)伪军据点

位于兵房海滨桥西桥堍北侧,造型与日本侵略军碉堡相似,略矮一点。"南坎攻坚战"前夕两据点内日伪军全部撤离。

五、鲍家坝据点

民国32年(1943)建,鲍家坝是东凌河(公共河)上的一条挡潮坝(南北向),位于周墩村与南坎社区(六贯)交界处。

(一)日本侵略军据点

位于河北,占地面积约25平方米,为宝塔式上下3层,约10多米高。强拆刘振华油坊(牛车桥北侧),东伢儿丫子庙(周墩村2组),作修筑据点材料。据点内驻有日本侵略军1个小队12人,属南坎据点管辖。

(二)伪军据点

位于河南,比日本侵略军据点大,圆柱形,上下5层,约12米高,占地面积约30平方米,驻伪军1个小队12人。"南坎攻坚战"打响后,投降新四军。

图21—124 民国33年(1944)6月,新四军捣毁鲍家坝日本侵略军碉堡 (2012年,县党史办 提供)

六、中二区公司据点

民国7年(1918)建,位于豫东村11组。占地面积1.13万平方米,为四町宅沟,建有两排平房,前排5间瓦房,后排8间草房。民国32年,日本侵略军强行霸占后,驻军1个班12人,翻译1人。并在东、北、西三面开挖壕沟总长185米左右。伪军1个连100多人,驻在公司南排向西300米夏洪林宅(中二区公司账房)。该据点日伪军在"南坎攻坚战"之夜,全部撤离。

第二节 国民党驻军

民国36年冬至37年(1947~1948)春节,国民党军队分布兵力在境内九门闸、大同镇、伯安镇修筑据点(碉堡)5处,驻军约400人。后相继撤离,据点被地方民兵组织捣毁。

一、九门闸据点

民国36年(1947)冬建,位于遥望港北岸九门闸桥东北(巩王村30组季元庆宅),占地面积60平方米左右,上下两层,有3个枪眼等距离分布,驻国民政府军1个排,40人左右。

为打击敌人，地方民兵武装采取灵活机动的战略战术，有时近距离打几枪，敌人被急怒，无目标打一阵子机枪显显威风，有时扎一个“柴人”在屋顶上左右晃动，也会招引一阵扫射。顾立高宅离据点约200米，一天，妻子到邻居家拔菜秧，返回时经过芦苇丛，被据点里敌人发现，便遭到枪杀。该据点从敌人入驻到撤离仅48天，故当地群众称之为“四十八天情况”。

二、大同镇据点

民国36年（1947）秋，国民政府军第四师九十旅四三六团在大同镇建有据点3处。三角老街南桥头据点，为上下两层，地面上一层为站岗放哨所用，地下一层为地堡，可通往另一个据点（在遥望港河南岸）。并在此据点东边约100米处，建有1座两层据点，占地面积约60平方米，两据点建成后，均未启用。

河北据点，位于大同镇东街上，占地面积约60平方米，上下两层，驻敌人1个班12人，班长姓陈（名不详），此人是被抓壮丁不得已而为之，时刻想脱离此境，未见过激行为。另一位班长无恶不作，一天，抓到华丰联防队员彭以九，被其打死后于据点前示众，群众对此深恶痛绝。不久，该据点驻军全部撤离。

三、伯安镇据点

民国37年（1948）春节前建，据点占地面积约60平方米，为上下两层，驻川军绵阳部队1个营（属国民政府军第四十九师），营长姓何，春节后据点被地方武装捣毁，仅存24天。当地百姓称之为“二十四天情况”。

附记：

日伪、国民政府军设立据点概况

抗日战争时期，日伪将串场河以南地区划分为“清乡区”，串场河以北地区划为“扩展清乡区”，设立据点47处之多。

民国36年1月1日，国民政府军四十九师配合“还乡团”，全面“扫荡”如东，占领大小集镇，构筑据点，同时调集大量兵力，分进合击，不断进行“清剿”“驻剿”“兜剿”，并胁迫群众组织“自卫队”“铁叉队”，企图摧毁我各级地方政权，全面控制农村。全县共有据点57处之多，其中境内有：九门闸、大同、兵房、伯安、大豫、南坎、鲍家坝、中二区公司、七总、八总等10多处。

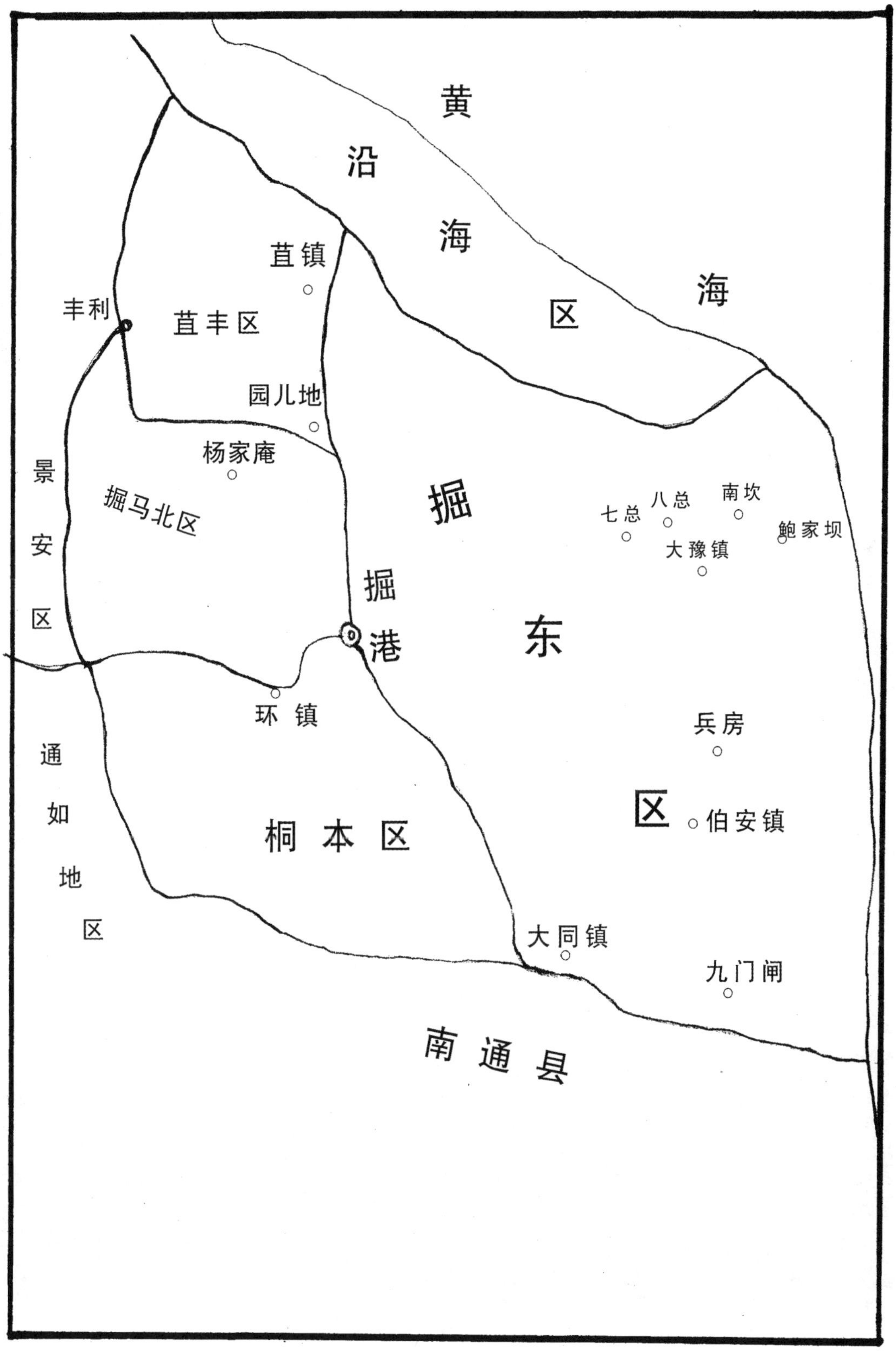

图21—125 日伪军在大豫镇(掘东区)先后设立据点分布示意图 (2012年,金向东 绘制)

第三节 人民解放军驻军

一、东安闸驻军

1965年12月，中国人民解放军六三九二部队十六分队守备一连，驻东安闸西北侧100米处，占地面积40亩，有官兵130多人，部队有火炮4门、高射机枪2挺、重机枪2挺、轻机枪4挺，还有步枪、冲锋枪、手枪等。首任连长邹凤余，继任连长王德高，末任连长刘普法。1980年撤编。2012年，因公路拓宽，前排营房被拆除。

二、海军观通站

1964年3月，中国人民解放军海军东海舰队观察通信第十七大队，驻大豫公社五大队（香台村），营建制。下辖海军观通站和海军机动雷达站，连建制。征地60亩。雷达塔等设施占地5328平方米，其中建筑面积1500平方米。雷达塔高70米、直径6米，架设402雷达1部，实施对海面及低空警戒侦查。首任站长姚德富，官兵70多人。1988年撤编。该地所有权仍属上海吴淞水警区。

图21—126　1964年，建成的海军雷达塔　（2012年，管霖　摄）

三、观通站驻军

1965年12月，中国人民解放军六三九二部队十六分队守备五连。位于海军观通站东侧，占地面积约20亩，历任连长韩树森，张世同，倪道华。1980年撤编。

图21—127　六三九二部队十六分队守备五连营房旧址　(2012年,管霖　摄)

四、空军防空连

1950年秋,兵房镇区驻中国人民解放军空军防空兵两个连。一个连代号为贺水部队,又称监视连,约160人,驻地(兵房大河北)原兵房镇政府处。另一个连代号为东海部队,约40人,又称雷达连。驻地兵房镇南郊(兵房小学处)。1953年10月,两连合并,连长吴文俊。1955年4月,移驻长沙,称长沙空军雷达连,后改称雷达站。

第二章　民　兵

抗日战争时期,苏中第四军分区成立后,相继建立领导机构,动员群众参加自卫队,在反日伪"扫荡"中经受考验和锻炼。民国31年(1942),在自卫队基础上又组织民兵和民兵基干队,区分其各自任务,武器装备亦有改善。年底,大豫境内民兵发展到几百人,经过冬训,军政素质有所提高。民国32年起,在反"清乡"斗争中,广大民兵坚持在"清乡"圈内,创造和运用平原地带作战多种战术,不断给日伪以沉重打击。

解放战争开始,苏皖边区第九军分区结合土改、整党,重新组织整顿民兵武装,民兵在参军、参战、支前中发挥巨大作用。

1962年起,贯彻毛泽东主席关于民兵工作要做到"三落实"①的指示,民兵建设得到加强,军事训练素质得到提高,政治教育以冬学、红专夜校、民兵俱乐部、民兵活动室等阵地深入进行,并开展创建"三落实"先进单位和"五好"②民兵活动。广大民兵于和平时期,在

①组织落实、政治落实、军事落实。

②政治思想好、训练执勤好、遵守纪律好、团结互助好、生产劳动(学习)好。

参加生产建设、保卫边防、维护社会治安中发挥积极带头作用。中共十一届三中全会后，民兵工作进行改革，贯彻服从于服务于经济建设方针。

第一节　战争时期民兵

民国31年(1942)起，境内各乡建立民兵组织，该组织在中共地方组织统一领导下，逐步发展和壮大，在抗日战争和解放战争中，为维护社会安定，配合土地改革等重大政治运动做出巨大贡献。

一、抗日战争时期

大豫境内各乡有自卫队和巡逻队，始建乡武装委员会。民国31年(1942)，民兵迅速发展，乡建民兵大队，村为分队、中队或几个村联合为一个中队。也有三五个乡为单位建立联防队，民兵武器除冷兵器外，逐步配备枪、手榴弹，一批中共党员和积极分子担任民兵组织的领导。民兵作用也从巡逻放哨进而发展到惩处汉奸、配合主力袭扰日伪。各乡建立15～30人基干民兵中队，属乡大队部领导，集中作战时亦可半脱产。也有跨村组织民兵中队，民兵100～150人不等。在反“清乡”斗争中民兵的八大任务是，“积极抗日，不断游击；锄奸防谍，维护治安；保粮保产，合力耕种；硬打软攻，劝邪为正；家喻户晓，逢人必告；上课上操，练武习文；拥军参军，步步高升；赤胆忠心，保国保民”。要求中共党员实行军事化，民兵组织中至少有1/2党员，保证中国共产党对人民武装的绝对领导。

二、解放战争时期

民国35年(1946)初起，进一步加强民兵建设，人数又有新发展。县设人民自卫总队部，区设大队部以加强领导，按照民国34年12月18日毛泽东在《1946年解放区工作的方针》中强调：“各地民兵须按目前条件，重新组织”和民国35年6月3日中共中央华中分局发出《关于民兵工作的指示》，要求各地“培养组织一支强大的配合军队进行胜利的自卫战，能担负起维护地方治安责任的民兵”。各乡积极响应，认真贯彻落实，结合土改运动和整党，整顿和发展民兵组织。

第二节　联防队

联防队是抗日战争时期地方部队的补充，其作用举足轻重。为适应“反清乡”“反扫荡”斗争需要，各乡均以乡或联乡建立联防队(亦称游击队)，采取“敌退我进、敌驻我扰”灵活机动战略战术，给日伪军以狠狠打击。

民国31～35年(1942～1946)间，掘东区有10多支联防队，他们为全国解放事业，为保一方平安，创立许多可歌可泣动人事迹，名声大振，威震敌胆。

一、掘东区联防队

民国33年(1944)1月28日，掘东区民兵联防大队长花功献，一枪未发带领联防大队智取七总炮楼。

二、掘东区第二联防队

民国32年(1943)初冬，掘东区第二联防队队长吴品庄“虎口夺棉”，民国33年，带领联防队员不费代价，生擒7个日本侵略军，缴获“久西丸”号汽船及所载军用物资，受到陶勇的表扬、奖励，其传奇故事流传于民间。

三、掘东区三乡联防大队

民国32年(1943)10月，掘东区成立三乡联防大队，顾秀任大队长，组织一支16人队伍，就地进行反“清乡”、反“封锁”斗争，参加“七一大破击”(火烧竹篱笆)。民国33年3月，根据上级指示，顾秀带领16位联防队员上升到主力部队，被编入四分区特务四团三营八连三排，顾秀任排长。6月，参加南坎攻坚战。

民国33年(1944)7月掘东区武装情况统计一览表

表21—208　　单位：个 支 发

各级武装人员			武器装备			小游击队			民兵					武装领导人
人数	其中党员 人数	其中党员 比例%	步枪	步枪弹	炸弹	队数	人数	枪支数	普通民兵	基干队	合计人数	枪支数	榴弹数	
367	94	26	48	440	180	3	11	10	980	98	1078	10	100	连长胡守信，指导员尹骥，排长李良友，管理排长季家森，文化教员李志明

注：表内数据摘自《如东革命史料》第十七辑

附记1：

抗日战争时期掘东区队军事组织领导人名录

区队长　曹持衡　民国30年(1941)9月～31年(1942)12月
　　　　张　豪　民国31年(1942)12月～33年(1944)11月
政治委员　王　凝(王太祥)　民国30年(1941)12月～31年(1942)夏
　　　　王　荃　民国31年(1942)12月～32年(1943)11月
　　　　吉　琳　民国33年(1944)4月～7月
　　　　陈毅夫　民国33年(1944)7月～34年(1945)3月
　　　　顾　民　民国33年(1944)12月～34年(1945)8月
政治教导员　许　克(许其森)　民国30年(1941)9月～?
　　　　高　扬(女)　民国31年(1942)春～?
区队副　沈方挥　民国30年(1941)9月～11月

张　豪　民国31年(1942)12月～32年(1943)12月
陈祖尧　时间不详
曹元品　时间不详

附记2：

解放战争时期掘东区队军事组织领导人名录

区队长	朱伯年	民国34年(1945)9月～10月
	陈祖尧	民国34年(1945)10月～35年(1946)11月
	陆士南	民国36年(1947)8月～11月
政治委员	夏光华	民国34年(1945)9月～36年(1947)1月
	陆士南	民国36年(1947)1月～7月
	夏光华	民国36年(1947)8月～11月
	陆土南	民国36年(1947)11月～38年(1949)2月
区队副	曹　墩	民国35年(1946)9月～37年(1948)8月
	邵　勇	民国36年(1947)3月～8月
	卞正兰	民国37年(1948)1月～8月
	黄锦文	民国37年(1948)8月～38年(1949)春
	缪三洋	民国37年(1948)8月～38年(1949)春

第三节　支　前

民国36年(1947)10月，为保卫土地改革成果，如东县掀起群众性大参军运动。境内各乡涌现出许多爹娘送儿郎、妻子送丈夫及青年们踊跃报名参军动人场面。在这次大参军热潮中，掘东区共有882人参加主力部队。在支前工作中，涌现出邱祖珊、樊发祥等模范人物。

一、大参军

民国37年(1948)1月初，掘东地区召开干部群众大会，会上有56名党员干部带头报名参军，妇女代表陆秀英第一个发言："今天，毛主席领导我们翻身，过上好日子，现在毛主席号召参军，我决定把儿子送上主力部队。"接着，有10多名妇女争先发言，要求送哥哥、弟弟、丈夫、未婚夫参军。每当有人送亲人当兵时，全场都报以热烈掌声。大会结束后，各乡、村继续组织报名参军。

强丰乡第一村在农民代表会上，经民主讨论制定出参军立功8条标准：自己带头参军，又动员别人参军者，立功做英雄；自己参军者立一大功；送子参军者立一大功；送夫参军者立一大功；送兄弟参军者立一大功；动员别人参军者立一大功；动员5人参军者立一大功；动员一个班参军者做模范。

根据功劳大小,表功的办法是:上功劳簿;画图、编歌、编戏宣传;登报表扬;政府发奖状;军政机关发奖章;革命成功后,论功行赏,以功劳大小按级表扬。

强丰乡第一村论功行赏办法传遍全区后,更激励群众支持参军和青年报名参军热情。新民乡涌现出送子参军、劝夫参军等模范事迹,该乡新北村一个班民兵集体参军,还有一名在主力部队负伤荣军,积极报名,重返沙场。

二、支前范例

(一)重返战场

邱祖珊,兵房双闸村(徐征村)人。16岁参加抗日斗争,19岁加入中国共产党。民国37年(1948),因病从九分区八团重机枪弹药组长岗位上复员回乡。民国38年4月21日,邱带领32名常备民工乘坐一艘船,随中国人民解放军第八十七师二五九团,从泰兴季家市江边出发,冒着猛烈炮火向江南行驶。至江南岸不远处,船桅杆被敌炮火打断,航行受阻。邱率领10多位民工跳入齐腰深江水中,推船前进。江滩滩软石多,经奋力推进,船终于靠在江阴西岸。因部队推进速度快,直到天亮才赶上二五九团。邱等不顾疲劳,开始抢救伤员。

解放军从江阴快速向东推进,直插上海市郊月浦。国民政府军凭借坚固的混凝土工事负隅顽抗,每前进一步都要付出沉重代价,伤亡较多。从第一天开始,邱和战友们冒着密集火力,全力以赴,紧跟二五九团,跳跃穿梭于火线上。在第一时间抢运伤员,所分地段从没有伤员滞留于阵地。月浦战斗结束,部队又向纵深发展。32名民工疲劳至极,有的民工抬着伤员打瞌睡。部队时白天进攻,晚上休息;时晚上进攻,白天休息,休息短暂。民工跟着部队时间表转,只要枪声一停,第一需要不是洗漱、吃饭,而是和衣倒头便睡。由于部队继续向前推进,民工们没有固定住宿地,加之时间宝贵,顾不上找房子,常常露天宿营。一旦睡下去,雷电轰鸣也难惊醒。枪炮声一响,小伙子们不约而同跳起,继续抢救伤员。经过14个昼夜不息奋斗,胜利完成抢救和运送伤员任务。邱带领的小队,立一等功3人,立二等功11人,立三等功6人,其余为四等功。邱被评为一等功臣。

(二)隐瞒伤情

樊发祥,兵房镇东安村(马家店村)人。民国37年(1948)冬,告别妻子和3个孩子,作为常备民工,北上千里,支援淮海战役。尔后,又随胜利之师,渡江南下。

民国38年(1949)5月13日,上海郊县月浦战斗打响。樊与队友们发扬连续作战精神,全身心投入抢救伤员的战斗。月浦战斗异常激烈,解放军指战员面对敌人坚固工事和强大火力,逐碉堡展开猛烈攻击,伤亡很重。樊一次次把伤员抢救下火线,精心呵护,送往医院;又一次次冲向炮火连天、枪弹密集的战地,将生死置之度外,从无丝毫惧色。

突然,敌人一颗子弹击中樊腹部,血流如注。樊隐瞒伤情,脱下衣服捆住伤口,忍着剧痛,继续抬运伤员。开始尚能支撑,但行走几里路后,步履已经踉跄,腰支撑不住,快到后方医院,双腿一软,瘫倒在地,重伤员也从担架上摔下,队友赶快放下担架,走上前去抱住樊。只见樊双目紧闭,呼吸急促。当医生赶到时,已躺在伤员怀里,停止呼吸,时年41岁。

(三)扎军鞋底

民国38年(1949)1月7日,掘东区河北村开军烈属会议,打通军烈属扎鞋底思想。军烈属陆老太想到自己有3个儿子去参军,自己也该为革命出力,就在会上表态扎3双鞋底。在其影响下,61岁的张文贵,也保证扎2双,还动员军属刘志兰,也保证扎2双。会上有12家军属,连6个妇女干部也要求扎31双。大家表示,保证依照每双鞋底八两重标准,决不走样。

民国37～38年(1948～1949)掘东区出征常备民工统计表

表21—209　　单位:个 副

期数	大队部干部	中队部干部	分队长	小队长	通讯员	供给员	炊事员	担架员(挑)			累计出征人数
								担架	挑子	人数	
第二期	—	3	2	—	2	—	6	18	—	72	85
第二期(增加)	—	1	2	—	1	1	3	14	—	56	64
第三期	详细名单缺失										380
第四期	2	1	4	16	—	—	—	50	150	400	423
合计	2	5	8	16	3	1	9	82	150	528	952

注:表内数据摘自《如东革命史料》第十七辑

第三章　人民武装

第一节　组织建制

进入和平建设时期,民兵工作进一步加强。从1951年起,区、乡相继成立人民武装部,大队建立民兵营、生产队建立民兵排。据1984年掘东区民兵组织资料显示:基干民兵占总人口比例2.60%,占民兵总数23.50%,女民兵占基干民兵14.10%,普通民兵占总人口8.50%,占民兵总数76.50%。

一、民兵组织

1950年11月前,民兵组织名称不一。1951年,县、区人武部成立后,以乡为单位建立民兵中队,下设分队、小队。凡年满18～45周岁男性公民,身体健康者,均有参加民兵权利与义务。其中年满18～25周岁,政治纯洁、身体强壮、家庭劳动力充裕的编入基干民兵,其余编入普通民兵。

1958年，“大办民兵师”，实行全民皆兵，民兵年龄扩大到16～50周岁，基干民兵扩大到16～30周岁。县编民兵师，乡编民兵团。1959年，进行调整压缩。

1962年6月，为贯彻毛泽东关于民兵工作“三落实”指示，重视民兵专业技术兵分队建设。

1962年后，根据当时斗争形势需要，在基干民兵中“好中选优”，扩建武装基干民兵。1969年10月，境内各公社组建武装基干民兵团，生产大队为排。1977年，公社改为武装基干民兵营。此后，普通民兵、基干民兵、武装基干民兵并存延续到1981年。接着，为适应市场经济发展形势，进行民兵组织调整。1993年，国家7部委出台《关于企业民兵、预备役工作的规定》。根据《规定》，民兵组织建设逐渐由农村向城镇、向企业转移，着重民兵应急分队和专业技术分队建设。

1964～1985年掘东区民兵工作部分获奖情况表

表21—210

年　份	获奖单位	奖励名称	授奖单位
1964年	南坎公社	红旗民兵团	南通地区行署 南通军分区
1977年	兵房公社人武部	民兵工作“三落实”先进单位	如东县政府 如东县人武部
1978年	南坎公社九大队	民兵工作“三落实”先进单位	江苏省政府 江苏省军区
1984年	掘东区人武部	人武工作先进单位	南通市政府 南通军分区
1984年	掘东区人武部	军警民联防工作先进单位	南通市政府 南通军分区
1984年	兵房乡十一大队	民兵工作“三落实”先进单位	南通市政府 南通军分区
1984年	兵房乡十二大队女炮班	民兵工作“三落实”先进单位	如东县政府 如东县人武部
1984年	南坎乡五大队	军警民联防工作先进单位	南通市政府 南通军分区
1984年	丁店乡六大队	民兵工作“三落实”先进单位	如东县政府 如东县人武部
1984年	华丰乡九大队	民兵工作“三落实”先进单位	如东县政府 如东县人武部
1985年	掘东区	征兵工作先进单位	南通市政府 南通军分区

注：表内获奖情况由掘东区原人武部长陈聚高提供

二、人武干部

1951年，掘东区设人民武装部，配武装干部1名，政治教导员1名，另配政治干事、军事干事各3名，属军队编制。各乡配中队长1名，中队副2名，政治教导员1名（中共支部书记）。

1952年,各乡配专职队长1名,兼职政治指导员(中共支部书记)1名,副队长2名。

1954年11月,撤销区人民武装部,配武装助理员1名。

1958年9月,区重建人民武装部。配人武部长1名。各乡成立人民公社,设人民武装部,配人武部长1名,人武干事1名,人武部长兼任民兵团副团长。

1984年,各乡人武部配专职人武部长1名,招聘人武干事1名。

1986年3月1日,中共江苏省委组织部,江苏省军区政治部规定,专职乡(镇)人武部长为乡(镇)党委委员,职级待遇为副乡级。

1993年12月,掘东区各乡人武部根据规定挂牌,全称为如东县XX乡(镇)人民武装部。

附记:

区、乡、镇历任人武部长名单

掘东区历任人武部长 夏必清、程海、陈聚高、顾善欣。

南坎乡人武部长 陶继泉、季锡昶、潘茂家、顾锦元、施圣明、王士章

大豫镇人武部长 刘金余、夏建友、管永庆

兵房镇人武部长 施振家、高成福、沈金石、刘同春、张忠新、郁建丰

丁店乡人武部长 陈永康、钱锦连、程海、朱信元、陈汉英、曹少卿、施文斌、顾冲、黄祖祥

东凌渔业乡人武部长 陈志恺、刘葛泉。

如东棉场人武部长 邵德元、蔡锦元

如东盐场人武部长 蔡炳祥、刘洪仁

第二节 战备工作

和平建设时期民兵战备工作,遵循耕战结合原则,主要是配合驻军应付突发事件和执行保卫边海防,维护社会治安等任务。

中华人民共和国成立初期,民兵战备任务比较繁重。鉴于沿海大部分地段便于国民政府军登陆和小股特务偷渡渗透。掘东地处沿海前哨,中共区、乡委、政府高度重视加强对海防战备工作领导,领导经常带领民兵巡逻、进行查海任务,并建立10多个巡逻队,设立哨棚、望台20多处,昼夜值勤放哨,形成军民联防网。

附记:

1951~1958年境内沿海匪特活动与剿匪战斗情况

中华人民共和国建立后,国民政府残余分子并不甘心失败。他们采取各种方式和手段进行反抗和

破坏。

1951年2月19日，丁家店海面发现海匪船3艘游弋。下午，丁店基干民兵31人追击海匪船。海匪逃走。

1951年6月上旬，东凌港民兵发现海匪李栋成等10人潜入陆地偷运甜水，被民兵活捉，并缴获匪船1艘及一批物资。

1951年10月上旬，有5艘海匪船在掘东杨家沙活动。县人武部组织200余名基干民兵在海边埋伏，准备迎战海匪。匪船向东南退走。

1951年10月，在东凌港，海匪船2次向陆上开炮。兵房基干民兵追击海匪船，击毙1人，救下被劫渔船。海匪向外海逃走。

1951年11月17日，一艘海匪船追赶抢劫商船，窜入东凌港停泊。县人武部组织基干民兵200余人，配合县警备连追击，击毙匪徒1人。匪船向外海逃走。救出商船2艘。

1951年11月，海匪在十贯头抢劫豫北乡第二村李邦浩家渔船1艘。民兵追击。时值海潮上涨。海匪开船逃跑。

1952年4月28日，掘东区新民乡东南海面发现海匪船打枪45发。

1952年6月8日傍晚，掘东区新民乡东安村飘来1只气球，落地破裂。第二天，发现该地有红蜘蛛等昆虫一堆，被民兵和小学生扑灭。

1954年10月，掘东、栟茶地区发现不明红绿火球13处，共冒36次。

1955年9月25日，匪特到南坎乡乡队长郁有才家敲门。郁有才和乡指导员起床拿枪开门，乘拉枪栓之机，匪特逃跑。

1955年11月20日，掘东区新民乡东安村发现不明红绿火球。

1955年12月4日夜10时，掘东区派出所警察发现王荃乡七、八两村交界处冒不明红火球1次。

1955年12月6日，蒋帮飞机窜入如东上空散发反动传单。从洋口入境，由兵房出境。

1955年12月8日夜，掘东区强丰乡发现不明绿色火球1个。

1958年4月，徐征乡沿海发现不明红绿火球。乡人武部发动200多民兵进行几次围剿，之后不明红绿火球少见。

1962年夏，国民政府军妄想反攻大陆，境内各公社民兵立即转入紧急战备状态。以反空降、反偷渡、打小仗为重点，抓好战备组织落实。以一个公社为一个联防区，以武装基干连为主，做到任务明确，分段包干，全面控制，不留空隙。1978年后，民兵工作陆续从各个方面进行调整、改革，民兵战备方案也同时作调整，建立民兵应急分队，制定行动预案，一旦有紧急情况，首先由应急分队担任预定战备任务。1999年4月7日，国务院办公厅、中央军委办公厅发布《民兵战备工作规定》，重新明确民兵战备7项任务，即参加军警民联防和哨所执勤，配合人民解放军、人民武装警察、人民警察保卫边防、海防和战备重点地区的安全，搜集情报，守护重要目标，协助部队维护管理国防工程，协助人民警察、人民武装警察维护社会治安秩序，参加抢险救灾，上级军事机关赋予的其他战备任务。战时，民兵担负配合部队作战、独立作战、战场勤务、支援前线和保卫后方等任务。

第三节　军事训练

和平建设时期，民兵军事训练主要是围绕提高技术战术水平，熟悉掌握手中武器装备性能。

1964年，全国大兴军事比武，选派民兵代表参加南通军分区、省军区比武大会，同时开展民兵游泳训练。在“文化大革命”期间，为防止持枪民兵卷入武斗，加强民兵组织纪律教育，抓紧农闲进行军训。1973～1975年，遵照中央军委关于加强战备的指示和总参谋部民兵训练“三年大纲”，把“打坦克、打飞机、打空降”作为训练重点。1976年秋，掘东区人武部在东凌靶场举行全区民兵训练活动，参训民兵千人以上。进入21世纪后，中共大豫镇委、政府专门下拨民兵训练经费，由人武部组织一年一度民兵集训。

1984年掘东区基干民兵军事素质情况统计表

表21—211　　　　单位：个

单位	基干民兵数	其中			连排长人数	其中			步兵人数	其中			“75”炮人数	其中		
		合格数	退伍军人	未训数		合格数	退伍军人	未训数		合格数	退伍军人	未训数		合格数	退伍军人	未训数
合计	3524	1282	450	1192	71	20	36	15	2778	1109	334	1335	75	8	12	55
兵房	1050	386	188	476	19	3	9	7	937	339	136	262	75	8	12	55
南坎	940	285	90	565	20	12	8	—	820	232	72	576	—	—	—	—
丁店	740	253	53	434	14	2	9	3	556	211	29	316	—	—	—	—
华丰	695	300	101	294	14	1	9	4	570	271	80	219	—	—	—	—
盐场	40	38	1	1	4	2	1	1	36	36	—	—	—	—	—	—
棉场	59	20	17	22	—	—	—	—	59	20	17	22	—	—	—	—

附记：

民兵工作典型单位事例

南坎公社九大队（周墩村）民兵营建设，曾有过较辉煌历史。1964年，始建民兵营，下辖8个排，每排3个班，每班8人左右。民兵营组建后，大队党支部高度重视，支部分工副大队长袁松泉任民兵营长，建立健全各项规章制度，建立全县第一个民兵之家。农闲时组织民兵训练，晚上组织民兵进行政治学习，做到“生产、训练、学习”三不误，参加江苏省军区和南通军分区民兵军事训练比武，多次名列前茅，涌现出黄瑞芳、黄瑞珍、黄瑞兰、方志敏等一批全省有名的民兵训练标兵，南通军分区尚有部分民兵比武的记录仍由他们保持。南坎公社九大队民兵工作在全省、南通专区都有影响，南通军分区司令员刘洪，每年都要到九大队蹲点。民兵营先后被国防部、省军区、省政府和军分区表彰为民兵工作先进单位、先进民兵之家、军事训练先进单位。九大队党支部书记周启秀因抓民兵工作成绩出色，多次受到省革委会和省军区主要领导接见，1970年，被推荐为南通地区革委会常委，分工民兵工作，这在南通历史上绝无仅有。为宣传南坎公社九大队民兵营这个典型，1967～1968年，南通军分区派政治部宣传干事陈永康在九大队蹲点1年，县委派政工组张惠垣协助整理民兵营建设的先进事迹，先后发表于《人民日报》《解放军报》《人民前线》《东海民兵》《江海报》等多家新闻媒体。

1978年12月，民兵营长袁松泉出席江苏省民兵工作会议，并获得省委、省军区民兵工作"三落实"先进单位称号。

第四节　武器装备管理

1979年2月，中共如东县委根据上级指示，批准各区、公社建设61处分散弹药库。其中掘东区为6处。1992年，经南通军分区批准，撤销如东乡镇兵器室32个，掘东区保留兵房镇、南坎乡、丁店乡3个兵器室。1994年1月，撤销南坎乡兵器室。1995年6月，掘东区民兵武器存放点为兵房镇。2005年3月，兵房镇兵器室撤销。

掘东区武器装备管理情况表

表21—212　　单位：人

单　位	建库时间	库房面积	撤销时间	保管员
掘东区人武部	1976年	24平方米	1985年	1
兵房公社人武部	1978年	124平方米	2005年	2
南坎公社人武部	1978年	24平方米	1994年	1
丁店公社人武部	1978年	24平方米	1995年	1
华丰公社人武部	1978年	48平方米	1990年	1

注：此表由掘东区原人武部长陈聚高提供

附记：

民兵枪弹事故摘录

1974年6月9日下午，南坎公社人武部干事黄炳生将从镇江、滨海学习爆破时私自带回的纸雷管作关开器试验。第一次是压法式开关器试验，人在宿舍里，雷管放在门外的砖阶上，距人约3米，一压雷管爆炸，地上砖片飞起，击中黄胸部，破皮流血。此时，公社文书张勇法听到响声，前来查看。黄又进行松法式试验。人与雷管的距离只有3米。张在黄的后面观看。此次爆炸，爆炸物击中张的胸部，斜深2厘米多，当即流血，经医院治疗，数日愈合。

1976年10月27日，大同公社九大队九小队民兵季忠友在检查武器时，将私藏的1发子弹放在枪内玩弄，走火，将基干民兵季惠平（侄女）右大腿主骨打断。

1979年5月中旬，南坎公社新垦营二队少年王必泉把从海军观通站拾到的1只锈雷管放在火柴上烧，引起爆炸，胸、脸和双手均被炸伤。

第五节　海防民兵哨所

1963年，如东沿海重要地区相继建立东凌、长沙、环港、南港、老坝港等5个海防民兵哨所，属南通军分区如东边防大队管辖。1966年7月，公安部队撤销，各海防民兵哨所归编县人武部管辖。1979年，重点加强十三贯、环港、洋北哨所建设，把民兵战备执勤和生产、防汛、护堤、护林相结合。1986年1月，根据江苏省军区和南通军分区指示，再次调整，并充实十三贯和环港民兵哨所。1987年12月，南通市政府、南通军分区发文规定，如东海防哨所分为两类：十三贯为一类哨所，其首要任务是战备执勤，编制10～12人，昼夜执勤，巡逻查滩，对海空观察；东凌等哨所为二类，任务是以哨养哨，编制6～8人，重大节日参加战备执勤。1990年3月，江苏省军区确定东凌哨所为一类哨所。1993年8月，南通军分区决定，将东凌哨所调整为二类哨所，撤销十三贯哨所。

第四章　兵役制度

历朝兵役有征兵、募兵、世兵、卫所等制度。亦有直接从逃亡户中补兵。清代军队有满汉之分，其兵役制度亦有世袭、世兵、募兵、征募制之别。国民政府初期仍实行募兵制，后虽颁布《兵役法》，但从未依法征兵。抗日战争期间，国民政府驻军任意抓丁扩充实力。解放战争期间，国民政府军伤亡惨重，更大肆抓壮丁以补充兵员缺额。人民军队在战争时期不断壮大，发展迅速，其兵员来源，主要是在根据地内采取以动员工农子弟为主自愿参军的志愿兵役制。中华人民共和国成立初期，实行志愿兵役制。1955年，颁布《中华人民共和国兵役法》，实施义务兵役制，后逐渐形成义务兵、志愿兵和预备役相结合的兵役制度。

第一节　国民政府兵役制度

民国22年(1933)，国民政府颁布《中华民国兵役法》，开始实行征兵制。《兵役法》规定“三丁抽一、五丁抽二”。凡男子年满18～45周岁者，均有服兵役之义务。设常备兵役和国民兵役两种。常备兵役分现役、正役、续役。现役3年，正役6年，续役到年满40周岁止。现役在营，正役由现役期满转充续役。凡男子年满18岁，不服常备役时，一律编入壮丁册，服国民兵役，派乡教练训练。

第二节 人民政府兵役制度

在革命战争时期,没有专设兵役征集机构,实行志愿兵役制。中华人民共和国成立后,党中央高度重视人民军队建设,1955年,颁布《中华人民共和国兵役法》,使义务兵役制度进一步规范完善。

一、革命战争时期兵役制度

革命战争时期,人民军队实行志愿兵役制,主要有3种方式。动员参军。在土地革命时期,公开和秘密参加红军,均属志愿性质。在抗日战争和解放战争时期,公开动员工农群众和青年学生参军,也属志愿性质。收编改编。将地方游杂武装或海匪、土匪武装收编改编。广教育争取俘虏。对放下武器的日伪军和国民政府士兵一律不杀、不侮辱、不搜腰包,伤病者给予治疗,要求回家者发给路费,愿意留下者一律收留,补充部队。

二、中华人民共和国兵役制

(一)志愿兵役制

中华人民共和国成立初期,青壮年自愿报名参军补充部队,新兵条件是:年满18～30周岁,成分好(以贫农中农为主),没有传染病和其他残疾,并非兵痞流氓,且无不良嗜好者。1950～1953年,抗美援朝运动中,干部带头、群众自觉报名参军。

(二)义务兵役制

1954年6月,全国召开兵役工作会议,确定从当年起,在全国实行义务兵役制。1955年7月31日,中华人民共和国第一届全国人民代表大会第三次会议通过颁布《中华人民共和国兵役法(修正草案)》,11月1日,颁布《征集工作实施办法(草案)》,义务兵役制正式实施。此后一般每年征兵一次,由国家下达征兵任务,男女青年凡年满18～22周岁、思想品德好、政治历史清楚、身体健康均可报名应征。以乡、镇、街道办事处为单位,经目测评议、体格检查、政治审查,最后,经送兵单位、征集机构与接兵部队确定入伍对象。批准入伍者,由征兵办公室发"应征入伍通知书"。服役年限:1954年为陆军3年、海军4年、空军5年;1965年改为陆军4年、海军5年、空军6年;1968年改为陆军2年、海军3年、空军4年;1973年夏恢复到1954年的服役年限。自义务兵役制实施后,境内广大青年报名参军的积极性高涨,在征兵过程中,各级组织开展宣传教育,严格掌握条件,圆满完成征集工作。

(三)义务兵与志愿兵相结合兵役制

1978年3月,五届全国人民代表大会常务委员会第一次会议通过,开始实行以义务兵役制为主体的义务兵与志愿兵相结合兵役制度。1984年5月,第六届全国人民代表大会第二次会议通过颁布《中华人民共和国兵役法》,进一步明确规定:我国实行以义务兵役制为主体的义务兵与志愿兵相结合,民兵与预备役相结合的"一个主体,两个结合"兵役制度。志愿兵一律在部队由义务兵转充。即:义务兵服现役期满,根据军队需要和义务兵志愿,可超期限服现役;服现役满5年,已成为专业技术骨干者,由义务兵申请,经师以上机关批准,从第6年开始可以改为志愿兵。

(四)预备役兵役制

预备兵役,是在战争环境条件下保证部队有充足兵员重要措施。1955年7月31日,颁布《中华人民共和国兵役法》规定,兵役分现役和预备役。预备役分:一类预备役(18～28岁)、二类预备役(29～35岁)。

1955年11月和1956年1月,国防部、总参谋部动员部先后颁发《预备役军士和兵的登记暂行办法(草案)》和《中国人民解放军预备役军官登记统计办法暂行规定(草案)》。1956年4月15日,如东县开始进行全县预备役军士、兵(复员、退伍军人)和应征公民登记工作。由基层单位按照政治、体格、年龄、家庭劳动力、是否独子等条件逐个审查,做出初步结论,上报兵役局审批,审查批准后,颁发兵役证和应征公民登记证。由各乡、镇召开庄严隆重的预备役军士、兵和应征公民登记工作。

1957年6月18日,中央军委做出民兵与预备役"合二为一"指示,将预备役编入民兵组织。1965年以后,由于多种原因,这一工作中断。1980年9月,国务院、中央军委转发《退伍军人预备役登记统计暂行规定》,恢复预备役人员统计,县将这一工作作为一项重要战备任务来完成。坚持分类造册、上下核对、逐个登记、力求不多报不漏报。

1984年5月,第六届全国人民代表大会第二次会议,通过颁布新《中华人民共和国兵役法》,对预备役制度重新作规定。按照新要求,民兵和预备役相结合,把民兵和预备役年龄、政治、身体、政治条件一致起来;把民兵和预备役分类结合起来,基干民兵为一类预备役,普通民兵为二类预备役。预备役人员包括预备役军官和预备役士兵。预备役军官不分类,只授予预备役军衔等级。预备役士兵分为两类。第一类包括基干民兵、不建立民兵组织单位经过预备役登记28岁以下退伍士兵和专业技术人员。第二类包括普通民兵,不建立民兵组织单位经过预备役登记29～35岁退伍士兵及其他符合预备役士兵条件男性公民。1991年6月,经如东县编制委员会批准,掘港中学为如东县掘港预备役学校。6月8日,正式成立。1997年9月24日,南通军分区在掘港镇举行如东县首次预备役军官授衔仪式,大豫镇有8人被授予预备役军官军衔(中校2人)。1999年9月18日,如东县组建江苏省预备役步兵师第一团第三营。

第五章　战　事

第一节　重大战斗

民国33～34年(1944～1945),抗日烽火风起云涌,境内先后打响具有历史性意义的3

大战役，即：南坎攻坚战、大豫镇战斗、火烧竹篱笆。在南坎攻坚战中，掘东区3000多民兵配合主力部队作战，此战役的胜利，受到苏中四分区、新四军一师领导人嘉奖，使日伪军先后实施的“清乡”和“扩展清乡”，在广大军民沉重打击下，惨遭失败。

一、南坎攻坚战

南坎镇是日伪篱笆封锁线最东端的重要据点，切断苏中四分区南北交通线，设有1个“大检问所”，驻有日本侵略军1个小队，伪军1个连，加上伪“清乡”办事人员，约300人左右，且工事坚固，武器精良，弹药充足，周边有多个日伪据点支撑，互为依托，确实是颗“硬钉子”。威胁着中共抗日根据地。

民国33年6月26日夜，三旅特务四团从苴镇、长沙插向东南，以绝对优势包围200多户人家海滨小镇。27日凌晨1时，3颗红色信号弹划破夜空，一营、二营同时向日伪碉堡发起攻击。担任突击组二营五连二排战士们利用土墙挖好脚蹬，首先翻墙突击，占领两侧交通壕。随即用火力封锁中心碉堡，掩护一三排翻越围墙，向东西两翼展开。一排向西连续攻占两个地堡，又用手榴弹炸开西北角高堡大门。一边向高堡上层冲，一边喊着“缴枪不杀！”，在全军威力震慑下，高堡内伪军放下武器。向东侧攻击三四排在攻占一个地堡后，却遭到中心碉堡机枪火力猛烈射击，进展迟缓，伤亡较大。担架队将10多名伤员抬下来，及时送后方卫生队，民兵火速补送弹药。

为加速战斗进程，二营营长揭天祥当机立断，命令四连二排从东北角越墙进入战斗。敌人始料不及。在连指导员吴文斗带领下，一举攻克东北角碉堡和东侧一幢营房。与此同时，还攻下镇东“检问所”，伪军1个班向二营投降。

镇南战斗进入白热化程度。日本侵略军儿挺机枪交替扫射，前沿阵地尘土飞扬，硝烟弥漫。二营火力稍一暴露，敌人机枪、迫击炮、掷弹筒跟踪袭来。为拖住日本侵略军，不让他们腾出火力支援伪军，一营采取弧形包围，拉开距离，轮番向敌堡射孔打冷枪，使日本侵略军无喘息时机。成功配合二营取得胜利。

程团长赶到营指挥所，向一营营长赵云鹤发出总攻命令！赵营长指挥：“将迫击炮前放50米，拉近平射”。连续几发迫击炮全都命中日本侵略军碉堡，碉堡起火，嘹亮军号响起，所有轻重机枪一齐射向敌人碉堡，压下敌人火力。战士们端着刺刀，像潮水样涌向敌人据点，迫击炮击中碉堡内汽油桶，敌碉堡燃起熊熊大火，等一营冲进敌堡，日本侵略军大部分被烧死，余下便成俘虏，后因伤势过重，全部死去。

特务四团强攻南坎战斗打响后，驻掘港日本侵略军警备队丹木中队长闻讯，即率14名日本侵略军和1名翻译，携带轻武器，赶往增援。他们窜入南坎西南边坟地，企图从背后偷袭二营。岂知新四军早布下伏兵，当敌人进入伏击圈后，新四军伏兵用两支冲锋枪将敌人压下去，当场击毙敌机枪手，丹木中队长也在战斗中一命呜呼，其余像疯狗一样，企图夺路逃跑，被新四军预伏部队团团包围，经过不到5分钟白刃战，全歼日本侵略军，生擒翻译。当程团长率部队赶到战地时，只见地上躺着十几具日本侵略军尸体。

附记：

新四军第一师嘉奖令

南坎战斗胜利后，新四军第一师特发嘉奖令，表彰参战部队。全文如下：

陶司令员、吉政委转各战斗部队指挥员：

如中胜利，南坎攻克，捷音传来，全师共庆。两次大捷对于打击敌汪“扩展清乡”阴谋，意义甚大。望各按原定计划，相机扩大战果，对烈士伤员从优抚恤调治，对有功将士分别奖励。并在“七一”“七七”表扬。

师　长 粟　裕

副师长 叶　飞

参谋长 刘先胜

政治部主任 钟期光

（载民国33年7月1日《苏中报》）

二、大豫镇战斗

南坎攻坚战胜利后，大豫镇是掘港以东日伪封锁线上最东端一座碉堡。

民国34年（1945）3月16日晚，掘东丁杨乡民兵配合区队奇袭大豫镇，碉堡里驻18个日本侵略军和伪军，有两挺三八式机枪，1挺九六式机枪，3个日本造掷弹筒，还有土枪。碉堡5层高，门在2层上，用梯子才爬得上，日本侵略军步哨在北边60米远，东边50米远是伪军哨位，西边是大河，碉堡四周是一人高围墙，围墙外面是一层竹篱笆，再外边是一场蛤子壳，人踏上去，就发出响声。

夜里，排长薛振家，率领15名突击队员，从东边越过敌人步哨，黑暗中解决掉伪军步哨，贴近碉堡。

当突击队前面薛排长和周恒滨，还没爬上楼梯，突然，2层碉堡有“吱呀”开门声。两个日本侵略军披着衣服下楼小便，薛排长指挥突击队员隐蔽。1个小便后爬上楼，1个进入厨房，突击队员吴长光、徐朝鼎，手持驳壳枪，轻轻盯着进楼日本侵略军，当徐朝鼎一只脚刚跨进门，日本侵略军发觉后面有人跟着，便死命用力关门，还哇啦哇啦直叫，将徐一只脚轧在门里，薛排长扑上去掮开门，日本侵略军仰天倒在地，突击队员们迅速挺进，点燃蜡烛，日本侵略军睡成一个圆形，有几个惊醒，爬起来想拿枪，薛排长和突击队员们一阵刺刀和盒枪，日本侵略军再也不见动静。

正在这时，烛火熄掉，黑洞洞碉堡里，其余日本侵略军翻起来乱窜乱撞。黑暗中陈金楼摸到一个赤条暖和的人，他大叫：“鬼子！”，有个战士擦亮火柴，3把刺刀在火光中一阵戳，日本侵略军一命呜呼。

还有些没下床日本侵略军，用被蒙住头，屁股朝天，战士们擦一根火柴，刺一个，血从被窝里向外冒。

突击队员徐备芝旁边，正是一挺九六式机枪，黑暗中没发觉，而有个日本侵略军乘暗窜上去，夺下机枪就往楼梯上爬，周恒滨一见他抱的歪把子，扑上去拖住机枪，日本侵略军拖牢机枪脚向上拔，在僵持时，薛排长对准日本侵略军一枪，日本侵略军撒手从楼梯上掉到楼下。

正当碉堡上枪声传到厨房里，3个烤火日本侵略军，急忙出来应战，班长陈邦基一枪打中一个，其余两个趁黑夜落荒逃往掘港。

大豫镇战斗2个多小时共打死日本侵略军12名，伪军3名，缴获九六式轻机枪10挺，掷弹筒2个，新三八枪8支，土造枪7支，俘伪军6名，伪乡长1名，解救被抓群众40多名。

三、火烧竹篱笆

民国30年(1941)1月，日本中国派遣军总司令部提出：以长江下游为起点，逐次进行“清乡”计划，汪伪政府将其定为“国策”，汪精卫自任“清乡”委员会委员长，日本侵略军任命六十一师团长小林信男为苏北清乡地区日本侵略军现地最高长官，将原驻南通地区日本侵略军南浦旅团调走，从苏南调来有“清乡经验”菊池联队4个大队和部分宪兵，并集合伪军1.50万人，其兵力部署密集程度在华中敌后战场上罕见。

日伪军从江南运来500多万支毛竹，从长江边天生港向北经白蒲、林梓至丁堰，再从丁堰向东经双甸、岔河、马塘、掘港、南坎，直至鲍家坝，沿着公路与河道，构筑100多公里长封锁篱笆；对长江沿线及一部分海滨地带，也筑起一道封锁篱笆。这样，敌人对苏中地区四分区构成长达200多公里“清乡”包围。日伪曾经狂妄地宣称“篱笆筑成功，清乡便成功”“篱笆打得好，新四军跑不掉”。

在这道封锁线上，设立大小据点25处之多，每隔4～5里设一个据点，2～3里筑1座碉堡。白天，沿竹篱笆每隔几十步有1个哨兵；夜间，巡逻队来回巡查。同时，日伪在封锁线上设置大检问所10处，每处都配备10名左右检问人员，严密盘查来往行人。

日伪构筑所谓“强固”封锁线，确实造成日伪“清乡”区内外抗日本侵略军民交通联络困难，使部队运动受到限制，物资运输受到阻碍，群众生产生活陷入困难境地。群众通过检问所，常遭人身污辱和敲诈勒索，种地穿越或接近竹篱笆，常遭拷打，甚至被杀害。

为打破日伪封锁，中共如皋(如东)县委及各区区委积极领导和发动广大军民，从日伪构筑竹篱笆之日起，就在掘丁封锁线上展开一场群众性破击运动。县警卫团、区队、乡游击队及广大民兵把开展反封锁斗争视为反“清乡”斗争重要环节，几乎每夜都要开展破击活动，先后拆除、烧毁毛竹200多万支。

从掘港向东经境内竹篱笆有五六公里，鲍家坝是最东端。为粉碎敌人要挟群众强行封锁罪恶阴谋，苏中三分区和四分区联合行动，掘东联防队多次发动群众性破击战。民国32年6月29日，掘东区三乡联防大队长顾秀，接到区委紧急会议通知，县委周一峰书记传达粟裕师长和四分区陶勇司令员、吉洛(姬鹏飞)政委指示，要在同一时间里，把300里竹篱笆全部破掉。30日晚，县委领导专门给顾秀下达指示，命令他7月1日前率领联防队到达鲍家坝，配合当地干部和民兵、群众行动，协助乡、村干部统一指挥。顾秀按照县委指示，到达指定地点后，立即与当地乡、村干部取得联系，并进行明确分工。

7月1日夜间，三、四分区成千上万名民兵，在主力部队掩护下，分成几十路，分别向100多公里封锁线挺进，开展声势浩大破击运动。这一夜，掘东区400多干部、民兵、群众参战，全县5000多民兵参加破击战。宣传队在进军途中唱着“竹篱笆，分了家；南边田，北边家，大家齐心拆篱笆”和“篱笆长，篱笆高，清乡封锁鬼门道；清不了，锁不了，抗日人民智慧高；老虎钳，切菜刀，砍掉篱笆大火烧”等民歌，鼓舞大家斗志；一到阵地，即向碉堡里伪军喊话：“中国人不打中国人！”“你家里老婆孩子等着你回家！”警戒部队用机枪、步枪对准碉堡枪眼，压制住敌人火力。破拆大军迅速行动，砍的砍，拉的拉，拔的拔，把有用竹子打捆运回家；剩余竹子分段堆好，放火焚烧。绵延百里冲天之火，使日伪苦心经营三月之久封锁篱笆毁于一旦。

图21—128　民国32年(1943)7月1日，夜间火烧竹篱笆场景　连环画《江苏革命斗争故事》

第二节　重要战例

在抗日战争时期，中共掘东区委领导和指挥的区队、区联防队，依靠广大群众作后盾，采取机动灵活的战斗方式与日伪军展开斗争，屡获战果，受到上级领导表彰奖励。掘东区第二联防队队长吴品庄“虎口夺棉”就是重要战例之一。

一、参战

(一)备战

民国31年(1942)冬至翌年春，华丰、豫北乡中共组织发动民兵、群众，一举拆除华丰公司、豫北公司房屋，以防日本侵略军构筑据点。

(二)突围

民国32年(1943)3月，掘东区小队40多人在犁丰村曹家园开会，突然遭到童甸据点日伪军100多人包围。区小队长高风庆指挥民兵突围，战斗1个多小时，牺牲2人，被俘3人。

(三)伏击

民国32年(1943)5月21日上午,县警卫团和掘东区队在九总乡蔡家墩设伏,袭击从南坎到掘港去的近百名日伪军尾部,活捉伪军连长、士兵各1人,缴获长短枪各1支。8月,掘东区联防队在南坎镇东袭击下乡"扫荡"的日本侵略军,击毙日本侵略军1人。

民国33年3月,掘东区联防队配合四分区特务营1个连,伏击从九门闸下乡"扫荡"的日本侵略军,击毙8人,缴获长枪8支。是月,日本侵略军从兵房出动到丁店修桥,掘东区队配合南通县警卫团伏击战,击毙8人,打伤10多人。

民国32年11月的一天,吴品庄带领联防队员在大豫镇附近伏击从掘港下乡"扫荡"日伪军。当日伪军走进他布下"口袋阵"时,四面枪响,几路合围,敌人摸不着头脑,丢下枪支弹药,狼狈逃窜。他多次伏击下乡"扫荡"之敌获胜,受到上级嘉奖。

(四)作战

民国33年(1944)春,日本侵略军一飞机失事,降落在三门闸外海滩,掘东区一个连民兵与南通县地方武装配合作战,击毙日本侵略军10余人,俘虏3人,缴获轻机枪1挺,步枪10多支。

民国37年4月20日,国民政府军436团占领大同镇、九门闸、毛竹桥一线,在掘东南部王荃乡大烧大抢时,强丰、新民、镇西3个小队,从10里以外,赶到王荃乡,从伯安镇到七贯东西10多里高岸上,分段坚持监视敌人。下午,大同镇出扰敌人,跑到伯安镇附近二排田的地方,坚守在伯安镇的小队,立即用排枪拦头就打,打得蒋匪军调头直溜,小队趁胜猛追,直追到大同镇北街头,敌人沿路仍下抢劫的粮食等物资。九门闸出扰敌人,拿火把到处放火,王荃乡小队对准几排枪,直打得敌人丢下火把伏倒在路上不敢动。最出色是X小队黄沛成等4同志,阻击敌人一个连进攻,掩护群众抢运物资,把没有分配给群众胜利果实花布抢运出来。

二、战例

(一)掘东第一枪

民国32年(1943)4月,掘东区在日本侵略军"清乡"圈范围内,敌人据点四处密布,仅豫滨乡就筑有5个据点。在敌人十分嚣张情况下,斗争异常尖锐,区、乡干部和联防队任务十分艰巨。中共掘东区委为加强对豫滨乡领导,决定派区委委员张智音兼任豫滨乡乡长,吴品庄担任乡队长兼联防队长。区、乡干部、联防队白天隐蔽在群众家中,夜晚开展活动。11月24日上午,乡干部和联防队隐蔽在八贯东滨海村黄国祥家。1个队员进屋报告,"有情况,日本侵略军已到南排上"(联防队驻在北排,相距约200米)。张智音和吴品庄当机立断,命令全体队员就地隐蔽,听从指挥,做好一切战斗准备,与敌人决一死战。因来不及撤退,就地隐蔽是上策。但他们多少人?需继续侦察,便派两个队员在窗口密切监视,日本侵略军是1个班,其中1个日本侵略军离开队伍骑着自行车向北而来。可他东不进,西不去,偏偏往联防队驻地闯。这家伙将步枪斜背身上,摇头晃脑,得意扬扬从横路上转弯进来，刚跨下自行车，欲想进屋之际，张智音一声令下“打”，一阵排子枪，弹无虚发，全打在日本侵略军身上。南排众日本侵略军听到枪响，晕头转向，不知所措，便缩回兵房据点。

联防队将日本侵略军打死后，迅速拖着尸体，从干涸河里转移到九贯东边草荡，将尸体抛进草塘，然后进群众家煮午饭。张、吴具有丰富对敌斗争经验，他们一方面为掘东地区第一次打死日本侵略军，缴获第一支“三八”式步枪和百余发子弹而高兴；另一方面意识到，鬼子不会就此罢休，明天定会来报复，必须采取防范措施。张、吴一面谈论，一面商量对策，决定晚上返回滨海村。他们回到滨海村即找干部，召集群众开会，通报明天日本侵略军可能要来报复，进行烧杀。为减少损失，要求各家各户抓紧转移贵重物资，尤其是粮、棉。把能转移物资尽量转移到外村，能隐蔽物资尽可能隐蔽或深埋，能走动群众都转移到外村。经动员，群众立即行动，除留下几个老人外，其余都转移和隐蔽。不出所料，第二天清早，兵房据点日本侵略军和部分伪军果然到滨海村捉人、烧房子，少数未转移群众被抓去，打得遍体鳞伤，逼问失踪日本侵略军下落。日伪军连续几天到滨海村找“尸体”，找不着就烧民房。敌人打死群众2人，烧毁民房20多间。为使群众少受苦，减少损失，张、吴决定，将日本侵略军尸体卷在草帘子里，夜间送至兵房据点，竖在东市梢，日本侵略军接到尸体后，方才罢休。这次胜利被称之为“掘东第一枪”。

（二）生擒沈扣

民国32年（1943）八九月间，掘东区巩坚区长、王荃书记与豫滨乡干部和联防队，住在鲍家坝两户群众家里。一天早上，下起蒙蒙细雨，下午雨渐止，约3时左右，大豫镇附近一民兵报告，“沈扣麻子从据点出洞，已到姘妇家”。虽不到一华里，但晚上不敢出来，只有大白天才敢去鬼混。沈扣麻子，姓沈名扣，年幼时生天花，给他留下一脸黑麻子。过去人家喊他小麻子，长大成人后，都叫他沈扣麻子。此人，从小不学好，在大豫镇上鬼混，结交不三不四狐朋狗友，成为一个把头、地痞、流氓、白粉鬼。日本侵略军侵占大豫镇后，他死心塌地跟随日本人，成为日本侵略军忠实走狗，地道汉奸卖国贼。依仗日本侵略军势力，到处欺压百姓，进行敲诈勒索，夜晚派人送绑票，把索要钱款写在纸上送至人家门口，限时限刻将款子送达某地，否则就要遭殃。老百姓为求太平，到处借债应付，不敢得罪他。他将搜刮民脂民膏，挥霍于吃、喝、嫖、赌。他为讨好日本人，收集新四军军事、政治、经济情报提供给敌人。还为敌人建立保甲制度而出谋献策。群众把他视为一个无恶不作，脚底生疮，头顶冒脓的大坏蛋。

那天，得到沈扣麻子出洞情报，群情激愤，大家摩拳擦掌，争着去捉拿沈扣麻子，巩区长和王书记商量后，决定把执行这个任务交给吴品庄。吴当即表示，由他带上两个队员，保证完成任务。吴佩带短枪，小包、小杨带上匕首和手榴弹。吴身穿长衫，手持小铜锣，化装成算命先生，小包身穿破衣服，做瞎子领路人，小杨挑着一对粪桶，走在前边做开路先锋，保持50多米距离。当他们走近据点约一华里时，放慢脚步，敲响小铜锣。边走边观察据点附近动态。3人隐蔽接敌，到达沈扣麻子姘妇宅前，小杨在门外警戒，吴品庄与小包仔细观察，堂屋内没有人影，便轻手轻脚地进入屋内，房门紧闭着，卧室内传出男女嬉笑声，证实沈扣麻子和其姘妇在房间内，吴品庄拔出短枪，小包持匕首，把房门撞开，大喊："不许动，谁动就打死谁。"沈扣麻子被突如其来喊声，吓得目瞪口呆，但仍负隅顽抗，拼命挣扎。在捆绑他时，吴品庄脸上被他猛击一拳，但忍着痛，使出全身力气把他捆绑得动弹不得，乖乖地跟着走。将沈扣麻子押到区公所后，张智音对他进行审问，严厉指出他罪恶滔天，罪该万死，当即执行枪决。沈扣麻子被枪决消息传开后，老百姓个个拍手称快。

（三）破敌堡

民国34年（1945）春节前，民兵们周密考虑连根拔掉九总乡七总据点计划。2月26日（农历正月初四），在乡民兵副大队长花功宪和民兵基干队队长曹顺高带领下，24个民兵，有化装成拜年讨喜封乞丐，有打扮成走亲访友模样，三三两两向七总碉堡靠拢。

民兵分队长石登科，原先和伪军排长曹顺余是老邻居。他借这个关系，大摇大摆地走进碉堡。他对伪排长说："曹顺高已同意带人投靠你，他怕事情不得成功，在东边仙方堂里等你去商量。"曹顺余早就有想通过人劝说花功宪和曹顺高"归顺"之意，一听这话，喜上眉梢，便叫他弟弟留守碉堡，自己直奔仙方堂。曹顺余进仙方堂后，被民兵逮住。

但是，碉堡上只剩他弟弟和一个伪班长以及3楼上一个哨兵。哨兵是当地贫民，早就和民兵们有联系。其余伪军，有在厢房里赌钱，有在附近酒店里吃酒，有到外边捞"外快"。石登科见机会已到，就跑到门口，抓抓头——这是事先约好暗号。

花功宪和民兵於国富俩人见到暗号，立即从碉堡门口吊桥上冲进去，碉堡门口岗哨还没有来得及拦住盘问，他俩就钻上碉堡。

伪班长一见花功宪，感到很惊讶，忙问："花功宪，你怎么到此何干？""你还不知道？你家排长约我来的。"花功宪随机应变回答道。伪班长将信将疑。花功宪又说："你这位兄弟也太胆小，青天白日还有新四军来吗？"就这样，花功宪、於国富和伪班长及曹顺余弟弟闲扯起来。就在这时，花、於俩人发现放在二楼两支步枪，便赞不绝口。伪班长说："一根是汉阳造，归副官用，连打几十发不发热。"石登科趁他们谈得正欢之际，悄悄地走上3楼，向哨兵挤挤眼，叫他时机一到，就把3楼枪支全部拿下来。

花、於边谈边拿起枪，并说："我们投靠你们后有没有这种枪拿？"花功宪把枪拿到手里一看，里面子弹已上膛，便迅速把上楼梯子推倒，端起枪来对曹顺余弟弟说："不许动！我们是拿碉堡的。"伪班长见势不对，跃起来就夺枪。花功宪端起来就是一枪，吓得伪班长连忙跪在地上求饶。楼上哨兵听见枪声，把3楼所有枪支汇集起来。於国富这时也连续投出两颗手榴弹，碉堡周围民兵听到信号，赶紧冲上来。

枪声和手榴弹声招回伪军。民兵即向伪军进行政治喊话，并命令他们："不许动！"伪军一个个举起双手。

民兵们在不到15分钟时间里，智取七总据点，烧掉碉堡，缴到步枪13支、子弹4箱，俘虏伪军20多人。当天下午，区里组织几百人，把七总碉堡全部平毁。

(四)陶司令遇险

民国33年(1944)夏,一天傍晚,南坎镇四周突然响起激烈枪声。镇上一家小渔行的账房顾大,知道情况不妙,正要收摊打烊,门口突然闪进一个手持短枪的人。那人中等身材,一身渔民打扮,衣裳上沾满血迹。他急促的招呼说:“老板,快,找个地方让我藏藏!”顾大一眼看出是新四军,心里好不紧张。两间门面小渔行,只有几只咸鱼缸,藏在哪儿呢?藏不好别说自己身家性命难保,就是这位新四军也会落入虎口。敌人杂乱的枪声、叫喊声、脚步声越来越近,时间不允许他多想,果断地打开一只缸盖说:“快,藏进鱼缸!”这只鱼缸里只有半缸咸鱼,新四军很敏捷地跳进去。顾大将缸盖留一条缝隙,然后从门口鱼盆里捧上几捧烂鱼盖在上面。刚收拾好,外面冲进几个日本侵略军和伪军,一个手操指挥刀日本侵略军小队长用刀尖指着顾大鼻子,问道:“新四军看到没有?”顾大摇摇头,镇静地说:“没有!”

“你的撒谎!”日本侵略军大怒,鼻子下面一撮人丹胡子根根竖起来,“新四军明明从这条街上走过!”

顾大不慌不忙地用手一指说:“哦,太君,我看见一个打鱼人,那边的开路!”

当日本侵略军用狐疑眼光扫向几只鱼缸,顾大笑咪咪地走上前,用手捧起缸盖上咸鱼,假装殷勤地说:“太君,咸鱼的咪西咪西?”

日本侵略军小队长看不出破绽,手一挥,跟在后面的敌人一窝蜂地追向前去……

日本侵略军走后,顾大擦擦鼻尖上汗珠,赶紧将那位新四军叫出来,临别前,那位新四军感激不尽,连声说“谢谢老乡,后会有期!”

附记:

顾大巧救陶司令

1959年秋天,一辆草绿色越野吉普,沿着掘港至南坎公路驰向海边,车上坐着一位身穿便服的首长,他就是当年曾经战斗在这里的四分区司令员陶勇。解放十年,他时刻牵挂着老区人民,这里是他第二故乡啊!这次从繁忙军务中抽出时间到如东视察,可算是实现多年夙愿。

车过九总桥,突然发生故障。乘司机修车之际,陶司令下车看看。正在田间劳动的社员,见公路上停下一辆军用车,都好奇地围上来,陶司令操着熟练的如东方言热情地和老乡们招呼,问寒问暖。老乡们见这位首长没有一点官架子,也无拘无束地攀谈起来。公路上时时扬起一阵笑声。

陶司令突然发现人群中有一位60多岁老人,长着一只红而发亮大鼻子。他惊喜地大步走到老人跟前说:“老人家,如果我没有猜错的话,你可是顾大?你过去开过渔行?”

大鼻子老人不知所措地说:“是,首长,我过去在南坎镇渔行里当过账房。”

旁边人都惊奇地议论说:“这位首长好眼力,他怎么知道这事儿?”

“对,是南坎!”陶司令点点头,诙谐地说:“踏破铁鞋无觅处。我从上海来,就想找你这个大鼻子,光阴似箭,一别竟是15年!明天上午我在你们县招待所等您,我想跟您聊聊。”

“哦，您是——”顾大心里“咯噔”一下，好像想起什么。

“我讲过后会有期嘛。”陶司令神秘地一笑，登上车，向人群挥挥手，车子又向海边驰去。

“原来是他！”顾大脑海里波澜起伏，一幕往事如同发生在昨天……（略，详见陶司令遇险）

“后会有期！”15年来，这句话时时在他耳边响起。可是那位新四军姓什名谁，后到哪里呢？他更想知道是那位新四军脱险没有，任务完成没有，一直是一个谜？白天遇见那位首长，莫非就是当年那位新四军？

第二天一早，顾大如约赶到县招待所，警卫人员早在这里等候，立即将他引到陶勇司令员住所。

司令员紧紧握住顾大双手：“您老还记得15年前，您掩护过一个新四军？”

顾大连连点头说：“记得，记得，首长，您——”

“我是陶勇，我该称您恩人！”

顾大一听激动地说：“您原来就是大名鼎鼎的陶司令！”

陶勇给老人倒茶，递上香烟，接着告诉他，抗日战争胜利后，他派人打听过他，中华人民共和国成立后，也给地方政府写过信设法帮助寻找。可他哪里知道，顾大后来又换过几个地方，且是不知姓名，这到哪儿去找呢！陶勇诙谐地说：“这次是您老鼻子帮大忙，要不也找不到您。”

顾大连连说：“区区小事，陶司令何必挂在心上，在当时那种情况下，每一个有良心的中国人都会这样做。”

陶司令感慨地说：“苏中没有高山密林，又不能挖地道，我们能在这里站下脚跟，完全靠人民支持！那一次，只要您嘴一动，我早就光荣啦！”

顾大认真地说：“要是出卖陶司令，我顾大鼻子岂不成遗臭万年大汉奸！”

陶勇又仔细地询问顾大生活情况，他吩咐警卫员从自己工资中拿出一笔钱给顾大伯作为安家用，顾大伯说什么也不肯收，他诚恳地说：“陶司令，这一带人都知道我顾大是个义气人，当时救您，可不是为图以后报答！”

陶勇听到这话，一时也不好勉强。后来在结束这次难忘会见时，陶司令亲自把顾大伯送出大门，两人依依惜别，久久不忍分手。最后在离开如东前夕，陶司令把这件事原原本本地告诉县里领导，请地方政府要妥善安排好这位曾经为革命做出过贡献的老人，这才恋恋不舍地离开第二故乡。

（五）虎口夺棉

日本侵略军为实现其“以战养战”阴谋，在掘东棉垦区，大肆掠夺棉花物资。掘东区二联队队长吴品庄为解决新四军和党政机关的服装供应，先后几次深入大豫据点，虎口夺棉。民国32年（1943），一天，敌人加派武装，押运两船棉花到外地，吴品庄事先得到消息，派民兵在牛桥附近河里打下许多暗桩，使敌人棉花船受阻。敌人费尽九牛二虎之力，直到晚上才开通水路，吴品庄借着夜色掩护，带领民兵打伏击，敌人只好弃棉而逃，这样从“虎口”里夺得两船棉花。

民国33年初冬，驻大豫镇的日伪军，在周围地区进行“清乡”，抢走老百姓几十担棉花。掘东区二联队队员们看在眼里，恨在心里。队长吴品庄请示区委领导后，决定再从

“虎口”里夺回棉花。

棉花仓库设在大豫镇南头河边处，鬼子怕发生意外，在水沟周围筑起铁丝网、竹篱笆，还搭建哨棚，日伪军日夜看守。炮楼上更是戒备森严。根据部署，吴品庄亲自化装进镇侦察。从打入敌人内部的老陶那里弄清情况。当天夜里，二联防队68名队员在吴品庄率领下，借着夜色掩护，悄悄地摸到大豫镇南首。在炮楼和乡公所附近土坑里，分别埋伏两个战斗小组。还有34名队员，由吴品庄带领，用铁钳剪开铁丝网，直奔棉仓。

两边哨棚里4名伪军抱枪昏睡，被4名联防队员悄悄扑上去，每人一刀，就一命呜呼。吴品庄一挥手，队员们一齐撬开仓库，顷刻间450公斤皮棉，被全部装到联防队小船上。吴品庄一声喊“撤”！大伙儿跳上船，向东驶去。为防止敌人在岸上追击，埋伏在敌炮楼和伪乡公所的联防队员，一齐向炮楼和伪乡公所开火，一时枪声大作，炮楼里伪军慌作一团，两挺机枪交叉成一条火力网，此时联防队棉船已超越射程。伪乡公所派出20多名伪军，一边放着枪，一边从壕沟里扑向联防队员，企图从岸上追击棉船。联防队员一齐向敌群扔手榴弹阻止伪军前进，并吹响冲锋号，日伪军一时摸不清底细，以为遇见新四军大部队，只好撤回炮楼里，胡乱放枪。联防队员迅速撤离大豫镇后，向事先指定集合地点飞奔而去。当夜，联防队把夺到的皮棉准时送到区政府。

(六)活捉伪军

民国32年(1943)春，掘东区二联防队获得日伪军下乡“扫荡”情报。队长吴品庄和大家一商量，决定破坏敌人“扫荡”计划。清晨，他带领联防队员、民兵共100多人。从十贯海堤外向南，行至兵房东部时，侦察员回来报告，鬼子和伪军已分散下乡。吴品庄当机立断，将队伍分为几个小组骚扰敌人。他带领10多个民兵从十贯向西北退至七贯。发现两个伪军在捉老百姓的鸡，吴品庄、袁文华顿生活捉伪军念头，便吩咐其他民兵用枪瞄准敌人，如果敌人反抗就开枪。他和袁文华跋河过去。刚上岸，两个伪军就发现他们，感觉情况不妙，拔腿逃命，联防队员在后紧追不放，终于在1里外抓住其中一个，缴获步枪一支，子弹10排。第二天，吴品庄和两个队员把俘虏押送到陶司令部队。

(七)为民除害

抗日战争期间，南坎镇上有个地头蛇，绰号叫“杜和尚”。日本鬼子进驻南坎镇后，他专为鬼子办事，还依靠敌伪据点里的势力敲诈老百姓钱财，当地群众恨之入骨。掘东区二联防队根据中共区委指示，决定为民除害。一天傍晚，二联防队员顾茂生、包锦生在队长吴品庄带领下，埋伏在鲍家坝东一条路口旁。不一会儿，“杜和尚”背着从群众家里抢来的钱财由东向西而来，正好遇见一名年轻妇女，便上去调戏，吴品庄和两名队员怒火冲天，猛扑过去。“杜和尚”见情况不妙，推开那名妇女，拔腿向东就逃，3人紧追不放，一直追到黄海边，恰逢涨潮。“杜和尚”见无退路，心慌之下就向海水里扑去。队员顾茂生水性好，力气大，对队长说：“你们在堤上，我下去把他拖上来。”随即跳下海堤，不一会就追上“杜和尚”，两人在水里搏斗两三个回合，“杜和尚”就被压到水里，像一头死猪似地被拖上岸来。第二天,被联防队处决在八贯东蒿草荡里,为民除掉一害。

三、掩护

(一)诓敌

民国33年(1944)三四月间,南通警卫团一部分人住宿大同镇西二三里路陈志良(绰号陈胖子)家。第二天清晨,天刚蒙蒙亮,该团多数人在睡觉,这时有人发现日伪军由东向西来,相距仅几百米。情况紧急,部队来不及撤退,若打,必是一场被动战斗。紧急关头,陈胖子挺身而出,拱着手,满脸笑容地走到日本侵略军小队长跟前说:"太君辛苦了!"并弯下腰向日本侵略军小队长深深地一鞠躬。日本侵略军问:"你的,什么的干活?"陈答:"良民,跑单帮的干活。"并掏出良民证给他们看,日本侵略军看过良民证说:"你的大大的好,这里新四军的有?"胖子说:"大同镇离这里那么近,新四军谁敢来,要是新四军真住在这里,皇军脸都给丢啦!"翻译不敢翻这句话,眼睛直瞪胖子,陈意识到这句话已卡壳,马上说:"新四军真住在这里,没有皇军面子啦,再说,新四军如来,我们也一定向皇军报告!"小队长把手一挥说:"开路开路的!"继续向西走去。胖子还大声说:"欢迎皇军下次再来。"翻译将此话翻给小队长听,小队长回过头来,高兴地举着手说:"你的,大大的好。"等日伪军稍走远些,胖子愤恨骂道:"呸,滚你妈的蛋吧!"一场紧张激烈、一触即发战斗,就此化险为夷。陈胖子骗走日伪军,掩护子弟兵,在群众中传为佳话。

(二)化险

民国32年(1943)秋,掘东区二联防队队长吴品庄在海滨村遇到一股日伪军,便迅速隐蔽到民兵王兆祥家里,王立即将他藏在屋后柴堆里,外面又加上几捆芦柴。吴品庄打开驳壳枪机头,将手榴弹弦扣在小指上,做好和敌人硬拼准备。顷刻间,一群敌人荷枪实弹闯进王家。一个伪军一把抓住王兆祥胸襟,问道:"刚才进来人呢?快说!不然崩掉你。"王装作害怕样子,向日本侵略军连连哈腰:"太君,刚才确实有一个人进来,拿着手枪,可我还没有看清是谁,就穿过屋,向东跑去。"敌人用怀疑目光上下打量着王兆祥,但看来看去王像一个老实庄稼人。王装出委屈样子说:"不相信,你们尽管搜,搜出来就枪毙我。"敌人在房前屋后胡乱地刺几刀,便一窝蜂向东追去。

(三)智谋

民国33年(1944)春天的一个晚上,掘东区二联防队长吴品庄带领顾茂生、陈宪扬、杨家绿、小袁等6人,在滨海村吴凤山家开会。第二天早晨,鲍家坝据点里日本侵略军出洞抢东西、抓干部、破坏中共抗日组织。住在吴凤山东宅的季秀兰,突然发现南横路有10多个日本侵略军,正由东向西,当时联防队还在吴家宅上,怎么办?敌人距吴家不到150米,越来越近,情况万分危急。季秀兰急中生智,不顾个人安危,连忙到厕所里拿起一把粪勺,掮在肩上,装着下田干活,朝吴家屋后奔去,一边敲后门,一边轻轻地喊:"日本侵略军来啦,快走!"联防队员听到后,立即从后门出来,依着房子作掩护,直奔西边干沟里,安全撤离险境。

附记：

民兵追捕抢劫犯

1982年7月1日，5个射阳县犯罪分子流窜如东县丁店公社七贯大堤至遥望港地段连续作案，先后抢劫南通县两名过路青年手表和人民币等物，然后四散逃匿。

当地民兵和群众听到受害人呼喊声，纷纷赶到出事地点。正在附近检查工作的丁店公社人民武装部副部长宋飞云、司法助理季雪浩接到报告，一边派人向公社党委领导汇报，一边迅速调动邻近4个大队和石灰水泥厂420多民兵，参照反小股匪特作战预案，部署封锁33处路口、桥闸、渡口，同时兵分十几路追捕罪犯。荃东大队民兵营副营长姜兰辉飞车传达追捕命令。邮电所话务员将“敌情”迅速传给上级机关和有关单位。

仅半个小时，近千民兵和群众从家中、田间拿起棍棒、锄头、钉耙、绳索直奔战斗岗位，在方圆15公里内撒下天罗地网。

新圩大队基干民兵陈锦平正在丁店闸医疗站住院，听到抓罪犯呼叫声，立即翻身下床，冲上海堤追捕罪犯。当他在林中发现一个神色慌张外地人，就跑去公社报告，与公安特派员施汉新循迹搜索七八公里，终于在树丛中发现罪犯。罪犯见势不妙，摆出武打架势。陈锦平不顾一切冲上去，飞起一脚，正中罪犯小腹，老施趁势上去逮住。这个接运赃物主犯首先落网。

在追捕队伍向罪犯紧逼之际，有两个歹徒骑着自行车妄图从东南角老海堤逃跑。华丰公社新垦一小队民兵孙季平等人扑上去拖住自行车。歹徒丢下车子，从树林里向西逃去。追捕队伍迅速向西推移。荃东大队女基干民兵崔月珍捷足先登，在芦苇丛中搜到两个犯罪分子，招呼人们过来合围。两个歹徒惊恐万状，拼命穿过芦荡，翻过堤岸，跳进遥望港，向南岸逃窜。

荃东大队几名基干民兵看到此情，大喝一声，直扑河中，紧追不舍。毛竹桥大队民兵副教导员季国元在下游渡口看到此情，连忙带领3个民兵跳上渡船，飞舟南下。在河边张网捕鱼老大爷、老大娘主动驾船送民兵过河。

此时，遥望港北岸另外两个歹徒被追得晕头转向，一个钻进树丛，一个躲进芦荡。追捕民兵迅速收拢包围圈，一举捕获。至此，5个罪犯全部落网。

第六章　军事人才

第一节　将　军

大豫是孕育军事人才之沃土。1988年，黄玉章被授予中将军衔。之后，陆启生、郁正德、邱祖平、蔡善飞相继被授予少将军衔。其中有国防教育者，有国防科技院校教授，有海军导弹指挥仪操作手、高级工程师，有总政治部组织部副部长，有解放军防空兵学院政治委员。将军位数之多，县内之最。大豫亦被誉为“将军之乡”。

大豫镇将军名录

（按姓氏笔画为序）

表21—213

姓名	性别	出生年月	军衔	原籍	任职简介
邱祖平	男	1955年11月	少将	巩王村	1975年1月，加入中国共产党，1975年9月，参加中国人民解放军，历任总参某部政治部组织处干事，总参某部政治部组织处副处长（正团职），总参某部政治部宣传处处长（副师职），总参某部某局政治委员（正师职），2011年12月，被授予中国人民解放军少将军衔
陆启生	男	民国31年（1942）4月	少将	马家店村	历任哈尔滨工业大学助教、讲师、副教授、硕士生导师、博士生导师；国防科技大学光电科学与工程学院教授、博士生导师
郁正德	男	1951年9月	少将	巩王村	1969年2月入伍，1974年6月，加入中国共产党。历任海军导弹指挥仪操作手，高级工程师，试验基地总工程师，享受政府特殊津贴
黄玉章	男	民国17年（1928）6月11日	中将	伯安村	民国33年（1944）8月，加入中国共产党，参加革命工作。民国34年8月入伍。民国34~35年，苏中四分区政治部政训队学习，后任苏中特务一团工作组组员。民国35~36年，苏中特务一团宣教股见习通讯干事、华中一师一旅一团特务连中共支部书记、一团组织股统计干事。民国36~1951年，华东四纵十八团机枪连副指导员、二十三军一九九团机枪连指导员，一连指导员，团组织股干事，七连指导员、三营副教导员、教导员，南京军事学院任教，1959年，晋升为中校军衔，1988年，被授予中将军衔，1992年，任国防大学副校长
蔡善飞	男	1959年1月	少将	徐征村	中共党员，1976年11月，应征入伍，历任山东烟台海军部队警卫连战士，政治部主任警卫员。1979年，考入安徽防护海军机务学院。1981年，毕业后分配到青岛莱阳机场当机务员。1984年，升职连长后，到天津海军政治学院学习5年。1989年，毕业后分配到青岛。1991年，调海军政治部组织部工作。1995年，调总政治部工作，任组织部副部长

第二节 英 模

在抗日战争、解放战军、抗美援朝至对越自卫反击战期间，大豫有很多现役干部、战士在部队立功受奖，受到党和国领导人接见，登上国庆观礼台；王万林等提拔到领导岗位，成为军中豪杰；英模们不仅为捍卫祖国钢铁长城做出巨大贡献，而且不怕牺牲勇往直前的顽强精神鼓励着家乡每一个人。

大豫镇部分英雄模范人物名录

（按姓氏笔画为序）

表21—214

姓名	性别	出生年月	原籍	任职及事迹简介
王万林	男	民国17年（1928）	一门闸村	民国36年（1947），参加中国人民解放军。次年，加入中国共产党。曾任苏南军区副排长。参加淮海、渡江等战役。1951年，毕业于空军航空学校。1952年，参加抗美援朝，任中国人民志愿军空军飞行大队长，曾击落敌机一架。1954年，任解放军海军航空兵飞行大队长，在浙东沿海带领一个中队，击落台湾国民党空军飞机3架，击伤1架。后任海军航空兵团长、师长，海军舰队航空兵司令员，海军副司令员，海军航空兵部副司令员
王建新	男	1963年5月	一门闸村	1982年，参加中国人民解放军，1985年1月，加入中国共产党。任陆军一军一团“英雄硬六连”二班班长。1985年3月8日，奉命率领全班战士拔除小尖山越军阵地。经过16小时恶战，击退越军7次反扑，1985年6月21日，解放军报头版刊登《万岁！硬骨头精神》长篇报道，中央军委和昆明军区授予王建新一等功臣称号
邱祖清	男	民国20年（1931）	兵房居委会	民国36年（1947），参加中国人民解放军，民国37年，加入中国共产党。历任通讯员、参谋等职。曾参加过淮海战役、渡江战役、上海战役和月浦战役等。在月浦战役中被部队评为战斗英雄、一等功臣
俞正元	男	民国19年（1930）7月	丁家店村	民国37年（1948）1月参军，民国38年7月，加入中国共产党，历任战士、团警卫员、团观察员、班长、指挥排长、副连长。1951年6月，被团部记一等功1次。同年9月，被华东军区海军司令部批准为一等功臣，并出席东海舰队第一次英模大会，受到中央领导接见
顾松平	男	1963年11月14日	丁家店村	1981年10月，应征入伍，1984年8月，加入中国共产党，济南军区第六十七集团军二〇〇师六〇〇团一营机枪连。1985年7月9日，调二〇〇师五九八独立团参加对越自卫反击战，任一营机枪连九班班长，在“一二二”抗击越军大规模战斗中，六十七集团军授予一等功臣
黄兆良	男	民国29年（1940）3月	周墩村	中共党员，1958年，参加工作，1960年，应征入伍，任东海舰队福建前线平坦岛三十一大队五三八艇前主炮装弹手。1965年，参加抗美援越战争，任南海舰队四十一大队六〇一艇前主炮炮长，在八六海战中，被南海舰队授予一等功并被中央军委授予一等功勋章。两次受到毛泽东、周恩来等党和国家领导人接见

图21—129　1951年9月9日，立功奖状　（俞正元　提供）

第三节　师团职干部

大豫镇在部队师团职干部有数十位，其中有抗日战争、解放战争入伍的离退休干部，也有分布在部队各个不同岗位上的在职干部，如解放军出版社总编辑施雷，国防大学作战指挥专业同行专家朱雪平等。节内仅载12位（女性2位）名录，尚有很多位联系无果者，望予以谅解。

大豫镇部分师团职干部名录

（按姓氏笔画为序）

表21—215

姓 名	性别	出生年月	原籍	任职简介
王　林	男	1952年2月	农场社区居委会	中共党员，1970年11月，参加中国人民解放军。在前卫报社工作18年多，先后任编辑、主任编辑、副主编。南京政治学院军事新闻传播系教授、博士生导师。2009年，获国务院政府特殊津贴，2007年，享受军队优秀专业技术人才一类岗位津贴
史建冲	男	1964年10月	大同村	1984年9月，加入中国共产党。1982年10月，参加中国人民解放军。历任一军一师三团高机连文书，对越自卫还击作战班长，南京陆军学校战斗骨干队学员，一军三师三团三营机枪连排长；上海警备区警备团政治处干部股干事、一营三连指导员、政治处干部股股长、第六干休所政工干事；第六干休所政委

续表21—215 大豫镇部分师团职干部名录

姓 名	性别	出生年月	原籍	任职简介
朱卫刚	男	1974年10月	丁家店村	1993年入伍，1997年6月，加入中国共产党，历任战士、正排长、副连长、正连长、副营长(技术10级、技术9级)，济南军区房地产管理局审计师
朱雪平	男	1956年7月	大同村	1976年2月，参加中国人民解放军，1978年2月，加入中国共产党。历任战士、正排职教员、副连职教员、正连职教员、副营职教员、讲师、副教授和教授，中国人民解放军防空兵学院指挥系作战指挥教研室教授、防空兵作战指挥专业硕士研究生导师，中国人民解放军军事运筹学会理事，中国人民解放军总参郑州科技创新工作站进站专家，国防大学作战指挥专业同行专家，享受总参科研岗位二类津贴
张武兵	男	1961年2月	周墩村	1984年12月，加入中国共产党，1979年11月，参加中国人民解放军。历任海军南海舰队工程船大队战士，第二水面舰艇学校学员、西沙水警区九五一八艇艇长、海军政治学院学员；海军九二一三二部队六八二船副政治指导员、政治指导员；北海舰队政治部老干部处正连职干事、副营职干事、正营职干事、科长；北海舰队政治部干部处安置工作办公室正团职主任，北海舰队政治部干部处副处长；北海舰队政治部纪律检查处处长；北海舰队装备部副部长；海军九二三三〇部队副政治委员
林一宏	女	1967年5月	强民村	1982年9月入伍，1991年3月，加入中国共产党，海军专业技术大校军衔，专业技术6级，海军军事学术研究所副研究员。历任海军总医院护士、海军航空兵部招收飞行学员办公室干事、海军军事学术研究所助理研究员、副研究员、研究室副主任等职。从事海军建设理论研究，主持完成海军重大军事理论研究项目多项，获军队科技进步三等奖1项、海军军事理论优秀成果一等奖1项、二等奖2项、三等奖多项，发表学术论文30余篇。荣立个人三等功2次
杨挺余	男	1950年 10月15日	徐征村	1968年3月，应征入伍，1969年10月，加入中国共产党。历任陆军第十二军后勤部船队轮机兵、副班长，十二军炮兵团生产处技术员，十二军后勤部、十二集团军后勤部生产处、生产办公室、军需处助理员、办公室主任、副处长、处长，南京军区后(联)勤部徐州企业管理局副局长、党委书记；十二集团军后勤部副部长
周国祥	男	民国20年 (1931) 7月	一门闸村	民国37年(1948)2月，应征入伍，8月，加入中国共产党。历任第一集团军药检科主任、副主任药剂师(技术6级)。曾主持无锡、金华大输液制剂厂工作。1988年离职休养

续表21—215　大豫镇部分师团职干部名录

姓 名	性别	出生年月	原籍	任职简介
施　雷	男	1956年9月	巩王村	1973年6月，任原大同公社新圩大队赤脚医生。1975年6月加入中国共产党。1976年2月参军，历任济南军区高炮部队战士、班长、排长、团政治处干事，总政治部宣传部部队教育局干事，宣传局（新闻出版局）干事、副局长，解放军出版社（解放军文艺出版社、昆仑出版社、长虹出版公司）总编辑、社长，中国出版工作者协会副理事长。就读于山东师范大学政治系、南京政治学院新闻系、清华大学研究生院新闻传播专业。被国家新闻出版总署授予“中国百名优秀出版企业家”荣誉称号，获中国出版政府奖优秀出版人物奖
查成英	女	1960年5月10日	巩王村	1978年12月，参加中国人民解放军，1980年12月，加入中国共产党。历任总政办公厅秘书局打字员、解放军军事检察院档案助理员、刑事检察厅检察员（副师职）。1998年，评为总政治部优秀机关干部，2001年，被评为全军优秀档案工作者，2004年，荣立三等功。2015年6月退休
顾　秀	男	民国12年（1923）1月10日	江苏启东	民国30年（1941）6月，参加革命工作，民国33年6月，加入中国共产党。30年6月，参加苏北九分区四分局（南通县）做两个月税务工作，历任区队副班长、班长、排长，掘东区豫南乡副队长，三乡联防大队长。解放军二五八团三营营长、苏南军区师技术训练大队队长，铁道兵第九十速成中学军方科长，副处长，铁道兵第一军司令部军训处处长、军务处长，第七师三十三团代团长、团长，五师司令部副参谋长、师长兼攀枝花市委第一书记，铁道兵第二指挥部副司令员，上海铁道兵驻沪办事处党委书记等职，1985年，离职休养
陶文照	男	民国18年（1929）12月27日	徐征村	中共党员，民国36年（1947），参加中国人民解放军，中华人民共和国成立后，任上海第二军医大学教授
莫锦如	男	民国28年（1939）12月28日	大豫社区	中共党员，1962年11月参加中国人民解放军，历任南京汤山中国人民解放军坦克乘员教导三团战士，安徽滁县坦克三八三团坦克驾驶员、政治处干事，汤山教导团政治处主任，安徽嘉山三界南京军区坦克独立三团政治处主任，安徽定远河坦克三团政治委员南通军分区政治部主任，1994年8月退休。
黄　雷	男	1972年12月30日	巩王村	1993年10月，加入中国共产党，1991年12月，应征入伍，历任郑州雷达某团七站雷达操纵员、班长，杭州雷达某团临平雷达站排长，上海某旅启东雷达站副站长，如皋雷达站代理站长、站长，旅司令部训练科副营职参谋，启东雷达营营长，旅司令部作战科长，上海某雷达兵旅副旅长、中国人民解放军九四六九部队副部队长

续表21—215　大豫镇部分师团职干部名录

姓 名	性别	出生年月	原籍	任职简介
黄圣飞	男	1964年8月	豫东村	1983年10月，参加中国人民解放军（海军），1992年7月，加入中国共产党，历任海军北海舰队第一训练团九中队战士，海军勤务学院学员，海军青岛基地后勤部青岛供应站技术员，军港管理所技术员，一中队副中队长、中队长；青岛舰艇岸勤部军港保障科技术员、三中队中队长、保障科副营职助理员、正营职助理员、污染监测站助理工程师、工程师、管理处工程师、副处长；济南军区联勤部管建营房部军港建设管理处处长，济南军区海军工程指挥部副主任兼参谋长、济南军区海军工程指挥部副主任
黄惠冲	男	1954年9月	强民村	1970年12月入伍，中共党员，历任东海舰队上海基地一三〇三部队、一二四六部队战士，海军工程大学，教研室教官、训练部参谋、办公室主任、地方生院院长、大学专家督导组督导、高等教育研究所教授
曹海平	男	1957年6月	大同村	1976年2月应征入伍。1979年6月，加入中国共产党，历任济南军区高炮第六十九师六四三团一营三连指挥侦察班战士、副班长、班长、排长、副连长、连长，团、师后勤部助理员、科长，军区施工队管理办公室、军区工程建设招投标办公室主任等职
蔡　炜	男	民国17年（1928）11月17日	徐征村	民国32年（1943），加入中国共产党。民国33年8月，入伍新四军一师，历任队长、站长、连长、营长、团长、师长等职。1984年离休
蔡　辉	男	1975年6月24日	巩王村	1995年12月，应征入伍，1999年5月，加入中国共产党，历任战士、班长、学员、排长、连长、科长，江苏公安边防检查站参谋长

大豫镇志

下册

江苏省如东县大豫镇人民政府　编

方志出版社
Publishing House of Local Records

下册目录

第二十二篇　文化艺术

第二十三篇 体　　育

第二十四篇 教　　育

第二十五篇　科学技术

第二十六篇　环境保护

第二十七篇　工商行政管理

第二十八篇　医疗卫生

第二十九篇　社会生活

第三十篇　公用事业

第三十一篇　劳动保障

第三十二篇 风土人情

第三十三篇 大豫地名

第三十四篇　人　　物

第三十五篇　古迹丰碑

第三十六篇　专　　记

附　录

后　记

索　引

第二十二篇　文化艺术

中华人民共和国成立前，大豫人民文化生活水平低，公众文化设施几乎没有，民间娱乐形式单一，主要是唱歌，看庙戏、堂会（亦称堂会戏）等。平时，一些喜欢哼哼唱唱农民，在棉田里一边锄草一边唱“锄草”山歌，在挑泥时哼着“挑泥号子”。此外，越剧（绍兴戏）为沙地人所爱，农闲或节日，常常可听到越腔婉转。随着时代变迁，俗沿成习，逐渐形成爱唱越剧健康风尚和习俗。

中华人民共和国成立后，全面贯彻毛主席《在延安文艺座谈会上的讲话》精神，坚持文艺“为人民服务、为社会主义服务”方向和“百花齐放、百家争鸣”方针，党和政府对人民群众文化生活日益重视，随着物质生活水平提高，大豫人的文化生活发生较大变化。尤其改革开放后，文化娱乐形式多姿多彩，文化基础设施也从单一到多元，从一般化向多样化、深层次、高品位方向发展。1991年7月1日，如东盐场代表队在市公司举办的“党在我心中”演讲比赛中，获第二名。2009年，季维康参加省级比赛，创造两项世界吉尼斯纪录，2012年10月17日，东方卫视中国达人秀江苏地区选拔赛在江阴电视台举行，季用鼻梁顶起55公斤冰箱，以“顶重第一”进入东方卫视中国达人。

20世纪50年代，境内相继建立4个剧团。“文化大革命”期间，组织毛泽东思想文艺宣传队，唱语录歌、跳忠字舞、演样板戏，电影队下乡放映等。80年代初，开始普及电视。90年代，普及有线电视。21世纪初，普及数字电视。文化事业欣欣向荣蓬勃发展。至2012年，大豫镇有文化服务站1个，广播电视站1个，电影放映队1个，影剧院1座，新华书店1个，图书室29个，老年文艺宣传队3个。

第一章　文化机构和设施

中华人民共和国成立后，中共掘东区委和各级党组织加大对文化机构和设施建设的力度，逐步建立起文化机构和文化阵地，文化设施和设备也随之得到增加。1952年，相继建立掘东区文化站和兵房剧场，20世纪70年代中后期至80年代初共建公社文化站4个，并实现文化中心“一片红”。1989年，南坎文化中心通过省、市文化部门验收合格。进入21

世纪后,随着乡镇区划调整,2012年,文化站仅存1个。

第一节　区、乡(镇)文化站

1952～1982年,境内区、公社(乡、镇)文化站5个,区文化站为县文教局(文化局)派出机构,实施对公社文化站业务领导和指导,1996年撤销。公社文化站,属民办公助性质,1985年7月后,文化站长相继转为国家干部。各文化站都建有面积不等的活动阵地。2012年,镇文化服务站活动阵地面积500平方米,通过市级规范化文化站创建验收。

一、掘东区文化辅导站

1952年,建立掘东区文化站,位于兵房邮电局南侧,开始只有坐北朝南3间砖木结构平房,两间为乒乓球室兼排演室,1间办公室兼宿舍。1962年,在朝南屋东南角砌两大间朝西屋作为阅报、图书室,其中半间为干事宿舍。同时,建起面向西8格画廊,当中为庭院大门。1972年,在朝南屋东侧又接一大间作为站长宿舍。至此,文化站共有6间房子,总面积140平方米左右。"文化大革命"期间,掘东区文化站一度改称为掘东区毛泽东思想宣传站。1975年,恢复掘东区文化站。1979年起,开办说书场,建立掘东区曲艺队。1984年,经区委和文化局协商,拆掉掘东区文化站老房子与掘东供销经理部合建3层楼房共11间,其中文化站为2层4间100平方米(两间活动室,办公室、宿舍各1间)。1986年,掘东区文化站更名掘东区文化辅导站,其职能转变为辅导基层文化、领导和督导乡镇文化站工作。1995年,在旧城改造中,掘东供销经理部大楼拆除。1996年,掘东区文化辅导站随区指导组一并撤销,划归兵房镇文化站。历任站长王能仁、钱方池、蔡秉礼、俞庆荣、吴庭家、陈亮泽、管霖、周文琪。

二、兵房镇文化站

1980年7月建,开始借兵房居委会两间会议室为活动阵地,约70平方米,属一室多用,设有阅览室、乒乓室、图书室。1982年,建立文化中心。为响应"以文养文"号召,办起两张康乐棋桌以及电子游戏机,聘用1名管理人员。1995年,因小城镇建设需要,在人民南路拓宽改造中,拆除文化站活动用房,将文化站迁至老镇政府路东北侧倒闭企业"南通雀朗姆皮革制造有限公司"内,原办公用房作为文化站办公室和活动阵地,约120平方米。1996年,撤销掘东区文化辅导站,人员安排到兵房镇文化站。2001年3月,镇域区划调整,丁店乡文化站并入兵房镇文化站,站址设在镇水利站后面二楼上。2005年,镇政府在西北新区新建办公大楼,原镇政府三楼、四楼划给文化站,总面积500平方米。辟有图书室、乒乓球室、排演室、健身房、棋牌室、电脑室等。2009年5月,大豫镇与兵房镇合并,撤销兵房镇文化站,建立大豫镇文化服务站。兵房镇文化站历任站长,周冠生、唐玉飞、周文琪、徐祖平。

三、丁店乡文化站

1958年建，起初称大同公社文化馆，蒋华昌、梁学文、何文泉先后任馆长。1962年，精简机构，被撤销。1975年，建立丁店公社文化站，站址设在老蜂场3间仓库里，约90平方米。后搬至大会堂东南侧3间旧房里，辟有图书室、阅览室、乒乓球室、说书场等活动项目。1982年，建立文化中心。为"以文养文"，办过橡胶厂，因销路问题而停办。1996年，建成丁店乡文化大楼，为县内一流，总面积500平方米，并建成县内首家乡镇图书室，共有图书5000多册。1997年，丁店乡被评为江苏省群众文化先进乡镇、南通市体育工作先进乡镇。因镇域区划调整，2001年3月，并入兵房镇文化站，撤销丁店乡文化站。历任站长，陈瑞康、张圣明。

四、南坎乡文化站

1976年4月建，站址设在原公社蜂场仓库3间小瓦房内，1间乒乓球室，1间书报阅览室、1间办公室兼宿舍，面积为100平方米。1979年，购置图书2000多册，订阅报纸杂志40多种，为全县之最。活动项目增加到10多项，并利用公社门前围墙粉刷两块黑板报，半月更换1期，全年24期。1982年，南坎公社在全县首批成立文化中心。1983年，更名南坎乡文化站。1996年，在原地翻建9间文化阵地用房，面积为300平方米，扩大活动阵地，增设游戏室、展览室、歌舞厅等设施。1997年春节，除组织文艺演出外，还举办乒乓球、拔河、棋类等多项比赛，丰富人民群众节日文化生活。是年3月，被评为江苏省先进体育乡镇。文化站还积极配合党委、政府中心工作，自编自演"计划生育""土地合理使用"等小型文艺节日下村巡回演出。1998年夏天，组织规模较大纳凉晚会活动。2000年，南坎、东凌两乡合并，撤销南坎乡文化站，建立大豫镇文化站。历任站长：刘士辉、周文琪、莫亚。

五、东凌渔业乡文化站

1982年10月建，站长姚和。创建初期，仅有50多平方米活动阵地。设有乒乓球室、图书室、报刊阅览室、画廊等。1983年，开展"海上流动书箱活动"。9月13日，第一批书箱送到船头。随着图书室规模发展壮大，海上流动书箱逐年增多。至1994年，海上流动书箱发展到40个船头，80%出海渔民能借阅图书。1997年1月2日《人民日报》，4日《中国文化报》对海上流动书箱专题报道。是年，站长姚和被江苏省文化厅评为群众文化工作先进个人。1995年，搬进新址，阵地面积500平方米，内设图书馆、乒乓球室、羽毛球场、文艺演唱室、阅览室、棋牌室、书箱交换室、画廊等10多项活动。每年组织夏季纳凉晚会文艺宣传活动，参加县文艺会演，多次获奖。2000年，东凌渔业乡与南坎乡合并，撤销东凌、南坎文化站，建立大豫镇文化站。

图22—130　1983年9月13日,海上图书流动箱　(姚和　提供)

附记:

全国第一个海上图书馆

1983年9月3日,是如东县东凌港渔民最高兴的日子。这一天,东凌文化站在县图书馆的支持下,将3只装得满满的图书箱送到东凌港码头,东洋村1206、1208号船的船老大和渔民们像"迎亲"一样把书箱搬上船头,这就是全国首开先河的海上流动借阅点。

东凌港地处黄海之滨,渔民作业分散,文化生活十分单调,出海渔民的捕捞生产间隙,一直是个得不到科学利用的盲区。首批流动借阅图书箱上船后,过去在劳动休息时间闲着无聊就玩牌赌钱的渔民,开始和书打上交道,渔民们精神生活得到充实,劳动增添乐趣,思想境界也得到提高。

海上流动借阅图书箱的创办,引起乡领导高度重视,为加强渔港精神文明建设,丰富渔民文化生活,乡党委和乡政府在财政资金十分紧张情况下,拨出专款由文化站办起万册图书馆,同时县图书馆也安排一定数量图书并入海上图书借阅的流动,为扩大海上读书活动解决后备书源创造有利条件。至1985年,东凌海上流动借阅图书1500余册,流动图书箱已从开始3个增加到20个,流动借阅船只10艘,借阅读者200余人。从1995年起,海上流动借阅图书3000余册,流动图书箱增至40个,借阅读者发展到1000余人。海上借阅覆盖面已占出海渔船的60%和出海渔民的80%以上,从此,一个名副其实"海上图书馆"在东凌港真正形成。

海上图书馆的创办,推动渔民读书活动开展,一股求知求学求趣的读书热潮在渔民中掀起,极大地调动渔民们的劳动积极性,推动海上捕捞生产。船老大陈福祥通过阅读流动书箱中的科技书,掌握鲳鱼和鳗鱼苗回游规律,进行渔网改革,采用单锚网生产技术,一举获得成功,1988、1989年连续两年春汛单船产值超50万元,从全乡低产船跃为全县高产船,成为连年高产"红老大"。更多的渔民在读书活动中告别麻将、纸牌，走上求知路，有的考上大学，有的成为乡镇干部中的顶梁柱。

为巩固和发展海上图书馆的阅读成果，不断提升阅读品位，县图书馆和东凌文化站因势利导，在积极开展海上读书活动中，培养一大批故事员。每逢捕鱼休息时，故事员就把书中的故事绘声绘色地演讲起来，特别是那些无阅读能力渔民，听故事成为他们海上生活中不可缺少内容。东凌文化站与县图书馆还多次联合举办渔民读书活动故事演讲会，其中1995年举办的“东凌港之夜”大型故事演讲晚会，吸引5000多渔民听众前来参加。

东凌海上图书馆刚刚落地诞生，《新华日报》就作报道，福建省福鼎县图书馆闻讯后专程前来参观学习。此后，《人民日报》于1997年1月2日以“海上图书馆”为题作专题报道，同年1月4日《中国文化报》也相继报道。《南通日报》于2000年5月26日以“挑着书箱上船头”为题作报道，并发表摄影图片一组。

六、大豫镇文化站

2000年4月，由东凌渔业乡与南坎乡文化站合并而成，首任站长姚和，接任陈永斌，管理人员为莫亚、范蓓。受并乡时条件限制，文化活动阵地较为分散。为配合镇党委、镇政府中心工作，多次组织文艺演出队进村巡回演出。是年夏季，文艺队利用夏季纳凉时机，去各村演出两个多小时节目，使村民们喜笑颜开，交口称赞。在巡演基础上，挑选较高质量的节目，去县城进行专场演出。其中舞蹈“请到我们渔乡来”、说唱“乡下人有点呆”、男声小组唱“海水泡大的汉子”、小品“捉鬼”等节目，受到县城观众热议和好评。

2009年5月，大豫镇与兵房镇合并，建立新大豫镇文化站，站长陈永斌、副站长徐祖平、莫亚，干事工小兵。阵地面积为500平方米，设有图书室、乒乓球室、排演室、健身房、棋牌室、电脑室等。2010年，分别组队参加全县职工乒乓球比赛和文艺专场演出。2009～2010年，被评为县文明单位，2011年度，被评为南通市优秀乡镇（街道）综合文化站。

图22—131 2012年，拍摄的大豫镇文化服务站门厅 （文化站 提供）

第二节　影剧院堂、书场

1952～1979年期间，境内共建有剧场（影剧院）、大会堂4座，1970～1979年，南坎、丁店影剧院，被定为乙级剧场。1982年，兵房影剧院，被定为甲级剧场。改革开放后，相继建立说书场9处，1990年初均关闭。2012年，兵房、南坎影剧院基本不开放。

一、兵房影剧院

1952年，建兵房剧场。由兵房镇陆炳林、张冠英、董国宰、曹克明、陆正初、郁元祥、查忠义、戎学明、盛新明、俞祝生组成8个股东集资建成，每股1000元老币（其中戎学明、俞祝生为1股；董国宰、盛新明为1股），剧场坐落在兵房供销社生资部（碧海湾浴室）处，为南北向13间砖木结构稻草屋顶房，有600多个座位。晚上演出照明为两盏汽油灯。1958年，开挖兵房大河时拆除，公社给每个股东补贴300元，所有材料归公。是年，公社选址人民南路东侧，紧靠汽车站，征地1亩。由张浩总负责，重建东西向宽为13米，长为30米砖木结构平瓦剧场，总面积390平方米，可容纳1000人。先后由董国宰、董民生负责日常工作，孙长凡看护剧场。1980年8月，拆除老剧场，公社投资30万元，请南通设计院钱正明设计图纸，由樊发昌负责基建，历时1年，建成两层门楼，融放映、演出、开会于一体，可容纳1200多人木质铁脚翻椅新型剧场，总面积（包括演职人员宿舍）约500平方米，属县甲级剧场，1993年，更名为兵房影剧院。曾接待过浙江嘉兴新丰越剧团、南通越剧团、南通京剧团、启东锡剧团、海门山歌剧团、安徽黄梅戏剧团、凤凰越剧团等文艺团体到此献演。1995年，被评为南通市先进影剧院。樊发昌、施永德、黄国昌分别担任经理。2009年后，归镇文化站一体化管理。

图22—132　1981年，改建的兵房影剧院门楼外景　（文化站　提供）

二、大同公社会堂

1958年建，位于丁家店村34组东首，是一座东西向砖木结构平瓦房，800个座位。1978年，把老会堂翻建成南北向大会堂，换成木质铁脚翻椅，1100个座位，更名为丁店人民会堂。因施工质量问题，导致墙体裂缝，有下沉现象，20世纪80年代初，经专家鉴定为危险房屋，后经加固，恢复使用。曾接待过海门山歌剧团、南通市越剧团、南通市歌舞团、盐城杂技团、如东杂技团、如皋木偶剧团等演出团体。2001年3月，镇域区划调整，丁店乡并入兵房镇后，该会堂作为集体资产，出让给个体企业，已拆除。

三、南坎公社会堂

1958年建，位于公社机关东侧，紧靠南坎信用社，为南北向7间砖木结构平瓦房，可容纳600人开会，设备简陋，座位为长木椅和长条凳。因年久失修，1972年，公社投资10多万元，在拆除老会堂同时，由欧国祥、吴茂才具体负责，在公社机关西侧，新建一座南北向钢筋混凝土结构平瓦房，并附有4间演职员生活用房，总面积400平方米，可容纳1100人。开始座位为木质翻椅，1990年，换成木质铁脚翻椅。曾接待过如东杂技团、海门山歌剧团、安徽黄梅戏剧团等文艺团体到此演出，随着镇域区划调整，2009年后，归电影队管理使用。

图22—133　1972年，改建的南坎公社会堂门景　（施海华　摄）

四、如东盐场会堂

1979年6月建，位于盐场办公大楼东侧，坐北朝南，门厅3层楼，会堂为砖木结构平房，设有简易舞台，座位为长木椅，可容纳500人。会堂隶属场工会管理，除开会外，主要用以电影放映。1984～1990年，放映1268场（不含下工区免费放映），营业收入7.52万元，既丰富职工文化生活，又为企业增加收入。2012年，成为危险房，停止使用。

图22—134　1979年6月，建成的盐场大会堂外景（管霖　摄）

五、说书场

1979～1983年期间，境内建有说书场9个：分别为掘东区文化站书场、大同镇书场，东安镇河南书场、河北书场，通如桥书场、豫北书场、丁店文化站书场、南坎文化站书场、周墩村8组书场。书场都有固定管理人员，面积80～120平方米不等，每档书视情节而定，少则10天，多则半月左右，有些书场设下午场、晚上场，收入一般为四六分成（艺人六、场方四），场方管吃、管住。不论当地艺人、还是外地艺人要在境内演出，须持演出证件到区文化站报到，由区文化站统一安排，并开出演出介绍信，无演出证者视为流散艺人不安排演出。1980年，启东评弹团沈毓秀演出的《珍珠塔》，博得听众喜爱，久演不衰。随着电视普及，书场相继关闭。

第三节　书店、图书室

中华人民共和国成立前，境内没有书店，亦无图书室。1966年10月，建立如东县新华书店兵房门市部。改革开放后，随着民众文化生活需求不断增长，境内相继办起4家书报亭和3家书店（兵房小博士教育书店、斐飞书店，大豫镇风云书店）。20世纪60年代初，掘东区文化站图书室对外开放，藏书不到千册。80年代起，乡镇文化站办起图书室，藏书均2000册以上。进入21世纪后，村（居、社区）建起农家书屋。2012年，全镇29个图书室，累计藏书12万多册。

一、书店

民国36年（1947）10月，县在丰利成立新华书店如东支店，负责全县政治书刊、学校课本、大部分教辅材料，统订统销。民国38年3月，书店迁至马塘，全县设12个代销处。1951年秋，迁掘港。1952年起，兵房设发行员1人。1966年10月，建立如东县新华书店兵房门市部，址设兵房大桥北桥堍西侧，为砖木结构5间平房，朝东3间门市部，后面两间为宿舍、仓库。主要经营范围，门市部以售书、画、杂志为主，发行工作为一年两季学生课本。门市部经理秦志丰、营业员周永昌。1972年，改造兵房大桥时拆除书店门市部，搬至兵房五金社南侧老兵房医院门诊部，重建5间砖木结构平房，朝西3间门市部，后边朝南两间为宿舍、仓库。1980年，投资5万元，将平房改建成3层楼房共12间，建筑面积约230平方米，朝西底层3间为门市部，二层为仓库，后面朝南3层为宿舍、办公室。1994年，在旧城镇改造中，投资70万元，按照城建统一规划，建成300平方米3层图书发行大楼，位于兵房镇人民南路51号，门市营业面积比老门市部扩大2倍，其建筑造型、设施设备、店容店貌均领先于县内其他同级门市部。1984年，被评为南通市图书发行工作先进单位，1985～1994年，秦志丰连续10年被评为县图书发行先进工作者。1994年后，朱建兵任经理。2012年，书店门市部与中国人民银行营业厅对调，搬至人民南路70号(西侧)。

二、图书室

2009年，大豫社区、丁家店村为南通市首批“农家书屋”。2012年，丁家店村、兵房居委会通过“三星级”农家书屋验收。

2012年大豫镇“图书室”藏书统计表

表22—216

单位名称	藏书册数	单位名称	藏书册数
镇文化站	15000	大豫初中	18500
兵房小学	18892	兵房初中	30840
桂芝小学	10780	丁店小学	10050
东凌小学	9500	豫北小学	4500
南坎社区	1500	大同村	1500
香台村	1500	巩王村	1500
止马洼村	1600	丁家店村	1700
周墩村	1500	伯安村	1650
豫东村	1500	闸东村	1500
大豫社区	2000	东安闸村	1600
九龙村	1500	马家店村	1500
东凌社区	1500	徐征村	1500
东港村	1600	强民村	1650
农场社区	1800	一门闸村	1800
兵房居委会	1500	——	——

图22—135 2009年9月8日,市县领导参加大豫社区农家书屋授牌仪式 (管宏图 提供)

第四节 家庭文化室

2005年年初,大同村26组陈瑞康创办家庭文化室,辟有三史专栏,即家史、队史、杂技团史;2012年12月1日,又创办家庭校外教育辅导总站,后称留守儿童乐园。文化室藏书逾万册,1993年起,收藏《江海晚报》。该报分别于2001年11月20日,2005年6月20日,2006年8月20日、21日,对陈瑞康收藏事迹进行大篇幅报道。2006年2月,如东县文化局授予"特色文化家庭"称号,同年,获得《江海晚报》5000元奖金。

图22—136 2005年,创立家庭文化室"三史"专栏 (陈瑞康 提供)

第二章　文艺团队

中华人民共和国成立后，中共掘东区委及各级党组织认真贯彻执行“在普及的基础上提高，在提高的指导下普及”的群众文化方针，使境内群众文化得到蓬勃发展，业余文艺团体应运而生，颇具活力。1950～1983年，相继组建过10个业余演出团体，青春越剧团于1984年10月解散。2012年，群众文化演出活动由老年文艺队替代。

第一节　业余剧团、曲艺队

1950年，境内最早建立的业余剧团为兵房剧团。剧团人员一般为20～30人不等，排演古装戏，并赴外县演出。掘东区文工团阵容最大40人，中共掘区委委派区文化站直接领导，并配有指导员（中共党员）、正副团长、专职导演等。中共十一届三中全会后，掘东区组建亦农亦艺曲艺队，主演苏州评弹，并赴外县市演出。深受广大观众欢迎。

一、兵房剧团

建于1950年（人员不详），1951年底解散。

二、兵房文工团

建于1958年，演职人员20人，团长董祝和，副团长必保成。1959年参加全县文艺会演，现代戏“刘三组”，获演出二等奖。1961年5月解散。

三、大同文工团

建于1958年，演职人员17名，团长蒋华昌，副团长吴文周、盛云凤。1961年5月解散。

四、南坎文工团

建于1958年，演职人员23人，先后担任过团长的有尹万和、赵海山、陈启明。主要骨干有朱国英、吴学珍、葛万如、张学文、周德新、沈月芳、韩克琴、顾万余等。主要演出剧目有传统戏《九件衣》《拾玉镯》《碧玉簪》，现代戏有《一支枪》《祝福》等。1961年7月解散。

五、掘东区文工团

1961年年底开始筹建，1962年，正式成立，演职人员40人，团长顾士良、指导员樊天鹏，副团长沈嘉章、导演张乃文，演职人员源自大同、兵房、南坎、华丰、九总文工团。骨干有盛云凤、马素珍、陈素芳、陈素兰、王美兰、顾万余、管觉良、朱惠如、葛方平、吴学珍、邢凤高、倪秀兰、陈志斌、陆文芳、陈显刚、吴亚琴、顾秀芳、祁秀英、瞿学才、王新根等。性质为自力更生、自负盈亏、亦农亦艺文艺组织，归区文化站领导。主要演出剧目有越剧《梁祝》《碧玉簪》《拾玉镯》《追鱼》《盘夫索夫》，锡剧《十五贯》《状元打更》《程咬金夫人》，海门山歌剧《刘三姐》等。除在掘港、兵房、丁店、华丰、南坎、九总等地演出外，还应邀到通州区三余、东海、海晏等地演出，先后演出100多场次，备受群众喜爱。该团于1964年底解散。

六、掘东区曲艺队

建于1979年秋，经区文化站组织业务考核后，由县文化局发给演出许可证。队长陈志斌，副队长沈嘉章，队员有杨惠明、陈兵、王德林、沈志达、张惠敏、张文南、张志高、宋加友等。演出形式弹唱，分单档和双档，演出剧目《岳飞传》《天宝图》《珍珠塔》《万花楼》《武松》《红鬃烈马》《梁祝》等，演出地点掘东区、海门、启东、崇明、通州等地。归掘东区文化站领导。1983年年底解散。

图22—137　陈志斌作评弹表演（管霖　摄）

附记：

民间曲艺艺人

陈志斌，民国28年(1939)5月28日生，1956年学艺，师从海门评弹艺人陈云鑫。1958年，参加南通市七县(含崇明县)一市"工农兵文艺会演"，演出弹词开篇《吃饭不要钱》，获演出奖。1979年起，任掘东曲艺队队长。1989年，参加南通六县一市"海花曲艺大奖赛"，演出弹唱《书记盖房》，获演出二等奖。1998年2月17日，《南通日报》第三版刊登陈把科普法制文艺节目宣传到田头的图片，27日，《如东报》第二版以《说书先生陈志斌》为题，介绍陈从艺经历。1999年，自编自演快板《批判李洪志、取缔法轮功》，参加如东县"东联杯卡拉OK大奖赛"，获特等奖。进入21世纪后，仍坚持业余演出活动。

七、新星越剧团

建于1979年，演职人员25人，由黄灿明具体负责。主要演员有张圣兰、曹桂凤、丁德芳、杨锦平、陆裕菊、刘培菊等。演出剧目有《梁祝》《借妻堂段》《蔡金莲告状》《血冤》《红楼夜审》《碧玉桃花》《状元打更》等，1983年1月解散。

八、黄海越剧团

建于2000年，演职人员24人，由宋超、顾秀芳具体负责，主要演员有顾万余、施文龙、金亚、唐忠英、沈振和、杨桂芬等。巡回全县各乡镇演出，演出剧目有传统戏《梁祝》《王老虎抢亲》《陶福珍休妻》《王小二过年》《寻儿记》《劈山棺》《双枝风》《夺印》等。2003年解散。

九、大同越剧团

建于1982年，由陆文芳、陈献刚夫妇具体负责，年底停办。

十、青春越剧团

建于1983年，前身为“大同越剧团”，经过重组建立由沈嘉章、盛云凤、顾来康、罗洪祥、王亚忠五人剧团领导小组。该剧团除演出传统剧目外，还演出折子戏、独角戏、小品曲艺等，弹唱《高价姑娘》《恨赌博》《娇生惯养》久演不衰，该团到通启海地区东社、五甲、吕四、大洋港、通兴等地演出，备受欢迎，场场爆满。1984年10月，解散。

第二节 专业剧团

中华人民共和国成立后，境内仅有1家兵房马戏班(属跑码头演出)。1955年，文化部下发属地登记接管外地演出团体的通知，浙江省嵊县春风越剧团在兵房演出时，被如东县接管。1957年，兵房马戏班登记后，组建成如东县杂技团。

一、春风越剧团

1955年春，浙江省嵊县春风越剧团在兵房演出，如东县人民政府按上级文化部门通知精神，给予登记接管，5月，成立如东县大众春风越剧团，团长周鸿昇，副团长任桂芳，工会主席、共青团书记盛云凤(大同人)，演职员50余人。1956年，改名如东县越剧团，1957年，并入海门县越剧团，取名海门越剧二团。总导演周鸿昇，副团长施显林(大同人)，主要演员邹玉云(又名邹卫星)、戴杏花、彭雪香、盛新琴等。演出传统剧目，《恩仇记》《泪洒相思地》《秦香莲》《三堂会审》《盘夫索夫》等。

二、兵房马戏班

二十世纪三四十年代，如皋东乡(如东县)丁家店邱鸣桥伤科诊所(因排老三，亦称邱老三伤科诊所)专治跌打损伤、接骨推拿、颇有名气。邱鸣桥年少时曾拜南通著名民间艺人孙毓奎为师，不仅学治伤接骨，而且学会不少杂技行当。他婚后育有金标、洪标、银标三子，尤为二子洪标有武功天赋，他一边行医，一边教其学习诸般武艺杂技。洪标不怕吃苦，夏练三伏、冬练三九，学成后联络一些民间杂技艺人，于民国35年(1946)8月，在兵房组建邱家杂技马戏班(后称兵房马戏班)。他们一边跑码头演出,一边收徒传艺,扩充队伍。三子银标跟班学艺,因聪颖灵活、刻苦好学,腰、腿、顶、跟斗等功夫无一不精,成为班中台柱子。至50年代初,该班子文武场有30人。主要演员有邱洪标、邱银标、宋森林、朱生飞、任小飞、吴金亮、陶佩华、张永祥、邱亚琴、汪萍等,乐队鼓号手有周顺堂、李济堂、李炳奎等。演出节目有椅子劈砖、顶竿、钻刀圈、钻火圈、地圈、魔术、晃板、车技、三桌跟斗、大跳板、马戏等,节目演技精彩、阵容壮观,几乎演遍启东、海门、崇明、通州及浙江嘉兴、嘉善等地大小集镇。50年代中期,一度演红上海大世界。

1957年,如东县根据国家繁荣振兴社会主义文艺事业方针政策,给予登记申报,明确隶属关系,将兵房和古坝两个马戏班合并成如东县麒麟杂技团,后加入肖家马戏班,主要在广场演出小型杂技。1958年,通过整编,正式成立如东县杂技团,邱洪标为首任团长。

第三节 文艺宣传队

文艺宣传队一般为业余组织。它源于毛泽东"长征是宣言书,长征是宣传队,长征是播种机"。20世纪40年代,抗日战争开始以后,为活跃部队指战员文化生活,推进抗日斗争胜利发展,某部决定成立"为兵服务,演现代戏"文艺宣传队。二十世纪六七十年代,各行各业及农村大队纷纷成立文艺宣传队,自编自演,贴近实际、喜闻乐见,反映真实生活文艺节目,深受百姓欢迎,给群众单调生活增添色彩、增进欢乐。成为当时农村主要宣传方式和文化娱乐方式。据统计,60～70年代中期,境内有大小文艺宣传队100多个,演出节目形式多样,有当时流行的革命样板戏(其中50%以上宣传队排演"红灯记""沙家浜""智取威虎山"全场)、革命歌曲、相声、三句半、舞蹈、锣鼓说唱、快板、多口词等等。"文化大革命"期间,把业余文艺宣传队都改称毛泽东思想文艺宣传队,每个宣传队都排演"大海航行靠舵手,干革命靠的是毛泽东思想"。之后,全国开展农业学大寨,文艺队演得最多一个节目《逛新城》。1976年,歌剧《洪湖赤卫队》首先解禁,神州处处荡漾着"洪湖水浪打浪"歌声。

1976年秋,兵房公社文艺宣传队排演由顾文俊创作的锡剧《红闸激浪》,掘港女知青徐晓琴担任主演,该剧以东安闸为历史背景,以"阶级斗争为纲"为主线,反映20世纪70年代,在渠道灌水蓄满情况下,遭坏分子开坝破坏,保渠民兵展开与坏分子斗争情景,剧情迂回曲折,此起彼伏,唱词清晰,久演不衰,深受观众喜爱。

1977年,掘东区直单位文艺宣传队排演大型歌剧《江姐》,巡回南坎、华丰、丁店以及棉场、盐场等地演出外,还被邀请到通州区恒兴、环本、三余等地演出,先后演出20多场次,观众2万多人次。20世纪80年代后,文艺宣传队称谓逐渐被艺术团、歌舞团代替。

进入21世纪后,随着农民生活水平不断提高,文艺宣传队又以自发组织形式重新活跃于乡村舞台。

一、毛竹桥文化活动中心

2001年5月,退休教师周成兵、陆学成、崔文广及生产队老队长季永相创办毛竹桥文化活动中心,村域合并后为丁家店村文化活动中心,属如东县首创。一支20多人文艺宣传队,累计自编自演文艺节目80多个,演出近百场,观众8万多人次。2006年11月21日,省教育厅副厅长殷翔文莅临该中心验收社区教育,并观看文艺演出,给予高度评价。是年,丁家店村成为如东农村首家市级廉政文化进农村示范村。2011~2012年,参加县体育局、县创新委员会、县社会与劳动保障局主办健身舞大赛,分别获得优秀奖和三等奖。

图22—138 2001年,建成毛竹桥老年文体活动中心 (陈云山 提供)

二、兵房社区文艺队

2003年,兵房镇退休干部姜颂良,退休职工宋超、钱炳红、黄琴等,创办兵房镇社区文艺宣传队,队员30人。创办后,自编自演文艺节目40多个,2007年,代表镇参加县里演出,表演唱《喜看兵房新面貌》,分别荣获创作、表演一等奖。

三、丁店业余文艺队

组建于1987年年底,由文化站张圣明具体负责,队员12人。1998年,排演越剧表演唱《看展览》,热情歌颂改革开放后的伟大成就,被县评为演出、创作一等奖。1999年,排演海门山歌表演唱《优秀企业家曹国祥》获县演出二等奖。随着镇域合并,该队于2000年初解散。

四、巩王村中老年文艺队

创办于2010年10月，由南通远程汽配制造有限公司总经理姜成冲具体负责并资助。队员22人。排演说唱《四大嫂夸老公说环保》《十谢共产党》，小戏《赞婆婆》等节目在镇党员干部冬训班、夏季纳凉晚会上演出。

五、民间鼓号队

境内民间鼓号队起源于1983年，由一门闸村陈瑞康、翟金平等人联合创办如东县首家民间鼓号队，并聘请海门一位师傅进行传教，曾在县文艺会演时作过表演，这支队伍因主要服务于丧事，一度被误解为迷信活动而解散。至2012年，全镇有5支鼓号队，约60人左右，并配有音响等设备，从单一吹奏发展到载歌载舞，演出小型多样文艺节目，颇受人民群众喜爱。

第三章　文艺人才

第一节　人才输送

中华人民共和国成立后，通过群众性文艺演出活动，锻炼和培养出一批文艺骨干，从20世纪60年代起，境内群众文化工作更是亮点纷呈，群众性文艺演唱活动成效凸现，相继为艺术院校和各级专业文艺团体输送人才14名。其中有些成为如东县杂技团的魔术专家、杂技表演艺术家、团长、副团长，该团多次应邀赴国外演出，深受国外观众欢迎(下列为部分人员名单)。

邱银标　如东县杂技团魔术演员，被誉为魔术专家。

邱洪标　如东县杂技团创始人之一，杂技表演艺术家。

陈海平　蒋莉莉(女)　毕业于盐城市鲁迅艺术学校，工作于如东县杂技团(1991年起，冠名南通市少年杂技团)，多次赴法国、日本演出。

陈仲侠　江苏省文工团一级演员，竹笛演奏家。

宋森林　南通市杂技团副团长。中国杂技艺术家协会会员，省杂协副主席，市杂协主席。

季玉泉　南通市杂技团副团长，中国杂技艺术家协会会员，省、市杂协理事。

管觉良　如东县杂技团专业音乐工作者，擅长二胡。

葛方平　如东县杂技团专业音乐工作者，精通二胡、笛子、唢呐、江苏省音协会员，退休后担任县老年大学乐队教练。

蔡德康　如东县杂技团专业音乐工作者，南通市音协会员，退休后从事二胡教学，被省音乐家协会授予优秀二胡指导教师称号。

顾汉涛　20世纪70年代后期，考入南京艺术学院琵琶专业，毕业后分配到南通市京剧团从事专业音乐工作。

陈金华　如东县杂技团专业底座演员，主演节目顶碗、扛梯。

龚卫平　如东县杂技团专业演员，主演节目水流星、头顶子。

秦竹岭　如东县杂技团专业音乐工作者，擅长打击乐。

王小赟(女)　南通市杂技团专业演员，主演节目魔术、滚杯等。

第二节　文化名人

大豫历史上没有文化名人记载，中华人民共和国成立后，随着教育事业深入发展，民众文化素养普遍提高。境内人文荟萃，才人辈出，名篇佳章，内涵丰富，充满灵性。涌现出歌词创作、歌曲创作、摄影、书法、绘画等优秀人才。先后有数十位文化人成名成家，陈辽最早成为文艺评论家，随之，陈墨石、陆雨声、高宝国等书画家、作家脱颖而出。还有多位耆宿老人离退休后，挥笔疾书，学习书画，颐养天年。倪振华1990年，始学书法，其作品入编《辉煌》中国老年书画集，出版个人书法专集。仇汉生与张明芳夫妇，2004年10月，在合肥"安徽画廊"，举办金婚国画展。2009年，沈元成出版《老年书法谈》，2010年，出版《南通当代书法名家精品集沈元成卷》，甲骨文书法在联合国展出。王建华藏龄50余年，成为全国著名火花收藏家，其事迹曾在《人民日报》《新华日报》《南通日报》以及台湾《民众日报》等百余家报刊、电台、电视台报道。至2012年，多名业余作者在国家、省、市文艺刊物上发表作品千余篇。姚橹创作的歌词——海水泡大的汉子，唱响韩国世博会。为繁荣文化艺术做出贡献。

大豫镇部分文化名人名录

(以姓氏笔画为序)

表22—217

姓名	性别	出生年月	原籍	职业职务	社会职务	职称	成果简介
王必春	男	1959年12月	南坎社区	编辑制图片总监	中国摄影家协会会员，江苏省新闻摄影学会会员、南通市摄影家协会理事、如东县文学艺术界联合会副主席、如东县摄影家协会主席	高级摄影师	至2012年有3000多幅作品被《人民日报》《解放军报》《解放军画报》《农民画报》新华社、中新社、新华网、人民网等百余家媒体采用发表，200件作品在各级摄影赛展中获奖、入选

续表22—217 大豫镇部分文化名人名录

姓名	性别	出生年月	原籍	职业职务	社会职务	职称	成果简介
王建华	男	民国30年(1941)3月17日	如东县凌民乡(徐征村)	教师	英国皇家火花协会会员及中国集报协会等多家协会理事、秘书长、顾问		藏龄50余年,收藏有50多个国家和地区10多万枚中外火花,报纸6万多种10多万份,50年中,于海内外2000多人有联系。曾应邀在上海市、重庆市及江苏、浙江、安徽、福建、黑龙江、海南等24个省和中央直辖市举办过200余次大中型个人藏品展览(在北京参加过集体展览)。2006年,如东县文化局授予“特色文化明星”称号;2012年,授予首届江苏省“十佳集报家”称号;其传略和收藏业绩入编《中国收藏家名人大辞典》《国际名人录》《中国民间名人录》《中国大百科专家人物传略》《中国精神文明大典《世界优秀专家人才名典》《中国百科论文丛书》等10多部大典辞书,并正式聘为编委、副主编、顾问。被国家授予火花收藏名家
王聚宝	男	1956年9月	南通市	音乐教师	中国音乐家协会会员、江苏省音乐家协会会员、南通市音乐家协会副秘书长、《南通音乐》责任编辑、南通市儿童少年教育活动中心音乐指导	中学一级教师	20世纪70年代初,插队丁店公社七大队(巩王村),曾任掘东区文艺宣传队乐队小号手。酷爱音乐创作,先后在《歌曲》《儿童音乐》《音乐生活》《江苏音乐》等报刊杂志发表作品1550余首,有135首作品获国家、省、市等级奖,其中歌曲《铃铛在摇响》获中国家音乐家协会、林业部联合举办的征歌“绿叶奖”,《我只要一个家》《土地啊母亲》分别获2006、2007歌坛在行动全国词曲创作比赛特奖。《啊,千手观音》《孝敬咱妈妈》《拉二胡的小姑娘》等作品获全国征歌金、银奖。出版个人专著《金色的海浪花》《人生畅想曲》《无声的美丽》《山河处处都有我》等,曾获《中国金曲大集锦》百名作曲家、中国民间名人等称号。传略入编《中国音乐家辞典》《中国校园文学艺术界名典》

续表22—217　大豫镇部分文化名人名录

姓名	性别	出生年月	原籍	职业职务	社会职务	职称	成果简介
方志岳	男	民国27年（1938）	大豫社区	中学高级教师	上海中华书法、东方书画艺术家、中国书画家艺委会会员，中国书画家协会理事	国家一级美术师	退休后，潜心书法艺术。多次参加全国性书法大赛，先后获三等奖、铜奖、银奖、书圣金奖、荣誉金奖、金奖、一等奖等奖项。还被授予“新世纪百名书圣画圣艺术大师”“长江魂国际金奖艺术家”“百杰中国书画家”“中国当代书画名家”“德才兼备书画艺术家”等称号。作品入编《墨林珍赏》《“韩愈金像杯”中国书画家精品大典》《中国书画博览经典》《献给母亲河——长江魂书画艺术大奖优秀作品博览》《东方书画艺术家大典》《走进桃花源全国书画大展精典》等20几部大型书画集。作品还被中国书画收藏家协会、敦煌美术馆、吴道子美术馆等有关书画机构永久性收藏
左金荣	男	1951年6月	大豫社区	文化干部	中国戏剧家江苏分会会员，南通市戏剧家协会会员，南通市曲艺家协会会员，如东县戏剧家协会副主席，如东县曲艺家协会主席、名誉主席	馆员	1984年12月，在县小戏曲《双沟曲》中，担任主要角色，赴省参赛，获创作、表演双一等奖，至2012年有50多个创作及表演作品在市以上演出中获奖，其中民间舞蹈《跳马伕》获华东地区优秀演出奖，话剧小品《车铃声声》获省表演三等奖，戏剧小品《请你相信我》获省演出三等奖。2004年2月，由其本人表演电视剧《生死不由人》《让法做主》《黑拳》分别被中央台七频道法制栏目摄播
许天祥	男	民国28年（1939）4月28日	南坎社区	干部	中国方志协会会员		编纂《如东方言辞典》《搭子湖》等著作，主编《如东县军事志》《南通市军事志》，参加编纂《中华风物大典》《江苏省名村志》《如东县志》（重修），并指导编纂和主审多部志书，创作发表《试论我国市场的系统性》（此文获北京大学优秀论文奖、全国论文一等奖），《如东海文化探微》《如东县成立时间考》《如东蛼螯漫谈》《秦始皇鞭山塞海》等文章数十篇

续表22—217　大豫镇部分文化名人名录

姓名	性别	出生年月	原籍	职业职务	社会职务	职称	成果简介
宋卫香	女	1967年12月	巩王村	海门山歌剧团副团长	海门市文联副主席(兼职),国家非物质文化遗产海门山歌传承人,江苏省戏剧家协会会员,南通市戏剧家协会副秘书长,海门市戏剧协会理事长	国家一级演员	代表剧目有:《采桃》《青龙角》《小阿姐看中摇船郎》《千家万户》《青龙角》《豆腐郎》《桥头风云》《献给妈妈的歌》等,其中《小阿姐看中摇船郎》《青龙角》《献给妈妈的歌》3次晋京演出。2002年,《声声山歌颂家乡》获江苏省民间艺术节银奖;2003年,《江风海韵东洲美》获江苏省第五届"五星工程"银奖;2005年,《海门山歌叠成山》获第六届"文化之春"中国民歌精品银奖;2008年,《江波海浪歌对歌》获中国首届农民艺术节丰收奖。2009年,获南通市"德艺双馨"文艺工作者称号
陆雨声	男	1956年1月3日	兵房居委会	杭州天鸿书画院院长	国际美术家联合会会员、中国书法艺术研究院艺委会员、中国书画名家创作院院士、中国国画院教育学院教授(中国青少年美育协会浙江分会会长)		作品曾多次在全国书画大赛中获奖,并被编入《中国当代书画家》《中国现代书画名家作品精选》《中国当代文化艺术名人大典》《世界传世名画书法鉴赏》《东方之子世界书画名家辞海》《全国画院院长中国画新作精品集》等20多部大型画册、典籍。2000年8月,作品入选文化部在中国美术馆举办"当代中国书画高级人才成果展览暨全国书画院院长中国画新作展",美术论文入选《中国美术家论文集》
陈　辽	男	民国2年(1913)	伯安村	江苏省作协秘书长	中国作家协会会员。省委宣传部文艺处指导员。《雨花》编辑部理论组长,文学所所长		中共党员。民国34年(1945)参加新四军,著有《马克思主义文艺思想史稿》《露华集》《陈辽文学评论选》《新时期的文学思潮》、《文艺信息学》《陈辽文存》(七卷)等45部作品。《叶圣陶评传》《马克思主义文艺思想史稿》获江苏省社科研究优秀成果二等奖,《江苏新文学史》获江苏省人民政府社科研究优秀成果奖三等奖,《台港澳暨海外华文文学辞典》(主编)获华北地区图书一等奖,《陈辽文学评论选》获中国当代文学研究优秀成果表彰奖
陈　佐	男	民国32年(1943)3月13日	丁家店村	工艺设计	中国工艺美术协会会员,江苏民俗学会会员,南通市民间文艺家协会会员,南通市工艺美术学会副秘书长		注重对张謇、江海文化研究,先后发表论文70多篇,其中《浅谈南通刺绣艺术》《张謇与沈寿刺绣艺术》《万家篝火布机鸣木棉花布甲诸诸郡》等10余篇论文获奖。1999年,应邀赴台湾举办"中国沈绣艺术展"

续表22—217　大豫镇部分文化名人名录

姓名	性别	出生年月	原籍	职业职务	社会职务	职称	成果简介
陈墨石	男	1954年	南坎社区	中国标准草书学社常务副社长	—		研究标准草书30余年为于右任先生标准草书传人、中国标准草书学社掌门人。先后为党和国家领导人、解放军四总部领导及海内外各界人士创作很多优秀作品，参加中南海、人民大会堂庆祝国庆50周年、香港、澳门回归等大型笔会。其作品多次参加海内外重大书法展览，被中南海、人民大会堂及日本、新加坡、澳大利亚等国家美术馆、博物馆收藏，修订出版于右任《标准草书》第10次本、胡公石《标准草书字汇》，编著出版《于右任年谱、千字文》《胡公石标准草书精品集》《标准草书字典》等多部著作
邱大云	男	民国23年（1934）	丁家店村	教师	南通市民间文艺研究会会员	高级讲师	曾在《语文教育》《云南教育》《函授教育》等刊物上发表10多篇（约8万字）学术论文。2013年，编著20万字《谜海拾贝》，南京出版社出版
沈元成	男	民国20年（1931）10月27日	东安闸村	党校校长	中国书法家协会会员，江苏省书法家协会会员，南通市老年书画研究会常务副会长，南通市甲骨文学会副会长，南通市书法篆刻研究会副会长	党校高级讲师	至2012年发表书法论文21篇，发表诗词作品50多首，书画作品获特等奖，一、二等奖30多次，2009年，出版《老年书法谈》，2010年，出版《南通当代书法名家精品集沈元成卷》，甲骨文书法在联合国展出
季　浩	男	1952年	如东盐场	工会干部	南通龙丹水产食品有限公司董事长		中共党员，1991年，主编《如东盐场志》，喜爱文学、书法，擅长散文、诗歌、通讯等。1973年9月29日，通讯《银花盛开》由省台播出，1984年，通讯《荒滩变盐田》在市声、屏、报国庆征文比赛中获奖，1988年，诗歌《献给南通市盐场三十年》，载录《南通盐业志》，1991年，歌曲《我心爱的盐场》在南京灌制盒带，1992年，在全国职工“三热爱”歌曲征集评选中，评为100首获奖歌曲，并获中华全国总工会、中国音乐家协会奖励证书，全国盐业系统仅此一首。书法作品也曾多次在省、市比赛中获奖

续表22—217　大豫镇部分文化名人名录

姓名	性别	出生年月	原籍	职业职务	社会职务	职称	成果简介
姚　和	男	民国35年(1946)10月24日	如东丰利(东凌社区)	文化干部	中国音乐文学协会会员		先后有数百篇诗、词作品在市以上刊物发表。其中歌词《海水泡大的汉子》由季铁权作曲，2003年，获省农民艺术节一等奖，并在中央台播放，2008年，获南通市第三届精神文明建设“五个一工程作品奖”。2012年，唱响韩国世博会
顾文俊	男	1958年	马家店村	工人	江苏省文学艺术联合会会员、中国民间文艺家协会江苏分会会员，南通市民间文艺家协会会员		至2012年有600多件文学作品，分别被《民间故事》《中国人口报》《农民日报》《乡土》《山海经》《江西现代旅游报》《雨花》《中国老年天地》等50余家报刊、电台采用，并出版黄海民间故事《青龙白虎》。1993年被编入《中国民间名人录》《中国当代艺术界名人录》《江苏省民间文艺家传集》
倪振华	男	民国19年(1930)11月	启东下和合镇(马家店村)	干部	县、市、省老年书画研究会会员、中国老年书画研究会会员、中国国学研究会研究员		作品刊登《如东快报》《如东书画报》《神州书画报》《银潮杂志》《中国老年报》。入编《中国老年书画精品集》《中国书画艺术博览》《当代书画艺术大观》《走进西部书画作品集》《纪念毛泽东同志诞辰110周年艺术精品集》《纪念邓小平同志诞辰100周年全国翰墨精品集》《中国共产党成立90周年诗、书画大赛作品集》《中国的荣誉民族的骄傲走向世界的当代书画艺术大典》等26册书画作品集
高保国	男	1967年11月25日	止马洼村21组	物管会主任	中国文艺家联合会副主席、中国作家杂志社签约作家，市江海文学扶持项目小组组长、江海科技文化研究会专职主席、如东分会副会长兼秘书长，县作家协会常务副主席、县社科联理事、文联委员		2007年，加入中国共产党。先后出版诗集3部，即《阳光下的世界》《相信未来》《刀痕》；诗文集有《海的魅力》《海心我心》；小说集有《意外的恋情》《仙人球》《罂粟花》《载不动的港湾》；报告文学集有《高保国报告文学选》《涛头壮歌》；长篇报告文学有《江海之子——姚止平》《寻找张思德》等。曾获全国征文一等奖和市、县文艺奖、五个一工程奖十多项。获市、县文艺(社科)先进工作者、自强自立先进人物、三星级优秀志愿者称号，中共中央组织部主管的中国党建新闻调查网授予“民族复兴中国梦，最美基层党员”称号

第四章　文艺创作

20世纪60年代始，掘东区文化站贯彻“百花齐放、百家争鸣”方针，坚持“文艺为人民服务、为社会主义服务”方向，深入基层、深入生活、深入群众，结合各个时期中心工作定期或不定期举办业余文艺创作培训班，集中培训文艺创作骨干，提高作品质量，并为业余作者创造作品发表载体，1974～1989年，共编印《掘东文艺》120多期，刊载各种节目700多个，有效推动面上文艺活动开展。至2012年，高宝国出版专著10部，全镇在市以上刊物发表文艺作品千余篇。

图22—139　1979年，《掘东文艺》第1期封面　（陈瑞康　提供）

第一节　曲艺小品

掘东曲艺是以掘东方言为基础的一种独特说唱艺术，包括掘东说唱、快板书等。中华人民共和国成立后，掘东曲艺深受境内民众喜爱，演出经久不衰，且出现陈志斌、沈嘉章等著名民间艺人。弹唱、快板、快板书、小戏曲、表演唱、方言说唱等形式的作品，亦陆续见诸报刊,并在演出、评比、表导演中获奖。进入21世纪后,方言小品也纳入掘东曲艺,得到文艺界行家好评和认可。2011～2012年,“求求你相信我”等多个小品,分别在国家级评比中获奖。

1982～2012年大豫镇部分曲艺小品创作表导演成果一览表

表22—218

作者姓名	形式	作品名称	发表时间	发表何种刊物或演出等情况	获奖情况	备注
顾文俊	弹唱	交钥匙	1986.10	县曲艺创作	二等奖	—
	快板	王二嫂算卦	1991.12	南通群众文艺报	优秀奖	—
	快板书	顺水推舟	1991.12	农民日报	—	—
	表演唱	人人都把二嫂夸	1992.10	省科技园报	—	—
沈嘉章 张圣明	方言说唱	劝君莫赌博	1997.02	如东报	—	—
莫 亚	戏剧小品	千斤不卖	2011.11	戏曲	“中国戏剧奖·小戏小品奖”优秀剧目奖	—
於国鑫	小品	求求你相信我	2011.11	中国文联 中国戏剧家协会	“中国戏剧奖·小戏小品奖”优秀剧目奖	编导
	小话剧	国徽下	2012.09	文化部艺术服务中心、中国剧协艺术发展中心	中华颂第三届全国小戏小品曲艺大展一等奖	编剧
	小品	收 费	2012.10	中华颂大展组委会	中华颂第三届全国小戏小品曲艺大展二等奖	编剧
	小品	生活不需要眼泪	2012.11	江苏省文化厅、教育厅、残联等	省第八届残疾人艺术会演作品奖、创作奖、辅导奖	编导
左金荣	曲艺	心中的红旗永不倒	2003	市供电系统文艺会演	一等奖	表演
	曲艺	烈火金刚铸铁军	2003.07	市消防系统文艺会演	优胜奖	导排
	曲艺	为审计喝彩	2003.08	市审计机关成立20周年调演	三等奖	导排
	电视剧	生死不由人	2004.02	中央台七频道法制栏目摄播	—	表演
	电视剧	让法做主	2004.02	中央台七频道法制栏目摄播	—	表演
	电视剧	黑 拳	2004.02	中央台七频道法制栏目摄播	—	表演
	曲艺	为审计喝彩	2004.10	南京 全国审计工作会议晚会	—	导排
	小品	闯 关	2004.08	市海洋生产安全教育巡演	—	导排
	小品	车铃声声	2004	省小品比赛	三等奖	表演
	曲艺	联通好	2004	市联通公司文艺会演	优秀奖	导排
	表演唱	春风和煦中行美	2007	县文学艺术奖	导演奖	导排
	小品	卖 瓜	2007	县文学艺术奖	导演奖	导排

第二节　诗歌音乐

民国时期，境内私塾学生就开始背诵古典诗歌《三字经》《百家姓》等。中华人民共和国成立后，新一代诗人崭露头角，教师刘晃、金向东曾发表过多首诗歌。中共十一届三中全会后，诗歌创作更为活跃。姚橹等业余作者脱颖而出，发表歌词上百首。沈元成等多位离退休教师、干部以及旧体诗词爱好者运用旧体诗的形式讴歌社会主义现代化建设、世博会、老年大学。2010年，施泽霖刊印《枫林诗词选》，入选诗稿1080首。

随着诗歌创作的不断进步，给音乐创作打下基础。20世纪80年代始，境内业余音乐爱好者刘士辉等开启歌曲创作先河，先后有多首歌曲在《江苏工人》等刊物发表，在市、县歌曲大赛中获奖。2005～2012年，王聚宝相继出版创作歌曲《无声的美丽》《山河处处都有我》《人生畅想曲》《金色的海浪花》《老师最富有》等5册专辑。

1965～2012年大豫镇部分业余诗歌音乐创作成果一览表

表22—219

作者姓名	形式	作品名称	发表时间	发表何种刊物或演出等情况	获奖情况
金向东	诗歌	摘棉花	1965	《江苏文艺》	—
刘士辉	歌曲	把你不需要留给我	1990	市歌曲大赛	优秀奖
	歌词	一步一个脚印	1980	《江苏工人》	一等奖
	儿歌	妈妈的月亮	2007	县文学艺术奖	二等奖
	歌曲	初升的太阳	2004.10	市第三届合唱节	创作纪念奖
季　浩	歌曲	我心爱的盐场	1992.10	全国职工获奖歌曲集	—
左金荣	歌曲	心中的河	2003.11	南通市政府	文艺奖
龚思冲	歌曲	初升的太阳	2004.10	市第三届合唱节	三等奖
姚　橹	歌曲	大海对我说	2007	县文学艺术奖	二等奖
	歌词	大滩涂	2003.01	《南通音乐》	—
	歌词	海水泡大的汉子	2003	省农民艺术节	一等奖
	歌词	海水泡大的汉子	2004	进京展演、中央台播放	—
	词	乡关何在	2007	县文学艺术奖	二等奖
高宝国	诗歌	阳光下的世界	1999	出版诗集	—
	诗歌	相信未来	2005	出版诗集	—
	诗歌	刀痕	2011	出版诗集	—
顾文俊	歌词	南黄海金黄黄	2003.01	《南通音乐》	—
	歌词	南黄海金黄黄	2003.07	《长白山词林》	—
	歌词	假如没有党	2003.10	《南通音乐》	—
	歌词	垦区的水啊，幸福的水	1982.10	县“新风赞”征文	一等奖
	诗歌	朝霞与晚霞	1986.11	市《山海经》刊出	三等奖

第三节　书画摄影

一、书法

民国时期，境内少数文人喜爱书法，但未见成名成家者。中华人民共和国成立后，随着教育事业的发展，从学校到社会，从少年到老年，酷爱书法者数不胜数。境内著名书法家有当代草圣于右任先生标准草书的第三代传人陈墨石，书法家有退休老人沈元成、倪振华等。东凌小学成为培养小学生书法基地。2012年，该校学生在县以上书法比赛中有10人获奖。

二、绘画

民国时期，境内绘画人很少，仅有简单的水彩画出现墙头、灶头。20世70年代，掘东区文化站在华丰公社四大队举办业余美术培训班后，境内出现群众性绘画高潮，唐友忠、唐翠兰、唐翠平等考入大专院校，成为中小学美术骨干教师。丁店黄金翰的版画艺术，为境内一绝。仇汉生等退休后，练习绘画，颇有成就。陆雨声作品曾多次在全国书画大赛中获奖，并被编入《中国当代书画家》《全国画院院长中国画新作精品集》等20多部大型画册、典籍。2011年，仇汉生、张明芳夫妇刊印《国画集》。

三、摄影

中华人民共和国成立之初，仅有兵房镇施文琦等照相馆替人拍照。当时，私人和学校等行政事业单位均无照相机，个人照、集体照都由照相馆负责拍摄。20世纪80年代后，照相机逐步得到普及，行政事业单位都购置照相机，社会摄影爱好者通过培训摄影技能得到提高。王必春成为中国摄影家协会会员、高级摄影师，3000多幅作品被《人民日报》等报刊发表，200多件作品获奖。2012年5月，大豫镇成立摄影协会，会员15人。

2000～2012年大豫镇部分书法摄影创作成果一览表

表22—220

作者姓名	形式	作品名称	发表时间	发表何种刊物或比赛等情况	获奖情况
王必春	摄影	紫气东来	2003.04	《大众电影》美丽海门全国影赛	佳作奖
	摄影	渔　家	2003.04	《大众电影》美丽海门全国影赛	佳作奖
	摄影	蒸蒸日上	2003.04	《大众电影》美丽海门全国影赛	佳作奖
	摄影	点缀东洲府	2003.04	《大众电影》美丽海门全国影赛	佳作奖
	摄影	陆东辉和他的“自信网吧”	2003.05	市优秀新闻摄影作品	三等奖
	摄影	捕到中华鲟，外滩去放生	2003.05	市优秀新闻摄影作品	一等奖
	摄影	捕到中华鲟，外滩去放生	2003.07	省优秀新闻摄影作品	三等奖

续表22—220　2000～2012年大豫镇部分书法摄影创作成果一览表

作者姓名	形式	作品名称	发表时间	发表何种刊物或比赛等情况	获奖情况
王必春	摄影	收 获	2003.09	省首届国土资源全国摄影大赛	三等奖
黄远平	摄影	报 春	2011.03.30	如东日报	
	摄影	晨 读	2013.04.15	如东教育导刊	
	摄影	凝 望	2013.0815	如东教育导刊	
方志岳	书法	条 幅	2000	湖南长沙“北海杯”书法大赛	三等奖
	书法	浣溪沙一首	2005.03.08	入选中国现代书画名家名作	
	书法	观海听涛	2008.10	华夏书画名家作品典藏	
沈元成	书法	老年不老翰墨长春	2001	江苏省公务员书画展	一等奖
	书法	纪念邓小平诞辰100周年	2004.08	全国书画展	二等奖
	书法	书 谱	2013	第三届江苏农民读书节书香农家书画大赛	二等奖
施泽霖	书法	对 联	2002	中国书画名家大赛	书圣画圣金奖
	书法	纪念邓小平视察南方重要讲话发表50年	2006	全国书画大赛	金 奖
	书法	国庆六十周年感怀	2009	中国艺术促进会、中国书法国画研究会	金 奖
倪振华	书法	世博百年吟咏	2011.07	纪念建党90周年中国诗书画名家邀请赛	金 奖

第四节　小说散文

一、小说

20世纪50年代中期始，境内小学教师施锦安就以抗日战争为题材，构思掘东人民在中共掘东区委领导下，进行反清乡斗争的一部长篇小说，初拟题为《黄海边上游击队》，施利用节假日，围绕小说所需素材，白天走村踏户进行深入调研，晚上梳理材料，为之付出艰辛，因时局瞬变，导致书稿搁置20多年。中共十一届三中全会后，施得到南通军分区陆文照、黄裕冲和国防大学黄玉章的相助，后经数年努力，几易其稿，最终定题《滨海枪声》，全书5章、24节、4万字，于1992年夏，由晚睛译著出版社编辑，开益出版社出版发行。黄玉章发给亲笔贺信，南通军分区陆文照、黄裕冲以《迟发的“枪声”奋进的号角》代序。之后，又出版发行小说《共赴京都》等多部作品。90年代后，高宝国、顾文俊等开始创作小小说。

二、散文

20世纪80年代始，境内有不少文学爱好人士(包括在外人士)，其中有军人、有机关干部、有教师、有工人，利用业余时间，撰写一些贴近生活、反映民生、回忆往事的散文。如《腊八粥》《夏日话泥螺》《四奶奶与过年鞋》《思念皂角》《启海方言》等。这些文章刊出后，让世人更加了解大豫和热爱大豫。其中有些文章在征文评选中获奖，1993年1月，顾文俊撰写的《绿洲上的白杨树》，获南通市"魂系国策"征文三等奖。2010年3月，高宝国撰写的长篇报告文学《江海之子——姚止平》获文化部等4家单位联合举办的"星光杯"感动中华·全国大型征文比赛一等奖。

1980～2012年大豫镇部分散文小说等创作成果一览表

表22—221

作者姓名	形式	作品名称	发表时间	发表何种刊物或演出等情况
管宏图	散文	故乡行	1995.03.15	《如东报》三版
	散文	腊八粥	1996.02.07	《如东报》三版
翁雪峰	散文	启海方言	1997.03.12	《如东报》三版
葛重兵	散文	小镇所长	2001.12.04	《如东报》二版
姚　橹	散文	甜瓜引出的故事	2004.06	《江海晚报》
	散文	夏日话泥螺	2004.08	《江海晚报》
顾文俊	散文	思念皂角	2005.11.09	《南通日报》
	散文	四奶奶与过年鞋	2006.02.08	《南通日报》
	微型小说	小小葱姜摊	1992.03	《乌鲁木齐人口报》
	小小说	辛老师拉烧柴	2002.03	《南通日报》
顾文俊	小小说	镇长剃头	1999.09	《南通日报》
	黄海民间故事	青龙白虎	1994.05	《江苏文艺》出版社
施锦安	长篇小说	滨海枪声	1992.07	开益出版社
	长篇小说	共赴京都	1992.12	中国国际广播出版社
	丛书	班主任必读	1992.12	海南出版社
	丛书	作文必读	1992.12	海南出版社
顾　秀	回忆录	历程回望	2006.10	《上海文艺》出版社
邱大云	丛书	谜海拾贝	2013.06	南京出版社
高宝国	散文集	海的魅力	2012	《大众文艺》出版社
	小说集	意外的恋情	2005	《大众文艺》出版社
	报告文学集	涛头壮歌	2011	《大众文艺》出版社

附记：微型小说

陈小姐"怀孕"了

高宝国

陈小姐翘着绯红的樱桃小嘴，双手托着香腮，坐在梳妆台前面，照来照去，一边欣赏自己的丽容，一边眼睛直发媚，一边想着近几个月曾跟谁在一起……宋场长、卢科长、武局长、鲁所长、时总经理……

陈小姐卸去头上牡丹发卡、擦掉脸上的胭脂、嘴上的口红，尽量使自己“老气横秋”些。换上一件又肥又大的灯芯绒孕妇背带裤，用手机喊来了妹妹，临走的时候，还给妹妹找来了一只结实的大公文包。

外面的雪还是那么猛，街道白茫茫的一片，陈小姐叫来一辆上档次的“的士”，直接向目的地开去。

宋场长的办公室紧闭着。“笃”“笃”“笃”陈小姐用劲敲了三下。

“谁呀！下这么大雪……”陈小姐努努嘴暗示妹妹在外面等。“嘿嘿，我的宝贝，送上门来了！”满头银发的宋场长抢着把门锁好，望着陈小姐的眼里露出饿狼见到羔羊一样贪婪的光，且急不可待地把陈小姐拥在怀里，陈小姐却用力把宋场长推到沙发上。

“你还我的宝贝，真的有宝贝啦，我怀孕了……我准备给你养个儿子！”陈小姐说着摸起自己的肚子。

“什么，你说什么？你再说一遍！”宋场长从沙发上跳了起来，额头上渗出一层细微的汗珠。

“我怀孕了，我给你生个胖小子！”

宋场长半天沉默无言。他点上一支“中华”烟，在办公室里来回踱着方步，然后皱了皱眉，从文件柜的抽屉里，拿出一扎百元人民币来，塞在陈小姐背带裤胸前的兜里。

“快给我去流掉，去，快去。”宋场长声音沉沉。

陈小姐二话没说，把那扎钱用报纸重新包好。“假如这些不够用，我再来找你。”“好说！好说！”宋场长连连点头。

陈小姐出了门，把钱放进了公文包，来到江海路宿舍楼卢科长的宿舍。

年近50的卢科长看见她了，慌慌地把陈小姐拉进屋里，锁上门，阴着脸埋怨：“你也不先来个电话，就跑到我家里，你也太放肆了，幸好我那位上市场买菜去了。”

陈小姐根本不吃这一套，冷笑着说：“我是来告诉你一个好消息，我已经有了，哼……我打算给你生下来。”

陈小姐歪着头做着媚态瞅着卢科长。卢科长没有发话，迅速从保险箱中取出一叠50元，“啪”地放在桌子上说：“全部拿去，把肚子里那玩意儿快给我处理掉……我真不该认识你啊！真不该……”陈小姐抓起桌子上的钱，放进公文包里，指着卢科长的眉心冷冷地说：“狗娘养的，我真倒霉！”挺着大肚子走出卢科长宿舍。

陈小姐用同样的方法，找到派出所的鲁所长，建筑公司的时总经理……除了发展局武局长到狮子楼大酒店开会，成了漏网的鱼，其他人都乖乖地掏出了钱。

陈小姐姐妹俩拿好塞满钱的公文包，打道回府。

在家时，陈小姐边放着VCD，边点着“怀孕钱”，边告诉妹妹这些钱的用场……

一直沉默无语的妹妹开口了，“姐姐，你啥时候到医院流产，告诉我一声。”

“扑哧！扑哧！扑哧……”陈小姐笑得眼泪都掉出来了：“看你傻乎乎的，我根本就没有怀孕。”兴奋极了的陈小姐脱掉背带裤，脱掉绒背心，拿掉塞在肚皮外面的儿童枕头，回到房间，又开始重新打扮……

摘自2004年7月《微型小说选刊》

第五章　民间文化

第一节　民间工艺

境内民间工艺素以门类繁多，技艺精湛，色彩古朴秀雅，清和闲适，生活气息浓郁，启海特色鲜明，传承于世。至20世纪70年代，尚盛行。如民间工艺刺绣，凡姑娘出嫁，自己刺绣凤凰牡丹花、蝶恋花、嫦娥奔月、鸳鸯戏水图案的帐沿、床衣、枕套和织造芦菲花、方格花土布，印染兰花布为必备嫁妆[①]。还有玩具鹞子、兔子灯。建筑工艺花式墙、哺鸡、灶花[②]，剪(刻)纸工艺品，食用工艺品寿桃、生日蛋糕等等。这些富有创意的民间工艺品，均出自劳动人民之手、是大众文化智慧之结晶，大多工艺品虽极平凡，难登大雅之堂，但能印记时代、见证历史。

一、寿桃

相传孙膑拜云蒙山鬼谷子为师学兵法。一去就十二年，那年五月初五，孙膑猛然想到："今天是老母八十岁生日。"于是向师傅请假，看望母亲。师傅摘下一桃送给孙膑说："你在外学艺未能报效母恩，带回去给令堂上寿。"孙到家，急从怀里捧出寿桃给母亲，没想到还未吃完，母亲容颜就变年轻。故事不胫而走，流传于世。人们为念想父母健康长寿，便仿效孙膑在父母过生日时敬奉献鲜桃祝寿。但鲜桃季节性强，于是在没有鲜桃季节里，创造用面粉做寿桃给父母拜寿。

大豫人代代相传摆寿桃、赠寿桃之习俗。象征晚辈对老前辈孝敬，意蕴祝老人健康、幸福、长寿。20世纪70年代后，一般用于耄耋寿星，较之年轻者，以生日蛋糕取代。

二、香袋(包)

大豫人素有佩戴香袋习俗。传说隋唐时孙思邈在民间治病，留下戴香包驱疫治病之美举，历史悠久。至20世纪80年代前，尚在境内流行。此后，随着医疗卫生事业进一步发展、提高，渐淡出人们视线。香袋工艺简单，妇孺皆可针扎缝制。一般采用布绸料，做成花鸟鱼等形状，用彩线勾出，栩栩如生，活灵活现；也有用彩布绸料制作心脏、石榴、葫芦等形状香袋。内装醇香药料，如白芷、苍术、香附子、艾叶、藿香等。每逢春夏之交，阳气日盛，百虫活动频繁，最易感染疾病季节，民间多于"端午节"给老、幼、病、弱者戴个香袋，以驱邪避疫。

三、剪、刻纸

民国时期，境内民间生活中就广泛应用剪纸。刻纸是在剪纸基础上发展而成，主要用

---

①详见第三十二篇《风土人情》第二章第五节"沙地服饰"。

②详见第十二篇《建筑》第四章第四节"沙地灶花"。

于逢年过节、红白喜事装饰。岁时节令例：正月初一家家挂春幡、贴窗花，一派喜庆气氛，正月十五家家挂红灯，贴上剪纸，更加绚丽迷人。三月清明，祭品有铜钿等刻纸，表达怀祖之情。红白喜事例：亡者逝世日、周年、十周年祭日，境内惯用五色纸剪成寒衣、内衣或布料成衣、帽、鞋、被褥等，连同刻有图案花纹的纸房、纸箱、纸灶、纸汽车、纸冰箱、纸电视机等在门前焚烧，寄托生者对亡人哀思。结婚时，大门贴上大红双喜字，枕套、帐沿等绣上蝶恋花、嫦娥奔月、鸳鸯戏水，凤凰牡丹等图案，以剪纸为底样刺绣而成。这些极其普通剪纸作品，虽不像珍珠翡翠那样华贵辉煌，却牵连着每个人心灵，伴随着千家万户生活，具有牵心动魄之艺术魅力。

附记：

民间刻纸艺人

何必山，民国25年(1936)4月生，南坎十一大队(茂青村)一生产队人，初中文化，1954年始，独自钻研刻喜笺工艺，一年四季为春节供应喜笺忙碌着。何刻的喜笺种类规格有12裁、6裁、4裁、22裁、28裁等，12、21裁为大门笺，6裁为房门笺，4、22、28裁为堂屋内大全张挂笺。2001年后，因红纸紧缺，改刻(清明节)坟墓顶幡。

图22—140　2012年5月9日，何必山作刻纸示范　(管霖　摄)

四、刻印章

民国36年(1947)，大豫镇顾祥开始雕刻印章。雕刻程序较复杂，并备有刻刀(大小不同数种)、印泥、印床(有木制、金属)、笔墨砚刷(旧牙刷、油画笔)、印规(类似木工用角尺)、纸(连史纸、薄宣纸)、砂纸(铁砂、木砂粗细不同)、小镜子(用于反照印文)等。其实雕刻为独特的融实用性和艺术性为一体之工艺瑰宝，姓名雅号、花鸟虫鱼，一把刻刀，尽入方寸之中。印章自古主要用作身份凭证和行使职权之工具。20世纪50年代末，人民公社化后，社员用印章领取劳动报酬、借据、收件等为凭信；70～80年代期间，随着行政体制多次调整，政府、机关部门及工厂、企事业单位等均要重新刻制公章，乃是顾祥刻章生意之黄金岁月。90年代末，电脑刻章迅速占领市场，而手工篆刻具有不可复制性，却无人问津，这门传统工艺面临失传。2012年，全镇有电脑刻字5家。

附记：

民间雕刻艺人

顾祥，民国15年(1926)生，大豫镇人。民国36年始，独自钻研刻章艺术，字体有篆体、隶书、楷书、行书、仿宋等。1956年，公私合营后，为大豫铁木竹社工人。分别在大豫镇、兵房镇设亭刻章，因刻艺超群，业务范围除当地外，扩大到长沙、北坎、掘港、三余等地。2010年去世。

五、扎彩灯

20世纪50年代前，农历正月十五前夕，为庆祝"元宵节"，镇村几乎家家户户都要扎灯笼。灯笼用芦苇秆、竹片和彩纸制作，有四角灯、八角灯、鲤鱼灯、兔子灯、走马灯、元宝灯、宫灯等多种款式。专业从事扎彩灯的匠人，称"扎作匠"，手艺娴熟，能扎各种精致彩灯。中华人民共和成立后，境内各集镇商店、供销社、机关企事业单位每逢春节、元宵、国庆、元旦等重大节日，也都要张灯结彩，渲染节日氛围，大多数单位请扎作匠制作，有些自己仿制。"文化大革命"期间，扎作匠被打成牛鬼蛇神，彩灯换为大幅标语。进入21世纪后，手扎兔子灯，也换成塑料制品，并装有电池、电灯泡及开关。一些大型超市逢喜庆、重大节日均要在店面前挂灯笼，而这些灯笼是从商家购置，制作更为精细，质量上乘，妥善保管，可续用。

六、雕花板

掘东人称"锲花板"。匠人称"锲花板师傅"或"雕花匠"。中华人民共和国成立后至"文化大革命"，境内男女青年结婚用的床、橱、柜等木制品须用雕刻花板装帧。雕花板有圆雕、镂雕、浮雕和镶嵌等技法，有花草、龙凤、寿桃、蝙蝠及水波、云纹等图案，构思巧妙、工艺精湛、色泽湿润、古朴而美观。随着社会进步，人们观念更新，20世纪80年代始，使用电动机械雕刻，手工雕花木制品也淡出人们视野。90年代后，结婚所用床、橱、柜等大件家具大多到商场、超市购新颖款式。"锲花板"匠人多数改行，雕花板这一民间艺术逐渐式微。

第二节　民间故事

境内大多数民众在劳作之余喜欢聚在一起听人讲故事。这些故事均源自民间，有真人真事、亦有虚构，人物描述栩栩如生，故事情节生动感人，有讽刺人际间溜须拍马不正常关系；有人与动物和谐相处；有鞭挞社会上不尽孝道，道德缺失之子女等现象。节内载录鬼怪灵异、幻想、生活、乌女婿、俗语、杨瑟岩等故事8篇，尤其是杨瑟岩的故事，家喻户晓、老少皆知(为保持故事真实性，文字、内容未做改动)。

一、鬼怪灵异故事

阎罗王也爱吃马屁

从前有个专会吹牛拍马的人突然死了，家里做了3日3夜道场。道场做好，正要把死人扛到棺材里，哪晓得死人翻身下地跑跳如常。老人们都说："奇怪，我们活到头发胡子雪雪白，也没有看见过人死会活过来。"在场的人都问："你死了3天3夜怎么活转来的?"那人说："我也说不清楚，这3天3夜中，我看见阎罗王打完1200个人。阎王亲自提审，他两边站着16个打手，碰到痴子可不打，眼看要轮到我了，我想试试，先拍一个马屁看灵不灵。过了一歇歇，十个打手站齐了，阎王对我说：你这个人靠什么吃饭？我讲靠拍马屁吃饭，现在世界上人人喜欢吃马屁，我就干起这个行当。阎王说：'你看我会吃你马屁?'我说，你阎王大人德高望重，不吃马屁！阎王一听哈哈大笑，说："你回去吧，让你再活36年。"就这样，我就回转啦。众人一听，都说阎罗王也喜欢吃马屁！

二、幻想故事

张郎和乌龟

早年，狼山附近住着一户人家，小夫妻两个，还没有孩子。丈夫叫张郎，靠打柴过日子。妻子年纪轻，长得蛮漂亮。张郎心地善良，打柴卖得10个钱，他只用8个，剩下的做做好事。

有一天张郎打柴归来，路上看见几个小孩子用砖头、石块打一只乌龟，就跑过去说："你们不要打乌龟，罪过。"一个小孩说："关你屁事，我们打。"张郎连忙拉劝："不能打，不能打。"

"不打，卖给你?"

"噢，你要钱，有的。"张郎从口袋里摸出钱来说："宝宝，你们每人3分钱。"

有一个小孩偷偷地说："你们不要作声。等伊跑脱之后，我们再打。"

张郎跑了一段路想想不对："这些小孩犯野，乌龟可能还要受罪。"他不放心，跑回去一看，几个小孩果真又在打。张郎说："说好不打，你们怎么又打啦？我还是带它走。"张郎就把乌龟捧到担子里，一直挑回家。妻子问："今朝你弄到个哈么宝贝呀?"张郎就把孩子们打乌龟事说了一遍。妻子说："你把伊弄到屋里来做哈?"他说："放在后头宅沟里，把吃剩下来饭菜倒给伊吃，养伊。"

今朝三，明朝四，这只乌龟长起来蛮快，越长越大。张郎照例天天送饭给它吃。有一天，乌龟会说话了："地方上太作孽!"接着又说："恩人，你搭救我，我现在也要报答你。这里不能呆，这地方要沉了，你快点把屋里东西卖掉，买只小船朝外逃吧!"张郎一听吓一跳，心想乌龟怎么说起话来了呢？它说的是不是真的？忙回屋跟妻子商量。

夫妻两人商量后，就把小草屋等东西全部变卖，买了只小船准备跑。乌龟又说："恩人，我跟你们一起走。"他们把乌龟搬到船上。刚上船，周围就发出轰隆一声巨响，地沉下去了。于是，这块地方一下变成汪洋大海，很多东西漂浮在水面上。乌龟对他俩说："我叫搭救啥你们就救啥。"

一会儿，淌过来一条大蛇，乌龟说："恩人，把这条蛇救起来。"张郎心想：救蛇做啥？但只好听它，就弄东西把蛇捞到船里。船继续朝前漂。忽然淌过来一群老鼠。乌龟对他说："你快点把这些老鼠救起来。"他只好把所有老鼠一只只捞到船里。没隔多少辰光，有一块东西淌过来，上头爬满蚂蚁，乌龟连忙说："快点把蚂蚁救上来。"他一听，这个蚂蚁叫我怎救法？但再难也要救！他把蚂蚁一只一只捞上了船。过了一会儿又看到好多胡蜂，在水面上漂来漂去。乌龟说："把这些胡蜂也救起来。"他想胡蜂救上来要螫人，不过乌龟叫救总归要救，便又一只一只捞到船里。

小船随风漂流，上风头突然有人叫喊救命。乌龟只当没听见，不作声。他看了看乌龟，心里说：倒惹鬼嘞，这些大小虫子它叫救，看到人倒反而不叫救。有句老话叫"救人一命胜造七级浮屠"，我不能见死不救。他就把这个人救上船。

被他救上船的是一个小伙子，长的蛮清秀。这个小伙子看到船里还有一个女的，长的蛮端整。男的女的大家对着看看都称心满意，就动起坏心思。小伙子对女的说："等歇我带你跑。"女的说："我怎能跟你跑？"男的说："不关的，到辰光你就说我们是夫妻。反正到陌生地方，没人晓得。"女的就答应了。

船经过一段时间的颠簸，到了一块地方，不少人在那里捞外快。看到一只船淌过来，都等着看看船上装什么东西。

船靠岸后，乌龟跑了，蛇游了，老鼠窜了，蚂蚁爬了，胡蜂飞了，小伙子就对女人说，我俩也跑。这个女人真的要跟他走。"咦，你跟他到哪里去？"张郎问女人。女人说："你拦啥呀？我俩到哪里去，还要你来管？！"小伙子对女的说："别睬他，我俩跑。"张郎心里在说："你去嘛，看来我也没办法养活你了。"他眼瞪瞪地看着自家妻子跟别人走，心里非常苦闷。就这样，他白天讨点饭吃吃，夜里躲在小船里过夜。

一天夜里，一条大蛇游到他身边，对他说："恩人，你不要难过，我给你寻个老婆。明朝夜里，我到员外的小姐那里去，咬她一口，弄得她无名肿痛，医治不好。员外肯定要张榜出来。到时候，你去揭榜。等到把小姐的伤医好了，她就是你的老婆。你要记住，只要把灶膛里的泥碾碎，用天水搅和，涂在伤处，小姐病就会好。"说完，蛇就游走了。

再说第二天夜里，蛇果真游到小姐房中，在她身上咬了一口。小姐醒来后，只觉身上痒痛，不知什么东西。一会儿，身上开始肿起来，越肿越大，小姐吓得直哭。等员外赶到她身边时，人已昏迷过去。家里人急得到处求医，可请来医生都没法治好小姐病，只好张榜告示：哪个能将小姐病治好，要多少钱给多少钱，还把小姐许配给他。

有一天，张郎出去讨饭，讨到一块地方，看到好多人围在那里，不晓得出啥事。便跑过去一问，晓得是员外家贴出的榜文，当时便想到蛇对他说的话。心想，我可能遇上了蛇仙。机会蛮好，让我试试。他上前一把揭了榜，旁边一些人看到后取笑他："一个叫花子，也能看好小姐的病？真是癞蛤蟆想吃天鹅肉！"

张郎揭榜后，守榜人马上报告员外。员外出来一看是个叫花子，根本不相信，随口道："你真的能治好小姐的病？"他点点头。员外说："假使治不好要杀头的。"他反问员外："要是我能治好呢？"员外说："我榜里写得清清爽爽，说话算数。"随后，张郎被带进小姐的房里。

小姐浑身肿得很厉害，已神志不清。还有几个医生守在她身边，看到一个叫花子进来给小姐治病，都摇头晃脑，问他用啥药给小姐治病。他一声不响，摸出个纸包。打开一看，是一把黑塌塌的东西，不晓得是啥药。其实是他从人家炉膛里扒来的灶膛泥。他把泥碾碎，用天水搅和，就往小姐伤处涂去。一连涂几次，小姐的身子开始退肿，人也逐渐清醒，越来越好，小姐病真给他看好了。

员外屋里的人都蛮欢喜。员外问他要多少钱，他说："钱我不要。"员外说："咦，你不要钱要啥？"他说："你榜里怎么说就怎么办，我要你家小姐。"员外一听气急败坏，心里想：我堂堂员外家小姐，给你一个叫花子，讲出去不塌台吗？就对他说："我看你还是太平点，拿几个钱活命算了。"吩咐家人拿钱想打发他走。可他不要钱，一定要员外家小姐。员外被惹火了，马上叫人把他关了起来，准备饿死他。

张郎被关进去后，心里懊悔啊。唉，每天没得吃，这样下去真个要饿死啦！他正在发愁，只听见一阵悉里索落声音。一群老鼠衔着月饼、柿子等吃的东西跑来。一会儿工夫，堆起一大堆，他吃也吃不完。

关了几天后，员外看到他没有饿死，感到奇怪。又想出个绝办法：把三升菜籽和三升芝麻和在一起，对他说："限你七天之内把菜籽和芝麻分开。若能拣得好，我家小姐就嫁给你；若拣不好，叫你吃官司受罪。"他听得出员外在刁难他，心想：看来我是要不到他家丫头啦，我也不拣啦。他就把菜籽和芝麻放在地上，一个人呆呆地坐着。

刚过一刻儿，来了一群蚂蚁，爬到放菜籽、芝麻的盘里，有的拣菜籽，有的搬芝麻。不到3天时间，就把菜籽和芝麻分得一清二楚。他一看真叫高兴，就大声呼喊叫员外前来看。员外看后一下子愣住了，心里想，要么我家丫头真的同他有缘分，但是又舍不得把小姐嫁给他。

员外仗着势力大，又请来一些官员献计献策。最后想了个计谋：员外家里有17个丫鬟，连自己丫头一共18个姑娘，叫她们坐在18顶同样花轿里，叫张郎辨认。

正当张郎左右为难捉摸不定时，飞来了不少胡蜂，其中一只领头的大胡蜂一直在他耳朵旁边转，叫着："嗡嗡嗡，第九顶，嗡嗡嗡，第九顶……"张郎一听心里明白。一顶、二顶、三顶……数到第九顶时，他一步抢上前，拉住轿子大声地喊："小姐在这里！"第九顶轿子里坐的正是小姐。

员外这时再也没啥好说，只得把小姐许配给了张郎。

三、生活故事

养老记

有个老爹年纪大了，由两个儿子养老。一个月一个月地轮养。大儿子说："好的，我先来。"大儿子养了一个月，二儿子也一个月。到了年三十晚上，大媳妇说："今朝天气暖和和的，明天早上在路上跑，不好看相。"老头肚里有数，这是催我到老二家去。过了辰儿，大媳妇又说起来了。老头儿想这口气憋不下，好的，我走，到二儿子家去。老头子哼呀哼呀地跑到二儿子家。二媳妇说："你今天就来了！""嗯，来了。"老头喘着气回答。二媳妇说："今朝是三十晚上，派大房家的，这顿晚饭把你吃好，还是不把你吃好？"老头儿一听糟啦，二媳妇也是一样的货色，只好忍气吞声。过了辰儿，二媳妇骂起来了："笑话，养不得就不要养，推到我家来做什么？"老头儿越听越气，只好再到大儿子家去。他跌跌撞撞地跑呀跑呀，实在跑不动了，号啕大哭，越想越苦，想想活不下去了，拿了根绳子寻死。

有个人家小夫妻俩，没老没小，家境贫穷，只有3亩田。男人在街上一家店里站柜，三十晚上回家去，跑到路口看到有人上吊，连忙跑上去把人救下来，问："老人家，今天三十夜子，你有什么爬不过的山，要上吊寻死？"老头就把经过告诉了站柜的，站柜的说："就这么点小事，用不上寻死觅活的，到我家去。"就连拖带拉，边走边劝把这个老头带回家去了。到了家，他告诉妻子，老人是我多年未见的叔叔，今天到我家来了。老婆听是叔叔来了，连忙迎上去，搀了进家，叫他一起吃团圆饭。

开过年来转眼到了正月半。这天傍晚，老头出门回家来到一十字路口，见有4个伢儿在耍子。他想怪呀，天快黑了，这几个伢儿还不回家，想把4个伢儿劝说回去。老头追到这个，那个跑掉，追到那个，又跑掉这个，把他累得直喘气，索性坐在十字路口当中歇劲。哪晓得4个伢儿一个路口一个，也往下一坐。这一坐不要紧，他们越来越小，越小越亮，变成金闪闪的小娃娃。他一想："不好哇，今天是遇到鬼来了，还是碰到宝贝？"不管它，壮壮胆子跑上去捧了一个，一看黄澄澄、沉甸甸的笔滑的人儿，他把4个人儿全部捡起来带了回家，也不曾告诉侄媳妇，往床底下一藏。第二天对侄媳妇说："今天，我到镇上去剃个头。"暗底下带了一个人儿到典当里去试试，到底是宝是怪。老头来到典当，朝奉接过来一看，哎唷喂，这么大的金人儿，从来不曾见到过。就问："老客官，你是卖还是当？"老头说："我想卖，能卖多少钱？""这个金人儿我们给3000两银子，你卖不卖？""3000两银子。"这老头一听一吓，舌头一伸。他从来不曾见到过3000两银子，心想我今生今世用不完了，连忙说："卖，卖！"朝奉问："客官，银子怎么拿法？"老人说："我今天不曾带家伙，拿300两，剩下的明天家里人一起来拿。"

老人想试试侄媳妇的心，往阴沟里打了个滚，沾了满身的臭水，哼哼哼的跌跌撞撞往家走。侄媳妇一见他这模样，只当叔叔喝醉了，连忙迎上去，把他搀回家来，又是打水，又是洗衣，又是送茶，又是忙饭，忙得团团转，没有一声怨言。老头看在眼里，喜在心里。

第二天，老头从典当里取回了2700两银子，叫小夫妻两个开店。不多时候开了一爿大店，生意越来越好，钱越来越多，店越开越大，没多少时候就发财得不得了啦。

今三明四，这个消息一传传到老头儿大儿子、大媳妇、二儿子、二媳妇的耳朵里。今朝大儿子摸了来骗老头，不睬；明朝二媳妇又摸来贴老头儿的福字，不睬。后朝大媳妇又来拍马屁，不理。三天两头二儿子拎点酒菜，没人吃，嫌晚了。

又到了年三十，两个儿子，两个媳妇带了丫头、儿子到老头家来过年，站柜的夫妻俩格外客气，办好酒好菜招待。老头说："今天是三十夜了，五年前我三十晚上离家，九死一生，幸亏侄子、侄媳妇救了我。今年三十晚上合家团圆，我开心。我这几年还积了几个钱，今朝给大家压个岁。"儿子、媳妇一听，暗暗开心。站柜台的夫妻俩说："你这么大年纪了，我俫不要你的钱，你放下，留着自己用用。"老头儿说，这个不行，就先拿了4两银子，给儿子媳妇每人一两。儿子、媳妇蛮高兴，今朝一个人弄到一两，不愁明朝十两、百两、千两。跟后，老头又到床底下把三个金儿摸出来了，往站柜夫妻俩门口一放，说："谢谢你俩救命之恩，我还有这么点绝后代家私，作为报答恩情，请你俫收下，省得人面兽心的畜生来磨削。"站柜的两个推辞不要，儿子媳妇想要要不到。结果老头儿硬把了站柜的夫妻俩，认了儿子媳妇，自家的儿子媳妇永远不准上门。老头在这个人家日子越过越好，一直到终生。

四、乌女婿故事

踏盐齑

有人做媒，河东的小翠嫁给河西的阿林。旧社会里，青年男女结婚前从不见面，更不要说看面相、熟悉性情了。

小翠新婚后，带着男人第一次回娘家。到了娘家，吃好中饭后，丈母娘为了试试女婿会做勿会做，就叫女婿踏盐齑，同时叮嘱女婿："官人你踏好后，面上要用石头压压结。"阿林手花蛮快，一歇歇踏好了。丈母娘见状，心里也蛮高兴。但看见女婿只拿一块小石头压在上面，丈母娘又说："官人，石头要多压几块。以后你要记好，压头一定要重；只有压结足，以后才瘪得下去。"于是，阿林又加了几块石头。吃好夜饭，小夫妻俩就回转了。

过了三四个月，阿林见娘子的肚皮不知啥原因渐渐膨出来了，便着急起来。他马上想到丈母娘的一句话：一定要压结足，才能瘪下去。于是阿林天天夜里拼命压在娘子肚皮上，压得娘子直喊亲爷娘，气也透不过来。但娘子的肚皮不但不瘪下去，反而一天天大起来。

阿林气呼呼跑到丈人家，朝丈母娘话："姆妈，姆妈，上次你讲个话，一点也勿对。"丈母娘被女婿问得一记打在毛豆园里（意思是丈二和尚摸不着头脑），勿晓得啥事体。连忙问女婿，到底是什么事。女婿话："上次我来踏盐齑，你讲，一定要压结足，才能瘪下去。现在我娘子的肚皮一天天膨出来，我天天夜里拼命加压，肚皮不但不瘪下去，反而一天天长大了。你上次对我讲个话，勿灵。"丈母娘被女婿话得哭笑不得，告诉女婿："肚皮怎么和咸菜比呢？小翠的肚皮大了，说明肚皮里有孩子了，千事万端勿能压。"

女婿回转了。丈母娘想想就来气，这个女婿奈这样不明事理。

五、俗语故事

阎罗王怕绝鬼

有一次，阎罗王抓来张某人。张某人见了阎王勿肯下跪，阎王问："见了本王为何不跪？"张某人想：抓到这里，跪是死，不跪是死，骂几声也是死，让我骂几句，即使死也痛快些。主意拿定，就破口大骂起来："肏你的娘！"阎王一听，有点怀疑："你说什么？""肏你娘！"阎王想，肏本王娘的，一定是亲爹，立即站起身："啊！是我爹到了，坐，请坐！"后来，阎罗王下令释放张某。"阎罗王怕绝鬼"这句话，就是这个来历。

有眼勿识"泰山"

从前，有一个叫陈龙的人，他是个好泥匠。这一年，京城里造房子，皇上发旨，到各州各县招收泥木匠。因为陈龙是个好泥匠，也被招去造皇城，时间是18年。

陈龙去京城造房子的时候，娘子肚子里已经有三四个月的身孕。又过了六七个月，陈龙的娘子分娩了，生了一个男孩。陈龙娘子为孩子取名叫泰山。

日复一日，年复一年。泰山7岁的时候上学了。陈泰山在学校比较顽皮，不识字，一直受到别的同学欺侮。有一天，陈泰山不愿上学了。娘问他为什么不愿上学，他对妈妈讲："人家同学都有爹叫，可我就是没有爹叫，这为啥？"娘告诉泰山："你有爹。你的爹去京城造房子了，18年才能回来。"听了妈妈的话，泰山又上学去了。到了学校仍然受到同学的欺侮，于是下决心不上学了。

在家里，泰山一件事也不做，整天弄泥玩耍，一门心思用烂泥块造房子。工夫不负有心人，泰山不到10岁，无师自通，成为一个好泥匠。东西邻居看到泰山年龄虽小，可个子比一般小孩长得高，力气比较大，还有一手好泥匠，就带他到附近寻铜钿去。房子越砌越多，泰山的本领越来越高。他砌的墙头，左右一线，上下一线。东西邻居都讲："小泰山完全超过了他爹。"

光阴似箭，10多年过去正如弹指一挥间。陈泰山18岁那年，忽然想去找爹。他对娘讲："现在我已经长大成人，我一定要找到爹。"儿子找爹心切，娘也答应了。去的时候，娘告诉陈泰山爹叫什么名字，有何特征，还给泰山准备了生活用品，打了小包裹。

泰山告别了娘，踏上了寻爹的征程。他不辞辛苦，日夜兼程，跑了1个月时间，终于来到京城。京城范围很大，建筑工程很多，泰山由于心情过分激动，将爹的名字竟忘得一干二净。因此，泰山只好一个工地一个工地地问姓陈的师傅，可是找不到家乡来的姓陈的师傅。

泰山跑到最后一个工地，就问了做工的泥匠师傅："这里有姓陈的师傅吗？"一个泥工回答："这里一个陈师傅，就在东山。"泰山一看东山的墙面，自言自语地说："这山头砌的还不如我，上下倾斜要3个手指头宽呢！"泰山的话被在东山上的陈师傅听见了。那位师傅讲："看你背着个小包裹，充啥老相？你本事好，就请你来试试。"泰山听了挖苦他的话后，一狠心就从东山的脚架上爬了上去。正要爬到那位师傅旁边，被那位师傅一推，泰山就从10

多丈的高处摔下来，顷刻跌死。在京城里造房子死个把人不算稀奇，泰山就被草草埋葬了。

没几个月，京城的房子全部造好了。阔别18年的陈龙回家，走进东房，看到踏板上一双男人鞋子，不管三七二十一就将娘子打了一顿。娘子不知所措，问陈龙："你为啥一回家就打人?"陈龙讲："踏板上放着双男人鞋子是怎么回事?"娘子告诉陈龙："你去的时候我已有身孕，后来生了个男孩，今年已经18岁了。"陈龙着急问："现在孩子在哪儿?"娘子回答："他到京城里来寻你呀。"陈龙又问："他叫啥？有何特征?"娘子回答："他叫泰山，身上带着一个小包裹。"

话到这里，陈龙恍然大悟，含着泪，痛悔莫及地说："我有眼不识泰山呀!"

六、杨瑟岩故事

杨瑟岩捉奸

传说在崇明有个人叫杨瑟岩，他经常替衙门跑跑腿，写写状子，人是狠勿过。他经常朝外跑，他的老婆就同人家勾勾搭搭，那么是和啥人勾搭呢？原来是同他家旁边一所学堂里的张先生。

有天晚上，杨瑟岩因事不在家，这个张先生就偷偷地去了，并且在那里过夜，在困的时候，张先生突然喉咙发痒要吐痰。当他刚刚要朝地上吐的时候，杨瑟岩的老婆就说："喂，你勿要瞎吐，你看我家里清清爽爽，并且，我俚杨先生蛮'狠'咯，是男是女吐个痰，他一看就晓得，你勿要瞎吐，出来吐到外面去。"张先生讲："这太麻烦哉。""那么你就吐在帐顶里好嘞，反正到第二天就会得干咯。""扑嗒"，张先生真个把一口痰吐到帐顶上。

到了第二天晚上，杨先生从外面回家，只见他穿着长衫，戴着瓜皮小帽子，是个白面书生。他的娘子看见丈夫回家就客客气气筛茶、倒水、出面汤，只怕伺候不周到，这在夫妻间是很正常的。当夫妻俩刚刚上床躺下，杨瑟岩就看见帐顶上的痰，就问娘子，这帐顶上的痰哪来的，娘子讲，这是她自己吐的，我俚屋里清爽煞个，所以我就吐在帐顶上，反正要干咯。

这辰光杨瑟岩想，男女气量不同，自己娘子是个女的，怎么会吐这样高呢？他一想勿对，家里可能出事了，就对娘子说："那么你再吐点我看看。"他娘子就憋足气，"扑嗒"一吐，吐勿着，"扑嗒"一口，又吐勿着，接连几次都是这样。杨瑟岩从床上翻起来，从箱子里拿出一把尖刀，往桌上一插，对娘子说："今朝你识相么统统说出来，勿识相个么就要你命。"他的娘子胆小，一吓就全部说了出来。杨瑟岩把刀收起来，对娘子讲："明朝晚上你再请那个张先生来，请勿来我就要你的命，不过你要替我做件事，想法把那个张先生的舌头咬下来。"

娘子为了活命，第二天晚上真个把张先生请来，在同房的时候，杨瑟岩娘子对张先生讲："你把舌头伸进我的嘴里。"张先生高兴来勿得了，刚把舌头伸进去，只听得吧唧一下，舌头被咬下了小半截，张先生痛得翻床就跑。

过了一天，杨瑟岩从外面回家，问娘子舌头有没有弄到，娘子把舌头拿出来交给杨先生。杨瑟岩拿到了舌头，在当天晚上，拿着尖刀就走了，他跑到附近的尼姑庙里，把一个老尼姑喊出来，一刀就把她杀了，且把张先生的舌头嵌在尼姑的嘴里，回家了。

第二天，众尼姑发现老尼姑一夜未归，立即出门去找，发现这个尼姑身上都是血，被人杀了，连忙去报告衙门。县太爷一听说出了人命案子，立刻坐轿动身前往尼姑庙察看。

县官来到现场进行验尸，发现该尼姑系被刀捅死，并在嘴里发现舌头小半截，随即下令封锁各镇要道口，进行盘查，发现不能说话者，立即逮捕。

一连几天，毫无信息，一日，化装成服务生的公差发现澡堂有个人不能说话，便上去盘问，结果证实那人小半截舌头没有。立即拘捕押送到衙门，可怜张先生有口不能讲，情况又完全符合案件。此案了结，县太爷一声令下，把张先生斩首示众。

再说那杨瑟岩把奸夫除掉后，便想害自己的老婆。但是表面上他装得非常疼爱自己的娘子，心里却在想坏主意。又天正值他岳母生日，杨瑟岩就对娘子讲，娘么一年到头勿来咯，我俚就买点菜请她来吃一顿。娘子一想，这倒好个哦。

杨瑟岩便去镇上买鱼买肉，弄点酒，擀点面，回到家把几斤鱼养在一只大缸里。吃好早饭他对娘子讲："你把鱼剖剖，我去把你娘接来。"当娘子弯腰在缸边上捉缸里鱼的时候，杨瑟岩顺势一推，娘子就钻在水里，一会儿呛死了。杨瑟岩来到岳父家，对丈母娘说："娘，今朝你生日，我俚买了些菜，你到我家里去，你的丫头在家等你。"丈母娘一听蛮好，换好衣裳，跟着女婿来了。一到家里，杨瑟岩就假装寻娘子，河里，茅厕里，东宅西宅都找遍了，就是寻不到。最后跑到鱼缸边一看就哭出来嘞。丈母跑到缸边头一看，丫头已经死在缸里，就哭得死去活来，伤心来交关，杨瑟岩也一边哭一边喊："娘子 啊，伤心，我哪想到你去捉鱼死在缸里……"死的死了，杨瑟岩办完丧事，装作气来交关。

有一天，杨瑟岩跑到丈母娘家，哭着对丈母讲："娘，现在我这人家败脱嘞，你看看奈弄相。"他的丈母看看女婿真个伤心来交关，就对他讲："这样，你么不要气，我再把一个小丫头给你，让你成个家。"杨圣岩一听，立刻跪下，发誓一定好好侍奉丈母。就这样，杨瑟岩又同他的小姨子结了婚。

你说这个杨瑟岩坏呦！奸夫被他弄死，娘子被他弄死，还把小姨子弄到手。所以大家闺秀有时候说别人"哎哇，这个人坏得来就像杨瑟岩"，就是这样来的。

七、笑话

懒汉拜师

有个懒汉，怕自己的功夫不到家，去拜个懒师傅。

进师傅家的门槛时，是面向外，背朝里退着进去的。懒师傅觉得奇怪，问他缘故。他说；"我这样进来，出去时就不用再转身了。"

懒师傅吃了一惊，想：这个人本事不见得比我差，不由得三分敬仰，搬凳让座。

这懒汉就是怪，任你怎么说，他就是不坐。懒师傅又问他缘故，他说："坐了下来，要走时还得站起来，太麻烦，还是站的好。"

懒师傅算服了。他想，这已经够懒的了，还拜什么师傅？颠过来拜还差不多，就对懒汉说："先生的本事远远在我之上，我教不了你，还是另请高明吧！"

第三节 民间传说

境内流传甚广的民间口头文学有仙道佛、人物、民俗、地名、张謇等传说。这些传说语言朴实、幽默、寓意深刻，如灶家菩萨传说中"菩萨放屁——神气""做梦娶媳妇——想得美"等。再如风俗传说正月半吃馄饨，一直流传于掘东地区。张謇不占公款之传说，不仅赞颂张謇大公无私、清正廉洁之美德，且对世人起表率和警示作用（节内所录传说，均保持原有风格，未作改动）。

一、仙道佛传说

黄海的来历

以前，天下只有一个海，由老龙王一人管。

老龙王有四个孩子：敖广、敖周、敖丁、敖头。其中老三敖丁脾气最暴躁。

老龙王年纪大了，便准备给四个儿子分家，一人管一个地方。他和老龙婆一商量，决定把海分为四块。龙王叫来四个孩子，说已把大海分为四块，分别为东海、南海、西海、北海，让他们按排行次序，分管东西南北海。

老龙王是老糊涂了。三个孩子各自去上任，想不到老三得的是西海，可西边没有海，是岸呀。三太子来火了："好！你们存心欺我呀！"他不管三七二十一，一甩尾巴冲了出去。这一冲不得了，又是风又是雨，潮水涌上了岸。他是小的不欺，大的不怕。老四的北海他不管，专门在老大、老二的东海、南海里乱搅一通。把两条海中间的水弄得浑浊浊、黄呼呼。老大、老二没办法，只好到老龙王那里去告状。老龙王一想：啊呀，是我老糊涂了，这事怪不得老三，于是就把被老三搅得浑浊浊、黄呼呼的那块海面给了他。因那里的海水被老三搅黄，就叫"黄海"了。

二、人物传说

骆宾王与"盐齑汤"

唐高宗永徽年间，骆宾王一叶孤舟从扬州逃遁至吕四白水荡。草棚茅舍之中，靠野菜度过光阴。为供冬春吃菜之需，每逢入秋，骆宾王将沙滩四周荠菜、青菜之类晾晒拌盐，装于坛瓮之中。食用时，水淋淋捞上一把，洗净切细，再放几尾离水之鱼或几个文蛤，其汤之鲜胜过鱼羹，自谓"百岁羹"。一日三餐"清清盐齑汤"，美味"百岁羹"，摩挲便腹，自得其乐。

唐天授元年，武后称帝。骆宾王自感处境益发艰难，为了却红尘之苦，去海神庙落发为僧。一日，长老问他，世间食品中哪一味适口者珍。骆曰："盐齑汤之味我谓天下最美。"长老不以为然。骆宾王即下厨用盐齑做汤，其味果然鲜美无比。从此，南北善男信女烧香、吃斋饭，庙内总用盐齑做汤招待。吕四海神庙盐齑汤便远近闻名。

棉三娘与芦扉花

棉三娘，句容人，不知何氏之女，自幼聪颖，心灵手巧五岁时，句容闹瘟疫，其父病亡，三娘卖身给当地一乡绅士为妾，受尽凌辱。

明崇祯十七年甲申，李自成攻破京都，明灭。句容战乱，三娘乱世出火坑，投身义军红娘子麾下。大顺永昌五月，李兵败西逃。三娘偕数十义军避缉捕，遁迹于吕四白水荡。其时白水荡沙滩孤悬、芦苇丛生。逃难义军栖息荒滩，屯田耕作，种粮植棉，捕鱼煮盐，维持生计。

三娘见当地沙民将粗糙芦苇碾压展平，列成均匀芦苇篾编织成“十”形芦扉凉席，屡次斟酌将之移植机杼，织出了“蓝白相间、纹似芦扉，厚重、紧密、耐着”的土布，当地沙民称之芦扉花布。三娘将织布机陈设场头，悉心口授手传织布技法。一时，纺纱做圩，浸纱染色，穿综嵌筘，织机之上手脚呼应，梭梭横穿，左右开弓，昼夜唧唧。白水荡“自纺自织，家户习为恒业”。“弓弯半月夜弹云，机杼终日织妇勤”。当地老叟童稚襟裙衫裤都用芦苇花布面料。

清顺治十五年，海盗骚扰白水荡，狼烟四起，生灵涂炭，三娘遭横祸，死于非命。为崇彰三娘，当地沙民筹资于古代安镇东建“棉三娘祠”一座。三娘虽长辞人世，然芦扉花布于东南沿海世代延续。启海人杰地灵，能妇巧姑辈出，芦扉花布花式不断翻新。“梯子芦扉花”“竹书芦扉花”“井字芦扉花”“喜字芦扉花”……令人叫绝的是红、蓝、黄、绿、白相嵌的“称心芦扉花”“双喜芦扉花”。启海女儿出嫁，嫁妆丰盛，新娘箱箧里总有芦扉花布陪嫁。这种古老民风至今尚存。

三、民俗传说

正月半为啥吃馄饨

在启东、海门一带，有这样一个风俗：每逢正月十五，不管是新女婿老女婿，都要把丈人丈母娘接到家里吃馄饨。为什么呢？说起来有个故事。

以前，启海有个姓吴的县太爷。这太爷有个如花似玉的女儿，名字叫玉琴。那玉琴心灵手巧，会包一手好馄饨，包出的馄饨味道特别鲜美。县太爷最爱吃女儿包的馄饨。

漂亮的玉琴姑娘，偷偷地爱着她家府里伙计春生。这春生自幼父母双亡，十六岁就进吴府当花工。他不辞劳苦，把一院子花木点缀得如画一般。一次，春生正在忙着搭花架，突然额头被马蜂蜇了一下，顷刻间头眼肿胀，热辣辣地痛着难忍。玉琴一见十分心疼，急忙走上去用嘴为春生吸吮马蜂的毒汁。这事恰巧给吴太爷发觉了，他气得暴跳如雷，即刻唤来家丁，将春生毒打一顿，关进了肮脏的柴房。可怜春生头上被马蜂叮咬处，不几天竟慢慢化脓，生了一头的癞疮。

玉琴被反锁在闺房里。她整日想念春生，面容消瘦了好多。后来得知春生关在柴房里生了满头癞疮，暗自流了不少泪。在一个夜深人静的晚上，玉琴从窗口跳出，来到柴房流着泪说：“春生，春生，我们快逃出去吧！”春生对玉琴摇摇头说：“我怎么忍心让你跟我受苦呢？更何况我满头癞疮，成了丑八怪，你还是回去吧！”玉琴不依，她泣不成声：“我不嫌你丑，只要我俩恩爱，天涯海角我都跟你去。”

春生和玉琴便悄悄地摸出后院门，急急上了路，行了整半夜，逃出启海地界，在通东一所破庙里歇下来。春生安顿好玉琴，就拾了一些干草，在庙里点火煮粥。不想粥煮熟后锅盖一揭，洞顶上几条壁虎被热气熏得落下来掉进锅内。因天暗没灯，春生没有发觉。他舀了一碗粥要玉琴吃，可玉琴哪里吃得进，春生只好一个人吃起来。实在饿透了，春生狼吞虎咽，竟把毒壁虎也吞下肚去。不一会儿，春生浑身奇痒，忙到河里透浸了一阵。没想到毒病要用毒药医，过了几天，春生头上的癞疮全部脱了，竟长出一头新发。

玉琴十分开心。她忽然想起自己会包一手好馄饨，与春生一商量，便在破庙前搭了间草棚摆起了馄饨摊。由于他们的馄饨味道特别鲜美，生意就慢慢兴隆起来。第二年，他们又添了个小孩，取名叫强强，三口子生活蛮美满。

小强强六岁那年正月十五，天气十分暖和。时近中午，突然西北风狂起，鹅毛大雪压天而下。这时草棚里来了一个避雪人，玉琴留神一看竟是自己的父亲。原来是吴太爷办事有功，已升任通州知府。他今天来通东私访，不料路过此地正遇漫天大雪，只好借草棚暂避。因时隔多年，玉琴辛劳从业已完全换了装束，春生治好癞疮也改了模样，吴太爷根本没认出他们。

玉琴虽离家多年，但时常挂念爹娘。今天看到父亲两鬓已白，坐在板凳上不时寒战，心里有几分痛惜，但又不敢上前搭话。她忽然心里一亮，动手煮一碗馄饨，叫小强强端去。吴太爷正冷得直搓手脚，见小强强端来热馄饨，连忙双手接过。一只馄饨下肚便觉得这鲜美的味道似乎在什么地方吃到过，就放下碗筷细细盘问小强强。小强强道出的姓名，吴太爷顿时老泪纵横，悲喜交集地抱起小强强，亲着他的脸说：“我的小宝贝，叫我一声亲外公。”

这时，玉琴早已泪挂两腮，忙和春生跪在地上，哽咽着说：“不孝孩儿叩见爹爹。”吴太爷忙将两人扶起，红着脸说：“都怪爹娘一时糊涂，害你们受苦了。”春生立即端凳，请吴太爷上座，大家欢欢喜喜吃了一顿馄饨。

第二天，春生、玉琴带着强强，随同吴太爷一起回府见了吴太太，全家团聚，热闹非凡。吴太爷、吴太太希望女儿女婿留在府中，玉琴执意道：“我们已做惯馄饨摊生意。如在府中闲着，反觉无聊哩！”不几日，他们又重回草棚去了。

团圆之日是正月十五日，所以吴太爷规定每年正月十五都要专程去看望女儿女婿，特别是去品尝玉琴亲手包的馄饨，共度元宵佳节。以后，当地老百姓也以此为样，在正月十五，女婿都要去接丈人丈母来吃馄饨。

这风俗，一直流传到现在。

四、地名传说

红门套

在如东县东凌乡向东13贯外面，有一个大港潭——红门套。虽然潮来潮往，但从来流不进半点海水。据说到过红门套捕捞的人,总要冒着生命危险。不仅如此,这儿的潮水在夏季常呈血红色,滩涂上还盛产天下第一鲜——文蛤。

水为什么是红的?

相传,很早以前,这儿原来很富。谁知有一年天逢大旱,庄稼干死了,水也喝不上,很多人渴死了。这天,一家姓徐的破房子里传出姑娘凄切的哭声。原来,他家三代11口人已渴死十口。姑娘望着亲人的尸体,又想起大批死去的乡亲们,不禁更加伤心地痛哭起来,哭着哭着便昏睡了过去。朦胧中,姑娘梦见一位白胡子、白眉毛、白头发、白衣服老人飘然来到她跟前说:“姑娘,你想救这儿人吗?你要找水吗?岸南枯柳树下就有,只要找到了,永远用不完,不过你得用手挖18天18夜,一下子也不能停……”

姑娘一睁眼,老人不见了。想起梦,姑娘顿时变悲为喜,拖着疲惫的身子来到岸南枯柳树边挖起来。挖呀,挖呀,指甲挖掉了,膝盖磨破了,她还是挖,最终挖足了18天、18夜。这时,一股泉水喷了出来,姑娘一下栽进泉水里,她手上的血染红了泉水。幸存的庄稼人蹦啊跳地赶来了,他们喝上了水,又种上庄稼,却再也见不到姑娘。人们说:这红水是姑娘的血染的。从此,一见到红水,他们便想起了那位美丽的姑娘,当然随着海滩的流迁,红门套也搬到外滩去了。

为什么这儿文蛤多?

传说,那位挖水的姑娘后来当了红门套的水神。她爱穷人,恨剥削人的渔霸。这儿渔民吃饭连碗也没有。有一年快过春节时,那位水神从泉眼里漂出一个个精细的黑瓷碗,渔民捞上来高兴地带回家去。村上大渔霸晓得了,派人把捞碗人通通抓起来痛打一顿,把碗也没收了。他还说:“红门套和大海是我的,里面漂出来的碗当然也是我的,穷小子也配用神碗。”

他派人抢了几扇渔民们门板放进红门套,让狗腿子站在上面捞碗。一位没来得及逃走的老人被一个狗腿子一棍砸下水去。忽然,水中的碗都汇在一起托住老人,而被狗腿子捞上去的碗都变成了大文蛤,纷纷夹住狗腿子们的手、脚,痛得他们哇哇乱叫,纷纷坠入水中。从此,红门套里的大文蛤就多起来了。不信,你几时乘船到那里去,只要在沙滩上用脚一踩,大文蛤马上冒出来。

五、张謇传说

张謇拜寿

顾延卿过70岁生日,张謇前往拜寿。他想,顾延卿是我大恩人,没有顾某哪有我张状元?此去要特别礼重、威风才是。这一年正好发大水,平地积水3尺深。客人来往,都是乘船。这天,张謇一行派头大得不得了,单船就拉了1里路长,卫士佣人成百,不要说张謇本人,连佣人也是穿绸衣裳。顾延卿一看就来火了,心头想:你到我这儿来还要发这么大的帅!忙命家人把大门关起来。

张謇来到顾延卿家门口,顾延卿叫人传话说:我家地方小,这么多人住不下,只让张謇带一个书童，穿粗布衣服来，其余人均在林梓镇等候，否则不见。(顾家当时住在林梓镇北顾家岱)由于张謇随身不曾带粗布衣服，他只得把船退到林梓镇，买了两套粗布衣服，自己和书童穿上，然后两人划小船来到顾家，其余人都留在林梓镇。

事后，顾延卿向张謇解释说："并不是我要驳你面子，因为你这样做，既浪费了钱财，也易招惹祸事，古时候名垂青史的清官，哪一个生活豪华讲排场？以后要多注意才行啊！"一番话，说得张謇连连点头。

张謇不占公款

1883年，农历正月十五日，张謇经赴朝平乱磨炼，凯旋，过第一个春节后，壮志满酬，为居室题"壮复斋"，日记中记下"志三十后努力自新也"。四月十五日，奉吴长庆之命二上朝鲜抵汉城吴营中，仍不忘刻苦学习，挤时间练字，读《诗经》《周礼》，撰读书札记因上年朝鲜爆发"壬午兵变"，张謇受朝廷之命随吴长庆赴朝平乱，张謇运筹策划，一举全胜，表现出一介书生所难得的干练才能。他还主张三路初师，征伐日本，乘势归复为日本所侵占的琉球，并写有《朝鲜善后六策》，高见震动朝野。吴长庆对建策速定其乱者张謇，曾有酬赏三千之诺言，故吴托人寄银1000两至常乐。而张謇认为自己赴朝平乱保家卫国乃为公也，吴此做法有违公意，所以再三声明作为无息贷款，暂度家贫之急。日后果悉数归还。

张謇接受监督

张謇不追逐名利，不图升官发财，一心只为救国救民而弃官还乡从事实业教育、地方自治、建设模范县。因而他十分注重廉洁奉公的制度建设，无论是办垦牧公司、盐业公司、大生纱厂，还是办学校、养老院等，他都紧紧抓住规划设计、选人用人、资金筹集、制度建设四大环节。而且常常亲自动手制定各项规章制度，俱十分详尽、周全、实用、严格。为自己办的几十所学校都针对性地制定、书写校训。所办实业，财务上每年定期组织审计，向股东大会公布，自觉接受民主监督。还时常亲自查账核对，谁也不敢乱来。

张謇的常乐镇老乡、同学黄士高，原是张府门馆，为人忠厚，善强记诗、传，能背诵《康熙字典》，还有一手写方块字似铅字的绝技，张謇称他"两脚书橱活字典"，故函电公文由其誊写、校对居多。后转入南通师范任教兼任舍监。学校规章制度由校长张謇亲订，教导主任于敬之，顾公毅负责教育，舍监负责执行监督制度。黄士高执纪十分严肃认真。有一次张謇到校了解教育情况，听取于、顾及几个教师汇报，大大超过了熄灯时间，黄挨进门去将灯熄灭，并对张謇说："这个规章制度是你订的，你们自己不遵守，下边的事就不好办了。"汇报工作就此停止。事后大家都批评黄士高太没有礼貌了。到了学期结束，按惯例开会讨论调整教师、任课时，于、顾两人认为黄太固执呆板，不懂人情、不通世故，特别是对张謇太不尊重了，提出对黄士高不可再任用，大家也一致同意。张謇听到后发表了不同看法："黄士高为人不能圆通活变，十分呆板是其所短，但也有长处，就是尽忠守则，对工作负责，这一点让大家都要向他学习，这就是取长补短呀！再说制度既定，学生、老师、校长也都该一样遵守。"由此黄士高仍被留用。

附记

流行掘东地区的部分民间故事、传说名录

表22—222

名称	讲述者	搜集整理者	备注
终究要报应	陈顺福	姚和	刊登中国民间故事全书江苏·如东卷
养老记	管怀龙	周文琪	
还没有到初一呢	刘朝亮	唐玉飞	
杨瑟岩捉奸	沈嘉章	张卫星	
懒汉拜师	唐兆其	唐玉飞	刊登中国民间故事全书江苏·如东卷
孙准手	管怀龙	周文琪	
落斧头	张维邦	张卫星	
拜忏	陈福昌	张圣明	
烧床柴	徐茂华	张圣明	
红门套	黄义富	顾文俊	
铁拐李与何仙姑	卫邦畿	唐玉飞	
唐伯虎画帐	卫邦畿	唐玉飞	
渔翁巧作一字诗	卫邦畿	唐玉飞	

注：节内原文载录的基本未列入名录

第四节 民歌

掘东民歌（山歌），是大豫先民在长期劳动、生活实践中，为表现生活，抒发情感，表达意志、愿望而创作的歌曲，经过广泛的口头传唱逐渐形成和发展。节内所载录情歌《挑担号子》《挑泥号子》等民歌13首（12首为搜集整理、1首为改编），均富有浓郁的启海特色，音乐形式简明朴实，平易近人，生动灵活。掘东山歌《我唱山歌跋东海》，1982年，参加南通市群众文艺会演，获得创作、演唱二等奖。

掘东山歌多得来

（四句头-增字句）

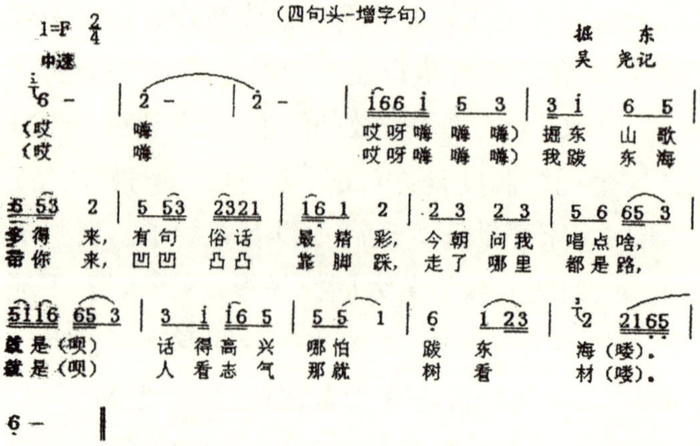

（沈家童唱）

老圩新圩一块地

1=♭B $\frac{2}{4}$　　（挑泥号子）　　掘　东

吴　尧记

中速

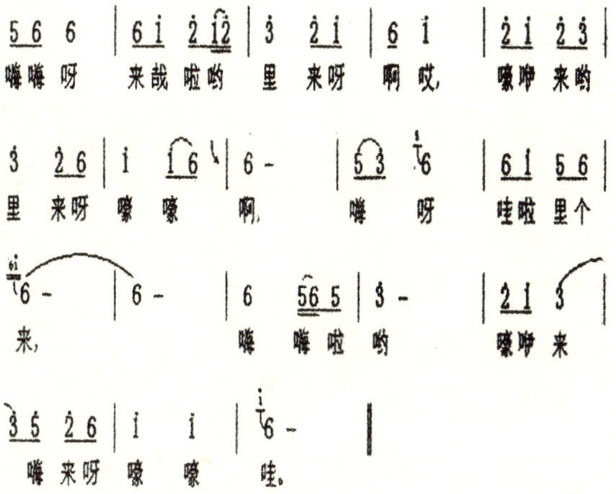

（郁金海唱）

勤唱山歌懒种田

（四句头-增字句）

1=F $\frac{2}{4}$　　掘　东

中速稍慢　自由吟唱地　　吴　尧记

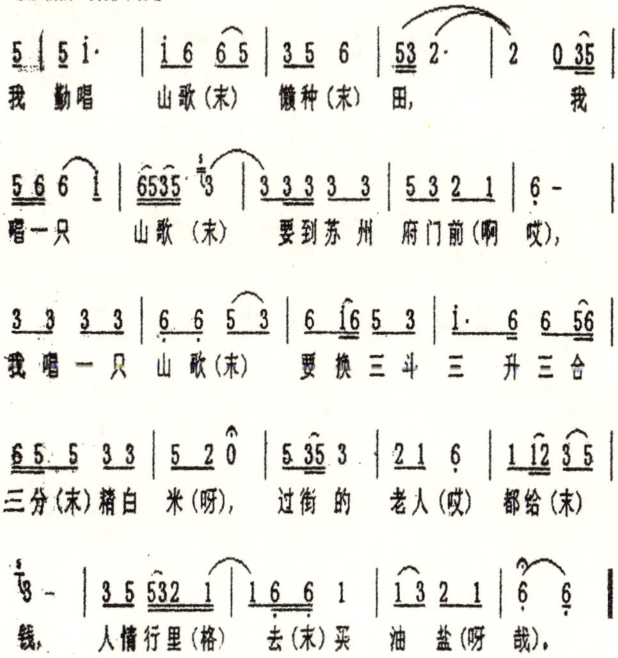

（管　木唱）

绣只肚兜送情郎

（六句头）

掘 东
吴 尧记

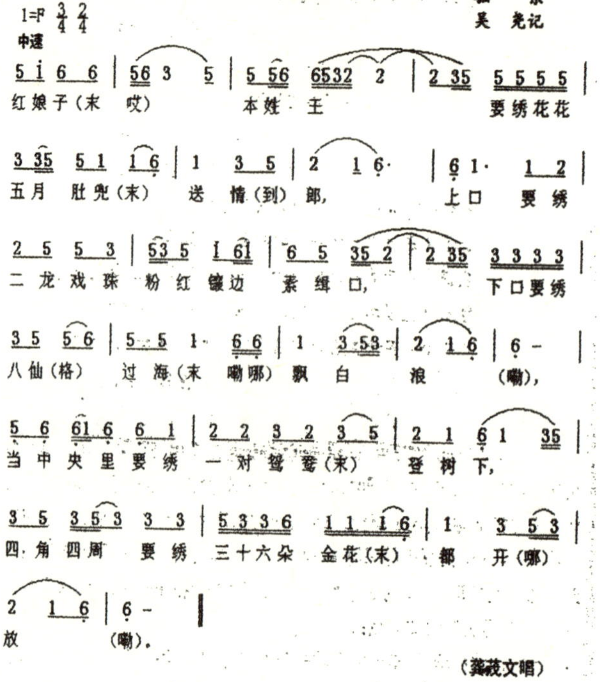

（龚筱文唱）

东南风吹起热蓬蓬

（挑担号子）

兵 房
吴 尧记

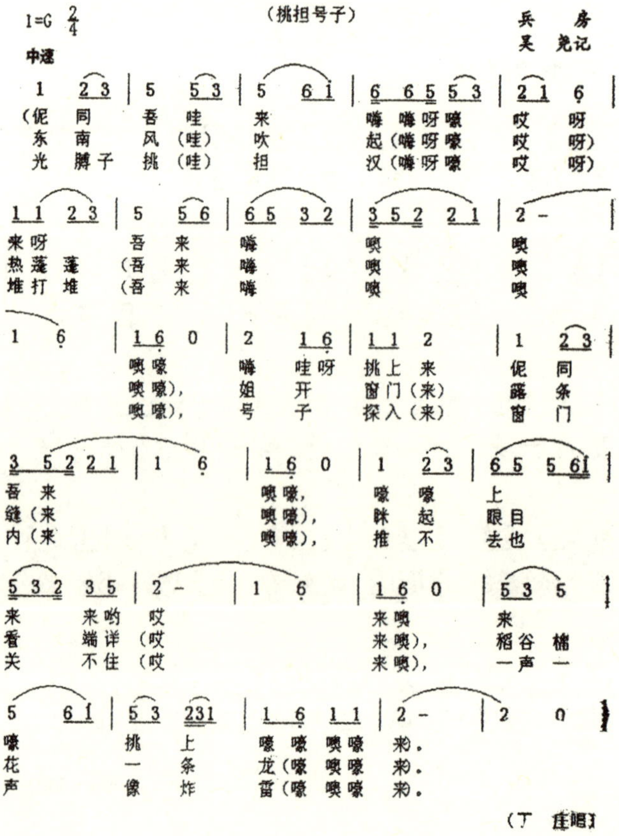

（丁 庄唱）

担起龙车下河跑

（挑担号子）

掘　东
吴　尧记

1=C $\frac{2}{4}$
中速

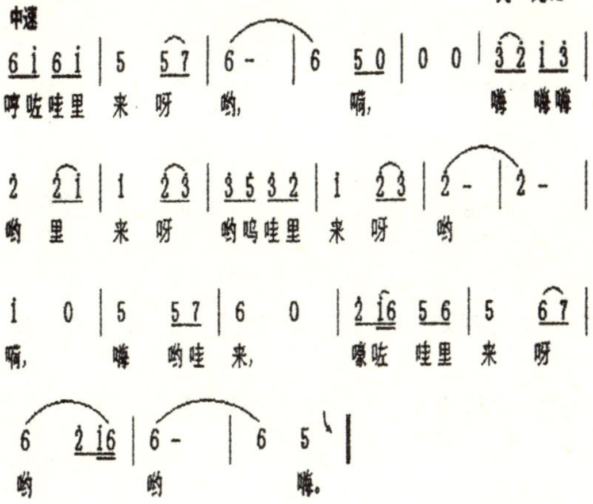

（沈家章唱）

何人说人穷生来贱

（挑担号子）

掘　东
吴　尧记

1=E $\frac{2}{4}$
中速

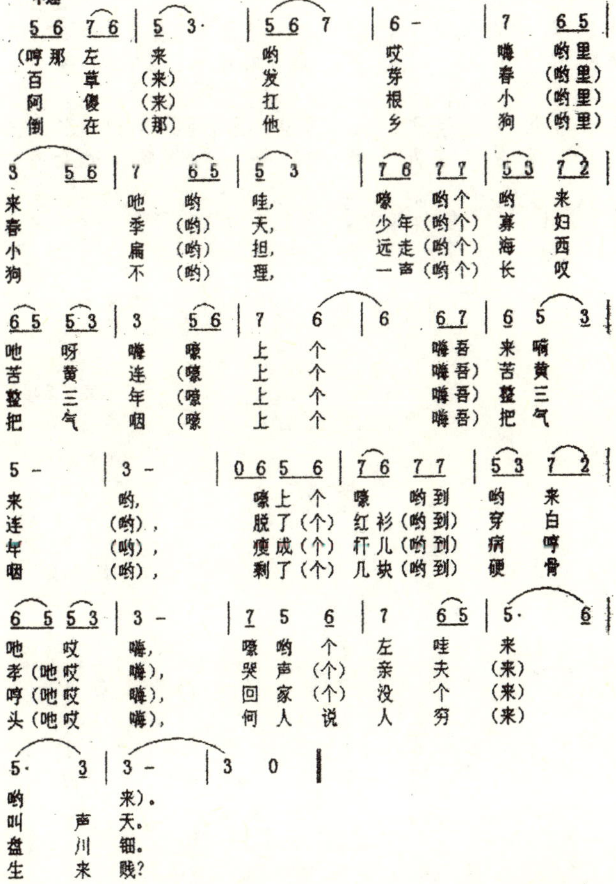

（郁秀珍唱）

小阿姐她要出嫁

（挑担号子）

1=D 2/4　　　　掘　　东

中速　　　　　龚　吴记

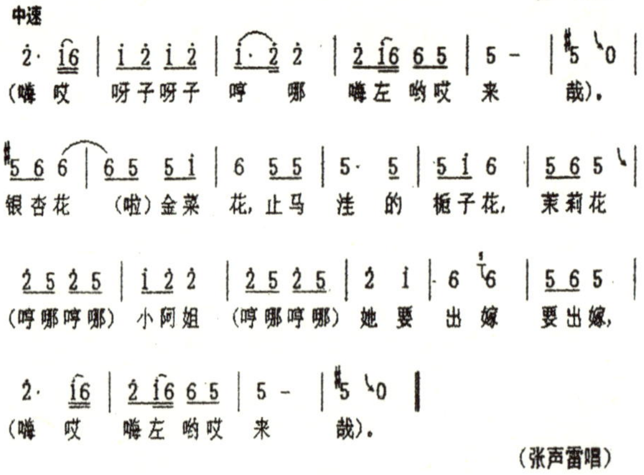

（张声雷唱）

一根扁担长又长

（挑担号子）

1=D 2/4　　　　掘　　东

中速　　　　　吴尧、士辉记

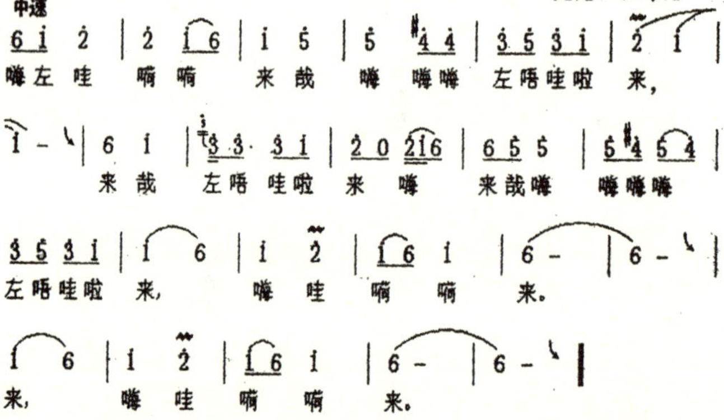

（陶　全唱）

挑灰号子

1=♭B 2/4　　　　掘　　东

中速　　　　　朱正平记

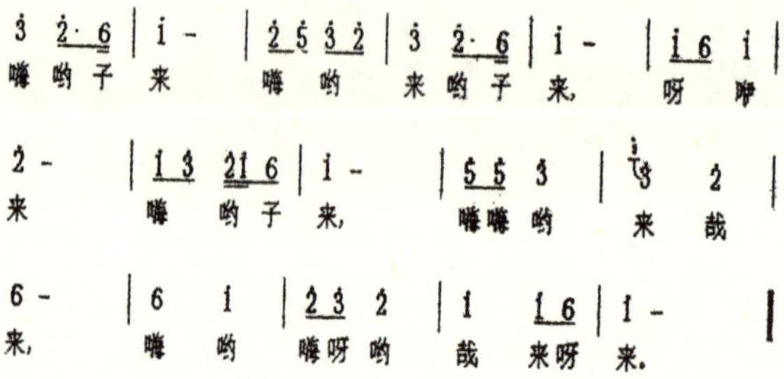

（庞子达唱）

第五节　民　谣

历代民谣(童谣),是收藏历史最真实的时代标签,亦是显现民间情绪之晴雨表。有情歌类、生活劳动类、时政类等。如抗日战争开始,境内诞生出《送郎参军》民谣,之后,随时代变化,民谣赋予新内容。在南坎攻坚战胜利后,快速出现民谣《五月初六打南坎》。在解放战争中,出现很多如保卫土地改革成果等民谣。民谣亦属民间广泛流传的一种歌曲,大多以顺口溜形式代代传承,同时,亦随着时代发展而发展。节内共辑录民谣5首,童谣8首。

一、情歌类

送郎参军

男儿参军妹送郎，朵朵红花戴胸膛。
百花丛中有一朵，共只心肝共副肠。

三两猪肉煲碗汤，阿哥先食妹后尝。
两人共碗心一样，心心相印几年长。

日头多高便知时，郎妹有情自己知。
男儿为国应征去，阿妹一定会支持。

部队是个大熔炉，废铁都会变钢模。
阿哥爱学标兵样，优秀成绩记名簿。

部队是座大学堂，现代军事保国防。
阿哥爱学杨利伟，太空强国来担当。

部队是个大操场，摸爬滚打要跟上。
男人流血不流泪，千万别把脸丢光。

部队是个大家庭，团结互助人帮人。
集体主义英雄汉，要学雷锋第一人。

千叮万嘱哥记心，部队纪律好严明。
闲散懒惰要不得，勤劳俭朴是本分。

嘱咐阿哥要记心，艰苦朴素是精神。
在家娇惯莫贪恋，刻苦耐劳学做人。

参军不要讲归期，国家号召心里记。
家中事情你别挂，三秋五载等着你。

米筛筛米米在心，嘱郎在外要真心。
莫学米筛千只眼，要学蜡烛一条心。

送郎送到上汽车，含着眼泪望着他。
擦干眼泪说再见，等郎喜讯寄回家。

二、生活劳动类

蛤蜊舍

打鱼人没有家，住在海中蛤蜊舍。
大伢儿下小海，细伢儿来看家。
两捆茅草披的顶，三担芦柴织的笆。
弄得多来换点米，弄得少来眼睛巴。
一没梁来二没柱，风儿不大也吹斜。
下海的人儿千般苦，要想翻身摺掉蟑螯扒。

我徕穷人真伤心

住是住的滚龙厅，烧是烧的坐地八百斤，
东南风来自开门，西北风来自关门。
朝天睏看见满天星，伏着困看见地狱门，
侧着睏看见过路人，三脚台子两脚凳，
弄得不好“扑隆通”。

三、时政类

海盗歌

紫金炉里把香焚，表的是东海一簇人。
请问老爷家何处?“三甲镇[①]上有家门。”

①启东市境内。

请问老爷名和姓?尊府还有哪些人?

“我是潘家后代根,兄弟五个有名声。
大哥做官在京城,兄弟倚势欺压人。
天天招兵又买马,做了江洋大盗人。”

正呀月里是新春,东凌港里的强盗起了身。
看见强盗无其数,抢到的栈船①数不尽。
粮草饭米总有得,劫的果末吃不尽。

二月里的暖洋洋,北坎②的兵想巡洋。
招的海兵人无数,捐的铜炮与快枪。
军装衣裳总有得,洋枪子仔两百箱。

三月里的三月三,北坎的兵船齐扬开。③
舰船开到东海外,看见个强盗把铜炮开,
接连开上几铜炮,回后又是枪一排,
海里打了一次仗,那些强盗不理睬。

四月里的二麦黄,强盗的船拖往了上。
船上多少活强盗,打死的个多少在水中央。
兵猴儿④一听心欢喜,带到北坎小地方。

五月里的五端阳,强盗带到官衙上。
先到通州如皋县,县官见了训一场。
县官得了强盗的银,放了强盗转还乡。
强盗一听心欢喜,再到东海做人王。

六月里的是伏天,东凌港的强盗如扬烟。⑤
他有兄弟人三万⑥,又用的手炮和“机关”。

①装货物的船。
②地名,掘港东北方向30里。驻北坎官兵要巡海。
③一齐开(方言)。
④指当兵人。
⑤形容海盗多。
⑥数字夸张。

"机关"手炮开得如扬烟,一锚抛在鲨鱼丫子边。

七月里的七秋凉,强盗船儿抛在南沙上。
下海的爷儿见了溜不尽,劫是劫的管甸卿。①
管甸卿家没有银子劫,三枪打死他两个兵。

八月里雁门开,牛车桥②脚下有个刘困瘫。
他的儿子挨拖去了,他就把个上下跑起来。
又买礼物强盗送,还要请强盗吃中饭。

九月里来九重阳,栟茶缪家③活遭殃。
打死他的兵猴儿人无数,劫去他的钞票共皮箱。
海盗通到刘桥④后,田契钞票交在他手中央。

十月里的十月朝,拼茶缪家把状告。
告到南京制台手,制台发兵拿海盗。
四路八方总有得,南北二坎⑤总到了。

十一月里大雪花儿飘,强盗把个长沙⑥烧。
烧去房屋没处困,官兵蹲在大豫镇。
官兵瞟见火光起,立刻点兵就动身。
在路行程跑得快,到了北坎螃儿墩。⑦

十二月里来冷难挨,赤脚的官兵穿草鞋,
在路行程多好快,出了北坎到沙滩。
只听见北坎有人吵,强盗溜上胡家灶。⑧
他一跑,你一炮,复反强盗打输了。

①掘港有名地主。
②即境内公共河桥(五贯)。
③栟茶镇大姓。
④通州区境内,距掘港70里。
⑤北坎和南坎。
⑥即长沙镇治。
⑦北坎附近一地名。
⑧位于长沙西北(卫海境内)。

十三月里过了年，强盗在家里叹骷髅：
抢去我的金银几百万，打死我的弟兄数十名。
一心要把个仇来报，要到海上捐大炮。

二月里来暖洋洋，南坎东头有个陈定邦。
陈定邦在家跑上下，赚的银子动手抓。
花生豆油有得吃，龙须藕粉①打常桩。
叫声老爷不要紧，官兵在这里不得长。
有我上去代你说，叫他百姓来完钱粮。

三月里来三月三，沈家兄弟在上海滩。
先是拉的黄包车，而后又贩大头菜。
大头菜呀利不大，弟兄约了入青帮，
入了青帮无阻挡，再到东海做人王。

四月里来二麦黄，沈家兄弟到新洋。
新洋上头有公司，公司里面有八十支枪。
还有三门大铜炮，里头金银共钞票。

五月里来五端阳，沈家兄弟奔了上。
太湖公司有绝挡，三层的圩隔了一条墙。
强盗一见要开火，提到开火踹大河。
他一炮，你一跑，复反强盗打输了，
下船本是八十名，上船剩了四十人。

六月里来时伏天，南坎后头有个张大仙。
张大仙家红儿跑上下，赚的银子满把抓。
叫他上街买大烟，他买了东西就往下。
兵猴儿一见把他抓，抓到如皋就做他。
弄到个妈妈去会话，一千两银子好往家。

七月里的七秋凉，东边的海盗好威望。

①名贵食品，常吃。

天天上来去绑票，大家吓得没处跑。
天天绑票分几班，大家溜上掘港街。

八月里雁门开，陈定邦在家做大斋，
日里做的报恩食，夜里做的六树幡。
东边海盗来上人情，银钱来到四百三，
陈定邦一见无主意，生怕官兵夜里来。

九月里来九重阳，陈定邦一脚到街上，
悦来园[①]里去叫菜，三十桌皮菜挑下来。
强盗一见要上来，陈定邦连忙叩头又礼拜，
叫声老爷别上来，三十桌皮菜送你船上来。

十月里的十月朝，蔡家墩[②]上有个赵章保。
拉走丫头媳妇人两个，拉到船上把罪熬，
五千两银子没得赎，一夜有八个去睡觉。[③]

十一月里雪花儿飘，东边海盗心发躁。
心上要把掘港破，在路行程又嫌远。
要去码子六百个，只怕的打不掘港过。

十二月里过年忙，掘港的兵猴儿好威望。
掘港东头三门炮，说是下海拿海盗。
兵猴儿天天来练操，不敢下海拿海盗，
天天路上到处跑，太阳不落归了八总庙。[④]

人问唱的哪一道，只怪民国出强盗。
这是一本海盗记，唱了大家舒舒气。

---

①掘港有名菜馆。
②南坎附近，九总境内。
③指八海盗轮奸一妇女。
④掘港东10里，九总境内。

附记：

《海盗歌》说明

《海盗歌》主要是反映民国年间海盐生活，且表现沿海人民苦难生活。歌中所说海盗为两种表现：一种是倚官仗势，而做起“江洋大盗人”；第二种是有些人因生活所迫走上强盗之路，沈家兄弟便是，先在上海拉黄包车，之后贩大头菜，因无利可图，“入了青帮无阻挡，再到东海做人王”。

这些强盗出没海上，熟悉海上航线，适应各种恶劣环境。且海上划分“势力范围”，即在一个海域，有一群海盗。海盗所掠夺，不仅在海上，还有近海村庄、集镇。海上掠夺，一是货船和渔船，凡经海盗“势力范围”，必须接受勒索，否则，船毁财物空，性命难保。二是渔民渔船出入海，经过某海盗辖域，须先向海盗交一定费用，得到一杆旗子为标志，俗称“买旗儿”。有旗后，可在一定范围内活动，不受干扰。如越界，得有另一范围标志，否则必抢无疑。

官兵无奈海盗，因不适应海上生活环境，但官盗有勾结。如“县官得到强盗的银，放了强盗转回乡。”民国10年(1921)左右，有海盗投书如皋县第八区(掘港)区公所借款。书中述，年关将至，本部向贵公所借大洋x千元，请x月x日送至某地。如不遵约，贵境恐难安宁。区长王某得书后，即忙召开各界人士会议，筹款以往。

歌中涉及无辜百姓既受官府欺凌，又遭海盗糟蹋。歌中典型人物陈定邦，既要讨好官府，又不敢得罪海盗。这揭示当时一些富户矛盾之心理。

歌中所叙人名地名属实。是20世纪20年代后期海盗生活之真实反映，是一首抨击当时政治之讽刺歌。歌中清楚地告诉人们，官府向人民征收钱粮税捐，却不能保卫人民安定生活；官兵没有本领抓海盗，却会抓百姓。善良百姓遭海盗绑票、抢劫、奸淫。愤怒至极，骂官兵是兵猴儿，“不敢到东海拿强盗”。百姓有气没处出，《海盗歌》最后阐明“这是一本海盗记，唱了大家舒舒气”。

新四军东进后，东海海盗活动终止，新四军为打开海上通道，收服这一带海盗组建海防团。从此，沿海人民生产、生活得到保证。

五月初六打南坎

现在花样真正多，走路要经过检问所，
铜板要把几十个，人呀才能跑得过。
五月初六打南坎，先打那个检问所，
二黄一吓没处躲，挨我抓了几十个。
先打南坎后打八总庙，警戒部队放得好，
一直放到东街头，敌人一个也跑不掉。

四、童谣

未满周岁的催眠曲童谣——

摇啊摇

摇啊摇，一摇摇到外婆桥。外婆对我眯眯笑，捉条鲤鱼红烧烧。头勿熟，尾巴焦，盛特碗里蹦蹦跳。猫尼吃仔“妙呜妙呜”叫，小狗吃仔“寻铃轰隆”豁虎跳。

牙牙学语时的童谣

牙牙学语时的童谣——

东界马来

东界马来，西界牛来，隔壁屋里大姐转来，吃点啥?吃点腌齑炒虾，踏煞老鸦；老鸦告状，告拨和尚；和尚念经，念拨观音；观音卖布，卖拨姐夫；姐夫关门，关着一只苍蝇；苍蝇撒屁，撒特一地，明早大姐出来扫地，扫着一只挖耳(读ni)，插勒头上客气。

学走路(兼数数)的童谣——

推巴推巴

推巴推巴到吗?到特!荞麦圆子熟吗?熟特！盛盛几大碗?一大碗二大碗三大碗………(一人前走，双手向后，另一人随后握其双手作推车状，唱完放手，再开始……)

哄孩子的童谣——

牵磨叽咖喂

牵磨叽咖喂，牵给啥人吃?牵给郎郎吃。郎郎吃特看黄牛，黄牛落特井潭里，锄头铁塔擢勿起，两根芦头直擢起，一擢擢到半天地。

哭闹时连哄带耍的童谣——

哭足精

哭足精，骑马追蜻蜓。一追追到杨木桥，一跤跌特桥底下(读ao)，摸着一只葫芦瓢。瓢呒得柄，买一根秤，秤呒得砣，买一面锣，锣呒得边，买一只笾，笾呒得藤，买一根绳，绳呒得头，买一条牛，牛呒得角，买一间屋，屋呒得梁，买一只羊，羊呒得毛，买一只猫，猫呒得皮毛，哭足精要吃屁!

哭闹后耍孩子的童谣——

哭哭笑笑

哭哭笑笑，猫儿上吊，竹园里鸡叫，宅沟里鱼跳，马桶里翻泡。

赏月时的童谣——

月粑粑

月粑粑，跟我走，两个馒头一壶酒，杀只老鸭来配酒。

捉萤火虫的童谣——

萤火虫夜夜红

萤火虫夜夜红，屁股挂盏小灯笼；婆婆织布暗洞洞，公公挑水有灯笼。

附记：

流行掘东地区的部分民歌、民谣名录

表 22—223

名　称	形　式	演唱者	采录人	采录时间	流行地区
天上有云必有风	拾类号子	丁老海	吴　尧	1959.02	兵房南乡
耕田号子	吆牛号子	郁天一	刘士辉	1978	大　豫
一根扁担长又长	挑担号子	陶　全	吴尧刘士辉	1992	止马洼
小阿姐她要出嫁		张声雷	龙飞 吴尧	1994.12	
担起龙车下河跑		沈嘉章	吴　尧	1982.09	丁　店
日落西山一点红		郁玉山		1982.09	
东南风吹起热蓬蓬		丁　庄		1981	兵房西乡
何人说人穷生来贱		郁秀珍		1950秋	芦苇港
我挑担子上海西		郁秀珍		1950	营房桥
此去东海三里三	挑泥号子	赵长有		1962春	晒盐场
老圩新圩一块地		郁金海		1961.01	东　凌
挑灰号子		庞子达	朱正平	1983秋	鲍家桥
东天日出白皓皓	打麦号子		石　林	1943	南　坎
车水号子		张茂连	刘士辉	1978	
打水篙号子	点水号子	朱　旺	吴　尧	1979	东　凌
过滩号子	遛遛号子	邵强子		1958	东凌港
打夯号子	打硪号子	喻　成		1979	掘　东
蛤蟆哼	山歌	管永珍	刘士辉	1978	南　坎
薅草山歌		陈　康	吴　尧	1978	
掘东山歌多得来		沈嘉章		1982	丁　店
新做麻笼藤扎边		陈美芳		1982	
勤唱山歌懒种田		管　木		1980	兵　房
东南风爽漫泱泱		沈嘉章	吴　尧　朱正平	1980	丁　店
绣只肚兜送情郎		龚茂文	吴　尧	1982	
啥人身佩霸王剑				1982	
刘姐姐往北来	小调	管永珍	陈亮泽	1978	南　坎
利利落落十八家			刘士辉	1978	
结交江湖十个郎				1979	
说莲花道莲花				1979	
自古华山路一条				1979	
青梅竹马一起人		张茂连		1961 1978	
五更十送		龚茂文	陈瑞康	1979	丁　店
五更十送十二月来			石　林	1978	掘　东
花望郎			陈瑞康	1978	

注：所录民歌、民谣均选自《如东民间文化丛书》民歌卷

第六章　影视广播

1965年始，每个生产队有1只喇叭。1969年后，境内各公社均建立广播放大站，1998年，改称广播电视服务站。1952年起，县电影放映队巡回城乡售票放映。1971年后，各公社相继建立8.75毫米（后改为16毫米）电影放映队巡回放映，影剧院（大会堂）放映为35毫米。随着镇域区划调整，2012年12月，全镇广播电视服务站1个，电影放映队1个。

第一节　电影放映队

1955～1976年，掘东区属县电影放映3队（后改7队）服务区。1977～1983年，由县、乡电影放映队共同服务、统一安排、交叉放映，1984年起，各乡电影队自行安排巡回放映。2012年，实行包场和定点放映。

一、如东电影放映七队

1952年，江苏省电影放映队驻如东巡回放映队，每月到掘东放映1～2场电影。1955年，县成立电影放映队，境内属放映三队（后改为七队）服务区（队长黄元明），1956年，三队实行巡回售票放映，运输工具为手推独轮车。1983年后，收编县影剧院。20世纪60年代初，主要放映影片有《五朵金花》《刘三姐》《朝阳沟》等，“文化大革命”中，主要放映《地雷战》《平原游击队》和革命样板戏等。中共十一届三中全会后一段时间，为放映经典古装戏高潮期，1980年夏，七队用两部放映机放映《红楼梦》，兵房与南坎两地跑片放映，一天放映6场次，观众1.38万多人次。

二、农村电影放映队

1971年，全县普及农村电影队，境内所属公社（盐场）相继成立民办电影放映队4个，业务上接受县放映七队领导和指导。除在乡（公社）所在地放映外，大部分时间巡回在村（大队）广场露天放映。1976年，粉碎江青反革命集团之后，农村电影空前繁荣。1979年，电影《孙悟空三打白骨精》上映后，吸引境内人民群众，电影队有时通宵跑片，放映5～6场。20世纪80年代初，武侠电影开始走俏市场，《少林寺》上映后，更是受到人民群众青睐，每次放映，场场爆满。南坎电影队连续多年被评为省市县先进民办放映队。90年代后，由于电视进农户，电影市场逐渐萧条，进入21世纪后，乡级电影队基本解体。2003年，电影放映走向市场化运作，成为政府扶持民营性质经济实体。随着镇域区划几次调整，原有电影队合并一体，保留4人，坚持为学生包场和定点放映，2010年，归镇文化站一体化管理。

图 22—141　1987 年夏，南坎电影队下村放映（赵坤　提供）

第二节　广播电视

1958 年，中共如东县委根据《全国农业发展纲要》要求，提出“社社队队通广播、通电话”口号。5 月 1 日，实现乡乡有一只喇叭；8 月 30 日，全县 10%生产队有喇叭。境内广播事业始于 1962 年，1969 年秋，南坎公社在全县第一个建立广播放大站。当时主要功能是转播县级电台广播节目和播发政府通知以及一些社会启事等。20 世纪 80 年代初，把广播和电话合用线路分开，广播线路单独架设，解决互相避让现象，保证广大干群能及时、优质收听广播，全镇舌簧喇叭安装，入户率 90%，通响率 100%。村均建有播音室，可自发村内通知，召开广播会。90 年代初，把舌簧喇叭更换为动圈音箱，明显提升收听质量。

20 世纪 90 年代中期，普及有线电视，从境内兵房镇开始，逐步向南坎、丁店、东凌地区延伸。1998 年，成立南坎乡广播电视服务站。2000 年，东凌乡与南坎乡合并后，改称大豫镇广播电视服务站。2003 年、2004 年、2005 年，大豫镇和兵房镇均被评为南通市有线电视达标乡镇、南通市有线电视先进乡镇、南通市有线电视示范镇。2005 年 6 月，兵房镇代表县通过创建南通市有线电视示范县验收。是年，国家广电总局社管司司长亲临视察。2006 年，兵房镇广播电视服务站被评为江苏省广电技术维护优秀乡镇广电站。2007 年度，兵房镇被评为南通市广电光缆传输双入户先进镇。2008 年度，兵房镇广播电视服务站被评为南通市广电系统群众满意先进广电站。2007～2008 年，获南通市先进群众满意站所。2009 年 5 月，大豫镇与兵房镇合并，建立新大豫镇广播电视服务站，全镇有数字电视

2.50万户，入户率95%，调频广播2.55万只，入户率96%，通响率100%。是年，大豫镇广电站获江苏省广电技术维护优秀乡镇广电站。2010年，完成有线电视数字电视整转及有线电视户户通工程。2011年，完成镇区双向网改造、规范化村建设和信息化村建设工作。

图22—142　2009年，大豫镇广电站　（管霖　摄）

1970～2009年境内广播电视站基本情况表

表22—224　　　　单位：年　平方米　个

站别	建站时间	面积	房屋结构	站长姓名	人数	主要功能
兵房	1970	140	平房	彭建新	3	放大站，主要转播上级有线广播节目，服务当地政府中心工作
东凌	1976	80	平房	李志芳	1	
南坎	1969	120	平房	顾一平	3	
丁店	1972	110	平房	龚振法	2	
大豫镇	2000.04	140	楼房	吴爱平	10	
兵房镇	2001.03	720	楼房	杨振新	12	
新大豫	2009.05	720	楼房	葛爱兵	12	

第三节　新闻通讯

1969年年底至1970年2月，掘东区四贯河工指挥部创办《工地战讯》。1969年，如东农场开播“农场新闻”每日10分钟，1996年停播。1987年，如东盐场创办《盐场青年》，1995年5月，创办《东盐通讯》。进入21世纪后，新闻通讯工作得到进一步加强，大豫、兵房两镇用稿量一直名列全县前茅，年均300篇以上。兵房镇自办节目在县内外颇有影响，年均累计播出40期以上，与公安联合举办“110之声”栏目，得到推广。1998年度，《营销协会经纪人向农民述职》获市优秀广播电视作品一等奖；1999年度，《补上市场这一课》获省优秀乡镇自办节目二等奖；2000年度，《营销协会的主心骨》获省广播电视站优秀自办节目一等奖；2001年度，《到超市练摊，迎“入世”挑战》获市优秀广播电视作品三等奖；2002年度，《把脉冬瓜酱》获市优秀广播电视作品一等奖、《蟹老板陆卫兵》获二等奖。2012年，大豫镇在《如东报》及电台用稿304篇。

2012年大豫镇在《如东报》及电台用稿统计表

表22—225　　单位：篇

月　份	用稿数
1	27
2	28
3	27
4	28
5	23
6	22
7	24
8	27
9	25
10	21
11	25
12	27
合　计	304

第二十三篇　体　育

中华人民共和国成立前，境内民间体育项目较多，但自发组织开展仅有拔河、踢毽子、棋类等少量体育活动。中华人民共和国成立后，体育活动主要在学校进行，项目有广播体操，单、双杠，篮球、乒乓球、跳高、跳远以及小型田径活动。校外体育活动有赛跑、自行车比赛、拔河等民间体育活动，一般由民间喜好人士自发组织进行。1958年9月19日，中共中央在批转国家体委党组《关于体育运动十年规划的报告》中指示："组织人民公社的地方，体育运动应在人民公社统一安排下，结合生产劳动，使之成为广大群众喜爱的事情。"从此，境内各公社均建立体育工作领导小组负责体育工作，开始以大队为单位组织一些群众体育活动。

20世纪60年代，民兵大比武基本取代体育活动，70年代后期，公社文化站相继建立，体育工作由文化站兼管。1987年，成立南坎乡体育运动委员会。进入21世纪，镇、村、企业纷纷投资兴建体育场所，不断完善和更新体育设施器材。1986～1997年期间，兵房镇、南坎乡、丁店乡先后获得江苏省体育先进乡镇称号。2007年，兵房镇、大豫镇获江苏省体育强镇称号。2008年，大豫镇农民企业家季俊、全国田径老将运动会金牌获得者县卫生系统退休女干部徐应兰（丁店人），分别当选南通站第158号、159号北京奥运会火炬手。至2012年，全镇共有门球场2个，篮球场30个，村级健身广场22个，健身体操队3个。大豫镇体育事业得到繁荣和发展。

第一章　社会体育

第一节　民间体育

境内民间体育历史悠久，内容丰富，与启海民俗民风、文化艺术结合在一起，既富有浓郁民族风格，又具有独特地方特色，开展得有声有色，且对体育项目叫法更具形象化，如跳房叫"造房子"，抽陀螺叫"打煞坯"。常见的体育项目有拔河、踢毽子、跳绳、弹蛋珠、跳皮筋、抖空竹等15项之多。

一、拔河

拔河是民间常用健身方法，可以进行单人对拔和集体对拔。徒手拔河，活动时先在地上划一线为界，两人以脚外侧相抵面对面站，然后寻机抓对方手，抓住后用力或利用技窍将对方拉过界即胜。

二、踢毽子

掘东人叫"踢毽踢"，是中国民间流传很广泛项目，可以单人踢、多人踢，也可以进行比赛。比赛方法分两种：简单地以连续踢，次数多少定胜负，复杂的则有正、左、拐、跳、打等，边踢边数，一般逢五逢十即将毽子停于脚面一次。

三、跳绳

按绳长度可分为长跳绳和短跳绳，按人数可分为单人跳和多人跳等形式。单人跳时，双手摆绳，可前摆跳、后摆跳、双手交叉摆绳跳，也可带人跳、蹲跳、跑步快跳等。多人跳时，一般由两人摆绳，也可将绳一端系树上由一人摆绳，其他人跳，跳法多种多样，边跳边唱。

四、跳房

掘东人叫"造房子"。一般先在地上划一个"田"字形"房"，在"田"字一端或几端划一半圆形。游戏时，把"瓦片或碗片"掷于田字格内，单脚跳入，并将"瓦片"踢入下一格，依次转一圈即可将"瓦片"掷于第二格内，以此类推，跳完一圈便可"占房"一间。跳至自己房内可双脚落地，别人须跨过该"房"。玩时，不能另一脚落地，不能"压杠"（瓦片压在画线上），也不能"踩杠"（脚踩在画线上），否则都算犯规，犯规者出局等待下一轮。最后，占"房"多者为胜者。

五、抽陀螺

陀螺（掘港人叫"地笼儿"，掘东人叫"打煞坯"），一般为木制，取一矮小圆木柱，一头削尖，为便于旋转和耐磨损，通常在其着地的尖部再砸上一个钢珠。游戏时，先用鞭绳将陀螺缠住，将它置于光滑地面处，然后用力拉绳将陀螺发起来旋转，再用鞭绳不断抽打，使其不停地转。陀螺转得时间长为胜。

六、扇板儿

掘东人叫"打牌靶"。板儿多为用纸或纸牌叠成，其形为正方形，有正反之分。活动时，一方先将板儿放在地上，另一方寻找板儿与地面缝隙，然后把自己手中板儿用力掷地扇对方板儿。若将对方板儿扇翻，则胜，对方板儿归己，若扇不翻，对方则拣起自己板儿扇对方板儿，直至决出胜负。

七、滚铁环

用粗铁丝弯一个大圆环，再用铁丝弯一个铁钩，铁钩下端弯成U状，上端握手中，下端U状钩扣依铁环推其前进。活动时，边走边推铁环。比赛时，一般比谁推得远，推得快，铁环倒地为输。其他玩法，有原地转圈，拐弯，推上坡等。

八、推油箍（车箍）

油箍是油坊里用以箍在豆饼外边用篾条编成的圆型箍子，然后选用一根粗芦柴，折成三折，当中一折最短对着油箍，两折长的握手中，就可推着油箍向前跑。其方法与滚铁环相似。推车箍，就是用废旧自行车钢圈，去掉轮胎和钢丝后，用一根三尺长小竹子推着向前跑。

九、弹蛋珠

蛋珠就是跳棋中有色彩的琉璃珠。多为磕墙玩法。活动时，选一块靠墙的地，画一条与墙平行线，参赛者依次向墙掷琉璃蛋儿，琉璃蛋磕墙碰回，离线近者先开球。弹球时可用溜、点等方法，击中对方为胜，被击中球归胜者；击不中，由第二名弹球，以此轮流击，最后看谁击中多。另外，还可用在地挖窝洞，依次弹入；在地上划一个方格，摆上球，再在远处弹击等方法。

十、跳皮筋

玩时若3人以上，则由两人扯住皮筋，跳者边跳边唱。中华人民共和国成立初期，唱法是："刘胡兰小时候怎么样？13岁参加共产党，她为人民立功劳，她就光荣的牺牲了。"20世纪60年代，唱法是："马兰花、马兰花，风吹雨打都不怕，勤劳的人民在说话，请你马上就开花。"文化大革命中的唱法是："雪山升起红太阳，翻身农奴把歌唱。"唱不同歌，跳法不同，一般在唱完一首歌后，脚要正好将皮筋踩住。等跳完一曲，皮筋升高一次。一般是从脚踝皮筋开始，依次为：脚踝、膝部、胯部、腰部、腋下、肩膀、耳朵、头顶、小举、大举。如跳时犯规或够不到皮筋时，则换人。

十一、翻绳

多为女孩玩耍（掘港人叫"翻绷子"，掘东人叫"挑花绷"）。玩法分一人和双人；玩时用一线绳，将绳系成圈状，套在手指上，通过手指的穿插、交错、缠绕等手法，使绳变换成多种形状。

十二、骑马

两人一组，一人作"马"，背着另一人，与其他组织对阵，双方可通过拉、拽等方式，设法将对方拉下"马"为胜。

十三、斗鸡

男孩之间一种对抗性游戏。一般为两人对抗，也有多人一起活动。游戏时，双方单脚落地蹦行，另一只腿折攀起来，用膝盖向对方进攻。进攻方法多种多样，可磕、压、顶、砸等。游戏规则为谁被对方磕倒或双脚着地即输。

十四、抖空竹

空竹（掘东人叫"地黄牛"）以竹、木为原料，中空，用绳拽住抖动能发出不同的哨音，高亢雄浑、清越悠扬。抖空竹在我国有着悠久历史，早在三国时期，曹植写过一首诗《空竹赋》;宋朝时期,宋江写过一首七言诗:"一声低来一声高,嘹亮声音透碧霄,空有许多雄气力,无人提挈漫徒劳。"

十五、踩高跷

是汉族传统民间活动之一。踩高跷俗称缚柴脚,亦称"高跷""踏高跷""扎高脚""走高腿"。在玩者脚上绑着长木跷,要高出一般人。如高跷接力赛比赛前,在空地上画两条相距5～10米平行线,在两条平行线上各画两个边长为1米正方形。将参赛者分成人数相等两个队,各成纵队站在两个方块后面。各队排在最前的人持1副有扶把高跷站在方块内。比赛开始后,各队排在最前的人踏上高跷迈步向前,要走到前面方块内才能转身往回走,待回到原来方块后,将高跷交给第二个人。第二个人按上述方法继续进行,直至最后一人完成,以先完成的为胜。

20世纪90年代初开始,民间体育活动逐渐掀起高潮,"抖空竹"成为大人小孩健身强体之强项。丁店"抖空竹"队,由县杂技演员指导,抖技熟练,参加县表演赛,获得三等奖。

第二节 职工体育

中华人民共和国成立后,大豫境内职工体育活动逐步开展(活动为自行组织、无届次)。20世纪60年代初,大豫、兵房、大同等供销社就开展乒乓球比赛活动。60年代后期,由兵房商业总店戎炳新为主组建掘东区商业、供销社职工联合篮球队。70年代起,兵房轧花厂、如东县机床厂、国营兵房油厂等单位相继建立篮球队和乒乓球队。兵房轧花厂开辟灯光球场。1963年,组队参加县职工乒乓球赛,1978年,抽调精悍队员加入工业局篮球队参加全县职工篮球赛。1979年8月,兵房供销社陈德基、商业总店陈彪参加县总工会、县体委联合举办的如东县中国象棋竞赛,分别获得第一名和第三名。是年国庆节,掘东区工会、兵房职工学校、掘东区文化站联合举办掘东区职工象棋比赛,华丰、丁店、南坎、兵房、东凌等地30多名选手参加角逐,陈德基为总裁判,东凌商店职工解叔华获得第一名,丁店卫生院李成本获得第二名。1987年3月,县总工会举办"伉俪杯"乒乓球赛,兵房教育工会组队参加,兵房小学教师茅亚如、李兵夫妇荣获冠军。

改革开放后,在中小型非公有制企业中,工间操、长跑、乒乓球、羽毛球、拔河等体育活动得到有序开展。江苏世纪燎原针织有限公司以"职工之家"为平台,添置乒乓球台、健身器材。如东县振兴机床有限公司,组建职工业余篮球队,整修篮球场。进入21世纪后,职工体育发展不仅速度快,而且档次高,项目新,充分发挥临海人文优势,先后开辟休闲渔村、海上迪斯科、海滨垂钓等新兴旅游体育项目。在镇、村结合部和村公共服务中心建有健身活动场所,为广大职工、村民健身、娱乐休闲提供方便。2009年6月,镇工会、文化站通过层层比赛,挑选5名乒乓球选手,参加如东县第十届运动会职工部乒乓球赛,获得优秀组织奖。至2012年，全镇有长跑队1个，20人，坚持8年之久；有夜间健身活动点12处，参与者约700人，有力地推动职工体育活动蓬勃开展。

第三节　群众体育

中华人民共和国成立前，境内农民体育活动十分枯燥。中华人民共和国成立后，群众体育始见活动。1971年秋，南坎公社八大队举行村级农民运动会，为境内首例。1988年始，兵房镇邻盐村农民施卫兵创建“海滨溜冰场”，为全县首创。2004年始，全镇举行村、镇农民运动会10届次。2012年，全镇建立体育总会等6个协会。

一、农村体育形成与发展

1956年，开始以田头操为主逐步发展到田径、球类活动，20世纪60年代，民兵拉练、刺杀、投弹、匍匐行进等活动尤为活跃，其实民兵拉练是一种负重跑，既提高民兵参战意识，又增强民兵体质。在拉练时，每人身上负荷要10～15公斤左右（枪、弹、粮、水、被），当时在农村基本上用这种方式，取代农民体育活动。“文化大革命”后期，毛主席发出“知识青年到农村去，接受贫下中农再教育，很有必要”指示，一批批知识青年从城市迁到农村，给农村体育活动注入活力。南坎公社八大队（后改名为亭海村、豫东村），共吸纳知识青年48名，有南通知青，掘港知青，也有当地知青。其中掘港知青中著名篮球高手徐海燕、韩继文，下放干部南京大学乒乓球高手俞教授（名不详）等落户该村，以他们为骨干建起三支队伍，即篮球队、乒乓球队、文艺宣传队。除邀请县内球队到村友谊赛外，还经常应邀去海军观通站、陆军部队进行联欢。1971年秋天，由党支部书记濮振康为总指挥，举行全民参与规模空前村级农民运动会，比赛项目有篮球、乒乓球、拔河、赛跑、自行车慢行、跳高、跳远、投掷等10多个项目，开启境内村级农民运动会之先河。如东县广播站新闻栏目组进行跟踪报道。

二、农村溜冰场

1988年，兵房乡邻盐村（东安闸村）青年农民施卫兵利用学校旧操场在全县首创海滨溜冰场，占地500多平方米，投资1.50万元，购置灯光、溜冰鞋等设备，吸引众多当地及邻县溜冰爱好者，丰富农民体育活动。此后，相继由兵郊村（兵房居委会）农民沈志冲利用村手套厂空地办起兵房溜冰场，双港村（一门闸村）农民杨锦元利用东凌哨所预制场办起东安闸溜冰场，南坎食品站也利用原有水泥场办起大豫溜冰场。终因安全措施难达标，持续两年后陆续拆除。

三、农民运动会

境内“三乡一镇”，对农民体育运动都很重视。1992年始，丁店乡每两年一届，至1998年，已举行4届农民体育运动会。1972年，兵房镇从举行全镇游泳比赛开始，至2007年已举行7届农民运动会，第7届冠名为“茉莉花杯”运动会。2004年始，丁家店村共举办新农民运动会8届,并连续8年被评为市群众体育先进集体,2011年,该村周成兵被评为省群众体育工作先进个人。2008年,大豫镇举行第一届农民运动会,2011年9月24日,举行第二届农民运动会,全镇21个村、居、社区代表队参加该次运动会,比赛趣味性足,项目多样,有男女负重跑、跳远、团体拔河等,经半天角逐,运动会胜利闭幕,县、镇领导为获奖运动员和村、居、社区颁奖。

图23—143　2008年,大豫镇第一届农民运动会负重比赛场景 (管宏图　提供)

四、体育协会

1995年,县政府启动全民健身"一二一"工程,促进全民健身活动在全县范围内健康、有序开展。进入21世纪后,从集镇到农村健身活动蓬勃开展,健身设施设备不断增加,健身项目不断翻新。2010年,丁家店村中老年健身队代表南通市参加江苏省老年人体育节健身球操比赛,获规定套路优秀奖、自编套路优秀奖、道德风尚奖等荣誉。至2012年,大豫镇有健身点22个,体育器材管理逐步规范,南坎社区、丁家店村、兵房居委会达二级标准,其余19家均达三级标准。全镇分别筹备建立体育总会,门球、乒乓球、农民体育、体育指导员等6个协会,且订立章程,获得社会团体法人资格。使全民体育健身活动呈现勃勃生机。

图23—144　大豫镇中老年健身队代表全体队员合影（龚志芳　提供）

第二章　学校体育

第一节　体育课程

民国5年(1916),民族教育家张謇在大豫盐垦公司内创办9所学校,就设有体育课教学。中华人民共和国成立前,境内私立或民办学校中也土法上马开展简易文体活动。

中华人民共和国成立后,各中小学基本配有专兼职体育教师,实行每周两节体育课和每天早操、课间操、眼保健操制度,学校体育设施有较大发展,兴建田径场、篮球场。每到冬季,开展长跑活动,先后推行一、二、三、四套广播操、少年广播操和儿童广播操。

1955年,在中小学推行青少年儿童广播体操,1960年后,境内大部分学校开展射击、刺杀、投弹等军事体育活动,南坎公社九大队(周墩村)民兵营把10～13岁学生组织为小民兵连,利用暑期请县人武部参谋徐耀章进行集中军训,以增强保家卫国意识。1965年,推行少年体育锻炼标准。1973年，在部分中小学试行青少年体育锻炼标准。1975年5月6日，《国家体育锻炼标准条例》正式公布，从此各校普遍推行，且体育锻炼达标率均在96%以上。各乡镇每年开展一次中小学生田径运动会，1995年，兵房小学获"南通市体育达标工作先进集体"称号。

进入21世纪后，随着教育事业发展，境内1所完中和3所初中都配备2～3名专职体育教师；中心小学均配备1～2名专职体育教师，其他村级完小，在年轻教师中选配兼职体育教师、镇教办对这些兼职体育教师进行业务培训和技能训练，使其适应体育教学工作。2012年，大豫镇有专职体育教师9名，其中男性4名，女性2名；有兼职体育教师10名，其中男性6名，女性4名。

第二节　体育人才

20世纪50年代初，大豫人在开展体育活动同时，就注重体育后备人才培训、选拔和输送。至2012年，共向国家、省、市体育专业队及运动学校、少年体校输送运动员或学员20多名。经过培养和严训，有些成为优秀运动员，有些成为国家、省、市级体育教练，有些参加国家、国际比赛，取得优异成绩，有些成为奥运火炬手，为国家争得荣誉，为家乡增添光彩。如田径运动员张炳元、王伯新，自行车运动员黄俊，排球运动员张建华，女排运动员盛玉红，铁饼运动员崔晓红，田径运动员陈益波等。节内仅载录坐式排球金牌得主盛玉红等4位作一介绍。

一、盛玉红

女，1971年生，东安闸村人，中国民主促进会会员。1978年，兵房公社黄海校读一年级，1985年，选入南通市体育运动学校，是年底，进入江苏省青少年业余体校，1986年，加入江苏省青年队，成为一名专业排球选手。1989年，被选进国家青少年排球队。1990年，入选国家青年队。不幸受伤后，她改练坐式排球，成为肢残运动员，并重新披上国家队战袍。是中国队赢得残奥会首枚女子坐式排球金牌头号功臣。2004年，雅典残奥会上中国首次参加坐式排球比赛。赛场上，盛玉红以主攻手身份出战，与队友们为中国赢下残奥会上第一面集体球类项目金牌。作为名副其实"得分王"，盛玉红充分展现良好心理素质和个人技术。她重扣无人可挡，在6场比赛中共获得143分，得分名列各队第一，被评为5场比赛最佳球员。由于她出色表现，被评为"残奥十大传奇英雄"之一。2008年9月15日，以盛玉红为主力中国女子坐式排球队，以3∶0轻取美国队，夺得北京残奥会金牌，成功卫冕。三局比分为25∶14，25∶19、25∶15，主攻手盛玉红一人拿下全场最高分23分。整场比赛，这位老将激情四射，重扣轻吊得手后总是振臂高呼鼓舞士气。

图23—145　2012年9月5日，中国队球员盛玉红(右二)在与荷兰队比赛中双人拦网　(盛玉红　提供)

附记：

风雨之后见彩虹——记民进会员、残奥会冠军盛玉红

在2012年伦敦第14届残疾人奥运会上，中国女子坐式排球队在决赛中以3:1成功逆转，力克美国队，继雅典和北京残奥会后再度卫冕成功，喜获残奥会该项目“三冠王”，同时也成为本届残奥会上中国代表团三大球唯一冠军。中国队老将盛玉红作为队中主攻手，连续出征三届残奥会，为中国队勇夺“三连冠”起到“定海神针”关键作用。

百折不挠体育梦

1971年，出生于江苏南通，父母都是朴实农民。小时候并没有显现特别体育天赋，就是身材比同龄孩子都要高。1981年，在如东读小学三年级，盛玉红已长到1.58米，手脚都很长，被排球教练温晋一眼相中，招致麾下对她进行严格排球启蒙训练。在教练悉心栽培下，盛玉红进步神速，她担当主力的如东女排获得南通市比赛第一名。1985年，盛玉红如愿被选拔到江苏省南通市体育运动学校，年底，进入江苏省青少年业余体校，第二年，15岁加入省青年队，成为一名专业排球选手。1989年，盛玉红因为超强实力和强劲的表现被选进国家青少年排球队。父母不忍心她训练太辛苦，多次劝她放弃，但盛玉红表示为了心中体育梦，无论如何也要坚持下去。

本来美好前途已在向拼搏中小将招手，没想命运却向正处于事业高峰期的盛玉红展现残酷一面。1991年，训练中，盛玉红左腿不幸受伤，医生将两颗12厘米长钢钉植入她伤处。就是这两颗钢钉粉碎盛玉红奥运梦，她知道自己再也无法作为健全人重返赛场。突如其来打击让这位20岁姑娘陷入消沉迷惘，但心中萦绕对体育挚爱支撑她度过那最艰难的三四年。

既然不能当运动员，就去当教练，“把自己心目中没有完成目标和理想，在下一代身上实现”！1995

年，盛玉红考取南京体育学院运动系专业，毕业后来到无锡市锡山区青少年业余体校任教。2002年，命运意外向盛玉红伸出橄榄枝：江苏省组建残疾人坐式排球队，任命她为总教练。盛玉红异常珍惜这难得机会，她全身心投入工作，苦练技术、钻研教法、帮助队员克服身心障碍，手把手地把一个个几乎从未摸过排球的残疾运动员训练成无坚不摧的“铁军”。坐式排球必须臀部着地，盛玉红和队友们经常训练得手上、身上血迹斑斑，但她们以乐观精神看待这一切，坚强挺过来。辛勤付出终有回报，2003年，盛玉红带领江苏省女子坐式排球队获得全国残疾人运动会冠军。比赛结束，盛玉红被调入国家队当教练兼主攻手，目标是进军雅典残奥会。

浴血拼搏冠军路

曾一度熄灭的奥运梦再次在盛玉红心中熊熊燃烧！2004年，雅典奥运会上我国首次参加坐式排球比赛，盛玉红以主攻手身份出战，与队友们一起奋力拼搏，为中国赢得残奥会上第一块集体球类项目金牌。在残奥会赛场上，盛玉红展现过硬技术和良好心理素质，重扣凌厉，无人能挡，6场比赛共为球队获得143分，成为名副其实“得分王”，被评为“雅典残奥会十大传奇英雄”之一。

2008年，北京残奥会，盛玉红再次带领队友披挂上阵。小组赛中，盛玉红继续扮演“杀手”角色，凭借一记记或强劲或诡异重扣轻吊不断得分，以三战三捷好成绩晋级四强。在卫冕战前夕，盛玉红正发着高烧，但她咬紧牙关，照常和队友们一起认真训练、积极备战，决赛中，随着她最后一个发球直接得分，中国队以3∶0完胜美国队，再次卫冕成功。

2012年，伦敦残奥会揭开帷幕，盛玉红已年过不惑，是队里年龄最大运动员，但为实现中国坐式排球“三连冠”梦想，这名老将依旧顽强奋战在球场上。比赛前，盛玉红坦言夺冠压力比较大，因为其他国家队如美国队、乌克兰队等进步飞速，但同时，她坚信付出会有回报。她说，“我们水平比较娴熟，很多队员打过大赛，这个就是我们优势。”接着她笑称，“最主要是场上有我呢”！语气中洋溢着乐观自信大将之风。

盛玉红像往常一样，发挥“定海神针”作用，在伦敦5场比赛中一人拿下了141分，得分名列各国坐式排球运动员之首。当再次登上最高领奖台，年已41岁的盛玉红心潮澎湃：为心爱排球事业，付出了无限努力和辛苦，身上伤痛无数，也曾彻夜难眠，但能实现“三连冠”梦想，这一切都值得！

无悔奉献赤子情

在赛场上，盛玉红是叱咤风云运动健将，生活中，盛玉红平易近人、善解人意有如邻家大姐。由于队中其他队员都相对较小，盛玉红平时对她们非常照顾，经常给予帮助，抚慰心灵，队员们都很愿意和她交流，称她为“尊敬的大姐”。盛玉红也有一个美满家庭，丈夫是一位公安民警，儿子继承父母体育天赋，正在常州学习棒球。

2005年，盛玉红经学校老师介绍，加入中国民主促进会。对于自己民主党派成员身份，盛玉红非常珍惜重视，日常生活中，她也时刻牢记自己使命，默默为社会奉献自己应尽力量。由于平常一直在积极备战大赛、进行封闭式艰苦训练，盛玉红没法像其他普通民进会员一样经常参加组织生活，但是，只要有机会，她还是非常愿意、也会竭尽所能参加一些公益慈善活动。2012年5月，民进无锡市委组织举办“与爱同行·共建美好人间”全国助残日书画义卖活动。盛玉红特意请假从上海赶来参加活动开幕式，因为大赛在即，要接受兴奋剂检查，按规定不能在外吃饭，盛玉红饿一天，直到赶回上海才吃上饭。但她对此无怨无悔，她很乐意参加这些慈善活动，觉得帮助别人，也是一种快乐。

艰难困苦，玉汝于成。不经风雨，怎见彩虹？体育是一种精神，而残疾人体育更是一种境界。31年体育情缘、10年坐式排球训练生涯、3届残奥会，盛玉红用自己汗水、努力和身上累累伤痛缔造“三连冠”传奇，为祖国、为家乡赢得荣誉。盛玉红，我们为你感动和骄傲，也衷心祝愿你在今后人生道路上高奏凯歌，再铸辉煌！

二、王德新

民国25年(1936)7月生，马家店村26组人，中共党员，1962年7月，毕业于南京师范学院，9月，入伍中国人民解放军南京6408部队，1971年，部队转业后，从事教育工作，1996年8月，退休。王德新自小酷爱体育运动，尤其在田径运动中成绩显著，闻名遐迩，1953年2月，首获如东县中等学校运动会男子组跳远第三名，由时任县长魏志田亲自颁奖。从此成为体坛新秀，屡赛屡胜，荣获连篇。1958年10月，获南京师范学院运动会三级跳远第一名，11月，获江苏省第三届大学生运动会5项全能第五名；1964年4月，获中国人民解放军六四0八部队第四届田径运动会跳远第一名。1971年7月，担任如东县学校体育教师训练班田径运动指导老师，为培养和提高学校体育师资质量做出贡献。

图23—146 获奖证书 (2012年，王德新 提供)

三、徐应兰

女，民国30年(1941)5月4日生，丁家店村人，中共党员，1959年参加中国人民解放军，历任福州军区福建生产建设兵团三师十四团三营二十四连战士、干部，后转业至如东县卫生局。她酷爱业余体育运，长年坚持跑步。1981年起，参加县越野长跑赛、第三届工人运动会，市第四届工人运动会，省第二届工人运动会，全国第一届、第三届、第四届老将田径运动会均获得较好成绩。2008年,经层层挑选,被确认为159号奥运火炬手。

图23—147　火炬手证书（2012年,徐应兰　提供）

四、张炳元

民国29年(1940)9月生。马家店村5组人。1958年始,南京体育学院运动系从事专业运动员和教练员。11月,参加省第五届运动会成年男子组跳远项目,以6.41米的成绩,创省最高纪录。全国一、二、三、四届运动会上,两次打破十项全能最高纪录,两次进入全国前三名,在北京国际田径赛中获跳远第一名,全国冬季田径运动会获五项全能第三名,获“运动健将”“高级教练”称号,国家体委授予新中国体育开拓者荣誉奖章和证书。1981年,调如东体委工作,1988年,当选南通市第九届人大代表,政协如东委员会八、九、十、十一届常委。

在全运会上

崇秀云等三人

打破两项全国纪录

本报北京十五日专电　江苏田径选手在今天的比赛中，有三人打破了两项全国纪录，有七名运动员分别在四个比赛项目中名列前六名。打破全国纪录的运动员是：女子铅球选手崇秀云、十项全能选手张炳元、朱全金。

在今天的女子铅球比赛中，崇秀云在第一次试推时，就以十五米六十九的成绩打破了全国纪录。随后，第三、第五次又分别推出了十五米八十三和十五米九十九的好成绩，但这和她今年七月份推出的十六米三十六还差三十七厘米。观众都为她連續三次打破国家纪录而高兴，又为她最后一次能否再創新成績而担心。这时，崇秀云不负众望，把四公斤重的铅球推出到十六米三十七的地方，超过了她自己七月份創造的最新成績还多一厘米，获得了这个项目的第一名。

在昨天和今天的十项全能比赛中，江苏选手张炳元、朱全金，分别以六千二百十五分和六千一百七十一分的成績，打破了六千一百四十四分的全国纪录，获得第三、四名。

此外，在今天的比赛中，获得名次的运动员还有……

我省男女籃球队双胜北京队

本报北京十五日专电　今天下午，我省男女籃球队，分别以七十二比六十四、六十一比五十九，双双战胜比賽以来保持不败紀录的北京男女籃球队。

北京女子籃球队比賽以来連胜广东和安徽队，士气旺盛。比賽一开始，双方都采取人盯人的战术。三分钟后，江苏队十号李正巧，速速内綫切入投籃得分。北京队暫时失利后，立即改为联防，企图阻止江苏队切入得分。而江苏队也由人盯人改为联防，牢牢地看住北京队投籃手宋玉琴，迫使她在上半时只投进一球。在进攻上，江苏队内綫打得十分活跃，不断突破对方防綫。外围八号毛阿宝、十一号沈丽芳又連連中的。上半时以三十七比二十三領先。

下半时，双方又都……人盯人的战术。比賽更……张。到最后两分钟时，……追成五十九平。在关鍵……四十秒时，北京队七号……投籃未中，江苏队九号……夺得籃板球，快传給十……巧，李又飞速传給对方……八号毛阿宝，毛正手……中。江苏队終以六十一……九胜北京队。

在江苏男子籃球队……队的比賽中，江苏队克……围投籃少、配合不够……点，打出了自己快速……色，場上打得十分放……李春畔、七号郑福林……籃，四号王錦和、八……内綫切入，一开局就……領先。接着，江苏队……先，最后以七十二比……胜了北京队。

中跑闖将韓永年

江苏田径队的优秀运动員韓永年，在第二届全运会上，以三分四十九秒五的成績，打破了男子一千五百米全国紀录，超过了他自己在今年春天創造的三分五十秒的全国最新成績。这个好成績是怎样創造出来的呢？还得从第一届全运会談起。六年前举行的第一届全运会上，江苏田径队在径賽项目中没有得一分。韓永年参加了这届运动会，深深感到尽快改变江苏径賽的落后面貌自己也有責任，所以暗暗下决心要努力提高自己的运动成績。

第一届全运会結束不久，党为了培养韓永年，送他进了体育学院学习。有了良好的訓……在全国比賽中得分，而且在一九六三年成了我国第二个男子八百米运动健将。今年，韓永年学习了徐寅生对女子乒乓球运动員的讲話和《人民日报》編者按語，进一步明确了干体育就是干革命，就更加积极地为参加第二届全运会作准备了。大运动量的訓练是十分艰苦的，有时会引起头昏、呕吐，但是他一想到党交給自己的任务，江苏人民对自己的期望，就以极大的毅力坚持着。他还争取参加比賽，从百米到馬拉松之間的各种距离，他都跑过。他說：多参加比賽，不怕比賽，才能取得比賽的經驗，充分发揮自己的技术。不断地刻苦訓练，勇于在实践中取得……

江苏优秀选手崇秀云，九月十五日……第二届全运会的女子鉛球决賽中，……米三十七的成績，打破了十五米六十二……紀录，获得了女子鉛球賽冠軍一名。圖……云在投擲鉛球的情形。

本报記者　任鹏北攝（传真照片）

图23—148　张炳元在全运会上打破两项全国纪录

1965年9月16日《新华日报》第三版（朱鸿飞　提供）

大豫籍运动员在世界、全国、省级比赛中部分获奖成绩一览表

表 23—225

年份	姓名	运动会名称	竞赛名称	项目	成绩或名次
1958	王德新	南京师范学院运动会	—	三级跳远	第一名
1958	王德新	江苏省第三届大学生运动会	—	五项全能	第五名
1958	张炳元	江苏省第五届运动会	—	成年男子组跳远	6.41米,创省最高纪录
1959～1978	张炳元	第一至四届全运会	—	五项、十项全能	2次前三名,10次前六名,2次打破十项全能全国纪录
1961	倪国康	—	江苏省自行车比赛	—	第六名
1964	王德兴	中国人民解放军六四0八部队第四届田径运动会	—	跳远	第一名
1984	徐应兰	江苏省第二届工人运动会	—	女子组1500米	第四名
1998	崔晓红	第十一届世界中学生运动会	—	铁饼	第二名
1998	徐应兰	全国第一届老将田径运动会	—	100米 400米	银牌 铜牌
2000	徐应兰	全国第三届老将田径运动会	—	400米 800米	第三名 第二名
2000	崔晓红	—	全国田径锦标赛	女子链球	第四名
2001	张建华	—	全国青年田径锦标赛	跳 远	第二名
2001	崔晓红	第九届全国运动会	—	女子链球	第五名
2001	徐应兰	全国第四届老将田径运动会	—	400米	第三名
2004	盛玉红	雅典残奥会	—	女子坐式排球	第一名
2006	陈益波	省十六届运动会	—	100米	10″ 61
2006	陈益波	省十六届运动会	—	200米	21″ 12
2008	盛玉红	北京残奥会	—	女子坐式排球	第一名

第三节　幼儿体育

1952年,国家颁布《幼儿园暂行规程(草案)》,1979年,又颁布《城市幼儿园工作条例(草案)》,并规定,体育是幼儿园作业的主要内容之一,不同的班级每周进行1～2次体育作业,每次10～30分钟。通过体育作业,或组织幼儿参加体育活动,教会儿童正确地做各种动作，学习走、跑、跳跃、投掷、攀爬等人体基本技能；通过各种徒手或使用轻器械基本体操，发展儿童的肌肉群；组织儿童参加各种有兴趣游戏。幼儿园体育作业和一般的体育活动不同。体育作业的重点是有组织、有计划地进行课业，带有一定的教学性质，一般的户外体育活动，主要是锻炼身体，不断学习新的教材。幼儿园体育作业的结构，也与小学生的体育课有所不同，它并不明显地划分几个部分；但是，根据幼儿的生理和心理特点，仍然需要经过组织工作、学习和锻炼、结束作业等过程。

随着幼儿教育事业发展，1975年起，境内幼儿班根据幼儿年龄特点，坚持因地制宜地开展幼儿体育活动。活动项目有赛跑、拔河、急跳，投弹游戏、跳橡皮筋、幼儿十八法等。每逢“6·1”儿童节均要举行幼儿运动会。至2012年，举行幼儿运动会37届次，参赛幼儿3万多人次。

第三章　体育赛事

中华人民共和国成立后，中共地方委员会、人民政府贯彻执行毛主席“发展体育运动，增强人民体质和体育是关系六亿人民健康大事”的指示精神，境内基本每年都要举行体育竞赛活动，并组织人员参加县运动会。章内略记1951年后，参加县以上举办运动会和境内有特色体育竞赛情况。

第一节　市、县运动会

1951年10月，以学生教工代表队为主，参加县在原掘港卐字会场举行的体育运动会。

1956年4月，以区为单位组成工人混合队，参加在县中操场举行的首届职工体育运动大会。

1970年7月，以区组成“红卫兵”代表队参加县“红卫兵”首届军事体育运动大会。

1973年5月，以区组队，每队40人，参加在县中操场举行县中、小学田径运动会。

1974年5月，以区组队，参加在县中操场举行县第3届运动会田径比赛。方志敏参加成年男子组铁饼(2公斤)项目比赛，以29.78米的成绩创县最高纪录。

1975年6月，以区组队，领队1人，幼师6人，运动员24人。参加在县中操场举行县幼儿首届运动会。

1978年4月，以区组队，参加在马中操场、马塘灯光球场举行县第4届运动会男、女篮球赛，掘东男代表队获得第2名。

1978年3月，在县中操场举行县第4届运动会自行车选拔赛，每区男女运动员各1人。

1978年5月，参加县第4届运动会五六式半自动步枪射击比赛，掘东区获团体总分第2名。

1979年5月，以区组队，参加在掘港举行的中小学生田径运动会。

1979年10月，以区组队，参加在掘港举行全民象棋赛。

1980年4月，以区组队，参加在掘港举行县中小学生运动会。

1980年9月，以区组队，参加在掘港举行县各区中、小学生田径对抗赛。

1981年10月，以区组队，参加在掘港举行职工篮球比赛。

1981年3月，以区组队，参加在掘港举行县中小学田径运动会。

1982年1月，以区组队，参加元旦在掘港举行中长跑比赛。

1982年3月，以区组队，参加在掘港举行县第5届全运会田径比赛。

1982年2月，以区组队，参加在掘港举行县第5届全运会乒乓球比赛。

1982年6月，以区组队，参加在掘港举行县小学生田径运动会。

1983年1月，区中、小学联队参加在掘港举行中、小学田径运动会。

1984年，如东盐场乒乓球队，参加南通市盐业系统乒乓球比赛，获团体冠军，刘海涛、陆卫冲分别获个人冠亚军。

1989年，如东盐场代表队，参加南通市盐业系统乒乓球比赛，获团体冠军，陈洪波、刘海涛分别获个人冠亚军。象棋比赛，如东盐场方宇福、季浩分别获冠亚军。

1990年，如东盐场篮球代表队，参加南通市盐业系统在海门盐场举办的篮球比赛，盐场篮球代表队获冠军。

2009年9月，镇组队参加县在掘港举行田径运动会。

第二节　镇运动会

1972～2007年，兵房镇已举行7届运动会，其中1972年夏天，为第1届运动会单项游泳比赛（第2届至第6届时间内容不详），2007年，为第7届运动会，冠名“茉莉花”，在兵房初级中学操场进行，比赛项目有：赛跑、跳高、跳远、投掷、负重跑、搬运物品等。

1974年秋，在兵中操场举行全区中小学生运动会。

1992～1998年，丁店乡已举行4届运动会。

1996年秋，在东安初中操场举行全区中学生运动会。

2004年5月12日，港闸、毛竹桥村文化活动中心，举办第1届新农民运动会，参赛单位8个，运动员98人，比赛项目有象棋、五子棋、套环、投镖、书法。获奖者范松华、杨新本、吴建飞、张献庭、周成兵、姜文标、董斌、沈德全、宋飞云。

2004年11月16日，兵房镇第二老干部党支部于港闸、毛竹桥村文化活动中心举行象棋、五子棋、诗画比赛，32人参赛，11人获奖。

2005年、2006年、2007年，兵房镇老干部第三、五党支部联合举行象棋、跳棋、五子棋、投篮、投标、套环、乒乓球等体育比赛。

2006年6月5日，丁家店村毛竹桥文体活动中心，由镇政府主办第三届新农民文体活动竞赛，参赛单位5个，运动员154个，比赛项目：男、女套环，男、女投镖，男、女保龄球，象棋，乒乓球，拔河，跳绳，踢毽子，33人获奖。

2007年7月25日，丁家店村毛竹桥文体活动中心，由丁家店村、巩王村联合举办第三届新农民运动会，参赛单位：丁家店、大同、巩王、伯安4个村代表队，运动员154人，比赛项目：保龄球、乒乓球、投镖、五子棋、套环、自行车慢车赛、跳绳、踢毽子。40人获奖。

2007年11月8日，兵房镇教办举行中小学广播操比赛，丁店、兵房小学获一等奖，兵房镇中、巩王中学获二等奖。

2007年12月28日，大豫镇新星幼儿园开展冬季趣味运动会。

2008年7月10日，第四届新农民文体运动会，借座丁家店村毛竹桥文体活动中心。由兵房镇老年大学、毛竹桥社区老年体育协会、家长学校、丁家店老干部教育党支部、妇女联合会、计生协会联合承办，参赛单位4个，运动员206人，比赛项目：投镖、套环、保龄球、投篮、踢毽子、跳绳；27人获奖。

2008年9月，大豫镇于大豫初级中学操场举行第一届农民运动会。

2009年10月23日，大豫镇兵房初中举行秋季田径运动会。

2011年6月1日，在兵房门球场举行开场典礼，正式成立兵房门球队，掘港门球队应邀作现场表演赛。

2011年9月24日，大豫镇于兵房初级中学操场举行第二届农民运动会，参赛单位全镇21个村(居、社区)代表队，300多名运动员参赛，比赛项目有100米、50米负重、跳远、定点投篮、拔河5个项目(附：2011年大豫镇第二届农民运动会参赛个人、团体获奖统计表)。

2011年10月21日，大豫镇兵房初中举行秋季阳光体育运动会，比赛项目有100米、团体接力、团体拔河等。

2011年大豫镇第二届农民运动会参赛个体、团体获奖一览表

表23—227

项目	第1名		第2名		第3名		第4名		第5名		第6名	
	姓名	单位	姓名	单位	姓名	单位	姓名	单位	姓名	单位	姓名	单 位
男子100米	钱海峰	九龙	崔　杰	香台	马雨峰	大豫社区	孙鹏鹏	南坎	刘欣欣	大同	黄　辉	周墩
女子100米	薛　美	丁家店	黎雪梅	南坎	刘雪梅	香台	杨德芳	大豫	郁海鹰	伯安	刘　华	九龙
男子负重50米	朱士琪	兵居	陆春峰	东安闸	孙鹏鹏	南坎	刘欣欣	大同	陆　州	周墩	陆向阳	香台
女子负重50米	黎雪梅	南坎	赵玉红	止马洼	石春风	兵居	屈金霞	大豫	丁敏敏	九龙	黄　英	丁家店

续表23—226　2011年大豫镇第二届农民运动会参赛个体、团体获奖一览表

项目	第1名		第2名		第3名		第4名		第5名		第6名	
	姓名	单位	姓名	单位	姓名	单位	姓名	单位	姓名	单位	姓名	单 位
男子跳远	钱海峰	九龙	崔　杰	香台	李鸣敏	大同	黄晓威	大豫	朱士琪	兵居	桑亮亮	南坎
女子跳远	翟亚芳	南坎	薛　美	丁家店	夏　露	东凌	屈金霞	大豫	—	农场	刘雪梅	香台
男子投篮	罗　浩	一门闸	谢建飞	丁家店	桑亮亮	南坎	顾永新	东安闸	陆　州	周墩	李鸣敏	大同
女子投篮	吴菊英	伯安	翟亚芳	南坎	樊春燕	大豫	施　萍	闸东	黄　英	丁家店	黄卫英	巩王
拔河	丁家店		南坎		止马洼		东港		周墩/东凌		大豫社区/兵居	
团体	南坎		丁家店		大豫社区		九龙		兵居/香台		—	

第二十四篇　教　育

大豫教育事业起步于清末民初。民国5年(1916),大豫盐垦公司创立与发展,助推境内教育事业繁荣兴盛。近代民族实业家教育家张謇高瞻远瞩,"非人民有知识,必不足以自强""非先兴实业,则教育无所资于措手"。[①]他在沿海地区先后创办30多家盐垦、垦牧、垦殖公司,公司成立后,随即兴办教育,在大豫盐垦公司内,兴办小学9所,其中境内4所(南一区,中二区各2所)。

张謇在大豫这片新生热土上开启教育先河,一大批私塾应运而生,民国年间,境内私塾42所,学堂23所,出现学堂、私塾并存局面。民国30年11月,在大豫盐垦公司南一区公司(徐征村8组)创办"大豫中学",该校为革命事业培养一批党政优秀干部和军队将才,成为输送人才之摇篮。

中华人民共和国成立后,私塾陆续淘汰,大豫教育进入社会主义建设时期人民教育历史阶段。头17年,境内幼儿教育、中小学教育、成人教育和职业教育在曲折道路上逐步发展、提高。由于"左"的影响,有少数教师被打成右派,教育工作受到阻碍。1966年春夏之交,境内掀起"文化大革命",教育系统首当其冲,江青反革命集团鼓吹"停课闹革命",教学秩序被扰乱,学校基本处于半停顿状态长达五六年之久,造成诸多后患。

中共十一届三中全会后,是境内教育最好时期。经过调整、发展、改革,不断克服前进中困难,教育事业取得显著成绩。1985年,南坎乡中、小学成为县首批"一无两有"学校。[②]1989年,兵房小学成为南通市首批市级模范学校。1996年,兵房成人学校成为省重点学校。2003年,兵房中学成为南通市重点学校。2004年,兵房镇成为江苏省教育现代化先进镇。2005年,创建省教育现代化镇通过省验收。2012年,全镇有初中2所,小学5所,成人学校1所,幼儿园2所。

①见《张謇全集》第三卷384页。
②无危房、有课桌、有凳子。

第一章　机　构

第一节　机构沿革

民国32年(1943),建立掘东区教育组。1958年10月,改设区文教辅导片,公社设中心学校,校长领导各中小学。1969年前后,公社成立中小学教育革命委员会。1985年起,乡镇建立由书记或乡镇长任主任的教育委员会。1996年,乡镇教育管理办公室改为乡镇教育管理指导站。随着镇域区划调整,2001年,撤销掘东区教育组。2002年起,恢复教育管理办公室。2009年5月,组建大豫镇教育管理办公室。

一、督学、学区、协进团

民国起,县当局设教育主管部门,其后有学务课、第三科、劝学所、教育科、第一科等,下设督学分管学区。民国26年,全县划5个学区,25个协进团,每学区设督学1名,每协进团设1～2个首席学校,督学对首席学校进行督导,首席学校校长对下属学校实施辅导和管理职能。

二、区文教股、中心小学

民国29年11月,如东县抗日民主政府设教育局,国民政府教育局原局长、主任、局员及工作人员13人全部留用,驻地马塘西街赵家祠。民国30年4月,教育局随县政府机关转移农村游击办公,大部分留用人员自动离职。5月,教育局进行改组,选派有教育工作经验的革命干部充实该局,并改称文教科。民国38年3月,文教科随县政府机关从丰利东农村迁回马塘镇,驻地仍在赵家祠。8月,改称教育科。1951年7月,再改为文教科。11月,文教科随县政府机关迁至掘港。

1949年10月起,各区都设教育股,文教股长改称文教助理,私立学校由政府接收。1956年,设掘东区教育股,文教助理改称文卫干事,管理全区教学辅导。1957年,撤区教育行政机构,由县教育系统直接配备教育辅导员。各乡设1所中心小学,对乡内各小学进行辅导和管理。小乡并大乡后,大豫乡中心小学是桂芝小学、徐征乡中心小学是兵房小学,大同乡中心小学是王荃小学。

三、区文教辅导片、公社中心校

1958年10月,撤区建片,区教育股撤销,改设区文教辅导片,设辅导员1人。各乡镇成立人民公社,公社设中心学校,校长领导各中小学,中心学校总务主任兼公社文教会计。大豫公社中心学校是桂芝小学,兵房公社中心学校是兵房小学,大同公社中心学校是王荃小学。

四、工宣队、贫宣队、贫管组、中小学革命委员会、讲师团

"文化大革命"中，掘东区组建"工人阶级毛泽东思想宣传队"（简称"工宣队"），南坎、兵房、大同公社组建"贫下中农毛泽东思想宣传队"（简称"贫宣队"），负责学校领导和管理。1971年，公办小学下放大队办，组建"贫下中农管理学校小组"（简称"贫管组"），领导和管理学校。贫管组组建"贫下中农讲师团"走进课堂。1969年前后，各公社成立中小学教育革命委员会，革委会由贫下中农代表、革命教工代表和原学校负责人"三结合"组成，主持"复课闹革命"和"开门办学"。南坎公社小教革委会设于桂芝小学，兵房公社小教革委会设于兵房小学，大同公社小教革委会设于王荃小学。1975年，乡镇设教育辅导员。1979年，建立教育战线党支部，恢复各校校长职务（"文化大革命"中，各校校长称为"召集人"），实行中共支部领导下校长负责制。1985年，撤中小学革命委员会，各乡镇设教育管理办公室，下设四中心：中心初中、中心小学、中心幼儿园、成人教育中心（简称"一办四中心"），教育和教学秩序恢复正常。

五、乡（镇）教育委员会

按照"分级办学，分级管理"模式，1985年起，各乡镇建立由书记或乡镇长任主任的教育委员会（简称"教委会"），领导教育管理工作。"教委会"下设教育管理办公室，主持教委会日常工作。

六、乡镇教育管理指导站、镇教育管理办公室

1996年，各乡镇教育管理办公室改为乡镇教育管理指导站，配1名教育辅导员兼中共教育支部书记。乡镇合并后，镇政府设立科教文卫办公室，作为分管教育的政府职能部门，具体协调多方面工作，设教育管理站，配站长1名。2002年，恢复教育管理办公室，设主任1名。2012年，镇教办主任吴建忠，兼教育党总支书记。

民国时期大豫境内教育情况一览表

表24—228　　　　单位：个 元

校名	地址	校长	教职员工	学生数	设立年月	岁出银圆数
南坎小学	南坎镇	许微禧	3	29	清宣统三年七月（1911）	700
如皋农教小学	兵房丰荡村	曹光如	2	50	民国10年（1921）	470
大豫中学	兵房保田村	沈方挥 秦退之	10	41	民国30年（1941）	2300
同仁小学	丁店丰港村	朱可清	7	200	民国11年（1922）	1600

注：表中地址为老镇、村名

第二节 历任教育领导

民国32年(1943)始,掘东区教育组及境内各公社(乡镇)教育工作办公室(简称“教办”)的领导,随着行政体制的变化而调整,人员更动、职务演变频繁,区教育组从文教助理演变到教育督导员,乡镇教办从中心校长演变到教办主任。至2001年,区教育组历任领导18人,乡镇教办历任领导29人。

民国32年(1943)～2012年区、镇历任教育领导一览表

表24—229

<table>
<tr><th>机构名称</th><th>建立时间</th><th>撤并时间</th><th>职务演变</th><th>历任负责人名单</th></tr>
<tr><td>掘东区教育组</td><td>民国32年(1943)3月</td><td>2001.05</td><td>文教助理,文教股长,文卫干事,片长
教育辅导员
教育督导员</td><td>李尊一 徐仁俊 徐海平 陈 璞(女)
叶邦泉 施品祥 沈元成 高志达
董学庭 朱文杰 樊 畴 张洪祥
俞九成 沈怀珍(女) 张卓如 施洪亮
黄蕴岩 沈 泉</td></tr>
<tr><td>南坎教办</td><td>1958～</td><td>2009.05</td><td rowspan="5">中心小学校长
革委会主任
教育辅导员
教办主任</td><td>刘能远 梁学文 沈怀珍(女) 阙兴苏(女)
施士周 陆洪涛 顾文锐 倪 斌(女)
黄卫华</td></tr>
<tr><td>兵房教办</td><td>1958～</td><td>2009.05</td><td>钱久良 黄祝桥 黄锦冲 施洪亮
王培成 施振球 吴建忠</td></tr>
<tr><td>丁店教办</td><td>1958～</td><td>2001.03</td><td>沙秀高 刘能远 陆炳谦 蔡家风
梁学文 邱怀斌 顾菊英(女) 黄蕴岩
陈云山 姚锦辉</td></tr>
<tr><td>东凌教办</td><td>1992～</td><td>2000.04</td><td>周志清 黄卫华</td></tr>
<tr><td>大豫教办</td><td>2009.05</td><td></td><td>吴建忠</td></tr>
</table>

注:因年代久,如有时间和历任负责人排列差错,望见谅

2012年大豫镇各类学校一览表

表24—230　　　　单位:所 个 人

类型	学校(园)名称	学校	班级	专任教师	学生
初中	兵房初中 大豫初中	2	26	127	1001
小学	丁店小学 兵房小学 桂芝小学 豫北小学 东凌小学	5	54	169	2129
幼儿园	海滨幼儿园(含丁店分园) 新星幼儿园(含豫北分园 东凌分园)	2	30	64	1193
合计	—	9	110	360	4323

第二章　普通教育

第一节　旧制教育

大豫私塾起源于清末民初。私塾是指家庭、家族或教师自己设立的教学处所。有两种形式：不第秀才或举人，因仕途无路，经商无本，在私宅或就近租借一二间房屋和几张桌子，设馆授课，教学条件简陋，学生是附近贫民子弟，七八人，多者一二十人。学生每年交“束脩”2元（即学费，约大米10公斤），以供塾师生活之需。官宦富绅之家，在自家设书斋教育子弟，请西席（塾师）授课，教学条件优越，学生都是富家子弟，仅有三五七人。师酬由主家按约付给，比居家塾师收入略高。

私塾以《三字经》《百家姓》《千字文》等为启蒙课本，以识字启蒙为主，故称“蒙馆”。学生如需深造，便进入“经馆”学习，攻读《龙文鞭影》《大学》《中庸》《论语》《幼学琼林》《古文观止》《千家诗》《诗经》《书经》《礼记》《春秋》《左传》《易经》《纲鉴》等，循序渐进，愈读愈深。戊戌变法后，提倡改良私塾，兴办新学，部分塾师增授《农用杂学》、应用文和珠算等课程。私塾采取个别授课方法，要求学生死读、呆读、硬背。因学生入学有早有迟，文化程度参差不齐，故多采用案前个别面授法，初入学者只教识字，不作讲解，每天早上学生逐个背诵，然后授以新课，午后必写字，先描红，再仿写，然后独立临帖。由于课文脱离青少年学生生活实际，难以引起学生兴趣。塾师经常体罚学生，学生不仅要背诵昨日所教课文，还要复背早已读过课文，如有忘记，或违反塾规，轻者罚站、罚跪，重者打手心。用一种柞钉树制作长木板，叫作“戒尺”，专打学生手心，是一种十分疼痛体罚形式。

私塾是大豫境内主要办学形式。民国29年（1940），新四军东进前，境内私塾有13处，在塾学生近200人，其中声望较高塾师有张文炳、陈述赋、朱凤仪等。

民国30年初，抗日民主政府于乡村进行私塾改良工作，成立董事会，课程设置除保留农民欢迎的尺牍、珠算、日用杂字等课程外，采用民主政府编印的《新三字经》，对学生实行民主管理，废除体罚制度，组织儿童团参加社会活动。民国33年10月，全县开展新一轮私塾改良工作，对塾师进行登记、鉴定，取缔封建意识浓厚教材，提倡使用民主、大众抗日民主教育教材，改革旧制教育、教学方法。土地改革以后，随着解放区推进，私塾逐步改良为民办小学。1949年10月，大豫境内私塾全部改为民办小学。

民国3年(1914)～1962年大豫境内私塾一览表

表24—231　　　　　　　　　　单位:个 人

名 称	原 址	开办时间	停办时间	班级	学生数	私塾教师
周克刚私塾	丁店一大队七队(大同村40组)	民国36年(1947)2月	民国38年(1949)6月	1	30	周克刚
陈祥凡私塾	丁店一大队七队(大同村40组)	民国31年(1942)2月	民国32年(1943)5月	1	28	陈祥凡父子
私人学堂	丁店二大队十队(大同村10组)	民国32年(1943)2月	民国34年(1945)3月	1	30	钮梦生夫妇
私人学堂	丁店二大队十队(大同村10组)	1953.08	1962.07	2	56	周克刚 施燕兵
私人学堂	丁店二大队七队(大同村7组)	民国32年(1943)	民国34年(1945)	1	40	甄志山
私人学堂	丁店二大队十二队(大同村12组)	民国30年(1941)	民国32年(1943)	1	38	黄朝新
私人学堂	丁店三大队十一队(现大同村29组)	民国15年(1926)3月	民国18年(1929)3月	1	26	陈雪究
同勤小学	丁店五大队八队(巩王村26组)	民国36年(1947)	民国38年(1949)	1	80	陈国富 周 昶
大豫南乡第二小学	丁店伯安村北底排西匡头挖(伯安村)	民国23年(1934)	民国32年(1943)	1-6年级3个复式班	60~70	朱凤仪 宋学彬
豫南二小	丁店新丰校南排马路西(伯安村)	民国34年(1945)	民国35年(1946)	初小	—	宋学彬
九门闸小学	丁店王荃村(巩王村)	民国29年(1930)	1950	1	50	翟保书 张俊臣
良心小学	丁店伯安镇桥西公路边(伯安村)	民国26年(1937)	民国29年(1940)	1-6年级2个复式班	70	王德先 陈啬夫 秦志谦
槐德校	丁店伯安镇北排(伯安村)	民国29年(1940)	民国35年(1946)	完小	—	王企阳
朱凤仪私塾	丁店营房桥村(丁家店村)	民国35年(1946)7月	民国38年(1949)	初小	三四年级复式	朱凤仪 朱铁珊 陈永岐
汤超私塾	丁店营房桥村第3排(丁家店村)	民国35年(1946)7月	民国38年(1949)	初小	—	汤 超
大同民办小学高补班	大同镇北首(大同村)	1952.07	1958.07	五六年级	—	周克刚
陆建寅私塾	兵房镇兵南村(马家店村)	民国24年(1935)	民国32年(1943)	1	30	陆建寅及其妻施女士 边行医边教书
陆氏私塾	兵房镇兵南村(马家店村)	民国26年(1937)	民国30年(1941)	1	30	陆先林
张文炳私塾	兵房十三大队张文炳宅(强民村)	民国33年(1944)	民国36年(1947)	1	30	张文炳 边行医边教书
倪雪财私塾	兵房镇十四大队(现强民村)	民国19年(1930)	不详	4	80	倪雪财 施殿祥 杨士康等任教

续表24—231　民国3年(1914)～1962年大豫境内私塾一览表

名称	原址	开办时间	停办时间	班级	学生数	私塾教师
施殿祥私塾	兵房镇兵南村(马家店村)	民国28年(1939)	民国33年(1944)	1个复式班(1-6年级)	80	施殿祥
杨士康私塾	兵房镇培德村(强民村)	民国26年(1937)	不详	1	60	杨士康
顾老五私塾	兵房镇兵南村(马家店村)	民国31年(1942)	不详	1	30	顾老五
陈述赋私塾	兵房镇兵北村(一门闸村)	民国28年(1939)	民国33年(1944)	2	50	陈述赋 陈　明(女)
徐大均私塾	兵房镇十六大队九队徐大均宅(一门闸村)	民国28年(1939)	民国35年(1946)	1	20	徐大均 吴兆珍 黄冠成
陆景理私塾	兵房十六大队陆景理宅(一门闸村)	民国30年(1941)	民国33年(1944)	1	30	陆景理
顾　庆私塾	兵房十九大队顾庆宅(一门闸村)	民国34年(1945)	不详	1	20	顾　庆
曹一芬私塾	兵房十九大队顾庆宅(一门闸村)	民国35年(1946)	不详	1	25	曹一芬
刘步行	兵房五大队四队(马家店村)	民国28年(1939)	不详	1	40	刘步行 黄　新
施友斋私塾	协和镇北头瘶(马家店村)	民国28年(1939)	不详	4	100	姓名不详
王士良私塾	南坎五大队(香台村)	民国35年(1946)	民国37年(1948)	1	20	王士良
王方山私塾	南坎团结村(豫东村)	民国38年(1949)	民国38年(1949)	1	15	王方山
龚云汉私塾	南坎豫北村(香台村)	民国33年(1944)	民国37年(1948)	1	18	施殿祥
姜企望私塾	南坎齐心村(南坎社区)	民国34年(1945)	民国36年(1947)	1	16	姜企望 何志成
姚云成私塾	南坎育新村(大豫社区)	民国33年(1944)	民国37年(1948)	1	16	姚云成　李成付　蔡祖培
李金桥私塾	南坎茂青村(大豫社区)	民国34年(1945)	民国37年(1948)	1	16	李金桥　项老师(名不详)
范海洋私塾	育新村(大豫社区)	民国32年(1943)	民国37年(1948)	1	18	范海洋　曹先生(名不详)
黄氏私塾	大豫东七贯李宅(周墩村)	民国36年(1947)	民国38年(1949)	1	60	姓名不详 (后改为“豫琴”小学)
杨定国私塾	东牛车桥(周墩村西1组)	民国26年(1937)	民国29年(1940)	1	70	杨定国
杨金敖私塾	周墩村西1组张锦坤宅	民国3年(1914)	民国6年(1917)	1	30	杨金敖

续表24—231　民国3年(1914)～1962年大豫境内私塾一览表

<table>
<tr><th>名 称</th><th>原 址</th><th>开办时间</th><th>停办时间</th><th>班级</th><th>学生数</th><th colspan="2">私塾教师</th></tr>
<tr><td rowspan="2">陈塔私塾</td><td>南坎农科队严万修宅（止马洼村）</td><td>民国24年（1935）</td><td>民国30年（1941）</td><td>1</td><td>50</td><td rowspan="2">陈塔</td><td rowspan="2">民国36年建牛桥小学</td></tr>
<tr><td>南坎农科队包锦凤宅（止马洼村）</td><td>民国34年（1945）</td><td>民国36年（1947）</td><td>1</td><td>40</td></tr>
</table>

第二节　幼儿教育

中国幼儿教育，起源于中华民国成立后，时称“蒙养园”，收4～6岁儿童入园，主要办在工商业比较发达的大中城市，广大农村属于空白地区。民国元年(1912)，民族教育家张謇在南通唐闸镇兴建幼儿园舍，称“第一幼稚园”。民国11年，颁布“壬戌学制”，始将幼儿教育正式列入学制系统内，并将“蒙养园”改称“幼稚园”。

中华人民共和国成立后，幼儿教育事业进入积极发展新时期。人民政府接受国民政府办的所有幼儿园(班)，接管外国人经办及一切外资津贴所办教会幼儿园和孤儿院、慈幼院等等，并对私立幼稚园加强领导和管理，有困难的给予经费补助，使幼儿教育稳步发展。“大跃进”期间，幼儿园进入一个大发展阶段，从城市到农村，民办、公办幼儿园迅猛增加。据不完全统计，当时幼儿园遍及境内68个大队和生产队。1961年，中央提出“调整、巩固、充实、提高”八字方针，经过调整，幼儿园数量大幅度下降，农村几乎绝迹。1966年“文化大革命”期间，幼儿园被认为是培养资产阶级、修正主义温床，幼教事业遭到严重破坏，大量幼儿园被解散或停办，小学附设幼儿园(班)也几乎全部撤销。1978年，中共十一届三中全会后，经过拨乱反正，教育秩序得到恢复，幼教事业走上健康发展轨道。1986年7月1日，江苏省公布实施《江苏省幼儿教育暂行条例》，开始实行依法治园，使幼儿教育达到城乡普及化程度。

大豫镇幼儿教育有40多年历史，二十世纪七八十年代，大豫幼教事业不但闻名省内外，在全国也有名望，曾接待过第八届全国政协科教文体委员会副主任、国务院计划生育领导小组办公室副主任、卫生部妇幼保健司司长林佳楣视察及联合国教科文组织的参观访问，当时各校都附设幼儿班，幼儿入学率100%。

一、大豫镇海滨幼儿园

创办于1983年9月，园址设在原兵房农机站内，开始招收幼儿146名，设三个班。1985年9月，迁至兵房小学内，为兵小附设幼儿园，顾兰琴主持幼儿园工作。至1987年秋，幼儿园规模扩至5个班(分大中小3个年龄段)，在园幼儿172名，教职工12名，设有风琴、滑梯、转椅、秋千等大中型教学及运动器材。该园曾4次被评为县“三八”红旗先进集体。

根据事业需要，幼儿园体制由兵小附设变为独立建制，定名“兵房中心幼儿园”，园长何亚燕。1994年，异地新建中心幼儿园，1996年上半年“中心幼儿园”建成，占地面积1900

平方米，建成总面积1550平方米幼教大楼，是年秋季开学。1998年，成为县一类幼儿园，2000年，又增建一幢500平方米综合幼教楼。2002年，包永艳任园长，其间幼儿园保持8～9班规模，在园幼儿300名左右，教职工27名。

2004年8月，幼儿园进行产权改革，兵房中心幼儿园改制为民办幼儿园，更名为“兵房镇海滨幼儿园”，丁店幼儿园改制为“海滨幼儿园丁店分园”，随着全镇学校布局调整，2008年，兵房镇域内幼儿园全部并入海滨幼儿园，丁店范围内幼儿园并入丁店分园。2009年5月，镇域合并后，更名为“大豫镇海滨幼儿园”。

至2012年，海滨幼儿园占地面积4440平方米，建筑面积2818平方米，绿化面积1311平方米，教学用房2024平方米，操场面积1882平方米，图书室80平方米，图书8358册。小、中、大11个班，幼儿514名，专任教师24名。(其中本科2名，中师8名)，大专以上学历70%。

丁店分园位于丁店镇西侧，占地面积1600平方米，建筑面积830平方米，绿化面积420平方米，教学用房400平方米，操场600平方米，图书室40平方米，图书2800册，小、中、大5个班，幼儿175名，专任教师10名，大专以上学历50%。

该园坚持依法办园，立足创优争先。2006年，丁店分园创建为县一类幼儿园，2007年，创建为南通市一类幼儿园，2008年底，创建为江苏省优质幼儿园。2012年，园长陆丽娟。

二、大豫镇新星幼儿园

该园前身是由南坎十二大队育新幼儿园和十四大队幼儿园合并组建成南坎乡中心幼儿园。

南坎十四大队幼儿园，创办于1968年7月，园址设在第二生产队仓库(大豫社区10组)，园长朱秀兰，能歌善舞，潜心幼教事业，把幼儿园办成幼儿乐园，得到家长和社会好评，通过舆论宣传，引起上级领导部门关注和重视。1970年5月，长春电影制片厂慕名对这个大中小混合班幼儿园录制新闻纪录片。

南坎十二大队育新幼儿园，创办于1972年，园址设在大队部(原大豫社区公共服务中心)，两排砖木结构园舍，建筑面积250平方米，分大中小3个幼儿班和托儿所，由马丁勤等3名幼儿教师任教，幼儿早上由家长送至幼儿园，中午在园吃饭，晚上接回家，开办第一年入园80多名幼儿，除教幼儿识字、认数外，还添置手风琴，开设音乐和美术课。农村小孩无人看管难题妥善解决，学龄前儿童综合素质相应提高，为掘东区村办幼儿园首创，得到上级领导认可。是年底，县、区两级在该大队召开现场会，推广育新经验，时任南通专区教育局长沙秀高专程到会做指示。1979年，国家主席李先念夫人卫生部妇幼保健司司长林佳楣，1980年9月，“联合国教科文组织”视察该园后大加赞赏，誉为“中国农村幼教事业楷模”。1981年7月21日，《新华日报》第三版刊载园长马丁勤文章。1983年，马丁勤被县妇联评为“三八红旗手”。1994年，随学校区划调整，育新幼儿园并入南坎乡中心幼儿园。

南坎乡中心幼儿园，创办于1985年8月，园址位于大豫镇东首，始招幼儿103名，分设3个班，幼师5名，园主任朱秀兰。始建教室3个，办公室、储藏室各1个，建筑面积254平方米。1993年,将平房改建成两层楼教室6个、办公室2个,总建筑面积550.80平方米。园内设有滑梯、转椅、钻圈等活动器具和标准课桌椅、玩具厨、电视机、放录机、电子琴、风琴等教学设备。1990年9月,设5个班,幼儿171名,教职工9名,为县级先进集体。1994年后,马丁勤任园长。

2004年5月,南坎中心幼儿园改制为民办,更名为“大豫镇新星幼儿园”。园址设在大豫镇桂芝小学东首,占地面积3615平方米,建筑面积2200平方米,图书4000多册。大中小班级8个,学生356名,专任教师18人,其中本科7人,中师11人。另设东凌、豫北分园,东凌有大中小3个幼儿班,幼儿70名,6名幼儿教师;豫北有大中小3个幼儿班,幼儿78名,6名幼儿教师。

“新星幼儿园”由施建、龚思冲、黄卫华3人组成董事会,法人代表朱亚琴,实行董事会领导下的园长负责制,园长徐秀美、副园长季亚梅、园长助理季红霞。

2005年,授予全国中小学生美术书法大赛团体优胜单位称号。2007年,获如东县巾帼示范岗称号。2010年,获县文明单位称号。

图24—149　2012年,拍摄的大豫镇新星幼儿园教学楼（管霖　摄）

附记:

幼儿教育工作光荣得很

编辑同志:

我是一个农村大队的幼儿教师,今年22岁,高中毕业。一年多来的经历,使我深深爱上了这项工作。可有些人却不是这样看的,我不止一次听到过这样的话:“小马,你为什么要带孩子啊,趁现在年轻,找一个好的工作吧!”幼儿教育仅仅是带带孩子吗?我认为这是一种误解。我们国家四化建设需要大批又红又专的建设人才。如果说小学教育是中学、大学教育的基础，那么幼儿教育则是基础的基础，这个基础打得好否，直接关系到孩子们今后能否成为又红又专的建设人才，做好革命的接班人。幼儿教育真是任重道远，光荣得很呢！

事实也的确如此。党中央、国务院很关心儿童和少年教育工作，专门作过讨论和部署。去年以来，中央和省里有关领导同志还曾几次来我大队幼儿班检查过工作。去年10月25日，联合国儿童基金会西非、中非考察团也曾来我队幼儿班考察。这些都更加激发了我对幼教工作的热爱，也深为自己能担任幼教工作而感到无比幸福和自豪。

如东县南坎公社十二大队幼儿班　马丁勤

原载1981年7月21日，《新华日报》第三版

1985～1989年掘东地区中心幼儿园基本情况表

表24—232　　单位：个　平方米

名　称	建园时间	园舍面积	班级	幼儿入园数	教师数	历任园长
丁店乡中心幼儿园	1989.02	354	5	196	10	陈启锦 宋沛珍 周　颖
华丰乡中心幼儿园	1986.09	224	3	80	6	朱桂高 秦秀萍
兵房镇中心幼儿园	1985.09	300	6	230	12	何亚燕 包永艳
南坎乡中心幼儿园	1985.08	550.80	5	171	9	朱秀兰 马丁勤
如东农场幼儿园	1987.08	226	3	74	3	孙　美 张优秀

注：表内数据为1990年统计数

第三节　小学教育

清光绪年间"废科举，倡科学"。清宣统三年(1911)，创办南坎小学，时称掘港市第四初等小学；民国10年(1921)，建立如皋农教小学，民国11年，建立同仁小学。民国16～29年，在国民党统治下，境内小学教育事业发展缓慢，除私塾外，几乎为零。新四军东进后，在中国共产党正确领导下，从改造原有学校和私塾着手，全面规划农村教育，全力发展小学教育，组织少年儿童入学。据统计，民国35～36年，境内创办小学14所。在国民党反动军队和"还乡团"复辟期间，教学秩序被打乱，生源陡减。1948～1968年，人民政府重视教育，小学教育得到巩固和加强，农村出现耕读小学。1960年，大同第二初级小学校长顾祝祥，获江苏省教育系统先进工作者。1971年，公办小学下放大队。中共十一届三中全会后，经过数次学校布局调整，改造薄弱学校，改革教育体制。2012年，大豫镇仅存小学5所，54个班，教师169名，在校学生2129名。

一、兵房小学

前身为天主堂小学(私塾),民国23年(1934),宋维乔创办兵北小学。民国34年,宋维乔任强丰乡乡长后,因工作任务重,将校务工作交给宋维芳打理,民国37年后,由施殿祥负责。

民国38年夏,境内遭受台风暴雨袭击,校舍受损严重,由县文教科拨款,乡政府集资,兵房镇工商联合分会牵头,将兵北小学迁入兵房镇区(当时兵房属工区),改称兵房小学。安排郁元彬、卞仲谨、丁德良、周维坚等人负责学校基建,选址兵房大河北侧,四贯马路东头墩,总占地面积15亩。充分利用镇郊两所学校材料,新建6个教室和1间办公室。当年设6个班,在校学生162名,教职工8名,首任校长施殿祥,继任校长董学庭。

1952年,兵房小学新建4个教室,发展为8个班级,学生300名,先后由徐金石、朱文杰、黄汉清、张洪祥任校长。1968年,附设初中班,至1975年,小学12个班,初中4个班,学生462名,教职工24名,先后由钱久良、黄德斌、沈朝贵、施洪亮、施志忠(副)、王培成任革命领导组长。1977年,调整为五年制双轨10班规模完全小学,学生419名,由副校长王云卿主持工作。1981年9月,学校扩展为13个班,向六年制过渡,增建6个教室和6间生活用房。1987年,由镇政府集资15万元,新建一幢3层12个教室教学楼,建筑面积997平方米。1988年,又新建1幢两层20间宿舍楼,建筑面积为800平方米,同时开辟少先队活动室、自然室、音乐室、资料室、仪器室、阅览室、图书室、文印室,共有图书资料9829册,体育器材也已配套齐全。校园四周有常青树环绕,校园中建花圃11个,四季花红树绿,景色宜人。1979年后,学龄儿童入学率逐年上升,1985～1989年入学率、巩固率、毕业率、毕业生合格率、体育达标率均为百分之百。1985年开始,层层制定岗位责任制,经过两年实践,成效显著,教育质量稳步提高。5年中,学生在全国、省市县各科知识竞赛中有52人次获奖,徐股参加《从小爱数学》获邀请赛一等奖,刘轶、陈杰参加《小学数学报》数学邀请赛获江苏赛区二等奖。1985年,被评为市级先进单位,1989年,命名为南通市模范小学。

2009年5月,镇域合并后,兵房小学改称大豫镇兵房小学。是年,全镇学校布局调整,大豫镇兵房初级中学迁址原如东县兵房中学,大豫镇兵房小学迁入原大豫镇兵房初级中学,位于大豫镇兵房人民南路197-2号,占地面积2.30万平方米,建筑面积6597平方米,绿化面积6030平方米,教学用房3520平方米,操场1400平方米,图书室60平方米,图书1.75万册,实验室85平方米,微机房70平方米,电脑90台。现有18个班级,学生841名,专任教师60名,其中本科41名,中师3名。中学高级教师2名,小学高级教师37名,小学一级教师21名。

历任校长(除上述提到外):李志康、施振球、何文泉(负责全面工作)、龚思冲、周婷。2012年校长李锡泉,副校长顾苏兵、盛举东、包永艳。

图24—150 2010年，兵房小学旧址 （黄远平 提供）

图24—151 2012年，大豫镇兵房小学科学实验室 （黄远平 提供）

2006～2009年兵房小学历年获奖一览表

表24—233

获奖日期	姓名（校名）	获奖内容		等级	颁奖单位
2006.08	黄远平	《学校品德课实效性研究》论文		一	中国教育学会德育专业委员会
2006.10	潘　英	《从文学符号到精神内核》		二	江苏省教育学会
2008.10	朱卫民 李　玮	《让课堂因关注而精彩》论文		三	江苏省教育学会
2008.10	黄培娟	《以学生为中心提高课堂评价的有效性》论文		三	江苏省教育学会
2007.10	刘艳美	润物细无声——《小露珠》教育设计论文		三	江苏省教育学会
2007.11	黄远平 刘艳美	《培养小学生自主作文能力研究》终期报告论文		二	江苏省教育学会
2007.12	叶海英	《班主任要给学生“人”的教育》论文		二	市教育学会
2007.12	潘　英	《批评无痕　润物无声》论文		一	市教育学会
2007.12	刘艳美	《实施情感激励有效管理班级》论文		二	市教育学会
2007.12	李　玮	《扬起爱的风帆，驶向快乐的彼岸》论文		二	市教育学会
2007.12	汤小梅	《如何形成正确的班集体舆论》论文		三	市教育学会
2008.05	黄远平	《教师书法比赛钢笔书法》		三	市教科所
	黄远平	《谈作文素描教育流程构建》		一	国家教委
2009.01	兵房小学	市“绿色学校”		奖牌	市教育局
2008.12	李　玮	《关注课堂，提高教学的有效性》	市专业成长论文	三	市教育学会
2008.12	杨　霞	《激疑以创新》	第四届“名师之路”征文比赛	参评证书	江苏省教育学会
2008.12	叶海英	《名师课堂教学语言艺术研究阶段报告》	第四届“名师之路”征文比赛	三	江苏省教育学会
2008.12	黄培娟	《名师课堂开讲艺术研究阶段报告》	第四届“名师之路”征文比赛	三	江苏省教育学会
2008.12	严春红	《名师课堂教育机智艺术研究阶段报告》	第四届“名师之路”征文比赛	三	江苏省教育学会
2008.12	黄远平	《名师课堂教育机智赏析》	第四届“名师之路”征文比赛	二	江苏省教育学会
2008.12	汤晓梅	《名师课堂沟通学生心理艺术研究阶段报告》	第四届“名师之路”征文比赛	三	江苏省教育学会
2008.12	刘艳美	《名师课堂启发诱导艺术研究阶段报告》	第四届“名师之路”征文比赛	三	江苏省教育学会

续表24—233　2006～2009年兵房小学历年获奖一览表

获奖日期	姓名（校名）	获奖内容		等级	颁奖单位
2009.10.30	黄培娟	《名师课堂开讲艺术研究报告》	2009省优秀教育论文赛	一	江苏省教育学会
2009.01	严春红	《给孩子播下一颗精神的种子》	市2008年度优秀教育论文评比	二	南通市教育学会
2009.01	汤晓梅	《善待学生，撑起一片蓝天》	市2008年度优秀教育论文评比	二	南通市教育学会
2009.01	叶海英	《做一朵爱的云》	市2008年度优秀教育论文评比	二	南通市教育学会
2009.01	朱卫民 李　玮	《师爱永恒》	市2008年度优秀教育论文评比	三	南通市教育学会

二、豫北小学

创办于民国35年（1946），校址豫北村（香台村），1949年后，迁址香台（旧地址，位于七贯路东侧，棉场河北岸），定名为豫北小学。“文化大革命”期间，更名为东方红小学，附设过高中、初中班。1976年后，恢复豫北小学。1997年，建教学楼一幢，12个教室，总占地面积5811平方米，建筑面积2222平方米，绿化面积860平方米，教学用房1273平方米，操场面积1801平方米，图书室25平方米，图书6000册，实验室50平方米，微机房100平方米，电脑30台。

2012年，有6个班级，学生134名，专任教师19名，其中本科10名，大专以上学历9名。小学高级教师15名，小学一级教师1名。学校秉持“以人为本，服务为先，育人至上”理念，构建现代小学教育模式，努力使学校成为老百姓满意学校。《如东报》曾作题为《豫北小学办学成绩斐然》报道。2005年，被评为如东县最安全学校。教师先后在各级各类比赛中获奖文章60多篇、发表20多篇。青年教师读书组被评为县优秀读书团体。

历任校长：黄汉清、陈善良、陆圣范、浦铭泉、黄文成、龚思冲、倪斌、丰耀珍、仇克平、曹锦章、邵永泉、陈志新、陈雨、吴建琴、黄勇。2012年校长张益，副校长王桂兰。

图24—152　2012年，拍摄的大豫镇豫北小学门景（管霖　摄）

三、东凌小学

位于东凌社区黄海路20号，创办于1992年7月。学生源自垦区原四凌港小学、新开小学、如东盐场小学，时为东凌乡中心小学，并附设盐场1～4年级分部。校园总占地面积1.07万平方米，建筑面积1447平方米，绿化面积2530平方米，教学用房1052平方米，操场3280平方米，图书室48平方米，图书9000册，实验室48平方米，微机房96平方米，电脑48台。2000年，乡镇合并后，改称大豫镇东凌小学。

2012年，班级6个，学生180名。专任教师17名，其中本科13名，中师2名。小学高级教师12名，小学一级教师5名。

东凌小学，坚持“科研兴师，质量立校、特色发展、服务至上”办学思路，勇于教育创新，深化课程改革，艺术教育、剑桥英语、书法教学成为鲜明办学特色，取得良好办学效益，学校获得荣誉30多项：全国书法比赛先进集体、绘画比赛优秀集体、读写大赛优胜集体，书画比赛优秀集体，“金帆杯”组织奖，南通市“学陶”先进集体、剑桥英语先进集体、青年文明号、如东县文明单位、安全文明单位、治安先进集体、德育先进集体、教育科研基地、艺术培训基地、花园式单位、优秀教师群体、先进团支部、红旗大队、剑桥考级先进集体、最佳英语文化环境学校等，师生获国家级奖项100余人次、省级200余人次、市级130余人次、县级200余人次，教师论文在县以上报纸杂志发表200余篇，教师作品、学生作文在县以上刊物发表100余篇。

历任校长周志清、黄卫华、龚思冲。2012年校长黄勇。

图24—153　2012年，大豫镇东凌小学全景　（黄勇　提供）

四、丁店小学

1984年，丁店乡第八届人民代表大会做出迁校决议，经县政府批准，由县拨款4万元，乡集资3万元，征地、调换土地7.90亩，8月下旬动工，新建8个教室，24间生活用房（后增建1个教室，开辟操场），校址位于营房桥村1组（丁家店村34组）。1984年年底竣工，1985年3月16日开学，命名为丁店乡中心小学。总占地面积5300平方米，校舍建筑面积1096.80平方米，始建初三班1个，小学班5个，幼儿班2个，在校学生309名，教职工16名。1986年，确定该校为乡中心小学（王荃校为普通小学）。1989年，设小学10个班，学生442人，教职员工32人。2001年3月，丁店乡并入兵房镇后，改称兵房镇丁店小学。2009年5月，兵房镇与大豫镇合并后，巩王初中并入兵房镇初中，是年9月，丁店小学迁址巩王初中。校址位于丁家店村34组（育才路35号）。占地面积1.85万平方米，建筑面积4209平方米，绿化面积2200平方米，教学用房3214平方米，操场6064平方米，图书室80平方米，图书1.01万册，实验室50平方米，微机房50平方米，有电脑66台。

2012年，12个班，学生502名。专任教师35名，本科21名，大专14名。中学一级教师1名，小学高级教师19名，小学一级教师15名。该校《小学英语课堂中的游戏教学研究》课题，被立项为中国教育学会"十一五"科研规划重点课题，为《小学教育方法创新实验与研究》子课题。工会开展"教师读书在线"活动，2009年，被评为县基层教育工会特色创新成果。2010年，被确定为全县十佳新教育实验学校。

历任校长陈云山（兼）、王云卿、施忠平、姚锦辉、吴建忠。2012年校长陆兵，副校长顾正东。

图24—154　2009年，丁店小学旧址　（顾苏兵　提供）

图24—155　2012年，大豫镇丁店小学　（顾苏兵　提供）

五、如东棉场学校

1962年，如东棉场始建初小复式班两个，学生48名。至1969年，学校发展为小学7个班，借用民房或仓库做教室，首任校长张春轩。1970年，增设初中班两个。1976年，又增设高中班两个，学校共有小学5个班，学生175名，初中2个班，学生68名，高中2个班，学生62名，共有教师35名。

1985年，新建校舍共1064平方米，计教室9个，办公室、实验室、图书室、阅览室、会议室、少先队室、体育器材室、保管室各1个，新建围墙，添置和更新全部课桌凳，妥善安置教工食宿。

1990年，学校设小学班6个，学生161名，初中班2个，学生72名，附设幼儿班3个，幼儿92名，教职工24名。

随着教育的整合和发展，1991～2006年，学校设小学班6个，学生145名，教师9名，均为大专学历。2005年，学校被县评为"三八红旗学校"。限于生源和办学条件，2006年7月，并入如东县大豫镇豫北小学。

六、桂芝小学

民国31年（1942）10月，由夏桂芝创办。校址设在镇西乡镇北村夏宅（大豫社区境内），教室为坐东朝西三间草屋，开设1个复式班45名学生，取名培稚小学。民国32年，学校迁址大豫镇（老饭店北侧），改名大豫小学，设两个复式班，学生增加到80多名，教师3名，夏桂芝任校长。民国35年秋，学校建立儿童团，平时在校上课，发现敌情，儿童团就分组配合民兵放盘查哨。民国36年9月，夏桂芝遭敌人杀害，为纪念烈士，将大豫小学更名为桂芝小学。民国38年7月25日，校舍遭特大台风破坏，县文教科拨500公斤杂粮作维修费，由当地居民献粮献料献工，建起4间教室。1958年，由公社统一规划，校址迁到四贯河东(大豫社区9组),划地15亩,建校舍500平方米,成为大豫公社中心小学。

1965年秋,由公社集资在该校操场南面建简易校舍200平方米,兴办大豫公社第一农中。1968年,划归桂芝小学管辖。1969年,学校增设初中、高中班,开启全县九年制学校先河,学校更名如东县“五七”桂芝学校。1980年,摘掉高中“帽子”,恢复完全小学建制。至2012年,学校占地面积1.28万平方米,建筑面积2800平方米,绿化面积1740平方米,教学用房2000平方米,操场4000平方米,图书室48平方米,图书1.61万册,实验室100平方米,微机房48平方米,有电脑50台。

2012年,双轨制12个班级,学生472名,专任教师38名,本科26名,大专以上学历占91.70%。小学高级教师23名,小学一级教师12名,小学二级教师1名。

2010～2012年,共获得市、县荣誉47个奖项。其中市级有:教育装备工作优秀学校、“十一五”教育科学研究先进集体,2011年,南通市优秀学科教研组、2012年,南通市中小学学生航空航天模型“直升机特技”小学第一名、创先争优先进集体、工人先锋号,2012年,市级绿色学校等9个奖项。县级有:县文明单位、县和谐校园、2011年度教育全员读书先进集体,2011～2012年度县级廉政文化建设示范单位等38个奖项。

历任校长夏桂芝、陶庆、张俊民、宋贤章、黄汉清、倪志石、陈忠仁、刘能远、梁学文、沈怀珍、丁元瑞、阙兴苏、陆圣范、施士周、方志岳、黄蕴岩、潘玉香、程桂、樊发倩、何文泉、蔡裕恒、韩卫祥、龚思冲、李锡泉、黄卫华。2012年校长石卫新,副校长:梅于军

图24—156　2012年,拍摄的大豫镇桂芝小学　(管霖　摄)

1974～2012年大豫境内停办小学一览表

表24—234

校名	曾用名	学校性质	创办年月	停办年月	校址变迁情况	历任校长姓名	学校规模情况	附注
王荃小学	巩王小学	公办	民国38年（1949）	1998	丁店五大队（王荃村）	沙秀高 张洪祥 顾 密 张启智 蔡家风 刘能远 陆炳谦 梁学文 邱怀斌 顾菊英（女） 黄蕴岩 黄锦昌 陈云山（兼）	完小初中	—
大同小学	—	公办	民国38年（1949）	2009	大同镇北首	孙浩元 高汉石 顾 密 袁茂松 高友德 黄汉清 陈忠仁 马汉章 陈云山 张学正 范笑颜（女）	完小	附设过初中和高中
荃东小学	广展小学 兴无小学 振南小学	公办	民国37年（1948）秋	2007.07	丁店六大队	张启智 江渭渊 李炳荣 周志清 姚伯阳 徐广泉 黄启周	完小	附设过初中
振南小学	新民小学 振光小学	公办	民国35年（1946）	2001	丁店八大队（港闸村）	项希良 程 桂（女） 陆守一 顾祝祥 沈学斌 梅于军	完小	附设过初中
新丰小学	—	公办	民国35年（1946）	2001	丁店十三大队（磨墩村）	吴惠生 高志达 朱凤仪 徐邦汉 单忠元 胡善成 金玉如	完小	附设过初中
利建小学	—	公办	民国36年（1947）	1998	丁店二大队（大同村）	王培成 孙侠龙 徐广泉 黄启周	完小	—
丁北小学	—	公办	民国36年（1947）	2001	丁店十大队（协和村）	陈亚华 钱久良 黄静安 沈品林 陈秀瑞 张 益 沈思源 徐鼎三 张文琳	完小	—
豫丰小学	一村小学 群安小学	公办	民国37年（1948）	1994	丁店一大队（豫丰村）	项希良 张学正 徐广泉	初小	—
河西小学	和西小学	公办	民国37年（1948）	1985	丁店十一大队（营房桥村）	茅 翥 刘能远 陈祖彤 马汉章 包见贤	完小	附设过初中
和南小学	—	公办	民国36年（1947）	1959.07月并入丁北校	丁店十大队（协和村）	不详	初小	—

续表24—234　1974～2012年大豫境内停办小学一览表

校名	曾用名	学校性质	创办年月	停办年月	校址变迁情况	历任校长姓名	学校规模情况	附注
东南校	—	公办	民国36年(1947)	2001	兵房一大队(九贯)	沈元成 徐邦汉 刘振昌 施志奎 周建新 蔡志康 徐守谦 陆顺先 黄德斌 陆纯章 陆卫兵	6～12个班	附设过初中
兵房新垦小学	—	民办	1972	1990	兵房三港村	顾祝祥 朱加新	3～8个班	—
兵房第二小学	—	民办	1965	1984	兵房二大队大队部	顾裕兰(女) 仇圣德 施正龙 施振球	4～9个班	—
兵房第三小学	马店小学	民办	1968	2001	马家店村(兵房三大队)	陈　斌 钱亚彬 朱锦昌 黄思平 樊　斌 陆卫兵	6～10个班	—
利民校	—	公办	民国31年(1942)	2007	兵房四大队八队	王云飞 施泽林 姚　楞 顾　平 俞九成 周　昶 高汉石 倪召良 倪冠清 黄锦昌 刘振昌 顾菊英(女) 黄德斌 黄思平 瞿　平	6～14个班	附设过初高中
新民小学	竞成小学	公办	民国35年(1946)	不祥	兵房五六大队交界处	徐有方 倪冠清 宋学义 黄锦昌 陆顺先 丁冠祥 陆忠瑞 黄思平 徐友孝 秦　春 顾祝祥 吴怀礼	3～6个班	—
兵房第六小学	—	村办	1964	1984	兵房六大队大队部	沈品芳(女)	1～6个班	—
兵房第七小学	保田小学	民办	1959	1984	徐征村2组	秦　春	6个班	—
徐征校	—	公办	民国37年(1948)	2004	徐征村19组	朱文杰 黄　忠 张启智 唐锦生 徐邦汉 蔡志康 周国富 朱加新	6～9个班	—
双闸小学	—	民办	民国37年(1948)	1984	兵房双闸村6组	汤品珍(女) 陈　琦 钱亚彬	6个班	—
四凌港小学	—	民办	1985	1991	东凌凌港村	王信祥	2个班	—
黄海校	—	公办	民国35年(1946)	2001	东安闸村34组	董学庭 朱振兴 王培成 龚振兵 王和鋆 丁冠祥 顾祝元	2～9个班	—
兵房第十一小学	—	民办	1968	1985	海凌村(兵房十一大队)	吴亚芳(女) 朱振新 丁冠兵 王信祥	6个班	—
安北小学	—	民办	1969	1985	兵房安北村(十二大队)5组	施国祥 董安石	6个班	—

续表24—234　1974～2012年大豫境内停办小学一览表

校名	曾用名	学校性质	创办年月	停办年月	校址变迁情况	历任校长姓名	学校规模情况	附注
强民小学	—	公办	民国36年（1947）	2004	强民村14组	钱久良 蔡德新 黄士兵 顾祝元 曹 英（女）	2～6个班	—
瞿王小学	—	公办	民国36年（1947）	1977	兵房十四大队	黄正请 汤品珍（女）吴锦元 倪冠清	1～5个班	—
培德小学	—	公办	民国36年（1947）	1983	培德村（兵房十五大队）	项元宰 陈 刚 蔡德新 范亚珍（女）王德新 顾祝祥	6个班	—
育才小学	—	公办	1980	2001	兵房十四大队北底排五贯路东	王和鋆 施松平	6个班	—
兵房第16小学	—	村办	1969	1984	兵房十六大队	周国富 施 琦 顾 诚	6个班	—
兵房第17小学	—	村办	1969	1999	兵房十七大队	曹 亮 瞿 平	6个班	—
兵房第19小学	—	民办	1965	1983	兵房十九大队	黄 权	4个班	—
富云校	—	公办	民国10年（1921）	1990	兵房丰荡村（二贯马路）	曹光如 杨昌胜 顾 庆 陈立英 黄文成 宋学义 倪振兵 管铭发 张锦达 罗少石	2～9个班	—
南洋小学	—	公办	民国37年（1948）	1998	兵房十八大队	周国富 黄锦昌 宋学义 袁允道 罗少石 郑翠莲（女）樊正平 施殿清 姚湘君	6个班	—
培新小学	—	公办	1950.02	2004.07	止马洼村（南坎一大队）	朱桂山 姜式宏 宋贤章 秦镜明 罗少石 管德斌 赵素云 陈 林	完小	—
南坎小学	—	公办	清宣统三年（1911）	2008.08	南坎镇东首	袁省风 陆守一 姜式宏 邵永泉 许淑珍（女）倪 斌（女）陈志新 张春林 铁成庆（女）	完小	—
豫西小学	—	公办	1950.07	1998.07	南坎四大队	何志武 黄克诚 顾祝祥 曹加兵 高步云 吴建琴（女）	完小	—
豫东小学	新进小学	公办	民国35年（1946）	2009.07	南坎七大队八贯东匡	黄耀天 施楚生 周志泽 高国冲 阙兴苏（女）丰瑶珍（女）	完小	—
镇西小学	南武小学	公办	1950.07	1999.07	南坎十三大队五队	黄克谦 陆炳谦 施楚生 陈亚华 姜式宏 郭学明 周凤琴（女）	完小	后迁十三大队六队

续表24—234 1974～2012年大豫境内停办小学一览表

校名	曾用名	学校性质	创办年月	停办年月	校址变迁情况	历任校长姓名	学校规模情况	附注
牛桥小学	—	公办	民国36年（1947）7月	2004.07	东牛车桥南（周墩村1组）	陈塔 陶庆 姜式宏 袁非祥 倪善章 冯志祥 黄冠标 施静安 陆仲明	完小	—
镇东小学	—	公办	民国36年（1947）7月	1997.07	南坎团结大队	王方山 阚兴苏（女） 陆炳谦 周葆璜 丰瑶珍（女） 蔡士秀（女） 高国冲	完小	—
南坎一大队小学	—	民办	1966.08	1978.07	止马洼村1组	陈韩萍	初小	—
南坎二大队小学	—	民办	1966.08	1998.08	南坎二大队七队	管德斌 倪善章 徐必生	完小	—
南坎三大队小学	—	民办	1966.07	1982.07	南坎三大队大队部	马秀英（女）	初小	—
南坎齐心小学	—	民办	1969.07	1985.07	南坎齐心大队大队部	陈林	完小	—
南坎新垦小学	—	民办	1966.03	2004.07	南坎新垦营	丁建萍（女）	完小	—
南坎五大队小学	—	民办	1966.09	1994.07	南坎五大队大队部	宋咏美（女） 吴惠林（女）	初小	—
南坎十二大队小学	—	民办	1958.07	1994.07	南坎十二大队大队部	冯少堂 何文泉 郭学明 左建萍（女）	完小	—
南坎十三大队小学	—	民办	1958.07	1999.07	南坎十三大队六队	姜式宏 郭学明 周凤琴（女）	完小	后合并为镇西小学
南坎九大队小学	—	民办	1965.07	1985.07	南坎九大队大队部	倪秀芳（女） 陆仲明	完小	—
南坎六大队小学	—	民办	1958.07	2000.07	南坎六大队大队部	顾锦文	完小	—
南坎十大队学校	—	民办	1959.07	2003.07	南坎十大队（五贯）	黄祥丰	完小	—
南坎八大队小学	—	民办	1966.07	1999.07	南坎八大队大队部	黄信 高国冲	完小	—
南坎十四大队小学	—	民办	1966.08	1974.07	大豫镇西首	袁锦章	完小	—

第四节　中学教育

20世纪40年代前，大豫境内没有中等学校，家庭富裕和求学欲望高的小学毕业生，一般就读于南通县(通州区)重三中学(私立学校)，有些就读于海门中学、麒麟中学(海门市)，海霞简易师范(海门私立学校)，海门锡类中学、邱陞中学等中等学校。

民国30年(1941)10月，在大豫盐垦公司南一区公司(徐征村8组)内，创立大豫中学(公立)，开启大豫境内中等教育之先河，在中共地方组织领导下，该校为中国革命培养一批"军地"两用人才。随着时局变化，日本侵略军疯狂"扫荡"，民国32年初，并入如皋中学和邱陞中学。

中华人民共和国成立后10多年间，中学教育得到各级党委、政府高度重视，境内相继办起兵房中学、南坎初中、巩王初中等中等学校。1958年，人民政府提倡和鼓励创办民办中学，境内4个公社先后办起民办初中、农业中学近20所。1959年，大豫农中教导主任田惠昌，兵房农中校长施楞，分别获江苏省农业中学先进工作者。"文化大革命"期间，在"三普及"口号下，社社普及高中、片片普及初中、队队普及完小。1978年后拨乱反正，分期分批摘掉小学附设初中班和初中附设高中班"帽子"，农业中学有些转化为普通中学，也有改为职业中学，教育事业初步走上正轨，教育质量普遍提高。1985年秋，根据实施"双高普九"目标，政府加大投入力度。1993年，全面普及九年制义务教育。随着镇域区划多次合并及学校布局调整，2009年，兵房中学并入掘港中学，巩王初中并入兵房初中。2012年全镇初中2所，26个班级，1001名学生。

一、大豫中学

民国30年(1941)10月，中共掘东区委决定创立大豫中学(又名游击中学)，校址设在大豫盐垦公司南一区公司内(徐征村8组)。这是一座抗日战争时期的中学，时称"革命摇篮"。校长由沈方挥(乡长)兼任。当时只有龚翰飞、施步康、龚石荪和吴遐四位教师，校内具体工作由龚翰飞负责，开办时仅初一、初二1个复式班级，41个学生，11月份正式上课。在区委领导下，寒假组织工作队，吴遐任队长，他们边宣传抗日边动员学生。为适应当时游击环境，教学形式分散集中灵活机动。课程有语文、数学、化学、英语、历史、地理、政治(以听报告为主)、音乐等。教材部分自编，大部分沿用传统旧教材。区委书记王太祥、区长曹持衡十分关心这所学校，经常给予指导。民国31年2月，秦退之接任校长，教师增加裴定、吴连召、朱文涛等8人，并成立中共大豫中学支部，吴遐任书记，在学生中发展党员。后发展到初中3个班，1个农垦班，学生百余人。在对敌斗争尖锐环境中，进行游击教学，师生都过军事化生活，并配合民兵夜间破路，破坏敌人交通，进行反扫荡斗争。是年秋，该校停办，部分学生参加战时工作队或民运工作队，大部分师生并入如皋中学。

二、兵房中学

前身如东县兵房初级中学,创办于1956年秋。当年招收初一新生两班112名,由副校长朱文杰、王冠千主持校务。1960年,扩建教室3个,陈家修任校长。1962年,发展为完中,定名如东县兵房中学。1963年,停办高中部,学生并入如东县中学。1965年,恢复高中部,是年,9个初中班,3个高中班,学生551名,教职工30多名。

“文化大革命”中,学校秩序混乱,上级曾派毛泽东思想宣传队、工宣队、贫下中农驻校多年。1975年,实行“农教对流”,有5批10多名教师到生产队当农民。在学习辽宁省朝阳农学院高潮中,把教师分散到兵房公社农村大队兴办7所分校,教学质量严重下降。

1979年后,学校建设步伐加快,新建教学楼一幢,大饭堂一座,建立理化实验中心,资料室、图书室、阅览室、医务室,兴办小卖部、豆腐加工场等服务设施。校园占地面积扩至45亩,建筑面积达7000多平方米。1987年,设初中6个班,高中12个班,在校生1011名,教职员工94名,专任教师52名。

1977年,恢复高考后,学校端正办学思想,全面贯彻党的教育方针,成绩显著。多位学生在竞赛中崭露头角。1980年,张学兵参加江苏省中学生化学竞赛获第四名,1984年,黄辉获南通市中学生历史知识竞赛三等奖,1984年,吴卫东参加全国第一届中学生物理竞赛获优胜奖。有21人参加县以上竞赛获奖。1989年,教师杨志康获江苏省优秀教育工作者,张国栋参加市化学优课评比赛获省二等奖,市一等奖。2001年10月,教师金向东撰写论文《常讲常新、常练常新》在全国中学化学征文竞赛中获一等奖。2004年,金向东参加江苏省第四届中学化学实验调演,获省二等奖,市一等奖。至2008年,共向大专院校输送合格新生368名。校代表队先后5次获县、市中学生运动会集体奖,6人获个人奖。校友黄俊参加自行车比赛,两次打破全国纪录,1978年,获亚运会4公里自行车追逐赛银牌。20世纪60年代,创办贝壳灰厂、造纸厂;80年代,创办日化、标准件厂。两厂鼎盛时期职工280多名,1989年,日化厂年产值49.21万元,创利润9.12万元。标准件厂年产值20.30万元,创利润0.62万元,名列全县校办工业前茅。

1985年,学校获县文明单位称号。学校教导处、工会、团委多次被评为县先进单位。教师沈秀兰当选南通市政协委员。有5名教师当选南通市教育学会会员。2001年,学校实验室被评为南通市示范实验室,金向东被评为南通市实验室管理先进个人,市化学学会先进工作者。

2009年,兵房中学并入掘港中学,全部校产移交兵房镇初级中学。

图24—157　20世纪80年代，如东县兵房中学门景　（肖峰　提供）

图24—158　20世纪90年代，如东县兵房中学门景　（肖峰　提供）

三、大豫镇兵房初级中学

前身是高小补习学校，1953年创办，位于兵房公社糖厂处（已拆除），初设3班，学生150多名。首任校长施殿臣。

1958年，学校改为农业中学。1962年，选址兵房南三排（兵房居委会2组）。1975～1978年，设有高中班。学校先后易名为“兵房一中”“兵房三中”“兵房三农中”“兵南初中”“如东县兵房乡初级中学”。1986年，撤乡建镇后，更名为“如东县兵房镇初级中学”。2009年，大豫兵房两镇合并后，改称大豫镇兵房初级中学（以下称兵房初级中学）。

1978年前，校舍简陋，两排平房，前排为教室，后排办公室、宿舍厨房等生活区。20世80年代初，学校建教学楼1幢，至1987年校舍建筑面积达776平方米，设初中5班，学生239名，教职员工29名。

1995年，建成教师集资楼，建筑面积2800平方米，1996年，镇政府投资180万元，建成融实验室、会议室、办公室、教室于一体教育大楼。1997年，东安初中并入后，兴建540平方米教师宿舍楼，1000平方米学生公寓楼，1250平方米集饭堂、微机室、图书室为一体综合楼。

经过数年投入与发展，已建成一座现代化新型学校。校园占地面积2.21万平方米，绿化5580平方米，校舍7001平方米，拥有标准教室20个，操场面积5967平方米，设有200米4道环形跑道。教师办公室440平方米，学生宿舍1800平方米，食堂740平方米，水冲式厕所100平方米，车棚650平方米，有图书1.76万册，生均16.80册。有理、化、生实验室各1个，有微机室、阅览室、教工活动室等各种配套设施。

2009年，全县中学布局调整，兵房中学并入掘港中学，校产移交兵房初级中学，至此，兵房初级中学迁入新址，位于大豫镇兵房居委会10组，占地总面积2.92万平方米，教学用房面积4114平方米，操场面积8000平方米，图书室面积219平方米，藏书3.08万册，实验室面积1684平方米，微机房面积214平方米，电脑177台。设16个班，610名学生。专任教师68名，本科学历59名。中学高级教师10名，中学一级教师56名。

60年中，该校为国家培养大批人才，有10多人考上清华、北大，教师共有100多篇论文发表于各报纸杂志，有30多人在县或辅导区上公开课，并在市县优课评比中获奖。

历任校长施殿臣、黄锦冲、浦铭泉、刘文兵、陆洪涛、刘侠、沈菊辉（代）、王金祝、杨永平、沈泉（代）。2012年校长姚海燕。

图 24—159 2012年,大豫镇兵房初级中学勤政楼 (肖峰 提供)

2009～2012年大豫镇兵房初级中学获奖一览表

表24—235

获奖名称	颁奖单位	获奖时间	附 注
南通市最安全学校	南通市教育局	2010	复检通过未发文
中小学广播操评比二等奖	如东县教育局	2009	东教普〔2009〕37号
县第十三届初中黄海潮组织奖	如东县教育局	2009	东教研〔2009〕21号
江苏省平安学校	江苏省教育厅 江苏省综治办 江苏省公安厅	2012	苏教安〔2012〕8号
南通市教育装备工作优秀学校	南通市教育局	2012	东教备〔2012〕2号
如东县老区开发扶贫开发先进集体	如东县人民政府	2011	奖牌
如东县学校卫生工作先进集体	如东县卫生局 如东县教育局	2012	东卫〔2012〕65号
2011年教育宣传工作先进集体	如东县教育局	2012	东教办〔2012〕3号
2011年度非学历考试优秀考点先进单位	如东县教育局	2012	东教招〔2012〕1号
县青年文明号	如东县教育局团县委	2009	奖牌照片
如东县教育质量优等学校	如东县教育局	2010	东教普〔2010〕3号
县体育学校先进学校	如东县教育局	2010	东教普〔2010〕25号
县依法治校先进单位	如东县教育局	2010	东法治办〔2010〕2号

四、大豫镇初级中学

位于大豫镇豫东村8组,创办于1986年9月。前身为原南坎乡第一农中,1968年,划归如东县桂芝小学,1969年,增设高中部,为一所初具规模九年制(小学5年初中2年高中2

年）学校，20世纪80年代初，停办高中，1986年，从桂芝小学分离出初中部，命名为南坎乡大豫初级中学。1995年，升格为镇中心初中。2000年，完成最后布局调整。学校总面积2.06万平方米，建筑面积7260平方米，绿化面积1500平方米，教师用房3530平方米，操场9333平方米，图书室70平方米，有图书2.90万册，实验室200平方米，微机房140平方米，电脑96台。有10个教学班，400名学生，教职员工61名，专任教师45名。具有教育硕士研究生学历1人，本科学历43人，专任教师学历达标率100%。市骨干教师1人，县学科带头人2人，县级骨干教师、市县教坛新秀11人。中学高级教师5人，中学一级教师30人。建起校园网、多媒体教室、网络电脑室，电视演播系统，理化生实验室等一批现代化教育设施。

进入21世纪后，全面实施区域教育现代化及义务教育均衡发展。学校进入良好发展机遇期，坚持以科学发展观为指导，以办好人民满意教育为宗旨，恪守“博爱、严谨、求实、创新”校训，弘扬“六个特别”[1]如东教育精神。以愉悦课堂研究、关爱留守学生及学生心理健康研究为标志办学特色，在县内外有一定影响，此做法《中国妇联》《江苏科技报》相继报道。学校多次承办愉悦课堂研究等县级教科研活动，并在全县高效课堂建设推进会上作经验介绍，2012年，承办关爱留守儿童全县现场会。自2009年起，教师共有210篇论文在各类刊物上发表，并在评比中获等级奖，34人参加国家、省、市、县教师基本功竞赛，分获一二三等奖，其中陈红军参加国家、省优秀自制教具大赛，均获一等奖，创下如东教师在该项目竞赛上最好成绩。

历任校长韩卫祥、方志岳、陈郁新、秦伯奎、邢秀祥、成飞、苏如华、倪建华。2012年校长袁红利。

图24—160　2012年，拍摄的大豫镇初级中学门景（金向东　摄）

①特别能吃苦，特别讲奉献，特别肯钻研，特别善协作，特别负责任，特别讲科学。

2010～2012年大豫镇初级中学获奖一览表

表24—236

获奖名称	颁奖单位	获奖时间
江苏省自制教具先进学校	江苏省教育厅	201112
南通市教育装备工作优秀学校	南通市教育局	201301
南通市自制教具先进学校	南通市教育局	201110
大豫镇初级中学获2011年度南通市青年文明号	南通共青团	201211
语文教研组获2011年度南通市青年文明号	南通共青团	201211
南通市先进教工之家	南通市教育工会	201001
如东县平安学校	综治办 公安局 教育局	201105
如东县依法治校先进单位	依法治县领导小组办公室 公安局 教育局	201105
中考目标管理先进单位	如东县教育局	201201
2011—2012学年度义务教育质量评估初中教育质量进步奖	如东县教育局	201212
青年教师示范岗(物理组)	如东县教育局	201305
中考目标管理先进单位	如东县教育局	201301
县优秀教师集体	如东县教育局	201009
如东县优秀团支部	共青团如东县委员会	201003
如东县先进教工之家	如东县教育工会	201002
2010年度书法考试优秀考点	如东县教育局	201101
全国少年书信文化活动如东赛区组织奖	县教育局 团县委 邮政局 少工委	201109
废物利用手工制作比赛优秀组织单位	如东县教育局	201205
暑期校本研修先进集体	如东县教育局	201112
县2012年“向雷锋那样”中小学生电脑小报设计比赛组织奖	如东县教育局	201211
2012年如东县中小学航空模型比赛团体第一名	如东县教育局	201212
中学组微型直升机特技飞行比赛单项团体第一名	如东县教育局	201212
如东县广播操比赛二等奖	如东县教育局	201112
如东县中小学校园剧比赛二等奖	如东县教育局	201112
中华经典诵读大赛二等奖	如东县教育局 语委 文广新局	201106
县初中阳光体育运动会二等奖	如东县教育局	201201
航模车模比赛综合团体将第二名	如东县教育局	201205
中学组1/16遥控电动车比赛单项团体第二名	如东县教育局	201205
“太阳能”智能小车比赛单项团体第三名	如东县教育局	201205
我们的节日中秋经典诵读比赛三等奖	如东县教育局	201210
中学组模拟飞行G3.5特技飞行比赛单项团体第二名	如东县教育局	201212
2012年如东县交互日板课堂教学应用大赛初中组一等奖	如东县教育局	201212

续表24—236　2010～2012年大豫镇初级中学获奖一览表

获奖名称	颁奖单位	获奖时间
中学组模拟飞行G3.5定点着陆比赛单项团体第二名	如东县教育局	201212
县中小学生跑操比赛三等奖	如东县教育局	201304
县品味经典追梦教育经典诵读比赛三等奖	如东县教育局	201305

五、南坎初级中学

创建于1958年夏，位于南坎镇东首北侧。始招初一新生112名，分设两个班，由副校长陆炳千主持，至1960年，自然增班为初中6个班，1963～1965年为单轨初中3个班。1969年，增设高一班，至1976年，发展为高中3轨6个班，初中双轨4个班，在校学生500余名。1981年，被确定为定点完中，并设豫北分校。1984年，停招高一新生，至1986年，发展为8个班规模乡中心初中。学校分批新建校舍100余间，总建筑面积4474平方米。1985年，新建理化实验中心，1986年，经评比获市二等奖。

1971年，创办皮碗厂，经营15年获利9万元，1985年，又设茧花厂，年收益超万元，受到市、县表彰。

1978～1988年，共有42名初中毕业生考入小中专，有34名高中毕业生被大专院校录取(其中4名录取空军飞行学校)。学生邵小珍参加全国数学竞赛获二等奖、参加华东数学通讯赛获一等奖。学生黄小叶参加全国初中数学竞赛获优胜奖。

1989年，设初中班8个，在校学生376名，教职工41名。2000年9月，撤销南坎中学，并入大豫初级中学。历任校长详见“停办中学情况表”。

图24—161　1958年，建成的南坎初级中学（秦伯奎　提供）

六、巩王初级中学

创建于1960年8月，位于丁店镇西首，始设初一两个班，招收新生112名，教职工6名，首任校长周葆璜。建校之初，两个教室，5间生活用房。

1970年，增招两个高一班，缩减两个初中班，至1971年，发展为高中4个班，初中4个班。1972年，创办五金厂。①

1973年，停办初中班为高级中学，至1974年，共设高中5轨10个班，1979年，停招高一新生。至1986年，发展为双轨6个班规模乡中心初中。

1984年，建起一幢两层教学楼，1985年，增建理化实验中心，拥有楼舍103间，总建筑面积3673平方米。校园绿树成荫，繁花似锦，1985年，被评为县绿化美化先进单位。

1989年，设初中班7个，在校学生323名，教职工38名。

2001年3月，丁店乡并入兵房镇后，改称兵房镇巩王初级中学，总建筑面积增加到4209平方米，绿化面积2240平方米，教学用房3214平方米。2009年5月，兵房镇与大豫镇合并，9月，撤销该校，并入大豫镇兵房初级中学。历任校长详见"停办中学情况表"。

图24—162　2009年，拍摄的巩王初级中学旧址（管霖　摄）

①详见志内第十一篇第三章第九节"校办工业"。

附记：

2012年底前大豫镇离退休中、高级教师名单

兵房中学

高级职称：徐　倜　张国栋　陈德明　胡惠新　唐友忠　陈元俊　宋瑞章　曹湫仁　黄德平　陆文湘　金向东　杨志康　陈桂炎（女）　庄中和

中级职称：樊发祥　龚廷凯　陶祖龙　袁允生　张愚智　许玉兰（女）　黄汉萍（女）　张汉良　黄锡章　黄冠仁　杨　斌　汤志如　徐　辉　王佩兰（女）　杨少冲　卜旭如　高廷洲　陆凤石　盛振祥

大豫镇教办

高级职称：王遵槊

中级职称：姚锦辉　施振球　倪　斌（女）　沈伯英

大豫镇兵房初中

高级职称：沈菊辉　沈湘荣　顾一新　吴亚珍（女）　刘维祥

中级职称：龚亚泉　宋允祥　杨永平（女）　陆亚萍（女）郁建兵　叶　飞　韩伟祥　蔡丁佑　黄建新　龚廷祖　陆洪涛　徐玉芳（女）　朱元祥　薛文斌　王德新　沈　昶　王守明　缪　琪　黄德斌　陆忠义　沈瑞康　杨　杰　沈元标　顾绍章　薛永康　茅秀明　郭锡庆　龚鼎声　俞燕娜（女）　施成达　袁亚良　吴锦元　樊天昌　刘　侠　沈锦冲　施建国　胡德昌　宋锡珍（女）　施美琴（女）　岑亚英（女）　李金美（女）　张凤良　杨　毅　沈惠昌　张忠昌　成桂荣　董文萍（女）　秦少华

大豫初中

高级职称：茅森若　邢秀祥　宋永平

中级职称：曹桂林　黄　超　秦光宇　施卫星　吴建新　吴菊英（女）　蔡文相　曹庆章　陈　瑜（女）　陈志新　黄惠石　陆顾本　莫林如　秦佰奎　邱志康　宋守钢　王永健　吴正飞　杨桂斌　杨忠明　袁隐芳（女）　张启明　张瑜如（女）　杨素英（女）　秦宝珍（女）　王云发　张振球

大豫镇成人学校

高级职称：方志岳

中级职称：陈翠萍（女）　陈志刚　李　俊　黄友松　罗少石　周国兴　陈复祥　袁裕群　沈思源　陈慎娥（女）　袁锦章　赵素云

大豫镇兵房小学

高级职称：黄远平

中级职称：樊克成　张学梅（女）　周爱萍（女）　刘　红（女）　樊正平　瞿　平　谢冲明　季　萍（女）　徐惠娥（女）　王培成　姚湘君　朱士珍（女）　黄朝栋　陆亚芳（女）　樊天昱　李文龙　陆顺先　姜凤新　陆宏珍（女）　沈品林　项元芳（女）　袁瑞康　杨丕良　徐守谦　徐松如　田惠邦　黄菊明（女）　陈顺元　宋允芳（女）　陆忠山　朱锦洲　朱锦章　田惠昌　张　惠　施美芳（女）　洪美兰（女）　蔡玉琴（女）　蔡志康　顾祝祥　宋启成　陈惠芳（女）　宋玉兰（女）　吴怀礼　陈其昌　陈　琦　朱锦昌　沈永红（女）　秦志昌　徐采兰（女）　徐　英（女）　王和鋆　管玉芳（女）　范成芳（女）　陆文秀（女）　陈　斌　董安石　施　琦　张振芳（女）　樊迪

友 何文泉 秦 春 黄永祥 管益珍(女) 盛守连 袁美英(女) 范本忠 施文祥 宋秀兰(女) 周 英(女) 施中伯 施洪亮 徐友孝 顾祝元 徐 勤(女) 顾 诚 钱亚彬 刘卫裕(女) 高金凤(女) 施爱军(女) 陆亚新(女) 黄 萍(女) 陈向前(女) 袁锦明 朱佩珍(女) 顾兰群(女) 何亚燕(女) 孙卫如(女) 吴亚联(女) 黄志琴(女) 黄思平 顾美菊(女) 金志英(女) 曹 英(女) 陆佩兰(女) 秦玉萍(女) 郑翠连(女) 王善冲 朱国祥 张国祥 胡志芳(女)施维芳(女) 朱加新 樊 斌 仇卫如(女) 施玉飞

大豫镇丁店小学

中级职称:崔晓红(女) 沈建冲 陆维兵 丁国斌 徐广泉 陆洪平 王世范 董云飞 张显庭 严皓丹(女) 沈步清 黄凤元 徐桂兰(女) 薛若男(女) 陈亚兰(女) 姜文标 吴宝珍(女) 宣士华 陈石忠 单忠元 陆启英(女) 龚善英(女) 袁国臣 马思礼 许锦元 龚灿兰(女) 顾永祥 崔兰芳(女) 袁允芳(女) 周耀才 王云卿 袁允康 姚建平 张学正 殷惠龙 李兰英(女) 马汉章 施元亮 徐友仁 姚伯阳 沈元新 顾志昌 沈学兵 周成兵 陆亚英(女) 周锦昌 方玉琴(女) 季祝祥 谢启祥 金玉如 陈云山 施建冲 季丕章 秦玉珍(女) 刘宪章 陈祖冲 施建华 宋福贤 戴汉冲 盛云明 张文琳 张丽娟(女) 陈裕琴(女) 俞素琴(女) 施玉康 杨思忠 陆进忠 朱建英(女) 邱玉萍(女) 王雪芳(女) 俞美莲(女) 龚 兵 张 益 徐鼎三 周文浩 张永新 黄忠勋

大豫镇桂芝小学

中级职称:林亚祥 黄幸频(女) 陈国银 徐必生 杨 军 曹 斌 蔡士秀(女) 曹俊平(女) 曹振琴(女) 陈洪江 陈菊珍(女) 陈学希 陈振芳(女) 陈祖祥 丁馨美(女) 丰瑶珍(女) 冯志祥 高国冲 郭松兰(女) 管志飞 郭学明 何学俊 何 勇(女) 黄冠标 黄士凤 黄正乔 姜式宏 李家陆 刘思德 陆锦英(女) 陆圣范 陆仲明 梅怀娟(女) 邱怀新 邱怀英(女) 施桂福 施冠雄 施建昌 施素芳(女) 施志昌 石绍贤(女) 宋 辉(女) 宋玉芳(女) 陶启贤 王思兰(女) 翁香凤(女) 吴士芳(女) 徐夏萍(女) 杨 铭 张奇元 张秀芬(女) 赵志龙 周凤琴(女) 朱飞贤 朱秀兰(女) 左建萍(女) 赵桂萍(女) 陈美菊(女)

大豫镇豫北小学

高级职称:丁泽生

中级职称:陈跃刚 仇克平 崔向群(女) 丁建平(女) 丁亚英(女) 顾翠萍(女) 李建忠 马玉清 钱亚芳(女) 王素珍(女) 吴惠玲(女) 杨忠群 袁省风 张宏洲 施翠芳(女) 翟耀凯 吴建琴(女)

1977年掘东区中、小学报表(含华丰)

表24—237

(学校数)

类别	合计	幼儿园	小学					初中	高中	完中
			两个班以下	3～4个班	五个班以上	附设初中	附设初高中			
合计	97	—	1	2	2	60	15	—	12	5
公办	46	—	—	—	—	30	12	—	1	3
民办	51	—	1	2	2	30	3	—	11	2
半工半读 公办	3	—	—	—	—	—	1	—		2
半工半读 民办	7	—	—	—	—	—	1	—	5	1

（毕业生数）

类别		合计		幼儿园		小学		初中		高中	
		班数	人数	班数	人数	班数	人数	班数	人数	班数	人数
合计		229	10166	1	40	101	4374	79	3556	48	2196
公办		80	3621	—	—	35	1436	27	1237	18	948
民办		149	6545	1	40	66	2938	52	2319	30	1248
半工半读	公办	9	458	—	—	—	—	—	—	9	458
	民办	12	524	—	—	—	—	—	—	12	524

（入学新生数）

类别		合计		幼儿园		小学一年级		初中一年级		高中一年级	
		班数	人数	班数	人数	班数	人数	班数	人数	班数	人数
合计		219.5	9847	1	33	74.5	2920	94	4195	50	2699
公办		64.5	3067	—	—	14.5	570	30	1383	20	1114
民办		155	6780	1	32	60	2350	64	2812	30	1585
半工半读	公办	10	555	—	—	—	—	—	—	10	555
	民办	13	694	—	—	—	—	—	—	13	694

（班级数）

类别		合计	幼儿园大班	小学					初一	初二	高一	高二
				一年级	二年级	三年级	四年级	五年级				
合计		730	1	74.5	79.5	82.5	89.5	87	94	130	50	42
公办		239	—	14.5	18.5	24.5	25.5	31	30	57	20	18
民办		491	1	60	61	58	64	56	64	73	30	24
半工半读	公办	20	—	—	—	—	—	—	—	—	10	10
	民办	24	—	—	—	—	—	—	—	—	13	11

（学生数）

类别		合计	幼儿园大班	小学					初一	初二	高一	高二
				一年级	二年级	三年级	四年级	五年级				
合计		32492	33	3366	3499	3487	3956	3785	4302	5517	2708	1839
	女生	15689	17	1538	1654	1670	1901	1796	2068	2729	1380	936
公办		10728	—	659	774	1068	1103	1291	1401	2462	1120	850
	女生	5220	—	323	372	537	541	590	673	1215	538	431
民办		21764	33	2707	2725	2419	2853	2494	2901	3055	1588	989
	女生	10469	17	1215	1282	1133	1360	1206	1395	1514	842	505
半工半读	公办	990	—	—	—	—	—	—	—	—	561	429
	民办	1151	—	—	—	—	—	—	—	—	724	427

1983年掘东区初中小学报表

表24—238

（学生政治情况）

类别	小学						初中				高中		
	小计	一年级	二年级	三年级	四年级	五年级	小计	初一	初二	初三	小计	一年级	二年级
校三好学生	854	11	187	209	217	233	332	114	104	114	40	22	18
共青团员	—	—	—	—	—	—	80	1	13	66	315	169	146
少先队员	9105	658	1667	1965	2375	2549	3021	1894	941	186	—	—	—

（教职工数）

类别	编制数	现有数职教								
		合计	行政人员	其中不兼课	专任教师	其中班主任	职员	其中会计	工友	校办工厂农场职工
合计	977	1089	101	1	909	482	29	17	25	25
公办	492	483	58	1	367	204	19	11	17	22
民办	485	606	43	—	542	278	10	6	8	3
中学计	354	406	22	—	329	119	19	10	13	23
公办	247	230	15	—	171	76	16	8	7	21
民办	107	176	7	—	158	43	3	2	6	2
小学计	576	635	79	1	532	338	10	7	12	2
公办	245	253	43	1	196	128	3	3	10	1
民办	331	382	36	—	336	210	7	4	2	1
幼儿园计	47	48	—	—	48	25	—	—	—	—
公办	—	—	—	—	—	—	—	—	—	—
民办	47	48	—	—	48	25	—	—	—	—

（中小学分科专任教师学历情况表）

类别	合计	政治	语文	数学	物理	化学	生物	地理	历史	常识	英语	体育	音乐	美术	其他
总计	861	13	424	273	36	21	—	6	9	9	30	17	3	1	14
公办小学计	196	3	111	65	—	—	—	—	3	8	—	4	—	—	2
中师毕业及高师肄业	92	—	44	40	—	—	—	—	2	4	—	2	—	—	—
高中毕业及以上	30	1	33	5	—	—	—	—	—	—	—	1	—	—	—
中师、高中肄业、初师、初中毕业	57	1	33	18	—	—	—	—	1	3	—	1	—	—	—
初师、初中肄业及以下	17	1	11	2	—	—	—	—	—	1	—	—	—	—	2
公办初中计	130	6	35	32	19	9	3	3	2	—	14	4	2	1	—

类别	合计	政治	语文	数学	物理	化学	生物	地理	历史	常识	英语	体育	音乐	美术	其他
高等学校本科毕业	6	—	1	3	2	—	—	—	—	—	—	—	—	—	—
高等学校专科毕业、本科肄业二年以上	42	1	12	11	7	4	1	1	1	—	2	1	1	—	—
中专、高中毕业及以下	82	5	22	18	10	5	2	2	1	—	12	3	1	1	—
公办高中计	41	1	12	8	6	5	1	1	1	—	4	2	—	—	—
高等学校本科毕业	16	—	1	5	5	3	1	—	—	—	1	—	—	—	—
高等学校专科毕业本科肄业二年以上	17	1	9	3	1	2	—	1	—	—	—	—	—	—	—
高等学校本专科肄业未满二年	1	—	—	—	—	—	—	—	—	—	1	—	—	—	—
中专、高中毕业及以下	7	—	2	—	—	—	—	—	1	—	2	2	—	—	—
民办小学计	336	—	214	111	—	—	—	1	—	1	—	1	1	—	7
中师毕业及高师肄业	22	—	15	7	—	—	—	—	—	—	—	—	—	—	—
高中毕业及以上	122	—	70	48	—	—	—	1	—	—	—	1	1	—	1
中师、高中肄业及初师、初中毕业	129	—	89	39	—	—	—	—	—	—	—	—	—	—	1
初师、初中肄业及以下	63	—	40	17	—	—	—	—	—	1	—	—	—	—	5
民办初中计	154	3	51	56	11	7	1	1	3	—	12	6	—	—	3
高等学校专科毕业、本科肄业二年以上	17	—	5	7	2	—	1	1	1	—	—	—	—	—	2
高等学校本、专科肄业未满二年	5	—	—	3	—	—	—	—	—	—	—	—	—	—	—
中专、高中毕业及以下	132	3	46	46	9	7	—	—	2	—	12	6	—	—	1
民办高中计	4	—	1	1	—	—	—	—	—	—	—	—	—	—	2
中专、高中毕业及以下	4	—	1	1	—	—	—	—	—	—	—	—	—	—	2

1990～1991学年掘东区初小学学校报表

表24—239

（学校）

类别	小计	一个年级	二个年级	三个年级	初小	完小	小学附设初中班
合计	52	—	2	1	15	33	1
公办	36	—	—	1	7	27	1
民办	16	—	2	—	8	6	—

（班数、学生数）

类别	性质		毕业	招生	年级						
					合计	一年级	二年级	三年级	四年级	五年级	六年级
班数	合计		41	50.5	282	50.5	51.5	48	44	45	43
	其中复式		—	4	18.5	4	4.5	4	4	1	1
	公办	合计	21	20.5	134	20.5	20	23.5	23	26	21
		其中复式	—	1.5	4	1.5	1	0.5	1	—	—
	民办	合计	20	30	148	30	31.5	24.5	21	19	22
		其中复式	—	2.5	14.5	2.5	3.5	3.5	3	1	1
学生数	合计		1378	1314	9429	1426	1696	1587	1485	1723	1512
	公办		763	613	4897	655	716	853	865	1021	787
	民办		615	701	4532	771	980	734	620	702	725
学生数中	女学生		645	615	4507	697	787	756	697	818	752
	城镇户口		29	17	162	19	24	30	16	32	41

（1990学年初学龄儿童入学率情况）

类别	校内外7至11周岁学龄儿童总数	小学在校学生年龄分组									学龄儿童入学率（%）
		合计	不足六周岁	六周岁	学龄儿童					十二周岁及以上	
					小计	七周岁	八周岁	九周岁	十周岁	十一周岁		
合计	7019	9429	8	341	6941	1191	1665	1432	1208	1445	2139	98.8
女儿童	3490	4507	3	163	3345	586	781	703	579	696	9960	—

（职教工数）

类别		编制数	现有固定教职工数								临时代课教师	临时工
			合计	专任教师	行政人员			工勤人员	校办工厂、农场职工			
					合计	其中：会计	其中：职员		合计	其中：由厂、场支付工资的		
总计	合计	484	834	523	57	5	1	8	246	245	10	7
	女性	—	315	185	4	—	—	3	123	123	8	5
公办	合计	282	577	276	52	4	2	5	244	243	5	4
	女性	—	213	86	4	—	—	1	122	122	4	3
民办	合计	202	257	247	5	1	—	3	2	2	5	3
	女性	—	102	99	—	—	—	2	1	1	4	2

（分课程专任教师学历情况）

类别		合计	思想品德课	语文	数学	语文数学	外语	自然	地理	历史	体育	音乐	美术	劳动	农业常识
总计		523	4	250	198	34	—	5	3	4	11	5	4	4	1
公办计		276	3	121	118	10	—	5	3	3	3	3	3	4	—
中师、高中毕业及以上		211	1	94	93	6	—	4	1	2	2	2	2	4	—
中师、高中肄业及初师、初中毕业		54	2	24	21	3	—	—	1	1	—	1	1	—	—
初师、初中肄业及以下		11	—	3	4	1	—	1	1	—	1	—	—	—	—
民办计		247	1	129	80	24	—	—	—	1	8	2	1	—	1
中师、高中毕业及以上		154	—	82	52	9	—	—	—	1	6	2	1	—	1
中师、高中肄业及初师、初中毕业		71	1	40	20	8	—	—	—	—	2	—	—	—	—
初师、初中肄业及以下		22	—	7	8	7	—	—	—	—	—	—	—	—	—
总计中	中师、高中毕业	316	1	177	113	10	—	2	2	1	3	1	2	4	—
	取得专业合格证书	3	—	3	—	—	—	—	—	—	—	—	—	—	—

第五节　职业教育

20世纪70年代末，如东县开始中等教育结构改革。1979年，境内始办兵房职业中学。该校前身为兵房第二农业中学，位于马家店村东安镇东侧，校长沈昶。1979年秋，始招两个专业班（缝纫、养殖）。1981年下半年，创办职业班1个，学生32名，学制1年，在原有3个教室，1个办公室基础上，公社投资1.10万元，新建生活用房10间，建筑面积424平方米。专业班除开设高中课程外，还开设缝纫、养兔、养貂等专业技术课。1982～1983年，学校举办两期建工短训班。第一期18人，第二期50人，以教学、建筑材料的使用，抹灰工艺，识图等基础知识、基本技能为主，边学理论边实践，结业时，学员均已掌握建筑基本技能。

1983年下半年，创办建筑专业班，招收1班，学生23名，学制两年。1984年，续招两年制建筑班1班，学生20名。师资除境内选配外，还聘用兼职教师3名。

1985年下半年，由县教育局和建工局联办。招收1班高中建筑班，课程设置有所改进，增开制图、建筑力学、建筑测量、预算和决算，电工学、房屋结、钢筋混凝土等专业课。1987年，学校开办3年制高中3班，学生108名，教职工16名。

学校举办职业班6年，结业学生134名，其中1年制多种经营班32名，绝大部分成为农村多种经营生产带头人，学员陈井华成为国营如东农场技术员，两期建筑短训班和两届两年制建筑班共102人，18人在如东建筑公司，16人在区乡建筑站，21人从事个体建筑，极少因故改行。1988年，职校校舍大多成危房，镇教办与县局协商，把富云校初中班并入兵房镇中，兵房职业中学迁址富云校，1995年停办。

1953～2009年大豫境内停办中等学校情况一览表

表24—240

校名	曾用名	学校性质	创办年月	停办年月	校址变迁情况	历任校长姓名	学校规模
兵房一农中	—	民办	1965	1979	兵房公社二大队	宋启成 董安石	初一至初三6个班
兵房二农中	—	民办	1965	1979	兵房公社四大队	沈　昶 田惠昌	初一至初三3个班
兵房四农中	—	民办	1965	1971	徐征村10组	陈聚昌	初一至初三3个班
兵房五农中	—	民办	1965	1979	强民村8组	黄学兰(女)	共4个班
兵房六农中	—	民办	1965	1979	兵房公社十五大队	许玉瑜(女)	共3个班
兵房七农中	—	民办	1965	1979	富云校西侧	冯金莲(女) 施　琦 施振球 陆纯章	3～4个班
兵房职业中学	—	民办	1979	1995	原址:东安镇 后搬:富云校	沈　昶	—
兵房高补班	—	民办	1953	1958	兵房镇	施殿臣	3个班
东安初级中学	—	公办	1994	1997	东安镇 河北西侧	黄德斌 沈菊辉	初一至初三9个班
巩王初级中学	—	公办	1960	2009	丁家店西首	周葆璜 张启智 秦伯奎 施洪亮 杨永平 袁红利	初中
大同民办中学	—	民办	1958	1974	丁家店西首	周葆璜(兼) 沈思廉	初中
大同民办中学	—	民办	1978	1987	丁家店西首	孙凤仪 沈锦聪 施成达	初中
毛竹桥初中	—	民办	1984	1988	丁店公社七大队	孙凤仪	初中
王荃初级中学	—	民办	1988	1994	丁店公社五大队	施建冲 韩卫祥 杨永平 王惠斌	初中
大同一农中	—	民办	1966	1971	丁店镇西首	马思礼	—
大同二农中	—	民办	1966	1971	丁店公社六大队	周志清	—
大同三农中	—	民办	1966	1971	大同校	陈宝英(女)	—
大同四农中	—	民办	1966	1971	新丰校	季友鹏	—
大同五农中	—	民办	1966	1971	振南校	陆洪兵	—

续表24—240　1953～2009年大豫境内停办中等学校情况一览表

校名	曾用名	学校性质	创办年月	停办年月	校址变迁情况	历任校长姓名	学校规模
南坎中学	—	公办	1958	2000	南坎镇东首	陆炳谦 任德仁 黄　均 周葆璜 蔡家风 徐惠权 秦伯奎 邢秀祥 张　骏	—
豫东中学	—	民办	1975	1980	南坎公社七大队	陶启贤 朱善新	—
大豫民中	—	民办	1957	1962	大豫镇	—	3个班
南坎第一农中	—	民办	1965	1971	桂芝小学内	—	4个班
南坎第二农中	—	民办	1964	1973	南坎乡凌窑村	—	4个班
南坎第三农中	—	民办	1965	1971	香台村	—	4个班
如东县农业职中	—	公办	1965	1968	如东农场	—	3个班
如东县农场学校	如东农场五七学校	场办	1962	—	场　部	—	—

第三章　业余 成人教育

第一节　业余教育

民国31年(1942)冬,为做好反“清乡”斗争准备,全县广泛开展“三冬”活动。境内冬学,把农民业余教育推向高潮。1949年后,冬学改为民校,农民业余教育除识字、明理外,各地逐步提出扫除文盲要求。1952年,以扫除文盲为主。1958年,夜校改为“红专学校”,学文化,学政治。1966年下半年,废除“红专学校”,举办“毛泽东思想大学校”。1972年,“大学校”改为“政治夜校”,以学政治、搞批判为主,很少学文化。1975年,掀起扫盲运动,农村业余教育再掀热潮。粉碎“江青反革命集团”后,业余教育从极“左”思潮中淡化。中共十一届三中全会后,业余教育逐步走向正轨,农民在劳动之余,学习专业知识,提高劳动者素质,增强就业创新能力。

一、冬学

冬学是一个群众性政治思想和文化教育运动,着重对广大干部和群众进行形势与任务宣传教育。当时冬学运动,提出以“明理第一,识字第二”方针。上冬学对象,大多是基层干部、民兵及青壮年农民。冬学教材《万事通》小册子，由苏中文教处编印。冬学一般采用开班上课形式，称为冬学班，也叫识字班或民校班，一般以自然村为单位，每班3～4人不等。冬学教师来源于基层干部、学校教师、私塾教师和青年学生。冬学直至中华人民共和国成立初，仍为一种经常性群众教育形式。1949年冬，境内在新丰校（伯安村）召开冬学推进动员会后，各地热情高涨，四季办学，无寒暑假。

二、民校

战争年代和中华人民共和国成立初期，大豫境内普遍建立民校。民校和冬学一样，是农民业余教育主要办学形式。冬季过去，转入常年学习后，叫民校。民校是农民业余教育正常化、制度化学校。民校根据不同时期不同情况，按学员水平分班教学。教学以识字明理为主，一般分扫盲班和初小班，以后增设高小班，有些地方还增设初中班，也有分文化班、政治班。民校由有一定文化水平基层干部、农村知识青年、小学教师、中学学生等担任义务教师。为切实抓好农民业余教育工作，每乡（社）配备业余专职教师（或辅导员）1～2人，其工资待遇相等于小学教师。为发展农民业余教育事业，加强冬学、民校工作，曾先后建立冬学委员会、扫盲委员会、工农业余教育办公室等专门领导机构和业余教育辅导员等专职人员，具体负责冬学、民校工作，培训民校师资。20世纪50～60年代，曾兼任民校教育的小学在编教师有118人，业余民校教师100多人，民校70多所。业余教育辅导员，南坎公社为俞庆荣、顾士良，兵房为钱方池（兼）、杨汉初，丁店公社为李鹤林、倪锦林、倪冠清。

中共十一届三中全会后，境内各公社农民业余教育从实际出发，结合普及初中教育，利用农民夜校这块阵地，大力开展扫除青壮年文盲活动。至1979年底，青壮年中脱盲率为85%～90%。1985年后，农村业余教育重点放在实用技术培训上。

第二节　成人教育

1980年起，农民业余教育逐渐转为实用技术教育，以举办各类实用技术培训班、农干班为主体，建成农业科学技术教育网络。

1983～1986年，经县教育主管部门批准，境内各乡镇先后建立中心民校，后改称成人教育中心学校，建有固定乡级成人教育阵地。成人教育学校配正、副校长、教导主任、教师2～4人。

20世纪80年代，成人教育着重乡镇企业职工初中、高中文化补课，农村干部、专业户、养殖等实用技术培训和普及，对所在地初中应届毕业生进行“绿色证书”培训、考核发证。90年代，根据农村产业结构调整、劳务输出等新特点，与农技站、兽医站等部门配合，注重农副业新品种推广、新技术运用、计算机技术培训。根据农村经济发展需求，配合乡镇举办种养殖户新品蔬果栽培、淡水养殖等新技术培训，并提供师资、教材等服务。进入21世纪后，配合农业技术部门培训从业人员和种植大户11.20万人次，淡水养殖大户9.50万人次，配合农村综合经济、劳动保障等部门培训就业新技术7.80万人次，促进农村劳动力转移。配合党委政府中心工作，发挥业余教育功能。2009年，组建新大豫镇成人（社区）教育中心学校。到2012年年底，全镇劳动力平均受教育年限9.80年，1949年以后出生人口中，脱盲率100%。

一、丁店乡成人教育中心学校

创办于1984年3月，有两个教室，校舍建筑面积156平方米。专任教员2人，兼职教员10人。历任校长：邵德昌、韩卫祥、沈思源（兼任）、张文琳等。学校与村、厂联合办学取得成效，先后举办服装裁剪、养鸡、养鱼、绣花、扎花等技术培训班15期，结业学员近千人，举办职工初中文化补课班和岗位培训班25期，受训920人。2001年3月，随乡镇区划调整，该校并入兵房成人教育中心学校。

二、兵房镇成人教育中心学校

创办于1984年3月，县、乡拨款2万元，在原乡政府西侧，建教室两个，办公资料室、会议室、伙房各1间，宿舍2间。1986年，撤乡建镇，改称兵房镇成人教育中心学校。

1986年，县、区、乡投资8000元翻建校舍，建筑面积215平方米，专任教师2人。至1990年，学校先后举办乡镇企业职工初中文化补课班，建筑、油漆技术和镇村干部岗位职务培训班15期，建筑班学生徐冲成为建筑队技术骨干。

20世纪90年代，该校在业余文化教育、农村实用技术培训、村级办学、职工岗位培训等方面狠下功夫，成绩卓著，通州等地乡镇到校参观学习。

1992年，抓住大发展机遇，与无锡、南京等技术院校联合办学，大力发展职业技术教育，举办财会、电子、计算机、电子商务、市场营销、数控等门类专业培训，为社会输送各类技术人才2000多人，学校积累资金400多万元。办学规模不断扩大，办学条件日新月异，学校占地扩增至20多亩，建筑面积5800多平方米。教职员工发展到30人。基本实现“成职互补，双轮齐转”。

1996年5月，学校被确定为省重点成人中心学校，南通市首批示范成人中心学校、南通市乡镇职业技术教育培训基地，蝉联10年市、县文明单位。2005年，被授予江苏省社区教育先进单位。2009年5月，随镇域区划调整，与大豫镇成人教育中心学校合并。历任校长黄友松、张建忠。

三、南坎乡成人教育中心学校

创办于1983年2月初，借乡农科站会议室作教室。1985年7月1日，迁入乡影剧院西侧新校舍。专任教师3人。

1985年后，学校先后举办职工技术培训班、职工初中文化补课班、岗位职责培训班143期，各种讲座447次，聘请兼职教师授课3520课时，培训学员9193人，毕业合格率为80.60%。

20世纪90年代始，学校加大村级办学、以工养校力度，开设绣花、服装裁剪等科目，培养出一大批骨干。育新村村级办学模式受到团中央、省市表彰奖励，肯定该乡三级农村成人教育网络体系成功经验。学校被定为县级示范成教中心学校。2000年4月，撤乡建镇，与东凌乡成人教育中心合并。历任校长沈怀周、陈慎娥、濮刚。

四、东凌乡成人教育中心学校

创办于1986年3月，当年乡政府拨款1.10万元，建起教室、办公室、宿舍等100平方米校舍。专任教师1人。建校后，举办乡办企业职工初中文化补课班、轮机老大专业技术培训班、渔民文化技术班、乡村干部岗位业务培训班等，培养出一批技术、骨干力量。2000年4月，撤乡建镇，与南坎乡成人教育中心学校合并。历任校长仇学林、樊迪友、丁冠祥。

五、大豫镇成人教育中心学校

2000年后，随行政区划调整，大豫镇成人教育中心学校经历两次合并。2000年4月，南坎乡成人教育中心学校与东凌乡成人教育中心学校合并为如东县大豫镇成人教育中心学校。2009年5月，兵房镇成人教育中心学校与大豫镇成人教育中心学校合并为新大豫镇成人(社区)教育中心学校。有10名专任教师，中学高级职称教师2人，中学一级和小学高级职称教师5人。校址位于兵房农贸市场东侧。占地面积13.70亩，建筑面积5542平方米，标准教室6个，建有现代化微机房，教学、办公用计算机31台，电子、电工专项设备25套，电工技能实训器材50多台(套)，各种图书1.04万册，报纸杂志11种。

2000～2009年，从培养有文化、有科学技术、遵纪守法新农民为目标，充分利用社区农民教育办学点，对农民进行政治思想教育、文化科技教育、劳动者素质教育。开设政治思想教育、实用技术培训，职业技术培训、计划生育教育、妇女保健知识教育课程，受到社会欢迎。举办水产养殖、环保教育、服装缝纫、家禽养殖、手工缝制、棒针编织等培训班50多期，年培训率均在50%以上。实施农科教结合，开设"吉祥猪"(生猪)养殖实验基地，鱼、虾、蟹混养实验基地，大棚蔬菜种植实验基地等，多次获得省、县、市政府及教育部门表彰奖励。2001年，被评为南通市特色乡镇成人教育中心学校。2002年，被评为全省第一期"百镇(乡)百万"农村劳动力开发就业培训工作先进单位。2003年，被评为如东县文明单位。2005年，被评为如东县优秀青年劳务输出培训基地。2006年，被评为如东县农村成人教育农科教结合实验示范基地。2007年，被评为如东县农村成人教育工作先进单位。2008年，被评为如东县社区教育工作优胜单位。

2009年，组建新大豫成人(社区)教育中心学校后，充分挖掘本地资源，开创办学特色，为使受训人员能熟练掌握职业技能和适应职业变化的能力，开设《针织横机》《平车缝纫》《汽车驾驶》《家政服务》《计算机》《电工与电子》《钳工车工》等课程。为满足农民培训需求，编写了各种适合本地农民教育的乡土材料，如《话说兵房》《新大豫、新发展》《大豫风采》《夕阳红》《居民读本》《计划生育手册》《棉花高产栽培技术》《无支架山药高产栽培技术》《南美白对虾养殖技术》《保护环境，珍惜生命》等，其中，《南美白对虾养殖技术》在2012年全省乡土教材评比活动中获二等奖，《大豫风采》获三等奖。"立足农村，服务农村"，引领农民共同致富，提高人民群众自身素质与生活质量是该校的办学宗旨和落脚点，结合实际，积极采取“订单式”与“定点式”培训相结合方式，效果显现。至2012年，举办各种实用技术培训班281期，培训人数4.94万人次，转移农村劳动力1271人。先后被评为江苏省农村教育综合改革先进单位、江苏省农村成人教育工作先进单位、江苏省级重点成人学校、南通市特色成人教育中心学校、县乡镇成人学校办学工作先进单位、县文明单位、县优秀青年劳务输出培训基地、县科普宣传周先进集体、县成人教育工作先进单位、一教四普及先进单位。校长濮刚。

图24—163　2012年，拍摄的镇成人教育中心学校（管霖　摄）

第二节　职工教育

掘东区职工学校（为县总工会下属单位）前身为“兵房职工业余学校”。始建于1956年，址设兵房大桥南东侧，与兵房供销社毗邻，坐北朝南4间小瓦房，（办公室，宿舍各2间），与其平行为3间平瓦房，（2间教室，1间伙房），首任校长黄共田，教导主任薛克俊。1958年10月，该校根据县总工会文件精神，划归兵房人民公社管辖，业务指导、人事安排隶属县文教局。学校复名为兵房职工业余学校。1963年下半年，吴庭家任教导主任，并负责职校全面工作。此间，吴潜心职教事业，职校办得红红火火，生气勃勃，广大学员学习劲头高涨，教学形式灵活多样，定期上课和送教上门的方法，深受企业单位和学员欢迎。兵房轧花厂、国营兵房油厂、如东县机床厂、兵房供销社、掘东粮管所等均为定期送教上门单位，他们为提高职工文化素质，添置教学设施和设备。

“文化大革命”期间，工会组织瘫痪，职工学校被迫停办，职校资产流失严重。1973年，县教育行政部门向各公社派一名专职职教教师，因经费、生源等问题不得落实，职工教育只能束之高阁。

1979年2月，县总工会根据党的工作着重点转移方针，采取“以镇建校、以厂办班、镇厂结合、统一办学”方法，迅速恢复5个直属镇3个工区职工业余学校，掘东区职工业余学校重新选址老区委北侧，由陈文选任校长。新建平房7间，两个标准教室，两层小楼房（上层宿舍，底层办公室）。总占地面积350平方米，建筑面积240平方米。1984年8月17日，县总工会对职工学校机构进行调整，如东县职工业余学校更名如东县职工学校，掘东职工业余学校改为分校，实行统一领导，陈文选任分校校长，黄斌任教导主任。随着经济体制的变化，个体私营企业迅猛发展，集体办企业不断调整，职校工作受到影响。该校调整办学方向积极配合党政部门，先后举办4期党政干部学历补习班和青年后备干部中专班，学制2～3年，学员160多人。1996年，沈建冲担任掘东分校校长后，举办财会中专班1期，学制3年，毕业42人。1999年，分校停办，教师调县职工学校，分校资产闲置。

第四节　社区教育

2006年11月，大豫镇首批通过省级社区教育中心验收，2008年5月，县在大豫镇召开社区教育推进会，重点推广大豫经验和做法。2010年，获江苏省社区教育示范乡镇称号。至2010年，发展社区教育资源点48个。

一、网络建设

2006年，以镇社区教育中心为主阵地，发挥协调、辐射功能，依据村（居、社区）公共服务中心，全镇建立社区教育服务站、村民学校、村级文化活动中心21个。教育服务均有专用教室、学桌凳配套，有阅览室、图书室，建有远程教育网点。室外活动场地均在500平方米左右。

二、队伍建设

2006年，镇社区教育中心有专职教师10人。村（居、社区）服务站由党组织书记任站长，配有专职业务副站长，兼职教师3～5人。全镇建立290人社区教育志愿者队伍。

三、创建活动

2007年后，全县开展以“六进农家”[①]新农民培育工程和以“十小”[②]为主要内容“和谐

①以政策宣传进农家、图书资料进农家、法律服务进农家、卫生健康进农家、捐资助学进农家、文化活动进农家。
②小环境、小技术、小功臣、小阵地、小组织、小分队、小喇叭、小书屋、小板凳、小家庭。

村居”创建活动。大豫镇坚持“镇村合力、突出重点、紧贴发展、共建共享”16字原则，以一门闸、丁家店村为试点，镇村整体推进，各具特色。一门闸社区开展“少抽一包烟，多买一本书；少打一回牌，多读一本书；少一点应酬，多学一点知识”主题读书活动。徐征村开展“学一技之长，读两本好书，做三人榜样”主题学习活动。丁家店村社区开展青少年“六个一”系列教育活动。均取得明显成效，实现“五大和谐”。其创建方法：围绕“小环境”“小技术”“小功臣”“小阵地”创建，农村社会事业建设加快，农村经济发展加速，实现“社会发展和谐”；围绕“小组织”创建，村居管理水平进一步提高，管理范围进一步扩大，实现“村居管理和谐”；围绕“小家庭”创建，社会人际关系大为改善，实现“人际关系和谐”；围绕“小喇叭、小书屋、小板凳”等创建，农村精神文明建设不断加快，农民精神文化生活更加丰富，实现“精神家园和谐”“和谐村居”创建，给老百姓带来实惠，实现“党群关系和谐”。

2009年4月，如东县“和谐村居”创建示范村现场会在一门闸村召开。中共镇委书记翟建华，就着眼于“六进农家”，着力于“十小”创建，实现“五大和谐”作经验介绍。中共如东县委宣传部部长陈昌龙给予“有创意、有亮点、有实效”评价。

四、文体活动

2002年，丁家店村组建社区文艺宣传队，演出100多场次，出黑板报100多期，举办中老年农民运动会6次。该村文化活动事迹被收入省社区教育案例。至2012年，大豫镇一门闸村、南坎社区、兵房居委会、豫东村、东凌社区等先后建起社区文化活动中心。

五、学习活动

2008年，在社区学习型家庭创建活动中，丁家店村成绩显著。社区成员陈云山每年自费订阅报纸杂志超千元。个人藏书超千册，年均撰写读书笔记6万字以上。作专题学习报告80多场，积累档案资料340多卷，成为“学习典型”闻名县内外。2011年，被评为如东县百名风范人物。2009年，全镇评出学习型家庭（个人）273个，（丁家店村9个）、学习型组织（含企业）20个（丁家店村4个）。

六、老年大学

2006年10月，兵房镇在全县首创如东县老年大学兵房镇分校。2011年，更名为大豫镇分校。校长张建华，常务副校长陈云山，副校长周成兵、沈学斌，办公室主任金向东，顾问陈信祥。校址设在丁家店村文化活动中心。开设时政学习、普法教育、书画保健、农业科技等课程。每月16日集中上课，每月上4课时（包括函授教材），学制两年。至2012年，接受学员81人，结业61人。

图 24—164　2006年,县老年大学兵房镇分校开班典礼　(姜颂良　提供)

第四章　教师队伍

民国时期,大豫境内教师队伍不足50人,中学教师屈指可数。师资大多源于乡间"百字先生""千字先生"和少数初中生。1949年前,教师薪俸微薄,生活艰难,社会地位低下。中华人民共和国成立后,教师生活和政治待遇逐步提高,20世纪80年代起,尊师重教成为社会风气。中央把每年9月10日确定为教师节,每逢教师节,中共镇委、镇政府都与教办联合举行庆祝大会,学校利用节假日组织教师外出观光旅游,开阔视野,愉悦身心。政府加大对教育投入,为重点学校建造教师公寓,改观教师生活居住环境,并把关心教师政治待遇列入党建工作重点,为要求加入党组织教师敞开大门。对"教师世家"典型予以表彰,并载入史册。教师队伍中有多名当选市、县政协委员和县、镇人民代表。2009～2012年,受到省、市、县表彰教师150人次。

第一节　发展概况

清末民初,境内兴起新学。民国时期,共有国民小学(含私立小学)40所,教师57人。

民国27年(1938),日本侵略军入侵大豫,教育遭破坏。民国34年9月,日本侵略军投降时,境内有学校17所(含私塾),教师25人。由于战事,原有学校部分教师弃职,民主政府吸收并培养一批有一定文化知识水平、思想进步青年参加教育工作。

民国35年土地改革后，人民政府组织各地复课和创办学校。至民国37年，境内小学校增加到20所。中华人民共和国成立后，县人民政府留用各类学校教职员工，并根据地理位置，调整各乡学校布局，基本达到1乡1所小学，让翻身农民子女都能接受教育。各地小学扩建、扩班，增加生源。为此，先是选用和培养一批知识青年，担任小学教师，又从南通市、如东县招聘一批待业知青，分配给公办小学，之后，各类师范学校培养一批师资，国家分配一些中专、大专和大学本科毕业生充实教师队伍。20世纪50年代中期，各地兴办民办小学、耕读小学、农业中学，教师需求量增大。如东师范应运而生，大豫籍初师、中师毕业生遍及如东各地。

1966年，"文化大革命"开始后，教师遭到歧视，人人都需"接受再教育"，有的甚至遭到迫害。1971年年底，公办学校下放，"戴帽子"初高中迅速崛起，原有教师不能满足需求，不少小学教师充任初中教师，初中教师执教高中，还选派退伍军人、贫下中农、插队和回乡知青为新教师，壮大教师队伍。"文化大革命"前，南坎公社有教师70名，其中公办教师55名，民办教师仅15名。公办学校下放后，该公社教师总数增至235名，其中民办教师150人，代课教师10名(1972年，全部转为公办教师)。

中共十一届三中全会后，全社会尊师重教，教师地位明显提高。1997年8月，民办教师按政策规定全部转为公办教师。师范专业教师逐年增加，老教师按时退休。从21世纪初始，推行人事制度改革，各学校加强师德教育，开展教育科研，提高教师整体素质和教育整体水平。

2006年，大豫镇顺利通过江苏省实施教育现代化工程合格乡镇验收。

第二节 师资素质

民国时期，小学教师多为一年制师范简易科及师范讲习所毕业生，一般文科水平较高，理科水平较低。民国16年(1927)后，根据国民政府制定的《检定小学教员规程》，聘用小学教员，分别进行试验检定(考试与考核)或无试验鉴定(有师范毕业文凭免试)，此习一直执行至抗日战争前夕。民国24年，如皋县成立塾师训练委员会，分3组讲习，其中第2组设于马塘小学，训练对象为皋东塾师，训练期满考试合格者，发给合格证书，充实新学(国民小学或私立小学)教员队伍。

民国33年秋季，苏中四专署举办文教研究会，有计划地抽调各县教师，进行3～5个月离职学习。至民国35年5月共办4期。文研会学习内容包括政治和业务两方面，政治占3/4，业务占1/4。1951年9月，县创办初师，寄学于海门师范学校，招收高小毕业生或相当高小水平、有一定政治觉悟和工作能力青年。

1952年，县办师资训练班4期，共240人，训练时间为10天、1月不等，学员为乡村党员干部、民办小学教师、高小毕业生等，结业后分配到学校任教或担任其他工作。是年，创办如东初级师范学校，1954年停办，1956年9月，又办如东速成师范，1957年6月停办。1958年，创办如东县师范学校，1962年下半年停办。第一届全部分配，第二届部分（第一次分配61人，第二次分配25人）分配，第三届全部动员回乡，回乡后凡从事民办、代课教育者均转为公办教师。1977年2月，复办如东县师范学校，1980年，并入如东县教师进修学校。

1950～1952年，每年夏季，全体教师都集中参加全县教师夏令营，学习政治或文化、业务。1952～1955年，举办教师星期学校，各区设1所，小学教师轮流于星期日集中学习文化、业务。

1956年，建立如东县教师进修学校，1966年停办，1977年复校。教师分期分批参加进修，先后有初师、中师函授和轮训、高师函授和简师学习。假期中，组织外语、物理学科教师进行短期培训。高师和中师函授教师都以区设教学点，定期面授，假期到县进修学校集中上课。参加简师学习，由区或公社设教学点，组织教学。

1975年起，为提高师资素质，对教师队伍进行整顿，清退少数文化、业务水平特低的民办教师，对不能胜任公办教师，重新安排与其实际业务能力相适应教学岗位。1981～1983年，县对各公社民办教师进行全面考核，颁发任用证、试用证。1985年起，各乡开展教师拜师帮徒“青蓝工程”活动。

1987年起，每年进行一次教师职务评审工作。至2012年，全镇中学教师中，中学高级职称教师17人，中学一级职称教师91人，小中高职称教师2人，小学高级职称教师106人，小学一级职称教师11人。

从21世纪初始，推行人事制度改革，实施双向选择、竞争上岗，建立健全考核激励机制，推行教育科研，教师整体素质得到提升。全镇98%以上教师能用先进教学方法和现代化教学手段进行教学。电教应用程度广泛，有65%教师能熟练使用微机。参加外语及微机培训合格率96.50%。

第三节　教师待遇

民国初期，如皋教师月俸（银圆）分10等发放，2～6元不等。其中，高等小学校长24～26元，国民学校校长14～19元，高年级教师16～20元，低年级教师8～12元。民国19年（1930），一般小学教师月薪16元，当时米价每担8元，柴草每担约合1元。因地方财政困难，教费不能按时发放，积欠很多，直接影响教师生活。20世纪30年代中期，小学教师薪给（时币）为：完小校长30元（班级多时另加），初小校长20～22元，高级级任24元，高级科任20元，初级级任18元，初级科任14元，此外教师按年资配予加俸。民国年间，塾师及私立学校工资主要向学生收取“束脩”，以实物和货币向教师发放。

民国27～34年，在日伪统治区内，教师待遇微薄，生活贫困。一个普通教师月薪650～700元（时币），米价4万元1石，炊草6000元1担，“喝开水尚不够，遑论吃饭”。民国

34年3月23日,《如皋日报》刊载《救救教员》一文指出:“一个教员一日所得,尚不及一个拾荒小孩从垃圾堆捡出的那么多。”

在如皋抗日民主政府管辖区,教师享受供给制待遇,即由地方政府发给每人每月食用粮和少数津贴费,有时也直接发给毛巾、牙刷、牙粉、黄烟等物品。由政府发给“提粮证”(有价证券),当地政府在征收公粮中支付,称“粮薪制”。一般以小麦为主,其标准按每人每月大米22.50公斤折算。民办小学教师“薪粮”,以学生家中“轮饭”形式解决,如无“轮饭”,每月发给杂粮。

民国38年9月24日,苏北人民行政公署规定,中小学教员一律执行粮薪制。小学教员每人每月大米60公斤,中学教员每人每月105公斤左右。

1952年后,由粮薪制改为工资分制。小学教师每人每月为20～30元,中学教师30～45元。1952年起,中小学教师开始享受公费医疗。1956年9月,教职工工资改为货币工资制。按照当时职务、工作经历、文化业务水平等,分别评定工资级别。实行工改后,工资有显著提高。中学教师增加工资21%,小学教师增加工资35.50%,农工教育专职人员增加工资32%。1959年9月,民办教师改工资制,主要来源是学费收入,不足部分由公社或国家适当补助。

1963年,部分公办职员、工人调整工资,平均每人增加工资2～3元。1971年,民办教师工资改为工分加补助办法实施,民办教师工资略高于全大队劳动力平均工分值,民办小学教师每月补助14元,民办中学教师每月补助18元。1972年,一部分中小学教职工转正、定级、调资,人均增长工资达5%以上。

1977～1979年,连续3年调整工资,中小学教职工均有较大幅度提高。义务教育阶段教职工,平均工资小学40元,中学50元以上。1983年平均工资,小学56元,中学64元。民办教师工资也略有调整。其间,发放过副食品补贴,人均每月5元。

1986年,第二次工资改革,小学教师人均81.50元,中学教师人均156元。

1988年,小学教师人均109元,中学教师人均200元。

20世纪90年代后,教师工资结构又进行几次调整。实行国标工资和地方补贴、岗位工资和薪级工资、基本工资和绩效工资结构形式,教师工资有大幅度提高,基本上与当地国家公务员持平。

2001～2012年大豫镇义务教育阶段教职员工月均工资一览表

表24—241　　　　单位:元

工资改革时间	在职教师	在职职工	退休教师	退休职工	遗属补助
2001	1051	876	1167	982	131
2006	1823	1437	1936	1541	187
2009	3270	2901	3140	2558	404
2012	3684	3078	3322	2711	680

第四节　政治地位

中华人民共和国成立前，教师被称为“穷教师匠”，虽在群众中有一定威望，但没有政治地位。新四军东进后，根据地教师政治地位有极大改变。民主政府把教师看作依靠对象，是革命有生力量。广大教师一切服从战争这个大前提，在中国共产党领导下，与基层干部和群众打成一片，坚持办学，开展识字教育，宣传抗日，宣传党的方针政策，培养人才，输送干部。土改中，以主人翁身份参加并做好各项政治中心工作，和乡、村干部一起量地分田。其间，不少教师投笔从戎。大军南下时，大批教师支援江南，大多数成为江南各条战线领导或中坚力量。

中华人民共和国成立后，教师社会地位有极大提高。教师在教育工作中取得优异成绩，党和政府给予荣誉和奖励。20世纪50年代中后期，在学习启东天汾小学（南通专区教育典型）活动中，1960年，黄海小学六年级44个毕业生，全部考取初中、升学率100%，被誉为“如东天汾”。是年秋，教师黄广思代表学校参加省教育工作群英会。

“文化大革命”中，教师被打成“臭老九”。中共十一届三中全会后，教师政治地位不断提高，受到各级党和政府以及社会各界敬重。1957年，被打成“右派”教师陆续得到平反。教师入党难问题得到较好解决。1979年，全镇有10多名小学教师被吸收入党。从90年代起，兵房中学张国栋、王建华，王志兵聘为县政协委员，大豫初中顾红霞，兵房初中岑亚英、巩王初中袁红利，分别当选为如东县第十三、十四、十五届人大代表。

第五节　教师世家

境内有教师世家9家42人。以王冠千为代表的王氏教师世家，从晚清至2009年，有四代9人钟情教坛、疾志执教。朱凤仪一家三代8人执教，20世纪30年代中期，朱自办私塾学校至中华人民共和国成立前夕，担任过乡长，参加过革命工作，1953年，当选为如东县人大代表。1985年，丁善书获南通市“教师世家”称号。至2012年，仍有17人从事教育工作。

一、丁氏

第一代教师，丁元瑞，民国2年（1913）4月，出生于苴镇西乡界港丁家庄（丁庄村、下同），后移居南坎镇（南坎社区），中学毕业。新四军东进后，从事根据地教育工作，先后在王园、虹元、岔河小学任校长、南坎中学会计、桂芝小学副校长。1951年，被评为南通地区模范教师，当选为县政协常委①，在“文化大革命”中惨遭迫害含冤去世。1978年，县政府给予平反昭雪。

①详见志内第三十四篇《人物》第二章第一节“南通市劳模”。

第二代教师，长子丁善书，民国29年(1940)4月，出生于苴镇丁家庄，徐州师范学院数学系毕业后，分配在盐城建湖秉义中学任教，调回如东后，于卫海农中、南坎中学任教，后任南坎中学、掘港中学教导主任，中学高级教师。1985年，获市政府颁发“教师世家”荣誉证书。2000年7月，退休。

媳谢煜莲，民国34年(1945)2月生，如东县环北乡人(掘港镇)，师范毕业，先任卫海卫东校教师，后改任掘港中学校医，小学高级教师，2000年7月，退休。

次子丁志，民国37年(1948)12月，出生于如东县环北乡，长沙初中毕业后，在南坎初中任工友、会计。2009年7月，退休。

第三代教师，孙女丁一，1966年2月，出生于南坎社区，师范毕业后，先后任掘西、掘港小学教师，2012年任教育局招办副主任。

图24—165　1985年，丁善书获南通市“教师世家”称号　(丁志　提供)

二、宋氏

第一代教师，宋学彬，清光绪三十三年(1907)2月生，伯安村人，民国14年(1925)，毕业于通州师范，曾任豫南乡小学校长。

第二代教师，子宋正权，民国21年(1932)3月生，伯安村人，高中毕业后从事教育工作，历任桂芝、兵房小学校长，南坎、巩王初中教师和教导主任。1982年退休，受聘于县供销学校任教。

第三代教师，孙婿邢一平，1962年生，丁家店村人，1983年，南通师专毕业，先后于童甸中学(1983～1987)，掘郊中学(1987～1998)任教。1998～2001年，任东片督导组教学督导。2001年起,如东县实验中学任教,(其间:2007年任教导处副主任,2007～2009年到甘肃会宁支教),2010年,天一中学并入实验中学任政教主任。1988年,被聘为中学二级教师,2002年,为中学物理高级教师。

三、沈氏

第一代教师,沈天源,民国13年(1924)12月14日生,海门汤家镇人,后迁居徐征村6组。民国34年,在上海做布店生意。1951年起,历任徐征、王荃、富云、兵小、华丰七大队等校小学教师。1980年12月病退,2008年12月病故。

第二代教师,长子项斌,民国29年(1940)8月20日生,居住如东县马塘镇,中学高级教师,1962年,毕业于南通师专外语专业,8月起,历任栟茶中学、南坎中学、马塘小学外语教师。2001年,退休。

次子沈建国,1961年10月14日生,中共党员。1981年,由县教育局统招为兵房中学体育教师,1986年9月～1993年9月,于丁店、大同小学,巩中任教。2001年9月,任巩中后勤副主任,2003年9月,任兵房初中后勤副主任,2012年,任大豫镇兵房小学后勤副主任。

第三代教师,孙女沈娣,1986年10月2日生,中共党员。2003年9月,考入江苏教育学院如皋分院英语专业。2008年9月,任华丰小学英语教师。2010年9月起,任教于如东县逸夫学校。

四、朱氏

第一代教师,朱凤仪,清光绪二十六年(1900),生于海门三阳镇。1955年,加入中国共产党。幼年受私塾教育,青年时代学到一些西方文化知识,19岁随同乡杨万英(南一区公司经理之一)到公司第二小学任教(新学制)。20世纪30年代中期,自办私塾学校至中华人民共和国前夕,曾担任过乡长,参加过革命工作,因遭日伪军迫害,被新四军保护,安排到长沙余北校任教。民国35年(1946),任新丰校校长。1953年,当选为如东县人大代表,1961年离休。1978年10月去世。

第二代教师,长子朱铁珊,民国13年(1924),生于丁店乡营房桥村。32年,参加新四军,1953年转业,历任大同二小、王荃校、大同一小教师。1979年离休。2002年去世。

次子朱铁衡,民国23年(1934),生于丁店乡营房桥村。1954年2月,毕业于如皋师范,任如皋林梓中学教师、总务主任。1995年退休。

儿媳汤艳秋(朱铁衡之妻),民国22年(1933)9月生,1954年8月,毕业于南通师范,任教于如皋林梓小学。1990年退休。

长女朱端明,民国17年(1928)7月,生于丁店乡营房桥村,1951年,进修于海门师范,1953年,参加扫盲工作,先后任教于丁店乡新丰、振南、和西及南坎乡牛桥小学。1979年病退。

女婿杨冠南,朱端明之夫,民国17年(1928),生于海门三厂,高中毕业后参加教育工作,先后任教于丁店乡新丰、振南、和西及南坎乡牛桥小学。1988离休。2001年去世。

第三代教师,孙女朱晓琳(朱铁衡之女),1959年5月生,中共党员,本科学历。曾任如皋中学、南通市第一初级中学党政办主任，2012年为南通市第一初级中学高级教师。

外甥女杨海燕（朱端明之女），1960年7月生，巩王中学毕业后，插队如东县稻麦原种场。返城后，分配至南坎乡培新小学执教1年，调任如东县中总务处会计。

五、黄氏

第一代教师，黄志纯，民国19年（1930）9月27日，生于海门县临江乡。后落户大豫镇茂青村（大豫社区，下同）6组，1950年，加入中国共产党。36年，从“如东一中”选调苏北第九军分区政治部文工团工作，后调至“抗大”第十一分校学习。38年3月，参加教育工作。是年，被评为如东县教师模范。参与开办南武小学（镇西小学），历任镇东校教师，瞿王小学校长，桂芝小学首任教导主任。1952年，调白蒲中学，1953年，于江苏师范学院附设工农速成中学学习。1957年，赴上海复旦大学历史系深造。1962年，分配于上海市培英中学任教。1970年，马塘中学任教，1972年，县教育局工作，后任九总乡教育辅导员。1980年，在县教育局教研室副主任岗位上离休。离休后，编写《甘洒热血卫山河》《留给下一代的故事》等关心下一代教材，曾多次荣获县关心下一代工作先进个人。

第二代教师，长子黄远平，1951年，生于大豫镇茂青村6组，大专学历，中学高级教师。1985年1月，加入中国共产党。1970年，参加教育工作，历任镇西小学副校长，桂芝小学副教导主任，兵房小学教导主任、教科室主任等职。在小学语文、作文教学研究中成果凸现。围绕“改进课堂教法，提高课堂效率、传承名师艺术”这一主题，先后主持市县立项课题6个，均已结题。其中《提高小学课堂作文教学效率研究》获南通市优秀科研成果奖，《作文素描教学流程构建》获全国教学论文大赛一等奖。共发表（含获奖）论文60余篇，编写《小学语文基础知识题自测》《小学语文随文小练笔设计》题库，约38万字。连续10年被评为如东县小学骨干教师，19次获县、市嘉奖，其中1994年，县政府记大功1次。2012年退休。

第三代教师，长孙黄海东，1977年3月，生于大豫镇茂青村6组，中共党员。毕业于江苏教育学院、青海师范大学，本科学历，教育硕士学位。2000年8月，参加教育工作，先后在巩王、兵房、大豫初中任教任职，后任大豫初中教导主任。发表（含获奖）论文40余篇。3次获县政府嘉奖。2009年，获县优秀教育工作者称号。

孙媳刘艳美，生于1979年2月，大豫镇一门闸村人。毕业于南通大学小学教育专业（本科）。1998年，参加教育工作。在兵房小学任教，担任团支书。先后被评为县优秀乡村教师、县教坛新秀、镇骨干教师，获县政府嘉奖4次。在县小教课教堂教学竞赛中，3次获小学语文组二等奖。有7篇论文分别获省、市、县论文大赛一二三等奖。

六、秦氏

第一代教师，秦镜明，民国12年（1923）11月，生于南坎镇东首（南坎中学河西）。民国31年高中毕业，民国32年参加教育工作，先后在培新、德耀小学任教，丁西初小任校长，九总、东屏小学任教导主任，惕庵、长沙、北坎初中及县教师进修学校任教。1983年，离职休养。

第二代教师，次子秦光宇，1950年7月1日，生于南坎镇东首，毕业于扬州师范大学数学系，1970年，参加教育工作，历任南坎、大豫初中教师，多次被评为县先进工作者，1989年，被县政府记大功1次，2004年，记三等功1次。2010年退休。

第三代教师，孙子秦岭，1977年生，南通大学电气工程学院，博士研究生、副教授、硕士生导师。中国电源学会高级会员。2007年4月，毕业于南京航空航天大学电力电子与电力传动专业，获工程硕士学位。2010年4月，攻读同专业博士学位。主要从事电力电子变换技术、新能源发电技术、电能质量管理技术等领域的研究。近几年，主持国家自然科学基金1项，江苏省教育厅自然科学基金1项；作为主要参加人在研国家自然科学基金2项；完成市厅级自然科学基金项目2项；承担多项横向课题，并长期担任多家科技公司的技术顾问。在国内外权威刊物和国际重要学术会议上发表学术论文多篇，其中EI收录10余篇，ISTP收录4篇。作为第一发明人获得国家发明专利1项（已授权），申请国家发明专利2项。曾获南通市新长征突击手标兵，南通市"168"爱生优秀教师，南通市优秀教育工作者，全国大学生电子设计竞赛优秀指导教师等荣誉称号。

七、施氏

第一代教师，施志山，清光绪三十年（1904）3月22日，生于丁家店村41组，青少年时代上私塾，读过《论语》《孟子》。1952年起，和西小学和荃东小学任教。1968年退休。任教期间多次获得县政府表彰奖励。

第二代教师，儿子施忠伯，民国25年（1936）7月4日生，1975年，加入中国共产党，小学高级教师。1958年，毕业于江苏省南通农业学校，毕业后于丁店农业中学任教4年，其间，赴苏北农师班、江苏农机学院进修。1961年8月，于和西小学任教，历任和西小学副教导主任、教导主任，多次被县教育局评为教育先进工作者，并获得教学成绩优秀奖。1992年8月退休。

第三代教师，孙女施香。1964年4月生，1980年7月，毕业于巩王中学。同年9月，和西小学、王荃小学、振南小学代课。1996年，参加民师内招考试，录取如皋师范。1998年毕业后，先后在利民、振南、荃东和丁店小学任教。2007年和2012年因教学工作优秀，获得县政府嘉奖。

八、顾氏

第一代教师，顾汉明，民国25年（1936）12月生，丁家店村41组人，毕业于如东简师，1958年，参加教育工作，历任华丰民办小学、兵房民办中学、大同校、新丰校、大同民办中学、和西小学、丁北小学教师。1992年2月退休，2003年4月病故。

第二代教师，儿子顾星，1957年2月27日生，丁家店村41组人。1981年，毕业于南通师专，大专学历，1974年3月，参加教育工作，1994年7月1日，加入中国共产党。中学一级教师，先后3次获县政府嘉奖。历任和西小学代课教师，丁北小学社办教师。1981年起，历任华丰初中、巩王初中教师，丁店乡教办教研员，巩王初中副校长。2009年7月，任大豫镇成人中心学校副校长。

第三代教师，孙媳姚娟，1982年12月出生，一门闸村人。2004年，毕业于南通师范，大专学历，2005年，参加教育工作，小学一级教师，因潜心研究，在论文评比中，曾获县级论文奖。历任兵房、丁店、童甸小学教师。2012年，任宾山小学教师。

九、王氏

第一代教师，王宜之，清道光十五年（1835）6月生，青少年时期在当地学塾里攻读经史，乡试为监生，约于清光绪三十一年（1905）设馆授徒，民国2年（1913）病逝。

第二代教师，子王冠千，清光绪三十二年（1906）年9月生。民国20年（1931），如皋师范毕业后受聘执教，先后任马塘小学教师，晓塘、苴镇、王元、马塘等小学校长，兵房中学、县教师进修学校副校长。1953年和1984年，当选两届如东县政协副主席。1984年，当选如东县人大常委会副主任。1985年离休，1994年11月7日逝世。

第三代教师，长孙王荫纲，民国26年（1937）8月，生于王元乡。1963年，南京师范学院毕业后到扬州中学任教，被评为全国优秀班主任。1988年，聘为中学高级教师。1989年，任扬州市九中校长。1990年，调任扬州中学副校长。

长孙媳丁丽霞，民国26年（1937），生于泰兴县黄桥。1963年，南京师范学院毕业后至扬州汽车工业学校任教。1988年，聘为中学高级教师。

次孙王建华，民国30年（1941）4月生。1959年，农业中学师资速成班结业后，分配到巩王农业中学任教，后于南通师范专科学校培训一年，分配九总小学任教。系政协如东县第九届、第十届、第十一届委员。2001年7月，兵房中学退休，定居徐征村。

小孙王建南，民国36年（1947）5月生。1966年，毕业于如东县中学高中部，曾任县农科所小学教师。

孙媳袁秀芳，1950年8月，生于上海市。1985年，如皋师范毕业分配至掘港小学任教，1988年，聘为小学一级教师。

第四代教师，曾孙婿杨银如，1963年9月生。1984年7月，毕业于南京师范大学。1984年8月，如东县中学任教。1990年8月，兵房中学任教。2000年，聘为中学高级教师。历任兵房中学副教导主任、副校长，党支部书记。2005年，任如东县掘港高级中学副校长。

曾孙媳徐洪梅，1969年11月生，1990年，毕业于扬州师范学院。1990年9月，扬州邗江县岔河中学任教，1995年，扬州市第三中学任教。2009年，聘为中学高级教师，任教于扬州教育学院附属中学。

第六节　教育名人选介

民国31年（1942）～2012年，大豫籍在外从教人员遍布全国各地，并有数十位成为教育界知名人士和大专院校教授、领导。节内选介其中4位。

一、章其

民国13年(1924)1月生,原名张慎衷。兵房镇双港村人(一门闸村5组),民国29年,在海安参加新四军,民国31年10月,加入中国共产党。先后在新四军一支队干校、盐城抗大5分校、苏中公学学习。结业后,任新四军军部执法队文化教员。苏中公学、雪枫大学、华东军政大学政教干事、政治教员、教育股副股长,第三高级步兵学校、总高级步兵学校政治理论研究员和教员。参加过抗美援朝,在六十七师与上甘岭战斗中特等功臣连合影。1951年,荣立三等功。1956年,转业到地方工作。1957年,调南京航空学院,历任马克思列宁主义教研室政治理论教员、教研室副主任、副教授。1983年离休。离休后继续马克思主义哲学、哲学史研究,当选江苏省哲学史和科学史研究会副理事长。1985年9月,中华人民共和国航空工业部授予章其为航空教育事业辛勤工作30年奖励证书。

二、袁礼周

民国17年(1928)3月16日生,丁家店村人。民国34年10月,加入中国共产党。1957年,毕业于哈工大机械制造工艺及自动化专业。

早年在掘港参加中共抗日地下活动,因闹学潮,被日伪校方"开除"。民国35年3月,调东北丹东工作,是年冬,吉林省抚松县参加土改工作,民国36年冬,吉林省海龙县辽东省立建国公学任学生队指导员、教育队队长,民国37年底,辽宁省丹东市五龙背师范学校学生队队长,民国38年5月,辽宁省辽阳市省立辽阳师范学校副教导主任。是年9月,调哈工大。先后任哈工大校团委正副书记、学生工作部正副部长、中共办正副主任、宣传部正副部长,中共校机关总支书记,教师工作部(统战部)副部长兼校工会副主席,组织部正副部长和党校校长(兼)。"文化大革命"中,因对林彪一次讲话提出疑义,被扣戴"现行反革命分子"帽子逮捕入狱,1972年9月11日,彻底平反,恢复名誉。1981年,经中共中央批准,任中共哈工大委员会副书记。1985年后,任副校级调研员、社会科学研究所所长,《航天政工》杂志主编,马克思主义与思想政治教育专业教研室主任。1987～1989年,被评聘为全国首批、黑龙江省首位马克思主义与思想政治教育副教授、教授。1991年,被国务院表彰"为发展我国高等教育事业做出突出贡献教育工作者",享受国务院政府特殊津贴。1994年,获全国高等学校思想政治教育研究会"奉献奖"。

讲授课程有:《马克思主义哲学》《马克思主义思想政治教育著作选讲》《思想政治教育学》《企业文化概论》等。主编、参编著作有:《政工干部实用手册》《统战知识与政策》《政工人才及其管理》《调查、研究、决策》《企业文化概论》《思想政治工作学基础》《企业思想政治工作原理》《马克思主义思想政治教育著作选讲》《思想政治工作学学理论基础》《和平演变与反和平演变》《思想政治教育学纲要》《企业文化研究》等。撰写文章40多篇;其中获奖作品有:《理想是强大的精神支柱》《工科大学生政治生活状况调查分析》《关于思想政治工作理论研究的几点思考》《试论企业文化建设与思想政治工作的关系》《当前大学生的心态与我们的工作》《企业文化要适应市场经济的变革》《学习邓小平的"精神动论”》《简析市场经济条件下大学生思想状况的变化》等。此外，有18篇著作和文章，获黑龙江省社会科学优秀科研成果三等奖、佳作奖和国家、省(部)级学会奖励。1987年5月16日，《中国教育报》报道：“哈尔滨工业大学袁礼周从事学生思想政治教育工作30多年，积累丰富思想政治教育专业知识和实践经验，在学习思想政治教育和政工队伍建设方面做出积极贡献。”曾任社会职务有：中国人生科学青少年素质研究会副会长、黑龙江省马克思主义教育思想研究会副会长、省高校思想政治教育研究会副会长、省职工思想政治工作研究会常务理事、省企业高级政工师评审委员会副主任、掘港镇政府经济发展顾问等22个。

1995年12月，离职休养后，任本科教学质量督导组成员。参加省政协老委员联谊会活动，数次被评为年度“积极分子”。2006～2012年，获学校及有关部门授予“优秀共产党员”“老有所为积极分子”“离退休职工先进个人”“优秀工会积极分子”称号。多次参加省和东北三省及京津地区国际标准舞大赛，获多个老年组摩登舞、拉丁舞冠军。

三、施卫东

1964年2月生，豫东村人。江苏大学副校长兼研究生院院长，研究员，博士生导师，二级教授。江苏省政协委员，九三学社中央委员、镇江市委员会副主委、江苏大学委员会主委，九三社员。1980年，毕业于南坎中学高中部，1984年，毕业于江苏工学院动力机械工程系水力机械设计与制造专业，获学士学位。2006年，毕业于江苏大学流体机械及工程专业，获博士学位。曾先后在Stanford University培训学习、The Hong Kong Polytechnic University团队研修。历任江苏理工大学流体机械工程技术研究中心副主任、能源与动力工程学院副院长，江苏大学、江苏省流体机械工程技术研究中心主任，江苏大学研究生处处长、学科建设办公室主任。

长期从事流体机械及工程、泵及泵站工程教学、科研、检测和新产品开发等工作。曾先后主持和负责国家“863”计划、国家自然科学基金、国家科技支撑计划等国家和省、部级课题30余项，其中获国家科技进步二等奖1项，国家级教学成果二等奖1项，省、部级科技进步一、二等奖30余项，授权专利12项。出版著作12部，发表学术论文200余篇，其中SCI、EI收录100余篇。培养和指导博士后、博士和硕士研究生近100名，其中5篇论文被评为江苏省优秀博士、硕士学位论文。流体机械及工程国家重点学科、动力工程及工程热物理江苏高校优势学科学术带头人，国家水泵及系统工程技术研究中心常务副主任，机械工业排灌机械产品质量检测中心(镇江)主任，江苏省质量技术监督泵类产品质量检验站站长。兼任全国博士后科研流动站管理协调委员会第八届专家组成员，中国农业机械学会排灌机械分会副理事长，中国农机工业协会理事兼排灌机械分会常务副会长，中国通用机械工业协会理事兼泵业分会副理事长，江苏省学位与研究生教育学会副会长，《排灌机械工程学报》编委会副主任、副主编，《水动力学研究及进展》《江苏大学学报》(自然科学版)《农机化研究》《化工设备与管理》编委等。

先后被评为“新世纪百千万人才工程”国家级人选，江苏省有突出贡献中青年专家，江苏省“333工程”中青年科技领军人才、新世纪科学技术带头人第二层次培训对象，江苏省“青蓝工程”新世纪学术带头人，江苏省“六大人才高峰”培养对象。领衔“流动机械（泵）节能技术研究及工程应用”团队被评为江苏高校等学校优秀科技创新团队。先后获全国化工优秀科技工作者、中国石油和化学工业青年科技突出贡献奖、中国农业机械学会第一届青年科技奖、中国通用机械行业科技创新突出贡献奖、中国石油和化工自动化行业杰出科技人才奖、中国产学研合作创新奖、江苏省第三期“333工程”突出贡献奖、镇江市劳动模范。九三学社中央优秀社员等。享受国务院政府特殊津贴。

四、董选时

1955年10月生，女，兵房镇人，中共党员，副教授，1973年3月，参加工作。

1973年3月～1975年8月，插队如东棉种场务农，1978年7月，毕业于南京医学院口腔医学系，1987年7月，毕业于南京师范大学政教系（在职学习）。在南京医科大学工作后，历任口腔医学系学生工作辅导员、校人事处师资科主任科员、校外事工作办公室秘书、副主任，康达学院党委副书记、副院长，南京医科大学调研员。2005年9月，获江苏省高校思想政治教育工作先进个人，2006年6月，获江苏省高校优秀党务工作者称号。

第五章　教育论文选介

境内中、小学校中有一支较为雄厚的师资队伍，且有部分教师注重理论与实践相结合，勤于动脑、勤奋笔耕，为提高教学水平、教育质量，撰写大量有指导性、实用性理论研讨文章，2005～2013年，发表在各教育刊物的文章有100多篇。章内选介2篇。

化学演示实验教学探究

金向东

演示实验是深受学生欢迎的实验形式，也是当前中学化学教学改革中最为活跃的研究课题。演示实验一般是由教师操作表演，一套装置就能满足全班学生观察的需要，对实验条件的要求不高，即使是条件差的学校，通过自制教具也能解决不少问题。因此目前必须创设有利于引导学生主动学习的课程实施环境，重视演示实验的设计与教学研究。

设计演示实验的基本要求

一、要有针对性：演示实验是针对讲授进行的实验，教师如能紧扣教学环节，通过简短

精彩的演示为讲授开路,那么就能起到突出重点、突破难点、巩固知识和应用知识的作用,常采用的演示实验有以下几种基本类型:

1. 引入新课的演示:这类演示实验用于讲授新课之前,其目的在于引起学生的兴趣,激发求知欲望。例如在讲授“原电池”之前,先演示“水果电池”实验,就能在活跃的气氛中引入课题,打开思路。

2. 建立概念和规律,验证物质性质的演示:这类演示实验用于讲授新课之中,其目的在于提供感性材料,借以形成概念,建立规律,加深对知识的理解和记忆。例如钠与水的喷泉实验,容易加深学生对钠的性质的理解。

3. 应用化学知识的演示:这类实验在讲授新课之后进行,也在复习课中演示。其目的在于让学生运用所学的知识解释实验现象,培养学生理论联系实际,提高分析问题、解决问题的能力。例如,“乙醇钠的生成与水解”、使淀粉变蓝的结构微粒是I_3^-、“七彩之谜”(FeCl3溶液性质实验)等。

二、要有启发性:演示实验的最终目的是要通过观察启发思维,有助于认识规律,发展能力。因此在设计演示实验时必须在启发性上下功夫。

1. 引发兴趣、挖掘问题:学起于思,思起于疑。设计演示实验应以“趣”“疑”“难”为诱因,趣中设疑,发掘问题;疑中涉难,引导思维,造成不断向未知境界探索的学习环境。例如在讲授过氧化钠的性质之前,选演示“吹气起火”“喷水起火”的实验或“过氧化钠的喷泉实验”,然后再引入新课,解决疑难,学生的思维活动就会处于积极的状态。

2. 设计演示程序,推进思维发展:发掘了问题只是思维的起点,而思维过程尚需依靠演示程序加以引导。如原电池实验可按如下程序进行:(1)取锌片、铜片各1块,将它们平行地插入盛稀硫酸的烧杯中,观察现象;(2)用导线把锌片与铜片连接起来,与前面观察到的现象进行对比;(3)在导线中间串联电流计。

3. 训练思维方法,发展思维能力:仅有学生思维的积极性,而无正确的思维方法,思维也不能得到很好的发展。因此设计演示实验时还要注意思维方法的训练,把思维和观察结合起来,以观察推动思维,以思维指导观察。基本的思维方法有比较、分析、综合、判断、推理等方法,这些都可以在实验中逐步进行训练。

三、要有可靠性

1. 要明显:为了使课堂上所有学生都看清楚,实验现象必须是明显的。在设计演示实验时首先要进行预备实验,掌握试剂的最佳浓度和用量;其次仪器的尺寸要比较大,必要时通过投影放大来提高观察效果;再次要使被观察的主体对比强烈,以利于学生看准目标,易于分辨,通常可采用染色、衬托背景等方法增加对比效果。

2. 要有把握:演示实验必须可靠,保证成功。课堂上每分钟都十分宝贵,要在很短的时间内,配合讲解,准确无误地完成教学任务。否则出现挫折不仅贻误时间,而且会引起学生对科学的怀疑。因此在设计演示实验时必须有一定的可靠系数。

演示实验教学的基本要求

为提高演示实验教学的效果，必须从实际出发，讲究实效。通常需注意以下几个方面。

一、创造条件开展演示实验，并不断提高要求：目前有些学校物质条件和师资条件都不理想，不少演示实验和学生实验开起来有困难。在这种情况下，首先应当千方百计把演示实验开展起来，尽量用自制和代用的方法使学生多见到一些直观的化学现象。然后随着客观条件的改善和教学经验的增长不断地提高要求。即使有了相当好的实验条件和经验也有一个精益求精、不断改进和创新，在实践中不断提高自己的设计水平和实践能力的问题。

二、演示实验必须防止“走过场”“搞形式”：为搞好演示实验必须认真备课，设计好演示程序，做好演示实验的充分准备。例如在演示中引导学生观察是非常重要的，必须在备课中充分考虑。有时学生虽然喜爱演示，但只是看热闹，情绪很高而实际效果却不理想。所以需要创造条件，使学生能结合课堂教学抓住观察对象，明确观察目的。可以将验证性实验改为探究性实验，使学生从实验中领悟到新的知识境界。例如通过实验探索葡萄糖分子的结构式。

三、正确对待演示中的失误，切忌弄虚作假：备好课可以提高演示的成功率。但是出了问题怎么办?一要镇静，保持清醒的头脑，尽可能把故障排除，最好还能够把排除意外故障的过程变为教育学生的过程。二是要实事求是，以科学态度对待演示实验教学。不能用“仪器不行”“药品质量有问题”来搪塞过去。应当如实分析实验失败的原因，争取在下一次上课时重做一遍。

演示实验教学的探索研究

一、设计思想的研究：能否设计出好的演示实验首先在于深入研究它的设计思想，即从化学理论、思想、方法和教学论的思想方法来发掘演示实验本身的潜在意义，研究组织实验教学的规律。

二、提高已有演示实验效果的研究：例如仪器设备是否能达到预定的教学要求，试剂浓度、用量是否最适宜，如何不断改进更新，怎样更好地改进演示程序，提高演示效果等都值得深入研究。

三、填补演示实验空白，突破教学难点的专题研究：有些重要的概念和规律、元素化合物知识，需要用演示实验来帮助认识，然而有时教学中还缺少这样的实验。因此需要我们进行研究和设计，进行创新实验，努力开发一些突破教学难点的演示实验。对此教师必须研究教材中哪些地方学生感到抽象，容易混淆，接受困难，需要如何指点帮助。例如，绿色实验：钠与纯氧、硫、磷、氯等非金属反应的全封闭实验。

四、多种演示手段和替代性实验的研究：利用常用仪器进行演示是一种最基本的手段，也可以利用投影手段，结合实验内容的教学电影、电视录像以及计算机进行模拟演示等。这些手段之间应当如何配合,如何发挥每一手段在演示中的特殊作用。为了解决实验条件差的暂时困难,还需要设计各种替代性实验,这些都是值得大力研究的课题。

总之进行演示实验的教学研究是很必要的,研究的领域也是相当广阔的,中学化学教师可以而且应该在这个广阔的领域施展才能,使化学教学质量得到更大的提高。

原载2005年第3期《华夏学术》

"教学做合一"原理与素质教育实践

黄　勇

"教学做合一"是陶行知先生批判学生死读书、读死书,先生死教书、教死书,教育严重脱离生活实际的传统教育中产生的光辉命题。陶先生提出的"教学做合一"伟大的教学思想,首开传统教育观念,教学方法改革之先河,且在长期的教育实践中,一贯重视培养学生的生活能力和创造才能,并把"教学做合一"作为晓庄师范之校训,开辟了一条培养一代创造新人的正确途径。在深化教育改革与传统教育观念(即应试教育)决裂,全面实施素质教育的今天,重新学习陶行知教学思想,实践"教学做合一"理论,具有重要的现实意义。

一、原理解读,明确指向未来的创造型人才培养目标

实施小学素质教育,就是为了全面提高小学生素质。素质教育与应试教育相对立,应教作为一种传统教学的模式对于人才的培养确实弊端很多;学生死读书、读死书,教师应对应试教育当然也是死教书、教死书,其方法无非是注入式、满堂灌,教育严重脱离生活实际,培养出来的不外乎肩不能挑,手不能提的"书呆子",这样的人才严重不适应社会发展的需要。人们不止一次地呼吁,未来的人才不应再是"高分低能型",而应是手脑并用,具有生活能力和创造才能的一代创造新人。为此,陶行知首先把"教授法"改为"教学法"提出了"教学做合一"的教学论,从而把传统教学方法的改革推向到一个科学的阶段,尽管解放前的几十年教学改革举步维艰,但陶行知所创办的学校还是为新中国培养了一大批"手脑并用"、热爱祖国、艰苦奋斗、抬头乐干、又红又专、能文能武的一代创造型人才。有效地实施素质教育,必须从转交观念,改革方法,坚持"做"几方面入手。

二、转变观念,实现应试教育向素质教育转轨

国家教委原副主任柳斌多次指出:小学素质教育是以全面提高公民思想品德、科学文化、身体心理、劳动技能四个方面的素质,培养能力,发展个性为目的的基础教育,……面向21世纪,基础教育改革的紧迫任务是走向素质教育,……实施素质教育的关键是转变观念。充分认识"应试教育"所产生的严重后果,"高分低能型"人才是不可能将社会主义现代化事业继承下去的,到二十一世纪,我们不能再背负"失误在于教育""责任在于老师"的罪名。80年前的陶行知先生且能提出"人民第一,实践第一,创造第一"这些伟大的教育观点,并围绕新型人才的要求努力去"做",难道我们与传统教育观念还舍不得决裂吗?几年

来，我们严格按照九年制义务教育要求，开足上齐教好规定课程，正确地对待“考试”，重视分数，但不唯分数论，争取好成绩，但不唯名次论英雄，面向全体学生，全面贯彻教育方针，全面提高学生素质，逐步深化应试教育，最终实行应试教育向素质教育的转轨。

三、改革教学方法，坚持教法、学法、做法的路径合一

陶行知先生关于“教学做合一”的关系讲得很透彻，即：“事怎么做，就怎么学，怎么学，就怎么教，先生的责任不在教，而在教学，而在教学生学……”改变学生死读书，读死书，首先从改革教学方法入手。数学，我们尝试实践邱学华老师的“尝试教学法”，着重培养学生的自学能力，贯彻“教是为了不教”这一教学原则。作文教学，为了帮助学生克服怕写作文，无物可写的畏惧心理，发展学生观察、思维、记忆、想象和创造能力，我校语文学科组进行了为期两年的作文素描教学研究，编写了《中高年级作文训练系列》，大大地提高了小学生的作文效率。

教育学生在“做”字上下功夫，成为合格加专长的学生，是我们开展素质教育的核心。“教学做合一”应以“做”为中心，先生在做上教乃是真教，学生在做上学乃是真学。“做”即实践，即实际能力，而素质教育的基本要求也是从认知、情意、技能和行为习惯等方面提高学生的素质，培养学生的能力。我们对学生提出要求是：合格加专长；合格即国家教委规定开设的文化课程成绩要合格；专长则指课外参加一个兴趣小组，使自己在琴、棋、书、画、艺、体方面要会一至二项，具有一定的专长。为此，学校组建了艺术队，包括声乐、舞蹈；还组建了书法、美术、航模等小组，成绩喜人。

教育实践证明，陶行知先生提山的生活教育理论之方法论原理“教学做合一”没有过时，尤其是倡导的“做”为中心的原则，对我们今天实施素质教育更具有现实意义。

原载2013年8月《辽宁教育》

第二十五篇　科学技术

中华人民共和国成立后，各级政府加强科技工作领导。1956年，如东县成立科普协会，以区建立科普工作组。1966年，境内兵房、大同、南坎等公社均建立农业技术推广站（简称农技站）。1978年后，公社恢复科普协会。1983年开始，乡设科技副乡长，中共乡委副书记具体分管农业和农业科技工作。各村分工一名负责人专抓农业科技工作。蚕桑、渔业、林果等专业技术员队伍相继产生。基本形成以乡农技站为骨干，村、组、示范户为基础的农技推广网络。

公社农技站建立后，农技人员积极主动当好党委、政府参谋。大力宣传推广粮棉油新品种，棉花种植新方式，高效立体（复合）种植及大棚蔬菜种植技术等，促进农业结构优化。兵房镇农技站在保田村9组建立农业实验基地，研究探索新立体种植模式及其配套栽培技术，以求选择推广。1982年始，中共中央连续5年发布5个1号文件，对农村改革和农业发展做出具体部署。20世纪90年代，国家相继颁布《中华人民共和国农业法》《中华人民共和国农业技术推广法》，彰显党和国家对农业、农业科技支持重视。传统农业向深层次——“三高”[①]农业发展。新种植方式、新栽培体系、新种植模式与之相应栽培技术和领导工程——丰产方、科技示范园、特种养殖基地、特种作物基地建设应运而生。农技站在科教兴农工作中敢于探索、勇于实践、研究新课题，成果丰硕，成绩斐然。大豫镇属农业大镇，以棉花为主导产业，农业科技进步对经济贡献份额65%以上。农技推广服务体系成为农业发展重要支撑。至2012年，全镇有农业技术人员32人，各类专业技术人才1630人，其中高级56人、中级896人、初级678人。

①高产、高质量、高效益（下同）。

第一章　科技网络

第一节　农技组织

1956年，境内首建掘东区农技站。1966年始，相继建立兵房等4家公社农技站。随着乡镇区划调整，2009年5月，由农技站、农机站、农经站等部门整合组建成大豫镇农业服务中心。至2012年，有农业技术人员13人，村(居、社区)农技员19人，培植科技示范户180户，形成镇、村两级农业技术网络。

一、掘东区农技站

建于1956年，属县农业局派出机构。郭平、顾铁夫、夏培生相继任站长。1970年始，应宝清任站长，技术员3～4名。1984年，盛建忠接任站长。工作人员为国家农技干部，负责对乡镇农技站业务指导。1996年，撤销掘东区农技站，工作人员充实乡镇农技站。

二、兵房镇农技站

建于1966年，属社办事业单位，站长彭友祥，农技员3名。址设公社内。业务上受县农业局指导，行政上归政府管理。1973年，黄静忠任站长，范成茂任副站长，农技员4人。址设原省水文站(兵房中学东侧100米)。1976年，农技站更名为农科站，下设农科队。1979年，撤销农科队，农科站名称沿用到1986年。1980年，址迁公社办公楼。1987年始，恢复为兵房镇农技站，黄静忠任站长。1992年始，为股级全民所有制事业单位。1994年，新建农技大楼。1999年，增补王云如、郁兵为副站长。2001年，丁店乡并入兵房镇，盛建忠任站长、吴耀泉任副站长。2009年，撤销兵房镇农技站。

三、丁店乡农技站

建于1966年，孙凤祥任站长，技术员3人。址设公社内，1992年，新建农技大楼。1988年，施宝山任站长。1996年，盛建忠任站长。2001年，撤销丁店乡农技站。

四、南坎乡农技站

建于1966年。至1992年，陈莫银、陈宏才、蔡忠、徐志俊、马焕民先后任站长。农技员4人。1992年2月～2007年，先后由陶建新、俞学斌任站长，马焕民、王云如任副站长。其间2000年，南坎、东凌乡两站合并为大豫镇农技站。2007年12月～2009年，丁建平任站长，王云如、刘文军任副站长。

五、东凌乡农技站

建于1991年，张忠祥任站长，俞学斌、吴耀泉任副站长，农技员3人。办公室设在乡政府大楼内。2000年，撤销东凌乡农技站。

六、大豫镇农业服务中心

2009年5月，兵房、大豫两镇合并重新组建大豫镇农技站。2012年，由农技站、农机站、农经站等部门整合组建成大豫农业服务中心，主任由镇主要负责人兼任、盛建忠任副主任，农业技术人员13人，其中高级农艺师2人，农艺师10人，助理农艺师1人。

七、村农技组织

1966年，公社组建农技站后，大队1名领导抓农业科技，配备1名专职农技员，生产队1名治虫员。1984年，农业发展需要，村配备3～4名农技员组成村农业技术服务站。1986年底，每村留2名农技员。以后，科技示范户替代治虫员。村组织机构精简，仍保留1名农技员。至2012年，全镇19个农业村(居、社区)有农技员19人，均持有职业农民培训合格证书，其中男性15人，女性4人。

图25—166　2008年，大豫镇农技站人员送科技到示范户　(王云如　提供)

2012年大豫镇科技示范户一览表

表25—242　　单位：亩 户

村别	组别	示范总户数	种养规模数	带头总户数	技术指导员
巩王村	1 11 15 17 20 26 32 33 37	15	95.60	225	郁　兵
伯安村	5 6 7 19 20 24 21 23 25	15	64.50	225	莫卫国
闸东村	4 5 7 11 13 14 15	15	90.10	225	高亚军
马家店村	9 27 32 33 39 41 42 43	15	67.00	225	袁　勇
东安闸村	38 40 41 42	15	71.70	225	吴锡华

续表25—242　2012年大豫镇科技示范户一览表

村别	组别	示范总户数	种养规模数	带头总户数	技术指导员
强民村	16 18 29	15	78.70	225	黄雪红
兵房居委会	1 10	15	52.10	225	盛建忠
大豫社区	2 4 6 30 10 15 11 12 19 23 27 28	15	39.40	300	沈善冲
南坎社区	南2 6 11 10 14 西1 4 7 北1 3 9	15	53.70	300	丁建军
止马洼村	12 18 5 6 29 24 8 22 9 10 11 12	15	48.40	300	陶建新
香台村	2 25 6 9 12 13 18 22 29 35 36 42 5	15	67.70	300	朱锦忠

第二节　科普协会

境内社会科技活动长期处在自发和自觉阶段，重点在农业等方面开展一些团体活动。民国5年(1916)，大豫盐垦公司引进脱字棉等美棉良种。民国25年，大豫中乡建立气象观测站，预报部分气象信息。1950年，县政府在新民、徐征、利民、王荃4乡，建立“岱字棉15号”纯种管理区。1971年，如东盐场设气象哨。1974年，如东采取民办公助形式兴办南坎等8个中心气象哨和盐场、棉场等3个气象哨。至2008年，县先后建立东凌、大豫等14个自动气象站。

中华人民共和国成立后，开始普及科学知识。1956年6月，成立如东县科学技术普及协会，掘东区建立科普工作组，由区乡文化、卫生、教育、农业负责人组成。各村有民校(夜校)教农民习字。利用这阵地，宣传浅显生产知识、卫生知识、自然科学知识。20世纪60年代初，公社成立科学技术普及协会。分设农业(包括农中、气象小组)、文教、卫生等分会。农业着重宣传种植绿肥、化肥应用知识、病虫害防治、优良品种推广等。“文化大革命”期间，科普协会停止活动。

中共十一届三中全会后，恢复科普工作，承担宣传普及农业科技、卫生、自然科学知识责任。1998年，如东县绿茂科技开发研究所在兵房镇成立。1999年，兵房镇以科普协会为基础，建立兵房镇农业科学技术研究会，吸收会员68名。设立理事会，聘请南京农业大学园艺教授、博士生导师、蔬菜科学研究所所长、金陵研究院兼职博导李式军担任名誉会长，黄静忠任会长、王云如任副会长兼秘书长。研究会设立体种植研究分会、蔬菜研究分会、果品研究分会、淡水养殖分会、畜禽养殖分会、植保研究分会。分会会长分别由徐召千、茅亚兵、陆侠、张雪刚、陈跃东、黄雪红担任。

各分会结合自身工作特点，积极开展工作。立体种植研究分会，根据棉花种植方式、种植类型变化，深入调查研究，进行科学试验，1999年，《南通农业》发表黄静忠撰写论文“复合种植下棉花叶枝利用效果的研究”，对棉花高产具有指导意义。

附记：

兵房镇农业科学技术研究会章程

第一章 总 则

第一条 兵房镇农业科学技术研究会是群众性科技组织，是镇党委和政府联系农业科学技术工作桥梁和纽带，是发展农业科学技术，提高农业增产科技含量的重要社会力量。

第二条 宗旨是：在镇党委和政府领导下，团结全镇农业科技工作者、生产者，以经济建设为中心，充分发挥科学技术是第一生产力的作用，促进农业科学技术繁荣发展，促进农业科技人员成长和科学文化知识水平提高，为当代农业服务。

第三条 本会遵守宪法、法律、法规和国家政策，遵守社会道德风尚，并接受县科协业务指导和县民政局监督管理，弘扬“尊重知识，尊重人才”的风尚，倡导“创新、求实、协作”精神，坚持“百花齐放，百家争鸣”方针。

第二章 任 务

第四条 本会努力完成以下任务：

1.积极参与修订兵房镇农业发展规则，为发展兵房经济，推广农业技术，决策、咨询服务；

2.研究开发农业新技术和总结栽培技术经验；

3.组织科研立项，总结典型经验，为农业发展提供技术储备；

4.组织农业技术专业培训、学术交流、参观学习、互通信息；

5.有效地进行科技成果示范推广和转化。

第三章 会 员

第五条 具有一技之长的人员，承认本章程，经个人申请，理事会批准后均可加入本会。

第六条 会员享有下列权利：

1.优先获取学会的新技术、新优品种、产品信息；

2.有选举权、被选举权和表决权；

3.对本会工作提出意见、批评、要求、建议；

4.具有创造性、先进性、实用性农业科技成果，完成人可申请学会组织评审，报请政府给予奖励；

5.会员入会自愿，退会自由。

第七条 会员应履行下列义务：

1.遵守章程，执行决议，交纳会费；

2.积极参加会内各项学术活动，无保留地传授技术，交流经验、信息；

3.解放思想，积极进取，认真接受新技术；

4.要有市场意识，风险意识，竞争意识，积极引进、试种作物新品种；

5.努力完成本会交办的工作。

第八条 会员如有严重违反本会章程的行为，经理事会表决通过，予以除名。

第四章 组 织 机 构

第九条 兵房镇农业科学技术研究会，下设立体种植研究分会、蔬菜研究分会、果品研究分会、淡水养殖分会、畜禽养殖分会、植保研究分会。

第十条 会员大会三年召开一次，必要时可提前或延期进行，大会选举产生理事会，坚持民主集中制组织原则。

第十一条 本会设立理事会，理事会选举会长、副会长、秘书长若干人，会长主持会务，副会长协助工作，秘书长主持日常工作，组织实施年度工作计划，并协调各分会开展工作，各分会根据各自工作特点开展工作，对研究会负责。

第十二条 本会会长为本会法定代表人。

第十三条 本会每年召开一次学术交流会，总结、部署工作，表彰先进。

第五章 经 费

第十四条 本会经费来源：镇政府财政资助；农业企业捐赠；会费、其他合法收入。

第十五条 经费管理，按镇政府专项资金管理办法进行。

本章程经1999年6月18日会员大会表决通过，并即生效。

第三节 科技队伍

1949年前，境内仅有少数中、小学教师及少数医疗卫生技术人员。中华人民共和国成立后，各类科技人员逐渐增多。1980年始，全县启动专业技术职称评定工作。1983年9月，暂停评定。1987年始，中共中央、国务院转发中央职称改革领导小组《关于改革职称评定、实行专业技术职务聘任制度的报告》通知精神，重新启动专业技术职称评定工作，实行专业技术职务聘任制，以岗设职，评聘结合，职权明确，并废除技术职务终身制。党政机关（含工商、税务、金融、保险、公安、法律、交通等公务员序列）、企事业单位、农业、教育、医疗卫生等部门和行业，都参与职称评定工作。至2012年年底，全镇各类专业技术人才情况如表所示：

2012年大豫镇各类专业技术人才一览表

表25—243　　　　单位 人

单 位	高级	中级	初级
教 育	17	193	54
医疗卫生	11	43	85
农 业	2	16	19
工厂企业	26	644	520
合 计	56	896	678

第二章　科普活动

第一节　科学普及

20世纪70年代后期，境内各公社科普协会、农技站、文化站、妇联运用群众喜闻乐见形式，联合举办科普文艺演出、纳凉晚会等宣传活动。并设科技咨询点、发放科技宣传资料、举办科技图片展览等。

80年代初，境内乡镇科技协会，会同团委、妇联、工会、文卫、计生、广电等相关职能部门，采取举办专题科技讲座、有线广播讲座、刊出黑板报、宣传栏等多种形式和途径，宣传普及科技知识。据统计，举办专题讲座55期，听众6200人次；广播讲座220期，收听率85%以上；黑板报、宣传栏130期，刊登科普知识等资料文章1200多篇。使科普知识做到人人皆知、深入人心。

1986年始，兵房镇科协、成人教育中心、农技站、供销社、庄稼医院联合创办科技小报（含防治病虫草害情报）。20多年，持之以恒，每年刊出12期（不含增刊），每期印发400份，内容以农业实用技术为主。增刊内容如崇尚科学、反对邪教；揭露批判“香功”、邪教“法轮功”；依靠科学、战胜非典；构建和谐社会、建设绿色家园；坚持科学发展，走进低碳生活等。

附记：

适时搞好棉花苗床假植蹲苗

科技信息

主办单位：兵房供销社庄稼医院　兵房镇成人教育中心学校　兵房镇农技站　兵房镇科协

第4期　总编136期

假植蹲苗是促壮苗，缩短栽后缓苗期，争早发重要措施，不能忽视。假植蹲苗具体要求：

一、假植前准备

假植蹲苗前三四天，要做好炼苗工作。如天气晴暖，可把薄膜揭开，昼夜炼苗；如天气条件不好，昼夜通风炼苗，目的是进一步降低苗床湿度，降低棉苗体内含水量，使其老健。适应搬钵后，由于伤根吸水少而仍能保持棉苗体内水分的动态平衡，不至于萎蔫，从而促进快恢复、快发根，达到壮苗、壮根之效果。

二、假植时间

根据多年实践证明，棉苗达到二片真叶以上搬体效果好，一般掌握套栽棉花在移栽前10～15天进行，刀具搬钵的栽前10天左右进行，麦、油后移栽棉花在移栽前15～20天进行。大体时间在4月底～5月上旬。

三、假植质量

搬钵质量是保证假植效果的关键。要求搬钵以后子叶不脱落，到移栽生长一片以上真叶，茎明显增粗，外露钵体白根多，栽后无明显缓苗期。要达到上述要求，必须坚持搬钵质量：

1.提倡手工搬钵，质量高，效果好。刀具搬钵，工效高，效果差。麦、油后移栽的要坚持手工搬钵。

2.坚持补肥、补水、补土。这"三补"技术是搬钵成败关键措施，必须坚持做到。不能只补土，更不能"三不补"。补肥：每丈用尿素1～1.50两；补土：边搬钵边补土，并把苗扶正；补水：根据钵体干湿而定。如能在补水叶片干后，用生物钾1斤和细土盖钵面7～8丈效果更好。

四、床温调控

假植后的苗床，在一般情况下床温要适当调高一点，时间3～5天，促进快发根。气温高的情况下，要开好通风口，防烧苗。以后按常规方法进行。

孕妇四不宜

一、不宜用风油精：风油精中的樟脑成分能穿过胎盘进入羊膜腔，引起恶心、呕吐。

二、不宜食山楂：山楂中含有山楂酸、酒石酸、黄酮等成分，有加强子宫平滑肌收缩的作用，导致流产。

三、不宜食用桂圆：桂圆性温太热，阴虚、阳血偏虚的孕妇，多食可出现大便干燥、口干胎热、肝经郁热等症状，还可发生流产先兆症状。

四、不宜玩猫：孕妇玩猫易感染弓形体病，使胎儿流产或致畸，一般感染者可出现脑膜炎症状，还可以引起心脏病。

第二节　科教兴农

从20世纪80年代始，境内"一镇三乡"[①]农技站就注重农业技术应用，随农业气象变化、品种更新等因素而变化之特点，采取6个结合方法，加快农业技术推广和实施科教兴农进程。村级农技员基础理论知识培训与县农业局培训相结合。1985～1987年，兵房镇农技站每月组织村农技员培训3次，有培训计划和目标，课程设置有：植物与植物生理、土壤肥料、作物病虫害防治、作物栽培等。通过3年培训，农技员自身理论水平均有较大提升，在指导农业技术实践中得到充分展示。兵房居委会农技员茅亚兵，经县组织考试，被吸收

①兵房镇、南坎乡、丁店乡、东凌乡（下同）。

为农技站人员，后被提升为副站长。现场指导与以会代训相结合。20世纪80～90年代期间，常以现场观摩，会上技术指导，提高村农技人员、示范户科技知识水平和临场解决问题能力。1996年，境内"一镇三乡"举行科技示范现场观摩会56场次，研讨解决如何提高示范户科技含量等课题30多个。座谈会交流与正确引导相结合。做到生产关键技术集思广益，听取示范户、村农技员意见，形成较科学技术措施。类似这种小型指导活动，主要由村农技员具体操作，并形成"农情日记"，以便备查。同时，还深入联系点调查研究，发现问题及时采取措施，利用镇广播、村高音喇叭进行宣传，形成强烈科教兴农氛围。培植示范点与新技术推广相结合。农业科技示范点主要形式有丰产方、实验基地、示范户等。"一镇三乡"均培植有乡镇千亩丰产方、村百亩棉花丰产方、组为示范户，时称"领导工程"。这些示范点融入新技术后，均达到预期效果，起到示范、推广、辐射作用。高产户与有奖竞赛相结合。"一镇三乡"党委、政府高度重视这一工作，并把"有奖竞赛"活动列入村级年终考核。组织发动、鼓励广大农户参加县棉花高产有奖竞赛，1990～1996年，境内每年有3000多农户参加竞赛，农技站编写棉花高产技术资料发至参赛农户，经精心培管，获二、三等奖比例占20%以上，农户植棉积极性空前提高，棉花生产得到有效保证。外地经验与当地实践相结合。"一镇三乡"农技站积极当好党委、政府参谋，努力推广科学技术，助推农业不断振兴。大多采用"走出去"方法，学习和借鉴外地先进技术，与当地实践相结合。1990年，兵房镇、南坎乡农技站组织村农技员及示范户赴太仓学习棉花群体质量栽培技术，启发颇深。经过20多年不懈努力，不仅使棉花稳产高产，而且农民科学种田水平跨越式提高，农技人员科研、创新、推广能力达到更高境界，全镇农业经济得到持续发展。

第三章　科学实验

20世纪70年代后，根据农作物种植方式和类型变化及高效农业持续发展之需要，境内农技人员坚持科学实验，研究开发，为农业发展提供技术支撑和技术贮备。"一镇三乡"农技站和兵房中学等有关单位，自拟设计296项次试验课题进行探索研究，促进科技进步与发展。其中获科技进步奖14项次；科技推广奖15项次；其他5项次。发表论文（含试验）49篇；16篇对持续发展农业仍有指导价值。

第一节　品种比较试验

境内"一镇三乡"农技站，把品种比较试验，视为抉择品种推广重要途径。对棉花、玉米、麦类、蚕豆、瓜类、特种蔬菜等作物品种实施试验课题55项次。1976年,大同公社农技站针对棉花枯萎病发生并迅速蔓延,造成发病棉株蕾铃大量脱落,严重的甚至死亡。为提高产量、增产增效,开始育种试验。经3年系统选育,株系76～399参加省试名列第一。20世纪80年代初,在大同、兵房、掘港等地区,推广种植面积3000亩。20世纪90年代前,农作物品种均由县种子公司统一供种。之后,乡镇农技站可直接至育种单位引种。凡引进品种都经小面积试种,进一步了解品种特征、特性(抗逆性、抗病性、适应性、高产性)及相应栽培技术,择优推广。

2010年,强民村农技员黄善章与示范户项建平,提出借西兰花基质育苗技术育棉苗设想,得到大豫镇农业服务中心技术支持、帮助,经连续4年试验、示范及推广,取得良好经济和社会效益。

这种棉花塑膜大棚穴盘育苗技术,远不同于棉花水浮育苗技术,又别于棉花基质育苗移栽技术,其操作简化、轻便易行,适应目前棉花生产需求,顺应棉花育苗技术朝轻简化方向发展。2012年,示范推广面积1000余亩。是年3月,县农委将此创新技术上报省农委和农业部。4月,得到农业部认定,并在全国推广。

第二节　栽培技术试验

境内“一镇三乡”农技站,视栽培技术为作物高产、高效、优质重要措施,注重科学实验。经不断试验、不断改进、不断丰富、不断完善而形成栽培技术体系。据资料显示,对棉花密度、育壮苗技术、整枝技术、肥料(叶面肥)运筹、不同栽培体系(直播、育苗移栽、地膜覆盖、立体种植)高产技术研究、油菜扩行缩株技术、双季玉米种植技术、特种经济作物种植等方面试验164项次。

1983年,兵房乡农技站,在1981年、1982年麦后移栽棉花苗床搬钵蹲苗试验结果基础上,进行套栽棉花苗床搬钵蹲苗试验。探讨、研究不同于麦后移栽棉花苗床搬钵蹲苗技术特点。经当年试栽,该项技术优于激素调控技术。据此,撰写《棉花苗床搬钵蹲苗试验》论文,发表于1984年《中国棉花》杂志。先在全乡大面积推广,继而在全县推广。进入21世纪后,该项技术仍然普遍应用。

第三节　土肥植保试验

土壤肥料为作物生长发育之基础,植物保护为减少病虫草危害,与优良品种、种植技术等相辅相成。农技人员对测土配方施肥、病虫草害防治农药筛选、三麦防倒素研配、新垦区盐碱土改良技术、抗旱气象指标研究等课题73项次进行探讨。

第四章　农业新技术推广

第一节　优良品种

20世纪50年代前，境内传统农业四大作物，均种植当地老品种，鸡脚花、小金黄玉米、六棱元麦、白菜型油菜。50年代初，引进岱字棉。60～70年代，品种有发展但变化不大。进入80年代，利用杂交优势，发展优质、高产、抗病虫的优良品种。为农业高产夯实基础。

一、棉花

20世纪50年代，种植岱字棉，以后推广通棉5号、泗棉3号、盐棉48、861、3563等常规杭病(枯萎病)品种。80年代～2012年，推广苏棉8号、杂交抗虫(病)棉——国光22、鲁棉15、科棉系列、冀杂系列、创杂棉系列等品种。

二、玉米

20世纪80年代前，种植小金黄、大金黄、老人牙等品种。至今，种植穗位低、叶片上冲、抗倒、大穗杂交玉米品种——掖单13、苏玉23、神玉2号、济单7号、苏玉糯1号、2号、京科糯2000等。

三、三麦

1982年后，大麦品种主要种植东大1号、如东3号、沪麦10号、矮早3号等。小麦品种主要种植扬麦5号、扬麦158号、宁麦8号、扬麦13号、扬麦15号、扬麦16号。

四、油菜

20世纪80年代，推广种植甘蓝型品种——中油821、宁油8号等，90年代开始，推广种植杂交甘蓝型品种——秦油1号、2号、7号、10号，史力丰等。

第二节　栽培技术体系

20世纪50年代后，散播种植方式渐被等行、宽窄行条播方式所取代。70年代末，棉花种植类型从直播发展到温床育苗移植、地膜直播。90年代初，进一步发展到10多种地膜覆盖棉田立体种植模式。随品种、密度、肥力、种植方式(类型)变化，相应调整栽培技术，形成栽培技术体系。

一、种植方式(类型)

20世纪50年代前，棉花以散播为主，之后，推广等行直播、慈溪式(宽窄行)等种植方式。种植类型从纯直播棉花发展到纯移栽棉花，进一步发展到棉田复合种植。90年代中后期,推广大等行种植。1999年,向瓜果、荚果、叶菜、鲜食糯玉米立体种植发展。

1999年兵房高效立体种植类型及其栽培要点

表25—244

种植类型	品种选择	种植时间及其技术要点
蚕豆/冬瓜—豌豆(秋冬蔬菜)	蚕豆品种为鲜食大白皮 冬瓜品种为六叶冬瓜或广东黑皮 豌豆为中豌4号	组合10尺,空幅7.50尺,播幅2.50尺,种植2行蚕豆,株距0.50尺。冬瓜于1月下旬~2月下旬择晴天大棚育苗(制钵、大棚扣小棚、地膜三层薄膜设施育苗),3月下旬~4月上旬据苗情移栽冬瓜(小棚、地膜设施),6月上、中旬上市,谢市后接种豌豆,行距1~1.20尺,每亩播种量15—17.50斤(也可接种其他秋冬蔬菜)
蚕豆/鲜食玉米/冬瓜—豌豆(秋冬蔬菜)	蚕豆品种为鲜食大白皮 冬瓜品种为广东黑皮 玉米品种为苏玉糯1号 豌豆为中豌4号	组合11尺,播幅4尺,种2行蚕豆,空幅7尺为玉米预留行,可种植秋冬蔬菜。玉米于2月底~3月初播种2行小棚、地膜玉米,行距2.50尺,6月下旬上市。地膜冬瓜于4月底5月初移栽,冬瓜收获后接种豌豆、刀豆或者其他秋冬蔬菜
青蒜(蚕豆)—豇豆(扁豆)/青毛豆—秋番茄(豌豆、刀豆)	青蒜品种为二水早 豌豆品种为之豇28 秋番茄品种为合作906 刀豆品种为美国地刀豆 青毛豆品种日本早丰等	组合8尺,秋播青蒜或1行蚕豆,青蒜2月底~3月初上市后即整地,结合施豇豆基肥,3月上、中旬初在地膜、小棚内点播4行豇豆,平均行距1尺,在1.60尺空幅中各种1行地膜早毛豆,5月下旬上市,7月中、下旬豇豆收获结束,即移栽秋番茄,番茄于6月中、下旬育苗,或者接种刀豆、豌豆、大白菜等
青蒜(冬春蔬菜)—番茄—秋冬蔬菜(大白菜、卷心菜、秋番茄)	大白菜为正暑3号 卷心菜为夏王甘蓝	组合6.50尺,畈面5.50尺,浅排水沟1尺,秋播青蒜或其他蔬菜。冬至节前后番茄三膜温床育苗,2月中旬按0.3尺株行距假植,3月上旬定植于棚架薄膜内,每棚4行,平均行距1.10尺,株距0.65尺,番茄于6月上旬上市场,7月上旬谢市后接种大白菜,大白菜于6月中旬育苗,8月上旬上市场,9月上旬接种双季豌豆
豌豆—马铃薯/玉米(洋扁豆)/毛豆—花生	马铃薯品种为克新1号 玉米品种为苏玉糯1号 豌豆品种为中豌4号	9月上旬播种豌豆,10月下旬上市,于12月下旬在7.2尺组合的中间播种一弓棚,地膜马铃薯,每棚4行,平均行距1.1尺左右,3月中旬在马铃薯行间移栽2行鲜食玉米,3月下旬离棚1尺各播种(或移栽)1行地膜早毛豆,6月底~7月上旬前茬收获后,即播种花生
蚕豆/玉米/夏玉米/山芋	蚕豆品种为大白皮 玉米品种为苏玉糯1号	组合5尺,秋播蚕豆(或冬春蔬菜)。3月中旬在空幅中播种1行地膜玉米。6月中、下旬在玉米空幅中再播种1行来玉米,于7月上、中旬上市,即栽山芋
马铃薯+莴苣(洋葱)/冬瓜—刀豆(豌豆、卷心菜)	马铃薯品种为克新1号 洋葱品种为红皮 冬瓜品种为黑皮或六叶	组合10尺,4尺播幅,11月移栽5行地膜莴苣。预留行6尺,12月下旬播种一小棚地膜马铃薯,平均行距1.10尺左右,4月接种刀豆、豇豆、卷心菜等蔬菜
青蒜+卷心菜—西瓜+晚冬瓜	卷心菜品种为爱春 西瓜品种为京欣1号 冬瓜品种为广东黑皮 青蒜品种为二水早	组合10尺,6尺播幅青蒜,4尺种2行卷心菜,10中旬育苗11月下旬移栽,翌年4月下旬~5月上旬收获。青蒜收获后于4月中旬移栽1行大棚育苗、小弓棚、地膜西瓜。于5月中旬在西瓜株间移栽冬瓜

续表25—244　1999年兵房高效立体种植类型及其栽培要点

种植类型	品种选择	种植时间及其技术要点
马铃薯/甘蔗/毛豆	甘蔗品种为青皮甘蔗 毛豆品种为早丰	播前按3尺组合起浅沟宽0.8尺，为甘蔗播种行。12月下旬按6尺组合播种2行地膜马铃薯。于3月上旬在浅沟里直播小棚甘蔗。同时在垄上播种2行青毛豆
青蒜—芋头—秋冬蔬菜	芋头品种为黄禾芋	秋播青蒜，2月中旬上市结束后，即按5尺组合起垄，垄宽0.80尺，垄面1.20尺，2月下旬栽种小棚芋头，大小行种植，大行2.20尺，预计芋头7月下旬收获，即按种秋冬蔬菜。或者以2.50尺等行种植，在棚架内的垄面上同时种植2行早毛豆

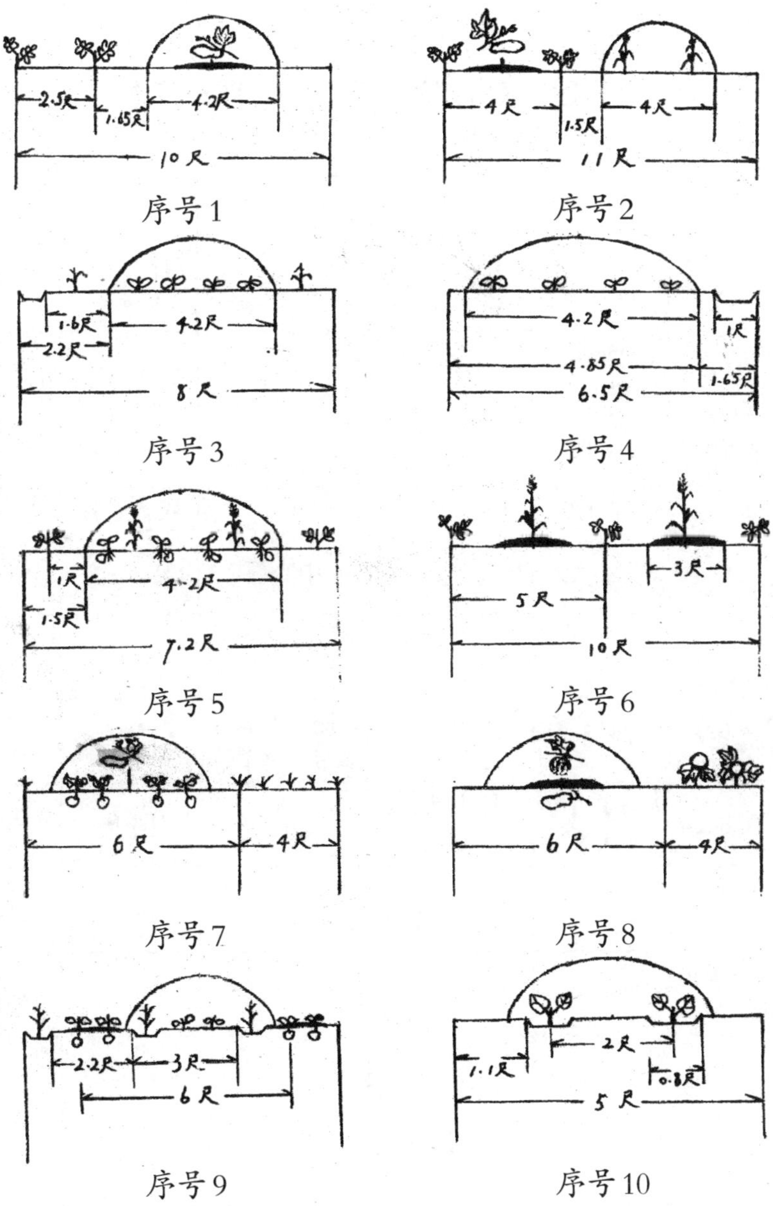

图25—167　种植规格示意图　(1999年，黄静忠绘制)

二、栽培技术

棉花主要推广棉花育苗移栽栽培技术，棉花高产群体质量栽培技术，旱粮棉区立体种植栽培技术，一膜两用棉花高效复合种植技术，棉花“扩行、降株、增肥”栽培技术，生长激素调控技术，少耕、免耕技术等。三麦“精培、控苗、高效、增肥”群体质量栽培技术。油菜“早播、稀育、拓行、降株、增肥”栽培技术。玉米“足群体、壮个体、高积累”栽培技术。粮棉油主作物后期药肥混喷技术。梨园套夹种技术。特种经济作物种植技术。蔬菜（大棚）种植技术（见表）。植物保护推广敌敌畏毒土棉田熏蒸红铃虫技术，棉花仓库放养金小蜂防治红铃虫技术，病虫草害防治技术，三麦防倒素应用技术等。土壤肥料推广配方施肥技术，平衡配套施肥技术，棉花钾、磷肥及微量元素应用技术等。

1999年兵房镇蔬菜周年播种期一览表

表25—245　　　　单位：公斤

蔬菜名称	主要品种	栽培方式	播种期月/旬	育苗方式	定植期	采收期	亩产量
春夏黄瓜	津研、津春系列	大　棚	12月下旬~1月上中旬	大棚多层覆盖	2月上旬~3月下旬	4月上旬~6月上旬	3000~5000
四季豆	矮生刀豆	小棚地膜覆　盖	1月中旬~2月	育　苗	3月上旬	4月下旬~5月	700~1000
春茼蒿	大叶茼蒿	小　棚	1月上旬	—	直接撒播	3月上旬	800~1000
马铃薯	克新1号	地　膜	1月中旬	—	块薯直播	5月下旬	1500
春豇豆	一点红，之豇28-2	保护地	2月下旬~3月中旬	中小棚	点　播	5月中下旬	1500
丝　瓜	本地品种，南京蛇形丝瓜	大　棚	2月上中旬	大棚+小棚	3月下旬	5~8月	2000
冬　瓜	广东黑皮	小棚地膜	2月中旬	大棚+小棚+草帘大钵育苗	3月下旬	5月下旬~7月	4000
西　瓜	京欣1号，8424	大棚或小棚地膜	2月中旬~下旬	同上	同上	5月~6月	2500
早熟毛豆	大青及粗大粒早毛豆	棚　栽	2月下旬	—	直接点播	5月上中旬	300-500
小青菜	上海青，热优白菜，四月慢	露地防虫网	3月~9月	撒　播	—	4月~10月	1000
茄　子	本地青皮长茄	露　天	3月中旬	小棚或大棚	5月中旬	8月上旬~10月下旬	2500
架刀豆	白籽四季豆	地膜或露天	3月下旬~4月上旬	—	直接点播	5月中旬~7月	1000
中熟毛豆	六月黄	露　天	4月下旬~5月上旬	—	直接点播	7月下旬~9月上旬	1000

表25—245　1999年兵房镇蔬菜周年播种期一览表

蔬菜名称	主要品种	栽培方式	播种期 月/旬	育苗方式	定植期	采收期	亩产量
辣甜椒	海丰,牛角椒	露　天	3月4日~5月上旬	小棚或露天	4月中旬~6月上旬	6月中旬~10月	2500
黄　瓜	津杂,津研,津春系列	露　天	3月~4月	小棚或露天	4月~5月	5月中旬~7月	1500
木耳菜	大叶木耳菜	露　天	4月~8月	—	点　播	5月~10月	2000
扁豆	本地品种	露　天	4月~5月	—	点　播	8月~11月	1000
生　菜	散叶生菜、结球生菜	露　天	5月~6月	露　天	6月~7月	7月中旬~8月中旬	500
夏大白菜	夏阳白菜	遮阳网	6月~7月上旬	点　播	—	8月~9月	2000
伏花菜	龙峰50~60天	露　天	5月上旬~8月上旬	遮阳防雨	7月中旬~8月上旬	9月下旬~10月上旬	1000
夏秋黄瓜	津研、津春	露　天	5月~8月上旬	直播或制钵	—	7月~10月	1500
夏秋豇豆	之红28-2、秋豇512	露　天	5月~8月上旬	—	直接点播	7月下旬~10月	1500
秋花菜	龙峰80-120天	露　天	7月上旬	遮阳防雨	8月中旬	11月~1月	1500
秋大白菜	山东6号、鲁阳1号	露　天	8月10号~20号	点　播	—	11月	4000
伏秋甘蓝	夏龙	露　天	5月~7月上旬	遮阳防雨	6月中旬~8月上旬	8月中旬~10月上旬	2000~3000
秋甘蓝	京丰1号	露　天	7月上旬	遮阳防雨	8月中旬	10月中下旬~12月下旬	3000
秋番茄	906 908	露　天	7月上旬	遮阳防雨	8月上中旬	10月下旬~11月下旬	2000
芹　菜	黄心芹	露　天	7月上旬~9月	遮阳育苗	撒　播	10月~12月	4000
西　芹	犹他	露　天	5月~8月	遮阳育苗	6~7片叶	8月~1月	10000
菠　菜	本地品种	保护地 露　天	8月~9月	撒　播	—	10月~翌年3月	1000
茼　蒿	大叶茼蒿	露　天	9月	撒　播	—	10月	1000
秋莴苣	雁翎笋、二白皮	露　天	8月中旬	遮阳网	9月中旬	10月下旬~11月中旬	1500
伏莴苣	耐热二白皮	露　天	7月下旬	遮阳网	8月中旬	9月下旬	1000
秋雪菜	雪里蕻	露　天	8月下旬	露　天	9月中旬	11月下旬	2000
秋冬青菜	上海青、四月慢、苏州青	露　天	8月中旬~9月中旬	露　天	9月上旬~10月上旬	10月~1月	3000
四月慢	上海四月慢	露　天	9月下旬	—	10月下—12月下旬	1月~3月	2000
洋　葱	红皮洋葱	露　天	9月下旬	露天育苗	11月中旬~12月上	5月中旬~6月上旬	1200~1800
春甘蓝	京丰1号	露　天	10月上旬	露　地	12月上旬	5月中旬~6月	3000

表25—245　1999年兵房镇蔬菜周年播种期一览表

蔬菜名称	主要品种	栽培方式	播种期月/旬	育苗方式	定植期	采收期	亩产量
春早番茄	906 908 402	大 棚	11月上中旬	大棚+小棚+草帘	2月下旬	5月~7月	4000~5000
	906 908 402	小棚+地膜	11月下旬~12月上旬	大棚+小棚+草帘	3月中下旬	6月~7月	4000
	906 908 402等	地 膜	12月上旬	大棚+小棚+草帘	4月上旬	6月~7月	4000
春早熟茄	本地青皮长茄	大 棚	11月上旬	大棚+小棚+草帘	3月上旬	5月中旬~7月	3500
	本地青皮长茄	小棚+地膜	11月下旬	大棚+小棚+草帘	3月下旬	6月~7月	3500
	本地青皮长茄	地 膜	12月上旬	大棚+小棚+草帘	3月下旬~4月上旬	6月中旬~7月	3000
春早熟椒	海丰5号、嘉配甜椒、牛角椒	大 棚	11月上旬	大棚+小棚+草帘	3月上旬	5月中旬~7月	3000
春早豇豆	之豇28-2	大棚+地膜	2月上中旬	大棚+小棚	3月上旬	5月~7月	1000
芋头	本地黄禾芋	小 棚	2月下旬	直接播种	—	7月中下旬	1500

兵房镇农业科学技术研究会茅亚兵编制

第五章　农业基地

20世纪90年代初，境内各乡镇开始发展“三高”农业，发展过程中，涌现出丰产方、示范基地、专业合作社、实验基地、科技计划项目、现代农业产业园区、现代农业示范村、现代特色农业示范基地等技术推广载体。对发展农业起到示范推动作用。

第一节　丰产方

20世纪80年代末至90年代后期，境内各中共乡镇委、政府把丰产方建设作为推进科教兴农、提高农业整体素质，加速现代农业进程根本举措。乡镇、村都精心打造棉花丰产方，水稻丰产方。1988年和1989年，兵房镇棉花百亩丰产方参加江苏省“丰收杯”高产竞赛，获四等奖。1992年，丰产方示范、辐射，带动境内6万多亩棉花平衡增产，较前三年平均增产19.30%，达到新水平。1995年，兵房镇保田村6个村民小组，建成1200余亩“一膜两用”棉花立体种植示范方，其中核心方105亩。是年，被确认为江苏省如东县移栽地膜棉第九示范方，全省唯一立体种植示范方，获县级丰产方竞赛二等奖。1996年，参加江苏省移栽地膜棉超高产(150公斤)示范方竞赛,经县、镇农业部门测查,核心方皮棉亩产127.20公斤,千亩示范方亩产超过105公斤,辐射兵房镇域1.20万亩,实产135.40公斤。获县棉花高产竞赛一等奖。农业部、省农林厅、市农业局有关专家和学者亲临考察,给予充分肯定。先后接待邻县(市)、县内有关乡镇参观学习者5000多人次。

附记一:

江苏省移栽地膜棉攻关示范方竞赛申报书

申报单位:如东农业局(章)

示范地点:兵房镇保田村9组

面　　积:105亩

品　　种:苏棉8号

产量指标:150公斤

申报日期:一九九六年六月五日

保田村棉花攻关示范方位于兵房镇南1.50公里,202省道西侧,为一年两熟旱作棉区,土质夹沙土,有机质量含量1.30%,全氮0.082%。速效磷3.70毫克/千克,速效钾123.10毫克/千克。夏熟以麦、蒜、马铃薯为主,秋季以棉为主,棉瓜立体种植,一膜两用,瓜棉双覆盖。去年棉花铺地实产107公斤,亩产值突破3000元。

1.以规范化育苗为基础培育早大壮苗,实现壮苗移栽。

2.大组合等行种植,每组3.30米,种一行瓜(每亩密度250株),三行棉,棉花密度3000~3200株,平均行距1.10米,以充分发挥个体优势,争总铃、争铃重、攻高产。

3.增肥补钾,增加投入,亩施纯氮23公斤以上,有机肥占25%以上,N、P、K比例达到1:0.4:0.6。增加后劲,充分发挥苏棉8号后期的成铃优势。

4.抗灾治虫,保产保收。

附记二:

竞赛验收申请书

<table>
<tr><td>验收作物品种</td><td colspan="2">棉花、苏棉8号</td></tr>
<tr><td rowspan="2">乡测产、验收结果</td><td colspan="2">产量:129.90千克
产量构成因子:密度2691,单株成铃28.60,亩总铃7.696万
前三年铃重(万桃皮棉重):16.88千克</td></tr>
<tr><td>验收负责人(签字):
黄静忠
1996年9月27日</td><td>乡政府意见(盖章):
同意验收
1996年9月29日</td></tr>
</table>

验收作物品种	棉花、苏棉8号	
县测产、验收结果	产量:127.20千克 产量构成因子:密度2712,单株成铃27.90,亩总铃7.5665万 前三年铃重(万桃皮棉重):16.80千克	
	验收负责人(签字): 管信山 1996年10月10日	县农业局意见(盖章): 同意验收 1996年11月9日

县政府意见(盖章):

同意申报

原件复印件

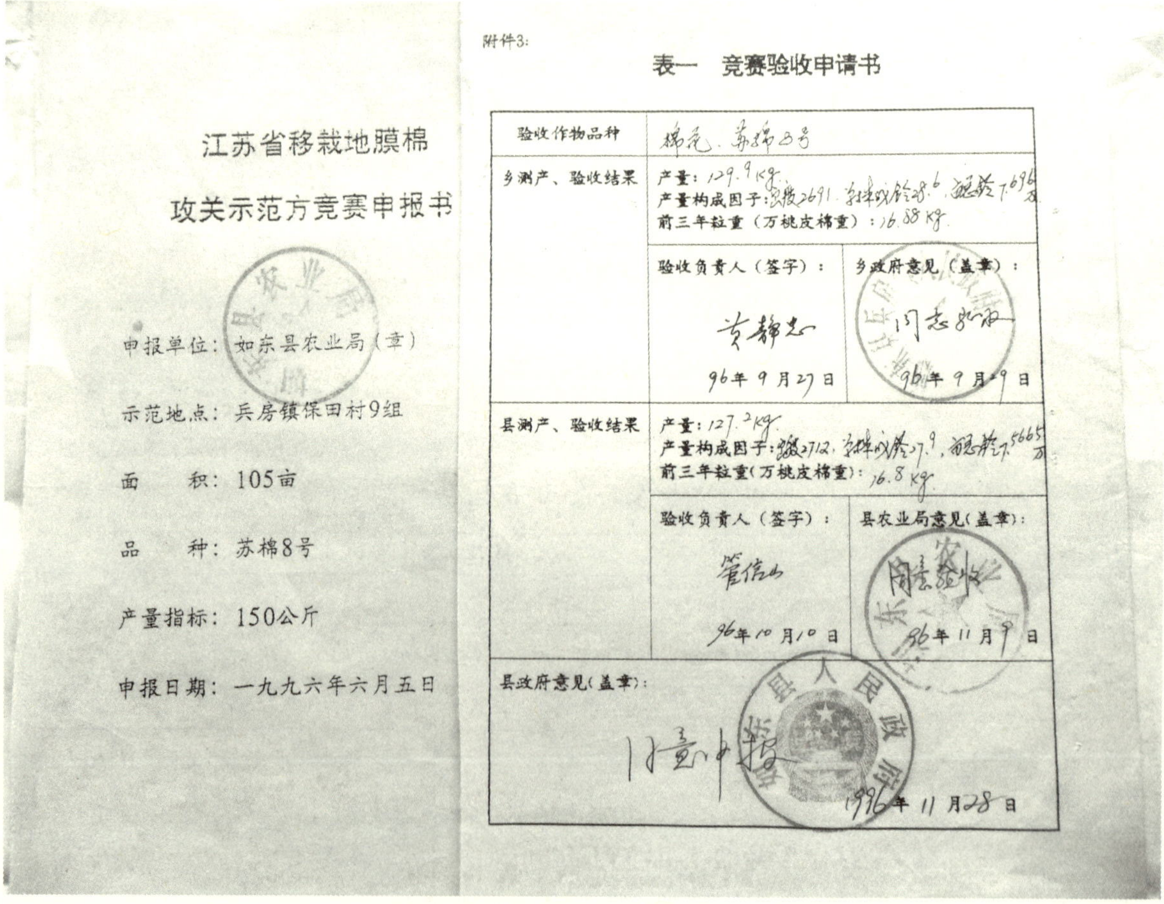

江苏省移栽地膜棉

攻关示范方竞赛申报书

申报单位:如东县农业局(章)

示范地点:兵房镇保田村9组

面　　积:105亩

品　　种:苏棉8号

产量指标:150公斤

申报日期:一九九六年六月五日

附件3:

表一　竞赛验收申请书

验收作物品种	棉花、苏棉8号	
乡测产、验收结果	产量:129.9kg 产量构成因子:密度2691,单株成铃28.6,亩总铃7.696万 前三年铃重(万桃皮棉重):16.88kg	
	验收负责人(签字): [illegible] 96年9月27日	乡政府意见(盖章): 同意验收 96年9月29日
县测产、验收结果	产量:127.2kg 产量构成因子:密度2712,单株成铃27.9,亩总铃7.5665万 前三年铃重(万桃皮棉重):16.8kg	
	验收负责人(签字): 管信山 96年10月10日	县农业局意见(盖章): 同意验收 96年11月9日

县政府意见(盖章):

同意申报

1996年11月28日

附记三：

产量情况及参赛人员

单位：公斤　亩

品种	棉花	理论产	127.20	实产	135.40
产量结构：		密度2712，单株成铃27.90，亩总铃7.566万，单铃重4.40克，衣分38.20%			

参赛人员	单位	职称(务)	承担主要工作
盛开勋	县农业局	副局长、高农	组织实施，研制实施方案
陆子培	县农业局	高　农	组织实施，研制实施方案
季　敬	县农业局	农艺师	组织实施，研制实施方案
龚　善	县农业局	农艺师	组织实施，研制实施方案
刘德辉	镇党委	副书记	组织实施
徐爱萍	镇政府	副镇长	组织实施
黄静忠	镇农技站	站　长	参与组织实施，研究方案
黄雪红	镇农技站	技术员	参与实施
徐　辉	保田村党支部	书　记	具体负责实施
徐召千	保田村党支部	副书记	具体负责实施

第二节　农业示范基地

1998年，兵房镇建成八大种养基地。2000年，建成农业结构调整实验基地。2000～2011年，大豫镇建成现代农业示范基地。2012年，建成现代化农业产业园区，并建有89个专业合作社。现代农业示范基地，成为农业科技创新重要载体，比丰产方示范内容丰富，规模大，生命力强，示范影响力深远。

一、八大种养基地

(一)扣蟹养殖示范基地

1998年，东海村(东安闸村)干群瞄准市场，抓住机遇，找准项目，开发扣蟹养殖。该项目在总指挥彭卫东，副总指挥刘善成，责任人王兵等一班人领导下，各农户间组成互助组，捞浅、浚深、整理沟形，插网防逃，把泯沟、低洼田、老港梢改造成特种水产品养殖基地。全村以2组为中心，总养殖面积千亩以上。村委会为便于统一管理，绘制扣蟹养殖地形地貌图。农户通过经验交流、专家传授，掌握扣蟹养殖技术。依托农民经纪人网络优势，农户可不出村域销售扣蟹。全村年出售扣蟹1000万只以上，亩均水面产值8000余元，仅此一项，村民人均增收1000多元。

(二)杂交波尔山羊养殖示范基地

1998年，中共东海村支部一班人看准杂交波尔山羊发展前景广阔，确立杂交波尔山羊养殖为该村特种养殖项目之一。并请南通市畜牧良种场场长当技术顾问。当年，全村饲养母山羊1020只，到2000年八九月份，繁殖杂交波尔山羊1000多只。随着母山羊基数增加，养羊基地快速发展。仅此项目，全村农民增加收入20万元。项目总指挥彭卫东，副总指挥刘善成，责任人王兵。

（三）韭黄种植示范基地

安民村（强民村）农户韭菜种植已有10余年，随着农业产业结构调整，村领导积极引导农民充分利用村内种质资源，人才资源，因地制宜，大力发展韭黄种植。全村以12组为中心，种植韭黄200亩。项目总指挥陈达兵，副总指挥秦少平，责任人朱建新。韭黄是多年生蔬菜，韭黄和青韭菜分批收割，产量高，效益好，一般亩产值3000元。

（四）甘蔗种植示范基地

以安民村、培新村（均属强民村）为中心，依靠河道运输方便优势，在沿河一线连片规模种植甘蔗，总面积3000亩。项目总指挥陈达兵，副总指挥秦少平、陈选池，责任人施洪飞、宋亚生。甘蔗3月份育苗，或地膜直播，或小拱棚栽培，亩产可达7500公斤，亩产值3000元以上，3月下旬～4月可在甘蔗垄面上种植早青毛豆、莴苣等蔬菜，亩收入可达500元左右。甘蔗后茬可接种大叶菠菜、叶太郎萝卜等，亩收入1000元，一年三熟，全年每亩总收入4500元。

（五）早冬瓜种植示范基地

兵港村（一门闸村）、保田村（徐征村），共种植早冬瓜1000亩，项目总指挥管霖、黄静忠，副总指挥陆惠达、徐辉，责任人查小飞、徐召千。利用大棚育苗、小棚移栽，早冬瓜一般始收期6月底，提早30天上市，正好补缺市场蔬菜淡季，早冬瓜终收期仍能与一般冬瓜持平。早冬瓜亩产量可达7500公斤，产值2500元以上，比一般栽培冬瓜亩增收1700～2000元。全镇推广5000亩。

附记：

早冬瓜栽培模式

早冬瓜/糯玉米——秋刀豆、双季豌豆等

早冬瓜/糯玉米——青大蒜等

早冬瓜/糯玉米——秋莴苣、秋花菜、大叶菠菜等速生叶菜类

（六）日本大叶菠菜、菜薹种植示范基地

1998年年初，新南村（马家店村）、海盐村（东安闸村），农民经纪人陈永兵牵头，与常熟、苏州蔬菜食品有限公司签订订单农业，种植出口蔬菜。是年，推广种植1000亩日本大叶菠菜、日本叶太郎萝卜、菜薹、青花菜。日本大叶菠菜9月15日播种，11月5日开始收获，亩产2000公斤，每亩产值1000元左右。菜薹，10月25日播种，春节前后分批采摘，亩产菜薹350公斤，亩产值1000元左右。日本大叶菠菜收获后，11月10日～15日，再接种一

熟大叶菠菜，亩产1750公斤，亩产值900元。2月5日后茬青花菜，制钵播种，3月中旬移栽至大田，小棚覆盖，5月初收获，保护价0.50元/棵，亩产值1000元。或3月底～4月初播种叶太郎萝卜，5月初收获，保护价0.50元/斤，亩产值1300元左右。青花菜或叶太郎萝卜收获后，移栽冬瓜或玉米。一年三熟出口蔬菜＋冬瓜，亩收入可达3000～4000元。项目总指挥刘德辉、黄建春，副总指挥顾建平、盛和平，责任人顾建平、范仲涛。

附记：

栽培模式

日本大叶菠菜——日本大叶菠菜——青花菜——冬瓜/玉米

日本大叶菠菜——日本大叶菠菜——叶太郎萝卜——冬瓜/玉米

菜薹——叶太郎萝卜——冬瓜/玉米

(七)极早熟扁豆示范基地

扁豆畅销市场，尤其是极早熟扁豆，开花结荚早，可在5下旬上市，比当地扁豆提早100天，价格最高达8元/斤，效益可观，推广应用前景广阔。新南村(马家店村)、保田村(徐征村)领导，认准这一项目，推广种植极早熟扁豆100亩。该品种3月上旬地膜点播，小棚育苗，4月中旬搭架，5月下旬始收，亩产鲜荚3000～3500公斤，亩产值5000元左右。项目总指挥黄建春，副总指挥盛和平、徐辉，责任人范仲涛、倪静生。

(八)蔬菜制种示范基地

1994年，推广甘蓝制种。由于技术简单易掌握，亩产值1000余元，每村都有一定制种面积。随农业结构深入调整，村领导积极寻找项目，使蔬菜制种在品种和面积上加快发展。是年，全镇落实制种面积1000亩，其中三港村(闸东村)、海盐村(东安闸村)、马安村(马家店村)750亩上海青制种，东海村(东安闸村)250亩卷心菜制种、新南村(马家店村)30亩芹菜制种等。该项目使基地农民增收100万元以上。项目总指挥黄静忠，副总指挥杨平，责任人为村农技员。

2000～2012年大豫镇现代农业示范基地

表25—246

基地名称	产业类别	基础设施	附　注
大豫镇九龙村水产养殖	水产养殖	养殖面积10000亩	—
10万羽种鸡养殖基地	规模化种养	栏存10万羽养殖场3家	—
农场、香台千亩设施栽培基地	规模化种养	设施栽培8000亩	—
一门闸惠民千亩设施栽培基地	规模化种养	设施栽培400亩	—
大豫镇大同村果蔬种植示范村	果蔬种植	梨树盛产面积6500亩	—

续表25—246　2000～2012年大豫镇现代农业示范基地

基地名称	产业类别	基础设施	附　注
科研成果转化示范基地	成果转化	总投资5亿元，建设周期4年	中国水产科学研究院，1911年落户裕丰林
南通市十强创汇农业基地	—	种植出口蔬菜5000亩，生产蔬菜8000多吨	—
山羊饲养基地	食用山羊	饲养量30000只	—
如东县“菜篮子”工程蔬菜生产基地	蔬菜生产	生产面积3600亩	—
兵房镇农业结构调整实验基地	模式试验	实施基地面积50亩	—
江苏省长三角牧业有限公司	绿色生态养殖	总投资2000万元，占地100亩，集养殖、生产、销售为一体的规模化养殖企业，其智能化、自动化程度国内、国际先进水平	江苏有线数字电视频道《聚焦江苏》栏目推荐，江苏诚信、绿色生态养殖示范基地

二、生态养殖基地

进入21世纪，兵凌水产公司繁育生态蟹苗，养殖无公害大闸蟹，蜚声境内外。公司秉承“天然、绿色、环保、生态”八字宗旨，以科技为支撑，诚信为桥梁；以品质好、成活率高、无公害为标准，精心繁育、养殖，受到众多养殖户青睐，消费者赞赏。东牌生态蟹苗，兵凌牌大闸蟹，国内市场供不应求。成蟹远销日本、韩国、新加坡、马来西亚等国家。成为香港天龙行、台湾易鼎顺等世界著名大闸蟹经销商指定产品。年生产大闸蟹80多万公斤(出口60万公斤)。

(一)生态蟹苗

1995年，中国河蟹协会副会长、如东县河蟹协会会长陆卫兵，创办南通市兵凌水产有限责任公司。嗣后，和全国劳动模范、中国海洋大学李晓东博士探索藻类、轮虫喂养蟹苗生物技术。2001年，培育出无公害中华绒毛蟹苗种，创建东牌生态蟹苗繁育基地。有12名本科以上学历工程师，技术力量雄厚，对生态苗繁育有独特之研究。

育苗基地培育蟹苗，采用自育绿藻和活体轮虫为饵料，在幼体培育池内营造“藻类、轮虫、蟹苗”生物链，水质保持生态平衡状态，创造“类自然”生态环境。生产过程不投任何药品，使其成为天然、绿色、环保、无公害种苗。年产25吨苗种畅销全国各地。2011年5月，中国中轻产品质量保障中心在全国各地养殖户中，对东牌生态苗进行抽查、调研，用户满意度100%。被国家和省授予“全国养殖行业无公害绿色产品”“全国质量信得过产品”“省级良种基地”等荣誉称号。

(二)生态大闸蟹

兵凌牌大闸蟹，产于南通市兵凌水产有限责任公司，10万亩水面无污染基地。2001年，承担国家863高科技项目，中国首家从蟹苗繁育到成蟹，全程采用绿色技术，养殖一条龙单位。养殖的大闸蟹体大、白肚、全爪、黄毛、红膏，真正绿色、无公害品牌蟹。唯一获得

“全国河蟹产业科技创新奖”之公司。

附记：

兵凌水产有限公司大闸蟹无公害生态养殖技术

大闸蟹无公害生态养殖技术根据河蟹生物学特性，应用生态学原理来指导河蟹养殖生产，种草放螺为河蟹生长营造一个良好生态环境，养殖期间应用生物制剂改善水环境养殖期间应用生物制剂改善水环境，增加河蟹抗病能力，最大限度减少病害发生，使养成的商品蟹个体大、无污染、品质佳，提高河蟹养殖经济效益和环境效益，实现池塘可持续发展。河蟹无公害生态养殖生产过程中主要抓以下几点：

一、彻底清塘、晒池，为无公害生产打好基础

每年收获后应排干池水，彻底清除过多淤泥、充分曝晒，并用生石灰和漂白粉等常规清塘药物消毒，清除过多杂食性鱼类和有害生物，生石灰用量为100～200千克／亩，漂白粉用量为20克／立方米，不用高毒或高残留药物，确保生产无公害产品。

二、人工移栽种植水草，模拟自然环境，营造良好生态环境

种植水草是河蟹养殖成功关键性措施，河蟹养殖池塘中种植水草已被广大养殖户认同，种植水草应以沉水性水草为主，目前在江浙一带河蟹池塘养殖中种植较多伊乐藻。常用分枝扦插方法增殖，一般在放苗前一个月进行清塘消毒，再进行水草移植。水草移栽距池边3～4米，水草间行株距1～2米，刚栽下水草时水位控制在50厘米以下，并及时用复合肥1～2千克／亩，促使伊乐藻快速成活生长，6～7个月，控制水草覆盖面积占水体总面积60％以上。

三、投放鲜活螺蛳，满足河蟹对生物活性质需要

每年清明前后在池中投放螺蛳等鲜活淡水贝类，每亩投放量为300～500千克，让其自然繁殖，提供源源不断鲜活饲料。

四、选用良种，抓好放养蟹种质量关

应当用自育或当地培育长江水系中华绒螯幼蟹作蟹种，避免使用来源不明幼蟹作蟹种，同时剔除无饲养值，性早熟“小老蟹”和明显步足残缺、体表附着寄生虫、带病菌、活动能力弱劣质幼蟹，选优质、体质健康、附肢齐全、规格整齐的幼蟹，这是提高养殖成活率基本保证。

五、控制放养密度

要养殖大规格商品蟹，必须打破“高密度、高产量”传统生产方式，大力提倡“稀密度、大规格、高效益”养殖模式，降低养殖密度。池塘控制在500—600只／亩以下，提高放养规格，要求蟹种规格整齐，个体要大，规格在100-−120只／千克，有条件可适当增加雄性幼蟹放养比例，雌雄比为1:3，这样可提高商品蟹规格、提高产量，增加经济收入。

六、合理混养，增加养殖效益

目前比较成熟混养模式有：①蟹池混养青虾，2月份，混养青虾，放养3厘米幼虾3～5千克／亩，这样一年可收两次成虾，增加上千元，亦可在7月份放养1～2厘米虾苗30000～40000尾／亩，不影响河蟹生长情况下每亩增收青虾20～30千克，增加池塘养殖经济效益。②蟹池混养少量市场价格高，中高档鱼类，混养殖品种主要有鳜鱼和白鱼等，利用其摄食池塘中野杂鱼，减少饲料消耗率，放养鱼种不宜过大，一般为5～8厘米，放养密度为15～20尾／亩，这样在不增加额外饲料等负担情况下，年终每亩可增加优质高档商品鱼8～10千克，每亩池塘增加经济效益300～500元。

图25—168　2012年，拍摄的东凌生态养殖池一角　（管霖摄）

三、农业结构调整实验基地

2000年，兵房镇于保田村9组培植农业实验基地，面积52亩。旨在研究探讨新型立体种植模式，及其配套栽培技术，以求选择推广，促进农业结构调整。该基地有3种模式，简介如下：

（一）大白皮蚕豆/豇豆/抗虫棉/秋番茄

该模式一年4熟，经济效益较高。全年亩产值3450元，其中生产蚕豆青荚750公斤，产值250元；豇豆1500公斤，产值1700元；棉花55公斤，产值500元；秋番茄1000公斤，产值1000元。

组合8尺。秋播蚕豆，品种为大白皮。于3月中旬地膜直播4行豇豆，并架小拱棚，幅度为4.20尺。5月20日左右搭棚架。5月中旬距豇豆根1.30尺各移栽1行棉花。7月中～下旬豇豆拉藤拆棚架，即在棉花正中间移栽2行秋番茄（秋番茄于6月中～下旬育苗），形成1行蚕豆4行豇豆2行棉花2行番茄种植模式。

（二）大白皮蚕豆/糯玉米/冬瓜/双季豌豆

该模式旨在提高纯冬瓜经济效益。生产蚕豆青荚600公斤，产值200元；青糯玉米棒500公斤，产值700元；冬瓜5000公斤，产值800元；双季豌豆400公斤，产值600元，总产值2300元左右。

组合10尺。秋播大白皮蚕豆。3月中旬在2行蚕豆中间整地做瓜垅，并抢墒覆铺地膜。3月中旬偏离正中0.75尺播种玉米1行，品种为苏玉糯1号。3月下旬在玉米上风1.50尺处移栽1行冬瓜，随即搭小棚。玉米于6月下旬末～7月上旬上市。冬瓜于8月底～9月5日前拉藤，整地后即播行距1～1.20尺的双季豌豆，于10月20日左右开始收获上市。

（三）大白皮蚕豆/青糯玉米/棉花

该模式是过去玉米/棉花翻版，只是利用较优越生产条件，促进玉米早发、早熟、早上市，有利于棉花生长发育，达到纯棉花生产水平之目的。

第三节　农业产业园区

进入21世纪后，中共大豫镇委、镇政府重视现代农业产业园区（含项目）建设，高效规模农业发展步入快车道。呈现综合性、产业链、园艺化特色。2010年，投资2300万元，兴办南通新豫弘大生态农业等5个项目。2012年，围绕“农村稳定、农业增效、农业增收”目标，新建千亩设施养殖园区1个，500万元以上种养基地3个，培育现代农业示范村3个。有效促进农业产业园区建设。

一、江苏省模范果园

1987年，境内丁店乡黄花梨种植面积5800亩。为加快园区示范建设，加强软件投入，更新改造老果园，高枝嫁接300亩，拓植新果园4200亩；调整品种布局，引进日本“三水一高”梨、翠冠梨、雅青梨，做到早、中、晚熟品种合理搭配，延长上市销售期35天；增施有机肥和测土配方施肥，协作配制“果树专用肥”在园区内广泛使用；推广梨园草膜覆盖技术，提早梨果成熟期15天，增加糖度1度，改善品质，控制病虫草害；应用刻芽、拉枝整形技术，改变养分输送方向，提早形成果芽；运用疏花、疏果、定量栽培技术，确保黄花梨单果重250克以上；采用梨果套袋，防止病虫危害，减少污染，提高梨果外观品质；幼树（5年生内）行间套种大蒜、榨菜、延胡索、牧草等作物。此8项新技术的应用，梨果生产规模得到扩大。2001年，种植面积1.50万亩。单位面积产量提高30%，一级果品率90%以上，提高经济效益4700万元。

1999年，园区被市科委评为“优秀示范园区”，并奖给农技站电脑1台（价值1万元）。2000年4月，“梨产业化科技示范园区”通过省农林厅、南京农业大学、省农科院专家、教授验收，农林厅颁发“江苏省模范果园”奖牌，并注册“豫丰牌”黄花梨商标，2001年，被评为县优质产品品牌。2002年2月，中共南通市委、市人民政府授予“优秀农副产品基地”奖牌。

图25—169　2012年，拍摄的大同村果园一角　（管霖摄）

二、现代农业产业园区（详见下表）

2012年大豫现代农业产业园区一览表

表25—247

园区名称	园区特色	现有基础	备注
大豫新豫弘大万亩现代农业示范园区	综合园区	核心区千羽鹅场1家，养殖水面2万亩(含海洋)千头羊场1家	有园区标志牌
大豫镇万亩果蔬产业园区	果树产业	核心区省级标准果园10000亩，果园秋冬套蔬菜7000亩	有园区标志牌
大豫镇洋三元商品肉猪产业园区	畜禽养殖	核心区万头猪场3家，年出栏商品猪15万头，在建百万头生猪屠宰加工厂1家，年屠宰加工生猪100万头	有园区标志牌
兆盈万亩现代农业产业园区	综合园区	核心区10万头猪场1家，休闲观光农业项目1个，设施农业千亩以上，园区总36000亩	有园区标志牌

2001～2008年兵房镇高新计划立项情况一览表

表25—248　　　　单位：年

项目名称	立项时间	级别	承担单位	项目负责人
土池育苗	2001	国家级	东牌生态蟹苗繁育基地	陆卫兵 李晓东
高品质棉产业链式开发	2003	省　级	兵房镇农技站	吴耀泉
无公害梨生产基地	2003	省　级	兵房镇农技站	盛建忠
无公害蔬菜基地	2004	省　级	兵房镇农技站	盛建忠
如东县兵房镇豫丰梨生产技术规程	2005	—	兵房镇农技站	盛建忠 朱锦忠
糯玉米超高产品种推广(CL2006025)	2006	市　级	大豫镇农技站	陶建新
如东县油菜万亩高产创建示范片	2008	农业部	兵房镇农技站	吴耀泉

第四节　农业专业合作社

20世纪90年代起，境内农民经纪人在政府引导下，围绕农业产业结构调整，多种形式农副产品营销组织(即农业专业合作社)陆续建立。引导和帮助农民有组织、有规划种植、销售，逐步向集约化经营方向发展。进入21世纪后，合作社发展加快，全镇建立专业合作社89个。生产+销售一条龙，如东县大同榨菜专业合作社、如东富地果蔬专业合作社、如东县崔氏蔬菜专业合作社、如东豫丰果树专业合作社等54个。统一规划种植、销售，如东县来运农业地股份专业合作社、如东县兵房欣宇马铃薯专业合作社等7个。统一病虫草害防治，如东县兵房植保专业合作社、如东县丁店植保专业合作社、如东县大豫植保专业合作社。滩涂养殖，如东东凌腰沙文蛤养殖专业合作社、如东县健民滩涂养殖专业合作社、如东县东安海参养殖专业合作社、如东凌鲜紫菜养殖专业合作社等5个。水产养殖，如东县大豫镇华义水产养殖专业合作社、如东县闸东扣蟹养殖专业合作社、如东县海龙对虾养殖专业合作社、如东县万海南美白对虾养殖专业合作社等11个。畜禽养殖，如东县安新山羊养殖专业合作社、如东豫东肉鸡养殖专业合作社等7个。统一农机服务，如东新豫农机专业合作社、如东茂青农机专业合作社等2个。专业合作社在为农服务和富民强镇进程中，发挥举足轻重作用。旨在提高农民进入市场组织化程度，较好解决千家万户小生产与千变万化大市场难以对接矛盾，推进农业产业化经营，既保持农户家庭独立经营，又克服农户单家独户经营中局限性、农民利益得到有效维护，提高农民自身素质，农民科技意识、营销能力、合作精神、民主意识、参与意识得到增强，减少政府对农业管理环节。专业合作社，是在市场经济环境下农村微观经济组织的创新，架起农民联结市场和联结政府之桥梁。

图25—170　2010年，建成如东豫丰果树专业合作社（大同村　提供）

第六章　科技成果

中共十一届三中全会后，“科学技术是第一生产力”深入人心。境内乡镇对科技经费投入逐年增加，科技工作有序推进，技术创新扎实开展，理论指导实验研究取得丰硕成果。至2012年，农技站（含其他单位）共获科技成果奖38项次。发表（含学术交流）科技论文52篇。

第一节　获奖成果选介

一、棉花叶面积系数简易计算法

研制时间:1976年5月～1976年11月。主要完成单位:如东县九总公社农科站。主要完成人:陶建新(1992年,调南坎乡农技站)组织鉴定单位:如东县科委。获奖情况:江苏省农林厅1979年度技术改进四等奖。

《棉花叶面积系数简易计算法》论文,经中国科学院棉花研究所鉴定认可,发表于《中国棉花》杂志1977年第5期,该成果随之推广全国各地。具体计算方法是:量出棉株所有叶片长度与宽度(未展开的新叶和下部老叶不计算),长度是从中裂片旁的缺刻到叶基部裂片边缘的垂直距离,宽度是指裂片旁两个裂片尖端的距离,算出所有叶片的长宽积,求出总和,即得出准确的单株叶面积,其计算公式:

$$\text{叶面积系数}=\frac{\text{单株叶面积}\times\text{每亩株数}\times 15}{100000000}$$

二、套栽棉花假植蹲苗技术及其应用

研制时间:1983～1989年。完成单位:如东县兵房镇农技站。主要完成人:黄静忠、施祖义、盛建忠等。组织鉴定单位:如东县科委。获奖情况:如东县政府科技进步四等奖。

该项目关键技术是:1.假植时间以栽前半个月最好,不宜少于10天或超过20天;2.假植的叶龄为2—3片真叶,一般4月底5月初;3.适期早播,加强苗床管理;4.搬钵时,坚持填土、补肥、补水、复土、盖膜保温;5.假植的棉苗发根好,抗植伤力强,栽后出叶速度快,发棵肥、花铃肥适当早施。

创新点:叶龄不同于麦、油后移栽棉花;假植前后的苗床管理与麦、油后移栽棉花不尽相同;假植后缓苗期缩短4—5天;栽后管理,特别是施肥技术与不假植的不一样;提高棉苗素质,优于矮壮素浸种。

1984年始应用,至1989年鉴定,兵房镇应用1.90万亩,推广度为85.80%,增产11.60%,新增皮棉11.42万公斤,新增总产值34.83万元。

三、旱粮棉区立体栽培技术推广应用

1987～1994年。主要完成单位:兵房镇农技站、掘东区农技站。主要完成人:黄静忠、盛建忠。组织鉴定单位:南通市农业局。获奖情况:如东县人民政府科技进步一等奖。

棉田立体种植,以提高综合经济效益为核心,而研发的新种植体系,是一种集技术、劳动、资金、物资于一体高度集约化旱粮棉区种植制度。发展过程中形成9种种植模式,经反复试验、调查总结、不断完善每一模式栽培技术,形成旱粮棉区立体栽培技术体系。1.选用合理的组配作物品种。(1)尽量缩短复合群体的共生期。(2)选择的组合作物既要早熟优质高产,又要商品性好。2.优化组合,建立高光效群体,发挥复合群体优势。(1)种植规格规范

化。(2)复合群体的最佳组合 复合群体作物密度组合合理与否，关系到主作物与副作物群体优势能否发挥，直接影响到主、副作物产量及棉田综合经济效益。3.促早发、早熟措施。(1)适时早播。(2)培育壮苗。(3)地薄膜保温。(4)适时高质量移栽。(5)化学催熟。4.增加肥料投入，讲究科学施肥。5.综合防治，控制病虫草害。6.其他协调措施。

棉田复合种植;，不同于纯作棉花栽培技术体系;不同种植模式，栽培技术不尽相同。

该项目实施取得显著社会效益、经济效益和良好的生态效益。1994年，兵房镇9种棉花立体种植面积1.60万亩，每亩产值2750元，较纯作棉花增值1000元，新增总产值1600万元。

四、钠与水反应的新实验装置

2002年设计。完成单位:兵房中学。完成人:金向东。2004年9月，南通市中学化学实验调演评比活动中，获一等奖。10月，江苏省第四届中学化学实验调演活动中，获二等奖。

人教版高中化学(必修)第一册P29，(实验2-3)、(实验3-4)用两个实验进行同一个反应，既耗时，又费才，操作烦琐，且存在一定的危险性。根据此实验必须集满氢气，并有效验证之目的，并克服教材上实验不足之处，设计此套取材方便、操作简单、安全可靠，且有趣味性实验新装置。

新实验装置将两个实验合并一个实验，教师演示，学生操作实验均可一次成功，且现象明显，易观察，富有趣味性，安全可靠。

南通市、县中学化学实验教学中普遍推广。

第二节　科技项目

境内农技工作者，开拓进取，致力于试验、示范、推广，取得34项科技进步和推广成果。既为农业发展做出贡献，也为三高农业建设积累经验，较好体现科技人员自身价值。

1988～2009年科技进步、推广成果获奖情况一览表

表25—249

项目名称	获奖单位	获奖人员	获奖等级	获奖时间	授奖单位
棉花百亩丰产方	兵房镇农技站	黄静忠	丰收杯四等奖	1988	江苏农林厅
棉花百亩丰产方	兵房镇农技站	黄静忠	丰收杯四等奖	1989	江苏农林厅
套栽棉花假植蹲苗技术及其应用	兵房镇农技站	黄静忠等	科技进步四等奖	1990	如东县人民政府
沿江和里下河地区棉花优质高产规范化栽培技术	沿江地区农科所	黄静忠(主要参加人)	科技进步二等奖	1991	江苏省农科院

续表25—249　1988～2009年科技进步、推广成果获奖情况一览表

项目名称	获奖单位	获奖人员	获奖等级	获奖时间	授奖单位
防霉宝防治蚕豆赤斑病开发应用	掘东区农技站	盛建忠（第4完成人）	科技进步三等奖	1991	如东县人民政府
油菜综合丰产技术及其应用	县作栽站	盛建忠（第6完成人）	科技进步四等奖	1991	南通市农业科学技术推广评审委员会
如东县水稻综合技术	掘东区农技站	盛建忠（第16完成人）	科技进步三等奖	1992	农业部
沿海旱粮棉区新型种植制度	如东县农业局	盛建忠（第2完成人）	科技进步三等奖	1992	如东县人民政府
大麦—西瓜—棉花立体种植技术推广	兵房镇农技站	黄静忠	科技进步三等奖	1992	如东县人民政府
如东县棉花高产栽培技术	兵房镇农技站（第二完成单位）	黄静忠（第18完成人）	农业丰收奖二等奖	1992	江苏省农林厅
掖单13号玉米新品种开发应用	掘东、丁店乡农技站	盛建忠	科技进步二等奖	1993	如东县人民政府
新型耕作栽培技术及其应用研究	如东县农业局	黄静忠（重要贡献者）	科技进步二等奖	1993	国家科技进步奖评奖委员会 江苏省人民政府
旱粮棉区立体栽培技术推广应用	兵房镇农技站	黄静忠 盛建忠	科技进步三等奖	1994	南通市人民政府
旱粮棉区立体栽培技术推广应用	兵房镇农技站	黄静忠 盛建忠	科技进步一等奖	1994	如东县人民政府
新型耕作栽培技术及其应用研究	如东县农业局	盛建忠（重要贡献者）	科技进步二等奖	1994	国家科技进步奖评奖委员会 江苏省人民政府
棉花花铃期旱象诊断与抗旱技术	如东县作栽站	盛建忠	科技进步四等奖	1995	南通市农业科学技术推广评审委员会
全省移栽地膜棉示范县高产竞赛	掘东区农技站	盛建忠	高产竞赛二等奖	1995	江苏省农林厅
对虾与文蛤池养技术	东凌对虾养殖场	—	科技进步三等奖	1995	国家海洋局
对虾与文蛤池养技术	东凌对虾养殖场	—	科技进步一等奖	1995	江苏省水产局
黄花梨优质丰产栽培技术的研究与应用	丁店乡农技站	朱锦忠	科技进步三等奖	1997	江苏省农林厅

续表25—249　1988～2009年科技进步、推广成果获奖情况一览表

项目名称	获奖单位	获奖人员	获奖等级	获奖时间	授奖单位
西瓜棉花高效复合种植技术的研究及其应用	兵房镇农技站	黄静忠 黄雪红 王云如	科技进步二等奖	1998	如东县人民政府
地膜西瓜早熟、优质、丰产配套技术研究与应用	兵房镇农技站	王云如（第6完成人）	科技推广三等奖	1998	江苏省农林厅
地膜西瓜早熟、优质、丰产配套技术研究与应用	兵房镇农技站	王云如（第6完成人）	科技推广二等奖	1998	南通市农业科学技术推广奖领导小组
棉田高效复合种植栽培技术研究及应用	兵房镇农技站	王云如（第8完成人）	科技进步三等奖	1998	南通市农业科学技术推广奖领导小组
黄花梨优质丰产栽培技术研究与应用	丁店乡农技站	朱锦忠（第4完成人）	科技推广四等奖	2000	如东县人民政府
黑皮冬瓜专用肥开发与应用	大豫镇农技站	袁　勇（第2完成人） 吴耀泉	科技推广四等奖	2002	南通市人民政府
高品质棉高产高效技术推广及其产业化开发	兵房镇农技站	黄雪红（第17完成人）	科技进步三等奖	2005	南通市农业科学技术推广奖领导小组
如东县优质梨标准化栽培技术研究与推广	兵房镇农技站	朱锦忠（第13完成人）	科技进步三等奖	2005	南通市农业科学技术推广奖领导小组
高品质棉产业链式开发	兵房镇农技站	黄雪红（第9完成人）	科技进步三等奖	2007	南通市农业科学技术推广奖领导小组
蔬菜农药残留速测技术应用与推广	大豫镇农技站	袁　勇（第13完成人）	科技进步二等奖	2007	南通市农业科学技术推广奖领导小组
西瓜新品种“长蜜1号”选育和推广	大豫镇农技站	陶建新（第1完成人） 袁　勇（第5完成人）	科技进步三等奖	2009	南通市人民政府
双低油菜全程调控高产栽培技术研究与应用	大豫镇农技站	王云如（第2完成人） 袁　勇（第5完成人）	科技进步三等奖	2009	南通市农业科学技术推广奖领导小组
西瓜新品种“长蜜1号”选育和推广	大豫镇农技站	陶建新 王云如等	科技进步三等奖	2009	如东县人民政府
劳保皮鞋连帮浇注“一次成型”的探讨	江苏盾王劳保用品有限公司	吴　艳	劳动模范	2011	南通市人民政府

光大消防器材(南通)有限公司研发项目情况表

表25—250

项目编号	名称	研制时间	技术来源	核心技术 创新点及其成果
RD01	经纬智能鉴别高效能双带编机的研发	2010.01.01 2011.12.30	自主研发	核心技术:1.织机梭箱结构;2.经纬线断线智能控制装置。 项目创新:1.在梭箱的后侧板上沿滑道方向均匀两个经线出口,即一次编织两条织带;2.经纬线上设置断线智能控制装置。将每根纬线线圈上的纬线设定为一样长,这样可使得每根纬线同步进行,同时用完,停机换纬线,提高本织机自动化控制,节约劳动力,提高水龙带编织质量。取得阶段性成果:该项目已获得国家发明专利1项:“全自动水龙双带织机”,专利号“ZL201010169613.X”。该项目技术已运用到产品生产,经使用效果良好,大大节约人力,2012年项目技术已广泛应用于公司各生产车间
RD02	斜纹水龙带编织机的研发	2011.07.01 2011.12.30	自主研发	核心技术:1.水龙带编织机桃盘结构设计;2.斜纹水龙带编织工艺。创新点:将原有水龙带编织机桃盘增加至6个,并对其进行60° 改进,即每个桃盘中间均开有轴孔,并在每个桃盘上开一键槽,且每个桃盘的键槽与各自轴孔水平中心线夹角依次为90° 、-150° 、-30° 、90° 、-150° 、-30° ,改进后的机器结构简单,操作方便,可编织斜纹水龙带。取得阶段性成果:该项目已获得国家实用新型专利1项:“斜纹水龙带编织机”,专利号“ZL201020534810.2”。该项目技术已运用到产品生产,经使用效果良好,大大节约人力,解决有编织机编织斜纹水龙带困难的技术难题。目前项目技术已广泛应用于我公司各生产车间
RD03	热合一体成形有衬管(衬里)消防水带的研发	2012.01.02 2012.12.31	自主研发	核心技术:1.带坯与衬管(衬里)的编织技术;2.带坯与衬管(衬里)热合工艺处理技术。创新点:1.在编织带坯过程中直接将衬管(衬里)编织在带坯内形成坯管;2.公司自制自动化供热热合机,为后续热合工艺提供有利的技术支撑;3.坯管进行单独外加热或单独内加热的热合工艺技术处理,使得衬管(衬里)与带坯紧密贴紧,制成成品。取得的阶段性成果:该项目相关技术已申请国家发明专利1项,专利号为“ZL201210308774.1”。该项目产品被认定为江苏省高新技术产品,目前该项目产品已大批量生产

续表25—250　光大消防器材(南通)有限公司研发项目情况表

项目编号	名称	研制时间	技术来源	核心技术 创新点及其成果
RD04	可伸缩编织管的研发	2012.10.08 2013.05.30	自主研发	核心技术:1.内管采用具有弹性喉管设计;2.外层编织管一次性编织技术。创新点:1.编织套管是由纤维材料一次性编织而成,其褶皱包覆在伸缩外,并且其长度小于或等于伸缩管的最大伸长长度,其主要作用是耐磨、耐压、防止伸缩管过度伸长,保护伸缩喉管。2.伸缩管采用由弹性材料制成喉管。项取得阶段性成果:该项目已获得国家实用新型专利1项:"一种可伸缩编织管",专利号"ZL201320110439.0"。该项目技术于2013年5月研发并试验成功。2013年7月已和美国沃尔玛公司第一次合作10万套

第三节　论文选摘

1984～2012年,境内农业、(教育、卫生)等人员发表论文篇数未作全面统计。农业技术人员发表论文51篇,其中"棉花苗床搬钵蹲苗试验"等6篇发表于国家级杂志,"棉花—西瓜地膜覆盖套栽技术"等19篇发于省级报刊,节内选录"棉花营养钵育苗的存在问题与对策"等5篇,对农业生产仍有一定指导意义。

一、设施瓜果蔬菜连作障碍及综合防治措施

设施栽培为作物提供小气候条件。随着瓜菜生产发展,设施栽培面积不断扩大,连作障碍问题日渐突出,影响设施栽培经济效益。为缓解设施瓜果蔬菜连作障碍,大豫镇农技站陶建新、张太兵经20多年生产实践,初步摸索到一些规律和解决途径。

(一)连作障碍现象

次生盐渍化。因设施栽培施用大量含盐量极高矿物质肥料,盐分因无雨水淋溶而流失,聚集土壤表层;土壤溶液浓度较高,不能随高温蒸发至棚外,盐分表聚;灌水不科学,把质差的水为作物用水,易人为造成次生盐渍化。

病虫害加重。设施内温度高、湿度大、病菌积聚;难于有效轮作,多年重茬,地下害虫激增;多年连作,土壤养分偏耗,根系分泌有毒物质等"土壤病"加重。

连作障碍,有机质肥料减少,化肥、激素使用不科学,滥用农药,导致作物产量、品质下降。

(二)连作障碍解决途径

科学用肥。测土配方为科学施肥前提,测土则掌握设施土壤肥力情况,配方要求有机肥和无机肥,氮磷钾和微肥,生物肥和叶面肥相结合。方法上重施基肥,以有机肥为主;根据不同作物、不同生育期、不同需肥规律,追施专用肥料或根外追肥。

灌水洗盐。设施栽培利用夏季为高温休闲时，分次大量灌水，以使盐分随水流出和下渗。

合理轮作。不同科作物、不同根系作物、水旱作物进行轮作。

选择品种。选用抗病、优质、高产瓜果蔬菜品种，和嫁接换根以提高对土传等病害抗病力，为最经济有效措施。

摘自2010年第1期《中国农业》

二、棉花营养钵育苗的存在问题与对策

大豫镇农业服务中心黄雪红、吴锡华著文论述：棉花营养钵育苗过程中出苗、成苗率低、高脚苗等问题发生原因，并提出选用良种、播前晒种、采用大钵、精细制钵、适期播种、保证播种质量、加强苗床管理、合理调控温湿度、适度化控、搬钵蹲苗等对策重要性和具体方法以提高棉苗素质。

摘自2012年第3期《上海农业科技》

三、榨菜—春玉米/秋玉米高效种植模式

大豫镇是典型旱粮棉区，植棉用工多、农资成本高、价格不稳、相对效益较低，导致棉农意愿低下，种植面积下滑，玉米面积攀升。农业服务中心黄雪红、吴锡华在生产实践中创新“榨菜—春玉米/秋玉米”1年3熟高效种植模式，经济效益较高，撰文推广。

（一）种植模式

榨菜9月下旬播种，收获后即播春玉米，7月20日前后，套种秋玉米。

（二）栽培技术

榨菜　适期播种。培育壮苗，合理密植；合理施肥。榨菜需肥量大，坚持施足基肥，早、重施膨大肥；病虫防治。防治榨菜病毒病和蚜虫为重点，适时采收。过早采收品质好产量低，过晚收品质差产量高。

春玉米　品种宜选株型紧凑、穗大、较矮、抗性强、稳定性好的品种；4月10～15日播种，等行种植，密度4200株/亩；玉米需肥量大，采用一基一追肥方式，即施足基肥，重施拔节孕穗肥；重点防治大小斑病、粗缩病和玉米螟。

秋玉米　春玉米收获前15天左右，适时抢播。其他培管同春玉米。

摘自2012年第6期《现代农业科技》

四、复合种植下棉花叶枝利用效果研究

兵房镇农技站黄静忠、王云如、黄雪红、刘德辉，经多年试验和调查研究，利用棉花具有极强适应性的特点，提高复合种植下利用棉花叶枝，可充分利用光热资源和土地资源，增强群体光合作用，促进光合能力提高；并促进根系发达，加强根系活力和吸收能力，扩大吸收肥、水面积，充分满足地上部分生长的营养需要，达到增产目的。

叶枝对棉花生育进程影响：每株棉花选留1～2个木枝对棉花进程无大影响，选留叶枝过多，则会影响棉花生育进程。

叶枝对果枝、果节生长影响：选留叶枝多会影响一级果枝的生长量；多留叶枝，在有效现蕾期内会影响一级果节生长量，但总果节数量基本相仿。

叶枝对单株结铃的影响：伸向大行的叶枝比伸向小行、株间的叶枝平均结铃多，高节位叶枝比低节位叶枝结铃多；多留枝叶，影响一级果枝的结铃，选留叶枝少，叶枝平均结铃多，利用叶枝结铃可显著增加单株结铃数。

叶枝对铃重和单株生产力的影响：利用叶枝结铃，平均全株铃重略有下降趋势，但就单株生产力而言，选留叶枝平均每株生产力比去掉叶枝的提高18.30%。

西瓜棉花立体种植，棉花密度在2500株条件下，每株选苗1～2个叶枝，充分利用横向空间，提高单株结铃，增产效果明显，是一项可取的简化栽培技术。

摘自1999年《南通农业》第1期

五、棉花苗床搬钵蹲苗试验

麦林套栽棉花临近移栽期，往往出现棉苗大，栽后缓苗期长的问题。为此进行苗床搬钵蹲苗试验，观察其培育壮苗，缩短缓苗期，促进早发的效果。

（一）试验方法

在前两年麦后移栽棉花苗床搬钵蹲苗试验的基础上，1983年，在3月22日播种的苗床上，设5月2日搬钵和不搬钵两个处理，观察搬钵蹲苗效果。搬钵的分5月18日和23日两期移栽，不搬钵的于5月18日移栽，以观察搬钵移栽的适宜时期。搬前多点取样，栽后定点进行生育调查。

（二）试验结果

1.能有效地控制地上部生长，促进根系生长。经搬钵后，棉苗敦实健壮。5月18日移栽时，平均株高较不搬钵的矮7.20厘米，真叶少0.90片。单株地上部鲜、干重比不搬钵的分别减少25.80%和11.80%。搬钵后，对根系的生长有明显的促进作用。根的鲜、干重比对照分别增加18.00%和23.80%，根干重与全株干重的比值比对照高5.70%。

2.缩短缓苗期，出叶速度快。5月2日搬钵的缓苗期比对照短8天。移栽时真叶虽比对照少，但栽后23天调查，真叶数反比对照增加3.80片。搬钵的棉苗，由于发根好，抗逆力增强，栽后很少死苗，而对照死苗在8%左右。

3.加快棉花生育过程。据栽后23天调查，搬钵蹲苗的现蕾株率比对照高35%。栽后38天调查，搬钵蹲苗的果枝和果节比对照分别多2.90个和3.20个，脱落率也比对照低6.70%，搬钵蹲苗有加速棉花生育进程，促进棉花早发的作用。

（三）小结与讨论

1.麦林移栽棉花早于5月5日左右移栽时，常因气候较低，苗小、抗逆力差，缓苗期长，易死苗。几年实践证明，经搬钵蹲苗的不管是5月18日移栽，还是5月23日移栽，均比对照优越。因此，通过苗床搬钵蹲苗，上述矛盾得到较好的解决。

2.从试验结果看，搬钵蹲苗应注意三点：(1)搬钵时间应在移栽前半个月；(2)据搬钵后观察，苗床边缘少数不到两片真叶的小苗，虽移至苗床中间，但地上部分生长抑制过重，恢复生长仍较缓慢，因此，宜在2—3片真叶期搬钵。(3)搬钵时注意填土、补水、补肥、覆土、保温。

3.苗床管理须适当增温，加速真叶出生速度，以利适时搬钵。

摘自《中国棉花》1984年第1期

附记：

西瓜棉花地膜双覆盖复合种植效应及栽培技术

兵房镇农技站　黄静忠

西瓜、棉花地膜双覆盖复合种植在瓜棉复合种植基础上发展而来，即在西瓜垄上铺膜幅度放宽到100厘米，中间移栽1行西瓜，沿膜内侧各移栽1行棉花，两行西瓜中间预留行铺50厘米宽地膜，中间移栽1行棉花，形成1行西瓜3行棉花地膜双覆盖、双移栽复合种植形式。(示意图)

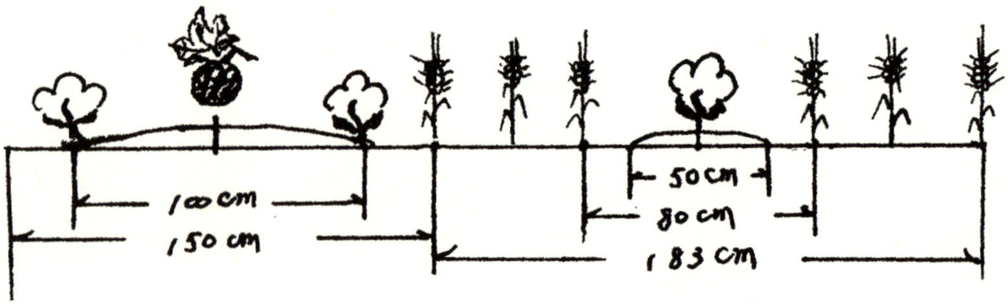

图25—171　1行西瓜3行棉花一膜两用复合种植模式示意图

西瓜、棉花地膜双覆盖复合种植，1995年示范2000余亩，96年发展到12200亩，占瓜棉复合种植面积67.80%。据1995年试验结果表明：瓜棉双覆盖棉花比露地移栽棉花(瓜棉复合种植)增产31.24%，每亩纯收益增361.61元，投入产出比为1∶24，增产效果十分显著。1996年，调查有可比性面积40.20亩，瓜棉双覆盖棉平均亩产皮棉163.40斤，亩产值1291.80元，分别比露地移栽棉花平均亩产皮棉139.10斤，亩产值1099.30元，增17.50%和192.50元。全镇种植12200亩，增产值234.60万元，纯收益216.18万元。

复合种植棉花覆盖地膜后，由于地膜增温，保墒等作用，棉花生长发育发生明显变化，其特点：缓苗期缩短，生育进程加快。由于覆膜以后具有明显增温、保墒作用，缓苗期缩短3～5天，因栽后活棵快，现蕾、开花、吐絮等生育进程相应提前5～7天。生长速度快，群体质量好。覆膜以后，由于地温和热辐射近地面气温提高，棉株地上部分生长加快，6月20日～7月6日观察，棉花株高生长量比对照增加11.10厘米，7月7～20日，果节生长量比对照增加8.10个。由于营养生长和生殖生长较协调，因而棉株的节枝比(4.1∶1)、叶桃比(3.8∶1)、铃枝比(1.3∶1)、成铃率32.4%等群体质量指标均优于露地棉花。成铃早、峰期长、峰值高、结铃多。1996年观察：覆盖地膜的棉花结铃期为63天，比露地的长7天，大于0.28的大铃日增量为57天，比露地的长11天，日增最高峰植0.873个，比露地的高0.22个，平均单株大铃比露地的多3.80个。

瓜、棉地膜双覆盖后，西瓜生育进程无大变化，而棉花生育进程有较大变化，打破原来西瓜、棉花相互协调发展和早发的时间概念，因此必须重新建立西瓜、棉花间的协调关系。在栽培技术上除常规外应着重抓好：

进一步促进西瓜早发，使之与棉花早发的生育进程相协调而同步发展。需切实抓好4个环节：培育早、壮苗。苗床基肥要足而全，并且要特别重视有机肥投入。用直径10～12厘米的制钵器。适期早播、假植；适当调高床温。改进基肥使用方法。把原来基肥沟施改为瓜垄全层施，把有机肥和化肥充分混合后撒施于瓜垄，宽约2尺，尔后翻入地中，拌匀整平。好处：增加根系吸肥面积，肥效发挥均匀；瓜苗醒棵发根后即能吸收到营养，以利快发棵，促进早发。提高移栽质量。5月初适时移栽；瓜垄整成公路型，但不宜过高，苗钵底应在地平面以下；稀粪水浇塘，窨干后放苗钵、填土、封实，以利快醒棵。防治苗期病害。苗期往往有多种病害发生，绝对不能忽视。以预防为主，综合防治，控制发生，减轻为害，促进快发棵，快出藤。

协调瓜、棉争光的矛盾。西瓜座瓜、棉花盛蕾以后，争光的矛盾逐渐显露并加剧。为缓和瓜棉争光的矛盾，因此抓好：改进种植规格，放宽中行棉花的预留行。露地移栽棉花预留行为1.50尺，现放宽到2.10～2.30尺，以减少前茬对棉花的影响。有利地膜增温效应的发挥，改变中行棉花比瓜行边棉花发得较迟状况。西瓜苗两边的两行棉花行距不宜超过3尺，放宽中行棉花与边行棉花的行距，扩大西瓜生长空间，改善光照条件，促进西瓜座瓜。适应降低密度。棉花的密度由2800～3000株，降低到2600株左右，西瓜的密度由280～300株，降低到220～250株或更少些，以缓和瓜、棉相互争光的矛盾。塑造株型。棉花覆盖以后，地温和近地面气温增高，肥料又足分解又快，营养丰富，生长速度势必加快，株型必然要比露地移栽的高大，争光矛盾更显突出，棉花适宜株型塑造，采取两条措施：控制横向生长，调节纵向生长。据观察棉花初花期之前应积极促进生长，初花期前后，用激素适度控制果枝的伸长，打顶后，8月15日前后适当加大浓度，进一步控制横向生长。纵向生长以早打顶来调节，于7月底前后为宜。精整木枝，培育健壮木枝结铃。地膜覆盖的棉花一般长3～5个木枝，如果片面认为可利用木枝增加单株结铃而不去木枝，必然加重棉株中下部的荫蔽，反而影响多结铃且影响西瓜的光照。因此，为弥补密度低而减少有效果节量，对于木枝采取有选择的利用，一般每株选留1～2个木枝。采用精整枝的方法：根据留壮去弱、留大去小、留高位木枝，去低位木枝、留伸向行间的去伸向株间的木枝等原则，综合考虑去留木枝。

据观察，留下的木枝并不一定枝枝都结铃，而结铃多的都是健壮木枝。如何使木枝长得健壮，提高结铃率，措施是：除采用科学的整枝方法外，增加前期肥料的投入促进木枝健壮生长去留木枝要早，减少木枝之间营养竞争和无谓消耗；苗蕾期一般不使用激素，使木枝正常生长；瓜田盖草要适量并及时清理缠绕在棉株上的瓜藤，增强光照，使木枝茁壮生长。

协调瓜棉争肥的矛盾。棉花一生在追肥上应注意二点：正确理解、处理好“一肥”瓜棉两用的关系。西瓜、棉花既有争肥的一面，也有肥料互补的一面（中行棉花不存在争肥，也不存在互补），也不能忽视西瓜是较耐肥，需肥量较大作物，片面地认为西瓜上的肥料有余，可被棉花利用而少投入；不能忽略西瓜与棉花还有争光热资源的矛盾，西瓜需铺适量麦秸，使瓜藤均匀分布有利叶片采光、座瓜，但会影响地温的上升，不利棉花的生长发育；重视棉花前期肥料的投入，特别要抓好接力肥的使用，因为与纯棉花比较而言，在同样生长季节里的生长量要多，才能达到相当的群体生长总量。如果前期不投入足够的肥料，在不良生态条件下，获得良好的个体发育和较高的群体质量是不可能的。较好协调棉花、西瓜争肥的矛盾，必须投入足够的氮、磷、钾营养，才能使棉株、西瓜生育良好，满足棉花大量现蕾、开花、结铃、绽桃和西瓜座瓜，长大瓜的营养需要。一般每亩投入饼肥100～125公斤，麦秸125公斤左右；纯氮20～25公斤，五氧化二磷10～15公斤，氧化钾12.50～17.50公斤(有机肥未计入)。其中，棉花用纯氮12.50～15公斤，五氧化二磷5～7.50公斤，氧化钾7.50～10公斤。在肥料运筹上，棉花坚持施足安家发棵肥(占30%)，及时施好接力肥(占20%)，重施花铃肥(占40%)，视苗情补施盖顶肥(占10%)的原则。西瓜坚持重施基肥(有机肥折纯N占50%左右)和座瓜肥。磷、钾肥的施用，西瓜于基肥时、棉花于安家肥或接力肥时一次性投入。

开展综合防治，控制病虫草害的发生。西瓜、棉花地膜双覆盖后，棉花长势旺盛，生育期提前，在一时段内棉花通风透光相对差些，为棉花害虫、西瓜病害提供丰富食料和发生条件，因此盲蝽、棉铃虫等主要害虫加剧，严重威胁瓜棉生产。为此，病虫害防治应加强田间测报，开展综合防治，做到大田防治与虫源田防治相结合，人工与药剂防治相结合、药剂防治与农业防治相结合，有效提高防治效果，控制病虫草的发生、危害。

1996年12月如东县作栽站、农学会学术会议报告(获一等奖)

1984～2012年科技论文(学术会议报告)辑录一览表

表25—251

论文标题	作者	获奖等级	报刊级别	发表时间、报刊名称(学术会议)
棉花苗床搬钵蹲苗试验	黄静忠	—	国家级	1984年第1期《中国棉花》
搬钵蹲苗在套栽棉花上的应用	黄静忠	—	省 级	1989年第4期《当代农业》
大麦基施N、P、K肥效果	陶建新	—	省 级	1990年第10期《当代农业》
井中养鱼食害虫	陶建新	—	省 级	1991年4月16日《江苏农业科技报》
速克灵对油菜菌核病防效好	陶建新	—	—	1992年第2期《农药市场信息》
油保2号防治油菜菌核病示范	陶建新等	—	—	1992年第2期《农药市场信息》
青蒜番茄棉花立体种植	黄静忠	—	省 级	1995年8月8日《江苏农业科技报》
油菜棉花花生立体种植技术	黄静忠	—	省 级	1995年9月5日《江苏农业科技报》
地膜马铃薯—西瓜—棉花立体种植技术	黄静忠	—	省 级	1995年10月1日《江苏农业科技报》
棉花—西瓜地膜覆盖套栽技术	黄静忠 黄雪红	—	省 级	1997.年第4期《江西棉花》
一膜两用瓜棉复合种植高产栽培技术	黄静忠 黄雪红	—	市 级	1997年第2期《南通农业》
西瓜棉花地膜双覆盖复合种植效应及栽培技术	黄静忠	一等奖	—	1997年2月县作栽站、县农学会学术会议
徐如发的蒜瓜间套种模式	王云如	二等奖	—	1997年2月县农学会学术会议
复合种植的棉花叶枝利用技术的研究	黄静忠	三等奖	—	1998年2月县作栽站、县农学会学术会议

续表25—251　1984～2012年科技论文(学术会议报告)辑录

论文标题	作者	获奖等级	一般报刊级别	发表时间、报刊名称(学术会议)
复合种植下棉花叶枝利用效果的研究	黄静忠 王云如 黄雪红	—	市 级	1999年第1期《南通农业》
亩产632.90公斤玉米高产总结	盛建忠 (第2作者)	优秀论文奖	—	1999年2月县农学会学术会议
密达颗粒制防治水稻旱育秧床蝼蛄	陶建新 成素平	—	—	1999年第4期《植物保护》
几种杀蜗牛的药剂对农田蜗牛的防效	陶建新等	—	—	1999年第11期《农药》
瓜棉套作选留棉花叶枝能增产	王如云等	—	省 级	1999年5月8日 《江苏农业科技报》
地膜瓜棉复合种植技术改造系列研究	王云如等	二等奖	—	1999年2月县农学会学术会议
中医《简验四则》	周 荣	金 奖	—	在韩国召开,99国际疑难病优秀成果交流会
青蒜—豇豆/花生/秋番茄立体种植技术	王云如	—	省 级	2001年第4期 《农村科技开发》
西瓜嫁接栽培技术研究	王云如 (第2作者)	—	省 级	2001年第3期 《上海农业科技》
海蓬子大棚栽培技术	陶建新 刘文军	—	省 级	2003年第3期 《蔬菜》
棉田复种模式及主要栽培技术	黄雪红 (第3作者)	—	国家级	2003年第3期 《中国农技推广》
高品质棉棉田复种模式及主要栽培技术	朱云霞 (第2作者) 黄雪红	—	国家级	2003年第5期 《中国棉花》
同一密度不同栽培模式“科棉1号”成铃及产量的影响	吴耀泉	—	—	2003年南通市作物学会交流会
西瓜新品种“长密1号”	陶建新 王云如	—	市 级	2004年第1期 《南通农业》
大豫镇西瓜种植现状与发展对策	陶建新 王云如	—	市 级	2004年第1期 《南通农业》
苏中如东县大豫镇西瓜生产现状及其发展对策	陶建新 王云如 刘文军	—	国家级	2004年第2期 《中国西瓜甜瓜》
微生物肥在大叶菠菜上的应用效果	袁 勇 (第3作者)	三等奖	—	2004年如东县人民政府
探究钠与非金属反应的实验教学	金向东	一等奖	省 级	2004年第23期 《科技风·现代教育》
秋绿花菜栽培技术	吴锡华 黄雪红	—	市 级	2005年5月 第1期《南通农业》

续表25—251　1984～2012年科技论文(学术会议报告)辑录一览表

论文标题	作者	获奖等级	报刊级别	发表时间、报刊名称(学术会议)
棉花蕾铃脱落的原因及防止措施	吴锡华 黄雪红	—	市 级	2005年5月第1期 《南通农业》
沿海棉区棉花生产上存在问题及对策	吴耀泉	—	—	2006年南通市作物学会交流会
砂梨标准化栽培技术的探讨	朱锦忠 (第3作者)	—	—	2006年3月南通市林学园艺学会学术年会
大白皮蚕豆病毒病的综合防治技术	吴耀泉	—	—	2007年南通市作物学会交流会
科学管理棉田促进棉农增收	吴耀泉	—	—	2007年南通市作物学会交流会
墨西哥玉米种植技术要点	陶建新	优秀奖	—	2007年如东县第三届自然科学学术会议
大棚青皮长茄——越冬莴苣高效栽培技术	陶建新	—	国家级	2009年第6期 《中国蔬菜》
江苏如东棉花套蚕豆及榨菜的高效种植模式	黄雪红 (第2作者) 吴锡华	—	省 级	2010年第1期 《江西棉花》
设施瓜果蔬菜连作障碍及综合防治措施	陶建新等	—	国家级	2010年第1期 《中国农业》
如东县秸秆综合利用现状与思考	袁勇等	—	省 级	2010年第6期 《上海农业科技》
棉花精确施氮试验初报	袁　勇 (第2作者)	—	省 级	2010年第4期 《上海农业科技》
江苏沿海农区小麦3414肥效试验研究	袁勇等	—	省 级	2010年第22期 《现代农业科技》
大白皮蚕豆—无籽西瓜—绿花菜高产高效栽培技术	袁勇等	—	省 级	2011年第1期 《上海农业科技》
无指征剖宫产的体会	施小艳	—	—	2011年第29期《中国社区医师·医学专业》
棉花营养钵育苗的存在问题与对策	黄雪红 吴锡华	—	省 级	2012年第3期 《上海农业科技》
榨菜—春玉米/秋玉米高效栽培技术	黄雪红 吴锡华	—	省 级	2012年 第6期《现代农业科技》
使用除草剂防治空心莲子草的效果	陶建新等	—	—	入选《中国农业文库》
秋粮旱改水,棉田秋冬套	季　敬 盛建忠	—	—	收录黄细喜等主编《新型耕作技术及理论》一书

第四节　荣誉奖项

境内农技人员在传统农业向现代化农业发展过程中，默默无闻、任劳任怨，创造性工作，为一方农业经济发展壮大，成效明显、成绩显著，得到社会尊重和关注。1982～2010年，兵房镇农技站8年(其中连续5年)11项次被市、县农业局、县人民政府、江苏省农林厅、江苏省人民政府嘉奖或评为先进单位。1986～2012年，境内7名农技人员，获嘉奖62项次。

1982～2010年农技站集体获奖一览表

表25—252　　单位：年

奖　项	获奖单位	获奖等级	获奖时间	授奖单位
科技工作	兵房公社农科站	嘉　奖	1982	南通地区行政公署
农技推广工作	兵房乡农科站	嘉　奖	1984	如东县农业局
农技推广工作	兵房乡农技站	先进集体	1985	如东县农业局
农业服务工作	兵房乡农技站	嘉　奖	1986	江苏省人民政府
全年工作考核	兵房乡农技站	先进单位	1986	如东县人民政府
科技档案工作	兵房镇农技站	嘉　奖	1987	如东县档案局
“五有”乡站建设	兵房镇农技站	先进单位	1987	江苏省农林厅
“五有”乡站建设	兵房镇农技站	二等奖	1988	南通市农业局
“五有”乡站建设	兵房镇农技站	第三名	1988	如东县农业局
科技档案	兵房镇农技站	先进单位	1990	如东县农业局
科教活动	兵房镇农技站	三等奖	1995	如东县农业局
粮棉油高产增收创建	大豫农业服务中心	嘉　奖	2010	如东县农业委员会

1986～2012年农技站个人获奖一览表

表25—253　　单位：年

奖　项	获奖时间	奖励种类	获奖者	授奖单位
农村工作	1986	先进个人	黄静忠	如东县人民政府
农业科技推广	1987	先进工作者	黄静忠	南通市人民政府
棉花栽培工作	1988	先进工作者	黄静忠	如东县农业局
农村科普工作	1988	先进个人	黄静忠	南通市科学技术协会
党建工作	1988	优秀共产党员	黄静忠	中共兵房镇委员会
农技站管理工作	1989	优秀农技站长	黄静忠	如东县农业局
党建工作	1989	优秀共产党员	黄静忠	中共兵房镇委员会
棉花栽培工作	1989	先进工作者	黄静忠	如东县农业局
农技工作	1990	先进站长	黄静忠	如东县农业局
党建工作	1990	优秀共产党员	黄静忠	中共兵房镇委员会
棉花高产竞赛	1991	二等奖	黄静忠	如东县人民政府

续表25—253　1986～2012年农技站个人获奖一览表

奖 项	获奖时间	奖励种类	获奖者	授奖单位
农村工作	1991	先进个人	黄静忠	中共兵房镇委员会
党建工作	1991	优秀共产党员	黄静忠	中共兵房镇委员会
高效农业示范推广工作	1993	科教兴农一等奖	黄静忠	如东县农业局
新技术推广 兴办实体	1993	科教兴农二等奖	陶建新	如东县农业局
棉铃虫防治工作	1994	先进工作者	陶建新	南通市农业局
科教兴农	1994	棉花栽培一等奖	黄静忠	如东县农业局
科教兴农	1995	科教兴农一等奖	黄静忠	如东县农业局
科教兴农	1995	科教兴农二等奖	陶建新	如东县农业局
党建工作	1995	优秀共产党员	黄静忠	中共兵房镇委员会
农技工作	1996	科教兴农二等奖	黄静忠	如东县农业局
工作积极	1996	优秀共产党员	黄静忠	中共兵房镇委员会
先进工作者	1996	嘉 奖	陶建新	如东县人民政府
科教兴农竞赛	1997	植保专业三等奖	陶建新	如东县农业局
积极分子	1997	科教兴农带头人	朱锦忠	团市委市科委农林局
成绩显著	1997	先进工作者	盛建忠	丁店乡政府
机关工作	1997	先进个人	黄静忠	中共兵房镇委员会
党建工作	1997	优秀共产党员	黄静忠	中共兵房镇委员会
科教兴农竞赛	1998	三等奖	黄静忠	如东县农业局
党建工作	1998	优秀共产党员	黄静忠	中共兵房镇委员会
先进工作者	1998	嘉 奖	盛建忠	如东县人民政府
科教兴农竞赛	1998	二等奖	陶建新	如东县农业局
普及农业实用新技术	1998	嘉 奖	陶建新	南通市农业局
梨高产竞赛	1998	一等奖	朱锦忠	中共如东县委员会 如东县人民政府
年终考核	1998	三等功	陶建新	中共如东县委员会 如东县人民政府
年终考核	1998	嘉 奖	王云如	如东县人民政府
科技工作	1999	乡村优秀科技人才	朱锦忠	中共如东县委知识分子工作领导小组
科技工作	1999	青年科教兴农带头人	吴耀泉	共青团如东县委
年终考核	2000	嘉 奖	盛建忠	如东县人民政府
党建工作	2000	优秀共产党员	陶建新	中共大豫镇委员会
科技工作	2000	青年科教兴农带头人	朱锦忠	南通团市委 市科委 市农林局
年终考核	2000	嘉 奖	陶建新	如东县人民政府
农村工作	2001	嘉 奖	陶建新	如东县人民政府
党建工作	2001	优秀共产党员	盛建忠	中共兵房镇委员会
党建工作	2001	优秀共产党员	盛建忠	中共如东县委员会
农村工作	2002	嘉 奖	陶建新	如东县人民政府
两个文明建设	2002	优秀共产党员	陶建新	中共大豫镇委员会

续表25—253　1986～2012年农技站个人获奖一览表

奖　项	获奖时间	奖励种类	获奖者	授奖单位
年终考核	2002	嘉　奖	盛建忠	如东县人民政府
年终考核	2003	嘉　奖	盛建忠	如东县人民政府
年终考核	2004	嘉　奖	盛建忠	如东县人民政府
年终考核	2004	嘉　奖	王云如	如东县人民政府
年终考核	2004	嘉　奖	陶建新	如东县人民政府
年终考核	2005	嘉　奖	陶建新	如东县人民政府
年终考核	2005	嘉　奖	盛建忠	如东县人民政府
年终考核	2006	嘉　奖	陶建新	如东县人民政府
年终考核	2007	嘉　奖	盛建忠	如东县人民政府
年终考核	2008	三等功	盛建忠	如东县人民政府
科技工作	2008	青年科教兴农带头人	袁　勇	共青团南通市委 南通市科技局 南通市农林局
年终考核	2009	嘉　奖	盛建忠	如东县人民政府
年终考核	2010	嘉　奖	盛建忠	如东县人民政府
年终考核	2011	三等功	盛建忠	中共如东县委 如东县人民政府
年终考核	2012	嘉　奖	盛建忠	如东县人民政府

第五节　科技人员选介

境内在外科技人员遍布全国各地，涉及农业、工业、设计、医学、电子、航天航空等几十个门类。他们在不同岗位上，为发展祖国科技事业奋发努力、改革创新、做出贡献。因人员众多，难以统计。节内仅选8位作一介绍。

一、黄静珍

女，民国28年(1939)7月7日生，利民乡中心村(马家店)人。中共党员。1983年，国务院科技局授予无线电线路工程师，1993年，广西壮族自治区授予无线电测量仪器高级工程师。

1956年8月，考入南京市第七中学，1959年9月，录取南京无线电工业学校水声(声呐)专业。1962年8月，改修仪器仪表专业。1963年，分配到四机部南京720厂设计所，负责821甲接收工作。1969年，调电子工业部南京第14研究所，负责军用雷达352、404仪器仪表工作。1967年8月，随352、404两雷达，调四机部桂林722厂(国营长海机器厂)，负责微波仪器仪表修理、检定、改进工作。

1983～1989年，共主持6项技术革新，均获厂技术革新奖。即微波信号源XW—1主振管K—502灯丝电压改进；XW—1信号源输出阻抗欧姆是特殊输出阻抗，将75欧姆经剪磨改为50欧姆；调制度仪XB—1；HL—6雷达综合测试仪脉冲延迟改进；5厘米小功率GLX—11波导探头检定；厂建闭路电视。在对国家第一台352丙雷达精度测试和鉴定中，成绩卓著，获电子工业科技进步二等奖。

1991年12月，圆满完成北海舰队舰艇微波仪器XW—1，微波小功率计GLX—2B，示波器等紧急检修任务。

1992年3～4月，赴大连参加352丙雷达和981—3干扰机海上实地打靶演习。1992年9～12月，参加卫星天线资源测试，并通过中华人民共和国航天部验收。1993年，被评为厂技术业务女能手。1994年11月，退休。

二、施祖义

民国23年(1934)11月生，兵房公社新民村(马家店村)人。1985年，加入中国共产党，高级农艺师。中国农学会会员、南通市农学会会员、如东县农学会会员。

1959年，毕业于湖北省孝感农校，9月，分配到汉川县农业局从事农业技术推广工作。1977年，调掘港区农技站工作，1984年9月～1994年9月，分别任掘港区和掘东区农技站副站长。

1984年，"棉田暗沟栽培研究"获省农林厅科技成果四等奖；1988年，"棉花百亩丰产方"获省农林厅"丰收杯"四等奖；1991年，"棉花抗灾应变技术及其应用"获南通市人民政府科技进步四等奖；1992年，"育苗移栽棉花栽培技术的改革与应用"获南通市农业科学技术推广二等奖；是年，"如东县棉花高产优质栽培技术"获省农林厅"农业丰收奖"二等奖。1993年2月，被省职改办评为高级农艺师。

1986年，因其长期坚持农牧渔业技术推广工作，做出成绩，中华人民共和国农业部授予荣誉证书、证章，1992年，被江苏省农林厅评为农技推广先进工作者。1994年，退休。

三、邢志良

民国24年(1935)生，丁家店村人。居住兵房居委会9组。1961年毕业于江苏省南通农业专科学院，大专学历。1991年9月，加入中国共产党。10月，被评聘为高级农艺师。如东县八、九届政协委员。中国农学会会员、南通市粮油学会会员。

1962年，分配到如东县农林局。1961～1971年，从事基层农技推广工作。1972年，调县农技推广中心作物栽培指导站，从事杂粮和油料科研及技术指导工作。1974～1982年，分别创造油菜、蚕豆亩产250公斤高产纪录。1989年，中华人民共和国农业部颁发全国农业科技人员荣誉证书。1990年《油粮糖一年三熟试种情况和小结》等4篇论文发表于《江苏作物通讯》杂志。先后在省级以上粮油专业刊物上发表论文8篇，获省厅级以上科技成果奖励4项。1996年退休。

四、汤岳峰

1966年10月生，丁家店村人。1995年6月，加入中国共产党。1999年6月，毕业于大庆石油学院。高级工程师。

1987年，于吉林油田参加工作，2008年，调大庆油田，2009年，任大庆油田管理局钻探工程公司物探二公司劳动工资科科长。2004～2012年，共完成三维地震资料采集，10个区块，15万炮，为公司创效益5亿多元，他所在2244地震队获中国石油天然气总公司“百面红旗”基层队，银牌队，示范队。撰写10多篇专业论文，在全国性专业杂志上发表。2010年5月《黑帝庙地区高分辨率地震采集固素探讨》发表于《吉林石油工业（月刊）》第5期，2010年7月，《克郎软件在三维地震生产中应用》刊载于《吉林石油工业》月刊第7期。先后获大庆油田杰出员工、优秀共产党员等荣誉称号。

五、翟友成

民国37年（1948）10月生，强民村人，居住掘港镇青园新村。1974年，加入中国共产党。1976年参加工作，1978年底考入江苏农学院。1999年，被评聘为高级农艺师。

1982年，分配至如东县农业局。1989～2002年，任农业局植保站副站长。2002～2008年，县农林局农业行政执法大队队员。工作期间，在省级以上专业刊物上发表论文12篇，其中《混灭威防治优蚜试验》刊登于《中国棉花（全国专业杂志）》1991年第三期。《中耕可促使蜗牛卵爆裂》刊登于《植物保护》1996年第四期。此2篇论文分别获省市一等奖。2008年11月退休。

六、林　伟

民国29年（1940）2月生，兵房公社三大队（马家店村）人。1972年，加入中国共产党，1993年，评为高级工程师。

1953年9月～1959年7月，如东县中学学习；1964年7月，毕业于南京河海大学。分配到江西省水利电力设计院，至1970年，负责扶州地区水文规划，参加一批中小型水利水电工程设计和施工。1971年，调如东县水利局。先后参与编制如东县水利建设第四、第五个5年规划，遥望港及海堤测量，独立组织中小河道和配套建筑施工。主持东凌、北坎海堤水泥土护坡施工，并负责不同灰土比、干容重、介入剂对水泥土抗冻性能等研究。主撰“海堤水泥土护坡”专题成果申报书，获省科技成果四等奖、南通市科技成果二等奖。2000年退休。

七、盛建忠

1954年5月生，徐征村人。1976年9月，加入中国共产党，2001年，评为高级农艺师。2001～2012连续12年，受县政府嘉奖。2008、2011年，荣立三等功。

1973年1月，高中毕业；1977年4月，考入南通农校，1979年8月毕业后，分配到兵房公社农技站。1981年，调掘东区农技站任站长，撤区后，历任丁店乡、兵房镇、大豫镇农技站站长。

工作期间，科研成果显著。1991年，“防霉宝防治蚕赤斑病开发应用”获如东县科技进步三等奖；“油菜综合丰产技术及其应用”获南通市科技进步四等奖；1992年，“如东县水稻综合技术”获农业部科技进步三等奖；“沿海旱粮棉区新型种植制度”获如东县科技进步三等奖；1993年，“掖单13号玉米新品种开发应用”获如东县科技进步二等奖；1994年，“旱粮棉区立体栽培技术推广应用”获南通市科技进步三等奖、县科技进步一等奖；“新型耕作栽培技术及其应用研究”获江苏省科技进步二等奖；1995年，“棉花花铃期旱象诊断与抗旱技术”获南通市科技进步四等奖。主持推广丁店乡应用8项黄花梨优质栽培新技术，2000年4月，江苏省农林厅授予“江苏省模范果园”奖牌。论文“亩产632.90公斤玉米高产总结”（县优秀论文奖）；“秋粮旱改水，棉田秋冬套”入编《新型耕作技术及理论》一书。

八、董　达

民国24年（1935）12月生，利民乡中心村（马家店村26组）人。1955年，就读海门中学，1962年，毕业于江苏省师范学院化学系，分配到上海电子管厂，1982年，调上海飞乐股份有限公司技术科工作。1988年11月26日，上海市仪表电讯工程技术高级专业技术职务评审委员会授予高级工程师。

1982年后，研制卤磷酸钙系列发光粉、硫化锌系列发光粉、扬声器使用黏结剂获得成功。在职期间，业余探研能源，环保技术创新工程。1996年，退休后仍潜心科技研究，成绩显著。2004年“塔式风力机”；2008年“水能转换装置”；2010年“框式垂直轴风力机”；均获国家专利。2009年，发明成就录入《中国专利发明人年鉴》11卷，并获“百名优秀发明家”称号。2011年12月，获中国时代改革创新奖、香港国际专利博览会金奖。2012年，庆祝党的十八大召开《党旗颂——中华儿女铸党旗》发行，其个人照片被制作为纪念邮票图案。2015年11月18日，中宣部颁发荣誉证书，文曰:前期工作优秀，为祖国建设做出贡献，人民日报社举荐，被中宣部评为中国杰出人物。奖励（1945～2015）抗战胜利70周年纪念彩色图案银条5枚；水晶奖座一尊；新中国五代领导人金镶玉纪念章；一级“八一”勋章、一级独立自由勋章、一级解放勋章（均为金质）；毛泽东金镶玉纪念章5枚，毛泽东水晶人像25枚。

第二十六篇 环境保护

境内乡村有“掸尘”传统、“插柳”习俗，印证祖先有环境保护潜意识。清光绪年间，如皋东乡南八总周文人（字立生），一生从教，不仅授人以业，还授人以道，爱鸟、爱蛙事迹，成为皋东佳话。其孙周九皋（大豫社区人）十多年如一日，义务开展生态环境保护宣传，自建野生动物保护区。

中华人民共和国成立后，虽有农家炊烟排放，生活污水流溢，但尚未超过大自然净化能力。境内环境优美，居所宁静，天空蔚蓝，原野葱绿，鸟语花香。如泰运河兵房段、丁店河、遥望港、公共河、贯河水清澈，为居民浆洗和游泳好场所，也宜鱼、虾、蟹自然繁衍。20世纪50年代始，全面开展爱国卫生运动，兵房、南坎、大同等集镇设立清洁管理所，开展环境保洁，乡村农户大扫除，植树造林蔚然成风。80年代初期，境内工业发展迅速，烟囱增多，废气排放量增大、废水下河、废渣处理不当、噪音时有超标，农业普遍使用化肥、农药，其环境污染所致危害逐步显现，引起党委和政府重视。

1973年8月，国务院召开第一次全国环境保护会议，正式把环境保护事业摆上国家议事日程。1987年，始设环保机构，建环保队伍，初步形成市、县、镇三级环境管理体系。20世纪90年代，环境治理工作列入党委、政府议事日程，环保事业出现三大变化：从工业“三废”①拓宽到全面管理城乡总体环境；控制污染从单项“三废”净化处理，逐步发展到结合工业布局调整、企业整顿和技术改造，开展废弃物回收和综合利用；环境管理手段由单一行政干预逐步发展到综合运用法制、经济、技术、行政和宣传教育等多种手段。2003年，大豫镇成人学校编排环保普法文艺节目，获省级调演二等奖。2010年12月11日，大豫镇顺利通过国家级生态镇省级考核验收。2012年，重点工业污染源达标排放率100%。通过“环境整洁村”验收14个。

①工业“三废”是指废气、废水、废渣。

第一章　环境污染

第一节　水环境污染

大豫镇水环境污染主要是工业废水和生活污水。整个水系位于排水前哨，承受境内和上游外县(市)废水入境。重点污染源大多分布在如泰河一线，平均每年向河道排放含氯、氨、氰化物、硫化物、铬、铝、锌、砷、酚等多种有害物质污水1000多万吨。汛期，水位升高，废水倒灌，三四级河、横河、泯沟(明沟)整个水系严重污染。加之，境内居民和工厂向河边倾倒垃圾、加工废料、排放污水，部分农民把秸秆推入泯沟、横河，内河部分河道逐渐狭窄，河床加高，河水发黑变臭，雨前抢喷农药，抢施化肥，雨后，严重污染内河水源，常见死鱼漂泊水面。丰富的野生河虾、河蟹资源近乎绝迹。中共十一届三中全会后，随工业发展，农副产品加工业迅猛崛起，大量污水得不到有效处理，给人们生活、生产用水造成严重影响。

1998年，南通凯缘食品有限公司，污水流入保田村8组等几个村民小组横河、泯沟，引起400多公斤成鱼死亡，后以每市斤3元计算理赔，才平息事端。

大豫镇地处海滨，约有657平方公里海域，盛产鱼类、贝类、虾类和优质盐等，是理想的渔、盐业生产基地。由于海域宽广，潮水涨落能自我增氧和补充盐度，加之某些海洋生物自我净化能力较强，海水环境一直保持稳定。1958年后，如东城乡实施“大跃进”，工业大上，农业向“洋”，“三废”和自然残留农药、化肥流入大海，致海水环境积累性污染，海鸟不愿久留，鱼类、贝类、虾类因滥捕日渐减少，生态失去平衡。

1976～1992年，镇政府加大对海水环境保护力度，为防止海潮狂浪冲堤塌滩，对全镇30公里海岸，约20.10万亩沙土滩涂，先后采用块石、水泥土和草皮护坡，以防海水沙化。20世纪80年代后期始，又采取治污和兴业同步设计，创办污水处理厂，确保污水集约净化，达标排放，严防污水流入河海，取得明显效果。

第二节　大气环境污染

20世纪80年代，境内砖瓦厂(小窑)、水泥厂、无抑制排放大量废气烟尘，飘逸空间，使周边屋顶蒙上一层黑灰。农作物受到无形毒害。加之离县城较近，冬天常刮西北风，也受县城大气污染物边缘影响。境内大气污染源主要是秸秆焚烧烟雾，工业生产排放工业废气，机动车辆排放尾气。排放物中有二氧化硫、氮氧化物、颗粒物和烟尘。

据县有关部门检测，境内空气中二氧化硫、二氧化碳、悬浮颗粒的年平均浓度均超过环境空气质量二级标准，酸雨频率呈上升趋势。机动车船在燃烧汽油、柴油过程中，排放一氧化碳、碳氢化物、氮氧化物、二氧化硫、烟尘、铅等有害物质，同样增加大气环境污染。每到夏、秋收获季节，秸秆焚烧，持续数日，全境上空烟雾弥漫，遮天蔽日，行人呼吸困难。

第三节 噪声污染

2005年调查检测，交通噪音主要源自机动车，掘东摩托车辆属如东之最，占比为1/2左右。企业噪声源主要源自部分企业设备老化，噪声源较强。社会生活噪声源，除居民生活噪声外，还包括镇区娱乐场所、沿街商店、农村婚丧喜庆使用的音响设备及烟花爆竹燃放声。建筑噪声主要是搅拌机、灌注机、切割机、电锤、振动棒、装潢机具等。

第四节 固体废弃物污染

20世纪80年代中后期，境内固体废弃物包括工业固体废物、生活垃圾、医疗废弃物三类逐渐增多。2010年调查显示，大豫镇日产生活垃圾50吨，多时超过60吨。工业固体废弃物，主要源自以煤炭作燃料的企业所产生煤渣、粉煤质为主；企业生产过程中所产生的无机和有机废物、污泥、少量易爆性废渣。生活垃圾，主要是居民日常生活中产生的废弃物、烟尘、废弃熟料、玻璃、陶瓷、金属化工（农药、油漆等包装）、废弃家用电器、电池等。医疗废弃物主要源于医院、诊所和卫生室。

第五节 土壤污染

20世纪70年代前，农村主要用农家肥（有机肥）种植庄稼，土壤基本没有污染。80年代后，化学肥料、农药施用范围和数量逐年增加，甚至，过度施用。化肥以氮肥为主，主要是尿素、碳铵。磷钾肥施用以高浓度复合肥为主。尿素在通气良好土壤中转化为氨态氮。氨态氮也可硝化为硝酸态氮素，被植物过量吸收，污染果实。90年代前，普通用剧毒、残留期长的有机磷杀虫剂、滥用除草剂等。造成土壤严重污染，农业生态失衡。

第二章 环境保护

20世纪90年代始，境内中共乡镇委员会、政府重视环境保护工作，对生活污水、工业废水、废气、固体废弃物等进行治理整治。同时,强化水资源保护,建立自来水厂,确保人民群众饮用水安全。在开展生态环境保护宣传活动中,大豫社区周九皋被县环保委、环保局授予“如东县环保义士”称号,并自建家庭鸟类自然保护区,自制宣传牌465个,1995～2006年间,利用集市、学校、冬训班等场所义务宣传千余场,受益者达1.68万余人次。取得较好社会效益。

第一节 生活污水处理

20世纪90年代前,农村生活污水处理一般以户为单位,数量少,直接通过水管、水槽排入宅沟、泯沟,为鱼类饵料。集体单位、小集镇一般建下水道排入河中。1990年后,全镇下水道逐步系统化、标准化,排污、排水功能逐年增强。小集镇老街通过拆迁改造及新农村集居点、工业园区建成,其下水道设施更趋完善。

第二节 工业废水治理

2009年,全镇有近20家重点水污染企业,镇党委、政府为控制新污染源产生,一方面加大对新建项目审批力度,另一方对水污染企业强化监管,建立一厂一档基础台账,搞好污染企业排污申报登记,定期与不定期开展电镀、化工、食品加工等重点行业废水达标排放执法检查,发现问题限期完成治理任务,实现达标排放。逾期不达标排放企业予以关停。至2012年,重点工业污染源达标排放率100%。

第三节 废气治理

20世纪90年代前,境内乡镇对废气治理工作尚未重视。随着工业生产过程中排出废气。烟气对农作物生长污染越来越重。1994年,兵房邻盐村6组上百亩棉花蕾期,连受如东盐场精制盐加工企业排放烟气(含氯化钠粉末)危害,叶片灼伤,蕾大量脱落,给棉农造成直接经济损失,并与企业产生矛盾。此事,引起中共兵房镇委、政府高度重视,把治理“三废”列入正常工作,对废气污染严重群众反映强烈的企业进行整顿,分别按顺序以关、停、并、转。对各类烟尘排放进行检查、验收,对超标单位加大整治力度,限期整改达标。2003年始,境内各镇重视秸秆焚烧和综合利用。2012年,根据《中华人民共和国大气污染防护法》,加大宣传监管力度。镇党委、政府成立秸秆焚烧工作办公室。“致农民朋友一封信”印发至各家各户,指出:焚烧乱抛秸秆是违法行为,违者承担罚款,情节严重,构成犯罪的将依法追究刑事责任。农收期间,宣传车巡回宣传,并实行分村包干、责任到人。有效控制大面积焚烧秸秆、减少烟尘污染、成效显著。

第四节　固体废弃物污染治理

20世纪90年代起，境内乡镇进行专项整治，着重对工业废渣、建筑渣土实行定点存放和规范处置，发现违章行为，限期整治，达标验收。镇区生活垃圾由清管所负责收集、处理。农村生活垃圾，农户自行处理，选址堆放，制肥料。进入21世纪后，农村生活垃圾处置，镇村更加重视，强调生活垃圾规范管理。至2012年，全镇建有垃圾运输点34处，垃圾箱4992个，镇配备封闭式垃圾车4辆，村配备拖拉机20辆，摩托、电瓶三轮34辆。

第五节　安全饮用水

20世纪70年代，如东农场、如东盐场在场部打深水井两眼。80年代开始，相继创办大同、金陵荡、芦苇港自来水厂，当时，仅部分城镇居民和村民能饮用自来水，90年代初，在马店自来水厂影响下，从单一发展到多元化建厂模式，集体联办，村厂合资，私营，股份制多种形式并存。注重出厂水质，管网水水质，保证供水均达国家规定标准。至2011年，境内自来水厂13家，累计铺设管道970公里，日供水量6500～7000吨，受益者10万人。2012年年底，全镇进行自来水全面改造，长江水替代深井水，重新铺设管道1300多公里，总投资达7080万元。

第六节　水资源保护

民国5年（1916），大豫盐垦公司境内就规划河网方格化。1958年起，全镇骨干河道如泰运河、遥望港、东凌港等为主要水源。在联产承包责任制推广前，集体利用冬春组织对横河、泯沟进行捞浅，铺生积肥，当时河水十分清澈，可饮用和浇灌。20世纪80年代起，境内二、三、四级河道、横河、泯沟逐步受水生作物和各种杂物污染、淤塞，加上农药、化肥污染，水资源受到严重破坏。

进入21世纪，中共大豫镇委、镇政府把水资源保护摆上民生工作议事日程，建立班子，划出专人负责，按计划定期疏浚河道，打捞漂浮物，确保水流畅通。2001年，污染程度：九圩港＞如泰运河＞栟泰运河；2002年，污染程度：如泰运河＞栟泰运河＞九圩港；2005、2006年，污染程度：栟泰运河＞九圩港＞如泰运河，内河水质逐年好转，总体水度为5类，综合污染指数由2004年5.68下降为5.28。2010年，如泰运河水质符合地表水4类水质标准，遥望港符合地表水3类水质标准。至2012年，全镇共疏浚河道648条，661公里，完成土方量169万立方米。每年春季，开闸（东安闸、遥望港闸）排咸排污，引进长江水，水资源得到有效保护。

第七节　土地资源保护

1988年7月，境内各乡镇土地管理所正式挂牌成立后，土地管理工作步入新征程。镇村土地统一开发、利用、整治、保护等工作走上正轨。加强土地管理机构和队伍建设；及时编制土地利用总体规划和各项用地年计划，严格执行建设用地审批制度；建立基本农田保护区，重视土地复垦开发利用；规范土地流转程序；强化土地管理政策法规行使和执法监察力度；积极参与创建无违法用地、无违法批地、无违法管地“三无乡镇”活动，把切实保护耕地基本国策落到实处，成效显著，获得省、市、县多次表彰嘉奖。①

第八节　湿地保护

民国5年（1916），清末状元、中国早期现代实验者张謇，就开垦湿地2.80万亩，形成大豫（七贯以西）陆域。中华人民共和国成立后，人民政府举行多次围海造田，湿地东移，保护面积进一步扩大。

图26—172　2010年，执法人员保护受伤白鹳（王必春　提供）

①基本农田保护区面积详见志内第二篇《自然环境》第四章第二节。

湿地被称为“地球之肾”，具有蓄洪防旱、调节气候、控制土壤侵蚀、促淤造陆等功能。如东沿海滩涂湿地总面积120万亩。整个东亚、澳大利亚迁徙水鸟的80%～90%都会经过如东，如东泥质滩涂有丰富的水鸟食物，堤岸有大片的刺槐林供鸟儿停歇。保护区为丰利、苴镇、长沙、大豫等沿海4镇。大豫镇海岸线全长30公里，滩涂湿地面积20.10万亩，占全县滩涂湿地总面积17.58%，水库、河塘、沟渠纵横，且气候温和，雨水充沛，土地肥沃，已形成大片湿地，大片防护林，生态环境极佳。大豫镇政府十分重视湿地和野生动物保护宣传，加强执法检查，加强监控，防范猎捕，使湿地成为黄鼠狼、蛇、野鸡、野兔及300多种鸟类等野生动物栖息、滞留、繁殖、迁徙之天堂。尤其吸引一大批世界濒危珍稀鸟类，如丹顶鹤、白鹤、白头鹤、白鹳等至境内东凌省级野生动物保护区栖息安家。

第九节　森林保护

民国35～38年（1946～1949）间，王荃村农民王长喜，在七管海堤植树2365株。为境内森林保护第一人。中华人民共和国成立后，相继在如泰运河、七贯马路、民兵路、兵十公路、十贯海堤、九贯（南段）海堤等地段两侧及四贯马路西侧营造防护林，大同村逐步建成万亩果园，农家四旁果木逐年增加。20世纪80年代末，境内各乡镇全面推广农田林网化。1990～1995年，全省掀起绿化达标乡镇创建活动，境内中共乡镇委员会、人民政府，认真贯彻落实《中华人民共和国森林法》，为美化乡村，保护生态环境、森林资源，制定并实施多项林业生态工程计划。不遗余力加强林业法制宣传教育，以提高民众对森林生态系统功能认识，强化人类生存依赖环境意识；严格森林采伐计划；严控采伐审批手续，伐后及时更新；重视森林病虫害防治。森林保护卓有成效，被评为南通市绿化工作达标先进单位。2005～2010年，东凌新垦区，引进竹柳栽植1万多亩，森茂公司植树7360亩。2010年12月，通过国家级生态镇考核验收。2012年，全镇植树造林4.55万亩、果园万亩，覆盖率31%。

第三章　环保项目及队伍

2009年始，中共大豫镇委、镇政府加大环保项目和队伍建设力度，污水处理厂、再生资源加工区、水库、垃圾发电等项目相继建成，并投入运行。同时，把环保保洁触角延伸至社区、村组，使境内环保面貌日新月异。

第一节　环保项目

一、污水处理

大豫镇污水处理厂建于2009年，位于大豫镇兵房工业集中区，总投资100万元，由大豫镇政府和南通中荣水产开发有限公司联建。占地面积1000平方米，规划设计日处理污水能力2500吨，平均每小时流量105吨，设计每小时最大流量182吨，接纳60%生活污水和40%工业污水，项目主体工艺采用“水解酸化+活性污泥”法处理，经处理设施净化后排入如泰运河。自投入运行后，机械设备运转正常，工艺设计规范，经环保部门每月监测，出水符合排放标准。

图26—173　2009年，建成大豫镇污水处理厂　（党政办　提供）

二、如东进口再生资源加工区

2011年1月7日，由国家环保部给江苏人民政府复函，同意将如东进口再生资源加工区实行废五金电器、废电线电缆和废电机纳入圈区管理试点。26日，获省政府正式批复。全国10家，江苏仅此1家。园区规划面积1.50万亩，其中圈区管理面积2200亩。

2012年，园区秉承呼应沿海开发，发展循环经济，实现资源再生发展理念，以“绿色、环保、低碳”为主题，建设集再生资源回收、拆解、分类和深加工于一体循环经济产业基地。投资主体，江苏亚太再生资源科技有限公司。加工区联检大楼占地14.60亩，总建筑面积8114平方米，投资4900万元，联检场地70亩，总建筑面积4290平方米，货物堆场面积3.64

万平方米，投资8000万元。三厂区占地169亩，总建筑面积4.90万平方米，投资3.80亿元，项目投产后形成年拆解铜、铝等有色金属20万吨的生产能力，年应税销售可达30亿元。污水处理厂占地10.84亩，总建筑面积3700平方米，投资1200万元，日处理量可达3000吨。

三、东凌水库

位于如东循环经济产业园，地处长三角东北冀，东临黄海，西接大豫镇域，北靠洋口港，南接南通滨海园区。水库以如泰运河为水源，主要功能为洋口港提供备用水源，为东凌地区农业灌溉提供应急水源，以及改善周边生态环境，实施旅游三产综合开发。总面积5.80平方公里，总库容2663万立方米，有效库容1538万立方米。分主水库区、前置库区和输排水系统3部分。总投资4.50亿元。2012年年底，筹建工作就绪，分步实施。一期为主库围堤工程，投入1.60亿元，2013年10月开工建设，2015年9月竣工。二期为配套建筑物工程，投入1.50亿元，2014年4月开工，2015年10月竣工。水库输水河（管）道及相应配套建筑，作为2期工程安排。水库周边腹地辽阔，近期开发利用土地5000亩，远期开发利用土地10平方公里。规划建设0.50平方公里湖心岛、水库旅游观光带及休闲产业板块，综合开发板块，成为洋口港经济开发区水资源战略储备地和如东东部沿海地区生态环境调节区，成为旅游、观光、休闲等服务业集聚区和生态文明建设新亮点。

四、垃圾发电

如东生活垃圾焚烧发电项目是江苏天楹赛特环保能源集团全资子公司——如东天楹环保能源有限公司投资兴建，位于东安工业科技园，主要服务南通市东部地区如东县、通州区居民生活垃圾处理，总投资3.50亿元。日处理垃圾500吨，年发电量6000万千瓦时。

第二节　环保队伍

1958年，境内兵房公社二十大队（兵房居委会）成立清洁管理所。主要任务管理兵房镇区内粪便和垃圾。随村域体制变化，20世纪70年代中期，建立兵房环卫所，属镇办小集体性质，有一支10多人保洁队伍，所长、会计由镇政府指派，工资稳定。通过2001年、2009年两次镇域合并，将兵房、丁店、大豫环卫所合并为大豫镇环卫所。

中共大豫镇委、镇政府根据“环保绿色行动营造生态如东”要求，组建大豫镇美豫保洁服务公司，2012年6月1日，正式挂牌。

公司经理陈信祥，副经理单宇锋，设内勤1名，管理员2名。镇政府所在地有保洁员12名，除草、打扫厕所各1名，清运工2名，河道保洁工2名，驾驶员、操作工各4名，计26名。各村（居）配备保洁员111名。全镇专业保洁人员142名。大豫镇美豫保洁服务公司属镇政府职能部门，各村（居）保洁员，行政上由村（居）领导，业务上接受镇保洁服务公司指导和考核，并制定有：镇区路面厕所、河道保洁员、驾驶员、操作工实施细则与考核办法。保洁公司服务宗旨是，“保护碧水蓝天”，承担全镇190多平方公里保洁任务，做到科学管理垃圾、彻底清理河道、加强农路养护，有效维护绿化，为全镇广大人民“营造绿色环境”做出不懈努力。2012年，被县评为保洁工作先进集体。

图26—174　2010年，镇环保人员进行河道漂浮物治理场景（环保所　提供）

第二十七篇　工商行政管理

民国时期，国民政府制定有《中华民国公司法》《中华民国公司登记法》《中华民国商会法》《中华民国商标法》《中华民国票据法》《中华民国度量衡法》《法人登记法规》等法规，而行政当局无暇顾及百姓生活，这些法规只能代表官僚资本主义利益，成为剥削人民利益之工具。导致境内工商物价管理处于混乱状态，市场价格任意涨跌。中华人民共和国成立后，各级人民政府设立工商管理机构，坚持依法行政，使市场经济秩序逐步纳入规范化、法制化轨道。

1949～1956年，工商行政管理工作主要对象是资本主义工商业，主要任务是贯彻“公私兼顾、劳资两利、城乡互助、内外交流”政策。为恢复和发展国民经济，为实施第一个五年计划创造条件。“文化大革命”中，工商行政管理工作瘫痪，市场管理混乱，投机违法行为盛行，给工农业生产和群众生活造成危害，商品生产和商品流通受到严重影响。中共十一届三中全会后，中国进入一个社会主义现代化建设新的历史阶段，工商行政管理工作重获新生，呈现出一派大好局面。

进入21世纪后，大豫工商所（分局），始终坚持贯彻执行国家工商行政管理法律、法规和方针、政策，在社会主义现代化经济建设中，充分发挥主观能动作用，为服务和促进地方经济又快又好发展做出应有贡献。2005年，办理动产抵押物登记100份，抵押物价值1.50亿元。2009年，被评为江苏省工商系统首批文明工商所；2012年，企业登记1838户。是年，成为南通市工商系统首批依法行政示范点。

第一章　机构与管理

第一节　管理机构

清末民初，如皋当局在如皋东乡开展核发“等录凭证”“牙帖”“营业牌照”“验契”等工商管理。如东县境内商界民间组织，最初以各行会（行帮）形式出现。清光绪二十九年（1903），如皋县（如东县）商会成立，随之，县内各主要集镇相继建立商务分所（分所不设各行业同业公所)。民国8年(1919)后,马塘、丰利、栟茶、掘港等镇在会馆、公所的基础上建立商会,至民国29年,县内工商管理事宜均由各商会负责(大豫隶属掘港)。是年冬,如皋(东)县抗日民主政府成立,从此工商管理工作由政府专职部门管理。

民国37年春,全县解放,县政府大力宣传国家保护工商业政策,通过废除国民政府苛捐杂税、发放贷款等,帮助各镇私营工商业逐步恢复店面,至政府38年7月,县政府设立工商科,工商管理工作纳入正规渠道。

1949年后,县工商科对全县工商企业进行全面普查、登记、发证工作,对市场进行监督管理,规范市场秩序。境内设兵房市场管理所,办公地点设在兵房供销社内。1965年,正式建立如东县工商行政管理局。1966年,“文化大革命”开始,工商管理机构撤并,虽保留人员,但有名无实,各项管理工作基本停业。1970年,周总理发出“要恢复工商行政管理机构,加强工商行政管理工作”的指示后,1976年1月,正式恢复建立如东县工商行政管理局,下设8个区1个镇工商行政管理所,境内为掘东区工商行政管理所,1992年10月,更名为如东县工商行政管理局兵房工商所。1998年11月,更名为南通市如东工商行政管理局兵房工商所,2002年7月,更名为南通市如东工商行政管理局兵房分局。2011年9月,基层工商分局升格副科级,2011年11月,更名为南通市如东工商行政管理局大豫分局。历任所长(分局长)指导员:邱海忠、王德高(主持全面工作)、曹维贵、茅茂连(指导员)、盛初、曹周明。

图27—175　2012年,如东工商行政管理局大豫分局门景 (工商分局　提供)

第二节　企业登记

民国38年(1949)7月,如东县工商科全面开展对私营工商企业普查、登记、发证工作。工商登记管理为保障合法经营,取缔非法活动,企业贯彻执行国家各项政策,坚持社会主义方向,维护国家计划,巩固和发展社会主义公有制发挥积极作用。

1949年12月,经过普查、登记以及个人申请、民主评议、工商科审核,某些厂商随意停业、转业及抽取资金等混乱局面得到有效控制。1956年,对私营工商业实行社会主义改造以后,全镇开展企业登记换证工作。"文化大革命"期间,工商企业登记管理工作中断。1979年,恢复工商企业登记、发证工作。经过普查验收,为合格企业及时发证,加强管理。1981年,对商业、饮食业、服务业和交通运输业开展全面普查登记。

1983年,随着经济体制改革和行业分工,全镇工商业户迅速增多,工商行政管理部门及时为企业更换营业执照,办理开业登记、发证、歇业登记、变更登记手续。1996年,对改制企业办理变更登记。

2001年,全镇企业登记116户。2012年企业登记1838户,分别为个人独资1015户、集体企业100户、有限责任公司660户、合伙企业5户、部分外资企业58户。

2012年大豫镇村(居、社区)企业登记注册一览表

表27—254　　单位:个

所在村(居、社区)	企业数	所在村(居、社区)	企业数
大同村	29	止马洼村	11
丁家店村	41	豫东村	11
巩王村	18	周墩村	12
伯安村	12	农　场	10
马家店村	27	香　台	14
徐征村	8	九龙村	31
强民村	21	东港村	2
一门闸村	35	东凌社区	8
东安闸村	14	南坎社区	11
兵房居委会	88	大豫社区	72
合　计　475			

第三节　合同鉴证

1950年9月起,大豫镇根据政务院财政经济委员会颁布《机关国有企业、合作社签订合同主要由各业务主管部门分别管理》规定，经济合同作为组织生产和流通的一种法律形式，被广泛采用。1958年后，由于"左"倾思想影响，经济合同没有能得到贯彻执行。1962年起，经济合同又逐步被采用，使经济合同在恢复和发展国民经济中发挥积极作用。"文化大革命"期间，经济合同再度被废止。1980年，恢复经济合同管理工作。此后，鉴证各类经济合同逐年增加，履约率百分之百，有效促进工商企业商品生产、销售、供应和财务收支与计划平衡工作。2003年，机构改革，取消合同鉴证，着重办理动产抵押物登记管理。2005年，办理动产抵押物登记100份，抵押物价值1.50亿元。

第四节 物价管理

抗日战争时期，"法币"和伪币不断贬值，物价不断上涨。民国33年（1944）9月与29年（1930）10月相比，大米上涨50倍，皮棉上涨40倍，洋布上涨50倍，食糖上涨50倍，锄头上涨300倍。

民国36～37年间，国民政府军盘踞掘港，纸币横飞，物价一日数变，"票子一宿，一千变八百"。市场极度混乱，民不聊生。

中华人民共和国成立后，中共地方各级组织和政府为稳定物价，做出很大努力。至1980年，粮食、食油、棉布、蔬菜等生活必需品价格一直比较稳定，药品及铁制小农具价格有所下降，其中猪肉上涨两倍，淡水鱼上涨两倍多，活鸡、蛋品、果品及烟、酒等上涨1倍左右。1981年，提高烟酒销售价格，降低涤棉布、弹力袜等部分消费品价格。1984～1985年，调整棉花、粮食、油料、生猪等购销政策和价格政策，将统派购改为合同定购，实行有指导的议购议销价，发给城镇居民、职工每人每月2元肉食价格补贴，鸡蛋等其他食品购销价格亦全部放开。1988年上半年，实行主要副食品（即猪肉、鲜蛋、大路菜和豆制品）价格变动，给职工适当补贴。1989年，实现物价上涨幅度明显低于上年物价控制目标。1990年10月，成立如东县物价局，同时对洗衣粉、食糖、涤棉、肥皂、铁丝、圆钉、棉纺织品、针织内衣、床单、彩电、农药等项目进行调价。2005年，重新调整大豫镇价格监督管理领导小组、价格监督管理站成员，聘村级价格义务监督员。巩固涉农价费公示制度，对化肥、种子等农业生产资料价格进行监督管理，对蚕茧、夏粮、秋粮、棉花收购价格监控。规范教育收费，落实医疗服务价格政策，同时对中小学教育收费、农资经营单位、成品油商场、国土资源收费、餐饮娱乐业等单位收费检查。

图27—176　2010年,兵房工商分局人员执法检查场景（工商分局　提供）

第五节　广告管理

中华人民共和国成立前,境内集镇主要商业街一些商店皆有广告,形状、质地各异,有用泥金制作“金字招牌”,亦有门前悬布质旗幡或制作灯箱做广告等,政府部门不予管理。

中华人民共和国成立后,境内集镇主要商业街道逐渐辟有广告栏,如影剧院、大会堂门前张贴电影、戏曲广告,供销社、商店门前张贴购物、推介商品广告,银行门前张贴存款利率提降息广告。“文化大革命”期间,广告张贴无人管理,处于混乱状态。

1982年,根据国务院《广告管理暂行条例》,开展广告管理工作。1986年,工商部门对广告装潢美术公司等广告经营单位进行清理整顿和登记换证。大豫镇工商管理部门依据广告法户外广告管理条例、印刷品广告管理条例、广告管理条例实施细则等法规,对广告经营登记及资格检查。对医疗(美容服务)广告、药品广告、食品(含保健品)化妆品广告、药疗器械广告、烟草酒类广告、农药兽药及其他农资广告、房地产广告、中介服务及招生旅游广告、媒体网络声讯广告、专利、专用名称、专业标志及招牌形象类广告、户外广告、印刷品广告及其他广告进行监督管理。2006～2012年,查处虚假广告12件,罚款3.10万元。

第六节　商标管理

民国26年(1937),缪润清“润记”药店生产“野草膏粉”为县内最早注册商标。1952年,恢复经济时期,商标注册工作停止。1954年,开始商标注册工作。1958年,批准商标注册增加到20种。1965年,经清理县核定商标仅剩7种。1966年后,商标注册工作处于停顿状态。1976年,对全县商标使用现状进行专题调查。1979年后,商标注册逐步为大多数企业所重视。

1979年前,境内注册商标数为0件;2005年前,注册商标数为95件。2012年有知名注册商标4件,其中市知名商标2件,省著名商标2件。

一、市知名商标

(一)商标注册人:江苏省南通龙涛水带集团有限公司,商标名称:龙涛,认定时间2010年12月。

(二)商标注册人:南通万豪混凝土有限公司,商标名称:洋口港,认定时间2010年12月。

二、省著名商标

(一)商标注册人:南通万豪建材科技有限公司,商标名称:大鱼,认定时间2010年12月。

(二)商标注册人:江苏盾王劳保用品有限公司,商标名称:盾王,认定时间:2011年12月。

2012年大豫镇注册商标一览表

表27—255

商标注册人			商标名称	注册证号码	注册商标		公告期号	
名称	地址	性质			名称	类别	初审	注册
如东县大宇水泥厂	大豫镇张謇北路	—	大鱼	73353	水泥	19	—	—
如东县振兴机床有限公司	兵房镇和平路49号	—	环卫	177407	抛光机	7	—	—
如东县东晴针织机械有限责任公司	兵房镇丁旺路13号	—	东晴	269471	针织横机	7	152	161
如东县紧固件厂	大豫镇张謇北路	—	大宇	530047	标准紧固件	6	291	300
如东通升蓄电池厂	兵房镇人民北路53号	—	TONGSHEN	627821	蓄电池	9	—	—
江苏省南通龙涛水带集团有限公司	兵房镇兵郊村	—	龙涛	663864	水龙带、排水软管	17	409	421

续表27—255　2012年大豫镇注册商标一览表

商标注册人			商标名称	注册证号码	注册商标		公告期号	
名称	地址	性质			名称	类别	初审	注册
南通金盟复混料肥料有限公司	大豫镇茂青村	—	金盟	695468	复合肥等	1	441	453
如东县海珍酱制品厂	东凌乡棉东村	集体	海溪	724668	腌制、干制蔬菜	29	467	479
南通东凌水产品有限公司	东凌乡东安闸东首	合资	图形	750831	水产品、水产罐头、腌制、干制蔬菜	29	487	499
南通集成水产品有限公司	东凌垦区	合资	集成	782990	水产品、水产罐头、腌制、干制蔬菜	29	503	515
南通集成水产品有限公司	东凌垦区	合资	图形	782991	标准固件	29	503	515
南通豫群金属制品有限公司	南坎乡大豫镇	合资	豫群	794397	标准固件	6	509	521
南通豫群金属制品有限公司	南坎乡大豫镇	合资	图形	794398	标准固件	6	509	521
南通银杰特种螺丝有限公司	大豫镇张謇北路18号	合资	富益	794399	标准固件	6	509	521
南通银杰特种螺丝有限公司	大豫镇张謇北路18号	合资	图形	794400	溴化锂溶液等	6	509	521
如东县溴化锂制冷剂厂	南坎乡大豫镇	集体	吉	840289	溴经锂溶液等	1	532	544
如东县电子元件五厂	兵房镇和平路	集体	南艺	854268	螺母、螺丝等	6	539	551
如东县大同水泥厂	丁店乡	集体	幸洲	879116	水泥	19	550	562
如东县佳凌食品厂	如东县东安闸	集体	佳凌	919520	食用冰、冰淇	30	560	572
如东县洋如酒厂	兵房镇	集体	五福	954106	含酒精的饮料	33	569	581
江苏省盐业公司南通分公司如东盐场	如东县东安闸南首	全民	淼晶	958404	食盐	30	570	582
如东县海珍酱制品厂	东凌乡棉东村2组	村	海溪	981523	酱油、醋、调味品	30	575	587
如东县双虹工贸公司	南坎乡大豫镇	乡办	双虹	994581	打气筒	11	577	589
如东县通达农轻开发公司羊毛衫厂	丁店乡	乡办	灵得利	1040598	服装、羊毛衫	25	585	597
如东县通达农轻开发公司羊毛衫厂	丁店镇	—	图形	1052600	针织服装	25	587	599
如东县华洋针织厂	丁店镇	个体	美恋	1100431	羊毛衫、服装	25	595	607
如东大同童装厂	大同镇大同街78号	个体	如鹏	1118540	童装	25	599	611
如东县兵房自钻螺丝厂	兵房镇	私营	图形	1167334	自钻螺丝、金属螺丝	6	623	635
如东县盾王劳保用品有限公司	兵房镇健康路50号	—	盾王	1182687	皮鞋、手套、工作服	25	631	643

续表27—255 2012年大豫镇注册商标一览表

商标注册人			商标名称	注册证号码	注册商标		公告期号	
名称	地址	性质			名称	类别	初审	注册
如东爱科橡胶制品有限公司	丁店乡大同村	有限公司	爱科	1245322	车辆用气垫等	12	662	674
如东爱科橡胶制品有限公司	丁店乡大同村	有限公司	ARGO	1245323	车辆用气垫等	12	662	674
如东县真空泵厂	兵房镇新建路139号	集体	万寿	1364464	真空泵等	7	711	723
如东县永隆实业有限公司	丁店乡大同镇西首	—	德灵	1466949	饲料等	31	745	757
如东县丁店乡农业服务部	丁店镇南首	—	豫丰	1506817	鲜水果、蔬菜等	31	755	767
南通万得纺器有限公司	南坎乡大豫镇豫中街28号	—	万得	1581791	纺织机套筒	7	774	786
如东县大豫镇农技站	大豫镇	—	豫蜜	1646697	鲜水果、蔬菜等	31	790	802
南通昌华水产食品有限公司	东凌垦区	—	袁五	1690645	鱼制食品、海米等	29	801	813
如东县兵房食品中心	兵房镇人民南路174号	—	鑫荡春	1727184	酒(饮料)、米酒等	33	810	822
如东县永隆实业有限公司	丁店乡大同镇西首	—	HOSHE	1767750	计算机外围绕设备等	9	819	831
南通市盐业公司如东盐场水产冷冻加工厂	东安闸	—	龙之丹	3014996	鱼制食品、罐头等	29	845	857
如东县豫铭制衣厂	大豫镇豫中街40号	—	铭蕊	3061314	服装、童装、套装等	25	865	877
如东县豫铭制衣厂	大豫镇豫中街40号	—	雁铭	3061315	服装、童装等	25	862	875
南通金地来酱制品有限公司	兵房镇人民北路59号	—	XINDILAI	3209225	腌制蔬菜等	29	872	884
如东县复合肥厂	兵房镇强民村	—	如丰	3250774	复合肥、混合肥等	1	910	922
如东县现代电子三厂	兵房镇丁旺路36号	—	建宝	3282075	电池充电器、充电器	9	908	920
吉沈辉	兵房镇兵南村12组	—	瑞丽斯丹	3335319	服装、针织服装等	25	917	929
南通兴盛食品有限公司	大豫镇黄海路10号	—	新概念	3518758	新鲜蔬菜、活动物等	31	926	938
南通日久酒业有限公司	大豫镇九龙村	—	日久	3588618	酒、果酒、米酒等	33	948	960
南通正夫饲料有限公司	兵房镇健康路8号	—	饮禾	3598107	饲料等	31	947	959
如东县大豫镇东凌滩涂养殖有限公司	大豫镇东凌村	—	东凌港	3621111	紫菜、贝壳动物等	29	949	961

续表27—255　2012年大豫镇注册商标一览表

商标注册人			商标名称	注册证号码	注册商标		公告期号	
名称	地址	性质			名称	类别	初审	注册
如东县大豫镇东凌滩涂养殖有限公司	大豫镇东凌村	—	东凌港	3621130	活家禽、活鱼等	31	949	961
祁宇飞	大豫镇周墩村3组213号	—	巧尔	3631484	庆上用品、被面等	24	987	999
茅卫星	丁店乡豫丰村13组557号	—	月亮露	3738987	啤酒、饮料等	32	967	979
南通顺缘食品有限公司	兵房工业园区	—	顺缘	3770129	饼干、面包、糕点、米等	30	976	988

注：商标注册人地址仍用原地址未作改动

第七节　市场管理

进入21世纪后，大豫工商分局以服务地方经济发展，服务农村、农业、农民（简称“三农”）为工作重点，以治理市场经济为抓手，大力开展专项整治，2006～2012年，查处各种经济违法案件268件，其中不合格食品案42件，劣质油品（汽、柴油）案13件，查处假冒劣质化肥、农药案98件、取缔清理超范围经营和无证经营56件、虚假广告案12件，逾期年检8件，其他39件。总计罚款69.97万元，没收违法所得4.84万元，罚没物资变价款2.10万元。

大豫工商分局，在组织开展“红盾打假护农”执法行动中，查获伪劣假冒复合肥、磷肥102.80吨，农药2.50万瓶。2010年10月18日，在例行检查中发现一农资店经营冒牌“阿康”复合肥。为控制事态，分局组成5个调查组，查遍辖区内所有农资店，发现其中9个农资店经营外地供应商推销的冒牌“阿康”复合肥。10月20日，会同如东县产品质量监督检验所，对冒牌“阿康”复合肥进行抽样检测，结果表明：该产品氮、磷、钾含量均不符合gb15063—200标准和产品外包装明示要求，结论为不合格产品。根据《中华人民共和国产品质量法》第二章第十二条“产品质量应当检验合格，不得以不合格产品冒充合格产品”之规定，对9个农资店经销21.50吨复合肥进行查处，罚款9.80万元，没收违法所得3.00万元，没收该批“阿康”复合肥11.50吨变价款5750元。

2011～2012年大豫工商分局查处重点违法案件一览表

表27—256　　单位：元　万元

企业名称（当事人）	处罚时间	罚款金额	没收款金额	变价款	罚没总金额
南通创意才智信息系统有限公司	2011.04.01	1.00	—	—	1.00
香台村农资店	2011.08.11	3000.00	30.00	4000.00	7030.00
如东东辉建筑工程有限公司	2011.09.16	3000.00	—	—	3000.00

续表27—256　2011～2012年大豫工商分局查处重点违法案件一览表

企业名称（当事人）	处罚时间	罚款金额	没收款金额	变价款	罚没总金额
南通美凌液化气灶具有限公司	2011.10.08	2725.00	275.00	—	3000.00
兵房种子站第22农资门市部	2011.11.15	9000.00	—	—	9000.00
兵房种子站第16农资门市部	2011.11.25	9000.00	—	—	9000.00
兵房种子站第29农资门市部	2011.11.25	9000.00	—	—	9000.00
如东县农资公司兵房分公司	2011.11.29	2.05	4425.00	1.00	3.49
如东供合农资连锁公司豫北村农资店	2012.03.27	5200.00	—	7000.00	1.22
如东县万达电镀有限公司	2012.07.20	3000.00	—	—	3000.00
兵房种子站第23农资门市部	2012.07.26	7200.00	420.00	—	7620.00
兵房种子站第17农资门市部	2012.08.14	9300.00	506.00	—	9806.00
如东县农资公司兵房分公司	2012.09.26	2.40	3000.00	—	2.70
南通东远机电有限公司	2012.09.29	6000.00	—	—	6000.00
如东县农资公司兵房分公司	2012.10.10	2.40	3000.00	—	2.70
金辉内衣针织有限公司	2012.12.13	2.00	—	—	2.00
协和村加油站	2012.12.26	1.95	658.68	—	2.14

第二章　维权与创新

第一节　消费维权

1988年9月，如东县消费者协会成立。随之，各镇相继成立消费者协会，大豫工商分局为主组织开展打击欺骗性交易行为活动，打击利用虚假降价标志，“还本销售”等欺骗性手段，误导、坑害消费者行为；制售假冒伪劣商品，特别是制售假冒伪劣香烟、酒和食品行为及欺行霸市、哄抬物价、扣斤克两等违法行为。2005年后，共查处制售假冒伪劣商品13起。2009年起，在21个村(居)社区建立消费维权站和“12315”联络站，延伸消费维权服务网络，实现消费投诉全覆盖。把“两站”建设纳入放心消费示范镇创建活动中，有力保证大豫镇顺利通过省级放心消费示范镇创建验收；把“两站”建设纳入到人民大调解之中，协调相关部门，及时化解消费纠纷，避免群体性事件发生。

第二节　创新工作

2009年，大豫工商分局以创建“依法行政示范点”为契机，以“重民生、听民声、解民忧”作为行政执法的出发点和落脚点，紧紧把握依法行政是基层执法监管生命线内涵，准确处理好依法行政和服务地方经济之间关系，注重更新理念，不断创新方式，着力推动基层监管执法效能提升，基本实现从静态执法到动态执法，从单一执法到复合执法两大转变。多年，分局未有一起行政复议和行政诉讼案件。并于2011年4月，在全市工商系统依法行政会议上作经验介绍。

图27—177　2010年6月，总局领导指导工作　（工商分局　提供）

附记：

经验介绍摘要

一、改进考核模式，实施双向结合。在不断总结和实践基础上，梳理依法行政工作在静态和动态的相关情形和关键节点，有针对性地实施《依法行政静动双结合考核办法》。主要以履行职责为基础，以政纪、考勤制度为约束，以个人为点，以巡查为线，将依法行政的考核分化为静态和动态两个层面，细化到政纪制度、登记服务、职责管理、考勤制度4个方面。激发全员自觉依法行政内在活力。

二、改进监督方式，实施全面监控。围绕“公正公开”要求，注重强化和改进了基层4项监督方式：社会监督。在分局底楼设立政务公开栏，公开基层工商执法监管工作事项及工作规范，在显著位置设置意见箱并公布举报电话，自觉主动地将分局的行政行为纳入社会公共监督之下。效率监督。局通过有效监督，确保首办负责制、限时办结制、AB角工作制等制度落实。通过对新设市场主体回访、对被处罚对象回访等措施，杜绝因作风拖沓、效率低下等现象发生。公正监督。始终坚持“效率与公正并重”执法原则和工作标准。严格实施执法过错责任追究制、行政不作为追究制，将监控领域扩展到登记、监管、收费、办案等各个环节，并在依法行政工作规范中增加“廉”的比重，强化对依法行政工作监察。岗位监督。实行AB角监管模式，以“定岗定职”为抓手，细化完善分局实行A、B角监管模式。将监管责任区分成5个区域，明确A角负主要监管职责，B角配合A角工作，负次要职责，当A角因公因事不在岗时，B角自动担当A角工作，A、B角互为补充，互为监督，积极探索依法行政责任化管理新途径。

三、改进执法机制，狠抓规范制衡。针对基层执法查案工作实践，着力规范基层依法行政执行力度。规范办案程序。在转变执法理念、实现行政执法公正与高效上拓宽思路，积极构筑分局“办案零误差工程”。制定《大豫分局案件处理流程》，将案源，案件查办、案件审批、罚没款物管理及案件诉讼、听证等法律环节进行严格规范，保障执法程序规范合法，防止有案不立、立案不查、查案不利、结案不齐等现象发生，为依法行政、保护干部筑起一道防范之堤。健全办案制度。先后建立《大豫分局案件听证制度》《大豫分局销案和结案督办制度》《大豫分局案件审定委员会》等办案制度，做到透明执法。同时推行《分管局长督办制》及《分管局长直接负责制》，将分管局长作为本单位案件督办第一责任人，强化分管局长责任意识。严肃责任追究。分局成立自查小组，负责对分局范围内办案情况及执法人员行政行为进行全程执法效能监察。通过违规提示、警示督办、经济处罚、责任追究等多形式、多层次措施努力实现制度管人、制度管事、制度管权，使执法行为更具先进性、科学性及法制性，减少执法办案的“人为因素”。

第二十八篇　医疗卫生

中华人民共和国成立前，大豫镇因地处偏僻沿海地区，医疗卫生事业十分落后，仅有几名“郎中”游医乡间，百姓看病需到掘港甚至几十里外的三余、四甲等地就诊，若遇急病、疑难杂症，只能听天由命。民国6年(1917)，民族实业家张謇在南一区公司创办境内第一家诊所，开启医疗卫生先河，使境内缺医状况得以缓解。随之，私人诊所、中药店应运而生。

民国14年(1925)，大豫镇罗国钧开设“罗寿康”药店，民国16年(1927)，大同镇陆士英开设私人诊所。民国29年(1940)，新四军东进后，掘东公益医院开诊，址设兵房镇南协和仓(马家店村西片)。民国30年(1941)，如皋县政府转移至掘东区，接受该院，改称如皋县立(掘东)医院。民国31年，日本侵略军大扫荡时，该院奉命遣散。在抗日战争和解放战争中，境内先后有龚洪亮等5位医护人员为国家独立、民族解放事业献身疆场。民国36年(1947)7月，在中共地方组织正确领导下，成立苏中第一个联合诊所——利民联合诊所。8月，成立掘东区医生联合会，施公衡当选会长。11月，在掘港保卫战中，施公衡带领20多名医生参加伤员抢救。1949年，顾黛与施文周率领首批10多名医生参加渡江战役。袁英三在渡江战役中，因救护工作出色，受到陈毅、粟裕署名嘉奖。1950年，施文周作为如东文卫界唯一代表出席苏北第一届人民代表大会。

中华人民共和国成立后，中国共产党和人民政府关心人民健康，重视医疗卫生工作，在“面向工农兵，预防为主，团结中西医，卫生工作与群众运动相结合”方针指导下，医药卫生事业得到发展，不仅传统医药医术得到传承，而且西医西药发展迅速，逐步成为人民群众医疗卫生、预防疾病主要手段。1956年5月，建立掘东区卫生所。1958年10月，境内建立徐征、巩王、大豫人民公社医院。

20世纪60年代，贯彻“调整、巩固、充实、提高”八字方针。境内各公社医疗卫生机构不断完善，医疗队伍逐步充实。1965年，建立人民公社中心联合诊所，为落实毛主席“把医疗卫生工作的重点放到农村去”指示，1969年起，境内各大队兴办卫生室，培训亦农亦医“赤脚医生”(即乡村医生)，充实医疗卫生队伍，使农村长期缺医少药状况逐步得到改变。同时，始办农村合作医疗，建立合作医疗办公室(当时由公社医院划专人负责)，后因报销经费入不敷出，难落实。一度，合作医疗处以停顿状态。

中共十一届三中全会后，政府坚持卫生工作“以农村为重点”，1983～1989年期间，积极探索农村卫生改革,整顿村卫生室,加强乡村医生队伍管理,恢复合作医疗制度。随着医学科技发展,大量引进国外先进仪器设备,临床各科室和医技向专业、专科化发展。20世纪90年代后,先进医疗设备仪器普遍投入使用,诊疗新技术、新项目广泛开展,一批临床科室得以提升,医院规模、人才、设备、技术得到长足发展和提高。乡镇卫生院及社区服务中心总体水平也逐步提高,为广大农村和城镇居民提供常见病、多发病防治工作。丁店医院郁启先退休后,重塑“永明眼科”形象,发挥余热,为群众诊治眼疾,获旌旗100多幅。

2004年始,推行新型农村合作医疗制度,至2012年,全镇新型农村合作医疗参保率99.70%,基本实现全覆盖。初步形成以社区卫生服务中心为基础的医疗卫生服务网络。

第一章 机构队伍

第一节 医疗卫生机构

中华人民共和国成立前,境内始设私人(个体)诊所。至1958年,有个体诊所29个。民国36年(1947)7月,组建掘东利民乡联合诊所。8月,成立掘东区医生联合会。1956年5月,建立掘东区卫生所。1958年10月,组建人民公社医院(后为乡镇医院)。1969年始,各大队建立卫生室(后为社区卫生服务站)。区、乡、村医疗卫生网络逐步得到完善,1975年,赤脚医生增加到206名。2012年,全镇有乡、镇、场医院(含民营医院)5个,村、社区卫生服务站21个。

一、个体诊所

民国16年(1927),大同镇中医陆士英首创私人诊所。1949年前,伯安镇私人诊所有,河北槐德校处海门二匡镇医生陆冠伦诊所;向北3排处施伯贤(郑州医大毕业)诊所;北5排陈殿璜诊所,后迁居崇明,因其医术高明,治疗毒疮有绝招,当地百姓仍过江上门求医;河南陆士英诊所;大同镇三角街有陆冠明、吴振东舅甥2人合开私立“济生医院”,远近闻名。至1958年,境内个体诊所29个。

1986年,兵房镇个体诊所15个,口腔诊所有蔡孝鼎、高友良、高建忠、许岗、朱伯泉、季云宝、吴连平、徐惠南。推拿诊所有季欣英、李守慈(中医推拿),朱信兵(中医伤科推拿),伤科诊所有:邱洪标、邱锦标。

大豫镇个体诊所3个,钱菊中医、周允生口腔、陆修荣中医肛肠科诊所。

1996年,兵房镇个体诊所9个,蔡孝鼎、吴连平、高建忠、徐惠南、许岗等口腔诊所,施新华蛇伤诊所,季欣英诊所,邱洪标、邱振东中医伤科诊所。

大豫镇个体诊所5个,周元生诊所,朱信兵伤科诊所,陆修荣肛肠中医诊所,钱菊中医推拿诊所、朱伯泉口腔诊所。

2012年,大豫镇个体诊所有:李俊诊所,钱菊中医推拿诊所,朱伯泉口腔诊所,施乃兵皮肤科诊所。

抗日战争和解放战争中掘东区牺牲的医药卫生工作者名单

表28—257

姓　名	出生年月	籍贯	参加革命年月	加入中国共产党(团)年　月	牺牲时单位 职务 时间 地点
龚洪亮	民国17年(1928)	兵房	民国36年(1947)11月	民国37年(1948)	二十九军军部医务员,1949年11月福建省厦门病故
殷 冲	民国2年(1913)	丁店	民国30年(1941)4月	—	新四军一师一旅二团卫生员,民国35年失踪,1981年追认烈士
黄凤超	民国15年(1926)	丁店	民国36年(1947)12月	中共党员	华东野战军卫生部卫生员,民国37年12月,淮海战役中牺牲
刘丕芝(刘春发)	民国12年(1923)	南坎	民国31年(1942)6月	—	苏浙区某部医务员,民国34年8月,苏南因战牺牲
黄德英	民国18年(1929)	南坎	民国34年(1945)8月	民国34年(1945)	二十三军六十七师医务员,民国38年7月,浙江嘉善县因战牺牲

民国16年(1927)～1958年掘东区个体诊所一览表

表28—258

姓　名	诊所地址	建所年份	出生年份	加入联合诊所年份
陆士英	大同	民国16年(1927)	清光绪三十三年(1907)	1950
王金荣	南坎	民国23年(1934)	民国4年(1915)	1950
黄若虚	丁店	民国26年(1937)	民国8年(1919)	1953
施文周	大同	民国27年(1938)	民国9年(1920)	1956
潘介昌	东凌	民国30年(1941)	民国元年(1912)	1947
常　玉	兵房	民国30年(1941)	民国11年(1922)	1958
顾玉章	南坎	民国32年(1943)	民国13年(1924)	1955
袁英三	南坎	民国33年(1944)	民国14年(1925)	1958
徐友才	南坎	民国33年(1944)	民国16年(1927)	1958
陈玉明	南坎	民国32年(1943)	民国16年(1927)	1957
陈志坤	南坎	民国33年(1944)	民国15年(1926)	1950
杨再康	南坎	民国33年(1944)	民国17年(1928)	1951
吕永吉	南坎	民国35年(1946)	民国18年(1929)	1948
王德昌	兵房	民国37年(1948)	民国19年(1939)	1952

续表28—258　民国16年(1927)～1958年掘东区个体诊所一览表

姓　名	诊所地址	建所年份	出生年份	加入联合诊所年份
潘玉山	兵房	民国37年(1948)	民国11年(1922)	1952
汤品朝	兵房	民国37年(1948)	民国18年(1929)	1952
林　彬	兵房	民国37年(1948)	民国18年(1929)	1958
田惠相	兵房	民国37年(1948)	民国17年(1928)	1951
倪广祥	丁店	1950	民国20年(1931)	1952
施亚君	兵房	1950	民国21年(1932)	1956
施包中	南坎	1952	民国24年(1935)	1959
许明山	南坎	1952	民国22年(1933)	1956
周九思	南坎	1952	民国22年(1933)	1957
徐亚新	兵房	1952	民国25年(1936)	1952
龚志芳	兵房	1953	民国23年(1934)	1954
龚振祥	兵房	1953	民国24年(1935)	1958
顾　杰	兵房	1953	民国25年(1936)	1954
刘志祥	南坎	1956	民国28年(1939)	1958
朱伯成	南坎	1958	民国30年(1941)	1958

二、联合诊所

民国36年(1947)7月,民间医生施公衡、顾黛、蔡紫尘等人组建掘东利民乡联合诊所。8月,成立掘东区医生联合会,负责人施公衡、顾黛,成员张文炳、倪冠清、黄广春、陈启元、盛松楠、田卫相、袁乐、潘玉山、陈志明、陆志云、施文周、邱顺岐、赵国祥、汤品朝、蔡紫尘、徐文康、陆建寅、陆振国等58位(中医51人,西医7人)。医联会办公地址:1947～1949年,设大同九大队顾福成宅,1949～1950年,设兵房镇北侧王凤鸣宅。1950年,兵房成立“总诊所”,下设若干分诊所。

1952年,掘东区联合诊所有镇东、镇西、新中、强丰、徐征、利民、新丰、大同、王荃、新生、新余、华丰乡12所。当时南坎和豫北乡联合诊所属掘长区。

1958年6月,掘东区所属12个联合诊所负责89个村、1个街道卫生工作。

1958年10月,撤销联合诊所,人员分别参加人民公社医院组建。

是年,境内组建徐征、大豫、巩王人民公社医院。

1959年7月,徐征人民公社医院改称兵房人民公社医院。

1962年11月,建立兵房、巩王、大豫人民公社中心联合诊所。

1965年9月,大豫改称南坎,巩王改称大同,华丰改称花丰,新建东凌渔业人民公社中心联合诊所。

1966年11月,人民公社中心联合诊所改称人民公社卫生院。

民国36年(1947)～1952年掘东区联合诊所领导人员更迭

表28—259　　　　单位:年 个

名称	建立时间	人数	负责人	转型时间	转入单位名称
利民	民国36年(1947)	3	施公衡	1952	更名为新民联合诊所
新中	1952	9	龚广春、许恭绰	1958.10	兵房人民公社医院
徐征	1952	6	潘介昌、佐如英		
新民	1952	10	陆志聪、施文周		
镇东	1952	8	薛文宰、陆仲春	1958.08.30	大豫人民公社医院
南坎	1952	6	王金荣		
豫北	1952	4	陆剑铭		
王荃	1952	10	黄德刚、柏子余	1958.11.04	巩王(丁店)人民公社医院
华丰	1952	8	龚志芳、倪广祥	1958.09.08	华丰人民公社医院
新生	1952	4	孙鸿恩、张春芳		

附记:

掘东区医研会经历的回忆

张文炳

民国36年(1947),掘东地区医药事业比较落后。全区医生只有30多人,有名的中药房也不过八九家,一有瘟疫流行,病者很难请到医生治疗,离药店远的病家,一时吃不到药,群众疾苦得不到及时解除,患病死亡常有发生。7月,我与施公衡医师在兵房镇相遇,谈到医治情况,一致认为,要解决人民疾苦,首先要整顿医生队伍,既要增加医生,又要提高原来医生政治思想与技术水平,最好组织一个医学研究会,方能达到以上目的。事后,施公衡向区政府请示,得到区委书记陆士南的同意,乃约龚正元和薛文宰等医务界同仁讨论,筹建组织。随后各乡选出组长,由组长选出会长。施公衡当选为会长。报区政府审核后,改会长为主任。9月,召开第二次大会,宣布主任与组长名单及规章制度,正式成立了掘东区医研会。10月,全区医生集中举办"三查"学习班,通过一个月学习,政治觉悟和为人民治病的思想水平普遍提高。11月,解放军某部攻击掘港据点,由施公衡主任带领20多名医生,冒着大雨,摸黑追上支前队伍,同甘共苦三个昼夜,完成抢救伤员任务。12月,掘东区东部大批群众"跑情况"到掘港南边的伢儿庙,不幸被敌军围困,中弹伤亡很多,医研会闻讯后随即前赴救护,先集中包扎救治,后根据伤者负伤的轻重,居住的近远,把重伤集中医疗,轻伤就近分配给小组医生负责包干治愈。抢救中不但不取手术费,一般小伤连药费也不取,实行义务治疗。此举得到当地人民好评。

医研会初建时经费十分困难,单靠会费不能解决医研会工作费用,在区政府支持下,组织部分医务人员到各乡筹集资金,建立区范围"医院",经节省病人的人力、物力、财力,扩大医疗业务。施公衡主任负责把各乡资金收齐,物色调院医生,借用学校部分校舍,筹建了区医院。不久,施公衡调离,由顾黛代他之职。我们五六个医生边做医研会工作,边开展医疗服务工作。1949年初夏,解放军渡江前,医研会主任顾黛通知各小组只剩一两名医生看守,其余都参加长期民工为渡江服务。各组都自愿争着响应医研会号召,在顾黛和施文周率领下,首批十多名医生渡过长江,奔向前线,施友成接替顾黛之职。两批医生出征后，掘东医院只剩一人，医研会由蔡紫尘代主任。1950年春，医研会改名“卫协会”，区医院改名为总诊所，乡医务小组改名为联合诊所。

原载《如东文史资料》第五辑略有改动

图28—178　1950年，掘东区医务工作者协会合影（施文周　提供）

三、卫生所

（一）掘东区卫生所

1956年5月，建立掘东区卫生所，址设新民乡。工作人员3名，负责镇东、镇西、强丰、新中、徐征、利民、新民、新丰、王苳、大同、新生、新余、华丰等13个乡卫生行政和医疗服务工作。

1957年9月，址设徐征乡，负责附中、北坎、南坎、豫北、镇东、新中、新生、徐征、新民、华丰、王苳等11个乡卫生工作。

1958年4月12日，掘东区卫生所改称掘东卫生所。12月，掘东卫生所改称兵房卫生所。址设兵房镇团结巷3号。

1961年4月，兵房卫生所改称掘东卫生所。

1975年3月25日，掘东卫生所改称掘东区卫生院，负责全区卫生行政工作。8月22日，掘东卫生院改称掘东区医院，并重建掘东区卫生所，址设兵房镇团结巷3号。负责兵房、南坎、大同、华丰、九总等人民公社卫生工作。

1985年12月，有工作人员3名，负责兵房镇，丁店、南坎、东凌、华丰乡，如东农场卫生工作。

1987年1月6日，撤销掘东区卫生所并入兵房中心卫生院，负责全区卫生行政工作。

1989年5月8日，建立掘东片卫生所，与兵房中心卫生院一套班子两块牌子。

1991年7月12日，掘东片卫生所改称掘东区卫生所。

1995年3月，掘东区卫生所为独立机构。

1996年4月1日，撤销掘东区卫生所并入兵房中心卫生院，负责全区卫生行政工作。8月20日，建立兵房中心卫生院卫生督导组，负责全区卫生行政督导工作。12月，撤销兵房中心卫生院卫生督导组。建立东片卫生督导组（兵房中心卫生院卫生督导组），长沙、北坎、卫海、北渔乡划入东片督导管理。

2001年11月11日，撤销东片卫生督导组（兵房中心卫生院卫生督导组）。

1956～2001年掘东区卫生所领导人更迭一览表

表28—260

机构名称	领导人更迭
掘东卫生所（1956.04～1958.04） 掘东卫生所（1958.04～1958.12） 兵房卫生所（1958.12～1961.04） 掘东卫生所（1961.04～1975.03）	所　长 徐守赴 1956.04～1957.01 徐国柱 1957.01～1959（副所长主持工作） 龚正元 1959　～1972（副所长主持工作） 朱文杰 1972　～1975.03 副所长 姜天龙 1956.04～1956.05 施楚生 1973　～1982
掘东卫生院（1975.03～1975.08）	参见"兵房中心卫生院"
掘东区卫生所（1975.08～1987.01）	所　长 朱文杰 1975.08～1983 李介玉 1983　～1984.07（副所长主持工作） 张明光 1984.07～1987.01
兵房中心卫生院（1987.01～1989.05） 掘东片卫生所（1989.05～1991.07）	参见"兵房中心卫生院"
掘东区卫生所（1991.07～1996.04）	所　长 陈福林 1991.07～1995.09 张明光 1995.09～1996.04 副所长 张明光 1991.07～1995.09 王雨卉 1995.09～1996.04
兵房中心卫生院（1996.04～1996.08） 兵房中心卫生院卫生督导组 （1996.08～1996.12） 东片卫生督导组 （兵房中心卫生院卫生督导组） （1996.12～2001.11）	参见"兵房中心卫生院"

图28—179　2001年，拍摄的掘东区卫生所旧址（大豫镇卫生所　提供）

（二）兵房镇卫生所

2001年11月12日，建立兵房镇卫生所，址设兵房镇健康路61号，工作人员7名，负责豫丰、大同、王荃、毛竹桥、港闸、协和、伯安、闸东、海盐、马安、新南、保田、徐征、东海、安民、培新、兵港、闸丰、兵郊等19个村和兵房、丁店、大同3个居民委员会卫生行政和预防保健工作。

2007年12月，工作人员7名，占地面积220平方米，建筑面积210平方米，卫生总资产8万元，其中流动资产1万元，固定资产7万元，净资产8万元，卫生设备总价值3万元，其中医疗专业设备2万元，图书装备及其他通用设备1万元，负责大同、巩王、丁家店、伯安、闸东、东安闸、马家店、徐征、强民、一门闸村和兵房居委会卫生行政及预防保健工作。2007年，被评为县新型农村合作医疗工作先进集体。

2001～2009年兵房镇卫生所领导人员表

表28—261

机构名称	领导人
兵房镇卫生所 2001.11～2009.05	所　长 王雨卉 2001.11～2009.05

1949～2009年兵房镇卫生行政主管工作机构一览表

表28—262

年度	机构名称
1949.10～1952.12	乡（镇）文卫主任负责，具体工作由“乡镇联合诊所”承办

续表28—262　1949～2009年兵房镇卫生行政主管工作机构一览表

年　度	机构名称
1952.12～1958.10	新中乡联合诊所 强丰乡联合诊所 徐征联合诊所 利民联合诊所 大同乡联合诊所 王荃乡联合诊所
1958.10～1959.01	徐征人民公社医院 巩王人民公社医院
1959.01～1960.11	兵房人民公社医院 巩王人民公社医院
1960.11～1962.11	兵房人民公社民办医院 巩王人民公社民办医院
1962.11～1965.09	兵房人民公社中心联合诊所 巩王人民公社中心联合诊所
1965.09～1966.11	兵房人民公社中心联合诊所 大同人民公社中心联合诊所
1966.11～1981.07	兵房人民公社卫生院 大同人民公社卫生院
1981.07～1983.07	兵房人民公社卫生院 丁店人民公社卫生院
1983.07～2001.11	兵房中心卫生院 丁店乡卫生院
2001.11～2009.05	兵房卫生所

图28—180　2008年，拍摄的兵房卫生所全景　(大豫镇卫生所　提供)

(三)大豫镇卫生所

2001年11月12日，建立大豫镇卫生所，址设大豫镇张謇南路。工作人员6名，负责兵港、东港、东凌、止马洼、坎西、凌边、豫北、香台、凌窑、亭海、周墩、豫东、茂青、豫新、新建、凌港、九龙村和大豫、南坎、东凌居民委员会卫生行政和预防保健工作。

2007年12月，工作人员5名，占地面积250平方米，建筑面积200平方米，卫生总资产16万元，其中流动资产1万元、固定资产15万元、净资产16万元。卫生设备总价值5万元，其中医疗专业设备3万元，图书装备及其他通用设备2万元。村域调整后，负责止马洼、香台、周墩、豫东、凌港、九龙、东港村和南坎、大豫、东凌居民委员会卫生行政和预防保健工作。2003年，被评为县防治“非典”工作先进集体。

2001～2009年大豫镇卫生所领导人员更迭表

表28—263

机构名称	领导人更迭
大豫镇卫生所 2001.11～2009.05	所　长:罗恩杰 2001.11～2007.03 丁　霞 2007.03～2007.08(副所长主持工作) 罗恩杰 2007.08～2009.05

1949～2009年大豫镇卫生行政主管工作机构一览表

表28—264

年 度	机构名称
1949.10～1952.12	乡(镇)文卫主任负责,具体工作由“乡镇联合诊所”承办
1952.12～1958.10	镇东乡联合诊所、镇西乡联合诊所、南坎乡联合诊所、豫北乡联合诊所
1958.10～1960.11	大豫人民公社医院
1960.11～1962.11	大豫人民公社民办医院
1962.11～1965.09	大豫人民公社中心联合诊所
1965.09～1966.11	南坎人民公社中心联合诊所、东凌渔业人民公社中心联合诊所
1966.11～1983.07	南坎人民公社卫生院、东凌渔业人民公社卫生院
1983.07～2000.04	南坎乡卫生院、东凌渔业乡卫生院
2000.04～2001.11	大豫镇卫生院
2001.11～2009.05	大豫镇卫生所

(四)新大豫镇卫生所

2009年5月,兵房镇与大豫镇合并后,建立新大豫镇卫生所,址设大豫镇兵房健康路61号。占地面积1000平方米,建筑面积600平方米,固定资产15.50万元。全所13人。设新农合、信息管理、妇女保健、儿童保健、预防接中、社区卫生管理、传染病办公室及职业病咨询室。

负责止马洼、香台、周墩、豫东、凌港、九龙、东港、大同、巩王、丁家店、伯安、闸东、东安闸、马家店、徐征、强民、一门闸村、南坎、大豫社区、农场、兵房、东凌居民委员会卫生行政和预防保健工作。2009年,被县委、县政府授予文明单位称号。2010年,被评为县新型农村合作医疗先进集体、卫生工作整体目标考核先进集体、疾病预防与控制工作先进集体。2011年,被县政府授予卫生监察工作先进集体、扶残助残先进集体。2012年,被县政府授予新型农村合作医疗先进集体。所长王雨卉,继任所长朱鹏飞。

四、乡(公社)、镇、场卫生院

1958年10月,境内成立徐征、巩王、大豫人民公社医院,如东棉场卫生所。

1960年11月,建立兵房、巩王、大豫人民公社民办医院。

1962年11月，建立兵房、巩王、大豫人民公社中心联合诊所。

1966年11月，建立兵房、大同、南坎、东凌渔业人民公社卫生院。

1969年6月，江苏省国营如东棉场卫生所，由中国人民解放军江苏省生产建设兵团第四师独立第六营接管。

1983年7月，掘东地区医院与兵房人民公社卫生院合并为兵房中心卫生院，同时，丁店、南坎、东凌改称乡卫生院。

2000年4月，南坎、东凌乡卫生院合并为大豫镇卫生院。

2001年12月，丁店、大豫卫生院改制为民营医院。

(一)兵房人民公社卫生院

1958年10月，以新中乡联合诊所9名职工、徐征乡联合诊所6名职工、新民乡联合诊所10名职工(部分)为骨干，组建徐征人民公社医院，址设兵房镇。时有职工30名，其中医技人员20名。

1959年1月，徐征人民公社医院更名为兵房人民公社医院。1960年11月，更名为兵房人民公社民办医院。1962年11月，更名为兵房人民公社中心联合诊所。1966年11月，更名为兵房人民公社卫生院。

1968年4月，成立兵房人民公社卫生院革命领导组。1976年12月，医院职工80名。

1978年8月22日，撤销兵房人民公社卫生院革命领导组，恢复院长负责制。

1984年7月，掘东地区医院、兵房人民公社卫生院合建为兵房中心卫生院。

1958～1984年兵房人民公社卫生院领导人更迭一览表

表28—265

机构名称	领导人更迭
徐征人民公社医院(1958.10～1959.01) 兵房人民公社医院(1959.01～1960.11) 兵房人民公社民办医院(1960.11～1962.11)	院　长:陆志聪　1958.10～1962.11
兵房人民公社中心联合诊所 (1962.11～1966.11)	主　任:陆志聪　1962.11～1966
兵房人民公社卫生院(1966.11～1968.04)	院　长:陆志聪　1966～1968.04
兵房人民公社卫生院革命领导组 (1968.04～1978.08)	组　长:陆志聪　1968.04～1972.10 秦德贤　1972.10～1978.08 副组长:李兴昌　1971.11～1978.08
兵房人民公社卫生院 (1978.08～1983.07) 兵房乡卫生院 (1983.09～1984.07)	院　长:秦德贤　1978.08～1984.07 副院长:李兴昌　1978.08～1984.07

(二)丁店医院

1958年10月,以王荃乡联合诊所10名职工,徐征乡联合诊所6名职工,新民乡联合诊所5名职工(部分)为骨干,组建巩王人民医院公社医院,址设丁家店。工作人员36名,其中医生20名。1960年11月,更名为巩王人民公社民办医院。1962年11月,更名为巩王人民公社中心联合诊所。1965年9月,更名为大同人民公社中心联合诊所。1966年11月,更名为大同人民公社卫生院。

1968年4月,成立大同人民公社卫生院革命领导组。1976年12月,医院职工65名。

1978年8月22日,撤销大同人民公社卫生院革命领导组,恢复院长负责制。

1981年7月,大同人民公社卫生院更名为丁店人民公社卫生院。1983年9月,更名为丁店乡卫生院。

1985年12月,医院床位40张,职工51名,建筑面积2078平方米,固定资产13万元,净资产20万元。

1991年12月,医院床位33张,职工51名。

1997年,丁店乡卫生院被评定为一级甲等乡镇卫生院。

2000年12月,医院床位30张,职工40名,固定资产141万元,净资产125万元。

2001年10月,丁店乡卫生院改制为民营医院,更名为丁店医院。

2007年12月,医院开放卫生床位28张(内科10张,外科10张,妇产科8张);占地总面积1.13万平方米,建筑面积3016平方米,主要建筑价值68万元;卫生设备总价值73万元,其中医疗专业设备48万元,图书装备及其他通用设备25万元;卫生总资产219万元,其中流动资产78万元、固定资产141万元、净资产151万元。职工24名,其中卫生专业技术人员19名。1997年,被县卫生局授予县文明单位,1998年,被县卫生局、县纠风办授予无红包医院,是年,被中华人民共和国卫生部、联合国儿童基金会、世界卫生组织授予爱婴医院。

1958～2001年丁店医院领导人员更迭一览表

表28—266

机构名称	领导人更迭
巩王人民公社医院 (1958.10～1960.11) 巩王人民公社中心联合诊所 (1960.11～1962.11)	院　长:朱云阶　1958.10～1962.11 副院长:潘介昌　1958.10～1962.11
巩王人民公社中心联合诊所 (1962.11～1965.09) 大同人民公社中心联合诊所 (1965.11～1966.11)	主　任:朱云阶　1962.11～1966 副主任:潘介昌　1962.11～1966
大同人民公社卫生院 (1966.11～1968.04)	院　长:朱云阶　1966～1968.04 副院长:潘介昌　1966～1968.04

表28—266　1958～2001年丁店医院领导人员更迭一览表

机构名称	领导人更迭
大同人民公社卫生院革命领导组（1968.04～1978.08）	组　长:蔡　斌 1968.04～1978.08 副组长:徐文康 1968.04～1978.08
大同人民公社卫生院（1978.08～1981.07） 丁店人民公社卫生院（1981.07～1983.09） 丁店乡卫生院（1983.09～2001.10） 丁店医院（2001.10～）	院　长:蔡　斌 1978.09～1985.12 濮九富 1985.12～1990.12 秦德贤 1990.12～1993.03 殷锦红 1993.03～1995.02(副院长主持工作) 宋允松 1995.02～1997.11 郁　鑫 2000.01～2001.10 李建中 2001.10～2012.12 副院长:徐文康 1978.09～1984.10 蔡　斌 1991.09～1994.09 殷锦红 1995.02～2001.10 沙正兴 1995.02～1998.10

图28—181　2001年，拍摄的丁店卫生院门景（大豫镇卫生所　提供）

（三）大豫医院

1958年10月，以镇东乡联合诊所8名职工，南坎乡联合诊所6名职工，豫北乡联合诊所4名职工为骨干，组建大豫人民公社医院，址设大豫镇张謇南路10号。职工28名，其中卫技人员20名。

1960年11月，大豫人民公社医院更名为大豫人民公社民办医院。1962年11月，更名为大豫人民公社中心联合诊所。1965年9月，更名为南坎人民公社中心联合诊所。1966

年11月，更名为南坎人民公社卫生院。

1968年4月，成立南坎人民公社卫生院革命领导小组。

1976年12月，医院职工69名。

1978年8月22日，撤销南坎人民公社卫生院革命领导小组，恢复院长负责制。

1983年9月，南坎人民公社卫生院更名为南坎乡卫生院。

1985年12月，医院床位42张，职工63名，建筑面积2268平方米，固定资产12万元，净资产16万元。

1991年12月，卫生床位46张，职工62名。

1994年，南坎乡卫生院被评定为一级甲等乡镇卫生院。

2000年4月26日，南坎乡卫生院更名为大豫镇卫生院。是日，撤销东凌乡卫生院，更名为大豫镇卫生院东凌分院。12月，医院床位42张，职工63名，固定资产125万元，净资产207万元。

2001年10月，大豫镇卫生院改制为民营医院，更名为大豫医院，大豫镇卫生院东凌分院更名为东凌医院，2004年，并入大豫医院。

2007年12月，医院开放卫生床位38张(内科20张、外科10张，妇产科8张)；土地总面积2535平方米，建筑总面积5000平方米，主要建筑价值65万元；卫生设备总价值193万元，其中医疗专业设备132万元，图书装备及其他通用设备61万元；卫生总资产338万元，其中流动资产80万元、固定资产258万元、净资产338万元。医院计有职工39名，其中卫生专业技术人员35名。1978年，李淑平被评为省先进工作者；1987年，被中华人民共和国卫生部、国际儿童基金会、世界卫生组织授予爱婴医院。1988年，被评为县节育技术服务先进集体；1989、1991年，被评为南通市计划免疫传染病管理先进集体；1990～1991年，被授予南通市文明医院；2001～2002年，被县委、县政府授予文明单位；2003年，被县医管会授予新型农村合作医疗定点服务机构；2006年，被县委授予保持共产党先进性教育活动先进单位；2008年，被县卫生局授予十佳民营医院。

1958～2001年大豫医院领导人员更迭一览表

表28—267

机构名称	领导人更迭
大豫人民公社医院 (1958.10～1960.11) 大豫人民公社民办医院 (1960.11～1962.11)	院　长:薛文宰　1958.10～1962.11 张云茂　1960.04～1965.09
大豫人民公社中心联合诊所 (1962.11～1965.09) 南坎人民公社中心联合诊所 (1965.09～1966.11)	主　任:薛文宰　1962.11～1966.11

续表28—267　1958～2001年大豫医院领导人员更迭一览表

机构名称	领导人更迭
南坎人民公社卫生院 （1966.11～1968.04）	院　长：吕永吉　1966.11～1968.04
南坎人民公社卫生院革命领导组 （1968.04～1978.08）	组　长：吕永吉　1968.04～1978.08 副组长：朱士达　1968.04～1978.08 陆志聪　1968.04～1978.08
南坎人民公社卫生院 （1978.08～1983.09） 南坎乡卫生院 （1983.09～2000.04） 大豫卫生院 （2000.04～2001.10） 大豫医院 （2001.10～）	院　长：吕永吉　1978.08～1984.12 张建平　1984.12～2001.10 吕　斌　2001.10～2012.12 副院长：朱士达　1978.08～1984.12 陆志聪　1978.08～1984.12 周志明　1978.08～1984.07 刘士忠　1979.10～1980.08 李兴昌　1987.03～1989.06 薛金荣　1984.12～1991.09 陈崇熙　1991.04～2001.10 洪光明　2000.04～2001.10 罗恩杰　2000.04～2001.10 薛金荣　2000.04～2001.10（院长级）

图28—182　2009年，拍摄的大豫医院全景（大豫镇卫生所　提供）

（四）东凌医院

1965年9月，抽调兵房、南坎、大同人民公社中心联合诊所部分人员，组建东凌渔业人民公社中心联合诊所，址设东安闸。时有职工9名，其中医技人员6名。

1966年11月，东凌渔业人民公社中心联合诊所更名为东凌渔业人民公社卫生院。

1968年4月，成立东凌渔业人民公社卫生院革命领导小组。

1976年，医院有职工12名。

1978年8月22日,撤销东凌渔业人民公社卫生院革命领导小组,恢复院长负责制。

1983年9月,东凌渔业人民公社卫生院更名为东凌渔业乡卫生院。

1985年12月,医院职工9名,固定资产2万元。

1991年12月,卫生床位2张,职工9名。

2000年4月26日,撤销东凌渔业乡卫生院,更名为大豫镇卫生院东凌分院。

2001年10月,大豫镇卫生院东凌分院改制为民营医院,更名东凌医院。

2004年4月,东凌医院并入大豫医院,时有床位12张,职工20人,固定资产35万元,净资产34万元。

1965～2004年东凌医院领导人员更迭一览表

表28—268

机构名称	领导人员更迭
东凌渔业人民公社中心联合诊所 (1965.09～1966.11)	主　任:潘介昌　1965.09～1966
东凌渔业人民公社卫生院 (1966.11～1968.04)	院　长:潘介昌　1966～1968.04
东凌渔业人民公社卫生院革命领导组 (1968.04～1978.08)	组　长:潘介昌　1968.04～1978.08
东凌渔业人民公社卫生院 (1978.08～1983.09) 东凌渔业乡卫生院 (1983.09～2000.04) 大豫卫生院东凌分院 (2000.04～2001.10) 东凌医院 (2001.10～2004.04)	院　长:蔡　斌　1978.12～1991.09 薛金荣　1991.09～2004.04 副院长:濮九富　1991.09～1994.12 洪光明　1994.12～2000.04 陈崇熙　2001.10～2004.04 洪光明　2001.10～2004.04

图28—183　2009年,拍摄的大豫镇医院东凌分院全景（大豫镇卫生所　提供）

(五)国营如东棉场医院

1958年10月,如东县棉场卫生所建立,址设棉场场部。工作人员3名。

1968年4月,如东县棉场卫生所更名为江苏省国营如东棉场卫生所,由江苏省农垦局接管。

1969年6月,改由中国人民解放军江苏省生产建设兵团第四师独立第六营接管。

1975年8月,改由江苏省农垦局接管。

1997年10月,江苏省国营如东棉场卫生所更名为国营如东棉场医院,时有职工21人,设床位24张。

2001年10月,国营如东棉场医院更名为如东棉场医院。

2007年12月,医院有职工16人,其中医技人员9名。床位24张,固定资产60万元,净资产62万元,土地面积4000平方米,建筑面积1200平方米。主要设备有X光机、B超等,设医护科、总务科、内科、外科、妇产科、放射科、检查科、功能科等科室。

1958～2012年国营如东棉场医院领导人员更迭一览表

表28—269

机构名称	领导人更迭
如东棉场卫生所 (1958.10～1968.04) 国营如东棉场卫生所 (1968.04～1997.10)	所　长:顾学祥　1958.10～1986.12 戚康生　1986.12～1995.12 徐　平　1995.12～1996.06
国营如东棉场医院 (1997.10～2001.10) 如东棉场医院 (2001.10～2012.12)	院　长:徐　平　1996.06～1998.04 高明林　1998.04～2012.12

图28—184　2009年,拍摄的如东县棉场医院全景　(大豫镇卫生所　提供)

(六)兵房中心卫生院

1975年3月25日,掘东卫生所改称掘东区卫生院,址设兵房镇健康路61号,为全民所有制单位。医院以医疗为主,负责全区卫生行政工作。医院设内科、外科、妇产科。卫生床位50张。8月22日,重建掘东区卫生所,掘东区卫生院改称掘东区医院,该院不再负责全区卫生行政工作。

1984年7月,掘东区医院、兵房人民公社卫生院合并为兵房中心卫生院。1985年12月,医院床位70张,职工108名,占地面积9370平方米,建筑面积2660平方米(平房180间),固定资产38万元,净资产63万元。主要医疗设备有200毫安X光机、A型超声波诊断仪、心电图机等。职能科室设门诊部、住院部、护理部。临床科室设有内科、外科、妇产科、中医科、五官科、皮肤科、理疗科、眼科、妇儿防保等科,医技科室设放射科、心超室、化验室、中西药房等,按区级医院要求开展医疗业务。

1987年1月6日,撤销掘东区卫生所并入兵房中心卫生院,卫生院负责全区卫生行政工作。

1989年5月8日,建立掘东片卫生所,与兵房中心卫生院合署办公。5月,在医用服装厂基础上附设如东县五金电器厂。

1990年,医院增设传染科。

1991年7月12日,掘东片卫生所改称掘东区卫生所,负责全区卫生行政工作。是年,医院增设痔瘘科、心电图室、A—B超室、计生门诊室、药剂科、制剂室、后勤供应室、中西药品销售门市部。医院床位调至80张。

1996年4月1日,撤销掘东区卫生所并入兵房中心卫生院。卫生院负责全区卫生行政工作。8月20日,建立兵房中心卫生院卫生督导组。负责全区卫生行政督导工作。12月,撤销兵房中心卫生院卫生督导组,建立东片卫生督导组(兵房中心卫生院卫生督导组)。是年,兵房中心卫生院评定为一级甲等中心卫生院。1997年,医院床位调为50张。

2001年11月11日,撤销东片卫生督导组(兵房中心卫生院卫生督导组)。

2007年12月,医院开放卫生床位50张(内科16张、外科20张、妇产科14张);土地总面积9010平方米,建筑总面积7650平方米,主要建筑价值168万元;卫生总资产766万元,其中流动资产422万元、固定资产344万元、净资产392万元、负债374万元。计有职工91名,其中卫生专业技术人员69名,中级职称17名。主要医疗设备有200毫安X光机、B型超声诊断仪、心电监护仪等。医院职能科室设办公室、医务科、护理科、感染管理科、财务科、总务科。临床科室设内科、外科、妇产科、皮肤科、五官科、眼科、理疗科。医技科室设放射科、检验科、心超功能室、胃镜室等,病区1个。1978年,获江苏省卫生工作先进集体荣誉称号;1995年,被评为县级文明单位;1996年,被中华人民共和国卫生部评审核定为一级甲等中心卫生院;2008年,被县政府、县纠风办评为无红包医院。

1975～2012年兵房中心卫生院领导人员更迭一览表

表28—270

机构名称	领导人更迭
掘东区医院 （1975.03～1983.07） 兵房中心卫生院 （1984.07～2012.12）	院　长 滕川才 1975.03～1979.12（负责人） 徐金石 1979.12～1980 李介玉 1980～1982（副院长主持工作） 陈祖涛 1982～1984（副院长主持工作） 张明光 1984～1986.02 宋允松 1986.02～1989.10 陈福林 1989.10～1998.11 陈松平 1998.11～2000.12 施正东 2000.12～2004.12 朱新华 2004.12～2005.09（兼组长） 顾承红 2005.09～2008.03 李鑫华 2008.03～2009.01(副院长主持作) 张建新 2009.01～2012.12 李　军 2012.12～ 副院长 陈祖涛 1979.12～1982. 宋允松 1984.～1986.02 陈松平 1984.～1998.11 秦德贤 1986.10～1990.10 张明光 1987.06～2000.12(院长级） 夏建华 1992.06～2000.12 王雨卉 1993.04～2002.03 宋允松 1997.11～2000.12 郁　鑫 1997.02～2000.01 曹正祥 2000.12～2002.10 陆卫忠 2002.06～2009.07 顾承红 2004.12～2005.09(执行院长） 李鑫华 2007.01～2008.03 李　军 2009.01～2012.12

图28—185　2012年，拍摄的兵房中心卫生院住院部门景（大豫镇卫生所　提供）

第二节　医疗卫生队伍

中华人民共和国成立前，境内以中医为主，多数散布于村野，少数在药店坐堂应诊，挂牌行医。西医更是凤毛麟角。中华人民共和国成立后，中医除师承祖业、拜师学艺和医药院校输送外，还采取多种形式培训，中医队伍薪火相继。西医在院校毕业生陆续分配和多渠道培养下，队伍发展迅猛，成为群众医疗和预防疾病主要手段。至2012年，在职中医4名，中药人员3名，西医116名，西药人员11名。

1969年，随着农村兴办合作医疗，各大队挑选1～2名有一定文化知识青年，经大队推荐，公社审核，区卫生所批准，选送到区医院参加4～6个月医学理论培训，然后到公社医院实习2～3个月，回到大队担任赤脚医生。兵房医院龚志芳被抽调为培训老师。境内当时共培训赤脚医生136名。1975年，要求每大队至少配1名女赤脚医生，既会接生，又会做计划生育工作。赤脚医生增加到206名。这支队伍壮大和村卫生室的建立，成为农村三级医疗卫生网基层组织，医疗卫生事业得到进一步完善。1984年，改称乡村保健医生。1985年底，经业务考核整顿，境内乡村保健医生110名。1988年，兵房镇丰荡村卫生室被评为南通市文明卫生室；2003年3月，大豫镇杨晓晴获全国优秀乡村医生称号。

一、村(社区)医务室

1951年后,社会医生以乡为单位组建联合诊所,下设分诊所,负责各村医疗预防工作。人民公社医院成立后,医院下设保健室和包队医生,负责各大队医疗卫生工作。从1969年起,由“赤脚医生”负责大队医务工作,方便人民群众问诊治病,农村卫生服务质量得到相应提高。2012年,大豫镇有村、社区卫生服务站21个,乡村医生72名。

图28—186　2012年,拍摄的徐征村社区卫生服务站全景（大豫镇卫生所　提供）

1977年境内各村(生产大队)医务室情况一览表

表28—271　　单位:人

乡镇名称	村名	原大队	医生总数	女性数	负责人
兵房	海丰	1	3	2	王汉石
	邻盐	2	3	1	黄志云
	马店	3	3	2	王锦贤
	东安	4	3	1	崔志飞
	新民	5	3	2	陈元清
	兵南	6	3	1	沈怀官
	保田	7	3	1	陆亚新
	徐征	8	3	1	沈竟成
	双闸	9	3	1	龚志达
	东安闸	10	3	1	姜振莲

续表28—271　1977年境内各村(生产大队)医务室情况一览表

乡镇名称	村名	原大队	医生总数	女性数	负责人
兵房	海凌	11	3	2	沈南平
	安北	12	3	2	陆海兵
	强民	13	3	1	黄继祥
	新谊	14	3	2	吴来平
	培德	15	3	1	顾静章
	兵北	16	3	2	张秀英
	双港	17	3	1	范建如
	一门闸	18	3	1	许汉兵
	丰荡	19	3	1	张桂如
	兵郊	20	2	2	盛松芳
	兵房新垦	21	3	2	宋学新
丁店	豫丰	1	2	1	徐汉石
	大同	2	3	1	袁瑞中
	通如桥	3	3	1	蒋俊豪
	丰港	4	2	1	周善新
	王荃	5	2	1	殷锦红
	荃东	6	2	1	施文贤
	毛竹桥	7	3	1	陈金标
	港闸	8	3	1	许成芳
	芦苇港	9	3	1	马水池
	协和	10	2	—	黄敬冲
	营房桥	11	3	1	龚正昌
	伯安	12	1	—	叶　平
	磨墩	13	3	1	施亚琴
	闸东	14	2	1	邱庭芳
东凌	东凌	—	2	1	周　娟
	东洋	东安	1	—	夏春新
	兵港	东升	1	—	何建平
	东凌养殖场	东凌养殖场	1	—	顾根玲
	新港养殖场	新港养殖场	1	—	沈国祥
南坎	止马洼	1	3	2	杨晓琴
	坎西	2	3	1	罗济民
	南坎	3	4	2	马慎才
	凌边	4	3	1	李美如
	豫北	5	3	2	曾锡娥
	鲍桥	6	4	1	周志兵
	凌窑	7	4	2	陆汉昌
	亭海	8	4	1	濮正田
	周墩	9	2	1	薛金荣
	豫东	10	3	1	季永琴

续表28—271　1977年境内各村（生产大队）医务室情况一览表

乡镇名称	村名	原大队	医生总数	女性数	负责人
南坎	茂青	11	3	2	许素平
	育新	12	3	1	何济才
	牛桥	13	2	1	刁秀兰
	团结	团结	2	1	邱怀琴
	新兴	新兴	3	2	黄玉芳
	齐心	齐心	2	1	史玉章
	新垦	新垦	2	—	张炳勇

2012年大豫镇村（居、社区）卫生服务站情况一览表

表28—272　　单位：个

村（居、社区）卫生服务站名称	负责人	医务人员数
大同村卫生服务站	陆建平	4
巩王村卫生服务站	柏　华	4
丁家店村卫生服务站	张汉冲	3
伯安村卫生服务站	顾　祥	3
闸东村卫生服务站	张　燕	2
东安闸村卫生服务站	陆咏梅	3
徐征村卫生服务站	顾永辉	4
马家店村卫生服务站	盛利华	5
强民村卫生服务站	张正飞	5
一门闸村卫生服务站	薛　勇	5
兵房居委会卫生服务站	周　炜	3
止马洼村卫生服务站	陈　刚	3
南坎村卫生服务站	曾永兵	4
香台村卫生服务站	袁乃新	6
周墩村卫生服务站	顾薛斌	2
豫东村卫生服务站	陆卫东	2
大豫社区卫生服务站	周建华	3
九龙村卫生服务站	王文军	3
东凌社区卫生服务站	刘锦才	1
东港村卫生服务站	陈　静	1
农场社区居委会卫生服务站	高明林	9

二、企事业单位医务室

1949年12月，如东县盐场建立医务室。其后，学校、工厂等企事业单位相继建立医务室。境内在二十世纪六七十年代，一些规模较大企事业单位仅配有医药箱，由懂医疗常识人员保管使用。中共十一届三中全会后，随着医疗卫生知识普及，从服务广大职工群众利益出发，1985年起，境内陆续建起兵房轧花厂、兵房中学、如东农场、如东盐场医务室。1995年，增建兵房机床厂、兵房棉纺厂、大同砖瓦厂、南坎砖瓦厂、南坎水泥厂、南坎化工厂医务室。

2012年大豫镇医疗卫生系统高中级职称人员一览表

表28—273

姓名	性别	出生年月	籍贯	学历	职称	工作单位	备注
施建斌	男	1943.08	如东大豫	大学	主任医师	如东县人民医院外科	2003.08退休
蔡兵	男	1964.08	如东兵房	大学	主任医师	苏州市第四人民医院外科	—
张木兰	女	1953.12	如东兵房	大学	主任医师	如东县妇幼保健所	2008.12退休
李建兵	男	1953.10	如东大豫	大学	主任中医师	如东县中医院外科	—
曹妙丰	男	1952.12	如东兵房	大学	主任药师	如东县卫生局副局长	2012.12退休
陈松平	男	1954.11	如东兵房	大学	主任医师	如东县人民医院副院长	—
谢锦明	男	1952.10	如东兵房	大学	主任医师	如东县卫生监督所	—
石顺贤	女	1944.04	如东兵房	大专	副主任医师	如东县人民医院病理科	2004.04退休
倪国昌	男	1932.02	如东兵房	大专	副主任医师	如东县人民医院内科	1992.02退休
李桂荣	女	1932.04	如东兵房	本科	副主任医师	如东县人民医院药剂科	1987.04退休
周雅能	女	不详	如东丁店	本科	副主任医师	如东县人民医院	已退休
卞葛进	男	1955.11	如东兵房	大学	副主任医师	如东县兵房医院内科	—
许汉斌	男	1947.09	如东兵房	大学	副主任医师	如东县兵房医院内科	2007.09退休
邢巨星	男	1956.12	如东丁店	大专	副主任医师	如东县人民医院副院长	—
王胜君	女	1947.12	如东兵房	中专	副主任医师	如东县疾病预防控制中心	2005.08退休
郭红梅	女	1966.01	如东丁店	大学	副研究员	如东县人院医教科长	—
陆卫忠	男	1966.07	如东兵房	大学	副主任医师	如东县兵房医院外科主任	—
何忠其	男	1932.12	如东兵房	大学	副主任医师	如东县兵房医院内科主任	—
陈崇熙	男	1955.12	如东南坎	大学	副主任医师	如东县大豫医院内科	—
施小艳	女	1969.05	如东童店	大学	副主任医师	如东县兵房医院妇产科	—
徐亚辉	女	1968.02	如东南坎	大学	副主任医师	如东县兵房医院护理部主任	—
黄玲	女	1964.09	如东兵房	大学	副主任医师	如东县人民医院儿科	—
施洪成	男	1963.07	如东兵房	大学	副主任医师	如东县人民医院传染科	—
张勇	男	1963.09	如东南坎	大学	副主任医师	如东县人民医院内科	—
陆敏	男	1963.04	如东丁店	大学	副主任医师	如东县人民医院儿科	—
张佩殷	女	1966.05	如东华丰	大学	副主任医师	如东县兵房中心卫生院	—
于桂泉	男	1952.09	如东兵房	大学	副主任医师	如东县人民医院外科	—
李介玉	男	1942.02	江苏通州	大学	副主任医师	如东掘东地区医院副院长、卫生所所长	2012.12退休
施慧萍	女	1957.09	如东兵房	大专	副主任医师	如东县人民医院护士长	—
施红	女	1968.10	如东兵房	大学	副主任医师	如东县人民医院妇产科	—
樊士辉	男	1971.06	如东华丰	大学	副主任医师	如东县兵房中心卫生院	—
李建中	男	1959.11	如东丁店	中专	主治医师	如东县丁店医院院长	—
陈斌	男	1960.07	如东兵房	大专	主治医师	如东县新区医院院长	—

续表28—273　2012年大豫镇医疗卫生系统高中级职称人员一览表

姓名	性别	出生年月	籍贯	学历	职称	工作单位	备注
郁　鑫	男	1958.03	如东兵房	大专	主治医师	如东县大豫卫生所	—
张兰萍	女	1956.08	如东丁店	大专	主管护师	如东县兵房中心卫生院	—
殷锦红	女	1954.10	如东丁店	大专	主治医师	如东县大豫卫生所	—
李士新	男	1948.04	如东丁店	大专	主治中医师	如东县兵房中心卫生院	—
薛金荣	男	1948.12	如东南坎	大专	外科主治医师	大豫医院党支部书记	—
樊元妹	女	1949.12	如东兵房	中专	主管检验师	如东县卫生防疫站	2004.12退休
宋允松	男	1950.06	如东兵房	大专	主治医师	丁店乡卫生院院长	2006.06退休
张建平	男	1945.12	如东大豫	初中	主治医师	南坎乡卫生院院长	2005.12退休
张明光	男	1945.12	江苏海门	高中	主治医师	掘东区卫生所所长兵房中心卫生院院长	2005.12退休
季　丹	男	1975.12	如东大豫	大学	主治医师	如东县兵房中心卫生院副院长	—
徐　松	男	1956.12	如东兵房	中专	主治医师	如东县大豫镇卫生所	—
秦红波	男	1977.09	如东掘港	大学	主治医师	如东县大豫镇卫生所	—
陈美菊	女	1963.09	如东兵房	中专	主管医师	如东县大豫镇卫生所	—
茅振英	女	1973.05	如东掘港	大专	主管医师	如东县大豫镇卫生所	—
张爱娟	女	1973.10	如东童店	大专	主治医师	如东县大豫镇卫生所	—
丁伟华	女	1976.11	如东童店	大专	主治医师	如东县大豫镇卫生所	—
陆建平	男	1953.08	如东丁店	中专	主治医师	兵房中心卫生院五官科	2013.09退休
周　荣	男	1937.10	如东丁店	大专	主治医师	如东县丁店医院中医	1997.12退休
沈印森	男	1941.06	如东大豫	大专	中医师	如东县南坎医院	2001.06退休
张蕴如	女	1957.05	如　东	中专	主管护师	如东县兵房医院护理部	2012.06退休
倪祖琴	女	不详	如东大同	中专	主管护师	如东县人民医院护士	—
陆启辉	女	1965.12	如东兵房	中专	主管护师	如东县兵房医院护理部	—
施玉章	男	1945.04	如东大同	中专	主治医师	如东县丁店医院内科	2001.04退休
李鑫华	男	1973.05	如东兵房	大专	主治医师	如东县兵房医院副院长	—
朱桂霞	女	1975.09	如东南坎	大专	主治医师	如东县兵房医院妇产科	—
李海燕	男	1973.06	如东南坎	大学	主治医师	如东县兵房医院行管科	—
王亚群	男	1976.02	如东华丰	大学	主治医师	如东县兵房医院内科	—
丁敏悦	女	1975.01	如东南坎	中专	主管护师	如东县兵房中心卫生院	—
陆新琴	女	1967.09	如东兵房	中专	主管护师	如东县兵房中心卫生院	—
张凤琴	女	1973.02	如东掘港	大专	主管药师	如东县兵房中心卫生院	—
张　燕	女	不详	如东兵房	中专	主管护师	如东县兵房中心卫生院	—
吴　韩	男	1973.04	如东南坎	大学	主治医师	如东县大豫医院外科	—
马正香	女	不详	如东南坎	中专	主管护师	如东县兵房医院护理部	—
张金梅	女	不详	如　东	中专	主管护师	如东县兵房医院护理部	—
张清泉	女	不详	如　东	中专	主管护师	如东县兵房医院护理部	—
刘　萍	女	1966.03	如　东	大专	主管护师	如东县兵房医院护理部	—
蒋海娟	女	不详	如东华丰	中专	主管医师	如东县兵房医院妇产科	—
施　厅	男	1973.06	如东华丰	大专	主管医师	如东县兵房医院妇产科	—

续表28—273　2012年大豫镇医疗卫生系统高中级职称人员一览表

姓 名	性别	出生年月	籍 贯	学历	职 称	工作单位	备 注
刘艳娟	女	1975.03	如东兵房	大专	主管护师	如东县兵房医院护理部	—
朱爱琴	女	1975.03	如东掘港	中专	主治医师	如东县兵房卫生所	—
平姝丽	女	不详	如东掘港	大专	主治医师	如东县兵房卫生所	—
丛亚平	女	不详	如东掘港	中专	主治医师	如东县兵房医院五官科	—
薛海英	女	不详	如东兵房	中专	主管护师	如东县人民医院护理部	—
袁光明	男	1955.10	如 东	大专	主治医师	如东县棉场医院外科	—
许波其	男	1940.03	如 东	中专	主治医师	如东县棉场医院外科	—
姚 勇	男	1943.10	如 东	中专	主治医师	如东县棉场医院内科	—
季 梅	女	1976.10	如 东	大专	主管护师	如东县棉场医院	—
汤 权	男	1946.04	如 东	中专	主治医师	如东县棉场医院疼痛科	—
张爱军	男	1973.11	如东掘港	大专	主治医师	如东县大豫医院外科	—
田秦忠	男	1975.11	如东大豫	大专	主治医师	如东县大豫医五官科	—
张达智	女	1974.10	如东大豫	大专	主治医师	如东县兵房医院妇产科	—
黄冬霞	女	1975.02	如东掘港	中专	主管医师	如东县大豫镇卫生所	—
沙正兴	男	1947.08	如东丁店	大专	主治医师	华丰乡卫生院副院长	—
陈福林	男	1947.08	如东南坎	大专	主治医师	兵房中心卫生院院长	—
李金秀	女	1973.12	如东兵房	中专	主管护师	如东县人民医院感染管理科科长	全国模范护士
熊文福	男	1942.01	如东大同	不祥	主治医师	如东县双南医院副院长	—
仇宗尧	男	1926.01	如东大同	不祥	主治医师	如东县中医院院长	—
李兴昌	男	1942.10	江苏启东	中专	主治医师	兵房公社卫生院副院长	—
戚康生	男	1965.10	江苏兴化	大专	主治医师	国营如东棉场医院院长。	—
王雨卉	女	1970.10	如东兵房	大专	主管医师	如东县兵房卫生所所长。	—
陈秀莲	女	不详	如东大同	中专	主管护师	如东县人民医院	—
陈美芳	女	不详	如东兵房	中专	主管护师	如东县人民医院	—
施玉兰	女	1940.08	如东大同	中专	主治麻醉师	如东县人民医院手术室	1996.09退休
汤跃兰	女	不详	如东大同	中专	主管护师	如东县岔河医院	—
陆秀英	女	不详	如东兵房	中专	主管护师	如东县岔河医院	—
陈祖涛	男	1933.11	如东兵房	不祥	主治军医	如东县兵房中心医院	已故
季金火	男	1941.11	如东兵房	中专	主治医师	如东县兵房中心医院	2001.12退休
洪光明	男	1945.10	如东南坎	中专	主治中医师	如东县南坎医院	2004.10退休
陈一梅	女	不详	如东大同	中专	主治中医师	如东县掘港中心卫生院	—
吴亚辉	女	不详	如东兵房	中专	主管护师	如东县人民医院	—
张伯新	男	不详	如东兵房	大专	主治医师	如东县卫生局人事科长	—
周志明	男	不详	如东兵房	大专	外科主治医师	如东县南坎医院	已故
高延洲	男	1934.07	如东兵房	中专	主治医师	如东县兵房中学医务室校医	—
陈凤扬	男	1953.08	如东兵房	中专	主治医师	如东县兵房卫生院外科主治医师	2013.08退休
袁卫忠	男	1973.03	如东南坎	中专	主治医师	如东县大豫医院内科	—

续表28—273 2012年大豫镇医疗卫生系统高中级职称人员一览表

姓名	性别	出生年月	籍贯	学历	职称	工作单位	备注
杨丹君	女	1962.05	如东南坎	中专	主管医师	如东县大豫医院内科	—
朱万华	女	1975.12	如东南坎	大专	主管护师	如东县大豫医院内科	—
姜雄	男	1975.01	如东大同	大专	主治医师	如东县丁店医院内科	—
李佩娟	女	1973.08	如东丁店	大专	主治医师	如东县兵房中心医院	—
黄健生	男	1966.01	如东丁店	中专	主治医师	如东县兵房医院内科	—
倪建芳	女	1966.05	如东兵房	中专	主管护师	如东县兵房医院内科	—
龚志方	男	1935.10	如东兵房	中专	主治医师	如东县兵房医院	1995.12退休
张翠萍	女	1955.07	如东兵房	大专	主管护师	如东县兵房医院	2010.09退休
徐亚新	男	1936.12	如东兵房	中专	主治医师	如东县兵房医院	1998.02退休
蔡明章	男	1938.10	如东兵房	大专	主治医师	如东县兵房医院	1998.08退休
曹小东	男	1975.12	如东兵房	大专	主治医师	如东县兵房中心医院	—
李小妹	女	1978.03	如东兵房	大专	主治医师	如东县兵房中心医院	—
曹菊美	女	1963.01	如东兵房	大专	主管药师	如东县兵房中心医院	—
赵春燕	女	1977.03	如东兵房	大专	主管药师	如东县兵房中心医院	—
顾金标	男	1976.01	如东兵房	大学	主治医师	如东县兵房中心医院	—
顾红霞	女	1977.12	如东兵房	中专	主治医师	如东县兵房中心医院	—
袁进尧	男	1976.06	如东兵房	大专	主管检验师	如东县兵房中心医院	—
陆晶晶	女	1976.07	如东兵房	大专	主治医师	如东县兵房中心医院	—
夏建红	女	1975.03	如东兵房	大专	主治医师	如东县兵房中心医院	—

第三节 医生世家

境内最早的医疗活动为坊间中医。20世纪初，西医传入。50年代后，医技人员与医务人员分离，形成医技专业队伍，其中有子承父业，有师徒相传，有自学成才等。还有部分医生成为世家，丁店俞氏家族有5代人从医，南坎罗氏家族3代有12人从医。为弘扬一家几代人贡献于医疗卫事业之优良传统。节内选介11个医生世家。

一、南坎罗氏

第一代医生 罗国士，号致平。清宣统二年(1910)3月4日生，掘港镇人，民国12年(1923)，马塘李万康药店当学徒。民国18年，与苴镇张在中合开永康和药店，为坐堂医生。1952年，苴镇头总桥与凌学志等人开办联合诊所。1956年，当选第二届县人大代表和政协委员。连任第三四五六九十十一届县人大代表及部分届次政协委员。1959年，举家迁居南坎镇。“文化大革命”中，被隔离审查两年多，粉碎江青反革命集团后，平反昭雪。1976年，于南坎公社卫生院退休。2007年4月6日去世。

陆华(乳名秀林)，系罗致平之妻。民国20年(1931)10月18日生，南通金沙镇人。1956年，江苏省中医学校第25期针灸训练班结业，分配苴镇头总桥联合诊所工作。1959年，随夫定居南坎镇，在南坎乡卫生院工作。1987年退休。

四兄,罗国均,号仲衡。清光绪二十五年(1899)4月24日生,掘港镇人。民国14年(1925),大豫镇开设罗寿康药店,并行医乡里。民国26年辞世。

第二代医生 长子罗恩杰,1950年11月10日生,掘港镇人。1959年,随父母定居南坎镇。1968年,插队南坎公社三大队三小队。1970年,南坎公社二大队赤脚医生。1979年,南坎卫生院防疫医生。1994年,加入中国共产党。1998年8月,华丰乡卫生院副院长。2000年,大豫镇卫生院副院长。2002年1月,大豫镇卫生所所长。2011年退休。

长儿媳何文莲,1953年11月9日生,南坎乡坎西村人(止马洼村)。1987年,安排南坎乡卫生院工作,2004年退休。

三房长侄儿罗恩荫,号泽民,民国10年(1921)生,掘港镇人,自幼在堂伯祖父罗亚屏医务室兼私塾中,学中医。出师后,在掘港镇行医。1952年,在九总乡与朱桂玉、康长发3人组建联合诊所。1958年,九总卫生院工作。1978年逝世。

四房侄儿罗恩雄,民国19年(1930)生,大豫镇人。民国36年,赴镇江省立医院见习。民国37年,国民党陆军第四军野战医院中尉检验员。1950年,随军由海南岛转进台湾。1951年,基隆57医院工作。1953年,与同事高伟结婚。1960年退伍后,供职五科医院。1969年,永和自行开业颁外科、妇产科。1990年退休。

第三代医生 长孙罗家锋,1977年12月27日生,南坎镇(南坎社区)人。1995年,海安卫校毕业,分配大豫镇卫生院。2000年起,医院改制,为医院股东之一。

长孙媳钱春美,1980年12月6日生,大豫镇香台村人。1998年,如东卫校毕业,任乡村医生。

次孙罗家佳,1982年3月28日生,南坎镇(南坎社区)人。2005年,南京医学院毕业,分配如东县第四人民医院工作。

四房侄孙罗家森,1956年9月2日生于台北。1981年,国防国学院4期毕业,留三总妇产科。1990年,赴美耶鲁大学深造,专长妇产科,1993年退伍,任职中心医院。

四房次侄孙女罗家宁,1961年9月8日生于台北。1980年,耕莘护校第6期毕业,台北荣民总医院护士。1986年,获取"考试院"护士资格,2004年,世新大学硕士班毕业。

二、大同郁氏

第一代医生 郁士能,清光绪三十年(1904)生,启东市海复镇人。从小拜启东眼科名医陈兆荣(日本留学生,获医学眼科博士学位)为师。民国年间,海复镇开设私人诊所。1954年,海复医院眼科医生。1963年病逝。

第二代医生 长女郁瑞英,民国18年(1929)生,启东海复镇人,祖传眼科医生。1958年,兵房医院眼科医生。1985年退休,2010年病故。

长女婿陈进康,民国15年(1926)生,兵房镇人。自幼拜岳父为师,学习眼科医术。1958年,兵房医院眼科医生,后调东凌医院眼科医生。1986年退休。

次女郁瑞如,民国20年(1931)生,启东市海复镇人,祖传眼科医生,1958年,启东少直医院眼科医生。1971年病故。

次女婿陆思章(出生年月不详),自幼拜师学医,曾任启东少直医院内科医生。87岁病故。

长子郁启邦,民国22年(1933)生,启东市海复镇人。1961年,苏州医学院毕业,任启东肝癌研究所研究员。1986年病逝。

次子郁启先,民国24年(1935)12月27日生,启东市海复镇人。祖传眼科医生,1956年,移民兵房镇。在东市梢开设永明眼科诊所。1957年,迁至大同镇北街,开设私人诊所,仍挂永明眼科牌子。1958年,大同公社医院眼科医生。1994年退休。

小儿媳杨亚珍,民国28年(1939)8月22日生,丁家店村人,自幼拜老中医陈凤祥为师。1957年,加入大同联合诊所,内科医生。婚后,拜丈夫郁启先为师,学习眼科医术,考核合格获眼科医生证书,大同镇医院眼科医生。1994年退休。

小女儿郁瑞菊,民国26年(1937)生,启东市海复镇人。自幼随父学眼科医术。1959年,南通护士学校毕业,先后任启东海复医院、吕四医院眼科医生。1993年退休。

第三代医生　小外孙陈卫平,系陈进康、郁瑞英之子。1967年生,兵房镇人,毕业于南京医学院,南通市第一人民医院放疗科医生。

三外孙媳秦旭丹,郁瑞英三媳,1965年生,兵房镇人,毕业于如东卫校,如东县人民医院护理部护士。

外孙女陆志红,郁瑞菊之女。1966年生,启东海复镇人,南京医学院毕业后,任启东海复镇医院妇产科医生,启东市人民医院妇产科主治医生。

孙女郁红,郁启先之女。1967年3月生,大同镇人。1986年,毕业于如东卫校。先后任北坎医院、丁店医院眼科医生、护士。

第四代医生　曾外孙女张郁,郁启先外孙女。1988年生,毕业于苏州药学院,苏州长桥医院药剂师。

曾外孙女陈娟娟,郁瑞英孙女。1978年生,毕业于河北冀学医学院,南京康美整容医院医生。

三、丁店俞氏

第一代医生　俞则元,清道光六年(1826)生,启东市汇龙镇人,中医,曾在汇龙镇开设私人诊所。

第二代医生　儿子俞天仁,清光绪二十四年(1898)10月生,启东市汇龙镇人,南通医学专门学校首届毕业生,中医师。先后供职于上海、崇明、通州、三余及海晏镇卫生院。1981年2月逝世。

第三代医生　孙子俞亚良,民国23年(1934)4月生,启东市汇龙镇人。通州市海晏镇卫生院眼科主治医生。1990年11月,获南通市从事科技工作30年荣誉证书。1994年退休。2002年5月病故。

第四代医生 曾孙蒋俊豪，俞亚良之子，随母姓。1959年1月生，大同村23组人。1972年2月，大队赤脚医生。1975年，南通县卫生学校毕业，丁店卫生院外科主治医生。多次受到县政府嘉奖。丁店医院副院长。

第五代医生 玄孙女蒋婷婷，蒋俊豪之女。1984年10月生。大同村23组人。2008年，毕业于南通大学医学院。儿科主治医生。2008年9月～2013年4月，如东县人民医院儿科医师。2013年5月，南通市妇幼保健院从事儿科临床工作。

四、香台李氏

第一代医生 李友才，民国17年（1928）10月生。高中文化，海门市万年乡百荣村人。拜三阳镇名医邱竹君为师。1955年，豫北诊所从医。1960年，如东中医进修班结业。1969年，获卫生部颁发职业医师资格证书。历任村卫生室室长，豫北卫生站站长，曾获县政府多次表彰、嘉奖。1986年9月退休。2007年7月病故。

第二代医生 长女李淑平，1951年9月生，香台村7组人，中共党员，高中文化。1971年1月，任大队赤脚医生。1972年，如东卫校助产班学习。1974年4月，南坎乡卫生院妇产科医生。1977年，聘为妇产医师。1978年4月，出席省卫生系统先进代表会。1987年，时任国务院副总理李先念夫人林佳楣在大豫医院举行调研座谈会，李作中心发言。1999年5月，获职业医师资格证书。2006年9月退休，享受省劳模待遇。

次子李建兵，1953年11月生。香台村7组人。中共党员。1972年，高中毕业后任大队赤脚医生。1976～1979年，南京中医药大学学习，1980年，江苏人民医院进修皮肤科，1981年，南通附属医院进修外科。1982年1月，如东中医院外科医生，外科主任医师、中共支部书记。曾多次受到县委、县政府及院党委表彰奖励。

二儿媳徐莉，李建兵之妻。1955年3月生，南通市人，中专学历。1972年，如东卫校学习。1975年，如东县中医院病理科医生，后任主任。曾多次受到县政府及主管部门表彰。2011年退休。

二女儿李贤平，1956年11月生。香台村7组人。高中文化。1974年起，河口镇医院检验科医生。1979年5月～1980年9月，镇江市第359部队医院检验科进修学习。曾获县、镇多次表彰奖励。2011年11月退休。

四女儿李纪兵，1961年7月生，香台村7组人。1978年，高中毕业。1986年10月起，大豫镇卫生院护士。1989年，如东卫校进修，1994～1997年，如皋卫校护理班学习。2012年退休。

小女儿张锦芳，1966年12月生，香台村7组人，中专文化。1984～1987年，随家父学医。1988～1991年，金沙卫校医士班学习，1992年，大豫卫生院内科医生。1991～1995年，先后在县人院进修心电图、中医院进修B超。1996年起，大豫医院心超、B超室医生。

第三代医生 孙子李毅，李建兵之子。1982年7月1日生。香台村7组人。2001年，毕业于如东县高级中学，考入苏州大学五年制本科。2006年，如东县中医院外科医生。

2007～2009年南通大学攻读硕士研究生。2010年，如东县人民医院外科医生。2012年，受县政府嘉奖。

五、兵房施氏

第一代医生　施友成，清宣统元年(1909)生，海门市麒麟镇人。初中文化。20岁拜师学医，学成后在海门行医。民国34年(1945)，移民至兵房镇培德村(强民村)，于家中开设诊所。民国37年，加入联合诊所。为掘东地区名中医之一，擅长治疗消化系统疾病、痛风及妇科疾病。所带李兴昌等10多位徒弟都成为医疗界骨干。1958年起，供职兵房医院。1971年退休，1991年逝世。

第二代医生　儿子施丕石，曾用名施政。民国20年(1931)7月生，初中文化，兵房镇人。早年随家父学中医，后拜名医黄维凡学西医。曾与父亲开设私人诊所，后加盟联合诊所。1952年，栟茶中学校医。1956年，如东县少儿部部长。1958～1978年，先后任职于北坎、兵房、掘东区医院。1980年5月，突发心脏病辞世。

第三代医生　孙子施正东，1963年10月生，兵房镇人。初中毕业后，考入通州卫校。1986年7月，掘东区医院外科医生，1998年11月，提升为院长助理。1999年11月，兵房中心医院院长。2007年，明确为正院级协理员。曾多次受到县委、县政府及县卫生局表彰、嘉奖。2003年，被评为县防治"非典"工作先进个人。

六、一门闸许氏

第一代医生　许恭绰，民国10年(1921)12月生。掘港镇人。初中文化，中医士。民国26年9月，随南一区公司中医施伯炎学中医。民国31年1月，掘东区新中乡行医，带学徒3人。民国36年8月，参加掘东区新中乡联合诊所。1958年9月～1982年4月，兵房公社卫生院医生。其间1958～1965年任兵房公社卫生院第一保健室室长。1982年5月退休。1997年逝世。

第二代医生　儿子许汉兵，民国36年(1947)9月生，一门闸村人，中共党员，大学文化，1971年1月参加工作，曾任兵房中心卫生院内科主任、门诊部主任、中共支部副书记。2002年2月～2005年1月主持中共支部工作。1977年7月～1980年7月，南通医学院医学系学习。1997年，被县卫生局授予"十佳白衣天使"。1998年，评为县卫生系统"十佳优质服务标兵"。1999年8月，聘为内科副主任医师。中共如东县第九次代表大会代表，先后受县政府嘉奖20多次，记三等功1次。发表医学论文10多篇。2007年9月退休。

第三代医生　孙女许开颜，1978年1月生，一门闸村人，大专学历，主管药师。2005年，毕业于华东理工大学药学系。1997年8月～2006年7月，兵房中心卫生院西药房药师。2006年7月起，如东县第四人民医院药剂科。2005年，被县卫生局评为先进工作者。

七、香台顾氏

第一代医生　顾玉章，民国23年(1924)7月生，完小文化，香台村12组人。自幼拜中医张文炳为师。民国32年，南坎开设私人诊所。1955年，加入南坎联合诊所。后任南坎乡卫生院中医。1986年7月退休,1991年病逝。

第二代医生 长子薛兵,1956年12月生,高中文化,香台村12组人。1974年,大豫水泥厂赤脚医生。1983～1985年,如东卫校学习。1996年起,大豫医院全科医生。2001年起,镇东社区卫生服务站站长。

次子薛礼,1963年4月出生,中专学历,香台村12组人。1980年,南通体臣卫校药剂班学习。1984年3月起,南坎乡卫生院西药房药剂师。

第三代医生 孙子薛建华,薛兵之子。1983年10月生,香台村12组人。2007年,南通大学医学院临床专业毕业。2007年9月～2012年8月,如东县人民医院医生。2012年9月起,南通大学医学院心胸外科专业读硕士研究生。

孙媳赵荷艳,薛建华之妻。1983年6月生,盐城人。2002年9月～2007年7月,南通大学医学院人体解剖学专业读硕士研究生,2010年7月起,留校任教师。

八、周墩薛氏

第一代医生 薛文宰,民国14年(1925)7月生,小学文化,中医,启东市人,后移居周墩村7组。1952年,创办镇东乡联合诊所。1958年10月,创办大豫人民公社医院。1958年10月～1962年11月任院长,1962年11月～1966年11月,任大豫、南坎、中心联合诊所主任。抗日战争期间曾任豫滨乡乡长。1949年,随军渡江南下,荣获中国人民解放军渡江战役纪念章。1975年7月退休,1985年病逝。

第二代医生 女儿薛金芳,民国27年(1938)8月生。周墩村7组人,1960年,毕业于如东县中医班。1961年始,如东县新光、九总、大豫医院中医师。1993年,从南通市芦泾港医院退休。

女婿宋达,民国21年(1932)4月生,徐征村人,中共党员,主治医师。1966年,毕业于江苏省卫生进修学校本科班。先后在南通市狼山工人疗养院、南通市肺科医院任职,南通市医学科学研究所研究员。1992年退休。

儿子薛金荣,民国37年(1948)12月生,周墩村7组人。中共党员,大专文化。主治医生。1969年12月,南坎公社九大队赤脚医生。1980年,南通大学医学院学习,毕业后任南坎乡卫生院外科医生。1983年,南通市第一人民医院进修学习,后任南坎医院外科、放射科医生。1984年10月～1991年8月,任南坎医院副院长。1991年9月～2000年11月,任东凌乡卫生院院长。2001年4月,东凌、大豫医院合并后,任中共院支部书记兼副院长。多次获县先进工作者。

第三代医生 孙子薛烽,薛金荣之子。1974年11月生,大专学历。周墩村7组人。1992年起,兵房中心卫生院医生。1998年,如东人民医院外科进修1年。2010～2011年,南通大学附属医院进修外科。

孙媳张旭晖,薛烽之妻。1973年6月生,兵房居委会人。1994年,毕业于通州卫校。1989年始,兵房中心卫生院功能科(心超)工作。其间,1996年,分别于县人民医院、南通市第一人民医院进修1年。

外孙女宋薛军，宋达之女，1963年8月生，徐征村人，1995年起，任南通市肺科医院财务会计。

九、止马洼向氏

第一代医生　向云祥（出生年月不详），止马洼村4组人。民国17年（1928），在止马洼与九总交界处何家庙（亦叫向家庙），开设中药铺，并坐诊看病。民国35年去世。该铺于1957年并入联合诊所。

第二代医生　女儿向定珍，民国12年（1923）生，协助打理药铺。1951年病故。

女婿杨大顺，清宣统元年（1909）8月24日生，小学文化。祖籍新光乡杨家庄人，入赘向家，改名向庆顺，定居止马洼村4组。师从许恩成老医生，3年学成后，继承家业，行医乡里。中华人民共和国成立后，先后就职于南坎、止马洼联合诊所。多次受到市、县表彰奖励。1979年退休，2000年去世。

第三代医生　孙女杨晓晴，1957年12月生，止马洼村人，高中文化。1974年1月参加工作，先后任南坎卫生院儿科医生、止马洼社区卫生服务站站长，2003年3月，获全国优秀乡村医生称号，2012年退休。

孙女婿洪光明，民国34年（1945）10月生，止马洼村人，中共党员，初中文化，主治医师。1961年，毕业于如东县中医班，后师从名中医王金荣，1966年7月，大豫卫生院医生，历任南坎、东凌卫生院副院长。2004年退休。

第四代医生　曾外孙张汶浩，杨晓晴之子，止马洼村人。1980年10月14日生，大专文化。2002年起，任乡村医生。其间，于2004年江苏职医大学习。大豫镇止马洼社区服务站乡村医生。

十、南坎吕氏

第一代医生　吕俊，清光绪二十六年（1900）生。民国14年（1925），大豫镇罗寿康药店当学徒。民国36年，南坎仁寿福药店职员，1955年病故。

第二代医生　儿子吕永吉，民国16年（1927）11月生，南坎镇（南坎社区）人。民国36年8月，加入中国共产党。民国37年，南坎仁寿福药店职员，兼任南坎街道委员会主任，南坎工商联主任。1951年，参加联合诊所，仍做药房工作。1966年11月～1968年4月，南坎人民公社卫生院院长。1968年4月～1978年8月，南坎人民公社卫生院革命领导组组长。1978年8月～1984年12月，南坎人民公社（乡）卫生院院长。1988年退休。

第三代医生　孙子吕斌，1963年8月生，初中文化，南坎镇（南坎社区）人。1981年，南坎人民公社医院工作，1985年，如东卫校毕业后，任南坎乡卫生院内科医生。2001年起，任大豫医院院长。曾多次被县局评为先进工作者。

孙媳欧阳定华，吕斌之妻，1961年10月生，如东县丰利镇人。1983年，毕业于海安卫校，就职丰利医院。1985年起，任大豫卫生院药剂师。2001年退休。

十一、大豫张氏

第一代医生 张国富，民国11年（1922）10月生，中共党员，九总（掘港镇）人。民国29～34年，拜上海陈仲华医师为师学习中医，民国36年，创办大豫镇联合诊所。1957年1月，转为国家工作人员。1958年～1962年，如东卫校任教。1963年，当选县人大代表。1968年，调南通驻徐州柳新煤矿医院工作，1987年退休。2012年10月逝世。

第二代医生 长子张建平，民国34年（1945）1月生，中共党员，大豫社区人。1961～1966年，如东中医学员班毕业。1966年7月，南坎医院医生。1980～1983年，分别于南京中医学院理论提高班学习、县中医院临床进修。1984年4月～2001年10月，任大豫医院院长。2005年6月退休。

第三代医生 长孙张伟，1970年8月生，大豫社区人，大专文化，1989年，南坎医院医生。1997年，毕业于江苏省职医大。

长孙媳倪晓辉，1969年2月生，掘港镇人，大专文化，1988年，南坎医院医生，2000年，毕业于南通医学院。大豫医院妇产科医生。

次孙张斌，1975年6月生，大豫社区人，大专文化。1997年，南坎医院医生。2004年，毕业于南通大学医学院。大豫医院外科医生。

次孙媳李晓华，1974年6月生，大豫社区人，大专文化。1990年，南坎医院医生。2000年，毕业于江苏省职医大。大豫医院五官科医生。

小孙子张卫兵，1979年生，系张建平侄子，大专文化，大豫社区人。1997年7月，大豫医院住院部内科护理。1998年7月，大豫镇鲍桥卫生室医生。1999年7月，县人民医院进修。2000年7月，止马洼村卫生室医生。2001～2004年，大豫新东卫生站医生、站长。2005年7月，大豫医院心电图室医生。2007年1月，大豫新东卫生站药房、内科任基本公共卫生信息员。2013年5月，负责大豫镇卫生所基本公共卫生服务、居民健康档案管理。

第四节 名医选介

20世纪20年代始至21世纪初，随着医疗卫生事业不断发展，境内有多位医生因医技精良、医德高尚，成为著名医生，受到民众和人民政府的拥戴。有些注重临床实践，植根基层；有些通过高等学府深造，进入高层次医疗机构。节内选介9位名医，其中陈凤翔、袁英三等5位已去世，但名声犹在。

一、陈凤翔

清光绪三十四年（1908）生，启东市通兴镇人。民国25年（1936），毕业于上海中国医学院中西医临床专业，与县名中医季汉源、全国名中医朱良春为同窗学友。毕业后，在上海市区、昆山、镇江等地从医。

20世纪20年代，随父迁至大同镇。50年代初，参加联合诊所。1956年，县卫生科指定他带徒，首批学生有王志元、王志明、杨士明、陆瑞斌、陈国柱、施昌池、杨亚珍、陈祖福等。1959年，调县中医院工作，因当地政府与县协商后而留在原地工作。1961年，带第二批学徒为施玉章、叶佩珍、陈一梅、顾菊芳、吴金芳等。两批学徒，均成为中华人民共和国成立后医疗卫生战线骨干力量。

他擅治肺病等疑难杂症。1951年，王荃乡（丁店公社四大队五队）黄秀兰夜里突患功能性子宫大出血，失血750毫升，生命危在旦夕。当时医疗条件差，病家经济困难。陈医师星夜赶到病家，仅服两帖中药，一帖服后止血，第二帖服后诸症消失。大同镇河南贫苦农民龚雪周，患弥漫性蜂窝质炎。此病难治，将其收住家中，精心治疗两月痊愈，未收分文。民国36年，大儿子出生几个月后，身体突然不适，黄昏回家时，儿子已夭折。当妻子责怪时，他只吐出一句话："为别人治病要紧！"他医术医德皆为人称颂，因积劳成疾，于1964年病故。

二、施友成

清宣统元年（1909）生，海门市麒麟镇人。初中文化。20岁拜师学医，学成后在海门行医。民国34年（1945），移民至兵房镇培德村（强民村），于家中开设诊所。民国37年，加入联合诊所。为掘东地区名中医之一，擅长治疗消化系统疾病、痛风及妇科疾病。1958年起，供职兵房医院。1971年退休，1991年逝世。①

三、张文炳

清光绪三十三年（1907）生，海门县常乐镇人。先后在海门施湘山、沈惠丰门下学中医。早年在大豫盐垦公司中三区，边行医边办私塾。民国36年（1947），与施公衡等创办掘东区医研会及联合诊所。1958年起，任兵房公社医院中医内科医生。共带中医学徒25人，擅长医治脾胃等部位疑难病症，以经方为主。曾任如东县多届政协委员。1970年退休，1996年逝世。

四、王金荣

民国4年（1915）生，如东县华丰乡人，后移居止马洼村。1949年10月后，任南坎乡卫生院中医内科医生，擅长治疗风湿等病症，先后带中医学徒11名。1973年退休。1975年逝世。

五、袁英三

民国14年（1925）生，大豫镇人。早年在上海李元尚门下学西医，后被留法医学博士蔡国梁收为学生，并任"国梁医院"外科医生。在渡江战役中担任支前外科医生，获陈毅、粟裕签署嘉奖令。1958年参加联合诊所，曾为患者高春作高位截肢手术，为患者袁秀珍作阑尾切除手术。之后，一直担任南坎卫生院外科医生。1985年退休。2000年逝世。

六、宋冬雷

1966年11月生，兵房居委会人，副教授，硕士生导师。1990年6月，毕业于上海医科大

①详见章内第三节医生世家，兵房施氏。

学医学系，一直供职于华山医院神经外科。1998年6月，获得临床医学博士学位。2002年6月，入选上海市医苑新星培训计划。2000年6月，赴韩国参加亚太地区脑血管病介入治疗(GDC)培训班，2002年10月，赴土耳其伊斯坦布尔大学进修神经介入。华山医院神经外科第七医疗小组组长，重点研究脑血管病的手术和介入治疗。科研成果"前颅底肿瘤显微外科手术入陆的研究"获国家科技进步三等奖(1994)和上海市科技进步二等奖(1995)，"巨型垂体瘤的颅底外科治疗"获上海市卫生局科技进步三等奖(1999)，"颅底缺损重建的基础和临床研究"获中国高校科技进步二等奖(2001)。参加《神经外科手册》《现代神经外科学》《神经病学---颅内肿瘤》《实用神经病学临床鉴别诊断与治疗丛书》《神经外科手术操作基础》等多部专著的编写。以第一作者发表论文10多篇。

七、张裕东

1969年生，香台村人，1993年，毕业于南通医学院，1999年，获该院硕士学位。2004年，毕业于上海第二军医大学，获心胸外科临床医学博士学位。擅长肺、食管、纵隔、胸壁等恶性肿瘤诊断和治疗，心脏瓣膜疾病和先天性心脏病临床治疗。参与一项国家自然科学基金课题研究。承担并参与多个省、市级课题。

八、潘士荣

民国25年(1936)2月6日生，丁家店村人，1956年9月，加入中国共产党，大学文化，1956年，由扬州医士学校选送上海第二医科大学医疗系专业学习。1961年，分配到上海市第六人民医院内科，侧重心血管专业。1966年，参加上海市赴安徽支援三线建设医疗队，任指导员。1969～1972年，赴阿拉伯也门共和国，圆满完成任务并获五好员工称号。1973年起，任大内科行政副主任，1978年起，任心内科主治医生，1985年起，任心内科副主任医师。1980～1990年期间，两次带队赴安徽省淮南市煤矿总医院和黑龙江省北安市第一人民医院开展业务交流工作。1991年，晋升为心内科主任医师。1990年年底，聘任为老年病科主任，负责高干、高知医疗保健工作，侧重于老年病，特别是老年心血管防病防治研究。同期，兼任上海第二医科大学教授，上海职工医学院临床授课与实习生带教，还被聘任为由上海中山医院主办、六院协办全国心血管专业医院高级进修班教材编写和授课。此外，非常重视临床科研工作，先后发表学术文章20余篇，《大剂量异丙基肾上腺素控制奎尼丁晕厥(心源性、室性心动过速所致)》系业内首例，倍受关注并在学会内交流。1993年10月起，享受国务院特殊津贴。1999年退休。

九、黄锦友

民国14年(1925)8月生，丁家店村34组人，1987年7月1日，加入中国共产党，大学文化。主任医师。

黄童年时期，参加过儿童团，受中共地下党员同仁小学校长的影响，曾多次为中共地下组织送情报。1950年起，先后就读于王荃小学、海门四甲初中、苏州市第三中学高中部。1957年，任乡农中教师。1958年起，先后工作于南通市劳动局和市水泥厂技术科。

1959年起，就读于苏州医学院(苏州医科大学)。1964年起，任北京市通州区潞河医院外科医师。1972年起，为中国北京援几内亚医疗队队员。1974年起，历任潞河医院医师、副主任医师、普外科主任医师。论文《检查肝病性状》曾获通州区科技三等奖。1998年8月退休。

第二章　医疗　医药

第一节　中　医

大豫中医起源于民国5年(1916)。大豫盐垦公司成立后，境内中医主要源自启东、海门等地移民，施伯文、陈殿簧、吴尚贤、施友成等中医闻名乡里，深得百姓敬重。

民国16年，大同镇陆士英开办境内第一所中医诊所，为当地群众开方抓药。民国22年，如东县中医界人士组织中医同道，为推进中医事业、保障中医权利，在掘港等市镇成立医药公会、中医公会、医生公会等中医团体，境内施伯文、陈理簧等定期参加活动，为争取中医社会地位做斗争。

民国23年，南坎王金荣，民国27年，大同施文周相继开办中医诊所。至民国37年，境内中医为16人，已初具规模。兵房有常玉、潘玉山、汤品朝、林彬、田惠相。南坎有王金荣、顾玉章、徐友才、陈玉明、陈玉坤、杨再康。丁店有，潘介昌、陆冠伦、施伯贤、陈理簧。陈理簧用中药医治毒疮有绝招，效果好。知名中医陆冠明、吴振东舅甥俩在大同镇开设私立济生医院，为周边群众诊脉治病，疗效显著。

中华人民共和国成立后，根据中共团结中西医、继承和发扬祖国医学遗产等中医政策，努力推进中医事业。1953年，卫生部颁布《中医师暂行条例》《中医师考核暂行办法》，要求逐渐达到中医科学化，为提高中医思想觉悟和业务水平，境内组织人员参加中医进修班。

1950～1958年，境内中医增加到29人。丁店有陆冠明、吴振东、倪广祥。兵房有施亚君、徐亚新、龚志芳、龚振祥。南坎有顾杰、周九思、施包中、许明山、刘志祥、朱伯成。多数为子承父业、师徒相传，亦有中医进修班结业。这批中医人才，成为发展大豫中医事业骨干力量。

1954年10月20日，《人民日报》发表题为《贯彻对待中医的正确政策》社论。11月23日，中共中央批转中央文委党组《关于改进中医工作问题的报告》，指出“团结中西医，正确地发挥中医力量为人民保健事业服务是中央已明确指示的一项重要的卫生工作方针”“吸收中医参加大医院工作是组织西医学习和研究中医，促进中西医合作，提高医疗水平的一项重要措施”“加强对中医医疗机构的领导”“对各地中医联合诊所和中西医联合诊所应采取积极扶持的方针”“适当解决公费医疗中运用中医中药的问题”。这些重要指示，在大豫得到认真贯彻。组织中医参加联合诊所，境内有29名医生相继加入联合诊所及公立医院。在医院中设置中医病床，大豫医院率先设立中医科及中医病床。举办西医学习中医学习班，凡主治以上医师，除年老体弱者外，均参加在职进修学习和祖国医学讲座学习。中医带徒得到重视，境内张文炳等5名中医师先后又带徒10多人。根据1956年，卫生部提出中医带徒有关要求，南通市卫生局制订《南通市中医带徒暂行规则（草案）》精神，对中医带徒的师徒条件、带徒手续、课程内容、教学方法、结业鉴定、学习费用、奖励措施等均作具体规定。

1958年11月，省卫生厅提出《关于进一步贯彻中医政策的意见》，主要内容是：大力提倡西医学中医，包括西医离职学中医。大量培养中医继承人才。开展中医学术研究工作。立即开展采集单方、验方和一技之长的采风活动。加强中药工作。掘东区卫生所动员全体医务人员收集民间单方、验方、奇效方及民间医术200多种（详见第六章）。得到县卫生局表彰。

“文化大革命”期间，中医工作一度受到影响，名老中医普遍被扣上反动学术权威帽子受到审查、批斗。中医门诊甚至被撤销，中医中药师受到歧视。

1970年始，中医工作恢复生机，掀起一股提倡中草药、新医疗法热潮，号召利用“一根针”“一把草”大搞群防群治，以解决农村缺医少药状况。掘东区曾举办中草药、新医疗法展览，组织群众参观。

1976年，县里恢复中医院，境内各医院恢复中医科，形成中医医疗网络。

中共十一届三中全会后，中医药工作再次得到党政部门重视，重新焕发生机。1986年后，南通市政府两次召开全市中医工作会议，提出《关于振兴中医事业的意见》和《关于加快南通市中医改革和发展的意见》，兵房中心卫生院及各乡医院规范中医科室，落实中医药人员。选派人员参加县举办各类中医、中药人员培训班，提高基层中医药人员理论水平。鼓励中医人员开展中医学术研究，提倡名老中医带徒传承，定期参加县学术交流会。

1987年4月，县卫生局受南通市卫生局委托，向全县254名从事中医药工作30年老中医、中药人员颁发荣誉证书。境内施文周、吕永吉等10人获此殊荣。

1996年9月，县卫生局在马塘医院召开农村中医工作现场观摩会。之后，境内各乡、镇把中医工作写进年度政府工作报告。1998年3月，市卫生局在如东县召开全市农村卫生工作现场会，提出全市要有1/3乡镇建成农村中医工作合格乡镇，2002年，大豫镇被评为县农村中医工作合格乡镇。

丁店医院周荣，兵房中心卫生院龚志芳等中医主治医师，刻苦钻研中医理论，利用中草药和针灸等医术治愈病人，解决疑难杂症。1999年8月，周荣撰写中医论文《验案四则》

在韩国召开的99国际疑难病优秀成果交流大会上获优秀论文金奖。

1999～2010年中医论文辑录一览表

表28—274

论文标题	作者	发表刊物	获奖情况
验案四则	周　荣	《中华特效医术第二卷》	99国际疑难病优秀成果交流会（韩国召开）
针灸治验八则	周　荣	《中国中青年中医论丛》	—
穴位埋线治疗坐骨神经痛	龚志芳	《中国中医杂志》	—

第二节　西　医

民国5年(1916)，西医传入如东。民国9年，掘港镇南通医学院专科学校毕业的陈仲华医师，留学日本回国后，于民国16年，在西街开设仲华医院内科，为掘港第一家西医私立医院。民国26年，西医传入大豫。丁店黄若虚开设境内首家西医诊所。医疗器材简陋，上门就诊人数无几，仅为提包出诊，医治内外科疾病。民国33年，南坎袁英三开办私人西医诊所。据《掘港镇志》记载：民国24年，留法医学博士蔡国梁，在掘港镇西街开设国梁医院。设病床20余张，有显微镜一架，能施行下腹部及难产、截肢等手术，是当时全县设备较好、规模最大、外科手术比较好的西医院，并收有学生葛志成、金健侬、张文言、朱硕如、袁英三等人。

1951年，境内各乡抽调人员参加全县新法接生培训班，推广新法接生。1952年，派员参加全县防疫训练班，学习推广西医知识。

1958年，随着人民公社化运动掀起，境内建立人民公社医院4所。西医人员发展较快，医院除接纳医学院毕业的西医技术人员外，还选派各科室医务人员赴县人民医院以及上级医院进修学习，不断提高医学理论水平和临床实践。同时，逐步完善内科、外科、五官科、眼科、妇产科、放射科、化验室、手术室、西药房等基础科室设施设备。初建院时，外科只能进行小脓肿切开，外伤缝合等小手术，内科诊治一般常见病，妇产科诊治一般妇科病和接平产。20世纪70年代后，陆续建立手术室，能开展阑尾炎、下肢静脉曲张、疝修补等手术及计划生育4项手术。南坎公社医院外科医生周志明，手术精湛，名盛乡里。流产、放环、男结扎、女结扎，内科能运用X光、心电图、超声波等辅助检查，化验室正常开展3大常规(血、大便、小便)及肝功能检查。普遍设住院部床位15～30张。配有专职住院部医师和护士，硬件设备和医护文件书写逐步走上正轨，使整个医疗水平有较大提升。至2012年，大豫镇已形成县、乡、村三级医疗网络。

1999～2010年西医论文辑录一览表

表28—275

论文名称	作 者	工作单位	发表刊物
原发性甲状腺机能减退症及13例误诊分析	卞葛进	如东县兵房中心卫生院	《南通医学院学报》
21例原发性痛风误诊分析	陈崇熙 许汉斌	如东县南坎医院 如东县兵房医院	《河北中西医结合杂志》第8卷1999年第2期
急性口服有机磷农药中毒时应用胃管重复洗胃疗效观察	何忠其	如东县兵房中心卫生院	《中国医药指南》2010年10月第8卷第28期
米非司酮在钳刮术中应用22例分析	施小艳	如东县兵房中心卫生院	《中国预防医学与临床》
手术后患者麻醉清醒前的护理	徐亚辉	如东县兵房中心卫生院	《中华医学实践杂志》2006年第5卷第1期

附记：

无指征剖宫产的体会

兵房中心卫生院施小燕在《无指征剖宫产的体会》一文中“轻松一刀可能伤害你”写道：“剖宫产不是一个正常生理过程，剖宫产不是人们想象得那么安全，自然分娩也不是那么可怕。

对产妇而言，剖宫产风险更大，麻醉意外、大出血、手术后感染可能性会更大。有资料显示，剖宫产者产褥感染率为阴道分娩产妇的10~40倍，孕产妇死亡率为阴道分娩产妇的5倍。疼痛和恢复时间也较长。剖宫产创伤面大，产妇易患羊水栓塞，羊水进入血液导致产妇生命威胁，它是近年产妇一大死因，也给日后再孕带来难度，即便3年后再次怀孕，子宫也容易破裂。由于手术后需要禁食，明显影响母乳喂养，这对刚脱离母体的婴儿免疫力十分不利。

对孩子而言，剖宫产孩子出生后近期内肺部疾患风险增加，由于孩子未经产道挤压，有1/3胎肺液不能排出，出生后有的不能自主呼吸，即患上所谓的“湿肺”，容易发生新生儿窒息、肺透明膜等并发症；胎儿没有经过产道挤压，将来平衡能力、注意力以及方位感等都会较差，容易出现感觉统合失调。此外，剖宫产婴儿也更容易出现过敏性疾病。同时，剖宫产也可能因未真正达到胎儿成熟而造成医源性早产，引发一系列早产儿并发症，如颅内出血、视网膜病或残废甚至死亡。

另外，一些医生进行手术时操作不慎，伤害产妇和胎儿事件也举不胜举。据一所医院统计资料：1995~1999年，剖宫产儿死亡率为10%，是同期自然产儿死亡率的2倍多。再次，剖宫产费用和保养费用都昂贵，是自然产的3~4倍。

剖宫产盛行，除医院和个人因素，社会因素也起推波助澜作用。

摘自2011年《中国社区医师·医学专业》第29期

第三节　中西医结合

大豫中西医结合，起源于20世纪40年代中后期，当时利民联合诊所蔡紫尘等中医就始学西医，并用中西医诊疗，取得较好疗效，开启境内中西医结合之先河。在民国29年

(1940)12月掘港保卫战和民国38年4月渡江战役中,中医当西医投入救治伤病员。

中华人民共和国成立后,中西医结合逐步推广。1958年始,境内20名西医人员分别学习中医基础理论。1963年始,积极向外地学习,认真组织西医学中医,中医学西医、中西医相结合活动,培养一批中西医结合业务骨干人才。镇乡医院多次选派西医人员参加县中西医结合学习培训班,邀请县人院、县中医院中西医结合名医举行各种中西医结合防病治病经验讲座。边学边用,取得明显成效。通过学习、培训、交流,许多医生成为单位中西医结合骨干,在一线发挥主导作用。兵房卫生院组织骨干力量组成教学辅导组,定期授课,分散自学,广泛应用于临床。与此同时,境内各乡镇还有计划地培训赤脚医生(乡村医生),由龚志方等医师进行指导,传授运用中西结合法防病治病经验,使群众性防治工作质量得到显著提高。

马家店村乡村医生陈允清刻苦钻研中西结合医学理论,在长期医务工作中积累经验,运用中西结合治疗疑难杂症,治病救人,深得群众赞誉(详见医案)。陈允清,民国27年(1938)2月生,启东市寅阳镇人。1949年,随家父投亲至如东兵房。1956年,毕业于南京林业学校,1958年,任兵房农中教师。1962年,启东拜儿科名医倪卓周、黄雪林为师,学习《推拿广义》《幼科铁镜》《推拿秘书》《简易推拿学》《幼幼集成》《实用中医推拿学》等。1968年,担任大队赤脚医生。1972年,上海汾阳路五官科医院学习针灸。1976年4月,出席南京赤脚医生代表大会,被评为江苏省卫生系统积极分子。1977～1998年,9次被镇政府评为卫生系统先进工作者。2002年退休。

兵房医院副主任医师许汉兵、卞葛进、何忠其等医师中西医结合治疗各种重症,注重理论研究取得明显效果,发表研讨文章10余篇。

附记:

治疗案例

案例一,1981年3月,兵房公社六大队二队范兵的小孩,7个月,患惊风病去大医院求治,医生摇头,示意范兵为小孩处理后事。小孩妈妈泪流满面,恳求陈允清医生救救孩子。陈医生望着放在畚箕里小孩子,面色紫里发黑,口吐白沫,双眼上翻,浑身抽搐,奄奄一息。想到《推拿广意》上一句话"黑时因中恶,必死无疑",警告自己,"万不可轻易动手"。小孩祖父见陈医生犹豫不决,大哭大喊:"你不要怕,大胆治,治不好是天命,治好了捡条命,动手吧,我们绝不找你麻烦!"在场社员异口同声说:"我们证明,决不怨你。"陈医生鼓足勇气,为孩子实施治疗。先推拿半小时,然后用银针捻插百会穴,又采用银针,先通过大蒜切片,后进针主要穴位,辅助穴位:人中、太阳穴。再用艾绒熏蒸针炙过的穴位,经过多次强刺激之后,小孩四肢开始伸展,又深深呼出一口气,接着就缓慢呼吸,奇迹终于出现,治疗得到转机。经过11个日日夜夜,小孩完全脱险,恢复正常。陈医生妙手回春佳话传遍乡村。

案例二,1986年12月一天,一辆拖拉机冒着鹅毛大雪,直开到陈允清家。车上坐着3个人,都已成雪人。陈医生走近一看,车厢里还躺着1个人,面色苍白,血色全无,眼睛半开,目中无神,呼吸急促,生命垂危。他叫曹德仁，36岁，岔南公社七大队村民。还有是他妻子、吃奶孩子和姐姐。他姐介绍说，曹德仁在河工挑泥，突然迈不开步，就倒下了，尿潴留，不省人事。队里干部群众把他送到岔河医院救治，住院20天无好转，院方建议转至南通附院。一位长者建议：医院治不好，不如请陈医生试一试。于是，冒着大雪上门投医。陈允清想，此人病情严重，恐怕无救，死在家里太麻烦，推辞不收。曹德仁老婆见状号啕大哭，下跪求救。陈医生见状，同情地说："那就让我试试吧！"陈医生收留曹德仁后，决定采取中西医结合疗法，每天给他进行针灸、推拿，开了4剂中药，6种西药配合治疗。其中一味中药（金枪独叶草）找遍3个县大小中药店未买到，后来在如东一家药店买到此药，悉心给病人煎服。前后20天时间，使患者化险为夷。

案例三，兵房公社五大队三队吴建明患支气管哮喘，经常发作，多次住院，未见转机。婚后，经常在夜间咳得上气不接下气。怕闹醒老婆，经常憋着气。吴建明也常自责，若无法根治，这辈子完蛋。一家人生活极不愉快。

一个偶然机会，陈允清在《赤脚医生》杂志上看到一条信息：用水针穴位注射可以治疗支气管哮喘。立即把这消息告诉吴建明夫妇，并征求他们意见，是否愿意让他作试验性治疗？小夫妻俩同意。于是，陈医生采用针灸膻中穴、肺俞双穴，水针同时注射，经过3天穴位注射，支气管哮喘逐渐缓解。一年后，吴建明哮喘病痊愈，一家人过上和睦幸福生活。

论文选介

中西医结合治疗复发性口腔溃疡30例疗效观察

江苏省如东县兵房中心卫生院　许汉斌

复发性口腔溃疡，属中医的"口疮""口疳"范畴，在口腔黏膜病中发病率最高。单发或多发，且可反复发生，治疗较为麻烦，笔者采用中西医结合方法治疗30例，取得较满意的疗效，现报道如下。

1 临床资料

1.1 一般资料：男16例，女14例，其中16～20岁的3例，21～30岁9例，30～40岁7例，41～50岁6例，51岁以上5例。

1.2 发病情况：病史最短的2个月，最长10年，平均7.5年。复发次数最少的2例，每年复发2次，复发次数最多的1例，一年复发13次。其余病例每年复发次数3～10次。

1.3 临床表现：开始在口腔黏膜某一区域充血、发红并出现小疱，继而很快可破溃疡形成圆形或椭圆形溃疡。直径2～10mm不等，表面凹陷，呈淡黄色，边缘微凸，有一鲜明的红色充血区，有局部烧灼样剧痛。本组病例中，复发时口腔溃疡2～3个有22例，同时存在3个以上溃疡的有5例，单个溃疡的3例。所有病例都有不同程度的口咽干燥、大便秘结、烦躁、失眠等症。无一例有全身中毒症状表现。其中19例外周血白细胞在4.0×10^9/L以下。

1.4 治疗方法：①溃疡复发时，全部病例每日三餐漱口后，先以2%利多卡因在溃疡表面轻轻拭擦，然后以苏州市中药三厂生产的锡类散涂敷。同时口服复合维生素B、维生素C各2片，每日3次。上述用药3～5天。另外，对于溃疡多、症状明显的3例，在排除高血压、消化性溃疡、精神病、活动性结核等疾病后，给予口服泼尼松10毫克/次，每日3次，连服2天；②在口腔溃疡复发时，全部病例服用中药清胃散加减。代表方为麦冬6克、生地12克、丹皮10克、升麻5克、当归10克、石膏30克、知母10克、甘草4克，每日1剂，连服3～5剂；③全部病例同时口服左旋咪唑。每次50毫克，每日3次，连服3天，停4天，2周一个疗程，根据溃疡的多少、复发的次数不同，连用2～4疗程不等。

1.5 疗效判断标准：2年未复发为远期治愈；2年内复发1～2次为显著有效；复发次数未减少的为无效。

2 结果

本组30例中，治愈16例（占53.3%）；显效11例（占36.7%）；症状减轻2例；1例因患有慢性肝病无效。

3 典型案例

患者，男，39岁，因反复发作性口腔溃疡8年而就诊，既往无心、肝、肾、高血压等器质病变。溃疡好发于下口唇，往往是此愈彼起，且有数个溃疡，数月不愈，痛苦不堪。查体：下口唇见有3个大小不等之溃疡，最大溃疡直径约15毫米，表面有白色渗出物覆盖。外周血：WBC3.5 × 10^9/L，RBC1.5 × 10^{12}/L。Hb125g/L，PLT93 × 10^9/L，诊断为复发性口腔溃疡。按以上治疗方法，给予局部涂敷锡类散，内服维生素2周，口服泼尼松10毫克/次，每日3次，连服3天。同时服清胃散汤剂5天，每日1剂，同时服用左旋咪唑4疗程，治疗半月后，溃疡个部愈合。随访2年未复发。复查血象，WBC4.2 × 10^9–5.0 × 10^9/L。

4 讨论

4.1 复发性口腔溃疡，现代医学研究认为其发病机制与人体的免疫功能失调有关。如果此平衡失调，可引起B细胞抗体答应减弱。T细胞增殖反应及各种效应功能抑制，杀伤性T细胞活性减弱等免疫紊乱，导致机体免疫反应低下。而左旋咪唑是一种免疫调节剂，可以促进T细胞有丝分裂，促进淋巴细胞转化，产生更多的活性物质，因而可能使T细胞群体免疫调节细胞平衡失调得于纠正。笔者对本组病例试以口服左旋咪唑，旨在通过调节免疫系统，以达到增强免疫功能，防止复发性口腔溃疡再次复发的目的，结果取得了满意的远期疗效。

4.2 复发性口腔溃疡，祖国医学认为本病主要责之心、脾、胃的功能失常。心火上炎，胃火上熏，热毒郁积，熏蒸口舌而致。证之于临床，脾胃积热，心火炽盛而致口疮者实属多见。治则首当清火。复发性口腔溃疡在发作期宜采用中药清胃散加减治疗，以养阴于，标本兼治。方中以麦冬、生地、丹皮，养阴清热；知母合石膏以清胃热；当归滋阴生血；升麻为阳明引经药，又具清热泻火之功；甘草泻火解毒，调和诸药。外治以锡类散涂溃疡表面以解毒化腐生肌，内外兼治，效果甚佳。

4.3 复发性口腔溃疡的治疗，在复发发作期，采用中药内服外敷为主，辅以维生素等。在缓解期，以口服左旋咪唑调节免疫功能平衡为主，并注意增加营养，补充富含多种维生素及微量元素的食物。还应避免失眠，疲劳、口腔卫生不良等诱发因素的发生。

原载《河北中西医结合》

第四节　中西药房

民国14（1925）年，罗国钧（号仲衡），在大豫镇开设罗寿康中药店，民国36年（1947）后，药店由浦士丰接管。

民国时期，大同镇中药房为境内之最。有张竹琴大生药房、卑宗文松寿堂药房、王思荣万和堂药店、朱献章延龄堂药店、朱澡堂万年堂药店、徐德生药店、杨同福药店等。

民国37年(1948),由地方政府出面,在丁家店北匡开办王荃乡人民药店,派乡指导员蔡汉儒任经理,陆纯元抓药,王声理、陈伯拓、王友山等负责诊脉、开药方。1951年,药店由陆纯元经营,店址设大同镇坚决街,店名为同和堂药店,股东有施文周、陆冠伦、蔡汉儒、秦达。坐诊医生有邱顺岐、黄德纲、陆冠明、吴振东等。陆纯元至2012年还保留有药方。

民国38年(1949)前,王杏林(南通县骑岸镇人)在兵房镇开设"志成中药店"也颇有名气。此店一直延续至1950年后,职员有何志成、陈志义、袁德成等人。王杏林为如东县二三五六届人大代表。人民公社医院成立后,境内所有药店均为医院管理。

中共十一届三中全会后,随个体私营经济快速崛起,个体中西药店逐渐复苏。1992年,兵房医院职工黄卫忠,获得时任南通市委书记陈根兴亲笔批示,在兵房镇开设境内第一家中西药店——如东县普济堂药店,之后,境内各集镇大小药店相继开设。至2012年,共有药店23家,其中中西药店6家,西药店17家,从业人员47人。

1992～2009年大豫镇中西药店一览表

表28—276　　单位:个

名　称	地　址	负责人	员工数	经营范围	开业年
如东县普济堂药店	兵房镇人民南路122号	陆　琴	2	中西药	1992
如东县兵房中心药房	兵房镇人民南路88号	陈滨苏	2	中西药	2000
如东县康缘药店	兵房镇人民南路53号	朱　健	2	西药	1996
如东县掘东药房	兵房镇健康路	陆李冬	2	西药	1996
如东县马安药店	兵房镇马安村5组	郁建飞	2	西药	1997
如东县兵房东安药房	兵房镇东安闸	陈　超	2	西药	2000
如东县兵房镇爱福药店	大同镇北街9号	秦锦连	3	西药	1999
如东县丁店百草堂药房	丁店镇丁兴路3号	葛海东	2	西药	1998
如东县普济堂药店大豫分店	大豫镇张謇南路70号	金建兴	2	中西药	1997
如东县南坎药店	大豫镇南坎街	田国平	2	西药	1996
如东县大豫药店	大豫工业园区8号	朱爱华	2	西药	2000
如东县大豫镇济生药店	大豫镇东安闸南首	蔡　浩	2	西药	2001
如东县兴隆堂药店	如东农场人民南路	王陈平	2	西药	1996
如东县永新药店	大豫镇七贯	张培菊	2	西药	1994
如东县大豫镇兵房药店	兵房镇人民北路10号	施敏杰	2	中西药	2009
南通剑桥兵房药店	兵房镇人民北路43号	顾延钦	2	中西药	1998
南通剑桥南坎加盟店	大豫镇张謇南路5号	薛金荣	2	西药	1999
如东县福康药店	大豫镇香台村南15组	俞海燕	2	西药	2000
如东县宁宁药房	大豫镇东安闸北首	邢　慧	2	西药	2000
如东县益民堂药店	丁店镇丁兴路53号	张丽萍	2	中西药	2006
如东县怡生堂药房	兵房镇人民南路142号	陈琪鑫	2	西药	1996
如东县参林药房	兵房镇健康路102号	顾明辉	2	西药	1998
如东县丁店健生堂药房	丁店镇南首	钱　江	2	西药	1995

第三章　卫生防疫

中华人民共和国成立前，大豫境内医疗卫生条件差，瘟疫常有流行，每遇灾荒年景，疾病尤甚，加之缺医少药，病死者无法统计。民国26年(1937)，天花流行，村村有人病死。民国31年，掘东地区霍乱流行，死亡甚多，穷苦人家无以入殓，裹尸坑埋。民国34年，除天花、霍乱病外，又流行麻风病、脑膜炎、白喉、麻疹等传染疾病，人们称之“瘟病”。境内500多人因病得不到救治而死亡，给人民带来严重灾难。

中华人民共和国成立后，中共各级组织和人民政府关心人民健康、疾苦，加强对卫生事业领导，境内各乡分工专人负责卫生防疫、除害灭病等保健工作。发动人民群众大搞爱国卫生运动，开展卫生防疫宣传和预防疾病工作。1952年，响应毛主席关于“动员起来，讲究卫生，减少疾病，提高健康水平”号召，建立爱国卫生运动会，发动群众大扫除，除“四害”，改变城乡卫生面貌，加强卫生保健机构建设。1958年3月，境内各公社均配1名防疫员，针对各种疾病，组织医务人员广泛进行预防接种，控制和消灭霍乱、天花等烈性传染病，普通传染病发病率逐年下降，人民健康水平不断提高。

改革开放后，随着人民生活水平提高，乡村面貌大有改观，乡镇街道整洁，绿树成荫，环境优美。公共卫生设施更新完善，卫生防疫机制网络齐全。医疗设施不断完善，技术水平日趋先进，疾病治愈率日益提升，疾病防控领导组织建立健全。

2012年，如东县兵房中心卫生院传染病管理小组，组长李军，副组长李鑫华，成员季明、李海燕等12人。疫情管理员季丹。疫情直报员蒋建峰。

霍乱防治工作管理领导小组，组长李军，副组长：李鑫华，成员：季丹、李海燕等10人。疫情处理小组组长李海燕，成员潘建忠、何建平。抢救第一小组长卞葛进，成员：樊士辉、施厅、唐文敏、徐宏、陈冬梅、管莹莹、赵云、杨园园。第二小组长何忠其，成员季丹、管永清、陆彩琴、陈晓燕、夏榕、朱冬妮、徐美霞。

第一节　预防乙脑

流行性乙型脑炎简称“乙脑”，患者多为儿童。1967年，为境内发病高峰年。从1973年起，使用乙脑疫苗预防接种，对象是1963～1970年出生儿童，以后坚持每年进行疫苗接种，发病率逐年降低。1980年，基本消除乙脑发生。

第二节　预防疟疾

民国25年(1936)秋,皋东恶性疟疾大流行。据上海《光华医学杂志》载:“疟疾病始于双甸、岔河、马塘、掘港等地,迅即蔓延全县,农村多于集镇,其猖獗之势不减鼠疫,其发病率、死亡率之高,颇为惊人,患者20万,病死逾万。”1949年后,大豫境内发生多次疟疾流行。1960年8月,全境遭受特大涝灾,蚊虫猖獗,疟疾发病大幅上升,最多1个大队有上百例。各公社党委、政府高度重视,在对现症病人治疗同时,开展大规模灭蚊运动,结合预防服药,对有疟疾病史人群使用氯喹加伯氨喹间歇预防治疗,用喷洒溴氰菊酯杀蚊。早发现、早治疗、追踪服药。至1963年,疟疾流传得到控制。1980年后,疟疾基本绝迹。

第三节　预防天花、霍乱

一、天花

1950～1952年,如东先后发生天花78例,据查境内为5例。1950～1956年,全民实行牛痘疫苗预防接种后,天花绝迹。

二、霍乱

1950年,境内发生10多例,无死亡。1952年起,全面开展霍乱疫苗预防接种及二联疫苗预防注射,控制疫情发生。1965年后,副霍乱发生,形成流行趋势。大豫地处沿海,此病发病率较高,疫情表现为散在性和局部性流行。病人症状为上吐下泻,脱水抽筋,病情凶险。根据坚决消灭方针和“快、严、全”扑灭疫情原则,境内各公社党政和卫生部门采取强有力防治措施,疫情得到控制。

第四节　预防“非典”

2003年5月初,境内各镇进入预防“非典”紧急状态,使之成为压倒一切中心工作。中共兵房镇委、政府根据县委要求,召开党政联席及全镇领导干部会议,传达县委指示精神,制定《传染病疫情应急预案》,成立“非典”防治工作领导组,镇委书记顾林海任组长,副书记施益兵任副组长。领导组下设工作督查,后勤保障,组织宣传,观察管理,应急处理5个小组。并创办《防“非典”工作简讯》,共刊4期。一门闸村5组发现一位外来疑似“非典”病例,后经县人民医院观察数日后,释疑。

附记：

掘东地区“热病”的发现及防治

冷　枫

20世纪50年代初，掘东地区曾发生一种疾病，范围较广，患者周身烘热，面部潮红，口渴无力，眼睛畏光，上午八九点钟后怕见阳光而不敢出门，妇女月经停止，影响生育，影响生产。由于妇女丧失生育能力，后继无人，因此，有许多农民曾一度到掘港附近和西部地区抱领小孩。其实，这种疾病早在40年代即已发生。当时处于战争年代，缺医少药，医疗条件和医治水平不高，又缺乏科学文化知识，对卫生保健常识懂得较少，以致使这种疾病长期未能得到医治，且蔓延扩大。

中华人民共和国成立后，人民生活安定，对卫生保健有自己要求。因此，掘东地区为县卫生院求医人数日益增多，但经医生检查和病者主诉，病者症状相同，体温正常，各项常规检查均呈正常数值。这种情况确使医生感到棘手，经过中西医生多次会诊研究，又查不出致病原因，因此，只好把这种病暂称为“热病”。县领导和主管部门发现这一情况即向地区作汇报，得到上级重视和支持，随后组织有关专家调查组来掘东地区进行多方面调查了解，查找致病原因。后在一条大河两侧发现两种不同情况，一侧热病普遍，另一侧没有发现热病病人，进而发现大河两侧农民食用油脂不同，一侧食用棉毛油，另一侧食用棉清油，从而找出发生这种疾病主要原因是长期食用棉毛油造成。

1950年前后，全县人民食用油主要是豆油，次为棉籽油。但根据当时种植情况，中部和西部地区棉花种植面积不大，民间食用油以豆油为主，而市镇食品行业用油则以棉清油为主。掘东地区主要种植棉花，棉籽产量大，棉籽油为主要食用油脂。掘东地区农民对所种植棉花自古以来都是有毒棉这一认识还不清楚。栽培棉到产品棉籽中，含有一种有毒物质“棉酚”，榨油时有小部分进入油中，它能防止油被氧化而变质，但对单胃动物黏膜组织有破坏作用，不经去毒处理，不能食用。棉籽经油脂加工厂榨出的油是粗制油，称为棉毛油。它是一种半干性油，主要是亚油酸、油酸、软脂酸甘油酸，颜色很深，呈红棕色或深棕色。在这种油中含有数量不定的色素，即棉酚及相似物和树脂化作用的产物。棉酚数量最高占1.8%。这种粗制油既不能食用，也不能直接用于工业生产。但这种粗制油中有毒物质经烧碱或石灰处理后再经加热处理，便可浮在油面而被清除。经过烧碱过滤后棉籽油，称为棉清油，油色淡黄，油质清澈，无毒，可供食用。长期食用含有棉酚毒素粗制棉油，不仅对胃黏膜组织有破坏作用，同时对人的生殖系统亦有破坏作用；对男性会引起睾丸萎缩，失去精子生成能力，成为男性不育；对女性会引起月经停止，失去生育能力。掘东地区发生的所谓“热病”，由于及时找到致病主要原因，因此，在停食棉毛油改食棉清油后，棉酚中毒后所产生的各种症状便逐步得到消除，“热病”从此得到医治。

第四章　卫生保健

第一节　妇幼保健

中华人民共和国成立前，妇女健康状况甚差，普患妇女病。受封建思想束缚，常常讳疾忌医。早婚多育，缺乏卫生知识，有病得不到及时治疗。中华人民共和国成立后，孕产妇保健、妇女病普治、妇女劳动保护、计划生育技术服务、婚前医学检查等工作，均列入政府工作重要议事日程，并投入大量人力、财力，用于妇女保健事业建设。

一、推行新法接生

1950年，境内各乡连续选派人员参加县卫生院举办新法接生培训班。1952年，建立新法接生站。1956年，统一装备接生箱、接生包，熟练操作规程，提高接生质量。1958年后，境内新法接生率90%。1975年，各大队配备女赤脚医生，通过正规培训，掌握产前检查、平产接生、产后保健业务技术。每大队备有两套接生器械，接生后由公社医院统一高压消毒处理。1977年，乡村接生员通过多次复训，普遍能熟练掌握产前检查、及时发现和矫正胎位、抢救新生儿窒息及会阴修补等技术，能及时护送难产妇女去医院救治。1985年，普遍推行住院分娩，1987年8月，卫生部颁布《全国城市围产保健管理办法（试行草案）》，认真执行围产保健管理办法，坚持住院分娩，产妇、婴儿安全进一步得到保障。

二、推行产期保健

1978年，全面推行围产期保健工作。1986年，全面贯彻国家卫生部《全国农村孕产妇系统保健管理工作标准》，实施孕产妇系统保健。孕期保健从怀孕3个月起实施产前5次常规检查，由乡村医生对高危孕妇进行重点监护，及时检查胎动、胎心音、测量宫高腹围。产后保健实行产后访视母婴5次、产后42天进行一次母子健康检查，同时辅导避孕和科学育儿知识。新生儿保健主要结合访视产妇同时访视新生儿。内容是一看、二问、三检查、四指导、五处理、六预防。建立孕产妇管理记录卡，孕妇登记簿，产妇访视和新生儿访视记录。形成一套系统资料档案，保障产妇安全和新生儿健康发育。至2012年，早孕检查率95.75%，产后访视率98.96%。

三、妇女劳动保护

1956年，县政府要求农业生产合作社重视妇女月经期、妊娠期、产褥期、哺乳期劳动保护，提高妇女健康水平。公社、大队层层由妇女干部负责落实，实行“四期挂牌”和“三调三不调”公示制度：月经期调干不调湿、怀孕期调轻不调重、哺乳期调近不调远。规定产假休息56天，享受同等劳力工分补贴。此制度至农村联产到劳后停止。

1983年，县制定《家庭妇女五期保健办法》，境内各乡印发至家庭。1987年5月，县卫生局等部门联合发出《女职工保健暂行规定（试行草案）》。1988年11月，县人民政府办公室转发《南通市女职工劳动保护暂行办法》，镇工会女职工委员会具体负责实施，培植典型，推广做法，要求企事业单位依照执行。

四、妇女病查治

1956年，开始妇女病查治，重点是滴虫性阴道炎。1959年，境内各公社开展妇女子宫下垂查治工作。当时患病主要原因是：大跃进年代妇女劳动强度过大，产后休息不足；营养欠佳，体质不强；旧法接生致使会阴破裂；老年体弱，盆腔组织松弛等。由公社医院建立防治站，收治病人，加强劳动保护措施，增加营养，重度病人手术治疗。通过数年努力，多数病人恢复健康。20世纪60年代后，主要查治滴虫性阴道炎、盆腔炎、乳腺增生、子宫肌瘤、乳腺癌、子宫癌等疾病。1974年，南坎公社进行妇女病普查，检查2000多人次，对患者督促用药，及时治疗。并在工厂企事业单位中，实行妇女四期劳动保护制度，使患病率降到0.03%，治愈率为98%，进入21世纪后，镇党委、政府及有关部门常抓不懈，根据全县统一部署，每年对1/3村(居)、社区妇女病进行普查、普治，每隔2～3年进行一次复查复治，极大地提高妇女健康水平。

2012年3～5月大豫镇妇女病检查情况一览表

表28—277

月份	概况		患病情况											
				阴道炎			其他妇科病							
	受检数	健康数	患病人数	滴虫	霉菌	细菌	老年性阴道炎	宫颈炎	附件炎	盆腔炎	子宫肌瘤	卵巢囊肿	乳房肿块	环位异常
3	2870	2641	229	18	4	8	68	40	10	20	30	13	12	6
4	3202	2951	251	26	6	21	27	58	12	21	32	29	11	8
5	1507	1393	115	14	3	14	11	23	7	10	14	12	4	3

第二节　儿童保健

中华人民共和国成立前，儿童无保健一说。普通民众由于贫病交迫，且无计划生育，弃婴较多，婴儿死亡屡见不鲜。

中华人民共和国成立后，政府重视儿童保健工作。1951年起，每年还对全镇儿童进行牛痘接种和白喉疫苗预防注射。进行体格检查。1956年开始，对小儿麻痹症糖丸预防服药。对小学生在例行体检中发现沙眼、鼻疾、耳疾、扁桃体肿大等常见病进行及时治疗。兵房小学在儿童体检时发现240人患有沙眼，122人扁桃体肿大，208人有耳鼻疾病，兵房医院及时配药治疗，治愈率99%。以后每年对所有在校学生进行体检，并对儿童体格发育进行评估。1973年，对0～7岁集体、散居儿童进行健康体检。1986年1月1日始，乡镇卫生院开设儿保门诊，乡镇中心幼儿园普建立卫生保健档案。1997年8月，乡镇中心幼儿园保健老师核发上岗证。1999年3月，卫生局颁发托幼机构卫生保健合格证，境内首批3家。

2005年3月20日，县下发《如东县规范化儿保门诊建设标准》通知，境内各儿保门诊总面积均达90～110平方米，有智力筛查室、儿童活动室、健康教育室、儿童体检室和妇儿保办公室规范化门诊。10月，市卫生局组织全市各县卫生局局长、妇幼保健所所长在大豫镇卫生所召开现场会，推广如东做法。

2006年6月27日，县卫生局组织妇幼保健专业人员参加全国“7岁以下儿童体格发育调查”培训，接受全国十省农村7岁以下儿童体格发育调查任务。确定大豫镇、掘港镇、丰利镇为样板镇。历经28天，共查儿童2815例，其中初生儿61例，男童1344例，女童1249例，抱养儿23例，早产、低体重、肥胖等138例。调查结果显示如东儿童体格发育状况较20年前有明显上升。2008年，7岁以下儿童管理率98.62%，3岁以下儿童系统管理率94.66%，纯母乳喂养率80.05%，体弱儿专案管理率100%，听力筛查率80.93%。

1985～2012年大豫镇儿童体检情况一览表

表28—278　　单位：个

年份	应检人数	受检人数	受检率%	患病人数	治愈率%
1985	487	468	96	231	99.50
1986	512	486	95	212	99.80
1987	521	505	97	208	100
1988	523	476	91	198	100
1989	524	482	92	205	99
1990	562	528	94	208	100
1991	534	513	96	210	100
1992	540	502	93	198	100
1993	548	526	96	180	100
1994	543	527	97	186	100
1995	582	553	95	182	99.50
1996	576	542	94	176	100
1997	554	532	96	202	100
1998	583	566	97	196	100
1999	579	585	98	203	100
2000	626	588	94	194	100
2001	634	602	95	192	99
2002	647	621	96	208	100
2003	682	662	97	212	100
2004	672	652	97	213	100
2005	681	654	96	214	100
2006	678	637	94	182	100
2007	682	668	98	193	100
2008	689	669	97	176	100
2009	684	670	98	178	100
2010	688	681	99	182	100
2011	686	672	98	184	100
2012	692	678	98	176	100

1991～2012年大豫镇预防接种各类疫苗情况一览表

表28—279　　　　　　　　　　　　　　　　　　　　　　　　单位：个

年份	预防接种各类疫苗情况							
	总人数	麻疹	A+C群流脑	灰骨髓炎	甲肝	五苗全程	百白破	卡介苗
1991	497	490	497	497	492	497	496	497
1992	482	480	482	481	480	482	480	482
1993	478	478	478	478	478	478	476	478
1994	468	465	468	468	465	468	468	468
1995	454	454	454	454	454	454	454	454
1996	463	462	463	463	462	463	463	463
1997	472	470	472	472	472	472	472	472
1998	451	450	451	450	450	451	451	451
1999	448	448	448	448	448	448	448	448
2000	450	450	450	450	450	450	450	450
2001	462	462	462	462	462	462	462	462
2002	457	456	456	456	457	457	457	457
2003	454	454	454	454	454	454	454	454
2004	452	452	452	452	452	452	452	452
2005	446	446	446	446	446	446	446	446
2006	442	442	442	442	442	442	442	442
2007	386	386	386	386	386	386	386	386
2008	402	402	402	402	402	402	402	402
2009	472	472	472	472	472	472	472	472
2010	577	576	577	577	576	577	576	577
2011	599	515	508	599	584	516	516	516
2012	425	415	425	425	421	415	425	425

第三节　老年保健

中共十一届三中全会后，人们精神和物质生活得到改善，老年人保健养生问题逐渐引起社会关注。

1991年，境内各乡镇建立老龄工作委员会。中共乡镇委书记主管老龄工作并兼任老龄委主任，组织委员兼副主任。进入21世纪后，建立老龄协会，开始接纳社会各界60岁以上老人参加。老干部党总支书记为会长，各老干部党支部书记为副会长，负责组织召集各区域老人参加各种活动。2001年，境内首创毛竹桥文化活动中心，活动内容：文艺演唱、田径球赛、武术体操、书报阅览、棋牌比赛等。2006年，创办如东县老年大学大豫分校，课程有：文学、书法、绘画、时事政治、花卉种植、保健养生等，做到老有所学、老有所乐。面对老年人是疾病多发人群，定期安排保健养生讲座，每年组织老人进行一次体格检查。2009

年，建立1个镇级、1个村级门球场，组建两支老年人门球队。丁店镇退休干部施汉新、金汉昌、张圣明等自发组成一支长跑队，坚持每天早晨长跑1小时，83岁张文清，坚持长跑11年，从不间断。教师黄显高，50岁因肝硬化病退，30多年坚持长跑，使其肝硬化消退，身体恢复正常。这支15人长跑队，成为丁店河畔一道亮丽风景线。至2012年，境内健身广场有6处，兵房居委会健身广场，健身者日均达600人次。

第四节　职工保健

1994年，大豫境内各乡镇开始对干部、职工体检，主要对象是机关干部和企业职工。2000年起，职工体检面拓宽，增加学校教职工和机关部门干部等事业编制人员。企业改制后，有条件企业，也坚持为职工体检，受检人数越来越多。1994～2005年，干部、职工受检人数，分别为970、1108、1280、1360、1450、1560、1685、1750、1880、2650、2845、3640人。江苏世纪燎原针织有限公司，2002年始，每年分两批组织职工体检，发现病症及时治疗，且在全县非公企业率先实行职工医保全覆盖，有效提高职工健康水平。2011年，县总工会设立职工体检中心，免费为全县职工体检，深受企业职工拥戴。

中华人民共和国成立后，干部、职工一直享受公费医疗。2001年起，推行职工基本医疗保险制度，公费医疗制度被取代。

第五章　合作医疗

第一节　合作医疗制度

1958年，建立人民公社时，有部分公社实行“看病吃药不要钱”做法。后因生产队为核算单位，公社公积金减少，至1963年相继停办。1968年，全国推广湖北省长阳县乐园公社办合作医疗经验后，境内大同公社即赴乐园公社学习，并在恢复半劳保医疗制度基础上，参照乐园公社做法，试办合作医疗。1969年4月始，如东推行合作医疗。除城镇居民外，农业户都加入合作医疗。合作医疗分社办、社队联办、队办社管及队办等形式。资金从生产队公益中提取和社员个人上交筹集。社员以户为单位参加，每人每年交纳3元医疗基金，其中公社负担0.20元，大队负担0.40元，个人负担2.40元。社员凭卡就诊，当场结算报销医药费。也可按季度或年终凭发票，按比例结报。各公社建立合作医疗管理委员会，负责制订章程，确定筹集标准，单独建账。日常工作一般由公社卫生院办理。

1977年1月，县卫生局出台《如东县集镇合作医疗管理暂行细则》，对全县集镇居民、菜农、社办企业单位人员医疗做出具体规定。1981年，县卫生局根据1980年卫生部等5部、局文件精神，重新修订《如东县享受合作医疗人员自费药品范围》。1985年，由于筹资困难，管理不善等因素，先后部分乡停办合作医疗。1986年，通过县政府大力推进，合作医疗工作形势有所改观。1990年，境内各乡镇强化合作医疗管理工作，村建立合作医疗管理小组，确保合作医疗工作有序进行。1991年，南坎乡总农业人口为3.67万人，参加农村合作医疗3.31万人，参合率90.20%。

2001年1月，试行县办大病统筹。主要解决5000元以上大病补偿。镇办合作医疗主要解决5000元以下基本医疗费补偿。9月22日，县委、县政府结合合作医疗宣传月活动，组织开展合作医疗保险县级大病统筹送温暖活动。境内4名大病患者获县级统筹补偿款。

第二节　新型农村合作医疗

2002年，结束农村合作医疗。2003年始，推行新型农村合作医疗制度，并不断完善。2009年起，村民每人每年交纳65元，个人卫生支出比重由2008年40.40%下降到2010年35.50%。农村居民看病贵、看病难问题得到缓解。

2004年1月1日起，大豫镇实行新型农村合作医疗制度，除个人缴纳一定基金外，省、市、县财政拨专项资金给予补助，总额是个人缴纳基金的1倍。2009年，兵房镇应参保人数5.69万人，实参保人数5.61万人，占总参保人数99.50%。全镇筹集个人参保资金168.16万元。

2011年，筹资标准为人均200元。以户为单位个人缴纳65元，各级财政资助每人135元(其中中央及省财政75元、市财政2元、县财政51元、镇财政7元)。

2012年，新农合定额为305元，其中中央补145元、市补2元、县补76元、镇补17元、个人负担65元。

2010～2012年，大豫镇实际参保人数分别为91742人、86620人、86192人。筹集个人参保资金分别为366.97万元、5630.43万元、560.25万元、补偿医药费分别为1349.68万元、1835.76万元、2640.47万元。

新型农村合作医疗门诊费补偿比例表

表28—280

定点医疗机构	400元及以下符合补偿范围费用(普通门诊)				400元以上符合补偿范围费用(大额门诊)		
	医药费	补偿比例(%)	日封顶金额(元)	年封顶金额(元)	补偿比例(%)	日封顶金额(元)	年封顶补偿金额(元)
社区卫生服务站	药费	40	15	80	40	18	420

续表28—280　新型农村合作医疗门诊费补偿比例表

<table>
<tr><th rowspan="2">定点医疗机构</th><th colspan="4">400元及以下符合补偿范围费用(普通门诊)</th><th colspan="3">400元以上符合补偿范围费用(大额门诊)</th></tr>
<tr><th>医药费</th><th>补偿比例(%)</th><th>日封顶金额(元)</th><th>年封顶金额(元)</th><th>补偿比例(%)</th><th>日封顶金额(元)</th><th>年封顶补偿金额(元)</th></tr>
<tr><td>镇级医院(一级)</td><td>医药费</td><td>35</td><td>20</td><td rowspan="3">80</td><td rowspan="2">40</td><td>22</td><td rowspan="3">420</td></tr>
<tr><td>县级医院(二级)</td><td>医药费</td><td>25</td><td>20</td><td>25</td></tr>
<tr><td>县外医院</td><td>医药费</td><td>10</td><td></td><td>10</td><td></td></tr>
</table>

新型农村合作医疗住院医药费补偿比例表

表28—281

<table>
<tr><th>医院级别</th><th>符合补偿范围医药费用(元)</th><th>补偿比例(%)</th><th>补偿最高限额</th></tr>
<tr><td rowspan="2">一级医院(民营医院、中心级医院、二院、三院、四院)</td><td>300元以下(含300元)</td><td>10</td><td rowspan="6">12万元</td></tr>
<tr><td>300元以上</td><td>75</td></tr>
<tr><td rowspan="2">二级医院(县人院、县中医院)</td><td>300元以下(含300元)</td><td>10</td></tr>
<tr><td>300元以上</td><td>65</td></tr>
<tr><td rowspan="2">三级及县外医院(特约医院、非特约医院)</td><td>300元以下(含300元)</td><td>10</td></tr>
<tr><td>300元以上</td><td>特约医院55、非特约医院45</td></tr>
</table>

附记：

2011年新型农村合作医疗筹资对象、方式

一、筹资对象

1.本镇除已参加城镇职工基本医疗保险和城镇居民住院医疗保险的对象外，其他人员均可参加新型农村合作医疗。已参加城镇职工基本医疗保险和城镇居民住院医疗保险的不得参加新型农村合作医疗。

2.外地人口婚嫁并居住在本镇但户口尚未迁入的人员，凭村(居)委会出具的证明，可纳入其家庭人口参加新型农村合作医疗，但必须凭本人身份证(18位)复印件和其现户主身份证或户口簿复印件及村(居、社区)证明材料办理参加手续，并在参合筹资登记表上注明户口所在地或户口未迁入(登记)的原因，并留存身份证复印件。

二、筹资方式

1.普通人均个人参合资金由镇统一组织，各村(居、社区)具体负责进行筹集，以户为单位，人均缴纳65元。

2.农村五保户个人缴纳部分(人均65元)由镇财政从五保户供养预算经费中统一计提，由镇民镇办提供名单，村(居、社区)直接填入参合表，个人不需要交费。

3.农村低保人员个人缴纳部分(人均65元)由镇财政承担，由于2011年农村低保人员尚未确定，采取先收后补的方式筹资，所有低保人员参加2011年新农合，先由自己缴纳个人参合金，待后凭参合发票

到镇民政部门办理补助手续。

4.享受民政部门定期定量生活补助的60年代精减退职职工、重点优抚对象(在乡7~10级残疾军人、烈属、因公牺牲军人家属、病故军人家属、复员军人、参战(涉核)人员、带病回乡退伍军人等)个人应缴资金(人均65元)由县民政局帮助缴纳。县民政局提供名册到各村(居、社区),直接填入参合表,个人不需交费。

5.中华人民共和国成立前入党无固定收入的农村老党员个人参合资金(人均65元)由县委组织部统一帮助缴费,由组织部提供名单,直接填入参合表,个人不需缴费。

6.三峡移民的个人缴费部分(人均65元)由县财政缴纳,县民政局下发人员名单,直接填入参合名册,注明"三峡移民",不再向个人收取参合费用。

2009~2012年大豫镇新型农村合作医疗一览表

表28—282　　单位:人 元

年份	参保人数	投保金额	补偿医药费
2009	92011	2760330	门诊 126701、住院 6224981 合计 6351682
2010	91742	3669680	门诊 1179894、住院 12316897 合计 13496791
2011	86622	5630430	门诊 1588500、住院 16769056 合计 18357556
2012	86192	5602480	门诊 1915186、住院 24487479 合计 24487479

2010年大豫镇新型农村合作医疗征收明细统计表

表28—283　　单位:元 人

村别	2009年人数		2010年续保人数	2010年新增人数		小计	老党员	五保户	低保户	精退职工	重点优抚对象	村合计预加人数	卫生所开票人数	镇合计参加人数
	普通参合人员	10年未参保		表内	表外									
大同	—	—	5360	86	63	5509	11	9	92	1	39	5661	25	5686
大同街	—	—	57	2	1	60	1	—	4	—	—	65	4	69
巩王	6007	148	5859	96	58	6013	23	14	120	1	50	6221	11	6232
丁家店	—	—	6579	68	62	6709	16	11	92	—	50	6878	11	6889
丁店街	—	—	159	22	8	189	1	—	3	—	—	193	6	199
伯安	—	—	3448	44	38	3530	11	6	63	1	25	3636	14	3650
闸东	—	—	2522	20	12	2554	6	2	76	2	16	2656	6	2662
东安闸	—	—	6035	54	51	6140	10	6	82	—	42	6280	12	6292
马家店	—	—	6214	89	57	6360	25	5	131	—	40	6561	20	6581
徐征	—	—	4071	72	28	4171	16	5	85	—	27	4304	6	4310
强民	—	—	6213	47	71	6331	29	5	96	—	42	6503	4	6507
一门闸	—	—	5008	53	46	5107	17	1	38	—	23	5186	10	5196
居委会	—	—	1664	13	23	1700	7	—	65	1	9	1782	—	1782

续表28—283　2010年大豫镇新型农村合作医疗征收明细统计表

村　别	2009年人数		2010年续保人数	2010年新增人数		小计	老党员	五保户	低保户	精退职工	重点优抚对象	村合计预加人数	卫生所开票人数	镇合计参加人数
	普通参合人员	10年未参保		表内	表外									
兵房街	—	—	422	65	19	506	3	—	8	—	2	519	87	606
小　计	—	—	53611	731	537	54879	176	64	955	6	365	56445	216	56661
九　龙	—	—	689	3	4	696	1	2	9	—	5	713	—	713
凌　港	—	—	1740	10	16	1766	2	1	27	—	10	1806	—	1806
凌　边	2479	92	2487	14	18	2519	8	3	45	1	11	2587	5	2592
南　坎	2272	65	2207	13	15	2235	3	5	31	—	8	2282	6	2288
南坎街区	16	8	8	—	—	8	—	—	3	—	1	12	—	12
止马洼	—	—	2265	41	30	2336	5	13	36	—	15	2405	6	2411
坎　西	—	—	2356	34	20	2410	7	7	26	—	6	2456	13	2469
豫　北	3713	160	3553	41	25	3619	6	10	41	—	18	3694	8	3702
香　台	3123	127	3005	19	21	3045	9	4	55	—	21	3134	14	3148
周　墩	—	—	1853	27	21	1901	5	1	41	—	6	1954	2	1956
凌　窑	—	—	2394	22	28	2444	3	16	34	—	9	2506	1	2507
豫　东	—	—	2282	10	13	2305	6	2	31	—	12	2356	2	2358
亭　海	—	—	2352	16	16	2384	4	4	32	—	18	2442	3	2445
豫　新	3243	140	3103	58	32	3193	186	6	36	1	18	3272	4	3276
茂　青	2018	107	1911	17	26	1954	—	1	35	—	10	2006	4	2010
大豫镇区	—	—	143	24	5	172	—	—	7	—	—	180	10	190
兵　港	—	—	103	2		105	1	—	—	—	—	105	—	105
东　凌	—	—	507	19	11	537	—	—	—	—	—	538	—	538
东凌街	—	—	107	1	2	110	—	—	—	—	—	110	4	114
东　港	—	—	113	—	5	118	—	—	—	—	—	118	—	118
东　洋	—	—	108	—		108	—	—	—	—	—	108	—	108
如东农场	—	—	12	4	3	19	—	—	—	—	—	19	1	20
盐　场	—	—	35	8	1	44	1	—	—	—	—	45		45
养殖场	—	—	27	—	—	27		—	—	—	—	27	1	28
小　计	—	—	33360	383	312	34055	85	75	489	2	169	34875	84	34959
合　计	—	—	86971	1114	849	88934	261	139	1444	8	534	91320	300	91620

2011年大豫镇新型农村合作医疗征收明细统计表

表28—284　　单位：元 人

村　别	2011年参合人数		小计	老党员	五保户	低保户	精退职工	重点优抚对象	三峡移民	计生并发症	村合计参加人数	村开票人数（后）	卫生所开票	镇合计参加人数
	表内	表外												
大　同	5378	81	5459	5	8	5	—	48	12	11	5548	—	—	5548

续表28—284　2011年大豫镇新型农村合作医疗征收明细统计表

村　别	2011年参合人数		小计	老党员	五保户	低保户	精退职工	重点优抚对象	三峡移民	计生并发症	村合计参加人数	村开票人数(后)	卫生所开票	镇合计参加人数
	表内	表外												
大同街	61	2	63	—	—	—	—	—	—	—	63	—	—	63
巩　王	5706	48	5754	16	9	—	—	58	13	14	5864	—	—	5864
丁家店	6423	64	6487	11	14	1	—	52	12	6	6583	—	—	6583
丁店街	168	4	172	—	—	3	—	—	—	2	177	—	—	177
伯　安	3370	47	3417	7	4	8	—	26	—	14	3476	—	—	3476
闸　东	2450	26	2476	3	1	9	—	20	5	7	2521	—	—	2521
东安闸	5981	89	6070	4	5	12	1	45	7	12	6156	—	—	6156
马家店	6139	95	6234	15	5		—	51	5	5	6315	—	—	6315
徐　征	3965	52	4017	10	7	27	—	34	26	5	4126	—	—	4126
强　民	6047	65	6112	17	7	26	—	48	8	3	6221	—	—	6221
一门闸	4826	78	4904	10	3		—	42	15	5	4979	—	—	4979
居委会	1630	34	1664	3	—	—	1	14	—	3	1685	—	—	1685
兵房街	559	48	607	1	—	26	—	3	—	—	637	—	—	637
小　计	52703	733	53436	102	63	117	2	441	103	87	54351	—	—	54351
九　龙	636	5	641	1	1	4	—	7	—	1	655	—	—	655
凌　港	1709	15	1724	4	1	2	—	11	—	2	1740	—	—	1740
凌　边	2424	21	2445	—	1	—	—	14	8	1	2473	—	—	2473
南　坎	2082	25	2107	—	2	—	—	13	4	—	2126	—	—	2126
南坎街区	9	—	9	2	—	—	—	1	—	—	10	—	—	10
止马洼	2213	31	2244	2	12	5	—	19	—	2	2284	—	—	2284
坎　西	2241	24	2265	—	6	11	—	11	4	2	2301	—	—	2301
豫　北	3355	37	3392	7	9	9	—	20	—	—	3430	—	—	3438
香　台	2820	49	2869	2	3	5	—	22	11	4	2921	—	—	2921
周　墩	1744	17	1761	3	1	17	2	11	2	2	1798	—	—	1798
凌　窑	2378	30	2408	3	13	3	—	11	6	1	2445	—	—	2445
豫　东	2184	16	2200	—	1	—	—	14	5	2	2225	—	—	2225
亭　海	2255	26	2281	14	4	—	—	21	3	4	2313	—	—	2313
豫　新	2981	46	3027		9	1	1	22	28	7	3109	—	—	3109
茂　青	1853	33	1886	3	2	—	—	14	6	—	1911	—	—	1911
大豫镇区	131	9	140	—	—	—	—	1	—	—	141	—	—	141
兵　港	—	33	1886	—	—	—	—	—	—	—	0	—	—	0
东　凌	—	9	140	—	—	—	—	—	—	—	0	—	—	0
东凌街	—	—	—	—	—	—	—	—	—	—	0	—	—	0
东　港	116	8	124	—	—	—	—	1	—	—	125	—	—	125
东　洋	102	8	110	—	—	—	—	3	—	—	113	—	—	113
如东农场	20	22	42	—	—	—	—	—	—	—	42	—	—	42
盐　场	—	—	—	—	—	—	—	—	—	—	0	—	—	0

续表28—284　2011年大豫镇新型农村合作医疗征收明细统计表

村别	2011年参合人数		小计	老党员	五保户	低保户	精退职工	重点优抚对象	三峡移民	计生并发症	村合计参加人数	村开票人数（后）	卫生所开票	镇合计参加人数
	表内	表外												
养殖场	26	—	26	—	—	—	—	1	—	—	27	—	—	27
小　计	31279	422	31701	41	65	57	3	217	77	28	32189	—	0	32189
合　计	83982	1155	85137	143	128	174	5	658	180	115	86540	8	0	86540

2012年大豫镇新型农村合作医疗征收明细统计表

表28—285　　单位：人　元

村别	2011年参合人数		小计	老党员	五保户	精退职工	重点优抚对象	三峡移民	村合计参加人数	村开票人数（后）	卫生所开票人数	镇合计参加人数
	表内	新增										
大　同	5356	50	5406	5	11	1	48	12	5483	—	2	5515
大同街	50	1	51	—	—	—	—	—	51	—	—	54
巩　王	5617	51	5668	14	14	1	61	13	5771	—	3	5842
丁家店	6358	30	6388	7	12	—	61	8	6476	—	—	6487
丁店街	152	4	156	—	—	—	—	—	156	—	2	166
伯　安	3367	23	3390	6	5	—	28	—	3429	—	10	3466
闸　东	2459	29	2488	3	7	2	18	5	2523	—	4	2547
东安闸	5961	49	6010	6	6	1	44	6	6073	—	2	6087
马家店	6076	41	6117	16	5	—	46	4	6188	—	6	6215
徐　征	4016	25	4041	8	3	—	33	25	4110	—	8	4151
强　民	5955	46	6001	14	12	—	47	8	6082	—	7	6102
一门闸	4780	34	4814	10	3	—	41	15	4883	—	4	4914
居委会	1582	11	1593	3	—	1	14	—	1611	—	—	1611
兵房街	534	25	559	—	—	—	2	—	561	—	17	578
小　计	52263	419	52682	92	78	6	443	96	53397	—	65	53735
九　龙	625	8	633	1	2	—	5	—	641	—	—	641
凌　港	1687	14	1701	—	2	—	15	—	1718	—	—	1729
凌　边	2341	19	2360	4	1	—	17	7	2389	—	2	2428
南　坎	2025	18	2043		4	1	13	5	2066	—	1	2100
南坎街区	6	—	6	—	—	—	—	—	6	—	—	6
止马洼	2233	14	2247	1	13	—	17	—	2278	—	—	2294
坎　西	2264	27	2291	2	6	—	13	6	2318	—	4	2332
豫　北	3398	23	3421	—	8	—	23	—	3452	—	9	3462
香　台	2809	17	2826	5	3	1	22	10	2867	—	2	2871
周　墩	1789	17	1806	2	2	—	10	2	1822	—	2	1836
凌　窑	2368	21	2389	3	11	—	11	3	2417	—	1	2427

续表28—285　2012年大豫镇新型农村合作医疗征收明细统计表

村别	2011年参合人数		小计	老党员	五保户	精退职工	重点优抚对象	三峡移民	村合计参加人数	村开票人数(后)	卫生所开票人数	镇合计参加人数
	表内	新增										
豫　东	2105	23	2128	3	2	—	12	5	2150	—	2	2157
亭　海	2259	11	2270	—	5	—	23	3	2301	—	—	2304
豫　新	3014	17	3030	13	9	—	23	26	3102	—	—	3118
茂　青	1837	21	1858	3	4	—	15	5	1885	—	—	1916
大豫镇区	96	4	100	—	—	—	—	—	100	—	6	131
兵　港	80	1	81	—	—	—	—	—	81	—	—	81
东　凌	490	6	496	—	—	—	—	—	496	—	3	504
东凌街	96	3	99	—	—	—	—	—	99	—	1	100
东　港	114	—	114	—	—	—	1	—	115	—	—	115
东　洋	101	—	101	—	—	—	3	—	104	—	—	104
如东农场	50	7	57	—	—	—	1	—	58	—	1	59
盐　场	37	1	38	—	—	—		—	38	—	—	38
养殖场	27	—	27	—	—	—	1	—	28	—	—	28
小　计	31851	272	32123	37	72	2	225	72	32531	—	38	32781
合　计	84114	691	84805	129	150	8	668	168	85928	—	103	86516

第六章　民间医药

中华人民共和国成立前，境内没有医院，少数富人可请医生看病。民众对一些常见病、多发病的防治，只能依靠民间传统治疗方式，如刮痧、掐疗等；民间秘方，多为祖传，药味不多而对某些疾病有独特疗效，靠就地取材，如猪占草治疗腹泻等。民间秘方（验方偏方），疗效因人而异。随着社会进步，科学技术不断发展，民众对医药的需求日益提高，许多民间医药被淘汰，少数仍沿用。

第一节　民间医术

一、弄痧（刮、扯、拔、搜）

在有中暑、伤风、恶心呕吐、腹痛腹泻、食欲不振、困倦乏力、咽喉发炎、头痛头晕等症时，民间常弄“痧”治疗，效果甚好。

“刮痧”用铜钱或调匙、贝壳等带圆形边缘光滑质硬物，醮油或水在胸、背部顺骨骼或肌肉走向，下朝一个方向反复适量用力地刮皮肤，刮出红色带紫“痧”痕，以不刮破皮肤为度。

“扯痧”用食指和中指醮些油或水，在颈部、胸部或眉间反复夹住皮肤扯出一条“痧”痕来。

“拔痧”是在肩部、背部、腋窝、腹部等处抓住“痧筋”用一定力量加以提捏(痧筋主要指肌块的边缘，筋膜或肌腱)。

“搜痧”就是拔火罐。民间叫作“请乌郎中”。为防止烫伤皮肤，在拔火罐处衬一层薄生面饼(称“搜痧干面”)。

弄痧可治疗一些疾病，通过刮、扯、拔、搜等作用，使皮下毛细血管出血，改善微循环运行状态，影响病变部位血流状况，改善或恢复器官功能。

如患者有某些病原体存在，或有器质性病变疾病，一般弄痧不能奏效。

二、掐疗疗法

对一些疖肿，如化脓性指头炎(蛇头疖)、颈面部疖子，有人采用“掐”法治疗，即用手指在病变周围若干部位上用力按压，甚至掐出甲痕，有的可以奏效，可能是通过指甲掐压，改变病变局部淋巴液和血液活动状态而起治疗作用。若不能及时掌握疾病变化，反而误事。

第二节 民间秘方

一、猪占草治疗腹泻

猪占草药名为马齿苋，夏秋季节在宅边庭院很容易找到，用鲜草一大把洗净后煎服，治腹泻效果很好。

二、车前草治疗腹泻

车前草俗名“牛甜菜”，干草一小把，鲜草一大把，煎内服，不仅能治泻，且有利尿之功。

三、治荨麻疹单方

(一)以陈帘子芦(陈麦秸、陈芦柴均可)放室内无风处燃烧，然后烘患处，以热汗出为度，再暖睡一觉即愈。

(二)红茶1两炒焦，分次泡红糖浓茶，能治慢性荨麻疹，有奇效。

四、治鼻衄单方

用干白茅花一把，煎汤内服。

用鲜小蓟草(俗名小尖头)打汁一杯内服，同时可用鲜小蓟草揉碎塞鼻。

第三节 民间验方

一、治痈疔疖

局部微红且肿，按之觉痛，尚可消散，宜内服卫生汤加减，外敷冲和膏透骨活血之品。

皂刺3.00克　防风3.00克　白芷6.00克　赤芍3.00克　炮山甲4.50克　金银花6.00克　净连翘9.00克　当归9.00克　净乳没各4.50克　天花粉6.00克　西红花2.40克　玉桔梗3.00克　甘草节1.50克　煎服(先饮酒若干)

二、治冠心病

胸闷紧迫,绞痛阵作,甚则胸痛彻背,汗出肢冷,苔白舌润或紫,脉弦滑,濡缓或歇止。

川桂枝6.00克　干薤白10.00克　姜半夏10.00克　炒枳实6.00克　紫丹参30.00克　参三七3.00克　全瓜蒌10.00克　檀香片6.00克　米酒一匙冲

三、治湿热门

头部疼胀重浊,肌表微有热度,肢体困倦,骨节烦楚,心中常觉默默,谷不欲纳,夜不安寐,大便闭结而小便黄赤,顷按脉濡数而右大左小,舌苔垢腻而粗糙薄黄。

光杏仁10.00克　清豆卷10.00克　佩兰梗3.00克　白叩衣2.00克　川朴花3.00克　炒建曲10.00克　焦蒌皮10.00克　焦麦芽10.00克　淡子芩5.00克　生苡仁12.00克　冬瓜皮6.00克　白丝通3.00克　六一散布包10.00克　灯草3尺

四、治风水表症

外感咳嗽,继乃遍体浮肿,药久失效,舌白腻,脉浮数,二便如恒。

麻黄3.00克　桂枝3.00克　杏仁10.00克　广皮10.00克　苍耳草12.00克　浮萍草10.00克　冬瓜子、皮各10.00克　连皮苓12.00克

另用温中丸10包,每日服2包;饭后,白汤下。

五、治内疸

湿热发黄,腹胀,纳不消化,治之非易。

焦白术6.00克　带皮苓9.00克　大腹皮6.00克　西茵陈6.00克　冬瓜皮9.00克　福泽泻6.00克　川桂枝4.50克　汉防己6.00克　梗通4.50克　焦栀子9.00克　炒川柏4.50克　姜衣2.50克

六、治急性胰腺炎

莱菔子、当归、鸡内金、山楂、蒲公英、枳实、藿香、元明粉以消导食滞为主。

七、治产后癃闭

用验方倒换散治疗。药仅大黄、荆芥二味,此方可通二便不利。若小便不到,重用荆芥15克,大黄6～8克;若大便不通,重用大黄10～15克,荆芥6～7克,二药泡茶饮即能收效。一般药后二三小时即见效。

八、治鼓胀病

腹胀纳呆,面色晦滞,神倦形削,腹鼓如瓮,下肢浮肿,小便量少,脉弦细带涩。

软柴胡10.0克　炒白术10.0克　广郁金10.0克　连皮苓12.0克　福泽泻10.0克　炒麦芽10.0克　焦六曲10.0克　冬瓜子、皮各12.0克　佛手片10.0克　青陈皮10.0克

第七章　富贵病与癌症

第一节　控制富贵病

20世纪70年代前，常见城里人有富贵病，农村罕见。中共十一届三中全会后，百姓生活条件得到改善，饮食营养日趋丰富，不再承受繁重的体力劳动。随着生活方式改变，农村富贵病发病率日渐走高，成为危害人类健康主要病种。通常有肥胖症、高血压、高血脂、糖尿病和冠心病等。2012年12月，全镇富贵病患者2.32万人，占人口总数21.74%。其中糖尿病2107人、占2.10%，高血压10075人、占10.08%，冠心病1120人、占1.12%，高血脂4010人、占4.01%，肥胖症5012人、占5.01%。

附记：

神奇蔬菜救命汤

配方及用法：白萝卜（鲜）150克，白萝卜叶（鲜）150克，胡萝卜（鲜）100克，牛蒡（鲜）150克，干香菇1只约10克。将上述蔬菜洗净切片后加水1.70公升于砂锅中，加盖后煮沸，再用小火煮2小时去渣取液，分成3等份，每份约500毫升，每日饮服3次，每次1份。3个月为1个疗程。可治愈各种疑难杂症。

干货配方：白萝卜12.50克，白萝卜叶25克，胡萝卜15克，牛蒡32.50克，香菇10克。先将干蔬菜浸润后如上烧煮、饮服。

疗效：丁家店村陆建新，理发师，男，1942年生。20年前患糖尿病，15年前患冠心病、高血压病，是典型"三高"病人。三年前突发心梗，住院抢救多次，出院后全身乏力，无法进行理发工作。服用神奇蔬菜救命汤一个半月见效，体健人爽，理发忙碌，一天到晚不觉劳累。服用半年，"三高"全降，降糖药，降压药均停服，血糖保持在6.5左右，血压稳定在高压135，低压85。

第二节　防治癌症

癌症（亦称恶性肿瘤），由控制细胞生长增殖机制失常而引起。二十世纪七八十年代间，境内为肝癌高发期，90年代始，人民政府实施改水工程后，肝癌发病率得到有效控制。癌症作为一种"生活方式病"，人们只要正确对待，可防，亦可控。

第三节　癌友康复协会

一、协会起因及简况

2006年1月，由大豫镇退休教师俞燕娜为主的一批仁者，目睹癌症患者不幸遭遇和患病后在身体上承受着极大创伤，在经济上承受沉重负担，在精神上承受莫名压力，他们以“上为政府分忧，下为患者解难”为宗旨，以“群众抗癌、科学康复”为理念，自发组织“如东县癌友康复协会”。

2006年6月30日，在县城亚萍广场举行协会挂牌仪式。第一批自愿加入协会70名会员和志愿者及数百名群众参加大会。

2011年12月8日，在县人民医院资助下，借座如东大饭店天竺馆，举行协会成立5周年庆典大会。

协会成立后，经常组织癌友们自娱自乐，唱歌、跳舞、学书法美术、练抗癌气功、康复旅游。增强抗病魔信心，努力提高生活质量。经常聘请上海、南通及如东医学专家作抗癌防癌科普讲座，为癌友们免费义诊、咨询和康复指导；还组织癌友参加市肿瘤医院七届抗癌明星和县人民医院三届抗癌明星评选表彰活动。

2012年8月27日，在县城“五一”广场举行“如东县第二届职工文化艺术节——生命的赞歌”专场文艺演出。此项活动，由县委宣传部、文化广播电视新闻出版局、总工会主办；县、市癌友康复协会承办。市人大常委会原副主任李炎亲临现场作精彩演讲。

如东县癌友康复协会，有会员800多名，覆盖全县14个乡镇，初步形成一支和谐相处、自我组织、自我服务、自我教育、自我娱乐癌友队伍，谱写出如东癌症康复事业崭新篇章。

二、协会组织机构

如东县癌友康复协会理事会19人。常务理事5人。

会　长 俞燕娜 女（巩王中学退休教师）

副会长 刘　侠 男（兵房镇初中退休教师）

　　　 张银涛 男（环镇医院院长，退休）

秘书长 刘　侠（兼）

常务理事 周　英 女（徐征小学退休教师）

　　　　 朱周华 男（民营企业手套厂厂长）

协会在大豫镇设3个康复小组，丁店小组负责人施玉琴，兵房小组负责人黄友松、朱其昌，大豫小组负责人何文泉。

大豫镇会员共130人，男性74人，女性56人。其中患肝癌7人，肺癌23人，胃癌16人，膀胱癌2人，甲状腺癌2人，肠癌14人，鼻咽癌6人，骨癌1人，胰腺癌2人，宫颈癌7人，卵巢癌2人，贲门癌4人，乳腺癌18人，食道癌8人，胆管癌1人，喉癌7人。

附记：

癌症康复医案

医案之一

刘侠，男，民国37年(1948)9月生。大豫镇兵房初中退休教师。1998年5月，被县中医院查出患肝癌，建议去上海进一步查诊。后经上海第二军医大附属长海医院肝胆外科确诊，进行肝癌切除手术，术后作过两次介入治疗。

5年后，身体基本康复，经市肿瘤医院、县中医院复诊，所有指标基本正常，原肝脏小三阳已转阴。16年未复发。

退休后，担任如东县癌友康复协会副会长兼秘书长。经常组织癌友相互交流抗癌体会和经验。“癌症并不等于死亡”，患上癌症只要理性对待，科学治疗，也会康复。他的体会有4点：

一在治疗上要科学、合理。要找对治疗路子和方案，切忌急病乱投医，更不能相信迷信，求神拜佛，治疗中放化疗要谨慎，不能过分，以免严重损伤自身免疫功能。康复期间要定期检查，随时调整治疗方案。

二在心态上要乐观、开朗。患上病要敢于面对。敢于抗争，要相信科学能治好疾病，相信自己能战胜病魔。事实证明，人的心理压力过大，会降低自身免疫功能，甚至直接影响人寿命。一些人患上恶性肿瘤即使不能切除，治疗得当，加上乐观心态，也能带瘤生存很长时间。而一些人得知患上绝症而感到绝望，心理防线崩溃，人免疫功能急剧下降，数月甚至数十天便驾鹤西去。

三在体质上要适当锻炼运动。多参加社会活动，常与人沟通交流。平时要多进行有氧运动，如跑步、跳舞、太极拳、练抗癌气功。增强体质，提高自身免疫功能。

四在膳食上要随意，不必过分忌口。平时以清淡饮食为主。多食高维生素新鲜水果和含丰富蛋白质食品。肝癌患者戒烟忌酒，包括用酒作佐料的生猛海鲜，少吃油炸类食物。

医案之二

邢益辉，男，大豫镇丁家店村42组人。2006年7月，感觉身体不适，兵房医院检查，B超显示，肝脏肿瘤大于10厘米，建议速去南通肿瘤医院进一步检查。第二天去南通大学附属医院挂门诊。CT检查，测得肝肿块13厘米，甲胎蛋白(火箭)指标大于35000ug/ml。此项指标正常值参考范围：0.01—10.9ug／ml，根据检查结果，医生会诊，结论是：肿瘤过大，无法手术。根据医生建议，家属同意，暂时采用介入疗法治疗。此法对患者很痛苦，用药时体温会升高。他坚持做完第一个疗程，体温在42℃时仍坚持用药。第一个疗程做完后，又去上海群力医院中药门诊，配中药(共20味)，坚持服用3年半。其间又按时进行介入疗法，共做3个疗程。此外，还坚持服用蟾衣胶囊，一时缺货，就自己制作，从未间断。

2008年年初，自我感觉良好，便去医院复查，甲胎蛋白值为1.2ug/ml，肿块小于3厘米，医生说，这真是奇迹。

第二十九篇　社会生活

民国时期，启东、海门及崇明等地移民纷纷到此以煎盐、租种公司地和下海捕捞谋生。之后，发展盐碱地上试种棉花，人民生活看到希望，而遇有灾荒或瘟疫肆虐，人们则无以生存。民国30年（1941）减租减息和民国35年（1946）土地改革，农民分到田地，并没收地主、富农牲畜、农具和生活用品等生产生活资料，贫下中农生产生活得到基本保障。中华人民共和国成立后，大豫境内手工业、商业出现转机，居民生活逐步改善。农村也走上合作化道路，粮棉产量逐年增加，家家丰衣足食。中共十一届三中全会后，农村实行家庭联产承包责任制，国家放宽政策，大力兴办社办企业，增加城镇就业人员，农村发展多种经营，农民收入大幅增多，生活水平普遍提高。进入21世纪后，中共中央带领全国人民坚定地走中国特色社会主义道路，加快全面建设小康社会步伐，实行多项惠民利民民生工程，取消农业税，免交学杂费，普及九年制义务教育，实行新农村合作医疗制度，社会保障体系逐步完善，推行农民养老和城镇居民低保，加快城镇化建设进程，城乡居民过上小康生活。“吃喝讲究营养，衣着讲究漂亮，住宅起码楼房，购货挑选名牌，用物追求高档”成为时尚。企业职工养老保险、医疗保险、工伤保险、生育保险、失业保险和机关事业养老保险、农村养老保险等7项社会保险制度运行良好，为保护民生、维护社会稳定、促进全镇经济可持续发展发挥积极作用。2012年，全镇实现地区生产总值38.86亿元，产品销售收入19.48亿元，建筑业产值16.35亿元，农渔业总产值18.09亿元，农村经济总收入110.38亿元，农村人均纯收入1.25万元。

20世纪80年代后，党的宗教政策逐步落实，境内宗教场所恢复建立，转入正常活动。2012年，全镇有教堂两所，共有宗教职业人员40人，有信教群众约5000人。

第一章 居 民

第一节 城镇居民生活

一、收入水平

中华人民共和国成立前,大豫民众以煎盐、打鱼和下海谋生。镇上居民靠做小生意养家糊口,生活贫困。穿粗布衣,补丁叠补丁,新衣服只有在过年时穿几天,再穿就是下一次过年。吃咸菜粥,很少吃到干饭。除过年过节,难得有鱼肉上桌。镇上人家很少住上瓦房,大多数人家住茅草房。调查大同、兵房、南坎镇3个居民小组,民国37年(1948)底,共有143户、326人,每月人均口粮(草粮)7公斤,求乞为主5户,靠政府救济28户,其中工人、店员、徒工等劳动时间长、强度大,收入却很低微。大同镇工人每天劳动12小时以上,月工资只有10多元。南坎商店伙计月薪75公斤玉米籽,折合人民币15元,兵房镇打油工每月90公斤玉米籽,折合人民币18元,饮食业老师傅月薪100公斤玉米籽,折合人民币20元。大同镇脚班苦力工月工资最低仅8.50元,小手工业者平均月工资为62.5公斤籽玉米,折合人民币12.50元。

中华人民共和国成立后,职工生活得到改善,有固定工作,收入逐渐提高。在原区域再进行调查,1980年年底,3个居民小组共有居民151户,437人。有职业258人,占59.10%。其中全民所有制职工181人,平均月工资42元;集体所有制64人,月工资38元;个体劳动者13人,平均月收入每人46元。151户全年总收入14.93万元,人均月收入28.47元。其中每月生活消费水准40元以上8户,占5.20%;35～39元12户,占7.90%;30～34元62户,占41%;25～29元21户,占13.90%;21～24元28户,占18.50%;20元以下有20户,占13.50%。月均生活消费最高户为53元,最低为12.80元,其中五保户有3户。居民住房平均每户3间,砖瓦房占80%,茅草房占20%,人均住房面积为25平方米。

在社会主义建设时期,人民物质、文化生活都有极大改善,城镇居民生活更有可喜变化,就业人员陆续增多,经济收入大幅增长。2005年,全镇居民人均可支配收入1.11万元,与1980年相比,增长18倍。2000年末,城镇居民存款余额6800万元。2005年年末,全镇居民存款余额8154万元,比2000年上升20%。城镇居民每百户拥有空调98台,家用电脑38台,轿车3辆,移动电话121部,使用互联网31户。人均住房面积55平方米,其中楼房户占85%。2009年年底,全镇城镇居民可支配收入人均1.76万元,比2005年增长58.60%。2012年末,城镇居民存款1.66亿元,比2005年上升13%。

1949～2012年大豫镇部分年份城镇居民可支配收入一览表

表29—286　　单位:元

年份	城镇居民人均可支配收入	年份	城镇居民人均可支配收入
1949	184	1981	608
1952	238	1985	769
1953	351	1986	983
1957	487	1990	1662
1958	436	1991	1718
1962	412	1995	5186
1963	448	1996	5987
1965	483	2000	6824
1966	464	2001	7539
1970	451	2005	11024
1971	458	2006	13354
1975	481	2010	21186
1976	497	2011	24132
1980	582	2012	25438

二、消费水平

中华人民共和国成立前,大豫城镇居民消费几乎为零,20世纪50年代消费水平极低。60年代前,大豫城镇居民处于愁吃愁穿低水平生活阶段。普通人家消费结构第一要糊口,第二要蔽体。70年代起,尤其是城镇居民将积蓄主要用于改善住房和子女婚嫁。1985年,全镇城镇居民人均购买力为348.56元。各类主要消费品为:食品类占44.80%,衣着类占15.20%,日用品占15.80%,书报类占0.60%,建筑材料类占2.40%,文化娱乐占5%,医疗费占3.10%,人情往来占2%,其他消费占11.10%。中共十一届三中全会后,城镇居民物质文化生活大幅度提高。许多人家有高档用品,如彩色电视机、手机、影碟机、数码相机、组合音响、电冰箱、洗衣机、电风扇、空调机、电脑、摩托车、微波炉、电磁炉、电饭煲、热水器、液化气灶,部分家庭还有面包车、小轿车。室内装潢多样化、高档化。饮食消费从温饱型向科学合理营养型转变。衣着用品消费从保暖型向成衣化、花样化、名牌化转变。2005年,全镇城镇居民人均消费支出8640元,与1980年相比,增长30.70倍。2012年,全镇城镇居民人均消费2.02万元,与2005年相比,增长2.34倍。

2007～2008年大豫镇城镇住户每百户主要消费品拥有量一览表

表29—287

指标	单位	2007年	2008年	增减量
摩托车	辆	98	98	——

续表29—287　2007～2008年大豫镇城镇住户每百户主要消费品拥有量一览表

指　标	单位	2007年	2008年	增减量
洗衣机	台	101	103	2
电冰箱	台	105	101	-4
彩　电	台	175	180	5
电　脑	台	45	59	14
组合音响	台	23	22	-1
照相机	台	44	43	-1
微波炉	台	91	93	2
空调器	台	126	147	21
淋浴热水器	台	85	96	11
健身器材	套	5	5	——
普通电话	部	99	92	-7
移动电话	部	184	180	-4
助力车	辆	25	50	25
家用汽车	辆	2	6	4
摄像机	架	6	6	——
钢　琴	架	2	2	——
其他中高档乐器	件	4	7	3
消毒碗柜	台	6	5	-1

2007～2008年大豫镇城镇住户人均消费支出一览表

表29—288　　单位:元

指　标	2007年	2008年	比2007年±%
消费支出合计	10027.49	11236.07	12.10
一、购买商品支出	7635.90	8315.38	8.90
1.食品类	3861.03	4296.76	11.30
2.衣着类	1316.83	1231.59	-6.50
3.家庭设备用品类	513.82	667.88	30.00
4.文娱用品类	258.30	315.30	22.10
5.家庭交通通信工具类	345.32	300.24	-13.10
6.书报杂志类	35.11	125.00	256.00
7.医药类	412.68	504.62	22.30
8.住房建材类	174.56	80.42	-53.90
9.燃料类	372.73	474.79	27.40
10.杂项商品类	345.52	318.78	-7.70
二、服务性消费支出	2391.59	2920.69	22.10
1.房租	5.39	0.73	-86.50
2.水费	81.25	83.90	3.30
3.电费	282.64	317.43	12.30
4.交通费	157.09	103.22	-34.30
5.通信费	420.33	378.29	-10.00

1949～2012年大豫镇城镇居民人均消费性支出情况

表29—289　　　　单位:年 元

年份	城镇居民人均消费性支出	年份	城镇居民人均消费性支出
1949	12	1981	347
1952	36	1985	668
1953	70	1986	785
1957	74	1990	1246
1958	82	1991	1482
1962	86	1995	4564
1963	90	1996	4812
1965	92	2000	5438
1966	94	2001	6145
1970	108	2005	8640
1971	112	2006	11081
1975	118	2010	14265
1976	126	2011	16274
1980	281	2012	20213

第二节　农村居民生活

一、收入水平

中华人民共和国成立前，大豫镇农民多数靠租种公司田生活，收入低微，生活苦不堪言。平时吃玉米糁粥咸瓜、咸菜，遇到灾荒年景只好啃树皮、挖野菜充饥。一旦遭遇天灾人祸，庄稼颗粒无收，农民坐以待毙。民国21年(1932)，境内雇农收入情况为:男工，日工1角4分(供膳)，女工，1角2分(供膳)，男工，月工4元(供膳)，女工，3元(供膳)，男工，年工30元(供膳宿)，女工20元(供膳宿)。

境内穷苦人普遍穿粗麻布和自纺自织土布衣衫。多数男人夏天光着上身赤着脚，女人穿着补丁叠补丁老布衣裳，儿童们光着身子，赤着脚帮大人劳动。冬天，贫民一家人挤在芦花被、稻草席床上过夜。白天，用破麻袋片子抵挡风寒。为节省灯油，天黑就上床睡觉。夏天，小草棚里既潮湿又闷热，蚊帐破烂不堪，用砻糠草屑熏蒸驱蚊。遇上好年成，中午尚可吃顿干饭，但不能吃饱，还需瓜果蔬菜掺和吃，早晚喝菜、麸糠薄粥汤，还得省着吃。灾荒年景，用糠菜代替口粮。

从一门闸村调查资料显示:1949年前，全村住环洞舍98户，烧泥涂灶146户，受高利贷剥削187户，卖儿卖女41户，卖妻22户，被逼当童养媳24人，逃荒讨饭128户，被逼租逼债致死6人，当长工215人，做短工386人。

民国29年11月，新四军东进后，建立抗日民主政权，在农村实行“二五减租”，占人口总数75%贫雇农，生活有所改善。当时，一门闸村116户贫雇农，拥有耕地面积984.70亩。

以5口之家耕种6亩地计算，全年收籽棉350公斤，蚕豆520公斤，或收玉米650公斤，大豆350公斤，或收元麦300公斤，杂粮100公斤。可折合旧币95元。仅够5口之家一年基本生活费支出，另付医药教育费5元，农事费5元，税捐杂支4元，缴租约10元，计净透支24元。其实常年产量低于上述数，遇有台风、暴雨、海堤决口等灾情，实际生活还要困难得多。丰荡村(时称小荒荡)流传着一首民谣，反映当时村民生活真实写照："小荒荡、小荒荡，十年倒有九年荒，家家穷得叮当响，户户吃的菜拌糠，住着滚龙厅上开天窗，穿着千补百衲破衣裳，春二三月闹饥荒，三十六根讨饭棒，拖儿带女奔四方，世间少有苦地方。"

民国35年，大豫全境实行土地改革，农村居民平分土地，人均4.50亩，还分得地主富农耕畜、农具及生活用品，生产生活得到基本保障。

中华人民共和国成立后，农村走上合作化道路，粮棉产量逐年增加，农村居民生活水平不断提高。

1956年，丁家店村社员人均分配42元。1958年，农村在"大跃进"运动，"平均主义""共产风""浮跨风""跑步进入共产主义"等思潮影响下，农村居民生活不得安宁，加之三年自然灾害影响，农民生活陷入困境，劳动力大量外流，农村口粮紧张，食堂制的出现，导致浮肿病、消瘦病流行。1962年后，农村形势发生变化，农民口粮增加，经济收入扩大，生活渐好。"文化大革命"中，农民白天下地劳动，实行大寨式记工，每天人均收入不足1元钱，晚上还要参加政治学习和批斗大会。红卫兵高喊"破四旧、立四新"口号，对"地富反坏右"家祖传家具、瓷器、金银首饰、古董、古书画等都以"四旧" 名义抄走或砸烂。衣服以黄军装为时尚，还住"忆苦舍"、吃"忆苦饭"以示忆苦思甜。

中共十一届三中全会后，农村实行家庭联产承包责任制，国家政策放宽，鼓励农民多种经营，农民收入增加，生活水平有所改善。2005年，国家取消农业税，实行种粮种棉补贴，农民经济收入大幅提升，家用电器和住房条件不断改善。

据调查统计，1983年，徐征村农民家庭人均总收入544.94元，其他非借贷性收入46.48元。总支出为457.52元，其中家庭经营费用支出为124.58元，购置生产性固定资产为8.42元，生活消费支出295.32元，其他非借贷性支出28.50元(包括带给在外人口3.00元，赠送亲友22.00元，其他方面3.50元)，生产性固定资产折旧0.70元。收支相抵，平均每户每人结余87.42元。

全村农民粮食单产406.70公斤，皮棉单产72.55公斤，产值1927.20万元；油菜籽1064万担，产值51.62万元；蔬菜产量34.78万担，产值148.84万元；蚕桑产量2.03万担，产值13.86万元；蚕茧1842担，产值28.60万元；水果128担，产值3.28万元；海洋水产品128.60吨，产值82万元；淡水水产品715吨，产值52.34万元。农业总产值4253.60万元，农民纯收入418万元。2000年，人均收入增至3331.2元，是1983年的7.96倍，2005年，增至5720元，是2000年的1.71倍，是1983年的13.68倍。农村居民每百户耐用消费品拥有量：空调18台，冰箱46台，彩电98台，摩托车67辆，小汽车4辆，手机112部，电脑24台，住宅电话96

部。2010年，农民人均纯收入9594元，比2009年增长13%。

2011年，大豫镇农村经济总收入98.78亿元，经济总费用89.76亿元，可分配净收入总额10.26亿元，农民人均所得1.09万元，首次突破万元大关。2012年，农民人均纯收入1.26万元，比2011年增长15.10%。居民储蓄存款余额为11.30亿元，比2011年增长9.70%。

1956～1979年部分年份大豫镇农村居民收入分配情况

表29—290　　单位：斤　元

年份	人均分配口粮	每个劳动力平均收入	每人平均分配收入
1956	442	76.84	46.48
1958	384	97.68	56.64
1960	338	112.66	54.21
1962	367	128.26	58.24
1965	461	184.68	84.82
1967	452	187.25	85.21
1970	448	164.20	81.32
1973	468	210.26	97.48
1974	492	241.61	114.52
1976	477	198.94	96.83
1979	512	296.76	152.24

1981～2012年7个"五年计划"大豫镇农村居民收入情况

表29—291　　单位：元

五年计划	年份	年人均纯收入
六五	1981	268.50
	1985	452
七五	1986	486
	1990	818
八五	1991	857
	1995	2647
九五	1996	3122
	2000	3331
十五	2001	3421
	2005	5569
十一五	2006	6275
	2010	9594
十二五	2011	10937
	2012	12591

2011～2012年大豫镇各村(居)人均纯收入统计表

表29—292

村名	人口数(人)		总产值(万元)		人均纯收入(元)	
	2011年	2012年	2011年	2012年	2011年	2012年
大同村	6374	6284	42503	47452	10674	12254
巩王村	6641	6502	43292	48142	10679	12259
丁家店村	7200	7993	48677	54489	10729	12316
伯安村	3924	3815	27133	30656	10694	12276
闸东村	2812	代管	28086	—	10741	—
东安闸村	6745	6772	43826	50308	10653	12249
徐征村	4836	4530	26035	30471	10670	12250
马家店村	6964	6853	44359	49403	10669	12249
强民村	6920	6673	44133	50493	10708	12293
一门闸村	5681	5430	42680	47813	10748	12339
兵房居委会	1931	5213	56574	65046	11082	12722
止马洼村	5197	5084	40923	45451	10720	12307
南坎社区	5228	5274	42839	48277	10931	12319
香台村	7184	7049	43357	50802	10725	12312
周墩村	4617	4588	33628	57951	10723	12310
豫东村	4852	4838	35303	19617	10743	12333
大豫社区	5583	6690	109276	116091	10913	12529
九龙村	2558	2765	49451	55799	10797	12396
东凌社区	628	代管	83632	—	33518	—
东港村	263	代管	101762	—	32430	—
农场社区居委会	1651	代管	1731	—	8700	—

二、消费水平

1949年前,境内农民处于吃上顿愁下顿,穿着自制土布衣裳低水平生活阶段,基本没有消费。从二十世纪六七十年代起,消费水平处于温饱阶段。80年代起,农村中大多数农户"吃、穿、住、行",开始较高消费。1985年,全镇商品销售统计资料显示,人均购买力为438.40元。消费结构百分图如下:

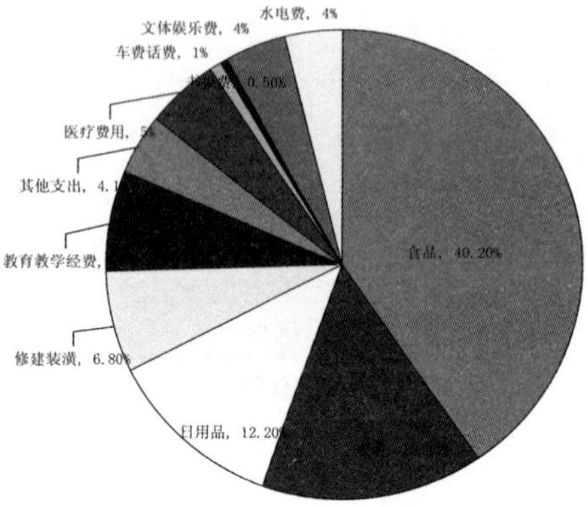

图29—187　消费结构百分图　(2012年,金向东　绘制)

(一)衣着

中华人民共和国成立后,结束受寒挨冻、衣不蔽体日子。20世纪50年代始,实行凭布票供应机织布,家织土布逐渐被替代。穿着四季分明。60年代后,衣料逐渐由棉布发展至棉绒布、化纤布、混纺布、涤棉布、涤纶、腈纶、尼龙、毛料、呢绒、毛绒等。色彩由"文化大革命"时期蓝黑、灰、草绿等单色发展为绚烂多彩。80年代,花样不断翻新,尤其青少年讲究时髦,向上海等城市服装新潮流靠拢。大多数人喜欢买成衣,从中、高档呢大衣、滑雪衫、羽绒服到春秋衫裤,直至衬衣、针织内衣、外套等。1985年,境内共销售棉布31.78万米,人均4.54米,涤棉化纤布29.40万米,人均4.20米;呢绒2.38万米,人均0.34米;绸缎9.80万米,人均1.40米;各种服装3.50万件,平均每百人50件;皮鞋7000双,平均每百人10双;胶鞋2.94万双,每百人42双;汗衫、背心28万件,人均4件;毛绒6300万公斤,平均每百人9公斤。

(二)食品

主食　中华人民共和国成立后,党和政府极力组织乡村干部帮助农民解决吃粮问题。1954年,境内农民人均年口粮达到170公斤。1958年,提出"吃饭不要钱"口号,以生产队为单位,实行"食堂制",在粮食收藏、群众用膳时,形成大量铺张浪费。加上"三年自然灾害",至1961年,农民口粮水平下降到131公斤。为弥补不足,填饱肚子,生产队广种胡萝卜、山芋、糖甜菜,以此代粮,甚至加工玉米壳、穗,提炼淀粉充饥。1968～1975年,生产队扩大水稻种植面积,还加种旱稻,口粮除元麦、玉米、小麦等品种外,增加一部分大米。之后,因水稻产量低而停止种植,靠用蚕豆、黄豆与外地兑换大米。1980年后,大米多渠道经营后,用自产草粮兑换大米,大米成为农民主食。至1985年,人均口粮280公斤。中共十一届三中全会后,农村推行承包田到户,农民口粮自种、自收、自给。

副食　中华人民共和国成立前,劳动农民常年吃素菜,逢年过节难吃上鱼肉。中华人民共和国成立后,这种状况逐渐改变,副食品数量和品种增多。20世纪70年代后期,取消副食品计划供应,完全进入市场经济,副食品丰富、种类繁多,市场繁荣,供应充盈,价格平稳;畜禽类、海产水产类、蛋类、果蔬类、食用油类一应俱全,敞开供应。价格由市场调节,随行就市,基本稳定,普通民众均能接受。进入21世纪后,随着经济快速发展,人们对副食品要求更高,城乡集镇蛋糕店、面包房星如棋布、比比皆是;超市茶食、糕点、糖果等副食品琳琅满目、品种齐全、应有尽有。

大豫镇几个年份副食品人均消费量表

表29—293

销量　项目 年份	猪肉		食油		零食		酒类		水产品	
	总量 吨	人均 千克	总量 吨	人均 千克	总量 吨	人均 千克	总量 吨	人均 千克	总量 吨	人均 千克
1950	26.00	0.80	39.00	1.20	16.25	0.50	32.50	1.00	—	—
1965	1525.30	3.50	91.35	2.10	108.75	2.50	239.25	5.50	266.20	5.20

续表29—293　大豫镇几个年份副食品人均消费量表

销量　项目 年份	猪肉		食油		零食		酒类		水产品	
	总量 吨	人均 千克	总量 吨	人均 千克	总量 吨	人均 千克	总量 吨	人均 千克	总量 吨	人均 千克
1985	285.48	5.20	450.18	8.20	428.22	7.80	439.20	8.00	340.38	6.20
2012	5121.60	48.00	4481.40	42.00	7242.20	66.00	4268.00	40.00	9176.20	86.00

另外，各种配料、调味品，例如盐、酱、醋、胡椒粉、生粉、味精、鸡精、椒盐、酱油、渔鼓油等等，均有大幅度增加，各种腌制品、豆制品、南北货、干果等为普通农户家庭必备副食品。

（三）住房

中华人民共和国成立前，除少数富户住砖木结构房子外，普通人家大多数为芦笆墙草盖顶低矮茅屋，还有相当一部分穷苦人家住简陋环洞舍。据1948年统计资料，境内农村人口住房近万间，95%以上是茅草屋和环洞舍，要年年加修，否则“雨天开酱油店，晴天开照相馆”“风扫地，月点灯”，冬不保暖，夏不阴凉。中华人民共和国成立后，农民住房条件大有改善。20世纪50年代，多为草房，80%以上是芦笆墙，少数土墙。60年代后期至70年代初，农村多为砖墙、瓦封山，还有扑屋（亦称紧盖）。70年代末至80年代初，青砖瓦屋盛行。90年代起，盛行小洋楼。住房面积宽敞，一般人均20平方米左右。2000年后，有少数农民建起三四层洋楼，建筑面积250～300平方米以上。2012年，农村楼房户占90%，人均居面积超过25平方米。

图29—188　2012年，拍摄南坎社区一农户50年代住房（管霖　摄）

（四）行路

中华人民共和国成立前，乡间路窄坎坷、泥泞，桥少，且为狭木板搭成“独木桥”“三步两搭桥”。富人出门坐轿子或人力车，一般人徒步行走。路远，坐独轮木质人力车，沿海渔民、盐民运送货物常用牛车。汽车用木柴作燃料，通车里程短、线路少。自行车更是稀罕之物。

中华人民共和国成立后，人们交通出行得到很大改善。20世纪50～60年代，境内仅有沿如泰运河的掘兵土公路，后改成砂石路。70年代初，四贯河拓浚后，四贯路成为境内唯一南北交通主干道，后改为黑色路面。80年代起，学习外地“要致富，先修路”经验，掀起修路建桥高潮，境内大小公路、机耕路、排头路都进行整修，达到村村相通，户户相连。90年代后期至21世纪初，223线拓宽，334线东沿改造竣工后，投入营运，村镇黑色路面和水泥路建设，以前所未有速度推进，交通出行四通八达，汽车通到家门口，彻底改变过去“晴天沙尘满天扬，雨天泥泞水洼塘”状况。

20世纪50年代初，境内轿子绝迹。木质独轮车逐渐被自行车替代。60年代后，自行车拥有量逐步增多。改革开放后，自行车敞开供应，城乡普及，到1983年，境内有自行车近5万辆，平均2～3人有1辆。农村中，不仅用它载人，还可运载50～150公斤重物。同时，各种机动车辆开始进入农户。轻骑、摩托车、小型三卡也相继出现在车站、码头、村口、街尾。1985年，全镇有小三卡52辆、轻骑、摩托车97辆、个体轿车5辆。至90年代末，各种型号摩托车几乎普及。进入21世纪后，交通工具出现新转折点。农用三轮、货用卡车、载客面包、小轿车等陆续开进农家，用于运输或载客，或代步上班，驾驶菲亚特、桑塔纳、达契亚、宝马、奔驰轿车屡见不鲜、随处可见。各种电瓶车问世后，不仅取代自行车，轻骑、摩托车也将被取代。2012年，大豫镇存有自行车10万辆，二三轮摩托车1.76万辆，轿车3066辆。

（五）用品

中华人民共和国成立前，普通人家连小家具都没有，用具用品极为简单，一般只有低档芦芭床，小竹橱、小木柜，桌凳、缸瓷之类。富裕户有较高档凉床、八仙桌、骨牌杌子、着衣镜、大衣橱、大被橱及热水瓶等。

中华人民共和国成立后，经济不断发展，生活逐步改善，家具用品质量逐步提高，数量增加，种类变多，花样更新，档次越来越高。坐具由木条凳、木方凳、木靠椅、木转椅发展到钢折椅、藤椅、塑料椅、皮沙发。雨具由斗笠发展到纸伞、棉布伞、化纤布伞、半自动开关伞、折叠伞。驱热用具由芭蕉扇、纸扇发展到电风扇，并按需要购置台扇、吊扇、落地扇。取暖用具由烘缸、汤婆子（焐子）发展到电热毯，少数户还安装空调设备。照明用具由豆油灯、煤油灯、蜡烛发展到马灯、汽油灯、白炽电灯。20世纪60年代，普及热水瓶，以后发展到气压式。70年代，普及手表、缝纫机和各式木制新家具。80年代起，盛行沙发、电风扇、电饭煲、洗衣机、电冰箱、电视机，少数户安装电话机。物质生活得到满足后，人们消费开始向精神生活用品方面转移。收音机、照相机、电子琴、电视机，特别是录音机、摄像机、钢琴越来越普遍地进入农村居民家中。90年代中后期至21世纪初,境内普及程控电话、手机及有线电视,后改为数字电视。部分安装网络电视。洗衣机改用全自动,炊具普及液化气兼用电子炉、微波炉、电炒锅等,挂衣橱换成组合式,高低床换成两米双人式。

1980～1985年大豫镇"三机"拥有量情况

表29—294

品名	单位	1980	1981	1982	1983	1984	1985
录音机	台	18	36	81	152	372	874
摄像机	台	12	21	38	82	182	516
电视机	台	98	156	392	642	1124	1886

2010～2012年大豫镇农村住户每百户主要消费品拥有量一览表

表29—295

指　标	单　位	2010	2012	增减量
摩托车	辆	108	94	-14
电动车	辆	116	122	+6
洗衣机	台	108	110	+2
电冰箱	台	118	126	+8
彩　电	台	182	186	+4
电　脑	台	64	87	+23
组合音响	台	42	40	-2
照相机	台	58	94	+36
摄像机	台	18	26	+6
微波炉	台	98	110	+12
空　调	台	135	142	+7
热水器	台	113	132	+19
健身器材	套	21	46	+25
普通电话	部	130	126	-4
移动电话	部	206	241	+35
轿　车	辆	6	10	+4
三轮车	辆	24	68	+44
卡　车	辆	4	6	+2
电子琴	架	37	45	+8
钢　琴	架	4	6	+2
其他中高档乐器	件	12	16	+4
消毒碗柜	——	25	30	+5

“六五”至“十二五”期间大豫镇几个年份农村居民消费情况一览表

表29—296　　单位:元

五年计划	年份	年人均生活消费
六五期间	1981	256
	1985	438
七五期间	1986	472
	1990	787
八五期间	1991	848
	1995	2416
九五期间	1996	3074
	2000	2862
十五期间	2001	3118
	2005	4016
十一五期间	2006	4654
	2010	7683
十二五期间	2011	8738
	2012	10213

附记一:

丁家店村农民生活状况调查

丁家店村位于丁店镇北侧。由原八、九、十、十一大队合并而成。2012年,全村总面积12.50平方公里,耕地1.10万亩,3119户,7994人。2001年3月,八大队(港闸村)与九大队(芦苇港村)合并为港闸村;十大队(协和村)与十一大队(营房桥村)合并为协和村;2005年5月,港闸村与协和村、丁店居委会合并为丁家店村。

该村地处黄海之滨,早先是一片盐碱地,遇旱开坼,遇涝成灾,十年九荒,人民饥寒交迫。民国35年(1946)土改时,营房桥村3户地主、35户富农,占有全村一大半土地。贫苦农民只得以“包三担”租种地主、富农土地,深受重利盘剥,吃麸糠饼、野菜汤,住茅草屋、环洞舍。全村300多户人家中有50多户拖过讨饭棒,逃荒流落他乡。土改后,人均获得土地3亩3分(旧称1000步)。民国36年(1947),国民党军队和地主“还乡团”卷土重来,贫苦农民土地得而复失。1949年,遭受大水灾,粮棉油产量大幅下降。中共地方组织领导全村人民进行生产自救,组织补种抢种。是年,粮食亩产38.50公斤,棉(籽棉,下同)花22公斤,油料31公斤。1952年,粮棉油产量回升,分别为65.50公斤、36.50公斤、48公斤。1960年,遇到大水灾,粮棉油产量下降。1965年,农业产量回升,粮棉油产量分别为:214公斤、86公斤、88公斤。1990年,全村粮食总产246万公斤,平均亩产218公斤;棉花总产84.50万公斤,平均亩产195公斤;油料作物总产251万公斤,平均亩产226公斤。2000年,全村粮食总产243.70万公斤,平均亩产319公斤;棉花总产86.80万公斤,平均亩产253公斤;油料作物总产249.2万公斤,平均亩产224公斤。2012年,全村粮食总产251.40万公斤,平均亩产326公斤;棉花总产94.20万公斤,平均亩产295公斤;油料作物总产260万公斤,平均亩产234公斤。农业总收入51824.70万元,农民可支配收入9923.60万元,农民人均纯收入12413元。人民生活达小康。

附记二：

徐征村农民生活状况调查

徐征村位于兵房镇西南侧，东起四贯河，西至一贯河，南起兵丁界河，北至兵房大河。由原七、八、九大队合并组成。全村总面积9.40平方公里，耕地面积8242.73亩，1989户，4851人。2005年5月，合并为徐征村。

徐征村原属大豫盐垦公司南一区公司，垦殖之田，当时被大地主李麻子、陈朝皇、陈朝品、季汉青等人霸占，其中季汉青就占地400亩（旧时20𤰝田）。启东、海门移民只好租种地主田。有钱人家出钱买田，称为买价田；无钱人家以"包三担"形式租种田，称为崇划田（源自崇明），又叫议价田。买田人家后来成为富农。租种田人家，因受地主重利盘剥，生活贫困，成为贫农或雇农。全村近千户人家中就有近百户拖过讨饭棒，逃荒流落他乡。土改后，人均获土地3亩，家家有自田。生活虽好转，但只能维护"温饱"，不算富裕。1965年，农业产量上升，全村粮棉（籽棉，下同）油亩产分别达到216公斤，65.30公斤，87公斤。改革开放后，全村进行产业结构调整，推广立体种植，采用西瓜夹种棉花种植模式，经济效益不断提高。2012年，粮食总产140.70万公斤，平均亩产370公斤，棉花总产127.50万公斤，平均亩产234公斤，油料作物总产32.60万公斤，平均亩产239.50公斤。农业总收入8047.20万元，农民可支配收入5966.70万元，农民人均纯收入1.23万元。村办工业有石棉厂、织布厂、电器厂、皮鞋厂、凯缘食品厂等，固定资产达150万元，工业总产值280万元，纯利润4.20万元。村办工业促进农业兴旺，农民生活显著提高，达小康水平。

第三节　外出务工人员生活

一、务工人员收入

20世纪60年代中后期，随境内各公社建筑站相继建立，把个体木工、泥瓦工等务工人员组织起来，形成一支技术含量较低建筑群体。当时，农村尚处在大集体阶段，农民靠挣工分吃饭，外出打工月工资25～30元不等，但每天须交0.35元生产队算出勤记工分，否则停发口粮。70年代起，建筑业得到发展，务工人员收入也相应有所提高。中共十一届三中全会后，农村推行责任田到户，土地相对集中，劳动力剩余日趋明显。80年代起，农村富余劳动力纷纷进城打工，有效提高农民收入，促进农村经济发展。进入21世纪后，境内陆续出现外出打工高潮。据2004年统计，全镇在外务工人员2.50万人，占总人数25%。2002年后，外出务工人员收入不断飙升，人均年收入一般为7万元～10万元。2011年，全镇外出务工人员总收入为2.44亿元。2012年，全镇外出务工人员为2.90万人。其中止马洼村为出国劳务输出之最，2012年，全村450人，累计年收入3600万元。

二、务工人员选粹

外出务工范围广、地方多，且前景广阔。国外劳务，主要有新加坡、马来西亚、泰国、日本、南非等国家。国内劳务，主要是省内外地区，上海、苏州、无锡、常州、南京、青岛、北京、天津、济南、西安、新疆、南通、海门等城市。劳务工种名目繁多，建筑行业上有瓦工、木工、油漆工、水电、装潢等；运输行业上有装卸工、搬运工、安装工等；绣品行业上有纺织工、刺绣工、挡车工、裁剪工、缝纫工等；服务行业有餐饮、洗浴、服装、理发、旅社、机电修理等。务工群体在不同岗位上发挥各自智慧和力量，不仅为社会创造巨大财富，也为自己挣得经济收入。2003年7月，《江苏农村经济》刊登《如东兵房打工群成老板族》一文中介绍：如东县兵房镇，成为赫赫有名老板镇，该镇已有300多名外出打工农民变成大老板，足迹遍及全国各地，有把企业办到俄罗斯，有人拥有资产数千万元。该镇始终把劳务输出作为农民增收一项重要工作来抓，农民外出除每年都有不菲收入外，更重要的是为社会创造财富，同时锤炼自己素质。有不少外出打工人员凭着自己过人胆识和一技之长，从打工族迈进老板族。40岁的马安村（马家店村）季刚，10年前，他只身到上海，在外地建筑队打工，由于勤奋好学，刻苦钻研，掌握建造钢架房技术以后，大胆组建一支30多人队伍，专门接受建造钢架房业务，这几年业务特别多，应接不暇。他从白手起家，发展到拥有资产3000万元，别克小轿车2辆。4年前家乡建桥由他全额资助。徐征村吴生，1996年，只身前往新疆伊犁，打工期间他发现新疆伊犁绣品服装走俏，且都是外地商贩独家经营。于是赶回家中，说服家人，大胆地变卖所有家产，共筹集资金30多万元，在伊犁创办绣品服装加工企业，员工从几十人发展到300多人。1998年，终于创出辉煌业绩。

1990年，丁家店村41组黄建春全家4口人到叠石桥打工，老两口搞餐饮服务，小两口搞床上用品制作，经过10年努力，从打工族进入老板族，年收入超百万元，成为全村首富农民之一。该村42组，至2012年年底，全组有65人先后外出打工，占总人数36%，人均年收入9.40万元。家家建楼房，人均住房面积50平方米。年人均消费1.20万元，超过全村人均年消费20%。

2012年大豫镇丁家店村四十二组村民外出人员收入情况

表29—297　　单位　万元

姓名	性别	年龄	外出地	工种	年限	年收入
邢　兵	男	39	日　本	泥瓦工	15	16.00
邢一辉	男	40	上　海	后　勤	12	6.50
沈卫萍	女	38	上　海	后　勤	10	3.50
朱　辉	男	32	海门三星	床上用品	11	10.20
黄小惠	女	31	海门叠石桥	床上用品	10	20.50
朱　飞	男	39	上　海	汽车驾驶	13	6.50
赵梅芝	男	37	上　海	后　勤	11	3.20
朱　新	男	35	天　津	装　潢	10	10.50
陈晶晶	女	32	掘　港	超　市	8	3.20
崔建章	男	52	山东青岛	预核算	21	25.40
李兰萍	女	51	山东青岛	后　勤	21	3.20

表29—297　2012年大豫镇丁家店村四十二组村民外出人员收入情况

姓 名	性别	年龄	外出地	工 种	年限	年收入
崔海荣	男	28	山东青岛	预核算	6	15.20
马　丹	女	26	山东青岛	后　勤	5	3.50
张卫章	男	30	上　海	电器公司	8	82.00
陈　红	女	24	上　海	电器公司	6	12.00
朱　慧	男	38	南通供电局	驾驶员	12	5.60
周美红	女	35	南通电子厂	员　工	11	4.20
郭　新	男	42	山东济南	木　工	18	15.00
胡瑞菊	女	40	掘港广隆	员　工	2	2.50
郭冲兵	男	52	东凌水产	推销员	16	12.80
陈卫东	男	43	昆山电器厂	技术工	8	13.20
黄卫红	女	41	昆山电器厂	员　工	6	8.20
周雨石	男	54	上　海	物　流	24	22.20
周和兴	男	51	上　海	泥瓦工	20	13.20
马春荣	男	39	上　海	电信局	6	15.20
陈爱喜	女	39	上　海	员　工	5	5.20
黄晓勇	男	40	上　海	电　信	23	10.50
杨连梅	女	28	上　海	后　勤	3	3.40
黄 平	男	43	北　京	装　潢	8	16.50
林亚红	女	41	北　京	后　勤	6	3.40
赵耀忠	男	51	天　津	泥瓦工	12	8.50
赵　飞	男	37	上　海	木　工	13	6.40
赵卫峰	男	38	上　海	木　工	14	6.40
姚　飞	男	41	上　海	勤　杂	11	5.20
曹维平	男	52	海　门	木　工	10	6.80
吴　辉	男	48	上　海	油漆工	12	8.50
朱建兵	男	52	沈　阳	泥瓦工	16	10.80
吴爱飞	男	50	新疆伊犁	装　璜	30	42.00
陆　萍	女	57	新疆伊犁	后　勤	24	10.50
沈　平	男	53	掘港农场	员　工	18	5.20
曹金辉	男	47	启　东	泥瓦工	20	6.40
周　刚	男	42	海　门	厨　卫	18	8.60
周　松	男	41	海门三星	水　电	16	5.80
周云龙	男	43	海门三星	厨　师	17	6.50
张卫华	男	40	苏　州	预决算	12	6.80
张建华	男	42	苏　州	水　电	13	5.60
李　琼	女	33	苏　州	后　勤	5	3.20
陈小华	男	35	苏　州	用电器材	5	11.20

表29—297　2012年大豫镇丁家店村四十二组村民外出人员收入情况

姓 名	性别	年龄	外出地	工 种	年限	年收入
崔景辉	男	54	苏　州	彩　钢	20	7.80
崔　杰	男	32	扬　州	木　工	16	10.60
高　燕	女	27	海　门	绣　品	6	5.80
崔　华	男	30	海门三星	床上用品	8	8.80
徐林冲	男	38	海门三星	厨卫具	11	10.40
陶　英	女	38	海门三星	厨卫具	8	8.50
陈善新	男	49	北　京	木　工	21	16.20
陈善平	男	47	北　京	木　工	18	16.50
陈善飞	男	45	北　京	木　工	16	16.80
陈　番	男	24	北　京	木　工	4	12.10
黄　如	男	46	北　京	泥　工	16	8.20
黄如山	男	48	北　京	木　工	18	11.60
杨士飞	男	53	扬　州	锅炉工	20	10.50
杨小香	女	28	海　门	绣　品	4	5.60
黄翠华	女	27	北　京	员　工	5	6.00
艾　玲	女	28	掘　港	绣　品	6	6.20
黄古石	男	32	北　京	木　工	10	14.20

第四节　小康社会建设

1979年12月6日，邓小平首先用“小康”阐释中国四个现代化，勾画中国1980年到21世纪中叶发展道路。

1981年始，中共大豫镇委、镇政府，在如东县委、县政府领导下，建设小康社会。1989年，实现温饱；1998年，达到总体小康水平；2009年，建设成总体全面小康社会。2010年，县委、县政府又提出：2015年，建设成更高水平小康社会，向“基本现代化”①迈进。

一、总体小康水平

1991年始，在温饱基础上，建设生活质量进一步提高的总体小康社会。1995年2月，中共如东县委、县政府命名兵房镇兵郊村，东凌乡东洋、东港、东凌、兵港村，为首批小康村；1997年3月，命名兵房镇、丁店乡、东凌乡，为第二批小康乡镇，命名兵房镇：海丰、邻盐、马店、东安、新民、兵南、保田、徐征、东安闸、海凌、安北、新谊、培德、兵北、双港、一门闸村（占85%）；南坎乡：止马洼、茂青、环豫、新兴村（占26.70%）；丁店乡：豫丰、大同、通如桥、丰港、王荃、荃东、港闸、芦苇港、协和、营房桥、磨墩村（占84.60%）；东凌乡：凌港村（至此100%）为第二批小康村。1998年，村村达到总体小康水平。

①经济、城市、产业、生活方式现代化。

1998年大豫镇总体小康社会基本标准考核实绩一览表

表29—298

指标名称	序号	单位	标准	考核实绩
人均生产总值	1	元	2500	5780
农民人均纯收入	2	元	1200	2632
城镇人均住房面积	3	平方米	12	25
农村钢木结构住房面积	4	平方米	15	45
人均蛋白质摄入量	5	克	75	80
城市每人拥有铺路面积	6	平方米	8	9.50
农村通公路行政村比重	7	%	85	100
恩格尔系数	8	%	50	45
成人识字率	9	%	85	95
人均预期寿命	10	岁	70	72
婴儿死亡率	11	%	31	29
教育娱乐支出比重	12	%	11	12.50
电视机普及率	13	%	100	100
森林覆盖率	14	%	15	18
农村初级卫生保健基本合格	15	%	100	100

二、全面小康社会

全面小康分为总体全面小康社会、更高水平小康社会两个阶段。

2001年1月，中共如东县第十一次代表大会号召，“十二五”计划期内建设全面小康社会。2009年4月24日，县委、县政府于一门闸村召开如东县全面达小康宣传教育暨“和谐村居”创建现场推进会。会议指出：2009年，是全面达小康攻坚年，“和谐村居”创建深化年。大豫干部、民众，同心同德、团结奋斗、艰辛创业，于2009年，建设成总体全面小康社会。2010年，向建设更高水平小康社会推进。

东港村，誉为中国“文蛤之乡”。2006年，渔民人均纯收入2.10万元，高于全镇农村人均纯收入1万多元。经济建设取得可喜成绩，政治文明、精神文明、生态文明建设取得丰硕成果。村委会筹措资金12万元，将交通主干道修筑成灰色路面；投资6000元，建起垃圾箱，专人清理，彻底改变“烂鱼虾臭气熏天，苍蝇、废纸、旧塑袋满天飞”脏、乱、差现象；投入2万元，种植绿化树苗、绿地草坪，专人培管，美化环境；组织渔民53人，成立护滩队，文明管场，有效遏止不文明现象；改善投资环境，投入29万元，为每艘渔船配备电视机、收音机、流动图书馆，开设卡拉OK舞厅、村民学校、党员活动室，95%以上家庭开通有线电视。

该村成为江苏省文明村、江苏省卫生村、江苏省农村现代化工作试点村，江苏东港集团有限公司成为江苏省明星企业。

境内居民小康生活，可概括为：

吃有营养　居民消费水平不断提高，鱼、虾、肉、蛋等高营养食品成为寻常百姓家常菜，牛奶、水果、保健等食品，多数农村家庭早已不是稀罕物。

住有楼房　大多数家庭盖起楼房，人均住房面积50平方米。进入21世纪，不少农户对住房较高级别装潢，类似小别墅。

家有电话　2000年始，境内大力推进电话村建设，通信设施遍布乡村，实现固定电话、宽带资源全覆盖。2009年，百户家庭拥有电话126部、手机241部、电脑64台。

行有公路　省道、市道、县道构成干线公路骨架，与镇村砂石、硬质路联网成片、实现村村通。

乐有场所　大豫镇在全县率先通过有线电视"户户通"验收，入户率98%。初步形成现代化镇、村、户文化网络。镇有文化站、影剧院，村有公共服务中心、农家书屋、文娱活动室、健身广场。

少有所教　大豫镇已普及九年制义务教育，入学率100%，义务教育阶段，学生课本费、学杂费全免。境内初级中学、小学均有校园网、教育辅助系统，区域教育现代化创建深入发展，教育质量稳步提升。

老有所养　养老保险制度进一步完善，保障水平逐步提高，劳动保障三大保险各自覆盖面97%以上，新型农村养老保险快速覆盖。县提高农民退休金标准，建立尊老金制度和农村高龄居民养老补贴标准，惠及境内700多高龄老人。

病有所医　居民基本医疗保障，新型农村合作医疗为支撑医疗保障体系日趋完善，社区、农村卫生服务体系健全，有效缓解看病难、看病贵、看不起病难题。

饮水保障　镇政府重视居民饮水安全，成立改水领导组，科学制定方案，措施落实。21世纪初，引江供水管网覆盖全境。

绿树成荫　农村开展"三清一绿"为重点环境整洁活动，面貌焕然一新，门前屋后整洁，池塘河沟清澈，防护林郁郁葱葱，农村大地四季翠绿，名贵花木点缀家园。空气清新、果香飘逸、环境优美、人居乐土。

附记：

小康家庭一例

马家店村26组倪介成，5口之家。2人外出务工，1人私企职工，1人务农，1人学生。人均年纯收入2.48万元。5下3上楼房，室内外装潢气派，堪比城市小洋房。家居前花木美化，宅后多种果树结实累累，环境幽雅。居住面积278.40平方米，人均55.70平方米。

家庭有空调2台，太阳能、电热水器各1台，冰柜、冰箱各1台，有线电视机3台，固定电话1部，手机4部、电脑1台，轿车1辆，炊具一应俱全，可谓小康之家。乃为境内千家万户之缩影。

2009年大豫镇全面小康村社会标准考核实绩一览表

表29—299

指标名称	单位	标准值	2009年考核实绩
一、经济发展			
1. 农民人均纯收入	元	≥8000	8565
2. 人均集体可支配收入	元	≥100	104
3. 劳动率就业率	%	≥90	94
二、社会发展			
4. 新型农村合作医疗覆盖率	%	≥95	97
5. 低保农户应保率	%	100	100
6. 计划生育率	%	100	100
7. 贫困人口比重	%	≤2	1.50
三、人口素质			
8. 人口平均预期寿命	岁	≥75	76
9. 义务教育入学率	%	100	100
10. “两后生”专业技能培训合格率	%	≥90	95
四、生活质量			
11. 农村安全卫生水普及率	%	≥95	100
12. 农户享有卫生厕所比重	%	≥75	85
13. 农户砖混楼房比重	%	≥85	88
五、民主法制			
14. 农民对村务公开的满意度	%	≥90	90
15. 农民对村组织建设的满意度	%	≥90	91
16. 农民对社会安定满意度	%	≥90	95
六、资源环境			
17. 村森林覆盖率	%	≥25	31
18. 垃圾集中堆放处理率	%	100	100
19. 河道(水塘、水库)疏浚清洁合格率	%	≥90	93

第二章 宗 教

大豫镇属南通市宗教重点镇之一,境内有四大教,即佛教、道教、天主教、基督教,其中天主教、基督教教徒居多,天主教堂、基督教堂雄伟壮观。天主教、基督教均有七件圣事,每年12月25日都举行隆重的圣诞节,圣诞节是天主教、基督教庆祝耶稣诞生的节日,也是天主教、基督教里重要节日之一,在12月24日晚(平安夜)教堂里举行大弥撒,教友们也会准备许多欢快的节目迎接和庆祝婴孩耶稣的降生。25日上午,县宗教事务局领导、镇统战委员都要亲临教堂,送上生日蛋糕。20世纪90年代初,对境内基督教徒严加管理,控制其活动,取缔临时聚会点。1994年11月,中共兵房镇委员会以"切实加强对基层宗教工作管理"为题,在全市宗教工作会议上作介绍,得到中共南通市委统战部、宗教事务局领导高度关注和重视,介绍材料被载入《江苏统战工作》内刊(材料附后)。

20世纪90年代中叶,宗教政策得到落实,基督教徒恢复活动,获准建立聚会点。在较长时间内,尤其在"文化大革命"中,佛教、道教人员当作"四旧"中牛鬼蛇神受到不公正批斗,一度也被列入"四禁"范围,禁止在乡村间活动,不久解禁,开始正常佛、道教活动。2012年,天主教堂神甫1人、修女2人,基督教堂传道人1人,全镇有佛教人员31人,道教人员5人。

第一节 天主教

一、天主教传入及发展

天主教随人口迁徙传入如东,大豫镇兵房天主教堂前身为掘港天主教堂,名曰"若瑟堂",建于清咸丰元年(1851)。民国35年(1946),转为海门教区管辖。2012年,堂内神甫1人,修女2人。其牧童范围除如东县外,通州区北部骑岸、十总、二窎、三余、恒兴、海晏、东余等地也属兵房堂区管辖,约有天主教徒1000多人。

1987年,兵房建堂区管理小组。1999年,成立如东县天主教爱国会。主任为陈小平(神甫),副主任为佘慕豪(教友),副主任兼秘书长为薛永康(教友),副秘书长为陆云春(教友)。

二、天主教七件圣事

(一)圣洗

境内天主教圣洗,也称洗礼,为天主教教徒入教仪式。按教会习惯,教会小孩生下8天内就得领洗。

(二)坚振

是坚定教徒信念之礼仪。

(三)告解

也叫忏悔,是一种赦罪仪式。

(四)圣体

把面饼和葡萄酒由主礼者在弥撒中祝圣即为耶稣肉体和血。教徒向神甫办过告解(忏悔)后,或自己认为没有大罪在身才能去领圣体。据说教徒领圣体后,就吸收耶稣血和肉与耶稣相结合,就能得到天主宠爱。

(五)终傅

主礼者为垂危病人施行礼仪。由神甫在病人身上抹圣油,念经文,要病人忏悔帮助他灵魂得救。

(六)神品

也称圣铁,就是修道生升为神职人员礼仪。神品分七级,神甫级为七品。主教级为完满七品。

(七) 婚配

即由神甫为证人结婚礼，婚配圣事主体为新郎和新娘二人。

三、天主教主要节日

境内天主教内称教会节庆和纪念日为瞻礼。瞻礼一般都有固定日期、内容和形式。天主教最重要节日有4大瞻礼。

(一)耶稣复活瞻礼

又称复活节，纪念耶稣被钉死在十字架后第3日复活奥迹之节日，象征着天主教圣子战胜死亡和邪恶。时间在每年春分后第1个月圆后第1个星期日。上海天主教堂在这一天都举行大礼弥撒，唱“亚勒路亚”等喜庆歌曲。

(二)圣神降临瞻礼

据新约圣经记载，耶稣复活后第50日天主圣神降临，教会规定这一天为圣神降临的节日，因此又称“五旬节”。意味神圣眷顾着教会和信徒。在这一天的弥散中，唱诵“伏求圣神降临”圣经和经文。

(三)圣母升天瞻礼

纪念圣母玛利亚“肉身和灵魂一同升天”之节日，也称圣母升天日。日期为8月15日。崇拜圣母玛利亚是天主教重要信理。

(四)耶稣圣诞瞻礼

即圣诞节，纪念耶稣诞生之节日。日期为12月25日。境内天主教按其习惯，教堂内临时搭有“马槽”，12月24日午夜12时即25日零时在教堂先举行“迎圣婴(即小耶稣)”礼仪，把圣婴放进“马槽”，接着举行子时弥撒。弥撒由神甫主持，时间约两小时，教徒们踊跃参加。一些不信教群众也到教堂参观。25日晨，举行圣诞大礼弥撒。弥撒时念经、讲道、唱“天主受享永福于天，良人受享和平于地”等圣歌，气氛热烈而隆重。圣诞节期间，神职人员和教徒互致祝词，举办圣诞联欢会。

四、天主教教规

天主教教规主要有12信条、天主10诫、4规。12信条是该教主要教规之一。又称“信”道理。

(一)12信条

1. 信全能天主第一位圣父创造天地万物；
2. 信天主第二位圣子耶稣基督乃我等主；
3. 信耶稣为拯救人类降世为人；
4. 信耶稣受难；
5. 信耶稣复活；
6. 信耶稣升天；

7. 信世界末日，耶稣重来审判万民；

8. 信天主第三位神圣启发人避恶从善；

9. 信圣而公教会和诸圣相通功；

10. 信世人的罪过能得到赦免；

11. 信世人死后肉身在世界末日时复活；

12. 信善人升天永生。

（二）天主10诫

1.钦崇天主万物之上。即必须承认天主是至高无上。

2.毋呼天主圣名以发虚誓。即禁止随便用天主名字发誓，更不允许用天主名字发虚誓，即许愿不还。

3.守瞻礼之日。即在教会节日，该从事敬礼天主活动。

4.孝敬父母，即尊敬和服从自己长辈。这里包括自己上级以至国家。

5.毋杀人。意思是不能无故伤害人性命，比如打、砸、抢，得财伤主。

6.毋行邪淫。即不准有不正当男女关系、不准看不好之书、图画、影戏或说听下流话。

7.毋偷盗，即不准偷窃别人东西。

8.毋妄证，包括不准说假话，妄证人，陷害人，败坏别人名誉等。

9.毋愿他人妻，即不准有不清净思想，产生不好念头等。

10.毋贪他人之财。禁止贪婪及无限制地占有世上财富之欲望；禁止由对财富及其相类权利过度追求而产生贪心。

图33—189　2012年4月1日，天主教活动场景　（陈小平　提供）

附记：

格言选载

一、以敬畏神为立身之基，以爱邻舍为处世之法；待人要绝对诚实，律己务十分严正。贫贱时候不谄媚，富贵时候不骄傲。不心存妒忌，见人得好处便与人同乐；不幸灾乐祸，见人遭患难便代人分忧。与人同处，看见利益自己不要向前奔跑；和人共事，遇见危害自己不要向后退缩。自己辜负别人，要认罪赔偿；别人辜负自己，要宽容赦免。自己待别人有好处，当看为本分；别人待自己有好处当认为恩德。经手财物，不分多寡当廉洁不苟；交接朋友，无论男女要正大光明。不轻易对人许诺，允诺后必须努力实践；不随便向人借贷，借贷必须及早偿还。敬自己尊长，也敬别人尊长；爱自己孩童，也爱别人孩童。见别人有长处，当奉为楷模；见别人有短处，当因为鉴戒。约束自己性情，不急躁发怒；谨慎自己嘴唇，不轻易开言。不能证实之话，不要传；不敢见人之事，不要做。见别人有财物，不要妄起贪念；见别人遭困难，不可袖手旁观。不要在人面前奉承恭维；不要在人背后批评论断。为人做事，要殷勤尽忠；与人交接，当坦白正直。嫉恶如嫉蛇蝎，慕义如慕珍宝。宁损失金钱，不损失信用；宁舍弃性命，不舍弃节操；不遮掩自己过失，不夸耀自己优点。言谈举止，处处有礼貌；身体衣履，时时要清洁。惹人憎之事，不要作；讨人厌之话，不可说。烟酒赌博，皆当戒绝；妖冶装饰，务须摈弃。事事为别人设想，处处求荣耀主名。

二、黎明即起，诵读《圣经》，如拾取吗哪；黑夜已深，警醒祷告，必得着能力。一衣一食，当思是神所造；半分半毫，都要节俭积蓄。进窄门，背十架，走永生之路；卧草地，行险谷，总不怕遭害。耶和华之言语，是人走路之明灯；救世主之训诲，乃人生之宝鉴。听妇言，食禁果，不是大丈夫；忌才能，陷害人，岂是真君子？嫁女择佳婿，娶妻求淑女，家庭必幸福。当未雨先准备，毋临渴才来掘井。祖宗虽远，音讯不可小勤；子孙虽愚，经书不可不读。莫贪意外之财，不饮过量之酒。思念父母劬劳，当常孝敬；担承养育儿子，善言管教。怜恤穷人，常施周济，是积财于天；看顾长者，时加体恤，乃信徒所为。谨守圣言，不走罪人之路；恪遵主训。岂从恶者之谋？敬畏耶和华是智慧之开端，认识至圣者便是聪明。居家戒争讼，讼则终凶；处世戒多言，言多必失。设筵满屋，大家相争，何益之有？有饼一枚，老幼相啖，欢乐满堂，福音乃叫人走永生之路，真理是要信徒确实遵行。

摘自《掘港宗教史话》

第二节　基督教

一、基督教传入及发展

民国20年(1931)前后，如东双甸、岔河等集镇，分设有基督教布道场所。不定期由美籍牧师前往讲道。由于信奉人数不多，基督教在如东发展缓慢。20世纪90年代起，境内基督教徒逐渐增多。进入21世纪后，如东县宗教局和中共兵房镇委员会高度重视基督教徒活动，根据中共宗教政策有关规定。2003年，征地建造兵房基督教堂(详见篇内宗教场所)。2012年，有传道人1名，有基督信徒280人。属南通基督教协会管辖。

二、基督教主要节日

(一)圣诞节

12月25日。

(二)复活节

一般在3月22日至25日之间(每年春分后第一个圆月后第一个星期日,其庆祝活动内容各地不一)。

(三)受难日

复活节前两天星期五。

(四)圣灵降临节

亦称五旬节(基督教多数教派不守此节)。

(五)感恩节

为美国基督教习俗节日,中国基督教部分教派守此节,并举行感恩礼拜。

三、基督教七件圣事

(一)洗礼

是基督教入教仪式,境内基督教也称“圣洗”或“领洗”。基督教认为,没有经过洗礼人不算正式信徒。领受洗礼可免除入教者原罪和本罪,表示旧人已死,重作新人之意义,并赋予“恩宠”和“印记”,因此一生只举行一次。境内入教仪式在教堂进行,由牧师或长老主持,将圣水注入受洗者头额,意味赦免受洗者的“原罪”和“本罪”,并赋予主的恩宠和印记,以后即可领受其他圣事。

(二)坚振

是坚定信仰圣礼,境内基督教也称“坚信礼”。坚信礼是在入教者领受洗礼一定时间后,再接受主教按手礼,使“圣灵”降于其身,坚定信仰,振奋心灵。

(三)告解

也称办神工。基督教认为告解是耶稣为赦免教徒在领洗后对上帝所犯诸罪,并表示忏悔。

(四)圣餐

天主教称“圣体圣事”,其礼仪称“弥撒”。其基督教称圣餐,东正教称“圣体血”。圣餐是借神恩坚强信德之意义。境内基督教进行圣餐礼时,由主礼人对面饼和酒进行祝圣,接着把它们分给受过洗礼圣徒。

(五)终傅

是教徒临终时敷擦“圣油”。在教徒病情垂危时,由神甫用经主教祝圣橄榄油,敷擦病人耳、目、口、鼻和手足,并诵念一段祈祷经文,认为借此可帮助受敷者忍受病痛,赦免罪过,安心去见上帝。境内基督教徒去世后,按基督教仪式进行丧事礼拜。一般在出殡前一天开始,由教堂教职人员和附近教徒聚集丧家,宣讲教义,合唱圣歌,赞祝祷告,追思哀悼。

(六)圣职

也称“授圣职礼”“授神职礼”“按立礼”。信徒担任神职时,要举行祝圣礼。神甫或主教念一段祈祷经文,宣称担任神职者可以“圣化”成为“圣者”,以后有资格主持圣事。

(七)婚配

指教徒在教堂内,由牧师或长老主礼,经教会规定之礼仪正式结为夫妻。仪式进行时,主礼人问男女双方是否同意结为夫妻,在双方肯定回答之后,主礼人诵念规定祈祷经文,宣布“天主所配合的,人不能分开”,并为结婚双方祝福。新教教徒结婚时也请牧师证婚,但不视其为圣事。境内未见此事。

图33—190　2012年5月6日,基督教活动场景（吴春香　提供）

附记:《赞美歌》

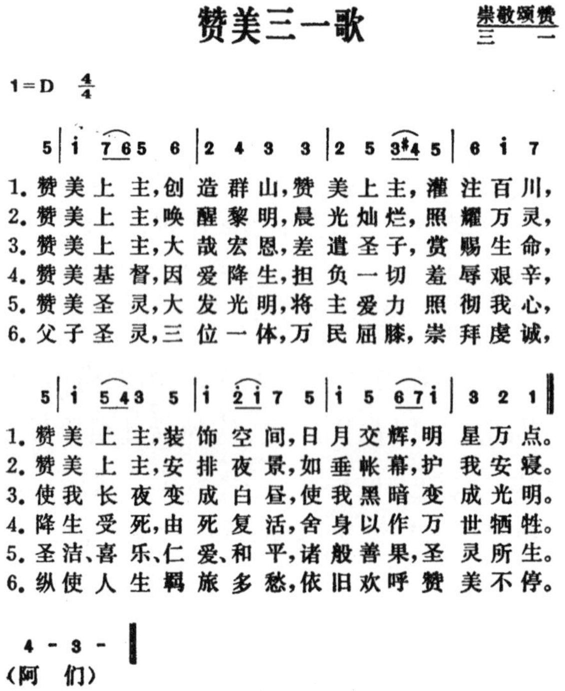

崇敬颂赞
圣父

大地风光歌

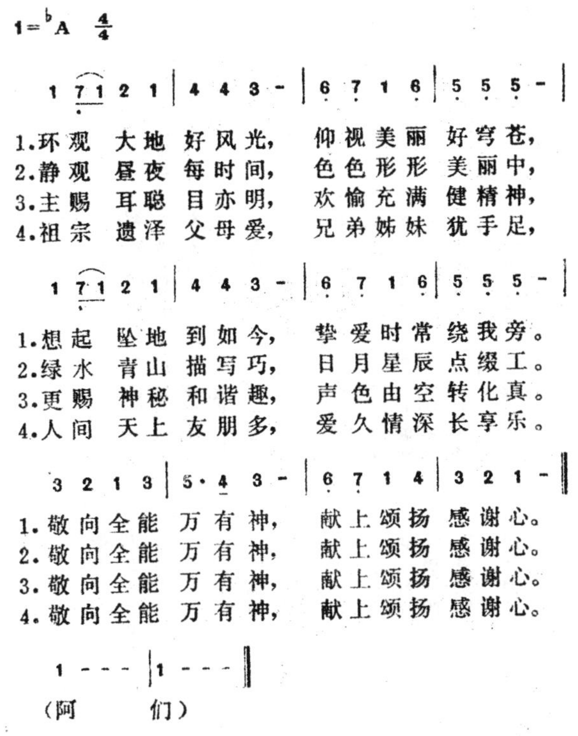

众圣颂扬歌

崇敬颂赞
三一

拥戴歌

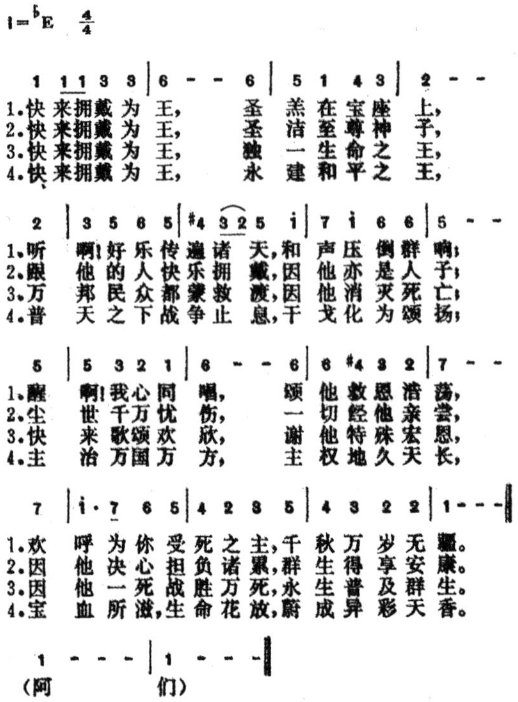
1=♭E 4/4
1.快来拥戴为王，圣羔在宝座上，
2.快来拥戴为王，圣洁至尊神子，
3.快来拥戴为王，独一生命之王，
4.快来拥戴为王，永建和平之王，
1.听啊！好乐传遍诸天，和声压倒群响；
2.跟他的人快乐拥戴，因他亦是人子；
3.万邦民众都蒙救渡，因他消灭死亡；
4.普天之下战争止息，干戈化为颂扬；
1.醒啊！我心同唱，颂他救恩浩荡，
2.尘世千万忧伤，一切经他亲尝，
3.快来歌颂欢欣，谢他特殊宏恩，
4.主治万国万方，主权地久天长，
1.欢呼为你受死之主，千秋万岁无疆。
2.因他决心担负诸累，群生得享安康。
3.因他一死战胜万死，永生普及群生。
4.宝血所滋，生命花放，蔚成异彩天香。
(阿 们)

明星灿烂歌*

救主耶稣降生
1=F 4/4
1.明星灿烂夜未央，伯利恒城在睡乡；
2.明星灿烂夜未央，孤灯荧荧照客窗；
3.望道乃有三博士，仰瞻异星发光芒；
4.天人悬隔由罪障，罪心潜滋道心亡；
1.野外牧人见异象，天上皎然发大光；
2.取来旧布作襁褓，马槽权当育儿床；
3.从知救主生犹太，一觐为荣诚意长；
4.我亦魔国投降者，徘徊歧路无主张；
1.天使列队同歌唱，牧人见之咸惊惶，
2.为欲救世拯陷溺，道成人身真理彰，
3.借彼明驼千里足，跋涉荒漠朝君王，
4.神已为我立善牧，我岂依旧作亡羊？
1.忽闻纶音颂九霄，宣言圣子降下方。
2.才离帝座临下界，人世艰辛已备尝。
3.携来礼物敬献上，黄金、没药与乳香。
4.愿洁我心成圣殿，毋若客店无地方。
1.至高荣耀归上主！全地人民福无疆！
2.至高荣耀归上主！全地人民福无疆！
3.至高荣耀归上主！全地人民福无疆！
4.愿洁我心成圣殿，毋若客店无地方。
(阿 们)

圣诞感恩歌

救主耶稣降生

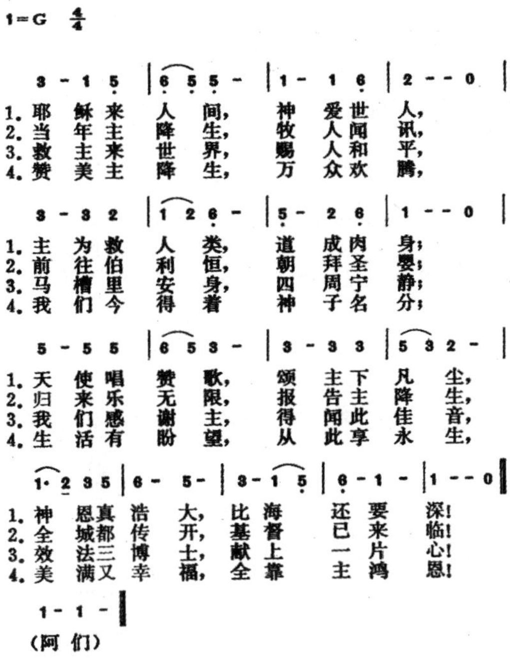

第三节　佛　教

一、佛教发展

佛教大约在隋代从扬州传入如皋东乡。宋代以后，中国佛教呈下降趋势，而如东地区处于江海一隅，佛教事业因当地没有战乱而得以较快发展。明清，为鼎盛时期，民国时期渐趋衰落。由于遭受抗日战争和解放战争战乱影响，至1949年，不少寺庙荒废，僧人衣食困窘。

中华人民共和国成立之初，中共宗教政策得到较好贯彻，佛教界走“人间佛教”之路，与广大人民群众一样，建设社会主义热情高涨。1958年，随着“大跃进”运动的掀起，宗教界也始开展“献庙”“献堂”运动，正常宗教活动受到影响，挫伤宗教界人士积极性。“文化大革命”期间，寺庙被关闭，大多数被拆除，佛像严遭毁坏，教职人员被赶出寺庙，正常佛教活动被禁止。

1978年以后，宗教政策得以落实，佛教事业逐步走上健康发展之路。

二、佛教活动

据《掘港镇志》载：民国29年(1940)前，设有佛教居士林，宣扬佛教教义，制有铜质蓝底佛像徽章，民国31年，曾被伪区长控制。民国34年，自行消失。1992年12月，在掘港成立如东县佛教协会，会长悟果。1997年6月后，会长汤成刚。

中华人民共和国成立前，境内有佛教庙堂10多座，均有专职佛教人士(俗称“和尚”)主持庙堂佛事活动，止马洼庙、南坎龙王庙、大豫佛堂、南武庙、武圣庙等规模较大，香火旺盛，后均被政府改建成学校。

2012年，大豫境内从事佛教活动人员31人，其中本场和尚8人、沙地和尚23人，均未受戒不属正宗僧人，没有固定活动场所。主要活动是帮民间丧户做斋事、放焰口。此外，还有忏法、打七(又称“结七”)、放生、水陆斋(又称“水陆道场”)开光、布施等。一般水陆道场(七天道场)，分内坛和外坛，以常见内坛活动为主，颇为热闹。主要活动有：洒净，结界，遣使发符，请上堂，请下堂，供上堂，供下堂，奉浴，受戒，施食，送圣，放焰口。“文化大革命”后，境内水陆道场被简化。

2012年大豫镇佛教人员统计一览表

表33—300　　　　单位　个

村　别	人员数	文化程度		
		完小	初中	高中
止马洼村	3	—	2	1
周墩村	4	1	3	—
香台村	6	2	4	—
一门闸村	2	1	1	—
徐征村	3	1	2	—
马家店村	2	1	1	—
丁家店村	2	—	2	—
巩王村	2	2	—	—
强民村	3	1	2	—
东安闸村	4	1	2	1
合　计	31	10	19	2

图33—191　佛教活动场景（2012年，管霖　摄）

第四节　道　教

一、道教发展

如东道教始传入，约300多年历史。渊源于江南茅山派系，为正一道。大豫属如东东部地区，道教信众稀少，2012年，仅有5人。均不属正一派道士。

二、道教活动

大豫境内道教没有固定活动场所。活动方式主要是替民间死人或悼祭已故仙人做斋事、放焰口。一般8～10人不等，境内一般道士规模似乎大于和尚，按照教义、规则诵经、做课、坐禅、拜忏、伴有锣鼓唢呐、丝弦乐器等。在斋事中，有“开地狱门”“破血湖”“系念食”等执事，还有“渡桥”“跑方”“行香取水”“高台拜佛”等。以示悼念死者，超度亡灵。

放焰口，又叫施食，或称道场。一般在斋主家中做道场有以下程序：

(一)布置经堂，把斋主家祖先牌位供好，摆上供品。法事人等道装整齐，按序位坐定。

(二)司鼓法师发三通鼓，请斋主叩头上香。

(三)打开场，奏乐曲牌：“大开门”“将军令”或“得胜令”，最后“团圆”。演奏时任选一种乐器，一般以唢呐为主。

(四)礼忏诵经：以进堂功课开始，配以乐器笙、箫、管、笛、二胡、琵琶、三弦、档子、木鱼、引磬、合子、手鼓等。结束后，斋主画字，画字过程中配以打击乐、双唢呐奏“四合如意”，接着奉经礼忏，又称拜忏，祭当斋亡灵。一般是《玉皇忏》《熏修忏》《十王忏》《朝天忏》《济度忏》。一部共拜三忏，由6～8人拜忏，一支忏拜完后，必须绕单，口念十方天尊圣号，后至台上牌位前交经，做暮台功课。

(五)发文疏：又称阅神，通知当方土地，上奏天庭，下通冥府，带亡灵到台前开经听法。为其忏悔减罪，拔土超升(超度亡灵)。

(六)开地狱门：预先请扎库匠扎好丰都城(库)，共4个门，分别写上东、南、西、北4字。东门为“地”、南门为“狱”、西门为“门”、北门为“开”。用五谷或稻糠在地上写成后，由一名法师手执如意宝剑到台前诵念“破狱诰”后，再由斋主请亡灵牌位到丰都城放好，斋主和其他亲属拈香跪下，由法师从东门开始，念“破狱咒”，同时手持宝剑一门一门地在地上画开门符，逐门破开，地狱门才算开。此仪式意义是使亡灵能消罪解厄，拨度生方，早日走出冥府。

(七)破血湖池：用一完好小瓦钵，放一点食用红水作为血。由法师手持铜铃和宝剑，口念“血湖经”，念完后用宝剑刺破血湖池，此仪式只限于有过生育女亡灵。因为在世时她们生育儿女，身体浊气重，所以要破血湖。

(八)度奈何桥：俗语讲运桥。每做一次法事都要运桥，运桥至少要五位道士进行。由斋主捧亡灵牌位，随道士绕转，并由主法法师手持铜铃，口念法桥大度天尊宝诰和提魂偈，其他道士随法师鸣奏乐曲。此仪式意义使亡灵能度过奈何桥早登仙境。

(九)奉经,点包子袋:奉经,是给本姓堂上列代宗支、外来客亲及搭坐亡灵奉经,主要奉《度人经》与《升天得道妙经》。同时焚烧包子袋。

(十)步尊:首先在外面设坛,主法师站立坛前正中,其他8人站立两边,由主法师三上香,洒净、献鲜花、开规行三拜九叩首大礼,然后,众举香赞,念神咒及天尊宝诰,绕单口念“太上原始天尊三百声”。绕完单后,回鸾返驾至坛前原班站立,再行三拜九叩首礼。最后奉心经一遍,天尊宝诰3遍,众念忏悔偈、答八仙、大回向、三皈依道经师三宝,整个谱尊才算结束。

(十一)登台炼度:炼度名为《蓬壶法食》。法食过程中,分别有吹打、丝弦、静念三种,法食时间2～3小时。

2012年大豫镇道教人员一览表

表29—301

村　别	人员数	文化程度	
		初中	高中
大豫社区	4	2	2
香台村	1	—	1
合　计	5	2	3

图33—192　道教活动场景（2011年,桑利章　提供）

第五节　宗教场所

境内有两所固定宗教场所。天主教堂建于1986年，重建于2009年。基督教堂建于1996年，重建于2003年。两堂均为南通市创建和谐寺观教堂先进单位。

一、天主教堂

20世纪30年代，启东、海门等地北上垦殖移民纷至沓来，其中有不少天主教信徒。先后在兵房镇北郊宋维乔家，在兵房镇南郊袁家设立天主教活动点，其中“袁家堂”规模较大。“文化大革命”期间均停止宗教活动。中共十一届三中全会后，中共宗教信仰自由政策得到落实，恢复如东县天主教徒宗教生活，县委、县政府决定建立如东县天主教堂，因掘东地区教徒相对集中，天主教海门教区和县委、县政府协商后，决定把原掘港镇天主教堂(若瑟堂)迁建至兵房镇富华路北端与新兴路交汇处。

该堂1986年动土兴建，1987年落成。面积约240平方米，砖木结构，5月6日，海门教区主教郁成才主持兵房天主教堂开堂仪式，新堂开堂后，平时约150人到堂过宗教生活。重大节日牧灵范围除境内，还有通州区东北部骑岸、十总、二窎、北兴、三余、恒兴、海晏等地，教徒人数约1000人。该堂属狼山本堂神甫管辖，神甫每月巡礼，主持宗教活动。为方便老年教友，另在通州二窎、掘港镇联丰村设临时弥撒点(弥撒即天主教对圣体圣事礼仪的称谓)。兵房镇旅港商人，天主教虔诚教徒刘洪义，1991年，在家乡看到教友为群众办实事、做好事，颇受感动，向兵房天主教堂捐赠修缮资金港币1.20万元。天主教徒积德行善，为社会服务形成风气。1994年统计，当年教徒参加村义务筑路，修桥21座，为孤寡老人做好事570多件，参加当地“救死扶伤献爱心”等活动，捐款人民币1500余元。兵房天主堂历任神甫有：徐福佑(1980～1991)、陈小平(1991～)。修女有：顾素德、李守慈、袁卫红、蔡红菊、朱惠芳、薛菊香、蔡爱萍、顾春菊。建立以神甫为核心堂区管理小组，负责堂区教务活动。1998年，在教堂东侧征地4000平方米，兴建神甫楼。1999年，成立如东县天主教爱国会宗教团体，由神职修女、教友组成，使域内天主教徒有自治、自律、自主办会组织。2002年，整修改造教堂，新砌3间附属用房，并对场所内进行绿化，堂内面貌有很大改观。开堂后，多次被市、县评为“文明宗教活动场所”“模范宗教活动场所”。

2009年，教堂易址原地西侧进行重建。12月22日上午，举行隆重奠基典礼。新堂包括教堂及两幢生活用房，占地面积6660平方米，建筑面积2402平方米，为哥特式建筑，典雅大方，庄严气派，设施齐全，为广大教徒提供一个优秀朝圣理教场所，成为如东县洋口港整体规划中一道靓丽风景。2011年11月10日09时08分，大豫镇兵房天主教堂举行盛大开堂庆典活动，中共江苏省、南通市委统战部、民族宗教局领导，全国天主教爱国会负责人，如东县四套班子领导、有关县(市)天主教教职人员，如东县兄弟宗教团体负责人，相关天主堂教友，1000多人参加庆典活动。见证新堂开堂之喜。2012年，被评为南通市创建和谐寺观教堂先进单位。

二、基督教堂

20世纪80年代末至90年代初，兵房境内有3个基督教流动活动点（时称非法聚会点），没有固定活动场所和教堂。1994年，经上级宗教主管部门批准，在徐征村4组姜云娣宅设立临时活动点。因基督教徒人数不断增加，该点难以适应活动需求。1996年，购买新南村5间旧厂房，作为基督教固定活动场所，1998年，传道人在苏州培训中心接受系统培训，活动点获准正式登记。2002年10月11日，吴春香由义工被按立为正式传道。2003年，向政府部门申请移址建教堂，得到中共兵房镇委、政府大力支持，在兵房小学向东200米，培新村14组，（334线路南、如泰河北岸、紧靠砂石场）划拨土地1998平方米，新建一幢坐东面西300平方米两层门楼教堂，可容纳300～500人。2012年，在册信徒280人。是年，被评为南通市创建和谐寺观教堂先进单位。

附记：南通市宗教工作会议介绍材料

切实加强对基层宗教工作管理

中共兵房镇委员会

1994年11月

宗教工作是统战工作一个重要组成部分，根据全国统战工作会议精神和我镇实际，近年来，镇党委切实加强宗教活动管理，把宗教工作摆上一定位置。

我镇位于如东县城东部，是掘东区“三乡一镇”中心。全镇拥有21个自然村，4.10万多人口。据初步统计，信天主教、基督教、佛教、道教800多人。1984年，我镇建造一座“天主教堂”。为做好新时期基层宗教工作，切实加强对我镇宗教活动场所和宗教活动管理，我们主要着力以下三方面工作：

一、统一思想认识，把基层宗教工作作为一件大事来抓

宗教工作理论性、政策性很强，要做好也是一件不易之事，不要说在一些基层党员干部中存在着不理解现象，就我们党委一班人中思想认识也是逐步加深和提高。过去有些人片面认为，“宗教工作做好做差，与整体目标考核无关紧要”。于是，一段时期放松对宗教工作管理，出现一些混乱现象。镇党委发现这一情况后，首先组织党委一班人认真学习江泽民在全国统战工作会议上“民族、宗教无小事，全党都要重视民族工作和宗教工作”重要指示以及有关宗教方面法律、法规，同时组织机关干部进行认真学习，使大家对宗教理论知识有所掌握，思想得到统一，宗教工作政策水平和做好宗教工作自觉性得到提高。为使宗教工作常抓不懈，一抓到底，做到事事有人管，层层有网络。1993年11月，镇党委在考虑人员分工时，对此一并明确分工，镇建立由负责党务工作的党委副书记、分管政法副镇长、纪检书记、统战委员、人武部长组成基层宗教工作领导组，各村也相应建起宗教工作领导小组，从而使宗教工作逐步走上规范化、法制化轨道。

其次，镇党委还十分关心宗教神职人员成长和生活。镇天主教堂有两位神职人员，即修母、修女各1人。我们不仅在政治上关心她们，而且在生活上也时常予以关心。例如修女李守慈，我们推荐为县政

协委员，定期组织她参加我们政协委组活动，政府一年一度人代会，我们也通知她列席会议，让她了解社会，接触社会，掌握社会新形势、新情况；鼓励她积极参与社会主义市场经济建设。对她们向政府提出积极建议，做到有求必应。今年初，提出要建一个自行车棚征地建议，镇党委会同区工委、县委统战部领导一起到实地进行察看，当场给予妥善安排。此外，每逢重要节日，镇党委领导都要抽出时间亲临教堂。特别是台风等自然灾害季节，镇党委考虑到教堂里人力单薄，总是提前给她们做好防范措施。

二、强化服务，广泛宣传，贯彻中共宗教政策

如何促进宗教活动正常化，其重要因素，就是通过宣传、贯彻中共宗教政策来提高广大群众和宗教人士自觉性。近几年来，我们在处理基督教私设聚会点和自封传道人等方面做出一些努力。

（一）利用农村有线广播和结合有关会议，进行中共宗教政策宣传。1993年下半年以来，我们先后举行广播宣传5次；镇党委书记茅桂元在九三年度党员、干部冬训班动员报告中就党员干部如何加强党的宗旨观念教育时，重点指出党员、干部要维护中共宗教政策，但党员不得信教。今年上半年，在召开镇农村思想政治工作会议上，镇党委宣传委员作如何贯彻落实中共宗教政策专题辅导报告。通过各种形式，广泛宣传，使全镇党员、干部、群众普遍受到一次中共宗教政策教育，基本做到家喻户晓，深入人心。

（二）集中精力，取缔基督教私设聚会点。前几年，我镇基督教活动比较频繁，当时有3个活动点，分布在马店、新民、三港3个村。为制止这一非法宗教活动，镇党委组织力量与派出所协同作战，他们跑到哪里，我们就跟踪到哪里；反复宣传政策，说服教育，经过3个回合，3个私设聚会点终予取缔，并对不明真相信教群众进行耐心细致说服教育工作，对所谓传道人黄元相进行严厉批评。

（三）对信教（基督教）群众进行调查登记造册。为有效控制基督教私设聚会点活动，今年上半年，我们在充分发动群众基础上，对全镇及邻乡164名信基督教群众进行登记。我们认为这样做有4大好处，即有利于加强对宗教事务管理；有利于保护宗教信仰自由；有利于随时掌握动向，打击非法组织和非法活动；有利于正确疏导、教育。

总之，我们这样做，就是要把注意力放在认真抓中共宗教政策宣传贯彻上，做到既尊重和保护人们信仰宗教自由，也保护人们不信仰宗教自由，把信教和不信教人，信这种教和信那种人都团结起来，和睦相处，彼此尊重，把意志和力量集中到建设有中国特色社会主义建设事上来。

三、依法加强对宗教事务管理，积极引导宗教与社会主义社会相适应

今年以来，我镇在依法加强对宗教事务管理中，还注重两大工作：

（一）对正常宗教活动合法权益加以保护。我镇除天主教、基督教外，还有15名从事佛、法事和尚、道士，他们经县佛教协会批准，领取佛事许可证宗教职业者。我们定期组织他们开会、学习、交流活动情况。但这支队伍中也时常有假僧假道参与他们活动，为纯洁这支队伍，我们一方面通过有线广播宣传佛、法事活动有关规定，公布宗教职业者名单；另一方面我们根据群众举报，不定期地搞些“突然袭击”，查处一些假僧假道。同时，教育有证者要自尊自重，要自觉接受管理和群众监督，不准一证多用，不准以假乱真，不准哄抬价格，从而使矛盾减少，队伍纯洁。

（二）对信教群众正确引导。今年以来，我们在加强对宗教活动管理同时，还注意引导信教群众走勤劳致富道路，积极参加社会公益活动，收到较好效果。

1. 抓引导信教群众学习科学技术和发展生产，勤劳致富正面教育工作。据村里反映有不少信徒家

庭成为万元户，新建楼房、添置高档家具，还有不少原来比较贫困信教群众家庭已脱贫致富。如，徐征村信教群众姜云娣，原来家境比较贫困，一人种5亩责任田，丈夫外出做工，年收入万元以上，并盖起楼房。

2. 抓引导信徒为社会公益服务，积极参加社会活动。我们把宗教教规教义中与社会公德相适应部分结合起来，鼓励和支持他们为民办实事、做好事。今年以来，据不完全统计，信教群众参加村里做路、修桥21条。为鳏寡老人、敬老院老人做好事570多件，参加“救死扶伤、献爱心”捐款活动，捐献人民币1500多元。

第三十篇　公用事业

民国6年(1917),大豫盐垦公司(在大豫镇农机厂处)曾用一台柴油机进行自发电,供员工照明及轧棉花之用,为境内电力照明之萌芽。

中华人民共和国成立前后,境内照明靠蜡烛、豆油灯、煤油灯。当时,最先进照明设备属汽油灯。点燃后,发出较强亮光,辐射上百平方米空间。老百姓饮用水靠天水、井水、河水,饮水用明矾澄清。生活用燃料主要以茅草、芦苇、秸杆等。

中共十一届三中全会后,境内老百姓照明用电灯、通信用电话、饮用水从浅层井水,逐渐饮用清洁卫生自来水,启用洁净液化气燃料。1980年,大同居委会主任龚志飞集资创办如东县农村首家自来水厂。开启境内自来水事业先河。至2001年,全镇有自来水厂13座,受益者10万人。2011年始,全面启动引江供水工程,对管道改造更新,将深井水改用长江水,使饮用水质得到进一步改善。2012年,根据县引江供水工程总体要求,成立大豫镇引江供水工程领导组,负责组织推行引江供水工程,整个工程共铺设主、支管道1104公里。

20世纪末,国家投入大量资金,对低压线路6平方铝蕊线单相供电进行更新改造。将低矮质差电线杆换成10米标准电线杆,三相四线低压线路都用上35~70平方米以上钢心铝绞线。全镇变压器布点合理、容电量充足,确保机关企事业单位,农民生产、生活用电需要和用电质量。

第一章　供　水

第一节　引江供水

2011年,中共大豫镇委、镇政府从民生工程实际出发,建立改水工作机构,领导实施管道更新。2012年,根据县引江供水工程总体要求,成立大豫镇引江供水工程领导组,镇长任组长,分管领导任副组长,成员为相关部门负责人、各村党支部书记,组织工程推进,指导、督查、协调农村供水管理相关工作。领导组下设供水管理中心,主任由领导组副组长兼任，副主任由相关部门负责人担任。具体负责组织推行引江供水工程，做好农村供水工作中资产管理、安全供水和相关工作。7月，根据中共如东县委、县政府办公室52号《关于镇（区）自来水厂兼并回购工作指导意见》精神，境内所有水厂由县自来水公司收购。9月，建立如东县自来水公司大豫管理站，如东县大豫镇供水管理中心，属县公司派出机构。址设原兵房镇新谊自来水厂。负责人张小军，职工20名。至翌年底，重新铺设主、支管道1104公里，全面完成引江供水工程。

图30—193　2012年，建成如东县大豫镇供水管理中心（供水中心　提供）

第二节　水　厂

2001年，大豫境内10万人（除止马洼、南坎社区外）饮用水主要是深层地下水，有些农户用水以井深3.50米左右浅层地下水。2011年，实施管道更新，总长度约97万米，使深层地下水改用长江水，日供水量6500～7000吨。至2012年7月，镇政府对全镇自来水厂进行评估后，收归镇自来水分公司管理。

一、豫新水厂

股份制企业。位于老大豫镇政府西侧，团结路4号。建于2001年，占地150平方米。总投资20万元，井深294米，铺设管道约9万米。日供水量900～1000吨。供水范围：南坎乡茂青、豫新、牛桥、环豫村，镇区居民、工厂、学校和豫东村部分，9000人受益。负责人顾松。2003年改制后，法人代表李斌。

二、亭海水厂

镇办集体企业。位于北七贯桥南路东。建于1997年。井深400米,铺设管道近10万米。供水范围:南坎乡鲍桥、凌窑、亭海、周墩、豫东、新兴村,受益1万余人。负责人季汉清。2001年,改制为股份制。由顾爱东及5个老干部组成董事会,顾爱东为法人代表。

三、如东农场水厂

农场集体企业。第一口深井建于1974年,井深380米,位于农场南场。当时受益500人左右。1984年,在农场场部北侧,钻探第二口深井,井深400米。1800名职工饮用上自来水。

四、东凌水厂

集体企业。时称东凌乡供水站。位于新大新东侧(黄海路6号)。1999年9月,由东凌渔业乡兵港、东凌、东洋、东港村集资20多万元建成。承建单位南通市沪东凿井基础有限责任公司,为一口钢板卷管深井,深268米。供水范围:华凌、凌港、三龙、九龙村南线,东凌老居民点。受益3500人。

2000年,东凌、南坎两乡合并后,镇政府决定由兵港村出资20万元买断东凌水厂,归兵港村管理,法人代表盛新东。

五、新谊自来水厂

村厂合资企业。位于兵房镇人民北路77号。法人代表郭殿军。1995年,该厂由南通东驰纺织有限公司与有关村联合,集资40万元建成。井深240米,铺设管道(不含进户管道)约9.85万米,历时1年。1996年初,开始供水,日供水量1000吨左右,供水范围:兵房镇新谊、培德、兵北、双港、丰荡、一门闸6个村。受益1.20万人。

六、兵房(金陵荡)自来水厂

镇办企业。建于1986年,位于兵房镇人民南路170号。该厂由区直、镇企事业单位集资12万元建成。第一口深井264米,铺设管道(不含进户管道)10.60万米。1987年年初,开始供水,日供水1000～1200吨。供水范围:兵房镇区(含兵郊村)、兵南、徐征、保田、双闸、新谊村,兵北村部分组。受益1.50万人。

第一口井于1992年年底报废。1993年2月,在老井旁打下第二口深井,运行5年后,此井又面临报废。1997年,用木器厂河西一口深井和第二口深井并网供水。第二口深井报废后,买下兵南养鳗场深井。至2012年底,均由木器厂、养鳗场两口深井并网供水。

2003年,该厂进行体制改革,以总资产54万元卖给社会自然人经营。更名为金陵荡自来水厂。

七、马店自来水厂

集体股份制企业。建于1992年,由兵房镇海凌、邻盐、马店、东安、新民、兵南等村集资36万元,钻深井一眼及配套设施建设,当年供水。改制后,属承包制企业,法定代表人施建飞。

1997年，水厂自筹资金25万元，又钻井一眼，建第二供水站，与原厂管网并联供水。1994年，供水范围扩大到海凌、安北、强民全村，1996年，延伸到三港村。至此，10个村2万人受益。最大供水半径7.50公里，铺设管道16.75万米（不含进户管道）供水面积30多平方公里，普及率100%。日供水15～18个小时，给水80～1200吨。

1998年，创建如东改水服务队。施建飞任队长，固定工5人，负责给水工程规划、设计、预算、施工一条龙服务。根据工程量大小聘用临时工。先后为如东县华丰、饮泉、石屏、新光、新林、浒澪、洋口、长沙等乡镇规建给水工程，如皋市长兴、新王庄村自来水厂，通州金西乡自来水厂进行引江供水管网改造工程。铺设管道660多万米。服务队根据《中国农村给水工程设计手册》设计工程，成本低、施工质量高，深得当地干部、民众欢迎。

因该水厂精于管理，善于发挥自身优势，社会、经济效益双赢。总资产63万元，无外债。位于全县乡镇水厂之首。2000年2月，被江苏省爱国卫生运动委员会评为"先进农村水厂"。2001年，被江苏省人民政府授予"先进农村水厂"称号，全省仅此一家。2002～2005年度获县"农村先进水厂"称号。

法人代表施建飞1995年、2001年，获市先进工作者，1997年，获县先进个人，2001年，评为县优秀党员，2002年，当选如东县第十四届人民代表大会代表。

图30—194 2012年，拍摄的兵房马店自来水厂门景（管霖 摄）

八、大同水厂

村办企业。创办于1987年3月，位于丁店乡大同村12组。是年，打下一眼274米深井。1988年10月，开始供水，其范围，大同村、大同镇居委会。2004年，改制为股份制企业。2005年，老井报废，经南通市水务局批准，2006年5月，改址伯安村14组钻新井一眼。铺设管道8万米，供水范围扩大至豫丰、通如桥、磨墩等村及华丰乡部分村组。受益1.50万人。

九、大同自来水厂

集体福利企业。建于1980年，位于大同镇菜市场处，创办人龚志飞，是如东县农村早期深井自来水厂之一。1988年，并入大同水厂。

十、丁家店水厂

营房桥村集体企业。建于1997年10月，位于丁店镇丁发路20号。占地420平方米，建筑面积300平方米。法人代表茅仁元。2001年，改制给施燕萍等6人，变更为股份制企业。随时间推移，设备严重老化，更新维修频繁，水厂入不敷出。2011年9月，由丁家店村集体收购，变更为村办企业。供水范围：丰港、王荃、协和、营房桥村及丁店镇区，受益1万多人。

十一、芦苇港自来水厂

村办企业。1988年4月，由丁店乡芦苇港村党支部集资建成。深井一眼262.50米。因资金短缺，后续工作未跟上，未能及时供水。村党支部动员人均集资15元。至1991年初，6.90万米管道铺设到位，开始供水。供水范围：荃东、毛竹桥、港闸、芦苇港村及大同新圩。受益9000人。

十二、严昆自来水厂

私营企业。建于1996年。之前，兵房境内仅东安闸村未饮用自来水。该村领导与严昆商定，为造福全村百姓。乘其建鳗鱼淡水养殖场之机，在老334线东延段往北二排九贯西侧，钻深井一眼，井深418米。1997年，开始供水。供水范围：东安闸村，老东安闸北单位、饭店、商铺等，受益5000人左右。

十三、盐场水厂

集体企业。建于1982年。位于老东安闸南300米，海防公路东侧。钻深井一眼，井深242米。20世纪80年代，集体办自来水厂，如东县仅两家，盐场为其中一家。1985年前，盐场水厂每天定时供水。1985年，建水塔一座，高度29.50米，贮水能力50吨。保证全天候供水。1993年，进行体制改革，由朱维康等4人承包，实行自主经营、自主投入、自负盈亏。投入40万元，铺设管道东西8公里，南北4公里。供水范围：为东安、东升、东港3个渔业村，兵房邻盐村部分村组及东凌乡政府，渔政、渔机站等10个单位。

十四、东凌二库水厂

村办企业。建于1987年，位于东凌村部西北100米。由冷库出资30万元，钻一眼253米深井，建造水塔一座。供水范围：冷库、东凌村80户居民，约200人受益。

2001年大豫镇各自来水厂基本情况一览表

表30—302　　单位:年 元 人

厂名	水厂性质	坐落位置	单位负责人	办厂时间	供水价格	受益人数	职工
豫新水厂	股份制	老大豫镇团结路4号	夏建华	2001	2.00	9000	2
亭海水厂	股份制	北七贯桥南路东	顾爱云	1997	2.00	10000	5
农场水厂(两处)	集体	如东农场场部后侧和南侧	纪新云	1992	年人均45元	1800	1
东凌水厂	集体	新大新酒店东侧	盛新东	1999	1.50	2000	6
新谊水厂	村厂合资	兵房镇人民北路77号	郭殿军	1995	1.50	12000	8
金陵荡水厂	私营	兵房镇人民南路170号	张裕松	1986	1.67	15000	6
马店水厂	承包制	马家店村27组	施建飞	1992	1.60	19000	11
大同水厂	股份制	伯安村14组	周亚琴	1968	1.60	10000	8
丁家店水厂	私营	丁店镇丁发路20号	施燕萍	1997	—	10000	4
芦苇港水厂	股份制	丁店九大队	顾耀生	1989	1.67	9000	2
严昆水厂	私营	兵房十大队九贯	严昆	1996	1.60	5500	4
盐场水厂	私营	海防公路东侧	朱维康	1977	1.80	1000	4
东凌二库水厂	村办	东凌村村西北侧	李万泉	1987	—	200	1

第二章　供　电

第一节　机构演变

20世纪70年代末,境内丁店、兵房、南坎、东凌等公社建立农机站(渔机站),各站设机工辅导员、电工辅导员。电工辅导员负责各大队电灌车口及附近农户用电管理。

1978年,各公社成立用电管理站。1990年,用电站更名电力管理站。1997年,明确各乡镇电力管理站行政属政府领导,业务由如东县供电局指导。1998年,乡镇电力管理站更名供电所。2000年,东凌乡与南坎乡合并为大豫镇,撤销东凌乡供电所。2001年,丁店乡并入兵房镇,撤销丁店乡供电所。2009年,兵房镇与大豫镇合并,撤销兵房镇供电所,成立如东县供电局大豫镇供电所。

第二节　变电所

1985年8月,建成兵房变电所,并投入运行。随着大豫经济持续发展及电力生产、民众生活用电之需要，2004年、2011年，相继建成华凌、东安变电所，年供电量2.17亿千瓦时。

一、兵房变电所

35千伏兵房变电所坐落在兵房镇人民北路45号，占地面积3400平方米。由如东县电机工程学会设计；如东县兵房建筑站土建施工；如东县供电局变电工区电气安装。1985年8月5日，投入运行。

随着如东经济不断增长以及电力生产形势不断发展需要，2003年5月10日，完成变电所综合自动化改造工程。

兵房变电所受电于220千伏洋口变电所、110千伏掘南变电所，容量为16兆伏安、10兆伏安、12.50兆伏安主变各一台。电气主接线：35千伏为单母线进线二回；10千伏为单母线分段带旁路出线9回。主供兵房、丁店、大豫等乡镇及如东棉场、盐场工农业生产和广大民众生活用电。年供电量约为1亿千瓦时。

图30—195　1985年8月，建成兵房变电所（变电所　提供）

二、东安变电所

110千伏东安变电所，坐落在如东县东安科技园内，占地面积3822平方米。该所由南通通源电力设计咨询有限公司设计，南通通明建设监理有限公司监理，南通光华建筑工程有限公司土建施工，如东永晟实业总公司电气安装。2011年5月20日，投入运行。

主供及备用电源均取自220千伏洋口变电站，为终端变电站。本期2台31.50千伏安，选用三相两绕有载变压器SSZ9-31500/110，110 ± 8 × 1.25%/38.50 ± 2 × 2.50%/10.50千伏，

SFSZ7-31500/110，110±8×1.25%/38.5±2×2.50%/10.50千伏，远景3台100千伏安。

110千伏出线共5回，其中东洋、安洋线为架空出线，其余为电缆出线。

10千伏本期出线32回，远景48回，全部采用电缆段出线。

本期设2组并联电容器装置，分别接在两段10千伏母线上，容量均为6000千伏安。10千伏系统中性点接地方式采用消弧线圈接地方式。110千伏东安变电所主供如东县东安科技园工农业生产和人民群众生活用电。

东安变电所年供电量约5400万千瓦时，2012年度，被国家电网公司评选为优质工程。

三、华凌变电所

35千伏华凌变电所，坐落在大豫镇凌港村2组，占地面积1805平方米。该所由南通电力设计院按无人值班变电所要求设计，南通苏源建设监理有限公司监理，如皋市建筑安装工程有限公司土建施工，如东苏源实业有限公司电气安装和线路施工，2004年10月20日，投入运行。

该所受电于220千伏洋口变电所，有10000千伏安主变两台。电气主结线方式：35千伏为线路变压器组（远景内桥接线），进线1回；10千伏为单母线分段，出线5回。主供大豫镇东凌地区工农业生产和居民生活用电。年供电量约6300万千瓦时。

第三节　电　价

大豫境内开始用电后，均执行国家、省统一规定电价。

中华人民共和国成立前，电力工业非常落后。营业业务大致分为电灯电热和电力客户两类，计算电费办法多种制度并存。电价一般有定额电价制、从量电价制、逐级递减制等几种。

1960年，国家计委和水电部联合颁发全国电价目录，其中部分工业产品电石等生产实行优待，电价降低26%～52%的幅度，两部制电价的起点由50千伏安改变为100千伏安及以上大工业用电。

1965年，国家颁发《1965年电热价格》，这是第一次公布全国统一电价表，各类电价水平均下调，其中：大工业降低15%。普通工业、非工业降低12.60%，照明用电降低8.30%。《1965年电热价格》一直执行到1975年。

1985年，随着改革开放，国民经济迅速发展，供用电矛盾日益突出，电价已不适应新形势需要，1985年5月，国务院《关于鼓励集资办电和实行多种电价的暂行规定》通知，为新电价出台创造条件。6月，国家计委等5家联合发文，水电部制定《关于通过用电加价在电价外同时执行》，延续到1993年新目录电价出台前后9年。从开征每千瓦时2厘4调整到1993年上半年1角8分7厘，使全国平均电价有所上升，但因燃料涨价，成本增大，利润反而下降。

1999年，江苏省在实行省统一销售电价基础上，为减轻农村用户电费负担，实行农村统一销售分类电价（以县为单位，“一县一价”）。农村用电实行“一县一价”后，各地不得在价外加收任何费用。各地实行用电户电量、电价、电费“三公开”制度，推行销售、抄表、收费、服务“四到户”办法，全面施行电价、发票、抄表、核算、考核“五统一”措施。低维费实行收支“两条线”管理。

2002年8月1日，在江苏省城乡居民用电实行同网同价基础上，实现城乡非居民用电同网同价。

2003年2月20日，江苏省城乡用电全部实行同网同价。

江苏省电网销售电价表

苏价工〔2011〕358号　苏价工〔2012〕182号　2012年7月1日抄见电量起执行

表30—303　　　　　　　　　　　　　　　　　　　　　　　　　　单位：元/千瓦时

用电分类			电度电价						基本电价	
			不满1千伏	1–10千伏	20–35千伏以下	35–110千伏以下	110千伏	220千伏	最大需量（元/千瓦·月）	变压器容量（元/千伏安·月）
一、居民生活用电	阶梯电价	年用电量≤2760千瓦时	0.5283	0.5183	—	—	—	—	—	—
		2760千瓦时＜年用电量≤4800千瓦时	0.5783	0.5683	—	—	—	—	—	—
		年用电量＞4800千瓦时	0.8283	0.8183	—	—	—	—	—	—
	非阶梯电价		0.5483	0.5383	—	—	—	—	—	—
二、一般工商业及其他用电			0.882	0.867	0.861	0.852	—	—	—	—
其中：1.中小化肥生产用电			0,439	0.424	0.418	0.409	—	—	—	—
2.限制类高耗能生产用电			0.982	0.967	0.961	0.952	—	—	—	—
3.淘汰类高耗能生产用电 0.652			1.182	1.167	1.161	1.152	—	—	—	—
三、大工业用电 0.634			—	0.667	0.661	0.652	0.637	0.622	40	30
其中：1.离子膜法氯碱生产用电			—	0.649	0.643	0.634	0.619	0.604	40	30
2.中小化肥生产用电			—	0.297	0.291	0.282	0.267		32	23
3.限制类高耗能生产用电			—	0.767	0.761	0.752	0.737	0.722	40	30
4.淘汰类高耗能生产用电			—	0.967	0.961	0.952	0.937	0.922	40	30
四、农业生产用电			0.509	0.499	0.493	0.484	—	—	—	—
其中：贫困县农业排灌用电			0.363	0.361	0.359	0.357	—	—	—	—

注：1.以上附表所列价格，除贫困县农业排灌0用电外，均含国家重大水利工程建设基金，具体标准为：中小化肥业生产用电、居民生活用电0.3分钱，其他用电1.491分钱除农业生产用电外，其他用电均含国家大中型水库移民后期扶持资金0.83分钱以及地方小型水库后期扶持资金0.05分钱

2.以上附表所列价格，除农业生产\农村居民生活用电外，均含城市公用事业附加费，具体标准为城

镇居民生活用电3分钱,其他用电0.6分钱.大工业用电\一般工商业及其他用电含可再生能源电价附加0.8分钱

3.惩罚性电价标准:单位产品能耗超过限额标准一倍以上的,比照淘汰类高耗能生产用电加价标准执行;超过限额标准一倍以内的,比照限制类高耗能生产用电加价标准执行

4.对国家明确规定执行居民用电价格的非居民用户,按其他居民生活用电价格标准执行

第三章 用 电

第一节 用电站

1975年,建成南坎用电站,为掘东区第一家。1978年,先后建成兵房、丁店、东凌用电站,负责辖区内安装、维修、用电管理。随镇域区划调整,2009年,兵房供电所并入大豫镇供电所。2011年,获市基层十佳供电所。

一、丁店用电站

建于1978年,借用农机站一角办公,设备十分简陋,首任站长顾成,1985年,李国新接任站长。1990年,易名电力管理站,后又更名为供电所。其主要职能安装、维修、用电管理。2001年3月,丁店乡并入兵房镇,撤销丁店乡供电所。

二、兵房用电站

建于1978年,办公室设在农机站内。站长姜友康。1980年,增编技术辅导员沈士林,电工周冠兵。1981年,移址兵房兽医站内。1985年,站长沈士林,电工增加到4人。1996年,站长季锡祥,1998年,迁址兵房人民南路西侧176号供电所大楼。1997～2000年,所长管图生。2001～2003年,所长周刚。2004～2006年,所长杨伟东。2007～2009年,所长陈李军。5月,大豫镇与兵房镇合并后,撤销兵房镇供电所。该所在安装、维修、用电管理工作中成绩显著,先后获县供电局“电费结零”“安全管理”等8次嘉奖。

附记:

农电事业发展之路“征文”《沧桑巨变话农电》(摘录)

季建忠,兵房供电所一名普通电工,也是家乡农电事业同龄人。习惯于“一熟棉花一熟麦,种到头发胡子雪雪白”家乡农民,为寻求温饱,试种“双季稻”。因而,少数生产队临近电灌站,“近水楼台先得月”,破天荒地拉上照明电。祖辈“点灯不用油”梦想变成现实。

8年前,从部队转业还乡,子承父业,夙愿以偿成为一名专业农电工。公社用电站初创时,业余农电工都是大队广播线护员兼职。

那年月,物资匮乏,供电设施简陋,浇筑水泥电杆没有钢筋,就用芦苇、竹子替代,此类电杆质量可

想而知。

那年月，电力紧张。灌溉与照明矛盾、企业用电与灌溉用电矛盾，拉闸停电是常事。该照明时没电，深夜时突然来电；即使有电时，因输电线路线损特大，电压特低，灯光戏称为“鬼火”，灯泡爆裂屡见不鲜。

改革开放和农电体制改革，促进农电事业发展。农村用电质量逐步改善。特别是新农村建设中，国家投入大量资金，实施新一轮输农网改造工程。高压线路贯穿全镇各村，35千伏主干线都已架设在高高铁塔之上；低压电线杆都更换成十米标准电杆；三相四线低压线路都用70平方米以上钢芯铝绞线，当年生产队仅用6平方米铝芯线单相供电已成历史；电表早已升级换成精准又无电损电子表；变压器布点密集，容量充足，广大用户用电需求得到满足，用电质量得到提高。

三、南坎用电站

该站前身为南坎公社农机站一部门。1975年，专门划出人员组成领导班子，负责电灌车口供电、维修。负责人张国富，电工辅导员徐志连、电工夏美华。1978年，按照县农工部要求，成立南坎公社用电管理站。2000年，东凌与南坎两乡合并，成立如东县供电局大豫镇供电所。历任所（站）长徐志连、曹辉、徐祥。2003、2005年获县文明单位标兵、群众满意十佳基层单位，2004年，分别获省电力公司、市供电公司一流农村供电所称号。

四、东凌用电站

建于1978年，位于东凌渔业公社办公室对面。1995年，迁入新址，位于乡政府西侧200米处，新建一座东凌乡电管站办公楼。站长龚善良。2000年，东凌乡并入南坎乡，撤销东凌乡供电所。

五、大豫镇供电所

2009年，撤销兵房镇供电所，并入如东县供电局大豫镇供电所。所址设在老大豫镇农贸市场西侧，占地总面积3300平方米，建筑面积1000平方米。职工60人，所长汪海兵。2011年，荣获市基层十佳供电所，2010～2012年，获县文明单位。

图30—196　2010年，建成如东县供电局大豫镇供电所（供电所　提供）

1995～2012年大豫镇用电情况统计一览表

表30—304 单位：千瓦小时 万千瓦小时

年份	农村用电量	一.农林牧副渔生产用电	其中排灌	二.工业用电	三.其他行业用电	其中				四.居民用电
						1.建筑业	2.运输业	3.商业	4.其他	
1995	469.52	96.80	195	339.47	—	—	—	—	—	33.25
1996	404.20	48.52	—	60.48	—	—	—	—	—	295.20
1997	455	75	34	77	—	—	—	—	—	303
1998	883	84	30	450	—	—	—	—	—	349
1999	918	125	47	430	—	—	—	—	—	363
2000	963	131	55	462	—	—	—	—	—	370
2001	980	132	47	480	—	—	—	—	—	377
2002	977	130	49	466	—	—	—	—	—	382
2003	1371	155	58	570	—	—	—	—	—	646
2004	6396	1360	770	2620	880	80	30	250	520	1536
2005	9770	1691	824	2700	900	90	35	260	515	4479
2006	1.11	1793	943	2888	1100	160	40	290	51	5310
2007	782.96	55.00	40.00	429.00	36.00	16.00	2.00	29.00	14.00	161.96
2008	836.43	193.63	130.00	550.00	101.92	18.00	2.50	29.00	14.00	192.40
2009	865.90	213.80	127.00	663.50	111.60	20.00	2.60	29.00	15.00	203.10
2010	918.18	247.55	128.00	684.93	113.60	22.00	2.70	31.00	16.00	224.50
2011	1045.56	286.00	133.00	727.70	117.70	23.00	2.80	32.00	17.00	241.20
2012	2436.37	487.00	143.72	1749.30	303.40	46.39	4300	67.80	39.00	543.10

第二节 电灌车口

1960年，南坎公社建造境内第一座电灌车口。1968年，建造第二座电灌车口。1970年，丁店、兵房公社相继建造电灌车口，且发展甚快。当时，主要为解决种植水稻用水。社队为寻求温饱，试种双季稻（玉米、晚稻），实践几年后，由于水质、土壤、气候等自然条件和技术水平限制，而停止种植水稻。2012年，大豫境内有70座电灌车口，其间经维修、更新，运行状况良好。

图30—197 2012年，拍摄的大豫镇南坎10号泵站（管霖 摄）

20世纪70年代起，电灌车口为农村照明，农田抗旱和灌溉，确保农业丰产丰收发挥巨大作用。

2012年大豫镇电灌车口（泵站）一览表

表30—305　　单位：年

河名	所处位置	规模尺寸	年代	河名	所处位置	规模尺寸	年代
掘坎河	止马洼村一组	50千瓦	2009	八贯河	豫北村二排	50千瓦	1976
	六贯北首	100千瓦	1973		豫北村六排河东	100千瓦	1975
公共河	三贯处	100千瓦	2009		豫北村西南	50千瓦	1977
	六贯处	100千瓦	2009	九贯河	新建村南二线	50千瓦	1975
	公共河3+305	50千瓦	2009		凌窑村东部	50千瓦	1975
	公共河4+500	50千瓦	2009		棉场中部	50千瓦	2009
	七贯东1.5公里处	50千瓦	2009		棉场中部	50千瓦	2009
公共河	九贯东570米处	50千瓦	2009	垦区中心河	凌港闸管所渔场东	17千瓦×2	1984
	畜禽公司南	17千瓦×2	1985		南六河南侧	17千瓦×2	1984
	畜禽公司河南凌港车口	17千瓦×2	1985		南六河北侧	17千瓦×2	1984
	东车口（对虾场三部河东）	50千瓦	1985		南四河南侧	17千瓦×2	1984
四贯河	茂青村六组	50千瓦	1985		南四河北侧	17千瓦×2	1984
	坎西村西沿	50千瓦	1976		南二河南侧	17千瓦×2	1984
	止马洼老村部西	50千瓦	1975		南二河北侧	17千瓦×2	1984
掘豫界河	牛车桥北侧	120千瓦	1970		对虾场部东侧	17千瓦×2	1984
七贯河	凌窑村北三排	50千瓦	1977		九龙村北八河南	17千瓦×2	1984
	凌边村四组	50千瓦	1995		九龙老村部东	17千瓦×2	1984
	香台村冬瓜糖厂	17千瓦	2009		九龙老村部东	17千瓦×2	1984
垦区中心河	种子站西侧	17千瓦×2	1984	如泰河	六贯半（马家店村）	17千瓦×14吋	1984
	林特站东侧	17千瓦×2	1984		六贯半（强民村）	17千瓦×14吋	1984
	北六河南侧	17千瓦×2	1984		七贯半（马家店村）	17千瓦×14吋	2005
	北六河南侧	17千瓦×2	1984		七贯半（强民村）	17千瓦×14吋	2005
	北南河北侧	17千瓦×2	1984		八贯半（东安闸村河南）	17千瓦×14吋	2005
	北南河北侧	17千瓦×2	1984		八贯半（东安闸村河北）	17千瓦×14吋	2005
	北四河南侧	17千瓦×2	1984		九贯半（东安闸村河南）	17千瓦×14吋	2005
	北四河南侧	17千瓦×2	1984		九贯半（东安闸村河北）	17千瓦×14吋	2005

续表30—305 2012年大豫镇电灌车口(泵站)一览表

河名	所处位置	规模尺寸	年代	河名	所处位置	规模尺寸	年代
垦区中心河	北四河北侧	17千瓦×2	1984	一贯河	丁南二横河一贯	17千瓦×14吋	2007
	北四河北侧	17千瓦×2	1984		丁南二横河一贯	17千瓦×14吋	—
	北二河南侧	17千瓦×2	1984	丁南河	四贯半	17千瓦×14吋	—
	北二河南侧	17千瓦×2	1984	兵南河	兵南河六贯半	17千瓦×14吋	2007
棉场河	南坎村十一组	80千瓦	1989		兵南河七贯半	17千瓦×14吋	2005
	香台村东片	50千瓦	1973		兵南河八贯半	17千瓦×14吋	2005
	凌边村中心	50千瓦	1974	北二十八河	三贯东侧	80千瓦	1973.5
	坎西村北部	7.5千瓦	1982	—	—	—	—
南坎河	南坎村中部	100千瓦	2009	如泰河	五贯(强民村)	17千瓦×14吋	2005
	南坎村东首	100千瓦	2009	合计	70座	—	—

第四章 供 气

第一节 民用燃料

20世纪30年代前,大豫境内民用燃料以芦苇、茅草为主。30年代后,大批启海人迁入境内,滩涂芦苇、茅草被垦殖,燃料以作物秸秆、河浜芦苇为主。50年代,小集镇居民始以煤球为主要燃料,辅之柴火。1982年,兵房公社六大队建境内首家煤饼厂,日产煤饼约6吨,主供集镇居民使用,少数居民用电力煮饭、烧开水(电饭煲、电热器),燃料多样化。农村居民仍以柴火为主要燃料,少数用煤油(炉)、煤饼等燃料。90年代始,集镇居民启用液化气。90年代中期,农村居民始用液化气,根据农村特点和生活习俗仍保留柴火为辅助燃料。2000年后,大豫镇居民及企事业单位全部实行电气化。用柴火、煤饼作燃料时代已成为历史。

第二节 液化气供应

大豫境内,液化气由南通美凌液化气灶具有限公司供应。该公司建于1995年8月,私营企业。位于大豫镇兵房顺通路1号,总投资220万元,占地面积4476平方米,建筑面积400平方米。董事长张志坚,有工作人员14人。贮气罐3只,贮气能力为185立方米,年供气1800～2500吨。

图30—198　2012年，拍摄的南通美凌液化气公司（金向东　摄）

第三节　液化气价格

液化气价格由液化气公司统一制定，根据市场行情时有波动。境内美凌液化气价格，1999年后，基本保持在45～115元之间。

1999～2012年南通美凌液化气价格表

表30—306　　　　单位：元／瓶

日期	价格	日期	价格
1999.09.01	50	2004.09.06	71
1999.07.12	45	2005.09.06	78
2000.05.23	62	2006.09.25	93
2001.02.09	68	2007.08.10	88
2001.12.18	53	2009.04.23	55
2002.06.23	45	2012.07.30	80
2002.11.15	60	2011.07.16	90
2003.05.17	50	2012.03.03	100
2004.01.07	60	2012.12.01	105～115

第五章　农村卫生

第一节　农村改厕

境内农村厕所一直沿用传统“条凳”“靠背”式便具（俗称缸床、茅缸座）。前无遮挡，下无板盖，既不雅观也不卫生。1949年后，结合爱国卫生运动，对旧式厕所进行改造。1951～1965年，取缔路边露天粪缸、粪池23个，迁移42个污染水源粪缸、粪池。新建和改良厕所121个。1966年，建造瓮式贮粪池29个，这种粪池肚大口小，便于封闭发酵。有农户改造成沼气照明。1979年，推广"三防"[①]厕所。1982年，境内各公社共建"三防"厕所1.20万个。1986年，农村厕所改造工作仍以改善卫生状况为主，境内有卫生厕所80多个。1991年，境内在兵郊村进行三格式无害化厕所试点，成功建造无害化厕所5个。1997年7月，县爱卫会下发《如东县农村厕所九年规划》，境内各乡镇采取强化措施加快改厕步伐。1999年，全境建成无害化厕所800余个。2007年，县爱卫会出台《如东县农村改厕技术规范》，举办全县农村改厕技术培训班，境内5人参加培训，并前往泰州古溪镇顾庄村、如皋市吴窑镇参观学习，实施完成250座三格式无害化卫生厕所改造任务，并通过县检查验收。至2012年，全镇累计完成3210个无害化厕所。

第二节 环境卫生

1952年，境内各乡建立爱国卫生运动委员会，开展群众性大扫除。农村以积肥为中心，清除宅前屋后杂草、坛坛罐罐积水、填塞污水池塘、消灭蚊蝇滋生地。此后几年，连续开展爱国卫生突击月活动，结合挖"千脚泥"等积肥运动，改造环境卫生。

1958年，各公社组织以除"四害"[②]为中心的爱国卫生运动声势浩大。家家户户厕所和墙角、屋角撒"666"药粉，灭杀蛆虫、驱除蟑螂，水井及饮用水漂白粉消毒。

1963年，各大队(居委会)，以生产队为单位，安排人力，改造厕所卫生。粪池周围，填土夯实，施撒"666"粉，灭杀蝇蛹，定时喷洒敌敌畏灭蝇、蚊。此种活动延续多年。

1977年起，境内各公社多次开展"三管两灭"[③]为重点卫生活动，集镇公厕，单位自建自管厕所，继续开展大扫除、喷药、烟熏活动。建立健全卫生分工包段制度，实行"门前三包"，[④]着手治理"三废"。[⑤]农村开展以消灭老鼠为重点爱国卫生活动。各大队、生产队派专人在田头、屋内投放灭鼠药。

进入20世纪90年代，乡、村卫生管理工作步入制度化、规模化、正常化轨道。人民生活条件提高，环境卫生观念转变，灭蝇、灭蚊、灭鼠成为自觉行动。烟熏片、蚊蝇香、全无敌、固体清香剂等卫生药剂成为家庭常用品。铁树、桂花、香水月季、菊花、蜡梅等名贵花木点缀家园，城乡环境进一步优化、美化、绿化、香化、净化。

---

①防蝇、防蛆、防臭。

②苍蝇、蚊子、老鼠、麻雀，后蟑螂取代麻雀。

③管水、管饮食、管粪、灭蚊、灭蝇。

④包卫生、包绿化、包秩序。

⑤粪便、垃圾、污水。

第三十一篇　劳动保障

中华人民共和国成立前，劳苦大众生存顺其自然，听天由命，生老病死没有丝毫保障。漫长年代里，工农体力劳动得不到社会应有尊重，过着日出而作，日落而息悲惨生活。20世纪40年代初，掘东区建立抗日民主政权，大豫民众始得人民政府关怀。

中华人民共和国成立后，人民翻身当家做主人，人民生活有依靠有保障，人民政府高度重视劳动人民的权益保护，1952年，县设立劳动科，专管劳动工资，劳动者地位逐步得到平等和体面就业。中共十一届三中全会后，计划经济条件下劳动就业由国家"统包统分"政策得到改变；党和国家关注民生，出台并制定一系列政策、法规，劳动者享有各种生产、生活、生命保障，并受社会尊重；弱势群体得到社会关爱，真正感受到"大家庭"的温暖；老年人享受养老金，老有所养，颐养天年；社会和谐、人民安康，社会主义制度优越性更加凸显。

1980年3月，建立县劳动局，1986年，乡镇建立劳动服务站。1992年8月，乡镇设立农村社会养老保险事业管理所，实行"个人缴费、集体补助、国家扶持"农村社会养老保险。21世纪始，涉及用人和保障人员生活管理部门走上整合阶段。2001年，整合组建县劳动和社会保障局，此后，乡镇组建劳动和社会保障所。2009年，整合组建县人力资源和社会保障局。大豫镇组建人力资源和社会保障服务所，为大豫社会保障事业发展，承揽大量工作，发挥积极作用。至2012年，全镇农村居民参加养老保险3.08万人，职工参加养老保险4060人。

第一章　管理机构

第一节　机构演变

中华人民共和国成立后，境内各乡政府为广大百姓谋福利，经费逐年增加，组织机构逐步建立和完善，保障人民群众劳动、工作、待遇权利。

20世纪80年代初，建立掘东区劳动服务站。80年代中后期，乡镇组建劳动服务站。

1993年,县民政局建立农村养老保险办公室,乡镇相继成立农村养老保险所(简称农保所),人事属乡镇人民政府领导、管理,业务接受县民政局指导。2000年,县农村养老保险所并入县劳动局,乡镇农保所划归劳动局,更名为如东县劳动和社会保障局。

2003年,兵房镇和大豫镇分别建立劳动和社会保障服务所,2009年,兵房镇与大豫镇合并后,建立如东县大豫人力资源和社会保障服务所。

图31—199 2012年,大豫人力资源和社会保障服务所门景 (人社所 提供)

1981～2012年大豫境内劳动和社会保障机构一览表

表31—307

创办年份	机构名称	负责人	工作人员
1981	掘东区劳动服务站	缪克家	1人
2003	大豫镇劳动和社会保障服务所	朱 慧	3人
2003	兵房镇劳动和社会保障服务所	唐启红	3人
2009～2012	大豫人力资源和社会保障服务所	朱 慧	在编人员共8人,各村设协管员1人

第二节 掘东区劳动服务站

1981年7月,建立掘东区劳动服务站,为集体所有制事业单位。行政属区公所领导,人事和业务均接受县劳动服务公司安排、指导。站长缪克家，财务陈和平。服务站工作重点和业务范围是：贯彻中共“三结合”[①]就业方针，负责华丰、丁店、兵房、南坎、东凌、棉场等单位城镇待业青年就业安置和调查劳力资源，整顿建立临时工管理制度，推行就业前培训等工作。

1986年，为解决农村富余劳动力安置工作，县政府要求乡镇建立劳动服务站，由乡镇工办主任兼任劳动服务站站长，实行两块牌子，一套班子。华丰、丁店、南坎乡相继建立劳动服务站，兵房镇由区服务站带管。华丰站长范平，丁店站长屈惠斌，南坎站长曹士新。

1997年8月，掘东劳动服务站改为兵房劳动服务所。1988年11月起，劳动服务所定为全民事业单位。2000年，沈德新任所长。

第二章 就业形式

第一节 用工制度

民国时期，私营工商业等招收新员工实行艺徒契约制。中华人民共和国成立后，政府重视用工制度，国营、大集体企业根据国民经济计划招收新固定工。1956年，工商业全面实行公私合营和合作化，全面实行固定工制。1981年起，实行劳动合同制。20世纪90年代后，企业自主用工。

一、艺徒契约制

中华人民共和国成立前，国民政府统治时期不管劳动就业，劳动者自找门路谋生。私营工商业和手工业作坊招收新工人，一般实行艺徒契约制。艺徒年龄一般在12～20岁之间，通过中人担保，订立契约，习艺期多为3年。艺徒在学艺期间一般不给工资，在企业中过着低人一等生活。境内有些贫民子弟在当地拜师学艺，也有到上海、南通私营企业当学徒，3年满师后大都仍跟随师傅做手艺，或留在原企业当职工。

中华人民共和国成立后，农村一些个体木工、瓦工、油漆工等仍然沿用艺徒契约制，自招青少年为徒弟，跟班学艺，3年之内不给或少给报酬。20世纪90年代前，境内还见有这种艺徒契约制。一般在师傅名下跟班做手艺，由师傅以大工向主家结算，而以小工待遇发给报酬。

二、固定工制

中华人民共和国成立后，根据国民经济计划招收新职工，都属于固定工。1956年，工商业全面实行公私合营和合作化，也全面实行固定工制。这种制度一直实行到20世纪70

①劳动部门介绍、自愿组织、自谋职业。

年代末。1980年开始，改变固定工统包统配办法，实行公开招工，全面考核，由招工单位或主管部门按劳动用工计划、招工名额，择优录用。被录用者经过6个月试用合格后，转为固定工。大中专毕业生、城镇户口退伍军人分配安排到企事业单位，均为固定工。1983年前，退职、退休、死亡职工子女，经过6个月试用后，转为固定工。1981年起，固定工逐步被劳动合同制所取代。

三、劳动合同制

1981年下半年，掘东地区开始实行劳动合同制，贯彻公开招收、志愿报名、德智体全面考核、择优录用原则。1984年，劳动部门简政放权，进一步扩大企业自主权。企业要增人，首先在企业内部通过改革挖潜解决，或在系统内进行余缺调剂。向社会招工，优先安排城镇待业青年，使劳动计划管理"活而不乱""管而不死"。

劳动合同制工人，与招收单位签订劳动合同，其内容主要包括生产（工作）任务、合同期间劳动报酬、保险福利、劳动保护、解除或变更合同条件、违反合同应负责任及双方应遵守其他义务。

全民所有制单位合同制工人，在国家计划增加职工指标范围内招收。

四、季节工

生产季节性较强，用工较集中企业，根据各自生产需要，聘用季节工人。生产季节到厂做工，任务完成后回家从事其他劳动，年复一年，形成习惯。进入21世纪后，仍有企业（如紫菜厂等）聘用季节工。

第二节　劳动制度改革

中华人民共和国成立后，劳动制度逐步建设和发展。如东遵循国家对城镇劳动力就业实行"统包统配"，以行政和计划手段安置就业，以固定工形式使劳动者和企业保持终身固定劳动关系。此做法在计划经济时期，对保证劳动者就业和经济建设起到积极作用。随着经济发展和社会主义市场经济建立，这种制度弊端日益明显。1986年，国务院制定出台国有企业实行劳动合同制暂行规定、用工暂行规定、辞退违纪职工暂行规定和职工待业保险暂行规定。境内各乡镇按规定，改革用工制度，通过签订劳动合同，做到工人和企业互相选择，平等协商，用经济、法律和行政相结合手段来确定和调节劳动关系；改革招工制度，废除"子女顶替"和内招职工子女。通过改革实行面向社会公开招工，坚持择优录用；赋予企业有权辞退违纪职工，企业对违纪职工以教育为主，经教育或行政处分仍无效，可按规定条件、范围及程序予以辞退；待业保险确立保障待业人员基本生活和促进就业。

1990年，县劳动人事部门举办大型招工劳务市场，用人单位按县计划部门下达指标自主招工。20世纪90年代～2012年，国营、大集体企业全面改制，彻底打破几十年计划用工制度，企业自主用工。

第三节　劳动就业

1968年始，城镇知识青年下乡插队落户，解决就业问题。至1977年，掘东区接收插队知青781名。中共十一届三中全会后，改革开放政策，给大豫富镇强民注入良机，2012年，大豫镇劳务输出2万余人。

一、就业和再就业

20世纪90年代，国营、大集体企业相继改制，境内失业211人。2000～2011年，153名失业人员陆续被如东振兴机床有限公司、南通东驰纺织有限公司、南通大江灯饰有限公司、南通龙涛水带集团有限公司等11家企业吸纳，实行再就业。2012年，大豫镇认真贯彻落实省、市、县政府就业和再就业政策，建立健全各类基础资料台账。为贯彻落实中共南通市委、市政府提出全市《万人创业计划》，推进创业促就业，确保扶创业，促就业计划顺利实施，按月做好《创业人员基本信息表》《创办实体情况统计表》台账。完成创业任务85人，新增就业520人，城镇就业人员再就业260人，就业困难人员再就业30人，农村劳动力转移就业305人，创建充分就业村14个，其中新创建2个，通过市级验收。

农村人力资源调查数据跟踪维护6.88万人。就业技能培训350人，创业培训130人，高技能人才考核合格人数120人。

二、知识青年上山下乡

1966年，“文化大革命”开始后，教育战线首当其冲，学校停课，继而学制缩短，中小学12年改为9年一贯制，使一大批“毕业生”未到劳动年龄提前进入社会，高等院校一律不从高中毕业生中直接招生，阻塞高中毕业生继续升学门路，加上中华人民共和国成立前后出生者，也陆续达到劳动年龄。因此，城镇待业人员骤增。而工厂企业也大搞“运动”，不可能再招收新工人。对城镇初、高中毕业生和社会青年采取政治运动式，动员下乡插队，解决待业问题。

1968年，毛泽东主席发出“知识青年到农村去，接收贫下中农的再教育，很有必要”指示，如东县掀起轰轰烈烈下乡插队高潮。其对象主要是城镇户口初、高中毕业生。掘东区（华丰、丁店、兵房、南坎公社）接收128人。

1969年年初，如东县继续动员知识青年下乡插队，对象范围由县属镇扩大到公社，凡属城镇户口知识青年和社会青年都列入插队对象，掘东区接收55人，1970年22人。1971年，对70、71两届城镇初、高中毕业生实行统一招工、统一分配，下乡插队人员大幅减少。到1972年年底，全县仅有26人下乡安家落户。

1975年，对知识青年安置形式有所改变，集中安置，厂社挂钩，全县建立知识青年队或知青点。掘东区建兵房公社知青点。至1976年，兵房公社知青点安置知青19名。

1963～1977年，掘东区接收插队知青781名。1978年，政府对下乡知识青年进行统筹安排。通过招工、病退(因病退回城市)、“困退”(特殊困难)、顶替、三照顾(独生子女、父母多子女但身边无子女、归侨子女)等途径,陆续回城镇安置,至1980年全部迁离农村。

1963～1977年几个大队插队知青人数一览表

表31—308　　　　单位:个

大队别	南通		掘港		掘东		外省市		合计
	男	女	男	女	男	女	男	女	
南坎九大队	—	—	7	7	—	—	1	1	16
南坎八大队	12	7	14	14	1	1	1	—	48
南坎团结大队	—	3	2	5	—	—	—	—	10
南坎七大队	4	6	23	14	—	—	—	—	47
兵房十六大队	—	2	1	—	—	3	1	5	14
兵房三大队	1	3	—	2	—	2	—	—	8
丁店十一大队	2	4	—	1	1	2	3	2	15
合计	19	25	47	43	2	8	6	8	158

1975～1976年兵房公社三港知青点知青名单一览表

表31—309　　　　单位:岁

姓名	性别	年龄	插队年份	工作情况	备注
范本慧	女	57	1975	退休	—
施苏新	女	57	1975	退休	—
陈玉琴	女	57	1975	退休	—
田艳春	女	57	1975	退休	—
张菊萍	女	57	1975	退休	—
沈卫忠	男	57	1975	下岗	—
陈卫兵	男	57	1975	下岗	—
陈汉平	男	57	1975	下岗	—
吴晓峰	男	57	1975	下岗	—
黄裕生	男	57	1975	下岗	—
丛小燕	女	57	1975	退休	—
施建萍	女	57	1975	退休	精神病
蓝晓时	女	56	1976	退休	—
汤学妹	女	56	1976	退休	—
陈亚萍	女	56	1976	退休	—
邵　兵	男	56	1976	下岗	—
沈卫兵	男	56	1976	下岗	—
徐　祥	男	56	1976	下岗	—
邱志林	男	56	1976	打工	—

三、农村自然增长劳动力

主要是初、高中毕业生(含停学学生),20世纪50年代末,国家只提出普及小学。因受办学条件和学生家庭经济状况等诸多因素限制,完小升初中不多,初中升高中更少,考上大学屈指可数。广大青年毕业后大部分回乡务农,成为农村主要劳动力。20世纪90年代后,实行市场经济体制,企业得到快速发展,初、高中毕业生回乡后,经过职业学校和各种职业技能培训班学习,通过市场双向选择,招聘录用,也有自谋职业。

四、农村富余劳动力进城

劳动力进城是城镇重体力劳动主要资源,也是农村致富主要渠道之一。其中有工匠、搬运工、建筑工、工厂重体力劳动者;有从事商业、饮服等行业服务人员。多数属常年合同工,也有季节工(如轧花厂、砖瓦厂工人等)。中共十一届三中全会后,农村实行联产承包责任制,富余劳动力进一步向城镇转移。2004～2012年,大豫镇劳务输出从3100多人发展到2万余人。

五、"六一五"下放人员

20世纪80年代中后期,根据相关政策精神,可由个人申请,经公安部门审批,"六一五"(1961～1965年)下放人员,将农业户口转为城镇户口。境内办理农转非有数百人,但绝大多数只是户口性质转变,没有享受工作安置,只给予一次性补助。2012年,全镇46人。

六、子女顶替

1964～1986年,国家为解决第二次就业高峰,同时照顾职工退休后身边无人关照之家庭困难,实行职工退休由子女顶替政策。1964年起,工业、基建、交通企业和商业等单位退休、退职、死亡职工由子女顶替。顶替子女按招工条件办理,由劳动部门根据生产需要统一安排。集体所有制企业,除家住农村职工外,参照执行。1965年7月,全民所有制企业、事业单位和国家机关职工退休、退职,在劳动计划内根据生产、工作需要吸收他们符合条件子女或其他赡养亲属参加工作,办理顶替手续。1978年5月,工人退休、退职后,招收一名符合招工条件子女参加工作。实际执行中包括退休、退职干部。1983年9月后,工人因病退休、退职不再招收其子女参加工作。1986年10月1日,废止子女顶替"制度"。1957年底前,参加工作家居农村老工人,在他们办理退休手续后,允许1名农村适龄未婚子女到父母原单位城镇参加招工,同等条件优先录用。

七、复员、退伍军人

20世纪50年代初,如东县建立退伍军人安置办公室,负责转业干部、退伍军人安置工作。1956年后,贯彻国务院关于"归口包干"原则,根据需要和志愿,分配适当工作,从农村招收义务兵回原地参加工作或生产劳动。境内共有复员、退伍军人近4000人,其中1/3得到工作安置。有进入国家机关、文教、卫生、交通、水利等事业单位,也有安排到全民、集体企业单位。2009年统计,全境尚有112个姓氏,2601名复员、退伍军人,奋战在农业生产第一线。2012年底,553名年满60周岁复员、退伍军人,根据军龄,每月领取(10元×服役年数)生活补助金。

2012年大豫镇60周岁以上农村籍退役兵一览表

表31—310 单位:人

村(居、社区)别	人 数
止马洼村	30
南坎社区	33
香台村	38
周墩村	31
豫东村	31
大豫社区	21
九龙村	26
大同村	39
巩王村	33
丁家店村	53
伯安村	19
东安闸村	46
马家店村	28
徐征村	27
强民村	34
一门闸村	31
兵房居委会	9
东凌社区	5
东港村	2
闸东村	17

第四节　就业培训

中华人民共和国成立初期,境内一些工商企业对招收徒工,由单位进行职业培训,老师傅传授艺技。1977年后,企业单位内部对新招收职工业务技能培训工作逐步展开。1979年起,职工全员培训逐步形成制度化。1984年3月,乡镇成立农民成人教育中心。对一些青年进行就业前专业技术培训,农民创业培训。2000～2012年,先后举办缝纫、针织、横机等专业培训班221期,为当地有关工厂及外地企业输送人员3631名。实用技术(果树种植、蔬菜种植、山羊养殖、家禽养殖、虾蟹养殖等)培训班455期,累计培训12万多人次。

第三章　劳动保护

第一节　劳保组织

为保障企业广大职工利益、生命、生产安全，镇建立安全生产委员会，镇工会建立劳动争议调解委员会、劳动保护监督检查站、安全生产事故隐患排查治理领导组。各企业均建立相应组织，以保证各项活动顺利开展，促进安全生产。镇安全生产委员会每季度召开安全生产工作例会；组织企业安全生产检查和自查自纠。2012年，举办安全生产培训，企业(含农药经营)负责人及安管人员274人参加。

第二节　事故隐患

2009年，建立大豫镇安全生产事故隐患排查治理领导组，组长由党委书记担任，副组长由相关副书记、副镇长担任。全面排查治理各行业领域事故隐患，抓隐患整改工作，进一步深化重点行业领域安全专项整治，推动安全生产责任制和责任追究制落实，完善安全生产规章制度，建立健全隐患排查治理及重大危险源监控长效机制，强化安全生产基础，提高安全管理水平。镇安委会统筹协调联合督查行动，进一步完善工作方案和相关制度措施，规范监督检查方法和程序，采取巡查、抽检、互检等方式，深入基层和生产一线加强督促指导，使企业领导、职工安全生产意识得到加强，至2012年9月20日，全镇企业排查大小事故隐患67起，及时发现、及时整改、防患于未然，事故隐患逐渐减少。

附记：

事故案例

大豫境内曾发生多起安全生产事故，处于被动、可控状态，其中有责任事故，在严加防范下，造成人员死亡恶果较少。

农业系统，1960年7月，兵房、巩王、大豫公社有257名干部群众在5万多亩棉田治虫生产中，有关方面放松防毒教育及技术指导，引起农药中毒，其中有41人严重中毒，内有11人失去知觉，经医生抢救脱险。

医疗系统，1972年，县人民医院为兵房公社六大队一病者进行胃切除手术，误将一把止血钳遗忘在腹腔中一年半，方开腹取出。相关医师受到处分。

企业系统，2006年，兵房镇境内企业发生一般性工伤事故12起，其中1人伤残7级，1人伤残8级，1人伤残9级。这些工伤事故，经如东县劳动争议仲裁委员会和镇劳动和社会保障服务所仲裁调解，都得到友好、公平、公正协商解决。如东县东方电子标准件厂职工黄某某根据厂方安排搬搓丝车，搬移过程中，由于设备底下与地面有一只金属螺丝，而移不动，黄某某就用手去把底下螺丝拿掉，而搓丝车松动突然滑落，压住黄某某右手，导致右手中指、无名指当场断裂，部分粉碎性骨折。事故发生后，公司即派车派人送南通口腔医院救治，经治疗康复出院。该伤残待遇纠纷案，由如东县劳动争议仲裁委员会调解，双方当事人自愿达成协议：厂方支付治疗期间住院费、医药费、陪护费计人民币7450元，厂方一次性给付黄某某伤残待遇计人民币4.65万元。

死亡事故案例

锅炉爆炸：1980年5月20日，兵房乡油厂冒险使用一土锅炉，第一天即发生爆炸，炸死1人。直接造成经济损失1300余元。

压力容器爆炸：1985年11月13日，兵房五金服装加工厂土制浮桶式乙炔发生器（电石桶）发生爆炸，一名操作工人当场被炸死。

第三节　劳保监督检查

2009年5月，建立大豫镇工会劳动保护监督检查站。管霖任站长，何恒国任常务副站长，方海健、郁宏明、马卫东任副站长。监督站认真执行全国总工会颁布《工会劳动保护监督检查》等3个条例，保障经济建设发展，切实维护职工合法权益。按照国务院规定"企业负责、行业管理、国家监察、群众监督"相结合安全生产管理体制，组织、宣传、教育和发动职工群众，实施劳动保护监督检查。2012年，抽查19个企业，职工2186人。检查显示，全年安全生产检查141次，劳动保护检查员160人，劳动保护培训56场次，参加人数1866人，安全生产知识竞赛34次，1120人参赛。

第四节　劳保监察

2006年，兵房镇劳动和社会保障服务所对境内12家企业进行劳动保障监察调查。主要调查检查劳动合同签订、工资报酬发放、劳动时间。调查发现有两家企业劳动时间超过8小时，而最低工资仅600～720元/月，一家企业部分职工未签订劳动合同，查后得到纠正。2012年12月，大豫镇政府成立农民工专项检查领导组，由中共镇委副书记曹薇任组长，朱慧等任副组长，镇工商局、派出所、建设所、工业办公室、人社所等职能部门负责人为检查组成员，12月15～25日对产业园30家企业进行检查，职工1970人，全年应发工资6613.79万元，1～12月已发工资4247.50万元，占64.22%；拖欠工资2366.29万元，占35.78%；元旦前发60万元，占2.53%。检查组责成22家欠发职工工资企业，限时限期足额发放，不欠农民工一分钱，春节前所欠2306.29万元职工工资全部发放到位。

第五节　劳动争议调解

2006年4月，兵房镇政府成立劳动争议调解委员会。唐启红任主任，沈伟任副主任，成员管霖等。进一步完善劳动争议调处机制，及时预防和化解劳动纠纷，减少劳动争议案例，切实保障职工群众合法权益，促进劳动关系和谐稳定。南通市燎原针织有限公司、南通龙涛水带有限公司等20多家企业相继成立劳动争议调解委员会。并制定相关制度、明确职责及处理劳动争议方针等。2012年，大豫镇工会台账记载，全镇有26件劳动争议案，经调解处理得到圆满解决。

附记：

调解案例

2012年，南通大昌行农产品有限公司职工徐炳林、葛金平、管怀云，要求被申请人南通大昌行农产品有限公司支付加班工资、经济补偿金、事业保险赔偿金、代通知金等共计人民币分别为4.135万元、2.19万元、2.26万元。经如东县劳动人事争议仲裁委员会调解，被申请人同意申请人意愿达成协议。

第四章　养老保险

养老保险是社会保障制度重要组成部分，是社会保险5大险种中最重要险种之一。所谓养老保险，是指劳动者达到法定老年年龄并从事某种劳动达到法定年限后，由国家和社会依法给予一定物质帮助，以维持养老生活一种社会保险法律制度。

第一节　企业养老保险

中共十一届三中全会前，劳动就业、工资福利、退休养老、劳动关系等一切均由国家全面负责。20世纪90年代起，企业改制，转轨，产权转让，民营经济异军突起，导致下岗职工梳理分流，退休养老社会统筹，社会保障风险分担，劳动市场信息发布矛盾日益凸显。1997年，兵房镇、南坎乡、丁店乡、东凌乡分别建立农村养老保险所，在办理农村养老保险业务同时，开始重视民营企业养老保障工作。镇乡合并以后，中共大豫镇委、镇政府把劳动和社会保障列入“一把手”工程。大豫人力资源和社会保障所，在强化农村养老保险工作中，把企业职工养老保险、安全保险、医疗保险列入企业法人重要职责，各用人单位固定职工劳动就业、生产安全、退休养老得到基本保障。2009～2012年，大豫镇企业职工养老保险参保人数4060人，其中2012年参保人数1454人，完成任务数的130%。工伤保险、医疗保险、失业保险、生育保险均有长足发展。

2012年大豫镇各企业参加社会保险完成情况一览表

表31—311　　　　单位 个

单位名称	现有职工数	职工养老参保人数	工伤保险参保人数	医疗保险参保人数	失业保险参保人数	生育保险参保人数
江苏盾王劳保用品有限公司	322	200	322	113	153	0
南通大江灯饰有限公司	18	15	18	0	6	0
光大消防器材(南通)公司	138	115	138	36	68	0
南通东太玻璃器皿有限公司	55	28	55	2	24	0
南通东洋电光源制造有限公司	65	30	92	16	5	0
南通恒威聚氨酯有限公司	40	10	18	3	2	0
南通新佳机电有限公司	20	17	20	12	13	0
南通东驰纺织有限公司	82	65	82	10	7	0
如东县昌龙包装有限公司	41	25	41	24	24	0
南通络泰安防用品有限公司	37	26	37	3	26	0
南通飞杰织造有限公司	7	2	7	2	1	0
南通燎原针织有限公司	181	157	181	137	23	0
南通金地来酱制品有限公司	10	7	0	5	2	0
南通顺缘食品有限公司	10	5	5	5	5	4
如东兵房凯缘食品厂	30	5	1	4	0	0
如东县宝利造纸厂	85	15	124	0	0	0
南通万豪建材有限公司	53	60	53	59	53	5
南通万得纺器有限公司	59	46	59	17	41	45
南通海丰针织有限公司	27	13	27	4	0	0
南通辉华服饰有限公司	94	61	94	3	0	0
南通祥升服饰有限公司	92	43	92	3	1	0
南通豫铭服饰有限公司	158	68	158	4	62	0
南通杰恩特无尘材料有限公司	15	4	9	4	4	0
南通欧浦装饰有限公司	15	0	0	0	0	0
南通腾拓手套有限公司	49	6	49	6	1	0
南通熙可园艺用品有限公司	39	1	39	1	1	1
南通巨图新材料有限公司	55	42	55	42	0	0
南通鑫民重型机械有限公司	11	3	11	2	0	0
南通萌达金属有限公司	12	4	4	4	0	0
南通杰灵能源设备有限公司	60	0	0	0	0	0
南通新京隆电器有限公司	24	4	24	4	0	0
南通鑫达照明电器有限公司	40	3	53	2	2	0
南通天吉化工有限公司	7	6	6	6	6	6
南通大豫纸业有限公司	46	16	46	4	11	0
南通华宇紧固件有限公司	35	38	35	14	34	0
南通银杰特种螺丝有限公司	31	30	29	5	22	0
南通昌华水产有限公司	87	75	87	16	15	0
南通金木家俬有限公司	13	10	10	4	8	0

续表31—311　2012年大豫镇各企业参加社会保险完成情况一览表

单位名称	现有职工数	职工养老参保人数	工伤保险参保人数	医疗保险参保人数	失业保险参保人数	生育保险参保人数
南通泓盛手套有限公司	51	11	51	6	7	0
南通万洋混凝土有限公司	59	42	59	41	41	0
南通开颜家纺制品有限公司	11	2	11	0	0	0
南通鑫科橡胶有限公司	36	25	37	23	20	1
如东县现代电子器材厂	13	3	6	1	0	0
南通市三元电脑绗缝机械有限公司	39	19	39	3	0	0
如东县万禾机械厂	10	0	0	0	0	0
南通市如桥菜业有限公司	18	6	16	0	0	0
如东县大豫镇顺祥制衣厂	31	7	30	0	0	0
如东县阳阳家纺有限公司	23	4	0	2	0	0
南通大昌行农产品有限公司	40	15	0	4	0	0
南通东磊标准件厂	20	0	0	0	0	0
南通天地顺织造有限公司	45	0	45	0	0	0
如东县江海棉业有限公司	30	16	17	9	14	4
南通精益钢模刻字有限公司	12	7	10	2	0	0
如东县兵房建材厂	50	5	49	0	0	0
如东县林恩纺织有限公司	30	0	0	0	0	0
如东县兴发电镀有限公司	15	5	16	0	4	0
南通燎原生态农业有限公司	57	29	57	2	0	0
如东时代纺织品有限公司	10	3	11	2	2	0
合　计	2763	1454	2535	671	708	—

附记：

职工养老保险补缴规定

城镇个体,工商户及其雇工参加企业职工基本养老保险可以补缴。

补缴标准:511元/月。补缴年限:最多10年。补缴年龄:女不超过55周岁,男不超过60周岁。

2011年年底前已参保职工养老保险,现已超过60周岁的退伍军人,有几年军龄,最多补几年,上月补,下月退休。

第二节　机关事业保险

中华人民共和国成立后,事业单位与政府机关同等对待,由国家财政统包统揽。20世纪90年代中期,机关政治体制改革,遵循“脱钩、分类、放权、搞活”原则,机关事业单位全部列入事业编制。机关、医院等事业单位定编,陆续参加事业单位工作人员养老保险,归口于县人事局管辖。2003年,境内事业单位投保人数占70%,至2012年,已发展到491人。实行全覆盖。

第三节 农村养老保险

1997年，境内“一镇三乡”分别建立农村养老保险所，业务上隶属县民政局。2003年，农村养老保险所划归县劳动局。从此，农村养老保险工作成为中共镇委、镇政府重点民生工程之一。经各村宣传和组织，投保人数和金额逐年增加。凡参加投保且年满60周岁农村老年人都能享受养老保险金。2008年，农村养老保险更名新型农村社会养老保险，2010年1月1日，更名城乡居民社会养老保险。

2000～2012年大豫镇农村养老保险一览表

表31—312 单位：人 万人 万元

年　份	参保人数	投保金额
2000	2010	180
2001	2300	210
2002	2500	258
2003	2750	292
2004	2800	310
2005	3001	380
2006	3100	409
2007	3950	560
2008	1.39	3125
2009（两镇合并）	1.07	1296.1
2010	1.87	1317.17
2011	2.13	14178.55
2012	3.08	2580.17

第四节 五保户供养

农村五保户供养制度，始于1956年农业合作化时期。根据《高级农业生产合作社示范章程》规定，对生活没有依靠“老、弱、孤、寡、残”社员实行保吃、保住、保穿、保医、保葬，统称“五保”。

1958年，成立人民公社，境内各公社继续执行“五保”政策，其对象享受其他社员平均生活水平。各公社办起敬老院，集中供养五保对象。1959～1961年，受“三年自然灾害影响”，敬老院相继停办。中共十一届三中全会后，五保供养形式发生变化，实行分散与集中供养。1990年起，各乡镇在加强敬老院建设同时，进一步完善“五保”供养工作，实施以乡统筹、分级负担、以敬老院为依托，乡村包护人为主体五保服务网络，改变部分五保户分散无人照顾状况，确保五保人员生活水平、生活质量不低于当地群众。

2009年，中共大豫镇委、镇政府在强化敬老院建设和集中供养五保人员同时，不断加强对散养五保人员关心和照顾，除按标准保证发放供给费用外，各村还落实专人负责五保户生活安排，所有散养五保人员都享受免费合作医疗，以及危草房更新改造。

2012年统计，大豫镇80周岁以上老人有5077人，其中百岁以上老人15人；90～99周岁老人656人，占总人口0.67%。高寿老人除得到家庭和社会关爱外，政府每年给予一定补助。

2012年高龄老人尊老金、五保人员生活费发放标准

表31—313

年龄段	80周岁~89周岁	90周岁~94周岁	95周岁~98周岁	99周岁	100周岁及以上	五保人员生活费	
						集中	散养
发放标准	20元/人*月	60元/人*月	80元/人*月	100元/人*月	300元/人*月	5100/人*年	4100/人*年
人数	4406	538	107	11	15	49	145

2012年大豫镇五保户一览表

表31-314　　单位：个

村　别	性　别		供养形式		合　计
	男	女	散养	集中	
止马洼村	22	5	19	8	27
南坎社区	10	1	9	2	11
香台村	15	5	17	3	20
周墩村	5	4	6	3	9
豫东村	7	1	5	3	8
大豫社区	10	4	9	5	14
九龙村	3	—	3	—	3
大同村	14	3	13	4	17
巩王村	9	7	11	5	16
丁家店村	12	6	13	5	18
伯安村	2	5	5	2	7
东安闸村	10	2	8	4	12
马家店村	2	1	2	1	3
徐征村	9	2	9	2	11
强民村	11	2	11	2	13
一门闸村	5	—	5	—	5
合计	146	48	145	49	194

第五章 医疗保险

第一节 公费医疗

民国时期,官员和工人无医保享受,患病医药费自理。1952年6月,各级政府及所属事业单位工作人员,在乡二等乙级以下荣军、公办教师、医务人员等,均参加并享受公费医疗待遇,就诊者按指定医疗单位就诊,按规定范围报销医药费。50多年,公费医疗制度多次改革,但参保人员公费治病待遇一直没变。1997年4月,撤销县公费医疗办公室,建立县医保中心。2001年9月后,属劳动和社会保障局管辖。参保人员个人账户按年龄分段,分别按工资总额有关比例计算个人账户。1998年9月前,退休人员不设个人账户,10月起,设退休人员个人账户,并逐年增加,用于门诊医药费报销。其余列入统筹账户,用于住院费报支。癌症、心脏病、糖尿病等特种病员,经县疾病防控中心鉴定确诊后,每年可享受2000元以内按50%或70%报销医药费。

2012年年底,大豫镇1353人享受公费医疗(企业除外)待遇。其中离休人员33人,机关事业单位退休人员729人。机关事业单位在职人员491人。

第二节 少儿医疗

2006年,如东县在全市首推少儿医疗保险。参保对象:中小学校和托幼机构在册所有学生,如东县户籍的不在校少年儿童(含婴幼儿),均可参加少年儿童医疗保险。个人缴费标准为每人每年30元。每年9月1～20日为缴费期,学龄前婴幼儿到镇人社所下设的社区代收点缴纳。从缴费之日起3个月后享受。新生儿在出生3个月内缴费者,待遇从缴费次日起享受。出生3个月后缴费者,其待遇从缴费之日起3个月后享受。普通门诊补助:个人负担600元自付段后,超过自付段1～600元的可结付30%,参保少儿注射狂犬疫苗在400元以下的按50%结报,重症尿毒症透析、白血病、血友病、器官移植后抗排异药物治疗费用年限额在5万元以内,在个人自付700元后,按70%结付,非住院的恶性肿瘤放疗化疗,个人自付600元后,超过自付1～4000元部分,按60%结付。因病或意外死亡(不含道路交通事故、打架斗殴、自杀自残、酗酒等原因造成的死亡),给予一次性补助金1.10万元。

2012年,全镇中小学校、幼儿园4323名学生参加少儿医疗保险,参保金额12.96万元,覆盖面98%。

第三节　农村医疗

2002年，结束农村合作医疗。2003年始，推行新型农村合作医疗制度，农村居民看病贵、看病难问题得到缓解。

2004年1月1日起，大豫镇实行新型农村合作医疗制度，除个人缴纳一定基金外，省、市、县财政拨专项资金给予补助，总额是个人缴纳基金的1倍。2011年，筹资标准为人均200元。以户为单位个人缴纳65元，各级财政资助每人135元(其中中央及省财政75元、市财政2元、县财政51元、镇财政7元)。

2012年，新农合定额为305元，其中中央补145元、市补2元、县补76元、镇补17元、个人负担65元。

第六章　社会福利

第一节　工　资

一、供给制

在抗日战争和解放战争时期，境内脱产干部和职工都享受供给制待遇。1950年，党政干部开始按职务分10等30级评定等级。1954年，供给制为包干制所取代。1955年8月，全县党政机关和事业单位实行货币工资制。

二、等级工资

1956年，全民所有制企业和大部分集体所有制企业一般实行8级工资。根据工作等级和技术标准来评定工人工资等级，依照评定等级按月发给基本工资，级别愈高工资系数愈大，工资额愈多。1963年始，商业、饮食服务、外贸企业人员实行全国统一制定10级工资标准。

1956年，国家机关和事业单位工作人员实行等级工资制。工作人员的工资等级采用“一条龙”形式，按职务评定级别。当时，如东县执行3类地区工资标准。工资等级采用“一条龙”形式，按职务评定级别。

三、计时工资

根据劳动时间分为月工资、周工资、日工资和小时工资。中华人民共和国成立前，大多数企业实行以日计工计时工资制。1954年，第一次工资改革后，绝大多数企业采用月工资形式。1956年，第二次工资改革后计时工资与职工工资等级标准结合计算。绝大多数企事业单位都采用它，并且一直沿用到20世纪70年代中期。1977年后，大多数企业建立岗位责任制，实行计时奖励工资制，弥补简单计时工资形式之局限性。

四、计件工资

计件工资是以合乎一定质量要求——产品数量或作业量计算工资形式。计件工资分为个人计件、集体计件、临时计件和长期计件等形式。1956年前，一部分全民所有制和集体所有制工厂实行计件工资制。1958年，全部取消计件工资，一度推行半工资、半供给制度，即职工工资一般不超过40元，而吃饭、住宿、理发、洗澡、医疗以至看报娱乐均不付钱，其费用从工资中计算。1966年，“文化大革命”后，计件奖励工资制度受到批判而停止实行。1980年后，一些集体所有制企业开始实行并创造出各种计件形式，有力地推动经济发展和调动职工群众生产积极性。

五、浮动工资

1981年，在实行计时、计件工资同时，有些企业把工资同企业经济效益挂钩，同个人劳动成果挂钩，上下浮动，也有企业实行浮动提成工资制。

第二节　工资调整与改革

1956年8月下旬～11月底基本结束，这次工资改革升级面一般在60%～70%，个别单位达80%以上。1959年，全县调整部分职工工资。1963年，在恢复生产和发展基础上，调整职工工资，升级面为40%。1979年，调整工资重点是各行各业劳动好、贡献大职工，并严格考核，作为调整依据。这次平均40%职工升级。

1981年，调整部分职工工资，其重点是中小学教职工、医疗卫生单位部分职工、体育系统优秀运动员，专职教练员及部分从事体育事业人员。1982年，对国家机关科学文教卫生等部门工作人员调整工资。调整主要对象是1981年在册职工，1978年年底前，参加工作正式职工、重点是中年知识分子。1983年10月，对1983年9月30日在册职工中，1978年年底，参加工作固定职工、同时向中年知识分子和高级、中级、中等专业学校毕业干部倾斜。1984年底，对1983年和1984年企业整顿验收合格单位，对3%有特殊贡献职工进行晋级。

1985～1993年，国家机关事业单位工资改革。1985年，工资改革主要建立新工资制度，初步理顺工资关系。改革主要内容是国家机关事业单位行政人员，专业技术人员均实行以职务工资为主要内容结构工资制，并按不同职能，分为基础工资、职务工资、工龄津贴和奖励工资4个组成部分；事业单位行政人员和专业技术人员，根据各行各业特点，实行以职务工资为主要内容结构工资制；国家机关、事业单位工人，实行岗位（技术）工资为主要内容结构工资。长期从事本职工作，中、小学校和中等专业学校、技工学校教师，幼儿教师和护士，除按规定发给工龄津贴外，另外分别加发教龄津贴和护士工龄津贴。教龄津贴和护士津贴，均按从事本职工作年限计算。1985年，普通中、小学校和幼儿园执行新工资制度;7月份始,国家机关和其他事业单位执行新工资制度。1985～1993年工改期间,国家增加工资有4次,分别是1986、1987、1988、1989年,除1989是普调外,其他3次均为局部微调。

1993年,国家对结构工资制度进行改革。是年10月,全县机关干部实行职级工资制度,机关技术工人、普通工人、事业单位专业技术人员、管理人员、技术工人、普通工人均按国家相关规定改革。1995年10月、1997年10月、1999年10月、2001年10月、2003年10月和2005年10月,机关工作人员在考核基础上,晋升一档职务工资,并为离退休人员相应增加离退休生活费。对机关事业单位工作人员在原级别任职期间连续5年考核称职或连续3年考核优秀者,在本职务对应级别内晋升一个级别,并相应为离退休人员增加离退休生活费。

2006年7月始,国家对公务员(参照公务员)职级工资结构改革规定进行。2008年1月,2010年1月,对机关工作人员在进行考核基础上,晋升一档级别工资,部分人员级别工资进行滚动。2006年工改后,每年在考核基础上,给事业单位工作人员增加一级薪级工资。

1985年,企业工资改革,如东县按照国务院实行第3次工资改革,企业工资总额同经济效益挂钩精神,1989年,进行试点工作,次年在全县推广,并决定从1985年7月1日执行。1986年,适当解决国有企业内部工资问题,主要解决1985年工资改革中未能解决工资矛盾。

1988年年底前,批准实行工效挂钩企业,可以使用按规定提取效益工资,对职工进行固定升级。1989年10月,如东县执行国家及省政府文件精神,将浮动工资转一级工资的标准工资;全额计件工资制职工,提高一级档案工资级别。

1991年,在国家有关企业工资政策规定指导下,依据对工效挂钩企业经济效益考核结果,确定职工标准工资晋级比例,依据对职工劳动技能、劳动岗位、劳动责任、劳动条件和劳动实绩考核结果,进行考核晋级增加档案工资。5月1日,调整企业单位职工各等级标准工资,提高6元。1992年7月1日,提高企业起点工资标准3元,提高后一级工标准工资为45元。1992年7月,企业根据经济效益和工资储备金情况,一次性核增标准工资人均不超过14元,在人均一级范围内由企业自主按考核晋级原则,给职工晋升档案工资。

1993年,根据上级文件精神,调整企业起点工资标准,由原来45元增加为51元,在提高起点工资标准基础上再增加15元。次年8月,下达1993年度企业职工考核晋升级指标数,1993年12月起执行。

新增效益工资 %	<5	≥5～10	≥10～15	≥15～20	≥20
企业职工晋级面 %	50	60	70	80	90

1994年1月始,如东县根据国家及省政府文件精神,乡镇企业全部实行岗位技能工资制。改革主要内容是调整原等级工资标准,提高企业起点工资标准,流动领域企业提高到120元;生产领域企业提高到125元;冶金业提高到130元。同时对企业原有固定工、劳合制工人、计划内合同工,包括企业干部全部实行全员劳合制,人均普调半级档案工资,增设

岗位工资标准，从企业1岗到企业12岗，标准从15～70元，企业单位根据本单位设定岗位划分归类，按各人所在岗位对号入座，实行岗变薪变。凡参加1994年企业工资改革、执行新工资级别企业，国家及省规定发给职工各项补贴。

1995年，全县继续完善基本工资制度改革，适当调整不同产业类别起点工资标准。流动领域企业起点工资标准调整为145元；生产领域企业起点工资标调整为150元；冶金领域企业起点工资调整为155元。同时实行技能工资制企业，结合企业内部考核，原则上人均晋升一级技能工资，增资额度控制在人均每月40元左右。

1996年，国家对企业工资制度改革进一步完善，全面试行企业工资指导线制度，国家将不再统一出台企业调资政策，逐步实行由政府定期发布工资信息，指导企业搞好内部分配。1997年，政府出台刚性政策，提高技能工资起点标准，在原工资起点标准基础上提高20元。

1998年后，企业根据国家对企业工资宏观调控政策，企业自主控制内部分配，全面实行档案工资与实发工资脱钩办法，在不低于国家规定最低工资标准以上实行自主分配。1999～2012年，用工资集体协商办法处理企业与职工之间工资关系。工会组织和劳动部门进行监督，保证职工权益。

第三节　福　利

一、补贴

1979年，对企业职工发放副食品补贴后，职工福利待遇不断调整。1985年，增发物价补贴每人每月8元，肉贴每人每月2元。1985年9月，发放洗理费每人每月6元。1988年7月，增发主要副食品价格补贴每人每月10元。1991年5月，增发粮油提价补贴每人每月6元。1992年4月，增发粮食统销价格补贴每人每月5元。1993年，增发粮油价格补贴6元，调整燃料水电价格补贴8元，洗理费8元。1994年，企业工资改革后，上述补贴统称为综合补贴，共计66元。

二、奖金、津贴

1992年，提高建筑、废旧物资、供销系统等行业工作津贴标准和纺织丝绸企业保全保养工实行技术补贴。1995年，调整计划生育专职干部岗位津贴标准及蒸汽锅炉工岗位津贴，中夜班津贴、粮油检测人员营养补贴标准。1997年，提高企业工人技师、高级技师职务津贴标准。

2010年始，国家人事部规定，1993年工改后，机关事业单位中年度考核为称职（合格）以上人员，年终发放一次性奖金，标准按工人当年12月份基本工资计发。根据上级关于工资应向关键岗位、特殊岗位和苦、脏、累、险一线倾斜政策，实施相关岗位的相应津贴等，对机关事业单位中在编在职人员实行职务（岗位）津贴和地方岗位津贴。2004年7月起，对机关工作人员实行省内出差伙食补贴等制度。

2006年工资改革后，对公务员（参照公务员）仍实行年度考核称职（合格）以上人员发放一次性奖金，标准为本人当年12月份基本工资。公务员（参照公务员）根据省统一规定设立“工作性津贴”和“生活性补贴”两个项目，离退休人员设立“离休人员生活补贴”和“退休人员生活补贴”项目。对特殊岗位工作人员，国家统一管理，仍实行特殊岗位津贴制度。

第四节　工作时间

1994年，乡镇执行如东县实行职工每日工作时间8小时，每周工作44小时工作制度，同时规定企业发给职工加班工资，工作时间以外延长工作时间，按不低于劳动者工人小时工资标准150%支付；用人单位安排劳动者休息日工作，按不低于劳动者工人日工资标准200%支付；用人单位安排劳动者在法定休假节日工作，按不低于劳动者工人日工资300%支付。1995年5月始，逐步实施每周工作40小时工作制度，1997年5月1日，所有企业一律实行每周工作40小时工作制度。

第五节　职工死亡待遇

1991年，如东县调整全民企业职工死亡待遇标准，因公死亡丧葬费标准由原来300元提高到600元，非因公死亡丧葬费标准提高到500元。1995年，企业职工患病或非因公负伤实行医疗期规定，同时对企业职工死亡待遇计发办法进行调整。1996年1月始，再次提高死亡待遇标准。1999年、2000年，进一步调整机关、企事业单位人员死亡后遗属生活困难补助标准。

第六节　假期待遇

中华人民共和国成立后，中共各级组织和人民政府关心民生，干部、职工可享受婚、丧假，探亲假，产假等待遇。随着干部人事制度不断深化，至2012年，政府机关已接受外省市公务员2名，均按规定可享受探亲假。

一、婚、丧假待遇

1959年下半年，掘东地区对企事业单位职工结婚、直系亲属死亡给予婚、丧假3天。1980年起，另给路程假。1978年起，对晚婚职工给予婚假10天，假期工资照发。

二、探亲待遇

1960年，企事业单位开始执行探亲假制度，凡在国营、公私合营企事业单位，国家机关工作满一年职工，父母、配偶远在外地而又不能在工休假日团聚，可享受探亲待遇。未婚探望父母，已婚探望配偶，夫妻系双职工，只能一方享受，每年一次，假期12天。1981年起，在原有基础上有所变动，职工探望配偶，每年给予一方探亲假期30天；未婚职工探望父母，原则上每年给假一次，假期20天；两年探亲一次者，给假45天；已婚职工探望父母，每4年给假一次，假期20天。规定探亲假和路程假期内，工资照发，往返路费由单位负担；已婚职工探望父母往返路费超过标准工资30%部分，由所在单位负担。

三、产假待遇

20世纪50年代，开始重视妇女劳动保护。1953年，女职工享受生育待遇，正常产假期56天，双生或难产假期70天，怀孕不满7个月小产假20～30天，工资照发。1974年，推广计划生育，女职工放节育环给假7天，人工流产同时结扎给假30天，人工流产同时放环给假14天，中期终止妊娠给假30天，同时结扎再加10天，产后结扎增加7天。职工及其供养家属施行节育手术，所需医疗费用全部由企业或行政单位负担。职工在施行手术规定休息期，按公休对待，工资照发。1981年以后，凡领取独生子女证职工，产假另增加30天，并发给独生子女保健费每年40元，父母双方不在一个单位工作，由父母双方单位各负担一半，发至14周岁为止。1988年9月起，女职工产假为90天，其中产前假15天。难产，增加15天，多胞胎生育，每多生育一个增加15天。怀孕不满4个月流产，可享受休假15～30天，怀孕满4个月以上流产，给予40天产假。产假期间工资照发。

20世纪50年代始，农村、工厂、企业对于妇女正处在月经、怀孕、产褥、哺乳期(简称四期)，生产队长或工厂、企业领导安排劳动工种时，根据规定合理照顾。1977年，境内各公社根据如东县妇女劳动保护制度，实行经期妇女不从事冷湿工种，不做夜工，孕初期3个月和孕后期2个月只安排轻活。哺乳期妇女在劳动中，上下午各送奶一次，每次半小时，不扣工分。妇女在“四期”中不让喷洒农药。同时在妇女“四期”劳动保健基础上，更年期妇女参加集体劳动生产时给予照顾轻活。

1983年始，实行农村联产承包责任制，提倡在一家一户生产劳动中做到“五期”保健(增加更年期)，并要求妇女加强自我保护。2000年始，乡镇人口与计划生育指导站每年定期驻村，免费给予妇科病检查。亦可随时到站免费检查。妇女权益得到政府空前关注。

第七节　病假伤残待遇

根据国家《劳动保险条例》规定，凡因病或因公负伤停止工作，连续医疗6个月以内，病假工资分别按工龄满2年为工资60%，2～4年为70%，4～6年为80%，6～8年为90%，8年以上按100%标准发给。连续医疗超过6个月以上者停发工资，改发疾病救济费，工龄不满1年按工资40%，1～3年按50%，3年以上按60%发给。1986年起，规定劳动合同制工人患病或非因工负伤，工作20年以下者，给1年以内医疗期，20年以上者，再给1年以内医疗期。劳动合同制工人保险福利待遇低于原固定工资部分，用工资性补贴给予补偿。

第八节　退职、离退休待遇

中华人民共和国成立前，做官或做工无退职、退休一说。中华人民共和国成立后，国家重视干部、职工退休养老问题，并出台一系列政策。1951年，实行职工退休制度。1955年12月后，对国家机关、事业单位人员的退休条件、待遇明确规定。1958年始，对不具备退休条件的退职职工，发给一次性补助费。1978年6月始，对中华人民共和国成立前参加工作者，办理离职休养手续。至2012年，全镇企业退休3500人，行政、机关事业单位退休729人，离休33人。

一、退职待遇

1958年，对年老体弱，又不符合退休条件，经医院检查证明，劳动鉴定委员会鉴定确认，不能坚持工作职工，可以退职。退职时，由工作单位按下列标准一次性发给退职补助费：连续工龄不满1年，发给1个月工资；1至10年，每满1年加发1个月工资；10年以上，从第11年起，每满1年加发1个半月工资，但退职补助费总额，最高不超过30个月工资。

1979年，对不具备退休条件，经医院检查证明，劳动鉴定委员会确认完全丧失劳动能力，不能坚持工作职工办理退职手续。退职后，按月发给在职工资40%生活费，低于20元者，按20元发给。1983年，由最低保证数20元提高到25元。1986年7月，最低保证数由25元提高到35元。易地安家补助费发给两个月工资。退职人员享受公费医疗待遇。

二、退休待遇

1951年，实行职工退休制度。凡有职工100人以上公营企业，男职工年满60岁，一般工龄满25年，企业工龄满10年；女职工年满50岁，一般工龄20年，企业工龄满10年；从事高温，特别繁重体力劳动及其他有害身体健康工种男工满55岁，女工满45岁，可以退休。退休后，每月在劳动保险金项目下，按其在企业工龄长短发给原工资35%～60%养老费，直至死亡为止。因工作需要，职工到退休年限继续工作，每月由劳动保险基金项目按工资10%～20%发给在职养老补助费。

1953年，对职工退休标准进行调整，凡在全民工厂、交通运输业基本建设单位和国营建筑公司职工都可享受退休待遇。退休费提高到工人工资的50%～70%，在职养老补助费提高到按工人工资的20%～30%发给。

1955年12月前，国家机关、事业单位工作人员实行一套在原供给制基础上演变的社会保险制度。1955年12月，根据上级文件精神，对国家机关、事业单位工作人员退休条件和退休待遇作具体规定：男工作人员满60岁，女工作人员满55岁，工作年限满15年的，可以退休。退休后，每月按工人工资70%发给退休费。

1979年起，根据国务院〔1978〕104号文件规定，对企业职工和国家干部实行新退休制度，退休工龄年限进行调整，对一般工龄不作要求，连续工龄年限提高到10年，提高退休费标准。抗日战争期间参加革命工作，退休费为工人标准工资90%；解放战争期间参加革命工作，为工人标准工资80%；中华人民共和国成立后参加革命工作，按连续工龄工作年限长短，分别发给工人标准工资60%～75%；因工致残完全丧失劳动能力，退休费提高到工人标准工资80%～90%，对饮食起居需要扶持者，还增发护理费。职工退休费低于25元者，发给25元；因公致残退休费低于35元，发给35元。

20世纪80年代初，对中华人民共和国成立前参加革命工作老工人，退休待遇进行调整，民国34年（1945）9月3日至当地解放期间参加革命工作，照发工人原标准工资；民国32年（1943）1月1日～民国34年（1945）9月2日参加革命工作，每年增发一个月工人原标准工资；民国26年（1937）7月7日～民国31年（1942）12月31日参加革命工作，每年增发一个半月工人原标准工资；民国26年（1937）7月8日以前参加革命工作，每年增发两个月工人原标准工资。

1979年，执行县统一规定，符合条件而退休干部职工，凡领取独生子女证加发退休金5%，终身无子女，发给工人（干部）原工资。

2012年年底，境内各行各业、各条战线企业退休人员3500人领取养老金。行政、机关事业单位退休人员729名（其中行政73人，事业66人，教育退休、退养590人）。

三、离休待遇

1978年6月始，办理老干部离职休养手续。

第一、二次国内革命战争时期参加革命工作干部、抗日战争时期参加革命工作的副县长及相当职务或行政18级以上干部，中华人民共和国成立前参加革命工作，行政公署专员以上或行政14级以上干部，年老体弱不能坚持工作，均可离休（离休后工资发放情况见“退休待遇”）。

1982年4月，凡中华人民共和国成立前参加革命战争、脱产享受供给制待遇和从事地下革命工作老干部，达到离职休养年龄，均可离休，基本政治待遇不变，生活待遇略为从优。

2012年年底，境内有33人享受离休待遇（其中行政11人，教育22人）。

第三十二篇　风土人情

大豫境内主要有本场人、南场人、启海人,而启海人占绝大多数。他们分别源自3个不同地方,本场人属掘港、马塘、岔河一带移民;南场人属通州、四甲、吕四一带移民,启海人主要迁自启东、海门地区。因祖籍不同,导致语言和风俗习惯有差异。本场方言,属掘港方言为北方言区,江淮官话泰如片,与普通话相近。南场方言,属"通东方言"为南通市城区以东地区方言,是一种极为罕见方言,俗称"江北话""老土话",归类为"吕四话",源于吴语,又与吴语不通,属吴语太湖片毗陵小片,与南通方言关系较为密切。启海方言是境内主要方言,俗称"沙地话",属吴语太湖片苏沪嘉小片,①接近崇明语,因语言比较难懂,当地人称为"沙蛮话"。在生产习俗、生活习俗等方面,差异明显,各有优劣,各具特色。

中华人民共和国成立后,随着新社会制度建立,文化普及,相互交往,逐步缩小风俗差异,但在新物质条件下必然产生新社会风俗。新风俗繁衍变化离不开旧风俗母体。因此,略载"本场习俗",详载"沙地风情",虽有些风情已过时,为探究新风俗历史渊源,仍须留存。

中共十一届三中全会后,经济迅猛发展、社会日新月异,大豫民俗风情在沿袭原有风俗的同时,不断注入新文化内涵。因受苏南、启海文明和国际文化影响,出现一些新潮文化,有力推动着大豫的社会主义精神文明建设,使文明、健康、科学的生活方式成为社会风俗之主流。至2012年,全镇涌现29名风范人物。

第一章　本场习俗

大豫境内操本场方言人约占10%左右,主要居住在兵房向北2公里四贯河以西部分地区,止马洼村、南坎社区、大豫社区等占比较大。本场(当地盐民后人,盐场人)人迁居境内盐垦要早于启海人。他们风俗习惯,生产生活习俗与掘港人一脉相承。例如:春节家家张

①《中国语言地图集》。

贴春联、门神、喜笺、年画。正月初一,为“岁之元、月之元、日之元”三元之首。一大早,长辈们在天井烧香接“天地”(天地诸神),去河边提水,谓之“涨水”。大人们则不许小孩子起早,需在府上“享福”,其实是怕小孩子起早,说杂话,不吉利。起床后,一家人全部穿新衣、新鞋,戴新帽、喝炒米茶、吃汤圆、年糕、红枣炒米茶、叩拜祖宗容像、拜长辈、同辈之间作揖互拜等等,这些习俗,虽在改革开放年代里有些得到简化,但有些精神生活宝贵财富属先民遗留,仍得到传承和发扬。

第一节 生产习俗

中华人民共和国成立前,境内本场人生产习俗(亦称规矩)较为繁杂。例如,每年除夕夜,农家要用贴有黄纸钱的芝麻秸插在田四角,名为“封田”。年初一下田,在田四角锄一下,叫“种田”。再如,渔业生产习俗,新船下水要挂红、祭海神。上船最忌讳说“翻”字,如船帆称“布蓬”,吃鱼不准翻身,不准翻卷裤脚管等。随着时代变迁,生产方式不断变更,绝大多数习俗被新风所替代。

一、农业生产习俗

大米是本场人主食和主要商品粮,故历来重视水稻生产,在其生长、收获各个时期都有一定习俗,为人们所注重。但多已改变。

(一)播、插期间

稻种浸谷后,便用小盘子装上稻种,浸上水放在灶阁头上。为祈求灶阁老儿管好希望种子,保佑全年丰收,同时观察种谷出芽率。此俗在农业合作化后不复存在。

插秧时,第一个人不轻易下田,需由主家指定或公推,必须是同插几人中里手,称为“上行手”。最后一个下田插秧称“吆青手”,也是同插几个人中里手。前后夹击,速度自然快。但需依次行进,不得越前,越前谓之“穿马褂”,有污辱之意,插秧者均恪守。此俗延习至全面使用插秧机。

插秧人均不得敞头,秧苗不得莳进废秧箍里(捆小秧稻草圈儿),打下秧头要埋在上行白水里(两行之间空白处),意为违后秧要遭雷击。农业合作化后,由木头莳午莳秧逐渐改为手插,成活率高、醒棵快,旧俗也不复存在。

(二)培管期间

稻田用水多为人车或牛戽。人车水分为4人轴、5人轴、6人轴。水车一般为24档,少数是18档,极少数是34档。档多,车长,旱年能用到沟底水。车水有车水号子,1人打,其他3人和。一般是100转一歇。车水,在民间较流行的是“拼车”比赛,场面热烈,观众也多。“拼车”比赛主要有两种方式,一叫“车香”,两部水车同时点上香,放在避风处,香的末端连着炮仗(爆竹),香尽炮仗响,转数多为胜方。这是比转速。还有一种叫“车倒人”,即在车前水沟5尺处,插一双筷子,上端系一片青竹叶,刚好没水,以百转之内竹叶露水面少为胜方。这是比流量。两种赛法，主家都备奖品，并系于车前，胜者得。此种比赛，多在旱年抢水之际，主人为争水而组织。自有电力灌溉后，不复存在。

耥秧时，兴哼山歌。一人哼，众人和，歌声悠扬，数里外可闻。

(三)收获期间

“青苗会”：一般在收割前进行。人们见田间长势已定，丰收有望，即举行“青苗会”，请巫人唱、跳取乐。“青苗会”后在田头插上小纸旗，表示举行过“青苗会”，象征着六畜兴旺，五谷丰登。

“土地会”：由相邻而要好8户人家联合举办，每年一次，轮流作东道主。一般在中秋节前后，先敬“土地”，后会餐，意在庆丰收。

“庆丰会”：秋后，由地主举办，请戏班子唱大戏，连闹数日。钱由村里百姓平摊。

收获期间这些习俗，在农业合作化后不复存在。

二、渔业生产习俗

出海渔民因其生产方式和内地农民不同，对海洋依赖性也大，且大海无情，凶吉难测，久而久之，形成一套独特生产习俗。

每条渔船都有自己名字，渔船上一些部件与用具，也有特定代用名词。渔家把它们化成十二生肖以代称，如小篷索称鼠尾子，墙垛称老母猪肚子，舵槽称马嘴等等。

上渔船不准敞头，有时操作身上衣服脱光，帽子却要戴着。人坐在船头，不可两手抱住膝盖，也不可别在背后，那意味着闲散潦倒，生产不景气。在船上不论干什么活，动手必须打号子，节奏和韵律各不相同。这种习俗，有利于大伙协调动作，齐心出力。

正月初二要搞“放水”，老大将船放到潮水中活动。“放水”日主家要办酒。为迎接春汛作准备。

春汛出港要做“满载会”，相当隆重，首先扯起百脚旗，老大穿起长袍、马褂上香参拜“龙王”，然后“破膀”：左手袖子卷起，右手举起带环“法刀”，向左臂一砍，血出。血若是一点一点起泡，叫作“鱼泡”，详为丰收；血若流的痕迹不长，称为“豁梢”，详为歉收；血若流出岔痕，详为不吉。最后程式是两个大龙把(火把)从船头向船梢亮一遍，称“亮火”，童子撒茶叶米，并拉长声音高喊：“满载而归！”一般近海小取，即使不做“满载会”，也要扯旗、“亮火”。春汛开始，前一汛(或一潮)取得丰收，赶紧出捕第二趟，这时要披红挂彩，鸣鞭放炮，称之为“复栈(载)”，意为再弄个满载而归。每年第一汛鱼货卖掉后，要买炮仗回家放，以为开门大吉，连夺丰收，渔民称之为“进升港”。此俗在中华人民共和国成立后，逐步演变，去掉迷信色彩。后发展到盛开春汛生产动员大会，亦敲锣打鼓，鸣鞭放炮，十分隆重。

渔船上还兴“烧汛头”，有一年两次，春秋各一；也有一汛烧一次，即一月两次。仅是烧香跪拜，仪式极简，主要是吃喝。

早春不忙时，渔家常做“盂兰会”，说唱《耿七公》《舀鱼郎》《管鱼郎》等戏文。“文化大革命”期间，此俗不复存在。改革开放后，集体渔船，均分到人头，有些老的习俗又得到复活。

第二节　生活习俗

境内本场人因受封建传统习俗影响较深，加之世代以海为依托，长期在海上生活，难以吸收新事物，在衣着、饮食、居住、礼节等方面形成独特生活习惯。中华人民共和国成立后，随着生活质量不断提高，生活习俗也随之发生变化，尤其是本场人与沙地人互通婚姻后，生活习俗中也渗进沙地习俗。例如，饮食习惯，“两稀一干”，很多人家改成冬天“一稀两干”，夏天“一日三干(一天三顿饭)”。

一、衣食起居

(一)饮食

境内本场人以食大米为主，兼食杂粮。喜欢吃大麦粯子，春节时，大家小户都要蒸馒头、蒸糕。

饮食习惯：一日三餐，本场人早晚吃粥，中午吃饭，俗称“下锅”，沿海乡镇，平时吃菜喜放蟛蛾调味。沿海居民咸小菜，有蟹渣、蟛蛾酱，蛤子酱等。还喜生吃海货，如呛蟹、呛虾儿、呛蟛蛾、呛蛤子、醉泥螺等。

请客：民国时期，婚丧喜庆等宴请宾客，一般多发请帖，通常由主人登门邀请，或由“盘头”(又叫“爷门”)代主人登门邀请。客人入席时则互让首席，以尊年老者或社会地位较高者为首席。女婿随妻“回门”到岳丈家坐首席，则不须相让。

酒席：一般以头菜名称定名，如鱼翅席、鱼皮席、海参席等。中华人民共和国成立前，端头菜上桌多为厨师，坐首席者需给“座席封儿”(红包)。

海边渔民吃饭时忌将筷子搁在碗上，吃鱼时亦忌翻过鱼身，只能挨次而食。

本场人爱喝茶，尤其讲究喝天水(即雨水)茶。因如东地处海边，井水、河水味较咸，天水味清淡。到客时，主人敬茶、举烟，以示热情。

(二)服饰

境内群众服饰朴素、大方。

中华人民共和国成立前，农民多穿土布衣服，市镇居民多穿“洋布”衣服。春秋大多穿中式长衫，冬季，富者穿皮袄、皮袍，中等者穿棉袄、棉袍，贫者穿棉袄、套裤、腰束围裙。中华人民共和国成立后，村镇群众渐穿卡其布衣服；20世纪70年代前后，多穿灯芯绒、涤棉、涤卡、毛织品服装。进入80年代，穿毛料、呢料及丝绸服装逐渐增多。90年代后，追求时髦，勇赶潮流，身着高档服装，脚蹬名牌皮鞋屡见不鲜。

(三)居住

中华人民共和国成立前，境内多数灶民住环筒舍，一般人家喜住朝南草屋。凡建屋者请“阴阳”先生勘测地形、地势，名为“看风水”。中华人民共和国成立后，一度此俗渐消。改革开放后，居住条件逐渐改善。集镇和农村普及楼房。

(四)礼节

本场人注重礼节。早晨相见,一般招呼“早”,对长辈则带称谓。平时待客,一般都敬烟、奉茶、举座或留饭,以示礼貌。

(五)娱乐

春节前后,青少年喜欢放风筝、扯笼儿(空竹)、踢毽子,农村一般放六角鹞子、七串联(由七个六角鹞子组成)、十九串联,有上面装哨子,风筝在空中嗡嗡作响。1960年后,因电线成网,放风筝日渐稀少,但兴趣爱好者,则组织到海边放风筝。

元宵节前后喜欢兴灯。门前挂有走马灯、灯笼等,地上跑有兔子灯等。

夏季乘凉时,常哼山歌、小调,说泺(讲故事)等。

农村体育游戏有抵扁担、掰手、拉凳等。

民间棋类有下五马儿。

本场人爱看、爱听、爱唱京剧,一些京剧爱好者乐于登台表演。

二、婚丧喜庆

(一)婚姻

中华人民共和国成立前,男女婚姻都听从父母之命,媒妁之言。农村普遍领童养媳。办婚事都经过“发口谕”(即由媒人把女方的出生年月日及时辰用红纸书写交给男方),“算八字”(即请瞎子算命是否合婚),“押帖”(即订婚),发轿迎娶等程序,男女双方花费很多钱财。一些教育界人士,厌恶旧式婚礼,提倡文明婚礼。

抗日民主政权建立后,宣布废除买卖婚姻。中华人民共和国成立后,国家颁布《中华人民共和国婚姻法》,规定婚姻自主。此后,在婚嫁上一般都比较简单。20世纪60年代末,逐渐出现女方要彩礼不良风气,结婚讲排场,铺张浪费严重。进入21世纪后,仍倡导俭办婚事,提倡文明婚礼。

(二)生育

中华人民共和国成立前,生育男孩,向亲朋报喜,赠送红蛋(要单数,一般不低于5只)。亲友则祝贺他“檐头高3尺”。穷人因生子女过多无力抚养,有溺婴或弃婴现象。中华人民共和国成立后,不论生男生女,一般都向亲朋赠送红蛋。孩子生下后3天,便取乳名(即小名)。产妇未满月,一般不进他人之宅。亲朋于此期间向产妇赠礼物,名为“看产妇”。小孩满周岁,家里人及亲眷祝贺一番,称为“抓期”。

(三)寿辰

小孩过生日,吃煮鸡蛋。成年后逢闲生日(即非逢十生日),吃面条,逢整生日(即逢十生日),家中多备酒菜。如年老之人过60岁、70岁,一般要祝寿。祝寿时,通常中面晚酒,宴请亲友,席间有炒糖面一盘敬客,上插长寿花,以示“延年益寿”。如70岁、80岁、90岁或百岁祝寿,主人事先买碗若干(如富者特制)以赠客人,有长命百岁之意。

中华人民共和国成立前,地方上豪绅常以祝寿为名,广发寿帖,索取财礼。群众称为

"打秋风"。

(四)丧葬

中华人民共和国成立前,丧礼很烦琐,木棺土葬,请和尚、道士或尼姑做斋事以超度死者,贫者3人,富者7人以上。贫者棺薄,葬得快,富者棺厚,葬得迟,一般在"五七"或"百日"出葬,也有3年才出殡。佛教徒死后多数"坐花缸"或焚化,或埋葬。沿海渔民因出海或下小海失事,尸体漂没,家人取抄网至海中捞取,网中有物不论是虾是鱼是蟹,即被认为死者"替身",取回收殓而葬。

中华人民共和国成立后,丧葬风俗得到变革。并普及火葬。

三、时节

(一)春节

农历正月初一日,俗称"过年"。旧时,在春节早上,一般人家放鞭炮,敬神祇(音"棋",地神),家中人见面互道"恭喜"。吃"团圆饭"之前不准扫地、汲水、动刀剪。出门后遇人需说"恭喜发财",对方则说"彼此彼此"或"托福托福"。正月初二开始拜年。

中华人民共和国成立后,敬神祇等逐步消失。但是人们仍然吃"团圆饭",说贺喜话。20世纪60～70年代期间,各地文艺宣传队于正月初二敲锣打鼓慰问烈、军属。人们相互走亲访友吃年酒,以后逐渐淡化。

(二)清明节

中华人民共和国成立前,每逢清明节,家家户户烧经、上坟,祭祀祖宗,有些地方还举行迎神赛会。

中华人民共和国成立后,迎神赛会活动已无。殡葬改革后,各家均于是日到公墓或纪念堂焚化纸锞(纸锭)。

每逢清明节,各单位、团体组织祭扫烈士墓,缅怀革命先烈。

(三)立夏节

民间一直保持吃糖烧饼、甜菜、煮鸡蛋以及洗蚊帐、儿童称体重等习惯。

(四)端午节

旧俗家家吃粽子,悬挂钟馗像,张贴符箓,屋檐下插菖蒲、艾条,以示驱邪,又于屋内普洒雄黄酒,以祛除五毒(蛇、虫、蜈蚣、蚁、蚊蝇)。20世纪60年代中期后,不张贴钟馗像和符箓,余皆依然。

(五)七月半

又称"中元节",俗称"七月半",也称"鬼节"。旧时,此日为追祭先人之日,即"烧经"祭祖,焚化纸锞。在20世纪50年代中期已渐停止。各地仍保持吃"扁食"习惯。

(六)立秋日

一般人家吃西瓜。有人将西瓜切开,把红糖、烧酒拌入瓜瓤,食后以驱肠胃中暑气。

(七)中秋日

民间一直有吃月饼、藕饼习惯。农村以糯米粉包糖作饼,又叫“供月烧饼”。城乡还有吃棱角、扁豆、芋艿、鸭子等习惯。

中华人民共和国成立前,社会上流传焚香烛、供月神旧俗,20世纪60年代后,已消失。

(八)重阳节

民间有吃重阳糕习惯。

(九)十月朝

农历十月初一日称“十月朝”,有同清明节那样祭祀祖先活动。有吃赤豆饭习惯。

(十)冬至节

冬至前一日称“小冬”,冬至称“大冬”,又叫“过冬”,当地有“大冬小年”说法。旧俗每逢“过冬”,祭祖敬神,有钱人家大吃大喝,因而流传“有钱人冬半夜,没钱人冻半夜”民谣。中华人民共和国成立后,民间有吃圆子(即汤圆)习惯,其余习俗逐步消除。

(十一)除夕

俗称“三十夜”或“三十晚上”。中华人民共和国成立前,此日一般有合家吃“守岁酒”“贴春联”“接灶神”“敬天地”“打石灰印”(俗叫“囤子”)等习俗。是日债主到债户家讨债,入夜时则提灯笼逼债。欠债人如无力偿还债务,则躲避债主,叫作“躲债”。

中华人民共和国成立后,躲债现象绝迹。全家人于除夕之夜贴春联,放鞭炮,吃“守岁酒”。

第三节　本场方言

以掘港方言为代表,属北方方言区、江淮官话泰如片。掘港方言不分尖团音,镇区无卷舌音,郊区卷舌音较浓。韵母尾音拖长,儿化韵、子化韵较多。掘港方言音节与普通话音节大多数相近,而许多字的读音则完全不同于普通话。下表选择72个具代表性的单词与普通话比较其读音

单词	普通话(汉语拼音)	掘港话(国际音标)		单词	普通话(汉语拼音)	掘港话(国际音标)		单词	普通话(汉语拼音)	掘港话(国际音标)	
爱	āi	ŋɛ	(阴去)	绿	lǜ	lɔ	(阳入)	二	sān	sė	(阴平)
安	ān	ŏ	(阴平)	茂	mào	mei	(上)	扇	shān	õil	(阴去)
八	bā	piaʔ	(阴入)	冒		mɔ	(阳去)	设	shè	õieʔ	(阴入)
白	bá	p′ oʔ	(阳入)	南	nán	nŏ	(阳平)	舌	shé	õil	(阴入)
不	bù	pəʔ	(阴入)	牛	niú	ŋei	(阳平)	手	shǒu	sel	(上)
吃	chī	tõ′ iə	(阴入)	欧	ōu	ŋei	(阳平)	贪	tān	t o	(阴平)
豆	dòu	t′ ei	(阴去)	藕	ǒu	ŋei	(上)	头	tóu	t ei	(阳平)
愕	è	ŋəʔ	(阳入)	颜	yán	ŋiɛ-	(阳平)	歪	wāi	xuɛ	(阴平)
饿		ŋo	(阴去)	研		niĭ	(阳平)	碗	wǎn	ŏ	(上)

单词	普通话(汉语拼音)	掘港话(国际音标)		单词	普通话(汉语拼音)	掘港话(国际音标)		单词	普通话(汉语拼音)	掘港话(国际音标)	
发	fā	fiaʔ	(阴入)	元	yuán	yǒ	(阳平)	我	wǒ	ŋo	(上)
风	fēng	foŋ	(阴平)	咀	zuǐ	tõy	(上)	丸	wán	ǒ	(阳平)
福	fú	fɔʔ	(阴和)	禅	chán	tõiǐ	(阳平)	顽		vɛ-	(阳平)
伏		fɔʔ	(阳入)	谗		ts iǐ	(阳平)	习	xí	tõiəʔ	(阳平)
官	guān	kǒ	(阴平)	馋		siǐ	(阳平)	蟹	xiè	xɛ`	(上)
关		kuě	(阴和)	带	dài	tɛ	(阴去)	谢		tõ′ ia	(阴去)
割	gē	koʔ	(阴入)	代		t ɛ	(阴去)	象	xiàng	tõ′ ia	(阳去)
哥		ko	(阴平)	爹	diē	tia	(阴平)	鸭	yā	ŋa	(阴平)
欢	huān	xǒ	(阴去)	拍	pāi	p ɔ	(阴入)	压		ŋiaʔ	(阴入)
换	huàn	xǒ	(阳去)	攀	pān	piǐ	(阴平)	昨	zuó	ts a	(阳去)
幻		xuɛ～	(阴去)	潘		p ǒ	(阴平)	战	zhàn	tõ′ iǐ	(阴去)
角	jiǎo	kaʔ	(阴入)	曲		tõʔɔ	(阴入)	站		ziǐ	(阴去)
脚		tõia	(阴入)	确	qǔ	k′ a	(阴入)	栈		ts iǐ	(阳去)
坎	kǎn	k′ ǒʔ	(上)	缺	què	tõ yʔ	(阴入)	—			
磕	kē	k′ oʔ	(阴入)	然	rán	riǐ	(阳平)				

附记：

本场方言部分用语辑录

【地理】落场 地方。里头 里面(边)。外头 外面(边)。口头 外头。界(音盖)岸 农田之间的隔岸。港岸 河边高出农田的岸。埠子 近水的斜坡,低矮的土地。车路 乡间可走独轮车、沿海可行牛车的路。埂子 高出路面的条形土坎。丫子 海水侵蚀滩涂形成的沟渠。墒沟 田间排水的水槽。水塘儿 路面积水的凹地。壁角缝儿 也叫壁角绷儿,墙壁等处的角落。

【时间、时令】今朝 今天。明朝 明天。后朝 后天。晚后朝 大后天。昨儿 昨天。前儿 前天。日里 白天。夜里 夜间。早上 早晨。晚上 日落后到上半夜。打春 立春。间(音干)辰儿 隔一会儿,等一刻儿。多早晚 什么时候。

【农事、农具】薅(音蒿)草 除草。膡麦 播种麦子。秧树 栽种。莳秧 插秧。垩田 施肥。垩用肥料。捉花 拾棉花。伐锄 锄头。莳杵 插秧的工具。担绳 捆麦(稻)用的绳子。系儿 挑担用的绳子。草罝 草堆。倒耥子 麦田松土。

【植物、粮食】米屑 用粮食磨成的粉。番芋 红薯。秧米 粳米,粒短,熟后较软。籼米 米粒细长,黏性较弱,胀性大。糗(音早)子 粗麦粉。糁(音产)儿 细麦粉。干面 面粉。洋番芋 马铃薯。江南芋 菊芋、生姜芋。菜蕻儿 青菜嫩头。牛舌头 车前草。

【人称】男将 男人。女将 女人。堂客 妻子。伢儿 小孩。爹爹 父亲。老老 祖父。奶奶 祖母。丫头 女孩。小侯 男孩。寿宝 长辈疼爱晚辈的称呼,一般指儿童。老侯 男性老人。背锹儿 骂人语,指青少年。纳龛子 骂人语,指青少年。

【日常生活】消(音) 揭、翻。捂 遮住、瞒住。乇 将物体拉长。揪 连抓带拉。拈 用手指头夹东西。搛 用筷子夹东西。恺(音) 倚、靠。逊 不漂亮、不好,有时也指东西多。动(音桶) 移动。撂抛、丢、抛弃。化生 浪费、不节约的人。耽搁 耽误、停留、拖延。麻岔 骂人语。麻木、不听话、大都指儿童。蹩脚 没本领、生活窘迫,也指质量差的东西。撬夹 旁敲侧击的话。累堆 累赘。也指动作不敏捷。该因 活该。杂实 数量很多,也指很厉害的人。交关 很多。推板 差点儿,不足。磨削 千方百计搞到手。岔板 离开。可曾 有没有。什的 什么。圆弯 打圆场。拿桥 故意找借口,不肯帮助别人。做戳 尽做些无意义,无作用的事,也指睡觉。缠丝 纠缠不清、所答非所问。热吵 热闹。意怪 讲究。臊气 象尿样味道。翻枉 常把意思说反、事情做反的人,又指调皮孩子。肉疼 舍不得。没相官没有的事。没牢坐 没事干。滂流尸 流浪不回家,又指溺水后尸体随水漂浮。出豁子 出问题、事故。擦烂污 扯皮、赖账。信风斜 不调查,不独立思考,人云亦云。金圣叹 喜欢评论、批评的人。乘脚跷不发表主观意见,无原则附和。不捉谷 指人做事没有主张,讲话不算数,前颠后倒。半吊子 不通情达理之人。不涨汤 作风不正、没有出息的人。喷嚏脸 不知趣的人。迂而醉 固执,钻牛角尖、不肯改悔。

第二章　沙地风情

大豫镇10.67万人口中,约90%是沙地人。大豫沙地人迁自启东、海门,少数迁自崇明。其实启东、海门沙地人大部分迁自崇明。崇明沙地人迁自句容等地。

清光绪二十七年(1901),张謇在启东海复镇首创通海垦牧公司,垦殖事业逐步向三余、兵房等地拓展,20余万启东、海门沙地人北迁创业。民国5年(1916),其中一部分人成为大豫盐垦公司垦民,早期大豫人(亦称掘东人)。

第一节　沙地语言

一、沙地方言

沙地话以启海语言为代表,是保存较完好的古吴汉语,一些在现代汉语方言中已消失的古汉语特点和古音得以保存,堪称研究古吴汉语"活化石"。如,称谓语"我",沙地人称"吾",其根脉可溯及数千年前,《论语·学而》篇云"吾日三省吾身"。历史上,吴语也叫吴越语、江东话。

吴语大体分布在江、浙、沪地区,以及南通市境内启东、海门、通州、如东、海安等县市或部分地区。江西东北部、福建北部,安徽南部铜陵太平等14个县市也穿插吴语。沙地话往往比普通话要生动幽默,有趣传神。据调查统计,全国近1亿人口使用吴语,成为全国第二大方言。大豫境内沙地话属三余湾启海方言。

二、俗语

俗语是流行于民间通俗语句,带有一定方言性。沙地人把俗语称之为"俏皮话"。民间俗语能描绘一个地方民情世态,可谓“观世相神髓”,而沙地民间俗语尤以“活鲜剥剥”见长,“掠心搁肺”取胜,是一种独具魅力文化遗产。比如:

“芥菜籽肚皮”比喻一个人气量小。

“喉咙筋喊来象豇豆藤”描述用足全身力气拼命喊。

“凶”有多个含义。“凶”除凶恶、凶残、凶险等一般意义外,也有特殊用途。“这个人凶来喽”,说此人处世失之蛮横,动不动无理取闹,不讲理。这人家小孩“蛮凶咯”,说小孩能干。“凶”还有一种独特用法,专门用来表述老年人身体状况。比如,“你的老娘舅人‘凶’哦?”是问身体好不好,身体好就说“蛮凶”。

(一)形象、动作

消地光　赖在地上耍泼。

板面孔　放脸。露出严肃或不高兴的表情。

腾腾转　团团转 。

惹挠骚　故意惹是生非、寻开心。

舞拉痴　故意打闹、调笑。

调路头　路上遇见不相识的人故意开玩笑、戏闹,或调笑女人。

煞脚跟　紧接着,指追。他～追来了。

煞屁股　紧接着,指跟。他～跟来了。

翘辫子　死的讳称,贬义。

勿爽气　吞吞吐吐。

虎拉势　脸露凶色。

小孩音喊点　小时候。

轧闹猛　凑热闹。

轧结足　挤得紧紧的。

吃生音伤活　挨打。

吃夹档　两头受气。

勿登样　不像样或不好看。

精赤骨离　赤膊。

精光条萧　不穿裤子,光屁股。

赤脚蹼倒　光着脚掌。

磕头扑跌　跌跌撞撞,因惊吓或危急时的行为。

蔫黄瘪倒　面黄肌瘦,精神疲惫。

精丝无力　筋疲力尽。

对绷拉嘴　顶嘴。

斧牙拉齿　龇牙咧嘴。

牵脚舞手　手舞足蹈。

笃尿拉牵　说话结巴吃力费劲。

鹅嘈鸭嘴　七嘴八舌。

跷拳捋音勒臂 显示力量,准备大干一场。

骨头冷棚　瘦得骨头凸起。

仄头仄颈　斜伸着头和颈。

饿喝囫吞　饿得囫囵吞咽。

眼脱愣愣　因愤怒或羡慕而睁大眼睛看。

哭作乌拉　一脸哭相。

拉哭拉笑　一会儿哭,一会儿笑,哭笑无常。

四丫仰跷　四脚朝天,指人。

柏肢拉脚　两脚呈岔开状,指人。

东戼音笃西掼 衣、物随便乱扔、乱放。

作姿作够　做作。指说话办事不爽当。

捏骨捏髓　不停地捏弄皮肉嬉戏。

扭结裹结　形影不离,抱成一团。

瘦节伶伶　指人瘦。

汗珠白蒲　满脸汗珠。

乌吃糟鸡　乱吃一通。

荡发荡发　不紧不慢,悠悠然走。

扳眉头勿开　心里不开心,整天皱着眉头。

喉神发拉极　非常着急的样子。

握水戼音笃烂泥　顽皮,耍无赖。

眼睛白样样　心里不服气,白眼相对。

一对搭邋苏　贬义。指两个同样性格的人。

精光剥扭扭　身上一丝不挂。

无乾音巩托落湿　全身湿透了。

眼睛不不眨　一眼不眨。

卵音乱子笃笃腰　行动缓慢、漫不经心。

合仆一跤　跌个猪啃地。

揞搜摸壁鬎　乱揞、乱摸、乱找。

(二)个性、气质

死促掐　暗里刻薄人,陷害人。

死奸毒　对人十分奸刁、恶毒。

好姿客　态度和善、逆来顺受的老实人。

地勃楞　地痞,土霸王。

杀扑命　狠命、狠劲。使上全身力气。

当头呆　勿吃场,人前一时发呆,无言以对。

洋带带(音大)　言行不是正儿八经的。

和乐痴　言行随和,无架子,易跟人打成一片。

颠新鲜　翻花样,换花式。

颜色精　神色严厉、威武,力感强烈。

随随和　很是随便。

老孛相　不务正业,贪玩,不做正经事。

来头丑　不识相,不识时务。

瞎喽嗖　不该讲而讲个不停,瞎唠叨。

勃勿转　不开窍,想不通。

嚼白蛆　闲聊个没完。

嵌眼冱(音笃)珠　含沙射影。

爽爽气气　直截了当。

噱风拐骗　用花言巧语骗人。

话奈是奈　说一不二。

插虚乱话　没有根据乱说一通。

花儿马屁　花言巧语奉承话。

呒搨呒煞　半途而废。

三撬四裂　意见不一致。

狗屄倒爪　说话办事没个准,出尔反尔。

奸刁挖拉　阴险奸诈。

乌气同送　傻里傻气。

呒心唠叨　说话无心、随便,不加思考。

斤估较价　斤斤计较。

得神放屁　说话办事劲头十足,贬义。

阴触阳开　说话阴阳怪气。

怩弄搭弄　不干脆利落。

脱头篮襻　马虎草率。

横横绰绰　马马虎虎,不细致。

乱话天通　胡说八道。

乌勿出头年　笨透了。

板板六十四　呆板，不灵活，假斯文。

犟头勃耳朵　倔强，不听话。

急煞人性命　急得不得了。

直心直肚肠　说话爽快，不转弯抹角。

脱头烂肚皮　不认真，不把事情办好。

狗面亲家公　友情时好时坏，可以翻脸不认账。

横勿罢竖勿休　横竖不肯罢休。

扁塌塌滑扭扭　油腔滑调，捉摸不定，模棱两可。

（三）神情、心态

老勿起　不老练。

单心浪　一心想。

轻骨头　轻浮。

一门滚　执意，执着。

麦门罩　突如其来。

热脱脱　跃跃欲试或很热。

昏头鸡　昏头昏脑。

投转魂　神情恍惚，往返不定，若有所失。

眼相相　可望而不可即，无可奈何的样子。

定寡寡　呆呆的。

茄门相　不感兴趣。

缠陌头　故意打岔。

假花样　耍花招。

偷死乖　乘人不备时干一下子。

急急活　差点儿。

打疙楞　突然停顿下来。

叫快活　幸灾乐祸，笑话人。

笃拈拈　慢慢地。

急兜兜　急急忙忙。

做触落　假装。

发披头　跑得飞快的样子。

人来疯　来客时，小孩嬉闹无常。

放野火　背后散布言论，造舆论。

叫回头　认输。

逐逐发起　情绪不稳定，有时干得很出色。

痴聋蛮话　装作听而不闻，我行我素。

诈痴诈聋　装聋作哑。

惑疑惑得　拿不定主意，左右为难。

一勃醪音牢糟　气话一下子通通说出来。

神智糊智　没有主见，装糊涂。

火出火焰　十分恼火。

脱虚约酌　凭空臆想，与实际相差甚远。

茄五茄六　松松垮垮。

头勃拢宠　思维欠缜密、办事毛糙、行动鲁莽。

藤皮塌脸　死皮赖脸。

寻头凑脑　故意引起事端。

穿神抖火　挑拨离间。

喔求苦恼　苦苦哀求。

敲牢着实　敲定、落实。

痴头骚脑　疯疯癫癫。

有有心相　精力集中，很有耐心。

心心挂念　一心想念。

勿零勿落　言行考虑不周密，东一榔头西一拐杖。

脱脱仰仰　似干非干，缺少责任心的行为。

挽枝挽襻　转弯抹角。

绞屄烈卵音乱　怪里怪气。

假痴三颜　真真假假，真假难辨。

象心适意　称心如意。

搲音握心拉命　一心想要。

吓痴落急　事态十分紧急或危急时的神情。

集章程八补　力量够不上，十分勉强地。

呒章程落卵音乱子　慌了手脚，没有办法。

脱脱五潮水　没有把握，碰碰巧。

勿相勿认得　素不相识。

要紧三不慢　关键时刻。

身厢节骨眼　内心底里。

尴里尴尬　欲罢不能，欲做不可，拿不定主意。

额角头高进进　碰上运气了。

(四)状物、形容

一摊排　　杂乱无章。
大图样　　大概轮廓。
对直龙　　一直。比喻一直往前走。
笔笔直　　笔直。指竖立的物和站立的人。
直弄音拢光　　门敞开,室内空无一人。
初光生音桑　　初步完成。
凑好起　　可能。
一式样　　一样。
相鼻头　　两车相撞。
一把连　　一起。
做手脚　　暗里改变事物真相。
做人家　　节俭或节约。
落脚瓤　　筛选下来的劣货、次品。
出角方　　很方正。
滴粒圆　　很圆。
屁泡捞　　没有。
尖拈头　　物体尖顶。
高楞墩　　物体表面凸出部分。
半天落把　　半天之内,时间较长。
垒山滚石　　经过千百磨炼。
骨节骨眼　　全身关节。
一摊世界音衔　　杂乱无章,到处都是。
碎碎醪糟　　零零碎碎,没有一个完整的。
囫囵点点　　整个儿,比喻东西整齐。
热蚩潽音铺烫　　刚出锅热气腾腾。
热天热色　　天气很热。
轮班落班　　轮班替换。
细细甲甲　　详详细细。
平潽音铺拍满　　装得很满。
仄边仄沿　　只差一点点。
精干必剥　　很干。
刮拉风脆　　很脆。
扭扭笃笃　　还未干透,仍有湿感。
焦勃垃哈　　很焦。

浮浮拍拍　不稳固。
泛乌百老　很多很多。
瞎没无气　一点动静都没有。
接葛连牵　接一连二。
旱吃博赌　勉强支撑，勉强完成。
乌屄千年　笨女人（贬义）。
出响头里　突然间。
现成笃笃　坐享其成。
失零乒乓　零碎，杂乱。
薄衣笃笃　衣服单薄。
影七八远　很远很远。
滑脂扭扭　黏滑。
乌眉搨眼　又脏又乱，眉目不清，办事糟糕。
原爿成章　整块。
亨白冷打　总包括。
行尽行是　数量多。
石白铁硬　坚硬。
弯里曲六　弯弯曲曲。
笔描线直　很直。
滴滚赏圆　很圆。
滴角斩方　很方。
膨之膨脝音亨　体积很大，不便携带。
老末结煞　结果或最后一个。
小节伶伶　很小，小巧玲珑。
阴投活投　默默寻找的样子。
够厘恰数　差一点不到这个数字，勉强正好。
中中常常　不好也不坏，中等水平。
牵牵匀匀　诸如忙与闲两极的中间状态。
触眼进骨　难看极了。
挨一坒音被二　很有次序地一个接一个堆叠好。
顶倒竖立　倒立。
后半三汛　接近尾声。
鲜甜咪浆　很甜。
刷拉打清　很清爽。

直咯络托　比喻说话爽直。

大音杜大落落　指物体很大。

毛枝带牵　很粗糙，不光滑。

三长六式短　长短不一。

软东刮拉西　很柔软。

跌熟老番瓜　很熟练。(番瓜，即南瓜)。

四滚滴粒圆　很圆。

半搨五潮水　办事不尽责，半途而废。

起头末结煞　从头到尾。

够数一眼眼　很少一点点。

幺音腰腻角落头　偏僻的角落里。

触戾心头子　生气、赌气时的口头语。

角落落转一圈　四面走一圈、看一遍。

(五)颜色、光泽

青齐齐　青色。

青蹦蹦　青色。

白塌塌　白色。

白了了　白色。泛指人脸无血色，病态。

黑赤赤　黑色。

红兮兮　红色，浅红色。

黄绵绵　黄色。

紫吼吼　紫色。

赤乌滴黑　很黑。

赤黑乌油　很黑。

绯红赤拉　很红。

腊扎金黄　很黄。

紫孛留吼　很紫。

花离斑烂　颜色很杂，很乱。

金赤银亮　很亮。指物体洁净而发光。

灰色堂堂　灰色。

暗洞摸痴　很暗。

鲜眉洁眼　颜色很鲜艳。

滴光滴滑　光亮又平滑。

白洁革邋遢　从原色中泛出白色。

黑漆八邋遢　黑而不整洁。

乌里乌,黑里黑　夜色很黑。

三、谚语

沙地谚语是一种民众口头流传固定语句,言简意赅、活泼有趣而发人深省,且内容广泛。用简单通俗语言反映其深刻道理。

(一)农业谚语

三天勿吃盐齑汤,脚股郎里酥汪汪。

酒多伤身,气大伤人。

宁在囤尖留,不在囤底愁。

细水长流,遇灾不愁。

知人知面难知心,菩萨也有千百等。

粮户升合计,穷人不在乎。

各人自有各人福,烂泥菩萨住瓦屋。

一物对一物,菩萨对念佛。

三代不读书,等于一圈猪。

一个丫头吃两家茶,屁股打来象烂番瓜。

野花美,野花香,摘到手里要遭殃。

敲了木鱼不做岸,做了和尚不尝鲜。

早洗头,晚汏脚,赛过天天吃中药。

十网下水九网空,一网弄到老包工。

天要下雨掩不住,娘要嫁人留勿住。

牙痛不算病,疼来真要命。

东造葫芦西造瓢。

箩里拣花,拣来眼花。

逢人只说三分话,未可全抛一片心。

冷末冷的风,穷末穷的债。

福无双至,祸不单行。

筷头上出孽胚,棒头上出孝子。

养猪养羊,本短利长;羊落羊,三年落一场。

鸡对头,鸭朋友。

鸭在水中游,勿愁盐和油。

白露早,寒露迟,秋分种麦正当时。

闰年不种十月麦。

彭祖活八百,就怕拔棉花棋种麦。

凿石头种麦，握泥种豆。

十年密麦呒得一年好，十年早麦难得一年孬。

冻断麦根，牵断磨坑绳。

腊月里做生泥，青草长成米。

(二)气象谚语

春打六九头。

两春隔一冬，呒被暖烘烘。

春霜勿隔宿，连霜晒破屋。

雷打惊蛰前，四十蒙蒙不见天。

夏至无雨三伏热。

正要日长，夏至一扛，正要日短，冬至一赶。

雨落黄梅头，三天不落断黄梅。

春雾早消，晴天得靠；迷雾不开，雨随雾来。

雷响天边，大雨连绵，雷响天顶，雨过晴天。

小暑一声雷，黄梅依旧归，倒转黄梅十八天。

小暑不见日头，大暑晒开石头。

八月初三潮没祭(鬼)。

重阳无雨一冬晴，九月十三雨洋洋，黄豆箩上出青秧。

九月廿七催懒妇，十月呒风拖勿过(意即天要冷了，要准备寒衣)。

十月中，梳头吃饭当一工。

立冬下雨一冬阴，立冬西北风，翌年五谷丰。

小雪雪满天，来年是丰年。

霜浓是晴天，霜多雪厚兆丰年。

冬至多风，寒冷年丰，干冬湿年。

头九冻破地，九九勿盖被。

头九二九像春天，三九廿七，梧桐树冻来笔直；四九中心腊，河里冻杀老绵鸭；五九腊中心，冻断鼻梁筋；六九五十四，泥里出芦刺(发芽)；七九六十三，布袄两头担；八九七十二，猫狗躺荫地；九九八十一，老汉田中立。

久晴大雾阴，久阴大雾晴；三朝迷雾刮西风(指深秋或初冬时节)。

东北风，雨太公；乌头风，白头雨。

东闪空，西闪风，南闪火门开，北闪有雨来。

东虹日头西虹雨。

朝看南云涨，夜看北云推(下雨)。

朝撑勿晒，夜撑勿收；落得早，勿湿草，一落一个泡，明天干脚跑。

朝霞不出门,晚霞行千里。

青扛白扛,明朝晒杀和尚。(扛指“虹”)。

乌云接日头,半夜雨稠稠。

八月南风两天半,九月南风当夜雨,十月南风跑勿及。

上看初三,下看十六,干干湿湿半个月。

雨中知了叫,报告晴天到。

蝼蛄叫,晴天到,青蛙乱叫,大雨要到。

鸡迟进窝天要变。

早呱风,夜呱雨,中午呱呱落勿及(“呱”指鸭叫)。

烟绕屋,有雨落。

腊月的雨,等似草麦盖上被。

烟囱不出烟,一定阴雨天。

朝看天顶穿,暮看四脚悬(晴天)。

雨前麻花难得雨,雨后麻花难得晴。

烟滚地,要下雨。

白露身勿露,寒露头勿露。

早爽(风)一,夜爽(风)七,黄昏头起风一息息(一会儿)。

黄昏知了叫,明朝热得吱吱叫。

蚂蚁筑坝大雨来,燕子穿梭日头来。

日茄风,夜茄雨(茄:读音“茄”即晕)。

日落半天红,无雨便是风。

云擘里日头,嫚娘的拳头。

十三十四月没乌处处,十五十六两头红,十七十八快手婆娘杀一只鸭。

初一月半子午潮,初八廿三正小汛。

初三、十八潮,无风赛马跑。

三天跑沙云,台风将来临;早晨猪头云,傍晚台风鸣。

海雷兆台风。

(三)生活知识谚语

磨刀不误砍柴工。

桑条自小育,长大育不成。

不懂装懂,永世饭桶。

一口吞不了饼,一锹掘不成井。

吃勿穷,着勿穷,算计勿到一世穷。

船到桥,直瞄瞄,船到岸,勿要乱。

修房不踏檐，一拖二、三年。

歪船勿倒，漏船不沉。

迷雾不开有雨，话事勿开有儿(鬼)。

大鱼肉多，小鱼骨多，豆腐水做，“阎罗王”儿(鬼)做。

家鸡打得满宅转，野鸡打得着天飞。

江南卖强货，海深爬勿过。

千算万算，勿局(如)老天一算。

屁股朝风，要请郎中(朝风睡觉要生病)。

菜肴吃点鲜头，说话听点音头。

嘴上呒毛，做事不牢。

平时不烧香，临时抱佛脚。

嘴巴甜似蜜，屁股辣似椒。

男做女工，越做越穷。

心头无事实笃笃。

眼睛一眨，老母鸡变鸭。

坐吃三餐海亦空。

出门看天色，进门看脸色。

脚正不怕鞋歪，身正不怕影斜。

上梁不正下梁歪。

双桥好过，独木难行。

打不断亲，骂不断邻。

远亲不如近邻，远水解不了近火。

精打细算，钱粮不断。

细水长流，吃穿不愁。

若要富足，需要储蓄。

白天不做亏心事，晚上不怕鬼敲门。

好男不吃分来饭，好女不穿嫁来衣。

丫头不断娘家路，客人不断杭州路。

有种象种，冬瓜直笼统，茄子弯柄棕。

呒铜钿个粮户，勿识字个先生。

杀人不怕血腥气，阎罗王碰着对面儿(鬼)。

狗咬吕洞宾，勿识好人心。

打人勿来先动手，种田勿来跟大帮。

羊去吃草鹅去赶。

吃真功,着威风,赌精光,嫖真空。
大个磕磕拜,小个掰来卖。
得着风,便扯蓬,拾着鸡毛当令箭。
人多哄啊哄,猫多勿捉虫(鼠)。
丫头远远地送(嫁),媳妇低低地攀。
跺脚姑娘盘脚嫂,各人争得自家好。
秧好一半谷,妻好一半福。
行得正,坐得正,哪怕与和尚合板凳。
夹忙头里膀牵筋。
低凳高台子,吃饭就到嘴。
南京跑到北京,只要嘴里勿停。
一天三大笑,毛病笑得好。
爷有娘有,抵不上自有。
钉煞个秤,生煞个性,偷食猫狸勿改性。
三岁定八十。
黄毛丫头十八变,临时上轿变三变。
买房子看梁,定媳妇看娘。
鞋有样,袜有样,媳妇勿好婆有样。
男子十六挑爷担,女子十六着娘衣。
家有贤妇,夫不遭枉祸。
一条腰裙系成筋,勿知丈夫啥个心。
好男不信枕边状。
一爷娘生九种子。
手心手背都是肉。
债多不愁,虱多不叮。
好马不吃回头草。
邻居好,赛金宝。
不听老人言,吃苦在眼前。
让人三分,百事太平。
看人挑担勿吃力,自己挑担步步歇。
铜钿眼里翻跟斗。
十条人命九条奸,一条人命赌铜钿。
姜是老的辣,麻雀老的乖。
不抽烟、不喝酒,活到一百勿用愁。

换汤不换药。

看人头，戴帽子。

穷灶口，富水缸。

碗底砣圆，吃人家饭难。

你有街前草，我有麦门冬。

坏扫帚对额畚箕。

勿到沙场，消夜思量，到了沙场，冷气叹声。

出门勿带三尺绳，跑特路上勿放心。

好记性勿局(如)赖笔头。

若要真，问小人。

人情不是债，尺六镬子背来卖。

瞎子当亮子吃煞(“亮子”指明眼人)。

叫人不蚀本，舌头打个滚。

朋友朋友，就“防”个有。

东台不管西台事，公公不管娘娘事。

添客不杀鸡，凭空做客气。

宁做坑棚板，勿做前后“嫚”(娘)。

宁做天上鸟，勿做地上小(老婆)。

吃红萝卜，上蜡烛账。

公要馄饨婆要面，太太婆要夹夹条。

剃头洗脚，胜过吃药。

量体裁衣，看菜吃饭，看鸡做笼。

出门走路看风向，吃饭穿衣量家当。

四、歇后语

沙地歇后语是沙地人在长期生产生活中，创造的一种诙谐幽默、风趣迷人地方色彩语言，由两个部分组成，前半部分是形象比喻，似谜面，后半部分为解释、说明，像谜底。

年初一吃酒板——第一朝(糟)。

打开天窗说亮话——直截了当。

老鼠钻进风箱里——两头受气。

船头上跑马——走投无路。

鸡蛋鸭蛋炒鹅蛋——混蛋。

廿一天孵不出小鸭——坏蛋。

两个哑子困一头——好来吭啥话。

海滩头开店——外行。

蚊子叮菩萨——认错人。

寡妇嫁人——心不定。

腰裙上系转裙——情上加情(裙上加裙)。

江北驴子学马叫——南腔北调。

跷脚驴子跟马跑——差一大截。

讨饭人看戏——穷开心。

烧香望和尚——顺便。

贼喊捉贼——倒打一耙。

小和尚念经——有口无心。

小庙里大菩萨——独大。

绣花枕头稻柴芯——外头好看里头空。

大姑娘坐轿——头一回。

马尾串豆腐——提不起来。

额角头上搁扁担——头挑。

钥匙挂在胸口上——开心。

丈母娘看女婿——越看越欢喜。

弄堂里拔木头——直来直去。

白露日子的雨——到一处坏一处。

生成的性,钉杀个秤——改不了。

大懒差小懒,小懒差白眼——全是懒虫。

一埭篱笆三个桩,一个好汉三个帮——互助互济。

大水冲走龙王庙——不认自家人。

癞蛤蟆想吃天鹅肉——痴心妄想。

歪嘴吹鼓手——邪气(多)。

狗嘴里吐勿出牙象——(贬义)说不出好话。

歪嘴吃鳗鲤——弯弯顺。

歪嘴吐口水——校(射)不正。

鲳片落在带鱼里——独阔。

带鱼掉进鲳片里——特长。

挨门进,自搬凳——不受欢迎。

六月里穿暖鞋——日(热)脚难过。

父子两打铁——呒饶让。

打铁碰到补镬子——黑手碰黑手。

外甥提灯笼——照旧(舅)。

两个半炮仗(爆竹)——你想(五响)。(你与五均读作“呒”)。

石卵子烧豆腐——软硬不均匀。

打破砂锅——问(纹)到底。

癞子撑洋伞——无法(发)无天。

棺材里伸手——死要(钱)。

踏板上的蚊子——不在账夹里。

猪八戒照镜子——里外不是人。

凉帽没有边——顶好。

一拳打在棉花上——没回音。

十五个人聊天——七嘴八舌。

十五块布做衣裳——七拼八凑。

七尺布拦腰剪——不三不四。

十字路口贴广告——众所周知。

舌头上生疮——说不出话来。

郎中翻车——失约(药)。

围巾包癞头——危险(围廯)。

焦麦粞烧羹饭——勿成膜事(不成体统)。

木匠弹线——开一只眼,闭一只眼。

老鼠衔薄(菜)刀——寻死。

聋子的耳朵——摆摆样。

婆婆陪媳妇——呒工夫(公夫)。

瞎子买扁担——寻翘巴。

瞎子吃死蟹——只只好。

癞子头上虱子——明摆。

冬瓜藤牵在茄子田里——瞎缠。

蕃芋田里挑担——藤牵(碰到不顺心的事而作罢)。

老虎头上拍苍蝇——惹祸。

蜻蜓吃尾巴——自吃自。

石头上甩乌龟——硬碰硬。

掮石臼做戏——吃力不讨好。

坑棚头吹鼓手——凑(臭)热闹。

出头椽子——先烂。

眉毛上挂尼线(针)——戳眼。

年三十夜看皇历——没日子。

茶壶里馄饨——有货倒不出。

飞机上吊蟹——悬空八只脚(太远)。

骑马看书——走着瞧。

裤子头着袜——脱空一段。

驼子死脱两头翘——又气又好笑。

老太婆的嫁妆——古货。

裁缝的尺子——量人不量己。

癞蛤蟆垫台脚——硬撑。

白笔画勒白墙上——白话(画)。

冬瓜烧茄子——烂搭烂。

驼子背“招耙”——一个样。

麻袋里绣钉——自出(戳)本心。

饿头里嗝气——穷争气。

鳗鲤死在汤罐里——勿值得。

陌生人吊孝——死人肚里有数。

猫狸吃百叶——脚踏手撤(手忙脚乱的样子)。

三只手指捏田螺——稳拿。

上吐下泻——两头拔。

蛸蜞爬在芥菜上——尴尬。

医生戴口罩——嘴上一套。

眼睛长勒头顶上——目空一切。

灶君菩萨上天——拣好话。

烂泥萝卜——揩一段吃一段。

拔脱萝卜——地皮宽。

麻子搽粉——蚀煞老本。

拾到鸡毛当令箭——煞有介事。

空棺材出葬——目(木)中无人。

响鼓不用重锤——一点就明(鸣)。

杉木扁担——宁断勿弯。

暗洞里绕脚——瞎缠。

萝卜青菜——各人所爱。

瞎子磨刀——快特。

床底下放鹞子——不上天。

和尚打架——抓不到辫子。

八十岁学吹鼓手——迟了。

搽粉进棺材——死要面子。

茶馆店搬家——重砌炉灶。

狗咬拉屎人——呒良心。

老鼠落在米囤里——吃不完。

慢娘的拳头——着力(下手狠)。

云缝里日头——结棍(利害)。

五、称谓

反映人与人之间特定关系,从一个侧面展示地域风俗人情。沙地人称谓比其他地方特色鲜明。

(一)父亲辈称谓

沙地人父辈称谓,叫伯伯、叔叔、寄爷、表叔、表伯等。

(二)母亲辈称谓

除母亲姐妹称大姨、娘姨外,还把哥嫂弟媳之母、姐夫妹夫之母叫“娘姨”(之父为大姨夫、娘姨夫),对娘姨姐妹也称娘姨,伯父叔父之亲家母亦称娘姨(其丈夫叫大姨夫、娘姨夫)。

【寄爷】称谓很多。有“娘舅寄爷”“姑娘寄爷”“姑父寄爷”“娘姨夫寄爷”“认生肖寄爷”(俗称干爷),“邻居寄爷”,还有跟哥哥姐姐叫的寄爷。

【姑娘】沙地人通常把未成年女子叫“姑娘”,“姑母”称“姑娘”,并按年龄依次称“大姑娘”“二姑娘”“小姑娘”。还分“长辈姑娘”和“平辈姑娘”,丈夫姑母称“长辈姑娘”,丈夫姐妹称“平辈姑娘”。

【代称谓】沙地人有女性男性化叫法,把大姑娘叫“大伯”,“二姑娘”叫“二伯”,把“长辈姑娘”的“大姑娘”叫“大寄爷”,“二姑娘”叫“二寄爷”。称母亲姐妹分别为“大舅舅”“小舅舅”,此称谓一般因母亲无哥弟。

【“公”“公公”“太太”】沙地女子称丈夫父亲为“公”,其母亲称“婆”。“公婆”之称,只能“旁称”,向人介绍可当面说:这是我“公”或我“婆”。有时,儿媳旁称公婆为“老份”。

沙地人习惯把祖父称为“公公”,祖母称为“婆啊”,与祖父辈份相同也称为“公公”,若“公公”多时,根据姓氏叫“孙家公公”“李家公公”“黄家公公”等等。

沙地人习惯把曾祖父一辈人称为“太太”,尊称“老太太”。即“男老太太”“女老太太”。

【旧时夫妻间称呼】旧时,夫妻间一般用孩子乳名带称对方,如“小狗娘”“三郎爷”,也有单呼:“哎,你来一来”。有时演变为互称“伊特爷”“伊特娘”。进入老年后,简称丈夫为“老头子”,妻子为“老太婆”。

旧时,称妻子为“屋里人”,丈夫为“当家人”。夫妻间称“夫妻道里”。如今男女平等,夫妻间互称“爱人”“老公”“老婆”,多数直呼其名。

附记：

亲属称谓

	父亲	岳父	翁	母亲	岳母	姑
直呼	爸爸 爹爹 阿爹 爷爷 阿爸	同左	同左	妈妈、姆妈	同左	同左
旁称	爷	丈人	公	娘	丈母(娘)	婆

	祖父	岳祖父	外祖父	祖翁	祖母	岳祖母	外祖母	祖姑
直呼	公公	同左	同左外公	公公	亲婆 婆阿	同左	同左外婆	亲婆 婆阿
旁称	公	妻公	夫称外公，妻称外太公	太公	婆	婆婆	夫称外婆 妻称外太婆	太婆

	曾祖父	岳曾祖父	外曾祖父	曾祖翁	曾祖母	岳曾祖母	外曾祖母	曾祖姑
直呼	太太	同左	同左	同左	同左	同左	同左	同左
旁称	太太	妻太太	夫称外太太，妻称外太太公	太太公	太太	妻太太	夫称外太婆，妻称外太太婆	太太婆

直呼	最大的呼老伯 大伯 伯伯，中间的按次序呼二伯 三伯……最小的呼小伯	最大的呼大妈妈 妈妈，中间的按次序呼二妈妈 三妈妈……最小的呼小妈妈或妈妈
旁称	最大的 夫称大阿伯，妻称大伯公，中间按次序，夫称二阿伯(叔)、三阿伯(叔)，妻称二伯(叔)公、三伯(叔)公……最小的，夫称小阿叔，妻称小叔公	最大的，夫称大妈妈，妻称大伯婆，中间的按次序，夫称二妈妈(阿婶)、三妈妈(阿婶)，妻称二伯(叔)婆、三伯(叔)婆……最小的，夫称小阿婶，妻称小叔婆

	姑丈	姑母
直呼	寄爷、伯伯	寄爷 寄娘 好爹 妈妈 姑妈 伯伯
旁称	夫称姑夫，妻称老姑夫	夫称姑娘 妻称老姑娘

	舅父	舅母
直呼	舅舅 娘舅 寄爷	舅妈 妗妈(读“卖”) 寄娘
旁称	娘舅	舅妈 妗妈(读“卖”)

	姨父	姨母
直呼	寄爷 大姨夫或娘姨夫	寄爷 寄娘 妈妈 大姨妈妈或娘姨妈妈
旁称	大姨夫或娘姨夫	大姨或娘姨

	寄父	寄母
直呼	寄父	寄娘 寄妈妈
旁称	寄父	寄娘

	兄 弟	兄、弟之妻
直呼	阿哥 弟弟	嫂嫂 姐姐(读"假") 娘娘 妹妹或直呼姓名
旁称	夫称阿哥 兄弟,妻称阿伯 阿叔	夫称阿嫂 弟媳妇,妻称阿嫂 阿婶

	姐、妹之夫	姐、妹
直呼	阿哥 弟弟	姐姐(读"假") 妹妹
旁称	夫称姐(读"假")夫 姊(读"子")妹婿,妻称姑夫	夫称阿姊(读"基") 姊(读"子")妹,妻称姑娘

	内兄、弟	内兄、弟之妻
直呼	阿哥 弟弟	嫂嫂、妹妹或直呼姓名
旁称	夫称阿舅 妻称阿哥 兄弟	夫称妗(读"忌")姆,妻称阿嫂 弟媳妇

	内姐、妹之夫	内姐 妹
直呼	阿哥 弟弟	姐姐(读"假") 妹妹
旁称	夫称连襟,妻称姐(读"假")夫 姊(读"子")妹婿	夫称阿姊(读"基")阿姨,妻称阿姊(读"基")姊(读"子")妹

六、禁忌语

沙地方言和其他方言一样,也有独特忌讳语言和禁忌风俗。

(一)忌讳语言

沙地人不直呼老鼠,怕老鼠听见后糟蹋粮食和衣物,而用"老伯伯"借代之。

沙地人特别回避"死"字,而用"走脱""跑脱""升天"。

沙地渔民忌讳"翻"字,吃鱼时不准"把鱼翻过来",因为这意味着翻船。

抱孩子感觉"沉重",则不能说"重",要说"这小倌很压手"。

沙地人忌讳"十"这个数字,因"十"与"贼"谐音,故把"十大队""十村""十组"分别说成"中心大队""中心村""中心组"。

物品"生霉",叫"出兴旺"。

"烧火"说成"旺火"或"看红"。

新年新岁时,忌言讳语更多。关照小孩子不要"乌嚼乌话"。年初一万里无云,也要说"满天云",因"云"与"赢"谐音,"赢"是好口彩,打牌能赢钱。小孩不小心摔坏饭碗,大人们便说:"岁(碎)岁平安"!

(二)禁忌风俗

农历初一、月半忌浇粪,以防臭气冲天,得罪天老爷。

小孩子忌吃鱼籽,以为吃后不识字。

白事人情账簿100号空缺,不记人名、钱数,要写上“百无禁忌”。

鸟粪落在头上、身上,以为倒霉不吉利,讨7家米煮饭吃会解灾祸。

“药渣倒出门,疾病不缠身”。药渣须倒在路口,让千人踏,万人踩,表示“药到病除”。但忌讳把药渣倒在别人家门口。

小孩夜啼(哭),用纸写上“天皇皇,地皇皇,我家有个夜啼郎。过路先生念三遍,一觉睡到大天亮。”四处张贴,让路人诵读治病。

沙地还有种“招魂”之俗,俗称“叫火”。家人拿扫帚和病人衣服,口喊:“XX归来!”几个应者一人丢一粒米,回答:“归来勒”。呼者由远及近,应者直到病人床边才算结束。还有一种“扣米”方法,即用一碗米,用头巾裹扎好,先在灶君面前通神,请求灶君关照各路天神地煞,把小民之魂送回。然后将米碗倒扣在灶头,次日清晨,小心地将米碗正放,揭去头巾,观察那一角缺米,即吓在哪一方向。最后,用这米煮给病人吃。

沙地结婚时忌用白纸、白布,要用红色物品。送人情钱都用红纸包。结婚这天,新娘出娘家门忌带走娘家泥土,所以新娘上车时要换鞋,否则认为娘家的财会被带走。忌讳做客的亲友夫妇在亲戚家同睡一床。

丧事忌讳死者丧衣领头逢双数。骨灰入土。忌亲人掘土,否则为“自掘坟墓”。吊唁者忌中途在其他人家逗留,应直奔丧家。在农村,如婚事恰逢丧事,忌同日举行婚丧礼仪,应先举行婚礼,再举行丧礼。烧羹饭忌讳随意增减祭祖饭碗。祭祀祖宗时,忌讳搬动祭桌周围的凳子。

忌讳在别人家号啕大哭。忌讳空碗倒扣在桌子上。忌讳用筷子敲空碗。忌讳为孩子取与长辈相同的名字。忌讳夜里将衣物晾在户外。忌讳乘船时与船老大谈及“翻船”两字。忌讳在祭祖时站在门口。忌讳小孩坐在门槛上。忌讳把井打在对面人家房门口。

中华人民共和国成立前,农村缺医少药,见病人久病不愈,就到神汉、巫婆家求治,称为“问仙”。此陋习在20世纪60年代曾绝迹,80～90年代又死灰复燃,信者为数虽少,但时有所闻。

中华人民共和国成立前,乡村百姓普遍相信算命,孩子出生取名字、男女定亲、遇灾患病等,请算命先生算个命,想知道未来如何。此陋习20世纪60年代曾绝迹,80年代又出现,90年代增多。境内算命人大多为当地人,也有外地人。

看相,有看面相和手相两种。20世纪80年代有外地看相者进入境内。以后,境内也有人从事此道。看相地点大多在街头巷尾、医院旁边,也有外地相面人走村串巷,到居民家中看相。进入21世纪后,此陋习有所减少。

攀阴亲，儿童和未婚青年死后，由媒人介绍，或由双方家长自行撮合，让死者的灵魂在阴间结为夫妇，叫“攀阴亲”，又称“攀鬼亲”。其仪式为：男方家长给女方家长下聘礼（钱款不多），择日举行简单婚礼（一般男女方家长聚会）。婚礼之日，女子的骨灰移到男子骨灰那边，表示成亲，并烧化冥钱冥衣冥房等等。从此双方家长就结成儿女亲家，俗称“阴亲”，“阴亲”等同姻亲相互交往。

送野鬼也是沙地的一种陋习，农村居民因身体不适，服药后一时不见好转．就相信鬼神，一般在黄昏时分，将折叠好的冥钱和做好的冥衣在住宅西南方或东北方烧化，称“送野鬼”。20世纪90年代，乡村中时有所见，城镇较隐蔽。进入21世纪后，乡村已少见，城镇基本绝迹。

沙地人种种忌讳语言和禁忌风俗，是对美好生活热爱和向往，有些带迷信色彩，应加以科学分析、正确对待。随着社会进步，科学发展，在实践中很多已被破除。

七、时尚用语

改革开放后，各种新情况新事物相继出现，许多反映社会现象新词汇随之产生。这些新词不仅加快人们对新环境、新现象、新关系感悟和认同，而且对经济繁荣、社会进步和人际交流也起到一定作用。

（一）新称号

大款——经济富有之人。

老总——公司总经理。

大哥大——拥有巨额财富头面人物。

工薪阶层——以工资为主要来源机关干部、职工群体。

钟点工——以钟点计算报酬劳务工，亦称小时工。

白领阶层——高级管理人员。

蓝领阶层——劳动服务人员。

灰领阶层——基层技术人员，介于白领和蓝领之间。

老三届——特指1966、1967、1968年全日制学校的初高中毕业生。

老法师——指精通某项老规矩的人，对本行比较专业，有较深入研究的人。

护工——在医院里受雇担任病人生活护理的人员。

歌星——出类拔萃的歌唱演员。

球迷——迷恋球类活动或球星者。

军嫂——解放军军官家属。

空嫂（空姐）——航空女服务人员。

老公——丈夫。

打工仔——外出干活挣钱的男青年。

打工妹——外出干活挣钱的女青年。

外来妹——外省市来的打工女青年。

网友——互联网上认识、交往的朋友。

的哥——开出租车的男士，女士称“的妹”。

影迷——对电影特别嗜好者，引申出球迷、戏迷、歌迷、棋迷等。

（二）新名词

超市——自选商场。

楼市——商品房市场。

股市——股票市场。

打的——乘出租汽车。

中巴——中型公交车。

品位——商品价位。

信用卡——即硬卡，在消费领域定额使用。

智商——个人智力水平的数量化指标。

下海——从国家集体单位离职经商。

跳槽——从一个单位跳到另一个单位。

下岗——职工因企业破产、裁减人员等因素失去工作岗位。

滑坡——经济亏损，效益下降。

疲软——市场货物销售形势不畅，呈下降趋势。

隐私——允许个人保守秘密。

和稀泥——回避矛盾，调和关系。

铁饭碗——稳定工作岗位。

大锅饭——平均分配。

二手房——别人住过后转卖的商品房，也指有人以投资目的购房后再转卖的商品房。

二手货——别人用过后转卖的商品。

二奶——已婚男子非法与其他女子同居，此类女子被称为“二奶”。

入围——经筛选、选拔进入某一范围。

三陪——陪吃、陪喝、陪跳舞。

上面——上级领导、上级单位。

上路——办事讲义气、大方，明白、悟性高。

大兴货——指伪劣冒牌货。

大团结——常指面值10元的人民币。

大路货——指普通商品。

小儿科——比喻某人干不成事。不成气候。也喻某事简单、不值得人们重视。

小灵通——无线市内电话。

中介机构——促成婚姻、买卖或其他事物的中间机构。

双休日——实行每周5天工作制，周六、周日连续两日休息为“双休日”。

巴士——大、中型客车。

开小灶——原指集体伙食中，给个别人高标准待遇。改革开放后，指给某人较为特殊的待遇。

开洋荤——第一次出国或第一次接触洋货。

手机——移动电话，20世纪90年代，称为“大哥大”。

扎台型——争面子，出风头，在别人面前炫耀自己。

毛毛雨——原指如牛毛样的雨，这里指小意思、微不足道。

毛估估——初步、粗略的估计或估算。

包装——把东西打捆成包或装入箱子；包装商品，起到装潢美化外表作用。90年代中期起，指从形象上装扮、美化人物或物，使其更具吸引力或商业价值。

扒分——20世纪80年代，指赚取额外收入。90年代中期起，泛指挣钱。

充电——原指给电池补充电能，20世纪90年代中期起，指通过各种学习补充知识或增强技能。

冲头——被敲竹杠者；老实，易上当受骗的人。

有数——知道，互相示好，心照不宣。

红牌——体育术语，裁判员向严重犯规运动员、教练员出示红牌，且令其退出赛场。也指警告严重犯规者或未达到要求者暂停其参加活动的资格。

网吧——指经营网络游戏场所。

网站——是一种通讯工具。由政府机关、单位团体或个人利用电脑网络建立信息联系的互联网交流站点。

花心——爱情不专一的人。

进贡——原指封建社会藩属对宗主国或臣民向君主呈献礼品，改革开放后，指为达到某种目的而送礼。

连档——两人或多人合伙设骗，合伙行骗者为“连档模子”。

夜排档——夜间街头的饮食摊。

拎得清——指为人处世颇得要领，善于领会他人未说明的意思和含义。

枪手——原指射击手，改革开放后，指代替别人参加考试或撰写论文并获取报酬的人，也指看准后行事，事完就走的人。

炒鱿鱼——一种菜肴名，比喻解雇、辞退。

修地球——种田，干农活。

品牌——知名度较高的商品牌子。

差头——出租汽车。

拾着皮夹子——得到意外财物或得到自己没有想到的名誉地位。

埋单——又叫买单,消费后结账付款。

套牢——股市术语,投资者所买入股票的价格不涨反跌,使资金在较长时间被占用,引申为陷入某事,时间、精力和财物被占用,以致影响其他工作或生活宰一刀——故意抬高价格,或短斤缺两、以次充好,使消费者吃亏。消费者购物时遇到高价、短斤缺两或以次充好叫作"被宰一刀"。

破费——用钱消费,也指送钱、物。

通路子——开后门,打通关系。

铁饭碗——指工作岗位稳定,没有失业的危机。

掏糨糊——应付差事,敷衍办事。

掼浪头——夸口说大话,讲排场。

野路子——行事不正规、不合规格;非正统、非科班出身;也指 不正规的工作思路和方法。倡导以法治国,堵死"野路子"。

隐私——个人的秘密。

黄牌——体育术语,裁判员向严重犯规的运动员、教练员出示黄牌予以警告。后借用为警示性语言。

割肉——股市用语。指股票交易中的赔本卖出。在与人交往中花钱买太平也称"割肉",又称"放血"。

搭勒够——够朋友,或指关系好,事情做得成,反之,则称"搭勿够"。

智商——人的智质。

越位——原是足球术语,后指超越权限行事。

搞定——把事情办妥,办好。

摆平——把各方面关系处理好。也指送礼给有权者或操办人,从而达到某种目的。

解套——股市用语,以高于原买入价的价格卖出兑现,解除资金被占用之困境。引申为解脱困境。

路子——方法、关系。

踢皮球——体育术语,后指办事互相推诿。

擦边球——体育术语,打乒乓球时,球擦着球台边缘。比喻做在规则界限边缘而不违反规则的事。

豁边——形容事情糟糕、弄僵,超出原先计划或设想。

蹶倒——傻眼,看不懂。

含金量——指某项技术潜在能量和高深程度。

竞争上岗——通过公平竞争走上工作岗位。

热线电话——实行专项服务热门电话。

希望工程——对贫困地区教育工作实行援助。

4050工程——女40岁、男50岁以上下岗人员再就业工作。

银发工程——为老年人服务工作。

阳光工程——是一项以信息公开等内容为重点系统工程。

中介机构——在政府和人民之间设置专职服务机构。

人物包装——对典型人物形象面貌及声誉设计、规划与炒作。

和谐社会——是一种人类孜孜以求美好社会。

(二)新用语

招商引资——招揽生意,吸引资金。

借鸡生蛋——借助人家技术设备、资金,发展自己。

改革开放——对内进改革,对外实行开放。

扶贫帮困——扶助贫困地区、贫困群众。

反腐倡廉——反对腐败,提倡廉政。

舆论监督——运用新闻媒体舆论力量,帮助公众监督政府事务。

暗箱操作——办事不公开、不民主。

权钱交易——以手中之权换取钱财。

引巢筑凤——把外地商家引来本地兴办企业。

第二节　沙地口头文化

沙地文化源远流长,渗透于社会各个层面和场合,口头文化更具代表性,有些与其他文化融为一体。例如,"打夯号子""哭丧歌""牌歌"仍流传民间。

一、打夯号子

夯是中华人民共和国成立前,沙地造房时打基础一种工具。打夯即"夯屋基墩"。有石夯、木夯、铁夯三种。石夯形状像只两三百斤秤砣,高约70厘米。夯体两侧上部各有一凹槽,在凹槽处各紧绷一根米把长木棍,从石夯底部洞眼里穿麻绳数根,供拉夯之用。打号子是为协调动作,一人领,众人和。领夯者嗓音洪亮,即兴表达,随机赋词,见啥喊啥,内容吉祥,语言风趣幽默。20世纪80年代后,人力夯已被电夯替代,引夯号子成为文化遗产。

附记:

打夯号子《日出东方一点红》

日出东方一点红,吭唷!

扬子江里九条龙,吭唷!
老龙发怒天下雨,吭唷!
小龙发怒要刮风,吭唷!
条马路两半开,吭唷!
马路边上开爿豆腐店,吭唷!
一落三天关门雨,吭唷!
臭脱豆腐丢脱钱,吭唷!
吭唷仔海唷,吭吭个唷哇
嗨唷仔吭唷,嗨嗨个唷哇!
嗨——唷——哼那个唷仔吭唷,
嗨嗨仔唷!
上山容易下山难,吭唷!
出门容易回家难,吭唷!
红糕白糕条头糕,吭唷!
姐吃糕来郎会炒,吭唷!
栀子花开芯里香,吭唷!
徒弟结识师母娘,吭唷!
师母娘勿是如意姐,吭唷!
徒弟不是吕纯阳,吭唷!
花花轿子人抬人,吭唷!
张飞是个暴跳人,吭唷!
关公吃酒面孔红,吭唷!
猴王吃酒闹天宫,吭唷!
吭唷仔嗨唷,吭吭个唷!
嗨唷仔吭唷,嗨嗨个唷!
嗨——唷——哼那个唷仔吭唷!

二、哭丧歌

中华人民共和国成立前,沙地有人离世,乡邻都要去看死人,听哭丧。哭丧歌是一种伴随丧葬仪式哭唱歌谣。丧葬时每个环节哭唱一段相关歌谣。古往今来,《九千七、二万四经》众人皆知。

“散哭”是亲朋好友前来吊唁时哭唱歌谣。它无规定套路,哭丧者视死者情况随意发挥,充满对死者真情实感,现编现哭真实动人,使听者为之潸然泪下。“借哭”是亲人借机诉说生活中所受苦难和委屈。凡利用“借沟放水”“指桑骂槐”“含沙射影”为目的哭唱,常令人叹为观止。

哭丧这种仪式,在社会上仍流行。20世纪90年代后,“传统哭法”日渐稀少。年轻人不会哭唱。多数请“哀丧娘子”代哭。出场费(行话叫“喜钱”)30~50元不等。

附记：

《九千七，二万四经》

姆妈呀，亲娘呀，
今朝头困勒大前头屋里，
着仔一身新衣裳，
摇摇曳曳去见阎王，
阎罗王路上要用铜钿，
我俚亲男女为了报娘恩，
拨了九千七、二万四呀，亲娘呀！
姆妈呀，亲娘呀，
我俚亲娘要听好仔来记好仔呀，
要伊啥用场，
要伊吃不通来用不完呀，
苦命丫头送的“九千七”，在黄泉路上一路用呀。
儿孙拨的“二万四”，用于阴间买田买地造新宅呀，亲娘呀！
我俚亲娘，
听好仔来记好呀，“九千七”，
亲娘呀！
随身带仔逐日花来逐日用呀，
逢着马路买路走，
买路要买官方大道走，
热闹县城在路边，
市镇街道也整齐，
一路上吃住都便利，
勿贪便宜抄近路，
买仔私浜小路不平来难行走，
山高人少树林多，
小路上相还有恶狗拦当路，
高山树林浜里还有坏人出来抢东西，
我俚亲娘胆小吓不起呀，亲娘呀！
姆妈呀，亲娘呀，
我俚亲娘要听好仔来记好仔呀，
“九千七”要伊逢着茶馆买茶吃，
勿买粗梗茶叶泡的浓茶吃，
亲娘要买龙井茶叶、橄榄茶，

吃了清凉又香又解渴呀。
抬轿差人另一桌，让伊勒解渴歇一歇，
吃好仔茶末付清勒茶钿勒跑呀，亲娘呀！
我俚姆妈呀，亲娘唉！
要听好仔来记好仔，
逢着酒店要买酒饭吃。
我俚亲娘本来勿吃酒，
要想吃一点，
买了蜜淋汁状元红酒吃，
又香又甜又好吃呀，
勿要买淡水白酒吃呀，
吃仔淡水白酒头晕肚胀难行走呀，亲娘呀！
姆妈呀，亲娘呀！
我俚亲娘点菜要点四荤四素四拼盆菜两点心，
还添一只三鲜四素什锦汤；
买饭勿买精梗黄籼米饭吃呀，
要买御林白米饭吃呀。
一般差人也要另外开一桌，
让伊勒酒足饭饱赶路程，
吃好仔饭末饭钱要算清呀，
值堂差使来服侍，
我俚娘亲也要付勒小账费跑呀，亲娘呀！
姆妈呀，亲娘呀，
听好仔来记好仔呀，
逢着庙宇要烧香点烛拜菩萨。
我俚亲娘在阳间一世好心肠，
救人要救贫苦人呀，
烧香要烧枯庙里，
枯庙里菩萨没人敬香钱。
我俚亲娘要买仔檀香绛香，金元宝来去进香呀，
诚心拜佛保安康，
拜了佛祖派了神将护轿送西方呀。
还要赠送厚金给庙主，
修理庙宇，菩萨身上要饰金，
拜罢佛祖放了香钱勒跑呀，
姆妈呀，亲娘呀！

逢着客栈住宿店，
我俚娘亲要寻有名气的大客栈住。
亲娘要住单人间，
差役人也要安排好住宿房间，
让伊勒早休息，
天明起早赶路程呀。
我俚娘亲勿住偏僻小客栈，
防止坏人欺黑店呀，亲娘呀！
姆妈呀，亲娘呀！
你要听好仔来记好仔呀，
“九千七”该得用应得用呀，
轿杠上相多挂几吊零碎钱唉，
逢着桥要敬桥神呀，
逢着沟头要敬水仙呀，
逢着路口要敬土地神呀，
高山、树木也有当方土地当方神，
我俚娘亲都要敬呀。
在一路上相穷神恶鬼向我俚娘亲要一点，
也要拨一点烟酒钱呀，亲娘呀！
姆妈呀，亲娘呀！
听好仔来记好仔唉，
八百里长的黄泉路上，
要经过一条三九廿七尺宽，
九九八十一尺长的奈何桥，
是金堍桥、银桥脚、铜栏杆唉，
我俚亲娘逢桥出轿门，
要赠送金元宝、银元宝来敬桥神呀。
我俚娘亲手扶栏杆，
观看孟河渔船张网捉鲜鱼唉，
大大小小船只满载鱼、船拉篷出港门呀，
还有未成行舟船靠在孟河边末，
我俚娘亲慢步走过桥呀，亲娘呀！
姆妈呀，亲娘呀！
桥头上孟婆神出来留吃茶末，
群殴里娘亲双手回婆不吃茶呀，
吃仔孟婆茶头昏肚胀浑肠落肚，阎罗王要来审问你，我俚娘亲记勿得呀忘干净，亲娘呀！

姆妈呀，亲娘呀！

我俚亲娘听好仔来记好仔，

孟婆问你为啥勿吃茶，

我俚娘亲回答孟婆，不喝茶呀要赶路程呀，

阎罗王问罪我吃勿消来勿吃茶呀。

我俚亲娘拿出一串银元宝，

送给孟婆作为见面钱，

谢好孟婆赶路就动身呀，亲娘呀！

亲娘呀！

姆妈呀，亲娘呀！

“九千七”一路使用，

走完了黄泉路，

到勒阎王府出轿呀，

我俚亲娘要付清勒神将差使护送钱勒跑呀，亲娘呀！

亲娘呀！

姆妈呀，亲娘呀！

亲娘呀！

你要听好仔来记好仔呀，

阎王府有牛头马面将军看大门，

拦门难走进呀，

我俚亲娘也要拿出几吊钱，

送给牛马将军买点酒吃呀。

进勒阎王府，

还有鬼头鬼将，

我俚亲娘都要送点烟酒钱呀，亲娘呀！

亲娘呀！

姆妈呀，亲娘唉，

你要听好仔来记好仔呀，

阎罗大王审问你在阳间做勒多少好事和坏事呀，

我俚亲娘从实告诉咿呀，

一世在阳间勤劳做呀，

生男育女管家门，

一生做好事，

没有做过坏事情呀。

讨饭求乞上门总要拔一点，

贫苦人家来借不回绝呀，
烧香念佛拜观音，
一身修行做善事，
没有做过坏事情呀，亲娘呀！
姆妈呀，亲娘呀！
阎罗王问你带仔多少钱来呀，
我俚亲娘回答带来丫头拨的一万缺三百，
是“九千七”勒来，
一路上使用剩下一笔钱，存入冥国银行里，
又有利息又放心。
亲儿孙拨的“二万四”要伊啥用场，
我俚亲娘回答“九千七、二万四”都是吃勿通来用不完呀，
“二万四”用于买田买地造新宅。
我俚亲娘不要贪便宜呀，
不要高低不平低洼田来茅柴田，
我俚亲娘愿出足田地价，
新宅造在正中心，
又有出路有发展有场地呀，亲娘呀！
姆妈呀，亲娘呀！
我俚亲娘，建宅要造三进二场心三道墙门四座槛，
内厅堂来外厅堂，
一堂彩来一堂灯堂堂挂吉彩，
一对珠鱼灯来放光彩，
鲤鱼灯戏水跳龙门呀，
姆妈呀，亲娘呀！
外墙门口两只狮子两边分，
两扇大宅门上刻着门将军呀，
宅前三面种树树成林，
后宅沟外种竹成园一串株杨呀，
姆妈呀，亲娘呀！
我俚亲娘，宅沟里养仔青鱼、白鱼、鲤鱼有鱼跳，
竹园里养仔成群白鹅有鹅叫，
还有五更鸡啼报天晓呀，
早晨有着一对喜鹊登门叫，
燕子串梁衔泥来做巢呀，
晚上有着凤凰来宿夜呀，亲娘呀！

姆妈呀，亲娘呀！
阴间应该省力点呀，
用一个老实总管来管家业，
贴身使女灶上丫头买两个，
安居乐业在阴间呀，亲娘呀！
姆妈呀，亲娘呀！
你要听好仔来记好仔唉，
阎罗大王还要问你“九千七、二万四”哪里来呀，
我俚亲娘回答，
“九千七，二万四”不是偷得来勒拾得来，
阎罗大王赦我亲娘勿受苦呀，
亲娘呀，
我俚亲娘在阴间，
也要做好事来修好事呀，
转世投胎回阳间再做人呀，
亲娘呀！

三、牌歌

根据纸牌名称而唱，故称“唱牌名”。纸牌，清末民初主要产于通州城里和白蒲镇、掘港镇。

沙地人玩纸牌赌钱叫“游胡”，“胡”亦称“和、湖”。流传于社会主要是“搭子胡”，还有“老九菜”“老和对”“老统子”“八胡头”等。

“搭子胡”四人玩耍，每轮有一人轮休。边玩边唱，牌歌大多有韵，唱词应时随编，既可避免出错牌，又可增添气氛，雅俗共享。

纸牌与麻将牌名称一样，分“万、丙、条”三大类。“万”也叫“贯”，亦称“饭”“弯”“蛮”；“丙”也叫“童”，亦称“统”“东”“痛”“饼”“命”；“条”也叫“喜”，亦称“嘻”“调”“婿”等等。

先唱“万”，从一万唱到九万：

一贯：大倌人上门，满屋里笑声；
二贯：二倌人上门，灶门口蹲蹲；
三弯：三弯头扁担，肩胛皮磨烂；
四万：四万万同胞，心齐是一条；
五万：五万啰瞎缠，有啥个搭讪；
六饭：六只咯饭桶，一锅饭吃通；
七饭：吃饭啰吃粥，命里头注定；
八万：八万咯家私，吃勿消瞎用；
九贯：酒灌勒坛里，要吃就倒去。

再唱“丙”，从一丙唱到九丙：

一统：一统咯江山，兴旺呀发达；

二丙：二丙啰两童，一样是兄弟；

三东：山西到山东，跑断伊脚筋；

四童：铜钿咯输赢，个个是高兴；

五童：乌洞洞瞎火，看勿见面孔；

六童：铜钿呀落脱，有啥人晓得；

七饼：吃糕呀吃饼，各人呀高兴；

八痛：绊痛呀跌痛，个个要小心；

九命：救命咯先生，我俚咯恩人。

最后唱“条”，从一条唱到九条：

一嘻：笑嘻嘻对你，心里头想你；

二婿：乌女婿上门，洋相是出尽；

三根：三更啰里头，肚腿里抽筋；

四喜：四喜呀临门，笑煞咯小人；

五调：五调咯三声，有啥人答应；

六喜：噜里呀噜苏，听得好难受；

七喜：缉私营部队，黑心肠官人；

八根：拔一根芦头，撑半间山头；

九条：九条半地皮，家当是勿小。

牌歌一唱，趣味盎然，对玩牌者或旁观者都是一种娱乐享受。红喜字，增添喜悦气氛；白喜事（丧事），减少一点悲伤。如今，沙地一些老人“游胡”偶尔唱几句，但和者甚寡。

第三节　沙地风俗

沙地民俗文化，渗透着沙地人文精神。诞生礼、婚礼、寿礼及丧葬礼等活动，构成沙地多彩民俗文化。

立夏“称人”“钻麦园（垅）”，农历七月七日乞巧节煎“烤”吃，九月九日吃“重阳糕”，腊月初八吃“腊八粥”，腊月廿三或廿四夜送灶君，除夕守岁，给晚辈“压岁钱”，正月初一放爆竹，元宵裹“兜财”馄饨、做茧团和圆子、“斋田头”、挂灯笼。还有“烧羹饭”（烧周年）祭祖，沙地人一年3次上坟（清明、正月半和除夕）。这些传统习俗仍保留和传承着，且烙上沙地个性色彩，视为建设和谐社会重要载体得到发扬光大。

一、诞生礼俗

（一）“老娘婆”

中华人民共和国成立前，沙里妇女生孩子，都请“老娘婆”（妇产医生）到家里接生。产房称为“暗房”，门窗关闭。产房内除“老娘婆”外，任何人不得入内。为防外人闯入和邪气入侵，房门上要贴红纸，以示避邪。婴儿生下后，“老娘婆”为其用温水沐浴后，裹上毹毛衫放在产妇身边，再向其他人宣布生男生女。

（二）“踏生人”

第一个不知情到产妇家的人，民间称“踏生人”，据说婴儿长大后，性情脾气如同“踏生人”。

（三）“毛米饭”

婴儿出生后，产妇家要送“毛米饭”给东邻西舍孩子吃，以后婴儿与周围孩子和睦相处。

（四）“开奶”

婴儿出生一、两天，用小棉条浸在红糖水里让婴儿吮吸，第三天“开奶”。旧时“开奶”，用一只碗，碗内放一些葱头（与“聪”谐音，含聪明之意），选邻近母体健康、生异性婴儿的哺乳妇女，挤几滴乳汁在碗内拿回家给婴儿吃，还蘸一些在产妇乳头上，然后让婴儿吮母乳。

（五）“舍姆羹”

婴儿开奶后，亲朋好友邻居上门送产礼（沙地人称“舍姆羹”），有些地方扩大到整个村民小组。

（六）烧“三朝经”

婴儿出生第三天要烧“三朝经”。“三朝经”（旧时称，人生有3个“三朝”：出生时“洗三朝”，结婚时“拜三朝”，死后“复三朝”）。当十二朝时，产妇家人向送“舍姆羹”的人分发红蛋、馒头。

（七）“满月”

婴儿满月后，给婴儿剃“胎毛”，产妇方可回娘家。择吉日办酒席，宴请亲朋好友喝“满月酒”。

（八）“期过”

婴儿1周岁时，俗称“期过”，又要请客送礼，做“期过圆子”，外婆家送衣物。举行周岁仪式时，家人备书、笔、玩具让孩子抓取，母亲往往有意让孩子抓书、笔，预测孩子未来志向爱好，亦称为“抓周”。

中华人民共和国成立前，沙地有重男轻女习俗。生男孩，在屋基上挑几担泥，喜称“屋檐高3尺”。生女孩，因孩子多，用破棉袄裹着，里面塞张写有婴儿生辰纸条，托人在清晨送于市场菜摊或岔路口，偶尔也有溺死女婴惨剧出现。

中华人民共和国成立后，妇女地位得到提高，生育观随之改变，生男生女都一样。社会上有人盼生女儿，因女儿着肉、靠身，生女儿“负担轻”。这是一种偏见，应予以纠正。

二、沙地婚俗

沙地婚俗礼仪，既蕴涵着华夏民族传统精粹，又彰显着沙地特色和鲜明个性。其礼仪一般有以下环节：

（一）做媒人

中华人民共和国成立前，“父母之命，媒妁之言”，是沙地婚俗中老规矩。媒人一般是一方亲戚、朋友，或是双方老熟人。且有专业媒婆，其能说会道，双方间穿针引线，有“媒婆要吃十八顿”一说。

在时兴自由恋爱时代，双方请“现成媒人”。在婚礼前夜，男方专设“待媒人酒”，婚礼上媒人坐首席（头位），在其脸上画红胡须取乐，称为“大红爷”（爷读衣）。

（二）访人家

中华人民共和国成立前，，十五六岁男女就有人说媒。成功前“访人家”，关键看人、看家境、看环境、看持家。为佐证媒人说法正确与否，有时女方或托人进行“暗访”，了解其家庭及小伙子口碑，甚至“偷看人”。经过“明察暗访”后，再通过媒人传递信息。

（三）并八字

男女双方有初步意向，通过媒人交换生日年月时辰“庚帖”，即“八字”。一般先将男方“庚帖”（书写竖式，字数成双，写在红纸上）送到女方。女方请算命先生“并八字”。如生肖无冲克，女方以同样要求，将“八字”送至男方。“八字” 称心，3日后请媒人拜允；不合退回“庚帖”。

（四）给定头

中华人民共和国成立前，男女双方婚事约定后，男方择“吉日”将信物通过媒人送给女方，以示定亲，这“下聘”沙地人叫“给定头（定金）”。接着双方各择良日（一般男方在先），邀媒人和亲友“吃小喜酒”。

吃过小喜酒，孩子称双方父母“寄爷”“寄娘”，也有直呼“父亲”“母亲”，直到结婚。

民间约定，婚事不可随便反悔。男方反悔，“定头”聘礼不退，女方反悔，退还“定头”聘礼，赔偿办酒等经济损失。

“定头”，视家境而定。二十世纪五六十年代，斤把毛线，两双尼龙袜或一段哔叽裤料、灯芯绒衣料。70年代，一块紫金山或上海牌手表，外加百十块钱。之后，“定头”价位“与时俱进”。送钱要带“8”，即“88888”“108000”“168888”。首饰“四样金”，即“金戒指、金耳环、金项链、金手链”。女方陪嫁通常轿车。

自婚姻约定后，男方每逢春节、端午等节日“送吉礼”。正式结婚前送“通风礼”。旧时，“送通风”要反复几次，民间叫“3通风4吉礼”，直到女方接受婚期为止。婚期“通知书”，又称“送日子”，用红纸书写，竖式，分行无标点，字数逢双。

（五）迎娶

中华人民共和国成立前，新娘出嫁前，要3天净肠、7次修面和吃对扣饭。“3天净肠”，姑娘出嫁前3天内不进食或少进食，因随嫁“子孙桶”（马桶）3天内不启用。“修面”，用丝线“绞”掉脸部毫毛。“对扣饭”，把两碗饭对合，让出嫁女儿上轿前吃一口，再由母亲用“系腰”

裹起来，待“回门”时双双再吃一口。取意乾坤一体，阴阳相合，又余(系)又要(腰)。

中华人民共和国成立前，沙地迎娶新娘，富人坐花轿，穷人坐独轮车。随社会进化，后改坐自行车、摩托车、轿车。

为图吉利，迎娶车辆从女方家上首(东首)入宅，女方安排童男童女坐一下新郎婚车，叫“稳轿车”。入酒席后半小时，女方派一位亲戚“上大菜”，新郎呈上红包，叫“席礼”。宴毕，有人给新郎送上洗脸毛巾时，新郎献上“洗礼”红包。然后，新郎由岳母领着，逐一参拜长辈。

中华人民共和国成立前，新郎迎娶新娘，须备8件礼品。其中有“暖襟、太礼、幼礼、厨师、看红、木匠、漆匠、铜匠、裁衣、弹花、高升、孝弟”12份项款。“暖襟”最重要，俗称“肚里痛铜钿”，参给丈母娘。20世纪90年代后，丈母娘在“暖襟”里加钱回赠，作为给女婿压岁钱(亦称“叫钱”)。

20世纪80年代起，国家计划生育法提倡一对夫妇只生一个孩子，不少家庭是独生子女。至21世纪，这些独生子女均到婚嫁年龄。双方家长通过协商，做出“两面蹲”新结婚仪式。一般结婚第一晚住男方家，第二晚住女方家，以后无论住哪方，彩礼全免，家具、新房各自备，婚后双方家产共享，责任共担。子女姓氏协商决定，新“复姓” 由此而产生。

三、寿庆习俗

沙地人把每年诞辰称“小生日”。所谓做寿，旧俗认为年满50称“寿”，故50岁始称“大生日”，亦称“做大寿”。但并非逢十诞辰举行，须提前一年，称“做九不做十”。百岁老人祝寿，称“贺九不贺十”。

沙地人祝大寿时，前一天在家中设寿堂，称“暖寿”。寿桌上要摆 长寿面，寿糕、寿桃，俗称“妆三盆”。还有茶食、糕点、果品等，并点燃香、寿烛。祝寿时，寿翁寿婆由最小晚辈引出，端坐在主餐桌两边，接受小辈们拜寿行寿礼，亲友则馈赠寿礼。

中华人民共和国成立前，七八十岁高寿罕见，因此对祝寿特别隆重，还要办寿器〔做寿材(棺材)、寿衣、寿鞋、寿帽〕、念寿经(请和尚念《金刚经》，也有叫念《曹官经》)。

20世纪80年代后，随物质生活水平提高，不论老人，年轻人，儿童都时尚过生日，但程式已没有昔日烦琐，多是吃生日蛋糕，唱生日歌，开生日舞会，到宾馆酒楼宴请宾客。

沙地有句俗语，称“请吃喜酒赖吃面”。喝喜酒须邀请，吃面不请自去。近邻所带寿礼，吃罢“寿宴”，如数退还，这是沙地特有风俗。

四、丧葬习俗

沙地丧葬形式多样，过程复杂，有些带有迷信色彩，志内主要辑录以下几种。

(一)停尸

人将断气，家人火速将其从房间移到堂屋一侧，将蚊帐闭拢，俗称“闭帐子”，好让亡灵早点超生。

人死后，第一件事拆灶头，表示下世重建炉灶。

停尸很有讲究，年长者搁在堂屋中央，年轻者偏西。16岁以下溺水死者，只能放在屋外托人埋葬。海上遇难尸首不归，托人用竹筛到海边捞“魂灵”，限3次，捞到鱼、虾、认为死者真魂，即装入木匣或坛罐供在灵堂办丧事。若人死在外面进宅，要做“解法”，由死者儿子伏在户槛上，将死者从其背上抬入灵堂，同时燃放鞭炮，宰杀活鸡。

（二）着寿衣

着（即穿）寿衣前，将死者眼睛糅合闭上，净生、剪指甲、剃头。剃头时用“升箩”搁住，只剃前半部头发，留后发。然后着寿衣，件数逢单不成双。一般3腰5领（上身5件，下身3件），最多的做13领7腰。领子多表示死者年纪大，家产多。小孩子一般2领，老人7领以上。男死者戴礼帽，女的戴凤冠或珠凉帽。身罩红盖被，上放“荷花银子”，脚两旁用红纸包砖撑住，嘴衔撬口银子（即珍珠或元宝），头南脚北搁在门板上，20世纪80年代末始，安放水晶棺。

（三）着孝

灵堂布置完毕，子女更衣、理发，穿孝服，俗称“着孝”（读音“耗”）。一般孝服，亲男女戴白扎头，穿白长衫、白鞋子；系老蓝布围腰，白布带，佩黑纱“孝母”“孝父”臂章。至亲好友佩白布臂章，3代以下晚辈佩红纱臂章。之后，改为除亲属外发毛巾。

入殓之日，儿子们剃光头（意含当和尚送死者仙游）；有事不能返回者，将孝服挂在灵台旁，以示守孝。

（四）报丧

人死后第2天，子女要同时出发给至亲长者报丧，俗称“报死”或“拨信”。报丧者披麻戴孝，倒夹雨伞1把，不可撑开。入门即向长辈单膝下跪施重礼。长者得送物品作回礼（俗称“回札”）。长子第1个出门应到娘舅家，别人不可替代。

报丧忌讳到错人家，凡被跑错的人家，必送人情。主家除退回原礼金外，另加礼金，用红纸包好奉还。

20世纪90年代后，报丧礼节从简，除非上门不可外，电话通知即可。

（五）吃素饭、吹鼓手

沙地人死后，丧家要竖幡竿、搭丧棚。幡竿用毛竹扎上竹板，挂上柏枝，并排竖在丧家宅前（幡竿基本绝迹）。丧棚用竹木搭架，帘子盖顶，搭于丧家屋檐外场（有专业人员搭卸）。治丧期间谓之“忙里”；“忙里”丧场饭菜，称“素饭”。20世纪50年代前，老麦饭，盐齑豆腐汤，众人均可吃，之后，“素饭”质量逐步提高，进入21世纪后，“素饭”如同“喜宴”，由专业餐饮人员一条龙服务。

吹鼓手。一般用管乐喇叭（俗称“鼓手”）吹奏乐曲，超度死者亡灵。

（六）扎课（库）、做棺材

扎课。民间扎库匠可仿扎房屋、桌子、床帐、衣服等物品。20世纪90年代起，所扎物品花样翻新，自行车、自鸣钟、洗衣机、电冰箱、小汽车、平房、楼房应有尽有。

棺材。1949年前，人死后，与扎课并行，即请木匠做棺材，务必入殓前完成。富人家在60大寿就备好“寿材”。20世纪70年代始，兴火化，棺材消逝。

（七）写牌位、搁三朝、烧场柴

死者牌位放在灵柩前供桌上。牌位分红白两种。60岁以上用红绫牌位，60岁以下用白绫牌位。58岁死者，可借天一岁，借地一岁，借满60岁用红牌位。儿童夭折，用蓝绫牌位。亡父称“考”，丧母称“妣”，上冠“国朝”或“中华人民共和国”字眼，中间加主位者称呼“考”或“妣”或“嫔”（亡妻）或“夫”（亡夫），男写姓和名，女写姓之后加“氏”和名，最后是“之位”。“文化大革命”前，普遍立牌位，之后常用遗像代替牌位。在送葬或安葬时，由长子捧遗像而行。坐台和牌位到“六七”撤掉。

搁三朝 沙地人死后，要搁三朝（停放3天）才入葬，一则盼死者起死回生，二则等亲友吊唁、诀别。

烧场柴 死者入殓前夜，诸亲晚辈排成行，手持1炷香，绕尸体3圈，向死者告别。并于死者家“桥门口（即家门口）”安放纸课，内装死者部分衣裤包裹，连同柴草一起焚化。

（八）入殓、烧七数

死者“入殓”（即“火化”）日，沙地人称“热麻”。并请道士“破血湖”，拜忏先生“念指经”“报衣帐”。拜忏先生报1样，亲男女齐声应答1次，直至报完。

“入殓”之日，亲朋好友、邻居要送葬礼（俗称“送人情”），第1支“人情”，由出嫁女儿（亲侄、外甥、外甥女）先送。中华人民共和国成立前后，人情微薄。20世纪70年代，5～10元不等，随着人民生活水平提高，“人情”厚薄视与死者关系而定。

“火化”之日（午后），亲男女、至亲好友送葬，死者妻子（或丈夫）不可随行。

烧七数。死者入殓之日，由阴阳先生写“七单”，将“头七”至“六七”“断七”分别写明（农历）月日。每7天烧一次“羹饭”。其中“三七”由出嫁女儿烧。“六七”更为隆重。前夜，俗称“陪六七”，亲男女守灵，亲眷朋友到场，入殓时未到场者补送“人情”。第2日祭拜。凌晨，女儿、儿媳坐于灵台旁哀哭，俗称“叫五更”，下午焚化“课”和“冥衣”。第7个七数为“断七”。

此后“六十日”“百日”再祭祀。到第3年冬天“脱孝”，棺木出葬，孝服脱去，穿红鞋子。

“文化大革命”后，沙地人只烧“七数”。1998年6月25日，兵房派出所沈伯祥母亲亡故，取消“七数”，实行1次性丧葬，此做法在全县得到推广。

五、搀高头

中华人民共和国成立前，沙地人建房造屋礼仪复杂。选“宅基地”为首要，宅地关乎家庭兴旺和命运前程。笃信风水，建屋前请风水先生用罗盘定向，实地勘测地基，卜定吉日，确定房屋方位。沙地民间最忌讳邻居房屋比自家房屋前或高。左边前尚可，右边前则成“白虎伸手”，极为不利。宅基没有正子午线。木匠“匡屋基墩”，敲下桩叫“万年桩”。选择涨潮吉日吉时，第1担土为“和合担”，由属龙属虎人执锹动土，祈求吉祥，之后众人喊着号子，争先恐后地挖土运泥。

当房屋山墙砌到顶，上正梁，俗称“搀高头”。正梁中间用红布或红纸缠裹，用红带系腰包进镜子、糕点、馒头、喜钿等，悬挂于正梁。上完正梁，众人吃“搀高头团圆”。钉椽子时，称“钉牢”，忌称“钉煞”，并留下两根到“荡龙门”时钉。荡龙门时，木匠坐在正梁上，撒下“抛梁糕点”“抛梁馒头”，主家夫妇候在龙门口接“斧头”（谐音“富”头）和“镜子”（仿效官府明镜高悬）。亲朋好友开始送“搀高头”人情。沙地仍保留“荡龙门、搀高头”建房造屋的习俗。

六、烧经祭祖

“烧羹饭”，俗称“烧经”，是沙地常见祭祖方式，在死者忌日进行。

1949年前，富人家祖宗周年，请僧人、道士做佛法事。一般人家去庙里，请和尚、尼姑念经文，每念一遍在纸上做个记号，然后把纸带回家焚化。穷人家只烧纸箔。

“烧经”时，桌子摆放区别于平日。须转90度，台缝横向对门。三面放凳，正面空着，供人叩头和烧纸钱之用。香炉，蜡台摆在正面，供菜6～9个。茶干、豆腐、白鱼、肉必不可少。用鱼很讲究，只用“白鱼”表示清白，以示吉利。

隆重忌日，要扎课、做冥衣焚烧。民间有“看似都是假，化去便为真”“死人羹饭，活人受用”和“活着不过生日，死后不烧经，枉为人间一趟”之说法。

七、正月半

农历正月十五为元宵节，俗称“正月半”。沙地“正月半”有很多与众不同之处。

节前，家家户户打粉做“茧团”（用糯米粉或高粱粉制成两头大，中间略细）、圆子。月半中午裹馄饨，意含“兜财”。用米粉做成棉桃、棉花包、玉米、豆等，串在筷子上，置于田头，祈求丰收，俗称“斋田头”。用米粉做成猪、羊、鸡、鸭等置于屋内家具上斋供，预示六畜兴旺。元宵夜请所谓“灰堆姑娘”或“炕三姑娘”，求问年成好坏。夜间立高竿，挂高灯。儿童提着各式彩灯玩耍嬉闹。成人掼火球，照田财，放烟火或“调狮”“舞龙”，敲锣打鼓，统称闹元宵。“文化大革命”期间，庆元宵被斥为“四旧”，之后又渐渐恢复。

沙地人有正月半“接丈母娘”之俗。女婿把丈母娘、丈人接到家里吃馄饨。有人家女婿多，丈母娘轮流过正月半。传说：正月半吃馄饨源于一则凄美动人故事，从此，沙地民间就流行起正月半接丈人丈母娘到家里吃馄饨之风俗习惯。

附记：

正月半吃馄饨的故事

从前，启海有位姓吴的县太爷，养了一个心灵手巧的女儿叫玉琴。那玉琴会包一手好馄饨，尤其是包出的“茜茜（荠菜）馅大馄饨”特别鲜美，吴太爷最爱吃，哪知，如花似玉的玉琴姑娘竟然爱上了吴府的伙计春生。吴太爷发觉女儿的恋情，气得暴跳如雷，将春生毒打一顿关入柴房，将玉琴反锁在闺房。后来，玉琴瞅准到一个机会，就和春生私奔出逃。小两口在一座破庙前搭了间草棚摆起了馄饨摊，小生意做得十分红火，还养了个“猴子”（即男孩）强强。强强六岁那年的正月半，老天竟然下起了鹅毛大雪。此时，馄饨摊上来了位躲风雪的老人。玉琴仔细一看，竟是自己的老父。她不敢相认，却又不忍心让老父受冷挨饿，于是就包了碗“茜茜馅大馄饨”叫强强端过去。微服私访的吴太爷吃着长久没有吃到的“茜茜馅大馄饨”，思女之情不禁油然而生。于是，父女相认，合家团聚。

八、过年

春节，沙地人称“新年”，农历正月初一，称“大年初一”。

沙地人过年，从农历腊月二十三始年味渐浓，至正月半“新年”结束。

（一）烧过年经

最迟到除夕。有些和祖宗周年祭祀合烧。除夕家家上坟。

（二）蒸过年糕

20世纪70年代前，蒸糕用白玉米粉、高粱粉，很少用糯米粉。80年代后，全是糯米糕。一般人家蒸一笼（一笼糕为20公斤米粉），多者几笼，吃时用菜刀切成糕丝即可。

（三）大扫除

俗称“掸檐尘”。“尘”与“陈”谐音，寓意掸除晦气。同时蚊帐、被褥全部洗涤，妇女为家人做新衣、新鞋。

（四）二十四夜饭

腊月二十三夜，沙地人吃“二十（廿，音念）四夜饭”。家家煮赤豆米饭，烧菜头豆腐。二十三夜送“灶神”（即“灶王爷”“灶毠菩萨”）。“送灶”，即送灶家菩萨上天，向玉帝汇报人间善恶，为期7天，除夕夜再接回。送灶并非小事。晚饭前，女主人做1碗小“团圆”，名曰“接（送）灶团圆”。煮熟后，面上撒一层红糖（传说是为黏住灶家菩萨的嘴，让他在玉帝前不说主家坏话）。男主人净手后，将团圆、赤豆米饭、青菜头烧豆腐端到灶王殿前，斋供灶家菩萨，并点上香烛，3叩首。“灶君”两侧张贴“上天言好事，下界保平安”对联，横批“灶君在上”。此仪式，民间俗称“送灶君爷上西天”。沙地有“灶君乃火烛之神，不敬灶君有火灾之险”一说。

（五）大年三十

沙地人家最繁忙。家家备足荤素菜，户户宅头菜香缭绕。张贴春联门神，用石灰放入小蒲包，在场心上打稻囤，以此象征翌年五谷丰登，祈求大吉大利。除夕晚，装“陈饭”，盼望“年年有余”。年夜饭后，开始守岁至后半夜一两点钟，全家人先吃红枣，后吃圆子，寓意早迎新春，合家团圆。

（六）大年初一

即农历正月初一，凌晨起放爆竹，庆祝新年到。人们黎明即起，穿着一新。早餐米饭、糕、团圆，外加红枣。大青菜头烧豆腐百页、芹菜炒豆腐干（“糕”与“高”“枣”与“早”“菜”与“彩”“百页”与“百益”谐音）。有些人家端两碗鱼，吃一碗，留一碗，寓“年年有余”。烧草用芝麻秸秆,祝愿新岁步步高,燃烧时噼啦作响,含有吉利之意。在灶前装点香烛,院中点香祭祀天地祖宗。

大年初一,不向外泼水,忌动刀剪,禁开后门,禁出秽语,不扫地。洗脸水不外泼,囤于缸中,以示“囤财”。扫地忌讳扫掉财,开后门忌讳漏掉财,倒水忌讳倒财,都不吉利。恰巧这天死人,不哭不办丧事,待初二后料理。年初一、初二商店停业,乡间常演出“木偶戏”“跳财神”“打连厢”“调狮子”,老少咸集,热闹异常。

(七)大年初三

传说撒草娘娘生日,开门要早,示意田间不生杂草。是日,新媳妇回娘家,要当天返回,俗称“正月媳妇不空房”。沙地人年初三与初一相似,也吃年饭。

(八)大年初五

“财神菩萨”生日,沙地人十分看重此日,在鞭炮声中,提前开门迎接财神。商家正式开业,期盼财神恩赐,生意兴隆。

九、其他祝祭

除上述岁时祝祭外,沙地还有农历二月初二吃“撑腰糕”(重新蒸煮春节余下年糕,迎接春耕生产)。农历二月十二庆贺百花生日。农历三月初三上巳节,妇女踏青,进香。清明前一天为寒食节,禁烟火,食糕团。农历四月初四稻熟日,吃青麦仁。农历四月初八浴佛节,种棉、捕鲞(音“想”,剖开后晾干的鱼)。农历六月二十四雷祖生日,祀灶,持斋、食面。农历七月十一瓜斋节,吃瓜。农历七月十五日中元节祀祖先,设盂兰盆会。农历七月三十地藏菩萨生日,吃芦穄,点地灯(晚上每家在门外点蜡烛和装柄香以示纪念)。农历八月十八潮生日,观潮。农历十月初一下元节,祭扫祖墓。冬至日祀祖先。另外,大寒至立春前一天称作“交神”,诸凡挖树、整理树枝、搭羊棚、砌猪圈以及迁坟、拾骨等活动,均可在此期间进行,不必选日选时。以上习俗,中华人民共和国成立后,均已废除。

十、社会节日

(一)元旦

公历1月1日为元旦,俗称“阳历年节”。国家规定元旦放假1天,欢庆公历新一年开始。是日,机关、团体、企事业单位张灯结彩,悬挂国旗、横幅以示庆祝新一年开始。

(二)国际劳动妇女节

3月8日,为国际劳动妇女节。镇妇联常在妇女节前后组织妇女开展各种庆祝活动,召开纪念大会,评选“三八红旗手”。各单位也以各种形式表达对妇女的问候,如组织妇女外出参观、旅游,发放慰问品、纪念品等。

(三)植树节

1979年2月,国家确定3月12日为全民“植树节”。每年植树节,中共乡镇委、政府组织干部、职工、农民和学生参加义务植树活动。

（四）国际劳动节

5月1日，为国际劳动节。节前，镇政府或镇工会召开劳模座谈会、先进人物事迹报告会等。各单位工会组织形式多样的文体活动。2000年前，国家规定放假1天；2000年起，国家规定放假3天，并与邻近的双休日合并休假7天。

（五）五四青年节

5月4日，为中国青年节。节日期间，镇团委组织团员、青年庆祝纪念，举行新团员入团仪式，评选、表彰先进团组织、团员、青年等。

（六）国际儿童节

6月1日，为国际儿童节。学校组织各种庆祝活动，有文艺演出、表彰三好学生、举行少先队入队仪式等。家长会在这一天向孩子赠送玩具、新衣或学习用品。

（七）建军节

8月1日，为中国人民解放军建军节。镇政府和社会各界开展多种形式拥军优属活动。

（八）教师节

1985年1月21日，第六届全国人大常委会第九次会议作出决议，将每年的9月10日定为中国教师节。每年教师节由中共乡镇委、政府召开庆祝大会，表彰、奖励先进教师；并以各种形式慰问学校教师；各学校也举行形式多样庆祝活动。

（九）国庆节

10月1日，为中华人民共和国成立纪念日，国庆节为社会节日中最隆重的节日。节日期间，举办座谈会、纪念会和文艺晚会等。各单位升国旗、插彩旗，沿街建筑物悬挂国旗、拉横幅，行驶在道路上的车辆都插上小国旗，节日气氛浓郁。1999年前，国家规定假日2天。1999年起，假日3天，连同双休日调休，连续放假7天，被称为"十一"黄金周。

十一、外来节日

（一）情人节

2月14日，为情人节，改革开放后，由国外传入，在年轻人尤其是青年学生中逐渐流行。20世纪90年代后期起，境内不少人接受此节日。此日，有些商家专门策划各种促销活动。夫妻、恋人之间互赠玫瑰花、贺卡、巧克力等礼物以示爱意。

（二）愚人节

4月1日，为愚人节，又称"万愚节"，20世纪90年代，由国外传入。2000年后，在境内少数年轻人尤其是中学生中流传。此节日内容主要是彼此开玩笑。

（三）母亲节

每年5月第二个星期日为母亲节。改革开放后，由国外传入。此日，做儿女的赠送鲜花，衣物、保健品等礼物给母亲，报答养育之恩。

（四）父亲节

每年6月第三个星期日为父亲节，改革开放后，由国外传入。大众知晓率不如母亲节，仅有少数子女在此节日赠送礼品给父亲。

（五）圣诞节

12月25日，为圣诞节。最初只在基督教和天主教教徒中纪念此节日，改革开放后逐渐流行。20世纪80年代起，涉外企业和一些留学生家庭注重此节日。90年代，也在年轻人中开始流行过此节日。进入21世纪后，圣诞节气氛很热烈，境内有些商场、宾馆、饭店、歌舞厅等以圣诞树、圣诞老人装点，还举行圣诞促销、圣诞大餐、圣诞晚会等活动，也有小朋友戴圣诞帽，朋友之间寄贺卡和发短信问候。

第四节　沙地饮食

沙地饮食具有地方特色。节内载录沙地饮水、主食、菜肴等。随着社会进步，时代变化，沙地饮食也发生较大改革。例如，主食喜欢赤豆米饭，大麦片煮饭；一日三餐干饭，也改成一稀两干等。

一、饮水

二十世纪六七十年代前，沙地人习惯饮宅沟水，少数人家饮井水。客人登门，总要端上一碗"糖茶"。沙地人喝白开水说成"吃茶"，开水泡茶叶，称"茶叶茶"。白开水又称"白滚茶"。

二、主食

玉米、三麦。生活改善后，则以和米玉米粞饭、和米麦饭、米饭为主食。

沙地人喜欢一日三餐干饭。中华人民共和国成立前，穷人家一天吃一顿薄菜粥；之后生活好转，烧一次饭吃三顿，"醋冷水"泡麦饭，啃咸瓜。待客，无大米招待，用荞麦粉擀成面条，或做"面疙瘩"。得到一点米，放在炖罐里煮给婴幼儿吃。有时先将米煮熟，再铺上麦粞，用"挖米饭"待客。青黄不接时，为填饱肚子，麦刚收浆，摘取麦穗，捻下麦粒，下锅炒熟，扬弃杂质，磨成一寸左右条子，形似幼蚕，沙地人称"麦蚕"（亦叫冷蒸）。

三、沙地菜肴

沙地传统菜肴有炒青菜、炒青蚕豆、盐齑豆瓣、茄子烧洋扁豆、香芋烧茶干、炖蛋、腌泥螺、腌蟛蜞、炖春鱼（黄花郎）、肉挎茄子、肉挎鲫鱼、红烧肉、红烧羊肉、狮子头（肉圆），还有面拖蟹、拌金瓜丝。小吃有缸爿饼、印式糕、茄饼、面饼、绳绞（麻花）、炒寒豆、炒花生、爆炒米等。遇婚丧喜庆，有"10碗头"（5只碗5只碟子盛菜），还有"四盆六碗""12碗头""8冷8热"和"全鸡""全鸭"等等。改革开放后，境内沙地人菜肴与本场人相似，且档次越办越高。

沙地人不喜欢吃辣。却会做"辣椒酱"，亦称"斑椒酱"。用面粉、茶干、长生果（花生米）、肉丁加"朝天辣椒"配置而成，其味道上乘、适宜冬季食用。

四、沙地传统菜

（一）盐齑汤。沙地有"三天不吃盐齑汤，脚股郎里酥汪汪"一说，可见，吃盐齑汤已成为沙地人之饮食风俗。

盐齑的主要品种：

【干盐齑】亦称“囫囵干盐齑”。夏秋季节，当芥菜、大头菜、雪里蕻菜成熟后，经过除杂、洗净、切碎，出桁摊晒，晒干后拌盐装入坛瓮，用扁担头压实，在瓮口蒙上土布，泥巴封口，倒扣于墙角泥地上，可存放数年。其中大头菜盐齑为上品。

【水踏盐齑】将整棵菜除杂洗净拌盐，放在缸里踩出青汁，压上大石头，让汁浸没菜，过些日子，菜变得黄灿灿，香喷喷，将其切碎清炒或烧汤，清香可口。

【手揉青盐齑】将上述蔬菜除杂切碎，放于盆中加细盐少许，反复揉搓，间隔个把时辰，即可洗净下锅，有色味俱佳，食用及时之妙处。

沙地盐齑汤，内容丰富，组合自由。常见有盐齑烧豆腐，盐齑烧豌豆，盐齑烧海鲜，盐齑烧大肠等。“盐齑豆瓣汤”是其中代表作，“素鲜加素鲜”成为沙地民间一道独特家常菜“思乡汤”。

附记：

“盐齑豆瓣汤”由来

传说。唐代诗人骆宾王，于唐高宗永徽年间因反对武则天，落难到吕四白水荡，制备不少盐齑，盐齑与海鲜烧汤，其鲜胜过“陆海八珍”，他还用盐齑与米做成“百岁羹”，味道妙不可言。之后，骆宾王削发为僧，进入吕四的四海神庙。一日，长老问骆，世上哪种食品味道最美？骆答：“食无完味，合口者珍。”又说：“我以为盐齑汤最美。”长老亲口一尝，心服口服。从此善男信女来庙烧香，长老就用盐齑豆瓣汤招待。从此在民间广为流传，成为沙地饮食中独具美味的佳肴。

（二）茄脚柄

沙地人把“茄蒂”，称谓“茄脚柄”，亦称“茄柄中”。中华人民共和国成立前，贫苦大众因生活所迫，无钱买菜，把茄蒂清洗后投入“酱缸”，腌制成家常咸菜，口感好，风味独特。沙地口头禅“玉米粞饭茄脚柄，越吃越得劲”。中华人民共和国成立后，人民生活得到改善，境内多数沙地人仍保持腌“茄脚柄”习惯，但换成腌“嫩茄子”。

五、沙地名菜

沙地有红烧羊肉传统习俗。且大豫素有“红烧羊肉之乡”美称。境内“红烧羊肉”驰名于20世纪80年代初大同玻璃厂食堂，1991年初，兵房镇兽医站唐玉章又自行研制烹调配方，使“红烧羊肉”口感更好、百吃不厌。1992年起，盛行于境内大小餐馆和民间婚丧喜庆宴。2001年，通过包装作为馈赠品，深得民众青睐。2012年春节前，大唐羊肉馆、黄海渔村、燎原酒家3家酒店，包装“红烧羊肉”3.50万多盒，销往上海、南京、南通、掘港及香港、台湾等地，也有出口美国、新加坡等国。

附记：

红烧羊肉的烹饪方法

1.取羊肉5公斤，切成块，块不能太小，大约每斤羊肉切10块左右；

2.把切成块的羊肉在自来水龙头下冲洗或冷水浸10分钟左右，主要是为去掉血水杂质；

3.把羊油(卖主另给你的羊油)在锅中熬成油(待用)；

4.焯羊肉，这一关十分重要，因要达到去污去腥的目的。

把羊肉倒入锅中，加清水致羊肉没入水中，取下列三样东西与羊肉混合在一起：

甘蔗二长节(断)，去皮后切成4-5厘米的块子；

斤把重的白萝卜一只，同样切成块；

一斤老白酒

旺火致滚，打开锅盖，继续旺火，把浮在上面的油污一点点去掉。

取出锅中的羊肉，在水龙头下择去甘蔗和萝卜，将羊肉逐块清洗干净。

5.烧煮羊肉前，准备好如下作料：

油2两(菜油、大豆油均可)

料酒1-2斤(白酒啤酒均可)

冰糖6-8两(白糖亦行)

老抽酱油3-4两(海鲜酱油更好)

羊角辣椒10只(根据口味，可多可少)

生姜3-5两(切成片或块)

另备食盐、味精等调料。

旺火，把食用油倒入锅内，待油热后把羊角椒混入油里熬一熬，然后羊肉入锅，开始炒。5分钟后把熬好的羊油倒入羊肉中，不断炒动，时间不少于10分钟。

过后把酱油倒入羊肉中，炒十几下，再上冰糖、料酒、生姜和盐(半勺左右)，继续翻炒5分钟后上水，致羊肉没入水中。

旺火致滚，继续温火-小火一刻钟。

在锅中保温1-2小时，即可起锅。

起锅前先尝咸淡，淡则加盐。放味精半两，混透装盆。

六、沙地土特酒

沙地民间用大米酿制一种土特酒。称“老白酒”实为“米白酒”。口感特好，常冠以“老”字昵称。

沙地逢年过节，家家备好整坛老白酒，款待亲朋好友，且饮酒方式独特，酒具用碗，干一碗，半斤或一斤。社会上流传一首老白酒民谣：“老白酒，老白酒，呷在嘴里甜到心里头；呷上一碗有劲头，呷上两碗能挑大石头。”

第五节　沙地服饰

沙地服饰与汉民族服饰历史紧密相连。民国初，贫民穿自产、自纺、自织、手工缝制土布衣。绸缎、呢绒为富人享受，款式长袍、马褂为主。妇女夏天穿衫裙；冬天，男子戴蓝毡帽，穿芦花靴，沙袜，土布衫，外出戴风兜；雨天穿草鞋，钉鞋，撑布伞，穿戴蓑衣斗笠。

二十世纪三四十年代，商人、教员、学生等穿长衫、学生装，中老年人戴瓜皮帽，妇女戴美人帽，昭君扎，儿童戴猫头帽，狗头帽，殷富子弟偶穿西装革履。中华人民共和国成立初期，沙地服饰新旧并存，中西合璧。随着社会发展，列宁装、中山装、人民装成为当时3种时髦服饰。

“文化大革命”时期，沙地服饰是“老3样”（中山装、军便装、列宁装）和“老3色”（蓝、绿、灰）。20世纪70年代后期，沙地服饰悄然变化。中西式棉袄罩衣开始流行，面料也由单色平纹布发展到格呢、花布和“的确良”。改革开放后，沙地服饰呈现多元化发展趋势，高档正装和T恤、牛仔裤等各式休闲服不断涌现。女性服装由蝙蝠衫、锥形裤发展到一步裙、超短裙乃至性感“内衣外穿”。

一、鞋、袜

中华人民共和国成立前，沙地春夏秋3季鞋子多为玄色“小圆口布鞋”，冬季多为蚌壳形“捧筋暖鞋”，缠足老妇穿“3寸金莲”小脚鞋子。

沙地妇女做鞋功底扎实，新媳妇替夫君、公婆做鞋为首要之事。20世纪60年代后，流行方口鞋和北京鞋，之后又流行“松紧鞋”。沙地布鞋以其底厚、针密、帮结实、穿着舒服而著称。80年代后，皮鞋得到发展，布鞋日渐稀少，但仍为人们休闲首选鞋类。

婴儿一般穿“虎头鞋”，也称“猫狸头鞋”，软底单层，色彩鲜艳，做工精细。鞋长2寸，绣成“虎头”样，用各色丝线绣出老虎眼睛、眉毛、鼻子和嘴巴。虎眼极其传神。民间传说，婴儿穿虎头鞋可以避邪。

中华人民共和国成立前，袜子均用白布缝制，称“布袜”。且有缝制袜底，做袜船之习俗。清末民初，流行纱袜、线袜，称“洋袜”。20世纪60年代始，流行“尼龙袜”。90年代始，“羊绒袜”“羊毛袜”“纯棉袜”等。

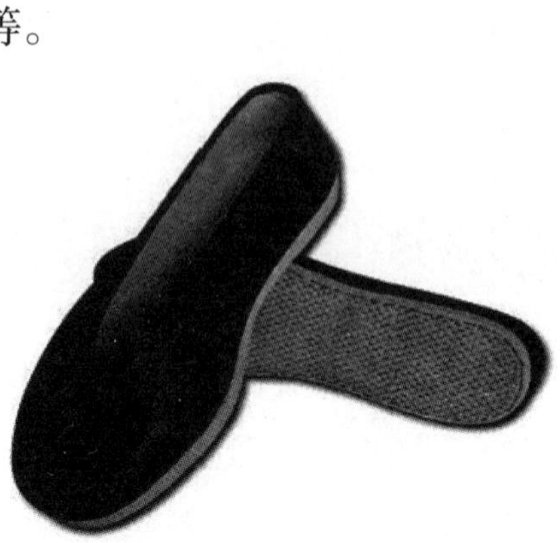

图32—200　小圆口布鞋　（2012年，陈亚芳提供）

二、刺绣

手工刺绣,体现沙地服饰精细重要载体,集聚沙地妇女智慧。从绣枕套、帐帘、床衣,发展到绣围脖、衣领、衬衣、鞋帽。所绣图案惟妙惟肖,给人一种美感。

改革开放后,刺绣从手工到电脑操作,绣品誉满华夏,畅销世界各地,境内有近万名女青年在海门三星从事刺绣。

图32—201 沙地刺绣 (2012年,袁亚新提供)

三、服饰

中华人民共和国成立前,"大胸襟衣裳""大档裤子"和"转裙"为沙地服饰代表。

大胸襟衣裳有贴肉布衫、棉袄、单包衣,门襟开在右侧腰间向上,纽扣一般为纽襻、葡萄结。右侧肩到腰一排等距离布纽扣。

大裆裤为男子所穿,裤脚短,腰宽是腰围两倍,裤腰折叠在腰前,系上腰带,穿着舒适,便于劳动。

转裙男女皆围,男为黑色、女为蓝色,均用土布缝制。有时,在转裙前加一条小腰裙,内做一只贴身大口袋,俗称"裙上加裙"。

四、纺纱、织布

大豫是产棉区,民间纺织十分有名。且能一条龙操作:轧花、擀棉花条、纺纱、浆纱、过纱、染色、织布到做衣。几乎家家都有木制纺纱车和纺纱机,妇女多数继承元代黄道婆纺纱织布技术。其经典纹样为唐宋遗风,"被、褥、带、巾"为传统元明习俗,沙地民间土布染织技艺,是中国700年棉纺织技艺唯一保存完整、流传有序、延续不断杰出代表。

图32—202　旧式手摇纺纱车（2012年，姜颂良提供）

图32—203　旧式家庭织布机架（2012年，姜颂良提供）

五、芦扉花布

“芦扉花布”是沙地民间土布代表作。花布上织成整齐匀称、四方连接芦扉图案。取名“芦扉花布”。

20世纪50年代前，沙地人把“芦扉花布”作为一种主要布料，从“贴肉布衫(即衬衫)”到外衣，从家常衣裳到礼服，从小囡肚兜到老人棉袄，均用此布。传说“芦扉花布”为句容“棉三娘”巧妇所发明。

进入20世纪后，“芦扉花布”几度兴衰。随着中国民族工商业不断振兴，由家庭自给走向市场成为交易商品。“芦扉花布”由布庄收购，成批销往大江南北，一度曾占领东北市场，乃至远销南洋。

20世纪70年代，沙地人日常还喜穿“芦扉花布”衣服。新娘陪嫁，“和合被”等床上用品均用土布包袱，嫁妆数量众多，土布段占比较大。随着社会进步，土布不再作陪嫁品，但“芦扉花布”得到发展，品种繁多，式样各异。一般有“如意芦扉花”“双喜芦扉花”“篆字芦扉花”“寿字芦扉花”“星星芦扉花”等等。

图32—204　芦扉花布　(2012年，陈亚芳提供)

六、蓝印花布

沙地蓝印花布是沙地民间工艺典范。始于明代，流传广泛。是一种以油纸刻成花板蒙在白布上，用石灰、豆粉和水调成染粉浆刮，晾干后，用蓝靛染色成花布。

图 32—205　蓝印花布　(2012年，袁亚新提供)

起初，将白平土布染成蓝底白花或者白底蓝花，主要做家常包袱、头巾、枕头、门帘、床单、围兜。之后，利用蓝白两色，创造出绚丽多姿戏剧人物，动植物和花鸟吉祥纹样，展示沙地深厚文化和艺术积淀。

沙地女儿出嫁时，母亲为女儿备好一条靛蓝布饭单，显示女儿“上得厅堂，下得厨房”，有治家能力。

中华人民共和国成立前，境内小集镇“染坊”专门加工蓝印花布。20世纪50年代后，兵房印染厂的蓝印花布，在较长时间内，曾风靡县内外。

经过几代民间艺人努力，蓝印花布从单一土布制品走向多种面料制品，从生活实用型走向实用、装饰两种类型，从田野阡陌走向都市。“南通蓝印花布印染技术”已被列入国家非物质文化遗产。

第三章　社会风尚

中共十一届三中全会后，通过广泛开展“五讲”(讲文明、讲礼貌、讲卫生、讲秩序、讲道德)“四美”(心灵美、语言美、行为美、环境美)“三热爱”(热爱共产党、热爱祖国、热爱社会主义)等活动，大豫的村风、民风、社会风气得到根本好转，社会主义新风尚进一步得到发扬光大。至2012年，南坎社区葛纪军被评为江苏省道德模范，南通市见义勇为先进个人、文明新风典型。农场社区居委会李平入选“中国好人榜”。黄继石等7人被评为如东百名风范人物，其中陈云山被评为最美如东人(以人物名录分节介绍)。

第一节　见义勇为

大豫人继承中华民族见义勇为传统美德，葛纪军、蒋卫明等5人关键时刻挺身而出，为大豫10多万人之杰出代表，其精神世人称颂。

部分见义勇为人员名录

表32-315

姓名	性别	出生年月	原籍	工作单位	经历及事迹简介
葛纪军	男	1958年6月	南坎社区	南通汽运实业集团有限公司如东分公司	坚持安全驾驶、文明服务，随时注意保护乘客生命财产安全，多次见义勇为。先后被评为全国交通运输系统劳动模范，江苏省道德模范，南通市见义勇为先进个人、文明新风典型。《新华日报》、江苏人民广播电台、新浪网、中国文明网等相继报道其事迹
李　平	男	1962年	农场社区居委会	如东县胜达汽车出租有限公司	在运营途中遭遇歹徒持刀抢劫，他身中数刀，强忍剧痛，与歹徒展开激烈搏斗，并大声呼喊，歹徒仓皇逃跑。随后被赶来群众送往医院抢救，缝合48针，所幸抢救及时，才保住性命。事迹先后被《法制日报》等多家媒体报道并入选“中国好人榜”。中华全国见义勇为基金会授予“全国见义勇为司机”称号
蒋卫明	男	1971年	巩王村	兵房初中	在千岛湖旅游时见一少女掉落湖中，不顾自己头颅手术不久身体虚弱和身旁年幼儿子，丢下手中装有巨款钱包，跳入湖中，将落水少女救上岸。事迹被多家媒体报道，被评为“南通市文明新风先进典型”，获“践行新时期如东精神青年标兵”“如东县师德典型”“南通市优秀教育工作者”“南通市师德标兵”“南通市见义勇为先进分子”，多次受县政府嘉奖
沙佰泉	男	1965年	南坎社区	南坎社区	4年累计给困难群众捐款、捐物近万元，得到单位领导，同事及周围邻居一致好评，多次被评为“先进工作者”“文明船长”，所在船多次被评为“文明新风船”。2007年5月20日，出海作业听到求援声后，在黑夜10级风浪中不顾自身安危，勇救5名遇险落水小船员，演绎一场生死营救战，事迹在20多家媒体刊载，被南通市评为“文明新风典型”，江苏省“见义勇为积极分子”
周　庆	男	民国30年（1941）	强民村	掘港镇洋岸村	中共党员。1959年年底，应征入伍。1967年2月15日，宁波火车站爆炸起火，他临危不惧，首冲火场，奋力扑火，身负重伤，烧伤面积60%。陶勇司令员、中共浙江省委书记专赴医院探望。12月3日，周庆出席海军首次活学活用毛泽东思想积极分子代表大会，受到毛主席接见

第二节　乐于奉献

大豫人把奉献，视为一种爱，也视为一种美德，代代相传。丁保、樊宏等用爱心温暖他人，用无私奉献回报社会，建设家园，在当地传为佳话。

部分乐于奉献人员名录

表32-316

姓名	性别	出生年月	原籍	工作单位	经历及事迹简介
丁　保	男	1965年	香台村	南通苏通防水材料有限公司	每逢春节回村总要拿出上万元和村干部一道看望村里困难户、高龄老人，十几年从未间断。先后资助多名孤儿、单亲家庭孩子上学。2008年，汶川地震捐款5000元。玉树地震和甘肃舟曲发生泥石流他都通过村党支部向灾区各捐赠5000元。2009~2011年，丁保总共拿出七八万元支持村里基础设施建设，逐渐改善村里行路难问题
樊　宏	男	1955年	强民村	上海市升远建筑工程有限公司	2005年起，每逢春节回乡探亲，都要带上礼品拜望80岁以上乡亲父老，探望敬老院孤寡老人。2012年起，对强民村330名80岁以上老人奉上礼品或礼金。2011年，资助30万元与镇村联合将39组1250米长的东西砂石横路，修筑成3米宽硬质路

第三节　关爱教育

教育孕育着大豫一代代人，老教师难舍教育情，退休后继续关注教育、关爱儿童。中共大豫镇老干部教育支部，把关心下一代列为支部重要工作，在关爱留守儿童工作中成绩显著，多次获省、市、县表彰。

部分心系教育人员名录

表32-317

姓名	性别	出生年月	原籍	工作单位	经历及事迹简介
陈云山	男	民国29年（1940）	丁家店	丁店乡教办	退休后一直担任教育系统关工委常务副主任，中共老干部支部书记。在县家长学校培训班上介绍“三结合”教育下一代体会，论文《利用两种资源提高办站质量》获市优秀论文奖。先后被授予市“关心下一代工作先进个人、江苏省校外教育辅导站工作先进个人”等称号，所在老干部支部被授予“江苏省先进离退休干部党支部”称号，所在镇教育系统获市关心下一代工作先进集体。2013年，陈云山被评为最美如东人

续表32-317　部分心系教育人员名录

姓名	性别	出生年月	原籍	工作单位	经历及事迹简介
顾祝祥	男	民国22年（1933）11月	强民村（后迁闸东村）	兵房镇三港小学	1955年8月参加工作，历任兵房小学、豫西小学、振南小学、三港小学教师、校长。1960年5月，出席江苏省文教群英会，江苏省人民委员会授予江苏省先进工作者称号
陈瑞康	男	民国32年（1943）6月	大同村	丁店文化站	1965年，参加工作。历任教师、文化站长。1997年退休后，创办家庭文化室，2012年起，建立校外辅导站，创办留守儿童乐园，坚持教育为儿童服务的方向，取得较好成效。先后被评为县关心下一代先进个人、市校外教育辅导站先进个人、感动南通教育人物
秦伯奎	男	民国23年（1934）4月	北坎双北村（后迁大豫社区）	南坎中学	1955年参加工作，历任小学、中学教师，中学教导主任、校长。1994年退休。1995年9月起，历任南坎乡、大豫镇关心下一代常务副主任。2005～2009年度被评为市关心下一代先进个人。2010年，被评为市未成年人思想道德建设工作先进个人。2011年，被评为省关心下一代先进工作者

第四节　心系职工

中共十一届三中全会后，大豫境内非公有制企业发展迅猛，企业视职工为企业之根，为使企业健康发展，黄继石、刘允华、张志泉、曹国祥等心系职工、善待职工，让职工成为企业的主人，受到职工拥戴。

部分关爱职工人员名录

表32-318

姓名	性别	出生年月	原籍	工作单位	经历及事迹简介
刘允华	男	1963年	香台村	南通辉煌彩色钢板有限公司	全国钢铁劳模、五一劳动奖章获得者，南通市优秀企业家、南通市“三名”人物。公司先后被评为江苏省高新技术企业、江苏省创新型企业〔南通市32家大企业（集团）之一〕、南通市工业经济规模加强企业。同时履行一个企业家社会责任，关注家乡发展，关心百姓民生，中华全国总工会为“辉煌”公司员工颁发全国工人先锋号旗帜
张云飞	男	1958年	一门闸村	如东县劳动保障监察大队	15年如一日，切实维护企业职工双方利益，关注弱势群众做娘家人，心系基层，积极为企业用工管理当参谋，先后被省、市、县评为先进工作者，荣立三等功，普法维权先进个人。大队被评为市信访先进单位，授予杰出青少年维权岗，团市委授予市级青年文明号
黄继石	男	1957年	强民村	江苏世纪燎原针织有限公司	带领员工经过20多年艰苦奋斗，使企业规模，实力和知名度不断扩大，先后被评为江苏省非公经济依靠职工办企业优秀经营者、南通市劳动模范、江苏省劳动模范、优秀中国特色社会主义事业建设者、如东县十佳红色业主

续表32-318　部分关爱职工人员名录

姓名	性别	出生年月	原籍	工作单位	经历及事迹简介
张志泉	男	1966年	止马洼村	南通万豪科技发展有限公司	1996年,和村里几位农民一起,从2万元起家,接手当时严重亏损资不抵债乡办纱管厂,经过10余年刻苦钻研,不断探索,艰苦创业,团结职工,企业不断发展壮大。先后被县评为“优秀共产党员”和“五星级”创业型党员,2008年4月,南通市人民政府授予劳动模范称号
陆忠秀	女	1953年3月	兵房居委会	兵房棉纺厂	1975年8月,加入中国共产党。1989年,被评为南通市乡镇企业优秀企业家。视职工为亲兄姐妹。1990年3月起,连续当选为如东县第11届、第12届人民代表大会代表。1991年4月,南通市人民政府授予南通市劳动模范称号。1993年2月,当选为南通市第十届人民代表大会代表
曹国祥	男	1953年12月	丁家店村	江苏顺通建设工程有限公司	注重技术创新,关爱职工胜亲人。1997年度,获江苏省建筑业技术进步先进个人。1999年度,评为江苏省建筑施工企业优秀项目经理、江苏省建筑业质量管理先进个人,同时省建协授予建筑业优秀企业家称号。2000年度,被中国建协评为全国建筑业企业优秀项目经理。2001年4月,由江苏省人民政府授予江苏省劳动模范称号

第五节　模范职工

劳动模范,是党和政府授予在社会主义建设事业中做出重大贡献者之称号。1964～1980年间,盐场职工张士明3次被授予江苏省劳动模范,境内仅此1人。至2012年,大豫镇有一线职工(含退休)劳模6人。

部分模范职工名录

表32-319

姓名	性别	出生年月	原籍	工作单位	经历及事迹简介
杨卫娟	女	1974年5月	强民村	南通市燎原针织有限公司	1994年7月,参加工作,2007年5月,为江苏省世纪燎原针织有限公司缝合工。2008年,南通市人民政府授予劳动模范称号
吴　艳	女	1975年12月	马家店村	江苏盾王劳保用品有限公司	1999年,参加工作,任南通雀朗姆皮鞋制造有限公司车间主任。2001~2011年,江苏盾王劳保用品有限公司车间副主任、工会小组长、质检员。2011年,南通市人民政府授予劳动模范称号
杨什贵	男	民国23年(1934)3月	洋口镇(原光荣乡)	如东盐场	1962年12月,在洋口盐场当工人。1964年4月,如东盐场建立后,任领滩手。1991年4月,南通市人民政府授予南通市劳动模范称号

续表32-319　部分模范职工名录

姓名	性别	出生年月	原籍	工作单位	经历及事迹简介
徐忠元	男	民国30年（1941）1月	如皋市柴湾乡	如东盐场	1960年3月，参加工作，任如东县盐场工人。1964年4月，任如东盐场三工区副主任，1972年3月，加入中国共产党。1977年1月，任如东盐场三工区中共支部书记。1986年4月，南通市人民政府授予南通市劳动模范称号
王圣云	男	民国29年（1940）3月	丁家店村	兵房轧花厂	1959年10月，参加工作，任兵房轧花厂工人、车间主任。1977年1月，加入中国共产党。5月，出席江苏省工业学大庆会议，中共江苏省委、省革命委员会授予江苏省劳动模范称号
张士明	男	民国19年（1930）3月	长沙镇（原北坎乡）盐村	如东盐场	1959年3月，开始从事盐业生产，任如东盐场7号滩领滩手。1964年4月，出席江苏省工业、交通运输、基本建设、财贸方面先进代表大会，江苏省人民委员会授予江苏省劳动模范称号。1970年，当选为江苏省第五届人民代表大会常务委员会委员。1971年7月，加入中国共产党，1977年5月，出席江苏省工业学大庆会议，中共江苏省委省、革命委员会授予劳动模范称号。1980年4月，出席江苏省先进集体，劳动模范、先进生产（工作）者授奖大会，江苏省人民政府授予江苏省劳动模范称号。1983年，当选为南通市第五届政协委员

第六节　为民造福

村干部生活工作在百姓之中，秉承“为官一任，造福一方”的宗旨，为村民们谋幸福，努力构建和谐村居。管永刘被评为县人民满意“十佳好干部”，陆惠达被评为县20佳民营经济带头人、10佳优秀党组织书记。节内所载录4位，是全镇村干部中的优秀代表。

部分为民造福人员名录

表32-320

姓名	性别	出生年月	原籍	工作单位	经历及事迹简介
管永刘	男	1958年	止马洼村	东港村党支部	中共东港村支部书记，市优秀党员工作者，县人民满意“十佳好干部”，东港村先后获江苏省文明村、江苏省农村现代化工作试点村、全国贝类产业示范区等称号。推进滩涂养殖体制改革，共落实投股渔民250多人，安置转产捕捞渔民80多人。全村滩涂养殖实现劳力型养殖与效益型养殖最佳结合，四年，集体积累增加450多万。养殖渔民年人均纯收入近3万元。全村道路硬化率、楼房覆盖率、自来水普及率、有线电视覆盖率均达100%

续表32-320 部分为民造福人员名录

姓名	性别	出生年月	原籍	工作单位	经历及事迹简介
姚汉祥	男	民国31年(1942)2月3日	马家店村	南通新皇族家私公司	1964年参加工作,1965年11月,加入中国共产党。曾任社教工作队副队长、后任兵房公社五大队革委会主任、中共支部书记,积极履行"为官一任,造福一方"理念。使五大队成为掘东区样板大队。1982、1983年,被评为如东县劳动模范,1982年,被评为省计划生育先进个人,1986年,被评为全国计划生育先进个人
陆惠达	男	1956年3月	双港村	一门闸村党支部	中共党员。1973年参加工作,历任双港村民兵副营长、共青团副支部书记、中共支部书记,中共兵港村、一门闸村支部书记。县20佳民营经济带头人、10佳优秀党组织书记,2010年始,享受副科级待遇。至2012年,全村成立无公害蔬菜专业合作社1个,发展有千亩设施农业,千亩榨菜种植基地,千亩淡水养殖基地。获江苏省生态示范村、卫生村
朱国新	男	1951年8月	兵北村	兵房居委会	1967年,任大队林场林果技术员,为发展当地林果事业不懈工作。1973年,任生产队民兵排长。1983年1月,江苏省人民政府授予江苏省劳动模范称号,同年3月,当选为南通市第八届人民代表大会代表。1987年3月,当选如东县第十届人民代表大会代表

第七节 拥军典范

大豫镇素有拥军爱民的光荣传统,每逢重大节日都要到驻军部队进行慰问,尤其对退伍军人备加关爱,涌现许多真实感人事例,蒋金泉、曹兵仅为其中之典范。

部分拥军典范名录

表32-321

姓名	性别	出生年月	原籍	工作单位	经历及事迹简介
蒋金泉	男	民国30年(1941)7月	新建村(香台村)	南坎乡合作医疗办公室	1956年10月,参加工作,1971年4月,加入中国共产党,8月,任中共新建村支部书记,1984年8月,出席国家民政部"双拥"先进代表大会。全省17人,南通仅1人(为农村党支部书记代表)。新建村获全国双拥工作先进集体。会议结束时,与党和国家领导人合影留念。1991年4月,由南通市人民政府授予南通市劳动模范称号
曹　兵	男	民国37年(1948)	丰荡村	一门闸村	1966年参加工作,1974年7月,加入中国共产党。历任生产队长、团支书、农技员、民兵营长,党支部副书记、书记等职。在任村支书期间,发动群众向身患绝症的退伍军人吴作新夫妇献爱心,扶持发展生产,捐资2万多元为其治病。1995年12月6日,被县政府、县人武部评为十佳拥军模范

附记：

葛纪军见义勇为情景

2001年11月15日，葛纪军驾车途经靖江斜桥时，犯罪嫌疑人梁某等3人在车上行窃，准备下车时被发现。葛纪军关上车门准备将车驶往当地派出所，梁某等强行推开车门逃跑，他奋力追赶。梁某等突然抽出明晃晃尖刀扑向葛纪军，并叫嚣“敢上来，就一刀捅死你”。他奋不顾身冲上去，一拳将梁某击倒在地。在随后赶来群众协助下，葛纪军将梁某交当地警方，警方又抓获其余2人。

2006年7月1日，葛纪军驾车从上海返回如东，途经沪宁高速常熟梅李出口时，有3个人突然提出要下车，葛继军发现3人形迹可疑，立即提醒乘客：“有没有人丢失贵重物品？”见无人答应，葛纪军就停车开门。正当3人下车时，一位乘客大呼少掉8000元。葛纪军眼疾手快，立即关上车门，堵住其中2人去路。两名歹徒凶相毕露，冲到驾驶台抢着按开关开门，被葛纪军挡回到座位上。一名歹徒快速将8000元钱扔向旅客座位，大声喊道：“谁偷你钱，你钱不是在座位下面吗？”葛纪军请这两人坐下，等待处理，并暗示乘务员拨打110报警。其中1人从后车窗跳窗逃跑。葛纪军让乘务员看住车上歹徒，自己跳下车奋力追赶。歹徒搭上一辆中巴，葛纪军便乘摩的追过去，并招呼中巴停车。中巴停车后，歹徒又从车窗跳下试图逃跑。葛纪军冲上去，将其扭送警方。此3人系一个网上通缉犯罪团伙中成员。

2009年3月31日，两个形迹可疑人员在上海北广场汽车站乘旅客上车之际伺机作案，被葛纪军发现，当即质问，两人见状悻然离去。

第三十三篇　大豫地名

大豫境内南坎镇以西成陆较早，称老圩地区，约150多年历史，其他地区成陆迟，百年前仍是一片滩涂。随着大豫盐垦公司不断壮大，崇、启、海垦殖移民蜂拥而至，境外地名文化、寺庙文化陆续注入，使境内文化内涵得到丰富。20世纪20年代，逐渐形成以地貌特征、路边店、渡口和建筑物取名的“店、仓、桥、闸、渡、墩、港、湾、洼、荡”等地标、地名。兵房镇等几大集镇亦成为自然地名。境内著名古地名有马家店、孙佰林店、老赫店、洪娘子店、沈国琦店、香台、鲍家坝、止马洼、东西牛车桥、鲍家桥、毛竹桥、周家墩、曹家墩、八总墩、磨墩、小荒荡、三港渡口等；著名河闸有遥望港九门大闸，豫丰三门闸，兵房大河一门闸，“三闸”均建造于民国5年(1916)至民国10年(1921)间。有4处以张姓命名之“仓”，分为“南仓、中仓、西仓、北仓”。虽旧迹已逝，但盛名尚流传于社会。中华人民共和国成立后，境内增建有不少较大型建筑物成为新地名，如观通塔(站)、东安闸、东安新闸、丁店河闸、通如桥等。这些新地名的诞生，将成为历史名片，不仅能记载着人类文明的脚步，且能进一步弘扬优秀传统地名文化，推动地名文化创新发展。

第一章　垦区印记

章内共分四节，载录新老地名31个。以店、仓冠名8个；以桥、闸、渡冠名9个；以墩、港、荡得名8个；以咀、洼、舍得名6个。每个地名都印记着一段鲜为人知的故事，有些地名在抗日战争、解放战争时期发挥着重要作用。例如，位于七贯的孙佰林店、马家店新四军在行军作战地图上都有标志。九条龙儿舍一度成为转移新四军伤病员海上中转站。洪娘子店，不仅远近闻名，而且洪娘子敢想、敢做大义凛然之气派，令人敬畏。古地名成为大豫宝贵的文化遗产。

第一节 店 仓

一、洪娘子店

位于兵房镇东南3.50公里处(马家店村38组)。洪娘子原名黄秀英,丈夫洪惠田。黄秀英聪明伶俐,豁达能干,深得当地群众喜爱,丈夫姓洪,故四方百姓不称其真名,称她为洪娘子。民国38年(1949),洪惠田、黄秀英为谋生寻找出路,从原校北村老宅,搬入离老宅1里外,横马路与竖马路交汇处,建3间坐西朝东茅草屋。二十世纪三四十年代间,那条南北走向六贯马路,车来人往,大豫北乡盐民将私盐运往启海一带出售,推着独轮小车经洪娘子店,往往落脚在此打尖,凡住宿者每晚凑数给几个铜板算作客房钱(伙食自带),3间茅屋两间可住人,一式地铺,下垫稻草、草席子,冷天加薄被一条。洪娘子热情待客,赢得众人称赞。她虽是女性,但具有男性强大一面,刚正不阿,爱憎分明,敢作敢为。

她生有一子取名洪志富(曾名李文荣),民国35年,在三余重三中学念书,大参军时和其他青年学生一道,报名参军。洪娘子说:“保家卫国,人人有责,儿子选择不会错。”积极支持儿子参加革命。

6月29日,为兵房人民难忘之日。暴动分子手持长枪短棍,追杀中共党员、革命干部。6月29日上午,陈大(福建口音,当新四军负伤退伍后,被人民政府分在兵房工作)被暴动分子吴管成抓住,吴要处死陈大,地点就在洪娘子店,洪娘子见状,勇敢地与吴管成交涉说,“陈大过去当新四军,现在回到地方,帮助老百姓做好事,你要杀死他,老百姓不会饶恕你!”暴动分子竟然被洪娘妇制服。29日午后,区长陈祖尧带领区队,用机枪开路,许多暴动分子逃至七贯处,吴管成被陈大抓获,当场镇压。

土地改革时,张玉贵被评为富农,洪娘子认为不妥,随即找指导员沙德明论理:张玉贵过去当帮工,是个苦出身。结婚时,丈人家给他半墩田,怎能评为富农?沙觉得洪娘子言之有理,把一口平调棺材返还给张玉贵。

1958年,洪娘子老两口因年老体弱,难以自理,儿子洪志富将二老接到上海过幸福晚年生活。虽然洪娘子店早不存在,但洪娘子人格和店名仍永远留在老百姓心中。

二、张佬佬店

20世纪30年代,在兵房镇东南3公里处(六贯马路)有个“张姥姥店”。此店虽小,名气却不小,南至启东、海门,北至射阳八大家(位于临海镇)都知道兵房镇张佬佬店。张佬佬叫张显荣,因年长,四方小孩惯称他佬佬。他原先住在小荒荡(丰荡村),是36根讨饭棒中2根。夫妻俩每天蒙蒙亮,就提着讨饭棒,背着小孩子(张洪祥),离开环洞舍,过起吃“百家饭”流浪生活。一天,讨到利民校(东安村8组)西宅黄家,黄学祥看到他们苦惨样子,借1间小屋让他们安身外,还介绍到郭志元家做帮工,从此结束流浪生活。

民国30年(1941),在张子琪和沈顶山帮助下,张显荣在六贯马路旁,扎环洞舍,开起代销店，经营香烟、糖果、豆腐之类。土地改革后，改建成两间小屋，民国36年，火烧王荃乡时，小店被烧得精光。虽然小店一去不复返，但张佬佬店名仍流传于民间。

三、张家店

民国25年(1936)，张选阳、范锦先夫妻携3个儿子，从启东迁至兵十公路五贯桥东侧路北定居。一家人靠种5～6贯东西长一匡马路脚草荡田度日。为改变生活，由其次子张志义拜师学做"扎库"(迷信品)手艺。张志义心灵手巧，学成后，生意兴隆。忙时在外，闲时在家经营纸衣、纸元宝、香、烛、黄方纸(亦称茅昌纸)等。久而久之，形成小杂货店。人们习惯称"张家店"。虽然店不大，但吸引不少周边闲散人员，一有空就去店内聊天或买东西、摸牌娱乐。新四军东进后，其店名声大振，在方圆几十里范围内传得沸沸扬扬。也成为南来北往联系纽带。南至启东、海门，北至大丰一带，都知道兵房有个"张家店"。张氏二兄弟(张志义、张志明)在国内革命战争期间也曾为地方工作出过力，流过汗。时过境迁，转眼间已到21世纪，昔日张家店虽已不存在，但店旧址成为古地名。

四、老赫店

位于大豫镇南首，即兵房镇北与大豫镇交界桥南端西侧。这里原无店，只因一山东人老赫于民国28年(1939)在此落户，为谋生在家门口摆小货摊卖香烟、糖果，久而久之，人们就习惯称此地为老赫店。

老赫，赫长兴，祖籍山东藤县。抗日战争时期，加入抗日游击队。因年长，战友们习惯尊称他"老赫"。之后，他携妻儿一家5口人随部队南下至此，部队领导考虑他长年多病，且拖儿挈女，将他安排在当地一户杨姓群众家里养病，因此便于此定居。

老赫店附近虽然至今未形成集镇，但它却是如东东部沿海地区纵贯南北要冲。

抗日战争时期，日本侵略军在大豫镇修筑碉堡，驻扎一个小分队士兵，为与掘港、海门等地日本侵略军联系，经常在老赫店一带骚扰。为有力地打击和消灭敌人，中共地方游击队、民兵也常乔装顾客去老赫店，在老赫店和当地群众掩护下接送情报。著名民兵英雄吴品庄和战友们经常出没在这一带。

民国31年(1942)冬天，驻大豫镇一个日本兵人称"小东洋"，因染上梅毒去兵房治疗。一连数日，他总是上午单身一人途经老赫店去兵房，直至傍晚才回大豫镇。这一行动规律被当地民兵和群众所掌握。民兵大队长吴祥部署截杀该敌计划。农历腊月一天傍晚，"小东洋"穿着日本军大衣，和往日一样大摇大摆地往大豫镇老窝里赶。当行至老赫店时，被早就蹲守老赫店里吴祥抡起大刀像切西瓜一般，将"小东洋"脑袋劈成两半，"小东洋"连吭都未吭一声立刻倒地毙命。在老赫店和周围群众帮助下，吴祥将敌人尸体拖至老赫店西边茅草荡里埋掉。此后日本侵略军小分队率部在老赫店附近搜寻折腾好几天，也无结果，恼羞成怒，下令放火烧掉老赫店附近几家群众房屋。

解放战争时期，老赫店一带地主和还乡团纷纷逃窜至掘港"土山"避难。为配合解放掘港，老赫店人民在这里镇压一批罪大恶极地主和还乡团顽匪，对那些顽固不化反革命分子起到巨大震慑作用。

中华人民共和国成立前，老赫店也只居住着寥寥几户贫苦农户。中华人民共和国诞生后几年里渐渐地有许多人从沿海移民至“北荡”（启海人称掘东这一带为“北荡”），这里人烟才渐趋密集。老赫依旧经营着一个小店，还分得几亩地，店里商品种类也日渐增多，附近还有人在这里开理发店，接着又有人开设一家诊所……，老赫小店因四贯河流浚、路拓宽早已无处觅迹，老赫亦已去世50多年，但老赫店名称还在。

五、孙佰林店

位于豫东村与强民村七贯交界处。孙佰林，启东县新安人。为养家糊口，民国14年（1925），迁到“金陵荡”又叫“北荡”。面对十分艰苦环境，孙佰林成为大豫盐垦公司“中三区”第一个拓荒者。在七贯岸脚上建起两间茅房。人睡在屋内“合扑困”看见地狱门，侧着困看见路人，朝天困看见满天星，风扫地月点灯，烧饭是坐地八百斤（泥灶）。方圆几十里无人居住，到处是盐灶成群，茅草连片，荒凉无比。

七贯是启海人南来北往主要通道。几年后，崇明、启海一带垦荒人越来越多。随着过往行人增多，孙佰林在小茅屋里做起糖块、烟酒小买卖。这样过往行人常到小店里买糖烟酒歇脚。随着时间流逝，孙佰林店也就家喻户晓。当时陈毅部队在沿海行军作战地图上还标着孙佰林店地名。孙佰林虽已去世，但店名却成为永久性地名。

六、沈国琦店

在大豫镇徐征村8组与12组交界处，“二贯”马路边有一排坐西朝东小平房，这就是沈国琦小店。别看小店经营普通小商品，但名气可不小，

沈国琦生于清宣统元年（1909），因家境贫困，民国5年（1916），父母带着他们兄妹3个从启东汇龙镇迁到“北荡”开荒、做帮工（就是替大户人家打工）。全家人挣钱供沈国琦念书。由于他读书用功，一直读到小学毕业，后因病辍学。民国19年，面临成家立业，他选择做小生意。一个人推着独轮车，从启东、海门等地购进糖烟酒等小商品回来卖。因他聪明能干，不怕吃苦，还加工大饼油条、麻团食品，丰富店里花色品种。在空闲时间帮人家修自行车，备受群众拥戴。天长日久，沈国琦小店生意兴隆，闻名方圆数十里。面对当时局势，沈国琦看到日本侵略军已侵占大半个中国，并步步向南扩张，当地反动势力气焰越发嚣张。在进步思想熏陶下，他懂得拯救中国，解救苦难中百姓革命道理，毅然放弃小店参加革命。一天夜里，只身一人悄悄离开家乡，投奔到梁灵光部队（梁部驻北兴桥）。一时，人们对沈国琦突然失踪，猜疑很多，有人说，外出进货，遇到“路劫”（就是强盗），被弄死！有人说，进货路上碰到国民党部队被抓走……尽管人们说法多多，都是出于关心。其实，他已参加革命。

民国27年，中共江北特委掀起反对国民党政府抓丁浪潮，把一批爱国青年送进部队。民国29年2月，部队领导派沈国琦回如东老家配合地方组织开展抗日工作。一天，寒风萧萧，细雨蒙蒙，一路上看不到一个人影。上午9时许，一个人身穿蓝布长衫，身背小包裹，急匆匆走进小店，他不是别人，正是失踪多年店主人——沈国琦。

沈国琦回家后重操旧业，白天是老板，晚上参加抗日民主政府活动。以小店为掩护，为部队送情报，输送急需物资。部队缺少枪支弹药，他想方设法，从启东运进。路上预防伪军检查，他把枪支等藏在玉米籽袋里，亲自押车，从没有出过差错。

当时地方上把沈国琦看作“三K”人物（和平军，国民党，新四军里都吃得开）。实际上，国民党乡公所（设在南一区公司，徐征村8组）杨汉超、顾乡长是他小时候同学。伪乡长何景元和杨汉超有矛盾，杨汉超就利用何景元在当伪乡长前是强盗，曾抢过沈国琦父亲寿衣这件事，将何抓起来吊打，并征求沈国琦意见，如何发落何景元？沈国琦想出一个两全其美办法，他说：“父亲寿衣不值多少钱，他能还最好，不能还就罢，还是放人吧。”之后何景元知道此事，对沈国琦很是感激。

在抗日战争期间，日伪军每天从据点里出来，抓人绑票，敲诈勒索，无恶不作，搜查八路军、新四军、乡村干部、民兵组织。面对复杂局势，沈国琦利用“三K”人物关系，营救无故被抓干部。一次，伪军清乡时，抓走乡里党员、干部、民兵、百姓几十人，在小店东侧停下休息时，发觉乡里民兵大队长王圣扬，中共党员马兴义，农抗会主任施秀英等被抓。此时，沈国琦心急如焚，若是中共组织机要文件等落到他们手里，要搞营救就麻烦。灵机一动，马上到店里拿香烟递给伪军头头打招呼，然后跑到大队长王圣扬身边，趁伪军不注意伸进王口袋将会议记录本安全转移到自己身边，并小声对王说：“不要紧，明天设法解救你们。”

敌人尚未回到据点，沈国琦就接到中共组织通知，要他做好营救准备工作。第二天一早，沈国琦坐着独轮车，带上几只老母鸡赶往伪军据点，可是这些混蛋看到沈老板是块肥肉有油水可榨，硬是要敲上一票，沈国琦也不示弱，经过讨价还价，用100公斤皮棉，安然地赎出民兵大队长等人。

民国35年，中共组织决定派沈国琦到东台开展工作，担任贫农团长，领导土地改革，后又调任九分区兵工厂工作。中华人民共和国成立后，工作于华东工业部。1954年病故。

沈国琦虽然与我们长辞，但沈国琦小店还在，其动人事迹仍在民间广为传颂。

七、张家仓

在大豫境内许多地方以“仓”命名。何谓“仓”？各地叫法不一。《海门县志》载：社仓，又名积谷仓。清光绪二十四年（1898），张謇兄弟募集资金，创办社仓，为临时救济单位。启东陆欣编纂《沙地风情录》叙述为：崇启海沙地人对有财有势大宅头，称为“仓口”。这些大宅头前身，是富户人家购买大片荡田出租后，先建造屯放租粮仓库，然后才营造房屋，成为气宇轩昂宅院而得名。境内有：马家店村谢家仓、董家仓、黄家仓、协和仓、竟成仓，巩王村刘家仓、袁家仓等10多个仓稍有名气。

“仓”中之最，应数“张家仓”。在境内100多平方公里土地上有（南中西北）4个赫赫有名“张家仓”，这些“仓”大都建于民国5年（1916）大豫盐垦公司成立之后，拥有大片土地和佃农，仓主成为骑在百姓头上作威作福“土皇帝”，给百姓正常生产、生活制造深重灾难。

（南）张家仓　位于遥望港河北岸，大豫镇巩王村43组（丁店乡丰港村11组）境内，早年属于大豫盐垦公司南附东区，该公司建于民国7年后。仓房建在一块四面环水天然海丫子中高地上（原先是一块东西宽约300米，南北长约400米海滩），坐北朝南三关厢砖木结构庭院，正厅为朝南房子18间，两侧厢房10间，中间场心约10亩，整个占地面积约15亩。在仓南侧也有一块四面环水天然海丫子中小高地，整个面积约1.50亩左右，这是仓外花园，要通过吊桥方能入内。该仓有土地150亩。另在仓东北1公里处为同仁公司（因地处一条天然东北西南方港梢，又称斜公司，后改为同仁学校）。名誉仓主为张孝若，由倪建山任总管，配有助手张天相、汪冠铁、陆锡林等，具体负责仓内外大小事务及议租、收租等。仓内有实业队负责保安工作，通常不许闲人进出。

中华人民共和国成立后，虽经几番土地复耕和平整，张家仓已成为良田，但仍留有印痕。

（中）张家仓　位于大豫镇一门闸村5组（双港村3组），紧靠四贯河。该仓约建于民国6年（1917），隶属大豫盐垦公司中一区公司。仓房为三面环水，称“三汀宅沟”，正厅飞檐翘角、青砖碧瓦、雕梁画栋、磨砖照壁又高又大，煞是气派。仓里“房先生、管家、伙计、佣人、保安”一应俱全。管辖范围东西两匡、方圆12.50平方公里。当时新中乡四六两村（双港村）土地均属张家仓租田。仓主张肩武（志美）心狠手辣，不顾百姓死活，常带着“爪牙”们下乡踏户议租、收租，稍不如意，就拿百姓出气，轻者挨骂，重者挨打、受罚！百姓恨之入骨，背地里都叫他“张黑皮”。另外，张家仓与其他仓不同，有两个下属单位，将东西两匡分为两个圩，东圩由蔡益山任圩长，西圩由陆友清任圩长，圩长直接向百姓催租、收租，然后交到张家仓。民国35年，张逃往掘港（国民党）土山，后在解放掘港时被炸死在土山中。土地改革时，张家仓所有房产、土地全部分给当地贫苦农民。

张肩武生有两个儿子，大儿子张顺贤曾任顽军大队长，民国37年，随国民党去台湾。小儿子张顺衷，思想进步，民国29年投身革命，后改名章其，离休前为南京航空航天大学教授。

张家仓旧址，虽在1967～1968两年中复耕还田，但张家仓欺诈百姓行为已成为历史最好见证。

（西）张家仓　位于大豫社区8组（牛桥村7组），南邻兵大分界河，西靠南北竖头河。该仓建于民国七八年间。早年同属于大豫盐垦公司中一区公司。仓房为三关厢、四面围沟深3.50米，宽7米，进仓经吊桥，便是3间仓库，一个大场心，场心两侧东西向8间厢房，坐北朝南5间正屋，整个占地面积约5亩。建仓时，仓主已经60多岁，祖籍安徽，人称张先生（名字不祥），出门惯坐小车子，仓内雇用3位账房先生，孙先生，南通人（名字不祥）；殷先生，江南人（名字不祥）；何胜才，当地人。何负责议租和收租；其余两位管账管钱。雇用两位长工为工头，季小和、王秀明均为当地人。该仓拥有一匡田约2700亩土地。有保安队7人，其中赵庆仁，大豫镇人；赫长兴，山东人后定居在此。该仓曾发生过两件事：第一次，在收租时与佃农朱玉明等人发生纠纷，朱将张家仓告上如皋法庭，经法庭调处，宣告仓败诉。第二次，抗日战争时期，张家仓被海盗抢劫一空，保安小顾和老孟被枪杀。此后，张家仓就逐渐衰落。未到土地改革,仓里就跑得只剩下孙先生一人,孙在朱玉明家生活几年后,返回南通老家。此仓虽已不复存在,但东北角一段围沟是历史最好见证。

(北)张家仓 位于大豫镇止马洼村1组新中桥北侧80米处。民国4年(1915)左右,仓主张绥武(沙地人)派人从掘港等地购进大批砖木,建起一座豪宅,称之为张家仓。该仓两进两天井,门前矗立着一对石狮子(后移至新中桥畔),第一排为粮仓,仓前晒场,两旁为厢房;第二排为主房(堂屋),有5大间:中间为会客厅、两边为主人房间,建筑精致,别具一格、古色古香。天井两旁为厢房,厢房前种有两棵香橼树,果实成熟时,香飘满院。宅占地总面积约600平方米,建筑面积约占250平方米。仓主为人精明、能干,性格比较粗暴,在建宅过程中,全天守候着工地,发现工人有偷工减料现象,就要用烟枪敲打工人脑袋。此宅虽不属四汀宅沟,但宅后、两侧三面有沟,用以蓄水和养鱼。警备森严,平日一般人等不得入内。除有止马洼村一二三组100亩土地外,还有洪家、张家两个大圩子(北坎三八村),总面积约500亩。张绥武从不下去收租,均由夫人(名字不祥)全权代办,该女人能说会道、心狠手辣、诡计多端,当地人称之"狐狸精",民国35年,被镇压于丰利某地。张绥武生有两男一女,大儿子张顺丰和二儿子张顺怀均在抗日战争时期投身革命,张顺丰曾任新四军某团团长,"文化大革命"期间,被迫害于武汉。张顺怀任新四军某部军医,女儿张顺怡据说去台湾(情况不明)。

中华人民共和国成立前夕,张家仓曾为新华乡乡政府驻地。1950年,新华乡并入南坎乡后,除已分出房屋外,其余用以发展教育事业,1952年,在此地建立如东县新中初级小学。

八、南一区公司

位于大豫镇徐征村8组,民国初年,由民族实业家张謇所建。公司是一个大宅院,四关厢平房,有正厅、后厅、东西两厢边厅共50多间房舍。建筑精美,装潢考究。东北角有一座用石头叠成假山,后厅东侧有一鱼池,池中金鱼摇尾,供人观赏。门首吊桥旁设有岗亭,派士兵轮班看守,四面用大宅沟围住。一眼望去,实是威严。张謇建南一区公司,旨在开发金陵荡,为民造福。之后,却成为公司经理李和超欺压剥削百姓之老窝。公司组织30多人名曰实业队实为地主武装。豫南乡乡长杨万云,既是乡长又是实业队长,口称保卫公司,维持社会治安,其实却成为纵容强盗横行罪魁和保护伞。

公司李经理为人处事奸刁、待人刻薄,绰号"李麻子"。李麻子议租收租十分苛刻,毫无人情,佃户们叫苦不迭。好田要"四六分成",一般田要"三七分成"。如果当年缴不起租,隔年要加3分利息。而且每年议租前,李麻子向佃户们宣布:早期吐絮棉花不准采铃子,成熟花生、山芋不准挖,待议租者评估后,才能动手。若有违规者,要加罚租金。有一年秋收期间,李麻子带领为首地主陈朝皇等一帮人,到佃户家逐塆逐块地议租,陈朝皇只怕议得少,总是指指点点,说这块地长得好,那块地收成不错,唯恐佃户少缴租金。在那年头,农民要想改善生活,实在是难上难。

民国24年(1935)后,在南一区公司管理范围内,强盗势力越来越猖獗。强盗头子季朝相，坐地分赃，经常策动张小良、黄家慕、郭锦秀等强盗，挨家挨户，相行抢劫。这些强盗，不仅抢富人家钱财，还抢贫民家鸡、鸭、猪、羊。在抢劫中，哪个户主不肯交出财物，他们就用“火烧屁股”毒刑逼财害命。曾有蔡立斋等人，被活活烧死，烧伤者也不在少数。因此，乡间人心慌乱，不得安宁，弄得老百姓白天不敢远行，夜晚不敢安睡，有人家干脆睡在庄稼地里，真是苦不堪言，度日如年。面对这种局面，披着乡长外衣的实业队长杨万云装聋作哑，不闻不问，从中渔利，纵容强盗恣意横行。民国27年农历11月初7晚上，强盗头子季朝相，获悉一位掘港镇木行老板作客翁惠祥家，遂派几个强盗，到翁家宅敲门捉拿。木行老板莫名其妙，不肯答应强盗索要皮棉数字，强盗们蜂拥而上，将木行老板衣服剥光，捆住手脚，抬到锅灶上烧，直烧得木行老板屁股吱吱发响……待满足要求后，强盗们才罢休。其间旁边乡亲们点火把，敲大锣，高喊“捉强盗”，还派人去南一区公司报案，为遮人耳目，实业队假意派几员兵丁，在远处放几枪，故意将强盗吓跑。

民国30年9月，中共派曹持衡出任掘东区区长，曹区长上任后，经过多方了解，针对南一区公司范围内复杂情况，决定首先拿其开刀，旨在扫清公司范围内强盗势力，改编公司实业队。主意拿定，曹区长采取“依靠当地中共组织，发动人民群众，团结进步人士”方针政策，进行周密部署，于当年腊月二十四日晚，带领刚刚成立的区队，突然袭击，一举生擒季朝相等4名首恶分子，就地枪决。第二天，区政府贴出告示，敦促胁从者立即自首登记，如若执迷不悟，必将严惩。不到3天，自首登记80多人。大快人心之事，人民群众无不拍手叫好。次年春天，曹区长又带领区队到南一区公司缴实业队枪，公司经理及其同伙，一个个吓得魂不附体，四散奔逃，从此南一区公司仅剩一个空巢。

虽然南一区公司在掘东历史上有过阴影，但张謇开发垦区业绩辉煌，功不可没。该公司已成旧地名在社会上流传。

第二节　桥　闸　渡

一、鲍家桥

大豫镇境内，有一座以鲍姓命名桥梁，叫鲍家桥。据说在80年前，有一鲍姓大户人家，住在香台村南4组（即公共河北，七贯公路西约300米地方）。当时，去大豫、兵房等南来北往路人，都要从他家门前一条东西向18米宽河面上涉水通过，到涨水季节，便要绕道，出行极为不便。为方便行人，鲍某出资在家西边约400米处，修筑一条连接河两岸土坝，人们称之为“鲍家坝”。由于坝身不牢，没多久，便被海水冲塌，鲍某又出资在坝东300米，修建一座三搭式木板桥，宽3米，长约25米。建成鲍家桥，方便过往行人，特别方便下海捕捞渔民，挑盐脚夫。之后，桥边渐渐办起豆腐店、日杂店、米行、八鲜行，成为一个小集市。

抗日战争时期，鲍家桥既是日伪军据点之一，也是中共敌后武装力量频繁活动，与敌周旋斗争重要阵地。

民国33年(1944)8月22日中午,豫滨乡民兵联防大队长吴品庄正在大豫镇东七贯鲍家桥附近顾锡连家开会。忽然,放哨民兵报告:“有4个日本侵略军在鲍家桥东海堤向西走来。”吴品庄问:“鬼子有没有带枪?”民兵说:“只看到他们手里拿着望远镜和地图,没有带枪。”吴品庄立即带领施忠义、袁文华、徐长春、张志清、徐加涛、顾茂生等7人前往搜索。

离敌人约2里路光景,日本侵略军从望远镜里发现联防队员,随即掉头逃窜。吴品庄带领队员紧紧追赶。4个日本侵略军逃到蛤蜊舍附近时,已无退路。这时,徐长春用日语(会简单几句)喊话:“赶快投降,新四军优待俘虏。”4个日本侵略军听到喊话后,叽叽咕咕商量着,一副犹豫不决样子。吴品庄带领队员们冲过去,把4个日本侵略军摔倒在港梢里,押到驻地。经审问,日本侵略军交代,他们一共7个人,驾着一艘名叫“久西丸”号汽船运送军用物资去上海,途中机器发生故障,4个人上岸寻找日本侵略军据点救援,还有3人留在船上。

第二天清晨,联防队员化装成伪军,直奔蛤蜊舍外边海滩,在海堤上鸣放几枪。日本侵略军从船舱里露出头,以为穿黄军装便是救援兵。吴品庄在接近船时一个箭步跳到船上,3个日本侵略军被活捉。第三天,联防队员将缴获汽艇、地图、望远镜和汽油等一批军用物资上交,并将7个日本侵略军押送到驻苴镇苏中四分区司令部。陶勇司令员非常高兴,奖给联防队两支步枪、32颗手榴弹、一个地雷和两排子弹。

中华人民共和国成立后,鲍家桥改建成水泥板桥。1986年,因公共河拓宽疏浚,河面拓宽至20米,县交通局、水利局、南坎乡政府共同出资,新建鲍家桥。桥长30米,宽10米,成为当地承载更加繁重交通、运输任务的基础设施。

二、毛竹桥

毛竹桥上至大丰、东台,下至海门、启东等地都很有名气。毛竹桥有两座,一座叫北毛竹桥,一座叫南毛竹桥。北毛竹桥位于丁家店向东5里六贯(川腰港)与丁店河交汇处,南毛竹桥建在遥望港上。

民国32年(1943)春天一个清晨,一支新四军先遣队开到六贯川腰港,队长一看河水滚滚东流,河里一无桥梁,二无船只。这时,队长向南望去,见岸边住着几户人家,便大声喊道:“老乡——老乡——”。岸边施振荣、卑孔希、宋志祥听到河北有人喊,立即出来,一看是新四军。施振荣就回答说:“同志……有什么事?”队长说:“我们有大批部队南下,有紧急战斗任务,部队要过河有办法吗?”三位村民想:北至兵房镇、大豫镇,南至大同镇、三余镇都是敌占区,有据点,七贯向东是大海,新四军向南挺进,这里是必经之路。三位毫不犹豫地回答:“可以架桥,我们立即行动,让你们部队安全过河。”

在三位带领下不到一个钟头时间,百姓们扛着毛竹、抬着稻草等材料运到河边,堆成一大堆。施振荣大声说:“我们立即行动架桥,年轻力壮小伙子下河打桩安桥脚,其余人绞绳、捆绕桥板。”桥板由4根毛竹并排,用稻草绳捆绕而成,军民合作,不到半天时间,一座毛竹桥架在川腰港河面上,桥宽约0.70米,全长20米左右。

从川腰港即六贯向南5里有一港,叫遥望港,河面较小。北毛竹桥架好后,蔡汉儒、刘国昌、丁宝田、陆大军等又到遥望港架桥。下午2时,一座宽约0.70米,长15米左右毛竹桥又在遥望港河面上架成。

傍晚,一支浩浩荡荡新四军部队安安稳稳地通过毛竹桥,向南挺进。

毛竹桥在战争年代发挥独特作用,人民子弟兵、地方武装、民兵常来往于毛竹桥上,每晚,毛竹桥上都设立岗哨,遇有敌情,即将中间一组桥板抽掉。中华人民共和国成立后,毛竹桥拆除,建成木桥,后又改建水泥大桥,但作为地名,人们还是叫毛竹桥。所在村则命名为毛竹桥村。

三、陆虎儿桥

位于大豫镇南坎社区北端掘坎河(原名北凌河)上,是境内历史较为久远桥梁之一。

陆虎儿桥始建时间已无从考证,据老人回忆,约在清末民初。范公堤外有一陆姓老渔民,住在凌边村附近,每天都要涉水经过北凌河(一条天然海丫子)下海捕捞,由于捕获渔货较多,回来涉水过河十分不便,自己筹钱买几根木头,加工成木板和木桩,在北凌河上搭起一座长约7米,宽约0.60米简易木桥,方便自己,也方便别人。陆姓渔民乳名叫“虎儿”,所以当地群众把此桥命名为“陆虎儿桥”。

因木质桥桩,长年受到海水浸泡腐蚀,铁钉严重生锈,不到10年桥就开始摇晃,多次发生行人和独轮车落水事件。至民国25年,由当地群众自发集资对陆虎儿桥进行加固,在桥左侧用木头搭起栏杆。作为当时南、北坎交通要道。

民国29年(1940)后,日本侵略军占领南坎,为阻止新四军进入南坎地区,日本侵略军曾派出一个排伪军在桥北侧设卡,盘查过往行人,如有良民证即可放行通卡,发现通共嫌疑人等,一律带到南坎炮楼审问,严刑拷打。据说,何家灶有一中年男子到南坎走亲戚,在陆虎儿桥被抓,日本侵略军怀疑他是中共地下党员,他至死不说,最后在南坎庙被日本侵略军活活打死。新四军和民兵多次准备炸毁“陆虎儿桥”,但考虑到群众通行一直没有行动。

中华人民共和国成立后,如东县水利事业发展迅速,政府曾两次出资修建“陆虎儿桥”,第一次在“文化大革命”期间,由县水电局出资,将木桥拆除,建成水泥机耕桥,承载能力增大,可行驶12马力手扶拖拉机,桥下可航小型运输船。第二次在1986年,随着改革开放不断深入,因桥面狭窄,桥高不够,不适应时代经济发展需要,县水利局把此桥重建成长20米,宽2.50米拱形水泥桥。新桥建成后,给南北两端经济注入活力,日杂店、农资部、供销点、理发店、摩托车修理店等应运而生,俨然一个农村小集市。人们把陆虎儿桥誉为“致富桥”。

四、施家桥

位于大豫镇香台村部以北约300米处,七贯河上一座东西桥,建于民国8年(1919)。

建桥人叫施锡田,原为商人,因生意场上屡次受挫,债台高筑,为躲避讨债人,听说大豫盐垦公司招募垦荒人,决定弃商务农,悄悄带着家眷从海门迁到北一区公司,向公司购买两𡊨田(约50亩)。从此,过起开荒种田隐居生活。

两年后,生活颇有起色,为方便农作物运输,在宅旁七贯河上架起一座宽约66厘米,长约6.60米小木桥，为自己农产品运送和邻近群众出行带来便利，因桥由施家出资修建，所以人们将此桥命名为“施家桥”。

施家桥虽小，但历史上也有过辉煌一页。在抗日战争和解放战争时期，新四军老七团、县警卫团、民兵联防队经常在南坎和香台一带活动，尤其是在抗日战争时期，新四军后方医院就曾设在施家桥附近老狼村一带，每天晚上都有运伤员担架队和小车从桥上通过，为此，施锡田专门将桥进行加固，成为伤员们“救命桥”。

中华人民共和国成立后，为改善豫北乡农村交通状况，由县水利部门出资，对施家桥在原址进行修建，桥面拓宽到1米多，桥总长度10米以上。“文化大革命”期间，由公社和大队出资，将施家桥重建成2米宽，15米长拱形机耕桥。并将“施家桥”改名“红联桥”。

至21世纪初，“红联桥”年久失修，经水利部门鉴定为危桥，2006年，由县政府出资，改建为混凝土框架拱形桥，承载能力达到8吨，可供中小型运输车辆通行，新桥建后，又复名“施家桥”。

五、牛车桥

大豫镇境内有东西两座“牛车桥”，在掘港以东地区颇有名气，尤以东“牛车桥”为最。

东“牛车桥”位于周墩村1组西北角和茂青村1组东北角两村交界处，距大豫镇2.50公里。是架在公共河（五贯处）下游河面上一座南北桥，为当时大豫镇通往南坎镇必经之地。

此桥建于中华人民共和国成立前，由于公共河与东凌港贯通，河水随着潮讯时涨时落，大汛期河里水位就高，小汛期河里水不到膝盖。人们可以从河里涉来涉去，当时为“浮桥”，是用两块长约15米、宽约1.50米木板搭成，为防止被水冲走，桥两端用粗麻绳拴在河岸木桩上。桥只供人过往，牛车则由牛拉着涉水过河。因这里过往牛车多，故将此桥叫作牛车桥。1958年，人民公社成立后，建造一座长30米，中间宽2米，两端宽1米木质结构高桥；1964年，第一次疏浚公共河，拆除牛车桥。将桥位置向东移动200米左右（陈家墩子后边），建成可行驶大型拖拉机机耕木质结构平板桥。1972年，拆除“老桥”，在原地新建一座钢筋混凝土结构平板桥，此桥使用期长达20余年，直至20世纪90年代初，又将桥迁回原址建成钢筋混凝土结构拱形桥。2012年，改建平板桥。

追根溯源，“牛车桥”曾经在历史上也有过辉煌一页。20世纪40年代初，由桥给交通带来便利，凝聚人气，给人们提供商机，纷纷到此开店设铺。桥北有刘记油坊，留有两块扁圆形大石碾为印记。桥南有张记粮行、管家豆腐店、曹步清纸麻杂货店、唐家粉坊、杨记小店。民国36年，建起一座1～4年级初级小学（为两个复式班），取名“如东县牛桥初级小学”，该校规模虽然不大，办学条件十分简陋，教室是三面土墙茅草房，但在当时环境下，为社会也培养输送一批优秀人才。

“牛车桥”还承载着革命战争年代历史记忆。据《如东县志》记载：民国19年（1930）8月13日，陈宗恒率领红军从牛车桥经长沙，冒雨袭击长沙自卫队（地主武装）设在张家桥据点，缴获1门土炮10余支枪，毙俘敌30多人。

在抗日战争和解放战争时期，“牛车桥”一度成为地方游击队和民兵“军事重地”。抗战时期，“牛车桥”处于日伪军三面包围之中，向北1公里至南坎镇西首，向东2公里至鲍家坝，向南2.50公里至大豫镇均有日伪据点，日伪军经常到“牛车桥”巡逻设岗放哨，根据当时对敌斗争严峻形势，民兵大队长吴品庄时常带领民兵潜入“牛车桥”侦察敌情，伺机消灭敌人。管家豆腐店成为游击队联络点。在解放战争时期，“牛车桥”又成为解放军南北交通枢纽，约在民国36年2月，一天上午，人们正在紧张地忙碌着，突然发现五贯马路上由南向北开来一支浩浩荡荡队伍，步履一致，整齐划一，十分威武，约6个多小时才过尽，之后才知道华野部队从启东开赴东台途经此地。

随着时代变迁，东“牛车桥”昔日风貌不复存在，虽经6次变动，并易名“公共河桥”，但人们仍称“牛车桥”。

六、三港渡口

中华人民共和国成立前，从启东、海门、三余等地到大同镇走亲访友、贸易经商者都必须“摆渡”，方能进入大同镇，这就是“三港渡口”，启海人有时将“港”读成“江”。故亦说成“三江渡口”或“三江口”。

“三港渡口”位于大同镇东500米处。在遥望港下游大同镇段，有南北两条分支河流，一条通向通州三余镇方向，一条通向大同镇方向，三条河流在此交汇，形成“三港口”。在三港口上有一艘专供南北交通渡船。此船不用毛竹篙子撑，而是在两岸固定两根大木桩，然后绷一根铁丝，渡工抓着铁丝缓慢移动，轮番往返于两岸之间。抵达对岸渡船不能紧靠岸滩，用一条长木板斜放着，让旅客依次上岸，付清渡资就算通过渡口。中华人民共和国成立后，中国共产党和人民政府英明决策，在“三港渡口”处建起通如大桥，交通状况彻底改变，经济得以繁荣，当人们途经通如大桥时，殊不知20世纪50年代初，桥下就是“三港渡口”。

图33—206　2012年，拍摄的三港渡口旧址（施海华　摄）

七、鱼鳞桥

鱼鳞桥是架在鱼鳞河上一座木质桥梁。位于南坎与北坎交界处(南坎社区17组)。鱼鳞河俗称鳞河,原是沙滩上一条天然港梢,北起长沙南首,流经北坎西南部、南坎东北部部分地区,然后从如东棉场场部以南200米处,汇入南黄海,全长约9公里。鱼鳞桥是当时连接南坎与北坎交通主要桥梁之一(建桥时间不详),西北东南走向,桥身为3接,宽约2米,长约8米;桥面木板均刻有鱼鳞状,一则用以防滑,二则代表鱼鳞含义。传说,红十四军从启东开往东台方向时,曾经过此桥。

1950年,中共如东县委、县政府组织民工疏浚掘坎河、修筑掘坎公路时,拆除鱼鳞桥,在桥东不远处建筑“北坎河闸”,取代“鱼鳞桥”。20世纪80年代初,大队改村时,北坎乡曾将五大队命名为“鱼鳞村”。

八、营房桥

营房桥是四贯河上的一座东西桥梁,位于丁家店北1.30公里处,223省道西侧。

民国8年(1919),大豫盐垦公司南一区分公司成立后,在四贯河西岸边,建造一座营房,派2名实业队员,荷枪实弹在营房门口站岗放哨,旨在保护区内垦殖成果,维护区内治安。当时,四贯河上没有桥,河水浅时两岸百姓可从河里涉来涉去,不便行人和百姓生产生活。周边民众纷纷建议造桥,经公司同意后,用三根毛竹扎成竹排架在河面上形成一条简易小桥。因桥旁是营房,故将此桥取名“营房桥”。

民国29年,日本侵略军下乡扫荡,欲从此桥通过,民众为阻止日本侵略军横行,预先将桥拆除。直至土改期间,在原桥北侧60米处重建新桥,此桥虽历经沧桑,几经修建,但“营房桥”名始终未改。中共十一届三中全会后,“营房桥”为农村经济发展做出重大贡献,每天有几十辆卡车、拖拉机运载农副产品从桥上通过,对此,人们将“营房桥”美誉为“致富桥”“幸福桥”。

1983年,大队改村时,大同公社十一大队定名营房桥村。

2001年,营房桥村并入协和村。2005年,协和村、港闸村及丁店居委会合并为丁家店村,营房桥成为村公共服务中心所在地。这给营房桥注入新鲜活力,增色添彩。人们赞誉营房桥畔:楼房林立道路宽,五谷丰登商贸发,文化中心歌声响,村美人欢精神爽,人们富裕达小康。

九、东安闸名的来历

如泰运河入海口十贯,有座闸叫“东安闸”。其实,东安闸原先不在十贯,而建在兵房与十贯之间七贯(即东安镇)处鲨鱼丫子河里。民国15年(1926),大豫盐垦公司中二区、中三区、南二区、南三区土地刚垦殖,为束内水不致伤盐,隔外潮不致伤稼,公司选址七贯建起一座3.50米宽一门闸,始称七贯闸。因位于东安镇,后定名为东安闸。1958年,拓浚兵房大河时,拆除此闸,移址十贯,遂将十贯闸,取名东安闸。①

①详见志内第九篇《水利》第三章第一节。

第三节　墩　港　荡

一、磨墩

丁家店西北角，兵房镇西南方向，有个地方叫“磨墩”。何谓“磨墩”?“磨”即石磨，旧时用来加工粮食的工具。“墩”即泥垒“土墩”，也称“盐墩”。据说，百年前，“磨墩”这个地方是涨潮一片水汪汪，潮退遍地冒盐霜荒海滩。民国4年(1915)，下海渔民汪裕富、汪裕贵、葛太瑞、袁春富等几人到此地，向荒滩宣战，用愚公移山之勇气，一年多时间，挖塘不止，推土不息，辛勤劳作，相继叠起3个距离不远大土墩子，尔后在墩子上盖房砌盐灶，利用海水烧制私盐，引来许多盐贩子，由于产盐出名，盐墩子也随之名扬四方。民国6年，张謇实施垦殖工程后，土地逐渐成熟，垦殖者纷至沓来。民国15年，袁春富经济头脑活络便在自家墩子创办第一家私人磨坊，十里八乡人都到此加工粮食，袁家磨坊生意越做越红火，名声不宣而出。1983年，大队改村时，便以磨坊和墩子为名，将丁店乡十三大队命名为“磨墩村”。

二、周家墩

周家墩位于南黄海边，西临掘港地段范公堤。百年前，一周姓全家6口人由山东迁至大豫镇周墩村5组。他们在海滩上挖塘堆土，筑就两高墩(潮墩)，以烧盐为生。到20世纪30年代，周家墩已从当初几户，发展到一个数百人自然村落，面积也由当初几亩扩大到方圆两匡地。

抗日战争时期，新四军老七团和团机关曾驻扎周家墩休整数月，数十名周墩子弟从军报国，几十名新四军伤病员在周家墩老百姓家中养伤治病，演绎出一段如东版“军民鱼水情”之佳话。在抗战艰苦岁月中，这里涌现出一批苏中四分区著名“民兵英雄”，如吴品庄、包锦元、袁文华等。吴品庄“虎口夺棉”故事更是妇孺皆知。

人民公社化时期，以周家墩为基础的民选村与坝南村合并为南坎公社九大队。中华人民共和国成立后，南坎公社九大队民兵营建设曾有过辉煌历史。1964年，该大队开始组建民兵营。民兵营在农闲时白天组织民兵训练，晚上组织政治学习，做到“生产、训练、学习”三不误。在江苏省军区和南通军分区民兵军事训练比武中，多次名列前茅。民兵营先后被国防部、省政府、省军区和军分区表彰为“民兵工作先进单位”“先进民兵之家”“军事训练先进单位”。其先进事迹，先后被《人民日报》《解放军报》《人民前线》《东海民兵》《江海报》等多家新闻媒体刊用。虽然过去50多年，但周墩村老人们，每每回忆起当年情形，都曾为自己当年是九大队民兵营一员而感到自豪。①

1983年，南坎公社九大队更名为“南坎乡周墩村”，村部驻地在六贯。2007年，因大豫镇村级区划调整，凌窑村并入周墩村，村部迁至八贯，后将村公共服务中心移建七贯。

①详见志内第二十一篇《武装》第三章第三节附记。

三、八总墩

在兵房镇西北不到1公里处有个高墩,人们称之为八总墩(兵房居委会12组)。此墩高约1米,长约200米,宽约170米,面积约50亩,四周有围河,河宽30多米,当地人称之为"四町宅沟",唯墩南有一座木质吊桥通内。墩上建有10间坐北朝南5架砖木结构正屋,东、西厢房则分别有3间、8间。宅主是清朝海门举人王仲芬及其子王志春。民国5年(1916),清末状元张謇到兵房地区开办实业公司,开荒种植、兴办教育、为民造福。张謇与举人王仲芬是同乡,因此,他托王仲芬开发此地。王仲芬足智多谋,才学过人,到此考察后,认为当地地势低洼,水涝年份较多,加之当时社会上黑恶势力猖獗,强盗较多,便决定开挖围河,筑墩建宅。开挖围河又宽又深,既可蓄水防旱防涝,又可御恶防盗,取出泥土堆成墩,宅势高可防水淹,真是一举多得。20世纪20年代初,有一年发大水,连降暴雨,当时排水条件差,造成大面积水淹,而八总墩却安然无恙。此后又曾发生过大旱,八总墩围河也干得底朝天,但却能从河底挖井出水。王志春是个较开明绅士,一向乐善好施。发大水时,周围百姓避无所处,他邀百姓暂到八总墩上生活;大旱之年,生活断水源,百姓正在绝望之际,他扯上围腰旗(当地习俗,为召人信号),号召周围百姓到此沟底挖井,共渡难关。不仅如此,他还于30年代初,腾出自己房子开办学校,周围百姓家子女不分男女均可到他所办学校求学,且学费低廉。他从海门聘请教书先生,先是一位钮姓老师,几年后,又聘请内侄女陈姓老师任教,学校一直办到抗日战争后期,因战乱而停办。1949年,因遭强台风袭击,房塌人去,直至人民公社化时期,八总墩围河办起淡水养殖场,在墩上建起几间办公用房,至1965年,养殖场停办,八总墩依然存在。在大搞土地平整中,高墩被铲除,围河被填平,八总墩由此消失,但八总墩之名却仍留在人们记忆中。

四、曹家墩子

在兵房镇北约1公里处四贯河桥西(一门闸村4组),有个"曹家墩"。此墩属海水冲击自然在沙滩上形成。东西长500米,南北宽400米,面积300亩。分为东西两个墩,100多年前,曹姓兄弟从余西(通州二甲镇)到此谋生。东墩住着曹世裕一家,西墩住着曹世龙、姚万青等人家,住户曹姓居多,故称为曹家墩子。但曹家墩子比其他墩子要高出2米多,大潮汛期间,下海人都到墩子上歇脚。若遇"怪潮"等险情,便成为下海人的"救命墩"。

曹姓人家,忠厚老实,一向勤劳,在墩上挖土池、滤咸卤,靠烧盐度日。直到七贯筑堤套圩后,堵住海水进入,墩上才停止烧盐,改为垦殖荒田和下小海生活。随着时间推移,墩上人口日渐增多,在抗日战争和解放战争时期,曹姓人士积极参加革命,为解放事业争做贡献。

中华人民共和国成立后,曹家墩百姓生活得到显著改善。20世纪70年代,曹家墩已在平整土地中成为良田。但曹家墩作为古地名流传于世。

五、双港

在兵房公社十七大队(一门闸村东北部)境内有两条天然滩涂港梢,人们称为"丫子”。一条叫“陡丫子”。因丫子两边坡度陡峭，且水深而得名。一条叫“毫毛丫子”。传说，这条丫子盛产毫毛鱼而得名。两条港丫子均为东南西北向，陡丫子位于毫毛丫子西北，相互贯通，长约2500米，宽度6～7米不等。从西北角十三生产队斜向东南伸到二生产队。将一个大队切成（西南、东北）两爿。故称“双港”。民国年间，大豫盐垦公司，实施套圩后，丫子便成为内地小港汊。

“双港”是古沙滩之印痕，是一块人杰地灵、孕育人才宝地，前海军副司令王万林就出生在此。中华人民共和国成立后，在中共组织召唤下，双港人民勤劳勇敢，发扬与天地斗其乐无穷精神，在社会主义建设时期分阶段对两条港丫子进行平整治理，使其变成百亩良田，但部分地方仍有留痕。20世纪80年代初，大队改村时，将十七大队命名为“双港村”。

六、芦苇港

顾名思义，芦苇港就是长满芦苇的河，海滩上称之为港。

在丁家店东北部，原大同公社九大队境内，有18条港梢，3条大港梢，每条长约360米，宽约12米，自东向西逐渐窄狭。15条小港，斜向排列，弯弯曲曲向西延伸，长约150～200米不等，宽约6～8米不等。民国5年（1916），大豫海堤围成后，这些星星点点港梢，便成为内陆小溪。东起六贯河，西至五贯河，南起丁店河，北至兵大界河。总面积47亩之多，范围之大，涉及两匡田，实是罕见。港内逐渐长满芦苇，给启东、海门移民到此垦殖、生活造成严重影响，时常发生水涝。

为治理芦苇港，当时移民们发扬愚公移山精神，填平一部分，逐渐成为熟地，但港型内仍长出芦苇，影响作物生长。民国35年，实行土地改革，将港地分给百姓，人们又开始填港满沟，把部分港梢也改造成农田。人民公社化后，在中共大队支部统一领导下，加大平整土地力度，各生产队充分发动群众，男女老少齐上阵，夜以继日苦干实干拼命干，终于在20世纪60年代末，把剩余港梢全部填平。通过数年土地改良，芦苇港都变成优质良田。

1983年，大队改村时，大同公社九大队因地处芦苇港而定名为“芦苇港村”。2001年，芦苇港村并入港闸村。2005年，港闸村、协和村和丁店居委会合并为丁家店村。芦苇港便成为永久性地名，流传于社会。

七、三港

在丁店河闸七贯老海堤外侧滩涂上，有3条港梢，称之为“一港”“二港”“三港”。

20世纪70年代初，北起如东盐场，南至遥望港围筑九贯海堤，中共掘东区委按围垦计划下达相关公社。兵房、大同、华丰3公社响应区委号召，陆续移民垦殖。当时，这3条港均成为垦区内河。第1条港，在遥望港北约250米，长约1.50公里，从华丰垦区半腰而过，俗称一港。第2条港，地处一港北侧约500米，长约2.50公里，横穿大同垦区，名曰二港。第3条为三港，在二港西北侧约1000米，从兵房垦区西北角向东南流经八贯，尔后，变深渐宽为80多米大港，穿过九贯入海。

由此可见，三港在3条港中独占鳌头。当时划给兵房公社作为垦区，总面积3.10平方公里，垦殖面积为3515亩。内迁移民在中共新垦大队支部一班人带领下，团结一心，艰苦奋斗，在荒无人烟海滩上展开一场新建家园攻坚战，开沟排渍，平整土地，修筑道路，绿化造林。至1974年，新垦大队利用天然三港约180亩水面，建成掘东第一家海滨渔场——三港渔场，且吸引数家银行投资兴办，同时还吸引许多垂钓爱好者慕名钓鱼取乐，形成休闲农业之雏形。是年，建成掘东区知青点，有19名知青落户。1975年始，创办新垦石棉厂，开启村办工业先河。

中共十一届三中全会后，新垦大队已与内地大队一样步入农业生产快车道，取得科学改土显著成效，20世纪80年代末至90年代初，建成棉花高产单位，涌现出一大批棉花高产示范户，在全县棉花高产竞赛中，获奖农户占比名列全镇前茅。售棉大户陈汉杨，年度售棉超万斤，传为佳话，并受到县政府表彰奖励。

1983年，大队改村时，华丰新垦定名华新村。大同新圩因位于丁店河闸东侧定名闸东村。兵房新垦以港为名，遂定名为三港村。随着乡镇行政区划和村域不断调整，2000年，三港村、华新村、大同渔场并入闸东村，2012年，闸东村划归滨海园区。

虽然三港已不复存在，但在人们记忆中有过一段辉煌历史，它将伴随着时间推移，成为一个新生地名，流传于民间。

八、小荒荡

在兵房镇西北8里处，有一个村叫“丰荡村”（一门闸村西北片），该村分东西两个片，西片就是远近闻名“小荒荡”。

小荒荡，是一块长方形低洼盐碱地，南北长约1.25公里，东西宽约1公里。逢雨季一片汪洋，遇干旱遍地盐霜，可谓兔子不拉屎之地。

中华人民共和国成立前，随着大豫盐垦公司日益发展，开始有少数几家启海人慕名到此开荒，之后渐聚渐多，增至36户、100多人。这些人都是穷苦农民，勤劳勇敢，吃得苦，耐得劳，有开拓精神，敢于向大自然“宣战”。经过几年艰苦奋斗，一小部分盐碱地得到改良，种庄稼也略有收成，理应可以勉强糊口，但哪能扛得住地主老财盘剥和官府多如牛毛苛捐杂税，每到春二三月就断粮，只得靠盐碱地里生长野麻菜、茅针等拌上麸糠度日。实在饿得不行，只好拖儿带女外出逃荒、讨饭。有一首民谣形象地描述当时小荒荡人凄惨景况：

小荒荡，小荒荡，
十年就有九年荒，
家家穷得响叮当，
吃的是野菜拌麸糠，
住的是“滚龙厅”上开天窗，
穿的是千补百衲破衣裳；
春二、三月遇春荒，
三十六根讨饭棒，

一根不少十八双，
掩儿带女讨饭忙。
想想小荒荡，
两眼泪汪汪，
有女不嫁小荒荡，
世间少有的苦地方。

“滚龙厅”即是用竹片、芦芭障、茅草搭建而成拱形草棚，为中华人民共和国成立前沿海穷苦农民、渔民、盐民比较普遍居所，启海人也称之为“环洞舍”。

一声春雷震天响，盼到救星共产党，穷人翻身当家做主人，苦日子总算熬出头。打土豪、斗地主，分田分地忙生产，小荒荡从此走上阳光道，荒荡变“丰荡”，这个村名是小荒荡变化最真实反映。改革开放使得小荒荡人吃苦耐劳、勇于开拓、睿智好学长处得到淋漓尽致发挥，从而使“小荒荡”又变成“金钱荡”，一栋栋楼房拔地而起，家用设施设备快速现代化，人们都感慨不已：“昔日小荒荡，如今变成人间天堂。”

第四节　咀　洼　舍

一、老狼咀

位于南坎社区南7组。“老狼咀”其实叫“老浪咀”，因“浪”与“狼”两字在方言中发音基本相同，所以人们习惯称作“老狼咀”。一百多年前，“老浪咀”还是一片沙滩，沙滩上有一个土筑潮墩，呈圆台型，底部约30米，宽、高约8米，每当潮水上涨时，下海人就依靠这潮墩避潮救生。由于此地潮水每次涨得迅猛，浪头最高，涨潮时将大量文蛤带到这里，久而久之，此地文蛤壳便堆积如小山，而且还经常出现怪潮，淹死人，人们故将此地叫作“老浪咀”。

之后，下海渔民为祈求菩萨保佑，在老浪咀附近修建“老浪庙”（地处香台村），每到开渔季节香火十分旺盛。当地渔民在老浪庙后面还建起一座砖窑，民国初年，老浪庙所在村定名为“老狼村”。

在解放战争时期，“老狼村”曾涌现过一位精心爱护解放军伤员农妇何桂如。民国36年（1947）4月27日，中共华中第九军分区第七团配合华东第十一纵队第九十二团攻打掘港。当时，解放军后方医院临时设在南坎老狼村，村里群众积极让房做病房，何桂如家中一下安排5个伤员。她出于对革命事业一片忠诚和对战士阶级感情，对待伤员比亲人还亲，喂饭、擦身子、洗绷带、端尿等，样样抢着做。当时药品非常缺乏，何桂如千方百计寻觅一些草药以解燃眉之急。家中有一点好吃，总是先想到伤员，自己却偷偷地煮野菜充饥。在何桂如家中养伤有5名重伤员，除1人因受伤过重去世外，其余4人痊愈后重返部队。之后，由于叛徒告密，敌人把她抓到南坎，并放火烧掉她家房子。经中共方营救，何桂如得以生还。

二、杨家湾子

位于大豫镇西首，环豫村与掘港镇蔡墩村界河处。据说，这里原先就是连接两乡分界河两岸一个长约15米，宽约3米坝埂。至于杨家湾子成名于何年何月，已无从查考，但是据年长者回忆，清末民初这里是一条海滩上海河丫子，只有退潮时才露出海面，海水流向从这里向北转向。在海河丫子转弯处，有一户杨姓渔民在此支网捕鱼。久而久之，到该地捕鱼人多起来，就形成一个自然村落，人们就把这里叫作“杨家湾子”。

民国5年（1916），张謇创办“大豫盐垦公司”，在临海滩涂上围垦造田，种植棉花。当时张謇在杨家湾子附近投资创办如东历史上第一家轧花厂和织布厂。轧花厂共建有5排车间和仓库，机器大多数从英国进口，老百姓称之为“洋轧车”，机器大部分用人力操作，效率较低，24小时只能加工皮棉几十斤。因没有大堆场，所以棉花轧好后要迅速运到南通大生纱厂纺纱。

抗日战争时期，在杨家湾子附近还发生“虎口夺棉”战斗。那是民国33年初冬，一天上午八九点钟，大豫镇上赶早市人们还没有散尽。在人流中有一位二十六七岁青年人，着一身深蓝色花旗布料夹衣，手提着装有酱油、醋瓶和酒壶竹篮，正大步走着。他便是掘东区二联防队队长吴品庄，化装进镇与打入敌人内部地下工作者陶永龙接头，主要想弄清日伪下乡抢掠皮棉存放处。他到接头点坐下不一会儿，陶永龙便到。

吴品庄在弄清皮棉仓储地点，问清一些细节后，即起身拎起篮子离去。吴品庄回到区委驻地，向区委书记王荃作汇报，王荃即命令他当夜行动，虎口夺棉。

三、止马洼

掘港向东约30里大豫镇境内，有个地方叫“止马洼”。传说在春秋战国时期，范蠡帮助越王勾践打败吴王夫差后，便弃官带着西施离开苏州。他俩通过长江，行到海陵（泰州市）境内，站在高高海堤上，向东一望，白茫茫一片海水。范蠡以为已到东海，便将车马丢在那里，以便乘船渡海。当地人则告诉他这里不是海边，现在正涨潮，等退潮还可向东走。之后人们把范蠡弃车马地方叫作马湖（在如皋境内）。范蠡和西施继续策马东行到一个小渔村，便在那里休息。整个渔村只有一个水塘，塘形如马，塘中水清似镜，西施便坐在塘边，对镜梳妆。于是，人们就把此塘称为马塘。从马塘向东，又走到另一个渔村，这里便是掘港。掘港东边有条大汊子，挡住他们去路。当地渔民告诉他东南方较浅，落潮时可以涉水过去。范蠡去后，村人误传他是越王，便把这里叫“越王渡”，以后又讹为冤枉渡、月望渡。再东行一个时辰，便到海边。这里只有个别下海人。范蠡停马问渔人：“此处什么地方？”渔人告诉他，此处向北5里叫北坎，向南5里叫南坎，这里是块无名洼地。范蠡说：“到此只好止马于洼地。”后人便叫此地为“止马洼”。

范蠡和西施一路奔波，十分疲劳，便在潮墩上居住，等风上船北行。当地渔民待西施很好，从几十里路外弄来淡水给她食用，把海边最好东西给她吃。西施十分感激，临上船时候她说：“几天来，承蒙各位关照，我无以回报，现在只有头上首饰可以奉献给大家。”说罢，她把头上首饰一件一件地取下放在沙滩上。渔民们谁也不贪心，都劝阻她，但西施执意留下。海潮迅涨，这些首饰都被卷入海里，化成各种各样鱼。凤尾钗化成凤尾鱼；龙头发夹化成龙头鱼；涂抹头油榻儿化成油鳎儿鱼；扎头勒子，成了鳓鱼；金子成为金鱼；银子成为银鱼；还有包钗儿等七古八杂变成各种不知名鱼，当地人叫包仓儿鱼。西施想起这几年苦辛，决心从此不再唱歌，便把舌头咬下吐到海里，变成一种贝类，叫西施舌。范蠡和西施走后，后人在附近南坎盖起一座庙供奉西施，俗称是太太庙。

止马洼之后距海仅有20多里，但仍叫止马洼，人们常说："南坎高，北坎低，止马洼里到西施"；也说"南坎高，北坎低，止马洼里出娇妻"。大概是因为西施曾经到过这里缘故，止马洼姑娘长得特别美丽。止马洼已经成为大豫镇一个行政村，由原止马洼村、坎西村、农科队三个村合并而成，南与大豫社区隔河相望，东与南坎社区相邻，该村为全县有名"国外劳务输出村"，劳务经济比较发达，2004年后，累计有450多人出国打工"赚洋钱"。

四、九条龙儿"舍"

大豫镇东北十贯外侧海滩上有个远近闻名"九条龙儿舍"。"舍"即土墙棚屋。一排有9座相连棚屋，从远处看，形似栩栩如生9条卧龙，故称"九条龙儿舍"。

据说，在很久之前，北坎渔民孙某等9人，在北坎近海"挖港"（北坎新港）就地挖土，围堆成一个避潮墩，并在墩上建舍。此"舍"在当时是为下海渔民涨潮时歇脚，退潮后再下海临时住所。"舍"四周泥土为墙，山竹为桁条，茅草为顶。为防风，"舍"建得很矮。"舍"内空间很小，除放渔具外，大家挤轧而眠。旧时，渔民捕捞渔具十分落后，过着"腰挎蒲饭包、下海快步跑"海上生活。遇到风、雨、潮，只有到"舍"上避风、躲雨、过宿。

抗日战争和解放战争时期，群众为躲避清乡、扫荡。纷纷向海上逃难。有躲到海船上，也有逃到"九条龙儿舍"上。涨潮时，"舍"四周汪洋一片。敌人只看见"舍"影，不见人踪，更不敢深追。故"九条龙儿舍"也是当时部队"大后方"和临时转运站。敌人对沿海陆地封锁时，解放军伤病员转移、军需物资供应，有许多就依靠"九条龙儿舍"。启东、海门几次战役中伤病员，曾在"九条龙儿舍"上临时驻过，然后由渔船转送后方医院。

中华人民共和国成立后，渔民生活水平普遍提高，"九条龙儿舍"已不再作为下海人临时住所，已成为渔民生产、商贩贮运鱼货集散地。1981年，围堤兴垦后，原"九条龙儿舍"一带也由海滩变为垦区从内陆迁入移民，建村后将此村命名为"九龙村"。

五、蛤蜊舍

东凌海堤（指大豫堤）内近岸处有一块高地，原名叫蛤蜊舍。20世纪60年代初发洪水，许多住宅都进水，唯独这块高地上几户人家，如同住在水中之沙洲。传说，这块地是"螃蟹池活地"。洪水再大，淹不到它，可随着水位而升降。

现实中螃蟹在浅水处栖息时，脚在水里，身子蟹壳却露出水面。"螃蟹地"是当地人一种形容。在东凌被称为活地，至少还有两处，一处是九龙舍，一处是三龙舍。而东凌近边蛤蜊舍，它成型年代远比九龙、三龙舍早。约在19世纪末至20世纪初，蛤蜊舍就已成型。

当时就居住几户靠赶海和留宿赶海人家。房屋特别简陋，用毛竹和芦苇、茅草等搭建而成。也有人称为“环洞舍”。时有民谣：翁三荡、翁三大，家住海中蛤蜊舍……，民谣中所说“翁三荡”，为翁三大孙子，若在世已百岁开外。由此可见，蛤蜊舍上有人居住，至少在19世纪末年。民国5年(1916)，张謇在这里匡围海滩，建盐垦公司，蛤蜊舍被围进岸里。限于当时能力或其他原因，蛤蜊舍边一条鲨鱼丫子(兵房大河)仍没有将其切断。高潮期，潮水顺着鲨鱼丫子，仍能上溯到兵房西边一门闸。

盐垦公司围造大片新田，由于新田购价极低，约每㙓田3块银圆，蛤蜊舍上居民纷纷走出蛤蜊舍，弃渔从农，开荒种地。也有人半农半渔，即农忙种地，农闲下海。蛤蜊舍曾经热闹一阵子，反而冷落下来。之后，有一陆姓启海人，到此开荒种田，便在蛤蜊舍上安顿下来。蛤蜊舍也因此淡出人们视野。

六、东凌

东凌原名十贯，也有人称之十坎，十管。“十贯”之名源于清末状元张謇办盐垦公司时水利建设。20世纪50年代末，如泰运河从十贯入海，在入海处建造九门大闸——东安闸，从此，东安闸便取代旧称十贯。60年代中期，专事海洋渔业生产渔业乡在东安闸成立，由于渔业乡是以规模最大东凌渔业村而命名，自此，东凌和东安闸便成为这里地名。2001年，撤乡并镇，撤销东凌乡，但东凌仍然很有知名度，浙江、山东、辽宁等地船只和客商前往东凌生产和购买海产品者络绎不绝。有家投资风电公司，就以东凌命名，安装起“东凌风电”。

其实，无论是十贯，还是东安闸，皆不是东凌原始名，原始名应是蛤蜊舍。至于“东凌”之名，则是源于一条港。据《如皋县志》记载，清朝乾隆年间，在掘港以东有一条港，位于范公堤东侧。由于从这条港子下海作业人员众多，且为潮讯所累，常有晨出晨归情况，人们以“晨”遂“凌”，大有“东追日出赶凌晨”味道，故有人将此港取名为“东凌渔港”。20世纪60年代中期，专事海洋渔业生产渔业公社在东安闸成立，因东凌渔港为国家一级群众性渔港，在全省乃至山东、浙江等地都很有名气，是全国最大文蛤出口基地，故东凌曾一度名噪海外。东凌行政建制虽有过多次变动，但“东凌”一名没有变过。

第二章　古镇昔影

境内有7个集镇。除南坎镇历史较悠久外，其他6个镇，均建于民国5年(1916)大豫盐垦公司成立后。南坎、大豫、兵房、丁店、大同镇曾为乡人民政府所在地，兵房为掘东区政治、经济、文化、交通中心。20世纪40年代初，协和镇因遭战乱，被废除。60年代后，南坎、东安、大同镇受地理位置、交通等诸多因素影响，趋于冷落。

第一节　大豫镇

民国5年（1916），清末状元张謇在掘港成立大豫盐垦公司，对海滨荒滩进行垦殖，“大豫镇”由此得名，也因“大豫盐垦公司”发展而渐兴。为纪念张謇对大豫所做贡献，1994年，当地群众集资在镇区中心树立一座张謇铜像，为张謇到大豫盐垦公司视事情景，高2.15米，重1.30吨，铜像立于坐北朝南方形陵台之上，由著名社会活动家、全国人大常委会副委员长费孝通题词“民族实业家张謇”。是年11月，铜像落成之日，张謇之孙、著名书法家、全国政协常委、工商联常务副主席张绪武先生亲临剪彩。

原先大豫一带只是个大草荡，100多户人家居住，且居住较分散。大豫盐垦公司成立后，张謇投资150万元，在一望无际海滩上修筑长堤巨坝以御海潮台风侵袭，匡围垦殖13万亩，延聘荷兰水利工程师特莱克，在垦区开挖深沟亮渠，排盐爽碱，建造农田。根据工程规划，张謇按地形地貌，把全公司土地分为大小17区，其中境内11个区，每区都筑一条濒海大堤，堤中又分贯作堤，堤面叠实整平，可充交通大道。堤之外，还有2个港口，5条河流；堤之内，有干渠、支渠，渠道通过堤身下面涵洞与出海河港相通，港口则有御潮防浪节制闸。堤内土地又以东西向等距横河，划分为若干排，每排又分成若干𡒄，每𡒄面积20亩，排呈长方形，从而使河网化与条田化同时完成。河、堤、路、桥四通八达。张謇引进美国优良棉种，从崇明、启海等地招募农民到垦区种植棉花，为纺织厂提供原料。共造涵洞9座，开河渠总长度204公里，筑圩41公里，筑路195公里，开办轧花厂、织布厂各一处，合作社15所，学校9所。全公司共有4500户，2.75万人，有管理人员26人，卫兵126名。大豫盐垦公司建立，使荒僻掘东滩涂始得兴旺。

民国31年时，大豫镇分为南坎乡、豫北乡、豫滨乡。

20世纪50年代初期，是大豫镇最繁荣时期，镇上有两条热闹街道，一条是南北街长约400米，街上朱新奎药房、左记铁店、管德军食品店、任家竹行、傅大八鲜行。另一条是东西走向街道长约500米，刘记点心店、石记八鲜行、陈树堂缸行、顾记八鲜行、油店、丁记南货店、桂芝小学等坐落其间。在镇西有佛堂。因此，大豫镇十分热闹，是当时4个乡文化、经济中心。

1958年，成立大豫人民公社，由前述4乡组成，公社机关驻地大豫镇。“文化大革命”时，因大豫地名与资本家张謇有关，大豫镇一度被改为东风镇。1965年，大豫公社更名为南坎公社。2000年4月，撤乡建镇，南坎乡与东凌渔业乡合并为“大豫镇”。2009年5月，大豫镇又与兵房镇合并，至此形成新大豫镇辖区。

第二节　兵房镇

兵房这个地名源出何处，起于何时，说法不一。有人把它列为“清末掘港场四境乡群”

之中。也有人谓民国初年有盐警在此,修造营房,故有“兵房”之称。由于缺乏可靠历史记载,以上说法并无确凿之证。

兵房作为一个地名,是大豫盐垦公司建立后才出现,这毋庸置疑。不过当时不叫“兵房”,而称“四管”。“管”与“贯”两字读音相近,因此有人称之为“四贯”,并流传甚广。抗日战争时期,有一批米贩子每天到苴镇一带买米,问他们贩到何处出售,答曰:“四贯”,而不称“兵房”。由此可见“四管”这个地名早已闻名于沿海一带,只是把“管”读成“贯”。

大豫盐垦公司可垦地共分17区,四管位于中一区东南部,是开垦较早地区之一。垦区一大特点是水系配套,有𤁪、排、匡(一匡1.25公里)等。在南区与中区之间开挖一条大河,即兵房河,河道两边有很高堤坝。此河是蓄水和泄水之总渠,上承淡水来源,下随河流径直入海,有引淡排咸之功能。但当时却未能为此河正式命名,大河两岸群众对它称谓也各不相同。南区人称它为北大河,中区人称之为南大河。河成之后,为使两岸匡河咸水能经大河排入大海,便从河最西端起,沿河两岸向东每一匡埋设一段涵管。人们利用涵管为路标,从第一段涵管向东数起,数到第4根涵管埋设之地便称作“四管”(亦为“四贯”)。“四管”之地名便由此而产生。

在埋设涵管时,这里是一片荒草地,无民居房屋,既无盐兵驻守,也无兵营建筑。之后为防止闲人开启闸门导致淡水任意排放和海水倒灌,因此派有兵丁在此看管,负责涵管闸门启闭,并为看守兵丁在河北建造两间房子,作为轮班休息之地。

当年大豫盐垦公司有自卫(实业保安队)126人,分工负责垦区治安工作。分在“四管”之一地区负责人,是中一区巡长蔡锡九。看管“四管”兵丁,由他逐日安排。由于日夜有兵丁看管,又有值岗房子,到此聊天玩耍者便多起来,于是在这里开起第一家小商店,店主姓沈。自此以后,人烟渐集,并在马路两旁逐步建起一些草房,开设各类小商店,形成一个小集市。因建立在这里第一处房屋为兵居住,故“兵房”这个地名就逐渐传开,“四管”这个地名便逐渐淡化并最终为“兵房”所替代。

中华人民共和国成立后,兵房为东部工商业比较发达一小镇。20世纪50年代末,建立兵房公社,兵房镇为公社管委会驻地,并为掘东区指导组(后为区委、区工委)驻地。后经撤社并乡建镇几度变迁,兵房镇辖区最大时曾跨丁家店、巩王、大同、徐征、东安、闸东、马家店等十多个老镇村,兵房镇区亦为兵房镇政府驻地。2009年,区域规划调整时,兵房镇并入大豫镇,兵房镇区改为社区居委会建制。

第三节　丁店镇

位于兵房镇南5公里。原先这里是荆棘野草丛生盐碱地。约在民国6年(1917),有位叫丁老三的中年男子,到“川腰港”看管四贯河闸,并在岸脚向阳斜坡上盖起两间茅草屋,内涝时放水入海,潮涨时,关好闸门。在丁老三定居前,此地就是下小海本场人必经之路,久而久之，丁老三家也便成为跑小海人歇脚、栖身之地。丁老三是个苦出身，曾在上海当过黄包车夫，为人忠厚老实，善于结交朋友，深知跑小海人甘苦，自愿为他们供应茶水，分文不收，名曰“舍茶”。每遇刮风下雨，腾出地方，让大家挤在一起，有饭同吃，有酒同喝。为方便过往行人，在众兄弟再三建议下，丁老三还从三余、掘港等地批进水果、瓜子、糖、旱烟、老白酒等商品，开起一爿小店，人们给小店取名，叫“丁家店”。从此“丁家店”就到处传开，连正版地图上都标有“丁家店”地名。

丁家店出名后，启海一带穷苦农民连续不断、纷纷而至，绝大多数到此开荒，但也有一些为经商。有位叫沈华堂，先是在丁家店开爿小杂货店，后看到周边垦荒者都有孩子，就筹资建起房子，聘请教书先生，办起一所初级小学，取名“华堂小学”，供移民子女念书识字。有个叫朱荣，独家开爿小八鲜行，沟南沟北又开理发店、榨油坊、茶食店、布店等店面，桥头处还开一家小诊所，丁家店从此热闹空前。

丁家店最繁华热闹时间，要数每年春汛，十多艘黄花鱼船，从川腰港驶进丁家店，老百姓如期赶集买鱼。头汛过去，还有二汛、三汛。在三个汛期里，天天人山人海，从百里以外赶过来买黄花鱼者络绎不绝，如若误点（过汛），就食宿在丁家店，第二天定能买到鱼。当时丁家店真像个热闹异常小渔港。日本侵略军侵占掘港、兵房、三余等地后，经常下乡烧、杀、抢掠，丁家店人生活在水深火热之中。民国33年5月下旬一天，敌人抓来十几个老百姓，强迫其抬木头送到丁家店造桥。得到情报后，中共南通警卫团和区联防队张开大网伏击敌人。这次伏击，击毙一个日本侵略军，击伤两名伪军。敌人恼羞成怒，放火烧毁丁家店。抗日战争胜利后，国民政府军与还乡团下乡“扫荡”，火烧王荃乡三天三夜，到处是逃情况难民。紧挨丁家店北首丁北村，也被反动派烧掉几百间草房，丁家店又一次被夷为平地。

解放战争胜利后，丁家店重获新生。丁家店曾是丁店乡人民政府所在地，2001年，并入兵房镇。

第四节　大同镇

位于大豫镇与通州三余镇交界处遥望港河边（三港渡口北岸即大同镇东街）。大同镇得名于当时大有晋、同仁两公司，各取字头，谓之大同镇。

大同镇初始时，仅一家陆司娘小店，后由于通如土头地霸争锋，促使该处形成集市。河南土头叫黄德道，原是公司扛大秤者，为公司办事很得力，很受公司赏识。他嗜酒、好色，很早就定居在这里。河北土头黄宰纲，是地主陈裕山同乡，当年跟陈到垦区给其当雇工，因见识广、朋友多，办事能力强，得陈裕山器重，提为管事。陆司娘是当地一个靠装神弄鬼混饭吃的巫婆，在这一方结识很多人。陆司娘知道黄德道有几个爱好，便投其所好，对黄德道百般奉承，黄答应陆司娘在岸脚处落脚建房。陆司娘很有见地，她选择隔河相对二贯路，在通架南北木桥旁搭建1间草棚，以卖茶水、摆赌为业谋生，大家管它叫陆司娘小店。二贯路直通几十里，河下船只通行，岸上行人不断。面朝遥望河、旁倚桥头小店，一时成为水陆交通停留站，生意十分红火。

小店旁木桥出水不高，船只通往要把桥板抬高。开始有船工自抬，后由黄德道规定船只和行人通往时，收取通桥费资。于是黄德道不仅仅是土头，又成为桥头王。桥头王管理着船只通往，常在陆司娘小店吃住，见到小店生意兴隆，便打起自己搭房搞经营算盘。黄选准道口建房开起客栈，又开起酒店，还开起粮行做买卖，收入不少。此情此景，勾引起河北黄宰纲欲念。他知道这一带岸脚地虽属公共之用，不予典卖、押租，但二贯路岸脚西边南头属其雇主陈裕山所辖，便向陈提及此事。陈裕山为更好地利用黄宰纲，满口答应。黄建造多间房子，除出租开酒店和粮行外，自己还开肉台、茶馆，经常出入巨商富户，黑道九流，使之成为买卖交易、"话事""评理"黑衙门，专设跑事，收取"话事"费、中介费和跑事费等。

之后，坐地老虎陆秀章及其帮凶崔志清、陈步周、施玉如等人，与另一地霸朱纬经合谋占地，朱从南三角口处向东一段造屋，陆等几人由北三角往北一段砌房，陈裕山则由北三角口往西一段建筑，竟在一夜之间建造起几十间房子。这样，大同镇已具规模，扬州、镇江、湖广商贾，特别是近处启海富商接踵而至，开设绸缎布庄、南北杂货、花行、木行、酒楼、茶馆、铁店等，各行各业无一不有。大同镇之兴盛，给陆秀章、黄宰纲一伙牟利良机，他们先捧吴平为镇长，张锡琴为商会长，后为维持会长，名正言顺地大收商会费、维持费、公共事业费和修桥铺路费等，喝够人民血汗。

第五节　南坎镇

位于兵房以北偏东7.50公里。相传，由于海滩长期受海水涨落影响，泥沙不断淤积，在兵房以北偏东滩涂上涨成两块高地，人们称之为"坎"，并把南高地叫作南坎，北高地称为北坎。

南坎地区在清朝中期系海滨沙滩，民国初年，原西北部属老圩，土壤比较熟化；东部和南部尚为滩荡，由大豫盐垦公司围垦造田。南坎地区行政区划为大豫北乡，属大豫公司管辖。民国31年（1942），改建为豫北、南坎和豫滨乡。民国35年，土地改革，划分为豫北、南坎、镇东、镇西、新华5个乡。1954年，豫北、南坎、新华划归掘长区。1956年区、乡调整时合并为南坎、豫北、镇东、镇西4个乡，属掘东区。1958年，建立大豫人民公社，南坎镇属于大豫人民公社管辖。因"大豫"一名与民族资本家张謇有关，而"南坎"革命战争年代在苏北地区小有名气，因此，在"文化大革命"前夕，大豫人民公社更名为南坎人民公社。

在革命战争时代，南坎是敌我双方必争要地。民国31年7月，鉴于敌情严重变化，华中局、新四军军部多次指示苏中区，指出苏中斗争要作长期准备。根据刘少奇同志指示精神，粟裕、张震东、姬鹏飞、梁灵光和区党委其他领导同志一起，在南坎召开会议，确定在全区开展以“冬防”为中心“三冬”(冬学、冬耕、冬防)运动，为发动和坚持群众性游击战争打下坚实政治经济基础和武装基础。民国33年6月26日，中共苏中四分区特务团和县警卫团强袭南坎镇，在新四军强大攻势下，伪军一个连全部投降，日本侵略军一个小队顽守碉堡被解放军炮火摧毁，12名日本侵略军全部消灭。驻掘港丹木中队长闻讯，亲率13名日本侵略军前往增援，与新四军伏击部队展开白刃战，全部被歼。南坎战斗胜利，受到新四军一师师长粟裕嘉奖，被写入《新四军传》一书。

第六节　东安镇

兵房镇往东三匡七贯处，就是东安镇。约在民国27年～29年(1938～1940)期间，从启东、海门等地迁居六七户人家，他们是宋家道、黄宋高、黄宋乔、包福元、刘关川等，这些人在此开店做起小生意，并提议给这个七贯头起个镇名。开始有人以此地靠近东海、临近海洋为由提议叫“东洋镇”。后再三考虑觉得不妥，因日本侵略军人称“东洋鬼子”，怕人家误以为是日本鬼子镇。便决定把“洋”改成“安”，寓平安之意，希望东安镇从此永远平平安安。

其实，东安镇之所以形成一小镇，盖因其地理位置。从一贯到十贯共9匡田，兵房镇设在四贯上，从四贯到十贯还有6匡田，3匡即可设一镇，以方便百姓。由此，许多人家陆陆续续到此开店摆摊，形成商业环境，遂为小镇。

第七节　协和镇

民族实业家张謇在范公堤以东创办大豫盐垦公司，匡围垦殖，兴修水利。

20世纪初，袁念生(人称袁员外)湖南人，在南通闸市区开有4个商铺，又带着家眷到兵房南2.50公里处四贯横河第二㙦安营扎寨。他将横河北侧200米、五贯马路西侧600米约200亩土地占为已有，取名“协和仓”。随后两年，又把南至丁店、北至仲德林店约4.68平方公里土地控制在自己手中，改名“袁家仓”。接着，启海大批移民自发北迁，为维持生活，他们不得不向袁员外买田或高价租田。袁靠着收取利息和地租，集聚大量财富。为便于保管收取实物地租，袁在自家马路和两旁各建造8间仓库。库边糖烟酒店，便成为赶海人歇脚、谈天之场所。由于“协和仓”取名在先，人们就以之称谓小集市，协和镇就此得名。民国24年(1935)，民主人士施友斋在袁员外仓房河北创办“协和小学”，向学生传授文化知识、传播革命火种。同年6月，豫南乡政府在此成立。邱德丰酒店、龚云山小商店等也应运而生。至民国25年底，“协和染布店”等相继开业，形成以四贯马路东侧为主南北宽200米、东西长120米商业区，其规模比当时丁店、兵房大得多。

抗日战争期间，恶霸郭锦秀乘日伪之乱，明火执仗，强取豪夺。强占袁员外两间仓库作为住所,并把抢掠财物也堆放其中。郭还勾结伪军,残杀革命志士施信周、顾方城等人。为打击地主恶霸及反革命武装反动气焰,中共地方组织惩奸小分队,将罪大恶极强盗头子郭锦秀活捉,并将其枪决在袁员外仓房中。抗日战争最困难时刻,协和镇饱受战火摧残,后豫南乡政府及协和小学为避战被迫迁徙,协和镇从此逐渐衰落。

第三章 水乡地标

民国5年(1916)至1963年,境内建造河闸5座。规模最大的为遥望港闸和东安闸,均为9门。1963年,建造丁店河闸时,全国人大常委会副委员长郭沫若墨宝,成为历史文物保存完好。是年4月,罗瑞卿到南坎公社新垦营察看地形,建造观通站。1981年,雷达站改驻长沙镇,观通塔成为永远性标志。

第一节 东安闸

位于如泰运河入海口大豫镇十贯海堤上,建于1960年6月。由南通专署水利局设计,如东县组建施工。该闸为如东县中部和东部地区主要排涝挡潮闸。闸顶高程7.60米,闸底高程-1.00米,胸墙顶高程7.00米。闸身系钢筋混凝土结构,上设公路桥和工作桥(详见志内水利部分资料)。半个多世纪,东安闸为造福如东人民,尤其是大豫人民"近水楼台先得月",营造福祉,做出不可磨灭贡献。2010年2月8日,是个吉祥日子,也是难忘日子,随着6.67公里外,东安新闸正式运行,宣告东安闸"服役期满",仍可发挥公路桥作用。东安闸已成为历史见证,永恒标志性建筑。为缅怀东安闸历史功绩,大豫镇人民政府在村域合并时,将邻近村命名为"东安闸村"。

第二节 丁店闸

丁店河闸简称丁店闸,位于丁店街东7.50里七贯老海堤外,为3门电动启闭闸,建于1963年。闸建成后,县政府通过有关渠道,全国人大常委会副委员长郭沫若题词。郭老不负基层所望,欣然题诗一首:

建闸丁店河,劳工五千多。
旱涝将绝迹,海水不扬波。
收益四公社,齐声一凯歌。
党恩真峻极,千载永弗磨。

喜获郭老墨宝后即依墨迹摹制成石碑于闸上。郭老题诗字迹秀丽，刚劲有力，使人百看不厌，吸引不少南来北往行人，其中也不乏特地慕名而至书法爱好者。他们驻足凝视，细品每一个字，越看越觉得字字可餐，令人心旷神怡，不禁慨叹：真不愧为当代书法大家之作。

郭老这首诗精辟地阐述建闸经过及其作用，表达人民群众对共产党真挚感情。

说到建闸经过，必须补上一笔建造者们睿智与顽强拼搏精神。那时施工设备简陋，挖掘十几米深闸塘，几乎全靠人挖肩挑。在掘进过程中多次遇到塌方，他们不畏艰难，组织上千人突击队，轮番快速挖运，抢夺拿底。终于见底，却又很不幸地遇到抛沙，基础工程无法进行。指挥部迅即决定，土法上马，组织人力用柳条、毛竹片编织成四五平方米大小网爿，铺设在抛沙上，紧接着把石头抬下去压住，再铺上快速混凝土。终于战胜困难，打牢闸塘基础。在突击施工中，为工程进度和质量，为“旱涝将绝迹”目标，上千民工不怕流血流汗，昼夜奋战，谁也没有退却。正是他们艰苦奋斗和科学施工，丁店闸仍完好无损。

第三节　一门闸

位于距兵房镇西4公里处。此闸建于民国10年（1921），为浙江绍兴人陈仪、邵明芝、陈炳镛等创办华丰公司所建。此闸南北纵跨在一条宽约15米、深约3米东西向鲨鱼丫子（如泰运河前身）上，为外挡海潮内排涝之用。闸宽约4米，深过3米，系砖混结构；闸门由10块各长4米、宽0.40米、厚0.30米木方子拼排而成；闸门两端各钉有两个铁圆环，以备开关闸门之用。闸门开关是完全依靠人力方能完成，水对闸门重大压力使得开关闸门很费力，尤其在水位高时放水，须由4人用全力才能开启。1958年，南大河（即兵房大河）拓宽成如泰运河，处在河中心一门闸被拆除。一门闸历史虽然不足百年，但在掘东地区算是“悠久”，因而也能扬名于数十里之外。盛名之下，便将其东北面积达10平方公里行政村命名为一门闸村。

一门闸村因闸得名，也以闸为荣，而更令其风光则还有一件大事。1972年，当时如东县是全国计划生育一面红旗、全国典范。是年6月，全国计划生育工作现场会在如东召开，兵房公社十八大队（一门闸村）是县先进典型，国务院副总理李先念夫人林佳楣及中央有关部门领导同志会议期间莅临视察。他们走进农家，与群众亲切交谈，了解百姓对计划生育工作认识和执行情况，并充分肯定工作成效，勉励大家继续发扬光大。林佳楣等视察时间虽然不长，但使干部群众深受鼓舞，进而产生巨大辐射功能。自此以后，周边地区纷纷扬鞭催马，迎头赶上，积极响应党中央号召，坚决执行计划生育政策、法规不动摇，实现满堂红。一门闸村留下深刻而美好印象则更加坚定不移，从未发生过一例破计划超生现象，永葆计划生育先进单位荣誉称号。

第四节　遥望港闸

从兵房镇沿省道222线南行8公里，便是通州市与如东县交界遥望港上“九门闸桥”。欲知桥名来历，应得名于桥东200米处古建筑“九门大闸”，名曰“遥望港闸”，老百姓习惯称“九门闸”。

遥望港是通州市与如东县中东部一条天然河，水深面宽河水流量大，上游与九圩港河相接。“九门闸”未造时，大汛时海水倒灌内地河汊几十里，其河道两岸西亭、石港、金沙、马塘、掘港等地以往也能产盐，对两岸农耕生产产生严重威胁，庄稼因受碱水侵蚀多半似烧焦状，颗粒无收屡见不鲜。“九门闸”造好后，发挥挡潮排咸引淡功能，为两岸百万亩良田丰收立下不朽功勋。

民族实业家张謇民国5年(1916)创议建造遥望港闸。此议立即得到当地广大群众响应，3县7场父老一致推张公负责建闸。“九门闸”于民国7年开工建设，设计监造者是南通保坍会负责沿江保坍工作荷兰水利工程师特莱克。特莱克受命到遥望港勘察，根据实际情况，从工程质量和长远效益着想，仔细勘察河道地形，测量流域面积，河水流量、水速，将张謇原计划建一座5门闸，改成9门大闸。设计泄洪量每秒120立方米，净宽48米，中间一孔跨度最大为5米，两侧边孔依次为4.05米、3.95米，3.65米、3.50米。每门闸板20块，共计180块，总造价14万元。闸最高端离桥面5米，闸门全部开启，1次要8个壮劳力连续工作两小时。时属罕见大工程。

在建闸期间，特莱克一直在一线工作，与工人一起同甘共苦，摸爬滚打，吃住在施工队一只小轮船上。民国8年8月中旬，闸底板刚浇筑完成，正赶浇闸体和岸上墙时，特莱克染上霍乱，上吐下泻，高烧不退，即派人送往南通救治，可为时已晚，在去通路上，病魔夺走这位年轻水利工程师的生命，年仅29岁。特莱克逝世后，由其助手宋希尚替代特莱克。他与6000余名造闸民工化悲痛为力量，日夜奋战，民国8年秋，按期造成一座气势宏伟的“九门大闸”。在开闸典礼上，张謇身着青布长衫，脚穿布鞋白袜，亲临跪拜，并手书“遥望港闸民国八年造”，镌刻在大闸拦潮墙上。

管闸者被称为“闸官”，由周志良接第一棒，张謇亲授大锁一把。同时物色护闸者8人，负责开关闸门。明示，凡负责开关闸门者均不参军，周凤歧16岁接替父亲周志良看闸，直至病故，最后由周凤歧之子郁士周接班。

1974年，南通县水利局考虑到遥望港河道整治及闸需下迁等因素，奉命拆除“九门闸”，一座历经沧桑、功劳卓著古建筑却从此消逝。遥望港闸拆除后，向西200米处兴建大桥，应当地人民强烈要求，该桥命名为“九门闸桥”，以永远纪念国际友人特莱克先生，牢记他为中国人民水利事业所作丰功伟绩，“九门闸”虽被拆除，但永远是中荷两国人民友谊不可磨灭之丰碑。

附记：

关于“九门闸”建设及其功绩，有口头传说，也有资料反映，众说纷纭，但应从不同角度对这一历史建筑物加深了解，选载两例予以参阅。

例1：

如东县九门闸建造

如东九门闸，又称为九合闸，位于南通和如东两县交界遥望港之口。抗战初期，其地属大豫南乡（丁店乡王荃村），南与南通县恒兴乡隔河相连，距掘港镇约35华里。

遥望港本是南通西亭以东，包括西亭、石港、金沙、余西和如东马塘、掘港等各场排水入海主要河道。清末政治腐败，河港失修，排泄不畅，农作物受灾损失严重。民国成立，万民思治，对水利问题极为重视。昔日范堤以外主要为灶荡，遇雨水涨，即扒堤泄水，一泻而尽，水退后修而复之。民国4年（1915）后，废灶兴垦，大有晋公司、华丰公司、大豫盐垦公司相继成立，沿海建筑海堤，防止海潮侵入，但也妨碍内地扒堤泄水原始方法。适逢是年大水，通如两县，洪水横流，涝灾特别严重。于民国5年（1916）6月，西亭、石港、金沙、余西、马塘、掘港等场人士，特与大有晋、大豫、华丰三公司代表协商，共同组织七场（公司）水利会，在张謇、张謇兄弟二人帮助下，于遥望港三合口以东约二华里处，建筑新式九门大闸，宽度112尺，墙高100尺，9年7月落成，排水量每秒120立方米。闸基全部用木桩块石，闸身为钢筋混凝土建筑。闸门九副则用方木拼接而成，称为九门闸。与此同时疏浚闸上游港道，加宽加深，以利排水和航运，共支建闸和浚港费16.60万元（其中建闸费用约14万元），全部由受益田地负担，计西亭场3.50万亩、石港场11.40万亩、金沙场7.60万亩、余西场12.29万亩、马塘场1.90万亩、掘港场13.30万亩、大有晋3.60万亩、华丰1万亩、大豫1.50万亩，按田亩折算分摊。

大豫公司南部负责人李伯韫对垦殖事业造诣颇深，并有独特见解。当时大豫四贯河南端即在九门闸之西约数十米，如利用四贯河直出遥望港，是近水楼台先得月，既有优先排水之利，又有航运之便。可是李伯韫根据当时大豫遥望港附近都是不毛之地，土壤含盐量较高，开垦种植必先改良土壤，在轻重缓急之间权衡至再，决定先改土、后航运。而改土必须降低地下水位，如若四贯河直出遥望港，则因该港必须维持航运，水位较高，不能达到改土要求，于是放弃九门闸之利，利用海洋优势，另将丁店河拓宽加深，于海堤建丁店闸，直出九门闸下游，使大豫南部地区排水能实现完全主动，达到勤排、深排、加速改良盐碱土要求。新中国成立后，大豫垦区土壤基本熟化，自应兼顾航运，因而拓宽加深四贯河，直通遥望港，同时兵房河加深加宽，雨水过多时可南出遥望港，北出兵房河，十分便利。至于华丰公司，处于大豫之西，遥望港是其地表水唯一出路（当时兵房河不畅，并有一门闸不能自由启闭），在其东南端靠遥望港处建有一闸，借以排灌，并防止倒流。但水位经常较高，涝灾因建九门闸而得到基本解决，改土效果较缓慢，曾要求借用丁店河，未得到大豫同意。

九门闸建设工程，从当时来说十分艰巨，国内能设计承建者不多，乃请当时在南通主持实施保坍工程荷兰工程师特莱克规划设计。

特莱克于1890年出生于日本东京。其父奈格是荷兰著名水利工程师，受聘在日本治水长达30年。特莱克自幼受其父影响，后毕业于荷兰工程专门学校，到华后任上海浚浦局工程师。民国5年（1916）接受南通保坍会会长张謇聘请，签约后担任驻会工程师。嗣后他即来南通主持实施沿江保坍工程及勘察水利枢纽建设，此外他还参加修建水闸、桥梁、江堤等。民国8年（1919）8月，特莱克冒酷暑勘视遥望港闸工程时，不幸染上霍乱，病死于回南通就医途中，年仅29岁。经其家属同意，南通保坍会将这位国际友人公葬于南通城南18里剑山东南麓。张謇先生为特莱克墓碑题字和撰写墓表。

原载《如东县文史资料》

例2：

遥望港九孔大闸

大有晋公司沿海最北边遥望九孔大闸，位于南通县与如东县交界遥望港上三合口（现属通州市三余镇恒兴村），距海口7里，水由遥望港入海，起出海排涝挡潮作用。遥望港西接九圩港河，东至黄海边，是南通县北部地区和如东县东境地区引用九圩港水和排涝入海主要河道。九圩港自长江边向北，在石港东转向如东县马塘，与如泰运河交汇。就在九圩港转向马塘之地，遥望港与九圩港交汇，然后蜿蜒向东流入黄海。遥望港位于两县边界，在南通县境内河段总长14.40公里，两县交界河段总长19.85公里，全在如东境内河段总长1.54公里，全长35.79公里，呈西高东低之势。张謇在民国5年（1916）《劝告金石西马掘余东西七场公民合建摇网港大闸书》中说："摇网港（即遥望港）地势当七场（即旧时产盐之金沙、石港、西亭、马塘、掘港、余东、余西七场，各场当时分属南通、如皋两县，今分属通州市、如东县、海门市）之中而形下，原有水道，窄如曲线，浅如盘杅。海潮大上则易缘而乘高，河水并涨则平泻而不畅，已见之事，情势了然矣。"他在论述建遥望港闸重要性时说：要不在遥望港上建闸，"则七场范堤内外之水与夫旁近新垦各公司堤内外之水，皆无畅泄之路，七场堤内外之田将永鲜不灾之岁，旁近新垦各公司堤内外之田亦难收大熟之功"。所以，张謇力劝七场公民及各公司合建"摇网港五孔大闸"。五孔大闸是张謇设计，后来经荷兰水利工程师特来克勘测设计成九孔大闸。

遥望港九孔大闸在民国七年十月二十七日（11月30日）开工，于民国八年十月十五日（12月6日）行落成礼，费用计14万元，是淮南地区最大挡潮排涝闸。张謇兄弟、两县知事及水利会负责人等300余人出席落成典礼。在隆重庆祝遥望港九孔大闸落成典礼时，与会人员都怀着沉痛心情怀念为九孔在闸建设献出生命国际友有特莱克。民国7年8月中旬，荷兰水利工程师特莱克到工地巡视指导工程进行时，由于环境艰苦，无淡水沐浴，在附近海水潭里洗澡时不幸染上霍乱，因工地上缺医无药，不得已星夜赶往南通求治，病逝在途中，时年29岁。

遥望港九孔大闸宽112尺，设计流量为什么433.30立方尺/秒，分泄西亭、骑岸、金沙、余中和如皋东乡之水，受益面积43.67余万亩（其中大有晋公司3.60万亩，大豫公司1.50万亩，华丰公司1万亩，马塘1.80万亩，掘港13.30万亩，石港11.40万亩，西亭3.50万亩，金沙7.60万亩，余西12.30万亩）。该闸建成后，南通北部和如东东部地区人民得以免遭洪涝干旱之灾。

随着时间推移，海滩不断东移，抗日战争胜利后，又围垦环本荡，这九孔大闸已不再适应新形势。南通县人民政府于1973年12月将九孔大闸拆除，向东迁移5公里，于1974年7月建成三孔遥望港闸，具有排涝、挡潮、排咸、通航等多种功能。

原载《张謇与大有晋公司水利建设》

第五节　豫丰闸

在大豫镇大同村境内有一座三门古闸。当地人称为豫丰（三门）闸。因闸址位于大豫盐垦公司南附区与华丰垦殖公司交界处而得名(后大队改村时将大同公社一大队命名为豫丰村)。此闸由荷兰专家特莱克设计建造,有人说,三门闸比九门闸早建,虽无依据,但从张謇水利建设历史背景看,民国5年(1916),张謇筹资建海门东灶港北歇御港闸,称"老三门闸"后,相继向北又建通州海晏镇"中三门闸"、环本"新三门闸"。由此推理,豫丰闸也在同一时期(资料显示为1916年)。

豫丰(三门)闸面东背西,闸东便是川腰港(丁店河)。闸西折北水路通兵房大河一门闸,闸西折北300米向西水路通华丰杨文标店(地名),与华丰坝水路相连,闸西折南水路通遥望港。每当发大水时,三面来水,闸门一开,大水直泻南黄海;每逢农历初三、十八大潮汛,汹涌咸潮只能推到三门闸,随即告退。

三门闸非常坚固,底部打满木桩,再浇上混凝土。南北闸墙用小砖砌成,水泥粉刷。中间两个桥墩用混凝土浇灌而成,固若金汤。面宽4米,可供车辆通行。20世纪60年代,修闸时将木质闸面改为水泥闸面。南北两侧东坡为石块混凝土。

三孔闸门,两侧两个孔距2.40米,中间孔距3.20米。闸板为优质木质材料,每块厚8厘米,宽40厘米。

管闸者为严金权、薛凤家。在闸旁建有闸房两间,长9米,宽4.50米,门墙高2.50米,60年代,县水利局拆掉闸房屋顶,当地农民朱启高晓之以理、动之以情,用真情保住这两间百年古屋,仍有人居住。

1963年,丁店河闸建成后,豫丰闸完成历史使命。

图33—207　2012年,拍摄的豫丰闸闸房旧址（金向东　摄）

第六节 观通塔

在大豫镇东北部新建村东隅(海堤内侧)有一座高65米、直径5米大型混凝土高塔,在一望无际的海边显得特别引人注目。这就是“观通塔”,也是大豫镇与长沙镇分界标志。观通站由开国大将罗瑞卿亲自选址,这里曾驻守过海军东海舰队视察通信第十七大队。

观通站即观察通信站简称,是为对海上和空中目标进行观察和进行通信、转信之站台,这是海军陆上侦察预警体系一部分。

20世纪60年代,台湾国民党大肆向大陆沿海地区派遣飞机和运送特工,进行破坏活动,在如东沿海,就曾发生过多起台湾敌特人员(蛙人)在晚上潜入大陆窃取情报、散发传单事件,均被中共海防部队和民兵抓获。为防止国民党舰艇、飞机、特工人员袭击大陆东南沿海居民,中央军委指示在沿海地区组建一批海军观通站。国务院副总理、中共中央军委秘书长、中国人民解放军总参谋长罗瑞卿大将,于1963年4月,亲赴如东县南坎公社新垦营察看地形,并亲定建站地点。1970年,观通塔正式建成投入使用。观通站官兵通过雷达和人工观测,全天候担负着监察区域,保卫黄海神圣职责。1981年,空军雷达站改驻长沙镇,运行11年海军观通站完成历史使命。

第四章 庙堂遗迹

章内载录境内大小庙、堂(香台)17座。其中庙14座,香台2座、佛堂1座。这些庙宇大多建于民国年间,杨家庙建于清同治二年(1863),南坎龙王庙建于清光绪四年(1878),武圣庙规模属境内庙中之最。在抗日战争时期,苏中四分区曾于南坎龙王庙内召开重要会议。中华人民共和国成立后,为兴办教育,武圣、南武等5座庙宇,被改建成学校。

第一节 庙 宇

武圣庙

武圣庙是掘东历史上唯一一座大庙。庙址位于丁店乡磨墩村南端新丰小学内〔民国35年(1946),该庙改为学校〕。当时只要提起武圣庙,南到三余、北到大豫,方圆几十里平民百姓都知晓。

民国29年(1940)初,陈志千、陆志中、陈朝璜、李锡元等有财有势8大户,见当地无庙,民众烧香拜佛十分不便,于是一致商定,共同出资在袁家墩子建一座庙。

由于事先准备工作充分，仅在一夜之间就建成一座9榀（掘东人称为“芦”）13架、建筑面积约250平方米庙宇。庙建成时，周围信教民众欢呼雀跃，奔走相告，高兴地说：“今后烧香拜佛，再也不走远路啦。”为取庙名，大户们集思广益、各抒己见，最终得到一致认可。在当时人们印象中，关公是文武双全之武圣，在诸神中享有较高地位，理应坐正殿，武圣庙也就由此而得名。他们经多方联系，最终得到掘港“国清寺”支持。由“国清寺”派出18名正宗出家和尚住守庙。

是年3月，武圣庙正式开光。子夜一点时分，当第一声钟响时，惊动四邻八舍，方圆四五里都清晰可闻。从那天起，一年四季，每逢初一、月半，香客云集，尤其到关帝圣诞那天，烧香百姓更是络绎不绝。仅两年多时间，武圣庙香火日盛，收益颇丰。民国32年，关帝圣诞日，庙里组织大型庙会，人们纷纷出资，购买木板等建材，搭起10多间简易生活用房，邀请南通、掘港等地100多位高僧及有关人士参加。庙会盛况空前，热闹异常。但好景不长，同年，日本侵略军入侵到此，庙里香火骤减，和尚们难以维持，大多各奔东西，最后剩下心撒师、姜尚云、宗宇师3位和尚仍坚守庙宅。

红庙

位于兵房镇东南方大约3公里，建于民国初年，在当地颇有名气。

红庙实名叫“猛将庙”，因外墙和瓦面均为红色，故老百姓称“红庙”。庙门朝东，庙内有5尊菩萨塑像，正中为猛将菩萨，左上首第一位为观音菩萨，第二位为大势至菩萨，下首分别为土地菩萨和土地娘娘。猛将菩萨浓眉大眼，姿态威武；观音菩萨手执神器，眉清目秀，仪态万方。土地菩萨慈眉善目。观音菩萨与土地菩萨面前设有签筒、拜垫，供人们磕头许愿、拜佛消灾、求签问卜。

中华人民共和国成立前，大多数人信“鬼神”。百姓为保一方平安，遇到天灾人祸，请菩萨保佑。据说某年大旱，百姓抬来两顶轿子，把土地菩萨与观音菩萨请入轿中。人们抬着两位“大圣人”，前面锣鼓开道，后面鞭炮齐鸣，走村串户，浩浩荡荡，祈祷观音菩萨普降甘露，拯救四方百姓，祈祷土地菩萨多发善心，保佑田里禾苗不致枯死……遇到虫灾，大水之年，照样祈求老天，大发慈悲，至于结果如何，无人追究。

民国37年（1948）初，因创办学校，中共掘东区委做出决定，将“猛将庙”改建学校，区长张国栄说，为让百姓后代学文化，只好请泥菩萨让位，并亲自将“菩萨”扔到庙门前方河（即贯头河）里。从此，竟成小学诞生，后改名为新民小学。

陡丫子庙

在兵房镇北边一门闸村东片内有东西两座“土地庙”，人称“陡丫子庙”。何谓“陡丫子”就是在海水冲流下，形成一条条纵横交错深水小港。传说百年前，有位僧人召集当地百姓，建造东陡丫子和西陡丫子土地庙，东庙位于一门闸村8组张文林宅后60米处一个高墩子上；西庙位于30组孙永如宅沟南50米处原先小港梢上，东西两座庙相距3里路。两土地庙建筑结构、大小形状相似，都有两厢一堂，庙内设有土地菩萨、土地娘娘以及神皇菩萨、观音菩萨等10多尊神像，并有住庙和尚日夜守庙。当地百姓如遇天灾人祸，疾病缠身，就上庙烧香拜佛。由于当时医疗水平极低，很多疾病患者到庙求治，只要花两个黄烧饼供佛，就由和尚为其免费治疗，传说："有一年涨大潮，数十名难民，被困在大潮中，就是靠这两座庙顶落脚，才免于一死。"从而有不少信佛者，每逢七月半，请僧人做佛事，尤其是每年除夕夜，人们从四面八方纷纷到此集庙会，张灯结彩，敲锣打鼓，唱大戏，热闹非凡。

中华人民共和国成立后，政府号召，破除迷信，解放思想。因此东西两座土地庙先后被拆除，事隔不久，在某些信佛者支持下，由孙维明组织土地会24户人家集资，两地重新建起小土地庙，供人烧香拜佛。在"文化大革命"中，东西两庙再次被拆除。改革开放后，东西两庙又重新建立，恢复往日香火。

太太庙

位于大豫镇南坎社区南4组，对于其来历民间说法不一。

一种说法，传说在春秋战国时期，范蠡帮助越王勾践打败吴王夫差后，便弃官带着西施离开苏州来到海陵(泰州)境内。他(她)们一路奔波，十分疲劳，便住在潮墩上，等风上船北行。当地渔民待西施很好，从几十里路外弄来淡水给她食用，把最好海鲜给她吃。西施十分感激，临上船时把头上首饰一件一件地取下来放在沙滩上。渔民们谁也不贪心，海潮上涨时，这些首饰都被卷入水中，化成海里各种鱼。范蠡和西施走后，后人在附近南坎盖起一座庙供奉西施，俗称楚太太庙。

另一种说法，太太庙原先建在北坎，因太太是人名，姓楚，福山人，原来在船上烧饭，非常珍惜粮食，有次出海到山东，那是大年三十前一天，因船上缺粮，加之恶劣天气，船上人都认为这次不能平安回家过年，此时，太太欣然安慰大家说："没有事，一定能够回去。"让大家都休息，独自一人把着船舵，到第二天早上，船上人起来一看，船已平安到达目的地，但是不见太太，船板上掉下许多树叶子，所以人们把太太说成修成正果成为仙人。之后，农历七月十三日有位下海人在大海中捞到个菩萨，就把这一天定为这个菩萨(即太太化身)生日，并在北坎建起一所太太庙，每逢七月十三日这一天，香火非常旺盛，且还有人跳马伕，南坎社区南4组刘云珍老太由于当时身体不好，病得死里逃生，许愿把太太请回家供奉，据说香火一直非常旺盛。

第三种说法，传说在300多年前，七月十三日这一天，北坎有个渔民在吕四渔场附近打鱼，在收网时捞到一个高约3尺全身金黄女菩萨，因当地老百姓谁也不认识是哪路神仙，又不敢乱扔，就在海边建起一座庙，取名"太太庙"，把这女菩萨称为"祖太太"，每逢七月十三日太太生日，当地渔民聚集庙里烧香，求太太保佑。之后，有出海渔民认出，这里供奉"太太"，其实是在东南沿海一带的"妈祖"。

20世纪60年代中期，"文化大革命"开始后，在破四旧运动中南坎"太太庙""被红卫兵拆除，"太太"菩萨神像被人偷走，下落不明。

南武庙

位于大豫镇大豫社区6组，南与一门闸村西片隔河相望。南武庙，建于民国9年(1920)前后。为何取名“南武庙”无考。传说，“南武庙”为掘港镇八总村“八总庙”分庙，分庙还有掘港镇杨於村“中武庙”。“南武、中武”两庙建筑风格大致相同，坐北朝南，为两进两殿，庙堂面积约200平方米，供奉神像也大致相同。人们最易记一件事，南武庙有一位香火姓夏，人称“夏货老”(竹篮子)。该人忠厚老实，以庙为家，为周围百姓所喜爱。民国37年，掀起大办教育事业热潮，政府决定将南武庙改建成“南武小学”。随乡级体制变化，更名为“镇西小学”。1976年，因校址偏僻，交通不便，迁址一贯马路西侧，重建“镇西小学”；1995年，学校撤并后，根据当地群众强烈要求，自愿筹资，并利用学校旧材料，在学校旧址西侧建起一座新“南武庙”。使其香火得到延续，满足信佛者愿望。

伢儿丫子庙

十九世纪末，在大豫镇东北方向有东西两条港梢形如小孩，当地下海人称为伢儿丫子港(两条港相距约2公里)。东边一条为东伢儿丫子港，西边一条为西伢儿丫子港。下海人为便于求神拜佛图太平，分别在两港梢高涂上建筑两所庙宇。

东伢儿丫子庙 又叫郁家庙。建于民国4年(1915)，位于公共河南匡北三排，六贯马路西𡒄周墩村西2组。庙内有前后两堂。前堂为正殿，高1.70米，长4米，宽3.30米。东西两边是围墙。庙前竖一旗杆，高7米余。后堂是生活用房。庙内没有和尚念经，但常有戏班子到此唱戏。庙正殿内供奉龙王三太子、都天大臣、土地公公、土地婆婆、关帝、财神、马大神、王大神等神像。当时管理人员唐恒扬。民国32年，日本侵略军在鲍家坝修筑碉堡，该庙被拆除。1996年，由郁金生等人出资重建新庙。2011年11月，此庙又一次扩建，殿内仍设有龙王三太子、土地公公、土地婆婆等神像，逢时过节许多善男信女到此烧香拜佛，香火较为旺盛。

图33—208　2012年，拍摄的东伢儿丫子庙遗址（管霖　摄）

西伢儿丫子庙 又叫唐家庙。建于民国4年(1915),地处南坎水泥厂东南300米处,由佛徒筹资建成。据年长者回忆,分别为范清文、陆士清、陆顺和、唐德怀、黄信家、魏志清、薛文敖等人。庙宇为四关厢房,东边是围墙,西边是3间厢房(1间是斋房、两间是和尚禅房),前边是3间瓦房,中间是庙门,两边是耳房,后排有3间大瓦房,高2米,长12米,宽3.30米,房内供奉大圣、观音、财神、土地公公、土地婆婆等菩萨。有一个外地和尚负责管理,每天烧香礼佛,打扫庙院,院内十分洁净。每月农历初一和十五两天,乡邻乡亲均到此烧香还愿,据说凡还愿者必须在庙天井里竖一根旗杆,表示心愿已了结。1958年,大跃进时代,此庙被拆除。2007年,由唐福新、唐福如、唐福全、唐福苏4兄弟以及张勇、唐勇、范发祥等人集资,在原地重建新庙,新建庙房,高3米、长4米、宽3.60米,庙内供奉大圣、观音、土地公公、土地婆婆4大神像,从此西伢儿丫子庙又恢复昔日生机。

杨家庙

位于坎西村(止马洼村25组)。清同治二年(1863)建造。该庙前后两殿二进。场中心竖有一根6米高旗杆。庙内供有土地公公、土地婆婆,仙童、仙女神像。庙前种有两棵高大挺拔、枝叶茂盛银杏树(树龄不详),传说是一雌一雄。庙内常有戏班到此唱戏,替百姓还愿谢神。香火十分旺盛。民国32年(1943),日本侵略军侵华驻扎南坎,拆掉前排庙房,将砖木等材料用以修筑碉堡,从此,该庙逐渐冷落。

1966年,"文化大革命"开始,掀起破四旧高潮,杨家庙被红卫兵彻底拆毁,二大队(坎西村)锯去一棵雌性银杏树用以建造仓库。仅剩一棵雄性银杏树长年守护着杨家庙旧址。这颗银杏树高约6米,直径约0.60米。

1994年,村民杨瑞泉自筹资金在杨家庙原地建造一座约5平方米小型庙宇。供奉有财神、观音、土地公公、土地婆婆等神像。

2011年,杨瑞泉再次出资,将小庙翻建成一间长4米,宽3.80米,高4米新庙房。杨家庙又恢复往日生机,受到当地信佛者青睐。

止马庙

位于大豫镇止马洼村(13组)东北部潮墩上。建于清朝末年,由张玉祥等佛徒筹资建造。占地面积约500平方米,建筑面积约300平方米。为坐北朝南砖木结构四合厢小瓦房。

该庙分前殿、后殿共二进;配有东西对面厢房等。庙前场中摆放着高约3米,直径1米圆形翘角铁铸烧香炉,前殿檐下悬挂着一口约2米多高铜铸长钟。庙门前两侧有两匹泥塑高头大马,为"止马庙"象征。庙门内两侧矗立着四大金刚神像。前殿供奉关云长神像,两旁为关平、周仓神像,在关云长神像背面是雷祖菩萨。后殿(即正殿)中央供奉着如来佛神像,两旁是送子娘娘神像等,东厢房为土地祠,供有土地公公、土地婆婆神像;两厢房为存放献品之用,停放着善男信女敬献"棺木",传说人去世后上庙子,是善男信女诚心敬奉菩萨之善举。旧时庙中香火旺盛,在当地颇有名气。

庙中曾有余德会、曹德本、杨宝、唐来信等6名和尚当过主持。

中华人民共和国成立初，为大力发展教育事业，将止马庙改建为止马小学，后更名为培新小学。学校撤并后，周边几位信佛者集资在原址恢建“止马庙”，使昔日香火得以延续。

龙王庙

南坎龙王庙，人们习惯叫南坎庙。位于南坎镇东首，建于清光绪四年（1878），坐北面南，建筑规模除山门外为3进（即前殿、正殿、后殿），前殿供有土地菩萨，正殿龙王宫供有龙王神像，后殿供有天后娘娘、关帝神像。正殿为3大间，高2.50米，长12米，宽5米；面积为60平方米，为殿中之最。正殿中央上挂一只大葫芦，颜色多变，传说是镇庙之宝，雨雪天，葫芦表面从不还潮，庙顶不湿。中华人民共和国成立初期，被当家师建新和尚带往普陀山。庙前一对大青石鼓和一对小石鼓，在同一时期，大石鼓被推到庙东边大河里，小石鼓被市民搬走，只找到一个。正殿与后殿之间是天井，在后殿两边种有两棵主干直径约0.60米，高约6.70米银杏树，解放战争时期，被解放军部队锯去做手榴弹柄。殿后有一排槐树，正殿两厢有客房及僧人宿舍10间。厢房曾被国民党政府占用，驻有一个班盐警，专管收税、缉拿私盐。正殿前悬挂一口铁铸古钟，称梵钟，又称撞钟。高150厘米，直径约60厘米，重约80公斤。古钟外面对称铸有“风调雨顺”和“国泰民安”字样。每日晨昏，为和尚撞钟时，庙前广场，专供艺人搭台唱戏之用。庙内常住10多位和尚。

中华人民共和国成立后，掀起破除封建迷信和兴办教育事业高潮，将龙王庙改建为南坎小学。后学校被撤并。

2011年，在佛教信徒倡议下，得到当地政府与人民群众关心支持，在龙王庙旧址重建一座新龙王庙，新庙规模只有旧庙1/4大。3间庙堂，建筑面积为50平方米，在庙西南角摆放着烧香炉。沉睡半个多世纪龙王庙又恢复生机。每逢农历初一、十五等节气方圆10多里外香客及名人雅士纷纷到此烧香礼佛。

图33—209　2012年，拍摄的龙王庙遗址（管霖　摄）

跨岸庙

建于民国4年(1915)前后,位于二贯马路兵大河北大豫社区与一门闸村交界处,因当时有一条骑跨东西高岸而得名。坐北朝南3间砖木结构小瓦房,南北宽6米,东西长12米,庙堂两边各有一间厢房,3.50米长,3米宽,整体建筑面积约82.50平方米。庙堂正中供奉土地公公、土地婆婆、马五老爷,东厢房供有观音菩萨,西厢房住着香火顾二。庙门两边长着两棵银杏树,直径约0.60米,高约9米(后被南坎公社十二大队锯去造船)。当时每逢农历初一、十五,善男信女纷纷前往烧香礼佛。香火比较兴旺。在岸北岸南颇收百姓欢迎。

中华人民共和国成立初期,在破除迷信高潮中,菩萨被全部清除,仅剩一座空庙。在个体工商业改造后,为发展大豫合作商业,1956年年底,将此庙改作大豫下伸店。1957年,将该庙拆除,改建成3间小瓦房作住房兼店面房。

该庙当时由刘春涛、陈文道、张德月等4人联合建造并组成庙董会负责庙中日常事务。

夏家庙

位于大豫镇社区30组(茂青村9组),建于民国31年(1942),占地面积约30平方米,建筑面积约20平方米。此庙属夏家家庙。庙内供奉关云长、关平、周仓神像,庙坐北朝南,场中竖有一根6米高旗杆,烧香炉子放在旗杆北侧。平时,当地信佛群众也常到庙上烧香拜佛。中华人民共和国成立后,在破除迷信活动中,乡干部夏桂林,带头拆除家庙。

吴家庙

地处止马洼村8组,四贯河东300米,建于民国14年(1925),庙内供奉白娘娘、小青、观音、土地公公、土地婆婆神像,一年四季香火旺盛。庙前有雌雄两棵银杏树,民国37年,解放军部队锯去一棵雄性银杏树作手榴弹柄,留下一颗雌性银杏树。"文化大革命"破四旧时,将庙拆除并砍掉银杏树。2006年,由当地群众集资重建庙宇,新庙占地面积20平方米,建筑面积12平方米。庙内仍供有白娘娘、小青、观音3位神像。银杏树老根又长出新苗,约6米多高,标志着吴家庙又恢复昔日生机。

红香台

红香台位于大同村境内向阳河与一贯河交汇处,是一座乡间庙宇别称。

民国24年(1935),由当地富绅朱在珍、施维高、单家兴、张友文等组织捐资,募建庙宇。庙堂坐西朝东,砖木结构,上下两层,层高3米,每层建筑面积约16平方米。屋面呈尖顶状,两头设置喜鹊翘角。庙堂外墙刷成大红色,内墙为白色。楼内上层存放大圣菩萨、观世音菩萨、土地菩萨等塑像。底层存放雷祖、孟姜、关帝等8尊泥塑菩萨和40多个菩萨牌位。楼下正中放置一张香台亦为红色,长3米,宽1.50米,香台上摆放一只4鼎6角香炉,一对锡铸烛台,供进香者烧香拜佛。因庙宇外墙和香台全是红色,人们便称之为"红香台"。一开始,周边百姓进庙烧香轮番进行,每户一天,轮到这天要留守24小时,保证香火不断。之后,"红香台"名气越来越大,方圆几十里百姓也慕名而至,进香者络绎不绝,香火十分旺盛。每年三月初三大圣菩萨生日，五月十三日关帝生日，这几天法会，邀请正宗和尚，或信佛徒到此念经。还有民间艺人说书唱戏，文人雅士亦常集于此，每年八九月份做青苗，也念经拜佛，贫苦人家争相凑钱请人操办，祈求上帝、菩萨保佑下年五谷丰登、安居乐业。之后，南附区公司（大豫盐垦公司支公司）实业队也插手红香台，名为保护，实为牟利。由戴班长率1名队员常驻庙堂底层3年之久。随着百姓生活日益好转，有人在此开办小商店，小吃部，还常有马戏团或戏班子设台演出。

民国30年，日本侵略军下乡扫荡，大肆烧杀抢掠，“红香台”庙堂亦被烧毁，虽然“红香台”不复存在，但红香台作为古老地名一直流传于民间。

第二节　佛　堂

大豫佛堂

位于大豫镇豫中街中部，建于民国28年（1939）10月，坐东面西，3间砖木结构小瓦房，建筑面积约120平方米。堂前广场面积约300平方米，场中竖一根丈余旗杆。佛堂正殿供有如来佛、笑佛、观音大士。堂门两侧塑有关云长、关平、周仓等神像。该堂有马瑞山之父（姓名不详）任主持。至民国35年，由张宝兴和尚接任主持。为发展公共事业，1956年初，大豫佛堂迁址十字街口，王永遂宅北侧，新建一座坐南面北佛堂，该堂由罗松恒等3人筹建，1956年12月，全部拆除。张宝兴和尚赴浙江普陀山。大豫镇供销社就建在佛堂北侧。虽然供销社改制后，所有门面房都出售给社会自然人，但仍有人把此地称为“大豫佛堂”。

第三节　香　台

香台究竟成名于何时，已无法考证，但据当地老人讲，在民国20年（1931）左右，南坎以北及北坎等地农渔民为能翌年风调雨顺、五谷丰登、网盈船丰、出入平安，在豫北小学大门偏北位置，由群众自发出资，用毛竹和木板搭建起一个高约3米，宽约5米状似高架桥香台，正面挂有一个“国泰民安、风调雨顺”匾额，桥上放置一个直径约1米紫铜大香炉。香台之下可供行人和车马走动。每逢重大节气或者渔船出海，四面八方到香台烧香许愿者排成长队，香火十分旺盛。有精明商人在香台开起香店，生意特好。之后这里慢慢地路通，开店，逐渐形成集市。中华人民共和国成立后，大跃进时期，香台被全部拆除，紫铜大香炉下落不明。

虽然香台已经消失几十年，年轻人甚至都没有看到过，但当地群众仍沿其俗，称此地为香台。为此，2000年大豫镇将鲍桥村更名为香台村。

第三十四篇 人 物

近百年,在大豫这块年轻富饶的沃土上,以滨江临海得天独厚的自然环境,以历史悠久博大精深的启海文化,哺育出数以千计仁人志士,其中有政治家、实业家、军事家、科学家、教育家,以及文人墨客等。中华人民共和国成立后,尤其是在社会主义建设时期,又产生出一些典型性劳动模范和先进人物、科技人才等。这些人物中,绝大多数是大豫人民的优秀代表,他们不仅为大豫各项事业建设乃至全国政治、经济、科学、文化和社会发展做出过较大功绩或产生过重大影响,其事迹彪炳千秋。

大豫(掘东)是革命老区之一,大豫人民具有光荣革命传统,全镇450多名革命先烈(编入烈士名录),为祖国新生,民族解放,人民幸福,前仆后继,浴血奋战,在各个革命时期,特别是在抗日战争和解放战争中献出宝贵生命,如中国工农红军第十四军曹锡明、黄国相等,其中还有一部分客乡子弟长眠于此,这些烈士都是大豫人民的光荣和骄傲,为大豫子孙万代树立楷模和丰碑,永载革命史册。

人物篇收录已故劳动模范、省以上先进工作者、人民功臣(一等功)、军界人物(团职以上干部)、政界人物(处级以上干部)、知名成功人士(含非党派人士)、盐垦功臣等88人立传或简介,另载其他人物简介8人。

第一章 革命烈士

第一节 革命烈士传记

为弘扬革命传统,培养民族精神。节内人物不分地位等级,共载录红军时期,抗日战争、解放战争时期,对越自卫反击战中牺牲的23位(其中客籍3位)烈士事迹列为传记,让先烈们的事迹作为大豫人民宝贵精神财富,永远激励后代。

曹锡明(1890—1930),南通县五甲公社三马路人(后移居大豫镇巩王村),清光绪十五年(1889)11月18日,生于一个贫苦农民家庭。父母忠厚老实,为人正直,住两间茅草屋,租种两亩薄田,常年在地主家做长工抵算地租,过着半年糠菜半年粮艰苦生活。

清光绪十七年(1891),叔祖父在外地做镖师被人打伤,回到家乡,因孤身,且无分文,只好栖居曹锡明家。看到曹个子矮小,身体瘦弱,为防备遭人欺负,便教他一些强身防卫招儿。曹识字不多,人却机灵,一招一式练得有模有样。经过三五年苦练,个子虽不见长,身板却强壮结实,力气超人,各种本领也练得不错。射镖:左右开弓,百发百中;游水:一个猛子,能潜出几十米远;散打:跳来跃去,二三十人近不得身。

叔祖父和父母亲相继去世后,曹仍在地主家做长工,起早摸黑,脏活重活都得干,吃不饱穿不暖,时常挨骂受气。但他待人热情,乐于助人,好打抱不平,遇到不平事敢于挺身而出,仗义执言,为贫苦农民讲话,在当地小有名气。因家境贫寒,直到30多岁才成家。

民国16年(1927),二窎乡、三益乡建立中共组织。成立农民协会,斗地主,减租息,农民运动搞得轰轰烈烈。曹找到陈宗恒,冯步洲等人,在他们开导、引导下,结合自己长工生活实际,弄懂“穷人为什么这样苦,不是命里注定,而是地主压迫、剥削之缘故”“不是穷人拼死拼活地做,地主只好喝西北风”“穷人要翻身,只有跟地主斗争”等许多道理,革命觉悟得到提高。不久,曹参加革命,民国17年,加入中国共产党,成为红军游击队战士。

民国18年(1929)初,春节将至,曹在中共南通县委和余西区委领导下,积极参加年关斗争,镇压恶霸地主俞兆齐、俞兆魁。除夕那天,又镇压为地主通风报信马士良父子和狗腿子陆大。在这些活动中,曹双枪左右开弓,百发百中打出神威。他们带头贯彻县委提出“不完租,不完粮,不还债,不交捐”斗争行动纲领,大家采取软约硬拖办法进行抗租抗捐,狠狠打击东五区地主嚣张气焰,贫苦农民过上一个没有地主追租逼债快活年。

民国18年(1929)3月,曹在中共余西区委书记,游击队长陈宗恒领导下,带领红军游击队和农协会会员将三马路恶霸地主陈允刚处决,分掉他家粮食。4月23日,打开瞿家下仓,分掉地主瞿三歪嘴粮食,严惩群众痛恨的地主狗腿子。这两次行动,确保春荒斗争胜利,群众分得粮食欢天喜地,红军游击队战士斗志也备受鼓舞。

斗争接连胜利,新入伍战士很多,他们对红军游击队为什么打仗,如何打仗,知道得很少。手枪队队长曹锡明针对这个问题,以中国共产党奋斗目标教育战士,提高他们政治觉悟,并和他们一起学习军事知识,一道苦练作战本领,提高他们作战能力。曹言传身教,处处关心照顾他们,很快就和战士们打成一片,成为他们亲密无间大哥哥。以后在攻打东社、四甲坝,火烧骑岸镇巡警局,奇袭徐家园等多次战斗中,曹和手枪队战士发挥重要作用。

秋冬,反动武装向红军游击队发动“包剿”,大肆屠杀干部和群众,烧毁干部和群众住房。在区委领导下,曹带领手枪队,坚持原地斗争,顽强地跟反动武装拼搏,领导群众继续打土豪,分粮食,受到上级领导高度赞扬。

民国19年(1930)4月,中国工农红军第十四军成立,陈宗恒任一支队二大队大队长,曹任大队通讯员。他机智灵活,动作敏捷。多次圆满完成送信任务。上级领导巡视时,大队都安排他，担任警戒保卫工作。5月间执行任务时，不意被敌人两个坐探发觉。曹拔腿便跑，敌人紧追不舍。前边一条小河挡住去路，曹毫不犹豫，飞蹦过去，跌倒在河对岸。他急中生智，马上爬起，抓起一把烂泥，顺手向对岸追兵面门掷过去。不偏不倚，打个正着，前边那个追兵双手捧着眼睛，后边那个追兵赶上来连问："怎么啦，怎么啦？"曹乘机逃脱，完成任务。还有一次，为逃脱敌人追捕，曹将情报装进芦柴管，衔在嘴里，跳进大河，潜出五六十米，把情报顺利送到。

6月15日，曹奉陈宗恒之命，送一封重要信件去一大队驻地草棚镇，途经三余镇时，恰遇省保安队和白龙党匪徒出发巡逻。曹见势不妙，闪进一群众家中，抓起斗笠戴在头上，扛着锄头去黄豆田里薅草。瞬间，匪徒逼近，看见地里草没有薅掉多少，再一看，锄头上锈气还没有完全磨掉。正准备盘问。一匪徒认出曹，大声说："这就是双枪将、会武功的曹锡明……"群匪蜂拥而上，将曹掀倒在地。曹乘敌人喘息之机，抽出右手将密件一把塞进嘴里，连吞带嚼，使劲咽进肚里。敌人立即审讯，曹怒目相视，一声不吭，并打死两个匪徒，拔腿飞跑。敌人紧紧追赶，开枪将曹锡明打倒在地，蜂拥而上，七手八脚将曹死死摁住。敌人害怕曹施展武功，将他双臂紧紧反绑并用铅丝穿过手心，左右开弓，连扇耳光，拳打脚踢，还用皮鞭抽得曹皮开肉绽，遍体鳞伤。面对敌人拷打盘问，曹始终一言不发。最后，曹被敌人连推带搡，带到湾头镇东边坟场，用乱刀活活捅死。牺牲前，曹高呼："共产党死不光！""共产党万岁！"

曹锡明牺牲时41岁，小儿子曹杨刚7岁，女儿几个月。残酷的敌人还扬言要掘曹家祖坟，追杀小曹杨，斩草除根。曹妻卞福英获悉消息后，忍痛将小女儿送给如东长沙一个农户抱养，又将大女儿、二女儿分别送给三余、北新桥人家做童养媳，自己带着曹杨连夜远走他乡，投奔表姐。

曹锡明牺牲后，当地中共组织和群众冒着生命危险，连夜将其遗体运回老家，秘密安葬。

黄国相(1911—1930)，清宣统三年(1911)生，南坎公社亭海大队二生产队(豫东村)人。民国18年(1929)，参加革命，红十四军二大队三队战士。民国19年7月，在南通县北兴桥战斗中牺牲。

巩坚(1918—1943)，在日伪军"清乡"前夜到如皋县(如东县)掘东区工作，担任区长。在如火如荼反"清乡"斗争中，不幸因日本侵略军偷袭，以身殉国。他虽然是外籍人，但大豫人民心上却永远铭刻着他光辉形象。

巩坚，原名巩文卿，又名巩西涛。祖籍湖南长沙，民国7年(1918)6月生。幼年，全家因生活窘迫去南京投亲，不久丧父，由母亲做针线活扶养成人。就读于南京夫子庙小学和南京实验小学，由于好学不倦，每试均能名列前茅。其后转入南京市职业中学半工半读，兼攻印刷技术。在校时受著名教育家陶行知先生影响颇深，认识到劳工神圣、劳动创造世界真理，对帝国主义压迫人民、奴役人民行径深恶痛绝，希望帝国主义国家能尽快掀起像苏联十月革命那样汹涌澎湃的革命浪潮，席卷整个西方。所以，更名为“西涛”，以表心愿。巩坚还曾与许多志趣相投同学创办“利群学社”，切磋学术，砥砺思想。因家境困难，读到初二就中断学业，当过报童，备尝辛酸。后赴沪，在爱国人士黄炎培主办的上海太平洋印刷公司工作。于民国24年(1935)秋，经同乡介绍，到启东县和合镇盐务税警局分部当分队长。民国26年(1937)“七·七”事变后，巩坚脱离税警，翌年春一度参加启东县地方抗日武装。

民国29年(1940)，新四军跨过长江，建立苏北指挥部，开辟苏北抗日根据地，巩坚闻讯后，心情非常振奋，于这年秋天，告别亲人，奔赴黄桥，参加新四军，改名巩坚。不久，被选送到盐城抗日军政大学五分校，参加第2期学习。民国30年春结业，留校工作。后调苏中四分区司令部任作战参谋兼大队副，主要任务是负责分区司令部和地委机关警卫工作。在日伪“八·一三”等多次扫荡中，巩坚能忠于职守，处置得当，表现出一个青年军人指挥才能。民国31年秋后，领导上调巩坚任东南独立营营长，因患痢疾未能到职。在家养病期间，领导上又决定巩坚任掘东区区长。病刚好转，即离家赴任。

巩坚调到掘东区几个月后，日伪发动残酷“清乡”。掘东区位于“清乡”区内，在方圆不过数十华里沿海平原上，日伪除在掘港、九门闸两个老据点增加兵力外，又增设八总庙、南坎、鲍家坝、大豫、兵房5处据点，还由掘港向东经南坎至海边，构筑长达20华里竹篱笆，使全区被分割和封锁。敌人几乎每天四处“清乡”，猖狂肆虐，斗争十分残酷。巩坚挑起领导掘东人民开展抗日反“清乡”斗争重担。扎根群众，坚持原地斗争。白天，没有敌情时，就帮助农民搞生产；敌人“清乡”时，就组织并掩护群众转移和疏散。夜晚，走村串户，宣传群众，带领群众同日伪展开针锋相对斗争。

巩坚领导掘东区队和人民拆毁竹篱笆，粉碎敌人封锁，镇压勾结敌伪汉奸，遏制伪化推行；通过统战工作，获得军事情报，使分区部队成功伏击九门闸据点日本侵略军，日本侵略军小分队队长门坂几乎丧生。

巩坚在工作上与区委书记王荃互相支持，步调一致，在生活上互相关心，亲密无间。一次南坎捉到一个惯匪，民愤很大，理应立即处决。巩坚认为，杀人是中共赋予行政权限，非特殊情况，谁也不能擅越。坚持同王荃商量决定，处处尊重王荃，遇到重大决策问题，总要听王荃意见。两人经常争挑重担，争到危险地方去工作。王荃认为，巩坚家有老母和妻儿，危险地方应由自己去。巩坚则认为，王荃不会说掘东话，危险地方应由自己去。由于两个党政领导肝胆相照，拧成一股绳，掘东区反“清乡”斗争开展得很有成效。

民国32年(1943)11月9日傍晚，巩坚、王荃及区机关一部分人员在九门闸据点附近豫坍乡研究工作，突然遭到日伪军偷袭。巩坚在突围时壮烈牺牲，时年26岁。

王荃(1916—1943),原名王纶学,又名李纶学。民国5年(1916)2月2日,生于广东省揭阳县棉湖镇(揭西县)。与巩坚同时调掘东区任区委书记。

王是遗腹子,10岁时,哥哥又因病去世。家境贫寒,全靠母亲和嫂嫂做针线过活。在棉湖兴道小学毕业后,21年,求学于福建集美试验乡村师范。师范毕业后,先后任广东省集宁县植槐小学教师、富美小学校长。

王在师范读书时,受到生活教育社进步思想熏陶,对革命有初步认识。毕业后,回到家乡参加学术研究社(中共外围组织),积极投入抗日救亡运动。民国24年(1935),在棉湖组织爱国学生读书会,与爱国青年一起学习进步书刊,出版抗日墙报,还建立剧团,演出抗日话剧和街头活报剧。民国26年(1937),在富美小学担任校长期间,向学生灌输抗日爱国思想,组织师生下乡进行抗日宣传。民国27年(1938)春,由曾鸣介绍参加中国共产党。下半年,富美正式建立党支部,王担任中共支部书记。在中国共产党领导下,王把全部精力用于发展青年抗日运动和建党工作,活动范围由普宁扩展到潮阳一带。

民国30年(1941)3月,王荃受中共组织派遣,到达苏北新四军第六师十八旅。不久,由师部送到盐城新四军军部,在华中局接上组织关系后,即被送往当地抗日军政大学五分校学习。学习结束后,分配到苏中四分区工作,7月初,担任苏中四分区学生干部夏令营(设在丰利、由地委举办)某队指导员。后任中共通海县工委书记。民国31年秋后,调任掘东区委书记兼副区长(工作业绩详见巩坚传记)。

民国32年(1943)11月9日傍晚,王荃、巩坚及区机关一部分人员在九门闸据点附近豫埘乡研究工作,突然遭到日伪军偷袭。在突围时,王荃因伤势过重,于第二天夜里停止呼吸,时年28岁。

殷逸(1919—1944),丹阳县访仙乡塘里村人。6岁丧父,家境贫寒,从小懂得人间辛酸,养成坚强性格。读书十分刻苦,16岁考入丹徒县黄墟师范。在师范里结识许多爱国青年,阅读大量革命书籍。民国26年(1937),“八一三”事变后,江南大片国土相继沦陷,殷逸目睹日本帝国主义蹂躏中华同胞,国民党政府消极抗日,积极反共、危害人民,殷热血沸腾,仇恨满腔,毅然投笔从戎,参加抗日队伍。

入伍后,开始负责军需工作,因当时斗争很艰苦,没有武器,就用缴获日伪的武器武装自己,另外,靠自己筹款去购买。为解决部队给养,殷曾和同志们一起创办小农场,生产粮食,解决战士生活问题。他还动员母亲卖掉家中几亩地,用以购买枪支支持抗日队伍。民国27年(1938)8月,加入中国共产党。

民国29年(1940)冬,殷随新四军到南通。之后,又到盐城抗大学习,并任大队长。民国31年9月,由抗大调往南通警卫团任参谋长。民国32年4月,敌人开始对苏中四分区实行残酷“清乡”,殷带领部队与南通人民一道英勇战斗,取得第一期反“清乡”斗争胜利。是年10月,原南通警卫团团长吴光上调分区,殷接任团长,刚担任团长不久,就带领部队在石港敌人据点附近，消灭双手沾满人民鲜血日本侵略军指挥官山本一伙。

在艰苦斗争环境里，殷不折不挠地与敌人进行顽强战斗。遇事沉着冷静，胆大心细，机智勇敢，是个优秀指挥员。殷善于发动群众、组织群众、依靠群众，曾多次带领部队在区队和民兵配合下，运用机动灵活战略战术，袭击日伪军，消灭敌人有生力量，保卫抗日民主政权和根据地，为革命立下许多战功。

民国33年（1944）4月26日，中共南通县委、县政府、县团机关驻在兵房东南中安村秦在高宅上，由县团七连两个排警卫。中午，兵房据点日伪军，化装成下海渔民，由汉奸带路，偷袭中共机关驻地。殷团长在这次战斗中光荣牺牲，年仅25岁。忠骨埋异乡，英名垂千古，兵房人民专门为殷团长在中安村和太平村交界处建造烈士墓，供百姓和学生祭拜。20世纪90年代，其亲属把烈士遗骸迁回故地安葬。但殷逸为中国人民解放事业之献身精神，将永远活在当地人民心中。

姚秀珍（1911—1947），女，清宣统三年（1911），生于南坎乡育新村一个贫苦家庭里。一家3口人，田无一寸，靠父亲跑小海度日。民国5年（1916），父亲因积劳成疾去世，从此，母女俩相依为命，讨饭营生。民国12年，姚到人家当童养媳。婚后，在当地无法维持生活，便迁至新生乡犁头尖（华丰乡犁丰村）亲戚家住下，以给地主做长工糊口。之后，便忍痛把两个女儿送给人家做童养媳，带着儿子讨饭为生。

民国33年（1944），姚秀珍在华丰乡指导员宋正影响下参加农抗会，同时任犁丰村妇抗会主任兼新生乡妇抗会委员。姚走村串户，发动妇女做军鞋、磨军粮，支援前线；土改中，带头向地主进行说理斗争。民国35年8月，加入中国共产党，从此，工作更加积极，处处发挥模范先锋作用。同年10月大参军运动中，将唯一只有16岁儿子送去当兵，在姚带动下，全乡几十名妇女送子参军。民国36年，国民党军队向如东县全面进攻，“还乡团”乘机反扑，进行阶级报复。姚不怕牺牲，坚持原地斗争，在土改复查中，带领贫下中农斗争恶霸地主，并亲手镇压一个民愤极大地主婆。因此，阶级敌人对她恨之入骨，无时无刻想谋害她。

12月27日下午，恶霸地主吕学荣根据一个坏人告密，带领“还乡团”100多人下乡捕捉姚秀珍，将其带到掘港。敌人大发兽性，采取种种酷刑，除抽皮鞭“坐老虎凳”“灌肚肺”外，还用钢针刺手指和脚趾，用烧红铁丝捅乳房，姚痛得几次昏过去，但宁死不屈，守口如瓶，没有暴露中共半点机密，没有出卖同仁。29日，被敌人连戳三十几刀，英勇就义。姚曾经多次说过：“一个人要真革命，不要假革命。如果谁被敌人抓去，宁可死一个，不能死一窝。”姚用实际行动实现自己誓言。

沈正家（1925—1947），民国14年（1925），生于启东县久隆镇一个贫苦农民家庭，3岁那年，因在当地无法生活，全家迁到马家店村居住，帮地主打短工度日。9岁入学，4年后辍学务农。民国29年（1940），参加新四军，民国31年，加入中国共产党。民国34年，因战争左手致残，复原回乡，历任村长，利民乡乡长等职。

民国36年（1947）12月12日，国民党军队纠集“还乡团”，大举向掘东地区“清剿”“扫荡”。沈正家获悉后，立即带领群众向华丰乡一带转移。由于奸细告密，遭敌围困，其父子不幸被捕。当天晚上，敌人对沈威逼利诱，要其说出乡干部和中共党员。正家大义凛然，一身正气，斩钉截铁地说：“我就是乡长，共产党员。其他人名字你们休想从我嘴里得到。”敌人十分疯狂，用铁钉钉进他10个手指，用木棍打断他两腿。在惨无人道毒刑面前，这位共产主义战士始终没有透露中共机密。

19日深夜，突然监狱里传来敌人吆喝声：“沈正家出来！快！”正家预感敌人要下毒手，对着父亲说：“为革命我死不足惜，只是未见光明。美兰（正家之妻）已身孕两月，不论是男是女叫她好生抚养，长大后继承父业。”说罢，忍着双腿剧痛，顽强立起，昂首挺胸，迈向刑场，年仅22岁。

夏桂芝（1925—1947），又名夏茂青，镇西乡（大豫社区）镇北村人。民国14年（1925）生，民国30年（1941），毕业于邱陞中学。民国31年，任大豫小学教师，后任校长。民国34年，加入中国共产党。

夏桂芝中学毕业后，即在家乡办学校，经常对学生进行爱国教育，灌输抗日救国思想。民国32年（1943），日本侵略军侵占大豫镇后，夏将学校从大豫镇迁往农村，利用铺板、长桌作书桌，木板代黑板，展开游击教学。有一次，日本侵略军突袭学校，夏很机灵地叫学生拿出“四书”摆在桌上默读。日本侵略军离开后，又领导学生排演文娱节目，宣传抗日救国。夏还自编一首抗日小调，经常领着学生们唱“男女老和少，爱国最重要，配合游击队，站好岗放好哨，活捉日本鬼，叫他吃大刀……”。

抗日战争胜利后，夏桂芝兼任乡政府文书，白天坚持教学，组织学生排演《送郎参军》等节目，积极配合党的中心运动，夜里不辞劳苦地为区委整理材料。

民国36年（1947）9月26日凌晨，驻掘港国民党军队，由一个暗藏坐探领路，偷偷窜到镇西乡杨家湾一带，将夏桂芝抓住。敌人强迫桂芝交出区乡干部和中共党员名单，夏蔑视地说：“区乡干部是长脚的，党员就是夏桂芝。”敌人十分恼火，强推着夏去掘港据点，夏倔强不走，敌人无奈，举枪击中其头部，又对准胸膛猛刺一刀，夏壮烈牺牲。

吴兆卿（1921—1947），乳名财宝，民国10年（1921），生于兵房乡一门闸村一个较富裕农民家庭。兄妹3人，排行老大。11岁上学，学习认真，爱好体育，15岁辍学。

民国31年（1942）秋，吴在中国共产党教育下，秘密参加民兵，整天为革命工作奔波，没有时间替家里种田，有时晚上也不回家。父母亲为让其收心，腊月里给吴娶媳成亲。婚后，吴依然经常在外开展抗日活动，甚至几天几夜不回家。父母亲以为小两口不和睦，就盘问吴兆卿，吴笑着说：“我们夫妻关系很好。我经常在外面跑，是为同日本鬼子斗争，让大家过太平日子。”说得父母亲直点头。

民国33年(1944)初春，南通县警卫团与虹元乡游击队在野鸭荡伏击日伪军100多人，敌人除少数被击毙外，大部分跳河逃命。一天，县委组织100多名民兵到那条河里去捞枪，天很冷，吴第一个脱下棉衣，跳入冰冷刺骨水中，一连摸到4支枪，县委一位负责同志关心地说：“快上来，别冻坏！”吴咬咬牙，又潜下水，摸到两支枪。在当天总结会上，吴受到表扬。

民国33年(1944)4月12日，吴加入中国共产党。民国35年7～8月间，全县始开展土地改革运动。一天上午，吴(民兵中队长兼村长)在村民大会上公布土改政策，当众宣布：“土改从我家开始，不管大人小孩，人均3亩田。”听到这里，村民个个欢欣鼓舞。会后，吴第一个将30多亩将要成熟玉米地全部分给贫下中农，使全村土改工作得以顺利进行。

民国36年(1947)，吴担任新中乡民兵大队副。7月25日清晨，一个排敌人下乡，吴来不及撤退，被敌人发觉，为不使文件等材料落入敌手，将全乡民兵名单塞进嘴里，枪藏在河边，其余材料搓烂后，连同背包一起沉入水底，敌人三面包围，吴不幸被捕。

当天，吴被押至国民党掘港区公署监狱。敌人逼吴自首，吴大义凛然，顽强不屈。敌人酷刑用尽，一无所获，便将吴活埋。人们为纪念吴兆卿烈士，曾将闸北村改名为兆卿村。

顾方城(1919—1947)，民国8年(1919)生于丁店乡协和村一个农民家庭。民国30年，参加革命。同年，加入中国共产党，曾任乡农会主任，掘东区农会主任，掘东区豫和乡乡长、中共乡支部书记，三余区委组织委员，掘东区委宣传科长兼豫和乡乡长。民国35年10月，调苏中党校学习后被分配到东南行署海中区委工作，并兼任该区聚东乡支部书记。

新四军东进后，顾带领民运工作队，积极发动群众，组织农抗会，进行减租减息；带领民兵去瓦解歼灭大豫盐垦公司南一区实业队，收缴他们武器，还经常带领民兵去敌据点袭扰，侦探敌情。有一次，打听到兵房据点的日本侵略军去丁店造桥，顾带领民兵和南通警卫团联手，打胜一场漂亮伏击战，使日本侵略军伤亡惨重。是年，顾组织贫苦农民斗地主分田地，没收南一区公司和当地地主富农田地房屋，分给贫苦农民。全区土改，顾负责的乡工作开展得最快最好。在苏中战役中，顾组织并带领担架上前线，运送弹药、粮草、抢救伤员，由于支前工作成绩显著，受到分区梁灵光司令表扬。正当他们热火朝天忙支前之时，国民党特务分子煽动和迷惑乡里一些群众围攻革命干部，顾置个人安危之度外，挺身而出，向群众揭露敌人造谣阴谋，使这场骚乱得到平息，地方局势得到稳定。

民国36年(1947)3月，对敌斗争形势发展到最紧张阶段。在一次敌人下乡“扫荡”时，顾不幸被捕。面对敌人严刑逼供，顾始终保持一个中共党员革命气节，最后被敌人用乱刀砍死。时年28岁。

顾云鹏(1921—1949)，乳名爱棋，海门县汤家镇人，民国10年(1921)，生在一个贫苦农民家庭。

云鹏兄妹9个，父母体弱多病，两个哥哥被迫送到上海去当学徒工，7个弟妹瘦得皮包骨头，债台高筑，无法生活下去，父母决定把两个妹妹送给人家当童养媳，一个弟弟和一个妹妹送进育婴堂。刚成年的顾云鹏哭着央求父母留下弟弟和妹妹，自己推一部木轮车，含泪告别亲人，只身到兵房利民乡兴北村，为地主开荒种地，把挣到钱带回海门老家，养家糊口。顾为地主起早摸黑地干，劳累过度，常常口吐鲜血。

民国32年，顾秘密参加民兵组织，担任民兵大队长。民国35年，土地改革时，顾和许许多多受尽磨难穷苦人一样，分得土地。从此，工作更加积极。民国36年大参军，说服妻子，在乡里报名大会上，第一个上台报名。激动地说："我们靠中国共产党翻身，现在反动派还没有被打倒，我们不能忘记共产党情义呀！"在其影响下，思想上有顾虑的人也纷纷上台报名。顾踊跃报名参军模范行动，受到区、乡领导表扬。

到部队后，顾机智勇敢，冲锋陷阵，先后荣立二等功两次，三等功4次。不久，加入中国共产党，提升为排长。民国37年冬，参加淮海战役，在战斗进入紧张激烈阶段，炊事员做好饭菜难以送上阵地。顾见状，扛起装满饭菜炊具，冒着枪林弹雨，机智地送往前沿阵地，战友们深受感动。在淮海战役庆功大会上，团首长号召大家向顾学习，并为他记二等功。

民国34年5月，顾参加上海月浦战斗。在5月14日战斗中，一颗炮弹在离他不远处爆炸，左手受伤，战友们劝其到后面去包扎，顾说："不要紧，我还有一只手！"说完又勇猛地朝前冲去。突然，一颗子弹又击中他右手，鲜血浸透衣服，人昏迷过去。担架队员马上把他抱上担架，谁知在抢运途中又遭敌机扫射，顾腹部中弹，壮烈牺牲。时年28岁。

张智音（1921—1947），又名张平山，民国10年（1921）2月，生于华丰乡和尚圩子一个佃农家庭（民国35年，迁至兵房镇东安村10组）。兄弟3人，智音是老大，自幼聪明伶俐，7岁读私塾，后进初小读书。勤奋学习，常深夜苦读。不但学习成绩名列前茅，且与同学团结友好，发现别人吵架，即上前排解。因此，老师、同学对其交口称赞。后因家里需要人手，只读到5年级，遂辍学务农。19岁结婚。

张生性耿直，疾恶如仇。民国29年（1940）6月，顽保长秦邦宰指派户口捐，每户1元，差保丁挨家挨户限时催交。群众心中明白保长又在敲竹杠，找张商量对付办法。张胸有成竹地说："保长来收捐，我们叫他出收据，再到乡公所去摸底，要是将我们钱上他腰包，一定不饶他！"经查证，果然是秦邦宰中饱私囊，张非常气愤，动员群众开会，与保长进行斗争，将秦邦宰赶下台。通过这件事，群众对智音更加深信，便推选其当保长。

民国29年（1940）11月，新四军刚刚东进，中共南通中心县委派出顾楠（即石坚）等到华丰乡开辟工作。在顾楠帮助下，张和二弟张志琴（即张豪）先后投入革命行列，参加农抗会，带领农民向华丰垦牧公司进行说理斗争，实行"二五"减租。石坚发现张虽当过保长，但为人稳重，办事公正，在农民中间有一定威信，便在是年春将其发展为中共党员。不久，张担任中共乡支部组织委员，在进行“二五”减租斗争中，立场坚定，工作积极，深孚众望，被选为华丰乡民主政府乡长。

民国30年（1941）秋，张被上级派往掘东区，任区农抗会主任兼豫滨乡乡长，民国31年夏，调任区委副书记兼组织科长。民国32年（1943）春，兵房日本侵略军一个班下乡抢劫，到七贯东边豫滨乡联防队驻地，张果断地命令联防队应战，关上门从窗口里监视日本侵略军。一会儿，一离队日本侵略军骑自行车直奔联防队驻地，张即指挥队员打一排枪，将日本侵略军击毙，当其余日本侵略军听到枪声赶到时，队员们早已撤走。同年11月上旬，区委书记王荃、区长巩坚先后牺牲。领导掘东区人民进行反“清乡”斗争重担就落在张智音肩上。不久，为更好开展反“清乡”斗争，掘东区鲍家坝以南至九门闸地区划给南通县三余区，张调任该区区委书记。

在反“清乡”斗争中，张带领地方武装，坚持游击战争，狠狠打击敌人凶焰。民国32年4月，一天上午9时，日本侵略军、伪军、伪警及伪乡、保长共五六十人，从大同镇出发，沿路抓人捉鸡，要到伯安镇去收伪捐。张带领联防队，打胜一场漂亮伏击战，使敌人不仅没有捞到好处，反而损兵折将，丢下许多枪支弹药，当地群众拍手称快。民国34年3月，一天下午，一架从上海飞往东京日机因遭遇雷雨而被迫降落在三门闸东边沙滩上。飞机上有20多个日本侵略军（大部分是军官），还载着许多军用品。张得讯后，带领三余区游击队，配合南通县警卫团某连，将日本侵略军全部歼灭，并将飞机上军用品和重要部件运走。

民国35年（1946）10月，张调任通海工委委员、通海独立营营长。当时，国民党军队大举“清剿”通海地区，通海独立营处境艰险，士气一度比较低落。而张对革命前途非常乐观，冷静地分析斗争形势，对部队进行“蒋军必败，共军必胜”教育，增强战友们坚持斗争信心。在张带领下，通海独立营终于摆脱困境。

是年底，为坚持海西地区斗争，恢复已经失去阵地，中共组织任命张为海西区区委书记。敌人对海西地区实行严密封锁和疯狂“清剿”，经常出动大批兵力包围一个乡或几个村，封锁大小道路、河流和桥梁，然后梳篦式地挨户搜剿，一天之间不知要发生几次危急情况。张装扮成捞鱼摸虾渔民，以躲过敌人耳目。没有饭吃，就以生玉米、山芋充饥；没有房子住，夜里睡坟堆、钻地洞，有时带领武工队挺进据点脚下，贴标语，撒传单，扰乱敌人；有时带领区中队到边缘地区打击下乡骚扰还乡团。在开展锄奸斗争中，张善于区别对待，分化、瓦解敌人。三星镇有个钱姓地主，趁国民党军队下乡“清剿”之机，扒田倒租，并煽动地主、富农暴动，张坚决将这个家伙枪毙。而对一些罪行较轻顽保长，进行形势和政策教育，争取他们成为两面派保长，控制使用。一次张获悉国民党一区区长徐宝荣到连元镇收捐，就带领区队连夜埋伏在其必经要道口，待敌人进入设伏圈时，一声令下，机步枪一齐射向敌人，将罪大恶极徐宝荣击毙。这次成功伏击战给当地干部群众以极大鼓舞。

张同海西地区人民一起坚持原地斗争，人民也把其当成亲人，千方百计加以保护。一次，张被敌人包围，迅速躲到一户人家，一位老大伯连忙把张带到一个大橱后面，藏进夹墙，这才脱险。

民国36年(1947)8月，海西地区斗争形势有所好转，区委活动从掩蔽转入公开。8月1日下午4时许，张与区长姜杰、区委委员茅锡堂3人，在磨框镇东北张锦标家门口(海门瑞祥乡平山村)，研究如何组织群众开展抗捐斗争。突然，从附近高粱地里窜出下乡收捐顽保长和自卫队，因仓促应战，张不幸被敌人击中，光荣牺牲。

党的好干部、人民的好儿子张智音的牺牲，海西地区干部、群众异常悲痛。当地人民为纪念张，将其牺牲之地长安乡改为平山乡。

张牺牲之前，一次，地委在花家园召开地方干部会议，与(胞弟)张豪久别重逢，交谈很长时间。张谈到敌人对其一家迫害，谈到海西地区艰苦斗争，激动地说，“家里房子被日本侵略军和国民党军队拆毁、焚烧四五次，父母流落在外，但我没有动摇，只有一个信念，那就是坚持到革命胜利，看到全国解放。”张的革命历程，显示出一个中共党员矢志革命、百折不挠高贵品质。虽然敌人夺去智音年轻生命，但智音革命浩气永驻人间。

於国英(1927—1947)，女，掘东八总乡(掘港镇八总村)人，民国33年(1944)，参加革命。民国34年，加入中国共产党。民国33年秋，於参加妇抗会，并担任新杨乡妇抗会主任。於积极培养妇女骨干，组织发动群众做军鞋1300余双，运送公粮2500余公斤。当时，有些群众思想比较保守，不让子女参加革命工作，於便走村串户，耐心动员。先后发动妇女骨干84名，圆满完成上级交办任务。参军运动中，於积极动员青年走上前线。因工作积极，成效显著，曾多次被评为县、区支前模范，妇女积极分子，并任掘东区四乡联防妇救会主任。民国36年，国民党军队“清剿”达到高潮，形势极为恶劣。於坚持在原地领导群众进行对敌斗争。6月28日，於回家换衣服，因坏人告密，遭国民党军队突然包围，将其逮捕。

敌人将於押送据点，满以为一个女人好对付。谁知於软硬不吃，顽强地严守着中共机密。母亲前去探望，於让母亲转告党组织：“妈妈，我落入虎口，宁死一个，决不叛党！请同志们多多保重，我永远是党的忠实女儿！”7月3日，国民党当局见在於身上榨不出东西，便对其狠下毒手，用刀割去乳房后推入泥坑中活埋。於牺牲时，年仅20岁。当地人民为悼念於，将新杨乡改名为杨於乡。

徐在能(1923—1947)，民国12年(1923)生，江苏海门人，后移居丁店公社磨墩大队六生产队(大豫镇伯安村)。民国32年6月，参加革命，民国33年加入中国共产党，任海门县余东区队通讯员。曾担任中共海西区委书记张智音勤务员。民国36年8月，一天，张智音到海西区工作，在磨框镇东北张锦标家门口桃树下研究工作，突遭敌人袭击。徐在掩护张智音撤退时，自己不幸被敌人逮捕。被捕后，遭到敌人严刑拷打，但他坚贞不屈，始终未透露中共机密。敌人无奈，最后用沸水将其活活烫泡死。中共地下组织获悉后，连夜将徐遗体抢运回家，葬在家乡土地上。人们为纪念光荣牺牲烈士，一度将徐所在村命名为光荣村。

徐征（1926—1948），兵房镇西乡人（徐征村），民国15年（1926）生。17岁进如皋（东）中学读书，同年，加入中国共产党。不久，任该校中共支部书记兼学生会主席，毕业后，曾先后担任中共掘北区委委员、县公安局审讯课课长、县警卫团保卫股股长、苏中九分区八团一营教导员等职。

徐在中学时代，勤奋好学，除攻读必修课外，还阅读大量革命理论书籍，向同学热情宣传中共抗日主张，带领大家积极投身抗日救亡活动。中学毕业后，徐即参加地方抗日工作。解放战争爆发后，调县警卫团工作。

徐参加革命后，处处以革命为己任，从不考虑自己得失。解放战争初期，一天，随部队进驻兵房，离家很近，父亲闻讯，赶到兵房叫儿子回家探亲。这时，徐正和战士一起挖战壕，准备迎击敌人。便对父亲说明情况紧张，安慰老人家几句，就匆匆带领战士们抢筑工事。

徐参加多次战斗，先后缴获不少战利品，如钢笔、手表等，但都如数上缴，从不私取一件。

徐在部队指挥果断，作战勇敢，身先士卒。民国36年（1947）11月，一天，中共主力部队奉命攻打南通县东社，营教导员徐征率部担任钳制任务，战斗十分激烈，一小股残敌向东南方向逃窜。徐立即带领战士们奋勇追击，一举歼灭残敌。

民国37年（1948）1月22日，九分区八团攻打岔河镇，徐担任二线任务。战斗进行到第2天凌晨3时，岔河守敌仅剩下最后一座碉堡未被攻克。为迅速解决战斗，徐挺身而出，亲自率领突击排，冲向敌碉堡，在冲锋途中，不幸头部中弹牺牲，年仅22岁。

顾谭（1930—1948），又名顾凤良，兵房乡培德（强民）村人，民国34年（1945），参加革命工作，民国35年，加入中国共产党。民国32年，豫中乡天主堂小学高小毕业，民国33年始，就读南通县三余重三中学，民国34年9月，参加苏中一分区“文研会”培训，结业后，天主堂小学任教。民国35年始，任豫中乡中二区小学校长，年底，调任中共掘东区委秘书。

顾谭性格较内向、办事沉稳、言语不多。5岁丧父，与母亲和3岁弟弟（顾渤）相依为命，因身为家中长子，从那时起，就替母亲分担一些家务，家里有关社交，如红白喜事送人情、签字画押等均由他出面办理，同时也得到东邻西舍长辈们的关爱。小学1～4年级时，因精力分散学业成绩一般，从5年级始，随年龄增长，智力得到开发，越来越显得成熟，加之追求上进的心情迫切，学业成绩快速长进，成为全班优等生。进入中学后，在学生中出类拔萃，语文、代数十分冒尖。曾写过一篇题为《天与地》的作文，虽篇幅不长，但文字简洁，主题突出，含义深刻，整篇文章均画满老师的红笔圈，全班同学刮目相看，并在全校师生中产生强烈反响。尽管如此,顾谭还是因家中经济窘困,寡妇母亲再也无力支付学杂费而被迫辍学。回家后,正逢地方缺教育人才,毅然投身教育事业。

顾谭参加工作后,思想进步、工作积极、严于律己、谦虚谨慎、团结同志。在担任中二区小学校长期间,因校里师塾老师多,文化基础、教学水平较低,虽说有几位曾是顾谭小学老师,但他从不以校长自居,当同事们在教学中碰到困难时,顾谭总是主动耐心地进行辅导,帮助他们提高教学水平,把学校工作打理得井井有条。

民国35年(1946)底,调到中共掘东区委工作后,适逢土地改革和大参军运动,加之国民党军队不断进行大扫荡,当时,掘东区的局势十分紧张。顾谭被分配到豫北乡负责土改工作,一名樊姓地主依仗女婿是苏中九分区八团某营教导员,对土改工作牢骚满腹,且有抵触情绪。顾谭摸实情况后,召开群众大会毫不留情地对樊进行斗争,并严厉指出,"你的女婿是中国共产党领导下人民军队的干部,若是知道你对抗政府土改运动,也会站在党和群众的立场上,不会饶恕你的。"顾谭正言厉色直批得樊浑身发抖,在群众强大威慑下,樊跪在地上向政府和群众低头认罪才得到宽恕。豫南乡一名张姓富农,是顾谭未婚妻的父亲,因对政府分掉其田地想不通,言语不慎,引起公愤,被群众打死,顾谭知道后,表示绝不姑息,坚决维护党的土改政策,坚决拥护群众的革命行动,表现出一个共产党人的宽大胸怀。

民国36年(1947),在大参军运动中,顾谭遵照区委指示在做好组织发动工作的同时,带头报名参军,因组织上考虑到区委工作需要他,未能获准参军,但他毫无怨言,服从组织安排,继续留在地方工作。为营造大参军舆论氛围,他在《江海报》连续发表文章,民国36年(1947)12月《江海报》头版头条"掘东区大参军运动搞得热火朝天"一文刊出后,把全区大参军运动推向更高潮。

民国37年(1948)4月23日(农历三月十五日),这是一个难忘的日子,国民党军队在苏中地区进行大扫荡,当时,东南警卫团一个连队途经掘东返回团部(启海地区),因路途不熟,由顾谭做向导,在南坎西北方向正面遇敌,寡不敌众,部队在撤退时,前卫调成后卫,顾谭正患疟疾,身体虚弱,未跟上部队,惨遭敌人杀害。

顾谭牺牲后,被追认为烈士,并把其所在村命名为顾谭村。

杨士洲(1930—1965),马家店村人。民国19年(1930)生,民国36年11月,参加中国人民解放军,1950年5月,加入中国共产党,入伍后,长期从事军事工作,历任战士、骑兵、通讯员、正副班长、正副排长、正副连长、参谋、作训股长、正副营长,党内历任支委、支部副书记、营党委副书记、团党委委员等。曾参加淮海战役、渡江战役、抗美援朝等数十次战役。先后获渡江战役纪念章、解放奖章、抗美援朝纪念章、和平万岁奖章、战斗英雄纪念奖章。

1963年8月,任中国人民解放军四五六〇部队一营营长。1965年9月,在石家庄病故。被评定为烈士。

附记：

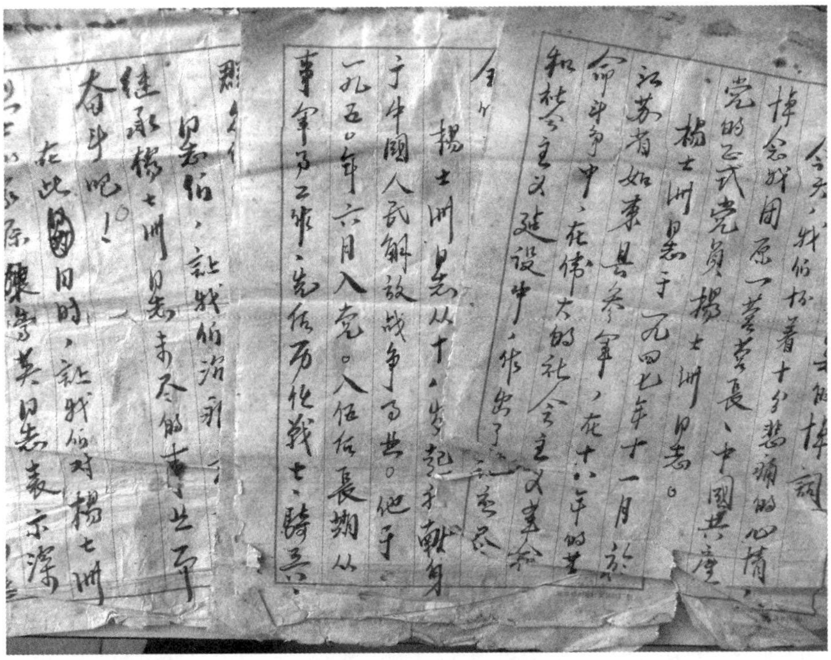

悼词

今天，我们怀着十分悲痛的心情，悼念我们原一营营长、中国共产党的正式党员杨士洲同志。

杨士洲同志于一九四七年十一月于江苏省如东县参军，在十六年的革命斗争中，在伟大的社会主义革命和社会主义建设中，作出了[illegible]

杨士洲同志从十八岁起参加革命，[illegible]于中国人民解放战争[illegible]。他于一九五〇年六月入党。入伍后长期从事军事工作，历任战士、[illegible]

[illegible]同志们，让我们[illegible]继承杨士洲同志未尽的[illegible]奋斗吧！

在此[illegible]同时，让我们对杨士洲同志家属[illegible]表示深[illegible]

杨士洲追悼会悼词复印件

李华（1964—1984），南坎社区人。1964年9月2日生。兄弟姐妹4人，李排行老三。从小聪明懂事，体贴家庭困难。为照管妹妹，直到9岁才进小学读书。李言语不多，学习勤奋，成绩优良。在小学高年级时，被推选为学校少先队大队长。

1978年，李以优异成绩考取中学。家里经济有困难，早晚帮助家里做活计，利用节假日下海捕鱼、挖文蛤，以增加收入，交付学杂费。在学校里，无论植树绿化或大扫除活动，都走在前头。从不逞强，同学间关系融洽。学习上严格要求自己，作业从不马虎。1981年5月1日，加入中国共产主义青年团。

1982年7月，李高中毕业，报考大学未取，参加补习班学习。年底，村里动员青年服兵役，毅然放弃继续学习深造机会，回到村里积极报名应征。入伍后，在陆军四十一师（甲）一团特务连工兵排任战士、副班长。

1984年7月，部队接到赴边参战命令后，李对越军炮击中华村庄、杀害中华边民侵略行径，怒火满腔，在参战誓师大会上，李说："在战斗危急关头，需要滚雷，我就学安忠文；需要炸碉堡，我就学董存瑞；需要赌枪口，我就学黄继光。"

李这样说，也这样做。在参加军事院校招生考试之后，急切要求随军赴边参战。班里没配班长，勇挑重担，带领全班积极筹集战略器材。发现班里有3名新战士思想有点紧张，就主动找他们谈心，帮助消除顾虑，坚定参战信心。

部队集结文山后，李模范地执行民族政策，严守军营各项规章制度，协助班长带领全班战士投入临战训练。李对战士要求严格，对自己要求更高。在跪姿设计训练中，膝盖在石块上跪肿，仍忍痛坚持瞄准；投掷手榴弹时，别人投一枚，李投两枚，看到弹着点集中在一起才满意。“功夫不负有心人”,在评比中,李与全班基础课目均取得全优成绩,深得上级首长赞扬。

1984年8月14日下午,李带领全班参加排里组织埋排雷训练。面对真雷,争着首先操作。正当李一丝不苟地作业时,不料一颗59式绊发雷在其身旁1米处爆炸,李不幸被弹片砸中,身负重伤,经医院抢救无效,光荣牺牲。时年21岁。

部队党委根据李生前要求与表现,追认李为中共党员,并记三等功一次。

徐鹤兵(1964—1984),乳名龙儿,香台村人。1964年12月6日生。徐排行最小,深受父母疼爱。

徐8岁入学,1980年7月,初中毕业后,回乡务农,参加大队基干民兵,并担任生产队电工。他工作积极热情,不管谁家有事,都能随叫随到。

徐认真参加民兵训练,不怕吃苦。在一次民兵集训中,因卧姿出枪动作难度大,一时不易掌握。晚饭后,独自一人在操场上练习,直到很晚才回家。

1982年7月,加入中国共产主义青年团。同年冬天,积极报名应征入伍,编入陆军四十一师(甲)一团七连当战士。

1984年7月,部队赴边参战。徐积极向连队党支部递交请战书和血书,迫切要求承担最艰险、最重要战斗任务。在临战训练中,刻苦磨炼自己,尽管身上摔伤多处,从不叫一声苦。徐深感自己军事技术欠缺,虚心向别人请教,自觉给自己提高训练难度。在考核评比中,各项战术均获优良。

12月8日,徐随班加强二连,坚守阵地一一六。该阵地突出前沿,三面受敌,与敌人近在咫尺,声语相闻。越军每天炮击。徐多次冒着炮火站岗放哨。有一天晚上,徐担当潜伏哨时,发现有两个越军偷偷向上爬,便沉住气,待越军接近哨位时,给其一个猝不及防,迅猛地投出几枚手榴弹,打得越军带伤窜逃。在坚守一一六阵地日子里,徐多次和战友打退敌人偷袭。从12月19~21日这几天,越军又频繁向一一六阵地进行反扑。在激烈战斗中,徐被炮弹炸伤,坚持不下火线,继续投入战斗。21日晚,越军炮火打得更猛烈,徐不顾安危,主动要求进入哨位,迎击敌人。正当严密注视敌情时,越军一发炮弹在其哨位上爆炸,徐光荣牺牲,时年21岁。

部队党委根据徐生前要求和表现,追认徐为中共党员,并记三等功1次。

陆欣(1964—1985),强民村人,1964年1月生。由于弟妹多,家庭负担重,仅读一年高中即辍学务农。陆个儿高,力气大,为人忠厚老实,平时乐于助人,经常帮助周围烈军属和五保老人做好事,邻居们都夸陆是个好青年。1980年,陆参加基干民兵,在两年冬训中,苦练杀敌本领,投弹、射击成绩均达优秀,受到区、乡人武部表扬。

1982年1月,陆应征入伍,在部队里,勤奋学习,努力工作,刻苦训练。1985年1月,加入中国共产党,担任班长。同年2月,当听到所在部队要抽调部分人员参加“轮战”时,第一个向部队领导递交决心书,积极请求参加,部队领导见其要求迫切,态度坚决,将陆调到参战部队,担任副班长。从班长“降”到副班长,陆情绪没有受到丝毫影响,并向领导表态说:“只要批准我上前线,让我干什么都行!”

部队即将开赴前线,陆在想什么呢?2月23日,在给父母亲信中写道:“……我已经做好各种打算,想得也很多,但我总感到一生中遇到打仗是难得机会,自己没有什么后悔……做好一切准备,待命出发。爸妈接信后不要难过,更不要流泪,要为自己感到光荣和自豪。”3月30日信中说:“……没有人去打仗,国家不得安宁,轮到我们,就毫不犹豫去捍卫,这是我一生中最光荣任务。”4月2日,在前沿阵地上庄严宣誓说:“宁愿前进一步死,决不后退半步生,粉身碎骨何所惧,敢将热血洒阵地。”

报国之心,肺腑之言,撼人心弦。如果说陆对组织上还有什么特别要求,那就是在猫耳洞里对班长包虎明说过一段话:“班长,如果我牺牲,没有其他要求,请你转告组织上,把我转为中共正式党员。”

连队进入阵地,一班防守高地有一个要道口,三面受敌,是越军进攻主要目标,当班长决定自己带两名战士去那里防守时,陆马上坚定地说:“你是班长,要指挥战斗,那地方我去!”

5月31日凌晨,群山被大雾笼罩,陆带领两名战士警惕地监视着堑壕外。突然,敌人炮声震醒宁静山峦,炮弹像冰雹一样倾泻在中方阵地上。陆让战友们隐蔽好,只身在猫耳洞一角注视着敌人动静。一阵猛烈炮击后,陆发现烟雾下黑压压一片越军已爬到半山腰。一边命令战士们准备充足弹药,选择有利地形,等越军靠近打,一面用报话机呼唤炮弹支援。等越军离1号哨位只有20多米时,陆大喊一声:“打!”随即率先投出一枚手榴弹。两名战士分别用轻机枪和冲锋枪死死地封锁越军冲击路线,一下子撂倒10余名越军,打退越军第一次反扑。正当他们顽强抗击时,不料越军又从另一哨位右前方向上爬近。这时,一个战士负重伤,陆立即操起轻机枪向敌人猛扫,越军又丢下7具尸体,溃逃下去,二次反扑又遭失败。越军恼羞成怒对1号哨位进行猛烈炮火覆盖,哨位洞口被炸塌,两位战士壮烈牺牲。这更激起陆复仇怒火,他备足手榴弹,又从战友身上扒出报话机试试,发现未被损坏,就背到身上,10分钟后,一个排越军在炮火掩护下,又分3路向一号哨位包抄,陆拧开手榴弹盖,换上子弹夹,决心与越军血战到底。当正面敌人爬到离哨位只有十几米时,陆迅速扔去两颗手榴弹,当即炸倒两名越军。接着又用冲锋枪一阵猛扫,正面越军被迫退下去。但是越军从两边爬到离陆仅七八米,一扣扳机,子弹已经打光,换弹夹已来不及。在这万分危急时刻,陆当机立断,扔掉冲锋枪,对着报话机大声喊道:“炮兵,炮兵,向我开炮!”几名越军大喊大叫地已经到跟前。陆两眼怒视着越军,掏出身上仅有一枚手榴弹,拉开弦,跃出战壕,扑向敌群。只听得一声巨响,这位中共忠诚战士与敌人同归于尽,用鲜血和生命捍卫国土,谱写出一曲气壮山河英雄赞歌。

1985年七八月间，军内外和省内外几十家报纸、电台都相继报道这位“王成式英雄”事迹。这就是老山前线一团五连一班副班长、一等功臣陆欣烈士。

刘长林（1964—1985），农场居委会二连人，1964年生，中国共产主义青年团员，1983年1月，应征入伍。

老山前线某部代理排长李海欣，带领14名战士，坚守一四二高地55昼夜，最后同十倍多越军浴血奋战，身负重伤后仍坚持战斗，用鲜血和生命捍卫祖国神圣领土。中央军委授予“战斗英雄”光荣称号。一四二号高地被称为“李海欣高地”，成为哺育英雄之战场。半年后，1985年1月15日，如东籍战士刘长林、徐寿如就在这块英雄土地上，为掩护战友，壮烈牺牲，用一腔热血，为“李海欣高地”增添新光彩，续写又一曲英雄赞歌。

刘长林比较文静，身体素质较弱，但有一股韧劲。部队进行临战训练，刘坚持每天早晨和课余时间，进行负重长跑、武装越野和爬山等训练。特别是在战术训练中，别人练一两次，他总要练上五六次，手磨破，脚摔肿，汗水湿透军装，不得要领，决不罢休！刘就凭着这股牛劲，经过刻苦训练，军事素质和战术水平突飞猛进，成为连队“刀刃”。

刘经常和战友一起互相鼓励，互相帮助，关系非常亲密。

1984年7月，随军开赴祖国南疆参战。一场生与死考验摆在刘面前，当英雄还是当孬种？这需要刘做出严肃回答。接到上级命令当天夜里，彻夜未眠，向中共连队支部写下请战书和血书，积极要求上级把最艰巨、最危险战斗任务交给刘去完成，刘还给自己亲人写信，表示在前线一定要英勇杀敌，不辜负家乡和亲人期望，为国争光。

在前线阵地上，战士们望着被敌人炮火炸毁的村庄、学校，仇恨怒火油然而生，一个个摩拳擦掌，准备严惩入侵之敌！刘更是求战心切，很想试试自己这把“刺刀”是否锋利！1985年元旦，刘配合副排长出击越军，摧毁敌掩蔽部和屯兵石洞各一个，歼敌6名，初次上阵，首战告捷。

几天后，刘奉命开赴久已向往、只有球场大小一四二号阵地担任坚守任务。部队临出发前，刘站在军旗下激动地向连首长说：“一四二号阵地是一座英雄阵地，上级命令我们去守卫，这是对我们无比信任。我一定以李海欣为榜样，顽强固守，奋勇杀敌，只要我人还在，阵地一定不会丢！”

一四二号阵地位于老山战区前沿，地势低洼，三面受敌。越军大青山、一四〇、四一一等阵地火力严密控制该阵地表面。特别是这个阵地8号哨位受敌一四〇阵地火力直接控制。同时一四二阵地是通往一五二、一一一等阵地必经之道，战略地位非常重要。

“一一五”战斗前，刘坚守在本班阵地上。之后，排长考虑其军事素质好，胆大心细，决定把这块“好钢”用在“刀刃”上，于是，把刘调到五班与徐寿如一道坚守8号哨位，面对侵略强盗，觉得十亿人民祖国大门交给他们看守，这是他们的骄傲和光荣；同时也感到肩上分量。1月15日清晨，越军出动两个步兵营和一个特工连兵力，在炮火掩饰下向一四二阵地进行疯狂反扑，其中一个连分两路向五班守卫阵地逼近。这时，刘让徐寿如在8号哨位严密监视敌人，做好迎击准备。刘则冒着密集炮火跑到7号哨位，向守卫在该哨位战友通报敌情，当其返回8号哨位途中片刻间，越军就蜂拥窜向7、8两个哨位，向堑壕上投下几十枚手雷，弹片在其身边乱飞，硝烟尘土使刘睁不开眼睛。但面对顽敌，沉着应战，沿着被敌炮炸平堑壕，边匍匐前进，边用冲锋枪和手榴弹火力压制越军，与战友们一道打退越军进攻。当刘回到8号哨位时，看到徐寿如已负伤，流血不止，马上用三角巾替战友包扎，两人闪进猫耳洞，准备迎击越军再次反扑。7时10分，越军又在猛烈炮火掩护下，纠集一个连兵力向一四二号阵地扑来。这时徐寿如脸色苍白，嘴唇干裂，嗓音发哑，呼吸困难。刘看徐这样子，十分心痛，再三嘱徐在洞中休息，徐一听很着急，气呼呼地说："长林，情况如此紧急，我们战要战在一起，死要死在一起，一定要把越军打下去，誓与阵地共存亡！"话音刚落，徐忍着剧痛，奋力跃出洞口，进入阵地迎击敌人。他们一个左，一个右，用交叉密集火力向扑进哨位越军猛烈射击，也不断将手榴弹投向敌群，就这样又一次把越军打下去。由于持续激战，阵地上伤员逐渐增多，弹药也越打越少，排长下达命令将重伤员撤进坑道。徐寿如把死留给自己，把生让给战友，不顾一切，跳出壕坑，像一尊天神，挺立在硝烟弥漫阵地上，用冲锋枪向越军扫射，吸引其火力点，正当战友们撤向坑道时，越军一发单兵火箭弹击中徐头部，这位党的忠诚战士，人民好儿子，用自己鲜血和生命捍卫祖国神圣边疆，实现自己诺言。

徐寿如壮烈牺牲，更激起刘对越军愤慨，端起冲锋枪向敌群射出一串串复仇子弹。这时撤在前面战友们看到刘在掩护，便喊道："刘长林快撤！"刘却大声回答："不要管我，快把伤员撤进坑道！"话音刚落，又接连向敌人投去几枚手榴弹，这时，刘已完全暴露在越军火力之下，越军枪炮一齐打向刘，刘身上多处负伤，仍咬紧牙关，强忍剧痛，用尽力气爬到7号哨位猫耳洞边，越军又在反扑，刘眼望洞里还躺着金德新和梁宝林等战友，毅然用身躯堵住洞口。就在这时，越军一颗手雷落在胸前，"轰"一声巨响，刘中弹倒在血泊中。为坚守阵地，护卫战友，英雄刘长林，战斗到生命最后一息。

部队党委根据刘生前要求与表现，追认刘为中共党员，并授予一等战功。刘长林还被战友们誉为"黄继光式"战斗英雄。

陈飞（1964—1985），兵房居委会人，1964年11月生。高中文化。1983年1月入伍，5月加入中国共产主义青年团，任陆军四十一师（甲）一团二机连班长。1985年1月14日，在云南老山前线坚守一四六阵地北侧无名高地战斗中英勇牺牲。

1984年7月，部队奉命赴边参战。陈连夜向中共连队支部递交决心书、请战书，并向兄弟班排发起挑战，决心在战场上开展杀敌立功竞赛。部队进入临战训练期间，在师重机枪射击比赛中，荣获个人第3名，受到师、团部通报表扬。陈所带班在连武装越野科目考核中，名列第一。

12月8日，部队进入阵地，陈所带班奉命配合步兵五连，坚守二六二阵地。这是通往前沿必经之路，战略地位非常重要。陈向连队立下军令状，誓死守卫阵地，决不丢失一寸国土。陈观察敌情，熟悉地形，抓紧时间，带领全班战士积极构筑机枪掩体和隐蔽工事。白天为让战士多休息一会，总是一个人悄悄作业，夜间警戒，哪里险要，就奔向哪里。在防御期间，指挥全班配合五连多次打退越军班、组规模偷袭，牢牢守住阵地。

12月31日，陈飞班又奉命到一四六阵地北侧无名高地担任防御任务。没有向上级提出任何要求，而是率领全班战士在新阵地迅速完成一切准备工作。

1985年1月13日晚，越军在进行大规模反扑前，集中各种曲直火炮对前沿阵地进行疯狂轰击。陈在炮火中密切注意越军动向。突然，一发炮弹落在陈身边，全身多处被弹片击中，英勇牺牲在哨位上。

部队党委根据陈生前要求与表现，追认陈为中共党员，并记三等功1次。

陆维新（1964—1985），伯安村人，1964年4月生。高中文化。1983年1月应征入伍，9月，加入中国共产主义青年团，历任陆军四十一师（甲）一团二连战士、文书、团支委、副班长等职。

陆入伍后，学习认真，工作积极，有一股好学上进精神，曾先后两次获连队嘉奖。1984年7月，部队接到赴边参战命令。陆报国心切，求战热情高，先后写下血书、挑战书、决心书和入党申请书，迫切要求上级批准其奔赴前线。

部队开赴阵地后，陆维新班奉命守卫一一九阵地。那里是全团主要阵地之一，是机动兵力增援前沿阵地、运送弹药和给养物资上前线交通要道，越军炮火天天覆盖，还经常出动小股兵力骚扰偷袭。1984年12月9～12日，阵地上大部分工事被炸毁。陆抓紧炮击间隙，带领全班抢修工事，使防御工事一直处于完好状态。

12月26日，陆维新班接到上级命令，从一一九阵地转移到六三四阵地担负防御任务。到该阵地后，看到工事几乎全部被炸毁。毫不气馁，克服一切困难，坚持修筑三天三夜，把工事完全修复。由于六三四阵地是越军很容易观察到的目标，因此经常遭到炮击。1985年1月15日，越军对该阵地进行反扑，以各种口径火炮狂轰滥炸。陆所在防炮洞掩蔽部不幸中弹倒塌，为守卫阵地，保卫祖国南疆，献出年轻生命。

部队党委根据陆生前要求和表现，追认陆为中共党员，并记三等功。

周忠平（1964—1985），巩王村人，1964年2月生。高中文化。1982年9月，加入中国共产主义青年团。1983年1月，应征入伍，陆军四十一师（甲）二团九连四班战士。1985年1月30日，在云南老山前线坚守一四二阵地，执行警戒任务时光荣牺牲。

1983年11月，周从四连调到九连，参加“尖子连”训练。由于军训成绩显著，先后受到团嘉奖两次、营嘉奖3次和连嘉奖5次。1984年7月，随部队调往云南边疆参加对越作战。

部队进入阵地后，周曾两次向中共连支部递交入党申请书，并咬破指头，用鲜血写上“人在阵地在，誓与阵地共存亡”战斗誓言。在4天防守战斗中，一边投入战斗，一边抢修工事，先后修筑哨位工事和射击掩体各1个、堑壕40余米。

1985年1月31日晚，阵地外面一片漆黑，周守卫在3号哨位上。深夜10时许，越军零星炮弹持续在阵地上爆炸。周在炮弹爆炸闪光中，发现有两个越军正向哨位爬行，立即扔去一枚手榴弹。此刻，越军一发60炮弹在周身边爆炸，当即壮烈牺牲。战友们整理其遗体时，发现身边还装着一份被鲜血染红的入党申请书。周不愧是人民好儿子，用生命捍卫国土，实现自己战斗誓言。

部队党委根据周生前要求和表现，追认周为中共党员，并记三等功。

第二节　革命烈士名录

第二次国内革命战争（亦称土地革命战争），至抗日战争、解放战争、抗美援朝战争、对越自卫反击战。大豫有453名英烈为民族独立、国家兴存、社稷安宁献出年轻生命。为缅怀先烈，名录于后，传颂千古。（革命烈士英名表中的民国纪年略）

民国19年（1930）～1985年革命烈士英名一览表

表34—322

姓名	性别	出生年月	籍贯	参加革命时间	牺牲时所在单位及职务	牺牲时间地点原因	加入中共组织时间
龚洪明	男	1925	兵房镇	1946.10	华东野战军四纵十师三十四团侦察连战士	1947.05孟良崮战役牺牲	1946
王荃	男	1916	广东揭阳县	1938	中共如皋县（如东）掘东区委书记	1943.11丁家店因战牺牲	—
巩坚	男	1918	湖南长沙	1940	如皋县掘东区区长	1943.11丁家店因战牺牲	—
杨丕模	男	1925	兵郊	1941	华东警备八旅二十三团三营九连连长	1949.09常熟因公牺牲	1945
张志云	男	1927	兵郊	1945	二十九军八十五师二五四团特务连排长	1949.07福建福清县因战牺牲	1946
屈文彬	男	1923	兵郊	1941	华东野战军十一纵三十一旅九十二团三营九连副连长	1947.07盐城因战牺牲	1943
周雨泉	男	1926	兵房镇	1941	苏皖边区四分区财经处会计员	1943东台县三仓病故	—
龚洪亮	男	1928	兵房镇	1947.11	二十九军军部医务员	1949.11福建省厦门病故	1948
倪锦昌	男	1923	兵郊	1942	新四军一师三旅七团战士	失踪	—

续表34—322 民国19年(1930)～1985年革命烈士英名一览表

姓名	性别	出生年月	籍贯	参加革命时间	牺牲时所在单位及职务	牺牲时间地点原因	加入中共组织时间
石凤周	男	1912	兵房镇	1929.01	海复镇党组地下工作者	1939大豫镇牺牲	不详
陈飞	男	1964	兵郊	1983.01	四十一师(军)团工机连班长	1984.01对越自卫战牺牲	不详
卞友成	男	1926	兵房海丰	1947.11	华东野战军十一纵三十三旅九十八团战士	1948.11淮海战役小黑山牺牲	1948
陈念珠	男	1930	兵房海丰	1947	华东野战军十一纵三十三旅九十八团二营六连战士	1948.11淮海战役牺牲	不详
张永才	男	1925	兵房海丰	1947	华东野战军十一纵三十三旅九十八团二营五连战士	1948.11淮海战役小黑山战斗牺牲	1948
杨永清	男	1928	兵房海丰	1946.10	华中野战军七纵队战士	1947.01大丰白驹因战牺牲	—
管三候	男	1928	兵房邻盐	1945.07	苏中四分区七团战士	1946.09启东汇龙镇因战牺牲	—
陈祖涛	男	1928	兵房邻盐	1947	华东野战军十一纵队三十三旅九十八团一营二连战士	1948淮海战役窑湾战斗牺牲	—
袁玉章	男	1929	兵房邻盐	1947	华东野战军十一纵三十三旅九十八团二营一连排长	1948.11淮海战役姜公山牺牲	—
蒋玉田	男	1929	兵房邻盐	1946.09	华东野战军十一纵三十三旅九十八团战士	1948.09启东汇龙镇因战牺牲	—
董瑞祥	男	1924	兵房邻盐	1946.09	华东野战军十一纵三十一旅九十三团副排长	1948.11淮海战役沭阳牺牲	1946
管杜邦	男	1927	兵房邻盐	1945.07	华东野战军11纵某部战士	1948.06启东汇龙镇因战牺牲	—
宋立成	男	1919	兵房邻盐	1948	二十九军八十七师二六〇团二营四连战士	1949.05上海月浦因战牺牲	1948
施云梯	男	1928	兵房邻盐	1948.01	二十九军八七师二六〇团战士	1949.05上海月浦因战牺牲	—
沈祖元	男	1940	兵房邻盐	1959	四二七二部队十六分队副艇长	1966.10福建福鼎界因公牺牲	1961
金昌铭	男	1926	兵房邻盐	1946.01	十一纵队三十三旅战士	1946.12盐城伍佑因战牺牲	—
黄汉祥	男	1930	兵房东安闸	1948	二十九军八十七师二六〇团战士	1949.05上海月浦因战牺牲	—
张士成	男	1929	兵房海凌	1948	南通警卫团二营五连副班长	1948.08南通县姜灶港因战牺牲	—
汤正权	男	1928	兵房东安闸	1948.01	二十九军八十七师战士	1949.05上海月浦因战牺牲	—

续表34—322　民国19年(1930)～1985年革命烈士英名一览表

姓名	性别	出生年月	籍贯	参加革命时间	牺牲时所在单位及职务	牺牲时间地点原因	加入中共组织时间
陆明德	男	1927	兵房东安闸	1944.07	南通警卫团战士	1945.02南通县二甲镇因战牺牲	—
倪凤清	男	1926	兵房东安闸	1941	苏中四分区八团战士	1942因战牺牲	—
俞友良	男	1928	兵房东安闸	1947	二十九军八十七师二六〇团战士	1949.07福建德化县因战牺牲	—
陆思信	男	1923	兵房海凌	1946.09	华东野战军十一纵某部战士	1947.01山东杨家坝因战牺牲	—
姜宝清	男	1920	兵房海凌	1944	启东县东安乡税务所所长	1948.03启东久隆镇被捕牺牲	不详
蔡　鑫	男	1923	兵房海丰	1943	华东野战军四纵十二师三十四团政治指导员	1947山东因战牺牲	不详
朱六郎	男	1927	兵房邻盐	1946	华东野战军十一纵三十一旅九二团战士	1947盐城县伍佑因战牺牲	—
费玉连	男	不详	兵房徐征	1946.09	华东野战军十一纵三十一旅战士	1947.01东台沈灶因战牺牲	不详
吴锦祥	男	1925	兵房徐征	1946	苏北九分区七团三营战士	1948南通县石港因战牺牲	—
徐　彻	男	1927	兵房徐征	1946	华东野战军十一纵三十三旅连指导员	1948.11淮海战役南平庄牺牲	1946
徐　征	男	1926	兵房徐征	1943	苏北九分区八团一营教导员	1948如东岔河因战牺牲	1943
宋加富	男	1926	兵房徐征	1942	苏北九分区某部班长	1946.07泰兴宜家堡因战牺牲	不详
陶思海	男	1920	兵房徐征	1946.09	苏北九分区某部战士	1947.11南通县小海镇因战牺牲	不详
陆瑞昌	男	1927	兵房保田	1944	二十九军八十八师二五三团连指导员	1952.10福建南日岛因战牺牲	1949
张文高	男	1926	兵房保田	1947.01	志愿军后勤五分部汽车二团驾驶班长	1951.08朝鲜因战牺牲	1950
陆瑞章	男	1924	兵房保田	1946	华东野战军十一纵三十一旅班长	1947.12南通县三余镇因战牺牲	不详
李仁芝	男	1925	兵房保田	1942	苏中四分区八团战士	1944.05海门三阳镇因战牺牲	—
吴建堂	男	1929	兵房保田	1947	苏南军区某部战士	1949.04无锡因战牺牲	不详
陈才华	男	1911	兵房保田	1947.12	苏北丸分区特务营炊事员	1948.01如东苴镇秦家庄因公牺牲	—
徐绍安	男	1928	兵房保田	1946.07	华东野战军十一纵三十一旅九十三团战士	1947.11南通县三余镇因战牺牲	不详

续表34—322 民国19年(1930)～1985年革命烈士英名一览表

姓名	性别	出生年月	籍贯	参加革命时间	牺牲时所在单位及职务	牺牲时间地点原因	加入中共组织时间
张选荣	男	1929	兵房保田	1946.01	苏北九分区七团战士	1947.12东台县因战牺牲	—
张选琪	男	1927	兵房保田	1946.07	华东野战军十一纵三十一旅战士	1947.03如东栟茶北乡因战牺牲	—
庄少明	男	1920	兵房徐征	1944	新四军一师三旅特务营一连班长	1946.05江都县郭村因战牺牲	—
顾福才	男	1927	兵房徐征	1942	华东野战军四纵十二师三十五团连指导员	1948.06豫东战役牺牲	不详
张徐宝	男	1925	兵房双闸	1943.05	南通警卫团班长	1943.12南通县三门闸因战牺牲	不详
张锡林	男	1929	兵房双闸	1946	如东警卫团排长	1947.06南通县三余镇因战牺牲	—
陈明达	男	1918	兵房双闸	1946	二十九军八十七师二五九团班长	1948.08福建大墩岛因战牺牲	—
黄达	男	1922	兵房双闸	1943.07	新四军一师三旅战士	1946.09海安因战牺牲	1944
黄荣	男	1925	兵房双闸	1941	新四军通如支队连指导员	1945.09如东县汤家园因战牺牲	1942
于丰桃	男	1923	兵房徐征	1946	华东野战军十一纵三十一旅九十一团副排长	1947.02东台沈灶因战牺牲	—
陈志道	男	1904	兵房兵北	不详	如皋县豫中乡工抗会主任	1943.12如皋兵房镇被捕牺牲	1942
张荣	男	1910	兵房兵北	1941.05	苏浙军区三纵七支队班长	1945.3浙江孝丰因战牺牲	1945
俞文法	男	1926	兵房兵北	1943.04	新四军一师三旅战士	1944.12兴化县因战牺牲	—
曹纪方	男	1928	兵房双港	1946.03	华东野战军十一纵三十一旅九十三团一营三连战士	1947.02海安李堡因战牺牲	—
杨万富	男	1919	兵房双港	1941.01	如皋警卫团管理排长	1945.03如皋杨高乡因战牺牲	1942
姜文高	男	1924	兵房双港	1941	华东野战军七纵队战士	1946.12海安角斜因战牺牲	—
任月康	男	1923	兵房双港	不详	常备民工	1949.05上海月浦因战牺牲	—
陈文斌	男	1928	兵房双港	1944.06	二十九军八十七师二五五团副班长	1949.05上海月浦因战牺牲	—
陆正明	男	1916	兵房双港	1947.12	二十九军八十七师二十六团机炮连班长	1950福建金门岛因战牺牲	—

续表34—322　民国19年(1930)～1985年革命烈士英名一览表

姓名	性别	出生年月	籍贯	参加革命时间	牺牲时所在单位及职务	牺牲时间地点原因	加入中共组织时间
范成忠	男	1926	兵房双港	1944	东南警卫团一营二连文化教员	1947.03启东久隆镇因战牺牲	1946
瞿年贵	男	1925	兵房双港	1943	华东野战军十一纵三十一旅九十一团班长	1947.02东台沈灶因战牺牲	—
王启云	男	1927	兵房双港	1947.03	东南警卫团政治处战士	1948.06启东汇龙镇因战牺牲	—
李国明	男	1919	兵房双港	1945.07	华东野战军四纵队十师三十团三营七连战士	1946.08海安因战牺牲	—
陈文道	男	1926	兵房双港	1941.07	如东警卫团副班长	1948.06启东太安港因战牺牲	—
施凤康	男	1922	兵房双港	1942.09	苏北九分区七团二营五连班长	1946.10如东汤家园因战牺牲	—
张士明	男	1951	兵房一门闸	1970	六三二八部队战士	1973.07镇江因公牺牲	1971
吴兆卿	男	1921	兵房一门闸	1942.08	如东新中乡民兵大队长	1947.06掘港被捕牺牲	1944
季炳福	男	1927	兵房一门闸	1945	南通警卫团班长	1949扬州因战牺牲	—
毛南洋	男	1928	兵房一门闸	1945	如东警卫团战士	1948.05如皋林梓因战牺牲	—
曹元福	男	1927	兵房一门闸	1944	如皋警卫团战士	1945海安李堡因战牺牲	—
施正祥	男	1918	兵房一门闸	1947	苏北九分区班长	1948启东因战牺牲	—
王思文	男	1930	兵房丰荡	1947	华东野战军十一纵三十一旅九十三团战士	1947.12东台县因战牺牲	—
龚士华	男	1926	兵房丰荡	1947	苏北九分区政治部班长	1948启东合兴镇因战牺牲	—
周启明	男	1923	兵房丰荡	1942	华中野战军七纵六十一团班长	1946.10涟水因战牺牲	—
孙怀友	男	1916	兵房丰荡	1947.01	苏北九分区战士	1948.06启东汇龙镇因战牺牲	—
陆圣清	男	1916	兵房丰荡	1943.04	掘东区队战士	1944.06苴镇因战牺牲	—
俞国生	男	1920	兵房丰荡	1943.05	如皋警卫团战士	1944.08蔡家园因战牺牲	—
黄洪章	男	1919	兵房丰荡	1942	苏北九分区某部副连长	1949失踪	1944
陆志祥	男	1926	兵房丰荡	1946.10	二十九军八十五师战士	1950.07福建厦门因战牺牲	—
邱志贵	男	1918	兵房双港	1944	如皋警卫团战士	1947海安因战牺牲	—

续表34—322 民国19年(1930)～1985年革命烈士英名一览表

姓名	性别	出生年月	籍贯	参加革命时间	牺牲时所在单位及职务	牺牲时间地点原因	加入中共组织时间
浦士良	男	1919	兵房兵北	1947.12	苏南军区炮兵团战士	1949.11无锡石塘湾剿匪牺牲	1948
奚正余	男	1927	兵房兵北	1942	新四军一师三旅八团司号员	失踪	—
顾学云	男	1924	兵房丰荡	不详	如东县新中乡民兵	1947.10如东县牛车桥因战牺牲	—
陆顺和	男	1924	兵房安北	1946	苏北九分区战士	1947.01南通县因战牺牲	—
陆汉明	男	1924	兵房安北	1944	苏中四分区七团班长	1945如东大豫镇因战牺牲	—
蒋志成	男	1925	兵房安北	1942	苏中四分区某部战士	1945如皋丁埝因战牺牲	—
杨志祥	男	1928	兵房安北	1948.01	二十九军八十七师二六〇团副班长	1949.05上海月浦因战牺牲	—
郁成玉	男	1925	兵房安北	1945	苏中九分区某部班长	1946如皋白蒲因战牺牲	—
吴增福	男	1927	兵房安北	1948	华东野战军十一纵三十三旅战士	1948.11淮海战役牺牲	不详
施元龙	男	1925	兵房安北	1948	三十九军八十七师二六〇团战士	1949.05上海月浦因战牺牲	—
袁献祥	男	1919	兵房强民	1942.06	华东野战军四纵队战士	1948山东因战牺牲	不详
周文清	男	1921	兵房强民	1948	三十九军八十七师二六〇团战士	1951.05福建德化县因战牺牲	—
袁士良	男	1930	兵房强民	1947.12	苏北九分区战士	1948.03南通县石港因战牺牲	—
陈林栋	男	1928	兵房强民	1946	如东警卫团战士	1948.01东台因战牺牲	—
曹正生	男	1922	兵房强民	1947	二十九军八十六师二五八团一营三连战士	1949.05上海月浦因战牺牲	—
袁益忠	男	1919	兵房强民	1948.06	二十九军八十七师战士	1949.05上海月浦因战牺牲	—
丛允吉	男	1920	兵房强民	不详	常备民工	1949.08福州湾战斗牺牲	—
范思达	男	1927	兵房强民	1948.01	华东野战军十一纵三十三旅战士	1948.11淮海战役因战牺牲	—
瞿步高	男	1920	兵房新谊	1943	华东野战军四纵十师战士	1946.12海安县李堡因战牺牲	不详
姚凤青	男	1928	兵房新谊	1943	华东野战军十一纵三十三旅九十八团一营二连战士	1948.11淮海战役窑湾牺牲	—

续表34—322　民国19年(1930)～1985年革命烈士英名一览表

姓名	性别	出生年月	籍贯	参加革命时间	牺牲时所在单位及职务	牺牲时间地点原因	加入中共组织时间
陆怀珍	男	1926	兵房新谊	1942	二十九军八十七师二六〇团战士	1949.05上海月浦牺牲	1942
施成贯	男	1920	兵房新谊	1945	华东野战军十一纵三十三旅九十八团战士	1948.11淮海战役牺牲	—
顾志生	男	1925	兵房新谊	1945	南通警卫团战士	1945.07南通县二甲镇因战牺牲	—
王信陆	男	1923	兵房新谊	1941	如皋警卫团长战士	1943.05如皋长沙因战牺牲	1941
徐允山	男	1925	兵房新谊	1947	二十九军八十七师二六〇团副班长	1949.05上海月浦因战牺牲	1947
陈祖家	男	1926	兵房新谊	1948.01	二十九军八十七师二六〇团副班长	1951.04福建德化县因战牺牲	1949
张歧能	男	1924	兵房培德	1942	苏浙军区三纵队七支队班长	1945.07浙江天目山因战牺牲	—
杨桂文	男	1925	兵房培德	1948.01	华东野战军十一纵三十三旅九十八团战士	1948.11淮海战役姜公山牺牲	—
杨长贵	男	1924	兵房培德	1948	华东野战军十一纵三十三旅九十八团战士	1948.11淮海战役窑湾牺牲	—
江品元	男	1928	兵房培德	1946	华东野战军十一纵三十三旅九十八团战士	1949.05淮海战役姜公山牺牲	—
钱裕录	男	1929	兵房培德	1949	二十九军八十七师二六〇团战士	1949.05上海月浦因战牺牲	—
许祖良	男	1923	兵房培德	1941	掘东区区队班长	1944.04如皋苴镇因战牺牲	1941
顾　谭	男	1930	兵房培德	1945	如东掘东区区公所秘书	1948.04如东县南坎西北因战牺牲	不详
陈义明	男	1925	兵房培德	1943	苏中四分区特务团一营一连战士	1944如皋曹埠六总因战牺牲	—
杨永才	男	1930	兵房培德	1947	华东野战军十一纵三十三旅战士	1948.11淮海战役姜公山牺牲	—
陆万忠	男	1922	兵房培德	1940	新四军一师三旅七团三营战士	1942海门三星镇因战牺牲	—
尹锡祥	男	1927	兵房培德	1946	华东野战军十一纵三十三旅九十八团战士	1948.11淮海战役牺牲	不详
张耀珍	男	1923	兵房培德	1940	华东野战军四纵十二师三十四团连长	1947.05孟良崮战役牺牲	不详
龚秀祥	男	1925	兵房安北	1948	华东野战军十一纵三十三旅团战士	1948.11淮海战役窑湾战斗牺牲	—

续表34—322 民国19年(1930)～1985年革命烈士英名一览表

姓名	性别	出生年月	籍贯	参加革命时间	牺牲时所在单位及职务	牺牲时间地点原因	加入中共组织时间
王信官	男	1922	兵房新谊	1942	掘东区队战士	1944大豫镇因战牺牲	—
陆文宰	男	1926	兵房新谊	1947	二十九军八十七师二六〇团战士	1949.05上海月浦因战牺牲	—
倪汉清	男	1932	兵房强民	1949	志愿军二十六军七十六师二二八团战士	1950朝鲜失踪	—
陆 欣	男	1964.3	兵房安北	1982.01	三五二八一部队八十二分队副班长	1985.05圣山战斗牺牲	不详
何德明	男	1929	兵房东安	1946.07	华东野战军十一纵三十三旅九十八团战士	1947.07南通县滥港桥因战牺牲	—
张平山	男	1921	兵房东安	1940	海门县海西区区委书记	1947.06海门平山因公牺牲	1940
樊发先	男	1915	兵房东安	1943	如东县利民乡民兵队长	1947.10如东掘港被捕牺牲	—
顾顶宏	男	1917	兵房东安	1947.08	华东野战军十一纵三十三旅九十八团战士	1948.11淮海战役牺牲	—
顾云鹏	男	1921	兵房新民	1943	二十九军八十七师二六〇团机炮连排长	1949.05上海月浦因战牺牲	1947
杨先康	男	1927	兵房新民	不详	常备民兵	1949.05上海月浦因战牺牲	不详
邵汉琪	男	1928	兵房新民	1946	二十九军八十七师班长	1949.05上海月浦因战牺牲	不详
范本汉	男	1925	兵房新民	1944	南通警卫团战士	1946泰县大洋庄因战牺牲	不详
姚文元	男	1929	兵房新民	1944	苏北九分区八团战士	1947南通县骑岸镇因战牺牲	—
刘思才	男	1921	兵房新民	1947	二十三军六十九师二〇七团排长	1949.04江阴长山因战牺牲	不详
张汉明	男	1921	兵房新民	1947	二十九军八十七师班长	1949.05上海月浦因战牺牲	1946
仇贵生	男	1926	兵房新民	1948	二十九军八十七师机炮连战士	1949.05上海月浦因战牺牲	—
陆炳章	男	1921	兵房新民	1947	二十九军八十七师战士	1949.05上海月浦因战牺牲	—
陈 明	男	1951	兵房兵南	1970.07	四一二二部队战士	1972.01辽宁因公牺牲	1972
黄国富	男	1917	兵房兵南	1940	苏中四分区八团班长	1941宝应县因战牺牲	—
沈忠官	男	1921	兵房兵南	1942.07	苏中四分区七团战士	1943如皋县因战牺牲	—

续表34—322　民国19年(1930)～1985年革命烈士英名一览表

姓名	性别	出生年月	籍贯	参加革命时间	牺牲时所在单位及职务	牺牲时间地点原因	加入中共组织时间
龚志才	男	1918	兵房兵南	1947.12	二十九军八十七师二六〇团班长	1949.05上海月浦因战牺牲	—
龚志贤	男	1921	兵房兵南	1942	苏皖边区保安大队警卫营二连战士	1946.01靖江县因战牺牲	—
何锦才	男	1928	兵房新民	1947	华东野战军四纵十师二十九团战士	1947萧县前平庄因战牺牲	—
樊祥天	男	1920	兵房马店	1947	苏北九分区八团战士	1948.6启东县汇龙镇因战牺牲	—
李忠学	男	1925	兵房兵南	1941	新四军一师三旅八团司号员	1944.07因战牺牲	—
姜学明	男	1911	兵房新民	1945	如东警卫团战士	1948.10海门县大石桥因战牺牲	不详
蔡学兴	男	1938	兵房马店	1957	海军八三五部队区队长	1963.04广州四二一医院病故	不详
施凤祥	男	1922	兵房马店	1940	如皋县环港乡民兵大队长	1944丰利被捕牺牲	1942
沈文荣	男	1924	兵房马店	1947.12	华东野战军十一纵三十三旅九八团六营四连战士	1948.11淮海战役姜公山牺牲	—
黄富连	男	1922	兵房马店	1947.12	二十九军八十七师二六〇团二营炮连班长	1949.05上海月浦因战牺牲	1949
朱守兰	女	1929	兵房马店	1946	苏北第九行政区专员公署工作队员	1948启东汇龙镇因战牺牲	—
黄忠云	男	1917	兵房马店	1946	苏北九分区机枪连班长	1948.06启东汇龙镇因战牺牲	—
倪成先	男	1923	兵房马店	1942.08	如皋警卫团二营五连战士	1943.04如皋县长沙因战牺牲	—
黄志达	男	1927	兵房马店	1947	苏北九分区部队战士	1948.12泰兴上岸因战牺牲	—
周林	男	1922	兵房马店	1947.12	苏北九分区八团二营通讯员	1948.3启东惠和镇因战牺牲	—
沈连歧	男	1923	兵房东安	1946	华东野战军十一纵三十三旅九十八团战士	1948.11淮海战役因战牺牲	—
崔志义	男	1928	兵房东安	1946.05	华东野战军十一纵三十三旅九十八团战士	1947.02东台沈灶因战牺牲	1946
樊发祥	男	1906	兵房东安	不详	常备民工	1949.05上海月浦因战牺牲	—
朱献彬	男	1919	兵房东安	1946	华东野战军十一纵三十三旅九十八团二营五连战士	1948.06启东汇龙镇因战牺牲	—

续表34—322 民国19年(1930)～1985年革命烈士英名一览表

姓名	性别	出生年月	籍贯	参加革命时间	牺牲时所在单位及职务	牺牲时间地点原因	加入中共组织时间
刘正兴	男	1921	兵房马店	1943	新四军一师三旅八团战士	1946泰兴县黄桥因战牺牲	—
沈正家	男	1925	兵房马店	1940	如东县利民乡乡长	1947如东县掘港镇被捕牺牲	不详
陈静良	男	1920	兵房马店	不详	新民乡民兵	华丰六副头被捕牺牲	—
尹少良	男	1923	兵房马店	不详	利民乡民兵	华丰六副头被捕牺牲	—
刘伯英	男	1926	兵房马店	不详	利民乡村长	华丰六副头被捕牺牲	—
蔡志能	男	1924	兵房东安	不详	利民乡民兵分队长	华丰六副头被捕牺牲	—
赵文高	男	1925	南坎止马洼	1943.08	二十九军炮兵团战士	1949.05上海月浦被捕牺牲	—
赵文群	男	1930	南坎止马洼	1943.01	新四军一师三旅战士	1943.12东台县一仓河因战牺牲	—
徐正北	男	1911	南坎止马洼	不详	常备民工	1949.04江阳县因战牺牲	—
吴长友	男	1924	南坎止马洼	1947.12	华东警备八旅二十三团三营九连战士	1949.04靖江县八圩港因战牺牲	—
郭金霞	男	1918	南坎止马洼	1941.04	新四军一师三旅七团二营四连战士	1946如皋石庄因战牺牲	—
葛万胜	男	1928	南坎止马洼	1941.04	新四军一师三旅七团战士	1947如皋石庄因战牺牲	—
徐必成	男	1932	南坎止马洼	1953	志愿军二十三军六十七师炮兵连战士	1955.03朝鲜阳德郡因战牺牲	—
夏必龙	男	1926	南坎止马洼	1946	华东野战军四纵队十二师三十四团排长	1947山东因战牺牲	—
李长录	男	1927	南坎止马洼	1947	苏北第九分区八团战士	1948.04海门余东因战牺牲	—
徐朝富	男	1925	南坎止马洼	1943	志愿军二十六军七十八师班长	1950.12朝鲜因战牺牲	1948
张志道	男	1928	南坎止马洼	1947	苏北第九分区八团战士	1948.04海门余东因战牺牲	不详
李长禄	男	1922	南坎止马洼	1946	苏中军区海防纵队战士	1948.04东海因战牺牲	—
刘丕芝	男	1923	南坎止马洼	1942.06	苏浙军区某部医务员	1945.08苏南因战牺牲	—
陈步发	男	1924	南坎止马洼	1942	华中野战军七纵队战士	1946宝应县因战牺牲	—
崔凤贵	男	1928	南坎坎西	1947.12	苏北第九分区八团战士	1948.04海门县余东因战牺牲	—
徐松华	男	1922	南坎坎西	1941.11	华中野战军一师一旅三团三营七连班长	1946苏北因战牺牲	—

续表34—322　民国19年(1930)～1985年革命烈士英名一览表

姓 名	性别	出生年月	籍 贯	参加革命时间	牺牲时所在单位及职务	牺牲时间地点原因	加入中共组织时间
刘长福	男	1924	南坎坎西	1947.11	苏北第九分区八团战士	1948.04海门县余东因战牺牲	—
顾迺友	男	1921	南坎坎西	1947.09	苏中军区海防纵队二大队战士	1948.04苏北斗龙港因战牺牲	—
马成林	男	1921	南坎坎西	1948.01	苏北第九分区八团三营九连战士	1949.01南通县兴仁因战牺牲	—
陈建友	男	1927	南坎坎西	1946	苏北第九分区八团战士	1948.03启东县久隆镇因战牺牲	—
李敦仁	男	1932	南坎坎西	1947	苏北第九分区八团战士	1948.04海门余东因战牺牲	—
邵永高	男	1921	南坎坎西	1947.12	苏北第九分区八团二营七连战士	1948.05大丰县大中集因战牺牲	—
黄志友	男	1929	南坎坎西	1947.12	苏北第九分区八团副班长	1949.04靖江县八圩港因战牺牲	1949
周广祥	男	1918	南坎坎西	1943	新四军一师三旅七团战士	1944.08苏中地区因战牺牲	—
管怀富	男	1921	南坎坎西	1940.09	新四军一师三旅七团三营八连战士	1941.09东台县一仓河因战牺牲	—
姚鹤群	男	1927	南坎坎西	1947	苏北第九分区某部战士	1948.02启东县惠和镇因战牺牲	—
石永涛	男	1922	南坎坎西	1947	苏北第九分区八团炊事员	1942.02南通县陈家酒店因战牺牲	—
赵正发	男	1931	南坎坎西	1947.12	苏北第九分区八团战士	1948.06启东县汇龙镇因战牺牲	—
季敦法	男	1915	南坎坎西	1942	新四军某部战士	1945江南牛头山失踪	—
管怀寿	男	1928	南坎镇	1947	苏北军区海防总队二大队战士	1948.04东台县琼港因战牺牲	—
花文林	男	1919	南坎镇	不详	二十九军八十七师警卫连班长	1949.05上海月浦因战牺牲	—
顾庆祥	男	1917	南坎镇	1946.08	苏北第九分区八团三营战士	1948.06启东县汇龙镇因战牺牲	—
王金其	男	1917	南坎镇	1940	新四军一师三旅七团二营班长	1943.03大丰县草埝因战牺牲	—
陈同顺	男	1930	南坎凌边	1947	苏北第九分区八团战士	1948.04海门县余东因战牺牲	—
刘志云	男	1924	南坎凌边	1947	苏北第九分区八团二营战士	1948.06启东县惠和镇因战牺牲	—
蒋维富	男	1925	南坎凌边	1947	苏北第九分区八团战士	1948.05启海地区因战牺牲	—

续表34—322　民国19年(1930)～1985年革命烈士英名一览表

姓名	性别	出生年月	籍贯	参加革命时间	牺牲时所在单位及职务	牺牲时间地点原因	加入中共组织时间
许仲璜	男	1927	南坎凌边	1947	苏北第九分区八团战士	1948.05启海地区因战牺牲	不详
黄国昌	男	1921	南坎齐心	1944	二十九军八十七师连指导员	1949.08福建因战牺牲	—
季永生	男	1925	南坎齐心	1941	苏浙军区三纵队七支队二营四连通讯员	1945.02浙江桃花山因战牺牲	—
王家贵	男	1919	南坎齐心	1941	华中野战军一师一旅三团三营八连排长	1946.09淮阴因战牺牲	不详
张桂余	男	1930	南坎齐心	1948	二十三军战士	1951.10苏州病故	不详
陈志亮	男	1922	南坎齐心	1944.08	新四军一师三旅七团战士	1946.07皋南战役牺牲	—
朱天昌	男	1930	南坎齐心	1948	九四六支队副排长	1956.06四川雅江县因公牺牲	1945
洪兆其	男	不详	南坎镇	1942	二十三军六十九师战士	1949失踪	—
洪兆林	男	不详	南坎镇	1941	新四军某部班长	失踪	—
花长友	男	1923	南坎镇	1943	新四军某部战士	失踪	—
李　华	男	1964.07	南坎凌边	1983.01	四十一师(甲)团特务连工兵排副班长	1984.08对越自卫反击战牺牲	不详
陈茂龙	男	1926	南坎镇	1942.02	南坎乡老狼村民兵	1944.01老狼村站岗牺牲	—
陆顺祥	男	1922	南坎豫北	1947.05	苏北第九分区八团战士	1948.06启东县惠和镇因战牺牲	—
朱玉清	男	1922	南坎豫北	1946	苏北第九分区后勤处修枪所战士	1948.05南通县花家园因战牺牲	—
龚志耀	男	1929	南坎豫北	1945	北京军区空军政治部宣传部副部长	1966.01山西省棉山因公牺牲	1945
施汉成	男	1924	南坎豫北	1942	如皋警卫团战士	1945南通县二窎因战牺牲	—
顾集方	男	1916	南坎豫北	1942	苏中一分区七团机枪班长	1945.04海门县三阳镇因战牺牲	—
管怀如	男	1929	南坎新垦	1946	二十九军战士	1949.10福建因战牺牲	—
陆茂林	男	1922	南坎新垦	1941	华东野战军十一纵三十一旅后勤部供给处战士	1948启海地区因战牺牲	—
王学成	男	1912	南坎新兴	1941	新四军一师三旅七团特务营战士	1943.05海门县六甲镇因战牺牲	—
蔡锦文	男	1923	南坎新兴	1941	新四军一师三旅七团特务营战士	1943.05海门县六甲镇因战牺牲	—
袁祥云	男	1928	南坎新兴	1948	苏北第九分区八团战士	1948.10如东县马塘因战牺牲	—

续表34—322　民国19年(1930)～1985年革命烈士英名一览表

姓名	性别	出生年月	籍贯	参加革命时间	牺牲时所在单位及职务	牺牲时间地点原因	加入中共组织时间
管再华	男	1920	南坎新兴	—	常备民工	1949.05上海月浦因战牺牲	—
张长贵	男	1911	南坎豫北	1941	如皋警卫团战士	1944.03南通县二窎因战牺牲	—
纪光成	男	1922	南坎鲍桥	1940	如皋警卫团一营三连战士	1942.06如皋县花市街因战牺牲	—
施文清	男	1912	南坎鲍桥	1946.07	华东野战军四纵队十二师三十五团战士	1947.11陇海路王家口因战牺牲	—
毛尚元	男	1910	南坎鲍桥	1942	苏浙军区三纵队七支队战士	1945江南牛头山牺牲	—
蔡濮昆	男	1922	南坎鲍桥	1947	苏北第九分区七团战士	1948南通县白龙庙因战牺牲	—
卞洪章	男	1923	南坎鲍桥	1947	苏北第九分区八团二营战士	1948.05启东县合兴镇因战牺牲	—
陈炳加	男	1915	南坎鲍桥	1940	如皋警卫团一营八连副班长	1942.05如皋县花市街因战牺牲	—
徐鹤兵	男	1964.1	南坎新建	1983.01	四十一师(甲)团七连战士	1984.12对越自卫战牺牲	不详
唐士友	男	1929	南坎豫东	1947.11	华东野战军十一纵三十三旅九十八团三营九连战士	1948.11淮海战役姜公山牺牲	1948
施维祥	男	不详	南坎团结	1944	华东野战军十一纵三十三旅战士	1948.11淮海战役姜公山牺牲	—
蔡　庆	男	1922	南坎亭海	1940	新四军一师三旅九团战士	1940.10南通县东灶因战牺牲	—
吴　达	男	1926	南坎亭海	1947	苏北第九分区七团战士	1948.06启东县汇龙镇因战牺牲	—
金明功	男	1923	南坎亭海	1946	苏北第九分区七团战士	1947.10大丰县大中集因战牺牲	—
陈元亮	男	1924	南坎亭海	1947	二十九军七十八师二六〇团三营九连副指导员	1949.05上海月浦因战牺牲	1947
黄国相	男	1911	南坎亭海	1929	红十四军二大队三队战士	1930.07南通县北兴桥因战牺牲	—
黄德英	女	1929	南坎亭海	1945.08	三十六军六十七师医务员	1949.07浙江嘉善县因战牺牲	1945
章跃新	男	不详	南坎亭海	1947	苏北第九分区战士	1948.11启东县泰安港因战牺牲	—
王体富	男	1928	南坎豫东	1947	苏北第九分区七团三营通讯员	1948.02南通县石港因战牺牲	—
朱善达	男	1918	南坎豫东	1947	苏北第九分区被服厂工人	1948.04如东县长沙因战牺牲	—

续表34—322 民国19年(1930)～1985年革命烈士英名一览表

姓名	性别	出生年月	籍贯	参加革命时间	牺牲时所在单位及职务	牺牲时间地点原因	加入中共组织时间
陈锦孝	男	1927	南坎豫东	1947.01	华东野战军十一纵三十三旅九十八团三营七连副班长	1948.11淮海战役姜公山牺牲	1948
薛振家	男	1924	南坎豫东	1941.12	华东野战军四纵队十师连长	1947山东因战牺牲	1945
施冠伦	男	1920	南坎豫东	1948.01	二十九军八十七师二六〇团二营四连副指导员	1952.06福州因公牺牲	1948
盛雨先	男	1928	南坎豫东	1946.03	华东野战军十一纵战士	1948.11淮海战役牺牲	—
黄加祥	男	1929	南坎豫东	1947.01	华东野战军十一纵三十三旅九十八团司号员	1948.06启东县汇龙镇因战牺牲	—
宋生天	男	1930	南坎豫东	1947.12	二十九军八十七师二六〇团三营八连司号员	1949.05上海月浦因战牺牲	—
季士昌	男	1930	南坎豫东	1947.01	华东野战军十一纵三十三旅九十八团三营八连战士	1948.11淮海战役姜公山牺牲	—
陆方明	男	1934	南坎豫东	1956.03	空军六五四部队定向员	1963.08武汉因公牺牲	—
陆云飞	男	1923	南坎团结	1944	志愿军二十三军六十七师二〇一团军需员	1953.07朝鲜因战牺牲	不详
张国孝	男	1923	南坎团结	1946	华东野战军十一纵三十一旅九十三团一营二连战士	1948.11淮海战役姜公山战斗牺牲	1946
苏启芝	男	1929	南坎团结	1948	二十九军八十七师二六〇团战士	1951.08福建永春县因公牺牲	—
陆建英	男	1930	南坎团结	1947	华东野战军十一纵三十三旅九十八团三营七连战士	1948.11淮海战役窑湾战斗牺牲	—
潘祖英	男	1929	南坎团结	1947	二十九军八十七师二六〇团三营七连战士	1949.05上海月浦因战牺牲	1948
季再兴	男	1918	南坎团结	1947	华东野战军十一纵三十三旅九十八团三营七连战士	1948.11淮海战役姜公山牺牲	不详
陆永石	男	1931	南坎团结	1948	二十九军八十七师二六〇团战士	1949.05上海月浦因战牺牲	1948
陈　洁	男	1929	南坎凌窑	1947.11	二十九军八十七师二六〇团司号员	1949.05上海月浦因战牺牲	—
董学胜	男	1928	南坎周墩	1947.11	华东野战军十一纵三十三旅九十八团二营六连战士	1948.11淮海战役姜公山战斗牺牲	—
陈　勇	男	1925	南坎凌窑	1947	华东野战军十一纵三十三旅九十八团三营九连战士	1948.12淮海战役姜公山战斗牺牲	—

续表34—322　民国19年(1930)～1985年革命烈士英名一览表

姓名	性别	出生年月	籍贯	参加革命时间	牺牲时所在单位及职务	牺牲时间地点原因	加入中共组织时间
卜少岩	男	1915	南坎凌窑	1946	华东野战军四纵十二师三十四团班长	1947山东因战牺牲	—
彭进德	男	1925	南坎凌窑	1946.08	华东野战军某部战士	1948.06开封战役牺牲	—
邱志良	男	1925	南坎凌窑	1947.08	苏北九分区特务团三营战士	1947.11南通县东灶因战牺牲	—
龚友谊	男	1925	南坎凌窑	1941	新四军一师三旅八团战士	1943如皋县丰利因战牺牲	—
朱雪生	男	1927	南坎凌窑	1947	二十九军八十七师二六〇团战士	1949.05上海月浦因战牺牲	—
张佐发	男	1922	南坎周墩	1942	苏北九分区七团战士	1947.10启东县因战牺牲	1945
朱振元	男	1926	南坎周墩	1947	华东野战军十一纵三十三旅九十八团三营通讯员	1948.11淮海战役姜公山牺牲	—
袁胜帮	男	1925	南坎周墩	1943.01	十一纵队三十一旅九十三团副班长	1945.09江都县邵伯因战牺牲	—
马学余	男	1922	南坎周墩	1947	二十九军七十八师二六〇团战士	1949.05上海月浦因战牺牲	—
梅福奎	男	1932	南坎周墩	1947	华东野战军十一纵二十三旅九十八团战士	1948.12淮海战役牺牲	1947
陈和道	男	1921	南坎周墩	1941	新四军一师三旅七团三营战士	1943东台县三仓河因战牺牲	—
刘明勋	男	1923	南坎凌窑	1942.03	志愿军二十三军六十九师战士	1953朝鲜失踪	—
刁有儿	男	1926	南坎育新	1943.12	南通县三余区队战士	1944.03南通县二窎因战牺牲	—
秦步天	男	1921	南坎环豫	1943.06	新四军一师三旅班长	1944.12东台县一仓河因战牺牲	—
姚金才	男	1923	南坎环豫	1941.08	新四军一师三旅七团排长	1947.02如东县崔家庄因战牺牲	1941
徐汉文	男	1920	南坎环豫	1941.12	如东警卫团排长	1947海安县李堡因战牺牲	—
汤瑞江	男	1924	南坎环豫	1947.12	华东野战军十一纵三十三旅九十八团三营九连战士	1948.11淮海战役姜公山战斗牺牲	—
赵进仁	男	1916	南坎环豫	1942.09	新四军一师独立团战士	1943.12海门县巴掌镇因战牺牲	—
张仁杰	男	1927	南坎茂青	1943	华东野战军八纵队侦察连战士	1948.12淮海战役牺牲	—
徐汉江	男	1923	南坎茂青	1941	苏浙军区三纵队战士	1945江南牛头山因战牺牲	不详

续表34—322 民国19年(1930)～1985年革命烈士英名一览表

姓名	性别	出生年月	籍贯	参加革命时间	牺牲时所在单位及职务	牺牲时间地点原因	加入中共组织时间
邱志豪	男	1929	南坎茂青	1946.01	二十九军八十七师二六〇团战士	1949.05上海月浦因战牺牲	—
黄风林	男	1922	南坎茂青	1943	东南警卫团战士	1953海门县东兴伤口复发牺牲	不详
管永生	男	1925	南坎茂青	不详	常备民工	1949.05上海月浦因战牺牲	—
葛春福	男	1920	南坎茂青	1946.07	华东野战军十一纵三十三旅战士	1948鲁西南因战牺牲	—
陈美福	男	1930	南坎茂青	1947	苏北九分区九团一营一连战士	1948.09海门县四甲镇因战牺牲	—
卫世明	男	1921	南坎茂青	1941	如皋县掘东区队班长	1942.05南通县北兴桥因战牺牲	—
唐 祥	男	1930	南坎茂青	1948	二十九军八十七师二六〇团三营战士	1949.05上海月浦牺牲	1949
夏桂芝	男	1923	南坎茂青	1947	如东县大豫小学教师	1948.09如东县何家桥被捕牺牲	不详
盛国飞	男	1921	南坎茂青	1941	新四军一师一旅三团三营八连班长	1946.07如皋县鬼头街因战牺牲	1942
陈宝法	男	1922	南坎茂青	1944	如东县掘东区警卫连战士	1945如东掘东区因战牺牲	—
马文和	男	1912	南坎茂青	不详	常备民工	1948.03南通县陈家酒店因战牺牲	—
陈松柏	男	1927	南坎茂青	1947	志愿军二十三军六十九师二〇五团电话员	1952.12朝鲜因战牺牲	—
袁金生	男	1920	南坎茂青	1940	新四军一师三旅九团一营三连副班长	1946盐城县便仓因战牺牲	—
田学富	男	1924	南坎茂青	1946	苏北九分区八团炮兵连班长	1948.10泰县姜堰因战牺牲	—
陈顺福	男	1927	南坎茂青	1947	苏北九分区七团三营机枪连战士	1948.10启东县泰安港因战牺牲	1948.10
郝金才	男	1922	南坎茂青	1943	华东野战军十一纵队战士	1948淮海战役牺牲	—
王维山	男	1921	南坎育新	1944	华东野战军十一纵三十一旅九十三团二营机枪连连长	1948.08沭阳河牺牲	1946
管 森	男	1922	南坎牛桥	1944	华中野战军七纵队六十一团三营八连战士	1946.09海安因战牺牲	—
何文富	男	1921	南坎牛桥	1944	二十九军八十七师二六一团副连长	1949.05上海月浦因战牺牲	—

续表34—322　民国19年(1930)～1985年革命烈士英名一览表

姓名	性别	出生年月	籍贯	参加革命时间	牺牲时所在单位及职务	牺牲时间地点原因	加入中共组织时间
倪永生	男	1924	南坎牛桥	1939.07	新四军一师六旅七团三营通讯员	1945.06如东县徐家墩因战牺牲	—
吕桂宝	男	1924	南坎牛桥	1943.03	华中野战军七纵队五十九团机炮连战士	1945泰县大白米因战牺牲	—
殷道生	男	1926	南坎牛桥	1940	华中野战军七纵队五十九团政治处班长	1946.01江都县郭村因战牺牲	—
曹金富	男	1927	南坎牛桥	1944.05	二十三军六十七师二〇一团战士	1949.08失踪	—
金文德	男	1926	南坎牛桥	不详	如东县镇西乡民兵	1947.12如东县牛桥口因战牺牲	—
王继山	男	1921	南坎育新	1944	华东野战军十一纵三十一旅九十三团二营机炮连连长	1948.08沭阳河因战牺牲	1946
刘长林	男	1964	如东农场	1983.01	四十一师(甲)团二营五连战士	1985.01老山战斗牺牲	不详
施锦文	男	1924	丁店港闸	1944.08	新四军一师一旅二团三营八连副班长	1946.08如皋县宋家桥因战牺牲	—
郁凤高	男	1928	丁店港闸	1943.01	新四军一师三旅九团战士	1946.07皋南战役牺牲	—
施汉昌	男	1925	丁店港闸	1942.02	东南警卫团二营四连战士	1949启海因战牺牲	—
张云仁	男	1920	丁店港闸	1946.01	三十三旅九十九团战士	1947.01山东枣庄因战牺牲	—
蔡于香	男	1923	丁店港闸	1943	南通警卫团排长	1945.09南通县正场因战牺牲	不详
杨德才	男	1926	丁店芦苇港	1945	苏中九分区八团班长	1946海门县六甲区因战牺牲	不详
宋介山	男	1927	丁店芦苇港	1945	华东野战军十一纵队三十三旅九十八团排长	1948.04海门县余东因战牺牲	—
陶　云	男	1923	丁店芦苇港	1944.04	华东野战军十一纵三十三旅九十八团排长	1948.11淮海战役牺牲	1945
王能富	男	1931	丁店芦苇港	1947	二十九军八十七师二六〇团战士	1949.05上海月浦因战牺牲	—
龚耀池	男	1930	丁店芦苇港	1947.01	华东野战军十一纵三十三旅九十八团二营五连卫生员	1948.11淮海战役牺牲	—
黄信发	男	1926	丁店协和	1947.01	志愿军六十七军二〇〇师五九八团战士	1951.10朝鲜因战牺牲	—
顾方成	男	1919	丁店协和	1941	海门县海中区区委委员	1947.03海门县海中区被捕牺牲	1941

续表34—322 民国19年(1930)～1985年革命烈士英名一览表

姓名	性别	出生年月	籍贯	参加革命时间	牺牲时所在单位及职务	牺牲时间地点原因	加入中共组织时间
沙德泉	男	1921	丁店协和	1941	苏中四分区特务团副排长	1944.04盐城因战牺牲	—
施兴周	男	1924	丁店协和	1942	海门县海南区财粮主任	1947.10海门县被捕牺牲	1942
姚士昌	男	1930	丁店协和	1947.01	华东野战军十一纵三十三旅九十八团二营五连战士	1948.11淮海战役姜公山牺牲	—
朱桂兴	男	1920	丁店协和	1947.01	华东野战军十一纵三十三旅九十八团二营五连战士	1948.12淮海战役姜公山牺牲	—
陆忠平	男	1930	丁店营房桥	1946.09	华东野战军十一纵三十一旅九十一团战士	1947.02东台县因战牺牲	—
樊发能	男	1926	丁店营房桥	1946.09	华东野战军十一纵三十一旅九十一团一营三连战士	1946.10盐城县伍佑因战牺牲	—
朱锡康	男	1915	丁店营房桥	1945.02	苏中九分区部队班长	1946.08皋南战役牺牲	—
张祖英	男	1927	丁店营房桥	1947.12	苏北九分区九团二营战士	1949.04南通市因公牺牲	不详
周飞清	男	1919	丁店营房桥	1943	华东野战军十一纵三十三旅战士	1948.11淮海战役姜公山牺牲	1945
黄 达	男	1919	丁店营房桥	1945.06	华中野战军某部战士	1948.08盐城因战牺牲	1946
陈启忠	男	1927	丁店营房桥	1947.12	苏北九分区九团二营七连战士	1949.01南通县正场因战牺牲	—
陈元亮	男	1925	丁店营房桥	1946.02	华东野战军十一纵三十一旅九十二团班长	1948.05大丰县白驹因战牺牲	1947
丁志义	男	1923	丁店营房桥	1947.12	苏北九分区八团战士	1948.05海门县合兴镇因战牺牲	—
顾文龙	男	1927	丁店营房桥	1946	二十九军八十五师二五三团班长	1949.10福建厦门因战牺牲	—
张锡凡	男	1918	丁店营房桥	1945	华东野战军十一纵三十一旅九十一团一营三连排长	1947.02如东县栟茶因战牺牲	不祥
温志道	男	1913	丁店芦苇港	1942	鲁南军区黄河队战士	1947失踪	—
季助方	男	不详	丁店	1946	志愿军二十军战士	1950朝鲜因战牺牲	—
季维贤	男	不详	丁店协和	1943	华东野战军兵工厂工作人员	1946大丰县因战牺牲	—
季小山	男	1928	丁店协和	1947.02	二十九军战士	1949.05上海因战牺牲	—

续表34—322　民国19年(1930)～1985年革命烈士英名一览表

姓名	性别	出生年月	籍贯	参加革命时间	牺牲时所在单位及职务	牺牲时间地点原因	加入中共组织时间
徐志福	男	1929	丁店豫丰	1947.01	二十九军八十七师二六〇团炮兵连战士	1949.05上海月浦因战牺牲	—
张凤高	男	1927	丁店豫丰	1945.07	苏中九分区七团战士	1946.06如皋县城东门因战牺牲	—
张生华	男	1925	丁店豫丰	1942	新四军一师三旅七团战士	1943如皋县沙家庄因战牺牲	—
姜国球	男	1926	丁店豫丰	1943	苏浙军区某部班长	1945浙江天目山因战牺牲	—
邢菊如	男	1928	丁店豫丰	1948	华东野战军十一纵三十三旅九十八团炮兵连战士	1949.01淮海战役牺牲	—
邢菊先	男	1925	丁店豫丰	1947	苏北九分区九团一营二连战士	1948南通县兴仁因战牺牲	—
宋　岳	男	1931	丁店豫丰	1948	二十四军七十八师二〇八团文书	1949.05上海月浦因战牺牲	—
高成明	男	1928	丁店豫丰	1947	华东野战军十一纵三十三旅九十八团三营九连战士	1948.11淮海战役牺牲	—
朱能章	男	1924	丁店豫丰	1946	志愿军二十四军七十四师二二〇团班长	1953.07朝鲜因战牺牲	不详
印祥郎	男	1925	丁店豫丰	1947.12	华东野战军十一纵三十三旅九十五团三营九连战士	1948.11淮海战役姜公山牺牲	—
陈祖礼	男	1927	丁店豫丰	1947.1	华东野战军十一纵三十三旅九十八团战士	1948.11淮海战役牺牲	—
徐林朝	男	1928	丁店豫丰	1948	志愿军某部战士	1951.01朝鲜五甲山因战牺牲	不详
顾家章	男	1928	丁店豫丰	1947.01	华东野战军十一纵三十三旅九十八团三营九连战士	1948.11淮海战役姜公山牺牲	—
陈德丰	男	1924	丁店大同	1943	新四军三师战士	1946.12大丰县草埝因战牺牲	—
杨汉清	男	1926	丁店大同	1947.12	华东野战军十一纵三十三旅九十八团二营六连炊事员	1948.11淮海战役姜公山牺牲	1948
樊发元	男	1920	丁店大同	1948.03	二十九军八十七师二六〇团战士	1949.05上海月浦因战牺牲	—
黄汉林	男	1929	丁店大同	1946.06	二十九军八十七师二六〇团三营七连班长	1949.06上海月浦因战牺牲	1947
张学谦	男	1924	丁店大同	1943.03	华东野战军一师三旅八团班长	1946.07皋南战役牺牲	—

续表34—322 民国19年(1930)～1985年革命烈士英名一览表

姓名	性别	出生年月	籍贯	参加革命时间	牺牲时所在单位及职务	牺牲时间地点原因	加入中共组织时间
李瑞涛	男	1922	丁店大同	1941.03	新四军一师三旅特务营战士	1944.05童家店因战牺牲	—
吴瑞康	男	1927	丁店大同	1947.12	华东野战军十一纵三十三旅九十八团二营战士	1948.11淮海战役姜公山牺牲	—
彭九思	男	1923	丁店大同	1946.09	华东野战军十一纵三十一旅九一团一营二连战士	1946.11盐城县伍佑因战牺牲	不详
沈洪亮	男	1922	丁店大同	1944	南通警卫团指导员	1947.06如东县掘东牛车桥因战牺牲	1945
张亚堂	男	1926	丁店大同	1946.01	华东野战军十一纵三十一旅九一团机枪连班长	1947.02海安李堡因战牺牲	1946
张冠芝	男	1928	丁店大同	1946.06	华东野战军十一纵六十一旅九十三团二营五连战士	1948.11淮海战役姜公山牺牲	1946
季雪同	男	1920	丁店大同	1947.12	华东野战军十一纵三十三旅九十八团二营战士	1948.06启东县汇龙镇因战牺牲	—
陈友仁	男	1925	丁店大同	1946.12	二十九军八十七师二六〇团通讯员	1949.05上海月浦因战牺牲	—
卞志恒	男	1921	丁店大同	1943.03	苏中四分区税务局税收员	1946.07南通县五总埠被捕牺牲	—
董小林	男	1923	丁店大同	1945.06	苏中军区七团战士	1945.07南通县二甲镇因战牺牲	—
顾忠道	男	1923	丁店大同	1946.07	华东野战军十一纵三十一旅九十一团战士	1948淮海战役牺牲	1947
黄秀高	男	1923	丁店大同	1941.07	苏浙军区某部班长	1945浙江天目山因战牺牲	不详
张祝成	男	1927	丁店大同	1944.09	南通警卫团班长	1946.04南通县小海镇因战牺牲	—
沈文祥	男	1918	丁店大同	1946	苏中九分区七团战士	1947如皋县丁埝因战牺牲	—
陆亚堂	男	1921	丁店大同	1943	华东野战军十一纵三十三旅九十八团炮兵连战士	1948.11淮海战役姜公山牺牲	—
胡汉荣	男	1925	丁店通如桥	1942	东南警卫团一营一连战士	1944海门县因战牺牲	—
方飞路	男	1921	丁店通如桥	1946	华东野战军十一纵三十三旅九十八团战士	1948淮海战役牺牲	1946
鲁德仁	男	1928	丁店通如桥	1947.12	二十九军八十七师二六〇团三营七连班长	1949.05上海月浦因战牺牲	1948
黄维兴	男	1921	丁店通如桥	1946	华东野战军十一纵三十一旅九十一团一营战士	1947.02如东县潮桥因战牺牲	1946

续表34—322　民国19年(1930)～1985年革命烈士英名一览表

姓名	性别	出生年月	籍贯	参加革命时间	牺牲时所在单位及职务	牺牲时间地点原因	加入中共组织时间
杨善涛	男	1926	丁店通如桥	1942	东南警卫团战士	1943.05南通五总因战牺牲	—
黄思礼	男	1928	丁店通如桥	1946	南通警卫团战士	1946皋南战役牺牲	—
沈维康	男	1926	丁店豫丰	1947	苏皖边区第九行政区专员公署工作人员	1947.10如东县马塘区因战牺牲	—
杭广才	男	1920	丁店豫丰	1944.04	如皋县掘马南区队战士	1944如皋县莫家园因战牺牲	—
朱德明	男	1922	丁店大同	1947.12	二十九军某部通讯员	1949.05上海月浦因战牺牲	—
高成章	男	1930	丁店豫丰	1949	解放军某部战士	失踪	—
殷　冲	男	不祥	丁店大同	1941.04	新四军一师一旅二团战士	1946失踪	—
施云官	男	不祥	丁店豫丰	1946	华东野战军十一纵队战士	1947高邮因战牺牲	—
沈思诚	男	1925	丁店丰港	1942	东南警卫团一营一连战士	1943.06海门县三和镇因战牺牲	—
顾国家	男	1925	丁店丰港	1947.05	华东野战军十一纵三十三旅九十八团战士	1948.06启东县汇龙镇因战牺牲	不详
黄士林	男	1924	丁店丰港	1944	南通县三余区队班长	1944.04南通三余镇牺牲	不详
施一明	男	1926	丁店丰港	1946.09	华东野战军十一纵三十一旅九十三团战士	1947.02东台县沈灶因战牺牲	—
盛文冲	男	1927	丁店丰港	1947.06	二十九军八十五师二五五团班长	1951.11福建同安县因战牺牲	—
杨成德	男	1924	丁店丰港	1947	华东野战军十一纵三十三旅九十八团班长	1948.11淮海战役牺牲	1947
沈启良	男	1914	丁店丰港	1941	新四军一师三旅七团战士	1943.06兴化因战牺牲	—
周锦如	男	1924	丁店丰港	1940	通西独立营排长	1944.10何家大桥因战牺牲	1942
张松泉	男	1926	丁店丰港	1947.06	苏北九分区九团一营一连战士	1948.08海门县长乐镇因战牺牲	1948
龚石甫	男	1926	丁店丰港	1946.01	东南警卫团战士	1947.02启东县久隆镇因战牺牲	—
倪汉山	男	1931	丁店王荃	1946.09	二十九军八十七师二五三团三营班长	1949.11福建金门因战牺牲	—
姚凤章	男	1930	丁店王荃	1947.12	华东野战军十一纵三十三旅九十七团战士	1948.11淮海战役牺牲	—
倪国兴	男	1932	丁店王荃	1947.12	南通警卫团战士	1948.02南通县陈家酒店因战牺牲	—

续表34—322 民国19年(1930)～1985年革命烈士英名一览表

姓名	性别	出生年月	籍贯	参加革命时间	牺牲时所在单位及职务	牺牲时间地点原因	加入中共组织时间
蔡福山	男	1932	丁店王荎	1948.03	南通警卫团战士	1948.05南通县唐洪灶因战牺牲	—
倪国和	男	1930	丁店王荎	1946.09	二十九军八十五师二五三团一营二连战士	1949.08福建南日岛因战牺牲	—
倪国新	男	1933	丁店王荎	1947.12	二十九军八十五师警卫连文化教员	1949.08福建厦门因战牺牲	—
黄泽清	男	1928	丁店王荎	1947.02	华东野战军十一纵三十三旅九十八团战士	1948.12淮海战役牺牲	—
陈丕谟	男	1918	丁店王荎	1944	新四军一师三旅战士	如皋县白蒲因战牺牲	—
杜小昌	男	1931	丁店王荎	1947.12	二十九军八十七师二六〇团战士	1949.05上海月浦因战牺牲	—
倪国明	男	1926	丁店王荎	1944	南通警卫团战士	南通县二窎因战牺牲	—
龚少丰	男	1931	丁店王荎	1946.09	华东野战军十一纵三十一旅九十三团战士	1947东台县沈灶因战牺牲	—
黄士祥	男	1931	丁店王荎	1947.06	二十九军八十七师二六〇团战士	1949.05上海月浦因战牺牲	不详
顾云龙	男	1931	丁店王荎	1946.02	二十三军六十九师二六〇团战士	1949.05上海月浦因战牺牲	—
顾思文	男	1931	丁店王荎	1946	苏北海防纵队文工团战士	1948.03南通县三余镇因战牺牲	—
黄冠群	男	1921	丁店荎东	1942	新四军一师三旅战士	1943.07兴化因战牺牲	—
周步高	男	1928	丁店荎东	1946.08	华东野战军七纵队班长	1947.04泗阳县因战牺牲	—
施国祥	男	1925	丁店荎东	1947	华东野战军十一纵二十二旅九十八团三营八连战士	1948.11淮海战役姜公山牺牲	—
顾　恺	男	1917	丁店荎东	1941	南通县三余区区委委员	1947.01如东县王荎乡被捕牺牲	1941
顾维邦	男	1924	丁店荎东	1942	苏中军区八团三营八连副排长	1947.11南通县东灶因战牺牲	—
陆善家	男	1928	丁店荎东	1947	苏北九分区九团三营九连战士	1948.12泰县姜堰因战牺牲	—
卑胜康	男	1930	丁店荎东	1947	二十九军八十七师二六〇团通讯员	1949.05上海月浦因战牺牲	—
陈玉祥	男	1929	丁店毛竹桥	1947	如东警卫团战士	1948.06启东汇龙镇因战牺牲	—
陈士兵	男	1929	丁店毛竹桥	1947	如东警卫团战士	1948.07启东汇龙镇因战牺牲	—

续表34—322　民国19年(1930)～1985年革命烈士英名一览表

姓名	性别	出生年月	籍贯	参加革命时间	牺牲时所在单位及职务	牺牲时间地点原因	加入中共组织时间
秦士元	男	1926	丁店毛竹桥	1947	志愿军二十一军六十三师一八九团三营四连三排战士	1953朝鲜因战牺牲	—
沈锦章	男	1919	丁店毛竹桥	1947.03	二十九军八十七师二六〇团一营三连战士	1949.05上海月浦因战牺牲	—
樊庆云	男	1919	丁店毛竹桥	1947	华东野战军十一纵三十三旅战士	1948.11淮海战役牺牲	—
黄明凤	男	1922	丁店毛竹桥	1940.07	苏中四分区战士	1942.05南通县白龙庙因战牺牲	—
张家鹏	男	1928	丁店毛竹桥	1946	二十九军八十五师三五五团三营机炮连战士	1950.07蚌埠因公牺牲	1946
施炳良	男	1929	丁店毛竹桥	1947	华东野战军十一纵三十三旅九十八团二营四连战士	1949.01淮海战役牺牲	—
张　荣	男	1921	丁店毛竹桥	1942	东南警卫团机枪连班长	1942.09海门三厂因战牺牲	—
戴洪云	男	1927	丁店王荃	1947.02	华东野战军十一纵三十一旅九十二团战士	1948.11淮海战役牺牲	—
倪朝载	男	1918	丁店王荃	1941	西四军一师三旅二营战士	1942海安县磨担头因战牺牲	—
郁朝清	男	1925	丁店毛竹桥	1944	华东野战军四纵十二师三十四团特务连排长	1948淮海战役秦家楼牺牲	1945
张志祥	男	1921	丁店毛竹桥	1941	新四军一师三旅七团排长	1946.12泰兴县黄桥因战牺牲	—
曹锡明	男	1889	丁店荃东	1928	红十四军一支队二大队通讯员	1930.06南通县湾头镇因战牺牲	—
周志平	男	1964.3	丁店荃东	1983.01	四十一师(甲)团三营七连战士	1985.01老山战斗牺牲	—
赵林昌	男	1928	丁店伯安	1948.01	如东警卫团战士	1949.01泰兴县黄桥因战牺牲	—
朱文义	男	1921	丁店伯安	1947.12	如东警卫团二营战士	如东掘港因战牺牲	—
顾　兵	男	1927	丁店伯安	1944	二十九军八十七师二六〇团三营八连副连长	1949.05上海月浦因战牺牲	不详
黄凤超	男	1926	丁店伯安	1947.12	华东野战军某部卫生部医务员	1948.12淮海战役牺牲	不详
陆殿珠	男	1923	丁店伯安	1940.11	南通警卫团班长	1944.12南通县十总店因战牺牲	—
顾锡华	男	1925	丁店伯安	1946.01	如东县警卫团二营四连排长	1948.06启东县泰安港因战牺牲	—
刘金余	男	1923	丁店伯安	1948.03	华东野战军十一纵三十二旅战士	1948.12淮海战役牺牲	—

续表34—322 民国19年(1930)～1985年革命烈士英名一览表

姓名	性别	出生年月	籍贯	参加革命时间	牺牲时所在单位及职务	牺牲时间地点原因	加入中共组织时间
顾达	男	1921	丁店伯安	1946	新四军二师五旅十三团一营二连战士	1946.09如皋县宋家店因战牺牲	1946
陈斌	男	1926	丁店磨墩	1942.05	苏浙军区三纵队七支队营干	1945江南因战牺牲	—
袁城	男	1925	丁店磨墩	1941	南通警卫团排长	1945.05南通县因战牺牲	—
徐在能	男	1923	丁店磨墩	1943.06	海门县余东区队排长	1947.08海门县天补镇因公牺牲	1944
黄俊德	男	1929	丁店磨墩	1946.11	华东野战军十一纵队三十一旅九十一团一营二连战士	1947.02东台县沈灶因战牺牲	—
陆希华	男	1929	丁店磨墩	1946.11	华东野战军十一纵队三十一旅九十一团一营二连战士	1947.02东台县沈灶因战牺牲	1946
顾元凤	男	1922	丁店磨墩	1944	新四军一师三旅七团战士	1945启东县久隆镇因战牺牲	—
陈汉康	男	1925	丁店磨墩	1941.02	苏浙军区三纵队七支队战士	1945.05江南因战牺牲	—
袁少康	男	1929	丁店磨墩	1947	掘东区税务所税收员	1948如东县大同镇被捕牺牲	—
陆维新	男	1964.04	丁店磨墩	1983.01	四十一师(甲)团二连副班长	1985.07老山战斗牺牲	不详

第二章　先进人物

第一节　劳模风采

1950年始，境内各行各业在社会主义建设中，涌现出一批批先进人物，他们所做出的功绩，得到社会认可，社会也给予他们应有的光荣和地位。节内仅录已故省级劳模、先进工作者4名、市级劳模5名。让世人进一步尊重劳模、关心劳模、学习劳模，以劳模做榜样争当劳模，让劳模精神永远发扬光大。

一、江苏省劳模、先进工作者

顾兆明(1927—2012)兵房镇三港村人。农民。1985年3月，江苏省人民政府授予江苏省劳动模范称号。

王长喜(1901—1967),丁店乡荃东村人。文盲。民国34年(1945),在丁店河(原名川腰港)顶端七贯南北海堤外侧至遥望港,种植约2500株洋槐树。1949年8月,遭受大台风袭击,大潮未能冲破海堤,人民生命财产得到保护。1951年,被江苏省人民政府授予江苏省劳动模范称号。如东县第五届、六届人民代表大会代表。

钱锦祥(1931—?),兵房镇(原丁店乡)通如桥村人。小学文化程度。中共党员。1951年10月,于大同供销社参加工作。1955年6月起,先后在兵房、九总、南坎、豫北、大同粮库、粮站任主任、站长。1964年4月,被评为江苏省先进生产者,受到江苏省人民委员会表彰。1991年7月退休。

陈景(1926—1973),兵房镇人。曾在兵房轧花厂、如东县影剧公司工作。1959年10月,出席江苏省工业、交通、运输、基建、财贸先进代表会议,中共江苏省委、省人民委员会授予江苏省先进生产者称号。

三、南通市劳模

丁元瑞(1913—1968),苴镇西乡界港河畔丁家庄人。中学文化程度。民国27年(1938)投笔从戎,参加人民自卫队(不久改编为国民党江苏省保安一旅常备二团),曾参加过收复岔河、攻打如城及崔家河阻击战等战斗。新四军东进后,即离开部队在地方执教,任虹元初级小学校长。民国36年(1947)春,国民政府军烧毁虹元小学校后,即借用民房做教室,组织学生复课。民国37年(1948)开始,学校先后5次发动群众捐款捐物,出工建校。至1953年,虹元小学发展成为13个班级乡中心小学。1949年冬和1951年夏,先后被评为南通专区和如东县模范教师。1953年,调任岔河小学校长,并当选为如东县第一届人民代表大会代表。1956年,又当选为政协如东县第一届常务委员会委员。20世纪50年代后期,历任南坎中学会计、桂芝小学副校长。1959年,全家定居南坎公社三大队五队(南坎社区),“文化大革命”中受冲击,于1968年6月15日含冤去世。1978年10月15日,如东县革委会召开追悼会,给予平反昭雪。

李安康(1938—2004),兵房镇人。中师文化程度。1958年9月后,任丁店、兵房小学教师。1968年后,任兵房公社社办企业采购员。1984年,任兵房乡海鸥皮件厂厂长。1988年4月,由南通市人民政府授予南通市劳动模范称号。

刘国珍(1929—?),掘港镇(掘郊乡)人。小学文化程度。1951年9月,在兵房供销社参加工作。1955年6月起,从事粮食工作,先后在大同粮站、华丰粮站、兵房粮站当工人。1986年5月,南通市人民政府授予南通市劳动模范称号。1989年11月退休。

沈一林(1947—2004),大豫镇(东凌乡)人。初中文化程度。1967年,开始从事海洋渔业生产。1981年9月,加入中国共产党。1986年,任东凌村党支部副书记。1988年4月,南通市人民政府授予南通市劳动模范称号。1996年,任如东县台井公司经理。

陆凤奎(1931—2001),兵房镇(丁店乡)人,小学文化程度。1958年9月,参加工作。任掘港水泥厂工人。1959年4月,任如东盐场领滩手。1975年5月,加入中国共产党。

1983年5月，南通市人民政府授予南通市劳动模范称号。1984年3月，当选为如东县第九届人民代表大会代表。

第二节　人民功臣

在抗日战争、解放战争、抗美援朝、对越自卫反击战中，大豫热血青年为保家卫国血洒疆场，屡立战功，节内仅录特等功臣1名，一等功臣9名。马家店村22组季献康，圆满完成中国第一颗原子弹爆炸试验时从蘑菇云中取样任务之事迹，永垂千古。

一、特等功臣

袁金生(1910—1949)，南坎乡茂青村(大豫社区)人，民国29年(1940)，参加新四军，任新四军一师三旅九团一营三连副班长，因战绩突出，民国34年(1945)12月，荣立特等功1次，民国35年(1946)，在盐城县便仓战斗中牺牲。

二、一等功臣

沈廷相(1910—?)，伯安村人。民国38年(1949)春，参加民工担架队，随解放军渡江南进，在支前任务中表现突出，被评为一等功臣。曾被邀请参加拍摄渡江战役电影。

屈文彬(1923—1947)，兵房居委会人，民国30年(1941)，参加新四军。民国32年，加入中国共产党，华东野战军十一纵三十旅九十二团三营九连副班长，因战绩显著，荣立一等功，民国36年(1947)7月，在盐城战斗中牺牲。

邱祖珊，原名邢加全，(1925—2011)，兵房镇双闸村10组(徐征村)人，出生于贫苦农民家庭，原籍南通县(通州区)。新四军东进后参加革命，民国32年(1943)6月，加入中国共产党，历任掘东区队、县警卫团战士，掘马北区交通站站长，分区八团重机枪弹药组组长。民国37年(1948)，因病复员，后带领常备民工支援前线，表现突出，被苏南支前司令部评为一等功①。

金凤林(1927年—?)，兵房镇海丰村(东安闸村)人，民国36年(1947)11月，参加中国人民解放军，在徐州某部第三十三旅第九十八团任通讯员。民国37年(1948)，在淮海战役中，团部与第三营电话不通。金奉命送信给第三营，途中发现一队国民政府军偷袭团部。他立即向国军开火。团部获悉后，组织部队反击，全歼国民政府军1个营。由于他及时鸣枪报警，不但保卫团部，而且消灭国民政府军。战后，军部授予一等功臣。

高成龙(1933—?)，丁店乡豫丰村(大同村)人。民国36年(1947)1月，参加中国人民解放军，在二十六军第二三八团第三营任通信员。1951年，参加抗美援朝，在五丰山战斗中，他机智地躲过敌人炮火，及时把情报送到第九连阵地。在撤出战斗时，他根据途中侦察到情况，向连长提出建议，使全连80多名战友安全地通过敌封锁线。战后，军部授予一等功臣。

①详见志内第二十一篇《军事》第二章第三节“支前”。

袁国丰(1926.11—?),生于豫和乡东兴村(芦苇港村7组,丁家店村),民国32年(1943),参加民兵,民国36年,参加中国人民解放军。民国38年(1949)5月,在攻打上海月浦战役中,一个人冲向敌人碉堡,把两颗手榴弹导火线扣在手指上,向敌人喊话:“革命必胜,蒋军必败!”“只有缴械投降才有出路!”没花一枪一弹,碉堡内40多个敌人全缴械投降,战斗结束后,29军军部授予一等功。

季献康(1935—2009)马家店村22组人。1953年,参加中国人民解放军(华东三野)。当年,随部队赴朝鲜参战13个月,回国后被选拔为空军战士。1954年9月,进长春第一预备学校学习,同年,加入中国共产党。1956年6月,进哈尔滨航校培训,1958年8月,进入空军十三师运输大队,担任领航员。

1964年8月初,一天上午,季所在机组(郑州机场)驾驶员郭洪礼接到通知,马上去大西北某地执行一项特别重要秘密任务。第二天,郭洪礼、副驾驶李传胜,通讯主任王景海、空勤机械师耿君与领航员季献康5人驾机飞到开屏机场,这是位于大西北一个简易机场,周围是茫茫戈壁滩。执行中国第一颗原子弹爆炸试验时从蘑菇云中取样任务。

原子弹爆炸试验前一天,现场总指挥张爱萍将军对机组人员讲“任务重要,只许成功,不许失败”。机组人员均向党中央、中央军委立下誓言。季说:“即使上刀山下火海,保证完成任务,哪怕残废、牺牲,也绝不做孬种。”并向党组织交“最后一次”党费。

1964年10月16日14时59分,一声闷雷炸破时空,03号取样飞机腾空而起,迅速爬升到规定高度,领航员定准航向,飞机钻进蘑菇云,进行取样试飞,此时蘑菇云里一片昏暗,飞机被气浪抛上抛下,几乎失去控制,只能按机舱内仪表指示才能保持飞机姿态。仅5秒钟就飞出云团。接着又一次进入蘑菇云,完成收取样品任务。为取样保险,指挥部命令03号机再一次进入蘑菇云,2秒钟后,测量器亮红灯,表明剂量收足,飞机奉命于16时26分胜利返航,完成预期任务。基地召开总结表彰大会,机组荣立集体一等功,个人获一等功。

1975年,季复员,安置在如东县印刷厂总务科工作,1996年退休。

第三章　军政人物

第一节　军旅人物

节内共载录军旅人物12名(客籍3名)。他们中间有中国人民解放军杰出将领粟裕,有南坎攻坚战总指挥程业棠,有掘东区首任区长曹持衡。有战斗英雄、全国第一届人大代表王维福。无论是客籍人士,还是在外人士;无论是战争年代,还是和平时期;他们为中国的解放事业和社会主义建设做出的功绩，永将名垂青史。

粟裕(1907—1984)中国人民解放军杰出将领。湖南省会同县人。民国30年(1941)3月起，任新四军第一师师长兼政委、苏中军区司令员兼政委、苏浙军区司令员兼政委。率部开赴栟茶，组建苏中军区。创建中国共产党领导下的第一支“土海军”——海防部队，开辟海上战场。9月，他指派专人并亲自率部在黄海近海观察调研沿海港口分布、潮汛水情等情况，巩固海上武装，指示：“另由直属队抽3个连为海防团，以陶勇为团长(因陶在海上有威望)，吴福海为副团长……”又将潮汛规律编成口诀，便于战士记忆。10月，他在南坎召开新四军成立5周年大会上作《关于坚持苏中斗争和准备反攻问题》等报告。民国32年(1943)2月上旬，指挥攻克曹埠伪据点和掘港、马塘驰援之敌。中华人民共和国成立后，粟裕任中国人民解放军总参谋长、国防部副部长、军事科学院副院长、中央军委常委、全国人大常委会副委员长等职，被授予中华人民共和国第一大将军衔。

程业棠(1912—1986)安徽省六安人。抗日战争开始后，任新四军教导总队第一大队政治委员。皖南事变中，率部分指战员突出重围，到达苏北抗日民主根据地。民国33年(1944)2月，任苏中第四军分区特务四团团长。参加车桥战役后，率部从东台南下到苴镇，接受新四军一师三旅攻打童家甸据点任务。5月11日夜，特务四团迅速攻克据点，与群众一起拆毁碉堡，随即撤离。13日，敌人重占童家甸修筑碉堡。19日，程业棠亲率1个营，冒雨激战3小时，拔除童家甸据点。同时，击溃从二窎敌据点增援日伪军。6月26日夜，他指挥特务四团包围日伪军设在黄海之滨的重要据点——南坎镇(详见志内“南坎攻坚战”)。南坎大捷后，11月，程业棠随粟裕部队渡江南下。中华人民共和国成立后，任安徽省军区副司令、省人大常委会副主任等职。1955年，被授予少将军衔。

曹持衡(1907—1989)，江苏启东惠萍人。早年组织抗日游击队。民国29年(1940)底，编入新四军，任六团三营营长。民国30年(1941)9月，加入中国共产党，是年9月～民国31年12月，任掘东区区长，后任丰掘区区长。民国35年(1946)9月后，任启东警卫团副团长，东南警卫团团长。

民国36年(1947)，是东南地区解放战争最艰苦之年。曹决定将当时全团仅有5个连队，拿出两个连加强5个区游击营。1月23日，国民党区长顾龙天第二次占领海复镇，曹率领两个连，在海东游击营和新(新民乡)家(家禄乡)游击队紧密配合下，引蛇出洞，在东南中学西侧，兵分两路袭击该敌，挫其气焰。2月15日，曹指挥九龄镇伏击战。重创国民党正规军50多人，同时也付出沉重代价。事后，人们常说：“打了99仗，最难忘九龄镇一仗。”11月，曹调任分区八团副团长。

中华人民共和国成立后，曹参加抗美援朝战争，回国后，先后任南通军分区副司令员、扬州军分区副司令员。1989年5月20日，病故于南通。生前立有遗嘱，遗体捐献南通医学院，其家属遵办。

丁章(1924—?)，原名丁友信，豫北乡(香台村)人。民国29年(1940)12月，加入中国共产党，曾任豫北乡乡长、县警卫团侦察参谋、大同镇派出所所长、如东县情报总站双南支站站长（双南支站代号“独立社”）、福州军区某部部长。离休后，定居上海市中山北1路1100弄63号80室。

宋维垣(1919—2006)，兵房镇人（强民村）。民国29年(1940)12月，参加工作，民国32年(1943)2月，加入中国共产党。历任掘东区豫中乡通讯员、乡队副、自卫队长、区队警卫三连连长、如皋游击营副连长、豫中乡民兵大队长、乡长，掘东区民政股长、如东新兵营副营长。民国37年(1948)1月，苏中九分区七团团部事务副官，5月，三十三旅旅部四科副官，民国38年(1949)2月，二十九军八十七师司令部四科管理参谋，1951年初，福建军区永安分区土改队指导员、永安分区司令部四科副科长，1952年6月，公安十三师四科副科长，1955年，华东公安十三师司令部管理科科长，1956年，守备十三师司令部管理科科长，1960年，福建军区司令部管理科副科长，1961年，管理处副处长，1964年，管理处处长，1969年，后勤部副部长。1978年8月，离职休养。

曾参加过如东曹埠，盐南、汇龙镇等战斗，以及淮海、渡江、上海、福厦战役。民国38年7月，在进军福建剿匪战斗中荣立四等功1次。1951年，在土改工作中荣立三等功两次。1955年，获解放奖章，被授予大尉军衔。1988年，被授予中国人民解放军独立功勋荣誉章（渡江胜利纪念章和解放荣誉章均陈列于上海宝山解放纪念馆）。2006年2月12日14点30分，因病在如东逝世。

张豪(1924—1996)，如东县华丰乡人。早年受进步思想影响，民国29年(1940)，经中共如皋中心县委掘东区地下党员石坚介绍，秘密加入中国共产党，走上革命道路。抗日战争时期，先后担任掘东区区队长兼豫滨乡乡长、桐本区区长、如东县武工队队长等职，带领地方武装开展反“清乡”、反“扫荡”等斗争，进行锄奸，破竹篱笆等活动。在尖锐复杂而又残酷斗争面前，表现出中共党员坚强意志和必胜信念，敢于坚持斗争，带领区、乡武装不畏艰险，挺进敌人据点附近，随时打击敌人，对开辟和建立掘东区革命根据地，消除匪患，建立和巩固抗日民主政权做出突出贡献。

解放战争时期，担任如东县公安局侦察课长、独立营长、九分区七团营教导员、苏南军区教导旅大队长等职，从事军队基层组织工作和政治领导工作。在险恶战争环境中，认真贯彻执行上级指示和命令，身先士卒、率先垂范、带领部队完成许多重要战斗任务。先后率领部队参加解放三余镇、大同镇、石港镇、汇龙镇、掘港镇等战斗。1952年，随高炮六十五师参加抗美援朝战争，担任六一六团政治处主任，发扬顽强拼搏，不怕牺牲精神，参加多个战役。回国后，先后担任沈阳高级炮校训练团政委、宣化炮兵学院练习团政委、炮兵学院院务部政治处主任、二十六军炮团政委等职。1955年，荣获独立自由勋章和解放勋章。1964年4月，任二十六军工区政治部主任。在“文化大革命”期间，对林彪、江青反革命集团倒行逆施十分愤慨，在胜利油田“支左”时，挺身而出，顶住压力，保护被打击迫害干部。1978年3月，担任南京炮兵学院政治委员，1983年，组织批准离职休养。1988年，被授予独立功勋荣誉章。离休后，积极为如东、海门党史办提供早期党史材料。1996年，因病医治无效，于9月14日3时16分在南通逝世。

王维福(1930—2012)，鲍桥村(香台)人。民国36年(1947)10月，参加中国人民解放军。1949年6月，在渡江战役中"火线加入中国共产党"。在陆军担任过尖刀班班长，渡江突击队小队长，队长；1949年后，历任海军枪炮士长、副艇长、艇长、副中队长、中队长，大队参谋长，副大队长、大队长，水警区副参谋长，司令员、海军东海舰队训练基地顾问等职。参加过披山海战，头门山海战，解放一江山等著名战役，配合陆军解放南菲山和擅头山海战及解放东矶列岛海战、三门湾海战等，在陆军和海军期间参加过大小战役和战斗数十次，作战勇敢，不屈不挠，一往无敌，荣立一等战功2次，二等战功4次，三等功5次。1951年，任温台巡防大队415号艇枪炮兵，王所在的415艇因在修不能出航，6月24日，主动要求随414艇出海执行护航任务，4次负伤不下火线。10月10日，华东海军奉华东军区命令，授予"战斗英雄"称号，并记一等功。1952年，出席华东军区第三野战军首届英模代表大会。中央军委授予"一级战斗英雄"称号。1953年，出席中国人民解放军海军首届英模代表大会。1954年，当选全国人大一届和浙江省人大一届代表。1955年，当选中国新民主主义青年团中央委员。1955年，因工作成绩突出，作战勇敢被中国人民解放军海军党委授予"模范共产党员"称号。王在20世纪50年代出席第一届各次全国人民代表大会时和在团中央开会时，多次受到毛主席、周总理、刘少奇、邓小平等老一辈无产阶级革命家亲切接见。同时也受到叶剑英、朱德、刘伯承、彭德怀等10位元帅多次亲切接见(先后10次见过周总理，毛主席称是"总理老乡")。在《渡江侦察记》这部60年代家喻户晓影片中，王维福就是影片中机智勇敢侦察员小马原形。

1986年，离职休养后继续发挥余热，关心部队四化建设和地方上青少年成长，经常下部队和附近学校讲革命传统和亲身战斗故事，使部队广大官兵和青少年倍受教育。1988年，荣获胜利荣誉章。1994年，被海军东海舰队授予"离休先进老干部"，被上海市虹口区授予"部队老干部拥政爱民先进个人"。同年，担任虹口区凉城地区爱国主义教育讲师团团长后，工作一贯积极热情，配合各学校向青少年讲革命传统故事180余场次。1996年，荣获上海市妇女儿童工作委员会和市教育基金会颁发的"青少年爱国主义教育个人先进奖"和上海市虹口区"六一·育苗奖"。1999年4月23日，出席人民海军建军50周年英模座谈会时，受到江泽民主席亲切接见。同年11月19日，被上海市虹口区表彰为"爱国主义教育十佳个人"，讲师团被授予"爱国主义教育先进单位"称号。2012年11月29日在上海逝世，享年83岁。

王冲(1930—2011)，乳名陈小末，曾用名王兴。鲍桥村7组(香台村南7组)人，民国30年(1941)12月，参加新四军，民国36年6月，加入中国共产党。民国30年12月，为新四军一师三旅九团(南通警卫团)护理员，民国31年(1942)4月～34年(1945)11月，抗大九分校通信处通讯员；民国34年12月，入苏中公学九分校学习，民国35年8月～1950年6月，华东野战军区司令部情报处训练队学习无线电技术侦察工作，1950年7月～1957年3月，东线兵团司令部六科话报侦听员。舟山解放后，回第三野战军区司令部五局，先后任台长、科长。1958年1月～1959年，解放军外语学校学习，1960年10月～1965年4月，总参三部二局八处科长，1965年4月，历任总参三部广州三局（后改为广州军区技术局）副处长、处长、副局长、局政治委员。1986年，离职休养。2011年9月28日逝世。

王冲自幼父母相继离世，过着流离失所生活，走上革命道路后，严格要求自己，一切行动听指挥，为民族独立和人民解放事业，将个人生死置之度外，抗日战争时期，从事交通情报工作，不畏艰险，完成急快信件、机密文件传递准确无误。中华人民共和国成立后，一直从事军事情报技术侦察工作，工作中兢兢业业，技术上精益求精，数次立功和嘉奖。1964年10月1日，作为军人代表，登上天安门城楼观礼台。20世纪80年代，当选为广东省政协委员，积极参政议政。离休后，积极参与广州新四军研究会前期筹建工作，是广州分会创始人之一。王冲虽然离开人间，但他高尚品格成为后人永远学习榜样。

吴士安（1933—1993），豫东村人。民国36年（1947）10月，参加革命。民国38年（1949）3月，加入中国共产党。历任苏中九分区如东县掘东区游击连一排一班班长；苏中九分区七团卫生队学员，华东野战军苏北兵团卫生员、护士、见习军医、教学排长、军医、卫生所长。1956年8月起，先后任军部、师部、团部保卫干事、助理员、保卫股长、团政治处副主任，福建省邵武市人民武装部副政委、政委、市委常委。曾参加过淮海战役、江公山阻击战、渡江战役、上海战役、福建剿匪等几十次大小战役，荣立三等功1次，四等功4次。1955年6月，获解放奖章，1988年7月，被授予解放军胜利功勋荣誉奖章。1985年，离职休养。离休后，保持和发扬革命传统，兢兢业业，积极支持地方工作，先后被省、市、县评为模范休养员、优秀共产党员等荣誉称号。1993年7月18日，不幸因病逝世。

陈绍明（1942—2010），徐征村人。1960年8月入伍，1961年8月，加入中国共产党，入伍后，先后在快艇四十一大队担任轮机兵、副艇长、艇长、参谋长，海军司令部作战部参谋，并于1980年12月～1982年11月，参加海军指挥学院合成指挥班第5期培训，毕业后，担任快艇四十一大队大队长，快艇十六支队参谋长、副支队长、支队长，快艇二十一支队副支队长，福建基地副参谋长，上海基地副司令员等职。

陈绍明长期在快艇部队工作，事业心强，军事素质好，对快艇装备性能和行政管理非常熟悉，军事理论基础扎实、实际训练经验丰富，组织领导能力强。在快艇四十一大队任职期间，因训练成绩突出，两次荣立三等功，特别是经过海军指挥学院合成指挥班学习后，能理论联系实际，领导艺术不断提高。1990年，负责支队正规化训练和管理工作，坚持高标准、严要求，工作成效明显，受到上级机关一致好评。1997年12月，退休。2010年8月25日19时50分，因病救治无效，在中国人民解放军第四一一医院逝世。

李文荣（1928—2004），原名洪志富，马家店村人。民国36年（1947）7月，加入中国共产党，10月参军。早年就读于通州重三中学，后转入南通中学，在校期间接受中共革命教育，参军后，历任苏北九分区政治部干事，连队政治指导员、华东军区政治部干部部助理员、北京总政治部干部部助理员，上海警备区营政治教导员、文教办公室主任、战力文工团政委、教导大队政委、武警上海总队政治部副主任（副师）等。在解放战争中，先后参加刘桥、汇龙镇、掘港、安丰、梁跺、姜埝、黄桥等战役，1950年，参加洪泽湖剿匪。1979年，在对越自卫反击战前夕，临时受命为南京军区参战部队第一大队政委，负责输送5000名上海兵员至云南边境。曾荣立三等功3次，四等功1次，工作模范1次。在上海警备区工作期间，多次奉命到南京军区政治部参加党课教材编写及优秀连队经验总结等工作。1985年5月，离职休养，2004年2月病故。

许天琪（1941—1996），笔名严武、诸葛天亚，凌边村（南坎社区）人。1956年7月，考入如东县中学，1959年7月，保送江苏省南通中学，1962年7月，考入南京大学中文系，1967年8月，南京大学中文系毕业。1968年9月～1970年6月，在浙江省军区桥司农场学军锻炼。1970年7月，分配到解放日报社工作，先后担任工交部记者、评论部编辑。1984年6月，加入中国共产党。1985年2月，特招参加中国人民解放军空军，分配在上海空军政治学院工作，先后任文化教研室教员、《学报》编辑部编辑。技术7级、文职4级（副师级）。因病医治无效，于1996年10月14日在上海龙华医院逝世。

许长期从事新闻、宣传工作，撰写大量有影响新闻、通讯和评论文章，为宣传中国共产党路线、方针、政策，做出积极贡献。在解放日报社工作期间，他多篇评论和新闻荣获全国好新闻和《解放日报》红旗稿奖。其中关于《正确认识我国阶级状况的根本变化》一文被新华社播发，《人民日报》及全国各省市报纸全文转载，产生很大影响，为中共中央纠正极“左”路线、拨乱反正提供理论依据。他酷爱祖国古典文学，尤其对《聊斋志异》研究，造诣颇深，发表多篇论文，其中《(聊斋志异)“异史氏曰”漫评》一文被蒲松龄纪念馆列为展出品和收藏品。他在空军政治学院《学报》编辑部工作期间，不仅认真做好编辑工作，而且积极承担许多事务性任务，为提高刊物质量付出辛勤劳动。特别在生命垂危之际，仍惦记着《学报》建设，表现一名中共党员高尚品格。

第二节　政坛人物

节内共载录政坛人物16名（客籍2名）。丁家店村路澈等为境内早期进步青年代表、中共党员干部，在当地工作一段时间后，因工作需要调往外地。民国29年（1940）11月，石坚到掘东地区开辟抗日根据地，是境内中共组织早期领导人。

彭月翔曾任国民政府军高级将领，民国38年（1949）9月24日，率部参加甘肃酒泉起义。1954年转业后，任如东县政协副主席。王冠千曾任兵房中学校长，如东县政协副主席、县人大常委会副主任。顾毓章是全县第一位获得高级农艺师职称专家。陈健为如东盐业事业工作到生命最后一刻。他们热爱祖国，热爱人民，热爱家乡，热爱事业，在不同岗位上为振兴和繁荣家乡经济做出贡献。

路澈(1925—2006),原名:陈祖勋,曾用名:陈咏,笔名:晓路、晓春、路澈。丁家店村人。民国31年(1942)2月,参加革命,3月,加入中国共产党。民国21年9月～30年12月,就读于大豫小学、槐德小学、大豫中学。历任如皋(如东)县农抗会秘书、掘东区豫安乡、豫和乡副乡长、乡长,区公署行政助理、区委党报干事、通讯站长。民国33年(1944)10月起,历任中共如东县委《江海报》通讯站记者、如东《大众报》(东版)主编、如东县委土改工作队队委,新华九支社随军记者、新华九支社报道科科长。1949年10月起,历任南通地区通讯总组组长、地委宣传科长,苏北区党校学员、党委组织部秘书,中共江苏省委整党建党委员会《整党建党通讯》主编、省委组织部办公室副主任、部务委员、办公室主任。1965年6月～1982年3月,先后任中共苏州地委常委、宣传部长,地区工作组副组长、办公室主任,地委常委、宣传部长、秘书长,中共淮阴地委副书记兼秘书长(其间:"文化大革命"中于1970年1月～1973年3月,下放太仓县浮桥公社三角塘大队五队劳动)。1982年3月起,当选中共江苏省第七、八次代表大会代表,并在代表大会上当选为中共江苏省纪委委员、省纪委副书记。1988年,当选为江苏省第七届人民代表大会代表、省人大常委会委员。1993年3月,离职休养。

退居二线和离休后,仍一如既往学习和拥护中央、省委关于党风廉政建设及反腐败斗争一系列方针政策,关心和支持全省党风廉政建设和反腐败斗争。并受省委、省纪委重托,多次完成纪检监察调研工作和查处重大案件经验总结工作。1995年5月,受命负责对查处无锡新兴公司特大投机倒把案件总结工作,不顾70岁高龄,深入实际调查研究,掌握第一手资料,亲自动手,加班加点,组织指导形成文稿,在总结经验教训、对外宣传报道、对内通报教育方面发挥重要作用,受到领导和同志们一致好评,得到省委、省政府嘉奖。2006年8月11日,因病医治无效,在南京逝世。

石坚(1921—2011),原名顾碧云、曾用名顾楠,通州张紫山人。出生富裕家庭,中学时代参加抗日救亡运动。民国28年(1939)2月,参加革命,10月,加入中国共产党,奉派到启东、如皋东乡等地农村和学校发动群众参加抗日运动。民国29年(1940)7月,到黄桥地区支援战斗。11月,到掘东地区开辟抗日根据地,成立华丰乡农民抗日协会,建立华丰乡党、政、兵、群组织,实行"二五"减租。民国30年3月,任中共掘港区委书记、启海县委委员、海门中心县委民运部长兼农抗会主任、华中九地委妇委专职副书记。民国37年11月,任苏北区党委妇联副主任、南通市委组织部长、扬州市委副书记。1953年4月,任江苏省妇联副主任、主任、党组副书记、书记,常州市委副书记、江苏省劳动工资部副部长。1958年4月,作为省妇联主任代表参加中国妇女代表团赴奥地利维也纳,参加世界妇女和平代表大会。1960年6月,任南京市鼓楼区委工业部副部长、南京市科委副主任、主任、党组书记。"文化大革命"中被关押、下放劳动。1975年,平反复出。1977年5月,任南京市科技局局长、党组书记,南京市科委副主任、党组副书记、党组书记、主任,江苏省科委副主任、党组副书记。1980年9月,受全国妇联党组委托,率中国妇女代表团访问坦桑尼亚,莫桑比克等东非7国。1987年12月离休(享受副省级医疗待遇)。

王太祥(1922—2006),掘港镇人。民国29年(1940)5月参加革命。10月,加入中国共产党。担任掘港镇中心支部书记,参加组织抗日协会。民国30年3～10月,任中共如东分县委组织部长、掘南区委书记。民国30年10月～31年夏,任掘东区委书记、区长,在其任职期间,十分注重青年人才的培养,创办大豫中学,为革命输送出一批军地两用人才。民国31年夏起,历任中共县委组织部长、如东县委副书记、南通县委副书记、如东县委书记。民国38年8月,任中共南通地委组织部副部长兼妇委书记。1953年1月,任中共南通地委副书记、书记处书记兼党校校长、宣传部长。1966年2月,任中共镇江地委副书记。1972年5月,任中共镇江地委常委、革委会副主任。1978年11月,调任中共盐城地委常委、副专员。1981年,任中共南通市委副书记。1983年3月,任南通市政协副主席、常务副主席,兼南通市党史资料征集小组组长、征集委员会主任。历任南通市第八、九届人民代表。王出生在一个手工业家庭,青年时期追求进步,抗日战争期间,与白桐本一道坚持在抗日反"清乡"第一线。抗日战争胜利后领导当地土改、锄奸运动,为如东解放做出重要贡献。中华人民共和国成立后,调南通地委从事组织、纪检和宣传、文化、卫生等领导工作,坚持贯彻执行党的路线和方针政策。"文化大革命"中遭迫害。重新工作后,为新时期改革开放和经济发展做出贡献。他作风民主、正直厚道,处处严格要求自己,在干部群众中享有较高威望。

周志昌(1928—2009),启东建设乡人。因生活所迫,举家搬到徐征村。9岁开学,12岁停学,14岁开始帮地主富农家干农活。民国32年(1943),日伪军占领兵房地区,16岁冒着生命危险,投身革命,先后担任民兵分队长,大队长等职;民国33年(1944)4月,加入中国共产党。民国37年4月,参加华中工会干训队学习,民国38年初,调入南通市区工作,先后任南通城西区区市队长、郊区办事处公安股副股长、天生港派出所所长、发电厂保卫科长、中共厂委委员。1955年4月,北京公安学院保卫系学习,1956年4月起,先后任通棉一厂保卫科长、中共副书记、城区人民公社社长、工业部部长、市公安局副局长兼政治处主任。"文化大革命"中受到冲击。1967年,经审查获得解放,被结合到市革委政法组任副组长,不久,调任市工业局任革委会副主任。1969年底,带头下放回到兵房老家。1970年春节后,担任掘东区毛泽东思想宣传小分队副队长,进驻南坎公社,宣传队结束后,留任中共南坎公社委员会副书记。任职一年多,调任如皋公检法政法组副组长。1973年,调任南通地区政法组副组长,后任地区公安局副局长,1980年起,历任地区司法局副局长,市司法局副局长、党组副书记、巡视员。在任市司法局副局长期间,创办政法干校培训基地和劳动教养管理所,恢复环本劳改农场,筹建市司法大楼。多次受到中共南通市委、市政府记功嘉奖。1985年,退居二线后,想方设法帮助局里筹措资金,解决办公经费难问题,协助局办法律服务所开展法律服务工作。1989年10月,离职休养。1990年2月,被省司法厅评为司法行政系统先进工作者。1993年4月,司法部授予司法行政"一级金星"荣誉奖章。2009年9月15日,因突发脑溢血经抢救无效,于15时20分逝世。

濮九康(1927—2011),海门县人。后移居马家店村。民国35年(1946)7月,参加革命工作,8月,加入中国共产党。民国35年7月起,任新民乡和北村村长、财务主任、中共支部书记。民国38年(1949)春,任中共掘东区委委员兼新民乡中共支部书记,3～6月,渡江战役时带队支前,任大队副兼民工中队政委。7月,调南通地区土改工作队任组长。1951年7～11月,在中共苏北区委党校学习,结业后,到中共南通市委组织部,参与机关、工厂企业整党工作。1953年4月起,先后任中共南通市委组织部干部科干事、党群干部科科长、综合管理科科长、中共南通市委组织部副部长。1957年10月,任中共南通市郊区紫新乡委员会书记,1958年9月,任中共五山公社第二书记。1959年8月,任中共南通市委农村工作部副部长。1960年8月,由中央组织部调到青海玉树藏族自治州,任中共治多县县委书记处常务书记,1962年起,任县委副书记、书记。1970年4月起,历任青海省玉树县核心小组副组长、县革委会副主任、中共县委副书记、第一书记等职。1977年9月起,任中共玉树州委常委、副书记,州革委会常务副主任,州人大常委会主任,州纪律检查委员会书记。其间,1980年9月～1981年1月,中共中央党校学习。1983年3月,调中共南通市委组织部工作,11月,任南通市人民政府顾问。1984年8月起,任市第五届、第六届政协副主席。1995年1月,离职休养。

离休后,继续担任南通市关心下一代工作委员会副主任。积极履行工作职责,坚持看书学习,关心党和国家大事,关心青少年成长和进步,积极为南通改革和发展献计出力,提出许多建设性意见和建议。2011年12月10日12时58分,因病医治无效,与世长辞。

沙秀高(1926—2013),丁店乡人(丁家店村),民国31年(1942)6月,大豫中学一年级肄业。民国37年(1948),加入中国共产党。历任三乡(新丰、新生、华丰)联防中队文化教员,村农抗会会长、村财委,安东、王荃小学校长,掘东区民教工作组组长、区青年团科长。1949年,共青团如东县委秘书、组织部部长。1951年,县整党办公室秘书、县委秘书。1955年,中共如东县委组织部副部长、纪检委书记。1956年,中共掘东区委书记。1958～1962年,华东水利学院学习。1962年,县政府办公室主任。1964年,中共桐本公社书记。1965年,中共如东县委副书记。1966年5月,南通专署文教局局长。1966年,“文化大革命”中停职审查,1968年,南通地区革委会文教组副组长。1972～1977年,援外(苏丹尼河大桥、公路)队长。1977年9月,南通计委副主任。1978年,中共海门县委副书记,1980年,中共海门县委书记、人大常委会主任。1987年,离职休养。

离休后,在老年大学攻读诗词创作和书画艺术,被聘为北京华夏神韵书画艺术高级研究员,全国老干部书法作品银奖,“中华魂”首届中国书法作品金奖,首届当代中国书画精英银奖,中国书画院《中国当代书画》一等奖,《人民日报》市场信息中心《艺术名家金杯奖》活动中获金奖,获“中欧文化特使”“中泰文化交流大使”称号,中国书画家协会会员,中国文艺协会理事,中国书画协会副主席。2002年,获南通市“四保持”主题教育活动先进个人,2006年,获江苏省关心下一代工作先进工作者,2007年,获共和国和谐先锋人物及百名和谐先锋人物称号,2009年,获“全国五一时代英模”荣誉勋章,2012年,获“劳动颂歌—

2012中华百业英雄人物"荣誉称号,2013年2月19日16时15分,不幸逝世。

张国华(1923—2006),又名项希成。徐征村6组人。民国31年(1942),加入中国共产党,同年,参加革命工作。民国19~25年,就读于协和私立学校,民国30年,就读于大豫中学(南一区公司)。民国31年(1942)下半年,任中共如东中学学生支部书记,后任协和私立学校教师,白天上课,夜间参加中共组织活动,其主要活动范围,大豫、北坎、长沙、苴镇等地区。民国35年12月~36年1月,任中共景安区委副书记,民国36年2月~38年8月,任中共桐本区委副书记。1949年底,中共江苏省委党校学习,后任共青团南通地委副书记。1958年1月~1959年2月,任中共如东县委副书记,1959年2月~1959年4月,任县委书记处书记,1959年4月~1965年12月,复任县委副书记;其间,1958年3月~1960年3月,兼任县监察委员会书记。1964年10月~1965年7月,任南通地区社教工作团海安平等公社分团长。社教结束后,调淮阴市工作,历任中共青浦区委副书记、书记,市汽车公司党委书记,市人民医院党委书记、院长,市科普协会主任、党组书记。2006年6月病故。

金德富(1927—2000),止马洼村人。民国36年(1947),加入中国共产党。历任乡农抗会副会长,乡支书,中共区委组织科副科长,县人行股长,县委审干办公室副主任、县人行副行长,中共如东县委组织部副部长,潮桥公社党委书记,双甸区委副书记。掘港镇革委会主任、掘港区领导组长,中共马塘区委书记,如东县革命委员会副主任兼马塘区委书记,县人民政府副县长、顾问等职。1985年,补选为县人大常委会副主任。1988年离休。2000年6月逝世。

于文(1924—2002),又名庄少元,于文夫。徐征村人。民国32年(1943)2月,加入中国共产党。民国31年(1942),参加革命工作后,先后任中共南通地委四分区地下交通站副站长、站长(局长),民国34年(1945),任大同镇税务分局中共支部书记、分局长,民国35年(1946),任如东县交通科科长,民国36年(1947),调中共如东县委组织部工作,民国37年,调苏北军区后勤部工作,1949年,调南京邮电管理局,先后任科长、副处长、人事处处长、工会主席等职,1983年,离职休养(享受副厅级待遇),2002年去世。

沈元石(1929—2008),掘东区新民乡校南村(马家店村)人,民国35年(1946)6月,参加革命工作,民国36年(1947)1月,加入中国共产党。民国26年1月起,就读于邵氏私塾、协和小学、七贯小学,民国32年2月~35年5月,就读于南通三余重三中学(其间:参加地下中共抗日民主宣传社教活动);民国36年9月,南通中学(干部预备学校)三队副队长,11月,参加土地改革运动;民国37年1月,卫生队政治指导员,3月,普通队政治指导员,9月,由地方转任南通警卫团政治处统计干事,11月,团机关党支部书记,12月,南通军分区教导大队学习。民国38年3月,南通军分区军训团一大队三中队政治干事。民国38年8月,苏北军区特务五团一营机炮连副政治指导员,1951年3月,团炮兵连政治指导员,1952年9月,苏北军区警备二团三营七连政治指导员、代理教导员,1955年4月,江苏军区警备团政治处青年助理员。1956年10月,江苏军区边防十一团政治处组织干事。1958年7月,中国人民解放军石家庄高级步兵学校政治营四队学习。1960年1月，江苏军区政治部组织处干事。1961年12月，江苏军区守备七十团政治处青年股长、团委书记。1962年9月，团组织股长。1964年12月，南京军区工程兵一四二团政治处组织股长，1966年3月，政治处副主任，直属机关中共书记，1970年1月，团副政治委员，1975年1月，中国人民解放军基建工程兵八支队七十三大队副政治委员，1978年8月，基建工程兵七十三团政治委员、团党委书记、支队党委委员。

1981年12月，转业地方。任中共安徽省马鞍山市第二建筑公司副书记。1982年8月，市人民防空委员会办公室副主任，1983年9月，主任、党组书记。1989年12月，离职休养。

解放战争中获特等功1次，记大功5次，并被授予坚持斗争英雄称号。中华人民共和国成立后，授予模范连队干部1次，模范指导员2次，全军嘉奖1次、记二等功2次、三等功6次。曾参加天安门“五一”劳动节观礼和“五四”青年节联欢大会。3次受到毛主席、周总理、朱总司令、邓小平接见。

附记：

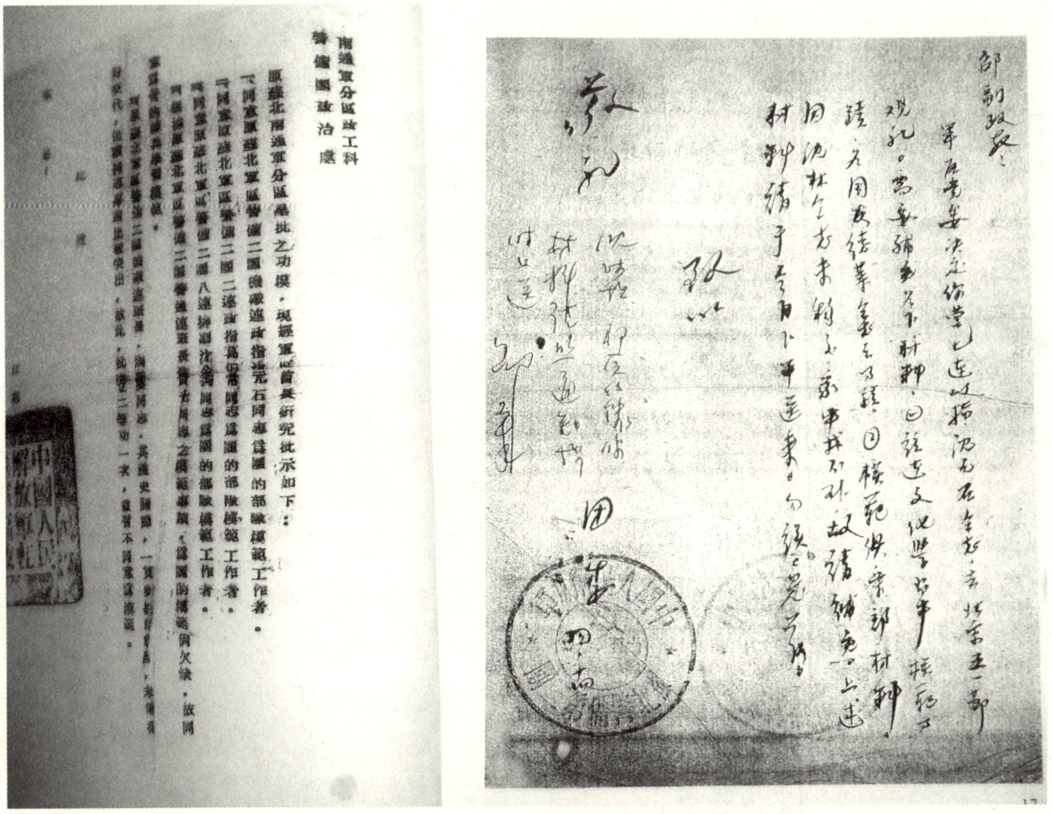

南通軍分區政工科
警備團政治處

原蘇北南通軍分區黨批之功模，現經軍區首長研究批示如下：

邵章批示沈元石赴京观礼补充材料通知

张国荣（1925—1999），丁店乡毛竹桥村（巩王村）人，民国32年（1943），参加工作，并加入中国共产党。先后任民兵中队长、民兵大队长、大同乡乡长、指导员。民国35年，任掘东区区长，在这期间，带领群众与国民党军队做斗争，在敌人扫荡时，组织群众转移，保护群众生命安全。在解放掘港、三余镇、汇龙镇战役中，组织担架队随队参战。1949年，随人民解放军渡江南下，上海解放后，先后任上海市南汇区周浦市市长、中共南汇区委副书记、县委书记、宝山县委书记。“文化大革命”中，被打成走资派，1972年，下放到松江劳动，平反后，任中共上海市海丰农场书记、场长，1983年，任中共上海市农垦局书记、局长。1987年，离职休养，1999年3月19日病故。

刘侠(1927—2001)，民国16年(1927)农历十一月二十六日生，丁家店村人。民国31年6月参加革命，民国33年(1944)6月，加入中国共产党。1985年12月离休。享受副地市级干部待遇。2001年11月27日1时零3分，逝世，享年74岁。

刘童年时期，在苦难中度过。民国33年夏，家中房子被日本侵略军烧光，父亲被日本侵略军打死。刘怀着对日本侵略军刻骨仇恨，16岁毅然投身革命。

抗日战争和解放战争时期，历任如东战区农抗队儿童团团长、如东余丰办事处余丰盐场、九分区盐务管理局会计、副主任、副科长等职。

中华人民共和国成立后，历任南通地区税务局分局副主任、南通市税务局副科长、分局长、南通市税务局第一副局长、南通市审干办副主任，江苏省南通卫生学校党支部书记、南通市教育局第一副局长、南通日报社副总编、市委组织组副组长、南通市财政局第一副局长、南通市交通局第一副局长、巡视员等职。其间，曾主持过税务局、教育局、财政局、交通局全面工作。离休后，他仍然关心全市的交通建设和经济发展。为南通民航事业崛起，做出新努力。在市委、市政府领导下，担任南通机场建设常务副总指挥兼党委副书记，奋战8年，出色完成组织上交给的工作任务。1993年，南通市人民政府给予记功一次。

彭月翔(1906—1992)，徐征村人。民国15年(1926)，高中辍学后，在海门县第8国民小学任教。同年，考入黄埔军校第6期，被编入军校二团三营十连。民国17年(1928)，加入中国国民党，从事国民政府军机关和学校工作。曾任国民政府军排、连、营、团等职。民国21年5月，“一二八”战役后，考取中央军校高教班一期，学习半年多时间，后留校工作。民国26年，“七·七事变后”，参加上海“八一三”战役，在江湾率部迎头痛击日本侵略军，生俘日本侵略军便衣队多人。在南京保卫战中，率部与日寇浴血奋战。民国28年(1939)7月，考取重庆陆军大学特别班5期，民国31年结业。曾任国民政府军政部、重庆军令部、战区长官部少将处长等职。抗日战争胜利后，任国民政府军政部汉中军官队队副，西北行营少将高级参谋。解放战争期间，任国民政府甘肃省保安司令部保安处少将处长、代理副司令、西北军政长官公署副参谋长等职。

民国38年(1949)9月24日，率部参加甘肃酒泉起义。历任中国人民解放军一野二兵团四军副参谋长、第一高级步兵学校战术教员等职。1954年夏，转业。1956年，如东县政协机关工作。“文化大革命”中，县政协无法开展工作，1967年，回到兵房公社八大队十一生产队，1975年，大队搬线后，搬到六队（徐征村22组）。1979年，落实政策后，重赴县政协工作，住烈士塔南侧林园路7号。江苏省第四、第五届政协委员，1991年8月，加入中国共产党。1992年病逝。

王冠千（1906—1994），学名王世英，又名王千。如东县王袁乡（凌明乡）人，后迁居徐征村。政协如东县原副主席，县人大常委会副主任。民国20年（1931），毕业于江苏省立如皋师范学校，毕业后从事教育工作，先后担任马塘小学教师、晓塘小学校长，苴镇小学校长，王元小学校长，马塘小学校长、兵房中学校长，如东县教师进修学校副校长等职。

王一贯思想进步，热爱、紧跟中国共产党，早在如皋师范学习时，就支持、掩护中共党员叶胥朝、王盈朝等人开展地下工作。民国29年（1940）秋，新四军东进苴镇，代表苴镇教育界，拥护新政权。王忠诚人民教育事业，工作勤奋、每到一校，均有建树：将马塘小学分部办成晓塘小学；为苴镇小学开办高级部，使之成为当时知名完全小学；为创建邱陞中学、创办王元小学、马塘小学迁址、兵房中学创建，如东县教师进修学校发展等均付出艰辛劳动。他热爱学校一草一木，每到一校都亲自参加建校劳动，带头搬砖扛木，利用假期，自己动手油漆黑板、门窗和学桌，为学校节约大量基建、维修经费。民国20年（1931），在晓塘小学工作之际，"九一八"事变发生，带领师生上街游行，张贴标语，宣传抗日，抵制日货。八年抗战期间，辗转农村坚持游击教学，在极端困难条件下，组织教师编写教材，进行抗日救国教育，为党政军机关输送人才。

1956年，如东县政协委员，后任政协常委，二至六届政协副主席，第七届县政协常委，八至十届政协联谊会副会长。1981年5月，担任如东县第八届人大常委会副主任、教育工会第七届委员会副主席、县关心下一代协会副主席。

1985年，离休后，坚持每天读书看报，正常参加老年大学学习，在病床上，还要看报纸。担任县关心下一代协会副主席、掘港小学校外辅导员期间，尽职尽力，经常到孩子中间讲故事，进行爱国主义和革命传统教育，还参加掘小等校家长学校咨询、听课，帮助年轻家长教育好下一代。还为曾工作过5所学校各赠送10棵银杏树，寄托"十年树木、百年树人"殷切期望。1994年11月7日14时40分，在掘港逝世。

顾毓章（1911—2007），启东川港人，民国8年（1919），全家迁居大豫盐垦公司中一区（兵房公社十六大队五队），后定居掘港。

顾自小聪慧，得张謇赏识，获得大豫盐垦公司资助极少数学生之一，民国25年（1936），毕业于南通学院农艺系。历任南通农学院助教、三余棉花育种场技术员、江苏棉花改进处推广员。抗日战争时期，任职于东台中学、盐垦中学、四分区专门学校、江海公学、华中公学。民国38年，任华中办事处生产科长。中华人民共和国成立后，先后在苏北行政公署、江苏省农林厅、徐州地区农林局、江苏省农垦局、如东县科委担任农业技术干部，是如东县第一位获得高级农艺师职称专家。顾悉心从事盐碱土壤改良技术研究、应用和推广，三年间，使小麦生产水平超过苏联，赶上美国，此事受到国家主席刘少奇赞扬。"文化大革命"

中,他被打成“反动学术权威”,下放劳动改造。粉碎江青反革命集团后,在如东科委担任高级农艺师直到离休。

离休后,他每年春秋两季,都在江苏沿海盐碱荒滩进行考察工作,收集和记录上百万文字资料,写成20余万字《江苏盐垦实况》和15万字《江苏耐盐植物初探》。《江苏盐垦实况》记述江苏沿海滩荡地貌,盐业兴衰及张謇兴垦过程和30多家盐垦公司情况。《江苏耐盐植物初探》详细地考评研究东部沿海滩涂上200多种耐盐植物生长特性,介绍海滩地土壤识别、开垦作业、碱地生物改良和实用价值较高耐盐植物人工栽培知识。著有《如东盐垦历史概观》《如东棉花用药剂治虫纪实》《李伯韫先生抓水利、改土兴盐垦的经验》等著作。此外,还参与扶贫帮困献爱心活动,先后数次为大豫镇敬老院添置棉被、毛毯等物,价值1万多元。2007年,在掘港逝世。

陈健(1938—2001),如东苴镇人。祖辈贫困烧小盐。幼因家贫,又值战乱,仅读过初小。辍学后以下小海、烧小盐为生。1957年,参与试验滩晒大盐。翌年,参加掘东制盐场围堤铺滩,任工程员。1960年,加入中国共产党。历任生产组长、工区副主任、中共支部书记兼主任。1968年,任场革委会副主任、中共总支副书记。1979年,任场长。1983年,改任中共总支副书记。翌年,书记兼工会主席,并兼县轻工公司党委委员。1994年,正场级调研员。为人笃实,钟爱盐场,毕生贡献盐业。1958年,初建盐场,农历九月初四,已围海堤被大潮冲决80余米,2000名民工挑灯奋战堵截龙口,陈亲自站桩抡锤,桩折人跌,被潮水冲出数十米,幸无损伤。在以后工作中,陈很多身先士卒动人事例,成为全场之典范。先后多次获县、地区和淮北盐务局先进工作者、优秀党员。县六至八届党代会代表,第十届人大代表。1969年,出席江苏省工人代表大会。2000年1月退休后,常至盐滩巡视指导,关心青年,参谋发展。因积劳,不幸于翌年9月23日子夜突发心肌梗死,抢救未及,辞世于盐场,享年63岁。

第四章　知名人士

章内共载录社会知名人士(亦称社会名人)11名,其中医生1名,民兵英雄3名,盐业干部1名,科技人员1名,新闻记者1名,教师1名,农村党支部书记2名,农民1名。南坎镇罗致平,共当选8届县人大代表,积极参政议政,为人民办好事、做实事。马家店村农民陆福元,在抗日战争时期,以开花行为名,诚恳为新四军办事,被誉为“红色商人”,其事迹家喻户晓、流芳百世。

罗致平(1910—2007),掘港镇人,后定居南坎镇(南坎社区),一生从医。如东县二至六届、九至十一届人大代表及部分届次政协委员。1976年,于南坎卫生院退休,2007年4

月6日逝世。

在抗日战争、解放战争时期，以普通医生合法身份，为苏中四分区后方军医院及其吕四某军区卫生部医药采购，出生入死，尽心尽责。民国33年（1944）下半年，苴镇北王家潭被日伪占领，一天，后方医院北移，他与20多位民兵将药品及医疗器材连夜护送至吕四、六甲、包场等地。后奉某军区卫生部郭冈部长指令，冒险赴上海为后方医院办实验室购回一批药品、器械，并至上海“四明银行”将郭冈妻侄（中共地下工作者）带回。在这期间，还协助中共做情报工作。民国30年（1941）12月6日中午，突然接到紧急情报，掘、马、岔三路敌人集中马塘，将于明晨向北包抄司令部，他立马奔赴刘家园向侦查科长薛仲英，作战科长何娣报告。粟裕师长和陶勇司令正在丰利镇北益仓公司开会，获此情报，立即休会，将专员公署、县政府转移到苴镇东乡。民国36年（1947），一天，他代新四军某军区供给部去上海采购军需品及药品，途经金沙时，被国民政府军队当通共嫌疑而逮捕，关押南通绥靖公署牢房两月，后经中共地下组织营救出狱。

在“文化大革命”中，遭迫害，被隔离审查两年多，江青反革命集团倒台后，才得以平反昭雪。1984年，又当选为县人大代表后，更加认真学习，履行代表职责，积极参政议政，努力为人民办好事、做实事。1984年，修筑南坎镇至七贯砂石路建议得到落实。1989年，修筑大豫镇止马洼大桥黑色路面建议付诸实施；南坎粮站迁址香台后，给南坎镇定量居民造成购粮难问题，经他努力，得到妥善解决。为祖国统一大业，他尽其所能，通过台湾侄儿罗恩雄（医生）动员挚友来如东投资兴办养殖事业。

陆福元（1914—2013），马家店村4组人。他是一位具有传奇色彩——红色商人。新四军东进前，就在兵房镇上开起杂货店，兼做棉花生意。新四军东进后，中共县委派曹持衡到掘东区开展工作，就住在陆家，受曹持衡影响，从思想上、感情上、行动上拥护中国共产党和新四军。为保护区公所收“公花”，陆福元按照曹持衡要求在兵房镇开设花行。并接受栟茶海星公司委托运输任务，将大量棉花、也有粮、猪，运往上海江西路374号中和公司，由他们再转运无锡天洞纱厂（属中共地下经营机构）。通过中和公司副经理、三厂办事处主任黄记才介绍，认识日本在三厂开设“江北棉花收买会”负责人山田勇，获取“花行保护证、运输花证、个人身份证”。从兵房、栟茶、丰利等地将棉花运往上海，畅通无阻。一次，山田勇送给陆福元一大包江淮币，数字未点，就交给新四军有关方面，为答谢山田勇，陆福元私人送山田勇10多担皮花（山田勇究竟是什么人？底细不详）。

陆从花行开张、到日本侵略军投降，一直为新四军服务，解放战争初期，中共仍以“陆福元花行”之名，进行经商活动。民国35年（1946），国民政府军占领掘港、三余等镇，陆福元花行惨遭破产，且遭到“还乡团”通缉，曾跟随曹持衡所在九分区部队过起“游击”生活。因局势紧张，不便随部队行动，一度，避难于上海中和公司办事处、无锡天洞纱厂。上海解放前夕返回老家，以农为业。中华人民共和国成立后，陆仍一心向着中国共产党，积极参加社会主义建设，其子女在中国共产党培养教育下，投身于国家高科技研究工作，成为国家栋梁。陆福元于2013年4月去世。

花功宪（1914—1994），掘港镇八总村人，民国32年（1943）3月，加入中国共产党。民国31年（1942）2月，参加革命工作，历任杨於乡民兵班长、农抗会主任、民兵大队长、掘东区联防队长、警卫连班长、连长、乡指导员，掘东区民政股长、科长、农委主任。1950年，苏北农村土改工作团二团六队组织委员。1951年，中共如东县农委委员、干部文化补习班党支书，1952年，中共卫海区委副书记、书记，1956年，如东农场场长、书记、革委会主任，1972年，江苏省生产建设兵团四师二十二团副营长，1979年，环本农场副场长。1982年12月，离职休养。在职期间，曾被评为县民兵英雄并出席江苏省首届民兵英雄代表大会。1986年，被评为场优秀共产党员，1993年，被司法部授予司法行政一级金星荣誉章。1994年，因中风医治无效，于5月21日3时15分逝世。

石登科（1917—1997），掘港镇杨於村人。民国31年（1942），参加民兵，民国36年，加入中国共产党。民国32年（1943），日伪在掘港至南坎一线建筑封锁篱笆，妄图隔断抗日本侵略军民交通。民兵大队长花功宪、大队副於国富带领石登科等民兵不断破袭。敌人白天插箅子，他们夜里拔起来烧，搞得日伪无可奈何。之后，日伪在七总庙构筑一据点，企图控制该地区。据点里伪军经常下乡鱼肉百姓，群众深恶痛绝。民国33年（1944）初，花与於商议，要收拾这据点。他们先捉住伪军王中林（王家住石家附近，互相认识）。花对王进行教育后，放王回去做内应。1月26日（即农历正月初一），据点里10几个伪军出去赌钱。王传出消息后，他们将计就计，立即行动。上午9时左右，石走在前头，后边紧跟於国富、花功宪和曹顺高，每人相距20～30米。石走到哨兵跟前说："我们是给你们拜年的。"便进入据点，於首先控制住枪。紧接着，於走到外边，对空连放3枪。赌钱伪军们听到枪声，急忙赶回。花把他们集中一起，理直气壮地说："你们不要乱动，我是来解救你们，再也不要为鬼子卖命啦！"这次行动，生俘伪军20多名，缴获步抢13支、手榴弹3箱和一扣子弹。碉堡被平毁。民国34年3月10日，石出席苏中第四军分区群英会，被评为民兵英雄。司令员陶勇赠予石一把刻有自己名字的匕首作纪念。不久，石任乡指导员。中华人民共和国成立后，在农机站工作。1997年病故。

吴品庄（1917—1980），原名吴品章。掘东区镇东乡坝南村（周墩村）人。民国30年（1941）参加革命，民国32年（1943），加入中国共产党，先后任民兵大队长、豫滨乡乡长，民兵联防队队长。作战勇敢，指挥果断灵活，在反"清乡"斗争中尤为突出。他在日伪据点林立，"扫荡""清剿"频繁恶劣环境下，带领游击队主动偷袭敌人，破击竹篱笆，深入敌据点除奸。日本侵略军在掘东棉区，大肆掠夺棉花物资。吴品庄为解决新四军服装供应，先后数次深入大豫据点，虎口夺棉。民国33年（1944）8月，日本侵略军汽艇"久西丸"号在海上迷失方向，搁浅在大洋港海滩上。吴闻讯后，立即带领民兵将敌包围，汽艇上7名敌人全部被俘，缴获汽艇和军用物资。苏中第四军分区授予"民兵英雄"称号，延安解放日报专题报道。9月，吴调往主力部队，历任排长、连长、独立营参谋长。解放战争中，曾参加淮海战役、上海战役和瑶皖、姜公山等战斗。中华人民共和国成立后，任福建省同安县人民武装部副部长。1958年，转业回乡，任大队支部书记、人民公社副业主任、兵房机械修配厂厂长等职。1980年11月27日逝世。

张邦彦(1926—1972)，九总乡人。原姓陈，幼时为免夭折，过寄给姑母，改姓张。7岁丧父。高小文化。民国30年(1941)，参加革命工作，为东南游击大队战士。民国32年(1943)7月，加入中国共产党。历任民兵大队长、区交通收发员、区大队排长、区联防队副队长等职。勇敢不怕死，人称“小老虎”。民国36年(1947)化名魏萍，任掘东区情报站站长。民国37年(1948)，入华中公学学习，毕业后任掘东区民政股长等职。1951年，调南通市工作，历任粮食公司副科长、副经理，农产品采购局、城市服务局副局长。1958年，任烟酒盐业公司经理。1962年，市商业局副食品经理部经理、中共支部书记。1965～1966年，组建中盐南通批发站暨淮北盐务局南通盐场时任党支部书记。“文化大革命”中受冲击。运动后期响应中央号召带头带薪下放回如东老家劳动。长期患肺结核病，边治疗边工作，下放后转重。后虽返城，不久病逝，享年46岁。

金岩财(1936—2008)，祖籍浙江，1964年，入赘兵房公社三大队(马家店村)黄家。中共党员，电子高级工程师，副总工程师。

1962年，毕业于西安中国人民解放军通信兵雷达工程学院，四川军区授予中尉军衔，留校任教官。但其执意从事雷达技术工作，分配到中华人民共和国电子工业部南京720厂设计所任821、515雷达接收系统设计师，经3年艰苦工作，完成821、515接收机系统设计，验收合格。1966年10月，调该部南京第十四研究所，担任海用雷达352(仿改苏产品)、404(试制海岸警戒雷达)总体设计师。1967年4月，完成性能样机。经两次精度试验，并通过验证设计。1967年7月，调桂林国营长海机器厂。1968年年底，电子工业部令该厂试制生产352雷达。10年间，调试80多部雷达整机；组织并亲自参加60多个攻关项目，修复海军各舰队55台雷达整机；组织研制10台352雷达抗干扰电路；组织352丙雷达攻关、970干扰机试制，成为理论与实践兼备的总体设计师。1980年，国防科工委、海军司令部装技部、电子工业部令厂试制352丙雷达任务，该雷达为20世纪70年代国际先进水平之抗干扰雷达。经两年努力，1982年，第一台性能样机诞生。1984年，完成整机例行试验。1985年，通过国家鉴定，终于填补国家现代化导弹舰艇之空白。是年，电子工业部要求生产一台352丙雷达整机装053H2舰艇。金除组织解决海试遗留问题外，还组织与干扰机对抗试验及yT—8指挥仪对接试验。年底，完成整机生产和国家鉴定任务。1985年，中国进出口公司组团赴埃及洽谈长海机器厂生产352雷达出口事宜及签订合同，其作为中国技术专家随团出访。1986年7～9月，埃及海军部派5位技术军官到厂接受352雷达技术培训，其亲自讲授。1987年1～4月，以团长身份代表中国技术进出口公司，率中国技术专家赴埃及进行技术服务。1991年8月，赴苏联考察。1993年，任深圳志华公司(厂办)总经理。1996年退休后，任厂设计所技术顾问。

金对雷达技术研究造诣颇深，敢于创新，成绩显著。1980年，获广西壮族自治区经济委员会352雷达攻关、质量奖；1982年，713气象雷达，获广西壮族自治区优质产品奖，农业部给予表彰；1982年，981-1雷达干扰机，获电子工业雷达局科技成果二等奖；1983年，981-3型舰载雷达干扰机，获电子工业部科技进步二等奖；1986年，352丙捷变频雷达，获电子工业部科技进步二等奖。

金善于总结，立论著述。1980～1985年，先后撰写《352雷达故障分析及简单调试方法》《352丙雷达技术说明书》《352丙雷达使用说明书》等5部著作，均由中国人民解放军海军司令部声呐部出版发行。2008年，因突发脑溢血，抢救无效，与世长辞。

张佩华（1930—2012），南通市人，民国38年（1949）6月，南通女子师范学习，是年，加入中国共产党。1950年7月，南通女子师范毕业后，任南通人民广播电台播音员、编辑；1953年3月～1969年12月，任江苏人民广播电台编辑、记者；1969年12月～1971年4月，下放如东县南坎公社九大队劳动（其间，为南坎培养多名业余通讯报道员）；1971年4～12月，借用如东县委党校；1971年12月起，如东县广播站工作，先后任编辑、编辑组组长、副总编、副站长，主任编辑。1987年5月退休。中共南通市第六次代表大会代表。

张参加工作后，一直从事新闻广播工作，分别在省、市、县三级广播台站担任编辑和新闻专业领导工作，新闻编辑工作经验丰富，在新闻宣传领域成果丰硕。她在县广播站工作16年，为改革如东农村有线广播宣传做出积极贡献；先后对县广播站科技节目进行3次改革，在对农村广播口语化和更贴近农民方面进行有益尝试，1984年，该节目获全省广播系统评比一等奖；她曾两次代表县广播站参加广电部和省广电局新闻改革座谈会，是年10月，她代表如东县参加北京记者协会牵头召开全国农村有线广播宣传经济交流会并作经验介绍；1985年，县广播站被评为全国先进集体，她作为代表出席全国优秀新闻工作者表彰大会。2012年12月21日，在掘港逝世。

施锦安（1933—2007），豫东村人，长期从事教育工作，在教育之余，坚持业余创作，早年发表过诗歌、短篇小说、散文等20多篇作品，其中短篇小说《夜袭大豫镇》获优秀作品奖。退休后，全身心投入创作之中，先后出版《作文必读》和长篇小说《滨海枪声》《共赴京都》。1992年，《滨海枪声》问世后，为老区人民，为当年陶勇将军的后辈——年轻军人和广大民兵预备役人员，奉献出一本传统教育的生动教材和爱国主义精神食粮。南通军分区领导将该书誉为“迟发的‘枪声’奋进的号角”。2007年，因车祸逝世。

周启秀（1934—2014），周墩村人，初中文化，1964年，加入中国共产党，1955年，参加工作。1969年10月，任南通地区革委会常委。曾任县委委员，公社党代表、人大代表。

1955年，南坎公社三大队渔业队会计。1960年，南坎公社大豫镇酱油厂会计。1964年，南坎公社九大队副大队长、民兵营营长。1968年起，南坎公社九大队党支部书记。1983年，调任南坎乡林果员。1995年7月退休。2014年病故。

周子女多，家境贫困，穿着住行极其简单朴素，几十年都居住在低矮陈旧老平房里，从不向领导上提要求。在职期间,清正廉洁,办事公正,贴近群众,无论做什么工作,都非常勤奋、刻苦、认真。尤其在担任九大队支部书记期间,不仅民兵工作搞得出色,而且他身体力行,亲自带领社员,兴修水利,改造盐碱地,建造电灌车口,架设电杆,努力改变生产条件,使全大队粮棉产量一直保持领先位置,周是周墩村百姓衣食住行"父母官",更是一位中共基层组织好领导、好党员、名副其实人民勤务员。退休后,他潜心耕种责任田,回归普通百姓生活,保持普通农民本色。周墩村百姓都说:"老周,是一位人民好干部啊!"

袁新(1949—1995),一门闸村人,中共党员,1990年,毕业于华东政法学院函授班,大专学历。1985年,任一门闸村党支部书记;1988年3月,兵房镇法律事务所工作;1991年7月,中共双闸村支部书记;1992年4月,兵房镇法律事务所工作。1995年11月29日,被肝癌夺去46岁年轻生命,1996年6月,被誉为黄海边上的"孔繁森"。

袁一生平凡而光彩照人。1988年3月,调镇法律事务所工作,邻居和家人担心他身体,可他表示:中共党员不图安乐,只要事业需要,再大困难也要克服,拖着肝炎病体,走上新岗位。已届不惑之年学习法律、啃书本、翻资料、阅案卷,不断充实自己。办事一丝不苟、脚踏实地,时常奔波于村组、企业了解情况,建立联系,排忧解难。不久,他那做不好事不罢休的精神和深入细致办案作风赢得大家信任与赞赏。是年,被镇政府评为先进工作者,并获得县普法教育先进个人、县司法行政系统先进工作者称号。

1991年7月,调任双闸村党支部书记。该村经济薄弱,矛盾纠纷多,工作处于瘫痪状态。此时,肝炎处于二次复发期。袁一上任,整顿班子、重树干部威信,把民生工作视作头等大事。经几月努力,是年,村皮棉单产接近镇上游水平,许多遗留问题得以解决,集资改水,规划修路均卓有成效,双闸村明显改观。而袁新却累垮,肝炎再次复发。

1992年4月,袁调回法律事务所后,马不停蹄,加倍工作,其工作记录显示:共为当事人代书215份,代理民事诉讼案件98件,办理非诉讼案件32件,为14家企事业单位,挽回经济损失33万余元。

袁长期超负荷工作,病情急剧恶化。1995年9月27日,独自去县人民医院检查,诊断结果为肝癌晚期。但他表面依然平静,10月13～27日,为顾问单位赴昆山、浙江宁海、上海追要欠款。11月10～16日,兵房法庭组织"专项审理农村承包合同纠纷"活动,袁肝痛日益加剧,腹部已鼓起,且时常昏迷。23日,被强迫送往启东市肝癌研究所检查。26日,住进镇医院。29日病逝。

第五章　盐垦功臣

章内仅辑录张謇、张詧、特莱克、宋希尚4位盐垦功臣传略。虽然功臣们早已离世,但大豫垦区仍留下他们的屣痕，张謇曾数次亲临大豫视察海堤作风朴实，为人表率。特莱克为大豫设计村庄布局先进科学，世人称颂。宋希尚继特莱克建成遥望港九门大闸为民造福，恩惠后代。他们是大豫早期盐垦创始人，其功绩，光鉴史册。

张謇(1853—1926)，清咸丰三年(1853)生，字季直，号啬庵。江苏省海门常乐镇人。清同治八年(1869)科举考中秀才，同治十三年，前往南京投奔原通州(南通市)知县孙云锦。清光绪二年(1876)夏，前往浦口入吴长庆庆军幕任文书，后袁世凯也投奔庆军，两人构成吴文武两大幕僚。清光绪八年，朝鲜发生“壬午兵变”，吴奉命督师支援朝鲜平定叛乱。张謇随庆军从上海奔赴汉城，为吴起草《条陈朝鲜事宜疏》，并撰写《壬午事略》《善后六策》等政论文章，受到“清流”南派首领潘祖荫、翁同龢等人赏识。清光绪十年，随吴奉调回国，不久吴病故，张离开庆军。清光绪十一年，顺天府乡试中举，二十年，慈禧太后六十寿辰设恩科会试，中状元，受六品翰林院修撰。清光绪三十年，清政府授予三品官衔。清宣统元年(1909)，被推为江苏咨议局议长。三年，中央教育会长，江苏议会临时议会长，江苏两淮盐总理。民国元年(1912)，南京临时政府实业总长，是年，任北洋政府农商总长兼全国水利总长，民国3年(1914)，兼任全国水利局总裁。后因目睹列强入侵，国事日非，毅然弃官，走上实业教育救国之路。

致力兴办企业，实业救国。清光绪二十二年至三十三年，张謇创办大生纱厂、苏伦纱厂、大达轮步(局，大达轮船公司)、大生二厂、广生油厂、复新面粉厂、资生冶厂，兴建天生港口，天生港发电厂等。民国8年，承购东台荣泰电气公司，改名东明电气公司。在如皋东乡等地区围垦大片土地，和其三哥张詧共同创办大豫、大赉、大丰、通遂、中孚等5所公司。民国5年(1916)11月1日，亲临大豫盐垦公司创立大会，民国6年3月、12月，两次到掘港察视大豫堤河工，民国11年3月，亲临掘港召开大豫股东会，视观海堤。

创办学校，教育为民。宣统元年至民国10年，张謇创办复旦公学(复旦大学前身)、农业学校、通州民立师范学校、通州私立女子师范学校。南通五属公立中学(南通中学)、医学专门学校、纺织专门学校(扬州大学、南通大学前身)、河海工程专门学校(河海大学前身)、江苏省立水产学校(上海海洋大学)、上海高等实业学堂船政科(上海海事大学)等。清光绪三十一年，建立国内第一所博物馆——南通博物苑。民国4年，建立军山气象台。陆续创办图书馆、盲哑学校等。在大豫盐垦公司创办9所小学校。

张謇主张教育实业救国，不愧为中国近代著名实业家、教育家。他一生创办20多个企业，370多所学校为中国近代民族工业兴起，为教育事业发展做出宝贵贡献，被称为状元实业家。毛泽东在谈到中国民族工业时曾说：“轻工业不能忘记海门的张謇”。《张謇全集》共8册，600余万字，传承于世。民国15年(1926)7月17日病逝。

张詧(1851—1939)，清咸丰元年(1851)生，字叔俨，小名长春，号退庵、退翁，南通人，为张謇三兄，人称张三先生，自称张叔子。中国实业家。

清光绪五年(1879)四月，报捐县丞，清光绪十五年，任南昌县帮审，清光绪十六年，任良口厘差，清光绪十八年九月，署贵溪县知县，清光绪二十二年，被湖广总督张之洞调为湖北宜昌川盐加厘局坐办。清光绪二十五年九月，调回贵溪县任知县，清光绪二十六年二月，补宜春县知县，清光绪二十七年，任江西东乡县知县。清光绪二十八年，任江西学正。清光绪三十年，经謇"力劝引退"，詧回到南通协助謇办实业。他们创办有大生纱厂、通海垦牧公司、大达轮船公司、广生油厂、复兴面粉厂、阜生丝厂、资生铁厂以及淮南盐垦各公司。詧历任大生纱厂、崇明大生分厂、复兴面粉厂协理，劝学所总董，筹备自治公所董事会副会长、通州翰墨林印书局股份有限公司总经理。通崇海泰总商会、农会、南通港务会会长。南通河工学校、南通纺织专门学校、南通商业学校、私立南通医科专门学校校长或总董、南通女子师范学校名誉校长等职。

清宣统元年(1909)夏，被江苏巡抚瑞澂任命为江苏农工商局总办。清宣统二年夏，辞职回到南通。三年，武昌起义爆发后，被推举为南通民政长兼总司令。民国2年(1913)辞职，重新投身实业。民国5年冬，创办大有晋盐垦公司、大豫盐垦公司。民国6年和7年，在大丰县境内先后创办大丰盐垦公司、通遂盐垦公司、遂济盐垦公司、通济盐垦公司，并任大丰、通济等盐垦公司总经理。民国10年10月，创办南通交易所。民国16年，北伐军攻克南通，避隐大连。民国20年，寓居上海。民国28年1月26日逝世。

特莱克(1890—1919)，清光绪十六年(1890)生于日本，父亲名奈格，母亲名玛丽。奈格应上海工程局之聘，任沪浚浦局总工程师，特莱克随父到沪。民国2年(1913)奈格逝世后，特莱克回国，就读于荷兰工程专科学校，学成返回继承父业，出任上海浚浦局工程师。

民国5年，南通保坍会聘请特莱克为驻会工程师，担任修堤筑楗技术指导。随后，特莱克对长江涨落潮的流向、流速、水力强弱、江岸坍塌形势作周密勘测，"栖处江岸，朝夕测度，审视阅三月"，写出《南通保坍计划报告书》。接着借鉴荷兰、泰国，以及上海黄浦江成功经验，在其父亲奈格塘柴木垫沉石法基础上，绘制"一面阻止水流之冲击力，一面为自身之基础，不为水流冲击所摇动"的保护物，即大小水楗图。在南通任职3年中，特莱克亲自设计施工南通市区自九十庙口至任港口丁坝(水楗)10座、水闸(遥望港九门大闸、小洋口港闸、龙潭填利民闸)3座，桥(中公园桥)1座。主持规划设计水闸(合中闸、西被第一二三四闸)5座及会英船闸、海门铁路(1958年拆除)、疏浚小洋港、遥望港、九圩港、龙游沟等12条河港、涵洞6座。民国8年8月中旬，特莱克巡视遥望港九门闸工地，不幸传染上霍乱，8月18日，病死于赶回南通途中(中公园桥旁)，年仅29岁。

特莱克工作认真、勤恳，生活简朴，"早作而夜思、无寒暑间"，"有西人办事之勇、负责之专，无西人自奉奢逸之习气"。倾注特莱克对南通水利事业之热忱。

宋希尚(1896—1982)，清光绪二十二年(1896)生，字达庵，嵊县城关人。9岁入私塾，10岁入县立高等小学。清宣统三年(1911)，入上海英华书馆，从小目睹剡溪(浙江省河流名)为患，立志学水利。民国4年(1915)，考入全国水利局总裁张謇创办的河海工程专门学校。民国6年，宋希尚毕业后分到南通保坍会学习，为特莱克助手。

民国5年(1916),张謇实施盐垦事业规划,南通县大有晋公司和如皋县(如东)大豫公司先后开办。鉴于农垦之利在于水道,经两年多筹划,于民国7年11月30日,位于三合口东侧遥望港九门闸开工建造。宋希尚奉自南通保坍会移住海滩,驻守工地,负责工程施工,特莱克每月一两次往返于南通和遥望港之间,巡视工程。民国8年(1919)8月18日,特莱克不幸病逝。宋希尚临危受命按原设计方案继续施工。与民工齐心协力,按部就班,是年12月6日,遥望港九孔大闸落成后,移住海门三厂、青龙港工地。

民国10年,宋希尚赴美留学,入麻省理工学院,继入布朗大学。民国13年,获工学硕士学位。后去德国、荷兰、比利时、英国、法国、瑞士等国家考察水利建设。返国后,历任南通保坍会经理、浙江省道局主任工程师、江南水利局总工程师。民国17年,交通部扬子江水道整理委员会委员兼工程处长,同时兼任中央大学教授,主讲《水文学》。20世纪30年代,与有关专家组成中国首支长江三峡勘测队,拟定第一个三峡开发计划。当时选定坝址与建成后葛洲坝水电站相吻合。民国22年秋,黄河堵口总工程师。民国24年,南京工务局局长。抗日战争爆发后,云南省公路特派员、西北公路运输局局长。民国28年,赴莫斯科购买运输卡车数百辆,并承运大炮200门,如期运至长沙,为长沙大会战作出贡献。抗日战争胜利后,任青岛港工局局长等职。民国38年去台湾,台湾大学教授、台北工业专门学校校长。1961年,逢甲大学水利系主任。1963年,兼任淡江大学工学部灌溉工程系主任。1982年5月21日卒于台北。

译作和著述有《河防一览》(特莱克合译)《航道工程学》《欧美水利调查实录》《黄河堵口实录》《水文学》《防洪与灌溉工程学》《中国河川志》《台湾水利》《中国四大海港》《张謇的生平》《河上人语》《值得回忆的事》等20余部。

第六章 其他人物

陈文亮(1878—1955),祖居大豫镇陈家高墩,后定居掘港。陈青年时代烧过盐,身体强壮,好打架。22岁时到两淮辑私营充任稽查。民国8年(1919),到掘港做生意后,加入“青帮”,为“悟”字辈。民国27年(1938),陈在掘港发起建立“善诚坛”,自任坛长,接受道徒200余人,并出任掘港救济院院长,慈济分会会长。担任救济院院长数年之中,克扣育婴堂奶工工资,致使成百婴儿先后死亡。民国33年(1944)6月,唆使其子陈懋清借故将育婴堂奶妈张樊氏杀害。民国34年,日本侵略军投降,陈逃往南通。民国36年(1947),国民党军队占领掘港,陈还乡,建立特务组织“新建会”,搜集中共情报。民国37年(1948),掘港解放前夕,陈逃往上海。1952年4月,落入法网。1955年10月,在掘港被处决。

陈懋清(?—1946),掘港镇人。陈文亮之子。抗日战争前加入帮会组织,充任过国民党实业保安队副官。民国31年(1942)9月,充任伪如皋自卫团常备二团团长,敲诈勒索,为群众痛恨。特别是陈玩弄假反正阴谋,使新四军三旅之接应部队遭受重大伤亡,犯下不可饶恕之罪行。民国35年(1946)5月,被处决在掘港卍字会场。

陈亚方(?—1946),大同镇人。原系大同镇照相馆老板。解放战争时期,对地方政府不满,进行反动宣传,有煽动地主富农扒田倒租、欺压贫雇农、搞复辟活动之嫌疑,引起政府与人民公愤,民国35年(1946)底,被处决。

钮鹤生(?—1946),大同镇人。原系大同镇花行老板。财大气粗,目中无人,拉帮结派,称霸一方,敲诈勒索,鱼肉乡民,公开树敌政府与人民,不杀不足以平民愤。民国35年(1946)底,被处决。

黄松祥(?—1947),大同镇人。原系大同镇联防队长。民国35年(1946),被国民党官员拉拢,叛变投敌。民国36年(1947),被中共地方武装枪决于伯安镇。

黄云(?—1945),南通县人,民国33年(1944),参加和平军(伪军)肆虐乡里,民国34年(1945),被中共掘东区队,处决于伯安镇南首。

施召其(?—1952),大同镇人。出身地主,曾加入还乡团,鱼肉乡里,欺压百姓,与政府为敌,民愤极大。1952年,在镇压反革命运动中,被处决于大同校内。

郭锦秀(1890—1940),山东济南人。民国19年(1930),参加大豫盐垦公司南一区公司实业队,任班长。抗日战争期间,郭乘日伪之乱,明火执仗,充当地方强盗保护伞,坐地分赃,强取豪夺,强占袁家仓两间仓库作为住所,堆放抢掠财物。郭还勾结日伪军,残杀革命志士。民国29年(1940)9月17日,曹持衡率地方武装,亲手将郭枪决于袁家仓仓库内。①

①详见志内三十三篇《大豫地名》第二章第七节。

第三十五篇　古迹丰碑

在百年历史长河中，大豫劳动人民虽创下很多辉煌历史文化，因成陆时间短等因素，古迹、古物、古遗址凤毛麟角。南坎老街、百年古树、古井、石碾等，也只能是近代之印迹。少数农民家中的一些古董瓷器、老式红木桌椅，衣橱、柜，床等，有些因保管不善，残缺不全。尤其是床上的雕花板，因刻有各种古人，且大多为贴金，“文化大革命”中，被视为“四旧”，遭到人为破坏。一些较大型庙宇等古建筑，大多毁于战争年代，有些在20世纪40年代后期，被改建成学校等，至2012年，境内古建筑几乎无存。保存最完好的遗址，为大豫海堤——遥望港至马家店村南沿七贯段。

中华人民共和国成立后，为纪念革命先烈，发扬光荣传统，教育后代，牢记历史。境内先后建立多处革命烈士陵园和碑墓。大同烈士陵园（大同镇烈士塔），始建于1968年4月，1972年重建，1978年、1980年两次作修缮。进入21世纪后，随着村级安息堂的建立，至2012年，全镇有12个村把分散烈士墓集中到安息堂，并重树革命烈士永垂不朽纪念碑。每逢清明节或重大节日，人们纷纷前往举行悼念活动，缅怀先烈丰功伟绩，寄托哀思。

第一章　古　树

境内有70年以上古树名木10多棵，其中4棵百年古树。它们经历无数次自然灾害而生存，既代表大豫人文思想之承传，又是大自然赋予大豫人民之宝贵遗产。至2012年，这些古树得到人们管理和保护，生机盎然，郁郁葱葱。

第一节　南坎“树仙”

“大槐树”被人们称为南坎地区一“树仙”。它生长在境内南坎古镇东西老街中段北侧约15米处，吕永吉宅后。

槐树，也称为国槐、家槐。树型高大，其羽状复叶和刺槐相似。花为淡黄色，可烹调食用，也可作中药或染料。其荚果跟其他豆类植物不同，肉胶质，在种粒之间收缩，形成念珠状，俗称"槐米"，也是一种中药。花期在夏末，和其他树种花期不同，是一种重要的蜜源植物。花和荚果入药，有清凉收敛、止血降压作用；叶和根皮有清热解毒作用，可治疗疮毒；木材供建筑用。种仁含淀粉，可供酿酒或作糊料、饲料。皮、枝叶、花蕾、花及种子均可入药。

这棵大槐树围径2.35米，树高15米，有8个大分杈枝向上向四周伸展，树皮上长着青苔，树根部内有一个50～60厘米空洞。虽经百年沧桑，且生长旺盛，枝繁叶茂。

据田宏春老人回忆，这棵树由"孙太和店"店主孙厚山于清光绪二十五年（1899）前后亲手栽种。方圆几十里下海渔民都熟悉这棵"大槐树"，也有人说是"神树"。抗日战争、解放战争年代，侵华日本侵略军多次想把它砍掉作为碉堡中板料，都因"神树"碰不得而幸存。

民国35年（1946），孙厚山外迁后，吕永吉20岁时就住在孙厚山宅上，槐树就长在宅东北角约2米处，房屋多次翻修和扩建，都绕开槐树，年复一年，吕永吉像照顾老人一样，与老槐树朝夕相处。有句谚语称："家前屋后一棵槐，幸福生活自然来。"每逢节气，邻近百姓常到此烧香叩拜，示意对大槐树敬重和怀念，

第二节　百年古树

大豫镇丁家店村40组朱俊楠宅，栽有两棵名贵古树：一棵为黄杨树，一棵为银杏树，两棵树龄相同，原先栽在海门市三阳镇。清宣统二年（1910），朱俊楠祖父——朱凤仪8岁时，曾祖父就栽下这两棵树。民国8年（1919），举家北迁"南一区公司"（属大豫公司下辖单位），两棵树也随主搬迁此地。

黄杨树种在宅前，树皮灰色，外皮成有规则剥裂，茎枝是四棱，小树和冬芽外鳞有短毛，叶如瓜子，呈青绿色，树冠斜向西南方犹如一条卧龙。这种树生长很慢，树龄已有104年之久，只长到3米多高，树干大碗口粗。木质坚硬细腻，是雕刻艺术品上等材料。有句谚语称："鸟中之王是凤凰，木中之王是黄杨。"属国家一级保护古树名木。

银杏树种在宅后宅沟南岸，三面环水。此树高大挺拔，叶似扇形，冠如蘑菇云状，树高约25米，围圆1.76米。且在树干北侧又生一株同根，高度和围圆为大树之半，人们称为"子母树"真是奇观。这种树叶形古雅，寿命绵长，无病虫害，不污染环境，树干光洁，是著名无公害树种，被列为中国四大长寿观赏树种（松、柏、槐、银杏）。

图35—210 百年银杏树 （金向东 摄）

这两棵古树，乃朱氏祖传家宝，镇宅之宝。树旺、家和、万事兴。经鉴树专家察看，赞不绝口，愿出高价收买，因朱家几代人从事教育工作，为典型书香门第，教育世家，只供观赏，拒绝出售，他们把这两棵古树视作“百年树木，百年育人”之象征。

第三节 一门闸村第一树

被人们誉为“一门闸村第一树”的百年古银杏树，就生长在一门闸村38组许永俊宅坐北朝南一长排楼房西侧、面东橱房屋北侧，即两房交接处。占地面积约40平方米，树主杆高约7米，树围1.60米，主杆托起4根大树杈，杈下垂着多个奶状瘤子，俗称“树奶子”，向上派生出许多小树杈直至顶端，远视犹如一把绿色“大伞”，整个树高12米以上，冠幅约16平方米，树龄110年以上。这棵雌性银杏树，春天开满花，秋天挂满果实。

据许永俊述，该树原先种在老圩里已有碗口粗，祖父桑志云（光绪二十一年生），因入赘许家，改名许志云，19岁（民国3年）那年，为生计，用小车推着家眷和银杏树，举家迁移至此，在栖身处旁栽下银杏树，示意新建家园。然后在杂草丛生的海滩上烧盐、开荒、垦殖。当时，方园数十里，仅两户人家，尚未成立大豫盐垦公司，也未建造一门闸，这棵古银杏树成为大豫发展史最好见证。虽历经沧桑，但年年结果，供人们享用。尤其能孕育优良苗种，成为周边百姓栽种银杏之“母亲”树。曾数次有人慕名而至，愿出5万元高价购买古树，许一口拒绝。许氏家族五代同堂、家庭和睦、人丁兴旺、蒸蒸日上，视古树为荣、为生命、为传家之宝。

第四节　皂角树

在南坎镇十字街向南约50米处东侧顾姓庭院内，种有一棵境内罕见之树——皂角树，亦被人们誉为“黄海滩奇树”。因为，皂荚树别处多有生长，但在沿海草木不生的重盐碱滩涂上，历经沧桑，竟能如此旺盛生长，堪称一奇。此树根部树围1.33米，树主干约7米，然后分3个杈枝向上伸展，形成树冠，整个树高约15米以上，树龄约80年。虽然庭院破烂不堪，坐北朝南三间青砖小瓦房濒临倒塌，顾姓后人早迁徙掘港等地，但皂荚树却枝繁叶茂，默默无闻地守护着庭院，同时也给很少有人涉足的十字街增添不少情趣。

皂荚树为落叶乔木，属豆科，长有分枝圆柱形刺。叶为羽状小复叶，3～7对，卵形或窄卵形，边缘有细钝锯齿。春季叶间抽出花轴，绽开黄白色花，排列成穗状。花谢之后，结扁长荚，约七八寸长，状似一把把狭长镰刀。荚尖端有长喙，熟时呈深棕色或黑色，披白色粉霜，这就是果实，唤做皂荚，亦叫皂角。传说皂荚树因有尖刺与镰刀状果实，可驱鬼避邪，镇宅保平安。

第二章　古　迹

20世纪初，大豫从广袤滩涂上崛起，人们在这块沙土上也曾建过诸如庙宇之类的建筑物，风靡一时后，有些毁于战乱，有些被改作他用。仅有南坎老街、古井、中一区公司、古海堤等古迹、古物、古遗址，成为大豫历史之验证。

第一节　南坎老街

南坎镇历史悠久为境内成市最早，有150多年历史。镇内有两条主街道：一条为东西走向（人们称老街）；一条为南北走向（人们称十字街），这两条街均用土窑青砖铺设，当中稍高，成孤状，便于排水。“老街”东西长120米；十字街口以东宽为2.45米，以西宽为2.70米。“十字街”南北长60米，宽2.70米。建筑于清同治二年（1863）。看似一条普遍砖街，但在战争年代曾留下粟裕等革命将领足迹；也从砖街上走出如洪国普、洪国珍等革命成功人士。中华人民共和国成立后，因交通不便等诸多因素，南坎镇虽没有昔日繁荣和辉煌，但老街经过百年沧桑依然安然无恙，一切如故，成为南坎历史最好见证。

第二节 古 井

南坎镇，有2眼古井，均建筑于清朝同治年间，井口直径50厘米，井下直径90厚米，井深12米。井台用石头凿成，井身为土窑小青砖。据田宏春述，这2眼井为南坎镇历代居民饮用水之源。民国21年（1932），大旱灾，境内大小河道干涸见底，镇上居民半夜始，分别到2眼井上排队取水，使居民们度过旱灾。人们把井誉为"救命井"。随着时间转移，城镇变迁，除1眼井废除外，还有1眼井坐落在南北十字街西侧顾德泉宅北侧，完好无损，井水仍可饮用。

第三节 石 碾

境内东牛车桥北侧，有3片光滑圆形石碾，上片为两块，直径1.47米，一块厚度为63厘米，一块为56厘米，底盘直径2.40米，表层厚度70厘米（土下部分无法测量）。此一组石碾原为刘家油坊用以碾压棉籽等油料所用。该油坊系镇江人刘振华（绰号刘矮子）所建，约建于20世纪40年代初，占地面积500平方米左右，油坊南临东凌河（公共河），背靠一条5～6米宽小溪，东与农田有一排井树相隔，西有一条小马路通往南坎方向，路西有一个圆沟（大水潭）可饮用水。油坊榨油、碾压间为坐北朝南10多间络舍屋，长约20米，檐高约2米，进深约6米，建筑面积约250平方米左右。石碾由两头牛同时拉动。中华人民共和国成立后，由人民政府接管。1958年，油坊停办，石碾却成为永久性印迹。

第四节 百年老店

位于南坎镇十字街西侧约50米处，与管宅紧密相连，坐西朝东两间老店门面房，土窑青砖小瓦，木质排门，南山为木质半塌门，面积约40平方米左右，为南坎保存最完好的老店门面。此店房建丁清朝木年，约有100多年历史，早年为顾记八鲜行，据说，民国33年（1944）夏，陶勇司令遇险时就藏身于此。1958年，建立南坎铁木竹生产社时，为该社门市部。

第五节 三门闸

三门闸，即豫丰闸，建于民国5年（1916），位于丁店镇西3.75公里处，大同村境内。由大豫盐垦公司建造。闸为3孔，总净宽8米，闸顶高程4.74米，闸底高程0.49米。20世纪60年代起，改为内河节制闸。①

①详见志内第三十三篇《大豫地名》第三章第五节。

第六节　海　堤

民国5年(1916),张謇在如东沿海挑筑大豫堤,创办大豫盐垦公司。该堤南起九门闸,东至七贯,折向北至马家店,然后再向东至十贯,十贯向北抵观通站,转向西至七贯,全长30公里。至2012年,遥望河七贯至丁店河段,基本保持原貌,大堤成为绿化带,远眺宛如一条绿色长城。①

图35—211　遥望港七贯大豫海堤外观（2012年,管霖　摄）

第七节　遗　址

一、中一区公司

位于兵房镇西二贯折向北1.25公里处,一门闸村公共服务中心西北侧。该公司建于民国6年(1917),为大豫盐垦公司中一区办事处,公司占用面积一墩半,约合37.50亩。实际建设用地不到2亩,建有办公用房、宿舍、仓房、晒场等。四周开挖5米宽、6米深围河,一条路进出。土地改革后,改建为富云校。1999年,学校撤并后,校舍闲置。

①详见志内第九篇《水利》第五章第一节。

图35—212 中一区公司旧址 （2012年，管霖）

二、南一区公司

该公司建于民国6年(1917)，为大豫盐垦公司南一区办事处。据说，此公司选址，相当慎重，经过反复论证。其主要原因，南一区从丁店大河向北至兵房大河为4匽，再从丁家店四贯路向西至一贯马路为3匽，共计12匽，区域面积合18.75平方公里。最后确定中心位置在徐征村8组。由三䆗田并成一䆗，开挖宅沟，建四合院式房屋，后排朝南屋7间9架梁屋为仓库，前排六七间7架梁屋为办公室和宿舍。办公室有地板。朝东、朝西屋为伙计宿舍。厨房为一般房子。新四军东进后，做过区公所、学校。中华人民共和国成立后，当地群众在此处翻建房屋。虽经土地平整，公司原址形依在。

三、周家墩

位于周墩村西5组的周家墩，有南墩和北墩，均为盐墩。这两墩历史较悠久，为掘港以东第一大墩。20世纪60～70年代初，在大搞平整土地中，将墩夷为平地，恢复耕种。①

四、西张家仓

该仓建于民国七八年(1918～1919)间。位于大豫社区8组(牛桥村7组)，隶属大豫盐垦公司中一区公司管辖。土改时，将仓房分给贫雇农民。20世纪60～70年代初，在大搞平整土地中，将仓的大部分围沟填平，尚存东北角一段，依然长满芦苇和水草。②

五、束公馆

该馆是张謇到掘港时，办公下榻之处。建于民国初年，位于南街东圈门巷口。民间虽俗称束公馆，实为3家公馆之建筑群。即束公馆(束勖直，境内春记公司经营者之一)、祝公馆(祝申甫)、包公馆(包建安)。共有门房、敞厅、穿堂、客厅、花厅、内房、厨房、厢房、花园

①详见志内第三十三篇《大豫地名》第一章第三节。
②详见志内第三十三篇《大豫地名》第一章第一节。

等建筑共40多间。天井宽大能唱戏，敞厅作戏台。1940年，新四军东进后，三纵司令陶勇、参谋长张震东曾住此处。尚存敞厅3间。

六、大豫公司培原北区

该公司北区，位于掘港碧霞山北原新光村境内（碧霞小区）。民国5年（1916），张謇、张詧在掘港创办大豫盐垦公司。公司设在大豫镇，办事处设在掘港南街东圈门巷口。在土山（碧霞山）以北的北荡购得部分荡田。民国10年（1921），为供公司高层管理人员消闲休憩，在北荡辟地20余亩建培原北区，简称北园。

园内建瓦房20余间，供休息住宿用。房前为前园，挖有荷花池，一侧建壁亭，壁亭中央立一块一人多高的太湖石。屋后为后园，后园又分花木区、林果区、蔬菜区和鱼塘。花木区种有紫藤、木香、月季、桂花、菊花（有20多个品种）、玫瑰、水仙、蜡梅、长春花、芙蓉花、栀子花等。林果区栽有桃、梨、杏、李、柿等果树；林木区栽有冬青、梧桐、柏树、香椿、德国槐等；道路两旁植有垂柳、白杨、水竹、和法国梧桐。菜地则栽有各季蔬菜。鱼塘放养着鲢、青、鲤、鲫等多种鱼。

北园实际上是大豫公司的园林式招待所、度假村。张謇在北园曾写下"破荒辟地三千亩，烟水占地十二强。欲将游衍敌辛苦，未嫌亭舍因池塘。种桃种柳尚待计，客咏宾留今已忙。宁容蛙龟助狼藉，正要鱼鸟偕徜徉"等诗句。人民公社化期间，北园被拆除。

七、大豫公司总部

该总部，建于民国6年（1917），位于大豫镇豫中街西首北侧，东至南坎公社会堂，西至公社老油厂西沟，北至横河。占地面积约15亩左右。总部三面环水，挖有约15米宽，6～7米深围沟，一个大门进出，平时有保安人员站岗，闲人不得入内。总部办公室、会客厅等一应俱全，但在总部北河沿专设两间拘禁所，对拒不交租、无理取闹和捣乱社会秩序者，予以惩罚。公司总账设在掘港。解放战争时期，民国35年（1946），为掘东区政府驻地。人民公社化后，改建成公社油料加工厂与铁木竹社。20世纪70年代，油厂迁移后，铁木竹社扩大再生产，兴办砂管厂。至2012年，已建成规模企业——南通万得纺器有限公司，在公司西北角仍留有总部围沟的印迹。

八、掘东区公所旧址

民国37年（1948）6月，掘东区公所驻地设在徐征村12组（兵房公社双闸村一队）章小琴宅。章浙江人，出身地主。民国29年（1940），移民到大豫盐垦公司，买下南一区公司田80亩，即沈国琦店北排，三贯西1～4𤰝。在第2𤰝和第3𤰝（半𤰝）开挖四町宅沟，建造四关厢房屋21间（均为9架梁，土窑青砖小瓦房），占地面积约6.50亩，建筑面积约650平方米，俗称"龟穴"。其中北侧朝南堂屋5间，东侧厢房5间，西侧厢房5间，南侧门房4间，西𤰝工房2间，宅前架设吊桥，极其豪华气派。民国35年（1946），土地改革时，章宅房屋全部分给贫雇农和残疾军人，章亦被锄奸队处决。民国37年（1948）6月，掘东区公所进驻章宅，所有房屋腾空（原居住群众重新安置），供区公所各部门专用。1949年10月，区公所将章宅房屋全部拆除，移至兵房镇重建区公所。

60多年弹指一挥间，区公所几经变更已不复存在，但昔日旧址依有痕迹。

九、北附区范公堤

在大豫盐垦公司北附区西侧（长沙境内），有一段老海堤残迹，古称捍海堰。始筑于唐大历（766—779）淮南节度判官李承，北宋天圣年间（1023—1031），范仲淹延筑，故称“范公堤”。如东境内堤段，俗称皇岸。始筑于南宋乾道七年（1171）泰州知州徐子寅。旧时，依范堤为悍海屏障。堤外千里海涛，堤内万顷良田，堤坡杂草丰茂。晚清后，海势东迁，范堤渐失挡潮效用。中华人民共和国成立后，如东境内堤段改建成丰掘公路。至20世纪80年代，仅留痕小洋口至磨担头一带，苴镇刘埠、长沙一带，长约20公里。

第三章　烈士陵园、墓碑选介

在抗日战争、解放战争及地方武装反“清乡”等斗争中，境内有450多名热血青年（含客籍干部）为夺取革命胜利献出宝贵生命。为纪念和缅怀先烈丰功伟绩，地方各级政府（含村一级）建树烈士陵园、墓、纪念塔、碑。章内选介一部分。

第一节　大同烈士陵园

大同镇烈士塔，始建于1968年4月，占地1亩，塔高7米，塔座2米正方。塔四面，临摹毛泽东题词。位于大豫镇辖区内大同镇东首，与通州市三余镇三港口隔河相望。1972年，改建成大同烈士陵园，整个陵园占地两亩多，园中高高耸立着人民烈士纪念碑，碑正面镌刻着“人民英雄永垂不朽”8个大字，东面镌刻着“生的伟大，死的光荣”，西面镌刻着“为人民而死，虽死犹荣”，大门左侧是老七团政委、原上海市委秘书长、著名书法家萧卡亲笔题字“爱国主义教育基地”，大门上方醒目黑体大字“静”，让人肃穆。大门两侧屹立着两棵苍劲有力雪松，园内银杏树高大参天，四季常青柏树傲然挺立于陵园四周。

在烈士陵园中长眠30多位烈士中，大多数是在攻打三余镇3次战争中牺牲，他们离乡背井，英勇奋战，连姓名都未留下，就把年轻生命奉献给中国人民解放事业。红十四军一支队二大队通讯员曹锡明、掘东区原区长巩坚、乡长顾方城等长眠于此。南通警卫团参谋长龚卫平在大同镇南一次战斗中光荣牺牲，当时因为情况紧急，把战士遗体往大同镇后方医院（设在大同小学）运送时都不知道姓名。几经周折，在烈士遗骸迁园过程中，据一位蔡姓群众回忆：在10位烈士中，其中有一位烈士个子特高。才从骨骼上认定是龚参谋长。他爱人时任东海舰队总医院政委，曾多次查找无果。这次在举行陵园落成典礼时，也特邀她参加,当她确认出丈夫遗骨时,扑上去痛哭流泪,半晌说不出话……

大同烈士陵园分别于1978年、1980年两次作修缮。纪念碑顶端缘由一名面向东南方向紧握钢枪战士塑像,改成一个圆球,象征着英烈们放眼全球,用生命换来美好明天博大胸怀!

第二节 豫新烈士纪念塔

坐落在大豫镇镇区西侧,整个塔高8米,基础直径3米,塔身厚0.60米,钢筋混凝土整体结构。塔顶部红色,六角翘起脊突现,显得雄伟朴实,庄严肃穆。在纪念塔中央用正楷写着"革命烈士永垂不朽"8个红色大字。纪念塔正面朝东,背面书写着豫新村所有烈士名字和建塔时间。纪念塔四周环境优美,栽种着松柏,终年常青。象征着革命烈士精神永垂不朽,流芳百世。在主塔四周有7个小纪念碑,安葬着7名豫新籍烈士。他们是:陈顺福、陈松阳、田学富、袁金生、王跃陈、赫金才、刁友儿。

为缅怀先烈,教育后人,大豫镇把豫新烈士纪念塔列为全镇中小学生德育教育基地,每年新生入学,学校都会组织学生到此地进行革命传统和思想道德教育。

附记:

烈士生平简介

陈顺福烈士,系江苏如东大豫乡博爱村人,男,1927年生,1947年11月,参加新四军,1948年入党,参加过多次战斗。1948年,在泰安港战斗中光荣牺牲。

陈松阳烈士,江苏如东大豫乡四绿村人,男,1925年生,1947年10月参加中国人民解放军第三野战军,任军部电话员,朝鲜战争打响后,他参加首批抗美援朝部队,1952年12月12日,牺牲于朝鲜北部战场。

田学富烈士,系江苏如东大豫乡博爱村人,男,1924年生,1946年10月2日,到苏北军区第九军分区八团机炮连,历任战士班长等职,在多次战斗中英勇顽强,先后荣立四等功1次,三等功2次,1948年11月16日,在姜堰战斗中光荣牺牲。

袁金生烈士,系江苏如东大豫乡跨岸村人,男,1920年出,1937年,参加新四军,分到步兵第二〇五团。历任战士班长、排长、副连长、连长、营长等职。1945年,在高邮战斗中被评为华东特等战斗英雄称号。1946年12月9日,在下仓战斗中光荣牺牲。

王跃陈烈士,原名王继三,系江苏如东大豫乡博爱村人,男,1921年生,1944年分到华野十一纵队三十一旅九十三团炮营。历任战士班长、排长、连长兼指导员等职。1948年8月8日,在济南战役中身负重伤,坚持战斗而英勇牺牲,并荣立一等功。

赫金才烈士,系江苏如东大豫乡博爱村人,男,1922年生,1943年,参加华野十一纵队,历任战士班长文化教员。1947年,与家中通信后在淮海战役中失踪。

刁友儿烈士,系江苏如东大豫乡民选村人,1921年生,1942年参加南通三余区队,1944年3月,于金沙牺牲。

第三节 刘长林烈士纪念碑

坐落于如东农场西南侧，占地40平方米，属砖混结构。主体纪念碑高6米，宽0.60米，纪念碑正面用正楷写有“刘长林烈士纪念碑”8个红色大字，两侧有记载刘长林烈士生平事迹护碑。[①]

第四节 东安村烈士纪念碑

建于1974年，位于七贯南北路东侧，马家店村40组，占地面积70平方米，碑座规格长0.65米、宽1.40米、高0.65米，主体规格长0.30米、宽1.15米、高2.85米，石灰、砖、混凝土结构。2010年4月，清明节改建成大理石墓碑，碑正面刻有“革命烈士永垂不朽”，背面刻着10位烈士生卒年。

附记：

图35—213 兵房东安村烈士纪念碑 （黄波提供）

①详见志内第三十四篇《人物》第一章第一节。

沈连其:男,1923年生,1948年淮海小茅山战斗中牺牲

朱显兵:男,1919年生,1948年5月启东汇龙镇战斗中牺牲

蔡志能:男,1924年生,1947年在华丰六副头被敌人杀害

樊发祥:男,1906年生,1949年上海月浦战斗中牺牲

樊发先:男,1915年生,1947年10月在本县掘港被敌人杀害

张智音:男,1921年生,1947年6月在海门平山被敌人杀害

何德明:男,1929年生,1947年南通澜港战斗中牺牲

崔志义:男,1928年生,1947年东台小灶战斗中牺牲

顾顶宏:男,1917年生,1948年淮海小茅山战斗中牺牲

樊永石:男,1925年生,1948年浙江绍兴战斗中牺牲

第五节　止马洼村烈士纪念碑

建于1997年,位于掘坎河南,四贯河西三角地带。碑上刻有“为中华民族解放事业英勇献身的革命先烈”18个大红字。碑下为一长排烈士墓,墓前刻有先烈姓名,分别为:季敦仁、陈建友、黄志友、李长禄、吴石友、夏必龙、李长禄(同名)、郭金兵、徐必成、邵永高、张志道、刘沛芝、陈步法、葛方圣、赵文祥、徐朝富、赵文高、马成标

第六节　坎西村无名英雄碑

建于1987年,原址在坎西村7组老墓地,后集中迁移到四贯河西,把为解放掘港牺牲无名烈士进行集中埋藏,并树立无名英雄碑,成为革命传统教育基地。

图35—214　革命烈士证明书　(2012年,大豫民政办　提供)

部分村、居烈士纪念墓碑情况表

表35—323　　单位:人 米

墓碑名称	建立时间	具体位置	墓碑主体规格			安葬烈士人数	碑正面题词
			长	宽	高		
一门闸烈士纪念碑	2000.04	一门闸村15组	0.80	0.30	6.00	14	革命烈士永垂不朽
马店烈士纪念碑	2010.04	马家店村28组	0.30	1.15	3.00	10	人民英雄永垂不朽
海盐烈士纪念碑	2001.05	东安闸村10组	0.80	0.50	2.50	21	革命烈士纪念碑
东海烈士纪念碑	2001.05	东安闸村34组	1.20	0.50	2.50	11	革命烈士纪念碑
海凌烈士纪念碑	2001.05	东安闸村46组	1.00	0.60	2.50	2	革命烈士纪念碑
保田烈士纪念碑	2004.04	徐征村1组	0.90	0.02	1.20	15	革命烈士纪念碑
徐征烈士纪念碑	2004.04	徐征村21组	1.50	0.30	8.00	14	革命烈士永垂不朽
强民烈士纪念碑	2003.07	强民村7组	—	1.00	6.00	40	革命烈士永垂不朽
兵房居委会烈士纪念碑	2000.10	兵居4组	5.00	5.00	12.00	9	革命烈士纪念碑
大同烈士纪念碑	2005.04	大同村33组	2.00	1.00	6.00	16	革命烈士永垂不朽
豫丰烈士墓	1975.12	大同村41组	10.00	0.80	3.00	16	豫丰革命烈士墓

注:表中墓碑名称为老村名

第三十六篇 专 记

一、减租 减息

地租是封建土地所有制进行剥削的主要形式。在封建社会,掘东地区大部分土地为地主阶级所占有。农民为生存,向地主租地,而地主则利用租佃关系,采用各种手段剥削农民。农民因生活艰难,也有因生病或婚丧喜事向地主、富农借债,利息一般较高,而高利贷盘剥更为惊人。民国15年(1926)后,尤其是民国29年,建立抗日民主政权后,掘东区从华丰开始展开减租减息斗争,历时13个月。减租减息斗争虽不能改变封建经济制度,但在一定程度上对其有所削弱和打击,农民也得到经济实惠,为彻底变革封建制度奠定思想基础。

减租

地主收租形式主要有:

货币地租:又称银租,民国29年(1940)前,流行于南坎、止马洼、九总一带。后因货币币值很不稳定,大多数地主遂改为粮租。

实物地租:又称粮租,民国30年(1941)后,流行于掘东。也有交一部分粮租,同时又交一部分银租的称为拐儿租。

劳役地租:其实行办法有3种:即佃户给地主无偿地做30～50个工(最高60个工),地主划出一点地让佃户自种自收,不收租粮;地主雇用农民种地,划其中五分之一耕地让农民自收,五分之四耕地收获量全归地主;地主给雇工预付1年工资,雇工在地主家干活,闲时每天干活12～13个小时,忙时每天需干活16～17个小时,一年中仅春节休息几天。

银租和粮租的租制形式又分定租和活租两种:

定租又称额租,定租具体形式又分押租、预租、包租3种,即佃户首先要给地主缴纳“顶首”(押租),一般为田价的20%～50%,佃户向地主交付押金一般还从中扣除手续费(3%给写契约者,10%给从中说合者“中人”,10%给地主办酒席);佃户先预支租粮后种地为预租;租额确定后,不管收多收少,有收无收,佃户均得按期交租谓之包租。在掘东地区还流行“包三担”,即农民租种一千步田(4亩),1年交元麦、玉米、黄豆各1担。

活租,具体形式又分抽行分成、议租和看场分收3种,即:在庄稼成熟时,地主在田间抽其中1行,进行实地估产,然后根据估产分成,确定租额,谓之抽行分成,这在南坎以西较流行。大豫盐垦公司一般在当年中秋节后开始议定租额,谓之议租。议租名义上一般三七分成，实质为四六分成，佃户得收获物的60%，公司得收获物的40%。最多的达对半分成。例如，公司议租先生踏户议租，关系稍好些，先招待，议后还给些礼物和礼金，总会少议些。关系不好会议过头，50公斤1亩算成55公斤，因此，发生争吵。此类情况虽是少数，但常有发生。佃户如对抗缴田租，公司就派实业警抓。轻者把抗租佃农用绳子扣在脚踏车上，当“狗子”牵着跑，让其跌倒。重则把佃户绑在旗杆上。①

在庄稼收获时，地主实地监租佃户收割、脱粒，然后以实产分成，谓之看场分收。看场分收有5种标准。②

地主剥削农民，除收取地租外，还有一些额外剥削，主要有下列几种：

承揽：佃户租田，要写“承揽”，要给地主画字钱，还要请吃上庄酒或者送上庄礼。每隔几年，假如老佃农亡故，儿子继承耕种，都要另换“承揽”，另行出钱、请酒、送礼。逢年过节，要送年礼节礼。

尝新：佃户所种瓜果菜豆,地主无价“尝新”。如，蚕豆、豌豆、玉米、瓜果等未上市前，先要送给地主，亦叫“送时鲜”。

巷租：出租土地除整块大田外，还有零碎沟岸、夹巷，一般不交租，但地主也收取一些实物，叫巷租。

厘鸡：春节前，佃农要给地主送活鸡。

节礼：中秋节，佃农要给地主送鸡、鸭等礼物。

吃看场酒：看场分收，佃户要请地主吃酒；大地主不下乡，则请账房、伙计等吃喝，还要送给地主一只活鸡和一只活鸭，叫作“跟田鸡”“跟田鸭”。

帮忙：亦叫“无偿服役”，地主每逢婚丧喜庆，要佃户帮忙。只给饭吃，不给工资。许多大地主在“承揽”上公开写明：“老板有事，全家帮忙。如若不到，绑上马桩。”

地主对佃农身心摧残，人格侮辱，更是骇人所闻。收租时，地主常借口租谷不干，要当场曝晒，并罚佃户跪在旁边陪晒。往往谷晒干，人晒昏。类似情况大多发生在老圩地区，境内未见。

减 息

高利贷 民国29年(1940)前后，农民向地主、富农借债最低息要1分5厘，普遍要2～3分。而佃户所交押金预租、地主不付利息。尤其是高利贷，盘剥更为惊人。高利贷形式主要有：印子钱，借钱时即先付利息，或整借零还，关门扣除；打打儿钱，每天都要支付利息，如借10元，每天要付1.20元利息；隔宿钱，借10元钱，隔一夜，次日竟要还15元。一般借债都得以土地、物件或劳力作抵押品，方可借到；捞麦青：收麦前借50公斤麦子要打两个8折，即实借32公斤，收麦后还要还50公斤。

很多地主放债是预设圈套，乘人之危，诱迫上钩。地主看到自耕农民有一块好田，要

①见《张謇农垦事业调查》第223页。

②详见志内第五篇《农业》第一章第一节“民国29年(1940)前后掘东地区看场分成标准一览表”。

想夺取，便常用这一手。还有些地主兼营工商业，在农村市镇上，粮行、花行、猪行、茧行以及碾坊、油坊、酒坊，推销洋货的店铺，大多掌握在地主手中，或者有地主股份。他们一面代放高利贷，一面通过不等价交换，对农民进行盘剥掠夺。当时农村流行一句民谚叫作“鸡蛋经他们（地主）的手，都要剥去一层皮”。

民国15年（1926）左右，南一区公司在兵房镇开办一家农民供销社，取名“溥益”。其目的是“普遍得益，便利佃农”。溥益经营食油、桐油、铁钉、毛巾、布匹、烟酒、食糖等日用品，资金源自公司公积金。凡到溥益购物农民有一本购物折子。年终根据购物和盈利情况，给予补贴分红。此举得到广大佃农拥护。

减息　民国30年（1941）起，在开展减租斗争同时，也进行减息斗争，较有效地限制地主富农高利贷剥削，在一定程度上减轻农民负担，保障农民利益。

掘东区附中乡双北村借贷演变情况

表35—324　　单位：元

阶级与阶层	1939		1940		1941		1944		1945	
	借出	贷入	借出	贷入	借出	贷入	借出	贷入	借出	贷入
雇农	—	—	—	—	—	—	2	—	—	1
贫农	—	11	—	8	—	10	11	2	—	7
中农	—	13	—	4	4	9	16	—	3	18
富农	—	3	1	1	1	—	3	1	1	1
经营地主	2	2	2	—	2	1	2	1	1	1
合计	2	29	3	13	7	20	34	4	5	28

注：附中乡在长沙镇境内

二、如东全境解放

民国29年（1940）10月，新四军东进，在掘港建立民主抗日政权，并取得掘港保卫战胜利。抗日战争期间，先后取得“八一三”反扫荡、反清乡、火烧竹篱笆等战役胜利。民国34年（1945）8月15日，日本侵略军无条件投降，新四军收复掘港。

民国36年（1947）1月，国民党军队进犯掘港。解放军曾3次攻打掘港，均未攻克。12月2日，华中野战军主力攻打栟茶镇，吹响解放如东全境进军号角。5～6日，攻克马塘。民国37年1月24日，苏中九分区主力八团攻克岔河。在攻打岔河战斗中，兵房人徐征，头部中弹而牺牲，这是九分区主力部队牺牲在如东战场上级别最高的指挥员。

民国37年（1948）3月13日，华中野战军十一纵队三十一旅一部，冒着风雨，进击掘港。经两昼夜激战，15日下午3时，发起总攻，4时解决战斗，拿下土山核心工事，共歼敌2000余人，缴获轻重机枪30余挺、八二迫击炮2门，长短枪850余支以及大批军用物资。掘港彻底解放。在这次战斗中，掘马北、掘东、桐本区区队和民兵英勇参加，战斗结束后，掘港、掘东万余名群众自带工具,开进"土山",平毁工事。谱写出军民联手夺取掘港胜利壮丽篇章。

民国38年(1949)1月28日,白蒲(中华人民共和国成立后,划归如皋县)解放。至此,如东全境解放。8月11日,如东全县分划掘港、掘东、掘西、沿海、苴镇、丰利、栟茶、栟北、景安、丁堰、蒲东、双甸、岔河、汤园、桐本15个区,大乡105个,小乡46个,大镇1个,小镇8个,计1218个村,20.06万户,74.77万人,耕地192.41万亩。

三、土地改革

民国30年至34年(1941~1945)的减租减息斗争,虽然使民众得到一定实惠,但整个封建剥削制度依然存在,大部分土地仍然掌握在地主阶级手里,农民仍处于受剥削地位,温饱得不到保证,迫切要求废除封建剥削制度,实行"耕者有其田"。掘东地区的长沙、四桥、北坎等3个乡,共有5595户,耕地面积4.93万亩,平均每户占地8.80亩。而164户地主却占有土地1.03万亩,平均每户占地62.80亩,其中一户大地主,占地1030亩,24户中等地主,平均每户占地220亩。[①]证实地主还占有大量土地及生产工具、房屋。

土改

民国35年(1946)5月4日,中共中央《关于清算减租减息及土地问题的指示》中提出:"我党应坚决拥护群众在反奸、清算、减租、减息、退押、退息等斗争中,从地主手中获得土地,实现耕者有其田。"当时正值苏中大战前夕,掘东地区处于短暂相对稳定时期。中共掘东区委及各乡党组织,抓紧时机,组织工作队到农村,从7月始,一方面宣传党的土改政策,发动群众与封建地主斗争、算账;一方面组织分配土地。大体以村按人口统一分田(人均3.20~4.50亩)。

按照中共中央"依靠贫农、雇农,团结中农,中立富农,有步骤地有分别地消灭封建剥削制度,发展农业生产"的总路线和总政策。土改分3个阶段:第一阶段从民国35年(1946)6~8月,动员酝酿。第二阶段,8月15日后,土地分配。8月25日全面完成土地分配,村均8天时间。第三阶段,在土地分配后进入清查阶段。土地分配阶段为重要阶段,其大体过程是:组织算账小组,由各算账小组内各户互报田亩、人数,以流水账记下,再张榜公布,名为"调查榜",数字不符者由群众互相纠正;然后由村组为单位,评等级,讨论具体分配办法。华丰乡太平村全村土地按土质好坏划分为甲、乙、丙、丁、戊5个等级,确定各个等级人均分配数,即:甲等田人均分配2.55亩;乙等田人均分配3亩;丙等田人均分配3.45亩;丁等田人均分配4.05亩;戊等田人均分配4.50亩。各户按人口分田,做到以数量补质量。召开全村贫雇农和中农大会,并张榜公布,名为"分配榜";在反复征求意见基础上,最后公布"胜利榜";并按榜分配各户土地,以插红旗为定。

掘东区在土改工作中贯彻"力求其平""力求其快"方针,提出"快分快收""迟一天就是

①见《如东人民革命史》第九章第一节130页。

一季”的行动口号。在全区上下形成“一手拿枪，一手拿算盘；前方打仗，后方分田；白天支前，晚上分田”的农民运动。在短短几天内迅速分配好土地，保证贫雇农秋熟前夕得田得粮。

土改复查

由于战争影响，土地分配很快结束，但土改不够彻底，有些村贫雇农没有得到足够土地，也有所分田亩不足，也有得到田亩质量很差，甚至还有农民没有分到田，还未解决农具、耕牛、房屋、种子、农本、肥料等问题。大多数贫雇农在分田后生产、生活上困难仍然较大，未能得到彻底翻身。一些地主出现扒田倒租、欺压贫雇农、使剥削制度重蹈覆辙。民国36年(1947)秋，掘东地区在拔除国民党军队盘踞的大部分据点后，随即进行大规模的土改复查运动。在复查运动中，提出“土改拿田小翻身，复查拿财产彻底翻身”的口号，组织贫农团，铲墩儿、填塘儿(当时称富有人家为墩儿，贫苦人家为塘儿)，打封建、惩恶霸，没收地主、富农多余财产。继续处理农具、耕牛、房屋及土地平分问题。开展“三查八比”。“三查”是查田、查受气、查决心；“八比”是比田，比生活、比田禾、比房屋、比农具、比生产、比齐心、比工作(前五比是贫雇农与地主、富农比，后三比是贫雇农之间比)。尤其“查受气”的口号，代表当时广大群众复仇翻身、反封建的要求，并进一步提出斗威风，挖浮财，使土改复查增加新的斗争内容。但在复查运动中发生过“左”的偏向，在一定程度上侵犯中农和工商业者利益；对地主斗争一度出现过乱打“翻身棍”、挖“浮财”(即用体罚手段，逼其交出隐藏的金、银、钱、粮等)现象。

1950年，土地改革结束，中共如东县委派出工作组，分批到掘东区各乡，为翻身农民颁发土地证。

四、肃反

中华人民共和国建立初，全国各地残余反动势力若明若暗、若隐若现地进行反革命破坏活动。1950年10月，中共中央发出《关于镇压反革命活动的指示》。12月，掘东区进行第一次镇压反革命运动。运动开始，从党内到党外，从干部到群众，召开多次会议，揭露反革命分子在中华人民共和国建立前反动活动和中华人民共和国建立后反革命残余势力破坏活动，全区掀起检举揭发高潮。根据《惩治反革命条例》，对中华人民共和国建立前在掘东区作恶多端的地主、恶霸、反动会道门头子、血债累累的反革命分子予以镇压。①

五、三反、五反

1951年12月1日、8日，中共中央分别发出《关于实行精兵简政，增产节约，反对贪污，反对浪费和反对官僚主义的决定》，强调必须把这一斗争看作如镇压反革命运动一样重要，要大张旗鼓地发动广大群众。

中共如东县委响应党中央号召，于1951年12月15日～1952年8月，在全县党政机关

①详见志内第十九篇《政法》第二章第三、四节。

工作人员中开展“反贪污、反浪费、反官僚主义”运动。简称“三反”。在私营工商业者中开展的“反行贿、反偷税漏税、反盗骗国家财产、反偷工减料、反盗窃国家经济情报”运动。简称“五反”。2月6日，掘东区所属各企事业单位均实行上午办公、营业、生产，下午参加运动。2月23日，开始进入检举揭发阶段，时称“打老虎”。8月11日，成立临时人民法庭，对违法犯罪人员进行宣判。

1959年12月中旬～1960年5月，掘东区开展“反对官僚主义、反对命令主义、反对违法乱纪”运动。简称“新三反”。参加对象有驻镇县属企业、社办厂、手工业联社、合作商业、公社机关及居民等。

1960年5月15日，中央发出《关于在农村中开展“三反”运动的指示》。这次“三反”运动是“反贪污、反浪费、反官僚主义”，以反贪污为重点。参加对象为农村生产队长以上干部和财贸系统基层干部，公社一级和公社直接经营的企业单位。运动原则是：教育为主，惩办为辅。

六、对私改造

中华人民共和国成立初期，为彻底消灭封建经济制度，实行对个体农业、手工业和私营工商业在生产资料私有制方面的社会主义改造，这三大改造的结果基本上实现生产资料公有制和按劳分配的社会主义原则。

对个体农业的社会主义改造

对个体农业的社会主义改造，先后经历伴工队、互助组、初级社、高级社、人民公社5个阶段。

【伴工队】在抗日战争和解放战争时期，掘东区在夏收夏种和秋收秋种季节，建立伴工队(组)，实行农业生产互助合作。民国33(1944)年，掘东区有伴工队、短工队、妇女伴工队和劳武结合民兵伴工队400个，参加伴工群众4100人，其中妇女1600人，伴工时以日计工，确定工资，互相抵算，一般大工工资为5公斤大麦，中工工资为3.50公斤大麦，小工工资为2.50公斤大麦。

民国37年(1948)，广大民工出征，支援前线后，为解决劳动力紧缺状况，纷纷建立伴工队(组)。秋收秋种季节，伴工组视情况而定，一般8～10户为1组(一排基本为两个伴工组)。据沈怀坤回忆，当年，强丰乡四贯至七贯(七贯以东未作统计)共建立伴工组90多个，正常参加伴工人数700多人，其中妇女占40%以上。

【互助组】掘东区最早建立农业生产互助组的是华丰乡施凤祥和吴加仁。1950年冬，施凤祥互助组建立，按照自愿互利原则，由15户参加。为加强管理，实行互助合作，该组经过民主讨论，订出5条纪律：①太阳出上工，太阳下山停工；②替人家干活与自家干活一个样，不偷懒，不马虎；③随茶便饭，不办酒菜、不讲排场；④认真记工、记账等价交换；⑤发挥各自特长，互帮互学。互助组在产量上比单干一般增加10%左右，培养农民团结互助的集体主义精神。1951年起，境内利民、新民、徐征、强丰、新中等5乡共建立互助组854个。

【初级社】掘东区最早建立初级社是由华丰乡坚决村陈思明等互助组联合组成。该社于1953年秋正式成立，由30户农户入社，共有土地350亩左右。实行土地入股和按劳力分红制度，一般按“土四劳六”比例进行分配。1954～1955年，是初级社大发展时期。境内利民、新民、徐征、强丰、新中等5乡共建初级社61个。

【高级社】1955年冬，掘郊灯塔办起如东县第一个规模最大的农业生产合作社。该社以15个新、老初级社为基础，吸收单干农户575家组成。全社共有劳动力2991人，集体耕地面积1.10万亩，集体柴草地300.90亩，社员自留地391.80亩。全社划15个生产大队（每个大队约100户左右），64个生产队，139个作业组，实行“包工、包本、包产”，超产奖励制。在该社推动下，全县建立高级社风起云涌。据统计，当时境内各乡共建高级社62个（南坎24个、兵房23个、大同15个）。增产增收、社员情绪较稳定的农业生产合作社被称为一类社。分别豫东社、中心社、跨岸社、博爱社、解放社、茂青社、新华一社、光荣二社、引展社、连心社、陈杨社、五星社、团结社、保田社、八一社、友谊社、黄海社、红星社、新民社、安东社、新联社等。农业生产合作社尚不稳定被称为二类社。闹退社现象较严重被称为三类社，此类情况境内未见。

【人民公社】1958年起，开展人民公社化运动。10月，境内各乡分别成立人民公社。基本按照原有高级社的范围划为生产大队。人民公社建立后，即实行组织政治化，劳动军事化，生活集体化。土地等生产资料属公社大集体所有，分配实行“工分制”，按“劳力大小，技术高低，劳动态度，政治条件”评定。由于三类社矛盾比较突出，根据上级指示，在1958年建立人民公社的同时，错误地进行改进三类社试点工作，并全面推开，也遍及一、二类社。广泛发动群众大鸣大放，写大字报，对地、富、反、坏分子大批大斗，在干部群众中“大反右倾”“大拔白旗”。至1958年底，一些富裕中农也被当作漏划“富农”对待（按：中共南通地委1982年3月发出的《关于改造三类社问题的平反通知》中指出：“对1958年‘反右倾斗争’和‘三类社改造’中因所谓‘右倾’受到错误批判、处理和株连的人员，一律宣布平反，恢复名誉”）。

1958年，境内各公社在推行公社化过程中，曾刮起“共产风”，又称“平调风”，主要是平调土地、房屋、劳力、农具、粮食、资金等。生活上，搞供给制，大办食堂、实行吃饭不要钱；生产上，组织“深耕深翻兵团”，搞“大兵团作战”；资产上，层层大搞“一平二调”①，工业上，掀起“全民大炼钢铁运动”，各行各业齐上阵，大搞“小（小高炉）、土（土法炼铁、炼钢）、群（群众运动）”。使农、工、副业生产受到严重影响（境内各公社于1960年初，开始纠正“五风”，即共产风、浮夸风、命令风、瞎指挥生产风、特殊化风，年底，“大跃进”才停止）。1959年4月，整风整社，实行统一领导、权力下放。1961年6月后，公共食堂自行解散，年底，开始实行公社、大队、生产队“三级所有、队为基础”的管理体制和核算制度。1962年，实行

①“一平”搞平均分配；“二调”对生产队生产资料、劳动力、产品以及其他财产无代价上调。

“小队核算”的收益分配政策。1963年,加强“四大管理”(计划、生产、劳动、财务)和分配(夏秋预分和年终决算分配)工作,推行“定额计酬、验收记工”。1967年,农村批判“三自一包”[①]“工分挂帅”“物质刺激”等,推行大寨大队“标兵工分,自报公议”劳动管理制度。1971年,逐步纠正“自报公议”平均主义做法,继续坚持定额到组。1981年9月,撤销人民公社,实行乡、镇建制。1983年,实行政社分开,建立乡政府主管行政,并组建人民公社经济联合会,负责乡合作经济组织生产服务,管理协调资金积累。撤销农村生产大队和生产队,建立村民委员会,隶属乡政府领导。同时,建立村经济合作社,在公社经济联合会指导下,开展经济工作。农村经济体制改革使农村产业结构逐步发生变化。1986年,撤销公社经济联合会。从此,结束人民公社管理体系,农村经济工作恢复人民政府管理体系。至2012年,掘东区一镇三乡两场,合并为1个镇。

对个体手工业的社会主义改造

在生产资料私有方面的社会主义改造过程中,掘东区列入改造对象的个体手工业,主要是城镇手工业者和农村纯手工业者,共计64种行业。

1952年4月,建立兵房铁业生产合作社。在全县起到示范作用。1955年,掘东区全面开展对手工业社会主义改造运动。上半年,进行宣传教育,调查摸底,为进行个体手工业社会主义改造作准备;下半年,把手工业生产者组成生产合作组和合作小组性质的经营小组。境内以集镇为主组成铁木、竹业生产合作社5个,缝纫加工小组5个,修理供销小组修理自行车、铜锡器5个,理发服务小组8个,累计23户、56人。

1956年1月中旬,掘东区基本实现手工业合作化,并建立手工业生产合作社。4月,全区开始由点到面进行整社改组工作,按照有利生产、方便群众的原则分为3类,并建立管理制度。[②]

对私营工商业的社会主义改造

掘东区私营工业虽起步较早,但基础尚十分薄弱。中华人民共和国建立初,境内仅有6家私营染坊、4家私营小油坊。[③]

掘东区对私营商业的社会主义改造经历3个阶段:

第一阶段,自行组织联营、合营。1951年6月,境内商贩根据《私营企业条例》规定,抽出全部或部分资金合并经营,同时成立联购、联销企业和合营商店(如公私合营的棉布和茶食店),这些联营、合营企业都建立股东会,3～6个月结账分红,一般股息与红利占75%,酬劳金占15%,公积金占10%。

第二阶段,实行批购、代销。1953年秋,开始实行粮、棉、油统购统销,对境内10家粮行、米铺实行改造,只保留4家作为粮食代销店,其他则分别转营百货、水果、石灰、蔬菜等,

①自留地、自由市场、自负盈亏、包产到户。

②详见志内第十一篇《工业》第一章第一节。

③详见志内第十一篇《工业》第三章第一节。

对15户棉布商，安排4户经销和批购外，其余转业。这些代销、批购企业纳入国家计划轨道。1954年6月，中共如东县委开展对粮油奸商打击活动，掘东召开900余人检举控诉大会。

第三阶段，基本实行全行业公私合营和合作化。1956年1月18～27日，出现私营工商业的社会主义改造高潮，产生劳动群众集体所有的社会主义工商业。私营工业经业主申请，人民政府批准，私有所有资料全部折价，分别给予定息。私方代表和从业骨干有些安排为副厂长，有些担任科室和生产管理干部。为加强对公私合营企业领导，当地人民政府还派出公方代表到企业主持工作，按各人所长安排担任一定职务，分配做企业或科室管理工作。原个体商业者得到全面安排，部分代表人士和业务骨干分别担任商店经理及门市部组长。

七、整风与反右

1957年4月27日，中共中央发出《关于整风运动的指示》，要求在全党进行一次以正确处理人民内部矛盾为主题，以反对官僚主义、宗派主义和主观主义为内容的整风运动。各界人士纷纷响应，向党提出大量批评与建议。5月中旬，毛泽东写出《事情正在起变化》一文，认为在整风过程中出现复杂局面，少数"资产阶级右派""乘机向党进攻"，人民内部矛盾转向对敌斗争，由党内整风转向反击"右派"。6月8日，中共中央发出组织力量反击右派分子进攻的指示。同日，《人民日报》发表"这是为什么？"社论。1957年，掘东区开展整风反右运动，并召开动员大会，会后掀起大鸣、大放、大字报、大辩论高潮。1958年2月20日（农历正月初三），全县教师集中在如东县中学进行大鸣大放，掘东区由范畴带队，集体食宿7天，头3天搞鸣放、写大字报，后4天进行斗争。结果掘东有4名教师被定为右派分子（兵房2人、华丰1人、大同1人）。运动至1958年6月结束。

1958年3月21日，在县城掘港，举行上千人参加的"如东县工商界加速自我改造誓师大会"。会议期间，与会者高举宣传横幅和标语牌，敲锣打鼓，上街游行，提出"保证二年，力争一年改造成自食其力的劳动者""保证在二年内力争一年有70%的资产阶级分子改造成为左派"等口号。会后，掘东区工商界纷纷响应，大家订立"自我改造规划"，表示坚决改变立场，向党交心，向社会主义靠拢。还有人制定"二年内成为共产党员""三个月改造成为左派"等所谓跃进指标。在骨干座谈会上，要求在交心运动中"拔掉黑旗，丢掉白旗，插上红旗"；"苦战三昼夜，交心十万条"；似乎心交得越多越好，心描得越黑越好，搞得人人过关，个个紧张。运动至8月14日结束。此后，又在文教、卫生系统开展"拔白旗"和"反右倾"运动。1962年，对在"拔白旗""反右倾"运动中被批判、斗争、处分的人员逐一进行甄别和恢复名誉。1978年5月～1979年8月，境内被错划"右派分子"（包括外地开除回原籍者）落实政策，全部摘帽，发放补助，安排工作。

八、"四清""社教"运动

1962年9月，中共八届十中全会后，毛泽东提出要进行社会主义教育。1963年2月，中央工作会议确定，在农村进行以“清理账目、清理仓库、清理财物、清理工分”为主要内容的社会主义教育运动，简称“小四清”。

1963年3月1日，中共中央发出关于在城市开展反对贪污盗窃、反对投机倒把、反对铺张浪费、反对分散主义、反对官僚主义“五反”运动指示。此运动只是在全国部分城市逐步展开。

1963年2月起，掘东区开展社会主义教育运动（“小四清”），至3月10日，运动在各公社全面推开，至4月25日告一段落。据曹怀德回忆，在“小四清”前，境内各公社也每隔1～2年就进行一次大队与大队，生产队与生产队之间的账目互审互查。“小四清”运动，由各公社分管领导具体负责，以大队建立3～5人清理小组，大队辅导员任组长，抽调政治素质好、业务能力强的生产队会计为成员，然后按照公社统一部署，调大队交叉工作。当时，兵房公社十七大队与九大队交换查。主要是查会计账目。查结后，公布账目，征求社员意见，若有意见必须重查。互查中，对会计业务生疏者予以帮助辅导；对账目中有差错的予以纠正；对个别账目混乱、有小问题者予以换人。兵房公社共撤换生产队会计34人。

1964年始，运动发展为“清政治、清经济、清组织、清思想”，简称“大四清”运动。1966年12月，南通地区社教工作队进驻掘东区部分先行单位。[①]运动展开不久，因“文化大革命”而停止，社教工作队就地解散。

九、“文化大革命”纪事

1965年11月10日，上海《文汇报》发表姚文元（江青反革命集团）文章《评新编历史剧〈海瑞罢官〉》，揭开文化大革命序幕。

1966年5月16日，中共中央政治局扩大会议在北京通过毛泽东主持起草的指导“文化大革命”纲领性文件《中国共产党中央委员会通知》，即“五一六”通知。6月1日，毛泽东批准播发北京大学全国第一张马列主义大字报，点燃“文化大革命”之火。

1966年5月10日，《解放军报》《文汇报》发表“评三家村”文章，对三家村[②]和“后台”彭真全面批判。6月上旬，兵房中学等校园内贴满批判“三家村”大字报。7月，掘东地区初、高级中学不放暑假，留校闹革命，纷纷建立红卫兵组织，掀起破“四旧”（旧思想、旧文化、旧风俗、旧习惯）热潮。“文化大革命”在掘东地区文教界迅速开展。

8月5日，毛泽东在中共八届十一中全会上发表《炮打司令部》大字报，矛头直指刘少奇、邓小平。并通过《中共中央关于无产阶级“文化大革命”的决定》，在全国全面发动“文化革命”运动。

8月18日～11月26日，毛泽东在北京连续8次检阅“文化革命”大军——红卫兵，1300万人。10月，兵房中学由400多名师生组成卫东红卫兵团，徒步串联到北京，接受毛泽东检阅，并去全国各地进行大串联，学校教学秩序被打乱。1967年3月7日，中共中央发出

---

①详见志内第十七篇《党派社团》第二章第五节。

②三家村是1966年一场文字狱的代称。吴晗、廖沫沙、邓拓并称“三家村”。

“中学师生停止串联，开始复课闹革命。

1966年冬，掘东区大多生产大队及驻兵房镇县办企业建立群众造反组织，名称多多，有的称钢铁红卫兵、铁扫帚红卫兵，有的称东方红兵团、有的称文攻武卫指挥部。红卫兵们列队，高举红旗，佩戴红色标志，高呼口号集队游行。到一些当权派、富农、地主、牛鬼蛇神家抄家。焚毁神像，查抄没收旧书画，如薛仁贵征东、薛丁山征西、罗通扫北、七侠五义、三国志和门神、财神、嫦娥奔月画图等，没收高成分家庭金银首饰、耳环、银圆、铜钱等①，砸毁被称为封、资、修之庙宇、旧木器、旧铜器、旧瓷器。兵房公社红卫兵组织，查抄牛鬼蛇神113家，地主、富农91家。不少农户在破四旧大潮流中，将家中古物品砸毁或隐藏，怕受牵连。

1967年1月5日，首先在上海，然后在全国掀起一场由造反派夺取党和政府各级领导权的“一月革命”风暴，对掘东地区影响很大，各公社党政机关、工厂、学校、商店等单位受到一定程度冲击，造反派头头纷纷夺权，加入党政机关行使职权。

1967年3月10日，《人民日报》传达毛泽东指示：“在需要夺权的那些地方和单位，必须实行革命的‘三结合’②方针，建立一个革命的、有代表性的、有无产阶级权威的临时权力机构。这个权力机构的名称，叫革命委员会。”

10月11日，《人民日报》传达毛泽东关于红卫兵组织要实现革命大联合的指示。年底，掘东区各公社召开三级干部大会，造反派组织实现革命大联合，称“文攻武卫”指挥部。

1968年3月，掘东区兵房、丁店、南坎、华丰、东凌等公社、场、大队、单位、企业均成立“三结合”革命委员会。并召开庆祝大会。

5月25日，中共中央、中央文革转发毛泽东关于《北京新华印刷厂军管会发动群众开展对敌斗争的经验》批示的通知：“根据毛泽东5月19日批示，中央决定将此件转发全国参照执行”，强调：团结一切可以团结的力量，稳、准、狠地打击一小撮阶级敌人，以充分发挥群众专政的巨大威力，有步骤地有领导地把清理阶级队伍这项工作好。

6月上旬，掘东区各公社“文攻武卫”指挥部，闻风而动，部署清理阶级队伍工作，刮起“红色风暴”。对一些地、富、反、坏、右分子及其家属、黑干将、小爬虫、小业主实行群众专政，给予严厉惩罚。掘东地区不少人受到冲击和错误定性，挂牌示众、请罪，上街、路扫地。兵房公社一商人挂上不法商人、小爬虫大牌子、低着光头站在兵房大桥上示众，兵中两位校长在校园、兵中大桥上挂牌请罪。有些生产队对地主、富农用“坐飞机”“跪碗底”等酷刑，并规定每3～5天清扫排头横路1次（1.25公里）。南坎公社九大队一富农，因口音不同，把“坦白从宽，抗拒从严”，讹说为“坦白做官，抗拒种田”，被打得死去活来。诸如此类情况，不胜枚举。

在“打好对敌斗争的人民战争”“全面清理阶级队伍”口号下，“文攻武卫”指挥部的极“左”思潮，无限上纲，乱扣帽子，清理、关押、隔离审查多人。南坎公社一校长（后平反），遭

①落实政策时，清退。
②干部代表、军队代表、群众代表。

批判、关押，后投河自杀身亡。兵房公社两位党委副书记，分别被扣上历史反革命、走资本主义道路当权派帽子，大小会议上屡遭批斗。其中一位副书记在两次万人大会上受批斗。其父亲被“文攻武卫”指挥部关押审查，无法承受压力，含冤上吊自杀。

6月18日，如东县革命委员会在如东县中学操场召开县级机关与掘港镇各单位参加，向忠字化进军誓师大会。此后，全县各地“活学活用毛泽东思想”“三忠于”（忠于毛主席、忠于毛泽东思想、忠于毛主席革命路线）“四无限”（无限热爱、无限信仰、无限崇拜、无限忠诚伟大领袖毛主席）活动掀起高潮。人人胸前佩戴嵌着“忠”字的毛泽东像章，家家门上、户户墙上书写“三忠于”“四无限”标语；各大队成立毛泽东思想文娱宣传队，活跃在农村，手拿红宝书（毛主席语录），身穿黄军装，口唱语录歌，跳着忠字舞成为时尚；生产小队男女老少利用业余时间学跳忠字舞，渲染政治氛围；同时流行“一祝三前”活动，在吃饭前、劳动前、开会前，要站在毛泽东画像前背诵毛泽东语录，手举红宝书，连呼三声“毛主席万寿无疆！”

学习毛泽东思想，通过培训骨干，层层辅导、层层召开讲用会，联系实际斗私批修，并层层召开现场会，推动学习，形成热潮。兵房公社三大队一女知青，能背诵《毛主席语录》一书，不少中青年甚至老年能背诵《老三篇》，涌现一批学习毛泽东思想积极分子，其中吴秀英为杰出代表，不但在大队、公社，还应邀到其他公社讲用学习毛泽东思想体会。曾出席中共南通地委召开的学习毛泽东思想积极分子代表大会。

每逢毛泽东发表最新指示，造反派组织或毛泽东思想文娱宣传队，以最新指示为口号，敲锣打鼓，游行宣传到每一角落。

8月29日，如东县革命委员会抽调720多人，组成工农兵毛泽东思想宣传队，分别进驻（包括掘东区各公社在内）93个单位搞斗批改运动。

1969年1月，掘东区各公社开展整党运动。如东县革命委员组织“军宣队”“工宣队”“贫宣队”参加农村“斗、批、改”。掘东区有5名干部、多名群众被立案审查。4月1日～24日，中共第九次全国代表大会在北京召开。25日，各公社以多种形式庆祝大会闭幕。

1970年6月，掘东区各公社根据中共中央《关于打击反革命破坏活动的指示》，开展“打击反革命、反贪污、反铺张浪费、反投机倒把”的“一打三反”运动。当时，所谓的“大水”案件轰动全区，并波及外区邻近公社。8月，开展“深挖‘五一六’反革命集团”运动。全区有多名所谓“轰派”受隔查审查。是年秋，区组建清理“文化大革命”查抄物资8人小分队，进驻南坎公社一大队（止马洼村），逐户调查核实，历时半年，对所抄物资有物退物、无物退钱。

1971年10月中旬，中共如东县委在县人民大会堂召开公社党委书记、大队党支部书记等党员干部大会，传达中共中央关于林彪反党叛国事件文件，保密到11月4日上午，下午才统一传达到群众。接着掘东区各公社、大队、企事业单位举办多种类型学习班，开展批林整风运动，批判林彪反党集团炮制的《5·71工程纪要》（5·71，武装起义谐音）。紧接着，开展“批林批孔”运动。

1974年2月，掘东区各公社召开三级干部会议。学习传达上级有关“批林批孔”运动文件，举办“批林批孔”辅导讲座，各单位定期组织学习讨论。公社建立理论学习中心小组，儒法斗争史宣传小分队，组织社员群众开展“批林批孔”“评法批儒”运动。同时进行党的基本路线教育。

1976年1月8日，中共中央副主席、国务院总理、政协主席周恩来逝世。掘东区广大干部群众以各种方式沉痛悼念周恩来总理。是年初，掘东区各公社各单位开展所谓“批邓、反击右倾翻案风”运动。9月9日，中共中央主席、中央军委主席、政协名誉主席毛泽东逝世。各公社各单位设立纪念堂、各界集会，沉痛悼念毛泽东主席。

10月19日，以华国锋为首的中共中央一举粉碎“江青反革命集团(四人帮)”。

1978年12月18日～22日，中共中央召开十一届三中全会，是中国共产党历史上具有深远意义的重大转折。各项工作拨乱反正，逐步走上正轨。

十、经济体制改革

1978年12月，中共十一届三中全会吹响改革开放号角，特别是1982年后，掘东区各公社(乡镇)逐步开展农业、企业、流通等经济体制改革，生产关系发生变化，生产力得到提高，经济发展活力进一步增强，效果显著。

联产承包责任制

1984年，随着党在农村经济政策进一步落实，以家庭经营为主的联产承包责任制全面推广。耕地按人劳比例承包到户、土地所有权仍为集体所有，农民有经营权。同时，建立农业承包合同制，明确合同双方责权，逐步完善签订手续，及时调处合同纠纷。1987年，建立农村经济合作社集体经济组织。1997年，根据中共中央、国务院《关于进一步稳定和完善农村土地承包关系的通知》精神，掘东区“一镇三乡”抓住“明确政策、合理调整、确权发证，签订合同”四个环节，落实二轮承包、续包工作，使土地承包制进一步完善。向农户颁发30年不变农村集体土地承包经营证书。同时，逐步建立土地使用权有偿流转机制。2001年，开始实行农村税费改革。2005年，农业税全部取消，同时取消“两工负担”，实行一事一议筹资、筹劳政策。2007年起，对承包农户实行粮、棉、油种子费补贴和农药、化肥补助。①

企业体制改革

1984年5月10日，国务院颁发《进一步扩大国营工业企业自主权的暂行规定》后，掘东区“一镇三乡”全面推广“一包三改”(厂长为主的经济承包责任制，改干部任免制为选聘制、改固定工为合同制、改固定工资为浮动工资制)，使经济管理部门“还权”于企业，另外强调企业敢于用权，用好权。政府管理部门、调控部门从直接控制向间接控制过渡，为企业创造宽松外部环境，促进企业向相对独立之经济实体过渡。1985年，企业内部进行改革，逐步建立指标分解体系、指标考核体系、质量管理体系、经济核算体系。并试行经济责任制，打破企业吃“大锅饭”局面，使企业管理水平和生产水平有新提高。企业进行领导体

①详见志内第五篇《农业》第一章第二节。

制改革，实行厂长负责制。在公平竞争、机会均等原则下，优选厂长，进而实施承包经营责任制。是年，试行股份制，实行租赁经营、风险抵押承包企业经营制度。1986年，经营体制改革进入以转换企业经营机制为重点，深化企业改革。1987年起，企业采取招标、投标、论证等竞争形式，实行兼并、出售、破产和公转私营。[①]

流通体制改革

20世纪80年代，掘东区各公社（一镇三乡）粮、棉、油、农副产品等，流通领域各项改革进展加快。特别是粮食流通体制改革进展顺利。在国家宏观调控下充分发挥市场调节机制，放开粮食收购价格，健全粮食市场体系，建立重新补贴机制，保护农民利益，转换企业经营机制，全面推进粮食购销市场化改革，全面优化购销企业结构，对一些粮站、网点进行裁减撤并。[②]

为适应现代化流通组织形式和经营方式改变，掘东区"一镇三乡"流通企业采用股份制、联合、兼并等多种形式，加快产权制度改革。与现代经济发展相适应的连锁经营、代理配送、仓储商店、实物租赁等现代流通方式在"一镇三乡"迅速推广，市场建设明显加快，向专业化、特色化发展。各类农民经济人队伍不断壮大。[③]经营方式灵活多样、商品流转向开放式、少环节、多渠道方向发展。

财政体制改革

为适应社会经济发展之需要，不同时间段，实行各异财政体制。中华人民共和国成立至1958年、1959～1970年、1971～1973年、1974～1981年、1982～1987年、1988～1993年、1994～2000年、2001～2005年、2006年2月起，分别实行"统收统支""收支下放""收支包干""超收分成""收支挂钩"财政体制，"收入递增包干""分税制"财政管理体制，"公共财政支出改革"管理体制，"镇财县管"改革。并于2002年，进一步健全内部管理制度，规范采购流程。财政体制多次改革，渐趋完善。[④]

综合配套改革

进入20世纪80年代后，掘东区"一镇三乡"经济领域综合配套改革稳步推进，坚持"改革、开放、开发、发展"四位一体。行政、经济管理部门按照"政企分开""少干预、多服务"精神，逐步改变财政统收统支、物资统一调度、商品统购包销、工人统一分配、价格统一规定等一套旧体制形成组织管理经济运行办法，使企业在人、财、物、产、供、销等方面有自主权。财政所、地税兵房分局根据上级精神，制定有利于培植财源、搞活企业具体政策措施。兵房镇信用社（农村商业银行）通过创建星级文明信用户活动把信贷资金用好、用活，积极扶持适销对路农副产品、经济效益好的企业。兵房工商所（分局）、物价等部门，加强

①详见志内第十一篇《工业》第一章第二节。

②详见志内第十四篇《商贸》第四章。

③详见志内第二十五篇《科学技术》第五章第四节。

④详见志内第十六篇《财政税务》第一章第一节。

市场管理、经济活动监督、指导,保持正当合法经济活动。为企业改革创造较好外部环境。

劳动制度改革加快推进。1981年9月始,对按劳动计划从社会招收新工人,试行劳动合制,至1987年6月底,工人全部为劳动合同制。与社会劳动保险等方面进行配套改革。[①]

十一、党员干部学习教育活动

"三讲"教育

2000年7月,大豫、丁店、兵房3个乡镇,根据中共如东县委统一部署,分别成立"三讲"教育领导小组,在党员干部中开展以"讲学习、讲政治、讲正气"的"三讲"教育活动。活动内容分思想发动、学习提高;自我剖析、听取意见;交流思想、开展批评;认真整改、巩固成果4个阶段进行。各乡镇领导班子成员都撰写读书笔记和交流发言稿,并根据自身实际情况,召开民主生活会,开展批评和自我批评,制定整改措施。"三讲"教育期间,各乡镇领导班子成员均深入到村、组,召开各种类型座谈会和协调会,为群众解决实际困难。

"三个代表"重要思想学习教育

2001年12月,大豫镇、兵房镇根据中共如东县委要求,在全镇广大干部中开展"三个代表"(代表中国先进生产力的发展要求,代表中国先进文化的前进方向,代表中国最广大人民的根本利益)重要思想学习教育活动。在这次学习教育活动中,两镇党委高度重视,精心实施,切实做到认真抓学习,从严要求抓反思,求真务实抓整改,取得较好成效。通过这次"学教"活动,党员干部政治素质得到提高,党组织的凝聚力和战斗力得到增强,党群关系得到改善,经济发展和多项具体工作都有明显起色。

保持共产党员先进性教育活动

2005年7月,大豫镇、兵房镇根据中共如东县委统一要求,在全镇党员干部中开展第二批和第三批"保持共产党员先进性教育活动"。两镇党委均成立保持共产党员先进性教育活动领导小组,并下设办公室,负责组织、发动、指导和评比等工作。为确保达到党员素质更高、基层组织更强、党群关系更好、发展步伐更快之目标。整个先进性教育活动分三个阶段进行。第一阶段为学习动员阶段,重点学习讨论新时期共产党员先进性标准;共产党员在服务发展中体现先进性行为;共产党员在市场经济条件下树立先进性形象;每个共产党员应如何为发展经济做出相应贡献。第二阶段为分析评议阶段,要求每个共产党员和基层党组织,找准存在问题,深刻分析原因,明确努力方向;听取群众意见,自我剖析,接受评议,开展批评和自我批评;党支部要广泛征求意见,对每个党员提出评议意见。第三阶段为整改提高阶段。两镇党委分3步进行。第一步,制定整改措施方案。突出整改重点,确定整改时限,明确整改责任,自觉接受人民群众监督。第二步,围绕党组织和党员存在突出问题,群众反映强烈问题,影响社区发展重要问题,切实进行整改。第三步,制定整

①详见志内第三十一篇《劳动保障》第二章第一节、第二节。

改措施，在一定范围内公布整改情况。

第二批和第三批共产党员先进性教育活动，紧紧围绕全面实践“三个代表”重要思想、全力推行“两个率先”这条主线，从实际出发，进行为期3个月的学习、讨论、整改，取得一定成果，达到预期目标。

深入学习实践科学发展观

2009年12月，大豫镇根据省、市、县委要求，借助冬训教育平台，认真学习胡锦涛总书记在中共十七大政治报告中提出的“科学发展观”第一要义是发展，核心是以人为本，基本要求是全面协调可持续性，根本方法是统筹兼顾的战略思想，以“思想大解放、发展大提速、社会大稳定”为主题，促进全镇经济又好又快发展。整个学习教育活动对象为全镇党员干部，活动分3个阶段进行，即调查研究阶段，集中培训阶段，整顿提高阶段。

在深入学习实践科学发展观活动中，中共大豫镇委组织党员干部认真学习胡锦涛总书记指示：“在我们社会主义社会里，是非、善恶、美丑的界限绝对不能混淆，坚持什么、反对什么、提倡什么、抵制什么，都必须旗帜鲜明。”着重领会“八荣八耻”的深刻含义：以热爱祖国为荣，以危害祖国为耻；以服务人民为荣，以背弃人民为耻；以崇高科学为荣，以愚昧无知为耻；以辛勤劳动为荣，以好逸恶劳为耻；以团结互助为荣，以损人利己为耻；以诚实守信为荣，以见利忘义为耻；以遵纪守法为荣，以违法乱纪为耻；以艰苦奋斗为荣，以骄奢淫逸为耻。通过学习，每个党员干部懂得“八荣八耻”的核心是为人民服务，原则是坚持集体主义，基本要求是爱祖国、爱人民、爱劳动、爱科学、爱社会主义。使全体党员自觉提高与拜金主义、享乐主义、见利忘义、损公肥私、不讲信用、欺骗欺诈等消极现象和丑恶行为做斗争的能力，摆正个人、集体、国家利益的位置、正确处理人与社会、竞争与协作、先富与共富、经济效益与社会效益的关系，通过学习教育活动，受到很好效果。

深入开展创优争先活动

2010年6月，大豫镇根据中共中央、省、市、县委相关文件要求，在基层党组织和党员中深入开展创先争优（创建先进基层党组织和争做优秀共产党员）活动。通过活动，使全体党员充分认识开展创先争优的重要意义，深刻领会创先争优总体要求和主要内容，准确把握创先争优活动主要环节。围绕建设“富民型、效能型、服务型”党组织目标，在创先争优活动中要求全镇党员干部做到“五好”（领导班子好、党员队伍好、工作机制好、群众反映好）和“五带头”（带头学习提高、带头争创佳绩、带头服务群众、带头遵纪守法、带头弘扬正气）。从党委书记到普通党员，从机关干部到村干部，严格程序，抓好“三诺”，即科学定诺，公开承诺，严格践诺。承诺有三，即基层党组织向上级党组织做出承诺，党员向党组织做出承诺，党组织和党员向群众做出承诺。镇党委通过发放承诺书、办黑板报、制作公开承诺专栏、召开群众大会等形式，公示承诺，以监督承诺者兑现承诺，做到四明确：承诺事项明确，落实举措明确，完成时间明确，具体责任明确。通过创先争优活动，全镇各级党组织充满战斗活力。

深入推进基层党风廉政建设

2011年5月24日，中共中央办公厅、国务院办公厅颁布施行《农村基层干部廉洁履行职责若干规定(试行)》(以下简称《规定》)，2011年7月至2012年3月，中共大豫镇委、政府以贯彻落实《规定》为契机，组织全镇党员干部结合实际，认真学习《规定》，领会其精神实质，深入推进党风廉政建设再上新台阶。

一、切实增强《规定》部署落实的组织领导力度。大豫镇农村基层干部队伍的主流是好的，但是，少数农村基层干部也存在作风不实、办事不公、以权谋私等问题，广大农民群众对此反映强烈，引起党委高度重视。而规范农村基层干部廉洁履行职责的制度尚未建立。因此，制定农村基层廉洁履职行为规范，对落实中央要求部署、完善党员干部行为规范制度体系，解决农村基层干部履行职责中出现的各种不廉洁问题，保持党内法规与国家法律建设同步推进，形成加强农村基层组织建设和干部队伍建设的整体合力，具有重要意义。大豫镇党委充分认识贯彻实施《规定》的重要性和紧迫性，把认真落实党风廉政建设责任制，作为加强农村基层党风廉政建设责任制，作为加强农村基层党风廉政建设和反腐败工作的一项重要任务，摆上重要议事日程、明确职责任务，细化工作方案、加强监督检查、狠抓工作落实。

二、全面提升《规定》内容的宣传力度。大豫镇党委把《规定》学习宣传教育，作为农村基层反腐倡廉宣传教育工作的重要内容，采取多种形式，组织广大农村基层干部进行深入学习，使党员、干部全面掌握《规定》的基本要求和主要内容，特别是第一章规定的乡镇领导班子成员和基层站所负责人廉洁履职的“19个不准”。第二章规定的村党组织领导班子成员和村民委员会成员廉洁履职的“22个不准”。增强贯彻落实的自觉性，充分做好舆论宣传工作，使《规定》深入农村，家喻户晓，为《规定》的贯彻落实创造良好的舆论氛围。

三、努力加大《规定》配套制度的建设完善力度。大豫镇党委、政府结合《规定》的具体贯彻实施，根据实际情况进一步建立健全相关配套制度。主要有，农村基层党务公开、政务公开、村务公开和办事公开制度，以及农村基层干部经济责任审计制度等，以不断推进农村基层权力运行公开透明。《规定》强化了党员大会、村民会议、村民代表会议、村务监督机构、村民代表对村干部的监督和制约。各村党组织和村民委员会在镇党委、政府指导下，结合贯彻执行《规定》，进一步建立健全党组织领导的村级民主自治制度，进一步完善村支部会提议、村两委会商议，村监委审议、村民和村民代表会决议，提议预告、决议公示、实施结果公告的“四会三公告”制度，进一步完善基层监督机构依法履行监督职责的相关制度。另外，镇、村制定出台村民代表、村监督委员会委员对村民委员会成员执行《规定》的情况进行询问和质询的制度等。

四、大力加强《规定》贯彻实施的监督检查力度。大豫镇党委、政府通过加强监督检查，强化责任追究、严格执行纪律，切实推动《规定》的贯彻实施。并且，切实负责对《规定》的贯彻实施，开展教育培训，完善考评激励，落实待遇保障，加强监督检查，依纪依法查处农村基层干部违反《规定》的行为。

附　　录

大豫地处沿海，渔盐文化与农耕文化的交融、启海文化的渗透，催生出别具一格的大豫（掘东）文化。尤其是大豫盐垦公司建立后，历代先贤们秉承文化传统，笔耕不止，形成较深厚文化积淀。随着光阴流逝，幸存作品难觅。民国时期的作品，只在《张謇全集》中摘录到几篇。中华人民共和国成立后，由于收藏工作缺乏，也只能从县党史办、档案馆、图书馆等处搜集到一些。此类在篇章节中实难铺陈，故特设附录。

附录中收录有，重要文件辑录（2000～2009年镇、村区划调整文件）、重要报告选辑（2010～2013年政府工作报告节选）、重点文章节选（人大、工会介绍文章节选）、文学作品辑录（散文、曲艺、小品、诗歌、谜语）、章程规约碑文、遗闻逸事等。以充实展示大豫政治、经济、文化之繁荣昌盛。

一、重要文件辑录

东政发〔2001〕21号

县政府关于调整部分乡镇行政区划的通知

各乡、镇人民政府，如东经济开发区、农业开发区，各场，县各委、办、局，县各直属单位：

接《市政府关于调整如东县部分乡镇行政区划的通知》（通政发〔2001〕59号），经省政府批准，我县部分乡镇行政区划调整如下：

1. 将兵房镇、丁店乡合并为兵房镇，实行镇管村体制，镇政府驻兵房。

2. 将曹埠乡、饮泉乡、孙窑乡合并设立曹埠镇，实行镇管村体制，镇政府驻曹埠。

3. 将马塘镇、凌民乡合并设立马塘镇，实行镇管村体制，镇政府驻马塘。

4. 将岔河镇、古坝镇合并设立岔河镇，镇政府驻岔河。

5. 将丰利镇、凌河镇合并设立丰利镇，镇政府驻丰利。

乡镇行政区划调整工作涉及面广，各地各部门要切实加强领导，精心组织，周密部署，妥善处理行政区划调整涉及的干部、资产和债权债务等问题,实现平稳过渡,确保社会稳定。

如东县人民政府

二〇〇一年三月十九日

东政复〔2001〕27号

县政府关于同意大豫镇村域区划调整的批复

大豫镇人民政府:

你镇豫政〔2001〕15号《关于大豫镇部分村域区划调整的请示》收悉。为顺利实施农村税费改革,优化村级干部队伍结构,切实减轻农民负担。根据《中华人民共和国村民委员会组织法》有关规定,按照便于群众自治的原则,现作如下批复:

1. 同意将凌港村、华凌村与三龙村合并为凌港村;
2. 同意将九龙村、凌北村与观东村合并为九龙村;
3. 同意将鲍桥村与新兴村合并定名为香台村;
4. 同意将环豫村、育新村与牛桥村合并定名为豫新村。

望接此批复后,进一步做好群众工作,尽快依法组织实施,为确保农民增收、农业增效、农村稳定打好基础。

特此批复

如东县人民政府

二〇〇一年三月三十日

东政发〔2002〕77号

县政府关于掘港农场,如东农场实行属地化管理的通知

各镇人民政府,如东经济开发区、农业开发区,县各委、办、局,县各直属单位:

根据省政府办公厅苏政办发〔2001〕131号文件精神,省属掘港农场、如东农场实行属地化管理。结合我县实际,经研究,决定掘港农场由掘港镇管理,如东农场由大豫镇管理。两场作为镇管理的实体,实行独立核算。

掘港镇、大豫镇要把两场纳入全镇总体规划,加强领导,规范运作,各项工作要同布置、同检查、同落实,使镇场尽快接轨,促进场圃经济健康,快速、持续发展。

如东县人民政府

二〇〇二年九月二十九日

东政复〔2005〕25号

县政府关于同意兵房镇部分村域区划调整的批复

兵房镇人民政府:

你镇《拟将部分行政村合并的请示》(兵政〔2005〕29号)收悉。为进一步深化农村改

革，提高村级组织自治能力，促进农村社会稳定和农村经济的可持续发展。根据《中华人民共和国村民委员会组织法》有关规定，按照便于群众自治的原则，现批复如下：

1. 同意将毛竹桥村与王荃村合并组建为巩王村；
2. 同意将豫丰村、大同村与大同居委会合并为大同村；
3. 同意将港闸村、协和村与丁店居委会合并组建为丁家店村；
4. 同意将东海村与海盐村合并组建为东安闸村；
5. 同意将马安村与新南村合并组建为马家店村；
6. 同意将保田村与徐征村合并为徐征村；
7. 同意将安民村与培新村合并组建为强民村；
8. 同意将兵港村与闸丰村合并组建为一门闸村；
9. 同意将兵郊村与兵房镇居委会合并为兵房居委会。

望接此批复后，进一步做好群众工作，尽快依法组织实施，保持社会稳定。

如东县人民政府

二〇〇五年五月二十日

东政复〔2006〕68号

县政府关于同意大豫镇部分村（居）区划调整的批复

大豫镇人民政府：

你镇《关于村（居）区划调整的请示》（豫政〔2006〕47号）收悉。为进一步落实党的农村政策，促进社会主义新农村建设。根据《中华人民共和国村民委员会组织法》便于群众自治的精神。现对你镇村（居）区划调整作如下批复：

1. 同意将止马洼村与坎西村合并为止马洼村；
2. 同意将香台村与豫北村合并为香台村：
3. 同意将周墩村与凌窑村合并为周墩村；
4. 同意将豫东村与亭海村合并为豫东村；
5. 同意将南坎村、凌边村与南坎居委会合并组建为南坎社区；
6. 同意将茂青村、豫新村与大豫居委会合并组建为大豫社区；
7. 同意将东凌村与东凌居委会合并组建为东凌社区；
8. 东洋、东港、兵港、凌港、九龙五村管辖范围不变。

望接此批复后，进一步做好群众工作，尽快依法组织实施，保持社会稳定。

如东县人民政府

二〇〇六年七月二十六日

东政复〔2008〕116号

县政府关于同意大豫镇部分村域区划调整的批复

大豫镇人民政府：

你镇《大豫镇关于调整部分村域区划的请示》(豫政〔2008〕85号)收悉。根据《中华人民共和国村民委员会组织法》有关规定，按照便于群众自治的原则，现批复如下：

同意将九龙村与凌港村合并为九龙村。

望接此批复后，进一步做好群众工作，依法组织实施，保持社会稳定。

如东县人民政府

二〇〇八年十月三十一日

东政复〔2007〕83号

县政府关于同意大豫镇部分区划调整的批复

大豫镇人民政府：

你镇《关于调整东洋村等部分村(社区)区划的请示》(豫政〔2007〕72号)收悉。根据《中华人民共和国村民委员会组织法》便于群众自治的精神，现批复如下：

1. 同意将东洋村与东港村合并为东港村；

2. 同意将兵港村与东凌社区合并为东凌社区。

望接此批复后，进一步做好群众工作，尽快依法组织实施，保持社会稳定。

如东县人民政府

二〇〇七年八月二十日

东政发〔2009〕34号

县政府关于调整大豫镇和兵房镇行政区划的通知

各镇人民政府，各区管委会，县各委办局，县各直属单位：

根据《江苏省人民政府关于同意调整南通市如东县部分乡镇行政区划的批复》(苏政复〔2009〕26号)精神，现撤销大豫镇和兵房镇，以原两镇所辖区域设立新的大豫镇，镇政府办公放在原兵房镇政府所在地。行政区划调整后，大豫镇行政区域面积195.47平方公里，人口10.67万人，辖4个居委会，17个村委会。

行政区域调整涉及面广，政策性强，新的大豫镇要严格按照县委、县政府的统一部署，认真组织实施，妥善做好各项工作，确保行政区划调整工作顺利完成。

如东县人民政府

二〇〇九年五月三日

二、重要报告选辑

2010年大豫镇第一届人民代表大会第一次会议《政府工作报告》(节录第一、二部分)

2009年工作回顾

一、全力打造经济发展突破年，区域经济发展再上台阶

(一)招商引资高位突破。全镇上下人人参与招商局面不断形成。通过与上海、广州、香港等地客商广泛接触，海之杰、卓时电子等项目落户大豫。2009年，全镇超额完成注册外资2538万美元，完成外资到账748万美元，完成市外民资3.01亿元，综合排名位于全县前列。

(二)项目建设放量推进。2009年，新开工规模以上工业项目达到14个，其中南通开颜家纺、大豫纸业、恒威聚氨酯制品有限公司扩产项目、南通东太玻璃器皿有限公司扩产项目等单体规模均达到千万元以上；规模以上竣工工业项目9个，其中包括鑫民机械、万豪科技等；在建有盾王劳保三期、海之杰等10个项目。

(三)工业运行趋稳回升。区划调整以后，加大对企业扶持力度，壮大电光源、食品加工、机械电子、木器加工、棉纺针织、建筑材料、海产品加工等支柱产业，主动引导和扶持微小企业进定报企业。一年来，全镇工业应税销售达到6.20亿元。

(四)财政收入攻坚克难。区划调整后，在财政收入任务加重、难度加大、各种支出只增不减情况下，积极组织财政一班人，想方设法，开拓创新，围绕挖掘重点项目税源、招财引税等工作，2009年，全镇实现一般预算收入3943万元，同比增幅达21%。

二、全力打造社会事业建设年，各项事业建设成果丰硕

(一)科教文卫事业大力发展。投入近800万元，用于学校布局调整和学校改造维修，兵房初中利用原兵房高中整体资产进行重新改造和新建，镇社区教育中心顺利通过省社区教育示范乡镇验收。投入40多万元，对原兵房老政府大楼进行改造，建成了设施一流世代服务中心。投入近80万元，着手对卫生所办公大楼进行改建。

(二)基础设施建设进一步加强。河道整治376段，总长度近1000公里；维修农路72公里、桥梁45座，新建农路30多公里、桥梁15座；栽种树苗27万株，绿化面积9800亩，村庄绿化覆盖率达20%以上，集居点绿化覆盖率达40%；设置垃圾箱1200只，配备保洁人员60人；启动集居点25个，投入绿化、排水、供电等配套经费200多万元，集居点供电施工全面启动，452户农民进点建房。镇区新建路全面维修，建成污水处理厂、健身广场，房产开发新增5000平方米。

(三)社会保障机制更加完善。去年，新增参保12300人；高龄补助对象6000多人。

2010年，新农合预计参合率达99%。投入近400万元建设敬老院，达到126张床位供养能力。

三、全力打造农民增收快富年，富裕和谐社会更加巩固

（一）全面小康如期建成。一年来，紧紧围绕全面小康社会建设的25项指标，认真梳理分析，查找薄弱环节，强化工作措施，落实工作责任，固强补弱，达到“核心指标全部达标，一般指标全面提高，弱势指标有效攀升”。2009年，农民人均纯收入达8595元，全镇基本达小康。

（二）农业竞争力更强，农民收入进一步提高。全镇种植业基地、设施栽培基地、水产养殖基地、畜禽养殖基地规模不断壮大，总面积达到10万多亩。2009年，通过土地流转，形成500亩兵房惠民设施栽培出口蔬菜园区和1500亩江苏新农设施农业栽培出口蔬菜园区，总体投入量位全县第一。新上龙盛农业综合开发、惠民设施栽培、欣超有机肥、润禾饲料、达恩琪模塑等大小农业项目10个。全镇21个村（居）都已组建农民专业合作经济组织。全年，新增转移劳动力1万人以上。

（三）民主法治、精神文明建设特色鲜明。2009年，稳妥处置商业大厦、对虾场遗留问题、“7·28”洪涝灾害应急处理等重大事件，顺利推进警铃入户工程，十户联防体系形成。和谐村居创建得到县委肯定，一门闸村创建经验在全县推广，农村文艺小分队、农家书屋等受到老百姓喜爱，有线电视、调频广播入户率、通响率进一步提升。

2010年政府工作

一、突出项目建设中心，狠抓招商引资，推动经济跨越发展

（一）坚定信心，狠抓招商。坚持以税源经济为导向，以特色资源开发利用为依托，以培育壮大支柱产业和区域经济板块为目标，切实抓好重点产业链项目包装推介。优化招商策略。围绕国资、外资、民资等领域，挖掘投资信息源，争取招商工作主动权。充分利用在外成功人士人脉资源优势，积极采取活动招商、驻点招商、委托招商、以商招商等多种措施，努力形成招商引资“葡萄串”效应。

（二）加快项目建设。做好对拟开工及在建项目服务工作，全面加快在手、在谈、在建设搬迁、改造项目实施进程，确保招商业绩转化为建设成效、项目投入转化为实际产出。力争千万元以上开工项目达20个以上，千万元以上竣工项目达12个以上。

（三）深入推进园区建设。把做优载体作为促进招商引资和项目建设重要保障，全面加大工业集中区基本建设力度，确保夏季前，园区水网管道全面畅通。着手实施民营创业园建设，力争新建厂房1万平方米。

二、壮大第二、第三产业规模，主攻主体经济，提升工业运行质量

（一）做强骨干企业。采取“一企一策”激励扶持政策，促进优势企业和特色产业加快发展。对沃兰化工、万豪建材、盾王劳保3家年销量超3千万元企业的扶持，力争沃兰化工、万豪建材达亿元企业规模并跨入全县50强行列，力争盾王劳保年销售达8000万元，确保在全县百强企业行列之内；加大对东太玻璃、中荣水产、昌华水产、为海津豪、光大消防器材等定报企业帮扶力度，促使现有定报企业销售实现新突破。

（二）培植定报企业。做好“两转”工作（个体户转私营企业、私营企业转定报企业），认真分析排查现有企业情况，从信贷、用工、科技、市场等方面，为其提供服务和帮助，力争鑫民重工、达斯琪模塑、宝利高分子。金月亮家纺、天地顺制造、三元电脑绗缝机等企业跨入定报企业行列。

（三）推进科技创新。做好产学研引导工作，鼓励企业进行专利申请、做好沃兰化工、万得纺器工程研发中心建设，参与科技型企业招商引资活动，力夺“创新杯”。以争创国家级环境优美镇为抓手，重点做好污水管网建设，控制好污染。

（四）打造服务业品牌。推介我镇区位优势和资源优势，依托载体，加大服务业招商力度，力争引进500万元以上服务业项目不少于3个。推出大豫特色海文化系列餐饮、旅游项目。

三、创新城镇经营思路，实施重点开发，提升城镇建设形象

（一）完善规划编管工作。规划编制按照高起点、高标准要求，组织编制镇区总体规划，以新兴路，西北新区为重点，完善、控制性详细规划覆盖率达到50%，切实加强规划管理工作，严格按照规划实施开发建设，完善农村集居区详规。

（二）加快镇区开发建设。加大镇区房产开发力度，重点实施新兴路C地块开发建设，启动编制新兴路B3地块、兵房小学地块出让开发方案意见书，力争完成商住建设4万平方米。确保新兴大酒店、天主教堂工程按期竣工。以西北新区实施配套建设为重点，完成新兴路排污管道1.30公里铺设工程，规划启动新兴路西延工程、胜利路亮化工程，对镇区内亮化、绿化实行长效管理机制。

（三）完善农村基础配套设施。推动农村集居点建设，狠刹点外建房现象发生，对规模集居区实施道路硬化、小区亮化、环境绿化、卫生净化工程。加大农村路桥水电投入力度。2010年，新建农路12公里，修建桥梁8座，疏浚河道180条，计230万土方。加强环境整治工作。农村居民生活垃圾做到日产日清，确保河道、农村公路整洁，无堆积垃圾，实行目标长效管理机制。

四、再掀全民创业热潮，集聚生产要素，扩大民营经济总量

（一）大力培育创业精神，营造良好创业氛围。摒弃“小富即安、小成即满、不思进取”等保守思想，弘扬启海人“敢闯敢拼、自强不息、求真务实、开放创新”创业精神，让创业文化贯穿于经济社会发展全过程，让创业基因植入到每个社会细胞中，在全社会形成浓厚创业氛围。

（二）因势利导、因地制宜发展民营经济。发挥党员干部带头示范作用，以鼓励干部带头创业为重点，发挥农村基层干部参办、经办、帮办示范效应。发挥本地企业前延后伸和大型市场带动效应，“孵化”更多个体私营企业。利用房前屋后空地、闲置校舍等资源，发展科技型农业企业、庭院经济、家庭手工业和配套加工业。力争新上民营企业100家,新增个体商户240家。

五、加快发展农业经济,做强现代农业,扩大项目农业总量

(一)加快农渔业园区建设。进一步做好规模农业园区规划指导、舆论宣传、政策扶持和推进实施工作,鼓励高效规模农业园区做特做优做强。重点鼓励发展500亩以上标准化高效设施农业园区。继续对设施渔业、规模化畜禽养殖业、休闲观光农业等特色规模项扶持。继续壮大榨菜、冬瓜、河蟹等现有种养殖基地,着手规划东凌港以南高涂万亩高效海水养殖园区,加快海参等高经济价值新品种引进和推广。

(二)大力发展农产品加工业。积极引导扶持现有龙头企业。加快拓展特色农副产品深加工,大力发展畜禽、海产品深加工产业,形成特色产业链;加大农业招商力度,结合现有农渔业产业特色,建好农业项目库,做好包装推介和洽谈跟踪工作,引进一批规模型、龙头型、基地型农渔业项目;提高农产品加工深度、精度和科技含量,向产业链高端环节攀升,提高产品附加值,增强市场竞争力;做好农渔业加工园区规划建设工作,引导龙头企业、创业项目进园发展,形成产业基地、特色园区,增强产业辐射带动能力。

(三)加大农产品市场开拓力度。依托重点园区和龙头企业,加强特色专业市场建设,增强农产品集散辐射功能,扩大市场影响力;推进农民专业合作组织建设,壮大农民经纪人队伍,引导有条件的农民专业合作组织,成立农民专业合作社。

六、坚持培育征管并重,不断壮大税源,扩大财政收入总量

(一)规范税源管理,认真做好税收征管工作。紧抓财源建设和财政收入进度,因地制宜培育和建设好特色财源,控制好财政收入。加大对重点项目跟踪服务力度;有效开展社会综合治税工作;以城镇开发为依托,推进小城镇建设提升财政收入水平;做实民主评税工作,做好零星及边际税种、税收征收工作。

(二)加强预算管理,增加预算执行严肃性。严格执行人代会通过的财政预算,制定好相关增收节支措施,合理调度财政资金,确保财政正常运行。

(三)加强资金监管,提高使用效率。压缩行政性支出,严格按政策规定控制接待标准和差旅费、会议费标准;拓展政府采购范围,规范政府采购行为;建立健全财政监督机制,强化财政性资金绩效考核,特别是加大对财政资金建设项目监管力度。加强专项资金管理,按照要求管理使用好各项惠农专项资金,提高资金使用效益。

七、巩固社会事业成果,推进和谐创建,提高社会保障水平

(一)继续推动社会事业全面发展。发挥教育资源整合效应,提高学校领导管理水平,推进有效教学,向东部教育质量最好镇目标奋进。以农民健康工程为龙头,以公共卫生服务专项考核为抓手,强化对辖区内各医院和社区卫生服务站督导,加强公共卫生服务工作管理,提高公共卫生服务水平,提高群众满意度。实施省“世代服务”品牌行动计划,探索管理和服务新模式。鼓励和加大文化、体育、广电等事业投入,繁荣文化市场,打造文化品牌。做好全国第六次人口普查工作。

（二）更加完善社会保障机制。推广社会保险全覆盖，平衡五大保险参保进度，加快新农保体系建设，做好扩面征收工作。发挥民政福利保障作用，努力向上争取各项资金，积极关注弱势群体救助。

（三）深入推进民主法治建设。加强社会治安综合治理和平安建设、依法行政工作，巩固平安社区、无毒社区创建成果，积极推进法治建设。广泛开展“五五”普法活动，抓好人民调解工作，做好社区矫正、外来人口管理、国家安全、法律援助、反对邪教、预防未成年人犯罪等工作，高度重视信访稳定工作。健全安全生产督管体系，做好“隐患治理攻坚年”相关工作，进一步加强交通安全宣传教育。强化工会、妇联、共青团桥梁作用，发挥老干部在创建和谐社会中作用。

2011年大豫镇第一届人民代表大会第二次会议《政府工作工作报告》（节录第一、二部分）

2010年工作回顾

一、经济运行走势良好，发展质态不断优化

（一）高效规模农业发展迈出新步伐。2010年，先后引进总投资1500万元南通大昌行农产品加工项目、总投资8000万元南通新豫弘大生态农业项目等多个农业项目；建成如东县东凌港千亩生态葡萄园、如东惠民千亩设施农业园、如东九龙万亩南美白对虾养殖基地等3个千亩以上农业示范园区；以瓜果、蔬菜等四青经济作物为主种植基地扩大到8万亩，以文蛤、紫菜等海产品为主滩涂养殖面积达到40多万亩，3.50万亩临海高涂正在进行特种水产养殖规划。2010年，全镇农渔业实现增加值6.10亿元，同比增长6%。

（二）工业经济加快增长不断攀升。2010年，围绕提升工业运行质量、扩大工业经济总值目标，以开展企业服务年活动为契机，多家企业实施扩产和技术改造。全年工业实现增加值13亿元，同比增长25%；实现全部工业应税收入8.30亿元，同比增长33%；新增亿元企业1家，新增定报企业4家，实现全镇工业应税销售超8亿元目标。

（三）三产服务业稳步发展。利用资源优势，推进服务业向新兴领域发展。做强做大优势项目，发挥产业集聚效应，打造特色品牌，启动新豫弘大农业观光休闲等项目。服务业完成增加值9亿元，同比增长16%。

2010年，全镇实现一般预算收入4443万元，同比增长12.60%；农民人均纯收入达9594元，同比增长13%。21个村（居）全部消除无村营收入状况，其中7个村年收入突破20万元。

二、项目中心更加突出，招商引资成效显著

（一）瞄准大项目、好项目，招商工作成效明显。紧紧抓住沪、浙及苏南一些地区较大企业外迁机遇，先后引进美泽风电、聚友电气、大昌行、宝川纸业、华控电器等多个千万元以上项目落户大豫。全年形成注册外资2907万美元，完成外资到账925万美元，完成市外民资2.13亿元。

（二）围绕快开工、早产出，项目建设实现突破。2010年，完成全部工业投入8.60亿元。有在建规模以上工业项目28个，其中当年新开工项目25个，折合千万元开工项目23个。新竣工规模项目18个，折合千万元竣工项目12个。

三、城乡建设统筹推进，环境面貌不断改善

2010年，以国家级生态镇创建顺利通过验收为标志，小城镇建设取得明显成效，村镇形象得到有力提升。镇区房产开发新增住房4万多平方米，天主教堂工程按期竣工，污水管网铺设完成1.30公里。农村新建农路12公里，修建桥梁8座，疏浚河道180条，计230万土方。农村"四位一体"工作常抓不懈，秸秆禁烧与综合利用工作得到推进。

四、各项事业加快发展，和谐构建更为巩固

教育、卫生、计生、民政、劳动保障、文化、广电等社会事业取得新成效，精神文明建设、平安法治等工作凸显特色。第九届村民委员会换届选举成功，全国第六次人口普查顺利完成，"农家书屋"建设经验受到上级推广，"警铃入户"工程全面竣工。多次信访、突发事件处置圆满成功，安全环保生产"隐患治理攻坚年"工作扎实有效。

2011年政府工作

一、围绕增强发展后劲，全力推进招商引资项目建设

（一）强化责任意识。牢固树立"招商引资为零，一切皆为零。项目建设为零，招商引资为零"工作理念，强化镇、村、部门、企业整体联动机制，加大挂钩跟踪、考核点评和要素保障力度，形成"单位主要领导抓招商、重点要素资源向招商集中、全员关注参与招商"良好格局。

（二）强化招商策略。充分利用大豫镇资源条件和特色优势，切实抓好现代种养业、农产品加工业和滨海旅游、城市商贸等领域招商工作、充分利用园区资源和区位优势，实现"定点、定位、定向"等多种招商方式相结合。围绕高税赋行业招大商，着力引进机械、电子等高附加值、高税赋项目，大力培植大豫新税源。

（三）优化项目服务机制。细化项目建设服务措施，强化项目建设挂钩责任制。重点抓好宝川纸业、华控电气、恒威聚氨酯等一批在建项目，形成工业经济新增长点。做好对美泽风电、聚友电气、金斯顿防护用品、众鑫铸造等一批拟建项目开工前协调工作。确保当年折算千万元以上新开工项目30个以上，竣工项目20个以上。

二、围绕建立现代化产业体系，统筹三次产业协调发展

（一）突出工业主体地位。围绕应税销售超11亿元目标，加快科技创新，进行产品升级换代，提高产品附加值。做强现有产业，构建大豫工业支柱产业体系。扶持以昌华水产、中荣水产为主食品加工产业，以盾王劳保、光大消防为主劳护消防用品加工产业，以万豪建材、为海津豪为主建材生产业，以东洋电光源、东太玻璃为主电光源制造产业，以新佳机电、银杰螺丝为主机械制造加工，以燎原针织、东驰纺织为主纺织服装生产加工业，确保今年培植亿元企业1家，新增500万元以上税统销售企业5家。确保培植2家定报企业。

（二）突出现代农渔业优势。建设大产业。2011年，高效规模化种植基地达10万亩。打造大园区。形成千亩种植园区1个，万头商品猪产业园区1个。建成万亩海水高效生态现代渔业园区2个。发展大项目，实施农渔业招商，发展项目农渔业，促进农渔业产业转型升级，提高农渔产品生产附加值。重点培育南通大昌行农产品有限公司，建成全县农产品加工龙头企业；以千亩葡萄种植园为基地，加快葡萄产品项目开发；以万头商品猪产业园为基地，加快生猪屠宰项目建设；利用水产品原料资源，在海洋医药、海洋生物、海洋化工等方面加以探讨，推动东凌地区水产品加工企业集聚。

（三）提高三产业贡献份额。大力推介大豫镇区位优势和资源优势，依托载体，加大服务业招商力度，力争引进千万元以上服务业项目3个。积极鼓励小企业创新观念。拓宽思路，增强品牌意识，推出大豫特色餐饮服务，着力发展滨海生态观光旅游业、宗教文化旅游业，深入推动镇区房产开发。

三、围绕推进新农村建设，加快城乡一体化进程

（一）全面完成城镇建设规划。坚持高标准、高起点做好集镇总体规划和详规，6月底前完成全镇总体规划编制和论证工作，以重大项目推进集镇规划落实，促进产业集聚，放大镇区辐射、带动效应，努力形成结构合理、布局协调、功能互补城镇发展新格局。

（二）实施镇区重点工程开发。加快“九州城市花园”房地产项目施工进程，上半年全部封顶，年底前购房户可入住。加快原兵房小学地块和政府西侧地块收储、挂牌、出让进程，二季度落实开发主体并进场施工。落实国家级生态镇长效管理机制。继续开展以清理占道经营、规范路边摊点为主要内容市容环境综合整治工作。加大集居点建设监管力度，加快完善集聚点基础配套设施。健全和完善村级土地执法片警式管理体制，加大对企业用地、项目用地服务，用活闲置土地。

（三）不断完善基础设施建设。加大农村路桥水电投入力度。2011年，新建农路34公里，修建桥梁23座，疏浚河道27条；完成通大线、双闸路等5条农路硬质化接线工程；完成三贯路、七贯路等13条农路的大中修工程；实施徐征村、伯安村、香台村、南坎社区农村自来水改造工程；实施垦区线、垦西线、兵镇线10千伏线路改造工程。加强环境整治工作，加大镇村两级资金投入力度，切实做好垃圾集中处置工作，确保河道、农村公路整洁，无堆积垃圾，实行目标长效管理机制。

四、围绕促进和谐稳定，积极发展各项社会事业

（一）全力组织收入。围绕完成全年任务，加强税源监测。以临海高等级公路等重大工程和重要纳税企业为重点，加强税源监控和纳税情况统计分析，增强组织收入工作前瞻性和主动权。强化非税收入征管。定期对非税收入进行分析、测算，确保非税收入应收尽收。建立财税工作沟通机制。建立财政、国税、地税“三位一体”组织收入联动工作机制，定期召开收入形势分析会，及时掌握收入变动发展趋势，提前做好预案。强化激励措施。对招财引税有成效的单位和个人，积极兑现奖励措施，充分调动各类人员招财引税工作积极性和主动性。

（二）继续壮大村域经济。通过挖掘资源潜力、出台政策扶持、培植新兴产业、拓展社会服务、开展挂钩帮扶等方式增加村营收入，确保2010年80%的村村营收入达到20万元以上。帮助群众创业致富，充分发挥能人创业带头示范作用，鼓励老百姓自主创业、合作创业，年内新增民营企业95家，新增个体工商户240户。

（三）不断改善民生质量。加大教育投入，改善教学条件，提升教育质量。推进农民培训工程，提高农民群众科学文化素质。开展丰富多彩群众性文体活动，组织好第二届镇农民运动会。推进数字电视整转工作，全镇整转率达98%。推进职工养老保险和新型农村社会养老保险扩面工作，全年净增职工养老保险参保人数1200人，新型农保在全镇覆盖率达到应参保人数95%以上。推进改厕工作，完成2000座任务。推进农民健康工程，新型合作医疗参保率达99%。规范城乡低保弱势群体救助工作，提高五保供养水平，增强防灾应急能力，加快推进农村养老体系建设。做好残疾人工作。加强人口与计划生育工作，稳定低生育水平，统筹解决人口问题。重视和加强食品药品安全和放心消费工作。

（四）积极创新社会管理。逐步建立社会管理新体系。加强社会综合治理和民主法制建设，推进社会矛盾纠纷大调解，完善外来人口、特殊人群管理平台建设。加强信访工作，认真处理群众来信来访，完善应急管理机制。推行社会稳定风险评估制度，从决策源头上防止各类矛盾发生。强化法治建设，深入开展“六五”普法宣传，推进依法行政和司法公正。强化安全环保生产监管、落实生产责任制，持续开展以海洋渔业安全生产为重点各类安全隐患整治活动，积极排查和消除事故隐患，防范和遏制重大安全环保事故发生。

2013年大豫镇第二届人民代表大会第二次会议《政府工作报告》（节录第一部分）

2012年工作回顾

一、坚持科学发展，优化产业结构，综合实力明显提高

2012年，全镇实现地区生产总值46.95亿元，比上年增长10%。一产增加值达10亿元，二产增加值达22.50亿元，三产增加值达14.30亿元，三次产业比重为21∶47∶32。是年，实现地方公共财政收入8213万元，与2011相比，增长33.40%。

（一）现代农（渔）业稳步推进。2012年，全镇农（渔）业产业布局规划编制和整理工作全面完成。新建千亩设施养殖园区1个，新建500万元以上种养基地3个，培育现代化农业示范村3个，新建1000万元以上农渔业加工、休闲、流通项目2个。农村土地流转面积达1.30万多亩，建立农民专业合作社达26个，农民人均纯收入达1.25万元，年增长为14%。

（二）工业体系渐趋完善。2012年，工业应税销售达19.40亿元，各项工业指标平均增幅达40%。全镇规模以上工业企业保有量25家，培育海大生物和杰灵能源2家亿元企业。银杰螺丝、龙臻滩涂、如桥菜业3家企业产品商标荣获南通市知名商标。万豪建材被评为五星级数字化企业。

（三）服务业快速发展。2012年，全镇服务业规模以上固定资产投入完成4.70亿元，其中千万元以上项目投入占比达80%以上。新增千万元以上项目5个，新增5000万元以上项目3个。实现服务业入库税收3004万元。

二、全力加大投入，优化资源配置，发展后劲不断增强

（一）招商引资克难求进。2012年，镇政府始终把招商引资工作作为全镇“一号工程”。全年先后引进顺加福实业、华润新能源、中环再生金属、汇爱纺织等内外资项目30多个，引进注册外资3189万美元，实际利用外资1111.30万美元，引进市外民资8.92亿元。

（二）项目建设稳步推进。2012年，全镇完成全部工业投入达27亿元，共开工千万元以上项目29个。金斯顿、坤旺劳保、海大生物等13个项目先后建成投产，天楹环保、万豪建材、盾王劳保、宝川纸业、杰灵能源等10个扩产项目完成升级改造。

（三）载体打造有序跟进。以“两区建设”为突破，加快再生资源加工区建设。加工区3、4、5号地块上四幢6万多平方米厂房竣工，建成占地100亩亚太仓储物流中心联检大楼封顶，在建联检场地和污水处理厂，形成区内道路框架，雨水管网、污水管网铺设到位。基本具备国家联合验收条件。积极筹备东凌库区建设。库区开发体制机制已理顺，库区规划设计方案已确定，工程前期准备和库区开发建设融资工作有序推进。

三、推进村镇建设，深化惠民工程，环境面貌有效改善

（一）统筹实施区镇规划。围绕库区、加工区、镇区“三区并进”发展思路，构设“一体两翼”全区空间布局。由县规划局牵头，委托国内知名规划设计公司组织编制总体规划。

（二）滚动推进城镇开发。2012年，共出让商住用地52.69亩；新增房地产开工面积5.20万平方米；新增房地产竣工面积4.80万平方米。镇区富华路西侧地块开发征收工作全部完成，挂牌出让。金地来花苑房地产项目3.60万平方米主体工程即将竣工。原兵房小学11亩地块开发启动。加大投入完善镇区道路配套、亮化、绿化工程。组建美豫保洁公司，加强环境整治。

（三）稳步实施惠民工程。2012年，全镇完成18条河道疏浚任务，全长35公里，清淤河床土方20.50万立方米；泯沟疏浚工作去冬今春首批实施7个村，投入650万元；完成一门闸村、大豫社区一般土地治理项目，总投资1100万元。投资300万元，建设财政奖补路12条，财政农桥27座。投资1300多万元，建设交通农路17.33公里，交通桥梁8座。各村对机耕路维护维修200万元。第二批14个村已成功通过“环境整洁村”验收。秸秆能源化利用建设项目正式上马。顺利完成13家水厂回购工作。引江供水工程全面完成主管网和连通管网铺设任务。

四、坚持协调发展，推进机制创新，和谐构建更为巩固

（一）民生保障水平日益提高。2012年，城乡居民养老保险参保人数达3.10万人，累计享受养老金人员达1.50万人。实现农村劳动力转移就业305人，就业技能培训350人，创业培训130人。创建充分就业村14个。在册城乡低保户有528户870人，月发放低保金达

15多万元。累计向全镇5094名80周岁以上老人发放尊老金148万元。丁家店村被评为国家级示范性防灾减灾社区和省级居家养老服务站。

(二)科教文卫工作全面推进。2012年,农村计划生育家庭享受奖扶持对象3497人,享受特扶持对象209人。农村新型合作医疗覆盖率达98.40%,兵房中心卫生院成功创建为省级乡镇示范医院。完成农村改厕1670座。有线电视数字化全区整网率达100%。全镇各村(居)都建成各具特色人口文化大院。镇文化站成功通过市级规范化文化站创建验收,丁家店村、兵房居委会两个"三星级"农家书屋顺利通过验收。完成15个村健身路径安装,投入800万元实施校舍加固工程,投入13万元进行暑期校舍维修,完成一家幼儿园回购。

(三)综治稳定工作成效明显。2012年,突出稳定工作重点,扎实开展"四项排查"等活动,成功化解多项矛盾,切实保障十八大期间重点人员、群体稳定可控,社会和谐稳定。大豫镇被评为"南通市长安镇",丁家店村荣获"全国民主法治示范村"称号。

五、坚持依法行政,深化责任意识,政府效能不断提升

(一)树立法治政府形象。规范行政行为,拓展政务公开,实行"阳光政务",全年共完成政府采购项目72宗,交易总量达2630万元;在城镇开发拆迁等重大活动中,未出现一例涉法投诉、违反法律程序行政行为。

(二)提升责任政府威望。2012年,共办理人大代表建议和意见47件,做到急群众所急,解群众之难。

(三)打造效能政府品牌。继续深化行政审批制度改革,在县下放部分行政权力之后,积极组织有关人员参加业务培训,树立服务意识,规范行政行为,提高政务服务水平;转变政府职能,强化有效管理社会事务和提供更多公共服务功能,使政府真正成为良好发展环境、人民群众利益维护者;积极推行电子政务,构建适应信息时代社会发展需要机关日常工作形态,以降低行政成本,提高机关办事效率;继续深化机构改革,优化政府组织结构和人员结构,做到服务到位、行为规范、高效运行。

三、重点文章节选

一、开展"双五工程"竞赛活动彰显代表履职风采(节选一、二、三部分)

(一)活动基本情况

2008年初,镇人大在充分调研基础上,经报请镇党委同意,决定在本镇的市、县、镇三级人大代表中开展以"五带头、五深入"为主要内容的"双五工程"竞赛活动。"五带头"即:带头遵守法律,宣传方针政策;带头认真学习,提高履职能力;带头劳动致富,主动扶贫帮困;带头招商引资,积极投资创业;带头引领群众,促进社会和谐。“五深入”即:深入选区,每年固定联系5名以上选民;深入调研,每年参加4次以上代表活动;深入思考,每年提出3条以上代表建议;深入群众,每年为周边群众做2件实事;深入实际,每年开展1次以上代表持证视察活动。“五带头”充分体现代表应发挥模范带头作用的要求,使基层代表明确应该履什么职。“五深入”充分发挥代表桥梁纽带作用,“五带头、五深入”既有定性指导规范,也有定量履职要求,使基层代表明确应该怎样才能履好职。“双五工程”竞赛活动开展以来,大豫镇的三级人大代表积极参与地方经济建设,招商引资总额16.30亿元,项目投入12.70亿元,代表上交的税收占全镇税收的71%;代表积极履行监督职能,开展小组活动162次,提出建议386条;代表积极为民办实事520多件,参与调解纠纷370多件,扶贫帮困240多户,各类捐款捐物合计210多万元。在今年初的镇人代会上,镇党委书记动情地讲:“近几年,大豫镇的经济发展得益于‘双五工程’竞赛密不可分,社会和谐稳定‘双五工程’竞赛功不可没。”

(二)主要做法

加强领导,明确职责。镇人大成立“双五工程”竞赛领导组,由镇人大主席团成员和代表组长组成,负责活动的动员、检查、点评、考核、评比和表彰。人大正、副主席坚持走访到每一位代表,定期参加小组交流会、点评会,发现、培植和宣传履职典型。代表小组借助“人大代表之家”,结合竞赛活动“54321”的要求,制定活动计划,组织代表活动。代表组长具体负责竞赛活动的组织推进,主持每季的交流会和每半年的点评会,负责小组成员履职考核,推荐优秀代表人选。代表小组落实专人负责联络和记载,提升竞赛活动的服务水平和考核力度。

细化方案,扎实推进。首先认真制定活动方案,提出明确要求,对履职要求、评先标准等进行量化细化。其次是宣传发动。年初召开动员大会,讲清竞赛活动的目的、意义及工作部署,组织优秀代表现场交流履职体会,让代表们真正体会到当代表既是一种荣誉,更是一种责任。再次是检查督促。通过季度交流、半年点评、年终总结,及时掌握竞赛活动开展情况,总结经验,查找不足,督促整改。印制“双五工程”竞赛活动履职卡,专题记载代表“带头深入”情况,定期不定期进行抽查。通过督促检查,不断推动竞赛活动的深入开展,不断提高代表执行代表职务的自觉性。

交流点评,总结表彰。将代表工作纳入党委工作同考核、同评比、同推进。通过高标准的季度交流,强有力的年中点评,严要求的年终评比,高规格的镇人代表彰,不断推进“双五工程”竞赛活动。每季度的履职交流雷打不动,每个代表对照“五深入”的要求,重点汇报做了什么。每半年的工作点评动真碰硬,每个代表对照“五带头”的要求,重点反思还差什么。每年年终的评比推荐,严格执行评先的量化细化标准。凡达不到“54321”要求的代表,一律取消评先资格。从2009年起,镇人大充分利用代表述职测评结果,凡测评满意率达不到95%以上的,一律不推荐为优秀代表候选人。凡被评为优秀人大代表的,镇人代会上由镇党委书记亲自颁发荣誉证书和奖金。4年来，先后有42人次的代表被评为优秀代表。良好的约束和激励措施，不断增强代表履职的荣誉感和责任感。

（三）活动成效

代表的监督成效明显增强。每年每一个代表小组都进行视察活动。有代表小组针对敬老院环境脏、乱、差，建议敬老院限期整改；有代表小组针对交通事故频繁发生的现状，建议政府加强农村交通道路管理和交通法规教育；有代表小组针对农村部分河道、桥梁需要疏浚、重建，要求政府迅速摆上议事日程。在开展“双五工程”竞赛活动中，许多代表提出高质量的建议、批评和意见。宋红兵代表的一条建议，使镇区面貌焕然一新。去年年底，大豫镇顺利通过了国家级生态镇验收。杨锦标代表的一条意见，镇党委、政府将2011年定为“企业服务年”，机关作风更务实。曾敬东代表的一条批评，2010年镇人大主席团会议通过了《大豫镇人大关于参与政府工程招投标监督和工程验收的实施办法》，使政府工程成为透明工程和放心工程。

代表的服务水平明显增强。“双五工程”竞赛活动增强了代表的服务意识，各行各业的代表结合自身优势，力所能及地服务经济社会发展。李玉华代表是一位农民经纪人，2009年以高于市场价格收购青蚕豆1000多吨，2010年引进600多斤冬瓜种子无偿发放到群众手中，创办的经营公司吸纳30多名剩余劳力。陈雪兰是一个普通的农民代表。一次暴风雨后，集体种植的200多棵树苗全部倒伏。在她的带领下，发动周围群众将一棵棵树苗重新种好扶起。作为村委会主任的县人大代表孙和平，经多方呼吁，向本村老板募捐，发动村民捐工，未花集体一分钱修好了“一条阎王路”，垒砌了“一座桥头堡”。周围群众都竖起大拇指夸赞，人大代表就是不一样。

代表的法律意识明显增强。每年，镇人大都组织代表积极参与市、县人大开展的执法检查。各小组结合自身实际，分别开展了涉农法律法规、教育法、劳动法等执法检查，进一步推动法律法规的贯彻实施。充分发挥“人大代表之家”的学习阵地作用，4年来法律培训500多人次。秦国培代表通过镇广电站开办了：“大豫110之声”栏目，已播放法律法规讲座19期。市人大代表，江苏世纪燎原公司董事长黄继石带头依法纳税，诚信纳税，组织员工主动缴纳个人所得税。唐启红代表为贯彻劳动法，深入到全镇30多家企业，进行解读。为提高企业职工的参保意识，她不但做好老板的工作，还亲自登门做职工的思想工作。在她的努力下，全镇职工参保率达80%以上。她还通过艰辛的努力，为20多个外地职工依法讨回工资。

代表的奉献精神明显增强。“双五工程”竞赛活动始终凸现奉献、帮扶这一主题。上一届的镇人大代表，本届的县人大代表丁保，常年资助10名特困学生，定期慰问敬老院五保老人，每年捐助额超过25万。去年，丁保被评为“身边的雷锋榜样”，其事迹在市、县广播电台宣传。徐安平代表是如东县振兴机床有限公司的总经理，过去他的代表意识不强，自从参加“双五工程”竞赛活动后，主动将下岗职工张益春、顾大潮两个特困户吸收到公司，无偿资助张益春的儿子上学。徐安平心系职工、扶贫帮困的行为得到社会认可，他经营的企业被评为“南通市劳动关系和谐企业”。

原载江苏省第16期乡镇人大主席培训班材料汇编

二、使职工真正感到自己是企业的主人（节选一、二、三部分）

（一）实行民主管理是提高职工地位的主要途径

企业的发展有赖于职工群众关心和支持，企业要实现最佳经济效益，就必须实行“以人为本”管理制度，充分调动和发挥职工积极性与创造性，激励他们以主人翁责任感出色地工作。公司没有职工就不成企业；职工没有地位就没有团队精神，就只能是机器的一部分，没有积极性可言。作为一个非公企业经理，应该把提高职工地位，放在公司头等重要位置；而提高职工地位最好方法，或者说最能让职工直接感受到在企业中具有平等地位和主人翁感觉最简单途径，就是建立职代会等民主管理制度。让职工知情，重视他们想法，尊重他们权利，职工才能以厂为家，关心爱护企业。企业管理既要讲究严格，也要有一定民主，这样职工工作才能心情舒畅。企业要在激烈市场竞争中立于不败之地，天时、地利、人和缺一不可，人和最重要，和气生财，因此，我始终善待职工，把职工作为办好企业重要资本和资源。

（二）实行民主管理是提高企业管理效力的重要手段

建立以职代会为基本形式民主管理制度，能有效弥补个人知识才能的欠缺。将一些涉及公司发展壮大计划方案交职代会讨论，集思广益，能减少或避免失误，增强公司的市场竞争能力。为此，我与公司工会主席协商确定，建立职代会制度工作中，一要提高职工思想认识，二要建立规范化机制，三要充分落实好职代会决议，四要做到变业主管理职工为职工自我管理，使管理成为企业每个职工自觉行为，从而不断提高公司管理效力。2001年1月，根据我的建议成立首届一次职代会筹备组，我们围绕要不要参与企业民主管理的问题，组织广大职工群众展开大讨论，并学习《工会法》《江苏省实施（工会法）办法》《江苏省企业职工民主管理指导意见》等法律法规和政策，帮助职工提高认识，解放思想，明确自身权利义务，增强参与民主管理意识。在公司首届一次职代会上，全体职工代表讨论并通过职代会实施细则，审议通过公司集体合同草案，我作关于公司目前现状及今后5年发展规划行政报告，并对职工48件合理化建议和提案当场作出答复，对其中20件可操作建议和提案责成有关职能部门尽快抓好落实。为鼓励和调动职工参与民主管理热情，会上我当场表态，从公司行政经费中拨出5000元作为奖励基金，设立经理信箱，对署名、含金量高的建议给予重奖，对职工代表反映十分热烈。纷纷提出合理化建议，关心企业发展，内容涉及公司管理的方方面面。二次职代会上，我再次吐露自己心声：“职工向公司提意见和建议就是向我献爱心，我对职代会有着特殊感情，职代会以对话形式沟通我与职工关系，加深我与职工的感情，职代会让全体员工帮我共同管理企业，使我感到省心省力，职代会不愧是企业管理好帮手!”这次会上对署名提建议的曹红给予500元奖励。自建立职代会制度以来,通过经理信箱、发合理化建议表等形式,我已收到意见和建议80多件;职工立足各自岗位积极做贡献,先后涌现出50名先进生产者、150名文明职工和一批党建、工建积极分子。职工爱厂如家,同事之间更加相互关爱。如职工黄金娟因患病,家境困难,职工积极响应公司工会号召纷纷伸出援助之手,在不到两小时时间内就捐款7418.50元。两年来民主管理实践增强职工向心力、凝聚力。事实证明,通过工会吸纳职工参与企业管理是一种强化管理、开启企业活动源泉好形式。

(三)实行民主管理是促进企业发展的重要举措

两年多实践使我深深体会到,民主管理工作是公司劳动关系协调器,是职工合法权益维护器,更是公司高效发展助推器。

和谐稳定劳动关系。职代会建立对话机制,有效改变过去职工看见老板头不敢抬,话不敢讲,办公室门也不敢进现象,现在职工有想法可以直接与我讲,也可以通过经理信箱向我反映。一次有一位职工写信,批评我遇事不民主,我诚恳地接受,还在职代会进行宣读,给予充分肯定,同时鼓励大家多提意见。在创建精神文明建设中,从职工到总经理都按照“五讲、五美、五忌、五到位”要求去做,切实提高全体人员文明程度和政治思想素质。公司举行歌咏比赛、知识竞赛、小型文艺演出等文体活动,干部与职工同参加、同欢乐、同受教育,既陶冶情操,又创造团结活泼大家庭气氛。近几年来,公司没有发生一起因职工违反公司规章制度而被开除辞退事情。同时如果职工要求脱离单位自主创业,公司总是给予鼓励,并且在技术、订单等方面可以给予充分支持。

充分保障职工权利。我公司在厂务公开过程中坚持“四公开、一满意”,即工资公开、发展规划公开、经营状况公开、热点难点问题公开、职工满意。公司按照生产情况,对职工工资状况做到一日一公布、一日一结账。经过协商签订集体合同、工资协议除在职代会上审议通过外,还在公开栏中予以公布。在厂务公开过程中我们还实行责任追究制,对弄虚作假违反厂务公开规定和职代会决议,导致矛盾激化,或者经职工揭发查实影响公司声誉、形象等严重问题,都按公司规章制度追究有关人员责任。通过扎实落实职代会决议,公司最大能力地提高职工经济利益,职工工资福利除执行集体协商中确定条款外,还充分尊重职工意愿适时进行调整。如有职工认为对工资定额不合理,提出希望改革提案后,公司认真对待,首先在缝合车间试点,又对2002年度车间工资进行重新调查、论证,最后将一类职工年工资标准从2001年度1.35万元提高到2002年度1.96万元;二类职工年工资标准从1.12万元提高到1.84万元;三类职工年工资标准从5830元提高到1.15万元;各类职工工资总额均有较大幅度提高,整个车间工资比2001年度增长29.16%,使职工真正得到实惠。今年公司又根据各车间生产特点,进行工资分配制度改革,职工反映良好。为解决职工后顾之忧,公司还为职工缴纳养老、医疗、工伤保险。如职工黄金娟患病,除享受医疗保险外公司还额外为其报支医药费2万元,目前该职工康复后重返公司,我们为她安排力所

能及工作。这样，通过以职代会为形式民主管理，尊重职工民主权利；通过集体协商签订集体合同，提高职工经济利益。

为公司发展注入勃勃生机与动力。民主管理有助于培养团队精神，营造积极向上氛围。今年我参加南通市人力资源培训班，更加感到激发人力资源潜能重要性，回厂后我就对公司中层以上干部组织培训，并请工会主席专门举办“攀登人才高地迫在眉睫”“做企业领导好参谋、好帮手”等讲座，并在织造车间尝试开展“团队争第一、个人争状元”活动。经过3个月实践，公司未增加一点资金和设备投入，经济效益却提高15%。去年我们根据职代会上提出“扩大公司规模适应我国加入WTO需要”的建议，果断投资2200多万元，征用1300平方米土地，建起500平方米新厂房，购置30台电脑织机，并于今年3月正式投产。现在公司职工人数已从开始18名发展到700多名，固定资产从原来3万元发展到5000多万元，公司拥有花园式一流生产环境、一流生产设备、一支较高素质职工队伍，生产和销售形势呈现十分喜人局面。

原载2004年3月《江苏省厂务公开指导书》

三、略论乡镇工会与人大联系制度在创新工会工作中的作用（节选一、二、三部分）

（一）坚持会议联席制度，做到了“三个明确”

10多年来，该镇工会与人大坚持每年至少召开两次联席会议（分为年初和年底），累计召开联席会议20余次，出席会议的总人数达到700多人次，每次会议有记载、重要事项还形成会议纪要。在召开会议前，都要反复研究、精心谋划、充分准备，做到“三个明确”。

一是明确会议的主要内容。工会与人大联席会议，重点是围绕做好新时期工会工作。其内容有《工会法》《劳动法》、江苏省《一办法六条例》等法律法规的学习；对涉及职工合法权益突出问题的调研、提出相应对策；共同为工运事业创新发展出谋划策；联合开展对职工的培训教育、技术操作比赛、送温暖活动等等。

二是明确会议的对象、程序。出席联席会议的对象，一般为镇人大主席团全体成员、各代表组长、镇工会全体委员30～35人左右；有时视会议内容，确定与会对象；在特殊情况下，也邀请一些规模以上企业的工会主席、负责人列席会议。根据联席会议制度规定，会议由镇人大主席主持召开，工会负责形成会议纪要，交联席会讨论通过后，以两家名义联合下发文件，以此来指导全镇工会工作。

三是明确联系制度的作用及其相关配套制度。10多年来，工会与人大联系制度，不仅孕育了一大批优秀基层工会干部，还激发了全镇县、镇人大代表关心、支持工会工作的热情。该镇人大由于区划调整因素，已进行了4次换届，但每届的人大代表中职工代表均占有一定比例。为使联系制度在规范企业用工、劳动合同的执行、民主管理、职工权益保障等方面发挥协调、监督作用，他们还制定了与其配套的《督促检查制度》《信息交流制度》《视察调研制度》《工作联系点制度》《总结表彰奖励制度》。通过这些制度的建立，使工会与人大联系制度更趋规范、更具有约束力。

（二）坚持视察联合制度，做到了“三个围绕”

该镇工会与人大把联合视察作为实施《工会法》等法律法规，破解职工难题，维护职工合法权益的有效途径。10多年来，他们始终围绕职工群众关心的热点、难点问题，组织了20多次联合视察，有效地促进了企业的和谐发展。

*一是围绕法律法规实施情况组织视察。*在“四五”“五五”普法期间，重点组织了对《工会法》《劳动合同法》《江苏省工资支付条例》《江苏省工资集体协商条例》等法律法规的实施情况进行了视察，通过视察，首先推动了“组织起来、切实维权”工作方针和“两个普遍”工作的深入开展，促使了一些对建立工会认识不足和不愿建立工会的企业，都纷纷按照《工会法》要求建立了工会；其次提高了工资集体协商的面和协商质量，确保了职工工资的稳步增长。目前全镇工资协商集体合同签订率已达到98.80%，职工工资的年均增长幅度也达到10%～15%。

*二是围绕职工民主管理制度的落实情况组织视察。*职代会制度是企业实行民主管理的一种有效形式。在视察中主要抓了4大重点：即，民主管理制度的建立、职代会的会前会后的报告制度、解决职工反映的热点难点问题、先进典型的培植和典型经验的推广。江苏世纪燎原针织有限公司就是在视察发现的典型，通过精心培育、正确引导，该公司的职代会制度，成为公司与职工共谋发展的平台。《使职工真正感到自己是企业的主人》的典型经验文章在全省“非公企业工会民主管理经验交流会”上介绍后，引起强烈反响，不仅被编入省《厂务公开》指导书，还被省人大常委会副主任、总工会主席张艳誉为“燎原模式”在全省推广。

*三是围绕工会财务和经审工作运行情况组织视察。*为提高工会独立建账率和规范经审工作。他们采取了视察与宣传《工会法》相结合、与帮助企业独立建账相结合、与企业老总谈心相结合的方法，取得了显著效果。如东县人大代表南通东太器皿制造有限公司总经理曾敬东从自身做起全力支持工会独立建账、支持工会经审委开展经审工作的事例，起到了潜移默化的效果，感化和教育了周边企业；从而使全镇企业工会的建账率得到大幅度提高，同时还带动了工会财务经审理论研讨工作的有秩开展。近4年间，全镇有20多篇研讨文章在省、市工会论文评选中获奖和国家级工会刊物上发表。

（三）坚持活动联手制度，做到了“三个扎实”

10多年来，该镇工会与人大心心相印、事事相通，扎扎实实地联手开展了一些让职工群众看得见、摸得着的活动，用实际行动体现了权为民所用、情为民所系、利为民所谋。

*一是扎实开展“两争一树”活动。*他们把开展“两争一树”活动作为提高职工素质、创建和谐企业劳动关系的重要抓手，不断创造新形式、赋予新内容，使“提升职工素质工程、经济技术创新工程、创建劳动关系和谐企业工程”结出了丰硕成果。从近5年的统计数据显示：开展职工职业教育、紧密结合劳动力市场和用工单位需求，举办“订单式”培训班11期，为企业输送技能型职工1500多人；在岗位培训、岗位练兵、技术比武中锻炼成才的500

名青年职工成为企业中的技术骨干。以开展“工人先锋号”为载体，组织职工投身技术革新、技术协作、发明创造、合理化建议活动，5年累计提合理化建议500多条，有许多含金量高、有创意的建议被企业采用后，为企业创造了巨大的经济和社会效益。例如，2006年江苏顺通建设工程有限公司的曹成、钱锋撰写的“关于江苏广电城升降舞台高支模排架的建议”参加了2006年度江苏省建筑施工学术论文交流，得到专家们的一致好评。该公司承建的工程，多次荣获国家鲁班奖。2009年南通万豪建材科技有限公司水泥生产二班、江苏世燎原针织有限公司织造车间被命名为如东县“工人先锋号”；2010年江苏盾王劳保用品有限公司制帮车间被评为如东县“五一标兵岗”。在深入开展劳动关系和谐企业创建活动中，坚持和谐发展、互利共赢的理念，大力推动《劳动法》《劳动合同法》和江苏省“一办法六条例”等劳动法律法规的贯彻实施，形成了企业与职工“共谋发展、共创效益、共享成果”的利益共同体。全镇共有4家企业分别被评为县级和市级劳动关系和谐企业。

二是扎实开展企业文化建设活动。企业文化是企业灵魂，是引导企业前进的方向。近几年，他们把推动企业文化建设列入工会与人大联系工作的重点工作之一，采用典型引路，拨亮一盏灯、照亮一大片的办法，重点培植推介了江苏世纪燎原针织有限公司企业文化建设的经验和做法，2009年《南通宣传》第八期刊登了该公司“加强企业文化建设，促进企业和谐发展”的经验文章，镇工会撰写的论文《浅谈工会在企业文化建设中的作用》被《新世纪思想政治工作大典》录用。为使企业文化建设墙内开花、墙外香，在面上得到普及，该镇工会与人大反复研讨、制定详细的活动方案，并征得了镇党委同意，于2009年9月下旬，召开了大豫镇非公企业“强文化、提素质、构和谐、促发展”推进会，这次会议开得非常成功，可谓是大豫镇工会史上规格最高、影响最大的一次盛会。如东县委宣传部、县总工会的领导及全县各镇(系统)的工会主席出席了会议，南通市总工会副主席钱祥圣等领导同志也亲临会议，并做了重要讲话。在这次会议的推动下，企业文化建设在企业发展中的地位和作用越加凸显，85%以上的企业都建有了“职工之家”。

三是扎实开展“扶贫帮困”活动。为了把帮扶工作做深做细做实，他们摸索出一套行之有效的新机制，采取了不同的帮扶措施和方法，将“扶贫帮困”列入了人大“双五”工程，并对企业人大代表提出“一帮一或一帮多”的要求，镇人大代表江苏盾王劳保用品有限公司工会主席陆渭淙自筹资金，帮助公司困难职工汤文义整修倒塌房屋，让该户有了一个幸福温馨的新家，在公司内外传为佳话。镇工会在建立帮扶中心的同时，借助“双五”工程这一平台，加大了对困难职工的帮扶力度，实现了对困难职工节日慰问与日常帮扶相结合，资金帮扶与政策帮扶相结合，走访慰问与自愿帮扶相结合。深入开展了“春送阳光、夏送清凉、秋送爱心、冬送温暖”活动，使扶贫帮困工作做到了经常化、制度化、规范化。近3年全镇累计帮扶困难(不包括县批困难职工)职工61户、227人，帮扶资金达34万元。

原载2012年《工会信息》第8期

四、文学作品辑录

一、散文

蛤蜊舍的灯火

姚　橹

翁三荡，翁三大，家住海中蛤蜊舍……

蛤蜊舍本是海滩上的一块沙脊，何时有了人家，得追溯到七八十年前，也许是翁三荡的爷爷那个时代，当时，这里有许多没有田地产业，靠拾海为生的人。

这是个月黑天，天昏得像口锅。有个没出夜海的，提着灯笼来接同伙，为了高灯照远，他选中了鲨鱼丫子梢头南侧的一块沙脊。

鲨鱼丫子东西走向，丫梢到丫口20余里，出夜海的人怕迷海，常常沿着这条丫子归来。

当时这丫子时有鲨鱼出没，因此称为鲨鱼丫子。一盏小小的灯笼，把赶夜海的一串人接回来了。后来，凡有出夜海的，便有人在这块高沙脊上挑灯引路。

一年初春的一天，东北风裹着毛毛雨，灯笼的光亮被雾状的细雨缠住了，数丈之外，犹如“鬼火”。这样的灯光，难以引导赶夜的汉子，不知谁急忙中爆出个点子，抱来了一抱柴草点着。为了这堆火烧的耐久，几个人分头从沙滩上拔来了已经干枯又被毛毛雨打湿的蒿草，投入火堆。火堆因湿草一时受到抑制，不一会儿，火头猛然窜起。人们继续捡拾蒿草添加，直至远处传来熟悉而又粗野的呼叫声。

此后，逢上月黑夜，便有人在这儿燃草引路。也不知过了多久，鲨鱼丫子的梢头，小潮时没了潮水，有个姓翁的赶海人，在这块多年不到潮水的沙脊上，用芦柴、茅草等圈了个圆洞式的柴草棚儿，用一部木轮手推车，将一家老小及家当，从老圩的车棚里搬来了。

翁三荡的舍棚边，有蛤蜊挖，赶海人给他的舍棚取名为蛤蜊舍。蛤蜊舍地势高，除开特大高潮，漫不进潮水。翁三荡夸蛤蜊舍是螃蟹地，意即“活地”。

这里有了人家，点野火不太方便。翁三荡是赶海人，深知迷海的滋味，便花大钱托人做了盏玻璃风灯，风灯里灌的是“洋油”。屋东侧还专门竖了根挂灯用的竹竿。临着出晚潮，他便吩咐家人把这盏灯挂出去。

穷奔沙滩富奔城。继翁三荡之后，蛤蜊舍又添了不少居民。这些人都是翁三荡的伙伴，舍墩也由此拓大。人多了，大家互帮着盖起了较为宽敞的舍棚，在家人居住之余，也留宿赶海人。大伙儿学着翁三荡立起挂风灯的竹竿。不知是人多了，还是想造点儿气氛，风灯已不再是赶夜海时才挂，而是每晚都挂。赶夜海时，将风灯升至竹竿顶端。众多的风灯挂出之后，若一簇星星，消去了蛤蜊舍远离内地的荒凉和寂寞，数十里杳无人迹的海滩上，有了这多闪烁的灯火，给船家和赶海人是多大的寄托和宽慰。

张謇筹建大豫公司，给蛤蜊舍带来了小小的震荡，部分居民搬到新围的匡田里种棉花去了，翁三荡的几个铁哥们儿，尚在蛤蜊舍上，照夜海的灯光依旧。

花有谢草有枯，蛤蜊舍上的风灯，也有暗淡的时候。那是逢上土改，舍上的人全回老家分田去了。拾海的人少了，风灯也熄灭了一阵子。不久，这些过惯了海滩散漫生活的人，不习惯田里的单调，又回到舍上。舍上的风灯又风光起来。

50年代末，鲨鱼丫子上梢开河造闸，蛤蜊舍边机声隆隆，施工夜以继日，灿如白昼的灯火，使舍主们的风灯黯然失色。舍主们纷纷把风灯落下，擦净藏起。但大闸竣工后，那宛若灯城的景观，随着闸水悄然流去。蛤蜊舍的舍主们暗中张罗开了。谁曾料到，在一片鞭炮声中，渔业合作社成立了。鲨鱼丫子里的渔船上升起了一盏盏桅灯，其光亮虽逊于往日的电灯，但亮于舍主们的风灯。

70年代初，应渔业部门的要求，有关部门在蛤蜊舍边的一座水塔顶端，安装了一盏2000瓦的导航灯。这灯的高度亮度与辐射度，把曾在蛤蜊舍风流过的灯火，比了个灰头土脸。

晚间，数十里外的海上，便能望见这只小月亮。月亮有满有缺，有藏有露，但导航灯却像个忠诚的战士，始终在自己的岗位上放射着炽烈的光亮。

近年来，蛤蜊舍边崛起了一幢幢高层建筑。其间最领风骚的建筑群落超出了以往一切建筑的高度。入夜，建筑群落里华灯齐放，飘飘洒洒的灯火，有的柔和，有的淡雅，有的浓艳，有的含蓄……纵横交错，相映生辉，书写出一个立体的五光十色的渔镇，千姿百态的渔港，雕塑出一个时代的繁华，一个洁净的纯情的花花世界。

蛤蜊舍的老辈们曾说过，蛤蜊舍是块活地。是啊，蛤蜊舍是块活地，是块宝地，这灯火阑珊的新兴的渔镇，不正似一艘扬帆竞发的航船，那向四周喷放的光波，是航船掀起的波涛和浪花。

蛤蜊舍昨天的荒凉和今天的挂团锦簇，又说明了一个被许许多多事实反复印证了的深刻而又浅显的道理……

原载《新华日报》新华画刊·新潮版

腊八粥

管宏图

腊八，是我国民间的传统节日。这一天，各家各户都要做上一顿香甜可口的腊八粥，据说这是用来庆祝丰收和预祝来年五谷丰登的。

每年腊八节，父亲总会用他那双结满老茧的双手捧着一碗腊八粥，先是仔细端详片刻，然后便津津有味地吃起来，吃完后再用舌头从碗口到碗底舔一遍。

父亲时常跟我讲起他的童年。那时家境贫困，加上天灾人祸，全家6口人，全靠祖父一个人在外拉人力车挣点钱养家糊口。可是每逢腊八节，祖母总会从柜子的最底层拿出一小袋米，挖上两瓢放在锅里，然后再抓上一两把花生、红枣，放上一把甜菜，煮成一小锅香喷喷的腊八粥。守在一旁的父亲早已垂涎三尺，还没等粥凉透，就迫不及待地先盛一碗吃了起来。那时在他的眼里，这碗腊八粥可算是上等佳肴了。

与父亲比起来，我的童年是幸福的。在我的印象中，那些用米、豆、糖做成的甜中带涩的"大杂烩"，远不及"八宝粥""康师傅"那样美味可口。每次吃腊八粥也根本没有父亲童年的垂涎三尺的感觉，难以理解父亲为何如此钟情于腊八粥。党的十一届三中全会后，改革的春风吹遍了神州大地，家里的日子也一天天红火起来。每逢腊八那天，母亲总会做上一顿美味的腊八粥，然而我却难以吃得像父亲那样香甜。有时勉强凑合着吃两口，有时干脆"原封不动"。父亲并没有发火，而是端起腊八粥语重心长地对我说："孩子，你真是身在福中不知福，我在你这个年纪的时候，连饭都吃不上啊。现在虽然日子好过了，可也不能太娇贵了，要记住，不管条件多好都不能忘了本……"父亲有些哽咽了，饱经风霜的脸上盈满了泪水。

两年之后，我参军走进了军营，在那里我懂得了很多，也懂得了父亲为何如此钟情于腊八粥的原因。现在每到腊八节，我都会想起父亲那次流泪的情景。

原载《如东报》1996年2月7日第三版

故乡行

管宏图

在一些人的记忆中，苏北地区几乎就是贫穷和落后的代名词。可是，从去年夏天以来，父亲在每封来信上都说："这几年故乡变化很大，有机会早点回来看看。"

今年春节，我获得一次探家机会，匆匆踏上了回乡的班车。汽车在县城掘港停住了，脚刚跨出车门，一股清风扑面而来，旅途的疲惫顿时消失得一干二净。展现在我眼前的是一座造型别致的客运汽车站，候车大厅里人群熙熙攘攘，一位候车的老伯见我这副好奇地样子，又看看我的军装，笑着对我说："小同志，几年没回家了吧，如今，党的政策好了，我们庄稼人干完田里的活，都纷纷出来跑生意，今天坐车的人还不算多，等过了正月十五就多了。"这时，夜幕降临，我只好去县城的同学家借宿，同学告诉我说："不要为乘车犯愁了，现在乡乡都通车，除了公共汽车，还有个体户的'方便车'，想什么时候走都可以。"

汽车行驶在平坦的柏油马路上。嗬，变化可真大！过去坑坑洼洼尘土飞扬的砂石路不见了，马路上满载货物的汽车一辆辆擦肩而过，远处一幢幢楼房拔地而起。回到家已是晌午，知道我要回来，家里人早就在厨房忙开了，坐上饭桌，父亲就开始唠叨起来："孩子，你参军后，这几年家乡的变化三天三夜都说不完。自从实行家庭联产承包责任制后，家里庄稼年年丰收，仅去年棉花就卖了4000元，堂屋那两个大柜子里都装满了稻谷，吃个3年、5年的绝对没问题。如今家乡经济也搞活了，就说咱村吧，这几年发展了养殖业、渔业，乡亲们用勤劳的双手发家致富。你表叔就有一手木匠活，不仅盖起了楼房，家里还添置了组合家具、彩电、冰箱。你二哥买了辆大'解放'在外面跑运输，连年盈利。万元户在咱村早已不足为奇了。目前，村里还准备集资办自来水厂呢……"

"爸，让我跟哥说两句吧。"正在读高中的妹妹插上话来："哥，你走后没多久，县里就号召群众集资修建'黑色路面'，现在全县所有公路都是又平又宽的柏油路面。'汽车一响，黄金万两'，交通好了经济也就活了，连外国人都到我们县来办厂做生意呢……"

听着，听着，我的心里灌满了蜜汁。啊，家乡真变了，变得如此生机勃勃。如今的如东人也变了，变得更加勤劳勇敢。如东，成了南黄海之滨一颗璀璨的明珠。（作者系解放军某部战士）

原载《如东报》1995年3月15日第三版

启海方言

翁雪峰

启海人出现在兵房一带，的确造成了一种双方的语言尴尬。在本场人大汇聚的地方，冷不丁地出现几个不和谐的音符，心里总有一些疙瘩。对于启海人来说，面对一大群的本场人，看着自己孤零零的身影，手足是有些无措了。

启海人把"水"说成"屎"，把"玩"说成"白相"。

启海人说的话居然有历史渊源，把"锅子"说成"镬子"。魏晋时的《干将莫邪》中的"当以汤镬煮之"的"镬"不就是锅子吗？同音、同义、同字。

启海话语调高，速度快，没有翘舌音，说不定启海人是心直口快的直爽子人呢。

启海话抛出来硬邦邦的，似乎没有本场话来得柔和，那么它的思维方式是否偏重于理性呢？

为什么在如东这样小的地域出现截然不同的两种语言？启海话的风格为什么和上海话如此相似？是自我生成？不可能，兵房的历史太短，还来不及为它提供一个语言环境。是语言的交融？地域太小，不可能。那么，剩下的只是部族的迁徙了！时间一下子拉回到百十年前的过去。一群操着吴语方言的队伍浩浩荡荡地启程了，带着他们血脉中的固执和自信启程了！去哪儿？首领大手一挥，遥指渺远的江北。我实在想不到，那时的长江是否正在咆哮，有没有发生迁徙上的悲剧？我也想不出，他们面对江北这一大片的芦苇荡，这一大片的盐碱沙滩，心里想了些什么？不管怎样，他们住下来了，这就带来了今天的启海方言！启海方言正是在迁徙中，升腾了意义、厚重了历史、深远了境界。

时间相去了百十年，于历史长河来说实在不值一提，而于他们的心路历程来讲，又实在太长了，就在这艰难的心路历程中，他后创造了辉煌与伟大！从兵房开始，一路走过去，有恒兴、三余、海门、启东……

或许这一切都要归功于他们那特殊的语言方式和思维方式吧！启海方言是他们的，他们拥有了语言便拥有了自己，大手笔的启海风格、斑驳的启海文明。

原载《如东报》1997年3月12日第三版

小镇所长

葛重兵

小镇那时还很小，一条不长的砂石街，坑坑洼洼的街两旁，是一排排高矮不齐的杂货店。每天，晾满了花花绿绿老印花布的染布坊、叮叮当当敲个不停地铁匠铺，使小镇显得既热闹又安宁。因为是区委驻地，小镇那时就有了派出所。

派出所就在区委大门口。所长只有四十开外，每天都是一身上白下蓝的警服，戴着警帽，迈着大步，目光里透着一股逼人的威严。

大院里的十几个小孩，虽然都管所长叫“伯伯”，但十分怕他。每天放学经过大门口，都要在墙角处伸长脖子看看所长在不在，然后才敢“哧溜”一下窜过去。记得每次在大院里掏鸟窝、玩打仗正到紧要关头，小伙伴中定会有人搞恶作剧，压低嗓子喊一声“所长来了”，顷刻间，大家慌作一团作鸟兽散。

那时，所长在男孩子的心目中，无疑就是英雄的化身，令我们一直争论不已。有的说所长身上有匣子枪，有的说还会武功，虽然我一次也没有见过，但我深信不疑。

小镇上的人也都很敬畏所长，我不止一次地从大人口中听说过他的故事。有一次，有兄弟俩为赡养老母打了起来，屋内里三层外三层围满了瞧热闹的人。见所长来了，大家慌忙让出一条道，所长既不发话也不看众人，不紧不慢踱到屋中央，只见他喉咙间只微微轻咳了两声，一屋子人立马就静了下来，所长仍一话不发，招招手把兄弟俩叫到里屋，约莫只有半支烟功夫吧，兄弟两个便满脸羞愧地出来了。

所长每天为了小镇忙碌着，小镇也因为所长的忙碌而一直宁静……

宁静终于有一天被打破了。八十年代中期，街上开始出现了一帮三五成群、呼啸而过的少年，为首的叫“油葫芦”，20多岁，剃着光头，脸孔白净但生性凶狠，据说刚从“里面出来”。有一次，“油葫芦”在街上斗殴，后来红了眼，就拔出尖刀，闻讯赶去的所长当然就扑了上去。

完全在我们预想之中。一番搏斗后，“油葫芦”最终被所长生擒，不过，所长的胳膊被刺了一刀，而且被活生生的咬掉了一节小指。让我们微微感到失望的是，所长到最紧要的关头，也没有掏得出传说中令我们神往的匣子枪，而且也似乎没有令男孩子们争论不休的武功。不过这已丝毫不能动摇所长在我心中的地位了，反而更加深了对他的崇拜。

时隔多年的今天，我仍能清晰地记得那个初秋的傍晚，天色已暗，还下着雨，县城里开来了一辆警车，一闪一闪的警灯把地上一汪汪积水映得一片彤红。所长吊着绷带把“油葫芦”押上了警车。刚放晚学的我和一群男孩子奔跑着，跟着警车追出去很远很远，肥大的书包在我的屁股上一颠一颠，铅笔盒子在里面哐哐作响。望着远去的警车，十三岁的我心中涌动着一股难以言说的激动和兴奋。

一晃十多年过去了，当我再次见到老所长时，我也如愿成为一名人民警察。面对一身便服、满面慈祥，已经退了休的老所长，我依然充满了少年时的敬畏。老所长用他缺了一节手指的手掌重重地拍了拍我的肩膀：“小伙子，当警察了，好好干！”那一刻，我真想说，老所长，您一定不知道，是您让我执着地选择了这一条人生之路啊！

原载《如东日报》2001年12月4日第二版

过 节

高保国

今天是中秋佳节，看看城里乡下商铺，中秋节日促销的热闹场面，和菜市场顾客争先恐后购买食品的人流，我不由想起了童年在老家过中秋节的情景。

小时候家里特别穷，除了过年过节之外，是极少有吃肉的口服，虽然习惯了一日三餐的粗茶淡饭，但很想吃上一顿肉。因此，我就急切地盼望过年过节。

记得我开始懂得了“过节”，那年的中秋节，母亲在雄鸡第一次啼叫，就起了床，煮好早饭，提了一篮子鸡蛋，步行离家十几里的镇上，卖掉了鸡蛋，好不容易到肉铺排上队，割了2斤肋条肉，准备晚上红烧，让孩子们解解馋，吃上一顿丰盛的中秋晚餐。母亲从自留地，挖了几棵嫩芋头，洗净后和肉放在一起，用刀切成一小块小块的……

晚上，我从学校回来，连忙跑到厨房东张西望，一股红烧肉的香味扑面而来，刚好母亲站在灶旁“掌勺”，我急忙放下书包，平时不大愿意烧火的我，抢着帮助母亲烧锅，我看见锅底烧得冒油的五花肉，一边烧火，一边弓着腰伸着头，凑近锅边，舌头舔了舔嘴唇上面的口水，提醒母亲：“妈呀，肉烂了，好香呀，能吃了！”母亲用铲刀揉了揉锅里的肉和芋头，用一只筷子扦着肉：“娃儿，肉没有烂透，你真馋，来不及了……”我望着锅里丝丝着响香气四溢的红烧肉，我不时地从锅膛前站了起来，看看锅里热气腾腾的红烧肉，不是帮母亲用铲刀在锅炉里翻上翻下，真想立即把锅里的肉吃到嘴里，一不注意，锅膛门前柴火掉下来，烫得我“哎哟，哎哟！”直跺脚。

红烧肉出锅后，母亲给我们姊妹七个，每人用一只小汤碗分好说：“每人一份，不许多吃多占。”我趁母亲侧身分肉的时候，偷偷从盆里用自己的“两双半”捏出一块肥瘦均匀的肉，放在嘴里，狼吞虎咽。那种“偷吃肉”喜悦满足的感觉，现在想起来还是那样的爽呀。

等到母亲注意我时，我装作若无其事的样子，听从母亲前后的忙乎，我为了掩盖嘴上的油，用袖口往嘴上一抹，母亲瞅着我这种“丑态”，心中有了数：“你呀，嘴真馋……”，母亲为了“防范”我，她把分好的肉碗端进了碗橱，另外还加了把锁。

红烧肉的这道菜是过节最好大菜，完成后，母亲开始做中秋节的第二道菜，第三菜……无非是烧茄子、煮黄豆子儿、扁豆、冬瓜的那些田园蔬菜呀！

虽然说中秋节，也是一年的大节气。在晚上，那时候晚饭非常简单，晚饭后，为了供月，母亲会很认真地从客堂柜里，拿上在县里做干部的舅舅捎上来的高级奢侈品——几只月饼，然后拿出从镇上买回来的几只青橘子，供在柜上面瓷质观音菩萨像前面。母亲用香皂洗好脸，用抹布擦了柜子上的灰尘，解下上锅的围裙，很虔诚地拿出三支白猫卫生香，点着卫生香，插在铜香炉里，恭恭敬敬地拜上几拜，嘴里还念念有词，似乎祈求我们全家健康团圆之类的保佑话。

我们这些孩子们，端端正正地站在母亲的两边，眼睛直盯着母亲的一举一动供佛敬神的庄重表情。多少年来，母亲烧香敬佛的神圣形象，仍然保留在我的心里，永远是那样的神秘。

现在，随着人们生活水平的提高，肉食已成为大众餐桌的家常菜，我们早已不稀罕用肉来解馋了。但是，童年过中秋节的情景，依然历历在目。它作为一种岁月，已深深植根在从那个时代走过来的人心中，让我们久久难忘。

选自2007年7月《当代作家》杂志

托起太阳的人

——兵房小学教师素描

黄远平

沉甸甸的考分　小学高级教师陆亚新，年近50，上学期教两个班的数学。或许积劳成疾，一年前，她患上了腰椎增生病，剧烈疼痛常使她直不起腰，抬不起腿。然而，她怎么也丢不下班上一百多双充满渴求欲望的小眼睛。硬撑着瘦弱的身子，天天上班。她一手支着腰，一手拿着备课本，斜着身体，慢慢地挪动着脚步。从办公室到教室30多米的距离，常常要走七八分钟。上课时，有时腰腿疼得厉害，就悄悄转过头，吞下几粒药丸，喘几口气，再接着讲课。疼得汗水常常浸湿了单衣。大考时，两个班的学生都获得了好成绩。这其中包含多少酸痛、多少师爱啊！

“您为我受苦了”　1994年4月，樊克成老师的妻子患了阑尾炎。医生说，必须立即动手术治疗。当时，正在教毕业班数学的樊老师想：妻子一开刀，我得请假服侍她。眼下，复习这么紧张，怎么能离开呢？他建议医生想想办法，进行保守治疗。就这样，一推再推。直到学生考完试，他才领着妻子到医院动手术。手术台上，主刀医生非常吃惊：阑尾已经开始化脓。并连连责备："怎么这么迟才来！"樊老师拉着手术台上妻子的手，哽咽无语：为了我的学生，您受苦了！……

新婚的献礼　在兵小校园里，有一对青年夫妇：黄勇和曹周娟。婚前，他们相约：一定要在教学上干出一点成绩，他们互勉互励，安贫乐教。在教海征途上，风雨同舟，共创成就。下班了，还见他俩切磋教案，进行试教。灯光下，他们共读大专自学考试课本，进行文化上的充电。这一年，黄勇在本校率先通过自学考试，获得大专文凭。曹周娟老师所教毕业班的数学，均分、及格率、优秀率3项指标全片第一。在片和学校联合举办的"清泉杯"青年老师优课大赛中，他俩双双获优课大赛奖。他们满载着教学的丰硕成果，满载着胜利的喜悦，迎来了人生不同凡响的婚礼。

原载1999年11月2日《如东日报》第三版

大河今昔

施泽霖

出于对家乡的特殊感情，我一有机会便去十贯漫游。如泰运河横贯如东县全境，源源流入黄海。东安闸屹立海堤，闸外，是波涛浩瀚的大海，闸内，河面宽阔，碧波荡漾。一闸之隔内外分明。凭栏远眺，浮想联翩，童年的旧梦，难忘的往事，历历如昨。

从一门闸至十贯22.40华里，这段河人们惯叫它兵房大河。河身不大，叫它大河，自是对匡河而言的。每2里（华里）半一�，南北各设有排水涵洞一孔，这就是"贯"的由来。涵洞的作用是排水，虽有闸门可以启闭，但潮涨潮落，还是直通内河。海水苦涩浑浊，不能浇地，不能饮用；唯一的好处是随波逐流的鱼虾，浮游进来，可以改善人们的生活，孩子们更是乐于去捕鱼捞虾。涌动的河水更是游泳嬉耍的场所；平滑的河坡，是天然滑梯，我的童年就是伴随着大河度过的啊！几十年过去了，大河变得年轻壮丽了，可是当年的小伙伴们，而今已是白发老人了。

大河和我们的命运是休戚相关，荣辱与共的。1943年，日伪在兵房筑了据点，进行高度"清乡"，强行编制保甲，企图全面推行伪化控制。我全体军民英雄顽强，不屈不挠，进行反伪化斗争，用多种战法，不断打击敌人，写下了可歌可泣的光辉史迹。1944年6月下旬，敌人在南坎的据点终于被拔除了。兵房据点的日伪军，岌岌可危，便撤逃到掘港去了。

解放战争初期，国民党军队和"还乡团"从掘港据点出发，不断进行"清剿"，国民党扫荡的军队也多次"光临"。两岸民兵、群众密切配合地方武装进行破击战，使敌人在行进中到处碰壁，处处挨打，寸步难行。一次，敌人进行大"扫荡"，我们坚壁清野，下海打埋伏，敌机低空盲目扫射，在沙滩上洒落下一串串空弹壳。敌人一无所获，不得不灰溜溜地返回据点。

大河和兵房镇的再度兴建，记录着艰苦的光荣历程。

1958年秋季，兵房大河疏浚刚刚竣工，东安闸还没有建造起来，十贯为大坝堵封，沿线涵洞也被阻塞。两岸棉田，长势旺盛，棉桃累累，有的开始吐絮，正丰收在望了。"八月初三，潮没海坍"，这是海边人们熟知的一句谚语。就在这一年特大秋汛的前3天，一场大暴雨，使几万亩棉田，大部被淹，水深过膝。"救灾如救火"，面对这一严重的灾情，县委决定开坝放水，力争在大汛到前尽可能将积水排放出去。一场与大自然激烈的搏斗开始了。我随陈彦良同志去执行任务。我们都是兵房人。老陈是土工程师，又长期在本地做群众工作，对修堤筑岸，防汛抗灾，轻车熟路，成竹在胸。雨停了，暮色苍茫，我们的自行车在雨后的沙路上，奋力前进。淹没的农田，像平静的湖面，星光下荧然如镜。时间这样紧迫，任务这样艰巨，我们的心弦也拉得更紧了。思想上只有一个念头——坚决完成任务。防汛民工已经集中了，任务是开通大坝，担任警戒，准备好各种器材，一俟海潮倒灌，立即突击筑坝截流；沿线各涵洞，同时疏通排涝，并组织专人防守。晚上各要口灯火通明，远远望去，好像一条火龙，场面十分壮观。开坝比较容易，只要凿通一线，河水即溃决土坝，奔腾入海，霎时成了一个大天缺。两天时间，被淹农田，相继离水，水涝损失，大为减轻，夺取了秋熟作物的丰收。

如泰运河全线疏浚竣工，1960年东安闸也建成，水利设施得到了根本改善，兵房大河才名副其实地成为大河。远引江水，近汇百川，灌溉养殖，抗旱排涝，多方受益；大河上下，机轮帆影，往来繁忙。近海滩涂正在开发，渔盐各业，兴旺发达。大河以其崭新的丰姿，为人民造福，它的贡献是无私的，也是难以估量的。它的往日的苦难和创伤，已不留痕迹，但人民是不会忘记过去的，将永远把它作为前进的动力。

原载2012年12月《枫林文集》

二、曲艺、小品

劝君莫赌博（方言说唱）

沈嘉章唱　张圣明整理

钹子一敲听我话，
不说水浒和三国，
也不说红楼女裙衩，
真人真事唱一段。
说的是丁家店，店东北，
穿过弄堂来到转弯角，再跑两里路，
就在明沟东，横路北，
有户人家新砌三间大瓦屋，
这户人家本姓陆，
名字就叫陆大育，

今年年纪四十六，
寻个娘子叫邱美玉，
在妇产科里做工作，
生个儿子叫陆小育，
在马路边上修修摩托车，
去年承包土地五亩六。
一亩种西瓜，
剩下来通通种棉花。
老陆他跟党走来听党话，
科学种田关键抓得紧，
措施跟上肥料垩得足，
等到年终一核算，
钞票进着五千六。
陆大育，
屋里电器设备全买足，
拿了钞票到银行去储蓄，
对面碰着阿舅邱小六，
一看小六身上穿得滑笃笃，
到底是建筑站上做工作，
钞票进账实在足。
叫声姐夫不瞒你话，
我小泥刀一拿哪有你种田活络，
先到馆子店里去坐一坐。
老酒打了大半锅，
端了二碗红烧肉，
大姐夫啊，
我和你一边吃来一边话，
我问你，大姐夫，
人活着啥么最幸福又啥么最快乐？
(白)哦！我晓得哉，
最幸福最快乐，
要算六月里吃西瓜，
吃到心里凉笃笃。
(白)勿对。哦！

要么是新结婚被窝里软笃笃。
大姐夫呀，我来话，
社会上最幸福最快乐，
只有亲眷一到，
娱乐牌朝台上笃。
昨晚我笃子胡摸一摸，
来的是块头二、四、六，
哪晓得，
扳着一个双龙会，勿是半枝花，
我摸着二个一百二十八，
外加一个九十六，
双文钱嵌二丙叉，
一副牌成着八百八十六，
(白)大姐夫，我们是三家庄，
这副牌我进到一万零六百三十六，
今朝老酒铜钿
就像老牛身上拔脱毛一撮，
陆大育一听心里热络络，
就此出门也赌博，
头一夜钞票带着一千六，
哪晓得霉头真触足，
一夜功夫全输脱，
陆大育心里好像尖刀刺来刺刀戳，
赌博好像东海里潮涨又潮落，
第二夜再带钞票二千六，
那晓得霉头又触足，
一息息晨光全输脱。
陆大育想卖脱猪猡再赌博，
东场上借了一部大拖车，
担绳一拿到圈里把猪猡捉，
娘子拖住猪尾巴，
老陆抓住猪耳朵，
夫妻两人吵相骂，
(白)放哦!勿放!

老陆在拖车旁边拾起一根坏毛竹，
一记打坏娘子后脑壳，
把娘子送到医院里，
医药费用去两百六。
到后来夫妻之间不和睦，
生活反而宕脱两个月，
陆大育输来实在勿甘心，
南埭上羊棚里去摸一摸，
北埭上鸡棚里去捉一捉，
谁知惊动了派出所公安局，
刑事拘留六个月，
回家来看见小倌娘子对直哭，
双膝一跪扑跌笃，
娘子呀，我简直就像下地狱，
往后坚决不再搞赌博。

原载《如东报》1997年2月5日第二版

千斤不卖（戏剧小品）

莫 亚

时间：当代
地点：社区两户庭内
人物：季华 女，居委会干部
　　　望男 男，某社区居民
　　　传香 女，某社区居民

〔幕启：远景，一幢幢高楼鳞次栉比，社区水泥路旁树木苍翠，显太平盛世景象……
〔近台，左右两侧现两户居家一角。

季华：官儿不大，多寻烦恼，拿钱不多，管事不少，有人称我“四脚白”，也有人叫我“大媒婆”，更有人称“小巷总理”，要问我是什么人，办什么事，暂不告诉你。（喊）望男——

望男：（从台一侧上）唷，季大姐。

季华：望男先生，最近肯定是财源茂盛、生意兴隆。

望男：托大姐的福，马马虎虎，不过国际金融大危机，我小本生意也有小危机。

季华：为了减轻你的危机，我给你女儿找了一个最好的婆家。

望男:谢谢大姐的关心。说实话,两个孩子的开支一天比一天大,实在是吃不消。

季华:所以我四处打听,八面了解,为你女儿找到一个最好的婆家。

望男:是哪一个?住在什么地方?

季华:暂时保密。

望男:季大姐办事我放心,说实话,两个孩子——

季华:望男先生,你会算账的,培养一个孩子,从出生到上学、捧到饭碗、娶亲原配,需要多少开支?

望男:起码30万?

季华;30万? 最少50万,与时俱进,要使小家庭走过小康,到达现代化,得花80万、100万。

望男:我这个做小生意的,听了也害怕。

季华:和嫂夫人商议好了吗?

望男:商议好了,我把孩子抱给你(从后台抱出孩子),季大姐,我把孩子交给你一

季华:一百个放心,负责把她培养成人,减轻你负担50万!(接个包裹的小孩),说不定还有不小的补偿。

望男:拜托了,拜托了……。

季华:望男先生,我接过这孩子,就是接过责任,我一定让你喜笑颜开,一定让你心服又口服。(下)

望男:谢谢,谢谢!(依依不舍望着孩子离去)(下)

季华:(园场,敲门)传香老师,开门!

传香:季大姐——

季华:传香老师,我给你抱了一个"千斤"!

传香:千金?

季华:一个白白胖胖的小姑娘。

传香:(细看包着的孩子)白白胖胖,漂亮!

季华:咱明人不做暗事,我这个人的脾气就是一

传香:就是什么?

季华:快刀斩乱麻,干脆!一手交人,一手交钱。

传香:多少钱。

季华:你这位老师怎么婆婆妈妈的,不是说好了。

传香:两万

季华:对,两万。要是男孩,不要你钱。

传香:女孩这么贵?

季华:对!我问你传香老师,小时又温柔、又听话、又自觉的是男孩还是女孩?

传香:女孩。

季华:大孩中,用钱少,不容易出格的是男孩,还是女孩?

传香:女孩。

季华:成人孩子成双作对时,男孩用钱少,还是女孩用钱少?

传香:女孩。

季华:父母年岁大了,是男孩靠身,还是女孩靠身?

传香:踏板靠床,女儿靠娘,当然是女孩。

季华:去年全国人口普查,男女比例为118:100,就是118名男孩中,有18个要不到老婆,你说男孩好,还是女孩好。

传香:当然是女孩好!

季华:所以,在生育问题上,生男孩好还是生女孩好,我倾向生女孩,当然这是我个人的观点,传香老师,你认为呢?

传香:听你这么一说,我当然倾向你的观点。(张着嘴去惯小孩)千金小姐乖乖。

季华:你我都是过来人,也要尊重自然规律生男生女一个样,这孩子我给她取了个名字,叫胜男。

传香:好,胜男,把妈妈惯一下(动作). 季大姐. 我有个要求,我和老公商议好了,不和胜男的生父母来往。

季华:随便,我事多。

传香:钱早准备好了,两万(递钱)

季华:祝你们母子平安,再见!(下)

传香:(旁白)我和老公结婚八年,未有生育,季大姐为我和老公办了一件大恩大德的好事(大声地)季大姐,您走好——(下)

(一阵急促的手机铃声)

望男:(上,接手机)喂,我是望男,哦,是季华大姐。什么?我女儿养得又白又胖又漂亮。我想,我想,我怎么不想女儿,好,我女儿在女儿巷,88区,88号,8楼,好,我今天就去,谢谢,再见!

(旁白)我要去看我的女儿啦!

(高兴)

望男:(园场,敲门)家里有人吗?

传香:(抱着孩子上,又将孩子放在摇篮中)你是——

望男:我叫望男,特地来看你家抱的孩子,我想——

传香:你想抱孩子,好,你抱孩子一定要抱一个女孩!

望男:一定要抱一个女孩!

传香:对,我问你(季华口气)男孩好带,还是女孩好带?

望男:女孩

传香:最听话是男孩还是女孩?

望男:女孩

传香:孩子大了,不容易出格的是男孩还是女孩?

望男:女孩

传香:孩子成双捉对时,是男孩用钱少,还是女孩用钱少?

望男:女孩。

传香:父母年纪大了,是男孩靠身?还是女孩靠身?

望男:女孩。

传香:将来100个男孩中有18个要不到老婆。

望男:为什么?

传香:男孩多,女孩少,你说男孩好,还是女孩好?

望男:女孩好。

传香:你来看,我抱的女孩多漂亮!

望男:(伸着头看摇篮中的女孩,越看越高兴,得意忘形)大嫂,你来看看,这孩子像谁?

传香:(莫名其妙)像谁?

望男:仔细看看,像谁?

传香:不像谁。

望男:像不像我?

传香:(细看望男,顿生怀疑)

(旁白)像,像,像,真像!

望男:不瞒大姐说,这孩子是我生的。

传香:(警惕地,保护摇篮中的孩子)这孩子是我抱的!

望男:我说是我生的。

传香:是我用两万块钱抱回来的,你就把4万也抱不走!

望男:什么,两万块钱换回来的,不,买回来的!

传香:买回来的,!

望男:(恼火)不卖,我的千金不卖;

不卖千金(要抱摇篮中孩子)

传香:(捂住摇篮,传来孩子哭声、

(一个要抱小孩,一个拦住不让抱,成紧张形势)

望男:怎么回事(掏起手机按号)

喂,是季华大姐,来,快来一下!

传香:(按手机号)喂,季华大姐,我是传香,你快来我家,要出人命了!

季华:(急上)你们都住手!

望男:我不卖女儿,千金不卖!

传香:女儿是我买,季华大姐作证!

季华:(掏出存单给传香)

传香:(看存单,读)秦胜男,存2万元,5年期。

季华:物归原主。

传香:你怎么知道我女儿身份证号码。

季华:我这个居委会主任,心里装着400多号人家,别说你女儿的身份证,就是你全家的状况,我都懂,我这叫"小巷总理"那家生男;那家育女,我一清二楚,我这个"四脚白"掌控全社区的情报,那个男的脑中念什么?那个女的心中想什么,我也懂。

望男:季大姐,不,季总理,你猜我脑中念什么?

季华:你脑中在念:"让我的老婆生第三胎,生一个男孩,对不对?"

望男:(旁白)神,神,还真让她说着了。

季华:所以,我将计就计,让你的二胎女儿报给没有生育能力的传香老师,望男老弟,你听着,照顾你生二胎,是党的政策给了你大力,政策的肚皮要撑破了!下面我就不说了。

望男:(惭愧,摸自己的头)

季华:女孩好不好?老实说。

传香:好,女孩好。

季华:望男老弟你说呢?

望男:好。

季华:真的好?

望男:真的好。

季华:望男老弟,传香夫妇花50万元把你生育的女儿培养成人好不好?

望男:好。

季华:真的好?

望男:真的好!

传香:亲家公,你生了两个女儿,一个你养,一个我养,咱们两家看谁养的女儿成大人、成能人、成强人!

望男:亲家母,一言为定!

季华:驷马难追!

传香:今天,正好亲家公也来了,我让老公也回来

同陪。(掏手机)

望男:(拉季华到一旁)季主任,不,季总理,不瞒你说,我 老婆又怀孕了。

季华:(旁白)他不说,我也懂几分。望男老弟,你说怎么办?

望男：人流！

季华：好，到社区卫生院，人流，免费！

望男：说办就办，越快越好！

季华：（对传香）传香妹子，今天你别忙了，我约你们夫妇明天到你亲家公家喝酒。

望男：亲家母，你和亲家公一定要来！

季华：多带点礼！

传香：来，一定来！带礼，带大礼！

望男：快（拉季华下），拜拜！

原载《戏曲》

三、诗歌

世博百年吟咏

倪振华

金陵劝业浦江潮，盛世昌隆分外娇；
五星旗引全球目，四海浪飞友谊桥；
万国情牵橄榄舞，千年梦圆旌旗飘；
好客中华迎世博，相期有约莫误邀。

原载《倪振华书法集》

老年大学好

（古绝四首）

沈元成

（一）

老树逢春发新叶，鬓白老人进校园。
陶冶情操习书画，延年益寿又童年。

（二）

问余何事入校园，笑而不答自幽娴。
诗书画影孜孜学，老有所为乐晚年。

（三）

老年大学沐朝霞，书画催开心里花。
平仄对仗敲雅韵，夕阳多彩乐无涯。

（四）

老有所学沐春风，恰似晚年添彩虹。
诗书画影有所学，举杯同赞夕阳红。

原载《沈元成休闲打油诗选》

出海路

姚 橹

出海路——
似“羊肠”鸟途:
流沙“壑”,滑苔“谷”,
沙针刺,死贝戳! ……

出海路——
如幽径飘忽:
大浪朝朝改容颜,
泥沙夕夕接肌肤!

登临望海楼,
极目大沙涂,
沟汊纵横水流急,
出海路呵在何处?

出海路——
渔家铁脚将它铺!
斗海何畏海路险,
大干岂惧艰难堵!
顶着星光踏潮去,
双双大脚开新路,
披着彩霞担货归,
新路宽呵路面固。

渔家人人争出海,
潮潮走呵日日出,
人人心潮路上漫,
海滩处处有通途!

海滩处处有通途,
出海路呵出海路,
像条条金绳索,

飞向龙宫百宝库！

出海路——
又像根根拓海柱，
撑高了海拓宽了滩，
异珍奇宝添无数！

呵，出海路——
也像支支大檩木，
架起广厦千万间，
幸福永在渔家驻！

谁说出海路只通海，
分明步步向高处——
连“四化”，
登攀路！

原载《钟山文艺丛刊》

海草魂

高保国

我是海草
海涛塑造了我的性格
无论多么曲折或平坦
我都不会忘记海的教诲
春天　我赋予海岸如盖的绿荫
夏天　我赋予海涂一片的清凉
秋天　我赋予海湾丝丝的情怀
冬天　我连根腐烂在海的怀抱里
让海苔的绿色　铸就我的灵魂

我是海草　海潮泡大了我的形象
不管灵魂被扭曲我都不会低着头颅
枯了　我作燃烧的柴垛
翠了　我作衬托大海的花边区润圆潮汐

我是海草　海浪赋予我坚韧的信念
海风赋予我刚毅和不屈
无论前生　无论今世
我都会深情地 亲吻着
浸着海水的黄土地

原载《岁月》2009年11月号

我们一路走过

顾文俊

路有千万条，都是鞋底磨。人生的路，革命的路，悲壮又辉煌，可叹又可歌……

——题记

草　鞋

关于草鞋的那些传说
被写进了一本叫长征的史册
二万五千里风雨中
那些横空出世的雪山
和茫茫无边的沼泽
都无法阻挡草鞋的跋涉
有关草鞋的许多故事
在深秋的枫叶里
弥漫着硝烟
熔铸着鲜血

说起草鞋
我想起一位曾经穿草鞋的诗人
他用小米灿烂华夏的肤色
他用生命谱写壮丽的诗篇

如今在许多农舍
已经很难见到一双质朴的草鞋
怀念它们的时候
就让沁园春的雪把我席卷
浇灌我的灵魂我的血液

黑布鞋

黑的鞋面
白的鞋底
一针一线缝了一年又一年

黑黑的嫂子
把黑黑的布鞋
当作拥军的风筝用一线牵牢
那被罪恶的金属吞食的鸽子
每当读着它们的故事
我泪流满面　浮想联翩
如果分不清白天与黑夜
我掬一把黄土擦擦脸

大路朝天
在长城面前
一双黑布鞋是一块坚硬的砖
激励着无数先烈
通红的双眼
喷出猛烈的火焰
喷向日寇
喷向希特勒

旅游鞋

那是功不可没的鞋
摆放在我能俯身即拾得地方
它的温暖
它敞开博爱的窗
它汹涌长江的波浪
它踏遍神州的踪迹
记载艰辛　记载辉煌
我上学时父亲买来这双旅游鞋
用了一生的博爱和渴望
从此,我们锐不可当

迈着轻快自如的步伐
春天的故事一路走过
所有的日子荡气回肠

我穿旅游鞋长大
我思索红星也思索互联网
我向往雄鸡高歌
我热爱旗帜飘扬
我表达的爱情像火焰
团结在太阳的周围
我这样理解伟大的含义
统一、完整、富强

纪念中国人民抗日战争暨
世界反法西斯战争胜利60周年征文

原载2005年6月15日《江苏广播电视大学报》

抗震救灾五十韵(今)

施泽霖

汶川强地震 地裂山体崩
堰塞江河险 危堤灾难频
民居成瓦砾 大厦顿塌倾
公路泥石阻 攀登余震迎
抗救能取胜 首要颂核心
颁布动员令 中央指示明
指挥赴一线 决策事躬亲
组织自救力 声援求助殷
市县乡政府 支部党基层
惨痛遭摧损 余生劫后灯
无暇擦血泪 奋起抗灾情
竭尽全身力 抢救受难人
竟忘家内事 先顾众乡民
奉献无私愿 捐躯足表旌
携民离险境 是处暂安身

回看废墟处 含悲涕泪零
八方共相助 四处援手伸
屈指论功绩 当推解放军
三军齐上阵 抢险显才能
十万英雄汉 支撑各要津
消防民警勇 救助了无垠
深入乡村里 逐一细找寻
救灾首生命 生命最严尊
昼夜无休息 抢时分秒争
伤残须治疗 嗷嗷众乡邻
省市担任务 陆空直快乘
热忱又周到 手术更精心
康复喜出院 回乡重建新
师生情谊重 抗震见真诚
面对死亡线 英雄快长成
救灾多志愿 远道一线奔
矢志坚行善 甘当义务兵
相关科技者 合力保安平
验证须实验 施行更聚精
救灾物资广 远道运灾村
得饮清洁水 遮风板帐篷
台湾始登陆 港澳已先行
海外侨居者 炎黄好子孙
同居一宇下 抗震感温馨
后续征程远 齐心毋转筋
灾情惊世界 救灾情意真
飞行逢险境 稳健建殊勋
国际多情谊 衷心致谢忱
抗救诚旷世 济赈多逸文
好事千千万 奇迹数不清
兴邦缘大难 展示民族魂
众志成城日 荒山万木春
全民凝伟力 抗震见精神

循此向前进 中华定复兴

原载《枫林诗词选》

摘棉歌

金向东

万里蓝天白云飘,千顷棉海银花笑。
公社社员巧手艺,半天摘满一大挑。

原载1965年《江苏文艺》

大海边的少女

高 雨

桃花开的时候
你踏着海花
走进春天的歌唱
望着大海的无垠
沉默的海草
长出快乐的彩虹
套在我的脖子上
握住我追求的梦想
写下一帆的诗篇
载着我走向大海
走向青春

原载江海文丛第2辑《陈奋勇 高雨》诗文集

掘东盐场投产奉呈各界领导

马锡恺

盐场亘古海黄滩,曾记几时改旧颜。
毕竟东方红旗壮,朝霞初透不平凡。

原载《南通盐业志》

献给南通市盐场三十年

季 浩

1958,火热的时光,南通地区诞生了4个盐场。从此,祖国的南黄海之滨,翻开了新的篇章;古老的南通盐业,插上了腾飞的翅膀。江海平原的几十万英雄儿女,用双手筑起了坚固的屏障;黄海之滨的数千名炎黄子孙,用汗水写了炙热的诗行。从老东安闸到长江口,海疆绵延百里,一派迷人风光。昔日的荒滩草荡,盐田方方,卤水欢唱;当年的沟汊土丘,电线高架,机器轰响……。啊,心血和汗水,换来了盐田里碧波荡漾;艰辛和奋斗,迎来了卤池上银花芬芳。

啊,南通市盐场!三十年春风秋雨,三十载星辰朝阳。你历经过几度起落分合,你阅看了多少人间沧桑?创业的艰难,开拓的胆量,失败的痛苦,成功的希望。你的胸膛,既顶得住雨暴,也抗得起风狂;你的肩上,既扛过月亮,也担过太阳;你的脚下,走过的道路既曲折,又宽畅;你的形象,在盐工的眼里既刚强,又漂亮;你是大地的骄子,沧海的令郎,南通的骄傲,盐工的希望。

原载《南通盐业志》

龚伯子营堤北培原区筑璧亭因事莅游

张　謇

(民国12年4月)

破荒辟地三千亩,烟水占之十二强。
欲将游衍敌辛苦,未嫌亭舍因池塘。
种桃种柳尚待计,客咏宾留今已忙。
宁容蛙龟身狼藉,正要鱼鸟偕徜徉。
临深为高三面堤,因下益上禾藕畦。
间以蔬果助行列,璧亭中央殊一蹊。
杉石赏妍惬子美,池台趣远夸昌黎。
南冈窅霭寺钟磬,北垅遮隔邻犬鸡。
已得众流成漾漾,回思万冢铺丛丛。
智愚姓名俱尽尽,人鬼日月毋同同。
葬钱入市土斑碧,野花摇林波縠红。
海鸥飞来没残照,燕麦无赖熙春风。
龚生投戈把犁锄,廿余年来胸有町。
兹地习其少述游,有责都未苟以幸。
督功驱策水陆兼,守隘从容盗窃屏。
桃源隐奥那得此,防有避秦人造请。

《张謇全集》第七卷301页

垦牧乡高等小学校歌

张　謇

(民国10年3月20日)

噫艰哉,垦牧乡。苇蒿螺蛤兮粢梁,沮洳斥卤兮井疆。

欣欣弦诵兮，今有此乡校之高堂。诟争兮礼让，椎鲁兮文章。

堀兴兮千辛而万苦，相劝兮日就而月将。

耕田读书兮百世良，海有旭兮校有光。

《张謇全集》第七卷257页

四、谜语

中华人民共和国成立后，境内在群众性文艺活动中盛行猜谜项目，并注入新内容。谜面以曲折、影射、生动、形象语言启发人思考、想象、推理、开启智慧，读之妙趣横生，为汉民族语言中一朵瑰丽奇葩。邱大云退休后，潜心谜语创作，历经数载，《谜海拾贝》面世，摘录其中一小部分，供世人分享。

（一）字 谜

谜 面	谜底	释 谜
百里挑一	白	百字挑去了一，余下的便是白。
有舟却没有水，船往何处去。	般	舟直扣，无水没有殳，合而为般。船往何处去暗示谜底与舟船无关。
说了左边，说了右边，辛辛苦劝两边	辩	说扣言，辛辛直扣，合而为辩，左右两边暗示了辛的位置。
复习非得一起到	翡	翡翠。非直扣复习指羽，合而为翡。
匠心来自古稀心	惭	匠字之心为斤，古稀指七十，七十结合为车，心直取心"忄"替代，合而为惭。
走到了九月九，路遇一条狗，拦路不肯让，窜出咬一口。	猖	九月九为农历重阳日，故扣昌，狗扣"犭"合而为猖，拦路咬人义扣猖。
一滴水反映太阳的光辉	昶	一滴水为永，太阳扣日，合而为昶。
心术不正害己害人。	怵	心术不正暗示心术结合时应置心（忄）于旁边，应为怵。
一片孤帆两扇蓬	串	孤帆象形为串，两扇蓬象形为帆上两个口。
一箭射中一粒豆	短	箭扣矢，豆直取，合之成短。
夜色沉沉袋底空	黛	夜色沉沉暗指黑，袋空去了底为代，合而为黛。
千口骂倒坏秀才	敌	千口为舌，秀才乃文人扣文，合而为敌。
清辉照残壁	肚	清辉扣月，残壁取土，合而肚。
芳草谢时百花凋	方	芳字之草没有了便为方，百花凋去谜面自行消失。
万籁已无声，残月伴双星。	房	万直取，残月为尸，双星指两个点，合之为房。籁无声谜面自行消失。
水漫金山不见山	淦	不见山，谜面自行消失，只余水漫金，水金结合为淦。
秋寒阵阵摧嵩山	稿	秋寒意为秋无火余禾，嵩之山被摧掉了余高，合而为稿。
一道残阳铺水中	汩	残阳为日，水直扣合而为汩。
半壕春水碧波漾	濠	壕字之半为豪，水直扣合之为濠，碧波漾去了，谜面自行消失。
叶如芭蕉滚珍珠，花红似碗盛玉露，夏日花魁要数它，植根污泥不染污。	荷	抓住荷的特征来拟谜，从叶到根，暗自荷的形象特征。
蝶飞东湖春光好	蝴	蝶扣虫，湖之东为胡，合而为蝴，春光好谜面自行抵销。

字谜(续)

谜　面	谜底	释　谜
一口喷出千滴水	活	口、千可合为舌,水直扣,参差组合后为活。
海峡两岸本一家	浃	两岸即两边,海之一边取“氵”,峡之一边取夹,合而为浃。
阳光洒落竹篱门	简	阳扣日,竹、门直取,合而为简
遥望孤帆隐远处	舰	孤帆扣舟,望扣见,合而为舰,隐远处自行抵销。
驿外断桥边,寂寞开无主孤芳独自赏,傲才无人知	骄	驿外为马,断桥边取乔,合而为骄,以下三名扣骄义。
岁首寒风雾蒙蒙	岚	岁之首为山,风直取,合之为岚,雾蒙蒙扣岚义。
金玉良言皆抛弃,好金看成废铁。	银	上句谜面自行抵销,下句中的好扣良,金直扣,合而为银。
一加一里不是二里	理	理可拆成一、+、一、里,加以“+”号相扣,合而为理。
杨柳依依垂江边	淋	杨柳依依为林,江边取“氵”,合成淋。
拾来鸡毛当令箭	翎	鸡毛扣羽,令直扣,合之为翎。
另有一只手,只会骗和偷	拐	拐骗,拐弯抹角,一瘸一拐,拐杖。
白袍小将有后裔	孽	白袍小将指薛仁贵,扣薛,后裔指后代子孙,扣子合而为孽。
残月孤星映井中	启	残月为尸,孤星象形为瘸点,井之中为口,合而为启。
东边日出西边雨,看似有晴却无晴。	洒	西字的旁边有雨,雨象形为“氵”合而为洒,其余自行抵销。
一人当官鸡犬升天	使	人直扣,官扣史,合而为使,鸡犬升天谜面自行抵销。
天若变心天亦泪	添	天直扣,变心指心的变体为小字多一点,泪象形为“氵”,合之为添。
海枯石烂人依旧	侮	海枯即海无水,无水之海为每,人直扣,合之为侮。
上千乌鸦满天飞	熏	千直扣,乌鸦扣黑,合而为熏
天下何处不相逢	倚	天之下为大,何直取,二者参差组合成倚。
指东话西	诣	指之东为旨,话之西为言,合而为诣。
有目共睹	者	假设有目便成睹,逆推去了目则还原为者。
千里之行始于足下	踵	千里可结合成重,足直扣,合而为踵。
凄风秋雨片帆归	种	秋遇风雨则火灭,仅余下禾,片帆象形中,二者合而为种。
一刀铲坏了半只锅	剐	刀直取,半只锅取呙,合而为剐。
一叶障目只有己	自	一叶象形为“一撇”,目直取,合而为自,已扣自义。
西出阳关遇故人	做	西出阳关谜面自行抵销,仅余下故人遇,合之为做。

(二)成语谜

谜　面	谜　底	释　谜
鼓上蚤搬家	时过境迁	时迁乃水浒中人物,人称鼓上蚤,时迁扣时过,搬家扣境迁。
爆米花炖蛋表面涨	买椟还珠	谜面的意思是只图表面不看实际,重表面形式而不重实际内容的意思,买椟还珠的椟是木匣,珠为珍珠,出自《韩非子.外储左上》原意是楚国人到郑国去卖珍珠,把珍珠放在装潢精美华贵而又漂亮的匣子里,郑国人买下了匣子退还了珍珠,比喻没有眼光取舍不当或只看表面形式而不注重实际内容。
魔方世界	拨乱反正	

成语谜(续)

谜 面	谜 底	释 谜
众说纷纭猫变虫	三人为虎	三人为虎也作三人成虎,语出《战国策魏策二》:“夫市之无虎,明矣,然而三人言而成虎。”比喻谣言或讹传一再反复,就有使人信以为真的可能。众扣三人,纷纭原指传言较多杂乱,此处暗示讹传,虫扣虎(大虫)。
乾坤乌暗阴沉沉	昏天黑地	乾为天,坤代地。阴沉沉扣昏,合则昏天黑地。
史进和王英朝气蓬勃挺有劲	生龙活虎	史进和王英乃水浒中人物,史进别号九纹龙扣龙,王英别号矮脚虎扣虎,且又朝气蓬勃非常有劲,故扣生龙活虎。
蜀帝依靠五上将,欲与吴魏比高低	龙争虎斗	汉末三国魏蜀吴争霸,皇帝扣龙,五上将亦称五虎上将指刘备手下的关、张、赵、马、黄,扣虎,比扣争,合而为龙争虎斗。
黑旋风勇战关云长	大刀阔斧	比喻办事雷厉风行,果断有魄力,关云长武器为大刀,黑旋风李逵的武器为板斧,以人名代常用武器。
千里送毛鹅毛	不近人情	谜用别解法,千里为不近,送鹅毛是为人情,别解为不近的人情,组成成语不近人情,与原意完全相反。
一生默默为园丁	师出无名	出兵没有正当理由,泛指处理事情没有正当理由,园丁代指老师,生扣出,默默扣无名,合之为师出无名,谜用别解法。
关云长败走麦城	红颜薄命	指漂亮的美女往往短命,关云长指代红颜,败走麦城时战死,故扣红颜薄命。
反腐倡廉从我做起	洁身自好	指保持自身纯洁清白,不同流合污。
跨马持刀斩六将	耀武扬威	取典于《三国演义》中关云长过五关斩六将,人称武圣,死后人们建庙纪念称武圣庙,扣武,跨马持刀也有耀武之意,斩六将更是扬威与当时和后世的美誉,不过耀武扬威在语言的实际应用中常带贬义。
首长门前路路通	头头是道	形容说话或办事有条有理,首长扣头头,路扣道。
杨玉环探身摘花	高抬贵手	杨玉环是唐明皇的贵妃,身份很高贵,因此扣高与贵,探身摘花花必在高处,因此必须高抬手后才能摘到,故为高抬贵手,谜用典故、摹景和联想。
孔明击拍云乱飞	高风亮节	谜借诸葛亮借东风的情景来描摹,孔明即诸葛亮故扣亮,击拍即击节扣节,合为亮节,云乱飞暗写有风且在高空,故扣高风,合之为高风亮节。谜取别解法,高风亮节指高尚品格和坚贞的气节,与谜面是两码事。
小狗穿衣鸡戴帽,狗驮小鸡满场跑	衣冠禽兽	喻穿戴如人,行为如畜生。
吃苦励志睡猪窝	卧薪尝胆	典出越国被吴国打败后,越王勾践立志报仇为了激励斗志,睡在柴草铺成的地铺上,又在屋中挂着苦胆,吃饭睡觉之前都要尝一尝胆的苦味,经努力终于打败了吴国。喻刻苦自励,发愤图强。睡猪窝因猪窝常铺草故扣卧薪,苦扣胆,合而为之卧薪尝胆。

成语谜(续)

谜　面	谜　底	释　谜
东施效颦轻轻哼	无病呻吟	西施是美女，颦指皱眉头，因西施有心口痛之病，常常皱着眉头，西施的邻居东施长得很丑，她以为人家夸西施的原因在于常常皱眉头，因此她也学着西施皱眉，岂不知这样一来，东施变得更丑。这里的东施效颦扣无病装病，轻轻哼扣低吟，合之为无病呻吟。
有孔就钻	无孔不入	
鸡毛遇风任飘扬	不翼而飞	
要吃鲫鱼头，黄昏做到五更头。	夜以继日	谜面借用这一谚语表示了夜以继日的辛劳，黄昏扣夜，五更头指天刚亮。
脸生老茧不觉丑	厚颜无耻	
满把钞票塞酒缸	纸醉金迷	钞票扣金，也扣纸(币)，塞进了酒缸，便是醉而迷，故为纸醉金迷。
良辰戏园枕黄粱	好景不长	良辰游园，黄粱均扣好景，一枕黄粱是指美梦(很短)梦境虚幻，故扣不长，合之为好景不长。
五二一六加成七	不三不四	说明这个七不是三四相加而成，故为不三不四
脏水汇入下水道	同流合污	
大漠孤烟直，长河落日圆	风平浪静无风不起浪	烟直为无风，河落圆日为无浪扣浪静。谜为状景启发联想而扣底。
白云悠悠无止境，汗青太少终成恨	话长纸短	白云扣话(古汉语中白和云均指说)无止境则为长，汗青指代纸，太少则为短，故谓话长纸太短。

五、章程　规约　碑文

一、章程

掘港大豫盐垦股份有限公司集股章程并启

民国五年(1916)

掘港垦地之播闻久矣，謇兄弟从未过问，亦从未购尺土寸壤。壬子癸丑之间，争垦风潮迭起，留言谩布，謇兄弟曾著宣言书，为叙掘场复杂内容而表明毫末无私之事实。自部令放垦两年以来，在垣之厘剔渐清而未清，在灶之棼緼渐解而未解。而企业家欲于该场营垦，目击其纠纷者，亦渐知非一手一足之功，可谋包揽把持之效。现经各方面审度协商，联络就绪，謇等忝荷诸同志推为发起，辞不获命。亦惟本平昔开诚布公之微旨，与诸同志订经营次第之大纲，然必组织公司乃可合群创业，海内同志有愿投资而同沾大利者无任欢迎。兹公订集股章程若干条，希惟公鉴。

——本公司遵照部颁《制盐条例》及淮南垦务总局《放垦章程》集资，就掘港场经营盐垦事业，一部分收运场盐，一部分酌辟荡地，定名大豫盐垦股份有限公司，一切悉遵《公司条例》办理，一俟股资集有成数，即照章禀案注册(垣产推过随时照章禀请立案)。

——本公司约定留煎区域十余万亩外，假定垦地三十万亩(现计荡地已经议购者分甲乙丙丁四等约共二十万亩有奇，垣产已经叙并者，现煎荒亭统计约共一千一百余副。将来购收地亩如有溢出假定地数外，在十万亩以内者不另加股，达十万亩以外再议扩充)。

——本公司股额定为国币一百二十万圆，每股五百圆，作二千四百股(现资入股、垣地作价入股利益同等)。

——本公司全股份两次招收。第一次招九十万圆。假定三十万圆为优先股，六十万圆为普通股。惟优先以三分一位支配之率，认本公司股份满三股者始得一优先股(以交到股款为定)，过此递算。藉相因之用，谋利益之均(如有股东纠合三股同时交银，声明愿将某股列作优先者，亦可通融办理以示优待。唯一一次仅交一股、两股者不在此例)。第二次招三十万圆，均作普通股份(现查接洽收并之垣产荡地，所作之价约定入股者已达二十二万圆有奇，其中优先、普通支配亦照此条办理。续有接洽愿以垣地作入股者，在第一次招股期内照第一次股款办理，在第二次招股期内照第二次股款办理)。

——本公司优先股将来应得红利照普通股优加一成。现在收到优先股月贴息一分，普通股月贴息八厘，均自交股之日起算，至全股截收时即行停止。

——本公司股银一次交足。招股期第一次自阴历二月十五日起，至阴历五月十五日止。第二次自阴历五月十六日起，至阴历八月十五日止(开招后如限期未届，股额认交已满，随时登报申明截止)。如认第一次股份而交款逾第一次期限者，不能享有其中优先权利。认第二次股份交款逾第二次期限者，应按日照贴公司息款，以示股权平均。

——本公司收股处：一在上海法大马路外滩通海实业公司账房，一在南通城西盐垦事务所。交股时先掣收据，俟股齐后换给股票。

——本公司目前盐垦兼营，俟淮南盐额照部令五年递减，届满，再照彼时法令办理。公司开办成立后，先以每年盐草收入净余利银按股分派以抵官息，垦利则俟将来地亩成熟后分起派给，红利拟照大有晋公司例派分(查《大有晋公司章程》，红利作一百四十成分派，以一百二十成归股东，以十五成为发起人及办事人酬劳，以五成补助地方教育慈善)，均仍俟股东会。

——本公司股东以中华国籍为限，将来填给股票，不得售与及移转与非中转。

——本公司集股至总额四分以上即遵章开创立会，公推总经理及选举董事监察员。目前暂由发起人分别担任进行事务。

发起人 张退庵 张啬庵 余寿平 沙健庵 徐静仁 周谷人 韩奉持 马敷五 束勖严 张东甫 吴寄尘

《张謇全集》第五集173页

二、规约

劝告金石西马掘余东西七场①公民合建摇网港大闸书

农垦之利害在水道、人事也。通海近数年来，灾于旱者一，灾于水者二。一年之灾，平均损失六百余万圆之多。两年灾则倍之，三年灾则两倍之，其可堪乎？

通水之道，统计沟、渠、河、港，面积为五百四方里一〇八，运河为大。所恃为尾闾者，县治以西，沿江故有涵洞七十二所，今存而犹用之者，十不及一；治以东，汇海之闸旧只两所，今并吕四、余东新设者，亦仅五所。时乎大雨，沟浍皆盈。棉豆在田，水三日不退则萎，欲农不病，得乎？

今所急欲为我余东、余西、金沙、石港、西亭、马塘、掘港七旧场之父老兄弟不惮再三大声而疾呼者，则在乘各公司方新之气，谋公共之利，亟亟建设摇网港五孔大闸也。

摇网港地势当七场之中而形下，原有水道，窄如曲线，浅如盘杆。海潮大上则易缘而乘高，河水并涨则平泻而不畅，已见之事，情势了然矣。上年秋即与大有晋公司经理诸君计议，非就此处建设五孔大闸，而上下之河道称之总汇宣泄，则七场范堤内外之水与夫旁近新垦各公司堤内外之水，皆无宣泄之路，七场堤内外之田将永鲜不灾之岁，旁近新垦各公司堤内外之田亦难收大熟之功。

上年秋贡於七场，七场诸君亦韪之。直岁事大歉，民力艰难，滋事未举。七场之人亦何尝不冀幸今年之水未必如去年也？而今年则又有连十四昼夜之雨矣。人必谨於无妄之祸，而不可以恃无定之天。连年大水，无妄之祸也，即无定之天也。浚河建闸，受福之器也。有河与闸，宣蓄有资，而后天有祥可降矣。七场诸君，思之思之。

五孔大闸，每孔设计广一丈二尺，中间闸墙四排，各广一丈，长二丈。倚岸之墙，广各二丈。以闸渡河，闸之内河须广十四丈，闸之外广加四丈，当可供其回旋矣。每孔工料约一万二千圆，加以岸工，约需七八万圆。即成此永永受福之河闸，地方亦何所吝而不为？然兹事散漫而繁复，非得七场明事理负众望之人为之领袖，不易观成。

鄙人兄弟老矣，来日无多，愿竭此犹可支柱之精神，从诸君后，效力乡里，谋海滨父老子弟百年之幸福也。幸毋犹豫，不胜顶祝。

《张謇全集》第四集 355～357 页

三、碑文

(一)张謇铜像碑文

自古列代棄状元不舉而興實業救國者天下唯公耳公才高乎当世行出乎古人以勇邁不回之氣佐以堅苦廉毅之操寸表所執唯志予求開歷墾殖設學立教耕織之聲歡徹江海文明所披燎遍平原創業二十餘年桑梓奮張其壤大豐後人至今言傳

公諱謇字季直號嗇庵南通人也清光绪二十年金榜題名状元授翰林院修撰清末任江蘇咨議局議长民國初任南京臨时政府實業総长北京政府農業総长

公直面生世衷天下人之憂遂行之以躬垦黄海荒灘化瘠土為産地召鄉民以自给開通知

識發達農業賢者相踵貧者踏至民國六年而立大豫矣今盛世也南黄海遂振雄風矣大豫人卓厲風發舉墾殖為先繼往直前公志為行公言為铭立定脚根踏實做去越遭挫折愈求精進而既成其事必達於成表於金石為告永恒(文中繁体字基本保留)

南通大豫墾殖公司

公元一九九四年十月立

(二)荷兰工程师特莱克君墓表 民国九年(1920)

君名亨利克,特莱克其氏。父乔亨纳司,东方译称奈格者也。母玛丽。奈格君以治水闻荷兰。君以泰公历一千八百九十年生于日本东京,长而好学,能世其父业,凡其父所规治之工,君日待侧学且习,又承父心营目构口讲指划之久且深,故益博而笃。南通内淮而外江海,为农畎渠沟之所噏嘘。江比大圮,骎骎逼县治,謇兄弟尝一再延泰西河海专家,博求治之之术,奈格君、主楗,卒延君。君至则栖处江宾,朝夕测度,审视三阅月,申父说而任事。其于謇礼视父执恭。三年君成江楗十,大牐一,常牐二,桥一;计画居具备之牐五,涵六七,路三。乌乎忠已!其卒也,直海壖传疫,君督遥望牐工,夜分疾作,遄归就医,不及至而道卒,年裁二十有九,民国八年八月十八日,泰西历一千九百十九年也。县之人闻君之死疫,无识不识皆悼叹之甚。通俗诚质,岂必人人有君子忠厚之心,其贤乎君,亦君之贤有以致之,况与日月共事三年之久者哉!君于治工,早作而夜思,无寒暑间。其嗜学虚已善受又如是。呜呼又何勤也!后君卒五月,谋为卜葬于剑山之南,垲址墄岸,既爽而固。乃胪君事状请焉。政府以君卒,特锡褒辞,副通人之愿尔。君母若弟,感君与通之人相厚,许葬于通;而以君所得中国之图书,赠通图书之馆,亦足令人慨乎想见其家人之有礼矣。乃重为之辞以申余哀。辞曰:

荷兰为国,海与滦兮。其名荷兰,沮洳于洔兮。人习为防,因害为利兮。世建名业,特来克氏兮。考翼嗣基,有父有子兮。楚材晋用,唯其嶷嶷兮。三载于通,剬时剧事兮。弗给之较,而娙娙职业兮。非客视主,主亦忘客之异兮。胡天不吊,九十百里兮。仡仡壮夫,而不脱于横疠兮。留君之骨,注人涕泪兮。惟剑之麓,上林而下涘兮。俾向于西,视绩之底兮。冯夷阳侯,顺灵所指兮。过君墓者,识此佳士兮。君于南通,誉永世兮。

《张謇全集》第六集 第491~492页。

六、遗闻逸事

一、张謇少年勤学

清末民族实业家、盐务改革家张謇少时就读于西亭场,以勤学闻。幼颇聪颖,同治三年(1864)12岁,有武弁骑马过门外,塾师举“人骑白马门前过”命对下联,謇以“我踏金鳌海上来”应之，先生父母皆大喜。七年(1868)16岁，应州试，取列于百名之外，而同时通州范铸小謇一岁，取列第二。塾师宋得知后大呵责曰：“譬如千人试而额取九百九十九，有一不取者必汝也！”謇归西亭，凡塾之窗及帐之顶并书“九百九十九”五字为志，骈二短竹于枕，寝一转侧即醒，醒即起读。晨方辨色，夜必尽油二盏，见五字即泣，不觉疲苦。由此学业大进。十月应院试，遂超出范前，取中第二十六名附学生员。嗣于光绪二十年(1894)殿试为状元。

选自《南通盐业志》

二、马锡恺“苦盯”办盐场

马锡恺，中华人民共和国成立初到盐务系统工作。事业心强，肯吃苦。1955年，参加中央在天津举办的盐训班，回通提议办滩晒盐场，是南通提出搞大籽盐第一人。初无响应。1957年夏，带员踏勘全部南通海涂，历时42天。复至上海徐家汇气象台、南京紫金山天文台，查阅近60年气象数据。同年9月，省委、省政府在宁开会决策大办盐业。因如东立项在前，射阳未排上号，急得盐城行署专员郑世鲁拍桌子，始得一并立项。为筹集资金材料，锡恺连日奔走沪、宁、通，紧盯省委常委、常务副省长兼计委主任周一峰及行署专员曹衍正、周冶侬等人不放。1958年9月下旬，锡恺又至南通找冶侬要钢筋。时钢源紧俏，三天未解决，三天不走人。第三日下午又找，冶侬怪其未走，恺说：“问题没解决,我哪能走呢?”侬说：“现在我要出席一个重要会议。”“我跟你一起去！”“你没出席证。”“曹专员正在办。”“这样，你四季度拿钢筋，总可以回了吧？”“过几天就到四季度，我在南通等！”“也罢，你现在就去拿钢筋吧！”于是，锡恺乐不可支，拿着冶侬批件，立即前往货场提取钢筋，会也顾不上出席，便赶回如东盐场建设工地。事后得知，所谓“重要会议”，乃是国家主席刘少奇视察南通，召见地方领导干部发表讲话，马懊悔不及。由此锡恺颇以“善盯”闻名于时。

选自《南通盐业志》

三、周冶农辗转赴盐会

周冶农，1958年，为南通地区副专员兼计经委主任。在任支持沿海各县大办盐业，千方百计为盐场解决基建所需材料计划。为人言信行果。专署制盐工业局在如东十管召开建场动员大会，农应允到场讲话。会场距南通百里。时地委仅有轿车3辆，只够专员使用。全期，淫雨不止。农只身乘公共汽车至掘港，转兵房，再雇二等车到丨贯，赶到会场讲话，令与会人感动不已。农说：“我答应来，就一定要来！”农严以律己。时值国家困难时期，某日至工厂视察，午饭时见桌上有整鸡一只，即刻离席，自往职工食堂打饭。出身私塾，精于记忆。每听汇报，凡统计数字与前次有抵牾，农不需翻笔记即能当场指出，令其复查重报。由此部属兢兢然不敢欺瞒。

选自《南通盐业志》

四、特莱克潜心研习著书立说

特莱克，荷兰人，民国5年～8年(1916～1919)在通期间，一边工作一边研究，尤其是研究一些中国水利方面的书籍文稿。据宋希尚回忆文章说:“他每月必去上海度假,作三五天逗留。某次忽携归上海旧书铺搜购古版水利书籍数十册,有志对中国水利,下番功夫,俾多了解,其中以明潘季驯所著的《河防一览》,全为潘氏治理黄河经验之谈,且与近代科学治水原理,有很多地方不谋而合,特莱克为之心折,极感兴趣。”由于此书是中文,因此商请宋希尚在余暇之余,为之翻译讲述,约定每晚七时半至九时半,在其办公室中,一灯相对,促膝而谈,以打字机为临时书记员,以咖啡糕饼为慰劳品,凡“以水制水”“以水刷沙”“以清敌黄”“以扫挑溜”“以柔克刚”等名言宏论,各提所见,并与欧美学说,相互引证。特宋合作,用两年时间将明朝潘季驯所著,记载中国治水经验的《河防一览》译成英文六大册,并附图表及评论。可惜这部经两人两年心血所译成的中国治水经验,未及校对出版,特氏撒手人世。之后,此稿由上海荷兰领事携去,经荷兰专家审查,认为在水利学术上有重大价值,呈送政府保存。闻此原稿,珍藏在海牙国家图书馆。

选自《特莱克与南通水利事业国际学术研讨会论文汇编》

五、顾毓章露宿沙滩

顾毓章,兵房人,高级农艺师,从事农垦事业50多年,与海边滩涂结下不解之缘。离休后,他整点行装,为实现多年夙愿,开始从启东海滨至渤海湾畔近7年的沿海盐碱荒滩勘察长征计划。

每年春秋两季,顾便背着挎包,带着小挖刀、水壶、干粮,外出采集记录耐盐植物品种标本和资料,到北坎洋口耐盐植物园观察研究,调查整理资料,并对每目植物逐一摸索其规律和特性。1986年初夏,顾为研究盐碱滩涂土地、水质、盐度和耐盐植物生长,骑自行车到遥望港,对滩涂作细致的勘察和记录,访问沿海渔民。一次,雷阵雨过后,当他记下最后一笔资料时,早已日落西山。路面泥泞坡滑,车子骑不动就推着走,摸黑步行20多里,实在筋疲力尽,就在路边树林中宿上一夜。次日回到家,一睡就是3天。之后,又赴连云港沿海徒步采访,和渔民吃住一起1余月。

顾听说山东省东营市濒临渤海湾的几个县科研部门在山东大学、山东农科院协助下许多耐盐植物试种成功。1987年初秋,顾带着工具、干粮、记录本和毛毯,经过4天旅行,来到东营。东营山陡路险,沙滩荒凉,人迹罕见,海潮涌急,但耐盐植物较多,生长很有规律。顾在海滩一蹲就是3天。风餐露宿,夜晚靠一条毛毯敌风寒。第3天,当他带着收集资料回到东营时,曾经的同事们知道后都责怪他,甚至骂他是个“怪物”,并说:“为何不告诉一下,何必要吃这种苦头?”顾说:“让你们知道,就车来车去,采集不到第一手资料,千里迢迢,将会失去意义。”

7年,顾走遍两省20多个县、市的广阔滩涂,行程上万公里,走访沿海渔民500多户,召开垦谈会、座谈会、研究会近百次,交谈数千人次,收集和记录各种资料上百万字,详细掌握江苏沿海150多种耐盐植物资料,撰写成15万字的《江苏沿海耐盐植物志》。

选自《如东文史资料》

六、“金陵荡”释疑

自大豫盐垦公司建成后，启海一带移民纷纷到此种“荡田”。故将大豫全境称之为“北荡”（含北坎、长沙等地）。后亦有人谓之“金陵荡”。20世纪80年代初，兵郊村在兵房镇南首西侧建成农贸市场，举行开张典礼时，一块长达7米长，80厘米宽金光闪闪的“金陵荡农贸市场”门牌跃入世人眼帘。人们不时发出感慨，似乎明白兵房的前称就叫“金陵荡”。

其实，“金陵荡”不在大豫盐垦公司，而在大有晋公司。据三余黄为人考，“金陵荡”的来历和一桩重大历史事件有关，同治五年（1866年），余东、余西场灶民争夺烧盐柴薪，发生冲突，通州知州梁悦馨、总兵邓龙彪派兵缉捕灶民，遭到反抗，官兵大败。梁、邓谎报“灶民造反，将乘虚攻城”，两江总督李鸿章派兵剿捕，灶民死难者达2000余人，事件平息后，该荡充公，草薪收入作“金陵善后”，故得名“金陵荡”亦称“金陵公荡”。民国2年（1913），唐闸新育婴堂经费紧张，适其时通州清理地方公产，张謇兄弟得余东人之报告，发现“金陵公荡”，从而引发“大有晋公司”之开发。

蔡从一幅出版于清宣统二年（1910）“通州水陆道里详图”上发现，图上详细记载着三余镇的史前地貌和地名，“金陵荡”就在其中，属余东场。并将“通州水陆道里详图”和民国12年“南通县全图”及“卫星地图”叠加对比，发现“金陵荡”主体在三余镇腹地——原贡安区境内（南至团结河、北至中闸河、西至三余竖河、东与海晏接壤），大体方位“东金陵荡”位于士文村东北部和前进村7组、10组一带，“西金陵荡”在两河的交汇处呈三角形，底部东在红专村2组，底部西在三余镇工农街东部，顶部在“牛车桥”东斗争村8组。（开头一段为编者后加）

选自《南通日报》

七、大有晋盐垦公司

大有晋盐垦公司，成立于民国初年，初拟将办公地址设在三余镇东北陆姓宅基。已建草房10余间，俗称草公司。不久被盐民暴动烧毁。暴动被镇压后，民国3年（1914），重新选址于陆宅西南之野鹅潭。张謇以为“此系水穴”，可避火灾。于是挖“口”字形防护河，河宽50米，南、西、北三面建桥，围内面积1平方公里。民国4年，建成“工”字形楼房1座。主楼3层，红色圆顶，人称洋楼。两侧有花厅和厢房。东厢为实业保安队营房，西厢为职员公事房。出入公司须经过高大铁门，上挂2尺见方铜匾，横镌“大有晋公司”5个大字，旁镌小字“民国四年张謇题”。公司大厅内悬有张謇手书条幅一联：“肯发愤只在三年，一失足成千古恨。”联为废灶兴垦事业艰苦而发。

选自《南通盐业志》

八、“三余湾”启海方言

“三余湾”，源自历史上的北海湾（“北海”即“南黄海”）一说。北海湾海岸线略等于范公堤走向，即北起掘港场（北端点），西经马塘场，顶于石港场（西端点），折而东南，经西亭场，至金沙场折而向东，经余西、余中、余东3场，至吕四场止（南端点）。“三余湾”便由此得名。

清末民初，民族实业家张謇推行废灶兴垦时，将大有晋公司所在地取名三余镇，也源于该公司垦区原为余西、余中、余东3场之地的缘故。清光绪二十七年(1901)，张謇首建通海垦牧公司，民国初年，又相继建立大有晋和大豫盐垦公司。大批启东、海门、崇明人移民到三余地区海晏、东余、北兴桥、恒兴和掘东地区丁店、大豫、兵房、北坎、长沙等地，围海造田、开荒垦殖。并将启海方言带到这里，最后形成三余湾启海方言飞地。

选自《长江三角洲沙地人分布现状》

九、两次下海"跑反"

仇汉生，马家店村人，民国35年(1946)底～36年(1947)初，原苏皖边区第九行政区南通中学学生坚持在如东沿海游击教学期间，曾经历过两次下海"跑反"(即，跑情况)。有一次，仇与同学沈元石、李文荣(均为马家店村人)等七八人，从北坎沿海岸向南行军，突然遭遇国民党军队扫荡，陆地已被封锁。同学们手无寸铁，只有下海一条路。如东滩涂宽，落潮时约有5公里左右，涨潮时汹涌海水直冲海岸。下海"跑反"可谓九死一生，危险极大。这时，扫荡部队已在海岸上一字排开，约隔20米站一兵，并用机枪向学生扫射，生死关头，事不宜迟，立即调头向东直奔大海。滩涂上没有任何地形地物可隐蔽，同学们的生命完全掌控在国民政府军手中，就看他们枪法准不准？同学们年龄虽小，但在日本侵略军侵占家乡时，早就练成一身"跑反"本领，立即采取弓腰蛇行方式快跑，一口气跑上七八里后，枪声渐远。正在喘息之际，潮水很快淹到腹部，有人淹到脖子，不会游泳者呼"救命"。海水无情，人有情。危急之际，渔民闻声快速赶到，同学们登上小渔船，转危为安。

选自《原苏皖边区第九行政区南通中学坚持游击教学片断》

十、王冲11岁走上革命路

王冲，香台村人，自幼父母相继离世，成为孤儿。小王冲无依无靠、流离失所，在邻居家东吃一餐西吃一顿，过着非人生活。后经好心人介绍，被另村一户王姓人家收作养子。王家因家境较富裕，对穷苦人从不放在眼里，尤其是养母十分蛮横，王冲名为养子，实为佣人，衣衫褴褛，常吃剩饭剩菜，用麻袋作垫子睡在床底下，结果麻袋睡烂，王冲染上一身痒疮，实在无法忍受这种生活，便偷偷离家出走，又过起流浪生活。

民国30年(1941)12月的一天早晨，王冲看到两个当兵模样的人推着独轮车在小镇集市上采购粮、菜等物品。之前，他听说北兴桥有个部队收留小孩，早就萌生当兵意念，于是，下定决心，不管"三七二十一"跟着他们走，嘴里不停地念叨着："跟着你们去，就有饭吃"。不知不觉到达部队驻地，首长见到王冲后，感觉他个头矮、年龄小，身体瘦弱，不适合当兵，先是动员他回家，但王冲头脑灵活，嘴巴挺会说话，含泪向首长诉说自己身世，再三恳求首长收留他。首长被他的悲惨身世和执意抗日救国之决心深深感动，经研究，同意收下他。这时，王冲方才知道该部队就是梁灵光领导的新四军一师三旅九团(南通警卫团)，从此，11岁的王冲走上革命路，投身抗日战争烽火之中。

选自《光辉历程照千秋》

十一、张謇收留“义犬”

民国13年(1924),直镇西北冯家庄曾发生过一起叔嫂通奸、谋杀亲夫一案。因事涉一犬,社会上誉之为“义犬案”。

冯家庄有兄弟两人,老大冯爱玉以杀猪为业,早已成亲。老二冯爱国种田,未娶亲。叔嫂间发生暧昧关系。乘老大喝得酩酊大醉之际,合谋将其勒死。犬几日不见主人,四处寻找,终于在范公堤脚下找到主人,后为巡士带路,破获此案,为主申冤。凶犯经县公署审讯供认不讳被判处死判。判决后,被告不服向苏州高等法院上诉,经复审,维持原判,凶犯爱国在苏州被绞决,其嫂则改判无期徒刑监禁终身。

“义犬案”发生后,南通张謇闻讯,特地收留那条狗,安置在南通中公园嘉会堂上,派人按日伺应饮食,还隆重召开“义犬”大会。会上他亲临演说,称此狗为“义犬”,大加表扬。民国14年(1925)4月16日,张謇写下《义犬》一诗:“猗嗟犬之性,突过人而天。报主三日哭,破奸四方传。”

人们给义犬颈上套上一环,张謇题有“义犬”环铭:“雪主冤,酬主恩。锵令令。噫嘻今主人。”之后,其子张孝若解释说因为人过于陋薄,不得不抬高犬身价。在他影响下,公署管理人员湖南人饶某还在义犬栅栏上面悬挂一块横额,大书“吾愧不如”。此外,亦有人附和赞扬,亦有人做出讽刺。民国15年,张謇离世不久,“义犬”亦亡,葬于西公署,题石“义犬案”3字。

选自《如东大观》

十二、顾秀逃离旧军队

顾秀,巩王村人。民国27年(1938)2月,在当地参加江苏省实业保安总队第四大队第十二中队二分队,没想到这是一支旧军队(当地富裕人家,发起组织建立的自卫队),班长、分队长见士兵稍有不对,就任意打骂抖威风。民国28年(1939)冬天,新四军东进,受改编为江苏省实业警卫团,顾被编在第四营第十二连第一排,驻在掘港南郊方泉庙。

一天,季方到方泉庙为部队作演讲。他说:“新四军是穷人的部队,要为人民服务,解放劳苦大众。我们要打日本鬼子,解放全中国。以后,没有人剥削人和人压迫人,全社会一律平等。”顾听后备受鼓舞。之后,新四军不断派干部到顾所在连队讲话、做宣传。一次,新四军一位宣传员专门找顾谈话,通过谈话,顾感受到新四军就是亲人,就是老百姓的军队,与所在部队不一样。

民国29年(1940)4月的一天深夜,营长、连长突然把部队紧急集合。营长说:“咱们再不愿受新四军控制,弟兄们一起干游击去!”并威胁大家,谁不服从命令,拉出去问罪。当夜,从大豫镇出发,次日下午4时,到达吕四镇。进行整编后,部队番号为鲁苏皖边区游击第六路纵队指挥部,下辖实业保安总队第四大队第十二中队第三分队。顾任八班下士班长。第三天晚上,听说新四军要来包围,立即撤离。撤离时部队狼狈不堪,所到之处,群众怨声载道。顾回想起新四军首长的教导,暗下决心,要设法逃离此部队,伺机投奔新四军。

当部队到达通海镇的第二天上午,顾对连部文书谎称:“去街上买点东西。”其实,走上回归路，然后，脱掉军衣，混在人群中穿过二甲镇，傍夜，回到家乡，终于结束旧军队生活。

选自《历程回望》

十三、周扶九送葬队伍长达三华里

周扶九，江西吉安人，是大豫盐垦公司最大的股东，当时号称江南（上海）财百万。民国16年～17年（1927～1928），公司能量锐减，进行拆股，土地分管，其中中二区全部归大股东周扶九。至于周的钱和地位源自何处？资料反映，周的贤婿曾任过上海市市长，儿子周桐荪的媳妇吴爱珠为大中华橡胶厂老板之女。周逝世后，丧事极度奢侈，周身穿双龙百寿衣，装殓在澳洲沉木棺材中。出殡抬棺用的龙头扛架，是从北京租的皇宫用品，系曾抬过光绪和慈禧之原物。抬棺扛夫124人。送葬队伍中，轿子100余顶，车子500余辆，步行者4000余名，各式仪亭81台，抬挽联挽幛者2000人，送葬队伍长达三华里。柩车驶向殡仪馆时，万人围观，此隆重场景，专门拍成电影纪录片，为后人放映。

选自《张謇与近代盐垦及江苏沿海开发》

十四、冯万富鸣枪报警

冯万富，南坎乡人，民国8年（1919）9月25日生，民国30年，参加如皋（东）县东南游击营，后转入县警卫团、新四军一师三旅七团，最后编入华东野战军六十四团一营二连。民国35年（1946）复员。

民国30年（1941）秋，如皋（东）县东南游击营在兵房、南坎一带活动。一天，部队宿营在南坎东北边的香台，冯担任警戒。半夜后，冯见路上有人走动。这时，恰逢换岗，便问换岗人："那些是什么人？"回答："下海的。"冯下海出身，熟悉潮汛，觉得有蹊跷？便端起枪喝问："什么人？"对方回应："下海的。"话音刚落，玉米地里露出人影。说时迟、那时快，冯对着人影就是一枪。一个伪军窜出玉米地直扑冯万富，冯顺势跳下沟坎，乘伪军慌乱中寻找电筒之际，顺着沟坎前行，消失在夜幕中。

深夜枪声，异常清脆，营部指战员闻声后，率部队迅速转移。殊不知，部队宿营后，奸细向伪军通风报信，伪军妄想出动偷袭。幸好冯警惕性高，及时鸣枪报警，才使敌人偷袭没能得逞。事后，冯得到部队领导表扬、奖励。

选自《群英谱·如东分卷》

后　记

一、编纂始末

2012年新春伊始，中共大豫镇委员会、镇人民政府作出编纂《大豫镇志》的决定。2月9日，由镇人大主席施益兵牵头搭建班子落实编纂人员等相关事宜。并落实管霖具体负责酝酿草拟《大豫镇志》篇目、设计框架结构，陈云山配合物色编纂人员。正当紧锣密鼓之际，因镇党委书记石勇工作调动，编纂工作暂缓进行。周梁书记接任后，高度重视《大豫镇志》编纂工作，秉承镇党委、镇政府决定，亲自召开镇志编纂办全体人员会议。于4月9日始，编纂工作进入3个月试编阶段。编纂人员增加黄德斌、金向东；5月21日增加顾士良、6月1日由袁锦章接替。《大豫镇志》编纂办公室设在文化站三楼活动室。

镇志编纂工作既是一项复杂而又繁浩的系统工程，又是一项重要的政治任务。《大豫镇志》是大豫镇近百年历史上的第一部史志，有许多很高价值的资料散失在民间，有些因年久去向不明，有些因人故线索中断，有些知情者或当事人因乔迁或升迁地址难觅等等。一道道难题摆在编纂人员面前，为迅速拯救大豫人民创下的宝贵文化、精神、物质财富，达到镇志"存史、资政、教化"之重要作用。编纂组全体人员难中求进、约法三章、自定章程、自我加压，采取"两步走、两兼顾"方法，一是4月17～23日，首先对兵房镇域的建置沿革及一门闸等5个村域概况展开座谈调研，同时对现有部分档案资料着手调阅。二是5月16日起，进入《如东县志·大豫篇》的编纂阶段，按照县志编纂要求，重新调整工作思路，理顺编纂章目，明确编纂重点，力求所编资料县、镇共享。7月14日，《大豫篇》如期交卷，得到县党史办行家高度评价，并作为范本发至各镇参阅。全体编纂人员备受鼓舞，为编好《大豫镇志》奠定了基础。

7月15日，《大豫镇志》编纂工作全面启动，7月25日，镇政府根据东办发〔2007〕72号文件精神，印发了豫政发〔2012〕56号文件关于编纂《大豫镇志》的通知，并建立了领导组（下设编纂委员会、编纂办公室、编纂工作组），同时，召开全镇动员大会，形成强烈政治氛围。紧接着，镇志编纂组制订工作表，按照镇志编目初稿，进行任务划分，规定完稿时间。为全面了解全镇情况获取编纂资料和素材，10月17日～11月5日，按照村（居、社区）域编纂提纲14个部分内容，对全镇21个村（居、社区）逐一进行座谈调研。在此基础上，"村（居、社区）域概况"仅1个多月就形成初稿，并为丰富编纂内容找到大量有效资料和素材。

2013年6月，黄德斌、袁锦章因身体等因素，经镇领导批准，离开镇志编纂组，后邀黄静忠加盟。《大豫镇志》编纂工作在镇党委、政府领导们的重视、关心下，进展较为顺利，历经试笔、讨论论证、充实提高、自审修改4个阶段。是年年底，初稿已见成效。在编纂过程中，虽然不时碰到难题，甚至棘手问题；但大家齐心协力、周密思考、多渠道寻找线索，大多数得到理想效果。先后召开老党员、老干部座谈会50多次，深入村（居、社区）调查采集资料100多次，向在外工作的县处级（部队正团职）以上干部、成功人士、知名人士发函100多封，征集、拍摄有关图片资料380多幅，县档案局、图书馆、人普办、教育局等10多部门都留下镇志编纂人员的足迹，并被他们一丝不苟精神所感动。

2014年2月起，对镇志初稿进行总纂。在这一阶段，编纂人员本着史料性、科学性、可读性统一的原则，对稿件严格把关，从资料的真实性，到行文措辞，进行逐一核对。经过认真细致的反复斟酌推敲和修改，使其完整成编。5～8月，分4批送县党史办进行初审。9月起，对返回初审稿中提出的修改、建议意见逐稿进行加工修改完善，同时，对镇志篇目作第3次调整。主体部分为36篇162章545节，120万字。2015年3月12日，召开《大豫镇志》征求意见会，月底对所征集意见进行梳理，结合县委党史办主任科员、《如东县志（重修）》总纂虞建宣的复审意见，再次对镇志篇目、内容修改调整。6月19日，报送终审稿，7月9日终审稿返回。根据终审提出的25条意见，本着“详今略古、该详则详、该略则略”之原则，有的放矢地对相关篇章节进行整合，取其精华，剔除糟粕，将第三十三篇“宗教”并入二十九篇“居民生活”，篇名“社会生活”；将第三十五篇“大豫印迹”改为三十三篇“大豫地名”；三十五篇定为“古迹丰碑”；将第三十六篇“文存”与二十二篇“文化艺术”“附录”有机合编，新增“专记”为三十六篇。至8月30日，确定主体部分为36篇154章540节，加上序言、总述、大事记、附录、索引等116万字。9月9日，再次送审，17日返回，除规范页下注及第四篇“镇村建设”第一章二三节合并外，均无大调整。10月9日始，送扬州市机关彩印中心承印，在承印过程中，编纂人员对志稿进行了多次修改校对。2016年1月22日～3月6日，根据方志出版社的三审意见，又进行了调整和反复修改，最终确定主体部分为36篇155章536节，168万字。由方志出版社审定出版。

这部志书，可谓是八上八下，八易其稿。第一次以著名实业家张謇创办大豫盐垦公司为主线，贯通大豫镇近百年建置演变和大事编年；第一次全面搜集、筛选大豫名人志士；第一次厘清农业、工业、商业、交通、文教卫生等各方面历史发展脉络；第一次系统搜集整理大豫境内（沙地）民俗风情和方言土语……，《大豫镇志》是在前人未涉之地踩出的一条跨世纪新路，也是在南黄海之滨、如泰河畔绽放出的一朵光彩夺目绚丽之花。

回顾4余载编纂历程，镇志编纂组全体人员及蔡鑫萍、唐梅、杨春亚等3名电脑输录员，甘受“艰苦、辛苦、清苦”默默奉献精神值得称颂，而县委书记詹立风、县长潘建华，镇党委书记周梁、镇长康徐，解放军报社社长施雷在百忙中抽时间为《大豫镇志》作序，少将蔡善飞、邱祖平等为《大豫镇志》题词祝贺尤显伟大，但背后给予业务指导、审稿的县委党史办主任科员、《如东县志(重修)》总纂虞建宣更是有口皆碑、功不可没!《大豫镇志》每篇、每章、每节、每句话、每个字,每个标点符号都与虞建宣和方志出版社的黄彦、张大伟、冀祥德老师的严格审核息息相关。同时,也得到扬州市机关彩印中心、镇机关相关部门、驻镇相关单位、各村(居、社区)以及社会各界(外县市)人士的大力支持和帮助。还要感谢朱晴晴(启东)、陈佐(通州)、胡小莳(海门)、仇汉生(安徽),沈伯华、吴庭家、龚志飞、施殿祥、沈元成、沈怀坤、张祖修、黄志纯、施文周、施东辉、朱同生、管宏图、王必春、陆雨声、丁伟华、孙侠高、姜平、郁士生、陈永斌、王小兵、莫亚、陈聚高、沈学良、姜颂良、秦伯奎、濮九才、丁志、丁善书、管永林、管爱民、黄卫新、陈达兵、陈文标、费蕴枫、张海峰、袁雪峰、沈文辉、顾如金、邱培新、邱玉如、赵雪冲、施凤高、张红专、顾洪生、黄生勇、李斌、秦建飞、丰志义、陈亮群、陆纯元、黄波、王雨卉、徐松、罗恩杰、薛金荣、吕永吉、周九皋、马丁琴、何文泉、袁红利、肖锋、施文龙、桑利章、王能兵、濮振康、於国鑫、盛新浩、陈斌、陈亚玉、陈瑞康、杨平、仇小华、张宏飞、李锡泉、顾苏兵、黄远平、刘侠、蔡德康、盛建忠、薛仲飞、朱鸿飞、倪冠清、陆福元、姚汉祥、蔡新、徐辉、朱美珍、陆忠元、陆惠达、张福林、季锡祥、洪志冲、黄亚萍、宋俊、陆茂松、陆志祥、曹建辉、曹周明、黄建新、苏卫涛、刘士辉、张志祥、樊城、孙锦元、黄思九、俞振元、陶建新、李新昌、李军、沈建冲、蔡建兵、邢志良、袁礼明等人关注和支持《大豫镇志》编纂工作。

《大豫镇志》记载内容时空跨度较长,涉及门类广,有些内容与启海地区相似,可查资料有限,加之编纂人员年龄偏高、精力不足、水平有限,疏漏和讹误在所难免,敬请读者批评指正,以期续修时予以补充更正。

《大豫镇志》编纂办公室

2016年3月

编志人员合影 左起黄静忠、管霖、陈云山、金向东

二、编纂资料来源

1983年版《如东县志》
1985年版《如东县志》
《南通军事志》
《如东军事志》
《南通市人口·计划生育志》
《海门县志》
《启东县志》
《海安县志》
《南通县志》
《江苏省志》简本
《崇明县志》
《浦江县志》
《广陵区志》
《崇明中兴镇志》
《掘港镇志》
《马塘镇志》
《四甲镇志》
《如东县教育志》
《如东盐场志》
《如东县人大志》
《如东县土地志》
《如东县卫生志》
《如东县工会志》
《如东县土壤志》
《南通盐业志》
《江海先锋谱》
《光辉历程照千秋》
《历程回望》
《如东民间文化丛书》
《通东民间艺术选萃》
《如东县政协志》
《如东县水利志》
《如东县人民法院志》
《如东县建筑志》
《江苏盐垦实况》
《如东籍在外人才录》
《如东县交通史料》
《如东人民革命史》
《如东大观》(1～5卷)
《如东地名掌故》
《南通大观》
《沙地风情录》
《日出南黄海》
《如东英烈》
《红十四军英烈》
《群英谱·如东分卷》
《大生集团档案资料选编》
《如东历史上的今天》
《江海奔腾》
《崇明风情录》
《民俗海门》
《如东县工业史料》
《如东县环保史料》
《如东县乡镇演变录》
《江海英烈》
《回忆红十四军》
《怀念张豪同志》
《如东县革命歌谣》
《启东俏皮话500例》
《如东民间故事》

《启东民间故事》
《掘东文艺》
《蛟龙出黄海》
《掘港地名寻踪》
《掘港宗教史话》
《如东百名风范人物》
《中国共产党如东县大事记》
《如东改革开放30年大事记》
《如东县第三次人口普查资料》
《如东县第五次人口普查资料》
《如东县第六次人口普查资料》
《如东2000～2013年鉴》
《如东渔业海洋史料》
《如东县政法史料》
《如东县商业史料》
《张謇全集》
《海门民间故事》
《如日东升》
《沙地人的分布》
《掘港风情》
《永驻辉煌》
《如东县中纪念册》
《如东县组织史资料》
《大美夕阳》
《如东县民政史料》
《大豫镇镇区规划》
《大豫镇1997～2010年土地利用总体规划》
《兵房镇1997～2010年土地利用总体规划》
《张謇农垦事业调查》

索　　引

说　明

1.索引按照要目、人名、地名、表格、图片等内容,分类编排。各类索引所列条目力求简明,戒冗繁,以求方便实用。如大豫镇人代会、南通茉莉花纺织公司等条目,一般省去“大豫镇”“南通茉莉花”字样,采用常用简称。

2.机关、团体、企事业单位等条目一般列入地名索引。为减少篇幅,自然环境篇中动植物名、总述、大事记、附记、附录、著述、文献中的人名、地名、图片等具体条目,不再编入索引。

3.条目排列顺序,按要目、人名、地名首字笔画排列。笔画相同的按起笔的笔形横(一)、竖(丨)、撇(丿)、点(丶)、折(乛)顺序排列,首字相同的按第二字笔画排列,余类推。表格、图片条目按志书编码顺序排列。条目重复出现时,在该条目再加标页码,如累次则任择其一二。

4.索引共列条目6889条,其中要目1753条,人名4034条,地名392条,表格324条,图片386条。

要目索引

4画

5画

6画

7画

8画

9画

10画

11画

12画

13画

14画

人名索引

5画

7画

8画

9画

10画

11画

12画

13画

14画

15画

16画

17画

18画

地名索引

说　明

1. 本索引按照行政区划、古地名、人工建筑和自然地理实体三部分罗列条目。
2. 同名异义的地名用括号注明。

行政区划

1~2画

3画

4画

古地名和人工建筑

4画

5画

6画

7画

8画

自然地理实体

表格索引

图片索引

地　图

照　片

统计、种植图

图书在版编目（CIP）数据

大豫镇志 / 江苏省如东县大豫镇人民政府编. -- 北京：方志出版社，2016.3
ISBN 978-7-5144-1967-2

Ⅰ. ①大… Ⅱ. ①江… Ⅲ. ①乡镇 - 地方志-如东县 Ⅳ. ①K295.35

中国版本图书馆CIP数据核字(2016)第058981号

大豫镇志

编　　者：	江苏省如东县大豫镇人民政府
责任编辑：	黄　彦
出 版 人：	冀祥德
出 版 者：	方志出版社
	地址　北京市朝阳区潘家园东里9号（国家方志馆4层）
	邮编　100021
	网址　http://www.fzph.org
发　　行：	方志出版社发行中心
	电话（010）67110500
经　　销：	各地新华书店
印　　刷：	扬州市机关彩印中心
开　　本：	889×1194毫米　1/16
印　　张：	89.25
字　　数：	1680千字
版　　次：	2016年3月第1版　2016年3月第1次印刷
印　　数：	0001～4000册

ISBN 978-7-5144-1967-2　　**定价：** 320.00元